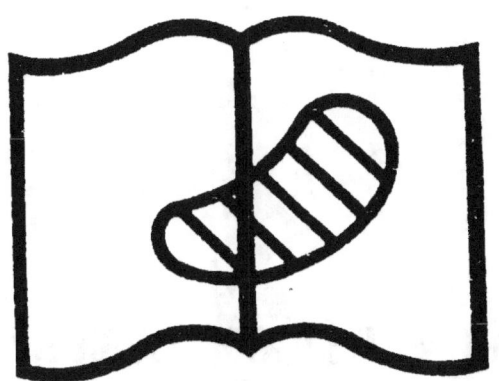

Pagination partiellement illisible

VALABLE POUR TOUT OU PARTIE DU DOCUMENT REPRODUIT

15 949

ŒUVRES COMPLÈTES
DE
DE BÉRULLE

ŒUVRES COMPLETES

DE

DE BÉRULLE,

CARDINAL DE L'ÉGLISE ROMAINE,

Fondateur et premier supérieur de l'Oratoire,

AUGMENTÉES

DE PLUSIEURS OPUSCULES INÉDITS ET D'UN GRAND NOMBRE DE PIÈCES
RECUEILLIES DANS DIVERS OUVRAGES,

DISPOSÉES DANS UN ORDRE LOGIQUE.

PUBLIÉES

PAR M. L'ABBÉ MIGNE

ÉDITEUR DE LA BIBLIOTHÈQUE UNIVERSELLE DU CLERGÉ

OU

DES COURS COMPLETS SUR CHAQUE BRANCHE DE LA SCIENCE ECCLÉSIASTIQUE.

TOME UNIQUE.

1 VOLUME. PRIX : 8 FRANCS.

S'IMPRIME ET SE VEND CHEZ J.-P. MIGNE, ÉDITEUR
AUX ATELIERS CATHOLIQUES, RUE D'AMBOISE, AU PETIT-MONTROUGE
BARRIÈRE D'ENFER DE PARIS.

1856

SOMMAIRE

DES MATIÈRES CONTENUES DANS CE VOLUME.

Vie du cardinal de de Bérulle.

OEUVRES COMPLÈTES.

Discours de l'état et des grandeurs de Jésus.	111
Vie de Jésus.	403
Élévations.	507
OEuvres de controverse.	637
Mémorial de direction pour les supérieurs	808
Traité des énergumènes.	834
OEuvres de piété.	875
Lettres.	1131
Fragments divers de quelques opuscules.	1617
Règlement de la congrégation de l'Oratoire.	1623

APPENDICE.

Offices divers.   1707

Imprimerie MIGNE, au Petit-Montrouge.

VIE
DU CARDINAL DE BERULLE.

PAR CARACCIOLI.

Sa naissance. — Pierre de Bérulle naquit le 4 février 1575, au château de Sérilly, près de Troyes en Champagne. Son père, Claude de Bérulle, conseiller au parlement de Paris, et sa mère, Louise Séguier, fille du président à mortier, et tante du chancelier, ne furent pas moins illustres par leurs vertus, que par leur noblesse et par leurs alliances : jaloux de revivre dans leur fils, ils remplirent son cœur de la piété la plus tendre. Bientôt on vit le jeune de Bérulle percer les nuages de l'enfance, et se développer comme une plante qui devait fructifier pour la vie éternelle.

Son enfance. — Il n'y eut ni phénomène, ni présage qui annonçèrent sa sainteté ; mais il s'annonça lui-même par une dévotion extraordinaire. La prière et la lecture furent ses occupations et ses délices ; on n'apercevait que modestie dans sa conduite, recueillement dans son esprit, sagesse dans ses réponses. Le père, enchanté de ces vertus naissantes, en attendait avec joie la maturité, lorsqu'il fut enlevé par la mort. Cet événement devint pour le fils une nouvelle obligation de s'attacher à Dieu. Plus enfant de la grâce que de la nature, il consola lui-même sa mère, et ne s'affligea qu'en vrai chrétien.

Ses études. — Le temps des études étant arrivé, les Jésuites de Paris furent chargés de son éducation. Chaque régent trouva dans le jeune de Bérulle un exemple propre à contenir les écoliers, et à leur inspirer de l'émulation et de la piété. Aussi ces Pères disaient-ils publiquement « qu'ils n'avaient jamais vu un esprit plus mâle et plus pénétrant, un jugement plus mûr, une mémoire plus heureuse, une dévotion plus tendre, et qu'enfin il faisait souvent de ses maîtres ses disciples. »

Sa piété. — Étudiant avec goût, priant avec ferveur, il perfectionnait tout à la fois son esprit et son cœur. Ami de la mortification, il accoutumait déjà son corps délicat à la pénitence et à la douleur. Jésus-Christ dans l'Eucharistie faisait sa nourriture et son trésor, et une dévotion des plus tendres envers la très-sainte Vierge manifestait son amour pour la virginité. Ses condisciples le trouvèrent souvent au pied des autels, et plusieurs ont assuré qu'il se levait toutes les nuits pour adorer Dieu.

Il est loué par ses maîtres. — Ayant quitté les Jésuites pour prendre des leçons dans l'université de Paris, il s'y signala d'une manière éclatante. Jean Morel lui-même, son professeur de rhétorique au collège de Bourgogne, le loue dans des vers latins que nous avons encore en main, et vante surtout sa piété, sa douceur et ses succès dans les études. Un tel éloge n'est pas suspect.

Le P. Eustache de Saint-Paul, Feuillant et docteur de Sorbonne, rapporte que l'ayant interrogé sur la dépendance où les créatures sont à l'égard de Dieu, il lui répondit d'une manière si solide et si sublime, qu'il n'y avait que Dieu qui pût lui inspirer ses réponses. Il étudiait alors en logique.

A mesure qu'il croissait en âge, son goût pour la théologie se développait d'une manière surprenante. Il dévora toutes les difficultés de la philosophie pour arriver plus tôt à cette science qu'il brûlait de connaître. Il sentait que, Jésus-Christ et ses mystères en étant le principal objet, il y trouverait ses délices et son trésor.

Il se choisit un directeur. — La Providence, qui veille spécialement sur les élus, lui fit alors connaître dom Beaucousin, vicaire des Chartreux de Paris : c'était un de ces hommes rares, dont la piété, simple et mâle comme l'Évangile, servait de boussole aux justes et aux pénitents. Quoique solitaire, il savait mieux qu'aucun directeur guider les gens du monde dans les voies du salut. Habile à discerner les opérations de la grâce, il entrevit tout ce que le jeune de Bérulle deviendrait un jour, et il le chargea en conséquence de voir une personne dont l'âme était déchirée par des peines intérieures, et de lui donner des conseils. Cette démarche réussit, le calme revint, et M. de Bérulle sortit victorieux d'une entreprise où plusieurs savants avaient échoué.

Il emploie le temps des vacances à la méditation et aux bonnes œuvres. — Il n'y a point de temps que le juste ne mette à profit. Sitôt que les vacances arrivaient, le serviteur de Dieu se rendait avec sa mère au château de Sérilly ; et là, dans une profonde méditation des mystères, il s'essayait à cette vie spirituelle et merveilleuse dont il nous a donné les fruits. Il se retirait dans un bois, où n'ayant pour maîtres que des chênes et des hêtres, il contemplait en silence la Divinité ; ensuite il lisait, il priait ; et exerçant sa charité à l'égard des malheureux et surtout des malades, il se multipliait en autant de secours qu'il trouvait de besoins. Rien n'était plus admirable que de voir l'heureux accord d'une mère et d'un fils qui s'excitaient mutuellement à méditer les biens immortels.

Lorsqu'il eut atteint l'âge de dix-sept ans il parut un docteur consommé dans la science du salut : tout en Jésus-Christ, il n'aimait que les exercices qui lui rappelaient la vie de ce divin Sauveur. Il forma le dessein d'entrer dans quelque ordre religieux, mais la Providence, qui le réservait à des œuvres extraordinaires, n'en permit pas l'exécution.

Son humilité. — Malgré ses talents et ses progrès, il ne voulut jamais soutenir d'actes publics, ni prendre de degrés; et si, à l'âge de dix-huit ans, il donna un petit Traité de l'abnégation intérieure, ouvrage rempli de science et d'onction, ce ne fut que par obéissance pour son directeur. On ne manquait point de l'appeler à toutes les assemblées de piété, et à toutes les conférences qu'on tenait pour la conversion des hérétiques. Il semblait qu'il avait l'art de se multiplier : dans les églises, dans les prisons, dans les hôpitaux, il ne cessait de s'occuper de son salut, et de celui du prochain.

Caractère de sa piété. — Cependant sa piété n'était ni austère à l'extérieur, ni inquiète, ni incommode. Doux par caractère et par réflexion, il montrait sur son visage toute la sérénité de son âme, et toute sa candeur. Ses réprimandes n'avaient ni aigreur, ni amertume. Ceux qui le servaient trouvaient un père en lui plutôt qu'un maître.

Il abandonne l'étude des lois pour se disposer au sacerdoce. — Sa mère voulut le charger des affaires temporelles, mais il n'y consentit jamais. Le saint ministère auquel il se préparait l'avait déjà rendu un homme tout céleste. Implorant pendant sept années tous les secours du ciel pour former un ecclésiastique selon le cœur de Dieu, il devint une victime de pénitence, avant d'offrir celle de propitiation. Ses parents traversèrent ses pieux desseins, et le forcèrent à entrer dans la magistrature, mais sa docilité ne leur servit de rien. Malgré la vivacité de son esprit, il ne réussit point dans la jurisprudence. Il avouait lui-même qu'il n'avait d'attrait que pour les études pieuses ; c'est le témoignage que lui rend M. de Salette, évêque de Lescar, qui avait été son condisciple. « Le jeune de Bérulle, dit-il, expliquait les paroles de l'Ecriture sainte avec une telle clarté, et en découvrait le sens avec tant de facilité, que vous eussiez cru que lui seul en avait la clef. »

Il convertit les hérétiques. — Les hérétiques qu'il convertit en différents temps confirment cette vérité. Le premier fut un président du parlement de Pau, qui malgré son orgueil et son obstination, vices ordinaires des protestants, ne put se refuser à l'évidence ; il abjura solennellement ses erreurs. Des familles entières imitèrent cette conversion, et quatre demoiselles de la maison d'Abra de Raconis entrèrent dans l'Église avec docilité ; une d'entre elles nous a laissé l'histoire de son heureux retour (1), et cette

---

(1) « M. de Bérulle paraissait fort jeune, » dit-elle, « et comme à l'âge de dix-sept à dix-huit ans, lorsqu'il plut à la divine Providence de m'amener à Paris, où j'arrivai pleine de douleur, ayant appris que trois de mes sœurs s'étaient faites catholiques, et que mon frère unique s'était rendu Capucin. Cela ne me faisait pas peu craindre le même malheur où je les croyais, et l'amour que je portais à ma mauvaise religion, pour laquelle j'eusse souhaité mourir comme je désirais y mourir, redoublait tellement ma crainte, que je n'avais repos ni jour ni nuit. Mais n'ayant pu éviter une occasion qui m'obligea de venir à Paris vers mes sœurs, je me mis au moins si fort sur mes gardes, et j'apportai une si grande aversion à leur changement, que je ne les pouvais voir de bon œil, et que j'avais bien de la peine à les souffrir. Toutefois Dieu, plus soigneux et plus amoureux de mon salut que je n'étais passionnée pour ma perte, m'arrêta au lit par un excès de charité envers moi, et m'envoya une maladie pleine de miséricorde, qui, facilitant à son serviteur l'affaire de ma conversion, lui donna même espérance de quelque plus grand succès, car il avait déjà tenté diverses voies inutilement. Un peu après que je fus arrivée à Paris, il feignit que j'étais sa parente, pour donner prétexte à l'assiduité de ses visites, et il les continua plus de six mois sans se rebuter, quoique je lui en donnasse tous les sujets que je me pouvais imaginer. Comme je connaissais sa manière de heurter à la porte, qui était de frapper loin à loin, et qu'il lisait quelque livre en attendant qu'on lui vînt ouvrir, je prenais plaisir à le faire attendre longtemps à la porte. D'autres fois je feignais avoir quelque commission d'un mien oncle huguenot, à cause qu'il était pressée de l'exécuter ; ou je me cachais en quelque coin du logis, sans que personne sût où j'étais. Et toutefois sa charité fut si forte, que rien ne lui coûta ne put jamais l'affaiblir ; mais qu'au contraire mes inventions et mes défaites, ma résistance et mon opiniâtreté lui donnaient de nouvelles forces. Quelque soin que je prisse de m'échapper, il me surprenait toujours ; lorsque j'y témoignais plus de répugnance, il se jetait à mes pieds, et me conjurait de la part de Dieu d'écouter ce qu'il avait à me dire, et tant s'en faut qu'il fût lassé de tous les exercices que je donnais à sa patience, qu'assez souvent il me venait voir soir et matin, quoique son logis fût fort éloigné. Voyant cela, j'eus recours à mes ministres comme à des anges tutélaires, les suppliant de venir à mon secours, et de me fortifier de leurs raisons contre les siennes, et non contente de me défendre de lui, j'entrepris de ramener mes sœurs au bercail comme des brebis égarées. Pour cet effet je priai les ministres de faire une dispute où nous serions toutes, et proposai aussi à M. de Bérulle de s'y trouver. Je me souviens à ce propos que je lui demandai s'il ne se rangerait pas de notre côté, au cas que les ministres eussent l'avantage ; et qu'il me répondit en ces termes : « Quand ils m'auraient vaincu, ils n'auraient vaincu qu'un pauvre petit écolier, mais l'Église ne laisserait pas de demeurer ferme et moi avec elle. » Me voyant donc ahurtée à une conférence, il s'y offrit volontiers, et il vint avec moi auprès de la chapelle du Brac, en l'hôtel de Mme la duchesse de Bar, sœur du feu roi Henri IV, trouver son ministre et l'attaquer jusque dans son fort. Mais le ministre, qui n'avait pas su à qui il avait affaire, demeura si bien renfermé dans son appartement quand il l'eut aperçu par la fenêtre, qu'il ne voulut jamais ouvrir, quoique je fusse plus d'une demi-heure à se porte à heurter. Ce ministre faible et fuyard, qui avait manqué à l'assignation et à l'heure qu'il m'avait donnée, car il m'y rendis ponctuellement, me rencontra le lendemain, et feignant de n'avoir pas vu M. de Bérulle, me demanda qui était ce jeune homme qu'on avait vu avec moi dans le jardin ; à quoi ayant répondu que c'était M. de Bérulle, il commença à invectiver et à dire que c'était un petit mangeur de crucifix, et qu'il ne bougeait des églises, ne trouvant autre chose à blâmer en lui

narration est toute à l'avantage de M. de Bérulle, dont Dieu bénissait continuellement le zèle et les travaux.

On rend justice à sa science et à son zèle.

que la rare piété qu'il y devait honorer. Enfin Notre-Seigneur m'arrêta par cette maladie, et ce fut alors que M. de Bérulle redoubla sa charité et ses soins, et me pressa plus que jamais de me rendre à la claire vérité de l'Église, que je ne pouvais plus désavouer, tant ses raisons étaient manifestes et convaincantes. Il ne bougeait presque plus du chevet de mon lit, et presque toujours à genoux, sans qu'on le pût faire asseoir. De mon côté, je persévérais toujours à vouloir cette dispute, craignant comme fille ignorante d'être trompée ; et les ministres persistaient à n'en vouloir point ouïr parler, redoutant les efforts de celui qui tenait le parti de l'Église, et contre lequel ils ne se pouvaient défendre. Il se présenta toutefois un surveillant qui était en réputation parmi ses frères, qui eut l'assurance d'entrer en lice avec M. de Bérulle ; mais dès la seconde réponse il fut tellement étonné, qu'il rendit les armes, et s'en alla en l'appelant Sorboniste, et maudit sieur de Bérulle demeura auprès de moi avec autant de paix que si rien ne lui eût été dit. Il en eût bien souffert d'autres pour le salut de mon âme ; et la longue persévérance à le rechercher parmi toutes les peines et toutes les résistances que je lui faisais, en était un évident témoignage. Tous mes garants m'ayant manqué, je ne me rendis pas néanmoins encore ; mais je lui dis que s'il me pouvait assurer sur deux points, l'un l'infaillibilité de l'Église, l'autre la réalité du Fils de Dieu au saint sacrement de l'autel, je donnerais les mains et croirais tout le reste. Il le fit aussitôt par écrit, et avec tant de clarté et de force, que je ne pus m'opposer plus longtemps à la vérité, et fus aussi aise de la voir victorieuse et triomphante de moi, que jusqu'alors je l'avais appréhendée. Sitôt que j'eus dit oui, on ne peut exprimer les actions de grâces de ce serviteur de Dieu, et l'humilité qu'il pratiqua en cette occasion. Il alla lui-même chercher le pénitencier, et s'appliqua jusqu'aux moindres particularités et circonstances de ma profession de foi, comme si mon salut et le sien propre y eussent été attachés. Après que j'eus fait mon abjuration, il ne prit pas moins de soin de m'instruire pour ma confession, m'apportant de fois à autre quelque nouveau livre pour m'en faciliter la pratique, qu'il en avait pris pour m'enseigner la dévotion à l'avance, pendant que je trempais encore dans l'hérésie. Car il la mêlait tellement avec les controverses, qu'il m'avait encore plus gagnée par la piété chrétienne que par la foi catholique. Il me parlait des âmes consacrées à Dieu par les vœux solennels de la religion avec tant d'onction et de grâce, que j'eusse souhaité pouvoir emporter l'un et l'autre, comme deux riches joyaux en ma pauvre secte ; et les discours qu'il me tenait sur ces deux sujets enflammaient tellement mon cœur, que j'eusse désiré, s'il eût été possible, me faire religieuse aussitôt que me faire catholique. Aussi est-il à remarquer qu'il ne convertissait jamais de personnes à la foi sans les convertir à la piété, ou au moins à une manière de vie qui était beaucoup meilleure et plus dans la crainte de Dieu que celle où ils étaient. Il me donna aussi tant et de si bonnes dispositions pour la communion du sacré corps de Jésus, que je reconnais franchement lui être obligée de toutes les miséricordes que Notre-Seigneur m'a faites en la participation de cette divine viande, spécialement en ma première communion. Car il daigna l'accompagner de la sienne, et j'y reçus une si grande assurance de la présence réelle du Fils de Dieu, que j'ai toujours cru depuis que s'il se pouvait faire qu'un huguenot communiât en bon état, il reconnaîtrait par quelque expérience quelle différence il y a entre sa chétive cène et la communion catholique.

Alors, comme un pasteur qui remporte la brebis égarée sur ses épaules et convie ses amis à se réjouir avec lui, il avertit ceux aux prières desquels il avait recommandé l'affaire de ma conversion, afin de joindre ensemble leur reconnaissance et leurs actions de grâces. Il me donna heure dans les Capucins pour cette première communion ; et bien qu'il y eût préparé mon âme à loisir longtemps auparavant, il le fit d'abondance le jour même, m'étant venu voir au logis dès le grand matin, pour me remplir l'esprit de tout ce qui se peut dire de plus dévot et de plus saint. Après cela il me fit partir du logis, mais quelque temps après lui : car il a toujours gardé inviolablement cette coutume, de n'aller jamais par la ville avec femmes ni filles, pour pieuses qu'elles fussent. Plusieurs personnes de qualité et de piété se trouvèrent aux Capucins pour témoigner la part qu'elles prenaient selon Dieu en l'œuvre de ma conversion : entre autres M. de Randan, abbé de Saint-Martin, et M. le cardinal de Sourdis, l'un et l'autre amis intimes de M. de Bérulle, m'y vinrent assurer avec autant d'humilité que de charité, qu'ils avaient employé leurs prières et leurs œuvres pour obtenir de Notre-Seigneur qu'il me fît la grâce de me retirer de l'erreur et me donner la connaissance de la vérité. Dès aussitôt que j'eus communié, il procura que je reçusse le sacrement de confirmation, et alla trouver pour cet effet Mgr l'évêque de Senlis, qui me la conféra dès le lendemain. Voilà une partie des charités que j'ai reçues de ce serviteur de Dieu, dont mes paroles peuvent à peine exprimer ce que tous voyaient, et combien moins le feu d'amour et le très-grand zèle qui le pressaient intérieurement de me gagner à Jésus-Christ ! Mais il y a encore une chose que je n'estime pas moins de ce que je viens de dire, c'est que le voulant remercier et lui disant quelques paroles de reconnaissance, soudain il me ferma la bouche et me dit : *Allez, un* Ave Maria *vaut mieux que tout ce que j'ai fait* ; joignant à l'excès de sa charité une humilité très-profonde et un entier oubli de soi-même et de ses bonnes œuvres. Après qu'il m'eut acheminée jusqu'à ce point, je le suppliai instamment de se charger de la conduite de mon âme, espérant qu'elle me serait d'aussi grande bénédiction que j'y en avais éprouvé jusqu'alors. Mais il ne le voulut pas, s'excusant sur sa jeunesse et sur ce qu'il n'était pas prêtre ; et il me mit sous la direction du R. P. Benoît, Capucin anglais, homme de sainte vie. Cela fait, il me quitta comme si jamais il ne m'eût connue, pour s'employer à d'autres conversions. Mais, néanmoins, quand ce bon Père s'en alla en Angleterre pour y chercher le martyre, il me montra bien qu'il ne m'avait pas mise en oubli, et me mit sous la conduite de la bienheureuse sœur Marie de l'Incarnation, laquelle me prit avec elle. Et longtemps après l'ordre des Carmélites étant établi en France, et la divine Providence ayant voulu qu'il fût l'un des supérieurs, il me procura la bénédiction d'y être admise ; et cette grâce qui, m'ayant donné une nouvelle connaissance et un plus vif ressentiment de toutes les précédentes, m'a été un acheminement à une infinité d'autres, desquelles je lui suis et lui serai éternellement obligée. » (*Vie du cardinal de Bérulle*, par HABERT, liv. 1, chap. 5.)

— On compte aussi le baron de Solignac, un fils du gouverneur de Vendôme, et surtout une dame des Bains, célèbre parmi les sectaires. C'est ainsi qu'il convertissait les ennemis de la religion, dans un âge où l'on ne pense ordinairement qu'à se pervertir. L'évêque de Lisieux disait à cette occasion, « que la France n'avait rien vu de semblable à la doctrine de M. de Bérulle, ni d'aussi solide pour la réfutation des erreurs. La conversion des hérétiques, » ajoutait le cardinal du Perron, si bon connaisseur en ce genre, « n'est pas seulement un effet de sa profonde science, mais de sa profonde humilité. »

Il délivre une personne possédée du démon. — Il semble que le serviteur de Dieu était destiné pour paraître dans toutes les occasions qui exigeaient de la science et du zèle. Une personne de la ville de Reims, nommée Nicole, jouet des illusions du démon, paraissait se transformer en ange de lumière ; elle avait des ravissements, des extases ; elle faisait des prédictions, et même opérait des guérisons qu'on croyait miraculeuses ; en un mot, le prestige était tel, que ceux même qui venaient à dessein de s'en moquer, s'en retournaient enthousiastes. La vue de M. de Bérulle arrêta les progrès de la séduction. Le démon qui faisait agir et parler cette fille devint un démon muet, et la possession n'eut plus lieu.

Il se met en retraite pour prendre les saints ordres. — L'âge requis pour la prêtrise étant arrivé, M. de Bérulle alla s'enfermer chez les Capucins de la rue Saint-Jacques (il n'y avait point alors de séminaire) ; et là, concentré pendant quarante jours dans la prière et dans la pénitence, il demanda instamment à Jésus-Christ à ne vivre que de sa grâce, à n'agir que par son esprit, à répandre son amour dans tous les cœurs, et à se consumer entièrement au service de son Église. Il célébra sa première messe le 5 juin 1599, et jamais sacrifice ne fut offert avec une piété plus vive et plus tendre ; ses larmes s'unirent au sang du divin agneau, pour arroser l'autel de propitiation.

Sa dévotion au saint sacrifice de la messe. — Il n'invita ni parents, ni amis, voulant être tout à Dieu dans cette auguste et redoutable fonction ; il se contenta de leur écrire quelques jours après, « qu'ayant reçu le sacerdoce, il ne lui restait plus rien à désirer sur la terre ; que cet état l'engageait à vivre dans la solitude et à faire de nouveaux efforts pour acquérir une pureté toute céleste. »

Cette ferveur ne fut point passagère ; pénétré de sa nouvelle dignité, il en sentit chaque jour toutes les obligations, et il les remplit. Il paraissait comme en extase toutes les fois qu'il célébrait les saints mystères, et l'on ne peut douter que ce fut alors qu'il recueillit les idées sublimes dont ses ouvrages sont remplis, et qui nous représentent si éminemment les grandeurs de Jésus-Christ. Lorsqu'il pouvait se livrer aux transports de sa dévotion, tous ses sens paraissaient anéantis ; il n'y avait plus que sa foi qui le soutenait et qui l'animait. Chaque saint eut un don particulier ; celui de M. de Bérulle fut une communication intime avec Jésus-Christ, et la grâce inestimable de n'agir que par lui, de ne vivre que de lui, et de s'immoler continuellement avec lui.

Ses liaisons avec les personnes de piété. — Cette piété singulière envers notre divin Sauveur le mit en société avec les personnes les plus vertueuses de son siècle, et surtout avec Mme Acarie, dont la France admire la sainteté. Fille d'un maître des comptes de Paris, elle entra dans les Carmélites, après la mort de son mari, où elle donna les exemples de la plus parfaite pénitence. Digne d'être associée aux saintes femmes qui suivirent Jésus-Christ, elle ne se sépara jamais de sa croix, et elle en reçut tant de grâces et de lumières, que l'historien de sa vie rapporte des miracles et des prédictions d'un genre extraordinaire. Il n'y eut point de bonnes œuvres auxquelles sa charité ne prît part, soit en les aidant, soit en les perfectionnant, et le plus souvent en les faisant naître. Son courage se ranimait au sein même des obstacles, et son âme toujours saintement occupée, n'apercevait que Dieu digne de ses pensées et de ses regards.

Il pense à quitter le monde. — *Il se retire à Verdun pour y consulter Dieu.* — Il n'y avait pas trois mois que M. de Bérulle était ordonné, que ses premières idées sur la vie religieuse commencèrent à se réveiller, et qu'il se représenta cet état comme devant enfin fixer ses perplexités. Se croyant inutile aux autres, il voulait au moins tâcher d'être utile à lui-même ; le Chartreux son directeur ne lui conseillait cependant point la solitude ; mais qu'il est difficile de calmer une âme timorée qui craint de manquer à sa vocation ! Il consulta Dieu pendant une année, et il partit ensuite pour Verdun. Ce voyage avait pour objet de faire une retraite sous les yeux du P. Magius, provincial des Jésuites, homme très-pieux et très-éclairé. A peine eut-il commencé ses exercices de piété, que Jésus-Christ, sa lumière et son guide, lui découvrit, pendant la sainte messe, qu'il l'appelait à un changement d'esprit plutôt que d'état ; qu'il le réservait à une œuvre importante qui ne l'attacherait à aucun ordre religieux, mais qui en exigerait toutes les vertus ; qu'enfin il ne devait faire aucun choix, mais s'abandonner uniquement au sien. Je vis cette réponse, dit M. de Bérulle lui-même, comme si je l'eusse lue sur le papier.

Il connaît qu'il n'est point appelé à l'état religieux. — Ainsi il sentit une main toute-puissante qui arrêtait son sacrifice ; et les lumières qu'il reçut dans sa retraite se trouvèrent parfaitement conformes à celles du P. Magius, qui, malgré toute la peine qu'il avait de laisser échapper un aussi grand sujet, lui dit : « Je ne sais quel peut être le conseil de Dieu sur votre âme, mais il ne vous appelle pas dans notre compagnie » Ses liens furent ainsi rompus par ceux mêmes qui avaient intérêt à les resserrer.

On craignait beaucoup à Paris de ne plus revoir le serviteur de Dieu, et de perdre de vue des exemples qui inspiraient et nourrissaient la piété. Dom Beaucousin calmait les esprits, et ne cessait d'assurer que M. de Bérulle n'était sûrement point appelé à l'état religieux, mais qu'un jour il formerait une congrégation de prêtres, à l'exemple du bienheureux Philippe de Néri. La suite a fait voir que ce saint solitaire parlait en homme inspiré.

Il est appelé à Fontainebleau en qualité d'habile controversiste. — Il y eut alors une célèbre conférence à Fontainebleau en présence du roi même, entre le cardinal du Perron, et du Plessis Mornay, fameux calviniste. M. de Bérulle y fut appelé, et parut avec éclat. Il communiqua même au roi la méthode qu'on devait employer. Le sieur Sainte-Marie du Mont fut converti dans cette mémorable assemblée, et le monarque chargea M. de Bérulle d'achever ce grand ouvrage. Ce ne fut pas la seule marque de confiance de la part de Henri IV; il voulut que le jeune controversiste se rendît à Troyes, et assistât un Père Jésuite dans une conférence avec un ministre. Il fut encore député pour Sezanne en Brie; et les protestants, qui avaient à leur tête le sieur du Moulin, y reçurent une telle confusion, que faute de raisons ils eurent recours aux injures.

Nouvelles conversions opérées par le serviteur de Dieu. — M. de Bérulle se félicitait de participer aux opprobres de Jésus-Christ, et il ne fut jamais plus content que lorsqu'il se vit obligé de cacher son nom devant les hérétiques qui le redoutaient. Son humilité trouvait son compte à n'être pas connu. Lorsque M. de Lésigny, gentilhomme âgé de 80 ans, eut scrupule de mourir dans une religion qui n'était guère plus ancienne que lui, ce fut encore M. de Bérulle qui finit cette œuvre à l'avantage de l'Église et au grand désespoir d'un ministre qui se trouva présent et qui ne cessait de déclamer. Il convertit aussi M. le comte de Laval; et s'étant enfermé avec lui aux Feuillants, il l'instruisit et l'initia dans nos divins mystères. M. de Séchelles, madame de Mazencourt sa sœur, le baron de Vignolles, M. Berger furent aussi sa conquête, comme ils sont maintenant sa couronne.

Mais l'abjuration la plus éclatante fut celle d'un nommé Belin, gentilhomme de Saintonge, et de son épouse, tous deux hérétiques invétérés. Il les rendit bons Catholiques, et, chose peut-être encore plus rare, bons Chrétiens, sans employer d'autre moyen que celui de la conversation. Dieu donnait à sa parole une vertu toute-puissante. La grâce descendait dans les cœurs, à mesure qu'il éclairait les esprits. Transformé en Jésus-Christ, ne respirant que ses mystères et ses maximes, il paraissait un homme tout divin: il n'avait point d'autre langage que la charité. Lorsqu'il apprit que son professeur de philosophie passait à Bâle en qualité d'apostat, il fut pénétré de la plus vive douleur: il en écrivit au célèbre François de Sales, son ami intime, et, par un effet vraiment miraculeux, la brebis égarée revint au bercail.

Il refuse des évêchés. — Ces conversions retentissaient jusqu'à la cour. Le roi lui offrit des évêchés, et employa jusqu'aux menaces pour vaincre sa résistance; mais tout fut inutile: il répondit que si on le pressait davantage, il se verrait contraint à sortir du royaume. Le roi, frappé de ses vertus, et surtout de ce désintéressement dont on voit peu d'exemples, disait à ceux qui l'environnaient: « Considérez bien cet homme-là, c'est un saint; il a encore sa première innocence. »

Il ne paraît à la cour que lorsqu'il y est appelé. — Il n'allait jamais à la cour qu'il n'y fût forcé, et sa délicatesse était si grande sur ce point, que se trouvant à Fontainebleau la veille de la Pentecôte, il en partit sur le soir. Il savait que l'Esprit-Saint ne s'allie ni avec le tumulte du monde, ni avec celui des passions, et qu'un ecclésiastique respire un air contagieux lorsqu'il reste à la cour sans un besoin réel ou par des vues d'intérêt.

Son talent pour diriger les âmes. — Son talent pour la direction des âmes répondait à son immense charité. Propre à enseigner les ignorants, à encourager les faibles, à tranquilliser les âmes agitées, à amollir les cœurs endurcis, il s'épuisait et se multipliait; il s'appliquait surtout à détruire l'homme extérieur et à former Jésus-Christ dont il était tout rempli. Ne s'écartant jamais des véritables règles de la pénitence, il éprouvait les pécheurs, et cette conduite est d'autant plus admirable, que la plupart des ministres ne savaient alors que délier. Il distingua toujours l'esprit de l'homme de celui de Dieu, et il fut l'apôtre de la grâce en faisant connaître et goûter ses dons efficaces et merveilleux.

« Pauvre âme, » écrivit-il un jour à une personne déchue de sa première ferveur, « jetez les yeux sur l'amour de Jésus-Christ, sur ce qu'il a fait et souffert pour vous: il est encore subsistant et puissant pour renaître dans votre cœur. Je voudrais me réduire en cendre, et à quelque chose de plus abject, et pouvoir allumer et conserver dans tout votre être cet amour naissant, vivant et mourant; naissant dans une crèche, vivant dans la pauvreté, et mourant en une croix pour être aimé de vous éternellement. N'auriez-vous point d'amour pour cet amour, et seriez-vous, au contraire, susceptible d'affections étrangères, viles et périssables? »

On voit que dans la conduite de M. de Bérulle tout est réfléchi, salutaire et précis. Démêlant les besoins véritables des imaginaires, il n'accorde rien à la curiosité ou à l'ennui. En vain on le sollicita de diriger une dame de la cour qui croyait avoir envie de se consacrer à Dieu: « Rien de plus difficile, » répondit-il, « que d'arracher une âme sensuelle aux délices d'une cour où tout flatte les sens, pour la faire entrer dans les saintes rigueurs de la pénitence et de l'humilité. » En effet, la conversion des grands dégénère souvent en spectacle, et il n'en résulte que des œuvres d'ostentation.

Il est chargé par le roi d'aller en Espagne, et de conduire en France des Carmélites. — Le temps était venu où la religion préparait à M. de Bérulle de nouvelles victoires et de nouveaux combats. Madame Acarie, inspirée de faire venir en France des religieuses carmélites qui édifiaient toute l'Espagne, lui communiqua ce pieux dessein. M. de Sales, coadjuteur de Genève, ainsi que MM. Gallemand et Bretigny, réfléchirent sérieusement sur ce projet, jugèrent l'entreprise très-utile, et s'assemblèrent en conséquence deux fois chez les Chartreux. On obtint l'agrément du roi, et M. de Bérulle fut chargé par le monarque de consommer au plus tôt cette bonne œuvre.

Le prieuré de Notre-Dame des Champs, dépendant de Marmoutier, parut un asile propre à recevoir les Carmélites ; mais il n'était pas facile d'obtenir le consentement des religieux et du cardinal de Joyeuse, leur abbé. Mlle de Longueville se chargea de la commission, et réussit.

Il se rend à Tours. — M. de Bérulle se rendit aussitôt à Tours : il obtint ce qu'il désirait, et même au delà de ses espérances ; car il gagna une âme à Dieu, qui devint par la suite l'honneur des Carmélites : elle s'appelait *des Fontaines*, et son père, quoique fort âgé, entra quelques années après dans l'Oratoire.

Dès que M. de Bérulle fut de retour à Paris, il se crut obligé d'aller à Verdun. Il s'agissait de conduire dans un couvent de cette ville une personne qu'il avait rendue catholique. Il visita le monastère de Saint-Nicolas, pèlerinage fameux entre Nancy et Lunéville.

Il reçoit des postulantes pour l'ordre des Carmélites. — L'établissement des Carmélites en France occupait pleinement son esprit. Les saints sont jaloux de répandre la sainteté. Plusieurs personnes respectables s'unirent au serviteur de Dieu, et l'on travailla sérieusement à préparer la maison destinée aux religieuses espagnoles. On assembla des matériaux, on pressa les ouvriers, on fit prier Dieu dans toutes les églises pour attirer la bénédiction du ciel, et l'on commença à recevoir des postulantes.

Entre celles qui se présentèrent, Mlle de Brissac, fille du maréchal de France, fit paraître une piété éminente. Elle trouva dans l'esprit et dans la charité de M. de Bérulle les moyens de faire consentir son père. Il fallait plaider les droits de la grâce contre ceux de la nature ; et qui le pouvait mieux que notre pieux orateur qui n'avait point d'autre langage que celui de Jésus-Christ ?

Mort de Mlle de Brissac. — Le Seigneur agréa le sacrifice de sa servante, et se hâta de la récompenser. Elle mourut deux ans après, de la mort des prédestinés. M. de Bérulle fit ses obsèques, et pendant la sépulture, il éprouva des consolations si supérieures, qu'il se croyait au ciel avec cette pieuse âme, et qu'il n'en a jamais perdu le souvenir. Ce fut alors, comme il l'avoua lui-même, que, rempli du bonheur de l'autre vie, il crut entendre une voix secrète qui calma ses inquiétudes, en l'assurant qu'il serait libre de refuser la place de précepteur du Dauphin qu'on lui offrait avec instance.

Dieu, qui veut éprouver ses serviteurs, permet que les œuvres les plus saintes soient souvent exposées aux plus grandes contradictions. La démarche d'un roi qui demandait quelques Carmélites à l'Espagne, pour répandre l'esprit de sainte Thérèse et le perpétuer, ne paraissait pas une chose bien difficile à obtenir, et cependant les peines et les traverses se multiplièrent d'une manière qui alla jusqu'à la vexation. Les Carmes espagnols s'opposèrent de toutes leurs forces à la sortie de quelques pauvres religieuses, comme si l'on eût dû les transporter dans des pays infidèles. M. de Bretigny, qui s'était rendu d'abord à Madrid pour y préparer les voies, ne pouvait rien obtenir.

Il part pour l'Espagne. — Ce fut au mois de février 1604 que M. de Bérulle partit avec M. Gaultier, avocat au grand conseil. Ils s'embarquèrent près de Nantes. Ce voyage par mer fut des plus périlleux : il n'y eut guère de jour sans fatigue excessive, ou sans danger évident. Le serviteur de Dieu n'avait d'autre crainte que celle de ne pouvoir aborder à temps pour célébrer la sainte messe, son élément et sa vie. Il ne faisait attention ni à la rigueur du froid ni à la longueur du chemin, pourvu qu'il eût le bonheur de trouver une église, et de se nourrir de la chair de Jésus-Christ. Lorsque les curés lui refusaient la permission, il les suppliait d'une manière si humble qu'ils étaient obligés de céder.

Difficultés qu'il eut à surmonter pour obtenir des Carmélites. — A peine fut-il instruit par M. de Bretigny de l'opposition des Pères Carmes, qu'il alla trouver leur général. Toutes ses remontrances ne servirent qu'à faire voir sa sagesse et sa modération. Cependant, par la suite, ces religieux parurent se calmer, et le général assembla les définiteurs de l'ordre à Ségovie. Il y eut de grandes altercations, beaucoup d'obstination, et le chapitre ne termina rien.

L'heure n'était pas encore venue, et M. de Bérulle, toujours en prières, attendait le moment de Dieu. Il fit deux fois le voyage d'Alva pour y visiter le tombeau de sainte Thérèse, recueillir son esprit, et obtenir par son intercession la grâce qu'il sollicitait. Il jetait principalement ses vues sur la nièce même de cette bienheureuse réformatrice, dont la ferveur semblait un miracle continuel ; mais son grand âge fut un obstacle.

Les Espagnols le regardent comme un saint. — Les circonstances exigèrent un voyage à Valladolid, et le serviteur de Dieu, plein de ce zèle qui dévore, s'y rendit au milieu des plus brûlantes chaleurs. Courses, mémoires, conférences avec les opposants, tout est employé. Les Clercs mineurs, congrégation à peu près semblable à celle des Théatins, se lièrent particulièrement avec M. de Bérulle, qui admira souvent leur vertu, en enviant leur sort. On commença dès lors à le regarder comme un saint; et quoique sa messe durât trois quarts d'heure, on s'empressa d'y assister. Il est vrai que sa ferveur et ses ravissements étaient comme autant de rayons miraculeux qui se répandaient de toutes parts. L'homme semblait disparaître, et l'on croyait apercevoir un ange à l'autel; et cette impression se fit toujours sentir toutes les fois qu'il célébra les saints mystères. Le P. Ribadeneira, Jésuite, connu par ses légendes, disait souvent à M. Gaultier que son compagnon de voyage *allait au ciel en poste*, expression espagnole, mais bien propre à caractériser le serviteur de Dieu.

Les difficultés ne faisant que s'accroître, M. de Bérulle crut devoir s'adresser au roi, qui était alors à Valladolid; il en reçut toutes les marques de la plus haute estime, obtint le consentement qu'il désirait, et un ordre du nonce, adressé aux Carmes de Salamanque. Cependant malgré ces permissions, dont le poids devait déterminer, on résista, et le procureur général des Carmes, tout pieux qu'il était, déclarait publiquement qu'il irait plutôt à Rome, que d'y acquiescer.

Il obtient enfin les religieuses qu'il désire. — Notre serviteur de Dieu redoubla ses prières; et comme s'il eût changé les cœurs, ce procureur même, qui paraissait inflexible, se repentit de son refus, admira le courage de M. de Bérulle, et lui laissa le choix de six religieuses qu'il désirait emmener en France. On en prit trois à Salamanque, trois à Avila: les habitants, qui regardaient la présence de ces saintes filles comme la bénédiction de leur pays, furent prêts à se révolter.

Les Carmes rendent justice à son zèle. — Ainsi se termina cette affaire, qui coûta tant de peines et tant de soins; affaire dont les détails, quoique superflus en apparence, prouvent évidemment le zèle, la patience et la sagesse de notre héros chrétien : aussi les Carmes mêmes furent-ils obligés d'avouer qu'on ne pouvait assez louer la vertu, la persévérance et la force d'esprit de M. de Bérulle, et qu'il y avait dans sa conduite quelque chose de si puissant et de si merveilleux, qu'il fallait enfin céder. Nous reconnaissons donc, ajoutèrent-ils, que nous avons été pressés intérieurement de la part de Dieu même, de déférer aux volontés de son serviteur.

Son retour en France. — On évita de passer à Valladolid, dans la crainte que la cour ne fût un nouvel obstacle, ou tout au moins une occasion de se dissiper. M. de Bérulle alla simplement remercier le roi, dont il reçut le plus gracieux accueil. Il y avait des dames françaises qui, de concert avec les religieuses espagnoles, ne cessaient de chanter des psaumes et des hymnes, et de réciter des prières. Elles essuyèrent plusieurs contre-temps et plusieurs dangers, surtout à l'entrée de la Biscaye; mais la Providence veillait.

Il rend compte au roi de sa mission. — Introduction des Carmélites à Paris. — Lorsqu'on fut arrivé à Bordeaux, M. de Bérulle se hâta d'aller informer Henri IV, qui était à Fontainebleau, de l'heureux succès de son voyage; de là il se rendit à Paris, et il y ordonna les préparatifs convenables à la réception des religieuses. Elles descendirent d'abord chez Mlle de Longueville, qu'on peut appeler leur fondatrice en France, et qui les conduisit à Montmartre et à Saint-Denis, pour les mettre sous la protection de l'apôtre du royaume. On les installa le jour suivant dans leur nouveau monastère, ce fut le 18 octobre 1603. Le Pape accorda des bulles, non-seulement pour cette maison, mais pour tous les couvents qu'on érigerait en France, et il nomma M. de Bérulle chef de cet ordre naissant.

Les Carmélites édifient la France par leur piété. — Quand le royaume ne devrait que cet avantage au serviteur de Dieu, il ne pourrait être trop reconnaissant. L'établissement des Carmélites devint un germe de salut et de bénédiction. Le monde, tout profane qu'il est, fut étonné de la ferveur et de l'austérité de ces saintes filles, dont l'exemple a été suivi par les personnes de la plus haute naissance. On eût dit que sainte Thérèse elle-même était venue revivre en France, et que son âme y animait toutes ses disciples; il est vrai que M. de Bérulle n'interrompit ni ses travaux, ni ses veilles pour conduire cette œuvre à sa perfection. Uniquement appliqué à s'anéantir aux yeux de ces religieuses qu'il dirigeait, pour imprimer dans leur cœur Jésus-Christ et ses mystères, il ne prêchait que la pénitence et la charité; aussi disaient-elles continuellement, « que leur bienheureuse mère n'eût jamais voulu d'autre conduite que la sienne, si elle l'eût connu. »

Zèle de M. de Bérulle. — L'année 1606 fournit un nouveau moyen de faire paraître aux Carmélites un zèle à toute épreuve. La peste alors fut si terrible dans Paris, que chacun se retirait à la campagne, et que cette ville immense semblait être un désert. Le serviteur de Dieu demeura ferme au milieu du péril, et il répondit à ceux qui le conjuraient de fuir : « Je suis le pasteur des Carmélites, et je dois sacrifier ma vie pour mes ouailles. » Il fit plus, il vint à Paris dans une autre occasion où ses jours se trouvaient en danger. Il était cependant d'une complexion très-délicate, et même il fut malade à son retour d'Espagne pendant six semaines; mais il ne se crut incommodé qu'un seul jour, celui où il ne put célébrer les divins mystères, et où un violent frisson l'arracha de l'autel, la source de ses richesses et de ses délices; des accès de fièvre de quatorze à quinze heures, des lassitudes accablantes, des insomnies cruelles ne pouvaient l'empêcher d'aller se nourrir de son

Dieu. Le médecin disait, « que la grande dévotion de M. de Bérulle au sacrifice de la sainte messe, ainsi que l'amour ardent qu'il avait pour les maximes et les mystères de Jésus-Christ, réparaient tout ce qu'il faisait contre les lois de la médecine. » Jésus-Christ, en effet, était son unique consolation, son trésor et sa vie.

Il fait un voyage à Dijon. — Il visite le bienheureux César de Bus. — Saintement édifié des vertus des Carmélites, dont la piété retraçait la ferveur des premiers siècles, il fit un voyage à Dijon pour leur y procurer un établissement. Le seul moyen qu'il employa fut l'humilité ; car malgré ses alliances avec plusieurs conseillers de la ville, et la réputation de sa sainteté, il voulut demeurer inconnu. Il se contenta de présenter une requête, comme s'il n'eût eu ni protection ni appui, et pendant qu'on délibérait sur sa demande, il alla à Avignon voir le bienheureux César de Bus, instituteur de la Doctrine chrétienne, cette congrégation dont l'Eglise a retiré tant d'avantages. Il fut bien aise de conférer avec ce saint homme sur les moyens de ressusciter en France l'esprit sacerdotal.

Il obtient l'établissement des Carmélites à Dijon. — De retour à Dijon, il trouva ses souhaits accomplis, la ville prête à recevoir des Carmélites. Deux religieuses espagnoles furent députées pour faire cet établissement ; et comme elles se trouvèrent dans l'embarras pour se confesser à Pâques, n'ayant point encore de directeur qui pût entendre leur langue, M. de Bérulle vint de Paris en poste, arriva de grand matin, et les confessa.

Rien n'était capable de rebuter ou de retarder cet homme vraiment apostolique, lorsqu'il croyait le devoir marqué. Il consultait continuellement Jésus-Christ, et il ne se décidait et ne répondait que lorsqu'il avait appris de ce divin maître ce qu'il devait faire et enseigner.

Citons quelques endroits de ses *Lettres aux Carmélites.* Les grands hommes n'ont besoin que d'eux-mêmes pour se faire connaître et admirer.

Il écrit aux Carmélites. — « Vous devez toutes, » leur écrit-il, « regarder Jésus incessamment, et le regarder comme celui qui est tout, et vous considérer vous-mêmes comme n'étant absolument rien. Plus vous aurez ces idées, et plus vous serez proches de l'état heureux et éternel où se doit consommer notre éternité ; car alors Jésus-Christ remplira toute notre capacité ; au lieu que sur cette terre il y a du vide, et nous sommes souvent remplis de nous-mêmes. Je vous souhaite un esprit lié d'amour et de respect à Jésus et à sa très-sainte Mère ; un esprit qui le possède et qui en soit pleinement possédé.

« Nous devons traiter avec toutes, dit-il ailleurs, soit par lettres, soit par paroles, soit par nous-mêmes, soit par autrui, et nous devons pourvoir aux besoins de chacune d'entre vous, avec un soin aussi vigilant que si Dieu ne nous avait chargé que d'une seule âme. Aussi le Fils de Dieu, notre vie, notre salut et notre exemplaire, est mort pour tous, ce qui fait dire à saint Paul, *celui qui m'a aimé, et s'est livré pour moi.* (*Galat.* II, 20.) Nous devons donc penser à ce divin Sauveur avec autant d'amour et d'application que s'il n'y avait que lui et nous dans l'univers. »

Voici une autre lettre qui n'est pas moins touchante :

« Vous ne devez jamais être seules, mais continuellement dans la société de celui qui est avec son Eglise jusqu'à la consommation des siècles. Vous avez son corps, son esprit, sa divinité, son testament, de sorte que sa personne doit vous tenir lieu de tout, et vous occuper continuellement. Il faut vaincre les sens et l'amour-propre, pour se rendre obéissant à la loi de l'esprit et à l'amour de Dieu. En ceci consiste tout l'usage et tout l'exercice de la vie humaine. Occupez vos âmes de ces pieuses réflexions, vous désoccupant de vous-mêmes et de vos sentiments ; accomplissez toutes vos actions en l'honneur de Jésus-Christ, et en l'union de ses saintes actions sur terre. »

Il s'exprime ainsi dans une autre lettre : « Je vous prie de recommander mes besoins aux prières de votre communauté, ils sont grands, Dieu les connaît, et cela suffit, sans perdre de temps à vous les détailler. Votre devoir est de prier, et le nôtre de travailler, et je dois vous conserver dans la simplicité que Dieu demande de votre condition, qui vous oblige à peu de connaissances, mais à beaucoup de charité. Ne négligez pas le bonheur de votre état, qui vous lie à Dieu si intimement, et vous occupe de lui si saintement. Jésus est le principal objet de votre éternité, il le doit être aussi de cette vie présente, et vous serez bien coupables si vous manquez à des objets si grands, si divins, si dignes du ciel.

« Séparez-vous soigneusement de toutes superfluités de pensées, de paroles et d'actions, pour ne pas vous priver de l'entretien du Fils de Dieu. Je supplie notre divin Sauveur de vous bénir, et de vous rendre dignes de le servir dans toute la perfection qu'il désire de vous. »

On ne sera pas fâché de lire encore cet extrait :

« J'approuve la communion quotidienne que vous devez faire jusqu'à la fin de l'octave du très-saint sacrement. On ne peut trop se purifier avant de recevoir la divine Eucharistie, et on ne peut trop la fréquenter. Opérez les œuvres de Jésus-Christ par l'esprit de Jésus-Christ, et non par le vôtre, et recourez à la très-sainte Vierge, afin qu'elle vous obtienne l'esprit de son Fils, et la grâce du mystère de sa sainte naissance, mystère qui doit être pour nous principe et source d'un nouvel être. »

Ces passages pris au hasard dans les *Lettres* de M. de Bérulle, qui se trouvent au second tome de ses OEuvres, sont le meilleur éloge qu'on puisse faire de sa science et de sa charité. Il ne travaille qu'à se détruire dans l'esprit de ses pénitentes, pour faire vivre Jésus-Christ. Mais plus il s'efforçait de s'anéantir, et plus Dieu se plaisait à relever ses vertus.

Il refuse la place de précepteur du Dauphin. — Henri le Grand et la reine firent de nouvelles tentatives pour le charger de la conduite du Dauphin. On lui en fit parler par des personnes de la plus haute piété, et le P. Cotton lui-même le désirait ardemment. Le serviteur de Dieu ne crut pas entendre cette voie intérieure qui le décidait dans toutes ses démarches. Il ne vit que les dangers de la cour; et cette vue l'arrêta, quoiqu'il eût voulu pouvoir obéir au roi, dont il fut toujours le plus fidèle sujet, et dont il avait la confiance.

On lui prédit qu'il sera chef d'une sainte société. — Madame Acarie qui, par les lumières de sa foi, semblait lire dans l'avenir, dit alors clairement que Dieu destinait M. de Bérulle à un autre emploi, et qu'il serait un jour le chef d'une congrégation de prêtres qui servirait utilement l'Eglise. Elle l'écrivit même au P. Cotton, et il en rend témoignage dans une de ses *Lettres*.

D'autres personnes éminentes en piété firent également cette prédiction, et répétèrent ce que dom Beaucousin avait annoncé longtemps auparavant. Madame des Bordes Seigneuret, que sa sainteté rendit un modèle, dit à madame Faure, prieure de l'abbaye de Notre-Dame de Xaintes, qu'elle verrait une œuvre de M. de Bérulle, dont elle serait grandement édifiée, et que ce digne prêtre était l'âme de son siècle la plus élevée à Dieu, la plus fidèle à chercher la gloire de Jésus-Christ, et la plus humble, et qu'il fallait se recommander à ses oraisons. Il est à remarquer que cette dame des Bordes n'avait aucune relation avec le serviteur de Dieu, qu'elle se contenta de faire un voyage pour le voir uniquement à l'autel, et qu'elle en revint si pénétrée, que son admiration allait jusqu'au ravissement.

Sa mère prend l'habit de Carmélite. — Telle était la réputation de M. de Bérulle, lorsque sa mère, femme incomparable par son zèle et par sa foi, voulut entrer dans l'ordre des Carmélites, et vivre sous la direction de son propre fils. Quoique âgée de cinquante-sept ans, elle se soumit à toute la rigueur d'un noviciat qui ne cesse de mortifier la chair et de contredire la volonté; on eût dit qu'elle avait de grandes fautes à expier, et elle n'apportait dans le cloître que les fruits d'une vie toute passée dans les bonnes œuvres. Humble jusqu'à l'excès, elle pensait être bien loin de Dieu lorsqu'elle était toute remplie de son esprit et de sa grâce. Ce sont les propres expressions de M. de Bérulle, qui eut la consolation de voir les mêmes vertus qui lui inspirèrent le goût de la piété dans sa jeunesse, servir de modèle aux religieuses qu'il dirigeait. La mère et le fils s'excitaient mutuellement à porter la croix de Jésus-Christ, et on les voyait avec admiration perfectionner d'une manière éminente l'ouvrage qu'ils avaient ébauché vingt ans auparavant au château de Sérilly.

Eloge de la sœur Catherine de Jésus. — C'est ici le lieu de dire un mot de la sœur Catherine de Jésus; cette sœur Carmélite fut si célèbre par les grâces extraordinaires dont Dieu la combla, que M. de Bérulle n'en parlait qu'avec un véritable étonnement. Elle était une lampe ardente qui, par le feu de sa charité, répandait les lumières les plus pures dans l'âme de tous ceux qui l'approchaient. Mais il faut laisser M. de Bérulle lui-même faire son éloge; voici ce qu'il en dit à la reine en lui offrant la Vie de cette sainte fille, dont une religieuse a recueilli les faits:

« Je regarde comme une bénédiction particulière la connaissance qu'il a plu à Dieu de me donner de cette âme si éminente en piété. Sa pureté était angélique, son élévation continuelle, son innocence admirable, son humilité profonde, sa foi des plus vives, sa charité des plus ardentes, et son dégagement du monde et d'elle-même, le plus pur et le plus parfait. Elle fut prévenue de Dieu et attirée à lui dès l'âge de sept ans, conservée dans la grâce du baptême jusqu'à sa mort. Elle était vouée à l'enfance et à la croix de Jésus, de sorte que son âme a été grandement purifiée et son corps consommé dans les rigueurs de la croix de Jésus-Christ. »

M. de Bérulle projette l'établissement de l'Oratoire. — Ici le tableau change, et M. de Bérulle, qu'on a vu seul agir et prier, va s'associer de dignes coopérateurs qui auront son même esprit, c'est-à-dire celui de Jésus-Christ, et qui serviront dignement l'Eglise, en participant à ses œuvres.

Personne n'ignore qu'au commencement du siècle dernier le sacerdoce était en quelque sorte avili; qu'il n'y avait ni séminaire, ni congrégation où l'on pût prendre l'esprit de cet état; qu'on en méprisait la dignité à raison de l'ignorance et des vices qui déshonoraient la plupart des ministres; qu'on ne recevait les saints ordres que pour jouir de la graisse de la terre, sans s'occuper de la rosée du ciel, et qu'enfin le trône le plus éminent n'était plus que le marchepied de l'avarice et de l'ambition. Les scandales prédits dans l'Evangile se réalisaient, les docteurs de la loi se repaissaient de fables et de fausses traditions, la chaire de vérité ne retentissait que de citations païennes et de miracles apocryphes; le culte de Jésus-Christ même semblait avoir disparu pour faire place à des dévotions superstitieuses, ou tout au moins inutiles, on s'occupait de la *Légende des saints*, plutôt que du Nouveau Testament, et la religion n'existait que dans un petit nombre de vrais adorateurs, qui attendaient quelque renouvellement.

Bérulle était l'homme qui devait tout rétablir. Incorporé avec Jésus-Christ par l'ardeur de sa charité et par les lumières de sa foi, il pouvait mieux que personne en rappeler les maximes et en représenter le sacerdoce éternel. Il se détermina donc à fonder une congrégation qui ressuscitât l'esprit de la nouvelle alliance, et il voulut pour cet effet que l'amour divin en fût l'âme et le principe. Après s'être rappelé ce que l'Esprit-Saint lui communiqua pendant sa retraite à Verdun, ce que tant de personnes pieuses lui prédirent, et après en avoir conféré avec les PP. de Bus et de Romillon, qui suivaient alors l'institut du bienheureux Philippe de Néri, il déclara que sa société n'aurait point d'autre objet que la prière et l'instruction, conformément à ces paroles des apôtres : *Nos vero ministerio verbi et orationi instantes erimus.* (Act. vi, 4.)

Les peines qu'il prévit dans cet établissement ne l'étonnèrent point ; il ne craignait que la dignité de chef, et, pour l'éviter, il chercha pendant longtemps quelque homme capable de conduire la congrégation qu'il ébauchait. Il s'adressa d'abord au célèbre François de Sales, dont l'esprit et la douceur lui plaisaient infiniment ; mais le saint homme s'excusa sur ce qu'il venait d'être nommé évêque de Genève, et sur ce que personne ne pouvait remplir cette place aussi bien que M. de Bérulle.

On le presse d'exécuter son dessein. — La marquise de Maignelay, femme uniquement appliquée aux bonnes œuvres, et impatiente de ne point voir celle-ci se réaliser, pria le cardinal de Retz, son frère, d'en hâter l'exécution. Elle avait réservé une somme considérable à ce dessein, et madame Acarie, née pour coopérer à tous les exercices de piété, faisait déjà préparer les ornements qui devaient servir à l'église de la nouvelle congrégation. L'évêque de Paris sentit tout le bien qui résulterait de cet institut, et M. de Bérulle se vit forcé d'obéir ; il supplia seulement le prélat d'assembler quelques docteurs et quelques religieux de son diocèse, pour pouvoir prendre leurs avis et se dépouiller de son propre esprit dans un établissement de cette importance. L'assemblée se tint, et le résultat fut un témoignage unanime d'estime et d'admiration envers le serviteur de Dieu. Le cardinal même, en lui donnant le nom *d'instituteur*, dit « qu'il était une des plus grandes lumières du christianisme. »

Il craint la qualité d'instituteur et de chef. — Il est difficile de contenir l'humilité. M. de Bérulle se voyant hors d'état de secouer le joug qui lui était imposé, proposa M. Gallemant comme un associé qui partagerait au moins avec lui le soin et la conduite du nouvel institut ; mais celui-ci allégua des infirmités réelles qui lui permettaient à peine de vaquer à ses emplois. Il sollicita encore M. de Sales de lui accorder pour quelque temps une assistance qu'il ne pouvait espérer pour toujours, et Dieu permit que ce bienheureux, dont la charité fut universelle, le promit et ne put l'accomplir. Il envoya jusqu'en Provence pour obtenir du P. Romillon, les PP. Bremond et de Retz, sujets d'un vrai mérite, mais il n'y eut pas moyen. Il prit enfin le parti de recourir à Rome et de demander quelques disciples de Philippe de Néri. Toutes ces démarches furent sans effet et ne servirent qu'à faire connaître que Dieu ne voulait point d'autre personne que M. de Bérulle pour diriger sa congrégation. Il en forma le premier dessein en récitant ce verset du psaume IX : *Annoncez aux nations et aux peuples les conseils de Dieu.* Ces paroles lui firent naître le désir de voir une société de prêtres qui annonçât à la terre les grandeurs de Jésus-Christ, ses actions, ses mystères, et tous les effets admirables de son amour. Cette société prit le nom de l'Oratoire de Jésus, nom qui désigne des personnes entièrement consacrées à la prière et uniquement appliquées à imiter et à faire connaître Jésus-Christ.

Établissement de l'Oratoire en 1611. — Ce fut après dix ans de résistance, de travaux et de perplexités que M. de Bérulle établit enfin sa congrégation. Il commença à faire les fonctions de général le 11 novembre 1611. Il désirait avoir au moins douze prêtres, et il ne s'en trouva que cinq, les PP. Bance et Gastaud, docteurs de Sorbonne, François Bourgoing et Paul Metezeau, bacheliers de la même faculté, avec le P. Caron qui quitta sa cure de Beaumont. Ils louèrent une maison au faubourg Saint-Jacques, connue alors sous le nom du petit Bourbon ; et bientôt cette maison édifia tout Paris, et se remplit d'une multitude de sujets.

Paul V donna la bulle d'érection, conformément aux vues de l'instituteur.

Les vues de M. de Bérulle dans cet établissement. — Dieu lui-même grava dans le cœur de M. de Bérulle le modèle d'un ouvrage qui ne s'accomplissait que pour lui donner de vrais sacrificateurs. Mais comme tout ce qu'on pourrait dire à ce sujet serait inférieur au dessein du pieux fondateur, il faut l'entendre parler lui-même ; c'est ainsi qu'il s'exprime :

« Quoique l'état ecclésiastique soit le plus saint et le plus sacré, il est néanmoins exposé au luxe, à l'ambition et à l'inutilité ; et quand il se trouve quelque prêtre très-exact et très-zélé, le défaut d'expérience arrête souvent le cours de sa bonne volonté. C'est pourquoi il semble à propos, pour recueillir tant de bonnes âmes qui cherchent la perfection du sacerdoce, d'établir une congrégation ecclésiastique où il y ait des moyens de se préserver de l'orgueil et de l'oisiveté, et dont les sujets fassent profession de ne rechercher aucun bénéfice, et de travailler de toutes leurs forces à la vigne du Seigneur.

« Et comme tout doit être dans l'Église avec ordre, cette congrégation sera unie aux prélats, conformément à l'obéissance que leur promettent les prêtres lorsqu'ils sont consacrés ; et pour éviter toute présomption, leur soin consistera, non à se voir employés, mais à se rendre dignes de l'être.

« Il y aura deux sortes de personnes dans cette congrégation : les unes incorporées, les autres associées ; les unes qui forment et composent le corps, dans lequel le supérieur général choisira ceux qu'il jugera les plus propres à régir les maisons; les autres admises pour se former pendant un certain temps à la vie ecclésiastique, et entrer dans l'esprit du sacerdoce par l'exemple de ceux qui y seront plus spécialement consacrés. Ainsi l'institution des prêtres et des personnes aspirantes à la prêtrise sera la fonction principale de cette congrégation; et cette société ne brillera point par la science, mais par l'usage de la science que l'école et les livres n'apprennent pas, et que Jésus-Christ seul peut enseigner.

« Si ce projet est agréable à Dieu, il se répandra bientôt une manne du ciel dans tous les diocèses; et les bons désirs de plusieurs qui se perdent faute de secours, seront utilement recueillis pour fructifier dans leur saison.

« Afin que cette institution soit uniforme en la diversité des lieux, il sera nécessaire que son règlement et sa conduite dépendent d'un supérieur, qui dépendra lui-même des évêques dans l'exercice des fonctions ecclésiastiques. »

On voit ici une différence entre cet établissement et celui de saint Philippe de Néri. Les maisons de l'Oratoire en Italie sont isolées, et entièrement indépendantes les unes des autres; au lieu qu'en France elles sont toutes unies sous un même chef, et ont une communication réciproque, ce qui s'appelle congrégation.

Voici le plan de l'Oratoire tel que M. de Bérulle lui-même l'a conçu, et le discours qu'il adressa à ses disciples.

Discours de M. de Bérulle aux PP. de la congrégation. — « Le même Dieu qui a rétabli dans plusieurs ordres l'esprit et la ferveur de la première institution, semble vouloir aussi procurer la même grâce aux ecclésiastiques, et renouveler la perfection qui leur convient, et c'est pour recueillir cette grâce du ciel, pour vivre et opérer sous la conduite de Jésus-Christ même, que nous sommes ici assemblés.

« L'état de sacerdoce exige deux qualités principales : premièrement, une très-grande perfection, comme étant divin dans son établissement et dans son usage; secondement, une union particulière à Jésus-Christ, auquel nous sommes liés par ce saint ministère d'une manière toute spéciale, et par un pouvoir si élevé, qu'il ne convient pas même aux anges selon leur état de gloire. Nous devons donc reconnaître que le soin particulier d'aimer et d'honorer infiniment Jésus-Christ doit être la première règle de cette congrégation, et qu'entre toutes les saintes communautés qui édifient l'Eglise, elle doit se rendre éminente en ce genre. Ainsi, nous porterons tous, par le devoir et l'esprit de cette institution, un honneur et un amour spécial à Jésus-Christ, comme des hosties immolées à son service, ainsi qu'il a daigné être pour nous la victime de propitiation; nous nous remettrons entièrement entre ses mains, comme organes de son esprit et instruments de sa grâce; nous tâcherons d'exprimer parfaitement sa vie, ses mœurs, et de coopérer, autant qu'il sera possible, à ses œuvres et à ses desseins, considérant que l'ordre de la nature peut bien se conserver sans l'homme et sans son travail, mais non l'ordre de la grâce, qui nous est en quelque sorte commis; nous aurons un respect infini pour l'Eglise, épouse de Jésus-Christ, et un soin de la propagation de son état; en un mot, nous travaillerons à être remplis de Jésus-Christ, à ne regarder et ne rechercher que lui, à être tout en lui par la grâce, comme il sera un jour tout en nous par sa gloire.

« Nous considérerons que l'un des offices de Jésus-Christ Notre-Seigneur est d'être éternellement prêtre, et que nul autre que lui ne pouvait l'être : ainsi nous reconnaissons Jésus-Christ pour notre premier instituteur et patron principal; nous nous obligeons à ne jamais reconnaître un autre chef. Nous aurons soin de lui rapporter tout le bien que nous pourrons faire, comme dérivant essentiellement de cette source féconde et sacrée. »

Si ces paroles ne suffisent pas encore pour faire connaître l'esprit de M. de Bérulle et de sa congrégation, il faut lire son huitième discours sur les grandeurs de Jésus-Christ. C'est là que cet homme vraiment évangélique se dépouille en quelque sorte de sa propre existence, pour ne vivre qu'en Jésus-Christ, et ne parler que par son impression. Après avoir fait l'oblation de sa société au Verbe éternel en l'honneur des deux sociétés ineffables, l'une avec les personnes divines, et l'autre avec l'homme par son Incarnation, il représente l'esprit primitif et fondamental de l'Oratoire de Jésus.

Prière de M. de Bérulle à Jésus-Christ. — « O Jésus, » s'écrie-t-il, « faites que cette société naissante soit de plus en plus établie, fondée et enracinée en vous; qu'elle tire toute son influence et toute sa conduite de vous; qu'elle n'ait de sentiment, de force et de mouvement que pour vous; qu'elle vous rende un hommage spécial et continuel; qu'elle porte la marque, l'impression et le caractère de votre servitude; qu'elle suive vos lois; qu'elle s'attache à vos intérêts; qu'elle accomplisse vos désirs; qu'elle soit l'esclave de vos volontés, l'admiratrice perpétuelle de votre puissance et de vos grandeurs; qu'elle vive de votre amour, de votre esprit, de votre croix; qu'elle soit un des instruments de votre grâce toute-puissante; qu'elle honore vos mystères; qu'elle annonce vos conseils; qu'elle dépende uniquement et singulièrement de votre sacré mystère de l'Incarnation, où votre divinité humanisée et votre humanité déifiée ont opéré notre salut d'une manière ineffable; qu'enfin parmi tous les ordres dont les uns ont choisi la pénitence, les autres la solitude, ceux-ci la psalmodie, ceux-là le travail des mains, nous soyons celui qui ait pour marque distinctive une dévotion particulière envers Jésus-Christ. »

Tel est l'Oratoire, dont chaque maison es

dédiée à un mystère de Notre-Seigneur, et où tous les exercices et toutes les prières ont Jésus-Christ pour objet. Ses grandeurs, ou plutôt sa divinité, son humanité, ses œuvres, en un mot tout lui-même, sont la fête de cette congrégation. Elle invoque particulièrement tous les saints qui ont eu des rapports plus intimes avec le Verbe éternel; et le vingt-cinquième jour de chaque mois elle fait une mémoire particulière de sa Nativité dans un office dont les paroles et le chant pénètrent et ravissent.

Éloge de l'Oratoire par saint François de Sales. — Si l'on ajoute à ces traits les témoignages rendus en faveur de cette congrégation, on ne peut qu'en concevoir la plus haute idée. L'évêque de Genève, ce saint prélat dont les reliques sont aujourd'hui sur les autels, et qui disait « que s'il pouvait choisir d'être quelqu'un, il voudrait être M. de Bérulle, » assurait « qu'il eût volontiers quitté son état pour vivre sous la conduite de ce grand homme, et qu'il n'y avait rien de plus saint et de plus utile à l'Église de Dieu, que sa congrégation. » Aussi n'appelait-il jamais les prêtres de l'Oratoire que *nos Pères*, et demanda-t-il au Pape la permission de venir contribuer à son établissement.

Sentiments du P. Cotton et des Carmélites sur l'Oratoire. — Le P. Cotton lui-même disait que l'Oratoire était nécessaire à l'Église, et « qu'il regardait cet institut comme une nouvelle création qui manquait à la perfection de ce second et divin univers. » Ces expressions se trouvent dans une lettre qu'il écrivit de Lyon à M. de Bérulle en date du 8 août 1686.

Plusieurs Carmélites éminentes en piété, et qui par leurs prières et par leurs soins déterminèrent le serviteur de Dieu à établir l'Oratoire, et à se charger de sa conduite, font un éloge de cette congrégation qui ne laisse rien à désirer. Mais le témoignage le plus célèbre est celui du grand Bossuet. Il parle ainsi de l'Oratoire et de son instituteur, dans l'oraison funèbre du P. Bourgoin, qu'il prononça le 4 décembre 1662 :

« En ce temps-là, » dit-il, « Pierre de Bérulle, homme vraiment illustre et recommandable, à la dignité duquel j'ose dire que même la pourpre romaine n'a rien ajouté, tant il était déjà relevé par le mérite de sa vertu et de sa science, commençait à faire à toute l'Église gallicane les lumières les plus pures du sacerdoce chrétien et de la vie ecclésiastique. Son amour immense pour l'Église lui inspira le dessein de former une compagnie à laquelle il n'a point voulu donner d'autre esprit que l'esprit même de l'Église, ni d'autres règles que ses canons, ni d'autres supérieurs que ses évêques, ni d'autres liens que sa charité, ni d'autres vœux solennels que ceux du baptême et du sacerdoce.

« Là une sainte liberté fait un saint engagement, on obéit sans dépendre, on gouverne sans commander : toute l'autorité est dans la douceur, et le respect s'entretient sans le secours de la crainte. La charité qui bannit la crainte opère un si grand miracle ; et sans autre joug qu'elle-même, elle sait non-seulement captiver mais encore anéantir la volonté propre.

« Là, pour former de vrais prêtres, on les mène à la source de la vérité : ils ont toujours en main les livres saints pour en rechercher sans relâche la lettre par l'étude, l'esprit par l'oraison, la profondeur par la retraite, l'efficace par la pratique, la fin par la charité à laquelle tout se termine, et qui est l'unique trésor du chrétien. »

Éloge de madame de Gourgues. — M. de Bérulle contemplait en Dieu les progrès de la société naissante, lorsque madame de Gourgues, sa cousine, qu'il dirigeait, mourut entre ses bras. Elle était vraiment la femme forte dont parle l'Écriture, toujours supérieure au monde et à elle-même, visitant les prisons, se plaisant dans les hôpitaux, aimant non-seulement les pauvres, mais la pauvreté, faisant ses délices des souffrances et de la prière ; elle obtenait continuellement du ciel des grâces extraordinaires. Son mari, premier président au parlement de Bordeaux, l'admirait et l'imitait : elle ne connaissait de parure que la vertu, de science que la religion, de grandeur que l'humilité, de bonheur que la vie future.

Sa mort. — Consumée d'austérités, quoiqu'à la fleur de son âge, elle tomba malade dans un voyage qu'elle fit à Paris. Une joie intérieure se lisait sur son visage plutôt que la douleur ; la grâce paraissait visiblement triompher de la nature ; elle n'avait que le chagrin de ne pas mourir Carmélite. L'heure de son sacrifice arriva, et M. de Bérulle, toujours présent à toutes les bonnes œuvres, recueillit son dernier soupir. Elle dit en expirant qu'elle n'avait jamais été si contente, parce qu'elle se voyait proche du souverain bien. On eût dit que son âme l'avait quittée plusieurs jours avant sa mort, tant elle était appliquée à Dieu, et absorbée dans la méditation de ses grandeurs et de ses jugements. Elle perdit la vue, et elle s'écriait : « Heureuse perte, qui me donne l'espérance de voir bientôt la lumière du ciel ! » On avait proposé de lui ouvrir le côté, et elle priait Dieu que les médecins fussent de cet avis pour avoir plus de conformité avec Jésus-Christ dont elle embrassa toujours la croix. C'est ainsi que mourut cette femme que M. de Bérulle avait élevée dans la vertu.

M. de Bérulle convertit une âme désespérée. — Il fut prié vers ce temps-là de remettre dans les voies du salut une dame de condition, qui s'en était tellement écartée que tous les directeurs ne pouvaient rien obtenir. La vue d'un crucifix l'effrayait à un tel point, qu'elle ne voulait entendre parler ni de pénitence ni de sacrements : le désespoir s'était emparé de son âme, et il n'y eut que l'onction de M. de Bérulle et son assiduité pendant plusieurs jours et plusieurs nuits qui touchèrent cette infortunée. Le nuage se dissipa, l'amour succéda à la crainte ; et cette femme, qui était prête à périr victime de sa frayeur, termina sa carrière en chrétienne, ou plutôt en sainte. Le serviteur de Dieu voulut qu'un seigneur qui l'avait séduite, et dont elle était devenue l'ennemie irréconciliable, vînt la visiter : il parut à ce spectacle, et, ne voyant plus qu'une ombre d'existence et qu'une pâleur cadavéreuse dans celle qu'il avait tant idolâtrée, il rentra sérieusement en lui-même, et choisit M. de Bérulle pour son directeur.

Le serviteur de Dieu ne finissait pas une bonne œuvre sans en commencer une autre. Tous les instants de sa vie ne se succédaient que pour servir l'Eglise et honorer Jésus-Christ.

Il fait un voyage à Bordeaux, et y voit Mme de Faur. — Il partit pour Bordeaux en 1615, et il alla visiter les Carmélites. Il passa par la Rochelle où il avait déjà une maison de l'Oratoire, et où son zèle fit les exhortations les plus sublimes et les plus pathétiques. Il était dans une telle plénitude de Notre-Seigneur, que partout il répandait des flammes du divin amour qui le consumait. Il vint à Saintes, et le moment qu'il accorda aux religieuses de l'abbaye leur donna la plus haute idée de ses vertus. Il trouva à Bordeaux Mme de Faur, prieure de la même abbaye, et qui depuis bien des années désirait le bonheur de pouvoir lui parler.

« J'étais alors, » dit-elle, « dans quelque peine d'esprit, et il me semblait que je ne pouvais énoncer assez clairement tout ce qui concernait mon état ; mais Dieu me fit voir que son serviteur connaissait mieux que moi mes propres pensées. Il me fit apercevoir plusieurs fautes que j'avais commises par une trop grande précipitation d'esprit dans les œuvres de Dieu, et m'apprit comment je devais vivre par la suite pour me désunir des propriétés dans lesquelles j'avais nourri mon âme. Il me prédit plusieurs choses qui concernaient mon monastère, et dont j'ai vu l'exécution. Si, dans mon indignité, ajoute-t-elle, j'ai du respect et de l'amour pour notre ordre de Saint-Benoît, je le dois aux instructions et aux prières de ce grand personnage, qui participait à l'esprit de tous les ordres et de tous les saints. »

Il commença la visite chez les religieuses Carmélites de Bordeaux par ce discours qu'on trouve dans ses œuvres :

« Jésus est l'accomplissement de notre être, qui ne subsiste qu'en lui, et n'a sa perfection qu'en lui, plus véritablement que le corps n'a sa vie et son mouvement qu'en l'âme. Nous faisons donc en quelque sorte partie de Jésus, et il est notre tout, comme notre bien consiste à ne vivre et à n'agir que par lui.

« Mais pour vivre en Jésus-Christ, il faut que nous mourions en nous, et que nous soyons dans cet esprit de mort à l'égard de nous-mêmes et du siècle présent. Nous devons ce sacrifice à la justice de Dieu qui nous a tous condamnés à la mort.

« L'esprit de la grâce nous oblige à nous contenir dans les bornes de notre condition, et à ne point sortir de l'état de mort volontaire, mort qui nous fera vivre lorsque nous mourrons par une défaillance de la nature. Si Dieu diffère à détruire nos corps et à exécuter la sentence, nous devons tenir sa place, et agir en quelque sorte comme il agira, en nous détachant de tout ce qui affecte maintenant nos sens. Il faut nous garder de nous-mêmes comme de l'ennemi le plus dangereux, et être fidèles à maintenir les droits de Jésus-Christ contre notre faiblesse et notre dissipation. »

Vie et mort du confrère Odet. — Son éloge par M. de Bérulle. — L'Oratoire croissait de plus en plus en ferveur et en sujets, lorsque le confrère Odet fit paraître une piété dont on voit peu d'exemples. « Ce bon confrère est un géant dans les voies du ciel, disait souvent M. de Bérulle, et nous ne sommes que des nains auprès de lui. » Il était neveu de M. Péricard, archevêque d'Avranches, qui l'avait envoyé étudier dans l'université de Paris ; allant un jour par curiosité, ou par ennui, à la manière des gens du monde, voir un de ses cousins qui était dans l'Oratoire, il en revint si pénétré, qu'il se jeta quelque temps après entre les bras du saint fondateur. Il retourna seulement dans le monde pour y payer ses dettes, et il prit une chambre en Sorbonne, que le fameux de Condren, pour lors bachelier, lui prêta. M. de Bérulle, qui voyait les desseins de Dieu sur cette âme, acquitta de ses propres deniers une partie des dettes qui retenaient le nouveau postulant. Ce jeune homme, plein de zèle, commença à embrasser les exercices avec une ferveur incroyable. Continuellement en oraison, il passait une partie des nuits au pied des autels, dont il fallait l'arracher. Le jeûne, le silence, la mortification devenaient ses délices. « Les voies les plus saintes et les plus élevées, » disait le P. de Bérulle à ses enfants, « dont je me sens obligé, selon Dieu, de faire ouverture à notre confrère Odet, lui sont si faciles et si aplanies, qu'elles lui semblent un chemin tout frayé et tout battu. »

Enfin, il marcha si vite dans les sentiers de la grâce, qu'il se trouva presque aussitôt dans le séjour de la gloire. Il ne resta que dix-huit mois dans la congrégation, et il termina sa carrière à l'âge de vingt-trois ans. Il fut le premier de l'Oratoire qui mourut, c'est-à-dire les prémices que Dieu se choisit comme un sacrifice agréable. Son plus grand éloge est la manière dont M. de Bérulle annonça cette mort. « Je vous écris, » dit-il, « pour vous apprendre qu'il a plu à Dieu d'appeler à soi notre très-cher confrère Odet, lequel est décédé le 7 août, à midi. Le Seigneur le disposait à ce passage par la ferveur qu'il lui inspira depuis le premier jour de sa retraite parmi nous jusqu'au dernier. Si cet accident ne nous était adouci par la puissance et par la suavité de la Providence divine, il nous causerait beaucoup de regret ; mais celui qui nous avait donné un sujet de si grande espérance saura bien réparer cette perte. »

Les Pères de l'Oratoire s'établissent dans la rue Saint-Honoré. — La congrégation de l'Oratoire ne pouvant se soutenir dans une maison d'emprunt, son pieux instituteur acheta l'hôtel du Bouchage, et travailla lui-même de ses propres mains à la réparation de cet édifice. C'était sans doute un spectacle édifiant de le voir aider les manœuvres et les servir. Etant obligé, par la suite, d'acheter six autres maisons de différentes personnes, il essuya à ce sujet mille difficultés. On avait payé les maisons et posé les fondements de l'église, lorsqu'il s'éleva un orage suscité par de mauvais esprits, et qui fut prêt à tout renverser.

L'affaire fut portée au conseil de Louis XIII, de la reine-mère et du chancelier Sillery; et il fut décidé qu'au lieu d'empêcher l'exécution de ce dessein, la nouvelle église serait achetée, et réputée la chapelle du roi.

Miracle opéré par M. de Bérulle. — Le ciel voulut encore honorer l'œuvre de M. de Bérulle par un bienfait plus signalé. Le Frère Edmond de Messa, dont le serviteur de Dieu avait absolument besoin pour une affaire relative au nouvel édifice, tomba malade d'une dyssenterie, accompagnée d'une fièvre violente, qui ne lui permettait ni de sortir de sa chambre, ni de se soutenir. M. de Bérulle ne fit que lui dire ces paroles : « Allez au nom de Notre-Seigneur, et il sera votre force, » et aussitôt le frère marcha, et courut d'un bout de la ville à l'autre, sans la moindre incommodité.

Les services qu'il rend à l'Etat. — Le serviteur de Dieu, quoique toujours occupé des besoins de l'Eglise, ne perdait point de vue ceux de l'Etat. Le despotisme du maréchal d'Ancre, pendant la minorité de Louis XIII, ayant soulevé contre lui presque tous les grands, dont plusieurs s'armèrent pour se défendre eux-mêmes, M. de Bérulle fut chargé de les porter à la paix, et à la soumission qu'ils devaient à leur souverain. Il réunit aussi le duc de Nevers, après l'avoir engagé à poser les armes, et à revenir à la cour.

Il réconcilie le roi avec la reine-mère. — La reine-mère ayant été exilée vers le même temps à Blois, et s'étant ensuite retirée à Angoulême, où elle avait un parti puissant, capable de brouiller tout le royaume, ce fut encore entre les mains de M. de Bérulle que Louis XIII remit ses propres intérêts, ainsi que ceux de sa mère, lorsqu'il le chargea de les réconcilier. Ceux qui sont au fait de cette partie du règne de Louis XIII savent quels soins ce zélé serviteur de son roi, et ce tendre ami de la patrie fut obligé de prendre pour terminer cette réconciliation. Il ne servit pas avec moins d'ardeur et de succès le prince de Condé qu'on avait emprisonné, et le duc d'Epernon qui avait suivi le parti de la reine.

Toutes ces prérogatives ne l'éblouirent jamais un instant. En même temps qu'il brillait par ses lumières et par sa rare prudence, soit dans le conseil de la reine-mère, dont il fut établi chef, soit dans les diverses négociations auxquelles il fut employé, il se croyait le citoyen le plus inutile et le serviteur le plus abject.

Persécutions suscitées à M. de Bérulle. — Cependant il manquerait quelque chose à sa sainteté, s'il n'avait point eu de persécuteurs. L'envie souffla son poison; et des prières en l'honneur de Jésus et de Marie, qui devaient lui mériter les plus grands éloges, devinrent l'occasion des satires et des humiliations. Il travaillait à la paix du royaume, quand on tâcha de lui faire un crime de sa piété même : on poussa les excès à un tel point, qu'on voulut le lapider, et qu'on osa l'accuser d'hérésie. Il était bien singulier de voir celui qui rendait l'honneur dû à Jésus-Christ et à la sainte Vierge, traité comme s'il eût introduit de faux dieux et une nouvelle religion.

Patience du serviteur de Dieu. — L'orage commença à Bordeaux. On y assembla plusieurs docteurs, et l'on eut bien soin de cacher aux juges l'auteur des prières en question. La vérité triompha. Toutes les propositions furent approuvées par écrit, et avec éloge. Quatre prélats célèbres se joignirent aux approbateurs. La rage des ennemis ne fit que s'enflammer davantage : ils inondèrent tous les pays de libelles diffamatoires. M. de Bérulle, loin de s'en plaindre au roi qui vint à Poitiers, et qui allait à Bordeaux, n'en dit pas un seul mot, et se contenta de remettre son honneur entre les mains de Dieu. Il pensa qu'en vrai chrétien il devait marcher par la gloire et par la honte, au milieu des calomnies comme au milieu des éloges.

Cependant il crut devoir retourner à Bordeaux, et il parut que c'était la volonté de Dieu, car sa présence dissipa ses ennemis. Cela n'empêcha pas l'évêque de Lisieux de prendre la plume pour justifier M. de Bérulle. Il écrivit une lettre latine, en forme d'apologie, au célèbre cardinal Bentivoglio, l'ami particulier du serviteur de Dieu.

Les honneurs qu'on lui rend. — Notre saint prêtre, ayant quitté Bordeaux pour aller à Toulouse, reçut dans ce voyage beaucoup d'honneurs. Les Pères Jésuites lui donnèrent partout des marques d'estime et d'affection, jusqu'au point de lui présenter leurs novices, afin qu'il les bénît. Il est vrai qu'ils lui avaient des obligations essentielles, et qu'en bien des circonstances critiques il les servit efficacement. Lorsqu'il passa par Castel-Sarrazin, des ecclésiastiques d'Agen vinrent le supplier d'exorciser une fille qu'on croyait possédée, tant était grande la réputation de l'homme de Dieu. Il se contenta d'offrir le sacrifice de la messe; et cette âme, cruellement tourmentée, recouvra son ancien calme.

Propagation de l'Oratoire. — Il n'y avait pas huit ans que la congrégation avait commencé, et l'on écrivait de toutes les provinces au P. de Bérulle, pour avoir de ses disciples. Les évêques les demandaient pour la conduite des séminaires, et pour des missions; les magistrats pour des collèges, les collateurs de bénéfices, pour leur donner des cures; de sorte que chacun regardait comme une bénédiction abondante la présence et le travail de ces ouvriers évangéliques. Mgr l'évêque de Paris voulut que son séminaire leur fût confié; et il leur fit donner à ce dessein une abbaye de Bénédictins, connue sous le nom de Saint-Magloire, école d'où sont sortis des ecclésiastiques et des prélats d'un mérite éminent.

Toulouse, Limoges, la Rochelle, Niort, Nantes, Saumur, Tours, Orléans, Rouen, Dieppe, Poligny, Langres, Bourges furent les premières villes qui reçurent les prêtres de l'Oratoire, et qui goûtèrent les fruits de leur zèle et de leurs instructions.

Les Pères de l'Oratoire de Provence se mettent sous la direction de M. de Bérulle. — Toutes les maisons de Provence qui reconnaissaient Philippe de Néri pour leur fondateur, se donnèrent par la suite à M. de Bérulle, et ne voulurent plus avoir d'autre chef. Il y eut un bref d'union; et voici la lettre qu'il écrivit à ce sujet:

« J'ai reçu, mes Pères, la lettre et le bref qu'il vous a plu de m'envoyer. Je loue Dieu de ce qu'il a bien voulu nous unir tous ensemble, non-seulement par nos volontés propres et particulières, mais encore par l'autorité la plus grande qui soit sur terre.

« Puisque c'est par un lien si puissant, si sacré, si divin, que nous sommes liés ensemble, nous sommes obligés à une plus grande correspondance et charité. J'offre cette union, et la consacre à l'union éternelle du Père éternel avec son Fils, et à celle du Fils avec notre humanité.

« Je vous prie de m'envoyer les noms de tous ceux qui sont compris dans le bref de Sa Sainteté, avec une note de leurs capacités, dispositions et fonctions, afin que cette connaissance me mette en état de les diriger dans les voies de Dieu, et dans les effets de son service. »

La congrégation se peuple d'excellents sujets. — Plusieurs grands hommes entrèrent avec empressement dans l'Oratoire. Tel fut Charles de Condren, docteur de Sorbonne, et successeur de M. de Bérulle, dont la vie, la mort et les ouvrages serviront éternellement d'exemple aux prêtres les plus parfaits; tels furent Gibieuf, célèbre par son excellent livre *Des grandeurs de la Vierge*; le Jeune, missionnaire, unique par son zèle apostolique et par l'onction de ses sermons; Bourgoing, que ses travaux et ses écrits élevèrent à la dignité de général; tels furent Eustache et Jean-Baptiste Gault, tous deux évêques de Marseille, et tous deux morts en odeur de sainteté.

Nouveau genre de persécution. — La persécution qui s'était ralentie pour quelque temps, recommença avec plus de fureur, quoique dans un autre genre. On accusa M. de Bérulle de s'être introduit chez les Carmélites sans y être appelé, mais par un pur esprit d'orgueil et d'ambition. Cependant, Clément VIII l'avait nommé à cet emploi, et le roi l'en avait spécialement chargé. Le P. Cotton parle de cet événement comme d'un outrage fait à l'Eglise entière. Il en écrivit ainsi de Poitiers au serviteur de Dieu : « Votre lettre, » lui dit-il, « ne m'a rien appris touchant votre persécution : je l'ai considérée avec étonnement; et de là j'ai conjecturé avec quelle facilité l'Antechrist partagerait un jour, et dissiperait l'héritage du Fils de Dieu. »

Justice rendue à M. de Bérulle par le P. Cotton. — Il dit aussi à Mme du Faur qu'il révérait M. de Bérulle comme un saint; qu'il était très-marri que plusieurs serviteurs de Dieu ne sussent pas honorer ce grand homme, qui est, ajoute-t-il, une lumière extraordinaire dans notre siècle, et un exemple de fidélité envers Dieu, en toutes choses.

Quelques couvents de Carmélites, excités par les mauvais esprits, se soulevèrent contre leur légitime directeur; quatre monastères se choisirent d'autres supérieurs, et le premier fut celui de Bourges.

Lettre de M. de Bérulle au P. Cotton. — La lettre que M. de Bérulle écrivit à ce sujet au P. Cotton mérite d'être rapportée. Après l'avoir remercié de la peine qu'il a prise pour l'établissement de l'Oratoire à Limoges, il l'avertit que pendant qu'il travaille à maintenir la paix, il y en a d'autres qui s'efforcent d'exciter la division : « Je vous supplie très-humblement, » ajoute-t-il, « de choisir quelqu'un de vos Pères auquel je puisse adresser les Carmélites nouvellement réunies; car ceux qui les ont séparées continueront à les solliciter et à les inquiéter. Je ne doute nullement de votre sincérité; mais votre bonté me permettra de vous supplier, sans vous offenser, de faire ce choix avec plus de considération que de facilité, par l'expérience d'une semblable prière faite au P. de Souffran, qui, par la suite, adressa celle qui est maintenant supérieure à Bourges au P....., pour prendre entière confiance en lui; et elle trouva qu'il était un des plus violents dans cette affaire, comme il l'est encore à présent. Je prie Dieu de vous continuer ses saintes grâces et bénédictions, et de me rendre digne de vous servir, comme je le dois, comme vous le méritez, et comme vous continuez à m'y obliger. »

Malgré trois brefs qui confirmaient M. de Bérulle dans sa place de supérieur de tout l'ordre des Carmélites en France, malgré le témoignage éclatant que Grégoire XV rendit à sa vertu, et tous les pouvoirs qu'il lui conféra, malgré les plaintes du saint évêque de Genève, qui blâma hautement l'obstination des monastères que l'esprit de parti avait soulevés; malgré les puissantes démarches du prince de Condé, gouverneur du Berri, qui s'employa pour faire rentrer les religieuses de Bourges dans leur devoir, l'orage augmentait toujours au lieu de s'apaiser.

Résignation de M. de Bérulle. — La résignation du serviteur de Dieu fut telle que plusieurs prélats respectables disaient qu'il n'y avait dans le monde que M. de Bérulle qui pût supporter une pareille tempête. On ne parlait que de lui dans les compagnies; l'on attaquait jusqu'à sa vie, qui était la plus pure et la plus sainte : et il louait Dieu de l'avoir couvert d'ignominie. Il pria Jésus-Christ, et le fit prier par de saintes âmes, de le tenir jusqu'à la fin de ses jours dans cet état d'humiliation. Quand on lui rapportait quelque chose des affreux libelles qu'on avait imprimés contre lui, et qu'on répandit en France, en Italie et en Flandre, il s'élevait à Dieu pour le remercier, écoutant les satires avec la même joie que les gens du monde entendent leur éloge. Il se glorifiait de participer aux opprobres de Jésus-Christ, qu'on osa traiter de séducteur et de possédé du démon.

Sa constance à supporter les outrages. — Rien ne marquait mieux son innocence et son humilité que le refus qu'il faisait de se justifier. Un de ses amis lui ayant écrit de Rome pour le presser de se défendre, et de ne pas laisser davantage sa réputation en proie à l'injustice et à la calomnie, il ne lui répondit que ces paroles : *Jesus autem tacebat* (*Matth.* XXVI, 63), Jésus-Christ se taisait pendant toute sa passion.

Il reçut dans sa congrégation un jeune homme qui vint lui déclarer tout le mal qu'il avait entendu dire de lui et des siens, et lui faire l'aveu de toutes les préventions qu'on lui avait inspirées contre lui et qui subsistaient encore. M. de Bérulle, en le recevant, présuma sans doute que la meilleure réponse à toutes les impostures était de se faire voir de près, ainsi que sa congrégation.

Il écrivit à Mme la marquise de Maignelay que, puisqu'il plaisait à Dieu de le faire participer à sa croix dans la persécution qu'il souffrait, il le suppliait de lui donner part à l'esprit de cette divine croix, et de le faire entrer dans l'ordre saint des âmes crucifiées en lui, avec lui, et par lui.

La lettre qu'il adressa aux Carmélites de Bordeaux est bien capable d'inspirer l'amour des souffrances et de la résignation. Voici comment il les consolait :

« Je reçois avec douleur les nouvelles que j'apprends de la continuation de vos persécutions. Elles me sont d'autant plus sensibles, que je n'y puis prendre part comme je voudrais, en vous visitant moi-même, et vous consolant. Je le devrais, et le ferais très-volontiers si Dieu m'en donnait la liberté : mais il veut que vous souffriez, et sans autre aide que de sa part, et que vous portiez toutes seules cette croix qui vous est imposée par l'obéissance due au souverain pasteur. Nous y participons spirituellement et intérieurement, mais vous n'en recevez aucun secours. Jésus-Christ est en ceux qui le servent, sanctifiant et régissant leurs esprits, les élevant au ciel, et les fortifiant contre les tempêtes; il gémit en leurs gémissements, il est captif en leur captivité, il pâtit en leurs souffrances, et il est leur constance et leur force; c'est lui qui vous fait porter cette croix par sa grâce, et qui vous l'a lui-même imposée. La croix doit être familière à ceux qui servent un Dieu crucifié; la croix ne doit pas être étrangère à l'école de Jésus-Christ. Vous souffrez pour l'exercice de vos âmes, pour l'épreuve de votre ordre, pour l'humiliation de ses serviteurs et de ses servantes, en l'honneur des humiliations du Fils de Dieu.

« Béni soit Jésus-Christ Notre-Seigneur de vous avoir voulu donner cette croix, et de vous avoir trouvées fidèles. Cette force est de lui, et non pas de vous. »

Ce ne fut qu'après dix ans que M. de Bérulle répondit, dans un petit ouvrage qui est à la tête de ses discours sur les grandeurs de Jésus, et c'est ainsi qu'il s'exprime :

« Après dix ans de patience et de silence, après trois ans de tempêtes et d'orages suscités en Italie et en France, par des esprits nés à cet exercice, après plusieurs calomnies et six libelles injurieux et diffamatoires, soigneusement répandus, je produis ce discours en évidence, et le produis, non pas pour parler de leurs personnes, de leurs desseins et de leur conduite, mais pour parler de Jésus-Christ. » Il ne répondit donc point à leurs écrits, mais il en prit occasion de composer sur l'état et les grandeurs de Jésus.

Consolations de M. de Bérulle à l'occasion des réformes qui se font dans les ordres de Saint-Benoît et de Saint-Augustin. — Les saints ont des consolations que le monde n'imagine pas, et c'en fut une très-grande pour M. de Bérulle au milieu de ses tribulations, de voir les pieuses réformes qui se firent en 1621 et 1622. Comme son trésor était en Jésus-Christ, et sa paix dans la joie de l'Eglise, il ne pouvait apercevoir d'un œil indifférent le bien qui s'y opérait. Dom Didier de la Cour répandit un esprit de vie dans une portion de l'ordre de Saint-Benoît, qu'on appelle aujourd'hui congrégation de Saint-Maur, et qui devint une école de science et de piété. Les grands hommes s'y multiplièrent d'une manière surprenante, et y entretinrent cet amour pour l'étude et pour la régularité, cette assiduité à l'office divin, et cette exactitude à le faire avec toute la dignité dont nous sommes continuellement édifiés.

La congrégation des chanoines réguliers qui se ranima presqu'en même temps par les soins du P. Faure, ne fut pas un objet moins consolant. On vit revivre la règle de Saint-Augustin, l'Eglise s'enrichir des biens qui en résultèrent, et l'Oratoire entrer par la suite en union de prières avec ces deux célèbres congrégations.

Respect de M. de Bérulle pour les ordres religieux. — M. de Bérulle, toujours plein d'estime pour les ordres religieux, ne cessa d'inspirer à ses disciples les mêmes sentiments. Ayant un jour appris qu'on disait que les prêtres de l'Oratoire n'étaient pas obligés à vivre si parfaitement que les religieux, il entra dans une sainte indignation, et il prononça ces paroles :

« Quoi ! serait-il possible que Notre-Seigneur désirât une si grande perfection dans toutes les communautés, et qu'il ne l'exigeât point de son ordre, qui est celui des prêtres, car c'est réellement l'ordre qu'il a institué lui-même en personne, l'ordre, en un mot, de ses ambassadeurs, qui parlent en son nom, qui agissent par sa puissance, qui dispensent ses mystères, qui donnent son corps, qui communiquent son esprit, qui lient et délient les âmes, qui ouvrent et ferment le royaume des cieux ; et au lieu que les religieux sont consacrés par des vœux très-louables et très-saints, les prêtres sont consacrés par l'opération même de Jésus-Christ, opération qui communique l'Esprit-Saint, suivant ces paroles : *Recevez le Saint-Esprit.* » (Joan. XX, 22.)

Ce fut pour donner à ses disciples les moyens de puiser dans la plénitude de Jésus-Christ, qu'il posa pour base de sa congrégation cette *appartenance* spéciale à Notre-Seigneur, à ses états, à ses mystères, à sa sainte Mère, à ses saints, et à tout ce qui se rapporte à lui. Il jugeait bien que cette intime union à Jésus-Christ était l'unique voie pour acquérir cette sainteté parfaite, et pour entrer non-seulement dans ses vertus, mais dans sa vie, dans son esprit, pour être en un mot tellement transformés en lui, qu'on pût dire que de même que le Père éternel demeure en Jésus-Christ et y fait toutes ses œuvres, Jésus-Christ demeurant entre eux fût le véritable auteur de leurs actions.

Toutes les lettres du P. de Bérulle n'enseignent que cette divine doctrine.

Lettres aux PP. de l'Oratoire. — « Je vous supplie, » écrivit-il à un supérieur de l'Oratoire, « d'avoir égard à vos besoins, et de vous souvenir que vous n'êtes plus à vous, mais à Jésus et à Marie, et qu'ainsi vous n'avez aucun pouvoir de disposer de vous. C'est à eux qu'il appartient de vous employer de la manière qu'il leur plaira. Je vous prie de vous démettre entièrement de votre volonté. »

Dans une autre lettre il s'exprime de la sorte :

« Le bien des maisons n'est point à nous: il appartient à l'Eglise, et nous n'en avons que l'usufruit. Nous ne sommes que tuteurs et administrateurs des choses qu'il plaît à Dieu par sa bonté d'affecter à la congrégation. Elle est tout entière à lui, et non pas à nous. Nous devons conserver le peu de bien dont nous jouissons, comme le bien propre de Jésus, qui n'ayant rien voulu avoir en terre, veut, étant au ciel, avoir des choses en propre, pour l'entretien de ses serviteurs.

« Je sais que vous êtes dans un lieu où il faut beaucoup travailler; mais je vous prie de supporter ces labeurs en l'honneur de ceux de Jésus-Christ. Nous devons incessamment unir notre vie à sa vie, avoir notre pensée si remplie de lui et de ses œuvres, que nous n'ayons point de temps ni d'esprit pour penser à nous-mêmes et à nos peines. »

Voici encore une lettre écrite à un confrère :

« La grâce de Notre-Seigneur Jésus-Christ soit avec vous pour jamais. J'ai reçu la vôtre, et loue Dieu de la disposition qu'il vous donne à son service. Je choisis pour vous le mystère de la naissance et enfance divine de Jésus : je vous offre et dédie, autant que je le puis, à cette naissance et à la très-sainte Vierge, qui accomplit sa qualité de Mère envers le Fils unique de Dieu ; je vous prie de vous y offrir pour toute votre vie, et de demander à Jésus-Christ qu'il daigne produire dans votre âme les effets et qualités intérieures et spirituelles qui conviennent à ce mystère. Offrez à l'enfant Jésus le temps et l'application que vous voudriez donner à l'étude ; privez-vous de votre consolation propre, afin d'étudier pour son honneur et amour, et que votre intention, en étudiant, soit purement de le servir, afin d'être plus propre à suivre sa volonté sur la terre, et à l'imprimer dans les autres. Il supplie Jésus-Christ d'être votre guide en vos actions et dans vos études. »

Son zèle et sa sagesse dans le gouvernement de la congrégation. — La congrégation de l'Oratoire ne paraissait s'étendre que pour faire briller davantage les vertus et les talents de son instituteur. Rien ne fut plus édifiant et plus admirable que sa manière de gouverner. Animé de l'esprit des patriarches, il engendra continuellement à la grâce des âmes qu'il détacha du monde et de ses vanités. S'abstenant de toutes les paroles qui auraient semblé dures ou impérieuses, il savait plutôt prier que commander ; ne prenant jamais, dans ses lettres, ni le titre de général, ni la qualité de supérieur, il signait tout simplement *prêtre de l'Oratoire de Jésus*. Les grandes affaires ne l'empêchèrent ni d'entrer dans les détails, ni de pourvoir aux besoins des particuliers. Tout à Jésus-Christ et à ses confrères, il méditait et il instruisait, il priait et il agissait. « Il n'y a rien de léger, disait-il, dans les œuvres de Dieu : si la Providence embrasse tout ce qui compose cet univers, jusqu'aux feuilles, jusqu'aux grains de sable, jusqu'aux ailes des moucherons, nous devons avoir une application particulière à tout, et ne rien négliger. »

Il voulait qu'on usât d'une grande douceur, lorsqu'il s'agissait de reprendre et de corriger. « C'est la grâce, » écrivait-il à un supérieur, « et non la nature, qui doit opérer quand on reprend ; et ce doit plutôt être un effet de charité, que d'autorité: il faut en conséquence prier avant que de donner des avis. » Il disait que le temps de prescrire des lois par la voix des tonnerres était passé.

Sa douceur. — Sa patience et son indulgence à supporter les défauts d'autrui étonnèrent quelquefois ceux qui l'honoraient le plus ; mais il répondait « que celui qui s'est mis en croix pour notre salut, méritait bien qu'en suivant ses traces on endurât quelque chose du prochain ; que ce doux Sauveur avait souffert bien des personnes peu capables de ses bontés ; qu'entre tant de pécheurs et d'imparfaits qui l'ont accompagné, on ne voit point qu'il en ait rejeté aucun, et qu'il donna le baiser de paix à un d'eux au moment de la plus affreuse trahison.

« Nous devons, disait-il, assujettir sans aucune peine nos dévotions particulières à la charité du prochain, et nous conformer à Jésus-Christ qui a daigné assujettir l'état de gloire qui lui est naturel, à son amour envers les siens. » Cependant, il savait être ferme lorsque le devoir l'exigeait.

Son amour pour la retraite. — Les communications au dehors ne lui paraissaient utiles que lorsqu'il s'agissait d'instruire ou d'édifier ; aussi recommandait-il expressément de ne se montrer, autant qu'il était possible, que dans les fonctions du ministère. Il aurait souhaité que les prêtres n'eussent paru qu'en chaire et à l'autel. « Nous devons faire les affaires du monde, disait-il souvent, comme le monde fait les affaires de Dieu. Le monde fait les affaires de Dieu sans penser à Dieu, et nous devons faire les affaires du monde sans penser au monde. »

Ses avis aux prédicateurs. — Cependant il voulait que ses disciples se partageassent entre la vie de Marthe et de Marie ; qu'ils fussent des hommes d'oraison, et des ministres de la parole ; et cette parole comprend les sermons, les exhortations, les conférences, les catéchismes, les instructions, les consolations de vive voix et par écrit. Il recommande beaucoup l'étude, mais une étude accompagnée de la prière et de l'humilité : aussi dédia-t-il tous les collèges de l'Oratoire à Jésus enseignant au milieu des docteurs.

Il prescrit expressément que dès le grand matin on donnera son cœur à Dieu, et qu'on se remplira l'esprit de celui de Jésus-Christ, afin de le communiquer aux autres. Il veut que les prédicateurs puisent leurs pensées et leurs expressions dans l'Ecriture sainte et dans l'oraison, sans mêler le faste des lettres profanes avec la simplicité de l'Evangile, qui n'a pas besoin d'ornements étrangers. Il avertit de ne point monter en chaire sans se mortifier soi-même, et sans pratiquer les vérités qu'on doit annoncer.

Son union intime avec Jésus-Christ. — Sa dévotion fut tellement enracinée en Jésus-Christ, qu'il paraissait continuellement absorbé dans la méditation de ses mystères. Il se retirait tous les ans le jour de la Trinité en quelque endroit solitaire, pour honorer dans un silence profond le repos éternel des trois Personnes sacrées. Ses paroles, ses lettres, ses actions, ses ouvrages n'ont pour objet que l'Incarnation. Il recevait les humiliations et les croix comme une continuation des souffrances de Jésus-Christ. Ce qu'il estimait dans les vœux, qu'il eut toujours en grande vénération, était l'union qu'ils donnent avec Jésus-Christ ; et ce qu'il trouvait de plus précieux dans les indulgences, était l'honneur de participer à ses satisfactions.

Il ne marcha jamais sans avoir un Nouveau Testament, comme il ne passa aucun jour sans en lire un chapitre à genoux ; les temples et les autels lui causaient une sainte joie accompagnée d'une sainte frayeur. La sacristie même lui paraissait un lieu plus respectable que tous les palais de l'univers. Toutes les fois qu'il sortait ou qu'il rentrait, il venait rendre hommage à Jésus-Christ dans l'eucharistie, et se prosterner humblement à ses pieds.

Sa dévotion envers la sainte Vierge. — Personne n'ignore sa dévotion envers la très-sainte Vierge. Il voulut que sa congrégation l'honorât chaque jour d'une manière particulière par des hymnes, par des litanies ; il institua la fête de ses grandeurs qui se célèbre le 17 septembre, et il ne fonda l'Oratoire que sous les noms de *Jésus* et de *Marie;* mais il va nous dire lui-même comme il était uni à la Mère de Dieu.

« En parlant de Marie on parle de Jésus-Christ ; en parlant de ses grandeurs, on parle de celles de Dieu même. C'est pour Jésus-Christ qu'elle reçut une grâce et une pureté vraiment incomparables : elle est le trône où le Sauveur a voulu habiter, et sa sainteté est la sainteté dans laquelle il a été conçu. Après Dieu rien n'est plus grand que Marie sur la terre et dans le ciel. »

Personne, dit un auteur célèbre, n'a jamais parlé de la sainte Vierge d'une manière plus sublime, plus magnifique, plus affective, et en même temps plus solide, que M. de Bérulle. Il suffit de lire sa prière pour les grandeurs de Marie, où après avoir exalté sa maternité, sa souveraineté, sa sainteté, il réclame sa puissante protection : prière digne de la piété du serviteur de Dieu ; prière qu'il a laissée à ses enfants, héritiers de son amour et de sa dévotion envers la Mère de Dieu ; et ce fut cependant cette dévotion qui lui suscita les étranges persécutions dont on a parlé.

Sa dévotion aux saints anges et aux saints. — Il se recommandait particulièrement aux saints anges, et il n'arrivait jamais dans une ville sans les invoquer comme les patrons tutélaires des différents pays. Les saints de l'Ancien Testament qui figurèrent Jésus-Christ d'une manière plus expresse, ceux du Nouveau qui eurent des liaisons avec ce divin Sauveur, lui étaient toujours présents. Il eut dès son enfance une piété singulière envers sainte Catherine de Sienne, parce qu'elle ne se nourrit en quelque sorte que de la divine eucharistie. Il lisait à genoux les ouvrages de sainte Thérèse, comme des effusions où l'esprit humain a beaucoup moins de part que l'esprit de Dieu. C'était là qu'il puisait la sagesse nécessaire pour gouverner dignement la famille de cette grande sainte, dont la Providence l'avait chargé. La pénitence de saint François d'Assise, l'humilité de saint François de Paule le pénétraient d'admiration. Il les invoquait souvent pour obtenir les mêmes vertus.

Ses actes d'humilité. — M. de Bérulle n'avait que l'amour-propre à redouter au milieu de tant de grâces dont le ciel le comblait : mais écoutant les pensées de ses propres disciples avec le même respect que le serviteur écoute le maître, se défiant continuellement de ses propres lumières, priant jusqu'aux frères de vouloir bien l'avertir de ses défauts, il vécut dans la plus profonde humilité. Il ne voulut jamais monter en chaire, quoique ses paroles fussent remplies d'onction et de feu. Mais, chose incroyable, on le vit souvent, dans les premières années de l'établissement de l'Oratoire, accompagner les prédicateurs aux églises, porter sous son bras leur surplis et leur bonnet, et se tenir en silence et en respect derrière la chaire, pendant qu'ils annonçaient des vérités qu'ils n'avaient apprises que de lui. Il faisait plus ; quand les missionnaires revenaient de la campagne, où ils avaient été instruire et catéchiser, il s'abaissait jusqu'à les débotter, se rappelant ces paroles de l'Écriture : *Quam speciosi sunt pedes evangelizantium!* (*Rom.* x, 15.)

Il lui arriva bien des fois de se confondre avec les frères servants, de se tenir modestement au milieu d'eux, devant les personnes qui ne le connaissaient point. Il servait à table, il balayait, se faisait gloire de remplir les fonctions les plus viles en apparence, et le tout en esprit d'union avec Jésus-Christ qui a daigné s'anéantir jusqu'à prendre la forme d'esclave. Ses disciples ayant prié Mgr l'évêque de Paris de l'engager à prendre ses repas avec plus d'assiduité, il obéit sans répliquer, et il chargea même le plus jeune confrère de la maison de l'en avertir.

Agrandissement de l'Oratoire. — Les villes se disputaient toujours à l'envi le bonheur de posséder les enfants d'un si saint instituteur, et il n'y a point d'année que l'Oratoire n'acquît plusieurs maisons ; mais le serviteur de Dieu n'en était que plus humble et plus recueilli. Souvent ces établissements devenaient à charge, ou parce que les revenus ne suffisaient pas, ou parce qu'il n'y avait pas assez d'ouvriers évangéliques ; n'importe, la foi de M. de Bérulle suppléait à tout ; il priait, il espérait et la Providence ne lui manquait jamais.

Lettres aux PP. de l'Oratoire. — « Dieu veut, » écrivait-il à un supérieur, « que vous supportiez vos besoins avec patience et humilité. Il bénira votre petit nombre, comme il bénit les cinq pains. Adressez-vous donc à Jésus-Christ. En attendant, empruntez, patientez, et soyez content d'être pauvre. Ne différez point, sous prétexte d'être mieux ; vous voulez être trop bien. Notre-Seigneur n'a pas attendu que l'étable où il est né fût préparée pour y entrer. Jésus-Christ a eu bien d'autres incommodités, soit en Égypte, soit en Judée, et lorsque ses apôtres égrenaient les épis pour subsister. Je ne dis point ceci pour vous blâmer, ou vous accuser, mais pour vous engager à faire ce qu'il plaira à Dieu de vous faire connaître. »

Il écrit à un autre supérieur :

« Dieu bénira et multipliera la congrégation ; mais il nous faut humilité et longanimité pour recevoir cette bénédiction. Ne soyez point si exact dans les petites choses. Il vaut mieux que la maison soit plus pauvre, et que la charité envers les nôtres soit plus abondante. Honorez la patience de Jésus-Christ, qui attendit l'espace de trente ans que son heure fût venue. S'il s'est rendu sujet aux temps et aux moments, lui qui avait le temps dans son pouvoir, que devons-nous faire, nous qui ne sommes rien, et ne pouvons rien ? »

M. de Bérulle n'agissait que par l'esprit de Jésus-Christ. — M. de Bérulle avait un don particulier pour ne commencer les ouvrages de piété qu'au temps marqué par la Providence, pour les préserver des accidents qui les ruinent ou les retardent, et pour ne les entreprendre qu'avec la grâce de Jésus-Christ. Au lieu que les sages du monde disent, lorsqu'il s'agit d'affaire, il faut y penser, il disait toujours il faut prier. L'oraison était son conseil, et il faisait taire sa raison jusqu'à ce qu'il eût entendu Jésus-Christ. Cette dépendance universelle à l'égard de Dieu fut toujours si grande qu'il restait quelquefois plus de six mois sans répondre. Il attendait les lumières du ciel : « Si nous agissons par raison, disait-il, nous ferons ce que les hommes nous conseillent ; mais si nous agissons par l'esprit de Jésus-Christ, nous ferons ce qu'il nous inspire. »

Sa charité. — Cette parfaite union avec notre divin Sauveur lui faisait aimer tendrement tous les hommes. Il n'y avait point de particulier dans sa congrégation qu'il ne portât dans son cœur, et qu'il n'assistât, soit par ses visites, soit par ses conseils. Aimant beaucoup mieux manquer à lui-même qu'aux autres, il devenait l'infirmier et le domestique de tous ceux qui étaient malades ; il les consolait, il les soulageait, et ne les abandonnait ni jour ni nuit. Quels soins ne prit-il pas du P. Le Jeune, lorsque le pourpre le réduisit à l'extrémité ! Il lui rendit les services les plus humiliants, comme à un sujet que l'Église avait intérêt de conserver. Quand il revenait de la ville, quelque las et fatigué qu'il pût être, il courait chez les infirmes et les exhortait à la patience et à la résignation. Il leur administrait les sacrements, sans en exempter le dernier de la maison, les regardant tous comme un précieux dépôt qui lui était confié. On l'a vu faire jusqu'à cent lieues, passer d'une province à l'autre avec une rapidité étonnante, et n'épargner ni ses sueurs ni son temps lorsqu'il s'agissait de secourir le prochain. Les Carmélites savent toutes les peines qu'il prit, et tous les mouvements qu'il se donna pour leur rendre des services spirituels et temporels, et combien son zèle était pur et désintéressé.

Il dit dans une lettre à un P. de l'Oratoire : « Ayez une grande charité pour les Carmélites. Prêchez-les volontiers. Comme Dieu leur donne estime, charité et liaison envers la congrégation, nous devons en agir de même envers elles, et coopérer à la grâce de Dieu qui veut répandre quelque bénédiction sur elles et sur nous..... Vous voyez des difficultés : je les vois aussi et prévois ; mais vous ne voyez pas les grâces. Il y a des âmes cachées dans les voies intérieures qui rendent peut-être plus d'honneur à Dieu qu'une ville et qu'une province entières. »

Il recommande la reconnaissance. — Il dit ailleurs : « Je vous prie de continuer l'exercice de votre charité envers les Carmélites, lorsqu'elles le désireront de vous. Tâchez, je vous prie, d'avoir un peu plus de facilité et d'application à parler aux âmes vertueuses et solides qui vous communiqueront leurs besoins ; de même qu'il faut doucement et prudemment éviter et diminuer la superfluité de la conversation, il faut aussi condescendre humblement et charitablement aux nécessités du prochain, et y satisfaire en l'honneur de l'abaissement de Jésus-Christ, et de sa bonté à se communiquer aux peuples et à ses apôtres.

« J'honore beaucoup la personne dont vous m'écrivez : tant s'en faut que je croie l'obliger en ce qu'elle désire, qu'au contraire c'est moi qui lui suis obligé. Je souhaite beaucoup que la vertu de reconnaissance et de gratitude soit signalée en notre petite congrégation. Je loue Dieu de la force qu'il vous donne à votre âge, dans les travaux que vous entreprenez pour l'amour de lui. Nous devons l'honorer en terre dans les labeurs, et au ciel dans le repos et dans la gloire. »

On trouvera dans la lettre suivante de nouveaux traits de sa charité. Elle est adressée à un supérieur de la congrégation.

« J'ai reçu la lettre par laquelle vous me donnez avis des *déportements* de M..... J'en suis étonné, d'autant plus qu'il a quelque obligation à l'Oratoire qui l'a reçu et entretenu sain et malade. Je vous recommande qu'on ait soin de prier pour lui, et de ne se plaindre de lui, ni au dedans, ni au dehors de la communauté. Puisque nous n'avons plus à rendre compte de lui, ni de ses actions, laissons aux autres à en juger. Qu'on ne le traverse aucunement : au contraire, si on peut le servir en quelque chose selon Dieu, il le faut faire. S'il a de l'animosité, nous ne devons pas en avoir ; s'il médit de nous, il ne faut pas médire de lui. Je supplie encore qu'on ne lui fasse aucun déplaisir, et qu'il ne nous échappe aucune parole qui puisse tant soit peu le blesser. »

Il recommande l'amour des souffrances. — C'est ainsi que par des lettres pleines de l'esprit de Dieu, il manifestait son immense charité. Ses conseils étaient toujours lumineux, applicables selon les occasions, et efficaces pour soutenir et perfectionner l'Oratoire qu'il voyait déjà répandu dans toute la France. Il disait quelquefois que la congrégation était un peu pâtissante ; mais il prenait occasion d'en bénir Dieu, charmé de ce que lui et les siens participaient aux souffrances de Jésus-Christ. Cela paraît par la lettre suivante écrite au supérieur d'une maison nouvellement établie.

« Honorez tous ceux qui vous traversent sous main. Le tentateur a désiré de nous cribler, il lui faut résister avec humilité, patience, en recourant à Jésus-Christ. Si l'on vous ôte la charge qu'on vous a confiée, soyez facile et prompt à la délaisser, ne vous appliquant aux œuvres qu'autant qu'elles sont commandées, et sans engagement. Nous avons tous un grand ouvrage à faire, de travailler à nous-mêmes, quand les autres emplois nous sont ôtés. Croissez en vertus intérieures et extérieures, spécialement en humilité, douceur, retenue et charité.

« Apprenez à souffrir. Quelque grandes que soient vos peines, il s'en faut bien qu'elles approchent de la passion du Fils de Dieu. »

Le roi le choisit pour aller à Rome. — M. de Bérulle, ainsi occupé des besoins de sa congrégation, ne pensait qu'à la gouverner, lorsque le roi le choisit pour aller à Rome. Il s'agissait d'obtenir du Pape une dispense qui permît à madame Henriette-Marie de France d'épouser le prince de Galles, et de négocier la paix de la Valteline. Il y avait près d'un siècle que l'Angleterre persécutait les vrais fidèles ; que la religion avait perdu dans ces contrées non-seulement la couronne, mais la liberté ; qu'enfin les catholiques y versaient du sang ou des larmes, lorsque la Providence, par un mariage, remit la religion sur le trône.

Son départ et son voyage. — M. de Bérulle, en conséquence, partit pour Rome au mois d'août 1624, accompagné du P. Guy de Faur, et de tous les vœux de l'Oratoire et des Carmélites. Il arriva le 27 à Turin, et ne voulant point loger au palais de Son Altesse qui l'en pria, il descendit chez M. de Marigny, pour lors ambassadeur de France. Il s'embarqua sur le Pô, dans une barque que le prince fit lui-même préparer et remplir de provisions. Le serviteur de Dieu s'arrêta à Bologne, pour avoir la consolation d'y visiter le tombeau de saint Dominique, et d'y voir le corps de sainte Catherine, qu'on dit être encore intact. Il sentit une joie indicible lorsqu'on lui montra la salle où le concile général s'assembla avant que d'aller à Trente.

Ses effusions de cœur à Lorette. — Mais quelque grande que fût cette satisfaction, elle n'approcha point de celle qu'il éprouva à la vue de Lorette. Il était trop rempli de Jésus-Christ pour ne pas épancher toute son âme dans ce sanctuaire consacré au mystère ineffable de l'Incarnation, sanctifié par toutes les prières des fidèles et par les offrandes de tous les souverains. Il arrosa le pavé de ses larmes, et lorsqu'il célébra la messe, il parut être avec Jésus-Christ sur le Thabor. Là, dans toute l'effusion de son cœur, il recommanda à Dieu et à la sainte Vierge ses chers disciples qu'il n'oublierait point, et se renouvela plus que jamais dans l'amour divin.

Tout excitait dans son voyage des pensées et des sentiments de piété. Une fontaine, une fleur, un insecte l'élevaient au Créateur, et le pénétraient d'admiration. Ami de la pénitence et de la pauvreté, il désirait les plus mauvaises hôtelleries, et il était souvent exaucé. Après s'être occupé tout le jour à prier et à contempler Dieu dans ses ouvrages, il passait sa soirée à écrire aux PP. de l'Oratoire et aux Carmélites tout ce qu'il croyait propre à les soutenir et à les éclairer.

Sa manière de vivre pendant son séjour à Rome. — Sitôt qu'il aperçut Rome, ses larmes coulèrent, et son âme sentit une impression toute divine. Il voulait faire sa première visite au temple des saints apôtres Pierre et Paul, mais il fut obligé de se rendre chez le comte de Béthune, ambassadeur, qui lui envoya son carrosse. Bientôt les églises devinrent son habitation : on l'y trouvait continuellement prosterné. Il n'y eut point de sanctuaire, ni de lieu de dévotion où il n'allât s'offrir à Jésus-Christ, et offrir sa congrégation. Il se retirait aussi dans les cimetières, recueillant, pour ainsi dire, l'esprit des saints qu'on y avait inhumés, et s'en faisait un rempart contre les vanités du monde.

Il a audience du Pape. — Son intelligence dans les affaires. — La première audience qu'il eut de Sa Sainteté ranima tout son respect et tout son attachement pour l'Eglise et pour son chef. On ne peut rien voir de plus énergique et de plus éloquent que le discours qu'il fit dans cette circonstance. Il expose la nécessité d'accorder la dispense que Louis XIII désirait, et il peint les malheurs de l'Angleterre d'une manière qui excita l'étonnement d'Urbain VIII. Ce Pape en conçut que M. de Bérulle était l'homme le plus propre à négocier ; qu'il saisissait les affaires dans leur vrai point de vue, qu'il en considérait l'ensemble, qu'il en prévoyait toutes les suites, et que son amour pour la religion avait peu d'exemples. Ce n'est pas une chose indifférente que de savoir les affaires au point de mériter l'admiration des Romains.

Motifs de son voyage. — Le mariage du prince de Galles avec Madame, sœur de Louis XIII, souffrit néanmoins de grandes difficultés, et il fallut tout le zèle et toute la capacité de M. de Bérulle pour en obtenir la dispense.

Quant à la paix de la Valteline, il n'y eut pas moyen de la terminer. Le Pape, maître des forts de ce pays, dont le dépôt lui avait été confié, ne voulait ni les faire démolir, ni les remettre aux Grisons, ainsi que la France le désirait, mais les rendre aux Espagnols. Il voulait outre cela que le Saint-Siège fût remboursé de l'argent dépensé pour l'entretien des garnisons.

Tout le monde sait que la Valteline est un pays appartenant aux Grisons ; que vingt lieues de longueur sur une de largeur forment toute son étendue ; mais qu'elle est un vallon fertile, de grande importance, et servant de passage pour faire entrer des troupes d'Allemagne en Italie. Il est vrai que si M. de Bérulle ne put consommer cette paix, qui lui coûta beaucoup de peines, et qui le mit souvent aux prises avec le cardinal de Richelieu, au moins se donna-t-il les mouvements les plus propres à la faire réussir.

Témoignage rendu à la sainteté de M. de Bérulle par le Pape lui-même. — Le Pape disait souvent au P. Bertin de l'Oratoire, qui résidait à Rome depuis du temps : « Le P. de Bérulle n'est pas un homme, mais un ange. » On sait que les Italiens ont communément l'art de discerner les esprits, et qu'ils sont excellents juges dans la manière de définir les personnes. Sa Sainteté prouva qu'elle était intimement convaincue de ce qu'elle avait dit, car elle lui communiqua ses propres intérêts, comme elle eût pu faire à l'égard de son nonce, le chargeant des plus importantes affaires avec la cour de France, et s'en remettant entièrement à ses lumières et à sa sagesse.

Désintéressement de M. de Bérulle. — M. de Bérulle ne sollicita pour sa congrégation ni grâces ni privilèges, quoiqu'il fût à la source ; et il arriva qu'un père qui avait tant d'affection pour ses enfants ne prit point d'autres moyens pour les agrandir que de les recommander à la Providence. Il ne parlait de sa congrégation qu'à Dieu seul, plus jaloux des dons célestes que de toutes les richesses et de tous les honneurs.

Il entend une voix miraculeuse. — Comme il faisait un jour sa prière dans l'église de Saint-Pierre *in Montorio*, il entendit une voix qui lui dit : *Je veux que tu sois de mon Eglise*. Ces paroles le troublèrent, lui firent naître mille différentes idées, et il n'en comprit le sens que par la suite. Après avoir séjourné pendant quatre mois à Rome, où il vit souvent les disciples de saint Philippe de Néri, il en partit le 10 janvier 1625, ravi, disait-il, d'avoir rendu ses hommages au vicaire de Jésus-Christ, et d'avoir habité la ville sainte où se trouve la chaire de vérité et le centre de l'unité.

Son retour en France. — *On lui annonce le cardinalat.* — Ayant rendu compte au roi, à la reine mère et au cardinal de Richelieu, il reçut les éloges que méritaient sa prudence et sa fidélité. On était convaincu de sa rare probité, de l'étendue de ses lumières, de sa profonde intelligence dans les affaires, de son zèle aussi ardent qu'infatigable pour son souverain et pour l'Etat. Il écrivit une lettre au prince de Galles (qui devint roi peu de temps après), où, sans paraître lui donner des avis, il l'instruisit de tous ses devoirs. Peu de temps après, il reçut un petit billet qui lui expliqua l'énigme de ce qu'il avait entendu dans l'église de Saint-Pierre *in Montorio*. Ce fut une âme sainte qui, sans savoir ce qui s'était passé en Italie, lui écrivit ces mots : « Dieu veut que vous soyez cardinal, n'y résistez point. »

Il ne faut pas douter de la tendresse avec laquelle M. de Bérulle revit ses confrères et les embrassa. Il trouva tous les évêques édifiés de leurs travaux, et il fut contraint d'accepter encore de nouveaux établissements.

Conférences de M. de Bérulle à ses disciples. — Plus Dieu bénissait son ouvrage, et plus il se croyait obligé de ranimer continuellement le zèle et la piété. Ses conférences à ce sujet sont admirables, et c'est avec un vrai regret que je me borne à n'en rapporter que ce qui suit, qui est tiré d'un discours adressé à tous les Pères de la congrégation.

« Puisque Dieu daigne du plus haut de ses grandeurs regarder notre néant, élevons-nous à ce même Dieu du plus profond de nos misères; et puisqu'il nous choisit pour participer à ses œuvres, ne méconnaissons pas notre vocation, ne résistons pas à sa grâce, ne nous attachons pas à nous-mêmes, ne nous rendons pas indignes de ses miséricordes, ne faisons pas, en un mot, des actions périssables, mais des actions immortelles. Tout ce que nous faisons pour la terre passera avec la terre, ce que nous faisons pour Dieu durera autant que Dieu même. Si c'est donc pour Dieu que nous travaillons, que nous ouvrons nos livres, c'est une œuvre éternelle; mais si c'est pour nous procurer du repos et de l'honneur, c'est une œuvre temporelle qui sera consumée par le feu. Considérons nos voies selon l'avis du Prophète, pour les connaître et pour les diriger.

« N'oublions pas que Jésus, qui est notre père et principe, nous engendre et nous produit, nous forme et nous établit en lui-même par une grâce toute divine. Il est notre monde, et nous vivons en lui. Il est le monde qui nous soutient par sa puissance, nous éclaire par sa lumière, nous échauffe par son amour, nous arrose par ses influences, nous vivifie par son esprit, nous nourrit par son corps; monde admirable, monde nouveau où nous sommes établis par la génération, et qui est aussi saint que le monde profane est dangereux et corrompu. Elevons-nous donc au-dessus de nous-mêmes, et considérons notre seconde origine toute spirituelle et toute divine. La fin de Dieu, en nous régénérant, c'est lui-même; car Dieu ne peut rien faire que pour lui. Ces réflexions nous obligent à ne rien recevoir que pour lui, et à n'avoir ni vie ni être qu'en lui.

« Notre ministère a l'objet le plus excellent, la puissance la plus céleste, l'effet le plus divin. Il faut que le Saint-Esprit lui-même soit le docteur de notre science, le directeur de notre ouvrage. L'art de conduire les âmes est une science plus d'intelligence que de mémoire, plus d'oraison que d'étude, plus de pratique que de discours; science qui a pour sa lumière, non la lumière de la nature, mais celle de vie; lumière qui n'est promise qu'à ceux qui suivent Jésus-Christ, qui adhèrent à lui; science qui s'apprend, non dans les académies, mais dans les saintes Écritures et au pied de la croix.

« Aspirons donc à cette science sainte, divine et salutaire; apprenons dans les cieux, dans les anges, dans Dieu lui-même la sainteté de notre ministère et l'excellence de son opération. Rendons-nous dignes de l'état auquel nous sommes appelés; consumons-nous en patience, en travaux et surtout en charité, et que nos sollicitudes ne s'interrompent ni jour ni nuit. »

Conférences aux Carmélites. — Ses conférences aux Carmélites n'étaient ni moins sublimes ni moins onctueuses. Il suffit d'en donner une idée.

« Le soin que nous devons avoir de votre avancement dans les voies de Dieu nous oblige à veiller sur vos âmes, à considérer les obligations de la vie que vous professez, et à jeter souvent les yeux sur vos différentes maisons, comme autant de lieux saints qui doivent être saintement habités.

« La fonction de chanter les louanges divines, qui vous occupe une partie du jour et de la nuit, est une chose si relevée qu'elle ne peut être assez dignement remplie. Considérez que cette action de bénir Dieu est l'usage de la vie céleste et l'emploi continuel de l'éternité : c'est l'office des anges et de tous les esprits bienheureux, celui des évêques, des prêtres, des moines, des fidèles, en un mot de toute l'Eglise..... Souvenez-vous que vous ne louez Dieu dignement que par Jésus-Christ qui, toujours en qualité d'hostie et de victime, ne cesse d'intercéder pour nous. Ainsi vous n'êtes ni solitaires ni isolées, lorsque vous priez au nom de l'Eglise, mais en société avec Jésus-Christ même. Que Jésus soit donc éternellement avec vous, qu'il anime vos esprits, qu'il touche vos cœurs, qu'il ouvre vos lèvres, qu'il vous rende dignes de célébrer saintement ses louanges et ses œuvres. Il est le seul saint, saint en son essence, en sa personne, en sa puissance, en sa miséricorde, en sa justice, en terre, au ciel, en vos âmes. En un mot, faites si saintement l'office divin, que vous méritiez de le faire encore plus saintement au séjour de l'éternelle félicité. »

Il accompagne la princesse de Galles en Angleterre. — M. de Bérulle fut encore obligé de se séparer de ses chers disciples pour passer en Angleterre où Dieu l'appelait. Chargé par le Pape lui-même de la conscience de la nouvelle reine, et de la foi, pour ainsi dire, de tout ce royaume, il partit de France avec la princesse, au mois de juin 1625. Le roi, plein de confiance en ses lumières, se consola du départ de son auguste sœur. Le trajet fut heureux. Madame arriva au milieu des acclamations de tout un peuple, qui fit paraître autant d'amour que de joie. Le serviteur de Dieu ne cessait d'exhorter la princesse à protéger fortement les catholiques et à ne pas permettre que, par sa négligence ou par sa faiblesse, la vraie religion retombât dans une honteuse servitude. Sur la foi qui permettait la liberté de conscience, il avait emmené avec lui douze prêtres de sa congrégation qui devaient rester à Londres.

Son zèle pour la religion et pour soutenir les intérêts de la nouvelle reine. — Quand il jetait les yeux sur cette ville infortunée, il se regardait comme Ezéchiel au milieu d'un champ couvert d'ossements arides, et il priait Dieu avec toute l'ardeur possible, de souffler et de répandre son esprit de vie. Il sollicita vivement la punition d'un portier, qui avait osé battre une Française parce qu'elle était venue entendre la messe, et le portier fut chassé comme il le méritait.

Ce ne fut pas la seule occasion où le serviteur de Dieu montra du courage. Ardent à remplir toute justice, il soutint les droits qu'on avait stipulés pour la princesse dans le contrat de mariage; il la défendit généreusement contre ceux qui lui étaient opposés, et contre le roi même son mari, qui était la victime des préventions qu'on lui donnait; et il la soutint au milieu de ses disgrâces par ses exhortations et par ses conseils.

Il revient en France. — *Il rend compte au roi et à la reine de sa négociation.* — *Il écrit à la reine d'Angleterre.* — Il n'est pas douteux qu'une pareille fermeté dut lui attirer beaucoup de persécutions; mais elles ne purent jamais l'ébranler. L'Angleterre, malgré ses préjugés, ne cessa d'admirer les vertus, les talents et le courage de l'homme de Dieu. Lorsqu'il vit qu'il n'y avait rien à craindre pour la piété de la reine, et fort peu à espérer pour les autres, il revint en France où ses devoirs et ses occupations l'appelaient; il montra aux Pères qu'il laissa en sa place la conduite qu'ils devaient observer pour entretenir la reine dans ses pieux sentiments. Ce fut au mois de septembre qu'il partit de Londres au grand regret de tous les catholiques, dont il avait été le soutien et l'édification. Il craignait, pendant une tempête qu'il essuya sur mer, de ne pas aborder à temps pour célébrer les saints mystères, mais il eut cette divine consolation. Il se rendit à Fontainebleau avant les courriers anglais, et il eut tout le temps de faire connaître à Leurs Majestés le juste état des affaires d'Angleterre. Le roi fut ravi d'apprendre que sa sœur soutenait la religion avec un courage digne de la foi des Bourbons.

M. de Bérulle suppléa par ses lettres au défaut de sa personne et ne manqua point de faire passer au delà des mers les lumières et les grâces qui lui venaient du ciel, comme il paraît par cette lettre qu'il écrivit à la reine d'Angleterre et que la religion même a dictée:

Madame,

« Le plus beau nom de la terre est celui de roi et de reine, et le plus bel état est celui de régner; c'est le point de la plus haute ambition: mais notre condition flétrit la beauté de cet état et le rend périssable. L'homme étant composé d'éléments, doit nécessairement finir. Celui qui est aujourd'hui sur le trône sera demain au tombeau; sa pompe et sa gloire seront réduites en poussière, et il n'aura d'autre suite que la société des vers; fin déplorable de la félicité humaine...

« L'hérésie est l'Hérode de nos jours: elle semble chercher Jésus-Christ pour l'adorer, et elle ne pense qu'à le détruire dans le cœur des fidèles. Prenez tous les moyens, hors ceux de la persécution, pour la déraciner.

« Les rois sont esclaves de la mort et du péché, et Jésus-Christ est le seul roi qui peut les en délivrer. Recherchez donc continuellement, et aimez sans mesure ce divin Sauveur; le ciel et la terre plieront bientôt sous l'étendard de sa croix. Son empire est un empire de lumière. N'oubliez jamais ces vérités. La plus grande et la plus heureuse qualité que vous aurez jamais, c'est d'être unie à Jésus et de vous déclarer par effets et par paroles son humble servante, de vivre sur terre en cette qualité, de protéger sa loi et ses serviteurs. Pour une couronne frêle, petite et de peu de durée, il vous fera porter une couronne solide et éternelle. »

La lettre suivante n'est pas moins intéressante; elle mérite d'être lue avec attention.

« Il n'y a aucun royaume qui n'ait embrassé la religion que vous professez. Vous voyez encore les croix, les églises, les autels dans toute l'Angleterre, autant de pierres qui parlent et qui défendent la religion que vous croyez et qu'on veut ruiner; religion professée par tous les rois vos prédécesseurs, excepté deux ou trois, et qui durera jusqu'à la fin des siècles.

« Souvenez-vous que vous êtes fille et sœur de roi, et que parmi tant de monarques dont vous descendez, aucun n'est mort dans l'hérésie qui vous environne. Celui-là même qui est aujourd'hui hérétique en Angleterre, ne peut remonter jusqu'à sa grand'mère, qu'il ne la voie au pied d'un crucifix, et recevant la divine eucharistie que l'erreur abjure présentement.

« Cherchez et adorez Jésus-Christ en esprit et en vérité. Soyez à lui, il sera à vous; placez-le dans votre cœur, et il vous placera au sein de son Père; honorez-le en terre et il vous honorera dans le ciel; faites-le régner en cette île, et il vous fera régner avec lui dans son paradis, où se trouvent la vraie grandeur, la vraie royauté, la vraie félicité.

Lettre au P. de Sancy, en Angleterre. — « J'estime qu'il est à propos que vous fassiez tous les quinze jours une exhortation aux domestiques de la reine, soit qu'elle y assiste ou non; car nous devons travailler à leur salut. Je vous prie d'avoir un grand soin que nos Pères répandent une grande odeur d'édification et de les exhorter souvent à honorer le Fils de Dieu dans leur maintien, à honorer sa croix par leur patience et charité, et à servir aux âmes qui souffrent depuis si longtemps persécution. Je vous exhorte à l'observance des règlements intérieurs, à la recollection de l'esprit, à la modestie et à la modération qui convient au pays où vous êtes.

« Je vous recommande beaucoup de faire tout ce qui vous sera possible pour bien vivre avec messieurs les ecclésiastiques de la cour. Il faut leur déférer, obéir à ce qui est commandé, et ne pas donner prétexte à la division qu'on voudrait introduire. Notre pratique est la croix et le travail. Laissons les autres chercher autre chose. Il est nécessaire d'exhorter la famille de la reine à la piété, et à la communion tous les dimanches de ce carême. Conservez le frère... tant qu'il vous sera possible. Il faut pâtir, supporter ceux qu'on a, et ne pas renvoyer les personnes aussitôt qu'elles sont pénibles.

« Je crois que vous ferez bien d'être moins assidu à la cour, et de vaquer aux besoins de nos Pères.

« Est-il possible que nous ayons Jésus-Christ si souvent à nos mains, en nos bouches, en nos cœurs, et que la mort d'un Dieu nous fasse si peu mourir à nous-mêmes ? »

Il travaille à la ruine de l'hérésie. — Pendant que M. de Bérulle écrivait ainsi en Angleterre pour y faire triompher la vraie religion, il travaillait en France à ruiner entièrement l'hérésie. Son zèle ne se ralentissait point à ce sujet. Il savait qu'une erreur qui excitait des révoltes dans l'Etat, ne pouvait finir que par un coup d'Etat. Louis XIII, en conséquence, fit marcher des armées contre les rebelles, et reprit le Béarn. Il ne fut pas moins heureux dans la Guyenne et dans le Languedoc ; et pendant ces opérations, Bérulle en prières obtenait les secours du ciel.

Personne n'ignore que le saint homme eut beaucoup de part dans tous les conseils de cette guerre, et qu'il fut la cause que les armes de Sa Majesté, qu'on voulait porter en Italie, se tournèrent vers le Languedoc.

Il prédit la prise de la Rochelle et il en conseille le siége. — Cependant, après tant de conquêtes signalées, il en restait une importante, sans laquelle les autres n'étaient rien : c'était la prise de la Rochelle ; et ce furent les seuls avis de M. de Bérulle, quoique opposés à ceux du cardinal de Richelieu, qui firent entreprendre ce siége. Le serviteur de Dieu avait eu une inspiration quelques années auparavant, que cette ville rebelle se rendrait un jour à son devoir, et il n'hésita point à en assurer la certitude. Le succès suivit l'entreprise, et toute la France dut à ses conseils cette importante victoire. Il annonça aussi, contre toute vraisemblance, que les Anglais, réfugiés dans l'île de Ré, n'y tiendraient pas, qu'ils en sortiraient le jour de la Madeleine, et la chose arriva.

Les saints ont des lumières que la politique ne connaît point, et ils lisent souvent dans l'avenir. Ne semble-t-il pas, par exemple, que M. de Bérulle, qui s'opposa toujours fortement au dessein formé d'abaisser la maison d'Autriche, entrevoyait alors l'heureuse alliance dont nous goûtons aujourd'hui les fruits, et qu'il respectait d'avance cette grande

(2) L'impératrice reine de Hongrie.

princesse (2) dont les vertus édifient toute l'Eglise ?

Mort de la mère de M. de Bérulle. — L'heure arriva où la mère du serviteur de Dieu alla jouir de la récompense promise aux élus. Après avoir passé vingt et un ans chez les Carmélites, dans l'exercice de la plus rigoureuse pénitence, elle tomba dangereusement malade : la fièvre qui la dévorait la consuma dans cinq jours. Elle avait toujours désiré que son fils l'assistât à sa mort, et Dieu exauça ses désirs. Il lui administra les derniers sacrements d'une manière si touchante, qu'on ne put discerner qui des deux avait plus de résignation et plus de foi. Ce fut sans doute un spectacle bien édifiant de voir la mère et le fils se séparer avec courage au milieu des plus tendres embrassements, l'un pour continuer l'œuvre de Jésus-Christ sur terre, l'autre pour aller au ciel contempler ses grandeurs. La reine mère et plusieurs princesses honorèrent ses obsèques de leur présence, et s'unirent aux religieuses pour faire son éloge.

Il réconcilie Monsieur avec le roi son frère. — M. de Bérulle fut alors chargé de travailler à la réconciliation de Monsieur avec le roi, et de réunir les deux frères dans toute la sincérité. On lui confiait tout ce qu'il y avait de plus difficile et de plus épineux, parce qu'on était presque assuré du succès : mais tous ces avantages n'empêchaient point l'homme de Dieu de paraître à la cour toujours modeste, toujours humble, toujours désintéressé. Il cachait ses opérations le plus qu'il pouvait, dans la crainte de s'attirer des applaudissements, et de donner entrée à l'amour-propre.

Sa modestie. — Il eût d'ailleurs appréhendé qu'on le soupçonnât de servir l'Etat pour élever ou pour enrichir sa congrégation. La Providence et l'amour de la pauvreté lui paraissaient préférables à tous les honneurs et à tous les trésors. Le supérieur de Nancy lui ayant écrit que la maison se trouvait chargée de dettes, il répondit tout simplement qu'il fallait désormais acquitter cette maison de cent pistoles par année. On ne savait comment interpréter cette réponse, qui ne donnait ni espérance, ni argent ; mais on en comprit le sens lorsque la Providence, quelques temps après, fit naître des ressources extraordinaires.

Son attention pour le désintéressement. — Rien ne déplaisait plus au pieux instituteur que de se servir de l'administration des biens temporels pour s'enrichir. Il défendit à ses enfants de rien demander, même aux fondateurs, et il a si bien réussi, que cet esprit de désintéressement est devenu le caractère propre de sa congrégation, comme on voit par le portrait qu'on en fait, plus de soixante ans après la mort de M. de Bérulle, un auteur célèbre, dans un livre intitulé *Entretiens sur les sciences*. Après avoir désigné l'Oratoire sous le nom d'une communauté de prêtres, il continue ainsi :

« Leur politique, dit-il, est de n'en avoir

point; et il n'y a rien de plus éloigné de leur esprit que de s'établir et de s'affermir par des moyens humains. Ils ne brillent ni par des bâtiments somptueux, ni par l'or, ni par le crédit; ils ont beaucoup de reconnaissance du bien qu'on leur fait, mais ils ne le recherchent point, et ils ne savent ce que c'est que de tenir registre du mal, ou d'avoir des idées de vengeance. C'est un crime parmi eux de s'ingérer dans les familles, de se mêler de mariages et de procès. Ils ne renoncent point à leur patrimoine; mais chacun se sert de son bien comme d'une aumône.

« Il n'y a pas de compagnie qui étudie plus l'esprit de l'Eglise, et qui suive avec plus de fidélité ses maximes. Le saint homme qui a jeté les fondements de cette compagnie, a réduit tous les enseignements à n'agir que par l'esprit de Jésus-Christ. Aussi la lecture de l'Evangile leur est-elle fort recommandée. Ils ne font point de vœux, mais ils tâchent de les observer. On leur donne pour cloître l'amour de la solitude: on leur laisse les attraits particuliers pour certaines études; mais la grande étude est la discipline de l'Eglise, l'Ecriture, les conciles et les Pères.

« Ils n'ont point de constitutions secrètes dont ils fassent mystère; leurs règlements sont simples, et ils ne sont faits que pour entretenir l'uniformité. On ne commande jamais parmi eux, mais on y fait faire; et ceux qui sont les maîtres y sont les premiers serviteurs. Ils ne font point consister la piété dans une exactitude de quelques observances minutieuses; ils entretiennent parmi eux une sainte joie qui paraît jusque sur leurs visages, et ils vivent dans une cordialité qui ravit. Ils traitent quelques points de doctrine dans leurs conversations; ils connaissent les excellents livres et s'en entretiennent, de sorte qu'en conversant on y devient pieux et savant; ils ne renoncent point aux bénéfices, et ceux qui en ont accepté d'une manière canonique sont toujours considérés comme étant du corps. Ils ont des collèges, et ils enseignent la jeunesse.

« Leur vue est de servir l'Eglise sans avoir pour leur communauté ces affections basses et charnelles qu'on a pour ses familles, et qui font qu'on est toujours prêt à sacrifier l'honneur de l'Eglise pour conserver sa maison. Ils ne s'unissent donc point ensemble pour faire un corps qui éclate et qui se fasse distinguer des autres ordres; ils joignent seulement leurs forces, leurs études et leurs prières; ainsi il leur importe peu que leur société subsiste, pourvu que l'Eglise triomphe; et si en combattant pour elle ils étaient tous défaits sans qu'il en restât un seul, leurs souhaits seraient parfaitement accomplis. »

Combien M. de Bérulle était éclairé. — Il était naturel qu'une congrégation formée par le grand Bérulle, cet homme si éclairé et si rempli de l'esprit de Jésus-Christ, eût des maximes aussi sages et aussi pures; quel éclat sa science ne répandit-elle pas de toutes parts! Philosophe, théologien, orateur, il pensait et parlait comme les Pères de l'Eglise. Toutes ses connaissances n'avaient point d'autre objet que Jésus-Christ. « Hélas! disait-il, qu'est-ce que la nature et toutes ses découvertes, en comparaison de la grâce et de ses lumières? De quoi servent à Aristote et à Platon tant de pensées rares, qui ont rempli le monde d'admiration? J'estime infiniment plus le moindre degré de grâce que tous les dons naturels; et s'il y a quelque capacité dans l'homme qui mérite qu'on en fasse cas, c'est qu'il est capable de connaître et d'aimer Jésus-Christ. »

Le cardinal du Perron disait souvent : « Si vous voulez convaincre des hérétiques, envoyez-les-moi; si vous voulez les convertir, envoyez-les à Mgr de Genève; mais si vous désirez les convaincre et les convertir tout ensemble, adressez-les à M. de Bérulle. » Le P. Suffren, célèbre prédicateur, ajoutait à ce témoignage, « que depuis les apôtres, personne n'avait mieux connu Jésus-Christ et ses mystères, et n'en avait parlé d'une manière plus sublime que le serviteur de Dieu. »

Son attachement à saint Augustin. — *Sa manière d'employer le temps.* — Saint Augustin lui fut toujours présent comme le docteur et le défenseur de la grâce, comme celui qui soutint les intérêts de Dieu contre l'homme, et qui sut parfaitement élever la gloire du Créateur sur les ruines de la créature, sans donner atteinte au libre arbitre. Il eût désiré n'avoir point d'autre occupation que de se nourrir continuellement des ouvrages de ce grand évêque, et à cette occasion il se plaignait de la rapidité du temps, quoiqu'il n'en laissât pas écouler une minute sans le mettre à profit. Toujours actif, toujours spéculatif, il disait que le temps était le fruit de la rédemption de Jésus-Christ, et qu'on ne pouvait le perdre sans outrager le Rédempteur. Lorsqu'il allait voir quelque personne, et qu'il était obligé d'attendre, il prenait son Nouveau Testament qu'il portait toujours sur lui, et il en lisait quelques versets. Il ramenait insensiblement les paroles inutiles des autres à quelque entretien pieux et intéressant, et il ne parlait jamais lui-même sans instruire et sans édifier.

S'il était obligé de donner quelques heures aux affaires du monde, on l'entendait le soir qui s'écriait : *O inutilité!* et après s'être plaint de lui-même et des autres, il disait avec David : « *Enfants des hommes, jusqu'à quand aimerez-vous le mensonge et la vanité.* (Psal. IV, 3.) Cependant il rejetait les affaires qui n'avaient point de rapport à son état; et il ne vit jamais les grands pour les flatter. Dieu, et toujours Dieu, fut l'objet principal de toutes ses démarches et de toutes ses pensées. On vint un jour l'avertir qu'un prince le demandait, il partit à l'instant pour l'aller recevoir; mais se souvenant qu'il n'avait point offert ni recommandé à Dieu cette visite, il oublia le prince pendant quelque temps pour s'entretenir avec Dieu.

On le nomme cardinal. — Ces vertus étaient trop éclatantes pour n'être pas honorées comme elles le méritaient. Il y avait longtemps que le roi avait formé le dessein de le faire cardinal, quoique le serviteur de Dieu suppliât instamment Sa Majesté de n'y point penser. Il alléguait pour raison un vœu qu'il avait fait de ne jamais accepter aucune dignité ; mais le Souverain Pontife, qui connaissait tout le mérite de M. de Bérulle, rompit ces liens, et lui envoya la dispense, en lui apprenant sa promotion. Il se vit donc forcé, malgré son humilité, à se revêtir de la pourpre romaine. Ce fut le 10 septembre 1627 qu'il en reçut la nouvelle. Aussitôt il se mit à genoux, s'abaissant devant Dieu à proportion qu'il l'élevait. Le nonce vint le voir sur le midi ; et les PP. de l'Oratoire n'apprirent ce qui se passait que par le bruit commun.

Il tremble à l'occasion de sa nouvelle dignité. — Peu de temps après, la reine mère envoya visiter le nouveau cardinal par M. de Brèves, son grand écuyer, qui vint le chercher dans un carrosse à six chevaux pour le conduire à la cour. « Hélas ! Seigneur, disait-il à Dieu, quel est votre dessein sur moi, et que voulez-vous que je fasse ? M'avez-vous donné cette dignité pour me distraire et pour me séparer de vous ? Oh ! que je serais bien plus content et bien plus honoré si j'étais dans un petit coin de la terre, où je puisse écrire sur vos mystères et les adorer en secret, plutôt que de me trouver ainsi dans le monde, où il n'y a que des choses vaines, et où la moindre perte qu'on fait est celle du temps qui est si précieux ! Hélas ! ajoutait-il, qui sait si ce que les gens du monde regardent comme une faveur n'est point un jugement de rigueur sur moi ? Qui sait si sa divine majesté ne m'a point voulu donner cette récompense en cette vie pour me réserver la punition de mes fautes en l'autre, et si je ne suis point destiné à accroître le nombre de tant de malheureux hommes, qui se fussent sauvés dans une condition basse ou médiocre, et qui se sont perdus dans les honneurs et dans les dignités ? »

Sa lettre au Pape. — Il écrivit au Pape en ces termes, qui marquent bien l'excès de son humilité :

« Par ordre de Votre Sainteté, je me vois dans une condition qui m'accable et m'abîme, et me met dans des périls plus grands et plus périlleux que ceux dont la main du Fils de Dieu retira saint Pierre ; et si je ne voyais et révérais le même Sauveur en la personne de Votre Sainteté, qui me commande de recevoir cette dignité, je croirais plutôt devoir m'en tenir à la crainte, et ne point accepter cette charge, car elle est environnée d'autant de périls que de grandeurs ; mais Votre Sainteté annonce les oracles de Jésus-Christ en terre, et je dois révérer en la personne d'Urbain VIII celui-là même qui affermit saint Pierre au milieu des eaux ; et en écoutant la voix de Votre Sainteté, j'écoute la voix de celui qui a dit que ses brebis l'écoutaient.

« Puisque enfin vous me commandez d'obéir, je reçois cette dignité comme une liaison nouvelle à l'Eglise de Dieu, à Jésus Christ, qui en est le chef, et à Votre Sainteté qui en tient lieu sur terre, et comme une obligation, en servant Jésus-Christ et l'Église, de dépendre de vous, de qui Dieu veut qu'on dépende en la chose du monde la plus sainte, la plus auguste et la plus importante, qui est le salut. »

Sa Sainteté fut extrêmement satisfaite de ces pieuses dispositions, et elle se félicita d'avoir illustré le sacré collège par la promotion d'un homme si supérieur au reste des hommes.

Sa lettre au roi. — La lettre de M. de Bérulle au roi n'est pas moins humble et touchante ; elle se trouve au commencement de la *Vie de Jésus-Christ*, qu'il présenta à Sa Majesté, et elle commence ainsi

Sire,

« Votre Majesté a voulu prendre une résolution si éloignée de mes désirs, de mes pensées, et si fort au-dessus de ma faiblesse que j'en ignore la raison. Je sais n'avoir mérité cette dignité, ni de la majesté suprême que j'adore, ni de la vôtre, qui relève de la sienne, et que je dois révérer en terre. C'est un conseil qui m'est caché et inconnu ; mais il m'est loisible de craindre l'événement. Le livre de vie que nous avons devant les yeux nous oblige à craindre, et non à désirer ; à fuir, et non à respirer l'air des grandeurs passagères. Il nous enseigne que les grands seront terriblement tourmentés (*Sap.* VI, 7), et c'est un grand, un sage et un roi qui prononce ces vérités, et qui le prononce au nom de Dieu, qui l'a fait grand sage et roi. »

Il dit un jour à un Père de sa congrégation, qui lui témoignait de la joie de sa nouvelle élévation, que les grandes charges quoique non recherchées, étaient toujours très-dangereuses, et que les dignités, même ecclésiastiques, ont quelque chose de vain et de malfaisant, et qu'il faut s'en garder comme des ennemis.

C'est ainsi qu'il parla, et c'est ainsi qu'il écrivit à tous ceux qui lui firent des visites ou des compliments. Il ajoutait que, lorsque Dieu appelle quelqu'un à une dignité, c'est afin qu'en même temps qu'il le met au-dessus des autres par sa condition, il se mette lui même au-dessous de tous par une humble disposition de cœur et d'esprit.

Sa réponse à la reine mère. — *Nouvelles marques de son humilité.* — Lorsqu'il reçut la barette des mains de la reine mère, il lui dit qu'il la recevait avec une vraie confusion ; qu'elle le revêtait d'une grande dignité « mais qu'elle ne pouvait lui donner la grâce pour en remplir les devoirs, et qu'il fallait qu'il s'adressât à Jésus-Christ. » Il se rendit de la cour à l'église de Notre Dame, et, déposant là toute sa grandeur au pied des autels, il demanda instamment à la très sainte Vierge qu'elle lui obtînt quelques degrés de son humilité. Il servit le soir même au réfectoire, comme il avait fait le jour qu'il reçut la nouvelle de sa promotion.

Toutes les fois qu'il se revêtait de la pourpre, il regardait cette couleur comme un signe qui lui annonçait de se tenir toujours prêt à répandre son sang pour Jésus-Christ.

Loin d'oublier ses enfants lorsqu'il changea de condition, il pria Sa Sainteté de vouloir lui conserver la qualité de Père et de supérieur, et il eut deux brefs à ce sujet : l'un qui lui permettait de gouverner l'Oratoire, et l'autre de diriger les Carmélites ; ce furent les seuls liens qui l'empêchèrent d'aller à Rome, comme il l'eût désiré.

Il voulut que ses disciples traitassent avec lui comme auparavant, et il leur défendit de faire aucune difficulté de se couvrir et de s'asseoir en sa présence. Il chargea même le supérieur de la maison de Paris de faire savoir à tous les autres que ce changement de condition n'en apportait aucun envers la congrégation; qu'il avait autant de soin et d'amour pour elle que jamais; qu'il désirait qu'on lui écrivît avec la même confiance et la même liberté, et qu'on ne lui donnât point dans les lettres d'autre titre que celui de Père. Un prêtre de la congrégation l'ayant appelé *Monseigneur*, au commencement d'une lettre, il s'en fâcha, et dit à celui qui la lui avait remise : « A-t-on donc oublié la manière avec laquelle on traite avec moi ? je ne suis que votre Père, et ne mérite seulement pas de l'être. »

Sa simplicité dans ses meubles et dans ses habits. — Il observa la même frugalité, la même mortification, la même pauvreté. Ses habits furent toujours de serge, sa chambre sans aucun ornement; et s'il permit qu'on y plaçât un dais, ce fut pour y mettre un crucifix. Jamais il ne consentit qu'on fît son portrait : « Je ne veux point, disait-il, être gravé sur la terre ni dans le temps, mais au ciel et dans l'éternité. » Il n'eût jamais envoyé ses armes à Rome, si on ne l'y eût forcé; et il eût voulu n'avoir d'autres chiffres que les noms de *Jésus* et de *Marie*, qui forment la devise et le sceau de sa congrégation. On ne le vit assister ni aux assemblées, ni aux mariages de sa famille, quoiqu'il aimât ses parents bien sincèrement. Il répondait à ceux qui lui en parlaient, que n'ayant jamais été du monde, il ne voulait pas commencer à y entrer si tard. Il traita toujours ses domestiques plutôt en père qu'en maître; mais il eut soin que leur modestie répondît à la simplicité de leurs habits.

Comme il aima les pauvres. — Son amour pour les pauvres ne connaissait point de bornes. Il allait souvent lui-même à la porte leur distribuer le pain et les consoler. Ceux qui étaient couverts d'ulcères avaient plus de part à ses entretiens et à ses bontés. Quelques années avant l'établissement de l'Oratoire, ayant rencontré, près des Chartreux, un malheureux couvert de plaies, il descendit de cheval, le confessa, et lui fit apporter à manger. Il en usa de même à l'égard d'une femme affligée de la peste.

Ses mortifications. — Le détail de ses mortifications formerait un volume. Jeûnes, veilles, retraites, pèlerinages, cilices, tout fut employé pour mortifier ses sens, et pour participer aux souffrances de Jésus-Christ. Quoique très-sensible au froid et au chaud, il se plaisait à en supporter les rigueurs. Quelquefois il faisait une partie de ses voyages à pied, par esprit de mortification. En un mot, il exécuta ce qu'il avait promis à Dieu, dans sa retraite à Verdun, de ne laisser passer aucun jour sans faire quelque pénitence intérieure et extérieure.

La dignité de cardinal ne lui parut qu'une nouvelle obligation de travailler, de souffrir et de s'humilier encore plus qu'il n'avait fait jusqu'alors : aussi ne dédaigna-t-il pas de descendre aux plus basses fonctions. Il ne perdait pas de vue l'anéantissement de Jésus-Christ, et c'était pour s'y conformer qu'il ne cessait lui-même de s'anéantir. Les remercîments lui étaient aussi insupportables que les éloges. Il ne voulut pas voir une dame qui venait lui rendre grâces de ce qu'il avait été le ministre de sa conversion, se contentant de dire à celui qui le pressait de lui donner audience : « Elle doit tout à la miséricorde de Notre-Seigneur, et pour moi je suis assuré que je n'y ai point de part. »

L'Oratoire devient le germe de plusieurs sociétés ecclésiastiques, telles que Saint-Lazare, Saint-Sulpice, etc. — Il écrivit, dans une lettre qu'on voudrait pouvoir insérer ici, que la pourpre dont il était revêtu lui rappelait continuellement celle dont les Juifs couvrirent Jésus-Christ; et qu'il désirait, à l'exemple de ce divin Maître, consommer sa vie dans le sein des humiliations et des douleurs. C'est par des sentiments si affectueux, si sublimes et si divins, qu'il perfectionnait sa congrégation, et que l'Oratoire fit naître l'idée à plusieurs hommes célèbres de former de saints établissements. Tels furent les Missionnaires, fondés par saint Vincent de Paul; tels furent Messieurs de Saint-Sulpice, institués par M. Ollier et le P. de Condren : deux corps ecclésiastiques dont la régularité sert d'exemple au clergé. Le séminaire de Saint-Nicolas du Chardonnet fut aussi formé sur le même modèle.

M. de Bérulle est nommé abbé de Marmoutier. — Sa manière de penser sur les revenus ecclésiastiques. — Le roi, toujours attentif à donner des preuves de son estime au cardinal de Bérulle, le nomma abbé de Marmoutier; mais outre que la mort, survenue six mois après, l'empêcha d'en jouir, il se disposait à en abandonner le revenu aux pauvres. C'est ce qu'il dit à une personne qui espérait qu'un tel bénéfice servirait aux besoins de l'Oratoire. « Le bien des abbayes, répliqua-t-il, doit être employé à secourir les malheureux des endroits où elles sont situées : il ne faut point frauder l'intention des fondateurs; et ce n'est pas le moyen que Dieu a choisi pour soulager la congrégation. »

Belles réflexions du serviteur de Dieu. — Il avait toujours des réponses qui annonçaient son indifférence pour les biens du monde, et son attachement continuel à Jésus-Christ. Un ecclésiastique se plaignant devant lui d'une surdité, il lui répondit : « Pourvu que vous entendiez bien les inspirations de Dieu, c'est assez. Je voudrais être sourd à cette condition. » Voyant un jour des ouvriers qui travaillaient avec ardeur, il fit cette réflexion : « Ces pauvres gens nous condamneront au dernier jugement. Que ne font-ils pas pour gagner leur vie, qui n'est pourtant que la vie du corps, tandis que nous sommes si timides et si peu empressés à acquérir Jésus-Christ, la vie éternelle ? »

Comment ses paroles et ses écrits imprimaient la sainteté. — Ses paroles, ses regards, sa rencontre, imprimaient je ne sais quoi dans les esprits, qui inspirait un goût singulier pour la vertu. « J'ai reçu plusieurs de ses lettres, » disait un Père de sa congrégation, « et souvent il ne m'écrivait rien que ce que plusieurs eussent pu m'écrire, mais elles pénétraient tellement mon âme, qu'elles y demeuraient gravées des années entières. » Un autre Père dit, qu'ayant reçu la bénédiction de M. de Bérulle, il se sentit tellement rempli de Notre-Seigneur, que pendant plus de six mois il se croyait dans un nouveau monde.

Il tombe malade en 1628. — *Son ardeur à continuer ses travaux.* — Notre pieux cardinal continuait, selon sa coutume, à partager son zèle et son temps entre l'Oratoire et les Carmélites, lorsqu'au mois d'avril 1628 il tomba dans une espèce de langueur. Son visage devint livide, son haleine entrecoupée, son dégoût universel. Il ne demandait cependant la santé qu'aux conditions de pouvoir travailler avec plus d'ardeur. La vie lui paraissait insupportable, dès qu'elle était inutile au prochain. Aussi ne garda-t-il jamais le lit, pas même le jour de sa mort. S'il alla prendre les eaux dans une maison voisine, au faubourg de Saint-Jacques, il ne discontinua, malgré le mal et les remèdes, aucun de ses exercices. Toujours il dit la messe avec un zèle qui se ranimait à mesure que les forces lui manquaient ; et, en qualité de chef du conseil de la reine mère, il n'interrompit point le cours des affaires publiques. Ce fut même dans ce temps-là qu'il composa le livre de la *Vie de Jésus-Christ.* Il est vrai que ce grand objet l'élevait au-dessus de lui-même, et qu'il lui semblait n'avoir plus de corps, lorsqu'il s'appliquait à la contemplation des mystères. On eût cependant assuré que ses travaux et ses infirmités devaient lui causer une mort prochaine ; mais, par un miracle de la sainte Vierge, comme il le dit lui-même, sa santé revint tout à coup.

Il recouvre la santé. — *Son esprit prophétique.* — Cette guérison, ou plutôt cette résurrection, devint la cause d'une nouvelle ferveur. Non content de se confesser tous les jours, il voulut faire une confession générale au P. de Condren. Il se considérait comme un homme qui n'a plus d'heure, et qui a toujours son âme entre ses mains pour la remettre à Dieu. En un mot, il vivait dans un désir continuel du ciel, ne soupirant qu'après les biens éternels.

Les prêtres de l'Oratoire, attentifs à observer toutes les saintes démarches de leur pieux instituteur, admiraient et tâchaient d'imiter ses vertus. Distribués dans plus de soixante-dix maisons, qui subsistent encore aujourd'hui, et que M. de Bérulle acquit par son désintéressement et par sa piété, ils connurent tous l'esprit prophétique de ce saint cardinal, et son empire sur les cœurs. Il y en a plusieurs exemples ; mais il faut se borner à rapporter les plus frappants. Le serviteur de Dieu découvrit au P. Guy de Faur, économe de la maison de Paris, tout ce qu'il avait pensé pendant plusieurs mois, et il le reprit de n'avoir pas assez d'indulgence pour les frères servants. « Vous avez fait en trois jours, » lui dit-il en souriant, « ce que tout autre aurait pu faire dans un an. » Il prédit que le P. Bourgoing, qui était dangereusement malade à Toulouse, n'en mourrait pas, et que Dieu voulait le conserver comme une personne chère à la congrégation. Il en a été le troisième général. Il dit au P. Prépavin, Comtois, d'aller célébrer la messe à l'intention des PP. de Poligny, qui venaient d'essuyer un grand danger, et on sut que le tonnerre, à la même heure, tomba sur cette maison. Il eut un pressentiment de la persécution qui s'éleva en Angleterre contre les catholiques, et longtemps auparavant il l'annonça. Il aperçut de loin les orages qui s'élevèrent contre l'Oratoire et contre les Carmélites, et il s'y prépara. Il dit que le baron de Sancy, pour lors ambassadeur à Constantinople, entrerait dans l'Eglise et la servirait, et il devint par la suite évêque de Saint-Malo. N'ayant pu, par les voies humbles et respectueuses, engager un prélat à prendre le bon parti dans une affaire qui causait beaucoup de troubles et de scandale, il lui écrivit « que Dieu était sévère en sa justice, et qu'il savait abréger nos jours en sa rigueur, » et l'évêque mourut quelque temps après d'une mort inopinée.

Il lui est arrivé d'envoyer à plus de soixante lieues pour consoler des personnes affligées, et dont il n'avait pu apprendre les peines intérieures que par révélation. Il lisait quelquefois au fond des cœurs, et l'on en a les preuves les plus certaines. Il refusa d'admettre dans sa congrégation un ecclésiastique qui passait pour très-vertueux, et qui, par la suite, finit misérablement ses jours. Quant aux malades, il ne se trompait presque jamais sur leur situation, et souvent il prévoyait le moment où ils devaient expirer. Enfin, il pressentit lui-même sa mort, et il en indiqua le temps.

Il retombe malade. — Il est vrai que son mal n'était que suspendu, et que la mort travaillait sourdement dans son sein. On en vit la preuve le 27 de septembre 1629, jour où le saint cardinal revint de Fontainebleau avec une fièvre accompagnée d'une grande difficulté de respirer. C'était une défaillance entière, et les médecins le reconnurent après avoir traité sa maladie de réplétion.

La nature, affaissée sous une multitude de travaux en tout genre, succombait, et ne pouvait plus se réparer. Comme on proposait d'envoyer chercher un médecin célèbre, pour lors absent de Paris, le saint homme répondit que sa vie n'était point à lui, mais aux PP. de l'Oratoire, et aux Carmélites, et qu'ainsi il fallait prendre leur avis.

Son empressement à célébrer la sainte messe. — *Son ardeur à s'unir à Jésus-Christ.* — Il dit la messe le premier jour d'octobre, avec une peine incroyable, qui l'eût réellement altéré sans les efforts de l'amour divin, dont il était pénétré. Il eut sur le soir une conversation avec le cardinal de la Valette, qui le vint visiter, et aussitôt après il tenta inutilement de réciter son office. La respiration s'embarrassa, et il fallait prier mentalement. Mais comment ne s'en acquitta-t-il pas! Toute son âme, appliquée à Jésus-Christ, s'exhalait en élancements et en soupirs, au point que, le jour même de sa mort, il fit les plus grands efforts pour célébrer les saints mystères. Quoique dans une espèce d'agonie, il monta à l'autel, à deux reprises différentes, et il choisit la messe de l'Incarnation. Il était naturel que ce grand objet qui avait toujours rempli M. de Bérulle, le ranimât au dernier moment de sa vie, et fût le dernier acte de son amour. On lui ôta les habits sacerdotaux, et ensuite il les reprit, regardant l'autel comme un Calvaire où il devait consommer son sacrifice avec le Sauveur des hommes. Ses désirs s'accomplirent. Prêt à prendre l'hostie, et déjà prononçant les paroles qui précèdent la consécration (*Hanc igitur oblationem*), il fut la victime immolée à la place de celle qu'il allait offrir.

Il reçoit les derniers sacrements. — Alors on l'étendit sur un lit qu'on fit dresser dans la chapelle même, et ses sens ne se réveillèrent que lorsque le P. Gibieuf, supérieur, lui apporta le saint viatique. Aussitôt il s'écria, dans un transport de joie: « Où est-il mon Seigneur et mon Dieu? que je le voie, que je l'adore, que je le reçoive. »

Il prie Jésus-Christ de bénir sa congrégation. — *Sa mort, en 1629.* — Après qu'il l'eut reçu avec la piété la plus vive et la plus tendre, le supérieur le pria de bénir la congrégation, et de donner à ses enfants cette triste et dernière marque de son amour: « Ce ne sera pas moi qui vous bénirai, répondit-il, mais le Fils de Dieu, comme principe dans la Trinité, et comme Père dans l'Incarnation. » On profita de quelques intervalles de connaissance pour lui administrer l'extrême-onction. Il s'unit de cœur et d'esprit à toutes les prières; et après avoir invoqué le nom de Jésus-Christ sur l'Oratoire, comme sur une œuvre qui lui était particulièrement dédiée, après j'avoir recommandé à la protection de la très-sainte Vierge, il expira âgé de 54 ans, 7 mois et 28 jours.

Ainsi mourut en Jésus-Christ celui qui ne vécut que pour Jésus-Christ. Ce fut le 2 octobre 1629 que s'éteignit cette grande lumière de l'Eglise, et que Rome et la France perdirent le modèle des prêtres et des cardinaux. Plusieurs personnes éminentes par leur rang et par leur piété souhaitèrent avoir son portrait: le meilleur qu'on put tirer se trouve dans la maison même où il expira (chez les PP. de l'Oratoire, rue Saint-Honoré), et l'on voit que M. de Bérulle était d'une taille médiocre, ayant le corps replet, le visage rond, les yeux vifs, et une physionomie pleine de douceur.

Le lendemain de sa mort, il fut ouvert en présence d'un médecin, du premier chirurgien du roi et de celui de la reine mère, et l'on observa que les entrailles étaient toutes gangrenées, et qu'enfin, hors le cerveau, il y avait une corruption universelle dans tout son corps.

Le duc d'Orléans parle ainsi de ce triste événement, dans une lettre à Louis XIII son frère: « En me réconciliant avec la reine Madame ma mère, mon cousin le cardinal de Bérulle me rendit un fort bon office, mais il lui fut funeste, puisque sa mort le suivit de si près. »

Ses obsèques. — On célébra ses obsèques avec le moins d'éclat et de cérémonie qu'il fut possible. Les regrets du roi et de la reine, les larmes des évêques, la consternation de ses disciples furent sa plus belle oraison funèbre. On envoya son cœur chez les Carmélites de la rue Saint-Jacques, comme il l'avait désiré, et son corps, excepté un bras qu'on conserve à l'institution, repose dans l'église de Saint-Honoré. Il est couvert d'un mausolée où le pieux cardinal paraît respirer, et où on lit une épitaphe dictée par la douleur et par la vérité.

Plusieurs maisons de l'Oratoire se disputèrent l'avantage d'avoir quelques livres ou quelques vêtements du serviteur de Dieu. La maison de Marseille eut son rochet; et c'est dans dans ce rochet même que voulut mourir Jean-Baptiste Gault, ce saint prêtre de l'Oratoire, ce vénérable évêque, dont le clergé de France demanda la béatification au Pape en 1645. Ainsi saint Antoine se revêtit du manteau de saint Athanase, lorsqu'il fut sur le point d'expirer.

Ses miracles. — Le cardinal de Bérulle n'était pas encore inhumé, que sa sainteté se manifesta par des miracles. Un de ses domestiques, tourmenté d'une grosse fièvre, s'étant fait mettre sur la paillasse du bienheureux, fut guéri sur-le-champ. Un Jésuite, ayant révélation de la mort du serviteur de Dieu au même instant qu'elle arrivait, dit à six jeunes gens qu'il conduisait à la Flèche, que l'Eglise venait de perdre un de ses plus saints docteurs, et qu'il fallait célébrer une messe d'actions de grâces, pour remercier Dieu des grandes miséricordes qu'il lui avait faites. Plusieurs Carmélites eurent des avertissements, que la critique la plus clairvoyante ne peut soupçonner d'illusions.

On a recueilli quarante-cinq miracles opérés par les prières, ou par l'attouchement des reliques du serviteur de Dieu. Il suffit de dire à ceux qui sont convaincus de la puissance divine dans les saints, qu'une Carmélite, au couvent de Morlaix, ne recouvra la vue que par l'application d'une lettre de M. de Bérulle sur ses yeux ; qu'un enfant âgé de huit ans, perclus de tous ses membres, eut à peine touché les reliques du bienheureux, qu'il jouit tout à coup de la plus parfaite santé, et que ce miracle, opéré à Caen au mois de mai 1630, fut revêtu de toutes les formalités. Nous avons encore les vers latins qu'un official de Saint-Malo, appelé Bertaud, composa en l'honneur du serviteur de Dieu, pour avoir obtenu par son intercession la guérison subite d'un domestique qu'une chute avait entièrement moulu, et réduit à la dernière extrémité.

Le P. de Condren succède à M. de Bérulle. — La congrégation de l'Oratoire, toute remplie de l'esprit de M. de Bérulle, ne perdit que la présence du saint cardinal ; et le P. de Condren, qui lui succéda, continua son œuvre, ou plutôt celle de Jésus-Christ, avec un succès étonnant. On vit l'Oratoire abonder en sujets qui répandirent de toutes parts l'éclat de la science et de la vertu, de sorte que, selon l'expression d'un évêque, « Il est étonnant comment, d'une aussi petite poignée d'hommes, il a pu en sortir une multitude de savants. » Ce sentiment n'était point particulier à ce prélat. Tous les évêques conviennent unanimement que la congrégation de l'Oratoire a produit une multitude de célèbres écrivains et d'excellents prédicateurs ; qu'elle est un des plus beaux établissements qui soient dans l'Église, et que son fondateur fut vraiment un homme suscité de Dieu, pour faire connaître Jésus-Christ, et ranimer l'esprit sacerdotal.

Idée des ouvrages du cardinal de Bérulle. — Quoique le style de M. de Bérulle ait vieilli, et qu'il soit souvent trop diffus, on ne peut disconvenir qu'il est un écrivain nerveux, rempli de sublimes images, et que son éloquence est celle de la religion même. On trouve dans ses œuvres une fécondité merveilleuse, une onction qui pénètre, une impression de vérité qui frappe ; et ce qu'il y a de surprenant, c'est qu'en parlant des mystères de la manière la plus abstraite et la plus relevée, il n'emploie jamais une expression qui ne soit juste, et dans toute l'exactitude de la théologie.

Il n'y a point eu d'auteurs aussi remplis de Jésus-Christ que notre pieux cardinal. Ce grand objet forme la matière de ses ouvrages : il paraît s'élancer jusque dans le sein de Dieu même, et y puiser la science toute divine qu'il communique. Le lecteur se sent échauffé, embrasé, et croit devenir un homme tout nouveau.

Son premier ouvrage fut un *Traité de l'abnégation intérieure*. On y découvre une âme qui se connaît, et qui connaît les voies de Dieu ; et il en résulte une indifférence totale pour les biens de cette vie, un dégoût universel, et un attachement inviolable à Jésus-Christ, comme au maître absolu de toutes les créatures, et à l'auteur de toute félicité.

Le *Traité des énergumènes* fut composé à l'occasion d'une possession dont M. de Bérulle entreprend de prouver la réalité. Le style en est concis, dit le P. Bourgoing, le raisonnement puissant, et tel que les ignorants y sont instruits, et les indociles convaincus. De la possession des corps, l'auteur passe à celle des esprits qui sont dominés par l'hérésie, et il les combat en trois excellents discours, dont l'un a pour objet *La mission des pasteurs*, l'autre, *Le sacrifice de la messe*, et le troisième, *La présence réelle de Jésus-Christ dans le sacrement de l'autel.*

Les *Discours de l'état et des grandeurs de Jésus*, au nombre de douze, et celui de la vie de ce divin Sauveur, sont ses principaux ouvrages. Il n'envisage que Jésus-Christ, il ne s'occupe que de lui, et l'on sent que toutes ses paroles sont autant de désirs qui ne tendent qu'à s'unir intimement à lui. Son premier discours sur les grandeurs, peut s'appeler le *Panégyrique de l'Incarnation.* Le second contient un vœu de servitude à Jésus, en forme d'élévation, digne de la doctrine et de la piété de l'auteur. Chaque proposition est appuyée sur les solides fondements de la théologie.

Les discours suivants sont consacrés à la recherche des merveilles inconcevables de l'unité de Dieu, de ses communications ineffables, et de son divin amour.

L'auteur décrit la vie de Jésus-Christ, qu'il divise en trente chapitres, d'une manière toute simple et toute sublime. Il le représente vivant au sein du Père, en l'unité d'essence, en l'égalité de puissance, en la communication de ses grandeurs infinies, en la splendeur de sa gloire, en la distinction et en la propriété de sa personne. Il le fait voir vivant au monde, dès le commencement du monde, vivant en la foi des patriarches et des prophètes, en un mot, vivant en la nature qui le désire, en la loi qui le figure, en la grâce qui le donne. Il montre l'indignité de la terre pour le recevoir ; et en la terre, la seule Vierge qui est sans péché, préparée par l'Esprit-Saint pour être la demeure du Fils de Dieu. Il rapporte la mission de l'ange, son entretien avec Marie, les grandeurs du mystère qui s'accomplit en elle, enfin les hommages que nous devons à Jésus-Christ, au premier moment qu'il a commencé à vivre corporellement dans le monde, et à y faire son œuvre.

Il suit Jésus-Christ dans tous ses pas, et dans tous les différents états de sa vie, jusqu'à ce qu'il l'ait adoré montant au ciel, et assis à la droite de Dieu son Père ; il découvre en chacun de ces mystères les trésors cachés. Cet ouvrage n'était qu'un essai, et il est bien fâcheux que la mort ait empêché l'auteur de le finir.

Il y a, outre cela, deux *Élévations* de M. de Bérulle à Jésus-Christ Notre-Seigneur, l'une sur les mystères, l'autre sur l'économie de sa grâce envers sainte Madeleine, et un narré des persécutions qui lui arrivèrent à l'occasion de ces élévations. L'auteur s'y justifie contre les fausses accusations ; et c'est cette apologie qu'il ne fit paraître qu'après dix ans de silence et de patience.

L'on trouve dans tous ces ouvrages des pensées sublimes, des pensées qui donnent la plus haute idée de Dieu, en nous apprenant que son essence est sagesse, son pouvoir bonté, son vouloir amour; qu'il est le souverain, le principe et la fin de tout être; qu'il est le centre, la circonférence, la plénitude de toutes choses; que son excellence est inestimable, sa grandeur inébranlable, sa majesté adorable; qu'il doit être révéré par un sacré silence, et non profané par les discours téméraires de l'homme; qu'il est sans nom, et au-dessus de tout nom; qu'il est tout, et au delà de tout; qu'il fait les temps, et qu'il est avant les temps; qu'il est inaccessible et intime à tout; invisible, et voyant tout; immobile, et mouvant tout; incompréhensible, et comprenant tout; qu'il est bon sans qualité, grand sans quantité, très-haut sans élévation, immense sans étendue, présent partout, et sans aucun lieu; infini, mais fini à lui-même, parce qu'il n'est, ni n'a rien hors de soi.

Que les lumières que nous voyons sont ses ombres, les grandeurs que nous admirons ses vestiges; qu'il existe en soi, et ne dépend que de soi; que tout ce qui peut être ne peut rien ajouter à sa grandeur, ni à sa félicité; que son trône est lui-même; que là il vit dans le repos de son essence, dans l'abîme de ses grandeurs, dans l'unité de son amour, dans la splendeur de sa gloire; que s'il se contemple, ce n'est que fécondité; s'il se manifeste, ce n'est que majesté; s'il opère, ce n'est que bonté; s'il parle, ce n'est que vérité; s'il commande, ce n'est qu'équité; qu'il établit un nouveau monde dans le monde; qu'il établit l'ordre des choses surnaturelles dans le sein même de la nature; qu'il crée deux êtres excellents, quoique différents : l'ange qu'il place au ciel, et l'homme sur la terre, afin d'avoir des adorateurs dans tous les lieux où sa gloire éclate.

Il dit de Jésus-Christ qu'il est la splendeur, la puissance et la gloire du Père éternel; qu'étant envoyé au monde, il a voulu y établir un état de grâce, une société divine, conduite et animée de son esprit, pour parler à la terre le langage du ciel, pour enseigner aux hommes la science du salut, et pour les élever à une haute et sublime connaissance de Dieu, en leur faisant connaître la grandeur de son essence, de la pluralité de ses personnes, de la profondeur de ses conseils, de l'excellence de ses œuvres, en un mot tout ce que les sens ne sauraient apprendre.

C'est par le mystère de l'Incarnation, ajoute-t-il, que le ciel est ouvert, que la terre est sanctifiée, que Dieu est adoré d'une adoration nouvelle, d'une adoration ineffable, d'une adoration inconnue jusqu'alors. C'est par ce mystère que Dieu réside sur la terre, revêtu de notre mortalité, opérant lui-même au milieu de nous, comme un d'entre nous, le salut du monde; c'est de ce mystère que l'univers doit être saintement et divinement occupé; divin mystère, qui est comme le centre de l'être créé et incréé, et auquel Dieu a voulu tout réduire, le monde en soi-même, et la grandeur de la terre et des cieux.

On trouve dans ses *Réfutations de l'hérésie*, les grands arguments que Bossuet a fait valoir avec tant d'énergie. Il y a environ quatre-vingts ans, dit-il aux protestants, que votre prétendue Eglise n'était pas née, que les souverains de la chrétienté n'en connaissaient ni les docteurs, ni les assemblées, ni les synodes; que la terre n'avait pas encore ouï sa voix, et ne savait en quelle langue elle parlait ou priait, et que le ciel, ouvert depuis plus de seize cents ans, n'avait point encore reçu les prémices de ses labeurs, ni donné des couronnes à ses combats.

Que faites-vous donc? continue-t-il, vous abandonnez la vraie Eglise, qui a rendu le monde chrétien, et sans laquelle vous ne seriez pas Chrétiens vous-mêmes, vous renoncez à cette divine succession des personnes envoyées de la part de Dieu même, et envoyant les autres, depuis Jésus-Christ jusqu'à ce siècle, sans altération; comme par ce moyen nous remontons jusqu'à lui, il descend jusqu'à nous. Chaîne divine, qui d'un bout touche la terre, et de l'autre le ciel. Ainsi l'Eglise compte une généalogie de pasteurs animés du même esprit, au lieu que les hérétiques sont seuls, et n'étaient pas hier.

Il n'y a de fonction divine et subsistante dans l'Eglise, que par la mission. *Comme mon Père m'a envoyé*, dit Jésus-Christ, *je vous envoie*. (*Joan.* xx, 21.) Aussi les évêques ont droit d'administrer les sacrements, de s'annoncer comme les successeurs des apôtres, d'absoudre, d'excommunier, de gouverner en un mot les fidèles, de leur donner des lois, de leur prescrire des règles, et de les prêcher; et ces fonctions étant les plus augustes et les plus saintes, on ne peut les usurper sans commettre le plus horrible des sacriléges, et le plus énorme des attentats.

Les *Œuvres de controverse et de piété* sont un autre ouvrage de M. de Bérulle, où il y a beaucoup de force et d'élévation, selon les matières qu'il traite. Il commence par un *Discours sur l'Eucharistie*, ensuite *Sur le sacrement de la messe*; vient ensuite un *Discours sur la justification*, puis enfin un autre *Sur l'autorité, la perpétuité et l'infaillibilité de l'Eglise*, qu'il démontre aux protestants de manière qu'ils seraient convaincus s'ils étaient raisonnables.

Les *Œuvres de piété* ont pour objet tous les mystères qu'on célèbre dans l'année, toutes les fêtes qui en rappellent le souvenir, mais surtout l'Incarnation. M. de Bérulle en fut toujours si rempli, qu'il dit à ce sujet des choses vraiment merveilleuses, et qui paraissent le langage d'un apôtre ou d'un prophète. On peut regarder tous les chapitres qui composent les *Œuvres de piété* comme autant de conférences, dont les unes sont adressées aux PP. de l'Oratoire, et les autres aux Carmélites.

Le *Mémorial de quelques points servant à la direction des supérieurs* n'est pas le traité le moins intéressant. M. de Bérulle y prouve que régir une âme, c'est régir un monde; qu'une âme seule est plus précieuse aux yeux de Dieu que tout l'univers, que la dignité de la grâce chrétienne qui nous ente et nous incorpore avec Jésus-Christ surpasse toutes les grandeurs; qu'on doit travailler à remplir saintement son ministère; qu'il n'y en a point qui approche de celui des prêtres; que tout supérieur est particulièrement obligé de répandre la bonne odeur de Jésus-Christ, de désirer son avénement et de s'assujettir en tout à ses volontés.

La lettre qui adresse ce petit ouvrage aux PP. de l'Oratoire, est tout entière du serviteur de Dieu; ce serait une faute d'en priver le public (3).

Les *Lettres* de M. de Bérulle terminent ses ouvrages. On en a recueilli cent sept aux religieuses Carmélites, et cent vingt-neuf, tant aux PP. de l'Oratoire qu'à diverses personnes distinguées par leur naissance ou par leur rang. Ces lettres ont toutes pour objet l'amour et la dépendance de Jésus-Christ, et il n'y en a pas une qui ne soit marquée de ce sceau de la Divinité. Les avis qu'elles contiennent sont lumineux, relatifs aux besoins des personnes, et servent d'instruction pour toutes les circonstances de la vie.

Il serait à souhaiter que toutes ces œuvres que la fécondité de l'auteur rendit souvent trop diffuses, fussent retouchées, ou plutôt réduites en une analyse qui ferait connaître l'esprit de M. de Bérulle. Il en résulterait un ouvrage très-utile, et qui n'étant plus aussi volumineux, passerait entre les mains de tout le monde, et servirait à imprimer dans les cœurs et dans les esprits la vraie dévotion envers Jésus-Christ. Ce fut le seul objet et le seul désir du saint cardinal, dont je ne puis mieux achever le portrait qu'en lui appliquant l'éloge qu'il fait de saint Charles Borromée, et qui se trouve dans une de ses lettres à la reine d'Angleterre.

« Plus orné des vertus que de la pourpre, plus admirable par sa vie que par les miracles qui ont suivi sa mort, humble au sein des grandeurs, austère au milieu des délices de la cour, rare par la ferveur de sa piété, exemplaire par son respect envers le Saint-Siége, ardent pour le salut des âmes, avide de toutes les bonnes œuvres, infatigable dans les travaux, inébranlable dans l'adversité, ne respirant que le ciel au milieu de la terre, ne faisant rien que pour la gloire de Jésus-Christ et pour son Église, il ne laissa point ici-bas d'autre marque de sa mémoire que celle de sa sainteté. »

---

(3) *Voy.* cette lettre reproduite en tête de l'opuscule

ŒUVRES COMPLÈTES
DE
DE BERULLE,
CARDINAL, FONDATEUR ET PREMIER SUPÉRIEUR GÉNÉRAL DE LA CONGRÉGATION DE L'ORATOIRE.

DÉDICACE A LA REINE RÉGENTE,
PAR FRANÇOIS BOURGOING

Éditeur des OEuvres du cardinal.

Madame,

Je ne puis douter que cet ouvrage que je présente à Votre Majesté ne lui soit agréable, puisqu'elle a estimé l'auteur pendant sa vie, et l'a toujours honoré des témoignages de sa bienveillance. Les principales parties qui le composent, l'une des discours de l'état et des grandeurs de Jésus, digne de l'admiration des anges, l'autre de la vie de Jésus, qui est notre vie éternelle, avaient été données au public sous le nom auguste du feu roi, de glorieuse mémoire. Maintenant qu'il paraît un œuvre nouveau, avec plusieurs pièces choisies qui n'avaient point encore été vues, il ne peut être plus justement offert à personne qu'à Votre Majesté et il n'en doit espérer qu'un bien favorable accueil.

Permettez donc, Madame, qu'il vous demande place en votre cabinet, par le mérite de son auteur, par la dignité et la grandeur des sujets dont il traite, et par votre bonté et piété singulière.

L'auteur a eu trois qualités qui lui donneront cet accès : il a été prêtre et instituteur d'une congrégation de prêtres en votre royaume, il a été prêtre cardinal en l'Eglise, il a été un des premiers ministres en votre Etat. Et comme l'Apôtre nous exhorte à vivre en ce monde, sobrement, justement et pieusement (Tit. II.), en quoi consistent nos devoirs envers Dieu, le prochain et nous-mêmes : il s'est conduit si purement pour son regard, qu'il a été éloigné de tout intérêt ; si droitement envers le public, qu'il n'a jamais procuré que le service du roi, la paix de la France et l'honneur de l'Eglise, et si saintement envers Dieu, que dans les plus grands emplois, il a toujours agi en sa présence et en la plénitude de son esprit. C'était un ange en la terre, semblable aux anges du ciel qui, veillant à notre salut, regardent toujours la face de Dieu comme un miroir qui leur manifeste ses saintes volontés. Car c'est d'où il a puisé ses hautes lumières, et la vigueur et la force qui ont paru en tous ses conseils et en toutes ses actions.

Notre congrégation l'ayant regardé en sa vie et regretté en sa mort, comme son père et fondateur, l'Eglise comme une de ses lumières, et l'Etat comme une de ses colonnes, tout ce qui vient de lui appartient de droit, en ces trois qualités, à Votre Majesté par votre autorité sur l'Etat, par votre piété envers l'Eglise, et par votre protection sur notre congrégation. Et comme elle est née non-seulement sous le règne, mais avec le règne du feu roi, et qu'elle a commencé d'être lorsqu'il a commencé de régner, ses soumissions et ses obéissances vous étant rendues, ne seront point partagées, puisque toutes choses vous étaient communes avec lui.

Mais quand Votre Majesté lassée du soin continuel des affaires, se retirera en son cabinet pour s'offrir à Dieu, afin qu'il parle à son cœur en la solitude, et qu'elle ouvrira ce livre, pour y trouver des motifs de piété et des entretiens de sa dévotion ; elle y verra les excellences de la religion hautement expliquées, les grandeurs du mystère caché en Dieu avant les siècles qui est l'incarnation de son Verbe, dignement publiées : les vérités les plus profondes du christianisme, clairement exposées, et les plus saintes pratiques et élévations de piété fortement établies. De sorte qu'on peut appeler cet œuvre : La foi expliquée ou La théologie des grandeurs de Jésus-Christ et des vérités chrétiennes.

Ce que les philosophes disent, que la connaissance des causes procède de l'admiration des effets, et que l'admiration est fille de l'ignorance, ne se trouvera pas ici véritable ; d'autan que plus Votre Majesté entendra ces mystères, plus elle les admirera, et que le respect et dévotion vers ces choses divines lui en donneront une haute estime accompagnée d'une sain vénération. Car j'ose lui dire qu'il n'y a presque parole qui ne contienne sa vérité, ni véri qui ne porte sa lumière, ni lumière qui ne jette son rayon et sa flamme, ni flamme qui n'a lume dans les cœurs un feu du Saint-Esprit, qui est tout lumière et amour.

Mais, Madame, comme nous ne pouvons entrer en ces hautes vérités que par celui qui e la vérité même, ni nous élever à ces lumières de Dieu que par sa même lumière, et que le Sain Esprit se fait connaître et aimer par soi-même ; aussi nous avons besoin de la grâce pou mériter sa grâce et pour en user dignement. Notre propre indigence nous en fait voir la né cessité, et l'obligation que nous avons de recourir à lui. La bonté de Dieu s'est montrée libéral envers Votre Majesté et les faveurs du ciel se sont répandues abondamment sur elle. Vous les deve considérer comme les ayant toutes reçues de sa main, vous disposer à un saint et fidèle usage vous regarder vous-même comme un vase choisi que Dieu veut remplir de ses grâces, et comm l'organe duquel il se sert pour les communiquer, mais non pas comme la source, ni la cause qu les produit. Et afin d'obtenir celles qui lui sont nécessaires pour le gouvernement d'un s grand et si puissant État, Votre Majesté doit sérieusement reconnaître celles qu'elle a reçues, s retournant de tout son cœur vers son souverain bienfaiteur, et désirant de vivre et de régne par la seule dépendance de sa miséricorde.

Dieu ne fait pas des miracles sans sujet ; il vous a faite non-seulement reine, mais reine mèr et reine régente, par une conduite toute miraculeuse. Le feu roi d'heureuse mémoire avait ét donné à la France par miracle ; avant sa naissance, le ciel avait levé les empêchements qui s' étaient opposés, sur lesquels l'Église avait prononcé ses oracles ; mais cela était terminé en s personne, si Dieu n'eût renouvelé ses merveilles et fait paraître un effet de sa bonté et de sa puis sance en la naissance du roi votre fils, qui est un enfant du ciel plutôt que de la terre, et u fruit de la grâce surpassant les lois de la nature. Tellement que la naissance de no rois n'est qu'une continuation de miracles qui les appellent à choses grandes et mira culeuses.

Ces faveurs sont grandes, sont fréquentes et extraordinaires, et vous obligent, Madame, à des reconnaissances égales et non communes, et à de continuelles actions de grâces.

Il semble que le Fils de Dieu, qui a voulu venir au monde roi et enfant, se plaise aussi à joindre la royauté à l'enfance, et l'autorité souveraine à l'innocence. David, en sa première adolescence, fut sacré roi de la Judée par Samuel ; Salomon était encore fort jeune lorsqu'i fut couronné ; Joas commença de régner à l'âge de sept ans ; Josias à huit ; et ce sont le les rois d'Israël qui ont fait les choses les plus agréables à Dieu. Le roi saint Louis régné dès l'âge de douze ans ; le feu roi à neuf. Le roi à présent régnant est venu à la couronn dans sa cinquième année : comme si les pères de ces jeunes princes n'eussent vécu que pou consigner leur sceptre et leur couronne à leurs enfants en ce bas âge.

Mais il est encore arrivé souvent que les jeunes rois, qui ont été élevés sous la conduite d leurs bonnes et sages mères, et ont suivi les enseignements qu'ils avaient sucés d'elles avec l lait, ont heureusement régné, et ont été comblés de grandes prospérités. L'empereur Alexan dre, par la bonne institution de sa mère Mammée, fit de très-louables actions. Clotaire II reconnu roi de France à l'âge de quatre mois, étant porté dans le camp entre les bras de s mère, gagna une grande bataille. Saint Louis, nourri sous la discipline de sa mère Blanche n'offensa jamais Dieu mortellement, et fut glorieux en la terre et au ciel. Louis le Juste élevé par la feue reine mère, a fait tant de choses mémorables, que le siècle avenir aura pein à les croire ; et votre cher Louis, que nous pouvons aussi dire nôtre, étant encore en votr sein, a commencé son règne par des succès très-heureux en la guerre, et nous espérons qu'i en aura de plus grands et de plus souhaitables en la paix.

Que si j'ose présenter à Votre Majesté le miroir de la plus grande, de la plus sainte et de la plus digne de toutes les mères, je lui ferai voir la sacrée Vierge prévenue du Saint-Esprit remplie des dons du ciel, honorée de la présence de Dieu, préparée par une plénitude de grâce pour donner au monde l'auteur de toute grâce, pour le nourrir et l'élever en son en fance. Votre Majesté la doit regarder avec un respect plein d'amour comme son très-parfai exemplaire. Elle avait entre ses mains le bien-aimé du Père éternel, le trésor du ciel, la joie des anges et le prix de notre salut, avec le gouvernement de ses États et la dispensation de ses grâces ; et vous avez un grand et précieux dépôt à conserver, l'État à gouverner, l'Église à protéger, le peuple à régir, la justice à administrer selon l'équité des lois, et le royaume à défendre par la puissance des armes. Elle est reine et mère, et vous portez ces deux qualités sous elle. Elle est mère d'un Dieu qui est le roi des rois, et Votre Majesté est mère d'un roi de France, qui n'a point un titre plus glorieux que d'être sujet du Fils de Marie, et le Fils aîné de son épouse. Elle règne sur tout l'univers par le droit de sa maternité divine, et votre couronne relève d'autant plus de la sienne, que vous régnez sur la plus noble partie de son empire.

Votre Majesté, Madame, doit imiter ses vertus, puisqu'elle porte son image ; elle doit honorer ses grandeurs, car elle est la mère de Dieu ; elle se doit soumettre à ses pouvoirs, car elle est la reine du monde et la vôtre ; elle doit recourir en toute confiance à sa bonté, car elle est reine et mère de miséricorde, qui dit par la Sagesse : J'aime ceux qui m'aiment. Elle vous aimera donc si vous l'aimez ; et pour preuve de son amour, elle vous obtiendra de son

Fils la force pour soutenir la charge qu'il vous a commise; la lumière pour vous conduire en ses voies; le pouvoir de faire ce qu'il vous commande, comme il vous en inspire les désirs; et une grâce, mais une grâce abondante, pour faire régner Jésus-Christ en la personne du roi votre fils et en la vôtre.

Votre Majesté continuant à mériter ces faveurs du ciel par la ferveur de sa piété, par le zèle du salut de son peuple, et par les exercices de tant bonnes œuvres qu'elle fait faire aux serviteurs de Dieu, nous verrons en nos jours, que pour votre gloire immortelle, il vous fera être l'arbitre de la paix, afin de la donner à la France et à toute l'Europe; il vous rendra grande en son saint amour; il vous comblera de félicités en la terre; et après avoir longtemps et heureusement régné et vu régner vos enfants, il vous fera posséder les grandeurs du ciel et régner éternellement avec lui. Ce sont les vœux que notre congrégation offre continuellement à Dieu, comme les meilleures preuves qu'elle vous puisse donner de sa fidélité et des profonds respects que vous rend, pour elle,
Madame,

De Votre Majesté,
Le très-humble, très-obéissant et très-fidèle
sujet et serviteur,
François BOURGOING,
Prêtre de l'Oratoire de Jésus.

PREFACE

AUX PRÊTRES DE LA CONGRÉGATION DE L'ORATOIRE DE JÉSUS-CHRIST NOTRE-SEIGNEUR.

Mes très-chers et révérends Pères,

La grâce, la bénédiction et la paix de Jésus-Christ, Notre-Seigneur, vous soient données pour jamais.

Ces Œuvres de notre très-honoré père et fondateur, que vous avez désiré que je fisse recueillir, ne seront pas moins vôtres, pour être données au public, et étant communes à tous, ne laisseront pas d'être propres à la congrégation et à chacun de vous, puisque les choses spirituelles, semblables à la lumière du soleil, se donnent sans perte, et se communiquent sans division. C'est un trésor que vous devez estimer et chérir, parce qu'il est grand et rare, et que vous pouvez posséder parce qu'il vous est propre. Il est grand en la sublimité des lumières et en l'éminence de l'esprit de son auteur, il est rare en la sainteté des voies de grâce qu'il nous enseigne et des secrets de Dieu qu'il découvre; mais il nous est propre, comme l'héritage que notre père nous a laissé. Et bien que chacun puisse prendre part aux instructions qu'il contient, néanmoins l'onction et le profond esprit qui est caché sous la lettre, doit être notre partage.

Que si les actions des pères servent de modèle et d'exemplaire à celles de leurs enfants, si leurs paroles sont la règle de leur conduite, si leur vie et leur esprit s'impriment vivement en eux; nous devons avec d'autant plus de soin contempler les actions, recueillir les paroles, et nous informer de l'esprit et de la vie de celui qui nous tient lieu de père : *Nam in Christo Jesu per Spiritum ipse nos genuit.* (I Cor. IV, 15.) Ce sont trois vies que j'aurais à vous représenter : celle de ses actions, qui a paru dans le cours des années qu'il a passées parmi nous, celle de ses lumières et de sa doctrine, qui se fait voir en ses écrits, et celle de l'esprit et de la grâce qui doit nous être communiquée, et toujours conservée en nous. La première a servi de fondement à la seconde, car ses paroles ont été soutenues des effets, et les lumières de son esprit, appuyées sur la vérité de ses actions; mais la seconde vie nous doit servir de guide pour nous introduire et nous conserver en la troisième, comme la lettre des paroles nous fait entrer en l'esprit qui l'anime.

La vie des actions, qui devrait être le premier chef de ce discours, est un sujet si digne, si ample et si diversifié, qu'il vaut mieux s'en taire que d'en parler bassement. Et selon la pensée de saint Thomas sur le sujet de saint Bonaventure écrivant la Vie de saint François, il faudrait un saint pour écrire la vie d'un autre saint. Il serait meilleur de n'en rien dire que d'en dire peu : c'est l'argument d'un livre entier, et non pas de la moindre partie d'une préface; car en effet sa vie est un livre, et un livre bien plus ample que celui de ses écrits, puisque la parole n'est que l'ombre des œuvres. Si sa doctrine est la directrice de nos mœurs, sa vie doit être la forme de la nôtre. Il a plus fait de saintes actions dignes de nous servir d'exemple, qu'il n'a dit et écrit de belles et hautes vérités pour notre instruction. Un jour s'estimant par un sentiment d'humilité indigne de prêcher, il me dit qu'il croyait que Notre-Seigneur demandait de lui plus d'œuvres que de paroles, et qu'il ne l'envoyait pas pour parler, mais pour faire.

Première vie, des actions. — C'est pourquoi attendant que sa vie, qui est demeurée jusqu'à présent cachée en Dieu avec Jésus-Christ, et en l'oubli des hommes, soit écrite et donnée au public, je me contenterai de vous en tracer quelque légère idée, afin de le représenter après, parlant lui-même en ses propres écrits, et puis vivant selon l'esprit en ses œuvres et en ses enfants.

J'emploierai à cet effet ce que saint Bernard a dit d'un autre saint : *Petrus iste meus, imo vester, electus ab utero, sanctus a puero, juvenum gloria, senum reverentia, sacerdotum honor, pontificum splendor :* dans lesquelles paroles tous les degrés et tous les états de sa vie sont naïvement exprimés. Ç'a été la source de tout son bonheur, d'avoir été regardé et choisi de Dieu pour choses grandes avant sa naissance, car ensuite il a été prévenu en bénédictions et sanctifié dès son enfance : *sanctus a puero.* Dans un âge qui devance ordinairement l'usage de la raison, il s'est fortement converti à Dieu, et s'est consacré pour tous les moments de sa vie à Jésus-Christ Notre-Seigneur, par une oblation expresse et irrévocable. Ses retraites, ses oraisons, ses communions et ses pénitences secrètes étaient des effets d'une grâce abondante, et des semences d'une sainteté future.

En sa jeunesse, il a été respecté et admiré d'un chacun pour sa vertu, pour sa science, et pour la sagesse divine dont il était rempli. Son esprit a toujours de beaucoup devancé ses années, et il a fini ses plus hautes études au temps auquel à peine les autres les commencent. Il se peut dire de lui, avec le profond respect qui est dû à l'enfance du Fils de Dieu, que *Omnes mirabantur in doctrina et responsis ejus. (Luc.* II, 47.) Car il était dès lors estimé comme un oracle, et il semblait que l'Esprit de Dieu parlât par sa bouche. En effet, ce même esprit donnait une efficace si grande à ses paroles, et lui inspirait un si puissant génie pour convaincre et confondre l'erreur, qu'il ne parlait point que Dieu ne touchât les cœurs. Il a réduit plusieurs dévoyés à la foi, et des grands du royaume, même dans sa jeunesse ; et une des grandes lumières de l'Eglise (4) a dit depuis de lui, que ce siècle n'avait rien vu de plus fort et de plus puissant pour détruire l'hérésie, que le P. de Bérulle. Aussi était-il également redoutable aux ministres, qui ne craignaient rien tant que de le voir en face, et aux démons dans le corps des possédés, qui ne pouvaient souffrir sa présence.

Il a porté une année entière le cilice jour et nuit ; et il s'est préparé à recevoir l'onction du sacerdoce par une solitude et une pénitence de quarante jours. Pour obéir à une si haute vocation, il reçut la prêtrise sitôt qu'il eut l'âge, et afin de ne manquer à Dieu d'un seul jour, il célébra le lendemain de sa consécration, et a toujours continué depuis, jusqu'au jour qu'il est mort à l'autel, où comme le phénix, il s'est consumé dans le feu qu'il avait allumé, et a été lui-même la victime immolée de son dernier sacrifice.

Dans les premières années de sa prêtrise, il eut commission de Sa Sainteté d'établir en France l'ordre des religieuses Carmélites. Je laisse à ceux qui écriront sa Vie à dire par le menu tout ce qu'il a fait et a souffert pour l'établissement, le progrès et la conservation de cet ordre, qui sont toutes choses grandes et dignes que la mémoire en soit conservée.

Il n'a accepté la charge d'établir la congrégation et de la régir qu'après s'en être excusé plusieurs années, qu'il a employées à prier et à faire prier Dieu ; désirant bien, comme il m'a dit souvent, d'en être un des membres, mais non pas le chef ni l'instituteur. Il fallait que l'estime de l'œuvre et le sentiment de son indignité fussent bien avant imprimés en lui pour le faire demeurer si longtemps dans cette disposition. Enfin il se soumit, pressé par une puissante application de Dieu, par l'avis et à l'instance de plusieurs personnes signalées en piété et par l'exprès commandement que lui en fit son évêque, auquel il obéit : marques d'une haute vocation, et d'autant plus évidente, qu'il avait été fortement retiré par des voies extraordinaires des autres vocations auxquelles il s'était voulu appliquer.

Que si les hommes sont reconnus par leurs œuvres comme l'arbre par son fruit, ces deux grands chefs-d'œuvre que Dieu a faits par lui font assez voir l'éminence de son esprit et de sa grâce. Mais je lui demande pardon, si je m'avance sans y penser, et si je dis trop pour en dire si peu. Il faudrait des livres entiers pour exprimer ce que je comprends en peu de lignes, et cela même n'en est que la moindre partie. Contentons-nous de dire en général que ce que Dieu dit à David : *Fui tecum in omnibus ubicunque ambulasti* (*II Reg.* VII, 9), peut être rapporté à la conduite de Dieu sur lui ; car dès le berceau, il l'a pris par la main, il l'a guidé en tous ses pas, il l'a dirigé en toutes ses actions et en tous ses emplois ; il s'est appliqué à lui, et l'a rempli de son esprit pour servir à ses desseins. En effet, on a remarqué qu'il agissait toujours par un puissant mouvement de Dieu, et qu'il était de ceux desquels parle l'Apôtre : *Qui spiritu Dei aguntur, hi sunt filii Dei.* (*Rom.* VIII, 14.)

Il prévenait les pensées de ceux qui avaient à traiter avec lui, et leur parlait toujours conformément à leurs dispositions et à leurs besoins. Cela venait sans doute de la présence de Dieu en lui et de cet esprit de Jésus *Qui omnia scrutatur* (*I Cor.* II, 10), qui l'animait et le mouvait. Quelques-uns qui le connaissaient fort et qui me l'ont dit avec admiration, l'attribuaient aussi à la dévotion qu'il avait aux saints anges. Il a entrepris plusieurs choses difficiles contre toute apparence, et y a toujours réussi, parce qu'il s'y sentait appliqué de Dieu. En d'autres plus faciles, il ne se rendait pas si aisément à la suasion d'autrui, lorsqu'il ne sentait pas le mouvement divin. Cette même disposition a produit en lui plusieurs autres effets de grâce, qui faisaient voir que Dieu le conduisait, selon la vérité de cette parole : *Fui tecum in omnibus ubicunque ambulasti.*

(4) Le cardinal du Perron.

Dieu donc était avec lui en toutes ses voies ; Jésus-Christ était en lui parlant et agissant, et il donnait une telle force à ses paroles et à ses actions, que ce qui s'est dit du maître peut être attribué au serviteur, *Potens in opere et sermone.* (*Luc.* xxiv, 19.) En sorte que si chaque saint a une éminence et différence de grâce, selon laquelle l'Eglise chante : *Non est inventus similis illi*, l'efficace en ses paroles et la puissance de l'Esprit de Dieu en ses actions lui étaient très-particulières. Il parlait *tanquam potestatem habens*; autant d'auditeurs qu'il a eus en ont été autant de témoins, et l'on en verra quelques preuves en l'abondance des lumières et des vérités qui paraissent en ses écrits, bien qu'elles eussent tout une autre grâce quand il parlait lui-même. Plusieurs l'ont comparé en cela à saint Bernard, n'osant dire davantage.

Quant à ses œuvres, c'est assez dire qu'il n'a jamais rien entrepris avec soin et application qu'il n'ait mis à effet, parce qu'il n'agissait pas lui seul, mais que Dieu agissait en lui et par lui. Il a par deux fois réconcilié le fils avec la mère, et détourné par ce moyen la tempête d'une guerre civile qui menaçait la France. Il a beaucoup contribué par la vigueur de ses conseils à la prise de la Rochelle et à la destruction entière de la faction des hérétiques, rebelles à Dieu et à leur roi ; et il semble que le dessein de Dieu de l'avoir élevé à la dignité de cardinal et de chef du conseil de la reine mère ait été pour lui donner plus d'autorité, afin d'accomplir cette œuvre. Sans doute, si Dieu, qui arrête avec un grain de sable les vagues impétueuses de la mer, n'eût borné par un secret jugement ses saintes intentions et ses actions avec ses années, il eût toujours conservé l'union entre les deux couronnes, ce qu'il avait fait jusqu'alors, comme aussi l'union entre ces deux cœurs, qui ne se fussent pas divisés, ni en la vie, ni en la mort.

Mais ainsi que l'ange Raphaël, après avoir mené et ramené le jeune Tobie plein de richesses et de prospérités, dit : *Il est désormais temps que je m'en retourne à celui qui m'a envoyé* (*Tob.* xii, 20) : de même ce saint homme, après l'accomplissement des volontés de Dieu sur sa personne et par son ministère, s'en est allé à celui qui l'avait créé et sanctifié pour sa gloire et pour le salut de plusieurs. Sa mort a donc été la consommation de son sacrifice perpétuel. Il s'était consacré à Dieu dès sa plus tendre enfance. Il avait toujours vécu comme une hostie, et l'accomplissement de son vœu de servitude, lequel il avait établi et maintenu par une puissante grâce. Il avait porté la malédiction et les calomnies des Séméi, opposés aux voies de Dieu. Il avait demeuré dix ans en silence et en souffrance. Il avait défendu la gloire de Jésus par les discours de ses grandeurs et de sa vie. Et voilà enfin que cette victime est immolée au pied des autels, et en proférant ces paroles d'oblation de servitude, *Hanc igitur oblationem servitutis nostræ*. Il confirme son vœu par sa mort, s'offrant en holocauste perpétuel, par hommage à la grandeur suprême de Jésus, laquelle il avait singulièrement honorée en sa vie ; mort précieuse, en la présence du Seigneur, dans les plus saintes pensées et les plus hautes élévations de la religion ; en la reconnaissance et en l'adoration de Jésus, *comme principe en la Trinité, et comme Père en l'incarnation*; et en la bénédiction de Jésus et de Marie, qu'il a demandée pour ses enfants, et qu'il leur a donnée ! Agonie sainte, et saintement occupée ! De façon que nous pouvons dire ce que le texte sacré rapporte de Moïse : *Mortuus est Moyses jubente Domino* (*Deut.* xxxiv, 5) ; et selon une autre version : *Mortuus est in osculo Jehova*. Car il est mort au baiser du grand *Jéhovah*, je veux dire du Fils de Dieu dans le sein de son Père, comme principe en la sainte Trinité, et de Jésus, Fils de Marie, dans le sein de sa mère, comme Père en l'Incarnation.

Mais la vie de Jésus-Christ Notre-Seigneur a été parsemée et mélangée de bassesses et de grandeurs, d'obscurités et de lumières, de souffrances et de gloire, de privations et d'infusions ; il a été persécuté en sa personne pendant sa vie, et en ses membres et en son corps mystique après sa mort, selon ce qu'il dit à saint Paul : *Quid me persequeris* (*Act.* ix, 4) ? et il le sera jusqu'à la fin du monde. Il est donc raisonnable que la vie de ses serviteurs reçoive le même partage. On y voit des humiliations et des petitesses, et puis soudain des rehaussements inopinés. Le mépris est bien souvent suivi de l'estime, et les traverses couvrent la grâce cachée. Dieu même la conserve et l'accroît dans les bassesses de la nature, et quelquefois dans les petits dérèglements du vieil Adam, qui servent comme les ombres à la peinture pour en faire paraître les plus riches traits.

Cela ne vous semblera pas hors de propos, non-seulement en la vue des persécutions de ce grand serviteur de Dieu pendant sa vie, mais aussi en la pensée de l'oubli et du mépris auquel il a été après sa mort.

C'est à vous, mes Pères, à qui je dis simplement ces choses, quoiqu'à la face du public, et bien qu'il soit beaucoup plus difficile d'écrire que de parler, le jugement de ceux qui lisent étant plus sévère que de ceux qui écoutent, néanmoins, je serai digne d'excuse, si je proportionne mon discours à l'intelligence des personnes à qui je l'adresse.

Mais pour suppléer aux défauts de ce petit narré, je produis la seconde vie, des lumières, des élévations et de la doctrine qui se fait voir par elle-même dans ses œuvres mises par écrit. C'est la vraie vie des saints qui se répand dans tous les usages et dans toutes les fonctions de leur vie extérieure. Vie de lumière et d'intelligence que le Prophète demandait à Dieu : *Intellectum da mihi, et vivam.* (*Psal.* cxviii, 144.) Celui qui est le sujet de ce discours parlera lui-même, non pas de lui, mais de Dieu et des choses divines, de Jésus-Christ Notre-Seigneur, de ses grandeurs et de ses mystères, des hautes vérités de la religion chrétienne, maximes de la conduite et de la sanctification des âmes en Dieu; établissent les principes d'une excellente théologie, aussi sublime qu'elle est humble, et aussi relevée qu'elle est intelligible aux âmes pures et non préoccupées d'elles-mêmes, ni attachées à leur propre sens. Néanmoins, il se fait voir sans y penser, et il se dépeint naïvement lui-même contre son dessein, ainsi qu'au bouclier de Phydias, on y voyait de tous côtés le portrait du sculpteur. Et comme le soleil le plus beau, le plus lumineux et le plus visible entre les choses sensibles ne peut être dignement représenté que par lui-même, lorsqu'on lui oppose la glace d'un miroir ou d'un corps transparent, l'art de la peinture étant trop impuissant pour le tirer au vif, aussi les grandes lumières que Notre-Seigneur envoie au monde pour l'éclairer, comme il qualifie ses apôtres : *Vos estis lux mundi* (*Matth.* v, 14), et les hommes apostoliques, ne peuvent être mieux représentés et dépeints que par leurs propres paroles et actions, encore qu'ils soient très-éloignés d'y penser, et qu'ils désirent demeurer ensevelis dans l'oubli. C'est une louange qui se trouve sans la rechercher; c'est une éloquence d'œuvres et non pas de paroles, où les vérités paraissent et non pas les discours. Aussi je ne prétends pas vous dresser l'écrit de cette vie, mais vous la montrer toute faite par celui qui en est l'auteur et le sujet. Car si la parole est l'image de l'âme, et que cet ancien philosophe disait bien à propos : Parlez afin que je vous voie, sans doute, lorsque vous entendrez parler l'auteur de cet ouvrage, vous verrez aussitôt son esprit, et vous vous formerez une excellente idée de sa vie.

C'est pourquoi je vous en recommande très-soigneusement la lecture, car les enfants doivent lire le testament de leur père. Les commençants ont à y revoir les mystères qu'ils n'entendront pas; la docilité d'esprit leur ouvrira l'intelligence : *Intellectum dat parvulis* (*Psal.* cxviii, 130); aux petits, dit il, c'est-à-dire aux humbles qui étudient en l'école de Jésus-Christ pour se rendre humbles Chrétiens, et non pas subtils philosophes. Les plus avancés y comprendront les hautes vérités et les saintes pratiques du salut et de la perfection, pourvu qu'ils ne les lisent pas comme juges pour les censurer, mais comme disciples pour les croire, pour s'y soumettre et en profiter.

Or, afin de servir d'introduction à cette grande œuvre, grande non pas en la multitude des cahiers, mais en l'abondance des lumières et des vérités, nous devons remarquer qu'il a y trois sortes de théologie, la positive, la scolastique et la mystique. La positive a pour objet l'interprétation des saintes Écritures, qui se doit faire par le même esprit qui les a dictées, comme l'enseigne le prince des apôtres : *Omnis prophetia Scripturæ propria interpretatione, non fit, sed Spiritu sancto inspirati locuti sunt sancti Dei homines.* (*II Petr.* 1, 20.) La scolastique éclaircit les vérités de la foi par méthode, y mêlant quelque raisonnement humain; et la mystique applique ces vérités et s'en sert pour élever l'âme à Dieu. L'auteur a été éminent en ces trois théologies, et il les a élevées à un degré de perfection rare et singulier. Pour la première, il a pénétré dans le conseil de Dieu en l'exposition des Écritures saintes, ayant été rempli d'une lumière de grâce et d'une onction spéciale du Saint-Esprit ; et on ne peut lire en ses œuvres l'explication de quelque passage, sans être convaincu de la vérité du sens qu'il lui donne. Quant à la doctrine des scolastiques, il l'ennoblit et la dégage des épines de l'école, pour la relever à une plus pure théologie, et la montre clairement en la parole de Dieu. Il s'en sert avec un pouvoir et une industrie que les plus clairvoyants admirent pour porter les cœurs à Dieu et à Jésus-Christ Notre-Seigneur. Enfin, il réduit tout à la théologie mystique, manifestant la variété infinie des voies de Dieu sur les âmes, la correspondance qu'il faut qu'elles y apportent, les empêchements qu'elles y peuvent rencontrer, les motifs qu'elles y doivent porter, les moyens et les degrés par lesquels elles s'y élèvent; et il fait cela avec tant de clarté, qu'on peut dire à bon droit de lui ce que saint Paul dit de l'homme spirituel : *Judicat omnia* (*1 Cor.* ii, 15), tant son discernement, soit général, soit particulier, a toujours été assuré. Ce qui fait bien voir que Dieu l'éclairait et l'avait rendu tel, comme l'ayant choisi pour être en son temps un des plus grands directeurs des âmes. Nous devons tenir à grande bénédiction, qu'ayant été le nôtre en nos commencements, il doive l'être toujours à l'avenir par les saints enseignements qu'il nous a laissés.

Or, comme partie de ses œuvres avait été diversement imprimée de son vivant, et qu'une autre partie a été trouvée dans ses manuscrits, nous avons eu soin, selon vos désirs et instances, de les faire toutes ramasser et recueillir en un même corps de ce présent volume. Vous en devez avoir la même obligation au R. P. Gibieuf, qui, en ayant une plus grande connaissance qu'aucun autre, les a ainsi disposées et enrichies d'arguments et de sommaires; ce que nous avons grandement approuvé, d'autant plus que par ces abrégés l'esprit du lecteur sera plus recueilli et mieux préparé à recevoir et entendre les hautes vérités dont chaque discours ou traité est rempli.

Il faut remarquer que cette sorte de théologie tient plus de la sapience que de la science; car elle traite des choses hautes et divines, hautement et divinement, par les plus profonds principes de la foi, sans s'appuyer sur la science humaine ni sur les raisonnements de la philosophie, mais s'élevant au-dessus, comme un aigle qui par son vol s'approche du ciel, et par sa vue subtile contemple les vérités éternelles en la propre splendeur et clarté de leur soleil, qui est Jésus-Christ Notre-Seigneur.

C'est la vraie science des saints, la science de salut, et une émanation de la sapience et de la science divine (*Col.* ii, 3), de laquelle Jésus possède les trésors dont il est le seul et l'unique maître : *Unus est magister vester Christus* (*Matth.* xxiii, 10), et qu'il enseigne en parlant au cœur; science qui, comme le soleil, produit la chaleur et la lumière, et est vraiment ce feu que Jésus-Christ est venu apporter en terre, qui a en soi ardeur et lueur, c'est-à-dire connaissance et amour, mais plus d'ardeur que de lueur, plus d'amour que de connaissance, et qui conduit à la connaissance par l'amour.

Un grand maître dit aux vrais écoliers de cette science : *Venite, filii, audite me, timorem Domini docebo vos* (*Psal.* xxxiii, 12), pour leur apprendre qu'ils doivent venir à cette école avec un esprit humble et docile, comme des enfants, *venite, filii* ; avec un cœur fervent et désireux d'y profiter, comme des disciples, *audite me* ; avec une crainte filiale et respectueuse vers les mystères redoutables qui y sont enseignés, *timorem Domini docebo vos*. Ce sont trois dispositions nécessaires pour étudier avec fruit en l'académie de la sagesse et du divin amour, sans lesquelles cette science ne servira qu'à confondre celui qui présumerait la pouvoir acquérir. Il sera rejeté comme l'aiglon bâtard, qui ne peut souffrir l'éclat du soleil. La même lumière qui le devait éclairer l'aveuglera comme ce philosophe qui voulut regarder cet astre de trop près : *Scrutator majestatis opprimetur a gloria* (*Prov.* xxv, 27); et la grâce qui devait opérer son salut sera la cause de sa condamnation : *In judicium veni, ut qui vident cæci fiant*. (*Joan.* ix, 39.) Je ne vous dis pas ceci sans raison, mais par une précaution nécessaire; car nous n'avons que trop d'expérience de ceux qui censurent ce qu'ils ne sont pas capables d'entendre : *Quæ ignorant blasphemant* (*Jud.* 10), et qui veulent assujettir la science de Jésus-Christ à celle d'Aristote, et la philosophie chrétienne, laquelle a pour fondement l'abnégation de soi-même, à celle des païens, qui est toute en la plénitude et en la complaisance de soi-même. Qu'ils écoutent le Fils de Dieu parlant à son Père en élévation d'esprit : *Confiteor tibi, Pater, quia abscondisti hæc a sapientibus, et revelasti ea parvulis* (*Matth.* ii, 25); et son Apôtre : *Si quis videtur inter vos sapiens esse, stultus fiat, ut sit spiens*. (*I Cor.* iii, 18.) Cet avertissement ne sera pas inutile.

Je vous prie aussi, et tous les lecteurs, de faire différence entre les œuvres imprimées pendant la vie et par les soins de l'auteur, et entre les œuvres posthumes que nous donnons au public après son décès; comme encore entre celles qu'il a faites et composées à dessein et avec son exaction ordinaire, et celles que dans l'abondance de ses vues et de ses pensées il a laissées sans ordre parmi ses écrits. Les unes, à la vérité, paraîtront avec plus d'étendue, d'ornement et d'élégance, qui est souvent ce qu'on recherche en la lecture des livres; néanmoins toutes contiennent les saintes lumières de la théologie dont nous avons parlé : l'éminence et la sublimité de la grâce, la solidité et la clarté de l'esprit qui les a produites ; et le lecteur trouvera dans les dernières, aussi bien que dans les premières, les saintes Écritures divinement expliquées, les principes de la foi nettement éclaircis, les plus grandes et plus importantes vérités de nos mystères clairement proposées, et les plus saintes pratiques de la religion établies avec une efficacité si puissante de l'esprit de Dieu, qu'il imprime aussitôt dans les cœurs ce qu'il exprime aux sens et à la pensée. En la même manière que saint Augustin remarquait de saint Ambroise, quand il l'entendait prêcher, que les choses s'écoulaient en lui avec les paroles et la force des sentences avec le discours, aussi l'onction, la grâce et la lumière se répandent comme insensiblement en l'âme par la lecture de ces œuvres.

Ce sont les richesses que notre père a laissées à notre congrégation, et par elle à l'Eglise. Tout y est précieux et rempli d'une haute sapience, même les plus petits discours, qui sembleront moins polis. C'est pourquoi nous n'avons pas jugé devoir rien omettre, ni envier au public la communication de ce que nous pouvions posséder en notre particulier.

J'ajouterai à ces observations l'explication de quelques termes, qui sont fort fréquents en ces œuvres, comme ceux d'*honneur*, d'*hommage* et d'*honorer* ; ceux d'*appartenance* et de *liaison* ; ceux de *servitude*, de *sacrifice* et d'*hostie*.

Honorer, c'est regarder et estimer quelque perfection et excellence en autrui avec un respect et un abaissement de soi-même, à proportion du degré de cette excellence. Or, comme toutes les excellences sont divines et infinies en Dieu, et sont divinement humaines et d'une dignité infinie en Jésus-Christ Notre-Seigneur, à raison de sa divine personne, elles sont dignes d'une estime, d'une révérence et d'une soumission pareilles. Nous leur devons cela, non-seulement à toutes en général, mais aussi à chacune en particulier, et à tout ce qui en procède, jusqu'aux moindres choses. Ses souffrances mêmes et ses passions méritent un semblable honneur, en tant qu'elles sont reçues en sa divine personne par sa nature humaine. Car le Verbe ayant pris notre nature et toutes ses parties en unité d'hypostase, il les a toutes pénétrées et remplies de la plénitude de la Divinité qui habite en lui (*Col.* ii, 9), et par elle les a sanctifiées et déifiées en soi-même, c'est-à-dire les a élevées à une dignité infinie d'agir, d'opérer et de mériter. Ainsi il n'y a rien en lui qui ne mérite hommage, honneur, révérence profonde, et la soumission de toutes les créatures qui sont au ciel, en la terre et aux enfers : *Ut in nomine Jesu omne genu flectatur cœlestium, terrestrium et infernorum*. (*Philip.* ii, 10.) C'est l'acte et l'exercice le plus essentiel de la religion, la première obligation de la créature envers son Dieu, le principal devoir du Chrétien envers Jésus-Christ Notre-Seigneur.

Quant à l'appartenance et à la liaison à Jésus et à Marie, et à leurs mystères, qui sont si souvent répétées en ces œuvres, ces termes marquent une puissance, une autorité et une souveraineté de la grâce et de l'esprit de Jésus sur nous, qui nous rend siens, et nous approprie à lui par le droit qu'il a sur nous, et par notre soumission et abandonnement à son divin pouvoir.

Pour entendre ceci, il faut savoir qu'il y a deux sortes d'opérations employées en la sanctification de l'âme : l'opération de Dieu en l'âme, et l'opération de l'âme vers Dieu. La première est celle qu'on appelle *grâce*, et la seconde *vertu*. Ce n'est pas que la vertu ne soit une grâce et un don de Dieu ; car la vertu n'étant autre chose qu'une bonne disposition pour faire des actions bonnes et saintes, elle doit venir de Dieu, duquel nous recevons tout le bien que nous avons, selon saint Paul : *Quid habes quod non accepisti?* (*I Cor.* iv, 7.) De même aussi, la grâce n'opère point en nous la sanctification, si elle n'est suivie de la vertu, et si elle ne donne le vouloir et le faire (*Philip.* ii, 13), en quoi consiste la vertu. Mais d'autant qu'il y a des opérations que Dieu fait en nous sans nous-mêmes, non-seulement au commencement, mais aussi au progrès de la vie des justes, nous appelons grâce l'opération de Dieu en nous, spécialement lorsqu'elle est assez puissante pour détruire les empêchements qui s'opposent à elle, et pour arracher de l'âme les racines de cet arbre que Dieu n'a point planté en sa créature, c'est-à-dire les secrets engagements de l'amour-propre et du vieil Adam. Nous appelons vertu l'opération de l'âme ainsi prévenue, assistée, soutenue de la grâce, et par elle appliquée à Dieu. Or celle de ces deux opérations qui nous convertit et nous lie à Dieu, à Jésus et à la sainte Vierge, c'est l'opération de Dieu et de sa grâce ; et la créature n'y a point d'autre part que celle que la même grâce lui donne, qui est une adhérence volontaire à cette opération, suivie des désirs, des affections et des pratiques conformes, comme aussi de l'éloignement de toutes les choses contraires. De même il y a deux sortes d'appartenances et de liaisons à Jésus et à ses mystères : l'une qui consiste toute en l'opération de Dieu, et qui prévient nos pensées, nos désirs et nos soins, bien qu'elle demande d'en être suivie, et ne puisse subsister utilement sans notre correspondance ; l'autre qui consiste en nos pensées, en nos désirs et en nos dévotions dans l'usage de la grâce. C'est principalement de la première dont parle l'auteur ; et il veut que nous la cherchions par les voies de la seconde, qui nous donne quelque entrée en cette appartenance ; car désirer d'appartenir à Jésus-Christ, c'est déjà commencer de lui appartenir, comme le désir d'aimer Dieu est déjà un amour commencé. Appartenir donc à Jésus-Christ et être lié à lui, c'est être absolument en son pouvoir, en sorte qu'il ait droit, par son autorité, de disposer de nous comme de chose entièrement sienne : à quoi nous nous préparons en le regardant comme notre exemplaire, en dépendant de lui comme de notre principe, et en tendant à lui comme à notre fin.

L'état de servitude est une manière spéciale d'appartenance, qui ne consiste pas tant à vouloir, à désirer, à protester cette servitude, qu'en une qualité et disposition permanente que Notre-Seigneur imprime et met en l'âme, afin de la rendre toute sienne par ce titre. Au moyen de quoi l'âme renonce à toute propriété, et au droit qu'elle a sur ses actions, même à sa propre liberté, pour se livrer à la puissance et à la souveraineté de Dieu, qui opère cela en elle, et se l'approprie en son être et en toutes ses opérations. Il faut remarquer que par cette disposition l'on ne donne pas seulement les fruits, mais le fonds ; non-seulement les accidents, mais la substance ; non-seulement les actions, les paroles et les souffrances, mais aussi l'être, l'essence et l'intime de l'âme ; que ce n'est pas une oblation préparatoire, mais une donation parfaite et entière ; qu'elle ne se fait pas par forme de prêt et pour un temps, mais pour toujours, comme étant perpétuelle et irrévocable ; qu'elle n'est pas avec condition ou limitation, mais absolue, sans bornes et sans réserve ; enfin que cette donation n'est pas muable à la volonté et au bon plaisir de celui qui la fait en la manière d'une simple dévotion, mais qu'elle impose obligation et nécessité, comme étant établie et confirmée par une espèce de vœu, qui est le vœu primitif de la religion chrétienne, conçu premièrement au baptême, puis renouvelé et ratifié par une expresse promesse qu'on fait à Jésus-Christ de le reconnaître et tenir pour son Dieu et son souverain Seigneur, et qu'on lui fait en la plus humble qualité qui puisse être, savoir de serviteur et d'esclave ; ce que l'ancien Jacob semble avoir non-seulement figuré, mais pratiqué, lorsque *Vovit votum dicens : Si fuerit Dominus mecum, et custodierit me in via*, etc., *erit mihi Dominus in Deum.* (*Gen.* xxviii, 20, 21.)

Mais d'autant que ces vœux ou oblations votives de servitude font l'argument d'une partie de ces œuvres, elles méritent d'être expliquées par celui même qui les a proposées, et d'être entendues de sa bouche. C'est pourquoi je renvois le lecteur au second discours du livre *Des grandeurs*, et aux oblations qui suivent la *Vie de Jésus*.

Pour les termes de sacrifice et d'hostie, saint Paul nous en montre l'usage, quand il nous exhorte à nous offrir à Dieu en cette qualité : *Tanquam hostiam viventem, sanctam, Deo placentem.* (*Rom.* xii, 1.) Et il n'y a rien de si commun en la sainte Ecriture, que ces mêmes termes, quand il s'agit d'honorer et de lui rendre un culte souverain.

Premièrement, ils signifient un état de consécration ; car l'hostie est une chose consacrée à Dieu, et transférée de l'usage profane et commun à un usage saint et divin. C'est ce que le sacerdoce fait en nous, parce qu'il nous dédie et nous approprie entièrement à Dieu, et nous destine aux sacrés ministères, non pas par une simple députation ou commission externe, mais par une onction qui sanctifie l'âme, et lui imprime une marque et un caractère de sa consécration ; non aussi par une oblation et par un acte de la volonté de l'homme, mais par le pouvoir et l'autorité de Dieu, qui prend ceux qu'il lui plaît, et les sépare du peuple, pour être ses prêtres et les ministres des choses saintes ; car il n'appartient qu'à Dieu de faire et d'avoir des prêtres.

En second lieu, ils disent un état de mort ; car l'hostie est pour le sacrifice, et le sacrifice pour la destruction et la mort de l'hostie. L'homme avait mérité la mort par le péché : *In quacunque hora comederis, morte morieris.* (*Gen.* II, 17.) C'est pourquoi, au même moment et au même lieu qu'il pèche, il devrait mourir. Mais le Fils de Dieu, par un excès d'amour, prenant la ressemblance de la chair de péché, s'est mis en la place du pécheur condamné à mort ; et, en exécutant cet arrêt, a voulu souffrir la mort pour lui, afin de l'en délivrer, et de satisfaire à la justice de Dieu. Il est mort premièrement en figure avant sa venue au monde, ainsi qu'un criminel qu'on exécute en effigie avant qu'il puisse être appréhendé au corps ; et cela s'est fait en chacun des animaux qu'on a immolés et sacrifiés à Dieu depuis le premier péché ; le texte sacré disant en ce sens, que *l'Agneau a été occis dès le commencement du monde.* (*Apoc.* XIII, 8.) Car les sacrifices n'avaient aucune grâce ni vertu pour honorer Dieu et pour sanctifier les hommes, qu'en qualité de figures du vrai sacrifice que Jésus a offert lorsqu'il s'est immolé soi-même sur l'autel de la croix. Après sa venue en terre, dès le premier moment de sa vie, et tant qu'il a vécu, il a toujours été présent à Dieu son Père en son corps mortel et passible, en état d'hostie et de victime, non plus en figure, mais en vérité : partant il pouvait dire toujours ce qu'il lui a dit une fois : *Pro eis ego sanctifico meipsum* (*Joan.* XVII, 19), c'est-à-dire je m'immole, je me consacre et me sacrifie pour tous les hommes pécheurs. Enfin, il a consommé ce sacrifice par sa mort. Or le baptême nous conformant à Jésus comme hostie, et à Jésus mourant et mort, il nous oblige à être des victimes comme lui, en la vie et en la mort ; afin que, mourant à nous-mêmes et au péché, nous cheminions en une nouveauté de vie, comme l'Apôtre nous y exhorte souvent. (*Rom.* VI.) C'est à quoi tend aussi et nous porte la consécration sacerdotale, nous destinant comme des hosties vivantes au sacrifice, à l'immolation et à la mort. Bref, c'est ce qui se doit accomplir en nous, par la célébration du saint sacrifice. Car comme Jésus y est le prêtre et l'hostie, le sacrifiant et celui qui est sacrifié, de même nous devons, avec lui, entrer en ces deux états, de prêtre sacrifiant et d'hostie immolée. Jésus y meurt, et nous y devons mourir avec lui ; être tout consommés en lui, et référer même notre mort naturelle à l'honneur et à l'hommage de la sienne. En un mot, nous devons vivre et mourir comme les victimes de sa gloire et de son saint amour.

Cela suffira pour expliquer aucunement ces termes, laissant à l'auteur à en donner une parfaite intelligence, par la propre clarté de son esprit et de ses paroles, ainsi que la lumière se fait mieux voir elle-même.

Il nous reste à faire quelques remarques sur sa conduite et sur ses desseins en quelques-uns de ses livres, et sur les divers motifs qui l'ont porté à écrire.

Le traité *Des énergumènes*, qui est mis au commencement, comme le premier publié, a été fait à l'occasion d'une possession contestée en son hypothèse, puis en sa thèse générale, que l'auteur, qui était lors encore assez jeune, entreprit de prouver et de soutenir. Le style est concis et nerveux, le raisonnement puissant, et tel que les ignorants y sont instruits, et les indociles convaincus. Il fait voir là-dedans qu'il avait un esprit tout opposé à la malignité de Satan, découvrant ses artifices, sa tyrannie, ses efforts, et sa rage contre Jésus-Christ et contre le mystère de l'Incarnation. Il y montre aussi les desseins de Dieu, tout contraires, dans cette sorte de vexation ; l'utilité qu'il en tire pour sa gloire, pour notre salut, et pour la confusion des démons. Cette matière n'avait jamais été mieux traitée. Nous savons que les ennemis de la vérité furent éblouis de la nouvelle lumière qu'il y apporta.

De la possession des corps, il passe à la possession des esprits par le démon de l'hérésie, et la combat en trois excellents discours ; établit la foi, fait triompher l'Eglise, lui laissant la joie entière de la conversion d'une dame qui avait donné occasion à ces œuvres.

Le premier est de la mission des pasteurs, point fondamental, qu'il démêle avec toute la netteté et la solidité qu'on saurait désirer, renversant le corps de la réformation prétendue par la ruine de son fondement.

Le second est du sacrifice de la messe, et le troisième, de la réelle présence de Jésus-Christ en la sainte Eucharistie. Nous y avons fait ajouter plusieurs traités sur le même sujet, qui n'avaient point encore été vus. Comme ses délices étaient à l'autel, et que ce mystère était, à vrai dire, son élément et sa vie, aussi Dieu lui en donnait des lumières et des sentiments tout particuliers, et une force d'esprit admirable pour confondre l'hérésie la plus ingrate et la plus maligne, envers un gage si précieux de l'amour que Jésus-Christ nous a porté. Oserai-je dire que, traitant de ce mystère dans ses élévations, il était plein de lumière, comme Moïse sortant de devant la face de Dieu ; mais que combattant l'hérésie, il ressemblait à Elie, rempli de zèle contre Jézabel ? et ainsi en ce sujet, comme au reste de sa vie, il participait à la débonnaireté de l'un, duquel l'Ecriture dit : *Erat vir mitissimus inter omnes homines* (*Num.* XII, 30), et au zèle et au courage de l'autre, qui disait : *Zelo zelatus sum pro Domino exercituum.* (*III Reg.* XIX, 10.)

Les discours *De l'état et des grandeurs de Jésus*, par l'union ineffable de la divinité avec l'humanité, et celui *De la vie de Jésus*, sont ses principaux ouvrages. Et si en ses autres traités il se proportionne et s'accommode aux sujets dont il traite, aux rencontres qui l'obligent à parler et aux personnes auxquelles il s'adresse, en ceux-ci il n'a point d'autre règle ni d'autre proportion que Jésus en sa majesté, en ses états, en ses grandeurs. Il le regarde seul, il ne s'occupe que de lui, et l'on le voit comme tout transporté en Jésus, pénétrant et annonçant au monde les plus secrètes vérités de son mystère. Que si le sujet qui donna occasion au premier œuvre le détourne quelquefois, ce n'est qu'un instant et en passant. Il contemple et adore en Dieu les grandeurs de Jésus-Christ, et il le suit jusque dans le sein de la Vierge, comme l'aigle évangélique, saint Jean, s'élève et va chercher le Verbe divin dans le sein du Père, ne le quittant point qu'il ne l'ait vu abaissé en terre par ce grand sacrement : *Verbum caro factum est.* (Joan. I, 14.) Pourrais-je faire quelque rapport de ce qui est dit de saint Chrysostome, que saint Paul lui suggérait ses plus belles pensées sur ses Epîtres ? Ce grand apôtre ayant été ravi jusqu'au troisième ciel, et ayant entendu des paroles secrètes, qui sont sans doute les grandeurs inénarrables du Verbe incarné, les a depuis fait connaître aux anges, comme il le semble dire : *Ut innotescat principatibus per Ecclesiam* (*Ephes.* III, 10) ; et en divers temps, il s'est servi de plusieurs organes pour les annoncer et les publier aux hommes. L'auteur de ces discours peut, à bon droit, être estimé un de ceux-là : ses pensées sont hautes et dignes d'avoir été inspirées par saint Paul ; ses paroles pleines d'emphase ; il n'y en a pas une seule qui ne porte sa lumière, et souvent ce qu'on penserait être répétition contient une telle abondance de choses, que plus on les regarde, plus on en aperçoit de nouvelles : de même qu'une colombe étant exposée aux rayons du soleil, on voit paraître sur ses plumes diverses couleurs, à mesure qu'on la regarde de divers côtés : *Pennæ columbæ deargentatæ, et posteriora dorsi ejus in pallore auri.* (*Psal.* LXVII, 14.)

Il y a eu deux conciles œcuméniques assemblés sur le mystère de l'Incarnation, le premier, c'est le concile d'Ephèse contre Nestorius, qui mettait deux personnes en Jésus-Christ ; l'autre, le concile de Chalcédoine, contre Eutychès, qui confondait en lui les deux natures. Au premier, saint Cyrille a défendu la foi de l'unité de la personne, et en a écrit amplement d'un style fort et animé. Au second, saint Léon a expliqué la créance de l'Eglise avec une éloquence toute divine en son épître *ad Flavianum*, laquelle servit de règle et de confession de foi à plus de six cents Pères assemblés. Ils ont parlé l'un et l'autre si dignement de la dispensation de ce sacrement caché en Dieu avant les siècles, qu'ils n'ont laissé à notre auteur que la gloire de les imiter et de les suivre. Mais il s'en est tellement acquitté, que si nous sommes redevables aux siècles de ces grand saints, la postérité sans doute le sera au nôtre. J'estime toutefois, s'il est permis de faire quelque comparaison, qu'il approche plus de l'esprit et du style de saint Léon, particulièrement en cette admirable épître *ad Flavianum*, autant que la différence des langues le peut souffrir.

Les grosses rivières viennent des petites sources, et souvent les plus grandes œuvres de faibles occasions. Celle qui lui fit composer ce livre fut qu'ayant dressé les deux oblations votives, ou élévations en forme de vœu dont il a été parlé, l'une à Jésus-Christ Notre-Seigneur, l'autre à sa très-sainte Mère, la Providence permit que quelques esprits préoccupés les publiassent à dessein de les faire condamner ; mais, par un secret jugement, elles furent approuvées et honorées des témoignages de nombre d'évêques et de docteurs. Après dix ans de persécutions sur ce sujet, dix ans de silence et de patience de son côté, enfin pour honorer Notre-Seigneur Jésus-Christ et le grand chef-d'œuvre de son amour, non pour répondre ou pour se défendre, il donna au public les discours *De l'état des grandeurs de Jésus*, desquels le premier peut être appelé *Le panégyrique de l'Incarnation, ou La foi expliquée de ce mystère.*

Le second contient le vœu de servitude à Jésus, par une ample exposition en forme d'élévation, digne de la doctrine et de la piété de l'auteur, où il appuye toutes les propositions sur les solides fondements de la théologie, de l'Eglise et des Pères. Ces deux oblations votives se trouveront encore diversement exprimées, plus au long et beaucoup enrichies, en suite du livre *De la vie de Jésus.*

Tous les discours suivants sont employés en la recherche des merveilles inconcevables de l'unité de Dieu, de ses communications ineffables, et de son amour en ce grand sentiment de piété et en l'explication des trois naissances de Jésus : vous en pouvez tirer l'éclaircissement des sommaires mis au-devant de chaque discours.

La vie suit la naissance, et la naissance se termine en la vie. Les discours *Des grandeurs* ont fini par les trois naissances de Jésus, et celui qui suit est de sa *Vie*, que l'auteur décrit en une manière sainte et élevée : il le représente vivant éternellement au sein du Père, en l'unité d'essence, en l'égalité de puissance, en la communication de ses grandeurs infinies, en la splendeur de sa gloire, en la distinction et en la propriété de sa personne. Il le fait voir vivant au monde, dès le commencement du monde et du péché ; puis en la foi des patriarches et des prophètes ; bref en la nature qui le désire, en la loi qui le figure, et en la grâce qui le donne. Il montre l'indignité de la terre pour le recevoir, et en la terre la seule Vierge qui est sans péché et préparée par le Saint-Esprit pour être la digne demeure du Fils de Dieu venant au monde. Il rapporte au long l'ambassade de l'ange qui lui est envoyé, le pourparler qu'il a avec elle, les grandeurs du mystère qui s'accomplit en elle ; les premières occupations de Jésus en Marie, tant vers elle que vers Dieu son Père ; et enfin les hommages que nous devons à Jésus, en ce premier moment auquel il commence à vivre et à faire son œuvre dans le monde.

C'était son dessein, de le suivre ainsi dans tous ses pas et dans tous les différents états de sa vie, jusqu'à ce qu'il l'eût adoré montant au ciel en son ascension, et assis à la droite et en la gloire de Dieu son Père ; découvrant en chacun de ses mystères les trésors cachés, et exposant les pensées que Dieu lui donnait, avec la même lumière qui paraît en ce premier essai. Œuvre qui eût été sans doute admirée en nos jours et digne de l'éternité. Mais la mort l'a séparé de nous, comme le chariot de feu ravit Elie, car il ne se pouvait plus faire que le feu qui sortait de tant de lumières ne le consommât. Il n'y a pas grand sujet d'espérer qu'il se trouve un Elisée rempli de son double esprit, qui continue et achève cet ouvrage. Mais pour suppléer à cela, il nous en a laissé quelques petits échantillons, premièrement en deux Elévations à Jésus-Christ Notre-Seigneur, l'une sur les principaux états et mystères, l'autre sur la conduite de son esprit et de sa grâce vers sainte Madeleine, où il s'étend sur plusieurs traités de sa vie et de sa conversion parmi les hommes ; puis en divers discours de piété sur le mystère de l'Incarnation, de sa naissance, de son enfance, de l'adoration des mages, de son oblation au temple, de sa retraite dans le désert, de toutes les parties de sa passion, de ses souffrances, de sa résurrection et de son ascension, bref en tous ses autres traités ou discours de piété : car il n'a point eu d'autre objet que Jésus, ni d'autre entretien que sa vie et que ses mystères. Et à l'exemple de ce que le Fils de Dieu avait été toujours appliqué non-seulement à Dieu son Père, pour lui rendre la gloire et l'hommage qui lui était dû, mais aussi aux hommes pour les sanctifier et leur communiquer ses grâces, il a semblablement partagé ses œuvres spirituelles en celles d'élévation vers Jésus, pour l'honorer, le contempler, l'adorer et l'aimer ; et en celles d'instruction et de conduite pour les âmes, comme est celle *De la direction des supérieurs*, celle *De l'abnégation* et autres, à quoi il faut ajouter nombre de lettres écrites sur divers sujets. Tellement qu'avec les œuvres de controverse dont nous avons déjà parlé, il semble que ce sont les trois chefs auxquels elles se peuvent rapporter. Je laisse aux lecteurs d'en faire la division particulière. Il n'y a rien qui ne soit digne de l'esprit et de la piété de l'auteur.

Voilà un recueil de ses œuvres que j'appelle le vrai livre de sa vie, qui contient et représente ce qu'il a eu de plus excellent, au moins ce qu'il nous est permis d'en connaître. Un autre ne pourrait pas si bien le peindre qu'il s'est peint lui-même là-dedans : mais comme l'image, pour naïve et bien faite qu'elle soit, est toujours défectueuse et moindre que la chose qu'elle représente, aussi je puis dire que les portraits de son esprit tirés en ses œuvres n'égalent point la vérité, et que les choses qui s'y lisent, pour rares et excellentes qu'elles soient, ne répondent point aux impressions véritables qu'il en a portées.

La vie de l'esprit. — La troisième vie de notre très-cher et très-honoré Père, qui est celle de l'esprit et de la grâce que je m'étais proposé de vous représenter, me semble la plus longue et la plus difficile, parce qu'elle ne doit pas être exprimée par nos paroles, mais par nos œuvres ; elle ne doit pas être écrite sur le papier avec l'encre, mais gravée et imprimée dans les cœurs. *Scripta, non atramento, sed Spiritu Dei vivi ; non in tabulis lapideis, sed in tabulis cordis carnalibus.* (*II Cor.* III, 3.) Ce n'est pas la vie de ses actions qui ont passé, mais la vie de son esprit qui doit toujours vivre en nous. Cette vie ne s'est pas écoulée et n'a pas fini avec les années qu'il a vécu parmi nous, mais elle doit demeurer et en lui et en nous pour l'éternité ; elle n'est pas plus la vie de sa personne que la vie de son œuvre. En un mot, c'est autant notre vie, et la vie, l'esprit et la grâce de la congrégation, que de celui qui en est l'auteur et le père. Notre conversation la doit exprimer, nos actions la doivent pourtraire, et notre piété la représenter au vif. Car en un meilleur sens que le philosophe ne disait à ses amis qu'il leur laissait l'image de sa vie (SENEC.), il nous dit avec le grand apôtre : *Estote imitatores mei, sicut et ego Christi.* (*I Cor.* IV, 16.) Portez en vous l'image de la vie de Jésus, comme je l'ai portée : soyez participants du même esprit, que j'ai reçu pour vous être communiqué. Et derechef : *Epistola nostra vos estis, quæ scitur et legitur ab omnibus hominibus : manifestati, quod epistola estis Christi, ministrata a nobis, et scripta, non atramento, sed Spiritu Dei vivi.* (*II Cor.* III, 2.)

Si les pères ne meurent point en leur propre mort, mais demeurent vivants en la vie de leurs enfants, selon cette parole du Sage : *Mortuus est pater, et quasi non est mortuus, similem enim reliquit sibi post se* (*Eccli.* XXX, 4) ; les saints instituteurs des communautés consacrées à Dieu, qui leur tiennent lieu de pères, doivent vivre selon l'esprit et la grâce de leur vocation en leurs enfants et successeurs : mais spécialement l'esprit de celui qui nous a été donné de Dieu en cette qualité, où plutôt l'esprit de Jésus en lui, doit être toujours vivant et opérant en nous. C'est une belle et une riche description de sa vie, que l'image de sa piété, l'expression de ses dispositions et l'imitation de ses vertus : comme les hôpitaux bâtis, les églises fondées, les monastères établis et rentés par le grand roi saint Louis, prêchent hautement les saintes actions de sa vie. Les œuvres sont des paroles bien plus animées que celles du discours, mais principalement les œuvres vivantes qui portent l'esprit et la vie de leur auteur et la rendent comme immortelle.

Or, entre tous les ouvrages de cette condition que Dieu a faits pour l'éternité par son serviteur, j'en remarque deux principaux en l'Eglise, l'ordre des Carmélites, qu'il a établi en France, et notre congrégation. Je n'estime pas apporter aucun préjudice aux droits de de sainte Thérèse, de l'appeler le fondateur de cet ordre en France : elle a donné le commencement et la règle à ses filles, mais il leur a communiqué l'esprit. *Celui qui plante n'est rien, ni celui qui arrose, mais c'est Dieu seul qui donne l'accroissement* (*I Cor.* III, 7); et c'est par lui qu'il l'a donné tel que nous voyons, non-seulement grand au nombre des monastères et des âmes qui y sont appelées, mais encore plus grand et plus abondant au progrès de l'esprit et de la grâce d'une si sainte vocation. En sorte que toute l'Eglise est parfumée de l'odeur de leur vertu et sainteté. Il fallait sans doute un puissant esprit et une grâce éminente, pour produire un si grand œuvre de grâce.

Quant à la congrégation, Jésus-Christ Notre-Seigneur qui est la fontaine de vie, *Apud te est fons vitæ* (*Psal.* XXXV, 10), a suscité en ce fidèle serviteur une source émanée de lui, source d'esprit et de grâce, qu'il nous veut communiquer; source de la sanctification, qu'il veut opérer en nous, et qui ayant si abondamment coulé pendant qu'il a été sur la terre conversant parmi nous, n'est point tarie par sa mort, mais doit toujours couler, et nous donner encore après sa séparation les mêmes eaux de vie; car alors il a commencé de nous avoir plus présents, et de ne nous plus voir que dans le miroir de la divine essence. Je vous dis volontiers, mes Pères, que même à présent il nous doit tenir lieu de chef et de supérieur général perpétuel, et qu'ayant reçu grâce en ces deux qualités, non-seulement pour établir et commencer notre congrégation, mais aussi pour la conduire et pour la régir, il les exercera et nous régira encore plus efficacement étant devant Dieu, qu'il n'a fait étant avec nous. Car ainsi que Notre-Seigneur Jésus-Christ, en sa vie voyagère, n'a assemblé qu'un petit nombre de disciples, encore tous faibles et vacillants en la foi, jusqu'à ce que étant séparé de leur présence visible, il les a remplis et fortifiés de son Esprit, et les a envoyés par toute la terre, pour y établir son royaume pacifique, et le régir en son nom; il veut aussi être souvent imité par ses serviteurs en ce point, et donner la perfection après eux aux ouvrages qu'ils n'auraient fait qu'ébaucher, afin qu'on n'attribue pas à leurs propres mérites ou à leur industrie ce qui dépend purement de sa volonté et de sa miséricorde.

Que si l'Apôtre par ses souffrances suppléait à ce qui manque à la passion de Jésus-Christ, pour son corps mystique, qui est l'Eglise (*Col.* I, 24), comme chacun doit faire pour soi par une fidèle coopération, et par des fruits dignes de pénitence; nous devons aussi achever l'œuvre qui nous a été commis, car c'est l'œuvre de Dieu : *Opus Domini* (*I Cor.* XVI, 10), auquel chacun de nous doit fidèlement travailler. Ce sera par ce moyen que, vérifiant l'oracle de la sagesse : *Filius sapiens lætificat Patrem* (*Prov.* X, 1), nous rendrons la joie de notre Père parfaite et accomplie dans le ciel : *Ut gaudium ejus sit plenum.* (*Joan.* XVI, 24.) Afin que comme notre perfection est sa joie devant Dieu, et notre sanctification sa couronne, de même sa grâce soit notre vie, et son esprit celui de notre vocation. C'est le désir de l'âme de Jésus sur les nôtres : *Ut gaudium nostrum impleatur;* notre dessein doit être de l'accomplir.

Or sa voie de grâce et sa plus sainte disposition, qui a été l'origine, la base et le fondement de toutes celles qu'il a reçues de Dieu, et même du renouvellement qu'il a apporté en l'Eglise, c'est la liaison et l'appartenance singulière qu'il a eue à la personne de Jésus-Christ Notre-Seigneur en sa sainte humanité, et à sa très-sainte Mère. Appartenance telle, que toutes ses prières et ses élévations, toutes ses pratiques et tous ses écrits de piété la ressentent et en répandent l'odeur; que toutes ses paroles et tous ses conseils en étaient parfumés, et qu'il ne faisait aucune action qui ne procédât de cet esprit. De quelque côté qu'on se tourne en la lecture de ses livres, on le trouve toujours dans cette sainte et divine passion de l'honneur et de l'amour spécial de Jésus et de Marie, et dans un zèle toujours ardent de l'imprimer en autrui. Cela ne se peut dire en peu de paroles, car il était tellement lié à Jésus-Christ, et dans un si grand mépris et oubli de soi-même, pour être tout à lui, que ses soins, ses pensées, ses actions et ses travaux ne regardaient que Jésus, et que Jésus était son centre et toute sa circonférence. S'il parlait ou écrivait, c'était de Jésus; s'il travaillait, c'était pour Jésus; s'il entreprenait quelque chose, c'était par la conduite de l'Esprit de Jésus. Et tous ceux qui l'ont connu et qui ont conversé avec lui, ont vu clairement qu'il était un instrument uni à Jésus, animé de l'Esprit de Jésus, et tellement en sa main qu'il n'avait autre usage que celui qu'il recevait de lui. Lorsqu'il a parlé si hautement et si divinement de Jésus, ç'a été par lui, étant conduit de son Esprit comme la plume par la main d'un écrivain : *Lingua ejus calamus scribæ velociter scribentis* (*Psal.* XLIV, 2); ç'a été aussi pour lui et afin d'annoncer Jésus aux Chrétiens; ç'a été pour imprimer la science et la connaissance de Jésus, qui est la science de salut, en leurs cœurs; ç'a été pour les introduire et les établir dans les voies de la vie éternelle, laquelle consiste à connaître Dieu et Jésus-Christ son Fils, qu'il a envoyé. Il estimait, avec l'Apôtre, toutes choses moins que la boue, afin de gagner Jésus, et pouvait dire : *Omnia arbitratus sum ut stercora, ut Christum lucrifaciam* (*Philip.* III, 8); et aussi afin de gagner les âmes à Jésus : *Omnium me servum feci, ut plures Christo lucrifacerem* (*I Cor.* IX, 19); les lier à Jésus, et non à soi-même; appliquer les esprits et les cœurs à Jésus, et non à soi, ni aux œuvres qui étaient conduites par lui. Il a toujours été si exact et si fidèle en ce point, qu'il peut être, à bon droit, appelé *Fidelis servus* (*Matth.* XXV), qui fructifie et acquiert, non à soi, mais à son Maître, duquel les seuls intérêts lui sont chers et considérables.

Voilà l'esprit, la vie et la disposition principale de notre très-honoré Père, que Dieu lui a donnés, non-seulement pour lui, mais pour ses enfants. C'est un esprit de Père, c'est une grâce de chef qu'il a reçue pour sa personne et pour son œuvre, qui est la congrégation. Adorons les desseins de Dieu sur nous pour cela, rendons-nous dignes d'y coopérer, honorons ses pensées, adhérons aux sentiments que Jésus lui a donnés, entrons dans cette vie d'esprit, cherchons ce trésor caché, c'est-à-dire la grâce et l'esprit de notre vocation, qui consiste en cette union, liaison et appartenance à Jésus et sa très-digne Mère ; en l'honneur spécial, en l'amour et en la soumission que nous leur devons, comme Chrétiens, comme prêtres, comme les enfants de leur famille, et leurs plus petits esclaves.

Mais bien que cette appartenance et cette piété vers Jésus soient toute notre vie et notre perfection, néanmoins, ainsi que la fontaine du paradis terrestre se divisait en quatre grands fleuves qui coulaient par toute la terre, de même il semble à propos de faire dériver quatre ruisseaux de cette première source, qui sont quatre points importants qui composent et établissent l'esprit et l'état de la congrégation, et par lesquels, comme le chariot mystérieux d'Ezéchiel, elle doit porter la gloire et l'amour de Jésus au monde, avec la sainte impétuosité de l'Esprit divin.

Le premier chef qui fait un état de vie et de grâce spéciale en l'Eglise, c'est le regard, la contemplation et l'adoration de Jésus-Christ Notre-Seigneur en lui-même, en sa personne et en ses états et grandeurs. Car il est en cet objet le grand sacrement de piété, et le sacrement primitif de la religion chrétienne.

Il faut donc remarquer que ce serviteur de Dieu et ami de l'époux regardait et adorait principalement la personne divine de Jésus-Christ Notre-Seigneur, unie à notre nature, c'est-à-dire lui-même, considéré en son état personnel, en son être divinement humain; non-seulement comme Dieu, ni en tant qu'homme, ou en son humanité prise séparément, mais en tant qu'Homme-Dieu, en son état substantiel, qui comprend ses grandeurs et ses abaissements, sa filiation divine et humaine en sa même personne, et les propriétés de l'une et l'autre nature en la seule hypostase du Verbe-Dieu.

Ce point est grand, important et très-considérable, comme étant la base et le sujet de tous les autres mystères. Car nous célébrons la naissance de l'Homme-Dieu, sa manifestation ou son épiphanie, sa présentation au temple, et tous les autres mystères de sa vie, la passion, la résurrection et l'ascension de ce même Jésus-Christ Dieu et homme, qui en a été l'auteur et le sujet. Ces mystères ont été passagers et se sont écoulés quant à leur action et à leur substance ; mais l'auteur et le sujet de ces mystères, Jésus-Christ, qui en contient la grâce, la vie et l'esprit perpétuel, est permanent et demeure en l'éternité, comme dit l'Apôtre : *Jesus Christus heri, et hodie, ipse et in sæcula.* (Hebr. XIII, 8.) Et selon la parole de l'ange, il est celui *Qui est, qui erat et qui venturus est.* (Apoc. I, 8.) Il n'est pas toujours naissant ni toujours souffrant ; mais il est toujours Jésus, toujours lui-même, toujours possédant les grandeurs éternelles, même comme subsistant en son humanité, quoiqu'il ne les ait pas par son humanité, et toujours un Dieu anéanti en notre nature. C'était donc là son objet principal, c'était sa vie, et sa vie éternelle, de connaître, d'adorer et d'aimer Jésus en lui-même, en ses états et grandeurs ; c'était là toute sa plénitude, car Jésus ainsi considéré lui était toutes choses : *Omnia et in omnibus Christus.* (Col. III, 11.) Et comme hors le ciel empyrée il n'y a aucun mouvement ni aucune action en la nature, de même nous ne devons avoir aucun sentiment, ni pensée, ni opération hors Jésus : *Omnia per ipsum, et in ipso, et omnia in ipso constant* (Col. I, 16) : c'était l'état de son âme et sa disposition continuelle. Et comme les anges du ciel voient toujours la face de Dieu dans leurs applications vers les hommes : *Angeli semper vident faciem Patris,* dit Notre-Seigneur (*Matth.* XVIII, 10), aussi cet ange de la terre était en un continuel regard de Jésus et en une dépendance de lui, de son esprit et de sa sainte humanité. Dans les plus grands emplois et occupations, même extérieurs, il ne perdait jamais sa présence, et fort souvent, dans les actions et délibérations sur les affaires, on le voyait tout élevé et transporté en Dieu, s'unissant à Jésus et à ses desseins sur le sujet duquel il devait résoudre ; et après les plus importantes négociations, il retournait en soi à Jésus son unique objet, avec la même facilité et tranquillité que s'il eût été toujours en une profonde contemplation, ne s'occupant point des affaires, mais de Dieu dans les affaires, et demeurant toujours en lui, sans retour et sans réflexion sur les choses passées.

Cette grâce et cet esprit si puissant, cette piété si chrétienne et si fondamentale au christianisme, ne se devait pas terminer en sa personne; Dieu l'avait choisi pour la communiquer à l'Eglise, pour en élever des monuments perpétuels. Le Fils de Dieu l'a envoyé devant sa face, comme Jérémie (Cap. I), pour arracher et planter, pour détruire et édifier, arracher et détruire l'amour-propre, planter et faire régner l'amour de Jésus dans les âmes ; comme un nouveau saint Jean, pour montrer Jésus-Christ au doigt, pour le faire connaître au monde, et non-seulement ses mystères, ses actions, ses paroles, ses miracles et ses souffrances, mais aussi sa personne, ses états et ses grandeurs adorables; pour le faire révérer, servir, adorer et aimer, pour former en nous la vive image de sa vie : ç'a été, si j'ose ainsi parler, son apostolat et sa mission.

C'est l'ancienne et primitive dévotion qui était en sa plus grande ferveur du temps des apôtres et des premiers Chrétiens, lesquels ne pensaient qu'à Jésus et ne parlaient que de lui ; et depuis encore plusieurs siècles, et pendant le cours des hérésies d'Arius, de Nestorius, d'Eutychès et des monothélites, élevées contre la personne divine et contre le mystère du Verbe incarné, qui, par une opposition, allumaient l'amour des fidèles vers lui, et le faisaient davantage connaître.

Mais il faut avouer que cette piété s'était depuis grandement refroidie, que les docteurs n'avaient pas la pratique si particulière d'enseigner Jésus-Christ, ni les Chrétiens le zèle de l'apprendre; et qu'en ces derniers jours, par une spéciale miséricorde de Dieu, elle s'est aucunement renouvelée. On a entendu les prédicateurs prêcher plus souvent Jésus-Christ, pour le faire aimer et adorer en sa sainte humanité, pour faire concevoir au peuple la dignité de la grâce chrétienne et la majesté de Jésus, qui en est l'auteur, et qu'il n'y a rien en lui qui ne soit déifié, qui ne soit saint et sanctifiant, qui ne soit d'un prix et d'une dignité infinis, pour rendre gloire à Dieu, pour effacer nos péchés, et pour nous mériter sa grâce et son amour en l'éternité; rien enfin en lui, ou procédant de lui, ou reçu en lui, qui ne soit souverainement adorable et aimable. Ces belles et divines vérités ont été proposées et soutenues par la parole, par la vie et par les écrits de celui qui est le sujet de ce discours, et étant publiées par la bouche des prédicateurs apostoliques, ont beaucoup servi à former Jésus-Christ dans les âmes chrétiennes.

Mais il ne faut pas oublier que ce que j'ai dit des applications et de la dévotion à Jésus-Christ regardé en lui-même, se doit aussi étendre avec la proportion convenable à la même piété envers la très-sainte Vierge, considérée en ses états et en ses grandeurs, ou en l'état de sa maternité divine, qui comprend toutes ses autres excellences; car en cette considération, elle est digne d'un honneur singulier et d'un culte et hommage spécial même laissant à part les différents états de sa vie, ses grâces, ses actions et ses souffrances, qui méritent une égale vénération, par le rapport qu'elles ont à la dignité personnelle d'une Mère de Dieu.

Ainsi donc que le Fils a été toujours et inséparablement uni à sa sainte mère, ils n'ont aussi l'un et l'autre jamais été séparés en l'objet de dévotion de ce bon et fidèle serviteur. Il a renouvelé par un esprit puissant cette piété. Il adorait continuellement Jésus en Marie, et la résidence, l'état, la vie et le repos ineffable de Jésus en Marie étaient une de ses plus tendres dévotions, car il en concevait et disait des choses admirables. Mais il vaut mieux montrer par les effets et par les œuvres, ce que nous ne pouvons exprimer dignement de paroles.

Voici le second chef qui contient les preuves de la voie et de l'esprit de grâce, duquel il était si fort animé : c'est que pour renouveler, affermir et répandre cette piété primitive et chrétienne, non-seulement par la force des paroles, par les sentiments et par les pratiques mais aussi par un état ferme et permanent, il a fait trois choses, qui sont comme trois marques et caractères perpétuels de cette piété. Premièrement, il a dédié, offert et consacré le corps de la congrégation de l'Oratoire à Jésus-Christ considéré en sa grandeur personnelle et en son état divinement humain, qui comprend toutes ses excellences et toutes ses autres grandeurs, ses pouvoirs sur nous, et ses bienfaits envers nous. Il l'a appelé pour ce sujet, la congrégation des prêtres de l'Oratoire de Jésus-Christ Notre-Seigneur qui outre la dévotion commune des Chrétiens, ont une obligation spéciale à le servir, honorer et aimer; en sorte que toute leur étude, leur science, leurs soins, leurs travaux ne tendent qu'à cela, et soient conduits par cet esprit, et se réfèrent à cette fin. Nous en avons représenté la forme et le modèle en l'esprit de notre Père, que nous devons suivre et imiter, car ce qui est dit de lui nous doit être commun; et bien que toutes nos maisons soient dédiées chacune à quelque état, grandeur et mystère, comme à l'incarnation, à la résidence et au repos de Jésus en Marie; à la naissance, à l'enfance, à la vie voyagère, à la vie souffrante de Jésus, ou à quelque autre, néanmoins il a voulu que la congrégation en corps regardât Jésus-Christ en sa personne divine subsistante en notre nature, qu'elle n'eût point d'autre patron titulaire, qu'elle lui fût spécialement consacrée, qu'elle entrât en une entière appartenance vers lui; et qu'outre nos autres hommages que nous lui devons comme Chrétiens et comme prêtres, nous lui rendissions les mêmes devoirs et honneurs mais en une manière digne de lui, que les autres communautés rendent à leurs saints patrons et instituteurs.

Pour une seconde marque perpétuelle de cette piété en notre congrégation et en l'Eglise il a établi, par le pouvoir que le Saint-Père lui en a donné, la fête de la solennité de Jésus et en a composé l'office, qui est approuvé; et voici à peu près ce qu'il nous en propose en l'un de ses discours.

Le dessein de cette fête est premièrement de regarder, aimer et adorer le Fils de Dieu selon ce qu'il est en soi-même, en ses deux natures, en sa personne divine, en toutes ses grandeurs, en ses pouvoirs et offices, en ses états, en ses bienfaits et opérations; mais principalement en ce qu'il est en lui-même, et en toutes ses grandeurs connues et inconnues, car c'est notre grandeur et ce qui nous béatifie. Dieu a été une éternité occupé en soi-même et sans se communiquer au dehors; et ses œuvres n'égalent point sa grandeur et sa majesté, et les saints l'adorent et le regardent dans le ciel en lui-même. C'est en ce regard que consiste la vie éternelle, et non au regard de Dieu dans ses créatures. Et même nous devons regarder et adorer Jésus-Christ en lui-même, beaucoup plus qu'en ses bienfaits et en ses opérations; et c'est aussi en ce regard que nous avons la vie éternelle selon la sainte parole : *La vie éternelle est qu'ils vous connaissent seul vrai Dieu, et Jésus Christ que vous avez envoyé. (Joan. XVII, 3.)* Et les bienfaits et opérations sont mis en nos mains comme des moyens et des degrés pour nous élever et conduire à lui-même. Nous devons aussi adorer Jésus-Christ dans tous les conseils connus et inconnus du Père éternel sur lui ; présupposant comme chose certaine, que nos faibles pensées et nos petites lumières sont infiniment éloignées de pouvoir pénétrer la profondité du conseil de Dieu, sur ce grand et miraculeux chef-d'œuvre de sa puissance et de sa bonté.

Secondement, nous devons nous référer au Fils de Dieu, qui est relation en sa personne, et relation à la personne du Père, auquel il réfère tout ce qu'il est en ses deux essences, éternelle et nouvelle, et généralement tout ce qui lui appartient; et se réfère, non simplement par affection et par désir de le regarder et de l'honorer, mais par la condition et l'état de sa personne divine, qui n'est pas seulement relative, mais la relation même : relation éternelle et nécessaire, relation immuable et invariable, relation subsistante et personnelle. Au moyen de quoi, il est vrai de dire qu'en la Trinité, il y a un Dieu qui regarde un Dieu, un Dieu qui est référé à Dieu, un Dieu qui est en relation à Dieu, et à Dieu comme à son Père et à son principe; et qui le regarde en chacune de ses perfections, lesquelles il reçoit de lui par sa naissance éternelle. Et il est encore vrai de dire que ce même Verbe et cette même personne s'étant associée à notre nature en unité de subsistance, elle la réfère à Dieu, et est une relation subsistante et personnelle de cette humanité, qui est véritablement sienne à son même Père; mais avec cette différence, que le Fils unique, en cette nouvelle nature, le regarde ensemble et comme son Père et comme son Dieu, ce qui ne lui convient pas en sa pure nature divine. Car il le regarde et l'aime comme son Père, par la grandeur de sa personne; il le contemple et l'adore comme son Dieu et son souverain, par l'état et la qualité de sa nouvelle nature. Disons encore, que ceux que le Père a choisis et faits siens avant tous les siècles, et qu'il a donnés à son Fils en la plénitude des temps, selon cette parole : *Tui erant, et mihi eos dedisti* (Joan. XVII, 4) ; ceux que le Fils tire tous les jours dans l'unité de sa divine personne, les liant à son humanité déifiée, et les faisant véritablement ses membres; tous ceux-là ont l'honneur d'entrer en cette relation divine et adorable du Fils unique à son Père. Sa propre relation les rapporte à ce principe incompréhensible, comme à leur père et à leur Dieu ; chacun d'eux faisant partie de ce Fils, et ce Fils vivant et subsistant en chacun d'eux, comme en autant de portions de cette humanité déifiée.

En troisième lieu, nous devons nous lier à l'humanité sainte de Jésus, ainsi qu'elle est unie à la nature divine, en l'unité de la personne du Verbe, et par elle nous lier et nous unir à cette divine personne subsistante en elle, nous occuper de cet objet, nous y appliquer, et recevoir Jésus pour tous les usages pour lesquels il nous est donné. Et comme selon saint Thomas, à l'instant du premier usage de la raison, nous devons nous convertir à Dieu, aussi, à l'instant du premier usage de la foi, qui annonce le Médiateur, nous devons nous référer au Fils de Dieu, qui est ce Médiateur, et par lui à Dieu son Père.

Cela servira d'éclaircissement à la dévotion de cette solennité de Jésus, laquelle est d'autant plus raisonnable et plus chrétienne, que si les mystères particuliers ont chacun leur fête, comme l'Incarnation, la Nativité, et les autres, il est juste aussi d'attribuer un jour solennel à celui qui en est le principe, le sujet et la fin ; au Verbe fait chair, considéré non pas en l'opération et en l'accomplissement de son mystère, mais en son état permanent et éternel d'Homme-Dieu. Je ne puis douter que cette solennité, étant bien entendue, ne soit un jour célébrée en toute l'Eglise, avec son office, comme elle l'est en notre congrégation, et déjà permise par le Saint-Siége à quelques diocèses Il en faut dire autant de la solennité de la sainte Vierge, considérée en elle-même et en la dignité suprême de Mère de Dieu.

La troisième marque qu'il nous a laissée de cet esprit de piété vers Jésus-Christ Notre-Seigneur, et sa très-sainte Mère, c'est celle des vœux ou élévations qu'il a dressés pour s'offrir à eux en l'humble qualité de servitude et d'esclavage. Cette oblation dit deux choses : l'une que comme elle regarde principalement la personne et l'état de Jésus, et la personne et l'état de sa très-sainte Mère, en leurs propres et personnelles grandeurs, aussi elle dédie et consacre à l'un et à l'autre le fonds, l'être et la substance de la personne ; l'assujettissant à leur souveraine puissance, et la faisant leur esclave : au moyen de quoi tous les moments et les usages de sa vie leur sont référés et appropriés. La seconde, c'est que l'effet de cette oblation ne consiste pas en une dévotion et intention passagère, mais en un état, en une condition et qualité permanente de servitude, que Notre-Seigneur établit en nous en l'honneur de ce qu'il ne s'est pas seulement assujetti à quelques actions serviles, mais qu'il a pris la forme, l'état et la qualité interne de servitude en une nature servile, en laquelle il s'est anéanti : *Exinanivit semetipsum formam servi accipiens.* (Philip. II. 7.) Mais j'aime mieux vous renvoyer à la source même, et à ce qui en est amplement enseigné en ces œuvres, où on a sujet d'admirer les hautes et profondes connaissances de l'auteur.

Le troisième chef de la piété émanée de cette union et appartenance à Jésus, et que notre très-honoré Père a renouvelée en l'Eglise, autant que Dieu lui en a donné le moyen, c'est l'esprit de religion, le culte suprême d'adoration et de révérence dû à Dieu, à Jésus-Christ Notre-Seigneur, à tous ses états et mystères, à sa vie, à ses actions et à ses souffrances. C'est cet esprit qu'il a désiré fortement d'établir parmi nous, celui duquel il était possédé et tout transporté, celui qui paraît en tous ses écrits, en toutes ses prières et élévations. Car il n'y parle que d'honorer, que d'adorer, et que de faire toutes choses en l'honneur du Fils de Dieu, de sa vie et de ses mystères. Devoirs indispensables de l'homme vers la majesté divine et du Chrétien vers Jésus-Christ. Plusieurs se portent à Dieu par le motif de sa bonté, peu par l'adoration profonde de sa grandeur et de sa sainteté. On élève plus les âmes tendres par les douceurs de la dévotion, et dans une certaine liberté ou familiarité avec Dieu, que dans un abaissement et dans une sainte terreur devant lui. L'on regarde assez souvent Notre-Seigneur comme Père, comme Sauveur et comme Epoux, rarement comme notre Dieu, notre souverain et notre juge. Mais ici nous sommes enseignés à être vrais Chrétiens, à être religieux de la primitive religion que nous professons au baptême, et à être du nombre de ceux qui adorent le Père et son Fils Jésus-Christ en esprit et en vérité. Nous apprenons à adorer les grandeurs et les perfections divines, les desseins, les volontés, les jugements de Dieu et les mystères de son Fils ; ce qui était moins en usage auparavant, et ne saurait trop y être. Car ainsi que dans le ciel les puissances tremblent devant Dieu, les dominations s'inclinent, les chérubins se couvrent de leurs ailes en sa présence, les vingt-quatre vieillards mettent leur couronne à ses pieds, et se prosternent devant son trône (*Apoc.* IV) ; de même en la pensée et en la vue de Notre-Seigneur et de ses redoutables mystères, nous devons nous prosterner et nous abaisser jusqu'au centre de la terre et de notre néant, pour rendre gloire, honneur et hommage à celui qui vit à tous les siècles des siècles. Voilà l'esprit duquel ce vrai adorateur de Jésus était rempli, et duquel il a désiré de remplir toute la terre, dans ce sentiment du Psalmiste : *Omnis terra adoret te, et psallat tibi.* (*Psal.* LXV, 4.)

Mais la créature, qui n'est qu'un néant couvert de poussière et de péché, peut-elle être capable d'adorer son Dieu, de le reconnaître dignement, et de lui rendre la gloire due à sa majesté suprême? Jésus-Christ Notre-Seigneur, qui est venu au monde pour réparer ce manquement, et pour honorer et glorifier souverainement Dieu son Père en notre nature, par une admirable invention, a institué l'ordre des prêtres en son Eglise, afin de se mettre en leurs mains et de perpétuer par leur ministère cette adoration et cette gloire infinie qui est due à Dieu infini. Ce qui se fait par le saint sacrifice de l'autel, où Jésus est présent en qualité de victime, immolée en témoignage et en reconnaissance de cette grandeur incompréhensible et toujours adorable. Or c'est où je mets le quatrième chef de la vocation de notre Père et de son appartenance et liaison spéciale à Jésus, savoir, en ce qu'il a reçu en un haut et éminent degré, et conservé fidèlement la grâce de l'onction sacerdotale et de l'imposition des mains, et qu'il a ardemment désiré de voir cet esprit renouvelé et ressuscité en l'Eglise. Entrons dans ses lumières et dans ses sentiments, pour traiter dignement ce sujet.

De toutes les qualités et grandeurs que le Fils de Dieu a acquises en notre nature, la plus haute et la plus relevée est la dignité de prêtre souverain, selon l'ordre de Melchisédec : car en celles de Sauveur, de roi, de pasteur, de juge et autres, il nous regarde, il pense à son Eglise, et il s'applique à nos âmes, pour les sauver, les régir, les nourrir, les juger. Mais en la qualité de prêtre, il regarde Dieu son Père, il l'adore et lui rend un souverain hommage, par l'état et l'office de son sacerdoce éternel, même quand il l'exerce par nous. Par ses autres titres, il s'abaisse jusqu'à nous, et il se donne à nos usages ; sa royauté lui est une humiliation, et l'amour qui l'applique à nous semble porter quelque préjudice à sa grandeur, car nous ne sommes pas dignes de ses pensées et de ses soins. Mais par celui de sa prêtrise, il a trois regards, vers Dieu son Père pour le glorifier, vers soi-même pour se sacrifier, et vers nos âmes pour les sanctifier et les réconcilier à Dieu De sorte qu'en cette qualité il ne s'abaisse pas, mais il s'élève à Dieu, et nous élève avec lui. Trois offices divins et admirables, qu'il nous communique comme à ses christs, à ses oints et à ses prêtres, et qu'il exerce tous les jours par nos fonctions.

Or la liaison et l'appartenance à l'état personnel de Jésus, en laquelle son fidèle serviteur a été toujours éminent, l'a aussi uni à l'onction de son souverain sacerdoce C'est ce qu'il a témoigné par ses sentiments et par les hautes pensées qu'il en a exprimées en divers Traités, par le cours de sa vie et par l'établissement d'une congrégation de prêtres en son Eglise, qui ont pour but principal de se rendre dignes prêtres de Jésus-Christ, d'adorer son sacerdoce, d'honorer et de relever la dignité de la prêtrise, et d'en faire saintement les actions.

L'onction par laquelle Jésus-Christ a été consacré souverain prêtre, c'est la Divinité même, qui a rempli et sanctifié, dès le moment de l'Incarnation, son humanité sacrée, ainsi que le baume ou le parfum pénètre la pâte avec laquelle il est mélangé, ou comme le feu entre dans un fer rouge et le pénètre, ou enfin comme le soleil percerait et rendrait tout éclatant de sa splendeur un globe de cristal dans lequel il serait renfermé (les Pères se servent de ces exemples). En la même façon, et suivant le témoignage de l'Apôtre, *In ipso inhabitat omnis plenitudo divinitatis* (*Col.* II, 9), la Divinité est unie à cette humanité, elle habite en elle, comme en sa demeure permanente ; elle la sanctifie, la consacre et la déifie. Tellement que Jésus est oint et consacré pour demeurer prêtre éternellement (*Hebr.* VII) ; qu'il est le premier Christ, et ensuite, la source de la grâce et de la sainteté du sacerdoce, le seul et l'unique instituteur de la prêtrise en son Eglise ; que les prêtres sont les seconds christs et les oints du Seigneur, par la grâce de leur consécration, qui n'est qu'une participation de celle de Jésus, selon ces paroles prophétiques du Psalmiste.

Unxit te Deus, Deus tuus oleo lætitiæ præ participibus tuis. (Psal. XLIV, 8.) Comme s'il disait : O Dieu Messie, ton Dieu t'a oint par-dessus tes compagnons, qui participent à ta divine et primitive onction, lesquels sans doute sont les prêtres de Jésus et de la nouvelle loi.

Partant, notre sacerdoce est une dépendance et une image de celui de Jésus-Christ, et le sien est l'exemplaire du nôtre. D'où suit que comme le sacerdoce de Jésus a été établi pour toujours, et pour l'éternité, non par aucun vœu ni par aucune promesse, mais par le serment du Père éternel : *Juravit Dominus,* etc., *Tu es sacerdos in æternum* (Psal. CIX, 4); ni de rechef, par aucune action du Fils de Dieu, mais par la consécration divine; ni enfin par son choix et sa volonté, mais par l'autorité de celui qui l'engendre et l'appelle son Fils, comme l'Apôtre nous l'enseigne : *Christus non semetipsum clarificavit, ut pontifex fieret, sed qui dixit ad eum : Filius meus es tu,* etc. (Hebr. V, 5); de même, notre sacerdoce participe à toutes ces hautes et excellentes conditions : car c'est un état, et un état ferme et permanent, qui tire sa fermeté et sa stabilité de la consécration même de Jésus-Christ, et qui adore par cette fermeté l'éternité de son sacerdoce. Car il imprime en l'âme un caractère qui en est la figure et la ressemblance, qui ne s'effacera jamais, qui persévèrera et durera toujours, et en l'éternité, même dans les enfers. De sorte que la fermeté du sacerdoce subsiste, non point par vœu, comme celle des religions, mais par le caractère et par la conformité au sacerdoce de Jésus. Il ne dépend pas de notre choix et de notre volonté, comme la profession religieuse, mais de l'élection et de l'autorité divine de Jésus sur nous, laquelle il exerce par une assomption qui n'attend pas même notre consentement, mais le prévient : *Domini est assumptio nostra.* (Psal. LXXXVIII, 19.) C'est là la doctrine de l'Apôtre, quand il dit en l'Épître aux Hébreux (V, 1.) : *Omnis pontifex ex hominibus assumptus,* etc.; et derechef : *Nec quisquam sumit sibi honorem, sed qui vocatur a Deo tanquam Aaron* (Hebr. V, 4); et avant lui Notre-Seigneur : *Non vos me elegistis, sed ego elegi vos.* (Joan. XV, 16.) Donc, le sacerdoce ne dépend pas de l'action de celui qui le reçoit, ainsi que l'état religieux; mais de l'action de Jésus-Christ même, et de la consécration qu'il opère. C'est pourquoi la perfection de la vie sacerdotale, selon l'exemplaire de celle de Jésus, et à l'imitation de la vie apostolique, consiste en l'état plutôt qu'au vœu, et subsiste par l'acte et par l'usage, plutôt que par la promesse. Or ce que Notre-Seigneur demande principalement de nous, c'est l'acte, l'usage et l'effet, car il dit : *Qui vult venire post me, abneget,* etc., *tollat,* etc., *sequatur,* etc., *et vos qui reliquistis omnia,* etc. (Matth. XVI, 24 seq.) Derechef par le mystère de l'Incarnation, nous sommes faits les membres de Jésus-Christ, os de ses os, chair de sa chair, ce qui s'accomplit en nous par le baptême, et se perfectionne par la sainte Eucharistie; mais par la consécration du sacerdoce, nous sommes revêtus de la personne même de Jésus-Christ, nous parlons, nous opérons et consacrons comme étant lui-même; et il se fait en quelque sorte une admirable assomption de notre personne par la personne de Jésus-Christ, pour faire cette grande œuvre de la sainte Eucharistie, et produire son corps et son sang à l'autel.

Ainsi la prêtrise, par ses conditions intérieures et par ses fonctions extérieures, nous lie à Dieu et aux hommes : elle nous lie à Dieu par une société sainte avec le Père éternel, avec son Fils unique et avec leur Saint-Esprit; elle nous lie aussi à l'Église, que le Fils a fondée, que le Saint-Esprit régit en la terre, et que le Père possédera au ciel, lorsque le Fils *Subjiciet ei omnia.* (I Cor. XV, 26.) Et cette association du prêtre aux personnes divines est la plus haute qui puisse être, et ce qu'il y a de plus parfait dans la société que nous avons avec elles par Jésus-Christ, et que saint Jean nous souhaite : *Ut societas nostra sit cum Patre et Filio ejus* (I Joan. I, 3.); et sans doute aussi, *cum Spiritu sancto.* Car nous offrons le Fils au Père, par la vertu et par l'opération du Saint-Esprit; et nous entrons en la personne du Fils, pour sacrifier cette grande, unique et éternelle hostie de louange au Père par son Esprit. Telle est la liaison que nous avons en qualité de prêtres à ces trois divines personnes, comme opérant vers elles et par elles, et à l'humanité sacrée de Jésus, comme étant le sujet de notre opération. Qui pourrait dire quelles dispositions sont requises en la vie ecclésiastique, au regard de tous ces objets, quelles vertus doivent être pratiquées, quelle abstraction, quelle élévation, quelle appropriation à Dieu, demandent de nous une si grande opération et un si saint ministère? Tout ce qui est de la perfection intérieure et de la communication avec Dieu, en sa plus haute éminence, est inférieur à la sainteté que demande cet état.

Mais après nous être ainsi élevés à Dieu, rabaissons-nous vers le monde, vers l'Église, vers les âmes; imitant en notre élévation celle de Dieu, au regard de tout être créé. Dieu est infiniment séparé de tout être par l'éminence, par l'élévation et par la sainteté du sien; il demeure néanmoins conjoint à sa créature, il lui est intime et est appliqué à elle par son opération et sa direction : *In ipso enim vivimus, movemur et sumus.* (Act. XVII, 28.) De même, sans sortir de cette élévation et société avec Dieu, nous devons user envers les âmes toutes les vertus que notre condition suppose et tous les devoirs qu'elle exige de nous. Notre vie au regard de Dieu est une vie d'élévation et de société intérieure; au regard du prochain, une vie de condescendance et de société extérieure, comprenant ainsi l'une et l'autre vie, la contemplative et l'active, l'intérieure et l'extérieure; et tout ce qui sert à la perfection, quand il est conjoint à la vie ecclésiastique, n'en est qu'un accessoire. Or, comme Dieu, en s'appliquant à nous, donne à sa créature et ne reçoit rien d'elle, aussi

ŒUVRES COMPL. DE DE BÉRULLE 4

nous ne devons avoir aucun commerce intéressé avec les créatures, mais leur départir ce que nous avons reçu de Dieu pour leur propre utilité, sans intérêt et sans prétention aucune. Ce petit avertissement ne devait pas être omis. Pour notre exemple et pour notre consolation, mes Pères, je puis dire que le prêtre duquel nous parlons, ou plutôt qui nous parle lui-même en tout ce discours, a été parfait en ces deux points et a vécu pour ce regard comme un vrai prêtre de Jésus. Car, s'il a été en une continuelle union et société avec Dieu, il a été aussi en une application très-pure et très-désintéressée vers l'Eglise en général et vers les âmes en particulier.

Je trouve encore à considérer dans la prêtrise de Jésus-Christ, qu'il l'a exercée sur soi-même et a toujours vécu sur la terre en acte de sacrifice actif et passif. Car, dès le premier moment de sa vie et de son entrée au monde, *Ingrediens mundum*, dit l'Apôtre (*Hebr.* x, 5), en qualité de prêtre et de souverain prêtre, il s'est offert et présenté à Dieu son Père en sa chair mortelle, comme une victime destinée à la mort. Oblation de telle efficacité et de telle vertu, que par elle nous avons été sanctifiés, *in qua voluntate sanctificati sumus*. (*Ibid.*, 18.) Et depuis il a toujours continué ce sacrifice de soi-même jusqu'à la dernière consommation qui s'en est faite en la croix. Celui qui a imité avec tant de soin les autres conditions de la prêtrise, n'a pas manqué de se conformer à celle-ci. En effet, il a été sans cesse, à son exemple, dans l'usage de la prêtrise, sa vie a été un continuel sacrifice de Jésus et de soi-même, et il lui était si uni en ce double état de sacrifiant et de sacrifice, qu'il eût voulu toujours vivre à l'autel, comme il a demandé à Dieu et obtenu d'y mourir. C'était là qu'il se sacrifiait soi-même avec Jésus, y tenant sa personne, selon la vérité des paroles de la consécration. Jamais la maladie, ni les affaires, ni les voyages, ni aucun autre empêchement ne l'ont détourné de s'approcher tous les jours de l'autel. Et il était tellement dans la disposition d'hostie et de mort, que toutes ses actions et les travaux qu'il a entrepris pour la gloire de Dieu, ont été autant d'oblations et d'immolations de sa propre volonté ; étant parfaitement en toutes choses mort au monde et à soi-même, et crucifié avec Jésus-Christ. C'est pourquoi il se montrait toujours égal, ne paraissant ni plus triste, ni plus joyeux dans les différents succès des affaires, bien qu'il y travaillât avec affection et avec une incroyable vigueur et force d'esprit. Et quoi qu'il en arrivât, il se référait tout à Dieu avec un parfait dégagement, en cette pensée que le serviteur qui cultive le champ de son maître, n'a aucun intérêt que de travailler fidèlement, car tout le profit qu'il en revient est au maître. C'est une vérité que je lui ai entendu souvent expliquer bien au long ; même il estimait plus les travaux qui avaient été sans rétribution, et n'avaient rapporté aucun fruit à ceux qui avaient travaillé, comme l'ayant tout recueilli en eux-mêmes, selon cette parole du Fils de Dieu, dite à ses apôtres : *Pax vestra revertetur ad vos.* (*Luc.* x, 5.) Il en alléguait plusieurs exemples des saints.

On ne peut exprimer en quelle haute estime et vénération il a eu toujours la prêtrise. Il avait fait résolution confirmée par vœu, de vivre et de mourir simple prêtre. La prêtrise était son vrai élément ; et nous avons remarqué, qu'après que la dignité de cardinal y fut ajoutée, il ne vécut plus qu'en langueur, ce nouvel état lui étant un nouveau sujet de sacrifice. Aussi la première fois qu'il en prit l'habit, il dit que cette pourpre le faisait souvenir de trois choses : de l'amour séraphique, de la passion de Notre-Seigneur, et de l'obligation qu'il avait de mourir et de donner son sang pour lui.

Mais il fallait que cet esprit sacerdotal se répandît hors de lui et se communiquât à l'Eglise. A cela il a travaillé, en faisant connaître l'autorité et la sainteté du sacerdoce, en renouvelant les sentiments des saints Pères et en publiant les éloges dont ils l'ont honoré. Il le proposait comme un état de très-grande perfection ; état saint et sacré en son institution et même l'origine de toute la grâce, de toute la perfection et de toute la sainteté qui doit être en l'Eglise de Dieu. Et afin de n'y contribuer pas seulement par lui-même, il a institué la congrégation de l'Oratoire, pour adorer et rendre hommage par un état perpétuel, au souverain sacerdoce de Jésus-Christ comme seul et unique instituteur de la prêtrise, pour tendre à la perfection sacerdotale, pour en pratiquer et exercer toutes les fonctions sans exception, et encore pour former dans la piété et dans les devoirs ecclésiastiques ceux qui y aspirent et se dédient à l'Eglise pour cela. Fins auxquelles il a référé notre congrégation et que la bulle de son institution nous a prescrites. Il a voulu qu'elle susbsistât en cette profession sans aucun vœu, et qu'elle demeurât toujours dans l'état pur et primitif du sacerdoce, tel que Notre-Seigneur Jésus-Christ l'a établi en son Eglise, sans y rien ajouter ni diminuer. Cette exclusion de vœux ne marque pas un défaut de volonté et de zèle à la perfection, mais le dessein d'honorer et d'imiter Jésus-Christ en son souverain sacerdoce par le nôtre ; lequel nous appelle et nous élève à une plus haute perfection et nous unit à Dieu par un plus fort et plus puissant lien que celui du vœu, savoir, par la consécration. Il a aussi désiré que, comme chaque famille religieuse fait profession de quelque vertu particulière, en sorte que les possédant toutes, elle se rende éminente et singulière en l'exercice de quelqu'une entre les autres, qui de la pauvreté, qui de la solitude, qui de l'obéissance ; de même, le soin particulier d'honorer intimement et spécialement Jésus-Christ Notre-Seigneur fût comme le caractère et la différence de notre congrégation et le point auquel elle doit se rendre éminente et singulière entre les autres saintes communautés qui la précèdent en temps, en vertu et en toute autre chose. Même il semble que depuis son commencement, Dieu, qui en nos jours a rétabli en plusieurs familles religieuses l'esprit et la ferveur de leur première institution, a voulu départir une semblable grâce à l'état de la prêtrise qui est le premier, le plus essentiel et le plus nécessaire à son Eglise, et renouveler en plusieurs le zèle de la perfection qui lui convient selon son ancien usage. Nous avons vu et nous voyons encore nombre de personnes de condition embrasser le sacerdoce par une sainte vocation, avec un grand mépris des choses du monde; quantité de bons ouvriers s'abandonner aussi à la visite des hôpitaux, au service des paroisses et aux missions; plusieurs enfin, par inspiration divine, composer des sociétés, des communautés et des institutions ecclésiastiques, ou des séminaires, tant pour leur propre avancement que pour former et donner de nouveaux ouvriers à l'Eglise. Tous lesquels emplois ne sont pas moins convenables à la congrégation qu'à aucune autre communauté, et particulièrement ces institutions qui sont comme des écoles de piété ou des noviciats pour le sacerdoce, et elle s'offre volontiers à tous les prélats pour y travailler sous leur autorité.

Mais ces fruits et ces bons effets ne sont encore que des fleurs et des espérances d'un plus grand et d'un plus universel renouvellement de tout le clergé; car l'Eglise dit par la sagesse : *Flores mei, fructus.* (*Eccli.* xxiv, 23.)

Dieu en avait déjà jeté des semences en plusieurs personnes et en divers lieux; et il me souvient d'avoir souvent ouï dire à notre très-honoré Père, que c'avait été le seul dessein du P. Jean de Avila, prédicateur apostolique; ajoutant même que, s'il eût été en nos jours, il se fût allé jeter à ses pieds, et l'eût pris pour maître et pour directeur de cette œuvre, car il l'avait en une singulière vénération. Mais Dieu accomplit ses conseils par les voies qui lui sont connues, et y emploie ceux qu'il lui plaît de choisir et de prévenir de ses grâces.

Cet homme selon son cœur, qu'il nous a donné pour cela, n'a jamais rien tant souhaité que d'être humilié pour la gloire de Jésus, ayant toujours eu ce sentiment du saint Précurseur imprimé dans son âme : *Illum oportet crescere, me autem minui.* (*Joan.* iii, 30.) Mais celui qui relève les humbles lui a donné grâce pour commencer la congrégation; l'a élevé à une haute dignité en son Eglise, et l'a appliqué à des emplois les plus importants du royaume. Quant à nous qui devons honorer ses pensées, et adhérer à ses sentiments, notre dessein n'est point, publiant maintenant ses écrits, et en peu de temps sa Vie, de le manifester et de le faire beaucoup connaître au monde. Nous laissons cela à Jésus-Christ, pour l'amour duquel il s'est toujours caché, même dans les actions les plus publiques; mais plutôt de manifester Jésus, de le faire connaître et adorer par des moyens si puissants.

Il est temps, mes très-chers Pères, de nous recueillir et de faire une dernière réflexion sur nous-mêmes; considérant que, si nous sommes les enfants d'un tel Père et les disciples d'un tel maître, nous devons profiter de ses instructions, rendre témoignage par nos actions à la vérité de ses paroles, être le livre parlant de sa vie, le faire revivre en nous sur la terre, nous revêtir de son esprit, ou plutôt de l'esprit de Jésus-Christ Notre-Seigneur qui était en lui; et enfin nous montrer tels que l'Apôtre veut que nous soyons, quand il dit : *Sic nos existimet homo, ut ministros Christi, et dispensatores mysteriorum Dei* (*I Cor.* iv, 2), c'est-à-dire les vrais ministres et les coopérateurs de Jésus en l'œuvre du salut des âmes, et les fidèles dispensateurs de ses trésors; les prêtres de Jésus, pour le sacrifier au Père éternel; les vrais adorateurs de Jésus, qui l'adorent en esprit et en vérité; les esclaves de Jésus, de sa sainte humanité et de ses grandeurs suprêmes; les sujets du royaume de Jésus; les hosties vivantes de Jésus, immolées à sa gloire et à son amour; les organes de son esprit; les instruments de sa grâce; les prédicateurs de Jésus, pour publier ses vérités, célébrer ses grandeurs et annoncer ses volontés aux peuples, selon cette parole, qui contient les deux principales fonctions de notre vie : *Psallite Domino qui habitat in Sion, annuntiate in populis studia ejus.* (*Psal.* ix, 12.) En toutes lesquelles qualités, nous sommes obligés d'avoir en éminence ce que nous devons départir à autrui, savoir, un grand amour de Jésus, qui est l'unique objet de la complaisance de Dieu son Père; une grande union de notre esprit au sien, pour vivre par lui en l'intérieur, et opérer par lui à l'extérieur, *Si spiritu vivimus, spiritu et ambulemus* (*Galat.* v, 25); un grand zèle de son honneur, qui doit être le but de notre vie; une abnégation de nous-mêmes et du monde, qui est la croix qu'il nous faut porter pour sa gloire; une imitation parfaite de sa vie et de ses mœurs; une assidue coopération à ses œuvres et à ses desseins; un profond respect pour son épouse, qui est l'Eglise, et un grand désir de la servir; un zèle de l'établissement et de la propagation de son Etat et de son royaume en la terre; bref, de faire en sorte que nous ayons une plénitude de lui, et un éloignement de tout le reste, et qu'il nous soit tout en tous dès à présent par la grâce, comme il sera éternellement tout en tous par la gloire. Ce sont les avis que nous donne ici notre très-honoré Père, et que nous devons recevoir comme ses dernières volontés; et ce sont aussi les sujets pour lesquels je lève tous les jours les mains au ciel, avec la même affection que je suis en Notre-Seigneur Jésus-Christ et en sa très-sainte Mère,

Mes très-chers et révérends Pères,

Votre très-humble, très-obligé et très-affectionné serviteur,

François BOURGOING, *prêtre de l'Oratoire de Jésus.*

De la maison de l'Oratoire de Paris, ce 1ᵉʳ de mars 1644.

DISCOURS DE L'ÉTAT

ET

DES GRANDEURS DE JÉSUS,

PAR L'UNION INEFFABLE DE LA DIVINITÉ AVEC L'HUMANITÉ,

Et de la dépendance et servitude qui lui est due, et à sa très-sainte Mère, ensuite de cet état admirable.

DEDIÉS AU ROI.

> Nobis unus Deus Pater, ex quo omnia, et nos in illum : unus Dominus Jesus Christus, per quem omnia, et nos per ipsum Sed non in omnibus est scientia. (*I Cor.* viii, 6 7.)

DÉDICACE AU ROI.

Sire,

Ayant à parler à Votre Majesté, j'emploierai les paroles d'un grand roi, et d'un roi qui porte aux rois la parole de Dieu, et leur dit de sa part et en son nom : *Si vous prenez plaisir à porter des sceptres et à seoir en des trônes royaux, aimez la sapience, afin que vous régniez éternellement. Aimez la lumière de sapience, vous qui commandez aux peuples.* (Sap. vi, 22, 23.)

Les rois doivent demander à Dieu l'esprit de sapience. — C'est une belle instruction et un très-sage avertissement pour ceux à qui Dieu a mis en main les rênes du gouvernement de ce monde. Aussi leur est-il adressé par un roi doué d'une sagesse si grande, que jamais auparavant il n'y en avait eu de pareil, ni jamais plus, dit l'Ecriture, n'y en aura de semblable. Ou pour mieux dire, il leur est adressé par la sagesse même éternelle et incréée, qui a choisi en la personne de Salomon la qualité royale pour organe de sa parole, et a voulu parler aux rois par un roi, et leur parler de la vraie sagesse nécessaire à leurs personnes et à leurs Etats. Oracle grand et salutaire, digne d'être proféré de Dieu, d'être annoncé par un roi, d'être écouté des rois, et mis par eux soigneusement en exercice dans leurs vertus et actions royales.

L'ordonnance de Dieu fait régner, et sa grâce fait bien régner. — Les devoirs d'un bon roi sont de rendre un peuple heureux, à l'imitation de Dieu au gouvernement du monde. — Cette sapience recommandée par la sagesse éternelle, et annoncée par la sagesse de Salomon, vous fera connaître, Sire, que le Dieu du ciel est le Dieu de la terre, Dieu des dieux, et Roi des rois, et que c'est lui duquel vous tenez et la couronne et la vie; que ce n'est ni la force ni la violence qui fait régner les rois, mais c'est l'ordonnance du ciel qui les fait régner, et la grâce du ciel qui les fait bien régner; que Dieu qui a établi au ciel des dominations, principautés et archanges, établit des rois en terre, pour avoir en la terre des images de sa bonté, des crayons de sa grandeur, des rayons de sa puissance; que les rois sont tenus de surpasser autant le reste des hommes en piété, qu'ils les surmontent en dignité, Dieu les ayant établis sur son peuple pour la gloire de son nom et pour le bien de ses royaumes; que la grandeur auguste de leur majesté royale consiste non à jouir de leur grandeur, mais à la répandre et communiquer au monde; et que le point auquel ils approchent de plus près et ressemblent le mieux à la Divinité est de pouvoir en quelque sorte béatifier en la terre, comme Dieu béatifie au ciel, et rendre heureux, non u[n] homme, non une famille ou une ville seulement, mais tout un pays et tout un monde par manière de dire, la hautesse de leur état n'ayant rien de meilleur que de vouloir, n[i] de plus grand que de pouvoir bien faire à une multitude innombrable de plusieurs personnes qui vivent sous leur empire.

Conduite toute remplie de grâce de Dieu sur le roi Louis XIII, en sa naissance et premières années de son règne. — Que si vous écoutez davantage cette sapience, elle vous fera connaître que, outre les devoirs communs que vous avez envers Dieu avec tous les rois, vous en avez de bien particuliers qui vous obligent aussi à une reconnaissance particulière, s'il est juste que les reconnaissances suivent les obligations. Combien y avait-il d'obstacles et à votre naissance et à votre grandeur! et qui les a levés? C'est Dieu, Sire, qui les a affranchis pour vous, et non pas vous. L'hérésie semblait éteindre en la personne du feu roi les bénédictions du ciel et de la terre, et le priver de l'héritage de saint Louis, et vous en priver en lui. Dieu le tire de l'erreur, le met en son Eglise, le rend pacifique en son royaume, et en sa personne, vous fait ses faveurs aussi bien qu'à lui, voire plus qu'à lui, puisque vous en jouissez plus doucement, plus heureusement, et comme nous espérons, plus longuement que lui. Ce grand prince était lié depuis vingt ans à une princesse qui était peu capable de donner des enfants au roi et des rois à la France. Il lève cet empêchement par la voix de l'Eglise. D'autres affections divertissent son cœur du conseil de Dieu sur lui et sur vous. Cet obstacle est levé par mort inopinée. Et des cendres de cet amour infortuné, Dieu fait naître la ressource de cet Etat, la bénédiction de la France et la gloire de la race de saint Louis, par le conseil d'une nouvelle alliance préparée du ciel, pour donner naissance à Votre Majesté.

Car le roi ayant les yeux ouverts, et le cœur penchant du côté que devait venir le bonheur de la France, entre en l'heureuse alliance qui vous a donné et au monde et à la France. Alliance ordonnée dans le ciel, bénie de l'Eglise, accomplie en la terre, et si heureuse et féconde, que vous en êtes aussitôt conçu, et conçu en la guerre, né en la paix; comme donné à la France par le Dieu des armées et par le Dieu de paix tout ensemble, et comme devant être signe de paix à l'Etat et d'épouvante aux rebelles. Et la reine votre mère est la colombe qui vous porte en son avénement, comme un rameau d'olive et un signe de paix à l'Etat de la France. Et comme si le feu roi ne vivait sur la terre que pour vous consigner son royaume et sa grandeur, Dieu l'appelle à soi, coupant le fil de sa vie aussitôt que vous pouvez occuper son trône et son siège royal. Avant le temps, il le tire de ce monde, et avant le temps il vous établit en royauté, vous y faisant entrer en âge d'innocence pour lier l'innocence à la royauté. Et comme s'il ne vous avait donné la vie que pour régner, il vous donne à l'Etat même avant que de vous donner à vous-même par la majorité, pour vous convier à employer la vie à bien régner.

Aussi, Dieu qui vous a mis en ce trône, vous y conserve par sa grâce, vous y assiste par sa puissance, vous y régit par sa conduite. Et s'il y a eu quelques nuages qui semblaient faire ombre à la gloire de votre empire, c'est la misère des choses humaines, qui ne sont jamais accomplies de tout point; ce sont les ombres dans un tableau qui relèvent les autres traits et parties de la peinture. Ce sont les taches et les macules qui se retrouvent mêmes dans les corps célestes, et ne diminuent pas leur clarté, leur influence et leur nécessité. La grâce de Dieu ne laisse pas même lors d'être et de paraître sur vous. Sa conduite y est évidente, car c'est lors qu'il vous prend comme par la main, et vous fait passer comme un éclair d'un bout de votre Etat à l'autre pour y planter la foi et y établir sa gloire. Et en la fleur de vos ans, en la verdeur de votre jeunesse, nous cueillons ces doux fruits de la conversion du Béarn. Et ensuite, nous voyons que dès l'orient de votre empire, ce grand colosse de l'hérésie est bien fort ébranlé, lequel les rois vos prédécesseurs, après tant de triomphes et en la maturité de leurs ans et de leurs victoires, n'ont osé toucher.

Il représente gravement au roi les devoirs auxquels sa dignité royale l'oblige. — Bénissez Dieu en ses faveurs, et les gravez en votre mémoire. Aimez, servez et adorez celui qui vous a tiré du néant, pour vous donner l'être; de la poussière de la terre, pour vous faire homme; et du commun d'entre les hommes, pour vous élever par-dessus les hommes. Et voyant qu'il vous a fait roi, qu'il vous fait roi de si bonne heure, et qu'en votre bas âge il vous a mis en son trône, et conduit par la main dans son Etat, qu'il veut et fait être le vôtre; oubliez les choses basses, et vous portez à choses grandes, dignes de votre naissance, et dignes encore de la conduite et du conseil de Dieu sur vous. Voyez, et prenez plaisir à y penser souvent, comme il vous a tiré à chose grande, même dès la petitesse de votre âge, et comme en la tendresse de vos ans, il vous a élevé en une qualité qui vous sépare d'entre les hommes; vous oint et vous consacre au service de Dieu; vous approche de sa divinité, et vous met en sa main, comme un singulier instrument de sa gloire. Voyez comme cette qualité est grande en sa dignité, est haute en son origine, est sacrée en son onction, est céleste en sa conduite, est divine en son pouvoir, et doit aussi être éminente, étendue et signalée en ses œuvres et en ses perfections.

Un roi est un monde, et un soleil au monde. — Un roi, Sire, est un monde, et un grand monde, auquel Dieu a mis en éminence et en perfection les qualités plus rares, et les parties principales de ce monde sensible que nous voyons. La plus visible et la plus noble est le soleil. Aussi un roi est un soleil en son royaume, mais un soleil vivant et animé, qui par sa présence résout les affaires de son Etat; qui par sa force dissipe les brouillards des esprits rebelles; qui par ses mouvements réglés fait la distinction des temps, des personnes et des offices; qui par la splendeur de ses lois orne et embellit son empire, et qui par la vigueur de son influence fait renaître le courage, revivre les espérances et refleurir les vertus cachées dedans le sein de ses sujets. Les qualités des autres parties principales de ce monde paraissent semblablement, et reluisent dans les qualités d'un grand prince. Sa piété est le trône et l'empyrée où reposent la grâce et le conseil de Dieu ; sa prudence est le ciel qui nous couvre et nous envoie sa rosée, ses influences et sa lumière ; son courage est le premier mobile qui donne mouvement aux plus bas cieux, et à tout le monde inférieur ; son regard est un astre puissant, et un aspect de bénigne influence ; son courroux est le feu qui embrase et consomme les rebelles ; sa clémence est l'air serein et salubre que nous respirons ; sa libéralité est l'eau vive, douce et coulante qui nous arrose et abreuve ; la constance et fermeté de sa parole est la terre ferme et immobile qui nous porte et soutient ; son conseil est comme ce puissant ressort d'Archimède qui remue toutes les pièces de cette grande machine ; sa magnanimité est l'esprit vital, qui rend vivantes et mouvantes toutes les belles parties que Dieu a mises pour sa gloire et pour le bien de l'Etat, en la majesté d'un grand prince. Ainsi qui voit un monarque voit un monde, et un monde admirable ; monde accompli, relevé et orné de toutes les qualités, parties et perfections qui sont au monde élémentaire, non pas en leur nature première et en leur condition grossière, basse et matérielle, mais en une forme rare, céleste et divine.

Un roi est un Dieu visible. — Ces qualités, Sire, sont éminentes, et vous attirent à les considérer ; et vous séparant des choses basses, vous appellent à choses grandes, dignes de vos couronnes, et dignes de vos triomphes. Mais je dois élever davantage ce discours, et le porter à des pensées plus hautes. Car c'est dire trop peu, que de dire qu'un monarque est un monde. Un monarque est un Dieu, selon le langage de l'Ecriture : un Dieu non par essence, mais par puissance ; un Dieu non par nature, mais par grâce ; un Dieu non pour toujours, mais pour un temps ; un Dieu non pour le ciel, mais pour la terre ; un Dieu non subsistant, mais dépendant de celui qui est le subsistant de par soi-même ; qui étant le Dieu des dieux, fait les rois dieux en ressemblance, en puissance et en qualité, dieux visibles, images du Dieu invisible. Cette parole est grande, et n'est pas de moi : c'est la bouche non des hommes, mais de Dieu même qui la profère, et qui dit avec emphase ces paroles : *Ego dixi : Dii estis* (Psal. LXXXI, 6), comme s'il disait : C'est moi qui suis Dieu même, et qui vous nomme dieux. C'est moi dont la parole est substance, et qui vous fais subsister selon mon bon plaisir en cette qualité divine. C'est moi dont la parole fait ce qu'elle dit, qui le dis, et le disant, vous fais être dieux et enfants du Très-Haut, vous donnant ici bas mon nom, mon pouvoir et mon autorité, comme là-haut je vous donnerai mon essence et ma gloire. Portez en la terre mon nom et mon pouvoir, et ne le profanez pas ; portez-y mon image, et ne la souillez pas, ne la défigurez pas ; ne gravez pas en vos cœurs et en vos mœurs la figure des bêtes que j'ai soumises à vos pieds, et à votre usage et empire. Au lieu de leurs qualités basses, indignes et malignes, exprimez en vos mœurs et en vos actions mes qualités et perfections divines. Gravez en votre cœur la crainte de mon nom, l'amour de votre peuple, le respect de mon Eglise, et vous rendez cléments, libéraux, magnanimes, vrais enfants du Très-Haut ; imitant votre Dieu et votre Père qui est aux cieux, qui fait bien incessamment, qui oublie et pardonne facilement, qui fait luire son soleil sur les justes et les injustes, etc.

La grandeur des rois est contre-balancée par la mortalité de leurs personnes, et la sévérité de Dieu sur eux. — Ainsi un roi est un monde, et est un Dieu, selon l'oracle du Fils de Dieu même : paroles grandes, et qui expriment des qualités très-grandes de la royauté. Mais en cette dignité si haute et si relevée, il y a deux points qui servent d'ombre à son éclat, de contre-poids à son élévation, de diminution à sa grandeur, et qui servent à nous faire connaître l'abaissement et la vanité des choses les plus hautes et les plus éminentes de la terre. La première est, que cette grandeur a sa base et son fondement sur un peu de boue et de fange, et ressemble à cette statue de Daniel qui, ayant la tête d'or et les pieds de terre, est si frêle et si fragile, qu'une petite pierre, roulant d'une montagne, la renverse et la brise, sa grandeur ne servant qu'à sa chute et à sa ruine. Dieu est l'origine et l'orient des grandeurs de la terre, car elles procèdent toutes de Dieu : mais la fin et le couchant des grandeurs de la terre, c'est le tombeau, qui leur est toujours proche et imminent ; qui couvre tous les grands, qui les égale et les réduit au commun des hommes, voire aux vers, à la poudre, à la cendre, ne leur laissant que le bien et le mal qu'ils ont fait en l'exercice de leurs charges. Et ce qui redouble cet abaissement, c'est que chaque moment de leur félicité peut être le dernier moment de leur vie et grandeur.

Nous en avons un exemple en celui dont vous tenez le sceptre en main : prince d'heureuse mémoire, et d'une fin peu heureuse ; immortel en la guerre, et mort en la paix ; immortel au milieu de ses ennemis, mort au milieu des siens, mort en un instant, mort en une rue, mort au milieu de ses triomphes. Et l'expérience nous fait voir que nul d'entre les grands et les rois n'a le pouvoir de se promettre et s'assurer d'un seul moment : Dieu seul étant le roi des moments et des siècles, qui en dispose par soi-même, qui les a tous en sa main, qui n'y commet personne, et n'en traite que dans le secret de son conseil et de son cabinet ; ce qui rend la grandeur des rois flottante et incertaine, caduque et momentanée.

Le second point est que Dieu, qui se montre grand à son peuple en la grandeur des rois, se montre grand aux rois en la sévérité qu'il exerce sur eux, pour les tenir en crainte de sa justice ; et par cette rigueur réprimer l'excès de leurs délices et l'abus de leur puissance. Je me perds quand je lis en l'Ecriture que le premier roi d'Israël, roi donné de Dieu à son peuple, roi choisi de Dieu même, est réprouvé de Dieu pour imprimer une terreur aux rois dans leurs délices et dans la jouissance de leur grandeur. Et cet effroi s'augmente quand je le vois réprouvé de Dieu pour une chose si petite en apparence, comme pour n'avoir eu patience d'attendre quelque peu de temps le prophète qui tardait : non pour n'avoir rendu grâces à Dieu, mais pour avoir anticipé l'action de grâces et l'offrande, qui requérait la présence du prophète ; non pour s'être plongé dans les plaisirs et les passions humaines, ni pour avoir troublé son Etat et mésusé de sa puissance, mais pour avoir pardonné avec quelque prétexte de raison à ceux à qui Dieu lui avait commandé de ne point pardonner.

Si à cette aune sont mesurés les rois, et s'ils sont traités à cette rigueur et, selon cet exemple du premier d'entre eux, que feront-ils ? que deviendront-ils ? et que répondront à Dieu les rois qui se noient dans les délices, qui suivent leurs passions, et veulent que leurs peuples les suivent ? qui troublent leur Etat et en font un chaos de confusion, pour asservir leurs sujets à leurs vouloirs et mouvements déréglés ? qui croient que la grandeur consiste à pouvoir et à faire tout ce qu'on veut, au lieu que la vraie grandeur est à vouloir ce qu'on doit ? C'est Dieu qui a fait les rois à son image et semblance. C'est Dieu qui fait les rois et leur donne puissance sur son peuple, et qui les fait rois pour sa gloire et non pour leurs passions.

Aussi Dieu veut qu'ils règnent pour lui et non pour eux. Dieu veut régner par eux, comme par les plus nobles instruments de sa gloire ; on veut régner sur eux, faisant paraître sa grandeur en leur abaissement, et son ire en leur châtiment, suivant ce foudre et cet oracle de l'Ecriture : *Potentes potenter tormenta patientur*. Oracle qui menace effroyablement les grands, et sert aux bons, comme par la grâce de Dieu est Votre Majesté, pour se conserver en sa crainte, et aux autres pour y rentrer, leur disant par la bouche du Sage : *La puissance que vous avez vous est donnée de Dieu, lequel examinera vos œuvres et sondera vos cœurs. Et parce qu'étant ministres de son règne, vous n'avez pas cheminé selon sa volonté, il vous apparaîtra horriblement et bientôt, et fera jugement très-dur de ceux qui commandent. Au petit se fera miséricorde, mais les puissants seront puissamment tourmentés.* (Sap. VI, 4-7.)

Motif de cet œuvre. — Il me semble que la même sapience qui m'a ouvert les propos que j'ai tenus à Votre Majesté, les veut clore et fermer en cette instruction si importante qu'elle donne aux rois, et m'oblige à passer d'un discours qui concerne la grandeur et condition royale, en un autre qui regarde ma petitesse et condition particulière et qui concerne le sujet du livre que je dédie à Votre Majesté. Durant les mouvements de ce royaume et au temps que Votre Majesté daignait m'employer à la paix et à la tranquillité de son Etat, quelques esprits résolurent de nous faire la guerre, esprits connus de Votre Majesté, esprits connus et reconnus en France et en Italie. J'ai cru devoir plus de patience que d'émotion, plus de silence que de réponse, plus de mépris que d'offenses en l'excès de leurs procédures et en leurs calomnies : et aussi ai-je été sans parole, sans réplique, durant ces années passées. Mais par l'avis de personnes grandes en l'Etat et en l'Eglise, j'ai cru devoir quelques discours au public pour appuyer une vérité et un dessein de piété, pour lumière et par piété. Ces *Discours* sans fiel et sans amertume, et à mon avis d'autre étoffe et façons que leurs factums et leurs libelles, serviront à leur faire voir que l'on peut parler ; que si on ne leur parle pas, c'est par conduite et par modestie. Et que parlant, on ne veut parler que de choses dignes du public, dignes de notre profession et ministère, dignes de notre foi et créance, à savoir des grandeurs de Jésus et de sa très-sainte Mère.

Raisons pour lesquelles il dédie ces Discours au roi. — Ces *Discours*, Sire, étant dressés par une personne née en votre royaume, honorée de votre bienveillance et employée même quelquefois dans le secret de vos intentions, ne peuvent être offerts qu'à Votre Majesté. Je les lui présente donc, comme chose due, et non comme chose digne, eu égard à moi. Mais si Votre Majesté a égard au sujet des *Discours*, je me promets qu'elle le trouvera digne de sa grandeur et piété royale. Je parle, Sire, devant Votre Majesté, des grandeurs de Jésus et de sa très-sainte Mère ; des lumières du ciel, devant les lumières de la terre ; des grandeurs éternelles, devant les grandeurs temporelles ; de l'Etat de Jésus, le Roi des rois, devant un roi servant à Jésus, et mettant sa couronne et sa vie à ses pieds ; devant un roi armé pour sa gloire, et se glorifiant d'être son sujet et vassal, et de l'être pour jamais. Vous êtes son image en la terre. Vous êtes le fils aîné de son Eglise. Vous êtes le bras droit de son pouvoir au monde. Vous êtes son lieutenant dans l'Etat le plus florissant de son empire. Et il me semble que les discours en notre langue, d'un sujet si haut et si relevé, si grand et si digne, et si conjoint à votre personne par sa piété signalée et par sa qualité royale, l'ombre et l'image de la sienne, ne doivent point porter d'autres marques en leurs frontispices que le nom auguste de Votre Majesté.

Il parle de Jésus, de son incarnation, de ses qualités et offices. — Cette matière est si convenable à Votre Majesté, que je puis dire que le sujet de ces discours est l'objet de vos pensées chrétiennes, de vos affections célestes, de vos adorations publiques et solennelles. Car celui dont je parle est Jésus le Fils, et le Fils unique de Dieu ; l'image vive du Père éternel ; la première production du Très-Haut dedans soi-même ; sa puissance et sa sagesse, et la splendeur de sa gloire. Ce Jésus est le Dieu de paix et le Dieu des armées ; le Dieu visible de la terre et du ciel ; le roi des siècles ; le Tout-Puissant, le Très-Haut, l'Eternel comme son Père. Ce Jésus par excellence, et par un mystère singulier et ineffable, est le don du ciel à la terre, de Dieu à l'homme ; de Dieu qui donne le Fils pour les esclaves, le Juste pour les injustes, le Puissant pour les infirmes, le Saint pour les pécheurs, l'Opulent pour les pauvres, le Bien-Aimé et agréable, pour ceux qui sont en l'ire et la malédiction de Dieu. Ce Jésus ainsi donné de Dieu à l'homme, est Fils de l'homme et Fils de Dieu, homme et Dieu tout ensemble : homme né sous la loi, mais Dieu pour la consommer et accomplir ; homme pour servir, mais Dieu pour affranchir ; homme pour pâtir, mais Dieu pour vaincre ; homme pour mourir, mais Dieu pour triompher de la mort, de Satan et de l'enfer.

Quelle merveille, Sire, que les yeux de notre esprit voient la Divinité à travers de l'humanité, et la puissance à travers de l'infirmité, et la puissance qui a créé le monde et l'homme ! Car Jésus est un divin composé de deux natures bien différentes, l'une divine, l'autre humaine ; l'une incréée, l'autre créée ; l'une éternelle, l'autre temporelle : et aussi ces mystères sont accompagnés de qualités bien diverses, et presque contraires, de force et de faiblesse, de félicité et de misères, de grandeurs et d'abaissements, comme marques de la Divinité vivante en l'humanité, et de l'humanité subsistante en la Divinité. Il est né, mais d'une vierge. Il est enfant, mais annoncé par une étoile, et adoré des rois. Il est infirme sur la terre, mais il guérit à sa seule voix toutes les infirmités. Il paye le tribut, mais par miracle et puissance. Il est pris, mais il renverse par sa parole ceux qui le viennent prendre. Il pâtit en la croix, mais il couvre le ciel de deuil et de ténèbres, qui ne peut voir son Dieu souffrant en terre, et il obscurcit le soleil, qui perd sa lumière en la mort de Jésus, comme en l'éclipse de son soleil même. Il meurt en la terre, mais en mourant il ébranle la terre, il fend les pierres, il épouvante les enfers, il ressuscite les morts, et se ressuscite soi-même.

Jésus admirable en sa conduite, prenant des voies contraires à ce qu'il veut faire. — Et comme Jésus est ainsi adorable en soi-même par la diversité de ses natures, et en ses mystères par la différence de ses qualités, il est encore admirable en ses œuvres et en sa conduite, par l'opposition et la qualité des moyens qu'il emploie à l'accomplissement de ses desseins ; car il établit un empire en la terre, un empire éternel, et avec un succès émerveillable : et il l'établit par des voies bien opposées au sens humain, bien contraires en apparence à son dessein. Il veut tirer le monde à soi, monde attaché à la chair et au sang, et il ne parle que de mort, que de croix, que de renoncement de soi-même. Il meurt lui-même le premier en croix, et on le publie crucifié : et il oblige les siens à mourir comme lui, et à signer leur créance et leur parole de leur propre sang ; procédé fort nouveau en la terre ! voie fort étrange à la chair et au sang ! et langage fort inconnu et barbare au monde ! Et toutefois il se fait écouter au monde, et il tire le monde à soi ; il persuade en dissuadant, il attire en repoussant, il convertit en divertissant, il agit en pâtissant, il établit en ruinant, il éternise en mourant ; tirant ces effets de leurs contraires, par une puissance occulte, admirable et divine. Ainsi Jésus, par la puissance de son esprit, bannit du monde les diables et les idoles, et remplit le monde de Chrétiens et de martyrs, et montre que les siens ont plus de force pour souffrir que tout l'empire romain n'a de puissance et de force pour les faire souffrir. Et par sa grâce, les vaincus et mourants vainquent les empereurs qui les font mourir, et asservissent leurs empires à la croix de Jésus, et les rendent adorateurs de Jésus crucifié, et humbles enfants et nourrissons de son Eglise.

Etablissement admirable de l'Etat de Jésus, qui est l'Eglise, par douze pauvres pêcheurs. — Ce point mérite d'être éclairci davantage en la présence de Votre Majesté ; car il concerne un grand roi et un grand empire, et auquel participent tous les rois et les royaumes de la terre. Jésus, qui est le Fils unique de Dieu, l'héritier de ses Etats, le prince légitime de l'univers, y veut établir son empire : cela est juste, car tout est à lui ; cela est facile s'il use de sa puissance, car tout lui cède. Mais, par un conseil étrange et par un secret admirable, il veut entrer en puissance par impuissance. Il trouve qu'un étranger s'est fait le prince du monde, y a établi sa domination dès le commencement du monde, l'a continuée par l'espace de quatre mille ans, l'a cimentée de la chair et du sang, et la veut fortifier des gehennes et de la tyrannie des grands. Pour chasser ce fort armé et vaincre le prince du monde, il vient au monde en qualité d'enfant, il y converse en qualité de charpentier, il assemble des pêcheurs, et encore en petit nombre ; et par cette voie, il fait sa conquête. Par l'ignorance, il subjugue la doctrine ; par la folie, la sagesse ; par la faiblesse, la puissance ; par les calamités, les victoires ; par l'ignominie, les triomphes ; par ce qui n'est point, ce qui est et paraît le plus puissant, le plus relevé, le plus indomptable au monde. Qui jamais a vu, a dit, a fait rien de semblable ? Les histoires de tous les siècles et de tous les pays sont ouvertes ; les annales de tous les rois du monde sont connues ; les conquêtes de tous les empires sont rapportées par de grands auteurs : qu'y a-t-il qui soit digne d'en approcher ? Ici nous voyons l'empire de l'univers et l'empire éternel établi par de pauvres pêcheurs muets comme poissons, d'entre lesquels ils sont tirés, et nous voyons dans les rets de ces pêcheurs les savants, les orateurs, les monarques du monde ; nous voyons douze pauvres pêcheurs sans science et sans éloquence, sans finance et sans puissance, sans cabale et sans prudence, sans armée et sans violence, soumettre le monde à Jésus, et le lui soumettre en peu d'années, et le lui soumettre en pâtissant et en enseignant à pâtir, en mourant et en exhortant à mourir.

Et les empires que nous voyons et exaltons ne sont que petits restes de leurs exploits et petits éclats de leurs conquêtes. Car le théâtre de l'exercice de ces pauvres pêcheurs, c'est le rond de la terre; les bornes de leurs victoires sont les fins du monde, et leurs armes sont leurs simples paroles qui se répandent partout. En l'orient, en l'occident, au septentrion et au midi, dans l'Asie, dans l'Afrique, dans l'Europe, leurs pas sont reconnus et comme adorés. Et ainsi d'un pôle à l'autre et d'un soleil à l'autre, ils étendent et dilatent le nom, le sceptre et l'empire de Jésus avec étonnement, et enfin avec obéissance de l'empire romain. Et pour marque de triomphe, Rome, la capitale de l'empire romain, par la puissance de la croix, devient la capitale de l'empire de Jésus, et plus étendue en son pouvoir par la religion que par ses légions, la croix, la souffrance et la paix de Jésus lui acquérant un plus grand empire en peu d'années que les aigles, les prouesses et les armées romaines en sept cents ans; et de pauvres pêcheurs font une plus grande conquête que les César, les Pompée et les Scipion. Et ce qui est digne de considération particulière, au lieu que les empires de la terre ont commencé en orient et sont venus fondre en occident, cet empire du ciel s'établit en occident comme un empire qui, ayant son siége à l'occident de cette vie, aboutit au vrai orient, c'est-à-dire à l'orient de l'éternité.

Qualités admirables de Jésus, Roi des rois. — *Jésus est un roi duquel tous les rois sont vassaux et tous les vassaux sont rois.* — Voilà, Sire, le Roi duquel nous vous parlons. Voilà ses œuvres, son État et son empire. Son origine est du ciel; sa conception est du Saint-Esprit; sa naissance est d'une vierge; sa puissance est de la croix; sa monarchie est du ciel et de la terre; sa durée est de l'éternité. Roi couronné d'épines, mais aux pieds duquel les rois mettent leurs couronnes et leurs diadèmes; roi crucifié, mais qui change l'ignominie de la croix en gloire, la malédiction en bénédiction; roi qui tire le monde à soi et par la croix qui épouvante le monde; roi toutefois duquel tous les rois sont vassaux et tous les vassaux sont rois, qui lui chantent ce beau cantique au ciel : *Tu nous as faits rois, et nous régnerons sur la terre* (Apoc. v, 10.)

Injure que les hérétiques font à Jésus-Christ. — C'est ce grand Roi du ciel, qui a voulu avoir un royaume en la terre, qui contient tous les autres royaumes et tout le rond de la terre; c'est ce Roi duquel vous défendez les temples et les autels, duquel vous relevez la créance et la gloire, et pour lequel vous avez revêtu les armes justes et saintes dont vous êtes glorieusement orné; c'est ce Roi que nos adversaires rendent infidèle en ses promesses, captieux en ses paroles, infirme en son pouvoir, et duquel ils font l'Évangile esclave de leurs songes et incrédulité; c'est ce Roi duquel nous essayons de relever l'honneur et la gloire en ces discours, et duquel ils renversent les temples, ils polluent, profanent la présence auguste en son eucharistie, foulant aux pieds ce corps précieux de Jésus abaissé en la terre par son amour, comme il est élevé au ciel par sa gloire, et faisant en l'État et en l'Église tant d'excès et d'outrages, que nous pleurons amèrement de nos larmes et que vous vengez saintement par vos armes.

En traçant ces *Discours*, que je présente à Votre Majesté, *sur l'état et les grandeurs* de ce Roi des rois et de ce sauveur du monde, je les effaçais de mes larmes, versant des larmes de sang sur le sang qui se répandait à vos pieds, durant les horreurs et confusions de la guerre. La mémoire de ces douleurs se rafraîchit et renouvelle en la vue de Votre Majesté, et me représente la voix plaintive de l'Église, gémissant en la France sous le faix de ces misères. Car elle, à qui son Époux a donné le nom de colombe, n'est jamais sans gémissements. Permettez, Sire, que j'en exprime les plaintes et les douleurs, et qu'en la présence de Votre Majesté je hausse ma voix, je rehausse mon courage, et que, sur un sujet si déplorable, j'adresse mes larmes à la France, mes complaintes aux rebelles, et mon courroux à l'hérésie, cause de nos malheurs.

État déplorable de la France par l'hérésie. — France honorable, vous étiez autrefois la gloire de la terre et les délices de l'Europe, splendide sur les autres provinces, comme un œil du monde : et maintenant je vous vois triste et désolée, sanglante et défigurée, comme prête à mourir. Vous étiez la fille de l'Église, la sœur de l'empire, la mère des royaumes, et maintenant je vois cette majesté auguste qui vous rendait vénérable à vos enfants, formidable aux étrangers, être profanée de tant d'outrages, violée de tant d'excès. Vous étiez la bien-aimée du ciel, toute sainte et sacrée, et signalée de ce privilége, de ne porter point de monstres : et maintenant je vous vois toute polluée et contaminée, toute remplie d'esprits dénaturés, et couverte de tant de monstres et d'hérésies. Vous étiez l'ornement de la chrétienté, le rempart du Saint-Siége, la terreur des infidèles, le fléau des nations barbares : et je vous vois la fable des nations voisines, le jouet de l'hérésie, le refuge de l'impiété, et votre pays florissant, changé en un lieu de désolation, en une caverne de serpents, en un triste cimetière de tant d'hommes signalés que vous aviez heureusement enfantés, chèrement aimés, tendrement nourris, glorieusement élevés, capables de dompter l'univers, et maintenant réduits en poudre et en cendre.

Vous jetiez autrefois les rayons de votre puissance, les flammes de votre courage, les desseins de votre piété jusqu'aux pays plus lointains et barbares, et de votre ruche sortaient les essaims de vos armées volant jusqu'aux provinces plus éloignées pour y répandre le miel de la foi et piété chrétienne : et maintenant vous convertissez vos desseins, vos fureurs et vos armes contre vous-même. Maudite hérésie, qui a changé vos grandeurs en ces malheurs, votre gloire en ces opprobres, vos trophées en ces misères, vos triomphes en ces ruines ! Funeste et infidèle hérésie, qui adultérant avec le sens humain et l'ambition des grands, a ruiné et l'Etat et l'Eglise ensemble ! qui aux Français accoutumés à vaincre, leur apprend à être vaincus, et vaincus par eux-mêmes ! et qui naissant comme une furie au monde, les armes à la main, ne peut mourir que les armes à la main ! et naissant en la France au milieu d'une conjuration infâme, rend les abois au milieu d'une conjuration prodigieuse, vouant ses glaives au sang des Chrétiens, au saccagement de leurs villes, au sacrilége de leurs temples, à la ruine de l'Etat, à la désolation de l'Eglise et aux furies d'enfer ! Sont-ce les effets de vos belles paroles ? Sont-ce vos chefs-d'œuvre et vos miracles ? Sont-ce les fruits de votre Evangile, et les œuvres de votre réformation sainte ? Vous feigniez ne parler que de Dieu, que de Christ, que d'Ecriture, que d'Evangile, que de palme, que de foi : et nous ne voyons qu'horreurs et confusions, que saccagements et ruines, que blasphèmes et sacriléges. Vous ne juriez que certes, et nous ne voyons qu'incestes. Vous ne chantiez que psaumes, et nous ne sentons que fureurs brutales et plus qu'inhumaines.

Remontrances aux rebelles.—Et vous, Messieurs, que nous regardons d'un œil plus doux et plus bénin que l'hérésie, et que nous déplorons ensevelis en ces erreurs et enveloppés en ces confusions, jusques à quand, jusques à quand serez-vous ainsi charmés des paroles et des cercles de cette impie et infidèle à son Dieu et à son prince ? Jusques à quand armerez-vous le fils contre le père, le frère contre le frère, le mari contre la femme, l'oncle contre le neveu, et les Français contre les Français ? Jusques à quand, étant sans dessein, sans vigueur contre les infidèles, serez-vous en fureur contre les fidèles, désolant nos villes, ruinant nos provinces et rougissant nos campagnes du sang des Chrétiens ? Entrez en meilleures pensées ; convertissez cette fureur brutale en une passion plus sainte ; portez-vous à un genre de combat plus humain, plus chrétien : combat d'esprits à esprits, en la recherche du salut. Combat d'autant plus heureux et glorieux, qu'en conservant la vie du corps, il acquiert celle de l'âme, et en couronnant le vainqueur, il fait triompher le vaincu, et lui acquiert le repos en la terre et la gloire éternelle dans les cieux.

Ecoutez-nous, Messieurs, si vous êtes armés, c'est au nom du Dieu des armées que nous vous parlons. Si les lois civiles ne se font point ouïr parmi les armées, la parole de Dieu se fait ouïr partout ; c'est un tonnerre qui épouvante la terre, qui pénètre les armes, qui retentit dedans les cœurs, qui étonne les démons, qui ébranle les enfers. En son nom et de sa part, nous parlons pour votre bien et pour votre salut, et nous vous disons : Arrêtez-vous, Messieurs, calmez vos esprits et tempérez vos fureurs. Quoi ! voulez-vous oublier vous-mêmes et votre Dieu, votre prince et votre patrie, vos ancêtres et votre postérité, à l'appétit de nouveaux docteurs qui se sont faits docteurs eux-mêmes ? à l'appétit de docteurs mal instruits et mal envoyés, à l'appétit de nos apostats, qui se font vos apôtres ? Voulez-vous sacrifier vos âmes et vos vies à une doctrine inconnue au monde, depuis que le salut et la vraie lumière est au monde, et qui étant inconnue depuis seize cents ans, ne s'est fait connaître que les armes à la main : doctrine publiée en la tere non comme un Evangile, par douceur, par miracles, mais comme un Alcoran, par armes et par fureurs ?

Ressouvenez-vous, Messieurs, car en ce que je vous dis, je ne veux autre juge que vous-mêmes, ni autre témoin que vos yeux et vos sens, ni autre rapporteur que votre mémoire ; ressouvenez-vous donc, et remarquez bien qu'il y a quatre-vingts ans que l'Eglise en laquelle vous êtes et pour laquelle vous êtes armés, n'était point au monde. Il y a quatre-vingts ans que l'on ne parlait point en France de villes d'otage, de cercles et assemblées, de chambres mi-parties, d'Eglises réformées. Tous ces termes sont inconnus en l'antiquité, étaient ignorés de nos ancêtres, sont nés en ce siècle ; sans eux le monde était chrétien et fidèle à son prince ; le ciel était ouvert et la terre bénie ; le Fils de Dieu régnait en l'univers et les peuples l'adoraient en ses mystères. Et toutefois ce sont les points qui vous font armer contre votre sang, combattre contre votre prince et ruiner la France votre patrie.

La plupart d'entre vous croient qu'on se sauve parmi nous, et que le salut n'est pas attaché à votre foi nouvelle et à votre Eglise autrefois invisible en sa piété, et maintenant trop visible en son iniquité. Et vos ancêtres ont trouvé le salut sans cette foi et sans cette Eglise, qui leur était entièrement inconnue et heureusement invisible. Cherchez donc le salut où vos pères l'ont trouvé, venez à nous, sauvez-vous parmi nous et sauvez la France de tant de malheurs que vous lui causez. Ayez repos en cette foi et en cette Eglise, en laquelle tout le monde a eu repos et a été sauvé, ou bien le ciel n'a point été ouvert avant votre naissance : horreur que vous n'oseriez penser, comme trop injurieuse à Jésus-Christ et à son sang précieux, à la terre et au ciel, à vos pères et à vous-mêmes.

La communion au vrai corps de Jésus-Christ en l'Eucharistie, et à son corps mystique qui est l'Eglise, sont les deux points principaux dont les dévoyés doivent être instruits. — Notre salut est en Jésus, qui est venu au monde il y a seize cents ans. Il a un corps réel, et un corps mystique en la terre, auxquels il nous faut adhérer pour être sauvés. Nous adhérons à son corps réel par la communion de l'eucharistie, et à son corps mystique par la communion de l'Eglise; et nous recevons en terre le corps et l'esprit de Jésus, qui nous donne la vie, et nous conduit au ciel, nous donnant ici-bas en ce pèlerinage, son corps en son Eucharistie, et son esprit en son Eglise, afin que notre salut soit consommé en lui. Ces deux points sont les principaux dont vous devez être instruits, et sont comme les deux pôles sur lesquels se doivent faire les mouvements de vos âmes en la recherche du salut.

Etablissement de l'Eglise par Jésus-Christ. — Lisez les Ecritures : vous pensez comme les Juifs avoir vie en icelles, et vous verrez que c'est Jésus même qui dit en l'Ecriture à son apôtre : *Tu es Pierre, et sur cette pierre j'édifierai mon Eglise.* (Matth. XVI, 18.) Voilà une Eglise réelle, et non imaginaire. Voilà une Eglise édifiée par Jésus, et non par un simple homme mortel. Voilà une Eglise édifiée par celui que Jésus montre au doigt, et que Jésus nomme Pierre. Voilà une Eglise ferme et inébranlable même aux puissances d'enfer. Voilà une Eglise que Jésus appelle son Eglise. Elle doit être la vôtre, Messieurs, et non pas celle en laquelle vous êtes, et qui vous met les armes en main, qui est bien différente de la sienne. Celle-là est dressée par Jésus-Christ, celle-ci est dressée par Calvin et Bèze. Celle-là est dressée il y a seize cents ans, celle-ci est dressée de nos jours. Celle-là est édifiée par Jésus-Christ sur saint Pierre, et celle-ci ne peut souffrir le nom, le siège et l'autorité de saint Pierre. Celle-là a son siège à Rome, capitale du monde, siège de l'empire, et celle-ci est logée durant seize cents ans aux espaces imaginaires, et se publie elle-même dressée par des gens suscités en notre temps (4*), par des gens non prédits en l'Ecriture, et non nommés en l'Evangile, si ce n'est en ce texte qui nous avise qu'il viendra de faux prophètes au monde.

Opposition de la nouvelle Eglise des hérétiques à l'Eglise de Jésus-Christ. — Lisez les Ecritures, et vous verrez que c'est Jésus même qui nous adresse à une Eglise visible, écoutante et parlante, sur peine d'être tenus pour ethniques et païens. Et vous nous renvoyez à une Eglise muette, à une Eglise invisible ; à une Eglise sans consistance, pour nous recueillir; sans oreilles pour nous ouïr, sans langue pour nous parler; comme bien différente de celle que le Fils de Dieu a assemblée en Sion, et à laquelle il a envoyé du ciel son Saint-Esprit, et des langues, pour parler de sa part le langage du ciel au milieu de la terre. Et contre ces évidences, vous annoncez au monde une Eglise infortunée, une Eglise imaginaire : Eglise sans apôtres, apôtres sans mission, pasteurs sans ouailles, ouailles sans bergerie, fidèles sans Eglise, Chrétiens sans baptême, prophètes sans miracles, temples sans autels, religion sans cérémonie et sans sacrifice, loi sans obéissance, foi sans œuvres, charité sans effets; tous points qui ne sont pas en l'Ecriture, et qui sont en votre foi ; tous points qui combattent le sens commun et les principes de religion ; tous points qui se ruinent par oppositions mutuelles, comme de monstres en la créance, qui se combattent et se défont eux-mêmes.

Présence réelle de Jésus au saint Sacrement représentée aux hérétiques. — Lisez les Ecritures, et vous verrez que c'est Jésus même qui, en la dernière action de sa vie, et en ses dernières paroles, assis au milieu de ses apôtres, au cénacle de Sion, leur parlant de ce qu'il a entre ses mains, de ce qu'il leur montre et leur présente, de ce qu'il leur recommande de prendre de leurs mains, de ce qu'il met en leur bouche, leur dit : *Ceci est mon corps, ceci est mon sang.* (Matth. XXVI, 26.) Et vous, Messieurs, donnant un démenti au Fils de Dieu, en sa mort, en son testament, en son Evangile, en la face de son Eglise, voire à la vue de toute la terre et de tous les siècles à venir, vous dites que ce n'est pas son corps, ni son sang ; comme si vous vouliez imiter le serpent qui voulut démentir Dieu en sa parole et en son paradis, en son confédérés avec celui qui remuait cette langue serpentine, et formait cette parole : parole non de vérité, mais de mensonge ; parole non de vie, mais de mort, et de mort éternelle. Changez, Messieurs, d'esprit et de conduite. Suivez ces textes, et n'ayez point Dieu suspect en sa parole, parole de vie et de vérité. Laissez-vous vaincre à la lumière de ces Ecritures, et revenez à nous et à l'Eglise. Et lors, faisant partie avec nous de son corps mystique, vous recevrez son vrai corps, et son sang précieux, de celle qui en est la dépositaire ; et non pas de votre foi trompeuse et imaginaire, qui ne, croyant que l'ombre et la figure en nos sacrements, contre les paroles expresses du Fils de Dieu, se promet sans paroles et sans texte, et contre le témoignage de sa propre foi, d'y donner et d'y recevoir ce qui n'y est pas, selon sa créance, c'est-à-dire le corps et la vérité; démentant, en un même article Jésus-Christ, sa parole et soi-même

Obéissance due au roi par la parole de Dieu. — Mais d'autant que l'hérésie qui vous séduit vous fait mauvais Chrétiens et mauvais Français tout ensemble, je dois ajouter à ces textes qui parlent de la créance, ceux qui parlent de l'obéissance, et vous dois dire que c'est un texte de l'Ecriture, qui nous dit (Rom. XIII, 1; Sap. VI, 4), que *les rois sont de Dieu* ; que *c'est lui qui les établit;* qu'*ils ont domination de par lui;* que *c'est l'œuvre de Dieu que les rois règnent ;* que *puissance leur est donnée par le Seigneur, et principauté par le souverain.* Par moi, dit l'Eternel en sa parole, *les rois règnent, et les princes décernent justice.* (Prov. VIII, 16.) Et en son prophète Jérémie (XXVII, 15 seq.) : *J'ai fait la terre, les hommes et les bêtes qui sont dessus la terre, et l'ai donnée à qui bon m'a semblé. Maintenant donc j'ai livré tous ces pays en la main de Nabuchodonosor, roi de Babylone, mon serviteur :* et

---

(1) *Confession de foi des hérétiques,* art. 31.

toute nation qui ne lui aura servi, sera visitée de glaive, de famine et de peste. Que direz-vous, Messieurs, à ces témoignages exprès, qui doivent vaincre vos cœurs, ouvrir vos villes, changer la guerre en paix et la rébellion en obéissance? C'est Dieu qui parle en son prophète, et qui parle d'un roi de Babylone; d'un étranger à son peuple; d'un roi qui est sa verge en sa fureur; d'un roi qui envahit Jérusalem, qui a son règne plein d'extorsion, plein de violence. Et toutefois Dieu déclare par ce prophète, et ailleurs par Ezéchiel, qu'il lui a donné la terre, et qu'il veut qu'il soit obéi. Et Daniel, serviteur de Dieu, et son prophète, parlant à ce roi, use de ces termes : *Toi roi, es le roi, d'autant que le Dieu des cieux t'a donné le royaume, puissance, force et gloire.* (Dan. II, 37.) Et toutefois ce roi n'était pas de naissance, ni de créance semblable à ce prophète.

Exhortation aux rebelles à l'obéissance qu'ils doivent au roi. — Et le roi, Messieurs, contre lequel vous êtes armés, est Chrétien, est Français; est donné au ciel au milieu de nos misères, en la ressource de cet Etat succombant dans ses propres malheurs. Ce prince n'est pas la verge de Dieu en sa fureur, mais c'est un fruit de bénédiction, et le signe de paix donné de Dieu, apaisant son courroux au milieu de nos guerres plus que civiles. C'est votre prince légitime, et la terre maintenant n'en porte point un plus signalé en justice, plus remarquable en intégrité, plus réglé en son intention, plus craignant Dieu, plus éloigné de licence en ses mœurs, et plus conservé en l'innocence. Innocence digne d'un honneur singulier en cet âge florissant, et en la licence d'un pouvoir suprême. Innocence réservée à la France, par-dessus les contrées voisines, et les nations qui l'environnent. Reconnaissez cette grâce du ciel. Recevez cette puissance légitime. Rendez hommage à Dieu, en celui qui est son image, et qui vous représente en la terre sa grandeur et son autorité.

On dit que les tigres, rencontrant en leur chemin de grands miroirs, qui leur représentent le soleil, demeurent fermes, arrêtés et ravis par l'éclat et la beauté de cette image brillante en ce cristal poli, et oublient leurs proies et leurs fureurs : serez-vous plus félons que les tigres? Et voyant en vos contrées le roi qui, en sa personne, porte l'image de Dieu, et la lueur de ses rayons empreinte dedans sa face, ne voulez-vous pas oublier vos desseins et vos fureurs? Le roi est un soleil que vous devez regarder; c'est un soleil levant que vous devez adorer; c'est un soleil qui s'élève en son midi que vous devez redouter; et encore qu'il vous entête quelque peu, vous ne devez pas laisser de reconnaître que sa chaleur et son influence vous sont nécessaires; c'est l'astre de la France; c'est l'oint du Seigneur, comme parlent les Ecritures; c'est une vive image de Dieu qui porte l'autorité et la majesté de Dieu, visible en sa personne. Rendez-lui hommage et obéissance. Ouvrez-lui vos cœurs et vos villes.

Imitez Jésus le Sauveur du monde, qui a voulu, par ses lois, affermir l'autorité des rois, et par son exemple, fortifier leurs couronnes. Jésus s'est humilié sous les princes, quoique païens, pour tracer en lui-même ce chemin à son peuple, à ses enfants et à son Eglise. Il a prêché l'obéissance, et a voulu naître et mourir sous la puissance de l'empire romain. Et lui qui est le Roi des siècles et dispose des temps, a choisi pour soi ce temps et cette domination, pour être, et naissant et mourant, sous la puissance d'autrui. Naissant, il est en l'obéissance et en la sujétion de César, et enrôle son nom sous son commandement dès sa naissance. Vivant, il prêche l'obéissance à César et il lui paye le tribut, jusqu'à le fournir avec miracle. Mourant, il veut mourir, non par la fureur des Juifs, mais par l'autorité de César, en son lieutenant. Vivez et mourez ainsi, Messieurs, à son exemple, en obéissance et non pas en rébellion, et les armes à la main pour la maintenir. Et selon sa parole, *rendez à Dieu ce qui est à Dieu, rendez à César ce qui est à César* (Matth. XXI, 22), et rendez les peuples et les villes à leur prince et à leur roi légitime. C'est ce que vous annonce l'Evangile.

C'est ce que Jésus a pratiqué en sa propre personne; lui qui en sa dignité ne relève de personne, et qui était le souverain de César même. C'est ce que les apôtres et disciples ont enseigné, ont pratiqué vers les empereurs de leur siècle. C'est ce que vos ministres vous doivent dire, ou il les faut rendre ministres de l'Eglise invisible, et les traiter comme infidèles en l'Etat aussi bien qu'en l'Eglise. C'est ce que vous devez à votre prince et à la personne auguste de la majesté royale. Si l'éclat de ses armes vous épouvante, sachez que ce prince est armé, non contre vous, mais contre votre fureur; non contre vous, mais contre l'hérésie qui séduit vos cœurs qui sont à lui. Il en veut au serpent qui vous environne, et non à vous qui périssez par ce serpent, s'il ne périt par la conduite et par l'autorité de ses armes. L'histoire nous apprend qu'un excellent archer aperçut de loin son fils entortillé d'un serpent, et craignant d'arriver trop tard pour le secourir, qu'il darda son trait si dextrement, qu'après avoir percé le serpent, il s'arrêta à la peau de l'enfant, sans le meurtrir et l'entamer; sauvant, par sa dextérité, son enfant bien-aimé, et tuant le serpent duquel il était entortillé. Ce prince est le père commun de l'Etat de la France. Il vous tient pour son peuple et pour ses enfants; il se promène par ses provinces, et, ressemblant à cet excellent archer, il vous voit saisis du serpent de l'hérésie, et prêts à périr de son venin. Son courroux irrité, retenu de longtemps, l'anime à tirer ses flèches contre le serpent, et son cœur paternel le porte et le conduit à les tirer si dextrement, que, tuant le serpent, il ne tue point l'enfant, et ne porte point de dommage à son peuple. Ne voyez-vous pas que ce prince ne cherche point de triomphe aux dépens de ses sujets, et qu'il met sa gloire et son contentement en leur bien et en leur repos? Il n'en veut qu'à l'hérésie et non à l'hérétique : à l'hérésie furieuse et maudite qui lui ravit le cœur des siens; qui lui ferme les portes de ses villes; qui ouvre les coffres de ses finances pour les ravir; qui remplit ses pays de soldats et d'armées; qui appelle les étrangers à piller son royaume; qui partage et cantonne son Etat et ses provinces; qui sont tous effets qui ne respirent pas l'Evangile et ne ressentent rien de l'Eglise, si ce n'est de cette nouvelle sorte d'Eglise qui bâtit des citadelles et abat les églises : qui fait des soldats et capitaines et défait les ecclésiastiques; qui fait des meurtres et des ruines et ne fait point de miracles au monde. Eglise apostatique et non apostolique, dont les conciles sont les armées, dont les patriarcats sont les cercles, dont les canonnades sont l'Evangile. Eglise, qui, venant à la terre sans mission et sans puissance d'apôtres et de pasteurs pour prêcher, usurpe la mission et la puissance des rois, pour dominer et pour couvrir et effrayer la terre de soldats, de canons et d'armées ; et en ce double attentat et usurpation furieuse et illégitime, paraît dès sa naissance comme un monstre en l'Etat et en l'Eglise, impie en l'un et rebelle en l'autre.

Exhortation aux rebelles à se rendre au roi, en leur représentant son pouvoir et sa clémence. — Mais votre clémence et piété, Sire, surpasse et l'impiété et la rébellion de ces esprits dévoyés de la foi due à Dieu, et de la fidélité qui vous est due. Car je vois que Votre Majesté, portée par les vents de sa prospérité, jusqu'aux extrémités de son royaume, foudroyant de ses canons ses dernières villes rebelles, et étant aux termes de reprendre sa puissance absolue et d'emporter une victoire entière sur ses ennemis, entre en pensée de paix pour l'amour de son peuple. Je vois Votre Majesté arrêter, par sa douceur, le cours de ses victoires. Je la vois ravir à soi-même la gloire de son triomphe, pour ne ravir à ses sujets le bien de la paix, et pour triompher de leurs cœurs et de leurs volontés. Je la vois oublier sa gloire et leurs offenses, pour ne pas oublier sa bonté envers eux, qui, s'oubliant eux-mêmes, s'étaient rendus très-dignes de son courroux, très-indignes de sa clémence. Je la vois ajouter à son titre de *Juste*, le titre de *Pacifique*. Je la vois planter l'olivier de la paix à l'ombre de ses palmes, se rendant aimable et vénérable aux deux partis qui divisent la France. Aux catholiques, par sa piété, employant ses beaux jours, non aux délices, non à l'oisiveté, non aux intérêts d'une ambition particulière, mais à l'honneur de celui pour qui les hommes et les rois sont créés. Aux hérétiques, par sa clémence, les recevant à ses pieds si bénignement et si inopinément à miséricorde, après tant de rébellions et d'offenses.

Mais, esprits d'orage et de tempête, sera-t-il bien possible que, comme votre puissance vient fondre aux pieds de sa majesté, vos cœurs soient amollis par les rayons de sa douceur et clémence? Sera-t-il bien possible que vous réformiez vos humeurs, vos desseins et vos pensées premières? Sera-t-il bien possible que vous gardiez la loi de Dieu et la loi du prince, chose que votre foi nous prêche être impossible? Mais le roi veut avoir meilleure opinion de votre intention que de votre religion ; veut oublier vos fureurs, pourvu que vous les oubliiez vous-mêmes; veut vous tenir pour son peuple, pourvu que vous le teniez pour votre prince et lui obéissiez comme à votre roi légitime. Vous rendrez-vous capables de ces pensées tranquilles et salutaires? Ne vous rendrez-vous point indignes de ces conseils pacifiques? Ne ferez-vous plus la guerre en la paix par vos inventions ordinaires, comme le roi fait la paix en la guerre par sa douceur extraordinaire?

Changez d'humeur et d'esprit, Messieurs, et, prosternés aux pieds du roi, recevez la paix de sa bonté royale; recevez la paix de sa clémence et non de votre puissance; recevez la paix avec un esprit de paix et d'obéissance. Et voyez que ce prince est une fleur de la branche royale épanouie en nos jours, et une perle de la rosée du ciel, de la rosée de ce grand saint Louis dont il porte le nom, l'innocence et le sceptre. Ce prince vous doit être vénérable par sa bonté, et redoutable par sa puissance. Car Dieu, qui a mis en son cœur la douceur pour vous supporter, a mis en son bras la puissance pour vous confondre. Et le roi porte en sa main l'anneau de Gygès, pour rendre votre Eglise de visible invisible.

Il représente ce que mérite l'Eglise invisible des hérétiques. — C'est vous qui nous apprenez ces deux sortes d'Eglise, visible et invisible, et, selon vos principes, ce ne sont pas des métaux si éloignés qu'il ne se trouve aisément un mercure commun qui les puisse allier : et il ne faut pas désormais user d'une grande alchimie, pour transformer l'état présent et visible de votre Eglise en son état premier et invisible. Etat invisible qui est propre et naturel à votre Eglise, et duquel elle est en possession il y a seize cents ans : possession publiée par vous, reconnue de nous, avouée de tous et non enviée de personne. C'est son état ancien et ordinaire, état en sa longue durée favorable à la France; car, depuis douze cents ans que fleurit notre monarchie, elle ne s'en plaint point du tout. Au lieu que cet état, présent et visible de votre Eglise, est tout nouveau et extraordinaire à votre Eglise, et fort dommageable à la France ; car il n'est que depuis quatre-vingts ans, et depuis elle ne voit que schisme et division, que guerres et embrasements, que ruines et saccagements. Vous naissez en nos jours, et vous naissez en conjurant; vous croissez en combattant, vous expirez en ruinant, et nous n'avons presque point de marques plus expresses de votre visibilité, que les marques sensibles du mystère de votre iniquité. Heureux et glorieux, qui, pour le bien de vos âmes, fera rentrer votre Eglise dans ce premier séjour de son antiquité, dans ce chaos de son invisibilité! Heureux qui fera vivre vos cercles, vos assemblées et vos ministres sous l'empire et les lois de l'Eglise invisible, et qui les fera vivre des pensions et décimes de l'Eglise invisible, comme ils veulent vous faire vivre en la terre, de la foi et conduite de l'Eglise invisible!

Il exhorte le roi à la ruine de l'hérésie. — Mais j'ai peur, Sire, de presser par trop ces esprits difficiles et de les irriter, comme si nous voulions la mort du pécheur; au lieu que leur parlant de la sorte, nous ne voulons que la mort de leur erreur, et nous ne souhaitons, sinon qu'ils se convertissent, et vivent tranquillement sur la terre et glorieusement dans les cieux. C'est l'esprit de l'Eglise, accoutumée dès son berceau à répandre son sang, et non à répandre le sang d'autrui. C'est la voix de l'Eglise qui emploie ses clameurs pour la conversion des pécheurs, à l'exemple de son Epoux et de son Sauveur qui prie pour ceux qui le persécutent. Par sa conduite nous prions pour eux, et nous ne respirons que le salut de leurs âmes, le bonheur de la France, la grandeur de Votre Majesté, à laquelle je m'adresse de nouveau, la suppliant de considérer que les rois n'ont pas de plus glorieux ornement de leur grandeur que la piété, ni leur Etat de plus ferme appui que la religion; que Dieu vous a fait roi en un Etat si grand et si florissant qu'il est l'ornement de l'univers, la gloire de l'Europe et la défense de la chrétienté; que cet Etat si grand et si puissant est l'Etat qui a le plus duré en sa monarchie, et que Dieu a suscité en l'univers au premier déchet et débris de l'empire, comme pour être la ressource de l'empire, et aussi, entre tous les Etats de l'Europe il a été le premier qui a donné en Occident des empereurs au monde; que toute la chrétienté a les yeux ouverts sur Votre Majesté et attend des merveilles de votre piété; et vous voyant avoir succédé comme miraculeusement à de si grands Etats, se promet que vous restituerez la paix et la tranquillité à l'Etat de Dieu qui est son Eglise.

Il y a soixante ans que l'hérésie agite la nacelle de l'Eglise et ébranle même les fondements d'un Etat si florissant comme le vôtre, et tend à y éteindre le gouvernement de la monarchie. Tout le bien qui se consomme et se pille sous ce prétexte, c'est le nerf de votre autorité; le sang qui se répand, c'est le sang de vos enfants; les villes qui se détruisent sont les parcs des troupeaux que Dieu vous a commis. Il est temps de pourvoir à un mal si grand et si furieux, qui jette son venin et sa fureur sur toutes les parties nobles de cet Etat menacé de ruine. Car l'hérésie est un corps qui ébranle, qui agite qui infecte tous les corps de la France.

Le clergé est ruiné, la noblesse violée, le peuple foulé. Les spagyriques en la nature, par la recherche des sympathies et antipathies, trouvent les dissolvants de tous les corps naturels, quelque solidité qu'ils aient, et en viennent aisément à bout avec quelques petites graines et une simple rosée. Les spagyriques en l'Etat trouveront aisément le dissolvant de ce corps furieux et factieux qui agite toutes les parties de l'Etat et qui blesse à mort tous les corps de la France. C'est à quoi Votre Majesté doit penser; c'est à quoi son conseil la doit servir; c'est à quoi votre grandeur et piété se doit appliquer. Et vous devez être un Alexandre, regardant le ciel et la terre tout ensemble; ce qui est impossible dans la nature, mais facile en la grâce. Aussi c'était l'art de peinture qui donnait cette grâce au portrait d'Alexandre, et l'art du Saint-Esprit et la conduite de sa grâce le vous donnera et vous fera regarder d'un œil la terre pour la régir, et d'un autre le ciel pour en tirer secours, et prendre la conduite de votre dignité royale comme elle y prend son origine. Vivez et régnez ainsi. Régnez pour Jésus-Christ, comme vous régnez par Jésus-Christ. Soumettez votre pouvoir à son empire et référez-le à son service. Consacrez votre diadème à sa croix triomphante et victorieuse; et au temps ordonné par sa sapience, il vous fera roi avec lui dans les cieux, vous conduisant de grandeur en grandeur, des grandeurs de la terre aux grandeurs du ciel; et à cette couronne temporelle que vous portez, il substituera la couronne éternelle. Voilà l'usage légitime et la fin digne de la qualité royale: qualité périssable en la terre, mais immortelle sur les cieux où vous devez aspirer par vos actions royales. C'est le vouloir et le conseil de Dieu sur vous, qui vous a oint et sacré sur son peuple. Ce sont les vœux qu'offre dedans le ciel, devant l'autel de l'Agneau immaculé, celui duquel vous avez le nom et le sceptre. Et ce sont les désirs et les vœux en la terre de tous vos sujets, qui vous aiment et révèrent comme leur prince, et vous souhaitent, à l'exemple des premiers Chrétiens, et à bien meilleurs titres, un empire assuré, des armes victorieuses, un peuple obéissant, un conseil fidèle, un Etat pacifique, une vie longue, une maison tranquille, une lignée heureuse. Et ce qui passe les bornes de tout ce que le sens humain peut souhaiter d'heureux à votre grandeur, et est vraiment digne de la piété et religion chrétienne, une assistance de Dieu qui vous conduise par la main, et vous fasse passer saintement par les prospérités **temporelles** (car elles ne font que passer), que vous arriviez heureusement aux prospérités **éternelles.** Ce sont les vœux en particulier de celui qui est, Sire,

De Votre Majesté,

Le très-humble, et très-obéissant, et très-fidèle
sujet et serviteur,

P. DE BÉRULLE,
prêtre de l'Oratoire de Jésus.

AU LECTEUR.

L'ordre et la discipline de l'Eglise requiert que les livres soient approuvés au moins de deux docteurs. Désirant subir cette loi, juste et raisonnable, je voulais me contenter de ce nombre, qui satisfait à l'obéissance, et suffit aux œuvres communes et ordinaires. Et, en effet, j'avais fait commencer l'impression de ces Discours avec approbation de deux docteurs dès le mois de mai. Mais les oppositions passées et les déréglements présents, assez connus au public, sans qu'il soit besoin de les renouveler davantage en ce lieu, ont donné sujet à plusieurs de mes amis de juger qu'il était à propos que ces discours portassent l'approbation d'un plus grand nombre de personnes, afin que ceux que la modestie et la solidité de la doctrine ne contiendraient pas dedans leurs bornes y fussent contenus par le poids, le nombre et l'autorité de ceux qui l'approuveraient. C'est ce qui a retardé cette impression, et m'a donné loisir, en ce retardement, d'y ajouter quelques autres discours. Plusieurs grands prélats et signalés docteurs ont daigné les lire, et les ont voulu approuver en des termes que je ne puis ni omettre sans faute, puisqu'ils le veulent, et que ce sont eux qui parlent, ni les rapporter sans honte, puisque leurs paroles me regardent. Mais il leur a plu ainsi, et j'ai dû leur obéir, et me rendre à l'effet de la providence de Dieu, qui a voulu opposer aux injures et aux calomnies de personnes inconnues et insuffisantes les approbations et louanges de personnes connues, de personnes célèbres, de personnes éminentes en leurs qualités, en leur doctrine et en leur profession.

APPROBATIONS DES DISCOURS SUIVANTS.

Approbation de Mgr l'illustrissime et révérendissime cardinal de Richelieu, évêque de Luçon, proviseur de la maison de Sorbonne.

Non satis est ad probationem hujusce operis, asserere nihil in eo contrarium fidei, nihil doctrinæ orthodoxæ dissonum reperiri : veritas exigit ut profiteamur, imbelles hic columbas aquilarum alimento refici, sensusque abstrusioris mysteria usque adeo mitigari, plana fieri, et humano aptari ingenio, ut quod in cibum fortium reservatum est, in lac vel puerulorum convertatur. Quod singulare est, dum mens instruitur, movetur affectus ad eum in quo mysteria de quibus agitur, perficiuntur. Scripti operis puritas scriptoris puritatem arguit ; quantumque homini concessum est, argumenti respondet puritati : sicque typis nunquam morituris, semper victuris, mandandum censemus.

ARMANDUS,
cardinalis de Richelieu, provisor domus Sorbonæ.

Approbation de Mgr l'archevêque de Tours.

Nous Bertrand d'Echaus, archevêque de Tours, conseiller du roi en ses conseils, commandeur de l'ordre du benoît Saint-Esprit, et premier aumônier de Sa Majesté, certifions n'avoir rien vu en ce livre intitulé : *De l'état et des grandeurs de Jésus*, etc., composé par le R. P. Pierre de Bérulle, supérieur général de la congrégation de l'Oratoire en France, qui ne ressente la vraie et ancienne théologie. Où il y a cela de singulier par-dessus les livres communs, que les hautes vérités, qui sont ailleurs traitées avec quelque sorte d'obscurité, y sont éclaircies en une manière convenable à la grandeur des mystères de la Trinité et de l'Incarnation : laquelle pourra servir à l'avenir de modèle à ceux qui voudront employer leur étude à dégager des épines de la philosophie des vérités divines, que l'Homme-Dieu nous a révélées en son Evangile.

Bertrand d'ECHAUS,
archevêque de Tours.

Approbation de Mgr l'évêque de Nantes.

Legi perdiligenter hunc librum De Christi Domini nostri magnitudine, etc. Testari licet, atque in me recipere, adeo nihil habere quod aut catholicæ fidei aut bonis moribus adversetur, ut sancta, sublimia, divina in eo sint omnia. Non arbitror, id sibi permissurum spiritum calumniæ, licet sit impudentissimus, ut in eo quidquam mordeat. Si fecerit, intelliget, et pietati sua esse arma, nec semper impune Christi servos ab ejus hostibus provocari.

PHILIPPUS,
Nannetensium episcopus, ac societatis Sorbonicæ doctor.

Approbation de Mgr l'évêque de Poitiers.

On ne saurait, à mon avis, assez estimer le livre De l'état et des grandeurs de Jésus, etc., composé par le R. P. Pierre de Bérulle, supérieur général de la congrégation de l'Oratoire de France. Car outre que la naïve et solide dévotion, et la netteté du langage s'y rencontrent jointes avec la pure et profonde théologie, il n'a rien paru de semblable jusqu'à présent sur ce sujet. Et faut avouer que, sans une fréquente et vive méditation, accompagnée d'une pureté intérieure, il était impossible de pénétrer si avant en ce sacré mystère.

A Dissay, le 15 novembre 1622.

HENRI LOUIS,
évêque de Poitiers.

Approbation de Mgr l'évêque de Belley.

La petite source de Mardochée, dilatée en sa course, après avoir traversé beaucoup d'amertumes sans troubler ses claires eaux, vient enfin aboutir en la lumière du jour et apporter au jour une clarté nouvelle. Les Amans la verront et en frémiront, mais leur désir périra, si eux-mêmes ne veulent périr en la contradiction de Coré. La nuit est passée, l'aurore venue. Que la lutte cesse, que la bénédiction arrive, qu'Achan rende gloire à Dieu, qu'on fasse de l'équipage d'Holopherne un anathème d'oubli. Dieu est charité, auquel adhèrent les esprits charitables, et lequel se tient avec les possesseurs de cette vertu, qui est douce, patiente, aimable, endurante, sans chercher son propre intérêt, et sans autre jalousie que de la gloire de Jésus-Christ. Le lien de perfection, qui n'agit point en vain par un secret tout céleste, sait tirer le bien du mal, vaincre celui-ci par celui-là, donnant place à la colère armée d'un faux zèle, sans se défendre qu'à l'extrémité, et jusqu'au point où la patience même est défectueuse et préjudiciable. Celui qui est une lumière sans ombres, que les ténèbres ne peuvent accueillir ; qui sait dissiper les obscurités de la face de l'abîme et en faire sortir sa splendeur ; qui peut changer au feu de pure et simple justification la boue de la calomnie, a fait paraître ce livre aux yeux du monde, conduisant son auteur par sa main droite, en la vérité, en la douceur et en l'équité; pour remplir d'une respectueuse crainte, ou, s'ils n'en sont capables, de confusion, ceux qui ont proféré des paroles de malignité contre la sincérité de sa créance; pour empêcher que la lumière ne fût mise par eux en la place des ténèbres, et les ténèbres en celle de la lumière; pour leur donner de la componction, en dissipant leurs prestiges ; et pour servir d'échelle et de bâton de Jacob, qui fasse entendre ce mystère caché d'un Homme-Dieu, d'un Dieu fait homme, et qui fasse comprendre quelle est la hauteur, la longueur, la largeur et la profondeur de la superéminente charité du grand Sauveur. Ainsi la même verge qui a fait sortir de leurs marais ces grenouilles médisantes, les fera taire. Au moins si les censeurs veulent faire connaître par leur résipiscence qu'il leur reste quelque goutte de bon sang et quelque bluette de bon sens, ils cesseront de se corrompre en ce peu qu'ils savent et de blasphémer en ce beaucoup qu'ils ignorent, attendant en ce silence le salutaire de Dieu, qui leur sera montré par ce livre : lequel ne contient que la pure et nette substance de la doctrine catholique et orthodoxe, sans aucune tache ni apparence d'erreur. C'est un pain de vie et d'intelligence, pétri de la fine fleur d'un froment choisi, qui a passé par l'étamine et l'examen de plusieurs graves et savans prélats et docteurs, et qui l'ont autorisé de leurs approbations, entre lesquels le moindre et indigne de ces titres est

JEAN-PIERRE CAMUS,
évêque de Belley.
Fait à Paris, ce 15 décembre 1622.

Approbation de Mgr l'évêque de Langres.

Je Sébastien, évêque de Langres, certifie avoir lu et soigneusement considéré un livre intitulé : *De l'état et des grandeurs de Jésus*, etc., composé par le R. P. Pierre de Bérulle, supérieur général de la congrégation de l'Oratoire de France ; dans lequel livre je n'ai trouvé que de très-grandes, très-hautes et très-sublimes vérités, écrites d'un style convenable à la dignité du sujet : lesquelles nous font revoir en nos jours l'esprit du grand apôtre de la France, saint Denis, et de son divin Hiérothée. Œuvre conforme à la créance de l'Église et à la doctrine des Pères, très-excellent en soi, très-honorable à l'auteur, et très-utile aux âmes pieuses et dévotes, principalement à celles qui sont singulièrement touchées de la lumière de la grâce divine et remplies de l'Esprit saint et vivifiant de Jésus. En témoin de quoi j'ai écrit et signé la présente. À Paris, le vingt-quatrième jour d'octobre 1622.

SÉBASTIEN,
évêque de Langres.

Approbation de Mgr l'évêque de Dardanie, et nommé à l'évêché de Marseille.

Nous Nicolas Coefféteau, évêque de Dardanie, et nommé à l'évêché de Marseille, docteur en théologie de la faculté de Paris, de l'ordre Saint-Dominique : pour rendre témoignage à la vérité et servir de mon suffrage à l'honneur du très-saint mystère de l'Incarnation, déclarons avoir vu le livre intitulé : *Discours de l'état et des grandeurs de Jésus*, etc., composé par le R. P. Pierre de Bérulle, supérieur général de la congrégation des prêtres de l'Oratoire de Jésus, et n'y avoir rien trouvé qui ne soit conforme à la doctrine catholique, digne de singulière recommandation, et ressentant une piété sincère et solide envers Jésus-Christ Notre-Seigneur. Fait à Paris le 22 octobre 1622.

N. COEFFETEAU,
évêque de Dardanie.

Approbation de Mgr l'évêque de Chartres.

Ce qui nous est révélé d'en haut surpasse de beaucoup la connaissance que nous pouvons acquérir par l'étude de ce travail. Cela paraît au *Discours des grandeurs de Jésus*, dont le Père de Bérulle honore le public, qui ne peut avoir été recueilli que parmi ses plus hautes et sublimes méditations. C'est pourquoi mon admiration et mon silence serviront d'approbation de ma part en tel ouvrage.

L. DESTAMPES,
évêque de Chartres.

Approbation de Mgr l'évêque d'Ayre.

Encore que ce livre, *De l'état et des grandeurs de Jésus*, etc., composé par le R. P. de Bérulle, supérieur général de la congrégation de l'Oratoire, n'ait besoin d'autre recommandation que du nom de son auteur, qui a été considéré dès sa première jeunesse pour être destiné de Dieu aux grandes actions, où il lui a plu se servir de lui pour sa gloire, j'estime néanmoins son humilité à rechercher le jugement et l'approbation de plusieurs, à qui il s'est voulu soumettre, et sa charité à prévenir par ce moyen l'indiscrétion de quelques personnes qui, étant portées à blâmer ce qu'elles devraient admirer, seront retenues au moins par le respect qu'elles ne peuvent dénier à l'autorité de ceux à qui il appartient d'en juger. Il y a grand sujet de louer Dieu, qu'après avoir été obligé par les hérésies, dont ce dernier siècle a été travaillé, de traiter plus souvent des accessoires que du principal de la religion chrétienne, il a donné sujet à l'auteur de ce livre d'en éclaircir le plus et le plus important mystère, par un ouvrage si rempli de doctrine et de piété, que les plus doctes y trouveront à apprendre, et les plus gens de bien de quoi devenir meilleurs.

SÉBASTIEN,
évêque d'Ayre.

Approbation du R. P. supérieur général de la congrégation de Notre-Dame des Feuillants.

Nous soussigné, supérieur général de la congrégation des Feuillants, certifions avoir vu et lu, avec non moins de contentement que d'admiration, les excellents *Discours de l'état et grandeur de Jésus, par l'union ineffable de la Divinité avec l'humanité*, etc., composés par le R. P. de Bérulle, instituteur et supérieur général de la congrégation des prêtres de l'Oratoire de France, où, comme un autre Hiérothée, précepteur de celui qui fut le premier ordinateur des prêtres en la même France, il loue très-hautement et explique les mystères plus ineffables de notre religion très-éloquemment, les plus obscurs très-clairement, et les plus unis très-distinctement, sans nullement se départir des uni as de foi et de charité, que Jésus Homme-Dieu, sur l'exemplaire et patron de ses unités divines et humaines, a établies et ordonnées en son Eglise catholique, apostolique et romaine, qui est une et unique à son époux, et avec une entière conformité aux termes et au langage des Pères anciens, qui plus subtilement et savamment ont parlé de ces mêmes mystères. C'est pourquoi nous estimons qu'ils peuvent être sûrement et utilement exposés en public, comme très-efficaces et puissants pour réunir au même Jésus les esprits et les cœurs de ceux qui, par diversité d'opinions et multiplicité d'affections, sont séparés ou distraits de ses unions très-lumineuses et amoureuses. En foi de quoi nous avons signé la présente attestation. A Turin, ce 25 juin 1622.

Fr. JEAN DE SAINT-FRANÇOIS,
religieux Feuillantin.

Approbation de M. Bishop, docteur de Sorbonne.

Ego Guilielmus Bishopus in sacra facultate Parisiensi doctor, testificor me perlegisse librum R. P. et domini de Berulle, congregationis Oratorii in Galliis institutoris ac moderatoris generalis, inscriptum, *Discours de l'état et des grandeurs de Jésus*, etc., in quo nulla fidei catholicæ, apostolicæ et romanæ repugnantia reperi : at permulta ex intimis sanctissimæ Trinitatis et incarnationis Redemptoris nostri mysteriis admodum sublimiter, copiose et perceleganter disceptata ; nonnullas etiam selectissimas sacræ Scripturæ sententias ad ejusdem incarnationis præstantiam spectantes, perquam exquisite, apposite et pie explicatas ; quibus summa Dei ter optimi maximi erga homines benevolentia singularis, item Servatoris nostri, tam amor quam humiliatio, tanto zelo declarantur, ut legentem exsuscitent ad eum redamandum, honoran lum, eique cum omni humilitate et propriæ voluntatis abnegatione obediendum : quapropter dignissimum illum judico qui ad publicam fidelium utilitatem in lucem emittatur. Datum Parisiis, in collegio Atrebatensi, 6 jan. 1643.

Ita censeo   Guil. BISHOPUS,
sanctæ theologiæ doctor.

Approbation de M. Ysambert, docteur de Sorbonne et professeur du roi en théologie.

Je soussigné, docteur de Sorbonne et professeur du roi en théologie en l'université de Paris, certifie avoir lu exactement six premiers discours intitulés : *De l'état et des grandeurs de Jésus, par l'union ineffable de la Divinité avec l'humanité*, etc., composés par le R. P. Pierre de Bérulle, supérieur général de la congrégation de l'Oratoire, esquels discours je n'ai rien trouvé qui soit contraire à la foi et aux bonnes mœurs. Fait à Paris, ce 25 de mai 1622.

Nicolas YSAMBERT.

Approbation de M. Janssenius, docteur et professeur ordinaire en théologie en l'université de Louvain.

Ayant trouvé qu'en ces *Discours des grandeurs et excellences de Jésus*, etc., composés par le R. P. Pierre de Bérulle, supérieur général de la compagnie de l'Oratoire de Jésus, il n'y a rien contre la foi ni contre les bonnes mœurs, mais au contraire les tenant propres à allumer la foi de ce caché mystère, et embraser les âmes de dévotion, laquelle ils excitent ; je les ai jugés très-dignes d'être mis en lumière. Fait à Louvain, ce 1er novembre 1622.

Corn. JANSSENIUS,
docteur et professeur ordinaire en théologie en l'université de Louvain.

Approbation de M. Frogier, docteur en Sorbonne.

Vidi, censui, probavi ego doctor theologus Sorbonæ socius, et parœcus ecclesiæ Sancti Nicolai e Cardineto, academiæ Parisiensis, elegantem valde tractatum de œconomia et splendoribus Jesu, Verbi scilicet divini ἐνανθρωπισθέντος, quem quasi, ἐκ τοῦ λογείου summi sacerdotis prominens beryllus Berullæus auctor propalat. Cum ut in eo tanquam in speculo sine macula totius incarnati Verbi mysterium sexangula, imo decangula sectione incisum præfulgeat : tum ut beryllus ille noster colore hactenus sudior et dilutior, repercussu tot angulorum certa ingenioso in amœnum et vividum quasi puri maris virorem sese reflectens pascat et jucunde recreet tersos, blandos, perspicaces et bene compositos intuentium oculos. Hæc pro fide et virtute decuplicis istius tractatus, quem inoffenso quisquis decurrat pede, testari valde volui et debui tabella hac obsignata apud Cardinetum Sancti Nicolai, idibus septembris 1622.

FROGIER,
doctor Sorbonicus.

Approbation du R. P. Billaud, docteur régent en l'ordre des RR. PP. Jacobins.

Nous soussigné, docteur en théologie de la faculté de Paris, et professeur en la même théologie en l'ordre des Frères Prêcheurs, certifions avoir vu les *Discours de l'état et des grandeurs de Jésus, par l'union ineffable de la Divinité avec l'humanité*, etc., composés par le R. P. Pierre de Bérulle, supérieur général de la congrégation de l'Oratoire de Jésus-Christ Notre-Seigneur, établie depuis peu en France, et n'y avoir rien trouvé qui ne soit conforme à la doctrine des saints Pères et à la créance de la sainte Eglise catholique, apostolique et romaine ; et partant je les juge dignes d'être imprimés, comme orthodoxes et contenant plusieurs belles matières, pertinemment déduites à l'honneur du Fils de Dieu et du sacré mystère de l'Incarnation. En témoignage de quoi j'ai signé l'approbation présente en notre couvent de Paris le quatrième jour de mai 1622.

BILLAUD,
docteur régent.

Approbation de M. Chastelain, docteur de la faculté de Paris, chanoine en l'église cathédrale de Notre-Dame.

Ego subsignatus, sacræ facultatis theologiæ Parisiensis doctor, Sancti Genulphi abbas, et insignis Ecclesiæ Parisiensis canonicus, testor me attentius perlegisse librum *De statu, dignitate et sublimitate imperii Jesu*, etc., auctore admodum reverendo D. D. P. Berullo, congregationis Oratorii in Gallia auctore principe : in quo mysteria quæ abscondita fuere a sæculo, ita orthodoxe revelantur, ut nihil alienum ab Ecclesiæ confessione, nihil absonum ab ejus professione, imo plurima cognitioni amoriquè Dei procurandis accommodatissima contineantur, quæ ἀκριβῶς Χριστιανίζοντας, juvare ac meo judicio perficere possint : ut credo, sic subscribo. Die vigesima sexta septembris, anno Dom. 1622.

CHASTELAIN.

Approbation de M. de Hardivillier, docteur de Sorbonne.

Ego P. de Hardivillier, in sacra facultate Parisiensi doctor, ac socius Sorbonicus, ex ejusdem facultatis decreto legi et examinavi librum cui titulus est, *Discours de l'état et des grandeurs de Jésus*, etc., qui, ut vere dicam ac ingenue, non probatorem desiderat, sed laudatorem postulat ; imo nec laudatorem, quando sua ipse satis exsurgit specie ac dignitate prope singulari. Liber est plane divinus, ex ipsis divinæ sapientiæ medullis expressus, et rei quam propositam habet magnitudini vere congruens atque consentiens, quando magna magnifice tractanda, atque (ut præclare philosophus) servari debet μεγαλοπρεπέστατον ἐν τῷ μεγάλῳ μέγα. Magnum divinæ erga nos pietatis sacramentum, et divinæ cum carne humana majestatis nexus admirabiles, mira sensuum ac verborum dignitate et energia recludit, nec mentibus tantum doctrinæ lucem, sed imis visceribus ac præcordiis amoris flammas inserit, adeo sagaciter investigat divinæ sapientiæ sensus absconditos, adeo solide recondita in sinu Divinitatis mysteria concipit, adeo accurate ac diserte profert exprimitque, cum sublimitate elegantia et suavitas, pietas cum doctrina, cum sapientia charitas certare videatur. Hunc si leges et intelliges, gustabis et videbis quam suavis sit Jesus. Ita censeo et subscribo, die 5 octobris 1622.

Petrus HARDIVILLIER,

doctor ac socius Sorbonicus, et ecclesiæ parochialis S. Laurentii rector.

Approbation de M. Chapelas, docteur en théologie de la faculté de Paris, curé de l'église de Saint-Jacques dit de la Boucherie.

Decadem hanc sacrarum dissertationum, quas erudite juxta ac pie ex intimis divinæ scientiæ sensibus alte erutas, in commentarium digessit reverendus admodum P. Berullus, congregationis Oratorii in Gallia auctor et parens, doctus temperare rara methodo sensa subtilis theologiæ cum secretis mysticæ, dignam censui quam publico non inviderei. Atque adeo in his tractatibus omnia orthodoxa et consona fidei catholicæ, apostolicæ, romanæ, legens, probavi ego doctor theologus Parisiensis, et Sancti Jacobi in urbe parochus.

Petrus CHAPELAS.

Approbation de M. Smith, docteur anglais.

Ego infrascriptus, sanctæ theologiæ doctor, legi librum cujus titulus est, *Discours de l'état et des grandeurs de Jésus*, etc., in quo nihil inveni quod catholicæ aut bonis moribus contrarium sit, sed multa quæ magna laude et admiratione digna sunt : nempe profundam summorum mysteriorum fidei cognitionem, ac perspicuam eorumdem explicationem cum singulari pietate conjunctam. Quapropter censeo librum utilissimum esse, tum ad erudiendum intellectum, tum ad inflammandum voluntatem in cultu et amore Christi Domini : maxime his temporibus, quibus hæretici omnem cultum religiosum Christo homini detrahunt, eique multa indignissima attribuunt : ad quorum blasphemias compescendas, et catholicorum pietatem mirifice provehendam, liber iste efficacissimus erit.

Ita censeo,   Richardus SMITHEUS.

Approbation de M. Grillié, prédicateur du roi.

Tractatus istos *De dignitate Domini nostri Jesu*, a R. P. Berullio conscriptos, diligenter et attentissime evolvi. Ne quæras, lector, qua voluptate, quo fructu ; legens ipsemet experieris et senties ; mecumque quantumvis doctus sis, mirabere, homini adhuc in terris agenti, supra communem hominum notitiam de divini Verbi abscondito mysterio tantum licuisse, non solum divinitus intelligere, sed etiam tam dilucide et fideliter enuntiare fratribus suis Ecclesiæ Dei. Fateor quidem nihil hic scriptum, quod non pridem ab exactissimis theologis, et scholæ (quam doctrinalem fidei amussim possumus appellare) cognitum, traditum, probatumque sit, atque adeo ex sanctorum Patrum monumentis erutum : unde qui parum catholicam hanc doctrinam dixerit, non auctori solum, sed scholæ, theologis omnibus, sanctis Patribus, imo ipsi Dei Verbo, unde hæc deducuntur, anathema dixerit. Verum ea mysteriorum profunditate, ea sensuum luce, ea majestate verborum hic enuntiantur, ut supra humani auxilii, et studiorum vim, divinæ orationis commercia et θεοδίδακτον doctrinam facile sentias. Paulo apostolorum maximo data est gratia hæc, in gentibus evangelizandi primitus investigabiles divitias Christi : data est certe visibiliter, et huic Pauli discipulo gratia, hæc eadem explicandi miro fidelique modo. Ecquid justius quam ut innotescente jam omnibus doctrina Pauli, innotescat pariter omnibus fidissima, profundissima, et ab eodem donata Spiritu doctrina hujus auctoris : ut utriusque divini doni beneficio innotescat principibus et potestatibus per Ecclesiam multiformis sapientia Dei ? Sic censui, ideoque subscripsi ego. Anno Domini 1623, die 3 januarii.

N. GRILLIÉ,

sacerdos, divini verbi concionator indignus.

Approbation du R. P. Fr. Eustache de Saint-Paul, visiteur de la congrégation de Notre-Dame des Feuillants.

Je soussigné religieux visiteur de la congrégation de Notre-Dame des Feuillants, et docteur en la sacrée faculté de Sorbonne, certifie avoir lu et considéré avec non moins d'attention que de contentement les très-beaux, très-pieux et très rares discours compris dans le traité intitulé, *De l'état et des grandeurs de Jésus-Christ*, etc., composé par le très-révérend P. de Bérulle, supérieur de la congrégation des prêtres de l'Oratoire de Jésus, et n'y avoir rien trouvé tant soit peu éloigné de la foi que l'Église catholique, apostolique et romaine nous enseigne. Ains au contraire y avoir remarqué et admiré une singulière conformité, tant en la matière qu'au style, avec les plus rares écrits des plus doctes et anciens Pères de l'Église : cet admirable traité ne cédant en rien, à mon avis, aux leurs, ni en la dignité du sujet, ni en la profondité de doctrine, ni en la sublimité des concepts, ni en l'élégance du discours, ni en l'énergie des termes : et partant comme œuvre très-digne de son auteur, de qui la langue et la plume ont toujours servi de fidèles ministres à l'esprit qui anime son âme, esprit de vie, de lumière et de vérité ; ne doit être plus longtemps caché sous le couvert par trop grande retenue, ains doit être exposé sur le chandelier, afin d'éclairer à tous ceux qui sont susceptibles de lumière et vérité, en la maison du Seigneur, et leur rendre les principaux mystères de notre créance d'autant plus vénérables qu'ils y sont traités d'une manière très-rare et très-éminente ; où la doctrine, l'élégance et la piété semblent marcher de pas égal pour la gloire du très-admirable et très-aimable Jésus. Fait en notre monastère de Saint-Bernard, sis au faubourg Saint-Honoré lès Paris, ce seizième mai 1622.

Fr. Eustache DE SAINT-PAUL.

Approbation de F. Joseph de Paris, prédicateur et supérieur de la mission des PP. Capucins dans le Poitou.

Il me semble qu'il ne se peut rien ajouter a la piété et doctrine exquise que ce livre nous représente ; et qu'outre plusieurs rares sujets de louange qui le rendent recommandable, il excelle en ce qu'il nous conduit par des conceptions fort sublimes à l'intelligence et à la vénération des principaux mystères de la foi, qu'il est utile de révéler, et de les faire voir avec la majesté convenable à l'esprit de Dieu, qui en est l'auteur ; spécialement en ce siècle, auquel l'impiété, l'hérésie, la corruption des mœurs et même l'abus d'une dévotion bâtarde, ont beaucoup effacé et rabaissé l'estime avec laquelle l'Église primitive les révérait. C'est ce que j'ai cru à propos de dire sur ce sujet, après tant de célèbres personnages qui font ce même jugement : comme il est vrai que tout lecteur judicieux y admirera souvent les pénétrations profondes des merveilles de la religion chrétienne, et y trouvera des rayons et persuasions très-puissantes pour l'instruire et l'exciter au dessein de la perfection éminente. De notre monastère de Poitiers, ce 28 décembre 1622.

Fr. Joseph de Paris,
prédicateur et supérieur de la mission des PP. Capucins dans le Poitou.

Approbation du R. P. Henri de la Grange Palaizeau, lecteur en théologie et prédicateur en l'ordre des RR. PP. Capucins, à présent premier définiteur de la province de Paris et gardien de leur couvent sis au faubourg Saint-Jacques.

J'ai vu cet œuvre intitulé, *Discours de l'état et des grandeurs de Jésus*, etc., et n'y ai rien trouvé qui ne soit conforme à la doctrine orthodoxe de la sainte Eglise catholique, apostolique et romaine, tant chez ses conciles et Pères anciens, que chez ses docteurs modernes et plus récents. Mais bien ai-je trouvé son sujet, traité d'une façon très-excellente et relevée, tant pour la doctrine théologique, comme pour la piété mystique, et enfin d'un style si digne du bon esprit qui l'a produit, que j'oserai dire sans offense pour autrui, ne savoir s'il est imitable à autre qu'à son auteur même. Fait au couvent du faubourg Saint-Jacques à Paris, ce 20 de mai 1623.

H. de la Grange,
prédicateur capucin.

LIBRI R. PATRIS PETRI BERULLII, DE STATU, MAJESTATE ET MAGNITUDINE JESU

PROPEMPTICON.

Repentes curæ, fluxasque sequentia sordes
Vota hominum, et rebus male pectora mersa ca-
 [ducis,
Este procul, procul hinc, totoque absistite libro.
Pagina nil mortale sonans, jamque imminet astris :
Divinosque satus et inenarrabile numen
Pandere molitur, mundi secreta latentis :
Unde animus magno superum perculsus amore
Exuere humanæ discat contagia labis,
Per spretas et opes et per fastidia terræ
Æthera rimari, patrioque assurgere cœlo.
 Adstupet insuetis, seque ignorare fatetur
Auctorem natura suum, quem Virgine feta
Æquævum patri vidit prodire sub auras,
Innuptæ matris sobolem, nec patre minorem,
Atque laborato civem se ascribere mundo :
Ante ævum tempusque Deum, sed tempore natum,
De tot quos etiam finxit mortalibus unum,
Et partem fieri, quem totum condidit, orbis ;
Æternasque sator retro qui flexit habenas.
Ire novum in censum caput, et ceu vulgus haberi
Regnatorem hominum, vitæque animæque dato-
 [rem
Sponte sua in nostræ leges concedere mortis,
Ut nos eriperet noxæ, proprioque litaret
Sanguine, suppliciumque luens pro sontibus in-
 [sons
Vinceret infestam per tanta piacula mortem.
Mox eluctatum tenebras et vincula fati,
Corpore cum toto rediviva sidera luce
Invectum, quaque arcani stat regia mundi,
Ire sui sessum dextra solioque parentis :
Quo nec fas homini studiis penetrare sequendo,
Unaque ter, regnat, triplicique in nomine simplex
Majestas, Patris et Verbi, et quem mutuus illis
Spirat amor. Non hæc humanæ pervia menti
Et sensus hebetes et caligantia fallunt

Lumina : sed nec se reserant cœlestia magnis
Protinus ingeniis, indignatusque superbos
Sæpe Deus (quem non tellus, non æquora ponti,
Non ipsi capiunt cœli revolubilis orbes,
Submissis animis purisque illabitur ultro
Pectoribus : nihil hic Graium se jactet acumen,
Nec ratio, sed sola fides hominemque Deumque
Personaque duas coalescere dictet in una
Naturas tam dissimiles, nitique minorem
Majori, prorsusque alieno insistere fundo
Scilicet æterno sic conveniebat amori,
Ut (quando divina pati natura nequibat)
Humanum reparare genus qui venerat axe,
Errorem primi miserans lapsumque parentis,
Humanos vultus et membra obnoxia morti
Indueret, sumptasque semel non poneret unquam
Exuvias : sed rursus iter emensus Olympo,
Perfossas plantasque manusque, et fixa cruentis
Tempora monstraret spinis atque ora parenti,
Signa triumphatæ mortis ; queis fretus et olim
Perversum humanum genus ingratumque salutis
Argueret judex. O quis non talia cernens
Suspiret ? tuane hæc, genitor, per vulnera servor
Morte tua vivens ? quæ te clementia cœlo,
Quis te tantus amor detraxit, ut hostia nostræ
Concideres culpæ ? heu ! servi indute figuram
Corporis, et tantos non dedignate labores !
 Ut quondam hæc animis alte insedere piorum,
Cum nova lux terris exorta, Deique caleret
Sanguis adhuc ; mortes non expavere, nec ora
Carnificum, torvaque truces feritate tyrannos,
Nec turpes ignominias atque horrida jussa :
Confessique Deum fortes, et cornua certæ
Devovere neci : nos post tot sæcula, Christi
Degeneres, tanto fundatum sanguine regnum
Perdimus : hinc Asiam jamdudum barbarus om-
 [nem

Occupat, ipsa Dei pedibus cunabula calcans,
Heu! Solyma, atque æquata solo tot templa, tot
    [aras:
Illinc nos toto dejectos littore, ponto
Dividit et Libyæ sitientibus arcet arenis,
Nec monumenta patrum, nec jam delubra, nec
    [ædes
Ostendit : cuncta imperiis cessere profanis,
Et super antiquæ sunt alta oblivia vitæ.
Vix Europa fidem colit integra, quantulus orbis
Angulus immensi! quem ferro et funere cernunt
Discordes reges populique, ciensque cruenta
Prælia, pestiferis armata insania sectis.
Cumque foret pridem spoliandus Turca tropæis
Pannonicis, Græcique adeo patiantur inulti
Triste jugum : pulchras acies civilis Enyo
Impiaque æt rnos remoratur secta triumphos.
Tum pessum mores ivere, infractaque luxu
Sæcula, longinquos justo sub Marte labores
Dididicere pati, rerum secura, fide-que
Paulatim nostris vitiis offensa recedit
Trans Gangem, et terras alio sub sole calentes.
Seu velut indignis nomen succenset, adempta
Iratum nobis face, damnatosque tenebris
Deserit, inque alias transfert sua lumina gentes :
Seu fors illa dies instat qua vertere cuncta
Destinet et flammis purgare sequacibus orbem :
Nec prius hunc firment venturum oracula, cunctis
Relligio quam sit terris vulgata crucisque
Nomen adoratæ totos pervaserit Indos

Antipodasque, et quos circumque, infraque supra-
    [que
Mundus habet populos geminum porrectus ad
    [axem.
Interea dum res hominum caligine tanta
Volvuntur, ter felices atque amplius illi,
Quos vitæ incensos tandem melioris amore,
Jam nunc æthereas terreno in corpore sedes
Præcipere, et sancto juvat indulgere labori!
Non hos sacra fames auri, aut insanus honorum
Ambitus exercet, non blandis fœda voluptas
Mancipat illecebris, tumidive scientia cogit
Ingenii in cœlum voces jactare superbas :
Sed patrum insistunt docili vestigia mente,
Metrique suo metuentes numina sensu,
Præpetibus fidei contingunt sidera pennis.
  Prodi, magneliber, dux hæc audentibus ibis,
Nec te latrantis tardent convicia linguæ,
Non importuno stridentes murmure fuci,
Factiove assultans rixantibus invida chartis,
Non epicureæ cures ludibria turbæ,
Non nasos. Attenta tibi qui admoverit ora,
Sentiet internos, patrii dulcedine captus
Eloquii, stimulos, tantarum et pondere rerum.
Tum tibi si qua novus prætendat crimina livor
Doctrina, hæc, scriptis, mores auctore refellent

              Nicolaus BOURBON,
     Congregationis Oratorii presbyter.

De sacrosancto nomine Jesu operis et auctoris commendatio.

—

  Perlegite, o sancto mortalia corda pavore
Icta, opus excelsum hoc, opus entheum, igne reco-
    (ctum
Pneumatis, angelicis opus admirabile turmis.
Pagina nomen habet, quo machina tota tremiscit,
Quo manes, quo immane chaos nigrantis Averni,
Tellus, et late circumdans brachia Nereus
Cærula, cui omne genu pronum se inflectit, Olympo
Dilapsum nomen, fecundam in virginis alvum ;
Labra impura pavent quod fari, et turba volucris
Cœlicolum ipsa pavet, non enarrabile nomen
Vocibus humanis, nomen quod desuper ortum est ;
Virgini et attonitæ Gabriel quod detulit ales :
Christus, ab infuso deductum est nomen olivo,
Imponente datum sed cœlo, nomen Jesu :
Auroræ croceo nomen venerabile ubique,
Solis ad occiduum sero sub atlante laborem,
Fumantes ubi solvit equis jam fessus habenas :
Nomine in hoc, plures tumulo exivere sepulti,
Luce receperunt cassi, in quo, lumen ademptum,
Reddita vox mutis, surdis sonus auribus, ægris
Gressibus incessus, salus omnibus arte relictis
Pæonia, auxilium invictum, si rite vocetur,
Dæmonis in carnisque feros luctantibus hostes :
Atra cohors, geniorum erebi, si tentat agi que
Præcipitem in noxas, humanæ inimica saluti s,
Et malesuada dolos versat sub pectore, Jesu
Confuge ad invictum nomen, cadet atra potestas :
Petrus apostolici princeps et gloria cœtus,
Et socii, Christi duodena caterva sequaces,
Nomine in hoc, morborum ægris genus omne fuga-
    [runt
Corporibus, coram faciebant magna potentes
Prodigia, humanos longe excedentia nisus :
Nomine in hoc, rex impotens, in flore juventæ,
Adversas urbes, malefido a cive recepit,
Affectare ausas regimen, sine rege Batavum,
Tandem perdomitas, ad lilia avita reduxit,

Magnum opus excelsus genitor, quod non fuit ausus
(Servarat palmam hanc nato favor ætheris alti)
Secta tenax adeo, raptis incumbere rebus,
Regibus indocilis parere Deoque jubenti.
Ethnica lex vetuit de dis nil scribere, quod sint
Cuncta minora diis : at quis de nomine Jesu
Audeat? Omnibus est, cui uni parere voluptas,
Præ quo cuncta nihil prorsus sunt numina, divum
Quandoquidem Pater, et dux et suprema potestas ;
Quo redimente, omnis fulgente beatur Olympo,
Non redimente, omnis nigranti immergitur Orco :
In cœlo scriptum nomen fulgebit Jesu,
Agmine cum angelico circumdatus, aurea gestans
Signa crucis, mortis victricia signa subactæ,
Terribilis mundo veniet dare jura trementi.
O mihi tunc misero, sis judex mitis, Iesu,
Si judex, quid ego nisi præda futurus Averni
Sed mihi sis potius servator hiantis ab Orci
Faucibus, et genitor commissa absterge benignus;
Tu memor esto mei, qui sum laudator inanis,
Indignusque sacrum nomen canere ore profano;
Nominis augusti, cum majestate tremenda,
Gallus, veridico qui arcana recluderet ore,
Berulus unus erat, gemmæ cognominis ille,
Gemmeus, et sacro qui vere est aureus ore,
Explicuit fando quo non divinius alter,
Divina æternis signata oracula chartis.
Divus uti, qui formam aquilæ gerit arduus, haustas,
Accubuit mensæ cum dio in pectore, voces
Explicat, et socios tres vincit acumine mentis :
Ut volucres alias superat qui fulminis ales.
Nominis æterni sacrum sic pandit honorem
Berulus, afflatus vibranti flaminis aura :
Credibile est illum caput inseruisse polorum
Convexis, flammæ ætheriæque hausisse favillam
Nomine de excelso; nam quis sine numine dicet ?
Luminibus captus, vel quis de luce loqueretur?
Cœlorum penetrasse orbes, ut primus apertos

Vidit hians testis, sævo lapidum obrutus imbre,
A dextris Patris astantem qui vidit Iesum,
Insignem cruce, et exuviis de morte perempta,
Deque triumphati mundi et Stygis hoste superbo,
Patribus in cœlum spoliato Acheronte reductis :
Tertium ut in cœlum Paulus, si mente fuisse
Avulsa ereptum memorat, super æthera, tali
Berulus abstractus raptu, miranda polorum
Quæque negata oculis hominum, ceu visa recenset :

At mihi, da veniam, si exilis et impare versu,
Conor, quod sacri non ultima gloria cœtus,
Borbonius peragit, metro exæquante Maronem,
Totus cui se Helicon, cui se et Latium omne re-
[cludit.

Rodolphus BOTEREIUS,
in mag. Franc. Cons. advocatus.

PRÉFACE.

1. *Il y a un Evangile du Père éternel à la Vierge, qui lui est annoncé par saint Gabriel.* — Dieu voulant par sa bonté inestimable réparer le monde créé par sa puissance infinie, commence l'Evangile en la terre par un pourparler céleste entre la Vierge et l'ange, qui lui annonce que le Fils unique de Dieu veut être conçu en elle et par elle enfanté au monde, pour être le réparateur de l'univers.

2. Cet ange du ciel me semble être le précurseur de Jésus à la Vierge, comme cet ange de la terre prédit en Malachie est le précurseur de Jésus à la Judée; et ces paroles angéliques portent, à proprement parler, l'Evangile du Père éternel à la très-sainte Vierge, comme les paroles apostoliques portent vraiment l'Evangile de Jésus aux pécheurs.

3. *Différences entre l'Evangile du Père éternel et celui de Jésus.* — Cet Evangile de Dieu le Père est singulièrement haut et admirable, car il est le principe de l'Evangile de Jésus, comme aussi le Père qui l'ordonne, est le principe de la personne de Jésus, et il est ordonné pour publier le fils de Dieu fils de l'homme, et une vierge Mère de Dieu au monde : qualités auparavant inconnues, et secrets cachés au ciel et à la terre. L'Evangile de Jésus est singulièrement doux et favorable, car il est un principe de grâce en la terre ; il y remet aux pécheurs leurs offenses, et fait un nombre innombrable d'enfants adoptifs de Dieu au monde. Cet Evangile du Père éternel est annoncé pour communiquer à la Vierge le Verbe divin, et par elle le communiquer aux hommes et aux anges, et répandre en la terre la grâce incréée et substantielle, c'est-à-dire, la personne du Fils unique de Dieu qui est la grâce du Père ; grâce qui descend en la Vierge comme une rosée céleste, qui la rend féconde du salut de l'univers, et la fait engendrer un Homme-Dieu en la terre. L'Evangile de Jésus est publié pour communiquer aux hommes la sainte parole de Dieu, pour les instruire aux secrets du ciel, et pour répandre en la terre la grâce de Dieu, qui rend les hommes saints et les élève au ciel. Cet Evangile du Père ouvre le ciel à la Vierge, et lui ouvre même le sein du Père clos de toute éternité, afin qu'elle reçoive de ce sein paternel en son sein virginal, le Fils unique de Dieu, qui veut être le fils de la Vierge Marie en la plénitude des siècles, comme il est le Fils de Dieu le Père dedans l'éternité. L'Evangile de Jésus ouvre le ciel aux pécheurs, verse sur eux ses influences célestes, les rend enfants de Dieu et citoyens du ciel, s'ils se rendent fidèles à Jésus, gardant ses lois, vivant sous son empire.

4. Cet Evangile du Père éternel est porté par un ange, qui l'annonce à la Vierge, et par un ange qui est des plus grands anges et des plus grands princes du ciel. L'Evangile de Jésus est porté par des pécheurs, qu'il fait les anges de sa parole, pour l'annoncer par le rond de la terre. Le premier Evangile se passe sans bruit, en un Nazareth, en un cabinet, en secret, en silence, en tranquillité, et, comme dit l'Ecriture, *Dum medium silentium tenerent omnia.* (Sap. XVIII, 14.) Le second Evangile se publie en l'univers en plein midi, à la vue des peuples, avec éclat de paroles et de miracles. Le premier se passe entre deux personnes seules, l'une vivant au ciel, l'autre vivant en la terre. Le second se passe entre tous les mortels, de tous siècles, de tous âges et de tous pays, jusqu'à la fin du monde. Le premier se passe entre un ange et une vierge, mais vierge plus céleste et angélique que cet ange; vierge à la vérité cachée et inconnue au monde et à tout homme mortel, dont elle en porte le nom en Isaïe ; mais vierge plus illustre et plus célèbre dans le ciel qu'aucune autre personne qui soit, ni dans le ciel, ni dans la terre. Le second se passe entre des hommes : les uns saints, les autres pécheurs, les uns apôtres et les autres appelés ; les uns envoyés et les autres conviés, et tend à établir le royaume de Dieu entre les hommes, le royaume du ciel au milieu de la terre.

5. Ce pourparler céleste entre l'ange et la Vierge est pour choses grandes, et les plus grandes qui doivent être jamais accomplies dans le cours des siècles, et même dans l'éternité. Et cet Evangile du Père éternel à la Vierge contient en abrégé la doctrine de salut, et porte en semence tous les fruits de l'Evangile du Fils de Dieu aux enfants des hommes, et est la base et le fondement de l'Etat et empire de Jésus ; et l'Eglise est obligée de manifester au monde ce qui se passe en Nazareth, ce qui se traite en ce secret, ce qui se fait en cet heureux moment, qui porte le salut des siècles et accomplit le très-haut mystère de l'Incarnation au milieu du monde.

6. *Explication du colloque de la Vierge et de l'ange.* — Le premier point de ce colloque angélique, de cette ambassade divine et de cet Evangile du Père éternel, regarde la Vierge; et l'ange s'adresse à elle, et la salue comme pleine de grâce, comme honorée de la présence du Seigneur, comme bénie entre les femmes. Louange limitée dedans ce sexe, non par faute d'excellence et avantage par-dessus tous les hommes et les anges mêmes, mais par indice signalé et pour marque illustre de la dignité qu'il lui vient annoncer, et de la qualité où elle va entrer, qui ne convient qu'aux femmes. Qualité de mère, mais qualité de mère au regard de Dieu, qui l'élève et lui donne puissance et autorité sur tout ce qui est créé. Privilège excellent et qualité incomparable réservée à ce sexe et à la très-sainte Vierge Marie, vraiment bénie entre les femmes à cette occasion, et ensuite établie en grâce, en gloire et en puissance sur tous les hommes et sur tous les anges.

7. Mais cet ange, après avoir ainsi dignement parlé à la Vierge et nous avoir appris les grandeurs de cette personne admirable, sa plénitude de grâces, sa maternité divine, la présence du Seigneur en elle, qui est le fondement de cette plénitude et le principe et le terme de cette maternité heureuse, il passe au deuxième point de cette ambassade céleste, et lui annonce les grandeurs de celui qui doit être son fils ; et les premières paroles de ce grand ange sur un si grand sujet, sont celles-ci : *Hic erit magnus, et Filius Altissimi vocabitur,* etc. *Et regnabit in domo Jacob in æternum, et regni ejus non erit finis* (*Luc.* I, 32, 33); imprimant par sa lumière en l'esprit de la Vierge, au même temps qu'il lui exprime par ses paroles, les grandeurs de Jésus, sa filiation divine, sa puissance suprême et l'éternité de son empire. Paroles grandes, paroles douces à celle qui le doit concevoir, enfanter et aimer comme son fils ; et paroles encore grandes et douces à qui sert Jésus, à qui aime Jésus, à qui attend l'avènement de Jésus, et comme parle l'Apôtre, *Iis qui diligunt adventum ejus.* (*II Tim.* IV, 8.) Ainsi cette ambassade céleste et ces paroles angéliques et évangéliques ne parlent que de grandeurs et des grandeurs de Jésus et de Marie : grandeurs incomparables ! grandeurs désormais éternelles ! grandeurs les plus hautes, les plus divines, les plus accomplies qui soient après les grandeurs incréées des personnes divines !

8. Ces grandeurs du Fils unique de Dieu et de celle qu'il lui a plu choisir pour sa très-sainte Mère seront le sujet des discours que nous avons proposé de faire, comme elles sont le sujet vénérable des propos de l'ange et de cette ambassade céleste. Et à l'exemple de cet ange de lumière, nous parlerons des grandeurs de Jésus et de la Vierge Marie : mais nous commencerons par les grandeurs de celui qui donne origine aux grandeurs de sa très-sainte Mère. Car Jésus est le fondement et le nouveau principe de toutes les grandeurs qui se trouvent hors de Dieu, et Jésus est en particulier la racine et la base des grandeurs qui se trouvent en sa sainte Mère. Il est la racine de Jessé plus que Jessé n'est racine, et il s'appelle aussi en l'Ecriture *radix Jesse* ; il est la racine de Marie plus que Marie n'est sa racine, et il porte sa Mère en l'état de la grâce, plus que sa Mère ne le porte en l'état de la nature ; et la Vierge ne subsiste dans l'ordre du conseil de Dieu que par la dépendance et le rapport qu'elle a à son fils unique, et à la volonté qu'il a eue de se rendre son fils, et de la faire sa mère.

9. *Jésus grand en toutes choses.* — *Rapports de Jésus aux fidèles, et des fidèles à Jésus.* — Or les grandeurs de Jésus peuvent être considérées en lui-même, en son rapport vers Dieu son Père, et en ses rapports vers nous. Et nous trouverons en tous ces points que l'ange a raison de dire : *Celui-ci sera grand.* Grand, dis-je, absolument, sans modification et sans restriction, comme étant grand en tout, grand en soi-même, en ses divins rapports, et en ses états et offices, etc. Il est grand en soi-même : car il est grand en sa personne, grand en la divinité de sa nature première, grand en la subsistence communiquée à sa nature seconde. Il est grand en ses rapports vers les personnes divines : car il est fils de l'une, et principe de l'autre. Il est grand au regard de nous en ses états, en ses qualités, en ses offices et en ses privilèges, car il est chef, et nous sommes son corps et ses membres ; il est époux, et nous sommes son cœur et ses délices ; il est père, et nous sommes ses enfants ; il est pasteur, et nous sommes ses ouailles ; il est docteur, et nous sommes ses disciples ; il est rédempteur, et nous sommes ses captifs ; il est roi, et nous sommes ses sujets ; il est sacrificateur, et nous sommes ses hosties, hosties vivantes et immolées par lui à la gloire de son Père ; bref, il est tout ; il est notre tout ; il est la vie, la lumière et le salut du monde. Aussi le ciel et la terre conspirent à reconnaître cette grandeur suprême : le ciel, en mettant ses couronnes à ses pieds, et en s'écriant : *Dignus est Agnus accipere virtutem et divinitatem* (*Apoc.* V, 12) ; la terre, en lui rendant hommage comme à son Dieu, comme à son souverain, comme à son sauveur, selon cette prophétie : *Et adorabunt eum omnes reges terræ, omnes gentes servient ei.* (*Psal.* LXXI, 11.)

10. *Dessein et division de l'œuvre.* — Toutes ces grandeurs méritent bien chacune un discours à part, et peut-être plusieurs discours. Nous donnons maintenant au public la première partie de ces discours, qui regardent les grandeurs de Jésus en soi-même, et dans son mystère de l'Incarnation ; le distinguant de ses autres grandeurs et de ses autres états et mystères qui le réfèrent à nous. Voire, nous n'exposons qu'une partie de cette première partie. Car nous n'avons traité que *De l'unité de Dieu, et de la communication de Dieu en ce mystère,* ayant fait à dessein pour relâcher les esprits, plusieurs discours sous un même titre, et répandant par ci par là quelque semence des autres discours qui doivent suivre : *De la plénitude de Dieu ; De la vie de Dieu ; De l'amour de Dieu ; De la sainteté de Dieu, De la souveraineté de Dieu ; De la conduite de Dieu en ce sacré mystère*, etc., si Dieu nous donne le loisir et la grâce de les exposer.

11. Cet objet des grandeurs de Jésus et de la Vierge Marie est l'objet ravissant le ciel, et le ravissant incessamment ; c'est le pain quotidien de la table des bienheureux ; c'est le mets ordinaire et délicieux de leurs banquets célestes. Heureux qui s'en entretient et nourrit en cette vie. Tout ce que nous pouvons dire et penser en la terre, ne sont que petites miettes qui tombent du ciel, que nous devons recueillir de la table de nos maîtres : *Micæ quæ cadunt de mensa dominorum.* (*Matth.* xv, 27.)

12. *Invocation de Jésus, contenant comme il nous est toutes choses.* — A l'exemple de l'humble Chananée, nous les requérons, nous les espérons, et nous les attendons de vous, ô Jésus mon Seigneur ! de vous, qui avez tant d'amour pour nous ; qui avez tant de droits et tant de pouvoirs sur nous ; qui daignez nous rendre vôtres par tant de titres, et singulièrement vôtres par le mystère singulier de l'Incarnation ; qui voulez, en la terre, nous vivifier par votre mort, nous laver par votre sang, nous animer par votre esprit, nous élever par votre grâce, nous instruire par votre parole, et nous nourrir par vous-même ; et qui êtes le vrai pain vivant, le pain céleste, le pain descendu du ciel, et comme tel, voulez nous nourrir en la terre de la substance de votre corps, et au ciel de la communication de votre divine essence.

DE L'ÉTAT ET DES GRANDEURS DE JÉSUS.

DISCOURS PREMIER.
DE L'EXCELLENCE ET SINGULARITÉ DU SACRÉ MYSTÈRE DE L'INCARNATION.

Nouvelle académie établie par Jésus en la terre, et ce qu'il nous y veut enseigner. — II. Diverses excellences du mystère de l'Incarnation. — III. Dieu veut être honoré par silence. — IV. Le mystère de l'Incarnation doit être plutôt honoré par œuvres, et non pas orné de paroles. — V. Raisons qui ont mû l'auteur à rompre son silence. Ces discours seront sans aigreur. Invocation de Jésus-Christ par les paroles de saint Augustin. — VI. Dieu n'a créé qu'un monde pour honorer son unité. Dieu en ce monde a fait un chef-d'œuvre, qui honore divinement et en plusieurs manières cette unité suprême. Outre les trois ordres de nature, de grâce et de gloire, Dieu en a formé un quatrième, qui est celui de l'union hypostatique, auquel il n'y a qu'un seul individu. Excellence du mystère de l'Incarnation. Unité de Dieu dans la création, dans la sanctification et dans l'incarnation.

I. Le Verbe divin, la splendeur, la puissance et la gloire du Père éternel, étant envoyé au monde, y a voulu établir une académie sainte, un état de grâce, une assemblée divine, conduite et animée de son esprit, pour parler à la terre le langage du ciel, pour enseigner aux hommes la science de salut, et pour les élever à une haute et sublime connaissance de Dieu, en leur faisant connaître la grandeur de son essence, de la pluralité de ses personnes, de la profondeur de ses conseils, de la singularité de ses œuvres, ce que le sens humain ne leur en peut apprendre.

II. Or un des premiers et principaux points qu'on nous enseigne en cette école de sapience et de salut, établie et ouverte au monde, est le sacré mystère de l'Incarnation. Mystère si élevé, qu'il surpasse la hautesse de toutes les pensées des hommes et des anges ; mystère si excellent, qu'il contient et comprend Dieu et le monde ensemble dans soi-même ; mystère si profond, qu'il est caché de toute éternité dans la plus secrète pensée de l'Ancien des jours, et dans le sein propre du Père éternel, d'une manière si haute et ineffable, que le grand apôtre le nomme à bon droit en divers lieux : *le mystère caché de toute éternité en Dieu, qui a créé toutes choses.* (*Ephes.* III, 9 ; *Col.* I, 26.) Et toutefois ce mystère si haut et excellent, si profond et caché, s'accomplit en la plénitude des temps au milieu de la terre, pour être exposé à la vue de la terre et du ciel, tant il est public. Et il s'y accomplit pour être l'objet de la foi des peuples, l'ancre de leur espérance, la cause de leur salut, et l'accomplissement de la gloire de Dieu en l'univers. Car c'est par ce mystère que le ciel est ouvert, que la terre est sanctifiée, que Dieu est adoré, et d'une adoration nouvelle, d'une adoration ineffable, d'une adoration inconnue à la terre et au ciel même auparavant, puisque le ciel avait bien lors des esprits adorants et un Dieu adoré, mais n'avait pas encore un Dieu adorant. C'est par ce mystère que Dieu est en la terre abaissant sa grandeur, et couvert de nos faiblesses, revêtu de notre mortalité, est opérant lui-même au milieu de nous, comme un d'entre nous, le salut du monde.

C'est par ce mystère que la terre est un ciel, et un nouveau ciel, auquel Dieu habite d'une manière plus haute et plus auguste, plus sainte et plus divine qu'il n'habitait auparavant dans le plus haut des cieux. C'est en la foi, en l'amour et en l'hommage de ce sacré mystère que Dieu établit par lui-même, et non par ses anges et serviteurs, une religion en la terre, qui ne sera jamais changée ni ôtée de la terre, et qu'il a réservée aux derniers temps; comme aussi ce mystère porte les derniers traits de sa puissance, de son amour et de sa sapience éternelle. C'est en ce mystère que l'Eglise doit être saintement et divinement occupée, et la piété des âmes plus élevées, ravie d'étonnement et d'admiration, contemplant cet objet, auquel on découvre et on aperçoit en une manière ineffable la majesté de la divine essence, la distinction de ses personnes, la profondité de ses conseils, et l'éminence, la rareté, la singularité que Dieu a voulu être en cet unique ouvrage, c'est-à-dire, tout ce qui est grand, tout ce qui est saint, tout ce qui est admirable, et comme un abrégé et un sommaire de tout ce que les oracles de la foi nous révèlent et enseignent de Dieu et de ses œuvres. Divin mystère, qui est comme le centre de l'être créé et incréé, et l'unique sujet auquel Dieu a voulu, et voulu pour jamais, comprendre et réduire au petit pied le monde et soi-même, c'est-à-dire, son infinité propre et la grandeur de l'univers ensemble.

III. *Les Egyptiens.* — Quelques peuples signalés dans l'antiquité profane, célébrés dans les lettres sacrées, et honorés de la garde et tutelle du peuple de Dieu et du Fils unique de Dieu même, en l'état de sa minorité et de sa sainte enfance, lesquels en leurs actions et documents étaient pleins de figures énigmatiques et hiéroglyphiques, avaient accoutumé de représenter la religion par un certain animal qui n'a point de langue, pour montrer que Dieu, duquel la bonté, la grandeur et la majesté surpassent toute éloquence, ne doit point être adoré avec la langue et les paroles, mais avec la pensée et l'entendement. Que si, délaissant les pensées de ces profanes, nous voulons rechercher les sentiments des âmes saintes et divines, celle qui a été si dignement consacrée aux louanges de Dieu, et qui fournit et à la synagogue et à l'Eglise des paroles sacrées pour louer Dieu en tout temps et en tout le monde (je veux dire le roi, le prophète et le poëte sacré des Hébreux), chante divinement : *Tibi silentium laus, Deus, in Sion.* A toi le silence est louange, ô grand Dieu, en Sion. Car c'est ainsi que la propriété de la langue hébraïque, selon saint Jérôme; rend ce verset de la version ordinaire : *Te decet hymnus, Deus, in Sion* (*Psal.* LXII, 42); pour nous apprendre que l'hymne et la louange qui convient proprement à la grandeur de Dieu, est une louange non de paroles, mais d'un profond silence.

IV. Ce qui convient ainsi à Dieu et à la religion peut être justement appliqué à ce très-haut, très-grand, très-sacré mystère de l'Incarnation : car en son état et en son étendue, il enclôt Dieu même; il établit en l'univers une religion perpétuelle et universelle tout ensemble; il est la consommation des desseins et des conseils de Dieu sur les enfants des hommes, et rend non seulement sur la terre, mais dans le ciel même, un culte et un honneur admirable, et un hommage éternel et singulier à la Divinité. La grandeur donc et la sublimité de ce sacré mystère devrait être adorée par un sacré silence, et non profanée par nos pensées et par nos paroles, et nous devrions imiter la modestie et retenue des anges, qui se couvrent et se voilent à la vue d'un si divin objet, et demeurent avec étonnement et admiration en voyant sa gloire. Car c'est du Fils de Dieu, et du Fils de Dieu fait homme, que cette vision célèbre des esprits angéliques, rapportée par le plus grand prophète (*Isa.* VI), est expliquée par un des plus grands apôtres, dans le saint Evangile. (*Joan.* XXII.) Nous donc, à leur exemple et imitation, touchés d'un si rare sujet, capable de rendre l'éloquence même muette, devrions avoir recours à l'éloquence des œuvres et des services, louant, aimant et adorant Jésus-Christ Notre-Seigneur de toute notre puissance, et le suppliant que tout le cours de notre vie lui soit à jamais une dévote et continuelle action de grâces, et un perpétuel tribut et hommage de servitude.

V. Ce serait mon désir de demeurer en ce silence, et ç'a été mon dessein jusqu'à présent; mais une juste défense me le fait rompre, pour autoriser un ouvrage de piété contre quelques esprits que la modestie et charité chrétiennes ne me permettent pas de nommer, pour ne pas intéresser une profession sainte par le défaut de quelques particuliers. Ils blâment ce qu'ils n'entendent pas, comme s'ils voulaient imiter ceux qui, selon saint Jude (vers. 10), *Ce qu'ils ignorent, ils le blasphèment : «Quæ ignorant blasphemant.»* Ils parlent par des raisons qui ne sont pas de théologie, et par des intérêts qui ne regardent pas le crucifix. Ils s'emportent par des mouvements qui ne viennent pas du nouvel homme, et ne conviennent pas à l'école de la croix. Ils disent et font publiquement des choses que nulle loi ne peut autoriser, nulle raison ne peut défendre, nul prétexte ne peut excuser, nul artifice ne peut couvrir, si ce n'est par un ingénieux silence. Je ne veux point repartir à ces violences et à ces procédures : elles sont plus dignes de correction que de discours, de mépris que de paroles, et d'oubliance que de souvenir en la mémoire des hommes. Je ne m'arrête pas à leurs factums, à leurs libelles, à leurs calomnies, répandues avec aussi peu de charité que de vérité; me tenant dans *le silence, qui est la meilleure réponse,* selon le dire d'un ancien (Euripide) ; et je ne veux pas employer mon temps, mon esprit et ma plume, à cette sorte d'écrits et de réponses, peu utiles au public, peu séants à ma profession et peu avantageux à la cause.

Au lieu donc de réplique et de repartie, après dix ans de patience et de silence; après trois ans de tempêtes et orages suscités en France et en Italie, par des esprits nés à cet exercice; après plusieurs calomnies et six libelles injurieux et diffamatoires soigneusement épandus, et même aux provinces étrangères, je produis ce discours en évidence, et le produis, non pas pour parler de leurs personnes, de leurs desseins, de leur conduite, mais pour parler de Jésus, de son état suprême et de ses grandeurs admirables; de Jésus, qui a été autrefois la pierre d'achoppement entre les Juifs, et qui a prédit le devoir être même entre les Chrétiens, à son peuple, à son Israël, à ses enfants; et qui sert encore de pierre d'achoppement en cette cause à ceux qui ont voulu contredire à l'hommage et à la servitude qui lui est rendue. Je publie donc ce discours, pour maintenir en son honneur ce dessein de piété par voie de piété, et arrêter le cours de la violence par la raison et par la douceur.

C'est cette occurrente nécessité, ô Jésus, mon Seigneur, Fils unique de Dieu, Fils unique de Marie, qui m'y oblige; et l'avis encore de personnes qui, honorant vos grandeurs et vos mystères, veulent vous appartenir pour jamais par un hommage particulier: desquels je vous dois dire, avec saint Augustin: *Illi sunt servi tui fratres mei, quos filios tuos esse voluisti dominos meos, quibus jussisti ut serviam si volo tecum de te vivere.* (Confess., lib. x, c. 4.) Ce sont vos serviteurs, et en cette qualité ils sont mes frères. Vous avez voulu qu'ils fussent vos enfants; en cette qualité ils sont mes maîtres, et vous m'avez commandé de les servir, si je veux vivre de vous avec vous. Pardonnez donc, ô souverain Seigneur des hommes et des anges, si par leur commandement et par cette rencontre, je romps mon dessein et mon silence, et si j'ose parler de vous, vous qui êtes la sapience adorable, la parole ineffable, la splendeur admirable du Père éternel, et son Verbe divin, par lequel il parle et à soi-même et à ses créatures.

Je ne dois pas, en un sujet qui regarde le Fils de Dieu, la paix du ciel et de la terre, de Dieu et des hommes, mêler les paroles et cavillations de ces esprits contentieux. Elles n'ont pas un grand sens, ni un grand fondement, et la lumière de ce discours suffit, à mon avis, à dissiper ces ombres et ces nuages: s'il est besoin, je les réserverai à part et après ce discours. Car il parle de l'alliance du Verbe éternel avec notre humanité, et il ne doit ressentir que douceur et bénignité, conformément à l'état et à la nature de ce mystère, auquel est apparue l'humanité et la bénignité de Dieu même, selon l'Apôtre. Ce n'est pas qu'il me fût bien difficile de leur répondre, et en peu de mots: mais comme aux sacrifices qui s'offraient sur la paix et concorde conjugale, les anciens ôtaient le fiel des hosties, aussi en ce discours que j'offre à Dieu et au public, en l'honneur de la paix et de l'alliance qu'il a établie avec nous par le sacré mystère de l'Incarnation, je veux ôter le fiel et l'amertume de semblables contentions.

Daignez recevoir, ô Seigneur, ce présent qui vous est offert d'une main si indigne, et d'un esprit si faible à publier vos grandeurs et vos louanges; et à l'entrée de cette œuvre, permettez-moi de vous adresser les paroles du plus humble et plus savant, du plus saint et plus prudent, du plus modeste et plus religieux docteur que la terre ait porté, et que vous ayez encore donné à votre Église. Par ses paroles donc élevées, saintes et divines, qu'il prononce à la fin de l'un de ses œuvres, je vous dirai au commencement de celui-ci: *Domine Deus meus, una spes mea, exaudi me, ne fatigatus nolim te quærere: quæram faciem tuam semper ardenter. Tu da quærendi vires, qui invenire te fecisti, et magis magisque inveniendi te, spem dedisti. Coram te est firmitas et infirmitas mea; illam serva, istam sana. Coram te est scientia et ignorantia mea; ubi aperuisti, suscipe intrantem; ubi clausisti, aperi pulsanti. Meminerim tui, intelligam te, diligam te; auge in me ista donec me reformes in integrum. Multa dicimus et non prævenimus, et consummatio sermonum universa tu es ipse. Cum pervenerimus ad te, cessabunt multa illa quæ dicimus, et non pervenimus; et manebis unus omnia in omnibus, et sine fine dicemus unum, laudantes te in unum, et in te facti etiam nos in unum. Domine Deus, quæcunque dicam de tuo, agnoscant et tui: si qua de meo, et tu ignosce et tui.*

« Ô mon Dieu, mon Seigneur, mon unique espérance, exaucez-moi, de peur que, fatigué dedans les ennuis de cette vie, je refuse de vous chercher. Je veux chercher votre face, et la veux chercher toujours ardemment. Vous qui m'avez fait la grâce de vous trouver, et m'avez donné l'espérance de vous trouver de plus en plus, donnez-moi aussi des forces pour vous chercher. Devant vos yeux est présente ma force et ma faiblesse: conservez celle-là, relevez celle-ci. Devant vos yeux est présente ma connaissance et mon ignorance. Où vous m'avez ouvert la porte, recevez-moi en y entrant; où il vous a plu me la fermer, daignez l'ouvrir à celui qui y frappe. Que je vous aie empreint en ma mémoire, que je vous connaisse, que je vous aime; augmentez ces dons en moi jusqu'à ce que vous m'établissiez en ma forme parfaite. Nous nous épandons en plusieurs paroles, mais sans atteindre au but où nous prétendons. Et c'est vous, ô Seigneur, qui êtes le comble et l'accomplissement parfait de tous nos discours. Lorsque nous serons parvenus jusqu'à vous, cette multiplicité de pensées et de paroles inutiles s'écoulera, et vous demeurerez en unité seul tout en tous; et sans fin nous dirons tous une même chose: vous louant unanimement en unité, comme étant aussi recueillis et rétablis en vous en unité et unanimité parfaite. Ô Seigneur, mon Dieu, ce que je dirai de vous, l'ayant puisé de vous, que vous et les vôtres l'approuvent; et si en ces discours il y a quelque chose qui soit mien et non pas vôtre, que vous et les vôtres l'excusent. » (S. Aug., *De Trinit.*, lib. xv, c. 28.)

VI. Dieu voulant après une éternité de séjour, d'occupation et d'opération en lui-même, comme sortir au dehors par une nouvelle manière d'opération ; c'est-à-dire, après les émanations internes qui l'occupent heureusement et divinement dans son essence, et dans son éternité, et qui constituent les personnes divines en la Trinité sainte, voulant opérer hors de soi, et faire des créatures capables de le connaître, servir et adorer, il s'est résolu de faire le monde que nous voyons; et pouvant tirer plusieurs mondes des trésors de sa puissance et de sa sapience, il a voulu n'en produire qu'un, pour figurer l'unité de son essence dans l'unité de son ouvrage. Aussi le même Dieu, se contemplant soi-même, aimant son unité, l'a voulu peindre encore plus vivement, et la consacrer plus saintement dedans ce même monde. Et comme il avait fait un monde en son honneur, dans ce même monde il a voulu choisir un sujet et avoir un œuvre à soi, qui fût unique et singulier, qui n'eût point son semblable, qui fût rare et surpassant tous les autres œuvres de ses mains, qui eût un parfait rapport à l'excellence de l'ouvrier, par sa propre excellence, et à son unité, par son unité propre : C'est le divin mystère de l'Incarnation, le suprême des œuvres de la Divinité, le chef-d'œuvre de sa puissance, de sa bonté et de sa sapience, l'œuvre propre de Dieu ; ainsi l'appelle son prophète en cette parole : *Domine, opus tuum.* (*Habac.* iii, 2.) Œuvre incompréhensible, et qui comprend Dieu même; œuvre et triomphe de l'amour incréé, auquel l'amour triomphe heureusement de Dieu même; œuvre et mystère unique et singulier au monde, que la sapience éternelle a accompli comme l'œuvre de ses œuvres, et le mystère de ses mystères, lequel va bénissant par sa présence, remplissant par sa grandeur, régissant par sa puissance, et sanctifiant par ses influences et le ciel et la terre. Nous voyons l'unité de Dieu comme empreinte en l'unité de ce mystère, et gravée en cet œuvre comme dans un diamant précieux. Nous voyons que Dieu, dans ce monde où il y a plusieurs natures capables de sa grandeur, n'en choisit qu'une, et délaissant la nature angélique, fait choix de la nature humaine pour l'unir à soi. Nous voyons que dans l'étendue du genre humain, où il y a plusieurs sujets, il n'en choisit qu'un; et qu'entre les enfants des hommes, il n'y a qu'un fils de l'homme qui soit Fils de Dieu. Nous voyons qu'en Dieu même, où il y a en unité d'essence pluralité de personnes, il n'y a qu'une personne qui se soit incarnée, bien que le Père et le Saint-Esprit soient également puissants à accomplir une semblable communication de leur subsistance divine. Et par ainsi ce n'est plus seulement l'unité d'un monde, comme auparavant en la création, mais c'est l'unité même d'une personne divine et incréée, qui honore en ce chef-d'œuvre de l'Incarnation l'unité de Dieu.

Parlons plus simplement, et donnons plus de clarté et plus d'étendue à cette pensée, et disons que ce n'est plus l'unité d'un monde terrestre et élémentaire, d'un monde matériel et sensible : mais c'est l'unité d'un nouvel œuvre et d'un nouveau monde; d'un monde de grâce, de gloire et de grandeur ; d'un monde tout céleste, tout glorieux, tout divin ; d'un monde qui égale et qui enclôt dans son pourpris Dieu même, comme faisant partie d'icelui, s'il nous est permis d'ainsi parler, qui annonce, qui loue, qui adore l'unité de Dieu. Car Jésus est un monde, et un grand monde selon la vraie théologie, et pour bien d'autres raisons que la philosophie n'a jamais eues pour nommer l'homme un petit monde, comme il sera dit ailleurs. Et en Jésus nous adorons l'unité d'une personne divine, qui, subsistant en deux natures différentes, est divinement et ineffablement employée à annoncer, honorer, servir l'unité suprême de la divine essence.

O suprême unité, que vous êtes aimable et admirable en la Divinité et au plus divin de ses œuvres ! que vous êtes adorable, puisque Dieu même emploie à votre honneur l'unité de son Verbe en deux natures associées, et l'emploie pour jamais, comme vous êtes éternelle et pour un jamais ! Que les mortels sont coupables de vous considérer si peu, de vous conserver si peu et de vous violer si librement dans vos œuvres, ne considérant pas que Dieu est unité, fait tout pour l'unité, et fait tout aussi par l'unité même !

Car c'est l'unité de sa puissance, de son essence, de son intelligence, qui est le principe de tout ce qu'il opère hors de lui-même et en toutes ses œuvres ; et il tend à tirer tout à soi, et à son unité sainte, par l'unité de son esprit en la grâce et par l'unité de son Verbe en l'Incarnation, employant ce mystère, et en icelui l'une des personnes divines, pour honorer l'unité de la divine essence. O unité d'essence, adorable en la Trinité sainte ! ô unité de personne, adorable et aimable en l'Incarnation ! Unité d'essence divine et de personne divine en ces deux mystères, singulièrement adorable et aimable, et qui veut nous tirer à Dieu et à son unité ! Et des esprits audacieux, par de faibles raisons et par de fortes passions, rompent si librement l'unité des esprits en la foi par hérésies, et l'unité des cœurs en l'obéissance par rebellions !

Mais laissons ces pensées pour rentrer en nos discours et en nos mystères, et disons que Dieu ayant établi dans l'univers trois ordres différents, l'ordre de la nature, de la grâce et de la gloire, en chacun desquels y a plusieurs sujets dont la terre et le ciel sont remplis avec une variété de créatures comme infinie, et avec une admirable diversité de choses, il y a voulu former un nouvel ordre auquel il n'y eût qu'un sujet qui fût seul sans exemple. Car si nous contemplons l'ordre de la nature, que d'étoiles au ciel, que de plantes en la terre, que d'oiseaux en l'air, que de poissons dans les eaux, que d'animaux dans les forêts, que de millions d'hommes, que de milliers d'anges! Et si nous passons à l'ordre de la grâce, combien y a-t-il de justes? combien de prophètes et de patriarches? combien de martyrs et de confesseurs? combien de vierges et combien d'âmes qui servent à Dieu, ou dans l'innocence, ou dans la pénitence? Et si nous nous élevons jusqu'à l'état de la gloire, combien de saints y a-t-il, et combien différents? Que de séraphins, que de chérubins, que de trônes, que de vertus et de dominations, que de puissances et de principautés, et tant d'autres noms inconnus en ce siècle et reconnus en l'autre!

Mais en l'ordre de l'union hypostatique, qui est le suprême entre les ordres, la lumière de la foi nous apprend qu'il n'y a qu'un seul sujet; et comme elle nous enseigne qu'il n'y a qu'un Dieu, elle nous seigne aussi qu'il n'y a qu'un Homme-Dieu et un Dieu-homme. Car tout ainsi qu'il n'y a qu'un Fils unique au sein du Père, aussi Dieu a-t-il voulu qu'il n'y eût qu'un fils de l'homme qui fût Fils de Dieu, et que ce fils de l'homme, né de la Vierge Marie, fût unique et singulier, non en son être humain, mais en son état divin; non en sa nature, mais en sa dignité, et qu'il fût seul enclos dans cet ordre ineffable de l'union personnelle avec la Divinité, comme unique sujet de cet ordre admirable; au lieu qu'il a voulu que chacun des ordres de la nature, de la grâce, de la gloire, se partage et communique à tant de sujets infinis en nombre. Jésus donc entre seul dans cet ordre ineffable, et il n'y a aucun homme ni aucun ange qui doive y être associé. Et comme dans les ordres et hiérarchies célestes, chaque ange remplit dignement et suffisamment son espèce, sans qu'il s'y trouve aucun autre individu : ainsi le Fils unique de la Vierge, l'ange du grand conseil, remplit tout seul ce grand ordre, sans qu'aucun pour jamais y doive être appelé. En lui Dieu a voulu arrêter le cours de ses œuvres, comme en son chef-d'œuvre; en lui Dieu a voulu comprendre et terminer sa grandeur, sa puissance, sa bonté et l'ineffable communication de soi-même, ne pouvant faire rien de plus grand, de plus saint, de plus divin que Jésus, et ne voulant jamais rien faire de semblable. Ainsi Jésus est seul dans la terre, dans le ciel, dans le temps, dans l'éternité; seul, dis-je, possédant l'être incréé et infini, entre plusieurs qui possèdent la grâce et la gloire. Jésus est seul ayant la divine essence pour une de ses essences, et la personne divine pour sa propre personne. Jésus est seul assis à la dextre du Père, seul posé dans le trône de la Divinité, seul digne d'être adoré de toutes créatures, seul digne de posséder nos cœurs et nos esprits, nos sentiments et nos pensées, comme il possède seul l'essence et la personne divine en une manière ineffable, propre et particulière à lui, par le sacré mystère de l'Incarnation.

DISCOURS II
EN FORME D'ÉLÉVATION A DIEU SUR LE MYSTÈRE DE L'INCARNATION.

I. Raison de l'élévation de l'auteur à Dieu à l'entrée de ces discours. Il vaut mieux entrer par révérence et par amour dans la lumière, que par lumière dans l'amour. — II. Jésus vrai soleil. Divers rapports de Jésus au soleil. La terre se doit mouvoir autour du vrai soleil, qui est Jésus. — III. Élévations à chacune des personnes divines, en leurs propriétés personnelles. Propriétés et appropriations éternelles et temporelles des trois personnes divines. Le Fils de Dieu, qui est principe de l'amour incréé dans l'éternité, a voulu être le principe d'une nouvelle manière de grâce et d'amour dans les temps. — IV. Élévation à l'humanité sainte de Jésus. Cette humanité sainte est comparée au buisson ardent. Grandeurs et priviléges de cette humanité déifiée. — V. Grandeurs de la sainte humanité de Jésus. Il y a plusieurs substances en l'ordre de la nature, mais il n'y en a qu'une en l'ordre de la grâce, et celle-là est Jésus. Rapport singulier de la substance déifiée, qui est l'humanité de Jésus, à l'unité de l'essence divine. Tous les effets de grâce et de gloire des saints sont comme des accidents, dont Jésus est la substance. Tous ces effets de grâce et de gloire émanent de Jésus comme de leur source. La sainteté créée subsistante en relations à Jésus, comme la sainteté incréée subsiste dans les relations que les personnes éternelles ont les unes aux autres. Pouvoir suprême et autres excellences de l'humanité sainte de Jésus. — VI. Oblation à Jésus en l'état de servitude. Nous sommes liés à Dieu, et par sa grandeur, et par notre indigence en l'ordre de la nature; par sa bonté et par notre impuissance en l'ordre de la grâce; et enfin nous sommes liés d'un lien substantiel à la personne de son Fils, par un excès d'amour en l'ordre de l'union hypostatique. — VII. Souhaits de l'unité singulière en Jésus, à laquelle nous sommes appelés. — VIII. Trois sortes de vies célestes et incompréhensibles en Jésus : vie divine, vie méritante, vie glorieuse. — IX. Vie voyagère de Jésus est derechef divisée en deux sortes d'effets, les uns de privation et suspension, les autres de plénitude et d'infusion : tous également précieux et adorables. — X. Le secret admirable de ce grand chef-d'œuvre de l'union de la Divinité à l'humanité est le dénûment que cette nature a de sa subsistance propre et naturelle. La subsistance divine est entée dans la nature humaine comme une manière de greffe; mais au lieu que le tronc a accoutumé de soutenir le greffe, ici c'est le greffe qui soutient le tronc. Appropriation singulière de l'humanité à la personne divine du Verbe. Les actions et les souffrances de l'humanité appartiennent en propre à la personne du Verbe, et c'est le Verbe qui a droit d'en disposer. — XI. Le droit de la personne du Verbe sur les actions et les souffrances de l'humanité n'est pas seulement moral, mais plus que naturel. L'humanité de Jésus ne relève plus des lois communes de la nature. La personne du Verbe devient propriétaire de l'état et des actions de l'humanité, et mutuellement l'humanité entre au droit des grandeurs de cette divine personne. — XII. Oblation à Jésus en l'honneur de la déification et du dénûment de son humanité sainte. — XIII. Le

Fils de Dieu prend la forme de serviteur en deux manières. Continuation de l'oblation à Jésus en état de servitude. Jésus en la maison du Père éternel est fils et serviteur tout ensemble. Dieu adorant Dieu. Vie cachée de Jésus. Défense modeste de l'auteur contre les calomnies dont quelques-uns avaient essayé de noircir cette dévotion à Jésus. — XIV. Continuation de l'oblation à Jésus. L'humanité sainte du Verbe est le vrai temple de la Divinité. Communication des perfections divines à cette humanité déifiée. Nous devons demander à Jésus de lui appartenir par son pouvoir, et non seulement par le nôtre, et de le servir non seulement par nos actions, mais aussi par l'état intérieur et extérieur de notre vie. Il faut demander à la Vierge qu'elle nous rende esclaves de Jésus.

I. Ceux qui contemplent un rare et excellent objet se trouvent heureusement surpris d'étonnement et d'admiration à la première vue d'icelui, avant même qu'ils reconnaissent par le menu les particularités du sujet qu'ils contemplent. Et cet étonnement qui semble imprimer une faiblesse en l'âme lui donne force et vigueur; car tirant des forces de ses faiblesses, elle s'élève à une plus grande lumière et à une plus haute et parfaite connaissance. Le même nous arrive en la première vue et pensée de l'excellence, rareté et singularité de Jésus-Christ Notre-Seigneur et du sacré mystère de l'Incarnation. Car étant vivement et sensiblement touchés de la grandeur de ce rare objet, proposé au discours précédent, nous croyons être obligés de nous élever à Dieu et de le louer en son unique ouvrage, remettant par après à considérer davantage l'état et les grandeurs de Jésus, et à pénétrer les secrets et la profondité de ce très-haut mystère. En quoi nous sommes semblables à celui qui, sortant d'une caverne et obscurité profonde, posé sur une haute montagne, verrait le soleil, ne l'ayant jamais vu auparavant, et le verrait en la sérénité d'un beau jour s'élevant en notre hémisphère, ornant et embellissant l'univers, et le vivifiant de ses rayons et de sa lumière; car touché de l'aspect d'un si bel objet, sans doute il serait surpris et ravi en cette vue, et obligé d'honorer Dieu en ce sien œuvre, sans se donner loisir de mesurer la grandeur et les dimensions de ce grand astre par les règles et les principes de l'astronomie, et sans s'arrêter curieusement à rechercher et observer les propriétés de sa lumière, l'efficace de son influence, les périodes de ses mouvements et les autres perfections de ce grand corps céleste.

Ainsi nous, sortant hors de l'obscurité des choses terrestres, et venant à contempler le vrai soleil du monde, le soleil de ce soleil qui nous éclaire, le soleil de justice qui donne sa lumière à tout homme venant au monde (*Joan.* 1, 8), nous sommes comme surpris d'étonnement et épris d'amour et d'admiration au premier éclat et à la première vue de cette splendeur; et obligés d'interrompre nos discours pour, à l'entrée de cette œuvre, et dès la première pensée d'un si digne sujet, nous élever à Dieu sur les grandeurs de son Fils unique et sur l'état de ce très-saint mystère. Elevons nous donc à la contemplation de Dieu fait homme, et approchons ce sanctuaire avec esprit d'humilité et de piété, recherchant beaucoup plus d'entrer par révérence et par amour en ses lumières, que par lumière en son amour, encore que nous désirions recevoir de lui l'une et l'autre qualité et impression en la conduite de nos mouvements et affections vers un objet et un mystère d'amour et de lumière tout ensemble.

II. Les Egyptiens adoraient le soleil, et l'appelaient par excès le fils visible du Dieu invisible. Mais Jésus est le vrai soleil qui nous regarde des rayons de sa lumière, qui nous bénit de son aspect, qui nous régit par ses mouvements : soleil que nous devons et toujours regarder et toujours adorer. Jésus est vraiment le Fils unique de Dieu, et ni le soleil, ni autre chose créée, soit au ciel, soit en la terre, ne lui tient compagnie en cette qualité. Jésus est le Fils unique et le Fils visible du Père invisible, comme nous dirons ailleurs. Disons maintenant qu'il est le soleil, non des Egyptiens déçus en leurs fables, mais des Chrétiens instruits en l'école de vérité et en la lumière de ce soleil, qui est le soleil du monde surnaturel, et un soleil qui a voulu se peindre et se représenter en celui-ci, qui n'est que son ombre et sa figure. Car le soleil est l'image de Dieu, le père de la nature, le principe universel de la vie. Et Jésus est la vraie et la vive image du Père éternel; il est son image en sa personne divine et encore en son humanité sacrée, comme unie à la Divinité. Il est l'auteur du monde, le père de la nature humaine, et par sa puissance en la produisant, et par son amour en la rachetant. Il est la source de la grâce et le principe de la vraie vie, en la terre et au ciel, au temps et en l'éternité, dans les hommes et dans les anges, dans la grâce et dans la gloire.

Le soleil est formé au milieu des jours dédiés à la création du monde, et posé au milieu des créatures, les unes plus hautes, et les autres plus basses, pour les éclairer toutes. Et Jésus, la splendeur du Père, se fait voir au monde, et vient dans le monde de la grâce, au milieu des temps, à l'issue de la loi ancienne et au commencement de la loi nouvelle, illuminant de la lumière de sa grâce et les Pères qui l'ont précédé, et ceux qui l'ont suivi; les uns et les autres étant, selon l'Ecriture, comme des astres luisants de la clarté de ce soleil, au milieu desquels il s'élève et paraît au monde. Et comme la lumière créée et subsistante du premier jour au monde, a été unie au corps du soleil le quatrième jour, pour être en lui et par lui un corps et un principe de lumière en la terre et au ciel; ainsi la lumière éternelle, lumière non créée, mais incréée, la lumière subsistante de la Divinité, est au quatrième millénaire unie et incorporée en l'humanité de Jésus, pour faire en lui et par lui un corps et un principe de vie, de grâce, de gloire et de lumière à toute éternité. L'un des plus fameux astronomes de l'antiquité (Eudoxe) fut si amoureux de l'objet principal de sa science, qui était le soleil, qu'il désirait le pouvoir voir et contempler de près, et être brûlé et consommé en le regardant.

Jésus est l'objet de la science de salut et de la science des Chrétiens. Le docteur et apôtre du monde publie hautement que sa science, c'est de savoir Jésus. (*I Cor.* II, 2.) Les Chrétiens donc ne seront-ils point touchés d'amour et de désir de voir et contempler cet objet principal de leur créance, de leur science et de leur religion ? N'auront-ils pas plus d'affection pour le soleil de leurs âmes que ce philosophe n'avait pour le soleil de la terre, soleil commun et exposé à la vue et à l'usage et des hommes et des bêtes ? et ne seront-ils point ardents à s'approcher de près de ce soleil de justice, pour être non consommés, mais embrasés d'un feu d'amour et de charité en le regardant ? Un excellent esprit de ce siècle (5) a voulu maintenir que le soleil est au centre du monde, et non pas la terre ; qu'il est immobile, et que la terre, proportionnément à sa figure ronde, se meut au regard du soleil, par cette position contraire satisfaisant à toutes les apparences qui obligent nos sens à croire que le soleil est en un mouvement continuel à l'entour de la terre. Cette opinion nouvelle, peu suivie en la science des astres, est utile et doit être suivie en la science de salut. Car Jésus est le soleil immobile en sa grandeur et mouvant toutes choses. Jésus est semblable à son Père, et étant assis à sa dextre, il est immobile comme lui, et donne mouvement à tout. Jésus est le vrai centre du monde, et le monde doit être en un mouvement continuel vers lui. Jésus est le soleil de nos âmes, duquel elles reçoivent toutes les grâces, les lumières et les influences. Et la terre de nos cœurs doit être en mouvement continuel vers lui, pour recevoir en toutes ses puissances et parties les aspects favorables et les bénignes influences de ce grand astre. Exerçons donc les mouvements et affections de notre âme vers Jésus, et nous élevons dans les louanges de Dieu, sur le sujet de son Fils unique et du mystère de son incarnation, par les pensées et les paroles suivantes :

III. Trinité sainte, divine et adorable en l'unité de votre essence, en la pluralité de vos personnes, en l'égalité de vos grandeurs, en l'origine de vos émanations éternelles, et en la jouissance ineffable que vous avez de vous même, qui est la vive source des félicités célestes : je vous loue et vous bénis, je vous adore et vous rends grâces de ce conseil très-haut et très-profond, conseil très-secret et très-sacré, conseil tout divin, tout admirable, que vous avez tenu de toute éternité, d'unir un jour et pour jamais la nature humaine à votre divine essence (6) !

O Père éternel et tout puissant, qui de toute votre puissance produisez en vous-même, et non en un sein étranger, un Fils unique égal à vous, et le produisez toujours, sans désister jamais de cette production divine, singulière et ineffable, qui est sans fin et sans commencement, comme votre propre essence : je vous aime et adore comme Père éternel et tout-puissant, et comme toujours Père, et toujours engendrant votre Fils, l'image vive, unique et éternelle de vos grandeurs ; je vous loue et vous bénis, comme donnant ce même Fils unique à cette humanité dérivée de la Vierge, et comme le donnant par amour infini, d'une donation si grande, si singulière et si absolue, que notre nature reçoit en elle-même la personne de votre Fils unique pour sa propre personne et subsistance, et en lui votre même essence !

O Verbe éternel, je vous révère, je vous aime et adore comme Fils, et Fils unique de Dieu ; comme émanant toujours du Père éternel, sans dépendance, sans indigence ; comme ayant en vous la plénitude de l'être incréé ; comme étant la vie, la sapience, la puissance du Père, et, si je l'ose dire, un autre lui-même, et comme étant un principe, avec lui et par lui, d'une personne divine en la Trinité sainte ! O Fils de l'Éternel, éternel comme lui et égal à lui ! O Dieu de Dieu, procédant du Père seul, qui est la vive source de la divinité ! O lumière de lumière, lumière en votre essence et en votre personne procédante comme lumière et splendeur du Père ! O vie, vive source de vie : *Apud te est fons vitæ*, comme s'écrie votre prophète ! (*Psal.* XXXV, 10.) Vous êtes au sein du Père comme en votre repos, et le Père est en vous comme en celui qui a sa vie et son essence, et qui est son Verbe et sa connaissance ! Vous êtes un avec le Père en unité d'essence et en unité de principe ; et vous êtes en lui et avec lui, vive source de vie et d'amour en la Divinité même ; source de vie divine et incréée, et d'amour éternel subsistant et personnel, égal à vous, et un autre vous-même ! Béni soyez-vous pour jamais, de ce qu'étant source de vie en la Divinité, vous l'avez voulu être en notre humanité, et qu'étant un principe d'amour en la Trinité sainte, vous avez voulu être, par un nouveau mystère, un nouveau principe d'un céleste amour en la terre et au ciel ; et qu'étant Fils de Dieu dans l'éternité, vous avez voulu être le Fils de l'homme en la plénitude des temps, et nonobstant les grandeurs de votre naissance éternelle, vous abaisser à prendre une naissance temporelle, et vous anéantir vous-même en vous unissant par amour à la nature humaine, dans les entrailles de la Vierge ! Amour anéantissant, et anéantissement d'amour que je révère et adore, comme donnant existence et subsistance à une nature humaine en la grandeur d'une personne divine, et comme ayant son origine dans l'excès d'un amour incréé et infini !

O saint Esprit, Esprit du Père et du Fils, procédant d'eux en unité d'origine et les liant tous deux en unité d'amour et d'esprit,

---

(5) Nicolaus Copernicus.

(6) S. Leo, serm. 1 *De nativ.*

Esprit et amour éternel, subsistant personnellement en la Divinité, et terminant divinement les émanations éternelles: je vous adore et vous rend grâces de cette opération sainte et admirable par laquelle vous avez accompli le sacré mystère de l'Incarnation! Vous êtes dans l'éternité le terme divin des émanations divines, et vous êtes en la plénitude des temps, le principe d'un nouvel état (état de l'union hypostatique), qui est la source et l'origine de toutes les opérations saintes, de toutes les émanations de grâce que le ciel et la terre révère! Vous êtes en la Trinité sainte le lien sacré des personnes divines entre elles-mêmes, et en l'Incarnation vous liez une personne divine à une nature humaine! Là vous êtes recevant du Verbe éternel dans le sein de son Père sa propre essence en votre émanation, et vous êtes ici donnant à ce même Verbe une essence nouvelle dans le sein de sa mère par votre opération, en le revêtant de notre humanité! O Esprit-Saint, vous êtes Esprit d'amour, et vous faites aussi en la terre cette opération d'amour, cette union divine, cette alliance incomparable qui joint la terre au ciel, l'être créé à l'Être incréé, et Dieu à l'homme, d'une liaison si étroite, que nous avons un Dieu homme et un Homme-Dieu pour jamais! Béni soyez-vous à jamais en cette sainte opération, qui accomplit l'incarnation du Verbe et la déification suprême de la nature humaine, laquelle, demeurant humaine dedans l'état même de cette union divine, reçoit la grâce incréée et infinie dans un être créé et fini et semblable au nôtre, et est comme un nouveau et admirable buisson devant la face de Dieu pour le salut du peuple, ainsi que le buisson d'Horeb devant la face de Moïse. Buisson ardent et non consommé; toujours buisson et toujours ardent; toujours buisson dans les épines de notre humanité, et toujours ardent dans la flamme de la Divinité.

IV. O humanité sainte, élue par le Père éternel pour entrer seule entre toutes les créatures en l'état de la filiation non adoptive, mais naturelle, pour être unie pour jamais à son Verbe et associée à sa divinité en unité de personne, pour être sainte par la même sainteté qui le rend saint, et le rend Saint des saints, bien qu'en une autre manière, et pour être la cause de toute la sainteté du ciel et de la terre: je vous loue, je vous aime et adore en l'union personnelle que vous avez avec la Divinité; en la vie nouvelle que vous avez et que vous possédez en la source de vie; en l'intime et secrète communication des perfections divines qui vous appartiennent en une façon singulière, sans aucun préjudice des conditions et limitations de votre être créé, et comme à une nature subsistante en la Divinité! Je vous loue en la dignité infinie et en tous les pouvoirs et offices que vous recevez en cette qualité; en la relation, appartenance et appropriation que vous avez à la Trinité sainte: au Père, en la filiation du Verbe humanisé procédant de lui; au Fils, en la subsistance que vous recevez de lui; au Saint-Esprit, en l'opération par laquelle il vous produit et vous unit au Verbe! Et je vous loue enfin en l'état suprême, tout divin, tout admirable, auquel vous êtes entrée par cette union hypostatique, et en toutes les suites, appartenances et apanages qui sont dus à cet état divin, selon l'ordre de la puissance, de la sapience et de la bienveillance du Père éternel envers une nature qui lui est si proche et qui a une plus grande intimité avec lui qu'aucune autre nature, après sa propre essence, puisqu'elle lui est intime et conjointe par la subsistance de son Fils.

V. Vous êtes en cet état et subsistence un abîme de merveilles, un monde de grandeurs, un excès d'éminences, de raretés, de singularités; vous êtes le centre, le cercle et la circonférence de toutes les émanations de Dieu hors de soi-même! Vous êtes le chef-d'œuvre de Dieu et l'œuvre auquel, sortant hors de soi-même, il épuise lui-même sa grandeur, sa puissance, sa bonté, et auquel il s'enclôt lui-même pour faire comme partie de son ouvrage, pour le relever par-dessus tous les œuvres de ses mains et pour le dignifier et déifier par soi-même! Vous êtes le trône de gloire et de grandeur où la plénitude de la divinité habite uniquement, divinement, corporellement, ce dit le grand Apôtre (*Col.* II, 9), digne héraut de la gloire de ce très-grand mystère. En la Trinité sainte le Fils de Dieu est conjoint à son Père en unité d'essence; et il est ici conjoint à cette humanité en unité de personne. Le même Fils de Dieu, en la divinité, est conjoint à son Père en unité de principe, pour produire la troisième personne de la Trinité, et il est ici conjoint à cette humanité en unité de personne, pour être un principe avec elle, et par elle, de tout l'ordre de la grâce et de toute la sainteté de la terre et du ciel.

L'être et l'ordre de la nature est attribué au Père par son Fils; l'être et l'ordre de la grâce et de la gloire est attribué au Fils par cette humanité, et il s'opère et accomplit par elle, comme l'ayant élevée et choisie pour être un instrument conjoint à la Divinité. La divine essence est une grâce substantielle; et vous, ô humanité sainte, comme unie au Verbe, vous êtes une autre sorte de grâce substantielle et subsistante personnellement en la sainteté divine et incréée! Et comme les accidents et propriétés fluent de la substance et ont leur être et leur dépendance en elle, ainsi les effets de la grâce ont leur racine en vous et leur subsistence en vous, ô humanité déifiée! ô divinité humanisée! tellement que cet Homme-Dieu, ce Verbe incarné, ce Fils unique du Père éternel au ciel et de Marie en terre, est en l'ordre de la grâce, ce qu'est la substance au regard des accidents, et ce qu'est le soleil au regard de la lumière; et il a une éminence, une influence, une puissance: une éminence suprême, une influence universelle, une puissance singulière et absolue sur tout l'état de la grâce et sur tous les effets qui en procèdent. Et comme dans l'éternité, par l'essence qu'il reçoit de son Père, il est principe du Saint-Esprit, Esprit éternel et incréé ; aussi en la suite des temps, par l'essence qu'il reçoit de sa mère, c'est-à-dire, par l'organe de notre humanité, il est une nouvelle source, source vive et puissante, de toute la sainteté créée, de toutes les grâces infuses, de toutes les assistances divines, de toutes les opérations saintes de la terre et du ciel, du temps et de l'éternité.

O excès ! ô abîme ! On ne peut compter les étoiles au ciel, les feuilles en la terre, les sablons en la mer, bien que ces choses aient leur prix et leur nombre limité ; mais qui pourra compter le nombre et estimer le prix, la singularité de tous les effets de la grâce ? de tous ses effets, dis-je, dans le ciel en tous les saints, dans la terre en tous les justes, et dans les pécheurs mêmes, qui s'opposent à la grâce qui leur est présentée ? Qui pourra dignement considérer ce que porte l'étendue des siècles jusqu'à la fin du monde, et l'infinité de la durée d'une éternité ? d'une éternité, dis-je, qui n'a point d'autre vie que la vie de la grâce, et qui n'est que sainteté en tous ses usages, et qui est toute remplie et occupée d'effets de grâce et de gloire ? Or tous ces effets, soit de Dieu envers les hommes ou des hommes envers Dieu, vous regardent, ô Jésus, et vous regarderont pour jamais comme leur origine, et ont leur appui, leur soutien, leur fondement en vous comme en leur substance. O substance ! ô origine de grâce ! que cela dit chose grande en Jésus au regard de la grâce ! Car comme l'ordre de la nature et tout cet univers que nous voyons si diffus et si étendu en diversités admirables, est partagé en deux êtres différents, dont l'un est substance et l'autre est accident, qui comprennent toutes les variétés de ce monde : aussi l'ordre de la grâce a ses accidents et sa substance : sa substance au Fils de Dieu incarné, et ses accidents en ses saints et en ses serviteurs; mais avec cet avantage que l'Homme-Dieu est la substance unique et singulière de tout l'ordre de la grâce, au lieu que l'ordre de nature est divisé et diversifié en plusieurs sortes de substance. Et ainsi l'ordre de la grâce, comme plus excellent et plus approchant de la Divinité, est aussi plus approchant de l'unité, qui est tant célébrée en la Divinité, et n'a qu'une substance déifiée, comme il n'y a qu'une essence et substance divine. Et ce Jésus, en qui nous considérons une substance rare, excellente et unique en l'ordre de la grâce, ne l'appuie pas seulement comme la substance appuie tous les accidents qui la concernent, mais est encore une substance originale de tout l'ordre et état de la grâce. Car la grâce en la terre et au ciel est fluente et émanante incessamment de Jésus, comme les accidents fluent de leur substance, et comme la lumière en la terre et au ciel est procédante du soleil. Et pour nous élever à un plus digne objet et plus divin exemplaire, cette émanation de la grâce est une sorte de divinité créée, de laquelle Dieu a dit : *Ego dixi : Dii estis (Psal.* LXXXI, 6); et est une excellente imitation de cette grande, noble et première émanation du Fils en la Divinité, qui regarde le Père comme son Père et son principe. Et par ainsi nous avons à reconnaître et à honorer deux émanations différentes en Jésus, l'une dérivée de l'autre : son émanation de son Père en sa propre personne, et l'émanation que la grâce a tirée de Jésus, par hommage et imitation de celle qu'il a lui-même de son Père. Et cette émanation seconde nous découvre et manifeste un état admirable et perpétuel de Jésus, état tiré des plus grands secrets, et fondé aux plus hauts mystères de la religion chrétienne, et qui doit servir de règle et de conduite à notre piété envers lui. Car, comme en la Trinité sainte les personnes divines ont relation et rapport à leur principe et origine, et elles ne subsistent qu'en ses propriétés et relations, et vivent heureusement en ce regard, en ce rapport et en cet amour réciproques ; ainsi, en l'ordre de la grâce, qui est une imitation parfaite, un portrait au vif et une participation formelle de la Divinité, toute la sainteté créée a un rapport excellent au Fils de Dieu, a un regard singulier vers le Verbe incarné, et a vie en Jésus, comme celui qui est et se nomme la Vie, et qui est son principe et son exemplaire.

Et les esprits doués de cette sainteté créée, en regardant et adorant ainsi Jésus, vont adorant et imitant en la sainteté divine et incréée le regard et le rapport éternel du Saint-Esprit vers le Père et le Fils, et du Fils envers le Père, comme à son origine, afin que, comme la sainteté incréée est subsistante en relations mutuelles des personnes procédantes vers celles dont elles sont procédées, ainsi la sainteté créée ait sa subsistence en ce rapport, en ce regard et en cette relation singulière vers Jésus et vers son humanité sainte, dont elle est dérivée; et qu'ainsi nous soyons contemplant Jésus, aimant Jésus et vivant en Jésus : car il est la vie, et il veut être notre vie dès à présent et pour une éternité.

O humanité divinement subsistante, divinement vivante, divinement opérante ! vous êtes digne, en cette qualité divine et infinie que vous avez, et vous êtes infiniment, et infinies fois infiniment digne de régir tout ce qui est créé et tout ce qui peut être créé, et, par un pouvoir d'excellence, de commander à tout ce qui peut être commandé. Car la nature même insensible est sensible à vos commandements comme nous le voyons aux tempêtes, aux vents, aux orages et aux éléments courroucés qui vous ont obéi (*Matth.* VIII, 26), *majestate conditoris*, selon les saintes paroles d'un grand saint et d'un grand docteur de l'Église (7), qui représen-

---

(7) D. HIERON., *in Matth.* VIII : Ex hoc loco intelligimus quod omnes creaturæ sentiant Creatorem. Quas enim increpavit et quibus imperavit, sentiunt impe- rantem, majestate conditoris, qua apud nos insensibilia, illi sensibilia sunt.

tent dignement l'hommage et la soumission que les choses mêmes insensibles ont rendus à l'autorité puissante et à la majesté auguste du Créateur, faite visible et sensible en vous, ô humanité sacrée! Vous êtes digne d'acquérir et mériter tout ce qui peut être acquis et mérité, de sanctifier tout ce qui peut être sanctifié, et d'abolir et effacer tout ce qui doit être effacé et pardonné : car vous êtes sainte par la sainteté même de la divine essence. Vous êtes le milieu de l'être créé et incréé : car vous avez, comme l'un, une personne divine; vous avez, comme l'autre, une nature finie et limitée. Vous êtes l'objet nouveau et singulier de Dieu et des hommes : car le Père éternel vous regarde comme unie à son Fils, le Fils comme unie à soi-même, et le Saint-Esprit comme unie à celui qui est son origine et le principe de son émanation éternelle; et nous vous regardons tous comme l'épouse de notre Dieu, comme l'arche de notre alliance, comme le temple de notre Divinité, comme la source de notre salut.

VI. En l'honneur donc de vos grandeurs, de vos pouvoirs, de vos bénéfices : de vos grandeurs en vous-même, de vos pouvoirs sur tous, et de vos bénéfices envers nous; en l'honneur encore de tous les divins objets que nous avons contemplés, et de tous les mystères qui ont un rapport vers vous; en l'honneur de la Trinité sainte, du Père, du Fils, et du Saint-Esprit, ordonnant et opérant l'union ineffable de la nature humaine avec le Verbe éternel; et en l'honneur de la très-sainte Vierge, en laquelle cette union divine a été accomplie et consommée : je m'adresse et m'élève à vous, ô Jésus mon Seigneur! et je vous dis les paroles de l'un de vos apôtres, en son extase, et je vous les veux dire en son esprit et en son affection : *Dominus meus et Deus meus* (Joan. xx, 28) : « *Mon Seigneur et mon Dieu.* » Et en cette vue et pensée de vos grandeurs, je m'offre et me présente à vous en l'état et en la qualité humble et heureuse de servitude. Et je propose et fais une résolution constante, assurée et inviolable, de servitude perpétuelle à vous, ô Jésus-Christ mon Seigneur et mon Dieu, ma vie et mon Sauveur! de servitude, dis-je, à vous, et à votre humanité sacrée et déifiée, et à votre divinité humanisée. Car votre humanité est déifiée non seulement par l'infusion et délibation de la grâce, mais par une bien plus noble infusion et impression, à savoir, par l'infusion et impression du Verbe même, communiquant sa propre personne à cette humanité. Et réciproquement votre divinité est humanisée, c'est-à-dire revêtue de notre humanité, comme d'une substance nouvelle, qui lui est adjointe et adhérente par le soutien et la communication qu'elle reçoit de l'existence et de la subsistence propre de la Divinité. O grandeur, ô bonté, ô amour, ô liaison ineffable de la Divinité avec l'humanité! je lie donc mon être à vous par le lien de servitude perpétuelle, en l'honneur des liaisons saintes et sacrées que vous voulez avoir avec nous en la terre et au ciel, en la vie de grâce et de gloire; et je fais cette liaison sainte de toute ma puissance, vous suppliant me donner plus de grâce et de puissance pour me lier à vous d'une liaison plus grande, plus sainte et plus étroite.

Notre être est lié à vous, ô mon Dieu, par votre grandeur et par son indigence, c'est-à-dire par la nécessité qu'il a d'être soutenu de vous, pour ne pas tomber au néant dont votre main puissante l'a tiré. Notre être est encore lié à vous par votre bonté et par son impuissance, ne pouvant opérer aucune œuvre de salut, s'il n'est conjoint à vous par la grâce; liaison qui n'appartient qu'aux bons, et qui les sépare de ceux qui sont malheureusement séparés de vous-même. Mais outre ces deux liaisons, il vous a plu en avoir une troisième toute propre à vous seul, et qui ne convient qu'à vous : liaison d'amour, et d'amour rare et singulier; liaison sainte et sacrée, qui lie votre personne à notre nature; liaison qui fait un nouvel être, un nouvel état, un nouvel ordre; laison qui fait un nouvel homme et un nouvel Adam. Un nouvel homme, dis-je, c'est-à-dire, non un homme juste tant seulement, ou un homme saint; non un homme angélique ou un homme divin, mais un Homme-Dieu qui soutient, qui régit, qui ravit le ciel et la terre.

J'adore votre être, ô mon Dieu! comme appui de tout être en la liaison première, nécessaire et universelle à tout être créé, comme aux bons et aux mauvais. J'implore votre bonté et miséricorde, pour être lié à vous pour jamais de la liaison seconde par les liens de votre amour, par l'impression de votre grâce, par l'infusion de votre Esprit. Mais je passe outre, et j'aspire à vous, ô mon Seigneur Jésus, et je veux avoir part avec vous, et avoir part en vous à la nouvelle grâce de votre nouveau mystère de l'Incarnation! et en l'honneur de l'union admirable de votre humanité avec la Divinité même, je veux m'unir à vous, pour être en vous, pour vivre en vous, et pour fructifier en vous comme le cep en sa vigne!

VII. O mon Seigneur Jésus, faites que je vive et subsiste en vous, comme vous vivez et subsistez en une personne divine! Soyez mon tout, et que je fasse partie de vous en votre corps mystique, comme votre humanité est partie d'un divin composé subsistant en deux natures si différentes! Faites que je sois os de vos os, chair de votre chair, esprit de votre esprit; et que je porte l'effet de votre sainte prière au dernier de vos jours et allant à la croix, où, après avoir prié pour vos apôtres, vous priiez instamment le Père éternel que nous soyons un avec vous, comme vous êtes un avec lui. *Non pro eis autem rogo tantum, sed et pro eis qui credituri sunt per verbum eorum in* me. *Ut omnes unum sint, sicut tu Pater in me, et ego in te, ut et ipsi in nobis unum sint ; ut credat mundus, quia tu me misisti. Et ego claritatem quam tu dedisti mihi, dedi eis, ut sint unum, sicut et nos unum sumus. Ego in eis et tu in me, ut sint consummati in unum.* « Or ne prié-je point seulement pour eux, mais aussi pour ceux qui croiront en moi par leur parole, afin que tous soient un, ainsi que vous êtes en moi, ô mon Père, et moi je suis en vous, afin qu'eux aussi soient un en nous, et que le monde croie que vous m'avez envoyé. Je leur ai aussi donné la gloire que vous m'avez donnée, afin qu'ils soient un, comme nous sommes un. Je suis en eux, et vous en moi, afin qu'ils soient consommés en un. » (Joan. XVII, 20 seq.) O paroles sacrées du Verbe éternel ! ô prière efficace du Fils unique de Dieu ! ô paroles d'unité adorable du Fils avec le Père ! ô prière d'union souhaitable du Fils avec nous, et de nous avec lui ! Ô unité ! ô union ! Je m'unis donc avec vous en l'honneur de l'unité que vous avez avec le Père et le Saint-Esprit ; et je m'unis à vous en l'honneur de l'union ineffable que vous avez avec notre nature par le mystère de l'Incarnation. A la vérité, je me vois bien distant et éloigné de vous et de votre humanité sacrée, en la dignité infinie qu'elle a par cette union divine et personnelle, mais aussi votre humanité, en son pur état naturel, est éloignée de l'esprit de la divinité qui la vivifie. Comme donc cet esprit vivifiant et ce Verbe éternel s'est approché d'elle en vous, ô Jésus ! s'est unie à elle, s'est fait chair avec elle par une dignation infinie ; daignez vous approcher de moi, vous unir à moi, vous incorporer en moi, afin que je sois, que je vive, que j'opère en vous, que je sois conduit et dirigé de vous, que je sois possédé de vous ; ainsi que l'esprit de votre divinité est animant, est dirigeant, est possédant singulièrement cette âme et cette humanité qui lui est personnellement unie.

VIII. En ce divin état de Jésus, je révère et adore la vie, l'anéantissement et l'opération de la divinité en cette humanité ; et la vie, l'élèvement et la déification de cette humanité en la divinité ! J'admire les actions humainement divines et divinement humaines qui procèdent de cette vie nouvelle et mutuelle de l'Homme-Dieu en sa double essence, l'une éternelle, l'autre temporelle ; l'une divine, l'autre humaine ; et toutefois si intimement, si saintement, si divinement jointes ensemble ! O vie ! ô source de vie ! ô plénitude de vie ! O Jésus, vous êtes vie ! Et comme en Dieu tout est vie, aussi tout est vie en Jésus. Et nous voyons qu'en lui la mort même est vie ! Car et sa mort nous est vie, et nous donne la vie, et ne le prive pas de la vraie vie, puisque la mort ne sépare ni son âme ni son corps de la divinité qui est la vraie vie. En la naissance du monde, Dieu, qui est vie, a voulu comme vie faire une ombre et une image de soi-même ; et il a voulu former trois vies mouvantes sur la terre, lesquelles il a conjointes et réunies en Adam et en sa postérité : la vie végétante, la vie animale et la vie humaine. Mais au second Adam, supposant ces trois vies comme en tous les hommes, il a établi et ordonné en terre trois autres sortes de vie toutes nouvelles, toutes saintes, toutes divines et toutes dignes d'un nouvel homme et d'un nouvel Adam. La vie divine, par l'union de l'essence et de la personne divine à la nature humaine ; la vie voyagère et méritante, le salut de l'univers, par l'union de l'âme au Verbe éternel et à un corps déifié et passible tout ensemble ; la vie glorieuse, par l'union de cette âme à la gloire de la divine essence et des personnes divines. Trois unions et trois vies toutes célestes, toutes divines, toutes incompréhensibles, toutes miraculeuses. Car la vie divine est fondée au miracle des miracles, à savoir au mystère de l'Incarnation qui surpasse et la puissance et l'intelligence de la nature créée, qui est le chef-d'œuvre de la Divinité, et la merveille des merveilles : au regard de laquelle tous les autres miracles ne sont que des ombres, ou des suites, ou des préparatifs de ce premier miracle. Aussi nous voyons que Dieu ne fait pas seulement un effort sur le néant comme en la création, ou sur la poudre et la cendre comme en la résurrection ; mais, ce qui passe toutes les pensées des hommes et des anges, il fait un effort à soi-même, à sa propre personne et à sa grandeur, pour s'abaisser à notre petitesse, pour rehausser notre bassesse, et, par ces deux mouvements différents, joindre le Très-Haut à la poussière et à la fange, et faire un Homme-Dieu sur la terre.

IX. Et comme en cette vie divine, Dieu a voulu conjoindre deux natures ensemble si distantes : aussi en la vie du Fils de Dieu vivant comme passible et mortel entre les hommes, il lui a plu de joindre deux états et deux vies bien différentes ; dont l'une est vie de gloire, et l'autre de labeur ; l'une de félicité, l'autre de mérite ; l'une de jouissance, l'autre de souffrance ; l'une de grandeur, l'autre d'abaissement. Deux vies liées ensemble en l'état de la vie du Fils de Dieu depuis sa naissance en la Vierge jusqu'à sa mort, et liées inséparablement. O état très-singulier ! ô vie très-considérable ! ô état qui portez un effort du Fils de Dieu sur soi, et sur sa propre vie ! Effort assidu et perpétuel par l'espace de trente-quatre ans, sans être interrompu d'un seul moment ! Effort non à l'état de la nature, ou de la grâce, mais de la gloire : De la gloire, dis-je, qui semble être un état assez élevé, pour n'être violé en ses droits et privilèges ! Etat, effort et miracle du Fils de Dieu sur soi-même, qui ne convient qu'à lui, qui est propre et singulier en lui ; qui n'est que pour lui entre tous les saints, et non pas même pour sa très-sainte Mère ! Effort qui nous apprend et conjure de faire un salutaire effort à l'état de notre vie défectueuse, misérable et imparfaite, pour honorer celui qui, pour notre salut, fait effort, et un tel effort à l'état puissant, heureux et admirable de sa gloire.

Or qui nous introduira en la contemplation de ces trois vies de Jésus, l'une divine, l'autre voyagère, l'autre glorieuse ? Qui nous en ouvrira les trésors et les secrets, les grandeurs et les mystères? Qui nous fera voir les effets de la divinité, les uns opérés, les autres suspendus pour un temps en cette humanité ? Car le cours de la vie mortelle et voyagère du Fils de Dieu, est partagé en deux sortes d'états bien différents et comme opposés l'un à l'autre. L'un est un état d'infusion et de communication de plusieurs grâces, effets et qualités singulières, excellentes et divines, que l'humanité reçoit de la divinité occulte et cachée en elle. L'autre est un état de suspension et de privation de plusieurs autres grâces et effets, que cette même divinité, selon sa grandeur et sa liaison étroite à cette humanité, devait opérer en elle et par elle, et qui lui sont abondamment communiquées dans le ciel, lesquels néanmoins ont été souvent retenus et suspendus jusqu'au temps de sa vie glorieuse et céleste, pour la dispensation de notre salut.

Car encore que Notre-Seigneur Jésus-Christ eût la plénitude de la divinité si intimement conjointe à sa nature humaine, il a toutefois voulu porter sur la terre en son humilité, la privation de plusieurs sortes de grâces et d'effets singuliers de sa divinité, qui étaient dus à son humanité dès son entrée en l'état de l'union hypostatique, et qui lui sont rendus abondamment dans le ciel. Et, ce qui est admirable, paraissant aux yeux des hommes comme pécheur, il a voulu porter en la terre, à la vue des anges, cette privation comme marque de la ressemblance de la chair du péché, et comme un moyen d'expier en soi-même la privation que les pécheurs portent de tant de grâces qu'ils recevraient de Dieu, s'ils n'étaient en sa disgrâce, et comme un sujet rare et particulier d'honorer sur la terre, par un état de privation sainte et divine, celui que les pécheurs déshonorent en la terre et sous la terre par une privation maligne et misérable de la grâce et de l'amour de Dieu.

Ces deux états sont très-dignes de considération singulière dans le cours de la vie du Fils de Dieu : et nous avons des indices suffisants de l'un et de l'autre parsemés dans l'histoire de sa vie. Car c'est un indice signalé de cet humble état de privation, que le moment de la transfiguration, qui dura si peu, et qui devait durer toujours, et qui était non-seulement un éclat de la gloire de son âme, mais aussi un éclat et un témoignage de la divinité toujours vivante en cette âme et en ce corps, selon saint Jean Damascène. Et toutefois, nous voyons son humanité sainte dépouillée de cet éclat et splendeur rentrer aussitôt en son état précédent : état commun et ordinaire à son humilité, mais bien extraordinaire à sa grandeur et à sa dignité. Semblablement c'est un indice de cet autre état d'abondance, que l'émanation de tant de merveilles rapportées en l'Ecriture, où nous voyons que, durant l'espace de trois ans, il lui a plu imprimer les marques de sa grandeur et de sa puissance dedans le monde, sur la terre, sur les eaux, sur les choses animées et sur les choses inanimées, sur les orages et sur les tempêtes, sur les hommes et sur les démons même, sur les âmes, sur les corps, sur les vivants, sur les morts, et sur toutes sortes de malades, lesquels étaient tous guéris. Et de ses guérisons, les unes étaient opérées par sa simple parole, les autres par l'imposition de ses mains saintes et puissantes, les autres par l'attouchement de sa chair sacrée et déifiée, et quelques-unes même par le simple attouchement de sa robe : et ce non-seulement pour marque de son pouvoir sur les choses et animées et inanimées, mais encore pour marque de la vertu résidente en cette chair déifiée, et émanante de cette chair précieuse, beaucoup plus efficace que tous les simples de la terre, et divinement efficace pour la guérison de toutes sortes d'infirmités. En l'une desquelles il a plu au Fils de Dieu (pour nous faire entrer en connaissance des émanations saintes et divines qui sortaient de lui) de dire ces paroles dignes de grands poids : *Quis me tetigit ? novi enim virtutem exisse ex me* : « *Qui est-ce qui m'a touché ? car je sais qu'une vertu est sortie de moi.* » (*Luc.* VIII, 46.) Et il a inspiré un de ses évangélistes de dire le même sur un autre sujet : *Virtus de illo exibat, et sanabat omnes.* (*Luc* VI, 19.) Une vertu sortait de lui, et les guérissait tous.

Car cette humanité, comme elle est le sacré domicile de la divinité qui contient toutes choses en éminence, elle est aussi le réservoir et le trésor de toutes sortes de grâces, de vertus, de propriétés singulières, dont peut émaner un nombre infini d'effets miraculeux, excellents et divins, dans le ciel, dans la terre, dans les hommes et dans les anges, et sur tous les sujets où il lui plaira d'opérer et d'employer sa puissance et sa vertu. Car comme les créatures sont émanées de Dieu, et Dieu produit continuellement des choses qui sortent hors de cette source vive de tout être, aussi de l'Homme-Dieu doit émaner continuellement un monde d'effets excellents de vie, de grâce, de gloire, de splendeur, dignes de la divinité, et dignes d'une humanité subsistante en la divinité, et vivante de la divinité.

Le soleil n'a qu'une ou deux émanations hors de soi-même qui nous soient connues et il les a continuelles, car nous voyons comme il a incessamment émanation de lumière et d'influence. Et ne voulons-nous pas que ce soleil du soleil, cette source vive de grâce et de gloire, ce Jésus Homme-Dieu (qui a tout en soi-même, et contient tout, ou en existence, ou en éminence), ait une émanation continuelle de grâce, de lumière, de vie, de sainteté et d'amour, et de toutes autres sortes de qualités et d'opérations divines et excellentes, et qu'il ait cette émanation avec beaucoup plus de puissance, plus de continuité et plus d'activité, que n'a pas ce soleil que nous voyons, qui n'est que son ombre et sa figure? Jésus donc est en un état de plénitude, d'infusion et de communication de grâces et d'effets émanants de la divinité en l'humanité, et découlants de l'humanité déifiée sur les créatures, comme d'une plénitude de vie et de grâce, à laquelle les hommes et les anges participent, selon le témoignage de son bien-aimé disciple. Et cette infusion et abondance est due à Jésus dès le moment de l'incarnation, et elle a été en plusieurs rencontres divinement suspendue et arrêtée pour un certain temps par le conseil de Dieu. *De plenitudine ejus nos omnes accepimus.* (Joan. 1, 16.)

Et ainsi sa vie mortelle et voyagère est à bon droit distinguée en ces deux états, l'un de privation, et l'autre de plénitude et d'infusion de plusieurs grâces et effets, dont les uns ont été puissamment suspendus, et les autres divinement opérés et communiqués à cette humanité. Ce qui mérite bien un discours à part, que nous réserverons pour une autre fois. Mais les uns et les autres en cette humanité qui en reçoit ou la communication ou la suspension, méritent un honneur égal, lequel nous ne devons pas omettre en l'élévation présente. Car aux sujets qui sont éminemment et divinement grands et hauts, tout y est grand, tout y est haut, tout y est égal. En cette humanité donc, et l'opération et la suspension de ces effets divins nous doit être également précieuse et également vénérable; ainsi que nous voyons en la divinité que le produire et le non produire est également divin et adorable dans les personnes de la Trinité sainte. Or le ciel n'est pas orné de tant d'étoiles, ni la terre émaillée de tant de fleurs, comme cette humanité sacrée est embellie, parsemée et diversifiée d'un nombre innombrable d'effets divins et surnaturels, que la divinité, en témoignage de sa présence et de sa subsistance, ou opérait, ou suspendait en lui continuellement.

Il n'y a moment, il n'y a lieu, il n'y a circonstance, qui ne soit illustrée ou de l'opération, ou de la suspension de quelque grâce ou effet admirable que cette humanité devait porter en elle, ou opérer hors d'elle pour marque d'une splendeur si vive, d'une grandeur si puissante, et d'une majesté si auguste, également présente et permanente en tous ses états différents. Concluons donc ce point, en admirant ce que nous ne pouvons pas exprimer en si peu de mots, ni entendre avec si peu de lumière; et disons en nous élevant à Dieu : Oh! que d'effets ou opérés, ou suspendus en cette humanité sacrée! et, oh! quels effets d'une divinité si présente, si puissante, si agissante en une humanité rendue si digne et si capable des opérations divines! Car elle en est rendue capable, non par la grâce seulement, mais par une essence et personne incréée habitante en elle, unie à elle, vivante et subsistante en elle personnellement.

Passons de la terre au ciel, et de sa vie humiliée à sa vie glorieuse. Qui nous fera comprendre ce haut état de gloire, que la sapience et bonté divine a réservé à une âme toute sienne, et à une humanité élevée au plus haut point d'honneur, et à la plus étroite et intime alliance où la puissance de Dieu puisse porter une nature créée, c'est-à-dire à l'union personnelle avec la divinité? O rare, ô singulier, ô incompréhensible état de la gloire de Jésus, qui doit être adoré et ne peut être pénétré, et qui surpasse toute la gloire et des hommes et des anges ensemble, et la surpasse incomparablement!

Et jetant les yeux sur tout ce qui se passe en l'âme, au corps et au cœur de Jésus dans les divers états de ses trois vies différentes, qui me fera connaître les particularités de la vie et intérieure et extérieure du Fils de Dieu, et sur la terre et sur les cieux? Quelle vie! quels contentements! quelles pensées! quels sentiments! quelles lumières! quelles élévations! quels abaissements! quelles louanges! quel hommage! quels remercîments! et quel amour d'une âme tirée du néant, comblée de gloire et en un moment élevée par-dessus tout ce qui peut être créé, et jointe à Dieu même personnellement! O vie! ô puissance! ô majesté sortant d'une divinité puissante et subsistante en cette nature créée? O splendeur de l'éternelle lumière! ô roi de gloire! ô soleil de justice, soleil qui faites ombre aux lumières du ciel, et qui avez obscurci en la terre le soleil même au dernier de vos jours : *Illumina tenebras meas* (*Psal.* XVII, 29), daignez regarder mes ténèbres, et faites que je vous aime et que je vous connaisse! Que j'aie part au sort de vos lumières! Que j'admire et contemple vos grandeurs! que je pénètre vos mystères! Je m'adresse à vous, ô sapience essentielle! et adorant votre être en l'unité de Dieu et en la subsistence du Verbe auquel vous êtes singulièrement appropriée, et adorant encore vos inventions admirables en la conduite et accomplissement de vos œuvres, faites-moi cette grâce, que je pénètre le secret admirable de ce chef de vos œuvres, et que j'annonce et déclare l'invention divine par laquelle vous avez bien su conjoindre ce même Verbe avec la nature humaine dans le sacré mystère de l'Incarnation.

X. Le secret donc de ce nouveau mystère, le ressort de ce grand œuvre, œuvre des œuvres de Dieu, et le moyen singulier que la sapience divine a trouvé pour joindre ainsi la terre avec le ciel, comme en un point et en un centre; l'invisible avec le visible, en un même sujet, et l'être créé avec l'être incréé, en une même personne; et ce sans mélange et sans confusion de deux êtres et deux natures si distantes et si jointes tout ensemble; ce secret, dis-je, ce ressort et ce moyen inconnu aux intelligences célestes, et cette invention divine, est le dénûment que l'humanité de Jésus a de sa subsistence propre et ordinaire, pour être revêtue d'une subsistence étrangère et extraordinaire à cette nature divisée et séparée d'avec sa propre subsistence, qu'elle avait droit d'avoir et dont elle se trouve heureusement privée au moment de sa production. Et comme en l'ente on divise et intéresse le tronc qui doit porter la greffe, et le fruit de cette greffe, choisi par le jardinier, est un fruit extraordinaire à l'arbre qui est enté. Ainsi le Père éternel, comme le divin agriculteur de l'Evangile, a choisi en la terre une plante sauvage (si nous la considérons en son origine et en sa nature) qui est l'humanité, portant la ressemblance de la chair du péché; et en elle a séparé la nature d'avec la personne qui lui eût été propre et connaturelle, et qui devait naturellement fluer de son essence existente et actuée; et il a substitué la greffe céleste, la subsistence divine, la personne propre de son Fils au lieu de la subsistence humaine qui a été interdite en elle.

Tellement que cette plante, ainsi divisée et comme intéressée en ce qui est si intime, si propre, si connaturel à son être, porte des fruits différents, et qui appartiennent, non pas à elle, mais à la greffe qui est entée en elle. Et cette nature ainsi dénuée et ainsi revêtue, a désormais un être et un être différent, non en son essence, mais en son existence et en sa subsistance. Si bien que sa vie, ses mouvements et ses actions ne sont plus comme d'elle ni à elle en propriété, mais sont à celui qui la soutient divinement. Car il y a cette différence à remarquer entre la greffe du jardinier et la greffe divine du Père éternel, le jardinier céleste, qu'au lieu que la greffe est soutenue du tronc sauvage auquel elle est entée, ici le Verbe, comme une greffe divine entée en la nature humaine comme en une plante sauvage par la ressemblance du péché, est le soutien de cette même nature. Et celui qui de trois doigts soutient le monde, soutient cette humanité en une manière plus puissante et plus singulière, se l'approprie, la sanctifie et la déifie en sa personne. D'où il s'ensuit que la vie et les actions de cette nature humaine ne sont pas à elle; non qu'elles ne soient procédantes d'elle comme de leur principe; mais elles ne sont pas à elle en propriété, ni en terme de logique, ni en terme de droit et de moralité.

J'ai regret de m'étendre en ce sujet, et d'employer ici des paroles mieux séantes dans les thèses et dans les écoles, que dans les chaires et dans les discours de la foi. Mais le lecteur me le pardonnera, s'il lui plaît, vu que la nécessité m'y contraint, pour obvier, par manière de précaution, aux difficultés que forment quelques-uns, lesquels je prierais volontiers ou de garder le silence par modestie, ou de vouloir prendre la peine de considérer attentivement et d'approfondir les vérités que la foi nous enseigne, afin qu'il apparaisse que nous avons tous un même sentiment, accompagné de charité aux choses de la foi, comme nous le commande l'Apôtre (8). Car ils ne s'aperçoivent pas que, contestant cette vérité, ils intéressent le fonds du christianisme, qui a pour son trésor et pour son fonds, les actions et les souffrances de cette humanité, non simplement comme humanité, mais comme humanité du Verbe, c'est-à-dire comme humanité qui appartient, et en sa nature, et en ses actions, et en ses qualités, à un être divin, incréé, infini, qui relève l'essence, l'état et le mérite de cette nature humaine jusqu'à une existence et subsistence incréée, jusqu'à une condition et dignité divine, et jusqu'à un prix et valeur inestimable.

Disons-leur donc, que les actions de cette humanité ne peuvent pas être jugées propres à cette humanité en terme de logique; car elles ne conviennent pas à elle seule, comme requiert ce qui est estimé parfaitement propre selon les lois des logiciens, puisqu'elles conviennent encore à un suppôt qui est étranger à cette humanité, si nous la considérons simplement dans l'état et dans les bornes de la nature. Disons-leur derechef, qu'en terme de droit, soit commun et naturel, soit même divin et surnaturel, les actions de cette humanité appartiennent proprement au Verbe et non pas à elle. Car le Verbe éternel, comme personne substituée au droit de la nature humaine, et personne divine et incréée, par un pouvoir et amour infini, s'approprie cette humanité, l'unit à soi, la rend sienne, repose et habite en elle comme en sa propre nature, la tire hors des limites d'un usage commun et naturel, l'oint et la consacre de l'onction de sa divinité, et prend droit et autorité sur elle et sur ses actions, et généralement sur tout ce qui appartient à cette humanité. Car tout ce qui est en Jésus-Christ est fondé en l'hypostase de sa divinité. Et le Verbe éternel, comme suppôt et suppôt divin de cette nature humaine, est le propriétaire de toutes ses actions et souffrances, les soutient, les relève et les déifie en sa propre personne, en soutenant, relevant et déifiant la substance de cette humanité, par le moyen de laquelle elles adhèrent à la divinité, comme par un lien commun d'inhérence hypostatique.

Il est donc évident que le Verbe, a en cette façon, droit et autorité légitime d'user et disposer de l'état, de la vie, des actions et des souffrances de son humanité, comme de chose qui lui appartient, et qui est vraiment, saintement et divinement sienne, par la puissance admirable et par la possession singulière qu'il a daigné prendre de cette nature, et de tout ce qui convient à cette nature ainsi dénuée d'elle-même, et ainsi dignement revêtue de lui-même. Car si un esclave, après avoir cédé ou perdu sa liberté, perd le droit et l'autorité que la naissance commune lui donne sur ses actions et sur l'usage de sa propre vie; et si ce droit est légitimement transféré de la personne de l'esclave en la personne de celui qui le tient

---

(8) Rom. XII, 16: *Idipsum invicem.* — Philipp. II, 2: *Idem sapiatis, eamdem charitatem habentes, unanimes, idipsum sentientes, nihil per contentionem, neque per inanem gloriam.*

en captivité, combien plus cette humanité sacrée est-elle destituée de ce droit et de ce pouvoir de disposer de soi-même et de ses actions, et ce droit se trouve être légitimement transféré de la nature humaine en la personne divine qui la soutient? Car se voyant dépouillée de la subsistence naturelle, pour être hautement relevée en une subsistence si éminente comme celle du Verbe éternel, non-seulement elle lui cède volontiers sa franchise et sa liberté, comme l'heureuse esclave de sa puissance, de sa grandeur et de son amour, mais elle lui cède encore le droit naturel qu'elle a de subsister en soi-même, pour ne subsister qu'en sa personne divine, et pour être en sa puissance et possession non-seulement morale, volontaire et passagère, comme est celle d'un esclave qui est en la main et au pouvoir de son maître; mais aussi personnelle, perpétuelle et comme naturelle, s'il nous est permis d'ainsi parler.

Or, il est manifeste que le dénûment de la subsistence humaine dans la nature humaine, est une privation d'une chose bien plus liée et plus inséparable, bien plus propre et plus intrinsèque à la nature, qui n'est pas la franchise et la liberté au regard de la personne qui entre en servitude et esclavage. Car la nature ne peut être séparée de son être personnel que par l'Auteur même de la nature : au lieu que cette franchise et liberté se perd et se sépare de la personne libre par mille accidents humains. L'être personnel entre dans le ressort de la nature, en est le terme comme l'accomplissant et faisant en une certaine manière partie de la propre substance des choses : au lieu que la franchise et liberté n'est qu'un simple accident et qualité qui se passe et se perd sans l'intérêt du sujet, et n'entre que dans les conditions de l'état et non pas de la personne.

Cette humanité donc qui est dénuée d'une chose si grande et si intime à son essence comme est la subsistence, et selon le Docteur angélique (9), de son existence, est beaucoup plus en la puissance et possession du Verbe éternel qui la reçoit et la soutient en son être, que n'est pas l'esclave en la puissance et en la possession de son maître. Et si, selon la loi, un arbre transplanté d'un lieu en un autre, et y ayant pris racine, n'est plus au seigneur du premier fonds, mais appartient au maître du second, d'autant que par la nourriture prise en nouvelle terre, il devient en quelque manière un autre arbre, encore que ce soit la même tige, la même substance et la même âme végétante, et en son genre, et en son espèce, et même en sa nature individuelle, et comme tel demeure chargé des mêmes fruits et des mêmes feuillages; combien plus dirons-nous le même de cette nature humaine, qui est une plante céleste; qui en son espèce est un arbre renversé, ce dit Platon, et qui en cet individu est encore proprement un arbre renversé en un sens bien plus haut élevé, inconnu à ce grand philosophe, et connu seulement des Chrétiens? Combien plus, dis-je, devons-nous dire que cette humanité, tirée hors du fonds stérile de l'être commun et ordinaire à sa nature spécifique, et transplantée heureusement dans le fond propre de l'être divin et personnel, pour subsister et vivre à jamais en ce nouvel être du Verbe divin, n'est plus en la puissance et possession de la nature, qui est le fonds et l'état dont elle est séparée; mais en la puissance et possession de la grâce divine et incréée, qui est le fonds nouveau où elle est transférée par union personnelle à celui qui est la grâce essentielle et subsistente; qui porte absolument le nom de grâce, et dans les anciens, et dans les Ecritures même; et qui est véritablement la grâce substantielle et hypostatique, de laquelle saint Paul, selon tous les vieux commentateurs latins, et une partie des exemplaires grecs, dit : *La grâce de Dieu a goûté la mort pour tous* (Hebr. II, 9), c'est-à-dire le Fils de Dieu, qui est l'auteur, l'essence et la source de la grâce.

Que si une chose profane, pour être offerte à Dieu, ou bien consacrée par quelque cérémonie et action mystérieuse, ou dédiée par la volonté des hommes à la célébration du service divin, est soustraite du droit des particuliers qui la possédaient légitimement : et si leur droit, bien que réel et légitime, demeure ensuite supprimé, même au jugement des nations les plus barbares qui aient jamais été au monde, ne devons-nous pas, à plus forte raison, attribuer cela même à cette humanité que le Fils de Dieu donne et offre au Père éternel, comme l'échantillon, la délibation et les prémices de notre masse et de notre nature, et qu'il a choisie de toute éternité, pour être consacrée même par la divine essence, et employée par le vouloir de Dieu à un si grand service, et un œuvre si saint comme est celui de l'expiation du monde, de la rédemption du genre humain, et de la satisfaction à la justice de Dieu? Œuvre et service qui ne pouvait appartenir qu'à une nature ainsi sainte, ainsi sacrée, et ainsi élevée jusqu'au trône de la divinité. Certes, cette nature ni en elle-même, ni en ses actions, ne doit pas être considérée selon la condition commune et ordinaire des autres natures de son espèce; mais selon sa condition et dignité nouvelle, par laquelle elle entre heureusement et sublimement dedans l'être incréé, selon lequel elle appartient singulièrement par tant de droits et de titres au Verbe éternel, et par lui à la divinité.

XI. Délaissons-donc ces esprits qui se plaisent ou à ignorer ou à obscurcir par leurs débats les vérités de Dieu, et nous élevons en esprit humble et pacifique, qui sont tous les deux qualités principales que s'attribue notre Sauveur, le sujet de nos discours; pour contempler nûment des

---

(9) L. XXVI, § 1, *Sed si, de acq. rer. dominio.*

choses si dignes et si véritables, puisqu'elles contiennent la vérité même en sa propre personne, et considérons : Que le Verbe éternel qui communique la subsistence à cette nature, est Fils de Dieu, est égal à Dieu, et est Dieu même ; que cette nature humaine est essentiellement en état de servitude, et demeure inviolable et perpétuelle en cet état au regard de la Divinité par sa propre nature et condition ; que le Père contemplant son Fils revêtu de cette nature, l'appelle par son prophète à cette occasion son serviteur : *Servus meus es tu, o Israel, quia in te gloriabor.* (Isai. XLIX, 3.) Que le Fils de Dieu venant à épouser cette même nature, ne perd rien du droit précédent qu'il avait sur elle en qualité de Dieu, et prend en qualité d'époux un nouveau droit sur elle par cette alliance, dont elle est beaucoup plus à lui qu'à elle-même ; que l'unité et l'intimité de cette alliance qui passe toutes les autres alliances, et arrive jusqu'à l'unité de personne entre deux natures si différentes, donne une autorité nouvelle à la personne divine sur la nature humaine ; que l'excellence, la sublimité, la divinité de cette personne, lui donne encore incomparablement plus de droit qu'il n'en convient aux personnes humaines sur leurs natures propres, que l'état saint et sacré auquel cette nature entre par onction même de la divinité, l'affecte et l'approprie totalement à la divinité, comme nous ferons voir plus clairement et plus amplement au discours de la sainteté de Dieu en ce mystère.

Que tous ces droits si hauts, si grands, si légitimes, si on y peut ajouter quelque chose par l'usage de la volonté, sont encore si humblement, si franchement, si saintement acceptés par cette humanité qui veut être dépouillée du droit qu'elle aurait sur ses actions et sur soi-même, pour se délaisser toute par sa propre démission en la puissance du Verbe éternel ; car elle accepte sans cesse tous les vouloirs de Dieu sur elle, et en particulier le dénûment de sa subsistance humaine, dénûment ordonné au sacré conseil de Dieu par la puissance et sapience divine, pour l'accomplissement de chose si haute, si grande et si incompréhensible sur cette humanité, et par cette humanité, sur nous ; c'est-à-dire pour faire un Homme-Dieu en la terre, pour donner un Sauveur au monde et pour établir un mystère éternel : mystère des mystères, l'œuvre des œuvres de Dieu, qui lie la personne divine à la nature humaine. Or il est évident qu'en ce mystère, la personne qui est substituée et divinement communiquée à cette nature est le fondement, le soutien et l'accomplissement de cet être humain et naturel, et influe dans toutes les actions propres de cette nature, en la manière qu'il convient aux suppôts, et en la manière encore qu'il convient à une personne divine et incréée. Et partant elle a un droit sur cette nature et sur ses actions, qui ne doit pas être réputé seulement moral, mais aussi comme naturel, et non pas seulement naturel, mais aussi surnaturel, saint et sacré, et non simplement surnaturel, saint et sacré, mais excédemment surnaturel, très-saint, très-sacré et très-divin, comme étant fondé en l'autorité sainte, en l'autorité sacrée, en l'autorité divine et absolue que cette personne divine et incréée a sur cette nature, c'est-à-dire sur une nature que le Verbe éternel rend sa propre nature par un moyen si haut, si grand, si divin, qu'il est ineffable, et adorable des hommes et des anges.

Car il établit cette humanité en une condition si éminente et élevée, qu'étant unie au Verbe, elle entre en domination sur toutes choses tant au ciel qu'en la terre, et reçoit même communication de l'indépendance que la personne du Verbe a des autres personnes divines, comme il sera dit au discours sixième. A plus forte raison pouvons-nous dire qu'elle est en un état si sublime, qu'elle ne relève plus des lois communes à la nature, puisque, même en une certaine manière, en sa subsistence, en sa déification et en l'indépendance qu'elle reçoit du Verbe éternel, elle ne relève pas des autres personnes divines, comme nous déduirons ailleurs, tant elle appartient uniquement et singulièrement au Verbe éternel.

Que si elle lui appartient si proprement, même au regard des personnes divines, combien plus a-t-elle d'appartenance au même Verbe, au regard d'elle-même et de ses actions! Concluons donc et remarquons : que par l'ordonnance de Dieu, cette humanité est privée de sa subsistence et personnalité propre, et est douée de celle du Verbe éternel ; que cette humanité accepte très-volontiers cette perte et privation, et fait cession très-librement et de soi-même, et de ses actions propres au Verbe éternel, et de tout ce qui prend origine d'elle ; que, dès le premier moment de sa création, elle a fait perte de sa subsistence, et qu'aussi, dès ce premier moment, elle a accepté très-volontiers le conseil de Dieu qui l'en a voulu priver ; que, par cette perte et privation, elle perd aussi le droit et propriété qu'elle aurait d'agir et subsister en elle-même, et que ces actions ne peuvent pas, en terme de droit, lui être adjugées en propre, n'étant plus la propriétaire de son état et de ses actions ; que tout ce droit est légitimement transféré au Verbe éternel, qui entre en possession de l'état, des actions et des souffrances de la nature humaine, pour en disposer selon son divin vouloir ; comme aussi réciproquement cette nature entre heureusement au droit de l'état, des grandeurs et des biens de la filiation divine, par un commerce et communication ineffable.

O cession heureuse ! ô dénûment honorable ! ô investiture riche, royale et précieuse! ô commerce divin! ô communication adorable! ô conseil admirable de la sapience incréée, qui prive l'humanité de Jésus de sa personne humaine, pour lui donner la personne divine! Ô privation! ô dénûment, qui est tout ensemble, et le préparatif de la vie nouvelle de l'Homme-Dieu, et le modèle de la vie nouvelle de l'homme juste selon l'esprit! Car comme le Fils éternel de Dieu en sa nature humaine n'a point de personne humaine, c'est-à-dire n'a point de moi humain substantiellement et personnellement, aussi le Fils adoptif de Dieu, conduit par sa grâce, n'en doit point avoir moralement et spirituellement.

XII. J'honore donc ce dénûment que l'humanité de Jésus a de sa propre subsistence, et ensuite en l'honneur de ce même dénûment, et autant que votre grandeur et ma condition le porte à votre hommage et gloire, je renonce à toute la puissance, autorité et liberté que j'ai de disposer de moi, de mon être, de toutes ses conditions, circonstances et appartenances; je m'en démets entièrement entre les mains de Jésus, de son âme divine et de son humanité ointe et sacrée par la Divinité même, et m'en démets en l'honneur de cette même humanité, pour l'accomplissement de tous ses vouloirs et de tous ses pouvoirs sur moi. Je passe outre, et je veux qu'il n'y ait plus de moi en moi; et je veux pouvoir dire, selon saint Paul : *Vivo ego, jam non ego, vivit vero in me Christus* : « Je vis moi et non pas moi, mais Jésus-Christ vit en moi. » (*Galat.* II, 20.) Et selon la raison profonde de saint Augustin, je veux que l'esprit de Jésus-Christ soit l'esprit de mon esprit et la vie de ma vie. Et comme le Fils de Dieu, par droit de subsistence, est en possession de la nature humaine qu'il a unie à sa personne, ainsi je veux que par le droit de puissance spéciale et particulière, Jésus daigne entrer en possession de mon esprit, de mon état et de ma vie, et que je ne sois plus qu'une nue capacité et un pur vide en moi-même, rempli de vide, et non de moi pour jamais.

A cette intention je vous fais, ô Jésus mon Seigneur, et à votre humanité déifiée, humanité vraiment vôtre en sa déification, et vraiment mienne en son humiliation, en ses douleurs, en ses souffrances : à vous et à elle je fais une oblation et donation entière, absolue et irrévocable de tout ce que je suis par vous en l'être et en l'ordre de nature et de grâce, de tout ce qui en dépend, de toutes les actions naturelles, de toutes les actions indifférentes (s'il peut y en avoir quelqu'une) et de toutes les actions bonnes et vertueuses que j'opérerai jamais; et ce autant que j'ai de pouvoir par nature et par grâce d'en disposer. Et j'emploie la totalité de ce mien pouvoir à me rendre vôtre, à me référer tout à vous, et à référer tout ce que je puis ainsi référer à l'hommage et à l'honneur de votre humanité sacrée, laquelle je prends et regarde désormais comme l'objet auquel, après Dieu, je fais relation de mon âme et de ma vie intérieure et extérieure, et généralement de tout ce qui est mien.

XIII. Or, en ce dénûment que nous venons de considérer, Jésus entre en une vie divinement humaine et humainement divine, par l'union intime de ses deux natures subsistantes en l'unité de sa personne : et le Fils unique de Dieu, le Verbe éternel, la splendeur, la puissance et la gloire du Père, prend la forme de serviteur, et la prend en deux manières : l'une, en prenant notre nature humaine par le mystère de l'Incarnation, et abaissant en icelui l'être infini et suprême de sa divinité jusqu'au néant de notre humanité; l'autre, en abaissant cette même humanité par l'état et le mystère d'une vie laborieuse et voyagère sur la terre, abaissant, dis-je, cette humanité sienne, ainsi unie et élevée dans le trône et l'état d'une personne divine, jusqu'à un état et forme de vie humble et servante à ses créatures, et enfin jusqu'à l'opprobre et au supplice cruel et servile de la croix. Mystères grands, qui détiennent et captivent votre grandeur et souveraineté, ô Jésus, dans un état d'abaissement et servitude, par les liens sacrés d'obéissance envers le Père éternel, et d'amour envers la nature humaine! Mystères grands et qui exigent de moi par un droit très-puissant et très-juste, que j'emploie le néant que je suis, à vous servir et adorer en cet humble et nouvel état!

En l'honneur donc de ce double état et de cette double forme de serviteur auquel je vois votre incarnation divine, votre vie laborieuse et votre humble croix réduire votre grandeur suprême, je m'offre et me présente à vous, je vous dédie et consacre ma vie de nature et de grâce, et je veux vous servir non-seulement par mes vœux et actions, mais aussi par un état et condition qui me réfère et me donne un rapport singulier vers vous, afin que, comme vous êtes toujours mien, je sois toujours vôtre, et qu'il y ait en moi une qualité permanente qui vous rende un honneur et hommage perpétuel. En vous voyant par votre double abaissement fait par l'amour des hommes, doublement esclave de votre amour; je veux aussi être l'esclave de votre grandeur, de votre abaissement et de votre amour : je veux que ma vie et mes actions de nature et de grâce vous appartiennent, comme vie et actions d'un esclave, vôtre pour jamais. Je me réfère donc tout à vous, ô Jésus, et à votre humanité sacrée par la plus humble et assujettissante condition que je connaisse, qui est la condition et relation de servitude, que je reconnais être due à votre humanité, tant pour la grandeur de l'état auquel elle est élevée par l'union hypostatique, comme encore pour l'excès et l'abaissement volontaire auquel elle s'est rendue et anéantie pour mon salut et ma gloire, en sa vie, en sa croix et en sa mort. A cette intention, à cette fin et à cet hommage, je mets et établis présentement et pour jamais, mon âme, mon état et ma vie, en état d'assujettissement et en relation de dépendance et de servitude au regard de vous et de votre humanité ainsi déifiée et ainsi humiliée tout ensemble.

Grand et admirable Jésus, je vous ai contemplé et adoré en vos grandeurs! Que je vous contemple et adore aussi en l'état de votre abaissement et servitude! Car vous êtes Fils et serviteur tout ensemble, sans que l'état de votre filiation propre et naturelle soit intéressé, ni intéressé aussi cet état et office de servitude. Et comme la nature divine n'altère et n'intéresse point en vous la nature humaine en sa propre essence, ainsi au contraire, en la conservant, elle la relève et rehausse jusqu'à un état et une dignité infinis : aussi votre naissance et grandeur éternelle relève et rend d'autant plus admirable et adorable l'état d'abaissement et de servitude auquel il vous a plu et au Père éternel de vous réduire et de vous anéantir pour notre salut. Vous êtes donc, ô bon Jésus, en la maison du Père éternel, fils et serviteur tout ensemble : toujours Fils et toujours serviteur, Fils unique et serviteur unique aussi, seul Fils propre et par nature entre tous les enfants de Dieu, et seul serviteur choisi et singulier entre tous les serviteurs de Dieu! Vous êtes ce serviteur choisi dont le Père éternel parle en son propre prophète : *Ecce servus meus, suscipiam eum : electus meus, complacuit sibi in illo anima mea.* (*Isa.* XLII, 1.)

Vous êtes ce serviteur choisi, auquel seul le Père prend son bon plaisir, et par lui en nous. Vous êtes ce serviteur choisi, qui seul servez à Dieu d'une sorte de service qui n'appartient qu'à vous, le servant à effacer les péchés de la terre, à satisfaire à sa justice, à le réconcilier parfaitement à la nature humaine : ce qui surpasse la puissance de toute créature qui sera séparée de la grâce incréée. Vous êtes encore ce serviteur choisi qui seul servez à Dieu comme il est digne d'être servi, c'est-à-dire d'un service infini; et seul l'adorez d'une adoration infinie, comme il est infiniment digne d'être servi et adoré : car avant vous cette majesté suprême ne pouvait être servie et adorée ni des hommes ni des anges, de cette sorte de service, par lequel elle est animée et adorée selon l'infinité de sa grandeur, selon la divinité de son essence et selon la majesté de ses personnes. De toute éternité il y avait bien un Dieu infiniment adorable : mais il n'y avait pas encore un adorateur infini; il y avait bien un Dieu digne d'être infiniment aimé et servi, mais il n'y avait aucun homme ni serviteur infini propre à rendre un service et un amour infini.

Vous êtes maintenant, ô Jésus! cet adorateur, cet homme, ce serviteur infini en puissance, en qualité, en dignité, pour satisfaire pleinement à ce devoir et pour rendre ce divin hommage. Vous êtes cet homme aimant, adorant et servant la majesté suprême comme elle est digne d'être aimée, servie et honorée. Et comme il y a un Dieu digne d'être adoré, servi et aimé, il y a aussi en vous, ô mon Seigneur Jésus, un Dieu l'adorant, l'aimant et le servant à toute éternité en la nature qui a été unie à votre personne en la plénitude des temps. O grandeur de Jésus, même en son état d'abaissement et de servitude, d'être seul digne de rendre un parfait hommage à la Divinité!

O grandeur du mystère de l'Incarnation, d'établir un état et une dignité infinie dedans l'être créé! O divin usage de ce divin mystère et de cet humble état de servitude, puisque par son moyen nous avons désormais un Dieu servi et adoré sans aucune sorte de défectuosité en cette adoration, et un Dieu adorant sans intérêt de sa divinité! Et nous avons sa majesté suprême si dignement, si parfaitement et si divinement servie et adorée par un sujet divin et infini en sa personne, et par un service qui est si haut et si relevé, qu'il est même adorable en lui par toute créature. Et par ainsi tout est divin, tout est infini, tout est adorable en l'objet, en l'état et en l'usage de ce très-haut et très-divin mystère.

Ainsi donc vous êtes, ô Jésus, humble, grand et admirable! Ainsi vous êtes et le vassal et le souverain tout ensemble! Ainsi vous êtes le Fils et le serviteur unique du Très-Haut! et ainsi vous êtes Dieu et vous êtes homme! Et ces différentes natures, ces divers états et qualités ne sont et ne subsistent qu'en une même personne que j'adore, que j'aime et que je veux reconnaître et servir en toutes ses grandeurs, en tous ses offices et en tous ses vouloirs. Faites par votre grâce et puissance, faites en votre honneur, et en l'honneur de l'amour, ce service que vous rendez au Père éternel et que vous daignez encore rendre aux hommes mêmes, que les hommes vous connaissent, vous aiment et vous servent; que les hommes contemplent vos grandeurs, que les hommes donnent et consacrent leur vie à votre vie, que les hommes pénètrent les merveilles et les secrets de votre vie. Vous êtes vie, ô Jésus, et votre vie est double, comme vous avez double nature; car chacune de ces natures est vivante, et est saintement et divinement vivante, et votre vie est cachée doublement, c'est-à-dire elle est cachée en sa propre grandeur et sublimité, et en son admirable abaissement et humilité.

Vie cachée en la divinité, vie cachée en l'humanité, vie cachée encore en l'humilité d'une vie voyagère et souffrante sur la terre. Je dis vie cachée en la divinité, car cette vie est cachée au sein du Père, là elle est et habite en une lumière inaccessible, et la grandeur de sa lumière lui sert d'ombre et de voile, de ténèbres et d'obscurité au regard de toute la nature créée, qui ne peut voir cette vie que par la lumière de la gloire, par laquelle seule nous voyons la Divinité vivante et subsistante en elle-même, et subsistante et vivante encore en cette humanité. Cette vérité est si claire et si évidente, qu'il n'est besoin (en supposant la foi) que de sens commun pour l'entendre, et de la simple appréhension et intelligence des termes.

Et toutefois c'est une erreur à quelques-uns de ce siècle, par des apparences telles, pour ne les qualifier pas plus clairement, que je fais conscience d'y répondre, et ferais conscience de les ramentevoir, si leur excès ne me contraignait au moins de leur dire que c'est la faiblesse des raisons qu'ils allèguent, et ma propre inclination qui m'éloigne de ces combats et répliques, et non pas que je trouve aucune difficulté à les convaincre de ce que je ne veux pas nommer, pour les traiter avec plus de respect qu'eux-mêmes ne rendent aux prélats en cette cause, qui l'ont daigné autoriser publiquement par leurs écrits. Leur condition les oblige et les dispose à être enfants de lumière; qu'ils ne se rendent pas amis des ombres et des ténèbres, et insensiblement sectateurs, contre leur propre dessein, du prince des ténèbres en ses qualités principales, dont l'une est enfermée en son nom, et l'autre remarquée en saint Jean, qui le nomme l'accusateur de nos frères (*Apoc.* XII, 10), et de ceux qui cherchent à porter l'impression, la marque et le caractère de Jésus. Ils ne sont pas établis en qualité de juges en l'Eglise de Dieu, pour régler les paroles dont il faut user aux discours de la foi. Et les libelles qu'ils publient témoignent peu de modestie et de suffisance en leurs auteurs quels qu'ils soient.

S'ils n'entendent pas ces propositions de la théologie du Verbe incarné, qu'ils ne les examinent pas, qu'ils ne les jugent pas, qu'ils ne les réprouvent pas, puisque cela passe ou leur connaissance, ou leur autorité. Ce n'est pas vice de ne pas les entendre, mais c'est aveuglement et oubli de soi-même de le présumer, et d'entreprendre de les juger sans lumière, sans charge et sans autorité. Mais laissons ces esprits et leurs contentions, prions pour eux, et rentrons dans la lumière de ce discours et de ce sujet, et adorons Jésus en sa vie cachée, dans sa propre grandeur, dans sa propre lumière. C'est la vie de la divinité en elle-même, et au sein du Père; c'est la vie de la divinité en son humanité; c'est la subsistence de l'humanité en sa divinité, que nul sans doute ne peut voir qu'il ne voie Dieu. Et c'est encore la vie de son âme en sa gloire, vie cachée aux hommes et aux apôtres vivant et conversant avec Jésus, vie connue des anges, et des anges seuls, non en la lumière de leur grâce, mais en la lumière de leur gloire. Et cette double vie, vie glorieuse et vie divine de Jésus, est cachée encore en l'humilité de sa vie mortelle et voyagère sur la terre.

O Jésus, vous vivez en la gloire et en la divinité; et cette gloire et cette divinité est cachée en l'humanité, en l'enfance, en la fuite en Egypte et en l'opprobre de la croix. Vous êtes Dieu, et on voit en vous la nature et l'apparence d'homme, ce dit votre Apôtre. (*Philip.* II, 8.) Vous êtes glorieux, et vous souffrez! vous êtes vie, et vous mourez! vous êtes roi et roi de gloire, et vous fuyez! vous êtes Fils et Fils unique de Dieu, et vous vivez l'espace de trente ans comme fils d'un charpentier, comme un charpentier et comme un particulier! O vie humaine de Jésus! vie humble! vie impuissante! vie souffrante, vie mourante, vie morte en une croix et en un sépulcre! Mais vie haute en son humiliation, vie puissante dans son impuissance, vie glorieuse dedans sa croix, vie subsistante dans la mort et dans le sépulcre, et vie lors même adorée et des anges glorieux et des démons souffrants, et souffrants même lors par cette vie cachée en la croix, en la mort et au sépulcre; par cette vie ensevelie en la terre, et par la puissance de ce nouveau Roi du ciel et du royaume des cieux annoncé en la terre, et lors même enseveli en la terre! Oh! que de secrets, que de grandeurs, que de merveilles! Oh! que de choses cachées à nos esprits, à nos lumières! A nos esprits qui portent et qui reçoivent plus d'ombres que de lumières, et sont plus propres en la terre à adorer par révérence, qu'à pénétrer par suffisance ni l'essence ni les conseils de Dieu en ses œuvres, et à la plus grande de ses œuvres, qui est Jésus!

Elevons-nous donc à lui sur les points proposés, et lui disons en l'adorant : O vie cachée en l'humanité! ô vie cachée dans la sublimité! ô vie humble! ô vie grande! ô vie humaine! ô vie divine! ô vie incréée! ô vie incarnée! ô vie souffrante! ô vie glorieuse! ô vie sujette! ô vie dominante! O Jésus vivant, puissant et commandant au ciel et en la terre, selon cette sainte parole, sortie de votre bouche sacrée à votre entrée dans l'état de votre gloire et de votre empire : *Data est mihi omnis potestas in cœlo et in terra* : « *Toute puissance m'est donnée au ciel et en la terre.* » (*Matth.* XXVIII, 18.) Que je vous reconnaisse, ô mon Seigneur, mon Dieu, que je vous admire, que je vous adore, que j'accepte tous vos pouvoirs sur moi, que j'embrasse tous vos vouloirs, et que je vous dédie et consacre ce qui est déjà vôtre par tant de titres, et ce que je veux encore être vôtre par le nouveau titre de mon élection et de ma volonté; et par l'oblation présente que je vous fais et que je vous renouvelle; en vertu de laquelle je vous dédie et vous consacre ma vie, et tous les moments de ma vie, en l'honneur des états et moments de votre vie; et je veux qu'en vertu de l'intention présente, chaque moment de ma vie et chaque action d'icelle vous appartienne, ô Jésus, mon Seigneur; et à votre humanité sacrée avec autant de droit et de puissance, comme si je vous les offrais toutes en particulier.

XIV. O Jésus ! ô Fils unique de Dieu ! ô vie et vraie vie, et *auteur de la vie !* (*Act.* III, 15.) Béni soyez-vous à jamais et en votre divinité, et en votre humanité, et en votre subsistence, qui lie pour jamais cette humanité à votre divine essence, et qui rend cette humanité sainte de la plus grande sainteté qui puisse être communiquée à aucune autre créature, c'est-à-dire la rend sainte par la même sainteté que le Père donne à son Fils, que le Fils et le Père donnent au Saint-Esprit, qui est la sainteté de la divine essence! Car cette même essence, qui est communiquée par la génération et procession divine au mystère de la Trinité, est celle-là même qui est communiquée en la naissance de Jésus au mystère de l'Incarnation (bien qu'en une manière différente), et qui est communiquée pour sanctifier cette humanité d'une sainteté si haute et si nouvelle, qu'elle fait Dieu homme et l'homme Dieu; qu'elle fait Jésus incapable de péché, source de toute sainteté, digne de réparer la vie des hommes, de donner la vie aux anges, d'apaiser Dieu courroucé, de lui satisfaire en rigueur de justice, de l'honorer d'un amour, d'un honneur et d'un service infini, digne de sa majesté, par l'infinie dignité de la personne qui lui rend cet hommage et service en sa nature humaine.

O divinité! ô sainteté! ô humanité! que je connaisse, que je pénètre, que j'adore vos grandeurs! Vous êtes, ô humanité sainte, le temple sacré de la Divinité; temple premier en excellence, et unique en singularité; temple auquel la Divinité repose plus saintement, plus dignement, plus admirablement que dans l'ordre et l'état même de la gloire, lequel tient son empire au ciel, comme l'ordre de la grâce tient le sien en la terre. Ce point est indubitable, et toutes fois il a servi d'écueil à nos censeurs; mais j'en appelle à eux-mêmes, ou mieux instruits, ou mieux disposés : car il n'y a que l'extrême inadvertance ou l'extrême passion qui puisse s'opposer à cette vérité si claire et si reconnue de ceux qui pénètrent sous le voile des simples paroles les grands mystères de la foi; car le Verbe divin et éternel repose en cette humanité comme en sa propre nature, et comme en une nature qu'il rend sienne uniquement et singulièrement par la communication de sa subsistence, et non pas seulement par l'infusion de quelque grâce ou de quelque lumière accidentelle; et ce mot de temple est approprié à Jésus-Christ par Jésus-Christ même, qui appelle son corps le temple que les Juifs devaient abattre, et qu'il devait rééditier en trois jours. (*Joan.* II, 20.) Vous êtes, ô humanité sainte, celle-là seule entre toutes les créatures que le Père éternel choisit pour être existante et subsistante en son Verbe, et qu'il appelle entre toutes pour entrer par ce moyen en l'état de sa filiation, non adoptive, mais propre et naturelle; et pour porter et recevoir les communications intimes et secrètes des perfections divines (autant que votre être créé le permet), en suite de cet état, de cette subsistance et de cette filiation divine, qui vous est si libéralement communiquée. Ce qui veut dire un monde d'excellences, de raretés, de singularités; lesquelles toutes, soit connues, soit inconnues; soit révélées, soit non révélées; soit publiées en la terre, soit réservées à la lumière du ciel, je révère et honore comme je dois et comme vous le voulez, ô Jésus mon Seigneur ! me donnant et m'abandonnant à la souveraineté suprême et incommunicable à l'état des choses créées, laquelle votre humanité possède par cet état de filiation divine; et me livrant au pouvoir excellent, absolu et particulier que cet état admirable et adorable lui donne sur toute chose créée, ainsi je me dédie et consacre tout à vous et à elle, et je veux qu'elle ait une puissance spéciale sur mon âme et mon état, sur ma vie et mes actions, comme sur une chose qui lui appartient par un droit nouveau et particulier, en vertu de l'élection présente que je fais de dépendre de sa filiation et souveraineté à jamais.

XV. Et d'autant que votre pouvoir surpasse infiniment le nôtre, je vous supplie, ô âme sainte et déifiée de Jésus, de daigner prendre par vous-même la puissance sur moi, que je ne vous puis donner; et que vous me rendiez votre sujet et votre esclave, en la manière que je ne connais point, et que vous connaissez. Et comme (veuillé-je ou non) je suis l'esclave du prix de votre sang, je veux aussi être l'esclave de vos grandeurs, de votre abaissement et de votre amour, et être à vous, et vous servir selon vos conseils particuliers sur moi, non-seulement par mes actions, mais encore par l'état et par la condition de mon être, et de ma vie intérieure et extérieure. Et je vous supplie me tenir et traiter en la terre, non plus comme un de vos mercenaires, selon le souhait de l'enfant prodigue; mais comme un de vos esclaves, selon l'enseignement de votre Église, et comme un qui s'abandonne à tous vos vouloirs, qui se livre à tous vos pouvoirs, et qui s'offre à porter les effets qu'il vous plaira, de votre grandeur et souveraineté sur ce qui vous appartient.

Et comme il vous a plu vous donner à nous, et vous faire nôtre par la sainte Vierge, permettez-moi encore de me donner à vous par elle. Je la supplie donc comme mère de mon Dieu, de daigner vouloir être mère de mon âme; comme mère de Jésus, de m'offrir à Jésus, et de me tenir elle-même, et de me considérer désormais comme esclave de son Fils, et, en cette qualité, de m'obtenir de lui part à ses voies et miséricordes éternelles.

DISCOURS III.

DE L'UNITÉ DE DIEU EN CE MYSTÈRE.

I. L'unité de Dieu est si claire qu'elle n'a besoin d'aucunes preuves. Unité pleine de fécondité. — II. Dieu en soi-même et hors de soi-même, opère comme un. Dieu est vivant en unité d'essence, opérant en unité de principe et régnant en unité d'amour. — III. Unité de Dieu en ce mystère tant pour être unique que pour contenir l'unité incréée en deux natures différentes. — IV. L'unité de Dieu plus recommandée dans les Écritures, plus honorée par les platoniciens premiers entre les philosophes, et plus combattue par les démons. Idolâtrie, première hérésie et plus répandue, a été détruite par Jésus-Christ, en l'honneur et par le pouvoir de son unité. — V. Unité de Dieu en ce mystère. — VI. Unité de Dieu en ce mystère, déclarée par l'unité de Jésus-Christ en l'Eucharistie. Unité de l'Eucharistie comme sacrifice, comme miracle, comme sacrement. Eucharistie, mystère d'unité en qualité de sacrifice, de miracle et de sacrement. Comme Jésus est un avec son Père par sa naissance première, et un avec nous temporellement et humainement par sa seconde naissance, ainsi il tend l'unité et nous y exhorte par sa parole, il nous conduit par son exemple, il nous y tire par sa vertu, et il nous l'obtient par ses prières, disant au Père éternel : O Père saint, etc. — VII. Le Fils de Dieu commence et finit sa vie sur la terre en la vue et en l'adoration des unités divines. Le Fils de Dieu emploie ses dernières prières à nous obtenir la grâce de cette unité adorable, et il institue un mystère pour nous y établir.— VIII. Trois unités dans nos mystères : unité d'essence, unité d'amour, unité de subsistence. Jésus-Christ contemple et adore ces divines unités, et il prie pour étendre la grâce de cette dernière qu'il voit établie dans notre nature à cette fin. Deux Trinités adorables, l'une de subsistence, l'autre d'essence; l'une de toute éternité, l'autre pour toute éternité. — IX. Ces deux Trinités son fondées en unité, l'une d'essence, l'autre de subsistence. — X. Dieu éternellement vivant en unité d'essence, opérant en unité de principe, régnant en unité d'amour; et établissant temporellement son Fils, ses grandeurs, son état en son royaume en unité de subsistence. Toutes choses sortent de l'unité et retournent à l'unité. Par cette unité de subsistence, Jésus est pour jamais le centre, le principe et la racine de l'unité d'esprit, de grâce et d'amour.

I. Ceux que la grâce et la lumière de la foi élèvent à la contemplation des choses divines, considèrent et adorent la majesté de Dieu, ou comme existant, ou comme opérant, ou comme régnant et triomphant dans soi-même ou dans ses œuvres, et le reconnaissent en toutes ces manières et qualités souverainement, divinement et admirablement un. Car, le considérant comme existant, il a cela de propre et de singulier, et c'est le premier point et fondement de la grandeur de son être, que son existence est sa propre essence. Or il est un, il est principe de toute unité, voir il est l'unité même en sa nature et en son essence : il a donc unité en son existence. Les preuves en sont si fréquentes dans l'Ecriture qu'il l'a faudrait transcrire tout entière pour les alléguer toutes, et les indices en sont si universellement imprimés dans la nature, qu'il en faudrait produire tous les effets, pour attester par autant de témoignages cette unité. Car cette unité est en tant de sortes et si vivement peinte en toutes choses, qu'on ne la peut ignorer et méconnaître sans s'ignorer et se méconnaître soi-même ; elle resplendit en toutes les œuvres de Dieu, comme en autant de miroirs qui nous la rapportent et représentent. Elle est gravée si profondément en toutes les choses naturelles, que rien n'a pu jamais en effacer les traits et les marques, et cette voix muette de la nature se fait assez ouïr en la reconnaissance de cette vérité à ceux qui la savent bien entendre. Et lors même que les plus épaisses ténèbres de l'erreur couvraient les meilleurs esprits, la nature universelle a parlé si hautement et si conformément de l'unité de son Dieu et de son ouvrier par la voix de ses premiers et plus excellents philosophes, que tous ont conspiré ensemble et à la reconnaître et à la publier au monde.

Il est donc superflu d'en alléguer des textes et des raisons, et il nous doit suffire de supposer cette vérité, d'adorer cette unité, et d'écouter avec un esprit humble cet oracle de Dieu, parlant de soi-même à son peuple par son serviteur Moïse : *Audi, Israel : Dominus Deus tuus Deus unus est. « Écoute, Israël : Le Seigneur ton Dieu est un.* (Deut. VI, 4.) Mais ce qui doit être attentivement considéré, c'est l'excellence et la puissance admirable de cette unité en Dieu même. Car son essence ayant une fécondité ineffable dans son unité (d'où provient nécessairement en Dieu la pluralité des personnes et de personnes divines, infinies et increées) ; cette fécondité ne divise point l'unité, au contraire la perfection de cette unité est la raison de cette fécondité, l'unité demeure inviolable en cette pluralité, et l'unité en est d'autant plus admirable, ineffable et adorable.

II. Que si nous contemplons Dieu non-seulement comme existant en soi, mais comme opérant en soi-même et hors de soi-même par deux sortes d'opérations qui procèdent de lui ; en l'une et en l'autre il opère comme un, et il opère en unité, nonobstant la pluralité de ses personnes. Car c'est par l'unité de son essence, de sa puissance, de son intelligence que le monde est produit, et c'est pourquoi le monde porte l'image de l'unité de Dieu, comme la marque de son ouvrier et comme l'enseigne et les armes de son Seigneur. Et pour la même raison il doit hommage à Dieu, non-seulement à cause de son être qui est l'être divin, premier et souverain, mais encore à raison de son unité suprême, d'où le monde prend son origine ; parce que Dieu, non-seulement comme Dieu, mais comme unité, est le principe de cet univers. Semblablement les opérations internes et les émanations divines s'accomplissent en unité ; ce qui est d'autant plus admirable qu'elles procèdent des personnes auxquelles la pluralité appartient, comme l'unité appartient à l'essence ; et néanmoins en ces personnes divines, en tant qu'opérantes et comme produisantes, nous y trouvons une admirable unité : car Dieu n'est pas seulement un comme Dieu, mais il est encore un comme Père, et il est principe unique de son Fils bien-aimé ; et le Père et le Fils produisent ensemble le Saint-Esprit, le produisent non en diversité, non en pluralité, mais en unité d'origine, concourant comme un seul principe à cette adorable et admirable opération.

Que si nous contemplons Dieu, non en son existence ni en ses opérations, mais en son repos, nous le trouvons encore, et l'adorons en unité. Car la doctrine de la foi et les prières publiques et solennelles de l'Église nous enseignent journellement que Dieu vit et règne en l'unité du Saint-Esprit, dans lequel il a sa vie et son repos, dans lequel il a sa gloire et son amour, et en qui se termine et accomplit heureusement l'unité, la fécondité et la société parfaite des personnes divines ensemble.

III. Or Dieu étant ainsi vivant, ainsi opérant, et ainsi régnant en unité, c'est-à-dire vivant en unité d'essence; opérant en unité de principe, et régnant en unité d'amour, ce n'est pas de merveilles s'il réduit ses œuvres à l'unité, et si d'autant plus qu'il a à opérer choses grandes et relevées, plus il les opère selon son unité; et si, ayant à opérer une œuvre et un mystère suprême, l'œuvre et le mystère de l'Incarnation, il l'opère en une manière excellente, manière toute nouvelle, toute singulière et sans exemple, dans l'unité. Ce mystère doit être le chef de ses œuvres, l'œuvre auquel il veut établir comme un triomphe de ses créatures (ainsi que nous ferons voir ailleurs), et l'œuvre par lequel il veut triompher lui-même de lui-même, c'est-à-dire de ses perfections divines: car il mène lui-même comme en triomphe sa grandeur dans l'abaissement, sa puissance dans l'impuissance, sa sapience dans l'enfance, son amour, sa justice, sa miséricorde en la croix.

Il est donc en cet œuvre comme en un triomphe où il ne triomphe pas d'autrui, mais de soi-même, et dans lequel il fait honte à ses créatures, si elles ne lui laissent le pouvoir de triompher d'elles par cet œuvre, puisque par cet œuvre il triomphe de lui-même. Ayant donc à opérer un œuvre tellement sien, tellement grand et divin, il l'opère selon sa dignité, il l'accomplit en une manière correspondante et proportionnée à l'excellence de son principe, à l'unité de sa personne incarnée, à l'unité de son essence éternelle; et même, ce qui est digne d'un grand poids et de considération particulière en faisant profession à cet œuvre, de s'oublier soi-même et sa grandeur, pour s'abaisser dans nos misères. Il n'oublie pas son unité sainte, et, couvrant sa gloire pour entrer en cet œuvre et pour l'ennoblir et relever par son propre abaissement, il y veut rendre son unité plus illustre et célèbre, plus remarquable et glorieuse que jamais; et il veut qu'elle triomphe dans le triomphe de ses œuvres, c'est-à-dire en cet auguste et sacré mystère de l'Incarnation; car il imprime en cet œuvre une nouvelle sorte et manière d'unité qui lui est singulière, qui lui est toute propre et particulière, qui ne convient et ne conviendra jamais à pas une de ses œuvres. Et il veut que ce grand mystère soit une image vive, un parfait exemplaire et un divin sujet de l'unité divine; et en ce qu'il contient l'unité d'une personne incréée en deux natures différentes, et en ce qu'il est unique et sans pair dans les œuvres de Dieu. En quoi il semble qu'il y ait un combat manifeste et une opposition formelle entre les deux perfections suprêmes de la divine essence, à savoir : entre sa bonté et son unité.

Car son unité veut que cet œuvre soit unique, et sa bonté le voudrait étendre et communiquer à plusieurs sujets; parce que Dieu étant une vive source d'émanations continuelles hors de soi-même, et la bonté ayant cela de propre et de naturel de se répandre et de se communiquer sans fin et sans bornes (ainsi que la lumière donne jusque dedans l'infini, si elle ne trouve point d'opposition et de résistance). Qui ne croira que cette haute et sublime communication de la divinité qui rend tant de gloire à Dieu, et tant d'honneur au monde, et qui est en elle-même si aimable, si admirable, si adorable, si souhaitable, ne dût être étendue à plusieurs sujets aussi bien que la communication de la nature, de la grâce et de la gloire? Mais il est raisonnable en ce mystère de paix, en ce mystère qui pacifie le ciel avec la terre, Dieu avec les hommes, de trouver la paix dedans le trône de Dieu même, et entre ses perfections divines. Et partant, nous disons que l'unité de Dieu et la bonté de Dieu, étant les deux perfections de la divinité les plus reconnues et les plus célèbres, Dieu a voulu avoir égard à l'une et à l'autre en ce chef de ses œuvres; et honorer sa bonté en y faisant la plus grande, la plus riche, la plus intime et abondante communication de soi-même, que sa puissance divine puisse accomplir hors de soi-même; et honorer son unité, en se résolvant de ne jamais rien faire au monde, qui soit semblable à ce mystère singulier, comme ne voulant pas priver son unité suprême de son droit et de sa puissance à s'approprier ce grand œuvre; et, voulant relever cet grand œuvre, le suprême de ses œuvres, de cette sorte d'unité qui le rend cher et précieux, qui le rend rare, qui le rend unique et incomparablement recommandable.

IV. L'unité est la première propriété que les philosophes attribuent à l'être créé : elle est la première perfection que les Chrétiens reconnaissent et adorent en l'être incréé; elle est celle que l'Ecriture représente aux fidèles plus fréquemment. Et les platoniciens qui sont les plus élevés entre les païens en la connaissance des choses sublimes, hommes vraiment divins entre les naturalistes, et théologiens entre les philosophes, ne parlent de rien si divinement que de l'unité; et dans les éléments et les secrets de leur doctrine, ils enseignent à leurs disciples que l'essence et la fécondité divine est en l'unité; voire ils osent bien dire, par une façon de parler pleine de leurs mystères, que Dieu a l'unité et non pas l'être; comme étant l'unité, selon leur haute intelligence, une chose première et supérieure à l'être. Et les démons qui ont perdu l'amour de Dieu, mais non la connaissance (laquelle est profondément empreinte dans leur nature) et qui sont ennemis jurés des grandeurs et perfections divines, rendent en leur propre malice un témoignage illustre à cette vérité. Car en leurs combats contre Dieu en la terre, le premier de tous et le plus grand, a été contre son unité, combattue furieusement durant quatre mille ans en la pluralité des dieux, qui a été la première, la plus forte, la plus longue et la plus étendue hérésie du monde : hérésie insinuée dès le paradis terrestre, fondée dans le premier péché de l'homme, dans la première parole du diable (*Eritis sicut dii*), et depuis répandue par toute la terre.

Et cette hérésie si puissante et si ancienne,

n'a été domptée que par l'unité nouvelle, puissante et adorable de ce rare mystère. Car il a fallu un Homme-Dieu pour la bannir de la terre, au lieu que les autres hérésies ont été anéanties par ses prophètes et ses serviteurs. Et nous voyons comme depuis que cet Homme-Dieu a été vivant, marchant et parlant sur la terre, la terre n'a point été capable de persévérer en cette erreur, ayant reconnu l'unité de son Créateur en toutes ses contrées, et par la plus grande part des esprits qui l'ont habitée, bien que privés de la lumière de la foi, et profondément ensevelis dans les ténèbres de la gentilité. Aussi, cette reconnaissance universelle de l'unité d'un Dieu, dans l'univers auparavant occupé du paganisme, et du culte extérieur du nombre infini de faux dieux, est la première grâce issue de ce mystère, lequel porte et contient en soi la vraie lumière, la lumière incréée qui donne au monde la lumière et la connaissance du vrai Dieu.

C'est la première vérité imprimée dans la terre par le Verbe incarné, et si avant imprimée par ce divin caractère de la substance du Père éternel, que rien ne la peut effacer. C'est le premier rayon de sa lumière épandu en tout l'univers, et si fort épandu par la naissance du vrai soleil, que les ténèbres de l'erreur et du péché n'ont jamais pu, depuis, offusquer cette vérité, et ne l'offusqueront jamais tandis que le monde durera, comme elles l'ont offusqué aux siècles précédents sous la loi de nature et sous la loi écrite. C'est le premier effet visible et public au monde de la toute-puissance de son unité, c'est-à-dire de l'unité de sa personne subsistante en la pluralité et diversité de natures, et honorant par un nouveau mystère l'unité de son essence éternelle. Et enfin cette lumière et connaissance de l'unité de Dieu est une grâce si abondante et si étendue, et une faveur si puissante et si universelle, qu'elle n'est pas seulement communiquée aux fidèles dispersés par tout le monde; mais elle a passé même jusqu'aux ennemis du nom chrétien, comme par un reflux de la grâce de l'Incarnation sur la terre. Car depuis l'avénement du Fils de Dieu, les plus grands fauteurs du paganisme ont eu honte de leur erreur, et ont affecté de reconnaître l'unité d'un Dieu suprême en la diversité de leurs dieux. Et ceux qui, par intervalles, se sont séparés du christianisme, ne se sont pas pourtant séparés de la créance de l'unité d'un Dieu, comme par une secrète réserve de puissance que le Fils unique de Dieu a voulu faire en l'honneur de son unité, même dedans ces âmes infidèles, lorsqu'il les a délaissées et abandonnées à leurs erreurs et impiétés, comme il appert en tous les peuples sectateurs de Mahomet.

C'est par une prévention de cette même grâce, puissance et faveur, que les Juifs, si enclins auparavant à l'idolâtrie, ont été rendus incapables d'y retomber sitôt que le temps heureux de l'avénement de Jésus s'est approché et qu'il a commencé en son aurore à luire sur notre horizon. Chose d'autant plus remarquable en ce peuple qu'il s'est porté à l'idolâtrie dès son berceau, et dès la naissance de la loi et de la Synagogue, comme il appert en l'adoration du veau d'or, et qu'il y a depuis persévéré en chacun âge et en chaque siècle, comme il se voit dans les prophètes, sans que les oracles divins, ni les châtiments rigoureux de la justice de Dieu l'en aient pu détourner. Et toutefois, vers le dernier âge du monde, depuis son retour de Babylone, approchant du siècle du Messie, il n'est point retourné à l'idolâtrie, comme pressentant l'avénement heureux de la vraie lumière qui était sur le point de répandre ses rayons en l'univers; et la Judée n'a jamais plus été en ces erreurs et en ces ténèbres depuis que le Fils de Dieu l'a honorée de sa naissance et de son extraction, et qu'il a éclairé comme un soleil cette province de sa présence. Cette unité donc si intime en Dieu, si propre aux créatures, si avant imprimée dans le monde, si combattue par les démons, si bien défendue par les fidèles et si solidement établie, reconnue et honorée par l'efficace de ce divin mystère, devait être signalée en icelui, aussi bien qu'elle est signalée par icelui.

C'est pourquoi Dieu a voulu imprimer cette unité, cette première et plus célèbre perfection, dans le premier et le plus grand de ses œuvres; c'est-à-dire en l'œuvre de l'Incarnation, le rendant comme sans exemple, et en la terre et au ciel. Et comme l'ordre des communications nécessaires et ineffables de la divinité dedans soi-même par les émanations divines et personnelles, est terminé et comme arrêté au Saint-Esprit, qui est la troisième personne de la Trinité, sans qu'elles puissent passer en d'autres processions divines et immanentes, aussi Dieu a voulu arrêter en son Fils et en sa nature unie, le cours et le progrès des communications libres et volontaires de sa divinité hors de soi-même; tellement qu'il n'y aura jamais aucune autre personne que son Verbe éternel qui communique sa substance à la nature créée; et ce même Verbe ne fera jamais cette grâce qu'à la nature humaine. Et entre les natures singulières en notre espèce, il n'y aura pour jamais que cette humanité tirée de sa substance et du corps immaculé de la très-sainte Vierge qui jouisse de cette faveur suprême.

Ce qui relève beaucoup les grandeurs de Jésus et accroît nos devoirs envers sa personne divine et envers sa nature humaine. Car il faut soigneusement considérer, et dignement peser que c'est le Verbe seul, le Fils unique de Dieu qui s'est fait homme pour l'homme, et que ce Verbe éternel ne veut ainsi communiquer sa personne et sa grandeur qu'à cette seule humanité en espèce et en nombre. Cette seule humanité donc, entre toutes les créatures, est l'unique objet des grandeurs et faveurs de Dieu en la plus haute et ineffable communication qui puisse être faite à une essence créée : et Dieu arrête heureusement en Jésus le cours de sa puissance, de sa sapience, de sa bonté, comme ne pouvant les employer à un plus digne ouvrage.

Et tout ainsi qu'en la création, la main de Dieu opérant en l'ordre de l'univers, s'est arrêtée en l'homme, et l'ayant formé le sixième jour, il est entré le septième en son repos, comme étant arrivé au plus haut point et au chef de ses œuvres en la nature humaine ; ainsi, Dieu opérant dans l'ordre suprême de ses grâces et faveurs, c'est-à-dire en l'ordre ineffable de l'union hypostatique, arrête sa puissance, sa sapience et sa bonté au nouvel Homme, en notre Emmanuel, en son Fils incarné, comme en un œuvre et en un sujet infini, et infinies fois infini, lequel en soi et en sa dignité contre la nature des autres œuvres de Dieu, qui les produisent, égale ces mêmes perfections qui n'égalent jamais les perfections divines qui le produisent au monde et composent le divin mystère de l'Incarnation. Et après l'admirable accomplissement de ce chef-d'œuvre de grâce et faveur suprême, comme on peut dire saintement qu'en l'éternité il prend son repos au Saint-Esprit, aussi pouvons-nous dire qu'en la plénitude des temps il prend son repos en Jésus ; qu'il y met ses délices, qu'il y a son bon plaisir, et qu'il nous appelle tous pour arrêter en lui nos esprits et nos cœurs, et nous convie à prendre notre repos et nos contentements en ce divin objet, puisque lui-même y arrête le cours de ses œuvres, le progrès de ses divines perfections, le comble de ses grâces, et y établit pour jamais sa gloire, son repos et son contentement.

V. Nous recueillons de ce discours précédent que cette œuvre est une œuvre et un mystère d'unité, lequel part d'un sacré conseil, d'un conseil adorable et admirable, d'un conseil secret d'unité, qui unit le Père en ses pensées, en ses conseils et en ses œuvres ; qui unit le Fils en son état, en ses grandeurs et en ses mystères, et qui unit les hommes en leurs devoirs, en leurs sentiments et en leurs affections vers lui. Car le Père éternel n'a point à diviser ses regards, ses desseins et ses emplois. Et il n'est pas comme un père de famille qui a plusieurs enfants en sa maison, auxquels il partage son esprit, son soin et son amour, ses états, ses honneurs et son bien. Le Père n'a qu'un Fils en sa divinité ; il n'a qu'un Fils à regarder en la terre et au ciel ; il n'a qu'un Fils bien-aimé, auquel il prend son bon plaisir ; il n'a qu'un Médiateur à donner à son Église ; il n'a qu'un Prophète et un Messie à envoyer à son Israël, à son peuple ; aussi dit-il au singulier : *Je leur susciterai un prophète.* (*Deut.* XVIII, 18.) Il dit au singulier : *Celui-ci est mon Fils bien-aimé, écoutez-le.* (*Matth.* XVII, 5.) Et Jésus-Christ dit de soi-même à ses disciples : *Un seul est votre Maître.* (*Matth.* XXIII, 8.) Et son disciple bien-aimé dit de lui : *Le Fils unique qui est au sein du Père.* (*Joan.* I, 18.) Et le premier de ses apôtres dit de lui : *Celui-ci est le Seigneur de tous.* (*Act.* X, 36.) Et les peuples disent de lui : *Celui-ci est vraiment le Sauveur du monde.* (*Joan.* IV, 42.) Il est toujours seul et toujours unique ; unique en sa personne et en ses offices ; unique en la terre et au ciel ; unique au sein du Père et en son Église. Ainsi Jésus est seul le Fils bien-aimé du Père ; Jésus est seul le Messie, le Prophète et le roi d'Israël ; Jésus est seul le Maître, le Souverain et le Sauveur du monde. Et l'humanité seule de Jésus est l'instrument conjoint à la divinité pour opérer ses œuvres en la terre et au ciel. Et Jésus n'entre en part qu'avec Dieu même qui lui communique sa propre essence et sa gloire ; car il ne partage ni avec aucun ange, ni avec aucun homme les grandeurs, les desseins, les emplois de son Père.

Tout est en lui, pour lui et par lui, comme tendant à lui, comme relevant de lui, comme subsistant en lui, afin que tout soit uni à lui, et par lui à son Père. Or Jésus étant ainsi le sujet et l'unique sujet des grandeurs et faveurs de Dieu, et se trouvant seul et unique dans le premier et le plus eminent ordre des œuvres de la divinité, nous n'avons point à partager nos pensées, nos sentiments, nos devoirs ; il les doit avoir tous, et il les doit avoir seul en cette qualité, comme il possède seul en ce grand ordre cet être infini et incréé. Il les doit, dis-je, avoir seul et en ce haut degré qui appartient à lui seul, selon la grandeur suprême qui lui est conférée par le très-haut mystère de l'Incarnation. Et c'est pourquoi le Père éternel a voulu faire en son Fils et en son humanité sacrée la dernière et la plus haute production de ses grâces, et ne lui donner aucun adjoint et associé en cette qualité et suprême dignité qu'il lui a donnée, afin de nous unir tous à lui, et de ne point diviser nos cœurs et nos esprits à des objets qui fussent également aimables et honorables.

VI. C'est le conseil profond de la sagesse de Dieu, digne d'être adoré en son origine, d'être révéré en son sujet, d'être admiré en sa conduite. Car c'est un conseil de Dieu sur son Fils unique ; c'est un conseil de Dieu sur un état nouveau qu'il donne à son Fils, et sur un état qu'il lui veut donner hors de soi-même ; état unique, immuable et éternel, et qui durera à l'avenir autant que Dieu même. Et ce conseil de Dieu sur son propre Fils est fondé sur un grand secret, correspondant à la propriété de sa génération éternelle et à un rapport excellent à l'unité et singularité de son être divin, personnel et incréé. Car comme en la divinité sa filiation est unique, aussi Dieu a voulu, par un décret immuable, qu'elle soit et demeure à jamais uniquement communiquée à une seule nature entre les choses créées. D'où vient que Dieu, lorsqu'il veut rendre son Verbe incarné présent en plusieurs lieux selon sa nature nouvelle, il emploie sa puissance à faire un nouveau chef-d'œuvre et un nouveau mystère, où il multiplie la présence et non l'essence de cette sienne nature.

Nous le voyons au très-saint mystère de

l'Eucharistie, auquel le Fils de Dieu fait un miracle, et un miracle perpétuel sur soi-même, c'est-à-dire sur son corps, sur son sang et sur son âme, employant sa puissance à conserver l'unité de ce sang précieux et de ce corps vivant et animé (non-seulement de l'esprit humain, mais aussi de l'esprit de la divinité), et à maintenir l'unité de cette âme subsistante en la personne divine, en multipliant leur présence sans multiplier leur essence. Miracle signalé, car il est opéré tant de fois et en tant de lieux. Miracle perpétuel, car il durera jusqu'à la fin du monde. Miracle de Jésus-Christ et de Jésus-Christ sur soi-même, car il en est l'auteur et y exerce son pouvoir, non sur la cendre comme en la résurrection du Lazare, ni sur quelques parties corporelles défectueuses en la nature, comme en la guérison des malades, des boiteux, des aveugles; mais sur un corps et sur un esprit; sur un un corps le plus digne et le plus saint qui soit au ciel et en la terre; sur une âme la plus élevée et sublime qui soit entre les esprits célestes, c'est-à-dire sur le corps vivant et glorieux, et sur l'âme sainte et divine du Fils de Dieu. Miracle le plus grand des miracles de Jésus, à cause de quoi il a voulu qu'il fût le dernier de ses œuvres et de ses miracles accomplis en l'état libre de sa vie mortelle et au dernier de ses jours. Car à l'issue de cet œuvre, ce n'est plus qu'angoisse, ce n'est plus que captivité, ce n'est plus que souffrance, et ce n'est plus qu'un voyage continu à la croix et à la mort.

Digne pensée, et dignement honorant l'unité divine, que le plus grand et le dernier miracle du Fils de Dieu en sa vie libre et voyagère, soit un miracle d'unité, et soit un miracle opéré pour conserver l'unité de Jésus en l'effusion admirable de l'amour de Jésus, qui s'est voulu communiquer au ciel et en la terre, à plusieurs âmes, et en plusieurs lieux; et pour conserver par ce moyen dedans l'Eglise, qui est une, l'unité de son Dieu et de son Sauveur, qui est un en sa nature temporelle, comme il est un en sa nature éternelle : c'est-à-dire pour conserver l'unité de son corps, de son sang et de son âme, en multipliant leur présence sans multiplier leur essence! Digne pensée encore de l'unité du Fils de Dieu, qui, étant un avec son Père, emploie le plus grand et le dernier de ses miracles à conserver l'unité de sa nature humaine dedans ce mystère, et à nous réunir tous en unité en lui par un mystère d'unité; qui donne sujet à saint Paul de dire : *Nous qui sommes plusieurs, nous sommes un pain et un corps : nous tous qui sommes participants d'un même pain.* (I Cor. x, 17.) Mystère d'unité, servant en qualité de sacrifice, à adorer l'unité de Dieu! Mystère d'unité, servant en qualité de miracle, à conserver l'unité de son Fils unique en l'Incarnation! Mystère d'unité, servant en qualité de sacrement, à imprimer l'unité d'esprit et de grâce à ses enfants adoptifs, et à les unir entre eux-mêmes et avec lui!

Ce qui a fait dire à saint Paul ces saintes et ces grandes paroles, et cette antithèse de grand poids : *Qu'un même pain céleste fait que plusieurs qui y participent soient un même corps.* Parole et antithèse digne de la profondité de ce grand mystère, le supplément unique de l'Incarnation, dignement énoncé par ce grand Apôtre, et dignement servant à l'unité de Dieu incarné. Car il est à propos de remarquer que la raison primitive de ce miracle perpétuel de la très-sainte Eucharistie, qui nous rend le corps glorieux du Fils de Dieu présent au ciel et en la terre, et en plusieurs lieux de la terre, et qui multiplie la présence, mais non pas l'essence de ce corps sacré; c'est pour ne pas multiplier le chef-d'œuvre de l'Incarnation et de l'union personnelle de la divinité avec une autre nature singulière; c'est pour ne pas faire un autre et un pareil ouvrage au monde; c'est pour ne pas établir plusieurs corps et plusieurs âmes subsistantes en la divinité; et c'est pour conserver l'unité de l'âme et du corps du Fils de Dieu dans la multiplicité de ses présences. Ce que l'hérésie superbe, et ignorante aux mystères de Dieu, n'entend pas; aussi n'est pas digne d'entendre le secret et le mystère de l'unité, étant conduite et animée de l'esprit de division : au lieu que les fidèles, humbles et éclairés de la lumière de la foi, savent bien reconnaître et adorer le conseil de Dieu en ce miracle et mystère de l'Eucharistie; qui fait qu'un seul corps et un seul esprit, le corps et l'esprit de Jésus, demeurant un et singulier en son être, se retrouve présent en plusieurs lieux, afin que, sans intérêt de son unité, il soit et opère en divers lieux les divers effets de sa présence, de sa grâce et de sa gloire.

Tant ce point est ferme et inviolable dans le conseil secret du Père éternel, que l'état de l'union hypostatique soit sans exemple, et ne soit jamais réitéré, que l'œuvre divin de l'Incarnation soit unique et singulier au monde; que sa puissance et sa bonté soient arrêtées en ce divin sujet, et ne soient jamais plus employées à faire un pareil ouvrage. Tant il a résolu de ne jamais donner l'essence et la personne de son Fils à aucune autre nature particulière, en la sorte qu'il lui a plu de la donner à Jésus; et tant il veut que nous ayons tous pour jamais en Jésus, et en Jésus seul, la source et l'origine de l'unité d'esprit et de grâce, à laquelle il lui a plu nous appeler en son Fils. Lequel comme il est éternellement et divinement un avec son Père par sa naissance première, et un avec nous temporellement et humainement par sa seconde naissance; ainsi il tend à l'unité, et nous y exhorte par sa parole, il nous y conduit par son exemple, il nous y tire par sa vertu, et il nous l'obtient par ses prières, disant au Père éternel : *O Père saint, que ceux que vous m'avez donnés soient un, comme nous sommes un.* (Joan. xvii, 11.)

VII. C'est en cet œuvre miraculeux de

l'Eucharistie, et en cette pensée des unités divines, que le Fils unique de Dieu a voulu clore et terminer sa vie : c'est en cet œuvre et en cette pensée, qu'il a voulu parler à Dieu son Père, en la plus élevée, la plus importante et la plus solennelle de ses prières, laquelle il a faite au Père éternel dans le cénacle de Sion, accomplissant le plus grand de ses œuvres, le suprême de ses mystères, au dernier de ses jours, au milieu de ses apôtres, et allant à la croix s'y offrir lui-même en sacrifice.

C'est aussi en cette pensée des unités divines qu'il a voulu commencer sa nouvelle vie sur la terre, sa vie divinement humaine, et humainement divine. Car il commence et sa vie et son élévation à Dieu en un même temps ; il commence et à vivre en la terre et à reconnaître Dieu dans le ciel en un même moment et en un même lieu, c'est-à-dire au secret cabinet, en l'oratoire sacré, et au temple divin du cœur, du sein et des entrailles de la Vierge. Et en ce lieu intime et auguste, rendu saint et sacré par l'opération du Saint-Esprit, par la présence du Verbe, par la vertu du Très-Haut, Jésus, étant nouvellement conçu, entre aussitôt en sa première occupation : en laquelle son entretien plus secret, son élèvement plus haut, et l'application plus vive et puissante de son esprit, est en la vue, en l'hommage et en l'amour des unités divines : où deux choses se retrouvent heureusement jointes ensemble, et toutes deux dignes de très-grande vénération ; dont l'une est le premier point de l'accomplissement que Dieu fait de ce sien œuvre ; et l'autre est la contemplation première que l'âme de Jésus, fait au même moment, de ce même œuvre de l'Incarnation qui est un œuvre d'une admirable et nouvelle unité.

Nous le devons ainsi solidement estimer de son âme divine, laquelle voyait Dieu en son essence, en ses personnes et en sa gloire dès le premier moment de sa création. A quoi l'Apôtre nous oblige (*Hebr.* x, 5 seq.), si nous le savons bien considérer, quand il nous représente le Fils de Dieu commençant son entrée au monde par une profession solennelle qu'il fait à son Père, en laquelle il l'adore, et il reconnaît le nouvel état qu'il reçoit de lui par l'Incarnation ; et lui fait oblation de soi-même en qualité d'esclave (comme nous dirons ailleurs) lui offrant son corps en qualité d'hostie pour les péchés du monde et pour la délivrance des hommes qui étaient esclaves du prince du monde. Car si nous assemblons la parole de l'Apôtre qui nous rapporte cette oblation mémorable du Fils à son Père, avec la parole de la foi, qui nous apprend que l'âme de Jésus était dès lors en la jouissance de la gloire, il est manifeste que ce grand acte de profession et d'oblation première du Fils de Dieu, suppose par l'objet de l'adoration de latrie, et par l'objet de l'oblation du sacrifice qu'il a faite à son Père, la vue que cette âme sainte avait de Dieu en son essence et en son unité et, en vue de l'essence, la vue qu'elle avait des unités admirables qui se retrouvent dans les personnes divines, si nous les considérons comme produites et comme produisantes. Ce qui ne doit pas être chose bien difficile à persuader, à qui considérera que la grandeur et la fin de l'état divin en suprême de Jésus, dans le mystère de l'Incarnation, a sa base et son fondement, a son rapport et sa relation particulière, et est admirablement compris dans les unités divines.

VIII. Pour mieux entendre cette vérité, il est nécessaire de reprendre de plus haut ce discours, et dire : Qu'il y a trois unités saintes, divines et adorables, que l'excellence de nos mystères nous fait connaître, que la sublimité de la foi nous propose, et que le Fils de Dieu sur la terre allait contemplant, aimant et adorant : l'unité d'essence, l'unité d'amour, l'unité de subsistence : l'unité d'essence en la divinité que nous adorons ; l'unité d'amour en la trinité que nous admirons ; l'unité de subsistence en l'Incarnation que nous professons. L'unité d'essence que le Fils de Dieu reçoit de son Père, l'unité d'amour qu'il produit avec son Père, l'unité de subsistence qu'il communique à notre humanité par le vouloir de son Père.

Or, le premier usage de l'âme de Jésus a été sans doute, selon saint Paul, en l'adoration de son Dieu, et en la vue et contemplation de ses unités. C'est son premier devoir et son premier exercice : c'est son premier devoir de l'adorer, et c'est son premier exercice de le voir, c'est-à-dire de voir son essence et sa gloire. Cet homme donc, qui s'appelle Jésus, étant Dieu par ce mystère, et voyant par la lumière de la gloire (que personne ne lui dénie) qu'il était Dieu, il est sans doute, que son premier devoir et sa première opération, en cette vue et vie bienheureuse, a été d'adorer par sa nature humaine l'unité suprême de la divine essence. Et suivant l'ordre des origines et émanations éternelles, dans lequel il est le Fils unique de Dieu, et le second après le Père ; il s'est aussitôt appliqué à admirer et adorer la puissance de son Père à l'engendrer, sa propre naissance, sa subsistence, sa filiation unique et éternelle dans le sein de son Père. Et autant que la première opération de Jésus en sa divinité est la production du Saint-Esprit, duquel il est principe avec le Père ; en suivant le même ordre des processions divines, il a vu et adoré aussi au même instant cette émanation divine, cet esprit éternel, cet amour personnel, duquel il est la source et l'origine en la divinité, et qui est le lien incréé et ineffable, unissant le Père avec le Fils, et le Fils avec le Père par une éternelle unité, et par l'unité d'esprit et d'amour ineffable. Et voyant ces deux natures, l'une humaine et l'autre divine être jointes en unité de subsistence, et d'une subsistence divine et incréée, il voit, il aime, il adore au même instant cette unité nouvelle qui le fait nouvel homme, c'est-à-dire qui le fait Homme-Dieu par une sorte d'unité nouvelle, en laquelle consiste son être, son état et sa grandeur.

Et comme après la divine essence (selon

le rapport de saint Jean), notre félicité est en la vue de Jésus-Christ Notre-Seigneur, et de l'unité ineffable qui unit en lui deux natures si différentes : aussi le second objet de la félicité de l'âme de Jésus est en la vue de lui-même, comme subsistant dedans l'être incréé, et en la vue de cette même unité qui, unissant ces deux natures, constitue ce divin composé, fait Dieu-Homme, établit le nouveau mystère de l'Incarnation, et donne au monde un nouvel objet, et un objet désormais éternel ; objet de grandeur et d'amour, objet de vie et de félicité. Et celui qui couvrant ses grandeurs de son humilité, se nomme si souvent dans l'Écriture le Fils de l'homme, pour les couvrir ainsi, ne les méconnaît pas, ne les ignore pas, ne les oublie pas, puisqu'il a su et a vu au premier moment qu'étant Fils de l'homme, il était Fils de Dieu. Car comme en sa divinité il est Fils de Dieu par génération éternelle, en l'humanité, où il est Fils de l'homme, il est Fils de Dieu par communication temporelle de la divine essence à la nature humaine : et ainsi le Fils de l'homme qui est le Fils de Dieu, est toujours voyant et toujours contemplant cet état excellent, et toujours se référant soi-même, et référant cette unité nouvelle qui le fait nouvel homme, à l'hommage des unités divines et adorables de l'être suprême et incréé.

O unité nouvelle ! ô unité sainte ! ô unité de subsistence, que vous êtes chère, que vous êtes aimable, que vous êtes honorable à Jésus, puisqu'en vous, c'est-à-dire, en cette unité de subsistence personnelle, consiste uniquement son être et sa grandeur ! O âme de Jésus, lorsque tirée du néant, et unie à Dieu, et voyant sa gloire, vous avez vu ce nouveau mystère de l'Incarnation, et que le voyant vous avez vu comme il établit une unité sainte et incompréhensible, unité nouvelle, mais réelle, mais divine, mais adorable entre deux choses si distantes, et que votre consistence et subsistence divine est en cette unité : quelle application, quel amour, quel hommage avez-vous rendu lors à cet Être divin qui est votre être, à cette unité divine qui établit ce nouveau, ce suprême, ce divin mystère de l'Incarnation ? Et comme vous êtes l'unique, ô Jésus, qui avez reçu, et le premier de tous les mortels, qui avez vu cette unité de subsistence en vos deux natures, vous êtes aussi le premier de tous, même avant la Vierge qui vous a conçu, et avant les anges qui vous ont annoncé ; qui avez reconnu et honoré cette unité divine et nouvelle en la plénitude de ses merveilles ! Vous êtes le premier qui vous êtes appliqué à cette unité sainte, et qui avez prié pour en étendre la grâce, la puissance et les effets pour la réunion de nos âmes avec Dieu, comme dit saint Jean ; et qui avez rendu grâces immortelles au Père éternel, d'avoir établi en vous et en cette unité le centre et l'origine de l'unité de grâce et d'esprit qui devait être communiquée aux anges et aux hommes, et qui doit régner en la terre et au ciel pour jamais !

Ainsi donc, ô Jésus, mon Seigneur, avez-vous commencé, et ainsi avez-vous fini saintement et divinement votre vie dans le sein de la Vierge, et dans le cénacle de Sion, en la pensée, en l'amour et en l'adoration des unités divines. Ainsi l'avez-vous continuée sur la terre en Bethléem, en Jérusalem, en Nazareth, en Egypte, en la Judée, et en tous les lieux que vous avez honorés et sanctifiés par votre sainte présence. Et en cet exercice intérieur s'est passé une partie de la vie spirituelle et contemplative que vous avez voulu pratiquer, pour opérer notre salut, pour donner exemple à vos enfants, pour servir et honorer la majesté de Dieu sur la terre. Et maintenant que vous êtes dans les cieux, que vous êtes établi en la gloire du Père, vous êtes encore en la pensée et en la vue de ce même objet ; et votre vie triomphante, céleste et immortelle, a cette même occupation que vous avez eue durant le cours de votre vie humble, souffrante et voyagère.

Or vous êtes la vraie vie, vous êtes le modèle de notre vie, et vous êtes cet exemplaire qui nous est montré en la montagne aussi bien qu'à Moïse, et selon lequel il nous est commandé d'opérer. Que notre intérieur donc soit occupé à contempler, à adorer, à imiter votre vie intérieure ; que notre vie spirituelle soit regardant et imitant les exercices et occupations de votre âme divine et de votre vie sacrée. Et à votre exemple et imitation, contemplons tous et adorons après vous et par vous ce divin objet ; et voyons que par ces unités admirables nous avons deux trinités saintes, divines et adorables en nos mystères : trinité de subsistence en unité d'essence au premier, au plus haut et au plus auguste mystère de la foi, en la personne du Père, du Fils et du Saint-Esprit ; et trinité d'essence en unité de subsistence, au sacré mystère de l'Incarnation, en l'essence de l'âme, en celle du corps et en la divinité de Jésus.

L'une de ces deux trinités est existante de toute éternité, l'autre est existante pour toute éternité ; l'une est uniquement divine et incréée, et en ses personnes et en son essence, l'autre est divine et humaine tout ensemble : divine en la personne, et humaine en deux de ses essences. L'une est adorée, et non jamais adorant ; l'autre est humblement adorée, et divinement adorant le très-haut, très-ineffable et très-incompréhensible mystère de la Trinité, laquelle est la source vive, le parfait exemplaire et la cause finale de l'Incarnation. En laquelle cette trinité première, cette trinité éternelle, cette trinité de personnes est sublimement et uniquement, souverainement et divinement reconnue, servie et adorée en la terre et au ciel par cette autre trinité seconde, trinité nouvelle, trinité d'essences qui composent le nouvel Homme, et est comprise en ce nouveau mystère de l'Incarnation, et rend ce nouveau mystère et ce nouvel Homme digne et capable en la diversité de ses natures, d'être humblement et divinement adorant ce mystère suprême de la très-sainte Trinité.

IX. Or ces deux trinités sont fondées, comme nous voyons, en deux unités divines et différentes : l'une en l'unité d'essence, l'autre en l'unité de subsistence. L'unité d'essence est la première de toutes; car elle est éternelle et sans origine, et elle est l'origine des unités qui sont en l'être créé et incréé. Même elle est l'origine de la pluralité des personnes que nous adorons en la très-sainte Trinité; car c'est de sa fécondité que vient cette pluralité de personnes, et c'est en son unité qu'elles subsistent. Et cette pluralité de personnes qui est divine et adorable comme la même essence, se termine en l'unité si souvent et si hautement publiée dans le service public et solennel de l'Eglise, qui marque et célèbre si humblement et si fréquemment l'unité du Saint-Esprit : *In unitate Spiritus sancti*, ce dit l'Eglise en toutes les prières qu'elle fait à son Dieu. O unité d'esprit et d'amour personnel, qui unit les personnes divines entre elles! Car comme elles sont divinement unies, ou plutôt une même chose en l'origine des émanations, c'est-à-dire en l'unité d'essence, elles sont encore divinement unies au terme des émanations, c'est-à-dire en l'unité d'esprit et d'amour. O unité d'essence et unité d'amour, qui enclôt ainsi le très-haut mystère de la Trinité sainte, et comprend l'étendue infinie de la fécondité de Dieu en ces deux unités! Car l'unité d'essence est l'origine de la fécondité et communication de Dieu en Dieu lui-même, et l'unité d'amour est l'origine de la fécondité et communication de Dieu hors de Dieu même ; parce que Dieu se répand et communique hors de soi par bonté et par amour, qui sont les propriétés singulières du Saint-Esprit.

O unités d'amour et d'essence, qui comprennent l'incompréhensible, à savoir, la nature et les personnes divines! Car l'unité d'essence commence (si nous pouvons user de ce terme) comme principe sans principe, et l'unité d'amour ferme et termine comme fin sans fin, le cercle admirable des émanations éternelles, et les processions ineffables sont comme un divin mouvement en l'être souverain, éternel et immuable, lequel commence en l'unité d'essence, et se termine et repose en unité d'amour. L'autre trinité comprise au divin mystère de l'Incarnation, est fondée en l'unité de la subsistence; subsistence non absolue, mais relative; non essentielle, mais personnelle, convenant au Verbe divin et appliquée à notre humanité. Cette unité de subsistence est le fondement de ce très-haut mystère de l'Incarnation, de toutes les grandeurs qui l'accompagnent et de tous les effets qui en procèdent, soit envers Dieu, soit envers les créatures, soit en la terre, soit au ciel, soit au temps, soit en l'éternité, où il y a une suite admirable et incompréhensible en l'infinie diversité de choses, et de choses toutes saintes, grandes, rares et divines.

Et cette rare et excellente diversité constitue comme un nouveau monde surnaturel dedans le monde naturel; nouveau monde de grandeurs et de merveilles, qui est tout dépendant de cette unique et divine subsistence. Car comme les grandeurs et perfections des personnes divines viennent de l'unité d'essence commune à ces personnes, ainsi les grandeurs et perfections de Jésus viennent de cette subsistence. C'est donc cette unité de subsistence qui établit ce mystère de l'Incarnation, et c'est aussi ce mystère qui établit réciproquement cette unité de subsistence en deux natures, et introduit par ce moyen, dans les mystères de Dieu et dans l'intime et le secret de la subsistence de son Verbe, une unité nouvelle, laquelle n'était pas auparavant ; au lieu que ces deux unités, l'une d'essence et l'autre d'amour, sont aussi anciennes que Dieu même et sont éternelles comme lui. Car les hommes adoraient bien en la terre l'unité de la divine essence, et les anges voyaient bien au ciel l'unité d'amour, liant entre elles les personnes de la sainte Trinité, qui est une sorte d'unité inconnue en la terre avant ce nouveau mystère d'amour et d'unité, et reconnue au ciel de ceux qui voyant la Divinité, voyaient en elle l'unité de son esprit et de son amour personnel; mais (ô secret de ce divin mystère, remarqué en trois divers lieux par saint Paul [*I Cor.* III, *Ephes.* III, *Coloss.* I] ni les hommes par l'état de la loi et institution judaïque ne croyaient point, ni les anges (selon les principaux Pères de l'Eglise grecque, et plusieurs des Latins) ne voyaient point et n'adoraient point encore cette unité nouvelle de subsistence; et même, selon l'avis universel de toute la théologie, ne la connaissaient point en toutes ses merveilles et en toutes les circonstances qui établissent la substance de ce mystère unique au monde.

Au contraire, ils croyaient, voyaient et adoraient la Trinité de subsistence, et non pas l'unité de subsistence : à laquelle maintenant le ciel et la terre rendent un commun hommage, consentent et conspirent en un même esprit et en une même adoration. Et comme le ciel et la terre sont adorant l'unité de subsistence divine, qui est en Jésus; aussi nous sommes tous aspirants à l'unité de grâce et de gloire à laquelle il nous élève par le mystère de son Incarnation. O unité puissante en ses effets ! ô unité adorable en sa divinité ! ô unité nouvelle en son application ! ô unité admirable en son usage et en sa liaison ! car elle unit en ce mystère le monde avec Dieu, Dieu avec l'homme, et l'être créé avec l'Etre incréé. Et au lieu que l'unité d'essence est entre des personnes incréées, divines et égales entre elles, et comme telles dignes de cette unité d'essence, cette unité nouvelle et puissante est entre des natures si distantes et inégales, que l'une est divine et l'autre humaine, l'une incréée et l'autre créée, l'une éternelle et l'autre temporelle, l'une très-puissante et l'autre très-impuissante. Et toutefois elles sont unies, et unies d'un lien sacré, divin et éternel en unité de subsistence, qui est une sorte d'unité qui va regardant et adorant en cette œuvre l'unité d'essence qui est entre les personnes divines, et l'unité d'amour qui est entre le Père et le Fils éternels, et qui va opérant incessamment en la terre et au ciel l'unité d'esprit, de grâce et de gloire, en laquelle toute créature doit être établie et consommée.

X. Ainsi Dieu est vivant éternellement en l'unité de son essence ; ainsi Dieu est opérant puissamment en unité de principe ; ainsi Dieu est régnant heureusement dans l'unité de son amour, et ainsi Dieu est établissant nouvellement son Fils et ses grandeurs en l'unité de la subsistence divine, et fondant son État et son royaume en l'unité de cette subsistence. O unité divine ! ô unité d'essence, unité de principe, unité d'amour, et unité de subsistence ! que vous êtes admirables, que vous êtes aimables, que vous êtes adorables, et en vous, et en vos émanations et en vos œuvres ! Combien devons-nous vous chercher en vous-même, vous rechercher en vos desseins, vous respecter en vos conseils, vous faire reluire en vos œuvres, vous conserver soigneusement dans toutes les choses que votre esprit et votre grâce nous fait entreprendre en votre honneur ! Combien devons-nous adhérer à la secrète et puissante conduite de votre sapience, qui ramène tout à l'unité, comme tout est issu de l'unité ! Car, selon saint Denis, « toutes choses sont sorties de l'unité par la nature, » et elles recherchent cette unité par un secret instinct de la nature; elles y rentrent par la grâce, elles s'y abîment par la gloire.

Mais par-dessus toutes les choses créées, cette humanité que nous adorons en Jésus, rentre et s'abîme en une autre sorte d'unité toute divine, par une voie aussi toute divine et incompréhensible : et elle se trouve établie par l'esprit d'amour, au nouveau mystère de l'Incarnation, en l'unité nouvelle d'une personne divine, et en l'état suprême que porte en soi cette unité et dignité incréée et infinie.

Par ce mystère, Jésus est pour jamais le centre, le principe et la racine de l'unité d'esprit, de grâce et d'amour à laquelle il nous appelle. Il nous conduit, il nous affermit par le divin état de sa subsistence, par le cours de sa vie, par le mérite de sa mort, par l'efficace de ses prières : car il le veut et le requiert ainsi avec instance ; et de trois prières solennelles et signalées qu'il a voulu faire au dernier jour de sa vie, au jour de ses douleurs et souffrances, et comme parle l'Ecriture, *In diebus carnis suæ* (*Hebr.* v, 7), l'une au cénacle de Sion, selon saint Jean (XVII 1 seq.), l'autre au jardin des Olives, selon saint Luc (XXII, 42), et la troisième en la croix, selon saint Paul (*Hebr.* v, 7), il emploie la première à nous impétrer la grâce d'être tous consommés en l'unité suprême qui est en lui, et qu'il a éternellement avec son Père, selon ces saintes paroles rapportées par le plus intime de ses domestiques, le plus fidèle de ses apôtres, le plus grand de ses évangélistes, et le plus aimant et aimé de ses disciples : *O mon Père, que tous ceux qui croient en moi soient un, comme nous sommes un ; et comme vous êtes en moi, ô mon Père, et je suis en vous, qu'ils soient aussi un en nous, afin que le monde connaisse que vous m'avez envoyé. Je leur ai donné la gloire que vous m'avez donnée* (c'est-à-dire, je leur ai donné ma divinité dans mon humanité), *afin qu'ils soient un comme nous sommes un. Je suis en eux et vous êtes en moi, afin qu'ils soient consommés en un, et que le monde connaisse que c'est vous qui m'avez envoyé, et qui les aimez comme vous m'avez aimé.* (*Joan.* XVII, 21 seq.)

DISCOURS IV.
DE L'UNITÉ DE DIEU EN CE MYSTÈRE.

I. Cet œuvre d'amour et d'unité appartient au Saint-Esprit, parce qu'il est éternellement amour et unité. Le Saint-Esprit est recevant l'unité d'essence, et produit par deux personnes en unité de principe, comme unité d'esprit et d'amour. — II. L'amour tend à l'unité, et l'amour suprême et incréé est l'unité même. La stérilité du Saint-Esprit est aussi adorable et aussi divine que la fécondité qui le produit. La fécondité de Dieu hors de soi est particulièrement attribuée au Saint Esprit, et nommément la production d'une personne divine subsistante dans une nature créée. Rapports de Jésus au Saint-Esprit en ses qualités d'unité, d'amour, de stérilité, de fécondité. — III. Le Saint-Esprit qui est Dieu, amour et unité en sa personne, accomplit ce mystère d'amour, non en union seulement, mais en unité de personne et de personne divine. Le Saint-Esprit est l'unité personnelle, c'est-à-dire non par son essence, mais par la condition de la personne du Père et du Fils. — IV. Le mystère de l'Incarnation est tout enclos dans l'unité, et l'unité est signalée en l'origine et en l'état d'icelui. Propriétés et louanges de l'unité sacrée du mystère de l'Incarnation. — V. La Divinité est unie avec l'humanité pour l'Incarnation autrement que par l'Eucharistie. Manière de conjonction de la Divinité avec notre humanité, et même avec nos corps par l'Eucharistie. Explication des effets de l'union hypostatique. Indissolubilité de l'union hypostatique. Effort d'amour et extase du Fils de Dieu en l'Incarnation. — VI. Commerce admirable de la Divinité avec l'humanité, au mystère de l'Incarnation. — VII. Ce mystère fait un nouvel ordre et un nouvel état dans le monde, état infiniment élevé, même par-dessus celui de la gloire. Effets rares et singuliers de ce nouvel état. — VIII. Ce nouvel état porte changement dans l'ordre de la Providence divine, car la terre est maintenant plus élevée que les cieux et c'est elle qui les régit. Les anges apprennent de l'Église militante en la terre, les secrets de la sagesse de Dieu. — IX. Dieu même entre dans le ressort de sa propre juridiction, par ce sacré mystère. Le Fils de Dieu est prédestiné, en n'étant que l'objet de la pensée, du regard et de l'amour de Dieu son Père, il vient à être l'objet de son conseil, de sa conduite et de sa puissance. Prédestination de Jésus-Christ, selon saint Paul et selon saint Augustin. — X. Différence entre l'être de Dieu et son état, ou autrement son cabinet et son conseil. Dieu par ce mystère sort en quelque façon de soi-même, pour faire partie de son état et de son domaine et rentre en soi-même une nouvelle nature, par ce même mystère. La première production de Dieu est la production de son Verbe, et il a voulu que la production de ce même Verbe dans une nouvelle nature et son incorporation avec l'homme, qui est le dernier de ses œuvres, fût la dernière de ses productions, pour joindre ainsi la fin au commencement. Dieu en ses émanations éternelles et temporelles, est une sphère adorable, qui a son centre en lui-même; et tant les unes que les autres sont un cercle divin, qui part de lui et retourne à lui.

I. L'œuvre ineffable et la divine économie de l'incarnation du Verbe éternel est un rare et sacré mystère d'amour et d'unité divinement accompli en la plénitude des siècles, comme le plus haut point et le plus profond secret de l'amour et de l'unité de Dieu hors de soi-même. Et comme, selon le grand auteur que l'on nomme Aréopagite, l'amour est une vertu céleste divinement unissant les choses qui sont les plus éloignées, aussi le Saint-Esprit, lequel est amour en la Divinité, est celui qui unit l'Etre incréé avec l'être créé, et qui opère ce grand œuvre selon la parole de l'ange qui l'annonce à la Vierge et lui dit : *Le Saint-Esprit surviendra en toi.* (*Luc.* 1, 35.) Et cet esprit de Dieu, qui est Dieu même, est opérant en cet œuvre comme esprit d'amour et d'unité, qui, conformément à sa propriété personnelle, tend à opérer en la terre, pour la terre et pour le ciel, pour les hommes et pour les anges, pour le temps et pour l'éternité, une œuvre rare et singulier, et un sacré mystère d'amour et d'unité. Contemplons donc ce divin ouvrier, et en lui-même et en ce sien ouvrage.

Le Saint-Esprit en la Trinité sainte est produit et non produisant, mais il est recevant en sa production l'unité d'essence commune au Père et au Fils. Il est produit de ces personnes divines, distinctes à la vérité entre elles ; mais, par un secret admirable, il est produit par elles en unité de principe. Et comme nous remarquons ces deux unités saintes et adorables en sa production, l'unité d'essence et l'unité de principe, il est lui-même encore produit comme unité d'esprit et d'amour dedans la Trinité. Tellement que contemplant ce Saint-Esprit, le divin ouvrier de ce divin ouvrage, il semble que nous ne voyons en lui qu'amour et unité.

II. Ces deux points ont un naïf et parfait rapport ensemble : car l'amour tend naturellement à l'unité, et il est évident qu'un amour suprême et divin doit être l'unité même. Mais ce qui est bien étrange en cette contemplation du Saint-Esprit, c'est qu'étant amour en la Divinité, il est stérile en la Divinité (si un mot si bas peut être employé en parlant de chose si haute et si grande), au lieu que l'amour et la fécondité sont naturellement joints ensemble. C'est un des points plus secrets et plus impénétrables en la profondeur du mystère de la très-sainte Trinité, où chaque point est un abîme auquel se perd et s'abîme l'esprit humain qui veut sonder et non pas révérer ce qui passe la mesure de son intelligence. Donc en esprit humble et adorant les merveilles de notre créance, et les secrets de la Divinité, sous la conduite et la lumière de la foi, passons d'abîme en abîme, de secret en secret, de merveille en merveille, et avec un esprit d'amour et de révérence, disons que par un secret aussi étrange et aussi merveilleux, cette stérilité du Saint-Esprit est une stérilité aussi divine et aussi adorable que la fécondité qui le produit ; que c'est une stérilité qui procède de la puissance et fécondité de sa production, qui épuise et arrête divinement en sa personne la fécondité divine ; que c'est une stérilité fondée en la grandeur, en la dignité et en la propriété de sa même personne, laquelle est heureusement produite comme le terme et le repos divin des émanations divines dedans la Trinité ; que c'est une stérilité, laquelle, comme elle vient de la fécondité de Dieu, elle se termine en la fécondité de Dieu, c'est-à-dire en la fécondité d'une personne divine opérant hors de soi-même. Car au lieu que le Verbe éternel a cela de propre d'être origine et originé tout ensemble, le Saint-Esprit a cela de propre d'être stérile et fécond tout ensemble : stérile en soi et fécond hors de soi-même. Et c'est la propriété de sa personne d'être le terme qui termine divinement, et arrête heureusement en soi-même la fécondité divine en la très-sainte Trinité ; mais il est le terme qui reçoit en soi, qui contient en soi, qui arrête en soi la plénitude de cette nature féconde, pour, en recevant, en conservant et en arrêtant cette fécondité, la répandre puissamment et divinement hors de lui-même. C'est pourquoi, comme dans les œuvres de Dieu, la puissance est attribuée au Père, la sapience au Fils, aussi la fécondité est appropriée au Saint-Esprit. Et aussitôt que Dieu commence à parler dans les Ecritures, et à opérer hors de soi-même, cette fécondité du Saint-Esprit y est employée et célébrée ; car il est dit à l'entrée de la *Genèse* (1, 1), au commencement de la création du monde, au premier œuvre de Dieu, et avant le premier jour du monde, que le Saint-Esprit se mouvait et se reposait sur les eaux : *Incubabat aquis*, selon les Septante, comme pour leur imprimer sa fécondité et en faire sortir puis après autant de créatures si excellentes qui remplissent le ciel et la terre, et composent cet univers : ce que Dieu a révélé à son serviteur Moïse pour nous faire connaître que tout ce qui est produit en l'univers, et distingué par après dans les six jours de la *Genèse*, doit son rapport et son origine à la fécondité du Saint-Esprit.

Mais la création de ce monde visible et sensible ne suffit pas à terminer dignement la fécondité du Saint-Esprit, elle doit être employée à un être plus élevé, et à former un monde plus excellent ; elle doit avoir un objet plus grand de sa puissance, et un terme plus digne et plus élevé de son opération ; et puisqu'il est stérile dans la divinité par la condition propre du mystère de la Trinité. il faut que par un nouveau mystère il soit fécond en une autre manière ineffable, en donnant un nouvel être à l'une des personnes subsistantes en la plénitude de la très-sainte Trinité ; afin que comme la fécondité de Dieu en Dieu même se termine en une personne divine, aussi la fécondité du Saint-Esprit hors de lui-même tende à la production d'un Dieu préexistant (ô merveille étrange!) et désormais existant en une nouvelle nature. Nous le voyons dans le renouvellement du monde, lorsque l'architecte du ciel et de la terre, le Verbe éternel, est revêtu de l'humaine nature, et vient prendre ce nouvel être pour donner un nouvel être au monde. Car le même Esprit-Saint qui a commencé à opérer dans le monde sensible, et dans l'ordre de la nature, selon la *Genèse*, commence à opérer dans le monde invisible, et dans l'ordre de la grâce, selon le témoignage de saint Luc, formant le chef de cet ordre de la grâce, et le nouveau principe de l'être surnaturel qui fait un nouveau ciel et une nouvelle terre, et constitue un monde nouveau, pour parler selon le langage de Dieu même en ses saintes Ecritures, et est lui-même en sa propre personne et en ses deux natures divinement unies, un monde incomparable.

Nous voyons donc comme le Saint-Esprit n'employant pas sa fécondité dedans soi-même, il l'emploie hors de soi-même ; ne l'employant pas dans le monde archétype, il l'emploie dans le monde que nous pouvons nommer intelligible ; ne l'employant pas dedans l'éternité, il l'emploie dans la plénitude des temps. Car il imprime sa fécondité divine dans les heureuses entrailles de la très-sainte Vierge ; il produit un Dieu-Homme, et donne une naissance nouvelle au Verbe éternel en la nature humaine ; et ne produisant point dedans soi-même, il produit heureusement et saintement hors de soi-même ce divin mystère de l'Incarnation comme le suprême de ses œuvres, auquel il représente son portrait au vif, le rendant son image parfaite, et y appliquant les traits les plus excellents, et les plus vives et dernières couleurs de sa ressemblance. Car, pour recueillir en peu de mots ce que nous avons exposé, comme il est personnellement amour et unité dans la Trinité sainte, il opère cet œuvre comme un œuvre et mystère d'amour et d'unité. Comme il est amour produit, et non pas amour produisant, dans la divinité en laquelle il est seul, ne produisant point son semblable, ainsi Jésus qui est l'œuvre du Saint-Esprit, qui le forme dans les flancs de la très-sainte Vierge, et le produit comme l'amour du ciel et de la terre, est un amour produit, non produisant son semblable, en l'être, en l'ordre et en l'état de l'union hypostatique. Et comme le Saint-Esprit est le terme et le repos de l'amour du Père et du Fils, qui arrête le mouvement incompréhensible des émanations divines dedans la divinité, et qui répand la fécondité de Dieu hors de Dieu même dedans ses œuvres, ainsi Jésus est le terme et le repos divin de l'amour de Dieu opérant hors la divinité, qui répand hors de soi-même la fécondité de son esprit en l'ordre de la grâce et de la gloire dedans les créatures. Et ainsi le sacré mystère de l'Incarnation est un œuvre, un état et un mystère d'amour et d'unité ; un chef-d'œuvre du Saint-Esprit en ces deux qualités divines, et un chef-d'œuvre qui adore les unités distinctes qui sont dans les personnes éternelles, produisantes et produites ; est un chef-d'œuvre qui regarde l'esprit d'amour et d'unité comme son principe, et se rapporte à lui comme à son prototype, lequel s'est lui-même divinement exprimé et vivement représenté en ce divin mystère d'amour et d'unité. Ce qui est un point particulier qui doit être observé, car il contient un exercice excellent que nous devons faire, et marque un rapport adorable que cet œuvre a au Saint-Esprit et aux unités divines, bien digne d'être considéré en l'état singulier de ce divin mystère de l'Incarnation.

III. Or, y ayant plusieurs sortes de sujets qui peuvent être unis et conjoints ensemble, et aussi plusieurs sortes d'unions et d'unités qui peuvent être conçues par l'esprit de l'homme, et inventées par l'esprit de Dieu, le Saint-Esprit intervenant en cet œuvre, conjoint deux choses si distantes, si inégales et si séparées, comme l'être créé et incréé. Et comme il est lui-même l'unité sainte, qui unit divinement les personnes de la Divinité entre elles, il est aussi lui-même en ce mystère unissant une des personnes adorées en la Trinité avec une des natures créées dans l'univers, et ainsi accomplit ce grand mystère non en union seulement, mais en unité, comme étant opéré par l'esprit d'unité, et l'accomplit non en unité telle quelle, mais en unité de personne ; car celui qui l'opère est esprit, amour et unité en sa personne ; et d'autant qu'il est Dieu, il opère ce sacré mystère d'amour et d'unité en unité de personne divine.

Béni soyez-vous, ô Esprit-Saint et adorable! béni soyez-vous pour jamais, et en vous-même, et au plus saint, plus excellent et plus divin de vos œuvres! béni soyez-vous d'avoir fait et figuré en icelui une image vive de vous-même, et une sainte et admirable expression de l'unité divine que nous adorons non-seulement en votre essence, mais encore en la propriété de votre personne! double unité que nous reconnaissons en vous, que nous admirons en vous, et que nous implorons journellement en nos mystères plus sacrés, et en nos prières publiques ; car elles sont toutes saintement terminées par cette unité du Saint-Esprit, qui est le terme des émanations divines, et qui en la propriété constitutive de sa personne est le lien unissant les personnes divines et l'unité sacrée du Père et du

Fils dans l'éternité. Car la foi nous enseigne que le Père et le Fils sont liés divinement ensemble, non-seulement par l'unité de leur essence, mais encore par l'unité divine et ineffable du Saint-Esprit.

IV. Voilà la cause et l'origine de l'état et de l'unité qui est en ce divin mystère ; voilà l'idée parfaite sur laquelle est tiré ce parfait ouvrage, et le modèle accompli sur lequel il est formé par un esprit si excellent comme est l'Esprit éternel, procédant de la puissance du Père et de la sagesse du Fils ; digne ouvrage d'un si digne auteur, et d'un tel Esprit. Mais passons plus outre, et conduisons nos pensées à la contemplation de l'œuvre, comme nous avons contemplé l'ouvrier ; et comme par sa grâce et conduite nous avons pris cette vérité en son principe, et puisé l'unité admirable de ce mystère dans sa vive source et origine, c'est-à-dire dans les unités saintes qui regardent le Saint Esprit, suivons-la en l'état, aux effets et aux circonstances de ce divin ouvrage ; et voyons qu'en ce mystère auguste il n'y a qu'une personne subsistante en deux natures différentes par-dessus les lois de l'auteur du monde, qui donne à chacune nature sa substance propre, intrinsèque et incommunicable à tout autre sujet.

Voyons aussi qu'il n'y a qu'une personne divine qui entre dans l'état de ce mystère entre les trois personnes que la foi adore ; ce qui semble répugner non-seulement aux lois de la nature créée, mais à Dieu même, et à l'inséparabilité que nous reconnaissons entre les personnes divines lorsqu'elles opèrent quelque chose existant hors de l'être infini de leur essence commune. Voyons encore qu'il n'y a que la nature humaine, et dans cette espèce, cette seule humanité sacrée à laquelle cette faveur suprême, cette grâce incréée soit concédée. Et par ainsi voyons et remarquons que ce mystère est tout enclos dans l'unité, et l'unité est signalée en l'origine et en l'état d'icelui, et aux parties principales qui le composent, si par défaut de noms plus nobles il nous est permis de les nommer ainsi. Car pour réduire en peu de mots ce qui a été dit amplement, c'est un principe d'unité qui produit dans l'éternité le Saint-Esprit opérant ce mystère ; et cet Esprit opérant est unité en la propriété de sa personne ; et l'œuvre qu'il opère est un œuvre et un mystère d'unité ; et la grandeur et consistance de ce mystère et toute en l'unité sacrée de la subsistence divine qui est communiquée à cette nature créée, et qui donne au monde le di-divin chef-d'œuvre de l'incarnation.

Ô unité qui fait un nouvel être, et un être adorable par tout ce qui est créé ! Ô unité qui pose un nouvel ordre dans l'univers, qui met un nouveau centre au monde, qui établit un nouveau principe en la nature ! Ô unité qui donne un nouveau souverain à l'ange, un réparateur à l'homme, et un chef à l'Église du Dieu vivant ! Ô unité qui établit au ciel un nouveau roi de gloire, en terre une ressource de vie et d'immortalité, et au monde un soleil de justice qui répand sa lumière et ses rayons au plus haut des cieux et au plus bas de la terre ! Ô unité qui couronne les œuvres de Dieu, et triomphe dans les deux mystères que la foi adore, c'est-à-dire en la Trinité et en l'Incarnation, qui sont deux mystères singuliers, et tous deux appartenant proprement à la Divinité, l'un en elle-même, l'autre en l'unique nature qui lui est uniquement conjointe.

Or nous voyons l'unité reluire en l'essence divine au mystère de la Trinité, et en la personne divine au mystère de l'Incarnation, c'est-à-dire en tout ce qui est de Dieu, n'y ayant à distinguer en Dieu que son essence et ses subsistences. Disons encore, ô unité vraiment sainte, et saintement adorable ! car elle donne un nouveau Saint des saints à la terre et au ciel, et elle fait un nouvel adorateur et un nouveau sujet nouvellement digne d'être adoré, et d'adorer tout ensemble. Ô unité divinement puissante ! car elle étend sa force sur Dieu même, le faisant d'éternel temporel, d'immortel mortel, d'invisible visible, d'impassible passible, de tout-puissant impuissant, de créateur créature, selon la nature qu'il a prise ; et pour dire en un mot ce qui est ineffable, elle fait Dieu homme, et l'Homme-Dieu. Ô divinité, ô humanité, ô unité, ô grande merveille ! que deux natures si distantes et si inégales, dont l'une est si haute et l'autre est si basse, soient conjointes ensemble ; et qu'elles soient conjointes d'une union si parfaite et d'un effort si puissant, que l'humanité se trouve en unité personnelle avec Dieu, et que ce qui est sans exemple même entre les créatures, par la puissance de ce mystère, se trouve être entre Dieu et l'homme ; car entre les choses naturelles nous voyons bien quelque sorte de mélange et de conjonction, qui nous sert même quelquefois d'ombre et de figure à représenter l'état de ce mystère ; mais ce n'est rien de semblable, et les créatures plus puissantes et parfaites, c'est-à-dire les intelligences, l'ange et l'homme, comme ils approchent plus près de Dieu en la perfection de leur être, ils sont aussi plus capables de s'unir et s'allier entre eux, et de former quelque sorte d'ombre et d'image de l'unité qui est entre les personnes divines.

Mais la sacrée théologie nous apprend qu'il n'y a aucune sorte de nature parfaite et accomplie en son espèce qui puisse entrer ainsi en alliance avec une autre nature créée, et lui être conjointe par un lien personnel. Or, par la puissance du mystère de l'Incarnation, l'humanité entre en cette sorte d'alliance et d'unité avec Dieu même, et elle a, non en ses affections seulement ou en ses effets, mais en l'essence, au fond et au centre de son être, une liaison, une privauté, une intimité avec Dieu qu'elle n'a point, et qu'elle ne peut même avoir avec aucune autre nature et personne créée. Ô bonté, ô puissance, ô amour ! Dieu et l'homme sont conjoints en unité de personne, qui est la plus haute, la plus étroite et la plus intime alliance où la nature créée puisse être élevée par la toute-puissance divine. Et comme en la Trinité sainte, l'unité d'essence est comme la racine et la source primitive de toutes les grandeurs qui conviennent aux personnes divines, ainsi en ce mystère l'unité de personnes est la source de toutes les grandeurs et communications ineffables qui sont faites et qui peuvent être faites à cette humanité; mais cela excède notre propos.

Rentrons donc en notre discours, et nous renfermons dans le point, dans le centre et dans l'unité de notre mystère ; et remarquons comme cette unité, qui est si propre à Dieu, qui est si empreinte en sa créature, qui est si parfaite et si intime en ce mystère, est encore excellente en la manière dont elle subsiste ; manière invisible à nos yeux, mais très-visible aux yeux de Dieu et de ses anges. Car ceux qui voyaient Jésus cheminant, parlant et conversant sur la terre, ne voyaient rien du secret et du mystère que la sapience éternelle avait caché en lui. Les anges seuls voyant sa gloire, voyaient l'unité admirable qui unissait sa divine essence avec la nature humaine en la personne du Verbe, et voyaient comme cette unité était non passagère, mais permanente, non accidentelle, mais substantielle, non temporelle, mais éternelle, et non sujette à être interrompue, voire un seul moment, en l'usage, en l'office et en la fonction qu'elle exerçait au regard de la nature humaine : en sorte que cette âme et ce corps, étaient et devaient être éternellement subsistants en la Divinité.

V. Ce que les anges voyaient en la clarté de leur lumière, nous le devons appréhender en l'obscurité de notre foi, et le considérer d'autant plus, que ce point relève de beaucoup l'excellence et la dignité de ce très-haut mystère. Remarquons donc comme le divin mystère de l'Incarnation lie très-étroitement, et allie par ensemble Dieu et l'homme, et d'une sorte d'alliance qui ne donne pas seulement un droit et un titre originaire de la possession et jouissance qui doit être mutuelle et réciproque entre les deux natures, l'une divine, et l'autre humaine (comme nous voyons que les traités et les contrats d'alliance qui se passent en la terre, font entre les personnes qui se lient par ensemble); mais cette alliance, comme elle est plus divine, aussi est-elle plus puissante, plus agissante et plus étroite ; et ce sacrement est plus grand et plus élevé entre Dieu et l'homme, qu'entre ceux qui sont appelés en l'Ecriture *Duo in carne una* (*Gen.* II, 24), et qu'entre Jésus-Christ même et son Eglise. Je dis ce sacrement être plus grand entre Dieu et l'homme : car le nom de mystère et de sacrement convient très-bien à l'Incarnation, et c'est le langage ordinaire des Pères, comme savent ceux qui les lisent, et qui voient que souvent même ils étendent l'usage de ce mot jusqu'à la Divinité, et au secret de la procession éternelle. Je dis donc que ce sacrement est plus grand et plus élevé que tous les autres moyens qu'on pourrait penser avoir la force de nous donner quelque sorte d'alliance avec Dieu. Car encore que le Fils de Dieu soit toujours assistant à son Eglise suivant ses paroles : *Je suis avec vous jusqu'à la consommation des siècles* (*Matth.* XXVIII, 20) ; si est-ce que par l'efficace de cette promesse, en tant qu'elle regarde précisément l'assistance promise à son Eglise pour l'enseignement de la doctrine de salut, il n'est pas nécessaire qu'il soit toujours et à tout moment opérant actuellement dans son corps général et dans ses conciles, mais suffit qu'il soit toujours la protégeant et la couvrant de l'ombre de ses ailes, et la dirigeant dans les besoins occurrents, prêt à l'éclaircir en ses vérités, lorsqu'elles se trouvent obscurcies ou par le temps, ou par les hérésies. Et encore que Jésus-Christ Notre-Seigneur soit toujours au monde par le saint sacrement de l'Eucharistie, qui est une seconde alliance qu'il a voulu contracter avec nos personnes, ensuite et en l'honneur de celle qu'il a daigné prendre avec notre nature par l'Incarnation, si est-ce qu'il n'est pas toujours appliqué et uni à nous par ce divin sacrement.

Car l'Eucharistie, en laquelle est la grâce substantielle du Père, ne nous conjoint et unit avec Dieu que durant certains moments, durant lesquels à la vérité, ô grandeur, ô puissance de nos mystères ! nous sommes unis réellement et substantiellement avec lui, en tant qu'une même substance individuelle, à savoir le corps et le sang de Jésus-Christ, se trouve conjointement et en Dieu et en nous : en Dieu, par subsistence personnelle ; en nous, par résidence réelle et sacramentelle. Mais la très-sainte communion étant parachevée, et les espèces usées, nous n'avons plus aucune adhérence substantielle au corps du Fils de Dieu, et cette chair précieuse, qui est le lien sacré qui nous conjoint à la Divinité, n'est plus en nous. Aussi, ce qui nous reste de l'alliance que nous avons avec Dieu par le moyen de l'Eucharistie, n'est autre chose, sinon que le Fils de Dieu ayant choisi nos corps pour être comme sépulcres vivants de son corps vivant et glorieux, il les sanctifie par une impression réelle de sa grâce et de sa vertu. Car ayant une fois par son corps pris possession de nos membres comme siens, et nous ayant rendus tous membres de son corps, de sa chair et de ses os, par ce divin attouchement, il a pouvoir sur nous, comme sur une chose qui est à lui, et dont le droit et la propriété lui demeure. Mais en cette alliance de Dieu avec l'homme par le mystère de l'Incarnation, tout est bien différent, et accompagné de circonstances et conditions bien plus hautes et plus avantageuses. Car ce n'est pas une substance unie à Dieu, et différente de Dieu comme en l'Eucharistie, qui est le moyen de la conjonction de la Divinité avec l'humanité : mais la personne même du Verbe, qui est une même chose avec la Divinité, est le lien sacré unissant l'humanité avec Dieu. Et ce n'est pas seulement par certains moments comme en l'Eucharistie, que cette union s'accomplit actuellement; mais en l'Incarnation, l'unité sacrée qui intervient entre ces deux sujets divinement alliés, et personnellement unis, ne cesse jamais, ne diminue jamais, ne finit jamais : ains elle est toujours en son acte, en sa fonction, et en sa puissance et manière d'agir; elle est toujours en la plénitude de cette puissance, de cet acte et de cette fonction; elle accomplit toujours son divin pouvoir, et toujours fait son office admirable.

Et comme la personne du Verbe est divine et infinie, elle a aussi une tout extraordinaire et indicible application à la nature humaine, qui étant dépourvue de sa subsistence, a besoin de celle du Verbe éternel; laquelle, pour le dire ainsi, est actuante et pénétrante cette humanité, et en son essence et en ses puissances, et en toutes ses parties; et ce encore, selon l'étendue de son pouvoir et de son infinité, autant que la créature en est capable au plus haut et dernier point de son élèvement. Et comme la divine essence est toujours subsistante au Verbe éternel, aussi l'humanité n'a jamais été, et ne sera jamais un seul moment sans être toujours actuée et pénétrée, et toujours comme informée et comme animée de cette même subsistence. En suite de quoi, tous les lieux qui ont été honorés de la présence de l'humanité de Jésus ont été aussi honorés de l'accomplissement et consommation de cette unité divine : car l'un est inséparablement uni à l'autre, comme tirant toute sa subsistence, et même son existence de cet être divin. Cette humanité donc, partout où elle est, est en actuelle unité de personne avec Dieu.

Ainsi la terre a porté le Fils de l'homme en ce divin état d'unité réelle, actuelle et personnelle avec la Divinité, par l'espace de trente-quatre ans, en Nazareth, en Bethléem, en Jérusalem, en Egypte, en Galilée, en la Judée, sur la terre et sur la mer, dans les villes et dans les déserts, et en tous les endroits de son pèlerinage au monde. La mort et l'enfer mêmes ont reçu cette âme et ce corps en ce divin état dans leur sein et dans leur pourpris, et n'ont jamais pu dissoudre cette unité divine. Car les parties de la nature humaine étant pour lors séparées par l'effort de la croix, ni l'âme ni le corps n'ont pu être séparés de cette unité, la personne divine ayant toujours accompagné le corps au tombeau, et l'âme aux limbes. Et le corps de Jésus était bien séparé de son âme par la puissance de la mort et de l'amour souffrant pour les péchés des hommes, mais par un amour plus puissant du Verbe éternel envers le Fils de l'homme, ce corps du Fils de l'homme n'était pas séparé d'avec Dieu.

Mais, ô merveille ! ô prodige de l'unité de Dieu en ce mystère de l'Incarnation, et d'une unité puissante et inviolable ! la nature de cette chair séparée de l'âme et de la vie était jointe et mêlée avec la nature de l'éternité, pour parler selon les termes d'un grand évêque, et d'un ancien Père de la France, et ce corps mort et suspendu en la croix, et gisant au tombeau, était lors même consubstantant avec la Divinité, et comme tel, digne d'être adoré des hommes et des anges. Et maintenant que le Fils de l'homme est ressuscité, le ciel a reçu ce dépôt sacré de l'amour de Dieu et des hommes, et en ce dépôt cette unité divine, et il le contient pour jamais en sa gloire, en sa puissance et en sa grandeur. Et ce dépôt demeurera subsistant en cette unité inviolablement, et autant que Dieu même. Car tant qu'il sera Dieu, il sera homme : et Dieu est homme non-seulement par un droit et par un pouvoir légitime, unissant actuellement de temps en temps ces deux parties ensemble ; mais Dieu est homme par cette unité toujours actuelle, toujours accomplie, et toujours consommée entre ces deux natures par la divine subsistence. Et Dieu a fondé cette sienne unité en la puissance extraordinaire et en la force adorable de son amour et de sa charité envers l'homme né de Marie, auquel il dit en un sens tout particulier : *In charitate perpetua dilexi te.* (*Jer.* XXXI, 3.) Car cette charité est perpétuelle, non jamais interrompue, c'est-à-dire, elle est même perpétuelle en l'effort et en l'excès, en l'extase et en l'unité de son amour. Car c'est un effort et excès en l'amour, que Dieu unisse en sa propre personne la nature divine à la nature humaine, et que le Fils de Dieu donne à l'humanité cette même essence qu'il a reçue de son Père : et c'est une extase admirable, en laquelle Dieu sortant comme hors de soi, entre dans l'être créé, et y établit pour jamais le repos, l'unité et le triomphe de son amour.

O effort ! ô excès ! ô extase de l'amour éternel et incréé, et qui veut être aussi éternel en l'effort, en l'excès et en l'extase de son amour ! O charité suprême, divine et perpétuelle, et en sa source, et en son effet, ou plutôt en son effort ravissant, et en son excès extatique, duquel tout autre amour, bien qu'excellent et divin, ne pourra jamais approcher ! O charité forte et invincible, que rien ne peut altérer : et rien aussi désormais ne pourra séparer cette humanité sainte de ce perpétuel, sublime et divin état d'unité personnelle avec Dieu !

VI. Or, par cette unité si pénétrante, si puissante et si permanente, Dieu est homme vraiment, réellement et substantiellement : et l'homme est Dieu personnellement, et Dieu et l'homme ne constituent qu'une même personne, laquelle est subsistante en deux natures si diverses, est vivante en des états si différents, et est posée en des conditions si éloignées l'une de l'autre. Et toutefois ces natures, ces états et ces conditions qui ont tant de différence et d'inégalité, sont conjointes si divinement et si intimement, si inséparablement et si confusément selon les définitions des saints conciles, que la foi reconnaît et adore son Dieu en deux natures si différentes, et que l'esprit humain et angélique se perd en l'unité et en la diversité de ce très-haut mystère. Car le nom, la grandeur, la vertu, la dignité, la majesté de Dieu, en tant qu'elle est communicable à la créature, réside et repose en cette humanité : Dieu la joint à soi, la vivifie en soi, et la rend consubsistante avec sa divinité. Au moyen de quoi quand elle est adorée, Dieu est adoré en elle ; et quand elle parle, quand elle marche, Dieu est parlant et marchant ; et ses pas doivent être baisés, et ses paroles écoutées, comme étant les pas et les paroles d'un Dieu. Et semblablement quand cette humanité opère ou pâtit, Dieu est agissant et pâtissant en elle, et ses actions et passions sont divines, et en cette qualité ont un mérite infini, et sont d'un prix et d'une valeur infinis, par le rapport, le commerce et la communication ineffable qui est entre la déité et l'humanité en la subsistence de la personne divine.

Ainsi Dieu incompréhensible se fait comprendre en cette humanité ; Dieu ineffable se fait ouïr en la voix de son Verbe incarné ; et Dieu invisible se fait voir en la chair qu'il a unie avec la nature de l'éternité ; et Dieu épouvantable en l'éclat de sa grandeur se fait sentir en sa douceur, en sa bénignité et en son humanité, selon ces paroles de l'Apôtre (*Tit.* III, 4) : *L'humanité et la bénignité de Dieu notre Sauveur a paru au monde;* et celui qui par sa puissance soutient le monde, soutient par sa subsistence notre humanité, et emploie et applique sa propre subsistence à cette nature créée, pour l'appuyer en lui-même, et la conjoindre à soi d'une manière si puissante et si parfaite, que de ces deux natures ainsi unies résulte ce divin composé, ce sujet admirable, Jésus-Christ Notre-Seigneur, vrai Dieu, vrai homme ; sujet si puissant, qu'il régit, qu'il ravit, qu'il soutient le ciel et la terre, les anges et les hommes ; sujet si admirable, qu'il a des qualités, porte des états, reçoit des attributions si nouvelles, si étranges, si différentes, que le grand théologien de l'antiquité s'écrie à bon droit : « O nouveau et inouï mélange ! O tempérament admirable ! Celui qui est, est fait ; celui qui est incréé, est créé ; celui qui ne peut être compris d'aucun lieu, est enclos et compris en notre humanité ; celui qui enrichit tout le monde, se fait pauvre. Car il subit la pauvreté de notre chair, afin que nous possédions les richesses de sa divinité. Celui qui est la plénitude, est épuisé (car il se prive pour un temps de sa gloire), afin que je sois participant de sa plénitude. O bonté ! O mystère ! J'ai reçu l'image de Dieu en la création, et ne l'ai pas conservée : et Dieu a pris ma chair pour donner la vie à mon âme, l'immortalité à mon corps ; et il entre en une nouvelle et seconde alliance avec nous, et en une alliance bien plus excellente que la première : car en la précédente il nous donne sa semblance, et en celle-ci, il daigne même prendre notre nature qui est une sorte de commerce et d'alliance bien plus haute et bien plus divine. » (GREGOR. NAZ., orat. 42.)

En ces pensées, qu'y a-t-il plus à considérer et à admirer, ou la grandeur de Dieu ainsi abaissé dans le néant de la créature, ou la bassesse de l'homme ainsi élevé à l'égal de Dieu et posé dans le trône de la Divinité ? O merveille ! O grandeur ! Que l'homme qui n'est que poussière et cendre en son origine, selon la parole de celui-là même qui l'a formé, et qui lui a dit en le formant, *Pulvis es, et in pulverem reverteris* (*Gen.* III, 19) ; que l'homme qui n'est qu'impuissance et faiblesse en son état et en son progrès, et n'est qu'une vapeur, et vapeur encore momentanée : *Vapor ad modicum parens* (*Jac.* IV, 15), ce dit la sainte Ecriture ; que l'homme qui n'est que misère en sa naissance, en sa vie, en sa mort, c'est-à-dire en tous ses états, et duquel un ancien a dit : *O necessitas abjecta nascendi, vivendi misera, dura moriendi* (9*) : que cet homme, dis-je, soit vivant et subsistant en la Divinité ; que cet homme soit Dieu, et que ce Dieu-homme passe par tous ces degrés, supporte tous ces états et les ennoblisse, les sanctifie, les déifie en soi-même, de sorte que nous avons, selon les enseignements de notre foi, et nous adorons en nos mystères un Dieu naissant en la crèche, un Dieu vivant et voyageant en la Judée, un Dieu mourant en la croix et un Dieu mort dans le sépulcre ; et par un moyen si étrange se fait la rédemption du genre humain ; la justice divine reçoit le payement de nos dettes par un prix de dignité infinie, et notre délivrance de la captivité du diable, du péché, de la mort, se fait par une secrète puissance cachée dans l'humanité, dans la vie, dans la souffrance et dans la mort d'un Dieu.

VII. C'est ce que porte cette unité divine et adorable en elle-même, admirable en sa suite et en ses dépendances, et aimable en ses effets. Et c'est ce que nous avons à suivre et à représenter en ce discours ; car par cette unité nouvelle, comme il y a au monde un nouvel être, un nouvel homme et un nouvel Adam, il y a aussi un nouvel ordre au monde, et il y a un nouvel état dans l'univers ; état inconnu auparavant par l'espace de quatre mille ans. Et de quatre ordres qui composent et diversifient le ciel et la terre, l'ordre de nature, l'ordre de grâce, l'ordre de gloire, et le suprême de tous les ordres, qui est celui de l'union hypostatique, ce grand et nouvel ordre est plus distant du premier et plus élevé par-dessus lui que le premier ordre n'est distant du néant, duquel il est immédiatement tiré par la toute-puissance divine. Car entre le néant et l'être de la nature, il n'y a rien d'interposé, et entre l'homme et le néant, il n'y a rien qu'une paroi en-

---

(9*) Sidonius Apollinaris.

tre deux, et encore n'est-elle que de fange.

L'homme est formé du limon de la terre et la terre est tirée du néant; il n'y a donc que ce peu de limon qui sert comme de mitoyen entre le néant et l'homme ; mais il y a une distance infinie entre Dieu et l'homme, entre l'être créé et incréé. Et toutefois ces deux êtres se trouvent liés ensemble et conjoints comme en un point et en un centre. Et ces deux natures si différentes sont unies en une même personne. Ainsi l'ordre et l'union hypostatique sont établis au monde. Dieu en la création fit l'ordre de la nature et au même temps il établit l'ordre de la grâce en la terre et celui de la gloire au ciel ; trois ordres différents et admirables, et dans lesquels il a voulu donner part à l'homme. Mais voici un nouvel ordre au monde, voici un nouvel état dans l'univers, voici un état incomparablement plus élevé par-dessus l'ordre de la gloire, que le ciel n'est par-dessus la terre et que la même gloire n'est élevée que par-dessus l'ordre de la grâce, et que la grâce n'est élevée par-dessus l'ordre de la nature, et que la nature n'est élevée par-dessus le néant. Et c'est cette unité de subsistance divine qui introduit au monde un ordre si excellent et un état si élevé, un ordre si éminent et un état si privilégié, un ordre si puissant et un état si rare, qu'il est unique en son sujet, et tellement étendu en son pouvoir, qu'il s'étend sur tout et marque les effets de sa puissance sur tous les autres ordres ; car il renouvelle l'univers, il accomplit le ciel, il sanctifie la terre, il ennoblit la nature, il élève la grâce, il couronne la gloire, il ravit les anges, il spiritualise les corps, il divinise nos esprits et il déifie notre humanité en la personne divine ; et généralement tout ce qui est issu de Dieu par la création et tout ce qui rentre en Dieu par la sanctification est regardant cet ordre, cet état divin, ce suprême mystère, cette incarnation, comme sa ressource et son principe, comme le point auquel tout se termine et comme la fin auquel tout se doit référer, puisqu'il a plu à Dieu même y prendre origine et s'y enclore, s'y terminer et s'y référer lui-même.

VIII. Or, comme de ce nouvel être suit ce nouvel ordre, ainsi de cet ordre nouveau suit un changement et nouveauté en la conduite de la Providence divine. Car ce n'est plus le ciel qui régit la terre, mais c'est la terre qui régit le ciel, et le premier mobile n'est plus les cieux, mais en la terre, depuis que Dieu s'est incarné en terre. Car c'est ce Dieu incarné qui est maintenant le premier mobile, et le premier ciel qui mouvait tous les autres, a changé d'ordre et de place, et n'est plus que le second mobile; même l'ordre, l'état et la situation des parties principales du monde est renversé par le renversement que Dieu a fait au regard de lui-même en ce mystère. Car le ciel n'est plus par-dessus la terre, mais une terre est par-dessus tous les cieux, c'est à savoir, la terre de notre humanité vivante en Jésus-Christ, et cette heureuse portion de terre ainsi transportée dans le ciel, ainsi élevée par-dessus tous les cieux et ainsi subsistante au Verbe éternel, est un nouveau ciel immobile en soi-même et mouvant tout, et est un nouveau centre de l'univers, auquel tend toute créature spirituelle et corporelle.

Centre et ciel tout ensemble ; ciel qui contient tout en sa grandeur et en son éminence ; centre qui rassemble tout en son unité et tire tout par sa vertu et par sa puissance ; centre fixe de l'univers, posé non au milieu du monde, mais au plus haut du monde ; non au plus bas de la terre, mais au plus haut des cieux, par un étrange changement et renversement en l'ordre de la nature qui rend hommage au nouvel état du Verbe éternel, et au renversement (si on peut user de ce mot) que nous adorons en l'auteur de la nature, comme prenant une nouvelle nature, en laquelle s'oubliant soi-même, abaissant sa grandeur, il établit le nouveau et sacré mystère de l'Incarnation, qui change, qui renverse, qui renouvelle tout en l'ordre de la nature et de la grâce. De fait nous voyons que cet admirable changement qui se fait en la terre, de la terre passe au ciel et du ciel passe aux hiérarchies célestes. Car ce n'est plus l'ange qui régit les hommes, ou le premier ange qui régit les esprits célestes, mais c'est un homme qui gouverne tous les hommes et tous les anges, et l'ordre des hiérarchies est innové par cette innovation d'être, de puissance et de vie en la nature humaine.

Et au lieu que les anges allaient prendre leurs ordres et recevaient leurs mandements et leurs illustrations divines de leurs chefs, et leurs chefs les prenaient du premier d'entre eux, maintenant eux tous, et même le premier des anges, les prend en terre d'un homme, et d'un homme enfant, et d'un enfant de trois ans, de trois mois, de trois jours ; et les anges apprennent même des hommes adhérents et servants à cet **Homme-Dieu**, de pauvres pêcheurs, d'hommes idiots et ignorants, parce que seulement ils sont ses suivants et ses apôtres ; les anges, dis-je, esprits du tout intellectuels et esprits établis en gloire, apprennent d'eux humblement en la terre les secrets de la puissance divine et de l'humble et mystérieuse économie de l'Incarnation que dans le ciel et en la lumière de la gloire ils ne connaissent pas en son étendue et en toutes ses merveilles. Ce qui a donné sujet à l'Apôtre, parlant de ce même mystère, de dire qu'il a charge d'annoncer la gloire et les richesses incompréhensibles de Jésus-Christ, et de publier le mystère caché de tout temps en Dieu, afin que la sapience de Dieu soit manifestée aux puissances et aux principautés par l'Église, etc.: *Mihi omnium sanctorum minimo data est gratia hæc in gentibus evangelizare investigabiles divitias Christi, et illuminare omnes, quæ sit dispensatio sacramenti absconditi a sæculis in Deo : ut innotescat principatibus* *et potestatibus per Ecclesiam multiformis sapientia Dei (Ephes.* III, 8 seq.), etc.

IX. Il y a même changement en la conduite et en l'exercice de la Providence divine, en ce qu'elle ne regardait auparavant que ce qui est hors de Dieu, et n'avait égard qu'à son palais et sur sa basse-cour (s'il nous est permis d'ainsi parler de choses si grandes, si dignes et si élevées par-dessus nos paroles et nos intelligences); et la partie principale de cette providence, qui est la prédestination, ne disposait que de l'ange et de l'homme, c'est-à-dire de la nature intellectuelle, capable de la connaître et servir. Mais depuis que cet ordre des ordres et que cet état de l'union hypostatique a été ordonné de Dieu en son sacré conseil, sa providence entre en un soin bien plus digne, en un pouvoir bien plus élevé et en une occupation bien plus grande et honorable qu'auparavant; car Dieu même comme homme veut entrer dans le ressort de la juridiction de cette providence : et comme il a tenu conseil lorsqu'il a voulu créer l'homme, et a dit : *Faciamus hominem*, selon le texte de la *Genèse* (I, 26), il a aussi tenu conseil pour faire que l'homme soit Dieu : ce qui est un ouvrage bien plus excellent, et qui se termine et aboutit à Dieu même. Et en vertu de ce grand et secret conseil que Dieu a tenu sur l'accomplissement de ce nouveau mystère, sa providence entre en exercice sur un si grand sujet : elle délibère sur l'incarnation du Verbe éternel; elle traite de la naissance temporelle du Fils unique de Dieu; elle le regarde comme entrant en ce mystère; elle l'assiste en sa vie nouvelle et mortelle; elle l'accompagne dans ses voyages; elle dresse sa maison et sa famille en la terre; elle ordonne de ses états, de son pouvoir, de ses priviléges.

Prenons ce point de plus haut, et nous élevons à contempler humblement et fixement la Divinité en elle-même et en son sacré conseil sur le suprême de ses œuvres. De toute éternité, la pensée, le regard et l'amour sont en Dieu, au regard de Dieu même ; mais son conseil n'est en lui qu'au regard de ses créatures, et il ne délibère que de ses serviteurs. Car la grandeur de sa propre essence, la condition heureuse de son être tout spirituel et intelligent, le divin état de sa vie suprême et immuable, lui donne la connaissance et l'amour de soi-même ; mais elle ne lui donne pas nécessairement aucun exercice et fonction hors de soi-même : il suffit à soi, et il n'a pas besoin d'agir et faire quelque chose au dehors pour s'occuper; et par cette pensée, par ce regard, par cet amour qu'il a sur soi, comme sur son unique objet, uniquement digne de lui, il est suffisamment, pleinement et divinement occupé de soi dans soi-même, il jouit heureusement de la grandeur et félicité de son être, il produit en son sein les personnes qui sont originées dans la Trinité ; et elles n'ont pas besoin d'en partir, puisque cette demeure, qui suffit à leur naissance et production, suffit aussi à leur éternelle félicité. Dieu donc est ainsi vivant et heureux éternellement en l'unique pensée, en l'unique amour et en l'occupation heureuse que lui donne nécessairement la grandeur, la plénitude, la fécondité de sa propre essence : là où hors de soi il ne produit que ce qui lui plaît et quand il lui plaît, et son conseil ne traite que de ses œuvres, et sa providence n'ordonne et ne dispose que de ses créatures.

Mais par l'état de ce nouveau mystère, le conseil de Dieu a un plus nouveau et un plus digne objet ; car il ne traite pas seulement des couronnes de la terre ou même de celles du ciel, comme il faisait auparavant, mais il délibère maintenant sur cette nouvelle unité qu'il établit pour jamais entre les deux natures, l'une divine, l'autre humaine ; il délibère sur la personne de son Fils unique, lequel il veut donner au monde pour le salut du monde, et il délibère sur la communication ineffable qui doit être entre Dieu et la nature humaine. O grandeur! ô dignité nouvelle dans le conseil de Dieu! jamais ce haut, ce secret et ce sacré conseil de la Divinité n'a été tant élevé, tant honoré et occupé qu'en la disposition de ce divin mystère, et il n'a jamais été si adorable et incompréhensible qu'en l'établissement de cet état suprême.

Ne voyons-nous pas comme il ne traite point ici de tirer un monde hors du néant, mais de réduire en une certaine manière à l'état du néant l'auteur du monde ? de couvrir son Verbe éternel, par qui toutes choses sont faites, de notre faiblesse et impuissance ? de tirer le Fils unique de Dieu du sein de son Père, et l'abaisser jusque dans l'être humain et créé et jusque dans le néant de notre mortalité ? Ne voyons-nous pas comme il ne traite point ici d'exercer le pouvoir et la justice de Dieu sur la poudre et la cendre, mais sur un Homme-Dieu? et qu'il ne traite pas, comme autrefois dans le paradis terrestre, de condamner le pécheur à la mort, mais de livrer le Fils unique de Dieu à la puissance des ténèbres, à l'opprobre de la croix, à l'horreur de la mort, suivant les paroles que la présence des soldats a tirées de sa bouche sacrée : *Celle-ci est votre heure et la puissance des ténèbres ?* (*Luc.* XXII, 53.) Ne voyons-nous pas comme il ne traite point ici de donner grâce au coupable, mais de donner la grâce de l'être incréé à cette humanité? grâce suprême, divine et infinie et l'origine de toute grâce! Au lieu donc que les anges et les hommes ne sont appelés et ordonnés qu'à la servitude et adoption divines, comme au comble de leur grandeur et félicité, et que la prédestination jusqu'à présent n'a point été employée à chose plus haute et plus élevée, il y a maintenant un homme appelé de Dieu à chose incomparablement plus digne et plus haute, il y a un Fils de l'homme prédestiné à la filiation divine, il y a un Jésus, Fils de l'homme, *Qui est prédestiné Fils de Dieu en vertu (Rom.* I, 4), selon les paroles de son apôtre. Et c'est le plus haut point duquel ordonnera jamais le sacré conseil de la prédestination, auquel rien ne peut être proposé de plus grand que ce divin état de l'union hypostatique; comme aussi il n'y a point de vocation plus grande, d'élection plus certaine, de charité plus accomplie, que celle par laquelle l'humanité étant appelée et élevée au trône de la Divinité, Jésus-Christ, fils de Marie, est à l'égal de Dieu établi pour jamais à sa droite et à sa gloire.

Mais nos paroles sont trop faibles pour exprimer choses si grandes. Ecoutons l'oracle de son siècle, le plus excellent des docteurs, au plus excellent de ses livres polémiques, le docteur choisi par le Fils de Dieu pour la défense de sa grâce, qui est l'effet et la fin de son Incarnation, et le sujet de la prédestination des élus : je veux dire saint Augustin, lequel parlant de la prédestination du Saint des saints, et de tous les saints en lui, dit ces paroles : *Ipsum Dominum gloriæ in quantum homo factus est Dei Filius, prædestinatum esse dicimus. Clamat Doctor gentium in capite Epistolarum suarum* : « *Paulus servus Jesus Christi, vocatus apostolus, segregatus in Evangelium Dei, (quod ante promiserat per prophetas suos in Scripturis sanctis), de Filio suo, qui factus est ei ex semine David, secundum carnem : Qui prædestinatus est Filius Dei in virtute, secundum Spiritum sanctificationis, ex resurrectione mortuorum.* » *Prædestinatus est ergo Jesus, ut qui futurus erat secundum carnem filius David, esset tamen in virtute Filius Dei secundum Spiritum sanctificationis, quia natus est de Spiritu sancto et Virgine Maria. Ipsa est illa ineffabiliter facta hominis a Deo Verbo susceptio singularis, ut Filius Dei et Filius hominis simul : Filius hominis propter susceptum hominem, et Filius Dei propter suscipientem unigenitum Deum, veraciter et proprie diceretur, ne non trinitas sed quaternitas crederetur. Prædestinata est ista naturæ humanæ tanta et tam celsa et summa subvectio, ut quo attolleretur altius non haberet : sicut pro nobis ipsa Divinitas quousque se deponeret humilius non habuit, quam suscepta natura hominis, cum infirmitate carnis usque ad mortem crucis.* (Lib. *De prædest. sanct.*, cap. 15.) « Nous disons que le Seigneur de gloire, en tant que l'homme est fait Fils de Dieu, est prédestiné. Le Docteur des gentils le publie hautement à l'entrée de ses Epîtres : *Paul, serviteur de Jésus-Christ, appelé à être apôtre et choisi pour annoncer l'Evangile de Dieu (lequel il avait auparavant promis par ses prophètes ès saintes Ecritures) touchant son Fils qui lui a été fait de la semence de David, selon la chair : qui est prédestiné Fils de Dieu en vertu, selon l'esprit de sanctification, par la résurrection des morts.* Jésus donc est prédestiné, afin que celui qui devait être selon la chair fils de David, fût toutefois en vertu Fils de Dieu selon l'esprit de sanctification, étant né du Saint-Esprit et de la Vierge Marie. C'est cette singulière susception par laquelle le Dieu Verbe a pris l'homme à soi d'une manière ineffable, afin qu'il fût dit vraiment et proprement le Fils de Dieu et le Fils de l'homme tout ensemble : Fils de l'homme, à cause de l'homme qui est pris par le Dieu Verbe; et Fils de Dieu, à cause de Dieu Fils unique qui le prend et unit à soi, de peur qu'on ne crût non la Trinité, mais une quaternité. Cet élèvement de la nature humaine est prédestiné à être si haut, si grand et suprême, qu'il n'y a rien de plus haut où elle eût pu être élevée, ainsi que la Divinité n'a eu rien de plus bas où s'abaisser pour notre amour, que cette nature humaine prise avec les infirmités de la chair jusqu'à la mort de la croix. »

X. Or, en ce changement arrivé par le mystère de l'Incarnation dans l'ordre et l'exercice de la Providence, et au conseil de Dieu sur la prédestination, nous apprenons un secret du conseil de Dieu, nous découvrons une propriété de son essence, nous remarquons une très-notable différence entre son être et son état, entre son cabinet et son conseil (s'il nous est permis de parler ainsi de choses ineffables, et d'exprimer les grandeurs divines par quelque sorte d'analogie et proportion aux grandeurs humaines). Car Dieu en son cabinet n'est occupé que de soi-même et avec soi-même ; et ce cabinet est proprement le sein du Père, qui n'est rempli que de l'être de Dieu, et où il n'y a que les personnes divines, et où Dieu, saintement occupé en la pensée et en l'amour de soi-même, ne sort point hors de soi ; car il est l'unique objet de cette occupation, et il demeure en soi par la propriété de ses actions internes, vitales et immanentes. Mais Dieu entrant en son conseil, semble sortir comme hors de soi et de son cabinet, par l'état et la condition des choses qui s'y traitent, vu que c'est le propre du conseil de Dieu de ne délibérer et pourvoir qu'à ce qui est hors de Dieu. Et Dieu entre dans son conseil pour ordonner des affaires de son Etat et de son empire, et pour traiter de ses créatures même avec ses créatures. Et au lieu qu'il ne traite en son cabinet qu'avec les personnes divines, dans son conseil il entre souvent en traité et en délibération avec ses créatures mêmes, comme les saintes lettres nous le témoignent; et par ainsi, il semble comme sortir au dehors et entrer en condition inégale à soi-même.

Mais en ce conseil nouveau qui se tient sur le sacré mystère de l'Incarnation, nous voyons et une sortie heureuse et une rentrée admirable de Dieu en soi-même, en l'honneur de laquelle nous devons référer et consacrer toutes les sorties de notre âme, et ses rentrées en Dieu. Car il semble que Dieu sorte comme hors de soi en ce sujet par une nouvelle manière, qui porte le Fils de Dieu à qualifier ce mystère du nom de sortie : car il sort de sa grandeur pour entrer en nos misères, il sort de son éternité pour entrer en un être mesuré par le temps et limité par le cours du soleil, il sort de son immortalité pour entrer en notre mortalité, et il s'oublie soi-même pour entrer si avant dans la bassesse de l'être créé, et s'unir à sa créature si étroitement, que Dieu est homme, et l'homme est Dieu. Et partant comme il sort en quelque manière hors de soi, il rentre aussi comme en soi-même par ce nouveau conseil et ce nouveau mystère. Car traitant d'un mystère qui contient et enclôt Dieu en soi-même, il traite par conséquent, il ordonne et délibère, non sur les créatures, mais sur soi, puisqu'il est l'auteur suprême et le sujet admirable de ce sacré conseil, et de ce très-haut mystère.

Et le Verbe éternel sortant comme hors de soi pour entrer en l'opération de cette œuvre, laquelle lui est commune avec les autres personnes divines, et est du nombre de celles que les théologiens appellent opérations de Dieu hors de lui-même ; il rentre comme en soi-même d'une manière qui est propre et particulière à sa personne, en accomplissant heureusement ce mystère, et en le terminant divinement de sa propre subsistence. Et associant par ce moyen notre humanité à sa réforme divine, il la fait rentrer en son Père, et y rentre lui-même en elle, et par elle, d'une nouvelle manière, par l'état substantiel de sa personne et de sa filiation divine, laquelle étant non-seulement relative, mais toute relation à son Père, elle fait que Dieu-Homme est en un état perpétuel de relation au Père ; état divin, incompréhensible et ineffable, qui porte unité suprême, intimité profonde et repos invariable au Père éternel. Et par ainsi, en contemplant cet œuvre, nous voyons, nous suivons et nous adorons Dieu éternel, et comme sortant hors de soi-même, et comme rentrant en soi-même par ce nouveau conseil et par ce divin mystère ; d'où s'ensuit que Dieu, en la circonférence de ses œuvres, et au mouvement de ses conseils, est comme un cercle admirable qui se forme, en finissant au même point duquel il est parti en commençant. Car Dieu produit toutes choses par son Verbe, et le Verbe est le principe par lequel se fait la création du monde, qui se termine en la production de l'homme, comme au dernier des œuvres de Dieu (10) ; Dieu donc unissant la nature humaine à son Verbe, unit et conjoint par ce moyen le dernier de ses œuvres au principe de ses œuvres.

Et d'ailleurs, cette nature humaine étant l'abrégé de l'univers et le sujet auquel par les divers degrés et conditions de son être toutes les créatures sont récapitulées, il est évident que lorsqu'elle est unie à Dieu, l'univers même, qui est sorti de Dieu, retourne à Dieu, étant réuni et conjoint à Dieu en elle par ce divin mystère. Et Dieu se résolvant dans ses conseils, non-seulement à créer le monde par sa puissance, mais aussi à le renouveler par son amour, le Verbe, qui est le principe de cette création, est le terme admirable auquel s'accomplit heureusement et se termine cette rénovation par l'union ineffable de sa personne divine à la nature humaine ; et en lui se retrouvent, non-seulement comme en leur principe et origine, mais aussi comme en leur repos et consommation, toutes les créatures nouvelles du monde nouveau. Que si nous élevons nos esprits plus haut en la pensée des productions divines, nous verrons que non-seulement Dieu opère et produit hors de soi ce grand univers et ces créatures excellentes, mais qu'il opère aussi et produit dedans soi-même des personnes divines, et que ces productions sont d'autant plus hautes et admirables que Dieu excède en infinité toutes les choses créées. Or la première opération de Dieu, c'est la production de son Verbe, et la dernière opération de Dieu est l'incorporation de ce même Verbe en la nature humaine.

La première donc opération de Dieu est jointe à sa dernière opération en la personne du même Verbe, lequel est fait chair, et termine les œuvres et les conseils de Dieu en terminant cette humanité par le divin mystère de l'Incarnation. Et partant, nous avons et nous adorons un Dieu produisant en soi-même, et y produisant son Verbe, qui est sa première production ; et nous avons et adorons le même Dieu comme produisant hors de soi-même, et produisant l'homme, qui est sa dernière production et le dernier ouvrage de ses mains au dernier des six jours employés à créer et former le monde. Et c'est ce même Dieu qui ramène, qui réduit, qui rapporte tout à soi-même, en voulant, ordonnant et faisant que la nature humaine soit accomplie et terminée par la subsistence de son Verbe ; que la créature soit jointe au Créateur, et l'homme à Dieu en unité de personne ; et que dans cet œuvre incomparable de notre Créateur et Recréateur, tout retourne au même point d'où il est parti, c'est-à-dire à Dieu.

En la contemplation donc de nos mystères, regardons Dieu comme une sphère admirable, non pas seulement au sens que la lumière même de la philosophie païenne l'a reconnu, mais encore en un sens bien plus haut et plus élevé, que la lumière de la foi nous enseigne et révèle. Car Dieu est une sphère en son essence, en sa connaissance et en sa providence, qui a son repos dans son propre centre, et n'a mouvement que dans soi-même (si nous pouvons user de ce terme en parlant d'un être parfaitement immuable) ; car n'y ayant en cet être divin, qui est tout acte, tout esprit et tout intelligence, que la vue qu'il a de soi-même et des choses créées, la vue et la connaissance qu'il a de soi-même est l'émanation de son Fils, et la vue qu'il a de ses créatures est le sujet de sa disposition et l'établissement de sa providence, c'est-à-dire la première vue donne origine à ses émanations, et la seconde donne lieu et matière à ses conseils. Or en

---

(10) *Gen.* I, *Joan.* I et VIII, *Col:* I, *Hebr.* I ; TERTULL., *Contra Praxeam* ; HILAR., AUGUST. *Versio Chald.* JONATHÆ : *In Filio creavit Deus cœlum et terram* ; D. THOMAS, I parte, quæst. 46, art. 3

l'un et en l'autre nous voyons que Dieu est comme un cercle admirable ; car les émanations divines, comme elles procèdent de Dieu, aussi elles se terminent à Dieu en la production du Saint-Esprit, qui est Dieu comme le Père et le Fils qui le produisent ; et les conseils de Dieu, comme ils partent de Dieu, ils retournent à Dieu en la délibération qu'il tient d'unir une essence créée à une personne incréée, et d'établir au monde cette admirable unité, qui est le centre et le dernier point qui arrête et termine tous ses conseils, selon les Ecritures, lesquelles nous témoignent qu'il a fait tout en son Fils, par son Fils et pour son Fils.

Ainsi Dieu est toujours lui-même, c'est-à-dire Dieu est toujours infini et ineffable ; Dieu est toujours aimable et toujours adorable ; Dieu est toujours aimable et admirable, en lui-même, et en ses conseils, et en ses œuvres, et notamment en l'œuvre de ses œuvres, au conseil de ses conseils, au mystère de ses mystères, qui rompt le divorce et la désunion que le péché a mis entre Dieu et les hommes ; qui fait une nouvelle alliance entre Dieu et nous, et bien plus forte et avantageuse que la première ; qui donne et produit au monde l'auteur du monde, et par un secret ineffable fait Dieu homme, et fait que l'homme est Dieu en l'unité adorable de la personne du Verbe éternel avec la nature humaine. Donc soit béni pour jamais le Père éternel qui ordonne, le Saint-Esprit qui opère, et le Verbe divin qui accomplit ce très-sacré, très-profond et très-haut mystère de l'Incarnation.

DISCOURS V.

DE LA COMMUNICATION DE DIEU EN CE MYSTÈRE.

I. Il vaut mieux connaître peu des choses divines, que beaucoup des choses moindres. En la contemplation de ce mystère, nous remarquons cinq choses principales : 1° le Verbe qui se fait chair ; 2° l'humanité ou chair unie au Verbe ; 3° la subsistence du Verbe qui est le lien de cette unité ; 4° la divine essence de ce Verbe ; 5° que des trois personnes divines le Verbe seul est le lien de cette union. Le Verbe éternel est en un sens et la partie et le tout de ce mystère. — II. Le Verbe éternel est au milieu des unités divines, et comme tel il est très-propre pour être le principe et le sujet du mystère d'unité que nous adorons. Le Verbe reçoit comme le Saint-Esprit l'unité de la divine essence et produit, comme le Père, l'unité du Saint-Esprit. Différences de ces deux unités. Le Verbe honore sa procession éternelle par sa procession temporelle. — III. Rapports de l'incarnation du Verbe, à sa procession éternelle. — IV. Le mystère de l'Incarnation va imitant et adorant la personne du Verbe, tant en son émanation qu'en sa production éternelle. — V. Raisons pour lesquelles le Verbe seul entre les personnes divines s'est revêtu de notre nature. — VI. Rapports de la naissance temporelle du Verbe à sa naissance éternelle. La naissance temporelle du Verbe ferme le cercle des productions divines. Le Fils de Dieu est soleil comme son Père ; mais il est orient, ce que n'est pas son Père. — VII. Le Fils de Dieu est fleur, fruit et germe en la Divinité, selon les Ecritures. — VIII. Autre raison pour laquelle il était convenable que le Verbe éternel se fît chair, et non le Saint-Esprit. Les choses qui ne sont qu'avec imperfection dans les créatures, en sont infiniment éloignées en Dieu. Les premiers-nés étaient offerts à Dieu en l'ancienne loi, pour honorer la primauté du Fils de Dieu dans les processions éternelles. Deux principes égaux et subordonnés, Dieu et Jésus-Christ. — IX. Les propriétés éternelles du Verbe le convient à entrer dans notre nature, et que ce soit lui entre les personnes divines qui se fasse chair. La vie intérieure des Chrétiens est formée sur la vie du Fils de Dieu en son Père, comme sur son modèle. Comme le Verbe est toujours regardant le Père dont il procède, ainsi nous devons toujours regarder le Verbe incarné duquel nous procédons ; et ce regard doit être un regard d'amour, d'honneur et de dépendance. Nous devons avoir soin d'honorer Jésus-Christ, non-seulement par nos actions, mais encore par l'état de notre vie. — X. Les personnes divines s'honorent d'un honneur et d'un amour mutuels, que nous devons honorer et imiter par notre amour et notre adoration. Le Père et le Fils s'honorent réciproquement dans le mystère de l'Incarnation. Le Père s'honore en constituant son Fils père du siècle nouveau, et c'est sa gloire d'être chef d'un tel sujet. Le Fils de Dieu honore sa naissance éternelle par sa naissance temporelle, et par cela même il honore le Père qui en est le principe. Le Fils de Dieu rend hommage à Dieu son Père par sa qualité de serf, et le plus grand qui lui puisse être rendu. Le Fils de Dieu en sa forme d'esclave rend tribut et hommage à Dieu son Père pour tout ce qui est créé, et honneur pour tout ce qu'il a reçu de lui dans l'éternité. — XI. Description du mystère de l'Incarnation, de ses fins, de ses préparatifs, de ses circonstances. — XII. Pensées et affections sur le moment de l'Incarnation.

I. Plus les choses sont excellentes, et plus leur connaissance est digne et souhaitable ; et vaut mieux, dit le grand philosophe, connaître peu des choses grandes que connaître beaucoup des choses moindres. Ne plaignons pas donc un peu de temps à pénétrer davantage dans les secrets de nos mystères, et à connaître la grandeur de celui-ci, qui est le chef-d'œuvre de Dieu, le secret de ses secrets, l'épitome et l'abrégé de tous ses mystères, et qui est un mystère éternel, en la foi duquel la terre est occupée, et en la vue duquel le ciel est bienheureux. Or, en la contemplation d'icelui, il y a plusieurs points grands et hauts, qui seraient tous bien dignes de considération très-particulière. Le premier qui se rencontre aux yeux de la foi et de l'Eglise, c'est le Verbe qui se fait chair ; le second, c'est cette chair et humanité qui est unie au Verbe ; le troisième est la subsistence de ce Verbe, qui est le lien de cette unité ; le quatrième est la nature de ce Verbe, qui est la divine essence, laquelle en cette personne et par cette personne est unie à la nature humaine ; le cinquième est qu'en cette divine essence y ayant pluralité de personnes, le Verbe seul entre les personnes divines est le lien sacré, le lien substantiel, le lien personnel qui unit Dieu avec l'homme. Mais il nous suffira en ce discours de contempler le Verbe divin, et en lui-même et en cet œuvre, duquel il fait la partie principale, s'il faut parler ainsi, voire dont il est comme le tout : car il est la source vive et perpétuelle de toutes ses excellences et grandeurs; il est le firmament de tous ses pouvoirs et priviléges; il est la cause influente de ses dons, de ses grâces et de ses prééminences ; et il est le ciment admirable de l'état suprême de ce divin mystère.

II. Le Verbe éternel est produit et produisant en la très-sainte Trinité, ce qui ne convient qu'à lui seul. Il a sa source, sa vie et son repos en l'unité du Père éternel, qui seul est père et principe de ce Verbe; il reçoit de lui en sa génération l'unité de son essence; il est le Fils unique du Père éternel, comme épuisant toute la puissance de son Père à engendrer; il produit avec lui, non en diversité, mais en unité de principe (ce qui est ineffable), la troisième personne de la Trinité. Et en cette sienne production, il a son terme en l'unité du Saint-Esprit, auquel s'arrête et se repose le mouvement sans mouvement des émanations divines comme en un centre d'amour et d'unité. Et cette unité procédant du Père et du Verbe unit ce Verbe encore avec le Père d'une sorte d'unité distincte des précédentes : car cette unité produite est l'unité du Saint-Esprit réclamée en toutes nos invocations et prières, qui est en la propriété de sa personne, le lien, l'amour et l'unité du Père et du Fils.

Par ces vérités qui sont non subtiles, mais solides, et sont autant d'articles de foi en la doctrine du très-haut mystère de la Trinité, nous voyons que le Verbe divin est tout enclos dans les unités divines ; nous l'adorons au milieu d'elles, comme en un trône où il a son être et sa vie, son repos et sa gloire de toute éternité; et nous le reconnaissons très-propre à être le principe et le sujet du plus haut mystère d'unité qui puisse être opéré par la bonté, la puissance et la sagesse divines.

Ce que pour mieux entendre, considérons que le Verbe éternel, comme tenant le milieu entre le Père et le Saint-Esprit en l'ordre des personnes divines, il reçoit comme le Saint-Esprit, l'unité de la divine essence; et il produit comme le Père, l'unité du Saint-Esprit, qui font deux unités virtuellement distinctes, et toutes deux considérables en la personne du Verbe; en ce que l'une est en son essence, et l'autre est en la personne dont il est le principe ; l'une est primitive et originaire (car toutes les unités ont leur rapport à l'unité de la divine essence comme à la première), et l'autre est précédente et originée : l'une n'est ni produite, ni produisante, mais l'autre est produite et constituant dans la Trinité une personne divine, laquelle est produite comme unissant les deux autres personnes entre elles d'un lien digne de leur être et grandeur, d'un lien éternel, divin et personnel.

On disait d'un ancien qu'il peignait ce qui ne se pouvait pas peindre, et accomplissait tellement ses ouvrages, qu'il donnait la vie et mouvement à ses traits, et animait ce qui est inanimé, tant ils voulaient nous le feindre excellent à surmonter l'art, la nature, et soi-même. Ce qu'ils attribuaient à ce peintre fameux par un excès de paroles, convient proprement et véritablement au Fils unique de Dieu, et à bien autre meilleur titre, et en un sujet bien différent. Car le Fils de Dieu se contemplant soi-même, a voulu d'un vouloir et pouvoir communs aux personnes divines, se pourtraire au vif et au naturel ; et comme étant le meilleur peintre de l'univers, et le plus excellent ouvrier, a voulu peindre ce qui semble ne se pouvoir pas peindre, en formant dans ce mystère et y représentant la première, la plus vive et la plus expresse image du Père éternel. Car le Verbe se voyant être proprement l'image que le Père a formée de soi-même dans soi-même, il a voulu aussi se peindre et se figurer lui-même en un œuvre de ses mains, lequel étant commun au Père et au Saint Esprit, je l'attribue au Verbe par une sorte d'appropriation fondée en la singularité de ce mystère.

Et comme le Fils est l'image vive et l'idée parfaite de son Père en la divinité, il veut être en ce sien œuvre comme l'image vive et parfaite de soi-même. Et selon les propos précédents, y ayant deux unités virtuellement distinctes qui le regardent, et qui lui ont un rapport si particulier, l'unité d'essence qu'il reçoit, et l'unité de la personne qu'il produit éternellement; il veut honorer ces deux unités siennes en un œuvre et en un conseil d'unité singulière ; il les veut peindre et pourtraire au vif en l'unique de ses œuvres, et veut que ce sien mystère en son état et en ses circonstances leur soit comme une espèce de tribut honoraire. Tellement que comme nous voyons qu'en l'Eucharistie il est lui-même la figure et l'image de lui-même au Calvaire, et par sa présence établie en ce sacrement et sacrifice mystérieux sur l'autel de l'église, il honore incessamment le grand sacrifice qu'il a fait de soi-même sur l'autel de la croix : aussi en ce rare œuvre, le premier et le suprême de ses mystères, il veut être comme l'image vive de soi-même en l'éternité; et il veut être lui-même honorant et représentant son être et son état en la divinité, dans le nouvel être et état qu'il daigne prendre en notre humanité.

III. C'est pourquoi, comme il est procédant dans l'éternité, et le premier procédant du Père, que saint Denis appelle déité fontale et originelle ; il veut aussi être procédant en la plénitude des siècles, il y veut prendre et avoir un nouvel être en l'honneur de l'être incréé qu'il reçoit de son Père; il veut faire un mystère en soi, dans lequel il soit regardant et honorant lui-même le mystère de la procession éternelle ; et il veut consacrer à l'honneur de la première émanation divine, le premier, le plus grand, le plus inénarrable de ses œuvres et mystères. Et y ayant distinction en la propriété des émanations divines, comme l'émanation du Verbe a cela de propre, qu'il est engendré du Père, qu'il est procédant de lui comme Père et comme engendrant, qu'il est constitué par naissance et filiation éternelle dans l'ordre des personnes divines : aussi veut-il être engendré dans les siècles, il veut entrer au monde par naissance, et non par autre voie, qui semblerait en apparence plus séante à sa grandeur ; il veut être vraiment Fils de l'homme comme il est Fils de Dieu ; il veut recevoir de sa mère en la terre une essence temporelle, et se la conserver éternellement en l'honneur de l'essence éternelle qu'il reçoit de son Père. Et d'autant que cette essence est une en la trinité des personnes, il s'unit aussi à une seule essence en espèce et en nombre, pour honorer en l'ordre des choses créées, et imiter en l'unité de cette nature déifiée en lui, l'unité d'essence qui est en la divinité : afin que comme il n'y a qu'une essence divine, il n'y ait aussi qu'une essence déifiée, qui honore par ce nouvel état, et par ce parfait rapport, l'unité de l'essence qui subsiste en la très-sainte Trinité.

Et si nous contemplons le Verbe non-seulement comme Dieu, mais comme Dieu produit et engendré, c'est-à-dire en la propriété de sa personne, nous reconnaîtrons qu'il est proprement, substantiellement et personnellement vivant, et que par la vertu et qualité de sa procession il est produit comme vivant, ou plutôt comme vie, et comme vie qui est source de vie au regard de la personne du Saint-Esprit qui procède de lui. Car ce Verbe est procédant du Dieu vivant comme son Fils vivant, et comme recevant de lui sa propre vie, et comme produisant avec la vie et l'amour du Saint-Esprit. Le Verbe donc selon sa notion propre est vie et est principe de vie, et il est principe de vie d'amour. C'est pourquoi il a voulu être vivant d'une vie nouvelle, comme il est vivant d'une vie éternelle, et s'unissant à notre humanité, il a voulu constituer par soi-même avec elle et dans elle un mystère de vie, d'amour et d'unité, et être lui-même une nouvelle vie dans l'univers, comme il est vie dans le sein de son Père. Et il a voulu être dans les siècles un nouveau principe de l'Esprit de grâce et d'amour, comme il est principe incessamment produisant le Saint-Esprit dans l'éternité.

IV. Concluons plus avant cette pensée, et voyons en cet œuvre comme le Fils de Dieu a voulu faire encore réflexion sur soi-même, c'est-à-dire, sur son unique et intime opération dans l'éternité, qui est la production du Saint-Esprit. Car voyant que cette personne produite est le lien des personnes divines, il veut que la personne produisante soit le lien de l'être divin et humain tout ensemble. Et comme ce Saint-Esprit, cette personne procédante de lui en la Trinité sainte, est le lien éternellement unissant les deux personnes divines ensemble, qu'elles sont parfaitement unies en l'unité du Saint-Esprit, et ce nonobstant elles sont persévérantes en leur distinction et pluralité personnelles : aussi a-t-il voulu que sa personne propre soit le lien sacré qui unit tellement les deux natures ensemble, qu'elles sont persévérantes en leur distinction et propriété naturelle, et sont parfaitement unies en unité de personne sans confusion, sans division aucune, comme parlent les saints conciles. De sorte que comme au premier de nos mystères, nous avons et nous adorons une personne divine, unissant les deux personnes ensemble : aussi dans le second de nos mystères nous avons et nous adorons une personne divine, unissant les deux natures ensemble, dont l'une est divine et l'autre est humaine. Ce qui va regardant, adorant et imitant l'unité de Saint-Esprit, qui est la troisième personne en l'ordre de la Trinité sainte, et qui en sa propriété est le lien éternel des deux personnes dont il est procédant, et dont il est l'amour personnel et l'unité sacrée. Concluons donc, et disons que contemplant le Verbe divin, ou en son émanation, ou en sa personne, ou en sa production éternelle, c'est-à-dire, en tous les points où nous le pouvons contempler dans la divinité, nous le voyons singulièrement exprimé, et vivement représenté par l'état et les qualités de ce divin mystère, lequel a un parfait rapport à ce qui est ineffable dans l'éternité, et est un portrait de Dieu comme au naturel.

V. Par ces pensées prises en la source de vie, et en l'être propre du Verbe éternel, nous le contemplons comme en son trône et en sa grandeur, et nous le suivons d'esprit, comme descendant en notre humanité. Mais nous remarquons que les autres personnes divines demeurant dans le ciel et dans la gloire, il s'abaisse seul en la terre, pour être seul revêtu de la nature humaine. Ce qui n'est pas sans fondement dans les conditions propres de sa personne. Car nous avons expressément remarqué qu'il est non-seulement procédant dans l'éternité, ce qui lui convient avec le Saint-Esprit ; mais qu'il est le premier procédant, ce qui lui est propre et particulier. Or, comme en cette qualité il est le premier qui reçoit la divinité qui doit être communiquée au monde, il veut être aussi le premier qui nous la vient donner ; et nous voyons qu'il est le premier descendant du ciel en habit emprunté pour se donner au monde ; car le Saint-Esprit ne descend point en la terre pour y exercer une puissance visible et manifeste, qu'après ce mystère, et après que le Fils de Dieu a consommé sur la terre toutes les manières selon lesquelles il a voulu se donner à nous pour les divers mystères de sa vie et de sa croix, en laquelle comme en un holocauste il lui a plu se consumer soi-même en l'excès de son amour, pour renaître comme phénix en une nouvelle vie, vie céleste et immortelle, vie qui nous prépare à l'immortalité.

Comme donc le Verbe éternel est le premier qui reçoit cette divinité qui doit être communiquée au monde, il est le premier qui la vient donner au monde. Et comme il est l'unique qui la reçoit, et qui la donne tout ensemble dans l'éternité, il veut aussi être l'unique qui la donne substantiellement en se donnant soi-même personnellement à notre humanité. Ainsi ce mystère a fondement dans les conditions propres du Verbe éternel; ainsi le Verbe est porté par soi-même, et non-seulement par le vouloir de son Père, à se donner au monde par une voie si rare et singulière; ainsi il daigne regarder notre faiblesse pour l'appuyer, notre bassesse pour l'élever, et notre humanité pour l'épouser.

VI. Or, comme il s'abaisse à nous et à nos misères, aussi devons-nous nous élever à lui et à ses grandeurs pour les connaître et les adorer. Ne plaignons donc pas un peu de temps à considérer les grandeurs du Fils unique de Dieu, d'autant plus qu'il semble les oublier, pour s'abaisser en notre humanité. Or, il a ses grandeurs, et grandeurs éternelles par sa naissance; considérons donc par un esprit d'honneur et d'amour envers lui, cette primauté de naissance et d'origine qui convient au Verbe; car elle dit chose grande, incompréhensible à l'homme, adorable de tout esprit créé, et fondamentale à ce mystère; elle met une distinction, une réalité, une propriété admirable dans l'éternité, et dans l'être pur et simple de Dieu; elle constitue une personne éternelle en la divinité; elle porte puissance productive de la troisième personne divine; ce qui lui rend propres les paroles graves et profondes du grand saint Hilaire (Lib. VII *De Trinit.*): *Divinitatis sacramentum nativitatis natura consummat.* Car, cette naissance formant le cercle des émanations internes, comprend la fécondité de Dieu, et elle ferme et enclôt le mystère de la Trinité dans l'efficace de sa production; puisque comme sa procession est la première des processions, sa production est la dernière des productions divines.

Ces choses sont de grand poids à qui les sait bien comprendre, et mériteraient bien un plus long discours. Mais passons plus outre, et approchons de plus près notre mystère : et disons que cette naissance du Verbe éternel lui donne droit à beaucoup d'usages, d'offices et d'actions dans la terre et dans le ciel, dans le temps et dans l'éternité; et regarde ce haut mystère de l'Incarnation, comme la figure et son image, et comme un nouvel état auquel le Fils de Dieu est fait : *Primogenitus in multis fratribus* (Rom. VIII, 29), comme parle saint Paul : qui est une nouvelle primogéniture laquelle va regardant, imitant et adorant sa primauté de naissance, en l'ordre des émanations divines; qui est une primauté éternelle, laquelle est secrètement et premièrement honorée dans l'état de la nature et de la loi, par les prééminences établies en faveur des premiers-nés. Car l'auteur de la loi et de la nature ne vise qu'à choses grandes dedans ces choses basses; il pense aux choses spirituelles, dans une loi grossière et charnelle; il pense aux choses divines et éternelles dans les humaines et temporelles; et comme toujours référant ses œuvres et ses lois à soi-même, il a dessein d'exprimer et d'honorer par ces droits et privilèges des aînés des hommes, les pouvoirs et les grandeurs de son Fils unique. Et me semble, à proprement parler, selon les intentions secrètes du Père éternel, que ces droits et avantages humains affectés aux aînés, sont autant de marques d'honneur, et autant de tributs et de devoirs rendus à la naissance divine par la naissance humaine. D'autant que le Père éternel, qui ne contemple et ne regarde que son Fils, ou en son Fils comme en son Verbe et en son miroir unique, regarde et honore la naissance de Dieu dans la naissance de l'homme; et fait que la loi imparfaite et la nature muette reconnaît tacitement dans les choses de Dieu, ce qu'elle n'est pas digne de connaître distinctement, et par l'intention de son auteur et législateur suppléant à son incapacité, elle rend ainsi honneur et hommage à la primauté de naissance et origine qui convient à son Fils unique dedans l'éternité.

Et afin que tout conspire à l'honneur de chose si haute, ce même fils unique ainsi reconnu et honoré par la nature et par la loi, reçoit encore divers noms en la sainte Écriture, qui représentent diversement la grandeur de cette naissance et procession inénarrable, selon le dire d'Isaïe (LIII, 8) : *Generationem ejus quis enarrabit?* Ainsi est appelé Orient dans les prophètes, car il est un soleil aussi bien que son père : et un soleil émané d'un soleil (*Malac.* IV, 2) dont il est appelé le fils de lumière par ceux-là même qui n'ont eu qu'une simple ombre et une bien obscure connaissance de lui, et par ceux encore qui, étant ses enfants, sont nommés enfants de lumière en ses Écritures, auxquels il lui a plu se révéler et manifester lui-même (*Isa.* LX, 1 seq.) Mais par cette émanation, il a cela de singulier, qu'étant un soleil comme son Père, il est un soleil Orient, ce que n'est pas son Père. Et ce soleil que nous voyons se lever et se coucher en nos jours, n'est que son ombre et sa peinture; au lieu que ce soleil qui luit, selon saint Jean (I, 5), dans nos ténèbres et se lève en nos cœurs, est le vrai Orient que nous devons toujours regarder, que nous devons toujours adorer, et vers lequel aussi, depuis sa naissance publiée au monde, nos temples sont tournés, qui sont les lieux publics et solennels de notre adoration. Il est donc Orient dans la divinité, et il est Orient dans l'éternité; car il est tellement Orient qu'il est sans commencement; Orient donc éternel, mais lequel veut être aussi notre Orient dans la plénitude des temps. Et ainsi comme un nouvel Orient en notre humanité, il vient prendre son couchant dans notre humanité.

VII. Semblablement il s'appelle fleur et germe, c'est à savoir fleur et germe de la divinité; c'est le nom que la langue hébraïque lui donne dans Isaïe (XII, 1; IV, 2), qui lui est conservé en la riche et heureuse version de l'Église; c'est le terme dont saint Denis l'appelle en ces noms divins; ce qu' lui con-

OEUVRES COMPL. DE DE BÉRULLE.

vient à bon droit et juste titre. Car la fleur est le premier ornement que le soleil donne à la nature, lorsque son cours l'élève sur notre hémisphère et l'approche de nous. La fleur est ce que l'arbre, par sa vertu féconde, pousse et produit le premier en l'aménité du printemps, lorsque la terre commence à être couverte et chargée de ses enfantements. La fleur est la première production de la nature, et c'est ce que le sein de la terre germe et éclôt le premier par les douces influences du ciel. Aussi le Verbe est la première émanation de Dieu; il est celui que le sein du Père conçoit et produit le premier dans l'éternité. Il est celui qui procède le premier de cette tige sacrée; il est le premier né de Dieu, ce disent même les platoniciens, l'ayant ainsi appris de nos saintes lettres où nous lisons qu'il est le premier fruit de la fécondité divine. Il a donc voulu aussi comme premier fruit, et comme premier fruit non de la terre mais de la Divinité même, être offert à la Divinité et se mettre en état d'être présenté à Dieu comme en prémice pour tout ce qui est et sera à jamais procédant de Dieu.

Je l'appelle fleur, germe et fruit tout ensemble, car ce qui est épars et divisé dans les choses créées, est réuni en Dieu; et le Verbe est fruit quant à la perfection et maturité de sa procession; il est fleur quant à sa beauté, laquelle convient proprement à sa personne et est attribuée au Verbe, non-seulement par nos docteurs, mais par les platoniciens mêmes nos imitateurs, qui ont aperçu les ombres de nos mystères dans leurs figures et vu quelque chose de leur grandeur dans les énigmes de nos prophètes; et il est fleur et germe quant à sa puissance de produire une seconde personne de la divinité, d'autant que comme de la fleur et du germe vient le fruit, ainsi du Fils vient le Saint-Esprit qui est la seconde personne procédant dans l'éternité.

VIII. Or de là vient une notable distinction entre les deux personnes procédantes, qui est à propos de notre discours, et nous fait tomber justement dans le point et le centre de notre mystère, et nous apprend une des raisons principales pour laquelle le Verbe et non le Saint-Esprit entre dans l'œuvre de l'incarnation pour l'accomplir par son hypostase. Car le Verbe étant vive source du Saint-Esprit qui procède de lui aussi bien que du Père, et qui est appelé pour ce regard l'Esprit du Fils et l'Esprit de vérité, il est référant au Père, et soi-même et cet esprit comme étant émané de lui; car c'est son propre et son état dans l'éternité d'être en rapport éternel et substantiel de soi-même et par conséquent de tout ce qui procède de lui vers le Père éternel, comme vers le principe et la source de son être et de tout être originel.

Au lieu que le Saint-Esprit, qui est produit et non produisant dans la divinité, n'a pas droit de référer le Fils au Père ni de le donner au monde. Et s'il se fût uni à un être créé, il n'y aurait pas pu employer et appliquer l'opération du Verbe comme chose sienne en cette manière haute et singulière. Car le Verbe est produit du Père seul, et il n'est envoyé que par son Père, et il n'opère que par lui, comme il ne reçoit que de lui son être et sa vie. Mais le Fils unique de Dieu étant le principe et la source du Saint-Esprit, il a pouvoir de le référer au Père, il a pouvoir de le donner au monde et de l'envoyer à ses apôtres; il a pouvoir de l'appliquer à l'œuvre de ce sien mystère et d'y employer son opération comme chose sienne en son origine; laquelle est le fondement de tout ce que le Fils opère par le Saint-Esprit, en tant qu'il lui donne et communique la vertu, la puissance et la divinité par laquelle il opère. Ce qui ôte toute indécence et imperfection en l'usage de ces hautes paroles et de ces fortes expressions par lesquelles nous avons désigné le rapport qu'a le Saint-Esprit au Fils dans ces saintes opérations; d'autant que ce qui n'est qu'une imperfection dans les choses créées, se retrouve par une grande merveille sans imperfection dans les choses divines et incréées.

Car c'est merveille qu'en l'unité et simplicité de Dieu il y ait pluralité, et pluralité sans division; c'est merveille qu'il y ait procession, et procession sans postériorité; c'est merveille que cette procession soit sans majorité et supériorité en l'un, et sans minorité et infériorité en l'autre; et c'est aussi merveille qu'entre les personnes, cet envoi, cette application, cet emploi, soit sans dépendance; mais cela est fondé en la grandeur, en la singularité, en la divinité de leur principe et origine; et la rencontre de tant de merveilles est si digne de Dieu, si propre à Dieu, si naturelle à Dieu, que ce n'est plus merveille qu'il y ait tant de merveilles ensemble en l'être d'une infinie majesté, en l'être qui est le principe de tout être, et en l'être qui est la source et la plénitude de tant de merveilles.

Concevons donc les choses divines selon leur divinité, et non pas selon notre bassesse. Concevons ces usages, ces actions, ces paroles sans l'imperfection du sens humain; et, nous élevant par-dessus nous-mêmes, allons de merveille en merveille, et entrons en admiration de voir qu'en la grandeur de nos mystères, et en la sublimité de notre foi, nous avons et nous reconnaissons deux principes éternels et divins, non comme le manichéen, l'un bon, l'autre mauvais, et l'un directement opposé à l'autre; mais tous deux bons, tous deux sources de bonté divine; l'un premier, l'autre second; mais tous deux égaux, tous deux liés divinement ensemble, tous deux se regardant et s'aimant mutuellement, et l'un parfaitement correspondant à l'autre. L'un subsistant en la seule divinité; l'autre subsistant en la divinité et en l'humanité tout ensemble. L'un produisant de toute éternité; l'autre produisant à toute éternité. L'un est le Père éternel, qui est principe sans aucun principe, seul produisant et non produit, auquel nous adorons une autorité (pour parler selon le grand docteur de France), et une majesté produisant tout ce qui est produit hors la divinité et en la divinité même. (Hilar., lib. ix *De Trinit.*) L'autre est le Fils unique de Dieu, le Père du siècle à venir, et vrai principe de vie en la plénitude des temps par le sacré mystère de l'Incarnation. Et qui est d'abondant en l'éternité le principe d'une personne divine ; mais principe qui a lui-même son origine en une autre personne ; et qui est, pour parler selon le concile, *Dieu de Dieu, lumière de lumière*, Dieu produisant et produit tout ensemble, ce qui est incompréhensible, et auquel nous adorons aussi une autorité et dignité infinie, divinement référant au Père éternel et soi-même, et généralement tout ce qui est ou procédant de lui comme son Saint-Esprit, ou procédant ou dépendant de lui comme tout ce qui est créé. Et partant, le Verbe en son éternité a cela de propre, d'être référant continuellement à son Père, les personnes procédant de son Père, c'est-à-dire lui-même et le Saint-Esprit, et d'être ainsi dignement et divinement regardant, aimant et honorant en la relation de soi-même et de tout ce qui procède de lui, la majesté très-haute et très-sublime du Père éternel, que des néants ne veulent pas reconnaître, servir et adorer sur la terre.

IX. Contemplant ainsi la naissance, la grandeur et l'office du Verbe éternel, nous adorons son être, sa vie, son état en Dieu son Père, et son pouvoir produisant dedans l'éternité même une personne divine et incréée. Nous admirons sa naissance et sa primauté en l'ordre des émanations divines, par laquelle il est référant dans l'éternité et soi-même et l'Esprit émané de lui, à Dieu son Père. Et nous reconnaissons le droit qu'il a par la condition de cette sienne naissance de s'établir lui-même en un divin mystère, dans lequel il soit divinement, substantiellement et personnellement référant à l'hommage de Dieu tout ce qui est créé. Comme en la divinité, il est référant à Dieu son Père tout ce qui est procédant et incréé tout ensemble. Et par ainsi le voilà conduit et convié par soi-même, c'est-à-dire par ses propriétés et ses perfections personnelles, à entrer en un nouvel état pour la gloire de son Père, et à accomplir ce nouveau mystère.

Car il est le premier émané de Dieu, et il veut être en état et condition par sa nature humaine de lui être offert en prémice, pour reconnaissance de tout ce qui est universellement procédant de lui. Il est le seul émané du Père seul ; et il veut être le seul constituant par soi-même ce nouveau mystère, et le seul adorant divinement et personnellement en son humanité le principe unique sans aucun principe de toutes choses, qui est son Père éternel, que saint Denis appelle origine et principe de toute divinité. Il est l'image vive que le Père éternel produit en se contemplant soi-même. Et il veut être en une nouvelle manière une image vivante et parlante des grandeurs de Dieu, et par une puissance divine réparer en nous l'image et la semblance de la divinité empreinte en notre nature et effacée par le péché. Il est le caractère de la substance du Père, qui lui donne et communique impressivement sa propre substance. Et il veut être le sceau et le caractère imprimant sa propre essence et subsistence en la nature humaine ; et en l'honneur de son Père qui l'imprime en lui et lui donne l'être éternellement, il veut nous donner cet être, et il se veut appliquer et s'imprimer lui-même en la nature créée comme un divin caractère. Il est le Verbe incréé par lequel toutes choses ont été formées ; et il veut être le Verbe incarné par lequel elles soient toutes réformées et relevées en une plus grande dignité. Il est le Fils unique du Père, et il lui veut créer par sa puissance, lui engendrer par son amour, lui acquérir par ses mérites, lui donner par son esprit plusieurs enfants respirant sa gloire, et veut rendre sa filiation propre et naturelle, vive source de la filiation adoptive. Ce qui le constitue Père et principe en l'ordre de la grâce et de la gloire, et lui donne de beaux titres, de beaux droits et de beaux priviléges, et à nous de très-beaux enseignements. Il les faut recueillir avant de passer plus outre, et apprendre, dans l'état du Fils de Dieu au regard de son Père, quel doit être notre état envers lui. Et il nous faut contempler dans la vie haute et sublime du Fils unique envers le Père, la vie que nous devons commander en la terre et consommer dans les cieux, tirant les premiers traits et linéaments de notre perfection sur un modèle si accompli, et nous formant en la vie de l'esprit et en toute vertu sur une vie si divine, et sur un si rare et si excellent exemplaire.

Car comme le Verbe éternel est procédant en son être divin, et a Dieu pour Père, aussi nous sommes procédants en notre être surnaturel (bien qu'en une autre manière), et nous devons reconnaître le Fils de Dieu pour notre Père, duquel nous tirons tous l'être et la vie de la grâce, ce qui lui donne, en ces titres et qualités rapportées dans l'oracle de son avénement, le nom du Père du siècle à venir. Comme le Verbe et Fils éternel de Dieu est toujours regardant son Père, parce qu'il est son Père, aussi devons-nous avoir un regard perpétuel vers le Fils, parce qu'il est constitué notre Père. Et ce regard de nous vers lui doit être un regard d'honneur suprême, un regard d'amour très-puissant un regard de dépendance entière et absolue, souhaitant que notre être soit tout œil et tout esprit, pour être employé et occupé en ce regard spirituel et divin vers la ressource et le nouveau principe de notre être. Comme le Fils unique de Dieu a un rapport continuel de tout ce qu'il est vers son Père, et son être et sa vie consiste en ce rapport ; même, à proprement parler, sa vie n'est qu'une vie substantiellement et personnellement relative de ce qu'il est vers son principe unique. Aussi l'usage de notre être et de notre vie doit être totalement employé à la relation parfaite et absolue de tout ce que nous sommes en l'ordre de la nature et de la grâce par ces miséricordes éternelles.

Et si, dans les profanes, ces amours fabuleux transmuaient les personnes en des substances étrangères, beaucoup plus devons-nous désirer que la puissance de celui qui transmue vraiment la nature des choses, soit employée sur nous, et que par la vertu de son amour puissant, la substance de notre être change d'état et condition pour être heureusement convertie en une relation pure vers lui, en hommage, en amour et en imitation de sa substance, de sa vie et de sa subsistence personnelle qui est toute relative vers le Père éternel. Comme le Fils de Dieu est tellement procédant du Père, regardant le Père et se référant au Père, qu'il est ce nonobstant très-intime en son Père et résidant en lui, *a Matrice excessit, non recessit*, dit le docte Tertullien. (*Adversus Praxeam.*) Aussi nous devons être inséparablement conjoints au Fils de Dieu comme le sarment à la vigne et comme il est lui-même inséparablement conjoint à son Père.

Nous devons être et demeurer perpétuellement en lui, ainsi qu'il est et demeure en son Père, et être toujours vivants et opérant par lui et pour lui, ainsi qu'il est vivant et opérant par son Père, puisqu'il est le principe et la fin de notre être et de notre vie. Et finalement comme le Fils unique de Dieu, se voyant immuable en son être, veut changer de condition pour la gloire de son Père, et se faire homme pour vivre d'une sorte de vie, en laquelle il puisse souffrir et opérer, ce qu'il ne peut pas faire en la divinité, et même il veut conserver toujours ce nouvel être pour honorer Dieu son Père, non-seulement par ses œuvres et par ses souffrances durant le cours de sa vie voyagère sur la terre, mais encore par un nouvel état permanent dans le ciel et dans l'éternité. Ainsi, à son exemple et imitation nous devons changer de vie et de condition, et pour la gloire de celui qui fait un tel effort à sa grandeur, faire effort à nous-mêmes, à nos habitudes et à nos passions. Et y ayant deux manières de le servir: l'une par actions seulement, et l'autre par état: nous devons choisir cette voie constante, solide, permanente, et embrasser une manière de vie qui soit d'elle-même honorant la majesté de Dieu, et soit origine de plusieurs actions saintes et vertueuses en l'honneur de l'état et de la vie, en laquelle entre le Fils de Dieu par le sacré mystère de l'Incarnation, et en laquelle il persévère dans les cieux éternellement. Tous ces points et ces rapports singuliers sont bien dignes d'exercer la lumière et la piété chrétienne, et sont autant de fondements solides qui établissent la relation que nous devons et protestons avoir au Fils de Dieu par l'humble état de servitude que nous lui vouons en l'honneur de la relation qu'il a vers son Père, par l'état admirable de sa filiation divine et éternelle. Mais il suffit de l'indiquer ici en passant; l'usage et l'étendue en étant faite ailleurs.

X. Continuons le fil de ce discours en l'honneur du Verbe éternel, et remarquons que nous exerçant ainsi en la pratique de ces divins rapports, nous honorons le Fils unique de Dieu, en exprimant sa vie dedans la nôtre, et son état dedans le nôtre; et, en l'honorant, nous honorons en lui son Père qui nous l'a donné, par l'excès et l'abondance de son amour, qui est une chaîne d'amour et d'honneur qui nous lie au Père et au Fils, et nous rend imitant et adorant l'amour et l'honneur réciproque qui est entre eux; car le même Fils de Dieu aime et honore son Père en le regardant comme son origine, et le Père aime et honore son Fils en lui communiquant et imprimant son être et sa vie; et ces deux personnes divines s'honorent d'un honneur éternel, d'un regard réciproque et d'un amour mutuel. Et la vie du Père et du Fils est aussi une vie d'honneur, vie d'amour, vie de contemplation vraiment digne de la grandeur, de la dignité, de la divinité de ces deux amants éternels. Et comme ces deux personnes divines se contemplent, s'aiment et s'honorent ainsi mutuellement dans l'éternité, elles s'honorent encore réciproquement d'une nouvelle manière d'honneur dans le nouveau mystère de l'Incarnation; lequel, à proprement parler, est un mystère, un état et un exercice d'honneur et d'amour réciproque du Père envers le Fils, du Fils envers le Père, et du Père encore envers soi-même.

Car le Père éternel, comme il honore son Fils en la Divinité, en lui donnant l'être et la vie divine; il l'honore aussi en notre humanité, en diverses manières; en le proclamant par sa loi et ses prophètes, le souverain, le salut et la lumière du monde; en employant les effets de sa puissance et ses plus grandes merveilles, à le faire reconnaître pour son Fils unique et pour son égal en pouvoir, en grandeur et en majesté; en l'exposant comme un dieu visible dedans la terre et manifestant sa grandeur divine sous le voile de sa mortalité; en le constituant dedans les siècles le principe de la vie, de la grâce et de la gloire, comme il est lui-même en l'éternité, le principe de la vie divine et incréée ès deux personnes procédant de lui; en se dépouillant soi-même de tout usage et exercice à juger le monde, pour donner ce pouvoir à son Fils, Fils de Dieu, Fils de l'homme, et le rendre juge unique et souverain de l'univers; et enfin en remplissant sa nature humaine de tous les effets de la Divinité et de tous les états de la gloire qui lui peuvent être communiqués, et qui sont raisonnablement dues à l'homme qui est en état d'unité personnelle avec Dieu même. Où nous avons à remarquer que le Père éternel, honorant ainsi son Fils, il s'honore soi-même; et que comme tout est procédant de lui, aussi, par un cercle divin tout revient à lui; et l'honneur qu'il rend à son Fils retourne à lui-même. Car en donnant à son Fils la puissance, l'autorité et la qualité de Père envers nous, et le constituant notre chef et notre second Adam, il se donne en quelque façon à soi-même, la qualité nouvelle de chef d'un sujet si honorable comme est Jésus-Christ Notre-Seigneur, qui reconnaît et adore Dieu comme son Père et son chef : comme son Père en sa divinité, et comme son chef, en son humanité, selon ce divin oracle : *caput Christi Deus*. (*I Cor.* II.)

Nous voyons donc clairement en la suite de tant de rapports et vérités divines, que Dieu honore par un moyen excellent, par un état divin, par une paternité nouvelle, par un mystère éternel, l'être et le nom divin et éternel de Père, qu'il a au regard de son Fils unique et éternel. Reste donc à déclarer comme en l'œuvre de l'Incarnation le Fils honore son Père. Or il est évident qu'il l'honore, en honorant sa propre naissance et sa filiation éternelle, puisque c'est au regard d'elle, et au regard d'elle seule, qu'il est Père dans l'éternité. Et il honore cette naissance, en prenant une nouvelle naissance et filiation au monde, et en imprimant sa filiation divine par sa subsistence en notre humanité. Il honore encore son Père éternel, en s'établissant lui-même dans un état et dans un mystère singulier ; dans lequel étant Fils, il se rend serf et l'esclave du Père, comme il est dit ailleurs ; dans lequel se faisant homme, il veut rendre au Père éternel tribut et hommage pour tout ce qui est créé, et honneur pour tout ce qu'il a reçu de lui dans l'éternité ; dans lequel possédant toujours l'être de sa divinité, il offre Dieu à Dieu, puisqu'il s'offre soi-même, qui tient rang de personne divine en la Trinité ; dans lequel, étant vraiment et parfaitement Dieu-Homme et Homme-Dieu, il est sans aucun doute le plus digne sujet que la même puissance de Dieu puisse jamais produire, et dans lequel il lui prépare le plus grand sacrifice, la plus sainte hostie, et le plus admirable holocauste que la même sainteté de Dieu pourra jamais recevoir.

XI. Or comme ce mystère est très-haut en soi et en toutes ses appartenances, aussi tout y est très-singulier, très-auguste et très-divin, et en ses causes et en ses circonstances. Toute la Trinité sainte et divinement et singulièrement occupée en l'établissement de cet œuvre, qui est aussi proprement son œuvre. Et elle en traite au plus haut et au plus secret de ses conseils, sans donner entrée à aucun en ce sacré conseil. Et le Père éternel, en tant que Dieu, l'ordonne, et, en tant que Père, est le premier principe de ce divin œuvre ; car c'est lui qui comme Père, et comme seul Père, envoie seul son Fils pour l'accomplir. Et le Fils unique de Dieu vient au monde, non par ses dons ou par ses effets comme auparavant, mais en sa propre personne, et en une manière toute nouvelle et inconnue en la terre et au ciel. Et au temps ordonné de Dieu, que l'Ecriture appelle la plénitude des temps (pour des raisons qui seront déduites une autre fois), en la lumière des lettres et en la fleur du plus puissant empire, la lumière et la puissance du Père éternel a voulu se faire voir et sentir au milieu de la terre. Et ainsi, au mois, au jour et au moment choisi par la sapience divine, le ciel s'ouvre, et le Verbe éternel descend en terre pour accomplir lui-même ce mystère.

Et il vient au monde quatre mille ans après avoir créé le monde, pour être un de ses habitants, pour l'honorer de son avénement, pour le sanctifier par sa présence, pour y établir sa puissance, pour être le centre, le soleil et le Sauveur du monde, et y faire luire à jamais les rayons de son amour, de sa grandeur et de sa miséricorde. Et afin que chacune des trois personnes de la divinité s'approprie cet œuvre par des opérations propres et distinctes, comme le Père a envoyé son Fils, le Fils aussi, auparavant de descendre en la terre pour y accomplir ce grand œuvre qui n'avait point encore été et qui n'aura jamais son semblable, envoie la personne du Saint-Esprit, comme étant sien par origine, pour préparer avant son arrivée cet œuvre, qui est son œuvre par tant de respects et par des titres si singuliers. Tant cet œuvre est divin, et en sa substance, et en ses principes, et en ses circonstances. Car l'ange qui l'annonce à la Vierge, dit nommément : *Le Saint-Esprit surviendra en toi* (*Luc.* I, 35), c'est-à-dire, si nous suivons la propriété de cette parole sacrée, non Dieu simplement en sa divinité commune aux trois personnes, mais cette personne propre émanée du Verbe, cette troisième personne subsistant en la divinité, cette personne appelée par distinction des autres, le Saint-Esprit. Et cet esprit d'amour et d'unité en la propriété de sa personne, est intervenant en cet œuvre, qui est aussi un œuvre d'amour et d'unité divine ; et par une spéciale appropriation fondée en son amour et unité, va disposant la matière qui doit être actuée de l'être divin ; en tirant ce corps de la substance de la Vierge, le formant et organisant, et le rendant capable de recevoir non la vertu seulement, mais la personne et la subsistence du Verbe, qui le veut rendre glorieusement vivant et consubstantiel en sa divinité.

XII. Or nous voilà conduits par les perfections et conditions propres du Verbe, jusque dans son œuvre et dans son mystère. Nous voilà conduits par les propriétés et par les productions des personnes divines à la production de cet œuvre divin. Nous voilà arrivés au jour heureux, jour remarquable en nos éphémérides, auquel Dieu, descendant de sa grandeur en sa bonté, et de sa justice en sa miséricorde, veut s'unir à notre humanité. Nous voilà au moment, moment précieux dans les siècles et dans l'éternité ; moment auquel tous nos moments doivent être référés ; moment auquel ce grand Dieu, comme s'oubliant soi-même pour se souvenir de nous, veut se revêtir de notre mortalité. Et nous voilà au point de l'état admirable auquel Dieu entre dans nos misères, et l'homme entre dans les grandeurs de Dieu. Car le Verbe se fait chair, Dieu se fait homme, l'homme devient Dieu, et Dieu se fait homme pour faire les hommes dieux.

Grande parole, qui énonce en peu de mots de très-hauts mystères, que la pensée ne peut assez adorer, que la langue ne peut assez exprimer! Que dirai-je, lecteurs, mais que ne dirai-je point? Je vous dois dire avec un des oracles de l'Église et en ses paroles : *Suscepi tractanda divina homo, spiritualia carnalis, æterna mortalis, ubi aperitur, pascor vobiscum, ubi claudilur, pulso vobiscum.* (S. August., tract. 18, in Joan. v.) Je frappe donc à la porte de la sapience incréée et incarnée, et je lui demande sa lumière et sa conduite : *Ut loquar infirmus fortia, parvus magna, fragilis solida.* (*Ibid.*, tract. 48, cap. 10.) Qui a-t-il de plus fort que ce mystère, qui anéantit le péché, dompte le diable, surmonte Dieu en son ire, et le captive volontairement dans l'amour de celui contre lequel il était offensé? Qu'y a-t-il de plus grand que ce mystère, qui tire l'homme du néant, le ressuscite en gloire, l'élève au ciel pour jamais, et faisant les hommes dieux par grâce (*Ego dixi : Dei estis*, [*Joan.* x, 34]), ainsi qu'il dit lui-même, il se termine, comme à son sujet principal, à un Homme-Dieu, non par grâce, mais par subsistence et en unité de personne divine? Et qu'y a-t-il de plus stable et solide que ce mystère? puisque les péchés inondant sur la terre durant quatre mille ans et montant jusqu'au ciel, ne l'ont pu empêcher d'être accompli; et après qu'il a été accompli, l'horreur d'un déicide ne l'a pu dissoudre, l'horreur, dis-je, d'un déicide, couvrant le ciel de ténèbres, éclipsant le soleil, altérant l'univers, et faisant horreur à la nature insensible? Car nonobstant ce malheur et cet effort impitoyable fait à la vie d'un Dieu, l'état de ce mystère est demeuré subsistant et inviolable dans les parties séparées de l'humanité, et s'est renouvelé dans la réunion des mêmes parties, en la même humanité renouvelée par la résurrection glorieuse. Et il s'est renouvelé pour n'être jamais plus altéré ni interrompu par un seul moment. Car au point de la résurrection, le Fils unique de Dieu donne à cette humanité une vie nouvelle, une vie céleste, une vie immortelle. Il la choisit pour compagne de sa gloire; il la met en son trône et à la dextre de son Père, et il se met lui-même en elle comme en un trône, et comme au trône le plus digne, le plus éminent et le plus élevé qui soit après le sien et la divine essence du Père. Et Dieu habitera dans cette humanité éternellement, en telle sorte que l'homme sera Dieu, autant de temps que Dieu sera Dieu, et le Fils de l'homme sera Fils de Dieu pour toute éternité.

Car tel est le bon plaisir de la Majesté suprême de se donner à l'homme par une alliance indissoluble et éternelle, et tel aussi doit être le bon plaisir de l'homme, de se donner à Dieu avec tant de puissance et d'efficacité, qu'il n'y ait point de dissolvant au monde capable de dissoudre et rompre cette alliance. Nous le voulons ainsi, ô Jésus, mon Seigneur et nous offrons nos vœux et nos souhaits à votre Majesté infinie! Soyons à vous comme vous êtes à nous! Soyons vôtres pour jamais, comme vous êtes nôtre pour jamais! Soyons vos membres et soyez notre chef comme Dieu même est votre chef! Vivons en vous et par vous comme vous vivez en votre Père et par votre Père! Soyons une capacité de vous, remplie de vous, comme vous êtes une capacité de Dieu, remplie de Dieu en toute plénitude! Soyez notre tout, notre suffisance, notre plénitude, comme la plénitude de la divinité repose heureusement en vous! Et ainsi vivants et établis en vous, qui êtes notre vie et notre firmament, faites par votre grâce, que nous disions pour un jamais avec vérité, par l'esprit et les paroles de votre Apôtre : *Qui nous séparera de la charité de Christ?* etc. (*Rom.* VIII, 35.)

DISCOURS VI.

DE LA COMMUNICATION DE DIEU EN CE MYSTÈRE.

I Il y a trois principaux mystères qui sont l'objet de notre foi : la Trinité, l'Incarnation et l'Eucharistie. — II. Effets de l'Eucharistie en nos âmes et en nos corps. Trinité de mystères dans la religion, et Trinité de vertus infuses dans l'âme fidèle. La Divinité est enclose en chacun de ces mystères. — III. Tous ces mystères regardent Jésus-Christ; la Trinité, comme Fils de Dieu; l'Incarnation, comme Père du siècle à venir; et l'Eucharistie, comme époux. Ces trois mystères regardent l'homme : la Trinité, comme son image; le Verbe incarné, comme l'objet de sa complaisance; et Jésus-Christ en l'Eucharistie comme le temple vivant de son corps glorieux. — IV. Jésus Christ parlant à Dieu son Père de ses apôtres, en saint Jean (C. XVII) après avoir institué la sainte Eucharistie et les avoir communiés; il va référant l'unité qu'il a avec son Père dans la Trinité, et l'unité qu'il a avec nous par l'Incarnation, à l'unité qu'il veut que nous ayons tous avec lui en l'Eucharistie et par lui à son Père. Rapport et enchaînements de ces trois mystères ; la Trinité, l'Incarnation et l'Eucharistie. Ces trois mystères sont la chaîne véritable et divine par laquelle Dieu s'abaisse aux hommes et les hommes sont élevés à Dieu. — V. Deux communications divines : l'une d'essence, l'autre de la personne. Grandeur, dignité et opulence de cette communication de la personne divine à la nature humaine. — VI. Dieu habite en lui-même et n'a point d'autre lieu. Manière d'être de Dieu dans les créatures. Plénitude et indépendance de l'être incréé, indigence et dépendance de l'être créé. La dépendance que la créature a de Dieu, est un des points qui tourmente le plus les esprits rebelles. Non-seulement l'être, mais aussi la volonté des démons, est divisée en soi-même, étant tout ensemble et séparée de Dieu et liée à Dieu. L'être créé est nécessairement dépendant, et l'être incréé quoique procédant, est essentiellement indépendant. — VII. Élévation à Dieu sur son indépendance, et sur la dépendance de la créature. Jésus est en l'ordre divin de l'union hypostatique, par une voie ineffable sans dépendance. L'humanité de Jésus, non en son entité, mais en son appartenance au Verbe et en la déification qu'elle en reçoit, est indépendante des autres personnes. — VIII. Les actions et les souffrances de Jésus sont en un sens indépendantes du Père. Et il les offre comme telles, c'est-à-dire comme choses qui lui sont propres, à son Père. — IX. Cette indépendance est fondée sur la puissance du Père à produire son Fils comme indépendant, et sur la communication que le Fils fait de sa subsistance à sa nature humaine et à ses actions. On ne peut censurer justement la manière d'appeler les actions de Jésus-Christ *divinement humaines et humainement divines.* — X. Considération de ces paroles : *Celle-ci est la vie éternelle, qu'ils te connaissent seul vrai Dieu et Jésus-Christ ton Fils que tu as envoyé.* (Joan. XVII, 3.) Considération de ces paroles du psaume LXVI (Vers. 8) ; *Benedicat nos Deus noster,* etc. — XI. Appropriation singulière du Verbe à l'humanité, et de l'humanité au Verbe. Jésus indépendant du Père éternel ; se rend humblement dépendant des hommes, et même de ses ennemis pour l'amour de nous · et à quoi cela nous oblige.

I. Il y a trois mystères qui servent d'exercice et d'objet principal à notre foi, qui la distinguent et séparent des académies et religions, introduites et publiées au monde, et qui la témoignent être vraiment divine, singulière et excellente, par-dessus la lumière et la capacité de la nature. Le premier est le mystère de la très-sainte Trinité, par la puissance de laquelle nous avons été créés et formés, en la créance de laquelle nous sommes dès à présent baptisés et justifiés et en la jouissance de laquelle nous serons un jour glorifiés. Le second est celui de l'Incarnation, auquel la nature humaine, singulièrement élevée, est unie à Dieu son premier principe, et conjointe avec lui d'une façon nouvelle, sainte, admirable et comme il est dit ailleurs, inconnue en son état, à la terre et au ciel auparavant. Et par cette vie et sainteté nouvelle et suprême, établie au milieu de la terre, l'empire de la mort est détruit en la terre, le péché y est anéanti et les mortels sont déclarés enfants de Dieu, capables de la vie éternelle, héritiers du ciel, cohéritiers de Jésus-Christ, recevant de lui sa grâce et sa gloire, comme en échange de ce qu'il a daigné prendre, au milieu de nous, notre nature. Le troisième est l'Eucharistie, en laquelle Dieu nous donne et nous rend cette même nature qu'il a daigné prendre de nous, comme un dépôt sacré, lequel ayant reçu de nous et dignifié en soi-même, il nous le rend avec usure. Car en cette nature il nous donne sa grâce, son esprit et sa divinité, et imprime à nos corps par son attouchement divin et sacré, comme disent les Pères, une vertu dispositive à la résurrection glorieuse et à la vie céleste et communique à toute la substance de l'homme, un droit nouveau et surnaturel, une puissance secrète et admirable, une qualité vitale et séminale de renaissance et incorruption, de résurrection et immortalité.

II. Ces trois mystères sont excellents et divins, sont profonds et inscrutables, sont rares et propres à la religion chrétienne ; laquelle a cette prééminence d'avoir en son état et en sa discipline, une trinité de mystères qui subsistent en la foi et en la doctrine de l'Eglise et ornent et élèvent sa créance. Comme il y a une trinité de qualités infuses et surnaturelles, qui orne, élève et accomplit les puissances et facultés de l'âme fidèle ; et une trinité de personnes divines et éternelles, qui resplendit et subsiste en la divinité. Cette trinité de mystères qui rend ainsi auguste et vénérable la profession publique et solennelle de l'Eglise, est un nombre sacré, qui en l'économie de notre foi rend un honneur et un hommage suprême à la trinité des personnes divines, que ces mystères regardent et honorent d'une façon singulière. Car la très-haute, très-auguste et très-sacrée Trinité, comme elle est intérieurement servie de l'âme, par les trois dons et habitudes infuses de la foi, espérance et charité ; elle est aussi extérieurement reconnue et adorée de l'Eglise, par la trinité des mystères qu'elle publie et annonce aux hommes pour le salut des hommes et pour la gloire de ces trois personnes divines, admirables et adorables ; chacune desquelles a quelque chose de propre et particulier en un chacun de ces trois grands mystères. Car en la Trinité le Père est considéré comme une déité fontale, (pour parler avec celui qu'on nomme l'apôtre de la France [11-12]), comme le seul subsistant de par soi-même, le seul sans principe et origine, et le seul principe sans principe des deux autres personnes divines ; c'est-à-dire de tout ce qui est procédant en la divinité. En l'Incarnation le Verbe est adoré comme le seul subsistant en l'humanité, et le seul opérant par soi-même, en elle et par elle le salut du monde. Et en l'Eucharistie le Saint-Esprit est religieusement et solennellement invoqué, et pour changer et transmuer par sa vertu, la substance commune et vulgaire des espèces proposées en l'autel, en la substance rare et précieuse du sang et du corps du Fils unique de Dieu.

III. Ces mystères ont cela de particulier, que comme la divine essence est et repose en une chacune des personnes divines, aussi la divinité même est enclose en un chacun de ces mystères ; soit en unité d'essence comme en la Trinité ; soit en propriété de personne, comme en l'Incarnation ; soit en concomitance comme en l'Eucharistie, ce qui les rend singulièrement augustes, élevés et adorables. Ils ont aussi cela de propre, qu'ils regardent Jésus-Christ et les hommes, et ont un rapport excellent et singulier à ces deux objets particuliers. Car la Trinité regarde Jésus-Christ comme Fils, et Fils unique de Dieu, qui est sa première et sa plus grande qualité. L'Incarnation le regarde comme Père, et même dès son enfance le Prophète le nomme le Père du siècle à venir. (*Isa.* IX, 6.) L'Eucharistie le regarde comme époux, puisqu'en elle il se conjoint à un chacun de nous, non-seulement par ses dons et faveurs, mais encore par lui-même et en sa propre personne, son corps et son sang précieux étant le lien parfait de lui

---

(11-12) DIONYS., *De divin. nominib.*, c. 2.

avec nous et de nous avec lui. Semblablement la Trinité regarde l'homme comme son image et sa semblance, et comme le chef de ses œuvres en l'univers. Et le Verbe éternel en l'incarnation, regarde la nature humaine comme l'objet de son divin amour, comme le sujet de son alliance éternelle, et comme l'être qui doit être divinement et éternellement uni à son essence éternelle et divine. Et Jésus-Christ en l'Eucharistie regarde l'homme comme son domicile et son temple, temple vivant de son corps, vivant et resplendissant en la gloire.

IV. Ces trois mystères encore ont cela de rare et singulier, qu'ils se rapportent les uns aux autres, ainsi qu'à un certain centre d'excellence et de perfection, et sont enchaînés ensemble par un rapport mutuel et par une liaison réciproque, de laquelle le Fils de Dieu parle en divers lieux, et nommément en saint Jean, ch. 17, où, après avoir institué la sainte Eucharistie et communié les apôtres, il va référant divinement l'unité qu'il a avec son Père, dans le très-haut mystère de la Trinité, et l'unité qui le joint avec nous par le sacré mystère de l'Incarnation, à l'unité qu'il veut que nous ayons tous avec lui par l'Eucharistie, et par lui à son Père : ce qui fonde et établit au monde l'unité de grâce et d'esprit qu'il souhaite à ses apôtres et à son Église.

Pour mieux comprendre ces vérités sublimes, il nous faut considérer comme en la sainte Trinité, il y a une résidence substantielle et essentielle de la divinité du Père en la personne du Fils, par le moyen de la génération éternelle, suivant ces sacrées paroles du même Fils de Dieu : *Ego in Patre et Pater in me* : « Je suis en mon Père, et mon père est en moi. » (Joan. x, 38.) Il y a eu après une résidence substantielle et personnelle, de la même divinité du Fils de Dieu en son humanité, par le moyen de l'Incarnation : tellement que celui auquel le Père réside, est résidant en cette humanité sacrée, qui est unie au Fils de Dieu en unité de personne, comme le Fils est uni à son Père en unité d'essence. Et, en troisième lieu, il y a résidence substantielle et corporelle du corps vivant et glorieux du Fils de Dieu dans nos corps terrestres et mortels, par le moyen de l'Eucharistie, en laquelle nous recevons le Fils vivant de Dieu, et en lui nous vivons d'une vie sainte et divine, comme il est vivant de par son Père, selon qu'il dit lui-même en saint Jean (vi). Et par ainsi nous entrons en une excellente communication avec la Divinité, dès à présent; et dès ce bas monde nous sommes unis par certains degrés et échelons substantiellement avec Dieu. Ce que le Fils de Dieu, au dernier de ces jours, en sa sainte prière, représente à son Père par ces saintes paroles : *Je leur ai donné la gloire, laquelle vous m'avez donnée, afin qu'ils soient un, comme nous sommes un. Je suis en eux, et vous en moi, afin qu'ils soient consommés en un.* (Joan. xvii, 22, 23.) Et au verset précédent : *Je prie pour eux, afin que tous soient un, ainsi que vous êtes en moi, ô mon Père, et moi je suis en vous, afin qu'eux aussi soient un en nous.* (Ibid., 21.)

Paroles sacrées et oracles du Verbe éternel, dignes d'être gravées au ciel et en la terre de la main des anges et des hommes ! Paroles et oracles qui nous représentent ces trois mystères ; et en cette trinité de mystères, comme des nœuds et des chaînons divins, divinement liés et enlacés l'un dans l'autre, par lesquels Dieu le Père conjoint substantiellement dès cette vie par humanité de son Fils, le corps et la nature des hommes mortels et terrestres, à l'essence suprême de la Divinité ! Comme si nous avions en ces divins mystères, non la puissance feinte et fabuleuse d'un amour profane qui enchaîne les dieux et les hommes, abaissant les faux dieux en la terre et élevant feintement les hommes au ciel, pour les placer comme des astres lumineux dans le firmament : mais la puissance vraie et sainte d'un amour ineffable et incompréhensible, qui enchaîne Dieu et les hommes, qui fait un réel et véritable abaissement du Fils de Dieu, lequel est Dieu lui-même, et le fait homme pour nous faire dieux, et par lui comme par une chaîne forte et puissante, le Père éternel nous enlève et attire jusqu'au ciel, et jusqu'au ciel de sa divinité : chaîne d'amour, car il en parle ainsi lui-même ; chaîne qui nous attire et nous tient unis au Père par le Fils, et au Fils par soi-même et par ses sacrés mystères ; chaîne précieuse, excédant toute estime et valeur ; chaîne sacrée, saintement et religieusement constituée des principaux mystères de la religion chrétienne ; chaîne divine et inviolable d'unité et de charité ; de charité du Père et du Fils envers les hommes, et de l'unité du Père avec le Fils en la Trinité, de l'unité du Fils avec la nature humaine en l'Incarnation, et de l'unité du corps de Jésus-Christ avec nous en l'Eucharistie ; chaîne précieuse, sacrée et divine, en laquelle consiste le plus grand secret, le plus fort lien et le principal ressort des desseins, des conseils et des œuvres du vrai Dieu envers les hommes ; chaîne constituée de ces trois mystères comme de nœuds sacrés et divins, comme de chaînons forts et admirables, par lesquels le Père éternel nous tirant à soi, nous élève pour jamais à ce royaume céleste, duquel le roi est Trinité, duquel la loi est charité, et duquel la mesure est éternité.

V. Poursuivant ces pensées hautes et sublimes, et laissant à un autre temps et discours ce qui concerne l'Eucharistie ; adorons en nos mystères deux communications divines, admirables et ineffables : celle de la divine essence aux personnes divines, qui constitue le très-haut mystère de la trinité : celle de la personne divine à la nature humaine, qui établit le très-humble, très-aimable et très-divin mystère de l'Incarnation. En la première communication, l'essence divine, parfaitement vue et parfaitement communicable (qui est un grand secret entre les secrets de la Divinité), est actuellement communiquée aux personnes divines :

et en la seconde, une personne divine incommunicable en la divinité, est très-intimement communiquée à une nature créée ; en sorte que cette personne ne fait qu'un même sujet, Dieu et homme. Et en cette communication, il y a une application très-puissante, une union très-intime, une appropriation très-parfaite du Verbe à cette humanité, et de cette humanité au Verbe, lequel la rend personnellement divine et adorable, l'élève par-dessus tout ce qui est créé, la met en l'ordre suprême et singulier de l'union hypostatique, et l'établit pour jamais dans le trône de la Divinité.

Ceci mérite d'être considéré plus attentivement, d'être expliqué plus amplement, et d'être exposé plus familièrement : et partant, considérons ce que celui qui se communique aussi à la nature humaine, quelle sorte de communication et d'alliance il prend avec cette nature, et quelle est la suite et l'apanage qui appartient à cette nature en vertu de cette alliance et communication ineffable.

Plus celui qui daigne entrer en communication et alliance est puissant et élevé en sa grandeur et qualité, et celui qui la reçoit est abaissé en sa condition, plus cette communication est digne d'être considérée, estimée et honorée : et si la communication qu'il fait est d'une chose grande en elle-même, chère et intime à celui qui la communique, d'autant plus cette communication est puissante à toucher les cœurs d'amour et de ressentiment. Que si d'ailleurs elle est abondante et de durée, cela ravit les esprits en étonnement, en admiration et en reconnaissance. Or, la communication ineffable qui est en ce mystère ne finira jamais et durera une éternité : et elle apporte une telle abondance de gloire, de grandeur et de bien, qu'elle enclôt en soi-même tout ce qui est d'excellent dedans l'être créé et incréé. C'est le Verbe éternel qui entre en communication avec la nature humaine ; c'est la seconde personne de la Trinité, mais égale à la première. C'est la splendeur et la puissance du Père éternel, c'est l'être incréé qui s'allie avec l'être créé, le roi de gloire avec le néant, Dieu avec l'homme. En cette alliance et communication Dieu ne communique pas tant seulement sa faveur externe, sa bienveillance, sa grâce infuse et ces dons rares qui la suivent et accompagnent, c'est-à-dire ce qui est procédant de lui et inférieur à lui ? mais il donne et communique un être incréé à cet être créé, une substance divine et éternelle à une substance humaine et temporelle, et sa propre personne à notre humanité.

VI. Pour mieux entendre la grandeur de ce mystère, l'état de la grâce substantielle et hypostatique qui est communiquée en icelui, et le don singulier que Dieu fait de soi-même à cette nature humaine, lequel le Fils de Dieu insinue et représente avec emphase en ces sacrées paroles à la Samaritaine : *Si scires donum Dei, et quis est qui loquitur tecum.* (*Joan.* iv, 10.) Et pour reconnaître quelle est cette présence auguste et sacrée, et cette habitation spéciale que Dieu a en cette humanité, présence et inhabitation distincte et différente de celle qu'il a au ciel et en la terre, et en toutes ses créatures, et même dans les choses les plus saintes et sacrées, et les plus étroitement et subtilement jointes avec lui par sa grâce et par sa gloire, il nous faut prendre le discours de plus haut.

Dieu habite proprement en soi-même, et n'a besoin d'aucun lieu pour sa demeure ; sa demeure propre et digne de lui est lui-même, où il habite de toute éternité devant la création du monde. Et c'est imagination de vouloir loger Dieu en des espaces imaginaires, sa grandeur mérite un meilleur séjour, et rien n'est digne de lui que lui-même, et il est lui-même à soi-même son seul lieu : *Ante omnia Deus erat solus, et ipse sibi et mundus et locus et omnia*, dit gravement le docte Tertullien. (*Contra Praxeam*, cap. 5.) *Antequam faceret Deus cœlum et terram, in se habitabat Deus, apud se habitabat, et apud se est Deus*, dit saintement et doctement le grand saint Augustin. (*In illa verba psal.* CXXII, 1 : *Qui habitat in cœlo.*)

Avant de passer plus outre en ce discours, faisons bon usage de cette pensée vraiment digne de Dieu et des docteurs qui nous l'enseignent ; et contemplant la majesté divine habitant de toute éternité dedans elle-même, retirons nos esprits des choses basses, caduques et périssables, élevons-nous par-dessus nous-mêmes, aimons et recherchons d'être en Dieu, en mémoire et honneur de ce qu'il est ainsi éternellement dedans soi-même, et l'adorons comme celui qui est la plénitude d'être et de vie qui suffit à soi-même et à toutes choses, et comme celui qui est la capacité infinie à laquelle appartient de contenir et soi-même et toutes choses par la grandeur et l'éminence, par l'étendue et immensité de son être. Or Dieu voulant se communiquer hors de soi après l'intime, l'éternelle, l'ineffable communication qui est entre les personnes divines ; il a créé le monde, et le monde est en Dieu comme en celui qui le conserve et le contient. Et Dieu est dedans le monde et en toutes les parties du monde comme l'âme est au corps et en toutes les parties du corps, dont il a été appelé des anciens l'âme du monde, et il est ainsi en toutes choses par présence, par essence, par puissance, sans aucune des imperfections et inconvénients que la petitesse de notre sens pourrait appréhender en la manière d'être et d'existence dedans les créatures.

Car ceux qui conjoignent les discours élevés de la philosophie avec les contemplations sublimes de la théologie, disent saintement et divinement que Dieu est dedans le monde n'y étant point enclos, qu'il est dehors le monde, n'en étant point exclu, qu'il est par-dessus le monde n'en étant point plus élevé, qu'il est par-dessous le monde n'en étant point abaissé ; qu'il habite dans les choses en les contenant, et non pas en étant contenu par elles ; qu'il donne être, existence et capacité au monde et ne reçoit rien du monde, qu'il est infini, immesurable et incompréhensible ; et qu'il est cette sphère intellectuelle de laquelle le centre est partout, et la circonférence nulle part (13). Or y ayant plusieurs manières selon lesquelles Dieu est et habite ainsi en ses créatures, nous les réduirons à deux générales et principales, auxquelles on peut rapporter les autres moindres et subalternes. Car Dieu habite dedans le monde par sa nature et par sa grâce ; de laquelle remettant le discours à une autre fois, disons maintenant qu'il y habite par sa nature, en sorte qu'il est présent et conjoint au monde par deux unions distinctes et différentes en leur principe et origine. Car l'union de la simple présence que Dieu a en toutes les parties de cet univers, est fondée en la spiritualité, subtilité et immensité de l'être divin, en vertu de laquelle il est plus intimement en chaque chose que la lumière n'est dans les corps diaphanes qu'elle pénètre et illumine, que l'esprit n'est dans les corps qu'il régit et anime.

Ce qui a fait dire à saint Paul : *In ipso vivimus, movemur et sumus.* (*Act.* XVII, 28.) Et l'union de présence et de dépendance tout ensemble, qui est entre Dieu et les créatures procède de la grandeur de sa majesté, et de l'infinité de son essence qui remplit le ciel et la terre, selon sa sainte parole, et rend toutes choses présentes à Dieu, et toujours dépendantes de lui en tous les degrés de leur être et en tous leurs accidents et circonstances. Et cette dépendance est fondée en l'éminence et souveraineté de l'être suprême et incréé, et en l'indigence et la nécessité de l'être créé, qui a toujours nécessairement besoin d'être conjoint à Dieu comme à sa cause première, et de recevoir son influence continuelle, comme étant en sa dépendance beaucoup plus absolument que le rayon n'est en celle du soleil, duquel s'il est un moment séparé, il perd au même instant son être et son existence. Car il semble que Dieu ait voulu nous faire voir à l'œil, en ce corps admirable de lumière, et en cet astre de l'univers, qui est l'ombre et l'image la plus expresse de la Divinité que nous avons entre les choses visibles et corporelles, combien tout ce qui est créé est toujours dépendant de l'être incréé.

Comme donc le soleil est le premier astre lumineux, est un corps et une substance de lumière, est une source vive de toute la lumière qui se répand au ciel, en l'air et en la terre. Et comme cette lumière émanée de lui n'a aucune consistance en elle, mais a un besoin continuel de la présence de son soleil. Ainsi Dieu est le premier et le suprême existant, Dieu est une substance d'être incréé et infini, Dieu est une vive source de tout être créé, et cet être créé est inséparable de l'Être suprême et incréé, par la nécessité continuelle qu'il a d'être toujours adhérent à Dieu, et toujours dépendant de Dieu qui est son origine. C'est pourquoi Dieu porte en ses qualités celle-ci qui est la principale et comme sa devise : *Celui qui est.* (*Exod.* III, 14.) Car c'est son nom propre prononcé par lui-même, et son nom si souvent exprimé en sa parole, et nommément en sa première et publique patente donnée par lui-même à son serviteur Moïse pour assembler un peuple, dresser un état et une république et donner une loi en son nom en la terre. Et c'est ce nom et cette qualité qui tourmente et confond les démons ; car ils se voient et ils se sentent si nécessairement, si continuellement, si sensiblement indigents de la présence et de l'influence perpétuelle de leur Créateur, qu'ils n'en peuvent douter ; et toutefois, ils ont voulu et veulent encore pour jamais s'en séparer.

Ce qui les ruine et les divise non en leur royaume seulement, mais en eux-mêmes et dans le ressort et l'étendue de leur propre essence : ce qui est digne d'un bien plus grand poids et d'une plus profonde considération, car leur essence est nécessairement conjointe avec Dieu, ou bien elle serait au néant, et leur volonté qui est en leur essence, est totalement séparée de Dieu. Mais en se séparant ainsi de lui, et s'éloignant par leur volonté dépravée de l'influence de son amour et de sa bonté, ils ne peuvent pourtant s'éloigner de l'influence continuelle de sa grandeur, de son pouvoir, de son autorité et de leur dépendance. Et ce qui est grandement remarquable, cette division qui est ainsi en leur royaume et en leur essence ne s'arrête pas là ; elle passe jusque dans leur volonté même, laquelle est misérablement divisée et séparée d'avec elle-même, par la condition de leur instinct premier, naturel et nécessaire qui les porte au bien : car cet instinct étant imprimé de Dieu dans leur nature angélique en sa création et persévérant en elle dans les enfers aussi bien que leur propre nature, il se trouve que leur volonté, en cet instinct premier, ne se peut pas séparer de Dieu, qu'elle sait très-infailliblement et sent très-vivement être le souverain bien et le bien nécessaire à toute créature. Et toutefois cette même volonté, en son acte libre et volontaire, s'en sépare de toute sa puissance. Et ces esprits malheureux se divisant ainsi d'avec Dieu, ils se divisent premièrement en eux-mêmes d'avec eux-mêmes, vivant toujours ainsi misérables et damnés, toujours conjoints et toujours séparés de Dieu par leur volonté : toujours conjoints à Dieu par leur essence, toujours encore conjoints à Dieu par leur volonté naturelle, et toujours séparés de Dieu par leur volonté libre et déréglée.

C'est l'état misérable du pécheur qui peut bien se ruiner soi-même, mais non pas détruire sa propre essence, laquelle est en état nécessaire d'indigence, d'adhérence et de dépendance de son Créateur, et n'en peut être en aucune façon séparée. Car en cette indigence, adhérence et dépendance consiste la première qualité, la condition universelle, la propriété inséparable des choses créées, et

---

(13) On remarquera que ceci se retrouve presque littéralement dans les *Pensées* de Pascal, et que ce dernier était de beaucoup postérieur au cardinal de Bérulle.

on la peut à bon droit nommer un degré transcendant, primitif et fondamental en l'ordre et en l'état, en l'essence et en la nature de tout être créé, lequel n'est qu'un être participé, dissemblable et non équivoque avec sa cause première, dont l'être est infini, existant par sa propre essence et indépendant. Ce qui est si véritable qu'y ayant en la Divinité deux personnes divines, lesquelles ont nécessairement origine et principe de leur subsistence ; elles ont en cette émanation même une non-dépendance. Tant il est propre et essentiel à l'être divin et incréé d'être indépendant, et tant il est propre et essentiel à tout être créé, d'être indigent, adhérent et dépendant de son Dieu, de son principe, de son origine, comme n'étant qu'un simple être restreint et participé, qui n'a rien et ne peut rien avoir que dans cette condition générale et universelle d'adhérence et de dépendance, qui porte une relation à Dieu et à son principe : relation non accidentelle, mais substantielle ; non particulière, mais universelle et absolue en tous les degrés et en tous les états de son être ; relation essentielle, perpétuelle et nécessaire vers Dieu, à laquelle nous devons tous correspondre de toute notre puissance en tous états, en tous objets et en toutes circonstances.

VII. En cette vue et pensée, levons nos yeux au ciel, et nos esprits à Dieu ; élevons-nous en ses grandeurs et nous abaissons en notre néant, et travaillons avec le secours et la prévention de la grâce d'être autant à Dieu par notre franc arbitre, selon que notre impuissance le peut porter, que nous sommes à lui par la condition de notre nature ; et d'être autant adhérents à Dieu par les mouvements de la grâce, que nous sommes adhérents à lui par l'indigence de notre être. Et nous perdant ainsi en l'abîme de ses grandeurs et de notre néant, louons-le de son état heureux, suffisant à soi-même, et duquel tout est indigent, soit en la terre, soit au ciel, soit en la nature et en la grâce, et même en la gloire. Et admirons que Jésus seul par la dignité de sa personne, est sans indigence ; que Jésus seul est en la plénitude de suffisance à soi-même et à toutes choses, en tant qu'il enclôt en soi-même le Verbe éternel qui est son tout, et si on l'ose dire, son tout et sa partie tout ensemble : et qu'il est en l'état divin et en l'ordre admirable de l'union hypostatique par une voie ineffable qui est sans dépendance. Car encore que le Verbe éternel soit émané et toujours émanant du Père, et qu'il le regarde éternellement comme son origine et son principe ; il est en cette émanation de lui et en ce regard et relation vers lui, et sans indigence et sans dépendance. Et partant Jésus est souverain en cette qualité, et tellement souverain, que même son être et son état en notre humanité ne dépend point d'autre que de lui-même, en tant qu'il l'accomplit et le termine.

Cette proposition semblera peut-être un peu hardie et étrange à quelques-uns, mais outre ce, qu'elle est autorisée, je les supplie un peu de surseoir leurs pensées, et nous permettre de la conduire de degré en degré ès les vérités de la foi et les maximes de la théologie ; et je me promets qu'ils verront clairement comme elle n'intéresse point, et que, au contraire, elle honore l'action, l'œuvre et le pouvoir de la très-sainte Trinité, car il faut soigneusement considérer que le Verbe éternel est tellement procédant de son Père que, par la puissance et la vertu de son origine, il est Dieu comme lui, il est égal à lui, il est indépendant comme lui ; et partant il est indépendant encore en son application terminative de cette nature humaine, et en son état, et en sa résidence, et en son adhérence à cette humanité sacrée, accomplissant saintement et divinement son mystère de l'Incarnation par la puissance qu'il a reçue de son Père en son origine ; et par la volonté de son Père, mais non par dépendance de son Père ; d'autant que le Père éternel est bien son Père, mais il n'est pas son souverain en la Divinité.

Contemplons donc le Verbe éternel descendant du plus haut des cieux et du sein de son Père, par le vouloir de son Père, mais descendant sans dépendance de son Père. Il entre en cette humanité comme dans un être qu'il veut rendre proprement sien, en lui appliquant sa subsistence, qui ne convient qu'à lui, qui lui est propre en la divinité, qui le distingue d'avec les autres personnes divines, et qui lui convient en indépendance. Il s'approprie totalement cet être créé, il y établit son essence, sa présence et sa puissance, il y applique sa personne et sa subsistence, il y met son amour et son bon plaisir, il y fait sa volonté, et y opère le salut de l'univers. Et cette humanité, non en son entité ni en sa création, mais en son appartenance unique et singulière qu'elle a au Verbe qui la tient unie à soi, et en la déification excellente et ineffable qu'elle reçoit de lui en lui-même, elle n'est point dépendante d'aucune autre personne que du Verbe éternel qui accomplit cet œuvre et ce mystère par soi-même, et par ce qui lui est propre en la divinité : et veut que cette nature humaine soit sa nature, sans être la nature des autres personnes divines, en lui communiquant sa divinité, sa filiation et sa propriété personnelle.

Or c'est en cette appartenance que consiste son état et ses grandeurs, et que subsiste ce suprême état de l'ordre et union hypostatique. C'est par cette entrée admirable du Verbe en notre humanité que se fait ce mélange secret et sacré, sans aucune confusion, de Dieu et de l'homme en l'Homme-Dieu. Et que c'est par ce divin ingrédient que se prépare le remède à nos maux, et la composition inexplicable de deux natures, divine et humaine, en un suppôt, dont résulte ce divin composé, ce Jésus admirable Fils de Dieu, Fils de l'homme, Dieu et homme tout ensemble. Et ce Jésus qui, en sa nature humaine et temporelle est dépendant de la Trinité sainte, en tant qu'il enclôt en soi le Verbe éternel, comme sa propre personne, a une manière d'être en ce très-haut et suprême état, qui est sans dépendance. Au lieu que tous les anges, tous les hommes et tous les saints ensemble, pour grands et élevés qu'ils soient et puissent être, sont en toute éternité en tous leurs états, soit de nature, soit de grâce, soit de gloire, sont une absolue, nécessaire et perpétuelle dépendance de la majesté divine.

VIII. Ce point est très-haut, très-particulier et très-remarquable en ce mystère, et tire en conséquence une autre doctrine qui regarde les actions de cette humanité qu'il a plu au Verbe de joindre à soi-même. Car les actions de cette humanité, en tant qu'elles sont procédantes de cette nature créée, qui demeure toujours créée en sa nature et en ses accidents, sont bien dépendantes de la très-sainte Trinité; mais en tant qu'elles sont propres et appartiennent au Verbe, et qu'elles subsistent en lui par la subsistence qu'il donne à la nature qui les produit, et qu'elles sont vraiment siennes par le droit naturel qui rend et affecte les actions aux personnes agissantes. En ce sens et en cette qualité elles lui appartiennent comme à celui qui est le suppôt de la nature opérante, et elles n'appartiennent pas en cette manière au Saint-Esprit, ni au Père même. Et s'il nous est permis de parler ainsi de ce qui est ineffable, elles ne relèvent point d'autre couronne et souveraineté que la sienne propre, c'est-à-dire de la grandeur de la Divinité et de l'indépendance de sa personne. Car en tant que le Verbe éternel est Verbe et Fils de Dieu, il est souverain en la Divinité, et sans aucun souverain qui lui commande.

Le Verbe donc en son vouloir d'être et d'habiter, d'agir et d'opérer en cette sienne nature qu'il a unie à soi, est de même vouloir que le Père; mais il est indépendant du Père. Et en tant qu'il possède cette humanité par une voie et manière qui lui est propre et particulière, même en la Divinité, c'est-à-dire en qualité de Fils unique de Dieu, et par sa subsistence; il a en sa personne une sorte de droit et de propriété sur cette nature humaine et sur ses actions, qui ne convient qu'à lui et ne convient point au Père. Car encore qu'il ait naissance de son Père, et communauté d'essence avec son Père, le Père toutefois n'entre point en communauté avec la personne de son Fils en ce droit et propriété que le Fils a sur ses actions et sur ses souffrances. Et la déification de cette nature, de ses actions et de ses souffrances humaines est proprement l'action, ou pour mieux dire l'actuation du Verbe éternel, laquelle et lui est propre, et est indépendante en sa propriété personnelle.

Ce qui est digne d'une considération nouvelle et particulière, et rehausse de beaucoup le prix de notre rédemption, relève grandement les actions et souffrances de Jésus, et lui donne un droit nouveau, et un nouveau moyen de satisfaire au Père éternel en rigueur de justice, c'est-à-dire *ex propriis*, comme parle l'école, et par des actions qui soient non-seulement très-pures, très-saintes et très-divines, mais qui soient encore tellement propres à celui qui satisfait, qu'en cette qualité elles ne soient point dues à celui qui reçoit la satisfaction, c'est-à-dire à ¹ personne du Père, lequel reçoit pour payement de nos dettes les actions et les souffrances de Jésus-Christ son Fils, et les reçoit non simplement comme actions et souffrances, mais comme actions et souffrance déifiées, et même comme indépendantes de lui en une certaine sorte et manière. Car la nature, les actions et les souffrances de Jésus sont bien dépendantes du Père éternel en leur condition naturelle, mais elles sont indépendantes de lui en leur état et subsistence, en leur propriété personnelle, en leur déification, en la relation qu'elles ont à un suppôt, et divin, et indépendant; et en l'appartenance qu'elles ont au Verbe qui est divinement supposé à cette nature créée, et substitué au droit naturel de la personne humaine qui n'y est point. Et le Verbe est pour jamais le propriétaire de cette nature humaine, de ses actions et de ses souffrances, lesquelles toutes sont ainsi au Verbe, et lui appartiennent avec une manière et sorte d'indépendance.

IX. Recueillons en peu de mots ce discours, et remarquons que cette divinité, indépendance et souveraineté de Jésus en sa personne, en son application à la nature humaine, et en son droit, pouvoir et autorité sur elle et sur ses actions, est fondée en la grandeur de son être, en la puissance de son origine, en la dignité de sa naissance éternelle. Et d'autant qu'il a cette grandeur par naissance, il l'a vraiment, proprement et naturellement; et il l'a en telle manière que l'autorité du Père n'en est point intéressée, car c'est de lui qu'il la reçoit. Et cette indépendance ainsi divine, ainsi émanée de Dieu, et ainsi possédée de Jésus, est très-digne d'être considérée de son peuple, et d'être admirée et adorée de tous ses sujets et enfants. Indépendance clairement exposée en ce discours, et solidement fondée en la puissance du Père à produire son Fils *comme indépendant*; et en la subsistence du Fils donnée à la nature humaine et à ses actions. Qui sont deux fondements divins et immuables en la foi de l'Église envers les deux mystères principaux de sa créance, à savoir, la Trinité et l'Incarnation, sur lesquels est établi et appuyé l'état de la nature unie, et la qualité humainement divine et divinement humaine de ses actions et souffrances, lesquelles étant humaines en leur condition, sont relevées par la condition de ce mystère, et appartiennent en propre à la personne du Verbe, et ont un rapport excellent à icelle, et un état divin en la propriété de sa personne, laquelle a un droit et autorité sur cette nature et sur ces actions, comme sur une chose qui est à lui, et qui est à lui par un droit si légitime et si naturel, si puissant et si divin, si naturel et si surnaturel tout ensemble, qu'il ne peut être assez dignement représenté, ni assez humblement admiré et adoré. Car il est fondamental à notre salut, à notre rédemption et notre grandeur en l'éternité.

Et toutefois une vérité si haute, si importante et si dignement fondée, est reprise et blâmée en quelques nouveaux discours qui condamnent et censurent trop légèrement cette manière d'appeler les actions du Fils de Dieu humainement divines et divinement humaines ; manière de parler, qui est fondée en l'état propre de ce mystère, qui est usitée des Pères de la primitive Église, et qui est même usurpée des auteurs modernes en des ouvrages excellents, s'il était à propos de les alléguer ici et d'interrompre le fil de ce discours qui tend à autre chose. Car ce point n'est touché qu'en passant ; il mérite bien un plus grand discours et éclaircissement, et doit être remis à un autre lieu pour satisfaire aux auteurs des libelles et avis salutaires vraiment peu solides et salutaires ; auteurs invisibles et ignorés, censeurs de la piété et dévotion proposée envers Jésus-Christ Notre-Seigneur : laquelle est fondée dans les devoirs et les sentiments primitifs de la religion chrétienne, laquelle a sa naissance dans le baptême et en notre renaissance en l'Église, et laquelle est autorisée de la voix et du commandement de l'Église au catéchisme ordonné par le saint et sacré concile de Trente.

Je voudrais bien que le temps et la patience de ces nouveaux inquisiteurs me permît de poursuivre les autres points de la souveraineté de Jésus sur toutes choses, et particulièrement sur une chose si noble et si divine, et sur un sujet si rare et si excellent, comme sur lui-même, c'est-à-dire sur ses états, sur ses mystères et sur ses actions. Mais puisqu'il ne leur plaît pas de me donner ce loisir, et que leur procédure m'oblige à avancer cet œuvre, je me contenterai de dire qu'en élevant ainsi l'état et les grandeurs de Jésus, et en représentant son indépendance en la Divinité, nous ne faisons pas tort ni à la Trinité sainte ni au Père éternel ; car c'est la même Trinité qui, faisant cet ouvrage comme le chef de ses œuvres, donne lieu à l'indépendance de Jésus. C'est le Père éternel, lequel, par lui-même et son Saint-Esprit donnant cette humanité à son Fils, fait que Jésus-Christ Dieu-Homme est subsistant et vivant en cette indépendance : et par ainsi adorant les grandeurs de Jésus, nous adorons en lui les grandeurs de son Père, qui le produit dans son éternité, par la puissance infinie de sa génération, si divin et si parfait, qu'étant originé de lui, il est indépendant comme lui. Et comme nous adorons dedans la Trinité une origine et une émanation du Fils sans dépendance, ce qui est incompréhensible, il a voulu aussi que nous remarquions et admirions en l'incarnation et humanité de son Fils une chose créée et dépendante, puissamment et divinement établie dedans l'être incréé et indépendant.

X. C'est la gloire de Dieu de se faire un tel ouvrage ; c'est la gloire du Père de produire un tel Fils ; c'est la gloire et l'état de Jésus Dieu-Homme tout ensemble, d'avoir en soi une dépendance humaine et naturelle, établie dans son indépendance divine et personnelle ; et c'est la gloire de la vie des hommes, de connaître, aimer et servir un si haut et si divin objet : car il dit lui-même à Dieu son Père : *Hæc est vita æterna, ut cognoscant te solum Deum verum, et quem misisti Jesum Christum* : « Celle-ci est la vie éternelle, qu'on te connaisse seul vrai Dieu, et celui que tu as envoyé Jésus-Christ. » (Joan. XVII, 3.) Paroles saintes que nous devons écouter humblement, peser soigneusement et méditer profondément : car ce sont paroles de vie, et en leur sujet, puisqu'elles parlent de la vie éternelle ; et en leur origine, puisque celui qui les prononce est la vie même, et la vie allant à la mort. Or, en ces paroles, il représente dignement et hautement son état et sa grandeur, sa mission et sa puissance à donner vie, et lors même qu'il va à la mort, et que ces propos à ses disciples et à son Père ne sont propos que de la mort et de la souffrance qui lui est proche et imminente.

Lors, dis-je, qu'il est en cet état et en ces discours, et qu'il semble ne paraître que revêtu simplement de notre humanité et mortalité, et qu'il converse comme homme avec les hommes, et qu'il est attristé au milieu de ses apôtres attristés ; en leur vue et en leur présence, comme s'il oubliait pour lors sa condition mortelle et pâtissante, il s'élève, il se joint et s'associe avec Dieu familièrement, comme avec celui qui est son Père ; et il s'associe avec lui en la qualité la plus grande, qui est d'être l'objet nécessaire à la vie éternelle. Et la vie parlant à la vie devant les mortels, c'est-à-dire le Fils au Père devant ses disciples, dit gravement et saintement ces paroles, dignes d'être gravées dans nos cœurs par la pointe de sa croix et de ses souffrances : *Hæc est vita æterna, ut cognoscant te solum Deum verum, et quem misisti Jesum Christum.* Et le Fils, en ces paroles, se lie avec son Père, comme influant de la part de son Père et avec son Père la vraie vie dans les âmes, parce qu'il contient en soi la vie et la divinité personnellement conjointe à l'humanité, ainsi qu'il est lui-même essentiellement un avec Dieu son Père.

Et cette humanité en ses états, en ses actions et en ses circonstances, fait partie notable et nécessaire de notre créance, conjointement avec la Divinité à laquelle elle est unie en l'objet de la foi et en l'opération de notre salut, ainsi qu'elle lui est unie en une même subsistence. Et encore que Jésus soit établi en deux états bien différents l'un de l'autre, l'un divin et l'autre humain, l'un créé et l'autre incréé, l'un dépendant et l'autre indépendant, si est-ce qu'il est nôtre, et concurrent à notre salut, et en l'un et en l'autre de ses états, et doit être aussi reconnu, servi et aimé des Chrétiens en ces deux qualités que le Symbole de la foi nous propose, c'est-à-dire en sa condition humaine, propre et naturelle, et en son état divin, étranger à la terre, extraordinaire et surnaturel même dans l'ordre surnaturel de la grâce.

Car Jésus est nôtre, non-seulement comme homme, mais aussi comme Dieu, ce qui est admirable. Et le prophète l'invoque en cette qualité en ce divin verset : *Benedicat nos Deus, Deus noster, benedicat nos Deus, et metuant eum omnes fines terræ* (Psal. LXVI, 8) : où nous voyons, comme en l'honneur des trois personnes divines, le nom de Dieu est répété trois fois. Et en l'honneur de la seconde personne de la Trinité, la seconde fois que le nom de Dieu est répété, c'est avec addition d'un terme qui l'appelle *nôtre*, et l'appelle seul aussi entre les autres personnes divines, *Deus noster* : comme étant seul entre nous Emmanuel. Et ce pour marque des singulières appartenances et appropriations qui rendent le Fils de Dieu proprement et uniquement nôtre par le mystère de son Incarnation. Ce qui a mû ce Prophète de parler de Dieu en cette sorte, et requérir sa bénédiction en cette forme : *Benedicat nos Deus, Deus noster, benedicat nos Deus, et metuant eum omnes fines terræ* : « Que Dieu, notre Dieu, nous bénisse, que Dieu nous bénisse, et que tous les coins de la terre redoutent sa majesté. »

XI. Or comme le Fils de Dieu est ainsi à nous en une façon toute propre et particulière à lui : aussi notre humanité est à lui en une manière qui est toute propre et particulière à elle, dont nous devons apprendre d'être à lui totalement et de toute notre puissance. Car il nous faut soigneusement considérer que cette humanité, dérivée de la très-sainte Vierge, est à Dieu en toute autre façon que toutes les autres choses du monde ; et que Dieu la possède plus saintement, puissamment et divinement, que nous ne saurions entendre ; et que la foi même nous enseigne qu'elle lui appartient par deux voies qui ne conviennent conjointement qu'à elle, et qui sont en elles-mêmes bien différentes. Car au lieu que la nature divine appartient au Verbe par génération et non autrement, et que les choses créées ne lui appartiennent que par création (à laquelle se réduisent, et en laquelle sont fondées toutes les autres voies d'appartenances qu'elles ont au Créateur), cette humanité appartient au Verbe éternel par création comme toutes les choses créées ; et elle lui appartient encore par génération, qui est le même titre par lequel lui appartient la divinité. Car en l'éternité le Verbe est Dieu, parce qu'il est Fils de Dieu, et il est Fils de Dieu, parce qu'il est engendré de Dieu.

Or, le même Verbe, qui est nécessairement engendré dedans l'éternité, a voulu être engendré une seconde fois en la plénitude des siècles ; et par cette génération seconde, a voulu imprimer en cette humanité le caractère adorable de sa filiation divine et éternelle, laquelle reçoit et elle porte pour une éternité : car il possède cette humanité non simplement comme Dieu, mais comme Fils de Dieu ; et en cette qualité il lui imprime sa subsistence propre et personnelle. Donc comme la divinité appartient au Verbe par le titre de génération qui rend la filiation divine subsistente en la divinité : aussi cette humanité appartient au Verbe par le titre de génération, qui fait subsister en l'humanité la même filiation que nous reconnaissons et adorons subsistante en la divinité : et ainsi comme le Verbe est Fils de Dieu en la divinité en laquelle il subsiste par génération éternelle ; il est aussi Fils de Dieu en l'humanité en laquelle il est vivant et subsistant par génération temporelle ; selon laquelle le Père dit à son Fils : *Ego hodie genui te* (Psal. II, 7), comme nous ferons voir ailleurs. Et partant, cette humanité sacrée est ainsi à Dieu et par le titre de création, et par le titre de génération tout ensemble : par le titre, dis-je, de génération haute, divine et inénarrable, qui porte heureusement et transporte divinement du ciel à la terre, de l'éternité au temps, du sein du Père au sein de la Vierge, la filiation divine et éternelle ; et la porte en cette humanité heureusement glorieuse, laquelle par ce moyen est transférée de l'état commun et ordinaire à la nature et à la grâce dans l'ordre unique, suprême et extraordinaire de l'union hypostatique ; qui est un ordre et un état de singularité, de sublimité, de divinité et d'indépendance, auquel elle entre par subsistence en la personne propre et indépendante du Fils unique de Dieu.

Et c'est le moyen rare et divin par lequel ce Jésus que le Père éternel nous envoie ; ce Jésus que le Père éternel nous donne pour être notre Père, notre Sauveur et notre souverain ; ce Jésus auquel il a mis notre vie et notre vie éternelle ; ce Jésus qui est l'objet que le Père éternel nous propose, et l'exemplaire que nous devons continuellement regarder, imiter et adorer ; ce Jésus, dis-je, est si grand, si haut et si admirable, qu'en cet état nouveau et en ce sien mystère de l'Incarnation, il se trouve indépendant du Père éternel. Et toutefois ce Roi de gloire et indépendant, et indépendant même du Père éternel, se rend pour nous humblement dépendant d'un Caïphe, d'un Hérode, d'un Pilate, des Juifs, des bourreaux, des idolâtres, de la souffrance, de la croix et de la mort même. Soyons donc imitant et adorant son humble dépendance ; soyons dépendants de ses lois, de son amour et de sa puissance ; et dépendons humblement de celui qui est ainsi indépendant divinement, et que le Père nous donne, et nous donne pour jamais comme indépendant : et lui rendant hommage et servitude éternelle, trouvons heureusement la vie dans sa mort, le repos dans sa croix, le salut en ses plaies, la joie en ses souffrances, l'honneur dans ses opprobres, la liberté dans sa captivité, et la grandeur dans son humble et volontaire dépendance.

DISCOURS VII.

DE LA COMMUNICATION DE DIEU EN CE MYSTÈRE.

I. Il déplore l'aveuglement des mortels, lesquels ayant tant de droits aux biens immortels et une si étroite alliance avec Jésus-Christ, s'en occupent néanmoins si peu. — II. Trinité de mystères, Trinité de personnes, Trinité de communications divines. L'Être divin est parfaitement un et parfaitement communicable, et c'est un des plus grands secrets que la foi nous apprenne. Nous avons en la grandeur de l'Être divin que nous adorons, unité et pluralité en la distinction des personnes, unité et société en la communication des personnes, unité et fécondité en l'émanation des personnes. — III. L'incarnation est une expression et extension de la communication de Dieu en la sainte Trinité, et pareillement l'Eucharistie, de la communion de son Fils dans l'incarnation. Rapport et liaison des trois mystères que la foi adore : la Trinité, l'Incarnation et l'Eucharistie. Fécondité du Père et du Fils dans la Trinité, et fécondité du Saint-Esprit dans la nature et la grâce. Les productions tant dans l'être créé que dans l'être incréé se terminent à l'unité, et nous voyons en cela un rapport de l'image au modèle. Différence remarquable entre les sources du ciel et celles de la terre. — IV. Description excellente du cours et du progrès, de l'issue et du retour du voyage du Verbe éternel sortant du sein de son Père pour venir à nous. Les unités qui se voient dans les œuvres de Dieu vont adorant les unités qui se trouvent en Dieu. Il y a en Dieu unité d'essence, unité de principe, unité d'amour; et il y a dans les œuvres de Dieu unité de personne, unité de corps et unité d'esprit. Dieu descend d'unité en unité, comme par degrés jusqu'à nous, et nous montons d'unité en unité, comme par degrés jusqu'à Dieu. — V. Les grandeurs temporelles regardent et adorent les éternelles. La communication de Dieu en l'incarnation regarde et adore sa communication en la Trinité. — VI. Résidence de la majesté de Dieu en soi-même, en ses créatures et en l'humanité de son Fils, comme en trois séjours bien différents. Contemplation du second usage de la présence et existence de Dieu en ses créatures. Contemplation du séjour de la majesté de Dieu en soi-même. Contemplation du séjour de la majesté de Dieu en l'humanité de son Fils. — VII. Explication de ces paroles : *Unxit te Deus, Deus tuus* (Psal. XLIV, 8), et de celles-ci : *Ascendo ad Deum meum et Deum vestrum.* (Joan. XX, 17.) L'humanité du Verbe ointe est consacrée à Dieu par la divinité même. L'humanité doublement consacrée, c'est à savoir par le don du Père et l'application du Fils. Explication de ces paroles de saint Paul (Col. II, 9) : *In ipso inhabitat omnis plenitudo divinitatis corporaliter.* — VIII. Il continue à expliquer comme la plénitude de la divinité habite en Jésus-Christ. — IX. Cette habitation de toute la plénitude de la divinité en l'humanité de Jésus est autre chose que sa présence par grâce et par gloire, et c'est une imitation très-particulière de l'habitation de Dieu en lui-même. Il n'y a qu'en la Trinité et en l'Incarnation où il y ait communication propre et substantielle de la divinité, ou par essence ou par subsistence. Jésus-Christ, notre médiateur, est l'homme pour souffrir la mort méritée par les hommes, et Dieu pour triompher de la mort que les hommes ne pouvaient vaincre. Le sacrement de l'Incarnation est la source et le modèle des sacrements de l'Église. Affections sur Jésus-Christ et son incarnation.

I. Un des plus signalés philosophes de l'antiquité païenne et un des plus grands maîtres en la doctrine des mœurs (13*), contemplant les merveilles de la nature et la brièveté de notre vie humaine, trouve bien étrange que les jours de l'homme soient si courts sur la terre, pour la spéculation de choses de si longue durée : et se plaint, s'étonne, s'écrie : *Homo ad immortalium cognitionem nimis mortalis.* L'homme est trop mortel pour la connaissance des choses immortelles; et toutefois ce grand philosophe n'avait lors pour objet de sa connaissance que la rondeur de la terre, le mouvement des cieux, la splendeur des planètes, et la beauté de cet univers. Quel donc eût été l'étonnement et l'élèvement de son esprit, s'il eût été Chrétien? et si, éclairé comme nous de la lumière de la foi, il eût conçu un nouveau monde et une terre nouvelle, un nouveau ciel et un nouveau soleil, et un Homme-Dieu, qui, par son cours et par les mouvements réglés, ou plutôt saintement déréglés, de sa vie souffrante et de sa mort divine, obscurcit le ciel, altère les éléments, ébranle la terre, épouvante les enfers, ravit les hommes et les anges, et par des voies pleines de si grandes merveilles, établit un nouvel empire et un empire éternel au monde? A la vérité, l'objet de la contemplation des Chrétiens est bien différent de celui des naturalistes, qui n'étudient que dans le livre du monde, et ne s'occupent que dans les sciences profanes : lesquelles semblaient insipides à saint Augustin (Lib. VII *Confess.*, c. 20, 21), parce qu'il n'y trouvait point le Verbe incarné, qu'il n'y voyait point Jésus-Christ notre souverain Seigneur, et qu'il n'y lisait point l'excès de son amour, les faveurs de sa grâce, et la puissance de sa croix.

Et si ce philosophe avait raison de se plaindre de la nature, qui avait donné si peu d'années à l'homme pour contempler l'état des choses naturelles : combien plus justement devons-nous nous plaindre de la brièveté de nos jours, pour contempler un si grand objet ! Certes la vie de l'homme est trop courte pour la contemplation d'une si grande merveille. Mais Dieu y pourvoit par sa bonté, nous faisant renaître et revivre par sa grâce, et nous faisant immortels pour contempler éternellement cet objet éternel. Et nous n'avons à nous plaindre que de nous-mêmes, de ce qu'étant si immortels nous profanons notre immortalité, en nous attachant à des choses si mortelles et périssables; et de ce que cet objet immortel nous étant révélé, nous y appliquons si peu notre amour et nos pensées; et nous allons nous divertissant à tant de choses si petites, si basses et si profanes en la vue d'un sujet si haut, si grand et si divin.

Car puisque le Fils de Dieu veut penser à nous, veut traiter avec nous, veut s'abaisser jusqu'à nous; puisqu'il veut entrer même comme dans les limites de notre être, pour

---

(13*) SENECA, *De vita beata*, c. 32.

faire comme partie d'icelui, et être l'un d'entre nous; puisqu'il veut être homme comme il est Dieu; qu'il veut vivre entre les hommes comme il est vivant entre les personnes divines, et qu'il veut ainsi s'appliquer, se donner, nous communiquer à nous et à notre nature en une manière si haute, si singulière et si ineffable. Nous devrions certes, d'un vouloir constant et ardent, penser à lui, traiter avec lui, nous élever à lui; nous devrions entrer en l'abîme de ses grâces et de ses faveurs; désirer d'être semblables à lui, ne vivre que pour lui, et nous donner à lui en l'excès de sa grâce et de sa puissance. Et notre être étant redevable non-seulement à sa puissance, mais encore à son amour, devrait appartenir entièrement à Jésus. Son nom, sa grandeur et sa dignité devraient occuper nos sens et remplir nos esprits; sa vertu et son amour devraient animer nos puissances et pénétrer les moelles de notre âme; son esprit devrait régir notre esprit, animer notre vie, et conduire nos actions. Nos pensées, nos paroles et nos mouvements devraient tendre du tout à lui. Rien ne devrait partir de notre esprit qui n'aspirât à Jésus, et ne respirât son honneur et sa gloire; rien ne devrait entrer en notre esprit qui ne sentît l'esprit et l'odeur de Jésus. Et comme priés de son amour, nous ne devrions voir que Jésus; rien ne devrait contenter que Jésus; tout en lui et par lui nous devrait agréer; rien sans lui et hors de lui ne nous devrait satisfaire; vérifiant en nous ces dévotes paroles du dévot saint Bernard (*In Cant.*, serm. 15) : *Aridus est omnis animæ cibus, si non oleo isto infunditur, insipidus est, si non isto sale conditur. Si scribas, non sapit mihi, nisi legero ibi Jesum : Si disputes, aut conferas, non sapit mihi, nisi sonuerit ibi Jesus. Jesus mel in ore, in aure melos, in corde jubilus.*

Aussi Jésus est le sujet de nos discours et l'objet de nos pensées. Et nous continuons bien volontiers à parler de Dieu opérant cet œuvre, faisant un nouvel Adam et formant un Homme-Dieu, comme le sujet de ses grandeurs et le comble de ses merveilles. Donc adorant la bonté de Dieu, se communiquant ainsi soi-même à sa créature, pénétrons de plus en plus la communication ineffable de Dieu en ce mystère. Et prenant le point de plus haut et comme en sa source pour le conduire et dériver par certains degrés jusqu'en cet œuvre, voyons comme l'Être suprême, éternel et incréé, la lumière intellectuelle et la sapience inaccessible, le premier et le principe des êtres, le Dieu vivant et la fontaine de la vie, également aimable et adorable en sa nature excellente et bienheureuse, est incessamment en état d'une communication admirable, selon que la nature et la condition des choses les rend capables de la recevoir. Ainsi il communique aux choses plus basses et plus proches du non-être une ombre et un vestige de son existence, comme aux corps simples et aux éléments, une ombre de son être et de sa vie, comme aux choses végétantes et sensitives. Et en s'élevant plus haut en son œuvre, il s'exprime et se communique davantage, en imprimant non plus une ombre et un vestige, mais une image plus expresse et une ressemblance plus parfaite de soi-même et de son être vivant et intelligent, comme il se voit aux anges et aux hommes. Et s'ils acceptent la conduite de sa bonté, de sa grâce et de son amour, il passe aussi plus avant, et les élève même jusqu'à la vue et possession de ses biens et grandeurs, et jusqu'à la jouissance de sa gloire, leur donnant accès, entrée et établissement dans son palais, dans son paradis et dans son éternité.

II. Mais cet être infini et admirable, est en un bien plus haut, plus élevé et plus excellent état de la communication de soi-même; car nous avons et nous adorons en la grandeur de nos mystères trois communications très-secrètes et très-intimes, qui sont inénarrables en elles-mêmes, incompréhensibles aux hommes et aux anges, et sont parfaitement et immédiatement divines. La première est la communication éternelle de Dieu le Père à son Fils, en laquelle il lui donne sa propre essence; la seconde, la communication coéternelle du Père et du Fils, donnant au Saint-Esprit leur essence commune; et la troisième est la communication très-aimable et très-adorable que le Verbe seul fait de soi-même et de sa personne à l'humanité sacrée, tirée de la substance pure et immaculée de la très-sainte Vierge. De sorte que comme nous avons une trinité de mystère en l'état de la foi, selon les discours précédents; et comme nous adorons une trinité de personnes en l'être de la Divinité, selon les documents de notre religion, nous avons aussi et nous adorons une trinité de communications en l'être divin, qui est le fondement du discours présent. Car l'être infini de Dieu nous est représenté par les anciens comme une sphère intellectuelle qui comprend tout et ne peut être comprise. Et comme sa grandeur se clôt, se ferme et se termine en elle-même, c'est-à-dire en la trinité des personnes divines et éternelles; aussi le mystère, le cercle et le secret de la communication propre, immédiate et ineffable de cet être de Dieu, se comprend, se consomme et s'accomplit dans lui-même en cette trinité de communication, dont les deux premières sont comprises dans le mystère de la Trinité; et la troisième est réservée au sacré mystère de l'Incarnation, qui ferme, qui enclôt, qui termine le cercle divin et la circonférence admirable de Dieu, se communiquant dans soi-même et dans cette humanité sacrée; et arrête heureusement et divinement le point et la grandeur des communications immédiatement divines en une personne divine, laquelle est recevant en soi-même et en sa subsistance une nature créée.

Ces trois communications sont si rares, si éminentes et si singulières, qu'elles n'ont rien de semblable en la terre ni au ciel, qui nous puisse servir d'ombre et de figure pour les représenter dignement. Car leur excellence et perfection a une distance infinie de toutes les autres communications que la nature et la foi nous enseignent. Et elles sont telles que nous les pouvons bien croire et adorer en la terre par la grâce, et les voir et contempler au ciel par la gloire ; mais nous ne les pouvons comprendre ni dans la terre ni dans le ciel. Car elles comprennent l'infini, c'est-à-dire elles comprennent Dieu même, ou en sa nature ou en ses personnes. Et elles sont si puissantes et si sublimes, qu'elles contiennent et emportent en leur efficace une communication ineffable de l'Etre divin. Communication si grande, si intime et si parfaite, qu'elle rend les personnes procédantes, coessentielles avec leur principe éternel, et rend la nature humaine à qui elle est faite, consubsistante avec la Divinité.

Or, en ces deux communications divines, qui sont encloses dans le Père éternel, et qui sont l'une du Père au Fils, l'autre du Père et du Fils et du Saint-Esprit, nous admirons comment une essence toute simple indivisible et inaltérable peut être communiquée à plusieurs hypostases, et nous adorons en l'humilité de la foi la nature divine, comme étant et parfaitement une, et parfaitement communicable, qui est un des plus grands secrets de la Divinité, et un des plus hauts points que la foi nous enseigne. Car le Dieu des Chrétiens est tellement un, que cette unité subsiste en pluralité de personnes ; et partant nous avons en l'Etre divin unité et pluralité tout ensemble. Et cette pluralité n'est pas une diversité de personnes disjointes comme séparées l'une de l'autre, ainsi qu'était le Dieu des manichéens, dont l'un était le principe du bien, et l'autre le principe du mal ; mais ces personnes divines sont liées d'amour et de société par ensemble, dont nous avons en l'Etre divin *unité*, *pluralité* et *société* parfaite ; société, comme nous dirons ailleurs, qui est le fondement et l'exemplaire de toute autre société divine et humaine, naturelle et surnaturelle. Et cette communication et société des personnes incréées et éternelles n'est pas seulement en amour et conformité ; mais ce qui est beaucoup plus, et ce qui passe l'esprit humain et angélique (qui ne peut comprendre comme en Dieu tombent les conditions de produisant et de produit), cette communication est fondée en l'*origine* et l'*émanation* des personnes l'une de l'autre, ce qui suppose en l'être de Dieu *unité* et *fécondité*. Et partant nous avons en la sublimité de nos mystères et en la grandeur de l'Etre divin que nous servons et que nous adorons, *unité* et *pluralité*, par la distinction des personnes. Nous avons *unité* et *société*, par la communication des personnes. Nous avons *unité* et *fécondité* par l'émanation des personnes.

III. Or cette communication primitive et éternelle de la Divinité féconde dedans soi-même, est la cause et l'exemplaire de la communication temporelle que Dieu fait de soi-même hors de soi-même, à notre humanité, au mystère de l'Incarnation, lequel est comme une imitation expresse et comme une étendue jusque dans l'être créé de la communication suprême et ineffable, qui est dans l'être incréé entre les trois personnes de la très-sainte Trinité. Et si nous voulons joindre mystères aux mystères, sans toutefois nous départir du Fils unique de Dieu notre unique sujet en ces discours, et sans nous départir encore des communications divines, qui est le sujet du discours présent, disons que la sainte Eucharistie est semblablement comme une imitation du mystère de l'Incarnation et une application et extension d'icelui jusqu'à un chacun des Chrétiens et fidèles, tout ainsi que le mystère précédent de l'Incarnation est une imitation et extension de la communication suprême qui est dans la sainte Trinité par la communication du Verbe éternel en notre humanité.

Et ainsi nous avons en ces trois mystères un même sujet à contempler et à adorer ; et nous avons un même Fils de Dieu divinement enclos et compris dans ces mystères de la sainte Trinité, de l'Incarnation et de l'Eucharistie. Au premier en l'unité de son essence, au second en l'unité de sa personne, au troisième en l'unité de son corps. Et par ces trois unités Jésus est vivant en trois états différents et admirables : c'est à savoir au sein du Père, en notre humanité, en son Eucharistie ; vivant, dis-je, au sein du Père comme Fils de Dieu, Dieu de Dieu, et principe d'une personne divine ; vivant en notre humanité comme Homme-Dieu et comme principe universel de vie au monde ; vivant en l'Eucharistie comme victime de Dieu devant la face de son Père, et apaisant son courroux en son autel, où il est communiquant vie de grâce et semence de gloire à un chacun de nous. Trois états de Jésus, trois états bien différents, trois états dignes d'honneur, d'amour et de considération bien particulière, trois états procédant de ces trois unités, fondés en ces trois mystères et honorés de trois communications remarquables et adorables en Jésus : celle qu'il reçoit du Père éternel ; celle qu'il fait à notre humanité ; celle qu'il fait à son Eglise et à ses fidèles, c'est-à-dire trois communications distinctes, de son essence en la Trinité, de sa personne en l'Incarnation, et de son corps en l'Eucharistie, qui contient ces trois mystères différents.

Contemplons donc un peu ces unités, ces mystères et ces communications, et voyons comme au premier de ces mystères il y a *unité d'essence et fécondité de personnes* ; au second il y a *unité de personne et fécondité d'essence* ; au troisième il y a *unité de corps et fécondité d'esprit*. Car en la Trinité nous adorons l'unité et fécondité de l'Etre divin, l'unité en son essence et la fécondité en ses personnes divinement produites et produisantes. Le Père produit son Fils en unité et fécondité admirable, et même il le produit comme recevant de lui une puissance et fécondité admirable de produire le Saint-Esprit ; et cet Esprit produit par le Père et le Fils ne produisant rien dans la Trinité, produit hors la Trinité les choses de la nature et de la grâce : celles de la nature, comme imprimant au monde en sa naissance la vertu productive de toutes choses ; celles de la grâce, comme étant envoyé par le Verbe pour sanctifier toute l'Eglise en sa naissance. De sorte que la première puissance et fécondité, qui est celle du Père, se termine en la production des deux personnes divines ; la seconde, qui est celle du Fils, se termine en la production d'une seule personne, qui est le Saint-Esprit ; et le Saint-Esprit ne produisant rien en soi-même, est seulement liant par soi-même les personnes divines produites et produisantes ; et il produit hors de soi-même l'ombre, l'image et la ressemblance de l'Etre divin et incréé, en produisant ce monde ; et puis après il unit ce monde produit à son principe qui est Dieu, dans le mystère de l'Incarnation, où nous voyons en passant comme un même ordre et progrès dans l'être créé et incréé, et une imitation et ressemblance de l'image au modèle.

Car comme en l'être incréé les personnes sont produites, et leur production se termine en leur unité par le Saint-Esprit, qui est leur lien éternel et ineffable. Ainsi l'être créé étant produit, ce même Saint-Esprit le lie et l'unit à son principe en l'unissant au Verbe qui a produit toutes choses comme Verbe du Père, et les unit toutes à son Père comme Verbe incarné, par la puissance de son Incarnation, par la grandeur de ses offices et par l'efficace de ses mystères. (*Joan.* 1.) Nous y voyons encore un autre point digne de considération particulière, qui est une différence bien remarquable entre les sources de la terre et les sources du ciel. Car les sources de la terre et du temps ont moins d'amplitude et de profondité en leur origine qu'en leurs ruisseaux, qui se vont grossissant et élargissant d'autant plus qu'ils sont éloignés de leur source ; et au contraire nous voyons ici clairement que les vives sources du ciel et de l'éternité ont une plus grande plénitude et amplitude en elles-mêmes que dans leurs émanations et productions ; et que la *fécondité divine*, quoique produisant toujours en la Trinité choses égales, se va comme rétrécissant plus elle s'approche de nous et s'éloigne de sa source. Le Père, qui est la source fontale de la déité et la première source de la fécondité divine, produit en soi-même deux personnes divines ; et le Fils, qui est la seconde personne produisante en la Divinité, termine sa fécondité en la production d'une seule personne divine ; et cette troisième personne ne produisant rien d'éternel et incréé, produit le Verbe comme incarné. Et ce Verbe incarné, comme nouveau principe d'un nouvel être et comme Père du siècle à venir, produit l'ordre de la grâce et de la gloire, qui se termine et s'étend à la vérité à nous faire dieux, mais nous faire dieux par participation seulement, et non par subsistence comme en l'incarnation, ni par essence, comme en la Trinité, c'est-à-dire se termine à nous rendre les temples de la Divinité communiquée entre les personnes divines et les images vives de cet Etre suprême, divin et incréé.

Et c'est où se termine la communication de Dieu en soi-même et hors de soi-même : en soi-même au Saint-Esprit, hors de soi-même en l'esprit saint et sanctifié par la grâce, laquelle ayant ainsi hautement et divinement sa source primitive en la communication du Père au Fils, et du Père et du Fils au Saint-Esprit, il nous est facile de croire et d'entendre que, comme en ce premier mystère de la Trinité, selon notre supposition précédente, il y a unité et fécondité tout ensemble, il y a aussi pareillement unité et fécondité au second mystère, qui est celui de l'Incarnation, en laquelle nous adorons semblablement unité et fécondité, unité de personne et fécondité d'essence ; ce qui est notoire non-seulement en la pluralité des essences qui sont en ce mystère, et qui sont unies en unité de subsistence ; mais encore en ce que l'essence divine et humaine sont tellement conjointes qu'elles constituent un nouveau existant et un nouveau principe de vie au monde, comme dit le disciple de la vie et de la vérité, c'est-à-dire saint Jean, en plusieurs endroits. Et cette humanité, par la Divinité présente, subsistante et vivante en elle, est une source de vie : car en Jésus tout est vie et vivifiant, comme il sera dit au discours de la vie de Dieu en ce mystère. Et cette humanité portant en elle-même, par l'union au Verbe, la divinité et la filiation propre et naturelle du Fils unique de Dieu, est une source vive et puissante de la filiation adoptive qui commence en la terre et persévère dans les cieux.

Au troisième mystère, c'est-à-dire en l'Eucharistie, nous adorons aussi l'unité de ce corps glorifié et accompagné d'une fécondité admirable de grâce et d'esprit. Car ce corps déifié communique l'esprit, l'amour et la grâce de Jésus à ceux qui le reçoivent selon qu'il l'ordonne en sa parole. Et ce mystère est une nouvelle puissance du Fils de Dieu en la terre, lequel a voulu en ce sacrement divin, auguste et singulier, imprimer lui-même par son propre corps, par sa substance et par son humanité sainte, l'esprit de grâce, d'amour et d'unité dans son Eglise.

IV. Ainsi, au premier de ces mystères, le Père donne et communique son essence à son Fils ; au second, le Fils donne et communique sa personne à notre humanité ; au troisième, le même Fils donne et communique son corps et son humanité aux hommes ; et le Fils de Dieu s'abaissant ainsi de degré en degré pour honorer son Père dans le mystère de son abaissement, et s'abaissant jusqu'à nous pour nous élever jusqu'à lui, doit être contemplé des Chrétiens et adoré en ses grandeurs et en ses abaissements, et doit être aimé d'eux en la force encore de son amour qui le conjoint à son Père en l'unité du Saint-Esprit, et le conjoint à notre humanité en l'unité de sa personne divine. Car contemplant ces hauts mystères, nous voyons comme le Fils unique de Dieu recevant de son Père sa propre essence, veut avec son Père d'un vouloir nécessaire le communiquer au Saint-Esprit, et est porté par ce regard et cet amour naturel et réciproque entre eux à produire cette personne divine, et à s'unir encore à son Père par l'unité de cet Esprit produit, comme il lui est originairement uni, ou plutôt un avec lui par unité d'essence ; et il veut encore en la plénitude des temps, par un vouloir libre et digne d'une reconnaissance infinie, donner son essence à une nature créée, et s'unir à sa créature par sa propre substance et subsistence. Et Jésus s'avançant dans les voies de son amour et de sa bonté, et se voyant porter en soi-même la communication ineffable de la divinité à notre humanité, veut porter cette humanité unie à sa divinité dans nos cœurs et nos corps pour les sanctifier en lui et nous unir à lui. Et Jésus s'unissant ainsi à nous, nous unit à son humanité, et par son humanité à sa divinité, et par soi-même à son Père.

Voilà le cours et le progrès, voilà l'issue et le retour du voyage du Verbe éternel sortant du sein de son Père, et descendant du plus haut des cieux pour s'abaisser en terre et s'unir à notre humanité. Voilà le dessein et le motif de cet heureux voyage et sortie ineffable, qui est pour nous faire rentrer en Dieu et pour nous élever de la terre au ciel. Voilà l'état et la fin du mystère de l'Incarnation, mystère si haut et si puissant qu'il touche de la terre au ciel et du ciel en la terre, et conjoint l'homme à Dieu, et Dieu à l'homme. Mystère aussi qui nous est figuré par cette échelle de Jacob : car les Ecritures nous la représentent si haute, qu'en ces deux extrémités elle conjoint la terre avec le ciel, Dieu avec l'homme. Et aussi nous voyons comme le Verbe incarné touche la terre et la sanctifie par son humanité, et touche le ciel et le glorifie par sa divinité ; et lorsqu'il était résidant visiblement en terre par son humanité, lors même il résidait glorieusement au ciel par sa divinité. C'est pourquoi le Fils de Dieu parlant de soi-même en la terre, il se disait être au ciel, et disait aux Juifs : *Filius hominis, qui est in cœlo* (Joan. III, 13) : car il était lors même et en la terre avec eux, et au ciel avec son Père, d'autant qu'en ce mystère, comme en l'échelle de Jacob, les choses célestes y sont jointes avec les terrestres, les plus hautes avec les plus basses, et Dieu avec l'homme. Or en cette échelle il y a plusieurs échelons, comme plusieurs degrés par lesquels Dieu descend et s'abaisse jusqu'à l'homme, et l'homme monte jusqu'à Dieu.

Et il me semble que je vois les unités qui se remarquent en la fécondité de Dieu dans les communications divines, par lesquelles Dieu se communiquant en soi-même vient à se communiquer jusqu'à l'homme et s'unir à l'homme en l'honneur des unités admirables que l'esprit humain conçoit en son être divin. Car pour en plus grand éclaircissement de ce discours, nous pouvons distinguer comme deux ordres excellents des unités divines, dont le premier comprend les unités qui sont en l'être de Dieu, et le second contient les unités qui sont dans les œuvres de Dieu. Or la première des unités que nous adorons en Dieu est l'unité d'essence ; unité suprême et primitive ; unité non originée, mais qui donne lieu à l'origine des autres ; unité qui est la première perfection reconnue et supposée dans l'être divin ; unité qui, par la plénitude de sa perfection, est source de la fécondité divine. Et selon l'ordre que nous pouvons concevoir entre les choses divines, nous pouvons dire que de cette unité d'essence vient la seconde unité, qui est l'unité de principe, en laquelle les personnes du Père et du Fils produisent le Saint-Esprit, lequel est lui-même la troisième unité, qui est l'unité d'esprit et d'amour personnel, liant et unissant les personnes divines entre elles d'une unité distincte de l'unité d'essence et de l'unité de principe, de laquelle il procède ; trois unités qui sont en Dieu et demeurent toujours en Dieu même, en l'honneur et imitation desquelles il y a trois autres unités divines comprises au second ordre, que nous avons dit être des unités signalées dans les œuvres de Dieu.

Car le mystère de l'Incarnation, qui est le premier et le plus haut des œuvres de Dieu, et qui a pour son principe l'unité d'amour essentiel et personnel qui est en la divinité, est un mystère d'unité, auquel une personne divine va unissant ensemble les deux natures de Dieu et de l'homme. Et cette unité du Verbe subsistant en ces deux natures différentes est suivie en l'Eglise de l'unité miraculeuse de l'âme et du corps de Jésus, présent en divers lieux, au ciel et en la terre, qui est la seconde unité admirable dans les œuvres de Dieu, établie par le divin mystère de l'Eucharistie. Et cette double unité remarquable en Jésus, l'une en sa personne en l'Incarnation, l'autre en son corps en l'Eucharistie, est la source vive de l'unité de grâce et d'esprit, qui est la troisième unité, laquelle est le principe de la vie nouvelle qui se communique aux âmes dans la terre et dans le ciel. Ainsi Dieu, selon sa puissance et sa parole : *Attingit a fine usque ad finem fortiter.* (Sap. VIII, 1.) Ainsi Dieu, qui est unité, conduit tout à l'unité, et par degrés distincts d'unités vient et descend jusqu'à l'homme, et l'homme va et monte jusqu'à Dieu, et enfin arrive jusqu'à la jouissance de l'unité suprême et primitive de la divine essence, par la vue, par la lumière, par la jouissance de la gloire, en laquelle cette divine essence, qui est une et unité tout ensemble, s'imprime en notre esprit, se communique à iceluy, et le rend bien heureux.

Ainsi, du plus bas de la terre et du profond de notre néant, nous montons de degré en degré jusqu'à Dieu, et Dieu, du plus haut des cieux et du trône de sa grandeur, vient et s'abaisse jusqu'à nous. Ainsi, en l'état de la religion nous allons de mystère en mystère, d'unité en unité, de communication en communication, de merveille en merveille, en la contemplation des secrets et vérités que la foi nous enseigne. Et ainsi contemplant Dieu en soi-même, en son état et en ses œuvres, c'est-à-dire en sa divinité, en son humanité, et en son sacrement et sacrifice; ou, bien plus clairement, en ses trois mystères : la Trinité, l'Incarnation, l'Eucharistie. Nous voyons que sa bonté et sa majesté suprême tendent, par un conseil secret et profond, à réduire tout à unité et à enclore tout, c'est-à-dire le Créateur et la créature, dans un cercle admirable d'unité, et même tend à les unir au point et au centre de l'unité divine par le mystère de l'Incarnation et par l'unité d'une personne incréée et incarnée tout ensemble.

Car le Verbe est comme un centre admirable d'unité posé au milieu des personnes divines, en ce qu'il est procédant comme l'un, et produisant comme l'autre; posé encore au milieu de l'être créé et incréé par le mystère de l'Incarnation comme médiateur de l'un et de l'autre. Et ce centre d'unité tire tout à Dieu, à soi, à l'unité, par une chaîne forte et sacrée de mystères et unités enchaînées, comme autant de chaînons attachés et liés par ensemble. Ce qui mérite bien un plus ample discours, lequel remettant à une autre fois, tirons à présent usage de cette pensée pour nous élever à Dieu, nous unir à son Verbe, nous joindre à notre médiateur, nous rendre à l'empire de sa croix, nous livrer à son amour, à son esprit et à sa grâce, nous commettre à sa conduite, nous abandonner à ses conseils et desseins sur nous, et nous humilier et confondre devant lui de ce que nous avons ainsi laissé nos esprits errants et vagabonds en la variété des choses créées, et nos cœurs divisés dans les objets caducs et périssables, au lieu de les unir à l'unité suprême de la divinité, et de tendre à l'unité de la grâce et de la vie mystique, en laquelle Dieu imprime et communique à l'esprit préparé, purifié et élevé son unité sainte, pour le rendre un d'esprit avec Dieu, et lui faire porter éternellement l'effet admirable de cette sacrée parole : *Qui adhæret Domino, unus spiritus est.* (I *Cor.* VI, 17.) Unité haute et sublime, digne de Dieu et de sa grâce, digne de son esprit et de son amour, digne de ses mystères et de ses unités, et digne de la puissance qu'il daigne employer à appeler nos âmes, à tirer nos cœurs, et à nous rendre, par une qualité céleste et infuse, disposés et susceptibles de l'unité admirable qu'il veut imprimer et communiquer à l'âme par l'efficace de ses mystères, par la puissance de son esprit, et par la dignité de sa grâce et de son amour.

V. Mais retournons de nous à Dieu, et de nos misères à ses grandeurs; rentrons dans le point et le centre de nos discours, et remarquons que l'unité, la fécondité, la communion ineffable qui est en la sainte Trinité est l'objet que la même Trinité va regardant, honorant et imitant dans son œuvre de l'Incarnation ; œuvre et mystère d'unité, de fécondité et de communication divine et admirable. Car Dieu est la cause et l'exemplaire de tout ce qui procède de lui; et plus les œuvres et les choses sont sublimes et excellentes en elles-mêmes, plus elles regardent en Dieu quelque chose de bien rare et particulier, à quoi elles ont leur rapport, et dont elles tirent leur source et leur origine.

Et partant, cette ineffable communication que Dieu fait de soi-même hors de soi-même en la plénitude des temps au mystère de l'Incarnation, et qui est si haute et si singulière, qu'elle est et sera pour jamais sans exemple dans les choses créées, suppose et regarde comme son exemplaire cette interne et éternelle communication qui est en la divinité, et qui est le plus haut point et le plus incompréhensible que la foi adore en la divinité, à la vue duquel sont éblouis tous les esprits humains et angéliques. Là il y a un Dieu communiquant son essence, ici il y a un Dieu communiquant sa subsistence; là il y a un Père donnant sa divinité à son Fils et à son Saint-Esprit, c'est-à-dire aux deux personnes procédantes en la divinité; ici il y a un Fils, Père du siècle à venir, donnant sa divinité à l'âme et au corps de l'homme, c'est-à-dire aux deux parties constituant notre humanité; là l'essence de Dieu communiquée aux personnes les rend divines et adorables, ici la personne du Fils de Dieu rend cette chair et cette âme à laquelle il se communique, divine en sa subsistence et adorable en son état; là il y a une communication naturelle et nécessaire entre les personnes divines; ici il y a une communication substantielle, mais libre et volontaire de la personne de Dieu à la nature de l'homme. Et cette communication seconde et temporelle regarde cette grande, suprême et admirable communication, qui est la divinité, et comme son exemplaire, et comme sa source et son origine. Je dis qu'elle la regarde comme son exemplaire : car elle est si vivement représentée et si parfaitement imitée en cette communication seconde, que les Pères ont reconnu l'une et l'autre, et ont prouvé l'une par l'autre, à savoir l'unité du Fils avec le Père en la très-sainte Trinité par l'unité du Fils avec nous en l'Incarnation et l'Eucharistie, comme il appert dans les doctes et les graves docteurs, saint Cyrille (*In Joan.*) et saint Hilaire (*De Trinit.*, l. III), deux lumières vives et ornements rares, l'un de l'Église grecque, l'autre de l'Église latine.

Je dis qu'elle la regarde comme source et origine, parce que Dieu produisant en soi-même veut produire hors de soi-même; et Dieu se communiquant en soi-même veut se communiquer hors de soi-même. Et Dieu est la plénitude de vie, d'amour et de communication; plénitude de vie en son Fils, plénitude d'amour au Saint-Esprit, plénitude de communication en ces deux personnes procédantes ; plénitude qui pousse au dehors ce mystère de l'Incarnation, mystère ineffable de vie, d'amour et de communication ; ainsi que la plénitude d'eau, qui en est la source, pousse et jette continuellement nouvelle eau hors de la fontaine et la répand dans les canaux et ruisseaux qui en dérivent. Or cette communication de Dieu hors de soi-même en ce mystère de l'Incarnation, regarde, reconnaît et honore cette communication parfaite, cette communication primitive, cette communication suprême et éternelle, cette communication adorable et aussi adorée et des hommes et des anges; mais singulièrement et dignement adorée encore par la communication ineffable que le Verbe éternel fait de son essence et de sa Personne divine à notre humanité par le mystère de l'Incarnation, mystère qui en sa substance, en son état et en ses circonstances adore et adorera incessamment et éternellement cette communication primitive qui est en l'éternité entre les personnes divines. Car le Verbe éternel comme il procède du Père et reçoit de lui sa propre essence, aussi veut-il honorer cette communication divine qu'il reçoit de son Père, en laquelle consiste son être, son état et sa grandeur, comme nous avons discouru ailleurs, et il l'honore par un nouvel être, un nouvel état et un nouveau mystère, lequel porte une communication singulière de soi-même et de sa divinité à notre humanité.

Et comme nous dirons en un autre discours, que le Fils de Dieu naissant en sa divinité a voulu honorer sa naissance éternelle par une naissance temporelle, et a voulu se faire homme en se faisant Fils de l'homme pour honorer la naissance qu'il a de son Père par la naissance qu'il a de sa mère : ainsi le Fils de Dieu recevant de son Père et communiquant au Saint-Esprit la divine essence dedans l'éternité, a voulu honorer cette communication ineffable par sa communication admirable de soi-même à notre humanité. En quoi nous voyons comme il est toujours Dieu, toujours Fils et toujours relation à son Père. Toujours Dieu, même en cette humanité, et toujours Fils regardant, aimant et honorant son Père, même en cette communication nouvelle et temporelle ; et toujours référant à lui sa personne éternelle et son essence nouvelle.

VI. Voilà l'origine et le principe, voilà la fin haute et dernière, voilà le motif principal et le vrai exemplaire de ce grand œuvre de l'Incarnation que nous avons à contempler, à annoncer et à adorer. Laissant donc à part et à un autre temps les secrets dignes d'être considérés et adorés en la communication ineffable qui est entre les personnes divines, déduisons par ordre l'état grand et admirable de la communication que la foi adore entre le Verbe éternel et la nature humaine par le sacré mystère de l'Incarnation ; et remarquons que le ternaire divinement consacré à Dieu en ses personnes, lui est aussi encore divinement consacré en ses communications divines. Car encore que dans la divinité il y ait trois personnes, il n'y a que deux communications, comme il n'y a que deux processions, mais une de ces personnes divines se communique doublement, à savoir, le Verbe éternel ; car il donne et communique son essence au Saint-Esprit en la divinité, et en l'humanité il donne et communique sa personne à une essence créée. Et par ainsi nous avons trois communications vraiment, proprement et absolument divines, aussi bien comme nous avons et nous adorons trois personnes divines.

Or en cette communication qui est au mystère de l'Incarnation, le Verbe éternel communique sa personne auguste, sa subsistance propre, son existence incréée, son essence éternelle, sa vertu divine, sa majesté infinie, sa grandeur, sa sainteté, sa souveraineté, sa vie, son amour, sa gloire, et en un mot, selon l'Apôtre, la plénitude de sa divinité. Ce qui mérite autant de discours comme il y a de points proposés. Mais ceux qui par une hardiesse et nouveauté inouïe ont osé appeler naguère la théologie un fantôme, et sans théologie osent juger et improuver les doctrines qu'ils n'entendent point, ne nous donnent pas ce loisir. C'est pourquoi remettant le reste à un autre temps et à un plus ample discours, adorons la présence admirable du Fils de Dieu en cette humanité, et contemplons la majesté de Dieu résidant en soi-même, en ses créatures et en l'humanité de son Fils unique comme en trois séjours bien différents. Car il est dans ses créatures sans leur donner par cette sorte de présence aucune dignité, sainteté ni béatitude ; il est en toutes, de quelque qualité et condition qu'elles soient, corporelles, spirituelles, célestes, terrestres, bonnes, mauvaises, éternellement heureuses ou misérables, sans les tirer à aucun degré plus élevé, ni à aucune manière d'être différente de leur état et espèce. Il est en toutes également, sans mettre en elles aucune différence, et chacune demeure dans les termes et les bornes de sa propre nature et condition ; et il est simplement en elles, pour leur donner être, vie et mouvement selon leur espèce et les y conserver.

Bien est vrai que cette présence navre puissamment les cœurs de ceux qui aiment Dieu et rend la plaie de cet amour toujours fraîche et récente, comme ayant toujours intime et présent l'unique objet de leur unique amour. Mais c'est à la grâce qu'il faut attribuer cette sainte navrure ; c'est la grâce qui fait cet effet sur cette présence et non pas la présence ; c'est la grâce qui établit une nouvelle manière de la présence de Dieu et donne cette impression sainte et divine, par laquelle les âmes se voyant être et vivre en Dieu, selon cette parole de son Apôtre : *In ipso vivimus, movemur et sumus.* (Act. xvii, 28.) Elles vivent heureuses et contentes en cette vue qui les assure, que rien en la terre ni au ciel ne les peut séparer de leur unique amour, non pas même l'enfer : car il n'y a que le péché qui ait ce malheureux pouvoir, lequel est le seul enfer des âmes saintes et le vrai enfer de l'enfer même.

Or Dieu est ainsi dans ses créatures comme celui qui les comprend, les soutient et es maintient en son être. Mais Dieu est dans soi-même, se comprenant soi-même, car il est compréhensible à soi et incompréhensible à tout autre. Là il est sans le monde ce qu'il est encore avec le monde ; là il fait et ordonne par sa providence avant le monde, ce qu'il fait encore avec le monde ; là il est suffisant à soi-même par la plénitude de son être ; là il est vivant d'une vie digne de son essence et d'une vie source de la vie de la nature, de la grâce et de la gloire qui remplit la terre et les cieux ; là il est se connaissant et s'aimant soi-même, et c'est son unique occupation dans l'éternité, et à son exemple se sera notre vie pour une éternité ; là il est bienheureux en soi-même et jouissant de soi-même, et ce qui est sa félicité est l'origine et l'objet souverain de notre félicité ; là il est ordonnant par un conseil éternel toutes les choses qui doivent être produites en leur temps, les référant à sa gloire, comme celui qui est le principe et la fin, l'idée et l'exemplaire de tout être créé ; là il habite une lumière infinie et inaccessible, vraiment inaccessible en lui-même, c'est-à-dire en l'excès et en l'infinité de sa splendeur, mais rendue accessible par lui-même, c'est-à-dire par la puissance de son amour, et par la lumière de sa gloire ; là il est seul et en compagnie tout ensemble ; il est seul en l'unité et singularité de son essence ; il est en compagnie et en compagnie digne de lui et égale à lui par la société divine, parfaite et adorable des personnes qui subsistent éternellement en sa divinité. Et ces personnes divines ne sont pas seulement liées l'une avec l'autre par société, mais sont encore intimement l'une dans l'autre par l'unité de leur essence, par la divinité de leur origine, par la compréhension mutuelle l'une de l'autre, et par l'identité de l'essence avec leurs relations.

Car le secret de la foi et de la théologie nous enseigne, que l'essence divine, parfaitement une et parfaitement communicable, est une même essence en toutes les personnes divines ; que Dieu produit en soi, et non pas hors de soi, ce qui est égal à lui ; que les émanations sont immanentes ; que les personnes incréées se possèdent, se contiennent et se comprennent réciproquement l'une l'autre, et que les relations divines ne peuvent être conçues sans concevoir la divine essence, qui est formellement une même chose avec elles, encore que la divine essence par un secret admirable puisse être conçue sans concevoir les relations qui la terminent, qui sont les points sur lesquels les docteurs établissent la résidence intime, mutuelle et réciproque des personnes divines l'une dans l'autre.

VII. Finalement Dieu qui est ainsi divinement et heureusement dedans soi-même, a voulu être saintement et divinement en l'humanité choisie et dérivée de la substance de la Vierge, et y être d'une manière toute propre et particulière à la grandeur, à la sainteté et à la divinité de ce mystère. Il est donc en cette humanité comme en un temple sacré qu'il s'est bâti lui-même de ses propres mains, qu'il a consacré à soi-même, comme son plus digne et plus parfait ouvrage, et qu'il a consacré à soi-même par soi-même, c'est-à-dire par l'onction et application de sa divine essence. Car c'est de l'onction de la divinité subsistante en cette humanité que les saints Pères entendent ce verset de David : *Unxit te, o Deus, Deus tuus, oleo lætitiæ præ consortibus tuis.* (*Psal.* XLIV, 8) : verset que saint Jérôme, saint Augustin et les meilleurs commentateurs de ce siècle expriment ainsi, *Unxit te, o Deus, Deus tuus*, etc. Paroles grandes qui parlent de Jésus-Christ à Jésus-Christ même, et qui s'adressent à lui en qualité d'oint de Dieu, *O Deus!* en qualité d'oint de Dieu, *unxit te Deus*, et en qualité d'oint de son Dieu, *unxit te Deus tuus*; car c'est ainsi qu'il nous faut faire l'anatomie de ces saintes paroles, et c'est ainsi qu'il les faut peser au poids du sanctuaire pour en reconnaître le poids et l'excellence.

Remarquons donc comme le Prophète adresse sa parole à Jésus, et lui dit, *o Deus*, et lui parle de son Dieu, *Deus tuus*, et dit que son Dieu l'a oint, *unxit te Deus tuus*; Jésus donc est Dieu, car le Prophète le nomme ainsi en lui adressant sa parole, *O Deus!* Jésus est Dieu de Dieu, Dieu, Fils de Dieu, et a Dieu pour son Dieu, selon cette parole, *Deus tuus.* Il est Dieu en sa nature première ; il est Dieu, Fils de Dieu en sa personne ; il a Dieu pour son Dieu en sa nouvelle nature. Les deux premières propositions sont évidentes en la foi, expliquons la dernière. Le mystère de l'Incarnation suppose deux natures au Fils de Dieu : l'une divine et l'autre humaine, et par ce moyen le Père éternel a deux attributions au regard de son Fils ; car il est son Dieu à raison de son humanité, dont il lui a plu le revêtir pour le salut des hommes, comme il est son Père à raison de la divinité, laquelle il a reçue de lui par génération éternelle. Et semblablement Jésus-Christ Notre-Seigneur, comme ayant désormais double nature, a aussi double regard vers Dieu, vers Dieu comme son Père en sa divinité, vers Dieu comme son Dieu en son humanité, de laquelle le Père est Dieu, comme il est Dieu de toute créature ; et en outre il est encore le Dieu de cette humanité en une façon particulière, sur laquelle est fondée la vérité et l'énergie de cette sacrée parole, *Deus tuus.*

C'est pourquoi Jésus-Christ ressuscité disait à ses apôtres : *Ascendo ad Patrem meum et Patrem vestrum, Deum meum et Deum vestrum* (*Joan.* xx, 17), où il parle ainsi différemment, selon ses différentes natures, lesquelles le Prophète a reconnues par esprit prophétique, et indiquées en ces paroles : *Unxit te, o Deus, Deus tuus*. Car Jésus est Dieu, est Dieu de Dieu, et est l'oint de Dieu ; il est Dieu en son essence éternelle, comme le Père et comme le Saint-Esprit ; il est Dieu de Dieu et Fils de Dieu en sa personne divine, ayant Dieu pour son Père, ce qui ne convient qu'à lui entre les personnes divines ; il est l'oint de Dieu en son essence temporelle qui appartient singulièrement à Dieu, et lui est consacrée d'une onction toute particulière. Je dis à Dieu le Père, car c'est lui duquel est parlé en ce verset, et duquel il est dit au Fils, *Deus tuus* ; c'est lui à qui appartient d'être le Dieu de son Fils incarné ; c'est lui à qui appartient d'envoyer et donner son Fils, et c'est lui qui par un amour ineffable le donne à cette humanité, et par ce moyen se rend le Dieu de cette humanité, en une façon si haute et si excellente, qu'elle ne lui convient qu'au regard d'elle, et ne lui convient pas au regard des autres créatures.

Et le Père éternel lui donnant son Fils, il lui donne en ce Fils la même divinité qu'il lui a donnée en l'engendrant dedans l'éternité, et ainsi il est singulièrement le Dieu de cette humanité, non-seulement par sa grâce, mais par sa divinité même, par laquelle il la consacre en lui conférant l'onction de la divinité qui rend cet homme Dieu, et qui communique à la nature humaine l'essence, la subsistance et la filiation divine. Ce qui rend complet le sens de ces profondes paroles : *Unxit te, o Deus, Deus tuus, oleo lætitiæ præ consortibus tuis*. Car il nous faut toujours remémorer que cette sacrée humanité ne reçoit pas seulement en ce mystère l'onction de la grâce accidentelle, mais reçoit et porte l'onction de la grâce substantielle, c'est-à-dire l'onction de la divinité que le Fils de Dieu a reçue de son Père, et qu'il communique à cette humanité, en vertu de laquelle cet homme est Dieu vraiment, parfaitement et substantiellement ; cet homme, dis-je, qui s'appelle Jésus, seul entre tous les enfants des hommes, est Dieu par grâce incréée, est Dieu par onction divine, est Dieu par communication de substance et subsistence divine, est Dieu par la divinité même, à raison de laquelle le Prophète dit à Jésus ces saintes paroles : *O Dieu, ton Dieu t'a oint d'huile de liesse par-dessus tes compagnons*.

D'où nous recueillons deux sortes de consécration de cette humanité : l'une par le Père qui lui donne son Fils, l'autre par le Fils qui se donne soi-même à elle ; toutes deux dignes d'un discours plus ample, toutes deux indiquées en ce verset, qui nous représente de grands mystères en peu de mots, et les rapports admirables du Père au Fils, en qualité de Père, et en qualité de Dieu ; et du Fils au Père, en qualité de Fils, et en qualité de Fils incarné, et de cette humanité à tous les deux, d'autant qu'elle appartient au Père comme l'humanité de son Fils, et elle appartient au Fils comme son humanité propre. Mais laissons cette déduction et l'exposition plus ample et plus claire de ce verset à un autre temps, et retournons à adorer Dieu en cette humanité. Car il est en elle comme en l'arche, non comme en l'arche de l'Ancien Testament, mais comme en une arche nouvelle, arche de nouvelle alliance, où il a mis la propitiation du genre humain, où repose la manne de la Divinité, où il rend ses oracles, et où il reçoit les adorations de son peuple et de son Israël ; non en un coin de la Judée, mais en l'univers ; non en la terre seulement, mais au ciel, et non pour un temps, mais pour une éternité.

Bref il est en cette humanité comme en celle qui ne porte pas seulement la marque et la présence de sa divinité à la façon des choses les plus saintes, les plus glorieuses et les plus élevées, mais en une façon qui lui est toute propre et singulière, et en une manière si haute et si auguste qu'elle semble être approchant, imitant et adorant l'existence, le séjour et le repos que Dieu a dans soi-même. C'est ce qui a fait dire à saint Paul, parlant de Jésus-Christ : *En lui habite toute la plénitude de la divinité corporellement* : « *In ipso inhabitat omnis plenitudo Divinitatis corporaliter.* » (Col. II, 9.) Texte sacré, profond et mystérieux, qui contient en ce peu de mots trois parties et propositions grandes et importantes à la dignité de ce mystère ; la présence et habitation de la divinité en lui, la plénitude de la divinité qui habite en lui, la singularité de cette habitation, déterminée à la condition propre de ce mystère par cette parole *corporaliter*. Car c'est la Divinité même, et non pas une grâce ou un rayon d'icelle ; c'est la substance même de ce soleil incréé et de cette lumière divine et personnelle qui habite en Jésus, *in ipso inhabitat*, etc. Et la Divinité n'habite pas en lui selon quelqu'une de ses perfections seulement, mais c'est toute la plénitude de la Divinité qui y habite, *omnis plenitudo Divinitatis* ; et cette plénitude de la Divinité habite en cette humanité réellement et uniquement, substantiellement et personnellement, selon la plénitude et énergie de ces sacrées paroles : *In ipso inhabitat omnis plenitudo Divinitatis corporaliter*.

Mais réservant les deux derniers points à un autre discours, considérons ici maintenant le premier ; et remarquons que Dieu habite bien en toutes choses, mais ce n'est pas de cette sorte d'habitation dont parle saint Paul : il veut dire chose plus grande et plus rare d'un si grand œuvre et d'un si rare sujet, et il ne faut pas rabaisser la grandeur des mystères et des oracles divins, selon la petitesse de notre sens et de nos pensées, en les contemplant et considérant ; il les faut mesurer à eux-mêmes, et à leur dignité propre, et non à nous et à notre bassesse ; et il nous faut élever et proportionner à leur grandeur.

VIII. Dieu donc ayant deux sortes d'habitation, l'une en soi-même, l'autre en ses créatures : celle qui est propre à ce mystère, celle dont parle ici cet apôtre, celle qui attribue à Jésus, regarde et honore la grandeur et la dignité de l'habitation de Dieu en soi-même, comme son modèle et son origine, et non pas celle qu'il a dans ses créatures. Et ce n'est pas cette seconde sorte d'habitation que ce texte de saint Paul nous représente; ce grand Apôtre a un sens plus grand, plus saint et plus élevé. Et comme ce mystère est tout singulier et propre à la Divinité, aussi cette présence et habitation de Dieu en l'humanité, qui convient à ce mystère, et qui est exprimée par ces paroles, et qui est propre à Jésus et n'appartient qu'à lui, n'est pas cette habitation de Dieu qui est commune et ordinaire aux choses inanimées et insensibles, aux choses bonnes et mauvaises, aux choses corporelles et spirituelles, aux choses de la nature et de la grâce; cet aigle des apôtres va plus haut, perce les nues, passe les ordres des choses créées, s'élève au trône de la Divinité, et là fiche et arrête sa vue sur Dieu même.

Et y ayant en Dieu distinction d'essence et de personne, et pluralité de personnes distinguées entre elles, et une sorte de résidence et inhabitation propre et particulière des personnes résidantes l'une en l'autre, et en la divinité qui leur est commune; cet aigle des apôtres en la contemplation de ce mystère pose et arrête sa vue sur Dieu et sur cette habitation que Dieu a en soi-même, et de là fond et s'abaisse jusqu'à nous, pour nous dire cette parole, et y enclore un sens haut et élevé, digne de la sublimité de ce mystère, et digne encore de son vol et de son ravissement jusqu'au troisième ciel. Cette habitation donc exprimée en ces sacrées paroles, est une habitation de Dieu, qui tire à soi cet être créé dans lequel il habite, qui l'élève par-dessus tout être créé, et le conservant en sa nature humaine, lui donne être dans son être, le joint, l'unit, le déifie en soi, en sorte qu'il n'a aucun être que dans l'être incréé; comme si Dieu voulait imiter et figurer en un sujet et en une nature si basse, comme est la nature humaine, l'état des personnes divines et incréées qui n'ont subsistance et existence que dans la Divinité, et lesquelles étant distinguées entre elles, elles ne laissent pas d'être une même chose avec la divine essence. Car ainsi cette humanité demeurant en la distinction et diversité, de sa propre nature sans altération et confusion aucune, a une même subsistance et existence avec la Divinité, et Dieu habite en cette sorte, rare, singulière et excellente, en Jésus.

Et à proprement parler, cette nouvelle et singulière présence de Dieu en cette humanité est une imitation divine et une expression formelle que le Verbe éternel a voulu faire en contemplant la manière d'être et de résidence que les personnes divines ont l'une en l'autre, et en leur unique et commune essence: objet grand, rare et élevé! objet digne d'être imité! et d'être imité par un si puissant et si rare ouvrier comme le Verbe éternel, qui est la connaissance, la sapience et la puissance du Père, et par lequel toutes choses ont été faites! objet rare et qui ne pouvait être imité que par lui, ni exprimé dignement qu'en un mystère singulier! Car une chose si haute et si grande ne pouvait pas être exprimée suffisamment en l'ordre inférieur de la nature, ni même en celui de la grâce ordinaire. Cela était réservé à l'ordre surpassant la nature et la grâce ensemble, et les joignant d'un lien nouveau en les surpassant. Et dans cet ordre suprême et nouveau, Dieu qui est et habite en toutes choses, ou par sa nature ou par sa grâce, est et habite en cette humanité et par grâce et par nature ensemble. Par grâce, mais grâce incréée, grâce substantielle, grâce personnelle, grâce qui surpasse et qui fonde toute grâce. Par nature, qui se rencontre ici avec la grâce, et ce qui est beaucoup plus, qui est la même grâce; grâce en sa communication au regard de nous, et nature, en sa condition au regard de Dieu. Car c'est la nature et substance de Dieu même, qui est la grâce communiquée personnellement à cette humanité et qui la sanctifie et déifie en lui.

Dieu donc voulant habiter en cette humanité par cette grâce substantielle, divine et incréée, qui est sa propre nature, et par sa nature, qui est cette grâce suprême, laquelle il daigne uniquement conférer à cet être créé; il veut habiter en cette humanité en une manière si haute et si sublime, et si digne de lui-même, qu'elle soit une vive et vivante représentation, et une imitation parfaite de celle en laquelle la Divinité habite en soi-même et ses personnes en elle. Cette pensée est grande et haute, est digne de la conception de l'Apôtre qui prononce cet oracle, et est bien digne encore de la grandeur de ce mystère, qui porte la plus digne, la plus efficace et la plus sainte présence que Dieu puisse avoir en aucune chose créée, et la plus approchante de son séjour et de son repos dans lui-même. Mais nous ne pouvons pas suivre le vol de cet aigle, et le ravissement de cet Apôtre en la vue et intelligence de cette vérité. Allons et suivons pas à pas, et conduisons nos esprits comme par degrés essayant du plus bas de les élever par ordre au plus haut point de cette présence.

IX. Disons donc que la présence de Dieu en la nature humaine par ce mystère, ne doit pas être conçue et considérée comme une présence nue et simple et une pure indistance de quelques choses sans rapport et liaison les unes aux autres; ni comme une présence de Dieu purement naturelle, et suivie simplement de l'usage de son pouvoir créant et conservant la nature des choses dans lesquelles il habite; ni comme une présence de Dieu, suivie et accompagnée de son amitié, de sa privauté et familiarité avec l'âme, comme en la grâce, ou bien même de son amour accompli et de sa jouissance parfaite, comme en la gloire; mais doit être conçue comme une présence toute propre et particulière à l'état unique et singulier de ce nouveau mystère ; une présence imitant le séjour, le repos et la communication éternelle de Dieu en soi-même ; une présence opérant et actuant cette humanité d'un nouvel être et d'un être divin et incréé (sans intérêt et sans confusion ni de l'un ni de l'autre), c'est-à-dire une présence de Dieu appliquant à cette humanité la divinité de son essence, l'infinité de sa puissance, la singularité de son amour, la propriété de sa subsistence l'actualité de son existence et l'intimité, la profondité, la plénitude de son être divin, suprême et incréé. Bref, une telle sorte de présence, que cette humanité en reçoit une communication de Dieu si vive, si haute et si parfaite, si secrète, si intime et si particulière, qu'elle est pénétrée de son essence, qu'elle est vivifiée de son Esprit, qu'elle est existante de son existence, qu'elle est soutenue de sa subsistence, et qu'elle est déifiée de son Verbe.

Car comme Dieu le Père habite en soi et a son repos dans soi-même, en telle sorte et manière qu'en cette habitation et dans ce repos il communique incessamment son essence aux personnes divines, aussi Dieu le Fils habite en cette humanité et se repose en elle, en lui communiquant incessamment sa propre subsistence. Et le Verbe qui habite en son Père comme en son Père, veut habiter encore en cette humanité comme en sa propre essence; car il la rend propre et sienne par cette humanité. Tellement que comme il a sa demeure et son repos en la Divinité comme en son essence éternelle, il veut encore prendre son repos et sa demeure en cette humanité comme en son essence nouvelle, et veut y habiter désormais pour une éternité.

Et il n'y a qu'en la Divinité seule et en cette humanité où Dieu se trouve ainsi présent, ainsi habitant et ainsi résidant et occupé en une ineffable et substantielle communication de lui-même. Car en la terre il y répand sa grâce, au ciel il y donne sa gloire; mais il n'y a qu'en la Trinité et en l'Incarnation où il y ait une communication propre, immédiate et substantielle de la Divinité, ou par essence comme en la Trinité, ou par subsistence comme en l'Incarnation. Deux mystères et deux communications distinctes, et toutes deux propres, singulières et adorables en la Divinité. Car en l'un Dieu communique son essence, et en l'autre il communique sa subsistence, qui est une même chose avec son essence; en l'un Dieu est Père en donnant sa subsistence à son Fils, et en l'autre Dieu est homme donnant sa subsistence à l'humanité. Et par un moyen si rare, par une communication si puissante et divine, Dieu est homme, et l'homme est Dieu ; Dieu est homme se revêtant de notre humanité, et l'homme est Dieu subsistant et vivant en la Divinité. Et il y a au monde un médiateur de Dieu et des hommes, lequel est homme, pour porter la mort que les hommes ont méritée ; et est Dieu pour triompher de la mort que les hommes ne pouvaient vaincre et pour leur donner sa vie et son éternité.

Et c'est le Fils unique de Dieu, lequel est ce médiateur, lequel s'est fait homme pour les hommes, et lequel, par un amour et un pouvoir admirable, nous élève en s'abaissant, nous glorifie en pâtissant, nous déifie en s'humanisant, et nous éternise en mourant. Et ainsi se prépare l'œuvre tant désiré de la Rédemption : et ainsi s'établit et s'introduit au monde le très-grand mystère de l'Incarnation qui le doit accomplir; mystère que saint Paul élève et magnifie en ces grandes paroles : *Manifeste magnum est pietatis sacramentum, quod manifestatum est in carne, justificatum est in spiritu, apparuit angelis, prædicatum est gentibus, creditum est in mundo, assumptum est in gloria! « Grand sans contredit est le mystère de piété, lequel est manifesté en chair, justifié en esprit, vu des anges, prêché aux gentils, cru au monde et enlevé en gloire.* » (*I Tim.* III, 16.) Mystère grand qui commence en terre et finit au ciel, où Jésus est à la droite du Père! Mystère grand, qui, conjoignant la terre avec le ciel, conjoint Dieu avec l'homme et le conjoint pour une éternité! Mystère grand et d'une grandeur et qualité opposée à celle du mystère de la Trinité, car l'un est grand en sublimité, l'autre est grand en humilité ; l'un est naturel et nécessaire, l'autre est libre et volontaire! Mystère grand et vraiment grand en dignation, en amour, en piété, digne de porter ce beau nom et ce bel éloge que lui donne l'Apôtre : *Magnum pietatis sacramentum!*

Et selon la nature des sacrements, ce mystère et ce sacrement est composé de deux natures, l'une interne, l'autre externe ; l'une divine, l'autre humaine ; l'une visible, l'autre invisible, comme étant la base, l'origine et l'exemplaire des autres sacrements, qui sont tous, à son exemple, composés de deux natures par rapport au Verbe incarné, lequel a voulu peindre et figurer dans ses œuvres et ses sacrements en son Eglise, son mystère de l'Incarnation, qui est sacrement des sacrements, et a aussi une manière de grâce plus divine et plus auguste que les autres sacrements particuliers ; et est un sacrement et mystère plein de Dieu, plein de grâce, plein de lumière, qui contient et manifeste le Dieu invisible en la chair visible de l'homme, et sanctifie l'humanité de la divinité, selon ces belles paroles : *Manifestatum est in carne, justificatum est in spiritu.* Mystère puissant et universel, qui répand ses rayons et ses effets partout, donnant lumière aux anges, et salut au monde! *Apparuit angelis, prædicatum est gentibus, creditum est in mundo.* Mystère tout divin et tout céleste, qui de la terre s'élève au ciel, y établit sa demeure permanente, et nous tire et appelle tous en la gloire : *Assumptum est in gloria,* digne fin et couronne d'un si grand mystère! dont soit béni pour jamais Dieu en soi-même, et en son Fils unique Jésus-Christ Notre-Seigneur, que le Père nous a voulu donner par un amour et par un don singulier en ce mystère ; et aussi il s'appelle lui-même le don de Dieu en ces belles paroles qu'il a dites à la Samaritaine : *Si scires donum Dei :* « *Si tu savais, ô femme, le don de Dieu.* » (*Joan.* iv, 10.)

Donnons-nous donc à lui, car il est le don du Père, et lui-même se donne à nous : soyons à lui, car il est à nous, et il est tout à nous ; en sa divinité, *nobis datus,* en son humanité, *nobis natus,* ce dit son prophète et son Eglise. Allons à lui, car il vient à nous ; et il a les paroles de vie éternelle. Adhérons à lui, car en lui notre humanité est adhérente à sa divinité. Aimons-le, car il est notre vie, notre gloire et notre amour! Adorons-le, car il est Dieu, il est notre Dieu, Dieu et homme pour jamais. Et l'aimant, le louant, le bénissant en ses grandeurs et en ses merveilles, aspirons à lui, respirons sa gloire ; désirons qu'il nous bénisse et qu'il soit reconnu, servi et adoré par tout le rond de la terre. Et finissons, ce souhait et en ces paroles de son Prophète : *Benedicat nos Deus, Deus noster, benedicat nos Deus, et metuant eum omnes fines terræ.* « *Que Dieu, notre Dieu, nous bénisse ; que Dieu nous bénisse, et que toutes les parties de la terre, même les plus éloignées, révèrent et adorent la grandeur et la puissance de sa majesté.* (*Psal.* LXVI, 8.)

DISCOURS VIII.
DE LA COMMUNICATION DE DIEU EN CE MYSTÈRE.

Nous sommes nés en la grâce pour connaître et voir Jésus-Christ, soleil de justice. Le soleil visible est la figure de Jésus soleil invisible. Explication très-ample de ce que signifie en Jésus sa qualité de soleil de justice. — II. Autres rapports de Jésus-Christ au soleil, tous avec un avantage très-grand. — III. En ce mystère de l'Incarnation, c'est comme si le soleil s'unissait au corps diaphane, et faisait un même être avec lui. — IV. La communication du Fils de Dieu (qui est soleil en la Divinité) à son humanité sainte, rend ce mystère et singulièrement divin, et singulièrement propre à sa personne. — V. En quelle manière l'humanité convient à la personne du Verbe. Elle lui appartient d'une manière d'appartenance qui ne convient à aucune chose créée, car elle lui convient comme son essence, et en un sens elle lui est plus propre que son essence incréée. Elle lui convient d'une manière toute naturelle et toute surnaturelle. — VI. L'essence divine, comme essence du Verbe, est communiquée à l'humanité par la subsistence du même Verbe. Il pèse la sublimité et la plénitude de cette communication. — VII. Il continue le même sujet. Exposition de ces paroles : *Clarifica me tu, Pater, apud temetipsum* (*Joan.* XVII, 5), etc, et de celles-ci : *Clarificavi et iterum clarificabo.* (*Joan.* XII, 28.) Et encore de ces autres : *Dignus est Agnus, qui occisus est, accipere virtutem et divinitatem,* etc. — VIII. Il poursuit l'exposition de ces paroles : *Clarifica me tu, Pater, apud temetipsum,* etc. Le Fils de Dieu est uni à notre nature, comme Dieu et comme Fils de Dieu, dès le moment de l'Incarnation ; mais il n'y est uni comme splendeur du Père qu'à son entrée dans la vie glorieuse et immortelle. La gloire que le Fils de Dieu demande en ses paroles à son Père est la gloire qui lui doit être donnée par le même Père, et non celle qui doit lui être rendue par les hommes qui croiront en lui et l'adoreront. — IX. Il continue le sujet précédent, et montre que le Fils de Dieu demande à son Père la gloire qui dépend de lui comme Père. — X. Il y a deux manières de communication de Dieu à l'homme au mystère de l'Incarnation, l'une primitive, l'autre consécutive ; en l'une l'homme est Dieu, et Dieu est sensiblement homme et traité comme tel, et en l'autre l'homme est reconnu et traité comme Dieu. Considération de la suspension que Jésus porte de sa gloire pendant trente-trois ans. Affections sur ce sujet. — XI. Dieu en ce mystère s'est transformé en amour. Diverses affections sur ce sujet. — XII. Le Fils de Dieu communiquant à l'humanité sa subsistance, son essence, ses perfections et sa gloire, est un monde qui surpasse sans comparaison les trois mondes de nature, de grâce et de gloire. La subsistence du Verbe ayant rapport aux trois personnes divines, met l'humanité à laquelle elle est communiquée en une société toute particulière avec la sainte Trinité. Récapitulation des choses ci-dessus discourues de la communication de la Divinité à l'humanité. — XIII. Deux sociétés divines et adorables, dont toutes sociétés dépendent et relèvent en temps et en l'éternité, l'une en la Trinité, et l'autre en l'Incarnation. Il dédie la congrégation de l'Oratoire à Jésus, en l'honneur de cette société adorable qui a commencé en lui. Il en remarque l'esprit, la différence et les devoirs.

I. Un ancien renommé en la recherche et en la connaissance des choses naturelles faisait un si grand cas de la vue du soleil, qu'il se disait être né pour voir et contempler ce grand corps de lumière et ce bel astre de l'univers, qui communique sa splendeur aux étoiles et aux planètes, qui étend ses rayons jusqu'aux extrémités du monde, qui rend par son aspect toutes choses visibles et apparentes, et par son mouvement distingue nos jours, nos saisons et nos années ; tant il estimait la vue de ce grand corps céleste. Mais nous plus heureux que cet ancien philosophe, élevés en une meilleure école, instruits d'une plus haute philosophie, éclairés d'un soleil bien plus lumineux et doués par lui-même d'une lumière infuse, qui est surnaturelle et divine ; disons avec vérité que nous sommes nés en la terre et rénés en la grâce pour voir le soleil de justice, la lumière incréée et personnelle, lumière de lumière, Dieu de Dieu, le Fils unique de Dieu et Fils unique de Marie, Jésus-Christ notre souverain seigneur. Aussi celui qui nous a créés par sa puissance et rachetés par sa miséricorde, nous donne une éternité pour voir ce bel objet en la lumière de sa gloire, et en attendant cet état heureux, nous le propose en la terre comme un objet principal qui doit exercer notre foi et notre piété en sa connaissance et en son amour. Pensons donc à lui, parlons de lui, et continuant nos discours, recherchons la lumière, pénétrons ses grandeurs, déployons ses merveilles et portons nos pensées plus avant dans l'état, dans le secret et dans la singularité de ce rare mystère.

Le soleil duquel cet ancien philosophe estimait et aimait tant la vue, et que nous trouvons si beau, n'est qu'une image de Jésus, lequel est un soleil dans le monde de la grâce et de la gloire, et est le soleil d'autant de soleils qu'il y a et aura de saints au ciel, qui reçoivent tous de lui leur splendeur et leur illustration comme d'une source vive et d'une fontaine inépuisable de lumière. Car il chacun d'entre eux est plus brillant et éclatant que le soleil, ce dit l'Écriture, et ils n'ont tous autre clarté que celle qui leur est donnée par Jésus, lequel est le grand astre, non du firmament, mais du ciel empirée, et le principe de lumière, non pour le temps, mais pour l'éternité. Ce soleil que nous voyons de nos yeux mortels et périssables, nous figure et représente les excellences et les perfections de celui-ci qui est réservé pour des yeux doués de gloire et d'immortalité ; et par les ressemblances et dissemblances qu'il a avec lui, nous élève à sa connaissance plus parfaite et accomplie, comme de celui qui est son archétype et son architecte tout ensemble, et nous apprend à estimer et reconnaître davantage la nature des choses éternelles dedans la vue sensible des choses temporelles.

Car si le soleil qui est sujet à corruption est si beau, si grand, si vite, si léger et si réglé en ses mouvements, que nous ne pouvons pas assez admirer ce grand œuvre de la main du Très-Haut : si par la beauté de sa nature, comme un œil clair et reluisant, il excelle par-dessus toutes les créatures visibles; s'il fait ses périodes et révolutions avec un si bel ordre et mesure, que nos esprits ne puissent suffisent pas même à concevoir une si grande égalité ; si par ses influences et sa lumière il est si nécessaire à l'univers, que l'univers ressent aussitôt un affaiblissement en son être, et une éclipse en sa vigueur par son éclipse, bien qu'elle soit et de peu de durée et non universelle ; bref, s'il est tel que jamais on ne peut se rassasier de le regarder, combien doit être excellent en beauté, en grandeur, en clarté, eh mystère et en toutes sortes de perfections, le soleil de justice, le soleil éternel, le soleil qui fait le jour de la grâce, et le divise de la nuit du péché ; le soleil qui préside au temps et à l'éternité, le soleil qui sépare la vraie lumière d'avec les vraies ténèbres, le soleil qui éclaire et la terre et le ciel empyrée? Combien donc ce vrai soleil sera-t-il resplendissant en sa lumière ? Combien prompt en ses mouvements et en son assistance? Combien réglé en sa conduite ? Combien puissant en ses influences? Combien efficace en ses attraits ? Et combien nécessaire à l'univers? Et si celui qui est aveugle, souffre une grande perte de ne point voir ce soleil qui paraît à nos yeux; quelle perte est-ce au pécheur d'être privé et privé pour jamais de la vision de celui qui, étant sa vie et sa vérité, est et se nomme lui-même la vraie lumière du monde et est véritablement, admirablement et divinement un soleil, et un soleil bien différent de celui-ci, car ce soleil n'est que pour le corps, et est seulement exposé aux yeux des hommes et des bêtes : mais Jésus est le soleil non-seulement des hommes, mais aussi des anges.

Jésus porte une lumière qui rayonne non-seulement dedans les yeux et les yeux immortels, mais aussi dedans les esprits et dedans les esprits doués de gloire. Jésus est le soleil et du monde visible et du monde intelligible en son humanité : et il est même un soleil et soleil Orient dans le monde archétype en sa divinité. Ce soleil ne peut pas être nommé le prince et le père de lumière, car elle fut créée avant lui, et avant lui elle faisait son office, éclairant l'univers, et séparant le jour d'avec la nuit, et il fut créé depuis pour être un corps supposé à cette lumière très-pure et sincère, et préparé pour servir comme de coche et chariot pour porter cette lumière première-née. Mais Jésus est la vraie lumière, Jésus est une substance de lumière, Jésus est la vive source de lumière, Jésus est même la splendeur de la lumière incréée, et le Père et le prince de lumière, qui la répand et communique et en la terre et au ciel, et dans le temps et dans l'éternité, et sans lequel il n'y a point de vraie lumière au monde. Ce soleil, à proprement parler, n'est ni le père ni la nature, mais n'est qu'une partie de cette nature. Car le ciel et la terre furent faits avant lui, et avant lui la terre était couverte et chargée de ses enfantements, ayant éclos de son sein et poussé plantureusement avant qu'il fût créé, mille sortes de fleurs, d'herbes et de plantes, de sorte qu'il ne peut être estimé l'auteur des choses qui naissent de la terre.

Mais Jésus est l'auteur de la nature, de la grâce et de la gloire ; Jésus est celui par qui toutes choses ont été faites, et par qui elles sont refaites et rétablies en un nouvel être. Dieu formant ce soleil du monde corruptible le quatrième jour de la création du monde, l'a mis au firmament, et il y est et y sera attaché toujours ; et du ciel il éclaire la terre. Mais Dieu formant le vrai soleil, le soleil du monde éternel, en la plénitude des temps ; il l'a mis en la terre, et de la terre par sa naissance il éclairait le ciel ; et les anges même venaient en terre rechercher sa lumière ; et maintenant il est tout ensemble et en la terre au milieu de son peuple en son Eucharistie, et au ciel empyrée au milieu de ses anges et de ses saints dans le trône de sa majesté, éclairant et sur les cieux et sur la terre tout ensemble, et remplissant le ciel et la terre de sa gloire.

II. Or, cet ancien philosophe, qui estimait tant la vue de son soleil, pouvait bien se contenter soi-même en le voyant et regardant souvent ; mais il ne pouvait pas peindre ce soleil en soi-même, il ne pouvait pas se transformer en ce soleil ; et il ne pouvait pas devenir un soleil regardant ce soleil ; ainsi demeurait toujours semblable à lui-même, nonobstant ce regard et cet aspect ; toujours en terre et non au ciel avec son soleil ; toujours en sa nature basse et terrestre, et non pas revêtu de la clarté, de la splendeur, de la vivacité de ce soleil. Mais nous avons encore un nouvel avantage par-dessus cet ancien philosophe outre ceux que nous avons apportés ci-dessus au regard du soleil, qui est vraiment nôtre, et vraiment soleil, en la vue duquel nous devons être occupés. Car nous n'avons pas seulement le pouvoir de regarder et contempler un soleil comme cet ancien philosophe; mais nous avons à contempler un bien autre soleil; et si nous avons encore le pouvoir de le peindre et former en nous; et il s'y peint lui-même par les rayons de sa grâce, comme par de vives couleurs; il nous tire et élève à lui par sa vertu; il nous transforme en ses qualités par sa puissance; et il nous rend célestes, resplendissants, lumineux et éternels comme lui, et même il établit son trône et son tabernacle en nous par un divin mystère; et nous sommes portant ce soleil au monde.

L'art excellent de la peinture est une imitation de la nature, qui va figurant à nos yeux par son industrie, ce que Dieu a produit au monde hors de soi-même par sa puissance; mais cet art ne paraît en rien moins que lorsqu'elle veut peindre le soleil, le plus noble des corps que Dieu ait formés en l'univers; tant il y a de vigueur, de splendeur et de clarté en cet astre céleste, qui ne peuvent être représentées par les ombres et les couleurs de la terre. Et l'impuissance de cet art ne paraît en rien tant qu'à la peinture de cet excellent objet; tant il y a de distance visible et sensible entre l'image et le prototype.

La profession du christianisme, à proprement parler, est un art de peinture, qui nous apprend à peindre, mais en nous-mêmes, et non en un fonds étranger; et à y peindre un unique objet: car nous n'avons point à peindre, mais à effacer le monde en nous, monde qui est le seul objet de la vue des hommes, et de l'art des peintres; nous n'avons point à porter en nous l'image du vieil homme, mais celle du nouvel homme. Et pour parler plus clairement, nous avons à y peindre un seul objet, et le plus excellent objet qui soit; et celui sur lequel la peinture a le moins d'atteinte, c'est-à-dire nous avons tous à peindre en nous-mêmes un soleil, le soleil du soleil, le soleil de justice, le soleil du ciel empyrée et de l'éternité, Jésus-Christ Notre-Seigneur; qui est l'image vive que le Père a formée et exprimée en soi-même. Et nous avons à passer notre vie en ce bel et noble exercice, auquel nous sommes exprimant et formant en nous-mêmes celui que le Père éternel a exprimé en soi, et qu'il a exprimé au monde et au sein de la Vierge par le nouveau mystère de l'Incarnation. Et en ce noble et divin exercice, notre âme est l'ouvrière, notre cœur est la planche, notre esprit est le pinceau, et nos affections sont les couleurs qui doivent être employées en cet art divin, et en cette peinture excellente.

Mais combien y a-t-il de distance entre cette imitation et image que nous formons de Jésus-Christ en nous-mêmes, selon le conseil de l'Apôtre, et son original et prototype? Certes, rien ne peut peindre naïvement le soleil que le soleil même, qui est le plus excellent peintre de l'univers, et le meilleur peintre de soi-même; car en lui exposant seulement une glace polie, il fait en un moment la vraie et vive image de soi-même en cette glace, que nul peintre ne peut imiter, et non pas même regarder, tant elle a de brillant et d'éclat, tant elle a de vie et de vigueur, et tant elle exprime naïvement et au naturel la clarté, la splendeur et la beauté de son prototype. Ainsi Jésus est le vrai peintre de soi-même; et comme il a tant de rapports excellents au soleil, il a encore celui-ci de se peindre lui-même, et d'imprimer sa figure et ressemblance parfaite en l'âme. Car après que nous avons essayé de le peindre imparfaitement en nous par nos pensées et nos affections spirituelles en la vie de la terre, il veut se figurer lui-même bien plus parfaitement en nos cœurs et en nos esprits purifiés par sa grâce; ce qu'il fait en la vie du ciel, où étant exposés à son aspect et aux rayons de sa lumière, il se figure lui-même en nous, comme en une glace bien polie; et nous tirant à lui, nous élevant à lui, il nous rend semblables à lui, et nous communique ses qualités célestes et glorieuses. Et en ces deux sortes de peintures si différentes d'un même objet, se passe l'état et la conduite de l'âme en deux sortes de vies bien différentes: l'une, en laquelle par son labeur et par son industrie accompagnée de la grâce, elle est opérant et imprimant en son fonds l'esprit et la vertu de Jésus; et l'autre, en laquelle Jésus même par l'abondance et la plénitude de ses lumières et illustrations agit et opère lui-même, et lui imprime son esprit et sa ressemblance.

III. Mais pour nous conduire en l'intelligence de nos mystères par la même comparaison du soleil qui imprime son image dans le miroir qui lui est exposé; supposons ce qui n'est pas au soleil de la terre, pour mieux entendre ce qui est au soleil du ciel empyrée; et regardant cette image vive et éclatante du soleil dans ce miroir, disons en nous-mêmes; que serait-ce si ce soleil qui imprime son image et sa figure dans cette glace descendait du ciel pour s'appliquer, s'imprimer et s'incorporer lui-même en cette glace, et ne faire avec elle qu'un même corps et substance de lumière et de clarté? Combien cela serait-il différent de l'image morte du peintre, en un tableau, et de la ressemblance encore imprimée dans la glace par les rayons du soleil? Car lors ce n'est qu'une espèce du soleil imprimée par son aspect dans cette glace: mais ici ce serait le soleil même en sa propre substance et lumière qui aurait pénétré non de ses rayons, mais de sa substance, cette glace, et ne ferait avec elle qu'un même corps et principe de lumière.

Or, c'est ce que le Verbe éternel, vrai soleil en l'éternité, et le soleil Orient en la divinité, fait en l'humanité sacrée de Jésus; car il ne se contente pas de peindre en elle son image et sa semblance, comme il fait en nous; mais il sort du sein de son Père; il descend du plus haut des cieux au plus bas de la terre ; il s'applique à cette humanité ; il s'unit à elle ; il lui communique son existence, sa subsistence et sa personne. Et comme son Père le produisant éternellement lui a imprimé sa propre essence, lui aussi, par une production nouvelle qu'il reçoit en la nature humaine, imprime sa subsistence et sa personne en cette humanité ; il lui communique sa gloire, sa splendeur et sa divinité ; il termine et accomplit cet être créé par son être incréé ; il s'unit à cette humanité ; il s'établit en elle ; il s'incorpore en elle, et par un excellent mystère, selon la parole du Saint-Esprit, le Verbe est fait chair, et habite en nous plein de vie et de gloire ; plein de grâce et de vérité ; plein de lumière et de majesté ; comme étant celui qui est l'unique du Père éternel, et qui est un nouveau principe de vie, de gloire et de divinité communiquée au monde.

IV. C'est le sujet du présent discours que cette communication ineffable de la divinité qui donne vie et subsistence à notre humanité. Ce que pour bien entendre, il nous faut supposer des discours précédents ; que la foi en sa lumière et en sa piété, distingue, reconnaît et adore en Dieu deux choses, son essence, et sa subsistence ; elle distingue, reconnaît et adore aussi en ces mystères deux sortes de communications divines, lesquelles fondent et établissent les deux mystères principaux et permanents en toute éternité, que l'Église annonce et publie au monde en l'autorité de Dieu, que la terre reçoit et adore en l'humilité de sa créance, et que le ciel nous fera voir en sa lumière et en sa gloire. Car la communication d'essence établit le mystère de la Trinité, et la communication de subsistence établit le mystère de l'Incarnation. Et comme cette essence divinement résidante et communiquée aux personnes divines, est leur existence, leur grandeur, leur divinité, leur majesté et leur perfection suprême, incréée, absolue : ainsi, la subsistence divinement communiquée à la nature humaine est la grandeur de cette humanité, et la cause, la base et l'origine de toutes les excellences, perfections et félicités qui sont et seront à jamais communiquées par la divinité à cette humanité. C'est pourquoi la considération profonde et particulière de cette subsistence est très-nécessaire à la parfaite intelligence de ce mystère, et est très-digne et très-haute en elle-même.

Contemplons donc ce mystère, et élevons-nous à reconnaître que le Verbe éternel entrant en cette humanité, qu'il veut unir et conjoindre à soi pour une éternité, ne lui communique pas seulement sa sainte présence, comme plusieurs du vulgaire pourraient penser ; ni aussi quelques-unes de ses perfections qui lui sont communes avec les autres personnes divines ; mais en se donnant à cette humanité, il lui donne et communique une chose qui est si grande, si haute, si divine, qu'elle est identifiée avec la divine essence ; divine essence qui est l'océan de toutes les perfections créées et incréées, et les contient toutes en unité, en simplicité, en éminence. Et cela même que le Verbe éternel donne et communique à cette humanité, outre cette admirable identité avec l'essence divine, est d'ailleurs si propre, si particulier et si intime à sa personne, que nous n'avons point assez de parole pour l'exprimer dignement, étant ce qu'on nomme en la divinité de ce nom auguste et singulier de subsistence ; subsistance qui a cela de particulier, d'être incommunicable même dans l'être divin, d'être constitutive de la seconde personne de la Trinité, et de la distinguer d'avec les autres personnes divines ; d'où vient que ce mystère qui est principal en la religion chrétienne, et original des autres mystères de Jésus, en sa vie, en sa mort, en sa gloire, est en un ordre et en un état si particulier et si admirable, qu'il est, et singulièrement divin, et singulièrement propre au Verbe éternel ; qui sont deux points de considération très-grande en la considération de ce mystère, et desquels dépendent plusieurs grandes suites et conséquences. D'autant que ce mystère est singulièrement divin, puisqu'il est fondé et établi en un être qui est une même chose avec la divine essence, c'est-à-dire en la subsistence, laquelle est si parfaitement une même réalité avec l'essence divine, qu'elle ne peut pas même être conçue de nos esprits sans cette essence ; car encore qu'ils divisent les choses les plus conjointes, et qu'ils séparent en leurs pensées l'essence des relations, ils ne sauraient toutefois séparer les relations de leur essence commune, par un secret admirable dedans la Trinité, et par une merveille dans la merveille même.

Or le même moyen qui rend ce mystère divin, rend ce mystère encore singulièrement propre au Verbe, puisqu'il est fondé en cette subsistence, qui est tellement propre au Verbe, qu'elle ne convient qu'au Verbe. Car de deux choses que nous distinguons et adorons en Dieu, essence et subsistence, toutes deux sont singulières et remarquables en l'unité, qui convient et à l'une et à l'autre ; mais elle convient tellement à l'essence du Verbe, qu'étant une, elle est toutefois également et divinement communicable aux personnes divines, et convient autant et aussi proprement au Père et au Saint-Esprit comme au Fils. Au lieu que la subsistence du Verbe est parfaitement une et parfaitement incommunicable en la divinité, et elle est tellement propre au Verbe, qu'elle ne convient qu'à lui, et est constitutive et distinctive de son être.

D'où l'on voit évidemment que cette communication du Verbe à l'humanité se fait par une chose si intime au Verbe, comme est la subsistence, et si propre à lui qu'elle n'appartient qu'à lui et non au Père, non au Saint-Esprit, auxquels même son essence est commune. Et toutefois par le privilége d'amour incomparable qui fait en ce mystère, ô grandeur ! ô merveille ! ce qui ne se trouve pas pour une haute raison en la nature divine au mystère de la Trinité. Cette subsistence incommunicable dans l'être divin est communiquée par excès d'amour dans l'être créé; et cette subsistence est appropriée à la nature humaine, à une essence nouvelle, à une essence étrangère, à une essence créée, et daigne suppléer en cette essence les offices et usages de la subsistence humaine et ordinaire. Ce qui montre bien l'excellence et singularité de cette communication intime, haute et sublime, qui intervient au sacré mystère de l'Incarnation. Car la foi adore deux sortes de communications divines et bien différentes l'une de l'autre : l'une est la communication par nature en la Trinité, qui communique l'essence et produit la personne, mais le produit incommunicable ; l'autre est la communication par amour en l'Incarnation, qui communique la personne et en la personne l'essence, et communique cette personne qui est incommunicable dans la divinité. O puissance, ô privilége de l'amour au regard de la divinité même, puisque même il communique ce qui est incommunicable dans la divinité ! Mais ce point mérite un discours à part de l'amour de Dieu en ce mystère.

V. Continuons nos propos, et disons que cette subsistence communiquée à cette humanité au lieu de sa subsistence humaine, fait et fonde une singulière et admirable appropriation du Verbe à cette nature humaine, et de cette nature humaine au Verbe, et de nous tous en elle et par elle à ce même Verbe éternel et à toute la très-sainte Trinité. Pour l'intelligence de quoi il nous faut remarquer que cette humanité n'appartient pas au Verbe seulement, comme la créature appartient à son créateur, ni comme le vassal à son souverain seigneur, qui est un droit et une qualité en laquelle elle relève également de toutes les personnes divines ; mais elle lui appartient en un certain sens, en la même manière, qui l'osera dire ? que la divine essence appartient au Verbe. Car le Verbe incarné a deux natures et essences, et cette humanité est la seconde et la nouvelle essence de ce Verbe, ainsi que la divinité est son essence première et éternelle. Et le Verbe a voulu que la subsistence de la divinité soit la subsistence propre de cette nouvelle essence, c'est-à-dire de son humanité. Comme si par la force et la puissance de son amour il eût voulu partager une même chose, et une chose indivisible et incommunicable en elle-même, entre deux natures si inégales et si différentes, en donnant la même subsistence de sa divinité pour subsistence à cette humanité.

Et par ainsi nous voyons que cette humanité subsistant au même terme auquel subsiste la divinité, elle appartient au Verbe par le titre, le droit et la qualité d'essence, qui est le même titre que porte la divine essence, et qui convient à cet être incréé. Mais c'est avec cette différence, que la nature humaine est la nouvelle essence du Verbe, et la nature divine est son essence éternelle ; que celle-là est une essence volontaire, et celle-ci est une essence nécessaire ; que celle-là est une essence prise et épousée par amour, et celle-ci est une essence donnée et reçue par nature. Oserais-je passer plus avant en la pénétration de cette appartenance que notre humanité a au Verbe éternel, et en reconnaissance du titre heureux et honorable, et de la qualité chère et précieuse qu'elle porte, d'être vraiment et proprement l'une de ses essences ?

Car ce n'est pas encore assez de dire que cette nature humaine appartient au Verbe par une sorte d'appartenance qui ne convient à aucune autre chose créée, et qu'elle lui appartient en la même manière qui est propre à la divine essence. Mais il faut encore passer un degré plus avant, et dire qu'elle appartient au Verbe en une certaine manière qui lui est tellement propre, que même elle ne convient pas à la divine essence, qui est toutefois l'essence première du Verbe incarné ; car elle a une singularité d'appartenance au Verbe, qui même ne se trouve pas en la nature divine. Et cette singularité d'appartenance lui est tellement propre, que rien n'appartient au Verbe, comme lui appartient cette nature humaine ; et ni dans l'être créé, ni dans l'être incréé, il ne se trouve rien qui soit ainsi proprement, uniquement et singulièrement appartenant à Dieu ; à Dieu, dis-je, par un excès d'amour uni à notre humanité. D'autant qu'elle a tous les mêmes droits et titres d'appartenances qui conviennent à toutes les choses créées. Et elle entre heureusement au droit et au titre d'essence du Verbe éternel, comme la nature divine ; et d'abondant, elle a une singularité d'appartenance et d'appropriation au Verbe que n'ont pas les autres choses créées, et que même n'a pas l'essence incréée au regard des personnes de la Trinité. Car cette nature humaine ne convient qu'au Verbe seul, entre toutes les personnes divines, au lieu que la nature divine convient également à toutes les personnes incréées, puisque la foi nous enseigne que la divine essence, bien qu'elle soit l'essence du Verbe, lui est commune avec le Père et le Saint-Esprit : mais l'essence humaine, dans l'ordre des choses créées et incréées, ne convient qu'au Verbe en cette sorte d'unité, d'intimité et de propriété de personne ; car elle est tellement son essence, qu'elle n'est pas l'essence du Père et du Saint-Esprit. C'est la bien-aimée du Père, mais ce n'est pas son essence ; c'est l'épouse du Saint-Esprit par le lien de la grâce, mais ce n'est pas sa nature comme elle est la nature du Verbe subsistant et vivant nouvellement au monde.

Car cette humanité est l'essence du Verbe par le lien et le droit de sa propre subsistence ; à raison de quoi le Verbe est nôtre par nature et par grâce, et s'appelle singulièrement *Notre Dieu*, par les oracles divins, *Deus noster* (Psal. LXVI, 7), comme étant singulièrement nôtre par l'état de ce mystère ; par lequel aussi nous devons, comme par un droit mutuel et réciproque, être singulièrement siens. Droit heureux et avantageux pour nous, mais titre et droit onéreux pour lui, puisqu'il le rendra pleige de nos péchés, le garant de nos fautes, le compagnon de nos misères, et enfin le mettra en une croix et en un sépulcre.

Mais laissant ces pensées pour une autre fois, et contemplant l'honneur que reçoit cette humanité par ce mystère, élevons-nous, et disons : O dignité ! ô grandeur ! ô félicité de la nature humaine, d'être ainsi élue pour appartenir au Verbe ! d'être élue pour lui appartenir d'une manière d'appartenance qui ne convient à aucune chose créée ! d'être élue pour lui appartenir par un droit de singularité que la foi ne nous permet pas d'attribuer, même à son essence éternelle ! laquelle chacun des fidèles reconnaît être l'essence des autres personnes divines; au lieu que la foi nous apprend que cette humanité n'a point d'autre personne à qui elle appartienne, et où elle repose, que la personne du Verbe. Et cette personne d'appartenance unique et singulière au Verbe a encore cela de merveilleux qu'elle lui est naturelle et surnaturelle tout ensemble. Car elle appartient au Verbe, comme à celui qui est la personne même, et l'appartenance de la nature avec la personne est une appartenance si intime, si intrinsèque et si naturelle, que l'ordre des choses créées n'en contient pas de plus grande.

Et d'ailleurs, la dignité de cette personne, qui daigne être la propre personne, de cette nature humaine, est si éminente par-dessus toute nature créée, que sa grandeur et hautesse semble ne pouvoir entrer dans ces limites, et elle est si divine que nous ne pouvons la regarder sans l'adorer. Car c'est la personne du Verbe, c'est la seconde personne de la Trinité égale à la première ; et c'est une personne en laquelle subsiste la divine essence de toute éternité, comme en l'une de ses personnes. Cette appartenance donc de l'humanité au Verbe est non-seulement si propre et si intime, mais elle est d'abondant si haute et si divine, qu'elle peut à bon droit être dite et estimée avec admiration naturelle et surnaturelle tout ensemble; voire aussi naturelle comme si elle n'était point surnaturelle, et aussi surnaturelle, comme si elle n'était point naturelle: c'est-à-dire si naturelle qu'il n'y peut pas avoir une condition plus intrinsèque et une liaison plus intime entre les choses qui conviennent à une même nature; toutes les autres unions et appartenances naturelles étant moindres que la personnelle : et si surnaturelle et élevée par-dessus la nature, que ni les hommes ni les anges ne peuvent pas même concevoir une plus grande élévation et éminence que celle qu'a cette humanité unie à la personne du Verbe.

VI. Or le Verbe éternel se communiquant ainsi à la nature humaine, il lui communique primitivement sa subsistance : et d'autant que la divine essence est l'essence du Verbe, et est une même chose par identité avec la subsistance qu'il communique à cette humanité ; il s'ensuit que la divine essence, comme essence du Verbe, est aussi jointe et communiquée à cette nature humaine : Je dis comme essence du Verbe, car elle est aussi l'essence du Père et du Saint-Esprit : et en cette qualité elle a des conditions selon le langage de la théologie, qu'elle n'a pas comme essence du Verbe, et n'est pas jointe à notre humanité comme essence du Père et du Saint-Esprit, mais comme essence du Verbe. Et personne ne peut contester qu'étant essence du Verbe éternel, elle ne soit unie à cette même nature à laquelle le Verbe est uni, d'autant que la personne du Verbe comprend son essence et sa subsistance. Donc si la personne du Verbe est unie à cette humanité, l'essence et la subsistence du Verbe y est unie. Et cette humanité de Jésus-Christ Notre-Seigneur porte et reçoit en elle-même non-seulement l'être personnel, mais aussi l'être essentiel de Dieu; car le Verbe est Dieu, Dieu est homme, et l'homme est Dieu, selon les notions les plus familières et communes de la foi; et le Verbe est Dieu par cette essence divine, et Dieu est homme par cette humanité. Et l'homme est Dieu par la divinité que l'humanité reçoit en la subsistance du Verbe éternel, et il n'est pas possible de comprendre comment cet être personnel de Dieu peut être communiqué dans l'être essentiel de Dieu, lequel il comprend et enclôt dans sa conception formelle.

Et c'est aussi la doctrine commune des théologiens, qui toutefois semble n'être pas entendue par les auteurs des libelles diffamatoires, qui se font reconnaître par iceux, aussi peu exercés en la charité chrétienne que peu instruits en l'intelligence de ces mystères, et du concile de Tolède, qu'ils allèguent sans l'entendre, comme il sera dit ailleurs. Mais réservons cela pour un autre temps, et ne mêlons point de contentions à ce discours, et continuons à dire et supposer que l'humanité de Jésus-Christ Notre-Seigneur est unie à la personne du Verbe éternel, c'est-à-dire et à sa subsistance et à son essence; qu'elle est unie primitivement à sa subsistance et conséquemment à l'essence; qu'elle est unie à l'essence par le moyen de la subsistance, et non à la subsistance par le moyen de l'essence; qu'elle est unie à l'essence du Verbe éternel comme étant l'essence du Verbe, et non comme l'essence ou du Père et du Saint-Esprit; qu'elle est unie à l'essence qui est commune au Père et au Saint-Esprit, mais non en tant qu'elle est subsistante en leurs personnes ; mais en tant qu'elle est subsistante en la propre personne du Verbe éternel : qu'elle est unie par le Père, par le Fils, par le Saint-Esprit à la subsistance du Fils; mais qu'elle n'est possédée en cette sorte qui constitue le mystère de l'Incarnation que par le Fils. Et c'est ce qu'a voulu définir le concile de Tolède en cet article mal allégué, mal entendu et mal appliqué par quelques censeurs de ce siècle. Or cette essence éternelle comme étant l'essence du Verbe, elle est divine, elle est infinie, elle est suprême et souveraine sur toute essence créée, et en un mot elle est un abîme de grandeurs, de perfections et de merveilles.

Donc toutes ces grandeurs, excellences et perfections par le moyen de cette subsistence et à raison ensuite de cette subsistence, sont communiquées à cette humanité, car ces perfections subsistent en la subsistence du Verbe éternel; elles subsistent donc en cette humanité, puisque leur subsistence est la même subsistence qui accomplit et termine cette humanité. J'ai dit notamment par le moyen de la subsistence, et j'ai ajouté après et par exprès ensuite et à raison de cette subsistence. Où il faut remarquer que ce n'est pas une simple variété de paroles superflues: ces termes sont différents et emportent choses différentes, et veulent dire choses grandes, que la langue ne peut exprimer, que l'esprit ne peut concevoir, que la foi adore en la terre sous le voile de son obscurité, que le ciel révèle et manifeste en sa lumière. Ce que nous en pouvons dire et concevoir en général, en la bassesse et obscurité de la terre: c'est que les grandeurs et perfections de cette divine essence, en tant qu'elles sont communicables à un être créé, demeurant créé, et en toutes les manières qu'elles lui sont communicables, sans conversion et sans confusion aucune d'une nature en l'autre; elles sont actuellement, abondamment et dignement communiquées à cette nature humaine, selon l'économie et la dispensation divine; et elles lui sont communiquées pour relever, pour actuer, pour perfectionner, pour dignifier et pour déifier cette humanité, en la manière que les choses inférieures peuvent être actuées et perfectionnées par les suprêmes, les humaines par les divines, et les choses créées par l'Être incréé; et en une manière toute propre, toute correspondante à la grandeur, à la dignité et à la sublimité du mystère.

Il nous faut contenter de ces paroles générales et confuses, faute de lumière à pénétrer et à déclarer l'étendue, la sublimité et la profondeur des mystères. Car, qui pourrait concevoir et exprimer ce qui est ou formellement, ou virtuellement, ou primitivement, ou consécutivement, ou substantiellement, ou accidentellement, ou originairement, ou accessoirement enclos en ces paroles de l'union personnelle de la Divinité avec l'humanité? De la communication suprême et ineffable qui est entre Dieu et l'homme? Et de ce que Dieu donne à l'homme et opère en l'homme qui est homme et Dieu tout ensemble, c'est-à-dire Homme-Dieu; et de ce que cet homme, Fils de Dieu et Fils de l'Homme tout ensemble, opère envers Dieu et pour Dieu en la vue de ses devoirs et en l'excès de ses pouvoirs, de ses grandeurs et de ses excellences. O union! ô communication de Dieu en ce mystère ineffable! ô amour, ô vie de Dieu en ce sacré mystère de vie et d'amour! ô vie! ô amour de l'homme en Dieu! ô grandeur! ô sainteté de Dieu en ce très-haut et très-saint mystère! Chacune de ces pensées mérite un discours à part: réservons-les pour une autre fois, et nous contentons de dire maintenant: que si un degré de grâce rend une âme digne de Dieu, lui confère une excellente déification, comme parlent les saints Pères et la rend communicante à la nature divine: *Divinæ consortem naturæ* (*II Petr.* 1, 4), comme parle le premier et le prince des apôtres: quelle excellente déification, quelle communication divine, quelle sublime et intime adhérence à la Divinité, quelle suite, quelle étendue d'états, d'effets et de merveilles; y aura-t-il, en cette humanité sacrée, qui reçoit, en elle-même, non un degré de grâce, mais un abîme de grâce, non un abîme et un océan de grâce accidentelle, mais la grâce substantielle, origine et fondement de toute grâce; non un être créé, communiqué aux hommes et aux anges; mais l'être incréé, mais la divinité, qui n'est propre et ne convient qu'aux personnes divines, et qui, par un pouvoir et par un amour ineffable est communiquée à cette humanité, et à cette humanité seule entre toutes les choses créées, laquelle est sublimement et intimement pénétrée, déifiée et sanctifiée par la Divinité. Suivons le même exemple de la grâce pour connaître où Dieu veut encore élever cette humanité, en lui donnant une nouvelle et subséquente communication de soi-même ensuite et en l'honneur de la précédente, qui établit et introduit au monde le sacré mystère de l'Incarnation.

Car, si pour un degré de grâce, qui n'est qu'une qualité accidentelle, Dieu se donne soi-même à l'homme en l'état de la gloire à toute éternité; que fera-t-il à son Fils unique Jésus-Christ Notre-Seigneur, et que lui donnera-t-il? Quelle nouvelle abondante et ineffable communication de soi-même fera-t-il à son humanité, en laquelle il trouve résidant non un degré de grâce, mais un abîme de grâce? et non-seulement encore un abîme de grâces, mais l'océan d'où dérivent toutes les grâces répandues au ciel et en la terre, c'est-à-dire où il voit résidante la grâce substantielle, la grâce incréée, l'être, la personne et la vie de la Divinité; vie subsistante, vivante, opérante en cette humanité pour la gloire du Père éternel. Ne rabaissons pas nos mystères selon la petitesse de nos pensées; élevons-nous à Dieu, et voyons qu'il ne se contente pas de donner simplement et précisément sa seule subsistence à cette humanité; mais en cette subsistence il s'y donne soi-même; il y donne sa vertu, sa puissance et sa sainteté; il y donne sa gloire, son existence et sa majesté; bref, il lui donne ce qu'il est, ce qu'il lui peut donner par un amour infini, et ce qu'elle peut recevoir de lui par une puissance suprême.

VII. Dieu est infiniment diffusif et communicatif de soi-même, et par le titre seul de sa bonté, il fait une grande profusion et communication de soi-même à ses créatures: Que fera-t-il donc d'abondant par le droit et le titre nouveau de la subsistence qu'il a donnée par amour à cette humanité, subsistence qui est une même chose avec sa propre essence? Dieu opère en ses œuvres selon sa dignité, sa sapience et son amour; il se communique plus ou moins, selon la dignité de ses œuvres et selon la proportion des sujets qui entrent comme en commerce, en société, en communication avec lui. En cet œuvre donc, qui est le chef et le souverain des œuvres de Dieu, et en cette humanité, que Dieu même a voulu rendre digne et capable d'une infinie communication de lui-même, par le droit qu'elle a d'être l'humanité du Fils unique de Dieu, et par le titre qu'elle a de subsister par sa propre et divine subsistence, et par le privilége qu'elle a d'être sanctifiée par la Divinité même; Dieu fera, par sa bonté et par sa sapience tout ce que sa puissance et son amour peuvent faire de grand, de rare, de singulier et de merveilleux au monde. Dieu fera une nouvelle communication de soi-même à cette humanité, digne de sa grandeur, digne de la filiation de son Fils unique, donnée à cette nature digne de sa subsistence propre et divine, digne d'une humanité remplie de Dieu et sanctifiée de la même Divinité; digne de l'état et grandeur de ce mystère, digne de l'amour infini par lequel il l'a opéré, digne des choses admirables qu'il veut faire et opérer par elle.

Nous le devons ainsi croire et supposer, et recueillant ce qui a été discouru, nous devons conclure et remarquer, comme la foi nous enseigne, que la divine essence est unie à la nature humaine par le moyen de la subsistence divine. Et partant, que les perfections de la divine essence sont subsistantes en l'humanité, puisque leur subsistence est la même subsistence de l'humanité. En passant plus avant en la contemplation de ce mystère, la foi et la piété jointes ensemble en ce saint exercice nous élèvent et nous portent à reconnaître comme en suite, et à raison de cette subsistence et en son honneur, Dieu veut, en une manière nouvelle et singulière, communiquer son être, sa gloire et sa grandeur à cette humanité; c'est-à-dire en une manière qui n'est propre qu'à cette humanité; comme cette humanité est seule à qui est appropriée la subsistence de la Divinité; c'est-à-dire que comme en l'ordre des choses existantes nous remontons jusqu'à un sujet si haut, si digne et si élevé, qu'il se trouve existant même jusque dans l'être incréé par la communication de la subsistence et existence divine à notre humanité, ne pouvant y avoir rien en cet ordre qui excède en dignité un si noble existant et un si divin sujet : aussi, en l'ordre des communications des grâces et des faveurs de Dieu avec ses créatures, il nous faut remonter jusqu'à une sorte de communication de grâce et de faveur, de gloire et de splendeur de l'Être divin, qui soit si haute et si sublime, qu'elle soit infinie, s'il y a lieu à l'infini, et qui soit telle qu'il n'y en puisse avoir de plus grande en son genre ou en son espèce et qui ne doit être proprement faite (selon les lois de la divine sapience, qui ordonne tout en nombre, en poids et en mesure) sinon à celui qui porte et reçoit la subsistence divine.

Et comme il n'y a que la nature humaine qui la reçoit en la personne de Jésus-Christ, il n'y a qu'elle aussi qui soit susceptible de la grandeur, de la sublimité, de la plénitude de cette communication; il n'y a qu'elle qui la doive recevoir, et il est juste aussi que cette nature la reçoive ensuite et en honneur de cet état suprême de l'union hypostatique, auquel elle est élevée, et seule élevée par le moyen de la divine subsistence. Et cette communication est aussi excellente, nouvelle et singulière, comme ce mystère est nouveau, excellent et singulier au monde. C'est à mon avis ce qu'attendait le Fils de Dieu à l'issue de ses labeurs; c'est l'état et la couronne qu'il doit recevoir après avoir triomphé du diable, du péché, de la mort en sa croix. C'est ce qui est compris en cette belle prière qu'il fait en finissant sa vie et ses mystères, en donnant le baiser de paix et disant le dernier adieu à la Synagogue et à son Eglise par la pâque judaïque et chrétienne accomplie ensemblement au conclave de Sion. C'est ce qui est insinué en plusieurs lieux de l'Ecriture; c'est ce que le Fils demande à son Père en ces paroles : *Clarifica me, tu Pater, apud temetipsum.* (Joan. XVII, 5.) C'est ce que le Père dit à son Fils en ces paroles, peu avant sa mort : *Clarificavi et iterum clarificabo.* (Joan. XII, 28.) Paroles dignes, d'autant plus dignes d'être considérées que ce sont les dernières paroles du Père au Fils rapportées en l'Evangile. C'est ce que l'Eglise, élevée en la connaissance et en l'amour de son Sauveur, de son chef et de son époux, reconnaît juste et digne qu'il reçoive, le déclarant ainsi par la bouche de l'un des plus grands apôtres : *Dignus est Agnus, qui occisus est, accipere virtutem et divinitatem,* etc. (Apoc. V, 12.) C'est ce qui nous est insinué en plusieurs autres textes de l'Ecriture, que nous alléguerons et déduirons ailleurs; car toutes ces paroles, ces souhaits, ces prières, sont proférés après le mystère accompli de l'Incarnation.

Ces textes donc parlent d'une clarification distincte de celle qui est précisément et nécessairement enclose dans l'état du mystère, et parlent d'une communication qui suppose le même mystère de l'Incarnation, et qui correspond à sa grandeur et à sa dignité. Les premières paroles que nous avons alléguées, et qui sont rapportées en saint Jean, sont les propres paroles du Fils de Dieu, et du Fils de Dieu parlant non aux hommes, mais à son Père. Dignes paroles d'un tel Fils à un tel Père, et d'un tel Fils parlant à son Père sur soi-même! Tellement que le Fils unique de Dieu est l'auteur et le sujet tout ensemble de ces divines paroles. Et ce sont paroles du Fils de Dieu au dernier de ses jours, jour auquel, même entre les hommes, les paroles sont plus graves, sont plus plus importantes, sont plus chères et sont plus mémorables. Et celles-ci encore ont cet avantage, qu'elles sont paroles du Fils de Dieu non-seulement au dernier jour, mais à la dernière heure de sa vie libre et civile entre les hommes et entre ses apôtres ; car à l'issue de ces paroles il part du cénacle de Sion allant à la croix et à la mort.

Écoutons donc avec humilité, révérence et amour le Fils de Dieu parlant, et parlant à son Père, et lui parlant de soi-même et lui parlant lorsqu'il va à la mort. Nous verrons comme il lui demande un nouvel état et un état qu'il n'a point encore eu : *Clarifica me, tu Pater*. Il lui demande un état de gloire et de splendeur, puisqu'il use de ce mot, *Clarifica me* ; il lui demande un état de gloire non au regard des hommes, mais au regard du Père, non dépendant des hommes, mais dépendant du Père ; car il s'adresse au Père en ces paroles, *Tu Pater*, qui sont paroles d'amour et d'efficace particulière du Fils contemplant et aimant son Père, du Fils parlant à son Père au jour de ses angoisses et dernières souffrances : *Tu Pater*, ce lui dit-il, comme lui disant, qu'il est Fils et lui Père ; qu'il est Fils entrant en l'état de ses douleurs, de son abaissement et de sa croix ; qu'il est Père en état éternel de grandeur et de puissance. Et que comme entrant au monde il a reçu de lui un état digne de son amour envers les hommes et de la nécessité des hommes ; aussi sortant du monde il est attendant de lui comme de son Père un nouvel état digne de lui, digne du Père, digne de sa croix, et de l'amour d'un Fils unique envers son Père, et digne de l'amour et du pouvoir d'un Père qui est toujours Père tout-puissant, et qui est seul principe et origine de ce Fils : *Tu Pater*.

Car, en la vue et pensée des choses qui lui étaient proches et imminentes, et en l'énergie de ses paroles, nous voyons comme il ne s'adresse point à la terre, mais au ciel : Et que dans le ciel il ne s'adresse point au Saint-Esprit, qui n'est pas son Père ni son principe, et qu'il ne s'adresse pas à Dieu simplement comme Dieu, car cela lui est commun avec les anges et les hommes ; mais nous voyons que, par une pensée plus haute et par une élévation particulière qui ne peut être qu'en un esprit vivant et subsistant en la personne du Fils unique de Dieu, et par une parole qui ne peut être proférée que de la bouche du Verbe éternel, il s'adresse à Dieu comme Père, et il s'adresse au Père comme étant son Père doublement, selon ces deux natures. Car il est son Père par génération en la divinité, et son Père encore comme existant en cette humanité, qui reçoit et porte en son être la subsistence et filiation divine, par la communication de cette personne divinement engendrée, et amoureusement communiquée à cette humanité.

VIII. C'est quelque chose de ce qui est enclos en la propriété de cette parole, *Tu Pater*, parole de singularité et parole de divinité ; car elle regarde la divinité et la filiation même de Jésus, qui est unique et singulier en la divinité : car il n'est pas seul Dieu, le Saint-Esprit l'étant aussi bien comme lui ; mais il est seul Fils de Dieu, et le Symbole le nous fait reconnaître et adorer comme le Fils unique de Dieu. Paroles donc de divinité et singularité ; paroles d'amour et d'efficace particulière du Fils au Père en l'état humble et souffrant auquel l'amour et l'honneur du Père le réduit au dernier de ses jours sur la terre.

En cet état donc si étrange et si pitoyable, en la sublimité de ces paroles et de ces pensées, et en la vue du Père éternel, qui est et qui n'a jamais été qu'en état de clarté, il lui demande communication de cet état et clarté permanente. Le Père a toujours été en cet état de clarté, même il a produit son Fils comme splendeur et clarté émanant de lui, dont il porte le nom de la splendeur du Père. Et si nous contemplons sa naissance divine, il devait être toujours aussi bien que son Père en état de clarté et de splendeur, non-seulement à raison de sa divine essence, qui est toute lumière et clarté, suivant cette parole : *Deus lux est* (I Joan. I, 5), mais encore à raison de la naissance de sa personne divine, qui est produite comme lumière, et qui, en sa propriété personnelle, est *la splendeur de la gloire du Père*. (Hebr. I.) Mais l'amour de son Père le tire de cet état, en l'abaissant dans nos misères. Et le Père demeurant toujours en son état de clarté, le Fils a voulu descendre de sa grandeur et de sa splendeur en l'état d'obscurité pour l'honneur de son Père, et en condition de bassesse pour l'amour des hommes, se couvrant de l'obscurité de la vie humaine, de la vie commune, de la vie souffrante : et même, ô excès ! ô bonté ! se couvrant des ténèbres de la mort, qui a obscurci le soleil même en plein midi. Et lorsqu'il va entrer dans les extrémités de cet état, proche d'y être livré par un de ses disciples et abandonné par les autres, et d'être même délaissé par son Père, il demande en faveur de son humanité d'être établi en cette clarté et en cette splendeur qui convient à son essence divine, à sa naissance éternelle et à sa propre personne, et qui est encore due à cette humanité, puisqu'elle est son humanité, et que cette clarté ne lui a point encore été communiquée.

Car le Fils unique de Dieu s'est uni en telle sorte à notre humanité, que nous l'y voyons être uni comme Dieu en sa divine essence, et comme Fils de Dieu en sa personne ; mais non encore comme splendeur du Père, cet état heureux et glorieux étant réservé après l'économie et dispensation de la vie douloureuse et laborieuse du Fils de Dieu sur la terre. C'est ici, en mon avis, de ces grandes paroles : *Glorifiez-moi, vous ô mon Père, envers vous-même, de la gloire laquelle j'ai eue par devers vous, devant que le monde fût fait.* (Joan. XVII, 5.) Par lesquelles il ne demande pas simplement un état de gloire de la part des hommes, c'est-à-dire que les hommes l'adorent et reconnaissent pour le Fils de Dieu, mais un état de gloire de la part de Dieu son Père. Il demande un état de gloire qui dépend proprement et singulièrement du Père, et pour lequel obtenir il ne s'adresse qu'au Père; il demande un état de gloire qui dépend de son Père comme Père, et non simplement comme Dieu : car il demande notamment une effusion et communication de cette clarté qu'il a de son Père et en son Père durant l'éternité.

Or la gloire que les hommes rendent au Fils de Dieu en croyant en lui, dépend des hommes, les uns annonçant et les autres recevant les vérités de la foi, et tous manifestant par cette créance la gloire de Jésus, c'est-à-dire l'honneur qu'il a en soi et qu'il mérite de recevoir des hommes, en qualité de Fils unique de Dieu. Et la grâce par laquelle ils entrent en cette reconnaissance et lui rendent cet honneur est une grâce dépendante de Dieu comme Dieu, et non pas de Dieu comme Père de son Fils unique : car en cette qualité de Père, il n'a relation que vers son Fils, comme il n'est Père en la propriété de sa personne qu'au regard de ce seul Fils unique. Or il est évident que le Fils unique de Dieu reçoit de lui, et de lui seul, cette clarté en sa génération éternelle et avant la constitution du monde, pour employer ces mêmes paroles : *Clarifica me, tu Pater, apud temetipsum, claritate quam habui priusquam mundus fieret apud te.* Et aussi il regarde son Père, et son Père seul, comme le seul principe de son être, de sa vie et de son état, et comme recevant de lui le pouvoir de communiquer à sa nature humaine cette clarté qu'il a reçue de lui et qu'il tient de lui ; et il le regarde encore comme attendant de lui l'heure et le moment de la communiquer en son actualité, c'est-à-dire comme actuant, élevant et perfectionnant de sa splendeur cette humanité établie dans la gloire du Père éternel. Afin que comme le Père éternel engendrant son Fils dans soi-même, a voulu encore qu'il fût engendré au monde par l'Incarnation : ainsi l'engendrant en soi-même en qualité de lumière et splendeur, il veuille aussi le produire au monde et le donner à cette humanité en état et en qualité de splendeur divine, permanente à toute éternité.

Si quelqu'un voulait rabaisser la majesté de ces paroles en une intelligence plus basse, en référant cette clarté et gloire désirée par Jésus-Christ à la gloire que lui doivent rendre les hommes par la créance et reconnaissance de sa grandeur, je le supplie de considérer que c'est la sapience incréée et incarnée qui parle, laquelle a un sens bien plus élevé que le nôtre, et est en un état de gloire si haut et si éminent, que la créance et reconnaissance des hommes adorant Jésus-Christ comme Dieu n'est qu'un rayon de sa gloire et une émanation de sa splendeur divine. La gloire, la clarté, la splendeur dont il parle en ce texte, et qu'il attend à l'issue de ses travaux et labeurs, lui est intérieure, et non pas extérieure, et est indépendante de la volonté des hommes.

C'est une gloire et clarté qu'il a et porte en soi-même, et non pas au dehors, c'est une gloire qu'il reçoit de son Père, et non pas des hommes. C'est une gloire et clarté qu'il possède solidement et invariablement en la divinité, et non en la créance et en la pensée muable des humains. C'est la splendeur de sa divinité communiquée à son humanité, comme à un sujet capable de la porter et recevoir pour une éternité, et d'en être toute et toujours actuée, pénétrée et remplie, sans intérêt de l'être infini de cette lumière et de l'être fini de cette humanité, comme un corps diaphane est pénétré de la lumière, sans intérêt ni du corps ni de la lumière qui le pénètre, mais avec un éclat de la même lumière plus brillante, éclatante et ardente à nos yeux qu'elle n'était auparavant.

Et ainsi la splendeur de Dieu, réunie en la nature humaine, rend Jésus un principe de lumière au monde en une nouvelle manière, et découvre un nouveau sens de cette sienne parole : *Ego sum lux mundi*. (Joan. VIII, 12.) Et partant, l'homme reçoit cette lumière de Jésus, et ne la donne pas à Jésus. C'est la gloire et la lumière du monde de croire en Jésus, et si vous le voulez, c'est la lumière et la gloire extérieure de Jésus imprimée au monde : mais ce n'est pas la lumière et clarté intérieure de Jésus en lui-même, c'est-à-dire qu'il a reçue de son Père et qui est imprimée en son humanité ; c'est plutôt notre gloire et clarté de le croire et connaître, et une gloire, lumière et clarté émanée de sa lumière, de sa splendeur et de sa gloire. Car sa gloire proprement n'est ni accrue par notre foi, ni diminuée par notre infidélité. Jésus est Dieu, et il entre aussi par ce moyen dans l'état, dans la qualité et dans la propriété des grandeurs de Dieu. Or Dieu ne reçoit point d'accroissement pour la création du monde, ni de perte par la perte du monde : ce sont les hommes qui perdent en perdant la connaissance et la grâce de Dieu, et qui s'élèvent en s'élevant en la grâce et en l'amour de Dieu. Ainsi le monde, adorant la gloire de Jésus, reçoit gloire et honneur de Jésus, porte et manifeste la gloire de Jésus en lui-même ; mais il ne donne pas la gloire à Jésus, car Jésus ne la reçoit que de son Père en son humanité, comme il ne la reçoit que de lui en sa divinité. C'est pourquoi en ce conclave de Sion, Jésus-Christ, enclos et enfermé avec ses apôtres, s'élève et s'adresse à Dieu son Père, et lors ne parlant qu'à lui seul au secret de sa prière, il lui ouvre son cœur, il lui expose son désir, et il lui dit ces paroles, dignes d'être gravées de la main des anges dans nos cœurs et dans nos esprits : *Clarifica me, tu Pater, apud temetipsum,* etc.

IX. Pour les entendre plus clairement, considérons que le Verbe éternel de toute éternité est dans son Père, comme le nous apprend son apôtre en l'entrée de son Évangile : *Et Verbum erat apud Deum*. (Joan. I, 1.) Et il est en clarté et en splendeur dans son Père, comme marquent ces paroles en sa prière : *Clarifica me, tu Pater, claritate quam habui*, qui représente au Père éternel le désir qu'il a de recevoir de lui cette splendeur et clarté, *quam habui*, ce dit-il. Il l'avait donc en son Père avant la création du monde : il la veut avoir en cette humanité, puisqu'il est résidant en elle par le mystère de l'Incarnation, comme il est résidant en son Père par le mystère de la Trinité. Car entrant au monde pour sauver le monde et mourir pour nos offenses, il a voulu s'unir à la nature humaine en la subsistence de sa divinité, mais non en la splendeur et en la clarté de sa divinité ; se conservant le droit de recevoir cette clarté après ses douleurs et souffrances, comme choses dues à la présence, à la subsistence à la vie de la divinité en cette humanité. Et il s'élève et s'adresse maintenant à Dieu, son Père, en cette mémorable prière, lui demandant d'être établi en l'usage, en l'exercice, et en la possession de la splendeur et clarté qui lui est due, et dont il a le principe en soi-même divinement et personnellement uni à son humanité. Ne plus ne moins que l'âme raisonnable, si elle était existante avant le corps, selon l'opinion des platoniciens, étant infuse au corps du petit enfant qui a la vie de l'âme, et non pas la lumière de l'âme ; et étant obscurcie en sa lumière intellectuelle, et comme ensevelie dedans l'enfance, et dépouillée pour un temps de l'usage de cette lumière et connaissance, lorsqu'elle entrerait en quelque lueur et connaissance de son état, elle s'élèverait sans doute à son auteur qui l'aurait infuse dedans ce corps, et lui demanderait d'être pleinement établie en l'usage, en l'exercice et en l'actualité de sa connaissance et de sa propre lumière due à son essence. Au regard de laquelle les effets et la manifestation que le monde en aurait par après, ne serait qu'une dépendance de cet état, où se trouverait l'âme en usage parfait de raison, de lumière et de connaissance dans ce corps.

Ainsi le Fils de Dieu a un être et un état de lumière, de clarté et de splendeur divine durant une éternité dans le sein de son Père, avant d'être résidant au sein de la Vierge en cette humanité. Et cette splendeur et clarté est couverte et cachée dans l'état humble et pâtissant de sa nature humaine, à laquelle il s'est uni et conjoint par la subsistence de sa divinité, mais sans déployer encore la clarté et la splendeur de sa divinité. Or il demande que cette splendeur de sa divinité agisse et paraisse en plénitude de puissance, de vigueur, d'activité, d'actualité en cette humanité, la comblant de sa gloire, et la dépouillant de ses conditions basses et mortelles, pour la revêtir et orner de sa gloire, comme il l'a dépouillée de sa subsistence, pour la revêtir de la subsistence même de la divinité. Et l'honneur et la gloire qu'il attend des hommes, est une chose beaucoup moindre et inférieure, est une chose extrinsèque à sa grandeur, est une suite et dépendance de ce sien état de gloire, et n'est qu'un rayon émané de cette clarté. Comme la clarté du jour au monde est une lumière émanée du soleil, mais n'est pas la lumière du soleil même en son globe et en sa sphère. Le soleil ne perd rien de cette sienne lumière dans soi-même pour les ténèbres de la nuit, ou des éclipses ordinaires qui arrivent en son cours et en son mouvement à l'entour de la terre. C'est le monde qui perd son jour et sa lumière, mais le soleil n'y perd pas la sienne étant toujours également lumineux dedans soi-même. Et ainsi le monde recevant la lumière de Jésus, ne donne pas lumière à Jésus, et la perdant ne l'ôte pas à Jésus. Et la clarté qu'il demande en ces propos n'est pas celle qu'il peut recevoir de la créance et piété du monde disposé à l'adorer ; mais celle que son Père lui peut donner en la puissance de son amour, et qui a été suspendue jusqu'à présent pour l'amour des hommes.

X. Il nous faut donc recueillir des propos précédents, comme il y a deux sortes de commerce, et deux manières de communications de Dieu à l'homme, au mystère de l'Incarnation : l'une est primitive, et l'autre est consécutive au mystère ; l'une est radicale et originale, et contient en vertu et en semence les divers états du mystère ; et l'autre est étendue, et recueille en abondance tous les fruits du mystère ; l'une est constituant l'essence du mystère, l'autre est correspondante à l'état et la dignité du mystère ; l'une est le fond et l'essence du mystère, l'autre est la plénitude et la jouissance du mystère ; l'une donne le droit aux grandeurs et excellences dues à cette humanité, selon sa qualité nouvelle ; l'autre donne l'usage, la consommation et possession de ces grandeurs, excellences et qualités. En l'un Dieu est homme et paraît homme, et en l'autre l'homme est Dieu et paraît Dieu ; en l'un Dieu possède l'homme, mais en l'autre l'homme possède Dieu ; en l'un Dieu entre en l'être et en l'état de l'homme, et en l'autre l'homme entre glorieusement en l'être et en l'état de Dieu, est adoré comme Dieu, est assis à la droite de Dieu ; en l'un Dieu est sensiblement reconnu homme : *Habitu inventus ut homo*, ce dit l'Apôtre (*Philip.* II, 7), car il est revêtu des conditions humaines ; en l'autre l'homme est Dieu et paraît Dieu, car il est revêtu des marques et des grandeurs de Dieu ; en l'un l'homme reçoit le titre qui le rend digne de gloire et de puissance ; en l'autre l'homme reçoit cette même gloire et puissance, de laquelle il est digne, et dit à ses apôtres : *Data est mihi omnis potestas in cœlo et in terra.* « Toute gloire et puissance m'est donnée en la terre et au ciel. » (*Matth.* XXVIII, 18.)

Ces deux points et états sont bien différents, car l'un fait que Dieu est homme et l'homme est Dieu, et toutefois on voit que le Père éternel ne traite pas cet homme comme Dieu, on voit qu'il le laisse en l'enfance, qu'il le laisse en la vie commune, qu'il le laisse en la vie souffrante, comme si Dieu n'était point résidant et vivant en cet homme, et néanmoins Dieu est en lui selon cette sacrée parole : *Deus erat in Christo mundum reconcilians sibi.* (*II Cor.* v, 19.) Ce qui a trompé et les sages du monde et les démons même en la subtilité de leur connaissance. L'autre état suppose que cet homme est Dieu par le mystère de l'Incarnation, fait que le Père le traite comme Dieu, le tire hors des bassesses de la vie humaine, lui donne entrée en la splendeur et clarté de Dieu ; laquelle étant retenue jusqu'à présent, se verse, se répand et se communique à cette humanité, la pénètre, l'active et la remplit. Et comme Dieu, qui est esprit, s'est fait sensible par ce mystère, aussi Jésus porte la majesté de Dieu sensiblement et visiblement empreinte en son état, et le ciel le contemple et le voit en cette gloire, la terre l'y croit et l'y adore, et les enfers le sentent et l'expérimentent, où par la force de la puissance de Jésus les démons sont contraints de ployer les genoux devant lui et de lui rendre hommage, comme à leur souverain et à leur Dieu.

Voilà les divers états de Jésus en ce mystère. Voilà les deux communications distinctes et encloses en icelui : communication de la divinité, et communication de la splendeur et clarté de la divinité. Et c'est celle-ci que Jésus attend et qu'il demande en cette prière : *Clarifica me.* (*Joan.* xvii, 5.) Et c'est celle que le Père lui a promise en ces paroles : *Et clarificavi et iterum clarificabo.* (*Joan.* xii, 28.) Si nous eussions été en ce conclave de Sion, et assisté à cette prière de Jésus, nous eussions dû joindre nos souhaits à ses souhaits, et nos prières à ses prières, et comme membres de ce chef, être parlant au Père éternel par la bouche de notre chef, n'ayant aucun désir que celui de sa gloire. Mais il y a seize cents ans que sa prière est exaucée, que son souhait est accompli et que la foi publie au monde que Jésus est établi en la gloire de son Père.

Entrons donc en réjouissance et complaisance de ses grandeurs. Entrons en ce souhait apostolique : *Omnis lingua confiteatur quia Dominus Jesus Christus in gloria est Dei Patris* : « Que toute langue confesse que Jésus-Christ le Seigneur est en la gloire de Dieu le Père. » (*Philip.* ii, 11.) Paroles grandes et formelles ! Paroles qui nous représentent deux vérités très-importantes ; l'une qui nous enseigne et nous représente comme il est, non simplement en la gloire des hommes, mais pleinement et absolument en la gloire du Père, gloire autant différente et élevée par-dessus la gloire qu'il reçoit des hommes, que le Père est élevé par-dessus les hommes mêmes, et l'être incréé par-dessus l'être créé. L'autre vérité est celle qui nous apprend comme il est maintenant non-seulement en la divinité du Père, comme il était auparavant, mais aussi en la gloire du Père résultante de sa divinité, en laquelle divinité en tant qu'homme il a été établi dès le moment de l'incarnation et uni à cette essence qui est l'essence du Père éternel. Mais il n'a pas pourtant été établi pleinement en la gloire du Père. Car nonobstant cet état suprême et divin, il est demeuré dans les langes et dans la crèche, dans l'enfance et dans l'impuissance de l'enfance, dans la fuite et la persécution, bref, dans la bassesse de la vie humaine, dans les épines de la croix et dans les ténèbres de la mort. Et bien qu'en tous ces états il fût vraiment Dieu-Homme, il était Dieu enfant et impuissant dans une étable, il était Dieu fuyant et caché en Egypte, il était Dieu vivant et inconnu dans un coin de la Judée, il était Dieu souffrant et mourant en une croix, et il était Dieu mort et enseveli en un sépulcre. Et en cet humble état d'abaissement la divinité du Père était en lui, l'amour du Père était en lui, et le Père disait de lui : *In quo mihi bene complacui.* (*Matth.* xvii, 5.) Mais la gloire du Père n'était pas encore établie en lui. Il était en la divinité du Père. Il était en l'amour du Père, mais non encore en la gloire du Père. Cette gloire était différée par le vouloir du Père sur son Fils, par l'amour du Fils envers son Père et par l'égard qu'avaient le Père et le Fils aux besoins et à la nécessité des hommes. Et le Père donnant sa divinité à l'humanité, en lui donnant la personne de son Fils, suspendait la donation de l'état entier et parfait de sa gloire ; comme nous voyons par le discours de sa vie, qu'il le laisse pour un temps dans l'enfance et dans l'impuissance, dans les langes et la crèche, dans la persécution et la fuite, dans la vie connue et inconnue, dans la croix, dans la mort, dans le sépulcre.

O étrange divorce et séparation admirable, même entre la divinité et la gloire de la divinité ! Divorce qui ne se trouve qu'en Jésus, et ne se trouve en lui que pour figurer, pour expier et pour effacer le divorce qui arrive entre Dieu et ses créatures par le péché ! Jésus est-il moins adorable et moins aimable pour avoir moins de gloire en sa vie, puisque c'est l'amour et le seul amour qui l'en sépare, et que c'est pour nous qu'il en est séparé ? Puisqu'il en est séparé par amour, aimons Jésus en son amour, et en son amour le privant de sa gloire. Adorons Jésus en sa divinité, et en sa divinité l'abaissant en nos misères. O amour, ô amour fort, amour puissant, amour exerçant son pouvoir et ses rigueurs sur la personne même d'un Dieu en sa nature nouvelle qu'il unit à soi, et qu'il fait vivre et subsister en soi ! O amour arrêtant le cours des émanations divines en l'effort des émanations même de son amour, c'est-à-dire en l'effort et en l'effusion infinie qu'il a faite de soi-même en se donnant à l'homme ! l'amour le porte à donner sa divinité à cette humanité, et toutefois la gloire est suspendue et arrêtée pour un temps en l'excès de cette émanation.

Il est digne et infiniment digne de recevoir cette gloire, et en son temps il la possédera comme chose qui lui est naturellement due. Mais il en sera privé, et un si long temps, c'est-à-dire toute sa vie, par la puissance et la plénitude de son amour ; je dis de l'amour de Jésus envers son Père. Or si l'amour est puissant, est privant, est dépouillant Jésus même, et le dépouillant de chose si grande comme de sa gloire, ne sera-t-il point puissant sur nos cœurs? Ne sera-t-il point privant et dépouillant nos esprits de leurs inclinations perverses, de leurs plaisirs déréglés, de leurs affections illicites? Si l'amour est exerçant sa puissance et ses rigueurs sur Jésus, et le mettant dans les épines, dans la croix, dans la mort, ne nous mettra-t-il point dans les épines de la pénitence, dans la croix de la vie chrétienne, dans la mort de nos vices et affections terrestres? Hé! puisqu'il y a un amour crucifiant et un amour crucifiant un Dieu, qu'il ne soit pas moins puissant sur les hommes, et qu'il nous crucifie en Jésus, et avec Jésus? Et d'autant plus que c'est abaissement et opprobre à Jésus d'être crucifié, et crucifié pour des pécheurs; mais c'est gloire, c'est grandeur, c'est félicité, d'être crucifié pour Jésus et avec Jésus, et de pouvoir dire avec son Apôtre : *Christo confixus sum cruci.* « Je suis attaché en croix avec Jésus-Christ. » (*Galat.* II, 19.) En cette croix ainsi attachés avec Jésus, soyons élevés comme lui et séparés de la terre; car son crucifiement nous est représenté par lui-même, comme un élèvement séparant de la terre. Soyons donc élevés et haussés par-dessus les choses terrestres, caduques et périssables. Soyons attachés de cœur et d'esprit avec Jésus et à Jésus, méprisant tout pour son amour et pour sa gloire. Et disons avec esprit et vérité cette parole apostolique : *Existimo omnia detrimentum esse, propter eminentem scientiam Jesu Christi Domini mei,* etc. (*Philipp.* III, 8.)

XI. Un ancien (14) disait que Dieu, créant le monde, s'était transformé en amour, tant il était ravi en la vue et satisfait en la beauté de cet univers. Mais il n'avait pas vu ce mystère, et il ne connaissait que ce monde sensible entre les œuvres de Dieu. Nous donc, élevés en une plus haute connaissance, échus en un meilleur temps et à la plénitude des temps, qui porte la plénitude de Dieu et la plénitude de l'amour de Dieu en ce sien œuvre, le chef de ses œuvres, et ravis en la contemplation de ce mystère, disons que Dieu, faisant un nouveau monde, et le monde des mondes, c'est-à-dire Jésus, il s'est transformé en amour : car Dieu est amour, et n'est qu'amour en ce sien œuvre, où sa puissance, sa bonté, sa grandeur et sa majesté s'est convertie et transformée en amour; et ce mystère est amour, et n'est qu'amour : comme en icelui l'amour joint Dieu à l'homme, aussi les grandeurs de Dieu et les bassesses de l'homme y sont transformées en amour par la puissance de l'amour opérant ce mystère et triomphant en ce mystère, auquel Dieu a mis singulièrement son amour et le triomphe de son amour tout ensemble.

Ne voyons-nous pas comme la puissance de Dieu y est transformée en amour, comme Dieu, s'y faisant impuissant, ne montre plus puissant que pour aimer? Ne voyons nous pas que la grandeur de Dieu y est transformée en amour, et que Dieu ne s'y montre grand que dans l'amour? Ne voyons-nous pas même que la puissance et la grandeur est captive par l'amour dans l'impuissance et dans la bassesse d'une enfance? Ne voyons-nous pas que la majesté y est aussi transformée en amour et changée en la bénignité et humanité d'un enfant? Ainsi Dieu est amour, et n'est qu'amour en ce mystère. Et comme l'état et les grandeurs de Dieu y sont transformés en amour, aussi l'état et les bassesses de l'homme y sont transformés par l'effort et la puissance de l'amour. Dieu est homme, mais c'est non sa nature, ains son amour qui le fait homme. Car la nature divine est infiniment distante de la nature humaine, et serait toujours distante si l'amour, aussi puissant et infini que la nature, n'unissait si intimement la nature divine à la nature humaine, et ne les unissait en unité de subsistance, d'existence et de personne. Dieu est enfant; mais il est enfant par amour, et non par la nécessité de sa condition comme les enfants des hommes; et il est Dieu enfant, la puissance et la divinité étant unies puissamment, personnellement et amoureusement à l'enfance et à l'impuissance, tellement que nous devons dire avec étonnement et admiration : *Suscepta est a majestate humilitas, a virtute infirmitas, ab æternitate mortalitas* (15).

Car aussi voyons-nous Dieu souffrant, Dieu mourant et Dieu mort en une croix et en un sépulcre. Mais c'est l'amour, et non sa nature, qui le réduit en cet état. Et sa vie, sa croix, sa mort est amour, et chacune d'elles n'est qu'amour, vie et puissance. Et Jésus est vivant, aimant et jouissant dans la mort et dans la souffrance, et nous y donnant et méritant vie, amour et jouissance. Ô amour de Dieu en ce mystère! Ô amour triomphant de Dieu et de l'amour de Dieu tout ensemble! Ô amour, exercez votre pouvoir et sur nous et sur notre amour! triomphez de nous, et triomphez de nous en Jésus, selon la vérité de cette parole : *Triumphat nos in Christo!* (*II Cor.* II, 14.) Vivons en Jésus, aimons en Jésus, triomphons en Jésus; et que Jésus vive en nous, aime en nous et triomphe en nous pour jamais! Et puisque l'amour triomphe de Dieu même, qu'il triomphe de nous, qui sommes ses sujets et ses créatures! Et puisque le seul amour triomphe de Dieu, que le seul amour de Dieu soit celui qui nous captive, et non pas nos passions et désordres! Et que le seul amour de Dieu nous mène en triomphe comme ses captifs! Et puisque l'amour veut triompher et de Dieu et de l'amour de Dieu en ce mystère, que la puissance de cet amour triomphant, et de ce mystère dans lequel il triomphe, soit exercée sur nous et nos volontés à jamais.

(14) PHERECYDES, apud PROCLUM.

(15) D. LEO, epist. 10, ad *Flavianum*.

XII. La considération de la subsistence divine communiquée à l'humanité en ce mystère comme subsistence propre du Verbe, et comme identifiée avec la divine essence, nous a fait entrer en ce discours, et nous a servi de base et fondement aux propos que nous avons tenus sur la communication de Dieu en ce mystère. Car Dieu y communique sa subsistence, et par sa subsistence son essence, et en son essence les perfections de son essence comme subsistantes personnellement en cette humanité; et en son temps il fait une diffusion et communication de sa gloire, laquelle est réservée, retenue et suspendue en plusieurs points de ses états et effets par un miracle perpétuel : miracle spécial, unique et singulier en l'état de ce mystère, et propre à Jésus seul, comme la divinité et la splendeur de la divinité lui est propre singulièrement et privativement à tout autre. Et cette communication de la gloire et de la splendeur de la divinité faite en son temps à Jésus, et établie en son comble et en sa perfection dans le ciel, est une chose si grande en elle-même, et établit un état si éminent et si élevé, que tout ce que Dieu a jamais produit hors de soi-même en l'ordre de la nature, de la grâce et de la gloire, non-seulement n'est point égal, mais n'est pas même comparable à cette communication de gloire, de splendeur et clarté qui est faite à Jésus en son âme et en corps, en suite de la communication qu'il a reçue de la divine essence et subsistence.

Il est lui seul un monde et un grand monde; il est lui seul un plus grand monde que tous ces trois mondes ensemble de nature, de grâce, de gloire; il est un monde de grandeurs, de gloire, de merveilles, qui contient en éminence, régit en puissance, vivifie en influence et surpasse en excellence tous ces trois mondes créés, et tous ceux qui peuvent être créés. Car l'ordre et l'état de l'union substantielle et hypostatique est un être transcendant toute la possibilité de l'être créé; et la grâce, et la gloire qui est due à cet état de l'union hypostatique, et qui la suit et l'accompagne, est aussi une grâce et une gloire excédant tous les états de la grâce et de la gloire. Car celui qui est le soutien de cette humanité et l'origine de ce sien état glorieux, à savoir le Verbe éternel, est Dieu, et il est Dieu portant en la divinité la splendeur du Père éternel, laquelle gloire et splendeur lui appartient, non-seulement en la divinité de son essence, mais aussi en la propriété de sa personne. Le Verbe donc faisant à sa nature humaine une particulière communication de soi-même, il lui fera une spéciale communication de sa clarté, de sa splendeur, de sa gloire, de sa puissance et de sa souveraineté, et chacun la devra reconnaître. Disons donc aux profanes par les vers empruntés d'un profane :

Terrarum Deus cœtumque Christus
Cui par est nihil, et nihil secundum.

Et disons aux Juifs par la voix d'un prophète et d'un roi, et de leur roi et prophète : *Hic est Deus, Deus noster in œternum, ipse reget nos in sæcula* : (Psal. XLVII, 15.) « Celui-ci est Dieu, notre Dieu en toute éternité, il nous régira ès siècles. » Disons aux Chrétiens par la voix du prince des apôtres : *Hic est omnium Dominus*. (Act. x, 36.) Et disons-leur encore par la voix de celui qui mérite en ses labeurs, et en l'efficace de son esprit, le surnom d'Apôtre par éminence : *Deus, Domini nostri Jesu Christi, Pater gloriæ, constituit illum ad dexteram suam in cœlestibus supra omnem principatum et potestatem, et virtutem, et dominationem, et omne nomen quod nominatur non solum in hoc sæculo, sed etiam in futuro : et omnia subjecit sub pedibus ejus*, etc. *Et donavit illi nomen quod est super omne nomen, ut in nomine Jesu omne genu flectatur cœlestium, terrestrium et infernorum.* « Dieu, Père de Notre Seigneur Jésus-Christ, le Père de gloire, l'a établi à sa dextre ès lieux célestes par-dessus toute principauté et puissance, vertu et domination, et par-dessus tout ce qui a nom, non-seulement en ce siècle, mais aussi en celui qui est à venir; et a assujetti toute chose sous les pieds d'icelui (Ephes. I, 17 seq.), et lui a donné un nom qui est par-dessus tout nom, afin qu'au nom de Jésus tout genou se ploie, de ceux qui sont ès cieux, en la terre et dessous la terre. » (Philip. II, 9, 10.)

C'est la fin où se terminent les grandeurs et les abaissements de Jésus, c'est son état solide et permanent, et permanent en une éternité; c'est sa vie, sa gloire et son repos, et son repos invariable. C'est l'objet de notre éternité, et la fin où se doivent terminer nos vies, nos croix et nos discours, passant notre vie en pensant à lui, en parlant de lui, en souffrant pour lui, pour vivre en lui comme il vit en son Père, pour être uni à lui comme il est uni avec son Père, et pour être en société avec lui, comme il est en société avec les personnes divines; afin d'accomplir ce souhait apostolique de son bien-aimé disciple : *Societas nostra sit cum Patre et Filio ejus Jesu Christo*. « Que notre société soit avec le Père et avec son Fils Jésus-Christ. » (I Joan. I, 3.) Car il nous faut encore remarquer que cette subsistence divine que nous avons déclaré en ce discours être communiquée à l'humanité, est la subsistence du Verbe éternel, laquelle a cela de propre, qu'elle est la forme hypostatique constituant la personne du Verbe, et ainsi en tant qu'elle est constitutive d'une personne procédant du Père et produisant le Saint-Esprit; en cette qualité elle est un lien très-propre pour lier et associer cette humanité à la très-sainte Trinité.

Car cette subsistence a un parfait rapport aux personnes divines. Au Verbe, comme à celui dont elle est la propre subsistence; au Père, comme à son origine et principe; au Saint-Esprit, comme au terme produit par le principe, c'est-à-dire par la personne qu'elle constitue. Cette subsistence donc étant communiquée à cette humanité, est un lien très-propre, un lien sacré, un lien divin, un lien substantiel, un lien personnel par lequel elle entre en un état et grandeur incomparable, et en une société très-grande et très-parfaite, et en une communication très-sublime et très-haute avec les trois personnes divines. Et comme elle est communiquée, et n'est communiquée qu'à cette seule humanité, aussi cette humanité entre et entre seule en cette grandeur, en cette société et en cette communication ineffable. Car comme cette subsistence n'est que pour elle, aussi cette société en ce degré n'est que pour elle. Et pour représenter en peu de mots ce qui a été amplement discouru et le réduire comme en un tableau raccourci, disons que le Verbe éternel entrant en cette humanité, et lui donnant une chose si grande et si intime comme sa subsistence, cette humanité entre en l'ordre unique et singulier, et en l'état suprême de l'union hypostatique, et est supérieure à tout ce qui est créé et peut être créé. Et cette subsistence divine étant une même chose avec la divine essence, déifie admirablement cette nature humaine, et la rend divinement humaine et humainement divine.

Car elle est humaine en sa propre nature, et divine en son existence et en sa subsistence ; et tellement divine, qu'elle n'a être que dans l'être incréé. Et cette même subsistence comme étant constitutive de la personne du Fils, et la propre subsistence que le Père éternel lui donne en l'engendrant, et comme étant nécessaire à la production du Saint-Esprit, en tant qu'elle établit une personne qui le produit ; elle établit en cette humanité, qu'elle rend ainsi heureusement et glorieusement consubsistante avec la divinité, une appartenance, une appropriation, et une relation substantielle et divine au regard du Père éternel qui est l'origine de cette subsistence, au regard du Fils qu'elle constitue, et au regard du Saint-Esprit, lequel est produit par la personne qu'elle accomplit ; et par ainsi elle rapporte divinement mais différemment cette humanité sacrée aux trois personnes divines, comme étant une nature qui est divinement et glorieusement consubsistante avec leur divinité en l'hypostase du Verbe, et qui leur appartient par une voie si haute et si sublime, et par un moyen si sacré et si divin.

Oh! quelle élévation de cette humanité dans la divinité, puisqu'elle n'a être que dedans l'être incréé! Oh! quel droit et puissance de Dieu sur cette humanité, laquelle ne subsiste qu'en sa divinité! Oh! quelle appropriation de la très-sainte Trinité à cette nature humaine! appropriation fondée non simplement aux perfections communes de son essence, mais en l'origine et en la propriété distincte de ses personnes, c'est-à-dire au Père comme Père, au Fils comme Fils, et au Saint-Esprit comme esprit procédant du Père et du Fils. Oh! quelle appartenance et relation de cette humanité, à cette essence et à ces personnes divines, puisqu'elle est l'unique essence créée qui leur appartient en une si particulière façon, et qui en son être et en son état singulier et élevé, va regardant,

imitant et adorant la divine essence, en son être, en son état et en son unité subsistante aux trois personnes incréées! Celle-ci est divine et celle-là est déifiée ; celle-ci est incréée et celle-là pour son existence, a l'existence incréée ; celle-ci est une en la divinité des personnes, et celle-ci est unique en la déification excellente qu'elle possède.

Et comme la divine essence est communiquée divinement et ineffablement en la Trinité, aussi en l'Incarnation la subsistence divine est communiquée à cette humanité, laquelle entre par ce moyen en très-grande alliance et en société très-étroite avec les trois personnes divines : avec le Père, comme ayant pour son être personnel l'être engendré par le Père et comme établie par ce moyen dans la filiation éternelle ; avec le Fils, comme étant son épouse et l'unique épouse du Fils unique de Dieu ; épouse non par grâce accidentelle, mais par grâce substantielle ; épouse non au regard du corps seulement et de la moindre partie de soi-même, mais épouse au regard du corps et de l'esprit, et de toute sa substance, totalement, également et divinement conjointe et unie au Verbe, et unie non en unité superficielle, mais en unité puissante et pénétrative jusque dans l'intime de tout l'être humain ; non en unité temporelle et passagère, mais en unité permanente et éternelle ; toujours unique, toujours épouse et toujours unie actuellement et personnellement au Verbe éternel ; avec le Saint-Esprit, comme étant par ces grandeurs et mystères conjointe d'extraction et d'origine en une certaine manière avec cette troisième personne de la Trinité. Car cette humanité reçoit en elle l'être divin et personnel de celui-là même qui donne au Saint-Esprit son être et sa subsistence.

XIII. En ces pensées hautes et sublimes, il nous faut remarquer que comme dans l'être de Dieu nous y considérons et adorons deux choses, dont l'une est absolue et l'autre relative ; l'une est singulière et l'autre plurielle ; l'une est communicable et l'autre incommunicable ; l'une est l'essence et l'autre est la subsistence. Aussi, dans les mystères de notre foi, nous y adorons deux sociétés parfaites, divines et adorables : l'une est fondée en la communication de la divine essence aux personnes divines, et l'autre en la communication de la divine subsistence à la nature humaine, qui associe le Verbe éternel avec notre humanité, et notre humanité avec les trois personnes divines. Et en chacune de ces deux communications distinctes, nous adorons une plénitude ineffable : en l'une, la plénitude de la divinité en la sacrée Trinité, et en l'autre la plénitude de la divinité en Jésus-Christ notre souverain Seigneur, auquel, selon l'Apôtre, habite toute la plénitude de la divinité corporellement, ainsi que nous dirons aux discours suivants ; deux mystères, deux communications, deux plénitudes et deux sociétés que nous avons à contempler, servir, aimer et adorer, selon les documents de la religion chrétienne, et qui sont solidement et divinement fondées et établies en ces deux points que la foi distingue et adore en Dieu; à savoir, en l'essence, qui fonde la communication, la plénitude et la société première, suprême et adorable de la très-sainte Trinité, qui est la fin, la cause et l'exemplaire de toutes les sociétés divines, humaines et angéliques, et en la subsistence, qui fonde la société seconde, divine et adorable du Verbe avec l'humanité, et de l'humanité avec les trois personnes divines.

En ces deux sociétés sont divinement fondées et établies toutes les sociétés du ciel et de la terre, de Dieu, des anges et des hommes, du temps et de l'éternité. Car elles sont toutes établies, et pour figurer comme des ombres et images, et pour adorer comme servantes et tributaires ces deux sociétés suprêmes et parfaites. Et toutes les sociétés malignes et illégitimes seront ruinées par la puissance de ces deux sociétés, et toutes celles qui seront légitimement établies en l'ordre de la grâce, de la nature et de la gloire, doivent tribut et hommage de servitude et de louange, et sont en état de relation, d'assujettissement et de dépendance à ces deux sociétés divines de la très-sainte Trinité, et de l'Incarnation du Verbe.

Je la vous rends, ô Verbe éternel, et vous adore comme Verbe procédant du Père et produisant le Saint-Esprit. Je vous adore comme établi en cette société première et suprême par votre émanation divine et production ineffable, en laquelle vous êtes le Fils du Père et le principe du Saint-Esprit. Je vous adore comme fondant et établissant en votre personne la société seconde et divine des deux natures, l'une divine, l'autre humaine; l'une éternelle, l'autre temporelle; l'une créée, l'autre incréée.

En l'honneur de ces deux sociétés suprêmes, divines et adorables, qui vous regardent et concernent, ô Verbe éternel! ô Homme-Dieu! ô notre Emmanuel! je vous offre cette société petite et nouvelle établie en nos jours, qui prend à honneur de porter dès sa naissance la marque et les livrées de son Seigneur, et d'avoir quelque sorte de conformité avec son chef, en supportant des contradictions en ses commencements. Je ne demande pas que ces vents cessent; mais qu'en l'agitant ils l'affermissent en celui qui doit être son soutien et son appui. Je ne demande pas que ces orages finissent; mais qu'elle en tire un fruit permanent, et que dans ces tempêtes: *Dominus dirigat corda nostra in charitate Dei et patientia Christi*: « Le Seigneur dirige nos cœurs en la charité de Dieu et patience de Jésus-Christ. » (II Thess. III, 5.) C'est le souhait et la parole d'un grand Apôtre agité lors semblablement d'esprits importuns et inquiets, comme il les nomme lui-même: *Ab importunis et malis hominibus* (Ibid., 2), au milieu desquels il a son recours et son adresse à celui qui est le Seigneur absolument, et qui commande aux tempêtes et aux vents, et aux esprits de vents et de tempêtes; et désire par ces paroles, et nous apprend par son exemple, à désirer en semblables rencontres que le Seigneur en ces occasions dirige nos cœurs et nos affections: *In charitate Dei et patientia Christi*. Où cet esprit apostolique, selon la plénitude et la profondité de sa sapience, nous marque en deux paroles les deux points et les deux pôles du firmament de l'âme dedans ces mouvements: *Charitas Dei et patientia Christi.*

Nous donc qui, en la navigation de cette vie, tendons au port du ciel et du salut, et qui devons passer auparavant par la zone torride des afflictions, regardons l'un et l'autre pôle, ne perdons point de vue ces deux belles tramontanes, et au milieu des flots qui nous environnent, contemplons et honorons l'amour de Dieu donnant son Fils au monde et à la croix, et la patience de Jésus acceptant et portant sa croix pour le salut et l'exemple du monde. Faites-nous cette grâce, ô Jésus! et faites que cette société naissante et un peu pâtissante soit de plus en plus établie, fondée et enracinée en vous; qu'elle tire vie, influence et conduite de vous; qu'elle n'ait mouvement, sentiment et puissance que pour vous; qu'elle vous rende un hommage particulier et à à votre humanité sacrée; qu'elle vous serve en la terre; qu'elle porte la marque, l'impression, le caractère de votre servitude; qu'elle vous en rende les effets; qu'elle suive votre conduite; qu'elle s'attache à vos intérêts; qu'elle accomplisse vos désirs; qu'elle soit esclave de votre grandeur et de votre puissance, de votre amour, de votre esprit et de votre croix; qu'elle soit un des instruments de votre pouvoir; qu'elle honore vos mystères; qu'elle annonce vos conseils et soit uniquement et singulièrement dépendante de votre sacré mystère de l'Incarnation. Et comme en ce mystère est votre état, votre vie, votre différence dedans l'être créé et incréé; car votre personne seule entre les personnes divines est unie à votre humanité, et votre humanité seule entre les choses créées est unie à votre divinité.

Ainsi je vous requiers que notre vie, notre état, notre différence en la terre et au ciel, soit dérivée de vous et de votre humanité sacrée, et qu'en cette piété, dévotion et servitude spéciale au mystère de votre Incarnation et de votre divinité humanisée et humanité déifiée, soit notre vie et notre état, notre esprit et notre différence particulière d'entre les autres sociétés saintes et honorables qui sont en votre Eglise: lesquelles semblent avoir voulu saintement partager la robe que vous avez laissée montant en croix, en partageant entre elles la variété de vos vertus et perfections, par lesquelles elles vous servent en la terre, les unes ayant choisi la pénitence, les autres la solitude, d'autres l'obéissance, pour marque, pour objet et pour exercice principal de leur institution. Car les honorant toutes comme nous devons, nous choisissons pour notre marque et différence principale cette particulière piété et dévotion vers vous et vers votre humanité sacrée, vers votre vie, votre croix et votre esprit, vers votre gloire, vos grandeurs et vos états, et généralement vers tous vos mystères ; ayant désir et dessein de renouveler notre amour, notre appartenance, notre dépendance et notre servitude vers vous. C'est ce que le diable, ennemi de Jésus et de la servitude qu'on doit et qu'on voue à Jésus, regarde, craint et persécute. C'est ce que des esprits, à mon avis peu considérés, sans le vouloir et sans l'entendre, blâment et calomnient. C'est ce que nous devons et voulons conserver et augmenter en ces orages et tempêtes. C'est la fin et le sujet des discours présents, et c'est notre résolution ferme et constante. Ainsi vivons et persévérons, et ainsi Jésus soit notre vie, notre subsistence, notre amour en tous les siècles des siècles.

NEUVIÈME DISCOURS.
DE L'AMOUR ET COMMUNICATION DE DIEU EN CE MYSTÈRE.

I. Il examine et pèse ces paroles : *Sic Deus dilexit mundum, ut Filium suum unigenitum*. Il fait peser la différence entre connaître et aimer Dieu, et qu'il est bien plus important de l'aimer que de le connaître. — II. L'amour de Dieu vers le monde, jusqu'à lui donner son Fils unique, est un point si digne d'étonnement, que Jésus-Christ lui-même n'en parle qu'en termes d'admiration. L'amour abaisse Dieu jusqu'à l'humanité et élève l'homme jusqu'à la Divinité. Il semble que l'amour des choses étrangères ne convient pas à Dieu, et néanmoins il entre en alliance avec l'homme et s'unit à lui pour jamais. — III. Il semble que Dieu se voulant allier à la créature, eût dû choisir la plus excellente ; et toutefois il s'unit à l'homme et prend la ressemblance d'une chair de péché, et ce mystère s'accomplit pour les hommes et Dieu n'y a part qu'à leur occasion, et e suite de la part qu'ils y ont. Deux attentes et deux gémissements de tout l'univers ; l'une pour la venue et la gloire de son libérateur, l'autre pour sa délivrance. Il semblerait convenable que le Fils de Dieu ne parût en la terre que dans la majesté, et néanmoins, le Père éternel a un conseil infiniment éloigné de cela. — IV. Il considère combien l'union de Dieu avec l'homme en l'Incarnation est intime, et comme elle surpasse de beaucoup son alliance avec les fidèles par l'Eucharistie. Jésus est Homme-Dieu, et en cette qualité il est un grand monde. L'homme, dans le mystère de l'Incarnation, partage l'être incréé avec les personnes divines. Intimité et indissolubilité de l'union hypostatique. Affections sur ce sujet. Exposition de ces paroles : *Omnia vestra sunt, vos autem Christi, Christus autem Dei*. Jésus-Christ est tout nôtre et nous devons être tous siens.

I. Une des premières et des plus importantes paroles du Verbe éternel en la terre, rapportée par son disciple bien-aimé à l'entrée de son Évangile, c'est une parole secrète de l'amour de Dieu et parole de l'amour de Dieu donnant son Fils au monde : *Sic Deus dilexit mundum ut Filium suum unigenitum daret*, etc. : « Dieu a tant aimé le monde, qu'il a donné son Fils unique, afin que quiconque croit en lui ne périsse, mais ait vie éternelle. » (Joan. III, 16.)

C'est la première catéchèse et instruction du Fils de Dieu à un signalé docteur de la loi, et c'est une des secrètes paroles de son sacré cabinet. Car c'est une parole domestique et familière de Jésus, c'est une parole prononcée par lui, non en la campagne, mais chez soi et en sa maison ; non à un peuple, mais à un grand docteur de la loi : et c'est une parole prononcée seul à seul, en son secret et en son particulier, et proférée en une secrète conversation qu'il eut avec un prince de la Synagogue. Et aussi elle nous est rapportée par un qui est secrétaire de son état et de son cabinet tout ensemble, le favori bien-aimé disciple et apôtre saint Jean.

Écoutons, révérons et pénétrons cette sacrée parole. Car celui qui parle est Dieu, et celui dont il parle est Dieu ; et ce dont il parle, c'est de l'amour de Dieu, lequel en Dieu est Dieu même. Et il parle d'un amour de Dieu si haut, si excellent et si divin en son effet, qu'il est donnant et communiquant un Dieu au monde. Car, ô grandeur ! ô merveille ! comme il y a en Dieu un amour produisant une personne divine, à savoir l'amour réciproque du Père et du Fils, lequel se termine en la production du Saint-Esprit ; il y a aussi en Dieu un amour imitant cette opération suprême, cette opération interne, cette opération productive, lequel se termine pareillement en une personne divine, comme objet de cet amour, qui donne et communique cette personne à la nature humaine, pour la terminer et accomplir de sa propre subsistence. L'un est amour naturel et nécessaire ; l'autre est amour libre et volontaire ; l'un est amour opérant en la divinité, et l'autre, amour opérant hors la divinité ; l'un est terminant les émanations de Dieu en Dieu même ; et l'autre est terminant les émanations de Dieu hors de Dieu même ; l'un est consommant le mystère de la Trinité, suivant le terme de saint Hilaire, et l'autre est consommant le sacré mystère de l'Incarnation. Deux amours différents en leurs termes et objets : mais si on considère leur origine, ils ne sont qu'une même substance d'amour en la divinité.

C'est de cet amour que parle Jésus en ce texte sacré, et il en parle avec élévation, étonnement et admiration. Ce qui est bien considérable en la qualité de celui qui parle, et qui dit ces propos : *Sic Deus dilexit mundum*, etc. Nous devons adorer et écouter volontiers Jésus parlant ; car il est le Verbe du Père. Nous devons adorer et suivre Jésus s'élevant en la sublimité de ses hautes pensées ; car elles sont dignes de ses grandeurs et de ses lumières. Et nous avons un intérêt particulier en ce divin sujet que Jésus contemple ; car en cette pensée et en ce propos Jésus s'élève en étonnement et en admiration sur l'amour de son Père envers le monde ; et sur le don signalé que le Père fait de son Fils au monde par cet amour. Et ce Jésus auquel reposent tous les trésors de la science et sapience divine ; ce Jésus qui est capable de Dieu, et est rempli de Dieu selon sa capacité infinie ; ce Jésus qui est par cette plénitude rendu incapable et d'ignorance et de péché? Ce Jésus s'étonne, et admire l'amour du Père et le don du Père; et par admiration profère ces grandes paroles : *Sic Deus dilexit mundum.*

Entrons à son exemple et à sa suite en cet étonnement. Car si cet objet est digne d'élever Jésus en admiration, que doit-il opérer en nos esprits, d'autant plus propres à admirer, selon le sens commun des philosophes, que nous avons moins de lumière et de connaissance? Or, cet objet a bien su tirer du Verbe éternel ces sacrées paroles, paroles d'étonnement et d'admiration : *Sic Deus dilexit mundum.* Quatre paroles, toutes quatre dignes de grand poids, et qui fondent toutes quatre cet étonnement de Jésus. Quoi? Dieu, Dieu infini et éternel, est-il capable d'aimer hors de soi-même? est-il capable d'aimer chose si basse comme ce bas monde, et est-il capable de l'aimer ainsi et en cet excès? Et toutefois la vérité même prononce ces quatre paroles : ainsi Dieu a aimé le monde. Mais quoi? Dieu pleinement, éternellement et divinement occupé de soi-même dans soi-même, par connaissance, par amour et par jouissance de ses grandeurs et félicités éternelles, peut-il être occupé de choses si petites comme ce bas monde, qui n'est qu'un point au regard du ciel, et un néant au regard de Dieu? Peut-il penser à une si vile et inutile création comme l'homme, duquel son prophète lui dit en sa lumière : *Qu'est-ce que l'homme, Seigneur, que vous daignez vous souvenir de lui; et du Fils de l'homme duquel vous daignez tenir compte?* (*Psal.* VIII, 5.) Quoi? Dieu suffisant à soi-même et comblé de soi-même; Dieu en la plénitude de son être, qui le remplit, et remplit toutes choses; peut-il aimer quelque chose hors de soi? Car l'amour semble supposer une indigence et vacuité en celui qui aime, comme non satisfait et non rempli encore de la jouissance et profession de la chose aimée.

Et Dieu qui est pleinement satisfait de soi-même, et rempli de l'amour saint, pur et divin de son essence infiniment aimable, et qui est rempli de cet amour de toute éternité; a-t-il bien placé encore pour loger un amour étranger, et un amour de chose si basse et si vile comme le monde, et l'homme, qui n'est pas un objet pour un si digne amour? A la vérité, c'est un point digne d'étonnement en la contemplation des choses morales, que Dieu puisse aimer quelque chose hors de soi-même; Dieu si distant, si éminent et si élevé par-dessus tout être créé; Dieu si rempli et si occupé saintement en l'amour de son être; et en un amour comblant, terminant, et épuisant, ou pour mieux dire, remplissant en l'infinité de son acte et de son objet, toute la puissance et actualité de Dieu à aimer. Et toutefois nous croyons, nous voyons, nous expérimentons que Dieu, s'aimant soi-même, aime encore ce monde, et l'aime d'un amour excessif. Et c'est le sujet qui touche sensiblement Jésus en ce saint cabinet. C'est le sujet qui l'élève, le ravit et le suspend en étonnement et admiration. C'est le sujet qui tire de la bouche sacrée du Verbe éternel, ces sacrées paroles. *Sic Deus dilexit mundum,* etc.

Il est bien évident que Dieu, en la grandeur de son être, doit avoir la connaissance parfaite non-seulement de soi-même, mais de toutes choses : car cette connaissance est digne de lui, et par elle il n'est point abaissé, mais Dieu demeurant dans son trône, les choses connues y sont élevées par la puissance de son intellect, qui leur donne une sorte d'être spirituel et divin en l'idée en laquelle il les connaît. Car c'est le propre de toute sorte de connaissance, sensitive, intellectuelle et divine, de transformer et élever les choses connues en la qualité et dignité de la puissance qui les connaît. Ainsi les choses matérielles ont un être aucunement immatériel en l'espèce qui les rend visibles et perceptibles des sens extérieurs et intérieurs, selon l'éminence et la qualité de la faculté sensitive qui les reçoit et les aperçoit : et elles ont un être intellectuel en l'esprit de l'ange et de l'homme qui les contemple. Et c'est une des excellences qu'on remarque en l'entendement par-dessus la volonté, que l'entendement transforme son objet en soi-même : et la volonté se transforme en son objet.

Et c'est aussi un des points qui rend la connaissance différente de l'amour, que la connaissance tire l'objet à soi, et n'abaisse pas celui qui connaît dans les objets connus, mais élève et proportionne les choses connues à la proportion et dignité de celui qui les connaît. Et l'amour au contraire porte l'âme en l'objet qu'elle aime, et, par une douce puissance, abaisse et incline l'amant en la chose aimée. Cette différence générale entre l'amour et la connaissance est fort considérable; et d'autant plus que d'elle naît une différence particulière, même entre la connaissance et l'amour de Dieu que nous pouvons acquérir en la terre. Car puisque la connaissance met l'objet en nous et ne nous met pas en l'objet; et l'amour au contraire nous met en l'objet, et nous transporte en lui si puissamment, que selon ce dire sacré autorisé de l'une et de l'autre philosophie, l'âme est plus où elle aime, que là où elle anime, et a plus de vie et de présence, plus d'occupation et de sentiment en l'un que l'autre. Il s'ensuit que, par la connaissance, l'âme en la terre possède Dieu, non pas tel qu'il est en lui-même, mais tel qu'il est en elle, et que par l'amour l'âme possède Dieu dès la terre, tel qu'il est en lui-même, et non pas tel qu'il est en elle. Car, l'amour nous transporte de nous en lui, et ce qui plus est, nous rend tels qu'il est en lui-même, en nous déifiant et transformant en Dieu.

Heureuse condition de l'âme qui s'élève en l'école de l'amour de son Dieu, si elle la savait bien connaître et s'en servir! Et condition étrange (s'il nous est permis de le dire en passant) même entre les Chrétiens et les plus éminents et savants des Chrétiens, qui, ne pouvant connaître Dieu tel qu'il est en soi-même et le pouvant aimer tel qu'il est en soi, travaillent toutefois beaucoup plus à le connaître qu'à l'aimer. D'où vient qu'il y a tant d'écoles et d'académies pour élever les âmes en cette connaissance obscure, incertaine et imparfaite; et il y en a si peu et encore si peu fréquentées, pour élever et perfectionner l'âme en l'amour et en la possession haute et éminente de son Dieu par voie d'amour.

Et toutefois nous ne pouvons pas en cette vie mortelle connaître Dieu autant que nous voulons; et nous pouvons l'aimer autant que nous voulons, nous élevant de degré en degré, par sa grâce, en son amour. Et du degré de cet amour en terre dépend l'état et le degré de la connaissance que nous aurons éternellement de Dieu au ciel. Car nous connaîtrons Dieu autant que nous l'aurons aimé, et non pas autant que nous l'aurons connu en la terre.

Mais laissons à un autre temps ce point fondamental en la théologie mystique, réservons ce secret à l'école de l'amour de Dieu et à ses disciples. Rentrons au point précédent que nous avons remarqué, car il sert de base et fondement à ce discours et à notre mystère. Et y ajoutons encore, que comme de la différence générale qui est entre l'amour et la connaissance, nous avons recueilli une différence spéciale entre l'amour et la connaissance de Dieu. Aussi de cette spéciale différence nous recueillons qu'à bon droit et avec raison en l'école des Chrétiens, la béatitude de la terre est principalement attribuée à l'amour et charité; et celle du ciel est principalement attribuée à la connaissance et vision de Dieu. Car dès la terre, l'amour nous joint à Dieu tel qu'il est en lui-même, nous transportant hors de nous-même en Dieu, et la connaissance que nous avons de Dieu en la terre, nous unit à Dieu, non tel qu'il est en soi, mais tel qu'il est en nous; c'est-à-dire tel qu'il est en notre esprit et en l'intelligence que nous formons de lui, lequel nous ne connaissons qu'en énigme et ombrage : *In ænigmate*, ce dit celui qui l'a connu dans le troisième ciel. (*I Cor.* XIII, 12.) Au lieu que la connaissance de Dieu que nous avons au ciel, a ce privilége et ce pouvoir par-dessus la connaissance et la lumière de Dieu qui se donne en la terre, qu'elle nous unit et conjoint à Dieu tel qu'il est en lui-même, d'autant que dans le ciel son essence propre s'unit à notre esprit, et l'actue bien plus noblement de sa lumière, que le corps diaphane n'est actué du rayon qui le pénètre, et l'élève à connaître Dieu tel qu'il est en soi, nous établissant en un état de vie propre à Dieu même, puisque c'est la vie de Dieu dont l'être et la nature est intellectuelle, de se connaître et de se voir soi-même, c'est-à-dire de voir le premier, le plus noble et le plus digne objet de toute connaissance. Et comme l'ange et l'homme n'ont qu'une ombre d'être et de lumière en comparaison de l'être et de la lumière de Dieu; aussi ne sont-ils naturellement capables que de recevoir une ombre et une image de la connaissance que Dieu a de soi-même. Et il ne les élève pas plus haut durant le cours de leur voie et de leur vie méritante, se contentant de leur donner pouvoir par sa grâce de l'aimer, et de l'aimer tel qu'il est en soi-même selon la nature et la condition de l'amour.

C'est pourquoi l'amour en la terre a la prééminence de la félicité. Et c'est pourquoi la connaissance au ciel recouvre cette prééminence qu'elle n'a point en la terre. Car comme dès la terre l'amour possède Dieu tel qu'il est en soi-même, aussi au ciel la connaissance de Dieu le nous fait voir et posséder tel qu'il est en soi, Dieu par amour s'imprimant et s'unissant lui-même, et à notre essence, et à nos puissances, afin que nous le voyons tel qu'il est, selon l'énergie de cette parole et promesse apostolique : *Videbimus eum sicuti est.* (*I Joan.* III, 2.) Car la félicité consiste à posséder Dieu, et à le posséder tel qu'il est en lui-même, ce qui s'accomplit, et par amour en terre, et par connaissance au ciel.

II. Or comme ici la fidélité de l'homme a sa racine et son origine en l'amour de l'homme envers Dieu; aussi cet amour a son origine en l'amour de Dieu vers l'homme et en l'excès de cet amour de Dieu, donnant son Fils et son amour au monde. Et c'est de cet amour que s'étonne le Fils de Dieu en ce texte sacré, disant avec admiration : *Sic Deus dilexit mundum.* C'est un point à la vérité des plus dignes d'étonnement, que l'amour, et un si grand amour du monde soit en la Divinité. C'est un secret que la philosophie n'a point pénétré, qui a bien parlé de la grandeur de Dieu comme cause première; mais peu ou point de son amour vers les choses existantes hors de son être et étrangères à son essence. C'est un point réservé à la lumière de la foi, laquelle comme plus élevée nous révèle de Dieu ce que la nature ne nous en peut pas apprendre; et c'est un point bien digne de nous être enseigné par le Verbe éternel, qui est lui-même le sujet de cet amour, puisque c'est lui qui est donné par cet amour au monde. Et nous voyons en ce propos comme il emploie ses premières paroles et instructions à parler de cet amour; et comme, nonobstant l'infinité de sa lumière et de sa sapience, il trouve sujet de s'étonner et de témoigner cet étonnement en parlant et nous disant, ainsi Dieu a aimé le monde.

Car il me semble que cela n'est pas conforme, ni à la grandeur de Dieu, ni à la bassesse du monde, ni à la qualité et condition de l'amour. L'amour par une puissance aveugle et déréglée, préjudiciable à l'amant, et favorable à la chose aimée, transporte, transmue et transforme celui qui aime en l'état et en la qualité de ce qu'il aime. D'où vient que les choses grandes s'abaissent et détériorent en la condition des choses basses qu'elles affectionnent; et au contraire les choses petites s'élèvent, s'ennoblissent et s'agrandissent, si elles se portent à l'amour de choses plus grandes et relevées que leur condition.

C'est le sens commun des philosophes, confirmé de l'expérience journalière de ceux qui aiment. Et c'est aussi la doctrine de la foi, laquelle comme elle nous révèle un amour plus grand, plus haut et plus puissant que n'est pas celui qui est borné dans les limites de la nature; elle nous donne aussi une plus claire connaissance, et plus forte expérience de cette vérité, nous faisant voir dans nos mystères la puissance admirable de cet amour, qui élève l'homme et abaisse Dieu, et fait sentir au monde l'intérêt de l'homme à aimer Dieu, et l'intérêt de Dieu à aimer l'homme. Car les hommes par cet amour s'élèvent et se font dieux, selon la parole de Dieu même : *Ego dixi : dii estis.* (*Psal.* LXXXI, 6.) Et Dieu aimant l'homme, s'abaisse et se fait homme; de sorte que, par la puissance étrange et admirable de cet amour, nous avons un Dieu-Homme sur la terre, et des hommes-dieux sur les cieux.

Rentrant donc au point de notre discours, disons que l'amour des choses étrangères ne semble pas être digne de Dieu, ne semble pas compatir avec la majesté, l'éminence et l'immutabilité de sa nature, et que ni sa grandeur, ni sa bonté ne le doit pas permettre et souffrir. Car, il semble que Dieu ne peut être sans un abaissement et sans un intérêt manifeste dans l'amour des choses qui existent hors la grandeur de son être, et qu'ayant en son essence une bonté infinie qui comprend toute bonté et qui égale son pouvoir à aimer, il ne peut pas étendre son amour hors de lui-même. Et, n'est-ce pas assez de bonheur aux choses créées d'être en la main, en la puissance et en la conduite de Dieu, afin qu'il en dispose pleinement selon sa volonté, comme étant le Souverain et le Seigneur de toutes choses ? Mais d'être l'objet de l'amour d'un Dieu, cela passe leur condition et semble intéresser la puissance, la bonté, la grandeur de l'Être divin, et égaler ou approcher de trop près la bassesse de la créature de la grandeur et hautesse du Créateur.

Et toutefois, ô merveille ! ô abîme ! le Dieu que nous adorons est un Dieu d'amour, et il a un amour si grand pour le monde, que le Fils unique de Dieu même qui connaît pleinement l'être, l'état et la qualité de celui qui aime et de celui qui est aimé, c'est-à-dire, qui connaît Dieu comme son Père; qui connaît le monde comme l'ouvrage de ses mains, s'étonne et profère ces paroles pleines d'étonnement ! : *Sic Deus dilexit mundum.* O amour de Dieu vers le monde, digne d'être admiré, et d'être adoré du monde ! O amour de Dieu vers le monde, digne de contondre et condamner le monde qui est sans vigueur et sans amour vers cet amour ! O amour grand et excessif par lequel Dieu donne et abandonne son Fils au monde, et son Fils unique, son Fils égal à lui, son Fils qui est un autre lui-même ! Amour étrange, et auquel il semble que Dieu oublie sa grandeur et méconnaît la vilité de sa créature; car il s'abaisse vers la terre, il traite de s'allier à la terre, et par ce traité, deux partis si différents et dissemblables entrent en alliance, et en alliance perdurable à jamais, à savoir Dieu et l'homme.

Deux partis si distants l'un de l'autre, et posés aux deux extrémités de l'échelle qui fut montrée à Jacob comme la figure et le modèle de cette convention et communication de Dieu avec l'homme. Car cette échelle mystérieuse touchait de la terre au ciel ; et Dieu y paraissait au bout d'en haut, et l'homme au bout d'en bas ; et partant l'intervalle de ces deux extrémités est l'intervalle qui est entre le ciel et la terre. Cette distance est bien grande ; et par l'usage des sens elle ne pouvait pas nous être figurée plus grande que du plus haut des cieux au plus bas de la terre ; mais l'usage de l'esprit et de la foi nous fait voir que la distance de l'homme à Dieu est encore plus grande, et en plusieurs manières, si nous considérons ces deux objets chacun en sa propre nature et condition.

Car, il y a distance de nature, et de nature infiniment distante l'une de l'autre, l'un étant Créateur et l'autre créature. Il y a distance de qualité, l'un étant saint, et saint par essence ; et l'autre pécheur, et pécheur par naissance. Il y a distance de volonté, Dieu abhorrant par soi-même le péché et l'iniquité, et l'homme étant volontairement pécheur, et l'esclave du péché. Mais Dieu passe tous ces obstacles et distances infinies par amour infini. Il veut prendre alliance avec une chose si basse, et entrer en affinité et consanguinité avec les hommes, et il veut qu'entre les hommes il y ait un Homme-Dieu. Quoi ! Dieu, Dieu tout-puissant et éternel veut se joindre au néant, et veut s'unir à l'homme et se faire chair comme l'homme ; car il parle ainsi lui-même par la bouche de son disciple bien-aimé : Et encore il veut prendre la chair descendante des pécheurs, et couverte de l'ombre du péché, et la porter chargée des peines, des souffrances et des marques du péché ; car la chair de Jésus est vraiment chair descendue des pécheurs, et, selon l'Apôtre, elle est la ressemblance de la chair du péché : *In similitudinem carnis peccati.* (*Rom.* VIII, 3.) Ne le faites pas, ô grand Dieu ! c'est assez, et c'est trop de vous abaisser dans le néant de la créature. Unissez-vous au moins à la plus excellente, qui est l'ange, et non à la plus misérable, qui est l'homme, et qui ne porte plus cette première image et ressemblance de votre divinité, que vous lui aviez donnée par grâce ; car elle a été effacée par le péché.

III. Que si nonobstant vous voulez vous faire homme, préférant, par un secret adorable de votre amour, la nature la plus basse à la plus haute, ne choisissez pas cette chair tirée de la masse du péché, dérivée d'un Adam misérable et pécheur, et ne venez pas en la terre contaminée du péché. Faites un homme à part non dérivé des hommes, et faites un monde et un paradis nouveau pour ce nouvel Adam ; puisque vous avez daigné faire un paradis et un monde pour le vieil Adam et pour ses descendants, qui ont si peu honoré, si peu aimé et si peu conservé votre grâce, votre amour et votre paradis. Opérez, ô grand Dieu! conformément à votre grandeur et à votre sapience, et référez à vous ce grand œuvre, et à vous seul. Et comme dans vous-même, vous n'avez point de vrai rapport que vers vous-même, c'est-à-dire, comme en votre essence il n'y a point de relation réelle qu'entre les personnes divines; et n'y a aucune nature, ni personne créée vers laquelle vous ayez un rapport réel, faites aussi que ce suprême de vos œuvres vous ressemble, et faites que cet œuvre qui vous enclôt et contient, et dont vous êtes le centre et la circonférence, n'ait point de rapport que vers vous, n'ait point de rapport vers les hommes et les pécheurs qui ont voulu se séparer de vous. Ils ne se réfèrent point à vous; que cet œuvre donc ne leur soit point référé. Ne faites point chose si grande pour chose si vile, si misérable et si éloignée de vous. Et ainsi ne faisant ce grand œuvre que pour vous, faites aussi un monde, un paradis et un ciel nouveau pour ce nouvel Adam, puisque vous en avez fait un pour cet Adam qui a sitôt délaissé votre amour et votre obéissance. La raison, la grandeur et la dignité de cet œuvre le veulent ainsi.

Mais il arrive tout autrement; car, ô bonté! ô amour! ô excès! ce nouvel homme est fait pour le vieil homme, et Dieu même, l'oserait-on penser? n'a part en cet œuvre qu'à raison et en suite de la part que les pécheurs y ont. Et en un sens très-véritable, cet œuvre ne s'accomplit qu'à raison du péché et à l'égard des hommes, selon cet oracle du symbole: *Qui propter nos homines, et propter nostram salutem descendit de cœlis, et incarnatus est de Spiritu sancto, ex Maria Virgine; Et homo factus est*, etc. Qui est descendu des cieux pour nous autres hommes et pour notre salut, et a pris chair humaine par l'opération du Saint-Esprit, de la Vierge Marie, *et a été fait homme*. Le Fils de Dieu donc, selon cet enseignement de la foi, descend du ciel et se fait homme pour le salut des hommes, c'est-à-dire, il prend la nature humaine pour les hommes, et ne prend pas seulement en cette nature la qualité d'être passible pour les hommes. Car ce n'est pas une simple circonstance et qualité, mais c'est le fond et la substance même du mystère de l'Incarnation qui est employée pour les hommes. Ce n'est pas une simple condition de cette humanité comme passible et souffrante, mais c'est l'humanité même en sa nature et en ses circonstances, laquelle le Fils de Dieu prend pour le salut des hommes; si nous suivons ces paroles de vie et de vérité, qui portent en termes exprès et distincts, comme il descend du ciel et il monte en la croix pour nous, distinguant ces deux mouvements différents, sa descente du ciel et son élèvement en la croix, et les attribuant tous deux à une même cause, c'est-à-dire au péché des hommes. Et partant ce grand œuvre de l'Incarnation est fait pour les hommes, et s'il n'y avait des pécheurs en la terre, il n'y aurait point un Homme-Dieu sur les cieux et sur la terre.

C'est pourquoi Dieu, qui se fait homme pour les hommes, se fait aussi Fils de l'homme et descendant des hommes. Et nous voyons en saint Luc (III), comme Adam, pécheur et source du péché en sa nature, entre dans la généalogie du Fils de Dieu. Mais au moins, ô grand Dieu! puisque vous voulez et vous daignez prendre chair humaine et chair dérivée d'Adam, honorez cette chair, rehaussez cette humanité en son état, en sa condition et en ses qualités dès cette vie! Qu'elle ne soit point passible! qu'elle ne soit point souffrante! qu'elle ne soit point sujette aux injures du temps! qu'elle ne soit point exposée aux bassesses de la naissance, aux infirmités de l'enfance, aux misères de la vie, à l'horreur de la mort, et que le premier instant et usage de sa vie naturelle soit une vie parfaite en l'usage de toutes ses puissances et grandeurs! Car vous êtes l'auteur de cette vie et l'ouvrier de cet œuvre, et ce qui sort immédiatement de vos mains est toujours parfait en toutes ses conditions, comme nous voyons en la création du monde et en la production d'Adam. Que Jésus donc sorte de vos mains et de votre puissance, non comme enfant logé en sa naissance dans une étable et dans une crèche, mais comme un Adam formé en un Eden et logé en un Paradis, commençant le premier pas de sa vie par la perfection de son être, par le parfait usage de sa vie, et par la puissance, possession et domination qui lui est due et qu'il a sur la terre? Qu'il paraisse, non point un enfant, mais un homme parfait? Non dans les langes et le berceau, mais en la grandeur et majesté de son état, et en la splendeur et gloire de sa personne? Car n'est-ce pas une assez grande humiliation pour un Fils unique de Dieu, d'être abaissé dans le néant de la nature humaine, sans être encore abaissé à la condition vile et abjecte de l'enfance et de la souffrance?

Que Jésus donc vive sur la terre sans ces bassesses et ces misères; car il est roi de gloire et la splendeur du Père. Qu'il ne soit point sujet au temps et au moment, car il est le Fils de l'Eternel, et a fait avec lui et les moments et les temps. Qu'il ne soit point lassé et fatigué en ses voyages, car il est la voie et le chemin, et il est la force du Père. Qu'il ne soit point consommé des ardeurs du soleil, car le soleil est l'œuvre de ses mains, et il est lui-même un soleil, il est le soleil du soleil; et ce soleil ici emprunte de lui sa lumière, et il le doit servir et reconnaître durant sa vie par sa clarté, comme il le reconnaîtra en sa mort par ses ténèbres, cessant de luire en l'éclipse, s'il faut ainsi parler de son soleil et du nôtre, qui est le vrai soleil de justice, et le principe de toute lumière et splendeur. Bref, que Jésus soit vivant, heureux et glorieux dès le premier moment de sa vie, et non sujet à la souffrance et à la mort! car il est la vie et la vraie vie. Et un moment de sa vie est plus précieux devant Dieu et l'honore davantage, que ne fait pas une éternité de la vie des hommes et des anges en la grâce et en la gloire.

Un état ainsi élevé, un état ainsi privilégié et délivré des bassesses de la vie humaine, est bien dû aux grandeurs de Jésus et à la dignité de sa double naissance éternelle et temporelle. Car le plus grand de ses prophètes a dit de l'une et de l'autre comme d'une merveille inénarrable : *Generationem ejus quis enarrabit?* (*Isa.* LIII, 8.) Et toute la nature créée a ce même souhait et conspire en sa manière, en ce même vouloir ; et si elle pouvait parler, sa voix et sa clameur donneraient jusqu'au ciel, demandant au Père éternel, pour son libérateur, la délivrance et exemption de cette condition abjecte. Car elle gémit sans doute, et pâtit grandement en l'état humble et pâtissant de son Seigneur, puisque, selon l'Apôtre, elle gémit et pâtit en l'état servile, abject et pâtissant de ses enfants : *Omnis creatura*, dit-il, *ingemiscit et parturit usque adhuc*, etc., *et exspectatio creaturæ revelationem filiorum Dei exspectat*. « Toute créature gémit et est comme en douleur d'enfantement jusqu'à maintenant, et l'attente de toute créature attend la révélation des enfants de Dieu. » (*Rom.* VIII, 22.) C'est-à-dire que l'état heureux de la gloire qui leur est due et promise soit accompli et manifesté au monde.

D'où nous pouvons recueillir deux attentes et deux gémissements de l'univers, bien dignes d'une considération profonde et particulière : l'attente de l'avénement de son Libérateur, que la terre et le ciel nomme et appelle à cette occasion le Désiré de toutes les nations (*Agg.* II, 8 ; *Gen.* XLIX, 26), et l'attente de l'accomplissement entier de la délivrance qu'il doit faire de la servitude que toute créature porte à raison du péché. Le gémissement de l'univers, gémissant et pâtissant en l'état humble et souffrant de son Sauveur, durant lequel nous voyons le ciel et la terre s'altérer et s'ébranler, et l'univers comme entrer en convulsion et défaillance en l'éclipse de ce soleil de justice défaillant sur la terre. Et le gémissement encore que nous apprenons de ce texte formel de l'Apôtre, lequel dit que toute créature gémit après l'entière et parfaite exécution de la délivrance due aux élus et enfants de Dieu, comme ayant à être ensuite délivrée de la servitude de corruption, par le comble de leur gloire, et à être parfaitement renouvelée par leur parfait renouvellement. Voilà l'état, l'attente et le gémissement de la créature, et au regard de soi-même, c'est-à-dire de sa délivrance, et au regard de son Libérateur, c'est-à-dire de Jésus. Mais comme elle a beaucoup plus de rapport à son Dieu et son libérateur que non pas à soi-même, aussi l'attente et le gémissement qui le regarde, et qu'elle a vers lui, est bien plus grand et digne d'un bien plus grand poids que celui-là même qui la regarde.

Laissant donc pour une autres fois l'étendue et l'application des autres points, remarquons comme toute créature, selon la proportion de son être, est unie et conspirante en un même souhait et sentiment pour la gloire de Jésus, et pour le voir exempt des bassesses de la vie en laquelle il entre. Mais si toute créature est aussi favorable à sa grandeur et à sa délivrance, le Créateur est en des pensées bien différentes, et le Père éternel a un conseil sur son Fils plus éloigné de ce souhait de l'univers que le ciel n'est éloigné de la terre. Car il veut que son Fils s'abaisse jusqu'à nos misères ; il veut qu'il porte notre croix et nos péchés, et il veut que nous voyions celui qui est la vie et notre vie, mort en une croix et en un sépulcre, et que dans sa mort nous recouvrions la vie. Et à cet effet, voilà que le Verbe éternel sort du sein du Père, ouvre le ciel et vient en terre (*Isa.* LXIV, 1) : *Exivi a Patre, et veni in mundum*, comme il dit lui-même. (*Joan.* X, 28.) Sortie heureuse pour l'homme, et précieuse pour la terre ! Car la terre doit recevoir et contenir désormais le Verbe éternel en un état et en une manière d'être, en laquelle il n'était point dans le ciel, puisque c'est en la terre et non au ciel qu'il accomplit son œuvre, qu'il se fait créature pour ses créatures, et qu'il s'unit à la nature humaine pour pâtir pour les hommes en cette humanité. Contemplons l'état, l'ordre et le progrès de cet œuvre, et, remettant à une autre fois la consideration du Fils de Dieu en sa croix et en ses souffrances, appliquons-nous à le voir et à l'adorer en ce divin mystère de l'Incarnation. Le sujet en est si digne, et notre intérêt si grand, que nous devons tenir le temps bien employé, et notre esprit bien occupé à étendre un peu plus amplement ce qui a été dit comme en un mot, et proposé comme en semence à l'entrée de ce discours.

IV. Dieu donc en la plénitude des temps qu'il a ordonnés en sa sapience éternelle, abaissant les cieux selon la voix de son prophète, s'abaisse en la terre, choisit une province, un Nazareth et une Vierge, pour accomplir son mystère, et pour faire dans son sein virginal un grand œuvre, et un plus grand œuvre que celui qu'il opère dans les cieux mêmes. Car par la vertu de son amour et de son esprit, il tire d'elle une substance pure et sainte, à laquelle il se veut unir en une manière ineffable et particulière. Et il veut se communiquer à cette substance tirée et dérivée du corps immaculé de la très-sainte Vierge, non par un simple effet de grâce et de puissance ; non par le seul état et don de gloire ; non par une chose procédant de lui et inférieure à lui ; non encore par une chose adjointe à lui comme il arrive en l'union qu'il a voulu avoir avec nous en suite de ce mystère par l'Eucharistie, en laquelle il se communique par une substance qui est déifiée en lui, mais différente de lui ; qui est adjointe à lui, mais non pas identifiée avec lui. Mais en ce mystère de l'Incarnation, Dieu se veut joindre à la nature de l'homme par soi-même immédiatement, s'appliquant à cet être créé par une chose si intime et intrinsèque à soi-même, qu'elle est identifiée avec son essence divine, et qu'elle est constitutive de sa propre personne. Et par cette application puissante et cette union sainte et divine, le Verbe entrant en cette humanité, ne la détruit pas, ne l'anéantit pas, ne la convertit pas en son essence divine ; mais, par la même puissance et par le même amour qui l'abaisse et l'applique à cette humanité, il la conserve et maintient en sa nature créée, et en la condition universelle, essentielle et nécessaire à tout être créé ; et il ne la conserve en sa nature et en son entité que pour la rendre capable de ses grandeurs et de sa divinité.

Car il la veut rendre toute sienne. Il la veut rendre capable de la recevoir, c'est-à-dire de recevoir le seconde personne de la Trinité dans soi-même, pour sa propre personne. Il la veut élever à un état et dignité nouvelle, singulière et inénarrable. Il la tire à soi, et la fait entrer dans son être divin et incréé. Il la reçoit comme son unique et sa bien-aimée dans le sein de sa divinité. Il la reçoit, dis-je, comme son unique, et tellement son unique, qu'elle n'est qu'à lui, même en la divinité ; et en ce sens et en cette manière si intime et si particulière, elle n'est pas même appartenante au Saint-Esprit, ni au Père éternel, comme il est dit ailleurs. Car la recevant ainsi hautement dans son être, il la reçoit et l'établit pour jamais dans sa grandeur, dans sa divinité, dans sa propre personne, comme n'ayant subsistence qu'en sa subsistence. Et par ainsi, le même Dieu qui a fait le monde, fait en un instant un nouveau monde, et un monde incomparablement plus grand, plus beau, plus orné, plus divin et plus durable que celui qu'il a fait en six jours, qui passera, ce dit l'auteur même du monde, en l'Ecriture. Car Jésus est un monde ; et si les philosophes appellent l'homme un petit monde, les Chrétiens sont très-bien fondés d'appeler Jésus un grand monde.

Il est un monde qui renouvelle et perfectionne ce monde. Il est un monde qui lie et contient les trois mondes ensemble, que les platoniciens constituaient en leur économie universelle, des choses existantes en l'univers. Vous êtes donc, ô Jésus admirable ! Vous êtes Homme-Dieu, et en cet état et qualité vous êtes un monde et un très-grand monde ! Vous êtes un monde, monde tout céleste et tout surnaturel : monde tout excellent et tout divin ! Vous êtes un monde visible et intelligible, et archétype ; et ces trois mondes sont récapitulés en vous par la diversité de vos natures, par la variété de vos états, de vos puissances, de vos grâces, et par l'unité suprême de votre personne divine et incréée, et créant toutes choses ! Car vous êtes un monde visible en ce corps précieux et adorable au ciel et en la terre, et aux beautés qui l'accompagnent, lesquelles donnent lustre et splendeur même au soleil et au ciel empyrée, duquel il est écrit que l'*Agneau est la lumière* (Apoc. xxi, 23), tant elle est éclatante. Vous êtes un monde intelligible en votre âme déifiée, qui tient en sa puissance, en sa circonférence, en son éminence et en sa capacité, tous les esprits bienheureux, les tirant, les ravissant, les remplissant de vos grandeurs et de vos perfections infinies ! Vous êtes un monde archétype en la divinité, unie personnellement à l'humanité ! Ces trois mondes mériteraient bien un ample discours ; mais il faut le remettre à un autre temps et rentrer dans le point précédent.

Et pour expliquer plus clairement, plus distinctement et plus familièrement un mystère qui a tant de lumière et d'obscurité tout ensemble, par l'excès et la grandeur de sa lumière qui le rend vraiment inaccessible, mais qui porte la lumière éternelle en la terre et la splendeur du Père dedans notre nature, élevons doucement nos pensées comme par certains degrés en la connaissance et contemplation de l'union parfaite qui est entre la nature divine et humaine ; car ces deux natures sont conjointes non par une simple société et union morale de dignité ou d'autorité, mais par une liaison physique et réelle, comme le concile d'Éphèse le définit sur peine d'anathème (16). Et y ayant deux sortes d'unions réelles, l'une substantielle et l'autre accidentelle, ces natures sont conjointes non-seulement par une sorte d'union réelle et physique qui soit purement accidentelle, mais par une union réelle, substantielle et divine. Je veux dire que le Verbe éternel ne se contente pas de s'unir et appliquer à notre chair et à notre humanité par une simple union de grâce, et de vertu de présence et d'assistance, de résidence et inhabitation, comme les formes assistantes sont unies à leur matière, les intelligences à leur orbe, le pilote à son vaisseau, le corps à son vêtement, l'hôte à son domicile ; mais il s'applique à la nature humaine par une manière bien différente et bien plus haute, et bien plus particulière, et il veut s'y unir par une sorte d'union réelle, substantielle, hypostatique et constitutive d'un même suppôt et d'une même personne en ces deux natures si distinctes et si distantes.

C'est pourquoi j'ai dit au discours précédent que cette manière de présence et résidence de Dieu en l'humanité est une imitation de celle que les personnes divines ont l'une en l'autre. Car elles sont l'une en l'autre en telle manière qu'il y a une substance commune qui est au Père, au Fils et au Saint-Esprit, et qui les unit, ou plutôt rend, en unité d'essence. Comme aussi il y a une substance, s'il était loisible de parler ainsi, c'est-à-dire il y a une subsistence commune, qui étant en la nature divine, est

---

(16) Part. III, anathematismo 5.

aussi en la nature humaine et unit ces deux natures en unité de personne. Et comme le Père est en son Fils par la communication réelle de sa propre essence, aussi le Fils est en cette humanité par la communication qu'il lui fait de sa propre subsistence. Ce qui porte une communication si haute et si grande, si particulière et si divine, que Dieu se fait homme et l'homme devient Dieu, et deux choses si différentes, si distantes, si inégales se trouvent unies et conjointes si intimement, si parfaitement, si divinement, que l'homme est Dieu et Dieu est homme, en rigueur de vérité, en réalité de substance, en unité de subsistence, en propriété de personne, en éternité de durée. Et y ayant dedans l'être divin deux sortes de réalités distinctes : l'une absolue, l'autre relative ; l'une commune et communiquée, l'autre propre et incommunicable ; et toutes deux substantielles, incréées, éternelles, il semble que la nature humaine entre comme en partage avec Dieu éternel et tout-puissant. Car de ces deux sortes d'êtres, l'un est communiqué aux personnes divines, et l'autre est communiqué à la nature humaine. Et comme par la première communication le Verbe éternel est Dieu, aussi par la seconde, le même Verbe éternel est homme, et l'homme est Dieu, et le Verbe éternel est fait homme par le même principe qui est constitutif et distinctif de sa personne dans la divinité : c'est-à-dire par sa propre subsistence appliquée et communiquée à la nature humaine. Et le lien qui unit deux natures si distantes, est si intime à la Divinité, qu'il a identité et est une même chose avec l'essence divine ; et est rendu si propre à notre humanité qu'il entre et pénètre, qu'il actue et vivifie, qu'il sanctifie et déifie toute la nature humaine : le corps, l'âme et toutes les parties et puissances de ce petit monde, ou plutôt de ce grand monde qui est Jésus, et ce jusqu'au fond, au centre et en l'intime de son essence humaine, et prend totalement et parfaitement en cette nature la place de la subsistence humaine, élevant cette nature dénuée de sa subsistence naturelle jusqu'à l'être et à la personne de Dieu, et la faisant entrer par ce droit en ses grandeurs divines et en sa dignité. Et cette liaison et unité de la nature humaine avec la personne divine est si ferme et si constante, si solide et si permanente qu'elle durera une éternité, n'y ayant rien qui puisse dissoudre cette liaison puissante, forte et parfaite, ni rompre cette unité divine et personnelle.

Béni soyez-vous, ô grand Dieu : *Dieu des dieux* (Psal. XLIX, 1), roi de gloire, d'avoir voulu ainsi abaisser vos grandeurs à la terre, et joindre de si près votre divinité à notre humanité! Béni soyez-vous encore, Dieu éternel et incompréhensible en votre bonté, en votre sapience et en votre amour, de l'avoir fait pour à jamais! Car tandis que Dieu sera Dieu, Dieu sera homme. Et béni soyez-vous à jamais, d'avoir fait ce grand œuvre pour nous, et de vous être fait homme pour l'homme! Puisque vous daignez ainsi nous donner une si grande part à vos grandeurs et au secret de votre amour en un si grand ouvrage, prenons part avec vous, entrons dans vos desseins, dans vos intérêts et dans vos sentiments ; soyons vôtres totalement, et totalement vôtres pour jamais. Et que nous vous appartenions en une manière approchant, imitant et adorant l'appartenance que votre humanité a au regard de la majesté de Dieu. Afin de vérifier en nous cette parole de votre Apôtre, qui nous représente notre état, c'est-à-dire notre grandeur et notre devoir tout ensemble en ces trois paroles de grands poids et substance, qu'il nous dit de votre part, et en l'efficace de votre esprit : *Omnia vestra sunt, vos autem Christi, Christus autem Dei.* (*I Cor.* III, 22, 23.) Suivant lesquelles nous devons, nous voulons, nous aspirons à être vôtres parfaitement et éternellement en l'honneur et imitation de la parfaite et admirable appartenance de votre humanité à votre divinité pour jamais. Vous avez voulu, ô grand Dieu, par amour envers l'homme, que tous les ouvrages de vos mains soient à l'homme, et vous avez asservi ce monde à notre usage et utilité ; et c'est ce que nous dit l'Apôtre en ce peu de paroles : *Omnia vestra sunt.*

Mais, par un excès d'amour incomparable, vous qui êtes par-dessus toutes choses, ô Jésus, vous voulez aussi être à nous, et être à nous en votre personne, par une sorte de possession qui n'appartient qu'à nous ; et oubliant votre grandeur et notre néant, vous voulez être nôtre en telle manière qu'il n'y a rien qui soit si pleinement, si parfaitement et si absolument nôtre, comme vous, ô mon Seigneur Jésus, qui daignez être nôtre, plus que toutes choses et par-dessus toutes choses, ainsi que vous êtes par-dessus toutes choses en l'éminence de votre être et de votre état singulier : comme si vous vouliez égaler votre appartenance au regard des hommes, avec l'infinité propre de votre grandeur, et être à eux infiniment comme vous êtes infini en vous-même. Puisque vous êtes ainsi à nous, soyons à vous, ô Jésus mon Seigneur, soyons à vous, non-seulement par le titre excellent de vos perfections et divines et humaines, qui nous asservissent pleinement à votre grandeur, mais encore par ce nouveau et puissant droit d'amour qui vous porte à vouloir être nôtre, et nous oblige réciproquement à être vôtres. Soyons donc à vous, puisque vous êtes à nous ; soyons à vous comme vous êtes à nous ; soyons du tout à vous comme vous êtes du tout à nous, et vérifions cette parole que dit votre Apôtre : *Vos autem Christi* : « *Vous êtes à Jésus-Christ* : » à laquelle il ajoute : *Christus autem Dei* : « *Jésus-Christ est à Dieu.* »

O grand Jésus, qui pourrait concevoir l'état de votre appartenance à Dieu et à nous? Ce sujet mérite un discours exprès, que nous traiterons une autre fois, si vous daignez m'en faire la grâce. Je me contenterai de dire ici en trois mots que vous êtes au Père éternel comme son Fils, comme son

Fils unique, comme celui qui a sa vie et son essence. En l'honneur donc de ce que vous êtes au Père éternel, soyons à vous, et soyons à vous comme à notre Père : car nous avons naissance de vous par grâce, comme vous avez naissance du Père par nature. Vous êtes tellement au Père, que vous lui dites solennellement au dernier de vos jours, et vous continuez à lui dire dans l'éternité : *Tua mea sunt, et omnia mea tua sunt.* (Joan. XVII. 10.) Ce qui est vôtre est mien, et tout ce qui est mien est vôtre. O amour ! ô communication du Fils envers le Père ! en l'honorant et l'imitant, usons envers vous des mêmes paroles, et vous disons : *Tua mea sunt, o Domine Jesu! et mea omnia tua sunt.* Hélas ! je vous dois bien dire : *Tua mea sunt* : « Ce qui est vôtre est mien. » Car il n'est que trop véritable pour l'intérêt de votre gloire et de votre grandeur : votre esprit est à moi, et vous me le donnez au baptême ; votre corps est à moi, et vous me le donnez en l'Eucharistie ; votre gloire est à moi, et vous me la donnez en votre paradis ; votre grandeur est à moi, et sur la terre elle s'abaisse en mes misères ; votre vie est à moi, et en la croix je la réduis à la mort par le pouvoir misérable de mes offenses.

Que je vous dise donc avec autant de vérité et avec autant d'hommage et de fidélité envers vous que vous nous témoignez d'affection en vous donnant tout à nous : *Omnia mea tua sunt* : « Tout ce qui est mien est vôtre. » Ma vie, mon être, mon amour est à vous ; tout ce que je suis par votre miséricorde en l'être de la nature et de la grâce est à vous ; mon temps et mon éternité sont à vous ; tout ce que j'espère et attends selon vos promesses en votre gloire est à vous. Enfin, mon Dieu et mon Seigneur, tout ce que je suis est vôtre ; tout ce qui est à moi est à vous, et est incomparablement plus à vous qu'à moi, car il n'est à moi que par vous. En l'honneur donc de tout ce que vous êtes en vous-même et envers nous, et de tout ce qu'il vous a plu faire et pâtir pour nous, je m'offre et dédie tout à vous ; je me rends et me livre à la puissance de votre esprit, de votre amour, de votre croix ; et en hommage de la donation admirable que vous daignez nous faire de vous-même, je me donne et abandonne tout à vous dès à présent et en toute éternité.

DISCOURS X.

DES TROIS NAISSANCES DE JÉSUS. — PREMIÈRE NAISSANCE.

I. Trois naissances de Jésus, au sein de son Père, au sein de la Vierge sa Mère et dans le sépulcre, signifiées par ces paroles du psaume CIX : *Ego hodie genui te.* Grandeurs et propriétés de sa naissance éternelle. — II. Poursuite du même sujet. La naissance des fidèles en l'Église dans le sein de laquelle ils demeurent et vivent toujours, a un rapport spécial à cette naissance éternelle. — III. Comparaison des trois naissances de Jésus, éternelle, temporelle, immortelle. Il remarque en passant que Jésus en sa seconde naissance, naît et sort du sein de sa Mère, et toutefois demeure divinement en elle, au centre de son esprit. Jésus sort du tombeau pour n'y rentrer jamais si ce n'est en nos cœurs qui doivent être les sépulcres vivants de son corps en l'Eucharistie, où il est en état d'immolation et de mort. Jésus est le premier-né de Dieu en sa première naissance, le premier-né de la Vierge en la seconde, le premier né des morts en la troisième. Nous devons notre être naturel à sa première naissance ; notre naissance en la grâce, à la seconde, et notre gloire et résurrection à la troisième. — IV. C'est une merveille dans l'être divin, qu'il y ait Père et Fils. Considération du Fils de Dieu comme vie. — V. Poursuite du même sujet. Considération du Verbe éternel comme Fils. — VI. Exposition de ces paroles : *Tu es Christus Filius Dei vivi.* Jésus-Christ est Fils de Dieu vivant, et les Chrétiens sont enfants d'un Dieu mourant et mort. Le Dieu vivant nous condamne à la mort, et le Dieu mourant nous en délivre. Ces paroles d'Isaïe : *Generationem ejus quis enarrabit?* sont entendues de Jésus engendrant en ses souffrances et en sa mort les enfants de Dieu. Jésus dans les temps est Fils du seul Père et de la Vierge. Jésus est produit par le Saint-Esprit, mais non pas engendré. Conclusion de ce qui a été dit ci-dessus, que Jésus est Fils de Dieu vivant et nous sommes les enfants de Dieu mort. — VII. Il explique comme Jésus est le Fils unique de Dieu et le principe du Saint-Esprit comme le Père. La raison et le principe de la distinction des deux processions divines, et pourquoi la procession du Saint-Esprit n'est pas génération, est un secret que Dieu n'a point révélé à son Église. Jésus est seul Fils dans la Trinité, seul subsistant dans l'Incarnation, seul médiateur dans la Rédemption. — VIII. Considération de Jésus comme principe du Saint-Esprit. Un Dieu, un Père, un Fils, un principe du Saint-Esprit, un amour subsistant et produit, un Créateur et souverain de l'univers ; ce sont les unités divines. Il était convenable de parler de la naissance éternelle de Jésus, avant qu'expliquer sa génération temporelle, et cela en imitant la méthode du disciple bien-aimé, en son Évangile.

Nous trouvons dans le livre de vie trois naissances admirables de Jésus, qui est la vie de Dieu et des hommes : sa naissance au sein de son Père dans la vie éternelle, sa naissance au sein de la Vierge dans la vie temporelle, sa naissance au sépulcre dans la vie immortelle. Ces trois naissances sont accompagnées de merveilles dignes de Jésus et dignes de sa source et de son origine en ces trois vies différentes : car en sa naissance en la vie divine et incréée, c'est une double merveille que Dieu engendre et que Dieu soit engendré ; en sa naissance dans la vie humaine et incarnée, c'est une double merveille qu'une vierge enfante et qu'un Dieu soit incarné ; en sa naissance ou plutôt renaissance qui le met en la vie céleste et glorieuse, c'est merveille qu'un sépulcre soit source de vie, et un lieu de mort source de vie immortelle. Mais c'est ainsi que Dieu, qui est admirable en soi-même, en ses œuvres et en ses saints, est encore admirable en son Fils unique, qui est un autre lui-même ; en l'œuvre de ses œuvres, qui est l'Incarnation ; et au Saint des saints, qui est Jésus-Christ Notre-Seigneur, prédit et nommé en cette qualité par l'un de ses prophètes. (*Dan.* IX, 24.)

Ces trois naissances de Jésus, par lesquelles il est vivant de ces trois sortes de vies saintes, différentes et adorables, sont exprimées en la parole de vie et en la parole expresse du Père éternel, disant à soi-même et à son Fils : *Ego hodie genui te.* (*Psal.* II, 7.) Car ce sont les paroles que saint Paul aux Hébreux (I, 5) applique à la génération éternelle, prouvant par la force et l'autorité de ce texte que Jésus-Christ appartient à Dieu le Père par une autre sorte d'appartenance et d'émanation de lui que non pas les anges, parce qu'il l'a engendré selon cette parole expresse : *Ego hodie genui te*; ce qui n'appartient qu'au Fils de Dieu, et non à la nature des anges. Or cette preuve serait sans preuve et sans apparence, si ce texte allégué et produit par ce grand Apôtre ne s'entendait vraiment et littéralement de la génération éternelle, qui nous est divinement représentée en ces termes, où le présent est joint avec le passé : *Hodie genui te*, par un admirable artifice, pour exprimer celui qui est toujours né et toujours naissant, et qui a une sorte de procession qui est sans fin et sans commencement, et qui par un secret impénétrable est tellement accomplie selon les termes du passé, qu'elle s'accomplit toujours selon le terme du présent. Le même saint Paul, conduit du même esprit de Dieu, et parlant aux mêmes Hébreux aux *Actes* (XIII), allègue ce même texte, et l'applique à la résurrection du Fils de Dieu, qui est une sorte de naissance nouvelle de Jésus dans l'immortalité.

Car la résurrection est communément appelée en l'Eglise renaissance et régénération ; et le Fils de Dieu même qui en est auteur, et qui, étant la parole éternelle du Père, a grâce et propriété singulière en ses paroles, la nomme ainsi par sa propre bouche, parlant du jour du jugement auquel s'accomplira la résurrection universelle : *In regeneratione cum sederit Filius hominis in sede majestatis suæ.* (*Matth.* XIX, 28.) En troisième lieu, le même Saint-Esprit qui a dicté cette parole au prophète David, et qui l'a expliquée par son organe, c'est-à-dire par l'un de ses plus grands apôtres, saint Paul, de la génération éternelle et de la résurrection de Jésus, l'explique et l'applique par la voix de l'Eglise, dans ses offices du jour de Noël, à la naissance temporelle de Jésus au monde : Dieu fécond et fertile en ses œuvres et en ses paroles, ayant voulu que cette même parole mémorable fût appliquée par un même esprit à ces trois sens différents, et à ces trois états et mystères du Verbe éternel : au mystère de sa naissance de son Père, au mystère de sa naissance de sa Mère, et à sa naissance hors du sépulcre, dont il sort renaissant comme un phénix en une nouvelle vie.

De la première naissance de Jésus. — I. Ces trois naissances sont vraiment admirables, et la première n'a ni temps ni journée : car elle ne commence ni ne finit jamais, mais d'elle sont issus les jours, les temps et les siècles, qui se commencent et se finissent, et notre éternité même en la grâce et en la gloire en tire son origine. Car c'est par son Fils que le Père a fait les siècles, dit l'Apôtre aux Hébreux (I, 2) : *Per quem fecit et sæcula.* C'est par son Fils que le Père nous met en sa grâce et en sa gloire, comme dit toute l'Ecriture. Et nous le devons adorer comme un Orient par sa naissance première et divine, auquel tout Orient doit tribut et hommage. Nous devons, dis-je, l'adorer comme Orient, mais comme un Orient éternel, et comme un Orient qui est toujours en son midi par la plénitude de sa lumière, et toujours en son Orient par la condition et perfection de sa naissance, laquelle continue toujours et ne finit jamais, comme elle ne commence jamais, et en laquelle il est tellement né qu'il est toujours naissant en l'éternité. O merveille! ô prodige de cette naissance par laquelle Jésus est un Orient! par laquelle Jésus est un Orient éternel, et par laquelle Jésus est éternellement Orient : Orient auquel doit hommage notre Orient et notre naissance, en la nature et en la grâce, et notre éternité en sa gloire.

A raison de quoi, anciennement, les catéchumènes faisaient leur entrée en l'Eglise, au jour de leur baptême, par une cérémonie solennelle et remarquable, se tournant vers l'orient pour marque de leur hommage et adhérence à l'Orient éternel, qui est Jésus-Christ Notre-Seigneur. Aussi est-il tout évident que nous sommes tous régénérés au baptême, au nom et en mémoire de cette divine naissance et filiation, étant baptisés au nom du Père, comme Père, et au nom du Fils, comme Fils ; et en ce nom puissant et précieux, nous avons notre entrée en l'Eglise et en la grâce. Tellement que notre propre condition du christianisme et notre état en la foi, nous marque cette vérité et nous oblige de conserver l'honneur et la mémoire qui est due à cette naissance divine et éternelle de Jésus, source de notre renaissance en l'Eglise. Que s'il n'y a point de jour en l'année assigné pour en célébrer la fête et la mémoire, c'est sa grandeur qui en est la cause ; c'est parce qu'elle n'a point de jour en la terre; c'est parce que sa fête et son jour est le jour de l'éternité, auquel elle est incessamment adorée dans le séjour et dans l'état de la gloire.

II. Mais cette heureuse et divine naissance qui n'a point de temps, et est avant les temps, a un lieu et un repos bien digne d'elle, et un lieu éternel, à savoir le sein du Père, auquel le Fils de Dieu habite. Car son disciple bien-aimé, l'aigle de ses évangélistes, qui a pénétré le plus haut et vu le plus clair en son état et en ses mystères; qui s'est reposé familièrement en son sein, et qui nous a parlé hautement de ses grandeurs et de sa naissance éternelle, nous enseigne en deux endroits de son premier chapitre cette sacrée demeure du Verbe éternel. En l'un il dit : *Verbum erat apud Deum* (*Joan.* I, 1), et en l'autre : *Unigenitus qui est in sinu Patris.* (*Ib.*, 18.) Le Verbe donc demeure au sein du Père, comme au lieu de sa naissance, auquel il est conçu et formé par le Père éternel, qui l'engendre en soi-même, et non en un sein étranger, par une action toute pure, sainte, toute divine et toute immanente, faisant office de père et de mère tout ensemble au regard de son Fils et son Verbe éternel.

D'où vient que l'Ecriture, par un secret admirable, et par une profondeur mystérieuse, en un même verset, attribue au Père conjointement les deux conditions du père et de la mère en la génération de leurs enfants. Et Dieu dit de soi-même à son Fils, en ce psaume CIX, *Ex utero*, ou selon la propriété de la diction hébraïque, *Ex vulva ante luciferum genui te*. Car c'est le propre du père d'engendrer, et c'est le propre de la mère de concevoir et porter en son ventre l'enfant qu'elle a conçu du père. Et l'un et l'autre convient au Père éternel, qui engendre et engendre en soi-même, et qui porte en son sein son Fils unique, et l'y porte et engendre éternellement ; car ce sein (si nous voulons parler selon le langage de Tertullien) est sa matrice et sa demeure éternelle. Et conformément à ce témoignage de la sainte Ecriture, les plus grands et anciens d'entre les philosophes ont eu quelque lueur de cette vérité, et l'un d'entre eux a dit ces paroles : *Intelligentia illa Deus cum maris et fœminæ vim haberet, genuit Verbum* (17). Et le grand Orphée, pour exprimer le même, selon qu'il est allégué par Clément Alexandrin (*Strom*., l. v, c. 7), parlant de Dieu, dit ces propos : *Expers matripater*, faisant un nouveau mot, composé de ces deux paroles, *pater et mater*, pour attribuer à Dieu, en une unique parole, ces deux offices et fonctions, qui sont partagées entre le père et la mère dans les générations humaines et naturelles, et sont réunies en Dieu qui engendre comme Père, et qui conçoit et porte en soi-même son Fils unique comme mère. Et par ce moyen, le Fils de Dieu qui a en la plénitude du temps une mère sans père, a dans l'éternité un père sans mère, mais un père qui fait les fonctions de père et de mère, l'engendrant en soi-même et le portant en son sein. Tellement que le sein du Père est sa matrice, est sa demeure, et est sa demeure éternelle.

Et c'est un des secrets et une des grandeurs et merveilles de la génération divine, que le Père soit au regard de son Fils père et mère tout ensemble, que le sein du Père soit la matrice du Père, en laquelle repose et repose pour un jamais son Fils unique : et que le Fils soit au sein du Père et y habite uniquement et éternellement, et qu'à ces fins le plus grand des prophètes et psalmistes, et le plus grand des disciples et évangélistes, s'accordent en diverses manières de parler : *Sinum patris appellat evangelista, quem Psalmita uterum appellaverat*, comme remarque subtilement le plus grand docteur de l'Eglise. Je dis non-seulement que le sein du Père est sa demeure, mais aussi qu'il est sa demeure éternelle (18).

Car il est à propos de remarquer que le Fils de Dieu n'est pas comme les enfants des hommes, qui naissent imparfaits et ne sont que pour un certain temps dans les flancs de leur mère, hors de laquelle ils sortent pour venir au monde et y acquérir la perfection de leur être et de leur naissance, et être vivants par eux-mêmes hors de la personne et substance de leur mère. Cette naissance est commune et naturelle.

Mais il y a même sur la terre, bien que non de la terre, une autre sorte de naissance plus relevée ; naissance non commune, mais particulière ; non corporelle, mais spirituelle ; naissance non par nature, mais par grâce ; naissance non des enfants des hommes, mais des enfants de Dieu ; naissance qui tire son origine et a un parfait rapport à cette naissance émanée du Père éternel, comme à son prototype. Or, en cette naissance, l'Eglise est la mère des fidèles, qui engendre ses enfants en l'honneur et en la puissance de la paternité du Père éternel : *A quo omnis paternitas in cælo et in terra nominatur.* (*Ephes*. III, 15.) Et l'Eglise, comme mère par la grâce, non par la nature, a cet avantage par-dessus les mères temporelles, qu'elle engendre et conserve toujours en son sein ses enfants, sans les pousser dehors, lesquels aussi comme toujours vivants et toujours enclos dans le sein de l'Eglise, vivent en la foi comme parle l'Ecriture, et non de leur propre sens, mais du sens de l'Eglise, comme les enfants enclos dans le sein de leur mère vivent de la substance de leur mère. Et si quelques-uns, comme les hérétiques, sortent du sein de l'Eglise pour vivre de leur sens, et non pas du sens et de la substance de l'Eglise ; ce ne sont plus des enfants, mais ce sont comme des monstres en la génération spirituelle, qui déchirent le ventre de leur mère comme vipères pour en sortir dehors, et qui violent l'intégrité de l'Eglise.

Ce point est bien digne d'être considéré, et ce rapport est vraiment admirable, qu'a la naissance spirituelle à la naissance divine de celui qui est engendré du Père et par lequel nous sommes tous engendrés en son Eglise, car, suivant ce progrès remarquable des trois naissances, temporelle, spirituelle et divine, les enfants de la grâce et de l'Eglise, en qualité d'enfants de Dieu, ont une condition plus parfaite que celle des hommes et plus approchante de la dignité du Fils unique de Dieu, qui est leur modèle et leur prototype ; et comme en cette qualité ils demeurent toujours dans le sein de l'Eglise, qui est leur mère, et toujours vivent de sa propre substance : aussi le Verbe éternel demeure toujours au sein de son Père et est toujours vivant de la même essence et propre substance de son Père, lequel conçoit en soi-même son Fils unique, l'engendre parfait et l'engendre en son sein comme en sa matrice, en laquelle il est

---

(17) Trismegistus.
(18) « Qui est sinus, ipse est uterus. » (D. Aug. in *Psal*. CIX.)

toujours parfait, il est toujours heureux, et il est toujours vivant de sa propre substance ; car il est vivant et subsistant en l'unité d'essence avec son Père.

Ainsi donc le Verbe éternel habite au sein de son Père comme au lieu de sa naissance, et y habite éternellement, et même il y habite uniquement (ce qui est une autre sorte d'excellence et de grandeur de sa naissance éternelle) car il est Fils unique et éternel ; et ce terme de sein est propre et affecté à la génération, laquelle ne convient qu'au Fils ; et comme Fils il est épuisant, ou pour mieux parler remplissant et terminant toute la puissance du Père à engendrer. Tellement que le Saint-Esprit, qui procède du Père comme lui, n'est pas engendré comme lui ; aussi est-il au cœur et en l'amour du Père et non pas au sein du Père, à parler proprement selon les saintes Écritures et les enseignements sacrés de notre sainte religion.

III. Le lieu donc de cette naissance première et éternelle de Jésus, est le sein du Père. Mais il a une naissance seconde et temporelle, qui a son lieu dans le sein de la Vierge, et dans l'étable de Bethléem, et son temps en l'obscurité de la nuit, et dans les rigueurs de notre hiver pour fondre la glace et échauffer la froidure de nos cœurs, et pour nous tirer hors de nos ténèbres en sa lumière. La première naissance a pour son jour, le jour de l'éternité ; la seconde a pour son temps une nuit, une nuit de l'hiver, et une nuit de décembre ; et la troisième, qui est sa naissance en sa gloire, a pour son temps une aurore, et une aurore du printemps, et une aurore de mars, mois heureusement assigné à la naissance et à la renaissance du monde. En la première, il a reçu une vie qui n'a point commencé et ne finira jamais. Ô grandeur ! ô merveille de l'éternité ! En la seconde, il commence une vie pour la finir, d'immortel naissant mortel pour mourir. Ô excès ! ô merveille d'amour, de miséricorde et de bonté ! En la troisième il commence une vie, mais il la commence pour ne la jamais finir. Ô grandeur ! ô merveille de vie, de puissance et de gloire !

Disons encore : en la première naissance il est né immortel et impassible ; en la seconde, il est né passible et mortel, né pour la mort, destiné à la mort comme hostie et victime de mort ; en la troisième, il naît et sort hors de la puissance de la mort pour ne mourir plus, et pour entrer en la vie immortelle et glorieuse. En la première, il est né et naissant dans le sein glorieux de son Père, sans en jamais pouvoir sortir ; en la seconde, il naît et sort du sein et des entrailles bénies de sa très-sainte Mère, et toutefois demeure divinement en elle au centre de son esprit ; en la troisième, il sort renaissant en la vie hors du sépulcre et du tombeau, pour n'y rentrer jamais, si ce n'est en nos cœurs, qui doivent être en la terre par les affections et exercices de piété, les monuments de sa mort, et les sépulcres vivants et dépositaires de son corps au saint sacrement ; de son corps, dis-je, exposé et représenté comme mort mystiquement et sacramentalement en l'Eucharistie. En sa première naissance il est le premier-né de Dieu, et l'Ecriture l'appelle le premier-né de toute créature : *Car en lui toutes choses sont créées* : « *In ipso condita sunt universa.* » (*Col.* I, 16.) En la seconde naissance, il est le premier-né de la Vierge, et par lui tous les enfants des hommes sont rachetés à Dieu. Et en la troisième, il est le premier-né d'entre les morts : *Primogenitus mortuorum*, en saint Jean (*Apoc.* I, 5) : *Primitiæ dormientium*, en saint Paul (*I Cor.* XV, 20), et par lui tous seront ressuscités en sa gloire.

Trois naissances et trois primogénitures remarquables au Fils de Dieu, auquel nous devons tout ce que nous sommes, et tout ce que nous pouvons être dans le temps et dans l'éternité. Car nous devons notre être naturel à sa naissance première ; nous devons notre nouvel être en la grâce à sa naissance seconde ; et nous devons notre gloire et résurrection à sa naissance troisième. En la première il est né de Dieu, Dieu de Dieu, lumière de lumière, Fils éternel de son Père éternel. En la seconde il est né homme, Fils de l'homme ; mais Homme-Dieu, d'une Vierge Mère de Dieu. Et en la troisième, il est né homme en la gloire de Dieu ; Homme Père des hommes, comme enfants de Dieu ; et homme assis à la droite de son Père pour une éternité. Que de merveilles, que de grandeurs en ses naissances ! Qui les pourrait contempler, qui les saurait représenter ?

IV. En sa grâce, en sa vertu et en sa lumière, conduisons notre esprit plus avant, pénétrons ces secrets, et disons comme en sa naissance première, nous adorons et admirons un Dieu engendrant, et un Dieu engendré sans diversité en la nature, sans inégalité en la personne, sans dépendance en l'origine, sans postériorité en la durée. Ô Père trois fois grand et heureux ! ô Père admirable et singulier en sa paternité ! ô Père inconnu par l'espace de quatre mille ans en cette paternité, tant elle est élevée par-dessus toute capacité ; tant elle est pleine de merveilles ; comme étant une merveille dans l'éternité, et une merveille dans la merveille même, c'est-à-dire dans la divinité, où tout est de soi-même émerveillable ! C'est pourquoi le monde en ses ténèbres, et avant la naissance de la vraie lumière en l'univers, a été si longtemps adorant la Divinité, sans adorer la paternité en la Divinité, qui toutefois méritait un si grand hommage, comme étant une merveille, origine de toutes les merveilles créées et incréées.

Ô Fils trois fois grand et heureux ! également adorable et admirable en sa filiation, qui est la seconde merveille des merveilles éternelles que nous croyons et adorons en la Divinité ! merveille à laquelle servent comme inférieures toutes les merveilles du ciel et de la terre ; toutes les merveilles de la nature, de la grâce et de la gloire, comme rendant hommage en leur émanation, à la première émanation qui est en Dieu même. A laquelle encore en une façon toute particulière, rend honneur et hommage la merveille de l'œuvre, où la Divinité, la subsistence et la filiation divine est communiquée à la nature humaine par le sacré mystère de l'Incarnation, auquel celui-là même qui est Fils unique de la Vierge, est Fils unique de Dieu, coéternel et coessentiel à son Père.

O abîme ! ô excès ! ô merveille ! Car (pour donner encore plus de lumière à cette grande pensée qui en comprend plusieurs) ce n'est pas merveille que nous ayons un Dieu, et que ce Dieu que nous avons soit infini en ses grandeurs et perfections. La nature même nous l'enseigne à haute voix ; et c'est plutôt merveille qu'il y en ait quelques-uns si insensibles et si stupides à cette voix de la nature, annonçant la gloire de son Créateur. Mais c'est la merveille des merveilles qu'il y ait un Dieu engendrant, et un Dieu engendré ; et que dans l'être divin, parfaitement un, parfaitement pur et parfaitement simple, il y ait paternité et filiation. Je dis que c'est la merveille des merveilles ; car les autres choses émerveillables sont dans l'être inférieur, subalterne et créé ; mais celle-ci est une merveille même dans l'être divin, suprême et incréé ; merveille qui éblouit toute la lumière de la nature ; merveille qui a besoin de la lumière de grâce pour être crue, et de la lumière de gloire pour être vue ; merveille qui n'est comprise que de l'esprit éternel, et qui n'a point de lumière qui la puisse rendre compréhensible à l'esprit créé, qui sera toujours admirant, adorant, et se perdant en la vue et contemplation de cette merveille, à laquelle servent toutes les autres merveilles du ciel et de la terre, de la nature et de la grâce, et à laquelle encore sert et rend hommage, en une manière singulière, la merveille du sacré mystère de l'Incarnation, l'état suprême d'un Homme-Dieu, et la qualité singulière d'une Mère de Dieu, par laquelle ce mystère est accompli en la très-sainte Vierge, en hommage perpétuel de cette paternité divine et de cette filiation éternelle.

Or, par cette naissance éternelle et admirable, et en l'état heureux de cette vie, Jésus est Dieu ; Jésus est Fils de Dieu ; Jésus est le Fils du Dieu vivant ; Jésus est le Fils unique du Père, et Jésus est un principe avec le Père, d'une personne divine ; c'est-à-dire de la troisième personne de la très-sainte Trinité. Un chacun de ces points est distinct en soi-même, et contient ses secrets et ses merveilles à part, et mérite l'hommage des créatures et leur élévation. Mais toute créature ne s'accorde pas à nous donner ce loisir. En attendant que le Dieu de paix les y dispose, disons en peu de mots que Jésus est Dieu ; car encore que nous le voyons en la terre comme homme, en la crèche comme enfant, et comme mort en la croix, nous le devons adorer comme Dieu, et lui dire avec son prophète : *En vous est Dieu, et il n'y a point d'autre Dieu que vous ; vraiment vous êtes un Dieu caché, et Dieu d'Israël, Sauveur* : « *In te est Deus, et absque te non est Deus, vere tu es Deus absconditus, Deus Israel Salvator.* » (Isa. XLV, 14, 15.)

O Dieu caché dans l'enfance, dans l'humanité, dans la vie commune et inconnue, dans la vie souffrante, dans la mort. O Dieu ! ô vie ! ô Dieu en l'homme ! ô vie en la mort ! O vie suprême, vie éternelle et vie immuable ! vie suprême en la bassesse ! vie éternelle en la mesure de nos jours ! vie immuable en la variété et mutabilité de notre condition. O vie divine ! vie glorieuse ! vie adorable ! vie divine en l'humanité ! vie glorieuse en la souffrance ! vie adorable en la croix et en la mort ! vie vivifiant la mort même ! vie source de toute vie, de la vie de nature, de la vie de grâce, de la vie de gloire ! Vie à laquelle toute vie rend hommage si elle est créée, ou a relation si elle est incréée. Car c'est la vie d'un Dieu, Fils de Dieu, par lequel toutes les créatures sont faites, et auquel aussi elles doivent leur hommage comme à leur Créateur. Et même le Père éternel, qui est le premier vivant, et le principe de vie en la Divinité, a son rapport à lui comme à son Fils, et comme au terme de sa génération divine et ineffable. Et le Saint-Esprit, qui est la troisième personne après laquelle il n'y a point d'autre personne vivante et incréée dans l'éternité, a son rapport à lui comme à celui qui est le Fils du Père, et qui est son principe avec le Père. Et nous donc, comme Chrétiens, et comme ayant reçu de lui, selon son bien-aimé disciple, la puissance d'être enfants de Dieu (Joan. I, 12), nous devons à sa personne, à sa naissance, à sa vie divine, et rapport et hommage tout ensemble : hommage, car il est notre Dieu ; rapport, car il est notre Père et notre vie.

V. Jésus est Dieu, Fils de Dieu ; car ces choses sont distinctes, puisque le Père est Dieu, et n'est pas Fils de Dieu, puisque le Fils est Dieu, et n'est pas Père ; et puisque le Saint-Esprit est Dieu et n'est pas Fils de Dieu ; car Jésus est le Fils unique de Dieu, comme nous dirons ensuite. Il est Dieu en son essence, il est Fils en sa personne ; et ce nom de Fils est un nom égalant en sa qualité le nom de Père dans l'éternité. Et cette filiation ne dit rien de moins, ains dit chose égale à la paternité de son Père. O vie procédante, mais vie coéternelle et coessentielle à son Père ! vie émanée, mais aussi vie immanente en son Père ! Car il dit à son Père ; Je suis et vis en vous, et vous êtes et vivez en moi. Vie, plénitude de vie ; car il lui dit ailleurs, et lors même qu'on lui va ravir la vie : *Omnia mea sunt* : « *Tout ce qui est vôtre est mien.* » (Joan. XVII, 10.) Vie inséparable de lui. Car nul ne lui peut ravir cette divinité ; comme le Père même ne veut et ne peut ne la lui point donner, le produisant par la nécessité heureuse, et par la fécondité puissante de sa nature. Tout ce qu'il a, il le tient de son

Père, auquel il dit aussi cette parole : *Omnia mea tua sunt* : « *Tout ce qui est mien, est vôtre.* » (*Ibid.*) Et comme tout ce qui est sien est à son Père, aussi tout ce qui est à son Père est à lui. Et il dit ailleurs : *Omnia quæcunque habet Pater, mea sunt* : « *Tout ce qu'a mon Père est mien.* » (*Joan.* XVI, 15.) Et comme il tient tout du Père, il réfère tout au Père ; et sa vie personnelle étant une sorte de vie toute relative au Père, il est dans son éternité se référant au Père, et par sa propriété il est même relation à son Père. En cette vue adorons-le, aimons-le, imitons-le, référons tout à lui, et par lui au Père ; car la relation du Fils est la vie et la subsistence du Fils ; et ainsi la relation que nous aurons à lui, sera notre vie et notre subsistence pour jamais, et nous établira heureusement dedans son éternité.

VI. Jésus est le Fils de Dieu vivant, selon cette parole que saint Pierre a apprise du Père éternel : *Tu es Christus Filius Dei vivi.* (*Matth.* XVI, 16.) Comme Fils unique de Dieu le Père, il est distinct du Père et du Saint-Esprit ; comme le Fils de Dieu vivant, il est distinct encore de nous et de tous les enfants adoptifs. Ce qui nous oblige à rechercher un sens profond et caché en cette parole, qui nomme Jésus-Christ Fils de Dieu vivant, car elle n'est pas ajoutée en vain et sans fondement, et n'est pas mise simplement, comme quelques-uns pourraient penser, pour distinguer le vrai Dieu des faux dieux qui étaient adorés en la terre. Cette parole est prononcée non entre les païens, mais entre les apôtres, qui n'avaient jamais adoré les faux dieux. Cette parole est prononcée en l'école et en la famille de Jésus, et en sa sainte présence ; école grande et toute instruite à choses grandes et particulières ; école digne de son instituteur et digne du Verbe éternel. Cette parole est si haute et si sublime, qu'elle est référée par Jésus-Christ même à la révélation du Père éternel. Cette parole porte la vérité sur laquelle l'Eglise chrétienne est fondée, et pour laquelle le Fils de Dieu s'expose à la mort.

Car il est à propos de noter que le Fils de Dieu ayant à mourir, a voulu mourir pour la confession de cette vérité, qui regarde sa vie et sa filiation divine et éternelle ; et que l'ayant confessée à Caïphe qui l'interrogeait sur ce point, il fut jugé digne de mort, et livré aux gentils pour être exécuté, parce qu'il s'était déclaré le Fils de Dieu vivant. Car si Jésus, qui est la vie, doit mourir, il faut qu'il meure pour honorer sa vie et sa filiation divine, et pour donner sa vie à ses enfants, et les rendre tous enfants de Dieu. Que devons-nous donc attendre d'une parole prononcée par le Prince des apôtres, apprise du Père éternel, louée de Jésus-Christ en l'assemblée des siens, qu'il constitue les docteurs de lumière ? Et que devons-nous entendre dedans ces sacrées paroles de saint Pierre : *Vous êtes le Christ, le Fils de Dieu vivant* ? Non certes un sens bas, commun et vulgaire, mais un sens bien plus haut et relevé ; non, une vie simplement opposée à l'état des faux dieux qui n'ont point de vie, mais une vie digne de celui qui est le premier vivant entre tous les vivants, et le seul vivant par soi-même, sans principe et origine entre tous les vivants, et même entre les personnes divines et incréées.

A la vérité, cette parole ainsi honorée de Jésus-Christ et ainsi rémunérée par lui-même de la principauté de son Eglise en la personne de celui qui l'a proférée, et cette parole fondamentale en la foi et en la doctrine de salut, aura un sens plus digne et plus élevé et attribuera au Fils de Dieu une qualité plus grande que non pas celle que le sens du commun et vulgaire y pourrait entendre. Et comme elle est révélée du ciel par le témoignage exprès du Verbe éternel, il faut que le ciel même nous en révèle le sens et l'intelligence, et que le Père qui est aux cieux nous déclare la grandeur de son Fils et la grandeur de la naissance de son Fils, et la grandeur qui est propre au Père en la naissance de son Fils, grandeurs cachées et comprises en ce peu de paroles. Car aussi ce sont paroles du ciel et paroles enseignées par celui qui est le Père de la parole éternelle, s'il nous est permis d'employer ce mot, à l'imitation des plus excellents auteurs de ce siècle, au regard de celui qui est le Verbe substantiel, ou pour réitérer le même mot, la parole substantielle et personnelle de Dieu.

Contemplant donc ce mystère et cette parole, élevons-nous par-dessus la terre et par-dessus nous-mêmes, et nous adressant au Père de lumière et au Fils du Dieu vivant, qui est lumière de lumière, et la lumière du monde ; remarquons et supposons qu'il est nommé du ciel, le Fils de Dieu vivant, par un sens vénérable digne de la lumière du ciel, et digne de sa naissance et grandeur, et par un bonheur singulier à son Père, que la foi adore comme le seul vivant par soi-même entre les vivants, le seul vivant d'une vie qui n'a point de principe et d'origine, et le seul vivant, duquel tout ce qui est vivant, soit en la Divinité, soit hors la Divinité, tire sa vie, son origine et son principe. Le prince donc des apôtres, en cette profession publique et solennelle de la foi, faite en la présence et à l'enquête de Jésus-Christ, en son nom et au nom du sacré collège des apôtres, appelle Dieu, vivant, non par distinction des faux dieux qui sont morts et ne sont pas vraiment vivants et ne méritent pas d'être comparés à la grandeur et majesté de Dieu vivant, mais il appelle Jésus-Christ le Fils du Dieu vivant, par opposition à une autre sorte d'enfants qui sont vraiment vivants, et vraiment enfants de Dieu et lesquels le Verbe éternel, parole infaillible et parole ineffable du Père, nomme et appelle dieux, en un sens véritable et élevé, qui les rend dignes de cette haute et sublime qualité et dénomination, et d'être ainsi nommés de la bouche de Dieu même, et les rend adhérents et participants de sa divinité, comme étant vraiment dieux par participation, et vraiment enfants de Dieu par adoption.

Mais ce qui mérite une considération grande, ils sont enfants engendrés par un Dieu mort et mourant en une croix, au lieu que Jésus est engendré d'un Dieu vivant et immortel, et d'un Dieu seul vivant par soi-même dans son éternité; d'un Dieu vivant et donnant vie à son Fils, et par son Fils à toutes choses; et ce même Fils donnant à l'humanité sacrée la vie qu'il a reçue de son Père, souffre en cette humanité la mort sur une croix, et y perdant ainsi une vie haute et divine, et source de la vie de grâce, il donne la vie et la vraie vie à tous ses enfants. Car il nous faut soigneusement remarquer que, comme la grandeur de notre foi nous apprend à adorer un Dieu engendrant et un Dieu engendré dans l'éternité, elle nous apprend aussi à adorer en nos mystères un Dieu vivant et un Dieu mort; et nous enseigne que le Dieu vivant nous a condamnés en son ire, et condamnés à la mort et à l'enfer; et que Dieu mourant, et mort en une croix, nous délivre de la mort, nous donne la vie, nous fait ses enfants : enfants heureusement vivants et divinement engendrés par le sang et la mort de Jésus-Christ Notre-Seigneur, Fils unique de Dieu. O mort vivante et puissante, puisqu'elle contient la vie, puisqu'elle donne la vie, et puisqu'elle engendre, ce qui n'appartient qu'aux vivants! O génération étrange et émerveillable de Jésus en sa mort et en sa croix! Génération contre tout l'état et la puissance de la nature, en laquelle les seuls vivants engendrent, et non les morts, et encore les seuls vivants, lorsqu'ils ont atteint l'état et le comble de leur vie et de leur perfection.

Ne me sera-t-il pas permis de dire que c'est de cette génération active et puissante de Jésus mort, et engendrant divinement et douloureusement ses enfants en la croix, que s'entend ce passage d'Isaïe : *Generationem ejus quis enarrabit?* Car ce grand saint, prince, prophète et évangéliste tout ensemble, parle de cette génération au temps et du moment de sa passion, et en son extase sur l'état de Jésus en la croix et en la mort, dit ces paroles divines : *Oblatus est quia ipse voluit, etc. De angustia et de judicio sublatus est : generationem ejus quis enarrabit? quia abscissus est de terra viventium : propter scelus populi mei percussi eum.* « Il a été offert parce qu'il l'a voulu, etc. Il a été délivré de l'angoisse et de la condamnation. Qui racontera sa génération ? car il a été retranché de la terre des vivants, je l'ai frappé pour le péché de mon peuple. » (*Isa.* LIII, 7, 8.) O vrai Dieu vivant et mourant! Dieu vivant dans l'éternité au sein du Père! Dieu mourant au sein de la croix en la plénitude des temps! Dieu aimable et Dieu adorable comme vivant et comme mourant! Car, vivant et mourant, vous êtes toujours Dieu, toujours puissant et toujours admirable. Comme Dieu vivant, vous êtes engendré au sein du Père et vous n'engendrez pas; car celui que vous produisez avec le Père est votre esprit et n'est pas votre Fils; vous le produisez en la divinité sans être son père, et il vous produit en l'humanité sans être votre père, car vous n'êtes pas son fils, et vous n'êtes que le Fils du Père éternel et de la Vierge Marie. O grandeur du Père, ô singularité de Marie.

Mais ce trait n'est dit qu'en passant, et il mérite un discours à part, en l'honneur de la paternité divine et de la maternité vénérable de celle qui est Mère de celui dont Dieu est Père, et qui a une seule qualité qui ne se trouve pas même au Saint-Esprit, au regard de Jésus. Ce qui est sans défaut au Saint-Esprit, car, en ces personnes divines et éternelles, produire et ne pas produire, avoir et ne pas avoir, est une perfection égale. Mais en la personne de la Vierge, produire le Fils de Dieu et avoir cette qualité grande, est une perfection rare et singulière, qui la relève par-dessus toute autre personne créée, et l'approche autant qu'il est possible du Père éternel. Car elle est mère comme il est père; elle est mère sans père, comme il est père sans mère; et ce qui a un rapport excellent à l'excellence de la paternité divine, elle est seule mère comme il est seul le père de Jésus. Vous êtes donc engendré, ô Jésus, en la Divinité, et vous n'engendrez pas, et vous avez, en l'état de la croix et en la puissance de la mort, ce que vous n'avez pas dans la vie de la Divinité. Car, mourant et mort, vous nous engendrez, et vous êtes vraiment père en votre humanité. Vous êtes père, dis-je, d'autant d'enfants qu'il y aura de justes en terre et qu'il y a et aura de saints au ciel, et notre vie, vie de grâce et de gloire, doit hommage de sa naissance, de sa puissance, de sa persévérance et de son éternité, à votre croix et à votre mort.

Nous sommes donc tous ainsi, ô Jésus, vos vrais enfants, enfants de Dieu et de Dieu mort; et vous êtes le Fils de Dieu vivant, et le Fils du Dieu vivant. Car et la vie de votre divinité ne procède que de Dieu vivant; et la subsistance de votre humanité, qui donne l'être et la vie de Dieu à cette humanité, n'est émanée que de Dieu vivant. Et la grâce même qui repose en cette humanité, grâce qui surpasse toutes les grâces des anges et des hommes, et qui est l'origine de toutes les grâces; cette grâce, dis-je, ou plutôt cet abîme et cet océan de grâce, n'a point de Dieu mort d'où elle dépende, et elle dépend uniquement de la Divinité vivante, subsistante et influente en cette humanité; et elle est due à la grandeur de vos naissances divine et humaine, et est précédant et accompagnant votre état en la croix et en la mort. Etat duquel procède la grâce et la gloire et des hommes et des anges, et la gloire même que vous avez reçue en votre corps en la résurrection. O Dieu vivant et mourant, soyons à vous; soyons vivants et mourants comme vous; vivons en vous, mourons par vous et pour vous. Et ainsi mourants, vivons pour jamais, et vivons avec vous de la vie dont vous vivez avec le Père.

Car vous êtes vie, et nous appelant à vous, vous nous appelez à la vie ; et, nous établissant en vous, vous nous établissez en la vie, et vous nous dites ces saintes paroles, paroles de vie : *Ego vivo et vos vivetis* (Joan. xiv, 19) ; et vous nous le dites lorsque vous allez à la mort, à la mort pour vous, et à la vie pour nous. C'est-à-dire lorsque vous allez à la croix, vous nous dites en la personne de vos apôtres ; *Ego vivo et vos vivetis, quoniam in Patre meo et vos in me, et ego in vobis :* « *Je vis et vous vivrez* (*Ibid.*) ; » car vous êtes vie, ô mon Seigneur, vous êtes source de vie, et vous êtes source de notre vie. Mais parce que vous êtes le Fils du Dieu vivant, vous êtes tellement vie, que la source de votre vie est en votre Père : *Ego in Patre meo.* Et parce que nous sommes vos enfants, en vous, comme en notre père, est la source de notre vie ; et nous avons notre vie en vous, comme vous l'avez en votre Père. Et par un cercle et retour heureux vous êtes en nous, et nous sommes en vous, et nous vivrons en vous, nous vivrons de vous, nous vivrons par vous, nous vivrons avec vous pour jamais. Ainsi Jésus est le Fils du Dieu vivant, et donne vie à ses enfants, et leur donne vie en mourant, et nous sommes vraiment les enfants de Dieu, c'est-à-dire les enfants de Dieu mort comme Jésus est le Fils Dieu, mais le Fils de Dieu vivant.

Mais pour recueillir en peu de mots ce qui a été discouru sur le sujet de la naissance éternelle, et de la vie divine de Jésus, disons que Jésus est Dieu comme le Père et le Saint-Esprit ; que Jésus est Dieu, Fils de Dieu, ce qui le distingue d'avec le Père et d'avec le Saint-Esprit ; que Jésus est le Fils de Dieu vivant, ce qui le distingue d'avec nous, qui sommes les enfants du Dieu mourant, et mort en une croix. Et comme entre les personnes divines il est seul le Fils de Dieu vivant, il est seul aussi entre les hommes, même en l'état de la grâce et de la gloire, le Fils de Dieu vivant ; et n'est pas le Fils de Dieu mort comme nous, non-seulement pour ce qu'il n'a pas la filiation adoptive, comme ayant la filiation propre et naturelle, mais encore parce qu'ayant la grâce infuse et créée comme les autres hommes, et en bien plus grande plénitude et abondance, sa grâce seule entre toutes les grâces des hommes, et de sa Mère même, a ce privilége et singularité, qu'elle vient de la vie de Dieu simplement, et ne vient pas de la mort d'un Dieu comme la nôtre.

VII. Il nous reste encore à déduire comme il est le Fils unique de Dieu et le principe du Saint-Esprit avec le Père : deux secrets et singularités : deux pouvoirs et raretés de sa vie divine et de sa naissance éternelle. Car il n'est pas seul procédant en la Divinité, mais il est seul Fils en la Divinité ; il est seul procédant du Père seul ; ce qui ne convient pas au Saint-Esprit, lequel est procédant du Fils aussi bien que du Père. Il est seul procédant par génération, car le Saint-Esprit procède par une autre manière ; il est donc seul procédant du Père comme Père, car le Saint-Esprit procède du Père comme principe, et non comme Père. Et c'est un des secrets et une des merveilles de l'éternité, qu'y ayant deux processions de deux personnes, toutes deux divines, toutes deux vivantes, toutes deux procédantes d'un principe de vie, toutes deux également semblables à leur principe et origine, l'une de ces personnes est Fils en la Divinité, et l'autre ne l'est pas ; et il n'y a par les oracles de la foi qu'un Fils unique de Dieu, comme il n'y a qu'un Dieu.

Je sais bien les raisons qu'on allègue en l'école sur cette difficulté, mais je sais bien aussi la lumière et la modestie de ceux qui les allèguent, et qui savent aussi bien que moi les difficultés que l'on forme à l'encontre de ces raisons et répliques, qui n'étant pas propres à cette sorte de discours, je n'y veux pas entrer. C'est assez pour instruire et abaisser nos esprits en la vue de choses si grandes, de pouvoir dire avec vérité que la raison et le principe de cette distinction est un secret que Dieu a réservé à soi-même et n'a point révélé à son Eglise ; et que les Pères et docteurs reconnaissent et confessent ingénument la profondité qui est en cette naissance éternelle, naissance de lumière, mais naissance de lumière inaccessible à la lumière créée qui la doit adorer, et ne la peut pénétrer en son obscurité. L'aigle des docteurs, et le grand maître du prince de l'école, saint Thomas, je veux dire saint Augustin (lib. III *Contra Maximinum*, c. 14) dit : *Quæris a me, si de substantia Patris est Filius, de substantia Patris est etiam Spiritus sanctus, cur unus Filius sit, et alius non sit filius? Ecce respondeo, sive capias, sive non capias : De Patre est Filius, de Patre est Spiritus sanctus, sed ille genitus, iste procedens.* « Vous me demandez pourquoi le Fils étant de la substance du Père, le Saint-Esprit étant de la substance du Père, l'un est Fils et l'autre n'est point fils. Je vous réponds, soit que vous l'entendiez ou que vous ne l'entendiez pas : le Fils est du Père, le Saint-Esprit est du Père, mais celui-là engendré, celui-ci procédant. » — Et plus bas : *Quid autem inter nasci et procedere intersit, de illa excellentissima natura loquens, explicare qui potest, etc. Distinguere inter illam generationem et hanc processionem nescio, non valeo, non sufficio. Ac per hoc quia et illa et ista est ineffabilis, sicut propheta de Filio loquens, ait : Generationem ejus quis enarrabit* (Isa. LIII, 8) : *ita de Spiritu sancto verissime dicitur : processionem ejus quis enarrabit?* « Or quelle différence il y a entre naître et procéder, qui est celui, qui parlant de cette nature si excellente et sublime, le pourra expliquer? etc. Distinguer entre cette génération et cette procession, j'avoue que je n'ai point de science, de puissance, de suffisance pour ce faire. Et partant celle-là et celle-ci étant ineffable, comme le prophète, parlant du Fils, dit : *Qui est celui qui nous racontera sa génération?* aussi parlant du Saint-Esprit, je vous dirai : Qui est celui qui nous racontera sa procession?

Qui ne rendra les armes après ce grand et fidèle serviteur du Dieu des armées ? Qui ne gardera le silence après ce grand docteur et pasteur de l'Eglise, l'oracle de son siècle et des siècles suivants ? J'aime mieux dire avec lui-même en un autre endroit et en un autre sujet, mais avec un même esprit de lumière, de sapience et de modestie qui l'accompagne partout : *Cui hæc responsio non satisfacit, quærat doctiores, sed caveat ne inveniat præsumptiores.* « Celui qui ne sera satisfait de cette réponse, qu'il cherche des hommes plus doctes ; mais qu'il se garde d'en rencontrer de plus présomptueux. » Et si le lecteur s'adresse à saint Ambroise, le maître de saint Augustin en la foi, il le trouvera dans la même humilité et modestie, adorant et avouant le secret impénétrable de la génération divine et éternelle : *Mihi impossibile est generationis istius nosse mysterium, vox silet, mens deficit, non mea tantum, sed angelorum :* « Il m'est impossible de comprendre le mystère de cette génération, la parole me manque, mon esprit s'y perd, et non-seulement le mien, mais aussi celui des anges. »

Contentons-nous de l'instruction de ces deux grands pasteurs, lumières vives, ornements rares, et fondements solides de l'état et doctrine de l'Eglise. Apprenons donc à adorer, et non à rechercher des raisons faibles sur un sujet que la raison ne peut atteindre, et que Dieu n'a point révélé. Rendons gloire à Dieu, et, avouant notre impuissance, et la grandeur de la génération éternelle, adorons en humilité la naissance du Verbe au sein de son Père ; et, admirant la grandeur, la profondité, la sublimité de cette naissance éternelle, honorons l'heureuse et divine solitude de Jésus en cette naissance, par laquelle il est seul au sein du Père en qualité de Fils, comme il est seul subsistant en qualité de personne en la nature humaine ; et comme il est seul vivant au monde en qualité de médiateur du genre humain, seul digne, seul capable, et seul puissant d'effacer nos péchés par son sang et par son mérite. Trois conditions auxquelles le Fils de Dieu n'a point de compagnie, ni en la terre, ni au ciel, ni en l'éternité, ni en la plénitude des siècles ; étant seul Fils en la Trinité, seul subsistant en l'Incarnation, seul faisant office de médiateur en la rédemption de la nature humaine.

VIII. Le dernier point proposé est que Jésus avec le Père est un principe du Saint-Esprit, produisant une personne divine dedans l'éternité. Car il est la sapience de son Père ; il est sapience féconde et non pas stérile ; et il est sapience produisant, non une chose telle quelle, mais un amour éternel. Et comme le Fils est produit en unité par la seule personne du Père, qui est son principe, il est aussi produisant en unité. Tant l'unité a lieu dans les choses divines (et nous lui en donnons si peu dans les choses de la terre), car encore que le Père et le Fils soient deux personnes produisantes, ils ne sont pas deux principes. Et ce qui est ineffable, ils sont produisants en unité de principe ; et aussi le terme de cette production admirable est encore unité. Car le Saint-Esprit est personnellement l'unité du Père et du Fils divinement unis ensemble en unité d'amour et d'esprit ; et le repos de ces personnes divines est en cet amour et unité.

O divinité ! ô fécondité ! ô unité ! ô puissance ! ô sapience ! ô amour ! ô unité d'essence ! ô unité de principe ! ô unité d'amour qui enclôt, qui comprend, qui termine l'état infini et incréé en sa nature, en ses personnes et en ses émanations ! Que de secrets et choses grandes il y a à dire sur ces divins sujets, sur ces personnes, soit procédantes, soit produisantes ; sur ces émanations internes et infinies dans un être très-simple et immuable ! Mais il vaut mieux les admirer et les adorer en un profond silence ; et il est plus séant à notre petitesse et à leur grandeur de demeurer en cette humilité et retenue, que de s'efforcer de dire peu, de choses si grandes. Et le fruit principal de ces pensées est d'avouer et reconnaître que le Dieu des Chrétiens est grand : *Deus magnus et vincens scientiam nostram. (Job xxxvi, 26.)* Dieu grand en son essence, grand en ses personnes, grand en ses émations : Dieu Père, Dieu Fils, Dieu Saint-Esprit, toujours Dieu, toujours grand, toujours un. Un en qualité de Dieu, un en qualité de Père ; un, ou plutôt unique en qualité de Fils ; un en qualité de principe produisant ; un en qualité d'esprit et d'amour personnel et produit ; et un encore en qualité de souverain Seigneur et Créateur du ciel et de la terre. Car nous allons ainsi d'unité en unité en la contemplation des choses divines, incréées et éternelles, comme nous allons d'unité en diversité en la contemplation des choses humaines et temporelles.

Belle et notable différence de la conduite et du progrès de nos esprits en ces deux monuments et contemplations différentes. Mais il en faut réserver l'étendue à une autre fois, et il est temps de finir et arrêter ce discours de la naissance éternelle de Jésus, en laquelle il est Dieu : il est Fils de Dieu, il est Fils du Dieu vivant, il est seul Fils du Père éternel, et il est principe avec lui d'une personne divine.

Ce sont les grandeurs de votre naissance première, ô Jésus mon Seigneur ! Que je les adore avant finir, et passer au discours suivant ! Que je les grave en ma pensée d'autant plus vivement, qu'il semble que vous voulez les oublier pour notre amour, et les cacher au monde sous le voile de notre humanité, et dans les ténèbres de votre mortalité ! Je dois percer ces ombres et ces voiles, et je veux reconnaître et adorer Dieu en l'homme, la vie en la mort, et la gloire en la croix. Car il est toujours Dieu, toujours vie et toujours gloire, voire la splendeur de la gloire ; et s'il veut prendre un nouvel état pour nous, nous ne devons pas m'connaître son état précédent. Avant donc qu'il s'établisse au sein de la Vierge, je le veux reconnaître et adorer au sein du Père ; avant qu'il entre en l'état que son amour lui donne, je le veux adorer en l'état que sa nature lui donne ; avant de le voir temporel, je le veux contempler éternel ; avant que de me prosterner à ses pieds, comme fait homme, je me veux prosterner devant sa majesté comme étant la majesté d'un Dieu.

Car à cet effet, son disciple bien-aimé nous apprend son essence et sa demeure éternelle, avant que de nous apprendre son incarnation ; et nous dit en peu de mots qu'il était Dieu, et qu'il était avec Dieu, avant que de nous dire qu'il s'est incarné. Elevons-nous donc en des pensées dignes d'un sujet si haut et si divin ; recherchons le Verbe en Dieu, car il est Dieu, et il est en Dieu ; il est Dieu de Dieu ; il est Dieu en Dieu, et le sein du Père éternel est son centre, son repos et son séjour ; son centre immuable, son repos invariable, et son séjour éternel. Là il est vivant de la même vie que son Père ; là il est possédant la même essence, et jouissant de la même gloire que son Père ; là il est aussi ancien et aussi puissant que son Père ; là il est la splendeur de la gloire et le divin caractère de son Père ; là il est Dieu comme son Père ; là il est opérant comme son Père, et produisant le Saint-Esprit, une personne divine, un amour éternel et personnel avec son Père ; là il est procédant et produisant tout ensemble, toujours procédant et toujours produisant, toujours procédant d'une personne divine, et toujours produisant une autre personne divine ; et en cette émanation et production, est sa vie, son état et sa grandeur. Là il est vie et lumière ; là il est source de vie et de lumière ; et là, il est source de vie et de lumière en soi-même et hors de soi-même ; en soi-même, comme principe du Saint-Esprit ; hors de soi-même, comme principe de grâce et de gloire.

O vie ! ô splendeur ! ô état du Verbe divin en ce divin séjour qu'il a au sein du Père ! O séjour ! ô sein du Père ! Là, ô Verbe éternel, je vous veux adorer en vos grandeurs, et ailleurs en vos abaissements. Là je vous dois adorer en votre divinité, et ailleurs en votre humanité ; là je vous veux adorer en votre émanation éternelle, et ailleurs en votre naissance temporelle. Avant donc que vous entriez en un sein étranger à votre essence divine, je vous adore au sein du Père, comme en la source de votre vie, comme au centre de votre repos, comme au trône de votre gloire, comme au comble de vos grandeurs, comme au séjour de votre félicité, comme au paradis de vos délices. Là vous vivez, là vous régnez, là vous opérez éternellement. Là et vous êtes, et vous paraissez toujours Dieu, toujours Fils, et toujours principe du Saint-Esprit. Là par un secret et pouvoir admirable, vous avez un être toujours procédant, et toujours produisant ; là vous êtes toujours grand, toujours heureux, et toujours immuable en votre être, en votre vie, et en votre félicité éternelle.

DISCOURS XI.

DE LA SECONDE NAISSANCE DE JÉSUS.

I. Grandeurs de Jésus en ses abaissements. Jésus est né en la Vierge et de la Vierge sans intéresser son intégrité. — II. L'humble naissance de Jésus en l'étable de Bethléem a son origine au ciel dans le sein du Père. Le Père envoie son Fils en la terre, par le même pouvoir par lequel il l'engendre éternellement. La mission du Fils de Dieu au monde est un lien commun qui tient à la génération éternelle comme à son origine, et à l'émanation temporelle comme à son effet. La naissance temporelle de Jésus est autant admirable en l'excès de son amour, que sa naissance éternelle est adorable en l'excès de sa grandeur. C'est un des privilèges de cette humble naissance, d'être seule enclose en la propriété personnelle du Père comme Père, et en la génération de son Verbe. Toutes les choses créées sont en Dieu comme en leur être éminent par sa grandeur, en leur principe par sa puissance, en leur idée parfaite par sa sapience. Dieu comme Dieu est le centre et la circonférence de toutes les choses créées ; mais Dieu comme Père est le centre et la circonférence de son Fils unique. Il n'y a que le Fils seul qui soit résidant au sein du Père. Le Père, qui seul envoie son Fils au monde, l'envoie par un pouvoir qui lui est propre. L'émanation temporelle de Jésus regarde Dieu comme Père, au lieu que la procession des créatures regarde Dieu comme Dieu. Toutes les choses qui procèdent de Dieu demeurent en Dieu ; et ce qui procède de Dieu comme Père demeure en son sein. En quel sens saint Paul appelle ce mystère, mystère caché de toute éternité en Dieu. — III. La génération temporelle de Jésus regarde l'éternelle, non-seulement comme son origine, mais aussi comme son exemplaire ; car il se fait homme par voie de naissance. Explication de ces paroles du psaume LXXI : *Ante solem permanet nomen ejus*. L'hébreu porte, *filiabitur, sive filius erit*. Chose très-considérable, que la même manière d'émanation qui établit le Fils de Dieu dans l'éternité, c'est-à-dire la voie de naissance, lui donne aussi entrée dans les temps et dans les êtres créé. — IV. Ce mystère de la naissance temporelle de Jésus est un mystère de lumière, de sainteté, d'honneur et hommage. Chaque mystère du Fils de Dieu a quelque chose de propre et de particulier, non-seulement en son état, mais aussi en son effet. La croix du Fils est proprement un mystère de souffrance et d'expiation, et sa naissance est proprement un mystère d'offrande et d'adoration. Le Père, par la naissance de son Fils, acquiert un nouvel adorateur et une nouvelle hostie. L'hostie seule digne de Dieu lui est préparée, consacrée et offerte en ce mystère de l'Incarnation du Verbe accomplie par sa naissance ; et Jésus est adorant par cette sienne hostie dès le moment de son entrée au monde, et ce sien état d'adoration est adorable et adoré des hommes et des anges. — V. La naissance temporelle de Jésus va imitant et adorant sa naissance éternelle. Cette adoration n'est pas simplement en pensée, mais par état. Tout ce qui procède de Dieu rend honneur à Dieu, ce qui a lieu jusque dans les processions éternelles. Avant le mystère de l'Incarnation, la naissance éternelle du Fils de Dieu n'avait rien de particulièrement affecté à son adoration dans la nature créée. La nature créée par son état et condition ne regardait et n'adorait en Dieu que ses grandeurs communes et essentielles, et non ses grandeurs propres et personnelles. Les grandeurs propres de Dieu ne sont ainsi adorées que dans la nature humaine, et non dans la nature angélique. En quelle manière la naissance temporelle du Verbe regarde et adore les personnes du Père et du Fils, et sa génération éternelle. — VI. Deux sortes d'adoration de Dieu, l'une dépendante des pensées de l'esprit créé, l'autre indépendante d'icelles, et attachée à la condition naturelle ou personnelle de la créature. La naissance et la filiation humaine de Jésus et la maternité de Marie regardent et adorent la paternité et la filiation divine et son émanation éternelle. — VII. Il convie les lecteurs à rendre hommage à cette naissance si grande en son abaissement, en imitant l'hommage qui y est rendu par les anges. Cette naissance a pour principe le sein du Père, pour son exemplaire la naissance éternelle, pour sa fin d'être un état adorant le Père en la génération de son Fils, et son Fils en son émanation du Père. Cette naissance est grande en son état et en ses effets, car elle se termine à la production d'un Homme-Dieu. La plus grande merveille de la nature est l'homme, et la plus grande merveille de la grâce est l'Homme-Dieu. Dieu faisant l'homme en la création, faisait comme un prélude de l'Homme-Dieu et du mystère de l'Incarnation. — VIII. Les merveilles de l'Homme-Dieu. Antithèses des grandeurs et des abaissements de Jésus, par saint Grégoire de Nazianze. Antithèses du premier et du second Adam. Effet admirable de puissance, en cet état d'impuissance. Trinité d'effets en cette naissance, qui agrandit l'homme en le faisant Dieu, la Vierge, en la faisant Mère de Dieu, et l'état du Père éternel en lui donnant pouvoir sur Dieu même. — IX. Trois fécondités divines, du Père engendrant son Fils, du Père et du Fils produisant le Saint-Esprit, de la Vierge engendrant Jésus-Christ. Trois processions divines répondant à ces trois fécondités divines. — X. La fécondité de la Vierge se termine en Jésus, à l'union hypostatique, et en la Vierge à la maternité divine; rehaussant ainsi la nature créée à la subsistence divine, et la personne créée de Marie à la dignité de Mère de Dieu. Grandeurs de la maternité divine. Il pèse que le Père éternel attend le *fiat* et le consentement de la Vierge pour l'accomplissement du plus grand de ses œuvres. Ce qui marque ce qu'elle est, et au Père éternel, et à l'œuvre. Cette haute dignité de Mère de Dieu est une des grandeurs de l'humble naissance de Jésus. — XI. Jésus fait chose plus grande par sa naissance que par sa croix, car par sa naissance il nous donne une Mère de Dieu, et sa croix se termine à la filiation adoptive, qui est beaucoup moins. Grandeurs de la maternité de la Vierge. Il y a une puissance divine cachée dans l'impuissance de Jésus naissant et enfant. En la naissance de Jésus il y a trois alliances : la première de la nature divine avec la nature humaine, en laquelle il se fait homme; la seconde de la personne du Verbe avec la personne de la Vierge, par laquelle il se fait Fils de l'homme; la troisième du même Verbe incarné avec nous, en laquelle il se fait notre Rédempteur et notre victime. Considération de la dignité et élévation de la chair de Marie en Jésus. — XII. La Vierge fait chose plus grande en Jésus que Jésus fait en la Vierge. Considération et différence des deux naissances de Jésus, en Marie et de Marie. La Vierge met Jésus au monde par le seul effort de l'amour du Père et le vouloir du Fils, et sans nul effort en la nature. Rapport de la naissance de Jésus en Marie à la naissance éternelle de Jésus au sein du Père. — XIII. Dieu comme Père est plus à honorer que Dieu comme Dieu. Ces deux qualités de Père et de Dieu sont liées admirablement par ensemble en la naissance temporelle du Fils. Il explique et pèse ces paroles de l'Apôtre : *Deus et Pater Domini nostri Jesu Christi.* Le Père éternel semble partager avec la Vierge son autorité sur son Fils, et cela comment. Récapitulation des choses expliquées en ce discours de la seconde naissance de Jésus.

I. Du trône de ces grandeurs, où le Fils de Dieu est vivant par sa naissance première et éternelle, et de cet état heureux et glorieux où il vit et règne de toute éternité, il descend et s'abaisse en la terre et au sein de la Vierge, pour y prendre une seconde naissance ; et nous le contemplons étendu sur le foin et la paille, dans l'étable et la crèche; non au milieu des anges, mais au milieu des pasteurs; non entre les personnes divines, mais entre le bœuf et l'âne. Et nos sens l'aperçoivent, non très-haut, mais très-abaissé; non très-puissant, mais très-impuissant; non produisant, mais produit; non créant, mais recevant un être créé; non éternel, mais commençant à vivre, et naissant pour mourir. Les abaissements du Fils de Dieu en cette naissance sont sensibles et manifestes, et sont traités ordinairement. Mais parce que nous traitons les grandeurs de Jésus, nous parlerons des grandeurs de cette naissance : reconnaissant Dieu en l'homme, et la grandeur dans l'abaissement, par la lumière de la foi et par l'esprit de vérité. Car Dieu est toujours Dieu, et toujours grand, Dieu dans l'humanité, grand dans l'abaissement; et comme il relève l'humanité en la déifiant, aussi il rehausse l'abaissement en le magnifiant, en imprimant une grandeur nouvelle et incomparable dans la bassesse à laquelle il s'abaisse pour l'honneur de son Père et pour le salut des hommes.

Cette naissance de Jésus en la terre a plusieurs sortes de grandeurs, car il est né en la Vierge sans intéresser sa pudicité, suivant cette parole de l'ange : *Quod in ea natum est, de Spiritu sancto est.* (*Matth.* I, 20.) Il est né de la Vierge sans intérêt de son intégrité; et la foi en ces deux paroles: *Qui conceptus est de Spiritu sancto, natus ex Maria Virgine,* nous dit ces deux vérités très-hautes et très-importantes à l'honneur de Jésus, de sa très-sainte Mère et de l'humble naissance qu'il a voulu prendre d'elle. Double naissance: l'une intérieure, *in ea*; l'autre extérieure, *ex ea*; l'une et l'autre avant ses priviléges et avantages que nous déduirons une autre fois. Et comme, en l'une, le Verbe divin s'est fait chair en la Vierge et par la Vierge, la Vierge a conçu et a divinement conçu le Fils unique de Dieu, sans intérêt de sa pureté virginale et saintement reçu cette semence du ciel, sans volupté terrestre ; aussi, en l'autre, au bout de neuf mois la Vierge l'enfante sans douleurs et sans intérêt de son intégrité, demeurant Vierge et Mère tout ensemble. Et ce divin enfant sort de sa mère comme le rayon sort d'un cristal poli, le pénétrant sans le rompre : et comme la lumière sort du soleil, le laissant aussi entier comme si elle n'en était point sortie. Car nous pouvons emprunter du ciel les qualités célestes pour honorer celui qui vient du ciel et duquel dit saint Jean : *Qui desursum venit, super omnes est. Qui de cœlo venit, super omnes est. (Joan.* III, 31.)

Mais si du ciel nous nous rabaissons à la terre, puisque Jésus est né en la terre, la terre encore rendra honneur et témoignage à son Seigneur, et nous donnera quelque exemple pour éclaircir et illustrer cette miraculeuse intégrité. Disons donc qu'il sort de la Vierge comme la fleur sort de sa tige. Car aussi est-il la fleur d'Israël, et la fleur qui embellit le monde. Or, la fleur sort de sa tige sans l'ouvrir, sans l'intéresser ; ainsi au contraire elle est l'ornement et l'embellissement de la plante ou de l'arbre qui l'a portée ; mais ces grandeurs qui ne conviennent en la terre qu'à la naissance de Jésus, ne lui sont pas tellement propres et particulières, qu'elles ne puisse appartenir à la naissance d'un homme purement homme, que Dieu voudrait honorer d'une pareille faveur, et faire naître d'une mère vierge par une pareille puissance. Elevons-nous donc plus haut, et contemplons les grandeurs propres et particulières à la naissance de Jésus : grandeurs si hautes et si excellentes, qu'elles ne peuvent appartenir qu'à un Dieu naissant au monde. Car d'autant plus que le Fils de Dieu se cache et s'abaisse dans ce mystère, plus le Père le relève et manifeste, et plus les hommes le doivent reconnaître et parler hautement de lui. Et puisque le Père éternel produit des nouvelles lumières en la terre pour honorer et manifester son Fils et inspirer aux cœurs de nouveaux mouvements de son esprit, pour le connaître et parler de lui (*Matth.* II, 20 ; *Luc,* II, 27), suivons ces lumières et ces instincts, et par une si sainte et heureuse conduite employons-nous à rechercher, découvrir et publier les grandeurs remarquables en son abaissement et en sa naissance humble, nouvelle et humaine.

II. A la vérité il la prend en terre, mais elle a son origine au ciel. Elle s'accomplit en une bourgade de Judée, mais son émanation est du Père éternel ; et une chose si basse en apparence, comme la naissance de l'enfant Jésus en l'étable de Bethléem sur le foin et la paille, entre le bœuf et l'âne, a une source si haute et si admirable, comme le sein du Père éternel, qui est la hautesse, la grandeur, la merveille de l'éternité. Car le Verbe, comme Fils, est enclos au sein du Père, et il ne vient point en la terre et en notre humanité, que par la mission de son père, et le Père ne l'envoie pour s'incarner, que par le même pouvoir par lequel il l'engendre en soi-même : tellement que le principe de sa génération éternelle est le principe de sa mission, de sa naissance et de son incarnation au monde. Suivons cette pensée, et pour un plus grand éclaircissement de cette vérité, disons que comme cette naissance du Fils de Dieu au monde, suppose la mission du même Fils de Dieu au monde, aussi cette mission suppose son éternelle procession, et comprend et emporte avec soi la génération ineffable de ce même Verbe éternel, à laquelle cette humble naissance se trouve heureusement liée et conjointe par le moyen de cette mission ; comme par un lien commun qui tient à l'émanation éternelle, comme à son origine, et à l'émancipation temporelle comme à son effet. Et ainsi lie et conjoint une même personne, engendrée par puissance dans l'éternité et envoyée par amour dans le temps, c'est-à-dire conjoint en un même Fils de Dieu incarné, sa naissance divine et éternelle, et sa naissance humaine et temporelle.

Car en contemplant ce très-humble et très-haut mystère, nous voyons par les yeux de la foi, que celui qui prend naissance au sein de la Vierge et se fait homme, est celui-là même qui est au sein du Père, et qui est Dieu par sa naissance divine et éternelle, comme il est homme par sa naissance humaine et temporelle. Nous voyons que celui qui vient en la terre pour attirer la terre à soi et se rendre par un nouveau droit le souverain de l'univers, est celui-là même qui a formé la terre avec le Père, et par le même pouvoir qu'il a reçu du Père, et ne vient en la terre que par l'envoi et la mission du Père, et pour y établir par son abaissement, la grandeur, la puissance et la gloire de son Père. Nous voyons que celui qui semble comme sortir du sein du Père pour entrer au sein de la Vierge, ne délaisse point pourtant le sein du Père, et est tout ensemble, divinement au sein du Père, et humblement au sein de la Vierge ; et à cette double résidence, dont l'une est autant admirable en l'excès de son amour, comme l'autre est adorable en l'excès de sa grandeur. Concluons donc que cette incarnation et naissance en la terre regarde le sein du Père comme sa source et son origine d'où elle est heureusement dérivée en la terre. Mais je passe plus outre, et je dis (ce qui est digne d'être bien considéré) que cette naissance nouvelle du Verbe éternel a cela de propre et singulier (et c'est sa prééminence et son privilège) qu'entre toutes les choses qui procèdent de Dieu et qui se terminent hors de Dieu, elle est seule enclose et comprise en la propriété personnelle du Père comme Père, et en la génération de son Verbe, qui est la première émanation de Dieu, en l'honneur, en la puissance et en la vertu de laquelle s'accomplit le mystère de l'Incarnation et la naissance du Fils de Dieu en notre humanité.

Pour mieux entendre cette vérité, prenons le discours de plus haut, et remarquons que Dieu par son essence est le centre et la circonférence de toutes choses, et toutes choses sont en Dieu comme en leur éminent, par sa grandeur ; comme en leur principe, par sa puissance ; et, comme en leur idée parfaite, par sa sapience, qui sont trois points distincts, en vertu desquels Dieu contient et comprend tout ce qui est créé. Mais le Père éternel, comme Père et en la propriété de sa personne, est le centre et la circonférence de son Fils, et le Fils le regarde comme son centre, centre où il est, où il vit, où il repose, et où il a sa demeure éternelle; le Fils étant en son Père comme en celui qui le comprend, ainsi qu'un infini égale et comprend un autre infini, et ainsi que les personnes divines, par un secret adorable à nos esprits finis et limités, se comprennent mutuellement l'une l'autre. Et dans le Père éternel comme Père, il n'y a que son Fils et ce qui regarde la personne de son Fils, qui est unique en la Divinité, et qui aussi a voulu être unique en notre humanité. Le Saint-Esprit même, qui procède du Père, est bien dans le Père comme en son principe, mais n'est pas en lui comme en son Père, car il n'est pas procédant du Père comme Père, et il n'est pas le Fils du Père. Cette qualité n'est propre qu'à celui qui est nommé le Fils unique, et que le Père nous a donné en le qualifiant du nom de son Fils bien-aimé, auquel il prend son bon plaisir (*Matth.* xvii, 5); Fils qui en l'éternité est la première émanation du Père, et qui seul est procédant de lui par vraie et naturelle génération, et a sa résidence et sa demeure au sein du Père, car le sein proprement est un terme affecté et approprié à la génération.

Le Fils donc est au sein du Père, car il est Fils; le Fils est seul au sein du Père, car il est seul Fils; et le Père seul envoie son Fils pour s'incarner, car il est seul le Père de ce Fils, puisque les missions en la divinité n'ont rapport qu'au principe de leur procession, selon la voix commune de toute la sacrée théologie. Disons donc hardiment et hautement, que le Père seul envoie son Fils pour s'incarner; et ce qui est de grand poids et établit le point principal de ce discours, qu'il l'envoie comme Père; et partant qu'il l'envoie par le même pouvoir par lequel il l'engendre (pouvoir qui n'appartient qu'au Père), et non pas par le pouvoir par lequel il crée le monde, qui est un pouvoir commun aux trois personnes de la sainte Trinité. Il est donc clair que cet envoi et communication du Fils de Dieu au monde, a son origine au Père et au Père seul; d'où nous apprenons une belle différence entre cette mission et production nouvelle du Fils de Dieu, et la production des créatures. Car, au lieu que les créatures procèdent de Dieu comme Dieu, et non pas de Dieu comme Père, cette mission temporelle du Fils de Dieu en la terre a cela de propre et de singulier, qu'elle procède de Dieu comme Père, aussi bien que l'émanation éternelle du même Fils; et aussi cette mission a cela de propre et particulier, aussi bien que l'éternelle émanation, qu'elle est enclose et cachée, et seule enclose et cachée au sein du Père, duquel seul elle prend son origine.

Et c'est pourquoi à mon avis l'Apôtre en divers lieux nomme le mystère accompli par cette mission, le mystère caché de toute éternité en Dieu. Car il nous faut remarquer ce beau principe qui doit servir de fondement à nos pensées, et de conduite à nos mœurs, que tout ce qui procède de Dieu demeure en Dieu même, en une certaine manière, comme en son principe; d'où vient que les choses créées comme issues de la divine essence demeurent en cette essence, et aussi cette mission et incarnation qui procède du sein du Père, a une sorte de résidence au même sein du Père comme en son principe. Et comme entre toutes les autres choses elle a seule cette prérogative de procéder du sein du Père seulement, comme de celui qui seul engendrant son Fils est seul l'envoyant pour s'incarner, elle a aussi cette prérogative d'être seule enclose, résidente et cachée au sein du Père, comme en sa gloire, en son repos et en son principe; en quoi nous avons à admirer l'excellence de cet œuvre de l'Incarnation entre toutes les œuvres de Dieu, et à reconnaître et adorer la profondeur et la singularité de ce mystère entre tous les autres mystères de la terre et du ciel, de la grâce et de la gloire. Mystère auquel le principe de la génération éternelle est le principe, et le seul principe de la mission temporelle de celui qui vient prendre naissance au milieu de nous, avant laquelle il est au sein du Père comme en son repos éternel, comme en la vive source de son être, et comme en l'origine de sa mission, de sa naissance et de son incarnation en la terre.

III. D'une source si haute, si vive et si puissante, et d'une origine si grande, si profonde et si divine, que devons-nous attendre sinon chose très-grande, et qui surpasse la hautesse et des hommes et des anges? Et puisque la naissance de Jésus en la terre procède de cette source et vient de ce principe, ne sera-t-elle pas conforme à son principe? c'est-à-dire grande et admirable comme lui; et le plus grand des prophètes, ravi en la contemplation de ce mystère, n'a-t-il pas eu raison de nous dire: *Generationem ejus quis enarrabit?* (*Isa.* LIII, 8.): Or elle n'a pas seulement cela de propre et singulier d'être enclose et comprise en la personne du Père, comme en son principe, mais elle a encore une autre sorte de rapport à lui et à la génération éternelle, d'autant qu'elle s'y rapporte non-seulement comme à son origine, mais aussi comme à son exemplaire. Car le Fils de Dieu ne veut pas seulement se faire homme, mais il se veut faire homme par naissance, comme il est Dieu par naissance, et il veut être Fils de l'homme comme il est Fils de Dieu : ceci mérite d'être davantage exposé.

Disons donc, et nous devons prendre plaisir à le penser et à le dire plusieurs fois, tant ce point est délicieux et concerne aussi les délices du Fils de Dieu, qui se plaît d'être Fils de l'homme entre les enfants des hommes. Disons donc :

Que le Verbe éternel se contemplant soi-même et se voyant être Dieu en son essence divine, a voulu prendre une nouvelle essence, et se faire Homme-Dieu pour le salut des hommes ; et se voyant en la Divinité par naissance et par origine de son Père éternel, a voulu être en cette humanité par naissance et origine de sa sainte Mère. Et il a ainsi voulu être en un état correspondant à celui auquel il est en la Divinité, et être Fils de l'homme en la terre comme il est Fils de Dieu au ciel, et avoir l'humanité par filiation humaine, comme il a la divinité par filiation divine, et porter le même nom de Fils en l'une et en l'autre nature, c'est-à-dire et en sa nature éternelle et en sa nature temporelle. Tant il prend de plaisir en sa naissance divine et éternelle, tant il la veut exprimer et imiter en une seconde naissance, tant il la veut honorer et publier par un nouvel état, et tant il a agréable ce nom et cet état de filiation qui le constitue Fils de Dieu au sein du Père, et Fils de l'homme au sein de sa Mère ! D'où vient que dans le psaume LXXI, tout approprié au Messie par les rabbins mêmes, au verset 17, où nous avons : *Sit nomen ejus benedictum in sæcula, ante solem permanet nomen ejus.*

La diction hébraïque nous découvre un secret digne de ce mystère, comme le remarque le docte Génébrard, lumière de ce siècle, et ornement très-accompli de cette célèbre Faculté de Paris. Car ce grand docteur, expliquant ce verset, et ne trouvant point en latin de nom énergique pour exprimer la force de ces paroles hébraïques, en forme un nouveau qui ne peut être traduit en français. Ce qui m'oblige de l'employer en ce traité, et de lui donner cours sous l'autorité et le sauf-conduit de cet auteur excellent, encore qu'il semblera un peu étrange à ceux qui recherchent plus la délicatesse que l'énergie des paroles. Je dirai donc après lui, que l'hébreu dit, parlant du Messie, où nous avons : *Sit nomen ejus benedictum in sæcula, ante solem permanet nomen ejus :* « *Filiabitur proprie, seu filius erit : Filius appellabitur nomen ejus,* » etc. Et que les anciens Hébreux ont observé que ce mot de Fils, inséré en ce texte, est un nom propre du Messie, comme étant le plus beau nom qu'il ait et auquel il se plaît le plus. Nom qui marque sa divinité, en laquelle il est Fils de Dieu ; nom qui marque son humanité, en laquelle il est Fils de l'homme ; nom qui marque son origine et sa double origine, qui lui est bien chère et bien précieuse.

Car il n'est subsistant entre les personnes divines qu'en la relation qu'il a comme Fils à son Père, lequel il aime et regarde d'un amour éternel ; et il n'est vivant et subsistant entre les hommes que par la naissance qui fonde le rapport et la relation qu'il a comme Fils à sa très-sainte Mère, laquelle il chérit et aime uniquement comme sa source unique et son origine en la terre. Ce nom encore nous marque en ce verset la naissance du Verbe en l'éternité : *Ante solem filiabitur nomen ejus,* etc., c'est-à-dire avant que le soleil fût formé, il a le nom, l'être, et la qualité de Fils. Et il nous marque le temps de sa naissance en la terre en la mi-nuit, avant l'aurore : *Ante solem filiabitur nomen ejus,* c'est-à-dire avant que le soleil soit levé. Car le texte original peut porter l'un et l'autre sens, et peut être appliqué à la filiation divine et à la filiation humaine du Messie, et nous apprend que c'est son propre d'être fils ; que ce nom ne lui convient pas par imposition, comme plusieurs noms attribués aux personnes de la terre ; mais que c'est un nom qu'il tire de sa naissance et de son origine ; que c'est un nom qui est né avec lui, et avec lequel il est né avant la naissance du soleil : *Ante solem filiabitur nomen ejus,* nom qui durera autant et plus que le soleil.

Et aussi c'est le nom auguste et sacré sous lequel le Père éternel a pris plaisir de le nous donner et présenter à la terre en nous disant : *Hic est filius meus dilectus.* Car ce sont les paroles selon lesquelles le Père l'annonce et le manifeste lui-même, et à saint Jean au désert, et aux apôtres en la gloire de la transfiguration, publiant ce nom en l'univers, digne d'être appris aux hommes par le Père éternel, et prédit par son prophète, en ce texte mémorable, qui nous dit selon l'hébreu : *Ante solem filiabitur nomen ejus,* et selon notre version : *Ante solem permanet nomen ejus,* et nous exprime en ces deux termes différents, et l'origine et l'éternelle durée de ce nom ; car il durera autant que le soleil, c'est-à-dire une éternité, en laquelle Jésus sera pour jamais et Fils de Dieu et Fils de l'homme.

De cette sacrée parole, et de ce nom de Fils ainsi propre au Messie, selon la vérité de ce texte sacré, nous recueillons une nouvelle grandeur de cette naissance humaine et temporelle. Car comme la première émanation et communication de Dieu dans soi-même est par sa naissance et génération éternelle, aussi la première et suprême émation et communication de Dieu hors de soi-même est par cette naissance temporelle, en laquelle le Fils de Dieu est le Fils de l'homme, et le Fils de l'homme est Fils de Dieu au sacré mystère de l'Incarnation.

Et c'est une grandeur très-remarquable en cette naissance, que de produire en l'univers, et porter à la créature la plus haute communication de Dieu qui puisse être faite hors de lui-même. Et que Dieu grand et admirable en ses pensées et en ses conseils sur les enfants des hommes, et beaucoup plus en ses pensées et conseils sur son Fils unique, voulant faire la plus grande et plus ineffable communication de l'être divin que puisse recevoir l'être créé, ne choisisse point d'autre voie, pour le donner au monde, que cette humble naissance que nous adorons en la terre et qui abaisse Dieu pour nous élever, et qui rehausse une substance humaine jusqu'à la subsistence du Verbe. Et qu'une même manière d'émanation donne entrée au Fils de Dieu en la terre en la plénitude des siècles, qui établit le Fils de Dieu dedans l'éternité et lui donne l'être en la divinité. Afin qu'un même qui est Fils de Dieu soit Fils de l'homme, et que tout l'état de filiation propre et naturelle, mais vraiment divine et surnaturelle, soit révéré, consacré et adoré en une même personne, qui est recevant ses deux natures différentes en une même manière; qui possède ces deux essences, l'une éternelle, l'autre nouvelle, par un même titre, c'est-à-dire par naissance; et qui est établie et par naissance en la divinité, et par naissance en l'humanité sacrée, dont il soit béni en la terre et au ciel pour jamais.

IV. De ces grandeurs s'en ensuivent d'autres, et nous allons de grandeurs en grandeurs en contemplant la naissance de Jésus. Car cette naissance humaine est un mystère de vie, puisque celui qui est vivant de la part du Père, qui est produit comme vivant par la propriété de son émanation, qui est la vraie vie, et qui se nomme lui-même absolument la Vie, et qui est vie et source de vie en soi-même et hors de soi-même; veut prendre vie en ce mystère pour être notre vie à jamais. C'est un mystère de lumière; car celui qui est lumière de lumière, qui est émané du Père des lumières, qui est émané de lui comme lumière; et qui est la propriété de sa personne est la splendeur du Père, étant lumière en son essence et en sa personne, vient par ce mystère au monde pour être la lumière du monde, comme il dit lui-même : *Ego lux veni in mundum*, etc. (*Joan.* xii, 46); *Ego sum lux mundi.* (*Joan.* viii, 12.) Et aussi naît-il avec lumière en plein minuit, et fait son entrée en la terre avec une lumière du ciel éclairant les ténèbres de la nuit, et donnant double lumière aux pasteurs. Et comme en sa mort la lumière du monde s'est obscurcie et s'est convertie en ténèbres, aussi en sa naissance une nouvelle lumière et une lumière extraordinaire au monde a paru éclairant les rois, l'Orient et la Judée; le ciel marquant ainsi et honorant la naissance de Jésus comme naissance d'une nouvelle lumière au monde. Cette naissance est un mystère de sainteté selon ces paroles angéliques : *Quod nascetur ex te sanctum* (*Luc.* i, 35); et un mystère de sainteté par excellence, même entre les autres mystères de Jésus. Car il porte et opère en l'univers la plus grande sainteté et la plus éminente sanctification qui soit et qui puisse être, et sur laquelle sont fondées toutes les autres saintetés et sanctifications remarquables en la terre et au ciel.

C'est la naissance du Saint des saints, c'est la naissance d'un Dieu-Homme et d'un Homme-Dieu, c'est la naissance de l'ordre et de l'état de l'union hypostatique, lequel porte hors de Dieu la sainteté la plus haute et la plus éminente qui soit possible, et la plus proche de la sainteté superessentielle de Dieu même, que cet ordre et état suprême enclôt et comprend en soi-même comme sa forme et son principe. Or cette sainteté nouvelle en la terre et au ciel, et cette grâce admirable de l'union hypostatique a sa naissance en la naissance de Jésus, et prend son origine en ce mystère; et d'icelui se dérive et s'étend en tous les autres mystères de Jésus, en tous ses états et en toutes ses œuvres. Car, à proprement parler, les autres mystères du Fils de Dieu sont mystères ou d'actions ou de souffrances saintes, mais ce mystère est un mystère de substance, et mystère produisant au monde la substance même de la sainteté, de laquelle procèdent, et en laquelle reposent ses actions et ses souffrances saintes, et en laquelle subsistent tous les autres états divers et divins qu'il a, soit en la terre, soit au ciel.

Reconnaissons donc ce mystère comme mystère de vie, comme mystère de lumière, comme mystère de sainteté, comme mystère de substance, et non-seulement d'action ou d'accident; comme mystère de sainteté substantielle, de sainteté primitive, de sainteté originale et fondamentale de tous les mystères, de toutes les œuvres, et de tous les états de Jésus. Et recueillons de ce mystère une grâce, une sainteté, une lumière, une vie, une vie de lumière, une lumière de vie en Jésus, comme effets propres et procédant de l'état et de la condition de ce mystère, auquel le Fils de Dieu se va donnant et manifestant au monde. Dont nous voyons qu'en icelui, plus qu'en aucun autre temps, en aucun autre état, en aucun autre mystère de sa vie, il donne vie et connaissance de lui-même. Car c'est en cette naissance que les anges l'annoncent, les pasteurs le manifestent, l'étoile le découvre aux mages; les mages le publient en la Judée, le Saint-Esprit le révèle au temple, saint Siméon et sainte Anne prophétisent de lui à tous ceux qui attendent la rédemption d'Israël. Et les âmes saintes, désireuses de prendre part à la sainteté, à la vie et à la lumière de Jésus, doivent recourir à l'efficace de ce mystère comme à un mystère de sainteté, de vie et de lumière substantielle, ou plutôt supersubstantielle; et comme à une source de sainteté de vie et de lumière au monde.

Cette naissance de Jésus a encore une qualité et propriété bien digne de Jésus, et bien digne des précédentes. Car c'est un mystère d'honneur et d'hommage, un mystère de louange et d'adoration à la Divinité par l'humanité subsistante en ce mystère. Pour le bien entendre, remarquons que chaque mystère du Fils de Dieu a quelque chose de propre et de particulier non-seulement en son effet, mais aussi en son état. Et que comme la croix est proprement un mystère de souffrance et d'expiation, aussi sa naissance est proprement un mystère d'offrande et d'adoration. Mystère auquel nous voyons que le Père éternel acquiert tout ensemble un adorateur nouveau et une hostie nouvelle; car Jésus le parfait, le suprême, le divin adorateur, est naissant en ce mystère; et il est naissant comme hostie et hostie de louange, et comme hostie qui reçoit son accomplissement dans ce même mystère, et y fait sa fonction et son office, rendant louange et adoration au Père éternel. Ces points sont évidents à qui pénètre tant soit peu l'état de ce très-haut et très-humble mystère. Et pour procéder par ordre, en premier lieu, c'est en ce mystère de la naissance humaine de Jésus, en Marie et de Marie, que la vraie et l'unique hostie du Père éternel est préparée par l'incarnation du Verbe (qui se fait en cette naissance), en tant que cette humanité, qui étant capable par sa nature, est rendue digne par sa subsistence d'être une hostie de louange et d'adoration parfaite à la majesté suprême. Secondement, c'est en ce mystère que cette hostie, ainsi choisie et ainsi séparée du commun des hommes par la main de Dieu qui s'applique singulièrement à la former et produire, dans le même instant qu'elle est produite, est consacrée par l'onction de la Divinité et par l'union ineffable et hypostatique qui se fait en cette même naissance. Et en troisième lieu, c'est en ce mystère que l'hostie ainsi choisie et ainsi consacrée est offerte et présentée à Dieu par l'oblation que Jésus fait de soi-même entrant au monde, selon le texte mémorable de saint Paul. (*Hebr.* x, 5 seq.) Car un même instant et un même mystère, c'est-à-dire le mystère de la naissance humaine de Jésus, accomplit et comprend ces trois points nécessaires à l'état parfait des hosties en qualité d'hosties. Et cette hostie divine, au même instant qu'elle est formée, accomplie et dédiée, accomplit son office, le premier instant de sa vie et de sa subsistence divine étant le premier instant de son élévation et oblation au Père éternel. Et Jésus est adorant d'une adoration nouvelle, d'une adoration primitive, d'une adoration divine, d'une adoration adorable et adorée des anges qui la voient, Jésus, dis-je, est ainsi adorant la Divinité par l'humanité, au même instant qu'il est formé dans le ventre de la très-sainte Vierge, et qu'il fait son entrée au monde.

V. Or, comme ce mystère de la naissance humaine du Fils de Dieu est un mystère d'hommage absolu et universel à la Divinité par l'humanité déifiée en ce même mystère, c'est encore un mystère consacré à l'hommage propre et particulier de la naissance éternelle par la naissance temporelle, et de la filiation divine par la filiation humaine. Et cet état de naissance et filiation humaine est un état vraiment imitant, regardant et adorant la naissance et filiation éternelle, à laquelle elle a un parfait et divin rapport, comme à son origine et à son exemplaire. Car Jésus est naissant au sein de la Vierge parce qu'il est naissant au sein du Père; Jésus est fils de l'homme parce qu'il est Fils de Dieu. Et cette humble naissance et filiation humaine est dérivée d'une source si haute et si puissante, comme le sein du Père; et en la terre elle regarde proprement le Père en qualité de Père, et comme engendrant son Fils unique; et est imitant et adorant en la terre, par la propriété de son état et de sa condition, une chose si grande, comme la génération éternelle, qui est une merveille et une source de merveilles dans l'éternité. Et comme le Fils de Dieu est tellement fils de l'homme qu'il sera toujours Fils de l'homme, aussi a-t-il en soi un état permanent et une qualité perpétuelle, qui regarde incessamment la filiation divine, comme son exemplaire et son origine. Je supplie le lecteur de prendre garde comme je ne dis pas seulement que le Fils de Dieu est adorant par ses propres pensées cette filiation, mais que je dis que par ce mystère il est en un état et en une qualité qui d'elle-même adore le Père éternel en qualité de Père, et qui adore la naissance divine de son Fils unique, et sa filiation éternelle.

Ce point est grand et mérite d'être bien entendu, et est fondé sur une proposition grande et universelle, qui doit servir et de fondement à nos discours, et de règle à nos mœurs : que tout ce qui est procédant de Dieu regarde Dieu et rend honneur à Dieu. Proposition si véritable, qu'elle a lieu même ès personnes divines, lesquelles se regardent et s'honorent mutuellement; et en ces relations et regards d'honneur et d'amour est la subsistence et la vie de la très-sainte Trinité. Et si de ce haut état des processions divines et immanentes nous descendons en la vue des choses issues de Dieu et existantes hors de Dieu même, il est facile d'y remarquer en toutes la vérité de cette proposition, et de reconnaître que ce qui est ainsi procédant, non de Dieu en Dieu même, mais de Dieu hors de Dieu, regarde et rend hommage et adoration à Dieu, adorant en sa condition créée les grandeurs de l'Être incréé.

Ainsi l'ordre des séraphins adore par son état séraphique, qui est un état d'amour, l'amour incréé dont il est émané. Ainsi l'ordre des chérubins adore par son état, qui est un état de lumière, la lumière incréée dont il est issu. Ainsi l'ordre des trônes adore par son repos et sa stabilité le repos et la stabilité de Dieu en soi-même et en ses propres perfections. Ainsi l'être et la vie des choses existantes et vivantes adore l'être et la vie de Dieu, qui est sa cause et son principe. Ainsi les natures intellectuelles adorent comme telles la suprême intelligence, qui est Dieu, auquel appartient par essence de se voir et connaître soi-même, et toutes choses en soi. Mais comme toutes les choses créées procèdent de Dieu comme Dieu, et non de Dieu comme Père ou comme Fils, etc., aussi elles ne regardent que l'être essentiel de Dieu, et ne manifestent que son essence, et non pas ses personnes; et par leur condition elles ne rendent hommage qu'aux perfections essentielles et communes des personnes divines. Tellement que la naissance éternelle du Fils de Dieu n'avait rien hors de Dieu et dans les créatures proprement affecté à la louer et adorer. Les anges l'adoraient par esprit et par connaissance, mais non par état et condition. Les hommes l'ignoraient en l'obscurité de leur créance. Et chose si grande et si principale en Dieu comme la paternité divine et la filiation divine était sans cette propre et singulière sorte d'hommage et de reconnaissance, qui

OEUVRES COMPL. DE DE BÉRULLE.

git en pareil hommage à celui que les choses créées rendaient aux perfections de la divine essence, par l'état et la condition de leur être.

Mais il a plu à Dieu d'établir en la terre ce divin mystère de la naissance de Jésus; et par ce moyen il y a en la terre ce qui n'est point au ciel, et entre les hommes ce qui n'est point entre les anges; c'est-à-dire il y a une naissance nouvelle et filiation admirable, qui a cela de propre et de singulier, qu'elle regarde non-seulement l'être essentiel, mais aussi l'être personnel de Dieu. Et cette naissance est seule entre toutes les choses créées qui le regarde, et le regarde en une singulière et éminente qualité qui n'appartient qu'à elle. Aussi rend-elle hommage, et hommage divin, à l'être personnel du Père engendrant son Fils, à l'être personnel du Fils engendré de son Père, et à la génération divine qui, par cette émanation interne, lie le Père au Fils, et le Fils au Père, d'une résidence très-intime et d'une unité très-adorable. Et au lieu que les choses créées ne regardent les perfections de Dieu que comme des vestiges, des ombres et des images de choses si divines, ce mystère de Jésus naissant de sa très-sainte Mère, et cette naissance et filiation humaine, regarde et adore chose si grande, si propre et si divine comme les propriétés personnelles, et les regarde en une manière grande. Car elle regarde et adore le Père comme celui qui est son origine et son principe (selon les propos précédents); elle regarde le Fils comme celui qui est son terme et sa subsistence; elle regarde la naissance divine que le Fils a du Père comme celle qui est sa cause et son exemplaire.

VI. Jésus donc porte ainsi en soi-même un état regardant et adorant son état éternel. Et avant sa naissance, il n'y avait rien, ni en la terre, ni au ciel, qui regardât proprement, qui exprimât parfaitement, et qui honorât divinement le Père comme Père, et son Fils comme Fils, en l'état de sa naissance divine et de sa filiation éternelle. Et Jésus est seul adorant par son état les personnes et les émanations divines, que les anges adoraient bien au ciel par les actions de leur entendement et volonté, mais non pas de cette sorte d'adoration dont nous parlons, qui est bien différente: car nous parlons d'une adoration qui est par état, et non par action; d'une adoration qui n'est pas simplement émanante des facultés de l'esprit, et dépendante de ses pensées; mais qui est solide, permanente et indépendante des puissances et des actions, et qui est vivement imprimée dans le fond de l'être créé et dans la condition de son état. Et ainsi nous disons qu'avant cette naissance nouvelle, il n'y avait rien qui fût, par soi-même et par sa condition ou naturelle ou personnelle, adorant et rendant hommage à ces divins objets, et qui portât en son origine, en son être et en son état la relation, la marque et l'impression de chose si grande et si haute.

Si la grandeur de cette proposition donne désir à quelqu'un de la mieux pénétrer et entendre, je le supplie de considérer le fondement solide que nous avons posé, et de remarquer plus d'une fois cette vérité, que tout ce qui est créé est procédant de Dieu comme Dieu, et non pas de Dieu comme Père, ni de Dieu comme Fils; et que par ainsi tout ce qui est créé regarde et honore l'être essentiel, mais non l'être personnel de Dieu; car l'être personnel, comme personnel, n'opérant et n'imprimant rien de soi hors de la Divinité, il n'y a rien aussi dans la nature créée qui appartienne à la distinction, à la propriété et à la singularité des personnes. Et choses si grandes et si émerveillables en la Divinité, comme d'être Père d'un Dieu Fils, et d'être Fils unique et éternel de Dieu, n'ont rien ni en la terre, ni au ciel, ni dans le temps, ni dans l'éternité, qui les regarde distinctement, et qui rende hommage par la propriété de son état, à la propriété de ces deux personnes divines, dont l'une est Père, et l'autre est fils. Cela n'appartient qu'à cette seule naissance dérivée de la Vierge, et à l'état heureux et admirable de la maternité dont elle procède; car cette naissance, filiation et maternité regardent l'être et les propriétés personnelles de Dieu, en regardant le Père éternel, qui, comme Père, donne son Fils à cette humanité; et en regardant ce même Fils, qui, comme Fils de Dieu, se fait Fils de l'homme, et prend sa naissance en cette nature humaine.

Et comme cette seule naissance et la filiation humaine de Jésus regarde ainsi l'être personnel de Dieu comme Père et comme Fils, aussi cet être personnel ne regarde proprement hors de soi-même que cette naissance, en laquelle le Père donne son Verbe, et le Verbe imprime divinement sa propre personne en notre humanité, et forme une image vive, expresse et glorieuse de sa naissance éternelle, par une naissance temporelle. Et cette nouvelle naissance et filiation est l'unique sujet que le Fils de Dieu, comme Fils, regarde hors de soi-même, et qu'il regarde comme sa vive image en son caractère, qui porte la ressemblance et l'impression de sa substance et de son émanation éternelle. Et, à son exemple, nous devons ainsi contempler et regarder cette naissance et filiation nouvelle comme un fonds rare et précieux, comme un divin sujet, auquel il imprime son être, et représente sa grandeur personnelle. Et comme le Père éternel en son éternité produit son Fils, et, le produisant, le regarde comme sa vive image et comme celui auquel il communique son essence; ainsi le Fils de Dieu, opérant en ce mystère de l'Incarnation au milieu de la terre, se produit soi-même d'une nouvelle production, en se faisant Fils de l'homme, comme il est Fils de Dieu; et, se contemplant soi-même en ce mystère, se voit être en un nouvel état, qui honore son état éternel et rend hommage à sa naissance divine par sa naissance humaine: naissance en laquelle à la vérité Dieu s'abaisse pour se faire Fils de l'homme; mais en s'abaissant il élève, il honore, il déifie cette humble naissance, et la rend digne d'être sublimement, parfaitement et divinement adorante sa naissance éternelle.

VII. Voilà l'état de cette humble naissance devant les yeux du Père des lumières; voilà sa condition à la vue du ciel et des anges. État et condition bien différents de ce qui paraît aux yeux des hommes, qui ne voient que choses basses en chose si grande; mais c'est la misère de la terre, qui a l'obscurité, l'aveuglement et les ténèbres pour son partage; c'est le bonheur du ciel, qui a les sources vives de toute lumière dedans soi-même. Et puisque nous recevons du ciel, et non de la terre, cette lumière même qui doit éclairer nos yeux, c'est du ciel que nous devons recevoir la vraie lumière qui doit éclairer nos esprits. C'est en la lumière du ciel qu'il nous faut contempler celui qui vient du ciel, et qui couvre ses grandeurs de nos bassesses, ses lumières de nos ténèbres, pour être, vivre et traiter avec nous. En la vue de cet objet, délaissons nos sens, élevons-nous par-dessus nous-mêmes, voyons l'état et le comportement du ciel et des anges sur celui qui prend naissance en la terre; ils fondent en terre, ravis par la grandeur, tirés par la puissance de ce nouvel objet; ils quittent le ciel pour voir et adorer en terre une grandeur qui n'est point dans le ciel. Ils se rendent suivants et servants en la terre une majesté cachée et inconnue en la terre, et voient beaucoup plus de grandeurs en cette naissance, que nos sens n'y aperçoivent d'abaissements.

Imitons les anges, approchons-nous comme eux de ce divin enfant. Voyons cette lumière naissante, mais en sa lumière; et nous verrons, comme eux, que cette humble naissance de Jésus prend son origine du sein du Père; nous verrons qu'elle est une imitation en la terre de la naissance éternelle, et un état appartenant et consacré à l'hommage de la naissance divine; et nous verrons que des causes si hautes et si grandes ne peuvent se terminer et aboutir qu'à choses grandes. Cette naissance donc si haute en son origine, si élevée en son objet, si sublime et si sainte en ses fins; cette naissance, dis-je, qui a pour son principe le sein du Père, pour son exemplaire la naissance éternelle, pour sa fin d'être un état adorant le Père en la génération de son Fils, et le Fils en son émanation du Père; sera grande en son état et en ses effets, comme elle est grande en ses causes, en ses fins et en son origine. Aussi voyons-nous que cette naissance se termine à la production d'un Homme-Dieu, et d'un Homme-Dieu, non par grâce, mais par nature; non par opération, mais par communication de la Divinité; non par inhabitation, mais par subsistence; et non en union, mais en unité de personne.

La lumière et la puissance de la nature ne connaît point un plus grand miracle que l'homme. Et aussi Dieu, créant le monde, s'est arrêté en sa production, comme au dernier et suprême de ses œuvres en l'ordre de la nature. Mais la lumière et la puissance de la grâce, bien plus élevée que celle de la nature, et Dieu même, auteur de la nature et de la grâce, Dieu, dis-je, en l'étendue de sa connaissance, de sa lumière et de sa puissance, ne connaît point un plus grand miracle que l'Homme-Dieu, puisque Dieu même est enclos et compris dans le cercle et la circonférence de ce miracle. Les anciens ont employé et déployé leur éloquence à célébrer les grandeurs et perfections de l'homme, et avec raison, puisque l'homme est vraiment un grand miracle. Car nous voyons en sa substance deux natures très-différentes, unies d'une admirable façon: l'une toute spirituelle, qui fait remuer mille choses sans se mouvoir, qui monte au ciel et descend aux abîmes sans changer de place, qui range dans le cabinet de sa mémoire tout le monde, sans qu'il y tienne lieu, qui conjoint tous les temps passés en un sans succession, qui est toute en ce corps, et en chaque partie de ce corps, comme en son univers, et qui est une image de Dieu et de la souveraineté et opération de Dieu en la terre; l'autre est corporelle, animale et sensible, par laquelle il vit, il sent, il imagine, et est un abrégé de cet univers en sa structure et en sa composition. Et de ces deux natures unies ensemble résulte un excellent composé, qui a existence comme les éléments, vie comme les plantes, sentiment comme les animaux, et intelligence comme les anges.

C'est le mélange le plus parfait et le plus admirable qui soit en la nature, auquel il semble que Dieu ait voulu faire un abrégé de ses œuvres et réduire au petit pied la grandeur de son univers, ou plutôt faire un nouvel univers et un petit monde: petit monde qui enclôt avec plus de merveilles toutes les perfections de ce grand univers; petit monde qui porte au milieu de l'univers comme un abrégé de Dieu en l'esprit de l'homme, et un abrégé du monde en la composition et structure admirable de son corps. Et ce mélange si parfait est sans confusion de natures; car chacune demeure différente, et en son essence, et en ses puissances, et en ses opérations; mais elles sont admirablement unies en subsistence, et en l'unité d'une même personne, composée de deux natures si différentes.

Il me semble en ces pensées que l'homme, qui est à l'image de Dieu, par lequel il est fait, est encore l'image de l'Homme-Dieu, par lequel il est refait, et que Dieu, faisant l'homme, faisait comme un prélude du mystère de l'Incarnation. Et c'est pourquoi il s'applique en la production de l'homme d'une autre manière que pour faire ni le ciel, ni la terre, ni aucune partie de cet univers. Il entre en son conseil, et en délibère avec soi-même. Il prend entre ses mains une pièce de terre, dont il le veut former; il la forme et la moule par soi-même, et non par ses anges. Il y inspire l'esprit de vie, et y marque et imprime son image très-parfaite. Il le rend souverain entre ses œuvres, et, lui étant le seul Dieu éternel, invisible et universel, il le met comme un Dieu temporel, visible et particulier au milieu de ses œuvres.

Contemplant ce procédé de Dieu en la création de l'homme, qui n'admirera le soin particulier qu'il a en ce seul ouvrage, et qui ne s'étonnera de cet abaissement de la grandeur de Dieu, qui se mêle dès lors dans la boue et la fange pour créer l'homme et s'applique au limon de la terre? Mais il passera à un plus grand excès, et il se mêlera plus avant en la fange de la terre : il s'y appliquera, il s'y mêlera, il s'y enfoncera sans fonds et sans rive, et dira un jour cette parole de son prophète : *Infixus sum in limo profundi, et non est substantia.* (Psal. LVIII, 3.) Car il s'unira de si près au limon de la terre et à la fange de notre nature, qu'il se fera lui-même terre et fange : car il se fera chair, et la chair est terre en son issue, en sa substance et en son origine, et Dieu a dit de l'homme : *Terra es,* etc., et l'appelle trois fois terre par son prophète. La chair donc est terre par la voix de celui qui a fait et la terre et la chair, et qui a tiré la chair de la terre. Or le Verbe se fait chair, et par conséquent le Verbe se fait terre, et pour cette raison il se plaît dès la création à prendre la terre entre ses mains, et à manier la terre à laquelle il veut s'unir et incorporer un jour.

Et aussi me semble-t-il que Dieu, qui voit les choses futures dans les présentes, voyait en cet œuvre de la création celui de l'Incarnation, et se plaisait à penser au second Adam en formant le premier, et à manier de ses mains cette pièce de terre, d'autant qu'en icelle était cette partie et portion de terre et de substance qu'il voulait un jour vivifier de l'esprit de sa divinité, et unir à soi en lui communiquant et imprimant, non sa semblance, mais son essence, sa subsistence et sa divinité. Aussi y a-t-il un grand rapport entre l'œuvre de la création de l'homme et celui de l'incarnation du Verbe, comme entre deux excellents œuvres, l'un suprême en l'ordre de nature, l'autre suprême en l'ordre de la grâce. Car comme en la création de l'homme il y a mélange, il y a mélange aussi en l'Incarnation, et le grand théologien s'écrie : *O misturam novam ! o temperamentum admirandum !* O tempérament admirable ! Ô mélange nouveau ! Mélange sans mélange, c'est-à-dire sans l'imperfection du mélange. Comme ce premier mélange est de deux natures, l'une spirituelle, l'autre corporelle, ce second mélange est de deux natures, et bien plus différentes, l'une divine, l'autre humaine, l'une créée, l'autre incréée. Comme l'âme et le corps font un composé, qui est l'homme, aussi de la divinité et de l'humanité jointes ensemble, résulte un divin composé, qui est Jésus.

Et comme à l'homme sont appropriées les conditions et actions de ses deux natures différentes, aussi à l'Homme-Dieu, à notre Emmanuel, sont appropriées les perfections, les qualités et actions de ses deux natures, bien que si différentes. Car Dieu est homme, est mesuré par le temps, est passible, est mortel, et est souffrant et mourant en une croix; et l'homme est Dieu, est éternel, est impassible, est immortel, et rend cette humanité triomphante, glorieuse et immortelle pour jamais, et tous ceux qui lui rendront hommage sur la terre. Comme Dieu a fait en l'homme un abrégé du monde et de soi-même, aussi a-t-il voulu faire en l'Homme-Dieu, en une manière bien plus excellente, un divin composé de l'être créé et incréé, un abrégé de soi-même et du monde, ou pour mieux dire, un nouveau monde, et bien plus excellent; un monde incomparable, le soutien, le salut, l'appui et la fin du monde. Et en ce monde nouveau, incomparable et divin, il fait non un raccourcissement, mais une étendue et diffusion de ses grandeurs et perfections divines, où la profusion et la plénitude de la Divinité reluit singulièrement et s'y rend également aimable et adorable.

VIII. Plût à Dieu que nous pussions avoir autant d'heur, d'éloquence et de lumière en l'état du christianisme pour célébrer les grandeurs et perfections de l'Homme-Dieu, que les anciens en ont eu en l'état du paganisme pour traiter des excellences de l'homme ! Mais il nous faut laisser ce sujet aux esprits du ciel, qui, par l'éminence de leur gloire et lumière, sont dignes de pénétrer les singularités de ce chef-d'œuvre de la grâce et de la nature.

C'est à nous, en la bassesse de la terre, d'honorer en silence la profondeur de nos mystères. C'est à nous à accompagner de sentiments et d'effets de piété une foi qui est plus forte, plus puissante et plus éloquente en œuvres que non pas en paroles, et qui s'est fait premièrement connaître au monde par œuvres, par miracles, par souffrances, que par discours, par suffisance, et par des paroles choisies. C'est à nous, en reconnaissant la grandeur de Jésus, et notre petitesse, de nous contenter de dire en l'humilité et en la simplicité de la foi, que l'homme est Dieu, c'est-à-dire que l'homme est au point le plus haut et le plus élevé où la puissance, la sagesse et la bonté de Dieu le puissent établir ; que l'Homme-Dieu est le centre de toutes les opérations de Dieu hors de soi-même ; que l'Homme-Dieu est le chef des œuvres du Tout-Puissant ; que l'Homme-Dieu est un divin composé, où Dieu emploie, applique et déploie les grandeurs et les perfections de sa divinité, de sa majesté, de sa puissance ; composé sans mélange et sans confusion des deux natures, aussi parfaitement conjointes comme si elles étaient mélangées, et aussi proprement consistantes en leurs propriétés naturelles comme si elles étaient disjointes ; composé qui a union, mais non unité de natures, et qui a unité, et non pas union de personnes, mais unité de personnes en diversité de natures parfaitement et divinement unies ensemble.

D'où viennent les manières de parler usitées entre les Pères, reçues dans les écoles, publiées dans les chaires : que la nature divine est incarnée ; que la nature humaine est déifiée, que ses actions sont humainement divines et divinement humaines : humaines en la nature par laquelle elles sont produites, divines en la personne qui les produit par cette nature. D'où vient encore l'attribution tant célébrée en l'antiquité, et la communication réciproque d'effets, de qualités et de propriétés si différentes en un même sujet, qui est, qui vit et qui agit aussi en deux natures si différentes, et qui est muable en l'une, immuable en l'autre ; patissant en l'une, impassible en l'autre ; mortel en l'une, immortel en l'autre. D'où vient en somme que l'état et la vie de Jésus a toujours ses abaissements rehaussés des marques et des enseignes de la Divinité, pour faire connaître la grandeur de Dieu en la bassesse de l'homme, et faire voir au monde que, comme ces deux natures, l'une divine, l'autre humaine, sont parfaitement unies en Jésus, aussi en Jésus l'abaissement est joint à la grandeur en tout le cours et en tous les divers états de sa vie.

J'aime mieux révérer un sujet si haut par un sacré silence, que de le profaner par mes conceptions basses et mes faibles paroles. Les retenant donc par révérence et par abaissement profond à choses si grandes, laissons parler et écoutons le grave et grand théologien de l'antiquité, qui les traite dignement, et qui les représente avec le poids de sa doctrine et avec les fleurs et ornements de son éloquence (19). Le Fils de Dieu est né à la vérité, mais il était engendré de toute éternité ; il est né d'une femme, mais d'une femme vierge. Cela est humain, ceci est divin ; ici il est sans père, là il est sans mère, et l'un et l'autre est divin. Il a été porté dans le ventre de sa mère, mais il a été reconnu par un prophète qui était semblablement dans le ventre de sa mère, tressaillant devant le Verbe éternel, pour lequel il était créé. Il a été à la vérité emmailloté, mais à sa résurrection il s'est dépouillé du suaire de sa sépulture. Il a été posé en la crèche, mais il a été honoré des anges, démontré par l'étoile et adoré des mages. Pourquoi t'offenses-tu de ce qui se voit, ne considérant pas ce qu'il a de spirituel ? Il a été fugitif en Egypte, mais il a mis en fuite les erreurs et idolâtries des Egyptiens. Les Juifs ne trouvaient en lui ni grâce ni beauté, mais David le dit être le plus beau d'entre les fils des hommes ; et il est sur la montagne, brillant comme un éclair, et plus lumineux que le soleil, y faisant paraître quelque échantillon de sa gloire à venir. A la vérité il a été baptisé comme homme, mais il a rompu les liens du péché comme Dieu, et nous commande d'avoir confiance en lui, comme en celui qui a vaincu le monde. Il a enduré la faim, mais il a nourri des milliers d'hommes, mais il est ce pain de vie, mais il est ce pain descendu du ciel. Il a eu soif, mais il a dit à haute voix : *Si quelqu'un a soif, qu'il vienne à moi et qu'il boive* (Joan. VII, 37), et il a promis à ceux qui croiront qu'il fera sortir d'eux des fontaines d'eau vive. Il a été lassé du travail, mais il est le repos de ceux qui sont travaillés et chargés. Il a été appesanti du sommeil, mais il est léger sur les eaux, mais il commande aux vents, mais il relève saint Pierre se submergeant dans les eaux. Il paye le tribut, mais par un poisson, mais il est le principe de ceux qui exigent les tributs.

On l'appelle Samaritain, il est tenu pour démoniaque, mais il redonne la santé à celui qui, descendant de Jérusalem, était tombé entre les mains des voleurs ; et les diables le reconnaissent et confessent, et il les chasse, et fait précipiter en mer des légions d'esprits, et regarde le prince des démons tombant du ciel comme la foudre. Il est lapidé, mais il n'est point atteint ni offensé. Il prie, mais aussi il exauce les prières des autres. Il jette des larmes, mais il apaise nos larmes. Il demande où l'on a mis le Lazare (car il était homme), mais il ressuscite le Lazare de mort à vie, car il était Dieu. Il est vendu à la vérité à trop vil prix, pour trente pièces d'argent, et cependant il rachète le monde d'un prix inestimable, c'est-à-dire de son propre sang. Il est mené à la boucherie comme une pauvre brebis, mais il nourrit et repaît Israël, et encore tous les jours tout le monde. Il s'est tu comme un agneau, mais lui-même est le Verbe, annoncé par la voix de celui qui criait au désert : *Il a porté nos langueurs et a été couvert de plaies* (Isa. LIII, 4), mais il guérit toute plaie, et ôte toute langueur. Il est élevé sur le bois et y est attaché, mais il nous rétablit par le bois de vie, mais il a sauvé le larron pendant en la croix avec lui, mais il couvre de ténèbres tout ce qui est visible. Il est abreuvé de vinaigre et repu de fiel ; et qui est celui-là ? Celui-là même qui a changé l'eau en vin et a adouci les eaux amères, lui qui est la douceur même, et l'objet de tous nos désirs. Il donne sa vie, mais il a le pouvoir de la reprendre derechef, mais le voile du temple est rompu (car les secrets furent lors découverts), mais les pierres se fendent, mais les morts sont ressuscités. Il meurt, mais il donne la vie, et par sa mort il étouffe la mort. Il est mis au sépulcre, mais il ressuscite. Il descend aux enfers, mais il en retire les âmes, et remonte aux cieux, et doit venir juger les vivants et les morts, assisté de ses anges, et assis au trône de sa majesté.

Voilà l'homme que le Père éternel nous a donné en l'excès de son amour, et en l'extrémité de nos malheurs. Voilà le second Adam bien différent du premier. Voilà vraiment l'Adam duquel nous avons besoin en nos misères pour les guérir, en nos dettes pour les payer, en nos indigences pour les remplir, en nos iniquités pour les effacer, en nos devoirs pour les accomplir. Le pre-

---

(19) GREGOR. Nazianz., orat. 33, quæst. 1, *De Filio*, et 3 *De theologia*.

mier était saint à la vérité, mais il n'a guère persévéré en sa sainteté, et celui-ci est saint, est toujours saint, et est le Saint des saints. Le premier pouvait ne point pécher, mais le second ne peut pécher, et est impeccable par un si haut principe et un moyen si haut comme est l'union hypostatique, qui donne en la personne du Verbe à sa nature humaine, le même droit qui rend Dieu impeccable. Le premier en sa grâce ne pouvait tirer aucun de ses enfants de l'état du péché, voire d'un seul péché, et du moindre péché; et le second tire les pères et enfants, tire le premier Adam même, qui est source de péché, et nous tire tous hors de péché, et d'autant de péchés qu'il y en pourrait avoir en l'éternelle durée d'un monde, tant cette source de vie, de grâce, de sainteté est source vive, puissante et efficace. Le premier Adam n'a point eu le don de stabilité en grâce, ni pour soi, ni pour aucun des siens; mais le second Adam donne à ses élus le don de stabilité et de persévérance, et les établira un jour dans une sainteté perdurable à jamais, et les rendra durant toute une éternité tous impeccables à son exemple. Bref, le premier Adam par sa faute a été cause de la ruine de tous ses enfants, et de la sienne propre, et le second Adam est cause de la vie, de la gloire, de l'immortalité de tous ceux qui le veulent reconnaître et réclamer pour père; et d'immondes, nous sommes tous nettoyés en lui; de morts, ressuscités en lui; de coupables, justifiés en lui; de perdus, sauvés en lui, qui est notre salut, notre vie, notre justice.

Béni soyez-vous, ô grand Dieu, de nous l'avoir donné! Béni soyez-vous encore de nous l'avoir donné par voie de naissance, afin que par naissance le monde possédât en lui-même son Sauveur, votre Fils unique, ainsi que vous le possédez en vous-même par naissance! Béni soyez-vous en cette double naissance de votre Fils unique, naissant en vous et naissant hors de vous; naissant de vous par connaissance en votre sein paternel, et naissant par vous et par amour au sein maternel de la Vierge! Béni soyez-vous aux grandeurs et aux abaissements de cette seconde naissance! Béni soyez-vous en la puissance adorable de cette humble naissance! Puissance humblement, secrètement et divinement cachée dans l'enfance et dans l'impuissance, et dans l'enfance de celui qui *Factus est tam parvus ut ederetur a femina, sed est tam magnus ut non separetur a Patre.* (D. Aug. sermone 52, *De diversis.*) Puissance qui, dans cette impuissance, fait un plus grand effet que dans tous les effets visibles de sa grandeur et de sa puissance. Puissance qui, dans cette impuissance, fait le plus grand effort à la nature, forme le plus grand état en la grâce, et accomplit le plus grand et le plus éminent ordre qui soit possible au monde. Puissance qui, dans cette impuissance, fait le plus grand effet de la nature suprême et de la grâce souveraine; c'est-à-dire, de la nature de Dieu même, et de la grâce essentielle et incréée; car l'être, la puissance, la nature de Dieu ne fait et ne fera jamais aucun œuvre plus grand et plus miraculeux que celui qui est fait par cette naissance; et la grâce essentielle, qui est Dieu même, ne communiquera jamais une plus grande grâce que la grâce personnelle du Verbe éternel subsistant en notre humanité.

O puissance admirable! ô puissance heureusement et divinement jointe à l'impuissance! O très-puissante et très-adorable impuissance de la naissance et enfance de Jésus, en laquelle nous avons un Homme-Dieu et un Enfant-Dieu; une Vierge Mère de Dieu, et un accomplissement de la paternité du Père au regard de son Fils unique, lui donnant pour un jamais la puissance et autorité sur lui, qu'il n'avait point dans son éternité! Nous adorons une trinité de personnes en la Divinité, mais nous avons à adorer une trinité d'effets et de grandeurs en ce mystère; car la naissance de Jésus agrandit l'homme en le faisant Dieu; agrandit la Vierge en la faisant mère de Dieu; et si, on peut user en un certain sens de cette parole, elle agrandit le Père éternel en sa couronne, en son état et en l'étendue de son pouvoir, lui donnant puissance, non sur un monde, mais sur le souverain et le Sauveur du monde, son Fils unique, homme et Dieu tout ensemble.

IX. Cette trinité de grandeurs est remarquable en cette œuvre de la Trinité sainte, qui se plaît d'imprimer son vestige, sa marque et son impression dans ses œuvres, à proportion de leur dignité, et qui, opérant celui-ci comme le chef de ses œuvres, y met sa marque particulière en imprimant cette trinité de grandeurs en cette humble naissance de Jésus. De ces trois points, nous avons exposé le premier. Reste à déduire comme ce mystère, qui abaisse le Fils de Dieu et agrandit l'homme, agrandit la Vierge et l'état du Père éternel, et est vraiment un mystère de grandeurs cachées dans l'abaissement de la naissance et de l'enfance de Jésus.

Pour éclaircir donc le second point et pour honorer de nos pensées un état si digne d'honneur, comme est celui de la maternité de la très-sainte Vierge, état que Dieu honore, et par soi-même et par la naissance et dépendance de son Fils, et par les plus grands effets de sa grâce et puissance : nous avons à considérer comme il y a trois fécondités divines, remarquables dans les secrets et mystères de notre foi. La fécondité du Père éternel engendrant son Fils dedans soi-même, son Fils égal à lui, éternel comme lui et Dieu comme lui. La fécondité du Père et du Fils produisant le Saint-Esprit, et terminant en la Divinité les émanations divines. La fécondité de la très-sainte Vierge engendrant nouvellement le même Fils unique de Dieu, et produisant un Homme-Dieu au monde.

Ces trois fécondités sont origines de trois processions vraiment et substantiellement divines, et admirables : celle du Fils, par la connaissance du Père; celle du Saint-Esprit, par l'amour du Père et du Fils; et celle du même Fils encore hors le sein du Père en notre humanité, par le sacré mystère de l'Incarnation, qui s'accomplit au sein de la très-sainte Vierge : procession nouvelle, mais divine; procession du Fils engendré en sa Mère et sortant de sa Mère; procession qui se fait par amour, et par l'amour personnel de la très-sainte Trinité qui est le Saint-Esprit. Car c'est par amour que le Père envoie son Fils au monde pour s'incarner; c'est par amour que ce même Fils se donne et livre au monde par cette naissance; et c'est par l'Esprit et la personne d'amour produit par le Père et par le Fils que le Père et le Fils envoient et emploient à rendre la très-sainte Vierge féconde et puissante à produire un Homme-Dieu au monde, afin que l'amour qui termine la fécondité de Dieu en Dieu même, termine aussi la fécondité la plus haute, la plus sublime et la plus divine qui soit hors les émanations internes de la Divinité. Et comme de l'amour du Père et du Fils procède cette personne d'amour, après laquelle il n'y a point de personne ni de procession en la Trinité, aussi, de l'amour du même Père envoyant, et du même Fils se donnant au monde, procède ce mystère d'amour, qui ne peut être suivi d'aucun œuvre ou mystère qui le surpasse dans l'état des œuvres de la Divinité; et lequel est si haut, si grand et si divin, qu'il n'y a point d'œuvre qui l'égale, il n'y en peut avoir qui l'excède, et il n'y en aura jamais qui l'approche que de distance vraiment infinie.

J'ai dit notamment qu'il y avait trois processions, comme il y avait trois fécondités. Car encore qu'il n'y ait que deux personnes procédantes, l'une procède et nait en deux façons; et ainsi il y a trois processions, d'autant que la seconde personne procède en deux manières, savoir est par connaissance en la Divinité, et par amour en l'humanité. Tellement que cette procession féconde du Verbe éternel est suivante et imitante en la terre la seconde procession éternelle, qui est procession d'amour, et procession du Saint-Esprit. Et ce très-haut mystère que nous traitons regarde, imite et honore en deux sens différents les deux processions immanentes et éternelles qui sont en la Divinité: celle du Verbe, comme il est dit amplement ailleurs; celle du Saint-Esprit comme il appert maintenant. Et le Fils unique de Dieu ayant à naître une seconde fois, est naissant par amour en la très-sainte Vierge, de la substance de la Vierge, comme il est naissant par connaissance au sein du Père, de la substance du Père. Et la Vierge reçoit du Père éternel ce pouvoir admirable, de donner naissance à Dieu en la nature humaine; de donner un nouvel être à l'Éternel et Immuable; de donner dans le cours des siècles, existence à celui qui est existant en l'éternité; et de donner en la terre vie au Fils, qui est vivant, et était vivant dans le ciel par le Père. Pouvoir que la très-sainte Vierge reçoit du Père éternel, qui la remplit d'une fécondité divine, céleste et admirable, afin qu'elle puisse produire en la terre celui qui est au ciel, qu'elle puisse concevoir en son sein celui qui est au sein du Père, et qu'elle puisse être mère de celui qui a Dieu même pour son Père.

X. Cette fécondité de la très-sainte Vierge est raisonnablement associée et comparée à la fécondité divine : car elle est une imitation parfaite de la fécondité que nous adorons en l'Être divin, comme il appert en ce que l'une et l'autre fécondité se termine à Dieu, et une même personne divine est le terme procédant, est le terme accomplissant ces deux sortes d'émanations et générations différentes, par lesquelles le même Verbe et même Dieu qui est engendré du Père avant les siècles, est engendré de la Vierge Marie en la plénitude des siècles. D'où vient que cette fécondité de la très-sainte Vierge a deux prérogatives et excellences singulières : car en Jésus, elle se termine au plus grand état qui puisse convenir à la nature créée, c'est-à-dire à l'état de l'union hypostatique; et en la Vierge elle forme et constitue la plus grande qualité et dignité qui puisse convenir à une personne créée, c'est-à-dire, la qualité et dignité de Mère de Dieu, puisqu'elle la rend mère de Jésus qui est Dieu.

De sorte que et la nature créée et la personne créée, c'est-à-dire tout ce qui est remarquable en l'ordre des substances créées, et ce qui le partage en son être, est par l'abaissement de cette naissance élevé conjointement, bien que diversement, au plus haut point où un être créé puisse être établi : c'est-à-dire, la nature humaine dans la subsistence divine, et la personne humaine dans la maternité divine. Et cette double grandeur de la nature humaine et de la personne humaine qui s'accomplit en ce mystère, est un double effet de cette humble naissance de Jésus en la terre : car Jésus naissant est fils de l'homme et a une vierge pour sa mère, et Jésus étant Fils de Dieu, cette vierge est mère de Dieu; mère, dis-je, non simplement d'un homme, qui par après doit être Dieu, mais de cet homme qui est Homme-Dieu au même instant qu'il est conçu. Et ainsi le sacré ventre de la Vierge est le lieu saint, le temple sacré et le paradis céleste, auquel la plénitude de la Divinité habite corporellement; auquel le Verbe prend naissance et nature humaine; auquel Dieu se fait homme, et l'homme devient Dieu; et auquel s'accomplit le très-haut mystère de l'Incarnation, et le secret ineffable de l'unité d'une personne divine en deux natures si différentes: par laquelle unité l'homme est Dieu, le fils de l'homme est Fils de Dieu; et la Vierge, en qualité de mère de ce fils de l'homme qui est Fils de Dieu, et qui est Dieu comme son Père, est Mère de Dieu; qui est la plus grande qualité où puisse être élevée une personne créée.

Ce point mérite un discours à part, et un discours entier, traitant amplement l'état et les grandeurs, la suite et les effets de cette maternité divine. Et attendant qu'un plus grand loisir me le permette, disons en peu de mots que cette maternité de la très sainte Vierge prend son origine, son lustre et son autorité de la paternité divine de celui *A quo omnis paternitas in cœlo et in terra nominatur (Ephes.* III, 15), car il est père de celui dont la Vierge est mère; que comme cette qualité de père nous est divinement rapportée dans les Ecritures, sous ce titre et ce nom adorable de paternité : aussi cette qualité de mère qui adore, qui imite, qui représente le Père éternel, est raisonnablement exprimée par ce titre honorable de la maternité divine ; que comme toutes les merveilles de la naissance divine du Fils de Dieu sont encloses en la paternité divine, comme en leur centre et en leur origine, aussi les merveilles de la naissance humaine de ce même Fils de Dieu sont comprises en la maternité divine, comme au point et en l'origine d'où elles naissent, et où elles se rapportent. Disons en somme, que cette maternité est une qualité si haute et si éminente qu'elle ne regarde que Dieu au-dessus de soi, et tout le reste bien inférieur à soi ; que c'est une qualité si sainte, qu'elle suppose une grâce toute singulière, un comble de grâce, et une grâce toute pleine de privilèges ; que c'est une qualité si rare, qu'elle est unique en la terre et au ciel : car la terre porte plusieurs enfants adoptifs de Dieu, et le ciel est rempli de saints et d'anges qui sont enfants de Dieu ; mais le ciel et la terre ne portent qu'une Mère de Dieu. Elle est unique et singulière en cette qualité, comme il n'y a qu'un Fils unique de Dieu au monde : et comme il n'y a entre les personnes divines qu'une personne incréée qui porte la qualité de Père, aussi entre toutes les personnes créées établies en l'ordre de nature, de grâce et de gloire en la terre et au ciel, il n'y a qu'une personne créée, il n'y a que Marie qui ait la qualité de mère au regard de Dieu, et qui soit mère de celui dont Dieu est père.

Qualité si haute, si rare et si sainte, que nous ne la pouvons assez admirer ; qualité si divine, qu'elle approche Dieu de si près, et l'approche tellement en qualité de mère, qu'elle le conçoit, le contient, le porte, et l'engendre en soi-même, et hors de soi-même, le donnant au monde : et le donnant conjointement avec le Père éternel, comme mère (si à raison de l'unité de personne du même Fils, l'usage de ce terme nous est permis), mère par indivis de celui dont il est éternellement père.

Que dirai-je de vous, ô Vierge sainte ? Dieu vous fait mère de celui dont il est père ! Dieu vous élève, et en la terre il vous fait mère sans père de celui dont il est au ciel le père sans mère ! Dieu vous associe avec soi-même au plus grand de ses œuvres : en la seconde émanation et génération de son Fils, en l'incarnation de son Verbe, en la naissance de Jésus ; et vous associe avec soi d'une société si noble et si grande, qu'en la face du ciel et de la terre, comme par un respect et honneur incomparable, il rend le plus grand de ses œuvres et le plus haut de ses mystères, c'est-à-dire l'Incarnation, dépendant de votre consentement.

Il demande, il attend, il reçoit ce consentement par le rapport de son ange. Il n'accomplit sa volonté, et sa volonté la plus haute et la plus grande qu'il aura jamais, qu'après qu'il aura reçu le témoignage de votre volonté adhérente à ce son vouloir. Il attend cette humble parole: *Ecce ancilla Domini*, et ce puissant *Fiat* de votre bouche. (*Luc.* I, 38.) *Fiat* beaucoup plus puissant en son issue et en son effet que celui que Dieu a prononcé en la création de l'univers ; car si celui-là lors a fait le monde, celui-ci maintenant fait l'auteur du monde. Que dirai-je de vous, ô Vierge sainte ? Vous entrez en votre néant lorsque Dieu vous élève à ses grandeurs ! Vous vous déclarez servante de celui dont il veut que vous soyez mère ! et en cet abaissement vous donnez consentement au vouloir du Père éternel entre les mains de l'ange, et vous concevez le Très-Haut au très-grand acte de votre humilité ! Ce consentement ainsi donné, ainsi rapporté et ainsi accepté du Père éternel, par la puissance du Très-Haut, vous êtes mère de Jésus ; vous êtes le paradis du second Adam ; vous êtes le temple animé de Dieu incarné ; vous êtes l'ample habitation de celui qui est incompréhensible ! Qualités grandes, pouvoirs admirables, effets rares et singuliers ! Et toutefois choses si grandes et si divines sont les suites et les effets d'une chose si basse comme l'humble naissance de Jésus en la terre et en la crèche. Car si Dieu n'était point enfant et naissant de la Vierge, ce grand état et cette qualité rare de Mère de Dieu ne serait point au monde.

Et partant, l'état le plus grand qui soit absolument dans le ressort de la souveraineté et puissance du Fils de Dieu incarné, n'est et ne subsiste que par cette humble naissance ; c'est à savoir l'état et la qualité de Mère de Dieu. Car s'il n'est pas fils, elle n'est pas mère, et il n'est fils que par cette humble naissance et enfance qui le rend fils de l'homme, fils de la Vierge, comme il est Fils de Dieu, Fils du Père éternel. Que si le Verbe n'était point incarné, ou si le divin mystère de l'Incarnation s'accomplissait par voie de grandeur et de puissance, et non pas de naissance et d'enfance, ou Jésus ne serait point au monde, ou bien Jésus, Fils de Dieu, ne serait point fils de l'homme ; et la Vierge ne serait point la Mère de Jésus, Fils de Dieu et Dieu en sa personne. Et par ainsi cette qualité de Mère de Dieu n'a son existence que dans le mystère de l'Incarnation et a sa dépendance dans le Verbe incarné, et dans le Verbe incarné par naissance. Donc cette humble naissance qui se fait en la terre, en Nazareth, en la crèche, établit cette grande et éminente qualité de Mère de Dieu, et est la source et l'origine de la grâce et apanage adjoint à cette qualité ; et par ainsi la plus grande émanation de grâce procédante de Jésus, issue de son amour, méritée par sa croix, communiquée par sa puissance, qui est la grâce adjointe et réservée à la qualité de Mère de Dieu, ne serait point existante dans les trésors de la puissance de Jésus et dans l'ordre accompli de sa grâce et de sa gloire, et le Verbe incarné serait privé du plus haut point de son état, du plus beau fleuron de sa couronne et de la plus éminente dignité qui relève de sa puissance.

XI. Reconnaissons donc que chose si grande, si haute et si intime à Jésus, comme la qualité de Mère de Dieu, est dépendante et adhérente à son humble naissance, ce qui me fait admirer davantage la puissance de Jésus au mystère de sa naissance, que la puissance de Jésus au mystère de sa croix. Car en souffrant et en mourant il a fait des enfants adoptifs; mais en naissant il fait une Mère de Dieu, qui en l'éminence de sa qualité et en l'excès de ses grâces, porte une dignité plus grande, plus haute et plus conjointe à Dieu que celle qui est comprise dans tout l'état et dans l'étendue de la filiation adoptive. O puissance admirable de l'humble enfance et naissance de Jésus! O puissance admirable de cette impuissance de l'enfant Jésus, qui, se faisant petit et enfant, fait le plus grand effet et le plus grand état qui soit en l'ordre de la nature, de la grâce et de la gloire, en tant qu'il forme et établit l'ordre et l'état de Mère de Dieu, et par conséquent établit cette sorte de grâce et gloire excellente qui convient dignement et est propre à celle que Dieu même rend digne Mère de Dieu! ordre distinct et séparé de tous les ordres qui sont entre les anges et entre les saints; ordre qu'elle remplit seule et auquel elle est unique, comme le Fils de Dieu est unique en l'ordre et en l'état de l'union hypostatique; ordre qui contient une plus grande grâce et gloire que celle qui est comprise dans tous les ordres du ciel et dans tous les états des esprits bienheureux; ordre le plus excellent qui puisse être après l'ordre et la dignité suprême de l'union hypostatique réservée au Fils unique de Dieu; ordre qui suit de près cette union divine et personnelle qui a ses fondements en elle et qui lui est conjoint pour jamais.

Mais comme c'est par sa seule puissance, et non par impuissance, que Dieu se fait petit, c'est par puissance qu'il se fait humble, c'est par puissance qu'il se fait naissant et enfant; c'est par puissance qu'il pâtit, qu'il gémit et qu'il est enveloppé de bandelettes. Aussi dans ses abaissements et impuissances il y a une puissance secrète et admirable. Et s'il m'est permis de comparer ce qui est incomparable, il me semble que je trouve et adore une plus grande puissance en sa naissance qu'en sa souffrance, en la crèche qu'en la croix, en Nazareth qu'au Calvaire. Car la puissance du Calvaire et de la croix fait des enfants adoptifs de Dieu, mais l'œuvre et la puissance de Nazareth et de l'étable de Bethléem fait une Mère de Dieu au monde. Et si le Fils de Dieu eût voulu être et souffrir au monde sans y prendre naissance d'une femme, il y aurait des enfants de Dieu, mais il n'y aurait point de Mère de Dieu en la terre ni au ciel. Ne séparons point en nos pensées ce que Dieu a conjoint en ses effets. Bénissons celui qui a voulu naître et souffrir tout ensemble, et voulu conjoindre en sa propre personne ces deux pouvoirs divins secrètement cachés dans l'impuissance et dans l'abaissement de sa mort et de sa naissance; et servons, aimons, adorons Dieu mort et Dieu naissant pour notre amour au monde.

En ces pensées, ô Vierge bienheureuse, ô Vierge sainte, nous reconnaissons trois séjours et habitations singulières du Verbe divin: l'une au sein paternel de toute éternité, l'autre au sein maternel, en la plénitude des siècles, et la troisième, en notre humanité pour toute éternité. Et réservant à une autrefois les autres séjours du Verbe divin, adorons-le en votre sein et vos flancs par ce mystère; contemplons les secrets qui se passent en vous et en votre corps immaculé, ô Vierge sainte! car Dieu veut être et habiter en vous d'une façon éminente et singulière, distincte de celle par laquelle il habite en la terre et au ciel, en la grâce et en la gloire. Et il veut habiter en vous par le sacré mystère de l'Incarnation, et il veut être avec vous selon cette parole de l'ange: *Dominus tecum*, et par vous avec nous; car en vous il s'allie à notre humanité, et par vous il se fait homme, et habite entre les hommes.

Pénétrons ceci, et voyons comme en un mystère il y a trois mystères, tant il est fécond, et comme en la naissance de Jésus, naissent trois alliances signalées et importantes du Verbe éternel: celle de la nature divine avec la nature humaine, en laquelle il se fait homme; celle de la personne divine du Verbe éternel à la personne humaine de la très-sainte Vierge, en laquelle il l'a faite sa mère en se faisant son fils, et par conséquent s'est fait fils de l'homme; celle qu'il veut avoir avec nous et tout le genre humain, en laquelle il se fait le rédempteur des hommes, en prenant une chair dérivée de nous, une chair semblable à la nôtre, une chair semblable à la chair du péché, une chair passible et mortelle, en laquelle il est la victime des hommes. Par la première alliance Dieu est homme, et l'homme est Dieu; par la seconde le Fils de Dieu est fils de l'homme, et le fils de l'homme est Fils de Dieu; par la troisième, le Fils de Dieu et de l'homme est la victime des hommes, et l'Agneau de Dieu effaçant les péchés du monde.

Ces trois points, ces trois états et ces trois alliances sont distinctes et différentes l'une de l'autre: car Dieu pouvait ne se faire pas homme; Dieu pouvait être homme sans être fils de l'homme; Dieu pouvait prendre naissance et se faire fils de l'homme sans pâtir et mourir pour les hommes. Mais son amour l'a porté à ces excès, et il a voulu se faire homme, fils de l'homme, et la victime des hommes. Et en vous, ô Vierge sainte, il a voulu contracter toutes ces alliances. Car c'est en vous qu'il prend l'humanité et se fait homme ; c'est en vous et de vous qu'il se fait fils de l'homme ; c'est en vous et de vous qu'il prend cette chair en laquelle il veut pâtir et mourir pour les hommes ; c'est en vous qu'il reçoit l'ordonnance du Père éternel de souffrir et mourir pour les hommes ; et c'est en vous et en vos flancs qu'il a accepté ce vouloir et cette ordonnance du Père, et qu'il a fait la première offrande et oblation de soi-même à la croix et à la mort : oblation commencée en vous et en vos entrailles, comme en un temple sacré, et sacré par Jésus même vivant en vous et de vous ; oblation non jamais interrompue, jusqu'à ce qu'elle ait été effectuée et consommée au Calvaire ; oblation qui est accomplie vous étant présente et assistante à la croix, afin que la première et la dernière oblation de Jésus soit honorée de votre présence et assistance, et que, comme elle a commencé en vous, elle se termine auprès de vous : car aussi elle se consomme et accomplit en ce corps précieux qui est tiré de vous, et qui a fait partie de votre substance, et qui vous est beaucoup plus chère et précieuse en Jésus qu'elle n'était en vous-même, et que ce n'est pas ce corps saint et vénérable que vous animez, et duquel celui-ci a été tiré par la toute-puissance de la Divinité.

Ô corps toujours saint, toujours vénérable ! ô corps faisant auparavant partie du corps de Marie, et maintenant corps animé de l'esprit de Jésus ! ô corps saint en vous, mais source de sainteté en Jésus ! ô substance pure et immaculée en vous, mais origine de pureté en Jésus ! ô corps sanctifié en vous, mais déifié en Jésus ! ô corps vénérable en vous, mais adorable en Jésus ! ô corps aimé de vous, et vraiment aimable en tant qu'il faisait partie de vous, et était animé de l'âme la plus sainte qui fût au monde ; mais bien autrement aimé de vous lorsqu'il est animé de Jésus et vivifié de l'esprit de sa divinité ! Ce corps est toujours saint, toujours pur, toujours vôtre ; mais beaucoup plus saint, beaucoup plus pur, beaucoup plus vôtre quand il est corps du Verbe divin, que quand il est partie de votre corps. En ce corps ainsi vôtre et ainsi divin, Jésus fait et consomme son oblation en la croix, et vous conspirez d'esprit, d'amour et de souffrance en cette oblation, souffrant par esprit, par amour et par piété ce qu'il souffre par le fer, par la lance et par la croix.

Mais laissant la croix et le Calvaire pour une autre fois, et retournant en Nazareth et en la crèche, que dirai-je de vous, ô Vierge sainte, et des secrets qui se sont passés en vous ? Que dirai-je de vous, et de l'état heureux et permanent à toute éternité, auquel vous entrez par cette humble naissance de Jésus, de Jésus, dis-je, naissant en vous et naissant de vous ? Vous portez en vous-même celui qui porte toute chose, vous contenez celui qui contient tout, et vous avez enclos en vous l'incompréhensible ! Celui qui est tout habite en vous et fait partie de vous-même ; car l'enfant enclos dans le ventre de la mère fait partie de la mère, vit de la substance de la mère ; et par ainsi, ô merveille ! ô abîme ! celui qui est résident au Père éternel est résidant en vous ; celui qui vit en son Père de la substance du Père, vit en vous, et vit de votre substance ; celui qui vit en son Père sans être partie du Père, est en vous et fait partie de vous : et vous, comme partageant avec le Père éternel, vous avez par indivis avec lui celui-là même pour votre fils qui a Dieu pour son père. Ô grandeur suprême ! ô dignité infinie ! ô amour incomparable ! ô société très-aimable ! ô privauté ineffable ! que vous approchiez, ô Vierge sainte, et de si près, la Divinité, que vous l'approchiez si honorablement et familièrement, si amoureusement et divinement !

Car qu'y a-t-il de plus intime et de plus conjoint au fils que la mère, et au Fils de Dieu que la Mère de Dieu, qui le conçoit dans soi-même, qui le porte dans ses entrailles, qui l'enclôt et comprend en soi, comme partie et partie si noble de soi ; voire la partie la plus noble de soi-même ? Car l'état de Mère a ce privilége en la nature, d'avoir et de porter double esprit, double cœur, double vie en un même corps. Et l'état de mère de Dieu donne ce privilége à la Vierge par nature et par grâce, d'avoir Jésus en soi, et de l'avoir comme partie noble de soi, et d'avoir l'esprit, le cœur et la vie de Jésus si intimes, si conjoints à son esprit, à son cœur et à sa vie, qu'il est l'esprit de son esprit, le cœur de son cœur, et la vie de sa vie. Ô grandeur ! ô excès ! ô abîme ! ô excès de grandeurs ! ô abîme de merveilles ! Vous donnez vie à Jésus, car il est votre fils ; vous recevez vie de Jésus, car il est votre Dieu, et vous êtes ainsi donnant et recevant vie tout ensemble. Et comme le Verbe divin est recevant et donnant tout ensemble, être, vie et gloire en l'éternité, la recevant du Père, la donnant au Saint-Esprit : ainsi vous, ô Vierge sainte, qui avez l'honneur d'être la Mère du Verbe incarné ; vous, dis-je, à son exemple et imitation, vous êtes recevant et donnant vie tout ensemble : vous êtes donnant vie à Jésus, et recevant vie de Jésus ; vous donnez vie à Jésus, animant de votre cœur et de votre esprit le cœur et l'esprit de Jésus, et vous recevez du cœur et du corps de Jésus vivant et résidant en vous, vie en votre cœur, en votre corps et en votre esprit tout ensemble.

XII. Mais je découvre un secret bien plus grand, et un point plus profond, plus étrange et plus admirable. L'oserait-on penser ? l'oserait-on proférer ? *Eloquar an sileam?*

Les esprits qui s'offensent de la piété et dévotion proposée envers la Mère de Dieu le pourront-ils porter ? ou bien faut-il pour les âmes faibles en vertu et en lumière, omettre les vérités hautes et grandes, et en priver les âmes fortes et capables d'adorer Dieu en ses secrets, en ses grandeurs et en ses merveilles? Disons donc qu'en ce flux et reflux admirable de vie et d'amour qui est entre Jésus et Marie, entre ces deux personnes si nobles et si conjointes, et les plus nobles et les plus conjointes après les personnes divines et éternelles, et conjointes divinement en l'état de l'humble et secrète naissance de Jésus en la Vierge; la Vierge, comme mère, donne vie à Jésus, et en l'engendrant et concevant, elle lui donne une vie reçue et fondée en l'existence et subsistence incréée. Vie incomparablement plus haute et plus divine que n'est pas celle qu'elle reçoit de Jésus même. Car elle intervient à l'union de la Divinité avec l'humanité; elle donne vie humainement divine à Jésus; elle donne vie nouvelle à Dieu; elle fait que Dieu est homme, et l'homme est Dieu. Elle engendre un vivant, divinement vivant et divinement subsistant, qui est Dieu; elle produit au monde la vie d'un Homme-Dieu, et de sa substance elle conçoit, elle nourrit, elle enfante Dieu en soi-même et en l'univers, et ainsi son opération se termine à un Homme-Dieu, puisqu'elle est Mère de Dieu. Au lieu que Jésus vivant et opérant en Marie lui donne une vie très-haute et très-sublime à la vérité; mais vie de grâce, qui est une qualité et non pas une substance et vie d'une personne sainte, et très-sainte; mais d'une personne humaine, et non pas divine et incréée, comme est son Fils unique. Et cette présence et opération de Jésus en la Vierge, se termine en elle à former l'état de Mère de Dieu, qui est un état bien intérieur et subordonné à l'état de l'Homme-Dieu, que la Vierge élevée par l'opération du Saint-Esprit, établit et forme par cette naissance. Et par conséquent Jésus donne à la Vierge une vie moindre en la grâce et en la gloire, que n'est pas cette vie grande et admirable que la Vierge a produite, lorsqu'elle a conçu, incarné et enfanté le Fils de Dieu au monde.

Recueillons ces grandeurs et ces délices cachées en la Vierge, et en ces deux états conjoints de naissance et de maternité divine, et disons que cette maternité de la Vierge emporte et contient deux naissances de Jésus, et que chacune a ses grandeurs, ses priviléges et ses suavités distinctes: la naissance en la Vierge, et la naissance hors de la Vierge; et toutes deux ne font qu'une naissance complète et parfaite en ces deux points et instants différents, et composent l'état heureux et divin de la maternité que la Vierge a au regard de Dieu. La naissance en la Vierge est intérieure, et l'Ecriture l'exprime en ces paroles: *Quod in ea natum est.* (Matth. I, .) La naissance hors de la Vierge est extérieure, et le symbole l'exprime en cette façon: *Qui natus ex Maria Virgine.* La naissance en la Vierge s'accomplit en Nazareth, après la légation de l'ange. La naissance hors de la Vierge s'accomplit en Bethléem, neuf mois après qu'elle a conçu le Fils de Dieu en son ventre. En la naissance intérieure la Vierge est recevant le Verbe éternel du sein du Père en son sein virginal pour s'incarner. En la naissance extérieure elle est produisant hors de son sein, et donnant le Verbe incarné au monde. En la première, le Père lui donne son Fils; en la seconde, elle lui donne le Fils du Père au monde. En la première elle a son esprit élevé, appliqué et adhérant au Père, au Verbe et au Saint-Esprit: au Père, qui lui donne son Fils; au Fils, qui se donne soi-même à elle; au Saint-Esprit, qui l'approche, qui la prépare, qui l'environne, qui l'élève à une si haute puissance et opération.

Et comme le Verbe est en elle d'une façon distincte et singulière, et propre à la condition de ce mystère, elle est aussi adhérante singulièrement au Verbe, comme voulant être à elle, et prenant d'elle une nouvelle substance pour s'incarner en elle, et être désormais chair de sa chair, et os de ses os. En la seconde elle est adhérante au Père éternel, et au vouloir du Père à donner son Fils au monde: elle est adhérante au Fils, et à son vouloir de naître au monde, et par le seul effort de cet amour et vouloir du Père et du Fils, sans effort en la nature, sans intérêt du Fils et de la Mère, et, comme dit élégamment un grand auteur, *Sine contumelia naturæ.* (D. Cypr.) Et ainsi Jésus est naissant au monde en une manière digne de la Mère et du Fils, en une manière digne de sa naissance éternelle, et en une manière digne encore de sa naissance intérieure faite par l'opération du Saint-Esprit au ventre sacré de la très-sainte Vierge.

Ainsi Jésus naissant en notre humanité a double naissance de la Vierge: naissance de la Vierge en la Vierge en Nazareth, naissance de la Vierge hors de la Vierge en Bethléem; l'une et l'autre toute divine, toute pleine de merveilles, toute pleine de grâces et de délices, toute pleine de grandeurs par la grandeur cachée en l'abaissement de celui qui se fait si petit pour nous faire grands, qui se fait enfant pour nous faire dieux. La naissance extérieure en Bethléem se fait avec bruit et éclat; l'ange la publie aux pasteurs, l'étoile aux rois, les rois à la Judée, et la capitale de Judée en est émue. La naissance intérieure se passe sans éclat et sans bruit au monde, se passe entre le Saint-Esprit, l'ange et la Vierge, en l'intime de son cœur, au secret de son sein, au cabinet de Nazareth, tout le reste de la terre ignorant ce mystère, et Joseph même, qui toutefois est un ange en la terre, choisi en la terre pour être le seul participant à ce grand conseil, le tuteur du Fils, l'époux de la mère, le chef de la famille et de la maison du Père éternel en la terre, et duquel nous dit le prophète: *Constituit eum dominum domus suæ, et principem omnis possessionis suæ* (Psal. CIV, 21); comme étant établi de Dieu en puissance et principauté, et son lieutenant sur la partie la plus noble de son État et de son empire; car le plus noble empire du Père éternel, c'est Jésus et Marie, et Joseph a puissance sur l'un et sur l'autre par le vouloir du Père. Et toutefois cet ange, ce prince, cet époux, ce tuteur du Fils et de la Mère de Dieu, n'est point appelé au secret de cette naissance intérieure de Jésus. Secret qui adore le secret de la naissance éternelle, comme la résidence intime du Fils en la Mère par cette naissance intérieure, va adorant la résidence intime du Fils au Père par la naissance divine.

Et dès lors la Vierge porte en elle-même un plus grand œuvre, un plus grand état, un plus grand ordre, une plus grande gloire et une vie plus haute et plus divine que celle que Dieu a établie dans le ciel, étant elle-même un ciel plus glorieux, un temple plus sacré, un paradis plus délicieux, une demeure plus auguste que le ciel même : car Jésus est en elle, et non pas au ciel ; Dieu incarné est en elle, et non pas au ciel ; la vie de Jésus, qui est et se nomme vie, est en elle, et non pas au ciel ; la gloire de Jésus est en elle, et non pas dans le ciel : gloire dès lors plus grande que la gloire des anges qui étaient au ciel, et que la gloire des hommes et des anges ensemble pour un jamais. Dès lors la Vierge posséda en elle-même celui que le Père éternel possède en soi-même.

Dès lors, ô Vierge, comme partageant le Père éternel, vous avez, par indivis, celui-là même pour fils qui a Dieu pour son Père. Je dis par indivis, car le Saint-Esprit, Dieu comme le Fils et Dieu comme le Père, n'a pas la qualité de Père au regard de celui qui vous tient et honore comme sa mère, ô Vierge sainte, ô Mère sacrée, ô épouse du Père, ô fille, ô servante, ô Mère de Dieu tout ensemble ! En cet humble et secret état de Jésus naissant de vous en vous par sa naissance première et intérieure, vous possédez Jésus et vous êtes possédée de Jésus. Je dis plus, vous êtes seule en la terre possédée de Jésus, et vous êtes seule possédant Jésus. Vous êtes seule possédant l'amour du Père, le trésor du Saint-Esprit, le secret du ciel, les délices du paradis, la liesse des anges, le prix des hommes, le désiré des nations, le salut du monde, la gloire de l'univers.

O Vierge sainte, divine et heureuse, Jésus est en vous, le Seigneur est avec vous ; Dieu est en vous, et en vous est caché le Dieu d'Israël et le Sauveur du monde. O secret adorable, ô présence favorable ! O société honorable, ô communication précieuse ! O intimité délicieuse, ô possession heureuse ! Oh ! que de secrets, oh ! que d'effets, oh ! que de merveilles entre le fils et la mère seuls liés l'un à l'autre, seuls vivant l'un à l'autre, seuls conversant l'un avec l'autre ! Oh ! que ce séjour de neuf mois est bénit, est sacré et rempli de grâces et d'effets mutuels, n'y ayant un seul moment de tout cet intervalle sans opération singulière, sans application délicieuse, sans influence rare ! O mystère de secret, de silence et de solitude ! car il s'accomplit ainsi et doit être contemplé ainsi. O mystère d'amour et de délices, et de délices du ciel ! Car et le fils et la mère sont en cet état mutuel et réciproque par le dessein du ciel, par la vertu du ciel et par l'opération du ciel. O mystère d'honneur et d'hommage aux grandeurs de l'éternité ! car la paternité divine est adorée par cette maternité ; le secret de la naissance éternelle par le secret de cette naissance temporelle ; la résidence du Fils au Père par la résidence du fils en la mère. O mystère de grandeur et dignité incomparable ! O Mère de Jésus ! vous entrez en ce moment en l'état heureux et élevé de la maternité ; vous engendrez celui que le Père éternel engendre de toute éternité ; vous l'engendrez en vous comme il l'engendre en soi ; vous l'engendrez de vous et de votre substance, comme il l'engendre et produit de sa même substance ; et vous n'êtes pas un seul moment sans le droit de puissance maternelle sur lui, et le Père éternel a été une éternité sans pouvoir et autorité sur son Fils, car il est égal à lui. Et c'est vous qui lui donnant une nouvelle naissance, donnez commencement au pouvoir du Père vers le Fils, parce qu'en engendrant ce Fils et lui donnant une nouvelle nature, vous le mettez en état auquel le Père puisse exercer son pouvoir sur lui.

Et avant cette naissance, le Père est sans pouvoir sur lui, car en l'éternité il l'engendre comme Fils, mais il l'engendre comme Dieu, égal à lui et indépendant comme lui. Tellement que s'il est durant une éternité le Fils du Père avant d'être le fils de la mère, il n'est pas Fils sujet au Père avant d'être fils sujet à Marie ; car un même point et un même instant donne sujet et commencement à l'autorité de Marie et à l'autorité du Père éternel sur son Fils nouvellement naissant. O grandeur de cette humble naissance ! ô société honorable de la Vierge et du Père éternel au point de leur autorité sur Jésus !

Ne respecterons-nous pas deux pouvoirs si conjoints ? Ne servirons-nous pas, bien que différemment, et la majesté du Père, et la majesté de la mère, deux majestés si saintes, si semblables ? Ne dépendrons-nous pas volontiers de deux puissances si élevées, qui ont un même objet pour sujet et un même moment et mystère pour origine de leur puissance ? Bénie soyez-vous, ô Vierge sainte, en vos grandeurs et en l'état heureux auquel vous entrez en ce jour et en ce moment précieux à la terre et au ciel, moment où vous êtes mère. O grandeur de Marie ! vous êtes mère de celui dont le Saint-Esprit même (sans défaut toutefois) n'est pas Père. Vous êtes mère de celui dont le Père seul entre les personnes divines, est Père. Et le Père éternel, qui vous devance une éternité en la production de son Fils, ne vous devance pas d'un seul moment en l'exercice de son autorité sur lui. Et en vous et dans vos flancs se commence ainsi la première puissance sur un si digne sujet, et la plus haute, la plus digne et la plus souhaitable puissance que le Père éternel aura jamais, qui est la puissance sur son Fils incarné.

XIII. C'est le troisième point de la grandeur de cette naissance, que nous avons marqué ci-dessus et qu'il nous faut expliquer maintenant, et auquel nous voulons finir et terminer ce discours des grandeurs de la naissance humaine de Jésus. Remarquons donc que la première personne de la très-sainte Trinité a deux qualités signalées en l'Écriture : celle de Père, celle de Dieu. Celle de Père au regard de son Fils unique; celle de Dieu au regard de ses créatures. Et ces deux objets et ces deux termes sont bien différents, aussi ces deux qualités sont bien distinctes et bien distantes. Et selon saint Cyrille (20) nous avons beaucoup plus à admirer, à adorer, à aimer cette personne divine en sa qualité de Père, qu'en sa qualité de Dieu. Car en sa qualité de Père, il a un terme divin et infini, et il se rapporte à une personne égale à lui-même; en sa qualité de Dieu il se réfère aux créatures infiniment distinctes, séparées et distantes de lui, selon tout leur être possible. Or, comme Père, il a puissance à engendrer son Fils, et est sans puissance sur son Fils engendré. Mais sa puissance à l'engendrer, c'est-à-dire à engendrer un Dieu, est si haute et divine, qu'elle équipole toute autre sorte de puissance qu'on lui puisse attribuer, et où, au contraire, comme Dieu, il a puissance de créer et a puissance absolue et perpétuelle sur tout ce qui est créé. Puissance par laquelle *Vocat ea quæ non sunt, tanquam ea quæ sunt (Rom.* IV, 17), et par laquelle tout est vivant, et tout est au néant au regard du Créateur.

Ces deux qualités de Père et de Dieu, distinctes en la Divinité, et séparées en leurs objets, sont admirablement conjointes par cette naissance, par laquelle il est Père de celui dont il est Dieu, et il est Dieu de celui dont il est Père. Il est Père de ce nouveau-né; car il est son Fils, et son Fils unique, auquel il dit uniquement, et privativement à tout autre : *Ego hodie genui te.* (Psal. II, 7.) Il est Dieu de ce nouveau-né; car il est tellement son Fils, qu'il est aussi son serviteur, et son serviteur unique. Et il entre en cet état de serviteur par cette seule naissance, à raison de laquelle il lui dit par son Prophète : *Servus meus es tu, o Israel, in te gloriabor.* (Isa. XLIX, 3.) Et au chap. XLII : *Ecce puer meus* selon l'évangéliste; et selon le prophète : *Ecce servus meus.* Et ailleurs : *Formans me ex utero servum sibi.* Aussi le divin apôtre conjoint ensemble les deux qualités en une, en ces saintes paroles : *Deus et Pater Domini nostri Jesu Christi.*

Paroles dignes d'être gravées en la terre et au ciel, et au cœur des hommes par la main des anges. Paroles qui comprennent en peu de mots les deux plus grands mystères de la Divinité : la Trinité et l'Incarnation; les deux états du Verbe divin, son émanation éternelle et son émanation temporelle; et les deux qualités de l'Être suprême et incréé, sa qualité de Père, sa qualité de Dieu, et marquent l'excellence de notre religion, en laquelle on adore un Dieu qui est Père, et un Père qui est Dieu, Dieu et Père tout ensemble de Notre-Seigneur Jésus, Dieu et Père tout ensemble au regard d'un même objet. Car celui qui est notre Dieu et notre souverain, c'est-à-dire Jésus, qui est appelé *Deus noster*, a un Père, car il est Fils de Dieu, a un souverain, car il est Homme-Dieu. Mais comme ces deux natures, divine et humaine, sont conjointes en lui, et comme par l'union ineffable de ces deux natures il est Dieu et homme tout ensemble; et comme par ce mystère il est tellement Dieu qu'il est homme, et tellement homme qu'il est Dieu, aussi celui-là même qui est son Dieu est son Père; celui-là même qui est son Père est son Dieu; et ces deux qualités sont conjointes en une même personne, c'est-à-dire en la personne du Père, comme les deux natures sont conjointes en une même personne, c'est-à-dire en la personne du Verbe, le Fils unique du Dieu vivant.

Or, comme c'est par ce nouveau mystère que ces deux natures sont unies, avant icelui, Dieu, qui est de toute éternité, est aussi de toute éternité le Père, et Père toujours engendrant son Fils, et toujours exerçant la qualité de Père au regard de son Fils. Mais avant ce mystère Dieu a été toute une éternité sans être le Dieu de son Fils, comme son Fils durant cette éternité n'était pas en état d'être sa créature. Et lors Dieu était sans exercer, au regard de son Fils, le pouvoir qu'il a en cette qualité de Dieu et qu'il exerce maintenant; car il n'est entré en l'usage de cette puissance et autorité que par ce divin mystère : mystère auquel Dieu, qui ne peut s'agrandir en soi-même, s'agrandit en son œuvre et en son mystère, qui le rend Dieu, et Dieu pour jamais, de celui dont il est Père de toute éternité; mystère qui par ce moyen relève, honore et agrandit l'état et la couronne du Père éternel, et l'agrandit d'une qualité et dignité infinies; car ce n'est comme rien à Dieu de commander aux créatures, ce sont des néants qui ne sont pas dignes d'être et de lui obéir; mais commander à un sujet si digne, qu'il est infini en sa dignité, qu'il est Dieu en sa nature, qu'il est Fils unique de Dieu en sa personne, c'est chose digne de Dieu même; son pouvoir et son commandement ne peut monter plus haut, et son domaine est rempli de toute la grandeur et dignité qui lui peut appartenir.

O grandeur, ô abîme de ce profond mystère, qui agrandit ainsi le Père éternel en sa puissance et autorité, et l'agrandit pour jamais ! O grandeur, ô puissance de l'abaissement de Jésus, qui élève et accroît la grandeur et la puissance du Père éternel pour jamais ! O bonté du Père, qui ne veut point réserver à soi seul cette nouvelle puissance qui lui est donnée par le mystère de l'Incar-

---

(20) *Magnum quid afferre Deo hæretici putant, cum non semper Patrem sed semper Deum fuisse asserunt. Nec videtur ad contumeliam id potius pertinere. Nam ut Deus ad servientia et ad creatam naturam habitudinem habet, sic Pater ad Filium. Ita re majore Deum privantes nunc sentiunt, etc.* (CYRILL. *in Thesaur.*)

nation; car il la communique à la sainte Vierge, et la met en puissance et autorité maternelle sur celui sur lequel il prend puissance et autorité paternelle. Et des esprits faibles et peu connaissant les mystères de Dieu ne voudront pas entrer en servitude au regard de celle avec laquelle le Père éternel semble partager sa qualité, sa puissance et son autorité sur son Fils. Je dis partager sans division, sans diminution, mais par communication, per extension; car c'est ainsi que les choses célestes, spirituelles et divines se partagent; et c'est ainsi que le Père éternel honore et partage son pouvoir sur son Fils avec la Vierge, à laquelle celui qui est le Fils de Dieu et Dieu même est assujetti pour notre exemple et par notre amour.

Mais laissons ces esprits en leurs basses pensées: offrons-nous, et au Père et au Fils, et à la Mère. Adorons les grandeurs de ce mystère et de cette naissance seconde de Jésus, qui honore, qui élève, qui unit, et unit d'un nouveau lien, ces trois personnes ensemble: le Père en la puissance qu'il a sur son Fils; le Fils en l'honneur et hommage qu'il rend au Père; la Mère en la qualité, puissance et autorité qu'elle a au regard de celui-là même qui est le Fils du Père. O paternité! ô filiation! ô maternité! Mais il vaut mieux finir et adorer par un sacré silence ce que la langue et la pensée des anges ne peut pas dignement annoncer ni aux hommes ni aux anges. Finissons donc, et recueillons en peu de mots les grandeurs proposées en ce discours de la naissance de Jésus en la terre.

La source de cette humble naissance est le sein du Père; son exemplaire est la génération éternelle; sa fin est la gloire et la grandeur de Dieu, et de Dieu même en qualité de Père; son propre est de donner naissance nouvelle à Dieu, de donner un être nouveau à l'Eternel et immuable, de donner une nouvelle essence au Fils unique de Dieu; son issue est le salut de l'univers, son état d'être un mystère d'honneur d'hommage et d'adoration aux choses plus ineffables et plus incompréhensibles de l'éternité; son terme propre et ses effets, de faire que vierge soit Mère de Dieu, que les pécheurs soient saints et enfants de Dieu pour jamais, et par ce moyen jeter en la terre les fondements du royaume du ciel, du royaume de Dieu, du royaume éternel, et pour dire tout en un mot, ô merveille! ô grandeur! de produire en la terre pour la terre et pour le ciel, une vie si haute, si puissante, si divine, comme la vie de l'Homme-Dieu, vie incréée et vie incarnée! vie divine et vie humaine! vie glorieuse et vie souffrante! vie, source de vie en toute éternité! vie anéantissant le pouvoir de la mort et l'empire du péché! vie réconciliant Dieu aux hommes! vie satisfaisant en rigueur de justice à Dieu courroucé, à Dieu offensé! vie réparant par sa plénitude le vide et les besoins de la nature humaine! vie méritant tout ce qui peut être mérité de Dieu vivant, résidant, opérant en cette humanité sacrée!

DISCOURS XII.

DE LA TROISIÈME NAISSANCE DE JÉSUS.

I. Il est convenable que Jésus sorte du séjour de la mort pour entrer en son repos et sa gloire. Désirs ardents et languissants de la résurrection et vie glorieuse de Jésus. La croix de Jésus est le lit de sa mort et le nid de sa renaissance. Elle est le lit de son amour et le nid de sa fécondité. Exposition de ces paroles de Job: *In nidulo meo moriar, et sicut phœnix*, etc. Moment de la résurrection de Jésus et ses grandeurs. — **II.** Jésus naissant cette troisième fois, devait naître au ciel; et néanmoins son amour envers son Église l'arrête en la terre pour quarante jours. L'amour divin, qui est l'unissant et élevant, est, par un miracle continuel, séparant et abaissant en Jésus. Trois vies en Jésus auxquelles toutes vies doivent êtres consacrées: sa vie dans l'Incarnation, qui est la vie humaine de Dieu et la vie divine de l'homme; sa vie voyagère et méritante; sa vie glorieuse et céleste. Ces trois vies ont chacune leur propre séjour: la première le sein du Père; la seconde son amour envers nous; la troisième sa gloire. — **III.** Explication de la gloire de Jésus, comme unique du Père. Exposition de divers passages de l'Ecriture sur ce sujet. — **IV.** Il poursuit le même sujet de l'entrée de Jésus en la gloire de Dieu. Exposition de ces paroles de l'apôtre saint Paul: *In ipso inhabitat omnis plenitudo Divinitatis corporaliter.* — **V.** Dieu, qui n'ayant point de corps par nature, en a voulu avoir un par puissance, par amour et par subsistence, habite en ce corps d'une manière beaucoup plus intime et plus puissante que l'âme en son propre corps. Antithèses de la seconde et de la troisième naissance de Jésus. Jésus en sa vie glorieuse triomphe de l'univers et pour l'univers. — **VI.** Toute créature doit hommage à Jésus en ses trois naissances. La souveraineté de Jésus est moins sensible en sa seconde naissance et sa vie mortelle, et néanmoins il est reconnu roi, et en son enfance et en sa mort. Exposition de ces paroles de sainte Madeleine sur Jésus au tombeau: *Tulerunt Dominum meum.* La souveraineté est autant inséparable de Jésus, en quelque état qu'il soit, que la divinité. En ne faisant pas des effets de sa puissance sur la créature raisonnable, afin de pâtir par elle, il en fait sur les créatures insensibles. Jésus finit ses propos et son séjour en la terre par ces graves paroles: *Data est mihi omnis potestas in cœlo et in terra.* En combien de manières nous sommes esclaves de Jésus, et le soin que nous devons prendre de lui rendre les hommages de notre servitude.

I. Contemplant ces grandeurs, nous n'avons qu'à nous perdre en cet abîme, et nous condouloir avec toute la nature créée, de ce que cette vie si haute, si divine et si grande est sous l'empire de la mortalité; et que cette seconde naissance donne à Jésus une vie passible, mortelle et périssable. Car Jésus naît pour mourir, et ses grandeurs devraient être immortelles. Mais le Père éternel y pourvoit par une troisième naissance, le tirant de la croix, de la mort et du sépulcre, et le faisant renaître comme un phénix dans ce sien holocauste, pour lui donner vie en son sein et en sa gloire, et rendre son état désormais heureux, glorieux et éternel. C'est le vouloir du Père sur son Fils; c'est le pouvoir du Fils sur soi-même, sur son état et sur sa propre vie. C'est ce que mérite et requiert sa grandeur, à laquelle l'immortalité est naturelle : car c'est par miracle que Jésus est mortel, comme nous sommes immortels par miracle. C'est le souhait de toute créature qui veut vivre et renaître en son créateur. C'est le besoin particulier des hommes qui doivent ressusciter par sa résurrection puissante. Et c'est enfin ce qui est bien dû à tant d'abaissements et à tant de souffrances.

Après six jours en la création, Dieu a cessé d'opérer et est entré en son sabbat et en son repos. Après tant de jours, tant de mois et tant d'années après la recréation et réparation du monde, il est temps, ô Jésus, que vous cessiez, non d'opérer, mais de souffrir, et que vous entriez au sabbat et repos éternel. Entrez donc en votre gloire après tant de souffrances, et après tant de labeurs entrez en votre repos. Vous êtes sorti de ce repos pour l'amour de nous, et vous avez voulu échanger le séjour de vie et de gloire où vous étiez de toute éternité, au séjour de la croix et de la mort. Délaissez maintenant le sein de la croix, l'état de la mort, le séjour du sépulcre, non pour rentrer en une vie mortelle, mais pour retourner au sein du Père et au séjour du ciel. C'est assez, ô Jésus, avoir été en cette terre des mourants, en ce pays d'exil et de bannissement, en cette vallée de larmes, en ce lieu de misères, en la croix, en la mort, en la sépulture. C'est assez, ô Jésus, avoir été trente-quatre ans mortel et passible. C'est assez avoir été comme un d'entre nous au milieu de nous. C'est assez avoir été pèlerin en Egypte et en la Judée. C'est assez avoir été en Bethléem et au Calvaire, en la crèche et en la croix, au sépulcre et aux limbes. Ces lieux sont lieux de mort et de souffrance, et vous êtes la vie et la gloire. Cette terre est une terre d'exil et de bannissement, et vous êtes inséparable d'avec le Père. Ces séjours de mort et de misères nous conviennent, mais non à vous ; et s'ils vous conviennent, ce n'est que par nous et pour nous. Vous êtes éternel, et ces demeures sont temporelles. Durant une éternité vous avez été dans le repos et dans la gloire, et cet état présent vous est un état étranger, état et séjour bien différent de celui qui vous appartient, et que vous possédez de toute éternité. Car là vous êtes au repos sans travail, en la vie sans la mort, en la gloire sans misère. Il est temps de rentrer en cet état ; il est temps d'être heureux, glorieux, immortel, aussi bien en l'une comme en l'autre de vos deux natures. Car toutes deux sont vos natures, toutes deux sont vôtres : l'une est vôtre par essence, l'autre par subsistence ; l'une par naissance éternelle, l'autre par naissance temporelle ; l'une par nature, l'autre par amour. Soyez désormais et en l'une et en l'autre de ces natures vôtres, selon qu'il convient à votre grandeur. Soyez pour une éternité au repos, en la vie, en la gloire.

Délaissez donc ce sépulcre, ô Jésus, mon Seigneur, et vous élevez en votre repos : *Exsurge in requiem tuam, tu et arca sanctificationis tuæ* : « *Elevez-vous en votre repos, vous et l'arche de votre sanctification* (*Psal.* cxxxi, 8), » c'est-à-dire vous et votre humanité sainte. Car c'est une arche comme l'autre ; c'est une arche d'alliance plus que l'autre ; c'est une arche qui est beaucoup plus vôtre que l'autre ; c'est une arche plus sainte et plus sanctifiante que l'autre ; c'est une arche bien plus adorable que l'autre ; et elle est aussi l'objet d'adoration et de la terre et du ciel, et des anges et des hommes, et pour le temps et pour l'éternité : arche qui porte la présence de votre divinité et la porte en une manière si haute, si auguste et si puissante ! C'est donc votre arche, et l'arche de votre sanctification. Et partant, permettez-nous de vous dire ces paroles de votre prophète : Levez-vous en votre repos, vous et votre arche, c'est-à-dire votre personne et votre humanité. Cette arche et cette humanité est précieuse ; elle est formée par le Saint-Esprit, elle est tirée du corps immaculé de la très-sainte Vierge, elle est unie au même instant à la Divinité, et unie inséparablement ; elle est remplie de grâce et de dignité infinies : chose si grande doit-elle être mortelle ?

Que si l'excès de votre amour vous porte à subir notre mortalité, il est temps de tirer ce corps sacré et déifié de la croix et du sépulcre, pour l'établir en gloire et immortalité. C'est le conseil du Père éternel sur son Fils ; c'est son bon plaisir de le tirer hors de la mort et du sépulcre ; c'est son vouloir de lui dire pour une troisième fois : *Ego hodie genui te* (*Act.* xiii, 33), par une troisième naissance, en laquelle il veut donner à Jésus une nouvelle vie, et vie plus puissante et glorieuse que n'est pas celle que tu lui as ravie, ô Juif. Tu l'as mis en croix, tu l'enfermes au sépulcre. Mais tu te trompes, ô peuple infidèle : cette croix est le bûcher où ce nouveau phénix, cet oiseau du ciel prendra renaissance, et en une meilleure vie. Tu te trompes, ô Juif ; ce sépulcre sera un lieu de vie, et non de mort, et de vie plus puissante et glorieuse que celle que tu lui as ravie. Cette croix et ce sépulcre, qui est devant tes yeux un sépulcre de mort, devant les yeux du Père est un nid précieux, où son Fils doit renaître et revivre, et duquel il nous dit par son serviteur fidèle : *In nidulo meo moriar, et sicut phænix multiplicabo dies meos.* (*Job* xxix, 18.) Paroles prophétiques et admirables, et texte tissu par un grand secret de contrariétés apparentes. Car quelle convenance y a-t-il entre la vie et la mort ? Et toutefois Jésus dit en ce texte : *Moriar et multiplicabo dies meos.* Quel rapport y a-t-il entre la mort et le nid, nid qui est lieu de vie, de naissance, et non pas de mort ? Et toutefois Jésus dit : *In nidulo meo moriar.* Car si Jésus, qui est la vie, doit mourir, sa mort est vie pour nous, et le lieu de sa mort est le nid de la vie que nous recevons en la mort et par la mort de celui qui est vie, duquel tout est vie, et duquel la mort est vie, et même vie vivifiante. Mais il y a bien plus, car sa croix est un nid, non-seulement pour nous, mais aussi pour lui; elle est le nid de sa vie et de sa renaissance en l'immortalité; et aussi dit-il en cette parole prophétique : *In nidulo meo moriar.*

Disons donc que cette croix de Jésus est le lit de son amour et le nid de sa fécondité, où élevé entre le ciel et la terre comme un oiseau du ciel, il éclôt ses petits. Et disons encore que cette croix est le lit et le nid où ce nouveau phénix prend lui-même une nouvelle naissance. Car comme entre tous les oiseaux de l'air et les animaux de la terre, le phénix seul a le lieu de sa mort pour le nid de sa vie, Jésus aussi seul entre les mortels a le lieu de sa mort pour le nid de sa vie et de sa renaissance, tirant de sa croix et de sa mort la puissance et le droit d'entrer en une vie nouvelle et immortelle. Ô croix! ô nid! ô mort! ô naissance! ô vie mourante! ô immortalité! ô immortalité, source d'immortalités! Je vous adore, ô Jésus, en la croix, comme au lit de votre amour et comme au nid de votre immortalité, et au pied de votre croix, à l'entrée de votre sépulcre je me prosterne devant vous, ô Jésus, mon Seigneur, que je vois en l'état et en l'ombre de la mort, et je contemple vos douleurs et mes misères, et les desseins du Père éternel sur vous et sur nous par vous. Là je vous adore comme mourant et comme engendrant vos enfants dans l'immortalité. Là je vous adore comme mourant et comme renaissant en une nouvelle vie. Là je vous adore comme mourant et comme répandant la semence de l'immortalité, et pour vous et pour nous. Là je vous adore comme renaissant en une vie céleste, comme acquérant un nouveau droit de gloire, et comme entrant en un nouveau pouvoir sur l'immortalité. Et je vous adore en ce moment heureux auquel vous passez de la croix à la gloire, de la mort à la vie, de la terre au ciel, de la vie mourante et voyagère à la vie céleste et immortelle.

Ô moment heureux, aimable et adorable! tu finis les labeurs et la croix de Jésus! Tu donnes commencement à son immortalité! Tu établis en son immortalité la nôtre! Tu donnes sujet de nous éjouir, et de dire avec l'Apôtre : *Jésus-Christ est mort une fois et ne mourra jamais plus, la mort ne lui commandera plus!* (Rom. VI, 9.) Tu triomphes de la mort, comme la mort avait triomphé de Jésus! Tu rends à Jésus ce qui lui est dû, et ce que son amour avait suspendu et arrêté si longuement! Combien ce moment nous doit-il être précieux, qui est le premier moment de sa gloire accomplie, de sa vie céleste et de son immortalité? Moment heureux! moment dans l'éternité qui donne principe à une éternité, et à l'éternité d'une telle vie et telle gloire, source et ressource de la vie éternelle, et des hommes et des anges! Heureux moment dans l'éternité!

II. Mais je trouve ici encore un nouvel effort et nouvelle surprise de votre amour, qui veut signaler sa puissance et ses effets dans le commencement de votre vie nouvelle et immortelle, comme il l'a signalée dans tout le temps de votre vie voyagère et mortelle. Car en abandonnant votre corps à sa gloire, il suspend encore le lieu de cette gloire, et Jésus est vivant entre le ciel et la terre, conversant en terre par l'espace de quarante jours. Ô amour! toujours amour, et toujours triomphant! et triomphant de chose si haute et si divine comme de la vie et de la gloire de Jésus! Ô amour triomphant, et triomphant de Jésus, même dans le triomphe de sa gloire! Car, comme en la naissance hors de la Vierge en la vie mortelle, vous naissez en la terre, et la terre est le lieu qui vous doit recevoir en cette humble naissance : aussi, en cette naissance hors du sépulcre dans la vie immortelle, vous naissez au ciel, et le ciel est le lieu qui vous doit proprement recevoir en cette heureuse naissance dans l'état de la gloire. Mais l'amour de vos apôtres, de vos disciples et de votre Eglise arrête encore pour quelque temps ce dernier effet de cette dernière naissance; et votre entrée au ciel est différée et suspendue par un miracle, et miracle d'amour exercé par vous-même sur vous-même, suspendant, non l'état de la gloire comme ailleurs, mais le lieu propre à la gloire.

Car l'amour puissant à vous tirer du ciel en la terre, et du sein du Père au sein de la Vierge, vous arrête et suspend entre la terre et le ciel. De sorte que, renaissant en l'état de la gloire, vous n'êtes pas pourtant au lieu de la gloire. Et partageant un mystère en deux pour nous unir à vous, vous mettez intervalle de quarante jours entre la Résurrection et l'Ascension, afin que nous soyons tout ce temps avec vous, divisant ainsi par votre amour ce que la nature des choses, et des choses suprêmes, devait conjoindre, à savoir l'état de la gloire avec le lieu de la gloire. Ô amour étrange en sa nature et en ses effets, en Jésus! Car le propre de l'amour en soi-même, c'est d'unir; et le propre de l'amour divin, c'est d'élever au ciel. Et au contraire, le propre de l'amour en Jésus, c'est de séparer et d'attirer Jésus en la terre. L'amour, ô Jésus, vous tire du sein du Père, et vous en fait sortir, comme vous dites vous-même, pour être en une terre et nature étrangère : car vous parlez ainsi : *Exivi a Patre, et veni in mundum,* (Joan. XVI, 28.) L'amour sépare votre nature humaine de la personne humaine, pour la livrer à une autre personne, et à une personne distante infiniment de sa propre nature et condition. L'amour sépare en votre vie voyagère la gloire de l'état de la gloire, et la gloire de l'âme de la gloire du corps. L'amour, par un effort étrange, sépare cette âme déifiée de ce corps déifié; et toutefois ils étaient conjoints, non-seulement par le rapport de leur nature, comme en nous, mais bien plus puissamment par leur divinité, en laquelle ils demeurent unis en l'état de leur séparation.

III. Et maintenant que Dieu réunit ce corps

et cette âme, déifiée par le mystère de la résurrection, et rend au corps la gloire qui lui est due, l'amour sépare l'essence et l'état de la gloire d'avec le lieu de la gloire, etc. O amour séparant et non plus unissant! que de séparations vous faites, et au regard de sujets si dignes et si puissants! Vous séparez en une certaine et excellente manière le Fils d'avec le Père, par la condition d'une nature étrangère, et leur propre nature les conjoint en unité d'essence! Vous séparez la nature humaine de la subsistence humaine, et toutefois elle est de soi, et partout ailleurs le terme propre et l'accomplissement substantiel de cette nature! Vous séparez la gloire de l'état de la gloire, et l'état de la gloire du lieu de la gloire. Et toutefois ces choses sont suprêmes, sont divines, sont surnaturelles, et sont divinement jointes, et partout ailleurs, hors en vous seul, inséparablement conjointes! Notable différence de l'amour en Dieu et de l'amour en Jésus: car l'amour en Dieu est unissant, et l'amour en Jésus est séparant; l'amour en Dieu unit jusqu'à l'unité d'essence, et l'amour en Jésus sépare jusqu'à la division d'essence, divisant l'essence de l'homme de la personne de l'homme, l'essence de la gloire de l'état de la gloire, et l'âme déifiée d'avec le corps déifié, qui sont deux essences conjointes, et par nature, et par grâce, et par gloire.

Que cet amour, ô Jésus, qui est en vous soit en nous; que cet amour, qui opère en vous, opère en nous; que cet amour, qui triomphe de vous, triomphe de nous; que cet amour, qui divise et sépare en vous, divise et sépare en nous, et qu'il nous sépare du péché, de la terre et de nous-mêmes, pour vivre à vous; et que cet amour nous occupe de vous, nous tire à vous, nous remplisse de vous. Je vois que cet amour séparant fonde, établit et accompagne trois sortes de vies en vous; que je vous contemple et adore en ces trois vies, et aux trois moments de votre entrée en ces trois vies. Trois vies auxquelles toute la vie des hommes et des anges doit être dédiée; trois moments précieux, auxquels tous les moments de notre mortalité et de notre éternité doivent être consacrés: le moment de l'Incarnation, où Jésus commence à être Jésus et à vivre d'une vie incréée, et le Verbe commence à avoir une vie nouvelle et incarnée: vie divine et humaine, divinement humaine et humainement divine. Le moment de la vie voyagère et méritante, où l'âme de Jésus est unie, et à un corps passible, et à la vie de gloire tout ensemble, et Jésus, par ce moyen, a une nouvelle sorte de vie. Vie qui n'est que pour lui, vie qui est l'origine de notre vie éternelle, vie en gloire et en souffrance, vie qui unit et conjoint deux états si divers en une même âme, par un miracle opéré en Jésus-Christ par Jésus-Christ même, et opéré en lui seul, et continué par l'espace de trente-quatre ans sur la terre! Le moment de sa vie céleste et pleinement glorieuse, où Jésus est triomphant dans la vie, dans la gloire, dans l'immortalité. Vie sans souffrance et sans mortalité, vie qui n'est plus que vie et n'est plus que gloire, vie qui durera une éternité! Ces trois moments donnent origine à trois vies. Ces trois vies ont trois séjours différents dans lesquels nous devons adorer cette humanité sacrée de Jésus.

O moments! ô séjours! ô vies adorables! Ce doit être l'objet de nos pensées; ce doit être le sujet de nos occupations; ce sera l'objet de notre éternité. Que je vous regarde donc, ô Jésus, en ces trois moments! que je vous adore en ces trois vies! que je vous contemple en ces trois séjours! Car Dieu est votre séjour et votre retraite en ces trois vies, et Dieu vous reçoit en son sein, en son amour, en sa gloire. Vous êtes au sein du Père par votre naissance éternelle, et en la plénitude des siècles votre personne divine y tire et élève notre humanité. Là se traite, se résout, s'établit le mystère de l'Incarnation. Là, Dieu est homme, et l'homme est Dieu. Là, cette âme et cette humanité de Jésus est consubsistante avec la Divinité. Là, le Fils unique de Dieu, qui repose au sein du Père, repose en cette humanité. Là, cette humanité n'a être que dans l'Etre incréé, et a sa vie, sa subsistance et son état en une personne produite au sein du Père, résidante au sein du Père, et inséparable du sein du Père. Là, cet homme, qui s'appelle Jésus, est à la dextre de Dieu par sa puissance, est au sein du Père par sa subsistance, et a sa vie et son repos pour jamais en la Divinité. A la vérité, le Verbe a été une éternité sans cette humanité; mais il sera aussi une éternité avec elle. Et le Verbe n'a jamais été que regardant en sa divine essence, comme en un parfait miroir, cette nature humaine, la regardant comme une nature qui devait être à lui pour une éternité. Il n'a jamais été sans ce regard vers elle: car son regard et son amour à notre humanité est un regard et amour éternel. De toute éternité il la regarde comme sa propre essence, comme celle qui doit être un jour et pour jamais une de ses essences, et comme l'être qu'il veut accomplir et terminer de sa propre subsistance.

O regard divin! ô regard éternel! ô regard plein d'amour et d'honneur! ô regard qui doit tirer notre regard, notre amour et notre hommage vers cette humanité que Dieu regarde éternellement et incessamment comme sienne, et que nous devons regarder comme nôtre, et comme nôtre par le don du Père, par l'opération du Saint-Esprit, par la subsistance du Fils, qui lui est donnée pour opérer notre salut; enfin par la puissance de la croix et de la mort qui l'a consommée en sacrifice et en holocauste pour nous.

III. Comme vous êtes ainsi, ô Jésus mon Seigneur, au sein du Père par votre naissance première, vous êtes en l'amour du Père par votre seconde naissance. Car le Père, qui vous engendre par connaissance en la divinité, vous produit par amour en notre humanité. Aussi emploie-t-il son esprit et son amour en cette humble naissance, selon la parole de l'ange. Et c'est par amour envers nous que le Père donne au Fils non-seulement une humanité, mais notre humanité, c'est-à-dire l'humanité tirée de nous, l'humanité semblable à nous, l'humanité mortelle et passible pour nous. Et vous qui êtes ainsi au Père, c'est-à-dire en son sein et en son amour par vos naissances précédentes, vous êtes maintenant par une troisième naissance en la gloire du Père. Car en la croix, en l'enfance et en la vie voyagère, vous êtes bien au Père, mais non pas en la gloire du Père, qui n'a été pleinement communiquée à cette humanité que par cette troisième naissance. Mais Dieu veut maintenant finir cet état d'abaissement et d'humiliation; Dieu veut vous élever et exalter par-dessus tout ce qui est créé; Dieu veut vous mettre à sa droite, en son repos, en sa gloire; Dieu veut que toute langue vous reconnaisse en cet état, et que selon l'Apôtre : *Omnis lingua confiteatur, quia Jesus Christus in gloria est Dei Patris.* (*Philip.* II, 11.)

C'est la vie où vous entrez par cette troisième naissance : vie de gloire et de grandeur, vie reconnue et publiée par les apôtres, vie de laquelle le bien-aimé disciple nourri dans les secrets du ciel, en l'école et au sein de Jésus, nous dit qu'il a vu votre gloire et qu'elle est *la gloire du Fils unique, comme unique du Père.* (*Joan.* I, 14.) Vie de laquelle le grand Apôtre, ravi au troisième ciel, nous dit que c'est la gloire même du Père, et que toute langue le doit ainsi reconnaître et avouer. (*II Cor.* XII, 2; *Philip.* II, 11.) Paroles grandes et profondes, dignes de ces deux grands apôtres, les plus instruits et les plus élevés en la lumière et connaissance de Jésus! Ecoutons ces paroles, méditons ces paroles, et invoquons la conduite et la lumière de l'esprit qui les leur a révélées et inspirées. C'est assez de nous dire, ô disciple de vérité, ô bien-aimé disciple, que vous avez vu cette gloire, et que cette gloire est la gloire du Fils unique, comme unique du Père. Et si la raison ne peut atteindre si haut, que la piété nous y conduise par élèvement et par admiration. Disons donc, ô gloire du Fils unique de Dieu, comme unique du Père! O gloire digne du Père, qui est source de toute divinité! O gloire digne du Fils, qui est égal du Père, et qui est la splendeur de la gloire du Père! O gloire digne de sa croix, de ses abaissements, de son anéantissement! O gloire digne de l'honneur et service rendu au Père; honneur et service infini en dignité, en mérites, en effets! O gloire digne d'être l'objet de la gloire communiquée aux anges et aux hommes! O gloire digne d'être nommée par excellence la gloire du Père (21)!

Car c'est ainsi que la nomme le héraut des grandeurs et des abaissements de Jésus, quand il nous dit que toute langue doit confesser : *Quia Dominus Jesus Christus in gloria est Dei Patris.* Où nous parlant de Jésus humilié, de Jésus exalté, et distinguant ces deux états si différents, il nous dit pour conclusion : Que Jésus exalté est en la gloire du Père, voulant comprendre et enclore en la sublimité de ce peu de paroles, une chose infinie et ineffable, et nous marquer la voie par laquelle nous devons entrer en quelque intelligence de cette gloire immense. Car il faut connaître le Père, il faut connaître le Fils, et il faut connaître l'amour réciproque du Père au Fils pour connaître et mesurer l'état et la grandeur de cette gloire, qui est la gloire du Père, la gloire du Fils, la gloire du Fils par le Père et en son Père. L'Ecriture nous représente deux voyages du Fils de Dieu : l'un par lequel il sort du Père et vient au monde par le mystère de l'Incarnation : *A Deo exivit*; l'autre par lequel il sort du monde et va au Père : *Ad Deum vadit.* (*Joan.* XIII, 3.) L'un s'accomplit par l'Incarnation et par la naissance humaine de Jésus, l'autre s'accomplit par la glorification et par la naissance glorieuse de Jésus.

Le Fils de Dieu donc, issu du Père retourne au Père, rentre au Père, et entre en la gloire du Père pour n'en sortir jamais, vivant toujours en gloire, en puissance, en grandeur, en majesté digne du Père, digne du Père, digne d'un tel Fils et d'un tel Père. Jésus est en la divinité du Père, et la divinité du Père est la gloire du Père. Jésus donc est en la gloire du Père. Et encore que cette divinité dès le moment de l'Incarnation soit communiquée à Jésus, elle lui est maintenant communiquée non-seulement en sa subsistence et en sa dignité personnelle, mais en sa vie et en sa gloire. O subsistence! ô dignité! ô vie! ô gloire de Jésus! Cette gloire de Jésus n'est pas une gloire comme la nôtre. Car aussi la grâce de Jésus n'est pas une grâce comme la nôtre. Notre grâce et sainteté est un accident et une qualité répandue en l'âme, et notre gloire est cette même grâce consommée et plus accomplie, mais proportionnée en son être, en sa qualité et en son degré à notre grâce. Aussi la gloire de Jésus est semblable à la grâce de Jésus; et comme la grâce de Jésus est bien différente de la nôtre, ainsi la gloire de Jésus est bien éloignée de la nôtre. La grâce et sainteté de Jésus est substantielle, et sa gloire est substantielle : sa grâce est incréée et sa gloire est incréée. Et la grâce infuse qui se dérive en l'âme et aux puissances et facultés de l'âme de Jésus, est une grâce émanée de cette grâce primitive et principale; de cette grâce propre à Jésus, de cette grâce constitutive de Jésus, et est un accident dépendant de cette substance éternelle. Aussi la gloire correspondante à cette grâce infuse est une gloire émanée de cette gloire essentielle, qui est communiquée à Jésus en la communication de la divinité, qui se donne à cette humanité

(21) Dionys.; *De divin. nom.*

IV. Élevons-nous par-dessus nous-mêmes et par-dessus la gloire des hommes et des anges, et nous perdons en la vue et contemplation de cette gloire. Car cette gloire est si haute et si divine que nous pouvons bien dire que cette gloire de Jésus est la splendeur de la gloire de la Divinité, comme la personne de Jésus est la splendeur de la gloire du Père.

Aussi le même Apôtre, le digne héraut des grandeurs de Jésus, le contemplant en l'une de ses Epîtres, nous dit de lui : *In ipso inhabitat omnis plenitudo divinitatis corporaliter* : « *En Jésus habite toute la plénitude de la Divinité corporellement.* » (*Col.* II, 2.) Cette parole est énergique, digne de la profondité de ce mystère, et de la profondité du sens apostolique, et comprend deux termes, lesquels sont le nerf du discours et la clef de l'intelligence sublime et élevée de ce grand Apôtre, le terme de plénitude et le terme de corporellement. Et il emploie ce mot de plénitude parlant de la Divinité pour nous marquer le vide de la créature et nous faire considérer tout être créé comme un vide qui est rempli de la plénitude de Dieu. Car y ayant deux êtres en Jésus, l'être créé et l'être incréé, l'être incréé habite en son être créé, comme en son vide, lequel il remplit de sa plénitude et de toute sa plénitude, ne voulant rien réserver de ce qui peut être communiqué à une nature créée, demeurant créée. Il communique son être à son néant, sa grandeur à sa bassesse, sa dignité à sa petitesse, sa puissance à son infirmité, sa gloire à sa mortalité, sa lumière à son obscurité, sa plénitude à sa capacité, sa divinité à son humanité, et sa subsistence à la substance de la nature humaine, en laquelle il habite comme en sa propre nature. Dieu habitait auparavant en cette humanité, mais il suspendait les effets, les états et la splendeur de sa présence. Il habitait en elle comme en une nature étrangère. Car aussi Jésus voulait être étranger, pèlerin et mortel sur la terre, parce que nous étions nous-mêmes étrangers de Dieu, et qu'il voulait être semblable à nous, et voulait effacer en nous cet état pervers par l'état humble et étranger à sa grandeur, lequel il porte sur la terre. Mais il habite maintenant en cette humanité comme en sa propre nature. Et le Père éternel veut que son Fils soit et paraisse en l'état de sa grandeur, le tirant hors de la minorité en laquelle il a voulu vivre par l'espace de tant d'années en Nazareth, en Egypte, en Judée.

Et comme la divinité est la plénitude de l'humanité subsistante au Verbe. Aussi en cet état heureux et glorieux est la plénitude, l'accomplissement et la consommation du mystère de l'Incarnation. C'est pourquoi il emploie ce terme de plénitude et y ajoute celui de corporellement, pour nous dire que la divinité, que la plénitude de la Divinité, que toute la plénitude de la Divinité habite en Jésus, et habite en Jésus corporellement, c'est-à-dire comme en son propre corps. Vérité grande et haute, et qui en deux paroles dit chose ineffable, et marque une infinité de grandeurs et merveilles, et contient un abîme en profondeur de sens et de lumière ! *Que toute la plénitude de la Divinité habite en Jésus comme en son propre corps.* Pour entrer en l'intelligence de ces grandes paroles, il nous faut considérer que Dieu n'a point de corps en sa nature divine. Car il est tout esprit, et esprit infiniment distant de tous les corps, et même de tous les esprits créés par l'éminence de son être incréé ; mais son amour lui donne ce que sa nature ne lui donne pas, puisque par le mystère de l'Incarnation le Verbe est fait chair, et cette chair et ce corps est la chair et le corps de Dieu. Ce corps est déifié, ce disent les Pères, et c'est le langage ordinaire de l'Eglise primitive, c'est-à-dire ce corps est fait le corps de Dieu, et Dieu habite en icelui comme en son corps. Et ce que Dieu n'a point par son essence, il l'a par sa bonté, par sa dignation, par son amour. Car le secret de la foi nous apprend que le Verbe éternel se fait homme, prend une âme et un corps à soi, leur donne existence et subsistence dans son être incréé, et ce corps a consubsistence avec sa Divinité, comme sa personne divine est consubstantielle avec son Père. Car comme la personne du Père et la personne du Fils ont une même divinité, aussi ce corps et la divinité ont une même subsistence. Dignité incomparable, et appropriation émerveillable de ce corps à Dieu, faite par la puissance de l'amour, qui égale la puissance de la nature, et qui en Dieu est Dieu même ! Cette puissance admirable unit ce corps à Dieu si intimement, si étroitement, si substantiellement, si personnellement, que ce corps est adorable et adoré de tous les esprits créés ; et aussi humblement adoré, parce que c'est le corps de Dieu par amour et par subsistence, comme si c'était son corps par son essence et par sa nature. Car les païens et les Chrétiens se trouvent concurrents en une même pensée : les uns conduits par l'esprit de mensonge, les autres par l'esprit de vérité ; les uns en leurs opinions donnant à Dieu un corps par nature, les autres en leur créance donnant à Dieu un corps par amour. Mais quand cette supposition, fausse et impossible, de la gentilité profane aurait lieu, ce corps serait bien le corps d'un Dieu par un autre titre que par le titre d'amour. Il serait bien à Dieu plus naturellement et nécessairement, mais il ne serait pas à Dieu plus réellement, et il ne serait pas le corps d'une personne plus digne d'adoration suprême. Et cette condition naturelle, attribuée à Dieu par la gentilité, amoindrirait l'essence et la dignité de Dieu, le rendant corporel et l'abaissant par nature à chose si basse comme un corps. Mais Dieu s'y abaissant lui-même, et s'y abaissant par amour et par dignation, comme

---

(22) *Joan.* XVII ; HILARIUS, *in Psal.* II, 6.

il fait en ce mystère adoré des Chrétiens. Il demeure toujours en sa propre grandeur et en la dignité de son essence, haute, abstraite et immatérielle, et relève ce corps auquel il s'unit, de la grandeur de sa divinité, et l'élève en sa dignité sans être abaissé en son essence, et n'ayant pas ce corps à soi par son essence, il l'a par subsistence, qui est une même chose avec son essence.

Que si ce corps et cette âme convenaient à Dieu par nature, comme ils lui conviennent par subsistence, quelle vie, quelle gloire, quelle grandeur conviendrait à ce corps qui serait le corps d'un Dieu, et à cette âme qui serait l'âme d'un Dieu? Or ce corps et cette âme, et cette humanité ainsi conjoints à Dieu par le moyen de l'union hypostatique, sont aussi vraiment et efficacement, aussi saintement et divinement, le corps de Dieu, l'âme de Dieu, l'humanité de Dieu par subsistence, comme il serait le corps de Dieu par substance, si Dieu par sa nature avait un corps. La vie donc, la gloire et la grandeur qui nécessairement conviendraient à ce corps par nature, conviennent raisonnablement à ce corps déifié par amour et par subsistence, et lui sont conférées par la bonté, par l'amour et par la puissance de Dieu, qui regarde ce corps comme son corps, et en cette qualité le remplit de gloire, de splendeur et de majesté divine.

V. Les anciens philosophes avaient raison de dire que si Dieu avait un corps, ce serait celui du soleil, car ils ne voyaient rien au monde de plus digne d'être le corps de Dieu, comme étant un corps excellent en sa splendeur, en ses influences, en son activité. Mais Dieu, par cette troisième naissance, veut donner à son Fils un corps bien plus excellent que celui-là; un corps qui en sa lumière obscurcit la lumière du soleil, un corps qui est le soleil, non de la terre, mais du ciel empirée; ciel qui contient en sa grandeur immense et la terre et le soleil, tous les astres et toute l'étendue des cieux mêmes; un corps qui régit et tous les corps et tous les esprits célestes, un corps qui a consubsistence avec la Divinité; et aussi ce corps est adorable et adoré de toute créature, qui rend hommage à ce corps comme au corps de son Dieu, et à cette âme comme à l'âme de son Dieu; et toute créature se glorifie de porter les marques vivement empreintes de la servitude de Jésus, et de ressentir les effets de sa puissance divine et admirable. Or Dieu, qui n'a point de corps par sa nature et a voulu avoir un corps par sa puissance, par son amour et par sa subsistence, habite désormais en ce corps en une manière beaucoup plus intime et plus puissante, que celle par laquelle l'âme habite en son corps. Car l'âme, par le cours de la nature, n'est conjointe au corps que pour un temps; elle en doit être séparée, et une fois séparée, elle n'y peut rentrer jamais; et si, par une puissance étrangère et un très-grand miracle, elle est rétablie au corps, lors même elle ne s'y peut conserver que bien peu d'années; et sans un miracle perpétuel, elle en doit être pour jamais séparée.

Mais la Divinité s'unit par soi-même à ce corps et à cette âme; elle n'en doit être jamais séparée; et il n'y a rien qui puisse altérer tant soit peu cette union parfaite, et elle durera une éternité. Car, tandis que Dieu sera Dieu, Dieu sera homme, et ce corps sera pour un jamais le corps d'un Dieu. Puis donc que nous voyons que l'âme, de beaucoup inférieure à la Divinité en sa puissance et en son activité, communique sa vie et son état au corps en s'unissant au corps; et si elle est végétante, le corps est végétant; si elle est animale, le corps est animal; si elle est humaine, le corps est humain et a une vie humaine : à plus forte raison la Divinité qui habite en ce corps d'une manière plus intime, plus puissante et plus auguste, qui remplit et active cette âme et ce corps de sa propre subsistence, et qui communique sa vie et son être à cette âme, elle lui communique par conséquent un être divin, et la rend divine en son état et en sa subsistence. Car, si une âme sainte rend un corps saint, et une âme glorieuse rend un corps glorieux, que sera-ce de la Divinité qui est la gloire et la sainteté même, et qui habite en cette âme comme l'âme de cette âme, et en ce corps comme en son propre corps, et en cette nature humaine comme en sa propre nature? car il nous faut bien remarquer que le Verbe éternel a deux essences : l'une par nature, l'autre par amour; l'une par naissance éternelle, l'autre par naissance temporelle; l'une par laquelle il est Dieu, l'autre par laquelle il est homme, mais Homme-Dieu pour jamais. Et en cette même essence et nature que son amour lui donne, il a encore deux naissances, l'une en la mortalité, l'autre en l'immortalité, qui sont deux états bien différents de cette même humanité, et deux naissances aussi bien différentes en un même sujet et une même personne. La première naissance se termine à la croix; et Jésus la regarde dès le premier moment de cette humble naissance, la deuxième naissance se termine au ciel.

Et le ciel vous attend et vous regarde, ô Jésus, comme chose sienne dès le premier moment de cette renaissance. En l'une vous naissez, ô Jésus, en l'autre vous renaissez: vous naissez comme homme en Bethléem, vous renaissez comme homme au sépulcre, mais comme homme immortel et immortalisant les hommes. L'une de ces naissances regarde la croix, et l'autre regarde le ciel; deux termes, deux séjours et deux trônes bien différents; là vous mourez, et ici vous vivez; là vous souffrez, et ici vous régnez; là vous entrez en nos misères, et ici vous entrez en la gloire du Père; là vous êtes dans le trône de votre humilité, et ici dans le trône de votre majesté; là vous êtes dans la crèche et dans la croix, et ici dans le ciel et dans le trône de la gloire. O vie divine! ô vie céleste! ô vie glorieuse! O vie en laquelle paraît la plénitude de la Divinité, et la splendeur de la gloire, couverte auparavant, et obscurcie à nos yeux par les épines de la croix, et par l'état de sa mortalité ! Vie qui dit plénitude de gloire, plénitude de puissance, plénitude de majesté ! Vie sans abaissements, sans souffrance et sans mortalité ! O vraie vie ! vie, plénitude de vie, et plénitude de divinité ! Vie qui n'est plus que vie, qui n'est plus que puissance, qui n'est plus que gloire, qui n'est plus que majesté ! car comme Dieu est tellement vie, que tout est vie en Dieu, aussi en cet état heureux Jésus est vie, et tout est vie en Jésus, et la vie triomphe en Jésus et par Jésus. Elle triomphe de l'univers et y triomphe heureusement pour l'univers : *Triumphat nos in Christo.* Suivons humblement le char de ce triomphe de Jésus, car nous sommes ses esclaves et ses captifs : esclaves de sa grandeur, captifs de ses triomphes ; et nous faisons partie de ses dépouilles, de ses trophées, et des rares ornements de sa victoire.

VI. Contemplant ces trois naissances et ces trois vies de Jésus, sa naissance divine par laquelle il est Dieu, sa naissance humaine par laquelle il est homme entre les hommes ; sa naissance en la gloire par laquelle il est roi de gloire entre les hommes et les anges, nous avons à remarquer comme en ces trois naissances il est né souverain, et toute créature lui doit hommage de sa servitude et sujétion. En la première naissance il est souverain, car il est Dieu ; en la seconde il est souverain, car il est roi et né roi, ce dit l'Évangile ; en la troisième il est souverain, car il est établi en la dextre, en la gloire et en la puissance de son Père, et nous déclare lui-même sa souveraineté par ces paroles : *Toute puissance m'est donnée au ciel et en la terre* (*Matth.* xxviii, 18), paroles de grande énergie et de très-grande autorité. Or de ces trois naissances la seconde est celle où son autorité est moins sensible et plus cachée dans l'abaissement de son enfance et dans l'état de sa mortalité, et toutefois en cette humble et seconde naissance, en laquelle comme Jésus est vivant et mourant tout ensemble, aussi et vivant et mourant il parle, il maintient, il exerce sa souveraineté.

Et ceux qui lui veulent ravir sa vie en son enfance, et la lui ravissent en la croix, ne peuvent pas lui ravir sa royauté, laquelle il maintient et conserve, ne conservant pas sa vie. Ainsi nous voyons Jésus en son enfance proclamé roi et par des rois, redouté d'un roi et adoré des rois, voulant dès sa naissance faire paraître un éclat de sa grandeur, et faire sentir aux grands la secrète puissance cachée dedans sa crèche, qui doit un jour paraître en la face de l'univers, à leur étonnement. *Si tantum terruit cuna vagientis, quid faciet tribunal judicantis ?* (S. Aug.) Et durant sa vie mortelle, payant tribut pour l'exemple, il déclare ne le devoir point payer comme le Fils du Roi des rois ; et aussi le paye-t-il par puissance et par miracle, sa sujétion apparente étant relevée d'un effet de puissance, de merveille et d'autorité extraordinaire sur la terre et sur la mer ; en sorte que la marque de sa sujétion porte la marque de sa puissance. En mourant il se fait proclamer dans la mort même le roi des Juifs, et rend le même juge qui le condamne le héraut de sa royauté. Après la mort dans le sépulcre, il prend la voix et se sert de la langue de sa disciple pour être nommé souverain dans l'état et les ombres de la mort et du sépulcre. Disciple bien instruite en l'école de Jésus, en l'école d'amour, en l'école du Saint-Esprit, et qui nomme Jésus souverain, par l'instinct de celui qui possède son cœur, qui conduit sa langue, qui tire ses larmes et la rend attachée à la croix et au sépulcre de Jésus, et plus vivante en sa mort qu'en elle-même. (*Joan.* xx.)

Que dites-vous, ô amante, mais divine amante ? Jésus est mort et vous vivez en lui, Jésus est mort et vous l'appelez souverain, et souverain sans limites ; Jésus est mort et son corps seul est au sépulcre. En le croyant, le cherchant, l'aimant en cet état, vous l'appelez Seigneur parlant aux apôtres, c'est-à-dire aux docteurs du monde et aux disciples de la vie et de la vérité. Mais le Saint-Esprit conduit votre cœur et votre pensée, anime votre langue et vos paroles : car Jésus naissant, Jésus mourant, Jésus mort est toujours souverain, et ne perd non plus sa souveraineté que sa divinité, à laquelle elle est uniquement et inséparablement adjointe. Jésus en cet état de la croix et de la mort est souverain ; et ne faisant pas des effets de sa puissance sur sa créature sensible et raisonnable, afin de pâtir par elle et pour elle, il fait des effets de sa puissance sur sa créature insensible et inanimée. Car bien que pâtissant et non agissant, souffrant et non opérant, mourant et non vivant, il ébranle la terre, il fend les pierres, il rompt le voile du temple, il couvre le ciel de ténèbres, il ravit la lumière au soleil et marque sa souveraineté dans la terre et dans le ciel, lorsqu'on lui ravit la vie, qui est la lumière et la merveille du ciel et de la terre.

Jésus donc, même en cet état d'humilité, de souffrance et de mort, est roi et souverain. Beaucoup plus devons-nous l'avouer et reconnaître pour tel en l'état de sa gloire et de son immortalité. Aussi, entrant en cet état et au milieu de son triomphe, s'élevant de la terre pour entrer en la gloire, il se tourne vers nous, et nous adressant sa parole, il nous dit hautement et gravement : *Data est mihi omnis potestas in cœlo et in terra* (*Matth.* xxviii, 18), et finit son séjour en la terre en ces grandes paroles et en ces derniers propos, pour laisser sa puissance et son autorité plus vivement empreinte en nos esprits, en nos cœurs et en notre vie ; et pour nous apprendre que la fin de sa vie, de sa croix, de sa mort et de sa renaissance en l'immortalité, est pour régner et pour établir les effets de cette sienne puissance en la terre et au ciel. Écoutons ces saintes paroles prononcées dans ce triomphe, adhérons à Jésus qui les nous dit et prononce, et livrons-nous à la puissance de celui qui triomphe de la mort et du péché, et veut encore triompher de nous comme de chose qui est à lui et par sa grandeur et par ses victoires; car il est souverain et nous sommes ses sujets, il est rédempteur et nous sommes ses captifs. Il est et souverain et rédempteur par naissance et nature, et par naissance et renaissance nous sommes les sujets de son empire, et les esclaves de sa puissance. Il est toujours souverain et nous sommes toujours ses sujets, ses vassaux, ses esclaves, et ses esclaves à plusieurs titres: esclaves de son amour, esclaves de sa grandeur, esclaves de ses abaissements, esclaves de sa croix, esclaves de son esprit, esclaves de sa gloire. Et nous lui devons rendre l'hommage et les effets de notre servitude, trouvant notre vie en l'obéissance, notre liberté en la servitude, et notre gloire en la dépendance que nous devons et voulons rendre à Jésus, le Fils unique de Dieu, l'amour et la puissance du Père, le Roi de gloire, le souverain Seigneur et des hommes et des anges.

VIE DE JÉSUS.

DÉDICACE AU ROI.

SOMMAIRE DE CE QUI EST CONTENU EN LA DÉDICACE.

I. Jésus est roi en ses deux naissances, et reconnu roi jusque dans le temps de sa mort. Jésus-Christ est Roi des rois, et les rois qui ne voudront point lui obéir seront exterminés par son pouvoir. — II. Le hâvre et le port où les grandeurs conduisent les hommes est le tombeau. — III. Aussitôt que l'homme est exposé à l'éclat, il est exposé à sa ruine, et il doit craindre les grandeurs, ce qu'il prouve par l'Ecriture. Le mystère de l'Incarnation nous enseigne le mépris des grandeurs de la terre. — IV. Le succès des armes du roi lui est raconté en l'élevant à Dieu. — V. Premières guerres du roi, sont pour la foi comme celles de saint Louis. Victoire de l'hérésie réservée au roi. — VI. Exhortation puissante aux hérétiques. Description de l'hérésie en sa naissance. — VII. La paix est la fin de la guerre et du gouvernement des rois. — VIII. Il exhorte le roi à la paix. Prendre la Rochelle, ç'a été couper les nerfs du corps factieux de l'hérésie en France. Victoire des rebelles de la Rochelle, pesée en toutes ses circonstances. — IX. Il remarque l'assistance que le roi a reçue de Dieu dans les guerres entreprises pour son service.

AU ROI.

Sire,

Lorsque Votre Majesté daignait penser à moi, je pensais à celui qui la régit par sa grâce, et la conduit par sa main dans les œuvres de son service et de sa gloire. Et lorsqu'elle s'employait à me faire changer de vie, je m'employais à décrire la Vie de Jésus-Christ Notre-Seigneur, qui s'appelle la Vie, et qui est la vie et le salut du monde; et je travaillais, selon ma petitesse, à imprimer sur le papier ses actions et mystères, tandis que Votre Majesté travaillait, selon sa grandeur, à imprimer sa loi, son culte et son service dans les cœurs de ses sujets, et dans les dernières villes rebelles.

C'était mon labeur, ou pour mieux dire mon repos; et c'était l'œuvre que je préparais à Votre Majesté lorsqu'il vous plut me mander ce que vous aviez ordonné de moi, et l'honneur que vous m'aviez procuré de Sa Sainteté à Rome. Je m'étais, Sire, établi dès longtemps en une vie bien différente. J'étais en une condition retirée, mais douce et tranquille, à l'abri des vents et tempêtes, sans ambition et sans envie. J'avais choisi cette condition, et je n'avais autre dessein que d'y vivre et d'y mourir. J'y étais comme en un port assuré, d'où je voyais sans péril et sans atteinte les orages du monde. J'y vivais comme en un lieu élevé qui tient de la qualité du ciel, et n'est point offensé des orages de l'air, ni des vapeurs de la terre. Ce m'était une école où j'apprenais à regarder les choses présentes, comme mortel; et celles à venir, comme immortel. Le monde était mon chemin, et non pas mon but. C'était mon passage pour tendre ailleurs, et j'y passais comme par un théâtre, sur lequel je voyais les œuvres de la nature et de la grâce. J'admirais ces ouvrages, et j'en adorais l'ouvrier, lequel ayant fait le ciel et la terre, de la terre nous tire au ciel, et s'étant fait lui-même homme pour les hommes, se donne à l'homme; et s'étant fait partie de nous, par un retour heureux, il nous fait partie de lui-même, et nous incorpore en lui: et ainsi nous transforme (si nous le voulons), en ses qualités saintes, heureuses et glorieuses.

I. En cette vie, je trouvais le repos dans le travail, la douceur en la croix, le ciel en la terre, Dieu en sa créature: et j'essayais (selon le peu que Dieu a mis en moi), de servir au royaume de Jésus-Christ dans le royaume de Votre Majesté. Car Jésus-Christ est roi, et né roi : et ayant double naissance et double essence, l'une au sein du Père, l'autre au sein de la Vierge, il porte la qualité de roi et souverain en l'une et en l'autre de ses deux natures, et la porte comme reçue par le droit de l'une et de l'autre naissance. Et ce qui est remarquable dans la mort, où tous les rois, perdant la vie, perdent leur royauté, ce nouveau roi conserve sa qualité de roi ne conservant pas sa vie, et la conserve par la sentence du juge même qui le condamne, lequel il fait un des organes de cette vérité, et un des hérauts de sa royauté : tant elle lui est chère et précieuse, même dans les angoisses de la mort! Tant il lui plaît faire en faveur de ce titre glorieux un effet de sa puissance, dans son impuissance même! Et tant il veut que le même titre de sa croix soit le titre de sa gloire, de sa puissance et de sa royauté! Il est donc roi et en sa naissance et en sa mort. Roi faisant office de roi, et exerçant par lui-même sa royauté, roi attirant les rois à ses pieds, lorsqu'il ne peut ni parler ni marcher dans son enfance ; roi faisant publier sa royauté, et par des rois en sa naissance, et par ses juges en sa mort. Il est roi, et roi éminent par-dessus les rois. Et son royaume qui n'est pas de ce monde est dans ce monde, et il veut régner dans nos cœurs, ou bien nos cœurs seront flétris et navrés de douleur immortelle. Nous y pensons trop peu, et nous ne voyons pas qu'il vient en la terre en qualité de roi, pour y établir sa puissance, et l'établir par des voies hautes et relevées de circonstances très-remarquables. Il est proclamé roi par des rois dès sa naissance. Il est recherché et adoré des rois dès son enfance. Il est dit que tous les rois lui rendront hommage, et les plus grands empires ont déjà fléchi sous son nom et sa croix. Et pour marque de son aspect et influence sur les puissances de la terre, il veut qu'en la personne d'Auguste l'empire de l'univers prenne naissance avec lui, pour ne finir qu'avec son Église. Et comme en naissant sur la terre, il a attiré par son empire les rois à soi, il ruinera par l'esprit de son souffle, à la fin de l'univers, le roi qui dominera lors iniquement sur toute la terre : tant cet astre divin a de regard et de pouvoir sur la terre! Et tant ce roi nouveau et si peu connu veut agir sur la terre! Après tant d'effets et de merveilles, après tant de hérauts, de clairons, de trompettes qui publient sa gloire, sa naissance, sa souveraineté, la terre ne la peut ignorer. Et c'est le salut de la terre qu'il exerce son pouvoir sur elle. Il veut régner dans la terre comme dans le ciel, dans les hommes comme dans les anges, dans les grands comme dans les petits, dans les riches comme dans les pauvres, dans les vivants comme dans les morts. Car tout est vivant à lui, tout est obéissant à lui ; et les rois que nous voyons ne sont qu'un rayon de sa puissance, une mouvance de son empire, et une image de sa royauté à laquelle tout doit être soumis.

II. En la force et douceur de ces pensées, je me laissais aller volontiers aux mouvements d'une majesté si haute et si puissante ; et j'avoue ingénument que les grandeurs périssables de la terre ne faisaient pas grande impression en mon esprit. J'avais compassion de ceux qui se laissent décevoir à leur vanité, inconstance et bassesse. Je voyais avec douleur qu'elles leur font éprouver en terre ferme les orages de la mer, comme si elles avaient changé d'élément ; et je voyais qu'après leurs vagues et tempêtes, leurs agitations et tourmentes, le havre et le port où elles les conduisent, c'est un tombeau. Tout ce que les hommes admirent se brise contre cet écueil. C'est la fin et le couchant des grandeurs plus relevées. C'est où se réduit à néant la pompe et la gloire du monde. Elle passe légèrement sur notre horizon comme une ombre qui s'évanouit en un moment, et ne laisse aucune marque et impression de soi. Celui-là même auquel il a plu à Votre Majesté me substituer en cette grande dignité, me faisait toucher au doigt cette vérité : car ayant été dès longtemps destiné à ces espérances, vivant en un air étranger pour ce sujet, et attendant cette qualité vingt ans durant, il ne l'a possédée que six mois ; et il est en un si peu de temps couvert de la poussière de la terre, et n'est plus que poussière lui-même.

III. J'ignore, Sire, pourquoi Votre Majesté a voulu prendre en ma faveur une telle résolution si éloignée de mes pensées, si disproportionnée à ma faiblesse. Je sais bien ne l'avoir méritée ni de la majesté suprême que j'adore dans le ciel, ni de la vôtre, qui relève de la sienne, que je dois révérer en la terre. C'est un conseil qui m'est caché et inconnu, auquel Votre Majesté ne m'ayant donné aucune part, il ne m'est pas permis de faire aucun effort pour le pénétrer. Mais il m'est loisible, selon les lois de la modestie chrétienne, d'en craindre et appréhender l'événement. Aussitôt que la matière dont est formé le verre commence à être luisante, elle commence à être fragile ; et l'homme, beaucoup plus fragile que le verre, aussitôt qu'il est exposé à l'éclat, il est exposé à sa ruine. L'expérience journalière des succès humains nous en donne trop de preuve ; et le livre de vie et de vérité que nous avons tous les jours ouvert devant les yeux nous oblige en plus forts termes à craindre et non à désirer, à fuir et non à respirer l'air des grandeurs de la terre. Il nous enseigne que les grands seront grandement tourmentés. Il nous enseigne que le jugement décisif de leur état et de leur éternité se fera sur eux avec rigueur. Et c'est un grand, un sage, et un roi qui prononce ces vérités, et les prononce au nom de Dieu qui l'a fait grand, sage et roi tout ensemble. Ces oracles, ou plutôt ces foudres, nous doivent épouvanter, et arrêter le cours de l'ambition humaine. Mais si l'homme est sourd à la voix d'un si grand homme, Dieu a préparé aux hommes une voix plus puissante, mais plus douce, et qui, en sa douceur, doit confondre et anéantir l'orgueil de tous les humains, puisqu'elle anéantit même en quelque sorte la majesté de Dieu. C'est la voix du Verbe incarné qui est venu nous enseigner la science de salut. Il est plus grand que Salomon, et il sera mieux écouté que lui. Sans parler, il nous apprend en sa crèche et en sa croix l'estime que nous devons faire des grandeurs de la terre, si nous l'estimons lui-même selon ses grandeurs véritables. Et lorsqu'il a ouvert sa bouche sainte et divine pour prononcer les oracles du ciel, son langage a été bien contraire à la vanité du sens humain, qui va cherchant la grandeur qui ne lui convient pas, et y trouve sa misère, sa confusion et sa propre ruine. Cette divine sapience revêtue de notre humanité, nous tire doucement et fortement aux choses humbles, et nous retire des choses grandes selon le sens du monde. Elle emploie à cet effet son esprit, sa parole et son exemple. Trois liens forts, trois moyens puissants, pour nous séparer de la terre, nous élever à lui, et nous disposer à le suivre. Il répand son esprit dans nos cœurs, il joint son exemple à sa parole, pour nous tirer à lui, et nous faire entrer en ses voies. Il est le Fils du Très-Haut, et il choisit les choses basses en sa naissance, en sa vie, en sa mort. Même il fuit les grandeurs, lorsqu'elles lui sont offertes : et toutefois les grandeurs ne lui peuvent être dommageables, à cause de l'éminence de sa sainteté ; et toute grandeur lui appartient par essence, par naissance et par mérite. Pesant ces oracles et exemples divins, nous devons aimer une condition médiocre, en appréhender le changement, craindre qu'il n'arrive par un secret jugement de Dieu, qui pénètre nos cœurs, et peut-être nous répute indignes de sa récompense dans le ciel, et nous donne ce peu de récompense dans la terre. Que si Dieu nous appelle à un tel changement, son esprit nous porte à nous abaisser quand on nous élève, au lieu de nager sur les grandeurs qui nous sont offertes ; et la nature même nous apprend cet excellent usage par une de ses liqueurs plus excellentes ; car le baume étant jeté en l'eau, s'il est vrai et non sophistiqué, s'écoule au fond et conserve son odeur et son intégrité : mais s'il est faux et altéré, il nage sur l'eau, et fait connaître le peu de poids, de prix et de valeur qui est en lui. La grâce, conforme à la nature, nous donne cette même conduite, et nous abaisse dans les grandeurs, si nous suivons son mouvement. Je prie Dieu l'imprimer en mon âme, et me donner par grâce ce qu'il a donné par nature aux mères perles, lesquelles étant au fond de la mer, s'ouvrent à la rosée du ciel, et pour conserver les perles, qu'elles ont conçues en leur sein, elles se ferment et resserrent si proprement, que les eaux de la mer ne les peuvent pénétrer.

IV. Mais c'est trop parler de moi à Votre Majesté. Je dois lui parler de choses meilleures et plus grandes. Je vous dois parler de Dieu et de vous-même. Je dois vous faire voir sa bonté, son amour, sa conduite sur Votre Majesté. Vous pensez à lui, et il pense à vous. Vous cherchez sa gloire, et il établit la vôtre. Vous affermissez son Etat qui est son Eglise, et il affermit votre Etat et couronne. Vous étendez les bornes de sa créance, et il agrandit votre empire. Vous êtes dans les combats, et il surmonte pour vous. Et celui qui, dans ses titres et ses Ecritures prend le nom de Dieu des armées, marche devant vous, pour faire place à vos armes et à votre puissance. Vos mers sont assiégées et fermées de cent cinquante voiles ennemies, et Dieu les ouvre sans vaisseaux aux soldats de Votre Majesté. Les ennemis sont puissants, sont retranchés dedans vos îles ; mais leurs retranchements ne servent que de rempart contre eux et de moyen de les opprimer : et sans perte d'un soldat on les défait, et on en laisse plusieurs mille étendus sur la place. Ainsi le ciel, la terre et la mer sont favorables à votre autorité : et ce fier Anglais, qui voulait braver la France, est contraint de fuir honteusement à la vue de la France, et d'être conducteur non d'une armée ou triomphante ou au moins combattante, mais d'une troupe fuyante et d'une flotte désolée, qui laisse et en la terre et en la mer les marques de son opprobre et de sa confusion. C'était assez pour n'y plus retourner, pour n'y plus revenir. Mais, oubliant Dieu et le châtiment qu'il avait reçu, il veut encore se faire voir en nos côtes, et voilà que la main de Dieu courroucé est étendue sur lui : car ayant le pied dans le vaisseau pour revenir, il meurt en un instant ; et un Anglais, ennemi naturel de la France, venge la France, et le punit de son outrecuidance : et non-seulement en un même jour ou en une même heure, mais en un même moment le soleil éclaire ses délices et vanités, et l'enfer couvre ses misères, et punit son iniquité. Pauvre misérable d'avoir vécu ainsi, et d'être mort ainsi ; d'avoir méconnu Dieu, et en ses faveurs et en ses châtiments ; d'être du nombre de ceux *qui in momento descendunt ad inferna* (Job XXI, 13), et d'être exemple à la postérité de la sévérité de Dieu sur les grands, sur les favoris, qui abusent de leur temps, de leur faveur et de leur puissance.

V. Ainsi Dieu, Sire, venge sa querelle et la vôtre, car votre querelle est la sienne. Vous êtes armé non pour vos passions (comme les rois sont d'ordinaire), mais pour la gloire de Dieu, et pour sa loi, comme saint Louis. Vous héritez de son nom et de son Etat, vous héritez aussi de sa foi et de sa piété. Vous portez son diadème, et vous suivez ses pas et ses conseils saints et généreux en l'établissement de la foi en la terre ; et, ce qui est digne de remarque, conduit d'un même esprit que lui en ses saintes et hautes entreprises, vous n'avez pas même issue que lui, et vous y êtes porté d'un vent plus favorable. Ce grand prince souffre dans ses desseins d'outre-mer. La première fois il y est captif, et en la seconde il y meurt : au lieu que Votre Majesté a ses mains pleines de palmes et de lauriers, et est couronnée de gloire et de triomphe. Votre règne a commencé par l'innocence de votre âge, comme le sien. Il a continué par justice et piété, qui sont les plus fermes colonnes des Etats, les plus illustres ornements des rois, et les plus assurés augures de leur prospérité

Aussi votre bonheur va plus vite que vos ans ; et vous promenant par votre royaume, vous avez ravi en un an à l'hérésie cent cinquante places que vous avez assurées à l'État et à l'Eglise. Votre vie est image de grandeur : et en la fleur de votre âge, nous recueillons les fruits de votre puissance et bonté. Et vos voisins éprouvent que, dès vos jeunes ans, vous êtes l'espérance de l'affligé, la défense de l'opprimé, la balance de l'équité, et l'arbitre de la chrétienté.

Vos succès victorieux sont les dons du ciel, le salut de la terre, la merveille de nos jours, le triomphe de l'Eglise, la confusion de l'hérésie, la terreur de vos ennemis et l'étonnement de vos voisins. Il fallait que l'Anglais en fît l'épreuve, et par sa faute : car Votre Majesté, par ses propres desseins, ne respire que douceur, paix et justice. Cet étranger recherchant Votre Majesté, et traitant d'alliance si auguste, si sainte comme celle de mariage avec une des sœurs de Votre Majesté, ne peut durer trois mois en ses devoirs. Il fausse la foi publique, il persécute les catholiques, il pille vos sujets, il chasse indignement les Français de son île, et ajoute à ses offenses une offense nouvelle hors de son pays ; car, après avoir violé la majesté publique des lois, des serments et des traités sacrés entre les rois, et offensé la France dans son Etat, il veut offenser la France dedans la France même ; il vient armé dans vos côtes ; il outrage vos sujets et il appuie vos rebelles ; mais Votre Majesté le chasse honteusement de la France et assiége la place qui l'avait attiré, et prend, à la vue des Anglais, cette place que l'hérésie publiait imprenable. Et pour rendre le succès heureux et glorieux en toutes ses circonstances, vous gagnez cette place sans perdre aucun de vos serviteurs. Le malheur n'est tombé que sur les rebelles, que le glaive de leur impiété a occis, et non le glaive flamboyant de Votre Majesté, étant eux-mêmes la seule cause de leur malheur.

Béni soit le Dieu des rois et des armées qui vous a donné ce conseil, ce courage et cette prospérité ! Béni soit Dieu qui honore saint Louis sur la terre en la personne de Votre Majesté, et veut que sa race ruine l'hérésie dans la France et peut-être hors de la France. C'est Votre Majesté qui recueille et porte en la terre cette bénédiction ordonnée de Dieu sur la postérité de saint Louis, en l'honneur et faveur de saint Louis. Vous êtes la fleur de cette digne tige, l'expression et la vertu de ce grand saint, et comme une perle de la rosée de saint Louis. Vous êtes le nouveau lis de la France, donné du ciel pour répandre sur elle tant de douces et suaves odeurs. Vous êtes comme une plante choisie que Dieu a plantée lui-même dans son Etat, dans le verger de son Eglise, qu'il cultive de sa grâce et qu'il fait fructifier à sa gloire. Même il semble que le feu roi, votre père, n'a été donné à cet Etat que pour préparer le théâtre de la France à vos grandeurs et trophées ; pour vous rendre ce royaume pacifique ; pour vous faire maître en icelui, et puis vous laisser ces conquêtes et ces triomphes. De là vient qu'en la force, en la terreur de sa puissance, il n'a point attaqué, il n'a point ébranlé ce grand corps de l'hérésie, dont les mouvements ont été si violents et si dangereux. C'est à vos pieds que ce monstre furieux devait être abattu. Le ciel vous a réservé cette gloire, et nous espérons voir en nos jours et sous votre puissance, l'Eglise qui se dit réformée, et qui a été longuement invisible en l'univers, être derechef heureusement invisible en la France.

VI. Le pouvez-vous désavouer, Messieurs, qui n'avez que trop vécu et combattu sous ses pavillons et sous ses tentes? Votre Eglise, selon confession propre, a été douze cents ans invisible au monde ; il est temps qu'elle reprenne sa première et sa plus innocente qualité et qu'elle soit invisible en la France. Sans elle et avant elle, nous étions et bons Chrétiens et bons Français. Vous n'en pouvez douter, vous savez et avouez qu'il y a seize cents ans que le salut est publié en l'univers, et qu'il y a des Chrétiens sur la terre. Il y a douze cents ans que la monarchie française est établie. Il y a quatre-vingts ans que votre foi, votre Etat, votre Eglise étaient inconnus au monde. Depuis que vous avez commencé à paraître, ce n'a été que désordre et ruine, et à votre arrivée, rien moins n'est apparu que la face d'une Eglise naissante, et rien moins n'a été ouï que le ton d'une voix publiant le salut en l'univers. Vos oracles ont été les canons ; vos conciles ont été les armées ; vos miracles, la désolation des provinces ; votre foi, sans œuvres ; votre charité, sans effets ; votre ministère, sans envoi ; votre envoi extraordinaire, sans miracles ; votre doctrine de la loi, impossible même dans l'état de la grâce, ne nous promettait pas grande réformation. Nous l'avons assez éprouvé, et c'est assez avoir mal édifié et mal instruit le monde ; c'est assez avoir désolé la France, forcé nos villes, honni l'Eglise, abattu nos temples, profané nos mystères, violé nos cloîtres, ruiné nos provinces, pourpré de sang et blanchi de carcasses nos campagnes. Ces efforts et ces ruines n'ont point servi à sauver le monde, qui avait son salut sans vous ; ils n'ont servi qu'à former un ulcère dans l'Etat qui a rongé l'Etat ; ils n'ont servi qu'à soulever des monuments qui ont ruiné la France et failli à perdre cet Etat si nécessaire et si florissant.

Il est temps, Messieurs, de sonner la retraite, de changer de desseins, de se rendre pacifiques. Contentez-vous de la foi et de la sagesse de vos pères, comme de leur terre et de leur soleil, et comme de leur baptême et de leur Evangile. Ecoutez la voix douce et puissante de l'Eglise, que tout le monde écoute. Vous l'avez méconnue, et elle est votre mère ; vous l'avez combattue, et votre salut est en elle ; vous l'avez mise en opprobre, et vous l'eussiez anéantie, si la durée contre l'enfer même ne lui était promise. Elle oublie vos fureurs ; elle vous tend les bras ; elle se souvient qu'elle est votre mère et que vous êtes ses enfants, ou vous n'avez point Dieu pour père. Ses qualités sont grandes, et vous ne les pouvez mépriser sans offense de Dieu et sans la ruine éternelle de vos âmes. Reconnaissez-la bien, Messieurs, elle est fille unique de Dieu, épouse de Jésus-Christ; héritière de l'univers; sœur germaine de l'Eglise qui triomphe dans les cieux; mère des royaumes et empires : elle est le royaume du ciel en la terre, et passera de la terre au ciel à la fin de l'univers pour suivre son époux et son Sauveur et régner éternellement avec lui. Et en la terre et au ciel vous devez être à elle, ou vous ne serez point à Dieu; car tout ce qui est à Dieu est à elle. Le rond de la terre lui appartient; ne diminuez pas son partage; ne vous soustrayez pas de sa puissance; rendez-vous, non ennemis, mais enfants de cette Eglise. C'est votre salut au ciel et votre repos en la terre. Et plût à Dieu que nos vœux, nos larmes et notre sang, pussent servir à vous faire prendre une résolution si sainte et si salutaire. Si vous n'êtes encore si heureux, au moins vivez en paix : *Rendez à César ce qui est dû à César (Matth.* xu, 17); et si vous voulez croire ce qu'il vous plaît, faites pour le moins ce que vous devez, et vivez tranquilles sous les lois du monarque que Dieu vous a donné. L'Eglise, que vous n'avez pas voulu souffrir en sa puissance légitime et en la doctrine de salut qui lui a été commise, vous tolérera en votre dureté jusqu'à ce que ses prières aient ouvert le ciel et obtenu de Dieu que son esprit descende sur vous et opère ce changement en vos cœurs.

VII. C'est votre bonté, Sire, qui traite ainsi ses sujets rebelles, qui oublie leurs injures et se souvient de sa clémence; qui les veut ramener par douceur et exemple; qui n'emploie sa puissance que pour leur ôter le pouvoir de mal faire. Continuez en ce zèle et en cette douceur. Triomphez d'eux et de vous-même par un glorieux triomphe. Soyez entrant en leurs cœurs comme en leurs villes, et faites refleurir en nos jours l'olivier de la paix à l'ombre de vos palmes. La guerre ne se fait que pour la paix, et la paix est recherchée pour elle-même. C'est le don du ciel, c'est le salut de la terre, c'est le fruit des armes, c'est le bonheur des Etats, c'est la gloire des rois, c'est la voix et la prière de l'Eglise qui dit tous les jours en ses offices : *Donnez la paix, Seigneur, en nos jours,* etc. Et celui-là même qu'elle adore et qui prend la qualité de Dieu des armées, prend aussi la qualité de Dieu de paix; et ce qui est bien plus, et ne convient qu'à la paix et non aux armes, il est la paix lui-même, il est la paix du ciel et de la terre, il est la paix de Dieu et des hommes, et il a son royaume et la gloire des siens en l'état et en la vision de paix. Il est votre souverain, Sire, et votre exemplaire. Il est l'original de vos grandeurs et il en est la conduite. Regardez-le, adorez-le, et le servez en la guerre et en la paix. Et comme vous triomphez en la guerre, vous fleurirez en la paix, et ferez ressentir à votre Etat les doux fruits de la paix, soulageant votre peuple, polissant votre Etat et le portant au dernier point de la grandeur et félicité humaines.

VIII. La paix et la guerre sont les deux exercices plus signalés parmi les rois. En ces deux états se passe toute leur vie. Il y a des rois qui ont acquis une superbe réputation en la guerre et l'ont perdue dans la paix. Il y en a qui ont été recommandables en la paix et n'ont pas été heureux en la guerre. Je souhaite à Votre Majesté l'une et l'autre gloire. A la vérité, comme les dons du ciel sont partagés, aussi le sont les grandeurs et prospérités de la terre ; mais Dieu, qui partage ses dons selon le cours ordinaire de sa grâce et de sa conduite sur ses créatures, les réunit quelquefois en quelques éminents sujets de sa gloire. Vous êtes un de ce nombre, et votre règne sera couronné de cette double gloire et félicité, ayant un prince triomphant en la guerre et heureux en la paix. Nous sommes en l'attente de l'un, mais en l'expérience de l'autre ; nous avons les augures de la paix, mais nous voyons les merveilles de Dieu sur vous dedans la guerre. Je vois donc Votre Majesté, après un an de fatigues et labeurs, retourner heureuse et victorieuse en la ville de Paris, et prendre son repos en son lit de justice. Je vois en votre victoire plusieurs victoires, et en votre triomphe plusieurs triomphes. Vous triomphez et de l'étranger et de vos sujets rebelles. Je vois les uns à vos pieds, et les autres fuyant honteusement les côtes de la France. Je vois l'Anglais ennemi de votre Etat et de votre gloire, abandonner trois fois ses côtes sans effet, mais non sans perte et sans ignominie. Vous avez dompté sa puissance et sur terre et sur mer, et réduit ses efforts à néant. Vous avez surmonté doublement vos sujets et par votre puissance, et par votre clémence. Double victoire que vous gagnez sur eux ; et celle-ci est toute vôtre.

Que s'il semble que la victoire de Votre Majesté est moins considérable, n'étant que d'une ville, c'est ne l'entendre pas. Cette ville que vous prenez est la Rochelle. En cette ville, vous surmontez toutes les villes rebelles. En cette ville, vous trouvez les clefs de toutes ces autres villes ; la surmontant, vous surmontez toute la rébellion ensemble, et vous coupez les nerfs de ce corps factieux lié par cette place à l'étranger. Vous surmontez ce que les rois vos prédécesseurs, ou n'ont pu vaincre, ou n'ont osé attaquer. Et comme un autre Alexandre, vous coupez le nœud gordien qui arrêtait nos destinées, et qui depuis soixante ans a empêché le bonheur de la France. Et ce qui est très-remarquable, une si grande victoire est sans effusion de sang ; et Votre Majesté gagne une telle place sans faire porter le deuil à aucun en la France. Et afin que cette action soit relevée de toutes parts, cette heureuse conquête regarde également et l'Etat et l'Eglise, car la faction que vous surmontez tend à la ruine de l'Eglise et de la monarchie ; et votre victoire aussi donne vie et salut à l'Etat et à l'Eglise. Que de victoires donc en une seule victoire ! Que de grâce et de gloire en une seule action, et que cette conquête est féconde en merveilles ! Et combien de triomphes faudrait-il pour égaler le poids et la dignité d'une si grande et heureuse victoire? Aussi je vois Votre Majesté environnée de plusieurs triomphes, et ceux qu'on vous prépare sont les moindres. Ils ne regardent que le dehors, et j'en vois d'autres qui regardent et ornent votre propre personne. Même l'un de ces triomphes est tellement propre à Votre Majesté, que nul ne le peut partager avec elle, car il est dépendant de sa bonté, de sa modestie et de sa piété.

Par cette piété et modestie, vous triomphez de vous-même, c'est-à-dire vous triomphez non-seulement de cette ville rebelle, mais ce qui est bien plus, vous triomphez de celui-là même qui triomphe de la Rochelle; et il arrive encore que, par ce moyen, Dieu triomphe de vous. Il me semble voir un secret combat entre Dieu et vous, où vous triomphez tous les deux: car Dieu rend à César ce qui est à César, en vous rendant la Rochelle; et vous rendez à Dieu ce qui est à Dieu, en vous donnant vous-même et l'honneur de votre victoire à sa majesté suprême. Et d'autant plus que votre piété en use ainsi, plus vous avez de gloire; et vous paraissez non-seulement heureux dans les combats, mais aussi religieux dans la victoire: et Dieu imprime plus avant dans le cœur de vos sujets le respect et l'amour dû à une si haute et si humble majesté. Celui, Sire, que vous adorez, est le Dieu des combats et des armées, est le Dieu des Etats et des royaumes, est le Dieu qui fait vaincre et régner, et qui vous conduit par la main dans vos villes rebelles. Votre piété le sait bien connaître. Reconnaissez aussi que tous les rois ne triomphent pas en la terre. Tous ceux qui triomphent en la terre ne reconnaissent pas la main de Dieu qui les fait triompher. Tous ceux qui sont rois dans le ciel, comme étant en la pleine lumière, reconnaissent ce devoir et rendent leur hommage à l'Agneau, c'est-à-dire à Jésus-Christ, selon saint Jean en l'*Apocalypse*. Vous imitez en terre ces rois célestes; comme eux et avec eux, vous mettez votre couronne et votre triomphe aux pieds de l'Agneau. Et faisant ainsi, après avoir triomphé de la Rochelle, vous triomphez de vous-même et Dieu triomphe de vous, et je vois en un seul triomphe plusieurs triomphes. Mais le plus grand de tous ces triomphes est celui que Dieu même fait en la personne de Votre Majesté, vous donnant un nouvel éclat et une splendeur plus grande, et un éclat et splendeur que nul ne peut donner que lui. Il a mis la main au combat pour donner la victoire; il met la main au triomphe pour le relever et l'embellir d'un plus grand ornement, et il rend Votre Majesté plus auguste qu'auparavant. Il est dit en l'Ecriture que Dieu ajouta un nouveau lustre à la beauté de Judith, qui devait entreprendre un fait hasardeux et hardi pour la délivrance de son peuple: *Cui etiam Deus addidit splendorem.* Et Dieu aussi donne une splendeur nouvelle à Votre Majesté, et la rend plus éclatante. Et vous voyant ainsi brillant et rayonnant, nous disons en nous-mêmes que nous avons deux soleils en la France, celui qui fait nos jours, et celui qui régit et éclaire le royaume de la France.

La majesté des rois est toujours pleine de splendeur, toujours auguste et vénérable, toujours élevée par-dessus le reste du monde. Mais il y a des temps et des sujets où Dieu la relève par-dessus elle-même, et lui donne un nouvel éclat de splendeur et de dignité. C'est lorsque Dieu prend les rois en sa main, qu'il les emploie à sa gloire, et que par eux il opère un nouvel effet de sa puissance, et qu'il veut faire connaître que c'est lui et non un autre qui les porte dans les combats et les victoires. Un des grands historiens de notre siècle et de notre France, comparable aux anciens, a remarqué que Charles VIII, en la plaine de Fornoue, combattant toutes les forces d'Italie opposées à son passage, parut tout autre qu'il n'était auparavant, et portait en sa face une lueur et majesté nouvelle, marque de la puissance de Dieu sur lui, qui lors lui faisait percer comme un éclair ses ennemis, et les terrasser comme un foudre.

IX. Permettez, Sire, que je dise à Votre Majesté que la main de Dieu est avec vous combattant l'hérésie, mettant ce monstre à vos pieds, lui donnant le coup mortel, redonnant vie et vigueur à l'Etat et à l'Eglise, et faisant refleurir en piété, en puissance, en justice cette grande monarchie. Ce ne sont pas les œuvres de l'homme mortel, mais de Dieu immortel, qui donne à l'homme sa grâce et son pouvoir pour opérer ses œuvres. Ainsi c'est Dieu qui arme votre dextre de puissance, votre âme de courage, votre esprit de conseil, votre action de succès et prospérité; et c'est Dieu, Sire, qui vous donne la Rochelle. Ainsi parle l'Ecriture même, en un sujet moins favorable: car elle dit que Dieu a donné Jérusalem à Nabuchodonosor; son Israël, son temple, sa ville à un païen. Combien donc plus est-ce Dieu qui donne la Rochelle à un roi très-chrétien, à un roi juste, à un descendant de saint Louis, et qui peut dire, selon le style de Dieu: *Filii sanctorum sumus?* (Tob. VIII, 5.) Il me semble que Dieu pratique en la personne de Votre Majesté ce que l'histoire m'apprend avoir été pratiqué autrefois en la personne de quelques rois. Un ancien peuple attaqué d'ennemis s'avisa de cette industrie, de porter leurs princes jeunes sur leurs pavois, et les promener ainsi par le camp, comme un astre propice et favorable: et cette invention leur réussit. Dieu vous promène par la France; Dieu vous met sur son bras, sur sa dextre et sur le bouclier de sa puissance. Vous avez une nouvelle force et lumière, étant ainsi en sa main, en sa garde, en sa puissance; et les rayons de Votre Majesté donnent terreur à vos ennemis, courage à vos soldats, bonheur à la France, prospérité à vos conseils, victoire à vos combats, et une majesté plus auguste à Votre Majesté même.

Ce vous est grâce et gloire tout ensemble, de ce que Dieu vous choisit et vous prend en sa main pour accomplir ses œuvres, et ses plus grandes œuvres en la terre et en notre âge.

Cette main heureuse et puissante donne la prospérité que nous voyons. Hors la main de Dieu, les plus grands rois et capitaines ne sont rien. Leur force n'est que faiblesse; leur grandeur, petitesse; leurs desseins, vanité; leur gloire, poussière et terre, à laquelle nous avons vu en un moment les plus grands princes être réduits, et leurs plus grands desseins à néant. Et si je l'ose ramentevoir (c'est pour donner plus de gloire à Votre Majesté) les plus hautes et dernières pensées du feu roi votre père ont été en un moment ensevelies dans un tombeau; et les vôtres prospèrent à la vue de l'Europe, au contentement de vos sujets, à l'étonnement de vos ennemis. C'est Dieu, Sire, qui met cette différence, qui donne la vie et la mort, et l'envoie quand on y pense le moins; qui donne et qui ôte les rois; qui donne aux rois l'esprit, le courage et la force; qui donne les États et les provinces; qui vous donne la Rochelle; qui conduit vos conseils et les fait prospérer; qui vous fait vaincre et vous fait triompher. Que le Dieu du ciel et de la terre, le Dieu des rois et des royaumes, le Dieu des combats et des victoires, après vous avoir fait régner et triompher sur la terre, vous fasse régner et triompher avec lui sur les cieux. C'est le vœu de celui qui est, Sire, de Votre Majesté,

Le très-humble, très-obéissant et très-fidèle sujet et serviteur
PIERRE, cardinal DE BÉRULLE.

PRÉAMBULE A LA VIE DE JÉSUS.

DISCOURS

DE L'ÉTAT DE JÉSUS DANS LE MONDE ET DANS LA LOI, AVANT QU'IL NAISSE AU MONDE, POUR SERVIR DE PRÉAMBULE A LA VIE DE JÉSUS SUR LA TERRE.

I. État et grandeurs de Dieu en soi-même. — II. Dieu est lui-même le maître qui nous enseigne ses vérités; les anges et les prophètes sont ses organes. — III. Les grandeurs de Dieu en particulier, qui nous sont enseignées en cette école, dont le docteur est lui-même. Dieu, qui est infini, est fini à soi-même. — IV. Dieu, qui est invisible en soi-même, se donne à connaître à nous par ses effets et par sa parole. — V. Grandeurs de Dieu expliquées. Dieu suffisant à soi-même. — VI. Création du monde par la pure bonté et franche volonté de Dieu, pour Dieu et en Dieu. — VII. Grandeurs de Dieu en son trône, en son repos; sa contemplation, ses productions, son opération, sa parole, son commandement, sa manifestation, etc. — VIII. Dieu, sortant de soi-même, opère en soi-même une ombre de son être et de sa vie, une expression de son amour et une émanation de sa sainteté, c'est-à-dire le monde de la nature et celui de la grâce. Considérations sur l'œuvre de la création. — IX. De la multitude des anges qui furent créés, les uns demeurèrent fidèles, les autres devinrent prévaricateurs. Chute de l'homme en Adam. — X. Néant du péché, pire que celui de la création. — XI. Le conseil de Dieu en la vue du péché est de nous donner un réparateur. — XII. L'établissement de la loi n'est que pour préparer la venue du Messie au monde, et elle est délaissée sitôt qu'il a pris possession du monde par son entrée dans la gloire. Il est parlé de Jésus et de Marie dès le commencement du monde, et même dès le commencement du péché. — XIII. Quatre mille ans se passent en cet état et sa vie, en l'espérance de ce remède. Mais comme la nature commence à s'appesantir, au bout de deux mille ans Dieu lui donne la loi pour la réveiller. Différence de la loi et de la grâce qu'elle promet. La nature désire son rédempteur, la loi le figure, la grâce le donne. — XIV. Jésus est vivant au monde avant sa venue au monde, et en quelle manière. Il ne convient qu'à Jésus d'être si longuement attendu. Il n'y a rien dans la nature et dans la loi que pour lui, et tout le commerce du ciel et de la terre, par l'état de la religion, ne tend qu'à préparer le monde à son avénement. — XV. Il souhaite que Jésus vive uniquement en nous. Jésus est l'objet et la fin de la loi. — XVI. Le conseil et la conduite de Dieu sur Abraham. Sa foi, son obéissance, sa qualité de nouvel Adam, et heureuse ressource de la race bénie et père des croyants. Abraham donne son Fils unique à Dieu, et Dieu son Fils unique à Abraham. — XVII. Dieu fait miracle en Abraham et rend sa stérilité féconde pour le faire père de son fils et d'une multitude innombrable d'enfants. — XVIII. Peuple hébreu miraculeux en sa naissance et en sa conservation, et cela en considération du Messie, seul objet que Dieu y regarde. — XIX. Bonheur de la Judée d'avoir été consacrée au Messie et à ses mystères; et sa méconnaissance digne d'être pleurée des larmes de ses yeux divins. — XX. Délaissement des Juifs et élection des gentils qui leur sont substitués. Remercîment et acceptation de cette si grande grâce. — XXI. Mais avant ce malheur, le peuple juif (non quelques particuliers seulement) est vivant dans la créance et l'attente de ce libérateur; et cet état est un état prophétique qui promet et annonce au monde le Sauveur du monde. — XXII. Louange à Jésus sur ce sujet. Désirs de l'avénement de Jésus au monde. Les Juifs et les gentils servent à l'avénement de Jésus au monde, combien que très-différemment. — XXIII. Conclusion de ce préambule par élévation à Jésus.

I. Le Dieu des dieux que la religion chrétienne adore, est éternel, immuable, infini; est très-saint, très-haut et très-puissant; est invisible, ineffable, incompréhensible; est saintement occupé en soi-même et de soi-même; et est pleinement content et satisfait en la contemplation de son essence, et en la société de ses personnes.

II. Ces qualités sont admirables, et ces vives couleurs de l'être divin sont bien différentes de celles dont l'antiquité païenne dépeint les dieux: aussi les fables leur conviennent, les fictions sont leur théologie, et les poëtes sont leurs docteurs; et une déité si frivole ne méritait pas une plus grave doctrine, ni une plus sérieuse école. Mais, au lieu des fables et des poésies, que nous laissons à ces faux dieux, la vérité convient au Dieu que nous adorons; et il dresse en la terre une plus digne école pour parler à la terre le langage du ciel. Ses anges et ses prophètes sont les organes de sa parole : et c'est lui-même qui nous enseigne, se rendant notre maître, nous donnant sa lumière, et nous faisant la grâce d'être ses disciples, suivant ce qui est dit. *Erunt omnes docibiles Dei.* (*Joan.* VI, 45.)

III. Or il nous apprend qu'il surpasse nos sens, et notre esprit et nos paroles, que son essence est sapience, son pouvoir est bonté, son vouloir est amour, qu'il est le souverain, le principe et la fin de tout être ; qu'il est le centre, la circonférence et la plénitude de toutes choses ; que son excellence est inestimable, sa grandeur inénarrable, et sa majesté adorable ; qu'il doit être révéré par un sacré silence et non pas profané par les discours téméraires de l'homme. Il est sans nom et meilleur que tout nom. Il est tout et au delà de tout. Il fait les temps et est avant les temps. Il est inaccessible, mais intime à tout. Il est invisible, mais voyant tout. Il est immobile, mais mouvant tout. Il est incompréhensible, mais comprenant tout. Il a par sa grandeur toute perfection et par son éminence (qui est une perfection plus haute) il n'en a aucune. Il est éternel, contenant tous les temps, mais sans aucun temps. Il est bon, mais sans qualité. Il est grand mais sans quantité. Il est très-haut, mais sans élèvement. Il est très-profond, mais sans abaissement. Il est immense, mais sans étendue. Il est présent partout, mais sans aucun lieu. Il est de tout temps, mais sans aucun temps. Il est infini, mais fini à lui-même, parce qu'il n'est et n'a rien hors de soi.

IV. Que si cet être excellent et adorable n'est pas sensible en sa nature, il est sensible en ses effets, et c'est avoir faute de sens de ne le pas connaître, tant il s'est peint vivement en toutes choses et gravé bien avant dans nos cœurs. Par principes nés en nous-mêmes, nous reconnaîtrions ce principe des principes, si nous étions toujours hors de nous-mêmes; et si nous savions bien pénétrer la nature, nous y découvririons l'auteur de la nature. Les lumières que nous voyons sont ses ombres. Les grandeurs que nous admirons sont ses vestiges et les traces de ses perfections. Et ce soleil qui nous ravit, nous éclaire et nous éblouit tout ensemble, n'est que sa figure. Cet Etre suprême est le soleil de l'éternité. Nous ne pouvons le voir en son midi et au fort de sa lumière ; sa clarté nous est ténèbres. Il nous suffit de regarder ce soleil en l'ombre, et de voir Dieu en ses effets, et en l'ombre de la foi qui nous éclaire en son obscurité. Elle nous enseigne que ce soleil est intellectuel; que sans lui tout esprit est en ténèbres ; qu'on doit suivre sa lumière ; qu'on le doit adorer et aimer; qu'il est le très-bon, le très-haut, le grand des grands, le souverain des souverains, le Dieu des dieux, la lumière des lumières, l'être des êtres, l'esprit des esprits; qu'il est tout esprit, tout vie, tout amour en un repos perpétuel, et qu'il est son repos lui-même.

V. Ce grand Dieu ne relève d'aucun en son état et en ses perfections. Il n'y a personne qui égale ou limite sa condition. Personne ne peut troubler son état et son repos. Il est existant par soi, et ne dépend que de soi-même. Il est heureux et éternel; voire le seul heureux et le seul éternel ; le seul heureux par soi-même, et le seul éternel et l'éternité même. En cet état, en ce repos et en cette éternité, il suffit à soi-même. Et c'est aussi un des premiers noms que la première théologie de l'univers a donné à Dieu, de l'appeler *Saday*, c'est-à-dire celui qui suffit à soi et à toutes choses. Il n'a besoin de rien hors de soi. Sa vie est heureuse et contente en lui-même. Sa grandeur suffit à sa félicité. Il s'aime, il se contemple, et il se possède soi-même. Et en cette possession infinie et heureuse, il jouit d'un repos et d'un contentement parfait, digne de soi, égal à soi, c'est-à-dire infini, adorable et ineffable. Et tout ce qui peut être ne peut rien ajouter à sa tranquillité, à sa grandeur, à sa félicité.

VI. En cet état heureux, indépendant et divin, Dieu crée le monde quand il lui plaît, et le tire hors de l'abîme du néant et des trésors de sa puissance. Il le crée par sa bonté et non par indigence. Il le crée par sa franche volonté et non par nécessité. Il le crée pour faire bien au monde et non pas à soi. Il le crée non pour être heureux, mais pour répandre le bonheur hors de soi-même. Ainsi par sa puissance, tout est de lui, et rien d'ailleurs. Par son immensité, tout est en lui, et rien ailleurs. Par sa grandeur, tout est à lui, tout est pour lui et non pour autre chose. Et par sa bonté, tout tend à lui, et aussi tout doit et tout rend hommage à une majesté si grande et si haute.

VII. Dès l'entrée de ce discours, rendons-lui nos devoirs et allons à son trône pour l'adorer. Son trône, c'est lui-même; car il est logé en soi, et n'a besoin de ses créatures pour se loger ; au contraire, il les loge en soi-même et il est le seul trône de sa gloire et le seul siége digne de sa grandeur. Là il est heureusement vivant dans le repos de son essence, dans l'abîme de ses grandeurs, dans l'unité de son amour, dans la splendeur de sa gloire. Là s'il se contemple, ce n'est que fécondité, et s'il produit, ce n'est que divinité ; que s'il paraît, ce n'est que majesté ; s'il opère, ce n'est que bonté ; s'il parle, ce n'est que vérité ; s'il commande, ce n'est qu'équité ; s'il est en repos, ce n'est que vie, amour et sainteté.

VIII. Or dans ce repos il veut opérer et produire au dehors une ombre de son être, une image de sa vie, et, ce qui est plus excellent, une expression de son amour et une émanation de sa sainteté. Ce qui fait un nouveau monde dans le monde, et établit l'ordre des choses surnaturelles. A ce dessein il crée l'univers au moment ordonné par sa sapience, et il commence ce bel ouvrage par la lumière, qui est la fille aînée de sa parole, et le finit par l'homme, qui est le chef-d'œuvre de ses mains, et une lumière vive et intelligente, comme si le Dieu des lumières prenait plaisir à cheminer de lumière en lumière en ses œuvres; et comme si le Roi des siècles, qui a l'éternité pour sa durée, voulait consacrer le temps et les moments à ses opérations. En un moment, il crée le ciel et la terre; mais il emploie du temps à former, polir et orner cet ouvrage de ses mains. Et ce Créateur du ciel et de la terre veut aussi créer deux natures capables de sa grandeur et de sa grâce, l'ange et l'homme, mettant celui-ci dans la terre et l'autre dans le ciel, afin que l'univers en ces deux parties principales, la plus haute et la plus basse, ait l'image vive de son Créateur, et la porte empreinte en ces deux créatures, choisies et destinées pour habiter, l'une le ciel et l'autre la terre, et pour louer et bénir leur commun Seigneur en leurs états si divers, et en ces deux séjours si distants et si différents l'un de l'autre.

IX. L'ange demeure fidèle à son Dieu dans le ciel, hormis ceux qui ont délaissé leur principe et principauté tout ensemble, et qui à l'heure même furent bannis du ciel, précipités dans les enfers, relégués au centre de la terre, comme en un lieu séparé de tout commerce des créatures, et le plus distant et éloigné de la splendeur, de la lumière, de la grandeur du ciel qu'ils habitaient auparavant. Mais l'homme établi de Dieu en la terre, et constitué seigneur d'icelle, y oublie ses devoirs, et ruine toute sa postérité. Il méconnaît celui duquel il relève et tient tout en fief. Il se rend rebelle à son souverain, au lieu de lui rendre la foi et hommage. Il se soustrait de l'obéissance à son Créateur, et il l'offense mortellement; et par son crime et infidélité, il nous prive tous de la grâce. Naissant, il nous flétrit d'une marque d'ignominie, nous faisant enfant d'ire. Vivants, il nous condamne à la mort, par son iniquité qu'il nous communique. Et mourants, il nous rend coupables de la damnation éternelle. Et la terre qui devait être à Dieu un temple sacré pour le louer, et à l'homme un paradis de délices pour y vivre en repos, est couverte de ronces et d'épines; est un cloaque d'ordures et abominations; est une vallée de larmes, de mort, de misères; et elle ne porte plus que des pécheurs et ennemis de Dieu au monde. Et ce mal est sans aucun remède, si le même Dieu qui a créé le monde par sa puissance, ne le regarde par sa bonté, et ne pourvoit à son malheur par une rare et nouvelle providence.

X. Ce malheur commence dès le commencement du monde; l'histoire en est connue, et nous ne voulons pas rafraîchir la mémoire d'un si déplorable accident. Il suffit de dire et remarquer que c'est un signe évident de la faiblesse de la créature, qui ne faisant que sortir du néant, rentre et retombe aussitôt en un autre néant pire que le précédent; car le néant et la privation de la grâce où nous réduit le péché est beaucoup plus dommageable et déplorable que n'est pas le pur et simple néant de l'être où nous étions avant la création; et il faudrait une bonté plus grande et une bonté plus puissante pour nous en relever, si à une puissance suprême et infinie tout n'était également facile selon la vraie croyance.

XI. Ainsi le monde est en désordre, et l'homme est en péché. Ainsi le mauvais ange a dépeuplé le ciel, et l'homme rebelle couvre la terre de pécheurs. Ainsi le dessein de Dieu est violé. Dieu donc contemplant son ouvrage, voit ce malheur arrivé au monde, et ce désastre en l'ouvrage de ses mains. Il voit le ciel vide d'une partie de ceux qu'il avait créés pour le remplir. Il voit la terre désolée, qui ne porte plus que chardons et épines et (ce qui est pis encore), ne produit plus que pécheurs et péchés, au lieu de la justice et sainteté qu'il y avait mises, et du paradis qu'il y avait planté lui-même. Il voit son intention frustrée et son conseil déçu en la création de l'univers; il le veut réparer. Il entre donc en un nouveau conseil. Il veut remplir le ciel et les siéges qui y sont vacants. Il veut sanctifier la terre, et par un nouveau déluge (déluge d'un sang précieux), y noyer les péchés du monde. Il veut faire un nouvel Adam, plus saint, plus ferme, plus solide que le premier. Il veut former un nouvel homme, homme et Dieu tout ensemble. Et c'est la vie de cet Homme-Dieu que nous avons à déduire en ce discours présent.

XII. Dieu manifeste ce sien conseil et en donne la nouvelle au monde dès le commencement du monde, et va dehors disposant le monde à recevoir celui qu'il veut y envoyer. Il y emploie les oracles, les figures, les patriarches, et tout le corps de la loi qui ne sert qu'à préparer la venue du Messie au monde, et qui aussi est délaissé comme inutile, sitôt qu'il en a pris possession par l'état de sa gloire. Nous voyons comme dans la *Genèse* une des premières paroles du premier homme regarde le Fils de Dieu et son Eglise, selon saint Paul; et une des premières paroles de Dieu même après le péché, regarde la femme et la semence bénie qui doit briser la tête du serpent, c'est-à-dire Jésus et Marie. Tellement que le Sauveur est prédit et promis au monde dès la naissance du monde; et dès l'entrée du péché en icelui, on y parle de celui qui par son nom, sa puissance et ses œuvres, doit bannir le péché du monde. Ainsi ce Jésus et ce Sauveur, ce Messie et cet oint du Seigneur est cru, désiré, attendu dès la naissance du monde et du péché jusqu'au temps de son heureux avénement; et il est l'agneau de Dieu, qui est vivant et occis dès le commencement du monde.

XIII. Quatre mille ans s'écoulent en cet état et en cette pensée. Un si grand bien ne pouvait être trop longtemps désiré, et un secours si nécessaire à nos malheurs ne devait pas être un moment ignoré, puisque lors le salut et la vie consistaient en la foi, en l'attente et en l'espérance de ce libérateur qui devait être envoyé. Deux mille ans se passent, et la nature commence à s'appesantir et endormir en cette attente. Dieu la veut réveiller par la loi. Il assemble un peuple avec de grands prodiges pour la lui donner. Ce peuple ne respire, et cette loi ne regarde que le Messie, mais elle n'y arrive pas ; elle le représente, mais elle ne le présente pas ; elle l'annonce, mais elle ne le montre pas ; elle le promet, mais elle ne le donne pas ; elle l'attend, mais elle ne le reçoit pas, elle nous instruit de notre mal, mais elle ne le guérit pas ; elle déclare le remède, mais elle ne l'applique pas. Il faut gémir, soupirer et attendre plusieurs siècles après ce Messie et ce Sauveur ; et dans ces larmes et ces soupirs, notre soulas est à penser à lui, notre bonheur est à le désirer, notre salut est à l'espérer, et notre religion à contempler ses ombres et à nous repaître, non de sa présence, mais de son attente; non de lui-même, mais de ses propres figures. C'est le serpent d'airain que nous devons regarder en nos blessures mortelles. C'est la nuée qui nous couvre en l'ardeur de nos iniquités. C'est la colonne de feu qui nous guide en la nuit de l'infidélité. C'est la lumière qui nous éclaire tandis que les Egyptiens sont en ténèbres. Et si de la terre nous élevons nos yeux en haut, nous y verrons l'arc-en-ciel donné de Dieu pour signe de l'alliance de Dieu et des hommes. Arc vraiment céleste et signalé, fait par l'aspect bénin du soleil, et d'un bout touchant le ciel et de l'autre la terre. Arc qui nous figure cette douce et forte puissance qui garde et envoie du plus haut des cieux l'amour du Père éternel en la terre, c'est-à-dire son Fils unique et son bienaimé, auquel il a mis tout son bon plaisir. Arc dignement consacré à un si grand et si céleste amour :

Tanti est arcus amoris.

XIV. Voilà l'état du monde au regard de Jésus. Voilà en quoi s'emploie le temps de la nature et de la loi : de la nature à le désirer, de la loi à le figurer. Et durant ce temps Jésus est vivant, et vivant avant que de vivre. Il est vivant, non en son propre corps, mais dans le corps de la loi, mais dans l'esprit des prophètes, mais en l'autorité des patriarches. Il est vivant dans la foi des peuples, dans l'attente d'Israël, dans les clameurs des justes, dans le gémissement de la nature, qui ne peut plus porter le faix de la corruption et ne respire que son libérateur. Et ce n'est pas peu de gloire à Jésus de vivre ainsi dans l'état, dans l'esprit et dans le cœur du monde, avant de vivre au monde. Qui des grands et des rois a ainsi vécu avant de vivre sur la terre? Cela ne convient qu'à Jésus, et c'est une marque de sa grandeur, de sa singularité, de sa divinité.

A la vérité, un Cyrus a été prédit et attendu des Juifs pour les délivrer. Mais il n'y a qu'un seul mot de lui en l'un des prophètes de Jésus, et ce n'est que peu d'années avant qu'il naquit au monde : et cela même était peu su, peu connu, avant qu'il fit son effet en Chaldée, et encore cela ne lui appartient que pour ce qu'il est la figure de notre Sauveur, et pour servir à ce peuple qui ne subsistait en la face de la terre que pour servir au Messie. Mais ce Roi des rois, ce prince de l'éternité (ainsi le qualifient nos Ecritures) est cru, est désiré, est attendu depuis la naissance du monde jusqu'à sa propre naissance. Tous les patriarches et les prophètes ne sont que pour lui, et ne subsistent en leur état et qualité que pour lui, ne sont prophètes que pour parler de lui, ne sont patriarches que pour être pères des aïeux et bisaïeux du Messie. Bref, et le ciel et la terre conspirent ensemble au regard de lui : le ciel à l'annoncer, et la terre à le croire ; le ciel à le promettre, la terre à l'attendre ; le ciel à l'envoyer, et la terre à le recevoir.

Et depuis la création de la terre, tout ce qui se passe sur la terre dans le commerce sacré de Dieu avec les hommes et des hommes avec Dieu, par l'état de la religion, ne tend qu'à lui, ne parle que de lui, ne figure que lui, et n'imprime dans nos sens et notre esprit que son nom, ses qualités et ses œuvres, sa vie, ses actions et sa mort, ses lois, son état et ses mystères : tant il est important d'imprimer Jésus au monde, et tant nous devons avoir soin d'imprimer Jésus en nos cœurs. C'est le point auquel consistait tout le culte et service que Dieu voulait du monde, et c'est lors tout l'exercice de la religion des hommes. C'est aussi le point auquel doit consister toute notre étude et notre piété, de graver Jésus en nos cœurs. Car si, avant que le Fils de Dieu vienne au monde, Dieu met sa loi, son service et la religion du monde en ce point, combien plus devons-nous mettre en ce même point notre zèle et piété après sa naissance, sa mort et sa croix, et dans le triomphe de sa vie, de sa puissance et de sa gloire !

XV. Vive Jésus donc, car il est la vie ; et il est vivant avant que de vivre, et même il donne la vie avant que d'avoir la vie. Et dès le commencement du monde, il donne la vie par sa mort, et par sa mort, qui ne doit arriver que plus de quatre mille ans après la fondation du monde. Et l'homme sur la terre ne reçoit vie avant la naissance de Jésus que par la créance de sa vie et mort future, et par la profession de cette créance dans les ombres, les figures et les sacrifices de la loi de nature et de Moïse. L'une et l'autre loi ne regarde que Jésus et ne conduit qu'à lui. Tendons à lui, pensons à lui, ne voyons que lui dans l'état de la nature et de la loi. Mais déduire par le menu toutes les particularités, serait un long discours ; et pour faire voir tout le rapport de la loi à Jésus, tous les oracles et figures, il faudrait rapporter le volume entier des Ecritures, et observer encore ligne à ligne ce qu'il y a de mystérieux : car Jésus est l'objet et la fin de la loi.

XVI. Contentons-nous de remarquer en peu de paroles qu'un des traits plus mémorables de l'Ecriture, et une des personnes plus illustres depuis la création du monde jusqu'à Jésus de Nazareth, c'est le patriarche Abraham. Or sa personne, sa vie, sa postérité ne sont que pour servir à Jésus. Dieu le fait naître peu après la ressource du monde perdu par le déluge, et le choisit pour père de la foi et du Messie tout ensemble. Car ces deux grâces et faveurs sont bien jointes en sa personne, et sont raisonnablement conjointes en elles-mêmes, puisque la foi de ces siècles ne regarde que le Messie qui doit venir, et puisque la grâce du ciel et le bonheur de la terre pour lors consistent, non à le voir, mais à l'attendre. Ensuite de ce dessein, Abraham est tiré de Chaldée, est voyageur sur la terre, est immolant son Isaac, son unique et son bien-aimé, pour preuve de sa foi et obéissance, et pour se rendre digne par un heureux échange d'avoir un jour pour fils le Fils unique de Dieu, comme lors il donnait à Dieu son fils, son Isaac, son unique. Et par cet acte non héroïque, mais divin, il est constitué père des enfants de Dieu, le père des croyants, le père et patriarche du Fils unique de Dieu; et il est établi au monde comme un autre Adam et une nouvelle source de la semence bénie, en la place de celui qui ayant refusé, non un Isaac, mais une pomme à Dieu, s'était rendu indigne d'être chef du peuple de Dieu au monde, et, par sa faute, était tombé en cette condition misérable de donner la mort à ses enfants avant de leur donner la vie, et d'être le propagateur du péché en la terre.

XVII. Deux cents ans donc après le déluge, peu après la division des peuples, avant que l'Europe et l'Afrique soient peuplées, et en l'Asie, c'est-à-dire en la partie du monde la première habitée, Abraham est choisi par la sapience éternelle pour père du Fils de Dieu, qui daigne à l'avenir être le fils d'Abraham, *Filii Abraham*, ce dit l'Évangile (*Matth.* I, 1) en ces premières paroles. Et c'est la première qualité que le premier évangéliste donne au Fils de Dieu au monde : car c'est ainsi que Dieu abaisse son propre Fils, et élève son serviteur Abraham. Dieu fait miracle en Abraham pour le rendre père de son Fils et des croyants, car il était stérile en son mariage. Et parce qu'Abraham a honoré Dieu en la terre, il le rend si illustre en la terre, que c'est lui qui donne à la terre le Roi d'Israël et les enfants d'Israël, c'est-à-dire et le roi et les sujets, étant le père et du prince et de l'Etat tout ensemble, et d'un Etat le plus important qui sera jamais au monde, car c'est un peuple et un Etat qui porte le salut et la bénédiction de l'univers. Dieu donc, fertile en merveilles et en faveurs envers les siens, ne se contente pas de rendre la stérilité d'Abraham si heureuse que de faire naître de lui le Messie; mais il la rend encore si féconde, qu'il fait naître un peuple de lui, et le fait naître pour croire en ce Messie et publier au monde sa venue et son attente, et pour donner comme autant de vassaux et sujets naturels à son empire. Car cette fécondité d'Abraham et toute cette lignée descendant de l'Isaac immolé à Dieu ne regarde que le Messie dans le conseil de Dieu, qui opère tout pour son Fils, et opère ces choses grandes et dignes par son serviteur Abraham.

XVIII. Or, comme ce peuple est miraculeux en sa naissance, tirant son origine de deux personnes stériles, il est encore miraculeux en son progrès et en sa conservation; et il est bon de regarder ces choses, puisqu'en ces choses Dieu y regarde son Fils et son Messie. Dieu donc par sa conduite secrète recueille et assemble ce peuple en l'Egypte, qui a pour son partage d'être l'école où s'élèvent les enfants de Dieu. Dieu par ses merveilles le tire d'Egypte, pour lui donner une terre promise à ses prédécesseurs : mais cette terre est donnée à ce peuple, non tant pour ce peuple que pour le Messie qui doit naître au milieu de lui, c'est-à-dire pour le recevoir et loger en la terre, pour être le siège de son empire, et comme pour être le centre de sa loi, de son Etat et de ses mystères. Le rond de la terre en doit être par après la circonférence, en laquelle son nom et sa voix retentiront partout; mais cette terre seule aura l'honneur de l'avoir reçu, élevé et porté, et d'être honorée de sa présence, de sa parole, de ses actions, de ses mystères. Et s'il semble que l'Egypte y a quelque part, remarquons que l'Egypte ne le loge que pour un peu d'années, et durant son enfance, en laquelle il ne parle et n'agit point. Elle ne le loge que par accident et comme par emprunt, lui servant de retraite en son bas âge, et de refuge pour le mettre à couvert de la furie d'Hérode : et aussi il retourne en son Nazareth sitôt que cette fureur est passée, et la Judée rentre en son privilège, de porter, cacher et conserver Jésus au monde.

XIX. Ainsi dans Abraham, et dans le peuple juif descendant de lui, et même dans la terre que ce peuple habite, nous n'avons à y voir que le Messie : Abraham est son père; ce peuple, ce sont ses sujets; cette terre promise est son séjour et son premier empire. En cette pensée jetons une œillade d'amour et de respect sur cette terre, car c'est la terre de Jésus : c'est la terre où il doit vivre et mourir : c'est la terre où il veut établir sa gloire. S'il doit être annoncé ce sera en un Nazareth; s'il doit être enfanté ce sera en un Bethléem; s'il doit être offert et présenté au Père éternel, ce sera au temple; s'il doit vivre, ce sera en Judée; s'il doit être nourri et élevé, ce sera en Galilée; s'il doit mourir, ce sera en Jérusalem; s'il doit monter au ciel, ce sera au mont des Olives; s'il doit établir sa gloire et son empire, ce sera en la maison de Jacob, en la famille de Juda; s'il doit donner la loi à l'univers, ce sera de Sion : *De Sion exibit lex.* (*Isa.* II, 3.) Terre heureuse, si tu eusses su connaître ton bonheur! Terre malheureuse de ne l'avoir pas connu! Aussi ton malheur tirera un jour des larmes des yeux de ton Sauveur et Seigneur. Il oubliera soi-même, et sa gloire au milieu de son triomphe, pour se souvenir de toi et de ton malheur, et dira un jour avec larmes : *Si cognovisses et tu.* (*Luc.* xix, 42.) Ces larmes tirent les larmes de nos yeux : et qui ne pleurerait, voyant la joie du ciel convertie en larmes, et la gloire du paradis couverte de douleur et tristesse ? Mais il faut réserver nos larmes pour un autre temps ; et maintenant nous avons en main le voile pour les essuyer. C'est le mystère de l'Incarnation, que nous devons contempler : et l'histoire de l'avénement du Sauveur au monde, que nous devons raconter.

XX. La terre donc qui doit recueillir ce Messie venant au monde, c'est cette terre promise à Abraham, et donnée à ses enfants : et ce peuple que nous voyons fourmiller en ces contrées, c'est le peuple de Jésus, ce sont les sujets destinés à ce roi d'Israël (selon Nathanaël), à ce roi des Juifs (selon les mages et leur étoile) (*Joan.* i ; *Matth.* ii), Dieu voulant que son Fils ait un état acquis, un empire formé, et des sujets nés et naturels dès l'instant de sa naissance au monde. C'est le dessein de Dieu sur eux, et la grâce que le ciel leur présente. Mais leurs enfants ne connaîtront pas leur bonheur, ils méconnaîtront leur Seigneur ; ils délaisseront le saint d'Israël ; ils le chargeront d'opprobres, et de la croix à la fin : et nous entrerons en leur place, l'acceptant et l'adorant pour notre roi ; nous serons entés en l'olivier (*Rom.* xi) ; nous serons l'Israël en esprit, et nous aurons par grâce ce qui leur était préparé par nature. Nous vous en bénissons, Seigneur ! Et puisque vous venez pour tous, et que la foi précède votre venue, il est raisonnable que la piété qui accompagne la foi, précède aussi votre heureux avénement : et nous n'attendrons pas jusqu'au jour de votre naissance, à vous chercher avec les pasteurs, ni à vous adorer avec les mages. Dès à présent, en la foi des patriarches, avec les vœux des justes, avant votre naissance, nous vous offrons nos vœux : nous vous adorons dans le dessein du Père éternel, qui vous veut incarner et envoyer : nous vous reconnaissons dans les ombres et figures de la loi : nous soupirons après votre venue, et nous déclarons que nous voulons que vous régniez sur nous.

XXI. Or ce peuple juif, plus heureux à attendre le Messie, que leurs enfants à le recevoir, n'a point de part à cette incrédulité, et au fort de leurs malheurs, il persévère en la foi, au désir et en l'espérance de son avénement : et lors, tout le corps de cet état ne respire que Jésus : Dieu le Père ayant voulu préparer à son Fils, non des personnes singulières, non des prophètes et patriarches seulement ; mais un peuple entier, un état et un empire pour l'annoncer et l'accueillir au monde. Ainsi tout l'état des Juifs est prophétique, prédisant, annonçant, publiant au monde le salut du monde. Tout ce corps de république est converti en vœux, et parle à l'univers de celui qui doit venir pour le sauver : et tout ce peuple ne sert, qu'à préparer le monde à le recevoir.

XXII. Béni soyez-vous, ô Jésus, qui avez tant de voix et tant de langues pour publier votre avénement au monde. Béni soyez-vous, ô roi du ciel et de la terre, roi de gloire, de grâce et de nature, de ce que la terre et le ciel, la grâce et la nature vous regardent, et tendent à vous comme à leur tout et à leur centre : et de ce que les anges qui sont seuls en gloire, vous rendent alors hommage dans leur lumière de gloire, et vous adorent comme leur souverain, sitôt que le dessein du Père éternel leur a été déclaré : et ils servent dès l'origine du monde à votre grâce et empire dans les âmes, dans la loi, dans les oracles et dans les figures de votre avénement. C'est assez avoir tardé : l'heure est tant désirée, tant salutaire et tant nécessaire à l'univers. Il est temps que le ciel s'ouvre pour vous donner, et que la terre se prépare pour vous recevoir, vous porter et vous produire. Il y a deux mille ans que la religion, établie du ciel en la terre, tend à vous annoncer, les fidèles à vous désirer, les justes à vous embrasser, les pécheurs à vous chercher, les patriarches à vous engendrer, les prophètes à vous prédire, les prêtres à vous figurer, tout le corps de la loi à vous faire attendre et à espérer. Et afin que les deux peuples qui partagent la terre, l'un juif, et l'autre gentil, servent à leur commun Seigneur ; entre les gentils, leurs sibylles ne sont pas muettes en vos louanges, et les démons mêmes cèdent et servent à votre grandeur, et par leurs oracles avant votre arrivée, et par leur silence en votre avénement. Et les aigles romaines qui s'emploient à conquérir le monde, servent, sans y penser, à vous l'acquérir, et à vous faire de tout ce monde une seule province. Les Pompée, les César, les Auguste, servant à élever la grandeur romaine, servent à vous préparer des sujets en la terre, et cette unité d'empire qu'ils établissent en terre, n'est que pour disposer la terre à recevoir et croire l'unité et la vérité de son Dieu ; et cette paix universelle ne tend qu'à vous faire naître en paix, et à vous rendre hommage comme au prince de paix. Leurs prouesses, leur valeur, leur fortune combattant pour vous, et servent à votre empire, et (dans le dessein et conduite de Dieu) ils ne travaillent à rendre Rome capitale de l'univers, que pour vous la rendre tributaire ; et cette Rome, dans peu de temps, sera le siège de votre Etat, et le sera pour jamais. Car votre Etat est éternel, votre empire ne sera jamais délaissé à un autre peuple, et votre règne est un règne de tous les siècles. (*Dan.* ii, 44.) Ainsi, ô Jésus, dans le conseil de Dieu, auquel servent les monarques sans le connaître, les monarques et les grands sont les ministres de votre Etat, sont les directeurs de vos conseils, sont les exécuteurs de vos desseins, et sont les hérauts qui font place à vos apôtres, et servent à faire ouïr en paix l'Evangile de paix au monde.

XXIII. Si telle est votre gloire et puissance, tel votre triomphe avant votre arrivée (à qui sait bien entendre vos Ecritures, pénétrer vos mystères, déchiffrer les secrets de votre conduite et providence occulte et cachée en la terre), quelle doit être votre puissance après votre arrivée? Venez Seigneur Jésus; venez, venez et dominez sur la terre. Triomphez en nos cœurs et conduisez notre esprit à penser dignement, et notre langue à parler hautement de vous, de votre vie et de vos mystères.

LA VIE DE JÉSUS.

CHAPITRE PREMIER.

QUE LE FILS DE DIEU PROMIS ET ATTENDU QUATRE MILLE ANS, VEUT DESCENDRE DU CIEL EN TERRE POUR Y ACCOMPLIR SES PROMESSES ET SES OEUVRES.

Etat déplorable de la terre, même de la Judée. Explication de ces paroles : Dominus justus noster. (*Jer.* XXIII, 6.)

Quatre mille ans se sont écoulés en la terre, et le rond de la terre est rempli d'iniquités, et ce petit coin de Judée que Dieu avait réservé à soi-même et consacré à son honneur, est abandonné à son offense. La terre ne porte partout que pécheurs et péchés, et il est temps qu'elle porte le juste et sa justice. Ce juste, dis-je, dont parlent les prophètes, ce juste qui s'appelle *Dominus Justus noster* (trois qualités distinctes et bien considérables); ce juste qui est notre titre singulier et doit être notre juste et notre souverain; ce juste par excellence et singularité dont la justice doit salutairement inonder la terre et par un heureux déluge sauver les pécheurs et noyer les péchés de l'univers.

CHAPITRE II.

LE BESOIN QUE LA TERRE A DU FILS DE DIEU, ET SES QUALITÉS BIEN DIFFÉRENTES DE CELLES DES MONARQUES QUI L'ONT PRÉCÉDÉ.

I. *Ténèbres et impuissance où la terre est réduite et dont elle ne peut être délivrée que par Jésus-Christ, sa lumière et son roi. Les conquêtes, les tributs, la loi, les récompenses, le sceptre, les armes et les victoires de ce nouveau roi.* — II. *Il vient pour sauver, non pour dominer : les effets de son pouvoir ne sont que grâce et bénédiction et non ruine et horreur, et il donne l'éternité de paix à ceux qui le servent.* — III. *Continuation des grandeurs du Messie.*

I. En ces quatre mille ans, quatre empires ont gouverné le monde, et le monde est comme enseveli en ses propres ruines, et couvert de ténèbres, ne connaît point encore (après un si long temps), celui qui l'a créé. Plus il va en avant, plus il s'éloigne de la source et s'enfle en l'erreur et en la vanité des dieux. Les grands pensent à leur grandeur et non au Grand des grands, et se font dieux eux-mêmes, et le vrai Dieu est méconnu de tout l'univers. En ces ténèbres et confusions, l'univers a besoin d'une lumière plus vive que celle du soleil qui l'éclaire, et d'une puissance plus auguste que celle de César qui commande. Et il est temps que la vraie lumière s'élève sur notre horizon; il est temps que l'empire de paix et de salut s'établisse au monde; il est temps que Jésus paraisse sur la terre. C'est un soleil vivant, c'est un roi pacifique, c'est un monarque spirituel. Ses conquêtes sont les âmes des peuples, ses tributs sont leurs vœux et adorations, son obéissance est leur liberté, sa loi est leur félicité, son service est leur dignité, sa récompense est l'éternité, son sceptre est la croix où il meurt pour son peuple, ses armes, c'est l'esprit du Seigneur et sa parole; et ses victoires, c'est la délivrance de la mort et du péché, au regard de ceux qui sont heureusement vaincus par sa sainte puissance.

II. Qualités bien différentes des monarques qui l'ont précédé : leur but était de dominer, et la fin de Jésus est de sauver; leur pouvoir couvrait la terre d'horreur et confusions, et Jésus vient la remplir de grâces et bénédictions. Leur puissance ne dure que peu d'années et sur un peu de terre, et Jésus est le roi des siècles et s'appelle le prince de l'éternité, et le monde qui le servira n'aura plus à changer ni d'empire ni d'empereur. C'est un roi dont la puissance est éternelle et donne aussi éternité de paix à ses sujets; c'est un roi dont l'empire prend naissance à la fin du quatrième empire, ce dit Daniel, et subsistera éternellement. C'est un roi dont le trône est le ciel, et la terre l'escabeau de ses pieds, et il doit commander au ciel et à la terre. C'est un roi dont l'Etat est dans le ciel, est la gloire de ceux qui le servent et adorent, et son œuvre en la terre est la grâce du Créateur et la réunion des peuples en une même Eglise.

III. Aussi est-il la joie du ciel et l'espérance de la terre, l'attente d'Israël et le bonheur des gentils, le désiré des peuples et le libérateur de leurs misères, le Rédempteur de l'univers et le médiateur de Dieu et des hommes, le réparateur de la nature humaine et le législateur des nations, le tout-puissant et le roi de gloire : qualités grandes et bien nécessaires à nos malheurs. Mais il a son origine au ciel, et le ciel est fermé par les péchés de la terre, et les justes ont beau crier : *Rorate, cœli, desuper et nubes pluant justum.* (*Isa.* XLV, 8.) Ils sont en trop petit nombre pour être écoutés, et leurs vœux sont trop faibles pour pénétrer les cieux.

CHAPITRE III.

QUE LA TERRE PAR SON INIQUITÉ EST INDIGNE ET INCAPABLE DE RECEVOIR ET PORTER LE FILS DE DIEU AU MONDE.

La terre orgueilleuse a voulu partager l'empire du monde avec Dieu. — Dieu, par un excès d'amour, surmonte l'iniquité de la terre et lui donne enfin celui qui est sa grâce et sa miséricorde.

Ne voyons-nous pas que la terre n'est pas digne de le porter et recevoir, qu'elle est toute couverte d'abominations et d'idolâtrie, qu'elle va croissant en impuretés, en blasphèmes, en impiétés, qu'elle fait divorce avec le ciel, et par ses plus beaux esprits proteste hautement que

Divisum imperium cum Jove Cæsar habet?
(VIRGIL.)

qu'elle ne connaît que César et non le Dieu du ciel, si ce n'est pour le méconnaître et l'offenser, qu'elle attire de plus en plus la justice et non la miséricorde de Dieu sur elle? Et toutefois, ô bonté ineffable, Dieu fidèle en sa parole, constant en ses miséricordes, veut vaincre cet obstacle de nos iniquités, veut accomplir ses promesses et veut remplir les ombres et les figures de la loi, et celui qui est la grâce et la miséricorde du Père, son Fils unique et son Verbe éternel, veut ouvrir le ciel, veut descendre en la terre, veut parler aux hommes le langage des hommes, et il veut se faire homme, homme et Dieu tout ensemble, la vie, le salut, la lumière et la paix de Dieu et des hommes.

CHAPITRE IV.

QUE DIEU FAIT NAITRE EN LA TERRE UNE VIERGE, LAQUELLE IL REND DIGNE ET CAPABLE DE RECEVOIR ET PORTER LE FILS DE DIEU AU MONDE.

Grandeurs incomparables de la Vierge dès sa naissance. — La grâce de la Vierge dès lors tend à établir une Mère de Dieu, et à former un Homme-Dieu.

Pour rendre la terre digne de porter et recevoir son Dieu, Dieu fait naître en elle une personne rare et éminente qui n'a point de part au péché du monde, et est douée de tant d'ornements et priviléges, que le monde n'a jamais vu et ne verra jamais, ni en la terre, ni au ciel, une personne semblable. Elle est conçue sans péché, elle est sanctifiée dès le premier moment de son être. Elle est douée dès lors de l'usage de raison et de grâce, elle est confirmée en état d'innocence et impuissance à offenser, elle est constituée en une grâce, non-seulement suffisante, mais abondante; non-seulement abondante, mais éminente, et d'un tel degré d'éminence, que l'ordre de la grâce n'a vu encore rien de pareil, et sa conduite est si accomplie, que chaque moment de sa vie porte un nouvel élèvement dans l'ordre de cette grâce rare et singulière. Bien qu'elle entre comme les autres en cette vallée de misères et non en un paradis terrestre, et que cette terre d'exil soit son habitation, elle ne porte aucune marque de bannissement, mais elle porte en son âme une grâce plus grande, que celle qui était au paradis et avait été donnée à Adam, comme chef de la nature humaine, pour lui et pour sa postérité. C'est trop peu dire, de chose si grande. Sa grâce est plus noble et divine que toutes les grâces qui sortiront jamais des vives sources du Sauveur mourant et du mérite de sa croix, et excède en puissance et dignité, celle-là même qui est dans les cieux; car elle tend à chose bien plus haute, elle tend non à faire des saints, mais à produire le Saint des saints, à former l'Homme-Dieu, et à établir une Mère de Dieu en l'univers, choses toutes nouvelles et miraculeuses, même dans l'ordre miraculeux de la grâce.

CHAPITRE V.

DE L'EXCELLENCE DE LA VIERGE.

I. La Vierge est une aurore qui précède, qui porte et qui donne le soleil au monde. La Vierge vient au monde à petit bruit. Mais dès lors elle est aimée et regardée du ciel comme Mère de Dieu. Conduite de Dieu sur la Vierge en sa conception, en son enfance, en son entrée et son séjour au temple. La Vierge fait un chœur à part. — II. La Vierge entre de jour en jour en un élèvement admirable : et elle y entre par infusion spéciale et par coopération parfaite. Si Dieu doit prendre naissance, ce doit être de Marie, et si Marie doit enfanter, ce doit être un Dieu. Marie dès lors ravit les cieux et l'auteur même de la terre et des cieux. Elle est un nouveau ciel et un nouveau paradis, et le sanctuaire de Dieu en la terre. Marie pleine de lumière ne connaît pas ses grandeurs.

I. Cette âme sainte et divine est en l'Eglise ce que l'aurore est au firmament, et elle précède immédiatement le soleil. Mais elle est plus que l'aurore, car elle ne le précède pas seulement, elle le doit porter et enfanter au monde, et donner la vie, le salut, la lumière à l'univers, et y produire un soleil Orient, duquel celui-ci qui nous éclaire, n'est que l'ombre et la figure. La terre qui méconnaît Dieu, méconnaît aussi cet ouvrage de Dieu en la terre. Elle naît à petit bruit, sans que le monde en parle, et sans qu'Israël même y pense, bien qu'elle soit la fleur d'Israël et la plus éminente de la terre; mais si la terre n'y pense pas, le ciel la regarde et la vénère comme celle que Dieu a fait naître pour un si grand sujet, et pour rendre un si grand service à sa propre personne, c'est-à-dire pour le revêtir un jour d'une nouvelle nature. Et ce Dieu même qui veut naître d'elle, l'aime et la regarde en cette qualité. Son regard n'est pas lors sur les grands, sur les monarques que la terre adore, mais le premier et le plus doux regard de Dieu en la terre, est vers cette humble Vierge, que le monde ne connaît pas : c'est lors la plus haute pensée que le Très-Haut ait sur tout ce qui est créé. Il la regarde, la chérit, la conduit, comme celle à qui il veut se donner soi-même et se donner à elle en qualité de Fils et la rendre sa Mère. Il la comble de grâces et bénédictions, dès sa conception. Il la sanctifie dès son enfance. Il la séquestre du monde et la consacre à son temple, pour marque et figure qu'elle sera bientôt consacrée au service d'un temple plus auguste et sacré que celui-ci. Là, en sa solitude, il la garde, il l'environne de sa puissance, il l'anime de son esprit, il l'entretient de sa parole, il l'élève de sa grâce, il l'éclaire de ses lumières, il l'embrase de ses ardeurs, il la visite par ses anges, en attendant que lui-même la visite par sa propre personne; et il rend sa solitude si occupée, sa contemplation si élevée, sa conversation si céleste, que les anges l'admirent et la révèrent comme une personne plus divine qu'humaine. Aussi Dieu est, et agit en elle plus qu'elle-même. Elle n'a aucune pensée que par sa grâce, aucun mouvement que par son esprit, aucune action que pour son amour. Le cours de sa vie est un mouvement perpétuel, qui, sans intermission, sans relaxation, tend à celui qui est la vie du Père et sera bientôt sa vie, et s'appelle absolument la vie dans les Ecritures. (*Joan.* xiv, 16.) Ce terme approche et le Seigneur est avec elle, la remplit de soi-même et l'établit en une grâce si rare, qu'elle ne convient qu'à elle; car cette Vierge cachée en un coin de la Judée, inconnue à l'univers, fiancée à Joseph, fait un chœur à part dans l'ordre de la grâce, tant elle est singulière.

II. Les années coulent, les grâces augmentent, et dans cet ordre de grâce, qui n'appartient qu'à elle, elle entre de jour en jour en un élèvement admirable, et elle y entre par infusion spéciale et par coopération parfaite. C'est le concert sacré qui est entre l'esprit de Dieu et l'esprit de Marie. Dieu répand de moment en moment nouvelle grâce en cette âme, et cette âme y répond incessamment et de toute sa puissance; et cette correspondance et harmonie parfaite, l'élève en un comble de grâce, et ces grâces, bien que très-grandes à cette âme qui toujours s'avance dans les voies de Dieu, ne sont que degrés qui la doivent élever à de nouvelles grâces. Cette âme rare, éminente et divine, vivante ainsi en la terre, ravit les cieux, et ravirait la terre si ses ténèbres ne lui ôtaient la vue d'un si rare objet; mais elle ravira dans peu de temps celui qui a fait la terre et le ciel. Car elle est telle par la grâce et conduite de Dieu, que si Dieu doit prendre naissance, ce doit être de Marie, tant elle a de grâces et de faveurs. Et si cette humble Vierge doit concevoir et enfanter, ce doit être un Dieu, tant elle est divine. Elle est en terre un ciel vivant, destinée aussi à porter un soleil vivant, et un soleil établi en un plus haut firmament. Elle est en la terre un sanctuaire que Dieu remplit de merveilles, et auquel il veut prendre son repos et d'une façon nouvelle. Elle est un nouveau paradis, non terrestre comme celui d'Adam qui a été détruit par son péché, ni céleste comme celui des anges qui n'est qu'au ciel, mais elle est en la terre un paradis céleste que Dieu à planté de sa main, et que son ange garde pour le second Adam, pour le roi du ciel et de la terre qui y doit habiter. Mais cela est caché à ses yeux, et son esprit, abîmé dans le profond de son humilité, ne voit pas le conseil très-haut de Dieu sur elle.

Quoi! notre bonheur approche et l'accomplissement de votre grandeur suprême, ô Vierge sainte, et vous l'ignorez. Vous approchez et vous appartenez de si près à la divinité, et vous traitez si assidûment, si saintement, si familièrement avec elle, et le dessein de la divinité sur vous vous est caché! Les ténèbres qui ont ce privilège d'être le premier séjour du monde, et même le premier état de toutes les âmes qui entrent au monde, n'ont jamais eu de part avec vous, et vous êtes en lumière dès le premier instant de votre être, toujours croissant en grâce et en lumière. Et au plus fort du jour, en un plein midi, dans l'excès de vos lumières, ô âme divine, vous ne connaissez pas la part que vous allez avoir, avec celui qui est la vraie lumière, la splendeur du Père et le soleil vivant de l'univers! Vous portez en l'Ecriture le nom d'*Alma*, c'est-à-dire *cachée*, et vous le portez à bon droit. C'est un de vos titres particuliers, et comme un chiffre qui en peu dit beaucoup. Entre autres choses rares et grandes, ce mot nous exprime la secrète conduite de Dieu sur vous, qui mérite bien d'être considérée comme un des principaux linéaments de votre vie, et un des traits plus rares de la sapience éternelle.

CHAPITRE VI.

LA CONDUITE RARE DE DIEU SUR LA VIERGE.

I. *Parler de la Vierge, c'est rendre hommage à Dieu et à Jésus. Dès le commencement du monde, la Vierge est regardée comme la source de la bénédiction du monde. Dieu met la Vierge au monde par miracle, et la cache en cet unique temple qu'il a en la terre. Il la cache en soi-même comme dans le vrai temple du ciel; et il la cache ainsi comme celle qui sera un jour son temple en une manière toute particulière.* — II. *La Vierge est appelée Alma, c'est-à-dire cachée; elle est un trésor caché, et Dieu la cache en plusieurs manières. Il la cache aux mortels par sa virginité, il la cache à elle-même par son humilité, et il la cache en elle-même et en lui-même par une divine simplicité. Dieu voulant naître, veut naître d'une Vierge. Dieu veut établir ce grand œuvre de la divine maternité, sur cette si profonde humilité. Description de l'admirable simplicité de la Vierge. Grandeurs de la Vierge expliquées par antithèses. La Vierge coopère sans cesse à une grâce qu'elle ne discerne jamais, et cela par une divine simplicité et une fidélité parfaite. La Vierge avait toutes sortes de sujets de penser qu'elle serait la Mère du Messie, mais parce que Dieu ne lui donne pas cette pensée, elle ne la prend pas. L'exemple de la Vierge oblige les bonnes âmes à autant de simplicité que de fidélité dans les voies de Dieu. La simplicité d'esprit convient aux plus grands œuvres et aux voies plus divines. Au moment que la Vierge ne pense qu'à être la servante de Dieu, Dieu pense à la rendre sa Mère.*

I. C'est rendre hommage au Très-Haut, de considérer sa conduite sur la plus haute et rare personne qui sera jamais dans le ressort de sa dépendance ; et c'est honorer Jésus de considérer l'état de celle que le ciel destine à être sa Mère. C'est parler de Jésus que de parler de Marie ; car ils sont si conjoints ensemble, et elle est le plus grand objet de sa grâce et le plus rare effet de sa puissance. Repassons donc notre esprit sur un si grand sujet. Dieu tenant ses premiers états au monde après la création de l'homme et son péché il y parle de Marie et l'oppose au serpent, origine de la malédiction de l'univers, et dès lors Dieu et le monde la regardent comme la source de la bénédiction du monde. Au temps ordonné par la sapience divine, elle entre au monde par miracle comme un œuvre de grâce et non de nature, comme un fruit d'oraison et non de péché, comme un sujet spécial de la puissance de Dieu, et non de la puissance de l'homme. Elle reçoit de Dieu plus de grâces, plus de faveurs, plus de priviléges que tous les saints ensemble.

Dès la terre, elle porte en son âme une grâce plus haute et plus noble que celle qui triomphe dans les cieux. Dieu n'avait qu'un seul temple en la terre, et il la cache en icelui dès son enfance. Mais il fait encore plus. Dieu qui l'élève, la conduit, la chérit, la cache dans soi-même, et il est lui-même, ô Vierge sainte, votre temple et votre sanctuaire, comme il est à la Jérusalem céleste, de laquelle il est dit que l'Agneau est son temple ; car aussi devez-vous être un jour son temple, le temple vivant d'un Dieu vivant au monde. Dieu donc cache en soi-même cette personne choisie, comme un trésor qu'il réserve à soi-même par le secret et la singularité de son élection ; car il la destine à être sa mère.

II. Il la cache encore en plusieurs sortes et manières, tant ce trésor précieux doit être caché, et tant cette âme divine porte à bon droit le nom d'*Alma*, dans le plus grand des prophètes, c'est-à-dire *cachée*. Dieu la cache aux mortels par le secret et l'éminence de sa virginité, ce qui la rend sans accès, même aux yeux des hommes, et la prépare au dessein de Dieu sur elle ; car si Dieu doit prendre naissance, il veut naître d'une Vierge, et d'une Vierge si éminente en la pureté virginale, et qui est la première à lever l'étendard de la virginité au monde. Dieu la cache en elle-même par le poids de son humilité qui l'abaisse tellement dans le néant de la créature, qu'elle est sans élèvement au milieu des grandeurs, ce qui la dispose au secret conseil de Dieu ; car Dieu veut établir une divinité si grande, comme celle de Mère de Dieu, sur un fond si solide et sur un abaissement si profond. Dieu la cache à elle-même et lui couvre ses conseils sur elle, et il la cache dans lui-même, dans le secret de son sein, c'est-à-dire dans le secret de sa sapience et conduite, qui est comme un voile sous lequel il lui cache le nouvel état auquel il la veut élever. Il répand dans son âme une simplicité divine, qui correspond à la conduite de Dieu sur elle, qui la tire de son esprit dans l'esprit de Dieu, qui la rend sans aucune vue de ce qu'elle est au milieu des lumières, et fait qu'elle ne voit pas que Dieu l'élève en un trône pour la couronner reine de l'univers et mère de celui qui l'a créée. Bref, Dieu la remplit de grâce et emploie sa puissance, sa bonté, sa sapience, à la rendre non-seulement Mère, mais digne Mère de Dieu ; ce qui porte un état incompréhensible. Et si la terre ne la connaît point, le ciel l'admire et la révère comme celle qui va être Mère et digne Mère de celui qui a créé et le ciel et la terre, et les anges qui habitent dans les cieux viennent fondre à ses pieds pour lui rendre leur hommage.

Y a-t-il rien qui égale la majesté et la douce puissance d'une Mère de Dieu ? Y a-t-il grâce comparable à celle qui accompagne un état si haut, si saint et si vénérable ? Ô grandeur ! ô puissance ! ô dignité ! ô sainteté ! ô virginité ! ô maternité ! qui jamais a vu ces merveilles ? Qui jamais a ouï parler d'une vertu plus haute et plus rare ! Ô pureté ! ô humilité ! ô simplicité divine et incomparable ! qui des grands et des monarques a jamais eu une mère d'une pareille condition ? En terre, si céleste et si divine ; en sa naissance, si prévenue et si comblée de grâce ; en son corps, si pure et si féconde ; en son esprit, si humble et si élevée ; en sa pensée, si simple et si lumineuse ; en sa vie, si commune et si singulière ; si simple et si facile en son extérieur ; si rare, si divine et si miraculeuse en son intérieur : bref, si inconnue en la terre et si révérée au ciel. Qualités qui semblent si opposées ; mais elles sont jointes en vous, et vous disposent à concevoir le Saint des saints et le Dieu des dieux. Et dès longtemps, on vous prépare à le concevoir dignement ; mais vous ne l'apercevez pas, ô Vierge humble et sacrée ! Vous ne voyez pas vos grandeurs, et si vous ne manquez en rien à coopérer fidèlement à icelles : car Dieu joint à votre esprit une simplicité divine avec une fidélité parfaite, et vous coopérez sans cesse à une grâce que vous ne discernez jamais. Votre vocation est d'être Mère de Dieu ; c'est à quoi Dieu vous appelle ; c'est à quoi il vous prépare ; c'est à quoi vous coopérez sans le connaître ; c'est à quoi vous coopérez dès le moment de votre naissance jusqu'à l'heure de votre bonheur et de votre puissance, à recevoir et produire le Fils de Dieu au monde ! Ne voyez-vous pas que le ciel et la terre vous révèlent et annoncent cette vérité ?

Le temps marqué par les prophètes est échu ; les semaines de Daniel sont accomplies ; le sceptre de Judas est en la main d'un étranger. Il faut que le Messie vienne. Hé ! qui portera ce fruit heureux et désiré en la terre ? La terre est couverte d'iniquités, et vous êtes seule en la terre qui êtes sans péché. Une Vierge le doit enfanter, et vous êtes seule en Judée, consacrant au vrai Dieu votre virginité. Vous savez les saintes Écritures ; vous pénétrez ces mystères ; les conséquences sont infaillibles et presque évidentes ; et en la clarté de votre esprit, en la connaissance des Écritures, en la lumière de vos grâces, vous n'y pensez pas ; et vous donnez un grand exemple après vous dans les voies de Dieu élevées, à ne pas voir ce que Dieu ne nous manifeste pas, par une simplicité parfaite ; et à correspondre à ses desseins sur nous sans les connaître, par une fidélité exacte. C'est ce que nous voyons et admirons en vous ; car vous êtes tellement en la main de Dieu et en sa direction, que vous n'avez autre pensée que celle que Dieu vous donne ; vous n'avez aucun usage de votre esprit que celui auquel Dieu vous applique ; car il est l'esprit de votre esprit, il est l'oracle de votre âme : et vous n'avez ni parole, ni pensée, ni mouvement que par sa conduite ; vous êtes non dans votre esprit, mais dans l'esprit de Dieu qui vous remplit ; vous êtes non dans vos pensées, mais dans la pensée de Dieu qui vous régit.

C'est cette pensée de Dieu qui est sur vous qui opère en vous ; elle vous est appliquée, mais non expliquée, et elle vous conduit à ses fins imperceptiblement, mais infailliblement ; très-secrètement, mais très-puissamment. Et cette voie et conduite de Dieu sur vous, porte (nonobstant cette obscurité) plus de grâce, plus d'efficace et plus de dignité en votre âme. Elle convient aux plus grands œuvres et aux directions plus divines. Et elle fait que par une simplicité divine et par une conduite admirable, vous êtes en la pensée de Dieu et non en la vôtre ; vous êtes en la main de Dieu et non en la vôtre ; vous êtes en Dieu et non en vous ; vous n'agissez pas, et Dieu agit en vous. De là vient que, par une réserve à Dieu de votre esprit, et une fidélité très-parfaite, Dieu ne vous donnant cette pensée, vous ne l'avez pas aussi, et vous ne la prenez pas, quelque évidence de lumière qu'il y ait en vous ; car c'est Dieu qui agit et non pas vous ! c'est Dieu seul qui vous tire, et non pas ces objets ; c'est Dieu que vous suivez, et non pas l'évidence et la lumière. En cette humble et haute disposition ; en cette rare, simple et fidèle conduite ; au milieu de tant de grâces et de grandeurs ; après tant de faveurs et de merveilles ; en l'excès de tant de lumières, vous ne pensez qu'à être la servante du Seigneur (*Luc.* 1, 38) ; mais Dieu pense à vous rendre sa Mère.

CHAPITRE VII.
SON ÉTAT ET SON OCCUPATION A L'ARRIVÉE DE L'ANGE.

Dieu a déjà fait tant de grâces à la Vierge, qu'il semble avoir épuisé ses trésors en elle ; et il ne fait que commencer, si nous regardons ce qu'il lui prépare. Grandeurs de l'œuvre de l'Incarnation et de la maternité divine. Conseil de Dieu, occupation de Marie, vanité et iniquité de la terre en même moment. Envoi de saint Gabriel à la Vierge. La Vierge languit après la venue du Messie, et cette langueur est la dernière disposition à l'accomplissement de ce grand œuvre.

Permettez, ô sainte Vierge, que je prévienne la parole de l'ange, qui vous veut annoncer cette vérité. Permettez que je vous dise ce peu de mots en toute humilité : Vous voilà, ô Vierge sacrée, au quinzième an de votre âge, âge rempli de grâce en tous ses moments ; vous voilà au vingt-cinquième de mars, le jour des jours, jour remarquable en vos éphémérides ; jour auquel vous avez à entrer en un état nouveau et inopiné, en une très-heureuse, très-étroite et très-haute alliance avec Dieu, et une alliance qui commence en la terre, mais de la terre passe dans les cieux et y sera éternelle. Dieu vous a fait tant de grâces jusqu'à présent, qu'il semble avoir épuisé en vous ses trésors, ses faveurs, ses merveilles. Mais il ne fait que commencer, si nous jetons les yeux sur les grâces suivantes. Et il semble qu'il veut couvrir et comme ensevelir les grâces précédentes dans le comble et l'éminence des nouvelles grâces ; tant c'est chose rare et excellente. Dieu vous veut faire la grâce de grâces, il veut vous donner son propre Fils, son Fils unique et sa propre substance. Voici le plus beau de vos jours, jour auquel vous entrez en un état qui doit bénir et régir le ciel et la terre ; en un état qui enclôt Dieu même, et en un état qui rend Dieu votre fils, et vous rend sa mère. Ce jour porte la plénitude des temps, tant célébrée ès Écritures ; et ce qui est beaucoup plus, il porte la plénitude de la divinité dans l'humanité, et la plénitude de Jésus dans vous-même, accomplissant l'œuvre des œuvres, l'œuvre caché de toute éternité dans le secret de la sapience éternelle.

En ce jour donc saint et sacré, tandis que le rond de la terre est en oubli et offensé de Dieu, tandis que les grands sont dans le néant de leurs grandeurs, dans leurs palais et dans les occupations vaines de leurs esprits, l'humble Vierge inconnue en la terre et admirée au ciel, est dans son Nazareth, et c'est elle que le ciel regarde et en laquelle Dieu veut accomplir ses merveilles. Elle est en sa petite cellule, elle est en son oratoire ; elle est en un état et élévation admirable, et Dieu est avec elle, qui la dispose sans qu'elle le sache, à ce qui est inconnu à son humilité. Ce Dieu qui est en elle, est aussi dans le ciel, et y traite d'accomplir en la Vierge le chef-d'œuvre de ses miséricordes éternelles. Quittons la terre et nous élevons au ciel pour contempler ce qui s'y passe et y adorer la très-sainte Trinité. Elle est en son paradis et en sa gloire, elle est en un sacré conseil, ou, pour mieux dire, en un sanctuaire où tout est incréé, où rien de créé n'a accès, où Dieu ne traite et ne délibère qu'avec soi-même. Car il s'agit aussi de lui-même, les anges sont au dehors, adorant et attendant en silence l'issue de ce sacré conseil. Dieu y résout d'accomplir ses promesses, de donner son Fils à la Vierge, de sauver l'univers.

Il choisit un de ses anges, et un des plus grands entre ses anges, l'archange Gabriel. Un mystère si grand mérite bien un si grand ange. Dieu l'envoie à la terre cette grande et heureuse nouvelle. Ce grand ange sort du ciel et descend en la terre comme envoyé de Dieu, et ayant en sa main la plus grande commission qui sera jamais émanée du ciel en terre, de Dieu aux hommes. Suivons cet ange pas à pas, et voyons comme il va non à Rome la triomphante, ni à Athènes la savante, ni à Babylone la superbe, ni même à Jérusalem la sainte. Il va en un coin de la Galilée, à une bourgade inconnue, à un Nazareth dont Nathaniel dira un jour : *A Nazareth potest aliquid boni esse*. (*Joan.* I, 46.) Mais dans ce Nazareth, il y a une maisonnette qui enclôt le trésor du ciel et de la terre, et le secret amour du Père éternel au monde ; et dans ce petit lieu, il y a une Vierge plus grande que le ciel et la terre ensemble, Vierge choisie de Dieu pour comprendre l'incompréhensible. Il y a une Vierge qui a plus de grandeur et de lumière qu'il n'y en a, ni à Rome, ni à Athènes, ni entre les hommes, ni entre les anges. Il y a une Vierge qui se nomme Marie, et, selon son nom, est un abîme de grâce, un océan de grandeurs et un monde de merveilles. C'est cette Vierge que Dieu regarde, et elle regarde Dieu aussi, et est en occupation et élévation avec lui. C'est cette Vierge à laquelle Dieu envoie son ange.

Mais Dieu qui est au ciel dans son conseil, et est en cet ange par son envoi, prévient cet ange et au cœur de cette Vierge par sa grâce et puissance. Il est tout, il est partout, il fait tout, il fait toutes choses dignement, puissamment et suavement ; il correspond à soi-même dans ses œuvres. Comme donc il est au ciel, il est en la terre ; comme il agit au ciel, il agit en la terre ; comme il agit en l'ange, il agit en la Vierge, et agit plus en la Vierge qu'en l'ange. Il remplit son esprit, il conduit sa contemplation, il prépare et dispose cette âme à ce qu'il veut accomplir en elle, et à ce que son ange lui doit bientôt annoncer. Il l'attire, il l'élève, il la ravit, il lui donne des pensées, des mouvements, des dispositions propres à l'œuvre qui se doit accomplir. Là elle gémit sur les péchés de l'univers, ès quels elle n'a aucune part. Là elle languit après la venue du Messie, auquel elle a une si grande part, mais si cachée à son esprit. Là elle se joint aux vœux des justes, et soupire après la présence du Messie sur la terre. Là elle se sent éprise d'un désir merveilleux de le voir et servir en ses jours. Là elle entre en espérance de le voir, l'adorer et servir au monde. Là Dieu lui répand une nouvelle grâce, une qualité divine, une infusion céleste. Cette grâce est la dernière disposition, à l'instant de laquelle cette forme parfaite, cet être divin, ce Verbe éternel sera introduit au monde.

CHAPITRE VIII
LE NOM ET LES QUALITÉS DE L'ANGE ENVOYÉ A LA VIERGE.

I. *L'ange Gabriel porte en soi l'impression des qualités, spécialement de la dignité, de la pureté et de l'humilité du mystère qu'il annonce à la Vierge. Ample explication de ces paroles :* Missus est angelus Gabriel a Deo, *etc. Les anges se tiennent honorés de servir Jésus en ses serviteurs, mais infiniment plus de le servir en lui-même. Saint Gabriel s'appelle* Force de Dieu. *Saint Gabriel est un séraphin et l'un des plus grands. Saint Michel et saint Gabriel, les deux plus grands anges du ciel, l'un a l'Église, et l'autre a la mère de Jésus en sa garde. Divers emplois de saint Gabriel en l'Écriture.* — II. *Il commence à peser le colloque de la Vierge avec l'ange, et ces premières paroles :* Ave gratia plena, Dominus tecum, benedicta tu in mulieribus. *L'ange paraît en homme et parle comme un ange, imprimant la lumière de ses paroles en l'esprit de la Vierge.*

I. La Vierge étant en cette occupation, l'ange arrive et la surprend en cet état céleste. Il entre en cette chambrette comme en un sanctuaire, beaucoup plus saint et plus vénérable que le lieu nommé le Saint des saints au temple. Il entre plein de respect et de lumière, et lui paraît en forme d'homme ; car il prend les livrées de celui qu'il annonce, et il annonce un Dieu-Homme. Il la salue en humilité très-profonde, car il vient traiter du mystère le plus haut et le plus humble qui sera jamais ; et on eût lu en sa face et en son port, l'impression de la dignité, de la pureté, de l'humilité de ce divin mystère dont il doit parler. Il dit paroles grandes à la Vierge, car elle va entrer en un état si grand, qu'il n'y a rien de pareil. Ce mystère, ce colloque, ces personnes sont divinement représentés par le pinceau du Saint-Esprit dans le tableau de l'Évangile.

Nous n'avons qu'à le prendre en main, et y joindre une attention et considération particulière. Saint Luc donc nous apprend (ne laissons tomber à terre une seule de ses paroles, car elles sont toutes d'or et dignes du poids du sanctuaire), saint Luc, dis-je, nous dit (I, 26) : *L'ange Gabriel est envoyé de Dieu en une cité de Galilée, nommée Nazareth, vers une vierge fiancée à Joseph et nommée Marie*. C'est Dieu qui fait cet envoi, Dieu, dis-je, immédiatement et non pas selon l'ordre qu'il a posé entre ses anges, où les moindres sont envoyés de sa part par les plus grands. Mais cet envoi est extraordinaire, la commission en est émanée de la main de Dieu immédiatement. Ce qui montre, et le poids de l'ambassade, et la dignité de l'ambassadeur qui reçoit lui-même de la main de Dieu son envoi, et ne relève que de Dieu en cette commission. Dieu envoie, non un ange de la terre, c'est-à-dire un prophète, mais un ange du ciel à la Vierge; car cette Vierge est tout angélique et céleste. Et si Dieu veut lui parler par personnes interposées, ce doit être par ses anges et par ses personnes célestes. C'est à des anges et non à des hommes mortels à parler à cette grande Vierge, et à lui parler dans un état si haut, dans une occupation si sainte, et sur un sujet si céleste.

Il s'agit du Fils de Dieu qui veut s'incarner au monde. Le ciel doit apprendre à la terre une si haute vérité et une si heureuse nouvelle. C'est trop de gloire à la terre, de l'écouter sans avoir l'autorité de l'annoncer. Et puis que ce mystère tout céleste, tout divin, s'accomplit en la terre et non au ciel; que le ciel au moins ait la grâce de l'annoncer à la terre, afin que la terre et le ciel honorent et soient honorés réciproquement dans les divers offices de ce mystère: le ciel en l'annonçant, et la terre en le recevant. Dieu partage ainsi les grandeurs entre ses créatures, et Dieu procède ainsi en un mystère qui doit bénir le ciel et la terre, et dès lors les anges commencent à prendre part à Jésus, et commencent à le servir, non en ses ombres et en ses serviteurs comme auparavant, mais en lui-même et en sa propre personne. Et ce service ainsi rendu à Jésus est un des points le plus haut, le plus relevé, le plus délicieux en la dignité et félicité angélique.

Cet ange, envoyé pour cette commission grande et extraordinaire, se nomme Gabriel, ce dit saint Luc (et c'est la troisième circonstance remarquée en ce peu de paroles), c'est-à-dire s'appelle en notre langue, la *Force de Dieu*. Car il annonce le mystère où Dieu a mis sa force et sa puissance à sauver les hommes, à débeller les diables, et à établir sa grâce dans la terre, sa gloire dans le ciel et la terreur de son nom, dans les enfers. Il y a même quelques grands et anciens docteurs, qui disent dans les *Actes du concile d'Ephèse* (23), que ce nom de Gabriel veut dire, *Homo et Deus*, comme le nom de ce grand ange était le chiffre de son ambassade, et qu'il portât en cette dénomination la marque perpétuelle de sa plus grande légation qu'il aura jamais. Cet ange est vraiment grand et heureux en sa personne, et en ses offices. Il est un des anges assistants devant le trône de Dieu: *Asto ante Deum*, ce dit-il de lui-même ailleurs. (*Luc.* 1, 19.) Ce qui est un des plus grands offices du paradis, comme l'office qu'il fait maintenant en la terre, est le plus grand que la terre recevra jamais du ciel de la part de ses anges. Cet ange est un séraphin, et un des plus grands entre les séraphins.

Ce mystère d'amour qui contient le plus grand secret de l'amour de Dieu hors de lui-même, méritait bien un ange d'amour pour l'annoncer, c'est-à-dire un ange séraphique, un des plus grands entre les séraphins. Et si j'ose proposer mes pensées en un point si secret, je dirais volontiers que cet ange est le plus grand absolument après saint Michel. Ces deux anges sont les premiers du paradis, et les plus dignement employés dans les fonctions angéliques: l'un à l'Eglise de Jésus, et l'autre à la mère de Jésus en partage, et celui-ci en cette qualité est maintenant l'ange annonçant et servant Jésus en la terre, ensuite de ce qu'il est l'ange tutélaire de la Vierge destinée à être Mère de Jésus. C'est ce même ange qui, par prévention à cet heureux emploi, prend soin dans les prophètes de la délivrance du peuple de Dieu avec saint Michel contre l'ange de Perse, parce que ce peuple est le peuple de Jésus. C'est cet ange qui relève en Daniel les septante semaines tant mémorables en l'Ecriture, parce que c'est le temps limité à l'avènement de Jésus. C'est cet ange qui parle à Zacharie, et lui prédit la naissance de saint Jean-Baptiste, parce qu'il est le précurseur de Jésus. Bref, c'est l'ange de Jésus et de Marie, employé de tout temps en ce qui regarde le Fils de Dieu et sa très-sainte Mère, et le sera plus encore ci-après. Grand et heureux partage entre les commissions angéliques.

II. Que devons-nous attendre d'un si grand ange en un si grand sujet, sinon des lumières, et des paroles toutes grandes et divines? Honorant donc cet ange et son office en la terre, écoutons-le volontiers. Il porte la meilleure nouvelle que le ciel et la terre puissent jamais ouïr. Il parle à une Vierge, la plus digne de l'entendre, et la plus disposée à lui répondre divinement qui soit en l'univers. Ce pourparler est tout céleste et divin en toutes ses parties, et le narré en est le plus doux, le plus agréable et le plus salutaire qui soit au monde. C'est un devis secret et solitaire entre deux citoyens, l'un du ciel, et l'autre de la terre; c'est un propos sacré entre un ange et une Vierge; mais une Vierge plus céleste et divine que cet ange même, et le sujet est de la rendre féconde de Dieu, et origine du salut au monde. Il parle donc à cette grande et heureuse Vierge; il la salue comme pleine de grâce, comme ayant le Seigneur avec elle, comme bénie entre les femmes. Et cet ange prononçant ces grandes paroles, parle comme un ange, et non pas comme l'homme parle à l'homme. Il ne profère pas simplement le son de ses paroles; mais comme ange et esprit de gloire et de lumière, il répand sa lumière dans l'esprit de la Vierge, et l'élève à entendre les grandeurs cachées dans ces grandes paroles. La Vierge écoute, et reçoit ce qui lui est dit et imprimé de la part de l'ange, et ne lui répond pas; et l'ange s'arrête en ces propos. Car l'humilité de la Vierge est surprise et étonnée de ces

---

(23) PROCLUS, part. 1 *Conc. Ephes.*

lumières et paroles, et la prudence céleste de cette âme divine veut les considérer ; et la conduite de cet ange est si douce et respectueuse envers la Vierge, et il défère tant à sa prudence et à son humilité, que quoi qu'il soit, et qu'il parle de la part de Dieu, et qu'il ait choses grandes, importantes et pressées à dire et à ajouter, il croit devoir donner à cet esprit divin, le loisir d'y penser. Ainsi, tous deux sont en respect et en silence : l'ange occupé à révérer la Vierge, et la Vierge à penser à ces paroles de l'ange. Puisque cet ange s'arrête, arrêtons-nous aussi, et parlons à la Vierge tandis que cet ange ne l'occupe pas de ses paroles.

CHAPITRE IX.
QUE LE TROUBLE DE LA VIERGE VIENT DE LA PAROLE, ET NON DE LA PRÉSENCE DE L'ANGE.

La pureté de la Vierge ne pouvait être troublée de la vue de l'ange, et pourquoi. La Vierge était accoutumée de traiter avec les anges. La Vierge conversait comme ange avec les anges, les voyant en leurs propres personnes, et non seulement en leurs formes empruntées. La Vierge est inaccessible au péché, à la tentation et à l'illusion. Les grâces, les priviléges et l'état virginal de Marie, sont cachés à l'esprit malin. Explication de ces paroles : Turbata est in sermone ejus.

Qu'y a-t-il qui vous trouble, ô Vierge sacrée, en un sujet tout pacifique, tout céleste et tout divin ? A mon avis, ce n'est pas la présence et l'apparition de cet ange en une forme humaine ; car votre pureté est solide, innocente et tranquille ; elle est céleste, angélique et divine ; elle n'est pas faible, défiante, ombrageuse ; et la garde d'icelle est sans timidité, sans trouble et sans inquiétude en votre esprit. Si la seule présence et la simple vue de cet ange eût été le sujet de votre peine, il n'eût entré en propos qu'après vous avoir éclairée, comme nous voyons qu'il arrête même ses propos sans passer plus outre, parce que son propos vous étonne. Vous êtes tout angélique d'esprit, de grâce, de condition ; vous êtes accoutumée de traiter avec les anges, et beaucoup plus à voir celui-ci qui est votre ange tutélaire. Même vous conversez comme ange avec les anges, et votre esprit voit ces esprits célestes en leurs propres personnes, et sait bien les reconnaître sous quelque forme qu'ils apparaissent.

Votre vue est si claire et si subtile, qu'elle n'a rien à craindre de cette part, et votre manière de grâce est si pure et si délicieuse, est si suave et si sainte, est si délicate et particulière à vous, que l'odeur des malins esprits n'en peut approcher, comme on dit que les serpents ne peuvent souffrir l'odeur de la fleur de vigne. Ils n'ont jamais eu de part en vous, aussi n'y ont-ils jamais rien attenté, et vous n'avez porté ni tentation ni illusion quelconque, comme il sera dit ailleurs. Vous êtes un paradis, où le serpent n'a point d'entrée ; et l'ange de votre garde est plus flamboyant que celui qui gardait le paradis terrestre ; il empêche ces malins d'approcher de vous. Vous êtes un jardin clos et une fontaine bien scellée. Vous êtes un trésor caché dans le secret de la sapience divine, qui vous cache en elle-même, comme vous devez un jour le cacher dans vous, c'est-à-dire dans votre sein virginal. Les malins esprits n'ont aucun accès à vous, ni connaissance d'un trésor caché de cette sorte. Vos grâces leur sont invisibles, vos priviléges leur sont inconnus, votre état même virginal leur est caché dans le mariage, ce dit saint Ignace : *Ut partus ejus celaretur diabolo.*

Que rien de bas et terrestre ne nous occupe en un sujet si pur, si haut et si divin. Que rien, ô Vierge sainte, n'abaisse votre élévation. Que rien ne trouble votre repos. Vivez, priez, parlez en assurance. Les portes sont bien closes, l'homme n'y a point d'accès. Votre garde est présente et vigilante ; l'ange malin n'en peut approcher. Dieu est en cet ange que vous voyez ; et ce même Dieu est avec vous : *Dominus tecum.* (Luc. I, 28.) Dieu parle par cet ange, et Dieu l'écoute en vous. Qu'y a-t-il donc qui vous étonne ? Et toutefois vous êtes en trouble, et le narré de cette histoire nous l'apprend. Mais il nous apprend aussi que c'est la parole de l'ange, et non la personne de l'ange, qui vous met en peine. Car saint Luc dit : *Turbata est in sermone ejus.* (Ibid., 29.) Et il appert que c'est la salutation et non l'apparition, que vous examinez : *Et cogitabat qualis esset ista salutatio.* (Ibid., 29.) Révérons une si grande pensée sur un si grand sujet, en une âme si grande.

CHAPITRE X.
L'HUMBLE DISPOSITION DE LA VIERGE AU REGARD DES PREMIÈRES PAROLES DE L'ANGE.

L'ange commençant de parler à la Vierge, lui parle de ses grandeurs ; et le premier usage de cette âme rare, est dans le mouvement de son humilité. Son humilité la met en silence au regard de l'ange, en considération au regard de ses paroles, en élévation au regard de Dieu. Cette humilité si profonde est accompagnée d'une prudence céleste, marquée par ces paroles : Et cogitabat qualis esset ista salutatio. *Combat secret entre la Vierge et l'ange ; mais combat qui se passe en tranquillité, en silence, en lumière, comme les combats célestes et des âmes célestes. Ce combat est entre deux anges et deux vierges ; car les anges sont vierges, et les vierges sont anges. Considération de ce combat céleste, où plus l'ange élève la Vierge, plus elle s'abaisse. La Vierge ne peut ni accepter ce que lui dit l'ange, ni le désavouer ; et elle demeure dans une suspension admirable, sans refus et sans adhérence.*

Voilà l'état de la première rencontre de l'ange avec la Vierge, qui mérite bien d'être considéré. Cette vierge est la première personne de l'univers, devant les yeux de Dieu et de ses anges. Elle est au jour plus heureux et plus mémorable de sa vie ; elle est au point du plus grand traité qui se passera jamais ni en la terre ni au ciel ; elle est au moment, auquel l'œuvre des œuvres de Dieu doit s'accomplir en elle. Dieu qui conduit cet œuvre, conduit cette âme destinée à avoir une si grande part en ce grand œuvre ; Dieu qui conduit cette âme en tous les instants et moments de son âge, la conduit et la remplit beaucoup plus, en ce moment et le plus délicieux de sa vie, et le plus important de son éternité.

Que dirai-je ? que penserai-je ? Oh ! si nous jetons si souvent les yeux sur tant d'actions humaines, basses et profanes de ceux qui ont eu quelque rang dans le monde ; si cela même occupe si longuement et si vainement les plus beaux esprits en la fleur de leurs ans, devons-nous refuser un peu de temps et d'application à ce discours, et ne devons-nous pas avoir plus volontiers attention sur un sujet si grand, si haut et si divin, et sur un sujet auquel même nous avons un si grand intérêt ? Voyons donc la conduite, la pensée, les mouvements, l'ordre et le progrès de cette âme, de cet ange et de cet œuvre. Car tout est grand, tout est céleste, tout est divin.

Les premières paroles de ce grand ange à la Vierge, lui parlent de ses grandeurs ; et le premier usage de cette âme rare, écoutant ces paroles, est dans le mouvement de son humilité. C'est cette humilité qui la met en silence au regard de l'ange ; en considération au regard de ses paroles ; en élévation au regard de Dieu qui est sa conduite, sa retraite et sa lumière. Et c'est la première disposition de la première âme de l'univers, durant ce colloque angélique ; et une prudence céleste régit et accompagne cette humilité sainte, et tous les sacrés mouvements d'une âme si divine en un sujet si divin. Dans ce silence, elle pense et repense à ces paroles : *Et cogitabat qualis esset ista salutatio*, ce dit saint Luc. Il me semble que je vois un secret combat entre l'esprit de l'ange et l'esprit de la Vierge ; mais combat qui se passe en silence, en grâce et en lumière. Les combats du ciel et des âmes célestes sont différents des combats de la terre et des âmes terrestres ; ceux-ci se passent en trouble, en bruit, en confusion, mais ceux-là se passent en tranquillité, en silence, en lumière.

Prenons plaisir de voir l'état de ce combat céleste, c'est un combat entre deux anges et deux vierges ; car les anges sont des vierges sans corps (dit un ancien), et les vierges sont des anges en un corps. Et ceci se passe entre l'ange Gabriel et la Vierge Marie, deux esprits rares, l'un du ciel, l'autre de la terre ; mais et tous deux célestes, et tous deux en terre. Combat heureux et céleste aussi, auquel tous deux gagnent et tous deux triomphent ; et que tous deux aussi triomphent en nos esprits et en nos écrits, et nous inspirent à parler dignement, et juger saintement de leur combat céleste.

L'ange veut élever la Vierge, et la Vierge veut s'abaisser dans son néant ; et tient si ferme à son abaissement, que plus il l'élève, plus elle s'abaisse ; plus il parle, plus elle est en silence ; plus il poursuit, plus elle est en étonnement, et n'entre pas dans la parole de l'ange. Et cet ange toutefois est son ange, sa garde et sa conduite, et lui est envoyé du ciel pour faire entrer en la voie la plus haute, la plus rare et la plus élevée qui sera jamais, et la voie des voies de son Seigneur, dont elle dira un jour : *Dominus possedit me in initio viarum suarum*, ou comme porte une autre version : *Initium viarum suarum.* (Prov. VIII, 22.) Et c'est le point de son combat avec cet ange, et le sujet de son étonnement ; car la Vierge ne doute point de cet ange qui lui parle ; elle sait qu'il est ange de grâce, de lumière et de gloire ; elle voit bien que cet ange regarde en elle, ce qu'elle n'y voit pas ; car Dieu la cache dans son humilité et sa simplicité admirable, comme nous avons déduit et expliqué ci-dessus. Elle ne peut désavouer cet ange et sa parole, car il est du ciel ; elle ne veut pas aussi l'accepter, car c'est une parole qui regarde ses grandeurs et ses louanges. Que fera donc cette âme pressée en ce combat, entre l'humilité de son cœur, et la vérité de cet ange ? Elle se retirera dans son silence, dans son néant et dans son Dieu même. Là elle est dans son retranchement, dans son fort, dans sa retraite. Là elle pense derechef, et repense à ces paroles, et à elle-même ; mais elle n'y trouve point d'issue, et elle entre en une élévation et suspension admirable, sans refus, mais sans adhérence aussi aux paroles qui lui sont annoncées.

CHAPITRE XI.

L'EXCELLENCE DE LA SALUTATION ANGÉLIQUE CONTRE L'IMPIÉTÉ DES HÉRÉTIQUES, ET LES QUALITÉS DE L'ÉTONNEMENT DE LA VIERGE A RAISON D'ICELLE.

Les paroles de cette salutation ont été proférées par l'ange pour tout l'univers. L'Ave Maria est la première parole angélique adressée à la première personne du Nouveau Testament. Les paroles de cette salutation contiennent sommairement les grandeurs de Jésus et de Marie, et l'Église les met tous les jours en la bouche des fidèles, en l'honneur de la Vierge et de son Fils. Elles ne contiennent que le commencement des grandeurs de la Vierge, et elle va être beaucoup plus que tout ce que l'ange lui dit. La Vierge après ces paroles demeure en humilité et en silence, et dans une sublime et profonde application à ce salut. Et là Dieu l'élève en l'abaissant, il la conforte en l'étonnant, il la fortifie en l'affaiblissant. Dieu la tire de ses conditions naturelles dans une puissance de grâce, puissance extraordinaire en l'ordre de la grâce, puissance émanée de celle par laquelle il engendre son Fils éternellement. La Vierge sent ce qui se fait en elle ; mais elle ne sait pas encore le dernier point où doit aboutir cette élévation et puissance qui saisit son cœur et élève son esprit. L'étonnement de la Vierge est un étonnement d'esprit et non des sens, de grâce et non de nature, de lumière et non de faiblesse, etc. La Vierge adhère fermement à ce qu'elle n'entend pas. Mais l'ange qui aperçoit l'opération de l'esprit de Dieu en l'esprit de la Vierge, la lui donne à entendre. Jésus-Christ grâce des grâces.

Laissons cette humble Vierge en ce repos, en ce silence, en cette élévation : et tandis qu'elle pense à elle même, et à ces paroles de l'ange, pensons-y aussi. Car l'ange qui les profère à la Vierge, les profère pour nous et pour l'univers. Ces paroles du salut angélique sont si familières à l'univers, et si avilies par les impies de ce siècle, que pour en conserver la révérence et la dignité dans les âmes bien faites, qui les ont souvent en leurs pensées, en leurs bouches et en leurs prières, je me sens obligé à remarquer que l'*Ave Maria* est la première parole angélique adressée à la première personne du Nouveau Testament. C'est la première parole évangélique annoncée à la terre; et comme il est dit ailleurs (23*), c'est l'Evangile du Père éternel à la Vierge, que cet ange porte du ciel. C'est l'Evangile qui contient en sommaire les grandeurs de Jésus et de Marie; les deux sujets plus grands et plus importants qui seront jamais traités en tout l'Evangile, et publiés par tout le rond de la terre; et cet Evangile est bien digne d'être annoncé par un si grand ange à une si grande Vierge, en attendant que la terre soit digne de l'ouïr.

Pesons ces dignes et belles paroles que l'ange apporte du ciel, que le ciel apprend à l'Eglise, que l'Eglise nous met si souvent en la bouche, en l'honneur de la Mère et du Fils; et ce nonobstant, l'hérésie audacieuse, maligne et aveugle les traite si indignement, le diable qui est en elle ne pouvant souffrir l'éclat et la lumière de ces saintes paroles. A la vérité, ces paroles sont divines et célestes; ces paroles sont grandes et hautes; mais si est-ce qu'elles ne disent que le commencement des grandeurs de la Vierge. L'ange la salue comme pleine de grâce : et elle va être pleine même de l'auteur de la grâce. L'ange dit qu'elle est bénie entre les femmes, et elle va être bénie entre les hommes et les anges, et par-dessus les anges. L'ange dit que le Seigneur est avec elle; et il veut être en elle, et faire désormais une partie d'elle, comme une portion de la substance, étant os de ses os, chair de sa chair, et son Fils unique.

Mais cela est caché aux yeux de cette sainte et humble Vierge, et il faut que cet ange ôte ce voile de devant son esprit, et lui révèle ses grandeurs. Il faut qu'il lui parle plus hautement et plus puissamment; car elle persévère en son silence, en son humilité, en sa cogitation sublime et profonde. Là, elle est en la main de Dieu, qui l'élève en l'abaissant, qui la conforte en l'étonnant, qui la fortifie en l'affaiblissant, et qui, en la tirant des qualités et conditions propres à son être naturel, la dispose à une puissance de grâce, à une puissance divine, à une puissance nouvelle, et à une puissance admirable même dans l'ordre de la grâce, à une puissance émanée de la puissance du Père éternel; puissance à produire dans son sein virginal et maternel, celui que le Père éternel produit en son sein pur et paternel.

La Vierge porte cette conduite; elle sent ses effets; elle entre en ces préparatifs et dispositifs; mais elle ne sait pas encore le dernier point où doit aboutir cette élévation et puissance, qui saisit son cœur et élève son esprit; et fidèle en son adhérence, à l'opération de son Dieu, elle demeure en ce silence, en cette humilité et en cet étonnement que nous voyons. Et cet ange s'arrête en l'apercevant, sans s'avancer, sans parler davantage, par un respect et révérence qu'il rend et à la Vierge et à son étonnement.

Révérons, contemplons et admirons cet étonnement. C'est un étonnement d'esprit et non des sens; c'est un étonnement de grâce et non de nature; c'est un étonnement de lumière et non de faiblesse; bref, un étonnement divin et non humain; un étonnement adhérent, et non séparant de la puissance divine qui opère lors en elle : un étonnement, dis-je, adhérent et adorant cette puissance nouvelle et présente du Seigneur qui est avec elle, et qui veut être en elle. Dans ce saint étonnement, la Vierge n'est point oiseuse, mais occupée; et occupée de Dieu présent, de Dieu appliqué, de Dieu opérant sur sa créature; et sur sa créature, pour en faire naître le Créateur; mais elle ne l'entend pas encore.

Et l'ange qui aperçoit cette opération de l'esprit du Seigneur, dans l'esprit de la Vierge, et voit que la Vierge adhère immobilement à cet esprit qui la prépare aux lumières, aux vouloirs, aux opérations divines, reprend lors sa parole, et continue son ambassade. Ecoutez-la, ô Vierge sacrée; car c'est Dieu qui parle par sa bouche. Ecoutez-la ; car elle est grande, et elle accomplit vos grandeurs; elle ennoblit le ciel et la terre ; elle sanctifie les hommes et les anges. Et c'est grâce à cet ange, tant seulement de porter cet ambassade, et c'est pour vous, grâce des grâces, de l'écouter et l'accepter.

L'ange donc rentre en son propos, et s'adresse derechef à la Vierge, et proférant le nom de Marie, nom de grâce, de faveur et de puissance, emploie la bénédiction et puissance de ce saint nom, pour donner lumière à celle qui le porte et la tirer de peine, en lui disant : *Ne craignez point, ô Marie!* (*Luc.* I, 30.) Vous êtes si heureuse en la recherche de la grâce de Dieu, que vous avez trouvé même la grâce des grâces, c'est-à-dire le Fils unique de Dieu, lequel veut être vôtre,

---

(23*) *Préface des grandeurs de Jésus.*

et vous appartenir en qualité de Fils. Il est la grâce du Père éternel et l'origine de toutes grâces, et est donné gratuitement au monde par l'Incarnation. Vous le concevrez, vous l'enfanterez et vous le nommerez Jésus. Il sera grand, et sera reconnu pour grand : Il sera nommé le Fils du Très-Haut, et Dieu lui donnera pour son trône le siége de David, et il régnera éternellement en la maison de Jacob, et son royaume n'aura point de fin. Et partant, ô heureuse fille de David, vous aurez deux qualités grandes : vous serez Mère du Fils de Dieu, et Mère d'un roi éternel, d'un roi dont le royaume n'aura jamais de fin.

CHAPITRE XII
LA CONTINUATION DES PROPOS DE L'ANGE, QUI MET LA VIERGE EN UN NOUVEAU SOIN PAR ÉGARD A SA VIRGINITÉ.

La Vierge s'étant déjà abaissée dans le néant de la créature, s'abaisse maintenant dans le néant du Créateur se faisant homme. La Vierge s'abaisse au milieu des grandeurs, et elle est adhérente à son Dieu abaissé, et non à elle-même élevée. L'humilité de la Vierge ne l'étonne ni ne l'arrête point en ce sujet; parce que la manifestation de ses grandeurs étant jointe à la claire vue de l'abaissement de Dieu jusqu'au néant, cela soutient et affermit son humilité. Son humilité ne l'exerce plus : mais la prudence céleste qui la régit partout, la met en soin de sa pureté. Ces paroles : Quomodo fiet istud, quoniam virum non cognosco, sont en la bouche de la Vierge une semence de bénédiction; et ce vœu de virginité de la Vierge, est la source de l'état de virginité en l'Eglise. Ce vœu de la Vierge n'est pas un empêchement, mais bien une disposition très-convenable à sa divine maternité. Le Fils de Dieu qui a joint en sa personne, la divinité et l'humanité, veut joindre en sa Mère, la pureté et la fécondité, la virginité et la maternité.

Ces paroles sont grandes et très-grandes; mais elles n'enflent point la Vierge; car son humilité est encore plus grande. L'ange la conduit et l'élève de grandeurs en grandeurs, et elle rentre d'abaissements en abaissements. Auparavant elle était abaissée dans son néant, c'est-à-dire dans le néant de la créature, et maintenant elle s'abaisse dans un autre néant, c'est-à-dire dans le néant du Créateur qui se fait créature, s'il est permis de parler ainsi; et la Vierge entre dans l'état humble et profond, où nous doit porter l'abaissement, et comme anéantissement d'un Dieu fait homme par le sacré mystère de l'Incarnation.

Là l'humilité de la Vierge est en son centre, et est aussi en son repos, sans trouble, sans mouvement, sans élèvement au milieu des grandeurs. Là, Dieu est abaissé et la Vierge est élevée; mais en son élèvement, elle est vivante et adhérente à l'abaissement de son Dieu qui s'abaisse en l'élevant; et elle est adhérente à son Dieu abaissé, et non pas à soi-même élevée; elle est vivante en cet abaissement de Dieu, et non en ses propres grandeurs. Et de cette vie et adhérence, son humilité tire aliment, vigueur et subsistance, et est puissante, solide et lumineuse. Et la Vierge en la vue claire de ses grandeurs, est en un abaissement plus profond et plus ferme qu'auparavant; c'est pourquoi son humilité qui l'a étonnée, et qui l'a exercée dans les premières paroles de l'ange ne l'étonne point, et ne l'arrête point en celles-ci, qui sont bien plus hautes et plus évidentes.

Mais la prudence céleste qui régit partout cette très-sainte Vierge, lui donne un nouvel exercice; et comme son humilité l'avait mise en étonnement et en silence sur les premières paroles de l'ange, sa pureté virginale la met en soin, et la fait parler sur les derniers propos de l'ange, qui parle de naissance, de conception et d'enfantement. C'est ce qui la tire hors de son silence, et lui fait dire humblement, saintement et modestement : *Quomodo fiet istud, quoniam virum non cognosco?* (Luc. I, 34.) C'est-à-dire, comment ce doit accomplir cet œuvre, puisque vous savez, ô saint ange, que je suis en état et obligation de n'admettre jamais rien qui intéresse la virginité que j'ai offerte et consacrée à Dieu?

J'écoute et révère ces paroles saintement proférées par une Vierge très-sainte, à ce saint ange. Dieu se sert de ces paroles à choses grandes, et c'est en la bouche de la Vierge une semence de bénédiction, dont les fruits seront heureux, délicieux et de durée; et Dieu veut, par ces paroles, apprendre à l'univers, l'état de pureté virginale et perpétuelle de celle qu'il choisit pour Mère, et le vœu qu'elle en fait par inspiration divine; état et vœu nouveau et excellent, que ces saintes paroles nous enseignent; état qui prend naissance heureusement et dignement dans la naissance de ce Très-Haut mystère; état qui fonde en la Vierge une puissance et primauté nouvelle et éternelle, sur l'état florissant des vierges, dont l'ordre est signalé dans la terre et dans le ciel. Ce sont les fruits de ce vœu déclaré à l'ange et à l'univers par cette sainte parole.

Bénie soyez-vous, ô Vierge sacrée, de l'avoir proférée, et d'avoir consacré à Dieu un trésor si précieux, et d'avoir donné à la terre un tel exemple, qui sera imité de tant vierges, qui peupleront le ciel ne peuplant point la terre. Ce vœu n'est point un empêchement à la maternité qui vous est annoncée; au contraire, si vous n'étiez en cet état, vous ne seriez pas en état d'être Mère de Jésus. Car il veut avoir une vierge pour sa Mère; il est au ciel et en la terre par ses deux natures différentes; il veut avoir en la terre une Mère sans Père, comme il a dans le ciel un Père sans Mère, et comme la divinité et l'humanité sont jointes en sa personne, il veut joindre en sa Mère la pureté et la fécondité, la maternité et la virginité. Comment donc (ce dites-vous humblement et saintement à ce saint ange) s'accomplira cet œuvre? Ce n'est pas une parole d'infidélité, ni même de curiosité.

Malheur à ceux qui cherchent des ténèbres en une âme de si grande lumière, et au plus fort de ses lumières. Je n'aime pas à mêler des aigreurs et des combats en la douceur de cette histoire, et moins encore en ce traité de paix du ciel avec la terre ; mais l'honneur de la Vierge et du Fils en la Mère, et la dignité de ce mystère qui donne au monde en un même instant un Dieu-Homme et une mère de Dieu, me tire cette parole sans y penser. La Vierge a toujours été sans ténèbres, et ici elle est en son plein midi ; le soleil ne fait point d'ombre en elle. D'ailleurs ce n'est pas elle, mais c'est Dieu qui parle en elle, et le même Dieu qui annonce saintement par l'ange, répond encore plus saintement par la Vierge. Car il est en cet ange et en la Vierge, et plus en la Vierge qu'en l'ange, puisqu'il y est pour opérer choses plus hautes et plus divines.

CHAPITRE XIII.

DÉFENSE DE LA VIERGE ACCUSÉE DE DÉFAUT EN LA FOI, PAR LES INFIDÈLES DE CE SIÈCLE.

I. *Cette parole Quomodo, etc., est la première parole de la Vierge en l'Ecriture, en l'Evangile, en ce colloque, et à Dieu ne plaise que cette première parole de la première créature du monde soit une parole d'infidélité ou de curiosité ! Cette parole de la Vierge est l'évangile de la virginité, annoncé par la terre au ciel. L'ange annonce l'incarnation du Fils de Dieu à la terre, et Marie la virginité au ciel. Aussi l'ange ne reprend pas cette première parole de la Vierge, mais la révère et l'honore d'une répartie, qui contient la manière divine dont elle concevra le Fils du Très-Haut. Hérétiques aveuglés vont établissant l'incrédulité dans la naissance de l'Evangile, dans le traité de la foi, le plus éminent qui fut jamais, et dans la personne la plus digne de la terre et du ciel. — II. Cette première parole de la Vierge à l'ange, est une parole de foi, de prudence, de pureté et de fécondité. Le Fils de Dieu venant au monde, donne commencement à l'état de virginité en sa Mère, et de là en avant il se trouve toujours au milieu des vierges. La Vierge ne doute pas de ce mystère, mais le supposant comme très-véritable en la lumière de la foi, elle désire être instruite de la manière dont il doit être accompli, comme de chose qui lui est importante. L'auteur remarque la fidélité, la simplicité, l'humilité et les autres vertus contenues en cette demande de la Vierge. Cette parole de la Vierge est une parole d'autorité, et Dieu donne droit à la Vierge de délibérer de cet œuvre, et ne le veut accomplir en elle, que par elle, et de son consentement. Et cette autorité n'est qu'un rayon de l'honneur que Dieu lui va faire, la faisant sa mère.*

I. C'est le sentiment que nous devons avoir de la plus digne personne qui soit sur la terre. Dieu qui conduit son esprit, conduit sa langue, et comme il a formé en son cœur ce vœu signalé, inconnu jusqu'alors, il forme ces paroles en sa bouche, pour le manifester au monde. Cette parole est la première parole de la Vierge en l'Ecriture, en l'Evangile et en ce sacré colloque. A Dieu ne plaise que la première voix de celle que Dieu choisit pour sa Mère, soit une parole d'offense et d'incrédulité ! C'est mal considérer ce mystère, c'est mal entendre et écouter la Vierge. Si le même esprit qui l'assiste à parler, nous assiste à l'écouter, nous aurons bien une autre pensée de personne si digne, de disposition si sainte, de chose si grande et d'à propos si considéré.

Cette parole de la Vierge est un évangile de la Virginité, annoncé par la terre au ciel, par la Vierge à l'ange, par l'ange et la Vierge à l'univers, qui apprend en un même temps deux vérités bien jointes ensemble, l'incarnation du Verbe, et la virginité perpétuelle de celle qui le doit enfanter. L'ange annonce l'un à la terre, et la Vierge annonce l'autre au ciel. C'est chose digne et bien séante, que la première parole de la Vierge des vierges, soit une parole et comme un évangile de pureté ; et que le monde apprenne cette vertu et en reçoive son odeur par les premiers propos de Marie.

C'est une espèce de triomphe à la virginité, d'être célébrée dans les premières paroles de l'Evangile, et d'être établie comme en un trône à la face de Dieu et de ses anges, dans la plus digne personne de l'univers, c'est-à-dire en celle que Dieu même recherche pour être sa Mère. Et en ce triomphe, c'est un nouveau triomphe à la virginité, d'être incorporée dans l'état de ce nouveau mystère, que l'ange va annoncer au monde, et d'être richement enchâssée dans le mystère même de l'Incarnation, comme un rare ornement de ce rare mystère. Aussi l'ange, amateur de la virginité, ne reprend pas cette parole, mais la révère et l'honore, et lui rend pour réponse les plus hautes et les plus dignes paroles qu'il ait encore proférées.

Et ces bons anges et apôtres de ce siècle, ou plutôt du prince de ce siècle, ces esprits qui se sont séparés de la vérité de Dieu en son Eglise et en sa parole, pour suivre leurs songes et les impressions de l'esprit d'erreur, blâmant ce que l'ange honore, ce que la Vierge dit, et ce que le Saint-Esprit loue comme foi vive, heureuse et puissante à recueillir le dernier accomplissement de cet œuvre de Dieu ; car il dira dans peu de jours par sainte Elisabeth, en son plus haut ravissement : *Beata quæ credidisti, quoniam perficientur in te, quæ dicta sunt tibi a Domino.* (Luc. I, 45.) Mais ces mauvais esprits ne voient pas que c'est l'esprit du serpent qui les aveugle et anime contre la femme, lorsqu'elle va briser sa tête par la puissance de ce mystère. Ils blâment ce que le Saint-Esprit loue. Ils avilissent celle que Dieu même honore, et lorsqu'il l'honore et l'élève au plus haut point de sa dignité ; et ils arguent de défaut en la foi celle qui va produire l'auteur et le consommateur de la foi même ; et faisant ainsi litière de tout ce qui est rare et divin, ils font cet honneur à l'incrédulité, de l'établir en la naissance de l'Evangile dans le traité de la foi le plus éminent et honorable qui fut jamais, et dans la personne la plus digne du ciel et de la terre. Et à l'entrée d'un si grand mystère au monde; que pourrait souhaiter de plus cet esprit d'incrédulité pour son avantage, s'il parlait lui-même à la terre en sa propre personne, après être banni du ciel, que de se loger si bien, c'est-à-dire en une âme plus digne et plus élevée que le ciel? Et quel plus grand service lui pourraient-ils rendre, que de lui donner une si bonne part où il n'en peut avoir, et le faire triompher là même où se commence sa perte et ruine totale en l'univers? comme s'ils voulaient encore gratifier le serpent d'une nouvelle victoire dans le nouveau paradis que Dieu a planté de sa main pour le second Adam, c'est-à-dire en la Vierge.

II. Mais laissons ces esprits abusés et abusants qui servent si bien l'esprit d'infidélité, qui traitent si mal la foi et ses mystères, qui entendent si à contre-sens les Ecritures; nous, comme instruits en une meilleure école, parlons plus dignement, plus angéliquement et plus chrétiennement de ces paroles. Disons que cette première parole de la Vierge à l'ange, et en l'Evangile, est une parole de foi signalée, de pureté virginale, de prudence céleste, de conduite divine, de fécondité heureuse; car c'est cette parole qui a germé tant de fleurs dans le ciel et produit tant de vierges en la terre, à l'exemple de la Vierge des vierges; et c'est cette parole qui a formé dans l'état de Jésus une des plus dignes troupes du royaume de Jésus. Troupes florissantes des vierges, mais qui ne fleurit qu'en l'orient de ce mystère de l'Incarnation, et ne prend sa naissance qu'à la naissance de l'Evangile, et en la naissance de Jésus, comme propre à la grâce et à l'esprit de Jésus. Elle ne le précède pas, mais elle le suit partout, en la crèche et en la croix, en la vie privée, en la vie apostolique, en la terre et au ciel.

Partout Jésus est naissant, vivant et mourant entre les vierges qui le suivent et l'accompagnent en tous les pas de sa vie, jouissant du privilége de sa suite, de son amour, de sa familiarité. Cette troupe vénérable était bien due à la pureté, à la sainteté, à la divinité du mystère de l'Incarnation; cette compagnie est chère et intime à Jésus, et comme telle jouit du privilége de son amour. Elle suit Jésus partout comme sa domestique, et en cette qualité elle a part aux faveurs de la sainteté, pureté et familiarité de Jésus. La Mère de Jésus est la première en cette troupe; et c'est en ce mystère qu'elle commence à lever l'étendard de la virginité.

Et ce propos que la Vierge prononce, que l'ange reçoit et révère, que l'hérésie condamne, est la première parole qui a fondé cette troupe sainte et virginale; car celui qui a fait l'univers par sa parole, a voulu se servir de cette parole de la Vierge, pour faire et établir cette compagnie heureuse et vénérable en l'univers. En ces pensées révérons ce propos virginal et angélique, et recueillons, comme en un tableau raccourci, le procédé de la Vierge avec l'ange, et nous le trouverons plein de grâce et de vertu; car aussi dès l'entrée, l'ange lui dit et nous apprend qu'elle est pleine de grâce (et l'hérésie rebelle à Dieu et à l'ange la trouve pleine de disgrâce et d'infidélité).

La Vierge donc écoute en silence cet ange qui lui parle; elle reçoit avec humilité les paroles d'honneur dont il la salue; elle considère en tranquillité les propos qu'il lui tient; elle se rend attentive à l'ambassade qu'il lui fait; elle croit ce qu'il lui annonce, et le tenant pour véritable, elle s'enquiert avec prudence de la manière dont il s'accomplira; ce que cet ange n'avait point annoncé, et par une conduite céleste avait, ce semble, tu et réservé exprès pour donner lieu à la demande de la Vierge, et éclairer l'univers du vœu et état de la Vierge par les paroles de la Vierge.

La Vierge donc ne doutant point de cet œuvre, le supposant pour véritable en la lumière de la foi et en la clarté de la parole angélique, désire apprendre de ce même ange, qui lui est envoyé de Dieu, pour l'instruire en ce sujet, quelle est la voie ordonnée de Dieu pour accomplir cet œuvre. Et en cet esprit d'humilité, de créance, de désir d'être instruite de cette vérité importante à elle et au monde, elle dit saintement à ce saint ange : *Comment s'accomplira cet œuvre ?* (Ibid., 34.) Qu'y a-t-il à reprendre en cette parole et en ce procédé?

Avant que cet ange paraisse, la Vierge est trop bien instruite de la naissance du Messie (qui était l'article principal de la foi des Juifs) et de la puissance de Dieu (qui est le premier article de la foi du monde), pour avoir peine à croire que le Messie naîtra d'une Vierge, et pour restreindre la puissance divine à le faire naître par le seul moyen commun et ordinaire à la naissance de tous les mortels. Sa lumière est trop grande, et sa foi trop élevée pour une erreur si grossière. Sans peine donc et sans retardement, elle croit ce qui lui en est annoncé, et il n'y a pas lieu d'en douter, en la grandeur de sa foi, en la lumière qu'elle a des Ecritures, et en l'autorité de l'ange qui lui parle. Mais en le supposant, elle sait qu'il y a plusieurs voies cachées dans les trésors de la puissance divine, pour accomplir cet œuvre, et cette connaissance est lumière. Elle exclut cette seule voie qui répugne à son vœu, et c'est fidélité. Elle n'ouvre son esprit à en conjecturer aucune, et c'est simplicité. Elle ne prend point l'autorité d'en vouloir, d'en choisir, d'en prescrire, d'en affecter pas une, et c'est humilité. Et puisque Dieu veut faire cet œuvre en elle et avec elle, elle croit pouvoir et devoir s'enquérir du moyen choisi et ordonné dans le conseil de Dieu, et c'est vérité et équité.

En ces dispositions toutes saintes, raisonnables et divines, elle dit humblement et saintement à cet ange: *Quomodo fiet istud?* Qu'y a-t-il sinon à louer Dieu, à honorer la Vierge, à admirer sa conduite et à reconnaître un comble de vertus où l'hérésie aveugle et impie trouve infidélité? La Vierge considère ce que cet ange lui propose, et c'est prudence. Elle se rend à la première ouverture qui lui est faite, et c'est facilité. Elle conclut et répond aussitôt, et c'est obéissance.

Disons donc encore une fois à l'honneur de Dieu et de sa Mère, à la confusion de l'hérésie et à la louange de ce colloque de la Vierge avec l'ange, que cette parole arguée par les ennemis de la foi et de la Vierge, est une parole de foi signalée, de pureté virginale, de prudence céleste de conduite divine : et même si nous y pensons bien, c'est une parole d'autorité éminente, en laquelle Dieu veut que la Vierge entre au regard de cet œuvre qui lui est annoncé, comme un préambule de l'autorité grande où elle va entrer sur Dieu même en qualité de mère. Car Dieu veut que la Vierge traite et délibère sur cet œuvre des œuvres que la main du Tout-Puissant veut opérer au monde. Il lui envoie son ange, non-seulement pour lui révéler, mais encore pour entrer en traité avec elle sur ce sujet. Et Dieu lui envoyant cet ange, donne droit à la Vierge de penser à cet œuvre, de s'en informer, d'en délibérer, et ne veut l'accomplir en elle, qu'après qu'elle aura reposé son esprit sur icelui, et trouvé bon de donner son consentement : tant il plaît à Dieu de donner de part, de puissance et d'autorité à la Vierge sur cet œuvre, le plus grand de ses œuvres, hors de lui-même. Puissance véritablement remarquable, et honneur grand à la Vierge, mais qui n'est qu'un rayon de l'honneur, puissance et autorité admirable qu'elle va recevoir au regard de Dieu même qui la fait sa Mère.

CHAPITRE XIV.

LES DERNIERS PROPOS DE L'ANGE A LA VIERGE.

En ce traité tout est saint, pur et divin, et tend à produire le Saint des saints au monde. De tous les moyens qui pouvaient être employés à faire naître le Messie au monde, Dieu choisit le plus divin et le plus honorant la pureté de Marie. L'exemple d'Élisabeth où Dieu tire le précurseur d'un fonds stérile, employé à déclarer cet œuvre miraculeux, où Dieu tire le Messie d'un fonds pur et virginal. Jésus est fleur et fruit tout ensemble : et Marie sa Mère conserve la fleur de la virginité avec le fruit de la fécondité.

Voilà les saintes pensées que nous devons avoir, écoutant les propos qui se tiennent en ce cabinet de Nazareth, ou pour mieux dire, en ce sanctuaire où la Vierge est avec l'ange; où Dieu est présent et prêt à s'incarner, où tout est saint, pur et divin, et tend à produire le Saint des saints au monde. Et c'est ainsi qu'il faut parler d'un colloque si pur et si saint, qui sert de préambule à un mystère si haut, si grand et si auguste, et non pas en parlant comme les impies de ce siècle. Que si l'étendue de nos propos sur ce sujet est un peu longue, le lecteur nous le pardonnera. Le téméraire attentat de l'hérésie contre la foi de la Vierge et contre la dignité de ce mystère, a tiré cette disgression pour justifier les paroles et la conduite de celle qui porte le Juste (*Jer.* XXIII, 5) et la justice au monde, et est la première à recevoir l'impression de sa justice et sainteté en elle-même, en le concevant et portant dans ses entrailles.

Reprenons maintenant le fil de discours et disons que la Vierge ayant humblement demandé à l'ange, quelle était la voie choisie de Dieu pour accomplir l'œuvre qu'il lui annonce, l'ange lui répond et lui déclare que cette conception sera céleste ; que cet enfantement sera divin; que le Saint-Esprit viendra en elle : que la vertu du Très-Haut l'environnera : que le fruit de cette opération céleste sera reconnu et nommé le Fils de Dieu vivant. Tellement que de tous les moyens qui pouvaient être employés à faire naître le Messie d'elle, Dieu choisit le moyen le plus haut et divin, le plus digne de foi et le plus honorant la pureté de Marie.

La nature ne prendra point de part à cet œuvre. Les anges mêmes employés d'ordinaire dans les œuvres de Dieu n'y seront point appelés. La main seule du Tout-Puissant y sera appliquée : et la fécondité de la Vierge sera élevée par puissance divine à concevoir et produire saintement le Saint des saints, le Fils propre et unique de Dieu même.

Que si en un sujet tout céleste, tout divin, tout miraculeux, si en une opération rare et singulière on doit rechercher quelque exemple : il lui en produit un domestique en la personne de sa cousine Élisabeth, comme s'il lui disait : La même main du Très-Haut, ô Vierge sacrée, qui a tiré d'un fonds stérile la naissance de Jean-Baptiste, tirera d'un fonds pur et virginal la naissance de votre fils. Mais l'un est le souverain, l'autre le vassal, l'un est le fils, l'autre le serviteur : l'un le Messie, l'autre le précurseur : l'un le Verbe divin, l'autre la voix du Verbe. Comme donc l'un est bien différent de l'autre, aussi la main de Dieu y opère bien différemment. Rien d'impur et terrestre ne sera mêlé en cette opération ; tout y sera céleste et divin. Vous aurez, ô Vierge sacrée, et la fleur et le fruit tout ensemble. La fleur de votre virginité, et le fruit de votre fécondité. Car aussi Jésus est fleur et fruit tout ensemble, et porte ce double nom dans les Écritures. (*Isa.* XI, 1 ; *Cant.* II, 1 ; *Psal.* LXVI, 7.) Ce n'est pas une fleur qui passe en fruit et n'est plus fleur ; mais il est toujours fleur, toujours fruit, et vous serez aussi toujours vierge et toujours mère, et la fleur de votre virginité ne passera jamais, ne flétrira jamais, et versévérera avec le fruit de votre fécondité. O fleur, ô fruit, ô fécondité ! ô fleur du ciel, ô fruit de vie, ô fécondité de Dieu !

CHAPITRE XV.
LES DERNIERS PROPOS DE LA VIERGE, ET SA DISPOSITION LORSQU'ELLE LES PROFÈRE.

Explication de ces paroles: Ecce ancilla Domini, fiat, etc. *La Vierge parle à l'ange comme un ange; et sa langue, comme langue angélique, ne porte qu'effets et lumières pour paroles. Cette parole est la parole de la plus grande puissance qu'elle proférera jamais, et du plus grand contentement qu'elle aura jamais. Il faut peser que celle qui parle est la plus grande personne qui sera jamais après les trois personnes de la très-sainte Trinité: et elle parle à l'entrée du plus grand état où elle sera jamais établie. Cette parole lui est inspirée par la parole éternelle, qui va s'incarner en elle : et elle contient sa dernière disposition à ce grand mystère. La Vierge est lors au comble d'une grâce très-éminente, qui s'est accrue de moment en moment depuis quinze ans. Mais ce comble n'est que le commencement d'un nouvel état dans lequel elle va entrer. Les dispositions de Marie à être Mère de Jésus, sont grâces méritées par Jésus même, et sont effets opérés par sa personne propre en sa très-sainte Mère. Parler des grandeurs de Marie, c'est célébrer les louanges de Jésus, puisqu'elle est le plus grand effet et ornement de sa puissance dans l'ordre de la grâce. Il y a deux manières de vie en la Vierge, l'une qui la prépare à la divine maternité sans qu'elle le connaisse; l'autre qui est ce même état et vie de Mère de Dieu. La Vierge est solitaire en la terre, tandis que Jésus n'y est point; puisque lui seul est digne de lui tenir compagnie. Dieu a deux voies pour communiquer ses grâces à sa créature, l'une sans qu'elle le connaisse, l'autre en lui en donnant lumière. Il tient communément la première au regard des hommes, et la seconde au regard des anges. Des deux paroles de la Vierge à l'ange, la première est une parole d'étonnement, la seconde de consentement; l'une d'obscurité, l'autre de lumière, et de lumière qui pénètre jusqu'au sein du Père. Cette parole:* Ecce, *etc., est humble, féconde et heureuse. La Vierge est toujours servante et toujours mère; comme son Fils est toujours homme et Dieu. Marie parvient à la maternité par la virginité.*

La Vierge donc instruite de ces paroles, ornée de ces faveurs, assurée de ces priviléges, acquiesce à la parole de l'ange, obéit à celle de Dieu, et dit : Ecce ancilla Domini, fiat mihi secundum Verbum tuum. (Luc. I, 38.) Ne passons pas légèrement cette parole, et ne l'écoutons pas comme une parole nue et simple, ni comme une parole officieuse rendue par compliment à la parole de l'ange. Celle qui profère cette parole, est un ange et plus qu'un ange; et elle parle à un ange, et elle lui parle un langage angélique, langage bien différent du langage des hommes, qui ne porte que de simples paroles, au lieu que la langue des anges est vive, pénétrante et lumineuse, et ne porte que des effets et des lumières pour parole. Cette Vierge comme angélique est douée d'une de ces langues angéliques dont l'Apôtre a parlé, et ici elle est en un état plus qu'angélique. Elle est au terme de grâce qui termine tout le cours de sa vie précédente ; vie très-haute et préparant à l'état nouveau où elle va entrer à la fin de ces saintes paroles. Cette parole donc n'est pas une parole de piété commune et d'un sens ordinaire ; c'est une parole et d'abaissement et d'élévation très-grande tout ensemble. C'est la parole de la plus grande puissance qu'elle proférera jamais ; c'est la parole du plus grand contentement qu'elle aura jamais ; c'est une humble et grande parole qui réjouit le ciel, qui conclut le salut de l'univers, et qui tire du plus haut des cieux le Verbe éternel en la terre. Celle qui parle est la plus éminente personne qui soit et sera jamais après les trois personnes increées de la divinité; et elle parle à l'entrée du plus grand état où elle sera jamais établie, deux circonstances de grand poids, qui nous doivent faire estimer dignement cette parole, et la peser au poids du sanctuaire. Lorsque cette Vierge humble, silencieuse et modeste ouvre sa bouche pour la proférer, elle est en la main du Verbe éternel qui est avec elle, qui va s'incarner en elle, qui la veut pour sa Mère. C'est ce Verbe divin qui lui inspire cette parole et lui imprime cette disposition.

Et cette parole est la dernière que la Vierge proférera sur ce sujet, à l'issue de laquelle sans aucun délai se doit consommer le mystère sacré, le mystère d'amour divin, le mystère de l'Incarnation en elle. La Vierge donc profère cette parole, étant en la plus haute disposition, et la plus divine qu'elle ait jamais eue, et en l'une des plus hautes qu'elle aura jamais à l'avenir. Et ce colloque saintement commencé par la parole de l'ange, finit encore plus saintement, plus heureusement, plus divinement par la parole de la Vierge. Cette parole de Marie est briève en apparence, mais est profonde en sens, et grande en mystères. Et elle correspond dignement à la qualité de sa personne, à la sublimité de sa grâce, à la sainteté de son état, à la divinité de son appartenance, au Père, au Fils, au Saint-Esprit, qui l'appellent et l'élèvent à la société de leurs personnes divines et de leur opération admirable. C'est assez dit en peu de mots, pour honorer cette parole et celle qui la prononce. Mais le lecteur me pardonnera si je l'entretiens encore sur ce sujet.

Je ne puis séparer sitôt ma pensée de cet objet céleste en la terre, que cette ange regarde. Et je contemple volontiers cette sainte Vierge en ce moment heureux, seule et solitaire en sa chambrette, élevée en son oratoire, attentive à Dieu, écoutant la parole de son ange, ravie en la pensée des grandeurs qui lui sont annoncées. Je la vois au comble d'une grâce éminente, qui termine le cours de toute sa vie précédente, vie de quinze années consommée toute en grâce (même en chacun de ses moments), et consommée en grâce très-rare et très-élevée; mais ce comble n'est qu'un fondement et un commencement d'un nouvel édifice; car alors même je la vois à l'entrée d'un nouvel état qui commence en elle à la fin de ces saintes paroles, et continuera jusque dans l'éternité. Et ces paroles qu'elle prononce, sont paroles d'esprit et de grâce, paroles vives et pénétrantes jusqu'au centre de son âme, paroles d'esprit sublime et élevé jusqu'au trône de la divinité, et parole de grâce rare et singulière; paroles de grâce initiative du plus haut mystère que Dieu opérera jamais; paroles de grâce établissante, accompagnante, consommant la maternité divine, en laquelle elle va entrer à la fin de ces saintes paroles. Ceci est digne d'être considéré, et mérite bien d'être expliqué un peu plus clairement; c'est sans nous éloigner de notre sujet, car la vie et condition de celle qui doit concevoir, porter et enfanter Jésus au monde, fait partie de l'histoire de Jésus; ce qui est d'autant plus considérable, qu'en cette nouvelle sorte de naissance, le Fils est plus ancien que la Mère; et les dispositions de Marie à être Mère de Jésus, sont grâces méritées par Jésus même, et sont effets opérés par sa personne propre en sa très-sainte Mère. Tellement que parler de Marie est parler de Jésus et honorer Marie est honorer Jésus, et même c'est honorer Jésus, au plus grand de ses œuvres, car elle est le plus grand effet et ornement de la puissance et faveur de Jésus dedans l'ordre de la grâce.

La Vierge donc a deux sortes de vies et de voies différentes, qui partagent le cours de sa vie et de sa grâce sur la terre : l'une commence à sa conception, et continue jusqu'à ce colloque angélique, et par l'espace de quinze ans ou environ, elle est une manière de grâce prévenante et préparante la maternité divine, en laquelle elle doit être un jour établie; mais sans qu'elle le sache ni qu'elle y pense. L'autre commence à la fin de ce colloque, et est ce même état éminent et singulier de maternité divine, où elle va maintenant entrer, qui est l'état permanent de cette très-sainte Vierge, le point de sa vocation heureuse, et sa condition éternelle. Ce nouvel état est une vie nouvelle pour la Vierge qui commence à l'être, en vivant avec celui qui est sa vie et la vie du monde.

Auparavant elle était solitaire étant seule en la terre, puisque Jésus n'y était point encore; car Jésus seul est digne de tenir compagnie à Marie. Maintenant qu'il entre au monde, et qu'il se loge en son cœur et en son sein, elle entre en compagnie qui la fait vivre d'une vie toute nouvelle, en la nouvelle vie que le Fils de Dieu daigne prendre en sa créature. Ces deux sortes de vies sont bien différentes; aussi ont-elles deux sortes de grâces bien diverses; et la Vierge y est conduite et introduite bien différemment; car Dieu introduit la Vierge en la première grâce, et l'y conserve et avance, sans qu'elle sache où il l'attire et prépare cette grâce; mais elle entre d'une autre manière en l'état heureux et divin de puissance maternelle au regard de Jésus : car elle y entre en plénitude de lumière, que cet ange lui apporte du ciel, et que Dieu répand en son esprit, afin qu'elle conçoive la splendeur du Père en splendeur de lumière. Elle sait, elle sent, elle voit où Dieu l'attire, l'appelle et l'élève, et elle entre en ce divin état pleine de grâces, de lumière et de désir de servir à Dieu en ce haut ministère, et d'être Mère de celui qui a Dieu même pour Père.

Dieu fait ses grâces à ses créatures différemment. Il y en a qu'il communique à la créature, sans qu'elle le sache, ou le sachant sans qu'elle pénètre le fond et la fin de cette grâce (et pour l'ordinaire il traite ainsi avec les hommes). Il y en a qu'il confère en abondance de lumière et de connaissance, au regard de l'éminence de la grâce et des desseins et effets de Dieu par cette grâce (et c'est la voie qu'il tient le plus souvent avec les anges). Il lui a plu traiter en l'une et l'autre manière en deux temps différents, avec la très-sainte Vierge, tenant la voie d'obscurité en son conseil sur elle jusqu'à l'arrivée de cet ange du ciel. Mais maintenant c'est le temps de lumière pour la Vierge, puisque c'est le temps où elle porte la lumière au monde; et cette parole qu'elle profère n'est pas seulement une parole d'esprit et de grâce, comme nous avons dit; mais encore une parole de lumière, et de lumière vive et pénétrante jusqu'au sein du Père éternel, d'où elle tire le Fils unique de Dieu, pour le loger et porter en son sein virginal.

Cette parole dernière de la Vierge à l'ange est bien différente de la première, car c'est une parole non d'étonnement comme la précédente, mais de consentement. C'est une parole non d'inquisition humaine, mais de résolution divine. C'est une parole non de suspension, mais d'inclination vive et ardente à l'accomplissement du vouloir de Dieu et de son œuvre; parole grande, mémorable et précieuse; parole de grâce, d'amour et de vie, et de vie qui ne doit jamais périr. Car elle donne la vie au Dieu vivant, et donne un état désormais éternel au Fils éternel de Dieu même. Cherchons non des diamants mais des cœurs célestes, et des esprits divins pour graver en eux cette sainte parole et la rendre éternelle, et pour l'imprimer en un fonds digne et proportionné à sa qualité. Car aussi est-elle imprimée dans le livre de vie, et dans le cœur divin de Jésus et de Marie.

O parole de Marie, lorsqu'elle va concevoir Jésus! O parole de Marie, lorsqu'elle va recevoir en son cœur et ses flancs celui qui est la parole du Père, sa parole, dis-je, substantielle et personnelle! O parole digne de conclure cette mission du ciel, de finir ce colloque angélique, et de donner commencement à cet œuvre des œuvres de Dieu en l'univers ! Car comme l'ange a fini son propos par les grandeurs de celui qu'il annonce, et par la voie divine et admirable qui le doit produire au monde ; la Vierge achève son traité avec l'ange, et lui répond plus par effets que par paroles ; c'est-à-dire par la grandeur de son humilité, par la profession de son obéissance, et par la déclaration de son désir, à l'accomplissement de l'œuvre que Dieu veut opérer en elle et avec elle. En ces saintes dispositions la Vierge pleine de l'esprit de Dieu, conduite de sa grâce, parle ainsi à l'ange, et impose fin à ce colloque céleste ; et après avoir humblement écouté cet oracle angélique, elle répond encore plus humblement : *Ecce ancilla Domini, fiat mihi secundum verbum tuum.* Que cette parole est puissante, féconde et heureuse ! Que de secrets, faveurs et effets sont compris en icelle ! Aussi est-elle proférée par la Vierge, en un temps si saint et si heureux pour elle, au temps de sa plus grande puissance et de la plus grande fécondité qui ne sera jamais communiquée à aucune créature, c'est-à-dire au temps où elle va concevoir et produire le Verbe incarné, la vertu, la lumière et la puissance du Père.

La Vierge donc lorsqu'elle profère cette parole, est en une grâce singulière, en un état divin, en une conduite admirable, et à des mouvements et effets excellents. Là elle s'abaisse, et en s'abaissant elle se trouve élevée, et élevée par-dessus les cieux. Là elle fond en la main de son Dieu, comme un néant devant son Créateur, et devient Mère de son Créateur même. Là elle entre en ses grandeurs par ses abaissements ; elle entre en sa maternité par sa virginité ; elle entre en souveraineté par son obéissance. Là elle se rend la servante du Seigneur, et devient la Mère du Seigneur, Mère et servante tout ensemble, toujours Mère et toujours servante ; comme son Fils est Dieu et homme, toujours Dieu et toujours homme. Là encore elle demeure Vierge et devient mère ; deux bénéfices de la cour céleste, et bénéfices incompatibles jusqu'alors ; mais unis lors en Marie par le privilége dû à la dignité de son office et de sa personne. Tellement que sa virginité est non-seulement conservée, mais relevée, mais couronnée, mais plus florissante que jamais par sa maternité ; et sa maternité est saintement préparée, heureusement acquise, et divinement accomplie dans sa virginité.

CHAPITRE XVI.

DEUX MOUVEMENTS ET USAGES DE GRACE EN LA TRÈS-SAINTE VIERGE, SUR LES DEUX PARTIES DE SES DERNIÈRES PAROLES A L'ANGE : L'UNE, *Ecce ancilla Domini;* **L'AUTRE,** *Fiat mihi,* **etc.**

De ces deux paroles, l'une porte le mouvement de la Vierge dans la servitude et le néant de la créature ; l'autre son mouvement à son Dieu, et à son Dieu pour être sa mère, mouvement qui ne convient qu'à elle. Comparaison de ces deux mouvements.

Ce Fiat *n'est pas seulement une parole de consentement, mais aussi de désir, et désir opéré de la main du Très-Haut. Comparaison du* Fiat *de la Vierge avec le* Fiat *de Dieu en la création.*

En choses si grandes, il y a plus à penser qu'à dire, il y a plus à admirer qu'à penser. Mais s'il est permis à notre enfance dans les choses divines de parler en bégayant, nous pouvons dire que cela est quelque chose des grandeurs et faveurs qui se passent en la Vierge, lorsqu'elle profère cette dernière parole de ce sacré colloque, dont apparaît l'état que nous devons faire de ce divin propos considéré en général. Que si nous le considérons, non en général, mais en particulier, et épluchons par le menu cette humble, sainte et féconde parole de la très-sainte Vierge, nous verrons qu'elle a deux parties, et qu'elle a aussi deux usages de grâce bien différents. La première porte : *Ecce ancilla Domini;* la seconde : *Fiat mihi secundum verbum tuum.* (Luc. I, 38.) La première porte le mouvement de l'humble Vierge dans le fond de son être, dans sa servitude et dans son néant : *Ecce ancilla Domini :* car, dans la simple condition de l'être humain, la lumière de la Vierge n'aperçoit autre condition que le néant et la servitude. La seconde porte le désir et le mouvement de cette âme à son Dieu, et à son Dieu (ce qui est admirable) pour être sa mère, mouvement qui n'a jamais été et ne sera jamais qu'en elle. Ces deux mouvements semblent contraires : car l'un abaisse et l'autre élève, et élève si haut ; l'un sépare et l'autre unit, et unit Dieu même par une affinité si grande et si étroite ; mais ils conviennent à l'état de ce mystère. Ces deux mouvements sont très-bien joints ensemble en un mystère, qui abaisse celui qui est la gloire et puissance du Père jusque dans le néant de l'être humain, et conjoint Dieu à sa créature en unité de si grande personne. Comme donc Dieu s'abaisse dans le néant pour s'incarner, celle qui le doit concevoir s'abaisse jusque dans le néant de l'être créé pour l'y recevoir et adorer. Et comme Dieu s'unit et s'incorpore en notre humanité, la Vierge, après cet humble mouvement de son esprit, est conduite par l'esprit de Dieu dans le mouvement et le désir d'être mère de celui qui veut s'abaisser et s'incarner en elle. Désir nouveau, et qui commence en ces paroles : car il n'avait jamais entré dans l'esprit et le cœur de la Vierge ; désir grand et imprimé dans le fond de cet esprit par la main même du Tout-Puissant, qui veut opérer ce mystère ; désir saint, pur et divin : car il tend à produire le Saint des saints en elle-même ; désir auquel ce cœur, ce corps, cet esprit fond en la main de son Dieu pour concevoir son Fils, et lui donner une partie de sa substance. Et dans la vive impression de ce désir, dans l'infusion de cette lumière, elle profère cette parole de si grande énergie : *Fiat mihi secundum verbum tuum.* Un *Fiat* a donné commencement au monde ; ce *Fiat* donne commencement à l'auteur du monde. Une parole a fait cet univers, et cette parole met en l'univers un autre univers, et fait un nouveau monde au milieu de ce monde, et un monde de merveilles, un ciel en terre, une terre au ciel, une nature créée dans un être incréé. Et la Vierge, en proférant cette grande parole, est l'Orient où naissent ces merveilles. Dieu l'a élevée entre les autres, l'a élevée par-dessus les autres, et maintenant il l'élève par-dessus elle-même, et l'établit en un état excellent et en une conduite admirable. Ce n'est pas cet ange, mais le Dieu de cet ange qui est avec elle; et cet ange nous en a avertis dès le commencement, lorsqu'il lui a dit en arrivant : Le Seigneur est avec vous; il est avec elle en attendant qu'il soit en elle, comme nous dirons incontinent. Mais il est maintenant avec elle pour opérer en elle, pour l'élever par-dessus tout ce qui est créé, pour l'associer à soi-même, et pour la préparer à l'œuvre de ses œuvres : car elle est seule, entre toutes les créatures, choisie, destinée, employée en la plus grande opération du Tout-Puissant, hors de soi-même, c'est-à-dire à l'Incarnation du Verbe; et elle sert, par un si haut et si digne ministère, comme celui de mère. Et le moment approche auquel elle doit entrer en cette grande et singulière opération ! Ô grandeur ! ô merveille !

CHAPITRE XVII.

L'EXCELLENT ÉTAT DE LA VIERGE A L'ISSUE DES DERNIERS PROPOS QU'ELLE A TENUS A L'ANGE.

La Vierge lors est en repos et en mouvement tout ensemble. L'occupation de la Vierge est action et état tout ensemble. La Vierge est en un non être d'elle-même, pour faire place à l'être de Dieu. Dieu fait en la Vierge une opération semblable à celle qu'il a de toute éternité en soi-même. On ne peut comprendre quelle est la puissance, la plénitude et l'actualité de cette vie, qui doit coopérer dignement avec la Trinité sainte un nouveau principe de vie et de grâce au monde. La Vierge, qui était comme une aurore, est maintenant comme un soleil, spécialement tandis que Jésus veut être caché. Jésus souverain du grand monde, Sauveur du petit monde. Ces paroles de la Vierge : Ecce ancilla, etc., contiennent un vœu, un serment et un nouvel hommage qu'elle rend à son souverain. Cette parole Fiat porte un désir par amour, et un consentement par obéissance. Cette parole Fiat, etc., contient trois souhaits en la Vierge : le premier du mystère de l'Incarnation en la terre; le second de l'Incarnation en elle; le troisième de l'Incarnation en elle par la voie ordonnée de Dieu, et expliquée par l'ange. Quel est le regard de Dieu et de tout le ciel sur la Vierge, tandis que la terre l'ignore.

Si jamais j'ai révéré la Vierge dans le cours précédent de sa vie, de ses pensées et de ses désirs, je la révère beaucoup plus en ce moment, en cette élévation, en cette disposition, en laquelle elle profère cette parole. Lorsqu'elle la prononce, elle entre en un état nouveau opéré en elle, et non par elle; mais opéré par la main de Dieu en elle, et par cette même main qui va opérer le mystère de l'Incarnation, cette main puissante et divine, qui va opérer sur le Fils de Dieu même en l'incarnant, opère maintenant sur la Vierge en laquelle il doit être incarné, et y opère choses grandes dignes de soi-même, et dignes encore du triomphe excellent d'honneur et gloire qu'il va rendre à soi-même dans l'œuvre de ses œuvres. Parlons un langage plus clair et plus élevé; parlons plus par négative que par affirmative : car les choses si divines tiennent de la nature de Dieu, lequel est annoncé plus hautement par la théologie qu'on appelle négative que par celle qui est positive et affirmative. Disons donc que la Vierge lors est non en un mouvement, mais en un repos : car elle est tranquille; non en un repos, mais en un mouvement : car elle tend à Dieu, et y tend par une vigueur et vivacité admirables.

Elle est en un mouvement céleste, en un repos divin; en un mouvement qui est repos, et en un repos qui est mouvement. Dans ce mouvement et repos, contemplant l'occupation de la très-sainte Vierge, je dis qu'elle est, non en une action, mais en un état : car son occupation est permanente, et non passagère. Elle est, non en un état, mais en une action : car ce qui se passe en elle est vif et pénétrant jusqu'aux moelles de son âme. Elle est, non en une action, non en un état, mais en un nouvel être : car ce qui est en elle est vif comme la vie même, et est chose substantielle, intime et profonde comme l'être. Elle est donc en un nouvel être, mais en un être qui peut être et non-être tout ensemble. Et la Vierge est comme en un non-être de soi-même, pour faire place à l'être de Dieu et à son opération : car Dieu veut être en elle et opérer en elle, et y opérer le chef de ses œuvres. Ainsi elle n'est pas, elle ne vit pas, elle n'opère pas : Dieu est, Dieu vit, Dieu opère en elle. Et ce qui est plus, il est, il vit, il opère pour prendre lui-même un nouvel être, une nouvelle vie, et faire en la Vierge une opération semblable à celle qu'il opère de toute éternité en soi-même : opération la plus approchante qui puisse être jamais des émanations divines.

Or, si l'opération suppose l'être et le suit, et s'il y a un rapport d'influence et d'excellence entre l'opération et l'être, quel sera ce nouvel être, communiqué à la Vierge, qui se rapporte à une opération si grande ? quelle sera cette vie, source de vie, et source d'une telle vie ? quelle sera la puissance, la plénitude et l'actualité de cette vie, qui doit coopérer dignement avec la Trinité sainte, à former un nouveau principe de vie et de grâce au monde ? Il n'y a alors, après la divinité même, rien de plus grand et excellent en l'univers. Auparavant la Vierge était comme l'aurore; mais elle me semble maintenant comme un soleil, tant elle a de lumière. Elle est en l'orient d'un état nouveau, et entre en une condition qui l'élève autant par-dessus elle-même, comme elle était élevée par-dessus les autres. Elle est une créature nouvelle du nouveau monde, et même la première créature de ce monde nouveau. Elle en est le soleil, tandis que Jésus veut être caché au monde, lui qui est vraiment le grand monde et le souverain du monde que nous voyons, et le Sauveur du petit monde. C'est à l'instant de ces paroles : *Ecce ancilla Domini*, que la Vierge change ainsi de qualité, et entre en un nouvel état. Et cette circonstance nous les doit rendre plus vénérables.

Il me semble que par icelles elle fait un vœu et profession solennelle. Et comme entrant en un nouvel office de la couronne du ciel, elle prête un nouveau serment au roi du ciel, et lui rend un nouvel hommage. Ce vœu, ce serment, cet hommage est compris en ces belles paroles, par lesquelles elle fait une profession publique et solennelle de son abaissement, de sa servitude, de son abandon au Seigneur, en disant : *Ecce ancilla Domini*, etc. Car c'est comme si elle disait : *Ecce*, me voilà en la face de Dieu et de ses anges, en la vue du ciel et de la terre, au milieu du temps et de l'éternité. En cette vue et pensée, je me rends, déclare et professe, sans réserve d'aucun droit, sans exception d'aucune chose, pour le présent et pour jamais la servante du Seigneur; *ancilla Domini*, je le regarde, accepte et adore comme Seigneur et comme le Seigneur; comme Seigneur de mon âme et de mon corps, et comme le Seigneur de l'univers; et, en cette double qualité, je me rends sa servante.

Mais, ô bonté, ô grandeur, ô merveille! il veut que je sois cette heureuse servante, cette servante unique prédite ès Ecritures, qui le doit servir en l'œuvre de ses œuvres, qui le doit servir en ce rare ministère. Il veut que je le regarde non-seulement comme mon Seigneur, mais comme celui qui veut être mon Fils et que je sois sa mère. J'adore ce sien vouloir, je m'y rends pleinement, j'y donne mon consentement, et j'y joins mes vœux et mes désirs, et le souhaité de toute ma puissance, de nature et de grâce; *Fiat*, dit la sainte Vierge. Et cette simple parole porte en un simple mot deux choses dignes de grand poids; elle porte et un désir par amour, et un consentement par obéissance, et un consentement si important que d'icelui dépend un œuvre si grand et si nécessaire au ciel et en la terre. C'est une parole abrégée et qui sert à former le Verbe incarné et abrégé au monde; cette parole mérite bien d'être un peu expliquée et étendue en nos pensées, pour être mieux entendue.

Fiat donc, dit la Vierge à l'ange et à Dieu en son ange et plus encore à Dieu en elle-même. Et cette simple et seule parole, porte un souhait de l'Incarnation, souhait plus divin et plus puissant que tous les vœux et les souhaits des justes ensemble, *Fiat mihi*, ajoute la Vierge, et par cette parole seconde elle exprime un second souhait, non-seulement du mystère de l'Incarnation en la terre, mais du mystère de l'Incarnation en elle, et conclut son état heureux, état admirable dans l'ordre de la grâce, et le plus grand état de la cour céleste et le premier office de la couronne de Jésus, l'état heureux, divin et admirable de la maternité divine. Que j'entre en cet état, dit-elle et qu'il s'accomplisse, ô Dieu, ô Ange; ô Dieu, selon votre ordonnance, ô Ange selon votre parole : *Secundum verbum tuum*. Que cet œuvre rare et divin s'accomplisse par la voie rare et divine qui m'est annoncée, voie digne de Dieu et de son œuvre, voie haute et digne du Très-Haut, voie qui élève et n'intéresse pas mon intégrité, voie qui joint la nature à la grâce, et donne entrée au monde à l'auteur de grâce et de nature, voie qui fait que l'homme est Dieu et Dieu est homme, et que je suis et sa servante et sa Mère, Mère et Vierge tout ensemble.

Ce sont les pensées, les désirs, les paroles de la très-sainte Vierge ; ce sont les fruits doux et délicieux de ce divin colloque; ce sont les souhaits saints et heureux de Marie sur l'Incarnation du Verbe. Trois souhaits différents et bien dignes d'être considérés et honorés d'un amour spécial en la Vierge et en ce mystère. C'est l'état excellent de celle que Nazareth ignore et que le ciel admire ; de celle à laquelle ni la Judée, ni la terre ne pense point ; mais est l'objet le plus grand des anges en leur gloire, après la Divinité même, de celle à qui Dieu pense et qu'il veut choisir pour Mère, et au temps qu'il la veut élever en cette grande dignité pour la rendre sa mère. Dans l'humilité de son abaissement, dans la pureté de ses désirs, dans la sublimité d'une grâce si rare, dans l'actualité d'une élévation si haute, le Verbe éternel a voulu être conçu et engendré au monde.

CHAPITRE XVIII.

L'EXCELLENCE ET SINGULARITÉ DE L'ŒUVRE QUI S'ACCOMPLIT APRÈS LES DERNIÈRES PAROLES DE LA VIERGE.

Au moment que ce grand œuvre se doit accomplir, Dieu s'approche et l'ange se retire : Et discessit ab illa angelus. Dieu s'appelait auparavant le Dieu du ciel, et maintenant il est beaucoup plus le Dieu de la terre que le Dieu du ciel, car il y opère choses plus grandes. C'est maintenant la terre qui éclaire et régit le ciel, et un temps viendra que cette portion de terre que Marie enferme, sera élevée par-dessus tous les cieux. Les anges n'ont point d'autre part en cet œuvre que de le contempler et de l'adorer ; et c'est la sainte Trinité seule qui l'accomplissent. Et c'est pourquoi il est dit notamment : Et discessit ab illa angelus. Dieu est seul à engendrer son Fils en l'éternité, et il est seul à l'engendrer dans les temps par Marie. Ces deux générations sont par-dessus les lois de la nature; puisqu'en l'une c'est un Père qui conçoit, et en l'autre une Vierge. Rapport du sein virginal de Marie au sein odorable du Père éternel. Incarnation, œuvre de Dieu par excellence.

Qui ne louera, qui n'admirera la conduite de Dieu, le progrès de cet œuvre, et le vouloir de celui qui étant la vie, la gloire et la splendeur du Père, veut prendre chair humaine et la veut prendre ainsi au monde. Mais allons plus outre en continuant le fil de notre histoire, et nous verrons que plus ce soleil s'avance et s'élève sur notre horizon, ou pour mieux dire plus il s'abaisse et s'approche de nous, plus ses rayons sont forts et éclatants, et plus la conduite est divine et l'opération admirable. Les choses donc étant ainsi passées en Nazareth entre l'ange et la Vierge, l'ange se retire et Dieu s'approche, et la Vierge demeure en son élévation.

Lors (ô merveille! ô grandeur!) les paroles de l'ange s'effectuent, le ciel s'ouvre, le Saint-Esprit descend sur la Vierge, la vertu du Très-Haut la remplit, l'œuvre des œuvres s'accomplit. Et en cet heureux moment le Créateur se fait créature pour ses créatures : l'architecte du ciel et de la terre se forme un corps terrestre pour sanctifier la terre et le ciel; Dieu se fait homme pour le salut des hommes, et la Vierge devient Mère de Dieu. Que dirai-je, que penserai-je! O Dieu des dieux, Dieu du ciel et de la terre; et maintenant Dieu de la terre plus que du ciel; car vous êtes plus en la terre qu'au ciel, et vous y faites choses plus grandes et plus célestes. Auparavant en vos Ecritures, vous ne preniez la qualité que de Seigneur du ciel (*Benedicite Deum cœli*, disait l'ange à Tobie [xii, 6]), comme si vous n'étiez point le Seigneur de la terre, qui vous méconnaissait et n'était occupée qu'à vous offenser. Mais maintenant je vous adore comme Seigneur de la terre, car vous êtes plus en la terre qu'au ciel, vous y opérez choses plus hautes et plus divines; Et aussi les anges dépeuplent le ciel pour fondre en la terre, et contempler en la terre ses merveilles et pour vous chercher et adorer en la terre.

Il y a quatre mille ans que vous avez fait l'univers, et du depuis vous n'avez rien opéré de nouveau en cet univers, étant rentré dès le septième jour du monde en votre repos et demeuré en icelui; mais en ce moment vous sortez de nouveau hors de vous-même, et faites en l'univers choses bien grandes et bien nouvelles; vous y faites un nouveau monde, et un monde qui ravit et renouvelle ce monde. Vous faites un monde plus grand que celui-ci, voire un monde de miracles et un monde éternel. C'est un monde qui a ses éléments et ses principes, son état et ses mouvements, tout différent du monde que vous avez créé auparavant. Ici vous joignez la terre au ciel, Dieu à l'homme, l'être créé à l'être incréé, et là ils sont infiniment distants. Ici vous posez un soleil en la terre, et au milieu de la terre (*in medio terræ*, ce dit un prophète), et là il est au ciel et au milieu du ciel. C'est ici la terre qui porte les lumières du ciel (Jésus et Marie), là c'est le ciel qui a les lumières de la terre, et ce soleil que nous avons en la terre, par ce nouveau mystère, éclaire le ciel, car c'est ce grand soleil qui luit dans l'éternité, et il luit maintenant dans cette humanité. Ce n'est plus donc le ciel qui éclaire la terre, c'est la terre qui éclaire le ciel; ce n'est plus le ciel qui meut et qui régit la terre, c'est la terre qui meut et qui régit les cieux, et la terre qui envoie ses influences jusqu'au plus haut des cieux; et cette portion de terre qui est maintenant au milieu de Marie, enveloppée en son sein et en ses flancs, sera un jour élevée par-dessus tous les cieux, et commandera au ciel et à la terre.

C'est en Nazareth, ô grand Dieu, que se font ces merveilles; c'est en un profond silence et en une nuit obscure; c'est en un moment, ou pour mieux dire dans les mesures de votre éternité; mais ce grand œuvre qui se fait en un instant, ne peut être expliqué et déclaré en un instant, et l'éternité même se trouvera trop courte pour en déployer les merveilles. Il faut du temps, de la grâce, de la lumière pour penser dignement à des choses si grandes. Celui qui est la splendeur du Père, et vient pour être la lumière du monde, daigne éclairer nos ténèbres, et nous faire penser à lui, et parler de lui dignement. Ce grand œuvre donc s'accomplit, et ce qui est à remarquer, il s'accomplit dans le secret, le silence et la solitude de la Trinité sainte. C'est son œuvre, et elle seule y contribue, elle seule y est présente, ses anges même qui l'assistent dans le ciel, ne l'assistent pas en cette cellule de Nazareth. Ils n'ont pas liberté d'y entrer, ils n'y sont pas appelés, il leur suffit de la regarder des cieux et de la révérer, et d'attendre l'issue et l'effet de ce traité angélique et opération divine. Tous les anges y sont attentifs, et après la divine essence dans laquelle ils sont ravis, ils n'ont point un regard plus arrêté, plus élevé que celui-ci, et ne regardent rien tant que ce nouvel objet. Du haut des cieux, ils contemplent cette cellule, et la Vierge en icelle; mais ils n'ont tous aucune part à cet œuvre que de le connaître et de l'adorer. C'est assez de gloire à cet ange Gabriel de l'avoir annoncé, et l'Ecriture marque notamment, comme aussitôt qu'il a fini son propos, il s'est retiré : *Et discessit ab illa angelus.* (*Luc.* i, 38.) C'est la seule dureté que je trouve en un sujet si doux et si délicieux, et dureté pratiquée au regard d'un si grand ange, et d'un ange qui a si grande part à ce mystère. Mais la dignité de l'œuvre de Dieu, et la grandeur suprême de la Trinité qui l'opère, le porte ainsi.

O Trinité, je vous adore, et en vous-même et en vos œuvres, et en cet œuvre de vos œuvres! Je vous adore dans les cieux et dans Nazareth! j'adore votre sacrée solitude, et je vous adore en votre essence et en la cellule de Marie. Là vous êtes occupée aux émanations éternelles, et ici en une émanation nouvelle du Verbe éternel, et en l'opération sacrée qui accomplit le secret de votre amour et l'unité de votre mystère. Voilà deux solitudes remarquables et adorables, l'une en vous-même, et l'autre en Nazareth; l'une au sanctuaire de votre essence, l'autre au sanctuaire de la Vierge. Vous êtes saint, et le Saint des saints en l'un et en l'autre, et vous produisez un Fils et un même Fils, ô Père éternel, en l'un et en l'autre, deux productions et deux solitudes bien jointes ensemble; car en l'une et en l'autre il s'agit d'un secret ineffable, et d'une émanation divine : en l'une, d'une émanation éternelle, en l'autre d'une émanation temporelle de l'Éternel; en l'une d'une production d'un Fils unique dans le propre sein du Père, en l'autre d'une production nouvelle de ce même Fils unique, dans le sein d'une Vierge. L'une et l'autre production passe les lois de la nature, car ce n'est ni aux pères ni aux vierges de concevoir; les pères produisent mais dans un sein étranger, et ce Père céleste produit en soi-même et en son propre sein, ce qui ne convient qu'à lui. Les vierges demeurant vierges ne peuvent concevoir, et ici la Vierge conçoit par l'opération du Saint-Esprit, et est plus noblement Vierge qu'auparavant. (*Virginitas nobilitata conceptu*, dit un ancien.)

O Père! ô Vierge! ô Fils! ô Mère! ô sein du Père! ô sein de la Vierge! sein du Père adorable et impénétrable, sinon au Fils qui est conçu et qui repose en icelui! O sein de la Vierge clos et vénérable, et ce qui passe les merveilles de la terre (et rend hommage au sein du Père) sein pur et fécond, sein clos à l'homme et ouvert au Fils de l'homme, sein virginal et maternel tout ensemble; sein adorant le sein du Père et les émanations éternelles! O sein du Père, ô sein de la Vierge! Ces deux seins sont divinement remplis de deux productions divines, et ces deux productions sont adorables, comme nous avons remarqué, et méritent bien d'être considérées et honorées plus d'une fois.

Et pour rentrer en notre discours, ces deux productions se font toutes deux en solitude; et ainsi vous êtes seule en Nazareth, ô Trinité sainte, vos anges sont au ciel; vous êtes seule aussi, ô vierge sainte, car vous êtes séparée même de l'ange de votre garde, qui vous tenait compagnie si fidèle, et vous était si expressément envoyé; et je ne vois plus que vous en votre chambrette, mais Dieu y est et ses anges n'y sont pas, puisque cet ange même qui y était s'est retiré. Or l'ange s'en allant, le Seigneur de l'ange et de Marie, ne s'en est point allé; il porte le nom de Seigneur absolument, et il était avec Marie dès le commencement de ce colloque; *Dominus tecum* (*Luc.* I, 28), lui avait dit l'ange en arrivant et en la saluant. Or cet ange se retirant à la fin de ce colloque, le Seigneur qui était avec elle ne s'en est point allé, il demeure, il l'approche, il l'environne de son esprit, de sa puissance et de son amour, et s'applique à elle pour y opérer son œuvre, l'œuvre de ses œuvres, l'œuvre nouveau propre à sa grandeur et à son amour; l'œuvre qu'il n'a point fait encore et qu'il ne fera jamais plus, l'œuvre dont il est dit : *Novum fecit Dominus super terram* (*Jer.* XXXI, 22); l'œuvre qui est proprement et uniquement l'œuvre de Dieu, et que son prophète appelle par excellence et singularité son œuvre. *Domine, opus tuum, in medio annorum vivifica illud* (*Habac.* III, 2); c'est la voix de ce prophète, c'est le désir des justes, c'est le souhait de cette Vierge, c'est l'attente de l'univers, c'est la joie des anges, c'est le salut des hommes, et c'est la vie de Jésus : et cette vie est la vie et le salut du monde, et est la gloire de Dieu même, comme dira un jour la milice céleste. (*Luc.* II, 10 seq.)

CHAPITRE XIX.

ÉLÉVATION A DIEU ET A LA VIERGE SUR L'EXCELLENCE QUE DIEU ACCOMPLIT EN ELLE.

Considération de Jésus et de Marie en ce mystère. La Vierge est un ciel et un ciel empyrée, et l'objet du ravissement des cieux. Préparation de l'esprit et du corps de la Vierge, pour la naissance temporelle du Verbe éternel. Prééminence de l'œuvre de l'Incarnation sur l'œuvre de la création dans le paradis terrestre. Dieu en la création ne prit en ses mains la terre dont Adam fut formé, que parce qu'en icelle était comprise la portion de terre dont il forme maintenant le nouvel Adam. Différences du premier Adam et du second, de la première et de la seconde Eve, du paradis terrestre et de ce paradis du ciel que Dieu forme en la terre. Jésus n'a que croix et abaissements hors la Vierge, et n'a repos en la terre qu'en la Vierge et avec la Vierge.

O Dieu, ô Vierge, ô Dieu puissant, ô Vierge heureuse; en cet heureux moment, ô Vierge sainte, vous devez être Mère par la vertu du Très-Haut, et le Fils du Très-Haut veut être l'humble Fils de Marie! Ne concevons ici rien de bas, d'impur et de terrestre où tout est grand, tout est pur et céleste, tout est saint et divin. Celui qui naît, est le Verbe éternel qui veut prendre naissance nouvelle, mais digne de sa divinité et digne de sa première naissance. Celle qui le conçoit est Mère, mais elle est Vierge même en le concevant; Mère et Vierge tout ensemble. Elle est Mère, mais elle est Mère de Dieu, et elle est Mère aussi par opération divine. Elle est digne Mère de Dieu, et son opération maternelle est une opération digne de concevoir et produire un Dieu, et de le concevoir saintement, purement et divinement dans ses saintes entrailles. Cette Vierge est un ciel en la terre, et un ciel animé, un ciel que Dieu a fait pour porter un soleil plus luisant que celui qui nous éclaire. Un ciel nouveau pour une terre nouvelle, et un ciel empyrée où reposera dans peu une gloire plus haute que celle des bienheureux.

Mais conduisons par ordre nos pensées sur un sujet si rare et si élevé, et contemplons celle que le ciel contemple en son Nazareth. Elle est plus pure et plus céleste que les cieux même, et elle est l'objet des cieux. Elle est plus angélique que les anges et les séraphins même, et elle est un des objets de leur ravissement. O Vierge sacrée, je vous contemple avec eux, et je vous révère en cet instant remarquable, entre tous les instants de votre vie ! Je vous vois plus pure, plus céleste, plus divine que jamais. Je vous vois avec Dieu et Dieu seul avec vous. Je vois votre esprit et votre corps en la main de Dieu, et Dieu élève votre esprit par-dessus tous les esprits créés, et enflamme votre corps des rayons d'un amour tout céleste, tout divin, pour en tirer saintement une substance pure, nouvelle, pour le Verbe éternel qui veut naître de vous. Dieu est le seul ouvrier de cet œuvre. Et il veut former de ses mains un second Adam, comme il avait formé le premier Adam de ses propres mains; même nous pouvons penser que lors il ne prit entre ses mains cette pièce de terre dont il forma Adam, que parce qu'en icelle cette portion de substance était comprise dont il veut maintenant former Jésus son Fils unique et le salut des hommes.

Il me semble que contemplant cet œuvre qui doit renouveler le monde, je vois du rapport à ce qui fut fait lors en la création du monde, mais un rapport qui en sa semblance a bien de l'éminence et avantage. Car je vois même ici comme lors un Dieu, une Eve, un Adam et un paradis; mais, ô Dieu, quelle Eve, quel Adam et quel paradis! Je vois bien en cette chambrette de Nazareth, le même Dieu qui a créé le monde; mais je le vois opérant choses plus grandes et plus divines que la création du monde. Il créa lors cet univers, et il forme ici le souverain de l'univers et le créateur même. Il forma lors un Adam; mais un Adam qui donne mort plutôt que vie à ses enfants, et qui leur donne mort en leur donnant la vie. Mais il forme ici un nouvel Adam qui donne vie, et vie par sa mort à ses enfants, et leur donne une vie éternelle. Là il fit un Paradis, mais paradis terrestre; et il fait ici un paradis, et un paradis céleste en la terre. Là il tire Eve d'Adam, et il tire ici notre Adam d'Eve, c'est-à-dire Jésus de Marie, qui est la mère des vivants, et ce qui est bien plus, la Mère du Dieu vivant. Là il fait un paradis d'un jour pour Adam, et il fait ici un nouveau paradis au second Adam, et un paradis où il aura son séjour plusieurs jours et plusieurs mois, et auquel il prendra ses délices durant plusieurs années. Car la Vierge est un paradis de délices, et même elle est un paradis préparé à Jésus; elle est le séjour de Jésus, et Jésus a ses délices en elle, et il sera en elle dans peu de temps, et y sera pour neuf mois entiers; et puis il sera avec elle trente ans durant. Et il n'aura hors de la Vierge que croix et douleurs, abaissements et opprobres, et n'aura son repos et ses délices sur la terre qu'en elle et avec elle.

O Vierge sainte! ô paradis préparé à Jésus! ô séjour délicieux et fleuri pour Jésus! Aussi vous êtes en Nazareth et de Nazareth; vous êtes un jardin plus fleuri, vous êtes un paradis plus saint, plus heureux et plus visité de Dieu, plus gardé de ses anges que n'était le lieu d'Eden que nous nommons le paradis terrestre. Il est temps que Dieu vienne en ce sien paradis, il est temps que le ciel s'ouvre et il est temps que la rosée du ciel descende: que le Désiré des nations paraisse, que la lumière, le salut et la gloire d'Israël se fasse voir; que le Verbe épouse la nature humaine; que Dieu soit homme, que la Vierge soit mère et que cet heureux moment arrive auquel il soit vrai de dire que le Verbe est fait chair et que nous le voyions et adorions plein de grâce et de gloire.

CHAPITRE XX.

QUE LA PERSONNE DU SAINT-ESPRIT ET LA PERSONNE DU PÈRE SONT NOMMÉMENT ET DISTINCTEMENT APPLIQUÉES A LA VIERGE ET A CET OEUVRE EN LA VIERGE.

Explication de ces paroles: Spiritus sanctus superveniet in te. *Le premier qui opère en ce mystère, c'est le Saint-Esprit. Non-seulement quelque don du Saint-Esprit est communiqué à la Vierge, mais le Saint-Esprit même en sa propre personne. La personne du Saint-Esprit prépare le corps et l'esprit de la Vierge à cette opération et la personne du Père s'unit à elle comme père en unité d'office et d'opération. Cette opération tend en la Vierge, à la génération nouvelle du Fils du Très-Haut. Le Père éternel et la Vierge sont joints en unité de puissance et de principe, et cette unité élève sa virginité et la rend divinement féconde. L'auteur prouve cette pensée sublime que le Père éternel et la Vierge sont joints en unité de puissance, etc. Dieu proportionne ses voies à ses ouvrages, et voulant faire un ouvrage divin, il y tient une voie divine. Explication de ces paroles*: Virtus Altissimi obumbrabit tibi. *Grandeurs du mystère de l'Incarnation. En ce mystère Dieu a un nouveau sujet, le monde un nouveau seigneur, la grâce un nouveau principe.*

Rehaussons nos pensées et élevons nos esprits au ciel des cieux et à la trinité sainte. Elle est seule et elle est tout occupée avec la Vierge à ce divin ouvrage. Le Saint-Esprit, le troisième en l'ordre des personnes divines, est le premier en l'ordre de cette opération. Aussi est-il nommé le premier en la parole de l'ange bien instruit et informé du ciel, et bien informant la Vierge en la terre de l'ordre et du progrès de cet œuvre divin; car non-seulement les paroles, mais l'ordre même des paroles de cet ange céleste donne lumière et nous révèle les secrets du ciel. Remarquons donc comme en répondant à la Vierge et l'instruisant de la manière qui serait observée en cet œuvre, la première chose qu'il dit c'est Spiritus sanctus superveniet in te, et la seconde est *virtus Altissimi obumbrabit tibi.* (*Luc.* 1, 35.) Suivant cet ordre; le premier qui opère c'est le Saint-Esprit, lequel va sanctifiant, préparant et élevant le corps et l'âme de la Vierge à cette opération divine.

C'est le premier moyen que Dieu emploie pour accomplir cet œuvre qui est vraiment son œuvre. J'ai peine ici de voir qu'il y en ait qui parlent et pensent si bassement d'un sujet si digne, en un œuvre si proche de Dieu et si supérieur à la nature. Ils ne regardent presque que la nature, comme esprits bas et bien différents de cet ange, lequel ne parle que de moyens divins, de la vertu du Très-Haut et de l'environnement du Saint-Esprit, etc. Et puisque nous ne pouvons trop peser les paroles du ciel, remarquons que cet ange céleste ne parle pas seulement de la vertu du Saint-Esprit ou de quelqu'un de ses dons ou opérations, mais il parle de la personne propre du Saint-Esprit : *Spiritus sanctus superveniet in te*. Cette personne donc rarement nommée en l'Ecriture et plus rarement encore employée elle-même à aucun œuvre, est ici présente et ici opérant immédiatement, et par son intervention, la fécondité naturelle de la Vierge est tirée hors de la bassesse de la nature et élevée à une puissance divine et miraculeuse, même en l'ordre de la grâce. Elle est rendue capable de porter saintement et recevoir dignement une opération divine telle que celle-ci qui n'a jamais eu et n'aura jamais sa pareille.

Et comme c'est la personne propre du Saint-Esprit qui prépare la Vierge à cette rare et insigne opération, c'est la personne propre du Père éternel qui s'unit à la personne de la Vierge, et s'unit à elle en qualité de père de celui qui doit prendre naissance d'elle; c'est-à-dire s'unit à elle en unité d'office et d'opération tendant en la Vierge, à la génération nouvelle de celui qui est né et naissant éternellement de lui. Et par l'union sacrée de ces deux personnes en cette suite d'office et d'opération admirable, la vertu du Très-Haut est communiquée à la Vierge pour concevoir et porter le Fils du Très-Haut. En ce temps heureux qui bénit et révère l'éternité et en cette action qui approche des actions éternelles, il y a une présence, puissance et unité rare et sainte entre le Père éternel et la Vierge ; unité qui honore, conserve et élève sa virginité et la rend incomparablement plus pure, plus sainte et plus divine encore qu'elle n'était auparavant; et de plus la rend divinement féconde; Dieu le Père appliquant à la Vierge sa vertu, sa puissance, sa fécondité, sa paternité par l'efficace de laquelle le Fils procédant du Père se trouve procédant de la Vierge, et la Vierge devient Mère propre de celui dont le Très-Haut est vraiment le Père dans l'éternité.

Peut-être que cette pensée est un peu haute, mais l'œuvre est haut aussi et elle sera adoucie si nous considérons que la divine essence est unie à l'âme des bienheureux pour la rendre capable de la vision divine ; et qu'ainsi la puissance, la paternité, la fécondité du Père est unie à la personne de la Vierge pour la rendre capable de cette maternité divine ; car Dieu proportionne ses voies à ses ouvrages. Et c'est ce que nous donne à entendre cette parole de l'ange : *Et virtus Altissimi obumbrabit tibi*. Car le Très-Haut en ce lieu est le Père, comme il appert par ce qu'il est dit par après, que le fruit de la Vierge sera appelé le Fils du Très-Haut. Or la vertu du Très-Haut, c'est-à-dire du Père, c'est vraiment sa fécondité et sa paternité divine ; c'est celle par laquelle il produit le Fils éternel ; c'est celle par laquelle il produit avec le Fils le Saint-Esprit en la divinité, et c'est celle par laquelle produisant les personnes divines en l'éternité, il est nommé par les saints Pères, source et principe de la divinité ; et c'est celle par laquelle il est produisant son Fils dans la très-sainte Vierge.

C'est le sens haut et sublime de ces deux paroles de l'ange : *Le Saint-Esprit surviendra en vous, et la vertu du Très-Haut vous environnera*. Et voilà les voies par lesquelles la Vierge est faite Mère de Dieu, et Dieu est fait le Fils de la Vierge; voilà les voies par lesquelles le Verbe incréé est incarné ; voilà les voies par lesquelles il y a un si grand changement dans l'univers et en l'auteur même de l'univers : car lors et en un moment, moment précieux et admirable dans les siècles et dans l'éternité même, Dieu a un nouveau sujet, et le monde un nouveau Seigneur; la grâce a un nouveau principe, et le paradis un nouveau Roi de gloire; l'ange a un souverain, l'homme un Sauveur, et Dieu le Père un Fils nouvellement engendré. Bref, Dieu est homme, et l'homme est Dieu ; et cet Homme-Dieu vivra un jamais pour la gloire de Dieu, pour le salut des hommes et pour le bien de l'univers.

CHAPITRE XXI

QUE CET OEUVRE SI GRAND EST INSENSIBLE ET INCONNU AU MONDE.

La terre est en ténèbres, et son soleil est au milieu d'elle sans l'éclairer. Le monde ne pense point à Dieu, et Dieu ne pense point encore à donner part au monde en cet œuvre. Les grands et les savants n'en ont aucune connaissance, et les diables mêmes l'ignorent. Saint Joseph même, homme si éminent et si lié à ce mystère, n'en a point encore de lumière. Le ciel seul le connaît, et Marie en la terre. Cet œuvre maintenant si caché sera un jour publié et reconnu au ciel, en la terre, aux enfers.

Heureux jour et heureux moment où cela est accompli! Se fera-t-il jamais ou s'est-il jamais fait rien de semblable? Mais cet œuvre incomparable est insensible et inconnu au monde; le ciel seul en a connaissance, et Marie en la terre. La terre est en misères et en aveuglement : son Sauveur et son soleil qui est au milieu d'elle ne la regarde pas et ne l'éclaire point encore ; ses regards et ses rayons ne donnent que sur l'humble Marie : elle a seule part à Jésus, et elle seule aussi reçoit sa clarté et ses influences. Le monde ne pense point à Dieu, et Dieu ne pense point à lui donner encore part en cet œuvre. C'est un point digne de considération grande, et nous pouvons bien nous y étendre un peu. Que de grands y avait-il lors en la terre? mais ils n'ont aucune part à ce dessein et à ce secret du grand des grands. Combien de beaux esprits y avait-il au monde qui pénétraient les raretés du ciel et de la terre? Mais cet œuvre si rare et si singulier au ciel et en la terre, et qui enclôt le Dieu de la terre et du ciel, leur est inconnu. Les démons mêmes, esprits si actifs et si vigilants, si répandus par l'univers, et si appliqués à leurs desseins, ne pénètrent point ce dessein, qui est la ruine de leur puissance et l'objet principal de leur opposition : tant Dieu est caché en ceci et imperceptible en ses voies : *Vere Deus absconditus*. (*Isa.* XLV, 15.) Cet œuvre se fait en Nazareth, et n'est su que de la Vierge de Nazareth : Joseph même, si saint et si proche de Jésus et de Marie, comme choisi de Dieu pour époux de l'une et pour père nourricier de l'autre, n'en sait rien encore, et n'en saura rien de plusieurs mois. C'est un œuvre qui contient l'auteur de nature et de grâce : mais caché encore à la grâce et à la nature, et caché dans le secret du Père éternel, dans le sein de Marie. Le seul état de la gloire et le ciel qui la contient, le ciel, dis-je, seul en l'abondance de ses lumières, en a connaissance, et Marie en la terre. Car Dieu, qui pouvait l'accomplir en tout autre manière, a voulu l'accomplir en elle et avec elle, et avec sa connaissance et après son consentement, et a requis sa coopération sainte.

Mais cet œuvre si caché maintenant à la terre sera publié un jour en l'univers. Le ciel, les anges, les étoiles publieront sa naissance et sa gloire. Les justes, les prophètes le recevront en son temple. Les apôtres et les merveilles du ciel et de la terre seront les hérauts qui feront retentir la gloire de cet œuvre en l'univers; et tous les grands, tous les saints, tous les savants, tous les rois et tous les peuples lui rendront hommage et serviront à sa grandeur. Le ciel, la terre, les éléments et les choses animées et inanimées se rendront à sa gloire, et l'enfer même se proclamera tributaire de sa puissance et sujet à son empire. Tant chose si cachée sera si publique! tant chose si petite paraîtra un jour si grande!

CHAPITRE XXII.

RENVERSEMENT D'ORDRE DES PERSONNES DIVINES EN CE MYSTÈRE.

Grandeurs du Fils de Dieu en la Trinité. Le Fils de Dieu, qui n'est qu'engendré dans l'éternité, est fait et engendré dans le temps. Conditions dans lesquelles il entre en se faisant homme. Explication de ce verset : Benedicat nos Deus, Deus noster, etc. Jésus-Christ est nôtre, et nous devons être siens. Le Fils de Dieu procède d'unité en unité dans l'éternité. L'unité d'amour est le lien mutuel du Père et du Fils; ce que ne sont pas les autres unités qui lui sont communes avec le Père. C'est en cette unité d'amour que le Fils est vivant et régnant avec le Père.

Cette pensée nous a ravi à nous-mêmes et à notre discours; il nous y faut rentrer et reprendre l'observation que nous avons faite, que les trois personnes divines sont distinctement nommées et employées en cet œuvre et avec un renversement d'ordre en leur application. Nous avons vu que le Saint-Esprit est le premier, et le Père éternel le second. Le Verbe, qui est second en l'ordre des personnes divines, est ici le troisième. Et lui, qui est produisant le Saint-Esprit en la Divinité, est ici produit, et est produit par l'opération de celui dont il est le producteur dans l'éternité. C'est le premier renversement d'état que porte en cet œuvre la personne du Verbe; mais ce n'est pas le dernier. Il entre en condition nouvelle; il est fait et engendré, fait et engendré tout ensemble; au lieu qu'il est engendré et non fait dedans l'éternité, comme l'Eglise l'adore en son Symbole : *Genitum non factum, consubstantialem Patri.* Là il est consubstantiel à son Père, et il est ici revêtu d'une substance étrangère et différente de celle qu'il a reçue de son Père. Le Verbe donc intervient en cet œuvre, mais non comme le Saint-Esprit, ni comme le Père qui ne changent point de condition. Il intervient en une manière propre à lui, et par laquelle il est le seul terme de cette opération. Il est le seul revêtu de notre humanité. Il est le seul humilié en la terre et en Nazareth; il est le seul Fils de la Vierge, et il sera aussi le seul portant nos péchés sur soi-même.

O Verbe éternel et désormais temporel entre les personnes divines, vous êtes nôtre en une façon singulière, et aussi vous êtes appelé singulièrement nôtre dans vos prophètes, et l'un d'iceux s'adresse à vous en ces paroles : *Benedicat nos Deus, Deus noster*, etc. (*Psal.* LXVI, 8), où nous voyons le nom de Dieu trois fois répété en l'honneur des trois personnes divines, et le nom du milieu porte la qualité de *Deus noster*, qui est la place qui vous convient dedans l'éternité, où vous êtes entre le Père et le Saint-Esprit, comme produit de l'un et produisant l'autre. Bénissez-nous donc, ô mon Dieu! et soyez béni éternellement. Et puisque vous êtes nôtre à si grand titre, que nous soyons vôtres aussi, et que je m'applique à vous d'une façon toute particulière; que je vous contemple et adore en vos grandeurs, en vos bassesses, en vos deux natures, l'une divine, l'autre humaine : en vos deux naissances, l'une éternelle, l'autre temporelle. Vous êtes vivant, et vous êtes la vie même, et vous avez désormais deux sortes de vie; vous vivez au sein du Père de toute éternité; c'est votre premier séjour et séjour éternel. Là, vous vivez de sa même vie et vous avez sa même essence. Là, vous avez rapport à lui, et il a rapport à vous; là, vous l'aimez, et il vous aime d'un amour réciproque et infini; là, vous produisez comme lui un même esprit, et vous le produisez en unité de principe avec lui; là, vous êtes adorable comme lui; là, vous avez votre repos éternel en lui et avec lui.

En ce beau jour et séjour d'éternité je

vous reconnais et adore comme procédant d'unité en unité, de l'unité d'essence en unité de principe, d'unité de principe en unité de production, d'unité de production en unité d'esprit et d'amour produit dedans l'éternité, qui est le lien adorable et ineffable de l'unité que vous avez avec le Père; lien mutuel et procédant de lui et de vous; ce qui ne convient pas à l'unité d'essence que vous recevez du Père, et ne communiquez pas au Père, et par laquelle il se lie à vous et vous êtes lié à lui; mais vous y êtes lié par lui et non par vous, c'est-à-dire par un lien procédant de lui et non pas de vous; au lieu que par cette unité d'esprit et d'amour personnel, la liaison est réciproque comme la production est commune; et vous vous liez à lui par cette production, il se lie à vous aussi; et selon la voix de votre sainte Eglise, qui retentit, et si souvent, par le rond de la terre, vous vivez, vous régnez avec lui en unité d'esprit et d'amour. En cette unité, en cette vie, en ce règne et en ce repos adorable que vous avez au sein du Père, vous créez et vous produisez; vous conservez et vous régissez toutes choses. C'est votre premier état; c'est votre premier séjour.

CHAPITRE XXIII.
L'ABAISSEMENT DE DIEU EN CE MYSTÈRE.

Dieu ne dédaigne rien en ce mystère de ce qu'il a créé, et ne désavoue que le péché seul. Dieu prend un corps qui porte la ressemblance du péché, et imprime le caractère de la grâce et de la subsistance divine dans cette même masse qui porte le caractère du péché. Ce corps ayant reçu la sainteté divine et incréée, ne reçoit pas néanmoins le privilège de la gloire, mais demeure sujet à nos misères. Tous ces abaissements sont rehaussés jusqu'à l'être et à la subsistance de Dieu, et sont d'une dignité infinie.

Du trône de ces grandeurs vous entrez en un abaissement ineffable. Du plus haut des cieux vous descendez au plus bas de la terre. Du ciel empyrée vous regardez une petite bourgade, un Nazareth inconnu en l'univers, et sortant en quelque manière hors de vous-même, vous venez du sein du Père au sein de la Vierge, etc. Là, vous êtes non créant, mais créé (ou pour mieux dire, créant et créé tout ensemble); non formant, mais formé; non produisant, mais produit; non donnant, mais recevant; non opérant, mais souffrant, non régnant, mais captif, et dès l'heure même captif dans les liens de votre enfance. O merveille! ô amour! ô grandeur! ô bassesse! ô grandeur en bassesse! ô bassesse en grandeur; n'est-ce pas un abaissement, ô Verbe incréé, que vous daigniez entrer en un être créé pour le joindre de si près, pour l'unir et associer à votre propre personne? N'est-ce pas un avilissement que vous choisissiez, non la plus haute, mais la plus basse des créatures, non l'ange qui est posé au ciel, mais l'homme qui est posé en terre? N'est-ce pas un abaissement que vous preniez et unissiez à vous, non-seulement l'âme de l'homme, qui est la plus excellente partie de l'homme, mais son âme et son corps, et son corps en toutes ses parties?

Le Créateur ne dédaignant rien de ce qu'il a créé, ne désavouant rien que le péché en l'homme, lequel l'homme ne veut pas désavouer pour l'honneur et l'amour de son Dieu. N'est-ce pas un abaissement que vous preniez, non un corps nouvellement formé des mains propres de Dieu, comme celui d'Adam, c'est-à-dire un corps pur et saint en son origine et non-seulement en son état présent, mais un corps dérivé du corps du vieil Adam et portant la semblance du péché, pour imprimer le caractère de la grâce et de la subsistence divine dans cette même masse qui porte le caractère du péché? N'est-ce pas un abaissement encore et un abaissement très-grand, que ce corps ayant reçu le don rare et ineffable de sainteté divine et personnelle, ne reçoive pas le privilège de gloire et d'immortalité. Et demeure exposé à tous les états et conditions basses de notre nature, sujet à nos misères et infirmités jusqu'à la mort même, pour nous faire trouver vie en sa mort, force en sa faiblesse, grâce en ses disgrâces, faveur en ses rigueurs, et gloire en sa croix?

O grandeur établie dans la bassesse! et ô grandeur suprême en bassesse extrême! Mais ces abaissements, Dieu les rehausse et les relève, en sorte qu'il les rend divins et adorables, et qu'ils sont adorés du ciel et de la terre et même des enfers, qui adorent la crèche et tremblent au cri de ce tendre enfant. Car tous ces états humbles et abjects que Jésus porte pour notre amour sont existants et établis dedans l'Etre divin, sont appuyés par la subsistance du Verbe, sont déifiés en sa divinité, et sont unis personnellement à une grandeur et majesté infinie. Et par ainsi comme la grandeur est humiliée en la bassesse, aussi la bassesse se trouve relevée en la grandeur suprême, et déifiée en la divinité.

CHAPITRE XXIV.
GRANDEURS OPÉRÉES AU MOMENT DE CE MYSTÈRE.

Le corps de Jésus formé en un jour et en un moment. Grandeurs de ce jour auquel ce chef-d'œuvre est formé. Ce jour est le jour qui produit le soleil des temps, et qui fait luire le soleil de l'éternité, par où l'auteur donne à entendre que l'ordre des temps et tout cet univers dépendent du mystère de l'Incarnation, le péché d'Adam ayant mérité que l'homme et tout ce qui avait été fait pour l'homme fût anéanti. La création de l'âme de Jésus, la formation de son corps et leur union à la personne du Verbe, se rencontrent en un même instant. Cet enfant voit Dieu au même moment qu'il est formé. Cet enfant qui n'est pas accompli en l'usage de ses sens, est accompli en l'usage de son esprit, et il connaît parfaitement Dieu, le monde et soi-même. Explication de ces paroles: Mulier circum-

dabit virum. *Grandeurs de cet enfant. Il s'assujettit à la nature en ce qu'il lui plaît, mais il la surpasse et la dompte quand il lui plaît. Il est en la Vierge comme en sa Mère et comme en son sanctuaire, où il est adorant et adoré. Il est homme et Fils de l'homme, et il entre dans les devoirs des créatures et des hommes, c'est-à-dire des pécheurs, et ainsi il s'offre en holocauste pour l'univers et en état de victime pour les péchés du monde. Explication de ces paroles :* Servus meus es tu, o Israel, quia in te gloriabor. *Jésus est seul en la terre qui puisse être appelé Israël, c'est-à-dire voyant Dieu. Jésus est serviteur de Dieu par excellence. Il est Fils et serviteur de Dieu tout ensemble. Comme Fils il est l'objet singulier de sa complaisance, et comme serviteur il est le plus digne sujet de sa puissance et juridiction.*

C'est le chef-d'œuvre de Nazareth, c'est la fin du colloque de l'ange avec la Vierge. C'est l'état du Verbe éternel nouvellement vivant et nouvellement naissant en Marie. Nous avons vu ce qu'il est, ce qu'il fait au sein du Père, en l'état de ses grandeurs et grandeurs éternelles. Voyons ce qu'il est et ce qu'il fait au sein de sa Mère en l'état et à l'entrée de son abaissement, qui sera aussi en certaine façon éternelle. Jésus donc étant formé du plus pur sang de la très-sainte Vierge, par l'opération du Saint-Esprit et par la vertu du Très-Haut, il est formé non dans l'espace des temps ordinaires, selon le cours de la loi de la nature, mais dans les mesures prescrites et ordonnées par celui qui fait cet œuvre immédiatement par-dessus la nature, et le fait dans les mesures qu'il se donne à soi-même selon la grandeur de l'ouvrage, et la puissance et sapience de l'ouvrier. Il est formé donc non en quarante jours, mais en un jour choisi de la très-sainte Trinité et révéré des anges. Il est formé au jour que le Seigneur a fait et auquel est fait le Seigneur même. Il est formé au jour non produit par le soleil, mais qui produit le soleil et fait luire en nos jours et en nos nuits le soleil qui luisait dedans l'éternité. Il est formé, selon la tradition de l'Église, le vint-cinquième de mars, auquel se célèbre l'Annonciation de la Vierge. Car en un même temps, et elle est annoncée et elle est faite Mère de Dieu au monde.

En ce jour donc, jour heureux et admirable, un même temps, ou pour mieux dire, une même sorte de durée a servi à choses grandes et bien différentes, a servi à tirer du néant cette âme heureuse, destinée à être l'âme du Verbe, à tirer des flancs de la très-sainte Vierge ce corps auquel doit habiter la plénitude de la divinité, à unir ce corps et cette âme ensemble. Et (ce qui est la merveille des merveilles) a servi à unir au même instant ce corps et cette âme à la Divinité, en la personne du Verbe qui donne être, vie, subsistence, sainteté, dignité et majesté infinie à ce petit enfant enclos dedans la Vierge. Il n'y a aucun intervalle entre la création de cette âme, la formation de ce corps et l'union personnelle du Verbe éternel à eux. Comme l'âme au même instant qu'elle est créée est répandue dans le corps, aussi la divinité s'est communiquée à ce corps aussitôt qu'il a été organisé, et à cette âme au même instant qu'elle a été créée. En ce jour donc, en cette heure et en ce moment, un enfant commence à être Dieu et à voir Dieu tout ensemble. Ce sont deux états différents et non liés nécessairement l'un à l'autre, car cet enfant est Dieu par union à la nature divine en la personne du Verbe. Et il voit Dieu par union de son âme à la lumière de gloire. Et il peut avoir la communication de la divinité, sans la communication de la gloire; mais celui qui a formé cet œuvre a voulu en un même instant unir ce petit corps à la divinité et cette âme à la gloire des bienheureux.

Et ainsi cet enfant est Dieu et voit Dieu tout ensemble. Cet enfant est celui qui doit porter le nom de Jésus de Nazareth, et il est encore sans nom sur la terre ; mais il n'est pas sans vie, sans grâce, sans gloire et sans divinité même. Il est vivant en la Vierge, et il est la vie même. Il est saint par la grâce de l'union hypostatique qui est la grâce des grâces. Il est en la gloire par l'état de son âme, établie à l'heure même de sa création, dans la vision de Dieu. Et il est Dieu par la subsistence qu'il a en la personne du Verbe. Il nous faut considérer cet enfant non simplement comme enfant, mais comme Enfant-Dieu, comme enfant accompli, non en l'usage de ses sens, mais en l'usage de son esprit, et d'un esprit doué de sainteté infinie et de la lumière de gloire. L'âme de ce divin enfant a en un même temps deux usages et offices bien différents. Elle anime ce petit corps comme fait l'âme de tous les enfants, et le va perfectionnant successivement jusqu'au temps ordonné par sa nature pour porter la lumière du monde. Et en ce même temps elle voit Dieu et jouit de sa divine essence. Et si elle est privée de la vue du corps, elle a la vue des anges et de la gloire qui est dans les cieux.

A la vérité Jésus est dedans la Vierge comme un enfant dedans sa mère. Mais il est un enfant que le prophète appelle homme accompli en sagesse et en perfection : *Mulier circumdabit virum.* (Jer. xxxi, 22.) Car cet enfant, dès ce moment, connaît Dieu, le monde et soi-même, et connaît ces objets parfaitement. Dès ce moment, il est autant accompli en sagesse, en lumière et en gloire que lorsqu'il sera non plus dans la Vierge, mais dans les cieux. Considérons et contemplons donc cet enfant en la Vierge, non-seulement selon la petitesse à laquelle il est réduit, mais aussi selon la grandeur et l'usage de son état et de sa grâce qui a ses priviléges. Il est le souverain de la nature : comme il s'assujettit à elle en ce qui lui plaît, il la surpasse et la dompte aussi en beaucoup de sujets. Il est enfant, mais enfant d'une Vierge. Il est enfant, mais Enfant-Dieu, qui a Dieu pour Père. Il est en la Vierge comme en sa Mère. Mais il est aussi en elle comme en un sanctuaire, où il est

Saint des saints, adorable et adoré des anges. Et le sanctuaire d'Israël n'était que son ombre et sa figure. Il est en elle comme en un paradis où il voit Dieu et jouit de sa gloire. Il est en elle comme en un temple où il adore Dieu son Père, et s'offre à lui comme prenant et portant la qualité d'holocauste pour l'hommage de l'univers, et de victime pour sa gloire et pour les péchés du monde.

Il a deux qualités unies à sa personne : il est le Fils de Dieu, et il est le Fils de la Vierge. Il entre par sa nouvelle naissance dans l'ordre des créatures. Il entre aussi dans les devoirs de l'être créé, et rend à Dieu son Père pour toutes les créatures l'hommage qui est dû à cet Être suprême. Il entre comme Fils de l'homme dedans l'état et la société des hommes. Il entre aussi dedans les devoirs de la nature humaine. Et comme elle est chargée d'offenses, il s'offre à Dieu son Père comme victime pour les péchés des hommes. Voilà l'usage et le premier usage de l'âme de Jésus dedans les flancs de la Vierge, comme nous déduirons ci-après. Voilà le premier exercice de sa vie intérieure, qui commence aussitôt qu'il entre en être et en sa vie divine : car il est comme un soleil qui répand ses rayons aussitôt qu'il est créé. C'est un soleil divin qui répand à l'heure même ses rayons vers Dieu son Père. Il le voit, il l'adore, il l'aime, il lui rend grâce et il s'offre à ses vouloirs; il est son Fils, et il se rend tout à lui. Et le Père met son plaisir et sa gloire en lui; et il lui dit : *Servus meus es tu, o Israel, quia in te gloriabor.* (Isa. XLIX, 3.) Jésus est seul Israël sur la terre, il est seul voyant Dieu, et il est ce serviteur signalé qui rend à Dieu le service que nul ne lui peut rendre que lui. Un service infini en mérite et en dignité, un service digne d'expier les péchés du monde, un service digne de contenter Dieu dans l'infinité de sa grandeur et de sa gloire. Et Dieu se glorifie en lui : *In te gloriabor.* Il est Fils et serviteur tout ensemble. Comme étant son Fils, le Père a son amour en lui, et un tel amour qu'il est digne d'être produisant avec lui une personne divine qui est le Saint-Esprit; comme étant son serviteur, Dieu le Père met la gloire de sa puissance en lui : *In te gloriabor.* Car il n'a point une domination plus grande, plus digne et plus relevée que celle qu'il exerce sur cet enfant Homme-Dieu. C'est le fief le plus noble de son domaine, c'est le plus beau droit de son empire, c'est la plus belle fleur de sa couronne. Et aussi est-ce celui qui est appelé la fleur dans les prophètes et la fleur de Nazareth.

CHAPITRE XXV.

L'ENTRÉE DU FILS DE DIEU EN SES ABAISSEMENTS; ET COMME NON-SEULEMENT IL EST HUMILIÉ, MAIS C'EST LUI QUI S'HUMILIE SOI-MÊME, ET QUE SON ENTRÉE EN CETTE HUMILIATION SE FAIT DANS LE PREMIER DE TOUS SES MYSTÈRES.

Explication de ces deux passages de saint Paul : Exinanivit semetipsum formam servi accipiens et humiliavit semetipsum factus obediens, *etc. Ces deux textes nous représentent les deux plus grands abaissements du Fils de Dieu, l'un en son Incarnation, et l'autre en sa mort : et en tous les deux c'est lui-même qui s'abaisse. Les abaissements du Fils de Dieu commencent dès sa première naissance, qui est sa naissance en la Vierge et qui se fait en Nazareth. Le Fils de Dieu en ce moment commence à avoir deux natures, l'une propre, l'autre appropriée : l'une qui est sienne par essence, et l'autre par amour. Ces deux natures sont en lui sans confusion et sans séparation; et comme il est dans toutes les propriétés de l'une et de l'autre, aussi est-il véritable qu'elles sont toujours unies très-intimement, et que la grandeur est toujours abaissée et l'abaissement toujours déifié. Le Fils de Dieu en son Incarnation est fait en l'honneur de son Père, selon cette parole :* Factus est ei ex semine David secundum carnem. *Le Fils de Dieu se fait homme pour les hommes et non pour les anges. Explication de ces paroles du Symbole :* Qui propter nos homines et propter nostram salutem, descendit de cœlis, *etc. Le mystère de l'Incarnation considéré en son fond et en sa substance, et non-seulement en sa manière passible, s'accomplit pour notre salut. La vie nouvelle du Verbe est toute nôtre; et en sa mission et en sa nature, et en sa manière mortelle pour un temps, et immortelle pour jamais. En ce corps si petit de Jésus, Dieu a mis la vie, la religion et la rédemption de l'univers.*

Voilà le Père éternel bien accru en domaine en peu de temps : voilà le Fils éternel bien abaissé et humilié en un moment : mais c'est lui-même qui s'humilie ainsi pour la gloire de son Père. Et un de ses apôtres et serviteurs nous l'apprend en cette parole : *Exinanivit semetipsum formam servi accipiens.* (Philip. II, 7.) Et ailleurs : *Humiliavit semetipsum factus obediens,* etc. (Ibid. 8.) Ces deux textes nous représentent en deux mots, les deux plus grands sujets de l'humiliation du Fils de Dieu : celle de l'Incarnation en ces paroles : *Formam servi accipiens;* celle de la croix en ces termes : *Factus obediens usque ad mortem,* etc. En ces deux grandes humiliations du Fils de Dieu, ce grand Apôtre n'oublie pas de nous apprendre comme c'est lui qui s'est humilié soi-même. Car il dit notamment en l'un : *Exinanivit semetipsum;* et de l'autre : *Humiliavit semetipsum.* Remarquons cette vérité soigneusement remarquée par l'Apôtre, et contemplons le Fils de Dieu lorsqu'il entre dans l'état de ces abaissements. Il part du ciel des cieux. Il vient en la terre, non des vivants, mais des mourants. Il y vient pour y mourir lui-même. Il porte la ressemblance du péché. Il doit habiter au milieu des pécheurs. Et ce qui est intolérable, il doit porter sur soi les péchés de tout le monde, etc. En ces abaissements et humiliations, adorons son amour qui l'abaisse, et ne méconnaissons pas sa grandeur dans son abaissement.

Ne séparons pas ce que Dieu a conjoint par un mystère si ineffable, par un conseil si admirable, et par un amour si inestimable : au contraire, adorons et conjointement et incessamment la grandeur abaissée et l'abaissement exalté. Et adorons cette grandeur dès son entrée en son abaissement. Or, c'est ici que commence cette humiliation et abaissement du Verbe éternel. C'est en Nazareth et non en Bethléem : c'est la naissance première de Jésus en la Vierge, qui donne ce nouvel état au Verbe; cette naissance dont parle l'ange à saint Joseph, quand il lui dit : *Quod in ea natum est.* Naissance intérieure en laquelle Jésus naît de la Vierge en la Vierge. Il naîtra dans neuf mois de la Vierge hors de la Vierge : mais cette seconde naissance le fera voir au monde en ce nouvel état, et ne le lui donne pas, elle le suppose, elle s'accomplit. Mais c'est la naissance de Jésus en Nazareth qui le met en cet état : c'est elle qui établit le mystère de l'Incarnation : c'est elle qui lie en unité de personnes les deux natures si distantes auparavant : c'est elle qui fait que Dieu est homme et l'homme est Dieu. Et partant cette première naissance en Nazareth, est comme la première issue de Dieu hors de soi même. Lors il sort comme hors de soi par le mystère qui est accompli. Il entre en sa créature, et en propre personne il se joint à elle. Il abaisse sa grandeur dans le néant de l'être créé. Il se revêt de la nature de l'homme et de l'état d'un enfant : car il est neuf mois enfant dedans la Vierge.

Et c'est ici comme son premier pas, et comme son entrée dans l'abaissement et dans le monde. En ce premier pas du Fils de Dieu, commençant son voyage du ciel en la terre, et en ce premier état qu'il a dedans sa Mère, nous avons et adorons un Verbe enfant, un Enfant-Dieu, et un Dieu mortel et immortel tout ensemble : un Dieu souffrant et impassible : un Dieu éternel et mesuré par les jours et les moments (ce que Nestorius ne pouvait comprendre) : un Dieu immense et enclos dans le sein de sa Mère. C'est un même Dieu qui porte ces états différents. Il a deux natures, l'une divine, l'autre humaine, l'une propre, et l'autre appropriée, l'une qui lui convient de toute éternité, et l'autre depuis cet instant, l'une et l'autre siennes toutefois : mais l'une est sienne par essence, et l'autre est sienne par amour. Ces deux natures si différentes sont en lui et en sa personne, sans confusion, sans séparation : il nous les faut considérer sans séparation aussi, et ne pas regarder l'abaissement de l'une sans la grandeur de l'autre, qui la relève jusqu'au trône de la Divinité, et la déifie en la personne du Verbe; et la rend divine, salutaire et adorable au monde.

Cet enfant donc qui vient de naître en Marie à l'issue de ce colloque angélique, et en cette humble cellule de Nazareth, est grand et petit tout ensemble. Et il est bien plus grand qu'il n'est petit. Il est vivant, et est la vie même, et il a deux sortes de vie. Il est vivant en son Père, et vivant en sa Mère. Il est vivant et naissant en son Père, car il est toujours naissant de lui : et il est vivant et naissant nouvellement en sa Mère, car il vient d'être formé en la Vierge par l'opération du Saint-Esprit : et il est fait en l'honneur de son Père : *Factus est ei ex semine David secundum carnem*, dit l'Apôtre. (*Rom.* I, 3.) O vie du Verbe incréé dans le Père éternel ! O vie du Verbe incarné dans la Vierge sa Mère ! Parlons un langage plus humble en l'honneur de celui qui s'est tant humilié ! O vie de cet Enfant en son Père éternel ! O vie de cet Enfant en la Vierge sa Mère ! Deux vies bien diverses, mais toutes deux divines, et toutes deux adorées des anges. En attendant que ce même Enfant nous élève au ciel, et nous y fasse voir la vie qu'il a dedans son Père, voyons la vie qu'il vient de prendre dedans sa Mère, et l'usage admirable de cette vie.

Cette vie est toute nôtre, cette vie est toute divine. Elle est toute nôtre, et les anges n'y ont part que pour l'adorer. C'est pour nous et non pour eux qu'il est envoyé. C'est pour nous et non pour eux qu'il vient sur la terre. C'est pour nous et non pour eux qu'il vit et meurt sur une croix, et l'Eglise le chante en son Symbole : *Qui propter nos homines et propter nostram salutem descendit de cœlis, et incarnatus est de Spiritu sancto.*

Voilà de grandes paroles, et trop peu remarquées. C'est pour nous qu'il descend des cieux, ce dit l'Eglise en ses mystères ; c'est pour nous qu'il est incarné. Ne perdons pas nos privilèges ; ne diminuons pas les faveurs divines pour des raisons humaines. Ne nous privons pas si légèrement du plus grand témoignage, du plus grand amour qui sera jamais de Dieu envers l'homme. Ne nous contentons pas de distinctions inventées par quelques-uns de l'école, et non fondées dans la parole de Dieu, dans les écrits des saints Pères, ni dans la voix et le sentiment de l'Eglise. Au contraire, elle prononce hautement en ses conciles et en ses mystères que c'est pour nous qu'il descend des cieux; que c'est pour nous qu'il vient et qu'il est envoyé. Or sa mission de son Père et sa descente des cieux précède la manière avec laquelle il choisit d'être et vivre sur la terre, et suivant ces paroles, c'est pour nous qu'il est envoyé, c'est pour nous qu'il est incarné ; c'est pour nous donc absolument qu'il descend : ce n'est pas donc seulement pour nous qu'il descend en une telle ou en une telle manière.

Semblablement c'est pour nous qu'il est incarné : c'est pour nous donc que le fond et la substance du mystère est accompli, et non-seulement la manière de ce mystère : *In carne passibili aut impassibili.* Ceux qui sont versés en ces matières, m'entendent assez, et je ne veux embrouiller les autres en des questions qui ont plus de curiosité que d'édification. Ecoutons et suivons la voix de l'Eglise; parlons son langage, il est très-utile et très-assuré. Elle nous apprend que le Fils de Dieu est Fils de l'homme pour les hommes. Recevons-le, embrassons-le, et l'aimons comme tout nôtre. Car cette vie qu'il prend aujourd'hui est toute nôtre; et en son origine, c'est-à-dire en sa mission; et en sa substance, c'est-à-dire en la nature qu'il épouse; et en sa manière, c'est-à-dire en la condition passible pour un temps sur la terre, et impassible pour jamais sur les cieux.

Comme cette vie nouvelle du Verbe éternel est toute nôtre, elle est aussi toute divine. Elle est divine en cet enfant : car ce divin enfant étant composé de deux natures, la nature et la personne du Verbe font comme partie de l'être et de l'état de ce divin enfant, enfant et Dieu tout ensemble. Elle est divine encore en son humanité même : car l'humanité de cet enfant, c'est-à-dire et son corps et son âme n'ont point d'autre être et subsistance que celle de la divinité. La divinité environne ce corps et cette âme, les soutient, les pénètre jusqu'au plus intime de leur substance. Comme donc l'être et la vie de ce petit enfant est divine, aussi l'être de ce petit corps est tout saint, tout divin, tout adorable, et dès lors tout adoré des anges.

Que de grandeur! que de puissance! que de merveilles en un moment et en un corps si petit et si grand tout ensemble! Corps si petit, selon les dimensions de sa quantité, et si grand, selon les mesures de la vertu, de la dignité, de la sainteté et de la puissance. Dieu est en ce petit corps, et la plénitude de la divinité y habite corporellement, et c'est le corps de Dieu même, et en ce corps précieux et sacré, et sacré par l'onction de la divinité, Dieu a mis la vie, la religion et la rédemption de l'univers. Ce corps à la vérité tient encore bien peu de place en l'univers, et ne fait aucune marque que dans la Vierge, et en elle encore il n'occupe pas plus de place et n'est plus sensible et remarquable que les enfants des autres mères au bout de ces quarante jours de leur conception. Mais ce corps si petit au monde et en la Vierge, est en sa petitesse surpassant la grandeur de tous les autres corps ensemble et du ciel empyrée. Le ciel a été fait pour loger les anges; mais ce corps est formé pour loger une âme qui régit tous les anges, et qui porte en ce même corps une gloire plus haute que celle de tous les hommes et des anges ensemble. Ne nous conduisons pas par les sens, mais par la foi. Contemplons et révérons ce petit corps, comme le corps de Dieu même, formé de la main de Dieu pour Dieu, lorsque Dieu par amour a voulu avoir un corps à soi, lequel il n'avait point par sa propre essence.

CHAPITRE XXVI.
L'ÉTAT DU CORPS ET DE L'AME DE JÉSUS EN LA SAINTE VIERGE.

Regards de Dieu sur ce petit corps. Ce corps est en état de vie végétante, sensitive et humaine par l'infusion de l'âme, et en état d'être et de vie divine par l'infusion du Verbe. Le Saint-Esprit ayant formé ce corps en un instant, il laisse à l'âme le soin de parfaire ce qui doit être fait selon le cours de la nature. Cette âme naturellement occupée à donner vie de temps en temps plus parfaite à ce petit corps, est surnaturellement élevée en une vie de grâce et de gloire. Elle est dans un exercice tout divin, et n'y est point affaiblie par la débilité des sens, parce qu'elle n'en dépend point. Elle agit, non par la lumière du monde où elle n'est pas encore entrée, mais par la lumière de la grâce et de la gloire, où elle est hautement établie. Cette âme se peut appliquer ces paroles : Ego dormio et cor meum vigilat. Ce divin enfant est agissant vers Dieu son Père et vers la Vierge sa Mère, en attendant qu'il agisse vers son précurseur. Jésus, en ce premier moment, commence à aimer Dieu son Père d'un amour infini en puissance, en mérite, en dignité, et c'est le seul amour que le Père a encore reçu vraiment digne de lui, depuis quatre mille ans. Les vues, l'oblation et les autres usages de l'âme sainte de Jésus en ce premier moment. Le premier état que Jésus accepte et exerce est celui de victime ou d'Agneau de Dieu. Exposition de ces paroles de saint Jean : Ecce Agnus Dei, etc. Exposition de ces paroles du cantique des anges : Domine Deus, Agnus Dei, Filius Patris. Exposition de ces paroles des Actes : Sciat domus Israel, quia in Dominum eum et Christum fecit Deus. Cette oblation de Jésus à la croix est une action permanente et un mouvement qui continue jusqu'à la fin sans interruption.

C'est la Divinité qui a donné principe et origine à ce petit corps, car elle l'attire et forme dans la Vierge. C'est la Divinité aussi qui lui donne l'être, la dignité et la sainteté infinie que nous adorons en lui. Il est bien vrai que la Divinité le regarde, le chérit et le traite comme son propre corps; que sa conduite et sa providence est toujours rare et admirable sur un sujet si digne; mais elle est différente selon les divers temps et divers desseins de Dieu sur son Fils. Et quelquefois elle est bien cachée et paraît même bien sévère; mais c'est matière d'un discours à part, et nous sommes à l'entrée de la vie de Jésus, et il n'est pas à propos d'interrompre le fil de ce discours. Ce corps donc divin et sacré commence à être en état de vie végétante, sensitive et humaine, par l'infusion de l'âme qui lui est propre, et il commence aussi d'être en état d'être et de vie divine, par l'infusion du Verbe qui unit sa personne à ce corps et à cette âme. Ce corps n'a eu besoin de quarante jours pour être organisé.

Le Saint-Esprit a fait cet œuvre en un moment; mais depuis que cette âme à qui ce corps appartient, et dans lequel elle est infuse, commence à l'informer et animer, le Saint-Esprit, qui a formé ce corps, laisse à cette âme sainte et divine le soin et la puissance de parfaire en ce corps précieux, ce qui doit être fait selon le cours et le progrès de la nature humaine; et le conseil de Dieu sur son Fils et sur la Vierge porte que cette âme y emploie l'espace de neuf mois, comme aux autres enfants ordinaires sur la terre. Et nous en dirons les raisons ailleurs en l'honneur du Fils et en l'avantage de la Mère. Cette âme donc sainte et divine, qui anime ce petit corps, le va perfectionnant par degrés en la vie végétante et sensitive qui lui convient. Mais nous avons à remarquer que, durant cet intervalle, cette âme naturellement occupée à donner vie, et vie de temps en temps plus parfaite à ce petit corps, est surnaturellement et admirablement élevée en un état singulier, en une vie de grâce et de gloire, en un exercice tout divin. Elle n'est point assoupie ni affaiblie dans la débilité des sens. Elle est toujours voyante et toujours vigilante. Elle agit par la lumière, non du monde où elle n'est pas encore entrée, mais de la grâce et de la gloire, où elle est dès l'heure même établie et hautement établie. Elle est donc dès ce moment et pour toujours agissante, et agissante choses très-grandes. Elle peut dire ce qui est dans les *Cantiques* (v, 2) : *Ego dormio, et cor meum vigilat*. Car dans ce doux repos que Jésus a dans sa très-sainte Mère, je dis repos plutôt que sommeil, le cœur et l'âme de Jésus est toujours veillant, son amour ne dort point et ne cesse point, et son esprit ne dort point aussi et est toujours saintement occupé.

Cet esprit est un soleil vivant, et comme ce soleil que nous voyons est posé au milieu des planètes, ce divin esprit de Jésus est établi au milieu de l'être créé et incréé, tenant à l'un par sa nature, et à l'autre par sa subsistence. Et il répand maintenant ses rayons vers les planètes supérieures, c'est-à-dire vers Dieu son Père, vers la Vierge sa Mère (à laquelle il daigne bien donner autorité sur lui, en la faisant sa Mère), en attendant qu'il les répande vers le monde qui lui est inférieur, et vers saint Jean-Baptiste, comme nous verrons ci-après. Jésus donc en cet état et en cet instant agit avec Dieu son Père. Il l'adore comme principe de sa divinité et de sa mission dans cette humanité. Il l'aime d'un amour infini en puissance, en mérite, en dignité. Et c'est le seul amour que le Père éternel a encore reçu vraiment digne de lui, de son être suprême et de son amour incréé depuis quatre mille ans qu'il a créé le monde.

Le Fils de Dieu, fils de l'homme vivant en cet humble état d'enfant, reconnaît l'ordre suprême de la divinité, dans lequel sa personne tient le milieu entre le Père et le Saint-Esprit comme produit de l'un et produisant l'autre. Il reconnaît et adore l'ordre singulier de l'union hypostatique dans lequel il est établi. Il voit les grâces, faveurs et merveilles de cet ordre divin, dans lequel il est seul établi. Il voit le ciel habité des anges, et dont il faut réparer les ruines. Il voit la terre couverte de péchés et de pécheurs, et lesquels ont besoin d'un déluge de sang pour effacer leurs offenses. Il voit que ce grand œuvre lui est réservé. Il reconnaît, adore les desseins du Père éternel sur lui, les causes de son envoi en la terre, les œuvres et mystères qu'il y doit accomplir, l'abaissement auquel il doit vivre, la croix en laquelle il doit mourir. Et il s'offre à l'état de victime perpétuelle pour la gloire de son Père, pour l'effacement du péché et pour le salut des hommes.

Ainsi Jésus, en cet état premier et humble de sa vie, est si saintement et si divinement occupé : il loue et adore; il aime et rend grâces; il voit et accepte la vie, la croix, la mort, le conseil rigoureux du Père sur lui. C'est le premier exercice de la vie intérieure et spirituelle de Jésus, sitôt qu'il est formé dans le ventre de sa mère ; et entre plusieurs états et offices qui lui conviennent, le premier état qu'il accepte, embrasse et exerce, c'est l'état d'abaissement et de rigueur, l'état de victime de Dieu, ou, comme parle saint Jean, d'Agneau de Dieu. Car ce grand prophète et plus que prophète n'appelle pas Jésus Agneau de Dieu pour les qualités naturelles de l'agneau simple, doux, pâtissant, innocent, etc.; mais principalement pour la qualité que cet Agneau avait d'être immolé à Dieu solennellement pour la délivrance ou pour mémorial de la délivrance du peuple de Dieu. Aussi ajoute-t-il à cette parole : *Ecce qui tollit peccata mundi*, pour nous faire voir que sa lumière et celle qu'il voulait donner à ses disciples, sur le sujet du Fils de Dieu présent, regardait en lui sa qualité d'agneau et de victime, qui a rapport à l'effacement du péché du monde.

C'est la première qualité que le Fils de Dieu emploie, et c'est la première qualité en laquelle saint Jean se fait connaître à ses premiers disciples, qui doivent être les premiers disciples de Jésus. Cet enfant donc et doux Agneau de Dieu que nous voyons et adorons en la très-sainte Vierge, et non au ciel, comme saint Jean en son *Apocalypse*, mais plus dignement qu'au ciel, plus dignement qu'au temple, en la très-sainte Vierge, comme en un ciel et en un temple nouveau; cet enfant, dis-je, est Dieu et Agneau de Dieu tout ensemble. Il est Dieu, Fils de Dieu. Il est homme, fils de l'homme, et il est Homme-Dieu, Agneau de Dieu, pour Dieu et pour les hommes. Et nous lui devons dire par les paroles de son Église, achevant l'hymne angélique : *Domine Deus, Agnus Dei, Filius Patris*. Car il est notre Dieu et notre souverain : *Domine Deus*, et sa domination est une de ses qualités propres, le Père l'ayant constitué en cette autorité sur tout l'être créé. Et c'est la première leçon du premier apôtre au peuple de Dieu : *Sciat domus Israel quia et Dominum eum et Christum fecit Deus hunc Jesum*, etc. (*Act*. II, 14.) Il est Dieu donc, et il est souverain. Mais nonobstant cette qualité grande, il est Agneau de Dieu aussi ; et nonobstant cette qualité humiliante, il est Fils du Père : *Agnus*

Dei, Filius Patris. Car en lui sont conjointes des natures et des qualités hautes et basses, divines et humaines, et des qualités plus basses qu'humaines, puisqu'il dira un jour et avec vérité : *Ego vermis et non homo, opprobrium hominum, et abjectio plebis.* (*Psal.* XXI, 7.)

Disons-lui donc et avec les anges et avec l'Église : *Domine Deus, Agnus Dei, Filius Patris.* Qualités dignes d'être connues de l'Église de Dieu, d'être chantées dans ses mystères, d'être imprimées dans le cœur de son peuple ; mais il nous faut remarquer et dire plus d'une fois : que la première qualité qu'il exerce et de laquelle il fait usage, c'est celle d'agneau de Dieu, de victime. Et selon cette qualité le Fils de Dieu, dès le premier moment de sa vie en sa Mère, se consacre à la vie, à la croix, à la mort qui s'en ensuivra par après. Et cette oblation et volonté première de Jésus est une action non passagère comme les nôtres, mais permanente comme tenant de la nature et de l'état de l'éternité. C'est une action et volonté perpétuelle qui n'a jamais cessé ni jour ni nuit, qui n'a jamais été divertie ni interrompue par aucune autre action, qui a été toujours en son actualité dans son cœur. Comme dans le même cœur il y a un mouvement perpétuel auquel consiste la vie, aussi ce mouvement intérieur et spirituel a été perpétuel au cœur et en l'esprit de Jésus. Ce mouvement, cette oblation et cette volonté est peu remarquée de ceux qui traitent de Jésus. Et toutefois c'est une action et volonté primitive et fondamentale en la vie de Jésus et en l'œuvre de notre salut. Deux sujets assez grands pour la rendre considérable et digne d'être incessamment révérée du ciel et de la terre.

CHAPITRE XXVII.

EXPOSITION DU TEXTE DE SAINT PAUL AUX HÉBREUX (*Hebr.* X), POUR PREUVE DES PENSÉES DU FILS DE DIEU A L'INSTANT DE SON INCARNATION.

L'entrée de Jésus au monde est au moment de l'Incarnation. Jésus entrant au monde, et non après qu'il y est entré, entre dans les saintes pensées que nous venons de dire, et que saint Paul lui attribue. Entretien de Jésus avec Dieu son Père en ce premier moment. État d'hostie et de servitude de Jésus en ce premier moment. Jésus consacre à Dieu son père les premiers usages de son âme sainte. Cette première volonté de Jésus est comme la justice originelle des Chrétiens en lui. Cette volonté est la source de toutes les grâces et le fondement du Nouveau Testament : Aufert primum, ut sequens statuat. *Combien nous sommes obligés de révérer ce premier usage de la volonté de Jésus.*

Ce que nous avons dit est fondé en la lumière de Dieu, en la dignité de Jésus, en l'état de son âme divine, en la grandeur et aux privilèges qui lui sont dus et qui ne peuvent lui être débattus, et en l'évidence de la matière à qui la considérera bien. Mais nous avons d'abondant un témoin grand et irréprochable, c'est saint Paul, instruit de nos mystères non en la terre, mais au ciel ; non entre les hommes, mais entre les anges, et instruit de Dieu même en une école si élevée et si propre à lui seul comme le troisième ciel. Or c'est lui et c'est lui seul qui parle de cette vérité. Il a pris soin d'adresser la plus grande, la plus haute et la plus belle de ses épîtres aux Hébreux ses compatriotes. Il les instruit soigneusement des grandeurs du Fils de Dieu par-dessus tous les hommes et tous les anges, et après avoir parlé si dignement de son état et de ses qualités, de sa filiation divine, de son sacerdoce, de son sacrifice, etc., il veut même leur révéler les pensées de Jésus entrant au monde, et il les instruit des secrets de son cœur et de ce qu'il a fait entrant en l'univers, à la vue des anges et non des hommes, et de ce qui s'est passé entre Dieu son Père et lui : *Ingrediens mundum dixit, Hostiam et oblationem noluisti, corpus autem aptasti mihi,* etc. Arrêtons-nous et observons ces deux paroles : *Ingrediens mundum.* (*Hebr.* X, 5.)

Or Jésus entre au monde, quand il entre en la Vierge qui est au monde, et qui est la partie la plus belle et notable de l'univers. Il entre au monde quand il fait lui-même partie du monde, et partie principale et dominante, distincte de tout le reste du monde, et subsistante dedans soi-même, c'est-à-dire en sa divinité ; il entre au monde par le mystère de l'Incarnation, lorsqu'il est non-seulement Dieu, non-seulement homme, mais homme et Dieu tout ensemble, ce qui n'était point encore au monde ; car c'est un nouvel être, un nouvel état, un nouvel ordre qui n'était point encore ni au ciel ni en la terre, et qui vaut mieux que tout ce qui était et sera jamais au monde. Le Fils de Dieu entre au monde lorsqu'il est établi en l'être de la nature, de grâce et de gloire tout ensemble ; car c'est tout ce qui est au monde ; il est en l'être de nature par la nature humaine, qu'il prend dans les entrailles de la Vierge et qu'il unit à sa propre personne. Il est en l'être et en l'ordre de la grâce, lorsqu'il reçoit la grâce, et en telle éminence et puissance qu'elle surpasse tout l'ordre de la grâce et tient un empire sur la grâce et des hommes et des anges ; il est en l'ordre de la gloire lorsqu'il commence à voir Dieu et jouir de sa divine essence, et en jouir plus éminemment que tout ce qui est créé dans le ciel.

Ainsi Jésus fait son entrée au monde dans Nazareth. Il entre dans les plus belles parties du monde en la terre et au ciel. Il est en la terre par sa nature humaine et par sa grâce. Il est au ciel par sa nature divine et par sa gloire. Car dès lors il peut dire de soi-même, ce qu'il dit trente ans après : *Filius hominis qui est in cœlo.* (*Joan.* X, 13.) Car étant en la Vierge il est fils de l'homme, et lors il est au ciel en la même manière qu'il y était lorsqu'il a proféré ces paroles, ou au temple, ou dans les campagnes de Judée. Jésus donc entre au monde en l'état de ce mystère, et lorsqu'en la cellule de Nazareth, il entre dans la Vierge par sa naissance primitive et intérieure en elle. Et c'est la première et la plus digne entrée de Jésus au monde. Et c'est le fondement des autres entrées qu'il fera dans les autres parties du monde, en Bethléem, en Judée, en Égypte, en Galilée et en Jérusalem. Cette entrée qui se fait maintenant par Nazareth et dans la Vierge retirée en Nazareth, donne à son Fils la qualité et dénomination de Jésus de Nazareth, et est l'entrée primitive et absolue de Jésus au monde. C'est son entrée non en une partie ou en une province du monde comme les autres; mais absolument au monde, comme étant fait lui-même partie du monde dans le mystère de l'Incarnation.

Saint Paul donc, parlant de ceci, dit proprement, dit excellemment : *Christus ingrediens mundum*. Et nous sommes très-bien fondés de l'entendre ainsi. Or en entrant au monde, et non après être entré au monde, Jésus entre dans les pensées et dans l'exercice que nous avons exposés : *Ingrediens mundum*, dit cet Apôtre, et non : *Postquam ingressus est mundum*. Car il nous faut encore peser cette parole, puisqu'elle est du nombre de celles dont nous pouvons dire, qu'un *iota* ne passera point. Jésus entrant et non après être entré au monde, c'est-à-dire au même instant qu'il entre au monde, et qu'il est fait partie du monde ; sans tarder, sans différer davantage, il entre dans les saintes pensées que nous va représentant ce divin Apôtre : *Ingrediens mundum, dicit, Hostiam et oblationem noluisti : corpus autem aptasti mihi*, etc. (*Hebr*. x, 5.).

Nous avons représenté ci-dessus un entretien céleste entre un ange et la Vierge : mais voici un entretien bien plus céleste et plus digne d'être considéré. Celui qui parle est le Verbe incarné, et il parle sitôt qu'il est incarné. Ce dont il parle, est son Incarnation, et la fin et l'usage de ce très-haut mystère, et la substitution du Nouveau Testament à l'Ancien. Celui auquel il parle, est le Dieu vivant, le Dieu reconnu en l'Ancien Testament, le Dieu par lequel la foi et le culte de l'ancienne alliance ont été établis, le Dieu auquel les sacrifices étaient offerts, et lequel n'en voulait plus, pour donner lieu à la nouvelle alliance. Bref, c'est Dieu son Père, auteur du mystère de l'Incarnation, et qui en ce mystère a donné une part à son Fils unique, le revêtant de la nature humaine : *Corpus aptasti mihi* : c'est le propos du Fils au Père, *aptasti*, dit-il. Il reconnaît donc celui auquel il parle, pour auteur de son Incarnation. Et il le reconnaît pour celui qui l'a revêtu d'un corps propre aux fonctions pour lesquelles il l'envoyait au monde : *Corpus aptasti mihi*. Et en cette vue et connaissance, il adresse la pensée de son cœur à Dieu son Père, et il lui adresse de si bonne heure, qu'au même temps qu'il entre au monde, il entre, en traité avec lui, et en traité bien grand et bien signalé : Car il concerne le fond de son état, la condition de sa vie, la suite de ses mystères.

Et en ces trois paroles que nous venons d'alléguer, il lui parle de son corps et de sa servitude en laquelle il est né et exposé, *Corpus aptasti mihi*, ou, comme disent les Septante, *Aures perforasti mihi* (*Psal*. xxxix, 7 ; *Exod*. xxi, 6), qui était la marque de servitude perpétuelle. Il lui offre et présente ce sien corps, destiné, consacré, et déjà marqué à la servitude, à la croix, à la mort. Il lui offre ce corps en qualité d'hostie pour la gloire de son Père, et pour le salut du monde, et il le substitue en la place de toutes les hosties que Dieu son Père a reçues jusqu'à présent au monde : *Aufert primum ut sequens statuat* (*Hebr*. x, 9), ajoute ce même apôtre. Jésus donc qui entre au monde, et qui a tant d'offices et de qualités, semble les mettre en oubli, et au lieu d'icelles, en son premier propos avec Dieu son Père, prend la qualité d'hostie, et se présente à lui en cet état : c'est son premier office envers Dieu son Père ; c'est son premier exercice, et il veut être substitué en la place de toutes les hosties précédentes.

Ce premier état de Jésus est de telle importance, qu'en icelui est établie la religion et la rédemption du monde : mais pesons toutes les paroles intérieures de Jésus, que nul évangéliste ne nous a rapportées, et que saint Paul nous révèle comme un nouvel et saint évangéliste de l'état de Jésus et des secrets de son cœur, avant même qu'il soit visible et révélé au monde. Il poursuit donc, et nous apprend que Jésus lors et en cet humble état d'enfant, et d'enfant caché dans les entrailles de sa Mère, dit : *Tunc dixi, ecce venio. Tunc dixi*, dès lors donc que j'entre au monde ; dès lors dis-je que je puis dire : *Ecce venio*, dès lors que je viens, *Ecce venio*, et non après que je suis venu, *venio*. *In capite libri scriptum est de me, ut faciam, Deus, voluntatem tuam*. (*Ibid*., 7.) Il connaît et accepte la volonté de Dieu sur lui. Il conforme sa volonté à cette volonté. Il entre en exercice de son état d'hostie. C'est un état distinct et séparé précisément de celui de l'Incarnation : car comme il pouvait être homme et n'être pas Fils de l'homme, il pouvait aussi être homme et n'être pas hostie pour les hommes. Même il devait par ses grandeurs être en un état incapable d'être hostie pour nous, dès le premier instant de son Incarnation ; il devait avoir un corps impassible et revêtu de gloire, mais Dieu son Père en a ordonné autrement. Et c'est pourquoi il lui dit ces paroles : *Corpus aptasti mihi*.

C'est pourquoi nous avons et nous voyons le Fils de Dieu en état d'hostie, état très-important au genre humain, état humiliant le Fils de Dieu ; mais élevant les hommes jusqu'au ciel. État fondé dans la qualité de la nature humaine, laquelle nous voyons dépouillée non-seulement de sa propre subsistence mais aussi de l'état parfait de la gloire qui lui était due, et qui est suspendue pour un temps, afin qu'il soit revêtu d'une condition basse, servile et souffrante, en laquelle nous le verrons être et vivre au monde : au lieu de la condition élevée, impassible et dominant sur tout ce qui est créé, qui convenait à la grandeur de sa majesté, à la dignité de son état, à la sainteté de sa vie, et à la dignité de sa personne.

Ainsi donc Jésus entre au monde, et ainsi Jésus traite avec Dieu son Père, et il traite avec lui de sa qualité d'hostie, et de sa mort à laquelle cette qualité l'oblige. Or ce n'est pas sans cause que nous avons remarqué divers termes de saint Paul, qui nous apprennent non-seulement de quoi traite le Verbe incarné, mais quand il traite, c'est-à-dire au premier instant de sa vie nouvelle dedans l'être créé. Car par cette circonstance, nous apprenons un point bien digne d'être remarqué : que le Fils unique de Dieu entrant en un nouvel être, offre à Dieu son Père le premier usage de son être, de sa vie et de sa volonté, les prémices de son cœur et de ses pensées, les premiers fruits de cet arbre de vie dignement planté dans le paradis de la Vierge; sa volonté première et dirigeante toutes ses volontés et tous les états de sa vie au monde. Et cette volonté première est si digne et de si grand poids et efficace, que l'Apôtre ajoute : *In qua voluntate sanctificati sumus.* (Hebr. x, 10.) Parole grande et qui nous apprend que cette oblation intérieure et cette volonté primitive de Jésus entrant au monde, est l'origine de notre salut, est comme notre justice originelle, est une sorte de justice originelle que nous avons, non plus en Adam, mais en Jésus ; est la nouvelle justice que nous avons au nouvel Adam. Justice bien plus excellente que celle que nous devions avoir au vieil Adam.

Et cette volonté mutuelle et réciproque du Père sur son Fils, le mettant en état d'hostie, et du Fils vers son Père s'offrant à lui en cette qualité, est la source de tous les biens que nous avons à posséder en la terre et au ciel, et est le fondement de l'état du Nouveau Testament : *Aufert primum ut sequens statuat*; et l'Apôtre n'oublie pas à le nous remarquer, tant il y a choses grandes encloses en cette première volonté et oblation de Jésus à Dieu son Père. Si nous devons remarquer, estimer et adorer tous les moments et tous les pas du Fils de Dieu. Et si le même Fils de Dieu a soin des moindres choses qui nous concernent jusqu'à un poil de notre tête : *Capillus de capite vestro non peribit* (Luc. XXI, 18), ayons soin des choses même plus petites qui le regardent (si nous pouvons penser sans offense y avoir quelque chose de petit où tout est si grand); ayons soin de peser les premières actions du Fils de Dieu venant au monde, et notamment ses premières actions intérieures, qui, en cette qualité, sont les plus hautes et les plus importantes qui sont à la vue, non des hommes, mais des anges. Et entre icelles, faisons considération particulière des actions intérieures de Jésus traitant avec Dieu son Père : car il n'y peut avoir rien de plus divin, rien de plus élevé. Que si nous avons encore à faire quelque différence, les premières actions intérieures de Jésus avec Dieu son Père, en cette qualité de premières, méritent application et vénération particulière; car les prémices ont toujours en soi quelque chose d'excellent. Révérons donc des prémices si dignes de chose si digne.

Adorons et aimons cette première oblation et volonté de l'âme de Jésus sitôt qu'elle est créée et unie au Verbe éternel et au corps de Jésus dedans la Vierge. Pensons-y souvent, comme y étant obligés par plusieurs titres. Car c'est un usage et exercice de Jésus, c'est un exercice et un vouloir de son âme divine ; et (ce qui donne un nouveau degré de dignité) c'est le premier usage de la vie de Jésus en la Vierge et au monde. C'est le premier exercice de sa vie sainte, intérieure et spirituelle. Et ce sont les prémices divines d'une vie si rare et si divine. Et en cet exercice et en ce vouloir de Jésus, est enclos sommairement, originellement et divinement le salut et la vie de l'univers. Et nous devons regarder et révérer cette action première du nouvel Adam, avec un sentiment de piété particulière: Car si nous pouvons ainsi parler, elle est comme notre justice originelle, c'est-à-dire l'origine de notre salut, ainsi que le péché d'Adam est l'origine de notre ruine. Et durant tout le cours de notre vie l'Esprit de Jésus va dérivant et imprimant dans nos esprits les effets salutaires de cette oblation primitive, de cette vie intérieure et spirituelle, de cette action et communication de Jésus avec Dieu son Père. Et ces effets nous en sont appliqués par la génération que nous avons de Jésus au baptême, et par toutes les actions et institutions de la religion chrétienne qui sont autant de nouveaux liens qui nous lient à Jésus, et nous rendent capables des opérations de sa grâce, de la participation de sa vie sainte, et de l'infusion de son esprit dedans nos âmes.

CHAPITRE XXVIII.

L'OCCUPATION DE LA VIERGE AVEC JESUS EST RAVISSANTE ET PERPÉTUELLE.

I. *Rapports de la liaison de Jésus à la Vierge sa Mère, à la liaison qu'il a au Père et au Saint-Esprit. La qualité de Mère de Dieu en la Vierge persévère dans le ciel. Diverses manières par lesquelles Jésus est en Marie. Il est en elle comme son Fils et son Dieu, lui donnant vie comme il reçoit vie d'elle. Il est en elle comme en son repos, comme en son paradis, comme en son ciel empyrée, comme en son temple, comme en sa Mère. Merveilles encloses en la Vierge, depuis le moment de l'incarnation. Liaison très-étroite de Jésus et de Marie. Opération et occupation de Jésus et de Marie. Heureux partage de Marie avec Jésus en cet état. Grandeurs de la dignité de Mère de Dieu.* — II. *Délices et bénédictions de l'heureux temps qui commence. Ce mystère fait en la terre pour la terre, est ignoré de toute la terre et n'est connu et adoré que de la Vierge seule. Tous les sens et tout l'esprit de la Vierge sont appliqués à Jésus, dont l'esprit est plus puissant et plus opérant dans l'esprit et le corps de la Vierge que son esprit même. La grâce de la Vierge n'est pas comme la nôtre, c'est une grâce toute particulière et propre à elle. Jésus présent et puissant en Marie, est opérant en elle comme en sa Mère, et elle reçoit les prémices de son opération. La Vierge est non en un accident, mais en un état perpétuel de ravissement : mais sans cette faiblesse et perte des sens qui se trouvent dans les ravissements des âmes les plus saintes de la terre. Elle est tirée hors de la disproportion de la nature et de la grâce, et est établie dans la force de la grâce céleste : et c'est pourquoi il n'y a point d'affaiblissement en sa vie humaine, pour les occupations divines*

I. Après que le Fils de Dieu s'est ainsi comporté vers Dieu son Père, voyons ce qu'il est et ce qu'il agit en sa très-sainte Mère, car c'est qui lui est le plus proche et le plus conjoint par l'état de ce nouveau mystère fait en elle et par elle. Et c'est ici le premier temps du séjour de Jésus en la Vierge, deux sujets assez grands pour être considérés. Disons donc que, pour parler absolument après les personnes divines, il n'y a point de personne à laquelle le Fils de Dieu soit plus étroitement lié qu'à la Vierge ; et même cette liaison va imitant et adorant la liaison qu'il a aux personnes divines. Il est joint à son Père par naissance et nature, et il est joint à la Vierge par nature et naissance. Il est joint au Saint-Esprit par origine car il est son principe dans l'éternité ; et il est joint à la Vierge par production et infusion d'un esprit dans son esprit, qui est la vie de sa vie, et l'âme de son âme, et il est le principe de sa grâce, car tout ce que la Vierge a de grâce est originé de la grâce suprême et des mystères de Jésus : et par ainsi il lui est conjoint et par nature et par grâce. La liaison qu'il a avec les personnes divines est éternelle ; celle qu'il a avec la Vierge est nouvelle et même depuis peu, mais elle sera pour toute éternité.

Cette Vierge sacrée est et sera toujours Mère de Jésus. Elle aura cette qualité aussi bien dans le ciel que dans la terre, et il honorera éternellement cette qualité de Mère de Dieu en elle. Mais nous voyons sensiblement qu'en cet état présent, elle lui est plus proche et plus conjointe, tandis qu'il est en elle, qu'il fait comme partie d'elle, qu'elle vit pour lui, et qu'il vit par elle, et qu'il est en un état continuel de dépendance et même d'indigence au regard d'elle. Il est en elle en plusieurs manières selon ses qualités diverses. Et il est doux de les considérer plus d'une fois. Et le temps de ce mystère nous convie à y penser et repenser souvent ; car c'est le temps où il est et sera pour neuf mois dedans la Vierge. Il est en elle comme le fils en sa mère, tirant d'elle sa vie. Il est en elle comme son Fils et son Dieu, lui donnant vie comme il reçoit vie d'elle. Il est en elle comme en son paradis en terre ; car tout est saint, tout est délicieux en la Vierge. L'ombre du péché même n'y est pas et n'y a jamais été. Et Jésus trouve en elle son repos et ses délices, et hors d'elle il ne rencontrera que pécheurs et péchés. Il est en elle comme en un ciel, car il est vivant de la vie, de la gloire, voyant Dieu et jouissant de sa divine essence. Il est en elle comme en un temple où il loue et adore Dieu, où il rend ses devoirs au Père éternel, et les rend tant pour soi que pour tout l'être créé.

Temple saint et sacré où repose Jésus, la vraie arche de la vraie alliance. C'est le premier et le plus saint temple de Jésus ; et le cœur de la Vierge est le premier autel sur lequel Jésus a offert son cœur, son corps son esprit en hostie de louange perpétuelle : et où Jésus offre son premier sacrifice et fait la première et perpétuelle oblation de soi-même, en laquelle comme nous avons dit, nous sommes tous sanctifiés. Ainsi Jésus est en la Vierge, et il est en elle comme en son repos, comme en son paradis, comme en son ciel empyrée, comme en son temple, comme en sa Mère. En cet état et en ce temps-là, la Vierge est un sanctuaire où il y a plus de merveilles qu'il n'y en avait pour lors au ciel ; un Homme-Dieu, un Verbe enfant, un enfant Dieu, un corps souffrant joint à une âme glorieuse, une vie humainement divine et divinement humaine ; un esprit régissant tous les corps et tous les esprits de l'univers, un ordre singulier, ordre de l'union hypostatique, ordre éminent sur tous les ordres de nature, de grâce et de gloire. Voilà les merveilles qui sont en la Vierge et ne sont point au ciel, et nous la rendent singulièrement vénérable. Pensons à elle pensons à ce qui est en elle.

Contemplons Jésus en cet état au milieu de la Vierge, comme son centre et son cœur, ou bien comme un soleil, selon les prophètes, soleil couvert d'une nuée légère, c'est-à-dire de la très-sainte Vierge, qui le couvre encore à la terre et le couvrira neuf mois durant. Les mathématiciens affirment qu'il y a des étoiles à l'entour du soleil qui est leur centre, et elles tournent à l'entour de lui, comme le soleil tourne à l'entour de la terre. Plaise à Dieu que nous soyons l'une de ces étoiles tournant à l'entour de Jésus, et non à l'entour de nous-même comme nous faisons journellement. Mais il nous faut ici oublier nous-même, pour ne nous souvenir que de Jésus et de la Vierge. Il est donc un soleil, et la Vierge est une planète qui a ses mouvements à l'entour de Jésus, à l'entour de ce soleil de gloire, et ne tourne qu'à l'entour de lui. Il est son centre et il est sa circonférence, et elle enclôt et termine ce semble sa grandeur et ses influences. Il la regarde de toutes parts et incessamment, et elle ne tend qu'à lui. Il la tire à soi, il la ravit en soi. Et ces deux cœurs de Jésus et de Marie, si proches et si conjoints par la nature, sont encore bien plus conjoints et plus intimes par la grâce, et ils vivent l'un en l'autre.

Mais qui pourrait déclarer cette vie ; elle est décrite au ciel, et il faut attendre que ce livre nous soit ouvert pour y voir les faveurs et les tendresses, les ravissements et les merveilles qui y sont rapportées. En attendant cette grâce, nous dirons en bégayant plus qu'en parlant de choses si grandes, que Jésus étant se conjoint à sa Mère, la tire et la ravit à soi incessamment. Que comme il est naissant, vivant et produisant en son Père un amour incréé qui est la troisième personne de la Trinité, aussi naissant et vivant dans sa Mère, il produit en elle un esprit, un amour qui, à la vérité, est créé, mais après le sien n'a et n'aura jamais son pareil. Que comme la première occupation de Jésus a été vers Dieu son Père, la seconde occupation de Jésus est avec sa très-sainte Mère. Il l'a choisie, il l'a préparée à choses si grandes et si conjointes avec lui ! C'est le plus digne objet de ses pensées après les personnes divines ; c'est le sujet le plus capable de ses influences et opérations ; c'est le plus proche de sa sainte présence ; et même il est conjoint à elle par état de dépendance, en tant qu'il est son Fils et qu'elle est sa Mère, et qu'il est lors vivant en elle et vivant par elle. Il a voulu partager avec elle le mystère de l'Incarnation, en tirant d'elle ce corps dont il est revêtu, et en voulant que, comme Mère, elle eût son action et concurrence au regard de cet œuvre, œuvre plus grand incomparablement que la création du monde. Et il partage encore sa vie présente et commençante avec elle ; car la vie de Jésus est indigente et mendiée de la vie de la Vierge. Et il est en cet état, et il lui fait cet heureux partage pour neuf mois durant, sans en rabattre un seul moment. Et ci-après il partagera une partie de ses plus grands effets dans la terre et dans les âmes avec elle !

Grands et heureux partages de Jésus avec Marie ! Et pour maintenant il n'a et ne prend aucune occupation, ou qu'avec elle, ou qu'avec Dieu son Père. Saint Jean y aura sa part pour quelque temps, et saint Joseph après ; mais maintenant c'est le Père seul, c'est la Vierge seule qui ont part à Jésus, et avec lesquels sont ses occupations, ses délices et ses entretiens. Il fait en elle choses grandes, dignes de lui, dignes d'elle. Nous n'avons point de mesures pour cette proportion. Et nous ne sommes pas si favorisés que cet ange de l'*Apocalypse* (xxi), qui a une verge d'or en sa main pour mesurer le temple.

La Vierge est un temple plus grand et plus auguste. Il n'y a que son Fils qui ait la toise en main pour en prendre les mesures. Nous n'avons qu'à admirer et non à juger, ni à parler de choses qui surpassent si fort notre intelligence. Tout ce que nous pouvons dire, c'est qu'il est son Fils, et qu'elle est sa Mère. C'est que voici le temps où se commence de la part du Fils de Dieu cette filiation humaine ; et de la part de la Vierge, cette maternité divine. C'est que ce Fils est Dieu, et il la traite, il la regarde, il la chérit, il l'honore comme Mère de Dieu, comme sa Mère. C'est que cette maternité divine est une qualité si sainte, qu'elle approche de Dieu, qu'elle atteint selon les plus grands docteurs de l'école : *Proxime fines divinitatis*, qu'elle donne dans l'infinité même, qu'elle est du nombre des choses incompréhensibles, et que nous ne pouvons pas pénétrer ce qui lui appartient en cette qualité. Que Jésus qui connaît cette dignité infinie, et de qui la grandeur est la cause et la source de cette infinité, honore cette maternité selon qu'elle le mérite, s'honore soi-même en honorant sa Mère, parce qu'elle est sa Mère ; et il l'honore selon l'étendue de sa sapience et de sa puissance, et emploie la sublimité de ses pensées et inventions célestes sur un sujet si digne et si proche de lui, et dans lequel il a si grande part et un si grand intérêt.

Sur ces pensées, sur ces dispositions et sur ces fondements, entrons en considération de cette occupation première de Jésus avec la Vierge, et de la Vierge avec Jésus. Ce sont les deux plus grandes personnes du ciel et de la terre. Le sujet qui les lie et les occupe ensemble est le plus saint, le plus divin, le plus intime et sacré qui puisse être. Et leur occupation est le sujet le plus haut, le plus digne, le plus souhaitable dont nous puissions nous occuper.

II. Disons donc que comme depuis quatre mille ans il n'y a point eu d'œuvre semblable au mystère de l'Incarnation. Aussi, depuis que le monde est monde, il n'y a point eu de temps plus remarquable que celui-ci, où le Fils de Dieu commence à être Fils de l'homme, et une Vierge devient Mère de Dieu. C'est le temps délicieux des prophètes, où le ciel envoie la rosée, où les nuées font distiller le juste, où la terre arrosée du ciel s'ouvre pour germer le Sauveur. C'est le temps de la production la plus grande, la plus heureuse, la plus utile qui sera jamais. C'est le temps où le ciel et la terre concourent ensemble à faire un effort de merveilles pour donner le Saint des saints au monde qui en a si grand besoin. C'est la plénitude des temps selon les apôtres. C'est le temps du salut de l'univers et du ravissement du ciel en terre, pour y voir et adorer les merveilles qui sont en la terre et ne sont point au ciel. Ce temps, si heureux, si remarquable et si précieux se passe en Nazareth entre Jésus et la Vierge seule, tout le reste de la terre n'y ayant point part. Plus ils sont seuls, plus cette solitude est grande, plus elle est remarquable, et plus le sujet de leur solitude les entretient, étant si important, et plus leur occupation mutuelle est profonde et ravissante.

Jésus est donc occupé en la Vierge, et en la Vierge seule pour lors ; la Vierge donc est occupée en Jésus, et elle est seule en toute la terre occupée en Jésus. Alors elle est seule pour toute la terre adorant le mystère de l'Incarnation fait en la terre pour la terre, et ignoré de la terre ; elle est seule adorant Jésus. Plus elle est seule occupée sur un si grand sujet, plus son occupation est grande ; elle y est appliquée de toutes ses puissances. Tous ces sens y sont portés ; car c'est un mystère sensible et sensible en elle. Et toute la sensibilité doit hommage à son Dieu fait sensible pour la nature humaine. Tout son esprit y est appliqué. Et l'esprit de Jésus qui anime ce petit corps déifié, anime encore par grâce et par amour, et par une douce et sainte influence, l'esprit et le corps de la Vierge.

Cet esprit de Jésus est plus puissant et plus opérant dans l'esprit et dans le corps de la Vierge, que l'esprit même de la Vierge. La grâce infuse dans la Vierge, grâce si éminente et si élevée, applique et absorbe tous les sens, toutes les facultés et tout l'esprit de la Vierge en un si grand objet, en un objet si présent, en un objet si proportionné à cette même grâce. Car la grâce de la Vierge n'est pas comme la nôtre; c'est une grâce toute particulière et propre à elle; c'est une grâce tendante dès son origine au mystère de l'Incarnation comme à sa fin, à son principe et à son exemplaire. C'est une grâce nouvellement infuse, nouvellement accrue jusqu'à son comble, jusqu'à son effet principal en la Vierge, dans l'accomplissement présent de ce mystère de l'Incarnation. C'est une grâce toute liante Jésus à la Vierge, et la Vierge à Jésus, comme la grâce générale nous lie à Dieu, cette sorte de grâce particulière et liante, Dieu comme incarné à la Vierge, et la Vierge à Dieu incarné. Cette grâce si propre à ce mystère, fait un effet propre en la Vierge, et lui donne une application si grande, si haute et si puissante à Jésus vivant en elle, que nous ne la pouvons pas exprimer.

Ainsi la grâce et la nature conspirent en elle à établir une disposition éminente et ravissante son cœur et son esprit en Jésus son Fils et son Dieu. Mais outre ce mouvement de nature et de grâce, mouvement très-puissant, Jésus lui-même présent, est opérant, est attirant pour lui-même immédiatement son esprit et son cœur en cette occupation; il est présent en elle; il est puissant en elle; il est opérant en elle. Elle est parfaitement disposée à recevoir ces saintes opérations, et à les recevoir selon toute leur énergie et étendue. Et c'est ici les prémices de l'opération de Jésus en sa Mère. Jésus donc employant ses premières opérations sur la terre et ses premières influences sur la Vierge, l'attire à soi, la ravit en soi. Quelle tendresse! quel amour! quelles faveurs d'un tel Fils envers une telle Mère, et d'une telle Mère envers un tel Fils, et au commencement de leur amour et de leur mutuelle jouissance! C'est un ravissement perpétuel; car aussi l'objet est toujours présent à la puissance attirante, agit toujours; c'est comme au ciel où le ravissement est perpétuel; car l'objet est toujours présent et toujours vu. En cet état aussi l'objet est toujours présent, toujours sensible, toujours opérant.

Et la Vierge est établie non en un accident, mais en un état de ravissement perpétuel sur un objet perpétuel digne de ravissement. Nous ne sommes pas capables de cet état en la terre; mais la Vierge en est capable, et il ne nous faut pas juger d'elle par nous-même. La manière de grâce singulière qui lui est conférée la dispose à cet état et à chose plus grande, puisqu'elle la dispose à être digne Mère de Dieu. Sa vie est élevée et dégagée de la faiblesse des sens et de l'esprit humain au regard des choses saintes et célestes. Elle est tirée hors de sa disproportion de la nature et de la grâce, qui sont la cause de la faiblesse et de la perte des sens qui se trouve dans les ravissements des plus saintes âmes de la terre. Même elle est établie en la force et puissance de la grâce céleste, qui porte les plus grands efforts sans affaiblissement aucun. Et ainsi elle est vivante de la vie de la terre; et elle est ravie des ravissements célestes; et son ravissement est perpétuel. Et il n'y a point d'affaiblissement en sa vie humaine pour les occupations divines.

CHAPITRE XXIX.
LES OCCUPATIONS DE JÉSUS EN LA VIERGE AU REGARD DE LA VIERGE.

I. Jésus en ses états est le principe et l'objet de la vie et du ravissement de la Vierge. Si la Vierge voit clairement la Divinité au moment de l'incarnation, c'est un point que nous devons humblement ignorer, puisque Dieu ne nous en a rien manifesté. Mais soit que la Vierge ait vu clairement la Divinité, soit que non, Dieu incarné la possède d'une possession si rare, et elle lui mutuellement, qu'il n'y a ni langue ni esprit qui le puissent exprimer. — II. L'état de Jésus est le premier objet du ravissement de la Vierge; et les mouvements et actions de l'âme sainte de Jésus sont un autre objet de ce même ravissement. La Vierge est tirée hors d'elle, de son amour et de ses actions intérieures, dans l'amour et les actions intérieures de l'âme sainte de Jésus. Marie est une pure capacité de Jésus, toute remplie de Jésus. Explication de ces paroles : Maria autem conservabat omnia Verba hæc, conferens in corde suo. *La Vierge au jour de ses grandeurs et de son plus grand élèvement a part à la croix et aux abaissements de Jésus. La part qu'elle y a n'est ni par le droit du péché auquel elle n'a nulle part, ni par le droit de son Fils portant le péché (ce qui ne convient qu'à son Fils), mais par le droit de son amour vers son Fils. La Vierge sait ce qui se passe entre le Père et le Fils et son état d'hostie; et c'est ce qui commence à navrer son cœur maternel. La Vierge devait engendrer Jésus immortel et dans la gloire, et elle l'engendre mortel; c'est humiliation au Fils et à la Mère. Les priviléges de Jésus et de Marie sont réservés au ciel; et la terre ne les peut porter.*

I. Voilà l'état du ravissement de la Vierge digne de sa grandeur et de son élévation permanente et ordinaire. L'objet de ce ravissement c'est Jésus; il en est le principe comme nous venons de dire, car c'est lui qui le fait; mais il en est l'objet aussi. Faut-il des démonstrations pour persuader aux

Chrétiens cette vérité? Ne suffit-il pas de l'exposer aux âmes bien nées pour la leur persuader? Jésus nouvellement vivant en la Vierge et par la Vierge, n'est-il pas un objet digne et raisonnable de la Vierge; et en ce saint temps où il commence à prendre vie d'elle et en elle? Jésus donc en ce temps favorable occupe et entretient la Vierge, et l'entretient sur lui-même, et la ravit en soi. Mais comme il y a en Jésus plusieurs sujets dignes de ravir en lui sa très-sainte Mère, ce qui l'occupe et ravit maintenant à mon avis, c'est le nouvel œuvre opéré en la terre et en elle; c'est le mystère de l'Incarnation; c'est l'état naturel ou surnaturel plutôt de son Fils en elle.

Voilà le premier objet de ce premier ravissement que Jésus fait en la terre et au cœur de la Vierge. O comme elle a reconnu cet état! ô comme elle a pénétré ce mystère! ô comme était-elle vivante et abîmée dans icelui! C'était sa vie, et elle perdait en certaine manière sa vie propre et sa subsistence en soi-même pour vivre en celui qui est la vie et sa vie tout ensemble; mais cette sorte de vie et de ravissement de la Vierge en son Fils nous est presque aussi cachée que la vie du Verbe en cette même humanité. Nous n'avons que des ténèbres et non des lumières au regard de choses si grandes. Quelques-uns pensent que lors la Vierge fut élevée à la vision claire de la divine essence et de la personne du Verbe incarné en elle. Et certes, si cette grâce en la terre avait été conférée à quelques autres (comme il y a des docteurs qui l'attribuent à Moïse et à saint Paul), il n'y aurait point de doute de la donner à la Vierge, et de lui donner encore en cet heureux moment où Dieu s'abaisse en elle et l'élève en lui, et la conjoint à lui si intimement par un si grand mystère. Et quand même cette grâce n'aurait point été concédée ni à Moïse ni à saint Paul, la Vierge a bien assez de priviléges qui ne sont que pour elle.

Et le temps de ce nouveau mystère en mérite bien de si grands, si particuliers et si nouveaux, que l'on peut bien donner à la Vierge ce qui n'est donné à personne. Et on peut donner à ce temps de la Vierge, ce qui n'est donné à pas un autre temps de sa vie sur la terre. Nos pensées peuvent aller jusque-là avec fondement: mais de passer plus outre, et de savoir si ces faveurs et priviléges ont été jusqu'à la jouissance de la divinité, c'est un secret de la conduite de Jésus avec sa très-sainte Mère, qui ne nous est pas révélé; que j'aime mieux révérer que pénétrer, et que je dois plutôt ignorer qu'affirmer. Ignorant donc humblement cette particularité; nous pouvons dire que, soit qu'elle ait vu, soit qu'elle n'ait pas vu la personne du Verbe incarné en elle, cette personne divine possède la Vierge, et la Vierge possède cette personne divine incarnée en elle, d'une possession si rare, si particulière et si propre à elle, que nous n'avons ni plume pour l'écrire, ni langue pour le dire, ni cœur pour le sentir, ni esprit pour l'entendre. Ce nous est trop de grâce d'y oser penser et de le révérer.

C'est une possession si grande et si parfaite, c'est une communication si puissante et si intime, c'est une jouissance si haute et si élevée dans l'ordre même de la grâce miraculeuse et toute particulière, que si elle ne passe plus avant et ne fait voir à la Vierge cette personne divine qui vient s'incarner en elle, elle fait au moins un comble et un excès dans son âme, et tient un rang si haut dans les opérations divines, et porte un privilége si rare dans les faveurs du Verbe incarné, qu'il n'y a jamais eu et n'y aura jamais rien de semblable. C'est ce que nous pouvons dire, non en parlant mais en bégayant, de choses qui surpassent tant l'esprit de l'homme et de l'ange même. Voilà les premières pensées du Verbe incarné, voilà le premier entretien de Jésus en la Vierge, voilà la première occupation de la Vierge ou pour mieux dire, voilà le premier ravissement de la Vierge sur le Fils de Dieu, fait Fils de l'homme en elle.

II. Mais elle a encore en ce même instant un autre sujet d'être occupée, d'être ravie en Jésus vivant et opérant en elle. C'est le premier usage de la vie intérieure de Jésus avec Dieu son Père. Cet objet est différent de celui que nous venons de représenter. Et cette occupation est différente de celle en laquelle la Vierge était occupée sur l'état de Jésus en lui-même, et sur le fond du mystère de l'Incarnation: car ici elle est ravie et occupée, non sur l'état mais sur les actions de Jésus même, et sur les premières actions intérieures et spirituelles de l'âme de Jésus traitant avec Dieu son Père. Car ce divin enfant, qui est sans nom encore, n'est pas sans action: il n'est pas oiseux, il n'est pas empêché d'agir intérieurement par son enfance. Elle lie son corps, mais elle ne lie pas et n'arrête pas son esprit. Il est voyant, vigilant et opérant, et c'est la vie intérieure et spirituelle de Jésus: et cette vie est digne de ravir le ciel et la terre: et maintenant elle ravit la Vierge saintement occupée sur son Fils et sur les états et exercices de son Fils. Et la vie de son Fils est sa vie. Et l'occupation de Jésus est son occupation primitive et principale.

Car si la Vierge n'a point eu la lumière divine qui manifeste la divine essence, au moins elle a eu la lumière angélique, qui lui manifeste l'âme de Jésus et les occupations sacrées de cette âme. Et c'était sa lumière, sa grandeur et sa béatitude en la terre; c'était un de ses principaux exercices, et elle commence ici à entrer en une si sainte connaissance et si haute occupation. Elle contemple donc la vie et l'occupation de Jésus en elle. C'est le livre de la Vierge que son Fils lui ouvre, comme il l'ouvre au ciel, selon l'*Apocalypse* (v): dans ce livre elle voit le traité de Jésus avec Dieu son Père; elle voit les louanges, les adorations, les donations, les oblations qu'il fait de soi à Dieu son Père, et tout ce qui concerne une chose si grande, comme la vie et le traité du Fils avec le Père, et du Père avec le Fils incarné au monde pour la gloire de son Père. La Vierge donc entre en connaissance de ses secrets, puisqu'ils se passent en elle, et qu'elle est le cabinet vivant où le Fils traite en secret avec le Père éternel. Et elle sort heureusement de ses propres pensées, de sa vie intérieure et spirituelle, pour entrer dans les pensées de Jésus, dans la vie intérieure de Jésus ; elle entre dans l'amour et l'adoration que Jésus rend à Dieu son Père ; elle entre dans les obligations et actions de Jésus ; elle perd l'usage de sa vie propre et intérieure dans l'abîme de la vie intérieure et nouvelle de son Fils.

Jusqu'à présent la vie spirituelle de la Vierge a été merveilleusement grande, et le Saint-Esprit l'a élevée en une bonne école ; mais maintenant c'est chose bien différente. Elle entre en une nouvelle école, et le Fils de Dieu la tire en soi-même, et en la connaissance de ses actions vers Dieu son Père, et elle porte l'impression et la communication de ses actions divines. Elle est non en sa lumière ni en son amour, mais en la lumière, en l'amour et en l'opération de Jésus qui la tire en unité avec lui et la tire aussi hors d'elle-même et de ses actions intérieures, pour être vivante en lui et portant ses opérations saintes par une sorte d'impression douce, élevée, puissante et ravissante la Mère en son Fils, la Vierge en Jésus. Ainsi Jésus est vivant en la Vierge et c'est la première âme en laquelle il a établi sa vie. Et le propre de la Vierge est d'être attentive à la vie intérieure et spirituelle de son Fils, et d'être une pure capacité de Jésus remplie de Jésus.

Que si la Vierge était si soigneuse, comme l'évangéliste nous l'apprend en deux endroits, de recueillir les actions et paroles même d'autrui sur son Fils et les conserver en son cœur, sans laisser tomber à terre une seule parole qui concerne chose si grande : *Maria autem conservabat omnia : (omnia,* dit-il), *verba hæc conferens in corde suo (Luc.* II, 19) ; combien à plus forte raison aura-t-elle été attentive aux actions intérieures et divines de son Fils, que le monde ne peut voir, mais que sa lumière ne pouvait ignorer, et qui sont d'autant plus excellentes, qu'elles ont un fond digne et ne peuvent être imprimées que dans le cœur sacré et dans l'esprit déifié de Jésus ? La Vierge donc est ravie de Jésus, et doublement ravie en lui, ravie dis-je, sur son état en elle, et sur les exercices intérieurs de son esprit tandis qu'il est vivant en elle, c'est-à-dire sur le plus digne objet qui soit après la Divinité même.

Mais faut-il que parmi ces grandeurs je trouve de l'abaissement ; parmi ces douceurs, de l'amertume ? je ferais tort à l'auteur de ces mystères et à la vérité de cette histoire, si je ne la représentais telle qu'elle est, et si je ne décrivais au vrai ce qui se passe, soit en l'état du Fils, soit en l'état de la très-sainte Mère. Je ne dois donc pas omettre que, dans ces grandeurs où la Vierge est élevée, dans ces ravissements où elle est établie, j'y trouve croix et abaissement, car nos mystères sont de croix et d'abaissement à Dieu même ; il est raisonnable que ces deux qualités qui sont appropriées au Créateur, soient attribuées à la créature, et soient répandues par tous les états de sa vie sur la terre. La Vierge donc a sa part à la croix et à l'abaissement. Et ce qui est très-remarquable, elle y a part même au jour de ses grandeurs et de son plus grand élèvement. Et comme elle est la première qui a part avec Jésus, elle est aussi la première qui a part à la croix et à l'abaissement de Jésus. Et sa part est singulière et ne peut convenir qu'à elle, comme nous verrons ci-après. La part que la très-sainte Vierge a à cette croix et abaissement, ce n'est pas par le droit de péché comme nous, ni par le droit de son Fils portant nos péchés, car il est seul portant ce fardeau ; mais par le droit d'amour et de liaison à son Fils, car c'est un des effets de l'amour, que cette mutuelle communication des qualités de l'un à l'autre.

Or la Vierge est trop conjointe à son Fils pour n'être pas conforme et semblable à lui, elle lui est trop proche et trop familière pour ignorer son état et ses secrets. Elle sait ce qui se passe entre son Père et lui ; elle sait la qualité d'hostie en laquelle il est entré, et dont il porte déjà des marques et des effets en elle. Par cette qualité, Jésus porte un état humiliant dans un état divin, et cette humiliation perce le cœur de la Mère et l'humilie aussi. Et ensuite de cet état de son Fils, elle porte semblablement une sorte d'abaissement et d'humiliation dans l'état même de sa maternité divine. Jésus étant le Fils de Dieu, est traité comme Fils de l'homme, voire et comme la victime de Dieu pour les hommes. Il est conçu, et il naîtra et il vivra selon cette qualité humble et exposée à la souffrance. Comme donc le Fils de Dieu est humilié dans cet état de sa filiation nouvelle et humaine ; aussi la Vierge porte une condition humiliante dans l'état sublime de la maternité divine.

Les priviléges dus et au Fils et à la Mère sont réservés au ciel, la terre n'est pas digne de les porter : elle le devrait engendrer immortel, elle l'engendre mortel. Il devait naître de elle comme il est né du sépulcre, plein de gloire et de splendeur, et elle l'engendre exposé à nos bassesses et misères. Elle le devrait engendrer dans le paradis, dans le ciel, dans le sein du Père, car il est son Fils, et il sera un jour élevé au trône à la droite et au sein de la Divinité (*Marc.* XVI, 19), et elle l'engendre en un Nazareth, et l'enfantera en un Bethléem, en une étable, sur le foin et la paille. Elle reconnaît les grandeurs du Fils et les siennes encore par relation au Fils. Elle sait le dessein du Père à humilier son Fils, et du Fils à s'humilier soi-même. Elle entre dans ces desseins et elle accepte d'être Mère humiliée du Fils humilié.

Or voici le lieu et le temps auquel elle

entre en connaissance de ces vérités, et qu'elle commence à accepter l'abaissement ordonné sur son Fils et sur elle, sur la filiation humaine de son Fils, et sur sa maternité divine. Car c'est en Nazareth, en cette naissance de Jésus en elle, en cet instant que ces choses sont faites. Et elles sont connues d'elle, elles sont portées d'elles et elles sont ressenties d'elle, selon la grandeur de sa connaissance, selon la force de son amour et selon la vigueur de son sentiment dans les choses divines, dans les choses de son Fils et de son Dieu.

CHAPITRE XXX.
SOMMAIRE DE CE QUI A ÉTÉ DISCOURU EN CETTE SECONDE PARTIE DE LA VIE DE JÉSUS.

Jésus vivant éternellement au sein du Père et dans le monde dès le commencement du monde et du péché, en la foi des patriarches et des prophètes, et dans l'état de l'ancienne loi; il fait état de venir au monde pour sauver le monde, en y prenant une nouvelle nature. La terre n'est pas digne de le recevoir étant remplie d'iniquité; mais il choisit une terre en la terre qui ne sait ce que c'est que le péché, et vient en elle comme en son tabernacle. Il choisit un ange et un grand ange pour lui manifester son conseil, auquel son humilité seule l'empêchait de penser. Le pourparler de l'ange et de la Vierge est tout céleste, et l'issue en est toute divine, puisqu'il aboutit à un Homme-Dieu. Chaîne fabuleuse des anciens qui liaient les dieux aux hommes et les hommes aux dieux, appliquée à ce mystère. Le mystère de l'Incarnation est l'œuvre des œuvres de la sainte Trinité. Au moment que la Trinité achève son œuvre en la Vierge, Jésus commence le sien, traitant avec Dieu son Père et opérant notre salut, remplissant le sein de la Vierge de ses opérations saintes, etc. Jésus sanctifie et déifie tous les états et toutes les parties de la nature humaine que le péché a souillés. Élévation sur ce mystère. Réflexion sur l'amour et sagesse de Dieu en la préparation et dispensation de ce mystère. Dès aussitôt que nous savons Jésus au monde et venir à nous avec tant d'amour, nous lui devons rendre nos devoirs en Nazareth, sans attendre qu'il soit né en Bethléem.

Voilà la vie nouvelle du nouvel Adam au monde. Voilà la vie de Jésus en la Vierge, et de la Vierge et Jésus, à son entrée en l'univers. Il vivait quatre mille ans auparavant en la foi des peuples, en l'espérance des patriarches, au cœur des justes, en la bouche des prophètes, dans les cérémonies de la loi, en la profession publique de la Synagogue, en l'attente de l'univers, et dans le gémissement de toute créature qui soupirait en ses misères après son libérateur (**Rom.** VIII, 22) (comme nous avons déduit au préambule de ce discours.) Mais avant ces quatre mille ans, il a vécu et est vivant une éternité et vivra éternellement dans le sein de son Père. Toujours vie et toujours vivant, et envoyé maintenant pour nous donner la vie. Mais ce qui est déplorable, c'est pour donner la vie par sa mort. C'est le dessein du Père sur son Fils, c'est le vouloir du Fils pour l'amour du Père; c'est cette volonté mutuelle et du Père et du Fils qui nous tire de la mort et nous donne la vie, qui nous délivre du péché et nous met en la grâce. Dès l'entrée de la mort et du péché au monde, on nous reparle de la vie, et le Fils de Dieu nous donne les promesses de son avènement. Il ne tarde pas un moment à nous en donner les assurances: mais quatre mille ans s'écoulèrent en ces préparatifs, en cette attente.

En cet état nos péchés font obstacle à un si grand dessein; mais sa bonté et sa constance en ses promesses, surmonte nos iniquités. La terre n'est pas digne de le recevoir; elle ne mérite que son ire; mais il choisit une terre en la terre, qui ne sait ce que c'est que de pécher. Il l'a heureusement préservée de toute offense; il l'orne de toute grâce; il la rend digne de le porter et recevoir au monde; il vient en elle comme en son tabernacle; il repose neuf mois en elle comme en son trône; il vient par elle à nous: et parce qu'il veut lui donner connaissance de son dessein, il choisit un ange et un grand ange, et un des plus grands entre ses anges, pour lui manifester ce que son humilité seule l'empêche de connaître, et lui déclarer comme elle est choisie pour être mère de celui dont elle veut être la servante, pour Mère du Messie et du Sauveur du monde. Ce pourparler est tout céleste, l'issue en est toute divine, puisqu'il aboutit à la production d'un Dieu fait homme dedans la Vierge. C'est ce qui a été déduit en la partie première des discours précédents, que nous réduisons ici en abrégé.

A l'issue de ce colloque angélique et divin, la Trinité sainte fait et achève son ouvrage; le Saint-Esprit vient et prépare la Vierge; le Père accomplit l'œuvre et donne son Fils à la Vierge et au monde; le Fils de Dieu est revêtu de nos misères et est fait Fils de l'homme pour joindre la terre au ciel; car il tient au ciel et à la terre par ses natures et qualités différentes. N'est-ce pas cette chaîne dorée que les anciens profanes se sont imaginée et n'ont pas entendue? elle descendait du ciel en terre, liant par ses chaînons les hommes aux dieux et les dieux aux hommes (23). Le Dieu des dieux a permis ces pensées en eux, comme des ombres de nos vérités et des lueurs de nos lumières, et des présages de nos mystères pour les préparer suavement à la créance de la foi qui devait être annoncée au monde; et les conduire comme par eux-mêmes, de l'obscurité de la nature à la lumière de la grâce, et des ténèbres de la philosophie à la clarté de l'Évangile.

Mais passons de ces pensées profanes aux pensées divines dignes de nos mys-

---
(23) PLAT. *Theætet*. HOMER., *Iliados*, 8.

tères. C'est donc l'œuvre de la Trinité sainte de revêtir de notre nature le Verbe incréé, de faire que le Fils de Dieu soit Fils de l'homme, de former Jésus en la Vierge et de la rendre Mère de Dieu. Ce n'est pas simplement l'œuvre, c'est l'œuvre des œuvres de la Trinité sainte. C'est l'œuvre de sa puissance, de sa sagesse, de son amour. C'est l'œuvre de ses merveilles et de ses miséricordes sur la terre. Il en a été discouru ailleurs (24). Nous n'avons ici qu'à remarquer que sitôt que la Trinité sainte a achevé son œuvre dedans la Vierge, Jésus commence le sien : il commence à traiter avec Dieu son Père, à opérer notre salut, à oublier ses grandeurs, à épouser une condition mortelle et servile, à prendre la qualité d'hostie, à se consacrer et destiner à la croix et à la mort, à remplir et sanctifier le sein de la Vierge de ses opérations saintes, à vouloir porter les abaissements de notre nature en elle, à vouloir être neuf mois en son ventre comme les autres enfants, à réparer les ruines de notre entrée pitoyable au monde en qualité de pécheurs, par son entrée divine en qualité d'Homme-Dieu, et à sanctifier notre enfance par son enfance déifiée, et tous les états de notre nature, par tous les degrés où il a daigné passer dans le cours de sa vie voyagère sur la terre.

Que dirons-nous? Que ferons-nous en la vue de choses si grandes? Adorons, admirons, et ravis en la profondité du conseil de Dieu sur nous, disons en nous-mêmes en remontant jusqu'à la source de notre salut : C'est ainsi que Dieu veille sur les enfants des hommes; c'est ainsi qu'il prépare les voies de leur salut; c'est ainsi qu'il emploie non-seulement ses anges et ses prophètes, mais son Fils même à cet effet; c'est ainsi qu'il l'envoie du ciel en terre, pour opérer lui-même notre sanctification, et l'opérer en sa propre personne; c'est ainsi que le Fils de Dieu, par le vouloir et l'envoi du Père, devient Fils de l'homme. C'est ainsi que celui qui est par-dessus toute créature, commence à être et à vivre entre les créatures, c'est ainsi qu'il fait son entrée au monde, pour sanctifier le monde; c'est ainsi qu'il emploie sa vie nouvelle et qu'il ravit les anges, qu'il étonne le ciel, qu'il opère en sa sainte Mère, qu'il sauve les hommes, qu'il sanctifie la terre.

Ces pensées sont si douces qu'on n'en peut sortir. Faisons nouvelle réflexion sur choses si grandes et propres à nous. Qu'y a-t-il de plus grand, de plus digne, de plus saint, que le procédé de la divine Providence en l'œuvre du salut du monde? N'est-il pas digne de sa bonté, de ne pas abandonner son ouvrage et de sauver l'homme, l'homme, dis-je, qu'il avait formé de ses propres mains? et Dieu voulant réformer cet ouvrage de ses mains, n'est-ce pas chose digne de sa sapience, de le réformer lui-même comme il l'avait lui-même formé, afin que nos devoirs ne fussent point divisés et que nos cœurs fussent réunis en un même Créateur et Sauveur? En ce grand conseil et dessein qu'y a-t-il de mieux ordonné que la conduite de la sapience incréée voulant s'incarner en l'univers? Si Dieu voulait venir au monde, ne devait-il pas être ainsi désiré, attendu, espéré? ne devait-il pas être ainsi prédit, figuré, annoncé? ne devait-il pas avoir un peuple et une religion propre qui lui servît, et des sujets pour le recevoir, et des hérauts pour l'annoncer au monde? si Dieu qui a créé l'homme à son image et ressemblance veut se rendre semblable à son ouvrage et se faire homme entre les hommes, le secret de cette grâce, de cet amour, de ce mystère, ne devait-il pas être ainsi traité entre un ange et une Vierge, et avec des paroles si grandes, si augustes, si célestes? S'il voulait être Fils de l'homme entre les hommes, pouvait-il être plus dignement conçu que d'une Vierge, et d'une telle Vierge, et dans les dispositions si saintes et si vénérables, et des pensées si éloignées de l'impureté de la terre, si approchantes de la sainteté du ciel, c'est-à-dire en une pureté virginale, en une humilité si profonde, en une élévation si haute, en un cœur si céleste en un esprit si divin? Certes si Dieu devait être homme, c'est ainsi qu'il devait prendre chair humaine.

Et puisqu'il voulait être enfant en la terre pour consacrer et sanctifier l'enfance des hommes contaminée par le péché originel (comme nous dirons ci-après), cette enfance pouvait-elle être mieux relevée que d'une conception virginale, d'une naissance miraculeuse, d'une lumière de gloire avant la lumière du monde, d'une puissance divine dans l'impuissance de l'enfance, et d'un usage de vie sainte et parfaite avec Dieu son Père et avec la Vierge sa Mère, prévenant l'usage des sens et la force de la nature? C'est ce que nous avons amplement discouru ci-devant.

Nous n'avons plus qu'à ajouter, que puisque le Verbe incarné vient et commence de la sorte son entrée au monde, et que dès lors il prend sa qualité d'hostie et d'agneau, et l'exerce pour notre salut; puisqu'il ne tarde pas un moment à s'offrir et consacrer à la croix et à la mort; puisqu'il pense à nous et qu'il parle de nous à Dieu son Père, avant même que de pouvoir parler au monde, et puisqu'il nous grave ainsi en son cœur et en son esprit. Pensons à lui, parlons de lui, et lui offrons nos cœurs et nos vœux dès l'heure même que nous le voyons ainsi vivant et opérant pour nous, sans tarder davantage. C'est ici le premier pas du Fils de Dieu venant à nous : c'est le premier moment de sa vie singulière; c'est le premier usage de son âme et le premier exercice de son état; c'est le premier mouvement de son cœur divin. C'est un moment, c'est un pas, c'est un mouvement assez avantageux pour nous, et assez signalé pour ti-

---

(24) En la première partie du livre des *Grandeurs de Jésus*.

rer nos esprits au Fils de Dieu qui vient à nous, à la Trinité sainte qui nous l'envoie, et à la Vierge qui en est la Mère.

Allons donc en ce lieu doux et fleuri de Nazareth; et fleuri maintenant s'il le fut jamais. C'est le lieu le plus remarquable en la terre et en la vie de Jésus, puisqu'il donne commencement à l'Eternel, vie à Jésus et salut au monde. En ce saint lieu de Nazareth nous y trouverons Jésus nouvellement formé; la Trinité sainte uniquement occupée à former Jésus, et la Vierge sainte faite Mère de Dieu par l'opération de la Trinité sainte; ce sont les trois objets enclos et opérant en cette sainte cellule; c'est la nouvelle Trinité de Nazareth. Les anges et celui même de ce divin message en sont séparés, comme nous avons remarqué; et en cette heureuse et occupée solitude de Nazareth, nous n'y trouvons que Jésus, la Trinité sainte et la Vierge. Prenons repos en Jésus, qui repose et opère en la Vierge; louons, bénissons et adorons la Trinité sainte qui l'a formé en elle, et offrons nos vœux à cette sainte Vierge qui conçoit et porte Jésus si saintement, si divinement et si salutairement au monde. Ce sera le sujet des trois élévations suivantes, en attendant que nous suivions le Fils de Dieu pas à pas en Bethléem, en Egypte, en Judée, en Calvaire, selon le cours de ses saints mystères.

ELEVATIONS.

I. ÉLÉVATION A JÉSUS

SUR SES PRINCIPAUX ÉTATS ET MYSTÈRES.

Grandeurs éternelles du Verbe. 1, 2, 3. — *L'égalité et consubstantialité des personnes divines, dans une distinction parfaite, est une merveille en Dieu même.* 3, 4. — *Dieu s'abaisse à nous et se fait l'un de nous.* 5. — *Le Fils de Dieu donne son essence éternelle et sa subsistence à notre nature.* 6, . — *Jésus adore ses grandeurs par ses bassesses, et relève ses bassesses par ses grandeurs.* 8. — *Jésus joint l'amour qu'il nous porte au zèle de la gloire de Dieu, et l'humilie jusqu'à la mort, tant en reconnaissance de ce qu'il reçoit de son Père en temps et en éternité, qu'en sacrifice de propitiation pour nos fautes.* 9. — *L'effusion qu'il fait de son sang jusqu'à la dernière goutte, est un témoignage de l'effusion qu'il fait pour nous de ses grandeurs et biens infinis en l'excès de sa charité.* 9. — *Jésus est tout nôtre et nous sommes tout siens.* 10. — *Rapport des mystères et états de Jésus à nos besoins et à nos usages.* 10. — *La divinité incarnée de Jésus est notre substance et notre subsistence; son humanité déifiée est notre salut et notre vie; son corps est notre aliment,* etc. 10. — *Par la grâce qui procède du mystère de l'Incarnation, non-seulement nous sommes à Jésus et par Jésus et pour Jésus, mais nous sommes en lui, nous vivons en lui et sommes parties de lui-même.* 11. — *La grâce chrétienne a un rapport spécial non-seulement à l'Incarnation du Verbe, mais encore à sa procession éternelle.* — *Nota qu'il semble faire différence entre ces deux choses, être chair de la chair de Jésus, et être esprit de son esprit, et partant insinuer une manière d'union avec Jésus-Christ, qui n'est pas union d'esprit avec l'esprit de Jésus.* 11. — *Mais en l'article suivant il répond aucunement à cette difficulté, lorsqu'il dit que la nouvelle grâce du nouvel homme nous met en état non-seulement d'opérer, mais encore de recevoir et porter ses saintes et divines opérations. Car par là il donne à entendre que cette première union par laquelle nous sommes faits un même corps avec Jésus, nous met en état d'opérer, et que la seconde qui nous fait esprit de son esprit, nous met en état de recevoir ses opérations, ce qui est bien plus noble.* 12. — *La perfection de la vie chrétienne requiert que Jésus vive en nous, et qu'il imprime en nos esprits l'esprit et la vie de ses états et de ses mystères.* 12. — *Application des principaux mystères de Jésus à notre sanctification.* 13. — *Rapport des qualités et offices de Jésus aux usages que nous y devons rendre.* 13. — *En combien de manières nous sommes à Jésus.* 14. — *En combien de manières Jésus est à nous.* 14. — *Jésus est le don de Dieu aux hommes, et ce que cette qualité demande de nous.* 15. — *Explication de la grâce chrétienne.* 15. — *Grâce chrétienne formée sur le mystère de l'Incarnation, comme sur son modèle.* 16. — *Cette sorte de grâce requiert de nous une manière de donation et d'oblation toute particulière à Jésus.* 16. — *Rapport de la vie des fidèles à la vie voyagère de Jésus, et de la vie des compréhenseurs à sa vie de gloire.* 17.

1. Jésus mon Seigneur, Roi des anges, Rédempteur des hommes, Souverain de l'univers, Fils unique de Dieu, Fils unique de la Vierge, né de toute éternité dans le sein du Père éternel, et en la plénitude des temps né de la Vierge Marie, vrai Dieu, vrai homme, je vous adore en grandeurs éternelles et temporelles, divines et humaines, créées et incréées.

2. Vous êtes la seconde personne de la Trinité sainte, mais égale à la première, et principe de la troisième; vous êtes la splendeur et la gloire du Père éternel; vous êtes

sa puissance et sa sagesse; vous êtes son image vive, et sa semblance très-parfaite; vous êtes son Fils unique et son Verbe éternel, vous êtes Dieu de Dieu, lumière de lumière.

3. Vous êtes en ces grandeurs par naissance; mais par une naissance qui égale la puissance et la paternité de celui qui vous est Père, et est une même chose avec la Divinité; merveille, non dans les siècles, mais dans l'éternité; non dans l'être créé, mais dans l'être incréé; et la première merveille de l'éternité: car vous êtes la première production du Père éternel, et source de la dernière; et par cette naissance émerveillable, vous êtes infini comme lui, tout-puissant comme lui, Dieu comme lui, source et principe d'une personne divine comme lui; et il n'y a point d'autre différence, sinon que dans une même divinité, dans une pareille éternité, dans une semblable majesté, il est Père et vous êtes Fils.

4. Vous êtes Fils, mais sans dépendance et sans indigence; vous êtes Fils, mais sans inégalité, sans postériorité; vous êtes Fils, mais de même antiquité que lui, de même autorité que lui, et Dieu éternel comme lui; vous êtes Fils, mais sans diversité d'essence, ni de puissance, ni de sapience; ayant l'unité d'essence et la diversité de subsistence, en laquelle vous êtes un seul Dieu avec lui, vous êtes adoré comme lui, et vous êtes le Créateur, le Conservateur, le Dominateur de l'univers comme lui.

5. Ces grandeurs éblouissent nos esprits, nous ne pouvons les contempler en l'obscurité de la terre, il faut les adorer et non les regarder, et il faut voiler nos faces en la vue de ce divin objet, comme les anges au rapport d'Isaïe, en l'aspect de votre trône. Mais vous voulez exercer sur nous vos miséricordes, vous voulez vous voiler vous-même, et vous rendre visible à nos faibles esprits et à nos yeux mortels; vous voulez vous abaisser à nous, et vous rendre accessible; et par un conseil qui nous ravit d'étonnement, vous voulez vous approcher de nous, et vous faire comme un d'entre nous. Car, ô amour! ô bonté! ô merveille! vous voulez unir vos grandeurs à nos bassesses, votre éternité à notre mortalité, votre divinité à notre humanité, voulant être Fils de l'homme, Fils de Marie pour une éternité, comme de toute éternité vous êtes le Fils de Dieu, et le Fils unique du Père éternel.

6. Je vous adore en ce conseil très-haut, et en ce divin vouloir; je vous adore en ce nouvel état, et en ce profond mystère; je vous adore en l'unité de votre personne divine, et en la diversité de vos natures, l'une divine et éternelle, l'autre humaine et temporelle; je vous adore comme recevant votre éternelle essence du Père éternel, et comme donnant votre essence, votre subsistence à la nature humaine, que vous unissez à vous pour un jamais, et que vous unissez si intimement et si puissamment, si glorieusement et si divinement. O état adorable! ô mystère ineffable! ô heureux moment de l'Incarnation qui fait l'Homme-Dieu et Dieu-Homme, qui donne au ciel un Roi de gloire, et à la terre un Souverain, aux anges un réparateur, et aux hommes un Sauveur!

7. O Jésus! mon Seigneur et mon Sauveur; je vous adore comme Fils de Dieu; je vous adore comme homme, Fils de l'homme, et Homme-Dieu; je vous adore en ces deux états différents, l'un éternel, l'autre temporel; l'un incréé, l'autre créé; l'un divin, l'autre humain; joints ensemble, et joints inséparablement. Mais je vous dois encore adorer comme Homme-Dieu pour l'homme; car c'est pour nous que vous avez voulu vous faire homme; c'est pour nous que vous vivez et mourez; c'est pour nous que vous agissez et pâtissez; c'est pour nous que vous naissez dans une étable et sur la paille; c'est pour nous que vous vivez une vie abjecte, vie laborieuse, vie souffrante; c'est pour nous que vous mourez sur le mont de Calvaire, et en une croix; c'est pour nous que vous ressuscitez et entrez en la gloire. O naissance! ô vie! ô mort! ô vie divine, vie glorieuse, vie céleste! ô heureux moment de l'incarnation, de l'expiration, de la glorification du Fils de Dieu! O états de Jésus au sein du Père et au sein de la Vierge, au sein de la croix et à la dextre de Dieu. O séjour! ô états! ô mystères de Jésus en Judée, en Egypte, en Galilée, en Bethléem, en Nazareth, en Jérusalem, en la crèche, en la croix, au sépulcre, en la terre, aux enfers et au ciel! Qui dirait vos pensées, vos douleurs, vos délices en ces lieux. Mais le ciel nous les révélera un jour, et ce sera une des occupations de notre éternité; en attendant, la terre doit les ignorer, les révérer, et se contenter des miettes qui tombent de la table de vos saints, que vous nourrissez en abondance de ce pain vivant et vivifiant en la terre et au ciel.

8. A leur exemple et imitation, 1. je vous contemple et vous adore, ô Jésus mon Seigneur, je vous adore en vos grandeurs et en vos bassesses, en votre croix et en votre gloire, en votre vie et en votre mort. 2. Je vous adore comme relevant vos bassesses par vos grandeurs, votre vie humaine par votre vie divine, vos opprobres par votre gloire, et votre état souffrant par votre état impassible, immuable et éternel. 3. Je vous adore comme adorant vous-même, vos grandeurs par vos bassesses, votre divinité par votre humanité, votre naissance au sein du Père par votre naissance en la Vierge et en la crèche, votre autorité suprême par votre humilité, et votre être incréé par votre être créé. 4. Et après vous avoir ainsi contemplé en vous-même, je vous contemple et adore comme sortant hors de vous-même, comme vous étendant et vous répandant vous-même, et comme remplissant le ciel et la terre de votre grâce et de votre gloire, de vos dons et de vos mystères, et enfin de vous-même! O Dieu! ô homme! ô Homme-Dieu! O l'infiniment prodige de vous-même.

9. Je m'étends à la diversité de ces pensées,

je me ravis de vous en ces différents usages que mon âme fait de vous-même, et je me perds en la contemplation des vérités si hautes et si grandes; car en l'honneur de la communication suprême, que vous recevez de votre Père en la génération éternelle et en l'honneur de la communication ineffable de votre divinité à l'humanité dans l'Incarnation; je vous vois, je vous admire, je vous adore, ô mon Seigneur, comme vous anéantissant, et comme vous épuisant vous-même, pour vous donner aux hommes. Vous épuisez ce semble, votre divinité, la répandant en votre humanité; vous anéantissez votre humanité, la consommant incessamment en la fournaise de votre amour, et enfin la sacrifiant en l'holocauste de votre croix; vous répandez votre sang en souffrant, et mourez par effusion de sang, choisissant ce genre de mort pour marque de l'effusion que vous faites de vous-même; et les clous et les bourreaux ne pouvant pas tout épuiser l'ardeur de votre amour, qui dans la mort ne peut mourir, va conservant liquide dans la froideur de la mort, ce qui en reste dans le cœur et dans le corps, pour répandre jusqu'à la dernière goutte, tant il vous plaît de faire une abondante et surabondante effusion, et de votre sang, et de vous-même tout ensemble.

10. Que dirai-je, que ferai-je, en la vue de ces choses! que je m'oublie moi-même, car vous vous oubliez pour moi; que je me délaisse et anéantisse, car vous vous anéantissez pour moi; que je sois vôtre, car vous êtes mien; que je sois tout vôtre, car vous êtes tout mien; que je sois tout vôtre pour jamais; car vous êtes tout mien pour jamais. Votre divinité comme incarnée, est ma substance et ma subsistence; votre humanité comme divinisée, est mon salut et ma vie; votre corps est mon aliment, et votre sang est mon lavement, votre mort est ma vie, votre impuissance est ma force, votre croix est mon repos, votre souffrance est ma jouissance : ainsi je suis à vous et vous êtes à moi, et je suis à vous par vous-même, et par voie si noble et si divine, si chère et si intime, et par tant de sortes de voies qui vous donnent à moi, qui me consacrent à vous, et qui vous épuisent tout pour moi.

11. Mais je découvre un plus grand secret en votre amour et en vos mystères, et une plus grande grâce en la voie que vous tenez sur moi; car non-seulement vous êtes à moi, et je suis à vous, mais je suis en vous. J'aperçois qu'en vous contemplant vous-même et votre Père, et voyant que vous êtes en lui, que vous vivez en lui, vous voulez former en moi une image vive de vous-même et de votre émanation divine; et vous voulez par votre Incarnation établir une manière de grâce toute nouvelle au monde, qui me rende en l'ordre de la grâce, non-seulement existant par vous, mais existant en vous. Tellement que par cette manière de grâce propre à ce mystère, et émanant d'icelui, en l'honneur et en imitation de votre procession éternelle; non-seulement je suis à vous, je suis par vous, mais je suis en vous je vis en vous, je fais partie de vous, je suis os de vos os, et chair de votre chair. Que je sois donc aussi esprit de votre esprit, que je vive de votre vie, que je participe à l'intérieur, à la grâce, à l'état, à l'esprit de vos mystères; que je m'approprie à vous, que je les approprie à moi; que je m'approprie à vos grandeurs et à vos abaissements, votre croix et votre gloire, votre vie et votre mort.

12. C'est mon désir et mon espérance; mais cela passe ma puissance, et aussi je l'attends de la nouvelle grâce, du nouvel homme; car elle me conjoint à lui, et me met en état, non-seulement d'opérer, mais encore de recevoir et porter ses saintes et divines opérations; même elle tend à une plus étroite et intime communication. Car cette nouvelle grâce étant émanée de l'Incarnation, et ressemblant à son principe et à son prototype, elle tend à ce que je sois en Jésus, et que Jésus soit en moi; comme il est en son Père, et son Père en lui. Soyez donc en moi, ô Jésus, vivez en moi, opérez en moi, formez et figurez en moi vos états et vos mystères, vos actions et vos souffrances. Et comme le Père exprime et imprime en vous sa substance, comme en son divin caractère, imprimez en mon âme et en ma vie, votre vie intérieure et extérieure, et que je sois un vif caractère portant l'impression de votre esprit, de vos états et de vos opérations saintes et salutaires. Vous êtes l'image de Dieu, que je sois l'image vive de vous-même; que je sois fait semblable à vous; me conformant à vos mystères, comme vous avez voulu vous faire semblable à moi, vous conformant à mes misères; et que je porte les effets et les traits de votre grâce et de votre gloire, de votre puissance et de votre vie sur la terre. Que votre naissance me fasse renaître; que votre enfance me mette en innocence, que votre fuite en Egypte me fasse fuir le monde et le péché; que votre servitude me rende votre esclave; que vos liens me délient et me délivrent de mes péchés, de mes passions et de moi-même; que votre vie cachée et inconnue me cache au monde et à la vanité, que votre solitude m'entretienne, que vos tentations m'affermissent, que vos labeurs me soulagent, que vos douleurs me guérissent, que vos agonies me confortent, que vos langueurs me consolent, et que votre mort me fasse vivre et renaître en l'éternité.

13. Qu'ainsi j'entre en commerce et communication avec vous, ô ma vie et mon amour! O mon Dieu et mon tout, qu'ainsi le cours et les moments, les périodes et les états de votre vie sur la terre me soient appliqués et appropriés, et qu'ainsi vos qualités et vos offices opèrent en moi, et m'impriment leurs efforts salutaires. Vous êtes la sapience incréée et incarnée, je veux adhérer à vos maximes, et suivre votre conduite; vous êtes le docteur de justice, je veux entrer en votre école et discipline; vous êtes le saint et le salutaire de Dieu, je veux avoir grâce et salut en vous; vous êtes

la vie, je veux vivre de vous; vous êtes la voie, je veux aller par vous; vous êtes le Dieu du ciel et de la terre, je veux être à vous.

14. Je sais que je suis à vous, et par beaucoup de titres : car je suis à vous par vos grandeurs, vos pouvoirs, vos priviléges; je suis à vous par vos dignités, vos mérites, vos bienfaits; je suis à vous par le don du Père, qui me donne à vous en vous donnant le rond de la terre; je suis à vous par le don que vous faites de vous-même au Père pour moi. Et vous êtes à moi, car le Père vous donne au monde en l'excès de son amour, et vous êtes le don du Père, vous êtes le don de Dieu, et en plusieurs sens et manières. Et c'est vous-même qui vous qualifiez ainsi, disant à la Samaritaine : *Si scires donum Dei, et quis est qui loquitur tecum.* (Joan. IV, 10, 26.) Ainsi parlez-vous de vous-même à cette pauvre étrangère que vous rendiez heureusement domestique de votre foi et de votre parole, et que vous daigniez si familièrement catéchiser vous-même.

15. Apprenant donc de votre bouche sacrée cette qualité qui vous est propre d'être le don de Dieu, je vous adore, je vous regarde, je vous reçois en cette qualité; comme par celle où vous êtes à moi, je veux être à vous : et il ne me suffit pas d'être à vous par vous-même et par votre Père, je veux encore être à vous par moi-même et par l'élection de ma franche volonté. Je me donne donc à vous, ô Jésus, mon Seigneur; je me donne à vous de tout mon pouvoir, et selon l'étendue de votre puissance et volonté sur moi. Je me donne à la grâce de votre mystère de l'incarnation : grâce qui me lie à vous d'une manière toute nouvelle; grâce qui me sépare de moi-même, m'unit et m'incorpore en vous; grâce qui me rend vôtre d'une manière si noble, si intime et si puissante, et me rend vôtre, comme partie de vous; grâce de vie et de mort tout ensemble, grâce d'anéantissement et d'établissement. En la force et vertu de cette grâce qui prend son origine en vous et en votre nouvel état de Dieu-Homme, je m'anéantis en moi-même pour être en vous, et je veux porter en mon esprit une mort salutaire à toutes choses pour vivre en vous, et je veux que mon être soit réduit à n'être plus qu'une pure capacité de vous, remplie de vous.

16. Selon le pouvoir et l'efficace de cette grâce qui est propre à votre mystère de l'Incarnation, et qui est formée sur lui comme sur son exemplaire, je me donne à vous, ô Jésus mon Seigneur; je vous donne mon être, ma vie et mon amour; je vous donne mon temps et mon éternité, je vous donne mon corps et mon âme, je vous donne mes sens et mes puissances, je me rends l'esclave de vos grandeurs, de votre croix et de votre amour; je mets entre vos mains la dernière heure de ma vie, décisive de mon éternité; je m'offre à vous, je m'applique à vous, je me veux transformer en vous, je me perds et m'abîme en vous. Car vous êtes mon Dieu, et je suis votre créature; vous êtes mon souverain, et je suis votre vassal; vous êtes mon Rédempteur, et je suis votre esclave.

17. Voilà vos qualités et mes devoirs, je les accepte et m'y rends pleinement, et je vous offre mon obéissance, ma servitude et ma dépendance absolue de vous, et vous l'offre pour jamais. Je me rends et me soumets du tout au mouvement de votre esprit et à la conduite efficace de votre grâce établie en la terre et au ciel par le nouveau mystère de votre Incarnation, et je ne veux en la terre autre repos qu'en vos labeurs, ni autres délices qu'en votre croix, ni autre vie qu'en votre mort, ni autre jouissance qu'en notre souffrance, comme vous voulez qu'au ciel et en l'éternité j'aie vie en votre vie, félicité en votre félicité, paradis en votre paradis, jouissance en votre jouissance, et subsistence en votre divinité. Ainsi soit-il.

II. ÉLÉVATION A LA TRÈS-SAINTE TRINITÉ.

SUR LE MYSTÈRE DE L'INCARNATION.

Pour adorer les grandeurs suprêmes de Jésus, et s'offrir à lui en l'état de l'humble servitude; et son absolue dépendance qui lui est due en suite de l'union ineffable de la Divinité avec l'humanité.

Dieu ayant créé deux natures capables de lui, celle de l'ange et celle de l'homme, il exerce sa justice sur l'une et sa miséricorde sur l'autre. 1. — *Mystère de l'Incarnation, chef-d'œuvre de l'amour et de la puissance de Dieu.* 2. — *Grandeurs du mystère de l'Incarnation.* 2. — *Elèvement de notre nature en ce mystère.* 2. — *Ce qui est propre à la personne du Père éternel, dans les deux mystères de la Trinité et de l'Incarnation.* 2. — *Ce qui est propre à la personne du Fils en ces deux mystères.* 3. — *L'amour de Jésus vers les hommes abaisse et crucifie un Dieu, pour élever et glorifier l'homme et le transformer en Dieu, non-seulement par communication de qualités, mais encore par communication de substance.* 3. — *Ce qui est propre à la personne du Saint-Esprit en ces deux mystères.* 4. — *Opération du Saint-Esprit dans l'Incarnation, et au regard de la Vierge, et au regard de la personne du Verbe, et au regard de son humanité.* 4. — *Élévation à l'humanité en ses états, d'existence en l'être divin, de subsistence en la personne du Verbe, et de filiation non adoptive, mais propre et naturelle.* 5. — *Communication des perfections divines à une humanité ainsi existante, subsistante et vivante en Dieu.* 5. — *Élévation à la Vierge en ce mystère, accompagnée de plusieurs très-saintes affections.* 6. — *Oblation à Jésus et à son humanité déifiée en l'humble état de servitude.* 7.—*Exposition plus ample de cette servitude.* 8, 9, 11, 12, 13, 14, 15, 17.—*Vie de la Divinité en l'humanité.* 9. — *Dénûment de la subsistence humaine de Jésus, qui est le fondement de l'appropriation de son humanité et de toutes les facultés et usages d'icelle à la personne du Verbe.* 10. — *Ce dénûment est adorable, comme aussi tout* ce qui est de *Jésus*. 10. — *Jésus est doublement en l'état et forme de serviteur : c'est à savoir et par l'abaissement de sa personne divine à une nature créée, et par son humiliation jusqu'au supplice servile de la croix.* 12. — *Souhait d'union inséparable à Jésus-Christ, en l'honneur de son unité avec Dieu le Père et de son union indissoluble avec nous.* 16. — *L'humanité de Jésus, temple de la Divinité.* 16. — *Combien de choses grandes ont été opérées en cette humanité.* 16. — *L'humanité est sainte par la Divinité même, qui est une sainteté substantielle.* 16. — *La sainteté incréée et substantielle qui est en Jésus découle de lui, en lui et en nous, et sanctifie même la grâce créée dont il est rempli.* 16.

1. Trinité sainte, divine et adorable en l'unité de votre essence, en la société de vos personnes, en la fécondité de vos émanations ; je vous loue et vous adore en la sublimité de vos grandeurs, et je m'abîme en la profondeur de vos conseils, et en l'étendue de vos miséricordes. Vous avez créé deux natures capables de vous-mêmes, celle de l'ange et celle de l'homme ; vous voulez exercer votre justice sur l'une, et votre miséricorde sur l'autre. Je vous adore en ce vouloir, et vous rends grâces de ce conseil que vous avez tenu de toute éternité en l'excès de vos misérations, conseil très-haut et très-profond, conseil très-saint et très-sacré, d'unir un jour et pour jamais la nature humaine à votre divine essence.

2. O Père éternel, qui produisez en vous-même un Fils unique, égal à vous, et le produisez hors de vous-même par une seconde et nouvelle naissance, le choisissant pour unir en sa personne votre nature et la nôtre. Je vous loue et vous bénis comme Dieu et comme Père, et comme Dieu et Père de ce Fils unique Jésus-Christ Notre-Seigneur. Vous l'engendrez éternellement, et le rendez comme un autre vous-même par cette génération ineffable ; et depuis le moment choisi par votre sapience, vous le donnez incessamment à cette humanité dérivée de la Vierge ; moment heureux de servir de commencement à ce grand œuvre, le chef-d'œuvre de votre amour et de votre puissance. O Dieu et Père tout-puissant, soyez éternellement béni en ce moment, en cet œuvre et en cet amour, amour par lequel vous répandez hors de vous-même cette rosée céleste, cette substance divine, ce don précieux que reçoit le monde et la sainte Vierge, et en elle notre nature ; œuvre auquel s'accomplit l'œuvre de vos œuvres, le mystère de vos mystères, le mystère de l'Incarnation ; moment dans lequel notre nature reçoit et a pour un jamais la personne de votre Fils unique pour sa propre personne, et par un lien si sacré, si divin, si intime, elle est conjointe à votre divinité.

3. O Fils unique de Dieu, qui donnez votre essence au Saint-Esprit, et votre personne à notre humanité, et les donnez par puissance ineffable et secrète de votre amour, que je vous loue, contemple et adore en vous-même et en ces deux donations différentes ! Vous produisez éternellement le Saint-Esprit, et lui donnez cette même essence que vous avez reçue du Père, vous créez et formez un nouvel homme par un nouvel effort de votre grâce et puissance, et vous donnez vous-même à lui, unissant sa nature à votre propre personne, et ne cessez jamais en cette union et donation divine ; vous exercez ainsi dignement et divinement votre amour ; vous conspirez en unité avec le Père en ces deux grandes donations, l'une éternelle, l'autre temporelle ; et vous remplissez de l'une la plénitude des temps, et de l'autre la plénitude de l'éternité. Béni soyez-vous en temps et en éternité. Lorsque vous parliez de vous-mêmes à vos plus intimes et familiers, c'est-à-dire à vos apôtres, en la dernière heure de votre vie, vous vous nommiez la vie, et aussi vous êtes la vie et principe de vie et d'amour en la très-sainte Trinité ; et que la mort ne vous peut ôter et ravir ; mais en l'excès de votre amour vous avez encore voulu être une nouvelle vie, et un nouveau principe de vie et d'amour en votre humanité. Béni soyez-vous, en ce vouloir et cet amour, amour abaissant et élevant, amour anéantissant et déifiant, amour crucifiant et glorifiant ; car cet amour élève l'humanité et abaisse la divinité ; cet amour anéantit en certaine manière votre nature, et déifie la nôtre ; cet amour vous met en la croix, et nous met en la gloire ; et enfin cet amour nous transforme en vous, non-seulement par communication de qualités, mais encore par communication de substance. O Fils de Dieu, je vous aime et vous adore en cet amour et en cet anéantissement, et en cette transformation puissante !

4. De vous je viens au Saint-Esprit, qui procède de vous, comme vous procédez du Père ; car en cette voie de vie et d'amour, je vais suivant l'ordre des processions divines et les sources de vie, et après le Fils je m'adresse à vous, ô fontaine de vie, ô Saint-Esprit, esprit de vérité, de vie et d'amour, et je vous adore en vous-même, car vous êtes Dieu en l'unité que vous avez avec le Père et le Fils. Je vous adore en votre émanation ; car vous procédez d'eux, et vous êtes leur esprit, leur lien, leur amour ; et je vous adore encore en l'opération admirable que vous faites au temps ordonné par la sapience éternelle, car c'est la plus haute et la plus sainte opération qui puisse être terminée hors de vous-même ; opération qui environne la plus digne personne qui sera jamais après les personnes divines, c'est-à-dire la personne de la Vierge ; opération qui l'abaisse et l'élève, l'abaisse jusqu'au centre de son néant, tirant d'elle ces sacrées paroles: *Ecce ancilla Domini* (Luc. 1, 38), et l'élève jusqu'à la plus grande dignité qui sera jamais communiquée, ni à elle, ni à autre, la faisant Mère de Dieu ; opération qui prépare et unit notre nature à la divinité, et la personne de la Vierge, à la personne du Verbe ; opération qui accomplit l'Incarnation du Verbe, et la déification de la nature hu-

maine, laquelle demeurant humaine dans l'état même de cette union divine, reçoit la grâce incréée et infinie, dans un être créé, fini et semblable au nôtre.

5. Et vous, ô humanité sacrée, qui par cette opération du Saint-Esprit êtes saintement dérivée de la Vierge, et unie personnellement au Verbe éternel ; je vous contemple et adore en l'état admirable auquel vous entrez ; état d'existence en l'être divin, état de subsistance en la personne du Verbe, état de filiation, état unique, mais propre et naturelle, et je me perds en la vue des communications intimes et secrètes des perfections divines, qui sont singulièrement communiquées à une nature ainsi résidente, ainsi vivante, ainsi existente en la divinité.

6. Et puisque la très-sainte Trinité vous choisit, ô sainte Vierge, et vous associe à soi-même en cette opération admirable, je ne puis vous oublier en ce mystère, et je ne dois pas séparer ce que Dieu a conjoint en ce sien œuvre ; œuvre auquel il daigne vous donner une part si grande et honorable, et si propre à vous seule entre toutes les créatures. Je vous loue donc, et vous révère d'une vénération singulière, correspondante à l'excès de l'excellence et dignité qui vous est communiquée ; car vous êtes Mère de Dieu, et vous êtes l'unique en cet ordre et qualité, et c'est en vous, et en vous seule que cet œuvre des œuvres est accompli, et cette union divine est consommée entre l'humanité et la divinité. Il y a de quoi se ravir en ces pensées, se perdre en la diversité de ces choses, et s'abîmer en leurs profondités. Les regardant je me confonds, je m'abaisse, je m'élève, je m'éjouis, je sors de moi-même, et je veux avoir part à la nouvelle grâce de ce nouveau mystère de l'Incarnation.

7. Et en attendant qu'il plaise à Dieu me rendre capable de quelqu'une des inventions saintes de son esprit, et des opérations de sa grâce et de son amour, en suite de ce sien mystère ; je m'offre et me soumets, je me voue et me dédie à Jésus-Christ Notre-Seigneur, en état de servitude perpétuelle à lui et à son humanité déifiée, et à sa divinité humanisée, et ce avec résolution autant ferme, constante et inviolable qu'il m'est possible par sa grâce, et que mérite la durée et perpétuité de ce mystère stable et permanent en toute éternité.

8. En l'honneur donc de l'unité du Fils avec le Père et le Saint-Esprit, et de l'union de ce même Fils avec la nature humaine qu'il a unie et jointe à sa propre personne, j'unis et lie mon être à Jésus et à son humanité déifiée, par le lien de servitude perpétuelle ; je fais cette liaison de ma part, de toute ma puissance, et le supplie de me donner plus de puissance pour me lier à lui d'une liaison plus grande et plus étroite en l'honneur des liaisons saintes et sacrées qu'il veut avoir avec nous en la terre et au ciel, en la vie de grâce et de gloire.

9. Je révère et adore la vie et l'anéantissement de la divinité en cette humanité, la vie, la substance et la déification de cette humanité en la divinité, et toutes les actions humainement divines, et divinement humaines, qui ont procédé de cette vie nouvelle et mutuelle de l'Homme-Dieu, vivant en deux essences, dont l'une est éternelle et l'autre temporelle, l'une est divine, et l'autre humaine ; vie grande, haute et profonde de l'Homme-Dieu et de Dieu-Homme ; vie rare et admirable, mais cachée en sa sublimité ; vie inconnue même aux anges et à toute la nature créée hors la manifestation de la gloire ; vie cachée, dis-je, et inconnue de la divinité en cette humanité, et de l'humanité en la divinité. En l'hommage de cette double vie et essence, je lui dédie et consacre ma vie et mes actions de nature et de grâce, et lui consacre en qualité de vie et actions d'un sien esclave pour jamais.

10. Je révère le dénûment que l'humanité de Jésus a de subsistence propre et ordinaire, pour être revêtue d'une autre subsistence que nous pouvons dire étrangère et extraordinaire à sa nature ; d'où vient que sa vie et son état, ses mouvements et ses actions ne sont plus d'elle, ni à elle, à proprement parler, mais sont de celui qui la soutient ainsi dénuée de sa propre subsistence. En l'honneur de cette privation que cette humanité a d'une chose si intime et si conjointe à sa nature, et de la dépendance nouvelle et absolue qu'elle a d'une personne divine, je renonce à toute la puissance, autorité et liberté que j'ai de disposer de moi, de mon être, de toutes les conditions, circonstances et appartenances d'icelui, et de toutes mes actions, pour m'en démettre entièrement entre les mains de Jésus et de son humanité sacrée, à son honneur et gloire, pour l'accomplissement de tous ses vouloirs et pouvoirs sur moi.

11. Je vous fais, ô Jésus, et à votre humanité déifiée, une oblation et donation entière, absolue et irrévocable de tout ce que je suis par vous en l'être et en l'ordre de nature et de grâce, de tout ce qui en dépend, de toutes les actions naturelles et bonnes que j'opérerai à jamais, me référant tout, c'est-à-dire tout ce qui est en moi, et tout ce que je puis référer à l'hommage et honneur de votre humanité sacrée, laquelle je prends et regarde désormais comme l'objet auquel après Dieu, je fais relation de mon âme et de ma vie intérieure et extérieure, et généralement de tout ce qui est mien.

12. O grand et admirable Jésus, nonobstant vos grandeurs, je vous vois en l'état et en la forme de serviteur, et je vois que vous avez pris cette forme et cet état en deux manières, l'une en prenant notre nature humaine par le mystère de l'Incarnation, et abaissant en icelui l'être infini et suprême de votre divinité jusqu'au néant de notre nature ; l'autre en prenant la condition abjecte de votre vie mortelle, infirme et misérable sur la terre, et abaissant cette même humanité, qui est unie au Verbe, dans l'état et mystère de votre vie mortelle, voyagère, inconnue et souffrante, car cette humanité ainsi élevée dans le trône et l'état d'une

personne divine, ne devait être en aucun autre état que de gloire et de splendeur, et splendeur digne de la divinité, à laquelle elle est inséparablement unie ; et toutefois, ô amour, ô bonté, vous vous abaissez pour moi jusqu'à un état et forme de vie humble et servante à vos créatures, et enfin jusqu'à l'opprobre et au supplice cruel et servile de la croix.

13. En l'honneur donc de ce double état et forme de serviteur auquel il vous a plu réduire votre grandeur suprême, je m'offre et me présente à vous, ô Jésus, je me rends à perpétuité votre esclave et de votre humanité adorable, je me rends l'esclave de votre amour, l'esclave de vos grandeurs, et l'esclave de vos abaissements. Je prends cette qualité, et je la rends universelle et assujettissante tout ce qui est en moi, car je veux que tout ce que je suis, je veux que ma vie de nature et de grâce, toutes mes actions soient à vous et à votre humanité sacrée, comme chose qui lui appartient en une nouvelle manière, par cette qualité et condition de servitude envers elle que je lui offre présentement, et je requiers que ma vie, mon état et mon âme, porte une marque particulière de cette appartenance, dépendance et servitude, au regard de vous et de votre humanité ainsi déifiée et ainsi humiliée tout ensemble.

14. Que si je connaissais un état et rapport de moi vers vous plus dépendant de vous, et une relation plus humble et plus étroite que celle d'esclavage et servitude, je le rechercherais pour me référer à vous comme chose due, tant à la grandeur de l'état auquel votre humanité est élevée par l'union hypostatique, comme encore à l'excès de son amour et de l'abaissement volontaire auquel elle s'est humiliée et anéantie pour mon salut et pour ma gloire.

15. Mais, hélas ! que ferai-je ? vos grandeurs sont permanentes, nos devoirs sont perpétuels, et j'arrive tard à ces lumières, et encore sont-elles passagères et nos esprits se laissent aisément divertir de choses si grandes, si dignes et si justes, je me veux affermir en ces vérités et en ces volontés, je veux réparer le temps passé, je veux me rendre vôtre pour tout le temps auquel je vous ai peu connu et peu servi ; je veux vous donner pour jamais tout ce que je suis, et tout ce que je puis ; je veux que tout ce qui est en moi vous regarde et vous serve uniquement et parfaitement ; je veux n'avoir autre conduite, mouvement et sentiment que par vous et pour vous, et je veux qu'en vertu de la pensée, intention et oblation présente, chaque moment de ma vie et chacune de ces actions vous appartiennent, ô Jésus, et à votre humanité sacrée, comme si je les vous offrais toutes en particulier.

16. O Fils unique de Dieu, le lien que vous avez avec nous est indissoluble, et la mort que vous avez soufferte, l'enfer où vous avez été, les péchés des hommes que vous avez portés ne l'ont pu rompre, je voudrais aussi avoir avec vous un lien indissoluble, ô Jésus mon Seigneur ; vous pouvez me faire cette grâce, et pour m'y disposer de ma part, je vous adore en l'unité que vous avez avec le Père, unité qui vous rend inséparable d'avec lui. Je vous adore en l'union que vous avez voulu avoir avec nous, union si forte que rien ne peut la dissoudre, union si intime qu'elle ne peut plus être intrinsèque et immédiate, puisqu'elle pénètre jusqu'au fond de l'être humain ; en l'honneur et en l'efficace de cette union je vous offre ce mien désir d'être uni à vous pour jamais, et je rends irrévocable, autant qu'il m'est possible, cette mienne oblation, donation et servitude envers vous et envers votre humanité, comme sainte et sacrée par votre divinité même, qui est substantiellement et personnellement résidente en elle. O humanité sainte, vous êtes le temple de la divinité, et c'est ainsi que vous appelle celui qui vous a choisie pour soi et unie à soi, et qui a les paroles de vie, car il disait aux Juifs : *Solvite templum hoc, et in tribus diebus reædificabo illud.* Et ces esprits grossiers et matériels appliquaient ces propos à leur temple et à leurs pierres ; mais ô Jésus, selon votre apôtre, vous parliez d'un autre temple, du temple de votre corps, temple premier, singulier, tout particulier de la divinité, qui a voulu choisir ce corps et cette humanité pour triompher en elle et par elle, et se rendre visible en ses grandeurs au milieu de la terre. La divinité donc repose en vous, ô humanité sacrée comme en son temple ; temple vivant et animé, temple consacré par l'onction de la divinité même qui est présente, subsistante et vivante en vous, pour y prendre son repos, pour y être reconnue et adorée et pour y opérer des actions divines et adorables, et elle repose en cette humanité plus saintement, plus divinement et plus admirablement que dans l'ordre et l'état même de la gloire, et elle y opère choses plus hautes et plus grandes que dans le ciel, puisque nous voyons que dans elle et par elle, Dieu est homme et l'homme est Dieu, Dieu est naissant et mourant, Dieu est vivant et souffrant, et l'Homme-Dieu est satisfaisant en termes de justice à la justice divine ; chose qui surpasse tout l'état présent et possible de la grâce et de la gloire. Aussi je vous révère et adore, ô humanité sacrée, comme la chose la plus sainte après Dieu, que Dieu même trouve dans les trésors de sa sapience et dans les abîmes inépuisables de son absolue puissance ; car encore que vous soyez semblable à nous en la grâce, et la grâce et sainteté qui vous convient, n'est pas celle qui convient aux anges et aux hommes, laquelle encore qu'elle fût multipliée infiniment, n'arriverait jamais à l'ombre de votre sainteté et en serait toujours infiniment distante ; mais vous êtes sainte d'une sainteté incomparablement plus haute, d'une sainteté propre à vous, d'une sainteté adorable, d'une sainteté émanée de l'essence et personne divine comme de son acte et de sa forme propre, et je vous considère et adore comme sainte, et non par au-

cune forme de sainteté adjointe et accidentelle, mais par la divinité même qui vous rend sainte d'une sainteté substantielle, d'une sainteté incréée, d'une sainteté primitive et radicale, d'une sainteté constituant l'ordre et l'état admirable de l'union hypostatique et d'une sainteté sanctifiant même la grâce qui est en vous et qui découle de vous en vous, et de vous en nous sa grâce créée qui est en vous et qui orne votre essence créée et vos puissances, vous trouve sainte et ne vous fait pas sainte comme nous, mais elle reçoit elle-même, en vous et par vous, un état et manière de sainteté qu'elle n'a pas en elle, et qu'elle ne peut avoir qu'en vous, ce qui l'élève, l'ennoblit, et la rend capable de choses plus grandes qu'elle ne peut en elle-même. O sainteté de Jésus ! ô sainteté nouvelle ! ô sainteté admirable ! ô sainteté singulière ! ô sainteté source de toute sainteté ! ô sainteté sanctifiant et déifiant la grâce même qui sanctifie toutes choses ! O grandeur de Jésus et de l'humanité de Jésus, car comme tout est Dieu en Dieu ; tout est saint, tout est grand en Jésus, et son humanité demeurant humaine est rendue divine, en tant qu'elle est élevée dans le trône même de la divinité par l'union personnelle, union si haute et si particulière, qu'elle est inconnue même en son être possible à toute la lumière et intelligence de la nature créée.

17. Que ferai-je en la vue de choses si hautes et si grandes ? il faut que je m'abîme en cet océan, que je me perde en ces grandeurs ; je veux les recueillir toutes, et je veux révérer toutes les excellences révélées et non révélées, qui suivent et accompagnent un état si haut et si élevé comme celui de l'union personnelle de cette nature créée au Verbe incréé. Je m'élève et m'unis à cette nature, et par elle au Verbe éternel, et par le Verbe au Père qui l'a engendré et qui nous l'a donné ; je me rends souveraineté suprême et incommunicable à l'ordre des créatures, que cette nature possède par son état de filiation divine ; je me soumets au pouvoir que cet état admirable lui donne sur toutes choses créées, je me dédie et consacre tout à cette humanité déifiée, je me livre à sa puissance, à sa conduite et à son amour, et je veux qu'elle ait une puissance spéciale sur mon âme et mon état, sur ma vie et mes actions, comme sur une chose qui lui appartient par un droit nouveau et particulier, en vertu de la résolution présente que je lui offre, de dépendre de ses grandeurs et nommément de l'état de filiation et souveraineté auquel elle est élevée.

Voilà ce que je puis, ô Jésus mon Seigneur ; mais cela ne suffit pas à mon devoir, ni à mon désir, ma puissance est trop petite pour remplir la capacité de mon âme qui a regard et rapport à vous, et veut être remplie et activée de votre puissance et non de la sienne, car vous pouvez sur moi ce que je ne puis pas moi-même.

O âme sainte et déifiée de Jésus, agissez en mon âme et daignez prendre par vous-même la puissance sur moi que je ne vous puis donner, et me rendez votre esclave en la manière que je ne connais point et que vous connaissez, et me faites être à vous et vous servir, non-seulement par mes actions, mais encore par l'état et condition de mon être et de ma vie intérieure et extérieure, et je vous supplie de me tenir et traiter en la terre comme votre esclave, qui s'abandonne tout à tous vos vouloirs, qui se livre à vos pouvoirs et à tous les effets de votre grandeur et souveraineté sur les choses qui vous appartiennent.

Et vous, ô Vierge et Mère de Jésus, je vous supplie de me tenir et me considérer désormais comme esclave de votre Fils, et en cette qualité m'obtenir part à ses voies et miséricordes éternelles.

III. ÉLÉVATION A DIEU
EN L'HONNEUR DE LA PART QU'IL A VOULU DONNER A LA VIERGE MARIE DANS LE MYSTÈRE DE L'INCARNATION, L'OPÉRANT EN ELLE ET PAR ELLE.

Pour honorer la très-sainte Vierge en la dignité qu'elle a de Mère de Dieu, et s'offrir à elle en l'état de la dépendance et servitude qui lui est due en cette qualité, et correspondant par notre dévotion intérieure à la puissance spéciale qu'elle a sur nous en suite de sa maternité divine et admirable.

Grandeurs du mystère de l'Incarnation, 1, 2, 3, 4. — La Vierge est la personne la plus grande après les personnes divines, 4, 6. — Le mystère de l'Incarnation est partagé entre la très-sainte Trinité et la Vierge, 5. — La Vierge est plus grande que toutes les autres personnes humaines et angéliques considérées toutes ensemble, 6. — La Vierge fait un ordre, un empire et un univers à part, 6. — Les neuf chœurs des anges regardent et adorent par leur état les perfections divines, et la Vierge par le sien, regarde et adore les personnes de la très-sainte Trinité et leurs propriétés, 7. — Dessein de Dieu de faire la Vierge mère de son Fils, source des grandeurs de la Vierge, 8. — Paternité divine, exemplaire et origine de la divine maternité. — Le Père éternel et la Vierge sont liés ensemble par la personne du Fils : ce qui va imitant et adorant la liaison éternelle du Père et du Fils par la personne du Saint-Esprit, 8. — Jésus est le centre de l'être créé et de l'être incréé, 8. — L'union des deux natures, l'une humaine et l'autre divine, établit le mystère de l'Incarnation, et l'union d'une personne divine et d'une personne humaine établit le mystère de la divine maternité, 8. — Le Verbe éternel qui est en société avec le Père et le Saint-Esprit avant tous les siècles, veut être dans les temps en liaison et société avec une troisième personne qui est la Vierge, 9. — Nous devons rendre hommage à toutes les liaisons ineffables et inconnues du Fils de Dieu et de la Vierge, 9. — Oblation ou donation à la Vierge, en qualité d'esclave, 10. — Cette donation à la Vierge regarde Jésus, et c'est proprement se rendre esclave de Jésus assujetti au pouvoir maternel de la Vierge, 10. — Explication de cette donation, selon toute son étendue. 11, 12, 13. — *Cette oblation tend à honorer l'élévation et l'abaissement de la Vierge, au mystère de l'Incarnation*, 13. — *Souveraineté de la Vierge sur toutes les créatures*, 14. — *La souveraineté de la Vierge et notre servitude vers elle, sont fortement soutenues, contre quelques récents*, 14. — *Nous faire esclave de la Vierge, est peu de chose, et nous devons souhaiter qu'elle emploie son pouvoir sur nous pour nous rendre elle-même ses esclaves*, 15.

1. Trinité sainte, adorable en vous-même et en vos œuvres, je vous loue et adore en l'unité de votre essence, en l'égalité de vos personnes, en la profondeur de votre sapience, en l'étendue de votre providence, et en l'œuvre de vos œuvres, qui fait Dieu homme et une vierge Mère de Dieu.

2. Œuvre ineffable et incompréhensible, œuvre seul digne de la puissance et grandeur de l'ouvrier, œuvre le chef de vos œuvres, l'origine de vos mystères, l'exemplaire de vos grandeurs et le soleil de vos merveilles, œuvre qui enclôt votre essence, se termine à l'une de vos personnes et produit la plus éminente dignité qui soit dans l'Etre produit hors de la divinité.

3. Et cet œuvre si grand, si rare et si éminent se fait en un moment, non pour un moment, mais pour une éternité ; cet œuvre se fait dans les temps, non pour un temps mais pour les siècles des siècles ; cet œuvre se fait en Nazareth, non pour un Nazareth, mais pour tout l'univers ; cet œuvre se fait sur la terre, et non au ciel, mais il se fait et pour la terre et pour le ciel ; cet œuvre se fait entre les hommes, mais il se fait pour les anges, pour les hommes et pour le Dieu des dieux ; car il donne une Mère à un Dieu, un roi aux anges et un Sauveur aux hommes.

4. O Trinité divine et admirable ! c'est le chef-d'œuvre de vos mains, lequel va imitant et exprimant la vie, la communication et la société que nous adorons ès personnes divines ; vous qui opérez toutes choses pour vous-mêmes, et en vous contemplant vous voulez exprimer en cet œuvre une idée de vous-même, vous voulez en l'honneur de cette vie et communication divine et éternelle faire une vie et communication divine et temporelle : vous voulez entrer en société et communication avec vos créatures, pour imiter et honorer la communication et société qui est en vos personnes ; vous voulez, ce semble, égaler la puissance de votre amour et communication interne en cette effusion d'amour et communication hors de votre propre essence, et choisissant la plus basse de vos créatures, vous voulez entrer en société, en communication, en unité avec les hommes, en communiquant singulièrement et vous associant uniquement à une nature et à une personne humaine ; à une nature humaine, par l'Incarnation de l'une de vos personnes ; à une personne humaine, par l'opération de vos trois personnes, lesquelles, au plus grand de leurs œuvres, ont voulu comme entrer en société avec la Vierge.

5. O dignation infinie ! les trois personnes vivantes et opérantes en unité parfaite, éternellement heureuses et pleinement contentes en leur société, veulent étendre cette société à une nouvelle personne, et ayant à opérer ensemble le chef-d'œuvre de leur puissance et bonté, veulent associer la Vierge à elles-mêmes, en la plus grande de leurs opérations ; car, pour le comble de leur gloire, amour et puissance, voulant joindre l'être créé avec l'Etre incréé, en l'une de leurs personnes, et lui donner une nouvelle nature, elles ont voulu partager la gloire de cet œuvre entre la Vierge et elles, et la choisissant entre toutes les créatures, elles l'ont rendue digne et capable de donner avec elles cette nouvelle nature, et d'être Mère du Verbe incarné : élevant une personne humaine à une telle puissance et qualité, et lui donnant une si grande part à un si grand mystère. Bénie soyez-vous, ô Trinité sainte ! en ce divin vouloir et en ce sacré conseil qui fait le Fils de Dieu fils de l'homme, et une vierge Mère de Dieu. Conseil très-haut, digne aussi du Très-Haut ; conseil très-profond, digne aussi de la majesté du Père, de la sapience du Fils et de l'amour du Saint-Esprit.

6. Contemplant ce conseil et cet œuvre, je vous ai offert mes vœux et mes élévations sur le mystère de l'Incarnation, permettez-moi, Seigneur, que je vous en adresse de semblables sur cette qualité que vous établissez au ciel et en la terre, par le même mystère, qualité de Mère du Très-Haut, et qu'en mes dévotions et pensées je suive votre conduite admirable en cet œuvre. Car en cet œuvre vous associez vous-même la très-sainte Vierge, vous l'élevez à opérer avec vous et à opérer l'œuvre de vos œuvres. Et comme vous associez une nature humaine à l'une de vos personnes divines, vous voulez aussi associer une personne divine à l'un de vos œuvres divins. Contemplant donc cet œuvre, ô Trinité sainte ! et y trouvant cette Vierge en société avec vous, je la contemple et révère après vous, et je la contemple et révère comme la personne la plus haute, la plus sainte et la plus digne de votre grandeur et amour qui sera jamais ; voire je la contemple et révère comme celle qui surpasse en hautesse, en dignité et sainteté toutes les personnes humaines et angéliques, même considérées toutes ensemble.

7. Aussi vous l'avez faite uniquement pour vous, ô Trinité sainte ! vous l'avez faite comme un monde et un paradis à part ; monde de grandeurs et paradis de délices pour le nouvel homme qui doit venir au monde ; vous l'avez faite comme un ciel nouveau et une terre nouvelle, terre qui ne porte que l'Homme-Dieu et ciel qui ne contient que lui, ne tourne qu'à l'entour de lui et n'agit que pour lui ; vous l'avez faite en l'univers comme un autre univers, et dans votre empire comme un autre empire ; car la Vierge est un univers qui a son centre et ses mouvements différents ; la Vierge est un empire qui a ses lois et son état à part ;

et entre tous les sujets de la majesté de Dieu, la Vierge est un sujet si grand, si particulier, si éminent, qu'il fait seul un nouvel ordre dans les ordres de la puissance et sagesse divine : ordre surément à tous les ordres de la grâce et de la gloire, ordre tout singulier qui fait et porte un nouvel empire sur les œuvres de Dieu, ordre conjoint à l'ordre et à l'état de l'union hypostatique, ordre qui a rapport aux personnes divines; car comme les anges sont disposés en hiérarchies qui regardent proprement la divine essence selon les perfections distinctes qui lui sont attribuées d'amour, de lumière, de puissance, etc. aussi la Vierge en son ordre et en sa hiérarchie, qu'elle remplit seule de sa grandeur, regarde et honore l'état et les propriétés des personnes divines : ainsi le Dieu du ciel, qui a unité d'essence et pluralité de personnes, a divisé la cour céleste en deux chœurs différents : en l'un tous les anges, presque infinis en nombre et rangés en plusieurs ordres et hiérarchies, sont regardants par leur état les perfections distinctes de la divine essence : en l'autre la Vierge seule en son ordre, par son excellence propre à elle seule, regarde par son nouvel état les personnes divines, comme dépendantes de leurs propriétés personnelles; et ce chœur seul de la Vierge rend plus d'hommage et à l'essence et aux personnes divines, que les neuf chœurs de tous les anges ensemble.

8. O Dieu, Père tout-puissant, qui pourrait dire combien cette Vierge vous est chère et précieuse : vous la formez et sanctifiez pour être Mère de votre Fils unique, que vous voulez incarner au monde, et vous la formez en l'ordre de nature, de grâce et de gloire, comme un ouvrage singulier de votre puissance et bonté, et comme un chef-d'œuvre de vos mains : vous la formez comme la plus grande, la plus digne et le plus éminent sujet de votre domination et souveraineté, dans le cercle et la circonférence de vos créatures; car, en l'ordre et l'existence des choses créées, Dieu ne commande et ne commandera jamais à rien de plus grand que la Vierge. Dieu n'a fait et ne fera jamais rien de plus saint que la très-sainte Vierge. Combien doit-elle être révérée en cette éminence et singularité de grâce, de sainteté, de puissance! Mais, ô Père éternel, je la révère encore plus en l'origine de cette grâce, qui est le dessein que vous avez de la rendre Mère de celui duquel vous êtes Père. Car, après l'avoir conduite au comble d'une grâce singulière au temps choisi par vous, voulant prendre alliance avec elle, vous la séparez de toutes choses créées, vous l'approchez de votre divinité, et vous vous unissez à elle comme à une personne que vous voulez être la plus intime et conjointe à votre propre personne qui sera jamais, et qui vous est conjointe pour opérer avec vous un si grand œuvre, pour vous rendre le fruit d'une si étroite alliance, pour vous donner un Fils né de sa substance, et ayant votre propre essence, et pour produire par vous et avec vous celui qui, étant votre Fils unique, est son Fils par une nouvelle naissance. O grandeur! ô sublimité admirable! le Père éternel, qui, contemplant son essence, produit son Fils, contemplant sa paternité, source de toute paternité, et source même de divinité, va l'honorant, l'imitant et l'exprimant dans la sainte Vierge, et forme et produit en elle cet état admirable de maternité divine, qui adore le Père en sa propriété personnelle, et qui donne au Père et au monde celui qui est la vie du Père et le salut du monde. C'est en cet état heureux et glorieux, ô Vierge sacrée, que le Père éternel vous approprie à soi, et s'approprie à vous, se rend tout vôtre, et vous rend toute sienne, s'unit à vous, et vous unit à soi, et, vous communiquant son esprit et son amour, vous rend féconde d'une fécondité divine; et, voulant avoir de vous un même Fils avec vous, par cette sienne alliance vous rend produisante au monde, et à lui-même, celui qui, par cette naissance, selon la parole de l'ange, est son Fils et votre fils tout ensemble; votre fils comme émané de votre propre substance, son Fils comme émané de sa propre vertu et puissance. O Père! ô Fils! ô Mère! que choses grandes doivent être dites et pensées de vous! les deux personnes divines et éternelles, le Père et le Fils sont liés divinement, et dans leur éternité ont pour lien une personne divine, savoir est le Saint-Esprit procédant d'eux, en l'unité duquel elles sont éternellement conjointes : et ces deux personnes sacrées, le Père qui est au ciel, et la Mère qui est en la terre, sont saintement liés et conjoints par ensemble, et ont aussi pour lien de leur union sainte, une personne divine, savoir est un même Fils unique, qui est procédant d'eux, et qui est entre eux le lien indissoluble auquel ils sont conjoints pour une éternité. O union qui a pour son lien et son unité Jésus! Jésus, dis-je, qui est le centre de l'être créé et de l'être incréé; auquel se termine saintement et heureusement l'union des deux natures, l'une humaine et l'autre divine; qui établit le mystère de l'Incarnation et l'union des deux personnes, l'une divine aussi, et l'autre humaine; qui établit la maternité divine, en laquelle cette Vierge est unie au Père en produisant Jésus, et est unie au Père d'une union si étroite, si puissante et si fertile, qu'elle n'a point son semblable en l'étendue de toutes les choses créées. Soyons au Père, soyons au Fils, soyons à la Mère, et honorons le Père et le Fils en celle qui leur est si conjointe, et qui, en son état, a une si étroite alliance avec le Père, qu'elle en conçoit son Fils, et porte un fruit si digne, un effet si puissant et une image si vive de la paternité divine.

9. Et vous, ô Verbe éternel, qui, étant son Dieu, voulez encore être son Fils, que dirai-je, que ferai-je en l'honneur du Fils et de la Mère? Vous êtes en unité et en société avec le Père qui vous produit, et avec le Saint-Esprit que vous produisez, et vous voulez, outre ces deux personnes divines et

éternelles, entrer en liaison, union et société si étroite et si honorable avec une troisième personne, personne humaine et temporelle : vous voulez être le fils de la Vierge, comme vous êtes le Fils de Dieu, et vous voulez l'avoir pour Mère, comme vous avez Dieu pour Père, et par votre puissance et bonté vous la rendez digne Mère de Dieu. Par votre humilité vous lui rendez obéissance et soumission en votre vie sur la terre, et, couronnant l'œuvre de vos mains par votre amour et sapience, vous lui donnez dans les cieux gloire correspondante à cette dignité et autorité sacrée. Béni soyez-vous, ô grand Dieu! je veux révérer et le Fils et la Mère pour jamais, je veux révérer la Mère, à cause du Fils, et le Fils en la Mère; je veux révérer tout ce que la Vierge est à son Fils et à son Dieu tout ce que son Fils lui est, et je veux honorer toutes les liaisons mutuelles, ineffables et inconnues du Fils de Dieu et de la Vierge, comme secrets que la terre doit ignorer, et qui sont réservés à la gloire, à l'amour et à la lumière du ciel.

10. En la vue et pensée de choses si hautes, si grandes, si saintes, je m'offre et me soumets, je me voue et dédie à Jésus-Christ, mon Seigneur et Sauveur, en état de servitude perpétuelle, à sa très-sainte Mère la sacrée Vierge Marie. En l'honneur perpétuel et de la Mère et du Fils, je veux être en l'état et qualité de servitude, au regard de celle qui a l'état et qualité de Mère de mon Dieu, pour honorer plus humblement, plus saintement cette qualité si haute et si divine; et je me donne à elle en qualité d'esclave, en l'honneur de la donation que le Verbe éternel lui a fait de soi-même en qualité de Fils par le mystère de l'Incarnation qu'il a voulu accomplir en elle et par elle.

11. Je renonce à la puissance et liberté que j'ai de disposer de moi et de mes actions; je cède ce pouvoir à la très-sainte Vierge, et m'en démets entièrement entre ses mains par hommage à ses grandeurs, et à la démission parfaite qu'elle a faite d'elle-même à son Fils unique Jésus-Christ Notre-Seigneur. Je lui donne le pouvoir que Dieu me donne sur soi-même, pour être à elle et non plus à moi, pour être en sa puissance et en sa conduite, et non plus en la mienne; en l'honneur du pouvoir que le Fils de Dieu lui a donné sur soi-même, et de l'humble dépendance et subjection qu'il a voulu lui rendre, se livrant à sa garde, direction et tutelle en son enfance, et en sa vie passagère sur la terre. Je lui donne mon être et ma vie, et toutes les conditions, circonstances et appartenances qui l'accompagnent; et je me donne à sa grandeur autant que je le puis, pour son honneur et gloire, et pour l'accomplissement de tous ses vouloirs et pouvoirs sur moi.

12. En cet esprit et à cette intention, je m'adresse à vous, ô très-sainte Vierge, et je vous fais oblation entière, absolue et irrévocable de tout ce que je suis par la miséricorde de Dieu en l'être et en l'ordre de nature et de grâce, de tout ce qui en dépend, de toutes les actions que j'opérerai à jamais : car je veux que tout ce qui est mien soit vôtre : je veux que la puissance et la grâce qui m'est donnée soit employée à me référer tout, et tout ce qui est en moi, à votre honneur et hommage : et je vous choisis, ô Vierge sainte, et vous regarde désormais comme l'unique objet auquel, après votre Fils, et sous votre Fils, je fais relation de mon âme et de ma vie, tant intérieure qu'extérieure, et de tout ce qui est mien généralement.

13. Vous contemplant, ô Vierge sainte, je vois qu'au jour de vos grandeurs vous vous abaissez jusqu'au centre du néant, vous rendant la servante du Seigneur, lorsque vous en êtes la Mère : j'honore donc en vous ces deux mouvements et ces deux qualités différentes ; j'honore cet abaissement et cette élévation tout ensemble ; j'honore et votre servitude et votre maternité, et je vous révère comme proférant ces sacrées paroles : *Ecce ancilla Domini* (*Luc.* I, 38), et comme recevant l'effet de sa volonté, qui est de vous rendre sa Mère au même instant auquel vous vous rendez et professez être sa servante : et en l'honneur de ces deux états différents, de cette disposition admirable qui vous abaisse et vous élève aussi, je me rends votre esclave à perpétuité. Je mets ma vie et mon âme en état de relation, de dépendance et de servitude au regard de vous; je veux que ma vie de nature et de grâce, et toutes mes actions soient à vous en cette qualité, comme chose qui vous appartient par mon état et ma condition de servitude envers vous, que je vous offre présentement, et comme l'un de vos esclaves. Je vous offre ma vie et mes actions en l'honneur de votre vie et de vos actions envers votre Fils unique, et de la vie et des actions de votre Fils au regard de vous; et si je connaissais un état plus humble, plus assujettissant et plus correspondant à l'excès de vos grandeurs, je le rechercherais par hommage et honneur envers vous : et je veux que, en vertu de l'intention présente, chaque moment de ma vie et chacune de mes actions vous appartienne autant que si je vous les offrais toutes en particulier.

14. Ainsi je vous offre tout ce que je suis, tout ce que je puis, pour rendre hommage à tout ce que vous êtes, ô Vierge et Mère de Dieu; car en vous tout est grand, tout est saint, tout est digne de vénération singulière, et vous êtes un abîme de grandeurs, et un monde d'excellences et raretés qui ravissent le ciel en sa beauté, et sont cachées à l'obscurité de la terre. En attendant qu'elles me soient toutes connues, je veux regarder fixement et révérer singulièrement votre maternité, votre souveraineté, votre sainteté : votre maternité, car elle vous conjoint à Dieu d'un lien qui n'appartient qu'à vous, et vous donne un si haut degré d'affinité vers lui, que nul ne l'eût osé penser; votre souveraineté, car cette qualité admirable de Mère de Dieu vous donne non-seulement une éminence, mais aussi une puissance et domination sur toutes créatures, comme Mère de leur Créateur. Y a-t-il des

esprits si petits en la lumière de nos mystères, et si insensibles à vos grandeurs, ô Vierge sainte, qu'ils trouvent à redire à cette domination, et à cette sorte de servitude qui la regarde et honore? Qu'ils sortent hors de leurs ténèbres, et qu'ils s'élèvent par-dessus la petitesse de leurs sens : qu'ils contemplent Dieu et ses créatures; et en la lumière de Dieu ils verront que toute sainteté a une sorte de grandeur, de dignité et de domination adjointe; ils verront que les créatures, comme créatures, sont nées en servitude, que cet état leur est comme naturel; et au moins elles en sont bien plus proches en leur bassesse, que Dieu en l'infinité de son être n'était proche de la maternité qu'il vous a donnée, et en laquelle il a voulu s'enclore et comme se borner lui-même. Et toutefois il passe cette distance infinie et infinies fois infinie de l'être créé à l'être incréé, se faisant Fils de l'une de ses créatures, il vous reconnaît et respecte comme Mère, et il vous donne un pouvoir doux, honorable et maternel sur lui. Et il est juste que, pour honorer cet abaissement de Dieu en sa créature et cette élévation de la créature en Dieu, toute créature porte empreinte en elle-même la marque de sa servitude envers cette dignité suprême; dignité que Dieu en sa sapience veut également orner et accompagner et de puissance et de sainteté : de puissance vers les créatures, de sainteté vers Dieu. Car, s'il est bon que Dieu, par égard à nous, ait une Mère, il est juste que, par égard à lui-même, il l'établisse en état de puissance et de sainteté admirable, et qu'il rende honneur à soi-même en cette dignité qui l'enclôt et le regarde si hautement et si divinement. Aussi votre sainteté, ô Vierge! est incomparable : car le Saint des saints qui veut vous avoir pour Mère, forme une sainteté nouvelle et excédant tous les degrés et les ordres de sainteté qu'il formera jamais, pour vous faire digne d'un si grand office, et vous mettre en état correspondant à une si grande qualité. En l'honneur donc de votre sainteté, de votre maternité, de votre souveraineté, je me dédie et consacre tout à vous, ô Vierge des vierges, sainte des saintes, fille et épouse du Père, mère et servante du Fils, et sanctuaire du Saint-Esprit : je veux et désire de tout mon cœur que vous ayez une puissance spéciale sur mon âme, sur mon état, sur ma vie et sur mes actions, comme sur une chose qui vous appartient, et par titre de vos grandeurs et par un droit nouveau et particulier, en vertu de l'élection que je fais de dépendre entièrement de votre sainteté, de votre maternité, de votre souveraineté, à raison de cette mienne servitude que je vous offre pour jamais.

15. Mais cela ne suffit ni à vos grandeurs ni à mes désirs. Je vous supplie, ô Vierge sainte et souveraine des cœurs et des esprits consacrés à Jésus, de daigner prendre vous-même la puissance sur moi que je ne vous puis donner, et de me rendre votre esclave en la manière que vous connaissez et que je ne connais point; je vous supplie de m'enclore dans vos pouvoirs et vos privilèges, et de faire que je sois à vous en une manière particulière et que je vous serve non-seulement par mes actions, mais encore par l'état et condition de mon être et de ma vie intérieure et extérieure; et généralement je vous supplie de me tenir et traiter en la terre comme votre esclave, qui s'abandonne à tous vos vouloirs, et qui se livre à tous vos pouvoirs et à tous les effets de votre grandeur et souveraineté sur une chose qui vous appartient.

16. Je vous supplie aussi, ô Jésus, mon Seigneur et mon Dieu, de me tenir et considérer désormais comme l'esclave de votre très-sainte Mère, en l'honneur de ce que vous êtes son Fils, et qu'elle est votre Mère, et en l'honneur de ce qu'elle est seule entre toutes les créatures, qui a cet état et ce rapport singulier et admirable avec vous; et je vous supplie qu'en cette qualité vous daigniez me faire part de vos voies et miséricordes éternelles. *Amen.*

ORAISON A LA TRÈS-SAINTE VIERGE MARIE MÈRE DE DIEU.

O Vierge sainte, Mère de Dieu, reine des hommes et des anges, merveille du ciel et de la terre; je vous révère en toutes les manières que je le puis selon Dieu, que je le dois selon vos grandeurs, et que votre Fils unique Jésus-Christ Notre-Seigneur veut que vous soyez révérée en la terre et au ciel. Je vous offre mon âme et ma vie, et vous veux appartenir pour jamais, et vous rendre quelque particulier hommage et dépendance en temps et en éternité. Mère de grâce et de miséricorde, je vous choisis pour mère de mon âme, en l'honneur de ce qu'il a plu à Dieu même vous choisir pour sa Mère. Reine des hommes et des anges, je vous accepte et reconnais pour ma souveraine, en l'honneur de la dépendance que le Fils de Dieu mon Sauveur et mon Dieu, a voulu avoir de vous, comme de sa Mère; et en cette qualité je vous donne sur mon âme et sur ma vie tout le pouvoir que je puis vous donner selon Dieu. O Vierge sainte, regardez-moi comme chose vôtre, et par votre bonté traitez-moi et comme le sujet de votre puissance, et comme l'objet de vos miséricordes! O source de vie et de grâce, refuge des pécheurs, j'ai recours à vous pour être délivré du péché, pour être préservé de la mort éternelle! Que je sois sous votre tutelle, que j'aie part à vos privilèges, et que j'obtienne par vos grandeurs et privilèges, et par ce droit de votre appartenance, ce que je ne mérite pas d'obtenir par mes offenses; et que l'heure dernière de ma vie, décisive de mon éternité, soit entre vos mains, en l'honneur de ce moment heureux de l'Incarnation auquel Dieu s'est fait homme, et vous avez été faite Mère de Dieu. O Vierge, et Mère tout ensemble! ô temple sacré de la Divinité! ô merveille du ciel et de la terre! ô Mère de mon Dieu! je suis à vous par le titre général de vos grandeurs;

mais je veux encore être à vous par titre particulier de mon élection et de franche volonté. je me donne donc à vous et à votre Fils unique Jésus-Christ Notre-Seigneur, et veux ne passer aucun jour sans lui rendre, et à vous, quelque hommage particulier et quelque témoignage de ma dépendance et servitude, en laquelle je désire mourir et vivre pour jamais.

ELEVATION A JESUS-CHRIST NOTRE-SEIGNEUR

SUR

LA CONDUITE DE SON ESPRIT ET DE SA GRACE VERS SAINTE MADELEINE,

L'une des principales de sa suite et des plus signalées en sa faveur et en son Evangile.

A LA SÉRÉNINISSIME REINE DE LA GRANDE-BRETAGNE.

SOMMAIRE DE CE QUI EST CONTENU EN L'EPITRE SUIVANTE.

I. *Etat déplorable auquel l'hérésie a réduit l'Angleterre, autrefois si florissante en piété.* — II. *Différence de l'état ancien et de la condition présente des temples d'Angleterre.* — III. *L'hérésie bannit Jésus de la terre.* — IV. *Jésus au saint sacrement consacre et bénit nos églises.* — V. *Baume ou désert de sainte Madeleine.* — VI. *Louange de sainte Madeleine.* — VII. *Dévotion de cette reine à sainte Madeleine, sous la protection de laquelle il semble qu'elle se soit mise.*

MADAME,

I. Lorsque vous passâtes de France en Angleterre, il plut au roi et à la reine, votre mère, me donner à Votre Majesté, pour l'assister en un état si périlleux. J'avoue que dès votre entrée en ce pays-là, je n'ai pu regarder Votre Majesté sans douleur et sans larmes; je vous voyais en une terre qui a plus d'orage et de tempêtes que la mer océane que vous avez laissée en passant le trajet. Je vous voyais en cette terre comme un lis entre les épines, et non entre les roses, selon que nous avions pensé. Les roses, autrefois, étaient les armoiries de l'Angleterre, et nous avions sujet de croire que les lis et les roses conviendraient bien ensemble. Nous leur avons porté des lis, mais nous avons trouvé leurs roses, ou cueillies par la persécution ou fanées par l'irréligion. Le rosier de cette île a changé de nature lorsqu'elle a changé de croyance, et il ne porte plus que des épines très-poignantes. Les rosiers, avant le péché (ce dit saint Basile), portaient des roses sans épines. Mais l'hérésie, qui est le comble du péché, fait que les rosiers de cette île ne portent que des épines sans roses, de sorte que leurs armes anciennes leur manquent aussi bien que la foi et piété ancienne. J'ai regret que les seules armes qui leur restent soient les lions et les léopards, et j'ai crainte que quelques-uns ne disent que c'est pour marque de leur férocité contre l'Eglise de Dieu.

II. C'est le malheur de notre siècle qui a changé la face de cette province autrefois si florissante, et maintenant si désolée. Elle est stérile en grâce et fertile en iniquités. L'erreur y est sur le trône et l'impiété dans les temples; la foi et la piété ne s'y trouvent plus que dans les géhennes, les cachots et les supplices. Ce spectacle faisait fendre nos cœurs et fondre nos yeux sur une calamité si grande. Leurs progrès et voyages ordinaires en cette cour-là ne servaient qu'à nous faire voir l'étendue de leur misère et à renouveler nos douleurs. Et si, dans ces rases campagnes nous apercevions quelques temples, cette vue nous tirait les larmes des yeux. Ces temples sont les restes de la piété ancienne, et nous n'y trouvions plus cette foi et piété qui avaient bâti ces temples. Ces lieux, saints autrefois, sont maintenant profanés, sont déserts et inhabités, sont vaisseaux vides où il n'y a rien de précieux. Il n'y a plus de sanctuaire dedans ces édifices. Jésus, le Saint des saints, qui y était autrefois, n'y est plus maintenant; Jésus, dis-je, l'ornement de l'Eglise, le soleil de nos temples, la vie de nos âmes, le salut de la terre.

III. Jésus, allant à la croix, a voulu faire un mystère exprès pour être avec le monde jusqu'à la fin du monde, honorant la terre de sa sainte présence en son Eucharistie. Mais l'hérésie le bannit de la terre, avilit ses mystères, dément sa parole, détruit son sacrement, et, ennemie de Jésus et de son Eglise, fait un divorce entre elle et lui, et éloigne Jésus aussi loin de son Epouse que le ciel est loin de la terre. Maudite et malheureuse engeance, ennemie de la terre et du ciel, et de Jésus le Dieu du ciel et de la terre.

IV. Jésus donc, qui consacre et bénit de sa présence les églises que vous avez vues en France, et y reçoit, en sa propre personne, les vœux et hommages de son peuple, n'est point dans ces églises que vous voyez en Angleterre. Et cette pauvre province, privée de Jésus et de la foi que lui et ses disciples ont annoncée au monde, n'est plus, depuis quelques années, qu'un désert de grâce et de religion, et un repaire de serpents qui enveniment ce pays-là, comme le premier serpent a envenimé le paradis et frappé de mort Adam et sa postérité.

V. Ce désert affreux, dans lequel je vous voyais habiter, porta ma pensée à un désert heureux que vous avez quitté en quittant la France. C'est le désert qui relève, qui honore, qui bénit les belles côtes de Provence. Désert où a vécu une âme inconnue à la terre et admirée au ciel, une âme qui vaut mieux que tout ce que vous voyez de paré, de brillant en la cour où vous êtes, une âme de plus grand prix devant Dieu que toute l'Angleterre ensemble.

VI. Il suffit de la nommer pour faire reconnaître sa grandeur et son mérite. C'est Madeleine, l'humble et fervente disciple de Jésus, assidue à ses pieds, attentive à sa parole, et la plus éminente en l'école de son amour. Souvenez-vous, Madame, que les beautés que vous voyez sont périssables et ne sont que des ombres de la beauté suprême et éternelle, et que tout ce qui frappe vos yeux, en cette cour où vous êtes, est mort et infect devant Dieu (car l'hérésie porte la mort de l'âme), et peut-être est destiné aux flammes éternelles. Au lieu que cette âme inconnue et cachée en ce désert, y est vivante de la vraie vie, de la vie du ciel, et maintenant est l'une des plus hautes et relevées personnes qui soient en la cour du Roi du ciel et de la terre.

VII. Je vous parlai donc de cette âme vraiment grande et vraiment nôtre, puisqu'après la mort de celui qu'elle aimait comme sa vie et son Sauveur, le ciel nous l'a donnée, et lui a fait choisir la France pour y parfaire le cours de sa vie et de sa pénitence. En ce discours vous preniez plaisir à voir les actions de cette âme, le changement de son cœur, les élévations de son esprit, les traits rares de son amour, le cours heureux de sa pénitence, son séjour de trois ans en l'école de Jésus, son séjour de trente ans en un désert inaccessible, et enfin sa mort, ou plutôt sa vie et son enlèvement au ciel. Et vous voulûtes que je misse par écrit ce discours, et votre piété vous incita à l'écrire même de votre propre main, pour honorer cette sainte par une action royale. Ce petit discours était toujours entre vos mains; c'était votre soulas en vos ennuis, votre entretien en votre solitude; il vous semblait, en le lisant, que vous entriez en conversation avec cette âme rare. Vous cherchiez retraite en son désert, vous ressentiez douceur en l'amertume de sa pénitence, vous preniez plaisir en ses larmes, vous trouviez repos en sa solitude, vous nourrissiez votre esprit des pensées et affections de cette sainte. Et comme la solitude de cette âme était l'occupation de votre solitude, aussi l'obscurité de sa grotte était à votre esprit une lumière claire et brillante, qui allumait en vous un feu céleste dans vos saints exercices.

C'est le discours que je mets sous la presse, afin que le lustre de l'impression vous en rende la lecture plus facile et agréable. Je dois vous le dédier, Madame, puisqu'il a été fait à votre instance et pour votre service. S'il y a quelque chose de bon, le public vous le doit : car Dieu me l'a donné pour vous et auprès de vous. Je vous l'offre donc, Madame, et vous l'envoie, et vous supplie de choisir cette grande âme pour votre assistance en vos besoins, et à son exemple vous rendre l'humble servante de Jésus et sa disciple en l'école de son amour. Il est le Roi des rois; il est le Roi du ciel et de la terre; il est l'objet de votre foi et l'auteur de votre salut; il sera l'objet de votre éternité et le sujet de votre félicité. Gravez-le en votre cœur, imprimez-le en votre esprit, et que votre foi l'adore et votre piété l'embrasse comme celui qui est votre vie, votre Dieu, votre amour pour jamais. Je suis,

Madame,
De Votre Majesté,

Le très-humble et très-obéissant serviteur,

PIERRE, cardinal DE BERULLE.

ÉLÉVATION A JÉSUS-CHRIST NOTRE-SEIGNEUR

SUR

LA CONDUITE DE SON ESPRIT ET DE SA GRACE VERS SAINTE MADELEINE.

CHAPITRE I.

I. *Le choix que Jésus fait de la Madeleine, pour la rendre éminente en sa grâce et en son amour.* — II, III. *Jésus ayant eu dessein de faire deux grands miracles pendant son séjour en la terre, l'un intérieur, l'autre* extérieur, a employé celui-là sur l'âme de la Madeleine, et celui-ci sur le corps de Lazare son frère, mais en sa faveur.—IV. La Madeleine éminente en amour, dès le moment de sa conversion.—V. Explication de ces paroles, Elle a beaucoup aimé. — *L'amour où Madeleine entre avec éminence dès le moment de sa conversion, est une nouvelle manière d'amour qui commence en la terre, par le pouvoir et en hommage du nouveau mystère de l'Incarnation, et commence aux pieds de Jésus. Ce nouvel ordre d'amour plus que séraphique semble être une émanation spéciale de la manière d'amour dont Jésus aime Dieu. Jésus ne dit point à Madeleine, Va et ne pèche plus; comme si elle n'était plus en danger de pécher, tant son amour est puissant. Ces paroles du Fils de Dieu, où, parlant de Madeleine au moment de sa conversion, il ne dit pas simplement qu'elle aime, mais qu'elle a aimé et beaucoup aimé, nous enseignent qu'un moment de cette âme vaut un siècle; tant elle a de vie en la grâce et de ferveur en l'amour.*

I. En vos jours sur la terre, ô Jésus, mon Seigneur, et en l'heureuse conversation que vous avez eue avec le monde par l'espace de trois ans, comme Messie de la Judée et Sauveur du monde, vous avez opéré plusieurs miracles, vous avez conféré plusieurs grâces, et vous avez fait choix de plusieurs âmes pour les tirer à vous! Mais le choix le plus rare de votre amour, le plus digne objet de vos faveurs, le chef-d'œuvre de vos grâces est en la Madeleine, et le plus grand de vos miracles a été opéré à son sujet.

II. C'est en sa faveur que vous avez ressuscité le Lazare, donnant à ses larmes le plus grand de vos œuvres émerveillables : comme si vous vouliez que le plus grand éclat de votre puissance servît au plus grand amour que vous aviez, et que son frère reçût en son corps le plus grand de vos effets miraculeux, comme elle était elle-même le plus grand de vos miracles sur les âmes et le plus rare effet de vos faveurs.

III. Vous étiez sur la terre un Dieu caché, ce disent vos prophètes : *Vere Deus absconditus, Deus Israel salvator.* (*Isa.* XLV, 15.) En cette qualité vous aviez deux natures, l'une invisible et divine, l'autre humaine et visible. Et comme l'homme créé à votre image est composé de deux substances, l'une spirituelle et l'autre corporelle : aussi, ô Homme-Dieu, vous êtes composé de deux êtres, l'un divin, l'autre humain; l'un créé, l'autre incréé; l'un visible à nos yeux mortels, l'autre invisible même aux yeux des anges, s'ils ne sont élevés en gloire. En cet état vous êtes un rare objet, tout divin, tout miraculeux, exposé aux hommes, adoré des anges, et comme un ouvrier excellent, vous voulez faire aussi deux sortes de miracles. Les uns sont intérieurs, et se font à la vue des anges; les autres sont extérieurs, et se font à la vue des hommes. Le Lazare en son corps a porté le plus grand de vos miracles extérieurs et sensibles, et la Madeleine en son âme a porté un de vos plus grands miracles intérieurs et invisibles par l'opération secrète de votre esprit sur son cœur et son âme. L'un de ces miracle ravit les hommes, et l'autre ravit les anges.

IV. Lorsque vous cheminiez sur la terre, opérant vos merveilles, vous avez, ô Seigneur, regardé plusieurs âmes; mais vos regards plus doux, ô soleil de justice, et vos rayons plus puissants ont été sur cette âme! Vous la tirez de la mort à la vie, de la vanité à la vérité; de la créature au Créateur, et d'elle à vous-même. Vous répandez votre esprit sur son esprit, et en un instant vous versez dans son cœur un torrent de larmes, qui découle à vos pieds et les arrose, et fait un bain salutaire qui lave saintement et suavement cette âme pécheresse qui les répand. Vous lui donnez en un moment une grâce si abondante, qu'elle commence où à peine les autres finissent, et dès le premier pas de sa conversion elle est au sommet de la perfection, établie en un amour si haut, qu'il est digne de recevoir louanges de votre bouche sacrée, lorsque vous la daignez défendre de ses émulateurs, et clore sa justification par cette douce parole : *Elle a beaucoup aimé.* (*Luc.* VII, 47.)

Parole grande, et parole très-remarquable en la bouche du Verbe éternel. Quoi! Seigneur! l'amour est-il le partage de cette âme dès le premier moment de sa conversion? Et votre amour, c'est-à-dire l'amour sacré de Jésus, est-il le partage de cette pécheresse? Amour singulier et nouveau; amour qui commence en la terre, et non au ciel : mais il y commence et pour la terre et pour le ciel; amour qui se forme à vos pieds, et fait désormais une nouvelle différence dans l'ordre de la grâce et dans l'ordre de l'amour, et d'un amour plus que séraphique. Il y a en vous un nouvel être qui fait un nouvel état dans les choses créées et incréées mêmes. Vous êtes un nouveau vivant en l'univers, et vous êtes aussi une nouvelle source de grâce et un nouvel objet d'amour. Et vous êtes bien digne d'être un nouveau sujet d'un nouvel ordre d'amour en l'univers. Ce nouvel ordre commence en la terre, au lieu que les ordres angéliques ont commencé au ciel : car c'est un ordre qui regarde le mystère de l'Incarnation, commencé aussi en la terre, et non au ciel; c'est un ordre affecté au temps de ce sacré mystère, et à la présence de Jésus sur la terre.

Ce nouvel ordre est réservé à Madeleine, et vous voulez lui donner principauté en cet ordre et en cet amour, et voici l'heure en laquelle vous commencez d'en allumer les flammes en son cœur, et le feu sacré de cet amour prend naissance dans les eaux qui découlent des yeux de cette humble pécheresse et très-heureuse pénitente, que je vois collée à vos pieds et ravie en vous. Quoi! ce nouvel amour n'est point encore dans le ciel, et il est en la terre! Il n'est point dans les séraphins, et il est dans le cœur de cette humble et prosternée pénitente. C'est qu'elle est à vos pieds, et ces pieds sont plus dignes que le plus haut des cieux. Et il est juste que ce nouvel ordre de grâce et d'amour se commence et se forme en un lieu si digne, lequel je révère et adore, ne devant pas adorer même le plus haut des cieux, tant ils sont inférieurs aux pieds du Fils de Dieu en la terre. Mais faut-il que cette âme soit élevée pour cet amour? C'est une pécheresse, Seigneur; mais elle est à vos pieds, et, en un lieu si saint et si adorable, il n'y a plus qu'éminence et sainteté en elle. Aussi ne parlez-vous point de ses péchés; vous ne parlez que de son amour : car l'amour a déjà couvert ses offenses : vous ne parlez que de ses larmes, de ses parfums, de son amour et de son soin à baiser, à laver et à essuyer vos pieds.

V. Que si les pensées basses du pharisien vous obligent à entrer en sa vie passée, vous le coulez en une parole, et encore ce n'est que pour honorer son amour, et lui attribuer la rémission de ses fautes : *Beaucoup de péchés,* ce dites-vous, *lui sont remis : car elle a beaucoup aimé.* (Luc. VII, 47.) Même l'avis donné ailleurs de ne plus pécher ne lui est point ici donné comme cela était superflu à son amour, tant il est fort et puissant. Cette âme est tellement couverte de ses larmes, et son cœur fondu en amour, que rien n'y paraît qu'amour, si ce n'est au dédaigneux pharisien qui n'a point d'yeux pour voir cet amour ni cette âme. Ainsi l'amour, et l'amour de Jésus est le partage de Madeleine, et dès lors il est le partage de cette âme sainte, heureuse et glorieuse; et dès lors même elle est en cet amour : car, Seigneur, vous ne dites pas seulement, *qu'elle aime,* mais *qu'elle a aimé, et qu'elle a beaucoup aimé.* Ô merveille! ô grandeur, ô rareté de l'amour qui repose au cœur et en l'esprit de cette méprisée pénitente. Le pharisien la dédaigne, et il semble que vous ne la regardiez pas, ô Seigneur! Et toutefois son amour est grand, et est grand dès le premier instant de la naissance de cette âme en votre grâce et amour. Elle ne fait que d'arriver à vos pieds, et à ces pieds divins elle a fait un si grand progrès, que son amour mérite d'être estimé grand, et par celui qui est l'amour et la grandeur même.

C'est la première heure de sa vie en la grâce. Et toutefois, ô Jésus mon Seigneur, vous qui pesez toutes choses et avez en vos mains le poids du sanctuaire, pesant cette âme et son amour, vous ne dites pas *qu'elle aime,* mais *qu'elle a aimé, et qu'elle a beaucoup aimé,* comme si déjà elle y avait employé plusieurs jours, plusieurs mois et plusieurs années. Mais c'est qu'un moment de cette âme vaut un siècle, tant elle a de vie et de vigueur en la grâce, et de ferveur en l'amour. Et en son abaissement à vos pieds, ô Jésus, elle a une élévation si haute et si puissante, qu'en bien peu de temps elle fait un progrès admirable en l'école sacrée de votre amour. Plût à Dieu que le cours de ma vie fût équivalent à un de ses moments, et qu'après tous les ans d'une vie longue et laborieuse je puisse avoir quelque part à ce degré d'amour par lequel elle a commencé, et en faveur duquel vous daignez prononcer *qu'elle a beaucoup aimé.* Ô âme! ô pécheresse! ô pénitente! ô Jésus, source de pénitence, de grâce et d'amour!

CHAPITRE II.
L HEUREUX TEMPS DU SÉJOUR DU FILS DE DIEU SUR LA TERRE.

I. *L'heur et la dignité de la terre par la présence du Fils de Dieu conversant. Il faut attendre choses grandes de cet Homme-Dieu pendant le temps qu'il daigne séjourner en la terre.* — II. *Le premier amour que Dieu avait produit a été perdu au ciel en la chute des anges, et il doit être réparé par Jésus en la terre.* — III. *Il y est réparé avec avantage, et il est vrai de dire que la grâce et l'amour qui procèdent du mystère de l'Incarnation surpassent tout ce qui avait précédé. Quand on dit que le premier amour a été réparé en Madeleine, et ce avec avantage, la Vierge n'y est point comprise, comme étant par-dessus les chœurs, et ne recevant nulle comparaison. La Vierge n'est comprise ni dans les propositions du péché, ni même dans celle de grâce, si elle n'y est nommément exprimée. La Madeleine est celle que Jésus a choisie, pour réparer en elle l'amour perdu au ciel.*

I. Que c'est un temps heureux que celui de la vie et du séjour de Jésus en la terre! C'est un temps de mystères et de merveilles; c'est un temps désirable et salutaire; c'est le printemps de la grâce et du salut; c'est la plénitude des temps, ce dit l'Écriture; c'est en ce temps que les choses plus grandes et les plus émerveillables doivent être opérées, par hommage à la présence d'un Dieu naissant et vivant, d'un Dieu marchant et conversant, d'un Dieu parlant et opérant sur la terre. Que la terre s'élève et s'éjouisse, et que le ciel s'abaisse et s'étonne en la vue et honneur de cette vérité. Il y a en la terre de plus grandes merveilles que dans le ciel : car vous êtes en la terre, ô Jésus mon Seigneur! et vous n'êtes pas encore au ciel, et vous êtes le Dieu du ciel et de la terre! Au ciel je vois des anges, j'admire et leur grâce et leur gloire; mais je vois un Homme-Dieu en la terre, et en lui je vois une grâce, source de grâce, et une gloire, source vive de gloire. Les anges qui habitent les cieux ont un être excellent, mais créé toutefois. Ce nouvel homme, qui habite la terre, est un nouveau vivant, auteur de la vie, et la vie même. Il est un divin composé de l'être créé et incréé, composé de deux êtres si différents, mais si liés ensemble : l'un est déifié par l'autre, et l'autre ne peut être avili par l'être créé, humain et abject que nous voyons. En cette bassesse il y a une grandeur incomparable, et en cette disette un trésor inestimable, trésor que la terre seule possède lors, et que le ciel même cherche et adore en la terre. Si nous avons à estimer la terre, ne l'estimons et ne l'aimons que parce que le Fils de Dieu s'est incarné en la terre, et non au ciel. C'est la terre qui voit et porte cet Homme-Dieu ; le ciel ne le tient pas encore, et la terre est honorée de sa présence, est marquée de ses pas, est enseignée de sa parole, est arrosée de son sang, est honorée de ses mystères. Sujet digne d'estimer plus la terre que le ciel. Or cet Homme-Dieu, ce nouveau citoyen de la terre, honorant la terre en laquelle il est né, lui donne des privilèges dignes de sa naissance, et veut faire de plus grandes œuvres dans la terre que celles qui avaient été faites jusqu'alors dans le ciel. Il veut même réparer en la terre ce qui s'est perdu au ciel, et le réparer en une manière plus excellente, digne du Verbe incarné, digne de la sublimité des pensées de la Sapience éternelle revêtue de notre humanité, digne de notre humanité, digne de l'éminence des voies de celui qui est la voie, la vie et la vérité.

II. Au ciel s'est perdu le plus haut degré d'amour qui avait été créé, et ce par la perte du premier ange, auquel il avait été donné. Et c'est en la terre que se doit réparer cet amour perdu dans le ciel, c'est aux pieds de Jésus que cet amour doit être réparé ; et il doit être réparé en un degré plus haut, en une manière plus excellente, pour faire hommage au mystère d'amour, qui est l'Incarnation, et pour rendre honneur au triomphe d'amour, qui est Jésus, l'amour du ciel et de la terre, l'amour des anges et des hommes, l'amour du Père éternel, et son Fils bien-aimé, auquel il prend son souverain plaisir.

III. Je reçois volontiers cette pensée qui honore Jésus, et le sacré mystère de l'Incarnation : c'est le mystère des mystères. Sa grandeur et sa dignité nous persuadent aisément que la grâce qui en découle surpasse celle qui a été avant son efficace, soit au paradis de la terre, soit au paradis du ciel. Ni l'homme, ni les anges n'ont reçu chose semblable aux choses grandes et précieuses (ainsi les nomme le premier des apôtres) qui nous sont préparées en Jésus-Christ Notre-Seigneur. C'est une grâce incomparable, et les anges en leur gloire l'admirent et la révèrent, et ne prennent autre rang que des servants à cette grâce. L'amour fondé en cette grâce nouvelle et dépendante de l'Homme-Dieu, surpasse l'amour infus aux anges dedans le ciel, et rallume en la terre un plus grand feu d'amour que celui qui s'est éteint au ciel. Je ne parle point ici de la Vierge. Son amour et sa grâce ne reçoivent point de comparaison ; sa dignité la rend trop proche du Créateur, en qualité de mère, pour être comparée à cet ange, non pas même à tous les anges ensemble. Elle est leur souveraine, et non pas leur compagne ; elle a suréminence sur toutes les créatures et de la terre et du ciel.

En cet excès d'amour, de grandeur, de dignité qui lui appartient, et qui surpasse les pensées des hommes et des anges, il ne la faut jamais comprendre dans les propositions du péché ni de la grâce : partout elle a son exception, si elle n'est nommément exprimée ; partout elle a ses privilèges. Sans intérêt donc de la Vierge, et même avec hommage au Fils et à la Mère de Dieu, suivons nos pensées, et poursuivons notre discours de l'amour perdu dedans le ciel, et réparé dedans la terre. C'est dignité à cet amour qu'il soit réparé par Jésus, et c'est honneur à Jésus qu'il soit réparé par lui-même en la terre, au jour de ses bassesses, et non au jour de sa puissance et de sa gloire. Je me rends donc facilement à croire que c'est par Jésus en la terre que cet amour céleste doit être réparé ; que c'est à ses pieds divins que se doit faire ce divin ouvrage, comme pour rendre hommage à l'amour et à l'abaissement de Jésus en la terre. Mais sur qui tombera ce sort heureux ? L'Évangile nous marque et représente la Madeleine fréquente et assidue aux pieds de Jésus : c'est par là qu'elle commence chez le pharisien ; c'est par là qu'elle continue chez Marthe, sa sœur, et chez Simon le lépreux, en Béthanie ; c'est par là qu'elle finit au pied de la croix, et au sépulcre encore, au regard de Jésus paraissant en forme de jardinier. Partout nous la voyons aux pieds sacrés de Jésus. C'est son séjour et son partage ; c'est son amour et sa conversation, c'est sa marque et sa différence dans la grâce ; et c'est elle aussi qui recueille à ses pieds sacrés la rosée céleste et le divin amour perdu dedans le ciel, et Jésus est celui qui le répare et le répand dedans son cœur lorsqu'elle est à ses pieds.

CHAPITRE III.

LA MADELEINE, ATTIRÉE INTÉRIEUREMENT PAR JÉSUS, CHERCHE ET TROUVE JÉSUS CHEZ LE PHARISIEN, ET LUI REND SES DEVOIRS.

I. *Conduite de Madeleine par l'esprit et l'amour de Jésus.* — II. *Jésus en un temps et en un état où il ne paraît point penser à choses grandes, opère choses infiniment grandes. Madeleine, depuis sa conversion, est inaccessible à l'esprit malin. La grâce que Madeleine reçoit aux pieds de Jésus est si grande, qu'elle est hors de l'atteinte de la faiblesse humaine et de la rage maligne. Madeleine est un ciel en la terre où repose Jésus, son esprit, sa grâce, son amour, en éminence, en excès, en privilèges. Le cœur de Madeleine est le trône de la pureté même : et elle est revêtue d'une pureté céleste et divine. Cette infusion céleste porte au cœur et au corps de cette pénitente une participation sainte de la pureté de Jésus.* — III. *Nous adorons en cette conversion les premiers hommages rendus aux pieds déifiés de Jésus, et leurs premières émanations. De la qualité, dignité et primauté de ces pieds sacrés on ne peut attendre que des grâces éminentes et privilégiées. Il y a ici deux vives sources, toutes deux célestes, l'une de grâce, qui découle des pieds de Jésus au cœur de Madeleine ; l'autre de larmes, qui découle plus du cœur que des yeux de Madeleine aux pieds de Jésus. Car ses larmes même sont célestes ; et elle les reçoit* de Jésus pour les rendre à Jésus. — IV. Ignorance du pharisien en cette occasion. Transport de Madeleine, laquelle chez le pharisien ne pense qu'à Jésus, et point au pharisien. Élévation à Jésus sur cette opération. — V. Deux banquets bien différents, l'un que le pharisien fait à Jésus, l'autre que Jésus fait à Madeleine et Madeleine à Jésus. — VI. Madeleine hautement justifiée par Jésus-Christ, qui l'admet à sa suite, la reçoit en sa famille, l'associe à sa très-sainte Mère, pour l'accompagner à la vie et à la mort, à la croix et à la gloire. — VII. Quoique saint Jean soit le disciple bien-aimé de Jésus, il semble céder en ce point à Madeleine; et qu'à proprement parler, d'une même source il tire plus de lumière, et elle plus d'amour. Jésus en tous ses états différents, laisse des marques de ses faveurs vers cette âme sainte. Le privilège de laver les pieds de Jésus, et d'arroser son chef sacré de liqueurs précieuses, n'est octroyé qu'à Madeleine. — VIII. L'amour de Madeleine est tendre chez le pharisien et fort à la croix. Là elle fond à ses pieds, et ici elle demeure debout : Stabat juxta crucem Jesu.

I. En ces pensées je regarde et révère le cours de votre vie au milieu de la terre. Je vois que vous y faites et ferez choses grandes, dignes de vos grandeurs et humaines et divines, et créées et incréées; mais une des choses plus rares et plus grandes que vous opériez en aucune âme particulière, est ce que vous daignez opérer maintenant. Heureux moment de votre vie, ô source de la vie et la vie même! Heureux moment qui produit hors de vous une grâce si éminente et origine de tant de grâces! Comme du haut des cieux, où vous êtes maintenant, vous opérez ici-bas en terre en nos âmes, quand il vous plaît, aussi du lieu où vous êtes lors, conversant avec le pharisien et vos disciples, vous opérez en Madeleine retirée en son palais. Vous la considérez, vous la navrez, vous l'attirez, vous la ravissez au monde et à elle-même. En cet excès et fureur sainte d'un amour saint, je la contemple et je la suis pas à pas, observant ses actions, admirant ses mouvements. Elle sort hors de son palais, et plus encore hors d'elle-même; elle vous cherche en votre maison et ne vous y trouve pas; mais elle vous porte et possède en son cœur sans le connaître. Vous n'êtes pas chez vous, et vous êtes chez elle, c'est-à-dire en son cœur et en son esprit, et ce n'est pas merveille si elle ne vous connaît pas, puisque, après les années entières de votre sainte présence et conversation, vous voyant, vous parlant au sépulcre, elle ne vous connaît pas, son amour, et au commencement et à la fin, ayant plus de ferveur et sentiment que de discernement.

C'est cette même ferveur qui ne lui permet pas de vous attendre tant soit peu, et de différer jusques à l'heure de votre retour, pour traiter avec vous en votre maison. Elle ne peut tarder un moment sans vous chercher, sans vous trouver, et sans vous offrir ses devoirs, et vous consacrer son cœur. Elle vous cherche donc, et elle apprend que vous n'êtes pas chez vous, mais chez le pharisien, mais en un banquet, mais au milieu de personnes incapables de sa douleur, de son secret et de son amour. Il lui suffit de savoir où vous êtes pour vous aller trouver; vous lui êtes tout et tout ne lui est rien. Elle veut donc y aller, puisque vous y êtes. Que faites-vous, ô pécheresse, ô fille d'Adam? Adam fuit Dieu et vous le cherchez; Adam cherche l'obscurité, et vous cherchez la lumière; Adam, voyant sa faute, se cache et couvre sous un figuier, et vous, voyant votre péché, vous voulez vous exposer au soleil de justice. Que dirai-je, ô Seigneur? c'est votre amour qui la conduit, et si je l'ose dire, qui la transporte saintement hors d'elle-même, et du péché et de la condition ordinaire des pécheurs. Elle s'en va donc, et elle entre chez le pharisien; mais elle ne pense qu'à vous, elle ne voit que vous en cette salle, en ce banquet, et elle fond à vos pieds. Son cœur parle et non sa langue; ses œuvres et non ses paroles vous découvrent son cœur, et vous êtes en elle, ô mon Seigneur Jésus, plus qu'en cette salle, et plus qu'en ce banquet.

II. Tandis que vous prenez votre repas et votre repos, et que vous êtes ce semble oiseux, vous êtes opérant choses grandes; vous êtes secrètement opérant en cette âme, attirant et consommant son cœur et son esprit dans votre amour, et consacrant cette nouvelle hostie à vous-même et à vos pieds. Et cette âme et hostie nouvelle de votre amour, immolée à vos pieds, est répandant ses larmes, et son esprit encore plus, et fait fondre son cœur en votre amour. Je m'éjouis de voir ce chef-d'œuvre de grâce et d'amour; de voir cette âme, pécheresse autrefois, et maintenant pénitente; de la voir toute sainte et céleste aux pieds du Saint des saints; de la voir recevant une pureté et sainteté si grande, que dès ce moment jamais plus l'esprit immonde n'a osé l'approcher. L'esprit malin a autrefois habité en elle, voire plusieurs esprits malins; mais ils n'osent plus même la regarder. A l'ombre de ces pieds divins elle reçoit grâce, pureté et amour, et en telle éminence qu'elle est hors de l'atteinte de la faiblesse humaine, et de la race maligne. Le diable n'en approchera désormais non plus que du ciel, dont il est banni; car cette âme est un ciel en la terre, où repose Jésus. Son esprit, sa grâce, son amour y reposent en éminence, en excès, en priviléges. Ce cœur a autrefois été souillé d'un amour profane, et il est maintenant pénétré d'un amour céleste, et est un trône de la pureté même. Je ne parle pas ici d'une pureté humaine et ordinaire, telle qu'elle a été en quelque dames païennes, et telle qu'elle est encore en plusieurs dames chrétiennes. La pureté que cette âme reçoit aux pieds de Jésus est une pureté nouvelle, une pureté céleste, une pureté divine, une pureté privilégiée, une pureté émanante de la pureté de Jésus même, aux pieds duquel je la vois prosternée, et où elle reçoit les émanations pures, saintes et célestes que le ciel révère, que l'œil de la foi et de la piété reconnaît bien, et que l'œil de l'homme qui ne connaît pas Dieu, ne peut connaître. Cette émanation sainte de Jésus, cette infusion céleste en Madeleine, porte au cœur et au corps même de cette humble pénitente, non un effet seulement, mais une participation sainte de la pureté de Jésus et en un degré si éminent, que le diable est contraint de la révérer, et n'ose plus s'approcher de ce sanctuaire.

III. Ce sont grâces et faveurs faites à Madeleine ; mais ce sont mérites et grandeurs en Jésus, et aux pieds de Jésus. Voici les premiers hommages rendus à ces pieds saints, et source de sainteté, depuis qu'ils marchent sur la terre pour le salut de la terre et la gloire du Père. Et voici aussi les premières grâces et faveurs émanées de ces pieds divins. En cette qualité, dignité, primauté, leur est due éminence et privilége. Ces pieds sont sacrés et divins, sont agréables et adorables, sont subsistants en la Divinité même ; et ce nonobstant ils sont employés, ils sont fatigués pour les pécheurs, et seront un jour percés pour répandre le sang qui doit laver le monde. A l'ombre de ces pieds sacrés découle maintenant une source de grâce et pureté en cette âme principale, l'une des plus éminentes en la suite et en l'amour de Jésus. Et aussi de ce cœur abaissé, ou plutôt élevé à ces pieds divins sort une source d'eau vive, qui lave la pureté même en lavant les pieds de Jésus. Deux sources et découlements remarquables : l'une de ces sources est aux pieds de Jésus et coule en Madeleine, l'autre est au cœur de Madeleine et coule aux pieds de Jésus ; deux sources vives et célestes, et célestes en la terre, car aussi la terre est un ciel, puisque Jésus est en la terre. Ce cœur donc de Madeleine, immonde autrefois, est maintenant un cœur pur et céleste, et de lui sort une eau vive, propre même à laver Jésus. Et aussi Jésus se plaît en ce lavement, comme en un bain qui lui est cher et délicieux, et en fait gloire à Madeleine, et reproche au pharisien.

IV. Mais laissons ce pauvre et ignorant pharisien, qui ne sert en cette action qu'à nous faire voir son ignorance, et l'amour grand de Madeleine, laquelle il déshonore en son cœur. Il ne connaît pas ces merveilles qui se passent chez lui et en sa présence, et il n'y a point de part ; si ce n'est comme les ombres dans un tableau, pour y faire paraître les choses plus éminentes ; il ne connaît ni Jésus, ni Madeleine ; il ne sait pas que Jésus est prophète, plus que prophète, et le Dieu des prophètes ; il ne sait pas que Madeleine n'est plus pécheresse, mais qu'elle est entrée en l'ordre de la grâce, de l'amour et de pureté de Jésus ; il ne sait pas ce que Jésus est à Madeleine, et ce que Madeleine est à Jésus ; il ne sait pas que Jésus lave Madeleine comme Madeleine lave Jésus ; que Jésus répand ses odeurs sur Madeleine, comme Madeleine répand ses odeurs sur Jésus ; que Jésus honore Madeleine, comme Madeleine honore Jésus ; que Jésus aime Madeleine, comme Madeleine aime Jésus. Il ne sait pas que c'est l'esprit même de Jésus qui est dans le cœur de Madeleine, et que c'est par la conduite et ferveur de cet esprit qu'elle emploie envers Jésus ses yeux et ses mains, sa bouche et ses larmes, ses cheveux, et ses liqueurs, son cœur, son esprit, son amour, ce qu'elle est, ce qu'elle a pour honorer celui qui est son Dieu, son salut, son amour. C'est le mouvement sacré et divin qui la porte et transporte chez le pharisien.

Honorons cet esprit, cet amour et cette âme ; honorons ses pas, ses mouvements et ses actions. Voyons comme elle entre chez le pharisien sans penser au pharisien, comme elle ne pense qu'à Jésus, et veut fondre à ses pieds. Ne voyons-nous pas comme elle ne cherche et ne regarde que Jésus ; comme elle va fondre aux pieds de Jésus ; comme elle les lave de ses larmes, comme elle les essuie de ses cheveux, comme elle les arrose de ses parfums, comme elle les adore de ses baisers, et comme elle est collée à ses pieds divins, y recevant la vie de grâce et d'amour de celui qui est la vie et l'amour même. Et vous, ô Jésus mon Seigneur, qui êtes l'objet de ces affections, le sujet de ces actions, et la cause de ces mouvements, je vous loue, vous adore et vous bénis. Je me réjouis de vous voir, ô Jésus, l'honneur du ciel et de la terre, conversant en la terre, et opérant entre les hommes choses si divines, et si dignes de votre grandeur, de votre puissance, de votre amour et de votre divinité même, cachée sous le voile de votre humanité.

V. Entre les lieux de la terre honorés de votre présence et de vos actions, je me réjouis de vous voir en cette salle, et vous y voir comme dans le trône de votre amour, opérant un si grand amour dans cette âme, qu'il tend à réparer l'amour même créé et perdu dans le ciel. Dans cette salle je me réjouis de vous voir en ce banquet, comme au festin de l'alliance de votre esprit à cette âme ; car c'est vous qui opérez ces merveilles, et qui avez choisi ce lieu, ce moment, cette circonstance, comme pour rendre cet alliance publique et solennelle. Dans ce banquet je me réjouis de vous voir entre le pharisien et Madeleine, deux esprits et deux états différents. Le pharisien est assis avec vous, et Madeleine est à vos pieds ; mais votre esprit, votre amour et votre puissance est au cœur de Madeleine, et y fait des merveilles. O banquet délicieux et le plus délicieux de vos banquets ! O spectacle heureux et très-heureux, où ce miracle d'amour et ce chef-d'œuvre de grâce est accompli ! Je vois, Seigneur, en ce banquet deux banquets différents ; l'un intérieur, l'autre extérieur ; l'un du pharisien qui repaît votre corps, l'autre de Madeleine qui repaît votre esprit ; l'un qui vous donne du pain, à vous qui êtes le pain vivant et vivifiant descendu du ciel, l'autre qui vous donne son cœur et son esprit navré de votre amour, le mets le plus délicieux qui vous ait été offert, et le fruit le plus doux et le plus excellent de vos labeurs.

Et toutefois, Seigneur, vous ne pensez ce semble et ne parlez qu'au pharisien, oubliant celle qui est à vos pieds, qui pense à vous et qui ne pense qu'à vous. Vous regardez le pharisien et ne la regardez pas, vous parlez au pharisien et vous ne lui parlez pas, vous entretenez le pharisien d'un long propos, et vous ne l'entretenez pas, et durant ce long discours, vous laissez son cœur fondre à vos pieds comme la neige au soleil; et tandis qu'elle est ce semble en votre oubli et dans le mépris du pharisien et des assistants, elle est saintement et incessamment occupée à répandre ses larmes et ses odeurs, mais plus encore à répandre son cœur et son esprit, et par la force de l'amour qui l'épuise et la consomme, elle se sacrifie à vos pieds en holocauste d'amour. Vrai est que la fin du banquet et du discours témoigne assez, par après, comme vous estimez cette sainte pénitente, et que ses larmes et son amour sont en votre mémoire, et mémoire éternelle.

VI. Vous employez votre soin, votre esprit et vos paroles à faire voir et valoir au pharisien, et en lui à tout l'univers et à tous les siècles, les saintes actions de cette heureuse pénitente. Vous les considérez si amoureusement, vous les remémorez si suavement, vous les représentez si vivement, vous les comparez si avantageusement, que le pharisien reçoit sa condamnation par sa propre bouche, et Madeleine sa justification par la vôtre: et dès lors vous la liez à vous pour jamais, vous la rendez de votre suite, vous l'admettez entre vos disciples, vous l'adoptez en votre famille, vous l'associez à votre sainte Mère, et elle vous accompagne et accompagnera jusqu'à la croix, jusqu'à la mort, jusqu'à la vie et jusqu'à la vie de la gloire.

VII. De ce nombre heureux de vos suivants et disciples (auquel elle entre dès à présent) j'en vois plusieurs éminents en plusieurs grâces; mais entre eux saint Jean est seul qui porte le nom de votre bien-aimé, et toutefois il ne se lit pas que vous lui ayez permis autre faveur que de reposer une fois et en un lieu retiré sur votre sacrée poitrine. Si nous savons bien recueillir et remarquer les traits de votre grâce marqués dans l'Evangile, nous trouverons à mon avis que les priviléges d'amour conférés à Madeleine sont plus grands, sont plus fréquents et sont plus évidents et publics, et (si je ne me trompe dans le discernement de votre esprit et de vos grâces), il me semble que ce disciple bien-aimé a tiré de vous plus de lumière, et Madeleine plus d'amour; et lui-même nous apprend aussi qu'elle est plus attachée à vous et à votre sépulcre que non pas lui, et que c'est d'elle que lui et les autres apôtres ont appris les premières nouvelles de votre gloire; l'excès de votre amour vous ayant porté à apparaître à elle avant que de paraître ni à lui ni à tous les autres ensemble. Comme si vous vouliez en chacun de vos états différents, laisser des marques de vos faveurs envers cette âme sainte en la vie, en la croix, en la mort, après la mort et en l'état même de votre gloire, et par tout rendre cette bien-aimée disciple éminente et signalée entre tous vos disciples. Je vois bien qu'au dernier souper faisant la Pâque avec vos apôtres, par un abaissement adorable vous leur avez voulu laver les pieds; mais vous ne leur avez pas permis de laver les vôtres, et vous le permettez à Madeleine, et diverses fois, l'une chez le pharisien, où elle lave vos pieds de ses larmes, l'autre en Béthanie chez Simon le lépreux, six jours avant votre mort, où elle lave vos pieds encore, non plus de ses larmes, car l'amour les a toutes épuisées, mais de ses eaux de senteur et liqueurs précieuses. Dignité remarquable! Car au lieu que le ciel arrose la terre, ici la terre arrose le ciel, puisque vous êtes un ciel, ô Jésus mon Seigneur, et un ciel bien plus pur et plus élevé que le ciel empyrée. Et toutefois cette âme sainte reçoit cette dignité, et de toute la terre c'est elle seule qui est choisie pour, en la face de tous les assistants et de tous les apôtres, répandre une rosée céleste sur vous et couvrir de ses parfums ces pieds sacrés et ce chef qui régit les cieux, chef adorable et adoré des anges. Mais c'est ainsi que vous aimez, que vous favorisez, que vous privilégiez Madeleine en votre amour.

Recueillons donc en peu de paroles vos faveurs et priviléges envers cette humble et sainte pénitente. C'est à elle, et à elle seule, ô Jésus mon Seigneur, que vous avez permis de rendre tant de témoignages d'amour et d'un amour si tendre, si fort et si particulier. C'est elle seule qui est si souvent à vos pieds; c'est elle seule qui les baigne de ses larmes; c'est elle seule qui les arrose de ses liqueurs précieuses, et plusieurs fois; c'est elle seule qui les essuye de ses cheveux; c'est elle seule qui couvre votre chef de ses parfums, et qui rompt le vase précieux pour verser sur vous cette rare liqueur jusqu'à la dernière goutte, et remplit votre demeure d'une odeur admirable. Mais, ô Seigneur, son cœur était beaucoup plus brisé de votre amour, que ce vase qu'elle brise pour mieux répandre sur vous cette sienne liqueur, et elle fait à vos pieds une plus grande effusion de son cœur et de son esprit, que de ce baume précieux; et l'odeur de son amour est plus grand en votre Eglise et de plus longue durée que l'odeur de ses parfums qui ont rempli tout le lieu où vous habitiez en la terre, car la divine odeur de son amour remplit et la terre et le ciel, et y est permanente à toute éternité.

VIII. Voilà les traits de l'amour de cette âme vers vous et de vous vers cette âme, ô Jésus mon Seigneur. Car si c'est elle qui fait ces choses, c'est votre esprit qui les fait en elle, et qui ne les fait qu'en elle par un privilége d'amour réservé à Marie-Madeleine.

Mais suivons pas à pas le progrès de cette âme en cet amour, et prenons plaisir à remarquer cet amour réciproque et mutuel de vous en elle et vers elle, et d'elle en vous et vers vous. Nous verrons que si l'amour de Madeleine a été tendre vers vous chez le pharisien, et la fait fondre à vos pieds par ses larmes, son amour sera fort à la croix et au Calvaire, et lui donnera vigueur et subsistence, pour être ferme et debout durant vos douleurs et tourments, et demeurer constante et fidèle en votre amour. Vous allez à la croix, ô Jésus mon Seigneur, et vos apôtres tremblent à cette simple parole; mais Madeleine ne tremblera pas à l'effet même, et elle sera au pied de la croix sans égard aux Juifs, aux soldats, aux tourments, et sans penser à autre chose qu'à vous qui êtes sa vie, son amour et son tout.

CHAPITRE IV.

LA MADELEINE RÉPAND DE NOUVEAU SES PARFUMS SUR JÉSUS PEU DE JOURS AVANT SA MORT.

Madeleine, en l'onction de Béthanie, prévient les honneurs de la sépulture de Jésus. Elle ne voit pas ce qu'elle fait, mais l'esprit qui la possède le voit. Elle est plus éminente en amour qu'en lumières, et cet amour si privilégié est plus opérant que discernant, et nous apprend de suivre les mouvements de la grâce par-dessus nos lumières. — II. *Explication de ces paroles:* Prævenit ungere corpus meus in sepulturam. *Jésus et Madeleine n'étant qu'un en esprit, la connaissance de l'un conduit l'amour de l'autre. Son amour est destitué de connaissance, mais il est plein de puissance.* — III. *Jésus est comme mort en ce festin, dans sa propre pensée, et l'amour de l'amante de Jésus, conduit par la pensée de Jésus, peut bien répandre des larmes sur lui, et rendre à son corps les honneurs de la sépulture. Considération sur l'état de Jésus entre Madeleine et Judas. Madeleine est comme substituée à la place de Judas, et Jésus la fait un nouvel apôtre de grâce, de vie et d'amour, pour annoncer sa résurrection aux apôtres.* — IV. *L'amour subtil et fort de Madeleine, qui sent que Jésus la préviendra par la puissance de sa gloire, quand elle le voudra oindre au monument, le prévient maintenant par la puissance de son amour. Élévation à Jésus-Christ, en ce banquet de Béthanie, enseveli en sa pensée et dans le cœur de Madeleine. Madeleine est plus le sépulcre de Jésus que celui qui est prêté par Joseph, et il était juste que ce Seigneur, qui est la vie même, eût un sépulcre vivant.*

I. Le temps donc de votre mort approchant, vous quittez la Galilée pour la dernière fois, vous allez en Jérusalem pour aller à la croix, et vous avez voulu dédier la dernière semaine de votre vie au séjour de Béthanie, où vivaient ces saintes dames Marthe et Madeleine, pour employer vos dernières heures à la conversation de ces âmes saintes. Là se recueille et se renouvelle l'amour de Madeleine, là de nouveau elle se prosterne à vos pieds; là elle vous couvre et vous noie de ses eaux de senteur, et tandis que Judas pense à vous haïr, elle pense à vous aimer et à répandre sur vous son cœur et ses parfums; là elle prévient, ce dites-vous, par cette onction, votre sépulture; là elle vous ensevelit tout vivant, ne sachant ce qu'elle faisait, mais vous le savez pour elle, et vous nous l'apprenez en votre Évangile, et son amour est plus opérant que discernant; et par son humble et sainte ignorance, elle nous apprend à suivre fidèlement les mouvements du Saint-Esprit, sans voir, sans discerner les causes et les fins pour lesquelles ils nous sont donnés.

II. Cette action est mémorable, et le Seigneur veut qu'elle soit remémorée et publiée partout où on fera mémoire de lui, tant il aime cette âme et tant il veut honorer cette sainte action. Reposons donc notre esprit sur icelle, car elle est fort célèbre. C'est la dernière action de cette âme vers son Seigneur vivant et approchant le terme de son séjour mortel; c'est aux portes de Jérusalem qu'elle l'accomplit, et en un grand concours qui la rend fort solennelle; c'est par un mouvement extraordinaire du Saint-Esprit qu'elle répand cette rare liqueur sur son Sauveur, et deux jours avant qu'il répande lui-même son sang sur elle et sur le monde, circonstances remarquables et honorables de cette action. Et toutefois elle est débattue, et dans le tribunal même des apôtres, les uns la blâmant, les autres demeurant en suspens; mais le Seigneur la loue et la défend, et dit une grande parole qui mérite bien d'être éclaircie: elle a prévenu, ce dit Jésus, le temps et l'onction de ma sépulture. Quoi! Seigneur, vous êtes vivant et donnant vie aux morts, et le Lazare, depuis peu ressuscité, est lors même en votre compagnie, et vous parlez de mort en ce banquet et en cette action; pas un ne pense à votre mort, car vous êtes la vie, et Madeleine n'y croit pas, car vous êtes sa vie; comment donc, ne sachant rien de votre mort, prévient-elle votre mort et votre sépulture? Le secret de la croix ne lui est pas révélé, et elle ne sait pas ce qui doit arriver dans peu de jours; elle ne sait pas que ces pieds, qu'elle arrose de ses liqueurs, seront bientôt percés et cloués en une croix, et que ce chef, qu'elle couvre de ses parfums, sera couvert de crachats et couronné d'épines: cela est caché à son cœur et elle ne le sait pas. Mais vous le savez, Seigneur, et vous le savez pour elle, car votre esprit et le sien n'est qu'un, et elle opère saintement dans votre connaissance sans sa connaissance; et son esprit n'étant qu'un avec le vôtre, la connaissance de l'un conduit l'amour de l'autre, et son amour, étant destitué d'intelligence, est rempli de puissance, et sans discernement elle opère saintement cette action qui tend à la mort et à la sépulture.

III. Car, ô Seigneur, vous êtes en ce banquet comme mort dans votre propre pensée (puisque vous savez ce qui est ordonné sur vous et ce qui est si proche) et vous êtes déjà mort dans le cœur et le dessein de Judas. O banquet digne de larmes, et de vos larmes, ô Madeleine ! Vous les avez répandues sur vous au premier banquet chez le pharisien, en celui-ci vous les répandriez sur Jésus, si vous saviez son état, ses pensées et son heure si proche. Répandons-les pour elle maintenant que nous le savons, que nous y pensons ; et demeurons surpris d'étonnement de voir (ô spectacle bien étrange) de voir, dis-je, en ce banquet Jésus entre Judas et Madeleine, deux esprits, deux mouvements et deux fins bien différentes. Judas pense à vous trahir, ô Jésus mon Seigneur, et Madeleine ne pense qu'à vous aimer ; il pense à vous livrer aux Juifs, et elle pense à se livrer à vous, et à vous livrer à son amour ; il tend par son péché à un des plus bas lieux des enfers, et il y sera dans peu d'heures ; elle tend par son amour à un des plus hauts siéges du paradis, et elle y est établie pour jamais. Et toutefois il semble, ô Jésus, que vous liez ici en quelque manière ces deux mouvements si contraires et ces esprits si différents : car l'un pense à votre mort, et l'autre, sans y penser, tend à votre sépulture, puisque par son action elle sert à votre sépulture, et en prévient, comme vous dites, le temps et l'action. O liaison étrange de Judas et de Madeleine, et sur votre sujet, ô Jésus ! et liaison opérée par la conduite de votre esprit, qui veut réparer en Madeleine ce qu'il perd en Judas ; et aussi voyons-nous comme en la place que Judas perd en la famille de Jésus, le délaissant pour aller aux enfers, il semble que Jésus y substitue Madeleine, car il la fait un nouvel apôtre de grâce, de vie et d'amour : apôtre vers les apôtres mêmes, pour leur annoncer la vie et la gloire de Jésus.

IV. Mais votre esprit, ô Jésus, me découvre encore un autre mystère caché en ce mystère ; car c'est comme s'il y avait un secret combat entre vous et Madeleine, combat d'honneur et d'amour, et combat heureux entre deux personnes si distantes à la vérité, mais si unies en unité d'amour et si conspirantes en mêmes fins et intentions. Lorsque vous serez mort dans le sépulcre de Joseph, Madeleine voudra vous oindre, mais vous la préviendrez en ressuscitant avant son arrivée : or son amour est subtil, il ne veut pas être déçu ; son amour est trop fort, il ne peut être vaincu ; elle vous prévient donc maintenant par la puissance de son amour, comme vous la prévenez lors par la puissance de votre vie et de votre gloire, et elle veut vous oindre et vous ensevelir ; et puisque vous ne voulez pas être oint par elle lorsque vous serez mort, elle veut vous oindre et vous ensevelir dès à présent, elle veut vous ensevelir tout vivant, elle veut vous ensevelir en ce banquet, et vous cédez à son vouloir et à son amour qui la porte à vous rendre ces devoirs et à vous ensevelir en ses odeurs, et à vous ensevelir encore plus dans son cœur et dans son esprit, qui vous est un sépulcre délicieux et vivant.

O cœur heureux de Madeleine ! ô sépulcre vivant de Jésus, sépulcre vivant et de Jésus mort et de Jésus vivant ; ô sépulcre vivant de Jésus, lorsqu'il est vivant en Béthanie et lorsqu'il est mort dans le sépulcre de Joseph ; car lors encore Jésus est plus gisant, plus vivant et plus opérant dans le cœur de Madeleine que dans ce sépulcre inanimé. S'il est vie et vie divine dans ce sépulcre, il n'y est pas vie pour le sépulcre, et il est vie pour Madeleine ; il n'opère point d'action de vie au regard de ce sépulcre, et il opère vie et vie haute au regard de Madeleine et dans Madeleine. O vie ! ô sépulcre ! ô Madeleine ! ô banquet ! Que de délices et d'amertumes tout ensemble ! Mais et les délices et les amertumes sont toutes célestes et divines, elles ne regardent que Jésus : il est le sujet du banquet et l'objet des pensées, actions et affections qui y paraissent. Je vous aime et adore, ô Jésus, en ce banquet ; je vous y adore comme enseveli en votre pensée et en votre parole, qui parle de mort et de sépulture. Je vous aime et adore comme enseveli dans le cœur, dans l'amour et dans les parfums de Madeleine ; car aussi je vois qu'elle les répand depuis votre chef jusques à vos pieds, pour vous en couvrir tout ; ce qui n'arriva pas en la première onction, et arrive en celle-ci qui est une onction de mystère et d'amour, et une onction prévenant et accomplissant votre sépulture. Il le fallait ainsi, et c'est une rare conduite du Saint-Esprit, car vous qui ne vivez, ne souffrez, ne mourez que par amour, et qui mourant êtes la vie, vous deviez avoir un sépulcre vivant et un sépulcre d'amour, et vous choisissez maintenant le cœur de Madeleine pour servir à un si rare, si glorieux et si saint ministère.

CHAPITRE V.

LA MADELEINE EST AUX PIEDS DE LA CROIX.

I. *Jésus est attaché à la croix par les mains des Juifs, et Madeleine par amour. Les ténèbres universelles ne purent empêcher Madeleine de voir Jésus en la croix. Jésus n'est ni mourant ni captif au regard de Madeleine ; mais toujours vivant et opérant en elle. — II. Madeleine plus éminente en amour vers Jésus, et aussi, entre les disciples, celle qui souffre le plus avec lui. Le même amour qui triomphe de Jésus, le réduisant à la croix, triomphe de Madeleine, la réduisant à vivre et à mourir tout ensemble. Madeleine aux pieds de la croix reçoit une nouvelle impression d'amour, mais cet amour est douleur. L'amour de Jésus porte ses qualités et livrées, et l'amour qui procède de Jésus souffrant porte impression de souffrance. — III. L'amour de Madeleine a commencé par douleur chez le pharisien ; mais lors sa douleur était sur elle-même, et maintenant elle est au regard de Jésus chargé de douleurs. Une des excellences de Madeleine est d'être la première et la plus haute en l'amour, en la* croix et en la douleur au regard de Jésus. On ne comprend point ici la Vierge, qui n'entre jamais en comparaison. *Qualité de la douleur de sainte Madeleine, très-élevée par-dessus la nature. Les larmes naturelles ne sont pas dignes de pleurer Jésus, et il semble que c'est ce que Jésus reprend dans les femmes de Jérusalem.* — IV. *Jésus prend plaisir aux larmes de Madeleine, comme étant lui-même et le sujet pour lequel elle pleure, et le principe qui produit sa douleur et ses larmes. Il y a un regard mutuel d'amour et de douleur, entre Jésus pendant en la croix et Madeleine au pied de la croix. L'extrémité de l'amour passe celle de la douleur, puisque la douleur ne vient que d'amour. Les souffrances de Madeleine font souffrir Jésus. L'amour et la douleur de Madeleine s'accroissent l'un l'autre.* — V. *Une des rigueurs de Jésus en croix vers Madeleine, est que, parlant à plusieurs et de plusieurs, il ne parle ni à elle ni d'elle. Fidélité et adhérence de Madeleine à Jésus en croix, en un temps où les apôtres fuient et les autres dames suivent de loin. Explication de ces paroles:* Stabant juxta crucem Jesus Mater ejus, etc., et Maria Magdalena. — VI. *Adhérence de Madeleine à Marie, Mère de Jésus, dans le temps que Jésus est en croix. Ces deux paroles:* Stabant *et* juxta, *appropriées à la Mère et à la fidèle servante de Jésus, marquent une singulière appartenance à sa croix. En ces deux personnes commence le nouvel ordre des âmes crucifiées avec Jésus-Christ. Plusieurs veulent bien être proches de Jésus, mais non pas de sa croix.* — VII. *Il pèse derechef que Jésus ne parle ni à Madeleine ni de Madeleine. Mais que comme Madeleine ne parle à Jésus qu'en silence et d'un langage d'amour, Jésus lui parle en la même manière. Opérations admirables de Jésus en silence, sur Madeleine en silence.* — VIII. *Dans la grande conformité de Jésus en croix et de Madeleine, il y a cette différence que Jésus meurt et elle ne meurt pas, car sa mort même opère en elle une vie d'amour et de croix. L'amour qui fait mourir Jésus ne peut mourir. L'amour de Jésus est plus fort que sa mort, puisque sa mort ne peut faire mourir son amour. La vie d'amour que Madeleine reçoit de Jésus mourant est cause qu'elle ne meurt point; mais son amour qui est crucifié, la crucifie pour le reste de ses jours. Conduite de la Madeleine vers Jésus en état de mort. Elle est la dernière qui le quitte et la première qui le cherche; et elle est aussi la première à qui Jésus apparaît. Explication de ces paroles de saint Marc:* Apparuit primo Mariæ Magdalenæ.

I. Mais quittons ce banquet et allons à la croix qui en est si proche, et nous y trouverons Madeleine attachée tandis que Jésus y est attaché. Là elle n'a vie qu'en la croix, et n'a sentiment qu'aux douleurs de son Sauveur. Il est sa vie, et puisqu'il est en croix, sa vie est en la croix. Les Juifs ne l'y ont pas attachée, mais l'amour l'y attache, et par des liens plus forts et plus saints que ceux qui sont en la main de ces barbares. Au pied de cette croix elle élève ses yeux et son âme à Jésus; les ténèbres répandues sur la terre ne lui en peuvent ôter la vue. A la vérité le soleil est honteux de montrer sa clarté, en voyant le Père de lumière obscurci de tant de disgrâces. La terre est couverte de ténèbres, pour marque des ténèbres de son infidélité, mais ces ténèbres ne peuvent couvrir Jésus à Madeleine. Ce soleil qui s'est éclipsé, n'est pas le soleil de cette âme, elle a une autre lumière que la sienne, et Jésus est le soleil de Madeleine, qui ne s'éclipse point dans son cœur. Il est lors plus lumineux en elle qu'il ne fut jamais; il l'éclaire dans ses ténèbres, et mourant en la croix, il demeure vivant pour elle, et il opère comme vivant en elle, même dedans sa mort. Vivant et attaché en croix, il est captif et non plus libre; il est souffrant et non plus opérant, et il semble que son pouvoir aussi bien que ses mains sont attachés en cette croix. Mais Jésus n'est point captif pour Madeleine, son pouvoir n'est point lié pour elle; moins il opère lors dans la Judée, plus il est opérant dans l'esprit de Madeleine, et il y opère choses grandes que la terre ne peut connaître en ses ténèbres, que le ciel nous révélera en sa lumière.

II. Ce nous est assez de dire et de penser que, plus l'objet est digne, plus il y a d'amour, plus il y a de douleur soit en la souffrance, soit en la séparation de ce qui est aimé. Or tout ceci se trouve joint en la croix en la Madeleine, et ce avec excès et en excellence. Il n'y aura jamais un plus digne objet d'amour que Jésus, et Jésus souffrant, et souffrant choses étranges, et les souffrant par amour même. Et ce qui augmente encore et l'amour et la douleur, c'est que cette souffrance se termine à nous ravir Jésus. Entre tous les disciples de Jésus, il n'y avait point une âme plus fidèle et plus constante en amour que Madeleine, ni entre les pécheurs de la terre un cœur plus noble et plus disposé à recevoir les impressions de l'amour céleste; et le temps le plus propre à cette impression sainte est celui de la croix et de la mort de Jésus. La croix est le trône et le triomphe de l'amour de Jésus; là cet amour triomphe de Jésus même, et il veut triompher aussi de cette humble disciple de Jésus; il triomphe du Maître en le réduisant à la mort, non par l'impuissance de sa personne, car elle est divine; mais par la puissance de l'amour auquel Dieu même veut céder. Par cette même puissance il triomphe de la disciple, en la faisant vivre et mourir tout ensemble, et vivre et mourir par amour. Au pied donc de cette croix où Jésus est mourant, où Madeleine est attachée, et où l'amour de Jésus est régnant et triomphant, Madeleine reçoit une forte et nouvelle impression d'amour; mais cet amour est douleur, et cette douleur est amour, amour et douleur tout ensemble, douleur aimante et amour douloureux. Et ce n'est pas merveille, cela convient à la nature et aux circonstances des choses présentes. L'amour de Jésus porte ses qualités et les couleurs de Jésus même ; si Jésus est au ciel, son amour est céleste, et l'Ecriture dit que nous conversons aux cieux (*Philip.* III, 20) ; s'il est en croix, son amour est crucifié ; et un grand saint navré de cet amour a dit : *Amor meus crucifixus est* ; si Jésus est en navrure et en douleur, cet amour est navrant et douloureux. Or Jésus lors est en souffrance, couvert de plaies depuis la tête jusqu'aux pieds, et il est proprement cet homme de douleur dont nous parle Isaïe. Aussi l'amour de Jésus est plein de blessures et de douleurs, et il est lors transformé en douleur dans le cœur de cette âme.

III Ce n'est pas chose nouvelle à cette âme, ni à son amour d'être en douleur ; son amour a commencé par larmes et par douleur chez le pharisien, et il continue en larmes et en douleur au pied de la croix de Jésus ; mais chez le pharisien la douleur de cette âme était sur elle-même et sur ses offenses, et ici ses larmes et sa douleur ont un plus digne objet ; ses larmes se répandent sur Jésus, et son cœur est navré de douleur sur les douleurs de Jésus même, et sur la perte qu'elle va faire de Jésus. Cette douleur est en un si haut point, que comme cette âme sainte est sans pareille en amour, elle est aussi sans pareille en douleur. Car après la très-sainte Vierge (qui est la Mère de Jésus même, et n'entre point en comparaison avec ses disciples et servantes), cette âme que nous voyons au pied de la croix, a recueilli de la croix de Jésus plus d'amour et de douleur, que pas une âme, ni alors, ni après ; et c'est une de ces excellences, d'être la première et la plus haute en l'amour, en la croix et en la douleur au regard de Jésus. Et nous verrons ci-après comme Jésus témoigne, honore et récompense cette excellence et primauté, en la visitant et consolant la première de toutes après sa résurrection glorieuse, comme si sa première visite et faveur était due au plus grand amour et à la douleur la plus grande. Ne jugeons pas humainement et bassement de chose si haute et si divine ; n'estimons pas cette douleur simplement humaine et naturelle, telle que les objets impriment dans les sens, et les sens dans l'esprit par une suite et liaison commune et ordinaire ; et peut-être que les larmes que le Fils de Dieu reprend en sa passion, étaient de cette sorte quand il dit : *Filiæ Jerusalem, nolite flere super me, sed super vos.* (*Luc.* XXIII, 28.)

IV. Mais Jésus qui a toujours défendu Madeleine, ne la reprend pas ici ; son amour a une source plus haute, et sa douleur aussi ; et c'est pourquoi le Fils de Dieu ne reprend point ses larmes, mais il y prend plaisir et il s'y baigne aussi bien que dans son sang et dans ses douleurs. Car c'est lui-même qui produit ses larmes dans son cœur. Il en est non-seulement le sujet, mais la cause par sa puissance et par son opération secrète. Une main si sainte et si divine opère et cet amour et cette douleur en Madeleine. Cet amour donc sera d'autant plus grand et la douleur d'autant plus vive, que la main qui l'opère est plus puissante et qu'elle opère proportionnellement à la dignité de sa croix, de sa personne et de son amour envers cette âme. O croix ! ô Jésus ! ô Madeleine ! ô douleur ! ô amour ! Madeleine donc navrée d'amour, outrée de douleur, regarde et contemple Jésus vivant, souffrant et mourant en la croix ; et Jésus navré en son corps, et plus encore en son cœur, regarde et contemple Madeleine vivante et souffrante à ses pieds. Jésus est en douleur puisqu'il est en la croix, et c'est ici le jour qui le fait nommer par un prophète, l'homme non-seulement de douleur, mais *de douleurs : Virum dolorum.* (*Isa.* LIII, 3.) Tant elles sont en grand nombre. Et comme il est en douleur il est en amour. Car sa douleur et sa croix viennent d'amour. Tellement que ce jour sacré et cet état présent de Jésus est le jour et l'état de douleur et d'amour tout ensemble, et d'amour encore bien plus grand et plus vif que la douleur, quoiqu'elle soit extrême. Mais l'extrémité d'amour passe l'extrémité de douleur, puisque Jésus n'est en douleur que par amour et par excès d'amour. En cet état j'ose dire même qu'une des pointes de la douleur de Jésus, est l'amour et douleur de Madeleine, laquelle il voit souffrante par son amour. Jésus est la vie et l'amour de cette âme, et dès longtemps. Et cette âme se voit au jour de sa plus grande douleur, puisqu'elle est au jour de la mort et souffrance de son Seigneur, qui est son Dieu, son amour et son tout. Sa douleur augmente son amour, et son amour engendre sa douleur, et c'est un flux et reflux perpétuel de douleur et d'amour en ce cœur pur, saint et dolent de Madeleine. Ce jour donc est le jour de douleur et d'amour, de Jésus et de Madeleine.

V. Or en cet amour sacré et divin, en cet amour grand et réciproque, je vois, ce semble, une rigueur exercée par l'amour même et par la bénignité même, c'est-à-dire par Jésus ; et rigueur exercée vers une âme des plus aimées et des plus aimantes, et exercée au jour de leur plus grande douleur, et de leur plus grand amour. Mais cela convient à la croix. L'amour est crucifié, et il faut qu'il crucifie aussi. L'amour est couvert et couronné d'épines, et il faut en sentir les piqûres en sentant cet amour. Jésus donc qui parle à plusieurs en sa croix ne parle point à Madeleine ; Jésus qui parle de plusieurs en sa croix, ne parle point de Madeleine, et toutefois il la voit à ses pieds, et lui qui s'est souvenu de Madeleine lorsqu'elle ne pensait point à lui, semble ne se point ici souvenir de Madeleine, lorsqu'elle n'est vivante et mourante que par son amour. Elle est fidèle à Jésus, et ses apôtres qui étaient avec lui au jardin des Oliviers, l'ayant quitté, Madeleine qui n'était point avec lui en ce jardin, et au temps de sa capture, le cherche, le trouve et le suit au milieu des soldats et des Juifs, au temps de sa condamnation et de ses souffrances (25). Elle est non-seulement fidèle et cherchante, mais elle est adhérente à Jésus. Elle est à ses côtés tandis qu'il est en croix.

Et le texte sacré joint Madeleine à la Vierge en ce jour mémorable, en cette grande action, et en cette proximité de la croix, *Juxta crucem Jesu*. Elle est donc fidèle à Jésus, elle est cherchant Jésus, elle est présente à Jésus souffrant, même elle ne se contente pas d'être présente, cela ne suffit pas à son amour; elle s'approche de Jésus et de sa croix, et n'en demeure pas éloignée comme les autres dames de Galilée (26), qui contemplent de loin ce spectacle d'amour et de douleur extrême. Elle se sépare d'elles et se joint à la Vierge, et s'approche de Jésus et de sa croix, selon que dit saint Jean (XIX, 25) : *Stabant juxta crucem*. Elle est collée et attachée à Jésus en sa croix, et ce sang ruisselant de Jésus est le ciment qui joint le cœur de Jésus et de Madeleine ensemble. Et Madeleine est attachée à la croix de Jésus par des clous plus forts que ceux dont les Juifs y ont attaché son Sauveur et son amour. Jésus donc voit Madeleine à ses pieds, et Madeleine contemple Jésus en sa croix. Ces regards sont mutuels et réciproques, et ces deux cœurs sont deux miroirs qui, étant proches, se rapportent et se représentent l'un à l'autre. Qui verrait le cœur de Jésus, y verrait Madeleine empreinte; qui verrait le cœur de Madeleine y verrait Jésus et Jésus souffrant, vivement imprimé.

Que cette âme, et l'amour de cette âme, et sa force et constance en amour, nous ravisse et nous étonne; Madeleine n'est pas fuyante comme tous les apôtres. Car le texte sacré ne se contente pas de dire qu'ils se sont mis en fuite, mais nous dit notamment, *fugerunt omnes*. Où étiez-vous alors, ô Madeleine! vous n'eussiez pas fui, mais vous eussiez voulu être semblable à votre amour. Et puisque Jésus était captif, vous eussiez été captive comme lui et avec lui, et cette captivité vous eût été repos et liberté. Mais, puisque ce bonheur ne vous est pas arrivé, vous courez après Jésus, le cherchant et le poursuivant avec beaucoup plus d'amour et de douleur, entre les Juifs et les soldats, les clous et les épines, que vous ne l'avez cherché autrefois en un banquet chez le pharisien. Et si lors vous avez laissé Jésus chez le pharisien, vous absentant de Jésus par obéissance à Jésus même, selon cette parole, *Vade in pace*; ici vous ne délaissez pas Jésus entre les Juifs et les soldats, vous demeurez présente et constante au spectacle de la croix, qui crucifie votre amour et votre cœur tout ensemble. Jésus sera détaché de la croix en la présence de Madeleine, et ne sera pas détaché de son cœur; elle le suivra jusqu'au tombeau, prenant garde où et comme on le dépose en ce lieu, pour le venir oindre aussitôt que la loi du sabbat lui permettra.

(25) *Tunc discipuli omnes, relicto eo, fugerunt* (*Matth.* XXVI, 56.)
(26) *Stabant autem omnes noti ejus a longe, et*

VI. Mais revenons à Jésus en la croix, et à Madeleine aux pieds de Jésus et de la croix. Ce spectacle d'horreur et de douleur ne l'en éloigne pas, nonobstant la tendresse, la douceur et la détresse de son cœur; car son amour plus grand, plus fort, plus agissant que sa douleur, l'approche de Jésus et de sa croix, puisque c'est la croix de Jésus. Elle se joint à la très-sainte Vierge, et comme elle la suit en l'amour de Jésus, elle s'approche de la Vierge, et de Jésus, et de la croix, où Jésus est pendant et attaché. Et saint Jean nous dit d'elle comme de la Vierge : *Stabant juxta crucem Jesu, Maria mater ejus, et soror matris ejus Maria Cleophe, et Maria Magdalena*. Grande et heureuse proximité, et d'autant plus remarquable, que ce grand apôtre et évangéliste, ne parle que de ces trois personnes en qualité de proches de la croix de Jésus; et il n'use point de paroles différentes pour Madeleine et pour la Vierge; il les comprend toutes deux sous un même terme, et il dit ces deux paroles grandes : *Stabant et juxta*. Deux paroles appropriées par un même esprit à Marie, mère de Jésus, et à Madeleine aimante et disciple de Jésus, et appropriées à elles par l'esprit de Jésus et par la plume de son bien-aimé saint Jean.

Ces deux paroles nous apprennent un nouveau secret en l'école de Jésus et de l'amour de Jésus. Elles nous représentent un grand et un nouvel état de la Vierge et de la Madeleine, et un état d'appartenance et de proximité à la croix de Jésus, et à Jésus en croix. Mais il faudrait un même évangéliste pour nous décrire les secrets, les raretés, les particularités de cet état et de cette confiance de Jésus et de Jésus crucifié. Béni soyez-vous, ô disciple aimé de Jésus, de nous avoir révélé ce secret, de n'avoir pas omis en votre histoire de Jésus cette particularité d'amour de cette âme aimant Jésus. Béni soit cet état de Madeleine, stable, ferme et proche de Jésus et de la croix de Jésus. O état digne de Jésus, digne de la croix de Jésus, digne de ce temps sacré, auquel Jésus fait ce grand sacrifice, ce sacrifice unique et sacrifice consommant l'Eternité, pour user du même terme de saint Paul. Temps singulier et mémorable auquel Jésus est actuellement pendant en la croix, temps auquel la vie mourante est source de vie et de plusieurs vies, c'est-à-dire non-seulement de plusieurs effets de vie communiqués à plusieurs âmes, mais ce qui est plus, Jésus qui est la vie et qui est lors la vie mourante, est source de plusieurs sortes de vie, qui font une très-grande et très-belle différence dans l'éternité; et pour une sorte de vie dont l'homme s'est privé par le péché d'Adam, Jésus second Adam établit entre les hommes plusieurs sortes de vies, et est vraiment dans le paradis de la terre et du ciel, c'est-à-dire en l'Eglise militante et triomphante; Jésus, dis-je, est cet arbre de vie qui s'appelle aussi *lignum vi-*

mulieres quæ secutæ eum erant a Galilæa, hæc videntes. (*Luc.* XXIII, 49.)

tarum. Et ces vies diverses sont autant d'états différents en la grâce du ciel et de la terre.

Le nouvel état dont nous parlons est un d'iceux, et il se trouve relevé de la compagnie et association à la Mère de Jésus. O nouvel ordre de la croix et du ciel tout ensemble! ordre intérieur et invisible aux hommes et visible aux anges! Ordre des âmes crucifiées avec Jésus et par Jésus! ordre naissant en la croix de Jésus! ordre commençant en la personne de la Vierge, et en la personne de la Madeleine! ordre fondé en ces paroles et en ces patentes : *Stabant juxta crucem Jesu, Maria mater ejus,* etc., *et Maria Magdalena.* Ordre d'amour, de croix et de martyre des cœurs et des esprits! ordre de constance et fermeté, dignement représenté par ce sacré évangéliste et par ce mot *Stabant.* Ordre d'alliance et de proximité douce, amoureuse et douloureuse à Jésus, et à Jésus comme crucifié. Proximité dignement exprimée par cette autre parole : *Juxta,* et *juxta crucem Jesu.*

Car il faut distinguer et peser toutes ces paroles; elles procèdent d'un esprit puissant et élevé, qui porte le nom d'aigle entre les évangélistes, et le nom de bien-aimé entre les apôtres, et c'est aussi celui qui nous rapporte les plus hauts secrets de Jésus et de l'école de Jésus. Et il appert que plusieurs veulent bien être proches de Jésus, mais non pas de la croix de Jésus. Mais la croix n'éloigne pas Madeleine de Jésus, elle se tient proche et de lui et de sa croix; et il est vrai de dire que Jésus et sa croix étaient encore plus proches de la Vierge et de Madeleine, que ne texte sacré ne l'exprime. Car et Jésus et la croix de Jésus sont dans le cœur de la Vierge et dans le cœur de Madeleine, et c'est lorsque Jésus attache Madeleine à soi-même et à sa croix visiblement et constamment, nonobstant les soldats et nonobstant les Juifs. Recueillons donc de ces discours et de ces paroles de l'évangéliste bien-aimé de Jésus, que Madeleine est fidèle à Jésus, est présente à Jésus, est proche de Jésus et de sa croix, est attachée à la croix et à Jésus : *Juxta crucem Jesu;* est en un nouvel ordre et état d'amour, de croix et de douleur au regard de Jésus.

VII. Et toutefois Jésus ne la daigne pas consoler d'une seule parole. Il ne parle ni d'elle, ni à elle, comme si elle était ensevelie en sa mémoire. Il parle au bon larron qui ne fait que commencer à le connaître, et ne dit mot à Madeleine, qui le sert et l'aime de si longtemps, et l'aime d'un amour si parfait et si excellent, et l'aime encore depuis peu, d'une nouvelle sorte d'amour. Il parle à sa sainte Mère et à saint Jean, et il ne parle point à Madeleine qui est en leur compagnie; il parle au Père éternel sur soi et sur ceux-là même qui le crucifient, et il ne parle ni à Madeleine ni sur Madeleine, qui est crucifiée par son amour même. Il semble que le Verbe incarné n'a jamais été si abondant en paroles qu'au dernier jour de sa vie et souffrance; il fait un grand et long discours à tous ses apôtres sur son état présent et sur leur condition; il parle à saint Pierre qui le doit méconnaître et à Judas qui le doit trahir. Il parle deux fois à Judas et ne parle pas une seule fois à Madeleine; il parle aux soldats qui le viennent prendre, à Caïphe qui l'examine, à Pilate qui le juge; à Hérode il ne dit mot, ni à Madeleine. O Hérode méprisant Jésus! O Madeleine méprisant tout et soi-même pour Jésus! ô esprits par trop différents, et différents pour une éternité! et toutefois ils sont, ce semble, également traités! Faut-il que Jésus soit sans parole à l'une aussi bien qu'à l'autre? faut-il que, dans l'état de la croix, il y ait un même lot pour Hérode et pour Madeleine, et que Jésus parle aussi peu à Madeleine qu'à Hérode? O sort trop semblable à deux personnes si dissemblables! Mais Hérode parle à Jésus, et Jésus ne parle point à Hérode; et Madeleine ne parle point à Jésus, comme Jésus ne parle point à Madeleine; elle ne lui parle point à la vérité, mais son cœur parle, et parle le langage d'amour qui est le langage du cœur. Elle entretient Jésus de son silence, et le silence de Jésus sert d'entretien à Madeleine; et le cœur de Jésus parle à Madeleine et pour Madeleine au Père éternel, comme nous verrons en peu de lignes en l'ordonnance de la croix établie sur elle. Autrefois elle a répandu en silence ses larmes et ses odeurs sur Jésus, car vous voyez que chez le pharisien elle ne dit mot, et au banquet de Béthanie, où elle réitère, sinon ses larmes, au moins ses parfums, elle le fait encore sans paroles, toujours aimante et toujours épandant son cœur et son esprit, mais toujours en pleurant. Comme donc elle répand et ses larmes et ses odeurs sur Jésus en silence, aussi Jésus répand maintenant son sang sur Madeleine en silence. Lors elle était sans parole, mais non sans amour vers Jésus; et maintenant Jésus n'est pas sans amour vers Madeleine, bien qu'il soit sans parole. La puissance de son esprit, et de son esprit souffrant, est étendue sur Madeleine, et elle entre par amour en conformité d'esprit et d'état avec Jésus. Elle souffre par amour ce que Jésus souffre par les Juifs, et cette croix crucifie Madeleine en Jésus et avec Jésus, ces épines couronnent et navrent Madeleine aussi bien que Jésus, et ce fer de la lance qui perce le cœur mort de Jésus, perce le cœur vivant de Madeleine. Tous deux en croix, en douleur, en souffrance, et en croix et souffrance d'amour excellent et divin.

VIII. Mais Jésus meurt en cette croix, et Madeleine ne meurt pas; car en mourant, il lui donne la vie et s'imprime en son cœur, comme en une cire amollie par ses rayons. Dans les derniers efforts de cette vie mourante, de cette mort vivante, il grave en elle sa vie, sa croix, sa mort et son amour; et cet amour est toujours vivant et vivifiant en elle. Jésus est vie et amour tout ensemble; mais il est amour vivant et vivant dans la mort même, car encore que Jésus meure, l'amour qui est en Jésus ne meurt pas; cet amour qui fait mourir Jésus ne peut mourir; au contraire il est vivant, régnant et triomphant dans la mort même de Jésus. Cette mort est la vie et le triomphe de cet amour qui vit et règne dedans ces flammes. On a dit autrefois de l'amour qu'il est fort comme la mort; disons que l'amour dominant en Jésus est plus fort que la vie de Jésus, et que la mort même de Jésus; car l'amour fait mourir Jésus, et la mort de Jésus ne fait pas mourir l'amour de Jésus. Cet amour est vivant et régnant en Jésus mort, et fait vivre Madeleine; c'est sa vie, c'est son amour, et c'est pourquoi elle ne meurt point en la mort de Jésus; ne mourant pas, elle est crucifiée, car son amour est crucifié et il l'a crucifiée aussi, et la crucifiera trente ans durant en une autre manière et en une autre montagne que le Calvaire. Elle en porte l'ordonnance au pied de la croix, et livrant son cœur à Jésus, à sa croix, à son amour, elle adore l'ordonnance rigoureuse du Père éternel, qui consomme la vie de son Fils unique dans les rigueurs de la croix.

Après donc que tout est consommé, et que vous l'avez ainsi déclaré, ô Jésus, par votre sacrée parole; vous expirez, ô Seigneur de la vie, et on vous détache de la croix où l'amour et l'obéissance vous avaient attaché; et vous expirant, elle reçoit votre esprit dans son esprit, et votre corps mort en ses bras, et l'accompagne jusqu'au sépulcre de Joseph où il doit être déposé. Là elle est la dernière qui vous quitte, et ne vous quitte que pour ne vous pas quitter, c'est-à-dire pour satisfaire à la loi du sabbat, et à la loi de son amour qui la porte à chercher de nouveaux parfums pour vous oindre, car ceux qu'elle avait, ont été tous épuisés sur vous en Béthanie. Mais comme elle est la dernière qui vous quitte, elle est aussi la première qui vous cherche et la première qui vous trouve. Elle vous cherche mort et elle vous trouve vivant, et vous avez voulu publier à tout le monde, par vos plus fidèles écrivains, que cette pauvre pécheresse, que cette humble pénitente, que cette délivrée des démons et du péché, que cette âme méprisée du pharisien et reprise de vos disciples est la première de tous, même est la première de tous vos apôtres, qui a reçu le privilège de vous voir vivant et ressuscité en gloire; car l'un de vos évangélistes nous dit ces grandes paroles : *Apparuit primo Mariæ Magdalenæ, de qua ejecerat septem dæmonia.* (Marc. XVI, 9.) Le Seigneur ressuscitant a apparu premièrement à Marie Madeleine, de laquelle autrefois il avait chassé sept démons; comme si vous vouliez qu'entrant en votre vie, en votre vie nouvelle, en votre vie glorieuse et immortelle, le premier acte extérieur de cette vie grande et divine, remarqué dans l'Ecriture, fût un acte et visite d'amour vers cette âme qui ne vivait que par la vie qu'elle avait en vous. O primauté de grâce, de faveur et d'amour de Jésus vers Madeleine! ô primauté singulière et remarquable, et aussi remarquée par le Saint-Esprit qui a dicté votre Evangile à vos disciples et apôtres! me sera-t-il permis de penser et de dire que cette primauté de faveur est rendue à l'excellence et à la primauté de son amour.

CHAPITRE VI.

LA MADELEINE CHERCHE JÉSUS AU SÉPULCRE, ET LE TROUVE RESSUSCITÉ, ET SE MET A SES PIEDS.

I. *La plupart de ceux qui paraissaient chercher Jésus, recherchaient ses miracles et son assistance en leurs besoins; mais Madeleine ne cherche que Jésus et le miracle de son amour. Elle est tirée à lui par la puissance secrète de son amour, et non par une vocation de parole comme les apôtres. Mais en la résurrection de Jésus, elle est la première qui entend sa voix; et elle reçoit la charge de l'annoncer aux apôtres, et cet honneur est déféré à l'éminence de son amour.* — II. *Ignorance de Madeleine au regard de la résurrection de Jésus, ordonnée de Jésus pour enflammer son amour. Jésus qui est la vérité même, se déguise (en attendant qu'il se manifeste) pour exciter son amour, et il n'y a que la grandeur de cet amour qui puisse rendre ce déguisement convenable. Puisque l'ignorance de cette sainte est honorée des anges et de Jésus-Christ même, nous devons beaucoup plus chercher l'amour que la lumière dans les choses de Dieu. Madeleine, toujours première, et à aimer, et à pleurer, et à chercher son Seigneur.* — III. *Madeleine parlant aux apôtres leur dit :* Ils ont enlevé le Seigneur; *et aux anges elle dit :* Ils ont enlevé mon Seigneur, *et la raison de cette différence. Trois personnes rares en l'amour de Jésus, Pierre, Jean et Madeleine, le viennent chercher au sépulcre; mais l'amour de Madeleine surpasse celui des deux autres en bien des manières.*

I. Durant le cours de votre vie voyagère et publique en Judée, elle est la première qui vous a cherché par amour. Vous avez cherché les uns, et les autres vous cherchaient pour leurs besoins particuliers, et pour leurs nécessités extrêmes, recherchant plus vos miracles que vous-même. Mais Madeleine ne cherche que vous, elle ne cherche que le miracle de votre amour ; et aussi vous la rendez elle-même un miracle d'amour en la terre, et maintenant vous voulez qu'elle soit la première qui vous voie immortel et glorieux. Les disciples et apôtres vous ont fidèlement suivi, mais ayant été appelés, et appelés sans qu'ils pensassent à vous. Celle-ci vous cherche, vous suit, vous court, sans être appelée de vous par aucune parole qui l'attire et s'adresse à elle, comme il est arrivé aux autres; même elle est à vos pieds, et il ne semble pas que vous la connaissiez, que vous la regardiez, ni que vous pensiez à elle, tant est secrète la puissance qui l'attire et l'attache à vous. Et maintenant vous voulez qu'elle soit la première qui entende votre voix, qui écoute la parole de votre bouche sacrée, et qui reçoive cette charge tant honorable d'annoncer la première votre gloire à vos apôtres. C'est ainsi, ô roi de gloire, qu'en la terre et au ciel vous voulez honorer celle qui vous a tant aimé, et qui s'est avilie à vos pieds pour vous adorer.

II. Mais avant que de lui faire cette nouvelle grâce, il vous plaît exercer et accroître encore son amour, et la tenir en ignorance de votre état et de votre gloire, pour exciter et allumer de nouvelles flammes dans son cœur. O sainte et bénie ignorance, et honorable en Madeleine, puisqu'elle vient de la conduite de Dieu même sur cette âme, et qu'elle ne sert qu'à exciter le feu d'un si grand amour. Cette ignorance vient de Dieu et conduit à Dieu, et aussi elle est honorée des anges, et entretenue de Jésus-Christ même, qui se déguise sous la forme de jardinier, pour être présent et inconnu tout ensemble à l'amour de cette âme; chose que le Fils de Dieu n'a jamais faite en tout le cours de sa vie précédente. Et ce déguisement semblerait peu séant à sa dignité et à sa qualité (lui qui est la vérité même en son essence), s'il n'était convenable à la grandeur et à la vérité de cet amour. Mais revenons à notre Madeleine pénitente autrefois en la salle du pharisien, et maintenant ignorante au sépulcre de Jésus; et après avoir révéré cette sainte et divine ignorance en une âme si digne de lumière, et sur un sujet si digne d'être connu, apprenons à rechercher plus d'amour que de lumière dans les choses divines. Cette âme donc toujours divine et admirable, soit en la pénitence, soit en son amour, soit en son ignorance, ne sachant pas que Jésus est en sa gloire, et n'est plus dedans les ombres et ténèbres de la mort, vient au sépulcre sitôt que la loi lui permet, et elle y vient la première, comme toujours première, et à aimer, et à plorer, et à chercher son Seigneur.

III. Mais dès qu'elle aperçoit la pierre ôtée, saisie de crainte qu'on ne l'ait enlevé, sans faire un pas plus avant, elle court diligemment aux apôtres pour leur dire : *Ils ont enlevé le Seigneur, et nous ne savons où ils l'ont posé.* (Joan. xx, 13.) Elle leur tient ce propos pour les animer tous à la recherche de leur commun Seigneur; car c'est pourquoi le Saint-Esprit qui anime son cœur et conduit sa langue, lui fait tenir un langage différent aux apôtres et aux anges; aux apôtres elle dit : *Ils ont enlevé le Seigneur,* pour les exciter par ce terme commun à leur commun devoir et amour; mais aux anges elle dit : *Ils ont enlevé mon Seigneur,* pour leur exprimer naïvement son amour et sa douleur, et les convier suavement à lui dire des nouvelles de celui qu'elle aime, qu'elle cherche, qu'elle adore, qu'elle plore et qu'elle nomme si tendrement son Seigneur. Au bruit donc de cette triste nouvelle, les apôtres s'émeuvent, et deux d'entre eux, le mieux aimant et le mieux aimé, c'est-à-dire Pierre et Jean, viennent au sépulcre, et elle y vient aussi pour la seconde fois. Et ce lieu saint, ce trône d'amour, ce siége où a reposé trois jours l'arche de notre salut, l'honneur et l'amour du ciel et de la terre, est visité de ces trois rares personnes, et toutes trois rares en l'amour de Jésus, Pierre, Jean et Madeleine. Mais elle surpasse en cet amour; car elle est venue sans eux, et ils n'y sont pas venus sans elle; ils n'y demeurent pas avec elle, et ils s'en retournent sans elle. Elle a eu le pouvoir de les y attirer; mais ils n'ont pas le pouvoir de l'emmener et de l'en séparer. Elle n'en peut partir, et elle demeure attachée à ce sépulcre saisie de douleur, baignée de larmes, ne pouvant quitter ce lieu où a été celui qu'elle aime, qu'elle pleure et qu'elle cherche de tout son cœur, et qu'elle nomme vraiment le Seigneur, et son Seigneur, car il est le Seigneur de l'univers, et le Seigneur encore et le Dieu de son cœur.

CHAPITRE VII.
LES PAROLES DES ANGES ET DE JÉSUS A MADELEINE AU SÉPULCRE.

I. *Obligation spéciale de peser ce que saint Jean, ch. xx, nous apprend sur ce sujet. Sainteté du monument, qui est le trône d'un Dieu mort pour l'amour de nous. Durant ces trois jours, les anges ont partagé leur demeure; les uns étant venus au sépulcre, les autres étant demeurés au ciel : ceux-ci pour adorer le Dieu vivant, et ceux-là pour adorer un Dieu mort. Procédé étrange en une âme tout angélique, d'avoir deux anges devant ses yeux et de n'y penser pas. Elle ne pense qu'à son amour et n'entretient que sa douleur. — II. Il pèse ces paroles de la sainte :* Tulerunt Dominum meum, et nescio, etc. *Quoique Madeleine soit avec deux anges, elle ne leur parle point. Ils lui parlent les premiers, et elle leur répond peu de paroles, et c'est de son amour. Elle l'appelle le Seigneur, à raison de sa propre grandeur, et son Seigneur, à raison de son amour. Il pèse ces paroles :* Hæc cum dixisset, conversa est retrorsum. *Il semble que les anges n'ont paru et parlé à Madeleine que pour donner à connaître que ce grand amour requérait que Jésus-Christ lui-même lui manifestât son nouvel état. — III. Conduite de Jésus vers Madeleine, à laquelle commençant à parler :* Quid ploras? quem quæris? *Il donne un aiguillon d'amour, mais non pas un rayon de lumière. C'est par le nom de Marie que Jésus opère en Madeleine un effet de lumière et d'amour tout ensemble, et pourquoi. — IV. Considération de Jésus entrant dans la gloire. Jésus regarde Marie sa Mère en naissant, et ne lui parle point; regarde Marie sa servante en renaissant et lui parle. Pouvoir apostolique donné à Madeleine vers les apôtres mêmes.*

I. Il y a plaisir de voir le bien-aimé disciple décrire ces choses par le menu. Ne les négligeons pas, puisqu'il ne les a pas négligées lui-même. Ou pour mieux dire, pensons-y volontiers, puisque le Saint-Esprit a daigné les écrire et publier à l'univers, et par un des plus rares et plus choisis instruments qu'il ait eus en la terre. Selon saint Jean donc, les apôtres viennent et s'en retournent; et Madeleine demeure attachée à ce lieu, lieu vraiment désirable et bien digne de vos larmes et de votre séjour, ô Madeleine. Ce lieu est saint et a une dignité qui se rapporte au ciel, et le semble égaler; car si le ciel est le trône de Dieu vivant, ce lieu est le trône de Dieu mort, et mort pour le salut des hommes. Et durant ces trois jours, les saints anges ont partagé leur demeure; les uns demeurant dans le ciel pour y adorer le Dieu vivant, et les autres demeurant au sépulcre pour y adorer et accompagner le Dieu mort, c'est-à-dire Jésus mort et enseveli en la terre, et encore plus en l'oubli des hommes. Or les apôtres s'étant retirés, et Madeleine restée en ce saint lieu, les anges viennent aussitôt, et lui paraissent, d'où il appert qu'ils viennent en terre, non pour les apôtres, car ils se sont retirés; mais pour Madeleine, car elle est demeurée; et toutefois elle est si peu civile aux citoyens du ciel, et si peu courtoise aux anges qui la visitent, que les voyant, elle ne les regarde pas, elle ne leur parle pas, elle ne les entretient pas, elle n'y pense pas, elle ne pense qu'à son amour, et elle n'entretient que sa douleur. Procédé, ce semble, étrange en une âme tout angélique et céleste, et laquelle aussi les anges cherchent comme telle; mais elle ne les cherche pas, elle cherche le Seigneur des anges, et rien ne la peut arrêter et occuper que lui.

II. Elle donc ne parlant point aux anges, les anges se résolvent de lui parler, et de rompre son silence, en lui demandant le sujet de ses larmes : *Mulier, quid ploras?* (Joan. XX, 12.) Elle leur dit lors ces pitoyables paroles : *Ils ont enlevé mon Seigneur, et je ne sais où ils l'ont mis.* (Ibid., 13.) Ce pourparler est court, et bientôt infini; et toutefois il est entre deux anges et une âme angélique. Mais un amour si grand ne permet pas plus de paroles. Je ne laisse pourtant pas de m'étonner et des anges et de Madeleine; car, ô sainte âme, la beauté, la splendeur, la clarté de ces anges descendant du ciel, et descendant lors pour vous seule en la terre, n'est-elle point capable de toucher votre cœur, d'essuyer tant soit peu vos larmes, d'arrêter un peu votre esprit, et de vous contenter en leur aspect et en leur soin vers votre âme? Tant d'objets de la terre nous touchent, nous ravissent, nous transportent si aisément hors de notre devoir même. Et ces objets du ciel ne sont-ils pas bien dignes au moins d'arrêter tant soit peu votre pensée et vous induire à les entretenir? Non, votre amour et votre esprit est absorbé dans celui que vous nommez le Seigneur, à raison de sa propre grandeur, et votre Seigneur, à raison de votre amour. Et vous n'avez ni cœur, ni esprit, ni pensée, ni parole pour autre sujet. Ces anges sont devant vous, vous ne les regardez pas, car ce n'est pas eux que vous cherchez; vous ne leur parlez pas, car ce n'est pas eux à qui vous pensez; et eux vous parlant, vous ne leur dites qu'une parole, et vous cherchez ailleurs ce que vous ne trouvez pas en leur présence : *Quæ cum dixisset, conversa est retrorsum.* (Ibid., 14.) C'est pourquoi vous délaissez ces anges, et ce sépulcre où Jésus n'est plus, et vous tournez vos regards et vos pensées ailleurs.

Mais vous, ô saints anges, dites-moi s'il vous plaît, venez-vous du ciel en terre pour ne dire que ces deux paroles à cette âme? c'est beaucoup l'honorer, mais peu la consoler. A la vérité c'est porter beaucoup de respect à son amour, que de venir du ciel pour lui paraître, et de ne venir et paraître que pour lui dire si peu de paroles : Mais ce n'est pas porter remède à sa douleur. Vous qui savez le sujet de ses larmes et la gloire de son Seigneur, que ne lui dites-vous le secret qu'elle ignore, et la vie glorieuse de celui qu'elle va cherchant entre les morts? Votre silence respectueux me fait connaître que cela est réservé non aux anges mais au Seigneur des anges. Elle le cherche si ardemment, si pitoyablement, pour honorer un tel amour, il veut être le premier à lui dire lui-même et à lui montrer sa gloire, l'amour que cette âme lui porte et qu'il porte à cette âme le requiert aussi. Ainsi Dieu souvent diffère à nous consoler, pour nous honorer et nous consoler davantage. Les anges donc demeurant en silence et Madeleine en douleur, le Seigneur apparaît non comme le Seigneur mais comme un jardinier (car il veut encore exercer et éprouver lui-même l'amour de cette âme), et il lui tient le même propos que lui avaient tenu les anges (car aussi l'avaient-ils fait par son ordonnance) : *Mulier, quid ploras?* Et pour donner un nouvel aiguillon à son amour, il ajoute, *quem quæris?* Mais un amour si grand ne peut plus supporter de délai. Après ces deux paroles il se manifeste, il découvre sa gloire, il lui rend son esprit, il lui ouvre les yeux et elle voit vivant celui qu'elle cherche mort et elle est ravie de joie, d'amour et de lumière en la présence de Jésus, en la présence de ce soleil vivant.

III. C'est le premier effet de Jésus en sa gloire, c'est un nouvel état de grâce en Madeleine; c'est une vie nouvelle en cette âme au regard de Jésus. Il est ressuscité, il fait aussi comme une résurrection d'état de vie et d'amour en elle. Voyons plus d'une fois comme cet œuvre rare s'accomplit, et comme Jésus y procède. Tout est mystérieux en Jésus, tout y est digne de respect et de remarque; mais le premier effet de sa vie nouvelle mérite bien une vénération et observation singulière. Jésus donc ressuscité veut prendre la forme de jardinier, et paraître ainsi à cette sainte amante, pour se rendre présent, mais inconnu, à elle sous cette forme étrangère : Jésus lui parle et l'entretient de sa douleur et de son amour, lui disant : *Quid ploras? quem quæris?* et par ces paroles lui donne un aiguillon d'amour mais non pas un rayon de lumière. Car elle ne connaît pas celui qu'elle a présent et celui qu'elle cherche avec tant de douleur, ces propos étant finis entre Jésus et elle, Jésus profère une simple parole et lui dit *Maria* et ce nom excite en elle amour et lumière; et, ravissement de lumière et d'amour et donne à Madeleine la plus haute et désirée connaissance et la plus agréable jouissance du plus digne objet qu'elle eût pu regarder; et, elle voit celui qui est la vie qui est sa vie, et demeure ravie de cette vie nouvelle de cette vie de gloire.

Béni soyez-vous, ô Jésus, d'avoir ainsi essuyé ses larmes et converti sa douleur en jouissance, et d'avoir employé ce beau nom de Marie, ce seul nom de Marie pour un tel effet d'amour et de lumière. Vous avez employé votre présence, votre voix et vos paroles en lui disant : *Mulier, quid ploras ? quem quæris ?* mais sans effet ; car ce nonobstant elle ne connaît point celui qu'elle cherche, celui qu'elle a présent et celui qui lui tient un si doux propos. Vous proférez le doux nom de Marie, le seul nom de Marie, et ses yeux sont ouverts en la prolation de ce nom, comme ceux des deux disciples en la fraction mystérieuse faite en Emmaüs. Ce nom avait trop d'alliance avec Jésus en la personne de sa sainte Mère ; et en la personne encore de cette sainte disciple, pour ne pas joindre aussitôt deux cœurs et deux esprits si proches et si préparés à l'amour saint et mutuel l'un de l'autre. Il sert à Madeleine de porter ce beau nom de Marie, et le Dieu de bénédiction, lequel bénit tout en ses saints, veut bénir ce nom saint et vénérable et le veut employer au premier effet de sa résurrection, et donner par icelui la première connaissance de sa vie et de sa gloire. O nom de grâce, d'amour et de lumière ! O nom lié et liant à Jésus ! O nom liant Madeleine à Jésus et lui faisant connaître son Dieu, son amour et son Sauveur ! C'est le premier nom proféré par Jésus en la résurrection ; et Madeleine aussi la première de tous les mortels, selon l'évangéliste qui voit Jésus le Fils unique de Dieu, le Sauveur du monde et le Dieu de son cœur dans la vie, dans la gloire. O grandeur ! ô amour ! ô faveur nonpareille !

IV. Ces pensées me ravissent et je m'abîme en leur profondité, je ne puis les quitter, je les repasse souvent par mon esprit et je m'y repose volontiers, ô Jésus mon Seigneur, et ce d'autant plus que j'y vois votre gloire, votre amour et votre conduite admirable. Après la croix donc, après la mort et le sépulcre, après tant de labeurs, d'opprobres et de douleurs, vous êtes en repos ; et, ô Jésus mon Seigneur vous êtes en votre gloire et vous y êtes pour jamais, et vous ne faites que d'entrer en cette vie de gloire. J'ai autrefois contemplé votre entrée en la vie mortelle et passible, et vos premières et principales actions en icelle. Je veux aussi contempler votre entrée en cette vie nouvelle, admirable et immortelle, et vos premières actions en cet état. O Seigneur tout-puissant ! ô roi de gloire ! ô Dieu d'amour, que dirai-je ? que penserai-je ? Je veux ouvrir le livre de vie et le livre de votre vie ce sont les Ecritures. Là je trouve que la première personne que vous avez visitée en votre vie nouvelle et en votre état de gloire, c'est Madeleine. Là je trouve que la première parole que vous avez prononcée en cet état heureux, s'est adressée à elle et concernait ses larmes et ses douleurs : *Mulier, quid ploras ?* Là je trouve que le premier nom que votre bouche sacrée a prononcé en cette gloire c'est son nom, ce nom doux de Marie qui lui donne lumière, qui lui fait connaître son Seigneur, qui la fait fondre à ses pieds, qui lui redonne la vie et le comble de joie et d'un nouvel amour.

Quand vous naissez, Seigneur en Bethléem, à la vérité les premiers regards de vos yeux mortels, sont sur votre sainte Mère ; mais vous ne lui parlez point, vous ne proférez point son nom qui est le même nom de Marie, bien que ce nom soit consacré en sa personne, à l'innocence et à la maternité divine, et à une éminence de grâce qui n'aura jamais rien de pareil ; vous ne le proférez pas toutefois et vous demeurez dans le silence, et dans l'impuissance sacrée de votre enfance. Quand vous renaissez, Seigneur, au sépulcre, en votre vie de gloire, les premiers regards et le premier aspect de vos yeux immortels, glorieux et brillants comme un soleil, sont sur Madeleine, vos premières paroles sont à Madeleine, le premier nom que vous prononcez c'est son nom, ce nom de Marie, nom consacré en sa personne à l'amour et à la pénitence : et la première commission que vous donnez et s'il m'est permis de parler ainsi, la première bulle et patente que vous avez expédiée dans votre état de gloire et de puissance, est à elle, la faisant un apôtre, mais apôtre de vie, de gloire et d'amour ; et apôtre vers vos apôtres. Il y a quelque temps que vous les avez faits apôtres, Seigneur mais durant votre vie mortelle ; vous les avez faits douze en nombre et vous les avez faits vos apôtres. Mais vers le monde, pour lui annoncer votre croix et votre mort ; ici vous faites Madeleine votre apôtre en votre état de gloire, et en ce nouvel état vous la faite seule apôtre et l'apôtre de votre seule vie, car elle n'annonce et ne publie que votre vie, votre puissance et votre gloire. Et vous la faites un apôtre non vers le monde mais vers les apôtres mêmes du monde, et vers les pasteurs universels de votre Eglise tant il vous plaît relever l'honneur et l'amour de cette âme.

CHAPITRE VIII.

SÉPARATION DE JÉSUS D'AVEC MADELEINE AU SÉPULCRE.

Rigueur en Jésus vers Madeleine au même temps de cette grande faveur, par ces paroles : Noli me tangere. *Et qu'une âme si fidèle en l'obéissance et si extatique en l'amour, soit, ce semble, obligée de manquer à l'un ou à l'autre. Mais cette même privation du fruit de son amour, lui donne une nouvelle puissance et puissance d'amour pour la porter. L'amour de Madeleine subsiste par voie d'être et non d'entretien et d'opération, et ressemble au feu en son élément, où il se conserve sans mouvement et sans pâture.*

Parmi ces grandeurs, ces faveurs, ces douceurs, permettez-moi, Seigneur, que je vous dise que j'y trouve une rigueur extrême. Car aussitôt qu'elle est avec vous, vous la séparez de vous; aussitôt qu'elle vous connaît, qu'elle fond à vos pieds et qu'elle se lie à vous comme à sa vie et à son amour; vous l'éloignez de vous et l'obligez de manquer, ou à son amour ou à son obéissance. Grand combat en une âme de telle fidélité en l'obéissance et de tel excès en l'amour, procédé bien différent de celui que vous avez tenu avec elle chez le pharisien, lorsqu'elle ne fait qu'entrer en votre grâce et connaissance. Là vous laissez cette humble pénitente longuement à vos pieds, vous la laissez pleinement satisfaire à sa douleur et à son amour; même vous faite un long discours au pharisien, pour donner plus de temps et de loisir aux excès de ses offices et de sa piété vers vous : et ici, ô Seigneur, vous ne permettez à cette divine amante d'être à vos pieds qu'un seul moment, vous ne lui permettez qu'une seule parole, *Rabboni* (Joan. xx, 16), et au même instant vous la séparez, vous l'envoyez, vous rentrez dans le secret de votre lumière inaccessible et invisible à tout homme mortel, et elle ne vous voit plus, ne vous trouve plus, ne vous possède plus, ce semble. Vous êtes la vie, laissez-la vivre en vous, vous êtes sa vie, laissez-la vivre de vous; au moins donnez-lui autant d'heures et de moments qu'il y a qu'elle vous pleure, qu'elle vous cherche et qu'elle vous imprime en son cœur : mais il en arrive bien autrement. Au même instant qu'elle vous trouve, elle trouve en vous une pierre plus dure que celle du sépulcre que vos anges lui ont ôtée. Vous lui êtes une pierre, non d'achoppement à la vérité mais de séparation, et vous frappez vous-même le coup de cette séparation ce semble rigoureuse; et ce qui passe la rigueur même, vous la séparez dans l'excès d'un si grand amour. Je trouverais ce coup insupportable s'il n'était de vous, et s'il n'était par amour et s'il n'était même pour un plus grand amour. Car tout ce qui est de vous donne vie, force et amour; et dans votre amour, privant cette âme du fruit de son amour, vous lui donnez une nouvelle puissance, et puissance d'amour pour porter cette privation, cette rigueur et cette séparation, séparation secrètement et insensiblement unissant son âme à vous en une nouvelle manière. O amour pur, céleste et divin! Amour qui n'a besoin d'entretien et sentiment aucun; amour qui subsiste par voie d'être et non par voie d'entretien, d'exercice et d'opération; amour qui, comme ces feux célestes, se conserve en son âme comme en son élément sans mouvement et sans pâture; au lieu que les feux terrestres sont en mouvement perpétuel et ont besoin d'aliment pour être conservés et entretenus ici bas comme en un lieu qui leur est étranger.

CHAPITRE IX.

LA MADELEINE EST SÉPARÉE DE JÉSUS, LUI ÉTANT AU CIEL ET ELLE EN TERRE POUR ACHEVER LE COURS DE SA VIE SIGNALÉE EN PÉNITENCE ET EN AMOUR SAINT VERS JÉSUS.

Procédé de Jésus avec Madeleine par amour unissant chez le pharisien, et par amour séparant au sépulcre. Madeleine entre en l'école de l'amour séparant aux pieds de Jésus glorifié, et continue trente ans. Pendant tout ce temps elle est en la terre, sans la terre. Son âme est au ciel, et elle n'a de terrestre que le corps mortel, lequel encore n'est vivant que dans les flammes d'un amour céleste.

Voilà le procédé de Jésus avec Madeleine, et de Madeleine avec Jésus en la terre, procédé qui commence par amour, et amour unissant chez le pharisien, et finit par amour, mais amour séparant au sépulcre de Jésus. Mais, ô Madeleine, cette séparation n'est qu'un essai et un exercice que Jésus vous fait faire à ses pieds; ce n'est qu'un commencement d'épreuve, car il faudra être séparée, non pour un moment ou une heure, mais pour trente ans. Me permettez-vous, ô âme divine, de vous le dire : Aux pieds de Jésus glorifié, vous commencez à entrer en l'école de l'amour séparant, comme aux pieds de Jésus humilié, vous êtes entrée en l'école de l'amour unissant. Deux écoles sacrées en l'académie de Jésus; toutes deux écoles de l'amour de Jésus, mais écoles d'un amour différent. Madeleine est la première disciple et la plus remarquable en cette académie de Jésus. Elle y a fait depuis environ trois ans sa profession publique et constante, et elle va toujours s'avançant et s'élevant de degré en degré. Elle entre donc en la nouvelle école de l'amour séparant, et elle y entre lorsque Jésus entre en sa gloire. Et par les lois de cette nouvelle discipline, elle aura désormais à vivre une vie séparée de Jésus, qui sera au ciel par son ascension, et elle en la terre par sa pénitence. En la terre à la vérité, mais sans la terre, et beaucoup plus au ciel qu'en la terre : car sa vie, son amour et son occupation sera dans le ciel; elle n'aura rien de terrestre que le corps mortel dont elle est revêtue, lequel encore n'est vivant que dans les flammes d'un amour céleste.

CHAPITRE X.
DEUX ÉTATS EXCELLENTS ET DIFFÉRENTS EN LA VIE DE MADELEINE : L'UN D'AMOUR SAINT, L'AUTRE DE RIGUEUR FAVORABLE, ET TOUS DEUX OPÉRÉS PAR JÉSUS EN ELLE.

I. *Il semble que Jésus et Madeleine, deux personnes unies si étroitement, dussent quitter la terre ensemble; mais son jugement est bien différent de nos pensées, et il veut que son corps demeurant en la terre, son amour soit au ciel, et qu'elle passe trente ans ainsi divisée en elle-même. Deux états fort différents de Madeleine : l'un de trois ans avec Jésus, l'autre de trente ans privée de Jésus. Dans le premier, Jésus est sa vie et son amour dans les délices de sa conversation; et dans l'autre, il est sa vie et son amour dans les rigueurs de sa privation. Jésus est objet de faveur et de rigueur, de jouissance et de souffrance, selon qu'il lui plaît. Cette rigueur est sans coulpe au regard des âmes qui la portent, et est même amour et faveur, mais tellement détrempée dans la rigueur qu'il faut lumière particulière pour l'apercevoir. Jésus qui conserve ses navrures en son corps jusque dans la gloire, se plaît d'être servi des cœurs navrés, et il se navre de douleur et d'amour. — II. Explication de la grâce souffrante, où la vie et la mort se trouvent ensemble. Mais ceci est pour très-peu de personnes, les unes n'en ayant nulle intelligence, et les autres étant trop faciles à se persuader d'y avoir quelque part. Explication de cet amour souffrant et de cette vie de mort par l'état des damnés, où il y a une mort éternelle qui n'ôte pas la vie, mais la suppose. Ces deux sortes de mort sont bien différentes : l'une est jointe à la vie de la nature, l'autre à la vie de la grâce ; en l'une on meurt par le péché, et en l'autre on meurt au péché. La grâce a plus de pouvoir de faire mourir que le péché, mais d'une manière de mort qui est vie. La vie et la mort se trouvent en la grâce commune, selon cette parole de l'Apôtre : Existimate vos mortuos esse peccato, viventes autem Deo. — III. La justice et la miséricorde de Dieu font la mort des damnés et la mort des justes ; mais la sainteté de Dieu opère une autre manière de mort dans les âmes éminentes. Dans les âmes éminentes il y a une manière de mort qui n'est pas simplement au regard du péché et de la nature, mais aussi au regard de la grâce excellente et de la vie qu'elles y avaient, pour être unies à Dieu par lui-même. Solitude intérieure qui va imitant et adorant la solitude de Dieu en soi-même, et sa séparation de toutes choses. La grâce qui procède de Jésus vivant et mourant, opère vie et mort conformément à son principe. — IV. Il retourne à la Madeleine et explique ses avantages dans ces deux effets de vie et de mort. Madeleine en cet état de mort a le privilége de la vie, qui est de croître en amour, ce qui ne convient ni à la mort ni à la vie même des bienheureux ; et c'est un des desseins de Jésus sur elle, la tenant en cet état. Éminence de cette âme révérée des séraphins, admirée des anges, ignorée des hommes. — V. Madeleine suspendue entre le ciel et la terre : séparée de la terre par son amour, et du ciel par son impuissance. Mais son impuissance sert à son amour, et elle en devient plus puissante à s'élever à la sublimité et principauté d'amour que Jésus lui prépare. Son amour est plus fort que ni la mort ni la vie : car la mort sépare et n'unit pas, la vie unit et ne sépare pas ; mais son amour sépare et unit tout ensemble, et unit en séparant.*

I. A la vérité, contemplant la vie, la faveur et l'amour de Jésus au regard de Madeleine, et de Madeleine vers Jésus, il semblait qu'un même jour et une même heure devait les ravir à la terre et les tirer au ciel. Mais Dieu, admirable en ses conseils et en ses voies sur les enfants des hommes, et plus encore sur ses saints, juge et dispose bien autrement de Madeleine. Il veut que son corps soit en la terre et son amour au ciel, et qu'ainsi divisée en elle-même, elle meure et vive tout ensemble par l'espace de trente ans, et qu'elle porte dans un désert une rigueur extrême et un martyre d'amour, qui en sa rigueur surpasse les faveurs qu'elle a reçues au monde par la présence et possession qu'elle avait de Jésus, qui était sa vie, son tout et son unique amour. Ce sont deux états excellents et bien différents de Madeleine, l'un de trois ans aux pieds de Jésus, l'autre de trente ans séparée de Jésus. En l'un elle est et possédant et possédée de Jésus, en l'autre elle est et possédée et séparée de Jésus tout ensemble. En l'un et en l'autre état, Jésus est sa vie, Jésus est son amour. Mais, durant les trois ans précédents, Jésus est sa vie et son amour dans les délices de Jésus présent, le possédant et possédée de lui par un amour et puissance réciproque. Et durant ces trente ans Jésus est son amour et sa vie dans les rigueurs d'un amour vif et puissant, d'un amour languissant après un objet tant aimable et tant aimé, mais tant éloigné.

II. Outre cette langueur, il y a encore d'autres sortes de souffrances et de rigueurs que portent les âmes éminentes dans les voies divines. Ce n'est pas ici le lieu de traiter et prouver ces matières ; il les faut supposer d'ailleurs. Les âmes saintes le savent par expérience ; les âmes plus communes le croient par révérence. Par ces deux voies différentes, les âmes rendent leurs vœux, leur hommage et leur vie au temple de cet amour. Et nous leur annonçons que Jésus est objet de faveur et de rigueur, de jouissance et de souffrance, selon qu'il lui plaît s'appliquer divinement mais différemment aux âmes. Il est tellement objet de souffrance et de rigueur, que c'est sans coulpe aucune de la part des âmes qui le portent en cette qualité. Au contraire, cette rigueur est faveur et amour à qui le sait bien comprendre. Et est amour et faveur d'autant plus grande, que la rigueur est grande. Mais c'est un amour et faveur détrempés tellement dans l'amertume de la rigueur que l'esprit et le sens n'y aperçoivent et expérimentent que rigueur. Et il faut une lumière toute particulière pour pénétrer l'amour et la faveur cachés dans la sévérité de cette rigueur.

C'est l'amour consacré à la croix de Jésus : Jésus est une source vive d'amour, Jésus est vie et amour partout, en la crèche et en la croix, en l'Egypte et en la Judée, en Thabor et au Calvaire, au désert et aux villes. Il est source de plusieurs sortes de vie, et il est source de plusieurs sortes d'amour. Cet amour non de délices, mais de rigueur, est l'amour propre à la croix de Jésus. Il est procédant de ces saintes plaies qu'il a reçues en la croix et qu'il a conservées même en la gloire; tant la croix, la douleur et la navrure lui plaît, puisqu'elle lui plaît même en la gloire, et pour l'éternité. Si son corps est navré, et navré dans le ciel, et navré pour jamais, ne nous étonnons pas s'il veut avoir à soi des cœurs navrés. Il les navre de douleur et d'amour, il les presse de rigueur et faveur, il les comble de jouissance et souffrance tout ensemble. Et comme la navrure fait et suppose division, aussi ces cœurs navrés sont divisés d'avec eux-mêmes. Car un cœur aimant de cette sorte est un cœur séparé de l'objet aimé; cet objet par rigueur est séparé de celui qui aime; cet objet par amour est un autre lui-même. C'est son cœur, c'est sa vie, puisque c'est son amour; c'est le cœur dont il vit; c'est la vie dont il meurt; c'est la mort dont il est vivant, car il n'est vivant que pour sentir et souffrir cette perte, douleur et absence : c'est sa langueur, son tourment, sa navrure. O langueur! ô rigueur! ô vie! ô amour! ô mort vivante et vie mourante!

Mais révérons ces secrets, et ne les ouvrons pas à la terre de crainte qu'elle ne les profane ou par impureté, ou par impiété. C'est le sanctuaire qui doit être voilé, mais ce voile est rompu en la mort de Jésus, et nous avons eu accès dans ce lieu saint, le Saint des saints. En cette entrée nous apprenons à l'exemple de Jésus même, le Saint des saints, le bien-aimé du Père, comme en l'état et en la voie d'amour, spécialement s'il est rare et excellent, et il y a des faveurs à recevoir, et il y a des rigueurs à porter aussi. Et la rigueur va augmenter l'amour, et après en son temps dispose à recevoir de plus grandes faveurs. C'est la loi d'amour, et cette loi est observée en Madeleine; car si elle a vécu trois ans en faveur, en amour, en jouissance aux pieds de Jésus, elle sera trente ans séparée de Jésus, c'est-à-dire elle sera trente ans vivante, mais toute vive séparée de sa vie. Car Jésus est sa vie, et, si elle paraît vivante, ce n'est pas elle, c'est Jésus qui vit en elle; et par ainsi elle est vivante et non vivante, elle mourante et vivante tout ensemble; elle est trente ans en cet état de vie et non vie, en cet état de vie et de mort, en cet état de mort qui est vie, et de vie qui est mort.

Car Jésus qui est sa vie, n'est vivant en elle que pour la faire mourir, c'est-à-dire n'est vivant en elle que d'une sorte de vie qui la fait mourir en la privant de son amour et de sa vie. Et la faisant ainsi mourir, il la fait vivre, car il la tient en vie, et il la tient en vie que pour porter, sentir et souffrir cette privation et séparation de lui qui est sa vraie vie. La foi nous enseigne que les esprits damnés sont morts de la mort éternelle, car la mort des corps n'est qu'une mort temporelle et une ombre de la vraie mort, et toutefois ces esprits sont immortels; mais ils n'ont vie que pour sentir leur mort, mort de coulpe et de péché, mort horrible et malheureuse. Faut-il qu'en un sujet de grâce si éminente, j'entremêle un propos de si grande disgrâce, et que, parlant de la vie, et d'une telle vie, je parle de la mort, et d'une mort éternelle? Mais ce qui ne convient pas à la douceur de ces discours, ni à la dignité de cette âme, est nécessaire à vaincre quelques esprits du temps, qui prennent pour des songes ce qui passe leurs sens. Ils ne peuvent approuver ce qu'ils n'ont éprouvé. Même ils ne peuvent supporter ce qu'ils ne peuvent comprendre, comme si la conduite et l'opération de Dieu dedans les âmes devait être limitée, ou à leur connaissance, ou à leur expérience. Et toutefois non-seulement les profanes donnent contre cet écueil, mais quelques autres encore, lesquels au lieu de s'humilier, ou de ce qu'ils traitent si peu avec Dieu, ou de ce qu'ils ne méritent pas d'avoir part en ses voies plus particulières, se veulent rendre les arbitres de toutes les voies de Dieu, et osent pénétrer ce sanctuaire, bien qu'il soit plus voilé, plus séparé, plus réservé que n'était pas celui du temple.

C'est le secret de Dieu, c'est la conduite de son amour, c'est un don différent, c'est une science à part, c'est la science des saints. Les plus savants ne sont pas les plus saints ni les plus intelligents en cette matière, mais les plus humbles et les plus aimants, et ceux à qui Dieu daigne donner ce discernement. Il est fondé sur son vouloir, et non sur notre mérite : car Dieu donne ses dons *prout vult*, ce dit saint Paul, le grand maître de cette discipline. (*I Cor.* XII, 11.) Mais ils n'ont pas été à son école, ils n'ont pas cette pensée ni cette modestie. Leur dureté, leur bassesse dans les choses de Dieu, oblige quelquefois à leur couvrir ces vérités, ou bien à conforter la lumière de la piété par la lumière de la foi. C'est ce qui maintenant me fait employer cet exemple irréfragable de la mort des damnés, pour leur faire comprendre que, comme en la nature vivante et immortelle, c'est-à-dire en ces esprits réprouvés, il y a une sorte de mort qui ne la détruit pas et suppose même sa vie et son immortalité, et dans cette vie la justice de Dieu met un état de mort; aussi, en l'ordre de la grâce, il peut y avoir une sorte de mort nouvelle et différente, qui n'ôte point la vie et l'amour que la grâce communique aux âmes qu'elle justifie.

Ces deux sortes de mort sont bien différentes : l'une est faite par la justice de Dieu, l'autre est faite par sa miséricorde; l'une compâtit avec la vie de la nature, et l'autre compâtit avec la vie de la grâce; l'une est mort dans le péché, l'autre est mort au péché même. Ce sont deux morts qui concernent des esprits de condition bien éloignée, mais deux sortes de mort en un certain sens réelle et véritable, l'une damnable et l'autre heureuse; l'une très-effroyable et l'autre très-souhaitable; l'une très-déplorable, l'autre très-vénérable; l'une propre au péché, l'autre propre à la grâce, qui a plus de puissance et d'industrie pour faire vivre et mourir que non pas le péché, mais mourir d'une mort préférable à la vie.

Cette sorte de mort est enclose dans la grâce commune et ordinaire, selon laquelle saint Paul dit à tous les Chrétiens : *Existimate vos mortuos esse peccato, viventes autem Deo.* (*Rom.* VI, 11.) Car cette grâce nous rend morts et vivants tout ensemble, morts à la mort, vivants à la vie; tellement que nous apprenons par les éléments de la philosophie chrétienne que la vie et la mort, deux choses si fort contraires, se trouvent en même temps en un même sujet et dans une même âme.

III. Que si de la grâce commune nous passons à une grâce éminente, nous trouverons encore que cette sorte de grâce établit une sorte de mort, qui lui est propre et convient à son éminence. Et comme c'est la justice et la miséricorde de Dieu qui font les deux sortes de mort précédentes, c'est la sainteté de Dieu qui fait cette sorte de mort rare et divine dans les âmes. Car comme cette sainteté que Dieu a en soi-même le sépare de tout ce qui est hors de lui, quoique saint et parfait, aussi elle établit dans les âmes rares et saintes une séparation de tout ce qui est hors de Dieu pour adhérer à Dieu, non en ses effets, mais en lui-même; pour adhérer, dis-je, à Dieu, non en la séparation de leurs offenses, car le feu d'amour les a toutes consommées, mais en la séparation des dons et effets excellents de Dieu même, pour être unie à Dieu par lui-même. Cette séparation fait une mort dans ces âmes, une mort non au regard de la mort, mais au regard de la vie, non au regard de la nature, mais au regard de la grâce, et au regard de la grâce excellente qui donnait vie à ces âmes. Ce qui élève ces âmes vives et mourantes jusqu'au trône de la sainteté de Dieu et leur donne entrée en une solitude intérieure et divine, qui adore et imite la solitude et singularité de Dieu en soi-même.

Ce discours serait bien digne du désert et de la solitude de la Madeleine, si les esprits du siècle le pouvaient porter, et s'il ne nous fallait rentrer au propos de la vie et de la mort, qui est dans l'état de la grâce. Car pourquoi tant de mort où il y a tant de vie ? C'est le secret de la philosophie chrétienne. Elle nous apprend que les cœurs navrés d'amour divin et les esprits immortels meurent ici-bas tout vivants d'une mort vraiment sainte, qui adore une mort vraiment divine, c'est-à-dire la mort de l'Homme-Dieu. De cette mort divine procède la grâce du christianisme. C'est aussi le propre de cette grâce acquise par la mort de Jésus, de donner vie et mort tout ensemble à ses enfants. Leur Père et l'auteur de cette grâce l'a produite en vivant et mourant, et nous l'adorons en l'état de la vie et de la mort, et il opère aussi dans les siens mort et vie, en l'honneur de lui-même et en conformité de ses états divins. Etats de vie et de mort adorable et divine.

IV. Ce qu'il fait donc par la condition propre de son état et de sa grâce, il le fait maintenant en Madeleine, mais en excès et avec avantage digne de la grâce et de l'amour de cette âme. Il la fait vivre et mourir; il la fait vivre en mourant, et mourir en vivant; il la fait vivre d'une vie, et mourir d'une mort singulière ; et il ne la fait vivre en ce désert que pour mourir, c'est-à-dire pour sentir par un excès d'amour l'amertume de la privation de Jésus, dans un amour si vif et si grand de Jésus. Car Jésus est sa vie, et il est plus sa vie que sa propre vie, et il est sa vie en une manière bien plus vive et plus excellente, puisque la grâce surpasse la nature, et la grâce de Madeleine surpasse tant de grâces, et qu'elle a dans son cœur une source de grâce si vive, si haute et si éminente. Jésus donc est sa vie, et sa vraie vie, et sa vie pour jamais. Or par grâce et par amour elle est privée de Jésus, et d'une privation qui la lie et la livre de plus en plus à Jésus, non pour la contenter, mais pour l'angoisser davantage, en la rendant plus vive et plus sensible à cette privation. Elle est donc privée de sa vie, et d'une telle vie ; et cette privation est une mort, puisque la mort n'est que privation de vie. O vie ! ô mort ! ô vie naissante de la mort ! puisque c'est une mort de grâce et d'amour qui donne amour et vie. O mort vivante et immortelle ! puisqu'elle fait vivre en mourant, en mourant, dis-je, d'une mort plus vive et plus excellente que la vie. O mort nouvelle et heureuse ! puisqu'en la mort elle a le privilége de la vie, qui est d'aimer et de croître en l'amour : ce qui ne convient ni à la mort ni à la vie même des bienheureux. Et c'est le dessein de Jésus par cette sorte de vie et de mort nouvelle en la terre, inconnue au ciel, favorable en son amour, d'élever cette âme choisie à un nouvel amour et à un état et degré si haut et si sublime, que les séraphins le révèrent, que les anges l'admirent, et que les hommes ne peuvent sinon l'ignorer en la terre. Mais c'est ainsi que Jésus fait des merveilles ; c'est par ces voies nouvelles, dignes de la sapience, que Jésus fait dans la terre et dans le ciel un chef-d'œuvre de sa grâce et de son amour à toute éternité ; c'est une des inventions admirables de l'esprit de Jésus que son prophète nous commande de révérer et annoncer à la terre : *Notas facite in populis adinventiones ejus.* (*Isa.* XII, 4.)

V. Madeleine donc est en la terre, et Jésus est au ciel. Madeleine quitte la Judée, car son Sauveur n'y est plus. Madeleine ne veut vivre en terre, car elle n'y voit plus Jésus. Madeleine ne peut aller au ciel où il est, car le corps l'en empêche. Ainsi elle est, elle vit, elle meurt suspendue entre le ciel et la terre, séparée de la terre par son amour, séparée du ciel par son impuissance. Mais si son corps est en la terre, son esprit, son amour et sa vie est au ciel, et n'est qu'au ciel; et si la condition de la nature la tient liée au corps et à la terre, l'éminence de la grâce l'élève par-dessus la terre, par-dessus elle-même et par-dessus les cieux, et l'unit à Jésus. Et si son impuissance l'arrête, elle tire des forces de sa faiblesse, et son impuissance ne sert qu'à son amour, la rendant plus puissante à aimer et à l'élever à la sublimité et principauté d'amour, que Jésus lui prépare et lui réserve dans le ciel. Et comme son esprit va prenant vie, force et amour en Jésus, son corps va tous les jours se consommant comme un nouveau phénix dans les flammes d'un amour puissant, divin et céleste. O vie ! ô amour ! ô mort ! ô amour plus fort que la vie et que la mort ! Car cet amour fait vivre dans la mort et mourir dans la vie, et au lieu que la mort sépare et n'unit pas, et la vie unit et ne sépare pas, cet amour unit et sépare tout ensemble ; et ce qui surpasse l'admiration, il unit en séparant, et fait durant trente ans ce divin office en Madeleine, l'unissant à Jésus en la séparant de Jésus durant un si long cours d'années.

CHAPITRE XI.

POURQUOI JÉSUS ASSIGNE TRENTE ANS A LA VIE RETIRÉE ET INCONNUE DE LA MADELEINE.

I. *Les trente ans de la vie retirée de Madeleine semblent être consacrés par Jésus aux trente ans de sa vie privée. Considération de la vie inconnue de Jésus pendant trente ans.* — II. *Il y a peu d'apparence que Jésus, qui a fait une part si libérale de trois années de sa vie à Madeleine, ne lui ait point fait part des trente premières, et qu'il les ait cachées à un si grand amour. Jésus communique ses trente premières années à Madeleine, non par paroles, mais par effet, non par une simple et nue connaissance, mais par une manière d'expérience haute et divine. Jésus conforme la vie en grâce de Madeleine à la vie qu'il a menée sur la terre, et ce jusqu'à pareil nombre d'années. La manière de privation et de bannissement que Madeleine porte en la terre va honorant les états de privation et suspension de Jésus.*

I. Mais pourquoi, Seigneur, ce terme de trente ans ? un si long exil à un si grand amour ? Je ne puis voir que Jésus en Madeleine, tant il est vivant en elle, et elle vivante en lui. Je cherche donc la cause de ce long terme en Jésus et non ailleurs, et il me sera permis de penser et de dire (c'est ce me semble avec quelque conduite et bénédiction de sa part) que ces trente ans de Madeleine en la terre, inconnue à la terre, sont dédiés à rendre honneur et à participer en esprit aux trente ans de la vie de Jésus inconnue au monde. Car Jésus qui est la vie a plusieurs sortes de vie, et le cours de sa vie est partagé en deux : en l'état d'une vie cachée et inconnue au monde par l'espace de trente ans, qui ont été réservés à la connaissance et jouissance de sa sainte Mère seule, et en l'état de sa vie publique, qui a été exposée au monde et aux pécheurs par l'espace de trois à quatre ans ou environ. Auparavant Jésus vivait au monde, mais le monde ne connaissait pas Jésus. Sa vie était connue du Père éternel et de ses anges, mais elle était inconnue au monde, qui ne savait pas le trésor qu'il avait, le contenant sans le connaître. Or chaque moment de cette vie cachée et inconnue est précieux, divin et adorable, et aussi était-il adoré des anges. C'est la vie d'un Homme-Dieu, et d'un Dieu fait homme pour les hommes, et toutefois elle était inconnue aux hommes.

Ce trésor donc caché et non communiqué sera ci-après communiqué à Madeleine. Cette vie, aimée du Père éternel, adorée des anges, inconnue aux hommes, sera communiquée à cette âme angélique et divine ; elle aura part intérieure et spirituelle à ces trente ans de la vie du Fils de Dieu, vivant lors plus au ciel qu'en la terre, vivant plus en la vue des anges qui l'adoraient qu'en la vue des hommes qui ne méritaient pas de la connaître, vivant une sorte de vie que nous devons adorer, que nous ne pouvons exprimer, vie intérieure, vie sublime, vie divine, vie uniquement occupée le Père éternel ou avec sa très-sainte Mère.

II. Jésus ayant fait part à Madeleine, et part si libérale des trois derniers ans de sa vie, selon ceux qui assignent à peu près sa conversion dans la première année de cette vie publique, et avant que Jésus fût encore bien connu en la Judée, comme il appert en la pensée basse que le pharisien, son ami et son hôte, avait encore de lui, serait-il bien possible qu'elle fût toujours privée de la connaissance et communication de la vie du Fils de Dieu cachée à la terre, et d'une vie de si longue durée, et d'une vie remplie de tant d'effets intérieurs, spirituels et divins, mais cachés sous l'ombre d'une vie secrète et inconnue ? A la vérité, cette vie avait été cachée à la terre, et la terre l'ignore encore, et le ciel seul la connaît, mais elle ne devait pas être cachée à un si grand amour : et son amour, qui est Jésus, veut dès la terre la lui communiquer, et lui communiquer non par paroles, mais par effets ; non par une simple et nue connaissance, mais par une lumière et expérience haute, secrète et divine.

Jésus donc qui s'est approprié cette âme par des voies si particulières, Jésus qui lui a donné une si bonne part dans les derniers ans de sa vie, Jésus qui l'a tirée dans les plus grands secrets de son amour, veut la tirer encore dans les secrets de sa vie, et la faire entrer en la participation secrète des trente années de sa vie précédente : et conformant Madeleine à soi-même en sa vie sur la terre, il veut que les ans de Madeleine en la grâce mesurent les ans de sa vie en son humanité passible, et il veut qu'elle soit aussi longtemps sur la terre en grâce et en amour, et en amour rare et divin, qu'il a été lui-même sur la terre en l'usage et exercice d'une vie divinement humaine et humainement divine. Et d'autant qu'en cette vie il a porté comme un exil et une privation de tant d'effets et états dus à sa gloire et à sa grandeur, il veut que cet état, état de si longue durée, état de privation si admirable en une personne divine, soit aussi honoré et accompagné de l'état, exil et privation que porte une âme si rare et éminente en son amour, si conjointe à lui par tant de faveurs et de priviléges, et toutefois si séparée de lui par un plus grand amour. En quoi elle honore et accompagne la vie de Jésus inconnu et privé de la dignité due à sa personne, par une vie inconnue et privée de la jouissance due à son amour. A cet effet, Jésus la tire à un lieu séparé de tout commerce humain, et la conduit à une très-profonde solitude.

CHAPITRE XII.

L'ESPRIT PAR LEQUEL MADELEINE ENTRE EN SON DÉSERT.

Madeleine entre plus dans le désert par le secret instinct de son amour que par celui de la pénitence. Madeleine n'est plus qu'amour, et tout ce qui est d'elle est changé en amour. Madeleine est cachée en la personne de Jésus, en la vie inconnue de Jésus et dans les secrètes épreuves de l'amour de Jésus; et Jésus, en ces trois manières, lui tient lieu de trois tabernacles. L'amour de Jésus fait une différence et excellence à part, en la terre et au ciel. La connaissance de ces secrets est infiniment plus digne que la science de tous les secrets des savants et des grands du monde.

C'est le désert de Madeleine; elle y entre par hommage à Jésus et à la vie cachée de Jésus; elle y entre par ordonnance divine, qui la veut retirer en ce lieu pour parler à son cœur; elle y entre par le secret instinct d'un amour excellent, qui l'y tire et l'y conduit plus que l'instinct de la pénitence. Sans diminuer l'honneur dû à une telle pénitence, qu'il me soit permis de dire que cette heureuse pénitence n'est plus qu'amour; tant l'amour a pris puissance et possession d'elle, et convertit tout ce qu'elle a et tout ce qu'elle est en amour! Sa pénitence est amour, son désert est amour, sa vie est amour, sa solitude est amour, sa croix est amour, sa langueur est amour, et sa mort est amour. Je ne vois qu'amour en Madeleine, je ne vois que Jésus en son amour, je ne vois que Jésus et amour en son désert : et elle est plus vivante et cachée en Jésus, en la vie inconnue de Jésus et dans les secrètes épreuves de l'amour de Jésus qu'elle n'est vivante et cachée dans ce désert qu'elle habite. O désert! ô Madeleine! ô Jésus! ô mont bien plus utile à Madeleine que n'était à saint Pierre celui auquel il disait à Jésus : Faisons ici trois tabernacles, l'un à vous, l'un à Moïse et l'un à Elie. Car ainsi en ce mont écarté et élevé, auquel Jésus tire et conduit Madeleine, j'y vois trois tabernacles, mais tous trois appartenant à Jésus et non à autre; tous trois dressés non par la main de l'homme, mais par l'esprit de Dieu, et tous trois servant de retraite à Madeleine : retraite sainte et sacrés tabernacles, où elle habite, et pour un si long temps, où elle est vivante et cachée, et où elle est inconnue à tous, fors à son amour.

Nous pouvons dire que le premier de ces tabernacles, c'est Jésus même en sa propre personne; car il est sa vie et sa demeure, et elle habite en lui plus que son âme n'habite en son corps, et plus que son corps n'habite en ce désert. Le second est le même Jésus en l'état de sa vie cachée et inconnue; car elle est retirée et cachée dans cet état, et elle adhère à cette vie et y participe en manière très-rare et très-divine. Le troisième est Jésus encore; car Jésus seul est le séjour de cette âme, et elle habite diversement en lui, selon les divers états qu'il possède et qu'il daigne lui communiquer. Donc le troisième tabernacle de Madeleine en ce mont sacré est Jésus en la hautesse de son esprit et amour : car l'esprit et amour de Jésus fait une différence et excellence à part dans le ciel et dans la terre, et est un de ces ordres et de ces noms sacrés qui sont nommés, selon saint Paul, soit en ce siècle, soit au siècle à venir. En ce saint tabernacle, Jésus veut exercer cette âme dans les secrètes épreuves de son amour, et elle porte incessamment les opérations très-hautes de l'esprit de Jésus, qui veut opérer des choses dignes de lui dans une âme si pure, si sainte, si sublime, si séparée de tout et si conjointe à lui. Heureux qui connaîtrait cette âme et saurait ses pensées! heureux qui aurait part à ses secrets, et incomparablement plus heureux que s'il avait part aux secrets de tous les grands et de tous les savants de l'univers! heureux qui aurait accès à ces trois tabernacles et serait disposé d'entrer bien avant dans ce désert, dans cet esprit et dans ce sanctuaire!

CHAPITRE XIII

L'AMOUR PAR LEQUEL MADELEINE EST VIVANTE ET MOURANTE EN CE DÉSERT.

Madeleine est vivante, souffrante et mourante par amour. Madeleine participe à la vie inconnue de Jésus par son état inconnu, à l'exil de Jésus par son exil, à la croix de Jésus par ses croix, et à la gloire de Jésus par ses langueurs, en attendant qu'elle y ait part par gloire et par jouissance. Madeleine est vivante en la terre de la vie de Jésus, comme les saints vivent au ciel de la vie de Dieu. Madeleine est une pure capacité de Jésus remplie de Jésus. Mais parce que Madeleine est en terre et Jésus au ciel, sa vie est une vie de privation, de langueur et de croix.

Ainsi le fil de ces discours nous a conduit jusqu'à votre désert, ô Madeleine! Mais il ne peut pas nous conduire et élever jusqu'à la connaissance de votre amour. C'est un secret réservé à l'ange que Dieu vous a donné, et non à l'homme : ange heureux d'être assistant à une telle âme et à un tel amour. C'est un secret que le ciel nous révélera et que la terre doit ignorer. En attendant que les lumières du ciel nous fassent voir un jour ce secret, il nous faut contenter de dire que vous vivez en un désert, mais désert plus heureux et plus délicieux que le paradis du premier Adam. Là vous vivez une vie angélique dans un esprit humain, une vie céleste dans la terre, une vie séraphique dans un corps mortel; là vous vivez et mourez par amour; là vous ne vivez et ne souffrez que de l'amour et de l'amour céleste; là Jésus est votre objet, votre amour, votre vie; là vous honorez et participez à ses trente ans par vos trente ans, à sa vie inconnue par votre état inconnu, à son exil par votre exil, à ses privations par vos privations, à sa croix par vos croix intérieures et divines, et à sa gloire par vos langueurs; en attendant que vous ayez part à cette gloire, par gloire et par jouissance. Là vous vivez (me sera-t-il permis de le penser et de le dire?) vous vivez en terre de la vie de Jésus, comme les saints vivent au ciel de la vie de Dieu même; là vous portez l'impression et l'opération de son cœur dans votre cœur, de son esprit dans votre esprit, de sa vie dans votre vie. Et comme le soleil imprime sa clarté, sa splendeur et son espèce vive et éclatante dans le cristal poli, ainsi Jésus vivant, soleil de croix et de justice, imprime en vous sa vie, sa lumière, son esprit, et vous n'êtes qu'une pure capacité de lui, remplie de lui, et remplie de sa grâce, de son amour et de sa gloire.

Mais ce soleil est au ciel, et vous êtes en la terre, et votre amour ne peut souffrir cette séparation, et cela fait une nouvelle sorte de vie, d'amour, de croix en votre vie. Car il vous faut vivre, et vivre tant d'années en cette séparation. Il vous faut vivre en mourant, en souffrant, en languissant, puisque Jésus est au ciel, et vous en ce désert. O séjour! ô états grandement différents! il est au ciel, et vous en terre; il est en jouissance, et vous en souffrance; il est en possession, et vous en privation; il est à la droite du Père, et vous à la droite de la croix; il est en un état conforme à la grandeur de sa personne, et vous êtes en un état conforme à la grandeur de votre amour, mais d'un amour séparant, d'un amour privant, d'un amour consommant l'esprit et le corps par langueur vive, et langueur qui vous rend vivante et mourante tout ensemble. Car Jésus est l'amour et les délices du ciel et de la terre, et il est votre amour, ô Madeleine! et il vous sépare de lui, et il vous fait sentir l'amertume de cette séparation, et vous fait la sentir à proportion de l'excès de l'amour que vous avez pour lui. Et ainsi vous vivez par son amour, car son amour est vie, et vous mourez par son amour, car cet amour vous sépare de lui, qui est votre amour et votre vie. O vie! ô croix! ô langueurs! ô amour!

CHAPITRE XIV.
NOUVEL AMOUR QUI DANS CE DÉSERT CRUCIFIE MADELEINE, EN L'HONNEUR ET AMOUR DE JÉSUS CRUCIFIÉ.

Jésus au ciel et en la terre est une vive source de grâce et d'amour, mais d'amour différent. Au ciel, il est source d'un amour de jouissance; et en la terre, d'un amour de souffrance: mais en l'amour de souffrance, il y a plusieurs sortes d'amour. Madeleine, en son désert, a une part éminente, non seulement en l'amour séparant, mais en l'amour crucifiant. Plaies vives en Jésus, et cause de vie et de joie dans le ciel aux esprits bienheureux, mais cause de douleur en la terre aux âmes qui y participent. Jésus s'imprime en Madeleine comme souffrant et homme de douleurs. Jésus, étant en la croix, fait une ordonnance de croix sur Madeleine, et il l'exécute en son temps. Tandis que Jésus fut attaché à la croix, le Père éternel fit en son honneur des miracles extérieurs dans la nature inanimée, et des miracles intérieurs en la Vierge et en Madeleine, pour honorer les souffrances de l'âme de son Fils. Mais cet état de souffrance ne fit que commencer alors en Madeleine, et il se parachève dans son désert.

Mais je découvre encore une autre sorte d'amour qui vous tourmente en ce désert, et amour procédant de Jésus. Jésus au ciel et en la terre est une vive source de grâce et d'amour, mais d'amour différent. Au ciel il est source d'un amour de jouissance, et en la terre il est source d'un amour de souffrance. Mais en l'amour de souffrance il y a encore plusieurs sortes d'amour. Il y a un amour séparant, et une partie de votre vie en ce désert s'est passée en l'école et l'exercice de cet amour. Il y a un amour crucifiant: car Jésus en l'honneur de sa vie, de sa mort, de ses langueurs en la croix, est source d'une nouvelle sorte d'amour qui met l'âme en tourment, et comme Jésus au ciel imprime sa gloire, en terre il imprime sa croix, et l'esprit porte une croix intérieure et spirituelle en l'honneur et imitation de Jésus crucifié. Et cette sorte d'amour est réservée aux âmes plus excellentes, comme en sa croix a paru le plus grand honneur et le plus excellent amour de Jésus vers le Père éternel.

Madeleine donc, choisie entre les plus choisies, excellente entre les plus excellentes, a une part éminente et une principauté même en cette terre d'amour. C'est vie, ô Madeleine, en ce désert. C'est votre amour, et cette sorte d'amour est un des principaux exercices de votre âme. Car Jésus est votre amour, et Jésus est crucifié, votre amour est donc crucifié, et vous êtes crucifiée aussi. Et ce Jésus, qui est votre amour, est un divin caractère qui s'applique à vous, et s'imprime à vous, non comme glorifié, mais comme crucifié, et vous imprime ses plaies qu'il a réservées dans le ciel. Ces plaies à la vérité sont maintenant glorieuses, mais autrefois elles ont été douloureuses: elles sont maintenant vives, et principe de vie en Jésus même: car ces plaies qui l'ont fait mourir en la croix, le font vivre au ciel, et par un secret admirable sont une des causes de sa vie, comme elles ont été autrefois une des causes de sa mort. Plaies mortelles et immortelles en Jésus, selon les états différents. Plaies vives, et cause de vie et de joie dans le ciel aux esprits bienheureux, mais sanglante et cause de douleur en la terre aux âmes qui y participent.

Ainsi ces plaies donnent au ciel vie et joie à Jésus; mais en cette terre elles donnent douleur à Madeleine. Car il les lui applique, non comme glorieuses, mais comme douloureuses, et il s'imprime lui-même à vous, ô âme sainte et souffrante, pour vous tirer à une plus grande souffrance, et aussi il s'imprime à vous comme souffrant lui-même, et plein de douleur, tel que son prophète le nous dépeint quand il l'appelle, l'homme de douleurs. (*Isaï.* LIII, 3.) Et il vous fait porter une partie de la croix intérieure, spirituelle et divine que son âme divine a portée en la croix pour votre salut, et pour la gloire de son Père. Souvenez-vous que vous étiez au pied de cette croix, ô Madeleine! là tout était croix en Jésus; son corps, son âme, sa qualité, tout est en croix, et tout porte marque de croix. Là il était proclamé roi, et en cette qualité il est couronné, mais couronné d'épines, et son titre et sa personne sont attachés à la croix, et aussi ses ordonnances sont ordonnances de croix. En la croix donc en qualité de roi, et de roi de votre âme (car son titre porte qu'il est roi des Juifs) comme roi donc de votre âme par son titre en la croix, et par votre amour, lui étant en son trône, et vous à ses pieds, il fit une ordonnance sur votre âme, et ordonnance de croix, mais de croix rare, haute et singulière, que les Juifs ne peuvent exécuter, que les anges révèrent et admirent, et qu'il veut exécuter lui-même en son temps, tant elle est sainte et divine. Il le fait maintenant lui-même, et vous portez en ce désert l'exécution de cette sainte ordonnance. Jésus opérant en vous (avec proportion) ce que le Père opérait en lui à la croix, et vous communiquant une partie des sentiments douloureux, et des impressions saintes, qui ont été gravées en ce temps-là dans son esprit par l'esprit de son Père.

Lors le Père éternel fit des miracles extérieurs dans la nature corporelle, au ciel et en la terre, au soleil et en la lune, au voile du temple et aux pierres. Miracles de douleur, mais en la nature inanimée; miracles pour honorer les douleurs corporelles et souffrances extérieures de son Fils. Il fit aussi des miracles intérieurs, miracles de douleur visibles aux anges, et invisibles aux hommes, miracles pour honorer les douleurs intérieures et les souffrances secrètes et divines de l'âme de son Fils. C'était l'état et l'exercice de l'âme de la Vierge, et de la vôtre encore au pied de la croix, voyant souffrir et mourir votre amour et votre vie, mais vous ne fîtes lors que goûter ce calice. Le breuvage entier vous en fut réservé à un autre temps. Et c'est ce qui se passe maintenant en votre esprit dans le désert; c'est un des principaux états et exercices que Jésus donne à votre âme en cette sainte solitude, afin que vous ayez dans l'éternité autant de part à Jésus glorifié, que vous aurez eu de part en la terre à Jésus crucifié.

CHAPITRE XV.
ÉLÉVATION A SAINTE MADELEINE, SUR L'EXCÈS DE SON AMOUR DIVIN VERS JÉSUS, ET DE SA VIE INCOMPARABLE, EN AMOUR, EN LANGUEURS, EN SOUFFRANCE.

Amour ravissant de Madeleine par la vue de Jésus non plus crucifié, mais glorifié, amour qui la consomme, la ravit et la tire du désert au ciel, et de la croix à la gloire. Madeleine ornée de faveurs et de priviléges par-dessus les apôtres. Vie admirable et invisible de Madeleine. Madeleine au désert est un séraphin toujours intelligent, vivant et ardent.

O âme heureuse de vivre ainsi, de mourir ainsi, de souffrir ainsi en ce désert! O désert heureux de tenir et posséder si longtemps une telle âme! Ce désert est une école d'amour et une école à Madeleine de plusieurs sortes d'amour. J'y vois un amour séparant, car Jésus est au ciel, et Madeleine en terre; j'y vois un amour crucifiant, car Jésus s'unit à elle, mais comme crucifié; et, ce qui est pis encore, il s'unit à elle comme crucifiant; car c'est le propre de l'esprit et amour de Jésus de crucifier, et crucifier ainsi ses plus chères âmes. Et Madeleine le reçoit en cette double qualité, c'est-à-dire et comme crucifié et comme crucifiant; et elle l'embrasse de toutes les puissances de son âme, comme si elle était plus aimante que cette âme des cantiques (C. III), lorsque, pour moindre sujet, elle tarde à recevoir son bien-aimé. Mais je vois encore dans ce désert une troisième sorte d'amour, un amour incomparable, un amour qui excède et couronne les deux amours précédents; un amour qui finit son désert et sa vie. C'est un amour ravissant par la vue de Jésus, non plus crucifié, mais glorifié; amour qui la consomme, qui la ravit et la tire du désert au ciel, et de la croix à la gloire. O âme! ô désert! ô vie! ô croix! ô amour! ô gloire!

Quelle sera cette gloire qui répond à un tel amour? Quel sera cet amour qui porte une telle croix et répond à une telle vie? Et quelle vie qui est remplie de tant d'exercices, qui est occupée de tant d'amour, et qui a tant d'années si saintement, si sensiblement, si divinement employées? Je révère tous les moments de cette vie uniquement employée en votre unique amour. J'en admire tous les effets, tous les états, tous les progrès, et je me perds en la pensée de ce degré suprême auquel elle est élevée. Si une heure de votre temps, aux pieds du Fils de Dieu chez le pharisien, a produit et formé en votre cœur un si grand amour que l'amour même du ciel et de la terre, c'est-à-dire Jésus, l'estime, le publie et l'admire, que devons-nous penser et dire de tant d'heures employées en la terre avec le Fils de Dieu, l'honneur, l'amour et les délices de l'amour et du ciel? Si deux ou trois ans en l'école du Fils de Dieu vous ont élevée si haut en amour et ornée de grâces, de faveurs et de priviléges par-dessus les apôtres, et par-dessus le bien-aimé même entre les apôtres (qui toutefois sont les premiers en l'école et état du Fils de Dieu), quel degré, quel amour, quel état entre les anges, entre les séraphins, et par-dessus les séraphins mêmes aurez-vous acquis en trente ans d'une vie où vous ne faites que vivre et mourir par amour, où vous ne vivez que pour aimer et pour souffrir par amour, où vous vivez d'une vie qui est si rare et si longue, et même si longue en comparaison de la voie et du moment qu'on assigne aux anges, et d'une vie de laquelle chaque moment est admirable et est inimitable? O vie toujours ou agissante ou souffrante, et choses grandes en la voie d'amour! O vie toujours vive et rare en l'amour de Jésus, toujours vive et sublime, ou en langueur, ou en la possession de Jésus! Vie qui étonne, qui ravit les anges de voir un tel objet en terre et de voir un séraphin en un désert, toujours intelligent, toujours vivant, toujours ardent, et n'ayant autre usage de vie que cette vie, amour et langueur en l'amour de Jésus; mais c'est aux anges et non aux hommes à parler de cette vie; c'est à cet ange bienheureux qui gardait ce désert, converti en un paradis plus céleste que terrestre; c'est à votre ange, ô Madeleine, et non à nous d'en parler. Il nous doit suffire de tendre un voile pour cacher cette vie, amour et langueur aux mortels, pour marque de notre insuffisance commune. Car nous ne pouvons pas en parler, ni eux en rien entendre.

CHAPITRE XVI.
ÉLÉVATION A SAINTE MADELEINE SUR L'EXCÈS DE SA GLOIRE AU CIEL, RÉPONDANT A L'EXCÈS DE SON AMOUR EN TERRE.

Les merveilles opérées en Madeleine seront un des ravissements de notre éternité; et pour maintenant elles sont un abîme que nous ne devons pas sonder.

Si le silence est le meilleur langage que nous ayons pour exprimer les excellences et raretés de votre vie dans le désert, combien plus devons-nous employer le même silence pour honorer votre vie admirable dans le ciel? Nos pensées et nos paroles sont trop basses pour concevoir et exprimer une chose si haute, si éminente, si divine et si rare même et secrète dans l'amour divin, et si rare même entre les raretés du ciel. Ce serait profaner choses si grandes que d'en parler, et il faut en réserver la connaissance à la lumière du ciel. Cet objet, si Dieu plaît, fera un des ravissements de notre éternité: et pour le présent c'est un abîme que nous ne devons pas sonder. Délaissons donc nos pensées, mais entrons dans les vôtres. Quand du plus haut des cieux où le Dieu du ciel vous a mise par sa grâce puissante, vous contemplez l'état auquel la vanité vous aurait mise, et qu'en la lumière de Dieu vous voyez ce que vous étiez par vous-même, ce que vous êtes par Jésus et ce que vous eussiez été sans Jésus; quel amour avez-vous en Jésus! quel abaissement avez-vous en vous-même! quel flux et reflux de lui à vous, de vous à lui! Quelle louange, quelle bénédiction, quel ravissement d'esprit et d'amour en lui! L'esprit de l'homme ne suffit pas à y penser, ni la langue des anges à l'exprimer. Il vaut mieux le révérer par un humble et sacré silence, et, finissant ce discours, entrer en nos devoirs vers vous, ô âme sainte et rare et des plus rares et saintes, que l'esprit de la grâce et de la gloire ait formée jamais!

CHAPITRE XVII.
POUR FIN DU DISCOURS L'AME REND HONNEUR A MADELEINE CHEZ LE PHARISIEN.

Entrée de Madeleine chez le pharisien, premier jour de sa vie en la grâce. Madeleine révérée comme admirable entre les pénitentes chez le pharisien. Sa fidélité à cultiver la grâce qui fut lors jetée en son âme comme une semence divine.

Je recours donc à vous et vous révère, sinon comme je dois, au moins comme je puis; et me conduisant par ordre, et m'élevant comme par degrés dans les états de votre vie et de votre grâce, je vous révère en premier lieu chez le pharisien. Car c'est le premier lieu où il est parlé de vous dans le livre de la vie; c'est la première station où je vous trouve avec Jésus qui est l'auteur de la vie, et c'est le premier jour de votre vie en la grâce, jour remarquable en vos éphémérides et décisif de votre éternité. Là donc je vous révère comme pénitente et comme admirable entre les pénitentes. Là je vous révère aux pieds sacrés de Jésus, comme recevant la semence des grâces dont vous aurez fait depuis un si grand usage. Là je vous révère comme ravissant Jésus à Jésus même. Car si vous le laissez avec le pharisien, en le laissant vous l'emportez avec vous dans votre cœur, et il est en votre esprit plus saintement, plus efficacement, plus admirablement qu'il ne restait chez le pharisien, où après lors il ne fait rien de semblable à ce qu'il opère en vous, et rien même qui nous soit rapporté en l'Ecriture. Car aussi c'est vous et ce n'est pas le pharisien qui l'avait tiré chez le pharisien; c'était pour vous y attendre et pour commencer en un banquet les alliances de votre esprit à son esprit, et opérer publiquement et solennellement le chef-d'œuvre de grâce et d'amour qu'il voulait accomplir en vous. O bonté! ô amour! ô lieu cher et moment précieux dans votre éternité! Vous le regardez incessamment et je ne puis l'oublier en votre honneur et amour. Je vous révère donc encore en l'infusion et réception de cette grâce première, et vous révère comme conservant soigneusement cette grâce reçue en ce lieu, et la cultivant jusqu'à la mort, et l'élevant incessamment jusqu'au dernier point qu'elle pouvait produire selon le conseil de Dieu.

CHAPITRE XVIII.
L'AME REND HONNEUR A MADELEINE COMME SUIVANT LE FILS DE DIEU ET HONORÉE DE SA CONVERSATION EN DIVERS LIEUX.

I. Madeleine adore la divinité, aime l'humanité, admire la sainteté de Jésus: elle pose fixement ses regards sur le divin objet, et par cette voie elle l'attire en son cœur; et il s'imprime lui-même en elle sans cesse. — II. Les pieds de Jésus sont le principal *séjour de Madeleine.* — *Ses larmes tirent les larmes des yeux de Jésus, et il ne lui donne pas seulement des larmes, mais des miracles et le plus grand de tous ses miracles.*

I. Puis je m'élève dans les principaux exercices de votre vie et vous révère comme suivant le Fils de Dieu pas à pas, comme le servant de vos biens et nourrissant la vie de celui qui est la vie et l'auteur de la vie; je vous révère comme attentive à sa parole, comme recevant son esprit, comme adorant sa divinité, comme admirant son humanité, comme admirant sa sainteté, comme posant saintement, fréquemment et fixement vos regards sur ce divin objet; comme l'attirant à vous, comme vous livrant à lui et comme recevant sa grâce et son amour. Et je l'adore lui-même comme s'imprimant en vous et vous communiquant ses qualités hautes, rares et divines.

II. Je révère vos demeures et vos séjours mentionnés en l'Ecriture, séjours de grâce et d'amour nonpareil, la salle du pharisien, le château de Marthe, le bourg de Béthanie, la ville de Jérusalem, la province de Judée et Galilée, le désert de vos trente années; bref, la Croix, le calvaire, le sépulcre, les Olives et tous lieux marqués des pas du Sauveur et signalés de votre amour. Mais surtout je révère les pieds sacrés du Fils de Dieu, qui est la meilleure, la plus haute et la plus assidue école de votre âme. Je vous révère à ses pieds chez le pharisien, chez Marthe votre sœur, chez Simon le lépreux, aux champs et aux villes et nommément en la plaine de Béthanie, suivant Jésus pas à pas en son voyage vers le sépulcre du Lazare. O heureuse campagne où vous rencontrez Jésus et le navrez d'un nouvel amour vers vous comme il vous navre aussi d'un nouvel attrait et amour vers lui. Car il pleure en vous voyant pleurer, il pleure sur vous en vous voyant pleurer sur votre frère, et vos larmes savent bien tirer des larmes encore plus précieuses que les vôtres de son cœur pitoyable et sensible à votre douleur et amour. Mais il ne suffit pas à son amour de donner des larmes à vos larmes, il veut y donner des miracles et le plus grand des miracles, la vie de celui qui était mort de quatre jours. Là Jésus fit double miracle, et miracle de vie, l'un intérieur et l'autre extérieur; l'un sur vous et l'autre sur le Lazare; car, tandis qu'il donnait vie à ce corps mort, il donnait encore plus une nouvelle vie à votre âme; et en une vie plus haute, plus divine, plus miraculeuse, car si l'une de ces deux vies nouvelles était miraculeuse en la nature, l'autre était miraculeuse en la grâce.

CHAPITRE XIX.
L'AME REND HONNEUR A MADELEINE, HONORANT LE FILS DE DIEU EN BÉTHANIE ET EN LA CROIX, AU SÉPULCRE ET AU DÉSERT.

I. *Madeleine eût voulu avoir en ses mains tout l'univers changé en parfums, elle l'eût employé à rendre hommage à Jésus. Comme Jean-Baptiste est la voix, Madeleine aussi est l'odeur de Jésus. Cette voix retentit partout, et cette odeur se répand partout.* — II. *Tous les séjours de Madeleine sont autant de nouvelles sources d'une nouvelle vie, et tous ses pas sont autant de mouvements et d'effets de vie.* — III. *Madeleine au désert est un ange, un séraphin et une âme plus que séraphique. Elle meurt dans l'amour et par l'amour de Jésus. Madeleine est établie au ciel, dans une principauté du nouvel ordre de l'amour de Jésus, ordre commencé aux pieds de Jésus.*

I. Continuant mes devoirs, je vous révère encore en ce dernier banquet fait à Jésus, et en ce dernier devoir que vous lui avez rendu peu de jours avant qu'il allât à la croix. Là vous versez sur lui non vos larmes comme au premier banquet, mais votre esprit, et vous faites une effusion abondante de vous-même, de votre amour, de vos odeurs et liqueurs précieuses, jusqu'à rompre le vase afin qu'il n'en restât aucune goutte qui ne fût épuisée et versée sur lui, tenant peu de chose tout le monde, si vous l'eussiez eu pour employer à son service. Et sans doute aussi vous eussiez voulu que tout le monde eût été lors en vos mains converti en odeurs, pour les répandre toutes sur lui, et honorer ainsi le Créateur par sa créature. Mais votre cœur valait plus qu'un monde, et votre esprit est un monde de grâces et de merveilles; et cet esprit fait une entière effusion de soi-même aux pieds de Jésus, et lui est offert en odeur très-suave et très-odoriférante. Et comme Jean-Baptiste était voix, et il se nomme ainsi lui-même; Madeleine est odeur, et odeur de Jésus, et nous la pouvons ainsi nommer, puisque toutes ses actions ne respirent et ne répandent que l'odeur de Jésus, et que cette salle, ou plutôt Eglise sainte et primitive où repose Jésus, et le sacré collége des apôtres, est tout embaumée des odeurs de Madeleine répandues sur Jésus, dont l'odeur se ressent encore et se ressentira partout où Jésus sera connu et où son Evangile sera publié; c'est le bonheur de Béthanie.

II. Mais de Béthanie il nous faut passer au Calvaire, et des délices de ce banquet aux rigueurs de la croix. Là je vous trouve encore, ô Madeleine, et là je vous révère aux pieds de la croix, où vous mourez de mille morts voyant mourir celui qui est la vie et votre vie. Je vous suis et vous révère en son sépulcre toujours aimant, toujours pleurant, et toujours cherchant celui qui est votre tout; et je vous révère comme le trouvant et l'adorant, et par son ordonnance portant les premières nouvelles de la vie à la terre, c'est-à-dire les premières nouvelles de sa vie et de sa gloire; car sa gloire et sa vie est la nôtre. Heureux séjours de votre âme! heureux moments et mouvements de votre vie! Tous ces pas que vous faites pour Jésus, et après Jésus, soit vivant, soit mort, soit glorieux, sont autant de pas, de mouvements et d'effets de vie. Et toutes ces demeures sacrées, que vous habitez depuis la première connaissance que vous avez eue de Jésus, sont autant de séjours de grâce et de nouvelles sources d'une nouvelle vie et d'une vie nouvelle en celui qui est la vie même.

III. Mais que dirais-je du dernier séjour que Dieu vous a choisi? je veux dire votre désert. Là je vous révère comme un ange en la terre, comme un séraphin entre les anges, et comme une âme plus que séraphique entre les séraphins. Là je vous révère comme vivant une vie continuelle de miracles et de miracles même dans l'ordre de la grâce. Là je vous regarde comme un phénix vivant et mourant dans ses propres flammes; mourant non-seulement dans l'amour, mais par l'amour même de Jésus. En cet état heureux je vous regarde et vous révère comme passant de la terre au ciel, de ce désert au paradis; et dans ce paradis je vous vois, je vous révère, je vous admire comme établie pour jamais en l'éminence et en la principauté nouvelle et désormais éternelle, principauté dans l'amour divin et dans le nouvel ordre de l'amour de Jésus; ordre qui prend sa naissance en vous, lorsque vous êtes aux pieds de Jésus; et dès lors Jésus vous regarde et vous choisit entre tous devant la face du Père éternel, et à la vue de ses anges; vous choisit, dis-je, pour établir la puissance, la principauté et la perfection de son amour en vous.

CHAPITRE XX.

PRIÈRE A SAINTE MADELEINE, ET FIN DU DISCOURS

Ce que nous devons demander par les prières de Madeleine. L'âme de Madeleine inséparable du corps, de l'âme et de l'esprit de Jésus.

Que par vous nous ayons accès à lui et à ce sien amour? Qu'à votre imitation nous effacions nos fautes, nous lavions nos taches par nos larmes; que je reçoive comme vous une indulgence plénière de sa bouche, et que je puisse ouïr ce que vous avez ouï : *Vos péchés sont pardonnés.* (*Luc.* VII, 48.) Qu'il me navre de son amour, comme il vous a navrée, et qu'il me dise un jour cette douce parole : Vous avez beaucoup aimé. Que je sois amateur de la retraite, fuyant les soins et divertissements humains, et choisissant comme vous la meilleure partie. Que je me sépare de toutes choses, et de moi plus que de tout, pour être tout à lui, imitant vos retraites, vos abstractions, vos élévations divines. Que je sois facile à écouter la voix de Jésus et ses inspirations. Que dans ses voies, l'esprit d'erreur et d'illusion n'approche point de moi, comme les malins esprits n'ont osé approcher de vous, depuis que vous avez approché de Jésus, contraints à cet éloignement par hommage à la présence, à la puissance, à la sainteté de l'esprit de Jésus qui résidait en vous. Que j'aie part à cette pureté de cœur et d'esprit, pureté incomparable que vous avez reçue du Fils de Dieu étant à ses pieds; pureté non humaine, non angélique, mais divine et émanée aussi de l'Homme-Dieu en l'honneur de son humanité vivante et existante dans la pureté, dans la sainteté, dans la divinité de l'être incréé. Que nous soyons fidèles et constants en son amour, inséparables de lui, comme rien ne vous a pu divertir tant soit peu de lui, non sa croix ni sa mort, non la fureur des Juifs ni celle des démons; car s'ils ont pu séparer l'âme de Jésus de son corps précieux, ils n'ont pu séparer l'âme de Madeleine du corps, de l'âme et de l'esprit de Jésus; et elle est toujours adhérente à lui, soit vivant et souffrant en la croix, soit mort et enseveli au tombeau. Le ciel seul est celui qui vous ravit Jésus, et la puissance du Père éternel, qui tire son Fils à soi et à sa gloire; mais en le vous ravissant, il le vous donne en une manière secrète, et il le vous rend pour jamais en la plénitude et clarté de la gloire. O humble pénitente! ô âme solitaire! ô divine amante et aimée de Jésus, faites par vos prières et par votre puissance en son amour, que je sois blessé de cet amour; que mon cœur ne repose qu'en son cœur; que mon esprit ne vive qu'en son esprit, et que nous soyons tous à lui, libres et captifs tout ensemble; libres en sa grâce, et captifs dans le triomphe de son amour et de sa gloire. Que nous l'aimions, nous le servions, nous le suivions, nous l'adorions de toute notre puissance, et qu'enfin nous soyons avec vous et avec lui pour jamais

---

OBSERVATIONS

SUR LE TEXTE DE SAINT LUC EN FAVEUR DE LA MADELEINE.

I. *La Madeleine n'était pas publique.* — II. *En matière de fautes d'autrui, ce n'est ni charité, ni raison, ni prudence, de les accroître sans un témoignage assuré.* — III. *Réponse à l'objection fondée sur ces paroles :* In civitate peccatrix. — IV. *Explication de ces paroles :* De qua septem dæmonia exierant. — V. *Toutes les âmes d'élite ne sont pas traitées de même manière, et toutes celles qui sont en exercice, ne sont pas âmes d'élite; et le travail de l'esprit malin ne diminue le péché ni des unes ni des autres, mais bien accroît leur obligation de se défier d'elles-mêmes, et de recourir à Notre-Seigneur.* — VI. *L'es-*

prit malin est souvent présent dans les hérésiarques et grands pécheurs, et opère en eux efficace d'erreur et de péché. — VII. L'esprit malin, pressentant le conseil de Dieu sur Madeleine, avait fait un grand effort pour la détourner et la précipiter dans le vice. — VIII. Cette vexation maligne n'est pas ce qu'on appelle communément possession, et n'a rien qui frappe les yeux du monde, mais elle a plus de malignité et n'a pas moins de présence de l'esprit malin. — IX. Le Fils de Dieu n'a reçu en sa compagnie aucun des énergumènes qu'il a délivrés. — X. Saint Luc ne dit qu'un mot de la présence et de la sortie des esprits malins de Madeleine, parce que c'étaient effets intérieurs, et non chose sensible, comme celles qu'il avait accoutumé d'écrire. — XI. La présence de l'esprit malin en Madeleine était véritable et non métaphorique; mais spirituelle et non corporelle. — XII. L'état où entre Madeleine, lorsqu'elle est délivrée de l'esprit malin.

I. Ce discours dressé en forme d'élévation ne nous a pas permis d'éclaircir un point de dispute entre plusieurs docteurs, sur le sujet de Madeleine ; quelques-uns l'exemptent de péché, et ne l'accusent que de vanité commune à ce sexe fragile, et tolérable en un âge florissant. Quelques-uns, au contraire, ne se contentent pas de la rendre coupable en l'honneur, mais la rendent publique. J'aime et honore la piété des uns, sans adhérer à leurs pensées, que l'Ecriture ne me permet pas de suivre, et je ne me rends pas au jugement des autres, trop faciles, ce me semble, à charger une personne illustre d'une infamie notable, que l'Ecriture (si elle est bien considérée) ne lui attribue pas. La naissance et condition de Madeleine la rendait une des plus signalées dames de la province. Comme telle elle est visitée et honorée des principaux de Jérusalem, qui la viennent consoler en la mort de son frère, en saint Jean (c. XI) ; elle traite et loge le Fils de Dieu, et tous ceux de sa suite, en ses voyages et en ses séjours sur la terre ; en saint Luc (c. VIII), et en saint Jean (c. XII). Et peu avant sa mort, elle le reçoit avec un appareil digne et de sa condition et de sa dévotion vers lui ; car ne se contentant pas de lui faire un superbe banquet, elle emploie même sur lui les parfums les plus précieux et les odeurs les plus exquises que la nature répand pour nos délices et produit hors de son sein, pour la vénération des choses divines. Une personne de cette qualité ne doit pas être avilie de la sorte sans un grand fondement, et ce n'est pas à nous à l'accuser ; c'est à nous au contraire à être faciles et enclins à l'absoudre, et s'il y a juste sujet, il la faut décharger de cet opprobre.

Le Fils de Dieu traitant avec une femme surprise en adultère, montre la douceur et la piété de son cœur, et lui dit : *Nemo te condemnavit, mulier, nec ego te condemnabo.* (*Joan.* VIII, 10.) Suivons cette douceur et débonnaireté de notre Maître envers l'humble et dévote Madeleine ; il a pris plaisir à sa défense, même à l'encontre de ses apôtres ; il aura bien agréable que nous la défendions à l'encontre de quelques-uns qui la blâment de cette sorte. Si donc il n'y a aucun texte de l'Ecriture qui la condamne d'être publique, ne la publions pas pour telle ; disons ce que dit l'Ecriture, et ne faisons pas la faute des premiers, qui suivent plus leur piété que la parole de l'Evangile, et diminuent l'honneur du médecin de cette âme, en diminuant la plaie qui était mortelle. Aussi ne disons rien de plus, que ce que dit l'Ecriture, car le Fils de Dieu n'a pas besoin de cet excès de nos paroles, pour l'élever en sa grâce, qui a bien d'autres éminences et raretés dedans cette âme, que celle que nous lui pensons donner par ce moyen.

II. En matière de fautes d'autrui, ce n'est ni charité, ni raison, ni prudence, de les accroître sans un témoignage assuré. Or nul historien de ce temps-là ne nous parle de Madeleine et de sa vie, que les historiens même du Fils de Dieu, c'est-à-dire le saint Evangile. Apprenons de là donc ce que nous avons à dire et à penser en ce sujet. L'Evangile nomme Madeleine pécheresse, et la rigueur de cette parole nous oblige à croire qu'elle a failli et suivi plutôt les lois de sa passion que celles de son devoir. Et le Seigneur dit lui-même : *Remittuntur ei peccata multa.* (*Luc.* VII, 47.) Ce qui montre une suite et continuation de péché ; mais ni ce texte, ni aucun autre, ne déclare Madeleine être du nombre de ces personnes immolées à l'impudicité publique.

III. Si quelques-uns font force sur cette parole : *In civitate peccatrix* (*Ibid.*, 37), comme si elle était pécheresse en la cité, et comme ils veulent dire au regard de la cité, la langue originale ne nous oblige pas à l'entendre ainsi, car le grec porte : *Ecce mulier in civitate*, et marque simplement le lieu de sa demeure en la cité, et non pas son péché ni en la cité, ni au regard de la cité, qui sont deux pensées différentes qui appartiennent à l'esprit du lecteur, et non à l'esprit de l'auteur, lequel se contente de nous apprendre que lors cette dame était en la ville en laquelle Jésus prêchait ; circonstance qu'un historien a dû remarquer. Et puis il ajoute : *Quæ erat peccatrix*, comme une chose distincte et comme si, après nous avoir enseigné sa qualité de dame illustre et connue en la ville, cet Evangile nous voulait apprendre sa qualité secrète devant Dieu ; il ajoute : *Erat peccatrix.* Il dit donc deux choses, et il les faut distinguer et séparer, l'une sa qualité connue comme dame de la ville, l'autre sa qualité secrète, comme pécheresse ; mais il ne dit pas qu'elle était pécheresse en la ville, beaucoup moins au regard de la ville, ce que plusieurs ont cru, faute de considérer le texte grec; car si ces deux paroles jointes ensemble (au lieu qu'elles sont séparées) insinuent obliquement ce mauvais sens, que quelques-uns ont suivi, elles ne le portent pas, puisqu'elles sont divisées, et si nous avons à le croire, il le nous faut apprendre d'ailleurs que de ce texte. Puisque le Saint-Esprit, dont le langage est exact et correct, n'a pas ainsi parlé, nous devons observer et suivre son style aussi bien que son mouvement; et nous ne devons pas conjoindre au détriment de notre prochain ce que Dieu a distingué et séparé. Même le pharisien qui ne doit pas être suspect en ceci, puisqu'il est son accusateur, ne dit pas: *Quia peccatrix est in cicitate*, mais se contente de dire: *Quia peccatrix est*. Ne disons donc pas plus que lui, et disons simplement avec lui qu'elle est pécheresse, mais non qu'elle est publique ou pécheresse en la cité. Car ces deux termes et ces deux états sont bien différents; et il n'eût pas été besoin (comme ici le suppose le pharisien) d'être prophète, pour connaître la vie d'une femme publique, mais bien pour discerner les fautes secrètes d'autrui.

Madeleine donc vivait mal en sa condition, et avait des privautés illicites, mais elle n'était pas publique et exposée à l'impudicité d'un chacun; et si elle avait été telle, il n'y a pas d'apparence que Notre-Seigneur, sitôt et à l'heure même (comme marque saint Luc) l'eût admise à sa compagnie, à celle de ses apôtres, à celle de sa sainte Mère, l'exemplaire de pudicité, et à celle des dames d'honneur qui le suivaient; ce qui leur eût été onéreux, et donné sujet d'offense à leurs maris, mêmement entre les Juifs, où par la loi de Dieu expresse, cette sorte de personnes était nommément exclue du peuple d'Israël. Que si cette personne eût porté cette marque d'infamie, le Fils de Dieu n'eût pas manqué d'être repris sur cet article sur lequel toutefois il n'a jamais été accusé, puisqu'on le reprend même d'une hantise passagère, et par accident avec les publicains et pécheurs et avec un Zachée en chemin faisant, et toutefois son office était public et non infame par sa propre condition.

Je me laisse aisément persuader par ces raisons en faveur de Madeleine, elle mérite bien de n'être pas condamnée sans preuves bien valables et sans témoins bien exprès; ce qui manque à mon avis en ce sujet, et me doit suffire pour ne la point charger de ce blâme.

IV. Me sera-t-il permis d'entrer encore en une autre pensée particulière; sur la suite de ce même texte de saint Luc (VIII, 2), où il dit que sept démons sortis de Madeleine, et saint Marc (XVI, 9) le confirme. Plusieurs l'entendent d'une possession visible et publique, telle qu'elle est remarquée en plusieurs autres de l'Evangile; les autres l'expliquent par métaphore de la possession des sept péchés, et y a ce semble quelque chose à désirer en l'exposition et des uns et des autres. Pour le mieux comprendre, il faut considérer que le diable, vigilant à la ruine des âmes, a quelquefois des pressentiments et prénotions des desseins éminents de Dieu sur quelques âmes. Les voies par lesquelles il entre en cette connaissance ne sont pas de ce discours; elles doivent être supposées ici, et traitées ailleurs. Les lois que Dieu a établies en la monarchie des anges, et les règles qu'il a posées en la société spirituelle qui est entre les anges et les hommes en la voie de grâce, lui en donnent des indices.

V. Lorsque le diable a ce soupçon et cette connaissance, il assiége ces âmes-là plus soigneusement; il les environne plus assidûment; il les tente plus fortement; il les poursuit, les travaille, les agite et les opprime s'il peut; et il se rend puissant et présent en elles, liant lui-même leurs sens intérieurs au péché, et leur préparant des objets d'achoppement particulier. C'est un des points qui nous oblige de dire en l'oraison quotidienne: *Ne nous induisez pas à tentation*, car notre faiblesse nous donne assez de quoi appréhender cette puissance et opération violente de l'esprit malin sur nous. Il essaye de l'appliquer sur les âmes d'élite; il le fait sur celles qui sont à lui plus particulièrement, et c'est ce que l'Ecriture appelle esprit d'erreur, esprit de fornication et de péché.

VI. Souvent les hérésiarques et les grands pécheurs sont en cet état, et l'esprit malin est présent, et opérant en eux efficace d'erreur et de péché. Comme si dans les voies de perdition, le diable, singe de Dieu, voulait imiter Dieu dans les voies éminentes de grâce et de salut où l'Esprit de Dieu est présent en sa créature, la préparant et élevant lui-même dans les voies rares et divines, et la tirant à sa communication secrète.

VII. Disons donc qu'en la voie de la grâce il y a des âmes choisies, ce qui est indubitable; que le diable le pressentant, veut rompre le dessein de Dieu sur elles, par ses poursuites et par leurs offenses, ce qui est bien facile à croire; que Dieu quelquefois le lui permet, et il les relève et établit avec plus de hautesse et d'éminence, comme étant celui qui combat ce fort armé de l'Evangile, l'attaque dedans sa place, le force dans son retranchement, et le chasse de son fort; ce qui est conforme à sa parole, et est bien digne de sa bonté et de sa miséricorde sur les enfants des hommes.

VIII. Voilà ce que Jésus a fait en Madeleine; voilà ce que le diable a pensé faire en elle. Cette sorte de vexation maligne est dans les sens intérieurs et non extérieurs, ne frappe point les yeux de ceux qui conversent ces âmes-là, ne fait pas de désordre au dehors, mais au dedans; tend au déréglement de l'âme et non du corps; et bien qu'elle ne paraisse point aux yeux du vulgaire, elle a plus de malignité, et n'a pas moins de présence de l'esprit malin, que celle qu'on appelle possession; mais elle n'est pas connue pour ce qu'elle est, si ce n'est des esprits clairvoyants dans les voies intérieures, et discernant les desseins et la présence des démons sur les âmes. Cette sorte de vexation est celle, à mon avis, qui a été en Madeleine, et non pas l'autre, qu'on appelle possession. C'est pourquoi ni le mal, ni la délivrance, n'en est dépeinte en l'Evangile, en la façon des autres possédés; et toutefois cet insigne accident (s'il eût été visible comme celui des autres) eût été le sujet bien digne d'une histoire, et méritait beaucoup plus d'être décrit au long que celui des autres possédés, qui est rapporté en l'Evangile; soit que nous ayons égard à la maison illustre de la personne tourmentée, soit que nous remarquions la suite et éminence des effets de grâce qui ont rendu cette personne des plus célèbres en l'Evangile.

IX. Nous devons même remarquer que le Fils de Dieu n'a admis en sa compagnie aucun de ceux qui ont été atteints et qu'il a guéris de cette sorte de possession visible des malins esprits, et il en a refusé quelques-uns qui demandaient à le suivre; au contraire, celle-ci est reçue aussitôt à la suite du Fils de Dieu. Son mal donc est différent de l'autre, puisqu'il est traité si différemment par le Fils de Dieu, et rapporté si diversement par les évangélistes.

X. Car il appert que saint Luc, qui disait au long les autres maladies et vexations malignes, ne dit que deux paroles de ce mal de Madeleine, d'autant que, et la présence et la sortie des démons était chose intérieure et spirituelle, et non pas extérieure et visible, et n'était pas du nombre des miracles sensibles et extérieurs qu'il prétendait décrire en son histoire. De sorte que deux évangélistes se contentent de dire en deux paroles, sans autre discours : *De qua septem dæmonia exierant.*

XI. Car leur présence et leur sortie est réelle et véritable, et c'est ce que leurs termes expriment, mais elle ne tombe pas sur les sens, et c'est pourquoi leur plume s'arrête là. Cette exposition et intelligence ne me semble pas à rejeter, le discours en est solide et véritable en sa substance; l'application à ce sujet a apparence de lumière et vérité, et sert à accorder deux différents avis des docteurs sur l'Ecriture; car quelques-uns ont maintenu que cette vexation de Madeleine était réelle, et l'ont prise pour possession. Les autres ont jugé qu'elle était spirituelle, et ne l'ont pris que par métaphore, pour les péchés et non pour les démons. Les uns et les autres ont rencontré en quelque chose, mais non pas pleinement, car elle est réelle, comme pensent les uns, mais non pas extérieure, et partant ce n'est pas possession. Elle est spirituelle et non pas corporelle, comme pensent les autres; mais elle est véritable, et pour être spirituelle, elle ne laisse pas d'être réelle, ce qu'ils n'ont pas discerné.

Disons donc qu'il y a présence et puissance réelle et véritable des malins esprits en Madeleine; mais ce n'est pas ce qu'on appelle possession. Disons qu'elle est spirituelle, mais véritable et non métaphorique, et accordons ainsi ces grands docteurs; car les uns et les autres approchent de cette vérité, chacun d'eux a dit vrai en partie, et joints ensemble, nous fournissent une vérité complète et entière, et nous donnent sujet de dire et redire encore (car cela n'est pas dans la pensée ordinaire des hommes), qu'en Madeleine il y a eu présence des démons réelle, comme disent les uns; spirituelle, comme pensent les autres; réelle et spirituelle tout ensemble (car l'un ne détruit pas l'autre); vraiment réelle et vraiment spirituelle, et même d'autant plus réelle qu'elle était spirituelle, et en cette qualité requiert une plus haute intelligence et tend à des effets plus hauts que la possession, mais elle ne reçoit pas tant de discours et d'étendue, de circonstances et de paroles. Cette sorte de vexation de démons ne rend pas Madeleine vile et infâme aux yeux du monde, mais la rend considérable devant les anges et plus excusable aux yeux de Dieu, et l'expose devant le trône de sa miséricorde, comme un sujet qui, en sa propre misère et infirmité, est d'autant plus digne de sa grâce. Jésus donc la voit, lui parle et la délivre de cette oppression maligne. Cette délivrance se fait par les rayons de sa divine présence, doux et agréable exorcisme. La présence de ce soleil suffit à dissiper ces ténèbres. La contrainte et les paroles qui sont marquées dans le narré de ceux qui sont possédés, ne conviennent pas ici. Sans effort visible aux yeux du monde, Jésus anéantit cette infestation secrète, réelle et invisible.

XII. Madeleine, délivrée de ce fardeau, sent son soulagement; elle se regarde, se contemple, connaît son péché, déplore son état, cherche sans délai son libérateur, pour se mettre à ses pieds et recevoir l'abondance de grâce qui lui est préparée. Elle est secrètement attirée par la puissance de Jésus. Il est, dans son horoscope, son astre dominant et son ascendant au point de sa naissance, en la vie de sa grâce; il est l'astre régissant tout le cours de sa vie. Elle va donc cherchant celui qui est sa vie et son salut; elle va cherchant ce qu'elle ne connaît pas encore; confuse en elle-même de ses ténèbres, tirée par une douce force, elle va, elle suit son astre et son soleil, recherchant sa douce présence, veut s'exposer directement et pleinement aux influences de sa grâce, et porter les effets de sa divine présence. Elle va donc après Jésus, elle le cherche et le trouve chez le pharisien, et y fait ce que nous avons déclaré en ce discours, et continue le cours de sa vie et de sa grâce jusqu'au point où elle est établie pour jamais, étant une des plus éminentes âmes, et en la grâce et en l'amour de Jésus, qui ait été en la terre, et qui soit maintenant sur les cieux. Celui qui l'a comblée de merveilles, daigne nous rendre dignes de le reconnaître en elle, et de la reconnaître et trouver en lui. Car c'est honorer Jésus, que de reconnaître ses œuvres en cette âme, et c'est bien parler de cette âme, et la bien connaître, que de reconnaître ce qu'elle est à Jésus, et ce que Jésus a voulu être en elle. Soyons à elle par nos devoirs, et par ses prières soyons à Jésus pour jamais.

VŒUX A JÉSUS ET A MARIE.

RÉCIT DES PERSÉCUTIONS QU'ILS ONT EXCITÉES (27)

I, II, III, IV, V, VI. *Raisons pour lesquelles l'auteur a dressé ce Mémorial de dévotion, contenant une oblation ou vœu à Jésus et à sa très-sainte Mère. — L'obligation de ce vœu étant limitée à n'en faire jamais de révocation ni de désaveu, les consciences n'en peuvent être inquiétées ni en scrupule. Moins encore si on ajoute, selon l'intention de son directeur; ladite intention étant celle qu'on vient de dire, qu'on ne s'oppose à pécher par ce vœu, qu'en cas qu'on en fasse un formel désaveu.* — VII. *Il prouve cette dévotion par l'ordre des Servites et par la congrégation de Notre-Dame établie dans les maisons des révérends Pères Jésuites.* — VIII. *Les auteurs de l'orage, voulant faire censurer ce formulaire de piété, le firent approuver.* — IX. *Comme l'auteur est employé dans les affaires et les mouvements de l'État, et a travaillé à faire la paix, on lui suscite une rude guerre.* — X. *M. l'évêque d'Aire, à présent de Lisieux, s'étant trouvé en l'assemblée où on voulait faire condamner cette dévotion dont il n'avait jamais entendu parler, il parla si puissamment, qu'il ramena une partie des contredisants.* — XI, XII, XIII. *Continuation de l'orage.* — XIV. *L'auteur se console par semblables persécutions arrivées à saint Augustin dans le temps qu'il était occupé à ruiner l'hérésie.* — XV, XVI. *Poursuite de cette histoire. Epître de monsieur de Lisieux à Monseigneur le cardinal Bentivoglio.* — XVII, XVIII, XIX. *Réponse modeste et efficace à un insigne calomniateur. Usage du texte saint Jude parlant de saint Michel et de sa rencontre avec le malin esprit. Louange de saint Michel.* — XX. *Ombre de Dieu respectée par les anciens, jusque dans les fausses déités. Ces paroles,* diis non detrahes, *s'entendent même des faux dieux. Grande modération de saint Paul en ce sujet.* — XXI. *Ample réfutation de l'ignorance prodigieuse d'un docteur anonyme, prétendant que c'est erreur de dire que l'humanité est unie à la divinité.* — XXII. *Défense également modeste et puissante contre un libelle rempli d'injures. Remontrances à son auteur inconnu, et à ceux qui l'avaient semé avec trop de soin.* — XXIII. *Ce formulaire de dévotion ne portait point de vœu; mais quand il en porterait un, ce ne serait pas vœu de religion, étant un vœu particulier.* — XXIV. *Cette dévotion est un vœu essentiel à la religion chrétienne. Nous sommes liés à Jésus-Christ, comme vassaux au Souverain, comme captifs au Rédempteur, et comme membres au chef.* — XXV. *Cet écrit n'enclôt ni n'exclut le vœu, et cette sorte d'obligation lui est indifférente. Cette dévotion n'est autre chose qu'une reconnaissance de l'obligation et servitude dans laquelle nous sommes entrés dès le baptême.* — XXVI. *Cette dévotion va honorant la liaison du Fils de Dieu avec nous par son incarnation: et l'état de servitude où il est entré vers Dieu, et même vers nous, pour l'amour de nous.* — XXVII. *Trois lumières en l'état de Jésus, la lumière de la foi qui conduit le salut; la lumière de la piété qui conduit la perfection; la gloire qui conduit la béatitude. Différences et propriétés de ces trois lumières. Toutes trois nous mettent en la servitude de Jésus-Christ. La première commence, la seconde avance, et la troisième en consomme l'état.* — XXVIII. *Cette servitude, qui est compatible avec l'état de la Mère de Dieu en la Vierge, et la filiation naturelle en Jésus, l'est beaucoup avec la filiation adoptive dans les Chrétiens.* — XXIX. *L'état de cette servitude ne requiert pas tant nouvelles actions, que nouvel esprit en l'intérieur.* — XXX. *La filiation établit la servitude, tant s'en faut que ce soient choses opposées.* — XXXI. *La lumière de la foi excite les hérésies; et la lumière de la piété, les dissensions, et il ne faut pas s'étonner si cette dévotion a tant été traversée. Conclusion du narré par une prière que l'auteur fait à Dieu, qu'il donne son esprit de paix à tous ses adversaires.*

1. Touché de ces pensées, ravi de ces grandeurs en la vue de cet œuvre excellent et mystère ineffable de l'Incarnation, accompli pour nous au milieu de nous, je dressai, il y a dix ou douze ans, un petit Mémorial de certains points pour s'offrir à Jé-

---

(27) Il s'agit ici des deux élévations qui suscitèrent tant de troubles parmi les Carmélites de France et tant de déboire à l'auteur. Ce serait peut-être ici l'occasion de raconter avec quelle patience et quelle humilité l'auteur souffrait la persécution injuste qui s'était soulevée contre lui; mais nous laissons au pieux fondateur de l'Oratoire le soin d'exposer lui-même l'histoire de cette persécution, et nous renvoyons, pour les détails de cette affaire, à sa *Vie*, par Habert de Cérisy, livre II, et à celle par Tabaraud, tome Ier, p. 93. Qu'il nous suffise de dire que ce n'est qu'après un silence de dix

sus, et pour honorer ce sacré mystère, le mystère de son état et de ses grandeurs, le mystère fondamental de tous les autres états et mystères, le centre et la circonférence de sa gloire, l'origine et la base de ses merveilles; croyant que tous les hommes devaient cet hommage à l'Homme-Dieu, et toutes les œuvres des hommes cet hommage à l'œuvre des œuvres de Dieu, et que le Chrétien, après avoir adoré la très-sainte Trinité en elle même, la devait adorer comme voulant, comme ordonnant et comme opérant cet œuvre unique et singulier, la merveille de sa grandeur et de sa puissance, et le chef-d'œuvre de son amour envers les hommes.

II. Ce Mémorial fut dressé sans dessein ni d'être imprimé ni d'être divulgué, et n'a jamais été communiqué qu'à bien peu de personnes désireuses et capables de s'en servir. Et aussi, depuis tant d'années, le monde n'en avait eu aucune connaissance : voire même ceux qui m'approchent le plus, et qui m'honorent de leur conversation particulière, n'en avaient jamais ouï parler. Quelques âmes choisies, appelées à perfection plus grande, fidèles à Dieu, lumineuses en ses voies et en ses mystères, l'ont eu, et à leur avis en ont tiré profit; et mon devoir m'obligeant à les servir dans les exercices de piété, j'ai cru ne devoir pas le leur refuser, comme étant une élévation qui regarde Jésus et son sacré mystère, qui honore Jésus, parce qu'il est le Fils de Dieu, et la sainte Vierge, parce qu'elle est sa Mère, et qui, honorant ainsi Dieu en son Fils, le Fils en sa Mère, honore conjointement le Fils et la Mère en leurs sacrés mystères, et pose pour fondement celui duquel l'Apôtre dit : que nul ne peut poser autre fondement que celui lequel a été posé par le Père éternel, c'est-à-dire Jésus-Christ Notre-Seigneur, le Fils unique du Père. (*I Cor.* III, 11.) Car comme Jésus est le fond et la fin de la religion chrétienne, il est aussi le fond et la fin de la piété et perfection chrétienne.

III. Dressant ce mémorial, je le communiquai au révérend P. Cotton et au révérend P. Souffran, personnes assez connues et assez recommandables en France, et pour leur doctrine et pour leur piété signalée; et ils l'approuvèrent tous deux en plus forts termes que je ne voudrais ici rapporter: l'un d'entre eux daigna même le copier de sa main, et, voyant du depuis ces orages, m'écrivit comme il s'en étonnait bien fort, et qu'à son avis on ne le pouvait impugner sans impiété, ou sans un grand défaut de connaissance. Ce que je dis, non tant pour élever cet écrit, que pour témoigner que ces personnes publiques, assez pénétrantes et illuminées dans les points de la foi et de la piété, en un temps de calme et de tranquillité, n'y trouvaient point les périls, les erreurs et les hérésies, que quelques esprits beaucoup moins clairvoyants et moins au-

torisés qu'eux, moins informés et plus intéressés qu'eux, ont voulu feindre y trouver dans les orages passés, par dessein et intérêts assez connus au monde. Ainsi, dans les corps célestes, les esprits et les yeux plus aigus et pénétrants voient et savent être lumière, ce que le vulgaire ignorant croit être des taches et des macules, non par le défaut de ces corps lumineux, mais par le défaut des yeux et des lunettes de ceux qui les contemplent.

IV. Ce Mémorial, ainsi dressé, ainsi approuvé, et ainsi toutefois rarement communiqué, n'a même, pour l'ordinaire, été communiqué qu'en forme d'oblation simple, et non pas en forme de vœu. Et la plupart de ceux qui l'avaient vu ne l'avaient vu qu'en cette façon avant les imprimés diffamatoires. Quelques âmes, désireuses et accoutumées de servir Dieu en l'état et en la forme de vœu, l'ont voulu, et l'ont eu en cette forme; et encore il ne leur a été donné qu'avec cet avis précédent, et cette précaution, à mon avis, suffisante, de n'avoir intention de s'obliger qu'à ce seul point : *De ne point désavouer par acte formel cet hommage et servitude :* et c'est pourquoi cet article a été inséré en ce Mémorial. Et il est évident que cet article eût été du tout impertinent en cette élévation, sans ce dessein de restreindre leur obligation à ce seul point, et de marquer cette intention expresse : de laquelle, pour s'assurer davantage, quelques-unes marquaient dans leur même papier, comme elles faisaient ce vœu selon l'intention qui leur avait été proposée, afin que le même papier qui porterait le sujet de leur doute portât en cette parole la résolution et l'éclaircissement de leur doute, et que les esprits pointilleux qui, par subtilité plus que par solidité, glissent quelquefois dans les âmes des doutes importunes et contentieuses, le fissent sans effet, comme ils le font sans aucun fondement. Et toutefois cette parole a été prise à contre-sens par quelques-uns, et par faute de science ou de conscience, on a voulu trouver achoppement à cette même parole, qui était la précaution, le correctif et l'antidote, pour empêcher qu'on ne pût abuser de ce papier à des sens ou intentions égarées. Mais ceux qui n'ont les yeux ouverts que par l'esprit de division et d'émulation s'aveuglent bien aisément; et il n'y a rien de si clair et si réglé, qui ne serve d'achoppement à ceux qui se cherchent eux-mêmes, et non pas Dieu, qui est le vrai guide et la vraie lumière.

V. Ce mémorial, ainsi dressé, ainsi communiqué, ainsi exposé, ne reçoit point de difficulté dans les esprits tranquilles, sincères et raisonnables. C'est un écrit particulier, dressé par des pensées et intentions particulières, dressé même avec avis non nécessaire de personnes approuvées en leur doctrine et piété. C'est un écrit communiqué non indifféremment, non communément,

---

ans, et cédant, pour ainsi dire aux pressantes sollicitations de ses amis, qui lui reprochaient son silence comme une faute, qu'il se décida à publier sa justification et le magnifique ouvrage sur *L'état et les grandeurs de Jésus*, en réponse aux accusations de ses ennemis.

mais rarement, mais à des âmes choisies et jugées auparavant; et si quelques âmes recluses y ont eu part, comme il y en a en ce sexe de diverses statures selon le corps, il y en a aussi de différentes capacités selon l'esprit. Et entre les âmes simples, il y en a qui, n'ayant pas la lumière des termes, ont la lumière des choses, et sont capables d'en faire un aussi bon usage, que plusieurs qui sont plus versés dans les livres, et moins participants à la lumière de vie et piété que le Fils de Dieu promet à ceux qui le suivent. (*Joan.* VIII.) Et les boutiques de nos libraires sont pleines de livres, exposés à tous âges et à tous sexes, qui traitent des matières plus hautes, moins nécessaires et plus exposées au péril de ceux qui en usent indifféremment. Qu'y a-t-il donc à dire sur un écrit particulier? sur un écrit distribué rarement et manuellement, et sur un écrit distribué avec choix et discernement? Il est évident que c'est un fait non commun, mais particulier, auquel il est permis à un chacun d'abonder en son sens, selon l'avis et la règle de l'Apôtre, et qu'il s'agit non d'un point de science, mais d'un point de prudence, en laquelle un chacun se dispense aisément de croire avoir quelque avantage, et en laquelle, par la grâce de Dieu, nos actions publiques et particulières ne nous donnent pas jusqu'à présent un grand blâme.

VI. Le style de ce Mémorial est rude et impoli, comme un écrit dressé sans polissure et sans dessein d'être divulgué; il convient et suffit à l'esprit de celui qui l'a dressé pour soi, et pour ceux auxquels il jugera à propos de le communiquer. Il est néanmoins tolérable, et les censeurs inconnus n'ont encore, à mon avis, rien exposé de meilleur au public en leurs libelles et avis prétendus salutaires; et quand il leur plaira de faire mieux, nous les honorerons; ou de faire pis sans injures, nous les tolérerons. Au fond, c'est un style conforme au style des Pères et docteurs de l'Eglise, comme savent les doctes, comme les docteurs et approbateurs le déclarent et témoignent; comme il serait aisé de le prouver, si le sujet qui est particulier, et l'opposition des contredisants y obligeait. L'étendue de ce Mémorial n'est pas l'étendue du vœu, qui ne consiste qu'en trois paroles; mais c'est l'étendue d'une oblation et prière. C'est l'étendue d'une élévation, qui ne parle que de Jésus et de sa très-sainte Mère; c'est l'étendue de plusieurs points non d'obligation, mais de perfection, qui regardent l'honneur du Fils de Dieu et de la Vierge sacrée. Mais un prophète même nous apprend qu'il n'y a rien de si saint qui n'ait son sacrilége.

VII. En ce Mémorial de dévotion vers le Fils de Dieu et la très-sainte Vierge, à qui veut le réduire en forme de vœu, cette obligation du vœu est limitée et restreinte à un article qui la rend douce, facile et raisonnable, n'obligeant par cette intention, qu'à ne point faire d'acte formel désavouant cette servitude à laquelle nous sommes obligés de naissance et renaissance. Il est notoire que, sans aucun vœu précédent, nul ne doit faire ce désaveu, que nul ne peut le faire sans offense, que nul ne peut être humainement et grièvement tenté contre cet article qui ne combat aucune des passions de notre nature et ne peut être violé que par une malignité diabolique. Je ne veux parler maintenant de cet ordre ancien des Servites, qui portent cette dénomination et qualité pour marque de leur dévotion et servitude envers la très-sainte Vierge; il me suffit de dire qu'il y a en France et hors de France une congrégation dévote, instituée en l'honneur de la même Vierge, approuvée du Saint-Siége qui s'offre à elle en ces termes : *Te in Dominam, patronam et advocatam eligo.* Si quelqu'un, voulant persévérer en cette élection, se voulait obliger par un vœu secret et particulier, à ne jamais désavouer par acte formel cette élection, serait-ce un crime contre la foi et les bonnes mœurs? Serait-ce erreur ou impiété? Serait-ce matière de censure? Serait-ce nouveauté préjudiciable aux âmes et au public? Serait-ce matière de scandale et d'opprobre? Serait-ce sujet digne de factums, de libelles et d'avis salutaires? Serait-ce être antipape, Génevois ou huguenot couvert? Serait-ce extravagance en la doctrine et en la piété? N'est-ce pas l'intention de tous ceux qui le font, de le garder, soit qu'ils le promettent, soit qu'ils ne le promettent pas? N'est-il pas libre à un chacun de le promettre s'il le veut, et de s'imposer à soi-même cette loi particulière? Qu'y a-t-il de répugnant à la science, à la piété, à la prudence? Qu'y a-t-il de dommageable à la république chrétienne? Qu'y a-t-il de répugnant à la plus grande gloire de Dieu? mais la passion est aveugle et ne voit pas ou ne veut pas voir ces choses. Et ceux qui sont amateurs de leurs sens et de leur intérêt particulier se forment des chimères et des monstres; et en la terre aussi bien qu'en la mer, il y a des seiches qui troublent de leur encre les vérités les plus claires, les plus grandes et les plus approuvées.

VIII. Quelques esprits que je ne veux point nommer, nés et nourris les uns dans l'erreur, les autres dans l'inquiétude (comme savent ceux qui sont informés de cette histoire), conduits par des intentions et des procédures plus dignes d'être ensevelies que renouvelées dans la mémoire des hommes, esprits de vent et d'orage, *Spiritu procellarum* (*Psal.* x, 7), et voulant aussi exciter orages et tempêtes, ou, comme ils disaient eux-mêmes par une licence peu évangélique, voulant faire scandale, sollicitèrent quelques-uns par divers moyens et par lettres (que j'ai même entre mes mains et ferais imprimer, si je prenais plaisir à imprimer des factums et des lettres) pour soustraire les papiers d'une personne qui avait ce Mémorial, et à ce dessein de le faire censurer et de prendre cette censure pour fondement de l'orage et tempête qu'ils ont faite avec beaucoup de vent et peu de fruit. Mais par un secret jugement de Dieu, *Sagittæ eorum factæ sunt plagæ eorum.* (*Psal.* LXIII,

8.) Car ils ont élevé davantage cette dévotion en la blâmant ; et en la voulant faire censurer, ils la firent approuver, et Dieu qui par sa providence ne donne pas seulement : *Auxilium in tribulatione* (Psal. LIX, 13), mais, par un plus grand secret et une plus haute conduite, donne, selon son Prophète, *Auxilium de tribulatione*, tira secours de cette oppression et fit naître une approbation publique, de leur dessein préparé à condamnation publique.

IX. Lors il avait plu à Dieu, par le commandement du roi, de m'employer dans les affaires et les mouvements de cet Etat, et Sa Majesté m'avait envoyé vers la reine sa mère. Durant ce temps, à mon desceu, en mon absence, et occupé à bien d'autres pensées, on prépare cet orage; et lorsque nous traitions de paix pour la France, on se résout à nous faire la guerre et à Rome et en France, et à nous publier et accuser pour hérétique, par un zèle à la vérité fort ardent, par une charité fort nouvelle, et par une conduite fort réglée : *Sed non dormit, neque dormitat qui custodit Israel.* (Psal. CXX, 4.) Et Dieu qui veille sur les siens tandis qu'ils reposent, et beaucoup plus tandis qu'ils travaillent pour sa gloire, pour son service et pour le repos du public, pourvut par sa providence à ce désordre, et en tira un effet tout contraire.

X. Monseigneur de Nantes, personnage si digne (outre sa qualité), qu'on ne le peut nommer sans éloge d'honneur ; personnage si célèbre et reconnu en son mérite, qu'on ne peut le rendre plus illustre et plus orné par aucune sorte de louange ; prélat duquel j'aurais plusieurs choses à dire, si sa modestie ne m'imposait silence, et s'il avait autant de facilité à supporter ses louanges, comme il a de facilité à se rendre digne d'être loué. Ce prélat était pour lors évêque d'Aire, et résidant en son évêché, il se trouva obligé par les affaires de son diocèse de venir en la ville où ce dessein se tramait, et y arriva deux jours auparavant que ce dessein conçu et formé secrètement se devait éclore. Lors il reluisait comme un astre brillant dans le ciel de cette province et avait répandu souvent ses rayons et ses influences bénignes, fortes et puissantes sur cette ville. La présence et l'arrivée d'une telle lumière n'y peut être inconnue, une personne si digne et si connue ne peut être omise en une telle assemblée. Ainsi il y est appelé, ignorant le dessein qui était secret entre les parties, ignorant le papier dont de sa vie il n'avait ouï parler, ignorant l'auteur du papier qu'on tenait couvert pour conduire plus insensiblement les pensées des particuliers qui avaient à condescendre à cette condamnation. Mais Dieu était en cette assemblée : *Deus in Synagoga deorum.* (Psal. LXXXI, 1.) Dieu y présidait pour la conduire à un effet contraire à leur intention. Dieu ouvre et applique l'esprit de monseigneur de Nantes à la lecture de ce papier ; il écoute les proposants et leurs raisons à l'encontre. Il le tire de leurs mains pour le lire plus attentivement et le peser en toutes ses parties. Il le goûte et l'approuve ; il éclaircit les difficultés proposées et dissipe les nuages par sa lumière, et ce torrent d'éloquence et de science réduit messieurs les proposants et au silence et à l'impuissance de répliquer, et leurs adhérents qui étaient présents en cette assemblée, sont les premiers à se rendre et à suivre l'avis et les raisons de monseigneur l'évêque de Nantes. Ainsi ce papier, par la conduite et la providence de Dieu, reçoit une approbation publique, une approbation parlante en ce lieu choisi et en cette assemblée préparée à le condamner authentiquement.

XI. C'était assez pour contenter des esprits humbles et modestes ; c'était assez pour arrêter des esprits raisonnables ; c'était assez pour faire connaître le doigt de Dieu à des esprits considérants, dociles et pacifiques. Mais ceux qui ne se rendent pas à tant de brefs et à tant d'oracles de Sa Sainteté ; ceux qui n'écoutent pas la voix de plusieurs cardinaux, nonces et prélats, parlant au nom et en l'autorité de Sa Sainteté et parlant un langage uniforme ; ceux à qui tous les arrêts qui ne prononcent pas ce qu'ils veulent, sont subreptices, et tout ce qui répugne à leurs desseins est hérétique, comme étant des esprits violents, nés et nourris eux-mêmes en l'erreur, ne sont pas sitôt capables de discerner les mouvements du Saint-Esprit et de se rendre à sa douce et suave conduite. Ils s'émeuvent, ils se cabrent, ils s'agitent davantage ; ils envoient des agents, mais des agents trop reprochables ; ils emploient des écrivains inconnus en leurs noms, mais trop connus en leurs écrits pleins d'immodestie et d'insuffisance. Force libelles et fort peu de livres ; force factums et fort peu de raisons ; force mouvements et fort peu d'effets ; force paroles et fort peu de miracles.

XII. Me sera-t-il permis d'interrompre ce narré pour adresser ma voix aux auteurs de cet orage et leur dire : Que faites-vous, Messieurs ? Soyez les premiers juges de vous-mêmes et prévenez les jugements des esprits clairvoyants du monde qui vous regardent en leur lumière et vous jugent en leur sévérité. N'avez-vous point de meilleurs moyens pour la poursuite de vos desseins, que de vouloir m'accuser d'hérésie ? N'avez-vous point de meilleure preuve, pour le faire croire qu'un papier de dévotion envers Jésus (qui est l'objet et de la foi et de la piété des Chrétiens, et l'ennemi de toute hérésie) et envers la très-sainte Vierge, qui a ruiné toutes les hérésies de la terre ? Plût à Dieu que toutes les erreurs de ce siècle fussent fondues en cette hérésie ! Plût à Dieu que vos agents fussent coupables de semblables crimes ! mais en tout cas, considérez que cet écrit, lequel vous proposez, est particulier et avant vous inconnu au public. S'il est mauvais, pourquoi le publiez-vous ? et s'il est mauvais, que n'en avertissez-vous son auteur? ignorez-vous la loi de la correction fraternelle ? loi prononcée par le Fils de

Dieu? loi publiée et rapportée par ses apôtres? Si vous l'ignorez, êtes-vous Chrétiens? Si vous ne l'observez, êtes-vous le sel et la lumière de la terre? C'est la loi de l'Evangile, c'est la règle du Fils de Dieu; c'est une règle que si vous l'ignorez, vous serez ignorés; si vous ne la regardez, vous serez condamnés. Mais ou ces pensées n'entrent pas en leur esprit ou au moins elles ne les arrêtent pas. Ils persévèrent en leurs mouvements, ils font toutes sortes d'efforts à l'encontre de ce papier, papier secret et inconnu avant eux, papier qui ne parle point d'eux ni de leurs affaires, papier dressé avant leurs prétentions, papier qui ne parle que de Jésus et de Marie. Ils vont, ils font, ils parlent, ils courent les provinces et les mers pour le faire condamner.

Tantæne animis cœlestibus iræ.
(VIRGIL., *Æneid.*, t, 11.)

XIII. Ces esprits donc, ainsi émus et ainsi agités, tâchent de faire condamner à Paris ce qu'ils n'ont pu faire condamner ailleurs, et, frappés d'aveuglement, ne voient pas que c'est une audace intolérable de l'entreprendre, puisque procurer la condamnation de ce papier, c'est procurer une sentence de condamnation, non plus contre moi, mais contre les prélats et docteurs qui l'ont approuvée; qui est en des particuliers, un attentat insupportable en l'Eglise de Dieu. Et néanmoins ils passent outre et toujours par des voies illégitimes. Car sans pouvoir et procuration d'aucun couvent, contre le pouvoir et la procuration de tous les autres, ils supposent faussement, au nom des Carmélites de France, une supplique adressée à messieurs de la Sorbonne pour faire examiner et censurer ce papier déjà approuvé de plusieurs prélats et de plusieurs docteurs de la même faculté. Mais cette faculté, la première du monde, la lampe de la chrétienté, qui est comme un rayon luisant de la splendeur de Dieu en cet Etat, et la lumière de la France, ne se déçoit pas si facilement. Elle ne veut point toucher à ce papier de dévotion; elle renvoie la requête et les suppliants au jugement de leurs supérieurs; et plusieurs d'entre eux, désireux de voir ce papier en particulier, après l'avoir vu, le louent et l'approuvent. Et par un secret jugement de Dieu peu de jours après, sans l'entremise d'aucun d'entre nous, les contendants sont condamnés et censurés en leurs propositions sur une autre instance, par le même tribunal auquel ils s'étaient adressés pour faire censurer cet écrit: *Væ, qui spernis, nonne et ipse sperneris?* (Isa. XXXIII, 1.)

XIV. L'histoire ecclésiastique nous apprend que saint Augustin en son siècle, fut accusé en fait de doctrine par des personnes célèbres en son temps, et que cette grande lumière a eu ses ombres, ses oppositions et ses calomnies, pour avoir publié certains points, qui paraissaient nouveaux à ceux qui ne les avaient pas lus comme lui en l'Ecriture. Et toutefois (ô malheur de cette vie! ô puissance de l'esprit d'envie!) ce divin Esprit était l'esprit le plus fort et le plus élevé, et la lumière la plus grande que Dieu ait posée sur le chandelier de son Eglise en son siècle, et en tous les siècles qui ont suivi jusqu'à nous. Et ce nonobstant il n'a pu éviter les atteintes et les accusations atroces, et ce dissipateur des hérésies est accusé d'erreur et d'hérésie, Dieu l'ayant ainsi permis en un sujet si éminent et si célèbre, pour la consolation des moindres. Mais Dieu, qui veille sur les oppressés, suscita un pasteur et prélat français en ces quartiers de Provence pour le défendre, le docte Prosper, que quelques-uns de notre temps disent être le plus savant de son siècle, la seconde âme de saint Augustin, et le phénix renaissant de ses cendres. Je supplie le lecteur, puisqu'en ma petitesse j'ai l'honneur d'avoir quelque part à l'injure faite en son temps à ce grand prélat d'Afrique et docteur de l'Eglise, et puisqu'à cette occasion je dois parler et me plaindre, me permettre d'emprunter la voix de ce prélat français et d'employer ses paroles pour dire et avec lui et par lui à ces messieurs les auteurs des discours et libelles passés: *Unde hæc diligentia tam severi exarsit examinis? Unde in hanc austeritatem supercilium tam tetricæ frontis se armavit? Ut mensuras sensuum, pondera locutionum, numeros syllabarum insidiosus scrutator eventilet, magnumque se aliquid conficere præsumat si catholico homini notam erroris affigat,* etc. « D'où s'est allumée la diligence d'un si rigide examen? D'où est-ce que le sourcil d'un visage si sévère s'est armé d'une si grande austérité? Qu'un examinateur couvert et déguisé aille épluchant par embûches la mesure des sens, le poids des paroles, le nombre des syllabes, et qu'il présume avoir fait quelque chose de grand, s'il peut par ce moyen imputer faussement quelque note d'erreur à une personne catholique. » (*Præfat. in librum de Gratia Dei.*)

XV. La mauvaise volonté de celui que l'Ecriture appelle *inimicus homo,* paraît à semer zizanie et à condamner cet écrit; et aussi la conduite de Dieu paraît sur cet écrit, en multipliant les approbations par les voies par lesquelles on en veut tirer quelque censure en France. Et parmi ces combats, ces discours, ces libelles, nous demeurons en silence, en patience, sans parler, sans répliquer; non par faute de personnes propres à faire de meilleures pièces que des factums, et capables de parler et de répondre en diverses langues: mais par dessein et par conduite, sachant qu'il est toujours temps de pâtir, et n'est pas toujours temps de se défendre. Ainsi nous laissons ces messieurs en paix et en repos, et ils suivent leurs mouvements, ils continuent leurs propos offensifs, ils déchirent messeigneurs les évêques et messieurs les docteurs qui ont approuvé cet écrit, lequel ils promènent partout indignement. Toujours excès et impositions, toujours libelles et avis salutaires, toujours discours et calomnies: moyens injustes pour appuyer aussi des desseins peu justes.

Et hæc oculis Deus aspicis æquis?
(VIRGIL., *Æneid.*, IV, 372.)

XVI. Ce procédé licencieux (je pourrais dire pis sans excès) continue par l'espace de trois ans, au préjudice, non de moi seulement, mais d'une congrégation qui nous est conjointe, et à laquelle il a plu à Dieu donner en ce temps quelque nom, quelque crédit, quelque puissance, au moins pour se défendre. Ce procédé est aussi supporté durant ce temps en patience et en silence de notre part et sans réplique d'aucun d'entre nous, non par faute de matière, mais par désir d'honorer Jésus en son sacré silence, lorsqu'il fut accusé; et pour donner loisir à ces esprits ardents de rentrer en eux-mêmes et en leur devoir. Mais ce remède est inutile, ils prennent le silence et la modestie pour faiblesse, ils s'en élèvent davantage, leurs paroles et leurs excès en augmentent; ils intéressent même messeigneurs les prélats et messieurs les docteurs qui l'ont approuvé, en les accusant d'erreur.

Audax Japeti genus.
(HORAT., *Carm.* lib. I, od. 3, 27.)

Monseigneur de Nantes, qui avait approuvé ce papier de dévotion en assemblée publique, croit, après un si long temps de silence et de patience, devoir à soi-même et à sa qualité, devoir à ceux qui l'ont approuvé comme lui, devoir encore à la vérité opprimée par audace et par calomnie, une complainte à Mgr le cardinal Bentivoglio, cardinal du Saint-Office, cardinal informé de ces affaires, cardinal connaissant les uns et les autres. Il lui écrit pour arrêter ces plumes et ces langues qui se licencient au préjudice de leur condition, au scandale de l'Eglise, au mépris des docteurs et des prélats qu'ils devraient révérer comme leurs maîtres et leurs juges. Cette lettre est bien reçue et en France et à Rome, pour le mérite de son auteur, pour la délicatesse de ses conceptions, pour l'élégance de son style, pour la solidité de son discours, pour la pointe de ses rencontres, pour l'ingénuité de sa défense. On oppose à ce latin excellent un mauvais français; à ces raisons solides de nouvelles ignorances; à cette autorité, des injures; à un homme célèbre en son siècle et en l'Europe, un homme obscur et inconnu en son temps et en la France; et à la patience de trois ans, une continuée insolence, afin que la cause se finisse par la même voie et par le même esprit qui lui a donné commencement.

XVII. N'avez-vous point, Messieurs, d'autres antagonistes à opposer à ce grand prélat, prélat si éloquent et si savant, que cet ami contrefait de vérité? Si vous en avez de meilleurs, à quel usage les gardez-vous? si vous n'en avez point, le silence n'est-il pas aussi bon que les paroles de cet auteur? auteur si savant, qu'il ne peut répondre qu'en français à une épître latine, et à une épître de trois pages; auteur si savant, qu'il ne sait pas même traduire les textes latins qu'il allègue, sans équivoque et sans ignorance, comme il est évident aux lecteurs, et comme il est prouvé ailleurs; auteur si savant, qu'il prend un style excellent en ce siècle, pour un latin de Plaute et d'Apulée : tant il est délicat en ces discernements, tant il a de part avec le génie des oiseaux de Diomède qui discernaient les élégants de leur siècle d'avec les barbares. On disait d'un ancien auteur, que les ignorants lisaient ses livres pour les paroles, et les doctes les lisaient pour les choses; mais cet auteur inconnu ne sera lu ni pour les choses ni pour les paroles, comme il est manifeste à tous ceux qui prendront la peine de le lire. Ceux-là seulement qui auront besoin d'apprendre des injures, profiteront en cet écrit, faible en discours, fort en insolence, stérile en matière et fécond en injures; voire le plus injurieux et le plus dénué d'esprit et de sens en ses injures, qui ait été produit en ce siècle.

XVIII. A ce torrent d'injures qu'il répand contre moi, je ne veux opposer que les paroles de saint Augustin à un semblable calomniateur : *Non expavescis quod scriptum est : Neque maledici regnum Dei possidebunt? neque enim tam fœda convicia nihil te adjuvantia, nisi maledicendi libidine, loquereris* : « Ne vous effrayez-vous point de ce qui est écrit? Que *les médisants ne posséderont point le royaume de Dieu* (I Cor. VI, 10), car vous ne prononceriez pas des paroles si outrageuses, et qui ne vous servent de rien, si vous n'y étiez poussé d'un appétit déréglé de médire. » A ce déluge de paroles insolentes et outrageuses qu'il vomit contre Mgr l'évêque de Nantes, que dirai-je, ou plutôt que ne dirai-je point? Je dois et veux parler à cet auteur si licencieux en ses paroles. Dites-nous donc, ô ami de vérité (ce serait bien assez de vous en qualifier disciple); mais dites-nous, mauvais disciple et ami contrefait de vérité, si c'est la vérité qui est Jésus-Christ même, lequel vous a appris de parler et d'écrire ainsi en l'Eglise de Dieu, à un qu'il a mis pour prélat en son Eglise? Avez-vous lu ces enseignements et ces exemples dans les livres de la vérité, qui sont les Evangiles et les Ecritures saintes? J'y apprends le contraire. Je lis en l'Evangile que Jésus, qui est la vérité, et qui est le juge de nos œuvres et de nos paroles, dit : *Qui dixerit fratri suo, racha, etc.* (*Matth.* V, 22), c'est-à-dire qui dira la moindre parole injurieuse, sera coupable de la géhenne du feu : et combien dites-vous pis à celui qui vous tient lieu de Père? car les évêques sont les Pères des Chrétiens, des prêtres et des religieux de la terre.

XIX. Je lis en l'Ecriture, que saint Michel parlant au diable même : *Non est ausus inferre judicium blasphemiæ* (Jud. 9) ; n'osa jeter sentence de blasphème. C'est un apôtre, un disciple, un ami de la vérité, qui nous apprend ce secret et le respect de l'ange même envers un diable. Cet ange, ce grand ange, ce prince entre les anges, le prince de la milice céleste, la première créature qui entre toutes les créatures a été fidèle à son Créateur, et lui a servi à maintenir les anges en leur fidélité. Primauté remarquable en ce grand ange, et honorée aussi de Dieu qui l'a fait le premier de tous les anges établis en la gloire, et établi tuteur en la terre de l'Eglise du Fils de Dieu. Cet ange donc, et le premier de tous les anges, ayant à disputer avec le diable, sur le sujet du corps de Moïse, ne voulut pas lui dire un seul opprobre, bien qu'il fût ennemi de Dieu et séparé de Dieu pour jamais, et son ennemi particulier, vaincu par lui en ce combat premier rendu au ciel, entre les anges fidèles et infidèles à leur souverain: mais il se contenta de lui dire: *Imperet tibi Dominus*, selon le témoignage de l'un des douze apôtres du Fils de Dieu. Et cet auteur, et auteur inconnu, ou plutôt assez connu en son écrit, plein d'insuffisance et d'immodestie, cet auteur, dis-je, parlant non à un démon, mais à un des anges et archanges que Dieu a envoyés à son Eglise (car les prêtres sont anges, et les évêques sont des archanges commandants à des anges et à ceux qui gardent en leurs lèvres la science de salut, la loi de Dieu); cet auteur parlant non à l'ennemi de Dieu, mais à un prince de la milice du Fils de Dieu (car les évêques sont princes dans son Etat et son royaume, et dans l'armée du Dieu des armées), lui ose impropérer une Iliade d'injures et d'opprobres, et ne trouve point assez de superlatifs pour exprimer l'ignorance, l'erreur, l'hérésie de l'une des plus belles lumières qui éclaire le ciel de l'Eglise de France, de l'une des plus fortes et plus résonnantes trompettes de la parole de Dieu, et de l'un des plus grands ornements de la théologie en son siècle.

XX. Je lis, en l'Ecriture, et apprends, dans l'Histoire des apôtres, que cette modestie, observée par le prince de la milice du ciel, même au regard du diable, et rapportée par un apôtre à l'Eglise de Dieu, a été aussi imitée en la terre par la primitive Eglise, même au regard des déités païennes; car les premiers docteurs et les évangélistes de la religion chrétienne au monde parlent modestement et sans injures des faux dieux que la même religion toutefois venait combattre et chasser de la terre, pour respecter, par cette modestie, l'ombre de la Divinité, même en ceux qui en étaient si séparés et qui étaient les ennemis de la Divinité : tant cette ombre de Dieu mérite d'être respectée où elle est, puisqu'elle est respectée même où elle n'est pas. Et toutefois, cet auteur, peu versé en l'école de saint Michel et mal appris en l'école de l'Eglise, traite outrageusement ceux qui sont l'image vive de l'autorité de Dieu en son Eglise; ceux qui portent le caractère du Fils unique de Dieu imprimé en leurs âmes et imprimé doublement par le baptême et par le sacrement d'ordre, et qui, par icelui, ont puissance sur chose si sainte et si sacrée, comme sur le corps et l'esprit du Fils de Dieu, communiqué par leurs mains et par leur bouche au monde. Ce trait des *Actes* est digne d'être observé, c'est pourquoi je ne me contenterai pas de le coter : je le rapporterai et le fortifierai de la remarque d'un grand homme de ce siècle, prêtre de l'Oratoire, cardinal de la sainte Eglise, l'illustrissime cardinal Baronius, que les huguenots mêmes, écrivant contre lui, appellent : *Sui sæculi facile primarium*. Ce texte donc rend ce témoignage public dans les *Actes*, à la modestie des apôtres : *Adduxisti homines istos neque sacrilegos, neque blasphemantes deam vestram*. (*Act.* XIX, 37), qui était toutefois une divinité fausse : ce que Baronius éclaircit et confirme par un texte de Josèphe *contre Appion*, liv. II : *Noster mos est propria custodire, non aliena potius accusare, et ut neque ridere, neque blasphemare debeamus eos qui apud alios putantur dii, aperte nobis legislator interdixit, propter ipsam apellationem*; et ajoute que c'était le commun sens et intelligence de cette parole, *diis non detrahes*, par laquelle les premiers Chrétiens se tenaient obligés de ne point parler outrageusement des dieux des gentils. Telle était donc la modestie des premiers Chrétiens, même au regard des déités païennes, imitant la modestie de saint Michel, même au regard du diable : et, telle était l'intelligence et la pratique en la primitive Eglise, de cette parole, *diis non detrahes*. Et toutefois, ce nouveau Chrétien et mauvais docteur se rend outrageux, au regard de ceux que le Fils de Dieu nomme dieux et fait dieux en son Eglise, et fait dieux en un sens haut et véritable, car c'est la vérité même qui dit : *Ego dixi : Dii estis*. (*Psal.* LXXXI, 6.)

Je lis encore en l'Ecriture que l'apôtre saint Paul, en l'excès de son zèle, se trouvant emporté et ayant prononcé, contre un de la Synagogue, une simple parole et parole véritable et parole qui n'est que fleur, ornement et faveur au regard de la moindre imprimée et divulguée par ce docteur injurieux, se reprend et s'excuse aussitôt, et comme faisant satisfaction, dit au même lieu et à l'heure même : *Nesciebam principem populi mei esse*. (*Act.* XXIII, 5.) Et toutefois, c'est un apôtre du Fils de Dieu qui parle; c'est à un prêtre de la Synagogue qu'il parle, Synagogue lors destituée de toute autorité divine, lors ennemie du Fils de Dieu et de la vérité. Et cet auteur inconsidéré vomit tant de paroles outrageuses, non contre un simple prêtre, mais contre un prince des prêtres et contre un prince de l'empire du Fils de Dieu et de son Eglise : car les évêques sont les princes de l'Etat de Jésus, Etat et empire éternel qui dompte, qui régit, qui excède tous les empires de la terre : *Potestas ejus, potestas æterna; regnum ejus stabit in æternum, non dissipabitur et comminuet omnia regna mundi*. (*Dan.* VI, 26.)

XXI. Serait-il bien possible que ces oracles de la vérité ne fussent suffisants à fermer la bouche et à ouvrir les yeux de celui qui se nomme hautement et peut-être hautainement ami de vérité? Serait-il bien possible que ces exemples divins, ces respects angéliques, ces modesties apostoliques ne pussent confondre les actions déréglées de cet auteur inconnu qui ne se fait connaître que par injures, et ne se rend insigne qu'en calomnies? Mais suivons le fil de son œuvre ; il y paraîtra bientôt aussi savant que modeste. Car, après cet amas d'injures, après ces excès d'impertinences, après s'être mis en un trône pour juger et condamner les prélats qui sont ses juges et seraient ses maîtres encore pour bien longues années, le premier point de la doctrine qu'il condamne est si évident, et le premier oracle qu'il prononce est si notoirement faux, que, pour procéder de cette façon, il faut être extrême ou en imprudence, ou en impudence. *C'est erreur*, dit-il, *que la nature humaine est unie à la divine essence*. C'est donc erreur au R. P. Richeome, de dire, *que le Fils de Dieu, en l'Incarnation, est descendu du ciel, et a pris notre nature, l'unissant à sa divinité*. Or, ce sont ses paroles en un catéchisme royal, approuvé des théologiens de sa même compagnie, et en un catéchisme royal, adressé au roi et dressé pour le roi : et partant, selon cet auteur inconnu, le roi est mal catéchisé par les RR. PP. Jésuites. C'est erreur aux RR. PP. Suarez et Vasquez les plus célèbres d'entre les Jésuites, de dire le même en leurs écrits, et ce Suarez. (in III p.; *D Th.* q. 2, a. 8) : *Unde fit ut divinitas dicatur unita humanitati, sicut humanitas Divinitati*. Vasquez (III p. *D Th.*) : *Perspicuum est in hunc modum locutos fuisse Patres, ideo namque dixisse videntur carnem Christi non nudam, sed ut Deitati unitam simul adorari*. Et ailleurs (*Ib.*, disp. 17, cap. 4) : *Humanitas instrumentum conjunctum deitatis, quia deitati quoque unita est*. Et selon ce nouveau docteur, les écoles sont mal instituées par les RR. PP. Jésuites. C'est erreur au R. P. Canisius de dire (lib. III *Dè Maria Deipara V.*, cap. 19) : *Orthodoxi divinitatem in Christo, humanitati ita conjunctam et unitam asserunt, ut sua utrique naturæ solida proprietas maneat*. Et sans doute, ou ce docteur anonyme n'est pas orthodoxe, ou bien le R. P. Canisius ne l'est pas, qui, toutefois a rendu témoignage public et solennel de sa foi et de sa doctrine contre les hérésies de ce siècle. C'est erreur aux principaux docteurs de la Faculté de Louvain, de parler de même façon en leurs œuvres.

Driedo, docteur et professeur célèbre en la sainte théologie, et disciple d'un Pape et docteur aussi de Louvain (comme il le rapporte lui-même) en son traité *De captiv. et redempt. generis humani*, cap. 2 : *Natura humana in Christo deitati unita*, etc. *Corpus Christi in triduo mansit divinitati unitum*, etc. *Hominis formu deitati unita habet valorem, dignitatem, præsidentiam*, etc. Le R. P. Balduin, religieux et docteur de l'observance, qui a enseigné vingt ans la théologie à Louvain, en son *Manuel de théologie* nouvellement imprimé, *De Incarnation*, lib. XIV, c. 9: *Æque vere dicimus naturam divinam esse unitam humanæ et humanam divinæ*. Le savant et pieux Titelman, professeur à Louvain, et mort en réputation de sainteté en l'ordre célèbre des RR. PP. Capucins, en ses contemplations, fait un titre exprès, couché en ces termes : *Quomodo in Christo divinitas sit unita humanitati*, etc. (Contemplat. 10, tit. 5.) Et partant, selon ce nouveau docteur qui n'a point de nom, l'université de Louvain est mal instruite. C'est erreur à l'illustrissime cardinal Sarnanus, en sa *Somme théologique*, imprimée à Rome et au Vatican, de dire : *In unione Verbi natura est unita divinitati*. C'est erreur à l'illustrissime cardinal du Perron de dire (*Livre de l'Eucharistie*, p. 57) « que les Pères ont accoutumé de représenter le corps de Christ par le charbon d'Isaïe, d'autant que comme au charbon le bois est uni au feu, ainsi en la personne de Christ, le corps est uni à la divinité. » Et là même il traduit le passage d'un Père ancien : « Le corps qui est uni à la divinité n'est pas une nature ; mais une est la nature du corps, et autre celle de la divinité, » etc. Et sans doute cette lumière vive et ornement rare de son siècle est en erreur, ou cet auteur inconnu est en ignorance. C'est erreur à saint Thomas de dire en sa *Somme* (III p., q. 2, art. 8), qui est le consommé de son esprit et de ses labeurs, qui est l'oracle et le miracle de la théologie scolastique : *Indifferenter dicitur quod humana natura est unita divinæ naturæ, et contra*. Et sur le troisième des *Sentences* (quæst. 2, art. 2) : *Divina natura est unita humanæ*. Et au même article : *Natura divina sumit humanam ad se, id est ut sibi uniatur non tamen, ut in se unio fiat*. Et sur le chapitre I° de saint Jean : *In Christo autem in quo humana natura est unita divinitati in unitate suppositi, est invenire plenam et perfectam conjunctionem ad Deum, quia talis fuit illa unio, ut omnes actus tam divinæ quam humanæ naturæ essent actus suppositi*.

C'est erreur à saint Jean Damascène (libr. IV *De fide orthod.*, c. 4), de parler pour l'ordinaire ainsi, et dire ces paroles, parlant du corps de Jésus : « C'est le corps vraiment uni à la divinité ; c'est le corps pris de la sainte Vierge, le corps qui est uni à la divinité, » etc. Et ce grand théologien, lumière de son siècle, les œuvres duquel, comme un éclair, passent d'Orient en Occident, et sont louées, publiées et célébrées en toutes les universités, est en erreur, ou bien cet auteur obscur et inconnu en son temps, et en France, est en ignorance. C'est erreur à saint Augustin (serm. 8 *De temp.*) de dire : *Verbum Dei ita humanitatem divinitati suæ junxit, ut eam post passionem impassibilem faciat*. C'est erreur à saint Léon Pape (serm. 1 *in Nat. Apost. Petri et Pauli*) de dire : *Verbum igitur caro factum, ita divinam naturam naturæ univit humanæ, ut illius infima inclinatio nostra fieret ad summa provectio*. Et en cette *Epître* célèbre à *Flavien* : *Suscepta est a majestate humilitas, a virtute infirmitas, æternitate mortalitas*, etc. *Et natura inviolabilis naturæ est unita passibili*. C'est erreur au concile de Trente de dire en son catéchisme (part. I, c. 4, n. 4) : *Simul ac corpus formatum atque animatum est, corpori et animæ divinitas conjuncta est*. Et en un autre lieu (part. II, c. 4) : *In cœlo tota humanitas divinitati in una persona et hypostasi conjuncta est.* Et par ainsi, ou l'Eglise chrétienne est en erreur, ou bien cet auteur est si savant qu'il ne sait pas encore ni son catéchisme.

Si nous voulions recueillir tous les textes des docteurs qui parlent ainsi, nous ferions sur ce seul article un bien plus grand livre que tous les factums, les libelles et avis prétendus salutaires publiés sur ces sujets. Car tous parlent, prêchent et écrivent ainsi, scolastiques, positifs, catéchistes, docteurs modernes et Pères anciens et de toutes qualités, religieux, prêtres, prélats, cardinaux, Papes. Et toutefois ce sage et savant docteur qui nous cache son nom et nous témoigne sa suffisance dès la première page de son livre, déclare et prononce hardiment et fortement que c'est une erreur. Il est sans doute frappé d'aveuglement, et en condamnant tant de personnes célèbres et importantes à l'Eglise, il est plein de présomption, et doit être frappé d'anathème. Je le prononce donc contre cet auteur, et je le prononce en l'autorité d'un Pape, qui maintient la doctrine d'un Pape contre semblables esprits, et leur dit anathème, condamnant en leurs personnes cet auteur onze cents ans auparavant qu'il fût né. Cet anathème est célèbre, digne d'être rapporté, et cet auteur a besoin d'en être noté, puisqu'il se plaît à faire des foudres et des orages, et à feindre et à fondre des anathèmes.

L'histoire donc porte que le Pape Gélase, dans un concile, prononce anathème contre ceux qui ne recevront pas l'épître de saint Léon Pape : *Ad Flavianum*, etc., et oblige sous peine d'anathème à la recevoir en toutes ses parties et propositions, voire jusqu'à un iota, tant il la tient précieuse, vénérable et sacrée : *Sancta Romana Ecclesia, post illas Veteris vel Novi Testamenti, quas regulariter suscipimus, etiam has suscipi non prohibet Scripturas, id est sanctam synodum Nicænam trecentorum decem et octo Patrum,* etc., *sanctam synodum Constantinopolitanam,* etc., *sanctam synodum Ephesinam,* etc., *sanctam synodum Chalcedonensem,* etc. *Item epistolam B. Leonis papæ ad Flavianum Constantinopolitanum episcopum destinatam; cujus textum si quispiam, usque ad unum iota disputaverit, anathema sit.* (Concil. Rom. I, sub Gelas.) Or c'est en cette épître que ce Pape éloquent et admirable, prodigieux en sa doctrine et en ses actions, parle comme nous avons parlé. C'est en cette épître, où il dit : *Natura inviolabilis, naturæ est unita passibili.* Et c'est une épître où il parle à un concile et à un concile assemblé pour l'éclaircissement et décision du même mystère de l'Incarnation. C'est en une épître reçue de ce concile avec acclamation publique, comme article de foi, comme doctrine de saint Pierre et saint Paul; et cet auteur récent et inconnu, en censurant cette proposition en notre écrit et en la lettre de Mgr l'évêque de Nantes, il censure par même moyen ce grand Pape, et ce grand Pape parlant à un concile, et le concile encore qui a reçu et suivi sa doctrine, et par ainsi se rend lui-même vraiment digne de censure, et de censure papale, puisqu'il censure les prélats et les docteurs, les conciles et les Papes.

XXII. Cet auteur étant ainsi excommunié, je ne puis plus parler à lui qu'il n'ait fait apparoir sa résipiscence et son absolution. J'adresse donc ma parole à ses amis et publicateurs, et à ceux qui, par connivence à ses desseins et à sa doctrine, se rendent partisans, sinon de la flamme, au moins de la fumée de cet anathème; et sinon du foudre, au moins du bruit et de l'éclat de cette excommunication. Permettez-moi donc de vous parler, Messieurs; c'est après dix ans de silence et de patience que je vous demande cette permission; c'est après que vous avez assez longuement et soigneusement parlé de nous, sans qu'aucun d'entre nous vous ait parlé, ni ait parlé de vous. Permettez-nous de vous parler, et sans vous nommer et sans vous offenser. Je ne vous dirai point que vous êtes *antipapes, Génevois, huguenots couverts, ânes brayants, corbeaux croassants, dignes de tout châtiment et supplice,* etc. Je laisse ces fleurs et ces faveurs à votre ami de vérité. Je vous dirai plus sincèrement, plus modestement, plus chrétiennement : Ne pensez-vous pas que le monde vous regarde et vous juge en ces discours et en ces procédures? Monde facile, et à juger, et à parler, et à condamner les moindres fautes de ceux qu'il croit devoir être des anges? Ne pensez-vous pas que le monde vous censure, vous qui êtes des lettres vivantes, écrites et tracées du doigt de Dieu par sa grâce, et ne vous censure beaucoup plus que vous ne censurez ce papier, papier mort, écrit de l'encre et de la main d'un homme? Ne pensez-vous pas qu'il dise en soi-même : Si cet écrit est mauvais, que n'en avertissez-vous pas secrètement, modestement, chrétiennement son auteur? Et à quoi tant de discours et tant d'inquiétudes? Si cet écrit est mauvais, pourquoi le publiez-vous? S'il est mauvais, n'y a-t-il rien en ce siècle de plus mauvais et de plus digne d'exercer votre zèle, votre science, votre lumière? S'il est mauvais, et si mauvais, pourquoi seuls l'attaquez-vous? Pourquoi seuls prenez-vous ce soin et cette sollicitude? Etes-vous les dictateurs en l'Etat de l'Eglise chrétienne, et vous appartient-il de voir : *Ne quid detrimenti capiat Resp.?* Laissez ce soin et cette charge aux pasteurs et aux docteurs : c'est leur office et ce n'est pas le vôtre. Eux tous assemblés en corps, et sollicités par vous, n'y touchent pas, et vous y touchez? ne le condamnent pas, et vous le condamnez, vous qui êtes sans autorité, sans charge et sans lumière? Ni pasteur, ni docteur de la France en son particulier ne l'a condamné, et plusieurs grands pasteurs et docteurs l'ont approuvé. N'est-ce pas assez pour arrêter vos pensées, vos jugements et vos condamnations? Tous sont en repos et en silence sur cette affaire; soyez-y aussi. Etes-vous les oies sacrées du Capitole, seuls veillant et criant dans le repos et la tranquillité de tous les autres? Ne prenez pas exemple sur ces oiseaux; ils ne sont que dans l'antiquité païenne, et non dans la loi de Dieu. Mais imitez plutôt les colombes gémissantes, pacifiques et résidant dans les trous de la pierre, qui est Jésus. Le monde vous dit ces choses en son cœur; et Dieu vous le dira un jour, lorsqu'il viendra examiner en ses enfants, même une parole oiseuse, et leurs actions les plus saintes et les plus pures; et comme il dit lui-même, lorsqu'il viendra juger même les justices et les puissances suprêmes et légitimes, en leurs fonctions légitimes et suprêmes : *Ego justitias judicabo*. (*Psal*. LXXIV, 3.) Nous vous prions de le considérer, Messieurs, et vous déclarant que nous voulons vous honorer selon vos mérites et qualités, et selon les devoirs de la charité chrétienne. Dans les termes de ce respect, nous vous prions d'être les premiers juges de vous-mêmes, et d'agréer que nous appellions de Philippe à Philippe, de vous-mêmes à vous-mêmes. Prenez garde, s'il vous plaît, que vous n'êtes ni pasteurs, ni docteurs, ni inquisiteurs en la foi; que ce zèle à l'encontre de nous et de ce papier est surabondant, et passe votre condition; que le public sera édifié de votre silence et modestie, et qu'il y a de meilleurs sujets pour employer votre zèle et vos fonctions. Que si ce nonobstant vous continuez encore en vos discours, en vos libelles, en vos inquiétudes, nous croirons devoir à Dieu, au public et à nous-même, une plus forte complainte et une plus juste défense.

XXIII. Les publicateurs de cet écrit ont voulu aussi être les parrains, et il leur a plu le nommer le quatrième vœu de religion. Mais ils se trompent, et trompent les lecteurs, et ce titre est supposé par eux; car le papier qu'ils ont eu et qu'ils ont exhibé n'en avait point. Ce titre est faux et impertinent en plusieurs instances; car si les RR. PP. Carmes font ce vœu, c'est le cinquième et non le quatrième, puisqu'ils en font quatre auparavant; si les RR. PP. Jésuites le font, ce sera le neuvième, car ils en font déjà huit; si les RR. PP. Chartreux le font, ce sera le deuxième, car ils n'en font qu'un (28). Ce que je dis, non pour blâmer leur saint ordre et leur vœu, lequel étant unique et solitaire, contient tous les autres en son éminence, comme leur ordre, selon le jugement de l'Eglise, devance tous les autres en son autorité, en sa solidité et en sa prééminence. Il y a plus; car les RR. PP. Chartreux, Jésuites et Carmes, le faisant, ce sera le second, le cinquième, le neuvième vœu de religieux; mais ce ne sera pas pourtant le vœu de religion. Ces deux termes sont bien différents, et ce vœu étant intérieur et non extérieur, étant particulier et non public, étant simple non solennel, ne peut être ni le deuxième, ni le quatrième, ni le neuvième vœu de religion. Ainsi se voit clairement, qu'au frontispice de leur ouvrage, ils ont gravé une marque signalée ou d'ignorance, ou bien de fraude et de calomnie.

XXIV. Mais ils disent mieux qu'ils ne pensent, et Dieu conduit leur plume ne conduisant pas leur esprit et leur science, et ils me donnent sujet de dire : Que c'est un vœu, et un vœu primitif; que c'est un vœu de religion, et de religion primitive. Car c'est un vœu de religion, non au sens nouveau, auquel ce terme est pris depuis quelques siècles en l'Eglise; mais en un sens fondé en l'Ecriture et en l'usage de l'Eglise ancienne, où les premiers Chrétiens sont appelés : *Viri religiosi et timentes Deum*. (*Act* x, 2.) Lors il n'y avait point de religion, et tout le monde chrétien était religieux, et maintenant il y a quantité de religions et moins de religieux. C'est un vœu donc de religion, au sens que la primitive Eglise a usurpé ce terme, et ce n'est pas un vœu propre et affecté à aucun ordre religieux, soit monacal, soit cénobite, soit mendiant, soit aucun autre, fondé saintement et utilement dans le progrès de l'Eglise. En un mot, c'est un vœu de la religion de Jésus, dont il est lui-même en sa propre personne l'auteur et l'instituteur, dont la sainte Vierge est la première et la plus ancienne professe, et dont les apôtres sont les premiers et les plus anciens supérieurs. C'est un vœu, non deuxième ou quatrième, ou neuvième de religion, mais un vœu primitif, fondé dans les devoirs primitifs de la religion chrétienne. Vœu vraiment de religion, mais d'une religion non nouvelle, mais ancienne, et aussi ancienne que le salut et le nom chrétien publié en l'univers. C'est un vœu non d'une religion, qui a son commencement en la terre, mais d'une religion qui a son origine au ciel, et son auteur au ciel et en la terre, comme maître et souverain de la terre et du ciel. C'est un vœu non d'une religion mesurée du temps, et que le temps finira en la terre, mais d'une religion qui de la terre passe au ciel, et ne sera mesurée que de l'éternité. Non d'une religion, qui a quelque saint ou serviteur de Dieu, pour son instituteur, qui a quelque forme pour sa conduite et sa règle, qui a quelque habit extérieur pour sa différence, mais d'une religion qui a le Saint des saints, et le Fils de Dieu même pour son auteur; qui a le rond de la terre pour ses bornes, qui a l'Evangile pour sa forme et sa règle, qui a pour son habit Jésus-Christ même, dont elle est heureusement et glorieusement revêtue; religion solennelle, primitive et suprême, au regard de laquelle toutes les religions sont postérieures et subalternes, et à laquelle toutes les religions, plus elles sont parfaites plus elles font profession de servir selon l'esprit de l'Apôtre : *Cui servio in spiritu Dei*. (*Rom*. 1, 9.) Religion qui a pour son vœu et pour son serment, de renoncer au monde, au diable et à soi-même, et d'avoir Jésus-Christ pour son souverain. C'est le vœu et c'est la profession solennelle des Chrétiens au baptême, et les docteurs de l'Eglise, et

---

(28) VASQUEZ, in 1, 2, disp. 165.

anciens et modernes, et positifs et scolastiques, l'appellent ainsi. Saint Jérôme (*In Amos*, VI) : *In mysteriis primum renuntiamus ei qui in occidente est, nobisque morituri cum peccatis, et sic versi ad orientem pactum inimus cum Sole justitiæ, et ei nos servituros esse promittimus.* Et saint Augustin (*In Joan.*) : *Homines sumus Christiani, etiam ipso nomine ad Christum pertinentes.* Sévère Alexandrin (*In biblioth. PP.*, t. VI) décrivant le *Rituel de l'Eglise de Syrie*, dit qu'au baptême, celui qui est baptisé se tourne vers l'Orient : *Et ait tribus vicibus : Consentio tibi, Christe.* Saint Thomas dit en sa *Somme : In baptismo vovent homines abrenuntiare diabolo, et pompis ejus*, etc., *et fidem Christi servare*, et appelle en ses réponses cette promesse, *votum baptizatorum*. Et saint Augustin même (epist. 59 *ad Paulin.*) l'appelle : *Votum maximum nostrum quo vovimus nos in Christo esse mansuros.* Les jurisconsultes mêmes, en leurs livres plus vulgaires, usurpent ce langage : *Nobis præcipuum votum est, quod in baptismate fecimus.* (*Lex Jur. Prat.* verb. *Votum.*)

Et s'il faut joindre à ces anciens auteurs les plus récents de ce siècle, je produirai ce cavalier chrétien, qui a voulu joindre sa plume à son épée, et les consacrer toutes deux au temple de Dieu, se rendant théologien et cavalier tout ensemble : lequel en son élégante *paraphrase*, approuvée de plusieurs docteurs, et qui est en la main de tous, traduisant ce verset : *Vota mea Domino reddam*, etc. (*Psal.* CXV, 14), dit : « Ainsi satisferai-je aux vœux auxquels je suis obligé de promesse, premièrement au baptême, après en la réception des autres sacrements, » etc. C'est ainsi que parlent les Pères, les docteurs, les jurisconsultes et les cavaliers même, nourris du lait des mamelles de l'Eglise. Mais je veux conclure cet article par une voix puissante et irréfragable, par l'oracle du concile de Trente, lequel a fait dresser un catéchisme où cette doctrine est proposée par le commandement de l'Eglise à tous les fidèles, en des termes pleins de poids et d'autorité (art. 1, c. 31) : *Parochus fidelem populum ad eam rationem cohortabitur, ut sciat æquum esse nos ipsos, non secus ac mancipia Redemptori nostro, et Domino in perpetuam addicere et consecrare. Et quidem, cum baptismo initiaremur, id professi sumus ; declaravimus enim, nos Satanæ et mundo renuntiare, et Jesu Christo totos nos tradere. Quod si, ut militiæ christianæ ascriberemur, tam sancta et solemni professione nos ipsos Domino nostro devovimus, quo supplicio digni erimus?* etc. « Le pasteur fera entendre au peuple chrétien qu'il est juste et raisonnable que nous nous consacrions et rendions sujets, tout ainsi comme esclaves, à notre Rédempteur et Seigneur, à perpétuité ; et de fait, lorsque nous avons reçu le baptême, nous l'avons ainsi professé ; car nous déclarâmes que nous renoncions à Satan et au monde, et que nous nous dédiions entièrement à Jésus-Christ. »

Que si pour être enrôlés en la milice chrétienne, nous nous sommes donnés dès lors à Notre-Seigneur par vœu et profession tant sainte et solennelle, de quel supplice serons-nous dignes? etc. Termes augustes et vénérables, pleins de majesté et dignes de la voix du Saint-Esprit et de l'Eglise, qui parle en cette doctrine du concile de Trente, et qui contient les mêmes paroles, les plus fortes et les plus expresses qui aient été employées en ce vœu, et sert de fondement et d'autorité inébranlable à cette piété. Mais c'est matière d'un plus grand discours, lequel réservant à un autre temps, poursuivons ce narré et finissons cet article, en nous avouant esclaves de Jésus ; esclaves de droit et d'achat, mais encore plus esclaves d'amour et de volonté, aspirants même et désireux d'adhérer à Jésus-Christ par une liaison plus forte et plus intime, c'est-à-dire comme les membres à son chef, qui est la plus forte et intime adhérence, et qui tend à la plus grande unité et conformité d'esprit et de vie qui soit en la nature. Car nous devons avoir trois sortes d'adhérence à Jésus-Christ, selon les trois qualités qu'il a au regard de nous. Il est souverain, et nous sommes ses sujets et vassaux ; il est rédempteur et nous sommes ses captifs : *Captivam duxit captivitatem* (*Ephes.* IV, 8) ; il est chef et nous sommes ses membres. (*I Cor.* VI, 15.) Trois points distincts et différents, qui aussi nous obligent à trois sortes de devoirs différents en eux-mêmes, et tendant tous à nous lier d'une liaison étroite et intime à celui qui est uni à notre nature en unité de subsistence, et uni au Père éternel en unité d'essence. Cette double unité d'essence et de personne que nous adorons en Jésus-Christ, est le fondement de toutes les unités et unions de grâce que nous devons avoir en la terre et au ciel, et des liaisons intimes que nous devons avoir à Jésus-Christ Notre-Seigneur, homme et Dieu tout ensemble, et qui est souverain et tellement souverain, qu'il est rédempteur et chef de la nature humaine. Comme souverain, nous devons vivre sous ses lois ; comme rédempteur, nous devons vivre sous ses volontés ; comme chef, nous devons vivre par son esprit, par son mouvement et par son influence.

XXV. C'est à quoi tend cet exercice de piété : C'est le dessein de ceux qui l'ont proposé ; le faire en forme de vœu, ou ne le pas faire, est un accessoire que le dessein de cette piété n'enclôt pas, car il n'est pas nécessaire, et ne l'exclut pas, car il n'est pas dommageable, et il peut être utile. Et cette sorte d'obligation est indifférente à cet exercice, qui a pour son but non d'obliger à péché, mais de lier à Jésus-Christ ; de reconnaître l'état et les grandeurs de Jésus, de l'adorer en son autorité suprême, d'accepter son pouvoir sur nous, non par contrainte et nécessité comme rebelles, mais par le choix et le mouvement de notre volonté, comme sujets fidèles aimant leur prince, et comme captifs de son amour aussi bien que de sa puissance. En naissant, ou plutôt renaissant au baptême, nous entrons en cet état de servitude envers Jésus, par la parole d'autrui, sans la connaître, et c'est le premier pas de notre entrée en l'Église et en la foi. En partant de ce monde, et entrant au ciel, nous sommes confirmés en ce même état dès le premier aspect et à la première vue des grandeurs de Jésus, par une sainte et heureuse soumission. Les damnés mêmes subissent cet état par une juste contrainte; lorsque Dieu établit sa puissance sur eux, qui ne lui ont pas permis d'y établir sa grâce et son amour; car ils sont esclaves de l'état, de l'empire et des grandeurs de Jésus, qui les asservit malgré eux à une si juste et si digne puissance. Le fonds de cette autorité est divin; les titres de ce pouvoir sont clairs et évidents; l'usage de cet empire est universel au ciel, en la terre et aux enfers même, où il est absolu et indépendant des volontés de ceux qui lui obéissent. Car l'enfer le souffre par contrainte; le ciel le porte par une heureuse nécessité, d'autant plus volontaire, qu'elle a moins de puissance à s'en séparer.

Ce petit intervalle que nous avons à vivre en la terre, nous laisse libres d'y penser, ou de n'y pas penser; de le vouloir, ou de ne le pas vouloir; de nous affermir en cette volonté, ou de ne nous y pas affermir. Et encore se trouve-t-il que le Fils de Dieu, comme par une anticipation de la puissance qu'il exerce au ciel et aux enfers, imprime son pouvoir et son caractère sur nous dès le baptême, et tient en la terre notre volonté engagée et obligée à lui par une profession sainte, publique et solennelle. Tellement qu'à proprement parler, ce vœu et cette élévation à Jésus n'est qu'une reconnaissance et ratification de cette obligation, que nous avons contractée sans y penser, sans la connaître, en un âge imbécile. Obligation valide, obligation solennelle et obligation même publiquement acceptée de l'Église. Ces devoirs sont légitimes, ces obligations sont justes, ces exercices sont pieux, ces pensées sont solides, ces sentiments sont raisonnables, ces intentions sont saintes; et, s'il m'est permis de le dire, ces vérités sont plus hautes, plus utiles et plus importantes que plusieurs autres que l'on propose soigneusement et vulgairement en plusieurs livres et en plusieurs exercices. Et toutefois elles ont rencontré des esprits qui les improuvent, et en les improuvant, ne voient pas qu'ils s'improuvent et se censurent eux-mêmes. Car comme Penthée, en voyant ses enfants, pensait voir des ours, des tigres et des serpents, et autres bêtes sauvages, ne s'apercevant pas que le mal était non en eux, mais en sa vue, et qu'il s'émouvait sans le vouloir, contre soi-même et ses propres entrailles; ainsi ces messieurs écoutant ces propositions, pensent ouïr des erreurs et des monstres en la foi, et ne voient pas que le mal est en leur esprit, et non en cet écrit, et que sans y penser ils s'émeuvent et s'irritent contre des vérités fondées en leur baptême, nées dans leurs exercices, renouvelées en leur profession, et qu'ils improuvent en autrui ce qu'ils ne peuvent pas improuver en eux-mêmes: comme si la passion les décevait, les transportait, les transformait en un état conforme au mal pitoyable de cet infortuné profane.

XXVI. Le dessein donc de cette piété proposée envers le Fils unique de Dieu, est bien éloigné des erreurs que quelques-uns, peu considérants, y ont voulu imputer. C'est un dessein qui tend à élever et lier nos âmes à celui qui est au sein du Père, et qui a voulu se lier avec nous par le mystère de l'Incarnation. C'est un dessein qui nous unit à celui qui est uni à nous par le lien mutuel d'une nouvelle nature, commune et à nous et à lui; nature sienne, et nôtre tout ensemble; sienne en subsistence, nôtre en essence et en l'extraction du premier Adam, duquel elle est dérivée aussi bien que la nôtre. Il se lie à nous par sa filiation divine personnellement communiquée à notre humanité, et nous nous lions à lui par notre servitude, humble et naturelle, rendue à sa divinité et à son humanité déifiée.

Cet état de servitude ne doit pas être suspect et étranger à l'homme; c'est un état propre et essentiel à la créature au regard de son Dieu. Car la créature est essentiellement serve, ou, pour mieux dire, asservie à son créateur; et c'est la première condition générale, absolue et universelle de son être, en laquelle elle entre, au même moment qu'elle sort de l'être qu'elle a en Dieu, pour exister en soi-même. C'est un état primitif en la grâce, aussi bien qu'en la nature; et c'est l'état de la Mère de Dieu, état auquel elle entre au même instant qu'elle entre en sa maternité, se déclarant la servante de celui dont elle va être la Mère. C'est même un état posé dans l'ordre unique et singulier de l'union hypostatique, aussi bien que dans l'ordre de la nature et de la grâce; tant cet état de servitude est saint et universel. Car en cet ordre tout divin, le Fils de Dieu prend la forme et la nature de serviteur, en porte l'état et les conditions, en fait les offices et les devoirs, et en porte le nom et la qualité dans les Écritures. Par son mystère de l'Incarnation, il en prend la forme et la nature, *Formam servi accipiens*. Par le mystère de sa vie mortelle et voyagère, il en prend l'état et les conditions; par le mystère de la croix, il en fait les offices et les fonctions, et il en porte le nom par la voix de son Père qui l'appelle son serviteur en Isaïe, comme il l'appelle son Fils en l'Évangile, étant Fils et serviteur tout ensemble, et serviteur unique en cette qualité, c'est-à-dire seul serviteur qui est Fils; seul Fils et serviteur singulier, employé à cet éminent office de réconcilier par soi-même le genre humain à Dieu, et de le tirer de la servitude du diable et du péché. Serviteur uniquement aimable et adorable de tous ceux qui ne sont que subalternes à sa grandeur, à sa puissance, à sa qualité, et qui ne sont, pour parler selon les jurisconsultes, que *vicarii servi*.

Mais il y a plus, car Jésus n'est pas seulement le serviteur de son Père, il est même s'abaissant jusque à faire office de serviteur envers les hommes. Et il nous dit lui-même qu'il est, *comme un ver de terre, et non pas un homme, l'opprobre et le mépris des hommes.* (*Psal.* XXI, 7.) Et ce qui est bien digne d'un plus grand étonnement, il est fait *péché* (*II Cor.* v, 21), c'est-à-dire la victime et l'anathème des pécheurs. Et il porte nos iniquités et nos ordures sur soi pour en nettoyer son Eglise, et la rendre sans macule devant les yeux du Père éternel, comme le serviteur le plus vil porte et ôte les ordures de la maison pour la rendre nette devant les yeux du père de la famille. Si Jésus se rend ainsi notre esclave et serviteur, ne serons-nous pas les serviteurs et les esclaves de Jésus? Si Jésus se fait l'esclave de nos offenses, ne serons-nous pas les esclaves de son amour? S'il se rend l'esclave de nos malheurs et de nos misères, ne serons-nous pas les esclaves de ses grandeurs et de sa gloire? et s'il daigne se rendre ainsi comme l'esclave des serviteurs, ne serons-nous pas les esclaves du Fils et du Fils unique de Dieu? Comme il se rend l'esclave du Père éternel qui est son Père et Dieu en son humanité sacrée, soyons tous les esclaves de Jésus qui est notre Dieu et notre Père en ses divins mystères.

Cet état de servitude porte grâce, et grâce singulière à l'âme, et c'est la première grâce que Dieu nous donne en l'Eglise par le baptême, et il nous la donne avec une marque et impression si forte et si intime en l'âme, que rien ne la peut effacer, non pas même l'enfer; car cette marque sera perpétuelle dans les enfers mêmes, où les Chrétiens damnés portent éternellement la marque de leur servitude à Jésus. Plût à Dieu que la grâce de cette servitude fût aussi fortement imprimée en nos cœurs, comme le caractère de cette servitude. Mais nous pouvons continuellement perdre l'un, et nous ne pouvons jamais perdre l'autre. Vrai est que comme nous pouvons perdre cette grâce, nous la pouvons aussi recouvrer, nous la pouvons confirmer et conserver jusqu'à la mort, et lors cette grâce sera ineffable et inamissible comme son caractère. Car comme à l'entrée de l'Eglise par le baptême nous avons reçu cette grâce et ce caractère d'appartenance et de servitude à Jésus; aussi à l'entrée du ciel nous recevrons et nous porterons une impression forte, puissante et perpétuelle de cet état, que la vue des grandeurs de Jésus opérera nécessairement dans nos âmes, qui rendront hommage et servitude au Fils de Dieu par une heureuse nécessité. Nécessité perpétuelle d'autant plus douce, puissante et volontaire, qu'elle naît de l'amour et de la connaissance intuitive de ses grandeurs présentes, influentes et opérantes en nous. C'est cet esprit, cet état, et ces effets de servitude que nous représente cette sacrée parole de l'apôtre saint Jean, décrivant le ciel et les serviteurs de Jésus dans le ciel: *Et servi ejus servient ei.* (*Apoc.* XXII, 3.)

XXVII. Il y a trois sortes de lumières en l'état du Fils de Dieu, Fils du Père des lumières; Fils qui est la lumière en son essence et en sa personne, et encore en sa vie nouvelle. Aussi son état est un état de lumière, auquel il y a la lumière de la foi qui conduit le salut; la lumière de la piété qui conduit la perfection; la lumière de la gloire qui conduit la béatitude : La première, convient à tous les chrétiens; la seconde, convient aux âmes intérieures; et la troisième, est propre aux esprits bienheureux qui voient Dieu en lui-même et en sa propre lumière. La lumière de la foi sert de base et de fondement à l'une et à l'autre lumière, et, nous apprenant les vérités de la foi nécessaires au salut, nous dispose par ces principes, à aller de vertu en vertu et de lumière en lumière, et par sa conduite nous entrons aux lumières de piété, que Dieu manifeste aux âmes plus élevées et plus parfaites; lumières qui sont rayons descendants du ciel, et anticipations de la plénitude des lumières célestes, où nous voyons Dieu en soi-même, nous jouissons de sa propre essence, nous participons à sa gloire, à sa vie, à sa félicité. La lumière de la foi nous propose les grandeurs de Jésus; mais c'est comme un paquet enclos et cacheté qu'il nous faut ouvrir, et à la lecture duquel il nous faut appliquer. Et c'est la lumière de la piété qui nous en fait l'ouverture, qui nous y fait penser, qui nous en donne les sentiments, et qui nous porte aux effets dignes des grandeurs et de la gloire qui est due à Jésus.

Mais la lumière de la gloire nous en donne l'impression si forte et si puissante, que l'abaissement et la servitude à Jésus est imprimée pour jamais en nos cœurs et en nos esprits, et ne peut non plus être effacée par aucun pouvoir créé, que le même caractère qui nous est imprimé au baptême, lequel y est si vivement et si efficacement empreint, que l'enfer même ne le peut effacer. Ainsi la foi commence, la piété augmente, la gloire accomplit et consomme notre heureuse et glorieuse servitude, et l'établit en son dernier point, et rend la grâce de cette servitude aussi constante, aussi forte, aussi inamissible, comme le caractère qu'elle a reçu à l'entrée de la foi et de l'Eglise; ainsi nous naissons en l'Eglise et en la foi, avec cette qualité de servitude au regard de Jésus; nous vivons sur la terre avec cette même qualité, et en cette qualité nous entrons dans le ciel. Ainsi naissants et vivants, mourants et triomphants, nous sommes en l'heureuse et noble servitude de Jésus; servitude plus heureuse et plus illustre que les empires et les couronnes de la terre. Estimons-la, honorons-la, recherchons-la, conservons-la, et embrassons volontiers les pensées, les sentiments, les mouvements et les exercices qui nous portent à cet état et à ce devoir, et qui en rendent les effets à Jésus. C'est le dessein de cette piété, c'est la fin de cet exercice; qu'y a-t-il, qu'un chrétien, qu'un docteur, qu'un religieux puisse improuver? Qu'y a-t-il, qu'il n'approuve en soi-même par ses sentiments propres? Et si on le veut improuver et combattre, n'est-ce pas ébranler les fondements, et combattre les sentiments primitifs de la religion chrétienne?

XXVIII. Cette voie de servitude ne répugne point à la filiation adoptive ; au contraire, elle la contient, elle l'augmente et elle la perfectionne ; car elle est une imitation et expression de la servitude de Jésus, qui est Fils et serviteur tout ensemble. Que si la filiation propre et naturelle n'empêche point en lui cet état de servitude, n'y répugne point et n'en est point intéressée ; beaucoup moins la filiation adoptive, qui ne nous convient que par grâce et par miséricorde, n'y répugnera pas et n'exclura pas la servitude qui nous est propre, même par nature ; car il nous faut observer cette opposition d'états qui est entre nous et le Fils de Dieu, et qui par nos ombres relève ses grandeurs et ses lumières.

Remarquons donc que la filiation nous convient par grâce et par miséricorde, et la servitude nous convient par nature. Au Fils de Dieu, sa filiation lui convient par nature, et sa servitude par dignation, par miséricorde envers nous. La servitude en nous, est notre premier état et condition, et la filiation adoptive est reçue et imprimée dans cette servitude : *Quotquot receperunt eum, dedit eis potestatem filios Dei fieri.* (Joan. I, 12.) Au Fils de Dieu, sa filiation est son premier état et sa condition première, c'est son être et sa subsistence, et son abaissement, son exinanition, sa servitude est reçue dans cette subsistence ; et c'est la filiation divine qui la supporte, la soutient et la déifie ; et comme sa filiation perfectionne sa servitude, et lui donne le plus haut degré et la plus grande qualité où elle puisse être ; aussi la condition de servitude, en laquelle nous sommes saintement et nouvellement établis par grâce, reçoit en son abaissement et perfectionne en ses effets la filiation adoptive : tellement que nous serons d'autant plus enfants, que nous serons serviteurs humblement abaissés, purement dénués, entièrement dépendants, et fidèlement opérants sous la puissance et volonté de celui qui s'est fait nôtre, pour nous rendre siens, et nous a acquis à soi d'un prix inestimable, dont l'Apôtre conclut : *Non estis vestri empti enim estis pretio magno.* (I Cor. VI, 20.) Ainsi nous sommes serviteurs et enfants, et ainsi la Vierge même est servante et mère tout ensemble, et elle entre au plus haut point de sa servitude et de son abaissement, lorsqu'elle entre au plus haut point de sa grandeur, c'est-à-dire en la maternité divine ; et lorsqu'elle dit ces humbles, ces saintes et ces profondes paroles : *Ecce ancilla Domini* (Luc. I, 38) ; ainsi l'état de la grâce est solidement fondé, et pleinement établi dans le fonds de la servitude, qui est due à l'abaissement et anéantissement du Verbe éternel, qui s'est fait homme, et qui est due aux états et aux mystères, aux grandeurs et aux abaissements, à la croix, à la vie, à la mort, et généralement à l'esprit de Jésus, qui nous veut posséder comme siens ; nous régir comme ses serviteurs et esclaves ; nous chérir comme ses enfants : nous animer, nous vivifier, nous glorifier comme ses membres. Soyons à lui en toutes ces qualités, vivons à lui, mourons pour lui, ressuscitons en lui, qui est notre vie et notre gloire pour jamais.

XXIX. L'état de cette humble et dévote servitude, ne requiert pas tant nouveauté d'actions en l'extérieur, comme nouveauté d'esprit en l'intérieur ; car nos actions trop basses, et trop limitées dans le ressort de la nature et de la grâce par la misère de la terre, sont relevées et perfectionnées en vertu de cet état et condition, comme étant opérées par un nouvel esprit ; par un esprit d'honneur et d'amour à Jésus, et par un esprit de révérence et de dépendance au regard de ses grandeurs et de ses abaissements, de sa filiation et de sa servitude, de ses états et de ses mystères ; et par la condition de cette servitude Jésus est la fin et l'objet de nos actions ; nous le servons et contemplons comme notre Dieu, notre Souverain et notre Rédempteur : et notre abaissement et sujétion au regard de lui est la disposition générale, en laquelle nous accomplissons tous nos devoirs et toutes nos actions. Tellement que, comme nous voyons que l'esprit de crainte et l'esprit d'amour, qui partage les actions et la vie du chrétien, et fait la plus notable différence qui soit en l'état et en la moralité du christianisme, fait cette différence, non par diversité d'actions, mais par diversité de dispositions et de mouvements, en ce que la crainte est le principe des uns qui rend leurs actions viles, serviles et mercenaires, et l'amour est le principe des autres, qui rend les mêmes actions sublimes, filiales et divines ; ainsi cet esprit de piété, de dévotion et de servitude envers Jésus, requiert diversité non d'actions, mais d'intention, mais de dispositions, et fait sa différence, non en l'extérieur, mais en l'intérieur ; non en la terre, mais au ciel ; non aux yeux des hommes, mais aux yeux de Jésus, qui nous voit et regarde comme siens, et comme opérants par ce nouvel esprit, qui nous applique à lui, nous élève à lui, nous attache à lui et rend nos actions vraiment, saintement et humblement chrétiennes.

Car en cet état, nous les opérons comme chrétiens, et non pas seulement comme hommes, ou comme philosophes, ou même comme agissants par l'esprit commun de la grâce ; mais comme agissants par cet esprit de piété particulière à Jésus, qui nous rend humblement serviteurs et esclaves de Jésus ; et sans changer de condition extérieure, nous change d'esprit et d'intérieur, et nous fait accomplir nos actions, comme devoirs de notre servitude envers lui. Ainsi le séculier opère ses actions vertueuses, le religieux ses actions régulières, le particulier ses actions domestiques, le magistrat ses actions publiques, sans changer de condition et sans varier ses actions, changeant d'esprit et diversifiant les intentions et dispositions au regard du Fils unique de Dieu.

En cette manière saint Paulin, grand docteur et grand prélat, plus captif par les liens de charité que par les liens de la puissance de ce seigneur d'Afrique, qui le reçoit pour esclave et se sert de lui en qualité de jardinier en sa maison, faisait le même office et les mêmes actions qu'un jardinier à gage, qui n'eût pas été captif; mais ces offices et ces actions en saint Paulin, avaient une autre marque et qualité, et étaient témoignages de sa servitude envers ce jeune seigneur qui le tenait captif. Ainsi nous, opérant les mêmes actions que la loi et la piété chrétienne requiert d'un chacun de nous selon notre condition, les accomplissons par cet esprit, comme actions procédantes de notre état et condition au regard de Jésus, et comme témoignages de la servitude que nous lui devons rendre. En quoi nous imitons et honorons l'admirable et adorable servitude de Jésus, qui est Fils et se rend serviteur premier et principal en la maison de son Père, en laquelle nous ne sommes tous, que *vicarii, servi,* s'il m'est permis d'emprunter ce terme des lois civiles; car Dieu, qui a figuré les ombres de ses grandeurs dans la nature, a aussi imprimé des marques de son état et empire dans l'état du monde et dans le sens humain qui a dicté les lois; et dans ces choses basses, humaines et naturelles, il y a laissé des ombres, des traces et des vestiges de choses si hautes, si surnaturelles et si divines. Mais il vaut mieux réserver ce point avec plusieurs autres à un autre temps et discours, et conclure ce narré.

XXX. Le lecteur donc remarquera, s'il lui plaît, que nous naissons pour servir le Fils de Dieu, et nous sommes ses enfants pour être ses serviteurs avec perfection et dignité plus grande; que le terme et l'état de servitude ne porte rien de vil, abject et servile; que c'est le titre d'honneur que saint Paul met à la tête de ses épîtres, *Paulus servus Jesu Christi;* que c'est le premier terme employé par les chrétiens et les apôtres à exprimer leur état et leur devoir envers le Fils de Dieu; que c'est une servitude qui est par amour et par excès d'amour et non par crainte, et qui jouit des grandeurs et des priviléges de l'amour et charité de Jésus; que c'est filiation et servitude tout ensemble, filiation en grâce et en dignité, servitude en sujétion et en humilité; que c'est une servitude formée sur la servitude de Jésus, qui est son exemplaire, et qui porte tout ensemble et l'état de servitude, et l'état de filiation divine, propre et naturelle. Et la, comme la Vierge sainte était Mère et servante de Jésus, sans que cette servitude fût préjudiciable à sa maternité, de laquelle au contraire elle était un ornement illustre et une suite honorable, ainsi nous portons cet état de servitude sans diminution de la grâce et de la gloire qui est en l'état et l'esprit de filiation, à laquelle nous sommes appelés et établis par le Fils unique de Dieu. Et même, plus cette filiation est éminente et plus cette servitude est grande; et dans le ciel, où nous serons établis au dernier point, et au dernier degré de notre filiation adoptive, c'est où nous serons plus fortement établis en cette servitude envers Jésus, comme il a été dit auparavant; et en la terre, les plus élevés, les plus conjoints et les plus adhérents à Jésus, sont les plus signalés, les plus éminents et les plus fidèles en cette servitude.

XXXI. Or, puisque cette qualité compatit avec la grâce et la filiation adoptive; avec l'éminence de cette grâce et filiation, et même avec le ciel et l'état de la gloire; le dessein qui nous forme et nous perfectionne en cette qualité, est pieux, est solide, est utile: et cet exercice est conforme à l'esprit de la grâce en ses divers états en la terre et au ciel; et établit et renouvelle en l'âme une dévotion primitive, fondée dans les premiers devoirs et sentiments de la religion chrétienne. Dévotion vers Jésus et vers le sacré mystère de l'Incarnation, qui ne mérite pas les combats et oppositions dont nous avons parlé. Mais le soleil ne luit point sans produire des ombres; la lumière de la foi ne paraît point sans exciter des hérésies, et la lumière de la piété ne s'élève point sans émouvoir des dissensions. Et puisque Jésus même, qui est le soleil et la lumière du monde, et qui est l'objet de la foi et piété chrétienne, ne paraît point au monde, sans oppositions, sans contradictions en sa personne, en sa doctrine; puisque dès sa présentation au temple, celui qui le reçoit entre ses bras par l'instinct du Saint-Esprit, nous dit de sa part en son nom: *Hic positus est in signum cui contradicetur* (*Luc.* II, 34), ne trouvons pas étrange, si cette piété qui regarde Jésus, reçoit et participe à ses qualités et porte ses livrées, et si, pour quelque temps, elle est contredite de quelques-uns; c'est assez qu'elle est approuvée de plusieurs prélats et docteurs en France; c'est assez que ceux qui l'approuvent, mettent leur nom, et sont connus en leurs qualités et doctrines; et ceux qui l'improuvent en France et en leurs libelles, cachent leur nom, et ne font pas montre de grande piété et suffisance. Cette dévotion est un pain solide aux âmes bien instruites en la lumière de nos mystères, et bien exercées en la piété chrétienne. Que si elle n'agrée pas à quelques-uns, c'est faute de disposition en leur esprit, et non pas faute de piété et de solidité en cet exercice. Ce qui nous doit paraître moins étrange, puisque saint Augustin (*De mor. Manich.*) nous apprend que le pain même, qui est le premier et meilleur aliment donné de Dieu à l'homme, le pain qui nourrit les enfants de la famille, tue les vautours et les oiseaux de proie.

Mais il vaut mieux finir et oublier toutes ces contradictions; il vaut mieux prier Dieu, que leurs auteurs les oublient et les effacent eux-mêmes; il vaut mieux prier Dieu qu'il leur donne son esprit de paix, de mansuétude et de révérence à son nom, à ses paroles et à ses mystères; il vaut mieux les prier qu'ils se rendent anges de paix et esprits d'unité, et non pas de trouble et de division, et que nous pratiquions tous ces documents saints et salutaires de saint Paul : *Quæ pacis sunt sectemur, quæ œdificationis sunt, invicem custodiamus. (Rom.* XIV, 19.) C'est l'esprit de Jésus, c'est la paix de Jésus. Qui ne l'entend, qui ne la pratique, ne mérite pas de porter le nom de Jésus et portera un jour ce reproche de Jésus : *Nescitis cujus spiritus estis. (Luc.* IX, 55.) Paroles grandes et sévères de la part de celui qui porte en ses qualités le nom et le titre de Père des esprits, et qui doit pénétrer les esprits de ceux qui savent que l'esprit de son Fils unique est esprit de paix, et que mourant il a laissé cet esprit à ses apôtres, à ses membres, à son Eglise, et qu'un sien serviteur fidèle nous dit ces paroles graves et importantes : *Pax Christi finem temporis non habet, et ipsa est omnis piæ intentionis, actionisque perfectio. Propter hanc sacramentis ejus imbuimur; propter hanc mirabilibus ejus operibus et sermonibus erudimur; propter hanc Spiritus sancti pignus accepimus ; propter hanc in eum credimus, et speramus, et amore ipsius, quantum donat, accendimur; propter hanc denique omnem tribulationem fortiter toleramus, ut in ea feliciter sine tribulatione regnemus. Vera enim pax unitatem facit: quoniam qui adhæret Deo, unus spiritus est. (Prosper Aquit.,* I. *Sent. ex Aug.*)

Honorons donc, et révérons cet esprit de paix, recherchons et conservons ce legs testamentaire de Jésus. Et en cet esprit humble, doux et pacifique, prions Dieu qu'il nous donne à tous l'esprit d'honneur et d'amour au Verbe incréé et incarné, à son Fils unique, à notre Emmanuel, et qu'adhérents à lui, sa puissance et conduite nous sépare de nous-mêmes, nous fasse vivre à lui, nous associe à ce qui est conjoint avec lui, et nous donne des œuvres et des paroles dignes de choses si grandes et si hautes. On disait entre les païens que Phidias ne représentait rien si parfaitement que les divinités, ni Appelle, qu'Alexandre; plaise à Dieu, qu'entre les chrétiens notre excellence et perfection soit à représenter ces objets divins, Jésus et Marie, et à peindre en nos cœurs celui qui est souverain d'Alexandre, et lequel tous les dieux, c'est-à-dire toutes les puissances du ciel et de la terre, adorent, pour parler selon le langage de l'Ecriture : *Et adorent eum omnes dii. (Psal.* XCVII, *ex transl.* B. HIER.) Le lait et la viande solide, contenue en la manne de la doctrine de salut, consiste en la connaissance de Jésus et de son Incarnation.

Le sommaire de la parole angélique en la naissance de l'Evangile, est en ces deux objets uniquement conjoints, Jésus et la Vierge. L'abrégé de la science apostolique en la plénitude de l'Evangile, est à savoir Jésus, et icelui crucifié. (*I Cor.* XXI, 2.) Rendons-nous savants, profonds et puissants en cette matière. Gravons Jésus, sa croix et sa sainte Mère en nos cœurs et dans le cœur des peuples, et publions au monde cette nouvelle trinité de grandeurs et de mystères. Et ne soyons en rien si puissants et si éloquents, qu'en ces sujets divins. Heureuse l'âme qui s'élève et se nourrit en ces pensées, qui s'emploie et s'applique en ces œuvres et en ces exercices; qui possède Jésus et est possédée de Jésus, auquel le Père éternel a mis la suffisance et la plénitude de toutes choses. Voilà en quoi consiste notre vie et notre béatitude en la terre et au ciel; voilà nos vœux et nos souhaits, ô Jésus, mon Seigneur! recevez-les, bénissez-les, accomplissez-les ; et faites par votre grâce que nous soyons à vous et que vous soyez à nous; que vous soyez notre alpha et notre oméga, notre principe et notre fin; que vous soyez aussi le principe et la fin de ces discours que nous vous offrons, en vous offrant nos vœux et nos désirs. Et par ainsi, soyons à vous, puisque vous êtes à nous; soyons à vous comme vous êtes à nous; soyons unis à vous, et par vous au Père éternel, qui est le centre et la source des grandeurs et des unités divines.

VŒU A DIEU.

SUR LE MYSTÈRE DE L'INCARNATION

Pour s'offrir à Jésus, en l'état de servitude qui lui est due, en suite de l'union ineffable de la divinité avec l'humanité.

En l'honneur de la très-sainte Trinité et du très-haut, très-profond, très-secret et très-sacré conseil qu'elle a tenu pour unir la nature humaine à sa divine essence;

En l'honneur du Père éternel donnant son Fils unique à cette humanité dérivée de la Vierge, et de l'amour par lequel il lui a donné d'une donation si grande, si admirable et si absolue, la personne de son Fils, et en lui sa propre essence;

En l'honneur de ce même Fils unique, et de l'amour et anéantissement, par lequel il s'est joint à cette humanité dans les entrailles de la Vierge;

En l'honneur du Saint-Esprit et de son opération admirable, par laquelle a été accomplie l'Incarnation du Verbe et la déification de cette nature humaine, demeurant humaine dans l'état même de cette union divine, et recevant la grâce incréée et iminie dans un être créé, fini et semblable au nôtre;

En l'honneur de cette même nature humaine, dérivée de la Vierge et unie personnellement au Verbe éternel, et de l'état admirable et divin, auquel elle est entrée par cette union hypostatique;

En l'honneur aussi des communications intimes et secrètes des perfections divines singulièrement communiquées à cette nature subsistante en la divinité;

En l'honneur encore de la très-sainte Vierge, en laquelle cette union divine a été accomplie et consommée :

Je m'offre et me soumets, je me voue et me dédie à Jésus-Christ en l'état de servitude perpétuelle, à lui, à son humanité déifiée, à sa divinité humanisée; et ce avec résolution autant ferme, constante et inviolable, qu'il m'est possible par sa grâce. Et par ainsi en l'honneur de l'unité de Fils avec le Père et le Saint-Esprit, et de l'union de ce même Fils avec cette nature humaine, qu'il a unie et jointe à sa propre personne; j'unis et lie mon être à Jésus, et à son humanité déifiée par le lien de servitude perpétuelle. Je fais cette liaison de ma part de toute ma puissance, et le supplie de me donner plus de puissance, pour me lier à lui d'une liaison plus grande et plus étroite, en l'honneur des liaisons saintes et sacrées qu'il veut avoir avec nous en la terre et au ciel, en la vie de grâce et de gloire.

Je révère et adore la vie et l'anéantissement de la Divinité en cette humanité; la vie, la subsistence et la déification de cette humanité en la Divinité, et toutes les actions humainement divines, et divinement humaines, qui ont procédé de cette vie nouvelle et mutuelle de l'homme-Dieu en sa double essence, éternelle et temporelle, divine et humaine. Je lui dédie et consacre ma vie et mes actions de nature et de grâce, comme étant vie et actions d'un sien esclave pour jamais.

Je révère le dénûment que l'humanité de Jésus a de sa subsistence propre et ordinaire pour être revêtue d'une autre subsistence étrangère et extraordinaire à sa nature; d'où il vient que sa vie, son état, ses mouvements et ses actions, ne sont plus d'elle ni à elle, à proprement parler, mais sont de celui qui la soutient ainsi dénuée de sa propre subsistence. Et en l'honneur de ces choses, je renonce à toute la puissance, autorité, propriété et liberté que j'ai de disposer de moi, de mon être, de toutes les conditions, circonstances et appartenances d'icelui, et de toutes mes actions, pour m'en démettre entièrement entre les mains de Jésus et de son humanité sacrée, à son honneur et gloire, pour l'accomplissement de tous ses vouloirs et pouvoirs sur moi.

Je vous fais, ô Jésus, et à votre humanité déifiée, une oblation et donation entière, absolue et irrévocable, de tout ce que je suis par vous en l'être et en l'ordre de nature et de grâce, de tout ce qui en dépend, de toutes les actions naturelles, indifférentes et bonnes que j'opérerai à jamais, me référant tout, c'est-à-dire tout ce qui est en moi, et tout ce que je puis référer à l'hommage et l'honneur de votre humanité sacrée, que je prends et regarde désormais comme l'objet, auquel après Dieu je fais relation de mon âme et de ma vie intérieure et extérieure, et généralement de tout ce qui est mien.

O grand et admirable Jésus, je me rends à perpétuité votre esclave, et de votre humanité adorable, en l'honneur de l'état et forme de serviteur que vous avez prise, et que vous avez prise en deux manières : l'une, en prenant notre nature humaine par le mystère de l'Incarnation, et abaissant en icelui l'Etre infini et suprême de votre divinité jusqu'au néant de notre humanité ; l'autre en abaissant cette même humanité par l'état et mystère de votre vie voyagère; abaissant, dis-je, cette humanité ainsi unie et ainsi élevée dans le trône et l'état d'une personne divine, jusqu'à un état et forme de vie humble et servante à vos créatures, et enfin jusqu'à l'opprobre et au supplice cruel et servile de la croix.

En l'honneur donc de ce double état et forme de serviteur, auquel il vous a plu réduire votre grandeur suprême, je m'offre et me présente à vous, ô Jésus, je me rends votre esclave, et doublement votre esclave, l'esclave de votre amour et de votre grandeur; et je mets relation de dépendance et de servitude de ma vie, de mon état et de mon âme, au regard de vous et de votre humanité ainsi déifiée et ainsi humiliée tout ensemble. Et je veux que ma vie de nature et de grâce, et toutes mes actions, soient à elle en qualité, comme chose qui lui appartient, par mon état et condition de servitude envers elle, que je lui offre présentement.

Ainsi je réfère, ô Jésus, ma vie et mes actions à l'hommage et honneur de votre humanité sacrée, et les lui réfère comme vie et actions d'un sien esclave, par la plus humble et étroite relation que je connaisse, qui est la relation d'esclavage et de servitude : Et je les lui réfère comme chose due tant à la grandeur de l'état auquel elle est élevée par l'union hypostatique, comme encore à l'excès de son amour, et à l'abaissement volontaire auquel elle s'est humiliée et anéantie pour mon salut et pour ma gloire. Je lui réfère ainsi ma vie et mes actions, en l'honneur de ma vie cachée et inconnue même aux anges et à toute la nature créée, hors la manifestation de la gloire : Vie cachée, dis-je, et inconnue de la divinité en cette humanité, et de cette humanité en la divinité, et de toutes les actions dépendantes de cette double vie. Et je veux qu'en vertu de l'intention et oblation présente, chaque moment de ma vie, et chacune de ses actions vous appartienne, ô Jésus, et à votre humanité sacrée, comme si je vous les offrais toutes en particulier.

Je vous fais vœu, ô mon Seigneur Jésus-Christ, de ne jamais révoquer, c'est-à-dire, de ne jamais faire un acte formel de désaveu de cette mienne oblation, donation et servitude envers vous et envers votre humanité sainte et sacrée par votre divinité même, qui est substantiellement et personnellement en elle et unie à elle.

Je révère et adore cette humanité, comme temple premier, singulier et très-particulier de la divinité qui repose en cette nature humaine plus saintement, plus divinement et plus admirablement, que dans l'ordre et l'état même de la gloire. Et je la révère et adore encore comme la chose la plus sainte et la plus haute après Dieu, que Dieu même puisse produire par son absolue puissance, en tant qu'elle est sainte par la divinité même, et non par aucune forme ou sainteté adjointe et accidentelle, et en tant qu'elle est élevée dans le trône même de la divinité par l'union personnelle; union si haute et si particulière, qu'elle est inconnue même en son être possible, à toute la lumière et intelligence de la nature créée.

Je révère et adore l'état de filiation non adoptive, mais propre et naturelle, état auquel cet Homme-Dieu est établi par union personnelle de notre nature au Verbe éternel.

Je révère les communications secrètes et intimes des perfections divines faites à cette humanité, ensuite de la subsistence divine qui lui est ainsi communiquée : et je révère toutes les excellences révélées et non révélées qui s'ensuivent, et la souveraineté suprême et incommunicable à l'ordre des créatures, que cette nature possède par cet état de filiation divine, et le pouvoir que cet état admirable et adorable lui donne sur toutes choses créées. Et me dédiant et consacrant tout à cette humanité déifiée, je veux qu'elle ait une puissance spéciale sur mon âme et mon état, sur ma vie et mes actions, comme sur une chose qui lui appartient par un droit nouveau et particulier, en vertu de l'intention et résolution présente que je lui offre de dépendre de l'état de filiation et souveraineté auquel elle est élevée.

Je vous supplie, ô âme sainte et déifiée de Jésus, de daigner prendre par vous même la puissance sur moi, que je ne vous puis donner et que vous me rendiez votre esclave en la manière que je ne connais point, et que vous connaissez ; et que vous me fassiez être à vous et vous servir, non-seulement par mes actions, mais encore par l'état et condition de mon être et de ma vie intérieure et extérieure. Et je vous supplie de me tenir et traiter en la terre comme votre esclave, qui s'abandonne à tous vos vouloirs, et qui se livre tout à vos pouvoirs et à tous les effets de votre grandeur et souveraineté sur les choses qui vous appartiennent.

Je supplie aussi la très-sainte Mère de Jésus de me tenir et considérer désormais comme esclave de son Fils, et en cette qualité m'obtenir part à ses voies et miséricordes éternnelles. *Amen.*

VŒU A MARIE

Pour s'offrir à la très-sainte Vierge en l'état de dépendance et servitude que nous lui devons en qualité de Mère de Dieu, et comme ayant une puissance spéciale sur nous en suite de cette qualité admirable.

En l'honneur de la très-sainte Trinité qui a formé la Vierge en l'ordre de nature, de grâce et de gloire, comme un ouvrage singulier de sa puissance et bonté, comme un chef-d'œuvre de ses mains, et comme le plus grand, le plus digne et le plus éminent sujet de sa domination et souveraineté dans le cercle et la circonférence de ses créatures ; de sorte qu'en l'ordre des choses créées, Dieu ne commande à rien de plus grand que la Vierge, et n'a rien fait de plus saint que la Vierge: En l'honneur des liaisons mutuelles, ineffables et inconnues du Fils de Dieu et de la Vierge, et généralement de tout ce qu'elle est à son Fils et à son Dieu, et de tout ce que son Dieu et son Fils lui est : je m'offre et me soumets; je me voue et dédie à Jésus-Christ en l'état de servitude perpétuelle à sa très-sainte Mère, la sacrée Vierge Marie, en l'honneur perpétuel et de la Mère et du Fils, et en l'honneur de cette qualité qu'elle a de Mère de Dieu; je me présente à elle en cet état et qualité de servitude; et je me donne à sa grandeur en l'honneur de la donation que le Verbe éternel lui a fait de soi-même en qualité de Fils, par le mystère de l'Incarnation qu'il a voulu accomplir en elle et par elle.

Je renonce à toute la puissance et liberté que j'ai de disposer de moi, de mon être et de toutes les conditions, circonstances et appartenances d'icelui, et de toutes mes actions, pour m'en démettre entièrement, et autant que je le puis entre les mains de la Vierge, à son honneur et gloire, et pour l'accomplissement de tous ses vouloirs et pouvoirs sur moi.

Je fais à la très-sainte Vierge une oblation entière, absolue et irrévocable de tout ce que je suis par la miséricorde de Dieu en l'être et en l'ordre de nature et de grâce, de tout ce qui en dépend, de toutes les actions naturelles, indifférentes et bonnes, que j'opérerai à jamais, me référant tout, c'est-à-dire, tout ce qui est en moi et tout ce que je puis référer, à l'hommage et honneur de la très-sainte Vierge, que je prends et regarde désormais comme l'objet auquel, après son Fils, et sous son Fils, je fais relation de mon âme et de ma vie, tant intérieure qu'extérieure, et généralement de tout ce qui est mien.

Je me rends son esclave à perpétuité, en l'honneur de la manière avec laquelle elle s'est rendue la servante du Seigneur, disant ces paroles : *Ecce ancilla Domini*, etc. Je mets relation de dépendance et de servitude de ma vie, de mon état et de mon âme au regard d'elle. Je veux que ma vie, de nature et de grâce, et toutes mes actions, soient à elles en cette qualité comme chose qui lui appartient par mon état et condition de servitude envers elle, que je lui offre présentement. Ainsi, je réfère ma vie et mes actions à l'hommage et honneur de la très-sainte Vierge, comme vie et actions d'un sien esclave, par la plus humble et étroite relation que je connaisse, qui est la relation de servitude. Et je les lui réfère en l'honneur de sa vie et de ses actions envers son Fils, et de la vie et des actions de son Fils au regard d'elle. Et je veux qu'en vertu de l'intention présente, chaque moment de ma vie, et chacune de ses actions lui appartienne autant que si je les offrais toutes en particulier.

Je fais vœu à Jésus-Christ, Notre-Seigneur, de ne jamais révoquer, c'est-à-dire, de ne jamais faire un acte formel de désaveu de cette mienne oblation, donation et servitude envers sa très-sainte Mère.

J'honore et révère singulièrement cette maternité divine et singulière qu'elle a au regard de Dieu, et la souveraineté que cette qualité admirable lui donne sur toutes créatures. Et me dédiant et consacrant tout à la Mère de Dieu, je veux et désire de tout mon cœur qu'elle ait une puissance spéciale sur mon âme, sur mon état, sur ma vie et sur mes actions comme sur une chose qui lui appartient par un droit nouveau et particulier, en vertu de l'élection que je fais, de dépendre entièrement de sa maternité et souveraineté, à raison de cette mienne servitude que je lui offre et présente pour jamais.

Je supplie la très-sainte Vierge de daigner prendre elle-même la puissance sur moi, que je ne lui puis donner, et qu'elle me rende son esclave en la manière qu'elle connaît et que je ne connais point. Et qu'elle me fasse être à elle non-seulement par mes actions, mais encore par l'état et condition de mon être et de ma vie intérieure et extérieure. Et je la supplie de me tenir et traiter en la terre comme son esclave, qui s'abandonne à tous ses vouloirs, et qui se livre à tous ses pouvoirs et à tous les effets de sa souveraineté, sur une chose qui lui appartient.

Je supplie aussi Jésus-Christ, Notre-Seigneur, de me tenir et considérer désormais comme l'esclave de sa très-sainte Mère, en l'honneur de ce qu'il est son Fils, et qu'elle est sa Mère, et en l'honneur de ce qu'elle est seule entre toutes les créatures qui a cet état et ce rapport singulier et admirable avec lui. Et je le supplie qu'en cette qualité il daigne me faire part de ses voies et miséricordes éternelles. *Amen.*

APPROBATION DES VŒUX
ET ÉLÉVATIONS PRÉCÉDENTES.

Approbation de Mgr l'évêque d'Aire, de présent évêque de Lizieux.

Nos Philippus Dei misericordia et Sanctæ Sedis apostolicæ gratia episcopus Adurensis, regis christianissimi ecclesiastes ordinarius, ac societatis Sorbonicæ doctor theologus, testamur legisse nos, atque expendisse diligenter hanc Precatiunculam quæ instar habet voti Christo Dei Filio nuncupati, nihilque in ea deprehendisse quod catholicæ fidei aut bonis moribus adversetur : sed sana solidaque omnia, ac plenissima veræ pietatis et charitatis in Christum ac sacrosanctam ejus humanitatem ardentissimæ, ex eaque derivatæ qua nos æternus Dei Filius qua incarnatione, vita, morte in libertatem, et filiorum Dei adoptionem asseruit. In hujus rei testimonium hæc mea ipsius manu scripsi, eisque subscripsi. Datum Burdegalæ quinto nonas octobris, anno Dom. 1620.   PHILIPPUS,
Episcopus Adurensis, ac societatis Sorbonicæ doctor theologus.

Legi et hanc Precatiunculam quæ Christo servitutem vovet erga sacrosanctam ejus Matrem, similis est priori, sancta, pia, doctrinæ Christi ac sanctorum veteris Ecclesiæ Patrum cum primis consentanea. Tantum abest ut quidquam contineat catholicæ fidei, aut bonis moribus contrarium. In hujus rei testimonium hæc mea ipsius manu tum scripsi, tum signavi. Datum Burdegalæ 5 nonas octobris, anno Dom. 1620.   PHILIPPUS,
Episcopus Adurensis, et sacræ theologiæ doctor Sorbonicus.

Approbation de Mgr l'évêque de Poitiers.

Votivam hanc Precationem, piam pariter ac eruditam sedulo perlegi nihilque prorsus, in ea comperi a religioso veterum Ecclesiæ Patrum dicendi more dissidere. Datum Pictavii, 3 kalendas novembris, anno Dom. 1620.   HENRICUS LUDOVICUS,
Episcopus Pictavensis.

Approbation de M. l'abbé de Saint-Cyran.

Quod par aureum episcoporum censuit, et ego censeo : Et hoc amplius addo tanquam apud judices patronus, apud patronos cliens, pietatis et doctrinæ Christianæ duplex circumferri eloquium : alterum apertum et obvium : alterum opertum et arcanum : alterum temperatum, alterum æstuosum : quod utrumque Romanum est et pium, piis in præsens, et Patribus jam olim assuetum. E quorum libris multa coacervari possunt non imparis notæ, in speciem duntaxat novæ, quæ ipsis in æstu effusi cordis, quod pietatis ardor incenderat, non imprudentibus exciderunt. Quibus in promptu positis, si quis hæc bina mihi nimio plus probata vota, vel susurris vellicare audeat, potero istiusmodi dicendi formularum summa, quibus Patres et Christum Deum, et Deiparam affantur, huic meæ suffragationi suffragari, et novo huic calculo veterem insuper etiam calculum ex arenariis Orientis et primævæ Ecclesiæ superaddere. Datum Pictavii, 3 kalendas novembris, anno Dom. 1620.

JOANNES VERGERIUS, AURANUS, *Abbas Sancti Cygirani*

Approbation de Mgr l'évêque de Belley.

Nous Jean-Pierre Camus, par la grâce de Dieu et du Saint-Siège apostolique, évêque et seigneur de Belley, prince du Saint-Empire et conseiller du roi en ses conseils privé et d'Etat, avons lu avec attention l'Oblation précédente en forme de Vœu à Jésus-Christ Notre Seigneur, où nous n'avons rien remarqué que de pieux et de très-conforme à la foi catholique, apostolique et romaine, ains une sublime spéculation des adorables mystères de la très-sainte Trinité et de l'Incarnation du Fils de Dieu, étant comme une profession explicite de celle que tout Chrétien fait implicitement au saint baptême. Si quelques esprits sentent autrement en regardant cet écrit de côté, comme le prophète mercenaire faisait les troupes d'Israël, qu'ils avisent à ne se corrompre pas en ce qu'ils savent, et à ne blâmer ni blasphémer ce qu'ils ignorent. La charité n'est ni jalouse, ni pointilleuse, ni intéressée, ne recherchant que la gloire de Dieu, qui reluit hautement en cette dévotieuse offrande. Tel est mon sentiment, que j'ai écrit et signé de ma main. A Paris, ce 3 novembre 1620.   JEAN-PIERRE,
évêque de Belley.

Nous Jean-Pierre Camus, par la grâce de Dieu et du Saint-Siège apostolique, évêque et seigneur de Belley, prince du Saint-Empire, conseiller du roi en ses conseils privé et d'Etat, certifions avoir vu le plus attentivement qu'il nous a été possible, et examiné cette Oblation précédente faite à la Mère de Dieu, et n'y avoir rien trouvé qui ne soit conforme à la foi de la sainte Eglise catholique et à la doctrine des anciens Pères et docteurs orthodoxes, ains une dévotion singulièrement sainte envers celle qui étant pleine de grâce, ne peut être assez honorée et louée, puisqu'elle paraît comme un grand signe dans le ciel, le soleil la revêtant comme un habit, la lune lui servant de marchepied, et les étoiles de couronne. Tel est mon avis, que j'ai écrit et signé de ma main. A Paris, le 3 novembre 1620.
JEAN-PIERRE,
évêque de Belley.

Approbation de Mgr l'évêque de Langres.

Nos Sebastianus episcopus dux Lingonensis, Franciæ par, testamur omnibus ad quos hæ litteræ pervenerint, nos diligentissime legisse et expendisse Precationem in modum voti servitutis Jesu Christo Domino nostro nuncupatam, visumque nobis omnia non modo pia esse et catholica, verum etiam ad unionem arctissimam cum Christo ad quam fideles omnes vi baptismi et Christiani nominis contendere obligantur, apprime conducentia. Ex quidem unione, quæ ipsamet gratia quædam est singularis, tanquam ex perenni scaturigine innumeros gratiæ effectus derivari existimamus ; et homines ita Christo Domino devinctos in speciali ejus cura et protectione conquiescere. In quorum fidem præsentes propria manu scripsimus et subscripsimus. Lutetiæ Parisiorum 22 Maii 1621.
SEBASTIANUS,
Episcopus dux Lingonensis.

Pari diligentia expendimus et aliam consimilem Precationem in modum voti servitutis Deiparæ Virgini nuncupatam. In qua, cum rationi admodum consentaneum esse videatur, ut Christiani sese illi in servos dent, dedicent, cui Christus ipse tanquam Filius Matri subditus esse voluit ; tum profecto istud quoque iis qui se Mariæ matri Jesu devoverunt, privilegium conferri credibile est, ut non sit tantum illis hæc devotio probabile quoddam salutis signum, verum etiam ad perfectionem salutis, incitamentum simul et adjumentum. In quorum fidem hæc manu nostra scripsimus et signavimus. Loco, die et anno supradictis.   SEBASTIANUS,
Episcopus dux Lingonensis.

Approbation de M. Bishop, depuis évêque de Chalcédoine.

Votivam hanc confessionem et oblationem ad honorem et amorem sanctissimi Salvatoris nostri, et ad humanitatis ejus, salutis nostræ causa susceptæ, summa privilegia devote recolenda conceptam, ut piam admodum, eruditam et altam laudo atque approbo.

Simul etiam diligo et probo quod in laudem et venerationem beatissimæ Virginis Mariæ genitricis Dei gloriosissimæ, illud idem extendatur : in cujus eximiis virtutibus, Dei optimi maximi dona singularia summopere collucent, et per quam ipse Dominus Salvator noster, tum potissimum honoratur, tum præcipue placatur. Datum Parisiis, die 20 aprilis, anni 1621.
Ita esse existimo   GUILIELM. BISHOPUS,
S. theologiæ in Facultate Paris. doctor.

Approbation de Dom Eustache de Saint-Paul.

Ego subsignatus sacræ theologiæ doctor Sorbonicus Congregationis B. Mariæ Fuliensis, ordinis Cirterciensis monachus, testor omnibus quorum intererit me sedulo perlegisse atque diligenter expendisse Precationem in modum voti Christo Dei Filio nuncupatam, nihilque in ea comperisse quod catholicæ fidei aut bonis moribus adversetur, sed omnia inibi orthodoxa esse, ac eximiæ in Christum pietatis refertissima. In cujus rei fidem hæc manu mea cripsi et subscripsi. Lutetiæ Parisiorum, tertio nonas maii, anno Dom. 1621.

Ego ipse pari diligentia et attentione legi et perpendi similem præcedenti Precationem, in modum voti servitutis et obedientiæ erga beatissimam Virginem Deiparam : quam similiter orthodoxæ fidei consentaneam, summeque piam ac devotam judico, appositaque et propriæ manus subscriptione contestor. Lutetiæ Parisiorum, die et anno supra scriptis.   Fr. EUSTACHIUS a S. PAULO.

Approbation de M. Cherou, docteur de Sorbonne théologal et pénitencier de Beauvais.

Je soussigné Jean Cherou, docteur en théologie de la faculté de Paris, chanoine théologal et pénitencier en l'église cathédrale de Beauvais, prédicateur ordinaire du roi, certifie avoir vu et examiné ces deux petites Offrandes de l'âme religieuse faites à Jésus-Christ et à sa très-sainte Mère, séparées l'une de l'autre, et n'y avoir rien trouvé de contraire à la foi ni aux bonnes mœurs. En témoin de quoi j'ai signé la présente. Ce 25 mars 1621, à Paris.
JEAN CHEROU.

Approbation de M. Janssenius, docteur et professeur en théologie à Louvain, depuis évêque d'Ypre.

Legi et relegi sedulo utramque hanc votivam precatiunculam, quam auctor ut religiosi vinculi tesseram irrevocabilem, et pietatis testem, irrefragabilem expressit. Nec in ea quidquam inveni, quod catholicis ac religiosis auribus merito displiceat. Quod si quibus forte pervicacius hæc mea censura displicuerit, in promptu mihi sunt ipsissimis verbis, quibus offendenda videri queat quorumdam infirmitas, expressa sanctorum Patrum, magistrique in primis omnium sancti Augustini loca ; adeoque, quod ad cumulum valeat, etiam scholasticorum, quorum auctoritatis, eorum altercatio frenetur. Datum Lovanii vigesima nona augusti, anno 1621.   Fr. CORNELIUS JANSSENIUS,
Sacræ theologiæ doctor ac professor ordinarius in universitate Lovaniensi.

Approbation de M. le doyen de la grande église de Nantes, docteur en Sorbonne.

Je soussigné, docteur en théologie en la faculté

de Paris, certifie avoir lu et examiné le plus attentivement qu'il m'a été possible les deux précédentes prières ou oraisons : Oblations faites, la première à Jésus-Christ Notre-Seigneur; l'autre à la Vierge des vierges, sa très-heureuse Mère. Et reconnais, selon la lumière qu'il a plu à Dieu me donner par sa miséricorde, qu'en l'une ni en l'autre n'y a chose quelconque qui soit répugnante à la doctrine catholique, apostolique et romaine; ainçois qu'elles peuvent grandement aider les âmes capables de l'intelligence qui y est contenue, les mettre et tenir en la dépendance qu'elles doivent avoir au Fils de Dieu, en conséquence du mystère de l'Incarnation et en la protection de la sainte Vierge. Fait à Paris ce 14 novembre 1620. LOUYTRE,
doyen de l'église de Nantes.

Approbation de M. Lambert, docteur de Sorbonne et théologal de Meaux.

Precatiunculam hanc, thuris et fumi virgulam suavissimi, non minus piam quam eruditam, Christo Domino nuncupatam, et in perpetuum non tantum ab humanis, sed etiam ab angelicis mentibus quam frequenter et utiliter nuncupandam esse censeam, tot antistitum et doctorum melioris notæ calculis suscribendo : Ego theologiæ doctor, Meldensis theologus, et ecclesiastes regius testari gloriosum esse duxi. Anno Domini 1621, die junii 26.   ANTONIUS LAMBERT.

Ego subsignatus, in facultate Theologiæ Parisiens. doctor, Meldensis theologus et ecclesiastes regius, hoc posterius votum in honorem beatissimæ Virginis emissum tenero memorique pectore tractandum esse censeo, solidæ pietatis in Deiparam monumentum et aiversus impietatem munimentum in cujus rei gratiam meam hic syngrapham opponendam esse duxi. Anno et die supra dictis.

ANTONIUS LAMBERT.

Approbation de M. Chastellain, docteur de Sorbonne.

Ego subsignatus, in facultate theologica Universitatis Parisiensis doctor, abbas Sancti Genulphi, necnon Ecclesiæ Parisiensis canonicus, attentius perlegi et diligentius expendi oratiunculam, Deo, in honorem excellentiæ post divinam supremæ, humanitatis Christi, oblatam, ac voti conceptivam, in qua piarum aurium nihil offensivum occurrit : quin potius cum catholico mysterii cogitatu incomprebensibilis, et beneficii summe nos promerentis sensu in ea religiosarum mentium singulare excitamentum erga reparatæ salutis auctorem agnovi, subindeque dignam judicavi, quæ Christianorum exercitiis inseratur; et in pietate tum proficientibus tum perfectis velut jaculatorium affectus in Deum verbum permittatur ac proponatur. In quorum fidem hanc manu propria exaravi et subscripsi approbationem. Die 25 martii, anno Domini 1621.
CHASTELLAIN.

Ego subsignatus, in facultate theologiæ universitatis Parisiensis doctor, abbas Sancti Genulphi, necnon Ecclesiæ Parisiensis canonicus; summo studio et diligentia legi ac examinavi Precatiunculam Deo in honorem dignitatis inter pure creatas incomparabilis Deiparæ Virginis nuncupatam, ac voti instar conceptam, quæ extra omnem reprehensionis notæque suspicionem exsistit, et singularis affectus occasionem in piis mentibus excitat, ut ei devotius famulemur, quæ Domini ancilla, hominumque Domina hoc cultu, ut præcipuo, est a nobis colenda : quod totum attestor et profiteor, hac quam manu propria exaravi et suscripsi approbatione. Die 25 marti., anno 1621. CHASTELLAIN.

Approbation de M. Smith, à présent évêque de Chalcédoine.

Ego infrascriptus, sanctæ theologiæ doctor, testor me legisse duas orationes ad Christum Dominum et beatissimam ipsius Matrem, factas in forma voti, nihilque in eis invenisse quod orthodoxæ fidei, aut veræ pietati adversetur : quin potius multa quæ insignem pietatem spirent, ac devotionem inflamment. Parisiis, 15 februari 1622.
RICHARDUS SMITHEUS.

Approbation de M. Grillié, à présent évêque d'Uzez.

Precationem hanc votivam quam maxima potui attentione perlegi, nec solum ab omni hanc erroris labe alienissimam, sed contra altissimo pietatis sensu sanctoque Spiritu plenissimam censere cogor. Videre hic mihi videor coelestis areopagitæ, et sublimis Augustini germana vestigia : quorum in explicando divinæ pietatis mysterio, hic auctor fidem ubique sequitur, sensus ut plurimum exprimit, verborum autem majestatem, quantum quis potest, proxime imitatur, ut non sit dubium quin eis animis quos ad solidiorem suæ cognitionis gradum Dominus evexerit, tanto ferventiorem charitatem hæc incendet oratio, quanto eis altius et penitius fidei lumen infundit. A. GRILLIÉ.

Non separat Matris laudes a Filio, nec Filii a matre natura; non separavit gratia; non hic mysterii gratiæ fidus interpres; nec ego de precatione ad Dei Matrem directa, alia possum censere quam de priori quæ dirigitur ad Filium. Pia hercle hic omnia, quibus Filii servus de Dei Matre loquitur, juxta ea quæ magna fecit ei qui potens est : quam tunc omni laude cumulavit cum seipso replevit. Datum Lutetiæ 12 mart., anno salutis 1622.
A. GRILLIÉ.

Approbation de M. Virazel, depuis évêque de Saint-Brieuc.

Ego, doctor theologus, testor lectam mihi fuisse votivam hanc Precationem; nihilque in ea deprehensum quod aut catholicæ fidei aut bonis moribus repugnaret, sed pia sanctaque omnia, atque excitando in Christum amori accommodatissima. Tholosæ, anno 1620, mense novemb.
STEPHANUS VIRAZEL.

Ego, doctor theologus, hanc votivam Precationem quæ servitutem beatæ Virgini profitetur, vidi et accurate legi : in ea nihil fidei Catholicæ contrarium deprehendi, imo optima omnia et sanctissima. Tholosæ, anno 1620, mense novemb.
STEPH. VIRAZEL.

Ego subsignatus, theologicæ Facultatis doctor Sorbonicus, necnon vicarius generalis reverendiss. episc. Xantoniensis, certum facio me hanc Precationem, quæ ad instar voti, Jesu Christo Domino nostro subjectionem et servitutem perpetuam continet, multoties et attentissime legisse : nihilque quod orthodoxæ fidei adversetur in ea reperisse. Imo cum ad pietatem Christianorum pectoribus instillandam mirum in modum conferat, ab unoquoque approbandam, et devote recipiendam censeo. Ita mihi visum est. Parisiis, Idibus januarii, anno salutis 1617. I. GASTAUD.

Aliam quoque Precationem ad instar voti sanctissimæ Virgini Deiparæ concinnatam perlegi, in qua pietatis et eruditionis nihil desiderati posse videtur, tantum abest ut aliquid a fide catholica, apostolica et Romana alienum contineat. Quapropter inicuique fideli, qui erga sacratissimam Virginem pios affectus et integram subjectionem, sibi conciliare velit, usui esse percuperem. In cujus fidem hæc propria manu scripsi et subscripsi. Parisiis, Idibus janu., anno Dom. 1617.
I. GASTAUD.

Ego subsignatus, sacræ theologiæ doctor Sorbonicus, testor omnibus quorum intererit, me attentissime perlegisse Precationem hanc in modum voti Jesu Christo Domino nuncupatam, neque in illa quidquam comperisse quod non sit fidei catho-

licæ et romanæ consentaneum : imo quod non maxime excitet legentes ad solidam et veram pietatem. In cujus rei fidem has præsentes propria manu scripsi et subscripsi, die 17 feb., anno Dom. 1621.
LUD. DE MORAINVILLIERS.

Ego subsignatus, sacræ theologiæ doctor Sorbonicus, testor omnibus quorum intererit, me attentissime perlegisse Precationem hanc in modum voti Beatissimæ virgini Mariæ Dei Matri nuncupatam, neque in illa reperisse quod non sit fidei catholicæ, apostolicæ et romanæ consentaneum, imo quod non sit maxime accommodatum ad veram et solidam erga beatissimam Virginem Dei Matrem devotionem excitandam et promovendam. In cujus rei fidem has præsentes propria manu scripsi et subscripsi, die 17 febr., anno Domini 1621.
LUD. DE MORAINVILLIERS.

Approbation de Mgr l'évêque de Chartres.

Le vœu adressé à Jésus, et celui dont sa Mère est honorée, partent d'un esprit qui reçoit les instructions du ciel. Je les loue donc tous deux, et les trouve très-dignes d'être communiqués aux âmes dévotes et d'être approuvés de ceux qui ont connaissance de la vraie doctrine de l'Eglise.
L. DESTAMPES,
évêque de Chartres.

ŒUVRES DE CONTROVERSE.

DISCOURS PREMIER.

DE LA MISSION DES PASTEURS EN L'ÉGLISE, SUR L'ARTICLE 31 DE LA CONFESSION DE FOI, IMPRIMÉE A GENÈVE.

1. *L'Eglise qui s'appelle réformée était inconnue il y a cent ans.* — II. *Au contraire, l'Eglise catholique, apostolique et romaine était visible et parlante. Et les hérétiques ont tort de délaisser celle qui les a fait Chrétiens.* — III. *Comme l'Eglise était occupée à amplifier l'état du Fils de Dieu et lui acquérir de nouveaux mondes, les hérétiques l'ont obligée de divertir ses forces destinées à ces conquêtes étrangères, pour les convertir à sa propre défense contre leurs attentats. Les factions de l'Etat s'étant alliées au schisme de l'Eglise par un illicite accouplement, ont enfanté le monstre qui s'appelle hérésie, quoiqu'on essaie de le qualifier réformation. L'hérésie commence par le glaive.* — IV. *Naissance de l'hérésie peu répondante à l'Eglise, à la grâce et au christianisme.* — V. *Le premier artifice des ministres en la vue de tant de marques de condamnation qui pourraient aisément frapper les esprits des leurs, est de les étonner, criant contre nous idolâtrie. C'est la seule Eglise catholique apostolique et romaine qui a banni l'idolâtrie.* — VI. *Le second artifice des ministres envers les leurs est de les arrêter, criant abus et réformation. Les propositions impies que l'hérésie de ce siècle a mis en avant montrent assez combien elle est éloignée de réformation.* — VII. *Leur troisième artifice est de les occuper de la lecture de plusieurs petits livres, et ainsi étouffer la syndérèse qui leur poinct le cœur. Raison qui ont mu l'auteur à adresser ces trois discours à MM. de la religion. L'auteur fait état de joindre en cet œuvre à l'autorité de la foi, les raisons du conseil de Dieu que la piété nous découvre en la contemplation de nos mystères. Il conjoint aussi l'autorité de l'Ecriture et celle de l'Eglise comme étant inséparables.* — VIII. *Conséquences importantes à l'honneur de l'Eglise et à la confusion de l'hérésie, qui suivent les choses susdites.* — IX. *L'auteur entre dans la question proposée de la mission des pasteurs, et remarque la fuite du sieur du Moulin et la faiblesse de tous les ministres en la défense de cet article 31 qui contient le fondement de leur Eglise et le sujet de tous leurs exercices.* — X. *Du Moulin sommé de rendre raison de sa vocation, fuit et allègue : Que quiconque se mêle de demander à autrui raison de sa vocation, s'oblige à rendre premièrement raison de la sienne, ce que l'auteur montre être faux.* XI. *Du Moulin veut faire croire que nous sommes empêchés à justifier notre mission, ce que l'auteur prouve être très-faux. Les hérétiques étant sommés de justifier leur mission, sont obligés, ou de faire miracle, ou de se reconnaître affronteurs, ou de mendier le secours de la nôtre. Le point de la mission est fondamental au jugement même des hérétiques.* — XII. *Le moyen employé par le sieur du Moulin pour montrer que nous n'avons point de mission pêche contre les lois de logique, et où fait contre lui-même, ou contient une fuite manifeste.* — XIII. *Pour justifier notre mission, nous ne sommes point obligés de montrer l'institution des prêtres. Et pour montrer l'institution des prêtres, il n'est point nécessaire de la montrer en la sainte Ecriture, combien que cela se puisse aisément. Autorité des traditions. Les traditions font partie de la parole de Dieu.* — XIV. *Les traditions sont prouvées par le témoignage des Pères des quatre premiers siècles.* — XV. *Il est prouvé par l'Ecriture qu'il y a dans l'état du Nouveau-Testament des évêques et des prêtres et sacrificateurs. Le même est prouvé par les Pères.* — XVI. *C'est à tort que les hérétiques supposent dans la Bible le nom d'ancien à celui de prêtre. Et faut qu'ils montrent le pouvoir qu'ils ont d'interpréter et manier les saintes Ecritures.* — XVII. *L'article 31 de leur nouvelle confession de foi, est épluché par le menu, spécialement en ce qu'ils se disent être : Gens suscités d'une façon extraor-*

dinaire pour dresser l'Eglise de nouveau. — XVIII. *Ces gens suscités de Dieu, ainsi qu'ils disent, d'une façon extraordinaire, sont contredits par ceux-là même qui les publient tels, et les uns condamnent les autres.* — XIX. *Cette Eglise dressée de nouveau, ne peut être celle que Jésus-Christ a édifiée. Ces nouvelles Eglises sont contraires les unes aux autres, et tant leur nouveauté que leur contrariété mutuelle, les condamne. Et oblige à chercher dans l'Eglise de Jésus-Christ, de laquelle l'auteur représente les marques sommairement.* — XX. *Il appert par les saintes lettres, que l'état de l'Eglise a commencé par mission, qui a son origine de celle que Jésus-Christ a reçue du Père éternel. Il appartient à Dieu seul d'envoyer sans être envoyé. Les hérétiques sont dans la malédiction de Coré.* — XXI. *La mission des pasteurs en l'Eglise est prouvée par l'Ecriture et par les Pères.* — XXII. *Comme en la nature tous les hommes tirent leur être d'Adam par la succession des générations, ainsi en la grâce tous les fidèles descendent de Jésus-Christ par les apôtres et leurs successeurs.* — XXIII. *Ce que les hérétiques ont accoutumé de répondre à ces moyens si pressants, est rapporté et réfuté.* — XXIV. *La mission des pasteurs en l'Eglise va imitant et adorant les processions éternelles. Les anges adorant ne font rien en terre que par la mission, ni le Fils de Dieu aussi.* — XXV. *Le Fils de Dieu est tellement envoyé du Père, que nul n'est envoyé que par lui, non pas même le Saint-Esprit, et les apôtres sont tellement envoyés de Jésus-Christ, que nul n'est envoyé que par eux et par ceux qui représentent leur autorité. Combien que la vocation de saint Paul fut extraordinaire, il a néanmoins passé par l'imposition des mains de l'Eglise.* — XXVI. *L'auteur infère de ce que dessus, la nullité de la prétendue mission des hérétiques, qui ne se peut aucunement résoudre ni référer par le regret de la succession, en celle de Jésus-Christ et de ses apôtres.* — XXVII. *Il déduit les principales fonctions de l'Eglise, et montre qu'aucune ne peut être attentée sans sacrilège, ni usurpée sans autorité. Où il n'y a point de mission, il n'y a personne qui puisse parler de la part de Dieu, et par conséquent il n'y a point de foi, ni d'invocation, ni de salut. Rien ne peut rejoindre l'homme à son Dieu, sinon ce qui procède de Dieu, ou originairement comme le Fils et le Saint-Esprit, ou gratuitement comme tout ce qui se voit en l'ordre de la nature et de la grâce.* — XXVIII. *Conclusion de tout le discours pour la nécessité absolue de la mission des pasteurs de l'Eglise.*

I. Messieurs, il y a environ quatre-vingts ans que l'Eglise dans laquelle vous vivez n'était point au monde, que les souverains de la chrétienté n'en connaissaient ni les agents, ni les assemblées, ni les synodes, que la terre n'avait point encore ouï sa voix et ne savait en quelle langue elle parlait ou priait, et que le ciel, ouvert il y a plus de seize cents ans, n'avait point encore reçu les prémices de ses labeurs ni donné de couronnes à ses combats. En tous ces siècles précédents, votre Etat était sans peuple, sans ministres et sans noblesse, votre parti sans armée, sans finances et sans villes d'otage; votre république sans sujets, sans officiers et sans ordonnances; votre loi sans temple, sans prêche et sans aucun formulaire de son service; votre troupeau sans bergerie, sans ouailles et sans pasteurs, et votre foi sans martyrs, et sans confesseurs, et sans fidèles. Lors nul ne chantait de vous,

> Petit troupeau qui en ta petitesse
> Vas surmontant du monde la hautesse.

mêmes les histoires de toutes les nations du monde, les annales du peuple de Dieu, les chronologies dressées par les vôtres et tous les monuments que l'art et la nature ont jamais érigés à la postérité et consacré à la mémoire des choses passées, ne nous rapportent aucune trace ou vestige de votre Eglise en l'état de tous les siècles qui nous ont précédé. Nous y voyons l'origine de tous les peuples, de tous les Etats, de toutes les lois, de toutes les sectes, de tous les arts, jusqu'aux plus petites choses, et nous ne voyons aucune marque que cette nouvelle Eglise qui doit instruire et sauver le monde, ait jamais été au monde. Nous ne voyons aucun témoignage que sa lumière ait jamais paru en l'univers, ni que sa piété ait jamais adoré Dieu en la terre, que sa foi et son zèle ait reconnu le Christ et invoqué son nom avant nos jours, ni que sa voix ait en aucun lieu annoncé l'Evangile, tant cette Eglise, Messieurs, est visible en sa naissance, en sa rébellion et en sa nouveauté, et invisible en son autorité, en sa foi et en son antiquité.

II. Au contraire l'Eglise catholique, apostolique et romaine que vous combattez, prenant sa source et origine des apôtres envoyés par tout le monde, se trouvait aussi visiblement étendue en unité de foi par tous les lieux de la terre, son nom était connu et révéré en tous les coins de l'univers, sa piété adorait en tout lieu le vrai Dieu en esprit et vérité, son zèle et sa voix publiaient partout le Sauveur et son Evangile, et son état plus illustre et visible que le soleil, était dignement orné de la sapience et lumière de tant de prélats et docteurs, et hautement relevé des triomphes et couronnes de tant de vierges et martyrs dont les âmes règnent au ciel depuis plusieurs siècles, et les noms, les vertus, les labeurs fleurissent encore sur la terre. Que faites-vous, Messieurs? vous délaissez cette Eglise qui a fait le monde chrétien, et sans laquelle vous ne seriez pas Chrétiens vous-mêmes; vous attentez sur le royaume du Fils de Dieu, vous troublez son état, vous démentez sa parole et vous ruinez son chef-d'œuvre en la terre.

C'est Jésus même qui a bâti cette Eglise; elle n'est pas l'œuvre, ni d'un homme, ni d'un ange, mais d'un Homme-Dieu. Il l'a douée de force, même contre les enfers ; il lui a promis durée contre la tyrannie des siècles, il a mis ses apôtres dans icelle, il lui a donné son esprit et sa parole, et vous fuyez sa conduite et sa lumière, et toutefois elle est cet astre qui éclaire le monde en l'absence de son soleil. Ouvrez les livres sacrés, vous verrez que sitôt que le Sauveur s'est retiré de la terre, son Eglise y paraît, et à l'heure même qu'il est allé au ciel, elle s'assemble en la montagne de Sion. Là cette troupe visible et vénérable reçoit les dons visibles du Saint-Esprit, et comme destinée à choses plus grandes et ayant un plus puissant médiateur que n'était pas Moïse, elle reçoit non la loi, mais l'auteur de la loi, c'est-à-dire le Saint-Esprit qui fait la loi et les Ecritures. Et, ce qui est à observer, elle reçoit en sa naissance le Saint-Esprit en forme de langue, pour parler de son Sauveur aussitôt qu'elle est née, porter son nom partout, et le publier en toutes langues. Elle en a reçu le commandement en Olivet, la puissance en Sion, elle l'accomplit en Jérusalem, en la Judée, en tout l'univers. Ses pas de ville en ville, de province en province, de royaume en royaume, sont marqués dans nos livres et les vôtres. Elle va partout, partout elle se fait connaître et entendre. Dès sa naissance elle est visible et parlante. Elle n'est jamais muette et invisible. Sa parole, ses miracles, ses souffrances, la font voir et admirer par tout le monde, et le monde n'a point un plus digne sujet de ses histoires.

Ainsi elle part de Sion, selon les Ecritures, et elle s'est répandue en l'univers selon les mêmes Ecritures. Elle a parlé à la terre le langage du ciel. Elle a fait connaître au monde celui qui a fait le monde. Elle a réduit les savants à la simplicité, les orateurs au silence, les monarques à l'obéissance, et les bourreaux à l'impuissance. Les tourments ont manqué à sa constance, et sa puissance céleste a rendu tout esprit captif, et assujetti au service de la foi qu'elle annonce, ne laissant aucune terre connue, où elle ne fît connaître et adorer celui qui a opéré le salut de la terre. Même la bonté divine en nos jours, ayant ouvert les mers et les terres inconnues à la puissance et charité de cette Eglise, elle commençait à poindre comme l'aurore en ces nouveaux mondes, et à jeter les rayons de sa lumière en ce nouvel hémisphère, sans s'obscurcir au nôtre, comme plus lumineuse que le soleil, qui ne peut éclairer sans s'éclipser à nos yeux, ni faire jour dans cette contrée qu'en faisant nuit dedans la nôtre, ni couvrir ces peuples qui sont sous nos pieds, de sa lumière, qu'en couvrant nos têtes de son ombre et de ses ténèbres. Car aussi cette Eglise est un soleil si puissant et si élevé, qu'il ne fait et ne reçoit point d'ombres.

III. Mais comme elle était en cet état heureux, et en ces hautes pensées, dignes et de ses triomphes et de la gloire de son Sauveur ; comme elle ordonnait de nouvelles compagnies pour renforcer le corps de son armée en si glorieuses conquêtes ; comme elle envoyait de nouveaux ouvriers défricher ces nouvelles campagnes ; comme elle les employait à jeter la semence de l'Evangile en ces terres neuves, et à labourer ces cœurs et ces esprits tous couverts des ronces du paganisme ; et comme elle trempait encore dans les sueurs et le sang qu'elle versait pour la gloire de Jésus-Christ, qu'elle allait annonçant aux barbares : cet orage s'est élevé en notre hémisphère depuis 80 ans ; et vous avez, Messieurs, troublé la paix et la tranquillité de l'Eglise ; vous avez tonné en la sérénité de son beau temps, pour flétrir les lauriers de ses victoires ! Vous l'avez obligée de divertir ses forces, destinées à ces conquêtes étrangères, pour les convertir à sa propre défense contre vos attentats et vos guerres civiles, ou plutôt criminelles ! Vous l'avez contrainte de détremper sa joie et son allégresse sur la conversion des barbares, dans les larmes et l'amertume qu'elle ressent pour la perte de ses propres enfants ! vous avez arrêté le cours de l'Evangile, et rempli le monde d'une fausse créance sous couleur d'Evangile ! Mais au lieu que l'Evangile de Jésus-Christ a pris naissance dans la paix publique et universelle du monde, comme étant une doctrine de paix et de salut, la doctrine qu'on vous prêche, Messieurs, peu évangélique, et aussi peu pacifique, a pris naissance dans les flammes de nos dissensions, et dans nos troubles et divisions ; et les factions de l'Etat s'étant alliées au schisme de l'Eglise par un illicite accouplement, ont enfanté cette hérésie qu'on vous appelle doctrine réformée.

Et au lieu que les apôtres ont planté la foi en répandant leur sang, et non le sang d'autrui, vos apôtres et premiers docteurs ont jeté les fondements de leur Eglise sur les ruines des Etats et royaumes, et l'ont cimentée du sang des peuples, et non du leur, car un seul d'eux n'a souffert le martyre. Et au lieu que les papes (nom d'honneur et de respect en l'Eglise, mais d'horreur et d'effroi en vos esprits), ces papes, dis-je, que l'on vous nomme antéchrists, ont conservé la foi, et l'ont arrosée 300 ans durant de l'effusion de leur sang, vos premiers apôtres se sont retirés de bonne heure, et se sont mis à couvert dans les places frontières, et un seul d'eux n'a épousé la croix (bien les ont-ils abattues), un seul d'eux n'a été remarqué souffrant les géhennes et les prisons, mais bien portant les armes dans un champ de bataille. Car leurs premiers conciles ont été les armées ; leurs oracles les foudroiements des canons ; leurs miracles, non les feux descendus du ciel, comme aux anciens prophètes, mais des feux allumés par la chrétienté, comme si leur évangile empistolé (évangile aussi d'une Eglise qui est évidemment pistolique à la vérité, qu'apostolique) devait en sa naissance sentir la poudre de révolte et l'Alcoran, que le monde n'a appris qu'au bruit des armes et au son des trompettes.

IV. Voilà, Messieurs, les éphémérides de votre Eglise, et le moment de sa naissance bien marqués; mais en la terre et non au ciel, et marqués par le fer et le sang de nos guerres civiles. Voilà le point de sa nativité, éloigné de 1600 ans de la nativité du Fils de Dieu, et de son Eglise; et plus distant encore et éloigné des effets de sa grâce et de la fermeté de ses promesses, des marques de son état et des circonstances d'un œuvre tout divin, tout surnaturel et tout extraordinaire. Voilà l'horoscope de cette Eglise naissante en nos jours, représenté sans art et sans imposture, et sa constellation décrite sans violer les lois de l'Etat, et sans rechercher les secrets de l'astrologie. Et voilà une naissance et ressource d'Eglise, peu séante à l'Eglise, peu répondante aux faveurs du ciel, peu favorable à l'univers, peu conforme aux lois de Dieu, et à sa sainte parole, et qui mérite peu de respect et de créance dans les esprits bien nés, et nourris en la douceur et au lait du christianisme.

A ces choses, Messieurs, que dites-vous ou que pensez vous en vos cœurs? Elles sont trop récentes pour être désavouées, trop étranges pour être approuvées. Elles ne vous représentent qu'une naissance tragique et un soulèvement factieux, et non pas une Eglise chrétienne, qui a épouvanté le monde en faisant des chrétiens et des martyrs, et non pas en faisant des soldats et des capitaines.

V. Or à des accidents si funestes et si extraordinaires, qui se rencontrent à la naissance de votre parti, et à l'entrée de nos différents, et à des préjugés si forts et si puissants dans les âmes paisibles, modestes et raisonnables, que ne fait-on point en ce siècle pour vous empêcher de les reconnaître et de vous reconnaître? Vos docteurs vous étonnent et vous arrêtent, vous occupent et remuent toute pierre pour divertir vos esprits de pensées si présentes, si profondes et si importantes. Ils vous *étonnent* et vous mettent en armes et en alarmes, criant: idolâtrie. Mais l'idolâtrie ne craint pas la main ni la voix de l'Eglise réformée, qui n'a jamais encore abattu d'idoles (bien a-t-elle abattu les images de Jésus-Christ et de ses apôtres), et qui n'a jamais offert à Dieu un seul idolâtre et païen en hostie de louange. Ils savent pervertir les chrétiens, mais ils ne savent pas convertir les païens, dit Tertulien. De fait, Messieurs, ce n'est pas vous qui avez rasé les temples des païens et les idoles de la terre (mais bien avez-vous abattu les temples des Chrétiens et leurs images) : car vous n'étiez pas au monde ; et vos docteurs vous assurent, comme article de foi, que leur Eglise lors était invisible durant les exploits visibles de l'Eglise romaine, foudroyant l'idolâtrie qui couvrait et occupait auparavant la terre. Chef-d'œuvre qui n'appartient qu'à une Eglise bien puissante, bien militante et bien visible.

Et maintenant que vous êtes visibles au monde, ce n'est pas vous encore qui en nos jours abattez les idoles et bannissez l'idolâtrie des nouveaux mondes (vous savez bien abattre les croix parmi les chrétiens, et vous n'avez jamais abattu d'idoles parmi les païens). C'est l'Eglise catholique, apostolique et romaine qui fait ce grand effort, et qui, ayant chassé l'idolâtrie de notre hémisphère, la chasse et la poursuit encore en ces terres inconnues. Et vos docteurs toutefois l'accusent d'idolâtrie, lors même qu'elle a les armes en mains, et qu'elle répand son sang contre l'idolâtrie, et que son zèle passe les mers et la zone torride pour la combattre, tandis qu'ils se tiennent à couvert dans les villes d'otage, et qu'ils se mettent à l'ombre des édits. Mais l'Eglise ne redoute pas leur accusation sanglante et visible, non plus que l'idolâtrie leurs exploits invisibles. Et eux-mêmes sont idoles quand ils accusent d'idolâtrie cette Eglise sainte et vénérable, et quand ils confondent l'idole et l'image pour donner couleur à leur accusation. Car en tant qu'hommes, ils sont images de Dieu selon sa sainte parole; et selon leur théologie réformée ils sont des idoles, si idole et image est tout un. Même de Jésus-Christ, si vous y prenez garde, ils en font un idole, pour vous rendre son Eglise apparemment idolâtre : car elle fait profession solennelle et publique de n'adorer que Jésus-Christ et ce qui est adorable en Jésus-Christ. Mais pour accuser d'idolâtrie une Eglise qui a des images et n'a point d'idoles, il leur fallait nécessairement confondre idole et image, et conséquemment accuser Jésus-Christ d'être une idole : car il est, et enclot l'unique objet de l'adoration de l'Eglise.

VI. Le second artifice de vos pasteurs est de vous *arrêter*, criant abus et réformation. Et plût à Dieu, Messieurs, que leurs mœurs et actions fussent telles qu'elles nous pussent servir d'exemple et de modèle! Plût à Dieu qu'ils eussent apporté autant de zèle et de puissance à réformer l'état ecclésiastique, qu'ils ont supposé d'abus et de crimes pour le faire détester! Mais si leur voix est de Jacob, leurs mains sont d'Esaü. Et si leur nom, leur prétexte, leur préambule est réformation, leur suite, leur dessein, leur effet est déformation. Et tandis qu'ils voudront obliger le monde de croire par article de foi que « Dieu est auteur de tous les péchés du monde; » que « les commandements de la sagesse éternelle sont impossibles; » que « les plus saintes et plus pures actions des Chrétiens sont pollution de la chair et péchés dignes de la damnation éternelle; » que « les plus grands crimes des fidèles sont peccadilles, et n'ont nulle sorte de punition, ni temporelle, ni éternelle adjointe; » que « tous les fidèles sont élus, et autant assurés de leur salut et prédestination que Jésus-Christ même; » qui sont les nouveaux principes de la nouvelle théologie de Genève et Hildeberg, et des enseignements que le monde ignorait avant ces nouveaux docteurs, et des semences de toute corruption, que la nature dépravée n'avait point encore produit en l'homme durant les mœurs plus corrompues, ni du paganisme, ni des hérésies précédentes, comme nous dirons ailleurs.

Tandis, dis-je, qu'ils voudront obliger le monde à croire ces impiétés par article de foi, pourront-ils vous faire croire qu'ils aient grande puissance et volonté de réformer le monde? Vous feriez un grand tort au bon sens que l'Auteur de la nature vous a donné, Messieurs, si vous le laissiez decevoir de ces prétextes et couvertures. Vous feriez un grand tort à la lumière de la foi que vous avez reçue de Dieu, si vous la laissiez obscurcir de ces impiétés, et si vous délaissiez l'école de Jésus-Christ pour entrer en l'école qui vomit les blasphèmes; vous feriez un grand tort à Dieu même de décharger ainsi le pécheur, qui est son criminel, et le charger ainsi, lui qui est le juge de tous ses criminels. Et c'est une réformation bien étrange et bien extravagante que de proposer aux chrétiens ces erreurs, ces blasphèmes et ces abominations comme principes de foi, de conscience et de religion réformée. Mais, pour trouver de quoi réformer en l'état du monde et de l'Eglise, il fallait trouver de quoi réformer en Dieu même, Auteur du monde et de l'Eglise, et charger honteusement et impudemment la sainteté, la justice et la bonté de Dieu, de tous les maux, de tous les crimes et de tous les blasphèmes qui se sont commis et se commettront jamais au monde, voire après ce monde en l'éternité des damnés.

VII. En troisième lieu, ils vous *occupent* pour divertir vos pensées et étouffer la syndérèse qui poinct vos cœurs, en la vue de la naissance infortunée de leur Eglise et de ses préjugés. Et, à cet effet, ils chargent vos esprits de plusieurs petits libelles, qui se vendent à l'issue de leur prêche, comme les almanachs à l'issue du palais, et avec un front assuré ils vous proposent des choses mille fois alléguées, mille fois réfutées, comme inventions rares et observations nouvelles; et ils passent sous un ingénieux silence, les réponses qui leur nuisent, comme si le monde n'en avait jamais ouï parler, bien que toutes les chaires des églises et des académies de France ne résonnent autre chose, et qu'elles soient publiées en tous lieux cinquante ans devant les écrits et la naissance de ces nouveaux docteurs en leur prétendu ministère. C'est ce qui nous oblige de sortir souvent hors la tranquillité de nos retraites, et interrompre nos vœux, nos larmes et nos prières, pour vous parler, pour vous détromper, et pour vous assurer en ces fausses alarmes. Suivant ces erres, le sieur du Moulin en une fête de Pâques, pour toute contribution, confession et pénitence, et pour appareil à la cène, s'est posé sur un théâtre et a représenté un combat qu'il a dit avoir eu avec un des principaux docteurs de notre Eglise. Il a eu soin d'en faire voler le narré à son avantage par toutes les provinces de cet Etat, et même hors le royaume. Et vous avez eu la curiosité de lire son libelle, comme un chef-d'œuvre de sa main, et chaleur à y désirer réponse.

Je la fis alors par le commandement de ceux à qui je dois obéissance, et les plus grands d'entre vous y ont daigné jeter les yeux, et je sais qu'ils l'ont agréée. Je vous l'offre maintenant, Messieurs, en une meilleur forme et vous l'adresse. Si le sieur du Plessis, nourri dans les tranchées et non dans les cabinets de la sapience, soit humaine, soit divine, a osé parler à ce grand corps de l'Eglise catholique, apostolique et romaine, corps célèbre, s'il y en a jamais eu au monde, et singulièrement vénérable en la multitude de tant de grands prélats, d'illustres cardinaux et de rares docteurs, admirés en tous sujets, en tous siècles et en tous les lieux de la terre, du moindre desquels ce lui serait toujours gloire d'être disciple : j'ai cru que vous me permettrez de vous parler en ces discours, et de vous proposer sur nos principaux différents, les lois de Dieu, les oracles du ciel, les arrêts de l'Eglise, que le bruit des armes ne vous a pas permis d'écouter, ni votre loisir d'apprendre; votre état et nos malheurs vous ayant mis les armes plus que les livres en main. Je n'emploierai point vers vous de belles paroles, car je n'en ai point, et n'ai point estimé à propos d'en rechercher et apprendre pour vous parler, jugeant, selon le dire d'un ancien, qu'il n'y avait rien si éloquent que la vérité! Je n'y mêle point d'aigreur, de fiel ni d'amertume. Car comme aux sacrifices anciens qui s'offraient pour la paix et concorde conjugale, on ôtait le fiel des hosties; ainsi aux labeurs qui sont voués et consacrés à la paix et concorde de l'épouse de Dieu, c'est-à-dire de l'Eglise, on doit ôter le fiel et l'amertume des contentions qui tendent, non à réunir les âmes, mais à partir les courages.

Que si en ces discours il y a quelquefois de la pointe et vigueur, ce sont paroles qui s'adressent au mal, et non au malade ; ce sont coups qui portent contre l'hérésie, et non contre l'hérétique : et ce sont traits de langue et de plume qui ressemblent aux traits décochés par cet industrieux archer, lequel sans offenser Achis, son bien-aimé, sait bien offenser le serpent qui l'entortille. Je joins à l'autorité de la foi, les raisons du conseil de Dieu que la piété nous découvre en la contemplation de nos mystères. Car c'est l'avis de l'Apôtre, et comme l'hérésie tire de nos sens des prétextes et raisons pour opposer à Dieu et rendre ses mystères ridicules nous humains, nous devons aussi tirer de sa sapience divine des raisons et lumières pour opposer aux sens et les faire ployer sous le joug de la foi et sous la dignité de ses mystères. Je lie ensemblement l'autorité de l'Ecriture et de l'Eglise, car elles sont inséparables, et Dieu les a conjointes d'un lien indissoluble, et il n'appartient pas à l'homme de désunir ce que Dieu a conjoint, et c'est sacrilège à nos adversaires d'en faire le divorce et de les séparer. Car sans l'Eglise vous n'auriez point d'Ecriture au monde, et sans l'Ecriture vous ne reconnaîtriez pas l'autorité, l'infaillibilité et la perpétuité de cette Eglise. Je me restreins toutefois pour l'ordinaire dans les quatre cents premiers ans, pour m'accommoder à vos pensées, et m'attacher aux principes de vos docteurs extraordinaires qui bornent la pureté de l'Eglise dans ce terme. Mais l'Ecriture ne donne point de terme ni de borne à cette Eglise ; et comme son partage est l'univers, sa durée est l'éternité, et vous devez en tout temps tenir pour *ethnique et païen celui qui ne la veut écouter.* (*Matth.* XVIII, 17.) Et le temps qui consomme toutes choses n'a point de pouvoir sur son Etat, car elle n'est pas fille du temps, mais de l'éternité, et elle imposera fin aux temps et aux siècles.

VIII. Or par ces voies justes et légitimes, je prétends, Messieurs, de vous faire voir que si jamais il y a eu Eglise de Dieu au monde, c'est la nôtre, et la vôtre ne la peut être ; si jamais il y a eu hérésie au monde, votre créance est hérésie et doit porter ce titre et qualité ; si jamais Dieu a été servi et adoré sur terre depuis la mort de son Fils, ç'a été des enfants de cette Eglise que vous appelez honteusement la Paillarde et la Babylone, et que nous reconnaissons pour l'épouse de Dieu et pour la Jérusalem sainte ; si jamais ce Fils unique de Dieu qui a demandé l'univers à son Père, et qui est descendu en propre personne pour en prendre possession ; si jamais, dis-je, il a acquis et possédé un pouce de terre, c'est dans l'empire de cette Eglise, c'est par les sueurs et le sang de cette Eglise. Car la vôtre, ce dites-vous, a été invisible et inutile à le servir jusqu'à notre temps : et finalement, que si vos pasteurs ont de la science, ils n'ont point de conscience d'obscurcir une lumière et combattre une vérité si importante. Et s'ils ont de la consience, ils n'ont point de science d'ignorer une vérité si évidente, que tous les siècles rapportent, que tous les livres enseignent. Je ne leur veux point de mal hors l'intérêt de vos pères, et ne recherche pas volontiers ces combats, ni de langue, ni de plume, et l'Eglise que je sers ne les affecte pas, le succès de ces rencontres ne pouvant pas relever de beaucoup son état et sa gloire. Car cette Eglise, glorieuse de tant de victoires, honorée de tant de triomphes, et couronnée de tant de lauriers, que ses travaux et ses sueurs lui ont acquis contre l'idolâtrie, qui remplissait la terre, et contre les hérésies qu'elle a mis à ses pieds en chaque siècle, comme autant de monstres, ne ressemble pas à l'Eglise de nos adversaires, invisible et inconnue au monde jusqu'à présent, qui n'a de quoi se signaler qu'en publiant légèrement ou faussement le succès prétendu de semblables escarmouches. Mais la nôtre ayant arboré l'étendard de la croix par l'univers, et porté partout la connaissance du Fils de Dieu, elle se contente d'être, et de paraître toujours comme un grand corps d'armée bien rangé en bataille, qui rompt les forces des troupes ennemies sans s'émouvoir, et sans faire gloire de ses rencontres, qui dompte, selon Daniel (II, 21), tous les royaumes de la terre, qui sert d'appui et de soutien à la vérité, selon saint Paul (*I Tim.* III, 15), et qui doit vaincre et subsister jusqu'à la fin du monde (*Matth.* XXVIII, 20.) selon l'Evangile.

IX. Voilà, Messieurs, l'état de notre Eglise, voilà ses œuvres, ses mouvements et sa conduite. Sa grandeur ne la porte pas à ces combats avec vos pasteurs : sa charité ne les refuit pas, et pour votre salut elle s'abaisse à égaler ses armes avec les leurs ! Sa modestie n'en prise pas les succès, et sa magnanimité ne fait pas gloire de ces rencontres et ne tient pas ces pygmées dignes de ses triomphes. Mais voyons toutefois ce combat, puisque le sieur du Moulin nous en presse, et que vous le voulez. Et avant d'entrer au fond des questions générales et universelles, faisons une revue succincte de sa procédure, et vous verrez, Messieurs, qu'il crie victoire de sa perte et qu'il triomphe de sa fuite. Car quant au fait, nous voyons sa proie ravie et enlevée en sa présence, tellement que s'il a combattu, il a perdu, puisque le prix du combat est entre nos mains, et que le champ de bataille est en notre puissance. Aussi, par un industrieux silence, il a couvert le nom de cette dame, pour l'instruction de laquelle il dit cette rencontre être arrivée. Quant au droit, si vous y prenez garde, sa fuite est manifeste : car vous y verrez une question proposée par cette dame, mais qui n'a point été résolue par le ministre, ni de vive voix, ni même par sa plume, qui eût été mieux employée à coter les textes de l'Ecriture en confirmation de cet article, qui importe tant au général de leur parti et au salut des âmes, qu'au narré d'un combat domestique, qui ne sert qu'au vent et à la fumée d'une estime populaire, et à faire croire qu'ils emploient plus de zèle et de puissance à s'établir en créance dedans les esprits des leurs, qu'à établir la créance de leurs articles de foi.

Or cette procédure découvre assez la faiblesse de ces docteurs en la défense de cet article, qui est le pivot de leur Eglise ; qui est la base et le fondement de leur état ; qui est le sujet de leurs exercices et ministères ; qui est le centre de leurs passions et le point décisif de leur éternité. Car si cet article est faux, et ils n'ont point d'Eglise, et ils ne sont point pasteurs, et ils ne peuvent être (selon Jésus-Christ, docteur de paix et de vérité), que loups et larrons en sa maison et en sa bergerie ; et ils portent au front un caractère de rebellion et d'attentat en l'Eglise du Dieu vivant, qu'ils ne peuvent jamais effacer ; et ils sont d'autant plus coupables de sacrilège, que c'est dans l'empire de Jésus-Christ, à la ruine des âmes acquises de son sang, qu'ils sont usurpateurs d'une autorité divine sans commission. Mais au lieu de répondre à une question si importante, et qui regarde de si près et à votre salut, et à leur office, on vous dit deux choses, toutes deux fausses, toutes deux fuites manifestes, et toutes deux non suffisantes à décliner le point et l'état de la question.

X. Car il est faux en premier lieu : « Que quiconque se mêle de demander à autrui raison de sa vocation, s'oblige à rendre premièrement raison de la sienne. » Et il suffit que cette règle générale et absolue n'est point en l'Ecriture, pour n'être point crue de ceux qui font profession de ne croire que ce qui est en l'Ecriture. Et, d'ailleurs, elle est fausse en la lumière naturelle : car tous ceux qui veulent vivre en l'Eglise prétendue réformée sont obligés d'examiner non-seulement la doctrine, mais aussi l'autorité de cette Eglise, et ne sont pas obligés de rendre compte de leur vocation, car ils n'en ont point; et il s'agissait en particulier, non d'un docteur, mais d'une dame, qui demandait raison de cette vocation à son pasteur, et qui ne pouvait être obligée de lui en rendre. Si nous voulons, en faveur du proposant, restreindre la généralité de sa proposition au prêtre ou au ministre et pasteur, il est encore faux que tout prêtre et pasteur qui demande « à autrui raison de sa vocation, soit obligé de rendre premièrement raison de la sienne, etc. » Car il peut la demander à quiconque se présente à exercer le ministère, et il ne doit pas par obligation précise rendre compte de la sienne qu'à son juge et supérieur, et ce en temps et lieu, et selon les formes requises. D'ailleurs il est évident que nous avons la possession du ministère, ou il n'y en a point au monde; et il est clair, par l'aveu même des adversaires en leur confession de foi (art. 31) que « de notre temps » ils sont entrés en la prétention d'icelui. Donc jusqu'à ce qu'il ait produit ses titres, il ne peut obliger le possesseur à lui montrer les siens, et il est contre le sens commun de le prétendre.

Et cette maxime alléguée à l'entrée de cette dispute, qui n'est ni en l'Ecriture des prophètes et apôtres, ni en la lumière des hommes, a autant de juges de sa fausseté qu'il y a de personnes publiques et de juges établis au monde, qui désavouent tous par leurs maximes universelles et par leurs procédures ordinaires et juridiques la proposition de cet homme. Car les lois sont expresses au contraire, et elles ne veulent pas que le possesseur soit en peine de faire apparoir de ses droits, et déclarent qu'il lui suffit de posséder pour être exempt de preuve, et pour obliger la partie adverse à fournir ses titres, *hæc actio*, dit la loi, parlant des actions possessoires, *nunquam ultro possessori dabitur, quippe sufficit ei quod possideat.* (L. I, § *Interdictum D. uti possidetis*.) Et en un autre endroit, elle ne souffre pas que l'on entre en contention, si la possession est juste ou injuste, et donne plus de droit au possesseur, *hoc ipso quod possidet* (L. *Justa*, eodem tit.), qu'à celui qui ne possède pas, ne pouvant tolérer que celui qui attaque contraigne le possesseur de lui faire voir les preuves de sa possession : *Cogi possessorem ab eo qui expetit, titulum suæ possessionis dicere, incivile est.* (L. *Cogi*, c. *De petit. hæred.*) Ce qui est exagéré ailleurs avec cette emphase : *Quæ tanta erit amentia, ut ratione præpostera petitor ab eo quem pulsat, infirmari suas postulet actiones?* (Lib. II, tit. 39, lib. XII, *Cod. Theodos.*) Voilà les règles et les bornes que la force et prééminence du sens commun et naturel qui présidait en ces grands esprits, comme ils présidaient eux-mêmes sur le reste du monde, en raison, en puissance et en conduite, a posées aux subtilités et cavillations humaines, qui tendent non à éclaircir, mais à prolonger et embrouiller les différents. Et à la vérité ce serait une belle institution de la discipline ecclésiastique des réformés, si les usurpateurs de leur prétendu ministère (car ils n'en ont pas faute, témoins les épîtres de Bèze) obligeaient les ministres à leur rendre preuve et compte de leur mission, avant que d'être empêchés et interdits par eux en l'état et usage du ministère qu'ils veulent entreprendre.

XI. Il est faux et plus que faux que nous soyons empêchés à leur montrer les témoignages de la vocation que nous leur demandons, et le silence de nos adversaires en ce sujet, qui, depuis cinquante ans, accusent l'Eglise de tous crimes, fors que de celui d'attentat et d'usurpation en l'autorité pastorale; leurs défaites et saillies ordinaires de ce point en un autre quand il leur est proposé, la fuite même et le change donné en la présente dispute, leur recours ordinaire à notre mission quand ils se trouvent pressés sur l'extraordinaire, et l'aveu public qu'ils font que nous avons la succession des personnes, montre assez le peu de peine qu'ils nous donnent en cet article. Et je laisse à juger à un chacun si c'est être bien empêché à leur rendre compte de notre mission, que de les réduire ou à faire miracles (ce qui leur est impossible, et ne leur est jamais arrivé), ou à reconnaître en la face de l'univers qu'ils sont sacrilèges et affronteurs en la cause de Dieu, ou à supposer et mendier le secours de notre mission (car si nous n'en avons, ils n'en peuvent pas même apparemment prétendre), et ce non-seulement par la gehenne que leur donne la sainte Ecriture et l'antiquité en cet article, mais encore par l'organe et la sentence de leurs premiers pasteurs, qui ont dressé l'Eglise prétendue réformée en ce siècle. Car Luther, dans Sleidan, auteur protestant et non suspect, mande aux gouverneurs d'une ville d'Allemagne, où Muncer, chef des Anabaptistes, se voulait retirer : « Qu'ils lui demandent, avant le recevoir, qui lui avait donné la charge d'enseigner, et par qui il avait été appelé, et s'il dit que c'est Dieu qui l'envoie, qu'ils lui commandent de prouver sa vocation par quelque signe évident : s'il ne le peut faire, qu'ils le chassent et renvoient, car c'est le propre et ordinaire de Dieu, ce dit-il, toutes et quantefois qu'il veut que la forme ordinaire et accoutumée soit changée, de le déclarer et témoigner par quelque signe. » (Lib. v *Historiæ*.)

Et Bèze (Epist. 5, *Theolog.*) après avoir allégué de belles raisons et maximes, belles en la cause de notre Eglise et non en la sienne, et qui le condamnent le premier, comme perturbateur de l'Eglise universelle, plus que ce perturbateur de l'Eglise nouvellement réformée à Lyon auquel il écrit : Après, dis-je, que lui qui se moque du consentement de l'univers et des siècles passés, a remontré à ce nouveau perturbateur qu'il se séparait de la créance des Eglises de France, et qu'il doit avoir pour suspect ce qui contrarie au sens et jugement de tant de serviteurs de Dieu (ainsi appelle-t-il quelques nouveaux ministres de notre temps, rangés en un petit coin de ce royaume), il lui tranche tout court, que si cela ne suffit à contenter son esprit et sa foi, « Il faut, ce lui dit-il (*Ibid.*, epist. 5), que tu montres ou ta vocation ordinaire, ou qu'il y a lieu à l'extraordinaire : et si ces choses alléguées ne suffisent à contenter ton esprit et ta foi, tu dois garder et contenir en toi ce que tu crois; car il n'est pas loisible sans vocation d'enseigner, beaucoup moins d'enseigner choses nouvelles. Et tu ne dois alléguer le prétexte du zèle ou de la charité : car ayant averti les pasteurs légitimes auxquels le troupeau est commis, et la chose étant déférée au synode, tu devais te contenter, autrement il y aurait toujours lieu aux nouveautés ; et les choses établies aux Eglises, (j'entends de vraies Eglises comme je tiens que sont les nôtres) (ainsi parle-t-il de son usurpation), pour saintes et bonnes qu'elles pussent être, pourraient être renversées sous prétexte de zèle et charité. » Paroles que la force de la vérité a tirées de sa plume, et qui sont sans puissance au parti réformé, mais qui portent, et en bien plus forts termes la sentence de sa condamnation par sa propre bouche devant Dieu et ses anges, et en la face de l'univers ; lui qui n'a gardé cette règle qu'il veut poser à l'autre, lequel avait (et avec plus d'apparence) les mêmes prétentions contre eux qu'ils allèguent contre nous. Car il s'agit en ce divorce de la chrétienté non d'un Bèze (c'est-à-dire d'un prêtre débauché, tel que ses poëmes le représentent), mais de tous les saints Pères qui ont été au monde jusqu'à présent, » et non d'une Eglise « dressée de nouveau, » mais d'une Eglise qui a duré depuis Jésus-Christ jusqu'à nous; et d'une Eglise non enfermée dans Genève et quelques villes de la France, mais répandue par l'univers et par tous les siècles, depuis que l'auteur des siècles est venu au monde.

XII. Quand bien nous pourrions être empêchés à rendre compte de la vocation de nos pasteurs en l'Eglise catholique apostolique et romaine (ce qui est très-faux), il est d'abondant faux, que ce soit par le moyen et par la raison que l'adversaire propose, quand elle serait non disputée, comme nous la nions, mais même concédée et supposée à sa requête. Car il dit au R. P. Gontier, non tant en sa personne particulière, comme en la qualité de l'Eglise qu'il représente, que *nous n'avons nulle charge, car nous nous disons prêtres*, où il appert qu'il ne dit pas, car vous ne vous dites que prêtres, qui serait une négative : mais, car vous vous dites prêtres, qui est une affirmative. De sorte que sa conclusion qu'il veut prouver (*vous n'avez nulle charge*) est une proposition négative, absolue et universelle en fait de charge et supériorité; et le moyen de preuve qu'il emploie, est affirmatif et déterminé dans l'état de prêtrise (*car vous vous dites prêtres*, ce dit-il). Il lui faut donc prouver une proposition absolue, générale et négative par une autre particulière et affirmative : ce que les lois du discours ne permettent pas, et suffit d'en marquer la chasse sans la poursuivre. Car ce serait passer de la théologie à la logique, et au lieu des fruits que l'on doit cueillir de ce discours, entrer dedans les épines de l'école et de la philosophie.

Que s'il suppose que c'est une même qualité, celle de prêtre et de pasteur, et que quiconque n'a point l'une n'a point l'autre, il se défait lui-même : car il n'y a point de prêtres en leur Eglise, selon lui ; il n'y a donc, selon lui, point de pasteurs en leur Eglise. Ou bien s'il reconnaît que ces deux qualités soient distinctes et différentes, en ce cas il donne un nouveau change, et tâche de passer subtilement et sans être aperçu, d'une question à une autre. Et comme il a déjà donné le change de la mission de son Eglise à la mission de l'Eglise romaine, en la raison précédente que nous avons arguée de faux, il essaye ici de passer de la mission des pasteurs en l'Eglise, à l'institution des sacrificateurs en l'Eglise, et sous le voile et le prétexte d'une raison, couler en une autre question bien différente de la première. Or ces moyens de change et de ruse servent plus à témoigner de la souplesse à décliner, que de la force à joindre en un combat ; et du dessein à prolonger et emmêler les esprits et les questions, que de puissance et volonté à éclaircir et résoudre les matières et les consciences.

XIII. Il est faux que pour montrer valablement l'institution des prêtres, il le faille montrer nécessairement en la sainte Ecriture, comme le suppose le ministre. Car personne ne peut être obligé qu'à justifier ses propositions par ses principes, et à maintenir ses principes à l'encontre de tous ceux qui les voudront impugner de faux. C'est donc à l'adversaire à les impugner. Et jusqu'à ce qu'il ait porté par terre l'autorité de la tradition universelle, dans laquelle se trouve l'exercice et la preuve évidente (et sans contredit) de cette institution, (ce qui lui est impossible qu'en ruinant la même Ecriture, qui l'autorise et la publie au monde); c'est puissamment arrêter l'ennemi, que d'opposer à son incrédulité cette forte barrière de la tradition apostolique, universelle et indubitable en l'Eglise, depuis qu'il y a Eglise au monde : et c'est dire aux esprits raisonnables et fidèles, que le même témoin public qui leur présente seul authentiquement et divinement le volume des Ecritures saintes, leur présente d'une même main l'usage et la pratique de cette institution. Ce qui est suffisant à tout esprit doux et modeste, et non encore affermi et cimenté dans l'erreur.

Je ne dis pas que l'ordre de la prêtrise ne peut être montré en la parole écrite, car au contraire, il y en a des textes exprès qui se verront à la suite de ce discours, et en un autre traité à part du sacrifice ; mais je dis que quand il n'y paraîtrait pas en sorte, que l'opiniâtreté des docteurs réformés peut être contrainte et convaincue, et qu'elle les empêchât de le voir en l'Ecriture, comme elle a empêché longtemps les Nestoriens d'y voir « la subsistance de la nature humaine en la personne divine, » et les Ariens « la divinité du Fils de Dieu, » et les sacramentaires encore « la présence du corps de Notre-Seigneur en l'Eucharistie, proposée si clairement. » Ou quand même les textes de l'Ecriture ne sembleraient pas à nos adversaires être évidents et insolubles, et ne vaudraient à leur jugement qu'à insinuer la substitution du sacerdoce de l'Eglise chrétienne au sacerdoce de l'Eglise judaïque, comme ils insinuent la substitution du dimanche des Chrétiens au sabbat des Juifs, et n'en donnent pas preuve démonstrative ; ou bien même que tandis que les réformés de ce siècle seraient en doute, si l'état de la prêtrise est en l'Ecriture ou s'il n'y est pas (comme ils doutent entre eux du baptême des petits enfants et de la rebaptisation des hérétiques ; les uns, voyant ces choses, ce disent-ils, et les autres ne les voyant pas en l'Ecriture, bien qu'ils aient tous un même esprit de réformation, une même Ecriture pour les conduire, et mêmes règles pour l'entendre). Je dis que parmi ces doutes et différents, nous pouvons recourir légitimement à la tradition non écrite, et l'employer comme un principe de foi, à la defense d'une institution suivie de tous les peuples et de tous les pasteurs que Dieu a jamais donnés à son Eglise qui ont tous honoré le nom et l'office de prêtre, et en ont exercé le ministère.

Car l'Eglise chrétienne a toujours fait profession ouverte et solennelle de ne retrancher aucune partie de la parole de Dieu, et de garder exactement tous les moyens par lesquels le Fils de Dieu et ses apôtres ont consigné la doctrine et les institutions du salut au monde. Or il est évident que Jésus-Christ a parlé et n'a rien laissé par écrit, que les apôtres ont parlé de vive voix aussi bien qu'ils ont écrit, qu'ils ont tous parlé et n'ont pas tous écrit, qu'ils ont tous reçu commandement de parler et non d'écrire, qu'ils ont fait et enseigné plusieurs choses qui ne se trouvent pas écrites en texte exprès, et que nos adversaires vont rechercher dans les conséquences nécessaires, que l'Ecriture ne dit jamais qu'ils aient écrit tout ce qu'ils ont enseigné ou pratiqué dedans l'Eglise, et que saint Paul même (qui a le plus écrit) en la *IIe à Timothée*, dictée par lui presque à la veille de sa mort, et comme allant au martyre (et lorsqu'il n'avait plus qu'à signer de son sang la vérité de l'Evangile), renvoie son disciple aux traditions verbales et non écrites, et lui fait ce dernier enseignement qui autorise et perpétue le canal et le conduit de la tradition en l'Eglise : *Aies l'image des saines paroles que tu as ouïes de moi en la présence de plusieurs témoins, consigne-les à des hommes fidèles qui soient capables aussi eux-mêmes d'enseigner les autres.* (II *Tim.* I, II.) Et les annotateurs et professeurs de la Bible et de l'Eglise de Genève, qui est la mère et la matrice des Eglises prétendues réformées en France, et la lampe de la nouvelle réformation en ce royaume, marquent notamment sur ces paroles : « Que la doctrine de la foi requiert une instruction domestique et particulière, nommément en ceux qui sont ordonnés pour la porter en l'Eglise, afin qu'on ne la prenne de son sens particulier sous ombre de la lecture des Ecritures, et que c'est ce qu'on appelait anciennement tradition en l'Eglise. » Et le même apôtre fait cet enseignement universel et absolu aux Thessaloniciens, et en eux à tous les Chrétiens de la terre : *Soyez fermes, et retenez les traditions que vous avez reçues, soit par parole, soit par épître.* (II *Thess.* II, 14.) Et ç'a été aussi la foi et la doctrine universelle de tous ceux qui leur ont succédé en autorité dedans l'Eglise.

XIV. Saint Ignace, disciple et nourrisson des apôtres, et créé sous eux-mêmes évêque d'Antioche, trente-huit ans après la mort de Jésus-Christ, « exhortait les Eglises par où il passait, de ne démordre rien de la tradition apostolique, laquelle pour plus grande sûreté il estimait nécessaire de rédiger par écrit. » (Apud Euseb., l. III *Hist.* c. 36.)

Tertullien, peu après la mort de saint Jean l'Evangéliste, disait aux catholiques : « Vous prescrivez que les institutions solennelles ont été apposées à la foi, ou par les Ecritures, ou par la Tradition des majeurs, et qu'il n'y faut rien ajouter de plus pour éviter le crime de l'innovation. » (*De Jejunio.*)

Saint Basile, l'oracle de l'Orient (et duquel l'âme règne au ciel avec Dieu, et les écrits en terre avec l'Eglise, il y a douze cents ans) propose aux ennemis de la foi en son temps cette maxime générale : « Des doctrines qui sont observées en l'Eglise, les unes, nous les avons d'instruction écrite, les autres, nous les avons de la secrète tradition des apôtres, lesquelles, tant les unes que les autres, ont la même force pour la religion ; et n'y a celui qui y contredise pour peu qu'il soit versé aux lois de l'Eglise. » (Lib. *de Spir. sancta*, c. 27.) Et ailleurs, « Je répute aussi être chose apostolique d'adhérer aux traditions non écrites, car l'Apôtre écrit : (II *Thess.* II, 14) *Je vous loue de ce qu'avez mémoire de moi en toutes choses, et consa-*

vez les traditions comme je vous les ai baillées. » (*II Thess.* II, 14.)

Saint Épiphane disait il y a plus de douze cents ans, dans son œuvre contre les hérétiques : « Il faut aussi user de la tradition, car toutes choses ne peuvent pas être prises de l'Ecriture ; et pourtant les saints apôtres nous en ont baillé les unes en écrit, et les autres par tradition. »

Saint Chrysostome, grand pasteur et grand docteur, sur ces mêmes paroles de saint Paul aux Thessaloniciens, dit à son peuple et à la postérité : « De là, il appert que les apôtres ne nous ont pas tout baillé par lettres, mais nous ont aussi beaucoup baillé de choses sans lettres. Or les unes et les autres sont dignes de semblable foi. »

Saint Augustin, l'aigle des docteurs et le fléau des hérétiques, disputant du baptême contre les fondements de leur erreur : « Il y a plusieurs choses, » dit-il, « que l'Eglise universelle observe, et pourtant se croient à bon droit, avoir été commandées par les apôtres, encore qu'elles ne soient point écrites. »

Or en observant ces enseignements qui nous sont donnés par ceux qui ont reçu et conservé au monde l'Ecriture et la foi, comme fidèles gardes et dépositaires de ce trésor sacré, nous suivons la même sainte Ecriture. Car le même saint docteur proteste ailleurs, et à bon droit, que ce qui est attesté par le perpétuel témoignage de l'ancienne Eglise universelle, se doit réputer être attesté par l'Ecriture, qui recommande l'autorité de l'Eglise : « Et pourtant, » dit-il, « encore qu'à la vérité il ne se produise point d'exemples de cela dans les Ecritures canoniques, nous suivons toutefois, voire en cela, la vérité des mêmes Ecritures, quand nous faisons ce qui a plu à l'Eglise universelle, que l'autorité des mêmes Ecritures recommande. De sorte que puisque la sainte Ecriture ne peut tromper ; quiconque craint d'être trompé par l'obscurité de cette question, qu'il consulte cette Eglise, laquelle la sainte Ecriture démontre sans aucune ambiguïté. » (*Contra Crescon.*, lib. 1, c. 32.) *Item* : « Cela ouvertement et évidemment nous le lisons, ni moi, ni toi, etc. Mais s'il y avait quelque sage confident, auquel le Seigneur Jésus-Christ rendît témoignage, et qu'il fût consulté par nous sur cette question ; j'estime que nous ne devrions aucunement douter de faire ce qu'il nous dirait, de peur d'être jugés répugner, non tant à lui qu'à Notre-Seigneur Jésus-Christ même, par le témoignage duquel il serait recommandé ; or il rend témoignage à son Eglise. » (*De unit. Eccles.*, c. 19.)

XV. Il est faux que l'on ne puisse montrer l'état de la prêtrise dans l'Ecriture, et en plusieurs textes formels ; et même par autant de textes que les Pères ont employés à la défense et à l'éclaircissement du *Sacrifice quotidien de l'Eglise*, ainsi que l'appelle saint Augustin. Car il y a en l'Eglise un *sacrement et sacrifice tout ensemble*, et un *sacrifice très-vrai et très-parfait*, comme le qualifie ailleurs le même docteur, il y a des prêtres et sacrificateurs en l'Eglise chrétienne ; mais laissant la déduction et l'évidence de cette preuve pour une autre fois, il faut montrer par l'Ecriture au sieur du Moulin, qu'il y a dans l'état du Nouveau Testament des évêques et des prêtres et sacrificateurs, et nous laisserons à lui à reconnaître, ou par l'Ecriture, ou par l'usage et antiquité de son Eglise (s'il ne le veut apprendre des Pères anciens) à qui il appartiendra, ou au prêtre de faire l'évêque, ou à l'évêque de faire le prêtre ou sacrificateur. Or il est évident que, dans les *Actes des apôtres*, il est fait mention d'évêques, et selon la Bible même de Genève : évêques non pour veiller seulement, et être surveillants selon le nouveau langage et office de leur Eglise, mais évêques et pasteurs pour paître : *Prenez garde à vous-même et à tout le troupeau auquel le Saint-Esprit vous a établis évêques pour paître l'Eglise de Dieu, laquelle il a acquise par son propre sang.* (*Act.* XX, 28.)

Il est clair dans Isaïe (LXI, 6), qui est appelé le cinquième évangéliste pour la clarté de sa prophétie, et même dans ce chapitre signalé, que Jésus-Christ a ouvert et lu en la synagogue, et qu'il a expliqué et appliqué lui-même, à son temps, à son office et à l'état de son Evangile, en saint Luc (IV, 17-20) : *Que les pasteurs de l'Eglise du Messie seront sacrificateurs. Mais vous* (dit-il aux ministres de cette Eglise, même selon la version de Genève) *vous serez appelés les sacrificateurs de l'Eternel, et les ministres de notre Dieu.* Ministres donc et sacrificateurs tout ensemble, et aussi proprement et vraiment ministres de notre Dieu. Et si vous n'êtes sacrificateurs que par métaphore, vous n'êtes donc ministres de Dieu que par métaphore ; car l'un et l'autre est dit en même texte et en mêmes termes et de mêmes personnes. Et le même prophète, parlant de la même Eglise assemblée de tous les côtés du monde, selon les annotations de Genève en ce lieu, clôt sa prophétie évangélique de ces paroles au chapitre LXVI, verset 21 : *J'en prendrai d'entre eux,* parlant des fidèles, *pour sacrificateurs et lévites, ce dit l'Eternel.* Et saint Jacques (V, 14) commande aux Chrétiens d'appeler les prêtres *pour prier sur les malades et pour les oindre d'huile au nom du Seigneur.* Il y a donc des évêques, et des prêtres et sacrificateurs à proprement parler, si nous suivons le style des Apôtres et des prophètes, continué et usité en toute l'Eglise jusqu'à notre temps. Mais pour contenter davantage le sieur Dumoulin, montrons-lui dans la Bible, en mots exprès, un évêque qui fait et ordonne des prêtres. Saint Paul écrit à Tite, qui était évêque de Grèce, selon Genève même, en la fin de cette Epître, et il lui commande en mots exprès de faire et ordonner des prêtres : *Je t'ai laissé à Crète, afin que tu poursuives de dresser en bon ordre ce qui défaut, et afin que tu constitues des prêtres comme je te l'ai ordonné.* (*Tit.* I, 5.) Prêtres, dis-je, et non anciens ; car c'est au temps et à l'âge de faire des anciens, et non à Tite : et c'est à un évêque de faire et ordonner des prêtres.

C'est un office non d'anciens, mais de prêtres ou de ministres, de prier pour le peuple et l'oindre en maladie au nom du Seigneur, ainsi que le commande saint Jacques : et nos réformés n'ont ni prêtres ni anciens qui fassent cet office. Prêtre derechef, « qui consacre le corps et le sang du Fils Dieu : » (ce dit saint Jérôme) et non ancien, qui ne consacre rien. Et prêtres « qui offrent en l'autel » (dit saint Cyprien en mille lieux), « et qui aient l'honneur du sacerdoce » : (car en ce temps-là il n'y avait ni anciens, ni réformés qui l'eussent à déshonneur. Prêtre « qui ne peut être laïque, et qui a des offices sacerdotaux » (dit Tertullien, *de Præscript.*, c. 41), et non pas ancien, qui n'est pas laïque et n'a point de sacerdoce : *Apud hæreticos hodie presbyter qui cras laicus: nam et laicis sacerdotalia munera injungunt:* car au temps de Tertullien, la naissance duquel n'était éloignée que de cinquante ans de la mort de saint Jean l'Évangéliste, les Chrétiens et les hérétiques reconnaissaient uniformément le sacerdoce et le sacrifice de l'Église. Prêtres encore, *c'est à-dire sacrificateurs* (ce dit saint Ambroise), et leurs anciens ne sont ni prêtres, ni évêques, grâces à Dieu.

XVI. Oui, mais ce dira-t-on, ils supposent dans la Bible le nom d'ancien à celui de prêtre. Il est vrai, mais il suffit que se sont eux qui le supposent seize cents ans après que Dieu a parlé, par son Église et par ses Écritures, à son peuple, en grec, en latin et en français, pour n'y avoir pas égard. Il suffit, dis-je, que ce sont eux qui le changent, et que ce n'est qu'eux, pour n'y avoir pas créance. Car ceux qui ont reçu les Écritures des apôtres, ceux qui nous les ont conservées, exposées et mises en main, ceux qui nous ont baillé la Bible et la foi tout ensemble, ont usé du mot de prêtre, et n'ont pas connu le mot d'ancien en titre d'office. Et cela est si apparent, qu'ils ont fait des volumes entiers de la prêtrise (29), et que les titres mêmes de leurs œuvres combattent cette hérésie et nouveauté, et qu'ils font mention de prêtres, d'autel, de sacerdoce, de sacrifice, de page en page, et presque de ligne en ligne : et nous en ferons voir assez de preuves ci-après au discours du sacrifice, pour ne pas confondre ici l'ordre de ces matières. Il suffit derechef qu'ils changent ce terme, pour ce qui leur plaît, car ils trouvent le mot de prêtre et d'évêque également en l'Écriture: ils trouvent ces deux offices d'évêque et de prêtre également en l'état de l'Église ancienne et moderne. Et toutefois ils retiennent l'un en l'Écriture, parce qu'il leur plaît, et ils rayent l'autre de l'Écriture, parce qu'il ne leur plaît pas ; ou plutôt parce qu'il ne leur plaît pas d'être prêtres, et il leur plairait bien d'être évêques. Et voudraient laisser en l'Écriture une semence pour transformer avec le temps le pauvre et abject office de leur ministère, en un titre honorable d'évêché.

Il suffit derechef que par la même licence quand il leur plaira, ils supposeront le mot de *berger* à celui de pasteur, et ce avec la même autorité du calepin, et contre la foi et l'usage de la même Église : et lors tous les bergers seront pasteurs de l'Église réformée ; et lors on sera bien empêché de leur montrer que Jésus-Christ ait donné des pasteurs d'office et d'autorité dans l'Écriture. Car au lieu de pasteur on y trouvera le mot de berger supposé. Ces choses ne sont-elles pas ridicules ? Et toutefois ce sont les finesses et corruptions de l'Église réformée ; et ce en sujets si publics, si évidents et si sacrés.

Mais de s'arrêter davantage en ce lieu, ce serait passer de l'Écriture à la grammaire et ne pas poursuivre le point de l'article 31 pour la suite duquel il entremêle ces questions. Et il suffit pour maintenant que le sieur Dumoulin entende bien ce terme quand il dit ci-dessus au R. P. Gontier : *Vous n'avez nulle charge, car vous vous dites prêtres*, et que les réformés de ce siècle entendent bien l'énergie de ce mot, quand on leur parle du grand prêtre de la Synagogue ; et qu'enfin s'il veut ainsi traduire et exposer la sainte Écriture, contre la naïveté du texte et l'usage de toute l'Église qui a jamais été et de tous les docteurs et pasteurs que Dieu lui a donnés ; il est obligé avant que de le faire de montrer le pouvoir qu'il a d'interpréter et manier les saintes Écritures : et par ainsi doit rentrer en l'article de la mission et autorité pastorale qu'il décline tant. Et jusqu'à ce qu'il l'ait fait, c'est assez que nous sommes en possession d'avoir et d'exposer les saintes Écritures, selon qu'il a plû à Dieu de parler à son peuple avant la naissance de leur hérésie. Car nous pouvons à ce propos, et bien en plus forts termes après seize cents ans, leur reprocher ce que dit Tertullien (*De præsc. contra hæret.* c. 37) ; *Qui estis ? quando et unde venistis ? quid in meo agitis non mei ? quo denique Marcion jure sylvam meum cædis ? qua licentia, Valentine, fontes meos transvertis ? qua potestate Apelles limites meos commoves ? Mea est possessio, olim possideo, prior possideo, habeo origines firmas ab ipsis auctoribus quorum fuit res. Ego sum hæres apostolorum,* etc.

Et partant voilà notre adversaire, après ses fuites et diversions, obligé de rentrer en l'article proposé et de répondre de sa vocation ou de couvrir humblement sa fuite par un silence. Et leur barque ne pourra jamais éviter cet écueil, quoiqu'ils disent tous et qu'ils fassent ; car s'ils pensent agir par raison, elle n'est pas le fondement de la foi, et l'on n'est pas tenu de l'ouïr en un sujet qui dompte le sens et la raison même. Et s'ils allèguent l'Écriture, ils ne la peuvent manier qu'en rendant compte de leur autorité ; car on oppose cette forte barrière de l'autorité divine des pasteurs à la licence et témérité des particuliers. Et par ainsi c'est à cette barrière qu'il leur faut combattre de pied ferme et non pas sauter de point en point et de question en question, et penser vaincre en fuyant comme les Parthes.

---

(29) S. Chrysost., *De sacerdotio.*

XVII. Or après avoir battu et forcé l'ennemi; après avoir montré et dompté ses ruses, ses fuites et ses défaites; après lui avoir fait quitter le change qu'il nous voulait donner et l'avoir réduit et ramené dans son article 31 de sa confession de foi, c'est à nous, s'il n'y veut pas entrer, d'y entrer avec vous, et il est temps de vous ouvrir le livre, et vous faire voir et peser derechef les clauses de cet article, puisque ni de parole ni d'écrit vous n'avez pu tirer aucune instruction de nos premiers pasteurs en ce sujet. Car vous avez à considérer qu'il s'y agit d'un point non de doctrine arbitraire et indifférente, mais de foi nécessaire à salut, selon la vérité de laquelle vous serez un jour jugés, et pour la certitude de laquelle il vous faut exposer votre vie et tout ce que vous avez de plus cher, de plus présent et de plus certain au monde.

Et ce point particulier de votre foi, contenu en cet article, est de telle importance, que si vous n'en êtes assurés et éclaircis, vous n'avez, ni Eglise pour vous sauver, ni foi pour plaire à Dieu, ni salut que vous puissiez jamais espérer; car je vois qu'il vous reste encore du naufrage que vos pasteurs ont fait en la foi, ce point vivement imprimé en l'âme : *Que hors l'Eglise il n'y a point de salut.* Voici donc les paroles expresses de l'article:

Art. 31. « Nous croyons que nul ne se doit
« ingérer de son autorité propre pour gouver-
« ner l'Eglise; mais que cela se doit faire
« par l'élection, en tant qu'il est possible et que
« Dieu le permet. Laquelle exception nous y
« ajoutons notamment, pour ce qu'il a fallu
« quelquefois et même de notre temps, au-
« quel l'état de l'Eglise était interrompu, que
« Dieu ait suscité gens d'une façon extraordi-
« naire, pour dresser l'Eglise de nouveau qui
« était en ruine et désolation. Mais, quoi qu'il
« en soit, nous croyons qu'il se faut toujours
« conformer à cette règle. Que tous pas-
« teurs, surveillants et diacres, aient témoi-
« gnage d'être appelés à leur office (29*). »

Or, je vous supplie de remarquer sommairement (car il faudrait des volumes entiers, pour s'arrêter en chaque point).

Que nos adversaires posent en cet article une loi fondamentale en l'état de l'Eglise de Jésus-Christ, et une règle générale de l'autorité divine qui est établie en icelle en ces termes : « Nous croyons que nul ne se doit ingérer, » etc. Règle qui est fondée en la sainte Ecriture, à ce qu'ils disent eux-mêmes. Et puis ils apposent une restriction et modification de cette règle générale, comme il appert en ces mots : « en tant qu'il est possible, » etc. Exception « ajoutée notamment par eux, » disent-ils, et non par Jésus-Christ, ni par ses apôtres. Exception non prouvée par aucun des passages de la sainte Ecriture allégués en la marge (30), et qui ne le peut être par aucun autre texte formel qui vous soit proposé de nouveau.

Que cette exception est ajoutée par eux, et par une expresse nécessité : « Pour ce qu'il a fallu quelquefois, » disent-ils, « et même de notre temps, » etc. Dont il s'en suit que leur Eglise a sa ressource, et comme le fondement de son état, et l'origine de son établissement, dans cette exception. En sorte que si cette exception n'est écrite aussi bien que la loi précédente, par les apôtres ou évangélistes, leur Eglise nouvelle n'a point de fondement de son autorité en l'Evangile ; et partant n'est point l'Eglise de Jésus-Christ, en la conduite et autorité de laquelle il faut que les Chrétiens fassent leur salut.

Que d'abondant il n'y a aucun texte formel, qui dise ce que dit ce trente et unième article, *Que l'Eglise chrétienne sera dressée de nouveau par gens suscités d'une façon extraordinaire*, ni qu'il y doit avoir, après le siècle des apôtres, une autre ressource et principe d'autorité apostolique en l'Eglise chrétienne, que celle qui est dérivée de la puissance de Jésus-Christ par ses apôtres sans interruption ; et toutefois on fait croire en ce lieu, *que l'état de l'Eglise était interrompu*, et qu'eux *sont suscités d'une façon extraordinaire*. Dont il s'ensuit que leur Eglise n'a point d'autorité apostolique, et ne peut être dite apostolique pour ce regard, non plus qu'une Eglise qui serait schismatique, et qui conviendrait en doctrine avec la vrai Eglise. D'abondant ces clauses sont importantes au salut des fidèles, et font partie de leur confession de foi. Et il est bien nécessaire aux Chrétiens de savoir si l'Eglise de Jésus-Christ peut être interrompue ; quand et combien de temps doit durer cette interruption, et quand elle doit être suscitée de nouveau, et par quels prophètes ou apôtres. Les Ecritures donc qui expriment si clairement et si intelligiblement toutes les choses qui regardent le salut des fidèles, que chacun, à leur dire, les y peut voir, et d'un discernement infaillible, sans aide de glose ni d'interprète, et qui d'ailleurs contiennent tant de particularités moins importantes que celles-ci, n'auront-elles pas déclaré ces accidents de l'Eglise, et marqué ces circonstances? Ou si elles ne les ont point déclarés, pourront-elles être crues et proposées de ceux qui se sont obligés par serment solennel de ne rien croire que ce qui est dans les saintes Ecritures? Voilà toutefois les points et les conclusions que l'on vous propose en cette confession de foi, et qu'on vous fait jurer sans texte et sans autorité. Voilà les principes que l'on a posés à votre instruction, dont il faut tirer ces conclusions ; car vous voyez que je ne rapporte que leur style et langage ordinaire.

Et néanmoins il n'y a un seul texte, qui dise cette proposition posée en cet article, « Que l'Eglise chrétienne sera dressée de

---

(29*) *Matth.* XXVIII, 10, 16; *Marc.* XVI, 15; *Joan.* XV, 16; *Act.* I, 21; *Rom.* X, 15; *Tit.* I, 5; *Galat.* I, 15; *I Tim.* III, 7, 8, 9, 10, 15.

(30) L'art. 31 de la confession d'Ausbourg porte en marge l'indication des textes de la note 29 ci-dessus, textes qui sont tous relatifs à la mission ou à l'élection des pasteurs. (Édit.)

nouveau par gens suscités, » etc. J'ajoute semblablement, qu'il n'y en a un seul, qui dise que ceux de ce temps-ci, et non autres, soient ces « gens suscités d'une façon extraordinaire, » etc. pour dresser l'Eglise de nouveau. Et cependant l'Ecriture qui dit si pleinement toutes choses, devait dire et l'un et l'autre, pour le salut des fidèles et pour subvenir à la simplicité de ceux qui, dans le long terme de douze cents ans que l'on assigne à cette éclipse et défaillance de l'Eglise, pourraient innocemment estimer que quelques-uns des hérésiarques élevés depuis en grand nombre, et en chaque centaine d'années, et en toutes les provinces de la terre, seraient peut-être de ces gens que le monde devait attendre et entendre, et n'adhérassent à leur doctrine. Et ce d'autant plus qu'ils ont tous eu en bouche ce même langage *de réformation*, ce même dessein au monde « de dresser l'Eglise de nouveau, » mêmes prétextes, mêmes moyens de preuve et mêmes prétentions de vérité et d'autorité que ceux de ce siècle vous proposent. Et toutefois de tant de milliers de personnes qui ont eu ce même mot du guet en l'armée, ou de Jésus-Christ, ainsi qu'ils prétendaient, ou de l'Antechrist, comme nous croyons, il n'y en a, selon vous, un seul à qui cet office appartienne, lequel vous croyez par cet article de foi être réservé à ceux de notre temps et de notre France. Concluons donc maintenant, et disons que si les saintes Ecritures doivent clairement contenir toutes les choses qui concernent le salut, comme vous disent les vôtres, et si celles-ci, si nécessaires et importantes ne s'y retrouvent point, comme vous le voyez, vous n'avez point à douter de la nullité de cet article. Et si les mêmes Ecritures (ce qui est bien plus) disent clairement et en plusieurs lieux, qu'il viendra des séducteurs et faux prophètes qui feront des sectes à part, et jamais il n'est dit qu'il viendra des gens suscités d'une façon extraordinaire « pour dresser l'Eglise de nouveau, » n'avez-vous pas un sujet raisonnable, de craindre que la qualité que prédit l'Ecriture, ne leur convienne, et que l'office et qualité qu'ils s'attribuent, et que l'Ecriture ne prédit point et n'attribue à personne, ne leur convienne non plus?

XVIII. Mais il y a encore un autre point, l'éclaircissement duquel est absolument nécessaire à votre instruction, avant que passer plus outre. Car maintenant vos pasteurs sont dans le cours d'une vocation ordinaire, commencée toutefois « de notre temps extraordinairement par des gens suscités, » etc. (ce disent-ils) et le pouvoir de ces gens ainsi suscités de Dieu en notre temps, pour un si grand œuvre comme « dresser l'Eglise de nouveau, » doit être fort éminent et signalé en créance et respect dedans vos esprits. Il faut donc que vous sachiez, et par les saintes lettres, si vous ou même un d'eux tombe à l'avenir, ou soit déjà tombé par le passé, en un discernement ou de l'Ecriture, ou du sens de l'Ecriture, contraire au jugement que tient et propose, comme infaillible, cet homme suscité d'une façon extraordinaire pour dresser l'Eglise de nouveau ; s'il lui est permis ou à vous, d'opposer votre sens et discernement particulier, à celui de cet homme signalé d'une commission extraordinaire. Car si quelque homme ou pasteur ordinaire, eût refusé de croire ou de suivre un apôtre, discernant ou expliquant l'Ecriture, il eût mérité justement anathème, quand même il eût été enseigné par un ange. Or vous ni vos pasteurs ne suivez pas le jugement et discernement de Luther en l'Ecriture, car il juge, pour épître de paille, ce qu'on vous fait juger pour apostolique (30*), et il interprète les Ecritures en un sens contradictoire au vôtre, en plusieurs articles de foi nécessaires à salut, et notamment au point de l'Eucharistie. Apprenez donc de vos ministres, la méthode et conduite que votre foi doit avoir en ces difficultés. Et cependant considérez que Luther, ce Luther, dis-je, qui a reçu, ce dit-on, les prémices de l'esprit de réformation, Luther qui ne veut ni tradition, ni messe, ni papauté, Luther qui est suscité de Dieu d'une façon extraordinaire, Luther pour qui vos pasteurs ont jugé contre l'Eglise romaine, soutenant qu'il avait l'esprit de Dieu et un envoi apostolique pour ruiner l'antechrist, et pour dresser l'Eglise de nouveau. C'est lui-même qui prononce anathème contre eux et contre votre foi, contre votre Eglise et contre leur ministère, et partant, ils ont été condamnés par leur propre jugement (qui est la marque que l'Apôtre donne à l'hérésie) c'est-à-dire, par celui que leur propre jugement a élevé par-dessus tout le monde et par-dessus eux-mêmes, puisqu'il doit être l'origine de leur ministère ; et il faut qu'ils prononcent un réciproque anathème contre lui, contre son Eglise et contre son anathème. Et, par ainsi, celui qui est condamné par eux d'anathème et d'infidélité, est extraordinairement envoyé, c'est-à-dire Luther, et celui qui le juge et condamne, c'est Bèze par exemple, ou quelque autre qui n'est envoyé en nos jours que d'une façon ordinaire, laquelle encore a son cours et son principe dans l'envoi extraordinaire de cet homme miraculeusement donné de Dieu, lequel ce nonobstant on condamne d'hérésie et d'aveuglement en la foi. Qui est à la vérité une procédure et façon bien nouvelle et bien extraordinaire en l'Ecriture et en l'Eglise, et une fort étrange, soit naissance, soit usage de ministère. Naissance, dis-je, de ministère qui a sa source dans un homme anathématisé en point de foi, par ceux-là mêmes qui tirent leur envoi ordinaire de lui ; et usage de ministère, dont le premier effet et effort, comme celui de la vipère est à déchirer le ventre qui l'a porté, c'est-à-dire à vouer aux enfers cet homme qui vous a tous spirituellement engendrés en notre temps d'une façon extraordinaire. Et voilà toutefois le ministère que vous suivez, et par lequel il vous faut entrer en la

---

(30*) A savoir l'Epître de saint Jacques et plusieurs autres pièces du Nouveau Testament.

foi et au ciel, selon les principes de votre Eglise. Mais suivons les autres clauses de cet article et disons :

XIX. Que par la confession qu'ils vous présentent, et vous font signer de votre main et de votre sang, « leur Eglise est dressée de nouveau. » Et partant vous devez reconnaître de prime abord et de bonne foi, qu'elle n'est pas celle que Jésus-Christ a édifiée en saint Matthieu (c. XVI), car celle-là est aussi ancienne que Jésus-Christ même, et doit durer jusqu'à la fin du siècle, et partant ne peut être interrompue, ni dressée de nouveau. D'ailleurs, ils ne vous disent point « où elle est dressée de nouveau, en quel temps, et par qui ; » et ils ne marquent point les couleurs et linéaments de leur Eglise, comme si elle leur était encore obscure et invisible, même dans sa propre visibilité ; ainsi seulement ils déclarent en un mot (qui dit tout ce qu'ils en osent dire) « qu'elle est dressée de nouveau et de notre temps. » De sorte qu'elle porte sur le front un certain caractère externe, une certaine marque parlante, et une certaine protestation visible de schisme, de nouveauté, de rébellion et d'hérésie. Mais quoique c'en soit, vous avez à remarquer ces choses, à peser cette qualité, et à rechercher ces circonstances qu'on ne vous dit point ; car elles importent grandement à votre salut et instruction, puisque de notre temps (selon la généralité du terme dont ils usent) et en notre même siècle, les uns ont commencé en Allemagne, peu d'années avant eux à Genève, et les autres ailleurs ont suivi leurs traces et leurs principes, et ont donné plus avant, ce disent-ils, en la ruine de l'Antechrist, et sont tous si différents, qu'ils se défèrent anathème les uns aux autres. Chose si notoire qu'elle ne peut être ni cachée, ni désavouée ! Chose si considérable que leur Eglise en ceci, tient de la nature du scorpion qui porte le remède et le venin tout ensemble ! Car si vous entrez en cette recherche, vous verrez plusieurs nouvelles Eglises contraires entre elles-mêmes, en sorte qu'un même ciel ne les peut soutenir. Toutes cependant si semblables, qu'elles sont comme sœurs germaines ; elles portent même nom de réformation ; ont même naissance de notre temps, ont même esprit et humeur, « ne voulant ni prêtrise, ni messe, ni papauté, ni tradition, » ont même conduite et principes ; car elles font toutes profession solennelle « de détester les traditions humaines et leur Antechrist de Rome ; de ne suivre que la pure parole de Dieu, de ne l'exposer que par l'analogie de la foi, par la conférence des textes, et par l'assistance du Saint-Esprit en leurs cœurs (31). » Et toutefois de moyens si semblables, et de prétentions si égales, il naît une si grande diversité de créance, que l'on ne peut douter de l'erreur, ou en la plupart, ou en toutes ces nouvelles Eglises.

Et vos ministres n'ont point plus de prétexte de vous autoriser et présenter l'une que l'autre ; ni vous plus de sujet de vous arrêter et commettre à l'une qu'à l'autre. Tellement que vous ne pouvez douter par l'état de cette procédure, par l'évidence de ces effets, par l'égalité de ces prétentions, par l'usage de ces principes, par l'incertitude et contrariété des conclusions qu'ils en tirent, de la nullité de cette créance, de l'instabilité de cette foi, de la nouveauté de cette Eglise, de la misérable condition et qualité de ce ministère, suscité d'une façon extraordinaire, démenti en sa naissance, et contredit par leurs propres auteurs. Ce qui porte une obligation manifeste et sensible à chercher l'Eglise et le salut ailleurs, et à rechercher une Eglise qui ait Jésus-Christ pour auteur, et pour fondement primitif et absolu, et qui ait été édifiée par lui il y a seize cents ans, et non « dressée de nouveau ; » qui ait pris sa naissance et son origine dans Jérusalem, et non dans Genève ; qui de là se soit répandue par toute la terre, et non inconnue « et invisible en toute la terre : » qui ait acquis au Fils de Dieu le monde qui lui a été promis et donné de son Père, chassant l'idolâtrie, et débellant les hérésies de l'univers, et non une Eglise muette, une Eglise sans œuvre, sans puissance et sans ministère ; une Eglise qui ne peut prétendre même avoir conquis un pouce de terre à Dieu avant ce siècle. Bref, une Eglise qui soit marquée d'une suite perpétuelle de peuple et de pasteurs en tout temps, et qui soit apostolique en l'origine et en l'autorité de ses fonctions ; et non pas destituée de peuple, de pasteurs et de ministère apostolique. Et enfin une Eglise, « non qui puisse faillir, » mais à laquelle Jésus-Christ ait promis son esprit et sa parole à jamais pour vous instruire ; sa puissance invincible contre les portes d'enfer (32) pour vous garantir ; et son assistance, non en tous les siècles et en tous les ans seulement, mais tous les jours mêmes (tant il lui a plu d'être exact et veillant au bien de son épouse et Eglise) jusqu'à la consommation du siècle, pour vous assister et conduire et vos semblables, en tous les moments de la vie jusqu'à la fin du monde.

XX. Qu'en l'état de la religion chrétienne dont Jésus-Christ est l'auteur et le fondement, il appert par les saintes lettres, que Dieu le Père a envoyé son Fils au monde pour y parler et édifier son Eglise. Ce qui fait que l'Eglise est doublement et singulièrement divine. Que ce Fils unique de Dieu, qui est le seul immédiatement et uniquement envoyé de son Père, a enseigné le monde en propre personne, et en se séparant de la terre il a consigné au monde son autorité, ce qui fait que l'Eglise est surnommée chrétienne, et est distinguée de la Synagogue qui a eu Moïse pour son auteur. Que cette autorité de Jésus-Christ n'a été

---

(31) C'est le langage et la prétention de tous les hérétiques.

(32) *Omnibus diebus usque ad consummationem sæculi.* (*Matth.* XXVIII, 20.)

commise par lui qu'à ceux que nous nommons et reconnaissons apôtres selon l'Ecriture. Ce qui donne un nouveau titre à cette Eglise, et la rend non-seulement divine et chrétienne, mais aussi apostolique. Que ses apôtres comme ils ont été envoyés, aussi ont-ils établi et envoyé leurs disciples et successeurs par le rond de la terre, et ont seuls reçu ce pouvoir d'aller et d'envoyer par l'univers. Ce qui rend l'Eglise non-seulement divine, chrétienne, apostolique, mais aussi catholique.

Ces titres et qualités ne peuvent être ignorés de pas un des Chrétiens, car ce sont les premiers éléments du christianisme, et ne peuvent être transmis à aucune assemblée particulière, que par le canal et le conduit de la mission que Jésus-Christ a reçue de son Père, et qu'il a donnée à ses apôtres, et par ses apôtres à son Eglise de siècle en siècle. Tellement que l'Eglise, qui n'est fondée sur cette mission de Jésus-Christ, envoyé en qualité de Dieu et d'homme tout ensemble, et envoyant ses apôtres comme il a été envoyé, ainsi qu'il dit en saint Jean (cap. xx) ne peut être ni chrétienne, ni apostolique, ni catholique. Considérez ceci, je vous prie, et par ces principes (qui ne peuvent et ne doivent vous être suspects, comme étant tirés partie de votre confession de foi, et partie des premières maximes de la religion chrétienne) jugez à part-vous de l'état et de l'autorité de votre Eglise, et apprenez désormais un document bien nécessaire à votre salut, et qui porte un oracle de vérité, et une adresse bien certaine aux dévoyés de ce siècle; c'est qu'il n'y a que Dieu seul qui puisse appeler sans être appelé, et envoyer sans être envoyé, parce qu'il est seul le souverain en son état, en une manière incommunicable à tout autre; et tout le reste des hommes est subordonné à son empire, et sujet ou à son envoi, s'il daigne le communiquer, ou à sa justice et malédiction, si on le viole, et le prévient selon cet oracle: *Malheur à eux* (parlant des hérétiques) *car ils périssent en la contradiction de Coré.* (*Jud.* 11.) Malheur et menace effroyable, et qui doit percer au vif ceux que cet exemple regarde. Car ceux-ci, Messieurs, prétendaient l'esprit de Dieu comme vous le prétendez; ils vivaient et faisaient profession de la foi commune et publique du judaïsme comme vous faites du christianisme; ils se tenaient aussi saints que Moïse, et s'arrogeaient l'esprit de Dieu, et à leur parti, ainsi que vous vous l'attribuez et à votre Eglise; ils accusaient les légitimes sacrificateurs de tyrannie, comme vous accusez nos pasteurs; ils voulaient entrer en l'office de sacrificature comme vous voulez entrer en l'autorité pastorale *vous cherchez encore,* leur dit Moïse (*Num.* xvi, 10), *l'office de la sacrificature.* Et ils se prétendaient choisis et appelés de Dieu à cette charge, ainsi que vous prétendez une vocation divine en votre ministère! Mais c'étaient eux qui se disaient ainsi appelés, et Dieu ne le disait pas, ni Moïse son serviteur; c'étaient eux qui s'y ingéraient, et Dieu ne les y appelait pas, ni son serviteur Moïse.

Et ce mal vous convient aussi bien que les analogies et similitudes précédentes. Car c'est vous qui dites que vous avez une vraie et divine vocation, si toutefois vous l'osez penser même en le disant; mais Dieu n'en rend pas témoignage, ni son Eglise, s'il y a eu une Eglise au monde! Vous entrez en la chaire et en la charge pastorale, la Bible en main, qui ne suffit non plus à vous donner la mission, que les encensoirs en la main de Coré pour lui donner la sacrificature; car la Bible explique et contient, mais elle n'applique et ne donne pas les conditions de la mission légitime. Et eux toutefois nonobstant leur foi et leur esprit de Dieu, leurs encensoirs et leurs prétentions, ont été abîmés; et comme le ciel s'est une fois ouvert pour faire place à la chute des esprits rebelles à Dieu et à ses anges, aussi la terre s'est une fois ouverte, pour faire tomber vivants dedans l'enfer ces personnes rebelles! Et un apôtre ajoute cette menace, à cet exemple assez effroyable de soi-même: il ajoute, dis-je, cet avertissement parlant aux hérétiques, malheur à eux (*Jud.* 11), car ils périssent en la contradiction de Coré! Menace et malheur qui ne regarde pas seulement les usurpateurs de l'office, mais ceux-mêmes qui leur adhèrent, et qui font nombre et part en leur faction et assemblée! Car Moïse dit notamment au peuple: *Retirez-vous des pavillons de ces méchants* (ainsi appelle-t-il les rebelles et usurpateurs de l'autorité divine), *afin que vous ne périssiez en tout leur péché!* (*Num.* xvi, 26) C'est pourquoi l'Eglise avertit si soigneusement ses enfants (et vous donne, Messieurs, le même enseignement pour votre salut) de ne se point associer aux assemblées rebelles. Car encore qu'on n'ait point commencé ce divorce, il suffit d'y être enveloppé pour y périr.

Or, nous voyons en saint Paul une règle générale et absolue, une règle d'état et d'office en l'Eglise de Dieu, qui porte une marque infaillible d'attentat et de schisme où elle manque; règle, dis-je, sans exception, car elle enclot Jésus-Christ même, comme nous dirons ailleurs, bien qu'il soit le chef et le pasteur des hommes et des anges, et qu'il mérite bien être exempt des règles générales de l'Ecriture, si aucun le peut prétendre. *Nemo* (dit saint Paul hautement et absolument. [*Hebr.* v, 4], nemo, dis-je, sans exception, *assumit sibi honorem; sed qui vocatur a Deo tanquam Aaron.* Que si, en suite de cette règle sans exception, nous sondons et recherchons les saintes Ecritures, nous trouverons même la mission de Jésus-Christ rapportée en icelles, et présentée par lui-même en la Synagogue en saint Luc.

Car il n'a pas dédaigné de rendre compte de sa mission, et il n'a pas suivi le style et la raison de l'adversaire, fuyant ici de rendre compte de la sienne, et il n'a pas sommé les sacrificateurs de lui rendre compte de la leur auparavant; mais il l'a déclarée et confirmée et par les Ecritures et par miracles, substituant sa mission à celle de la Synagogue, et se constituant la base et le fondement de la mission fondamentale de son Eglise; en sorte que comme le sacerdoce d'Aaron a duré jusqu'à Jésus-Christ selon ses paroles en parlant des pharisiens: *Ils sont assis sur la chaire de Moïse.* (*Matth.* XXIII, 2.) Aussi le sacerdoce et la mission de Jésus-Christ, doit durer sans interruption et sans ressource jusqu'à la fin du monde, quoique dise cet article 31, sans texte et sans autorité.

XXI. Mais poursuivons et continuons plus outre à feuilleter les saintes lettres, laissant à les examiner plus amplement ci-après, et voyons le progrès et la suite depuis Jésus-Christ jusqu'à nous. Et vous trouverez en saint Jean ces paroles mémorables, que le Sauveur dit à ses apôtres après sa résurrection : *Comme mon Père* (dit-il) *m'a envoyé, je vous envoie* (*Joan.* XX, 21): Voilà la mission des apôtres. Puis vous rencontrerez saint Paul, disant à son disciple Timothée (*II Tim.* I, 6) : *Ressuscite la grâce du Saint-Esprit, qui est en toi par l'imposition des mains :* Voilà la mission des disciples des apôtres. Et passant plus outre, vous trouverez le même Apôtre écrivant ces paroles : *Pour cette cause, je t'ai laissé en Crète, afin que tu donnes ordre à ce qui défaut, et que tu constitues des prêtres de ville en ville, ainsi que je te l'ai ordonné.* (*Tit.* I, 5.) Voilà la mission des disciples des disciples des apôtres. Et par ainsi, voilà l'état de l'Eglise conduit jusqu'au dernier point, dont le narré des Ecritures nous peut instruire, et il ne reste plus qu'à suivre et continuer le fil de sa mission dans les annales ecclésiastiques, si vous le voulez, et vous faire voir dans les écrits des Pères, comme ils ont déduit et rapporté cette succession jusqu'à leur siècle, et l'ont transmis à la postérité. Car ils se sont aidés en leur temps de ce moyen, aussi bien que nous, et aux mêmes fins que nous faisons en ce siècle; et ils l'ont employé à deux usages, savoir est, quelquefois à détruire la doctrine de ceux, qui étant destitués de l'autorité du ministère, entreprenaient de faire des congrégations ecclésiastiques; et quelquefois pour prouver l'unité et consanguinité (comme parle Tertullien) de la doctrine ecclésiastique avec celle des apôtres, comme étant dérivées d'un même principe par le conduit de la succession personnelle.

Saint Irénée (*Adv. hæres.*, l. III, c. 3) après avoir raconté la suite des évêques de Rome jusqu'à son temps : « Par cette ordination, dit-il, et cette succession, la tradition des apôtres en l'Eglise, et la prédication de la vérité est parvenue jusqu'à nous; et c'est une très-parfaite démonstration que la foi vivifiante, qui a été jusqu'ici conservée et baillée de main en main en l'Eglise depuis les apôtres, est une et même. »

Tertullien au liv. *des Prescriptions :* « Soit ainsi, » dit-il, « que toutes les Eglises aient erré, que le Saint-Esprit n'en ait regardé pas une, qu'il ait méprisé son office, laissant cependant les Eglises entendre autrement, croire autrement qu'il n'était prêché par les apôtres; est-il vraisemblable que tant et de si grandes Eglises aient erré conformément en une même dépravation de la foi ? » Et un peu à après : « La vérité donc attendait quelques marcionites et quelques valentiniens (33) pour être délivrée de captivité. Cependant on évangélisait mal, on croyait mal, tant de milliers ont été mal baptisés, tant d'œuvres de la foi mal administrés, tant de vertus et de miracles mal opérés, tant de sacerdoces et de ministères mal exercés, tant de martyres finalement mal couronnés. »

Saint Athanase (*De decret. Nicen. syn.*) : « Voilà nous avons montré, quant à nous, que cette doctrine a été baillée des Pères aux Pères, comme par tradition manuelle. Vous autres nouveaux Juifs et enfants de Caïphe, quels pères et ancêtres démontrerez-vous de vos locutions? »

Saint Grégoire de Nazianze (epist. 2, *Ad. Clement.*) : « Si la foi a commencé seulement depuis trente ans, vu qu'il y a plus de quatre cents ans que Jésus-Christ a été manifesté; certes, notre Evangile en tant de temps a été vain, et notre foi vaine; et ceux qui ont porté témoignage ont en vain témoigné, en vain tant de si grands prélats ont présidé sur le peuple (34). »

Saint Pacien, en la troisième épître contre les Novatians : « Novatianus, dit-il, a-t-il eu le don des langues? a-t-il prophétisé? a-t-il ressuscité des morts? car il devait avoir quelqu'une de ces choses pour introduire un nouvel Evangile (35). » Et un peu après : « Novatianus, répondrez-vous, l'a ainsi entendu, mais Jésus-Christ l'a ainsi enseigné. Quoi donc, depuis Jésus-Christ jusqu'à l'empire de Décius il n'y a eu personne d'intelligent? » Et vers la fin de la même épître : « Or prenez garde maintenant pour savoir si celle-là est édifiée sur les fondements des prophètes et des apôtres, dérivant son origine de la pierre angulaire, qui est Jésus-Christ; si elle a commencé devant vous, si elle a cru devant vous, si elle ne s'est point retirée de ses premiers fondements, si elle n'a point passé d'un parti à un autre, si elle ne s'est point séparée du reste du corps, se constituant ses propres docteurs et ses propres enseignements. Au contraire, si elle a inféré des conclusions inaccoutumées, si elle a trouvé quelque droit de nouvelle introduction, si elle a signifié le divorce de la paix à son corps; alors qu'elle soit réputée tout à fait s'être départie de Jésus-Christ, et être hors du fondement des prophètes et apôtres (36). »

Saint Epiphane (*In hæres. Aer.*) : « Qui doit

---

(33) Disons, en notre siècle, quelques Luthériens et calvinistes.

(34) Si ces propos ont force pour quatre cents ans, combien plus pour seize cents ans.

(35) C'est la même demande que nous faisons aux hérétiques de notre temps.

(36) Voilà l'arrêt prononcé contre nos adversaires plus de douze cents ans avant leur naissance.

mieux savoir ces choses, ou cet homme abusé qui est encore vivant au monde, ou ceux qui ont été témoins devant nous, lesquels ont eu la tradition précédente de l'Eglise, l'ayant apprise de leurs pères, qui l'avaient eux-mêmes apprise de leurs pères, selon la manière dont l'Eglise conserve la vraie foi et les traditions dérivées de ses Pères jusqu'à maintenant. »

Saint Augustin, *sur saint Jean*, traité 37 : « La foi catholique, dit-il, descendue de la doctrine des apôtres, plantée et reçue en nous par la suite de la succession, et qui doit être transmise pure à ceux qui viendront après nous, a conservé la vérité entre l'une et l'autre erreur. » Et au premier livre contre Julien pélagien, après avoir allégué un grand nombre de Pères : « Ce qu'ils ont, dit-il, trouvé en l'Eglise, ils l'ont tenu ; ce qu'ils ont appris, ils l'ont enseigné ; ce qu'ils ont reçu de leurs pères, ils l'ont baillé à leurs enfants. » Et un peu après : « Sous tels planteurs, arroseurs, édificateurs, pasteurs et nourriciers, l'Eglise, depuis les apôtres, a pris un accroissement. »

Le même saint Irénée sus-allégué, au liv. IV, chap. 43 : « Il faut obéir, dit-il, aux prélats qui sont en l'Eglise, qui ont la succession des apôtres, comme nous avons montré ; qui avec la succession de l'épiscopat ont reçu le talent certain de la vérité, selon le bon vouloir du Père. Et les autres, qui sont hors de la succession originaire, en quelque partie que ce soit qu'ils fassent leurs congrégations, les avoir pour suspect, ou comme hérétiques de mauvaise doctrine, ou comme schismatiques et rebelles. »

Tertullien, au liv. *des Prescriptions* : « Que les hérétiques produisent les origines de leurs Eglises, qu'ils déduisent l'ordre de leurs évêques, si bien dérivé de son principe par les successions, que le premier évêque ait eu quelqu'un des apôtres, ou des disciples des apôtres, qui toutefois aient persévéré avec les apôtres, pour prédécesseur. Car ainsi les Eglises apostoliques vérifient leur généalogie ; comme l'Eglise de Smyrne produit Polycarpe établi par Jean ; et celle de Rome Clément, ordonné par Pierre. »

Saint Cyprien, au livre *De l'unité de l'Eglise* : « De là ont leur être, dit-il, ceux qui d'eux-mêmes et sans commission de Dieu, usurpent la prélature parmi certains assistants témérairement ramassés, qui se constituent pasteurs sans aucune légitime ordination, qui prennent le titre d'évêque, personne ne leur ayant conféré l'épiscopat : hommes que le Saint-Esprit note par la bouche du Psalmiste, assis en la chaire de pestilence, pestes et ruines de la foi. »

Optat Milevitain, au deuxième livre contre Parmenien, évêque des donatistes de Carthage : « Rendez-nous, dit-il, maintenant compte de l'origine de votre chaire, vous autres qui voulez vous attribuer le titre de la sainte Eglise. »

Saint Jérôme (*contre Lucifer*) : « Il faut, » dit-il, « demeurer en celle Eglise, laquelle ayant été fondée des apôtres, dure jusqu'à cejourd'hui. » Et au traité contre les Luciferiens : « Avec l'homme, » dit-il, « est périe aussi la secte, parce que n'étant que diacre, il n'a pu ordonner aucun clerc après soi. Or, celle-là n'est point l'Eglise, qui n'a point de prêtres. »

Saint Augustin au *Psal. contre la part de Donat* : « Comptez les prélats jusque depuis le siége de saint Pierre, et en cet ordre-là des Pères, voyez qui sont ceux qui ont succédé les uns aux autres. C'est la pierre, que les superbes portes d'Enfer ne surmontent point. »

XXII. Quand je vois cette suite et succession de personnes envoyées de la part de Dieu, et envoyant les autres depuis Jésus-Christ jusqu'à ce siècle, comme si, par ce moyen, ou nous remontions jusqu'à lui, ou il descendait jusqu'à nous en la communication de ses grâces dans son Eglise, il me semble que c'est une chaîne divine qui, d'un bout, touche la terre, et de l'autre le ciel, et joint les hommes avec Dieu en l'opération de notre salut ; et que le premier chaînon, c'est Jésus-Christ conjoint à Dieu son Père en la mission qu'il a reçue de lui, et les derniers sont les pasteurs ordinaires d'âge en âge, qui ont reçu le pouvoir de lui pour nous tirer au ciel, et lui sont conjoints par l'entre-deux des pasteurs précédents, auxquels ils sont liés et associés par la suite, dépendance et subordination mutuelle des uns substitués successivement aux autres. Et il me semble que je vois en cette liaison d'autorité divine, depuis le Sauveur jusqu'à nous, cette chaîne dorée descendue de Dieu, dont les poëtes, qui étaient les prophètes des païens, ont tant parlé, si toutefois il est permis de tirer lumière des profanes.

Ou pour parler plus religieusement et saintement de choses si divines, et pour ne mesurer Dieu que par soi-même, je puis dire que je vois un grand rapport entre l'auteur de la nature, et l'auteur de la grâce, c'est-à-dire entre Dieu créant le monde matériel et sensible, et lui-même formant l'Eglise dedans ce monde, comme une terre nouvelle, et comme un nouveau monde. Car comme il lui a plu de faire un Adam en l'univers, et ordonner que tous les hommes tirent leur naissance, non de Dieu immédiatement, qui est le premier père, ni d'Adam aussi seul, qui est le premier homme, père de tous les hommes ; mais et de Dieu et d'Adam : et ce par le moyen de la génération de tous les hommes qui nous ont précédés en l'être, et devancé en droite ligne depuis Adam jusqu'à un chacun de nous, sans vouloir donner à la nature humaine une autre nouvelle ressource, non pas même au déluge et en l'excès de sa fureur embrasée contre le monde ; tant il est ferme et constant à établir et conserver l'unité et la continuité de l'unique et premier principe qu'il a donné à l'homme en son état et en sa vie naturelle.

Aussi a-t-il plu à Dieu, faisant ce nouveau monde, que nous appelons l'Eglise, de faire un Adam en cette Eglise, c'est-à-dire son Fils, formé extraordinairement de sa main, comme Adam; mais tiré toutefois de la substance et du corps de la Vierge, comme l'autre avait été tirée de la substance et du corps de la terre; et il a voulu nous donner ce nouvel Adam pour père, en sorte que tous ses enfants tirent de lui l'être et l'esprit de la foi et du salut, et qu'ils le tirent, non pas de lui immédiatement, mais de lui par ses apôtres, et par les pasteurs donnés à son Eglise, en l'entre-deux des siècles, depuis son avénement jusqu'à notre âge. Car il ne veut pas faire ce tort à son Fils bien-aimé, auquel il prend son bon plaisir, ni permettre cet inconvénient à son Eglise (ne l'ayant pas permis et souffert dans l'état du monde, et d'un Adam terrestre, rebelle et pécheur) qu'il y ait une autre ressource et principe de mission et génération spirituelle de ses enfants, que sa puissance et autorité paternelle et pastorale qu'il est venu établir sur la terre; ni que jamais elle soit interrompue, quelques déluges en la foi et aux mœurs que nos adversaires imaginent au monde! Et c'est pourquoi l'Eglise va ainsi observant et racontant les degrés de sa descente et génération spirituelle de Jésus-Christ, par la suite des Pères et des pasteurs qui nous ont précédés. Et comme deux évangélistes ont pris le soin de raconter la suite des patriarches en la génération de Jésus-Christ; et l'un d'eux en remontant depuis Jésus-Christ jusqu'à Dieu, pour représenter à l'Eglise la descente et la succession de son Messie *selon la chair*. Ainsi l'Eglise va estimant et supputant les degrés de la généalogie et descente de Jésus-Christ, *selon l'esprit*, jusqu'à nous, par la succession non interrompue; et ce pour autoriser à ses enfants leur naissance et extraction légitime; pour vérifier les promesses de cette succession portées en l'Ecriture, et pour marquer au front les enfants bâtards que Satan veut introduire et supposer au Fils de Dieu en son Eglise, par les hérésies, qui sont sa semence et sa génération.

XXIII. Après ces choses fondées en l'Ecriture, continuées en l'antiquité de l'Eglise, approuvées du sens commun de tous les fidèles: et à un point si fort, si relevé et si nécessaire d'une nécessité absolue (si on ne veut rompre les lois posées en l'Evangile, et si on ne veut être injurieux à Jésus-Christ et à son Eglise); nos adversaires opposent froidement et faiblement quelques choses. Les uns disent qu'ils sont issus de Jésus-Christ par le moyen de notre mission, mais cela ne sert qu'à nous justifier et à les accuser.

1. A nous justifier, dis-je: car ils doutent donc si peu de notre mission et de notre Eglise, qu'ils veulent mendier et rechercher la leur dans la nôtre.

2. Et à les accuser. Car ils disent que l'Antechrist est entré dans cette Eglise, et que le pouvoir de l'Eglise romaine est depuis plusieurs siècles ès mains de l'Antechrist. Ils tirent donc pouvoir et mission de l'Antechrist selon leur foi, s'ils le tirent en notre temps de cette Eglise, selon leur dire; qui est une sorte de mission que jamais l'Ecriture ne donne à l'Eglise; et que nous ne devons point leur débattre; et qui d'ailleurs est fort inutile à vous sauver, et à leur donner autorité de la part de Jésus-Christ au monde.

3. Même ce recours à notre mission nous donne un nouveau moyen de les surprendre, comme les accusateurs de la chaste Suzanne en une manifeste contradiction. Car, à leur arrivée, ou l'état de l'Eglise était interrompu, ou il ne l'était pas: s'il ne l'était pas, ils contredisent à leur foi, qui porte en mots exprès: « Que de notre temps l'état de l'Eglise était interrompu. » (Art. 31.) S'il l'était, ils contredisent à leur réponse, et ils n'ont pas dérivé leur mission de Dieu par la nôtre: car le canal en était interrompu, selon leur créance. Quelques autres, et même un des grands docteurs (37) de leur réformation, recourent aux oies du Capitole, et veulent faire entendre qu'ils ont pu sans mission éveiller le monde, les sentinelles étant endormies. Mais cela n'est bon que pour tirer exemple et mission des oisons, et non pour satisfaire à ceux qui leur demandent exemple et mission des apôtres: et si bien quelques pasteurs dorment quelquefois en leur office, Dieu a promis qu'il y en aura toujours de veillants et de parlants, et jour et nuit, afin que son Eglise n'eût besoin du secours et exemple de ces oisons: *J'ai ordonné*, dit-il en Isaïe (LXII, 6), *des gardes sur tes murailles; tout le jour et toute la nuit continuellement ils ne se tairont point*. Et quand nos adversaires ont entré en la bergerie, ils ont trouvé, grâce à Dieu, des pasteurs et docteurs, qui ont crié au loup et à l'hérésie, et ont donné leur tête, leur vie et leur sang pour leurs ouailles (38). Mais c'est un jugement de Dieu de laisser ces esprits éblouis en leur propre lumière (pour n'avoir voulu humblement suivre la lumière de l'Ecriture et de l'Eglise), être frappés d'aveuglement en un point si sensible, si manifeste et si nécessaire, et aller recherchant à tâtons dedans le Capitole et dedans Rome païenne, ce qu'ils ne veulent pas trouver ni rechercher dedans Rome chrétienne.

Quelquefois et spécialement entre eux, ils se disent secrètement que c'est un point de chicanerie, et qu'il ne s'y faut arrêter. Mais c'est le Fils de Dieu et ses apôtres qui ont appris aux Chrétiens cette chicanerie, et les ont obligés de prendre garde à cette voie comme à un moyen court, facile et assuré *pour ne flotter à tous les vents de doctrine*,

---

(37) Le sieur du Plessis au traité de l'Eglise.
(38) Roffensis, évêque et cardinal, mourut en Angleterre pour la foi, et autres.

pour n'être en proie à la piperie des hommes et à leur ruse à cauteleusement séduire. (*Ephes.* IV, 14.) Et partant, nous opposons généralement à ces choses, une fois pour toutes, l'autorité, la nécessité, la divinité et la perpétuité de la puissance et de la mission de Jésus-Christ par ses apôtres, en son Église, sans exception, sans interruption quelconque. Nécessité que nous voulons vous déduire et représenter sommairement par les articles suivants, et que nous voulons (pour plus grande assurance de vos esprits) apprendre et puiser dans le conseil de la sainte Trinité, comme en sa source, pour la dériver et conduire en l'état de l'Église.

XXIV. Les anciens traitant de Dieu et de ses œuvres, font différence de deux mondes, appelant l'un le monde matériel et sensible, et l'autre le monde intelligible et archétype, par lequel ils entendent la divinité, qui est un parfait exemplaire de toutes les choses que Dieu a faites et produites hors de soi-même, par la contemplation et à l'imitation de son essence. Ainsi Dieu, singulier en essence et pluriel en personnes, voyant l'unité de son être, a voulu créer un monde, et dans ce monde une Église, pour servir de retraite et d'école à ses disciples, de mère et de tutrice à ses enfants ; lui donnant à cet effet la pluralité et diversité des ministères dont nous la voyons ornée. Et le même Dieu contemplant les origines des personnes divines subsistantes en l'unité de son essence, il a voulu qu'il n'y eût point d'autre source et origine de sa divinité et de l'état de l'Église, que celle de la mission ; car il lui plaît de se communiquer en terre par sa grâce aux fonctions et ministères ecclésiastiques ; et il veut que la mission tienne entre les hommes le même rang que la procession aux personnes divines, desquelles, selon saint Augustin, ces deux termes de mission et de procession disent une même chose. Tellement que comme après le Père de lumière, duquel descend et procède toute lumière créée et incréée, selon l'apôtre, il n'y a aucune personne subsistante en la très-sainte Trinité, que par la voie de la procession ; aussi n'y a-t-il aucune fonction divine et subsistante en l'Église de Dieu pour le salut des hommes, que par la mission. Et tout ainsi que les deux personnes divines, du Fils et du Saint-Esprit, n'ont le pouvoir de se communiquer à d'autres, soit par grâce, soit par hypostase, que par leur mission, et ne paraissent dedans le monde que par une mission précédente (car il est porté dans les Écritures que le Fils ne vient en terre pour s'incarner, que par l'envoi du Père ; et le Saint-Esprit ne descend sur les apôtres que par l'envoi du Fils) ; aussi en l'Église de Dieu, qui est l'image vive de la divine essence et l'ouvrage de la très-sainte Trinité, pas un n'y peut paraître ni prétendre le pouvoir de communiquer cette divinité par grâce, qui se communique par origine aux personnes divines, que par la voie de la mission, qui a droit au ciel et en la terre d'être le principe et l'origine de la divinité, la semence des enfants de Dieu, la source de ses grâces, et l'unique moyen communicatif de son essence, tant au ciel et au conclave de la sainte Trinité, s'il est permis d'ainsi parler, comme en la terre et au champ de l'Église.

Les anges ne font rien en terre que par la mission. — De là vient que les anges, qui sont les premiers et plus nobles esprits issus de la puissance divine, et les plus vives images de son essence, qui contemplent et adorent incessamment cette admirable Trinité, n'entreprennent de rien faire en l'Église que par la mission, quelques prééminences qu'ils aient par-dessus les hommes, et quelques degrés de nature élevée, de grâce parfaite et de gloire accomplie qu'ils aient en eux-mêmes ; car tous, selon saint Paul (*Hebr.* I, 14), soit chérubins, soit séraphins, sont esprits envoyés pour l'amour de ceux qui ont part à l'héritage de salut. Beaucoup moins donc entre les hommes, y aura-t-il des hommes, ni qui puissent, ni qui doivent entreprendre des charges sans commission. Car il est aussi facile à Dieu de pourvoir aux nécessités de son Église par la mission des hommes que par la mission des anges, s'il la veut secourir. Et s'il ne le veut, il n'y a aucun effort ni d'anges, ni d'hommes mortels, qui puissent rien opérer ni avancer au bien et au salut du monde.

Le Fils de Dieu n'a rien fait au monde que par la mission. — Même le Fils unique de Dieu, chef des hommes et des anges, auquel appartient le soin et la puissance d'opérer le salut privativement à tout autre, n'est venu au monde pour y annoncer sa doctrine, et y faire l'office de souverain pasteur, que par la mission de son Père, alléguée par lui-même en saint Luc (IV, 18.) *Spiritus Domini super me, eo quod unxerit me : Evangelizare pauperibus misit me,* etc. Et aux Hébreux (V, 5), il est dit notamment, que *Christus non semetipsum clarificavit ut pontifex fieret : sed qui dixit ad eum ; Filius meus es tu.* C'est-à-dire que le Sauveur ne s'est point glorifié et élevé soi-même en cette qualité, mais celui-là l'a glorifié, et l'y a appelé, qui lui a dit en sa naissance : *C'est toi qui es mon Fils; aujourd'hui je t'ai engendré.* Ce qui a donné sujet à saint Paul (*Hebr.* III, 1) d'appeler Jésus-Christ *Apostolum et pontificem confessionis nostræ,* c'est-à-dire l'envoyé et le Souverain Pontife de notre profession, car il a ce privilége d'être le seul envoyé immédiatement de son Père, et ses apôtres immédiatement de lui ; tous les autres étant envoyés de lui par ses apôtres, et du Père par lui. Or cette mission que Notre-Seigneur a reçue de son Père, est de telle importance, que c'est la base et le fondement de la religion chrétienne, et comme le vrai ciment de l'état du Fils de Dieu, qui nous unit tous à lui en la créance que nous avons de son envoi, comme elle unit le Fils de Dieu à son Père en l'ouvrage de notre salut. Tellement que comme la loi judaïque était bâtie sur la mission de Moïse ;

aussi la loi chrétienne est bâtie sur cette mission de Jésus-Christ, de laquelle il est dit au *Deutéronome* (XVIII, 18) *Prophetam suscitabo similem tui, ipsum audies*. Et la foi que nous avons de cette sienne mission, est de tel poids et conséquence à notre bien, que c'est l'origine de notre justification, le sommaire de notre foi, la cause et la raison formelle de notre créance, et le premier commandement de la religion chrétienne rapporté en ce texte préallégué et réitéré en l'Evangile : *Ipsum audite (Matth.* XVII, 5); et l'obéissance que nous rendons à ce premier commandement, est le premier moyen qui nous rétablit en la grâce et bienveillance de Dieu, perdue par le péché de notre premier père.

Et de fait Notre-Seigneur, en la prière qu'il fait à Dieu son Père en la fin de ses jours, ne lui représente en faveur de ses apôtres, que cette créance qu'ils avaient eue de sa mission, comme étant un chef principal et un point important à les rendre recommandables à sa divinité, et à les faire dignes de sa protection paternelle en ce sien départ : *Cognoverunt*, dit-il en saint Jean (XVII, 8), *quia a te exivi, et crediderunt quia tu me misisti*, et dans le même texte en continuant ce discours avec son Père au dernier de ses jours et en la plus chère de ses heures, et comme lui rendant compte de sa venue et de sa légation en la terre avant de partir, il réduit l'état de ses affaires en ce point, et comprend le tout en ces paroles : *Sicut tu me misisti et ego misi eos (Ibid.,* 18); où il faut remarquer que non-seulement il envoie ses apôtres, et non-seulement il pose et affermit l'autorité de leur prédication sur l'autorité de la mission qu'ils reçoivent de lui; mais il les envoie comme il a été envoyé, c'est-à-dire, pour peser dignement les paroles de celui qui est l'oracle du ciel et de la terre, et duquel les mots et les syllabes sont autant de mystères; et pour déployer le sens caché en ce, *sicut*, et en cette relation, substitution et similitude, de l'envoi des disciples à l'envoi du Maître, il fonde notamment leur mission sur la mission propre qu'il a reçue de Dieu son Père, qui est un point digne de grande considération. Car comme il n'a point l'être et la vie en la divinité, de soi, mais de son Père; aussi n'exerce-t-il en l'Eglise aucune fonction que de la part de son Père, et ne veut pas qu'aucune action sienne, et en particulier cette mission de ses apôtres, subsiste par son seul pouvoir; mais il la réfère jusques à son Père, et l'établit sur la mission même qu'il a reçue de lui. Aussi répète-t-il ailleurs cette vérité, comme étant de singulière importance, et dit à ses apôtres en saint Jean (XX, 21), ce qu'il avait dit d'eux ici à son Père en saint Jean (XVII, 18) : *Comme mon Père m'a envoyé, ainsi aussi je vous envoie*. D'où je tire d'abondant, qu'il les envoie avec puissance, non-seulement d'enseigner, mais aussi d'envoyer de sa part leurs disciples; car il a été envoyé par son Père avec pouvoir non-seulement de prêcher, mais aussi de les envoyer eux-mêmes.

XXV. Or, il faut encore ici observer un autre rapport et similitude, qui porte cette loi et conséquence infaillible, que nul ne sera désormais envoyé par lui, s'il n'est envoyé par ses apôtres; comme nul n'est envoyé du Père, que par le moyen du Fils; car il n'y a que Dieu le Père, qui envoie sans être envoyé : et n'y a que le Fils, qui soit le seul envoyé du seul Père, non pas même la troisième personne de la divinité, c'est-à-dire le Saint-Esprit, lequel est tellement envoyé par le Père en l'Eglise, que le Fils opère conjointement avec lui cette mission du Saint-Esprit, et qu'elle s'accomplit par son pouvoir et autorité, à raison de laquelle il dit ces mots en saint Jean (XV, 26) : *Le paraclet que je vous enverrai de par mon Père*.

Recueillons donc de cette divine semence de la parole de Jésus-Christ, envoyant ses apôtres comme il a été envoyé; que comme le Fils de Dieu est tellement envoyé du Père, que nul n'est envoyé que par lui, non pas même le Saint-Esprit; aussi les apôtres sont tellement envoyés de Jésus-Christ, que nul n'est envoyé que par eux, ou par ceux qui représentent leur autorité, non pas même ceux que la vocation extraordinaire a présentés, et qui ont été immédiatement envoyés du Saint-Esprit, et ce pour accomplir de tout point cette divine parole : *Comme mon Père m'a envoyé, ainsi aussi je vous envoie*. *(Joan.* XX, 21.) Et pour suivre ce divin rapport, que comme le Saint-Esprit est envoyé de la part du Fils; ainsi ceux qui sont envoyés de la part du Saint-Esprit immédiatement, sont aussi conjointement envoyés de la part des apôtres et de leurs successeurs, que le Fils de Dieu qui envoie le Saint-Esprit a établis et envoyés au monde. Ce qui est si véritable et absolu, qu'il se vérifie même en la personne de saint Paul, duquel la vocation étant aussi extraordinaire que sa conversion est miraculeuse, il a néanmoins passé par l'imposition des mains et par le ministère de l'Eglise. De l'Eglise, dis-je (car cela est à remarquer) et non des apôtres; mais d'une Eglise en laquelle il n'y avait lors aucun apôtre, selon que porte cette histoire des *Actes*, tant il a plu au Saint-Esprit conducteur de l'Eglise, assujettir ses œuvres et ses vocations extraordinaires à cette même Eglise.

Et toutefois les prétendus réformés de ce siècle, qui sondent les Ecritures par l'instinct du Saint-Esprit, ce disent-ils, ne fondent et ne remarquent point ces choses que le Saint-Esprit a insérées dans les Ecritures, et n'ajustent point le bâtiment de leur Eglise dressée de nouveau, selon ces belles règles et maximes, encore qu'ils ne puissent prétendre une vocation autant extraordinaire que celle de saint Paul. Et si quelques-uns d'entre eux remarquent cette vérité, ne sont-ils pas obligés de porter la sentence de condamnation contre eux-mêmes, avant que le juge éternel la prononce ? ce qui m'étonne, de voir que les auteurs de leur discipline ecclésiastique, (part. III.

c. 2), aient observé ce même point en la vocation extraordinaire de saint Paul, lors même qu'ils trempaient encore dans les premiers efforts de leur attentat et soulèvement général contre l'Eglise, et aient eu le front, de l'appliquer contre ceux qui violent, et ne révèrent assez leur prétendu ministère, bien qu'il soit encore en sa naissance et origine, et qu'il ait commencé à la vérité d'une façon fort extraordinaire à l'Evangile et à l'Eglise.

XXVI. Or, de ce texte et de tout ce discours, fondé sur la mission de Jésus-Christ et de ses apôtres, concluons maintenant et disons, que si le Verbe éternel, duquel l'être est parole, et duquel la parole est substance, c'est-à-dire, parole subsistante et incréée, ce néanmoins ne paraît et ne subsiste dans le monde que par la mission, ne parle ni ne prêche sur la terre que par la mission, et n'envoie ses apôtres que parce qu'il est premièrement envoyé de son Père à cet effet : A qui de ces nouveaux pasteurs et évangélistes de ce siècle, appartiendra-t-il d'envoyer sans être envoyé? Ce qui ne convient pas même au Fils de Dieu, et ne peut convenir qu'à l'antechrist et à ceux qui lui ressemblent. Et à qui d'entre eux convient dra-t-il de prêcher sans être envoyé? Ce qui ne convient, ni au Fils de Dieu, ni à ses apôtres, et ne peut appartenir qu'à ceux que Dieu reprend par le prophète en ces termes : *Ipsi currebant et non mittebam eos, non loquebar ad eos et ipsi prophetabant.* (*Jer.* XXIII, 21.) Car il ne les argue que de défaut d'envoi, et ne les reprend pas de ne point parler de lui, mais de ne point parler de par lui.

Il faut certes que vous reconnaissiez de bonne foi que les premiers instituteurs de votre Eglise en ce siècle, établissent d'eux-mêmes et en eux-mêmes un nouveau principe de mission, qui doit servir de ressource à la mission ordinaire de leur Eglise; et que cette mission est si faible à l'épreuve, qu'ils ne veulent pas vous permettre de vous en enquérir seulement, et qu'elle ne peut être dérivée de la mission et puissance de Jésus-Christ et de ses apôtres, ni par succession ordinaire, ni par délégation extraordinaire, et qu'ils posent en ce faisant un autre fondement de l'Eglise que Jésus-Christ, et une autre source de l'autorité divine en icelle que la puissance que le Fils de Dieu a reçue de son Père et qu'il a donnée et communiquée à ses apôtres selon le texte évangélique (38*), ensuite et en vertu de laquelle ils ont été envoyés et l'Evangile a été publié par l'univers; et que par ainsi non-seulement ils s'arrogent ce que nous avons montré ne pas appartenir même au Fils de Dieu ni à ses apôtres, qui est de prêcher sans être envoyé par autrui ; mais aussi ils ravissent à Jésus-Christ ce qui lui appartient, à savoir l'unique fondement de son Eglise, ce qu'ils feignent toutefois lui vouloir conserver si religieusement, lorsqu'au préjudice de sa parole ils ne veulent pas avouer que saint Pierre soit la pierre sur laquelle après Jésus-Christ et de par Jésus-Christ, soit bâtie cette Eglise. Ou au contraire ils se publient et constituent eux-mêmes fondement de l'Eglise, et (ce qui est intolérable) fondement non fondé sur Jésus-Christ, puisque leur mission ne se peut résoudre ni référer par les degrés de la succession en celle de Jésus-Christ et de ses apôtres. Car ce qui donne cette belle qualité à notre Sauveur, tant prêchée par les apôtres et les prophètes, d'être la roche vive et la pierre fondamentale de la maison de Dieu, c'est la procession et la mission qu'il a reçue de son Père et que tous les apôtres et pasteurs ont reçue de lui, qui le fait être tout ensemble le Fils unique de Dieu en la divinité et l'unique fondement en son Eglise.

XXVII. En quatrième lieu l'Eglise, en l'assemblée et autorité seule de laquelle vous devez ouïr la parole de Dieu, recevoir les sacrements et opérer votre salut, nous est dépeinte et figurée ès Ecritures comme un corps, un état et un royaume, et non pas comme une simple académie en laquelle il soit permis à un chacun de discourir selon ses pensées sur le fait de la religion, par les Ecritures expliquées et appliquées à un sens particulier. Elle est, dis-je, représentée comme un corps et un corps organique qui a diversité de membres, c'est-à-dire de ministères et de fonctions exercées par un même esprit de Dieu, mais par divers organes; ce qui fait dire à saint Paul (*I Cor.* XII, 28 seq.) : *Que tous ne sont pas apôtres, prophètes, pasteurs, ni docteurs,* etc.

Aussi est-ce un Etat qui a son pouvoir et son règlement, et un royaume qui a ses magistrats et officiers, et parce que c'est un royaume du ciel (car ainsi est-il nommé partout en l'Evangile) aussi a-t-il ses magistrats et officiers du ciel et non pas de la terre, bien qu'il les aie en la terre, et qu'ils exercent leurs offices en la terre, car ils les y exercent pour le ciel et non pas pour la terre. Et comme ce royaume est du ciel, aussi ses fonctions sont célestes et divines, *lier et délier* au ciel, (*Matth.* XVIII, 18); *pardonner et retenir* les péchés avec conséquence de salut ou de perte éternelle, en saint Jean (XX, 23) ; *annoncer* de la part de Dieu une doctrine céleste cachée aux sens et à l'esprit humain et *juger* des différents avec tant de crédit et d'autorité, que quiconque n'acquiescera à ce jugement, est déclaré par arrêt du Fils de Dieu pour ethnique et publicain (*Matth.* XVIII, 17); *gouverner* l'Eglise par autorité du Saint-Esprit (*Act.* XX, 28) ; *édifier* le corps de Jésus-Christ (*Ephes.* IV, 12); *discerner et reconnaître,* et d'un discernement divin et infaillible (que chacun soit obligé de suivre, sous peine de perdre la foi et la vie éternelle), quelles sont les Ecritures dictées du Saint-Esprit, et quel est leur vrai sens ès articles de foi nécessaires à salut.

Bref, coopérer au salut des âmes et dispenser les mystères de Dieu, c'est-à-dire et

---

(38*) *Data est mihi omnis potestas;* et : *Euntes ergo docete omnes gentes.* (*Matth.* XXVIII, 18 seq.)

la doctrine et les sacrements, par le pouvoir qu'il a donné en terre à ses apôtres et à leurs successeurs en cet office. Or ces fonctions ne sont-elles pas si divines et importantes, qu'elles ne peuvent être attentées sans sacrilège, ni usurpées sans autorité? Et de fait, saint Paul parlant seulement de l'une de ces fonctions, qui est la prédication, la déclare impossible d'être exercée que par mission : *Quomodo prædicabunt nisi mittantur* (*Rom.* x, 15), et donne assez à connaître par les pointes de son discours, que la prédication divine et authentique, ne peut non plus être en l'Eglise de Dieu sans la mission, que la foi ne peut être plantée en l'univers, ni dérivée en nos cœurs que par l'ouïe de la parole de Dieu, qui est sa source, sa base et son fondement. Car après avoir établi cette maxime générale du salut : *Omnis qui invocaverit nomen Domini salvus erit* (*Ibid.*, 13), et après avoir donné entrée à son discours par le dernier effet que la foi opère en nous, qui est de nous sauver; il conduit par tous les degrés de cette voie salutaire, et l'élève jusqu'au premier principe de la foi et du salut, qui est la mission : *Quomodo invocabunt*, dit-il, *in quem non crediderunt? Quomodo credent ei quem non audierunt? Quomodo audient sine prædicante? Quomodo prædicabunt nisi mittantur?* (*Ibid.*, 14.) Où il faut noter aussi que l'apôtre ferme et arrête ce propos et ces demandes en ce point de la mission, comme ayant remonté en iceluy jusqu'au premier principe de sa théologie, et que selon sa profondité accoutumée, il nous représente en peu de mots de très-grandes et très-nécessaires vérités.

Car, en la substance de ce texte, il comprend en cinq degrés le sommaire de tous les exercices de la religion, et réduit en cinq actions tout l'ouvrage du salut des hommes, en en proposant trois de la part de ceux qui sont appelés, invoquer croire, ouïr, et deux de la part de ceux qui les appellent et attirent au salut, savoir prêcher et être envoyé; et par l'ordre et texture artificieuse de ses paroles, il nous fait reconnaître le juste rapport, la dépendance nécessaire et la liaison parfaite que ses actions divines ont toutes les unes avec les autres, et les hommes avec Dieu par leur ministère; car elles sont tellement liées et enchaînées par ensemble, que comme il est impossible d'invoquer sans foi, et d'avoir la foi sans l'ouïe de la parole; aussi, selon ce dire de saint Paul, il est impossible d'ouïr cette parole sans la voix de celui qui la porte et annonce de la part de Dieu, et de l'annoncer authentiquement, sans la puissance et la mission qui est reçue de sa part.

Et comme ses actions sont liées les unes aux autres, aussi elles lient tellement l'homme à Dieu, et Dieu à l'homme (qui est ce à quoi tend la religion par tous ses exercices), que comme par l'invocation l'homme est lié à Dieu lorsqu'il l'invoque, et encore plus lorsqu'en l'invoquant il obtient de lui le salut (qui est le dernier effet de la foi, et lequel établit l'homme en cette union avec Dieu pour jamais). Aussi, par l'ouïe, le fidèle est conjoint à celui qui lui parle de la part de son Dieu, et ce prédicateur à Dieu (au nom duquel il parle) par sa mission. Tellement que nous voyons comme un cercle parfait en l'accomplissement de ses actions divines, religieuses et chrétiennes, toutes étant dérivées de Dieu par la mission, et toutes terminées en Dieu par le salut et la gloire éternelle à laquelle elles aboutissent comme à leur fin dernière. En somme, si nous remarquons la conclusion de ce texte préallégué : *Quomodo prædicabunt nisi mittantur?* (*Rom.* x, 15) nous apprendrons suffisamment par ce seul oracle de saint Paul que la mission a une influence si absolument nécessaire sur les autres actions divines et salutaires qui sont en l'état de l'Eglise, que là où il n'y a point de mission, il s'ensuit infailliblement qu'il n'y a personne qui puisse parler de la part de Dieu; et par conséquent il n'y a point de foi, ni d'invocation vraie de la divinité, ni de salut.

Car, selon ce discours, comme il a appert, la mission est le dernier point auquel se doit résoudre le salut des fidèles, l'hommage et le service de Dieu, la créance des hommes, la prédication des disciples de notre Sauveur, c'est-à-dire en un mot tout l'état et l'exercice de la religion chrétienne; et par ainsi, elle est comme la base et le fondement de la maison de Dieu, le premier ressort de ses œuvres, le premier principe de la foi, et le premier effet émané de la puissance et bonté divine, pour opérer et conduire le salut des hommes jusques dedans le ciel, sans laquelle, comme les autres actions suivantes ne dérivent pas de Dieu, aussi elles ne conduisent pas à Dieu; car il n'y a rien qui puisse rejoindre et réunir l'homme à son Dieu, duquel il est séparé par le péché, que ce qui procède de Dieu ou originairement, comme les deux personnes divines envoyées et employées par le Père éternel à cet effet, ou gratuitement comme tout ce qui se voit en l'ordre de la nature et de la grâce, être appliqué de Dieu, à ce grand et admirable effet de la réunion du genre humain à son premier principe.

XXVIII. Je vous laisse donc à juger maintenant si c'est un point de chicanerie, et un point qui doive être ou malicieusement décliné, ou considéré légèrement, que celui de la mission, qui est un des plus hauts points de l'Evangile, et même le fondement de la théologie du Fils de Dieu et de ses apôtres; et s'il est tolérable en cette Eglise qui croit et adore la procession et mission des personnes divines en la sainte Trinité de n'avoir point la procession et mission des personnes établies et envoyées de la part de Dieu en son ministère ecclésiastique; et s'il est permis à ceux qui croient que le Fils éternel de Dieu, seconde Personne du paradis, n'intervient à la production du Saint-Esprit qui procède de lui que par le pouvoir qu'il en a reçu de son Père, de croire que les enfants des hommes soit puissants et capables d'eux-mêmes de douer leurs semblables d'un être spirituel et divin sans aucun pouvoir reçu du ciel, et d'élever les hommes (comme parle saint Pierre) à la participation de la nature divine, qui se fait en l'Eglise. Et si ceux qui apprennent ès oracles divins, que le Saint-Esprit, Esprit, dis-je, souverain, subsistant éternellement et incréé, ne vient et n'opère en l'Eglise de Dieu que par la mission, doivent se persuader que les esprits des hommes peuvent s'introduire dans l'état de l'Eglise, sans charge et sans commission.

DISCOURS II.
DU SACRIFICE DE LA MESSE CÉLÉBRÉ EN L'ÉGLISE CHRÉTIENNE.

I. *L'homme créé en Dieu s'en étant séparé par le péché, il a plu à Dieu dresser l'état de la religion, comme un droit chemin pour l'y ramener, et un moyen pour l'y rejoindre. La loi, l'obéissance, le sacrement et le sacrifice sont comme les quatre colonnes qui soutiennent l'état de la religion.* — II. *Combien que Dieu soit esprit, et ses grâces aussi spirituelles, il lui a plu néanmoins revêtir de corps, ses grâces et soi-même encore en la plénitude des temps. Dieu a fondé sur la créance et adoration de ce mystère (qui est celui de l'Incarnation) une religion qui doit être à proportion accomplie et divine en toutes ses parties.* — III. *Jésus-Christ n'a pas aboli le sacerdoce, le sacrement et le sacrifice, non plus que la religion, mais changé en mieux.* —IV. *Cette religion est toute divine, ayant Dieu non-seulement pour objet, mais aussi pour auteur.* — V. *Pour ce que nous ne sommes pas moins redevables à la souveraineté de Dieu qu'à sa justice, le Fils de Dieu établissant cette religion toute divine, a voulu être et le prix de notre rachat en la croix, et l'hostie de notre adoration en l'autel.* — VI. *C'est une faible réponse à nos adversaires : que le Fils de Dieu n'a pas dit à son Père en la Cène qu'il faisait un sacrifice.* — VII. *Les saintes Ecritures nous figurant l'état du Nouveau Testament, nous représentent en icelui tout ce qui concerne un vrai sacrifice. Texte de Malachie, du sacrifice continuel et oblation monde, pesé.* — VIII. *La doctrine de la foi selon les hérétiques mêmes, requiert une instruction domestique, et on ne la peut prendre de son sens particulier, sous ombre de la lecture des Ecritures. Or, cette instruction domestique, qui est la tradition, les condamne en ce point; les conciles et les Pères, de qui nous la recevons de main en main, étant contre eux.* — IX. *La religion chrétienne n'a aucun sacrifice sanglant, et pourquoi.* — X. *La sainte Eucharistie est sacrement et sacrifice, et ceux qui avouent l'un ne peuvent nier l'autre.* — XI. *Cela est prouvé par le texte de Malachie et les expositions des Pères sur icelui. Sacrement est une cérémonie sainte de Dieu à nous; et cela paraît en ces paroles que le Fils de Dieu nous dit : Prenez et mangez. Sacrifice est une cérémonie sainte de nous à Dieu; et cela paraît en ces autres paroles :* Il rendit grâces. — XII. *L'Ecriture ayant remarqué qu'il prit du pain et qu'il dit :* Prenez et mangez, *ajoute :* ceci est mon corps qui est donné, *ou, selon saint Paul,* qui est rompu pour vous; *et c'est cette parole qui est constitutive de ce mystère.*—XIII. *Il y a effusion de sang en l'autel, mais mystique et invisible; et l'Ecriture remarque trois différentes effusions du sang en Jésus-Christ.* — XIV. *Il y a en ce mystère manducation sans digestion, et immolation sans occision. Ce sacrifice est fondé sur celui de la croix; et c'est par celui de la croix que Jésus-Christ est fait victime et Agneau de Dieu; et il le prévient en ce dernier souper, faisant dès lors oblation de soi-même à Dieu son Père en cet état de victime.* — XV. *Des divers noms que l'Eglise a imposés à cette institution de Jésus-Christ.* — XVI. *De la forme usitée par l'Eglise en la célébration de ce divin mystère.*

Le second point, agité en la dispute du R. P. Gontier et du sieur du Moulin, est celui du sacrifice quotidien de l'Eglise chrétienne, comme l'appelle saint Augustin : sur quoi je dois vous exposer clairement la foi de l'Eglise, et prendre ce point en sa source pour le dériver et conduire en votre âme.

I. Vous avez donc à savoir que Dieu a fait l'homme et toutes ses créatures en soi-même. Car, à raison de son immensité, il ne peut rien faire hors de soi, vu qu'il est partout, en suite de quoi saint Paul dit aux Athéniens : *In ipso vivimus, movemur et sumus.* (Act. XVII, 28.) Or l'homme, qui peut au mal ce que Dieu ne peut point (car ce pouvoir est une impuissance), a trouvé le moyen de se séparer de Dieu et de son souverain bien par le péché. Mais il a plu à la bonté divine de rechercher et relever cet homme, ainsi déchu de Dieu et de soi-même. Et comme l'homme, par le mouvement de la nature qu'il ne peut anéantir, a un instinct de retourner à Dieu, aussi a-t-il plu à la divine Providence de dresser un droit chemin pour l'y ramener, et ordonner l'état de la religion comme une invention très-digne de sa sagesse éternelle, pour rejoindre et relier les hommes avec Dieu (dont aussi est venue l'étymologie de ce mot, selon saint Augustin), et pour rétablir une sainte alliance entre Dieu et les hommes. C'est pourquoi il n'y a jamais eu religion qui n'ait eu de la part de Dieu une loi posée à l'homme, et de la part de l'homme une obéissance rendue à Dieu; de la part de Dieu derechef, des grâces et faveurs conférées et témoignées aux hommes par des signes sensibles que nous appelons sacrements; et de la part de l'homme, un hommage rendu à Dieu par un culte externe de latrie, que nous appelons sacrifice. Tellement que la loi et l'obéissance, le sacrement et le sacrifice sont comme les liens qui nous attachent et conjoignent avec Dieu, et comme les piliers et les fondements qui soutiennent l'état de la religion en terre.

II. Car, encore que Dieu ne soit qu'esprit,

et que l'esprit soit, sinon le total, au moins le principal en l'homme, si est-ce qu'ayant plu à Dieu revêtir notre être spirituel et invisible d'un corps matériel et visible, il veut que nos actions intérieures et spirituelles envers lui soient aussi revêtues de cérémonies externes et corporelles, et lui-même bégaye ainsi avec ses enfants : car, s'abaissant à leur infirmité, il veut revêtir ses grâces spirituelles et divines de sacrements et cérémonies extérieures et sensibles. Et comme le diable s'incorpora dans le serpent pour tromper Eve et jeter la semence de la fausse doctrine et irréligion dont il voulait couvrir la terre, Dieu s'incorpore dans les choses sensibles et apparentes pour traiter avec ses enfants, et les conduire au chemin de salut. Et ainsi nous le lisons avoir paru à son peuple, ores dans une nuée, ores dans une colombe, et ores dans une arche. Et enfin il lui a plu (car il ne se lasse jamais de bien faire et de s'accommoder à sa créature, et ne peut recevoir de limites, ni en sa puissance ni en sa bienveillance), il lui a plu, dis-je, de prendre une alliance singulière avec les hommes, et de fonder aussi une religion rare et singulière sur cette alliance, et de s'incorporer, non pour un temps, mais pour jamais dans la nature humaine, et revêtir l'esprit de sa divinité du corps de notre mortalité, auquel par ce moyen, dit saint Paul, la divinité habite corporellement. Et par ainsi, voilà Dieu conjoint si près à l'homme (à l'homme, dis-je, qui était séparé de Dieu), que maintenant il y a un Dieu qui est homme, et un homme qui est Dieu, et un homme qui sera Dieu éternellement. Et en attendant que nous régnions avec lui au ciel et jouissions de son éternité, cet Homme-Dieu a voulu établir une religion nouvelle au monde, fondée sur la créance et adoration de ce mystère : religion donc qui sera d'autant plus parfaite et accomplie, qu'elle a pour base et pour fondement de son état la plus étroite et parfaite alliance qui soit au monde ; religion derechef qui ne manquera en rien de ce qui est principal et important en la religion, c'est-à-dire ni de ce que l'homme doit à son Dieu, ni de ce que Dieu veut donner à l'homme. Mais recueillons, au contraire, que d'autant plus que cette religion est sainte, et d'autant plus que cette alliance nouvelle du Nouveau Testament est rare et singulière ; d'autant plus qu'elle est même divine et corporelle tout ensemble, d'autant plus aussi la loi sera sainte, l'obéissance sera parfaite, le sacrement sera divin et admirable, le sacrifice sera auguste et vénérable. Sacrement aussi où le corps de Dieu même est la viande de l'homme ; sacrifice où Dieu même, en son humanité conjointe, est l'offrant et l'hostie de l'homme tout ensemble, a dit saint Augustin il y a plus de douze cents ans.

III. Car il faut singulièrement observer que, comme Dieu n'a pas aboli l'état de la religion, mais il l'a changé seulement et rendu plus parfait ; aussi n'a-t-il pas détruit l'état du sacerdoce, du sacrement ou du sacrifice, mais changé seulement en une meilleure forme ; non plus qu'il n'a pas aboli, mais accompli l'état et la relation de l'homme envers Dieu, et de Dieu envers l'homme, car ce sont choses corrélatives. Et à la vérité, peut-il entrer en la pensée de l'homme que, pour devoir plus à Dieu en l'état du Nouveau Testament, nous traitions avec lui comme quittes et moins redevables ? pour avoir plus reçu de Dieu, nous rendions et offrions moins à Dieu ? pour avoir un Dieu qui manifeste plus ses grandeurs et ses perfections, nous l'honorions et nous lui obéissions moins ? pour recevoir de lui plus de grâces et de faveurs, nous ayons moins de puissance à le servir et à garder sa loi ? et pour avoir avec Dieu une alliance plus divine et plus corporelle qu'elle ne fut jamais, nous ayons une religion moins accompagnée de liens et de moyens sensibles de notre réunion et confédération avec Dieu, et même destituée, ou de loi, ou d'obéissance, ou de sacrement, ou de sacrifice, qui sont les quatre piliers et fondements de la maison de Dieu, qui s'appelle l'Eglise, selon saint Paul (*I Tim.* III, 15), et les quatre éléments de la religion divine ?

Si ces conséquences sont trouvées bonnes en la doctrine des réformés, il n'importe pas beaucoup ; car vous voyez qu'ils sont bien nouveaux au monde et que leur foi et crédit a été trop longtemps invisible en la terre, pour y porter conséquence en choses si publiques et universelles, si sérieuses et si divines. Bien est-il vrai qu'en la religion chrétienne, par l'analogie de son état et la correspondance de sa perfection, il y doit avoir moins d'ombres et de figures dans son service et dans ses cérémonies. Mais aussi est-il vrai qu'il y aura plus de fonds et de substance, plus de corps et de vérité. Car le Dieu que nous adorons en nos cérémonies religieuses et divines, n'a pas changé en ce point de style et de conduite avec son peuple, et ne veut pas moins se servir des choses corporelles pour le salut des siens et pour la gloire de son Père. Au contraire, il a épousé un corps pour jamais en la naissance et au commencement de cette religion, ce qu'il n'avait point fait auparavant, et nous a laissé ce même corps pour gage de son amour, pour organe de notre salut, pour mémorial de ses merveilles, pour soutien de ses grâces, pour médicament de nos plaies, pour supplément de nos devoirs envers la majesté divine, et enfin pour base et pour fondement de son service en l'état de la religion chrétienne.

IV. Reposez votre esprit, je vous prie, en ces pensées ! Voyez l'ordre et la conduite de Dieu en cet œuvre, et admirez le conseil profond de sa sagesse en ce qui est si commun et ordinaire, et si peu pénétré et entendu de tous. Voyez, dis-je, et admirez comme cette religion, divinement instituée par son Fils, est à bon droit surnommée Chrétienne, comme Jésus-Christ est tout en cette Eglise, et comme il est le centre et la circonférence de son état. Car vous voyez qu'il y est tout ensemble et l'auteur qui la fonde, et l'objet que présente cette même religion : ce qui n'était point en la Synagogue, qui avait Moïse pour son auteur, mais le Messie pour but et objet; qu'il est lui-même et le bien que nous devons posséder en cette loi, et le fonds de la grâce par laquelle nous le devons acquérir et mériter; qu'il est lui-même au sacrement qui est célébré, et le sujet en sa divinité, et le ciment de notre alliance en son humanité, et finalement que, comme un même Dieu dans le ciel est l'objet que les bienheureux contemplent et l'espèce par laquelle ils le contemplent, ainsi un même Jésus-Christ sur la terre, est l'objet que les Chrétiens y adorent, et l'hostie par laquelle ils le doivent adorer. Et comme nous reconnaissons tous que Jésus-Christ est le prix et le sacrifice de notre rédemption, et la monnaie de cours et de poids au sanctuaire de Dieu, par laquelle nous payons toutes nos dettes à la justice divine; aussi est-il comme le tribut et le sacrifice de notre religion, et vous voyez par les yeux de la foi et par l'ouïe de sa parole, qu'il veut être mis entre nos mains en son autel, comme s'il était cette monnaie qui porte non l'image de César, mais l'image vive de Dieu empreinte, par laquelle nous payons tribut au Roi de gloire et rendons hommage de notre servitude perpétuelle à sa divine majesté.

V. Car nous ne sommes pas moins redevables à sa souveraineté qu'à sa justice, et ne devons pas moins d'hommage à sa grandeur en titre de serviteurs par notre nature, que de satisfaction à la sévérité de ses lois, en titre de criminels par notre offense. Et Dieu ne veut pas moins être honoré en sa qualité de souverain, que satisfait en sa qualité de juge ! Et la religion ne doit pas moins contenir et porter le tribut de sa souveraineté, que le payement de sa justice. Et puisque le Fils de Dieu descend du ciel en terre, pour étendre par l'univers l'adoration de son Père, et qu'il veut et doit être le tout en cette Église, vraiment et singulièrement sienne; pour satisfaire à son dessein et à notre double obligation et redevance, il a voulu être et le prix de notre rachat en la croix et l'hostie de notre adoration en l'autel. Ces choses vous semblent-elles dignes de la censure de votre réformation? Vous paraissent-elles indignes de Dieu et de la religion de son Fils? Vous semblent-elles répugnantes aux principes d'une religion divine, qui a toujours eu pour apanage et le sacrement et le sacrifice tout ensemble? Elles ont toutefois été ainsi crues, ainsi reçues, et ainsi honorées de tout le monde et de tous les siècles. Et c'est le sens et la piété de tous ceux qui ont porté le nom chrétien jusqu'à présent, que je vous ai fidèlement narré et exposé; c'est l'infusion et la moelle de leurs discours que je vous présente; c'est la substance de leur doctrine que j'ai tirée de leurs esprits pour la digérer et convertir en un doux lait d'instruction et d'enseignement que je fais maintenant distiller en vos âmes. Et ces vérités ont leurs racines si avant en l'état de la religion, que jamais il n'y a eu religion au monde sans prêtres, sans autel et sans sacrifice; que celle de nos adversaires, dressée de nouveau et inconnue aux siècles précédents; qui, par une étrange réformation, ou plutôt par une impiété signalée (mais non peut-être reconnue d'eux jusqu'à présent), ont retranché et la loi et le sacrifice de l'état de la religion chrétienne, c'est-à-dire tout ce que Dieu attend de l'homme et tout ce que l'homme peut rendre à Dieu par sa grâce; qui est en abrégé, ou l'obéissance en la loi qu'ils tiennent impossible, ou l'hommage au sacrifice qu'ils détruisent et tiennent pour abomination et idolâtrie.

VI. *Raisons faibles de nos adversaires.* — Mais ils disent et s'avisent, seize cents ans après que la foi de ces mystères a été publiée et pratiquée en tout le monde, « qu'ils ne trouvent pas en la Cène, que le Sauveur ait dit à Dieu son Père qu'il faisait un sacrifice, » et ne s'avisent pas qu'ils s'obligent aussi par ce moyen de nier que Jésus-Christ fasse en leur cène un sacrement aussi bien qu'un sacrifice. Car il parle aussi peu, soit à son Père, soit à ses apôtres, de sacrement que de sacrifice; et ceux qui nous ont appris qu'il y avait un sacrement en l'institution de l'Eucharistie nous apprennent qu'il y a aussi un sacrifice. Mais ils disent derechef : « Jésus-Christ ne dit pas à Dieu son Père qu'il offre son corps à la Cène. » Par la même raison, quand il leur plaira de s'en aviser, ils nieront non-seulement le sacrifice de l'autel, mais aussi celui de la croix! car Jésus-Christ ne dit pas en la croix, qu'il offre ni son corps ni un sacrifice à Dieu son Père. Et si vous consultez les sens, ils y voient l'apparence d'un massacre ou d'un martyre, mais non d'un sacrifice à proprement parler, non plus que le martyre de ceux qui souffrent pour la foi ne peut pas être appelé sacrifice au sens et à la façon que nous disputons ici; mais ils se plaignent et disent, que s'ils trouvaient la messe en l'Ecriture, qu'ils la croiraient et qu'ils y iraient. Et je dis, que quand on la leur montrerait en grosse lettre rouge, qu'ils n'y iraient point, et n'y croiraient point, et que lors ils chercheraient des ombres et des figures pour se cacher, et des prétextes pour se dédire. Car on leur montre en grosse lettre la présence du corps de Jésus-Christ en l'Eucharistie, qui est le capital, voire le total de la messe, et ils ne le veulent pas croire. Que si vous voulez en voir le nom, nous vous satisferons à la fin de ce discours. Et si vous demandez maintenant à voir et trouver la nature et la substance de la messe, je vous ferai voir en peu de mots et comme en un tableau raccourci tout l'état et l'appareil de ce divin sacrifice.

VII. Car les saintes Écritures, lorsqu'elles nous figurent l'état du Nouveau Testament, nous représentent en icelui tous les points concernant l'ordre, l'établissement et l'appareil d'un vrai sacrifice. Et en premier lieu nous avons le changement et non l'abolition du sacerdoce, aux Hébreux (VII, 12) : *La sacrificature étant changée, il est nécessaire qu'il y ait aussi changement de loi.* Les ministres et sacrificateurs de l'état évangélique prédits en Isaïe (LXI, LXVI) : *Vous serez appelés les sacrificateurs de l'Eternel et les ministres de notre Dieu, et j'en prendrai d'entre eux pour sacrificateurs,* a dit *l'Eternel.* Les prêtres ordonnés de ville en ville par le commandement de saint Paul (*Tit.* I, 5): *Je t'ai laissé à Crète, afin que tu constitues des prêtres de ville en ville, suivant ce que je t'ai ordonné.* L'autel dressé en Égypte, lorsque cette province se convertit à la foi du Messie, prédit en Isaïe (XIX, 19), même selon la version et les annotations de Genève : *En ce jour-là il y aura un autel à l'Eternel au milieu du pays d'Egypte, et une enseigne dressée à l'Eternel sur la frontière d'icelle.* L'autel affecté à l'usage des apôtres et des Chrétiens tant seulement, en saint Paul aux Hébreux chap. XIII, (10). *Nous avons un autel,* dit ce grand Apôtre, *duquel n'ont point puissance de manger ceux qui servent au tabernacle* (autel donc et table tout ensemble, autel pour sacrifier, θυσιαστήριον, porte le mot, et table pour manger, etc.). Et si vous voulez voir l'hostie et la victime posée en cet autel : *C'est le corps livré pour nous,* en saint Matthieu (XXVI, 26) ; et en saint Luc (XXII, 19), *le corps rompu pour nous* ; en saint Paul aux Corinthiens II, et *le sang répandu pour nous,* ce dit la vérité même en l'institution de ce mystère (39). Et enfin vous trouverez l'oblation pure substituée aux oblations judaïques et offerte en tout lieu, selon ce texte mémorable de Malachie (I, 11), et le sacrifice continuel combattu par l'Antechrist, et marqué en Daniel, chap. XII, 11, lorsqu'il parle des accidents qui précèdent la fin du monde et la résurrection dernière ; qui ne peut être transféré aux sacrifices judaïques abolis dès longtemps par toute la terre. Oblation pure et sacrifice continuel, disent ces deux grands prophètes : oblation, dis-je, qui sera en tout lieu où le nom du Seigneur sera grand et puissant (ce dit Malachie), et qui est ôtée en tout lieu où le nom de nos réformés à puissance ; et sacrifice continuel que l'Antechrist doit combattre et abolir partout où la fureur de sa tyrannie passera, ce dit Daniel, et que nos adversaires disent être forgé en la boutique du Pape, qui est leur antechrist, tant ils savent bien accorder leurs propositions avec la sainte Écriture. Car en ce lieu Daniel (selon saint Jérôme même) parle de la fin du monde, où les uns seront ressuscités à la vie, les autres à damnation éternelle, et du terme assigné à la persécution de l'Antechrist, presque en mêmes mots que l'*Apocalypse,* comme il appert de la collision et relation de ces deux prophéties ensemble.

Or à ces choses nous savons leurs fuites et leurs élusions, et ils peuvent savoir nos réponses ; et je ne veux enfler ce discours de choses mille fois alléguées, et mille réfutées, comme les boutiques de nos libraires en font foi ; et je ne le pense pas nécessaire à votre instruction, ni au bien de ceux qui recherchent la vérité : car c'est assez pour contenter des esprits raisonnables et modestes, de voir clairement en l'Ecriture l'autel, le prêtre, l'hostie et l'oblation, et voir ces mêmes choses clairement en l'usage et pratique de toutes les églises qui ont honoré Jésus-Christ sur terre jusqu'à présent. C'est assez, dis-je, aux esprits clairvoyants de voir que le langage de l'Ecriture correspond au langage de l'Eglise, et qu'il n'y a autre différence, sinon qu'il faut que les Ecritures souffrent la gêne et la torture que vos pasteurs leur donnent par leurs détours et violentes expositions, car elles sont muettes pour s'en plaindre, si elles ne parlent pas par la bouche de l'Eglise. Et l'Eglise ne le souffre pas, car elle est toujours vivante et parlante, depuis que le saint-Esprit en forme de langues lui a donné le pouvoir de parler et de vous empêcher d'éluder son langage. Car, au reste, il n'y a rien de sacré que l'incrédulité du cœur humain ne puisse profaner, rien de si exprès que la ruse et malice de l'esprit humain ne puisse éluder, comme il n'appert que trop par l'expérience de tant d'hérésies qui ont été en tous les siècles et en toutes les provinces de la terre. D'ailleurs, si vos ministres veulent gloser et exposer ces textes à leur façon, s'ils veulent tourner le mot de prêtre en celui d'anciens, s'ils veulent expliquer celui de sacrificateur par métaphore, s'ils veulent éluder l'oblation de Malachie, etc., il suffit qu'à ces choses et autres, sur lesquelles nos docteurs ont écrit si pleinement, si nettement, si solidement, vous leur disiez que vous ne voulez point de glose. Car ils vous ont appris qu'il n'en faut point en la sainte Ecriture, et que tous les articles de foi y sont proposés en termes si clairs et évidents, que chaque simple fidèle sans interprète les en peut recueillir infailliblement. Arrière donc leurs gloses et leurs métaphores ! arrière leurs discours et leurs raisons! arrière leurs traditions particulières et inventions humaines !

VIII. Et si ce nonobstant ils font instance, ouvrez-leur la Bible et présentez-leur le passage de saint Paul à Timothée que nous avons allégué au discours de la mission, et les obligez à suivre la règle que les professeurs de l'Eglise de Genève avouent et reconnaissent nécessaire à l'intelligence de l'Ecriture, pour ne la prendre en un sens erroné : car, sur ces paroles de saint Paul à Timothée, ils disent notamment : « que la doctrine de la foi requiert une instruction domestique et particulière, nommément en ceux qui sont ordonnés pour la porter en l'Eglise, afin qu'on ne la prenne de son sens particulier, sous ombre de la lecture des Ecritures, et

---

(39) Selon le grec.

c'est ce qu'on appelait anciennement tradition en l'Eglise. » Je les oblige donc à vous ouvrir les Pères et à expliquer les textes de l'Ecriture selon la tradition qu'il nous ont délivrée de main en main, et non selon leur sens particulier et leur invention nouvelle : je les oblige, dis-je, de joindre la lumière de la tradition universelle à la lumière de la sainte Ecriture, comme étant les deux yeux, les deux bras et les deux mamelles de l'Eglise, en la nourriture, en la défense et en la conduite de la foi. Car il n'y a rien de plus évident que l'antiquité nous parle de prêtres et non d'anciens ; d'autel et non de table seulement ; de sacrificateurs et de sacrifices. Et ce, non à raison des aumônes des fidèles (comme ils essaient d'éluder entre les leurs), mais en l'usage et en la consécration de la très-sainte Eucharistie. Et ces choses sont si évidentes, que ne les pas savoir, c'est une grande ignorance ; et les sachant, ne pas céder, serait une grande impudence. Or, commençons-en le rapport par deux oracles et décrets prononcés en deux divers siècles de la part de l'Eglise universelle ; l'un, au concile premier de Nicée ; l'autre, au grand concile œcuménique d'Ephèse, tous deux avoués par nos adversaires en leur confession de foi. « Nous opérons (dit saint Cyrille (40), président en ce concile, et au nom de tout le concile) ès églises le saint, vivifiant et non sanglant sacrifice : ne croyant pas que le corps qui est là posé devant nous soit le corps d'un homme commun et ordinaire comme les autres, ni le précieux sang semblablement, mais le prenant comme fait le propre corps et sang du Verbe, qui vivifie toutes choses. »

Le premier concile de Nicée, lorsqu'il traite de ce mystère qui joint la terre avec le ciel et unit l'homme à son Dieu, c'est-à-dire, la très-sainte Eucharistie, dit ces paroles : « En cette divine table, ne soyons bassement attentifs au pain et à la coupe : mais en élevant l'entendement, pensons, par foi, que l'Agneau de Dieu, qui ôte les péchés du monde, est, sur cette table, immolé par les prêtres, sans être occis, et que nous prenant véritablement son précieux corps et sang, croyons que ces choses sont témoignages de notre résurrection. » L'Orthodoxe alléguant ce passage, et quelque autre ministre de ce siècle que je ne veux nommer, le tourne en ce sens, *sacrifié sans être sacrifié*. Mais cette ruse est trop évidente, car l'original de ce mot signifie, et occire et sacrifier, même selon leur Henri Etienne ; et dans leurs Bibles ils le tournent souvent en cette première signification. Supposé donc que ce terme a deux sens différents, non-seulement en l'usage de l'Eglise chrétienne (qui a droit d'introduire et autoriser de nouveaux mots pour ses nouveaux mystères), mais aussi en l'usage de nos adversaires : ou il le faut prendre en une même signification en ces deux lieux, et lors c'est contrariété au propos du concile et du saint Esprit qui y préside, et ce n'est que malignité en leurs esprits de le prétendre ; ou il le faut prendre en deux diverses significations en ces deux lieux différents, comme il est inévitable. C'est donc ou en cette manière, il est *occis* sans être *sacrifié*, et cela est faux et ruine le sacrifice de la croix, et ne répond pas au propos du concile ; ou bien, comme nous le disons et paraîtra évident à tout esprit raisonnable, est *sacrifié* sans être *occis* (41). Et c'est la foi du concile de Nicée et de l'Eglise universelle jusqu'à notre temps ; c'est le langage commun des Pères et du concile d'Ephèse ci-dessus allégué ; c'est le style et la créance de notre Eglise, qui croit et appelle ce sacrifice non sanglant ; même, c'est le sujet de la distinction que met ce concile de Nicée entre l'office des prêtres et des diacres, et entre l'oblation du sacrifice et la participation du sacrement, au canon 18. « Cela, ni la règle ni la coutume ne l'a établi : que ceux qui n'offrent point (c'est-à-dire les diacres) présentent le corps de Jésus-Christ à ceux qui l'offrent, » c'est-à-dire aux prêtres. Mais où étaient nos réformés au temps de ces deux conciles, eux qui n'ont que le Christ en la bouche, et toutefois ils étaient lors muets et invisibles en la défense de sa divinité contre les ariens, et de l'union hypostatique de son humanité contre les nestoriens ; car ils eussent appris à ces deux conciles et au Saint-Esprit qui les présidait, une autre créance et un meilleur langage sur le fait de la très-sainte Eucharistie.

Saint Ignace, fait évêque d'Antioche par les apôtres mêmes, peu après la mort de Jésus-Christ : « Ils ne reçoivent point, » dit-il (apud THEODOR., dial. 3), parlant de certains hérétiques, « les oblations et les eucharisties, parce qu'ils ne croient pas que l'Eucharistie soit la chair de notre Sauveur Jésus-Christ. »

Justin, martyr, fait Chrétien il y a près de quinze cents ans, c'est-à-dire environ l'an 90 de la mort de notre Sauveur et presque dans le temps de saint Jean, l'apôtre : « Des sacrifices qui lui sont offerts par nous en tout lieu, à savoir du pain et du vin de l'Eucharistie, Malachie en parle prophétiquement, et prédit que nous glorifions son nom. » (*Contra Tryphonem.*)

Saint Irénée, que nous réservons à citer en un autre lieu, dit le même, et parle hautement et honorablement « de la nouvelle oblation du Nouveau Testament, enseignée par les apôtres, prédite par Malachie et pratiquée par tout le monde de son temps en la célébration de l'Eucharistie. » (Lib. IV, c. 32.) Où étaient donc lors ces Chrétiens réfor-

---

(40) Selon l'édition imprimée à Hildeberg par les hérétiques mêmes.

(41) Ou il faut dire, *occis sans être occis*, et cela ne se peut, d'autant qu'il est clair qu'il n'y a point ici d'effusion de sang ; ou, *sacrifié sans être sacrifié* ; et cela est contre le dessein du concile, qui ajoute expressément, *par les prêtres*, afin que la relation de prêtre et de sacrifice nous avertisse que c'est un vrai sacrifice, mais non sanglant.

més, qui n'offrent en pas un lieu à la divine majesté le pain de l'Eucharistie, et qui ne veulent pas reconnaître, avec les Pères et les premiers Chrétiens et martyrs de Jésus-Christ, ni en Malachie ni en l'Eucharistie, cette nouvelle oblation.

Saint Cyprien, en l'*Epître à Cœcilius*, il y a treize cents cinquante ans : « Jésus-Christ a offert sacrifice à Dieu son Père, et celui même que Melchisédech avait offert, à savoir le pain et le vin, c'est-à-dire son corps et son sang. » Et plus bas, contre les aquariens, qui usaient d'eau au lieu de vin en leur Eucharistie, dit : « De là il apparaît que le sang de Jésus-Christ n'est point offert si le vin n'est point dans le calice, et que le sacrifice du Seigneur n'est point célébré par une sanctification légitime si notre sacrifice ne répond à la passion. » Et derechef : « Le prêtre offre alors un vrai et plein sacrifice en l'Église à Dieu le Père, s'il offre comme il voit que Jésus-Christ a offert. » Et en l'épître à l'Église de Furnes : « Les évêques nos prédécesseurs, par une religieuse considération et providence salutaire, ont ordonné que si quelque frère décédant nomme un clerc pour tuteur ou curateur, que l'on n'offre point d'oblation pour lui et qu'on ne célèbre point de sacrifice pour son décès ; car celui ne mérite pas d'être notre nommé à l'autel de Dieu, en la prière des prêtres, qui a voulu détourner les prêtres et ministres de l'autel. »

Tertullien au livre *De l'oraison* (cap. 14), écrit : « Ton jeûne ne sera-t-il pas plus solennel si tu as assisté à l'autel de Dieu ? Ayant pris le corps du Seigneur et l'ayant réservé, l'un et l'autre demeure en son entier, et l'exécution de l'office et la participation du sacrifice. » Et ailleurs, parlant aux dames vertueuses et chrétiennes : « Vous n'avez nulle occasion de sortir de vos maisons, sinon grave et sévère, où il est question de visiter quelqu'un des frères qui est malade, où l'on offre le sacrifice, où l'on administre la parole de Dieu. » (*De cultu femin.*) Et derechef : « Il n'est permis aux femmes ni d'enseigner, ni de baptiser, ni d'offrir. » Et au *Livre de la Couronne du soldat*, rapportant les coutumes originaires et universelles des Chrétiens : « Nous faisons les oblations pour les morts et pour la célébration des natalices (ainsi appelaient-ils les fêtes des martyrs) tous les jours anniversaires. » (*Vita Constantini*, l. IV.)

Eusèbe, auteur du même temps, décrivant l'histoire du concile de Jérusalem sous le grand Constantin : « Les uns, » dit-il, « ornaient la fête par prières et sermons, etc. ; les autres, ajoute-t-il, propitiaient Dieu par sacrifices non sanglants et hiérurgies mystiques. »

Saint Cyrille de Jérusalem, l'an de la mort de Jésus-Christ 310 : « Nous prions le Dieu amateur des hommes d'envoyer son Saint-Esprit sur les dons présentés, afin qu'il en fasse, du pain, le corps de Jésus-Christ, et du vin, le sang de Jésus-Christ. Car ce que le Saint-Esprit touche, il est entièrement sanctifié et transmué. Après cela le sacrifice spirituel étant préparé, le service non sanglant, sur l'hostie de propitiation nous invoquons Dieu pour la commune paix de l'Église. » Et derechef : « Nous te prions et t'offrons ce sacrifice en commémoration de ceux qui sont morts devant nous, patriarches, prophètes, apôtres, martyrs, afin que Dieu, par leurs prières et intercession, reçoive notre supplication ; après, pour tous ceux qui nous ont précédé, saints Pères et évêques, et en somme pour tous ceux qui sont décédés devant nous : croyant que c'est une grande utilité aux âmes pour lesquelles est offerte la supplication de cette redoutable hostie qui est là gisante. » Et un peu après : « Nous offrons pour les morts Jésus-Christ immolé pour nos péchés, rendant propice à eux et à nous l'amateur des hommes. » (Catech. 5 mystag.)

Saint Épiphane, en l'épître à Jean, évêque de Jérusalem, successeur du même saint Cyrille, traduite par saint Jérôme (epist. 60, *inter Epistolas* HIERON.) : « Ayant vu qu'il y avait une grande multitude de frères au monastère, et que les saints prêtres Jérôme et Vincentius, par modestie et humilité, ne voulaient pas exercer les sacrifices dus à leur titre, et travailler en cette partie du ministère, qui est le principal salut (notez le principal salut) des Chrétiens, » etc.

Saint Grégoire de Nazianze (*In Julian.* orat. 1) dit : « Il souilla ses mains du sang des sacrifices profanes, afin de les purger du sacrifice non sanglant, par lequel nous participons à Jésus-Christ, et à ses passions, et à sa divinité. » Et de rechef (*Ibid.*, orat. 2) : « Maintenant les autels dénommés du pur et non sanglant sacrifice ne seront plus pollus du sang profane. » Ainsi appelle-t-il le sang des sacrifices païens, que Julien l'Apostat avait fait immoler sur les autels des Chrétiens. Et ailleurs (*Apologet.*) : « Sachant que nul n'est digne du grand Dieu, et sacrifice et pontife, s'il ne s'est auparavant exhibé lui-même à Dieu, hostie sainte et vivante, et ne lui a présenté un service mental et acceptable ; et n'a sacrifié au Seigneur Dieu un sacrifice de louange et un esprit humilié, qui est celui seul que Dieu, qui nous donne tout, requiert réciproquement de nous' (c'est-à-dire de ce que nous lui pouvons offrir du nôtre) : comment me devais-je enhardir de lui offrir le sacrifice externe (notez le sacrifice externe), celui qui est l'exemplaire des grands mystères ! » Esquelles paroles ce grand et admirable théologien distingue disertement le sacrifice interne et métaphorique, d'avec le sacrifice réel et externe qui s'offrait à Dieu en l'Eucharistie, et prévient par cette distinction les sophismes de nos adversaires, qui tâchent d'éluder l'un par l'autre.

Saint Ambroise (epist. 33), il y a plus de douze cents ans : « Je demeurai, » dit-il, « en mon office et commençai à faire la messe. Pendant que j'offrais, j'ouïs que le peuple s'était saisi d'un certain Castulus, que les ariens disaient être prêtre, lequel avait été trouvé en passant par la place; je me mis à pleurer très-amèrement et à prier Dieu en l'acte même de l'oblation, qu'il ne fît point d'effusion de sang en la cause de l'Eglise. » Et son commentaire sur le psaume XXXVIII: « Nous avons vu le prince des sacrificateurs venant à nous ; nous l'avons vu et l'avons ouï, offrant son sang pour nous. Suivons-le, nous autres prêtres, comme nous pouvons, en offrant sacrifice pour le peuple, bien qu'infirmes en mérite, honorables toutefois en sacrifice. Car, jaçoit, que Jésus-Christ ne soit plus vu offrir maintenant, toutefois il est offert en terre quand son corps est offert. » Et au quatrième livre *Des sacrements* (cap. 4), rapportant les paroles du prêtre au sacrifice de l'autel : « Nous t'offrons cette immaculée hostie, cette hostie raisonnable, cette hostie non sanglante, ce pain saint, et ce calice de vie éternelle. »

Saint Optat Milevitain (lib. VI), déclarant au même temps contre les donatistes, qui avaient rompu les autels des catholiques avec même fureur et non même mécréance que nos adversaires : « Qu'est-ce que l'autel, » dit-il, « sinon le siége du corps et du sang de Jésus-Christ? Que vous avait fait Dieu qui avait accoutumé d'y être invoqué ? » etc. Et ailleurs : « Quelle offense vous avait faite Jésus-Christ, dont le corps et le sang habitaient là par certains moments ? Quelle offense vous étiez-vous faite vous-mêmes, pour rompre les autels sur lesquels longtemps avant nous, vous aviez, comme vous pensiez lors, saintement offert. »

Saint Chrysostome, en ses *Commentaires sur la Ire aux Corinthiens* (hom. 24), écrits il y a douze cents ans : « Il a institué la hiérurgie changeant le sacrifice; et au lieu de l'immolation des bêtes, commandant qu'on l'offrît lui-même. » Et au livre VIe *Du sacerdoce* (hom. 24) : « Mais quand le prêtre invoquera le Saint-Esprit, et parfera ce redoutable sacrifice, et touchera assiduellement de ses mains le commun maître de tous, en quel rang, dites-moi, le mettrons-nous ? » Et en l'homélie 21, sur les *Actes* : « Ce n'est point simplement le diacre qui crie pour ceux qui sont morts en Jésus-Christ, et pour ceux qui font les commémorations pour eux. Ce n'est point le diacre qui jette cette voix, mais le Saint-Esprit : j'entends le don. Que dites-vous? L'hostie est entre les mains ; toutes choses sont très-dignement proposées, les anges assistent, les archanges, le Fils de Dieu même est présent. » Et en l'homélie 3 sur l'*Epître aux Philippiens* : « Ce n'est point en vain que les apôtres ont ordonné qu'en la célébration des vénérables mystères, on fît commémoration des morts. Ils savaient qu'il leur en revenait grande utilité. Car tout le peuple présent, élevant les mains aux cieux, et le redoutable sacrifice étant à la posé, comment n'apaiserons-nous point Dieu, priant pour eux ? »

Saint Jérôme, en ses *Commentaires sur l'Epître à Tite* (c. 1), écrit il y a plus de douze cents ans : « S'il est commandé aux laïques de s'abstenir de l'usage de leurs femmes pour vaquer à oraison, que faut-il dire de l'évêque, qui doit offrir tous les jours de ses victimes immaculées à Dieu pour ses péchés et pour ceux du peuple ? » Et peu après : « Il y aussi grande différence entre les pains de proposition et le corps de Jésus-Christ, comme entre l'ombre et le corps, entre l'image et la vérité, entre les exemplaires des choses futures, et les choses préfigurées par les mêmes exemplaires. » Et en sa seconde épître contre Vigilantius : « L'évêque de Rome fait donc mal, qui, sur les corps morts de Pierre et de Paul, selon toi cendre vile, selon nous os vénérables, offre sacrifices au Seigneur, et repute leurs tombeaux autels de Jésus-Christ? » Et au livre IIIe *Contre les Pélagiens* : « Les fidèles osent tous les jours dire au sacrifice de son corps : « Notre Père qui es ès cieux. »

Saint Augustin, au livre *De l'origine de l'âme* : « La foi catholique et la règle ecclésiastique ne souffrent point que l'on offre le sacrifice du corps et du sang de Jésus-Christ pour les (morts) non baptisés. » Et au IXe (c. 12), de ses *Confessions* : « On offrait pour elle le sacrifice de notre rançon, le corps étant déjà sur le bord de la fosse, comme on a accoutumé de faire en telles occasions, je n'épandis point de larmes. » Et au chap. 13, priant pour sa mère sainte Monique, plusieurs années après sa mort : « Lors, » dit-il, « que le tour de sa mort approchait, elle ne convertit point sa pensée à faire couvrir son corps somptueusement, etc.; mais seulement désira qu'il fût fait commémoration d'elle à ton autel, auquel elle avait servi sans intermission d'un seul jour, et d'où elle savait être distribuée la victime, par laquelle a été effacée la cédule qui était contre nous. » Et au catalogue des hérésies : « Les ariens sont venus d'un certain Arius, lequel, étant prêtre, s'indigna de ce qu'il ne put être ordonné évêque, et tombant en l'hérésie des ariens, y ajouta quelques points particuliers, disant qu'il ne fallait point prier ni offrir d'oblation pour les morts. » Et au XXe livre *Contre Faustus* (cap. 21) : « Nous n'érigeons des autels à nul des martyrs, combien qu'ès mémoires des martyrs ; car qui est le prélat qui, assistant aux lieux des saints corps, ait jamais dit : Nous t'offrons à toi, Pierre, ou nous t'offrons à toi Paul, ou nous t'offrons à toi, Cyprien ? mais ce qui est offert, est offert au Dieu des martyrs. » Et un peu après : « J'ai dit sacrifier aux martyrs ; je n'ai pas dit sacrifier à Dieu ès mémoires des martyrs. Ce que nous faisons souvent en cette seule forme, dont il a commandé qu'on lui sacrifiât, par la manifestation du Nouveau Testament. » Et au Xe (c. 20) de la *Cité de Dieu* : « Par cela il est sacrificateur, lui qui est l'offrant, et qui est l'oblation, de laquelle chose il a voulu que le sacrement fût le sacrifice quotidien de l'Eglise. » Et au XVIIe (c. 20) : « Ce sacrifice a succédé à tous les sacrifices de l'Ancien Testament, qui étaient immolés en l'ombre de l'avenir. A l'occasion de quoi nous reconnaissons au psaume XXXIX cette voix du même médiateur, parlant par le prophète : Tu n'as point voulu de sacrifice et d'oblation de moi ; car au lieu de tous ces sacrifices et de toutes ces oblations, son corps est offert et administré aux communiants. » Et au xviii° (c. 35) : « Ce sacrifice donc par le sacerdoce de Jésus-Christ selon l'ordre de Melchisédech, puisque nous le voyons être offert à Dieu depuis le levant jusqu'au couchant, et que le sacrifice des Juifs, auxquels il a été dit : Je ne prends point de plaisir en vous, et ne recevrai point de présent de vos mains. Ils ne peuvent pas nier eux-mêmes qu'il n'ait cessé ; pourquoi attendent-ils encore un autre Jésus-Christ ? » Et au xxii° (c. 8), parlant d'un lieu affligé des malins esprits : « Un de nos prêtres y alla, et y offrit le sacrifice du corps de Jésus-Christ. » Et *Sur les paroles de l'Apôtre aux Thessal.* (serm. 32) : « Mais que par les prières de la sainte Église, et par le sacrifice salutaire (notez sacrifice disertement exprimé et distingué des prières et aumônes) et par les aumônes qui sont distribuées pour leurs âmes, les morts soient aidés, afin que Dieu les traite plus miséricordieusement que leurs péchés n'ont mérité, il n'en faut point douter ; car cela, c'est chose que l'Église universelle observe, l'ayant reçue de la tradition de ses pères, à savoir que, pour ceux qui sont morts en la communion du corps et du sang de Jésus-Christ, lorsque leur commémoration se fait à son rang en ce sacrifice, là on prie pour eux, et déclare-t-on qu'il est aussi offert pour eux (42). »

Saint Léon, écrivant peu après à Dioscorus sur la coutume qui était à Alexandrie, qu'on ne célébrait qu'une messe par jour en chaque Église : « Il est forcé, » dit-il, « qu'une partie du peuple soit privée de sa dévotion, si, la coutume d'une seule messe étant retenue, nuls ne peuvent offrir le sacrifice sinon ceux qui s'y seront trouvés à la première heure du jour. » Et encore aujourd'hui les liturgies que les Grecs célèbrent sous le titre de saint Basile et de saint Chrysostome, retiennent ces formules : « Saint des saints, Seigneur Dieu des vertus, » dit celle de saint Basile, « nous t'offrons ce vénérable et non sanglant sacrifice, pour les saintes Églises qui sont d'une extrémité de la terre à l'autre ! » Et celle de saint Chrysostome : « Nous t'offrons ce culte spirituel et immaculé, et t'invoquons et supplions. Envoie ton Saint-Esprit sur nous et sur les dons proposés, et fais ce pain le précieux corps de ton Jésus-Christ, amen; en ce calice le précieux sang de ton Jésus-Christ, le transmuant par ton Saint-Esprit. »

IX. *Que la religion chrétienne n'a aucun sacrifice sanglant.* — Voilà une suite vénérable de Pères. Voilà une nuée de témoins que nous faisons pleuvoir sur ceux qui vous trompent. Et plût à Dieu qu'elle fût suffisante à ramollir la terre de leurs cœurs ! Que si leur dureté raffermie et cimentée dans l'opiniâtreté les prive de ce bien, au moins qu'elle serve à arroser vos âmes. Et afin que vous entendiez sainement cette doctrine (à cause que vos pasteurs ne vous parlent de sacrifice qu'en terme d'horreur et d'impiété, comme si nous crucifions et mettions à mort Jésus-Christ à l'autel), vous devez savoir que l'Église ne reconnaît plus de sacrifices sanglants, ni en ce mystère, ni en aucun autre point des institutions chrétiennes, d'autant que l'état du Nouveau Testament est si excellent et parfait, qu'il n'y a plus d'autre victime que Jésus-Christ, lequel, étant mort une fois, ne meurt plus, et ne s'est offert qu'une fois de cette sorte d'oblation qui a porté conséquence de mort et effusion de son sang hors de son corps et de ses veines, comme le témoigne saint Paul aux Hébreux. Joint que le sacrifice de la croix, étant l'exemplaire et le sujet préfiguré ès sanglants sacrifices que l'on a rendus au vrai Dieu en la loi de nature et de Moïse, comme leur usage a commencé quand et quand le monde, et dès l'origine de la foi en ce Messie, qui voulait non-seulement mourir, mais mourir d'une sorte de mort qui portât effusion de son sang pour son peuple. Aussi était-il raisonnable qu'ils fussent terminés en ce corps et en cette vérité dont ils étaient les ombres et les figures, et que leur cours et durée ne continuât point plus outre que le temps, auquel l'unique oblation sanglante du Fils de Dieu a été accomplie. D'où vient que maintenant toutes ces effusions de sang sont cessées, comme propres à l'état précédent, et préfigurant par ces sacrifices et sacrements, le grand et unique sacrifice de rédemption qui est fait en la croix. Tellement que ce n'est pas merveille, si toute la loi était pleine de sang, avant le sang répandu de Jésus-Christ, et si ce n'était qu'effusion de sang en la Synagogue, soit à l'entrée d'icelle qui se faisait par une circoncision sanglante, soit au service solennel qu'elle rendait à Dieu par les sanglants sacrifices de la loi judaïque. Au lieu que maintenant l'Église chrétienne est toute pure, toute monde, et toute autre en son service, et n'a plus de sang visiblement épandu, ni en son baptême, qui lui tient lieu de circoncision, ni en son autel, qui a succédé à l'autel judaïque, c'est-à-dire en l'Agneau de Dieu et en la victime qui y est rendue présente.

Sur quoi il est à propos de considérer que, comme l'état et la nature particulière des sacrements est changée, mais les sacrements demeurent en l'une et en l'autre loi ; ainsi la forme et condition particulière du sacrifice est innovée, le sacrifice demeurant en sa nature générale, commun à l'une et à l'autre religion, comme en toutes deux l'obligation est égale d'adorer Dieu et le servir d'un culte externe de latrie et d'honneur souverain. Mais comme c'était le glaive qui faisait la circoncision, et maintenant c'est la parole de Dieu qui fait le baptême, l'un et

---

(42) L'Église donc de nos adversaires n'était en ce temps-là ni Église, ni universelle, car ils n'offrent sacrifice ni pour les morts ni autrement.

l'autre étant vrai sacrement; ainsi c'était le glaive qui faisait le sacrifice de la loi, et maintenant c'est la parole de Dieu qui fait le sacrifice de l'Eglise (l'un et l'autre étant vrai et propre sacrifice), c'est-à-dire cette parole toute-puissante du Verbe : *Ceci est mon corps, ceci est mon sang*, laquelle étant plus tranchante et pénétrante que le glaive, ferait la séparation du sang d'avec le corps, et la division du corps d'avec l'esprit, si la Divinité ne l'empêchait par le privilège de l'immortalité. A raison de laquelle cette parole divine a bien puissance de faire que le Fils et l'Agneau de Dieu soit mis et offert en l'autel, mais non qu'il soit occis en icelui, ni que son sang soit séparé de son corps et de ses veines. En quoi il semble être proprement et vraiment notre Isaac, que Dieu voulut bien être mis et offert sur l'autel, mais l'empêcha d'y être occis et immolé.

X. *Que la sainte Eucharistie est sacrifice et sacrement tout ensemble entre les Chrétiens, comme l'Agneau pascal entre les Juifs.* — Or, comme vos ministres ont une vue assez pénétrante pour voir en cette action de Jésus-Christ un vrai sacrement, bien que ni le Sauveur en l'Evangile, ni les apôtres en leurs épîtres, ne lui aient point donné ce nom; et encore qu'ils ne se voient fondés que sur leurs sens et discernement particulier, sans autre autorité expresse en la parole écrite, ils ne font pas difficulté de le retenir et conserver en cette qualité avec l'Eglise. Ainsi toute l'antiquité a eu des yeux et de la lumière pour remarquer et reconnaître abondant en ce mystère, la nature, la propriété et les conditions d'un vrai sacrifice ; et nous n'avons pas moins de raison et de fondement de croire et suivre en cet article les Pères anciens et pasteurs vénérables de l'Eglise (lors même qu'elle était en sa fleur et en sa pureté, selon le dire de Calvin), que vos ministres ont eu de les croire, ou plutôt de se croire eux-mêmes en l'autre.

Car il est évident que l'Ecriture prédit en termes plus clairs une oblation en l'Eglise chrétienne, que non pas un sacrement ! (*Malac.* x.) Que les figures du Messie ne l'obligent pas tant à l'institution d'un sacrement que d'un sacrifice ! Que l'état de la religion, qui est une alliance et un traité perpétuel de Dieu avec les hommes par sa grâce, et des hommes avec Dieu par le service et honneur souverain qu'ils lui vouent, ne requiert pas moins de son instituteur des sacrifices que des sacrements pour symboles externes de cette reconnaissance et assistance réciproque ! Que l'usage et l'institution des sacrifices est une appartenance de la loi naturelle (et non pas mosaïque seulement), laquelle n'ayant pas été abolie, mais accomplie par Jésus-Christ, il n'y a aucun prétexte de prétendre l'abolition du sacrifice ! Vu même que cette abolition est le chef-d'œuvre de l'Antechrist, selon la sainte Ecriture, et non pas de Jésus-Christ, si on ne veut par une étrange figure attribuer au Messie l'ouvrage de l'Antechrist ! Que comme il y a en la vieille loi et des sacrements et des sacrifices, ce n'est pas plus symboliser avec le judaïsme, d'avoir un sacrifice selon l'usage de l'Eglise chrétienne, que d'avoir un sacrement selon la créance de l'Eglise prétendue réformée, et que la raison pour laquelle le sacrifice avait été institué en la loi précédente, savoir est, pour adorer Dieu d'un culte extérieur de latrie, etc., n'a pas moins de force pour le continuer en la nouvelle loi, qui doit faire profession publique et externe d'adorer Dieu par tout le monde, et la cause n'en est pas moins commune et valable que celle pour laquelle les sacrements y ont été ordonnés et continués ! Qu'en l'état du Nouveau Testament, la sainte Ecriture nous représente davantage l'ordre et l'appareil d'un sacrifice que d'un sacrement ! Que la nature de ce mystère ne reçoit pas plus la condition d'un sacrement que celle d'un sacrifice ; et ses circonstances nous montrent autant l'intention du Sauveur à l'institution de l'un que de l'autre, et ses paroles donnent aussi bien la qualité d'un sacrifice que celle d'un sacrement : car elles sont aussi expresses à nous parler d'une victime immolée ou à immoler, que d'une viande à manger! Que, parlant en général, le fond de ce mystère peut également servir et à la fin d'un sacrement, et à la fin d'un sacrifice ! Et que pour toutes ces considérations et autres, que je n'ai le temps de vous représenter, cette sainte action de Jésus-Christ ayant été nommée, estimée et reconnue pour oblation et sacrifice de ceux-là mêmes qui nous ont seuls appris et enseigné de l'appeler sacrement, nous sommes liés d'une pareille obligation de croire et reconnaître en ce mystère l'une et l'autre qualité.

XI. Car aussi le prophète Malachie (I, 8), en ce beau texte que les Pères anciens, d'un commun accord, ont appliqué à l'institution et oblation du Fils de Dieu en l'Eucharistie, parle en termes exprès d'une oblation affectée à l'état de la religion chrétienne : oblation, dis-je, universelle, substituée aux oblations judaïques ; oblation une et toutefois offerte en tout lieu ; oblation nouvelle, propre à l'état du Nouveau Testament ; oblation monde et pure, et partant autre que nos œuvres, toutes impures selon vous, et toutes communes à l'état de la loi, soit naturelle, soit écrite, soit évangélique ; oblation tellement pure et plaisante à Dieu, qu'elle ne peut être rendue désagréable par le défaut de ceux qui l'offrent, comme les oblations judaïques, car elle contient la source de toute pureté, l'origine de sanctification, le Fils bien-aimé auquel le Père prend son bon plaisir, et l'Agneau sans macule qui efface les péchés du monde ! oblation, dis-je encore, faite en tout lieu en forme de gâteau de pure farine (à ce que remarquant même les ministres et professeurs de Genève en ce lieu) (43), qui est un caractère bien exprès que le style de ce grand

(43) Dans les annotations imprimées à Genève, l'an 1588.

prophète a marqué et imprimé fort avant en ce passage, afin que les Chrétiens, voyant par après, soit en l'Ecriture, Jésus-Christ prendre le pain et le gâteau de pure farine, et traiter avec Dieu son Père en l'institution de ce mystère, soit en l'usage de l'Eglise, tous les prêtres, après Jésus-Christ et par son ordonnance, tenir entre leurs mains et en tout lieu ce même pain et gâteau de pure farine, en la célébration du divin service; les Chrétiens, dis-je, voyant ces choses, ne pussent pas douter ni de l'intelligence de ce texte prophétique, ni de l'accomplissement de cette prophétie, ni de l'oblation de l'Eucharistie. A raison de quoi saint Irénée, l'ancien rejeton de l'école des apôtres, évêque et martyr de notre France, a dit ces belles paroles (l. IV, c. 32) : « Il prit le pain (parlant de Notre-Seigneur), qui est sa créature, et rendit grâces, disant : *Ceci est mon corps* (*Matth.* XXVI, 26), et semblablement le calice, qui est sa créature exposée à nos sens, l'a confessé être son sang, et a enseigné la nouvelle oblation du Nouveau Testament, laquelle l'Eglise recevant des apôtres, l'offre par tout le monde à Dieu, à celui qui nous donne la nourriture, les prémices de ses présents en l'état du Nouveau Testament: de quoi, entre les douze prophètes, Malachie a ainsi parlé : Ma volonté n'est point en vous, » etc.

Saint Jean Chrysostome, après avoir cité ces mêmes paroles : « Voyez, » dit-il (*in psal.* XCV),« comme Malachie a déclaré proprement et clairement la table mystique qui est l'hostie non sanglante, et appelle les prières sacrées qui s'offrent après l'hostie, parfum pur. »

Saint Augustin, parlant de cela, dit (lib. XVIII *De civit.*, c. 35) : « Voyant que ce sacrifice est offert à Dieu en tout lieu par les prêtres selon l'ordre de Melchisédech, depuis l'Orient jusqu'à l'Occident » (où étiez-vous donc lors, vous qui n'offrez point ce sacrifice et qui n'avez point de prêtres? car vous n'étiez ni en Orient, ni en Occident, selon ce divin auteur?), « du sacrifice des Juifs, auxquels il est dit (*Malac.* I, 10) : *Ma volonté n'est point en vous, et je ne prendrai point d'oblation de vos mains*, on ne peut nier qu'il ne soit maintenant cessé. » Et ailleurs (*in psal.* CVI) : « Cherches-tu un prêtre et un sacrifice entre les Juifs ? Tu n'en as point, et tu n'en trouves point selon l'ordre d'Aaron, parce qu'il a mis les fleuves en désert. Et en cherches-tu selon l'ordre de Melchisédech ? Tu n'en trouves point parmi eux, mais par tout le monde il est célébré en l'Eglise. »

Aussi est-il manifeste que le Sauveur, en l'acte principal et plus substantiel de cette institution sacrée et religieuse, et lors même qu'il tenait entre ses mains le pain et le gâteau de pure farine, comme parle Malachie, n'agissait pas seulement avec les apôtres, leur disant : *Prenez, mangez;* mais il traitait aussi avec Dieu son Père, auquel il est dit notamment *qu'il rendit grâces*. Ce qui ne peut être entendu des grâces communes et ordinaires à l'issue des banquets; car il le fait à l'entrée, et non à l'issue de celui-ci. Et les évangélistes (qui ont omis le récit de ses grâces usitées en tous les soupers que le Fils de Dieu a faits avec ses apôtres en l'espace de trois ans, et même en la célébration de la Pâque dernière, qui a précédé ce céleste et mystérieux banquet) ont rapporté diligemment et remarqué cette action de grâces, comme chose qui est propre et particulière à l'institution de ce divin mystère. Ce qui est d'autant plus à considérer, que l'état de la religion étant partagé en deux sortes de cérémonies saintes et divines : celles qui sont de Dieu à l'homme portent le nom de sacrements, et ont cela de propre, que Dieu traite par icelles avec les hommes, en descendant de sa justice en sa miséricorde pour leur donner sa grâce; celles qui sont de l'homme à Dieu portent le nom de sacrifices, par lesquelles l'homme, enseveli dans son péché, commence à sortir de soi-même pour traiter avec Dieu et se donner à lui, en lui rendant l'entier hommage de son service.

XII. Que si, outre cette circonstance, nous venons à ouïr le propos qui suit, et à peser le sens et l'énergie de la parole constitutive de ce mystère (44), que Jésus-Christ prononce incontinent après, nous verrons qu'elle déclare et établit la présence de ce corps et de ce sang, qui est la victime du genre humain, comme il appert par le sacrifice de la croix, et demeure à toujours, selon saint Jean, *la propitiation de tout le monde*. Dont il s'ensuit qu'en cet acte de religion qui se fait en l'honneur de Dieu et en cette cérémonie et profession sensible du culte externe où nous vouons à la Majesté divine, il y a une rare et excellente victime qui est rendue présente devant Dieu, à un usage religieux et sacré, ce que l'Eglise (de laquelle il nous convient apprendre l'usage et la propriété des termes ecclésiastiques) appelle consécration, oblation, sacrifice. Car à quel propos la présence d'un agneau commun et ordinaire, ou d'un pain et gâteau de pure farine, mis en la table de Dieu qui est son autel, est un vrai sacrifice? Et la présence de ce pain vivant descendu du ciel, de ce Fils unique et agneau singulier de Dieu qui ôte les péchés du monde, faite par l'opération du grand prêtre éternel selon l'ordre de Melchisédech, lorsqu'il commence à se dédier et offrir lui-même à la croix, ne sera pas un vrai sacrifice? Car il faut observer à ce propos une belle doctrine de saint Grégoire de Nysse, lorsqu'il dit (orat. 1, *De resur. Chr.*) : « Notre-Seigneur, prévenant l'agression violente des Juifs, s'offrit pour victime, étant lui-même le prêtre et l'agneau. Vous me demanderez quand cela fut? Lorsqu'il donna son corps à manger et son sang

---

(44) Après avoir dit : *Prenez et mangez* : il ajoute, *Ceci est mon corps qui est donné pour vous* (*Luc.* XXII, 19), ou : *Ceci est mon corps qui est rompu pour vous.*(*I Cor.*, XI, 24, selon le grec, *I Joan.* II.)

à boire à ses disciples. » Tellement que, comme le Fils de Dieu traitant avec son Père au jardin des Olives a voulu en sa présence être teint et couvert de son sang avant que le fer de la lance et des clous le tirât hors de son corps et de ses veines, et ainsi prévenir l'effort des Juifs en cette effusion extraordinaire; aussi (selon la remarque de ce grand homme, l'œil de l'Eglise orientale) le même Fils de Dieu en ce divin banquet, traitant avec son Père et lui rendant grâces, il a voulu prévenir l'oblation visible et sanglante de la croix par cette effusion sacramentale et immolation mystique en l'Eucharistie. Et si nous observons les moments de celui qui fait toutes choses, en temps, en poids, en nombre et en mesure, nous verrons cette action mystérieuse avoir été réservée par lui comme à la dernière heure de sa vie, et lorsque sa passion réelle et sanglante avait déjà son cours (si nous la recherchons en sa source, c'est-à-dire au cœur de Judas et au dessein des Juifs), afin que cette action religieuse et sacrée se trouvât engagée dans les bornes de ses souffrances, et fût initiative et dédicative du mystère de la croix, et que l'oblation mystérieuse qu'il fait de soi-même à Dieu son Père en l'Eucharistie fût suivie, continuée et exécutée visiblement et sanglantement en son humanité, sans l'interruption d'aucune autre action et mystère. De sorte que c'est ici qu'il commence de faire le premier pas pour aller à la mort, soit intérieurement en la pensée de son cœur, soit religieusement en la cérémonie qu'il institue, soit extérieurement en partant du cénacle pour aller au jardin où il devait verser son sang par toutes les parties de son corps, et où l'ennemi avait son rendez-vous pour le prendre et le conduire au Calvaire. Car il se lève de cette sainte et dernière table où il a fait l'Eucharistie, pour entrer aux agonies de la mort qui le saisirent en ce jardin, et se lève avec cette belle parole : *Ut cognoscat mundus quia diligo Patrem, et sicut mandatum dedit mihi Pater sic facio, surgite eamus hinc.* (*Joan.* XIV, 31.) Et certes, vu et considéré que le Fils de Dieu n'aura pas attendu à s'offrir à la mort à l'instant seul de sa souffrance, et que sa charité aura prévenu et devancé la malice et la rage des Juifs, et que nous le voyons en ce dernier souper n'avoir autre propos en la bouche avec ses apôtres que de sa mort et passion, et qu'il la voyait présente au cœur et au dessein de Judas, qui était avec lui en la même table, et qu'il faisait même lors un mémorial perpétuel de cette souffrance, et qu'il donnait en cette pâque nouvelle et chrétienne le même agneau qui devait mourir pour notre rédemption en la croix : est-ce chose si éloignée de la dignité de Jésus-Christ instituant les merveilles de l'Eucharistie ou du mystère de la croix, qui est si proche et si conjoint à celui-ci, ou de la relation de ses mystères par ensemble (comme si c'était un autre, et non le même Sauveur que nous voyons au cénacle de Sion faisant l'Eucharistie, et au Calvaire souffrant mort et passion), qu'il faille donner la géhenne à vos esprits, pour vous faire croire qu'il a plu à Notre-Seigneur en l'acte de son Testament se souvenir de sa mort, et en présenter à Dieu l'offrande et l'acceptation volontaire, lorsqu'il en institue le sacrement et le mémorial perpétuel ? Si vous voulez vous laisser conduire à la lumière de ses paroles, elles vous disent clairement : *Ceci est mon corps, lequel est donné pour vous ; ceci est sang, lequel est répandu pour vous* (*Luc.* XXII, 19), qui sont paroles d'oblation et de sacrifice. Car être donné pour nous, et être offert pour nous, sont choses équipolentes !

XIII. Que si votre dureté ne peut se rendre et s'amollir à ce propos, et vous cherchez des issues et des figures pour rapporter cette effusion à la croix, et vous voulez encore un coup couvrir l'autel de Dieu de figures et d'ombrages contre les défenses anciennes, il me suffit de vous dire qu'il est bien vrai que le sang est répandu en la croix, ce que nous ne nions pas, et ne combat rien de notre créance ; mais il est faux qu'il ne soit répandu qu'en la croix ; et il est faux encore que ces dernières paroles de Jésus-Christ ne s'entendent que de cette effusion en la croix; car les évangélistes nous rapportent, non une, mais trois effusions de son sang, au dernier jour de sa vie : l'une sacrée et mystérieuse en l'autel entre ses apôtres; l'autre violente et miraculeuse au jardin, et (comme nous pouvons penser) entre les anges; et la troisième, violente mais ordinaire, en la mort de la croix entre les bourreaux. Et deux auteurs sacrés vous empêchent de référer cette oblation du corps de Jésus-Christ, et cette effusion de son sang à la croix ; car saint Paul rend ces premières paroles : *Ceci est mon corps, qui est donné pour vous*, par celles-ci : *Ceci est mon corps, qui est rompu pour vous* (45), lesquelles ne se peuvent référer directement, sinon au corps de Jésus-Christ sous les espèces sacramentales. Donc ce corps, tandis qu'il est sous ces espèces, est donné pour vous et est rompu pour vous. « Cela, » dit saint Chrysostome, « se peut voir en l'Eucharistie, et non en la croix ; au contraire, l'Ecriture dit : *Vous ne romprez un seul de ses os* (*Joan.* XIX, 36; *Exod.* XII, 46); mais ce qui n'a point été fait en la croix se fait en l'oblation pour toi. » Et saint Luc (c. XXII) rend ces paroles de saint Matthieu (c. XXVI) : *Ceci est mon sang répandu pour vous*, par celles-ci : *Cette coupe est répandue pour vous*, référant notamment l'effusion à la coupe, et non au sang, afin que vous croyiez par saint Matthieu « que le sang est en la coupe, » ce qui déclare la présence du corps et du sang en l'Eucharistie ; et par saint Luc : *Que la coupe est répandue pour nous*, ce qui démontre le sacrifice. La coupe, dis-je, ou le sang en la coupe, et non le sang en la croix ; car en la croix il n'y a point de coupe répandue

---

(45) Τοῦτο μοῦ ἐστι τὸ σῶμα, τὸ ὑπὲρ ὑμῶν κλώμενον. (*I Cor.* XI, 24.)

pour nous, et vous voyez en l'autel une coupe; et si vous croyez saint Luc, cette coupe que vous voyez en l'autel est répandue pour vous: *cette coupe*, dis-je derechef, et non-seulement le sang qui est en la coupe; mais ce sang lorsqu'il est en la coupe, et en tant qu'il est en cette coupe, est répandu pour nous, si vous jugez digne de votre créance cet évangéliste. Je mets cette condition, non pour vous offenser, mais pour vous déclarer comme, du texte de saint Luc, deux puissants et violents efforts sont tirés pour la vérité du corps et du sacrifice de Notre-Seigneur en l'Eucharistie, que Bèze n'a pu parer qu'en proférant un blasphème, ou ôtant l'autorité du texte sacré (46); car il aime mieux accuser l'évangéliste de faute, et l'Évangile de corruption, que non pas d'accuser sa nouvelle créance; reformer le texte sacré et le style du Saint-Esprit, que réformer sa foi; et corrompre et altérer le Testament de Dieu, que changer sa doctrine, qui est une pure irréligion (car il avoue que tous les exemplaires portent ainsi), et une insigne fausseté et corruption qui dure encore dedans vos Bibles (47). Et quand vos ministres la changeront et réformeront, ils changeront et réformeront leur foi, s'il plaît à Dieu. Car si la coupe est répandue pour nous, selon la vérité de ce texte évangélique, il s'ensuit évidemment que le sang de Jésus-Christ est dans la coupe, ce qu'ils n'ont pas voulu croire jusqu'à présent; car il n'y a point d'autre liqueur au Nouveau Testament répandue pour nous que le sang de Jésus-Christ; et il s'ensuit manifestement que ce même sang, en tant qu'il est dedans la coupe, est répandu pour nous, puisqu'il a plu au Saint-Esprit de dire que *la coupe est répandue pour nous*.

XIV. Or, quand on parle en ce lieu de sacrifice et d'effusion, remarquez, s'il vous plaît, que cette effusion est mystérieuse, et non pas violente et sanglante, comme celle qui est arrivée en la croix; car le Fils de Dieu sait bien accomplir la vérité de ses mystères sans détruire la vérité de sa nature. Et par sa puissance et sapience, qui surpasse les bornes de nos sens et de notre intelligence, il sait bien effectuer et établir en ce mystère une immolation sans occision, une manducation sans digestion, et en somme un sacrifice vrai et parfait, sans être pourtant un sanglant sacrifice; car, à parler proprement et généralement, il n'est pas de l'essence du sacrifice d'enclore l'occision de l'hostie, mais seulement de l'exclure hors de l'usage commun et vulgaire et l'appliquer et dédier à un usage du tout religieux et sacré; et où même la destruction de l'hostie serait nécessaire, il n'est pas besoin qu'elle se fasse en l'acte précis du sacrifice; mais il suffit ou qu'elle soit destinée à cette immolation, ou qu'elle ait été auparavant immolée. Et il y a une preuve assurée de cette vérité dans le *Lévitique* (c. XVI), au sacrifice annuel pour le péché, auquel il a plu à Dieu nous laisser une image vive de ce mystère, c'est-à-dire de ce vrai et non sanglant sacrifice de l'Eucharistie. Car une des hosties qui étaient offertes en propitiation annuelle pour le péché n'y était point égorgée, ains sortait vivante après l'acte du sacrifice, et seulement était exclue de l'usage profane et envoyée au désert. Figure très-excellente et rare selon Calvin (*in Levit.* XVI) (qui ne reconnaît en la loi que ce seul sacrifice non sanglant), et de laquelle nous voyons l'accomplissement en ce mystère, auquel l'hostie et l'Agneau qui y est présenté et offert, demeure vivant en l'acte et après l'acte du sacrifice, sans y perdre rien de son être, de sa vie et de sa gloire.

Disons donc que le Sauveur, en cette sainte et dernière action de sa vie, a institué et un sacrement et un sacrifice tout ensemble, ainsi que nous le voyons traiter et avec ses apôtres et avec Dieu son Père; que ce sacrifice non sanglant est pleinement fondé au sanglant sacrifice de la croix, duquel il tire et sa nature et sa vertu; car sans la croix nous aurions bien Jésus-Christ présent en ce banquet, mais nous n'aurions pas une victime présente, d'autant qu'il est fait victime par le sacrifice de la croix; que cette qualité n'intéresse point l'être et la vie naturelle de Jésus-Christ, car nous le croyons être toujours vivant et glorieux, et au ciel et au sacrement; et comme en qualité de sacrement, cette viande qui nous est donnée a cela de propre par-dessus les sacrements de la loi, c'est-à-dire l'eau de la pierre, la manne du désert, l'agneau de la pâque; qu'étant prise et mangée, elle n'est point usée ni changée en la nature de celui qui la reçoit, ains demeure vive et inconsomptible à jamais; aussi en qualité de sacrifice, victime a cette prérogative qu'elle n'est point consommée par l'acte du sacrifice, comme elle n'est point usée par l'acte de la manducation, et demeure en sa vie et en sa gloire, soit au cœur et au sein des fidèles au sacrement, soit au chœur et en l'autel de l'église au sacrifice. Chose préfigurée ès ombres de la loi mosaïque en cette hostie propitiatoire pour le péché, qui demeurait vivante durant l'acte et après l'acte du sacrifice, et qui a donné sujet à un ancien auteur (CYPRIAN., *De cœna Domini*) de remarquer fort à propos, que cette hostie était inconsomptible, et que, si elle pouvait être consommée comme les autres, la religion périrait n'ayant plus d'hostie : « Viande inconsomptible, » dit un autre auteur, « holocauste demeurant toujours en son entier, que nulle multitude de peuple ne peut user ni consommer, et nulle antiquité envieillir. » « Agneau immaculé, » dit saint André à l'instant de son martyre, « que j'offre tous les jours en l'autel, duquel après que le peuple a mangé la chair, l'agneau demeure toujours vivant

---

(46) BÈZE, *in Lucam*, selon l'édition de Robert Etienne.

(47) Au lieu de tourner selon l'original dicté par le Saint-Esprit, *la coupe est répandue pour nous*, ils tournent selon Bèze, *le sang est répandu pour nous*.

et entier. » Comme si Dieu dans son Eglise opérait en cet holocauste c'est-à-dire, en cette victime immolée par le feu d'amour et charité, et non jamais consommée en sa substance et nature ; opérait, dis-je, cette merveille qu'il fit voir à Moïse sur la montagne d'Oreb en ce buisson ardent et non jamais brûlé.

XV. *Des divers noms que l'Eglise a imposés à cette institution de Jésus-Christ.* — Ces choses ainsi posées et établies sur l'état et l'essence de ce parfait et divin sacrifice, si vous désirez avoir quelque éclaircissement sur le nom et le formulaire dont il est appelé et célébré en l'Eglise, vous devez savoir en peu de mots, que le Sauveur n'a imposé aucun nom à cette action religieuse et sacrée, par laquelle il a institué ce haut et divin mystère, laissant à l'Eglise, qui doit former la voix de ses enfants, comme étant leur mère, de leur apprendre les noms qu'elle jugerait convenables à cette institution. Comme si ce même Dieu, qui vient sauver le monde par sa bonté après l'avoir créé par sa puissance, voulait observer la même méthode qu'il observa lors. Et comme en la création il voulut que non lui, mais Adam imposât les noms aux créatures que cet homme n'avait point formées et qui n'étaient en être que par sa divine puissance ; qu'ainsi son Eglise imposât elle-même les noms aux mystères que lui et non autre lui enseigne et qu'il institue lui-même ; et que ses mystères, comme ils n'ont point d'autre origine en l'usage et en la créance des fidèles, que la révélation et institution divine, ainsi ils n'eussent aucune autre dénomination en la bouche et au langage des hommes, que selon l'ordonnance et décision de l'Eglise, qu'il a plu à Dieu douer d'autorité, de sapience et de lumière pour instruire ses enfants de ses secrets, et pour les exposer et nommer selon leur vraie nature et condition.

Or l'Eglise, qui a reçu du Seigneur ce mystère, et n'a reçu de lui aucun nom pour l'exprimer, étant besoin de lui approprier quelque terme, elle lui a imposé divers noms selon l'autorité et sapience qu'elle a reçue de Dieu, et elle les a fondés ou ès diverses excellences et perfections qu'elle a reconnues en cette institution ; ou ès divers usages et effets auxquels ce divin mystère est destiné, ou ès circonstances esquelles il a été ou primitivement institué ou ordinairement célébré. Ainsi, elle l'appelle *sacrement* en tant qu'elle y trouve le pain du ciel et la vraie viande des hommes. Elle l'appelle *sacrifice*, en tant qu'il rend sous ces espèces l'hostie du genre humain présente devant Dieu, c'est-à-dire *ce corps qui est livré pour nous, ce sang qui est répandu pour nous.* Elle l'appelle l'*Eucharistie* en tant qu'elle y reçoit non seulement la grâce comme ès autres sacrements, mais l'auteur même de la grâce. Elle l'appelle *communion* en tant que ce corps et ce sang précieux est le ciment de la liaison des peuples, non-seulement entre eux-mêmes, mais aussi avec Dieu. Et généralement l'Eglise orientale lui a donné le nom de *liturgie*, qui se retrouve même dans les *Actes des apôtres* (c. XIII), et l'Eglise occidentale le nom de *Messe*, en tant que les domestiques de la foi y étaient séparés des étrangers, c'est-à-dire de ceux qui étaient bien admis à ouïr la parole de Dieu, mais n'étaient pas estimés dignes de voir ce mystère, lequel était le sujet principal et ordinaire qui assemblait les fidèles en l'église, pour rendre chaque jour l'hommage à leur Dieu présent en l'Eucharistie, et pour y louer et invoquer son saint nom.

XVI. *De la forme usitée par l'Eglise en la célébration de ce divin mystère.* — Et quant à la forme de célébrer ce divin mystère, comme l'Eglise n'a reçu aucun nom pour l'exprimer, aussi n'a-t-elle eu, ni du Sauveur en l'Evangile, ni des apôtres en leurs épîtres, aucun ordre et formulaire institué pour la célébration d'icelui. Sur quoi il est à propos de considérer que le Sauveur s'étant contenté d'instituer les autres sacrements, sans les célébrer lui-même, il a voulu réserver cette prérogative à la dignité de ce mystère, que de le célébrer et accomplir avec ses apôtres, avant son départ de ce monde ; qu'il a voulu aussi que cette sainte et sacrée action fût la dernière de sa vie et de sa liberté, et comme l'adieu à ses apôtres, et l'entrée de la cruelle et sanglante tragédie de sa mort : car à l'issue de ce banquet on ne le trouve plus qu'entre les Juifs, les soldats, les larrons et les bourreaux. Donc, ayant en ce soir à faire un abrégé de plusieurs merveilles, à accomplir de très-grandes actions, à donner des institutions très-salutaires, à laisser de vifs et rares exemples d'une vertu singulière, et à enclore tant de mystérieuses actions dans la circonférence d'une petite heure qu'il appelle sienne (*Joan.* XVII) ; ce mystère se trouve accompagné, en sa première institution, de plusieurs circonstances toutes particulières, qui ne doivent être imitées par après, et qui sont affectées au temps et aux autres actions que le Seigneur accomplissait lors, aussi bien qu'à l'état de ce mystère : lequel étant livré à l'Eglise pour durer jusqu'à la fin du monde, elle en a dû considérer la nature et la condition, et apprendre de là quel était l'ordre et le formulaire qu'elle devait prescrire et ordonner à ses enfants en la continuation et célébration ordinaire d'icelui.

Que même vos ministres imitent peu les circonstances de cette sainte institution. Car le Seigneur l'a faite assis, en un soir, et après souper, et eux la font debout, en un matin, et à jeûn. Il n'y a admis que les apôtres seuls, et non ses disciples : il n'y a reçu que des hommes, et non des femmes, non pas même sa mère, ni ces vertueuses dames qui le suivaient et servaient journellement ; et eux y reçoivent non-seulement les pasteurs de l'Eglise, mais aussi tous les fidèles de l'un et de l'autre sexe indifféremment. Il a adjoint cette institution à l'Agneau pascal et à un lavement des pieds, comme à un préparatif nécessaire, et a fini ce banquet par un hymne et cantique, qu'ils tiennent être le cantique ordinaire qui se chantait, selon la coutume des Juifs, après la célébration de la pâque (comme si le Fils de Dieu eût voulu non-seulement commencer, mais aussi enclore ce mystère dans les formes et cérémonies judaïques); et eux ne pratiquent aucune de ces particularités (48). Il a pris du pain sans levain; le tenant entre ses mains, il l'a béni, et a rendu grâces à Dieu son Père; et sur ce pain a prononcé ces paroles : *Ceci est mon corps.* (*Matth.* XXVI, 26.) Et les ministres, aimant mieux se rendre dissemblables à l'Eglise que semblables à Jésus-Christ, usent de pain levé contre l'exemple de Jésus-Christ et contre la forme de l'Eglise dans laquelle ils vivent; ils ne bénissent point le pain de leur cène, ils n'y observent point cette action de grâces remarquée par les évangélistes; et ils ne croient pas que ce soit le corps du Seigneur, contre la clarté de sa propre parole. Bref, ils commencent cette action par une excommunication, au lieu que le Sauveur n'y excommunie personne, et n'en exclut pas même Judas, et ils ôtent le lavement des pieds, qui n'a son origine qu'en Jésus-Christ seul, et qui est pratiqué à l'entrée de ce divin mystère comme faisant partie d'icelui, et comme étant un préparatif nécessaire, et qui semble même commandé de lui en termes exprès : à ce qu'il apparaisse, comme ces nouveaux pasteurs prennent cette licence, d'ôter et d'ajouter à cette action de Jésus-Christ, ce que bon leur semble; et comme eux, qui ne sont que particuliers venus à la fin des siècles, quinze cents ans après, en un coin du monde, et d'une façon tout extraordinaire, ils usurpent cette autorité de juger ce qu'il faut omettre ou ajouter en cette action de Jésus-Christ, après avoir voulu ravir solennellement cette puissance à l'Eglise ancienne et universelle.

Or, laissant ces oppositions particulières, si nous considérons le narré des évangélistes, il appert comme, en cette sainte action de Jésus-Christ, il y a des circonstances, dont les unes doivent être omises, et les autres conservées : et ce discernement n'étant point fait dans la parole de Dieu, il est sans doute qu'il ne peut être mieux prescrit que par l'autorité publique, ni mieux appris que de l'Eglise universelle. Car ce qui nous reste de l'action de Jésus-Christ n'est précisément que l'essence du mystère, et le commandement de le pratiquer, et non l'ordre et le formulaire qui y doit être observé, comme aussi l'a remarqué saint Augustin en l'épître 118. Tellement que nous avons le mystère de Jésus-Christ, et de l'Eglise la forme commune et universelle de le célébrer entre les peuples. Détrompez-vous donc, Messieurs, et avec nous tenez inviolablement ce mystère que vos ministres violent et anéantissent en sa substance, pervertissent et profanent en son usage, dépouillent et avilissent en sa vertu. Gardez fermement l'ordre et la forme usitée par l'univers, et instituée de ceux que le Sauveur a commis pour dispensateurs de ses mystères; et n'écoutez plus les esprits contentieux de ce siècle, qui se rendent sacriléges en l'un, et rebelles en l'autre.

DISCOURS III.

DE LA PRÉSENCE DU CORPS DE JÉSUS-CHRIST EN LA SAINTE EUCHARISTIE.

I. *Le sieur Dumoulin se vante de croire la vérité de ces paroles :* Ceci est mon corps : *et l'auteur montre qu'elles doivent être fausses, si la confession de foi des ministres est vraie. Il prouve la vérité du corps de Jésus-Christ en l'Eucharistie, par le témoignage des Pères.* — II. *Il rapporte plusieurs autres témoignages des Pères sur ce même point.* — III. *Ce passage de saint Paul:* Le pain que nous rompons, *etc., est maintenu contre les hérétiques.* — IV. *Ces paroles de saint Paul :* Le pain que nous rompons, *etc., ne sont point la glose de celles de Jésus-Christ :* Ceci est mon corps. — V. *Explication de ces paroles :* Nous qui sommes plusieurs, sommes tous un seul pain et un seul corps. — VI. *Il montre derechef que les paroles de saint Paul ne sont point la glose de celles de Jésus-Christ.* — VII. *C'est un fait bien étrange que, de ces paroles de Jésus-Christ :* Ceci est mon corps, *et de celles de saint Paul :* Le pain que nous rompons, n'est-ce pas la communication du corps du Seigneur? *les ministres osent inférer que ce n'est ni son corps, ni la communication de son corps. Il découvre leur ruse, leur malice et leur impudence sur ce sujet.* — VIII. *Il explique ces paroles :* Sciens Jesus quia omnia dedit ei Pater in manus, *etc.* Cum dilexisset suos qui erant in mundo, in finem dilexit eos. *Et entre dans l'institution du très-saint sacrement parlant des motifs et circonstances d'icelle.* — IX. *Il y a trois sortes d'émanations et opérations de Dieu hors de son essence, qui constituent trois ordres différents : celui de la nature, celui de la grâce, et celui de l'union hypostatique. Les hommes, par le mystère de l'Eucharistie, sont tirés à l'association et communication de ce divin état de l'union hypostatique. Rapport admirable des Chrétiens, en ce mystère, à la très-sainte Vierge, en la part qu'elle a au mystère de l'Incarnation.* — X. *Il y a deux sortes de noces ou alliances du Fils de Dieu avec nous. Ès unes il épouse notre nature, ès autres notre personne. L'Incarnation et l'Eucharistie établies le même jour, 25 mars.* — XI. *Il infère des circonstances de ce mystère, quelle en doit être la substance.* — XII. *Ce que le Fils de Dieu prend est le pain; mais ce qu'il donne est son corps.* — XIII. *En ces paroles :* Prenez, mangez, ceci est mon corps, *il y a commandement et oracle. Et s'il n'est pas vrai que ce soit son corps, il n'est pas com-*

---

(48) Dans les annotations de la *Bible de Genève*, 1588.

mandé de manger son corps; ce que toutefois les hérétiques prétendent — XIV. *Les hérétiques ne peuvent arrêter le cours de leur créance à cette parole du Verbe:* Ceci est mon corps, *que par le doute de son pouvoir ou de son vouloir.* — XV. *Le soin des hérétiques est non d'entendre le testament de Jésus-Christ, ains de ne le pas entendre. Les Pères enseignent que nous devons entendre simplement et naïvement cette parole du Fils de Dieu:* Ceci est mon corps, *en désaveu des sens et en force de créance et de respect à celui qui parle.* — XVI. *Les hérétiques ne peuvent dire quel intérêt ils ont à obscurcir la parole du Fils de Dieu. Les hérétiques, par un excès d'impiété et d'impudence, ne reçoivent pas seulement la parole du serpent, comme fit Eve; ains l'opposent à celle de Dieu, et, ce qui est plus étrange, osent la lui attribuer, et lui faire accroire qu'il a dit:* Ceci n'est pas mon corps. — XVII. *Il recueille en peu de mots toute la force du discours précédent, pour presser l'esprit de se rendre humblement à la parole de Jésus-Christ.* — XVIII. *La première maxime que les hérétiques ont avancée pour la ruine de l'Eglise, qui est de recourir à l'Ecriture sans glose, est celle qui les condamne en ce point: marque évidente de leur aveuglement.*

I. Le troisième point proposé en cette rencontre est sur ces mots de Jésus-Christ à ses apôtres: *Prenez et mangez, ceci est mon corps* (Matth. XXVI, 26): sur quoi le sieur Dumoulin dit qu'il ne doute point de la vérité de ces paroles. Mais il me permettra de lui dire qu'il est autant faux, selon lui, que ces paroles de Jésus-Christ soient véritables si sa confession de foi est véritable, comme il est faux que *ceci* soit son corps, si *ceci* n'est pas son corps. Car Jésus-Christ dit clairement et naïvement l'un, et le sieur Dumoulin croit et publie appertement l'autre, c'est-à-dire Jésus-Christ dit que *ceci* est son corps, et lui croit que *ceci* n'est pas son corps. Car si *ceci* est le corps de Jésus-Christ, il se voit clairement que *ceci* est entre les mains de Jésus-Christ lorsqu'il célèbre et institue la sainte Eucharistie. Son corps donc était lors entre ses mains. Or chacun sait que le sieur Dumoulin ne le croit pas, et qu'il s'en moque appertement en ses prêches et dans ses livres! Mais un docteur (S. Augustin) plus savant et plus humble que lui, et meilleur disciple de Jésus-Christ que lui, ne s'en est pas moqué en ses *Commentaires sur les Psaumes,* quand il dit (Concione 1 in psal. XXXIII) sur ces paroles appliquées à David: *Ferebatur manibus suis.* « Qui peut comprendre comment ceci soit arrivé à un homme, qu'il se soit porté entre ses mains? Car qui est-ce qui s'est jamais porté entre ses mains? Un homme peut bien être porté des mains d'autrui, mais personne n'est porté par ses propres mains. Nous ne pouvons trouver ceci en David selon la lettre, mais nous le trouvons en Jésus-Christ. Car Jésus-Christ se portait en ses mains, lorsque, parlant de son corps, il a dit: *Ceci est mon corps:* car il portait cela entre ses mains! »

D'ailleurs, si *ceci* est le corps de Jésus-Christ, il appert par l'Evangile que Jésus-Christ a donné *ceci* de ses mains à ses apôtres, et les apôtres ont pris *ceci* de leurs mains et mangé de leurs bouches. Jésus-Christ donc a donné son corps de sa main à ses apôtres, et ses apôtres ont eu le corps de Jésus-Christ en leurs mains et en leurs bouches; et les Chrétiens, suivant cette institution, prennent de leurs bouches le corps de Jésus-Christ. Le sieur Dumoulin le croit-il? et y a-t-il pas un de vous qui ne sache ses irrisions là-dessus? Chacun de vous donc doit savoir que, quand il dit qu'il croit ces paroles: *Ceci est mon corps,* être véritables, c'est qu'il se rit et se moque. Mais saint Augustin, l'honneur de l'Afrique et de l'Eglise, ne se riait pas quand il dit: *Mediatorem Dei et hominum Christum Jesum, carnem suam nobis manducandam, bibendumque sanguinem dantem, fideli corde et ore suscipimus, quamvis horribilius sit humanum sanguinem bibere quam fundere* (49). Ni Tertullien quand il disait, peu de temps après la mort de saint Jean l'Evangéliste: *Caro abluitur ut anima emaculetur, caro inungitur ut anima consecretur, caro corpore et sanguine Christi vescitur ut anima de Deo saginetur* (50). Ni saint Cyrille Hiérosolymitain, lorsqu'il avertissait son peuple, il y a plus de treize cents ans: *Te présentant à la communion, n'y viens point les mains étendues, mais fais servir ta main gauche de siége et de trône à celle qui doit recevoir le Roi, et creusant la paume de la main reçois le corps de Jésus-Christ, répondant Amen.* Le sieur Dumoulin (Catéches. mystag. 4) croit que le corps de Jésus-Christ est seulement au ciel, et que *ceci* qui est entre les mains des apôtres et des pasteurs de l'Eglise faisant l'Eucharistie, est seulement en terre. Il croit donc, selon ses maximes, que *ceci* n'est pas le corps de Jésus-Christ, et que *ceci* est aussi loin du corps de Jésus-Christ que le ciel est loin de la terre. Aussi Bèze étant de même foi au colloque de Poissy, mais plus franc et plus ouvert à professer son impiété sur le théâtre de la France, que le sieur Dumoulin, en la présence de cette dame, dit que le corps de Jésus-Christ était aussi éloigné de la terre et de la cène, que la terre est éloignée du ciel, c'est-à-dire qu'il était aussi loin de dire, et de croire que *ceci* soit le corps de Jésus-Christ, que le ciel est loin de la terre, et la terre loin du ciel.

II. Mais les Pères anciens ne tenaient pas

---

(49) Lib. II *Contra adversar. legis et prophet.* « Nous prenons de cœur et de bouche le corps et le sang de Jésus-Christ. »

(50) Lib. *De resurrectione carnis.* « Le corps est repu du corps et du sang de Jésus-Christ, afin que l'âme soit repue et remplie de Dieu. »

ce langage, et saint Chrysostome, qui vivait et florissait il y a douze cent cinquante ans, ne croyait pas et ne parlait pas ainsi, quand, au troisième livre *De la Prêtrise*, il dit ces belles et graves paroles, qui expriment dignement et divinement notre créance et nos mystères : « Lorsque tu vois le Seigneur immolé, le prêtre penché sur le sacrifice et faisant ses prières, et puis toute la tourbe qui l'environne être teinte et rougie de ce précieux sang, penses-tu converser encore avec les mortels et être en la terre? N'es-tu point plutôt, à l'heure même, transporté aux cieux? Ne dépouilles-tu point toutes les raisons de la chair, et avec un esprit nu et une âme pure ne vois-tu point les choses qui sont au ciel? O miracle, ô bénignité de Dieu ! Celui qui est assis là-haut avec le Père, en ce même point et instant de temps, est manié des mains de tous et se livre à ceux qui le veulent prendre et recevoir. » Le même, *Sur saint Mathieu* (XXVI) : « Ce n'est point son vêtement, mais son corps qui est mis devant nous, non-seulement afin que nous le touchions, mais afin que nous le mangions. » Et *Sur saint Jean*, homélie 46 : « Or afin que non-seulement par charité, mais aussi réellement nous soyons unis en cette chair-là, cette viande, le fait qu'il nous a distribuée. Car voulant montrer son amour en notre endroit, il s'est mêlé à nous par son corps et l'a réduit comme en une même masse avec nous, afin que le chef et le corps fussent unis : et cela Jésus-Christ le fait pour nous étreindre d'une plus étroite charité et nous montrer son affection, ne permettant pas seulement de le voir à ceux qui le désirent, mais de le toucher, de le manger, de poser nos dents en sa chair et rassasier notre appétit de lui, etc. Les mères bien souvent baillent leurs enfants à nourrir à d'autres : mais moi (dit saint Chrysostome au nom de Jésus-Christ), je nourris les miens de ma chair, je m'offre en viande à vous, j'ai voulu être votre frère en prenant chair pour vous, et cela même je le vous présente. »

Saint Cyrille, patriarche d'Alexandrie et oracle de l'Eglise universelle au concile d'Ephèse, dit (lib. X *in Joan.* XIII) : « Nous ne nions pas que nous ne soyons conjoints avec Jésus-Christ spirituellement par une droite foi et charité. Mais que nous n'ayons aucune sorte de conjonction ou contiguïté selon la chair avec lui, nous le nions et disons que c'est contre les Ecritures. » Et peu après : « Or que quelqu'un me dise la cause de cela, si ce n'est la vertu de l'Eucharistie? Car pourquoi entre-t-elle dedans nous? N'est-ce pas pour introduire et faire habiter Jésus-Christ corporellement avec nous, par la participation de sa sainte chair? » Et derechef : « En cela il apparaît clairement que Jésus-Christ n'est pas en nous par une simple habitude ou conjonction conçue en l'opération de l'entendement, mais aussi par une participation naturelle. » Et plus bas : « La nature corrompue de notre chair ne pouvait pas être rétablie à l'incorruptibilité que par une union et conjonction à ce corps vivant et vivifiant. Ne me crois tu pas disant ces choses? Crois à Jésus-Christ, qui dit clairement : *Si vous ne mangez ma chair vous n'aurez point la vie en vous.* (*Joan.* VI, 54.) En vous donc, c'est-à-dire en votre corps. »

Saint Optat Milévitain (lib. VI), se plaignant de la fureur des hérétiques de son temps à ruiner les églises, s'écrie en ces paroles, il y a plus de douze cents ans : « Y a-t-il un plus grand sacrilège que de rompre, raser et démolir les autels? Car qu'est-ce que l'autel, sinon le siège du corps et du sang de Notre-Seigneur? Et ce forfait si infini a été encore redoublé quand vous avez rompu les calices qui portent le sang du Sauveur : ô exécrable méchanceté! ô malice non ouïe! » Dont il appert, et de plusieurs autres textes semblables que j'omets pour être amplement rapportés par ceux qui ont traité les controverses, que les Pères anciens nous décrivent cette présence et communication du corps de Jésus-Christ en l'Eucharistie en toutes autres manières et circonstances que vos ministres. Car ils l'établissent non dans le ciel seulement, mais en la terre et en l'autel; non en notre esprit seulement, mais aussi en nos corps, en nos cœurs, en nos mains, en notre bouche; non par la pensée et opération de notre esprit, mais par opération de la divinité; non par l'énergie de notre foi, mais par la toute-puissance divine; non par charité seulement et autre habitude intérieure, mais par vérité, par réalité, et par substance et nature; non par une grâce commune aux Juifs et aux Chrétiens et à tous les autres exercices et institutions de notre religion, mais par un privilège du christianisme et affecté seulement à la participation de ce saint sacrement; non par une faveur faite aux élus seulement, mais aussi à tous ceux auxquels ce sacrement est communiqué. Qui sont autant de traits que de syllabes et autant de preuves que de paroles pour maintenir et représenter la différence qu'il y a entre la manducation que vos ministres ont imaginée depuis cinquante ans, et celle que les Pères ont crue de toute antiquité, et ont enseignée à leur postérité.

III. Mais on vous porte à écouter plus volontiers saint Paul, discourant avec les Corinthiens (selon les gloses et illations que l'on y adjoint), que Jésus-Christ parlant avec ses apôtres. Et le sieur Dumoulin vous tire hors de la lumière et clarté de ces paroles de notre Sauveur pour vous jeter dans les ténèbres de ses suppositions et arguments qu'il tire de ce que dit cet Apôtre au chap. X, vers. 16, 17, de sa Ire *Epître aux Corinthiens*. Voyons donc ce passage, et vous verrez encore leur condamnation en plusieurs instances : *La coupe de bénédiction laquelle nous bénissons, n'est-elle pas la communion du sang de Jésus-Christ? Et le pain que nous rompons, n'est-il pas la communion du corps de Jésus-Christ? D'autant que nous, qui sommes plusieurs,* sommes un seul pain et un seul corps; nous tous qui sommes participants d'un même pain. Car pour ne m'arrêter maintenant, en ce qu'ils n'ont point en leur cène le calice de bénédiction! en ce qu'ils ne bénissent point ce breuvage que saint Paul bénissait, vu que ce serait magie, ce disent-ils! en ce qu'à cette occasion ils ont rayé de trois textes, ce mot de *bénir*, en l'Evangile, pour y substituer celui de *rendre grâces!* En ce que Bèze, en ses dernières impressions, ne peut défendre son erreur contre ce passage de saint Paul, qu'en y glissant de nouvelles paroles qu'il avoue n'être point en l'original du Saint-Esprit, qui sont toutefois points d'importance, et que je remets à un autre discours! Je me contenterai de dire, pour le présent, qu'ils ne croient point que ce breuvage et ce pain eucharistique soient la communion du corps et du sang de Jésus-Christ, qui est l'expresse et formelle assertion de saint Paul. Car le chef de la réformation prétendue en France, dit sur ce texte que c'est une locution figurée, et Bèze, que c'est la marque de la communion. Tellement que ce n'est pas la communion du corps de Jésus-Christ, quoi que dise saint Paul, mais *le signe et la marque de la communion*, ce disent Bèze et Calvin (51). Autrement, quiconque a part à cette coupe bénite et à ce pain rompu et communiqué en l'Eglise à tous ceux qui s'y présentent, aura la communion du corps et du sang de Jésus-Christ; ce qu'ils ne veulent pas reconnaître; car c'est un privilége des élus et de la foi de leur élection, ce disent-ils, et non de ce pain, quoi que dise saint Paul en ce passage. Et partant, c'est la foi, selon eux, et non le pain, selon saint Paul, qui donne la communion au corps de Jésus-Christ. Tellement que vos premiers pasteurs ne croient ni Jésus-Christ, disant : *Prenez, mangez, ceci est mon corps (Matth.* XXVI, 26), ni son Apôtre, assurant que la fraction et distribution de ce pain *est la communion du corps de Jésus-Christ*. Et même ils opposent et vous proposent le contradictoire de ces deux paroles, car ils vous disent hardiment, contre la parole expresse de Jésus-Christ : « Ceci n'est pas mon corps, » et contre celle de saint Paul : *Le pain que nous rompons n'est pas la communion de Jésus-Christ ;* ains seulement le signe et le symbole de cette communion.

Mais il est plus à propos, Messieurs, que vous écoutiez, sur ce passage de saint Paul, saint Chrysostome, que ni le sieur Dumoulin ni moi, et il ne le peut trouver mauvais, car c'est un plus grand docteur que lui, et qui rend de meilleurs témoignages de sa vocation et autorité pastorale que non pas lui. Or, cette bouche qui disait il y a près de treize cents ans, non en son nom, mais au nom de toute l'Eglise, de la foi de laquelle il n'a jamais été séparé : *Le calice*, dit saint Paul (*I Cor.* x, 16), *que nous bénissons, n'est-ce pas la communion du sang de Jésus-Christ ?* Il parle fort fidèlement et épouvantablement ; car voici ce qu'il dit : « Que ce qui est dans le calice est cela même qui est découlé du côté, etc. Toutes les fois que vous le verrez posé devant vous, dites en vous-mêmes : A cause de ce corps je ne suis plus terre et cendre, je ne suis plus captif, mais libre ; pour l'amour de lui, j'espère les cieux, etc. Celui-ci est le même corps qui fut ensanglanté, qui fut percé de la lance, etc. Ce corps, Jésus-Christ nous l'a donné, et à tenir et à manger, qui est un effet d'un amour excessif, etc. Ce même corps, les mages le regardent en une crèche et en une cabane ; et n'ayant rien de tel devant les yeux, que vous maintenant, s'y présentèrent avec grand épouvantement ; et vous, vous le voyez, non en une crèche, mais sur l'autel, non pas tenu par une femme, mais par le prêtre y assistant. » Et encore : « Ce sacrement fait que la terre nous devient ciel. Ouvrez donc les portes du ciel, et regardez à travers, non du ciel, mais du ciel des cieux ; et alors vous verrez ce que je vous dis : car ce qui est là le plus précieux, je le vous montrerai gisant en la terre. Qu'ainsi soit comme au palais des rois ; ce qui est le plus auguste, ce ne sont pas les parois, ce ne sont pas les lambris dorés, mais le corps du roi séant en son trône ; ainsi aux cieux c'est le corps du Roi. Or celui-là, il vous est maintenant donné de le voir sur la terre, car ce ne sont point les anges, ni les archanges, ni les cieux des cieux, mais le Maître d'eux tous que je vous montre. Vous voyez donc comme la chose de toutes la plus vénérable, vous la voyez sur la terre, et ne la voyez pas seulement, mais la touchez, et ne la touchez pas seulement, mais la mangez, et la prenant, vous l'emportez en votre maison. »

IV. Le sieur Dumoulin ajoute que les paroles de Jésus-Christ sont exposées par saint Paul, et que ce texte de l'Apôtre est la glose du texte de l'Evangile. Qu'au moins donc vous receviez cette glose sans glose. Mais c'est lui qui le dit, et non saint Paul, et il le dit sans preuves, sans autorité, sans apparence et même sans effet pour sa croyance. Car comment ce passage sera-t-il glosé d'un texte qui n'est point allégué en ce chapitre, ni en tous les chapitres précédents ? Comment sera-t-il une glose, selon le sieur Dumoulin, puisqu'il ne la veut pas croire et recevoir sans glose ? Comment est-ce une glose, et glose d'un apôtre, si elle a besoin même de la glose de vos ministres ? L'Apôtre n'était-il pas suffisant à donner une bonne glose, s'il en avait le dessein ? Et cet organe élu du Saint-Esprit, a-t-il besoin de votre aide pour s'expliquer et expliquer les paroles de son Maître ? Et toutefois cette glose apostolique ruine le texte de votre croyance, si vous n'ajoutez à saint Paul votre *spirituellement et par foi*, qui n'est ni dans le texte de Jésus-Christ, ni dans la glose de cet Apôtre. Car il dit en

---

(51) CALVIN en ses *Commentaires*. — BEZA *in c.* x *I Cor.*

termes exprès, et avec pointe pour forcer davantage un esprit en cette foi : *Le pain que nous rompons n'est-il pas la communion du corps de Jésus-Christ*, et non le signe de la communion.

V. Et il poursuit en mots exprès : *Que nous qui sommes plusieurs, sommes tous un seul pain et un seul corps, car nous tous sommes participants d'un même pain.* (*I Cor.* x, 17.) 1° *Un seul pain* donc en plusieurs, ce qui marque l'existence du pain vivant en plusieurs lieux et plusieurs personnes. Car il est *un*, et *plusieurs* le reçoivent, ce dit l'Apôtre. Il est donc *un* en *plusieurs* ! 2° *Un seul pain et un seul corps*, comme s'il disait, un seul pain qui est corps, afin que vous ne le preniez pour le pain commun et ordinaire, mais pour ce pain « changé, non d'effigie, mais de nature, et fait chair par la toute-puissance du Verbe, » ce dit un auteur ancien (CYPRIAN., *De cœna Dom.*); pour ce pain, que le Fils de Dieu « a promis de donner » en saint Jean (VI, 52). *Le pain que je donnerai c'est ma chair*, ce dit la Vérité même ; et en somme pour ce pain vivant que le Père a donné en l'Incarnation, et qui se donne en soi-même en l'Eucharistie. 3° Derechef un seul pain, et *un seul corps*, comme s'il vous disait un seul corps, mais qui est le pain, afin que par vos figures vous ne le référiez au corps mystique du Fils de Dieu, mais à son corps naturel, qui est corps et pain tout ensemble. Corps, dis-je, car il est viande de l'homme par l'Eucharistie : *Nous sommes donc un seul pain et un seul corps*, ce dit saint Paul, encore que *nous soyons plusieurs*. Et nous sommes réduits et ramenés à cette unité dont parle l'Apôtre, non par l'esprit ou par la foi, car saint Paul n'en dit rien ; mais par ce pain qui est corps, et par ce corps qui est pain, et qui est un seul pain et un seul corps en plusieurs qui le reçoivent. 4° Et afin que ceci vous soit plus familier et plus assuré contre les surprises et équivoques de vos ministres qui passent subtilement du vrai corps du Fils de Dieu à son corps mystique, et de notre unité avec Jésus-Christ à notre union avec son Eglise, et de l'union substantielle par ce sacrement à la spirituelle par la foi ; il vous faut singulièrement remarquer que cette unité dont il s'agit en ce lieu, ne regarde pas le corps mystique de Jésus-Christ, comme son terme et son objet ; car ce corps-là ne porte pas le nom de pain en l'Ecriture, et ce mot ne convient qu'au vrai corps de Jésus-Christ seulement, lequel est *vraiment pain de Dieu et vraiment viande de l'homme*, en saint Jean (VI, 56). Et cette unité que nous acquérons, selon saint Paul, en l'usage de ce sacrement, ne vient pas de la foi ou de l'esprit, mais de la substance et unité de ce pain. *Car nous tous*, ce dit-il, *participons d'un même pain*. Tellement que si nous prenons garde à ce *car*, et à cette raison solide que saint Paul rend de son dire (puisqu'il est assez grand apôtre et docteur en l'Eglise pour mériter que ses raisons soient pesées, et que les nerfs et liaisons de son discours soient considérées et observées); il est évident qu'il réfère notre unité en l'Eucharistie, non à la foi, ni à l'esprit, comme vos ministres; mais à ce corps qui est vraiment pain de Dieu et des hommes, mais à ce pain qui est vraiment le corps du Fils de Dieu et du Fils de l'homme. 5° Il dit notamment, que *nous sommes tous participants d'un même pain*. Donc non les élus seulement, comme disent vos docteurs, mais *tous*, comme dit saint Paul, qui parlait à tous les Corinthiens, et écrivait à l'Eglise visible de Corinthe, tous les membres de laquelle, si saint Paul dit vrai, participaient à ce même pain et même corps de notre Sauveur Jésus-Christ. Concluons donc, et disons avec saint Paul (*I Cor.* x, 16, 17) : *Le calice de bénédiction lequel nous bénissons, n'est-il pas la communion du sang de Jésus-Christ? et le pain que nous rompons, n'est-il pas la communion du corps de Jésus-Christ? d'autant que nous qui sommes plusieurs, sommes un seul pain et un seul corps ; car nous tous sommes participants d'un même pain*. Et avec son commentateur saint Chrysostome (52) : *Sumus ipsum illud corpus, quid enim est panis? corpus Christi; quid autem fiunt qui sumunt? corpus Christi; non corpora multa, sed unum corpus*, etc. *Non enim ex alio quidem corpore tu, ex alio autem ille nutritur, sed ex eodem omnes. Et ideo subjunxit, omnes enim ex eodem pane participamus.*

VI. Vous voyez donc que notre adversaire n'a rien en ce passage qui diminue la présence du corps de Jésus-Christ en l'Eucharistie, soit qu'il le prenne pour texte, soit qu'il le prenne pour glose. Mais il est faux et très-faux que ce soit la glose de ces paroles de Jésus-Christ ; et il suffit que c'est le sieur Dumoulin qui le dit, et non saint Paul ni aucun apôtre ou évangéliste, pour vous disposer à n'en rien croire ; car il faut ici vous réduire à vos propres principes, de ne rien croire pour article de foi, que ce qui est écrit, et empêcher ces nouveaux esprits de glisser et proposer au monde leurs inventions humaines et particulières, puisqu'ils ne jugent pas les traditions divines et universelles dignes de leur créance. Or, que ce texte soit la glose de celui de Jésus-Christ, c'est le sieur Dumoulin seul qui l'écrit, et saint Paul n'en dit rien, comme il appert. Et d'ailleurs, la texture de ce propos montre évidemment que c'est une proposition, et non une glose ; même une illation tirée de la foi des Corinthiens, qui n'avaient point encore reçu cette glose prétendue du texte évangélique : *Le calice de bénédiction n'est-il pas la communion du sang de Jésus-Christ? le pain que nous rompons n'est-il pas la communion du corps de Jésus-Christ?* Illation donc, et non exposition des propos de Jé-

---

(52) Hom. 24, *in I Cor.* — « Ce pain auquel nous participons tous, selon saint Paul, est le corps de Jésus-Christ. »

sus-Christ, dont il ne parle point en ce lieu. En quoi j'accuse la relation de l'adversaire (53), qui rapporte ce texte sans cette note d'illation, *n'est-il pas*, etc. Si toutefois c'est dessein, et non défaut de mémoire, mais défaut qui ne laisse pas de porter préjudice au public, par son imprimé, et vous ôte le moyen de connaître sensiblement et évidemment que c'était une *illation*, et non pas une exposition des propos de Jésus-Christ, dont il ne fait point mention en ce lieu, ni en tous les chapitres précédents, et que les Corinthiens avaient cru et reçu jusqu'à présent sans glose. Car les apôtres et disciples ont tant révéré ces paroles du Fils de Dieu, qu'ils les ont tous rapportées comme paroles testamentales, où il ne faut point de glose. De sorte que le même saint Paul, les rapportant au chapitre suivant avec autorité apostolique, ne les glose pas ; et toutefois c'était le lieu de mettre la glose avec le texte, selon le style des disciples et apôtres, quand ils ont jugé à propos de gloser les paroles de leur Maître, comme un chacun peut voir par le narré de leurs Evangiles. Mais ce qui est à considérer, il les rapporte avec une énergie plus forte et plus expresse à marquer notamment la présence réelle du corps de Jésus-Christ en l'Eucharistie. Car il rend ces paroles en saint Matthieu (XXVI, 26): *Prenez, mangez, ceci est mon corps*, par celles-ci : *Ceci est mon corps, qui est rompu pour vous*, lesquelles ne peuvent référer directement, sinon au corps de Jésus-Christ, contenu sous les espèces sacramentales. « Cela, » dit saint Chrysostome (hom. 24 *in I Cor.*), « se peut voir en l'Eucharistie, et non en la croix. » Au contraire, l'Ecriture dit (*Joan.* XIX, 36; *Exod.* XII, 46) : *Vous ne romprez un seul de ses os*, « mais ce qu'il n'a point souffert en la croix, il le souffre en l'oblation pour toi. » Concluons donc contre les suppositions du sieur Dumoulin, que Jésus-Christ a dit : *Ceci est mon corps*, et qu'il faut le croire; que saint Paul a dit : *Le calice que nous bénissons n'est-il pas la communion du sang de Jésus-Christ*, etc., et qu'il n'en faut point douter; que saint Paul n'a pas dit que ces dernières paroles fussent la glose de celles de Jésus-Christ, et qu'il ne le faut pas croire. Comme il est vrai que *Verbe est fait chair* (*Joan.* I, 14), ce que dit l'Evangile ; et que le même Verbe *est fait en semblance d'homme*, ce que dit saint Paul. (*Philip.* II, 7.) Et il n'est pas vrai que ce texte de saint Paul soit la glose de celui de l'Evangile, ce que voulait un ancien hérétique (Nestorius), et serait hérésie de le prétendre. Car autre chose est que ces propos de saint Paul, soit sur l'Incarnation, soit sur l'Eucharistie, aient un sens véritable ; et autre chose qu'ils soient donnés pour glose de ceux de l'Evangile, qui ne veulent point de glose. Et si vous croyiez cette parole du sieur Dumoulin, vous croiriez « une parole non écrite, » suggérée par cet homme particulier,

contre la parole écrite de Jésus-Christ et de saint Paul, et contre la foi publique de tout le monde.

VII. Mais comment, me direz-vous, a-t-il pu établir en ce peu de paroles une mécréance de cet article, et d'où peut-il conclure que ceci n'est pas le corps de Jésus-Christ, n'ayant allégué que Jésus-Christ qui dit : *Ceci est mon corps (Matth.* XXVI, 26), et que saint Paul (*I Cor.* X, 16), qui dit : *Ce pain que nous rompons n'est-il pas la communion du corps?* etc. Prenez garde, Messieurs, à leur artifice, et remarquez la conduite de leurs discours, et vous verrez leur ruse, leur malice, et si je l'ose dire, leur impudence. Car en ce peu de propos de notre adversaire, il y a trois paroles, l'une de Jésus-Christ, de laquelle il vous tire sous un propos emmiellé, de peur que vous ne soyez frappés de cet oracle : *Prenez, mangez, ceci est mon corps*. L'autre est de saint Paul, à laquelle il vous tire, non pour y tenir ferme et pour la vous faire croire (car vous avez vu qu'il ne la croit pas lui-même sans glose et sans addition), mais pour passer et lui servir de planche en une troisième parole, qui n'est ni de saint Paul, ni de Jésus-Christ, mais de son sens particulier, savoir est que « ce texte de l'Apôtre est la glose des paroles de Jésus-Christ. » Parole à la vérité non écrite, et partant qui ne doit être crue de vous ni de lui selon ses principes ! Parole, dis-je, non écrite, et non affermée des apôtres, mais de lui seul, en laquelle toutefois il veut établir vos âmes au préjudice de la foi et du respect que vous devez à la parole écrite de Jésus-Christ et de saint Paul ! Parole derechef glissée entre les deux paroles du Maître et du disciple, à ce qu'elle ne soit aperçue et reconnue comme sienne. Ainsi l'art et la nature, jointes ensemble, ont assez de puissance pour enter une plante dans une autre, bien que d'espèce différente, en sorte que le tronc et le pied de l'arbre soient d'une sorte, mais la branche et le fruit soient d'une autre. Et ainsi la malice et l'erreur de l'esprit humain ont assez d'artifice pour enter dans la parole de Dieu, qui est la vérité même, la parole de l'homme sujet à tromperie et erreur, à ce que les esprits moins considérés prennent l'un pour l'autre. Vous en voyez la preuve en ce propos, où le texte est de saint Paul, et l'adjoint est du sieur Dumoulin ; où la proposition est d'un apôtre et l'addition est d'un ministre; où l'entrée est une vérité dictée du Saint-Esprit et reçue de tout temps, et la suite une fausseté suggérée par l'esprit d'erreur, et inventée de notre temps. Et par ces voies et procédures, on donne hardiment un démenti à l'Evangile, sous couleur d'Evangile ; on contredit à Jésus-Christ sous prétexte de saint Paul, et on trompe vos âmes sous apparence de les instruire.

Car cette clause, *ces paroles sont exposées par saint Paul*, qui est glissée entre les deux rapportées en l'Ecriture, et qui n'a point de

---

(53) DUMOULIN, en son narré de l'an 1609. page 14.

preuve et d'autorité qui l'appuie, et qui n'a fondement qu'en l'imagination du sieur Dumoulin, qui la propose, est néanmoins le nerf et la force de tout son discours, ou plutôt de toute son illusion. Ainsi par ces artifices on vous attire, on vous divertit de Jésus-Christ et on vous séduit! On vous attire disant : Que nul ne doute de la vérité de ces propos du Fils de Dieu, *ceci est mon corps;* voilà le miel. On vous divertit alléguant saint Paul, et vous faisant entendre une glose de sa part, qu'il n'a jamais donnée; voilà leur ruse! On vous séduit en opposant Jésus-Christ à saint Paul, le disciple au maître, et en glissant entre les deux, c'est-à-dire entre Jésus-Christ et saint Paul, ce que saint Paul ne dit pas; voilà la malice! Et enfin on établit une thèse contradictoire à celle de Jésus-Christ, et contre sa propre parole on vous oblige à croire comme article de foi, « que ceci n'est pas mon corps, » voilà leur impudence!

Mais laissons là vos ministres disputer de leur foi et feuilleter dans l'Ecriture de quoi contredire à la parole de leur Maître; laissons-les opposer saint Paul à Jésus-Christ, et Jésus-Christ à saint Paul, pour couler temps en ces oppositions prétendues : laissons-les rire de nos mystères, car aussi l'esprit de Dieu les appelle folies, et les païens s'en sont moqués, et ils sont païens par le dire de Jésus-Christ (*Matth.* XVIII, 17), puisqu'ils n'écoutent l'Eglise; laissons-les rechercher dedans le ciel et dedans la terre, dedans leur sens et leurs raisons, les impossibilités qu'ils y prétendent; laissons-les chercher de quoi charger le Testament du Fils de Dieu, de paroles dures, de métaphores, de métonymies et d'hyperboles s'ils veulent. Je désire maintenant vous parler un langage plus saint et plus élevé que celui qu'on a accoutumé de parler au prêche. Bien que vous ne soyez pas tous en disposition de l'écouter et d'en faire usage, je crois néanmoins qu'il y en a quelques-uns parmi vous, paisibles et modestes, qui en profiteront, et qu'il leur sera utile, pour les introduire dans les voies de salut, de leur découvrir les trésors que le Fils de Dieu vous laisse en ce sien Testament. Ecoutez donc, vous que Dieu, par sa grâce, a ainsi disposés. Et puisque le sanctuaire, non plus du temple judaïque, mais du cénacle de Sion, nous est ouvert, et que nous pouvons y entrer librement et contempler Jésus-Christ en ce conclave opérant ses mystères avec ses apôtres; jetez les yeux attentivement sur ses divines et dernières pensées, qui le portent et le conduisent à cette sainte et dernière action de sa vie.

VIII. Car, à l'issue de cette action mystérieuse ce n'est plus que souffrance et passion : et qui nous les pourrait mieux apprendre que son disciple bien-aimé, secrétaire de son cabinet tout ensemble, qui les a puisées même en sa poitrine, reposant sur icelle en dernier banquet; or il nous les rapporte en ces termes : *Sciens Jesus quia omnia dedit et Pater in manus, et quia a Deo exivit et ad Deum vadit,* etc. (*Joan.* XIII, 3.) *Cum dilexisset suos qui erant in mundo, in finem dilexit eos.*(*Ibid.*, 1.) Pensées vraiment hautes, profondes et divines; et comme elles contiennent en abrégé les secrets, les ressorts et les perfections de cette Sapience incréée et incarnée aussi sont-elles vraiment dignes de sainte et auguste de ses institutions religieuses, du plus haut et divin de ses œuvres, du plus grand et incompréhensible de ses mystères; de l'abrégé de ses dons et de ses merveilles, en somme, de la plus noble et dernière de ses actions : en laquelle il veut clore l'état de sa vie, imposer fin à la loi judaïque, couronner ses enseignements et offices sur terre, et consommer le culte et le service religieux de son humanité à Dieu son père, et de la chrétienté jusqu'à la fin du monde. Car, puisqu'il se souvient à l'entrée de cet œuvre et à la fin de ses jours, *que son Père lui a mis toutes choses entre les mains* (*Ibid.*, 3), il nous convie d'attendre de sa main un œuvre de sa toute-puissance. Et puisqu'il représente sa double naissance, doublement divine, en tant qu'il a l'essence, la sapience et la puissance de son Père, par procession en sa divinité, et par communication hypostatique en son humanité, il ne veut opérer que des choses grandes, dignes de cette essence et puissance incréée qui lui est doublement et divinement communiquée. Et d'autant qu'à l'égard non-seulement à son issue de son Père, mais aussi à son issue proche du monde et à son retour vers Dieu, duquel il est parti, il veut que nous attendions de lui un supplément de cette absence; tellement que, comme ce consolateur et restaurateur de l'univers, lorsqu'il monta au ciel, nous promit un autre Paraclet, non visible comme lui, mais Dieu comme lui, et consolateur comme lui, pour égaler la perte de sa présence par ce divin échange, et nous substituer en la diversité de la personne qu'il nous envoie, son même esprit et sa même substance en la divinité (car nous savons que le Fils et le Saint-Esprit n'ont qu'une même essence). Aussi, en ce départ de son humanité, il a voulu, sous une forme et manière différente, laisser à ses disciples ce don précieux qu'il enlevait au ciel, et comme substituer à la présence visible et sensible de son humanité cette même substance et humanité, sous le voile et la forme de ce divin et auguste sacrement, gage de son départ plus précieux à ses apôtres, que le manteau et le double esprit d'Elie à Elisée. Car aussi étaient-ils disciples d'un meilleur maître et plus puissant que lui, qui leur laisse ici le manteau de sa divinité, c'est-à-dire ce corps vivant et vivifiant, et le double esprit qui l'accompagne, l'un humain et raisonnable, l'autre divin et incréé! Cela est digne de son amour, digne de son pouvoir, et digne des pensées divines et dernières de son cœur.

Mais sa grandeur et notre petitesse semblent fermer le pas et l'entrée à la créance de cet effort d'amour; c'est pourquoi, avant que d'ouvrir sa bouche pour prononcer et opérer cette merveille, il se résolut de parler par œuvres et faire voir à nos yeux un spectacle étrange, qui nous oblige de croire que le Sauveur du monde se souvient plus de notre nécessité que de sa majesté. Car le Souverain fait en ce soir litière de sa grandeur, le Très-Haut s'abaisse jusqu'aux pieds de ses apôtres, et le Créateur s'agenouille devant ses créatures, les disposant à croire par cet abaissement de sa personne, et lorsqu'il lavait les pieds à ceux qui devaient lui laver les siens; qu'il s'abaisserait à l'heure même d'autant plus volontiers par l'Eucharistie jusqu'à leurs bouches, leurs cœurs et leurs poitrines. Et il permit aussi en ce seul souper (ce qui est à remarquer) que l'un de ses disciples, à la vue de tous, se reposât sur son sein pour les préparer tous à croire et à estimer cette faveur singulière qu'il leur voulait octroyer en ce même soir, de reposer lui-même dans leur poitrine, comme il avait déjà reposé pour leur amour, dans le ventre d'une femme et dans la crèche des animaux ; et comme il a voulu depuis encore reposer sur une croix et dans un sépulcre, lieux de douleur, de mort et de pourriture, et non de vie, de délices et d'amour, comme leurs cœurs et leurs poitrines ! Ô combat signalé de sa grandeur et de son amour ! ô victoire de l'amour infini qui a pouvoir d'anéantir et abaisser ainsi l'Infini même et le Très-Haut, et de mettre sa gloire et son triomphe en cet abaissement et anéantissement ineffable ! Ô puissance et conduite admirable de l'Amour incréé qui, ayant mis ses délices en choses si basses comme l'homme, sait bien tirer cet homme du néant et de la poussière de la terre, pour l'élever et conduire jusqu'à un siége d'honneur, et suprême degré d'amour et d'alliance avec la Divinité : *Cum dilexisset suos qui erant in mundo, in finem dilexit eos.* (Joan. XIII, 1.)

IX. Car y ayant trois sortes d'émanations et opérations de Dieu hors de son essence, qui ont constitué trois ordres, et comme trois états différents entre les choses créées ; celui de la nature, auquel elles reçoivent toutes une participation naturelle de l'être de Dieu selon les divers degrés de leur essence ; celui de la grâce, auquel entrent seulement les créatures intelligentes, soit purement spirituelles comme l'ange, soit spirituelles et corporelles comme l'homme, pour y participer, non à l'existence, mais à la sainteté et félicité de Dieu, qui est la semence de la grâce, et de la gloire des hommes et des anges ; le troisième état est celui de l'union hypostatique, auquel entre uniquement et singulièrement l'humanité de Notre-Seigneur, pour être revêtue et relevée, non de la grâce ou de la gloire seulement, mais de la propre subsistance et personne du Verbe. Y ayant dis-je, ces trois sortes d'émanations et opérations, a plu à celui qui se daigne nommer le Fils de l'homme, d'appeler non les anges, mais seulement les hommes à une association et communication de ce divin état, par des voies connues de sa seule sapience, et qui ne pouvaient naître que de sa puissance et bonté. État et ordre souverain et incompréhensible, accompli aussi aux derniers temps, comme étant le dernier point où la nature pouvait atteindre, et la plus rare et haute dignité à laquelle Dieu pouvait élever et conduire sa créature, la faisant rentrer et subsister en lui par ce moyen, comme elle en était sortie par sa propre existence. Car, en cet ordre, elle touche Dieu de si près, qu'elle le tient et le possède, non plus en ses œuvres ou en son image et semblance, mais en sa propre personne ; et enclôt l'immense et l'infini dans son étendue, en sorte que le tout fait partie de son être, et le néant et le tout se trouvent conjoints en une même hypostase !

Or c'est en la plénitude des temps, des grâces et des lumières, que ce nouvel ordre a paru au monde, et que ce divin état, inconnu auparavant, a été institué et publié en l'univers pour le sauver en la foi d'icelui. C'est au mystère de l'Incarnation, que l'humanité sainte de Jésus-Christ y est singulièrement élevée en sa propre nature, lorsqu'elle est faite subsistante en la personne du Verbe. C'est dès son entrée au monde que le Verbe incarné a voulu faire part à une femme de cette dignité, et l'associer à ce divin ordre, non en sa nature, mais par son office de maternité ! C'est à la fin de sa vie et à son départ de la terre, qu'il y veut élever en quelque manière ses apôtres bien-aimés. Et partant, nous voilà rentrés dans notre texte, et dans l'océan de l'amour infini duquel est parti ce mystère : *Cum dilexisset suos qui erant in mundo, in finem dilexit eos.* Car lorsqu'il institue avec eux ce mystère, il leur commande en ces termes exprès, de prendre ce corps qu'il a reçu de sa Mère et qu'il a uni à sa divinité. Et par ainsi il s'incorpore en eux d'une manière ineffable ! C'est enfin ce banquet nuptial dressé aux noces du Fils de Dieu (où il verse et répand sur son épouse son sang, qui est la divine semence du christianisme), que nous sommes tous conviés et appelés à tenir quelque rang dans ce troisième état de l'union divine et hypostatique ; non en donnant comme sa sainte Mère, notre propre substance au Verbe, pour subsister en icelle (car ç'a été un privilège singulier à sa personne), mais bien en recevant la propre substance du Verbe éternel, c'est-à-dire son corps et son sang déifié, par lequel il s'unit et s'incorpore en nous comme il lui avait plu de s'incarner en elle. Ô rapport admirable, et conformité rare d'amour et d'actions de ce Verbe éternel envers les hommes, en son entrée et en sa sortie du monde ! ô amour fort, constant et persévérant jusqu'à la fin en mêmes degrés d'effets et d'union envers les siens : *Cum dilexisset suos qui erant in mundo, in finem dilexit eos.* Car lors il s'unissait à notre nature par l'incarnation, et en la fin de ses jours il lui plaît de s'unir à notre personne par l'Eucharistie. Lors il élève la Vierge à cette dignité, et lui fait avoir part à l'état de l'union hypostatique, en s'incarnant au monde par son ministère; et il élève ici ses disciples en ce même rang et les fait entrer en cet ordre, quand ils vont opérant par l'univers, et recevant en leurs cœurs et en leur corps, le mystère de l'Eucharistie. Certes, il pouvait bien venir au monde sans l'entremise d'une femme, et y entrer comme un autre Adam, sans naissance et sans généalogie, n'avoir point de mère sur terre, comme il n'y avait point de père. Mais il a voulu naître d'une vierge, et, par ce vouloir, cette femme a été faite Mère de Dieu (ce que l'envie de Satan n'a pu supporter, et son orgueil a rudement combattu par les nestoriens aux premiers siècles de l'Eglise), et par cet office et qualité surnaturelle, cette femme bienheureuse entre en cet ordre divin, autant qu'une portion de sa propre substance est organisée par l'opération du Saint-Esprit, et informée de l'âme de Jésus-Christ, et unie personnellement et primitivement au Verbe. Semblablement il pouvait bien se séparer de la terre en la fin de ses jours, sans s'unir et s'incorporer ainsi en ses apôtres par ce mystère (et la rage de Satan, esprit de haine et de division, ne peut supporter cet amour et union que les fidèles ont en son corps et en son sang, comme membres de ce chef et rameaux de ce cep, etc.); mais il lui a plu, à l'heure de son trépas, d'unir ses disciples aussi réellement et intimement à soi-même qu'il avait été conjoint et uni à sa Mère au temps de sa naissance; et par ce sacrement divin et admirable, étendre à tous les siens, et consommer avec un chacun d'eux, l'union sainte qu'il avait accomplie avec une nature singulière par l'incarnation.

X. Car il faut soigneusement observer, que le Fils de Dieu a voulu entrer deux fois en noces et alliances avec les hommes, représentées singulièrement en deux différentes paraboles des noces évangéliques (*Matth.* xxii, xxv; *Luc.* xiv), et qu'au premier jour de sa vie et de ses noces tout ensemble (car cet Epoux céleste a commencé sa vie et son alliance en un même moment, et n'a vie sur la terre que pour et par cette alliance), il a bien épousé une nature semblable à la nôtre, et par ce moyen il est entré comme en notre famille, et nous sommes conjoints par affinité naturelle avec lui, à raison de laquelle il nous honore même du titre de frères. (*Joan.* xx, 17.) Mais au dernier jour de sa vie, il a voulu entrer en des secondes et dernières noces, et épouser non pas notre nature, mais notre personne; et prendre alliance non à notre maison et famille, mais avec nous-mêmes, et se mêler dans notre propre chair et substance particulière, comme il avait auparavant mêlé l'esprit de sa divinité dans l'âme de son humanité. Et comme lors il a élevé la nature humaine en une façon singulière, à l'union divine et hypostatique par l'incarnation; aussi nous pouvons dire en quelque manière, qu'il élève notre personne et lui fait prendre part en l'ordre et en l'état de cette union divine et admirable, par le mystère de l'Eucharistie, mystère auquel notre corps est le temple de sa divinité, notre cœur est l'autel de son humanité, notre esprit est le trône de sa grâce et de sa gloire (*Hebr.* iv, 16); nous sommes même os de ses os et chair de sa chair ainsi que parle l'un de ses apôtres. (*Ephes.* v, 30). En quoi il est à propos de remarquer un trait de la sapience divine qui opère en ce chef-d'œuvre, en ce qu'elle a voulu dédier et consacrer un même jour à cette double alliance avec les hommes, contractée par ces deux mystères de l'Incarnation et de l'Eucharistie, qui sont comme deux admirables parallèles entre toutes les lignes et les œuvres qui partent du centre de l'amour incréé qui remplit tout le monde (54.) Car il se vérifiera, par le calcul des temps, que le même jour 25 mars, auquel il s'était incarné en sa sainte Mère, trente-quatre ans après, qui font les ans de Notre-Seigneur selon la plus approuvée chronologie (joignant les neuf mois de la résidence au ventre maternel, et les trente-trois ans et trois mois de son séjour sur terre), se rencontre à la veille de sa sainte Passion, et au point de la lunation en laquelle il fallait lors célébrer la pâque. Tellement que, par une providence singulière, le même jour, 25, du même mois de mars, qui avait servi à l'incarner au ventre de la Vierge, se trouve dédié et consacré à l'incorporer et loger dans le cœur et dans le sein de ses apôtres, terminant le cours de sa vie par ce mystère comme il l'avait commencée par l'autre. Et par ainsi nous voyons et admirons le Sauveur du monde en ces deux mystères (qui sont comme les deux pôles de notre firmament), commencer et clore dignement le cercle de sa vie en un chef-d'œuvre et joindre les deux extrémités, c'est-à-dire le premier et dernier de ses jours en un même dessein et effet d'amour et d'union avec les hommes, selon ce texte sacré : *Cum dilexisset suos qui erant mundo, in finem dilexit eos.*

XI. Voilà les divines et dernières pensées de Notre-Seigneur, à l'entrée de cette sainte action divinement proposées par saint Jean, et sommairement exposées en ce discours : *Sciens Jesus, quia omnia dedit ei Pater in manus,* etc. Voilà ses préparatifs à ce banquet céleste auquel il vous convie, et les mouvements de son cœur, lorsqu'il délaisse la Synagogue, et qu'il vient donner le baiser de paix et d'amour à son Eglise, en ce très-haut et divin sacrement. Que si telles ont été les circonstances, quelle sera la substance de ce mystère? non certes un morceau de pain! non une nue figure! non une commémoration simple! non une chose commune avant la loi, et à la loi, et à l'Evangile! non une chose que vous receviez en votre cabinet lisant la Bible ou au prêche écoutant un ministre! non encore ce que les apôtres avaient reçu spirituellement et par foi,

---

(54) Osorii. *Fast.*

à l'heure même mangeant l'agneau pascal avec leur maître ; mais la chose la plus rare et divine qui soit au monde ; la plus nouvelle et affectée aussi à la nouvelle alliance ; la plus singulière, et non jamais communiquée à ses apôtres auparavant ce soir et ce dernier banquet ; c'est-à-dire ce corps donné pour nous, ce sang répandu pour nous. Je sais bien que vos ministres empruntent quelquefois les mots, et non le sens et la foi de l'Eglise ; mais je sais bien aussi que tous leurs termes se réduisent à néant, et ne sont autre chose qu'illusions des sens pour couvrir la bassesse de leur mystère. Car quoi qu'ils veulent dire et entendre par ces paroles, il n'y a point selon eux autre participation du corps de Jésus-Christ en leur cène, que celle qui se faisait deux mille ans avant que ce même corps eût été formé par le Saint-Esprit au ventre de la Vierge, et que celle qui se fait ou au baptême, ou au prêche, ou en tout autre exercice de leur religion. Et combien que le corps de Jésus-Christ leur soit présent lors, comme ils disent, si est-ce que ce même corps demeure toujours durant ce même mystère, absent et aussi éloigné disent-ils eux-mêmes de la substance de leur âme et de leur corps, que la terre est éloignée du ciel. Et lors même qu'ils sont conjoints à ce corps précieux selon leur créance ; lors même, selon leur même créance, ils en sont éloignés réellement, spirituellement et par soi, et aussi loin que le ciel est éloigné de la terre. Tellement que, ou ils disent et se dédisent, leur foi les obligeant à démentir leur parole, et c'est contradiction et inconstance ! ou en l'usage de ces mots ils n'en prennent pas le sens, et c'est malice et tromperie !

XII. Mais laissant à part leurs songes et leurs mensonges, suivons le narré des évangélistes. Jésus, disent-ils, prit du pain, et dit à ses apôtres : *Prenez, mangez, ceci est mon corps.* (Matth. xxvi, 26.) Il est dit qu'il prend du pain, car c'est du pain quand il le prend. Mais il est dit aussi qu'il donne son corps, car c'est son corps quand il le donne. *Le pain, non que je prendrai, dit-il, mais que je donnerai, c'est ma chair que je donnerai pour la vie du monde.* (Joan. vi, 5.) Et comme c'est le corps mort du Lazare qui est au sépulcre, et non le Lazare ; mais quand le Seigneur parle et dit : *Lazare, veni foras* (Joan. xi, 43), c'est le Lazare qui sort dehors, et non le corps puant et infect du Lazare qui était en ce tombeau, car ce qui sort est un homme vivant, et ce corps, changé en vers et pourriture par la force de la mort, est changé en un moment par cette parole en un corps vivant, mouvant et animé. Ainsi cette parole : *Ceci est mon corps,* et ces mains divines et puissantes, selon saint Jean (xiii, 3) : *Omnia dedit ei Pater in manus,* ont changé la substance basse et vulgaire du pain en la substance rare et divine de son corps. Et rien n'est passé de plus digne par les mains du Fils de Dieu, que ce qu'il offre ici à Dieu son Père et à ses apôtres, et à vous maintenant. Et la puissance divine n'a jamais eu hors de soi-même fonds et matière de ses œuvres plus rare, excellente et divine, que le sujet de la sainte Eucharistie, qui est le corps vivant et animé du Fils de Dieu, joint personnellement à sa divinité. Car, en la création, cette puissance a opéré sur le néant ; et en la résurrection dernière, elle opérera sur la cendre et poussière de nos corps ; et en ses autres actions miraculeuses rapportées en l'Ecriture, elle opérait sur l'état et le changement des choses naturelles. Mais ici elle opère sur la plus rare créature et sur le plus noble ouvrage de ses mains, c'est-à-dire sur l'humanité sainte et déifiée de Jésus-Christ, qui est le fond et le sujet de cet œuvre divin ! O ouvrage digne de contenter et satisfaire la puissance divine ! ô œuvre digne des pensées de Jésus-Christ ci-dessus proposées ! *Sciens Jesus quia omnia dedit ei Pater in manus, et quia a Deo exivit et ad Deum vadit,* etc. O œuvre digne de terminer ses œuvres, et de clore cette vie divine de Jésus-Christ sur terre ! ô excellence du christianisme, de croire, d'opérer et d'adorer cette merveille ! ô malheur et bassesse de l'hérésie d'être aveugle en cette claire lumière ! ô malignité de Satan et dernier effort de sa rage contre ce mystère, comme il est aussi le dernier ouvrage du Fils de Dieu en sa vie mortelle, et le plus haut effet de sa puissance !

XIII. Mais laissons ces paroles pour laisser parler le Fils de Dieu, qui dit à ses disciples bien-aimés : *Prenez, mangez, ceci est mon corps.* Ne voyez-vous pas, Messieurs, que celui qui parle, c'est celui que le Père éternel vous commande d'ouïr. (Matth. xvii, 5.) Or il dit ici deux choses, car il fait un commandement en ces termes : *Prenez, mangez ceci,* et il prononce un oracle : *ceci est mon corps.* (Matth. xxvi, 26.) Tellement que si *ceci* qu'il montre de sa parole, et qu'il tient entre ses mains, n'est point son corps ; il ne commande pas de prendre et manger son corps, mais seulement de prendre et manger *ceci,* qui n'est pas son corps. Et vos docteurs en leur cène n'ont aucun commandement de manger le corps de Jésus-Christ, ni par foi ni autrement, si *ceci* n'est pas le corps de Jésus-Christ, mais la figure seulement, et ils se rendent ridicules, de dire et d'affirmer l'un, niant et renversant l'autre, qui toutefois en est la base et le fondement. Car glissons leur glose dedans le texte, et faisons-leur ce plaisir pour ce coup, et supposons, selon leur intelligence, que le Fils de Dieu a dit : Prenez, mangez, ceci n'est pas mon corps, ou ceci est la figure de mon corps ; il ne commande donc pas de prendre son corps ; et toutefois ils sont si aveuglés et inconsidérés, que de dire continuellement l'un, et de nier continuellement l'autre. Mais il suffit à l'hérésie pourvu qu'elle croie ce que Jésus-Christ ne dit pas, et qu'elle ne croie pas ce qu'il dit.

XIV. Quant à vous, vous ne pouvez arrêter le cours de votre créance à cette divine parole du Verbe éternel, que par le doute de son pouvoir ou de son vouloir. Que si vous doutez de son pouvoir, souvenez-vous s'il vous plaît, que votre être et nature a déjà fait hommage à sa toute-puissance, ou vous ne seriez pas au monde, et que votre foi l'a déjà reconnue au Symbole, ou vous ne seriez pas Chrétiens; et qu'il faut que ce corps (qui fait montre à la lumière de la foi en cet article) lui fasse encore joug en la résurrection, ou il demeurerait en cendre et pourriture. Donc, si cette toute-puissance que vous adorez en elle-même et en ses œuvres, et qui a daigné vous servir d'un chef-d'œuvre de sa main, à l'entrée et à la fin du monde (pour vous tirer en l'un hors du néant par la création, et en l'autre hors l'empire de la mort par la résurrection) veut encore vous servir de l'ouvrage de ses mains en cet entre-deux du siècle, n'arrêtez pas le cours de sa puissance pour votre infidélité. Et pour vous ouvrir en peu de mots le secret de l'amour divin, je dis qu'y ayant en un chacun de nous deux choses, la nature et la personne, dont l'une est générale et commune à tous, l'autre est unique, singulière et affectée à un chacun; si comme il a plu à la bonté divine de faire servir déjà une fois sa puissance infinie à l'infinité de son amour, pour être inséparablement uni avec notre nature par l'incarnation; il veut encore l'employer à s'unir à notre personne, et à être avec un chacun de nous, jusqu'à la consommation des siècles par son Eucharistie. Ne vous rendez pas indignes de ce vouloir qu'il vous annonce, faute de foi, ni de ce rare effet faute d'amour! Que si confessant son pouvoir, vous doutez seulement de son vouloir, ne dites point ici: Comment est-il au ciel et en l'autel? Et ne cherchez plus, dans les impossibilités prétendues, de quoi mécroire ou méconnaître son vouloir; mais rendez-vous dociles et attentifs à sa parole, sachant que *ses brebis écoutent sa voix, et qu'il a les paroles de vie éternelle.* (Joan. x, 27; vi, 69.) Or il dit à ses apôtres si clairement, si simplement et si naïvement: *Prenez, mangez, ceci est mon corps,* etc., *ceci est mon sang qui est répandu pour vous* (Matth. xxvi, 26 seq.); et ailleurs: *Ma chair est vraiment viande, et mon sang est vraiment breuvage.* (Joan. vi, 56.)

XV. Mais vos ministres, au lieu de se rendre à la force et clarté de cette parole, au lieu de suivre humblement celui qui est la voie, la vie et la vérité, ils vont recherchant tous les moyens d'obscurcir cette parole et de charger le testament du Fils de Dieu des plus dures et barbares, des plus inusitées et égarées locutions qui se peuvent remarquer en l'usage des hommes, et, en somme, leur peine et leur étude est non à l'entendre, mais à ne la pas entendre! non à suivre le niveau de cette règle, mais à la ployer selon leur fantaisie, et à rendre ce testament de Notre-Seigneur, compris en quatre paroles, si obscur, que vos docteurs ont inventé de notre temps quatre-vingts gloses (55), sans s'y contenter encore: pour une simple et naïve intelligence, que l'Eglise a crue et a suivie l'espace de 1,600 ans, en humilité d'esprit, en simplicité de foi, en hommage à la sainte parole, en désaveu des sens et de l'apparence humaine, et en force de créance et de respect à la puissance et à la divinité de celui qui parle en ce sien testament; ce qui a fait trancher tout court à saint Hilaire, grand pasteur de l'Occident et de nos Gaules, avec une autorité et majesté pastorale, qu'il n'appartient qu'à ceux qui nient la divinité de Jésus-Christ, de vouloir entrer en doute de la vérité de cette sienne parole : « Il n'y a, » ce dit-il (lib. viii *De Trinit.*), « aucun lieu de douter de la vérité de sa chair et de son sang. Car c'est vraiment sa chair et son sang, selon que notre foi l'enseigne, et que le même Seigneur Jésus-Christ l'atteste. Cela n'est-ce pas la vérité même? qu'il ne soit pas vrai à ceux qui nient que Jésus-Christ soit vrai Dieu! » Et saint Chrysostome, grand prélat de l'Orient, que Dieu a posé en la métropolitaine de l'empire comme un flambeau éclairant par l'univers, nous dit fortement et puissamment sur ces paroles (hom. 88 *in Matth.*) : « Croyons partout à Dieu, et ne lui contredisons point, quelque apparence d'absurdité et de contrariété que le sens et la raison apportent; car nous ne pouvons pas être trompés en sa parole, et nous pouvons être déçus par nos sens. Puis donc qu'il a dit : *Ceci est mon corps,* n'en doutons point, mes frères. »

Saint Cyrille, évêque de Jérusalem, allégué à tout propos par l'Orthodoxe, instruit et catéchise son peuple en l'Asie par ces paroles (cath. 4 mystag.).: « Bien que le sens te suggère que c'est du pain, c'est le corps de Jésus-Christ selon sa parole. Que la foi t'affermisse, que le sens n'en soit point le juge; car après les paroles du Maître, il n'y a point lieu de doute. Puisque le Seigneur nous déclare que c'est son corps, ceci est son sang, qui osera dire que ce n'est pas son sang? Il a changé autrefois en Cana de Galilée l'eau en vin, et ne sera-t-il pas digne d'être cru, changeant le vin en son sang? Aux noces corporelles, il a opéré ce miracle; et ne confessera-t-on point à plus forte raison, qu'aux enfants de l'Epoux il donne la possession de son corps et de son sang? Sous la figure du pain, t'est donné le sang de Jésus-Christ, afin que tu sois fait un de corps et de sang avec lui. Car ainsi nous deviendrons porteurs de Jésus-Christ, son corps et son sang étant distribué en nos membres, » etc.

XVI. Mais dites-moi, Messieurs, quel intérêt ont vos pasteurs à rendre la parole de Dieu obscure, comme s'ils avaient Dieu suspect en sa propre cause, ou comme si cette parole était leur partie adverse; et pourquoi suent-ils tant à cet effet? Car la question n'est pas entre eux et nous, s'ils peuvent l'obscurcir ou non, s'ils peuvent s'aveugler ou non en cette lumière, s'ils peuvent trouver des prétextes de se perdre et de ne pas croire à l'Evangile? Car Eve, dans le paradis

---

(55) Apud Xantes., repetit. 1 *De Eucharistia.*

et en l'état d'innocence en a trouvé, aimant mieux croire la parole du serpent que celle de son Dieu qui l'avait formée naguère! et le serpent même, c'est-à-dire le diable, bien que subtil et pénétrant en la lecture des saintes lettres, plus que tous les ministres de la terre, a pu ignorer le Messie en la clarté des Ecritures! Et les Juifs encore ne le voient pas dans leur Bible, ni dans l'état de leurs affaires! Et les hérétiques de chaque siècle qu'ils condamnent avec nous, ont trouvé en leur temps de quoi divertir le sens des paroles qu'on leur proposait pour fondement des articles de notre foi qu'ils combattaient pour lors. Mais la question est, si ces paroles, comme elles ont été prononcées par Jésus-Christ, comme elles ont été délaissées par eux à la postérité, sans glose et sans addition, ne portent pas que *ceci soit son corps*, et ne condamnent pas ceux qui disent, que *ceci*; ceci, dis-je, que Jésus-Christ a donné de sa main et a démontré de sa parole, n'est pas son corps; qui est la thèse de l'hérésie effrontément opposée à la thèse de Jésus-Christ, par ces misérables docteurs, ou de ce siècle, ou du prince de ce siècle. Et, ce qui surpasse toute impiété, elle est opposée par eux en nos jours, sous couleur d'Evangile, et sous prétexte d'esprit de Dieu, de foi et de réformation, qui est le trône et le comble de l'impudence! Eve, à la vérité, fut si malavisée que de croire au serpent; mais elle ne fut pas si impudente que d'attribuer à Dieu la parole du serpent, ains elle déclare ingénument que c'est le serpent qui lui avait dit : *Nequaquam moriemini*, etc. (*Gen*. III, 4.) Et elle attribue au serpent le dire du serpent. Mais ceux-ci, ayant appris du même séducteur, qui veut encore un coup donner le démenti au Fils de Dieu en son Eglise, comme il lui donna alors dans son paradis, et sur le sujet d'une viande qui porte conséquence de vie ou de mort; ils reçoivent cette parole du serpent aussi bien qu'Eve, mais ils font pis, en ce qu'ils osent même l'attribuer à Jésus-Christ, à la foi, à la parole, et à un envoi et autorité extraordinaire de sa part; qui est un blasphème effronté contre le Fils de Dieu, s'il y en eut jamais au monde, lequel il vengera aussi en l'excès de son ire.

XVII. Mais laissons ceux qui veulent être trompés, ne veulent pas ouvrir ni leurs yeux à l'évidence de cet effet, ni leurs oreilles à l'ouïe de cette parole, ni leurs cœurs à la force de cette créance; et adressons à vos âmes le reste de ce discours sur les paroles de notre Maître, vous priant de vous ressouvenir que nous sommes Chrétiens, et que nos lois et nos raisons sont les paroles de notre Maître. Or est-il que ces paroles sont claires et expresses, ou il n'y en a point de claires en l'Ecriture; qu'elles contiennent en leur clarté la proposition même que l'Eglise romaine propose à ses enfants, sur la présence réelle du corps de Jésus-Christ en l'Eucharistie; et que les négatives de vos pasteurs en cet article n'ont jamais été prononcées ni par Jésus-Christ, ni par ses apôtres. Car quel apôtre ou évangéliste a jamais dit que ce que le Sauveur a donné de ses mains à ses disciples, n'est point son corps; que ce n'est que le signe et la figure de son corps; que, par l'esprit seul, ou par la seule bouche de la foi, ce sont vos termes, ils participaient au corps de Jésus-Christ; ou que, prenant ce qu'il leur présente de sa main, ils ne prendraient son corps que par la bouche de la foi ! Laissant donc ces inventions et traditions humaines en un si haut mystère de la foi, et en un point si important à notre salut, arrêtez-vous à la pure parole du Fils de Dieu, et rendez-vous franchement à une vérité clairement prononcée par la bouche de Jésus-Christ, fidèlement rapportée par ses apôtres et domestiques, et religieusement révérée par les siècles passés.

Et vous souvenez que celui qui parle en ce mystère est celui-là même que Dieu le Père vous a commandé d'écouter (*Matth.* XVII, 5); que c'est entre ses apôtres qu'il parle lors, et non à un peuple indigne de savoir le fond de ses mystères; que c'est au dernier jour de sa vie, lorsqu'il est temps de parler clairement ou jamais; que c'est en ce même soir, auquel il proteste leur parler sans ombrage; que c'est lorsqu'ils le doivent recevoir, et par conséquent doivent savoir, sans doute ni ambiguïté, ce qu'ils ont à prendre pour y apporter l'esprit préparé selon la dignité du mystère; que c'est sans réplique et sans enquête que les apôtres reçoivent cette parole de leur Maître; que c'est sans glose, sans addition ni explication quelconque qu'ils la rapportent tous en leur Evangile : ce qu'ils n'omettent pas en de moindres particularités, où la glose y est moins nécessaire et moins attendue ni désirée, et où elle pouvait être plus aisément suppléée, plus simplement omise, et ignorée avec moins de danger; que d'abondant il s'agit en ce lieu d'un testament, et non d'une parabole; et partant, il n'y faut point entendre ni appliquer la licence et le style des paraboles. Et il s'agit du Nouveau Testament, autant éloigné des ombres et des figures de l'ancienne alliance, comme il est proche du corps et de la vérité même qui l'institue, c'est-à-dire de Jésus-Christ, qui est le testateur présent en sa propre personne, et qui se donne lui-même à son Eglise en ce legs testamentaire. Or si l'Ancien Testament, plein de figures en son état, a été exempt de figures, c'est-à-dire de locutions figurées en son institution et en ses clauses, lorsque le contrat en a été passé en l'*Exode* (c. XXIV). Ferez-vous ce tort au Nouveau Testament, qui porte en son état le jour et l'accomplissement des ombres et des figures précédentes, d'être plein d'énigmes et de figures en ces termes, et en la clause principale du Testament? Car voyant en l'un un Moïse médiateur de l'ancienne alliance, tenant le vase plein de sang, et disant au peuple : *Voici le sang du testament que l'Eternel a passé avec vous* (*Exod*. XXIV, 8), vous ne trouvez point de figures en ce contrat, et vous prenez le sang pour du sang.

Et en l'autre, voyant le Fils de Dieu médiateur de la nouvelle alliance (*Hebr.* IX), tenant la coupe entre ses mains, et disant à son peuple : *Voici le sang du nouveau testament, lequel est répandu pour vous* (*Matth.* XXVI, 28), vous voulez prendre ici le sang pour la figure du sang, et non pour du sang, et donner plus de vérité, de substance et de réalité aux paroles de Moïse que de Jésus-Christ, et à la figure qu'à la vérité même. Car cet ancien testament est l'ombre et l'image du nouveau, et Moïse est l'ombre et le portrait de Jésus-Christ, le médiateur de la nouvelle alliance. D'ailleurs, comme le testament est la dernière et la plus claire et sincère des actions du testateur, aussi voyons-nous en ce texte la dernière action et comme transaction de Jésus-Christ avec son Epouse. Car après cette action, ce n'est plus que passion et souffrance, et vous ne le trouvez plus qu'entre les Juifs et les bourreaux ; et c'est lorsqu'il veut et doit, par son office, imposer fin aux figures de la loi mosaïque, et les consommer toutes. Contessez donc qu'il n'est pas raisonnable de glacer en ses paroles la plus dure et insupportable figure, et d'y mettre le plus grand équivoque qui se trouva jamais au testament et aux dernières paroles d'aucun père de famille qui dispose de sa substance à la fin de ses jours.

XVIII. Certes, quand il n'y aurait que ce seul avantage en notre cause, que le juge que vos docteurs ont choisi, à savoir l'Ecriture, les condamne en mots exprès et formels; et que pour échapper la sentence du juge ils rappellent à leur secours les gloses et inventions humaines qu'ils ont renvoyées et condamnées si publiquement, c'est tout ensemble et une marque évidente qu'ils n'appelaient à l'Ecriture que par prétexte et non par vérité, et une condamnation expresse qu'ils ne peuvent éviter en la face de Dieu et des hommes. Car ils sont condamnés en cet article par leur propre jugement, c'est-à-dire par les lois et maximes qu'ils ont prescrites eux-mêmes à leurs différends. Marque et punition d'hérésie, ce dit l'apôtre, et un grand jugement de Dieu d'aveugler ces hommes qui ont voulu prétendre plus de lumière que son Epouse : *Percute, Domine, illos cæcitate* (*IV Reg.* VI, 18), ce disons-nous à Dieu avec Elisée contre les ennemis de son Israël et de son peuple. Et Dieu l'a ainsi accompli selon les vœux de son Eglise. Car les premières maximes que ces misérables docteurs et ces nouveaux pasteurs de ce siècle ont élevées contre l'autorité de l'Eglise, la plus forte machine dont ils l'ont voulu battre et abattre, s'ils eussent pu, et la plus spécieuse ouverture qui a fait entrée à leur schisme, a été de protester des gloses des hommes (ainsi appelaient-ils les Pères et les pasteurs donnés de Dieu à son peuple) à la clarté des Ecritures, ès quelles, ce disaient-ils, les choses de la vérité sont clairement exposées, en sorte qu'un chacun les y peut voir et lire sans avoir besoin d'interprète et de glose. Et toutefois le premier point qu'ils ont heurté en France contre l'Eglise et l'Ecriture est celui-ci, qui est le plus clair et le plus facile de tous en l'Ecriture. Tellement que par l'état de leur créance, ou plutôt mécréance, ils se trouvent obligés d'abandonner leurs défenses et prétextes ordinaires, de rappeler à leur secours les gloses et inventions humaines qu'ils feignaient condamner, et de violer même outrageusement leur première et propre maxime de la clarté des Ecritures. Car c'est ici l'Ecriture qui parle ; c'est celle de la nouvelle alliance qui est plus claire et facile, et qui a moins d'ombres et de figures ; c'est Jésus-Christ même qui parle en ce lieu, qui est la lumière du monde et la vérité ; et c'est en faisant son testament et au dernier jour de sa vie. Quoi ! le Verbe éternel n'aura-t-il pu ou n'aura-t-il point voulu, à l'heure de son trépas, entre ses plus fidèles apôtres, déployer clairement son vouloir et sa pensée ? lui qui est l'image vive et le parfait rapport de la conception de son Père ! Et ceux qui trouvent les Ecritures si claires, peuvent-ils trouver tant de nuages et d'obscurités en cette parole ? Et toutefois, encore qu'ils se sentent pressés de cette évidence et de la conduite de leurs propres principes, ils ne se veulent rendre à la force et à la clarté de la parole du Fils de Dieu, qui dit en son testament : *Ceci est mon corps, ceci est mon sang.* (*Matth.* XXVI.) *Ouvrez leurs yeux, Seigneur* (*IV Reg.* VI, 20), ce disons-nous avec ce même prophète ; car il est temps qu'ils voient que les propres maximes qu'ils ont voulu établir en leurs esprits et élever contre votre Eglise les condamnent irrémédiablement s'ils persistent, ou les conduisent s'ils veulent, et les ramènent salutairement dans votre Israël et dans votre Eglise. Et quant à vous autres, Messieurs, qui avez plus manié les armes que les livres, et qui voulez honorer Jésus-Christ en terre pour avoir part à sa gloire et à son royaume au ciel, ne voulez-vous pas vous laisser vaincre heureusement et honorablement à la lumière et clarté de cette parole ? Voulez-vous suivre encore honteusement, et contre votre propre créance, la parole des hommes, au préjudice de celle de Dieu qui condamne votre erreur par un texte formel et évident ? Souvenez-vous que sans la foi, vous ne pouvez ni plaire à Dieu en ce monde, ni entrer en son paradis en l'autre ; et que vous n'avez point de foi, si vous ne croyez et si vous ne recevez cette parole ; et que quand il n'y aurait que ce seul point en notre cause, que ce que nous vous proposons de la réelle présence du corps de Jésus-Christ en l'Eucharistie est dit, quant à la lettre, par Jésus-Christ, et non par nous ; et ce que vos docteurs vous en disent à l'encontre est dit par eux, et non par Jésus-Christ : c'est un grand avantage, et qui ne peut être ôté ni déguisé par eux à notre créance. Et quant à la glose qu'ils y veulent mettre, puisque ni Jésus-Christ ni ses apôtres ne l'ont donnée, ni n'ont établi de sa part ces esprits nouveaux et contentieux pour interpréter cette parole, et qu'ils reconnaissent eux-mêmes qu'ils peuvent errer, et toute leur Eglise visible, en l'interprétation qu'ils vous en donnent, c'est assez pour vous obliger, même suivant leurs maximes, ou à ne croire jamais aucune chose de ce point en qualité de foi nécessaire à ce salut, ce qui est impie ; ou à croire aux paroles de Jésus-Christ sans leurs gloses et interprétations humaines, qui est ce que nous vous proposons.

DISCOURS IV.

SUR LE DESSERT DE LA CONFÉRENCE, SELON LE NARRÉ DU SIEUR DUMOULIN.

De la Salutation angélique et de l'invocation des saints.

Je m'étais résolu de ne point toucher au dessert que vous a présenté le sieur Dumoulin, croyant avoir donné assez de jour et de lumière à votre esprit sur le sujet principal de la conférence. Mais j'y aperçois un point que j'eusse négligé comme le reste de son dessert, si le sieur Dumoulin l'eût négligé lui-même, et je ne puis l'omettre, puisqu'il en fait tant de cas que c'est le premier effort dont il veut ébranler la foi de ceux qui se sont retirés de l'hérésie, et qu'il l'a jugé digne déjà par plusieurs fois de tenir place en ses livres, comme un point de rare invention ou de solide doctrine. C'est où il blâme la piété des Chrétiens qui honorent et prient la Vierge en récitant le salut angélique. Car il dit (56), par une subtilité nonpareille et par une argutie qui ne fût jamais entrée en la cervelle d'un Carnéades, que ce n'est pas prier la Vierge, mais prier pour la Vierge, et que c'est lui dire : *Dieu te garde Marie, le Seigneur soit avec toi!* O effort admirable de l'Eglise prétendue réformée ! ô brèche irréparable en l'Eglise romaine ! ô subtilité incroyable ! et qui pourra trouver issue à ses filets et arguties ! Dire l'Avé Maria, dit le sieur du Moulin, *c'est prier pour la Vierge*. Et donc l'ange Gabriel, qui a dit l'Avé Maria, a prié pour la Vierge. Et les saints donc (car les anges sont saints, et les saints sont semblables aux anges [*Matth.* xxii, 30]) prient pour ceux qui sont en terre, puisque la Vierge vivait lors en la terre. Et partant, nous avons en la naissance de l'Evangile un témoignage exprès de la prière des saints, et ce, selon les gloses et les versions du sieur Dumoulin. Et par ainsi, l'Eglise prétendue réformée doit réformer sa mécréance en cet article, si elle n'a commission extraordinaire pour réformer la parole de Dieu et le langage de l'ange Gabriel, aussi bien que celui de l'Eglise universelle ; car si elle ne se sert du privilège de sa réformation, elle ne peut non plus douter de la prière des saints, selon la parole de Dieu et de ses anges, que de l'Avé, puisque, selon eux, l'Avé porte une prière expresse et formelle pour la Vierge qui vivait lors en terre. O profondité ! ô subtilité de l'Eglise prétendue réformée ! Et qui ne croira désormais le monde bien réformé par des gens si subtils et si savants ? Qui n'admirera la providence de Dieu à dresser l'Eglise de nouveau, quinze cents ans après l'avoir laissée en idolâtrie et impiété sous la conduite des anciens Pères et pasteurs, puisqu'elle est dressée par des pasteurs autorisés d'une façon si extraordinaire, et par des docteurs si profonds et si subtils, que lors même qu'ils veulent fermer la bouche à l'Eglise militante priant les saints, ils établissent la prière des saints en la bouche de l'Eglise triomphante, et s'obligent à reconnaître que si l'Avé est une parole angélique et évangélique, comme il appert, la prière des saints qu'ils combattent est une doctrine angélique et évangélique tout ensemble ? Qui ne croira bien maintenant que tout le monde a erré par tant de siècles avant la naissance de ces nouveaux docteurs ? qu'ils étaient la lumière qui devait éclairer l'univers ? qu'il « ne faut faire état en leur comparaison de mille Cypriens, mille Augustins, mille Jérômes, » selon le dire d'un auteur soi-disant réformé (57) ; qu'il *ne faut pas faire un si grand civet des Pères*, ce dit Calvin, chef de la réformation prétendue ? que ces Pères étaient hommes ? Car voici des anges et des esprits si subtils et pénétrants, et qui entendent si bien le langage angélique qu'ils mettent la prière des saints en la bouche de l'ange Gabriel, lors même qu'ils veulent arguer d'idolâtrie et d'impiété la prière des saints. Et ce qui est plus, ils font ce grand effort d'esprit par l'assistance et la persuasion du Saint-Esprit en leurs cœurs, qui leur fait ainsi entendre et discerner le langage de Dieu et des hommes (58).

Mais je prie le sieur Dumoulin de reconnaître qu'il ne sait pas bien son Avé, selon ses propres Bibles mêmes ; ou s'il le sait, qu'il commet sciemment une fausseté au rapport de cette parole angélique. Car c'est une fausseté de tourner ces paroles de l'Ange : *Dominus tecum*, le Seigneur *soit* avec toi ! Fausseté, dis-je, en addition ; car ce terme *soit* n'est pas en l'Ecriture, qui est toutefois la base et le fondement de son discours, ou plutôt de son illusion ! Fausseté encore, en l'intelligence, car ces paroles ne sont pas un souhait, mais une admiration et une annonciation de la présence du Seigneur en la Vierge, pour opérer en elle au même instant le chef-d'œuvre de l'incarnation de son Verbe éternel. Et toutes vos Bibles que j'ai pu voir le tournent ainsi : *Le Seigneur est avec toi, tu es bénie entre les femmes.* (*Luc.* i, 28.) Tellement que le sieur Dumoulin est atteint et convaincu de faux par leurs Bibles mêmes, lorsqu'il tend un piége à la simplicité des lecteurs de son livre. Et d'ailleurs je crois qu'il ne lui sera pas dur d'apprendre de Bèze, que ce mot *Ave* ne veut pas dire : Dieu te garde ; car, en commentant ce passage de saint Luc, il dit disertement : *Ave, id est, gaude*, parce, dit-

---

(56) Au livre des XXXII *demandes*, imprimé à la Rochelle.

(57) Au traité *De la réformation de l'Eglise*.
(58) *Confess. de foi*, art. 4.

il, que selon les professeurs de la langue latine, ce terme signifie *éjouis-toi*. Et quelques-unes de leurs premières Bibles françaises, le tournent en ce sens, selon cette instruction de Bèze. Et par ainsi la grande machine du sieur Dumoulin, contre l'invocation de la Vierge et des saints, est mise en pièces, et son canon est encloué par le général même de son armée (Festus)! Et toutefois, voilà les preuves et les combats dont on fait des triomphes; voilà les raisons, que l'on juge dignes de passer plusieurs fois sous la presse; voilà les moyens par lesquels on prétend ébranler la solidité de la foi publique et universelle.

Or, afin qu'il ne vous semble pas que j'affaiblisse cet article de la prière des saints, en affaiblissant ainsi la prière de l'ange Gabriel pour la Vierge, que nous avons surprise en la bouche du sieur Dumoulin, remettant un discours de cette matière à une autre fois, je veux vous faire voir dans l'Evangile, et dans ce même feuillet de l'Evangile, une preuve évidente de la prière, non d'un ange, mais d'une armée des anges pour la terre; et ce sans addition, sans falsification, et même selon la version de vos Bibles réformées. Car en ce beau cantique qui fut entonné en la naissance du Fils de Dieu: *Soudain avec l'ange*, dit le texte, *il y eut une multitude des armées célestes louant Dieu et disant: Gloire soit à Dieu ès cieux très-hauts, et en terre, paix envers les hommes de bienveillance* (Luc. II, 13, 14), ou selon la glose de Genève: *envers les hommes voulus et favorisés par le Sauveur*. Tellement que nous voyons en cette hymne des anges, les deux offices de l'Eglise triomphante, qui sont de louer Dieu et de le prier pour les hommes. Et nous voyons que cette prière et intercession des saints contrarie si peu à l'état de l'Evangile et à l'office de notre unique médiateur (quoi qu'imaginent vos ministres) qu'elle se retrouve insérée en grosses lettres dans les premiers cahiers de l'Evangile, et en la naissance de votre médiateur. Et même c'est le premier office que les anges ont exercé en terre, en la présence du Médiateur même sur la terre; et la première doctrine de l'Evangile, que la terre a apprise de la bouche des anges, tant il y a de rapport et d'analogie entre les points de la doctrine évangélique et les songes et suppositions de nos réformés. Mais, laissant la déduction de cette vérité à un autre temps, il me suffit de vous faire voir que vos docteurs vous servent aussi mal en leur dessert comme en toutes les autres parties de leur festin. Et lorsque vos anciens pasteurs de l'Eglise invisible vous disaient que la prière des saints était une invention de l'Eglise romaine, ou ils déféraient plus qu'ils ne veulent à cette Eglise, la reconnaissant non particulière, mais universelle; ou ils rendaient témoignage de leur ignorance visible. Car à tout propos (et ils ne l'osent plus désavouer) on leur fait voir de l'Europe un saint Ambroise, de l'Afrique un saint Augustin, de l'Asie Mineure un saint Basile, de l'Egypte un saint Athanase, de Syrie un saint Ephrem, de Judée un saint Jérôme et un saint Cyrille, et de toutes les provinces de la terre, les troupes vénérables de docteurs, de martyrs, de pasteurs, priant la Vierge et les saints, et enseignant aux peuples et à leur postérité de faire le même. Tous esprits rares, éminents, relevés en sainteté, en autorité, en suffisance! Tous esprits éloignés de nos différends et contentions, et tous florissant même dans les premiers siècles qu'il plaît à Calvin d'assigner à la fleur et pureté de l'Eglise! Tous esprits confits en la lecture des saintes lettres, qu'ils ont si souvent annoncées et si disertement expliquées! Tous esprits tellement animés du zèle de l'honneur de Dieu, que leur vie, leur mouvement, leurs actions, leurs paroles ne respiraient autre chose; et tellement hors de tout soupçon d'idolâtrie, que c'était lorsqu'ils l'exterminaient de la terre, et qu'ils étaient encore dans les triomphes de leur victoire, tout glorieux et couverts de trophées qu'ils avaient heureusement gagnés sur cette impiété. Ecoutez donc ces âmes divines, qui vous parlent par leurs écrits et par leur exemple. Imitez-les, Messieurs, et entrez dans cette même Eglise qui a été autrefois honorée de leur présence, assistée de leur conduite, édifiée de leur exemple, cultivée de leurs labeurs, protégée de leur assistance, afin que vous entriez un jour dans la même Eglise qui les a reçus au ciel à l'issue de leurs travaux, où ils sont éternellement heureux et triomphants avec Jésus-Christ, auquel soit gloire et honneur en tous les siècles des siècles.

AVIS AU LECTEUR.

Durant l'impression de ces discours, j'ai été averti par personne d'honneur que le sieur Dumoulin a osé avancer en un petit livre imprimé et supprimé aussitôt par autorité publique, que Mme de Mazencourt avait fait profession de la foi catholique il y a dix ans, et que sa conversion arrivée à l'issue de la rencontre publiée par lui-même, était une feinte et supposition de l'Eglise romaine. Mensonge grossier! calomnie ridicule! Comme si l'Eglise, qui est chargée de tant de dépouilles de ses ennemis, avait besoin de ces artifices; ou comme si le succès de ses affaires l'obligeait d'immoler à ses triomphes la conquête supposée de quelques particuliers. Car elle voit (sans en faire gloire) sur le théâtre de la France, les princes et princesses, les comtes et les barons puissamment enlevés du parti contraire, et humblement réduits à l'obéissance de ses lois. Elle voit le conseil de nos rois ouvert à ceux qui ont abandonné cette révolte élevée en nos jours, et qui commence comme un torrent à s'écouler. Elle voit ses portes ouvertes jour et nuit pour recevoir la foule de ceux qui cherchent leur salut, et son zèle outrepasser les mers pour présenter à Dieu la dépouille entière des mondes nouveaux, dont l'hérésie ne connaît ni le nom ni le rivage. Mais ces desseins et artifices que nos adversaires nous imputent, sont leurs tours et exercices ordinaires. Car de divers lieux on nous avertit de leur coutume à faire voir de temps en temps des soldats apostés et déguisés en habit religieux pour venir à leur prêche. Et à ces Pâques nous avons vu dans Paris leur jactance et leur triomphe sur un frère lai échappé de son cloître, pour fuir la discipline due à ses mœurs, et rentré toutefois en icelui peu de jours après, par un meilleur conseil. Ainsi la sainteté de leur temple est tellement réformée, qu'il sert d'égout à l'impureté et d'asile à l'impiété! leur religion si divine, qu'elle prend naissance dans l'irréligion! leur prêche ou pêche si heureuse, qu'elle sait bien enlever ce que la débauche a déjà séparé de Jésus-Christ et de son Eglise! leurs discours si modestes, que nous les avons ouï faire rapport de cette grande conquête jusque dans le cabinet de nos rois, bien que la prise fût si peu assurée, qu'elle ne dura que trois jours, et si peu importante, que ce nouveau docteur de leur nouvelle Eglise, ne savait pas encore lire. Mais s'ils prennent plaisir à faire ces fourbes et tromperies, nous ne prenons pas plaisir à les raconter. Et il nous suffit de vous assurer, ami lecteur, que cette dame nouvellement réduite à l'Eglise de Dieu, n'a jamais fait abjuration de l'hérésie que le samedi de Pâques, et que depuis dix ans qu'elle est mariée à un gentilhomme catholique, elle n'a jamais ouï la messe devant ces Pâques dernières, et que l'Eglise ni cette dame n'a jamais prétendu autre fruit de cette action que l'accomplissement de son salut. Et si le sieur Dumoulin eût pris le même soin que j'ai eu, de m'éclaircir de cette vérité, je veux croire qu'il ne vous eût donné ce faux avertissement. Car j'ai en main de quoi convaincre le contraire, si mon dessein était de faire, non des discours sur le sujet, mais des procès par écrit sur les formalités de cette action, et si à une parole légèrement imprimée et publiquement supprimée, il ne suffisait pas d'opposer hautement et fortement la vérité, et d'assurer que quiconque l'osera nier, on lui fera voir (s'il le mérite) qu'il nie la lumière en plein midi. L'Eglise est un océan dans lequel entrent toutes les rivières sans le pouvoir enfler. Et si bien elle a des enfants qui travaillent à la réduction des âmes, ce n'est pas pour relever l'honneur d'une Eglise que tous les siècles honorent, mais pour coopérer au salut de ceux qui n'auront jamais Dieu pour Père au ciel, s'ils n'ont en terre cette Eglise pour mère.

SUR L'EUCHARISTIE.

DISCOURS PREMIER.
DU DESSEIN DU FILS DE DIEU EN L'INSTITUTION DE L'EUCHARISTIE.

I. *Le Fils de Dieu venant au monde y a trouvé deux religions, la judaïque et la païenne; et chacune ayant son Dieu présent en ses mystères, sous des signes visibles. Et il a voulu que la religion chrétienne qu'il instituait, ne fût pas moins honorée de sa présence visible.* — II. *Le diable, déchu de la fausse déité qu'il avait prétendue dans le ciel, se retire en la terre et se fait adorer partout dans les idoles. Mais Jésus-Christ le chasse de la terre aussi bien que du ciel, et substitue son humanité déifiée, l'établissant en tous nos temples pour y être adorée au lieu de cette fausse déité.* — III. *Dès aussitôt que le diable, banni du ciel, eut fait sa retraite en la terre, elle fut destinée pour être comme un champ clos où le Fils de Dieu combattrait Satan; et Dieu venait de temps en temps reconnaître cette place, traitant sensiblement avec les principales personnes de la nature humaine. La terre est honorée en tout temps de la présence sensible de Dieu, et cette présence est premièrement par intervalles, et puis permanente, selon le progrès de l'état de la religion.* — IV. *Si, lorsque Dieu n'avait point de corps, il en empruntait un pour se rendre présent à son peuple, maintenant qu'il s'en est approprié un pour toujours, la conduite qu'il a commencé à tenir sur les siens requiert qu'il soit présent parmi eux jusqu'à la fin; et la dignité de la religion chrétienne demande que cette présence ne soit pas bornée à un seul endroit du monde.* — V. *L'Eglise chrétienne est plus privilégiée qu'aucune autre, même que celle des anges tandis qu'ils ont été voyageurs, et ce en suite du mystère de l'Incarnation. L'Incarnation est l'original de l'Eucharistie. Jésus-Christ est tout ensemble l'auteur et l'objet de la religion chrétienne. Jésus-Christ est l'objet de l'adoration des hommes et des anges, et il est posé au milieu de nous pour cela. Jésus-Christ est un centre admirable, où tout a rapport, le ciel et la terre, Dieu et les créatures. Les anges ont été sauvés par la foi d'un Dieu caché à leurs yeux immortels par sa lumière inaccessible, et les Chrétiens sont sauvés en la foi d'un Dieu incarné, caché à leurs yeux pé-*

rissables par les espèces du sacrement. *Jésus-Christ est en la terre toujours présent et caché : caché pour exercer la foi, présent pour exercer la charité. Jésus-Christ en l'Eucharistie est le soutien du monde et de la religion tout ensemble.* — VI. *Récapitulation de tout ce qui a été dit ci-dessus. Application de ces paroles :* Ponam sanctificationem meam in medio eorum, *à l'Eucharistie. Effets du saint sacrement considéré en son état permanent et avant l'usage. Effets du saint sacrement en son usage. Incorporation des fidèles avec Jésus-Christ par la grâce de ce sacrement. Il est convenable que ce corps uni si étroitement à Dieu soit l'origine et l'exemplaire de toute l'union et alliance qui se trouve dans la religion chrétienne. Explication de ces paroles :* Unus panis et unum corpus multi sumus, omnes qui de uno pane participamus. — VII. *Les fidèles entrent en des sentiments plus parfaits selon le progrès et les divers états de la religion. En la loi de nature, le sentiment qui leur convient, est la crainte de Dieu courroucé ; en la loi mosaïque, le désir et l'attente d'un libérateur ; et en la loi de grâce, l'amour et la jouissance.* — VIII. *Le commencement de notre religion est l'alliance de Dieu avec l'homme ; son issue est une union intime à la gloire et essence de Dieu dans l'éternité ; et son exercice en la terre est en l'union que les fidèles pratiquent incessamment avec le corps de Dieu. La religion est un commerce de Dieu avec l'homme, commencé en sa création, avancé en sa justification et achevé en cette institution. La béatitude de l'homme juste en ce monde est l'union avec son Dieu incarné, qui est l'effet de ce mystère. L'union des fidèles avec Jésus-Christ en l'Eucharistie est si intime, qu'elle va imitant l'unité des personnes divines en la Trinité sainte. Le diable, source de division, a un dessein enragé de rompre cette unité, et l'hérésie est son instrument. Les procédés contraires des fidèles et des hérétiques.*

I. Lorsque le Fils de Dieu vint au monde pour détruire les œuvres du diable, et pour étendre par l'univers l'adoration de son Père, attachée auparavant au temple de Judée, il trouva deux sortes de religions reçues entre les hommes : l'une sainte, l'autre perverse ; l'une judaïque, l'autre païenne ; l'une venue du ciel par la main des anges, l'autre entrée en la nature par la main des démons. L'une et l'autre avaient cela de commun qu'elles adoraient dans un temple, en des cérémonies religieuses, leur divinité présente par signes visibles et apparents : les uns, le vrai Dieu en l'arche, signe de sa présence ; les autres, les faux dieux dans les idoles, qui étaient les sièges et domiciles des esprits malins. Et chacun de ces deux peuples, l'un juif, l'autre païen, bien que très-différents au particulier de leur religion, se trouvaient néanmoins concurrents à un même sentiment, et conduits d'un esprit commun à priser l'excellence de la loi qui les portait à une plus familière et intime présence de la divinité. *Y a-t-il nation si puissante,* dit un d'entre eux, *que leurs dieux approchent de plus près que le nôtre ?* (Deut. IV, 7.)

Or le Sauveur du monde qui venait accomplir et rehausser les premiers traits que sa main avait imprimés par sa puissance en la nature séduite par les démons, et en la loi judaïque donnée par ses anges ; qui voulait bâtir en l'univers une religion universelle sur les ruines de ces deux religions précédentes, qui venait former en terre un État et un peuple à son service ; qui voulait poursuivre et conduire jusqu'au dernier point le cours de sa victoire commencée dans le ciel contre le diable ; qui venait d'abondant faire un traité de paix entre Dieu et les hommes ; joindre la terre au ciel en sa propre personne, et réunir le monde à son premier principe ; a voulu, pour ces causes, rendre sa majesté aussi réellement et constamment présente au milieu de son peuple, en son Église, en la plénitude des grâces et des temps, qu'elle l'avait été auparavant parmi la Synagogue, en l'ombre, en la servitude et en l'infirmité de la loi. Et comme il assemblait en l'unité de la foi ces deux peuples, portés à la reconnaissance d'une déité présente, l'une vraie, l'autre mensongère, il a voulu aussi les attirer à sa foi, et leur rendre sa majesté présente sous un signe sensible : « Quel est ce Dieu présent que vous adorez en vos prières ? » demandait un païen à saint Augustin, porté par l'instinct de sa loi et par les secrètes rumeurs du christianisme. Comme si ce grand Dieu, qui répare le monde par la douce et sage conduite de sa providence, eût voulu que ceux qui délaissaient les déités païennes pour suivre sa parole et rendre leurs hommages en l'humilité de la foi au Dieu des Chrétiens, le trouvassent présent en sa propre personne aux plus saints exercices de sa religion ; et partant il a ordonné, par ses institutions mystérieuses, que ce même corps, lequel il a déifié par l'union personnelle de sa divinité, et auquel il a mis la rédemption du monde par le mystère de la croix, soit notre arche d'alliance au sanctuaire de nos églises par le mystère de l'Eucharistie, et soit l'objet de la religion et adoration des peuples, établissant en ce dépôt sacré un signalé mémorial de ses merveilles, une source vive et puissante des grâces et bénédictions célestes, un moyen efficace pour l'accomplissement divin et le rétablissement de la nature, un trophée remarquable de la paix conclue entre Dieu et les hommes, et un triomphe perpétuel hautement élevé par l'univers de sa victoire contre le diable.

II. Car il faut remarquer, pour mieux entendre cette vérité, que comme cet esprit malin et ambitieux, qui s'égalait au Fils de Dieu dans le ciel, voulant être la seconde personne du paradis, et s'asseoir au trône du Très-Haut, lorsqu'il se vit vaincu par sa puissance, poursuivi de ses anges, et contraint de quitter les demeures célestes, fît dès lors état de sa retraite dans la terre, pour y prétendre ce qu'il avait perdu au ciel, et pour rétablir ici-bas entre les hommes le siége de sa prétendue déité dont il était déchu là-haut entre les anges. Mais aussi le même Fils de Dieu, par l'ordonnance et la vertu duquel il avait été banni du ciel, se résolut de venir en son temps au monde, que ce prince du monde occupait, et de s'unir à l'homme que cet esprit malin possédait, et par ainsi vaincre derechef ce tyran des hommes, et chasser ce prince du monde de son empire. Et pour accomplir les restes de sa victoire contre ce sien ennemi, il le poursuit par ses apôtres jusque dans son camp et son dernier retranchement, c'est-à-dire dans ses temples et ses idoles ; il le bat en ruine et le rend fugitif en la terre comme au ciel, et il ne lui laisse aucun de ces trônes visibles, apparents et permanents au monde ; et veut établir en ces lieux destinés à l'hommage d'une fausse déité la présence de son humanité déifiée, pour y être adorée de l'univers, conviant les siens par la douce force de ses paroles, et contraignant par sa puissance ces anges rebelles à l'adoration de sa nature divine dans le ciel, d'adorer même en la terre, où si longtemps ils s'étaient fait adorer, et en autant de lieux de la terre qu'ils avaient profanés de leur adoration, et même tant que cette terre durera, d'y adorer, dis-je, en la face de Dieu et de ses anges, cet escabeau de ses pieds, c'est-à-dire sa sainte humanité.

III. Aussi, dès lors que le diable eut fait sa retraite en la terre, la terre fut destinée à être comme un champ clos pour le duel du Fils de Dieu et du diable, comme un champ de bataille pour y terminer le combat de ces deux grandes puissances, et comme une place de conquête pour y arborer les enseignes du vainqueur, et y planter les marques et les trophées de sa victoire ; et Dieu venait souvent reconnaître cette place, et y traiter avec les principaux de la nature humaine, jusqu'à ce qu'il eût fait un gros parmi le monde, c'est-à-dire assemblé un peuple instruit de sa parole, attaché à son service, portant son caractère, et ne respirant qu'en l'attente et en la foi de sa venue, témoignant assez par son procédé, représenté en l'Ecriture depuis l'instant de la création (auquel notre nature est issue et comme sortie hors de son créateur), jusqu'au temps de l'incarnation, où le Créateur est comme rentré en sa créature, qu'il ne pouvait en ce long intervalle éloigner les hommes ni de sa providence, ni même de sa présence extérieure et sensible. Car, ayant fait deux natures différentes de condition, mais toutes deux, et seules entre les autres, capables de sa grandeur, l'une angélique, et l'autre humaine, et les ayant posées à l'instant de leur création, l'une dans le ciel, l'autre dans la terre, il a voulu se rendre présent et adorable et en la terre et au ciel. Et encore que par l'immensité de son être il fût assez présent à l'homme, si a-t-il voulu d'abondant, en ne lui manifestant point son essence, lui manifester cette présence sous quelque forme visible et apparente, et avec telle persévérance en ce sien vouloir, qu'il n'y a eu aucun période de la religion, lors même qu'elle ne semblait subsister qu'en bien peu de personnes, qui n'ait été honoré de cette sainte présence, le Verbe éternel empruntant des formes étrangères pour converser en terre avec ses serviteurs.

Ainsi le voyons-nous se présenter à Adam notre premier père, sous une forme sensible, parlant et se promenant au paradis terrestre, à Noé, le restaurateur de l'univers, traitant du déluge et de l'arche, pour sauver sa famille et les animaux de la terre ; à Abraham, le père des croyants, parlant de sa sortie de Chaldée, de la multiplication de sa semence, de la naissance du Messie, de sa race, de l'immolation de son Isaac, de l'embrasement de Sodome et Gomorrhe ; à Jacob, le chef des patriarches, et l'aîné de la maison de Dieu (qui reçoit le premier et donne à sa postérité ce beau nom d'Israël), lui manifestant ses secrets et sa présence en Béthel ; à Moïse, le libérateur du peuple de Dieu, lui apparaissant au buisson ardent, et en mille autres manières, pour lui commettre la conduite de cet Etat, et le faire médiateur de l'Ancien Testament ; et au peuple judaïque, lui faisant compagnie et assistance, ores en la nuée, ores en la colonne de feu parmi le désert, et enfin en l'arche, signe constant et permanent de sa présence. Tellement que, depuis la création de l'univers jusqu'à l'avénement de Jésus-Christ, il n'y a siècle qui n'ait eu son Dieu sur terre, sous quelque forme sensible ; et nous remarquons une suite et succession perpétuelle *d'apparitions* divines, sous une forme extérieure, aussi bien que de personnes et de doctrine en l'Eglise de Dieu ; et les mêmes preuves que nous avons de la continuation et perpétuité de la foi, subsistant visiblement en quelques personnes singulières succédant les unes aux autres, nous assurent pareillement de la perpétuité et continuation de la présence et communication sensible de Dieu avec les siens ; ayant plu à la bonté divine de joindre tellement les ombres de sa présence au corps et à l'état de la religion, que nous pouvons dire avec vérité que cette forme et manière de présence divine et sensible, a toujours suivi et accompagné la dignité de la religion comme son apanage, et que les témoignages extérieurs et divins en ont été dispersés de temps en temps avec proportion et mesure, selon le progrès et la condition d'icelle. Car lorsque le vrai culte et service de Dieu ne semblait subsister qu'aux patriarches et en quelques personnes éminentes en l'état de la nature humaine, aussi le vrai Dieu d'Israël ne se communiquait à eux, sous divers symboles sensibles, que d'âge en âge et par intervalles. Et quand il y a eu un état plus ferme et permanent de la religion, y ayant un peuple qui servait au vrai Dieu sous un formulaire certain proscrit et assuré, il s'est montré présent à ce sien peuple sous un signe constant et permanent, à savoir l'arche ; où il faut remarquer que par ces signes divers exhibés en divers temps, et spécifiés en divers lieux de l'Ecriture sainte, la divinité était non-seulement *représentée*, mais *présentée*, en sorte que si l'immensité de son essence ne l'eût rendue présente en ces lieux et partout, elle eût été vraiment présente à ses serviteurs et à son peuple sous ces signes, par cette simple assistance paternelle et communication visible, verbale et mystérieuse. Tant il est important en l'état de la religion, que les hommes croient et adorent leur Dieu présent ; et tant il a voulu bannir de la terre et des fantaisies humaines cette irréligion des païens, qui renfermaient le Dieu de la nature dans les cieux, et le séparaient d'aussi loin de la terre que nos hérétiques séparent et éloignent le Dieu des Chrétiens de son Eglise.

IV. Or si, lorsque le pouvoir de Dieu semblait être annulé en la terre occupée de ses ennemis, et remplie d'idoles ; lorsque Dieu même ne se donnait autre titre que de *Dieu du ciel*, comme n'ayant point de pouvoir en ce bas monde, de l'infidélité de ceux qui l'habitaient, il paraissait si souvent sous des signes si divers à tant de sortes de personnes ; que sera-ce maintenant qu'il est venu en terre pour en prendre possession ? qu'il l'a sanctifiée par sa propre présence, et qu'il en a banni les idoles et les diables ? qu'il a même uni à soi indissolublement une portion de cette terre (car notre chair n'est que terre, selon le dire de celui qui l'a faite et qui l'a jointe à soi) ? Certes, si lorsqu'il n'avait point de corps, il empruntait un corps pour être avec ses serviteurs, maintenant « qu'il est os de nos os, et chair de notre chair (*Gen.* II, 23), » et que nous pouvons dire : « Voilà le Fils de Dieu comme l'un d'entre nous (*Gen.* III, 22), » il sera entre nous, il conversera avec nous, et se rendra présent au milieu de son peuple, pour y recevoir son hommage, et répandre sur lui l'abondance de ses grâces, et il élèvera l'état de la religion chrétienne en telle prééminence pour le regard de cette présence divine, par-dessus la loi de la nature et de Moïse, qu'au lieu que lors ses fidèles n'avaient et n'adoraient leur Dieu présent, sous quelques formes et symboles, que par intervalles, ou depuis l'état judaïque, ils ne l'avaient qu'en un certain lieu seulement, savoir est en l'arche, nous avons cet avantage de l'avoir et de l'adorer toujours présent, en autant de lieux et d'églises qu'il y en a sur la terre honorées de la présence de ce divin sacrement.

Sacrement qui est la nuée qui nous couvre de l'ardeur du soleil de justice au désert de cette vie, la colonne de feu qui nous éclaire et assiste en l'obscurité de ce séjour mortel ; l'arche qui nous accompagne durant le voyage de ce bas monde au ciel, et de l'Egypte en la terre promise ; arche de notre alliance avec la Divinité, dont l'oracle est le Verbe éternel ; la manne, sa sainte humanité ; le tabernacle, ce corps déifié ; le voile qui l'environne et le couvre aux yeux des mortels, ces saintes espèces, choisies et instituées de Dieu pour voiler à nos yeux la gloire de ce corps précieux. Que si la présence de ce Dieu des Chrétiens, c'est-à-dire de ce Verbe divin fait chair pour nous, est exclue des mystères de notre religion, il ne reste en l'état de la religion chrétienne aucun signe institué de Dieu pour marque de sa présence. Et les Juifs auraient cet avantage sur nous, d'avoir eu en leurs cérémonies un symbole sacré de leur Dieu présent, et en l'ombre de leur loi, plus de corps, de substance et de réalité, que nous qui sommes en la plénitude des temps, des faveurs et des mystères ; or, supposant cette vérité clairement prononcée de la bouche de Jésus-Christ, fidèlement rapportée par ses apôtres et domestiques, religieusement adorée de tous les siècles passés, nous avons, en ce corps sacré, et en ce seul exercice de notre religion, et avec avantage, ce qui était épars ès ombres, ès figures, et ès cérémonies des deux lois précédentes, et nous possédons en ce seul sacrement, un plus grand fonds de grâces et de mystères que n'a jamais porté l'état de la nature et de la loi mosaïque ensemble ; et nous avons, en la célébration de nos mystères, ce que le peuple juif n'avait point en son arche, signe de la présence du Dieu d'Israël. Car cette arche ne contenait pas l'humanité de notre Sauveur, qui n'était pas lors en nature, et si elle n'était exposée qu'au grand prêtre seulement, et une seule fois l'année. Et nous, en notre arche d'alliance, et en notre Eucharistie, nous jouissons pleinement de la présence de notre Dieu, Dieu et homme tout ensemble, sous un signe visible et apparent, et par une manière ineffable même aux anges, mais en effet ouverte, exposée, et communiquée à tous moments, à toutes personnes et en toutes occurrences.

V. Cet avantage est signalé, mais il est bien dû à l'état et au royaume de Jésus-Christ qui est son Eglise. Cette grâce est singulière, mais elle est convenable à la loi de grâce. Cette faveur et privauté est extraordinaire du Créateur avec sa créature, et du Fils de Dieu avec les enfants des hommes, mais elle est correspondante au conseil de Dieu le Père envers son Fils unique ; elle est bien séante aux fonctions et offices de Jésus-Christ envers nous, et est proportionnée à l'excellence et condition de la religion chrétienne. Car l'Eglise de Jésus-Christ a ce privilège, qui ne convient à pas une autre Eglise, non pas même à celle des anges au ciel avant qu'ils fussent compréhenseurs, d'avoir pour son Dieu et son souverain, celui qui est tellement Dieu qu'il est homme, et tellement homme qu'il est Dieu, et d'avoir un même pour auteur et pour objet de sa créance et religion (ce qui n'appartient point à la Synagogue), et un même pour instituteur et pour sujet de ses mystères. De sorte que cette Eglise chrétienne, étant si hautement et singulièrement privilégiée au capital par-dessus toute autre assemblée, et judaïque et angélique; que fallait-il attendre, sinon qu'elle serait extraordinairement favorisée en l'accessoire, et que les Chrétiens qui ont plus de part et de commerce avec la majesté divine, que n'avaient ni les anges ni les Juifs (puisqu'ils sont même en communauté de nature et de sang avec Dieu), ne seraient pas moins jouissants de la présence de leur Dieu, que les Juifs et les anges, lorsqu'ils étaient en même état que nous, c'est-à-dire voyageurs, passant de leurs temps et moments à leur éternité? Remontant ainsi donc, Messieurs, jusqu'à la source des faveurs et priviléges de la religion chrétienne, qui est la divinité de son auteur et l'humanité de son Dieu, rendez-vous capables d'apercevoir en cette grâce originaire une source puissante et admirable de toutes les grâces qui en découlent par après en l'Eglise comme ruisseaux, et de reconnaître en ce mystère primitif qui contient une chose vulgaire et apparente, à savoir l'humanité, mais adjointe inséparablement à une très-rare et non apparente, à savoir la Divinité, un modèle et prototype de tous les mystères suivants, et notamment de celui-ci que nous tenons composé de deux choses jointes ensemble, l'une terrestre, à savoir les espèces du pain, et l'autre céleste et invisible, à savoir le corps déifié de Jésus-Christ.

Et partant à l'entrée de cette merveille que nous exposons, il nous faut considérer cette plus grande merveille de l'Incarnation; car, à proprement parler, c'est l'original de ce mystère, et notre Eucharistie est comme la copie et l'extrait d'icelui. Souvenez-vous donc, Messieurs, que l'auteur de la religion chrétienne est Fils de l'homme, comme il se qualifie souvent, mais homme assis au même trône de la Divinité; ne vivant, ne subsistant, n'agissant que par la Divinité, faisant les actions humaines divinement, et les divines humainement; de sorte que, comme l'homme est un abrégé du monde, réduit au petit pied en cette image de Dieu, et un composé admirable des deux natures qui partagent l'univers, l'une mortelle et corporelle, l'autre spirituelle et immortelle, aussi Jésus-Christ est un abrégé du monde et de Dieu même tout ensemble, comme si le Tout-Puissant, pour le chef de ses œuvres, avait voulu réduire au petit pied non ses œuvres, mais soi-même, non le monde (comme en l'homme), mais son Fils même, auteur du monde, et image vive, éternelle et incréée de son essence, et établir pour jamais en son propre Fils une étroite alliance et une mixtion admirable sans confusion aucune de l'être divin et humain, de l'être créé et incréé; et d'autant que ce qui résulte de ce mystère est Dieu et homme tout ensemble, il a voulu aussi que cet homme rare et miraculeux et ce divin composé de deux natures si différentes, portât deux titres et qualités ensemble, réservées à lui seul, et incommunicables à autre, c'est-à-dire qu'il fût non-seulement l'auteur de la religion chrétienne, mais aussi l'objet de la même religion, voire comme un nouvel objet d'adoration parmi le monde.

C'est-à-dire que comme le Père éternel, dès le commencement du monde, est adoré des anges du ciel, aussi en la plénitude des temps et au commencement de l'Incarnation, lorsqu'il a mis lui-même son Fils au ventre et au sein de la Vierge, par mystère, et puis dans une crèche, il a commandé à ses anges de sortir du ciel, pour adorer ce très-grand et très-petit homme dans une étable, de la même adoration qu'ils rendaient de tout temps à sa divinité au ciel; et par succession de temps, il a voulu le mettre en l'autel de l'Eglise et obliger autant d'hommes qu'il s'en renouvellera en l'univers, jusqu'à la fin du siècle, à n'avoir autre Dieu de leur salut, ni autre objet de leur hommage et adoration que lui, qui est par ce moyen comme un centre admirable posé au milieu de l'Eglise. Centre, dis-je, sans circonférence qui le borne et auquel néanmoins toutes choses ont un juste rapport tant du ciel que de la terre, tant de la part de Dieu le Père que de la part des hommes, c'est-à-dire que tout le regarde et contemple fixement et amoureusement; à savoir le Père, pour s'y complaire, et le monde pour l'adorer. Le Père, dis-je, pour s'y complaire, et par cette complaisance mettre en icelui le salut et l'adoration de l'univers, le salut en la croix, où la rédemption du monde a été accomplie, l'adoration en son Eucharistie (que les Grecs appellent à cette occasion, l'économie de l'adoration); le salut derechef en sa divinité voilée et inconnue ici-bas parmi la faiblesse de sa chair et l'opprobre de ce supplice; l'adoration en la divinité et humanité tout ensemble, présente au mystère de la religion chrétienne, mais cachée sous des espèces basses et vulgaires et méconnues parmi le scandale de cet abaissement. Tellement que comme les esprits bienheureux dans le ciel ont été sauvés par la foi et adoration d'un esprit souverain, incréé et divin, présent en ses œuvres, mais caché à leurs yeux immortels, par l'ombre et obscurité de la lumière inaccessible en laquelle il habite; ainsi a-t-il voulu sauver les hommes sur la terre, en l'adoration de cet Homme-Dieu souverain, présent par sa parole en son mystère, mais couvert à nos yeux périssables, sous le voile et la forme qu'il a prise et instituée en son Eglise. Et il a voulu que ce moyen rare de salut et ce divin objet d'adoration fût aussi longuement exhibé sur la terre, que la terre élèvera des hommes pour le ciel, et qu'il y aura une religion dans le monde qui fasse profession d'adorer son sauveur, lequel a voulu être toujours présent parmi nous, pour exercer notre charité, et toujours voilé sous ses espèces, pour exercer notre foi; tant qu'il y aura foi et charité sur la terre, et se rendre autant inséparable de la religion que la même religion est inséparable du monde, où elle doit durer jusqu'à la fin du siècle. Et de fait, en ce grand et dernier conflit de l'Antechrist et de la foi, et en cette crise dernière de la religion et du monde, le plus grand effort sera contre le sacrement et sacrifice de l'Eucharistie, comme étant cette hostie, ce qui soutient le monde et la religion tout ensemble.

VI. Or recueillons ce que dessus en peu de mots et disons : que c'est le propre de la religion d'avoir et d'adorer son Dieu présent; que la religion chrétienne ne peut être destituée de cette prééminence, qui a été concédée même à la loi précédente; qu'elle a cet avantage d'avoir pour son Dieu celui qui est Dieu et homme tout ensemble; que par ainsi, il est l'auteur et l'objet de cette religion, il est l'instituteur et le sujet de ses mystères; que, par ses offices et qualités, il lui est bien séant d'être présent en l'exercice de la religion qu'il a établie dans le monde, et en la célébration des mystères qu'il a institués; qu'étant ainsi présent, il reçoit les vœux de son peuple et l'amende honorable que les démons font à la sainte humanité, et que cette présence perpétuelle et admirable du Fils de Dieu sur la terre affermit et sanctifie la terre, retraite des esprits rebelles et immondes auparavant; remplit de grâce, de puissance et d'assistance divine l'Eglise de Dieu militante ici-bas à l'encontre des ennemis de sa gloire, relève de beaucoup la dignité de ses divins mystères, et leur donne un nouveau lustre, en ce que par iceux le combat du Fils de Dieu, commencé dans le ciel contre Satan, est heureusement achevé dans la terre, en sa présence auguste et vénérable, établie dans le monde jusqu'à la fin du monde, et par ainsi elle accomplit les promesses de Dieu, de mettre sa sanctification ou son sanctuaire au milieu de nous : *Ponam*, dit-il en *Ezéchiel* (XXXVII, 26), *sanctificationem meam*, ou selon les Septante, *sancta mea in medio eorum*, c'est-à-dire l'humanité de son Fils uniquement sainte et uniquement sienne, organe et origine de toute sanctification. Objet qui attire une influence continue du ciel sur les hommes qui l'environnent, et tire les cœurs et pensées des hommes à leur Dieu présent, et opère infinis autres effets dignes de la grandeur de ce mystère, et procédant d'icelui, selon son état permanent, et non successif, et avant son usage. Mais les faveurs de cette loi de grâce passent encore plus avant, et cette présence divine et mystérieuse sert de fondement à une plus grande grâce. Car en l'usage de ce sacrement, l'office et le pouvoir de la religion chrétienne ne s'étend pas seulement à réconcilier les hommes avec Dieu, c'est-à-dire à les rendre ses vassaux et sujets, obéissant à ses lois et volontés, mais qui plus est, à les conduire et élever au plus haut degré d'honneur, d'alliance et parentage avec la majesté divine, qui puisse intervenir entre le Créateur et la créature. Parentage non d'esprit seulement comme avec les anges, mais aussi de sang comme entre les hommes; et alliance si étroite, qu'elle passe jusqu'à unir même et incorporer l'homme avec son Dieu, lequel par sa bonté a suivi cette invention admirable de sa sapience éternelle, et accompli par sa puissance l'institution divine de ce sacrement, pour agir et traiter de plus près avec nous, et entrant dans nous-mêmes, bénir et consacrer nos âmes et nos corps par sa sainte présence, pour être sépulcres vivants et temples animés de Jésus-Christ vivant et animé, non-seulement de l'esprit humain, mais aussi de l'esprit de la divinité, et par ainsi nous enter en lui comme le cep en la vigne, ainsi qu'il dit lui-même, et nous y unir d'une société très-parfaite, à ce que désormais nous recevions de lui-même comme de notre chef, ainsi réellement et intimement conjoint à ses membres, l'infusion d'une grâce et vie plus abondante, le mouvement et la direction de nos facultés internes en l'exercice de notre salut, et l'accomplissement singulier des opérations déiformes d'une cause si présente, si intime, si puissante et si divine.

Et passant des particuliers au général, il a voulu semblablement que ce même corps et ce même sang, auquel il avait mis et la religion et la rédemption du monde, fût en l'usage de ce mystère le vrai ciment de son état, et le moyen qui nous unît tous, non-seulement avec lui, mais aussi entre nous, en qualité de membres diversement organisés, et informés de l'esprit qui habite au corps naturel de Jésus-Christ, pour être dignes de composer le corps mystique de son Eglise. Car ce corps et sang précieux étant primitivement et singulièrement uni et conjoint à Dieu, comme la matière à sa forme qui la met en existence, comme la puissance à son acte qui l'informe, comme le corps humain à l'esprit qui l'anime, l'organise et vivifie, comme la lumière au corps transparent qu'elle perce et pénètre de toutes parts (si ces exemples nous expriment assez l'union étroite et intime de sujets si dissemblables) : il était raisonnable que, selon les lois de la nature, qui donne aux choses primitives en leur genre pouvoir et influence sur tous les effets qui arrivent en l'espèce, ce corps précieux de notre Sauveur, chef-d'œuvre du Saint-Esprit, admirable en l'ordre de nature et de grâce, l'unique et le premier de tous les corps, uni d'une façon singulière à l'esprit de la divinité, fût l'origine de toute affinité et le lien sacré de toute l'union qui interviendra en l'état et exercice de la religion chrétienne, entre Dieu et les hommes, et entre les hommes même par ensemble : lesquels recevant tous ce même corps réellement et substantiellement, reçoivent conséquemment le pouvoir et la dignité d'être, de former et de composer vraiment et parfaitement le corps mystique de Jésus-Christ en terre, qui est son Eglise. Chose que saint Paul, instruit dedans le ciel, attribue notamment avec grand poids et considération, non à la foi ou à l'esprit, mais au corps de Jésus-Christ reçu en l'Eucharistie, quand il dit aux Corinthiens ces propos graves et dignes d'être gravés dans le cœur de l'Eglise : *Unus panis et unum corpus multi sumus, omnes qui de uno pane participamus.* (*I Cor.* x, 17.)

VII. Aussi est-ce par une longue suite d'années et par dispositif de plusieurs moyens, que la Providence a suavement préparé l'univers, et l'a conduit puissamment à ce dernier point d'honneur et à ce premier degré d'alliance avec la Divinité : car la religion purement naturelle, qui n'est proprement autre chose que la première école où nous avons appris le devoir de l'homme envers Dieu, et le premier moyen qui nous redresse à lui ; comme elle ne pouvait pas manquer de donner à l'homme l'impression d'un Dieu souverain de l'univers et principe de toutes choses, aussi ne pouvait-elle nous conduire à autre effet qu'à le craindre et redouter, comme n'ayant pas la puissance de nous élever par-dessus la nature, en l'état de laquelle nous ne portons autre qualité que celle d'ennemis de Dieu et enfants de son ire, par le premier péché, qui est de même date en l'ordre des temps que le premier homme. Et qu'y aurait-il de plus propre et naturel à l'homme frêle, caduc et impuissant, que de trembler à la souvenance d'un Dieu ennemi, et appréhender le courroux d'un Tout-Puissant ? De là vient qu'en l'état de cette religion première et naturelle, l'homme n'avait point autre sentiment envers Dieu que celui de la crainte, et que les premiers auteurs de cette loi, qui ont donné les noms aux exercices de leur religion, que nous avons empruntés, et comme transplantés en la nôtre, n'exprimaient en autre terme l'adoration de leur Dieu que par celui de Λατρεύειν, lequel ne signifie autre chose en sa première origine que *craindre*, pour marque que la première adoration de la nature humaine non élevée par la grâce, n'avait autre principe que celui de la crainte.

Mais lorsqu'il a plu à Dieu élever la nature, et rehausser l'état de la religion, rendant l'une et l'autre vraiment divines, et donnant à son peuple l'institution de sa parole et l'ornement de ses cérémonies ; le premier trait de ce grand ouvrier a donné un autre air et mouvement à notre âme envers la Divinité, et a formé l'état de la religion, en sorte qu'il prétendait par icelle, non d'être craint seulement et redouté comme auparavant, mais bien être désiré, attendu et espéré des hommes, et c'était presque le seul nom qu'il se donnait en l'Ancien Testament ; conduisant ainsi les hommes par degrés, de la crainte à l'espérance, de l'éloignement au désir, pour en la loi chrétienne qui prend sa naissance en la naissance et incarnation du Fils de Dieu, n'imprimer autres effets que de grâce et d'amour en nos cœurs, et ne présenter autres objets à nos esprits, que l'exercice d'un amour rare et singulier de Dieu envers nous. Car qu'y a-t-il de plus propre à l'amour, que de moyenner ressemblance et transformation en ce qui est aimé ? Qu'y a-t-il de plus naturel à cet amour et ressemblance, que la présence et conversation familière de ce que nous aimons ? Et que suit-il de cet amour, ressemblance et présence, que l'union très-étroite et très-intime de ces deux sujets d'amour ? C'est le progrès admirable et la suite remarquable de l'amour infini de Dieu avec l'homme ; car après avoir voulu être désiré des hommes en la loi de Moïse, et n'y porter lors autre marque gravée en son front, que de désiré des nations, il a voulu se faire homme pour ressembler à l'homme ; être présent entre les hommes, pour se familiariser à l'homme ; et puis se rendre viande et breuvage des hommes, pour s'unir très-intimement à l'homme.

VIII. Ces effets sont à la vérité très-rares et admirables, mais les causes le sont encore plus ; et d'un si rare principe d'amour et d'union, il ne pouvait naître que de tels effets d'amour : car il faut soigneusement remarquer qu'il a plu à Dieu sauver les hommes, non par empire ou puissance absolue, mais par alliance contractée avec la nature ; et les poser en l'exercice d'une loi, qui n'a autre objet de créance, de contemplation et d'adoration, que cette alliance du Verbe éternel avec notre humanité ; et les conduire par cette religion à un état éternellement heureux, où l'heur ne consistera qu'en l'alliance et union de leurs esprits à la gloire de Dieu. Tellement que le principe de notre religion est une alliance singulière de la nature humaine à la personne divine, et l'issue admirable de cette même religion est l'alliance des esprits des hommes, et leur union à l'essence de Dieu ; et l'exercice ordinaire de cette religion se pratique et consiste ici-bas en l'alliance et union que les fidèles contractent avec le corps de Dieu. Car, puisqu'il a plu à Dieu d'avoir un corps pour notre amour, et nous unir à ce corps déifié par cet auguste et admirable sacrement : sacrement qui est le centre et la circonférence de l'état de la religion chrétienne, qui relève d'une dignité nonpareille l'office et la qualité de la religion, laquelle n'est proprement autre chose qu'un commerce de Dieu avec l'homme, commencé dès sa création, poursuivi en sa justification, et dignement achevé en cette institution ; il a plu à Jésus-Christ qui se nomme péché en l'Écriture, et qui est l'unique hostie pour le péché, d'employer le fonds de sa puissance, le secret de sa sapience, et la grandeur de ses mérites, à réduire l'homme perdu et séparé de Dieu par le péché et à le réunir avec Dieu ; en sorte que, dès ce monde, il a cette grâce et félicité singulière d'avoir et posséder en soi-même, par une manière ineffable, la substance de son Dieu fait homme pour son amour (qui est le point auquel consiste la béatitude de l'homme juste sur la terre), et d'être conjoint à cette substance divine par une union réelle et substantielle, qui approche de fort près à l'unité des personnes divines, et en est une parfaite imitation : union que je dois reconnaître à cette occasion pour un chef-d'œuvre de la Divinité, lequel aussi aboutit à la Divinité même. Union que je dois contempler comme un portrait tiré au vif par un excellent ouvrier, à savoir Jésus-Christ, sur un modèle si divin, si parfait et incomparable comme l'union ou plutôt l'unité des personnes divines en la très-sainte Trinité. Union qu'il faut avouer être un rare et puissant objet et un grand exercice d'amour singulier et divin pour les enfants de Dieu sur terre et de rage pour les enfers. On dit que la panthère ennemie de l'homme, ne pouvant employer sa rage contre lui, l'exerce contre son image et la met en pièces; et saint Basile lui compare le diable qui, ne pouvant exercer sa rage sur Dieu, l'emploie contre l'homme qui est à son image et semblance. Mais disons quelque chose de plus et remarquons que cet esprit de division, ne pouvant attenter sur l'union ou unité des personnes divines en la sainte Trinité, exerce sa fureur sur l'image d'icelle, que le Fils de Dieu a portraite, et tirée au vif en ce sacrement, et tend à dissoudre et rompre tant qu'il peut l'union réelle, véritable et substantielle du Fils de Dieu avec l'homme et des hommes entre eux-mêmes, par ce mystère, blasphémant en mille manières contre Dieu et contre son tabernacle qui est la sainte Eucharistie. Dessein digne de Satan, ouvrage et conception digne de l'hérésie de ce siècle qui est son engeance; car au lieu que l'Eglise, Epouse de Jésus-Christ, s'éjouit de le voir adoré sur la terre en laquelle les démons étaient adorés auparavant, et de le voir présent sur la terre, trône que le diable occupait dès long-temps, et comme vraie Epouse du Fils de Dieu se glorifie d'avoir droit sur son corps par la consécration et de jouir de ce même corps par la manducation sacramentale en l'usage de ce mystère, la synagogue de Satan comme paillarde et non épouse quitte ce droit et jouissance, et ne poursuit rien tant que l'absence et l'éloignement de cet époux de la nature humaine; et comme ennemie de sa gloire détruit les marques et les trophées de sa victoire et de son adoration sur la terre, prêtant sa langue et ses mains au diable pour exécuter, par son ministère, ce qu'il ne peut exécuter par soi-même, et pour accomplir les désirs que sa rage non limitée lui fait bien concevoir, mais que son pouvoir borné et dépendant d'autrui ne lui permet de mettre en effet que par l'aide et entremise des hommes.

Car à l'encontre de cette présence de Jésus-Christ sur la terre, que ferait le diable s'il pouvait agir ou parler, sinon de bannir Jésus-Christ aussi loin de la terre qu'il est lui-même banni loin du ciel, et dire par la bouche d'un Bèze ou d'un Calvin, qu'il est autant éloigné de la cène qui se fait en terre, que la terre est éloignée du ciel? Et à cette parole claire du Verbe éternel qui est le fondement de notre créance, qu'opposerait-il, s'il pouvait emprunter la langue des hommes en l'Eglise, comme jadis celle du serpent au paradis terrestre, sinon de démentir encore un coup la vérité même en sa propre parole sur le sujet d'un aliment qui porte conséquence de vie ou de mort éternelle, et travailler autant par la langue des hommes, à anéantir la manducation réelle de la chair du Fils de l'homme vraiment viande commandée de Dieu, et vrai fruit de vie, que lors il travailla par la langue d'un serpent à établir la manducation réelle d'une viande vraiment prohibée de Dieu, et vrai fruit de mort? Et à l'encontre de ce sacrement d'alliance et d'union qui nous unit tous à Jésus-Christ, nous réunit à Dieu et nous lie les uns avec les autres, que ferait cet esprit de division qui a rompu au ciel en soi-même, et puis en terre en l'homme, toute alliance et union de la créature avec le Créateur, sinon le détruire et anéantir ce divin sacrement en sa substance, le profaner et pervertir en son usage, le dépouiller et avilir en sa vertu et le rendre matière de division en ce siècle? Et à cet hommage et adoration que l'univers rend à l'humanité de Jésus-Christ en ce mystère, et à ces marques de sa victoire contre le diable, érigées en autant d'églises qu'il y en aura d'honorées de ce sacrement, que ferait le diable, sinon renverser partout le témoignage de sa perte et du triomphe du Fils de Dieu, et en somme suivre les traces de ce fort armé de l'Evangile qui veut déposséder de son palais celui qui l'a conquis sur lui et chasser le Fils de Dieu de la terre et de son trône, c'est-à-dire de son Eucharistie, employant à cet effet les armes communes de l'infidélité, c'est-à-dire la répugnance des sens qui ont toujours porté le parti contraire à la foi; la faiblesse des raisons humaines qui a toujours obscurci et fait ombre à la lumière de la vérité, et l'irrision de l'impiété qui s'est toujours moquée des mystères du ciel?

Nous au contraire, renonçant plus volontiers à nos sens qu'à notre droit et affection de jouir du corps de Jésus-Christ, et à nos raisons, qu'à la parole de notre Maître qui nous le donne, nous maintenons sa présence occulte et mystérieuse au sacrement, par la puissance et la clarté des paroles du Fils de Dieu qui l'a institué, à qui n'aura point Dieu suspect en sa propre cause, par la créance commune de points autant répugnants au sens et à la raison et moins fondés en l'Ecriture à qui ne voudra point être déraisonnable ou suspect à soi-même par la foi des siècles passés, plus savants et mieux vivants que nous, à qui voudra déférer à un monde plutôt qu'à un particulier, et en somme par les armes communes de la foi, par autant de voies qu'il y en a jamais eu d'employées par les docteurs de la sapience éternelle, pour donner crédit et autorité à un mystère de la foi en l'Eglise.

DISCOURS II.

PREUVES PUISSANTES ET MANIFESTES DU MYSTÈRE DE L'EUCHARISTIE PAR LES MYSTÈRES DE LA TRINITÉ, DE L'INCARNATION ET DE LA RÉSURRECTION DES CORPS, ET ENCORE PAR LA CLARTÉ DES PAROLES DE JÉSUS-CHRIST EN L'INSTITUTION DE CE SACREMENT, ET PAR

LA CONTRADICTION DES HÉRÉTIQUES ESSAYANT DE LES DÉTOURNER A DES SENS FIGURÉS.

I. *Explication de ce que ces quatre mystères sont à Jésus-Christ, à l'Eglise et aux fidèles.* — II. *Ces quatre mystères ont leur origine dans le ciel, et leur fondement en l'autorité de la parole de Dieu, et ils imposent silence à la raison et aux sens de l'homme.* — III. *Les hérétiques du siècle ne peuvent douter de l'Eucharistie, sans douter des autres mystères et passer jusqu'au paganisme. Les hérétiques qui trouvent en l'Ecriture ce qui leur plaît et n'y trouvent point ce qui ne leur plaît point, donnent évidemment à connaître que leur créance est fondée sur leurs sens et non sur la parole de Dieu.* — IV. *Les hérétiques doutant du pouvoir de Jésus-Christ en cette occasion, ils ne sont pas Chrétiens, et doutant de son vouloir exprimé par des paroles si claires, ils ne sont pas raisonnables. S'il y avait autant de facilité à comprendre ce mystère, qu'il y en a d'entendre les paroles qui nous l'annoncent, les hérétiques ne le nieraient pas, et partant ils montrent qu'ils adhèrent plus à leur esprit qui y trouve difficulté qu'à l'Ecriture qui en parle en termes si clairs. Et en outre il paraît qu'ils veulent réformer la foi de l'Eglise par un principe d'incrédulité, c'est à savoir par la répugnance du sens humain.* — V. *L'évidence de ces paroles donnant la gêhenne aux ministres, les a jetés dans les contradictions manifestes, et ils veulent paraître croire ce qu'elles disent en ne le croyant pas. Les ministres n'ajoutant pas foi à la parole du Fils de Dieu, et y cherchant des sens égarés, ne méritent pas qu'on ajoute foi à leurs paroles. Les hérétiques osent bien dire qu'ils croient la parole de Jésus-Christ, lorsqu'ils la démentent.*

I. Il y a quatre mystères qui servent d'objet et d'exercice principal à notre foi, qui la distinguent et séparent de toutes les autres sortes de doctrines et de religions reçues parmi le monde et qui la rendent vraiment divine, excellente et élevée par-dessus la lumière de la nature, mystères que nous pouvons dire être comme les quatres fleuves qui n'ont leur source que dans le paradis terrestre du second Adam, c'est-à-dire l'Eglise, et sont comme les quatre éléments et parties principales de la doctrine du ciel, que le Verbe éternel a publiée au monde, ou comme quatre colonnes et firmaments de la maison de Dieu qu'il a lui-même édifiée en la terre pour être l'école de salut, l'appui de la foi, et le soutien de la vérité entre les hommes. Le premier est celui de la Trinité, par la puissance de laquelle nous avons été formés, en la créance de laquelle nous sommes dès à présent baptisés et justifiés et en la jouissance de laquelle nous serons un jour glorifiés. Le second est l'Incarnation par le moyen de laquelle notre nature est réunie à Dieu, son premier principe, et par cette alliance nous sommes tous faits et déclarés enfants de Dieu, héritiers du ciel, cohéritiers de Jésus-Christ, et nous recevons de lui sa grâce en échange de ce qu'il prend de nous la nature humaine. Le troisième est l'Eucharistie où Dieu nous donne et nous rend ce même corps qu'il a daigné prendre de nous et en icelui nous donne sa grâce, son esprit et sa divinité, et d'abondant l'assurance et la vertu même infuse dans nos corps de leur renaissance et immortalité. Le quatrième est la résurrection de la chair, où la mort est ensevelie pour jamais : l'homme consommé en gloire quant à l'âme et quant au corps et rétabli en l'immortalité perdue par le péché.

Mystères hauts, excellents et divins, mystères rares et particuliers à la religion chrétienne, mystères qui concernent évidemment l'état de l'Eglise et du Fils de Dieu son auteur, son fondement et son instituteur, mystères qui lient ensemble Jésus-Christ et l'Eglise et en la foi ou combat desquels ils sont mutuellement intéressés, car tout est par indivis entre Jésus-Christ et son Eglise; mystères aussi que la foi chérit et embrasse uniquement et que l'esprit d'erreur ennemi de Dieu, de la foi et de l'Eglise, a singulièrement en butte et en haine, employant tous efforts en divers temps pour en abolir la créance sur la terre; car quant à Jésus-Christ, le premier de ces mystères le regarde et l'intéresse en son éternelle essence, le second en sa nature adjointe et assise au même trône de sa divinité, le troisième en son amour et alliance avec l'Eglise, sa chère et unique épouse; le quatrième en sa gloire, en sa primogéniture (car il est premier-né des morts) et en son immortalité, immortalité, dis-je, et de Jésus-Christ et de ses enfants. Et quant à l'Eglise l'intérêt y est aussi manifeste, car son auteur par le premier mystère est vraiment son tout et son Dieu, et par le second il est son médiateur en une manière rare et singulière; par le troisième il est son époux d'une façon toute sainte, toute pure, toute pleine d'amour et de puissance, non à rompre, mais à établir et réparer même son intégrité; et enfin par le quatrième, il est sa vie et sa gloire pour jamais dans les cieux.

II. Or en tous ces quatre mystères le sens est ébloui, la raison est obscurcie, la nature est impuissante et imbécile; et les Chrétiens n'ont point d'autre force et appui qu'en la grandeur et autorité de celui qui parle, qui est Dieu même. Et partant en la créance et considération de ces quatre points et généralement de tous ceux qui ont leur origine dans le ciel, et en l'autorité de Dieu qui parle, la méthode et conduite de notre foi est bien différente de celle que nous observons en toutes les connaissances humaines, lesquelles n'ayant autre principe plus évident et plus relevé que la raison de celui qui les propose, elles ne méritent pas plus de crédit que cette raison n'a ou d'évidence ou d'autorité entre les hommes; et elles n'ont aucun droit d'obliger à leur créance ceux qui ne les entendent ou approuvent pas. Au lieu que la foi de ces mystères ayant son origine dans le ciel, et son fondement en l'autorité même de Dieu qui parle, elle a un droit manifeste d'obliger tous ceux à qui le pouvoir de Dieu commande, sans qu'ils aient liberté d'y adjoindre pour arbitre, ni les sens, ni la raison humaine, car le droit et office de nos sens et de notre raison n'est que d'écouter la proposition de la foi et non de la juger, de la recevoir et non de la contrôler, de l'entendre et non de la comprendre; et puisque c'est Dieu qui parle, c'est à l'homme à se taire; puisqu'il daigne enseigner, c'est à nous à croire et non pas à borner le crédit de sa parole dans les limites de nos conceptions, comme s'il ne pouvait rien faire et ne devait rien dire que nous ne puissions comprendre; comme si son être, sa grandeur et sa puissance devaient avoir quelque proportion à la petitesse de nos esprits, qui n'ont qu'une lumière et connaissance empruntée des sens, et tirée des effets de la nature, et comme s'il n'était pas plus évident que l'évidence même à tout esprit religieux et raisonnable, qu'il faut déférer à Dieu cette autorité de nous annoncer de son être, de ses conseils et de ses œuvres, ce que la nature ne nous en peut enseigner, qui n'est qu'un petit effet de sa puissance et comme le premier crayon du portrait de la Divinité, duquel les plus vives et dernières couleurs sont réservées à l'état de la grâce et de la gloire. Et partant ès articles de la foi, nous devons faire état de ne pas consulter la nature où nous avons Dieu même pour auteur et pour garant; et de ne pas ouïr ni craindre la voix de l'impiété humaine, qui argue d'impuissance et d'indécence ce qu'elle ne peut comprendre; et avec impudence tourne en dérision les mystères que propose la sapience éternelle. Car il y a plusieurs années qu'un sage et ancien docteur nous a dit que si la foi redoutait la risée des naturalistes, il y a longtemps qu'elle n'aurait plus de crédit au monde.

III. Voilà, Messieurs, des fondements posés que vous ne pouvez ni méconnaître ni ébranler; voilà des règlements et résolutions autant infaillibles que vous reconnaissez d'infaillibilité dans l'Evangile et dans votre créance, et vous les observez en ce qui vous reste de commun en la foi avec nous. J'ai donc à vous représenter que vous suiviez également ces maximes, si elles vous semblent dignes de vos esprits et de votre devoir à la Divinité, et si elles ne vous semblent telles, que vous les outrepassiez également, et que, faisant un pas dans les voies de l'impiété que l'hérésie a ouvertes en notre temps, vous passiez tout à fait du christianisme au paganisme; ou bien, rentrant par un meilleur conseil dans les sentiers de la vérité où l'Eglise vous attend, vous reveniez de l'hérésie à la foi catholique. Et puisque de ces quatre articles, par la grâce de Dieu, vous en croyez les trois avec l'Eglise contre les hérésies qui les combattent par mêmes armes que vous employez contre l'Eucharistie (articles aussi hauts et incompréhensibles et moins clairement exprimés en l'Ecriture), vous n'avez pas sujet ni devant Dieu, ni devant les hommes, de faire difficulté après la croyance de la Trinité, de l'Incarnation, de la Résurrection, de croire le mystère de la sainte et divine Eucharistie; car si vous déférez à l'Ecriture, le même Evangile qui vous parle des uns vous parle de l'autre; si vous écoutez la raison, la même philosophie qui vous fait douter de l'unité du corps s'il est en plusieurs lieux, vous oblige, et en plus forts termes, de douter de l'unité d'une nature si elle est en plusieurs personnes comme en la Trinité, et de l'unité d'une personne si elle est en plusieurs natures entières et complètes comme en l'Incarnation.

Si, pour les difficultés que le sens rencontre en ce dernier mystère, vous cherchez à vous mettre à couvert de la parole de Dieu, sous des ombres, des figures et des prétextes, il vous est aussi facile de le faire à l'égard des autres mystères que de celui-ci. Si vous trouvez bon vous dispenser des lois de la nature en ces trois premiers articles, pour vous rendre humblement à l'autorité de la parole de Dieu, qui vous oblige de les suivre en l'autre? Car en quel lieu de l'Ecriture avez-vous jamais lu aussi clairement que le Père, le Fils et le Saint-Esprit ne sont qu'un, non-seulement en volonté, selon la glose des ariens, mais aussi en essence, comme le Sauveur même nous déclare formellement: que ceci est son corps, que ceci est son sang? En quel lieu avez-vous si distinctement exprimé qu'en Jésus-Christ il y a deux natures en une seule personne, comme lui-même vous déclare en l'Evangile qu'en l'Eucharistie il donne de sa main son propre corps et son propre sang? Où avez-vous jamais trouvé qu'il soit dit si disertement que nous ressusciterons en cette chair, non en une autre, ou en une semblable et spirituelle, selon les déguisements des origénistes, comme le Sauveur même vous assure qu'il donne non la figure, non l'esprit seul, mais le corps livré pour nous, et le sang répandu pour nous? Si donc ce dernier mystère n'est pas plus incompréhensible que les trois autres; s'il est plus clairement et distinctement exprimé en la parole de Dieu; s'il y a moins de textes en l'Ecriture qui lui semblent opposés; s'il a été cru constamment de ceux qui ne pouvaient entrer en la créance des trois mystères préallégués; pourquoi maintenant les croyez-vous et ne croyez pas celui-ci? Pourquoi allez-vous ici recherchant des ombres et des figures, comme feuilles de figuier, pour couvrir la honte de votre incrédulité, où pas un des apôtres ni des anciens docteurs, ni même des anciens hérétiques, n'en a voulu reconnaître ni avouer? Pourquoi ne trouvez-vous pas bon d'admettre les figures que les ariens en la Trinité, les nestoriens en l'Incarnation, les origénistes au point de la Résurrection, jugeaient si claires, si naïves et si nécessaires? Et pourquoi ne pourra-t-on pas dire justement de vous ce qu'un ancien disait aux esprits égarés en son siècle : « Vous qui trouvez et croyez en l'Ecriture ce qu'il vous plaît, et ce qui ne vous plaît point ne l'y trouvez jamais, ne croyez-vous pas à vous-même plus qu'à l'Ecriture ? » Je le redis donc encore, parce qu'il est d'importance et de considération : ou rejetez également ces quatre mystères, d'autant qu'ils surpassent l'intelligence et la puissance de la nature, ou les admettez également, d'autant qu'ils sont fondés sur une même autorité; et jugez devant Dieu qui doit un jour juger votre foi, si c'est mesurer votre créance à sa parole ou au sens humain, puisque les textes étant clairs et exprès, à énoncer que ceci est le corps et le sang du Fils de Dieu, et les sens répugnant à l'y reconnaître, vous adhérez plutôt à la négative que les sens vous rapportent, que non pas à l'affirmative que le Fils de Dieu même vous annonce; et vous travaillez plutôt à figurer l'Ecriture selon vos sens, qu'à ployer vos sens sous l'autorité de cette parole, qui fait, qui dompte et qui change toutes choses.

IV. Ecoutez donc par un meilleur conseil, écoutez, dis-je, en humilité d'esprit et en soumission de vos sens l'oracle du ciel, que la sapience éternelle vous propose; et considérez que le Sauveur disant en son Testament que ce qu'il vous donne de sa main et ce qu'il vous démontre par sa parole, est son corps et son sang, si vous doutez du pouvoir de celui qui parle, vous n'êtes pas Chrétiens; si vous doutez de son vouloir en la clarté de sa parole, vous n'êtes pas raisonnables. Si, quittant le sens que les paroles divines nous représentent, vous courez après un sens égaré de la lettre, et suggéré par un particulier, non envoyé, non autorisé de Dieu pour vous le rapporter, vous êtes errants, et le sujet étant de foi, vous êtes hérétiques. Car ou il n'y a jamais eu hérésie au monde, ou cette élection particulière est la trempe, le moule et le modèle de l'hérésie. Si vous n'avez ni parole de Dieu expresse sur la cène, ni autorité divine qui vous avoue cette figure et glose sacramentale que vous y croyez, vous ne pouvez avoir de foi sur cet article; car la foi ne peut être dérivée que de l'ouïe de la parole de Dieu, ni fondée que sur une autorité publique et divine. Si vous n'avez autre conduite en la recherche du sens de ces saintes paroles, que des conjectures tirées par votre esprit, des textes que vous conférez et appliquez à une intelligence volontaire, vous n'avez qu'une opinion légère et humaine et non une créance ferme et divine, telle que Dieu demande pour le salut; et vous êtes insensés si vous voulez mourir pour cette légèreté, et vous êtes infidèles si vous ne vous exposez à la mort pour un point de la foi tel qu'est celui de l'Eucharistie et du testament du Fils de Dieu à ses enfants.

Si vous n'apercevez que la difficulté de ce mystère est ce qui vous jette en ces doutes et extrémités et vous porte à cette incrédulité, vous avez les yeux bandés, car il est évident (et j'en atteste vos consciences) que s'il y avait autant de facilité à comprendre le mystère qu'il y a de facilité à entendre les paroles qui le vous annoncent, vous n'eussiez jamais suivi ceux qui aiment mieux violer les paroles et les mystères du Fils de Dieu, que de faire force à leurs sens et à leur entendement. Et si par la conduite de vos pasteurs vous prenez l'incrédulité de vos sens pour règle de votre foi, n'êtes-vous pas inconsidérés en un sujet si important? Et ne sont-ils pas ridicules en la face de l'univers, de le vouloir réformer la foi par un principe d'incrédulité? et ne sont-ils pas aveugles ou stupides de ne pas reconnaître qu'en l'état de la foi, la rébellion de nos sens et de notre raison à un article proposé par la Divinité n'est pas un sujet valable pour en désavouer la créance, ni une autorité légitime pour divertir les paroles qui la rapportent en des sens figurés. Et toutefois à ces nouveaux Chrétiens et pasteurs de notre temps, étant envoyés et illuminés d'une façon tout extraordinaire, l'incrédulité du sens humain est la lampe et la lumière de leur réformation, et une règle divine et infaillible pour exposer les lettres de la foi, pour publier de la part de Dieu une nouvelle glose en l'Ecriture, pour autoriser ès derniers temps en qualité de foi nécessaire à salut, une nouvelle intelligence d'un mystère en l'Eglise.

V. Mais loué soit Dieu, que le front de l'hérésie commence à rougir de cette impiété et peu de respect à la parole de Jésus-Christ; loué soit Dieu, que la bonté de vos esprits et de vos consciences oblige vos docteurs d'employer plus d'artifices à couvrir leur incrédulité que de force à la maintenir. Car quand on vous propose en leur présence l'oracle de Jésus-Christ, prononçant hautement que *ceci est son corps*, le sieur Dumoulin, en ses rencontres et ses livres, vous dit qu'il ne doute pas de la vérité de ces paroles. Tellement que nous vous prions de considérer que, quand vos ministres croient à leurs sens, qui leur dit que ce n'est pas le corps du Fils de Dieu, ils croient néanmoins au rapport de Jésus-Christ qui leur dit que ceci est son corps; quand ils suivent leur foi, que ceci n'est pas le corps et le sang de Jésus-Christ, et n'en est que l'ombre et la figure, ils suivent la vérité des paroles de Jésus-Christ qui leur dit que *ceci est son corps et son sang*; et pareillement qu'ils vous disent que ceci est son corps, quand ils ne croient pas que ceci est son corps. Contradiction manifeste s'il y en eut jamais et qui procède de la force de ces paroles, et de la géhenne qu'elles donnent à ces esprits coupables et rebelles, comme elles ont fait à Luther malgré lui, selon ces termes aussi emphatiques que peu séants à un restaurateur de l'Eglise réformée, *strangulant me verba Christi*, et me forcent de croire que ceci est le corps du Sauveur

Mais dites-moi, messieurs les pasteurs légitimes de l'Eglise invisible, n'est-ce point douter de la vérité de ces paroles, que de démentir la vérité de ses paroles, et ne voyez-vous pas cette contradiction visible? Car il est évident qu'il est autant faux selon vous que ces paroles de Jésus-Christ sont véritables si votre confession de foi est véritable, comme il est faux que ceci soit son corps si ceci n'est pas son corps; car Jésus-Christ dit clairement et naïvement l'un, et vous croyez et publiez ouvertement l'autre. C'est-à-dire Jésus-Christ dit à ses apôtres que *ceci est son corps*, et vous dites par article de foi à son Eglise, *ceci n'est pas son corps*. Si vous ne doutez point de la vérité des paroles du Sauveur, vous ne doutez donc point que *ceci ne soit son corps*; car c'est ce que porte la vérité de ses paroles. Vous ne suivez donc plus vos ombres et vos figures, car ces paroles n'en portent point, et vous y trouvez le corps et non pas l'ombre et le signe du corps. Et toutefois on vous fait croire l'un, que ces paroles ne montrent pas, et non pas l'autre que ces paroles vous rapportent. Ce n'est donc pas la lumière et la vérité de ces paroles que vous suivez, car elles ne portent point d'ombres et de figures, mais l'idole et l'illusion de votre pensée que vous adorez, car aussi l'hérésie, pour ce sujet, est appelée des anciens une idolâtrie. Et si vos ministres veulent que vous ne croyiez ces paroles de Jésus que par métaphore, ne suivez aussi leurs voix et leurs paroles que par métaphore; et comme ils croient par leur métaphore que Jésus a voulu dire ceci n'est pas mon corps, quand il a dit ceci est mon corps, croyez aussi par métaphore qu'ils veulent dire que ceci est son corps, quand ils vous disent que ceci n'est pas son corps; et prenez leurs paroles à contre-sens, comme ils veulent que vous fassiez les paroles du Verbe éternel. Car il n'y a pas plus loin de l'affirmative du Sauveur à la négative de vos ministres, que de leur négative à son affirmative; comme il n'y a pas plus loin d'Athènes à Thèbes, que de Thèbes à Athènes. Le voulez-vous bien, messieurs les docteurs et pasteurs par métaphore? Recevriez-vous à vos temples ou à vos cènes des ouailles et disciples de cette sorte? Et vous voulez toutefois que les ouailles et disciples de Jésus, qui le doivent connaître, qui doivent entendre et suivre sa voix, se divertissent de sa parole, parole de vérité et de vie éternelle, pour suivre vos paroles de mensonge et de mort éternelle (59).

DISCOURS III.

DÉMONSTRATION EFFICACE DU MYSTÈRE DE L'EUCHARISTIE PAR LE MYSTÈRE DE LA TRINITÉ, CONTRE LES HÉRÉTIQUES DU SIÈCLE, POUR CE QUI REGARDE L'EXISTENCE D'UN CORPS EN PLUSIEURS LIEUX.

Le lieu est chose accidentelle au corps, et non la personne à l'essence, et partant, il y a bien plus de difficulté à accorder l'unité d'essence avec la pluralité de personnes, que l'unité de corps avec la pluralité de lieux. — II. Si la nature peut faire changement de lieu sans changer de corps, pourquoi ne pourra l'Auteur de la nature, qui est tout-puissant, multiplier le lieu sans multiplier la substance du corps? — III. Dieu est également puissant sur le néant et sur l'être. — IV. V. Providence particulière de Dieu en ce que les difficultés qu'allèguent les hérétiques ont premièrement été vues et répondues par les Catholiques. — VI. Les hérétiques ne croyant l'Eucharistie à cause des difficultés que l'esprit y rencontre, sont convaincus de ne pas croire véritablement le mystère de la Trinité où les mêmes difficultés se trouvent, et que, s'ils la croient, leur créance n'est pas une vraie foi, mais une ignorance de ces difficultés. — VII. Si les ministres ne sont pas recevables, alléguant des contradictions apparentes contre le mystère de la Trinité, ils ne le sont non plus, en alléguant de toutes pareilles contre le mystère de l'Eucharistie. — VIII. Si la terre, en l'ordre de la nature, est soutenue sur son propre poids et sans aucun appui hors d'elle, pourquoi le Verbe éternel, qui soutient toutes choses, ne pourra-t-il soutenir les accidents du pain sans leur sujet ordinaire?

I. Dites-nous donc si vous avez jamais compris comment la pluralité des personnes divines consiste avec l'unité de Dieu; car s'il y a plusieurs personnes en la Divinité, et chacune de ces personnes est Dieu, ou il faut réformer votre sens et votre dialectique, qui conclut de cet antécédent qu'il y a plusieurs dieux; ou il faut ployer, adoucir et réformer le style de l'Ecriture et l'expliquer subtilement et spirituellement, en ce qu'elle dit qu'il n'y a qu'un Dieu subsistant en plusieurs personnes; ou bien il faut soumettre humblement et simplement votre sens à la foi et à la lettre, qui propose à l'univers, et qu'il n'y a qu'un Dieu, et qu'en sa divinité il y a plusieurs personnes sans intérêt aucun de cette unité, et que le monde doit adorer ce mystère, encore qu'il ne le puisse comprendre. Que si dès l'entrée de la foi, et en ce point fondamental de la créance de l'univers, qui avoue et adore l'unité de son Dieu, vous avez été contraints de dompter votre sens et votre dialectique en une chose si apparemment contradictoire, et aux conditions non accidentelles, mais essentielles et transcendantes de l'être, et désavouer sa conduite comme aveugle ès choses de Dieu, avec quelle apparence pouvez-vous l'élever contre le mystère de la foi (car ainsi de temps immémorial l'Eucharistie a été surnommée), et à l'encontre du jugement de tant de siècles qui croient humblement l'unité du corps de Jésus-Christ, avec son essence en plusieurs lieux? Vu que le lieu est chose accidentelle au corps et tellement étrangère à son essence, qu'elle est mise en un rang à part par ceux qui ont dressé l'état

(59) Ce discours n'a pas été achevé par l'auteur.

et l'inventaire de la nature, encore qu'ils ne fussent éclairés de la lumière de nos mystères, et qu'ils n'eussent pas même l'ombre de nos lumières : ou au contraire, l'unité de personnes en Dieu semble du tout requise à l'unité de Dieu, puisqu'en Dieu, sa personne n'est et son essence n'est qu'une même chose, et qu'à une même chose attribuer unité et pluralité, c'est-à-dire unité et non unité, ne peut être compris d'aucun esprit humain, et que nulle sorte de distinction ni de composition ne se retrouve entre l'essence et les personnes divines.

II, III. Si donc à l'entrée de la foi vous abjurez et renoncez à vos sens et à votre raison, pour croire une unité avec pluralité, pourquoi oubliez-vous cette humble obéissance au progrès de la même foi, et en la suite des points annoncés par une même autorité et sous une même règle de foi? Et si vous l'avouez entre l'essence et la personne, qui sont liées si étroitement en un même sujet; si vous l'avouez en Dieu même, où elles sont non-seulement liées et unies, mais qui plus est, une même chose, et qui sont parties substantielles et non accidentelles d'un même tout, pourquoi ne l'avouez-vous pas entre une substance et un accident, c'est-à-dire entre le corps et le lieu qui n'ont rien de commun en leur nature l'un avec l'autre et appartiennent à divers genres? Le corps et le lieu n'ont aucune liaison absolument nécessaire, même au jugement de la nature, et la nature même vous induit et vous porte, par sa condition et son premier établissement, de donner à son auteur le pouvoir de séparer le corps de tout lieu, puisqu'en la création il n'a mis en aucun lieu ce grand corps du monde. Et il est évident qu'il n'y a point de corps particulier dont il ne puisse disposer en la même manière, puisque la nature a bien assez de pouvoir pour changer les corps de la droite à la gauche et les transporter du haut en bas et du bas en haut sans aucun changement aux corps. Ce sont donc choses bien différentes, et s'il est au pouvoir de la nature de changer l'un sans changer l'autre, nous ne pouvons nier raisonnablement que Dieu, qui en est l'auteur et le seigneur souverain, ne puisse multiplier l'un sans multiplier l'autre. Dieu est également puissant sur le néant et sur l'être créé : sur le néant pour le faire être, et sur l'être créé pour en user et ordonner comme bon lui semble.

IV, V. Un ministre de ce siècle triomphe de disputer contre cette unité et pluralité de Jésus en divers lieux, et y apporte diverses contradictions qui ne montrent que la contradiction de son sens au sens commun, et à l'apparence toute claire, et de sa mauvaise dialectique, et qu'il ne les a apprises que par ceux qui y ont satisfait dans les mêmes écoles où elles ont été formées, aimant mieux apprendre d'eux les objections pour ne point croire et arguer Dieu d'impuissance, que leur réponse pour croire et honorer Dieu en son pouvoir sur les choses de la nature. Dieu n'a pas permis que ces difficultés prissent naissance ailleurs que dans le terroir de l'Eglise (par une providence spéciale), et en des esprits croyants, à ce qu'il parût que l'Eglise était humble et non ignorante, et qu'elle croyait, non faute d'apercevoir ces difficultés, mais par excès de soumission, en les voyant pleinement et soumettant son sens à la foi, et qu'elle ne peut rien apprendre de ces difficultés des esprits mécroyants, dont la foi; s'ils en ont, est ignorante et non humble, et n'est que faute d'apercevoir les difficultés en ce peu qu'ils croient, non divinement, mais humainement; non certainement, mais probablement; non assurément, mais légèrement; non humblement, mais ignoramment.

VI. Afin donc que vous connaissiez si vous croyez la Trinité en cette manière, voyez si vous avez jamais aperçu les contradictions de la Trinité; et si ce nonobstant, vous la croyez humblement, pourquoi refusez-vous la même humilité au point de l'Eucharistie, proposé plus clairement au même Evangile, cru et publié par la même Eglise? Que si vous ne l'avez cru avec vue de ces difficultés, et si vos esprits sont tellement disposés qu'ils s'y fussent laissés emporter, voyez donc, et reconnaissez que vous n'avez qu'ignorance, et non foi de ce mystère, vous et vos docteurs. Car s'il n'y a qu'un seul Dieu, il s'ensuit que le Père est seul Dieu, puisqu'il est Dieu; et le Fils seul Dieu, puisqu'il est Dieu; et le Saint-Esprit seul Dieu, puisqu'il est Dieu et qu'il n'y a qu'un seul Dieu : Et toutefois le Père n'est pas le Fils, le Fils n'est pas le Père et le Saint-Esprit n'est ni le Père ni le Fils. Le Père est non engendré, le Fils est engendré du Père, le Saint-Esprit est produit et du Père et du Fils; le Fils procédant du Père seul, le Saint-Esprit n'est pas procédant du Père seul, mais du Père et du Fils, et le Père n'est procédant ni des deux ni d'ailleurs. Le Père est le principe et l'origine de la divinité; le Saint-Esprit n'est pas principe et origne de divinité : comment donc comprenez-vous qu'il n'y a qu'un seul Dieu, y ayant trois personnes si différentes, qui ont également et uniquement ce nom et cet être divin? Et comme accordez-vous à un seul Dieu choses si contraires, voire apparemment contradictoires? Si vous n'avez point aperçu jusqu'à présent ces contradictions, vous n'avez qu'ignorance et non foi de ce mystère. Si, les apercevant, vous croyez ne les devoir suivre, vous faites bien de ne pas les suivre, mais simplement la foi contre icelles. Vous ne faites donc pas bien de les vouloir suivre contre la même foi, qui propose également l'un et l'autre mystère et au préjudice des mêmes contradictions.

VII. Et si le procédé du ministre n'est pas bon en ceci, pourquoi l'emploie-t-il et pourquoi y avez-vous égard? Et s'il est bon, pourquoi refusez-vous de l'accepter en ce point de la Trinité, car il est le même? Et s'il veut vous donner des réponses à ces contradictions, pourquoi les recevez-vous ne les entendant pas, et ne voulez pas recevoir les nôtres, parce que vous ne les entendez pas? Et si vous refusez nos réponses en cette occasion, pourquoi recevez-vous celles qui concernent le point de la Trinité, où la même occasion de refus se retrouve? En somme, ou ne croyez ni l'un ni l'autre de ces mystères, car vous ne les pouvez comprendre; ou les croyez tous deux, car ils sont proposés par une même autorité publique et solennelle; ou n'admettez ni les unes ni les autres de ces contradictions, car c'est un même sens et une même raison qui les propose, et avec même prétexte et même fondement; ou les suivez toutes deux, car elles ont même apparence; et ne recevez ni les unes ni les autres réponses à ces contradictions, car vous ne les pouvez entendre, ou les recevez également, car c'est un même esprit humain qui les invente. Mais vos docteurs se rendent importuns, et continuent à vous presser sur les difficultés de ce mystère. L'un d'entre eux vous dit, et objecte souvent en ses prêches et en ses libelles : « Qui est-ce qui soutient ces accidents que nous voyons, cette blancheur, cette rondeur, cette figure ? » etc.

VIII. Mais, ô ministre d'infidélité! outre ce que l'école te répond, et ce que tu peux apprendre dans nos livres si tu veux; et que la quantité sert elle-même d'appui aux autres accidents, étant assez appuyée en ses dimensions; prends garde, que lors même que tu disputes contre ton Dieu, contre son sacrement et sa parole, lors même que tu demandes à tes ouailles prétendues ce qui soutient ces accidents; la terre te soutient et qu'elle n'est elle-même soutenue que par le centre, qui est un point indivisible, lequel maintient ce grand corps au milieu de l'air, sans agitation et sans ébranlement aucun (60). Or si un point a cette force et vertu de donner stabilité à la terre depuis tant de siècles, et d'être l'appui et le soutien de ce grand élément, trouveras-tu étrange que la parole de Dieu, que le Verbe éternel du Père qui est substance et substance qui porte tout, *Verbo virtutis suæ*, soutienne et supporte par sa puissance et par sa présence et vertu ce peu d'accidents que tu vois destitués de la substance ordinaire du pain, pour voiler la substance rare et divine de son corps? Trouveras-tu étrange que celui qui donne stabilité à la terre, parce qu'il lui a plu et qui la donne à l'eau quand il plaît, nonobstant sa fluidité naturelle pour porter les fidèles, et qui l'a ôtée à la terre en un temps, pour abîmer les rebelles, dispose en ses mystères de ces créatures selon son bon plaisir, et les fasse servir à sa gloire et à son vouloir; ôte la substance matérielle de ce pain, pour faire place à la substance du pain vivant descendu du ciel, et donne à ces accidents un appui extraordinaire, au lieu de l'appui naturel et ordinaire qu'ils avaient auparavant? O faiblesse de la foi réformée, de ne pouvoir croire ces choses! Ô foi peu évangélique! ô foi branlante et flottante! ô foi moindre que la graine de sénevé, qui non-seulement ne peut pas transporter les montagnes, mais non pas même affermir la pesanteur de leurs sens, pour supporter ce peu d'accidents! Mais ils ont encore grande peine à supporter une autre difficulté et font instance et disent, etc. Comment un corps en plusieurs lieux.

DISCOURS IV.

L'EUCHARISTIE EST TOUT A LA FOIS SACREMENT ET SACRIFICE.

I. *Le Fils de Dieu étant venu en la terre pour y établir une nouvelle religion, il a mis en son corps la rédemption du monde, la religion des peuples, et le salut des hommes. Jésus-Christ au ciel par l'état de sa gloire, a voulu demeurer en la terre par le lien de son amour, et l'état de son mystère. Il est au milieu de nous comme le don que nous recevons de Dieu, et comme l'oblation que nous lui présentons, c'est-à-dire comme sacrement et sacrifice.* — II. *L'hérésie outrecuidée donne un démenti à Jésus-Christ, parlant clairement au dernier de ses jours ; et les fidèles, comme ses ouailles, écoutent et suivent sa voix.*

I. Puisqu'il a plu à Dieu prendre un corps, et se faire homme, et vivre entre les hommes pour le salut des hommes; et établir lui-même en la terre une religion céleste qui nous sépare de la terre, nous tire à Dieu, nous élève au ciel, et nous y établit en corps et en âme pour un jamais, il a voulu vivre entre les hommes, et parler pour le salut des hommes : et par un conseil digne de sa sapience, il a mis en son corps la rédemption du monde, la religion des peuples, et le salut des hommes; et par une pensée digne de son amour, il a voulu que ce corps et ce sang qu'il a pris d'entre nous, et qu'il a répandu pour nous, fût l'hostie de louange, la victime de Dieu, le ciment des peuples, et le centre de notre unité et avec Dieu et avec lui-même, et des uns avec les autres; et à ces fins être avec nous jusqu'à la consommation des siècles. Et comme il est au ciel par l'état de la gloire, il est en la terre par le lien de son amour, et par l'état de ses mystères; et il est au milieu de nous, pour nous tirer au ciel, et pour être l'hostie de notre louange. Et d'autant que la religion contient nos devoirs envers Dieu, et les dons de Dieu envers nous, c'est-à-dire sacrement et sacrifice, il lui a plu que nous eussions tout en lui, et que ce même corps tînt lieu de sacrement et de sacrifice tout ensemble, c'est-à-dire fût le don de Dieu et la grâce suprême que nous recevons de lui, dont il porte le nom d'Eucharistie, et qu'il fût l'hostie de louange, par laquelle nous louons Dieu à jamais, et le présent sacré que nous offrons à Dieu pour reconnaître et adorer son autorité su-

---

(60) *Qui fundasti terram super stabilitatem suam.* (Psal. CIII, 5.)

prême sur ses créatures, comme la chose meilleure, la plus sainte, la plus divine qui soit entre nos mains.

II. Ces points sont discourus ailleurs, sont supposés ici; et ces vérités solides et fondements inébranlables suffisent à attirer notre esprit à la contemplation de ce mystère, auquel nous avons et adorons Jésus-Christ présent, si nous croyons humblement à sa parole, et si nous ne doutons point de sa puissance et divinité. Nous avouons ingénument que nous ne voulons pas être du nombre de ceux qui aiment mieux suivre leurs sens que sa parole, qui aiment mieux douter de sa puissance que de leur bel esprit et capacité, et qui prennent pour règle de foi leur incrédulité; osant bien donner un démenti à Dieu en son mystère et en son Testament, et, par une audace intolérable, dans le paradis de son Église; imitant le serpent qui, au paradis terrestre, a donné un démenti à Dieu sur un fruit prohibé. Et nous n'avons pas assez de présomption pour établir une négative, disant impudemment que *ce n'est pas son corps*, contre son affirmative, et lorsqu'il nous dit lui-même au dernier de ses jours: *Ceci est mon corps*, *lequel*, ajoute-t-il, *sera livré pour vous* (Matth. XXVI, 26): mais nous avons assez d'obéissance et de dépendance de sa voix, pour le croire et le suivre en sa parole.

En l'humilité, en la simplicité, en la sainteté de cette créance, de cette obéissance et de cette adhérence à Jésus-Christ, nous suivons notre pasteur; nous écoutons sa voix comme ses ouailles; nous croyons sa parole plus que nos sens, plus que nous-mêmes, plus que tout le reste du monde ensemble; et le reconnaissant en sa parole, le trouvant en ses mystères, nous l'adorons, nous le louons, nous l'invoquons, et nous le révérons de ce qu'ayant daigné lui-même opérer notre salut en la croix, il daigne nous l'appliquer lui-même en l'Eucharistie. En cet esprit, et en cette foi nous allons en son église pour participer à ses mystères et à l'oblation pure, qui, en tous lieux selon Malachie, et en tous siècles selon Daniel, est offerte à Dieu jusqu'à la consommation du monde.

DISCOURS V.

JÉSUS, DANS L'EUCHARISTIE, CONSIDÉRÉ SOUS TROIS RAPPORTS AVEC LES HOMMES.

Dieu, en qui nous adorons unité et pluralité, se peignant lui-même en ses œuvres, a fait deux mystères d'unité et de pluralité, c'est à savoir l'Incarnation et l'Eucharistie. Jésus-Christ doit être regardé en l'Eucharistie en trois manières: comme notre Dieu présent au milieu de nous, et auquel nous rendons nos devoirs; comme le pain de la vie éternelle, et comme le sacrifice et l'hostie que nous offrons à la majesté de Dieu. L'hérésie ennemie de Dieu, comme Satan dont elle est engeance, essaye d'abolir ce mystère en tous ces trois points. Louanges et effets du saint Sacrement.

Le Dieu que nous adorons est signalé en soi-même, en unité et en pluralité; unité d'essence, pluralité de personnes; unité unissant cette pluralité qui fait distinction sans diversité en Dieu même. Aussi est-il signalé en unité et pluralité en ses ouvrages, et en l'œuvre de ses œuvres, qui est l'Incarnation, où nous adorons unité de personnes en pluralité d'essences.

Le même Fils de Dieu, comme étant le même Dieu que son Père, et ayant opéré ce mystère de l'Incarnation, mystère d'unité et de pluralité, veut faire sur la terre un œuvre singulier, l'œuvre de ses œuvres, l'abrégé de ses merveilles, le mystère de l'Eucharistie. Et comme semblable à soi-même, il le fait en unité et pluralité: joignant trois choses singulières dans un même mystère, sa présence au milieu de la terre, comme roi et souverain de son peuple; son incorporation dans nos cœurs, dans nos corps, dans nos âmes, comme pain céleste, et aliment divin, qui nous transforme en lui; et l'oblation au Père éternel, comme hostie et sacrifice de son Église. Trois points liés en un même mystère, que l'hérésie maudite anéantit par trois erreurs contraires: ôtant la présence de Jésus-Christ son Seigneur souverain, de la terre, par son infidélité; ne nous laissant que du pain et du vin, et une figure creuse et vide pour l'aliment céleste, et un signe pour la chose signifiée; et abolissant le sacrifice perpétuel, pour prévenir les desseins, et préparer la venue de l'Antechrist au monde. L'Église, humble, constante et fidèle, doit persévérer en la créance et au discernement de ces trois points signalés, et tirer l'usage qu'elle doit de la présence de son Dieu en la terre, de la pâture céleste qu'elle reçoit de lui en son cœur et son corps, et de l'offrande qu'elle doit faire de lui au Père éternel.

Les âmes saintes qui ont la mort en désir, et la vie en tolérance, et qui vivent en la terre comme en un exil et bannissement, y sont consolées de ces trois points: de ce qu'elles peuvent croître en l'amour de Dieu, par la divine vertu de la manne céleste; un grand privilège qui ne convient qu'à la terre; de ce qu'elles ont le Fils de Dieu, leur roi et leur sauveur, présent corporellement au milieu d'elles; et de ce qu'il a mis en leurs mains un divin moyen de lui rendre, et à Dieu son Père, un hommage vraiment digne de son infinie majesté. C'est la manne de notre désert; c'est l'agneau du passage de notre exil; c'est le pain de notre voyage et quarantaine jusqu'à la montagne d'Oreb; c'est la victime de notre propitiation; c'est notre hostie de louange; c'est notre sacrifice d'actions de grâces et d'impétration, et le prix par lequel nous obtenons tout du Père.

DISCOURS VI.

DE LA DIFFÉRENCE ENTRE LA SCIENCE ET LA FOI.

Que l'opposition des hérétiques au point de la présence réelle du Fils de Dieu au saint

Sacrement, *est formée par eux comme en matière de science*, *où l'on discerne si ce qui est dit est vrai, et non comme en matière de foi, où on se contente de rechercher s'il est vrai qu'il ait été dit.*

L'état et la condition de la foi, qui n'est autre chose qu'une créance et adhérence de notre esprit, non aux raisons, mais aux témoignages qui nous sont proposés ; et la dignité des mystères de la foi, qui surpassent la portée de nos sens et de notre entendement, et qui nous sont révélés de la part du ciel, nous obligeraient assez à apporter plus de docilité à les recevoir, et plus d'union à tous ceux qui reconnaissent une même autorité de laquelle ils dépendent, et de la part de laquelle ils sont prononcés, que non pas de contention, d'opposition, et de dispute à les examiner. Car entre les diverses sortes de connaissances dont nos esprits sont capables d'être informés, il y a cette différence à observer qu'en la science on doit examiner non qui le dit, mais ce qui est dit; d'autant que cette manière de connaissance est fondée non sur l'autorité, mais sur la raison de celui qui parle ; et au contraire en la foi, soit humaine, soit divine, il nous faut rechercher et examiner non tant ce qui est dit, comme quelle est l'autorité qui le propose ; attendu que les choses de la foi sont de cette nature, qu'elles ne sont pas connaissables d'elles-mêmes, ou de la part de l'esprit qui les conçoit, et n'ont point d'autre principe de leur connaissance dans les esprits des croyants, que l'autorité qui les propose. Tellement que nous n'avons à y reconnaître et y remarquer, sinon le mérite de l'autorité qui parle : car si elle est une fois admise, il n'y a point de doutes à recevoir de la part de nos sens et de notre entendement, il n'y a point de raisons à produire à l'encontre ; mais il faut simplement et humblement céder et pacifier nos esprits, en les captivant en l'obéissance de la foi comme parle saint Paul, et non pas en les contentant en l'intelligence présumée, et au discernement naturel des mystères de la foi.

C'est un aveuglement, et aveuglement très-grand parmi les hommes, de ne pas reconnaître cette vérité fondamentale en la foi, et de ne la pas appliquer à nos différends, vu qu'elle est commune à l'un et à l'autre parti, et à quiconque voudra jamais prétendre de parler et de discourir de la foi. Car c'est le propre de la foi que de croire, et non de discerner ; de céder à l'autorité qui parle, et non de disputer; de captiver sa lumière et son esprit, et non de se donner licence et liberté ; d'ouïr la voix, et non d'y contredire. Tellement que si nous sommes Chrétiens, nous n'avons qu'à ouïr le Fils de Dieu qui parle ; et si nous trouvons qu'il nous ait jamais dit qu'il faut ouïr l'Eglise, ou il la faut ouïr, ou il ne faut point ouïr le Fils de Dieu qui le commande ; ou il se faut confesser et se tenir publicain, ainsi qu'il le dit lui-même, ou il faut dire qu'il ne faut point porter de créance à Jésus-Christ qui l'affirme. Si nous trouvons qu'il ait jamais prononcé de sa bouche que ce qu'il donnait de ses mains était son corps et son sang, il le faut croire, ou il faut confesser que Jésus-Christ n'est pas digne de notre créance en ce sujet, et que nos raisons et nos difficultés méritent plus d'être pesées que sa parole.

DISCOURS VII.

JÉSUS-CHRIST, MONTANT AU CIEL, NOUS LAISSE SON CORPS ET SON ESPRIT, ET TOUS LES DEUX SONT JOINTS EN LA MESSE.

I. *Considération de ces deux donations si grandes et si divines; de la fin et des effets de l'une et de l'autre.* — II. *Ces deux dons différents sont unis à la messe, où nous avons le corps de Jésus, et le Saint-Esprit qui le consacre et le rend présent. Il y a trois affections que nous devons renouveler en la messe : foi, amour et adoration.* — III. *Dignité de la messe, et quels sont les sentiments où nous devons entrer quand nous y allons. Combien les hérétiques sont et impudents et déraisonnables, en s'opposant à la créance de ce sacrifice.*

I. Jésus-Christ a laissé son corps à son Eglise en partant de ce monde, et du ciel il lui envoie son esprit, donnant ainsi par amour ineffable à celle qu'il daigne faire et nommer son épouse, son corps et son esprit pour supplément de son absence durant cet exil mortel, *in quo peregrinamur a Domino*. Ce sont deux donations divines, toutes deux distinctes, et toutes deux importantes, qui procèdent d'un même amour, et d'une égale puissance, et tendent à une même fin, de nous tirer à lui et d'unir nos cœurs, nos corps et nos esprits en lui pour jamais. Il nous donne son corps lorsqu'il est encore au milieu de nous, allant à la croix et à la mort ; et il nous le donne aussi pour remémorer sa mort et sa croix. Il nous envoie son esprit lorsqu'il est au ciel, et séparé de nous et de la terre ; et il le nous envoie pour nous séparer la terre et nous tirer au ciel. Ainsi nous avons dès la terre, et son corps et son esprit : son corps pour aliment de sa grâce, pour médicament de notre âme, et pour semence d'immortalité en nos corps; et nous avons son esprit, esprit de notre esprit, et pour sanctification de notre âme. Donations très-grandes, très-divines, très-différentes et toutefois très-bien conformes et conjointes l'une à l'autre. L'une est du ciel et l'autre de la terre, et toutes deux pour la terre et pour le ciel. L'une est d'un corps, et l'autre d'un esprit ; mais toutes deux pour le corps et pour l'esprit : car le corps du Fils de Dieu nourrit nos âmes, et son esprit habite en nos corps comme en son temple. L'une est d'un corps visible en soi, mais donné invisiblement et efficacement pour exercice de notre foi ; l'autre est d'un esprit invisible en soi, mais donné visiblement et sensiblement pour exercice de notre charité. L'un est d'un corps et l'autre d'un esprit, mais tous deux sont donnés sous le couvert et sous le voile de diverses espèces : le corps sous l'espèce du pain, aussi est-ce un pain vivant et vivifiant que le pain consacré contient et représente; et l'esprit est donné sous l'espèce de feu, car aussi Dieu est un feu consumant.

II. Ces deux dons différents se retrouvent conjoints en la messe ; car c'est son esprit qui consacre son corps, et c'est son corps que nous y avons par la puissance de son esprit, qui transmue, comme dit saint Grégoire de Nysse, ces dons visibles, ce pain proposé, au corps et sang de Jésus, pour l'exercice de notre foi, pour aliment de notre âme, pour objet de notre amour et charité, et pour usage de notre religion, qui opère ce changement admirable du pain commun au pain vivant et vivifiant, et du fruit de la vigne en celui qui se nomme la vraie vigne, et nous unit à soi comme le cep à la vigne. Que notre âme s'élève par-dessus elle même, et, confortée de l'esprit de son Dieu, qu'elle exerce foi, charité, religion : trois points à exercer en la messe. Croyons à Dieu en sa parole. Aimons celui qui se rend si présent à nous. Adorons-le, et en sa croix souffrant pour nous, et en son Eucharistie adorant son Père éternel par ce sien état présent qu'il a réservé, offrant son corps, son sang et ses plaies qu'il présente incessamment au Père éternel pour nous. Offrons son corps comme hostie de louange et victime de salut, et unissons-nous à lui, nos cœurs à son corps précieux, et à son esprit saint; unissons nos actions à ses actions, notre adoration à la sienne, et nos louanges aux louanges qu'il rend au Père éternel, en tout temps et en tous lieux honorés de sa sainte présence.

III. Allons donc à la sainte messe, comme à une action opérée par le Saint-Esprit, exercée par le ministère visible de ceux qu'il a laissés et ordonnés à son Eglise pour dispensateurs de ses mystères; remplie de choses si divines, si substantielles, si solides comme le corps et le sang du Fils de Dieu, le prix du monde et la victime de Dieu.

Le corps de Jésus est la victime du genre humain, et est en la messe en qualité de victime, exposé sur l'autel de Dieu, pour représenter sa mort, et pour appliquer le fruit d'icelle, et sous la forme de victime.

Cette action si sainte est blâmée ridiculement par nos adversaires. Luther dit que c'est le diable qui lui a appris à combattre la messe; mauvais docteur en l'Eglise de Dieu, et dangereux témoin sur une vérité qui combat son royaume. Et Calvin dit que tous les Pères ont reconnu ce sacrifice; confession importante, et qui nous met hors de peine de le prouver, et ses sectateurs hors de pouvoir de le nier, et hors de raison de le suivre. Car qui ne doit plutôt suivre tous les Pères depuis quinze cents ans, et toute la face de l'Eglise (s'il y a eu Eglise de Dieu au monde) que non pas un moine apostat et chanoine débauché, c'est-à-dire un Luther, un Calvin : gens sans pouvoir et sans mérite, sans miracles et sans sainteté au monde, si leurs mœurs infâmes et déréglées, leurs crimes punissables par les lois, ne tiennent lieu de crédit et de miracles en nos jours ?

Laissons-les en leur erreur, suivant le diable selon Luther, ou leur esprit particulier, qui est une autre sorte de démon; mais, quant à nous, suivons l'Eglise et les Pères de l'Eglise, *Quia quod tenuerunt, hoc docuerunt.*

DISCOURS VIII.
DE LA COMMUNION SOUS UNE ESPÈCE, CONTRE LES HÉRÉTIQUES DE CE TEMPS.

Les hérétiques qui ôtent le corps et le sang du Fils de Dieu à l'Eglise, ne doivent pas faire tant de plaintes pour une goutte de vin, qui est tout ce qu'on leur ôte, selon leur nouvelle créance. Jésus-Christ disant : Bibite ex eo omnes, *buvez-en tous, ne parle qu'aux apôtres.*

Il n'y a jamais eu personne à qui il appartienne moins de parler des deux espèces en la communion sacramentale, et qui le puisse faire avec moins d'apparence et de raison que les hérétiques de ce siècle. Et il n'y a point d'article où l'Eglise doive moins redouter la puissance et les efforts de ses adversaires, et où elle ait moins de besoin de force pour sa défense, que celui-ci; auquel toutefois ils provoquent si souvent et avec tant d'ardeur et d'exclamation, comme si c'était le point qui relevât davantage le lustre et la splendeur de leurs assemblées, et comme si le seul reproche qu'ils font aux catholiques du retranchement de la coupe, était leur victoire et leur triomphe, et que cela suffit pour couvrir la face de l'Eglise de honte et de confusion. Car s'ils ont eu assez de front et d'impudence pour ravir le corps et le sang de Jésus-Christ à son Eglise, nonobstant la clarté de ses paroles testamentaires proférées en l'article de sa mort, et rapportées par tant de témoins et de secrétaires fidèles, où il laisse son corps à son épouse; cette même Eglise peut bien prétendre d'avoir assez d'autorité pour leur ôter un peu de vin, selon leur créance; le pouvant faire sans violer tant soit peu la parole expresse, sur laquelle ils se fondent au contraire; beaucoup moins sans être réduite à se jeter aux ombres et aux figures, parmi la clarté et la vérité de la loi évangélique, comme ils font eux au plus haut et au plus solide de ses mystères. Et si en ce même article, et en ce même texte de l'institution sacramentale, ils défèrent si peu à la clarté des paroles proférées par le Sauveur, en l'article de sa mort et au dernier période de sa vie, entre ses plus assurés amis, en ce qui concerne la substance de ce mystère, qu'ils font profession tout ouvert de s'en séparer et de réduire en ce peu de paroles dernières de Notre-Seigneur tout ce qui est épars en tous les volumes des Ecritures saintes et profanes, de duretés, d'impropriétés, d'ombrages et de figures; qui leur permettra en la même ligne où ils ont combattu si fort contre la clarté de la parole, de faire force où bon leur semble, et en un incident de ce mystère, et en l'usage seul d'icelui, sur une petite parole, et parole aussi mal entendue, comme elle est souvent alléguée par eux? Cette instance pourrait avoir quelque grâce aux luthériens, qui présument avoir la vérité du corps et du sang, et à qui il plaît d'entendre ainsi les paroles de Notre-Seigneur. Mais en vous, Messieurs, qui au commencement de la dispute avez secoué fortement la clarté des paroles, comme si vous changiez de personnage, ou si vous parliez à un autre monde, ou comme si vous et nous en eussions perdu la mémoire, que vous insistiez si hardiment contre toute l'Eglise, comme surprise en flagrant délit, pour une parole dont vous pressez la clarté sans l'entendre, qui le pourrait souffrir sans vous obliger, ou de vous accuser de vous-mêmes les premiers, qui violez l'Ecriture au point principal, ou d'avouer la faiblesse de votre procédure, qui vous intéresse plus que vos adversaires? Qui n'aura sujet de vous dire, vous qui en la clarté de la parole de Dieu croyez ce qui vous plaît, et ce qui ne vous plaît pas, vous ne le croyez pas : ne vous croyez-vous pas vous-mêmes et non sa parole? Au contraire, qui n'écoutera facilement l'Eglise dispensatrice des mystères et des paroles de son Seigneur, qui en ce sien testament révère partout et la clarté et l'autorité des paroles qui contiennent la dernière volonté de son Seigneur et de son Epoux, et qui, en ce mystère qu'il a laissé pour gage de son amour, s'attache également et à l'usage et à la substance?

Mais, dites-vous, Jésus-Christ a dit : *Bibite ex eo omnes :* « *Buvez-en tous.* » (*Matth.* XXVI, 27.) Il est vrai, mais à qui l'a-t-il dit? Est-ce à tous généralement, ou seulement à tous les apôtres? Il n'y a point de texte en l'Ecriture, ni de paroles en ce texte qui le réfère à autres qu'aux apôtres, et il n'ajoute rien qui oblige de le rapporter à tous. Lorsque le Seigneur discourait avec ses disciples de la vigilance qui est nécessaire en la voie du ciel, parce que cet avertissement était général, et regardait un chacun aussi bien qu'eux; il ajoute : *Quod vobis dico, omnibus dico, vigilate* (*Marc.* XIII, 37); mais il n'a pas fait le même en cet endroit, où pourtant il était plus nécessaire s'il devait être ainsi entendu, et où il pouvait être moins deviné. Il faut donc que vous confessiez que la clarté de cette parole ne regarde que les apôtres, et pour cette seule action présente, et faut que vous passiez à la nécessité de la conséquence, que vous trouverez aussi peu fondée en l'Ecriture et en la raison. Car ni tout ce qui est dit aux apôtres universellement ne s'adresse à tous, autrement en vain aurait-il ajouté cette particule : *Omnibus dico, vigilate.* Et y ayant des choses dont les unes leur sont réservées, et les autres non, nous n'avons nulle part en l'Ecriture, une règle exprimée pour faire ce discernement, et il est meilleur le prendre de l'Eglise autorisée en l'Ecriture, que de notre sens et de nos raisons particulières qui n'y ont point de fondement, si nous ne voulons leur donner plus de crédit qu'à l'Eglise et qu'à l'Ecriture même qui l'autorise, et ne nous autorise pas (61).

DISCOURS IX.

DE LA PRÉSENCE RÉELLE DU CORPS DE JÉSUS AU SAINT SACREMENT, D'APRÈS CES PAROLES : *Panis quem ego dabo, caro mea est,* CONFÉRÉES AVEC CELLES-CI : *Hoc est corpus meum.*

Que ces deux textes s'expliquent l'un l'autre, et qu'ils ne peuvent être entendus que de la vérité, et non de la figure.

La lumière de ce texte est si claire et évidente, que d'y vouloir adjoindre nos propos pour l'expliquer, ce serait éclairer un soleil avec une chandelle; mais, puisqu'il est obscur à ceux qui ferment les yeux pour n'en pas voir le sens, à ceux auxquels l'Evangile est obscur, selon saint Paul, et à ceux qui trouvent quand il leur plaît toutes les Ecritures si claires et si faciles, que chacun les peut entendre de soi-même, et d'une intelligence infaillible ; et toutefois ce texte le plus clair de toute l'Ecriture leur est obscur et inintelligible : éclairons ce soleil par un autre soleil, et conférons ce texte de saint Jean VI (vers. 54) avec celui de saint Matthieu XXVI (vers. 26) : *Jésus prit le pain et le donna à ses disciples, disant : Ceci est mon corps.* C'est une parole du même maître sur un même sujet, c'est un texte du même Evangile ; en l'un il dit qu'il donnera, voilà la promesse ; en l'autre il dit qu'il donne, voilà la promesse accomplie ; en l'un il dit que ce qu'il donnera est son corps et sa chair, en l'autre il dit que ce qu'il donne est son corps : mêmes paroles sur un même sujet, proférées d'une même bouche en divers temps, et selon divers secrétaires ; ne suffisent-elles point à éclaircir et assurer vos esprits? Si vous voulez l'Ecriture, c'est l'Ecriture que l'on vous allègue; si vous la voulez conférer avec d'autres, voilà la conférence de ces deux textes divinement rapportés. Car de faire comme vos docteurs, et d'alléguer, *c'est la vigne, c'est la pierre, c'est la porte ;* c'est faute de voir, c'est tromper à crédit, c'est chercher des ombres et des figures pour éclairer un soleil ; c'est abus et tromperie de conférer un testament avec des paraboles : voudraient-ils, s'ils ont de quoi, que leurs testaments de la terre fussent ainsi conférés et expliqués avec des paraboles? et ils le font au testament du ciel, car ils prétendent plus de part à la terre qu'au ciel. C'est ignorance et fausseté, car Jésus-Christ est la vigne, la porte et la

---

(61) L'auteur a rapporté quelqu'autre part l'objection que forment les hérétiques sur ces paroles : *Si vous ne mangez ma chair et ne buvez mon sang, vous n'aurez point la vie éternelle,* en saint Jean, VI, (vers. 54), et répondu qu'ils ne sont pas recevables à alléguer ce texte en faveur de la communion sous les deux espèces, puisqu'ils enseignent que ce chapitre ne parle point de la cène, mais seulement de la prédication de la parole de Dieu.

pierre, et non pas la figure de la vigne, de la porte et de la pierre : car il dit qu'il est la vigne, et non pas une vigne, vigne du ciel et non de terre, vigne vivante d'une vie divine, et non pas une vigne de bois ; vigne vraie, et dont celle-ci n'est que l'ombre et la figure, car les choses de la terre ne sont qu'ombres des choses du ciel. Si vous ne réformez la grammaire et le sens commun des hommes, aussi bien que la théologie, vous ne pourrez trouver de figure en ces paroles.

DISCOURS X.

RÉFUTATION PUISSANTE DE L'OBJECTION RIDICULE D'UN MINISTRE : QUE SI LE CORPS DE JÉSUS-CHRIST ÉTAIT AU SAINT SACREMENT, IL POURRAIT ÊTRE MANGÉ PAR LES RATS.

Quel besoin a Jésus-Christ de ton infidélité, pour être préservé des souris ? Saint Pierre, quoique par un esprit différent, le détournait de la croix, *absit a te, Domine, non erit tibi hoc* (*Matth*. XVI, 22) ; et non content de l'en dissuader par parole, il en voulut une fois empêcher à vive force, frappant le serviteur du prêtre au jardin ; mais écoute ce que Jésus-Christ répartit : *Nonne possum rogare Patrem meum, et exhibebit mihi modo plusquam duodecim legiones angelorum ?* (*Matth*. XXVI, 53.) Dieu n'a-t-il point d'autre voie pour s'en défendre que par son absence ? Ne peut-il pas avoir douze légions d'anges à son escorte, pour lui servir de corps de garde ? Et les Pères mêmes qui avaient les yeux plus clairvoyants que toi, n'ont-ils pas dit qu'en ce sacrifice les anges descendaient à troupes pour adorer leur maître (62) ? Mais sache que nul lieu ne peut honorer Jésus, et que sa grandeur ne serait pas telle qu'elle est, si elle dépendait de ces circonstances externes ; que rien hors de lui-même ne le peut relever en dignité, rien de moindre que lui ne le peut abaisser ; qu'il n'y a puissance ni au ciel ni en la terre qui le puisse intéresser quelque part qu'il soit, ni en son être, ni en sa gloire, et que ce corps n'a besoin de rien, que de sa divinité qui lui donne l'hypostase, ne pouvant être mal où il sera avec Dieu, ni ne pouvant être bien en la compagnie même des séraphins, que par la présence et subsistence de cette divinité. Le plus haut des cieux ne le peut élever, et le plus bas de la terre ne le peut abaisser. C'est lui qui donne grandeur et ornement à toutes choses, et n'en peut recevoir que de la divinité qui le supporte, et est son soutien intime et substantiel.

Laisse à celui qui gouverne les hommes et les anges, qui régit le ciel et la terre, se gouverner soi-même, pourvoir à son état et à sa grandeur, prévenir ces inconvénients que tu feins craindre si fort, comme s'il ne pouvait pas ou se retirer s'il veut, ou établir son siége, et appeler ses anges à sa défense où il lui plaira. L'esprit malin au paradis terrestre feignit craindre pour Eve, si elle ne mangeait le fruit défendu : *Cur præcepit vobis Deus, ut non comederetis de omni ligno paradisi ?* etc. (*Gen*. III, 1.) Et plus bas : *Scit enim Deus quod in quacunque die comederetis ex eo, aperientur oculi vestri, et eritis sicut dii, scientes bonum et malum* (*Ibid*., 5), prenant un grand soin de lui représenter son intérêt, jusqu'à l'entreprendre contre l'ordre même de Dieu, et supposant, comme ennemi de Dieu qu'il est, tendant toujours à ruiner sa gloire, que Dieu craignait que sa créature ne fût trop à son aise. Et maintenant il feint en la créature une crainte que Dieu ne soit avili en sa grandeur, comme si le corps de Jésus qui tire sa dignité et divinité, s'il faut ainsi parler, de l'essence divine, pouvait être avili où Dieu est. Mais ces inconvénients que tu allègues ont-ils échappé à la connaissance du Fils de Dieu ? Et s'il les a prévus, est-il hors son pouvoir d'y mettre ordre ? Et convient-il à un homme mortel, de présumer plus de prévoyance et plus de zèle de la gloire de Jésus-Christ, qu'il n'en a lui-même ? Il n'est plus en état de pouvoir pâtir par les choses externes ; il est consommé dans la gloire de Dieu, il est immortel, il est impassible : *Mors illi ultra non dominabitur* (*Rom*. VI, 9), la mort, l'infirmité, la douleur ne peuvent plus approcher de lui. Le sacrement couvre sa gloire, mais il ne l'ôte ni la diminue, et sa charité qui l'expose à nos yeux mortels en cette forme empruntée, ne rabat rien de son immortalité, ni ne lui donne aucune part en notre mortalité. S'il venait encore en la terre hors le sacrement, comme nous lisons qu'il y est venu pour l'apôtre saint Paul, il ne serait plus sujet aux altérations de la terre, et il y est par le sacrement comme s'il y était sans le sacrement, et comme il y a été pendant quarante jours, depuis le jour de sa résurrection jusqu'au moment de son ascension. Il est l'hostie et la viande des peuples fidèles, mais viande et hostie inconsomptibles ; ils l'offrent à Dieu sans s'en dépouiller, et ils le mangent tous les jours sans le changer ; et ce sont eux qui sont changés en lui, et non lui en eux. Loin de nos esprits, ces pensées basses et indignes, qu'il puisse pâtir par les animaux de la terre, ou par aucune chose sensible ; s'il pouvait pâtir, ce serait de l'incrédulité que les hérétiques rendent à sa parole.

Partout où Dieu est, le Fils de la Vierge subsistant en la divinité, comme Fils unique du Père, sera accompagné de sa gloire et de sa grandeur. Trouvez-moi en la terre un lieu où Dieu ne soit point, et là seulement Jésus n'y pourra être, car il ne peut être sans Dieu. Et quoique Judas fût investi de l'esprit malin, Jésus-Christ n'a pas laissé d'entrer en son corps par ce sacrement, non plus qu'il n'a pas refusé de lui donner le baiser au jardin des Olives ; et Jésus-Christ, en sa gloire est descendu aux enfers, et s'est trouvé au milieu des damnés et des diables, sans intérêt de sa majesté ; mais, au contraire, en faisant ressentir sa puissance su-

---

(62) CHRYSOST., *De sacerdotio*.

prême à ses ennemis. Et ce ministre trouve étrange que ce même Jésus, sans obscurcir sa splendeur, puisse être environné d'espèces corruptibles, et parmi les souris et les vers. Mais cet homme qui parle tant de rats et de souris est lui-même une souris qui ronge l'écorce de la parole de Dieu, et ne peut atteindre jusqu'à l'Esprit-Saint qui y repose : et partant demeure toujours dans le mensonge et la mort, comme étant incapable de recevoir le Saint-Esprit, qui est l'Esprit de vérité et de vie. Personne ne peut trouver absurde de manger la chair de son Dieu que celui qui trouve absurde de croire à la parole de Dieu, puisque Dieu en sa parole nous commande expressément de manger sa chair ; ajoutant même une menace effroyable, que si nous refusons de manger sa chair, nous n'aurons point la vie éternelle.

OPUSCULES DIVERS CONTRE LES HÉRÉTIQUES.

I. CONTRE L'ESPRIT PARTICULIER ET INDÉPENDANT DE L'HÉRÉSIE.

Si Jésus-Christ lui-même n'a rien enseigné à l'Eglise que ce qu'il a appris de son Père, et si ses lumières sont dépendantes d'autrui, il est nécessaire que les lumières des Chrétiens soient dépendantes de l'Eglise, et qu'ils se gardent de vouloir conduire leur foi par eux-mêmes.

La dépendance est tellement de l'essence des Chrétiens, des enfants de Dieu et de l'Eglise, que l'auteur même de cette Eglise, qui est Jésus-Christ, prend d'autrui et non de soi-même, son essence, sa vie et sa connaissance, et puise au sein du Père, *in sinu Patris*, ce qu'il nous manifeste et révèle, *Unigenitus qui est in sinu Patris, ipse enarravit nobis*. (Joan. I, 18.) Et tu veux puiser en ton sens, en ton discernement particulier, et non pas au sens d'autrui, de tes pères et pasteurs, et de l'Eglise ta mère, la connaissance des choses de la foi et de ton salut ; car il est à propos de remarquer que, dans l'Ecriture, l'Eglise est appelée le royaume du Fils, et non pas le royaume du Père : c'est l'état de la gloire qui porte cette qualité, en laquelle un chacun portera en soi-même la source de toute lumière, la vision divine, l'essence divine, et trouvera en son sein le sein du Père, pour en tirer la vie, l'aliment et la gloire. Mais l'Eglise en laquelle nous devons puiser d'autrui, et apprendre d'autrui les choses de salut, a pour auteur non le Père, mais le Fils qui procède du Père et qui tire du Père, et qui n'a rien qu'il n'ait reçu du Père, non de soi; afin que ses enfants et disciples en son Eglise adorent cette divine et adorable procession, qui le fait et constitue enfant unique de Dieu en la divinité, et qui est l'exemplaire et l'origine de cet état de Dieu en son Eglise, et ne présument pas, en la conduite de leur foi, ni se fonder sur eux-mêmes, car elle doit être ainsi procédante et dépendante de son Eglise. Quoi ! le Fils unique de Dieu, le chef, l'auteur et le fondement de l'Eglise, tire sa lumière et connaissance d'autrui ! et toi qui n'es qu'un enfant adopté, voire un esclave et serviteur du péché, tu refuses le joug et la discipline et tu veux puiser en toi-même et en ton sens particulier les choses de ton salut, et les secrets de la divinité, que le Fils même apprend d'autrui pour te les apprendre, et puise dans le sein de son Père : *Unigenitus qui est in sinu Patris, ipse enarravit nobis!*

II. A UNE DAME NOUVELLEMENT CONVERTIE, ET INQUIÉTÉE PAR LES MINISTRES, LUI FAISANT DIVERSES DEMANDES SUR PLUSIEURS POINTS DE LA RELIGION.

Pour satisfaire au ministre qui demande des textes de l'Ecriture où il soit parlé de la transsubstantiation, du sacrifice de la messe, etc., il le faut prier de marquer semblablement : 1° un passage qui commande de baptiser les petits enfants ; ce que l'Eglise réformée de ce siècle des anabaptistes en Hollande, trouve ridicule et contraire à la pure parole de Dieu. Cela vous importe, car vous n'avez été baptisée qu'en bas âge, et vous n'êtes point marquée du sceau de Jésus-Christ, si ce baptême n'est pas valable et commandé en l'Ecriture.

2° Un passage qui permette de travailler le samedi contre la loi expresse du Décalogue, loi éternelle, ce dit l'Ecriture, et qui commande de se reposer le dimanche, qui est l'unique fête de l'Eglise, laquelle toutefois ne se trouve point commandée en l'Ecriture.

3° Un passage qui commande de faire le sacrement du corps de Notre-Seigneur Jésus, car là même on lui montrera le sacrifice selon l'usage et intelligence de l'Eglise ancienne et universelle depuis seize cents ans.

4° Un passage qui dise que l'Eglise visible de Dieu sera en ruine et désolation, et sera dressée de nouveau par des gens suscités d'une façon extraordinaire. Car l'Ecriture fait mention de plusieurs hérétiques et faux prophètes qui doivent venir, et nulle part, de ces restaurateurs de l'Eglise de Dieu.

5° Un passage qui dise, que quand Notre-Seigneur disait : *Ceci est mon corps*, il entendait : *Ceci n'est que la figure de mon corps*.

6° Un passage qui dise qu'en la cène, le corps de Jésus n'étant qu'au ciel, le fidèle mange néanmoins le corps de Jésus par la foi.

7° Un passage qui dise que chacun des fidèles a le Saint-Esprit en son cœur, non pour le sanctifier, mais pour le faire discerner et reconnaître un livre canonique d'avec un livre bon et utile, mais non de pareille autorité; car c'est l'article 4 de la confession de foi, contraire à l'expérience des fidèles de votre Eglise, qui apprennent cela de vos ministres en leurs discours, et non du Saint-Esprit en leurs cœurs; et il n'y a aucun texte en l'Ecriture, qui promette aux fidèles ce discernement, et qui commande de s'y fier et assurer.

8° Un passage qui prescrive le canon des livres canoniques, dressé par votre Eglise. Car s'ils le vous font croire par leur article 3 de leur confession de foi, et s'il n'est prescrit en l'Ecriture, ils vous font croire quelque chose sans l'Ecriture, après vous avoir obligé à ne rien croire, ni déférer à aucune autre autorité qu'à celle de l'Ecriture.

9° Qu'ils vous font croire à l'Ecriture, par une autre autorité que celle de l'Ecriture; et toutefois ils vous obligent à ne croire qu'à ce qui est écrit. Ils vous font donc eux-mêmes violer et votre serment, et votre foi, et leur enseignement.

10° A laquelle Eglise de Dieu il se fallait adresser il y a cent ans devant la naissance de Calvin pour se sauver; et entre les Eglises prétendues réformées de ce siècle, à laquelle il se faut adresser.

Car en la même manière que le ministre montrera ces choses être en l'Ecriture, et qu'il satisfera à toutes ces demandes, on lui montrera aussi en l'Ecriture ce qu'il a demandé. Que s'il croit en l'Ecriture ce qui lui plaît, et ce qui ne lui plaît pas, il ne le croit pas; ne croit-il pas plutôt à soi-même qu'à l'Ecriture?

III. Du nom et de l'institution du sacrifice de la messe, et des cérémonies qui s'y observent, contre les hérétiques de ce temps.

Pour satisfaire à l'imagination des adversaires qui s'offensent de ne trouver point le mot de messe en l'Ecriture, et qui ensuite en rejettent également et le nom, et l'institution, et le formulaire, je dis: 1° Que le Sauveur n'a imposé aucun nom à cette action religieuse et sacrée, par laquelle il a institué ce haut et divin mystère, laissant à l'Eglise qui doit former la voix de ses enfants, comme étant leur mère, de leur apprendre les noms qu'elle jugerait convenables à cette institution, comme si ce même Dieu qui vient sauver le monde par sa bonté, après l'avoir créé par sa puissance, voulait observer la même méthode qu'il observa alors. Et comme en la création il voulut, que non lui, mais Adam, imposât les noms aux créatures que cet homme n'avait point formées, et qui n'étaient en être que par sa seule puissance; qu'ainsi son Eglise imposât elle-même les noms aux mystères, que lui et non autre lui enseigne, ou qu'il institue lui-même; et que comme ses mystères n'ont point d'autre origine en l'usage et en la créance des fidèles, que la révélation et institution divine; ainsi ils n'eussent aucune autre dénomination en la bouche et au langage des hommes, que selon l'ordonnance et décision de l'Eglise, qu'il a plu à Dieu douer d'autorité, de sapience et de lumière, pour instruire ses enfants de ses secrets, et pour les exposer et nommer selon leur vraie nature et condition. Or, l'Eglise qui a reçu du Seigneur ce mystère, et n'a reçu de lui aucun nom pour l'exprimer, étant de besoin de lui approprier quelque terme, lui a imposé divers noms, selon l'autorité et la sapience qu'elle a reçues de Dieu; et les a fondés ou ès diverses excellences et perfections qu'elle a reconnues en cette institution; ou ès divers usages et effets auxquels ce mystère a été destiné; ou bien ès circonstances esquelles il a été ou spirituellement institué, ou ordinairement célébré. Ainsi elle l'appelle *sacrement*, en tant qu'elle y trouve le pain du ciel et la vraie viande des hommes; elle l'appelle *sacrifice*, en tant qu'il rend l'hostie du genre humain présente devant Dieu, c'est-à-dire ce corps qui est livré pour nous, ce sang qui est répandu pour nous; elle l'appelle *Eucharistie*, en tant qu'elle y reçoit non-seulement la grâce comme ès autres sacrements, mais l'auteur même de la grâce; elle l'appelle communion, en tant que ce corps et ce sang précieux sont le ciment et la liaison des peuples, non-seulement entre eux-même, mais aussi avec Dieu; et généralement l'Eglise occidentale lui a donné le nom de *messe* (et l'Eglise orientale le nom de *liturgie*) en tant que les domestiques de la foi y étaient séparés des étrangers, c'est-à-dire de ceux qui étaient bien admis à ouïr la parole, mais n'étaient pas estimés dignes de voir ce mystère, lequel était l'aliment principal et ordinaire qui assemblait les fidèles en l'Eglise, pour rendre chaque jour hommage à leur Dieu présent en l'Eucharistie, pour y louer et invoquer son saint nom.

2° Que, comme l'Eglise n'a reçu aucun nom de ce mystère, aussi n'a-t-elle eu, ni du Sauveur en l'Evangile, ni des apôtres en leurs épîtres, aucun ordre et formulaire institué pour la célébration d'icelui. Sur quoi il est à propos de considérer que le Seigneur, s'étant contenté d'instituer les autres sacrements, sans les célébrer lui-même, a voulu réserver cette prérogative à la dignité et prééminence de ce mystère, que de le célébrer et accomplir avec les apôtres avant son départ de ce monde.

3° Que le célébrant lui-même, soit en Emmaüs, soit au cénacle de Jérusalem, il l'a voulu faire en une forme toute particulière, à ce que son autorité et sa puissance étant tout autres que celle de l'Eglise, l'usage aussi et la forme en fût aucunement différente.

4° Que lorsque le Seigneur a célébré lui-même ce mystère, il lui donne plus de poids et de force par sa seule présence visible en l'opération d'icelui, et par son autorité et puissance, à toucher les cœurs comme il lui plaît; que l'Eglise ne peut faire rendre d'hommage et d'honneur au saint Sacrement par aucune observance et constitution extérieure.

5° Que le Fils de Dieu est supérieur aux mystères, et les baille en cette qualité, car il en est l'auteur; au lieu que l'Eglise leur étant inférieure, doit considérer leur nature et condition, pour les traiter selon leur grandeur, et pour les administrer selon leur vraie fin, et ne doit pas attenter de suivre précisément la forme et la procédure du Sauveur, laquelle est souvent élevée et extraordinaire selon sa puissance suprême, affectée aux prérogatives de sa personne, et surpassant du tout l'état, le pouvoir et la condition de l'Eglise.

6° Que comme le Sauveur a baptisé, non en l'eau et en la forme de l'Eglise, mais en feu et au Saint-Esprit; aussi a-t-il dû célébrer ce mystère en une forme toute divine, toute particulière et extraordinaire. Car aussi entrait-il lors en l'exécution d'un office incommunicable à aucune autre créature, et il était en une fonction du tout divine et particulière, imposant fin à la vieille loi, et commençant la nouvelle.

7° Que d'abondant, Jésus-Christ a voulu que cette sainte, sacrée et mystérieuse action fût la dernière de sa vie et de sa liberté; fût comme l'adieu de ses apôtres, et entrée de sa mort; car à l'issue de cette cène, on ne le trouve plus qu'entre les Juifs, les soldats, les larrons et les bourreaux. Donc ayant eu ce soir à faire un abrégé de plusieurs merveilles, à accomplir de très-grandes actions, à donner des institutions très-salutaires, à laisser de très-rares exemples d'une vertu singulière, et à enclore tant de mystérieuses actions dans la circonférence d'une petite heure, *Nondum venit hora mea (Joan.* II, 4), qu'il appelle sienne en saint Jean à cette occasion. Ce mystère se trouve accompagné, en sa première institution, de plusieurs circonstances toutes particulières, qui ne doivent être imitées par après, et qui sont plus affectées au temps et aux autres actions que le Seigneur accomplissait lors, que non pas à l'état de ce mystère, lequel étant seul livré à l'Eglise pour durer jusqu'à la fin du monde, elle a dû en considérer la nature et la condition, et apprendre de là quel était l'ordre et le formulaire qu'elle devait prescrire et ordonner en la continuation et célébration ordinaire d'icelui.

8° Que même nos adversaires imitent aussi peu, voire moins que l'Eglise, les circonstances de cette sainte institution; car le Seigneur l'a faite assis, en un soir et après souper; et eux la font debout, en un matin et à jeun. Il n'y a admis que les apôtres seuls, et non ses disciples: il n'y a reçu que des hommes, et non les femmes, non pas même sa Mère, ni les femmes dévotes qui le suivaient et servaient journellement; et eux y reçoivent, non-seulement les pasteurs de l'Eglise, mais aussi tous les fidèles de l'un et l'autre sexe indifféremment. Il a joint cette institution à l'agneau pascal, et à un lavement de pieds, comme à un préparatif nécessaire; et a fini cette cène par un hymne et cantique, que les ministres tiennent être le cantique ordinaire qui se chantait selon la coutume des Juifs, après la célébration de la pâque; comme si le Fils de Dieu eût voulu non-seulement communier, mais aussi enclore ce mystère dans les formes et cérémonies judaïques; et eux ne pratiquent aucune de ces particularités. Il a pris du pain sans levain, le tenant entre ses mains, il l'a béni, et a rendu grâces à Dieu son Père, et sur ce pain a prononcé ces paroles: *Ceci est mon corps.* (*Matth.* XXVI, 26.) Et les ministres aimant mieux se rendre dissemblables à l'Eglise, que semblables à Jésus-Christ, usent de pain levé, contre la forme de l'Eglise dans laquelle ils vivent, ne bénissent point le pain de la cène, n'y observent point cette action de grâces, et ne croient pas que ce soit le corps du Seigneur contre la clarté de sa parole: bref, ils commencent cette action par une excommunication, au lieu que le Sauveur n'y excommunie personne, et n'en exclut pas même Judas; et ils ôtent le lavement des pieds, qui n'a son origine qu'en Jésus-Christ seul, qui est pratiqué à la fin de la cène commune, et à l'entrée d'icelle sainte cène, comme faisant partie de ce mystère, et comme étant un préparatif nécessaire, qui semble même commandé de lui en termes assez exprès, à ce qu'il apparaisse, comme ils prennent cette licence d'ôter et d'ajouter à cette action de Jésus-Christ, ce que bon leur semble, et comme eux, qui ne sont que particuliers venus à la fin des siècles, quinze cents ans après en un un coin du monde, ils usurpent cette autorité, de juger ce qu'il faut omettre ou ajouter en cette action de Jésus-Christ, après avoir ravi cette puissance à l'Eglise ancienne et universelle.

9. Que laissant ces expositions particulières, et considérant le narré des évangélistes, il appert y avoir, en cette sainte action de Jésus, des circonstances dont les unes doivent être omises et les autres conservées; que ce discernement n'étant point fait dans la parole de Dieu, il ne peut être mieux prescrit que par l'autorité publique, ni mieux appris que de l'Eglise ancienne et universelle; que, selon ce discernement, ce qui nous reste de l'action de Jésus n'est précisément que l'essence du mystère et le commandement de le pratiquer, et non l'ordre et le formulaire qui y doit être observé, comme aussi l'a remarqué saint Augustin en l'épître 118. Tellement que nous avons le mystère de Jésus et de l'Eglise, la forme commune et universelle de le célébrer entre les peuples. Tenons donc inviolablement ce mystère que nos adversaires violent en sa nature et en son essence, et gardons fermement l'ordre et la forme usitée par l'univers, et instituée de ceux que le Sauveur a commis pour dispensateurs de ses mystères, n'imitant plus les esprits contentieux de ce siècle, qui se rendent sacriléges en l'un et rebelles en l'autre.

10. Que l'Eglise ne reconnaît plus de sacrifices sanglants, ni en ce mystère, ni en aucun autre point des institutions chrétiennes, d'autant que l'état du Nouveau Testament est si excellent et si parfait qu'il ne reçoit plus autre victime que Jésus-Christ, lequel étant mort une fois ne meurt plus, et ne s'est offert qu'une fois de cette sorte d'action qui a porté conséquence de mort et d'effusion de son sang hors de son corps et de ses veines. Joint que le sacrifice sanglant de la croix étant l'exemplaire et le sujet préfiguré des sacrifices sanglants que l'on a rendus au vrai Dieu en la loi de nature et de Moïse, comme leur usage a commencé quand et quand le monde, et dès l'origine de la foi en ce Messie qui voulait mourir pour son peuple; aussi était-il raisonnable qu'ils fussent terminés en ce corps et en cette vérité dont ils étaient les ombres, les signes et les figures, et que leur cours et durée ne continuât point plus outre que le temps auquel l'unique oblation sanglante du Fils de Dieu a été accomplie. D'où vient que maintenant toutes ces effusions de sang sont cessées, comme propres à l'état précédent, et préfigurant par ces sacrifices et sacrements le grand et unique sacrifice de rédemption qui est fait en la croix. Tellement que ce n'est pas merveille, si toute la loi était pleine de sang avant le sang répandu de Jésus-Christ, et si ce n'était qu'effusion de sang en la Synagogue, soit à l'entrée d'icelle, qui se faisait par une circoncision sanglante, soit au service solennel qu'elle rendait à Dieu par les sacrifices sanglants de la loi judaïque. Au lieu que maintenant l'Eglise chrétienne est toute pure, toute monde, et toute autre en son service, et n'a plus de sang épandu, ni en son baptême qui lui tient lieu de circoncision, ni en son autel qui a succédé à l'autel judaïque, c'est-à-dire en l'Agneau de Dieu et en la victime qui y est rendue présente. Sur quoi il est à propos de considérer que, comme l'état et la nature particulière des sacrements est changée, les sacrements demeurant en l'une et en l'autre loi, ainsi la condition particulière et la forme du sacrifice est différente, le sacrifice demeurant en sa nature générale commun à l'une et à l'autre loi, comme en toute loi l'obligation est égale d'adorer Dieu et de le servir d'un culte externe de latrie et d'honneur souverain. Mais comme c'était le glaive qui faisait la circoncision, et maintenant c'est la parole de Dieu qui fait le baptême, l'un et l'autre étant vrai sacrement, ainsi c'était le glaive qui faisait le sacrifice de la loi, et maintenant c'est la parole de Dieu qui fait le sacrifice de l'Eglise (l'un et l'autre étant vrai et propre sacrifice), c'est-à-dire cette parole toute-puissante du Verbe : *Ceci est mon corps, ceci est mon sang* (*Matth.* XXVI, 26-28), laquelle étant plus tranchante que le glaive, ferait la séparation du sang d'avec le corps, si la divinité ne l'empêchait par le privilège de l'immortalité, à raison de laquelle cette parole divine a bien puissance de faire que le Fils et l'Agneau de Dieu soit mis et offert en l'autel, mais non qu'il soit occis en icelui, et que son sang soit séparé de son corps et de ses veines. En quoi il semble être proprement et vraiment notre Isaac, que Dieu le Père voulut bien être mis et offert sur l'autel, mais l'empêcha d'y être occis et immolé.

11. Que comme nos adversaires ont une vue assez pénétrante pour voir en cette action de Jésus-Christ un vrai sacrement, bien que ni le Sauveur en l'Evangile, ni les apôtres en leurs épîtres ne lui aient point donné ce nom; et encore qu'ils ne seraient fondés que sur leur sens et discernement particulier, sans autre autorité en la parole écrite, ils ne font pas difficulté de le retenir et conserver en cette qualité avec l'Eglise. Ainsi toute l'antiquité a eu des yeux et de la lumière pour y remarquer et reconnaître d'abondant en ce mystère la nature, la propriété et les conditions d'un vrai sacrifice; et nous n'avons pas moins de raison et fondement de croire et suivre en cet article ces pères anciens et pasteurs vénérables de l'Eglise en sa fleur et en sa pureté, que nos adversaires ont eu de les croire, ou de se croire eux-mêmes en l'autre. Car il est évident que l'Ecriture prédit en termes plus clairs une oblation en l'Eglise chrétienne (63) que non pas un sacrement; que les figures du Messie ne l'obligent pas tant à l'institution d'un sacrement que d'un sacrifice; que l'état de religion qui est une alliance et un traité perpétuel de Dieu avec les hommes par sa grâce, et des hommes avec Dieu par le service et honneur souverain qu'ils lui vouent, ne requiert pas moins de son instituteur des sacrifices que des sacrements, pour symbole externe de cette reconnaissance et assistance réciproque; que la raison pour laquelle les sacrifices ont été institués en la vieille loi, n'a pas moins de lieu en la nouvelle que la cause pour laquelle les sacrements y ont été ordonnés et continués; que la sainte Ecriture nous représente plus clairement l'ordre et l'appareil d'un sacrifice que d'un sacrement, en l'état du Nouveau Testament; que la nature de ce mystère ne reçoit pas moins la condition d'un sacrement que celle d'un sacrifice, et ses circonstances montrent autant l'intention du Sauveur à l'institution de l'un que de l'autre, et ses paroles donnent aussi bien la motion d'un sacrifice que celle d'un sacrement, étant aussi expresses à nous parler d'une victime immolée ou à immoler, que d'une viande à manger; que généralement la nature de ce mystère peut également servir à la fin d'un sacrement et d'un sacrifice, et que, pour toutes ces considérations, cette sainte action de Jésus-Christ ayant été nommée et reconnue sacrifice, de ceux-là même qui nous ont seuls appris et enseigné de l'appeler sacrement, nous sommes liés d'une pareille et peut-être plus grande considéra-

---

(63) *Malach.* I, et *Isa.* XIX, 19, 21.

tion et obligation, de croire et reconnaître en ce mystère l'une et l'autre qualité.

IV. CONTRE L'IMPOSSIBILITÉ DE LA LOI DE DIEU, PRÉTENDUE PAR LES HÉRÉTIQUES DE CE SIÈCLE.

1. Sur la condition de la loi, je considérerai que les ministres nous enseignent qu'il est absolument impossible de l'accomplir, même en l'état de la grâce que Jésus-Christ nous a acquis. Bèze sur la IIe Epître aux Corinthiens : chap. III, vers. 3 : « Il ne nous est moins impossible, dit-il, « de croire que de garder la loi; mais le Saint-Esprit par son efficace nous donne l'un, et jamais ne nous donne l'autre. » Et ce théologien, en la page 63, me représente Jésus-Christ renvoyant ce docteur de la loi à l'observance d'icelle comme à une chose impossible et par espèce de moquerie. Et Calvin en son *Harmonie sur saint Matthieu*, c. XIX, tient le même et prononce clairement l'impossibilité de la loi; comme en son *Institution*, liv. III, chap. 15, nombre 5; il avait remarqué que Jésus-Christ nous a été donné du Père céleste, non pour nous élever et établir en quelque état de justice, mais pour être lui-même notre justice; où il coule le même venin, mais plus industrieusement; et établit la même doctrine de l'impossibilité de la loi, puisque Jésus-Christ n'est point venu pour nous apporter cette grâce, que de la pouvoir accomplir, laquelle nous ne pouvons avoir que de par lui

2. Je remarquerai que l'Ecriture est aussi abondante et efficace à nous exhorter à l'observance de la loi, comme les ministres, par leur créance, sont froids et retenus à nous y induire, et que ses textes sont aussi clairs et exprès à nous affirmer que nous la pouvons accomplir, comme leurs textes sus-allégués à le nier. Car, outre que toutes les exhortations et menaces qui sont en l'Ecriture ne tendent à autre chose qu'à nous porter à l'obéissance de la loi et à nous préserver de sa transgression, comme de chose qui est en notre pouvoir, il y a même des textes particuliers qui disent, en termes exprès, que Dieu nous fera garder sa loi, qui est le contradictoire de ce que Bèze nous a énoncé ci-dessus.

Dans Ezéchiel, au chap. XXXVI, verset 26. *Je vous donnerai*, dit Dieu, *un nouveau cœur et mettrai dedans vous un esprit nouveau; et j'ôterai le cœur de pierre hors de votre chair, et vous donnerai un cœur de chair; et mettrai mon esprit dedans vous, et ferai que vous chemineriez en mes statuts et que vous garderez mes ordonnances et les ferez.*

3. Le chapitre XXX du *Deutéronome* semble porter cette même vérité en tous les versets, et nommément aux versets 6, 7, 11. *L'Eternel ton Dieu circoncira ton cœur, afin que tu aimes l'Eternel ton Dieu de tout ton cœur et de toute ton âme, à ce que tu vives.* Et un peu après : *Ainsi tu retourneras et obéiras à la voix de l'Eternel, et feras tous ses commandements que je te commande aujourd'hui. Et l'Eternel te fera abonder en bien*, etc., *quand tu obéiras à la voix de l'Eternel, gardant ses commandements; car ce commandement ici que je te commande aujourd'hui, n'est point trop haut pour toi, et n'en est point loin*, etc.

4. Dans *Néhémie*, chap. I, vers. 8, nous avons et un nouveau témoignage de cette même vérité, et une confirmation du vrai sens auquel ce texte du *Deutéronome* a été allégué, quand, en vertu de la promesse que Dieu y a faite, il demande que le peuple soit réuni en son pays. *Je te prie*, dit-il à Dieu, *aies souvenance de la parole dont tu baillas charge à Moïse, disant : Vous commettrez forfaiture, et je vous répandrai parmi les peuples; puis vous retournerez à moi, et garderez mes commandements et les ferez.* Et ce qui suit.

5. Et au lieu que Calvin nie le secours de la grâce nous être donné de Dieu pour garder sa loi, le Saint-Esprit l'affirme et le prononce clairement en *Ezéchiel*, XI, vers. 19 et 20. *Je mettrai dedans eux un esprit nouveau, et j'ôterai leur cœur de pierre et leur donnerai un cœur de chair, afin qu'ils cheminent en mes statuts et qu'ils gardent mes ordonnances et qu'ils les fassent.*

6. Et au lieu que les ministres annoncent que les commandements de Dieu sont si pesants et griefs, que nul ne les peut accomplir, et qu'ils sont impossibles, qui est le plus haut degré de pesanteur qui leur puisse être attribué, l'esprit de Dieu en saint Jean nous enseigne au contraire que ses commandements ne sont point griefs. *C'est ici l'amour de Dieu, que nous gardions ses commandements, et ses commandements ne sont point griefs, car tout ce qui est né de Dieu surmonte le monde.* (I Joan. v, 2), etc.

7. Et au lieu que les ministres tiennent que la loi est impossible et que nul ne l'a jamais accomplie, plusieurs nous sont marqués et représentés en l'Ecriture comme gardant la loi. En la première Epître de saint Jean, chap. III : *Quoi que nous demandions, nous le recevons de Dieu; car nous gardons ses commandements, et faisons les choses qui lui sont agréables.* Et au verset 24, il la suppose comme chose possible à tous : *Celui qui garde ses commandements, demeure en lui et lui en icelui.* En saint Luc, chap. I, la même observance de toute la loi est attribuée à Zacharie et Elisabeth, en termes si clairs et si exprès, qu'ils ne peuvent recevoir aucune ombre ni obscurité des gloses de nos adversaires : *Ils étaient*, dit saint Luc, *tous deux justes devant Dieu, cheminant en tous les commandements et justifications du Seigneur, sans reproche.* Et en saint Matthieu, chap. XIX; ce jeune Seigneur à qui Jésus-Christ avait dit : *Si tu veux entrer en la vie éternelle, garde les commandements.* Il lui répondit : *J'ai gardé toutes ces choses dès ma jeunesse, que me défaut-il encore?* Ce qui ne peut être rapporté à menterie, vanité, hypocrisie, jactance et folle confiance en soi-même, ainsi que fait Calvin commentant ce passage, aimant mieux arguer l'Evangile que sa créance, et céder à sa passion contre la piété de ce jeune seigneur, qui, par des effets condamnait sa

doctrine de l'impossibilité de la loi, que de céder à lumière de ce texte. Car Jésus-Christ ne l'argue pas comme Calvin pour cette réponse; mais au contraire saint Marc a voulu exprimer, notamment au chap. x, vers. 2, après cette réponse : *Et Jésus le regardant, l'aima et lui dit : Tu as faute d'une chose, va, vends tout ce que tu as*, ou comme dit saint Luc (XVIII, 22) : *Une chose te reste encore, vends tout ce que tu as, et me suis*; où il a plu à Dieu nous témoigner que son œil regarde volontiers ceux qui gardent ses commandements.

Et par cet amour qu'il a porté à ce jeune seigneur en sa réponse, il a voulu nous assurer qu'elle contenait vérité; car il ne peut aimer le mensonge. Ce qu'il nous confirme aussi, en lui disant conformément à sa réponse, *une chose te reste encore*; où il semble reconnaître et avouer avec lui, qu'il ne manquait point en la loi, puisqu'il le suppose et qu'il lui dit : *Une chose te défaut*; qui était non de commandement mais de conseil, non d'obligation mais de perfection. Où est aussi à remarquer, que le point d'impossibilité de la loi n'était pas un article de foi en l'Église de ce temps-là, comme il est en celle des ministres de notre temps; autrement ce jeune seigneur eût été infidèle, ou ignorant en la foi, puisqu'il croit avoir gardé la loi, ce qu'ils tiennent impossible, ce qui n'est pas croyable, en un personnage si exact dès sa jeunesse à prendre le chemin du ciel, et à obéir aux commandement de Dieu, et qui en tire un si bon fruit que d'être si soigneux de chercher son salut en Jésus-Christ. Et le Sauveur qui l'aimait, ne l'eût laissé en cette erreur, sans l'instruire de ce point de vérité nécessaire à son salut, puisqu'il a bien voulu leur démontrer un point de perfection et non d'obligation, pour entrer en la vie éternelle.

8. Or, quand ces textes ne seraient si clairs et si exprès, la seule qualité de législateur en Jésus-Christ, conjointe avec celle de Père, devrait suffire à nous persuader qu'il ne commande point à ses enfants chose impossible, et qu'il ne les punit point d'une peine éternelle pour la transgression d'une loi qui ne peut être accomplie, et que sa qualité de médiateur a bien été assez puissante et efficace envers Dieu, et ses mérites assez grands et agréables à Dieu son Père, pour obtenir de lui et acquérir au prix de son sang, à ceux qu'il adopte pour ses enfants, qu'il doue de son esprit et qu'il appelle ses membres, la grâce et la force de pouvoir observer ses saintes ordonnances.

9. Que les Pères en leurs écrits, en leurs sermons et en leurs catéchèses, traitant si souvent le point de la loi, comme fort important à l'instruction du peuple, ne l'ont jamais qualifiée impossible, ains ont détesté cette pensée comme un blasphème, et ont souvent combattu par vives raisons, le prétexte que les pécheurs pourraient prendre à n'être pas exacts à l'observer, sur la difficulté d'icelle, comme chose injurieuse à Jésus-Christ, qui proteste que son joug est doux et son fardeau léger.

V. DISCOURS DE LA JUSTIFICATION.

I. *Du premier et second Adam, et du rapport que nous avons à l'un et à l'autre.* — II. *L'homme perdu par le péché a été sous la loi de nature et sous la loi mosaïque, comme sous deux pédagogues, qui lui ont appris la profondité de son mal et le besoin d'un libérateur. Dieu a ordonné comme un privilège dû à son Fils, que le pécheur tire son salut de la vertu de l'Évangile et de la foi en Jésus-Christ.* — III. *Institution de la religion chrétienne par Jésus-Christ. Dignité de cette religion en ces quatre principales parties, qui sont : la foi aux vérités qu'elle annonce, l'obéissance à la loi qu'elle propose, l'infusion de la grâce par ses sacrements et l'hommage qu'elle rend à Dieu par son sacrifice.* — IV. *La foi est le commencement du salut, mais non l'accomplissement, et il y a encore d'autres conditions nécessaires, comme la pénitence et la charité.* — V. VI. VII. *Les œuvres sont nécessaires avec la foi, pour notre justification; ce qu'il prouve par textes formels de l'Écriture.* — VIII. *Les bonnes œuvres ne donnent pas la grâce, mais la supposent.* — IX. X. *Les bonnes œuvres sont nécessaires pour conserver et accroître la grâce.* — XI. *Saint Pierre, saint Jacques, saint Jean et saint Jude, écrivant sur la fin de leurs jours, ont recommandé la nécessité des œuvres : comme saint Paul, écrivant en la naissance de l'Évangile, a recommandé la nécessité de la foi; et ainsi, joignant les Écritures ensemble, nous y trouvons la nécessité de la foi et des œuvres. Saint Paul ne laisse pas de parler très-expressément de la charité et des œuvres, comme nécessaires à salut.* — XII. *Dieu, qui dispose du royaume des cieux comme chose sienne, ne le veut donner qu'à ceux qui croiront et obéiront à son Fils. Effronterie de Calvin, qui ose condamner l'Église lorsqu'elle nous ordonne les mêmes choses que Jésus-Christ commande, et par ses mêmes paroles.* — XIII. *L'Écriture ne parle pas seulement de la nécessité des bonnes œuvres, mais aussi leur attribue notre justification.* — XIV. *Nécessité des œuvres, par le texte de l'apôtre saint Jacques.* — XV. *Calvin confesse que l'observation de la loi nous justifierait, si tant est qu'elle fût possible, et ne peut nier la justice des œuvres, qu'en faisant les commandements de Dieu impossibles. La possibilité des commandements de Dieu, et la justice des œuvres sont prouvées par les Pères. Les œuvres qui précèdent la foi et la charité, ne nous justifient pas; mais si font bien celles qui les suivent et en procèdent.* — XVI. *Il montre évidemment que, quand saint Paul attribue notre justification à la foi sans les œuvres, il entend parler des œuvres des gentils et des Juifs, lorsqu'ils se présentent à l'Évangile, et non des œuvres qui se font par des hommes déjà justifiés. C'est un déshonneur à*

Jésus-Christ, que ceux qui ont l'honneur d'être ses membres, ne puissent non plus produire de bonnes œuvres, que les pécheurs qui ne sont point encore entrés dans la dignité de cette alliance. — XVII. Saint Paul disant que la loi ne peut justifier, parle de la loi mosaïque et non de la loi chrétienne. Saint Paul disant que la foi justifie sans les œuvres, parle des œuvres qui précèdent la foi et ne procèdent que de la nature. La foi qui justifie, est une foi vive et animée de la charité, qui est la source féconde des œuvres.

I. Pour connaître l'état de notre misère et félicité en sa source, il nous faut considérer que la religion chrétienne nous représente un premier et un second Adam, c'est-à-dire deux hommes premiers en leur espèce, singuliers en leur condition, éminents en la race humaine; en la cause et en l'état desquels est fondée la ruine et la félicité éternelle de tous les hommes; avec cette proportion (selon saint Paul *aux Romains*), que nous ne tirons pas moins de grâce, de force et de vertu, ni n'espérons moins de gloire et de bénédiction par la régénération qui nous fait dépendants de ce second Adam, que nous avons encouru de misère et de péché, et qu'il nous reste encore à craindre de condamnation et de malédiction, par la naissance qui nous fait héritiers de la nature et de la faute du premier Adam. Et comme nous n'avons aucune entrée ni part au monde, que par cette descente et extraction de notre être, en laquelle nous sommes enfants de ce vieil homme; aussi Dieu a-t-il voulu nous imposer à tous cette nécessité absolue, (selon saint Pierre aux *Actes*), que nous n'eussions aucun moyen d'avoir part au salut, que par cet Homme nouveau qu'il a fait sur la terre; qu'il a doué de son esprit, qu'il a rempli de sa divinité, et duquel il nous est dit par cet apôtre, qu'il n'y a point d'autre nom sous le ciel qui soit donné aux hommes, par lequel il nous faille être sauvés.

II. Que le genre humain, perdu en Adam, a été mis premièrement sous la conduite de la loi naturelle, depuis le commencement du monde jusqu'à Moïse, et après sous la discipline de la loi écrite, depuis Moïse jusqu'au Messie, et depuis le Messie jusqu'à la fin du monde, sous l'état de la foi et religion chrétienne. Ces deux états précédents ayant été comme deux écoles différentes où Dieu a voulu instituer l'homme, et l'avancer à la connaissance de soi-même et du Messie; en ce que ne trouvant rien dans les ressorts de la nature, ni dans les institutions mosaïques, qui le pût relever et qui eût de soi la grâce, la force et la vertu de le retirer du péché et de le rétablir en justice, il connut mieux la profondeur de son mal et de sa chute, et fût mieux préparé à chercher son salut et sa délivrance au Messie; lequel en ce troisième et dernier état vient appliquer lui-même le médicament à ces plaies, qui étaient bien découvertes et manifestées, mais non pourtant guéries ès deux états précédents, où l'homme recevait bien quelque connaissance par la loi, mais non aucune délivrance par grâce de la servitude du péché; car Dieu a bien donné sa loi par Moïse, mais non sa grâce que par Jésus-Christ, selon ce texte exprès en saint Jean I, verset 17: *La loi a été donnée par Moïse, la grâce et vérité est faite et advenue par Jésus-Christ*. Ainsi Dieu a voulu faire grâce au monde par Jésus-Christ et non par Moïse; et ordonner (comme un privilège dû à son Fils) que le pécheur tire le salut et la grâce qui lui est nécessaire, non des forces intérieures de la nature, ni de l'état extérieur de la loi de Moïse, mais de la vertu de l'Évangile, et de l'état seul de la foi et religion instituée par Jésus-Christ.

III. Que, dans ce troisième et dernier état qui a le Fils de Dieu pour auteur et fondement, pour étendue, toute la terre, et pour durée, la fin du monde; il est évident par le discours des lettres saintes, que Jésus-Christ a institué une école très-accomplie, qui propose à l'entendement de l'homme ce qu'il doit croire, et à sa volonté ce qu'il doit faire pour être sauvé; et a d'abondant établi une étroite et nouvelle alliance entre Dieu et l'homme, et l'homme rend à son Dieu un hommage très-parfait, par culte intérieur et extérieur de la religion qu'il a fondée; et Dieu donne réciproquement à l'homme une grâce assistante, qui est très-particulière en l'usage des sacrements qu'il a institués. Tellement que cet état comprend dans son étendue, et la foi en la vérité que Jésus-Christ annonce, et l'obéissance à la loi qu'il ordonne, et l'infusion de sa grâce en l'usage des sacrements qu'il nous laisse; et la reconnaissance et hommage dus à sa Divinité, que nous lui rendons en la pratique du culte et du service qu'il veut être observé. Et toutes ces choses font partie de l'Évangile, sont conjointement nécessaires à l'homme, sont instituées de Jésus-Christ, qui n'ordonne rien d'inutile et de superflu. Et toutes ces institutions sont divines et salutaires, sont élevées par-dessus la condition et imbécillité des institutions mosaïques, sont douées de force et de vertu pour justifier nos âmes, c'est-à-dire pour nous donner, ou entrée, ou accroissement et confirmation en grâce et en justice; car tout ce qui est institué de Jésus-Christ conduit l'homme à justice et à salut. Il est la voie (dit-il en saint Jean), et tout ce qui part de lui, nous conduit à lui; il est la vie et tout ce qui procède de lui, nous vivifie. Et comme il est la source et la plénitude de grâce et de divinité, aussi sa grâce est répandue, et le salut est communiqué en toutes les parties de l'Évangile qu'il a publiées et instituées lui-même.

Que toute notre justice à salut étant en Jésus-Christ comme en la source de toutes les bénédictions célestes qui sont connues au genre humain, tout ce qui nous lie à Jésus-Christ nous allie quant et quant à notre justice, et tout ce qui nous conduit à Jésus-Christ nous conduit à notre salut. Or, il a plusieurs qualités et offices qu'il emploie tous à l'œuvre de notre sanctification, par le moyen desquels il opère en nous et nous attire à lui ; et il y a un juste rapport entre les offices et les fonctions de Jésus-Christ envers nous, et les mouvements et correspondances de notre âme envers Jésus-Christ.

IV. Nous disons donc que c'est le seul état de la foi et de l'Evangile qui nous affranchit de la captivité de Satan, nous purifie des immondices du péché, et nous rétablit en justice ; et non pas une de ses institutions seulement, mais et sa doctrine, et sa loi, et ses sacrements, et généralement tout ce qui est de lui, tout ce qui tend à lui ; que la foi est l'entrée au royaume de Dieu, est la première des grâces que le Sauveur nous a acquises en son sang, est le fondement de tous les dons de son Saint-Esprit, est l'origine et la source de tous les bons mouvements de notre âme, et est la première, mais non pas l'unique condition qui soit requise au salut. Que la foi est tellement nécessaire, que rien ne peut justifier sans la foi ; et aussi tellement puissante, que tout ce qui est de la foi, et tout ce qui est fait en grâce et en foi nous rend plus justes et agréables devant Dieu. Mais aussi nous disons que l'homme ayant reçu de Dieu en la création deux facultés naturelles, l'entendement et la volonté, qu'il a polluées et contaminées par le péché, et qui doivent être purifiées, renouvelées et conservées à la divinité par la grâce ; l'acte et l'habitude intérieure de la foi dispose bien l'une de ces puissances envers Dieu, et délivre l'entendement des ténèbres et ignorances du péché, le réduit en la l'obéissance de la foi, lui montre par sa lumière d'où il doit attendre sa justice et son salut, et adresse l'homme par sa conduite, et donne entrée, par son énergie et puissance (si ce n'est qu'il diminue et anéantisse ces effets en soi-même) à toutes les dispositions divines qui doivent accomplir sa sanctification, et le renouvellement entier de son état ; mais qu'il ne suffit pas à justifier pleinement l'âme, s'il n'est accompagné des autres dons de Dieu, auxquels il donne entrée et ouverture, et s'il n'est suivi des autres mouvements intérieurs et surnaturels à la volonté, qui la séparent et désunissent du péché, comme la pénitence, et la réunissent et conjoignent à Dieu comme la charité, n'étant pas même assez à l'homme pour être sauvé, de recevoir une fois la grâce, s'il ne la conserve jusqu'à la fin, selon cet oracle de l'Evangile : *Qui persévérera jusqu'à la fin, sera sauvé.*

V. Que la même Ecriture et doctrine de salut qui recommande la foi recommande aussi les œuvres et les autres mouvements et dons de Dieu que nous avons proposés ci-dessus. Et que les apôtres dans les patentes de leur mission contenues en saint Matthieu, XXVIII, ont charge expresse de ne pas instruire seulement les peuples en la foi, mais aussi en l'usage des bonnes œuvres et en l'observance des commandements de Jésus-Christ : *Allez,* dit Notre-Seigneur, *et endoctrinez toutes gens, les baptisant au nom du Père, du Fils et du Saint-Esprit, et les enseignant de garder tout ce que je vous ai commandé.* Matth xxviii, 19, 20.) Et qu'aussi les apôtres ont annoncé aux peuples et la pénitence, et la foi, et le baptême, et les œuvres, et la charité, comme choses concernantes au salut de ceux qui recevaient l'Evangile, comme il appert en la prédication des deux premiers apôtres, saint Pierre et saint Paul, marquée, l'une au IIe, et l'autre au XXe chapitre des *Actes,* où saint Pierre, outre la foi des Juifs, qui avaient cru à sa parole, et qui lui demandaient le chemin du salut, ajoute : *Amendez-vous,* ou bien, selon la meilleure version : *Faites pénitence* (en quoi les œuvres sont comprises), *et qu'un chacun de vous soit baptisé au nom de Jésus-Christ en rémission des péchés* (Act. II, 38) ; et en témoignage que ces deux points étaient importants à leur salut, il appose comme un fruit de leur amendement et baptême : *Et vous recevrez le don du Saint-Esprit.* Ce qui a un juste rapport à la prédication de saint Jean-Baptiste, le précurseur de l'Evangile et la voix de Dieu au désert, en saint Luc, III, où il demande du peuple des fruits convenables à la repentance, et les œuvres de justice et de charité envers le prochain, comme choses d'importance à leur salut ; et aux *Actes,* III, le même apôtre saint Pierre, prêchant aux Juifs, leur dit pour conclusion : *Amendez-vous donc, et vous convertissez, afin que vos péchés soient effacés* (vers. 19) ; et au verset 26 il marque comme un des effets de la venue de Jésus-Christ, une des parties de la justice des œuvres, qui est d'abandonner le mal : *C'est pour vous premièrement que Dieu ayant suscité son Fils, l'a envoyé pour vous bénir, en retirant un chacun de vous de vos mauvaisetés,* ou, comme dit la glose, *afin que vous vous retiriez de vos mauvaisetés par le don de repentance et renouvellement du Saint-Esprit* ; et en sa seconde Epître, chapitre premier (vers. 5), il recommande l'autre partie de la justice des œuvres, qui consiste ès vertus et en l'accomplissement des bonnes œuvres, disant aux fidèles : *Vous donc apportant toute diligence, ajoutez vertus par-dessus avec votre foi, et avec vertu, science, et avec science, attrempence, patience, piété, amour fraternel, charité* ; et concluant au verset 10 : *Pourtant, frères, étudiez-vous plutôt à affermir votre vocation et élection,* ou comme remarque la glose, *à rendre ferme par bonnes œuvres votre vocation ; car en ce faisant vous ne chopperez jamais,* car par ce moyen (c'est-à-dire par ces œuvres et actions de vertu) *l'entrée au royaume éternel de notre Sauveur Jésus-Christ vous sera abondamment fournie ;* où il est à propos de remarquer le soin de cet apôtre à recommander les œuvres tant en ses prédications comme en ses écrits.

VI. Que semblablement l'apôtre saint Paul aux *Actes,* XX, rapporte ses instructions, non seulement à la foi, mais aussi à la pénitence (en laquelle les œuvres sont contenues), comme à deux chefs généraux de tous les discours publics et particuliers pour le salut du peuple : *Je n'ai rien retenu à vous dire des choses qui vous étaient utiles. Testifiant, tant aux Juifs qu'aux Grecs, la repentance qui est envers Dieu et la foi en Jésus-Christ Notre-Seigneur* (Act. xx, 20, 21) ; et *aux Hébreux*, c. vi, spécifiant certains points du catéchisme et instruction chrétienne qu'il donnait aux fidèles, il commence par la repentance des œuvres mortes de la foi en Dieu, de la doctrine du baptême, de l'imposition des mains, etc.; et au chapitre ii de son *Epître à Tite*, faisant un sommaire et abrégé de toute l'institution chrétienne, il y comprend distinctement toutes les deux parties de la justice des œuvres, laquelle il marque être une des fins et intentions de l'oblation de Jésus-Christ : *Lequel*, dit-il, *s'est donné soi-même pour nous, afin qu'il nous rachetât de toute iniquité et nous purifiât pour lui être un peuple particulier adonné à bonnes œuvres* (vers. 14); et au verset précédent, il dit : *La grâce de Dieu salutaire à tous est apparue, nous enseignant qu'en renonçant à impiété et aux mondaines convoitises, nous vivions en ce présent siècle, sobrement, justement et religieusement*, où en trois mots il comprend substantiellement toute l'étendue et exercices des bonnes œuvres, et au regard de nous-mêmes par la tempérance, et au regard du prochain par la justice, et au regard de Dieu par la religion; et au chapitre iii, après avoir représenté la miséricorde de Dieu à nous justifier gratuitement et à nous donner abondamment son Saint-Esprit, il ajoute, au vers. 8 : *Cette parole est certaine, et je veux que tu affermes ces choses, afin que ceux qui ont cru à Dieu aient soin de s'appliquer principalement à bonnes œuvres*. Même il n'y a presque aucune épître de ce saint apôtre dans laquelle il n'y ait quelque recommandation et instance bien particulière sur les bonnes œuvres : *aux Romains*, xiii, en la Iʳᵉ *aux Corinthiens*, c. vi, *aux Galates*, c. v, *aux Éphésiens*, iv et v, *aux Philippiens*, c. iv, *aux Colossiens*, c. i, verset 10 et 22, où même il déclare qu'une des fins de la rédemption et réconciliation de nos âmes par la mort de Jésus-Christ est de *nous rendre saints, sans tache et irréprochables devant sa face* : ce qui est conforme à ce verset 10 du chapitre ii *aux Éphésiens*, où après avoir représenté la première justification par la foi et la grâce sans les œuvres, il adjoint la seconde justification par les œuvres, disant : *Nous sommes l'ouvrage d'icelui, étant créés en Jésus-Christ à bonnes œuvres, que Dieu a préparées afin que nous cheminions en icelles*. A quoi tend aussi cette exhortation fréquente qu'il fait *aux Éphésiens*, c. iv, et ailleurs, de dépouiller le vieil homme et revêtir le nouveau créé selon Dieu en justice et vraie sainteté, où encore toutes les deux parties de la justice des œuvres est sommairement et efficacement représentée, qui consiste à fuir le mal et faire le bien.

VII. Je crois que ces textes suffisent à nous faire voir que ces trois grandes lumières du monde et de l'état évangélique, saint Pierre, saint Paul et saint Jean-Baptiste, font état et estime des bonnes œuvres, comme un des principaux ornements et des points plus importants à la profession chrétienne, employant de si notables parties de leurs sermons et de leurs écrits à la recommandation d'icelles. A quoi j'ajoute une remarque qui doit avoir (ce me semble) grand poids et autorité à la confirmation de cette doctrine; c'est que Jésus-Christ même, après son ascension, en ces lettres qu'il a fait écrire de sa part aux Églises, et qui sont rapportées aux chap. ii et iii de l'*Apocalypse*, n'examine rien tant que les bonnes et mauvaises œuvres, aux versets 2, 3 et 5, s'adressant à l'Église d'Éphèse : *Je connais tes œuvres et ton travail, et ta patience, mais tu as délaissé la première charité ; parquoi aie souvenance d'où tu es déchu et te repens; et fais les premières œuvres, autrement je viendrai bientôt, et ôterai ton chandelier de son lieu, si tu ne te repens*. A l'Église de Smyrne, au verset 9 : *Je connais tes œuvres et ta tribulation, et ta pauvreté*, etc. ; *mais sois fidèle jusqu'à la mort, et je te donnerai la couronne de vie*. A l'Église de Thyatire, vers. 19 : *Je connais tes œuvres et ta charité, et ton service et ta foi, et ta patience et tes œuvres, et que tes dernières œuvres passent les premières*; et aux versets 23, 25 et 26 : *Je rendrai à chacun de vous selon ses œuvres; mais retenez ce que vous avez jusqu'à ce que je vienne ; car à celui qui aura vaincu et gardé mes œuvres jusqu'à la fin, je lui donnerai puissance sur les nations*.

VIII. Or l'Écriture ne recommande pas tant seulement les bonnes œuvres comme un des fruits de l'Évangile, et comme un des principaux effets de la venue du Sauveur au monde; mais elle passe plus outre, et les recommande comme nécessaires à quiconque veut avoir entrée, non en la grâce qui fait les bonnes œuvres et ne les suppose pas, mais au ciel qui suit la grâce, et est la récompense des bonnes œuvres, et à quiconque veut, non pas acquérir de nouveau, mais conserver et accroître la vie de la grâce que nous avons tous gratuitement reçue par l'Évangile; car comme l'huile n'allume pas le feu, et toutefois elle est nécessaire à le conserver en la lampe, ainsi les œuvres n'allument pas la grâce en nos cœurs, mais elles sont nécessaires à la conserver et maintenir en nous; ou, pour mieux dire, comme il arrive en la vie du corps, que quiconque l'a perdue par la mort, ne peut rentrer en possession d'icelle par aucun moyen procédant de sa part, mais si elle lui est rendue miraculeusement (comme à ceux qui ont été ressuscités par Jésus-Christ et les apôtres), il a puissance et obligation de la conserver par la nourriture ordinaire et par les autres exercices nécessaires à l'entretien de la vie humaine, usant à cet effet des facultés naturelles que Dieu lui a restituées en lui restituant la vie. Ainsi en la vie de l'esprit qui consiste en la grâce, quiconque l'a perdue par le péché, il ne la peut obtenir par aucune œuvre procédant de sa part ; mais si elle lui est rendue par une nouvelle miséricorde, il reçoit quant et quant de Dieu la force et le pouvoir de l'entretenir, et a obligation de la conserver, s'il veut avoir part au salut. A quoi il lui est nécessaire de s'adonner à justice, de cheminer en la voie des commandements de Dieu, et de s'exercer en bonnes œuvres. Et cette nécessité est si souvent exprimée en la parole de Dieu, et en termes si forts et si clairs, qu'il vous semblera plus étrange, que des docteurs et des réformateurs de la loi chrétienne aient présumé de persuader au monde le contraire qu'il ne me sera difficile de la prouver.

IX. Et premièrement se peut-il prononcer un arrêt plus exprès et favorable en la cause des bonnes œuvres, et plus redoutable en l'omission des actions de vertu et de charité, que celui que Jésus-Christ prononcera en ce grand jour? Et d'où pouvons-nous mieux apprendre quelles sont les pièces que Dieu requiert pour notre salut et justice, et qui sont si nécessaires, que leur manquement suffit à nous faire perdre l'héritage et la bénédiction du Père céleste à toute éternité, que de la bouche même du juge qui en prononcera la sentence, en ces termes (Matt. xxv, 34, 35) : *Venez, les bénis de mon Père, possédez en héritage le royaume, etc., car j'ai eu faim, et vous m'avez donné à manger; j'ai eu soif, et vous m'avez donné à boire; j'étais étranger, et vous m'avez recueilli.* Et au verset 41 : *Départez-vous de moi, maudits au feu éternel : car j'ai eu faim, et vous ne m'avez point donné à manger; j'ai eu soif, et vous ne m'avez point donné à boire; j'étais étranger, et vous ne m'avez point recueilli* (64); où il est évident que le ciel est rendu aux bonnes œuvres en même qualité que l'enfer aux mauvaises, c'est-à-dire que les unes sont cause de notre entrée au ciel, comme les autres de l'entrée en enfer, et que l'enfer ne contient pas seulement les infidèles, mais aussi ceux qui, n'étant pas destitués de foi, sont destitués de bonnes œuvres, ainsi que le diable et ses anges, auxquels ce feu est préparé, n'ont pas faute de foi, mais de fidélité et de persévérance à louer leur Créateur, et à rendre hommage et obéissance à sa divinité.

X. Que ce même juge et Sauveur du monde nous avertit ailleurs, comme il doit juger les hommes, non-seulement selon la foi, mais aussi selon les œuvres, *aux Rom.* II, 5, et 6, en la *IIe aux Corinth.*, c. v, 10. Et nous déclare en termes exprès que la foi seule sans les œuvres ne suffit pas à salut, lorsqu'il dit en saint Matthieu c. VII, 20 et 21 : *Chacun qui me dit, Seigneur, Seigneur, n'entrera pas au royaume des cieux, mais celui qui fait la volonté de mon Père qui est ès cieux.* Où il montre manifestement l'importance et la nécessité des œuvres en ces paroles : *Celui qui fait la volonté de mon Père;* et l'inutilité de la foi qui est séparée des œuvres, en ces termes : *Chacun qui me dit, Seigneur, Seigneur,* car outre que cette invocation suppose la foi, et ne se peut faire que par le moyen d'icelle, il ajoute au verset suivant : *Plusieurs me diront en cette journée-là, Seigneur, Seigneur, n'avons-nous pas prophétisé en ton nom, et n'avons-nous pas jeté hors les diables en ton nom, et n'avons-nous pas fait plusieurs vertus en ton nom?* Où il appert que Jésus-Christ parle d'une foi, non-seulement commune et ordinaire en tous les fidèles, mais même plus haute, plus puissante et divine, accompagnée des dons et des témoignages de prophétie et de miracles; et toutefois il les réprouve et les bannit du ciel, au verset 23 : *Départez-vous de moi, vous qui faites le métier d'iniquité;* où il les accuse et condamne, non pas faute de foi, mais de bonnes œuvres : *Vous,* dit-il, *qui faites le métier d'iniquité.* Comme au verset 24, poursuivant et concluant cette même matière de la foi et des œuvres, il les conjoint ensemblement, et appuie sur tous deux l'assurance du salut : *Quiconque ouit ces paroles, et les met en effet, sera comparé à l'homme prudent qui a bâti sa maison sur une roche,* etc. Où en termes figurés il nous montre quel est le fondement assuré sur lequel il faut bâtir notre salut, et nous enseigne en paroles différentes, cette même vérité que son apôtre saint Pierre, qui nous exhorte en sa *IIe Epître,* c. I, 10, à *affirmer notre vocation et élection par bonnes œuvres;* comme il se trouve en quelques exemplaires approuvés, même de nos adversaires. A quoi je pourrais ajouter le chapitre v de saint Matthieu, où le Seigneur établit sa loi avec plus grande perfection, mais non en moindre obligation que celle de Moïse, et déclare ouvertement, au verset 20, quelle est la mesure et la nécessité, non de la foi, mais des bonnes œuvres, qu'il requiert de nous en ce temps de grâce et de bénédiction, plus qu'au temps de la loi écrite, pour nous admettre dans son paradis; *car je vous dis que si votre justice ne passe celle des pharisiens, vous n'entrerez nullement au royaume des cieux.*

XI. Je pourrais joindre à ces paroles expresses de Jésus-Christ les épîtres entières de ses apôtres saint Pierre, saint Jacques, saint Jean et saint Jude, que saint Augustin témoigne avoir été écrites par ces organes célèbres du Saint-Esprit sur la fin de leur siècle, à cette intention particulière, de recommander soigneusement les bonnes œuvres, comme, en la naissance de l'Évangile, saint Paul avait travaillé à recommander la foi; et ce pour induire et obliger les peuples à ne pas séparer, en l'œuvre de leur salut, ce que Dieu a conjoint, ce que la même Écriture leur enseigne, et ce qui leur est recommandé par une égale autorité, et aussi pour fermer la bouche à quelques séducteurs qui

---

(64) En cet endroit les œuvres rendent témoignage à la foi. Or si toutes nos œuvres sont péché, comment est-il possible qu'elles confirment la foi et lui rendent témoignage, et que le ciel leur soit donné en récompense?

couraient le monde, et qui, pour couvrir la licence de leurs mœurs et la liberté de leur vie, enseignaient dès lors par quelques versets de l'*Épître aux Romains* et *aux Galates*, ce que les ministres enseignent en notre siècle, *que la foi seule suffisait à salut et à justice*, comme si ce même saint Paul n'avait pas suffisamment manifesté son intention, ni assez déclaré aux Galates (c. v), de quelle foi et de quelle loi il parle en ses *Épîtres*, lorsqu'il conclut ce différend qu'il avait avec les Juifs sur l'état de leur loi, qui l'a fait entrer ès louanges de la foi, où il vient à dire, au verset 6 : *Car en Jésus-Christ, ni circoncision ni prépuce n'a aucune vertu, ainsi la foi ouvrante par charité*; où il comprend et ajoute la charité et les œuvres à la foi. Ce qu'il dit ailleurs et plus clairement : *La circoncision n'est rien, le prépuce n'est rien, mais l'observation des commandements de Dieu.* (*I Cor.* VII, 19.) Et comme si ce vaisseau d'élection n'avait point assez expliqué sa doctrine en ce point de salut, qui, écrivant aux fidèles, leur représente si souvent et si soigneusement la nécessité des bonnes œuvres pour être sauvés : *Ne savez-vous pas*, dit-il aux Corinthiens (*I Cor.* VI, 9) *que les injustes n'hériteront point le royaume de Dieu.* Et comme s'il voulait prévenir en leurs esprits cette secrète persuasion et attente qu'ils pourraient avoir en la foi sans les œuvres : *Ne vous abusez pas*, dit-il, *ni les paillards, ni les adultères*, etc., *n'hériteront point le royaume de Dieu.* Ce qu'il réitère *aux Galates* (c. v), où, après avoir déclaré quelles sont les œuvres de la chair, il ajoute cette clause générale et absolue : *Je vous prédis que ceux qui commettent telles choses, n'hériteront point le royaume de Dieu.* Ce qu'il poursuit encore *aux Éphésiens* (c. v), tant il a cette matière à cœur, et tant il veut que les fidèles reconnaissent l'importance des œuvres : *Vous savez*, leur dit-il, *que nul paillard ni immonde, etc., n'a point d'héritage au royaume de Dieu.* (Vers. 5.) Où il ajoute cette même instance et avertissement : *Que nul ne vous séduise par vains propos, car pour ces choses l'ire de Dieu vient sur les enfants de rébellion.* (Vers. 6.) Comme s'il eût voulu prévenir et ôter cette confiance que la nature cherche, écoute et prend volontiers en la foi seule, pour n'être pas obligée à se séparer de ses convoitises. Et d'abondant n'est-ce pas le même apôtre saint Paul, qui prononce cet oracle contre cette pernicieuse opinion ? *Quand bien j'aurais le don de prophétie, et connaîtrais tous secrets et toute science, et quand j'aurais toute la foi, tellement que je transportasse les montagnes, et que je n'aie point la charité, je ne suis rien.* (*I Cor.* XIII, 2.) Où il emploie un chapitre entier à déclarer la nécessité et l'excellence de la charité, lequel il finit par ce verset (13) : *Or maintenant ces trois choses demeurent, foi, espérance et charité; mais la plus grande d'icelles est charité.*

XII. Tout l'univers est à Dieu comme tant l'ouvrage de ses mains, mais le ciel plus particulièrement, lequel il appelle son trône, son domaine et son royaume. Il peut le réserver à lui seul et à ses anges, ou bien même le donner et départir à tous les hommes, sans en exclure et excepter aucun : nul n'y peut avoir part que par sa grâce et miséricorde, et il peut sans contrainte et contredit en disposer selon son bon plaisir, comme d'un héritage qui lui appartient, c'est-à-dire le donner, ou sans condition, ou à telle condition qu'il voudra. Et comme nous ne pouvons douter de cette puissance et autorité absolue, aussi sa volonté nous est manifestée en sa parole, qui nous enseigne, que Dieu offre et promet le ciel à tous ceux qui le veulent, mais qu'il ne le donne pas à tous, d'autant qu'il y en a plusieurs qui renoncent à cette succession : qu'il le promet non absolument, mais conditionnellement, et à condition, non de la foi seule, mais aussi des œuvres, c'est-à-dire pourvu que nous croyions et obéissions à son Fils, qui nous a acquis, par son sang et par ses souffrances, le droit que nous avons par son moyen à cet héritage céleste. Et ces conditions sont apposées si clairement et si souvent dans les Écritures saintes, qu'il est étrange que des personnes qui font usage de la loi chrétienne aient eu assez de front et d'assurance pour maintenir le contraire. *Si tu veux entrer en la vie, garde les commandements*, dit le Sauveur même à celui qui lui demande le chemin de la vie éternelle. (*Matth.* XIX, 17.) *Si vous m'aimez, gardez mes commandements*, dit Jésus-Christ même à ses apôtres. (*Joan.* XIV, 15.) *Si vous vivez selon la chair, vous mourrez; mais si par l'esprit vous mortifiez les faits du corps, vous vivrez*, dit saint Paul même (*Rom.* VIII, 13), écrivant aux fidèles, et les obligeant, outre la foi qu'ils avaient déjà à cette condition nouvelle et particulière, qui comprend les œuvres, dont il exprime encore la nécessité plus clairement en ces termes (vers. 1) : *Il n'y a donc maintenant nulle condamnation à ceux qui sont en Jésus-Christ*, c'est-à-dire qui ne cheminent point selon la chair, mais selon l'esprit. Et saint Jean en sa *I*[re] *Épître*, est plein de maximes et de paroles qui confirment cette même vérité : *Par cela savons-nous*, dit-il, *que nous avons connu Dieu, à savoir si nous gardons ses commandements. Qui dit : Je l'ai connu, et ne garde point ses commandements, est menteur, et vérité n'est point en lui. N'aimez point le monde; si quelqu'un aime le monde, l'amour du Père n'est point en lui. C'est ici l'amour de Dieu, que nous gardions ses commandements.* (*I Joan.* II, 2-6, 18 ; V, 3.) Et nonobstant ces témoignages si formels et si exprès, Calvin ose bien démentir cette claire vérité, et reprendre l'Église catholique, où elle parle à ses enfants dans le concile de Trente, comme Jésus-Christ a parlé en son Évangile, et où elle leur prononce cette parole expresse du Sauveur : *Si vous voulez entrer en la vie, gardez les commandements.* (*Matth.* XIX, 17.) Sur quoi il appose ce beau dictum : « Malheur, » dit-il, « à leurs catéchumènes, si on leur impose une si dure condition ; car que fait-il autre chose que leur donner par ces paroles une éternelle malédiction (65)? » En quoi il ne pouvait se faire paraître plus grand ennemi des bonnes œuvres et plus contraire à Jésus-Christ même, qui a prononcé cette parole (laquelle il ose bien contredire et démentir par cette sentence) et qui, étant le vrai et unique docteur du salut, a démontré par icelle le chemin non de la mort et malédiction, comme dit Calvin, mais de la vie et bénédiction éternelle.

Or l'hérésie ne pouvait passer plus avant en licence et liberté, que de contredire à Jésus-Christ et blâmer ses institutions lorsqu'il instruit ce jeune seigneur de l'Evangile, de prononcer *malheur* sur les catéchumènes nourris de sa parole, d'enseigner à ses adhérents le contraire de la doctrine du Messie, et leur proposer une voie de salut répugnante à celle que le Sauveur annonce, et de tirer à malédiction ce que le docteur du salut enseigne et appelle le chemin de la vie, et de commettre ces impiétés plutôt que de céder à la clarté de ce texte, et de se laisser vaincre et conduire à la lumière de cette parole qui représente si formellement la nécessité des bonnes œuvres.

XIII. Mais l'Ecriture passe encore plus outre à leur louange et avantage, et leur attribue même le pouvoir de justifier, ainsi qu'elle le donne ailleurs à la foi; car comme en *Genèse*, c. xv, il est dit d'Abraham qu'il a cru à Dieu, et que cela lui a été alloué à justice (qui est le fondement des adversaires) ainsi dans le psaume cv (vers. 30), il est dit que l'acte de Phinées lui a été alloué à justice (66). Ce que généralement l'Ecriture attribue à la loi de Dieu (qui est le champ et le sujet des bonnes œuvres, et qui est appelée justice et justification à cet effet), et à la pénitence et charité, qui sont les deux sources générales de toutes les actions de vertu que nous pratiquons, ou en la fuite et éloignement du mal par la pénitence, ou en la poursuite et accomplissement du bien par la charité. Dans *Ezéchiel*, ch. xviii et xxxiii, nous lisons, *que quand le méchant se détournera de sa méchanceté, et qu'il fera ce qui est juste et droit, il fera revivre son âme* : et au ch. xxxiii, vers. 19, *il vivra par ces choses-là.* Dans saint Jean, le bien-aimé disciple et apôtre du Sauveur : *Mes enfants, que nul ne vous séduise* (I Joan. iii, 17), (comme s'il voulait prévenir et démolir l'erreur que nous détruisons maintenant) ; *Qui fait justice est juste, comme icelui est juste* : où il ne peut mieux déclarer qu'il parle d'une vraie et parfaite justice, qu'en la comparant à celle de Dieu même.

Dans l'Evangile, le Sauveur attribue en saint Luc, vii, la grâce qu'il fait à cette pécheresse, non-seulement à la foi, mais aussi à la charité qu'elle a eue et témoignée envers lui, par les œuvres qu'il rapporte si soigneusement et qu'il estime si chèrement : Ses péchés qui sont grands lui sont pardonnés, *car elle a beaucoup aimé.* Et en saint Luc, c. x, vers. 28, après avoir récité les deux commandements généraux de la loi divine, qui consistent à aimer Dieu et le prochain, il ajoute : *Fais cela, et tu vivras :* référant manifestement la vie à ces œuvres, ci ce n'est que l'on dise avec Calvin, que Jésus-Christ parlait en moqueur, ce qui est impie. Dans les *Actes*, chap. x, vers. 34, saint Pierre prononce cet oracle en la première conversion des gentils : *En vérité, j'aperçois qu'en toute nation celui qui craint Dieu et s'adonne à justice lui est agréable* ; et au chap. xi. vers. 10 : *Les fidèles glorifièrent Dieu, disant : Dieu donc a donné aussi aux gentils repentance (ou pénitence) pour avoir vie.* Dans saint Paul, *Epître aux Romains*, chap. ii, vers. 13 : *Car ceux qui oient la loi ne sont point justes devant Dieu, mais ceux qui mettent en effet la loi seront justifiés.* Où il est évident par le vers. 10 que saint Paul parle de tous ceux qui font bien, soit Juifs, soit gentils, et qu'il parle d'une justification devant Dieu et non devant les hommes; car, outre que ce verset même le porte, ceci est déduit en conséquence des versets précédents, 5, 6, 7, 8, où il s'agit du jugement de Dieu et non de celui des hommes, et des œuvres esquelles Dieu rendra lors la vie éternelle ; et notamment du vers. 11, où il dit : *Car envers Dieu il n'y a point d'égard aux personnes* ; ce qu'il prouve en ce verset 13, parce que la justice devant Dieu ne consiste pas à ouïr et recevoir (comme les Juifs) mais à accomplir la loi, comme ceux qui font bien, soit Juifs, soit gentils.

XIV. Et l'apôtre saint Jacques en son *Epître catholique*, c'est-à-dire adressée à l'Eglise universelle, n'est pas moins soigneux et exact à attribuer la justification aux œuvres, que saint Paul à la foi en ses *Epîtres aux Romains* et *aux Galates*, et semble avoir pris comme à tâche de renverser l'erreur de ceux qui disent que la foi seule nous justifie : *Mettez en effet la parole*, dit-il au ch. i, vers. 22, 25, *et ne l'écoutez pas seulement, en vous décevant vous-même par vains discours. Celui qui aura regardé au dedans de la loi parfaite, qui est de liberté, et aura persévéré n'étant point écouteur oublieux, mais mettant en effet l'œuvre, celui-ci sera bienheureux en ce qu'il aura fait.* Même l'intention de cet apôtre en son chapitre second, tend expressément à la confirmation de cette vérité que nous affirmons maintenant, comme il est évident par la fin de son discours qu'il conclut en ces termes au vers. 24 : *Voyez-vous pas donc que l'homme est justifié par les œuvres, et non seulement par la foi?* Où il est sans doute que cet auteur traite et d'une foi et d'une justification vraie, car il parle de la foi qui était en Abraham, d'où il allègue l'exemple ; et de la foi sur laquelle Moïse a dit qu'Abra-

---

(65 Comme si les catéchumènes devaient plutôt apprendre le chemin de la vie de Calvin que de Jésus-Christ.

(66) Calvin, lib. iii, c. 17, n. 7, 8 et 9, cite ce psaume et n'y peut répondre.

ham a cru à Dieu, et il lui a été alloué à justice, car il allègue même ce texte; et de la foi qui a coopéré aux œuvres de ce saint patriarche, qui était sans doute une vraie et vive foi, et si parfaite, qu'il a été nommé le père des croyants. Semblablement il parle d'une justification vraie devant Dieu, et non devant les hommes; car il parle de celle que la foi opère, mais non pas seule, et en laquelle les œuvres rendent la foi accomplie, c'est-à-dire augmentent la justice encommencée par la foi qui justifie l'âme, non pas en la déclarant, mais en la rendant juste, c'est-à-dire devant Dieu, et non devant les hommes. Et en somme ce saint apôtre pouvait-il choisir des paroles plus claires à exprimer notre doctrine et la canoniser dans son épître, que celles de ce vers. 24. *Voyez-vous pas que l'homme est justifié par les œuvres et non seulement par la foi?* Ou bien pouvait-il mieux nous obliger à la créance de cette vérité, qu'en empruntant les mêmes termes, exemples et citations dont saint Paul a usé lorsqu'il a discouru de la justification par la foi, comme pour nous faire entendre que son intention en ce lieu était de parler de la continuation et accroissement de cette même justice, qui a, selon saint Paul, ses fondements et son origine en la foi? ce que les luthériens qui apportent moins d'argutie, mais plus de franchise et d'ingénuité ès points de controverses que les calvinistes, connaissent et confessent librement; et jugeant que l'autorité de cette Epître n'était pas si manifeste en la foi de l'Eglise, que le sens en était clair, et l'intention de l'auteur évidente en ses circonstances et paroles, ils ont mieux aimé la rejeter comme apocryphe, que de violer et démentir le sens commun en l'intelligence de cette Epître.

XV. Que Calvin même répondant aux textes l'Ecriture, qui honorent les bonnes œuvres et de les commandements de Dieu, du titre de justice, et notamment à celui de Moïse. (*Deut.* VI, 25): *Cette sera notre justice si nous gardons tous ses commandements,* reconnaît que l'homme serait justifié par les œuvres, s'il pouvait accomplir la loi: « Nous confessons, » dit-il en l'*Institution,* l. III, c. 17, « que l'obéissance de la loi est justice, et l'observation d'un chacun commandement est partie de justice, mêmement que nulle des autres parties ne défaillent. Mais nous nions qu'on puisse montrer en tout le monde une telle justice, et à cette cause nous abolissons la justice de la loi, non pas que de soi elle soit insuffisante, mais pour ce qu'à cause de la débilité de notre chair elle ne paraît nulle part. » Et au nombre 13 : « Nous ne nions pas qu'en l'observation entière de sainteté et innocence, il n'y ait pleine justice; mais il n'est pas encore prouvé que nous soyons justifiés par les œuvres, sinon qu'on en produise quelqu'une qui ait accompli la loi. » Et en l'*Harmonie évangélique sur saint Matthieu,* c. XIX, vers. 17 : « Il nous faut bien entendre que Dieu a compris en sa loi la manière de vivre saintement, en quoi consiste justice; car Moïse dit (*Levit.* XVIII, 5) : *Qui fera ces choses vivra en icelles.* Il ne faut pas nier que l'observation de la loi soit justice; par laquelle le vrai et parfait observateur de la loi, s'il s'en pouvait trouver aucun, acquerrait la vie; mais, pour ce que nous sommes tous destitués de la gloire de Dieu, on ne trouvera en la loi que malédiction, et il ne nous reste autre moyen que de recourir au don de justice gratuit. » Or, ayant ailleurs prouvé par l'Ecriture que la loi de Dieu ne nous est point impossible, moyennant sa grâce, et que plusieurs l'ont observée, et notre adversaire accordant maintenant que, ce fondement posé, la justification par les œuvres s'en ensuit infailliblement, concluons de ces deux propositions, dont l'une est de Calvin, et l'autre de l'Ecriture, et disons avec l'apôtre saint Jacques (II, 24) : *Que l'homme est justifié par les œuvres, et non seulement par la foi.*

Et écoutons les oracles des Pères, qui confirment ces deux vérités de l'observation des commandements de Dieu et de la nécessité des œuvres, et condamnent Calvin en ses deux articles, 1,300 ans avant sa naissance. Saint Augustin (serm. 91 *De tempore*) : « Nous détestons le blasphème de ceux qui disent que Dieu a commandé à l'homme chose impossible. » Saint Chrysostome (hom. 8 *De pœnitentia*) : « N'accusez pas le Seigneur, il ne commande point chose impossible; plusieurs même passent les commandements, ce qui ne se pourrait faire s'ils étaient impossibles; or est-il que la virginité n'est pas commandée, et plusieurs la conservent. » Ce qu'il poursuit même sur le commandement, de ne pas convoiter, qui est celui que Calvin tient du tout impossible, et conclut : « Si les commandements de Dieu n'étaient aisés à observer, on ne les pourrait pas surpasser et faire œuvres surabondantes. » (*Regul. brev.*) Saint Basile (*De nat. et gratia,* c. 43) parlant de la dilection des ennemis : « Sans doute Dieu ne l'eût pas commandée, étant juste et parfaitement bon comme il est, s'il n'eût donné à l'homme la grâce et le pouvoir de l'accomplir. » Saint Augustin : « Dieu ne commande point chose impossible, mais en commandant il admoneste de faire ce que nous pouvons, et de lui demander la grâce d'accomplir ce qui surpasse notre puissance. » Et au *Livre de la grâce et du libre arbitre,* chapitre 16 : « Les pélagiens pensent proposer un grand argument, quand ils disent que Dieu ne commande point chose impossible. Et qui est celui qui en doute? mais Dieu commande ce qui surpasse nos forces naturelles, afin que nous sachions de qui il nous faut obtenir cette puissance; car la foi obtient par prières ce que la loi commande. » Et un peu plus bas : « C'est nous sans doute qui obéissons à la loi, mais c'est lui qui fait que nous y obéissons, induisant notre volonté par moyens efficaces; selon ce qu'il dit en *Ezéchie* c. XXXVI, 27: *Je ferai que vous cheminerez en mes statuts, et que vous garderez mes ordonnances, et les ferez.* Et au chapitre 7 : « Quelques-uns ne comprenant pas le vrai sens de l'apôtre, en ce qu'il dit que l'homme est justifié par la foi, sans les œuvres de la loi, ont pensé que la foi était suffisante sans les œuvres : ce qu'à Dieu ne plaise que ce vaisseau d'élection y ait jamais pensé. » Et au *Livre de la nature et de la grâce*, chapitre 69 : « Puisque nous croyons fermement, que Dieu étant juste et bon, il ne peut commander chose impossible, nous sommes avertis de ce que nous devons faire en choses faciles, et de ce que nous lui devons demander en choses difficiles, car tout est rendu facile par la charité, à laquelle le joug de Jésus-Christ est léger. » Saint Jérôme (*In Osee*, c. iv) : « C'est la voix de tous les hérétiques, qui déçoivent par douces paroles et disent que Dieu ne demande de nous que la vérité de la foi, et ne se soucie pas de nos œuvres. » Saint Cyrille (lib. x *in Joan.* xviii) : « Que la foi seule ne suffise pas à salut, même le disciple de Christ nous l'enseigne, qui dit, » etc., où il allègue le verset 19 du ii° chapitre de saint Jacques. Saint Chrysostome (hom. 30 *in Joan.*), sur ce verset : *Qui croit au Fils a la vie éternelle* (Joan. iii, 36), prouve par l'Ecriture, « qu'il faut avoir les œuvres pour être sauvé. » Saint Augustin (lib. xv, *De Trinitate*, c. 18) : que « la foi peut bien être sans la charité, mais ne peut pas être utile sans la charité. » Et au *Livre de la foi et des œuvres*, chap. 14, il traite fort cette matière, et notamment explique le dire de saint Paul aux Romains, des œuvres qui précèdent la foi, sans lesquelles l'homme est justifié, et non pas des œuvres qui sont exercées en l'état de justice. Ce qu'il déduit encore ailleurs plus amplement (tom. iv, l. LXXXIII QQ., 7), expliquant saint Paul par saint Jacques, ainsi que fait l'Eglise, et réitérant la même distinction des œuvres qui précèdent la justification première, sans lesquelles l'homme est justifié par la foi selon le dire de saint Paul, et des œuvres qui suivent cette justification, et procèdent de la foi et de la grâce qui est reçue, lesquelles il tient, selon le dire de saint Jacques, être nécessaires à conserver et accroître l'homme en justice. Et au livre ii *contre Julien* : « La justification en cette vie nous est conférée par ces trois moyens ; premièrement, par le baptême, auquel les péchés sont remis ; secondement, par le combat qui nous reste contre les vices, desquels la coulpe a été effacée ; troisièmement, par la prière quotidienne, en laquelle nous disons et obtenons que nos péchés soient pardonnés comme nous pardonnons à ceux qui nous ont offensés. » Où il est manifeste, comme saint Augustin dit, qu'après la première justification qui se fait par la foi et par le baptême, l'homme est encore justifié (c'est-à-dire croît en grâce et en justice) par la prière et les exercices de vertu qu'il entreprend pour vaincre ces mauvaises habitudes qui lui sont restées de ses offenses passées, effacées par le baptême.

XVI. Que pour entendre pleinement ce qui est discouru en l'*Epître aux Romains* et aux *Galates*, et juger comme il est mal appliqué par les ministres à l'encontre des œuvres faites en foi et en grâce, il faut considérer le temps et le sujet de ces deux épîtres. Car saint Paul écrit aux Romains, en la naissance de l'Evangile, que les apôtres publiaient dedans le monde composé lors de deux sortes de peuples, les uns Juifs et les autres gentils, lesquels étant pleins d'ans et d'actions accomplies, ou dans le judaïsme, ou dans le paganisme, ils se rangeaient à l'Eglise et recevaient la foi du Messie qui leur était annoncée, au lieu que maintenant l'Etat de la religion chrétienne est formé et composé de personnes qui n'ont jamais été sous autre loi différente, qui ont sucé la loi chrétienne avec le lait, qui ont entré dans l'Eglise par le baptême sitôt qu'elles sont entrées au monde par la naissance, et qui sont douées de la foi avant d'être capables d'exercer aucune œuvre. Tellement que la foi est en elles première que l'usage des sens, et que la capacité d'exercer aucune action humaine, et toutes leurs œuvres peuvent être sous la conduite de la foi et de la grâce infuse par le baptême ; au lieu que du temps des apôtres, le corps de l'Eglise se formait et se composait de personnes chargées d'ans et d'actions précédant la foi, qui n'avaient autre source que la nature corrompue et dépravée en elles par le péché.

Or l'intention de saint Paul est de représenter en ses premiers chapitres l'état auquel les hommes se présentaient à l'Evangile, pleins de crimes et d'offenses, languissant au péché sans pouvoir de s'en retirer, esclaves de leurs passions, sans grâce et sans force (en vertu de la loi et de la nature), pour les vaincre et dompter et non l'état auquel l'Evangile établissait les hommes, qui est bien différent du premier, et que saint Paul même désigne ailleurs (67), comme un état de rémission et d'abolition de nos crimes, de renouvellement de notre vie, de grâce, force et vigueur à réfréner nos concupiscences, et à nous exercer en bonnes œuvres ; et en somme de montrer à tous, tant Juifs que gentils, c'est-à-dire à ces deux peuples qui composaient le corps de l'Eglise, l'état auquel ils étaient avant l'Evangile ; comme ils avaient tiré le péché originel dès le ventre de leur mère ; comme ce péché avait par sa contagion dépravé leurs inclinations ; comme ils avaient accru cette corruption par leurs actions vicieuses et volontaires ; et comme l'état auquel ils vivaient et où ils avaient été élevés avant la foi, soit celui de nature pour les gentils, soit celui de la loi pour les Juifs, ne les avait pas retirés du péché, la loi donnant bien connaissance, mais non délivrance de rémission des péchés ; et que partant ils n'avaient pas apporté justice à l'Evangile, ains la tiraient d'icelui, ainsi que leur patriarche Abraham l'avait reçue par la foi, et non par la loi ju-

---

(67) *I Cor.* vi, 11 ; *Ephes.* v. 8 ; *Col.* 1, 21, 12.

daïque; eux n'ayant pu apporter à l'Evangile que le fardeau de leurs iniquités, lesquelles il dénombre au chapitre Ier pour le regard des gentils, et au chapitre III pour le regard des Juifs.

Ce qui ne peut être transféré à l'état de l'Evangile, sans injure à Jésus-Christ, qui en est l'auteur et le fondement; sans préjudice à la foi, qui est la source des œuvres que les justes accomplissent en vertu de la grâce qu'ils ont reçue, sans contradiction à l'Ecriture, qui appelle les bonnes œuvres les fruits du Saint-Esprit, les dons de Dieu et les effets de la venue du Sauveur au monde; et sans erreur en la lecture de saint Paul même, qui a laissé en cette épître des marques assez expresses et visibles, pour nous faire voir que son discours est des œuvres avant la foi, et qu'il parle de ces deux peuples, en tant que Juifs et gentils, c'est-à-dire avant leur entrée en l'Eglise et en la foi, et qu'il conclut au chapitre III, verset 9, qu'il n'y a nulle prééminence au Juif par-dessus le gentil, et que tous étaient en égale indisposition à la grâce de l'Evangile : ce qu'il répète encore au verset 21 où il recueille comme la fin de son discours, que *tous ont péché et sont destitués de la gloire de Dieu*, son intention principale étant de nous faire reconnaître l'état auquel la miséricorde de Dieu nous trouve, quand elle nous donne entrée en la grâce et en la justice, et non l'état auquel il nous laisse et établit, lorsque nous sommes résolus d'être et de vivre comme enfants de Dieu ; car lors nous sommes en un état autant différent du premier, que sa grandeur et sa bonté surpasse notre nature et misère.

Concluons donc de ce discours, que dire à ces peuples qui venaient lors à l'Evangile chargés d'ans et d'actions commises en l'état corrompu de leur nature, qu'ils ont été justifiés, non par les œuvres précédentes, ni par la force de la nature ni de la loi écrite, mais par la foi en Jésus-Christ, c'est le sens du Saint-Esprit, c'est la parole de saint Paul, c'est chose honorable à Jésus-Christ, qui les nettoie de leurs péchés et leur donne l'entrée en sa grâce. Mais dire maintenant à ceux qui ont la foi avant les œuvres, qui sont enfants de Dieu dès leur naissance, que le Fils de Dieu a lavé en son sang et qu'il a établi en grâce, en sainteté et en justice, que lorsqu'ils se laissent conduire au Saint-Esprit et qu'ils opèrent selon la foi et la grâce reçue, leurs œuvres sont inutiles à salut et ne les rendent pas plus justes et agréables devant Dieu, c'est la glose et le sens non du Saint-Esprit, mais des hérétiques ; c'est la parole non de saint Paul, mais des ministres; et c'est chose déshonorable à Jésus-Christ qui nous a fait être ses enfants, qui nous appelle ses membres, qui nous anime de son Esprit et nous donne la grâce, la force et la vigueur de nous exercer en bonnes œuvres : où nous découvrons en nos adversaires un abus manifeste de l'Ecriture, en ce qu'ils transfèrent aux œuvres faites en foi et en grâce ce qu'elle dit des œuvres faites avant la grâce et la foi, et en ce qu'ils appliquent à l'état de justice et aux actions qui en procèdent, ce qu'elle dit de l'état de nature et des actions qui précèdent la justification de l'homme, aimant mieux jeter de la poudre aux yeux des simples par quelques textes mal entendus, que de recevoir la clarté de cette distinction, en laquelle nous conservons l'accord et l'harmonie des divers lieux de l'Ecriture, qui n'est pas moins ample et exacte à honorer les œuvres faites en foi et en grâce, qu'à déprimer les œuvres faites auparavant la foi, et qui n'ont autre source et origine que la nature dépravée et contaminée par le péché, pour ne pas donner moins de pouvoir à la grâce du Messie qu'à la corruption de notre premier père.

XVII. Quant à l'*Epître aux Galates*, elle parle de la loi de Moïse et non pas de la loi de Christ, que saint Paul (*I Cor.* VI) même constitue comme un corps différent de la *loi* judaïque, qui est appelée simplement *loi*. Car il parle de la loi qui est venue quatre cent trente ans après Abraham, et qui a été ordonnée par les anges en la main du médiateur, c'est-à-dire Moïse (selon la glose de Genève), jusqu'à ce que la semence vînt, au regard de laquelle la promesse était faite, c'est-à-dire Jésus-Christ, et sous laquelle les Juifs (selon l'apostille de Genève) étaient gardés et enclos devant que la loi vînt, sous l'attente de la foi qui devait être révélée. Donc elle parle d'une loi qui précédait le temps et la venue du Sauveur en terre, et l'établissement de la loi chrétienne. Et il est évident que l'Apôtre dispute contre l'erreur de ceux qui induisaient et qui enseignaient aux Galates ce qu'il n'avait voulu enseigner en Antioche, selon les *Actes* (c. XV, 5), *que l'on ne pouvait être sauvé si on ne gardait la loi de Moïse*, comme si cette loi faisait partie de la loi chrétienne, ou comme si elle avait la puissance et la force de sauver ceux qui l'observaient ; et que saint Paul enseigne ici aux Galates, le même qui fut résolu au concile des apôtres, et que lui-même dit à ceux d'Antioche en ces termes : *Frères, sachez que par Jésus-Christ vous est annoncée la rémission des péchés, et de tout ce que de quoi vous n'avez pu être justifiés par la loi de Moïse : quiconque croit est justifié par icelui.* (*Act.* XIII, 38.) Or, outre la loi de Moïse, y ayant une loi chrétienne de laquelle saint Paul parle aux Galates (VI), sous laquelle il se dit être soumis, en termes aussi clairs comme il se dit n'être plus sous la loi, n'est-ce pas séduire les simples sous un grand équivoque, d'attribuer à la loi chrétienne la même impuissance et imbécillité que l'Ecriture donne à la loi judaïque, lorsqu'on l'abolissait pour lui substituer la loi de Christ ? Et n'est-ce pas vouloir ensevelir et abolir la loi chrétienne par les mêmes voies que les apôtres ont employées pour ensevelir la loi de Moïse ? Disons donc qu'il y a deux sortes de loi, l'une de Christ, et l'autre de Moïse, et que saint Paul parle de celle-ci, et non de la première, quand il dit en ses épîtres que la loi n'a point eu la force de justifier les peuples; qu'il y a deux sortes de foi, l'une morte (comme dit saint Jacques), et l'autre vive et opérante par charité, *aux Galates* (v), et que saint Paul parle de celle-ci, quand il dit que la foi justifie; qu'il y a deux sortes d'œuvres, les unes procédant de la vie de l'Esprit, qui est la charité, et les autres que saint Paul appelle œuvres mortes (*Hebr.* vi, 1), c'est-à-dire accomplies en l'état de péché, qui est la mort de l'âme, et avant d'être reçu en grâce et en justice, et que l'Ecriture parle de ces œuvres-ci, quand elle dit que *l'homme n'est pas justifié par les œuvres.* (*Galat.* ii, 16.) Et en somme qu'il y a deux sortes de justification, l'une en laquelle l'âme est retirée de l'état du péché et mise de nouveau en grâce et en justice, et l'autre en laquelle l'âme croît et se conserve en cette grâce et justice première, en l'*Apocalypse.* (c. xxii.) Et que saint Paul parle de la première, quand il dit que l'homme est justifié par la foi sans les œuvres; car ce qui précède la grâce et ne procède que de la nature est inutile au salut. Et saint Jacques parle de la seconde, quand il dit que l'homme est justifié non-seulement par la foi, mais aussi par les œuvres: car tout ce qui vient de l'esprit de Dieu et ce qui est fait en foi et en grâce, nous rend plus justes et plus agréables devant cette suprême et divine Majesté.

VI. DE L'AUTORITÉ, INFAILLIBILITÉ ET PERPÉTUITÉ DE L'ÉGLISE.

A un catholique un peu ébranlé en la foi (68).

Il faut être soigneux de s'éclaircir, de rechercher la grâce et la lumière du ciel, et d'apprendre les voies que le Fils de Dieu (qui est la vie, la voie et la vérité) a établies au monde pour nous sauver et pour nous résoudre et éclaircir en nos doutes et difficultés. Car comme sa bonté infinie l'a induit à racheter le monde du péché, sa providence aussi l'a induit à établir dedans le monde une autorité visible et permanente, à laquelle nous puissions tous en tout temps avoir recours pour apprendre les voies du salut. C'est son Eglise qu'il a lavée lui-même de son sang, qu'il a instruite de sa parole, qu'il a douée de sa grâce, qu'il a animée de son esprit, qu'il a fondée et bâtie il y a seize cents ans, pour durer à jamais, sans que les portes de l'enfer puissent jamais avoir aucune puissance sur icelle (*Matth.* xvi, 17-20); Eglise que son apôtre saint Paul appelle à cette occasion colonne et firmament de vérité. (*I Tim.* iii, 15.) Si donc vous avez quelque ébranlement, appuyez vous sur ce firmament, écoutez et consultez les pasteurs et docteurs que Jésus a donnés à son Eglise en tous siècles; car le même apôtre nous assure qu'il les a donnés afin que nous ne soyons pas flottants à tout vent de doctrine. (*Éphes.* iv, 14.)

Ne confiez pas une chose si précieuse comme votre âme, et si importante comme votre foi et salut, à une troupe de gens inconnus qui viennent troubler le monde et l'Eglise en nos jours, comme d'autres avant eux sont venus la troubler en chaque siècle, selon que nous voyons dans l'histoire. Ils empruntent leurs mêmes prétextes, et souvent leurs mêmes erreurs, et ne méritent pas de vous plus de croyance que ceux-là qui les ont devancés, qui ont été hérétiques en leur temps, comme ils le sont au nôtre, et lesquels ils condamnent eux-mêmes comme nous. Ce discours serait trop long pour moi, et vous sera plus utilement représenté par d'autres. Je me contenterai de vous dire que ces gens nouvellement venus sont sans autorité et commission de la part de Jésus, qui est l'auteur du salut. Il a trop aimé le monde (pour lequel il a daigné mourir) pour lui envoyer si tard un si pauvre secours, et pour y ressusciter son Eglise douze cents ans après qu'ils la croient périe et ruinée sur la face de la terre. Il a trop aimé son Eglise pour l'abandonner un si long temps, et puis la relever par des voies si faibles, si éloignées de son esprit, et qui ont si peu de marque de sa grandeur, de sa puissance et autorité.

Il n'était question jadis que de tirer un peuple d'un pays à un autre, d'une terre à une autre, le peuple juif de l'Egypte, et il choisit un Moïse si extraordinairement, qu'il le rend un Dieu sur la terre, comme il dit lui-même, et met en sa main et en sa verge une si grande puissance; et pour conduire les fidèles de la terre au ciel, pour rédimer son peuple de la captivité, non de Pharaon, mais de l'Antechrist, ainsi qu'ils disent en leurs prêches, pour ressusciter au monde l'Eglise de Jésus, périe et dissipée à douze cents ans, contre ses promesses expresses; ces gens sont sans autorité de la part de Jésus, comme si Dieu (lequel ils disent les envoyer pour des effets si grands et si divins) avait oublié à les pourvoir d'une autorité légitime et à leur donner les marques du ciel, qui ont toujours accompagné ceux qui ont été envoyés de sa part. A la vérité ce serait une grande témérité de croire et d'écouter ces nouveaux pasteurs, avec si peu de fondement et de commission en chose si importante, et n'y a aucune affaire temporelle, en laquelle nous voulussions procéder si légèrement et marcher ainsi à crédit.

Que si vous me permettez d'entrer plus avant avec vous en discours de la foi, je vous supplierai de tirer profit de ce dommage et lumière de ces doutes, et de reconnaître et renouveler en votre âme les premières semences de la religion, par sérieuses pensées, par lectures choisies, par communication de personnes capables, qui vous fassent voir: 1° Que celui qui a fait le ciel et la terre que nous voyons, a établi aussi une loi dans la terre que nous devons écouter, une auto-

---

(68) C'était une lettre dont le commencement n'est pas ici inséré, comme n'étant d'aucune importance pour le sujet.

rité que nous devons ouïr, et une religion que nous devons suivre, pour lui rendre l'hommage qui lui est dû comme souverain Seigneur de l'univers. 2° Que, par sa providence, il veut conserver cette religion sienne, tandis qu'il conservera la terre, et qu'il y aura sur la terre des hommes créés pour le ciel, car il a soin de son service; et puisqu'il daigne avoir soin des moucherons de la terre et les pourvoir, il aura soin de tant d'âmes immortelles, et ne leur manquera pas en ce qui concerne leur éternité. 3° Qu'étant Chrétiens, comme nous sommes, nous n'avons qu'à rechercher et reconnaître en l'état de la religion chrétienne l'Eglise de Jésus visible et permanente à jamais, dans laquelle et par laquelle il veut que sa loi soit conservée; que les fidèles soient instruits et baptisés; que son peuple soit légitimement gouverné par les pasteurs établis de sa part, et soient assurément conduits parmi les orages de cette vie au port de la vie éternelle. 4° Que les propositions de ces nouveaux docteurs nous les doivent même rendre suspects : car si l'Eglise visible que Jésus a édifiée lui-même est périe, comme ils disent en leur confession de foi, que devons-nous attendre de la leur, qui n'est pas bâtie de meilleure main que celle de Jésus, qui n'a pas de meilleurs ouvriers que les apôtres, et qui n'a pas de plus grands priviléges que celle du Fils de Dieu?

En vérité, les présuppositions de ces nouveaux pasteurs sont telles, et leurs fondements ou plutôt leurs ruines sont si évidentes et manifestes, qu'il semble qu'il ne faut qu'un peu de soin à les reconnaître de près, pour n'être pas trompé par eux, et qu'il ne faut qu'avoir un bon sens et le bien employer, pour n'être jamais hérétique. Et c'est ce qui me fait espérer que vous ne tomberez point dans leurs pièges, sachant les grâces naturelles que Dieu vous a faites. Je le supplie de les accompagner de sa bénédiction et grâce surnaturelle, et de vous faire peser l'importance d'une éternité, en laquelle vous ne pouvez avoir autre partage que ou du ciel ou de l'enfer; l'importance de la foi, sans laquelle vous ne pouvez être sauvé; l'importance de l'Eglise visible et infaillible à jamais, sans la conduite de laquelle vous ne pouvez avoir la foi. Et je prie Jésus Notre-Seigneur vous disposer à commettre votre créance à cette Eglise, à laquelle il a commis lui-même son sang, son esprit et sa parole, et à laquelle il a donné les clefs de son paradis, afin que nous y puissions être introduits par son ministère.

MEMORIAL DE DIRECTION

POUR LES SUPÉRIEURS.

LETTRE AUX SUPÉRIEURS DE L'ORATOIRE DE JÉSUS,

POUR LEUR ADRESSER LE MÉMORIAL DE QUELQUES POINTS SERVANT A LEUR DIRECTION.

I. Mes Pères, la grâce de Jésus-Christ Notre-Seigneur soit avec vous pour jamais. Un des œuvres de Dieu en nos jours est cette petite congrégation qu'il lui a plu établir en son Eglise, à laquelle il a daigné nous appeler tous, non pour être oiseux, mais pour être ouvriers travaillant à sa vigne; non pour être attachés à nos intérêts, mais pour être attachés à sa croix; non pour être appliqués à choses basses et petites, mais pour être occupés à sa gloire; non pour servir à nos desseins, mais pour servir à ses conseils, et nous rendre instruments de ses œuvres en la terre. A cet effet, il nous convie par ses inspirations, et nous oblige par sa grâce et par sa vocation, à dépouiller le vieil homme, et nous revêtir du nouveau; à nous séparer de nous-mêmes, et nous lier à son Fils unique Jésus-Christ Notre-Seigneur; à vivre en la terre pour lui et non pour nous; et à y vivre aussi, non par notre esprit, mais par l'esprit de Jésus; renonçant incessamment à nos inclinations pour suivre les mouvements et la conduite de son esprit sur nous. Dieu par ses voies veut accomplir et perfectionner son œuvre en nous. Il a commencé, il veut achever: *Qui cœpit opus, ipse perficiet, consummabitque*. Et si nous voulons (hé! qui ne le point vouloir) si nous voulons, nous aurons, dès à présent, le titre et l'effet de cette grande parole d'un grand apôtre: *Nova creatura*. (II *Cor.* v, 17.) Dès à présent, nous avons pour notre esprit, le nouvel esprit de Jésus; et nous entrons par cet esprit divin, en une société divine, intérieure et nouvelle. Société et avec lui-même, et avec son Père éternel, selon le souhait apostolique que le disciple bien-aimé nous imprime au cœur, et nous exprime en ces paroles: *Societas nostra sit cum Patre et Filio Jesu Christo*. (I *Joan.* 1, 3.)

II. Ces paroles sont grandes, mais les effets sont encore plus grands, et la puissance par laquelle ces effets doivent être accomplis en nous, surpasse incomparablement et ces paroles et ces effets. Car c'est la puissance de Dieu même qui opère, et non la nôtre. Et c'est la puissance de Dieu opérante par son Fils propre, et non par aucun autre moindre que lui. Et tous ces effets découlent d'une source si haute et si vive, comme le sacré mystère de l'Incarnation; et ont leur origine en la divinité de l'Homme-Dieu, en l'humanité de

Dieu-Homme, en la sainteté d'une vie humainement divine et divinement humaine, au mérite infini d'un Dieu vivant, opérant et souffrant sur la terre, en l'efficace de sa croix et de sa mort, et en la puissance de sa gloire.

III. Que nous sommes coupables si nous anéantissons, si nous négligeons, si nous diminuons même tant soit peu chose si grande, si puissante et si divine! Pensons-y bien, et pensons-y souvent, mes Pères: car c'est le dessein de Dieu en ce sien œuvre, et ce doit être le nôtre, de nous faire saints par le Saint des saints, et par son esprit nous rendre propres à sanctifier les autres, par notre exemple et par nos labeurs; et c'est à quoi nous devons tous travailler fidèlement et persévéramment, y employant nos soins, nos vœux et nos prières, et en un mot, tout l'usage de l'esprit, de nature et de grâce, qu'il lui a plu nous donner. Un chacun de nous le doit faire, bien que diversement, c'est-à-dire chacun selon sa portée, et selon la part qui lui est donnée en cet œuvre; les uns en priant, les autres en travaillant; les uns en dirigeant prudemment, et les autres recevant humblement la direction; car bien régir et être bien régi est un don singulier de Dieu; et est un don d'un même esprit de Dieu, qui donnant aux uns la prudence et aux autres la docilité, aux uns l'autorité et aux autres l'obéissance, donne souvent une pareille grâce aux âmes et aux conditions différentes, et même quelquefois donne une grâce plus abondante et plus élevée à ceux qui sont régis, que non pas à ceux qui régissent, et ce par un conseil secret qui nous doit tous tenir en humilité et en respect mutuel les uns envers les autres; les uns révérant la grâce cachée en ceux qui leur sont inférieurs, et les autres déférant à l'autorité de Dieu résidante en leurs supérieurs. Et eux tous sont ainsi humblement et divinement liés et subordonnés les uns aux autres, par l'efficace d'un même esprit, qui est toujours lui-même en la diversité des âmes, des dons et des opérations.

IV. Pour satisfaire à notre devoir et à la part qu'il a plu à Dieu de nous donner en son sien œuvre, nous désirerions souvent visiter en personne les âmes et les maisons qu'il lui a plu consacrer à Jésus-Christ Notre-Seigneur, et à la Vierge des vierges sa très-sainte Mère, en la congrégation. Mais il semble que celui qui nous impose ce devoir, et nous donne ce désir, y met lui-même empêchement d'ailleurs. Ce qui nous a obligé à rechercher quelque autre voie pour satisfaire à mon devoir, et à recourir au papier, pour vous parler par icelui, puisque je ne puis vous voir et vous parler si souvent que je le voudrais. C'est pourquoi j'ai employé quelques heures à dresser un mémorial de quelques points servant à la direction de ceux qui doivent avoir soin des maisons, pour suppléer par ce moyen à mon défaut, et parler à vos esprits en icelui, lorsque je ne puis y parler moi-même. Je vous l'envoie, et vous prie le considérer et l'observer exactement.

V. Et d'autant que je me vois inopinément engagé au voyage d'Angleterre pour quelques mois, et ce par un exprès commandement de Sa Majesté, que je n'ai pas pu ni dû selon Dieu refuser. J'ai prié le P. Gibieuf (69) de satisfaire à tout en mon absence, soit par sa prudence, soit par les avis qu'il trouvera bon recevoir de moi, afin qu'il n'y ait aucun manquement à rien pour cet accident qui me sépare pour un temps de la France. Je vous prie vous adresser en lui en mon absence, et suivre ses réponses et avis comme si c'était moi-même. Car outre la lumière et la grâce qu'il a plu à Dieu lui donner, je sais qu'il a une humilité si profonde, une obéissance si parfaite, et une dépendance si grande de nous, qu'ès choses plus importantes il nous en communiquera par les voies particulières que je lui ai déclarées; ce que chacun de vous ne peut pas faire en un pays où les accès et habitudes sont très-difficiles. Me séparant de corps ne me sépare point d'esprit, et je conserve un soin perpétuel de l'œuvre, et des âmes qu'il a plu à Dieu me commettre, et un désir de retourner bientôt par deçà pour y servir Jésus-Christ Notre-Seigneur, et sa très-sainte Mère en la manière et en la perfection qu'ils daignent désirer de nous. Je suis en eux, mes Pères, etc.

(69) La congrégation de l'Oratoire s'étant reposée sur les soins du défunt R. P. Gibieuf pour la première impression de ces œuvres, il en retrancha par modestie cet article, où il est parlé si dignement et si véritablement de lui, qu'il a été bien juste de le rétablir dans celle-ci.

MÉMORIAL

DE QUELQUES POINTS SERVANT A LA DIRECTION DES SUPÉRIEURS

EN LA CONGRÉGATION DE L'ORATOIRE DE JÉSUS.

CHAPITRE PREMIER.

Régir une âme, c'est régir un monde. Regard et conduite de Dieu sur l'âme. Une âme seule pèse plus devant Dieu que tout le monde.

Régir une âme, c'est régir un monde et un monde qui a plus de secrets et de diversités, plus de perfections et raretés que le monde que nous voyons, et un plus excellent rapport au monde archétype, c'est-à-dire à celui qui est le créateur et l'idée de tout ce qui subsiste hors la divine essence:

aussi Dieu regardant ses œuvres, y regarde l'âme d'un œil bien différent. Et nous devons honorer, suivre et imiter un regard si saint, si pur et si divin, regardant les œuvres de Dieu comme il les regarde lui-même, et adorant ce regard, qui en Dieu est Dieu même ; mais Dieu discernant, jugeant et préférant les divers ouvrages d'une même puissance. Dieu donc regardant soi-même et ses œuvres, et vivant en ce regard éternel et invariable, regarde l'âme entre toutes les œuvres que nos yeux aperçoivent comme une image plus vive et plus parfaite de soi-même, comme un objet plus digne de son amour et de sa sapience, comme un sujet plus propre à exercer sa puissance et sa grandeur, et comme un sujet auquel il est beaucoup plus intéressé que non pas au monde, qui pèse moins devant Dieu que ne fait pas une seule âme, tant sa dignité, son état et son importance est grande : mais ce qui la concerne est caché à nos yeux, et nous est invisible comme sa propre essence. La raison nous découvre cette vérité, la foi la confirme, et la conduite de Dieu envers nous la manifeste et publie. Car Dieu n'a pas fait ce monde pour le monde, mais pour les âmes qui sont en icelui, et sur lesquelles il emploie son soin et sa providence. Et lui-même vient au monde pour un nouveau mystère, y fait et souffre tant de choses pour avoir l'âme à soi et la sauver, que cela ravit les anges, étonne les démons, et nous oblige tous à estimer par nos pensées ce qu'il témoigne estimer si hautement par ses propres œuvres et souffrances.

CHAPITRE II.

Régir une âme et une maison de Dieu pour une fin céleste et surnaturelle, requiert une puissance céleste et surnaturelle. Quoique les hommes et les anges soient différents en nature, ils conviennent en offices.

Régir une âme et une maison de Dieu pour une fin céleste et surnaturelle, suppose une grâce et une puissance céleste et surnaturelle ; car c'est passer les bornes de la nature, c'est entrer en la part et fonction des anges, qui, étant bienheureux, sont tutélaires des âmes : c'est imiter en terre ce qui se fait au ciel, c'est-à-dire c'est faire une œuvre et avoir un gouvernement qui correspond aux œuvres et aux hiérarchies du ciel. Car c'est un même Dieu qui a fait le ciel et la terre, et les régit par sa providence, sa sapience et sa puissance. C'est un même Dieu qui dans la terre comme au ciel veut que sa volonté soit accomplie, et que sa sainteté y soit reconnue, adorée et participée. C'est un même Dieu qui a mis un ordre et conduite de grâce en la terre comme au ciel, dans lequel ordre entrent les anges et les hommes, comme parties, parties égales de sa providence. Car encore qu'entre ces deux natures il y ait beaucoup de choses différentes, les hommes en ce sujet sont semblables aux anges, servant comme eux à l'ordonnance divine, et portant en l'Ecriture même nom, même qualité d'anges et d'envoyés pour le service de ceux qui sont appelés au salut : et aussi leurs fonctions sont semblables, car au ciel aussi bien qu'en la terre, il y a à purifier, à illuminer et à perfectionner.

CHAPITRE III.

Nous devons regarder chaque âme comme une hiérarchie du ciel en terre, qui doit être établie et conduite divinement. Ce grand ouvrage, quoique couvert d'un corps de péché, est estimé de Dieu et des anges.

Chaque âme et maison sainte doit être référée à Dieu, et humblement considérée comme un effet de la puissance divine qui la crée, comme un objet de sa sapience qui la conduit, comme un sujet de sa sainteté qui doit reluire et opérer en elle par la grâce. Et nous devons regarder chaque âme et maison sainte, comme un sujet enclos dans la divine Providence pour sa gloire, et comme une hiérarchie du ciel en terre : hiérarchie qui doit être établie de Dieu, et doit aussi être conduite divinement. Et encore que la misère de ce monde et notre aveuglement ne nous élève pas à ces pensées, nous devons y élever nos esprits par la puissance de la foi, et considérer chaque âme comme un effet de Dieu caché dedans la terre, et comme un effet grand, mais enseveli dans un corps périssable, et dans les propres imperfections de la nature et du péché qui nous couvrent son prix et son excellence, connue de Dieu et de ses anges

CHAPITRE IV.

Dignité de la grâce chrétienne qui nous ente et nous incorpore en Jésus-Christ. Le corps mystique et spirituel de Jésus-Christ est uni à son corps propre et naturel, et à son propre esprit par la sainte eucharistie. Étant unis au corps de Jésus et animés de son esprit, nous devons aussi être en sa sainteté et lui ressembler. La fin haute et sublime de notre ministère est de travailler à ces choses si grandes.

C'est ainsi que nous devons juger des âmes, même selon tous les temps différents de la loi naturelle et de la loi écrite, et selon tous les divers états que Dieu peut ordonner sur les âmes et sur le monde. Mais si nous considérons le temps saint et salutaire auquel nous sommes, qui est le temps de grâce, et la sorte de grâce que Dieu a ordonnée sur les hommes en Jésus-Christ son Fils Notre-Seigneur, nous verrons comme chaque âme et maison sainte est un membre appartenant au corps du Fils de Dieu. Car nous sommes tous entés en lui, comme le cep en la vigne, à ce qu'il dit lui-même, et nous sommes os de ses os, et chair de sa chair, à ce que dit son apôtre (*Joan.* xv), et chaque âme et maison fait partie du corps spirituel et mystique de Jésus (*Ephes.* v) : corps racheté de son sang, nourri de sa substance, vivant de son esprit, et uni même à son corps propre et naturel, et à son propre esprit par la sainte eucharistie. Ce corps mystique et sacré, et chaque âme qui fait partie d'icelui, reçoit et porte une très-grande dignité par la grandeur de ses mystères. Et comme l'homme reçoit de la terre les arrhes de la gloire, et porte en soi-même l'esprit de Jésus, il doit aussi porter la sainteté, les effets et la ressemblance du corps propre et naturel du Fils unique de Dieu, auquel il est conjoint, et duquel il prend vie, et doit être comme une image vive, et une portion sainte et sacrée de Jésus en la terre. Et notre soin et ministère est si digne et si élevé, qu'il tend à opérer et former, à conserver et à perfectionner une chose si haute et si grande.

CHAPITRE V.
Ce que nous devons faire pour nous acquitter dûment d'un si divin ministère.

Faisons donc usage de ces vérités et considérons Dieu dans son œuvre, Jésus-Christ dans les âmes, et les âmes en Dieu, et traitons les âmes et les maisons comme parties du corps spirituel et mystique de Jésus-Christ sur la terre. Traitons-les révéremment et soigneusement, traitons-les comme choses saintes et sacrées, et traitons-les comme destinées encore à l'accomplissement d'un état si haut et si grand, comme est tout ce qui concerne la perfection de la grâce et de la gloire que le Père éternel a établie en Jésus, et pour l'amour de Jésus au monde. 1° Abaissons-nous en nous-mêmes et en toutes nos conditions naturelles telles qu'elles soient : car elles ne sont rien au regard d'un ouvrage si grand. 2° Invoquons Dieu fréquemment, car il est la fin et le principe de cet œuvre. 3° Commettons-nous à sa providence, car il doit régir et bénir nos conseils et actions. 4° Recherchons sa conduite, car elle est promise et nécessaire. 5° Préparons-nous à la grâce, et nous disposons à être des instruments vivants, animés de l'esprit de Jésus, pour opérer les œuvres de Jésus en la terre.

CHAPITRE VI.
Outre la prudence naturelle, l'intention droite et les vertus, il faut un don surnaturel pour la conduite des œuvres de Dieu. Ce don est donné à entendre par l'Apôtre en ces mots : Opitulationes, gubernationes. (*I Cor.* XII.)

A cet effet, posons pour fondement que le gouvernement des âmes et des maisons se réfère à une fin sublime, éternelle et surnaturelle. Qu'une chose si haute ne doit avoir rien de moins que l'esprit, la grâce et l'assistance de Dieu pour son principe et pour sa conduite. Que la prudence et dextérité naturelle, bien que très-utile, ne suffit pas à cette entreprise ; et qu'outre l'intention pure et élevée, outre la vertu, la prudence et les bonnes qualités qu'on doit supposer, il est besoin d'un don surnaturel que saint Paul semble nommer entre les dons du Saint-Esprit : *Opitulationes, gubernationes.* Car il me semble plus à propos de prendre ce texte en ce sens, que de le référer selon quelques-uns à la conduite des hôpitaux. Ce don est marqué et spécifié entre les dons qui sont gratuitement donnés pour le salut des autres ; ce don est beaucoup plus nécessaire à l'assistance et à la direction des âmes infirmes par leurs propres imperfections, et à la conduite des maisons de Dieu où elles sont assemblées et recueillies, qu'il n'est pas nécessaire à la conduite extérieure des hôpitaux et des malades. Ce don aussi qui est saint et spirituel, a beaucoup plus de rapport et de proportion à ce saint œuvre de charité spirituelle et divine, et au service d'un hôpital intérieur et spirituel, où se guérissent les maladies des âmes (s'il est permis de parler ainsi), que non pas au secours des malades et au gouvernement temporel des communautés instituées pour les servir et leur distribuer les aumônes. Ce sens me semble plus élevé, plus utile, plus fondé, plus digne de la sublimité et profondité de cet apôtre. Et en tous cas nous pouvons toujours référer ce texte à cet usage, soit par la propriété de la lettre, si elle le permet, soit au moins par l'analogie des choses corporelles aux spirituelles, qui sont plus dignes et plus importantes, et sont plus dans le dessein et l'intention du Saint-Esprit, qui est l'auteur de ce texte sacré, et le directeur de l'esprit de l'Apôtre, qui le consigne à la postérité.

CHAPITRE VII.
Comme les corps célestes sont plus élevés et plus purs que les corps qui en dépendent, ainsi ceux qui sont commis à la conduite des âmes doivent avoir quelque prééminence en grâce sur elles.

Que si les cieux qui ne sont que des corps, et des corps inanimés, d'autant qu'ils ont influence et élévation sur les choses inférieures et naturelles, ont des qualités si nobles et relevées, et ont même des anges pour faire et pour régler leurs mouvements, quelle vertu, condition et direction doivent avoir les âmes des supérieurs, qui ont d'autres âmes à régir ? Certes, si elles sont toutes semblables en la nature, selon les philosophes, celles-ci au moins doivent être supérieures en la grâce, et être plus pures et plus élevées que les âmes qu'elles régissent : comme les cieux sont plus purs et plus élevés que les corps inférieurs qui reçoivent leur lumière et influence. Et les mouvements des supérieurs doivent être réglés, non par leurs passions, mais par des dispositions angéliques.

CHAPITRE VIII.
Les cieux, qui nous annoncent la gloire de Dieu, nous apprennent aussi notre devoir ; étant en un continuel mouvement pour répandre leurs influences partout. Les anges qui sont au ciel, et meuvent le ciel, travaillent pour la terre, et non pour le ciel : mais nous travaillons en la terre pour le ciel, et non pour la terre. Considérations de cette parole : Donec formetur Christus in vobis. (*Gal.* IV, 19.)

Que les cieux donc qui nous annoncent la

gloire de Dieu, nous annoncent aussi notre devoir, et nous apprennent quelle doit être notre conduite, notre pureté, notre élévation, et quel encore doit être notre soin et notre industrie. Car les cieux se meuvent incessamment pour répandre en toutes les parties de l'univers leur lumière, leurs vertus, leur influence, et pour exciter la production des choses naturelles, que nous voyons en l'air, aux eaux et en la terre. Et nous devons aussi être en un soin et mouvement continuel d'esprit et de charité, vers les âmes et les maisons qui nous sont commises ; et nous le devons d'autant plus, que nos travaux et nos mouvements se terminent à former Jésus-Christ dans les âmes, car il est lui-même le fruit de nos labeurs, il est le terme de cette production céleste de la grâce, il est la fin de notre ministère, qui tend à le produire et former dans les cœurs, à appliquer son sang et à donner son esprit aux hommes. Les anges qui sont au ciel et meuvent le ciel, travaillent non pour le ciel, mais pour la terre. Et nous en la terre, nous travaillons non pour la terre, mais pour le ciel, et pour le Dieu du ciel et de la terre, pour offrir à Dieu des hosties vivantes qui le louent à jamais, et pour remplir le ciel d'esprits et de sujets qui se doivent former ici-bas sous notre discipline, et par nos mains être sanctifiés en la terre. Si donc le ciel tourne non pour le ciel, mais pour la terre, et tourne sans cesse pour produire des plantes, des poissons et des animaux, et tourne pour la conduite des anges, bien que son mouvement n'ait rapport qu'à la production de ces choses basses et matérielles : quels soins, quels mouvements, quelles directions devons-nous avoir pour un dessein si grand, pour une fin si haute et si céleste, pour faire naître les esprits en une vie nouvelle et divine, et pour produire et former Jésus-Christ dans les âmes ? Car c'est ainsi que parle l'Apôtre à ses disciples : *Quos iterum parturio*, dit-il, *donec formetur Christus in vobis*. Cette parole est grande, mais elle est véritable et doit être pesée, puisqu'elle regarde notre vie et notre ministère. Dieu donc qui produit son Fils en soi-même, veut de nouveau le produire dans les âmes ; et c'est une des naissances que le Père donne à son Fils, et que l'Église reconnaît et célèbre en ses offices ; car le Père le produit en son sein au jour de son éternité, puis au sein de la Vierge en la plénitude des temps, et enfin en nos cœurs et en nos esprits à chaque heure et moment. Mais il y a cette différence, que le Père produisant son Fils en soi-même, est le seul principe de son Fils bien-aimé : même son Saint-Esprit, Dieu comme lui, éternel comme lui, n'a point de part à cette production éternelle ; mais produisant son Fils hors de soi-même, il a voulu se servir de la Vierge pour le donner au monde, et il veut se servir de nous pour le donner aux âmes, et veut nous associer avec lui en un si haut et si divin ministère. Ce qui doit nous remplir d'amour, d'abaissement, de dévotion dans les labeurs et dans l'exercice de notre fonction sainte, spirituelle et surnaturelle : fonction qui nous lie au Père éternel produisant son Fils ; fonction qui nous lie au même Fils comme produit et formé par nous dans les âmes ; fonction qui nous élève, et ainsi nous conjoint aux choses plus grandes qui soient dans le temps et dans l'éternité.

CHAPITRE IX.

Il n'y a point de ministère approchant de celui des prêtres de la loi nouvelle. Le but des orateurs était de mettre leur opinion dans les barreaux ; celui des prêtres de l'ancienne loi était de remplir les esprits d'avertissements salutaires : mais notre ministère tend à former Jésus-Christ dans les cœurs.

Ainsi donc ne nous lassons pas de le penser et de le dire, ainsi Jésus est le fruit de nos labeurs, et notre ministère tend à produire celui-là même que le Père produit en son éternité. Ce fruit est rare, cette production est grande, et c'est un fruit nouveau et inconnu en la terre et au ciel même, avant la naissance de Jésus en la terre : car auparavant que la terre fût saintement cultivée de la main de Dieu même, qui a voulu au bout de quatre mille ans y planter cette plante céleste, c'est-à-dire auparavant le mystère de l'Incarnation, toutes les sociétés profanes et saintes, civiles et sacrées, tendaient à choses bien différentes, bien inférieures, et leur communication ne portait pas un effet et un fruit semblable au nôtre. Les orateurs et philosophes n'avaient point de but plus excellent et relevé, que de mettre dans leurs écoles et dans les barreaux leurs opinions et leurs persuasions. Les anciens prêtres et prophètes ne faisaient rien de plus par leur ministère, qu'imprimer des paroles et des avertissements salutaires dans les âmes. Les anges qui étaient les seuls habitants du ciel, n'avaient pas une manière de grâce et de puissance si élevée que celle que le Père éternel a établie au monde en y établissant son Fils : mais depuis ce divin ordre et établissement, depuis que le ciel a envoyé sa rosée, et que la terre a donné son fruit, *Terra dedit fructum suum*, depuis que Jésus, le fruit du ciel et de la terre, le fruit du Père éternel et de Marie, a été reçu et recueilli au monde, depuis que Dieu est homme, et l'homme est Dieu, le ciel et la terre ont été renouvelés en grâce et bénédiction, et notre ministère a une fin et une opération bien plus excellente, car il tend à faire naître et former ce Jésus dans les cœurs ; il tend à donner son corps et son esprit au monde ; il tend à donner une nouvelle naissance à celui qui est né de toute éternité dans le sein du Père, et en la plénitude des temps au sein de la très-sainte Vierge, et il tend à nous donner cette sorte d'alliance avec le Fils de Dieu, que le même Fils de Dieu a honorée, célébrée et élevée de ces grandes paroles : *Qui facit volunta-*

tem Patris mei, hic meus frater, soror et mater est. (Matth. VII, 21.)

CHAPITRE X.

De quelle importance est notre ministère.
Ars artium, cura animarum. La science du salut des âmes est fondée sur l'humilité, au lieu que les autres arts et professions sont fondés sur la suffisance. Nous devons beaucoup invoquer Jésus-Christ, et rechercher instamment l'assistance de son esprit, en toute humilité et défiance de nous-mêmes. Jésus n'admet en son école que les humbles, soit pour maîtres, soit pour disciples.

Que si notre ministère a une fin si excellente, a une puissance si céleste, a un effet si divin: quel est ce ministère? quelle doit être notre communication, quel doit être notre soin, notre pureté, notre piété, notre charité, notre humilité; et quel art et quelle industrie faut-il pour une chose si grande, si nouvelle en la terre, si rare au ciel, et que le ciel même reçoit de la terre comme un fruit, que la terre cultivée de Dieu, rend au ciel et à Dieu même, depuis que le Fils de Dieu est descendu en terre et s'est fait homme en la terre, pour le salut de la terre, pour le bien du ciel, et pour la gloire de Dieu son Père? Certes, cela passe nos pensées et la pensée des anges, et vaudrait mieux demeurer dans le silence et dans la révérence profonde. Mais puisque je dois parler, je le veux faire par l'esprit et les paroles d'un grand saint et grand docteur qui a dit : *Ars artium cura animarum*, et vous dois avertir qu'il faut que l'Esprit des esprits, ou pour parler selon l'Ecriture, le Père des esprits, qui est Dieu, ou si vous le voulez ainsi, le Saint-Esprit émané du Père et du Fils, soit le docteur de cette science et le directeur de cet ouvrage. Adressons-nous à lui, et l'invoquons souvent; car en cette humble reconnaissance et invocation consiste le principal de cet art et conduite : art fondé sur l'humilité, au lieu que les autres arts et sciences sont fondés sur la propre-suffisance. Humilité qui est un digne fondement de la science de salut, et de l'école du Fils de Dieu, qui cache sa puissance et sa sapience dans l'humilité de son enfance et de sa croix, et qui de sa crèche et de sa croix répand son onction et institution céleste dans la terre. Béni soit-il d'être venu en terre, de l'avoir éclairée de sa lumière, d'y avoir établi et ouvert son école, d'y apprendre les secrets du ciel; et entre autres, cet art divin d'instruire les âmes et les régir dans les voies intérieures. Mais il n'admet que les simples et les humbles dans son école, et les régit dans les voies intérieures, et il ne veut point d'autres disciples en son académie, et il n'adresse qu'à eux son esprit, sa grâce et ses paroles : *Super quem requiescet spiritus meus, nisi super humilem et trementem sermones meos? (Isa. LVI, 2)* En esprit donc d'humilité, adressons-nous à Jésus, le souverain des âmes, le docteur de justice, celui que le Père nous a donné pour écouter : *Ipsum audite doctorem justitiæ.* En son même esprit, entrons à son école, soyons sous sa discipline, apprenons cet art, et les secrets qu'il a puisés au sein du Père, et qu'il veut révéler aux siens au monde.

CHAPITRE XI.

Cet art est une science, non de mémoire, mais d'esprit et d'amour, et d'amour de Jésus. Cette science est la science des saints, qui a son origine au ciel, et des esprits humbles et effectifs.

Cet art est une science non de mémoire, mais d'esprit; non d'étude, mais d'oraison; non de discours, mais de pratique : non de contention, mais d'humilité; non de spéculation, mais d'amour, et d'amour de Jésus qui s'est livré et s'est abandonné, s'est oublié et s'est épuisé soi-même pour le salut des âmes. Cette science fait partie de la science des saints, comme parle l'Ecriture ; science spirituelle émanée du Père des esprits, du Père des lumières ; science qui convient aux saints, fait les saints et dirige les saints dans les voies éternelles ; science qui a pour sa lumière, non la lumière de la nature, soit humaine, soit angélique, mais la lumière de vie ; lumière bien différente et bien plus haute, lumière qui n'est promise et n'appartient qu'à ceux qui sont suivants Jésus, et adhérents à Jésus : *Qui sequitur me, non ambulat in tenebris, sed habebit lumen vitæ (Joan.* VIII, 12); lumière de vie qui est émanée de celui qui est la vie, et ne se donne que par lui ; et il ne la donne qu'à ceux qui sont adhérents à lui-même et à son esprit, qui est esprit d'amour et d'humilité: esprit bien éloigné de l'esprit froid et sec, orgueilleux et terrestre de ceux qui étudient, non en l'école du ciel, mais en l'école de la terre.

CHAPITRE XII.

Cette science haute en sa petitesse, et lumineuse en sa simplicité, confond les philosophes et les théologiens mêmes, s'ils sont arrogants, et s'éloigne d'eux. Cette science est vraiment spirituelle, car elle est fondée en l'esprit de Jésus, et à Jésus pour son origine, son objet et sa fin. Ses principes sont l'humilité d'esprit, la pureté de cœur, l'abnégation de soi-même, et l'adhérence à Jésus.

Cette science s'apprend, non tant dans les livres et dans les académies, que dans le livre de vie au pied de la croix, adhérents à Jésus, adhérents à ses voies, adhérents à son amour. Cette science confond les philosophes et les théologiens mêmes, s'ils sont vains et arrogants, et surmonte toute autre science qui est plus matérielle que spirituelle, si on la compare à celle-ci, tant elle est haute en sa petitesse et lumineuse en sa simplicité. Cette science est proprement une science spirituelle, car elle est propre à l'esprit de Dieu, et est des choses vraiment spirituelles et divines, et même rend spirituel son possesseur propre comme étant une émanation de cette grande lumière. Lumière vraie, ce dit saint Jean, la lumière du Père, lumière qui illumine tout homme venant au monde, et transforme en soi-même et en sa clarté ceux qui l'approchent. Science propre aux Chrétiens par la grâce de Jésus, et toutefois si rare entre les Chrétiens; science propre aux supérieurs entre les Chrétiens, et si rare même entre les supérieurs; science qui a la lumière et non l'écorce, l'esprit et non la terre des choses; et les voit non en elles-mêmes, c'est-à-dire en leur forme grossière et quelquefois maligne, mais en Dieu où tout est esprit, tout est vie, tout est lumière; science qui est donnée par Jésus, et comme étant émanée de Jésus; elle aspire à Jésus, et avec l'Apôtre ne connaît que Jésus et Jésus crucifié: mais en lui et en sa croix elle connaît toutes choses, et arrive à la fin de toutes choses qui est Jésus, l'*alpha* et l'*oméga*; car il se révèle et se nomme lui-même ainsi à son bien-aimé disciple. Soyons tous amateurs de cette science vraiment spirituelle, de cette science qui a Jésus pour sa fin, pour son objet et pour son origine; de cette science que l'on apprend de Jésus, de cette science qui a pour ses principes l'humilité d'esprit, la pureté de cœur, l'abnégation de soi-même, l'adhérence de Jésus; de cette science que doivent avoir et rechercher par-dessus tous les autres tous les supérieurs, et de laquelle ils doivent faire une profession sainte et solennelle.

CHAPITRE XIII.

Cette science est fille de l'oraison, disciple de l'humilité, mère de discrétion. Son maître est Jésus-Christ; Unus est magister vester Christus. (Matth. XXIII, 8.) *Cette science fait partie de l'esprit de l'Oratoire. Déclaration de l'esprit de cette congrégation. Quelles dispositions il faut pour l'acquérir.*

Aspirons donc à cette science sainte, divine et salutaire; elle est fille de l'oraison, disciple de l'humilité, mère de discrétion; elle requiert des disciples, qui ne veulent pas seulement apprendre, mais veulent faire aussi ce qu'ils ont appris. Elle a cela de propre, que celui qu'on pense être maître est disciple lui-même, et le premier disciple de son école, et s'instruit en instruisant les autres, et se fait saint en faisant saints les autres; et Jésus est proprement l'unique maître de cette science, comme il dit lui-même à ceux qui devaient être les maîtres de l'univers : *Unus est magister vester.* Or Dieu qui a voulu perfectionner en ce siècle toute autre sorte de science, dissipant les ténèbres des siècles passés, veut aussi renouveler et perfectionner de nos jours cette science vraiment sienne et propre à sa lumière et à son esprit; science qui ne périra point en la terre, comme les autres; car son origine n'est pas de la terre, mais du ciel, et de la terre aussi elle passera au ciel. Et d'autant que Dieu a mis tous ses trésors en son Fils : *In quo sunt absconditi omnes thesauri scientiæ et sapientiæ Dei* (Coloss. II, 3), puisons en lui cette science de lui-même, et puisque nous faisons profession spéciale d'adhérer à Jésus, comme prêtres de Jésus, ayons soin de rechercher cette science de Jésus, de recevoir cet esprit de Jésus, de nous conformer aux desseins et voies de Jésus. Nous devons bien honorer et même supposer toute autre science qui est bienséante à l'état ecclésiastique; mais nous devons faire exercice et profession principale de celle-ci; nous devons tendre à celle-ci. C'est la science apostolique, c'est la science de Jésus, le sujet et le docteur de cette science. C'est la science qui enseigne les mystères, les grandeurs et les voies de Jésus, et qui fait les ouvriers en la vigne de Jésus. Et cette science fait partie de l'esprit de cette congrégation : esprit d'amour, d'hommage et de lumière au regard de Jésus; esprit servant aux desseins et conseils de Jésus dans les âmes; esprit d'honneur, d'adhérence et de dépendance au regard de tout ce qui concerne Jésus; esprit qui doit être connu et pratiqué des supérieurs, et même doit être éminent en eux. Car ils sont obligés de donner cet esprit à leurs inférieurs, et de les disposer à cette grâce et lumière par leur conduite, ce qu'ils ne peuvent faire sans cette éminence. Car les philosophes nous enseignent qu'il faut avoir l'acte pour le donner à ceux qui ne l'ont qu'en puissance, être *ens in actu*, pour réduire *ad actum ens in potentia*. Recherchons donc cette science, cette science de salut, cette science de Jésus; recherchons-la avec esprit d'humilité, avec oraison, avec adhérence au Fils de Dieu. Et pour rentrer en son école, en sa science, et en cet art de régir les âmes par son esprit ou pour sa gloire, reconnaissons comme tout ce que nous savons de Dieu, de son Fils unique, de l'économie de sa grâce, de ses voies sur les âmes, des âmes mêmes, et de l'art de les régir en la grâce et pour la grâce, est si peu au regard de ce que nous ignorons, et au regard même de ce qu'il serait nécessaire que nous en sussions, que pour correspondre à la vérité, nous sommes obligés de faire beaucoup plus profession d'ignorance que de connaissance; et nous ne devons entreprendre d'agir que par nécessité ou par une puissante conduite de l'obéissance et de la charité, et lors même nous ne devons agir que comme ayant et ressentant un très-grand besoin de la lumière et conduite du Saint-Esprit pour suppléer à notre impuissance et obscurité.

CHAPITRE XIV.

Nous nous devons sans cesse abaisser et anéantir devant Dieu, et nous démettre de toute notre suffisance, comme n'ayant aucune proportion à ses œuvres; et nous élever à lui, adhérents à sa conduite, et dépendants de ses conseils.

En cette vue et vérité, et en cet humble sentiment de nous-mêmes, il nous faut abaisser et anéantir continuellement devant Dieu. Il nous faut démettre de toute notre suffisance et industrie naturelle, comme n'étant (telle qu'elle puisse être) qu'un néant devant lui. Et, en cet abaissement et démission, il nous faut élever à Dieu, adhérer à son esprit, dépendre de sa conduite, et imiter les anges tutélaires qui sont toujours regardant Dieu, et toujours dépendants de ses volontés divines, secrètes et inconnues sur les âmes.

CHAPITRE XV.

De ce que nous avons rapport aux cieux, aux anges, à Dieu même et à Jésus-Christ son Fils, il s'ensuit qu'il faut que notre esprit soit à Dieu, nos labeurs à Jésus, notre conversation au ciel, et que notre disposition soit tout angélique et divine.

Recueillons ce qui a été proposé, et tirons-en profit et conduite, et apprenons ainsi dans les cieux, dans les anges et dans Dieu même, la sainteté, la divinité, la sublimité, la singularité de notre ministère, et l'excellence de son opération. Rendons-nous dignes de l'état et de l'œuvre auquel nous sommes appelés. Et puisque notre fonction est céleste, angélique et divine, puisqu'elle nous associe aux anges en un même ministère, et envers mêmes âmes, puisqu'elle nous lie à Dieu le souverain des âmes, et à son Fils unique leur rédempteur et sanctificateur, que notre esprit soit à Dieu, nos labeurs à Jésus, notre conversation au ciel, et que notre disposition soit toute céleste, angélique et divine. Nous sommes faits semblables aux anges en ministère, soyons semblables à eux en pureté; soyons des anges de la terre, comme ils sont des anges du ciel; des anges en grâce, comme ils sont des anges en gloire; et anges contemplant en l'obscurité de la foi le même objet qu'ils contemplent face à face. Car le gouvernement des âmes est un œuvre céleste, est un œuvre divin, est un œuvre angélique : *Opus Domini* (1 Cor. xvi, 10), ce dit l'Ecriture, est un œuvre de grâce, et est un œuvre de grâce intérieure et excellente à laquelle il se faut disposer par contemplation et piété intérieure et particulière. Ne voyons-nous pas que c'est par amour et contemplation que se font les productions divines en la très-sainte Trinité ? Car le Père contemplant soi-même produit son Fils, et aimant son Fils en soi-même produit le Saint-Esprit. C'est aussi en la contemplation et en l'amour des choses célestes et divines, que nous devons produire le Fils de Dieu et son esprit dans les âmes. Et les supérieurs doivent se rendre éminents en la contemplation et piété, pour être dignes d'imiter en l'Eglise ces deux productions de la Divinité, que nous savons être par contemplation et par amour.

CHAPITRE XVI.

Les objets vers lesquels nous devons exercer notre piété, sont la sainte Trinité, la personne du Père, le Fils comme Fils et comme incarné, le Saint-Esprit, la Vierge, les anges et les saints auxquels nous sommes associés.

Il nous faut donc exercer en cet amour, en cette contemplation et en ce haut et digne exercice du don de piété, l'un des dons du Saint-Esprit, et le don duquel les prêtres doivent faire profession singulière, et plus que d'aucune autre chose du monde; l'usage en doit être appliqué vers plusieurs objets : vers la Trinité sainte, aux œuvres de laquelle nous servons; vers sa providence, sa sainteté, sa puissance et autres attributs principaux qui reluisent en cet œuvre et ministère de salut; vers le Père éternel comme Père de son Fils, comme Père de lumière et comme Père premier et souverain : *A quo omnis paternitas in cœlo et in terra nominatur* (Ephes. III, 15) ; vers le Fils, comme vie et source de vie, comme Père du siècle à venir, et Dieu de toute grâce : *Deus omnis gratiæ* (1 Petr. v, 10); comme souverain des âmes et principe du Saint-Esprit, lequel on doit leur communiquer ; vers le Saint-Esprit comme émané du Père et du Fils en la divinité, et comme acquis à la terre par le même Fils en son humanité; vers la Vierge, comme intéressée dans les œuvres et les âmes de son Fils, et comme reine du ciel et de la terre ; vers les mystères de Jésus, dont on applique l'esprit, la grâce et la vertu ; vers la croix en particulier, qui confond les démons, étonne les anges, sauve les hommes et abîme les péchés dans le sang du Fils de Dieu ; vers les saints et les anges auxquels on est associé, en opérant des œuvres qui sanctifient les âmes.

CHAPITRE XVII.

Nous devons aussi avoir une dévotion singulière aux mystères de Jésus-Christ, spécialement à son Incarnation, sa Passion, sa résurrection. On propose ceux-ci sans exclure les autres, étant obligés à tous, mais notre faiblesse nous contraignant de nous limiter à quelques-uns des principaux.

En particulier, il faut avoir dévotion spéciale aux mystères de l'Incarnation, de la Passion, de la résurrection. A l'Incarnation où Dieu se fait homme pour faire les hommes dieux ; à la Passion, où une vie humainement divine est souffrante et mourante, pour faire mourir la vie de nos péchés et de nos passions, et faire revivre la grâce en la nature, et la vie de l'esprit dans un corps mortel et périssable ; à la résurrection, où une nouvelle vie et puissance est donnée à Jésus, sur laquelle il établit la mission de son Eglise, et le salut et instruction des âmes : *Data est mihi omnis potestas in cœlo et in terra, euntes ergo docete omnes gentes* (Matth. XXVIII, 19), etc. A l'Incarnation, où l'homme est Dieu ; à la Passion, où l'Homme-Dieu est victime des hommes, ou plutôt victime de Dieu pour les hommes ; à la résurrection, où Jésus est vie et notre gloire : *Cum Christus apparuerit vita vestra* (Coloss. III, 4), etc. A la vérité tous les objets de la foi peuvent être dignes objets de notre piété, en proposant ceux-ci, nous n'excluons pas les autres, mais nous condescendons à notre infirmité, qui ne peut pas s'appliquer également et parfaitement à tous les points de la foi, et a besoin de choix ax ses pensées principales et plus puissantes à opérer dans nos esprits.

CHAPITRE XVIII.

Comme nous devons réduire nos dévotions à certains mystères, nous devons aussi réduire nos devoirs à certains chefs, et nos dispositions à certains points.

Le même choix que nous devons avoir au regard des objets, nous le devons avoir aussi au regard des avis; car cet arrêt est si difficile, et requiert tant de choses, qu'il mérite un gros livre: mais il faut l'abréger et réduire nos devoirs à certains chefs, et nos dispositions à certains points principaux, c'est-à-dire envers Dieu, envers nous-mêmes envers le prochain, envers la charge et envers Jésus-Christ Notre-Seigneur, le sang duquel nous appliquons, l'esprit duquel nous donnons, en la puissance duquel nous agissons, et pour la gloire duquel nous travaillons.

CHAPITRE XIX.

Dispositions du supérieur vers Dieu, abaissement, liaison, reconnaissance, invocation, dépendance.

1° Envers Dieu, l'âme doit être un abaissement à sa grandeur pour l'adorer. 2° En une liaison et adhérence à celui qui nous dit en sa parole: *Sine me nihil potestis facere.* (*Joan.* xv, 5.) 3° En une reconnaissance du secret conseil qu'il a sur les âmes pour le révérer, et en égard à sa conduite sur elle pour la suivre. 4° Et en élévation fréquente à Dieu, comme Père des esprits, des lumières et des miséricordes, pour tirer sa grâce, son esprit et sa lumière en cette action importante à l'éternité. 5° En une dépendance de son pouvoir qui enclôt, qui régit, qui bénit toute autre puissance pour s'y soumettre, et pour n'agir que par lui et pour lui, comme n'étant qu'instrument, et instrument de Dieu, ce qui dit en deux paroles choses grandes.

CHAPITRE XX.

Autres dispositions du supérieur, abnégation vers les choses humaines, élévation aux divines, patience ès choses d'autrui, tolérance vers sa charge, soin de former la vie de l'esprit en lui et les autres.

La disposition du supérieur en lui-même, et au regard de lui-même doit être: 1° En abnégation vers les choses humaines; 2° en élévation vers les choses divines; 3° en patience vers les choses d'autrui; 4° en tolérance vers sa charge, comme vers une croix que l'on supporte, et que l'on porte sans goût et sentiment; 5° et généralement en un soin continuel d'observer pour soi, et faire observer par autrui cet avertissement de l'Apôtre: *Si spiritu vivimus, spiritu et ambulemus.* (*Galat.* v, 25.) N'ayant aucun usage et action volontaire en la terre, que par l'Esprit de Dieu lequel nous vivifie, comme nous n'aurons tous dans le ciel aucun usage, et action même naturelle et nécessaire, que l'Esprit de Dieu qui nous ressuscite, et qui est le nouveau principe de la vie nouvelle et céleste qui nous sera donnée lors, et de la nouvelle manière d'agir et d'influer qui nous sera lors communiquée, manière toute divine, toute spirituelle et toute glorieuse.

CHAPITRE XXI.

Le supérieur vers le prochain doit être en charité, en patience, en bénignité, en sollicitude, en édification. Il doit être et répandre odeur de Jésus.

Envers le prochain, l'âme doit être en charité, en patience, en bénignité, en sollicitude, en édification, en remémorant ces textes de saint Paul aux Corinthiens, que nous devons lire une fois la semaine, et pratiquer plusieurs fois le jour: *Charitas patiens est, benigna est,* etc., *non quærit quæ sua sunt,* etc.; *omnia suffert, omnia sperat, omnia sustinet* (*I Cor.* xiii, 17), etc. *Qui præest in sollicitudine* (*Rom.* xiv, 8), *bonus odor Christi sumus.* (*II Cor.* ii, 15.) Car il faut répandre odeur ni du péché ni de soi-même, mais de Jésus-Christ, et même comme saint Jean était voix, et tout était voix en lui, ainsi, selon l'Apôtre, nous devons non-seulement répandre cette bonne odeur, mais être la même odeur de Jésus-Christ; ce qui suppose une très-grande perfection et une présence, vie et plénitude de Jésus en l'âme, qui la remplit, la pénètre, la vivifie, et répand par elle, comme par une chose qui lui est conjointe, la sainte odeur de sa présence, sainteté et vertu divine.

CHAPITRE XXII.

L'autorité nous est donnée pour faire la charité, et nous devons fort peu commander. Comme l'état et la société des personnes divines se termine en amour, ainsi doit-il être de l'état et de la société des personnes humaines. Le supérieur doit prendre repos en la croix, et il faut que son mouvement soit d'autorité en charité. Imitation de la Trinité où il n'y a point d'autorité, et encore en l'unité et la liaison des personnes qui procèdent à leur principe.

En attendant que cette grâce, perfection et plénitude nous soit communiquée, et qu'elle supplée tous nos besoins et nous enseigne toutes choses comme une onction céleste, entre tous les avis qui peuvent être donnés, je dois insister à deux points principaux, qui en comprennent et enseignent beaucoup d'autres. L'un est la charité, car comme nous représentons l'autorité de Dieu sur les âmes qu'il nous a commises et soumises, nous devons aussi avoir et porter son esprit, qui est esprit de charité: *Deus charitas est* (*I Joan.* iv, 8), et nous devons traiter et supporter avec amour les âmes qui se sont données à Dieu par amour, commandant fort peu, mais les induisant par exemple, par prières, par amour à leur devoir; et imitant ce païen *Qui hoc temperamentum suæ modestiæ solebat indicere, ut ne præciperet videretur.* (Plinius.) Mais laissons ce profane: prenons une règle plus sûre et plus parfaite, et suivons un plus rare exemplaire et plus élevé; entrons dans la sublimité de nos mystères, entrons en leur lumière et conduite. La solennité présente du Saint-Esprit, en laquelle j'écris ces choses, nous apprend que les personnes divines terminent leur état, leurs productions, leurs relations et leur société en l'amour qui est la troisième personne, et est le terme heureux de la très-sainte Trinité : aussi les personnes créées, comme adorant et imitant en leurs petites actions et sociétés les personnes incréées, doivent terminer leur état, leur conduite, leur opération, leur société en charité et non en autorité; car nous n'avons pas autorité pour avoir autorité, mais simplement pour faire la charité; c'est la fin et le dessein de la puissance qui nous est donnée. C'est à quoi elle doit tendre, c'est à quoi elle se doit résoudre et terminer, c'est où elle se doit reposer et arrêter. Il est bon de considérer que le supérieur, en sa qualité, doit avoir et repos et mouvement tout ensemble, mais son repos et son séjour est en la croix et en la charité, et son mouvement est de l'autorité en la charité; comme si le supérieur en sa conduite et en son mouvement vers les âmes, avait deux termes ainsi qu'il y a en tous mouvements, l'un dont il part et qu'il délaisse, c'est l'autorité; l'autre, celui où il tend et où il demeure, c'est la charité, passant continuellement et humblement d'autorité en charité; opérant par le mouvement de charité et non d'autorité, et enfin prenant son repos en la charité et non en l'autorité. Car cette autorité ne nous est pas donnée de Dieu pour nous y établir et nous y reposer, mais pour pâtir et pour travailler. Je veux dire, que nous n'avons pas d'autorité pour faire acte d'autorité, mais pour faire acte de charité, et pour le service et l'exercice de la charité de Dieu envers les âmes; et aussi notre autorité doit être plus revêtue des conditions d'humilité que d'autorité, selon celui qui dit à ses apôtres : *Reges gentium dominantur eorum*, etc., *vos autem non sic : sed qui major est in vobis fiat sicut minor* (*Luc.* xxii, 25); elle doit avoir plus de douceur que de puissance, plus de patience que de force, comme procédant de celui qui est l'Agneau et le Souverain tout ensemble, et dans la gloire même retient le nom d'Agneau pour nous obliger à en imiter et conserver les qualités dans la terre. Donc, conformément à son nom, à son exemple et à ces vérités, notre pensée, notre soin, notre disposition doit être dans la charité et non dans l'autorité, comme si ce peu d'autorité qui nous est donnée, était toute fondue et comme anéantie, ou plutôt transformée en une meilleure qualité dans la charité. Notre condition nous y oblige, car nous sommes tous enfants de la charité de Dieu, et nous ne devons respirer qu'amour et charité; nous sommes enfants et disciples de la très-sainte Trinité, baptisés et justifiés en son nom; et nous devons imiter et approcher le plus que nous pourrons la grandeur de ce très-haut mystère. Or en la Trinité il y a ordre et origine, mais non autorité; il y a émanation, charité et communication entre les personnes divines, mais non supériorité. Point de très-grande considération pour ceux qui étant prêtres et Pères en l'Église de Dieu, y représentent et imitent celui qui est Père en la divinité, et duquel toute paternité est dérivée. Et afin que les inférieurs aient de quoi aussi profiter en passant, et de quoi imiter en ce sacré mystère, je les prie d'adorer et imiter en ces personnes éternelles leur unité à leur principe, et leur émanation et liaison aux personnes dont elles sont procédantes. Car les personnes qui procèdent étant divines, égales et infinies, incapables de dépendance et infériorité, néanmoins elles sont et agissent non de par elles-mêmes, mais de par leur principe, et elles n'ont être, vie, action et mission que par leur origine : le Fils par le Père, et le Saint-Esprit par le Père et par le Fils : *Ego enim ex Deo processi et veni : neque enim a me ipso veni, sed ille me misit.* (*Joan.* viii, 42.)

CHAPITRE XXIII.

Il faut que le supérieur ait non-seulement la charité, mais aussi une étendue d'esprit qui embrasse tout, sans rien négliger ou omettre. Tout ce qui regarde Dieu est grand, et il n'y a rien de petit en sa maison. Cette étendue d'esprit doit honorer et imiter l'universalité de la Providence divine, et l'union du Verbe éternel à toutes les parties de notre nature jusqu'aux moindres dans l'Incarnation. La bonté divine ne laisse rien de ce qu'elle a fait en l'homme par la création, qu'elle ne honore de l'union à la Divinité en l'Incarnation

Le second point dignement adjoint à celui de la charité (car elle est seconde et universelle), est une étendue d'esprit qui approuve et honore tout ce qui est de Dieu, ne se limitant pas à soi-même, à son institut, ni à sa voie particulière; et sortant hors de la petitesse de la nature, s'étend et s'applique à tous et à tout par la grâce, n'omettant rien, beaucoup moins ne dédaignant rien de son office. Car Dieu est un ange universel et comme infini, il a infinies voies à ordonner, et dans l'Église, et dans les âmes; et nous devons, non par autorité, mais par charité avoir liaison à toutes. Dieu est très-haut et s'abaisse à tout par l'étendue de sa providence que nous devons adorer, imiter et servir en notre charge; et si nous avons lumière, nous verrons que tout ce qui est de Dieu est digne d'être estimé, approuvé et servi par les serviteurs de Dieu; que tout ce qui regarde Dieu est grand, et qu'il n'y a rien de petit en la maison de Dieu; que le supérieur ne doit pas dédaigner de son regard et de son soin ce que Dieu même daigne regarder de l'œil de sa providence, et que par ainsi il ne doit rien omettre, et il doit s'abaisser et s'appliquer à tout. Nous avons un grand exemple en Jésus-Christ Notre-Seigneur, et au sacré mystère de l'Incarnation, que je veux remarquer en ce lieu pour nous induire tous par une pensée si grande et si puissante à cette étendue et universalité d'esprit charitablement appliqué à tout ce qui concerne notre devoir; car en ce très-haut mystère, Dieu a voulu s'unir et s'appliquer non-seulement à l'âme, mais au corps: *Verbum caro factum est* (*Joan.* I, 14), et à toutes les parties du corps. O dignation et abaissement du Verbe éternel, qui se voulant unir au corps humain, ne s'unit pas seulement aux parties nobles et influentes, vie et mouvement, comme le cœur, le foie, le cerveau, etc.; ne s'unit pas seulement aux parties plus élevées et honorables, comme le front, la face, les yeux et autres; mais s'unit à toutes, et jusqu'aux plus basses et plus petites, jusqu'aux moins apparemment utiles et honorables, jusqu'à celles mêmes qui ne sont pas nécessaires à la vie; pourvu qu'elles composent l'intégrité du corps humain, et qu'elles en fassent partie: sa bonté, sa dignation, sa bénignité, ne dédaignant rien de nos bassesses dans la gloire de ce très-haut mystère, et ne délaissant rien de ce que ses mains ont opéré au corps de l'homme dans sa création, qu'il ne l'honore et relève de sa divinité en l'Incarnation. Car en ce mystère accompli pour l'homme, il veut déifier par soi-même tout ce qu'il a fait et formé par sa puissance; et tout ce que l'âme vivifie au corps humain, est déifié par le Verbe éternel, en ce corps qu'il a pris et consacré à soi-même pour y honorer Dieu son Père et y accomplir notre salut.

CHAPITRE XXIV.
Le supérieur doit prendre souvent en l'année du temps pour vaquer par lui-même aux choses les plus viles de la maison, et en cela rendre hommage aux bassesses que Jésus-Christ a voulu porter en son alliance avec nous.

Adorant et imitant ce rare exemple de la bonté et charité de Dieu envers l'homme, le supérieur doit s'appliquer à tous, et à tout immédiatement jusqu'aux personnes et aux choses moindres: et ne doit rien réputer indigne de son soin et de son ministère, faisant par soi-même, et non-seulement par autrui, ce que sa charité requiert et son temps lui permet. Et en l'honneur de ce grand abaissement du Fils de Dieu aux choses basses et viles de notre nature et condition, il doit prendre chaque année, et du temps exprès pour vaquer par soi-même aux plus vils ministères de la maison, et pour imiter celui qui a dit: *Sum in medio vestrum qui ministrat, non sicut qui recumbit.* (*Luc.* XXII, 27.) Et comme Dieu même s'est étendu à régir et déifier non-seulement la vie spirituelle et raisonnable, mais encore la vie animale et sensible, et la vie même végétante de la nature humaine unie au Verbe, aussi le supérieur doit avoir soin, non-seulement des âmes, mais aussi des corps, et doit régir tant, non-seulement les actions grandes, mais aussi les actions plus basses et concernant les choses moindres et corporelles: et en un mot, doit avoir soin de tout, des esprits et des corps, de l'intérieur et de l'extérieur, du général et du particulier, du dedans et du dehors, de tous les lieux et offices de la maison, de la santé, de la netteté, de la propreté du corps humain et de la communauté, etc; et doit avoir un œil ouvert, et une prudence étendue sur tout et appliquée à tout.

CHAPITRE XXV.
L'usage que doit faire le supérieur des manquements de ses inférieurs.

Et d'autant qu'un de nos plus fréquents usages en la vie, c'est de faillir, aussi un des plus fréquents exercices du supérieur doit être envers les fautes de ses inférieurs. 1° Il sera donc averti de s'humilier dans les fautes d'autrui, se souvenant qu'il en ferait de plus grandes si Dieu le délaissait à soi-même. 2° De s'imputer devant Dieu les imperfections des autres; car il y a peut-être quelque part par son défaut de conduite et d'exemple, et de charité, s'appropriant ce verset: *Ab occultis meis munda me, et ab alienis parce servo tuo.* (*Psal.* XVIII, 13.) 3° Il considérera que Dieu le veut exercer et perfectionner par les manquements des autres. 4° Et regardant chaque défaut de ses inférieurs comme un nouveau moyen que Dieu lui donne pour honorer sa majesté divine, et pour le perfectionner. 5° Il aura soin de prévoir et prévenir ces défauts par sa prudence, en prévenant les occasions; de les supporter par sa patience, de les couvrir par son exemple, de les amender par sa charité, de les corriger par sa parole, mais en esprit de douceur et de sécurité: *In spiritu lenitatis* (*Gal.* VI, 1), ce dit saint Paul, et non en esprit d'autorité: car il doit se donner garde du faux zèle qui se glisse quelquefois dans l'esprit des supérieurs, et doit s'habituer à la douceur et patience, en l'honneur et imitation du Fils de Dieu, supportant un si long temps en son école la bassesse et grossièreté de ses apôtres.

CHAPITRE XXVI.
Le supérieur doit supporter ses inférieurs avec charité, et corriger leurs défauts avec esprit de douceur. En quelle manière il faut que le supérieur regarde ses inférieurs.

Pour mieux disposer à cette patience, douceur et charité, il considérera souvent chaque âme comme une essence spirituelle (bien qu'enchâssée dans un corps terrestre et non céleste, mais un corps qui est ce nonobstant plus noble que tous les corps célestes qui lui serviront un jour de marchepied), comme un sujet où la grâce infuse repose, mais cachée à nos yeux, et ensevelie dans les imperfections ordinaires; comme un objet pour être de quelque conseil secret et particulier de Dieu, qui s'accomplira et se manifestera en son temps, et auquel Dieu veut la préparer par les soins et les labeurs de sa conduite, par les exercices de piété, et par les pratiques de la vertu. Que si Dieu a déposé un si grand trésor en un vaisseau si fragile, et a caché choses si grandes de sa puissance et de sa grâce sous un voile si contemptible ; n'est-ce pas en avilissant autrui devant nos yeux, nous avilir nous-mêmes devant Dieu, que de ne pas reconnaître chose si véritable et si digne, et si propre à notre devoir ? N'est-ce pas nous laisser tromper par nos sens, en méconnaissant choses si excellentes ? Et n'est-ce pas faire tort à Dieu et à nous-mêmes, que de ne pas suivre sa lumière et sa conduite en la foi qui nous découvre ces vérités, et nous enseigne que chose si haute et si importante à Dieu est cachée en des choses si petites et si basses ?

CHAPITRE XXVII.
Le supérieur doit plus voir et sentir Dieu en la charge pour y adhérer, que ni le fardeau pour s'en ennuyer, ni l'honneur pour s'en élever, ni l'autorité pour dominer.

Après avoir sommairement touché quelques points de ce que le supérieur doit envers Dieu, envers soi-même et envers autrui, reste à dire la disposition intérieure qu'il doit avoir au regard de la charge et supériorité qui lui est commise. Or il doit être en soin de prévenir le mauvais usage de la grâce. La nature repute la charge comme honneur et s'en élève, ou comme autorité s'en rend dominante sur autrui. La grâce et l'esprit de Dieu nous la fait reputer comme une croix et nous en donne éloignement, et comme une croix imposée de Dieu et nous y donne soumission. C'est la clef de notre entrée, et le principe d'une bonne conduite en la charge qui nous est donnée ; car en vertu de cette sainte pensée, étant sans goût et sentiment de la charge, nous entrons en une démission à l'ordonnance divine qui fait de nous ce qu'il lui plaît ; nous prenons liaison à la providence et autorité de Dieu, qui dispose de nous comme de chose sienne, espérant sa grâce et son assistance ; nous voyons et sentons plus Dieu que nous-mêmes en la charge, et nous voyons plus en la charge la grâce que Dieu adjoint à la charge pour la recevoir et l'employer, que le fardeau de la charge pour nous ennuyer, ni l'honneur de la charge pour nous élever, ni l'autorité de la charge pour dominer.

CHAPITRE XXVIII.
Plusieurs avis nécessaires aux supérieurs.

1° Etant ainsi saintement disposés à recevoir la charge que nous ne désirons point et que Dieu nous impose, il faut avoir soin de s'y accomplir et perfectionner, et d'y apporter vigilance, charité et connaissance de ce qui la concerne. 2° Il faut se régir par l'esprit de Dieu, et non par son propre esprit, par l'esprit du supérieur auquel nous sommes subordonnés, et non par l'esprit de persuasion de quelqu'un de dehors ou du dedans de la maison que Dieu n'ordonne pas sur nous. 3° Il faut faire en l'esprit de Dieu les œuvres de Dieu, faire en lumière les œuvres de lumière, et faire en grâce les œuvres de grâce, et ne pas suivre la nature et les ténèbres de l'esprit humain. 4° Il faut imiter Dieu qui, créant le monde, a commencé par la lumière pour faire toutes ses œuvres en lumière, et a voulu même les reconnaître et comme les examiner jour à jour, comme il est dit en la *Genèse* ; et selon cet exemple ; il faut voir et revoir ses actions, non pour se contenter ou les estimer, mais pour les régler selon les maximes de la perfection et les desseins de Jésus-Christ sur nous. 5° Il faut souvent se recueillir, et presque d'heure en heure pour acquérir une sainte habitude de vivre et d'opérer comme en la présence de Dieu. Et outre les exercices ordinaires, il sera bon de prendre chaque jour un peu de temps pour se reconnaître et s'examiner en qualité de supérieur, et voir en quoi on peut perfectionner et soi-même et les autres ; car à faute de rechercher la grâce et s'exposer à l'esprit de Dieu avec humilité et tranquillité, on ne reçoit pas sa lumière et ses inspirations, on s'habitue dans le désordre, on persévère dans l'aveuglement, et on se conduit par humeur et par coutume, et non par l'esprit de celui qui est mort pour nous, afin que nous vivions à lui.

CHAPITRE XXIX.
Le supérieur qui doit régir les autres par l'esprit de Dieu, se doit régir lui-même par cet esprit saint. Il se doit particulièrement appliquer à maintenir quatre choses en la maison : 1° L'esprit d'abnégation ; 2° piété vers les choses divines ; 3° le soin d'acquérir et pratiquer les vraies vertus ; 4° la sévérité et exemplarité de la modestie et discipline extérieure. Nous devons servir Dieu parfaitement, tant à l'extérieur qu'à l'intérieur, et Dieu qui nous a donné l'esprit et le corps demande de nous un parfait usage de l'un et de l'autre.

Bref, le supérieur considérera que la même supériorité l'admoneste de son devoir ; car ceux qui lui sont soumis ne le sont pas pour être régis par ses passions ni par son esprit, mais par l'esprit de Dieu en lui, et cet esprit de Dieu le doit régir, et régir les autres par lui ; et il doit renoncer à son propre esprit pour être en la puissance et conduite de l'esprit de Dieu, comme il veut que les inférieurs soient en sa puissance et se rendent à son esprit. Et il doit ainsi faire le premier ce qu'il requiert des autres, et se rendre parfait et exact en tout, mais particulièrement il doit être exact en l'oraison, en l'exemple de la charité : en l'oraison, car il doit former et animer les autres en cet exercice, et doit y recevoir lumière et grâce pour les y aider ; en exemple, car ses mœurs doivent être une image vive de Jésus, une expression de sa vie et de ses comportements sur la terre, et une instruction parlante dans la maison, et d'autant plus parlante, que l'exemple est plus efficace que la parole ; et il doit cet exemple même avec intérêt, car il doit éclairer les autres en se consumant, comme le flambeau, ce disait Avila, un des grands personnages de notre siècle. En la charité envers tous les domestiques, les prévenant en leurs besoins, les accueillant avec suavité, les perfectionnant avec efficace, et donnant à tous sujet de croire qu'il les affectionne et estime selon Dieu, et qu'il s'oublie soi-même pour se souvenir d'eux et de leurs nécessités spirituelles et temporelles. Cette charité doit être son exercice et son étude principale, et les âmes sont les livres : *Epistola nostra vos estis (II Cor. III, 2)*, vivants et principaux où il doit étudier après le livre de vie, qui est Jésus et sa croix, où nous apprenons la charité de Dieu fait homme pour les âmes. Par cet esprit de charité, il doit chaque jour s'occuper à quelque effet spirituel en quelques-unes des âmes de la maison ; et s'il arrivait qu'il eût omis un jour sans voir, et bien faire à quelqu'un de ceux qui lui sont commis, il doit dire en soi-même, comme cet empereur, qu'il a perdu ce jour-là, car c'est son ouvrage et son exercice en la terre, de bien faire aux âmes de Jésus par esprit de Jésus. En cette intention et disposition, il doit être toujours vigilant, toujours en sollicitude : *Qui præest in sollicitudine (Rom. XII, 8)*, et son soin et vigilance le doit appliquer à tout, mais particulièrement à maintenir et conserver quatre choses dans les maisons et dans les âmes : 1° l'esprit d'abnégation auquel le Fils de Dieu a mis le premier point de son école et discipline ; 2° l'esprit de piété vers les choses divines et intérieures ; le soin d'acquérir et exercer les vraies vertus et les vertus solides ; 3° la sévérité et exemplarité de la modestie et discipline extérieure ; 4° ces quatre points sont nécessaires, et Dieu les a joints ensemble en ses institutions évangéliques, pour détremper l'amertume de l'abnégation dans l'onction de la piété et dans la douceur de l'esprit intérieur, et pour conduire le désir et l'exercice des vertus par la lumière de la grâce intérieure, et les conforter et conserver par la force de la discipline extérieure. Le supérieur révérera la conduite et sapience de Dieu, ordonnant ces quatre points en son école, et n'en omettra pas un, et se rendra soigneux, non-seulement du ménage, comme font quelques-uns, mais aussi de l'intérieur, cultivant les âmes dedans les voies de Dieu sur elles ; car Dieu est esprit, et veut être servi et adoré en esprit ; et comme l'esprit donne et conserve la vie au corps, aussi l'intérieur donne et conserve la perfection à l'état extérieur, et celui qui nous a donné et l'esprit et le corps, veut être servi de tout ce que nous sommes, suivant ce souhait apostolique : *Ipse Deus pacis sanctificet vos per omnia, ut integer spiritus vester, et anima, et corpus sine querela in adventu Domini nostri Jesu Christi servetur, Amen. (I Thess. IV, 23.)*

CHAPITRE XXX.

Les supérieurs sont obligés d'honorer singulièrement l'autorité de Jésus et de Marie, et s'y assujettir en tout. L'autorité de Jésus est fondée sur les communications divines faites à son humanité sainte, et sur ses travaux. L'autorité de Marie est dérivée de l'humanité qu'elle communique à Jésus.

Je dois clore cette institution des supérieurs par un avertissement que je leur fais d'honorer singulièrement l'autorité sainte et suprême de Jésus et de Marie sa sainte Mère sur les âmes. Cette autorité de Jésus doit être considérée, non-seulement en sa divinité, mais aussi en son humanité, selon laquelle il dit ces paroles : *Data est mihi omnis potestas (Matth. XXVIII, 18)*, etc. Cette autorité de Jésus est la vive source de celle de la Vierge, comme la Vierge est source de cette humanité, qui est unie à la divinité ; car l'humanité étant dérivée de la Vierge par l'opération du Saint-Esprit, et choisie du Père pour être unie à son Fils, elle reflue et répand sur la même Vierge une émanation de l'autorité qu'elle a reçue du Père, en recevant la personne de son Fils unique pour sa propre personne. Cette autorité de l'humanité sacrée de Jésus est fondée si dignement, si hautement, si saintement en sa subsistance, en la personne du Verbe, en son existence dans l'être divin, en sa séance à la droite du Père, et en son état en la vie céleste, et d'ailleurs elle est si légitimement acquise par les labeurs de sa vie voyagère, par le prix de son sang, par le mérite de sa croix, et nous doit être si chère, si précieuse, si agréable, que nous ne devons rien faire plus volontiers que de lui donner notre être, notre vie, notre amour ; et comme il s'est donné tout à nous, et tout au Père pour nous, nous devons continuellement nous donner tout à lui, assujettir tout ce que nous sommes et tout ce que nous avons à sa puissance, et nous anéantir en sa gloire.

CHAPITRE XXXI.

Les supérieurs doivent même rendre servitude au prochain pour l'amour de Jésus, et par hommage à sa puissance suprême. Humilité et charité, deux vertus inconnues au monde avant la venue de son sauveur.

Nous devons même rendre servitude à autrui par son amour, et par hommage à cette sienne puissance, ne servant pas seulement à lui, et pratiquant ces grandes et glorieuses paroles de l'Apôtre, esclave de Jésus, et des autres encore pour l'amour de Jésus : *Nos autem servos vestros per Jesum (II Cor. IV, 5)*, servants aux âmes en sujétion et humilité comme leurs esclaves, et comme leurs esclaves par Jésus. Ainsi en notre ministère, et en chaque action d'icelui, nous exerçons saintement l'humilité et la charité tout ensemble, les deux vertus plus grandes du christianisme, et les plus inconnues au monde avant l'arrivée de celui qui est la lumière et l'amour du monde ; car aimant Dieu dans les âmes, et nous humiliant sous le pouvoir de Jésus, nous servirons des âmes, ayant toujours présente cette autorité sacrée de Jésus sur elles et sur nous. Aimons et adorons cette autorité de Dieu-Homme, et de l'Homme-Dieu, en laquelle consiste tout notre bonheur en la terre et au ciel, en temps et en éternité : autorité par laquelle nous devons accomplir tous nos devoirs et toutes nos actions; autorité sous l'empire de laquelle nous devons consacrer notre vie et notre mort, et pour l'étendue de laquelle nous devons employer tous nos labeurs, servant par notre ministère à ce que son règne advienne, et son avénement s'approche, selon sa parole : *Adveniat regnum tuum* (Matth. I, 10), et celle de son bien-aimé saint Jean : *Veni, Domine Jesu.* (Apoc. XXII, 20.) Car c'est en cette parole que nous voulons finir cette institution en l'honneur de Jésus et de son bien-aimé disciple, qui a voulu finir en cette même parole le livre que Jésus-Christ a donné par lui à son Eglise.

CHAPITRE XXXII.

Les supérieurs doivent être dans un ardent désir de l'avénement de Jésus et de son règne. Nous ne sommes en la terre que pour établir le règne, et annoncer le glorieux avénement de Jésus.

Cette sainte parole donc que Jésus a voulu enclore en la prière qu'il a lui-même enseignée à tous les Chrétiens, et en laquelle le bien-aimé de Jésus a voulu clore en son *Apocalypse*, doit être gravée en nos esprits, et souvent exprimée en notre cœur et en notre bouche : car elle nous lie d'amour à Jésus et à son avénement, qui béatifie nos âmes et nos corps. Elle nous représente le fonds et la fin de notre ministère, qui tend à préparer et avancer le dernier avénement du Fils de Dieu, comme les prophètes servaient à son premier avénement. Elle nous marque un des devoirs principaux des Chrétiens, qui doivent être en attente et en désir même de cet avénement, selon ces propos du Fils de Dieu : *Estote similes hominibus exspectantibus dominum suum* (Luc. XII, 36); et ceux de son apôtre, qui approprie la couronne de Dieu. *Iis qui diligunt adventum ejus.* (II Tim. IV, 8.) Elle est conforme à l'esprit apostolique, qui représente à tous les fidèles ce dernier jour comme proche, qui n'est pas bien éloigné d'un chacun de nous en particulier, par l'heure prompte et incertaine de la mort. Servons-nous donc de cette sacrée parole, recueillant les affections et dispositions qu'elle doit produire en nous; reconnaissons l'état de notre vocation; rendons-nous dignes de ses œuvres, et consacrons et employons notre âme et notre ministère à l'effet pour lequel Dieu a créé l'un et ordonné l'autre, et voyons que nous sommes en la terre et en l'Eglise pour établir le règne et avancer le glorieux et souhaitable avénement de Jésus. Comportons-nous comme humbles sujets et dignes officiers de sa couronne, et vivons en sorte *Ut qui homo Dei et Christi esse jam cœpit, Deo et Christo dignus habeatur*, comme dit saint Cyprien. (serm. 4 *De mortalitate.*) A cet effet, correspondant aux desseins de Dieu sur nous, et servant en la puissance de son Fils en la terre, oublions-nous nous-mêmes, élevons-nous au ciel, adhérons à Jésus, Dieu et homme, adhérons à Marie, Vierge et mère, et mère de Dieu, et adhérons à Dieu même en son unité et trinité.

CHAPITRE XXXIII.

Les trois objets de la foi et piété chrétienne sont Dieu, Jésus et Marie. L'Eglise honore singulièrement la liaison ineffable de l'unité avec la trinité en Dieu; de l'humanité avec la divinité en Jésus; de la virginité avec la maternité en Marie. Marie porte le nom de Vierge par excellence. Nous devons invoquer souvent ces trois objets et tirer direction de ces trois autorités. Dieu a révélé la fécondité de son essence, au temps qu'il a voulu donner fécondité à l'Eglise, et la multiplier par toute la terre.

Ce sont les trois objets de la foi et piété chrétienne, qui reconnaît une merveille singulière en la liaison ineffable de l'unité avec la trinité en Dieu; de l'humanité avec la divinité en Jésus; de la virginité avec la maternité en la Vierge, qui porte ce nom par excellence, et par honneur de cette vertu rare et choisie pour honorer et accompagner la fécondité et maternité divine, qui a produit le Fils de Dieu au monde. Contemplons souvent ces trois merveilles, adressons-nous distinctement à ces trois objets distincts, dérivons notre direction de ces trois autorités différentes, de chacune selon leur condition et proportion, et nous adressons à l'autorité de Dieu suprême sur toutes choses, pour en tirer puissance et conduite ; adhérons à l'unité de son essence et à la fécondité de ses personnes pour concevoir l'esprit d'unité, de sapience, de charité et fécondité sainte et spirituelle dans son Eglise, en l'honneur et imitation de la fécondité et propriété des trois personnes divines. Car le Dieu que nous adorons *Deus unus et trinus est*, qui est un langage différent de celui qu'on tenait au peuple d'Israël, auquel Moïse disait simplement : *Deus tuus Deus unus est*, lui cachant la pluralité des personnes qui nous est révélée. Aussi lors cette unité était restreinte à un seul peuple, et maintenant on parle d'unité et de trinité tout ensemble. Et on nous apprend en l'unité la fécondité de notre Dieu, qui en l'honneur de cette sienne fécondité, au temps auquel il a voulu le révéler et manifester à son Eglise, il a aussi voulu bénir, étendre et dilater son Eglise par toute la terre. En la vertu et puissance de cette unité et fécondité, les supérieurs doivent être bénis, et assistés d'une fécondité sainte et spirituelle, produisant et étant à la connaissance de l'amour de Dieu dans les âmes, en honneur et imitation des processions divines qui sont par amour et par connaissance. En l'honneur donc de cette unité et trinité, travaillons en notre ministère; écoutons celui que Jésus a donné pour pasteur à toute son Eglise, et suivons ces sacrées paroles de saint Pierre : *Unusquisque sicut accepit gratiam in alterutrum illam administrantes, sicut boni dispensatores multiformis gratiæ Dei. Si quis loquitur, quasi sermones Dei : si quis ministrat, tanquam ex virtute, quam administrat Deus : ut in omnibus honorificetur Deus, per Jesum Christum : cui est gloria et imperium, in sæcula sæculorum. Amen. (I Petr. IV, 11.)*

TRAITÉ
DES ÉNERGUMÈNES.

CHAPITRE PREMIER.

QUE LA NATURE HUMAINE A COMMUNICATION AVEC LA NATURE ANGÉLIQUE.

I. *L'homme est un abrégé de toute la nature créée.* — II. *L'homme, en cette qualité, participe au bien et au mal de toutes les créatures, mais particulièrement des anges.* — III. *L'alliance de l'homme avec la nature angélique est la principale, et a l'éternité pour durée. L'homme même en ce monde entre en conversation avec l'ange, vérité connue par les païens, combien que les libertins de ce siècle s'en moquent.* — IV. *L'alliance de l'esprit humain et angélique est la plus étroite et la plus accomplie. Et en laquelle, selon la règle des sociétés, l'homme entre en partage de bien et de mal.* — V. *L'homme, au moment de sa création, n'a pas été élevé, comme les autres créatures, au dernier degré de son être : mais seulement doué de puissances, dont il tire lui-même ou sa perfection ou sa ruine.* — VI. *C'est pourquoi étant associé à des anges animés, les uns à son bien, les autres à sa ruine, il en tire ou un singulier avantage ou tout le contraire.*

I. Dieu voulant après toutes les autres créatures créer l'homme, et considérant que les quatre ordres qui comprennent l'étendue de la nature étaient entièrement remplis; l'ange ayant l'être intelligent; les animaux, le sensitif; les plantes, le végétatif; les éléments, l'être que l'on appelle simplement existant; en sorte qu'il ne restait plus rien de distinct et séparé qui pût être assigné particulièrement à l'homme, il ordonna que ce qui était de propre à chacun des quatre lui serait communiqué, et qu'en ce faisant il aurait existence comme les éléments, vie comme les plantes, sentiment comme les animaux et intelligence comme les anges.

Et tout ainsi que le sculpteur Phidias enchâssant son portrait dans la statue de Minerve, en fit comme un point principal auquel se rapportaient toutes les parties de la figure par les jointures intérieures (70) : ainsi le Créateur situant l'homme, qui est son image, au milieu du monde, c'est-à-dire entre le ciel et l'enfer, quant à la résidence; entre le temps et l'éternité, quant à la durée; entre lui et le diable, quant à la liberté, et entre les anges et les animaux, quant à la nature, il en fit comme un point et un centre auquel toutes les parties du monde se rapportent par les divers degrés de la nature, comme par des liaisons internes. Au moyen de quoi il se trouve allié à toutes choses, et toutes choses à lui, les matérielles par le moyen du corps, les spirituelles par le moyen de l'âme.

II. Cette alliance est de grande étendue, car étant contractée d'une part avec la nature angélique, et de l'autre avec la nature corporelle, l'homme se trouve communiquer aux biens et aux misères qui accompagnent l'une et l'autre nature. Dont nous voyons que tantôt il est recréé, et tantôt travaillé de la rencontre des choses corporelles, tantôt il est consolé par les visites des bons anges, et tantôt affligé des combats et assauts que les mauvais lui présentent. Bref, il participe au bien et au mal de chacune nature, d'autant que sa condition n'est pas limitée dans l'enclos de ce monde sensible comme celle des animaux, ni seulement mesurée par l'étendue du monde intelligible comme celle des anges; mais elle s'étend et à l'un et à l'autre, ayant des facultés intérieures propres à recevoir le bien et le mal, qui est au monde intelligible (pour parler avec Platon), comme il a des sens pour goûter la misère et la félicité qui est en ce monde sensible.

III. Or, de ces deux alliances, celle de l'homme avec la nature angélique est la principale, car elle ne dure pas moins que l'éternité, puisque l'homme, après le cours de cette vie mortelle, en attend une autre d'éternelle durée, en laquelle il n'aura compagnie que des bons ou des malins esprits; et au lieu d'un peu de jouissance qu'il aura eue des choses matérielles durant cette vie périssable, il sera éternellement conjoint aux spirituelles, lesquelles à la vérité sont proprement son partage. Car les choses matérielles ne le possèdent pas totalement, même en ce monde, d'autant que la conversation de l'ange l'occupe quelquefois, lequel ayant à vivre éternellement avec l'homme, ce n'est pas merveille si dès ce siècle il s'adjoint à lui. Les sages du monde n'étant éclairés que de sa lumière, n'en ont point douté, et l'antiquité païenne fait souvent mention des génies (qui étaient des démons, selon Tertullien [71]), de la fréquente communication desquels avec les hommes parle Épictète stoïcien, Plotin platonicien, et Em-

---

(70) ARISTOT. *De mundo*, c. 7.
(71) *Apolog.* c. 32. *Nescitis genios dæmones dici, et inde, diminutiva voce, dæmonia.*

pédocle différent de l'une et l'autre secte; tous néanmoins convenant en cette doctrine qu'il y a des intelligences élevées par-dessus notre nature, lesquelles ne dédaignent point ce qui leur est inférieur, se mêlent avec les hommes, entrent en propos avec eux, gouvernent et conduisent leurs intentions, et se rendent favorables ou contraires à leurs desseins; comme Platon, Plutarque et Apulée rapportent de l'esprit familier de Socrate (72), et l'un deux, du mauvais ange de Brutus et du démon de César Auguste, maîtrisant celui d'Antonius. Ce qui argue d'autant plus la dureté de ceux qui étant nés en un siècle plus instruit en la connaissance des choses divines, ne peuvent se persuader que la communication de notre nature s'étende plus loin que la portée des sens, ni que ces esprits divins aient aucun rapport avec le nôtre, ni aucune puissance qui parvienne jusqu'à nous; comme si en l'ordre des esprits il n'y avait point de liens entre ceux qui tiennent le premier et le dernier rang, vu qu'au monde matériel il y a une telle liaison entre les corps le plus haut et le plus bas de tous les éléments, que le ciel est joint à la terre d'une contiguïté indissoluble, et lui envoie son influence jusque dans ses entrailles; ou comme si ce n'était point assez à leur incrédulité de mépriser la raison, qui a même appris aux païens ce mutuel entretien entre les hommes et les démons, sans dédaigner l'expérience que nous en avons ès magiciens conduits des malins esprits et ès saints visités des anges.

IV. J'ajoute que l'alliance de l'esprit humain et angélique est la plus étroite. Car des deux parties qui composent notre tout, l'une étant terrestre, l'autre divine, celle-ci est la plus capable d'une parfaite association, comme étant la plus noble. De fait, l'homme recherche les choses matérielles et n'est point recherché d'elles. Mais entre les esprits le lien est réciproque, tellement que l'ange s'unit à l'homme et l'homme à lui, par le moyen des puissances intérieures de l'esprit qui l'anime. Et encore qu'il y ait disproportion en leur nature, si est-ce qu'il n'y a point d'inégalité en leur alliance, comme étant contractée entre deux sujets issus d'un même père de famille, qui les a mis en même rang dans l'ordre de sa providence, qui leur a préparé même prix, même peine, même demeure, même ciel et même enfer. Et si est cette alliance la plus accomplie, d'autant que la condition de l'ange est la plus élevée. Car il a en soi et avec avantage tout ce qui est de parfait aux choses matérielles; comme dans les choses établies selon un certain ordre, les plus hautes comprennent en puissance la perfection de celles qui leur sont inférieures. Il a aussi un pouvoir plus étendu et des affections (qui sont les liens de cette association) plus vives, plus fortes et plus efficaces, comme ne dépendant point du hasard duquel il n'est

sujet, ni d'aucune créature qui lui est entièrement inférieure. Même il lui est échu un sort bien plus signalé que celui des autres créatures, à savoir l'éternité de la gloire ou de la peine qui l'accompagne, dont le partage est fait à l'homme qui s'est associé avec lui, comme nous voyons que parmi les sociétés humaines, les pertes et les profits sont également départis.

V. Ces qualités d'alliance bien considérables montrent assez combien celle-ci importe à qui considérera l'état de la nature humaine, qui est d'une condition différente de celle des autres créatures. Car elles sont accomplies dès l'heure même qu'elles sont faites; le ciel n'étant pas maintenant plus parfait, ni la lumière plus vive, ni le feu plus actif, ni la terre plus ferme qu'au premier instant de leur création. Au lieu que l'homme, je dis l'homme sur la production duquel la Trinité a voulu délibérer, le faisant comme un abrégé de ses œuvres et une image de l'ouvrier, n'a pas été élevé comme les autres créatures au dernier degré de son être : mais seulement doué de puissances et inclinations singulières, desquelles par succession de temps, il tire lui-même la perfection de son bien-être ou sa ruine totale : comme s'il ressemblait proprement à un tableau duquel les premiers traits sont divinement tirés de la main d'un excellent ouvrier, qui laisse le pouvoir de le parfaire ou défaire, selon la condition des seconds traits qui y sont ajoutés. Et de cette différence une marque paraît au narré de la création, quand il dit que Dieu approuvait chacune de ses œuvres dès l'heure même qu'il l'avait faite, et qu'à l'issue de chacune il voyait et jugeait qu'elle était bonne. Ce qui est notamment omis en la création de l'homme, afin que nous jugions qu'il ne l'a point approuvé, comme étant un ouvrage qui n'avait pas encore sa dernière main.

VI. Or je laisse à penser si l'homme qui n'est pas en sa perfection étant associé avec des anges si animés, les uns à son bien, les autres à sa ruine, n'en recevra pas en l'établissement de sa condition un singulier avantage de la part des bons, et tout le contraire de la part des autres. A la vérité, si le philosophe païen conférant l'homme avec les animaux, était bien fondé de dire que « ce divin animal est le plus utile de tous quand il suit sa raison, et le plus pernicieux quand il s'en éloigne, parce qu'il a un esprit dont l'industrie est la plus signalée en la qualité, et la plus étendue en la diversité des moyens de profiter ou de nuire, et duquel le pouvoir égale la force dont la nature arme les animaux (73); » le philosophe chrétien conférant l'ange avec toutes les autres créatures, a meilleur droit de dire que la compagnie de ce divin esprit est la plus utile, agréable et accomplie quand il est joint à son principe, qui est la divinité; et la plus dommageable quand il en est séparé. Car ainsi que

---

(72) TERTULL., *Apolog.* cap. 22. « Sciunt dæmonas philosophi, Socrate ipso dæmonis arbitrium expectante. »

(73) ARISTOT., *De republ.* Ὥσπερ γὰρ καὶ τελεωθὲν βέλτιστον τῶν ζῴων ἄνθρωπός ἐστιν, οὕτω καὶ χωρισθὲν νόμου καὶ δίκης, χείριστον πάντων.

l'homme tient sous le ciel le plus haut lieu des choses animées, l'ange possède un être plus élevé que l'homme, comprend en vertu et en puissance la perfection de toutes choses créées, et tient le premier rang après la Divinité. Dont il est à préférer à toutes absolument, ainsi que l'homme à tous les animaux, et il peut plus que toutes, pour et contre l'homme, ayant une nature si active, un intellect tant élevé, une volonté si vive et si constante en ses mouvements, parties rares en elles-mêmes, puissantes en leurs opérations et applicables indifféremment à bien et à mal.

Disons donc que les anges conversent avec les hommes, comme parties d'un même monde, comme officiers d'un même maître, comme personnes douées presque de même esprit, et commes créatures destinées à un même sort; et que de la société de deux si grands sujets, l'ange et l'homme, il ne s'en peut rien attendre, soit heur, soit en infélicité, qui ne soit extrême.

CHAPITRE II.
QUE SATAN COMMUNIQUE AVEC L'HOMME DEPUIS L'ÉTAT DU PÉCHÉ, ET JUSQU'OU ARRIVE CETTE COMMUNICATION.

Le bannissement du ciel que le malin esprit porte, son activité naturelle, son impuissance à s'occuper en Dieu et à converser avec les bons anges et encore à se contenter en soi-même, et d'ailleurs la faiblesse de l'homme, sa liberté au bien et au mal, l'image de Dieu dont il lui reste quelques traits, et la capacité de la gloire, sont les causes qui l'induisent à entrer en communication avec lui. — II. *Et en outre, la victoire qu'il a gagnée sur l'homme, dont il porte la qualité de prince du monde, lui donne puissance sur la nature humaine.* — III. *Par cette puissance, il envahit le corps de l'homme, et se saisit de ses facultés et opérations, et cette invasion est ce que nous appelons possession.* — IV. *Le malin esprit essaye à se contenter dans la possession des énergumènes, comme superbe, comme lion rugissant, comme adversaire, comme destructeur.* — V. *Quand nous ne connaissons point les causes pour lesquelles Dieu permet au diable un si furieux attentat, la petitesse de nos esprits devrait ployer sous la grandeur de ses jugements; mais néanmoins quiconque l'examinera plus particulièrement, le trouvera conforme à sa justice, à sa grandeur, à sa bonté. En la possession des énergumènes, Dieu a préparé une troisième école pour les athées et les libertins, même pour les catéchumènes, les fidèles et les saints.*

I. Comme la communication de la nature humaine avec la nature angélique est dérivée de la communauté de l'être que nous remarquons en ces deux natures, ainsi l'association de l'homme chassé du paradis, avec l'ange banni du ciel, est fondée en la condition de leur commun accident. Car cet esprit angélique étant d'une capacité singulière continuellement active, et ne pouvant plus s'occuper en Dieu, lequel il a abandonné, ni converser avec les anges bienheureux desquels il s'est séparé, ni se reposer et contenter en soi-même à cause de sa difformité, ni même se regarder et contempler ainsi, défait et défiguré comme il est, il n'a plus autre regard que sur nos déportements; et son repos est d'être vagabond par la terre, sans autre occupation que d'agir et converser avec l'homme, lequel est seul entre toutes les créatures, capable de son association à cause de son être immatériel, et ensemble de son dessein malicieux, à raison de sa faiblesse et de sa liberté. Même la haine que Satan a contre Dieu (unique passion qui le peut occuper vers la Divinité) se réfléchit contre l'homme. Et comme la panthère, selon Basile, convertit sa fureur contre le portrait de celui auquel elle ne peut méfaire, ainsi le diable, qui hait Dieu et ne peut l'attaquer en son essence, se convertit à son image, et choisit l'homme pour le but de sa haine, d'autant plus âprement que l'ennui le sollicite d'abattre celui qu'il voit élevé au même degré de gloire que naguère il possédait, et qu'il a misérablement perdu.

Cet esprit donc extrêmement actif, assisté d'une malice égale à son activité et poussé de deux fortes passions, haine et ennui, contre l'homme, seul objet de son occupation et de son dessein; il le tourmente en toutes les manières que l'immanité d'un rare esprit peut inventer, et que la nature humaine peut souffrir. Voilà en quoi et pourquoi Satan communique avec nous; lequel ayant un naturel enclin à la communication, et depuis sa chute n'étant plus porté qu'au mal: comme il n'a plus aucun avec lequel il puisse ou veuille converser, sinon l'homme; aussi n'a-t-il plus rien qu'il lui puisse départir en cette communication que du mal, soit en ce monde, soit en l'autre, soit à l'âme, soit au corps. Reste tant seulement à considérer jusque où la malignité de cette intention peut s'étendre contre lui, en tant qu'il lui est inférieur par la condition de sa nature, et en tant qu'il est son esclave par la prévarication commune.

II. Auparavant l'état de l'homme était élevé d'une justice originelle, qui le rendait égal aux anges, supérieur à Satan, seigneur de ce monde sensible, ne relevant que de la divine majesté. Mais depuis qu'il fut porté par terre en ce duel mémorable que le serpent lui livra dans le paradis terrestre comme en un champ clos, Satan, qui auparavant n'avait aucun droit en ce monde, ni aucun pouvoir sur l'homme, comme victorieux il l'a dépouillé de son domaine, et s'est attribué la puissance et l'empire du monde, qui était échu à l'homme dès sa naissance, dont il en porte le titre de prince depuis cette usurpation (74). Et sans cesse il le poursuit par tentation, ne laissant son

---

(74) En saint Jean (c. XIV) le diable est appelé *le prince du monde.*

âme paisible tandis qu'elle est dans les limites de l'empire qu'il a conquis et usurpé sur nous.

III. Même il envahit quelquefois son propre corps, en sorte que comme avant le péché il s'incorpora dedans le serpent, maintenant il s'incorpore dedans l'homme. Et bien que l'âme réside toujours en ce corps comme en son domicile; si c'est qu'il en prend possession, et ôtant le pouvoir et l'usage qu'il y a, il substitue en son lieu sa force et son activité. Effet, à la vérité, et effort bien étrange; mais il vient d'un rare esprit et d'une rage nonpareille, et n'est pas du tout hors de la condition de notre nature. Car encore que l'être de l'homme soit comme un fonds appartenant en propriété à Dieu seul, duquel il porte la marque éternellement; si, est-il accompagné de plusieurs facultés et opérations, dont l'usage est comme un usufruit qui nous est concédé par le droit de nature, lequel Satan trouble quelquefois par tentation, et quelquefois usurpe par une invasion furieuse que nous appelons possession.

IV. Or la condition humaine, dépourvue de la justice originelle, est telle qu'il faut que ce pauvre esclave endure l'usurpation d'un si puissant ennemi, lequel ayant perdu le ciel, battu et poursuivi des bons anges, fait sa retraite dans l'homme comme dans un petit monde. Et ainsi qu'un prince chassé de son état, il pense relever aucunement sa condition en se logeant dedans le corps humain, puisque l'enfer où il est relégué lui est un lieu insupportable, puisque le ciel d'où il est banni lui est une place imprenable. Même comme superbe, il prétend satisfaire à son orgueil, en prenant possession d'une créature qui appartient à Dieu et non à lui. Comme lion rugissant, il se promet d'assouvir sa rage en déchirant l'homme, et défigurant l'image de la Divinité. (*I Petr.* v, 18.) Comme adversaire il s'assure d'accomplir son souhait de nuire à l'âme, en saisissant ses organes extérieurs, en occupant ses facultés intérieures, en la privant de ses actions, et en l'assiégeant et tourmentant de si près. Et en somme, comme un esprit qui a le nom et la qualité de destructeur (75), il se plaît à pervertir l'ordre de la nature, en ce que contre ses lois il se trouve que deux esprits sont joints en un même corps; l'âme, qui en est la forme ordinaire, est violemment dépossédée de ses organes; et l'ange qui n'a aucun rapport aux choses matérielles, est mis en possession des sens humains. Ce qui n'est pas un petit aiguillon au malin esprit, qui est infiniment désireux de dérégler l'ordre de la nature, depuis qu'il s'est retiré de ce bel ordre de la grâce auquel il avait été singulièrement élevé. Car étant destitué du pouvoir surnaturel, comme d'un apanage uniquement affecté aux enfants de Dieu, du nombre desquels il n'est plus, il ne peut pas se contenir en l'ordre de la nature, à raison du péché, qui, l'ayant éloigné de son centre, le rend perpétuellement inquiet et mourant. Et en ne fléchissant qu'à regret sous ses lois, il agit quelquefois outre, quelquefois contre, comme étant ces ordonnances établies par son capital ennemi, esquelles il est bien aise de contrevenir. Et comme si ce signe de la Divinité affectait de l'ensuivre en l'établissement qu'elle a fait de deux ordres limités, l'un au pouvoir de la créature, l'autre au vouloir du Créateur, il forme sur le modèle de ses appétits désordonnés, comme un tiers ordre d'accidents déréglés en l'état de ce monde. A quoi je réfère ce mouvement qui l'incline à s'introduire dans les animaux, comme dans les pourceaux en saint Luc (CVIII), dans les chameaux en saint Jérôme, qui paraît bien être un dérèglement en la nature, mais non pas un effet d'aucun autre motif spécifique, si ce n'est que quelqu'un le réfère avec Hilarion à la haine de Satan contre l'homme, laquelle a réflexion sur les animaux comme sur une des choses qui lui appartiennent (76).

V. Il est bien vrai que cet ordre, lequel Satan essaye de pervertir, est en la main de Dieu qui en est l'auteur; que l'homme sur lequel le malin esprit attente une telle usurpation, est en sa garde ainsi que le pupille en celle de son tuteur; et que ce même ennemi, qui ose dissiper les œuvres de Dieu, est dans le ressort de ce juge et Seigneur souverain qui le punit en sa fureur. Ce néanmoins, il trouve bon de lui permettre ce furieux attentat qu'il désigne au détriment de son pupille, et au dérèglement de l'état mis en la nature. En quoi la petitesse de notre esprit doit ployer sous la grandeur de ses jugements, car il n'appartient qu'à Dieu même de sonder la profondeur de ses conseils sur les enfants des hommes. Il faut que nous en admirions les effets et révérions les causes! Toutefois qui voudra examiner cet effet plus particulièrement, le trouvera conforme à sa justice: *Quæ armavit omnem creaturam in ultionem inimicorum* (77), et par conséquent celle-ci qui est la première de toutes, selon Job (XL, 14), qui appelle Satan sous le nom de Béhémoth, *principium viarum Dei*. Conforme à sa grandeur qui a voulu qu'un effet visible de sa justice paraisse dès maintenant au monde, ainsi comme il y a des effets visibles de ses autres perfections. Conforme à sa bonté qui a daigné préparer une troisième école, spécialement pour les âmes rebelles, lesquelles n'ayant pas profité en l'école de la nature, ni en celle de Jésus-Christ, et n'y ayant point appris à croire en Dieu (comme les athées), ni à craindre ses jugements (comme

---

(75) Eucub., lib. VIII, c. 1, dit que le terme de *démon* vient du nom hébreu *sdaim*, qui signifie *destructeur*.

(76) Hieron., *Vita Hilarii*.
(77) *Sap.* v, 40. Ainsi l'expliquent saint Grégoire et saint Jérôme.

les libertins), ont moyen de l'apprendre en cette école du diable, avant qu'éprouver sous sa géhenne la présence d'un Dieu et la rigueur de ses jugements. Ecole véritablement, non de la nature ni de la foi, mais de l'expérience en laquelle nous sommes confirmés en tout ce que la nature enseigne, et en tout ce que la foi représente. Car ici l'athée, qui fait monter le comble de ses péchés jusqu'à ne point reconnaître celui lequel il ne peut ignorer (78), est convaincu par ses sens, témoins seuls restants hors de reproche à son incrédulité, qu'il y a une essence divine ! Et l'homme, qui, n'ayant point soin de Dieu ne croit pas que Dieu ait soin de l'homme, voit ici une particulière providence à garantir une pauvre créature de la fureur d'un ennemi, sur lequel rien d'humain, rien de naturel n'a pouvoir. Ici le catéchumène est disposé à recevoir le joug de la foi en Jésus-Christ, en voyant les diables tellement domptés en son nom. Ses sens sont facilités à ne trouver pas si étrange l'union du Verbe avec l'humanité, quand il voit, s'il faut dire ainsi, un démon incarné en sa présence ! Et le fidèle est induit à ne point dédaigner la voix de l'Eglise, puisque Satan même ne la peut mépriser. Ici le libertin voit un éclat de ce tonnerre qui le brisera quelque jour, qui dès longtemps a foudroyé cet ange pour un seul acte déréglé, et qui en sa présence frappe si rudement un homme et un pécheur comme lui ; et le curieux, qui affecte à converser avec les démons en terre, assiste à un spectacle qui lui découvre au vrai quel sera le dernier et éternel comportement de Satan avec l'homme. Ce que le malin esprit cache et déguise en toutes ses autres actions hormis en celle-ci, en laquelle l'horreur de la rencontre de Satan avec l'homme en enfer est portrait plus qu'au vif, non en l'ombrage, mais en la réalité des mêmes personnes qui y concourent, l'homme et le diable, et des mêmes tourments qui y sont endurés. Portrait si accompli que rien n'y manque, non pas même la parole, car l'ange y témoigne par la voix du possédé comme par un organe emprunté, l'excès de son tourment et la rigueur du jugement de Dieu sur le péché, même celui que l'esprit de Dieu possède, profite en ce spectacle ; car il voit un modèle sur lequel il apprend à se laisser plus entièrement et absolument posséder à son Dieu, à ce qu'il vive et opère plus en lui que lui-même ; ainsi que l'âme de l'énergumène ne vit et n'opère pas tant en son corps que Satan qui le possède.

Enseignements très-hauts, utiles à tous, nécessaires à plusieurs quant à leur substance, et singuliers quant à la manière avec laquelle ils sont proposés ; car ils sont imprimés dans les sens desquels est le siège de l'infidélité qui moleste perpétuellement l'âme et quelquefois l'emporte durant l'obscurité de la foi, laquelle est rendue aucunement visible et sensible par cet accident.

CHAPITRE III.

QUE CETTE SORTE DE COMMUNICATION EN LAQUELLE SATAN S'INCORPORE DEDANS L'HOMME, EST FRÉQUENTE, MÊME DEPUIS LE MYSTÈRE DE L'INCARNATION.

I. *Les prophétesses du paganisme étaient autant de possédées de l'esprit malin.* — II. *Les révélations de ces prophétesses se faisaient par allocution du démon, non à elles, mais en elles, et avaient tous les accessoires d'une vraie possession, les approches, la résistance, les altérations.* — III. *Depuis le mystère de l'Incarnation, le diable n'a pas cessé de prendre possession des corps humains (quoique non plus sous le nom et l'apparence d'une déité comme auparavant), Dieu le permettant pour servir à l'établissement du christianisme.* — IV. *Depuis même que l'empire de Jésus-Christ a été fermement établi en la terre, Dieu a permis ces possessions comme autant utiles à y conserver la foi qu'à la planter.* — V. *Cela est prouvé par une raison excellente et forte, qui est que la Providence divine ayant, comme deux canaux, l'opération du bien et la permission du mal, toujours égaux entre eux-mêmes ; comme depuis le mystère de l'Incarnation, son opération en la terre est beaucoup plus remarquable, sa permission aussi en sera plus singulière et plus extraordinaire.* — VI. *Le diable depuis le mystère de l'Incarnation veut étendre les limites de sa domination en ce monde, selon qu'elles se raccourcissent en l'autre ; et il accroît le mal de la peine, depuis que le mal de la coulpe est diminué.* — VII. *L'ambition, la rage contre l'image de Dieu, et l'orgueil de Satan sont excités par le mystère de l'Incarnation. Que la misère est grande de l'homme possédé de Satan qui livre un combat furieux à son âme et donne un tourment extrême à son corps.*

I. Ceux qui n'ont pas le sens bien reposé en cette créance que les démons conversent avec les hommes, et que même ils occupent les corps humains, ont à mon avis quelque sujet de l'affermir par le discours précédent auquel il appert que cet effet n'est pas tant hors de proportion avec ses causes comme ils s'imaginent ; car l'homme par la condition de son être et par la servitude du péché, est sujet à endurer cet effort, et il n'est point malséant à Dieu de le permettre, ni désagréable à Satan de l'exécuter. Ceux aussi qui consentent à cette vérité, mais estiment que ces accidents arrivent rarement au monde, ont à mon avis peu de lecture ou de mémoire, n'y ayant eu aucun siècle entièrement exempt de ces rencontres, et les témoignages en étant gravés dans les plus éminents auteurs de l'antiquité.

Car les prophétesses du paganisme étaient autant de possédées de l'esprit malin qui émouvait leur corps et empruntait leurs or-

---

(78) « Hæc est summa delicti nolle agnoscere quem ignorare non potest. » (Cypr., *In idol.*

ganes pour prononcer ses oracles. Et Tertullien les met en ce rang dans son *Apologétique*, où il provoque les païens à venir voir leurs déités à l'épreuve de nos exorcismes, en la personne de quelqu'un qu'ils estimaient ou possédé d'un malin esprit, ou agité d'une fureur divine, lequel il peint d'un même crayon que leurs poëtes : *Producatur aliquis*, dit-il (c. 22), *ex iis qui de Deo pati dicuntur*, comme regardant à ces vers du poëte romain :

> At Phœbi nondum *patiens* immanis in antro
> Bacchatur vates.   Virg., *Æneid.*, vi.)

et du tragique Sénèque :

> Incipit læthea vates spargere horrentes comas
> Et *pati commota* Phœbum.   (*In œdip.*)

Et ajoute : *Qui aris inhalantes numen de nidore concipiunt, qui ructando curantur, qui anhelando profantur*, comme imitant ce trait de Virgile :

> Sed *pectus anhelum*.
> Et rabie fera corda tument, majorque videri.
> Nec mortale sonans afflata est numine quando
> Jam propiore Dei.   (*Æneid.*, vi.)

Même usant de ce terme *profantur* affecté aux divinations dans Varron (lib. v *De lingua latina*), et mis en ce sens dans le vers d'un ancien :

> Venus quem pulchra dearum.
> Fari donavit et divinum pectus habere.   (Ennius.)

et dans Sénèque :

> Responsa solve *fare* quem pœnæ vetant.   (*œdip.*)

Dont il n'est pas permis de douter que ce divin auteur n'ait entendu par ces termes, les prophétesses des gentils, lesquelles il a sujet de joindre aux démoniaques, et de juger qu'elles sont en un état auquel on peut les présenter aux exorcismes ecclésiastiques.

II. Car leurs révélations se faisaient par des allocutions verbales, non du démon à elles (ce qui supposerait seulement une assistance et une espèce de communication avec le malin esprit), mais du démon en elles : de sorte que cette manière de prophétiser avait tous les préparatifs et accessoires qui accompagnent une possession ; comme les approches de cet esprit, qui a coutume d'investir et assiéger ceux dont il prend possession, représentées en ces vers :

> Ventum erat ad limen cum virgo poscere fata.
> Tempus, ait, deus ecce deus.
>   (*Æneid.*, vi.)

Comme la résistance de la prophétesse aux premières saillies de l'esprit peu bénin selon la description même de leurs poëtes :

> Immanis in antro
> Bacchatur vates, magnum si pectore possit
> Excussisse deum.   (*Æneid.*, vi.)

qu'un autre dépeint en ces vers :

> Spumea tunc primum rabies vesana per ora
> Effluit, et gemitus et anhelo clara meatu
> Murmura.
>   (Lucan., *Pharsal.*, lib. v, *De Phœmono e Delphis oracula reddente*.)

Comme les altérations qui lui arrivent quand le démon commence à prévaloir, les mouvements furieux, les horreurs visibles, dont elle est saisie :

>   Subito non vultus, non color unus
> Non comptæ mansere comæ : sed pectus anhelum
> Et rabie fera corda tument, etc.
>   (Virgil., *Æneid.*, vi.)

Sur quoi Lucain :

>   Tunc mœstus vastis ululatus in antris
> Extremæque sonant, *domita jam virgine*, voces.
>   (*Pharsal.*, lib. v.)

Qui sont effets suffisants à convaincre la résidence du démon en ces prophétesses, puisque cet esprit ne parle et n'opère pas où il n'est point, quand bien même elle n'aurait point été remarquée par le lyrique.

>   Non adytis quatit
> Mentem sacerdotum incola Pythius.
>   (Horat., *Carm.*, lib. i, oda 16.)

III. Or, quand il n'a plus été loisible à Satan d'animer ses prophétesses, les temples étant fermés et les oracles cessés par la présence de celui qui est le temple et l'oracle de la Divinité, si n'a-t-il pas cessé de prendre possession des corps humains ; mais non plus sous le nom et l'apparence de quelque déité, et Dieu lui a permis la continuation de cet accident comme utile au monde (79). Car les annales de la foi nous assurent que c'est un des moyens qui a le plus servi à jeter les fondements de l'Etat chrétien ; et dans les plus précieux monuments de l'antiquité nous trouvons qu'il a été souvent employé à déraciner cette vieille plante du paganisme. Justin, martyr, n'omet pas de s'en servir à cet effet en l'apologie présentée au sénat romain. Jésus, dit-il, est né pour le salut des hommes et pour la ruine des anges malins. Ce que vous pouvez même connaître par les choses que vous voyez à l'œil, et qui échoient de jour en jour. Car il y a parmi le monde beaucoup de gens saisis des esprits immondes que nous appelons démoniaques, et s'en trouve même en votre cité ; et il est certain que plusieurs d'iceux, conjurés par les nôtres au nom de Jésus crucifié sous Ponce-Pilate, ont été guéris, ayant été en vain traités par tous autres médecins conjurateurs et enchanteurs. Tous les jours il s'en voit, et les nôtres les guérissent, poursuivant ces démons, et les chassant bien loin. Après lui, Tertullien prend ces mêmes armes en main, et or es il en combat les païens, leur disant : *Edatur hic aliquis sub tribunalibus vestris quem dæmone agi constet, jussus a quolibet Christiano loqui spiritus ille, tam se dæmonem confitebitur de vero, quam alibi Deum de falso*. (*Apolog.*, c. 23.) Or, il en défend les Chrétiens, répliquant aux gentils : *Hostes nos humani generis vocatis. At quis vos ab illis occultis et usquequaque vastantibus mentes et valetudines vestras hostibus eripit, a dæmoniorum dico incursibus : quæ de vobis sine mercede, sine præmio depellimus*. (*Ibid.*, c. 37.) Or il en élève l'autorité de leur créance en représentant à un officier de l'empereur ce pouvoir sur les démons : *Dæmones non tantum*

---

(79) L'Evangile est plein de ces histoires.

respuimus, verum et revincimus, et quotidie traducimus, et de hominibus expellimus sicut plurimis notum est. (*Ad Scapulam.*)

Et, au siècle suivant, saint Cyprien (*ad Demetriad.*) appelle le païen Démétrianus à cette même école des démons parlant ès démoniaques : *O si audire eos velles, et videre, quando a nobis adjurantur, torquentur spiritualibus flagris, verborum tormentis de obsessis corporibus ejiciuntur, ejulantes et gementes voce humana, et potestate divina flagella et verbera sentientes, venturum judicium confitentur. Veni et cognosce vera quæ dicimus; vel ipsis quos colis crede, vel tibi si volueris, videbis nos ab eis rogari quos rogas, timeri quos times, sub manus nostras stare vinctos, et tremere captivos quos suspicis et veneraris ut dominos*, etc. Quelques années après, le fameux Arnobe (lib. VIII, sive, ut alii, MINUTIUS *in Octavio.*) fait la même leçon à tous les gentils qu'a faite saint Cyprien à ce juge d'Afrique : *Hæc omnia sciunt plerique vestrum dæmones de se fateri quoties a nobis et meritis verborum, et orationis incendiis de corporibus exiguntur. Victi dolore, quod sunt eloquuntur; nec utique in turpitudinem sui, nonnullis præsertim vestrum assistentibus, mentiuntur. Ipsis testibus, esse eos dæmonas, de se verum confitentibus, credite. Adjurati enim per Deum verum et solum, inviti miseris corporibus inhorrescunt et vel exsiliunt statim, vel evanescunt gradatim prout fides patientis adjuvet, aut gratia curantis aspirat.* De ces quatre anciens auteurs, ornements de leur âge, écrivant en divers siècles, en divers lieux, contre mêmes ennemis, il appert que cet accident n'était point rare, ni inutile durant les premiers ans de l'Eglise. Car chacun d'eux en parle comme d'une chose fréquente en leur temps et en leurs provinces, que Dieu avait préparée ainsi qu'un violent remède dont l'invétérée maladie du genre humain avait besoin, et comme un moyen puissant à énerver la force et l'autorité du paganisme, que les démons mêmes détruisaient par des confessions extorquées en la géhenne que leur appliquait l'Eglise, lorsque les puissances humaines travaillaient plus à l'affermir et à le cimenter du sang de tant de peuples.

IV. Même depuis que l'empire de Jésus-Christ a été fermement établi en la terre, Dieu a permis que ces possessions violentes du malin esprit y aient continué, comme autant utiles à y conserver la foi qu'à la planter. Car le concile de Carthage, auquel assista saint Augustin, et celui de Laodicée, en traitent comme d'un mal ordinaire. Et avant et depuis ce temps, Severus Sulpitius en parle en ses *Dialogues*; saint Jérôme en la *Vie d'Hilarion*, saint Ambroise au sermon 91 *contre les ariens*, Théodoret en l'histoire des saints Pères de son temps, saint Bernard en la *Vie de l'évêque Malachie*, et un grand nombre d'autres docteurs célèbres, qu'il serait trop long et inutile de coter. Car il n'y a guère d'auteurs de marque, depuis l'âge florissant de l'Eglise, dans lesquels il n'y ait mention d'énergumènes et d'exorcismes; Dieu ayant en chaque siècle et en chaque province, donné cours à ce mal, lorsque l'impiété commençait de s'y introduire impunément, afin de maintenir les choses de la religion en leur entier, par ce même accident qui avait servi à les établir; comme si en l'état de la foi, le dire d'un ancien avait lieu, qui affirmait que les empires se conservaient aisément par les mêmes moyens avec lesquels ils étaient acquis.

V. Or, à ceci s'oppose une imagination de quelques-uns, qui estiment que cette œuvre du diable a été du tout anéantie par la venue de Jésus-Christ, comme si Satan, qui n'est pas totalement banni des cœurs, était toutefois du tout banni des corps humains; et comme s'il y avait apparence d'exclure cet effet en vertu d'un mystère qui le provoque et accroît davantage. Car omettant la considération de notre être naturel, qui n'étant en rien changé, n'est ni plus ni moins susceptible de cette vexation qu'auparavant, il appert que, puisque cet accident n'arrive jamais sans quelque occasion de la part de Dieu à le permettre, comme de la part du diable à l'exécuter, il sera plus fréquent si les motifs s'augmentent. Or, est-il que la providence de Dieu s'est de beaucoup augmentée au monde depuis ce mystère, et la rage de Satan contre l'homme de beaucoup enflammée. Et partant, cet accident que Dieu permet pour le bien de l'univers, et que Satan exécute pour le dommage de l'homme, sera multiplié selon l'accroissement de ces causes de la concurrence desquelles il est absolument dépendant.

La force de cette raison, c'est-à-dire la suite et la multiplication de cet effet, selon le degré que la divine Providence a depuis l'incarnation, est fondée en ce que celui-ci est un des objets de la permission de Dieu, et la permission de Dieu une des parties de sa Providence, laquelle coule incessamment par la permission du mal et par l'opération du bien, comme par deux canaux, chacun desquels est toujours en proportion avec sa source, toujours en égalité entre eux-mêmes qui sont comme les deux conduits. Il a ainsi plu à Dieu de départir sa providence et la diviser en ces deux intentions de faire et de permettre; et parce que chacune d'icelles est intention divine, chacune a son effet hors de Dieu en la disposition et en l'ordre du monde : il a voulu garder entre elles la même égalité qui est en tout ce qui vient de Dieu et en tout ce qui est au monde (80), afin que comme c'est le même Dieu qui fait et qui permet, il se rende également admirable en l'un et en l'autre, et autant redoutable en la permission comme aimable en l'opération. Or,

---

(80) Il y a égalité entre les perfections divines et proportion entre les choses du monde, considérées non tant en leur nature, comme au rapport qu'elles ont avec la cause première et souveraine. Car les perfections de Dieu sont idées des ouvrages qu'il opère hors de lui-même.

est-il que Dieu s'est allié au monde en s'unissant à l'homme par ce mystère; que sa providence y est plus étendue depuis cette alliance; que son opération y est plus insigne et remarquable qu'elle n'était auparavant; sa permission donc sera aussi plus singulière et plus extraordinaire, puisqu'elle suit la condition de sa source, qui est la Providence; puisqu'elle est toujours égale à son opération qui en est l'autre conduit. Et quel sera l'objet de cette permission singulière! Elle ne peut tomber que sur le mal, et elle ne doit ici tomber sur le mal de la coulpe, lequel ce mystère vient effacer et non pas tolérer plus qu'auparavant : ce sera donc sur le mal de la peine, non de l'éternelle qui, étant sans fin, n'est accrue ni diminuée depuis ce mystère, donc de la temporelle. Et non encore sur cette sorte de peine temporelle, qui étant naturelle, accompagne aussi bien notre nature devant comme après ce mystère et qui étant ordinaire, ne paraît pas assez convenable à la singularité de la permission divine. Ce sera donc sur un mal de peine temporelle qui soit extraordinaire et surnaturel, c'est-à-dire sur cette invasion du malin esprit que nous appelons possession, qui est un mal et un médicament tout ensemble à celui qui l'endure, et un mal le plus utile au monde de tous ceux qui environnent notre nature, et par conséquent le plus propre à tomber sous la permission de celui qui s'est allié de nouveau et de si près au monde. Et d'abondant, c'est l'unique de tous les objets de la permission divine, qui a quelque rapport avec le plus insigne ouvrage de son opération, c'est-à-dire avec l'incarnation, et qui est le plus digne de borner en ce monde l'excès de sa permission, comme l'autre est le plus singulier objet vers lequel se termine sa sainte opération.

VI. Dieu donc permet ce mal plus volontiers depuis l'incarnation, et Satan aussi est plus enclin à le faire. Car expérimentant de combien elle raccourcit l'étendue de son empire, de combien elle empêche la ressource de son Etat, qui est le mal de la coulpe; et combien d'hommes qui étaient ici ses vassaux, desquels il réservait les tourments à l'enfer pour les y traiter comme esclaves, lui sont ravis et logés pour jamais au ciel; jaloux qu'il est extrêmement de sa domination, il veut en étendre les limites en cet hémisphère, selon qu'elles se raccourcissent en l'autre; il veut accroître et anticiper dès ce siècle le mal de la peine, qui est comme un acte de sa principauté, puisque le mal de la coulpe, qui en est le cœur et le centre, s'affaiblit et diminue; et il attente de posséder les hommes en ce monde, puisqu'il en est dépossédé en l'autre.

VII. C'est l'effet de ce mystère qui presse si vivement l'ennemi; car il y va de son Etat, et chacun sait combien la jalousie en est puissante; mais il s'opiniâtre davantage à cet attentat, quand il aperçoit le secret de ce divin ouvrage; car il excite en cet esprit ses trois désirs principaux (81), dont l'un est le premier qu'il a jamais conçu, qu'il a depuis perpétuellement conservé, n'étant pas moins immuable en ses volontés qu'en son être, et qui se réfère à Dieu comme à un modèle auquel cet ambitieux a toujours affecté de ressembler, sinon en son essence, au moins en ses actions et en son autorité; le second se termine à l'homme comme à l'image de celui auquel Satan veut et ne peut nuire, contre laquelle il décoche tous les traits de sa rage; et le troisième regarde sa condition, que cet orgueilleux veut relever tant qu'il peut. Partant, dès lors qu'il a jeté l'œil sur le secret de ce divin mystère, auquel notre nature est élevée à un si haut degré d'honneur, son orgueil s'est enflé, et il a voulu le contenter en prenant possession d'une nature si élevée, sa rage contre nous s'est redoublée, et il a résolu de nuire à cet homme tant chéri et d'abaisser cet être tant exalté; son envie de ressembler au Très-Haut s'est augmentée, et comme il a plu à Dieu d'unir notre nature à l'hypostase de sa divinité, aussi ce singe de Dieu se plaît à s'unir à cette même nature, par une possession qui est l'ombre et l'idée de possession singulière que Dieu a prise de notre humanité en Jésus Christ; car en l'une c'est un Dieu, en l'autre c'est un démon revêtu de l'humaine nature; et en chacune de ces deux possessions, il y a deux esprits différents et deux natures complètes unies ensemble d'une liaison fort extraordinaire.

CHAPITRE IV.

QUE LA MISERE EST GRANDE DE L'HOMME POSSÉDÉ DE SATAN QUI LIVRE UN COMBAT FURIEUX A SON AME, ET DONNE UN TOURMENT EXTRÊME A SON COEUR.

I. *Ce mal ayant, en Satan qui l'opère, le mystère de l'Incarnation pour motif, est grand et fréquent.* — II. *Déduction excellente, par laquelle il est démontré qu'autant que notre nature est honorée et accomplie dans l'incarnation du Verbe, autant est-elle avilie et intéressée en l'alliance qu'elle a avec Satan; et en particulier dans cette vexation maligne.* — III. *Cette vexation étant celle par laquelle le diable consomme l'alliance qu'il a contractée avec notre nature, est la plus grande, la plus universelle, la plus longue, la moins connue et la plus dangereuse.* — IV. *Satan prive celui qu'il possède du bien que la vie apporte, et l'assujettit au mal, dont la mort nous exempte, c'est-à-dire lui ôte le pouvoir d'agir comme s'il était mort, et le fait pâtir comme s'il était vivant.* — V. *La condition de l'esprit en l'énergumène n'est pas moins pitoyable que celle du corps.*

I. Puisque l'incarnation est le motif et le

---

(81) Ce désir est exprimé en Isaïe (XIV, 14) sous le nom de Lucifer, qui dit : *Ero similis Altissimo*, etc.

modèle de cette opération de Satan, il y a bien apparence que le mal des énergumènes est accompagné des deux qualités qui rendent un accident plus remarquable, c'est-à-dire qu'il est grand en son espèce, étant formé sur un tel exemplaire; et que les démons l'introduisent souvent au monde, ressentant, outre les motifs ordinaires, des aiguillons nouveaux de la part de ce mystère; aiguillons si vifs et si poignants que les années seules de Jésus-Christ ont vu plus de démoniaques que tout le temps précédent de la Synagogue; tant cet objet allume vivement leur rage, leur orgueil et leur envie de faire un chef-d'œuvre semblable.

II. Or de ces deux qualités la dernière ayant été traitée au discours précédent, entrons maintenant en quelque considération de l'autre, et voyons combien grand est le mal que nous avons dit être si fréquent, et avait eu cours en tout temps, en tous lieux, parmi les Juifs, les païens et les Chrétiens. Et de la même incarnation, en tant qu'elle est le modèle sur lequel le malin esprit a tiré l'idée de ce dessein, tirons et concluons que notre nature étant exposée à deux sortes d'alliance de deux bien différents partis, sa condition est autant misérable en l'une, comme elle est accomplie en l'autre. Car l'un venant du ciel, et l'autre de l'enfer, l'un étant plein d'honneur, et l'autre de misère, si la condition d'une alliance suit celle du sujet auquel on est allié, il s'ensuit justement qu'il y aura autant de proportion entre l'excès de la misère de l'une, et entre le comble de la félicité de l'autre, comme il y a de différence entre ces deux partis, et comme il y a de similitude en la proximité de chacune de ces alliances avec notre nature. Or est-il que la différence paraît extrême, en ce que l'un de ces deux alliés est Dieu, et l'autre le diable; et la similitude de ces deux alliances est grande, en ce que chacun est le principe des opérations de la nature laquelle ils possèdent. Comme donc que notre humanité est souverainement honorée et accomplie en l'une, en tant qu'elle est entée en la divinité, aussi est-elle extrêmement avilie et intéressée en l'autre; en tant qu'elle touche de si près à la même misère, et en tant qu'elle est jointe à une chose plus vile que le néant même.

III. La conséquence est réciproque, mais d'abondant, la misère de cette seconde alliance est fondée en l'inclination de cet esprit infernal, lequel étant séparé pour jamais de son centre, n'a plus autre repos que dans le mal de la coulpe à laquelle il nous attire, ou dans le mal de la peine en laquelle il nous plonge. D'où vient qu'il accomplit par tourments cette alliance, laquelle il a contractée avec la nature qu'il possède, et qu'il la consomme par une espèce de vexation, la plus grande de toutes celles que l'homme peut souffrir, car elle enclôt toutes les autres; la plus universelle, car elle concerne le corps et l'âme; la plus longue, car ce qui l'opère ne s'use et ne diminue point; la moins connue, car sa cause est invisible; la plus dangereuse, car elle tend à une ruine irréparable de l'âme et du corps.

IV. C'est l'issue de ce mal étrange, si on n'y remédie; c'est le dessein de ce malin esprit, si on ne l'empêche, qui, par cette union violente, veut désunir le corps d'avec l'âme, et l'âme d'avec Dieu qui est sa vie et son principe. Car, en saisissant le corps, il assiège l'esprit; en affligeant les sens, il affaiblit l'âme; en occupant ses organes et ses facultés corporelles, il investit son essence. Tellement que le possédé endure tout ensemble, et un violent assaut en l'esprit, et un grand tourment au corps. Ceci sera mieux considéré si nous remarquons que le malin esprit, qui est puni de Dieu en sa fureur, épand, par manière de dire, son malheur hors de soi-même, et envoie à ce corps adjoint la réflexion de son tourment: même le réduit en tel état, que ce corps n'est pas privé du mal dont la mort l'exempte, ni accompagné du bien que la vie lui apporte. Car étant naturellement doué d'une faculté d'agir et de pâtir, ces deux fonctions que la vie conserve, et que la mort éteint conjointement, sont ici séparées: en sorte que l'énergumène n'agit non plus en son propre corps que s'il était mort; et il ne laisse d'y pâtir étant plein de vie et de sentiment, comme si Satan l'avait réduit à un état moyen entre celui de la vie et de la mort, tirant du côté de la mort la privation d'agir, et de la part de la vie la faculté de pâtir, et par ainsi le dépouillant de l'heur qui accompagne l'une et l'autre condition. Car si le corps n'agit plus par la mort, aussi ne pâtit-il plus! Et s'il est durant la vie sujet à quelque souffrance, aussi a-t-il le moyen d'agir: de façon que, s'il a du détriment en l'un, il a de l'avantage en l'autre. Mais il n'a point ici le pouvoir d'agir que la vie lui donne, ni l'exemption de pâtir que la mort apporte, en tant que l'énergumène n'est pas privé de la vie, et qu'il n'est vif que pour pâtir: ainsi comme en l'état de la vive-éternelle-mort, le damné n'est vivant que pour souffrir.

V. Semblablement la condition de l'esprit est fort pitoyable. Car, en cette rencontre, il est combattu de près, puisque l'ennemi tient une espèce de garnison en son corps: et il est combattu avec des efforts intérieurs, puisque Satan, par sa présence, émeut les passions humaines, au lieu qu'en les autres rencontres il ne nous offense que de loin, sans effort, et par des objets seulement extérieurs. Et encore agit-il ici avec une âme non-seulement investie, mais aussi désarmée, en tant qu'il lui a soustrait ses armes défensives, c'est-à-dire les actes intérieurs desquels le ressort est aux facultés que l'ennemi occupe, au lieu que parmi les autres combats, l'âme a toujours l'usage et la liberté de ses fonctions pour se défendre.

CHAPITRE V.

QUE DIEU A PRÉPARÉ UN REMÈDE ORDINAIRE, A UN MAL SI GRAND ET SI FRÉQUENT.

I. *La foi n'est pas le secours que Dieu a pré-*

paré à ce mal. — II. *Dieu a établi dans son Eglise un ordre, particulièrement destiné au combat et à l'expulsion des malins esprits. Ce qu'on dit des exorcismes de Salomon et de l'usage qu'en fit Eleazarus, est grandement suspect.* — III. *On remarque parmi les Juifs, depuis la venue du Messie, une manière légitime d'exorcisme, affectée au nom ineffable de Dieu. Le même privilége a été conféré au nom de Jésus, en la naissance de l'Evangile.* — IV. *Il n'y avait en la Synagogue aucun ordre ou puissance ordinaire pour chasser les malins esprits; et l'usage de cette sorte d'exorcisme affecté au nom ineffable de Dieu, était très-rare et comme extraordinaire, et ne se remarque sinon depuis la venue du Messie.* — V. *Le pouvoir de Jésus-Christ en l'expulsion ordinaire des démons étonne plus les Juifs que tous ses autres miracles.* — VI. *Depuis que l'homme est entré en une alliance si étroite avec Dieu, par le mystère de l'Incarnation, qu'il daigne nous appeler ses frères, il a reçu pour apanage de cette nouvelle dignité, juridiction sur les démons. Il y a plusieurs autres raisons pour lesquelles cette puissance sur les malins esprits est maintenant ordinaire.*

I. La qualité de ce combat, mais plus encore la condition nouvelle de la créature laquelle est combattue, nous fait attendre du secours : car elle appartient de trop près à Jésus-Christ pour être abandonnée à un tel ennemi. Et la condition de l'ennemi qui combat, étant élevée par-dessus les atteintes de la nature, nous fait attendre un secours surnaturel, et un secours autre que celui lequel nous pouvons tirer de la foi. Car si elle compatit avec le péché même, beaucoup plus compatira-t-elle avec la peine du péché; et si, selon saint Jacques, elle est parmi les diables sans les changer, beaucoup plus sera-t-elle ès démoniaques sans les délivrer. Que si même l'acte de la foi exercé de l'âme travaillée de ce mal, n'est pas un médicament assez fort pour le repousser, beaucoup moins, étant exercé par un autre, pourra-t-il rendre cet effet. De là vient que les apôtres, après avoir subi le joug de la créance en Jésus-Christ, même après avoir été admis à l'état de la foi le plus éminent, qui est l'apostolat, reçoivent, comme un don distinct et séparé, le pouvoir de commander aux malins esprits, en saint Matthieu x.

II. C'est pourquoi celui qui nous donne la patience contre les ennemis de la terre et la force contre les ennemis du ciel, a renforcé la milice de son Eglise d'un ordre particulièrement destiné au combat et à l'expulsion des malins esprits.

Ordre que nous pouvons dire être propre et particulier à l'Eglise chrétienne. Car il est incertain si la Synagogue l'a eu, et il appert qu'elle n'en a point usé envers Saül; et ce qui se raconte, depuis le temps de Saül, des exorcismes de Salomon (outre qu'il doit être plutôt référé a un art et à l'institution de quelque formulaire, que non pas à l'établissement d'un nouvel ordre fait par Salomon renommé en sapience, et non en juridiction, ni ordinaire, ni extraordinaire dans la Synagogue), il n'est pas bien assuré entre les doctes, dont quelques-uns ne l'admettent pas; et quelques autres le réfèrent au temps de son idolâtrie. Et certes, la pratique d'Eléazarus, sur l'autorité de laquelle est fondée cette opinion des exorcismes de Salomon, est marquée de deux circonstances qui la rendent fort suspecte : car elle est pratiquée longtemps après la mort de Jésus-Christ, après la promulgation de l'Evangile publié par les apôtres, après ces voix lamentables des anges qui abandonnent même le sanctuaire de la Synagogue, et après la condamnation et punition publique du judaïsme exécutée par l'armée romaine (82). Cette circonstance du temps est bien à observer, parce qu'il est certain que l'homme n'a de soi-même aucun pouvoir sur le diable, et il est difficile à croire que les Juifs tirent un pouvoir du ciel, lorsque leur foi n'est qu'impiété, lorsque leurs cérémonies ne sont qu'en abomination, lorsque le secours des anges leur est ôté, lorsque le corps même de la Synagogue est délaissé de Dieu (83). En un corps qui n'avait plus de vie, depuis qu'il avait fait occire celui qui était la vie même, et qui répandait son venin mortel par tous ses membres, depuis que l'Evangile fut répandu par la terre; quelques particuliers auraient-ils bien rendu un tel effort contre le diable, en la juridiction duquel ils étaient passés, et en la force d'un Dieu lequel ils avaient abandonné! Et la main de la Synagogue étant devenue sèche et impotente à faire miracles, aurait-elle pu faire un chef-d'œuvre si miraculeux en la nature que la guérison des énergumènes!

La seconde circonstance, qui est la forme dont Eléazarus usa, est bien autant suspecte, car elle a plus apparence d'une cure que l'on fait par application de certains médicaments, que d'un exorcisme qui est un acte de juridiction exécuté envers les démons (ainsi que le mot d'exorciser simplement énoncé, apprend à un chacun, et plus encore la pratique de Jésus-Christ en l'Evangile (84), de saint Paul aux *Actes* (85), des Juifs mêmes enfants de Scéva (86) en l'Ecriture, et généralement de tous ceux qui ont exercé cet office autant et depuis Eléazarus), vu qu'il ne fit aucun commandement au malin esprit de sortir hors du corps : ainsi il se contenta d'appliquer une racine au nez du possédé, comme si les simples avaient quelque pouvoir sur des anges, et les choses matérielles quelque vertu à l'encontre d'une créature purement immatérielle, et comme s'il y avait apparence à

---

(82) *Vide* Josephum, *Bellum Judaicum.*
(83) *Ego sum vita,* dit Jésus de soi-même en saint Jean (xiv, 16). *Tunc enim mortifera erant legalia, ex Augustino epist.* 19, *ad Hieron.*

(84) Luc. ix; Marc. i, et alibi passim.
(85) C. xvi, 18 : *Paulus conversus spiritui dixit : Præcipio tibi exire ab ea.*
(86) Act. xix, 13 : *Adjuro te per Jesum,* etc.

juger qu'un pur esprit soit attiré de l'odeur, voire tellement transporté de ce sentiment, qu'il en quitte une place en laquelle il est détenu de liens si étroits et si puissants. J'ajoute que Justin, martyr, reproche à Triphon, Juif, un pareil formulaire d'exorciser, comme étant emprunté des gentils : ce qu'il n'eût jamais fait, si, en son siècle peu éloigné de celui de Josèphe (auteur sur lequel est fondée l'opinion contraire), il y eût eu en la Synagogue un formulaire semblable reconnu des Chrétiens pour ouvrage de Salomon, tandis qu'il était en possession de la sapience infuse.

III. Je vois bien dans Epiphane (87) une autre forme judaïque d'exorciser, non attribuée à Salomon, ni dépendante de quelque dignité et autorité affectée à la personne qui exorcise, mais d'une prérogative conférée à un des noms de la Divinité, lequel on peut recueillir des circonstances du texte, être cet ineffable tétragramme. Ce qui suffit à expliquer le texte des *Actes* (c. XIX), où les enfants de Scéva sont nommés exorcistes, et la réplique de Jésus-Christ (*Matth.* XII) aux Pharisiens, en laquelle il attribue aux enfants des Juifs le pouvoir de chasser le diable, quand on ne voudrait référer ces paroles aux apôtres, suivant saint Jérôme (*in Matth.*) et un grand homme de notre temps (88), et sert à entendre saint Irénée, lorsqu'il a dit : *Domini nostri nomini subjecta sunt omnia, et propter hoc Judæi usque nunc hac ipsa advocatione dæmonas effugant, quando omnia timeant invocationem ejus qui fecit ea.* (Lib. II *Adversus hæres.*) Car de référer l'énergie de cette invocation à la foi des Juifs qui étaient lors infidèles, il n'y a point d'apparence ; d'étendre aussi généralement cette prérogative à toute sorte d'invocation du nom de Dieu, sans égard à la foi de celui qui la prononce, c'est avec peu de fondement et contre l'expérience. Et de la référer à cette espèce d'invocation de Dieu qui se faisait en la prononciation de ce nom mystérieux, c'est sans contraindre le texte d'Irénée, c'est conformément au rapport d'Epiphane, c'est avec fondement en l'Evangile, auquel nous voyons un exemple d'un privilége semblable conféré au nom de Jésus, en la prononciation duquel les diables étaient chassés, encore qu'elle fût faite par personne qui n'avait point de créance en Jésus-Christ (89) ; et ce n'est pas sans raison, y ayant bien apparence de croire que cette prérogative a été conférée à un des noms de la divinité (sans respect de la foi de celui qui le prononce) en un temps où il fallait établir l'unité d'un Dieu au milieu des païens, et la vérité d'une religion divine parmi des philosophes, ainsi comme elle a été concédée à un des noms du Messie pour autoriser sa venue parmi les Juifs (90).

IV. Donc ce qui est exprimé dedans les livres, ou sacrés, ou profanes, ne nous empêche pas de croire que cet ordre est propre à l'Eglise chrétienne. Que s'il eût été communiqué à la Synagogue, je ne puis pas estimer que l'usage n'en eût été fréquent, au moins depuis la naissance et avant la prédication du Messie. Car lors le nombre des démoniaques était si grand, que partout le Sauveur en rencontre, ès synagogues, ès villes, en la campagne, à l'issue de ses plus grandes retraites. Le mal était si public que même il tient et infecte les chemins (91) ; et le désir d'en être délivré était tel, que partout ils cherchent le libérateur, jusqu'à pénétrer les lieux plus éloignés et déserts, desquels il se retire ores pour prier, et ores pour déployer en secret ses mystères. Un tel mal eût-il laissé en repos ceux qui avaient le pouvoir de le guérir? Et ce repos eût-il été tolérable en eux? Les malades accouraient bien à la piscine, et l'entouraient par un long espace de leur vie, pour y trouver la guérison qui était faite à un seulement, et en un certain temps de l'année. Ceux-ci donc affligés d'un tel mal, pressés d'un tel désir, n'eussent-ils point accouru à la source commune et ordinaire de l'autorité, laquelle ils eussent cru par foi, et su par expérience résider en la Synagogue pour les délivrer en tout temps. Le peuple ne cesse de les présenter à Jésus-Christ dès l'heure même que le premier effet de son pouvoir a paru. Ne les eût-il donc point présentés à la Synagogue aussi soigneusement lors que le Sauveur était et ne paraissait point au monde? Et la Synagogue n'eût-elle pas diminué et enfin épuisé ce grand nombre de démoniaques, desquels au moins une partie était avant que Jésus-Christ parût avec pouvoir, comme entre autres celui qui était possédé dès l'enfance (92). N'eût-elle pas aussi retenu par cette sienne autorité ces furieux démoniaques que les chaînes ne pouvaient retenir, que les maisons ne pouvaient enclore, qui profanaient les monuments et infectaient les chemins? Ou bien ce zèle et intérêt d'honneur qui possédait tellement les scribes et les pharisiens, ne les eût-il point émus à employer leur pouvoir sur les énergumènes, et à tenter mêmes effets à l'envi de Jésus-Christ et des apôtres, comme firent jadis les mages à l'envi de Moïse, spécialement envers cet enfant que les apôtres ne peuvent garantir ! Car comme ce pouvoir leur manquant, les scribes contestèrent contre eux selon cette remarque de l'évangéliste : *Scribæ erant conquirentes cum eis* (*Marc.* IX, 13), et les confondirent de paroles, en ce qu'ils avaient voulu, et n'avaient pu effectuer cette délivrance : il y a

---

(87) *Adversus Ebionæos.*, hæres. 30.
(88) Maldonatus, *In Matth.*
(89) *Vidimus quemdam in nomine tuo ejicientem dæmonia qui non sequitur nos*, disent les apôtres à Jésus-Christ. (*Marc.* IX, 37.)
(90) Ex Aug., l. IV *De consensu Evang.*, c. 5, et ex Theophil. in hunc locum.
(91) *Occurrerunt ei duo habentes dæmonia sævi nimis, ita ut nemo transire posset per viam illam.* (*Matth.* VIII, 28 ; *Luc.* VIII, 27.)
(92) *Quantum temporis est ex quo ei hoc accidit. Et ille ait : ab infantia.* (*Marc.* IX, 20 ; *Luc.* VIII.)

bien apparence que l'ardeur de la contention les eût facilement provoqués à confondre par effet ce petit troupeau de Jésus-Christ, en faisant sur le pauvre lunatique un essai de leur autorité envers les démoniaques, si tant est qu'ils l'eussent eu et qu'ils en eussent ordinairement usé. Car il ne leur était pas loisible d'y employer le nom ineffable (si dès lors il avait ce privilége de chasser les démons) duquel la prolation mystique et religieuse était réservée au grand prêtre, et ce dans le sanctuaire seulement; n'y peut être possible, si ce nom mystérieux était autant inconnu en leur siècle, comme il est maintenant parmi les plus doctes d'entre les Hébreux et les Chrétiens (93).

V. Or si l'usage de cet ordre prétendu en la Synagogue eût été fréquent, comment est-ce que Jésus-Christ se serait rendu tant admirable parmi les Juifs, par les moyens de ce sien pouvoir sur les malins esprits, qui les émouvait plus que toutes les autres merveilles? Car leur infidélité n'est point ébranlée lorsqu'il nettoie les lépreux, lorsqu'il guérit les sourds, lorsqu'il illumine les aveugles, lorsqu'il ressuscite les morts. Ces effets rares et de longtemps non pratiqués parmi les Juifs, sont exécutés sans effet dans leurs esprits : au lieu que toutes et quantes fois qu'il délivre quelque démoniaque, il laisse quelque monument extraordinaire dedans leurs âmes. Tellement que ces cœurs endurcis durant les autres effets miraculeux, sont amollis en l'épreuve de celui-ci, s'écriant avec admiration : *Quidnam est hoc? quænam doctrina hæc nova? Quia in potestate et spiritibus immundis imperat* (*Marc.* I, 27); signifiant par cette particule exagérative, *et spiritibus imperat*, comme ils estiment plus l'empire de Jésus-Christ sur les esprits immondes, que sur les corps, que sur la maladie et que sur la mort même : et ces âmes insensibles durant les autres merveil.es, s'étonnent toutes de celle-ci : *Stupebant omnes in magnitudine Dei* (*Luc.* IX, 14); même osent les préférer à toutes les merveilles d'Israël, arrivées en quelque temps que ce soit (94) : et ces esprits, indomptables par tous les autres moyens extraordinaires, sont réduits à la créance du Messie par un seul acte de juridiction sur les diables, en saint Matthieu XII : *Stupebant turbæ et dicebant : Nonne hic est filius David.* Les pharisiens aussi s'empêchent plus de cet exploit de Jésus-Christ que de pas un autre, desquels ils se contentent d'en calomnier quelque circonstance, comme étant moins importants : au lieu qu'ils essayent même de contrôler la substance et la vérité de cette action. Et toutefois si ces délivrances d'énergumènes eussent été fréquentes parmi les Juifs, et dépendantes d'une autorité communiquée à la personne qui exorcise, elles n'eussent pas ému des cœurs plus durs que pierre au regard des autres merveilles, selon cette maxime qui n'a pas moins de lieu en l'état de l'esprit qu'en celui de la nature : *Ab assuetis non fit passio, et si fit, non tanta fit*. Et des esprits rebelles n'en eussent pas été convaincus, n'y ayant aucun sujet de reconnaître en Jésus-Christ une dignité si extraordinaire en la Synagogue, comme est la qualité du Messie, par un exploit commun, non-seulement à ses prophètes ou à ses principaux sacrificateurs, mais aussi à ses moindres exorcistes. Et outre que les pharisiens n'eussent pas omis une raison si présente et si sensible, pour exténuer cette merveille, ils eussent plus apparemment satisfait à la conscience des assistants, émus de ce pouvoir du Sauveur sur les démons, en le rapportant au privilége connu et ordinaire en la Synagogue, que non pas en le référant à la puissance occulte de Béelzébut, comme ils font, en saint Marc III, en saint Matthieu IX, en saint Luc II et en saint Matthieu XII.

VI. Recueillons donc de cet article, que l'autorité d'aucun grave auteur ne nous empêche point, et que la raison nous oblige à croire que cet ordre a été réservé à l'Eglise chrétienne; soit que nous remarquions les effets qui accompagnent la nouveauté de son premier usage en son chef Jésus-Christ; soit que nous considérions la qualité du mal que cet ordre combat, lequel a cours spécialement depuis l'incarnation; soit que nous ayons égard à la condition de la Providence divine, le propre de laquelle est de préparer des remèdes ordinaires aux inconvénients fréquents, et tandis qu'ils sont rares, d'y subvenir par des voies extraordinaires; soit que nous jetions l'œil sur le mystère de l'Incarnation, lequel étant le motif et le modèle de cette étrange possession, est aussi la source vive de laquelle coule à jamais cette autorité qui doit y apporter remède. Car, avant que l'homme fût joint de sa consanguinité à celui qui a empire sur toutes choses, et lorsqu'il n'était pas tant favorisé que d'avoir aucune entrée à la cour du ciel (95), il n'y avait pas grande apparence qu'il eût pour esclaves, ceux dont la qualité est si éminente, qu'il n'y a puissance aucune sur la terre qui leur puisse être opposée. (*Job* XLI.) Là où maintenant que la nature humaine est non-seulement affranchie de la captivité du diable, mais elle est même honorée de la fraternité de Jésus-Christ, qui l'a vêtue et élevée avec lui par-dessus les cieux des cieux (96); il semble que ce titre illustre, qui nous donne juridiction sur les démons, est l'apanage de notre nouvelle dignité. Et que, comme l'incarnation apporte au genre humain un rétablissement des droits et franchises perdues par le péché, ou une commutation en des prérogatives

---

(93) *Vide* LINDANUM, *In psal.* CXVIII; GENEBR. *lib.* I *De Trinit.*, *et* BELLARM, *In Gram. Hebr.*

(94) *Nunquam apparuit sic in Israel.* (*Matth.* IX, 33.)

(95) Avant la mort de Jésus-Christ, les pères étaient aux limbes, et non au ciel, selon la doctrine de l'Eglise.

(96) Jésus-Christ appelle les hommes ses frères, en saint *Matth.* XXVIII : *Nuntiate fratribus meis*, etc.

plus honorables : aussi est-ce d'elle et non d'ailleurs que nous devons tirer cette ordinaire et perpétuelle autorité sur la nature immatérielle, en échange du pouvoir ordinaire que nous avions en l'état de justice, sur la nature conjointe à la matière. Autorité qui élève bien plus notre condition que l'autre : car ce pouvoir n'était lors que sur des animaux, et il est ici sur des anges.

CHAPITRE VI.

QUELLE EST LA QUALITÉ PRÉCISE DE CETTE VEXATION DU MALIN ESPRIT.

I. *La possession consiste précisément en un droit que le malin esprit a de résider au corps du possédé et de l'altérer. La résidence et l'altération, qui sont les deux points constitutifs de la possession, peuvent monter ou rabaisser selon divers degrés.* — II. *Saül était énergumène; mais en qui néanmoins il y avait grande liberté, et pour sa conduite particulière et pour le gouvernement de son Etat. Le même est remarqué par saint Jérôme en un favori de l'empereur Constance.* — III. *Il y a des possessions dont l'altération n'est autre qu'une manière d'infirmité ordinaire.* — IV. *Il y en a d'autres dont l'altération n'est sinon la privation d'une ou de deux facultés, comme de l'ouïe, de la vue ou de la parole. Les esprits malins sont dénommés des vices ou des peines qu'ils apportent à ceux dont ils se saisissent. En quelques possessions l'énergumène est exempt de la géhenne et torture de Satan. Il y a aussi des possessions esquelles l'énergumène porte privation d'une seule faculté au regard d'un objet seulement.* — V. *Ce qui est commun à tous possédés, est le droit que le malin esprit a d'habiter et d'agir en eux. Ce droit est étrange, si nous considérons les personnes si différentes : l'effet, qui est une liaison dont le ciment est la haine : et la suite, qui est un empire absolu que Satan prend sur la personne possédée. Le pouvoir de Satan dans la possession est entièrement opposé au pouvoir que l'homme arait sur soi-même en l'état d'innocence.*

I. Il est facile au lecteur de reconnaître la vérité des articles précédents, car en tant qu'il est Chrétien, il sait qu'il y a une communication entre l'ange et l'homme, si étroite quelquefois que Satan vient jusqu'à s'introduire dans son corps; ce qu'il ne peut pas ignorer être très-dommageable, et au regard du corps, et au regard de l'âme, supposé ce que la foi lui enseigne de la condition de ce malin esprit. Pourvu aussi qu'il soit tant soit peu versé en l'état ecclésiastique, il y verra que ce mal est fréquent depuis l'Incarnation; et que l'Eglise est assistée d'un ordre contre cet accident. Ce qui suit est plus difficile, et quiconque sait bien que ce mal est grand et fréquent, ne sait pas pourtant en quoi précisément il consiste.

Remarquons donc que, comme l'ordre d'exorciste réside en un droit et en une autorité que l'Eglise a sur les malins esprits, soit qu'elle l'emploie, soit qu'elle ne l'emploie pas : ainsi la qualité de cette possession, contre laquelle cet ordre est établi, consiste précisément en un droit que le malin esprit a de résider en ce corps et de l'altérer en quelque manière, soit que la résidence et altération soit continue, ou bien interrompue; soit qu'elle soit violente ou bien modérée; soit qu'elle apporte seulement une privation de quelque acte et usage naturellement dû à la nature, soit qu'elle ait adjoint un tourment sensible. Ce sont divers degrés esquels ce mal peut monter ou rabaisser, sans que pourtant il croisse ni diminue beaucoup, car le diable y est toujours pire que tous maux. Ce sont accidents différents en divers possédés, dont nous avons témoignage en l'histoire tant sacrée que profane.

II. Car, en premier lieu, l'Ecriture nous dépeint Saül comme saisi et tourmenté du malin esprit : *Post diem alteram invasit eum spiritus Domini malus (1 Reg.* XVIII, 10), dit le texte, au lieu duquel le chaldée a, *Mansit in eo;* ce qui ne peut être dit au regard de l'âme; et à cause que Satan la possédait dès longtemps auparavant; et à cause que la possession dont il est ici parlé, est réelle, et non pas spirituelle, et même est jointe à un déréglement extérieur. Car il est dit là même, selon le chaldée : *Delirabat in medio domus suæ,* et il est dit ailleurs : *Exagitabat* (ou selon les Septante : *Suffocabat) eum spiritus nequam a Domino (I Reg.* XVI, 14), non pas d'une agitation intérieure et spirituelle, mais corporelle et visible, puisqu'elle est aperçue de ceux de sa suite, qui lui disent : *Exagitat te Spiritus Domini malus,* et qui lui donnent conseil sur son mal d'avoir près de soi, *hominem scientem psallere ut, quando arripuerit te spiritus malus, psallat manu sua, et levius feras. (Ibid.,* 16.) Ces conjectures me semblent valables, et ces termes exprès, à signifier la résidence du démon en Saül, et l'altération qui l'accompagne, c'est-à-dire les deux points constitutifs d'une possession, laquelle est aussi reconnue de Tostat, de Théodoret et de Josèphe (97). Or son mal n'était pas continu, ains recevait plusieurs et longs intervalles : car dans la même histoire il est représenté tout autre, gouvernant son royaume, commandant aux armées, fuyant ses passions particulières, reconnaissant ses fautes, recevant l'influence du Saint-Esprit en la compagnie de Samuel; bref faisant acte de prince, de pécheur, de pénitent, de prophète, et non de possédé. D'où nous trouverons moins étrange ce qu'on recueille de saint Jérôme *(Vita Hilarionis),* d'un favori de l'empereur Constance, lequel étant possédé dès son bas âge, ne laissait de servir son prince, de hanter sa cour, sans que son

---

(97) En leurs commentaires sur ce lieu, et Josèphe au liv. VI des *Antiquités judaïq.,* chap. 9, où il dit de Saül : *Patiebatur dæmonia et suffocationes. (I Reg.* XIX.) *Etiam Saul inter prophetas.*

mal fût aperçu, le démon ne le travaillant ordinairement que la nuit.

Le même Saül servira d'exemple des possessions moins violentes; car son tourment est bien modéré, puisque le son d'une harpe le diminue, et puisqu'il n'en perd point l'usage et la liberté de son discernement; jugeant bien le moyen de couvrir son intention maligne de l'apparence d'une rencontre fortuite, en poussant la lance contre David si à propos que l'on estime qu'il l'adresse contre la muraille et non contre lui.(*I Reg.* XIX.) Acte pourpensé et exécuté durant son accès et attribué toutefois non au démon mais à Saül.

III. Auquel je joindrai l'histoire de cette fille d'Abraham (ainsi et non autrement est-elle appelée de celui qui donne l'être et le nom à toutes choses) qui était affligée d'un mal référé à Satan, et au rapport du grand et divin médecin, n'avait pas seulement une infirmité, mais *habebat spiritum infirmitatis* (98). Ce néanmoins elle n'en avait autre incommodité que d'être courbée sans se pouvoir aucunement redresser. Et bien que l'enfant lunatique fût plus travaillé, si est-ce que ce qui est déduit de son mal ne surpasse pas la fureur d'une épilepsie, encore qu'il n'y ait pas d'apparence que le Père, représentant les accès à Jésus-Christ pour l'émouvoir, ait oublié les plus violents, ni que les apôtres narrant l'histoire, aient recueilli les moindres.

IV. La troisième particularité est vérifiée en deux possessions que saint Matthieu (99) raconte; celle du démoniaque muet seulement, au chapitre IX; celle de l'énergumène muet et aveugle, au chapitre XII. De l'un desquels saint Luc faisant mention, ne rapporte, non plus que saint Matthieu, aucun autre accident de sa possession; ce qu'il n'eût omis en un fait mémorable, contesté des pharisiens, admiré des Juifs, sur lequel expressément il repassait la main après saint Matthieu; car c'est le devoir de celui qui prend le crayon après un autre, d'ajouter les traits qui manquent, et c'est la coutume des derniers évangélistes d'accomplir le narré de ceux qui les ont précédés. De fait saint Luc qui n'y remarque rien de plus, y apporte plus de lumière; car, au lieu que dans saint Matthieu cette privation est attribuée à l'homme, elle est ici attribuée au démon. Jésus, dit-il, chassait un diable et il était muet (100). Comme si cet effet, lequel il applique à ce démon, lui était propre, selon le sens et l'opinion de ceux qui estiment que les malins esprits ont partagé entre eux et les péchés et les peines; en sorte que chacun d'eux a son vice auquel il nous sollicite le plus; chacun a son tourment, lequel il nous apporte plus volontiers, d'où ils tirent leurs noms ainsi que de qualités distinctes; l'un étant nommé pour le regard des peines, l'esprit sourd et muet en saint Marc (101); l'autre, esprit d'infirmité en saint Luc (XIII); et pour le regard des vices, l'un, esprit d'erreur en saint Paul (*I Tim.* IV); l'autre, esprit de fornication en Osée (102). Que si cette remarque n'est agréable à quelques-uns, au moins il nous appert que l'un de ces malins esprits étant qualifié l'esprit d'infirmité, et l'autre, esprit sourd et muet, c'était leur unique ou principal effet, puisqu'ils en sont dénommés. Tellement que nous avons toujours droit d'inférer qu'il y a des possessions esquelles l'énergumène est exempt de la géhenne et de la torture de Satan, qui a seulement le pouvoir de lui ôter l'usage d'une ou de plusieurs de ses fonctions. A quoi ils doivent consentir facilement : car il n'y a point telle liaison entre le bien que la nature peut perdre et le mal qu'elle peut souffrir, que Dieu ne puisse permettre; ni Satan faire qu'elle soit incommodée en l'un sans être intéressée en l'autre. Même chaque fonction ou faculté naturelle regardant plusieurs objets, Satan peut en interdire l'usage au regard de l'un d'iceux et le laisser libre au regard des autres, ainsi qu'il appert en l'énergumène que Fortunatus, évêque de Poitiers, récite avoir été délivrée par saint Germain, évêque de Paris, il y a mille ans, et n'avoir eu autre incommodité eu plusieurs années que dura la possession, sinon que son corps était destitué de mouvement quand elle voulait aller à l'église.

V. Ces particularités donc sont différentes en divers possédés. Ce qui est commun à tous, est le droit que le malin esprit a d'habiter et d'agir en eux. Droit à la vérité bien étrange s'il est considéré en sa source, car il n'est nullement fondé en la nature; chacune de ces deux personnes étant complète en son ordre, chacune étant sans relation de l'une à l'autre, chacune étant séparée d'être et d'opération et même contraire en conditions et en desseins. Mais encore est-il plus étrange en son principal effet; car il tend à une très-étroite liaison de ces deux natures, de ces deux esprits, de ces deux personnes ensemble, liaison dont le ciment est la haine et non l'amour, liaison seule sans amour, de toutes celles que la nature et que la grâce opère; ainsi que le diable est l'unique d'entre toutes les créatures qui soit sans amour. Et d'abondant il est très-dommageable en sa suite; car, comme de droit vient cette liaison, aussi de cette liaison vient un empire absolu de Satan sur la personne, parce que la maxime de la nature est que de deux choses unies ensemble, l'une commande, l'autre obéisse (103); et l'humeur de Satan est de

---

(93) *Hanc alligavit Satanas*, dit Jésus-Christ. (*Luc.* XIII, 16; *Matth.* XVII; *Luc.* IX.)

(99) Saint Chrysostome et Théoph. Sur saint Matthieu, tiennent que ce démoniaque était muet et aveugle, non de nature, mais par la possession de Satan, de laquelle il ne ressentait autre effet que cette perte de vue et de parole.

(100) *Luc.* XI : *Ita censet* Origenes *homil.* 15 *in Josue*, et Hieron. *in cap.* VI *Epistolæ ad Ephesios.*

(101) *Marc.* IX : *Surde et mute spiritus, exi ab eo.*

(102) *Osée* IV, 12 : *Spiritus fornicationum decepit eos*, etc. — V, 4 : *Spiritus fornicationis in medio eorum.*

(103) Aristot., *lib.* I *Polit.* : « Quæcunque e plus

vouloir commander partout où il se trouve, soit au ciel, soit en la terre, soit en enfer. D'où vient que s'étant logé dedans l'homme, comme dans une place qui lui appartient, en vertu de ce droit il y commande selon son orgueil; il y dérègle et confond tout selon sa condition qui est d'être un esprit de confusion; il y ruine et détruit selon son nom et sa qualité de destructeur (104). Et au lieu que l'âme commandée de Dieu seul avait un pouvoir absolu sur son corps, et sur ses appétits un pouvoir raisonnable, le diable la dépouille de l'un et de l'autre, usurpant le premier sur son corps comme il attente le second sur son âme.

CHAPITRE VII.

QUELLES SONT LES CAUSES DISPOSITIVES, ET QUELLES LES APPLICATIVES DU MALIN ESPRIT AU CORPS DE L'ÉNERGUMÈNE.

I. *Ce mal si étrange arrive aucune fois à raison du seul péché originel; et aucune fois pour les péchés actuels, ceux mêmes qu'on estime légers. Un saint personnage, à sa propre requête, fut mis en la possession de Satan pour un mouvement de vanité.* — II. *Ne faut pas trouver étrange qu'un péché soit puni d'un si grand tourment, et même un péché léger; car, en la balance divine, une légère faute pèse plus qu'une grieve peine.* — III. *Ce mal arrive quelquefois sans aucun sujet apparent en la personne, comme aux petits enfants baptisés. Combien que ce mal arrive sans aucun sujet en la personne des petits enfants après le baptême; ce n'est pas, néanmoins, sans aucun sujet au regard de leur nature, tributaire à l'ennemi depuis la chute d'Adam.* — IV. *Comme ce mal a diverses causes dispositives, aussi en a-t-il diverses applicatives. Aucune fois, Dieu même expédie à Satan pouvoir sur la personne. Le châtiment de Nabuchodonosor, selon quelques auteurs, fut une espèce de possession maligne.* — V. *Autrefois c'est un saint personnage qui livre le pécheur à Satan comme fit saint Paul au regard du Corinthien incestueux et des deux hérésiarques, Hyménée et Alexandre.* — VI. *Assez souvent, ce sont les magiciens et les sorciers. Comme en l'Eglise chrétienne, le Saint-Esprit est donné à l'homme par l'homme : ainsi Satan, singe de Dieu, se plaît à voir qu'en son Etat, les malins esprits soient appliqués aux hommes par le moyen des hommes.*

I. Parce que le droit duquel nous venons de parler, et qui est le point constitutif de la possession, n'est point appuyé en la nature, il a pour supplément deux causes, dont l'une est morale, l'autre réelle; l'une, est de la part de l'homme qui est possédé, l'autre, de la part de Satan qui possède; l'une est le sujet qui donne entrée au malin esprit, et l'autre est la cause instrumentale qui l'applique. Voyons quelque particularité de l'une et de l'autre, et observons quant à la première,

Que comme és maladies ordinaires, les unes, viennent d'une indisposition héréditaire; les autres, des excès du malade, et quelques-unes par la condition de notre nature, sans que la personne y ait donné aucun sujet : ainsi ce mal étrange et extraordinaire arrive quelquefois à raison de la coulpe originelle, non encore effacée par le baptême, dont on peut voir une histoire en Bède (*Historia Anglorum*); quelquefois, en punition des péchés actuels, comme en cette fille que Prosper raconte (*De dimidio temp.*, c. 6) avoir été possédée d'un esprit immonde, pour un regard impudique jeté sur l'image de Vénus; et comme cette dame romaine de laquelle Tertullien écrit (*De spectaculis*, c. 26) : *Theatrum adiit et inde cum dæmonio rediit. Itaque in exorcismo cum onerarctur immundus spiritus quod ausus esset fidelem aggredi : Constanter et justissime feci inquit, in meo eam inveni.* Même Cassien observe (coll. 7, c. 25) que les plus légers excès jettent aucune fois l'homme en l'accès de ce mal furieux : *Corporaliter traditos Satanæ et viros sanctos novimus pro levissimis delictis, cum in illis ne tenuissimum quidem nævum in illo judicii die patitur invenire divina clementia, omnem cordis eorum scoriam secundum prophetæ* (Isa. 1), *imo Dei sententiam, excoquens in præsenti* : et lui-même (cap. 27) en allègue un exemple d'un saint personnage de son siècle possédé d'un esprit malin et furieux pour une rude parole qu'il avait prononcée. Et un auteur (105) plus grave et ancien que lui en rapporte une histoire bien mémorable, d'un homme de rare vertu, d'abstinence miraculeuse, de recommandation singulière envers les premiers prélats de l'Eglise, et de pouvoir grand envers les démons, qui, à sa propre requête, fut mis en la possession de Satan pour un mouvement de vanité qu'il avait senti et non accepté. Je le représenterai plus dignement par ses paroles que par les miennes : *Sancto viro* (dit Sulpitius Severus) *ut ex virtute honor, ita ex honore vanitas cœpit obrepere. Quod malum ille ubi primum sensit, diu multumque discutere conatus est, sed repelli penitus vel tacita conscientia vanitas perseverante virtute non potuit. Ubique nomen ejus dæmones fatebantur : excludere a se confluentium populos non valebat, virus interim latens serpebat in pectore, et cujus nutu ex aliorum corporibus dæmones fugabantur, seipsum occultis cogitationibus vanitatis purgare non poterat. Totis igitur precibus conversus ad Dominum fertur orasse, ut permissa in se mensibus quinque, diaboli potestate, similis his fieret quos ipse curaverat. Quid multis morer ? Ille præpotens, ille qui signis et virtutibus toto*

---

ribus constant et fiunt aliquid commune sive ex sequelis sive e continuis, in cunctis perspicitur quod imperat, et quod paret et hoc a natura id est,) etc.

(104) *Apocal.* ix, 11 : «Cui nomen hebraice *Abaddon*, latine *exterminans*.»
(105) SULPITIUS SEVERUS, 1 *Dial.*, c. 14.

Oriente vulgatus, ille ad cujus limina populi ante confluxerant, ad cujus fores summæ istius sæculi se prostraverant potestates, correptus a dæmone est, tentus in vinculis, omnia illa quæ energumeni solent ferre perpessus. Quinto demum mense purgatus et non tantum dæmone, sed quod illi erat utilius et optatius vanitate. C'est cette considération, à mon avis, qui a fait tenir à saint Augustin (lib. XIX De civit., c. 4) ce langage : Quid dicam de his qui dæmonum patiuntur incursus? Quis confidit hoc malum evenire non posse sapienti in hac vita? parce que les plus accomplis sont sujets à ces fautes légères, et les plus élevés ne sont pas hors des atteintes de la vanité qui naît de leur même vertu.

II. Or le sentiment du paganisme étant arrivé jusque-là, d'estimer que ceux desquels la conscience est opprimée sous la pesanteur de plusieurs faits énormes, ont en eux des géhennes, des supplices, voire des enfers mêmes, que l'art des poëtes représentait sous un voile, feignant et peignant des furies avec leurs torches allumées, avec leurs fléaux et avec leurs cheveux de serpents, tenir, dès ce monde, comme une espèce de garnison en eux : la lumière du christianisme, comme plus entière et parfaite, conduit plus outre, et apprend qu'un seul péché, qui démérite l'enfer, peut bien démériter cette vengeance temporelle. Et si elle est élevée par la considération des sévères jugements de Dieu, elle acquiescera, sans difficulté, quand même les fautes légères provoquent cet éclat de la fureur de Dieu, selon les histoires que nous venons de proposer. Que si le sens humain y trouve à redire ; et s'il lui semble qu'un tel tourment, qui est l'image de l'enfer et une espèce de torture extraordinaire, est réservé par un juste juge aux plus énormes crimes. Qu'il sache avant que l'éprouver hors de l'état de cette vie, que le jugement de Dieu est bien différent du nôtre ; que ce que nous estimons léger est de grand poids en la balance divine, en laquelle pèse plus une légère faute qu'une grièvre peine.

III. Que même ce juge souverain fait plus, ordonnant aucune fois que cette géhenne soit appliquée sans sujet préalable en la personne, comme aux petits enfants. Chose étrange! mais non sans preuve et dans l'Ecriture, et dans les Pères. Car le lunatique, au rapport de saint Marc (c. IX), est possédé dès son enfance. Et à propos saint Augustin (lib. XXI De civit., c. 14) se plaint de la condition humaine après le péché : Grave jugum super filios Adam a die exitus de ventre matris eorum usque in diem sepulturæ, usque adeo impleri necesse est, ut ipsi parvuli per lavacrum regenerationis ab originalis peccati, quo solo tenebantur, vinculo soluti, mala multa patientes nonnulli etiam incursus spirituum malignorum aliquando patiantur. Et avant lui saint Jérôme (Ad Paulam : De dormitione Blesillæ) s'écrie : Quæ causa est ut sæpe bimuli, trimulive ubera materna lactantes, a dæmonio corripiantur? Invisibilia hæc incrustabili Altissimi judicio sunt relinquenda.

Car il n'en apparaît point de sujet en leur personne, exempte de péché actuel par la bassesse de leur âge, et purgée de l'originel par les remèdes du salut. Toutefois ce n'est pas sans quelque sujet au regard de leur nature, laquelle est tributaire à l'ennemi, depuis qu'il la tira hors du paradis terrestre jusqu'à ce qu'elle soit établie dans le ciel, n'y ayant que la vive splendeur de la gloire qui éteigne du tout les scintilles de sa servitude. Car le libérateur nous donne bien ici l'espérance, mais non la possession d'une pleine liberté, et comme il lui a plu laisser en la nature l'aiguillon du péché, aussi a-t-il voulu en laisser la peine, l'un comme cicatrice de la première plaie, et l'autre comme relique de l'ancienne servitude, dont l'ennemi tire le tribut, tantôt par le moyen des causes naturelles qui nous affligent, et tantôt par lui-même qui nous tourmente, soit au dehors comme Job, soit au dedans comme Saül. Et encore que nous soyons pupilles et en bas âge, si a-t-il le droit d'exiger sur nous ces intérêts de la dette que le Père commun a créée par le passé pour toute sa postérité.

IV. Chacune donc de ces vexations diaboliques a quelque sujet ou en la nature, ou en la personne, lequel donne entrée au malin esprit : et chacune aussi a quelque cause particulière qui l'applique immédiatement à ce corps. Quelquefois c'est Dieu même qui expédie à Satan le pouvoir sur la personne, comme jadis sur Job affligé en son corps aussi bien que l'énergumène, et de la main d'un même bourreau, et comme il dénonça et appliqua lui-même le châtiment à ce grand roi de Chaldée, lorsque pour un mouvement orgueilleux il le punit d'un mal si extraordinaire dépeint en Daniel (c. IV). Châtiment que je rapporte d'autant plus volontiers, qu'Epiphane (106) et un auteur moderne le réfèrent à une espèce de possession du malin esprit, altérant le tempérament de ce prince, et transformant son discernement naturel. Et non sans quelque apparence, puisque c'est un mal le plus approchant de celui des énergumènes, qu'aucun autre qui soit dans le ressort et de la nature, et de la permission actuelle de Dieu. Car l'Ecriture même nous spécifie en particulier, qu'il a été destitué de son sens, en cette parole de reconnaissance : Sensus meus redditus est mihi (Dan. IV, 33), et privé de la forme et figure humaine, par conséquence semblable de ce texte qui suit : Figura mea et me reversa est. (Ibid.) Et généralement elle nous le représente plus sauvage que les plus furieux démoniaques de l'Evangile qui habitaient ès sépulcres, plus aliéné de la condition humaine que beaucoup de possédés qui ont bien le discernement naturel saisi et occupé, mais non pas transformé en

---

(106) De vita et obitu prophetarum ; et Petrus Loyerius, lib. I De spectris, c. 2.

un discernement bestial, comme Nabuchodonosor qui a été fait semblable aux bêtes, et quant au tempérament, et quant à la figure, et quant au sens naturel. Et en somme plus misérable que les énergumènes qui ont des intervalles en leur malheur, au lieu que ce grand prince est affligé d'un mal qui, étant si extraordinaire, est continu par un si long espace d'années (107).

V. Autrefois ce sera quelque saint personnage, lequel aura livré le pécheur à Satan, comme saint Paul livra l'incestueux, selon l'*Epître aux Corinthiens* (c. v), en deux mots de laquelle les deux points constitutifs de la possession sont marqués, à savoir le droit de la résidence que l'esprit malin acquiert sur la personne, exprimé en ce terme : *Tradidi illum Satanæ* (vers. 5) : et l'altération ou vexation qui la suit, insinué en l'autre : *In interitum carnis*. Et comme le même livra les deux hérésiarques, Hyménée et Alexandre, afin, dit-il, qu'ils apprissent à ne plus blasphémer (108). A quoi le seul retranchement spirituel, c'est-à-dire l'excommunication, n'eût pas beaucoup servi (envers eux spécialement qui d'eux-mêmes se retranchaient du corps de l'Eglise, et se faisaient chefs de part) sans cette peine honteuse, visible et manifeste, laquelle a fait dire à saint Chrysostome, que les apôtres se servaient des démons comme des bourreaux pour châtier et amender les pécheurs.

VI. Quelquefois ce seront les magiciens, lesquels comme ils se servent des esprits malins pour endommager l'homme, tantôt en ses biens, ainsi qu'il appert en la loi ancienne des douze tables : *In eos qui messes excantassent*; tantôt en l'usage de la raison, ainsi que suppose ce canon inséré dans le recueil de saint Yve (part. XI, c. 53) : *Malefici vel incantatores, vel immissores tempestatum, vel qui per invocationem dæmonum mentes hominum perturbant, anathematizati abjiciantur.*

Et ce vers de l'*Enéide* (lib. IV) :

Hæc se carminibus promittit solvere mentes.

Tantôt en lui faisant perdre la vie par des ensorcellements, comme l'expérience nous fait voir, et comme témoigne ce canon d'un ancien concile (*Elbertin.* can. 6) : *Si quis maleficio interficiat aliquem, eo quod sine idololatria perficere non potuit scelus; nec in fine impartiendam illi esse communionem.*

Ainsi les employent-ils quelquefois à tourmenter par une possession, comme plusieurs histoires apprennent, et entre autres, deux racontées par saint Jérôme (*Vita Hilarion.*), et toutes deux référées par la confession même des démons aux magiciens, l'un desquels pour abuser d'une fille : *Tormenta quædam verborum et portentosas figuras sculptas in æris Cyprii lamina, defodit.* Dont étant possédée, en l'effort de l'exorcisme : *Ululat et confitetur dæmon : Vim sustinui, invitus abductus sum, o cruces, o tormenta quæ patior! exire me cogis, et ligatus subter limen teneor. Non exeo, nisi me adolescens qui tenet, dimiserit.* Et un même esprit possédant le favori de l'empereur Constance dès son bas âge, confesse devant Hilarion : *Quo in eum intrasset ordine, multasque incantationum occasiones, et magicarum artium necessitates obtendebat.* Je remarque une pareille confession extorquée du démon en la torture de l'exorcisme, dont le rapport est fait au long par Théodoret (*Historia sanctorum Patrum*, sect. 13, *in Macedonio*) auteur grave et ancien. Et en faveur de ceux qui donnent plus de temps à lire les auteurs profanes, qu'à voir les divins ouvrages de nos saints Pères, j'adjoindrai à ces deux témoins ecclésiastiques, un moderne (109), grand en sa profession, célèbre en ses écrits, qui en rapporte deux histoires mémorables arrivées en son temps, desquelles l'une est d'un gentilhomme de marque, lequel il traita longuement selon les règles de son art, jusqu'à ce qu'enfin le démon se manifesta et déclara : *Se in hoc corpus injectum a quodam.* Dont il conclut : *Non solum morbos, verum etiam dæmonas scelerati homines immittunt.*

Ces histoires, recueillies de témoins assurés, font que je trouve moins étrange ce que dit Anastasius Nicænus (*Bibliotheca Patrum*, tom. I, q. 23) de Simon Magus, qu'il avait le pouvoir de livrer à Satan ceux qui le nommaient imposteur, au cas qu'il peut entrer en conversation avec eux, et user de ses sortilèges. Joint que d'ailleurs il y a de l'apparence, que comme en l'Eglise chrétienne, le Saint-Esprit est donné à l'homme par le moyen des hommes : ainsi Satan, singe de Dieu, chef de cette sienne milice des magiciens, se complaît à voir en son Etat, que les malins esprits soient appliqués aux hommes par le moyen des hommes.

CHAPITRE VIII.

QUEL EST LE DESSEIN DE SATAN ENVERS CELUI LEQUEL IL POSSÈDE.

I. *Les hommes se trompent en ce sujet, en ce que chacun attend de voir au corps du possédé la réflexion des effets lesquels ils s'imaginent le plus au diable : les uns une extrême difformité, les autres des opérations merveilleuses. Le diable ne fait pas tout en toutes occasions; ains conduit tellement ses desseins, que comme il n'y omet rien de ce qui leur est nécessaire, ainsi il n'y admet rien de superflu.* — II. *Le diable traite autrement avec les âmes pieuses, autrement avec les sorciers ordinaires, autrement avec les magiciens.*

---

(107) *Septem tempora mutabuntur super te*, dit Daniel à Nabuchodonosor, c. IV, 13, *id est septem anni secundum omnes fere Christianos et Hebræos interpretes.*

(108) *I Tim.* 1 : «Ita explicat Espencæus ibidem : idque August. epist. 48, videtur subindicare. Quolibet, inquit, carceris custode pejor est Satanas, cui tamen Paulus homines tradi: malos, per malum emendare, bonum opus esse indicans. » (Tom. I, hom. 3 *De patientia Job*, où même il explique les deux textes allégués de saint Paul.)

(109) FERN., l. III *De abditis rerum causis*, c. 16.

— III. *L'intention de Satan, en la possession, est d'exercer sa rage : et son dessein est non-seulement d'être ennemi, ains ennemi découvert; et de traiter l'homme en ce monde, comme il le traite en enfer.* — IV. *Combien que comme il a lors quelque espèce de conversation sensible avec les assistants, il puisse faire des effets à leur égard, qui ne dépendent point de l'intention première qu'il a envers l'énergumène.*
— V. *Dieu, qui a posé à toutes choses les limites qu'il a voulu, en a posé aussi à Satan, lorsqu'il tente, qu'il déçoit, lorsqu'il se transfigure, et lorsqu'il possède. Entre les manières de nuire à l'homme permises à Satan, il n'y en a point de si grandes qu'il ne puisse accomplir, ni de si petites qu'il n'embrasse bien volontiers.*

I. Tout ce qui précède la possession peut être référé aux causes dispositives, ou aux applicatives que nous avons déduites. Voyons maintenant ce qui la suit. Car d'autant que ce sont les effets qui tombent sous les sens, chacun estime y avoir droit de jugement, chacun en discourt à sa façon, et chacun y a besoin d'ouverture et de conduite. Et à cause qu'en toute possession il y a deux esprits, deux natures et deux personnes jointes ensemble, chacun pense être bien fondé s'il s'attend de voir au possédé la réflexion des effets, lesquels ils s'imaginent le plus au diable. Dont les simples, qui le conçoivent avec une étrange difformité, se promettent de voir une difformité bien extrême au corps du démoniaque ; et les esprits plus capables, qui se représentent Satan comme un agent élevé en intelligence et en puissance par-dessus tout ce qui est et paraît au monde, veulent voir à tout propos des effets miraculeux, ou en l'une, ou en l'autre qualité. Or combien que cette attente des uns et des autres soit posée sur un principe assuré, et tirée d'une conception véritable ; si est-elle défectueuse, ainsi que l'imagination de laquelle elle dépend est imparfaite. Car il ne suffit pas à celui qui veut être l'arbitre des effets esquels l'opération du diable intervient de considérer qu'on suppose que c'est un diable qui opère, et un diable difforme en son être, puissant et intelligent en ses œuvres : si d'abondant il ne remarque, en général, quelle est la façon de laquelle cet esprit conduit ses actions, et s'il ne considère en particulier, quelle est la qualité du dessein duquel il veut être le juge. Car Satan ayant plusieurs desseins contre les hommes, il en conduit un chacun avec telle dextérité, qu'il ne se rend ni défectueux, ni superflu, quant aux moyens de les acheminer : mais comme son intention est tant active, qu'elle accompagne tous ses mouvements de ce qui leur est nécessaire ; ainsi son intelligence est tant exacte à discerner justement ce qui est de propre d'avec ce qui est contraire ou aucunement éloigné de son intention, qu'elle n'y admet rien d'inutile et de superflu. Tellement que, par le moyen de son activité, il emploie contre tous les hommes tout ce qu'il a de naturel et d'acquis ; c'est-à-dire tout ce qui est en lui, car il n'a plus rien d'infus : et par le moyen de cette intelligence exacte, il ne se déploie contre un chacun, sinon ce qui est de propre à son humeur, et ce qui est de convenable à la condition du dessein qu'il a pris contre lui.

II. Ainsi quand il traite avec les âmes pieuses, il n'emploie que la capacité qu'il a des dons rares et surnaturels à faire, ou plutôt contrefaire des effets miraculeux pour les décevoir. Au lieu qu'il ne la met point en usage envers les sorciers ordinaires, n'employant que sa malignité pour aider à leur malice ; ni envers les esprits curieux, qui le veulent avoir pour familier, esquels il ne déploie ni cette capacité, ni cette malignité, mais sa seule intelligence ; et non encore en toute son étendue, ains seulement au regard des choses secrètes, et non des connaissances naturelles ou divines, esquelles nous les trouvons aussi peu versés que ceux qui n'ont jamais été instruits sous un tel pédagogue. Et quand il agit avec ces esprits éminents en curiosité et en malignité, que nous appelons vulgairement magiciens, il emploie bien quelque partie de son intelligence et de sa puissance, comme traitant avec des esprits participants de la curiosité des uns et de la malice des autres : mais il ne produit aucun effet de cette habileté aux dons rares et surnaturels, de laquelle il se sert envers les âmes pieuses ; même il ne leur ouvre pas tous les ressorts de sa puissance : *Magis enim,* dit saint Cyprien (*De idolorum vanitate*), (*juvante dæmone*), *est ad perniciosa et ludicra potentatus,* sans passer plus outre. Tant il accommode justement ses propriétés naturelles à ses desseins, ne départant et ne déployant à un chacun, sinon celle qui est la plus propre à le séduire, et la plus convenable à la qualité du dessein qu'il a pris de lui nuire.

III. Or l'intention formelle de Satan, en la possession, est d'exercer sa rage, et non pas d'employer aucune de ses mauvaises qualités ; d'autant qu'il a pour tout dessein d'être non-seulement ennemi, car il l'est toujours et partout, mais ennemi découvert, et d'agir avec le possédé en qualité d'ennemi, c'est-à-dire par force et non par fraude, comme en ses illusions ; par douleurs et non par plaisirs et appâts, comme en ses tentations ; par tourments, et non par merveilles, comme en ses transfigurations ; et en somme de traiter le possédé en la même manière qu'il traite l'homme en l'enfer. Car comme il n'y suppose plus de fraude, de plaisirs, de merveille, mais il exerce, et sans plus, sa rage contre celui qui est damné, ne lui faisant part que de la même peine qu'il endure : ainsi en une possession il ne prétend pas user de sa fraude à séduire et attirer, mais seulement de sa fureur à forcer l'esprit de celui qu'il possède ; ni de sa puissance à le rendre instrument de ses feintes merveilles, mais de son envie à faire dès ce monde cette pauvre créature, compagne de sa misère.

IV. Que si l'œil de quelqu'un a remarqué des accidents miraculeux en un possédé, que sa raison observe aussi que, comme en l'ordre de nature, il y a des effets nécessaires, et d'autres contingents; ainsi en la conduite des desseins de Satan, et nommément en celui de la possession, il y a des effets qui ont un juste rapport à son intention première de nuire au possédé, et d'autres qui dépendent d'une intention fortuite de ce malin esprit avec les assistants. Car comme il a lors quelque espèce de conversation sensible avec eux, il peut faire quelque effet à leur égard, qui ne dépendra point de cette intention première qu'il a envers l'énergumène. Ce qui est accidentellement joint à une possession, et ne l'oblige pas, en d'autres rencontres, à faire mêmes effets, ni à former des desseins pareils: l'un et l'autre étant libre à Satan, contingent à la possession, peu fréquent en l'usage, même rarement observé en l'Ecriture (où il y a tant d'accès de possédés décrits), et dépendant d'une rencontre trop particulière pour être partout égale. Disons donc que comme l'ordre de nature ne dépend des effets contingents, sans lesquels il ne laisse ni d'être, ni d'être reconnu; qu'ainsi le cours ordinaire du dessein et des effets de Satan envers l'énergumène ne dépend pas de la contingence de ces accidents, lesquels ne sont ni les décisifs, ni les constitutifs d'une possession. Et recueillons de ce discours, que tout ainsi comme lorsque Satan possède quelqu'un spirituellement par le péché, il n'a pas intention de départir aucune étincelle d'intelligence à son esprit, ni aucun effet de sa puissance à son corps: ainsi quand il se lie à quelque personne pour la posséder réellement, ce n'est pas pour lui communiquer son intelligence comme aux esprits curieux, ni sa puissance comme aux magiciens, ni sa malignité pour nuire aux autres comme aux sorciers, ains seulement sa misère et sa peine comme aux damnés.

V. En quoi Dieu qui veille sur notre ennemi, bien qu'il lâche la bride à ses volontés, si met-il des bornes à son pouvoir; et comme il a posé des limites telles qu'il lui plaît à toutes choses, et à Satan même, lorsqu'il tente, lorsqu'il déçoit, lorsqu'il se transfigure, il a pourvu aussi d'un règlement sur les possessions, esquelles comme l'ange malin se résout de nuire, et se détermine d'incommoder l'esprit et d'altérer le corps auquel il réside, Dieu lui détermine la qualité, la quantité et les autres circonstances de cette altération, la réglant et modérant selon les divers sujets pour lesquels il permet que ce mal arrive. Et d'autant qu'entre ces sujets il y en a de plus et de moins notables, de particuliers et de publics, cette disproportion met autant d'inégalité entre les possessions, qu'il y a de divers degrés esquels l'altération du corps humain peut monter et rabaisser: eu égard qu'il suffit à une possession, que le malin esprit réside au corps avec pouvoir de l'altérer en quelque manière, laquelle ne peut être si grande, qu'il ne puisse accomplir, étant plus capable d'agir que l'homme n'est de pâtir, et ne peut aussi être si petite, que l'ennemi ne la veuille bien; et que, puisque d'ailleurs il prend bien le soin d'épier toutes les actions de la personne, et de lui tendre partout des piéges pour la surprendre, il ne prenne plus volontiers le soin de la posséder et de la tourmenter, selon les lois et les saisons qui lui seront permises et prescrites.

La raison nous conduit à ainsi juger de la variété et de l'inégalité des possessions, et l'expérience nous y confirme: car il appert comme ès uns ce mal furieux reçoit des intervalles, ès autres il est continu; ès uns il est plus excessif, ès autres plus modéré; ès uns il n'a pouvoir que sur l'altération du corps, ès autres même sur la vie, selon que saint Cyprien raconte au sermon *De lapsis*, Dieu limitant le pouvoir de Satan ou selon les secrets de son jugement, ou selon les sujets apparents pour lesquels il le permet. Et comme le prince ferme le camp de cordage, que l'ennemi n'ose franchir selon les lois du duel; ainsi en ce duel de Satan contre l'homme, Dieu pose des limites qu'il n'ose outrepasser, nonobstant sa fureur, non plus que la mer enragée n'outrepasse le sable que Dieu a posé pour borne à sa tourmente.

QUEL EST LE DESSEIN DE SATAN CONTRE L'ÉGLISE QUI LE VEUT DÉPOSSÉDER.

CHAPITRE IX.

I. *Dans la possession, le diable combat contre un homme faible; et dans l'exorcisme, l'Eglise, en la vertu de Jésus-Christ, combat contre le diable et le veut déposséder.* — II. *Le diable qui emploie sa force contre l'homme emploie sa fraude contre l'Eglise; essayant de tromper le plus fort et de vaincre le plus faible.* — III. *Satan comparaît devant l'Eglise comme un criminel devant l'officier du prince, lequel il a offensé; c'est pourquoi il se cache autant qu'il peut.* — IV. *Satan ne pouvant maintenir de force sa possession contre l'Eglise, et ne la voulant aussi abandonner, essaye d'empêcher qu'elle ne paraisse, ce qu'il peut faire aisément.* — V. *Mais Dieu met des limites à sa ruse aussi bien qu'à sa rage; et lors n'en pouvant plus, il emprunte du monde dont il est le prince, la force et la calomnie.*

I. Le duel de l'ennemi contre l'homme est suivi d'un combat public de l'Eglise contre l'ennemi, laquelle se sentant intéressée en l'outrage fait à un de ses membres, travaille par sa prudence à reconnaître l'adversaire qui le rend offensé et à le vaincre par la force conférée à un des ordres de sa milice. Ce parti est bien différent de celui que Satan combattait auparavant; et aussi la manière et l'issue du combat est du tout dissemblable. Là il n'agissait qu'avec un faible ennemi bien inégal à sa condition, et il agit ici avec un corps armé de la force du Dieu des batailles; là comme le plus fort il est l'agresseur et même le possesseur, ici comme le plus faible il est agressé par l'Eglise qui enfin le dépossède; là comme victorieux, il saisit et tourmente ce pauvre esclave, ici comme vaincu il est saisi et captivé lui-même. L'Eglise exerçant sur lui *pœnam talionis*, et l'affligeant *plaga occulta*, *pœna manifesta*, dit saint Cyprien (epist. 2, *ad Donatum*), ainsi qu'il afflige le possédé d'un tourment manifeste dont le bourreau est occulte et innuisible.

II. Or, comme l'inégalité de l'homme au regard de Satan l'anime à employer sa force contre ce pauvre esclave, ainsi son inégalité au regard de l'Eglise le réduit à user de sa fraude, essayant de tromper le plus fort et vaincre le plus faible. Car c'est l'artifice des prudents, de changer d'avis et de moyen selon les diverses circonstances. C'est le stratagème des guerriers, d'employer la fraude ou la force selon la différence des ennemis. Et c'est le conseil d'un cruel tyran (110), de joindre en la conduite des affaires la peau de renard à la peau de lion. Satan ne l'omet pas en ce dessein si important, lui qui surpasse en tyrannie tous les grands de la terre dont il est le premier; en prudence tous les enfants du siècle dont il est le prince; en expérience tous les guerriers du monde dont il est le plus ancien et le plus assidu, ayant commencé la guerre au ciel avant la création de l'homme, et la continuant en la terre depuis cinq mille ans. Il change donc de dessein, selon le change qu'on lui donne en ce combat; il se résout à employer sa fraude contre le parti le plus fort, et à déployer sa rage contre le plus faible, et il prend la peau de lion contre l'énergumène, et la peau de renard contre l'Eglise.

III. Et comme l'effet ordinaire de sa ruse est de se cacher en quelque manière à celui lequel il veut tromper, ores en dissimulant la malignité de son intention, lorsqu'il contente l'esprit curieux duquel il est familier; ores en déguisant sa difformité, lorsqu'il converse avec l'âme pieuse pour la séduire; ores en cachant sa misère et son tourment, lorsqu'il induit par plaisir une âme faible à pécher : ainsi le sujet de sa fraude en l'énergumène est de cacher à l'Eglise sa présence et son attentat, d'autant qu'il comparaît devant elle comme un criminel devant l'officier du prince, lequel il a offensé, car il a violé l'image et les armes de la Divinité, en outrageant l'homme auquel elles sont empreintes. Et Dieu a constitué l'Eglise avec autorité non-seulement sur les hommes, mais aussi sur les diables. Devant elle donc Satan ne manifeste pas aisément son attentat, non plus que le criminel n'avoue son forfait sans contrainte.

IV. Cette qualité en laquelle Satan comparaît devant l'Eglise, et la condition du crime duquel il est atteint, suffit à présumer que tandis qu'il n'est pas convaincu, il a intention de faire des feintes pour la tromper, et non pas des effets correspondants à sa puissance pour l'assurer. Car l'injuste possesseur d'une place (tel que Satan est de l'homme) cité devant le juge, se résout ou à prévenir son jugement, en cédant aux parties la possession; ou à l'empêcher, en étouffant les preuves de son usurpation; ou à résister à l'exécution de l'arrêt, en se maintenant de force contre l'autorité publique. Mais Satan est trop élevé pour abandonner la possession qu'il a prise d'une personne avant que la mort lui ait ôté, ou que le consentement du possédé ait échangé la possession du corps en celle de l'âme, ou que l'effort de l'exorcisme l'ait chassé. Et il est aussi trop faible pour la maintenir de force, après qu'elle est reconnue; sa domination n'étant en rien comparable à l'empire de l'Eglise, qui a pour lieu l'univers, pour temps l'éternité, pour garde des légions d'anges. Reste donc qu'il essaye d'empêcher que son usurpation ne soit manifeste, comme il le peut aisément faire. Car tandis que l'Eglise dresse son enquête, il est en son pouvoir de retirer sa présence de celui qu'il possède, sans diminuer en rien le droit de sa possession, lequel ne l'oblige pas à résider continuellement. Même il peut être présent dans l'énergumène sans y être apparent, car son essence est spirituelle et sa résidence invisible. Que s'il veut par sa présence altérer le patient (ce qui lui est libre), il peut faire des accès nullement extraordinaires; car comme il peut par sa nature faire plus d'effort que la maladie, il peut aussi en faire moins par sa liberté. Ainsi s'est-il caché trois mois sous un mal épileptique en un gentilhomme de marque que Fernel pansait; ainsi se cachait-il plusieurs années en un énergumène que garantit Parthenius, selon Métaphraste (*De abditis rerum causis*, l. II, c. 16); ainsi se cachait-il anciennement sous le mal des lunatiques selon le jugement d'un grand homme de notre temps (111).

Vrai est que Dieu qui pose des bornes à sa rage quand il tourmente l'énergumène, met aussi des limites à sa ruse quand il essaye de tromper l'Eglise, afin qu'il soit convaincu en sa force par la patience de l'un, et en sa fraude par la prudence de l'autre; et lors ce prince du siècle qui se voit découvert, a recours au crédit que cette qualité lui donne parmi le monde, duquel il emprunte la force et la calomnie, comme deux bras pour combattre l'Eglise et pour maintenir sa possession. L'Eglise qui n'a point d'armes contre la force, a contre la calomnie de l'innocence en ses actions, de la vérité en ses paroles et de l'autorité en ses jugements pour se défendre.

---

(110) LYSANDER, apud PLUTARCHUM.
(111) MALDONATUS, in *Matth.* XVII, ubi docet cur dæmon lunaticos faciat.

OEUVRES DE PIÉTÉ

TRAITÉ DE L'ABNÉGATION INTÉRIEURE.

AVERTISSEMENT DU P. BOURGOING
SUR L'AUTHENTICITÉ DE CE TRAITÉ.

Quelques-uns ont douté si le discours suivant De l'abnégation intérieure, était de l'auteur, parce qu'il ne porte pas sa marque et son caractère, et ne paraît point dans cette grande participation et ces lumières admirables de Jésus-Christ Notre-Seigneur qui remplissent toutes ses autres œuvres. Il est toutefois véritable qu'il est de lui, et il l'a composé n'étant âgé que de dix-huit ans ou un peu plus, et ce par le commandement du R. P. Dom Beaucousin, vicaire des Chartreux de Paris, grand serviteur de Dieu, et son directeur spirituel. Et certainement combien que les lumières et la grâce du mystère de l'Incarnation, qu'il a depuis reçues en une si grande abondance, n'y paraissent pas tant, on ne laisse pas d'y remarquer un esprit très-lumineux et discernant, une prudence rare, et un grand sentiment de la perfection ; et l'œuvre a rapport à l'état et à la disposition intérieure où il était en ce temps-là. Néanmoins, parce que combien qu'il soit excellent, il ressemble si peu aux autres pièces qui sont sorties de sa main, nous avons volontiers obéi au désir de diverses personnes affectionnées à sa mémoire, qui n'ont pas jugé à propos que le volume général de ses œuvres commençât par celui-ci.

AVERTISSEMENT DE L'AUTEUR.

Omnis ex vobis qui non renuntiat omnibus quæ possidet, non potest meus esse discipulus. (*Luc.* xiv, 33.)
Si quis vult venire post me, abneget semetipsum. (*Matth.* xvi, 24.)
Qui venit ad me, et non odit patrem, etc. adhuc autem et animam suam, non potest meus esse discipulus. (*Luc.* xiv, 26.)

Ami lecteur, ce livret ne s'adresse qu'à ceux qui ont fait notable progrès en la haine de soi-même, et qui n'ont d'autre but que leur avancement en l'amour de Dieu, aux dépens de toute autre chose. Partant il sera inutile à l'âme non assez résolue de se vaincre par tout, car il contient une simple pratique d'abnégation sans persuasion ; et semblera ridicule à celui qui n'aura connu en soi l'efficace et la subtilité de l'amour-propre, car il croira ce qui en est déduit être plus subtil que véritable, si la prudence ne lui fait surseoir son jugement en ce qu'il n'a point éprouvé. Et d'autant que la fin de ce discours est de découvrir et bannir l'amour-propre de plusieurs, et qu'à cet effet il déclare exactement plusieurs indices et remèdes de ce mal, par une division de chaque chapitre en plusieurs degrés, et de chaque degré en plusieurs pratiques et points ; il sera préjudiciable aux esprits curieux de la piété, qui affectent trop de connaissance et s'aveuglent par trop de lumière, s'ils en prennent plus que ce qui concerne leur amendement particulier, et s'ils ne se rendent à une oubliance du reste par simplicité et pauvreté d'esprit. Il ennuiera aussi l'esprit simple (lequel ne pensant qu'à soi, ne voudrait trouver que ce qui lui est propre et non aux autres, ou bien voudrait tout exercer), s'il ne se donne garde de cet ennui par patience d'esprit, et de cette multiplicité et confusion, en se contentant d'une ou deux pratiques en chaque degré, choisissant les plus formelles et principales, dont il se sent atteint : eu égard qu'elles contiennent en vertu et éminence les autres que je lui conseille d'omettre, lesquelles toutefois n'ont été déduites pour néant, attendu que ce discours est dressé, non pour un seul, mais pour plusieurs qui ont diverses dispositions d'esprit et de nature, et diverses atteintes d'amour-propre, desquels il était besoin de faire diverses ouvertures, tant à découvrir le mal qui les traverse comme à y pourvoir : à ce qu'un chacun pût choisir les remèdes qu'il jugerait les plus propres, et ne manquât non plus de moyens, que de bonne volonté à s'amender de ses propriétés.   P. DE BÉRULLE.

AVANT-PROPOS.

Comme nous avons deux natures, l'une corporelle et sensible, l'autre spirituelle et raisonnable, toutes deux capables d'aimer Dieu par grâce, et enclines à s'aimer elles-mêmes par nature, ou plutôt par une certaine inclination corrompue ; aussi il y a deux sortes d'amour de Dieu, et d'amour de soi-même en nous, et deux manières différentes de tendre à Dieu et de tendre à soi-même, selon les diverses sortes d'opérer, lesquelles Dieu a concédées à ces deux natures : l'un par lequel la partie sensible et corporelle s'élève et se convertit à Dieu selon la grâce qui lui est octroyée, ou s'attache au bien conforme à son appétit, corrompu selon ses propensions naturelles et aveugles ; l'autre par lequel la partie raisonnable et spirituelle, se donne à Dieu suivant les intractions de son Saint-Esprit, ou se rend à elle-même conformément aux mouvements secrets et spirituels de l'amour qu'elle se porte.

Or la perfection que l'on peut acquérir en cette vie mortelle, et vraiment militante, ne consiste qu'à perfectionner l'une et l'autre partie en l'amour de Dieu, et à en déchasser l'amour-propre qui y est fort profondément enraciné. Car en premier lieu, c'est une chose certaine qu'il y fait résidence perpétuelle, sans même qu'il y ait aucun état de perfection en cette vie mortelle, tant élevé soit-il, qui s'en puisse exempt, n'y ayant que la seule gloire des bienheureux qui le puisse bannir du tout ; et par ainsi il est ce Philistin que Dieu a laissé non ès environs du pays, comme jadis au peuple d'Israël, mais au cœur d'icelui et en notre âme, afin qu'il l'exerce et l'aguerrisse continuellement, et par ce moyen elle ne se perde par l'oisiveté. Ce qui nous oblige de le combattre sans cesse, et nous tenir toujours sur nos gardes et en alarme, attendu que nous sommes assurés que l'ennemi est toujours dans le pays, sans qu'il en fasse retraite.

En second lieu, outre que cet amour-propre est perpétuellement en nous, il entre d'abondant partout et s'empare de tout, en sorte qu'il n'y a aucune fonction de notre âme qui ne soit occupée et possédée par icelui ; il n'y a aucune action nôtre, intérieure ou extérieure vers Dieu, ou vers les créatures, naturelle ou surnaturelle, qu'il n'entache et n'infecte de son venin, soit la corrompant du tout, soit en diminuant sa force et sa vertu ; il n'y a chose si sainte et contraire en apparence, qu'il ne convertisse en son goût et en ses propres délices ; il n'y a grâce de Dieu tant pure et efficace à nous attirer et unir à Dieu, qu'il ne s'en serve comme d'un moyen et empêchement pour nous divertir et éloigner d'icelui. Bref, il n'y a état de l'âme si élevé, où il n'entre et ne dispose l'âme par ses artifices et propriétés à une chute fort préjudiciable. En quoi il paraît pire que ce fort armé dépeint en l'Evangile pour figure de Satan. Car non-seulement il envahit la maison de Dieu en son absence, et la conserve fidèlement à son ennemi, mais aussi en sa présence, et domine en tout l'homme en quelque manière, lorsqu'il semblerait en être le plus éloigné, et Dieu seul y avoir toute l'autorité.

En troisième lieu, outre qu'il est ainsi perpétuel, et entre partout, selon que j'ai déduit, il bande encore tellement les yeux spirituels, que l'âme, sans une particulière humilité et assistance de Dieu, ne s'en estime pourtant occupée, ains s'en répute exempte, et pour ce est-il qu'elle ne s'arme pas contre icelui, et ne lui ferme pas la porte, ains le conserve, l'entretient et le caresse, comme un effet particulier de l'amour de Dieu : en quoi il ressemble proprement à ce roi étranger mentionné au *Livre des Rois*, qui aveuglait aussitôt ceux d'entre les enfants de Dieu qui se rendaient à composition à lui.

Or toute cette efficace et subtilité laquelle nous avons déduite en l'amour-propre, ne doit tant décourager l'âme, comme les tristes effets et grands préjudices qu'il lui occasionne la doivent animer à s'en garantir soigneusement. Joint qu'elle doit espérer non en sa propre vertu, mais en l'assistance de Dieu qui est plus fort que tout, plus intime en nous-mêmes que l'amour-propre, et plus puissant à nous illuminer que l'autre à nous aveugler. Pourvu toutefois que nous coopérions à sa volonté, qui en ce combat requiert de nous trois choses, pour opposer aux trois points susdits de l'amour-propre.

La première est que nous prenions contre l'aveuglement l'antidote d'une persuasion et croyance contraire, savoir est que cet amour-propre est d'autant plus en nous que moins nous le découvrons, et que nous sommes d'autant plus malades que moins notre mal est connu : et sur ce nous humiliant et reconnaissant indignes de le reconnaître par nous-mêmes, nous nous adressons à quelques personnes fort expérimentées pour être dressés. Laquelle premièrement se donnera garde de se laisser emporter à quelques premiers signes et apparences de vertu et sainteté. Car, outre que cette première impression la pourrait aveugler aussi bien que la malade, et serait difficile à ôter par après, encore qu'il en fût besoin, elle doit savoir que l'amour-propre est comme le venin du diamant, qui ronge souvent l'intérieur de la conscience, comme l'autre celui du corps sans aucun signe et apparence extérieure, ainsi qu'il arrive aux autres venins.

Secondement elle sera douce au commencement, pour conserver la liberté de l'âme à se découvrir. Car l'amour-propre est suave, et attendrit l'âme grandement ; de sorte que si on le traite avec amertume et rudesse, elle ne le peut porter, qui fait qu'elle dédaigne et fuit la guérison ; où au contraire la douceur l'attrait et invite, étant comme une viande conforme à son appétit, sous laquelle il faut cacher l'hameçon et l'abnégation, par lequel par après on la veut tirer hors de ses propriétés.

La seconde chose que l'âme doit avoir est que, contre la perpétuité de l'amour-propre, elle prenne la résolution de David, qui disait: *Persequar inimicos meos, et comprehendam illos, et non convertar donec deficiant.* (Psal xvii, 38.) C'est-à-dire : Je persécuterai mes ennemis, et me saisirai d'eux ; je ne les quitterai jusqu'à ce qu'ils soient abattus. Car puisqu'il est notre vrai et seul ennemi, il nous faut poursuivre ; et puisqu'il ne défaut jamais en cette vie, en sorte qu'il ne reste quelque racine et effets d'icelui, nous ne devons aussi jamais tourner arrière pour désister de la poursuite, ains sans cesse nous le devons combattre.

La troisième chose requise de nous contre la corruption générale de l'amour-propre en tout ce qui est bon en notre âme, est que nous effacions toute affection envers ce que Dieu met dans notre âme dès l'heure même qu'il le met, non par une résistance intérieure.

ou par le contraire de telle grâce particulière (pour l'ordinaire), mais par une démission totale de soi et de telle grâce et abnégation de l'un et de l'autre. Mais parce que cette pratique manque souvent, et qu'elle n'est suffisante pour abolir infinies autres propriétés occultes, Dieu nous soustrait par après telles grâces pour ouvrir nos yeux, et contraindre notre volonté à les quitter. Ce qui est un effet signalé de son amour et providence envers nous, et très-nécessaire à l'infirmité de notre âme, et pour ce l'âme doit y apporter une exacte et soigneuse correspondance, afin qu'elle ne soit privée du fruit que Dieu prétend et attend d'elle par ce moyen. C'est pourquoi je déclarerai par le menu les sujets ordinaires esquels l'amour-propre s'attache, et ceux dont Dieu nous prive pour le détruire. Puis j'ajouterai les propriétés que l'âme doit éviter en chacun d'iceux, et les pratiques intérieures propres à ce faire, réduisant ce discours de pratique d'abnégation en trois chefs principaux, conformément aux trois degrés de pauvreté extérieure qui se remarquent. Car comme par icelle les uns sont privés des choses superflues à la vie humaine, les autres des choses très-utiles, et les derniers même des choses qui paraissent les plus nécessaires à l'usage et entretien de leur vie : de même je constituerai trois sortes d'abnégation, qui est une vraie pauvreté d'esprit. Par la première les uns sont faits pauvres et dénués des choses de soi indifférentes à la vie de l'esprit, comme les choses extérieures et temporelles ; par la seconde, des choses très-utiles à icelle, comme les consolations intérieures ; par la dernière et la plus parfaite, de ce qui semble le plus nécessaire à l'établissement et conservation de la vie de l'esprit, comme les souhaits, sentiments et actes intérieurs de la vertu. Mais avant que d'entrer en cette déduction, j'ai trouvé à propos de traiter des deux principes et fondements de cette abnégation si sublime et nécessaire.

DE L'ABNÉGATION INTÉRIEURE.

CHAPITRE PREMIER.
DES DEUX FONDEMENTS DE L'ABNÉGATION.

Le premier fondement de l'abnégation est une très-basse estime de toutes choses créées et de soi-même ; le second est une très-haute estime de Dieu. Usage de ces deux fondements. La manière de s'exercer en l'abaissement et humiliation continue de soi-même, tant en général qu'en particulier, tant ès choses intérieures qu'extérieures. L'âme ne doit différer ces deux sortes de pratiques générales et particulières d'humiliation, jusqu'à ce qu'elle ait en l'entendement des conceptions autant suffisantes à représenter la bassesse des choses auxquelles elle renonce comme il voudrait ; et est toujours plus utile d'aborder l'humiliation et abnégation par la pratique, que par un amas de conceptions et ressentiments intérieurs de la bassesse des choses.

Il y a deux pierres fondamentales de cette abnégation. La première, une très-basse estime de toutes choses créées, et de soi-même plus que de toutes, acquise par une pensée fréquente de leur vilité, et par une expérience journalière de son infirmité et néantise, de laquelle réussira un dépouillement de tout et renoncement à tout, qui doit être perpétuel quant à l'affection, et quant à l'effet autant de fois que les sujets se présentent.

La seconde est une très-haute estime de Dieu, non par une pénétration sublime des attributs de la Divinité, qui n'est pas nécessaire, et si est de peu de personnes ; mais par une totale soumission de soi à Dieu pour l'adorer et lui donner tout pouvoir sur nous et ce qui est nôtre, sans réserve d'aucun intérêt particulier, tant saint soit-il. À quoi suffit que l'âme avec la lumière de la foi appréhende Dieu sous les concepts du symbole, comme de tout-puissant, de souverain bien, de notre rédempteur, et de notre béatitude finale.

Sur le peu d'estime des choses créées, elle bâtira un tel éloignement et démission de son être et de toutes choses créées, que facilement elle acceptera toute telle soustraction qu'il plaira à Dieu d'opérer, ou permettre.

Par la très-haute estime de Dieu, elle se disposera à déposer aisément toutes ses volontés pour se conformer au vouloir divin, qu'elle prendra désormais pour règle de tous ses desseins, affections et opérations quotidiennes.

Et puis par l'union de ces deux fondements, elle s'habituera à exercer un abaissement et humiliation continue de soi, tant en général qu'en particulier.

En général, 1° en se reconnaissant et ne s'estimant rien, puisque de rien elle a été créée, en rien se résoudra ; et qu'au regard de tous les vivants, de tous les saints, et de Dieu même, elle est moins tant en grâce qu'en nature, qu'une gouttelette d'eau au regard de la mer ; 2° en se tenant pour la plus vile et inutile créature de toutes, voire que la poussière, la boue et l'apostume : en tant que ces choses, quoique très-viles, sont bonnes néanmoins à quelques usages, où elle ne sert de rien sinon à offenser Dieu ; 3° en se tenant pour la plus grande pécheresse de tous, et digne de plus grand châtiment, comme participant en quelque manière aux péchés qu'ils commettent ; 4° en croyant fermement que toutes ses opérations, tant intérieures qu'extérieures, sont accompagnées de grands manquements de perfection.

En particulier, elle exercera l'humiliation en quatre sortes : 1. En la haine et fuite de tout honneur, louange et dignité, comme d'une chose peu séante à un rien, à une créature si vile, inutile et perverse, les œuvres de laquelle sont tant éloignées de vertu et mérite : d'où vient que l'âme qui sent vraiment sa petitesse ne peut s'élever par louange quelconque, ains au contraire, quand on l'honore, elle s'en étonne et confond à part soi.

2. En l'acceptation volontaire de toutes les occasions de mépris, confusions, persécutions et autres infamies qu'elle doit : 1° embrasser volontiers ; 2° en remercier Notre-Seigneur qui la traite comme il convient ; 3° qui plus est, s'estimer indigne d'être ainsi visitée de Dieu, qui daigne exercer envers elle sa justice ; 4° et se réjouir de ce qu'en ce sien opprobre s'accomplit la volonté de celui qui a daigné créer, gouverner et racheter chose si vile et rebelle à sa bonté.

3. En l'élection des choses les plus basses, estimant que le lieu le plus abject de la maison est sa demeure, l'office le plus vil est la charge qui lui est propre, le vêtement le plus pauvre est l'habit qui lui convient. Et même doit tenir pour assuré que ces choses excèdent de beaucoup ses mérites, et inférer de là que, puisqu'elle n'est encore digne d'icelles, à plus forte raison elle ne l'est pas des plus grandes, honorables et précieuses. Ce qui se doit pratiquer de tous et envers toutes choses, quant à la volonté intérieure ; mais quant à l'effet, selon la qualité et condition d'un chacun.

4. Or d'autant que ces trois points particuliers concernent spécialement l'humiliation de l'âme touchant les choses extérieures, et qu'icelle a beaucoup plus de sujet et de besoin d'exercer l'humiliation vers les choses intérieures, lesquelles ont accoutumé de l'élever et enfler, d'autant plus en orgueil, que plus elles surpassent en excellence les choses extérieures ; c'est pourquoi j'ajouterai un quatrième point, par lequel l'âme sera avertie d'appliquer la pratique des deuxième et troisième points derniers déclarés, plus vers les choses intérieures qu'extérieures, comme serait : 1° d'accepter volontiers toutes sortes de confusions et tentations intérieures, et de privations de grâces et dons de Dieu excellents ; 2° de rendre et choisir de soi-même entre les élévations et perfections intérieures, celles qui seraient les plus basses et ordinaires, s'éloignant de tous dons extraordinaires comme en étant indignes ; et 3°, en ce que Dieu l'élèverait en quelques grâces et perfections moins communes et ordinaires, eu égard que toutes les puretés et perfections de cette vie sont d'ailleurs impuretés et imperfections, et qu'elle les peut considérer et recevoir en l'une ou en l'autre qualité ; elle ne s'arrêtera point en l'excellence et rareté de telles grâces, lorsqu'elle y est actuellement élevée, ni après, comme étant un tacite entretien d'orgueil et d'amour-propre, mais seulement un défaut et manquement de perfection qu'elle doit supposer et être adjoint, encore qu'elle ne le connaisse point ; afin qu'en tout et de tout, elle s'humilie continuellement, et qu'elle n'entre en jouissance des grâces de Dieu que par l'humiliation, qui est l'unique porte pour y entrer, et l'unique moyen pour s'y conserver sans préjudice.

Ces deux sortes de pratiques générale et particulière conduiront l'âme à une vraie abnégation, et partant elle ne différera de les commencer, jusqu'à ce qu'elle ait en l'entendement des conceptions autant suffisantes à représenter clairement cette bassesse comme elle voudrait : eu égard que telles conceptions ne sont du tout nécessaires, et qu'elle peut poursuivre telles pratiques, encore que sa volonté ne soit émue par telles considérations de l'esprit, pourvu qu'elle la presse d'exercer ces choses ; parce qu'elle est fermement résolue à vouloir exercer telle pratique, et croit qu'elle ne peut excéder ni trop s'avancer en l'humilité ; joint qu'elle reconnaît cela être très-agréable à Dieu, très-fructueux à son âme, et très-raisonnable en soi. Même quand bien elle aurait l'esprit fertile en telles considérations, elle se devrait rendre beaucoup plus soigneuse d'aborder l'humiliation et abnégation par la pratique des points déjà déclarés et à déclarer en ce discours, que par un amas de conceptions et ressentiments intérieurs de telles choses, d'autant que ce moyen est plus aisé et assuré que l'autre, voire en vérité plus parfait et plus solide, bien qu'en apparence plus bas, et par conséquent moins propre à enfler et élever l'âme ; et pour ce regard plus à choisir que l'autre par l'âme, qui en tout se doit et veut abaisser à faire choix de ce qui est plus abject, selon le conseil de Jésus-Christ en la parabole des invités aux noces, afin qu'elle soit élevée et établie, non elle-même, mais par le Père de famille, en un lieu plus digne, honorable et convenable à son humilité.

Or, après avoir déduit en ce chapitre les deux fondements sur lesquels se doit édifier l'abnégation, et les deux sortes de pratique par lesquelles l'âme se doit fonder en l'avilissement de soi, il faut au chapitre suivant entrer en la déclaration de la première sorte et espèce d'abnégation.

CHAPITRE II.
DE LA PREMIÈRE SORTE D'ABNÉGATION, QUI EST DES CHOSES DE SOI INDIFFÉRENTES A LA VIE DE L'ESPRIT.

I. *La première espèce d'abnégation est un parfait renoncement à toutes choses extérieures et corporelles, comme étant de soi indifférentes à la vie de l'esprit.* II. *Ce renoncement doit être et en l'affection, et en l'effet.* III. *A ce renoncement nous aide beaucoup la soustraction que Dieu fait journellement de toutes choses. Il ne se passe presqu'aucun jour que Dieu n'use envers nous de deux traits signalés de son amour : l'un en nous privant de plusieurs commodités de la vie présente ; l'autre, nous en laissant toujours beaucoup davantage.* IV. *De ce renoncement naissent en l'âme trois effets principaux : 1° Une dépendance totale de la providence de Dieu,*

2° Une conformité singulière au vouloir divin; 3° Un accroissement d'amour de Dieu.

I. La première espèce d'abnégation à laquelle l'âme doit tendre, est un plein et parfait renoncement aux choses extérieures et corporelles, de soi indifférentes à l'état de la vie de l'esprit, comme les dignités ou les honneurs, les richesses ou pauvreté, la santé ou maladie, la vie ou la mort : bref toute commodité, goût et intérêts des choses créées.

II. Ce qui se doit pratiquer, et avoir tant en l'affection, en renonçant intérieurement à tout désir d'icelles, et se dépouillant de tout dessein, affection et intention que l'on y pourrait avoir comme en l'effet, en se servant actuellement de toute commodité, goût et plaisir occurrent d'icelles, en délaissant tout le superflu, et retenant seulement ce qui est nécessaire selon son genre de vie, avec l'avis et consentement de son directeur.

III. A quoi nous peut grandement aider la soustraction que Dieu fait de semblables choses, savoir est de la santé, nous visitant par maladies, des commodités par pertes d'icelles, des plaisirs et soulas, nous envoyant des travaux de la vie, nous envoyant la mort; et finalement de tous autres changements des choses humaines qu'il nous fait éprouver par sa spéciale providence et dilection; lesquels il dispose tellement à notre salut et à l'avénement de ces choses caduques et périssables, qu'à peine se passe-t-il aucun jour auquel ce Seigneur débonnaire n'use envers nous de deux traits signalés de son amour, soit en nous privant de plusieurs objets et commodités, pour nous donner sujet d'exercer intérieurement et extérieurement cette sainte abnégation, soit nous en laissant beaucoup plus qu'il n'en ôte, pour condescendre à notre fragilité. Et en ce il ressemble à un prudent médecin, qui ayant reconnu la faiblesse de son malade, et l'aigreur et force de sa maladie, use d'une part de quelque ingrédient violent et âpre contre la force du mal, et d'autre part le tempère de quelqu'autre doux et modéré, pour adoucir son acrimonie, et n'accabler les forces de son malade.

IV. De ce degré trois effets principaux réussissent en l'âme. Le premier est une totale dépendance de la Providence et volonté divine en tout ce qu'elle nous élargit ou ôte des choses créées. Le deuxième est une conformité singulière au vouloir divin, en ne voulant de tout ce qui est créé que ce qu'il nous octroie, en ne le recevant que pour ce qu'il le veut, en n'usant d'aucune chose que conformément à sa volonté reconnue ou par nos directeurs, ou par notre institut, en se réjouissant d'être par cette vicissitude continuellement dépouillé par cette bonté paternelle. Le troisième, un accroissement d'amour de Dieu, ayant ôté les empêchements qui étaient entre Dieu et l'âme, dont s'ensuivent plusieurs grâces divines, comme lumières, affections et sentiments de piété, lesquelles toutefois il ne faut désirer ni procurer, beaucoup moins ne constituer pour but de notre abnégation, comme il arrive à plusieurs, attendu que nous ne la devons exercer à autre intention, que pour ce que nous ne méritons la possession d'aucune chose créée tant petite soit-elle, joint que nous devons ainsi nous résigner du tout à Dieu.

CHAPITRE III
Divisé en deux degrés.

DE LA SECONDE SORTE D'ABNÉGATION, QUI EST DES CHOSES TRÈS-UTILES A L'ESPRIT.

I. La seconde espèce d'abnégation est des choses fort utiles à l'esprit, comme sont les consolations intérieures, qui sont de deux sortes : les unes résidantes en la partie inférieure, les autres en la supérieure. II. Le premier degré de cette seconde espèce d'abnégation est le renoncement des consolations sensibles. Pourquoi il faut le faire.
III. Quatre pratiques très-importantes pour se préserver du mal que nous pouvons recevoir des consolations sensibles. Les deux points principaux qu'il faut prétendre en ce premier degré, sont : le premier, que l'âme reçoive indifféremment par abnégation les consolations sensibles; le second, qu'elle en use fructueusement par une exécution fidèle et assidue de vertu. IV. Le deuxième degré de l'abnégation des consolations est le renoncement des consolations spirituelles. Son importance. On commet ordinairement deux défauts au regard des consolations spirituelles : le premier de les recevoir avec satisfaction et complaisance; le second est de les étendre par discours, et les allumer par l'effort des fonctions et affections naturelles, ce qui au lieu de les accroître, les diminue, et enfin les fait cesser. V. Il y a deux différents états de l'âme, en l'un desquels elle doit et peut coopérer avec les lumières et affections divines par étendue de discours en l'entendement, et dilatation de mouvements en sa volonté. En l'autre, non. Quand et de quelle manière l'âme se doit retenir de toute activité au regard des lumières et affections divines. VI. Il importe merveilleusement que l'âme suive avec ponctualité les mouvements de Dieu, ne s'élevant qu'autant qu'il l'élève; mais aussi se laissant élever lorsqu'il la tire à lui. VII. Il y a très-peu d'âmes arrivées à telle perfection de vertu et d'élévation intérieure, que Dieu en ait pris une totale possession et perpétuité, sans intermission quelconque, et sans jamais plus leur rendre la faculté d'agir par elles-mêmes.

Après que l'âme s'est ainsi dépêtrée de l'affection des choses extérieures et indifférentes, elle reçoit abondance de consolations et sentiments intérieurs, que Dieu fait découler en elle, comme un doux lait pour la nourrir en son enfance, et une tendre rosée pour engraisser la terre stérile de son cœur. Mais d'autant que sous ce voile de sainteté et douceur intérieure, l'amour-propre se mêle et cache infailliblement, elle les doit faire passer par l'étamine de l'abnégation en ce second état, que nous diviserons en deux degrés, selon les deux sortes de consolations et sentiments intérieurs que nous remarquons des deux parties de l'âme.

I. L'une grossière et sensible, qui se reçoit en l'inférieure, à savoir : tendresse, ferveur, larmes, douceur et facilité en toute opération ; l'autre, plus spirituelle et élevée, qui réside en la supérieure, savoir : lumière, désirs, ardentes affections de vraies vertus.

1ᵉʳ DEGRÉ.

II. Or, comme ès maladies corporelles, ce qui les entretient le plus est une mécréance que la personne a de son indisposition, lorsqu'elle ne s'estime et tient aucunement pour malade, négligeant les remèdes propres à son mal : de même ès indispositions de l'esprit, ce qui les entretient le plus est une persuasion occulte et intérieure, qui se glisse en la plus grande partie des âmes, par laquelle elles ne se tiennent et estiment point pour indisposées, mais pour très-saines et accomplies en l'exercice de leurs fonctions spirituelles. A cette occasion, le premier et le plus nécessaire avis en ce lieu est que l'âme se donne garde d'une telle persuasion, généralement en toutes choses, et particulièrement au fait des consolations et sentiments intérieurs ; et qu'au contraire de telle persuasion, quand elle les ressent, elle croie et présume qu'elle ne les reçoit avec la pureté et indifférence requise, sans que sa volonté y soit engagée par affection et sa nature par mélange, combien qu'elle ne le reconnaisse et ressente en particulier. Et selon cette ferme et humble croyance, elle appliquera l'abnégation en ne faisant aucun fondement en telles choses, comme étant très-basses, très-infirmes et puériles, et en ne les ayant en aucune estime, eu égard qu'elles ne procèdent ni d'une habitude acquise, ni d'une grâce particulièrement infuse, comme on pourrait penser, mais d'une suavité et d'une douceur interne, qui est un objet fort proportionné à l'amour-propre, lequel se nourrit du propre contentement et plaisir ; et par une gloutonnerie spirituelle et abus déplorable des choses saintes, les convertit en ses propres délices et plaisirs, et les accommode à son goût et sentiment. Mal très-dangereux et occulte, duquel procèdent plusieurs complaisances, présomptions, illusions et déceptions diaboliques ; duquel elle se préservera par l'observance des quatre pratiques suivantes.

La première est de se croire et reconnaître très-indigne d'icelles, de ne vouloir et souhaiter que la pure vertu et une perfection, de concevoir une indifférence totale à les avoir ou non avoir ; et par ces trois points abaisser intérieurement devant Dieu son âme au-dessous de toutes choses, et nommément de telles consolations et sentiments à l'heure même qu'on les reçoit.

La seconde est de les recevoir et regarder avec une grande soumission intérieure, les référer à Dieu, duquel elles procèdent, ne permettre son esprit se reposer en icelles, ains l'employer lors à s'établir et accroître ès solides vertus par bons actes intérieurs et extérieurs d'icelles. Et par ainsi l'âme ne s'en servira que pour la fin pour laquelle Dieu les envoie, et non pour son intérêt et contentement particulier.

La troisième est de prendre garde par la soumission susdite de soi, et dépression de telles consolations, à ne suivre toute leur largeur et amplitude, n'exécuter actes indiscrets, ne tenir propos et ne faire promesses précipitées des choses extraordinaires, et qui, le goût cessant, semblent très-difficiles ou impossibles. Ce qui la préservera d'être excessivement transportée et enivrée de cette douceur et goût spirituel.

III. La quatrième est de se résigner humblement et franchement à la privation de telles consolations, accepter bénignement les angoisses et pressures de cœur en échange des consolations reçues auparavant, le désirer plus ardemment et résolument, et travailler plus assidûment à l'acquérir pour l'amour de la même vertu et de la gloire de Dieu, et non pour notre contentement. Ces quatre pratiques intérieures fidèlement exercées, feront que l'âme recevra indifféremment par abnégation telles consolations sensibles, et en usera fructueusement par une exécution fidèle et assidue de vertu, qui sont les deux points principaux qu'il faut prétendre en ce premier degré.

IIᵉ DEGRÉ.

IV. L'âme doit être plus soigneuse à garantir de toutes propriétés et impuretés les sentiments et consolations de la partie supérieure que celles de l'inférieure, eu égard qu'elle serait privée d'un fruit d'autant plus signalé, que telles influxions sont plus pures, élevées et efficaces. Elle sera donc avertie, qu'encore que telles lumières et affections viennent de Dieu, et produisent en l'âme de très-bons effets, ce néanmoins, si elle n'est assistée d'une grande discrétion intérieure ou pureté d'esprit, à peine s'apercevra-t-elle, et se préservera d'un défaut ordinaire en ce lieu. Savoir premièrement, d'embrasser volontiers telles illuminations et affections, avec certaine satisfaction et occulte complaisance de soi en icelles ; et secondement, de les étendre par discours, et allumer par effort de ses fonctions et affections naturelles, dont il semble faussement que les premières lumières et affections soient accrues et dilatées intérieurement. Car cet effet ne procède de Dieu, ni d'une vraie augmentation d'icelles, ains seulement d'une pure réflexion de l'âme occasionnée d'amour-propre, et d'une vaine affection de telles grâces, qui, au lieu de les accroître, comme elle pense, a fait cesser l'infusion de Dieu par cet empêchement qu'elle y a mis, et rester seule en elle l'effort naturel et raisonnable; tellement qu'en faisant si grand cas, voire se reposant, fondant et assurant en icelui, comme en un effet singulier de Dieu; ce n'est de merveille s'il s'ensuit un éblouissement et aveuglement intérieur, une superbe et fausse persuasion d'une rare vertu, et une ouverture à plusieurs illusions.

Or, afin que d'une part elle ne manque à son devoir, et que d'ailleurs elle ne tombe en cet abus et danger, elle doit noter deux différents états et conditions d'une âme.

V. Le premier est lorsqu'elle est encore novice en la voie de Dieu, et ne fait que commencer à être tirée d'en haut, ou bien que par son indisposition ou autrement, les lumières et affections qu'elle reçoit sont faibles et débiles, et lui laissent une pleine liberté d'user de ses fonctions naturelles.

Le second, lorsqu'elle est plus avancée ès vraies vertus, et reçoit les lumières et affections divines en telle abondance, qu'elles la possèdent toute fort intimement et efficacement sans liberté d'opérer et user de ses puissances intérieures.

Car au premier état elle ne doit faire difficulté de coopérer avec telles lumières et affections par étendue de discours en l'entendement, et dilatation de mouvements en la volonté, à ce qu'elle se garantisse d'une paresseuse oisiveté et inutilité d'esprit, qui est en cet endroit une ruse subtile et un piège préjudiciable de l'ennemi, tendant à ce qu'elle se repose et fonde en soi, et non en Dieu comme elle pense, et qu'elle laisse place non à telles lumières, ni à Dieu, comme elle présume, mais à sa nature et à ses superfluités, et qu'en ce temps de moisson elle demeure privée du fruit de vertu qu'elle devait recueillir, tandis qu'elle y était plus habile et disposée par telles lumières et affections célestes : ou au contraire, quand l'âme est actuellement au deuxième état, elle se doit humblement priver de tel usage et effort naturel, lequel lors ne procéderait que d'une présomptueuse croyance de ses forces, présumant tacitement en recevoir et accroître telles grâces, non de Dieu seul, mais aussi de soi-même, et d'une volonté superbe et déréglée, affectant ou les dons, ou bien la mesure des dons que Dieu ne donne et qu'il n'est licite de désirer, comme non nécessaires à salut, mais seulement de les recevoir lorsque Dieu les envoie.

VI. Elle se privera donc de cet usage naturel, au lieu d'icelui elle s'humiliera et avilira comme une chose de néant; elle procurera une volonté simple et résolue de ne chercher en telle chose son propre contentement et intérêt, ainsi de se réputer très-indigne, comme personne très-basse et éloignée de Dieu ; elle les acceptera pour satisfaire au vouloir divin avec une reconnaissance grande de sa bonté, qui daigne par ses infusions s'abaisser à chose si vile; puis les référera et offrira à Dieu, comme chose toute sienne, et tout à fait dépendante de lui. Or l'âme notera que j'ai inséré à mon escient ce terme *actuellement* pour lui donner à connaître que, lorsque l'efficace de telles influences est passée, et que la liberté d'agir lui est rendue, elle doit reprendre l'usage et l'exercice de ses fonctions intérieures, lequel doit être au regard de semblables infusions, comme l'ombre au regard de la lumière du soleil. Car, comme nous la voyons diminuer et s'apetisser selon que la lumière croît, et au contraire accroître selon que le soleil se retire et se cache de nous, de même selon que Dieu se retire de notre âme, par le cours de sa providence qui le requiert ainsi, ou bien se cache d'icelle par quelque nuage interposé, elle doit rentrer en elle et reprendre ses opérations comme auparavant, et selon qu'il s'en approche et l'occupe de ses influxions; elle doit sortir de soi-même, et faire que ses industries cèdent à celles de Dieu, plus ou moins selon leur efficace. Et est vrai, que si elle est conforme à la disposition et perfection présupposée en ce second degré comme au précédent, nous avons exclu la concurrence et assistance des puissances sensitives et inférieures à recevoir et user des consolations sensibles, n'y permettant que les opérations de la partie supérieure et raisonnable : de même en ce second degré, et particulièrement en ce second état, il faut exclure les mêmes puissances raisonnables et supérieures à recevoir et user des infusions divines, et n'y permettre aucune activité, que celle qui procède non plus du cœur, ni de l'entendement et volonté, mais de la partie suprême et plus intime de l'esprit, que quelques-uns appellent *apex mentis*, laquelle par actes simples et uniformes les rend et convertit à Dieu, et les emploie à fonder les solides vertus en une manière fort secrète, spirituelle et efficace, tandis que les autres fonctions tant inférieures que supérieures, demeureront assoupies, accoisées et dénuées de leurs opérations. J'ajoute d'abondant, que selon que s'augmente la disposition intérieure de l'âme, et l'affluence des bénédictions de Dieu, elle doit même quelquefois se dénuer de l'activité de cette partie suprême, et ne permettre qu'elle exerce autre industrie que de recevoir avec soumission, indifférence et patience d'esprit, l'infusion divine, sans qu'elle lève la pointe de son activité vers icelle, pour la pénétrer avec soudaineté et vitesse; autrement elle la détruirait et encourrait les effets déjà condamnés de propriété et affectation de telles grâces, et les peines d'aveuglement intérieur et autres qui l'ensuivent. Ce qui se peut mieux entendre par l'exemple de celui qui est exposé au soleil, lequel s'il lève ses yeux vers icelui, reçoit bien sa lueur, mais en est ébloui et aveuglé, en sorte qu'il ne peut voir ni le soleil, ni les autres objets posés devant ses yeux, ce qui arrive spirituellement et intérieurement à celui lequel pour vouloir être *scrutator majestatis*, c'est-à-dire scrutateur de la majesté, profondant de soi même par présomption et affection les lumières et affections divines, *opprimitur a gloria*, selon le dire de Salomon (*Prov.* xxv, 27) : c'est-à-dire est abattu par la gloire, demeurant offusqué en son comportement tant intérieur qu'extérieur. Ou au contraire, celui qui baisse les yeux à la lumière du soleil, la reçoit, et en sa vue, non ébloui, mais conforté pour se conduire et discerner la diversité des objets présents. Ainsi que celui qui humilie et abaisse son esprit sitôt que la lumière d'en haut rayonne en icelui, en reçoit une grande discrétion intérieure et extérieure circonspection, pour se conduire sûrement et préserver des pièges de Satan et de l'amour-propre.

VII. Les points contenus en ce second degré, doivent être soigneusement pesés de l'âme, d'autant que le discernement d'iceux est difficile, et le danger bien éminent de tomber en l'une ou en l'autre des extrémités cotées. Elle appréhendera donc telles choses, implorera humblement la grâce divine, se disposera à en recevoir les avertissements intérieurs de son devoir, et surtout en prendra l'avis de personne expérimentée, qui prenne garde d'une part qu'elle ne résiste avec pertinacité à l'invitation que Dieu lui fait de monter plus haut, comme il arrive à l'âme qui est propriétairement fondée, assurée et appuyée en elle-même, en ses actes et vertus, et d'autre part à ce qu'elle satisfasse à l'avis donné par Jésus Christ en la parabole des invités aux noces, en ne s'élevant en un lieu plus haut que ne mérite sa condition, autant que Dieu lui appelle et invite. Comme il advient en premier lieu à ceux qui se veulent élever par-dessus leurs opérations, avant que Dieu les attire suffisamment ; et en second lieu à ceux qui veulent même se priver de cette activité de la partie suprême, avant que leur disposition et l'efficace de la grâce le requière ; et en troisième lieu à ceux qui veulent se perpétuer en l'un ou l'autre de ces degrés, sans rentrer en eux-mêmes, après que l'infusion divine est cessée. Car il ne suffit de ne monter en ces degrés de soi-même, ains par la grâce de Dieu ; mais après que Dieu nous a élevés, il ne faut y persévérer de soi-même, ains pour l'ordinaire retourner à l'usage de nos fonctions sitôt que la liberté nous en est rendue. Et derechef s'en dépouiller quand Dieu survient avec nouvelle intraction, conservant ainsi la vie de l'esprit par un perpétuel flux et reflux de notre âme à Dieu par nos actions, et de Dieu en notre âme par ses infusions, jusqu'à ce qu'il lui plaise disposer l'âme à une telle perfection de vertu et d'élévation intérieure, qu'il en ait pris totale possession à perpétuité, sans remise et relâche quelconque, et sans jamais plus lui rendre la faculté d'agir par elle-même, qui est un moyen par lequel elle peut conjecturer ce que Dieu désire d'elle en ce point. Mais d'autant que cette grâce est très-rare et particulière, et ne se donne qu'après de très-grandes habitudes de vertu, et que ce serait un abus très-dangereux que de présumer faussement de l'avoir ; il me semblerait bon que l'âme observât telle exaction en ceci, que d'elle-même elle se contînt fort longuement en la mortification des passions et exercice de vertu, tant qu'elle pourrait, et que jamais elle ne présumât de se comporter comme si elle avait acquis cette grâce, qu'après qu'un très-expérimenté directeur lui en aurait donné conseil.

CHAPITRE IV
Divisé en quatre degrés et huit avis.
DE LA TROISIÈME ESPÈCE D'ABNÉGATION, QUI EST DES CHOSES NÉCESSAIRES A LA VIE DE L'ESPRIT.

I. *Il y a cinq différentes choses en la vertu, quatre desquelles Dieu nous soustrait aucunes fois, et nous oblige d'en pratiquer l'abnégation. Et de ces quatre choses est parlé ès quatre degrés suivants.* II. *Le premier degré de cette troisième espèce d'abnégation est en la réformation des bons désirs. Pratiques pour remédier à l'excès des désirs.* III. *La perfection de l'âme consiste à être tout à fait dépendante non de l'esprit humain, mais de l'esprit de Dieu. Importance de cette abnégation.* IV. *La doctrine générale contenue en ce degré est appliquée en particulier à trois sortes de désirs : à celui de la gloire du ciel, celui de l'abnégation même et celui des souffrances.* V. *Le second degré de cette troisième espèce d'abnégation est en la privation des sentiments de vertu et d'élévation intérieure. Motifs et pratiques sur ce sujet.* VI. *Dieu non content de priver l'âme des sentiments de vertu et d'élévation intérieure, permet encore qu'il lui arrive des mouvements déréglés de passions et des rébellions de la partie inférieure, à Dieu et à la vertu, et pourquoi. Divers inconvénients qui procèdent de cette sorte de purgation par voie de tentations, et les remèdes qu'il y convient apporter.* VII. *Le troisième degré de cette troisième espèce d'abnégation est en la soustraction que Dieu fait à l'âme, de la reconnaissance et sentiment de sa vertu, et même de la croyance qu'elle en pourrait avoir par les effets passés. La maxime que l'âme doit observer en ce troisième degré, est de s'humilier et de se soumettre à autrui. Fruits de cette maxime. Avis pour le directeur. Deux enseignements très-profitables à l'âme sur ce sujet.* VIII. *Le quatrième degré de cette troisième espèce d'abnégation est en la soustraction que Dieu fait à l'âme, même des actes intérieurs de vertu. Quels sont les devoirs de l'âme réduite à cet état. Deux sortes d'élévation : l'une de l'entendement par lumière, l'autre de la volonté par l'abnégation. La première périlleuse et de peu de personnes ; la seconde plus sûre et pour tous.* IX. *L'âme peut être considérée ou à l'entrée ou au progrès, ou à l'issue de ce dernier degré. Et selon ces trois points, elle a besoin de divers avis. Deux avis sur l'entrée de ce quatrième degré, qui est une soumission* passive à Dieu. L'âme a deux manières d'être en son néant : en l'essence, par ressentiment des bons mouvements qu'il plaît à Dieu lui envoyer ; ou en ses œuvres, par application des effets qui doivent réussir de ces bons mouvements. Et elle doit toujours joindre la seconde à la première ; en sorte que toutes et quantes fois que Dieu l'assiste par sa grâce, elle lui doit assister par correspondance. L'âme en use souvent tout au contraire. Ce qu'elle doit faire pour obvier à cet inconvénient. X. Trois avis sur le progrès du quatrième degré, qui est lorsque Dieu semble remplir et occuper l'âme de ses grâces. Sur les inspirations, l'âme doit éviter deux fautes ordinaires : l'une est une omission de les accomplir, se contentant de les écouter, ou de les goûter : l'autre est une assurance à les suivre. Envers l'abnégation même, elle prendra garde qu'elle procède d'humiliation et d'abaissement intérieur au-dessous de tout, et non d'un vent de présomption intérieure, duquel l'âme est souvent enflée par-dessus tout. XI. Premier avis pour l'âme constituée en l'issue et habitude du quatrième degré. XII. Le second avis contient quelques règles très-importantes pour appliquer l'abnégation aux actions, affections et pensées. XIII. Le troisième avis est que l'âme ne pense jamais être arrivée au dernier point de la perfection.

Tout ce qui a été déduit au chapitre précédent tendait à deux fins. La première à ce que l'âme reçût avec telle pureté les consolations et sentiments, tant de la partie supérieure qu'inférieure, et que par les subtilités de son amour-propre elle ne détruisît en elle la grâce que Dieu y planterait. La seconde, à ce que par les mêmes artifices elle fût privée du fruit de vertu, qu'elle devait lors recueillir, et qui était l'effet pour lequel Dieu lui envoyait telle abondance de consolations et sentiments. Maintenant il faut déduire la troisième espèce d'abnégation, par laquelle l'âme est appauvrie et dénuée de la chose qui paraît la plus nécessaire à l'établissement de la vie de l'esprit, et pour laquelle obtenir, les consolations ont été réformées par les avis du précédent chapitre. En quoi il semble que Dieu, comme nous avons déclaré en l'avant-propos, ne fasse que planter en notre âme, et puis déraciner lui-même ce qu'il a planté, à raison de l'amour-propre caché au plus creux de notre intérieur, qui infecte et environne ce que Dieu y met.

I. Or, pour entendre sainement cette abnégation et privation de vertu, est à noter y avoir cinq choses en icelle. La première est l'habitude ou infuse de Dieu immédiatement, ou acquise par le travail de l'âme. La seconde est l'acte de vertu ou intérieur en l'âme, ou extérieur en l'effet au dehors. La troisième est une réflexion de l'âme sur cet acte intérieur, par discernement ou ressentiment d'icelui. La quatrième est un grand désir et souhait de la vertu. Et la cinquième, un sentiment d'icelle procédant ou de l'habitude, ou de l'infusion de Dieu, ou de la diligente coopération de l'âme. De ces cinq choses, Dieu en laisse perpétuellement les habitudes que sa grâce et la diligence de l'âme y a plantées, et aussi les effets extérieurs de vertu, et n'y a rien qui prive l'âme de ces deux choses, que sa négligence et une fausse liberté, qui a coutume de se glisser en elle en ce degré, si elle n'y prend garde. Seulement Dieu soustrait, selon la disposition de l'âme, ores le souhait de la vertu, par une réformation de l'excès qui y est ; ores le sentiment d'icelle ; puis la réflexion de l'âme sur son intérieur ; et en dernier lieu, ce même acte intérieur de vertu : non toutefois pour la dégarnir de la vertu, mais l'élever à une manière de l'opérer et exercer plus simple et parfaite, et non tant procédante des actes et affections internes de chaque vertu particulière, comme d'une simple réfusion d'amour de Dieu.

1er DEGRÉ.

II. Le sujet du premier degré est un certain excès qui se remarque ès désirs des choses saintes et vertueuses, que l'âme conçoit ; comme par exemple de l'oraison, à cause de la disposition ou promptitude de s'unir à Dieu, qu'elle recueille d'icelle, ou bien d'un état de vie tranquille et contemplative, d'autant qu'en icelui elle se sent plus animée et enflammée en l'amour de Dieu. Cet excès est caché et voilé sous prétexte d'ardeur, jusqu'à ce qu'il se découvre et apparaisse, qui est quand elle ne peut obtenir ce qu'elle souhaite, soit par empêchements humains, comme lorsque l'obéissance et charité la retirent de l'oraison par une œuvre de grande distraction, mais plus profitable au prochain, ou même la contrainte de changer de vie, pour s'occuper aux négoces de l'active esquels elle a beaucoup de répugnance, soit par empêchements posés de Dieu, même lors qu'il ne nous octroie sitôt comme nous le voudrions, cette vertu et perfection désirée ; lors, dis-je, les effets d'un tel excès se manifestent par un regret qu'elle ressent de tels empêchements, et par peine et inquiétude en son intérieur, qui n'est point de Dieu, l'esprit duquel est doux et suave ; mais d'une propriété par laquelle l'âme est attachée à ce qu'elle désire, et semble aucunement et indirectement vouloir en cela donner la loi à Dieu, et contrarier à sa sainte disposition ès créatures, pour ne perdre le propre intérêt qu'elle y prétend : ce qu'elle doit réformer, observant ce qui s'ensuit : 1° Elle acceptera et recevra le désir, comme don de Dieu sans complaisance et satisfaction en icelui. 2° Elle procurera avec toute diligence de l'exécuter, sans délaisser aucun moyen propre pour arriver à telle vertu et perfection, afin de chasser loin toute tépidité et négligence, voilée quelquefois du prétexte d'abnégation. Et 3° (quand l'empêchement survient), elle croira et reconnaîtra que Dieu ne se plaît lors en l'exécution de tel désir, et pourtant faudra le renoncer de fait, et se résoudre intérieurement à ne vouloir ni vertu, ni perfection, ni chose que ce soit, que telle et quelle, et selon que Dieu le veut. 4° Elle ne consentira à l'anxiété et fâcherie qui en revient, ains la réprouvera selon son pouvoir.

III. Cette pratique est fondée sur une doctrine bien notable en ce lieu, et véritable, savoir que la perfection de l'âme et de la vertu consiste à être tout à fait dépendante, non de l'esprit humain, mais du vouloir de Dieu, étant bien raisonnable que tout bien dépende de celui duquel il procède, et soit réglé, non selon nos volontés, qui sont le plus souvent aveuglées et transportées d'affection, mais selon l'esprit de Dieu qui est sa vraie règle, et qui est en soi infaillible. D'où s'ensuit que l'âme qui a un bon désir, avec ce repos sus déclaré et tranquillité en sa volonté, sans la vertu désirée, est plus agréable à Dieu que celle qui a la même vertu, en sorte que si elle ne l'avait, elle en serait inquiétée. Par ce point et pratique, il ne faut penser que l'âme soit dépouillée du désir de la vertu, mais seulement d'un excès et effet d'amour-propre qui y était, et d'une appréhension humaine d'être privée du bien désiré qui l'affligeait auparavant. Mais par cette réformation, le désir demeure pur et entier en son énergie et efficace, non sans crainte intérieure, qui accompagne coutumièrement tout désir, jusqu'à ce que l'on obtienne ce que l'on désire ; mais elle est vraiment divine, sans excès et propriété, et même sans peine avec résignation et contentement indicible, à cause que volontiers elle fait échange d'une vertu créée au vouloir divin et incréé, et qu'elle sait combien Dieu se plaît en une âme qu'il voit tranquille et pacifique en sa peine pour se résigner à sa volonté, et qui l'aperçoit privée d'un bien qu'elle désire instamment pour mieux aimer Notre-Seigneur, qu'aucune vertu et perfection.

IV. De l'abnégation de ce désir et de la pureté de cet amour envers Dieu, ensuit ordinairement une conduite et assistance intérieure, qui avertit l'âme intimement de quelle diligence elle doit user sans relâche aucune, pour obtenir la vertu désirée, autant et plus que si l'appréhension et inquiétude l'en pressait ; lui apprend combien peu elle se doit appuyer en cette diligence et industrie sienne, puisque par icelle elle ne parvient à ce qu'elle souhaite, mais par le bon vouloir et plaisir de Dieu ; et l'instruit quelle persuasion filiale elle doit concevoir, que Dieu qui lui a donné le désir lui donnera la perfection et vertu désirée quand et comme il lui plaira. Ce qui l'a fait résigner entre les mains de Dieu, et de tout très-contente n'y penser plus, ainsi avec une perte entière de ses souhaits et volontés en Dieu, opérer et travailler à la même vertu, comme hors de soi, laissant à Notre-Seigneur tout le soin et pensée de tout, avec une tranquillité vraiment divine.

V. Mais d'autant que la doctrine contenue en ce degré est générale, je l'appliquerai en particulier à trois sortes de désirs, esquels il y aurait moins d'apparence de la pratiquer et observer, à ce que l'âme soit soigneuse de la garder généralement en tous autres. Le premier est celui de la gloire éternelle, lequel elle doit purifier en la façon susdite, quand elle est différée, estimant beaucoup plus la volonté divine, qui se plaît à ne la lui donner encore, que la même gloire ; et quand bien mêmement il lui plairait ne lui donner jamais sans aucune offense de son côté, choisissant plus de se reposer et contenter d'un tel vouloir divin que la même gloire. Le deuxième est le désir de l'abnégation de soi et conformité à la volonté divine, qu'il faut encore modérer et régler ; premièrement, en lumière sus déclarée, quand Dieu ne l'octroie autant qu'elle voudrait, eu égard que ce n'est pas un petit effet de cette même vertu de se contenter par humilité, de n'être autant avancé en ce dépouillement de soi, comme on le souhaiterait pour son excellence particulière, et être content de ce que Dieu permet, pourvu que de là ne s'ensuive une tépidité et négligence de travailler à icelle vertu : car au contraire, ce serait abus de la vouloir acquérir par la voie de propriété, qui lui répugne plus qu'à toute autre vertu. Le troisième est le désir de souffrir, lequel peut être excessif par excès d'anxiété et d'amour-propre, encore que notre nature y répugne comme à une chose amère. En quoi se doit remarquer en passant la subtilité du propre amour qui convertit à son goût, même ce qui lui est si contraire, et se nourrit et entretient sous ce désir de souffrir, nonobstant son âpreté, à cause de la satisfaction qu'il peut apporter à l'âme par son excellence et sublimité. L'âme notera donc, pour chasser ce faux amour caché sous ce désir, que le vrai souhait d'endurer est celui, et non autre, qui est accompagné d'abnégation et dépouillement volontaire du même souhait, en ce qui concernait notre satisfaction et contentement particulier. Sur ce propos, avant de le finir, je remarquerai que ce n'est un moyen salutaire à une âme nouvellement introduite à la vertu, de charger immodérément son esprit de pensées perpétuelles de la croix et des afflictions qu'il convient endurer en la voie de Dieu. Car enfin, quelle ferveur qu'elle eût, sa nature s'en ressentirait et succomberait sous ce faix, l'âme s'en affligerait et en tirerait une difficulté d'opérer les choses de son salut. Qui serait une ruse bien subtile de l'ennemi pour lui rendre le chemin de perfection austère et difficile. Partant avant qu'elle ait acquis une grande force d'esprit, elle modérera l'excès et la continuité de telles pensées, et les convertira en une entière conformité au vouloir divin, et nommément en cette croix, qui ne cause point d'ennui à l'âme, qui ne la recherche et embrasse que pour plaire à Dieu, sans réserve d'aucun autre intérêt. Ce qui ne sera sans exemple en la vie de Jésus-Christ, lequel ne pensa toujours à sa croix, ains seulement lorsque ce fut le vouloir de son Père : car il accomplit en sa vie ses actions avec beaucoup de suavité extérieure et allégresse intérieure, qui lui fut néanmoins soustraite au temps de sa Passion.

IIᵉ DEGRÉ.

VI. Après que l'âme a acquis un grand commandement de la partie supérieure sur l'inférieure, et l'habitude des vertus par l'affluence des consolations et sentiments intérieurs de piété, avec la coopération qu'elle a apportée en observant les pratiques précédentes, et en usant légitimement des dons reçus de Dieu, lors il la prive et dépouille de toutes sortes de sentiments, de vertu et élévations intérieures; et en contr'échange de ce qu'elle a reçu par le passé, la permet être agitée en la partie inférieure, en telle sorte que la chair semble aussi puissante en elle et l'esprit aussi faible comme au commencement de sa conversion, et comme si son travail à dompter soi-même n'eût de rien réussi. Ce que Dieu permet à plusieurs fins, toutes tendantes à son plus grand bien.

VII. Car en premier lieu, il la prive et dépouille de telles grâces : 1° à ce qu'elles ne causent en son esprit une telle satisfaction en icelles, qu'elle ne vienne à se complaire et élever en orgueil; 2° afin que l'amour-propre, lequel y était entré, en soit du tout éteint et banni; 3° à ce qu'elle croisse et continue en la connaissance et expérience de sa bassesse et infirmité; 4° et afin qu'elle se fortifie en vertu, et se dispose à reconnaître que la solide perfection ne gît pas en telles grâces, et en une paix entre le sens et la raison, mais en l'abnégation de soi en toutes choses, qui s'acquiert plus parmi la pauvreté de telles grâces, que par l'affluence d'icelles. Elle ne lairra donc écouler cette occasion sans réformer et épurer son comportement intérieur lorsqu'elle avait telles grâces, en observant la pratique suivante : savoir est : 1° de se remémorer les biens qu'elle a pu tirer d'icelles, et les impuretés qu'elle a dû fuir et éviter; 2° voyant comme elle s'est comportée en l'une et l'autre, se reconnaître par simple pensée ou croyance très-intime, et non par un discours indigne de tels sentiments; 3° renoncer librement à iceux, et à tout intérêt et satisfaction intérieure qu'elle en recevrait. Ce qui étant pratiqué sur les grâces passées, elle doit maintenant se convertir à l'état présent de pauvreté et privation d'icelles. Et premièrement, penser succinctement à la dignité et aux fruits de cette privation, et s'en reconnaître indigne; 2° ce néanmoins l'accepter avec grande soumission au vouloir de Dieu qui l'envoie, et démission de soi qui l'accepte, et qui s'avoue indigne de l'avoir; 3° se résoudre de travailler et en tirer les fruits d'abnégation, humiliation et pauvreté d'esprit que Dieu attend et prétend d'elle.

VIII. En second lieu, outre la privation susdite, Dieu permet lui survenir des mouvements déréglés de ses passions, des rébellions de la partie inférieure à Dieu et à la vertu, parce que la privation seule n'est suffisante à déraciner l'amour-propre, la présomption et la complaisance profondément enracinée en son esprit, ni pour l'accroître en vertu et humilité, ains elle pourrait l'entretenir en ses défauts susdits, et outre iceux, en une tiédeur et nonchalance d'esprit, et pour ce est besoin d'y ajouter l'acrimonie de la tentation, à ce qu'elle bannisse de l'âme toutes ses humeurs vicieuses. Mais comme il arrive ordinairement aux corps fort maléficiés, que la médecine et breuvage que l'on leur présente pour la guérison de quelqu'une de leurs indispositions, en faisant son opération, provoque quelqu'autre indisposition et maladie; de même survient-il en notre âme navrée de toutes parts d'amour-propre. Car cette purgation d'esprit que Dieu lui envoie, en expulsant d'un côté les effets susdits d'amour-propre, de l'autre agace et réveille une curiosité en son esprit auparavant accoisé et recolligé par l'abondance du sentiment, à rechercher désordonnément la source et les circonstances de son mal, une présomption à s'élever, aigrir, ennuyer et impatienter de la privation du sentiment, et de la tentation qu'elle pâtit, une affectation propriétaire d'un certain repos sensible perdu par l'un et l'autre, et une assurance recherchée et prise en son esprit par les actes intérieurs de vertu, et par la résistance qu'elle opère. A quoi elle doit remédier : 1° en s'occupant beaucoup plus à tirer fruit de ses tentations, qu'à les éplucher et discuter; 2° en s'abaissant intérieurement, comme une chose de néant, dès lors que les tentations recommencent, et reconnaissant être bien raisonnable que Dieu la mette en échelle de Satan par tentations, puisqu'elle a si peu profité en l'échelle de Dieu par ses consolations, puis les acceptant avec patience, comme mérite digne de soi; 3° en renonçant volontairement au repos intérieur qu'elle ressentait avant la privation et la tentation, et s'accoutumant à ne les fonder plus ès sentiments, mais au vouloir de Dieu, qui ne s'accomplit pas moins en cet état qu'en l'autre; 4° en faisant peu d'estime de tous ces actes et industries, et en s'en défiant, comme des choses de nulle valeur et énergie. Mais d'autant que l'assurance susdite, que l'âme prend par elle-même en ses actes, est profondément aggravée en icelle, et appuyée sur une réflexion particulière, qu'elle fait par discernement et ressentiment sur ses actions intérieures, il est besoin que la main de Dieu même y opère, et la conduise en un degré nouveau et particulier d'abnégation, auquel il la dépouille de la réflexion susdite, et de l'assurance qu'elle en retire, comme il sera déclaré au degré qui s'ensuit.

IIIᵉ DEGRÉ.

IX. La privation du sentiment que Dieu avait occasionnée en l'âme, selon le degré précédent, ne tendait qu'à la destituer de ce qui la retenait à elle-même, et divertissait de Dieu, à savoir le sentiment de vertu, encore qu'il lui était envoyé à une intention du tout contraire; savoir est, pour l'attraire à se convertir du tout à la mamelle de la piété divine, par la suavité du lait qui en procédait. Mais d'autant que l'amour-propre, qui règne plus en elle que celui de Dieu, forcé de quitter le sentiment par la privation d'icelui, et la tentation de sa partie inférieure, a bien su trouver un autre gîte pour se musser, et un autre sujet pour se divertir de Dieu, et s'arrêter en soi-même, Dieu redouble en ce lieu la purgation et accroît sa force et acrimonie, afin qu'elle expulse le reste des humeurs vicieuses et corrompues de l'âme. Or d'autant que le point auquel l'amour-propre, banni du sentiment, s'est réfugié pour se cacher et conserver, est une assurance intérieure que l'âme prend en ses actions internes de vertu, par une réflexion qu'elle exerce sur icelle, par laquelle elle se fonde et appuie en elle-même et en sa vertu et non en Dieu, il la veut ébranler et renverser de fond en comble; et afin que ce soit sans préjudice de la vertu interne et actuelle, qui toutefois sert de fondement et entretien à cette perverse et fausse assurance, Dieu ne permet en rien son efficace être diminuée, ains seulement il la cache à l'âme par deux moyens.

X. Le premier, en soustrayant la réflexion, par laquelle elle venait à discerner et ressentir sa vertu actuelle, d'où vient qu'elle ne paraît non plus que si elle n'était point, et que ce néanmoins elle n'est en rien diminuée; que sentir et reconnaître les opérations n'est point vertu proprement, ains seulement satisfaction et contentement de vertu. Le second est, en posant des effets et ressentiments intérieurs du tout contraires à la vertu, à ce que non-seulement la reconnaissance de sa vertu soit perdue et effacée de son esprit, mais aussi que la croyance qu'elle pourrait avoir par les effets passés d'une vertu en elle occulte et inconnue, en soit du tout bannie, ne pouvant présumer qu'elle réside parmi des effets si contraires à icelles. C'est pourquoi il permet que la tentation précédente s'accroisse, et vienne même à frapper et assaillir la partie supérieure; faisant manquer en son entendement la lumière, sa volonté l'ardeur des bons propos, et généralement en l'âme, la promptitude de courir en la voie de Dieu, et la force et patience pour surmonter les difficultés occurrentes. Et comme l'assaut l'augmente, au lieu de renforcer l'esprit, il semble l'affaiblir. Car il lui fait quitter le rempart de reconnaissance et assurance de ses vertus anciennes, qui la fortifiait contre la précédente tentation. Et au lieu d'icelles, ne lui permet reconnaître et ressentir qu'obscurité, aridité rébellion et pusillanimité, en sorte que le plus petit fétu lui semble une poutre, et les choses auparavant très-aisées lui paraissent maintenant difficiles, voire impossibles; dont elle perd tout à fait son assurance première, et entre en défiance d'être en état de perdition, et d'avoir donné sujet à ce changement par quelques notables défauts à elle inconnus, et croit à mesure que l'exacte recherche et discussion qu'elle fait de ses défauts passés par elle-même, et contre iceux pour sa satisfaction, et l'effort inutile qu'elle apporte, les autres remèdes qu'elle cuide apporter à son mal ne le diminuent en rien, ains l'augmentent, comme étant bien conforme à l'appétit déréglé et au sens dévoyé du malade, mais contraire à la nature et qualité du mal, qui ne se peut guérir que par l'humilité et défiance, comme il n'est provenu que de la présomption et assurance.

XI. Partant elle observera cette unique maxime bien équitable en soi, et du tout nécessaire en ce lieu, et fondée en une grande démission de son jugement et de son expérience même; qui est qu'elle ne doit et ne peut asseoir aucun jugement de soi, ni de ce qu'elle sent et expérimente en soi; mais s'humilier et se soumettre tout à autrui, et que nonobstant quelques occasions et sujets prégnants qu'elle puisse avoir au contraire, elle doit suspendre son jugement, comme aveugle et incertain, et démentir son expérience comme trompeuse, soit au bien, soit au mal: seulement avec cette différence, que pour le bien, jamais elle ne le juge ni ne le croit; et pour le mal, qu'après avoir perdu et renoncé à son jugement et expérience, quoique véritable et indice du mal qui est en elle, elle le croie facilement par la croyance générale qu'elle doit avoir de l'excès à elle inconnu de ses misères, et non par aucun jugement ou expérience fondée en ce qui est présent. Par l'observance de cette maxime: 1° l'âme, sans faire tort à l'humilité qu'elle doit avoir, renoncera et perdra la présomption, assurance et fermeté en ses jugements ou excellences, qui n'est pas moindre au jugement qu'elle fait de soi en mal, qu'en celui qu'elle fait en bien; 2° Sans perdre la croyance qu'elle doit avoir de son état déplorable, fermera la porte à l'ennemi qui la veut troubler et non amender par mille sentiments contraires à Dieu, et suggestions qu'il opère en son esprit, pour la mettre en désespoir; 3° sans discuter inutilement et curieusement ses défauts présents et passés, ne lairra de s'en humilier et amender autant et plus que s'il les discutait, les croyant en la façon susdite, et au lieu de la discussion, produisant une seule et simple repentance d'iceux, et du sujet inconnu qu'elle peut avoir donné à cet état misérable auquel elle est réduite. Que si nonobstant cette pratique, le directeur appréhendera que les défiances de son salut et autres effets de désespoir ne prennent pied en cette âme, tentée par les artifices de l'ennemi, il prendra garde si en l'extérieur elle accomplit en son temps ce qu'elle avait coutume de faire auparavant, et s'adonne à l'entière observance de sa vocation en l'intérieur; si elle exerce en l'esprit sur le sujet présent plusieurs actes de vertu à elle inconnues, comme patience, humilité, abnégation, haine de soi et de ce qui est contraire à Dieu; si sa volonté n'est pas toujours résolue à ne consentir à la tentation sans qu'elle le sache, et aux autres effets mauvais qu'elle ressent, comme il y a apparence, puisque de là vient toute tristesse, et qu'elle les déteste tant. Puis après avoir aperçu les marques susdites, ou autres indices apparents, que sa vertu n'est diminuée, ains plutôt accrue, puisqu'elle demeure en sa vigueur, même étant privée de la reconnaissance et sentiment de son opération, et assaillie de tant d'effets contraires, il la confortera et assistera selon que le requiert sa nécessité et faiblesse particulière en ce conflit, et autant discrètement et sobrement comme il sera besoin pour d'une part la contenir en humilité et ignorance de ses vertus, et de l'autre pour la garantir des plus violents efforts de l'ennemi, la laissant au surplus partir sans assurance, autant que le permettra la force, et de l'âme et de la tentation. Car le directeur se doit donner garde d'empêcher et détruire de son côté ce que Dieu opère et édifie en cette âme, et doit aviser que comme Dieu lui cache ses richesses et perfections, qu'aussi il doit faire le même généralement en tout temps, mais particulièrement en cet état; sans lui rien déclarer, ou fort peu, des biens et fruits cachés sous l'ombre des misères qu'elle expérimente.

XII. Je finirai ce degré, après avoir ajouté des enseignements à mon avis profitables à l'âme. Le premier est que comme elle a remarqué par ce discours la subtilité de son amour-propre à se cacher et conserver aux dépens de son avancement sous une assurance qu'elle prévoit en ses actes intérieurs de vertu, de même fait-il envers les jouissances intérieures que Dieu départ à l'âme par une réflexion qu'il exerce semblablement sur icelles, et un contentement et complaisance qu'il en retire. A quoi elle doit prendre garde et y remédier, se dépouillant de cette assurance par les pratiques déclarées, et se privant de la réflexion par une simplification particulière de son esprit, autrement elle se servirait de Dieu même, pour mettre empêchement entre Dieu et son âme, et divertir ou désunir son esprit de lui. Le second est que l'âme doit noter de tout ce discours, la grandeur de son infirmité et la subtilité de son amour-propre, qui sait bien même se glisser parmi des choses si bonnes et conformes au vouloir de Dieu, et le grand besoin qu'elle a de s'humilier et avilir en tout, puisqu'il faut pour son bien que Dieu même l'aveugle, et lui cache ses richesses et perfections, de crainte qu'elle ne les dissipe et qu'elle ne s'enorgueillisse. En quoi il est contraint de faire comme un sage père à son enfant qu'il reconnaît prodigue et dissipateur des biens de la famille, auquel il cache perpétuellement les trésors qui sont en icelle, et ne lui fait montre que de pitié et incommodités.

IVᵉ DEGRÉ.

XIII. Il semblerait que l'amour-propre, avec toutes ses forces et subtilités, ne pourrait passer outre ce qui a été déduit aux précédents degrés, et que la présomption serait du tout bannie de la créature à qui Dieu aurait tellement caché ses vertus ; mais ce dernier degré nous fait voir du contraire. Car l'amour-propre ne se contente de s'être planté ès points auparavant déclarés, mais en étant banni, s'est retiré même en l'acte pur et essentiel de la vertu, jusqu'à ce qu'à la première opportunité et au premier sommeil du père de famille, il regagne ce qu'il a perdu. C'est pourquoi Dieu qui est descendu du ciel exprès pour le combattre, ne se contente de l'avoir expulsé des choses extérieures, des consolations, des souhaits, sentiments et réflexions sur la vertu, s'il ne le chasse encore du même acte intérieur de la vertu, retirant sa concurrence ordinaire, en telle sorte que l'âme ne peut même en la partie supérieure, pour sainte et élevée qu'elle soit, exercer aucunes opérations intérieures, soit vers Dieu, soit en la vertu, peu à peu lui ôtant la faculté d'opérer, ores sur un sujet, ores sur un autre, et enfin sur tous sujets, même sur celui de la conformité au vouloir de Dieu ; de façon qu'il ne demeure plus rien à l'âme qu'une tranquillité passive, par laquelle, comme un agneau devant celui qui le tond, elle demeure paisible et laisse Dieu faire et permettre tout ce qui lui plaît. Vrai est que quelquefois il la remet par après en sa franchise et liberté d'opérer, à ce qu'elle se rende résignée à l'un et à l'autre ; c'est à savoir, et à se priver des actes, et à les reprendre autant et quand il lui plaît; autrement il se glisserait une propriété dangereuse, même en ce dépouillement d'actes.

Or en telle soustraction de ces actes intérieurs, l'âme doit noter et pratiquer le quatrième point, déclaré au chapitre second de l'humiliation en particulier vers les choses spirituelles ; et suivant icelui, remarquer qu'elle peut considérer cette soustraction, ou comme une entrée à des grâces plus excellentes et à une perfection plus grande que celle qu'elle a eue jusqu'à présent, ou bien comme un manquement de la vertu, auquel Dieu est contraint de la réduire pour son salut et pour accomplir le bannissement de son amour-propre ; et à cette occasion, elle mettra en oubli le premier point d'orgueil et vanité, et se souviendra de ne recevoir cette soustraction qu'en la dernière sorte, et comme une marque de ses imperfections, et notamment de sa faiblesse au bien. Ceci donc présupposé : 1° Elle doit ici correspondre à Dieu avec un grand avilissement de soi-même, prenant sujet d'une telle soustraction de se reconnaître rien, et pécheresse très-vile sur toutes autres, pleine d'infinies défectuosités occultes et inconnues, et indigne de vertu, pour en avoir mésusé par négligence et propriété ; 2° doit être contente d'un tel mépris que dieu fait d'elle, lui ôtant le pouvoir de s'élever vers lui et vers la vertu ; 3° renoncer humblement à toute la satisfaction qu'elle pourrait tirer et recueillir de tous ses actes intérieurs ; 4° s'appauvrir librement, et dépouiller tant d'iceux que de la faculté de les opérer, comme d'un joyau et ornement qui ne lui est convenable, à raison de son indignité, vilité et mauvais usage; 5° supporter patiemment, sans toutefois y adhérer, les distractions, afflictions et mouvements déréglés qui quelquefois s'exciteront en la partie inférieure et supérieure, d'autant plus que le rempart des actes intérieurs de vertu est abattu, comme de soumission intérieure de vouloir de Dieu, de patience, remerciement, d'élévation et autres, au défaut desquels ne reste à l'âme aucune défense, que la soumission et tranquillité passive, par laquelle l'âme se donne et laisse en proie à Dieu, ainsi qu'un agneau très-patient, pour souffrir tout en cette sienne grande débilité et faiblesse.

Mais cette coopération à une telle soustraction des actions intérieures, conduit l'âme à un état passif, l'entrée duquel est cette soumission passive à Dieu, et à tout ce qu'il veut et permet sans différence, et une retraite intérieure des sens, des choses créées, et même de toute espèce d'elles, au plus intime de son esprit, laquelle invite Dieu à opérer avec son consentement passif des actes bien plus sublimes et efficaces que ceux desquels il l'a dépouillée et appauvrie. Où il faut noter que l'élévation de l'entendement par lumière est de peu de personnes, et si est bien périlleuse et remplie de sujets et curiosité et propriété : ou au contraire, celle de la volonté par abnégation, de laquelle nous discourons en ce traité, est générale pour toutes sortes de personnes, et si est beaucoup plus sûre et plus parfaite.

Et d'autant que nous pouvons considérer l'âme en ce dernier degré, ou à l'*entrée*, ou au *progrès*, ou à l'*issue* et habitude d'icelui, selon ces trois points, elle a besoin de plusieurs avis.

Sur l'entrée de ce quatrième degré.

Ier AVIS.

En l'entrée, qui est l'oisiveté simple, ou bien le commencement de cette soustraction de tous ces actes, elle se doit premièrement préserver d'une certaine négligence et paresse d'esprit, par laquelle l'ennemi prétend de prévenir la vraie oisiveté à laquelle Dieu la veut réduire, ou du moins de la changer et convertir en une inutile et vraie paresse d'esprit, faisant que l'âme enfin aboutit et se termine en l'autre, et non au comble de toute vertu comme elle devrait. Que s'il est reconnu et refusé à cette porte, il se retire, mais pour se représenter autrement déguisé en un autre, qui est une assurance en cet état, par laquelle il prétend glisser en l'âme une liberté qui lui fasse négliger sa première retraite à l'oraison, abnégation et pratique de toute vertu : ou du moins, il essaye de l'induire à un repos en cet état, pour arrêter le cours de cette âme à Dieu et donner entrée à d'autres propriétés plus grossières et dangereuses, comme affectations et complaisances autres.

Contre la *paresse*, pour obvier à cette prévention de l'ennemi, elle prendra garde, que cette oisiveté soit de Dieu et non de soi-même, et d'une pure nécessité et pauvreté de l'âme, qui ne le permet autrement, et non d'une retraite librement élue et choisie par elle-même.

Pour empêcher ce change d'*oisiveté* en *inutilité*, que l'ennemi souvent présente à l'âme en cet état, elle ne séparera jamais l'exercice de vertu de ce sien état oisif, ains s'y entretiendra tant qu'elle sera en cette vie vraiment militante. Et pour bien aller l'un avec l'autre sans détriment, ni d'oisiveté, ni de la vertu, elle reconnaîtra que d'une part, cet état oisif l'oblige de ne pas tant s'arrêter à sa pratique intérieure par propriété et recherche d'assurance en soi-même, qu'elle vienne à résister pertinacement à la pratique ou d'oraison, ou de vertu, que Dieu y voudrait lors édifier ; et que d'autre part l'état de vie militante l'oblige à n'être si attachée par paresse ou fainéantise intérieure, sous ombre d'oisiveté, que lorsque Dieu désire d'exercer de lui-même cette pratique en l'âme, elle demeure inutile au lieu de reprendre ses exercices d'oraison et de vertu, selon la liberté qui lui est donnée. Et afin qu'elle ne confonde ce qui est très-distinct en soi, et que par cette confusion, ou par une précipitation à jouir trop promptement des priviléges et libertés de cet établissement sublime de son entrée en icelui, elle n'enveloppe tout sous l'oisiveté avant que la volonté de Dieu et sa disposition intérieure lui permette; elle remarquera que le don d'*oraison* est distinct de celui de la *vertu*, et que l'un n'est consécutif immédiatement de l'autre, ni en l'opération de l'âme, ni en l'opération de Dieu : en sorte que, si elle ne s'évertue à l'un et non à l'autre, ou si Dieu la dispose et attire à l'un par lui-même, et quant à l'autre, la remette à son devoir et à sa diligence particulière, elle ne doit penser que l'un accompagne l'autre de soi-même, si Dieu ou l'âme ne les accompagne, et ne les adjoint et accouple en la *pratique*, comme elle les désire être adjointes et accouplées en *elle-même*, attendu que notre terre est si ingrate, qu'elle ne rapporte que ce qu'on y sème, et non plus ; si ce n'est des chardons et des épines. Or, comme le don d'oraison est distinct de celui de vertu, et comme la disposition et perfection de l'une ne tire en conséquence la disposition de l'autre, ainsi il y a au don d'oraison plusieurs mouvements distincts, comme *componction, compassion, admiration* et autres ; et au don de vertu plusieurs espèces différentes, comme *humilité, magnanimité, débonnaireté* et semblables ; entre lesquelles il y a plus de rapport (si elles ne sont en leur dernière perfection) : de sorte qu'entre chacun de ces mouvements de l'oraison à part soi, et entre chacune des espèces particulières de vertu, il n'y a point telle liaison que la pratique intérieure, ou de Dieu, ou de l'âme, qui édifie l'un, vienne à édifier l'autre; mais est besoin de diverses opérations *ordinaires* de

Dieu, ou actions de l'âme, selon la diversité des dons, des mouvements, et des espèces ou effets qu'il est de besoin d'édifier pour l'entretenement et accomplissement de la vie de l'esprit. J'ai ajouté nommément ès opérations de Dieu, ce terme *ordinaire*, pour ne faire loi ou peine à quelques âmes, lesquelles Dieu domine quelquefois par influences si divines, si élevées et parfaites, qu'elles la déterminent à tout, sans différence, non plus en l'acte, non plus au ressentiment de l'effet, mais non pas même en l'opération de Dieu, qui en est l'unique source. Mais d'autant que ceci n'arrive qu'à bien peu de personnes, et que même à ce peu il ne leur arrive que très-rarement ; et que lors il est question non d'édifier, mais d'appliquer seulement les mouvements et effets dès longtemps édifiés parfaitement en leurs âmes ; et que l'âme constituée en ce degré d'oisiveté dont nous parlons, est encore grandement éloignée de celui-ci, elle n'y doit nullement penser, mais seulement suivant cet avis encommencé ; et la distinction notée, elle ne doit demeurer oisive qu'en la pratique particulière qu'il plaît à Dieu d'opérer, et non autres. Comme par exemple, en celle de l'oraison, et non en celle de la vertu, ou bien même en tels et mouvements, et effets d'oraison et de vertu, et non en tous les autres. Car s'il plaît à Dieu d'en opérer quelque partie, ce n'est à dire qu'il veuille tout opérer de lui-même ; et quand il opère quelques effets, ou d'oraison, ou de quelque autre vertu particulière, ce n'est à dire qu'il veuille opérer tous les autres desquels l'âme aurait besoin. Et quand bien il opérerait la pratique tant d'oraison que de vertu, et tous les dons et effets particuliers de l'un et de l'autre, ce ne serait à dire que ce serait pour toujours, ni à toute heure que le besoin de l'âme le requerrait, et partant quand et selon que l'opération de Dieu cesse, l'industrie et la pratique de l'âme doit succéder autant exactement et fidèlement, comme si elle n'avait point expérimenté la douceur de la simple opération de Dieu, jusqu'à ce que l'âme soit assez forte pour persévérer en pauvreté sans aide sensible ni actuel, ni de Dieu, ni de soi-même, et sans diminution, ains accroissement plutôt du vrai et solide amour, et de l'entière abnégation qu'elle pratiquait avant cette pauvreté ; car en attendant cette force (qui est très-rare, et qu'il ne faut présumer avoir) elle doit tendre sans cesse à Dieu et à toute vertu, ou par simples mouvements reçus immédiatement de Dieu, ou par actions conçues en elle-même.

Contre l'*assurance*, et ces effets de *liberté* et de *repos*, elle se persuadera être toujours environnée d'infinis périls inconnus, desquels l'unique entretien dépend de cette sienne assurance, et la multiplication de la liberté qui s'en ensuit ; et persévérera en cette persuasion contre et par-dessus toute autre connaissance qui lui arriverait ; et considérera que ce changement de vie et état ne l'exempte de pas un des périls qui l'environnaient ès degrés inférieurs : mais plutôt la rend sujette à plusieurs autres qui ne lui étaient pas tant préjudiciables auparavant ; et qu'il ne faut autre sujet à l'âme pour changer cette assurance en une appréhension, que de s'en voir assurée, en un état où les plus élevés et parfaits en tombent ou tremblent. Que s'il y avait grandes apparences que cette assurance vient de Dieu et non d'elle, si pourrait-elle sûrement se dépouiller comme d'un don de Dieu, duquel elle est indigne, et lequel la terre qui nous porte et que nous portons en nous-mêmes, n'est capable de recevoir. Car les dons de Dieu un peu extraordinaires doivent plutôt être refusés en ce monde qu'acceptés. Et quand ainsi ne serait, elle la peut refuser, comme désirant pour l'amour de Dieu demeurer en cette croix de privation de toute assurance, encore qu'il semble que Dieu l'en veuille retirer. Du moins elle doit n'en retenir que les effets infus immédiatement de Dieu, et non aucun ressentiment, ni en l'esprit, ni en l'âme, pour se contenir en une plus grande pureté et éloignement de toute propriété, si le besoin de quelque âme particulière, trop timide et pusillanime, ne donnait sujet de changer d'avis en ceci.

Contre la *liberté*, elle aura ce soin en l'intérieur d'être perpétuellement en abnégation, humiliation, simplification, attention à Dieu, revue et regrets de ses défauts, pratique de toute sorte de mortification, soit qu'elle s'y entretienne par les opérations de Dieu, ou par ses industries. Car elle ne doit jamais en l'intérieur être exempte de ces effets spécifiés, et en l'extérieur elle ne prendra non plus de relâche des mortifications que le premier jour de son noviciat, attendu que notre vie n'est qu'un noviciat perpétuel et une épreuve continuelle de notre fidélité à Dieu et à la règle que nous tenons, et une course continuelle au but de laquelle nous sommes en tous états infiniment éloignés. Sans relâche donc, elle continuera sa course et sa première sévérité, au lieu qu'aux moindres avances nous arrêtons ou nous reculons, ce qui nous retarde grandement en la voie de perfection.

Contre le *repos* en l'oisiveté, elle notera qu'il procède ordinairement des deux sources esquelles a été remédié plus bas, à savoir : paresse ou assurance. Seulement elle remarquera, que comme c'est à l'âme de se perdre en son néant, et à Dieu seul de la convertir à son tour, aussi qu'elle ne doit d'elle-même considérer autre chose en ce sien néant, qu'une simple privation de tout bien, laissant à Dieu la pensée et l'opération des effets surnaturels, lesquels ce néant bien possédé donne entrée. Autrement, au lieu que l'âme se doit perdre en son néant, le néant perdrait ses effets en elle, et ne lui serait plus de rien ; mais tenant lieu de tout, servirait de sujet à ses passions et propriétés, comme repos, affectations et complaisances, qui ne peuvent s'entretenir que sous l'ombre de quelque singularité et excellence que l'âme tacitement conçoit et présume être en son oisiveté.

IIe AVIS.

Après que l'âme se sera préservée de la paresse, de l'assurance, de la liberté, et du vain repos en l'oisiveté, elle remarquera qu'on peut coopérer à Dieu en deux manières: savoir est, en coopérant aux bons mouvements qu'il plaît à Dieu d'envoyer, ou bien seulement en l'application des effets qui doivent réussir de ces bons mouvements; et en cet état ne se tiendra exempt par l'oisiveté de toute sorte de coopération à Dieu, comme plusieurs pensent, et ne se rendra à la première manière de coopérer, omettant la seconde et la principale, comme plusieurs font; mais évitant ces deux erreurs familières en ce degré, elle se reconnaîtra plus obligée qu'auparavant, et se rendra plus assidue à la seconde manière de coopération, pour s'appliquer soigneusement les effets que Dieu prétend édifier en son âme par ses grâces. Et pour appliquer cet avis particulièrement à l'oisiveté, elle saura y avoir deux sortes d'être en son néant, à savoir, en l'essence par ressentiment, ce qui dépend de Dieu; et en ses œuvres par effets, ce qui dépend de la fidèle correspondance et coopération de l'âme en cet état oisif. Or, comme Dieu souvent assiste l'âme en sa grâce, et que l'âme manque de lui assister par sa correspondance, la première sorte de néant est souvent en l'âme sans la seconde, lorsqu'elle manque de coopérer à Dieu en l'application des effets qui en devaient réussir. Voire qui pis est, souvent elle détruit la seconde par la première, selon le lieu qu'elle donne à son amour-propre, qui sait bien convertir la première sorte de néant à son goût, aux dépens de la grâce de Dieu, et de l'amendement de l'âme. Ce qu'afin elle prévienne ou empêche, elle lairra à Dieu seul de la conduire à l'oisiveté selon son bon plaisir. Car elle ne doit point de coopération en cela, et ne s'évertuera sinon à entretenir les vrais effets, et s'établir profondément en une non estime de soi, ni d'aucune de ses actions et souffrances, tant excellentes qu'elles puissent être; en une dépendance immédiate de Dieu seul en tout et non de soi, comme étant chose de néant; en une relation de tout bien à Dieu, et de toute défectuosité à soi; en une pourvoyance à se préparer et munir, lorsqu'il se présente à faire quelques actions héroïques, contre la vaine estime de soi et de tels œuvres, et ainsi des autres effets qui en dépendent.

Sur le progrès du quatrième degré.

Ier AVIS.

Au progrès de l'oisiveté simple, lorsque Dieu semble la remplir et occuper de ses grâces, elle se doit donner de garde de se remplir et occuper de soi-même, ou en prenant et anticipant l'esprit de Dieu, ou quand il la possède, outrepassant la mesure de ses grâces; ou après qu'il a fait sa volonté en elle, s'occupant sur les effets qu'il lui a plu opérer. Et d'autant qu'il a été aucunement parlé des anticipations et excès de l'âme envers Dieu, et que l'occupation de l'esprit par pensée, complaisance et autre, sur ce qu'il plaît à Dieu opérer en lui, est le plus ordinaire empêchement en ce degré. Elle sera avertie de n'admettre aucune réflexion de son âme sur la moindre de ses instructions, inspirations ou autres actions de vertu; de croire tout être pauvre et déplorable en elle, tant à cause de la résistance continuelle qu'elle fait à Dieu, qu'à cause du manquement de correspondance qu'elle lui devrait rendre; ne voir rien de bien en soi, et si telle vue se présentait d'elle-même, la rechasser comme procédante de l'ennemi; quelque assurance et nécessité qui se peut présenter à penser et juger quelque chose de bon de son intérieur, ou d'aucun effet d'icelui, rejeter loin telle pensée, et persister fermement et inébranlablement en une pensée et un non jugement d'aucune bonté ou indice de Dieu en soi; bref, ensevelir d'un oubli total tout ce qui peut être de l'âme ou en l'âme, hormis ses défauts pour se conserver en une plus grande simplicité, humilité et pauvreté d'esprit.

IIe AVIS.

Elle remarquera comme Dieu la conduit en l'oisiveté avant de la remplir de ses traits, afin qu'elle habitât tellement en son néant et acquît l'habitude des effets d'une si sainte demeure, que jamais elle ne vînt à affecter, se reposer, s'assurer et complaire ès traits de Dieu, ni à les souiller d'aucunes autres propriétés et impuretés. Elle accomplira donc cette intention de Dieu, et notera d'abondant, que comme il y a deux concurrents en ce saint œuvre, qu'aussi il y a deux offices, dont l'un appartient à Dieu seul, et l'autre convient à l'âme qui est sans désordre et hors de danger en ses dévotions, tandis qu'elle se contient ès bornes de son devoir sans usurper sur l'office de Dieu; le propre duquel est de conférer des dons rares et excellents, et le propre de l'âme est de les refuser. L'office de Dieu est de s'approcher, et celui de l'âme de se retirer par humilité comme saint Pierre; celui de Dieu seul de l'élever, et celui de l'âme de s'abaisser. Car comme notre nature appète incessamment en tout et de tout une propre excellence et sublimité même parmi Dieu, aussi notre esprit supérieur à la nature doit incessamment, en tout et de tout, chercher la privation de toute excellence, ains toute petitesse et pauvreté, même envers Dieu, à ce qu'elle ne soit moins ardente et avisée à se dompter pour l'amour de Dieu, que la nature à se chercher soi-même. De sorte que tant s'en faut qu'elle doive aisément accepter, s'approcher et s'élever avec Dieu; qu'au contraire, il y doit avoir un perpétuel combat entre Dieu et l'âme sur ce sujet: Dieu tendant à s'approcher d'elle et à l'élever à quelque excellence, ou en l'oraison, ou ès illuminations, ou ès inspirations, ou ès souffrances et actions intérieures; et l'âme tendant incessamment à l'heure même à s'abaisser et dépouiller de telle excellence particulière à laquelle Dieu l'attire, soit par actes formés d'abnégation, humiliation et pauvreté vers cette élévation et excellence, ou par simples inclinations de l'esprit en ce refus, en ce retirement et en cet abaissement et dépouillement de l'âme selon la disposition. Que s'il y avait à craindre quelque mollesse et délicatesse en quelque âme particulière, il sera bon que non-seulement elle entre en cette résistance, mais aussi qu'elle y persévère avec cette exception, de ne se rendre que par pure nécessité, au cas que Dieu lui ôte tout pouvoir de se retirer, de refuser et s'abaisser au regard de l'excellence à laquelle Dieu l'invite.

III° AVIS.

D'autant que l'unique moyen de conserver et faire fructifier les grâces que Dieu fait en cet état, est l'abnégation, l'âme sera soigneuse de l'appliquer à toutes ses intentions, inspirations et à la même abnégation. Et en premier lieu, croire que le royaume de l'abnégation ne doit jamais prendre fin en cette vie et que rien n'est hors de son étendue; quittant l'erreur de ceux qui pensent suffire d'appliquer l'abnégation aux extérieures et intérieures opérations de l'âme, mais non à celles de Dieu en nous, ne remarquant assez que, partout où l'âme entre, l'amour-propre s'y glisse quant et quant. Contre cette erreur, elle tiendra suspecte toute introversion ou autre effet de Dieu, qui sera destituté de l'acte ou de l'effet de l'abnégation durant et envers la même introversion. Elle ne se rendra à aucunes intractions de Dieu, qu'elle ne les commence, continue et finisse par une particulière abnégation, non-seulement de soi-même et de toutes autres choses, mais aussi de la présente intraction et de toute possession de Dieu, hormis de celle qui arrive par la seule grâce nécessaire au salut.

Sur les inspirations, elle en évitera deux autres assez ordinaires. La première est une omission de les accomplir, se contentant de les écouter ou de les goûter; et l'autre c'est une assurance à les suivre. Et premièrement, ne recevra aucune inspiration ni de Dieu, ni de son simple avis naturel, ni d'autrui, qu'aussitôt elle ne les réfère actuellement à la pratique de telle connaissance. Secondement, elle choisira d'être plutôt guidée par communes et ordinaires inspirations, que par les extraordinaires et plus élevées, comme étant moins propres à notre infirmité et à la petitesse d'esprit que nous devons chercher en tout. Tiercement, elle n'attendra point d'instinct particulier pour se résoudre ès besognes qui se présentent, et se contentera de l'avis naturel s'il ne s'en présente point d'autres après ses opérations ordinaires à sonder le vouloir de Dieu; laissant à son plaisir le choix ou le moyen de lui manifester son vouloir, soit par un simple avis naturel, soit par une simple semonce intérieure, soit par des mouvements plus intimes, efficaces et élevés, n'ayant de soi autre propension, sinon au choix de ce qui sera le plus simple et petit en soi, et le plus contraire à cet appétit naturel d'excellence et singularité.

Envers l'abnégation, elle essayera qu'elle procède d'une humiliation et abaissement intérieur au-dessous de toutes choses, et non d'un vent de présomption intérieure, duquel l'âme souvent est enflée par-dessus tout par orgueil, et non élevée par abnégation, comme elle pense; d'autant qu'en l'un, l'âme quitte tout, plus par un dédain orgueilleux de tout, que par un amour de Dieu; et en l'autre, elle renonce à tout par un vrai jugement, ou de son indignité, trop vile pour posséder la moindre chose, ni intérieure, ni extérieure (et aussi qu'à Dieu seul appartient d'être le possesseur et propriétaire de tout), ou de son infirmité à ne pouvoir aimer, même les choses les plus saintes, sans diminution de l'amour qu'elle doit à Dieu; au lieu que la force infinie de l'amour divin fait qu'il aime tout sans diminution, voire même sans différence, par le même amour duquel il aime soi-même. Et autres motifs semblables qui ne tournent tant à ce dédain orgueilleux des choses créées, comme de soi-même.

I" AVIS.

Lorsque l'âme est constituée comme en l'issue et en l'habitude de ce degré, elle croira en premier lieu, que la perfection de cette vie ne consiste pas à jouir pleinement et perpétuellement des traits que Dieu engrave en l'âme; mais de s'établir profondément ès vrais et solides effets de ce même trait, en sorte qu'ils persévèrent en l'âme, lors même qu'elle est privée de la jouissance d'icelui. Elle référera donc tous les traits qu'elle éprouve, non à la jouissance ou au ressentiment, mais aux opérations internes et externes, conformes à la qualité et élévation de ce trait, attendu que ce trait de soi est passager, mais envoyé de Dieu pour établir en l'âme des effets perpétuels de la vertu dont il donne ressentiment, et que la perfection de ce degré consiste à n'être pas moins pleine des effets de tous les traits qu'elle a expérimentés lorsqu'elle en est privée, que si elle les ressentait actuellement et vivement à l'heure même. Elle pensera donc à ce point et le pratiquera, s'adonnant beaucoup à acquérir plus ample perfection, et non jouir de la perfection déjà acquise, puisque nous ne ressemblons aux mondains, qui n'ont qu'une vie pour acquérir et jouir tout ensemble, et que Dieu nous a préparé deux vies distinctes et séparées, destinant la présente à l'acquisition, et la future à la jouissance.

II° AVIS.

Elle ne se contentera de persister en sa première pratique d'abnégation, ains comme Dieu l'assiste de plus ample grâce, aussi lui rendra-t-elle de plus beaux fruits d'abnégation que devant. C'est pourquoi outre ce qui a été dit en ce chapitre pour l'intérieur, et ès autres pour l'extérieur, elle ajoutera ces trois règles ès actions, affections et pensées, dont la première est telle : elle ne fera aucune action notable sans pratiquer une abnégation de telle action de soi-même, et de tout ce qui est créé, comme s'il n'y avait que Dieu sans elle, sans monde et sans cette action, c'est-à-dire s'appliquant autant à Dieu seul, et aussi peu au monde, à elle-même, et à cette sienne action, comme s'il n'y avait que Dieu. La deuxième, en la volonté elle ne recevra aucune affection sensible envers quelque créature que ce soit, hormis envers celles contre lesquelles elle ressentirait quelque aliénation, et ce autant comme il serait besoin pour la déraciner, et non plus. En l'entendement elle n'admettra aucune pensée ordinaire des choses créées hormis celles qui seront nécessaires pour l'aider à tendre à Dieu, à la vertu et à l'acquit de sa vocation, et ne l'entretiendra non plus en son esprit, qu'il ne sera de besoin pour exercer et régler l'action à laquelle elle se rapporte. Et d'autant qu'entre les pensées les jugements superflus détiennent le plus l'âme, et ont plus de besoin de règlement, elle y observera ces règles. Premièrement elle n'admettra aucun jugement, que de la chose qui lui sera enchargée de juger et pourvoir, ou par obéissance, ou par nécessaire charité, pour mater davantage l'esprit. Secondement en ce jugement qu'elle fera, et résolution qu'elle prendra, sera très-contente d'être conduite secrètement de Dieu, au choix et à l'accomplissement de son vouloir sans qu'elle le connaisse, comme un aveugle qui est conduit par un autre en un beau et sûr chemin, sans qu'il le sache, et sans qu'il s'y complaise et assure. Tiercement elle se disposera à sonder la volonté de Dieu autant exactement, que si elle en prétendait tirer une grande assurance en la résolution qu'elle veut prendre, et après cette disposition elle se privera de toute assurance en cet avis, comme si elle n'eût apporté aucune préparation ne la pouvant, ne devant, ne désirant avoir. Quatrièmement elle examinera diligemment en ce fait toutes les apparences et les effets intérieurs qui accompagnent et occasionnent la résolution qu'ils présentent. Mais elle conclura par une confiance, ni en ses apparences, ni en ses effets ressentis, ains seulement par une simple démission de son esprit à la providence de Dieu, et à la nécessité qui lui est imposée d'en juger, en sorte que si providence et nécessité était sans les autres motifs de la délibération, elle ne lairrait de conclure en simplicité et humilité. Et ces deux n'y étant point, nonobstant tous les autres, elle effacerait tout jugement sans s'y arrêter.

IIIe AVIS

Je finirai ce degré et ce discours par ce troisième et dernier avis que je donne à l'âme élevée en la perfection contenue en ce livre, et exercée en toutes les pratiques d'abnégation qui sont déclarées, à ce qu'elle n'estime pourtant être arrivée au dernier degré de perfection : car outre qu'y ayant une distance infinie entre Dieu et l'âme, et les degrés de perfection étant autant d'approches de l'âme à Dieu, il n'y peut avoir aucun degré en cette vie dernier et souverain; et qu'un chacun est infiniment distant de la dernière et souveraine perfection, qui est en Dieu seul; outre, dis-je, elle doit croire en général que nul des degrés de la vie parfaite qu'elle peut atteindre, ou d'effet, ou même de pensée, n'est le dernier non-seulement en soi, mais même au regard d'elle, et de ceux esquels elle pourrait arriver si elle coopérait fidèlement à Dieu. Et en particulier elle croira y avoir bien d'autres espèces d'abnégation plus élevées et parfaites que celles qu'elle a pratiquées, et qu'en son degré y restent de très-grandes propriétés, aveuglements et défauts qui n'ont été découverts, et que comme jusqu'à présent, pour bannir d'elle et de ses œuvres l'amour-propre, Dieu l'a dépouillée de ce qu'elle pouvait faire intérieurement; que par après, selon l'accroissement de sa disposition en vertu, il l'appauvrira, même de toutes les souffrances intérieures, qu'il soulait y opérer pour bannir ce même amour-propre, du règne qu'il occupe parmi les traits de Dieu même. Mais je laisse à un autre esprit d'entendre cet ouvrage, et à une autre plume d'en écrire. Joint que telles âmes ont plus besoin d'une abnégation à tout, et d'un avilissement continuel de tout ce qui est en elles, soit de riche, soit de pauvre, soit de la part de Dieu, soit de la part d'elles-mêmes, ou de celle de l'ennemi, que de beaucoup d'avis et d'écriture.

II. OPUSCULES DIVERS DE PIÉTÉ.

I. DIEU EST LE PRINCIPE ET LA FIN DE LA CRÉATURE.

Nous devons dépendre de lui, et tendre à lui en toute notre vie.

I. *L'obligation de dépendre de Dieu et de tendre à Dieu est inséparable de la créature.* — II. *Les damnés aussi bien que les saints n'auront autre objet que Dieu en l'éternité, quoique fort différemment. Nous avons la liberté pendant la vie présente de choisir une fin, et il nous importe infiniment de mettre cette liberté entre les mains de Dieu.*

I. II. Se souvenir que, comme Dieu est le premier principe, il est aussi la fin dernière de toutes choses. En cette qualité il faut que nous tendions à lui en l'état de notre vie et en toutes nos actions. Comme principe, il le faut adorer et dépendre de sa conduite et providence; comme fin dernière, il le faut aimer et l'avoir pour but de notre vie et de nos œuvres. Nous devons rendre pour hommage de ses grandeurs ces deux sortes de dispositions, aussi inviolablement, comme nous ne le pouvons dépouiller de ses deux perfections siennes, qui procèdent de l'infinité de son essence, et qui marquent la dépendance absolue et condition nécessaire de toute créature.

II. Dieu est la fin dernière des mauvais aussi bien que des bons: des uns par élection de volonté, des autres par nécessité; et les damnés aussi bien que les saints n'auront que Dieu pour objet éternellement; objet aux uns de haine par leur malignité, d'amour aux autres par leur bonne volonté; mais objet unique et éternel des uns et des autres. Seulement en cette vie nous avons pendant peu d'années la liberté d'en choisir une autre. Donnons à Dieu cette liberté, et n'ayons autre objet et but que lui en notre vie et en nos actions.

II. LA VIE ÉTERNELLE, C'EST CONNAITRE DIEU ET JÉSUS-CHRIST SON FILS QU'IL A ENVOYÉ.

I. *Les philosophes n'ont pu parvenir plus haut en leurs recherches, qu'à la connaissance de soi-même; encore ne l'ont-ils pu enseigner ni y parvenir eux-mêmes, et ont seulement connu qu'il se fallait connaître soi-même.* — II. *Mais le Fils de Dieu nous enseigne, qu'outre la connaissance de nous-mêmes, il faut connaître Dieu et Jésus-Christ son Fils, et que cette connaissance est la vie éternelle. Considération de ces paroles:* Hæc est vita æterna ut cognoscant te, *etc.*

I. La sagesse humaine ne s'est point élevée plus haut que jusqu'à la connaissance de nous-mêmes, et elle ne nous a point donné d'objet plus grand et d'institution plus sainte, plus utile et plus relevée que *Nosce te ipsum*, tant de fois prononcé et si hautement publié par les divers oracles de la sapience mondaine: sapience qui l'a su dire et n'a su l'enseigner, et présumant de le proposer, n'y a pu arriver. Mais la sagesse et religion divine nous porte et à la connaissance de Dieu et à la connaissance de nous-mêmes, et nous donne des aides et des lumières pour y entrer, répandant en la terre la connaissance de Dieu et la connaissance de l'homme qui est son image et semblance. La sagesse incréée et incarnée, parlant dedans le monde quatre mille ans après la création du monde, nous enseigne elle-même un troisième point auquel se doit étendre notre connaissance, et y met notre vie, notre béatitude et notre éternité. C'est au dernier jour de sa vie sur la terre, c'est au milieu de son école sacrée et au temps de ses plus hauts mystères; c'est en la présence de ses apôtres, et en son ardente prière, lorsqu'il dit à Dieu son Père: Hæc est vita æterna, ut cognoscant te solum Deum verum, et quem misisti Jesum Christum (Joan. XVII, 3); élevant notre connaissance au dernier point de sa grandeur et de sa félicité, qui est la connaissance de Jésus-Christ Dieu et homme. Tellement que notre connaissance regarde trois objets, Dieu, l'homme et Jésus Dieu et homme tout ensemble.

II. Ecoutons cet oracle sacré, proféré sur le mont de Sion au temps le plus saint et en la nuit la plus mystérieuse qui fut jamais. Pesons ces paroles, paroles divines et paroles importantes; car c'est la vie qui parle, et c'est la vie qui parle de la vie, et de la vie éternelle, et qui en parle lorsqu'il va à la mort pour donner la vie. Quels discours plus délicieux aux vivants, que de la vie et de la vie éternelle? Et quels discours plus utiles que de béatifier cette vie? Et quel oracle plus assuré que de la part de la vie même et de la sapience incréée, qui s'est incarnée pour se rendre semblable aux hommes et leur donner la vie? Ecoutons donc ces propos si délicieux, si utiles et si assurés: Hæc est vita æterna.

Nous cherchons tous la vie, et nous ignorons tous où repose la vie. La vie et la vraie vie de l'homme ne consiste pas ès bassesses de la terre, ès délices du corps, ès vanités de la cour, ès honneurs du monde, et, en un mot, en ce qui est hors de nous et dépend d'ailleurs que de nous-mêmes ou de Dieu, qui est plus nôtre et plus en nous que nous-mêmes. La vie et la vraie vie est en nous, elle est dans l'âme même, elle est dans la chose la plus propre et intime à l'âme, qui est de connaître, non l'orgueil de la terre, mais les vérités que le ciel nous enseigne, que Jésus nous apprend, et non les philosophes, et de connaître ce qu'il nous dit en ce peu de paroles, *Dieu et Jésus-Christ son Fils qu'il a envoyé*; fermant pour jamais les yeux de l'âme à toutes les choses qui passent, pour contempler ses divins objets, les regardant comme notre trésor, et y mettant notre cœur pour ne plus rechercher et affectionner autre chose.

III. DIEU ET JÉSUS-CHRIST SONT OBJETS DISTINCTS DE LA DÉVOTION DES CHRÉTIENS.

I. *Dieu opère les biens et dirige les maux; il imprime la vérité et réfère le mensonge à l'honneur de la même vérité.* — II. *Les manichéens croient deux principes non ordonnés ni liés l'un à l'autre; et l'Eglise adore deux principes, mais liés par ensemble, et l'un dépendant de l'autre; et ces deux principes sont Dieu et Jésus-Christ.*

I. La providence de Dieu a une sorte de règne et d'empire et sur les maux et sur les biens, et sur les faussetés et sur les vérités: empire qui doit être contemplé et adoré, spécialement en la terre, où les biens et les maux abondent, et qui est couverte de faussetés et de vérités tout ensemble, et où les faussetés se publient avec les vérités; car dans le ciel les biens y sont sans les maux, et les vérités sans les faussetés; et il n'y a que la terre où la Providence divine ait ce double office, d'opérer les biens et de diriger les maux, d'imprimer les vérités et de diriger les mensonges à sa gloire, à l'honneur et au triomphe de la bonté divine. Par cet usage excellent et adorable, il n'y a point de mal qui ne soit dans le secret de l'ordonnance et puissance divine, qui le règle et l'ordonne et en tire un plus grand bien. Et il n'y a point de fausseté qui ne rende hommage à quelque vérité, d'autant plus haute, importante et secrète, qu'elle est couverte et cachée aux uns, mais révélée aux autres par les ombres de cette fausseté.

II. Une des faussetés qui a occupé la terre et aveuglé longtemps un des plus beaux esprits de la terre, c'est l'erreur des manichéens, qui maintenaient deux principes; mais cette fausseté rend hommage à une des plus grandes vérités de la foi et du salut, qui reconnaît et adore deux sortes de principes non opposés, comme les manichéens, mais distincts et bien liés ensemble; non principes, l'un du bien et l'autre du mal, mais tous deux origines de tout bien et principes de grâce; l'un éternel, l'autre temporel, mais temporel et éternel tout ensemble; l'un Dieu visible, l'autre Dieu invisible. Ce sont les deux principes que nous voyons si souvent distingués dans les *Epîtres* des apôtres : *Gratias vobis, et pax a Deo Patre, et a Jesu Christo*, où on fait mention, comme de deux choses distinctes en l'origine de la grâce, et du Père et du Fils, sans y mettre le Saint-Esprit, parce que le Fils y est considéré comme un principe nouveau et différent par le nouvel être, différent de l'être divin et éternel, c'est-à-dire par l'être humain et temporel qu'il a pris au monde. Reconnaissons, aimons et adorons ces deux principes, l'un principe sans principe, qui est le Père, l'autre principe (car il s'appelle lui-même ainsi) : *Principium qui et loquor vobis* (Joan. VIII, 25), mais principe émané de ce premier principe et toujours conjoint à icelui. Nous le devons singulièrement faire par le mystère de l'Incarnation, au temps que l'Eglise en nos dévotions particulières célèbre et honore ce mystère; car c'est par icelui que ce nouveau principe est établi au monde, et nous devons conjointement adorer le Père, comme produisant et donnant son Fils au monde, et nous rendre à tous ses vouloirs et conseils en cette donation admirable, nous perdant, nous abîmant dans l'étendue et dans l'infinité de ce sien conseil.

IV. UNITÉS DE DIEU ET DE JÉSUS-CHRIST.

Jésus est un en la divinité; il est unique en la filiation; il est unique en l'humanité (112); il n'a qu'un Père au ciel; il n'a qu'une Mère en la terre; il est unique en son Eglise, unique au sein du Père, unique au sein de sa Mère, unique à son épouse et à son Eglise; toujours Dieu, toujours un, toujours unique. Et ainsi l'unité est et triomphe en Dieu et en son œuvre, qui est l'Incarnation, et en son Fils unique, qui est Jésus-Christ Notre-Seigneur. L'unité est empreinte non-seulement en l'essence, mais encore en la trinité des personnes; car il n'y a qu'un Père, et il n'est Père que d'un Fils unique; et s'il y a deux personnes produisant le Saint-Esprit, c'est en unité de principe, et le terme qu'elles produisent est un terme d'unité; et si le Père donne son Fils au monde, il le donne comme unique à notre humanité et à son Eglise, qui est une comme il est un, et qu'il ne délaissera jamais, comme il ne délaissera jamais son humanité sainte. Et ainsi nous allons d'unité en unité, en la contemplation de nos mystères. Et nous avons unité, même en la pluralité des personnes, parce que Dieu est un, le Père est un, le Fils est unique, et le Saint-Esprit même est unité d'esprit et d'amour. Ainsi nous allons d'unité en unité, et le Père éternel, qui est un et a un Fils unique, n'a point à diviser ses pensées, et en son Fils tout se passe en unité.

V. NOS DEVOIRS ENVERS DIEU ET ENVERS JÉSUS-CHRIST.

Louer Dieu en soi-même, en ses œuvres et en l'œuvre de ses œuvres, c'est-à-dire en l'Incarnation.

Au regard de l'Incarnation, adorer ce mystère avec les anges, s'approprier ce mystère avec les âmes saintes, se rendre aux fins et aux effets de ce mystère.

Ce mystère est profond, et il le faut révérer; il est divin, et il le faut adorer; il est efficace et opérant, et il en faut porter et recevoir les fruits et les opérations. C'est un mystère liant Dieu à l'homme et l'homme à Dieu, et il se faut lier à ce mystère; c'est un mystère séparant l'homme du péché par la grâce, et de soi-même par une grâce secrète, suprême et propre à ce mystère; et il se faut séparer de soi-même, et de tout ce qui nous rend subsistant en nous-mêmes, en Adam, et non en Jésus, qui est notre Adam et notre tout.

L'ange fut sanctifié en lui-même, et selon sa nature; mais l'homme, à présent, est sanctifié hors de lui-même; il est sanctifié en Jésus-Christ : *Et secundum mensuram donationis Christi.* (*Ephes.* IV, 7.) Chaque ange est un tout, mais subordonné. Chaque homme ne fait que partie dont Jésus est le tout; et il ne suffit à l'homme d'être subordonné, mais il doit être désapproprié et anéanti, et approprié à Jésus, subsistant en Jésus, enté en Jésus, vivant en Jésus, opérant en Jésus, fructifiant en Jésus : *Ego sum vitis, vos palmites.* (*Joan.* XV, 5.)

La vie de l'homme est de s'abaisser et s'anéantir en soi-même, se référer à Dieu, s'unir à Jésus, vivre et opérer en Jésus. Dieu est la fin des fins, Jésus est le moyen des moyens, et le moyen qui contient et enclôt la fin.

Que je vous connaisse et me connaisse, ô Jésus ! Je me connais et considère comme un

---

(112) Cela signifie que des trois personnes divines qui le produisent temporellement, le Père seul l'engendre, et c'est son Père.

être émané, dépendant, référé, et référé à vous, que j'adore comme principe de mon être et de tout être, que je recherche comme ma fin, et la fin suprême et éternelle de toutes choses. Je m'établis en vous comme au fonds de mon être, qui n'a être et subsistence qu'en vous.

Durant le cours de ce mien être, dès son principe jusqu'à sa fin, et dans l'éternité même de sa fin, je vois ce mien être subsistant, non en soi et par soi, mais en vous et par vous, qui êtes sa subsistence, comme vous êtes son origine et sa fin. Je me veux donc conformer à mon état et condition; je me veux appuyer en vous, et me joindre à vous inséparablement, qui êtes mon appui, ma force et mon refuge; car sans vous je ne suis point, et je ne puis être hors de vous. Je me rends donc à vous comme à mon refuge; je m'appuie en vous comme en ma subsistence; je me rends dépendant de vous et de vos vouloirs, comme étant et ma conduite et ma puissance; et je vous rends, selon votre parole, ce sacrifice de justice; je vous rends le tribut de mon être et de ma vie, de ma dépendance et servitude, adorant vos grandeurs, vos pouvoirs, vos qualités et vos perfections, par mes imperfections, mes faiblesses et mon néant.

Je me réfère à vous et à votre louange, et en vous-même et en vos œuvres, et vous offre tous les moments et mouvements de mon être, et le dernier moment de ma vie, voulant expirer en vous et à vous.

VI. DIEU, JÉSUS ET MARIE SONT VIE ET SOURCE DE VIE.

I. *La vie de Dieu, en soi-même et en ses émanations, doit être regardée, adorée, aimée et imitée de nous.* — II. *La vie de Jésus, en sa double essence, a son origine en nos iniquités et dans l'amour du Père, et est toute nôtre. Elle est le principe, le modèle et la fin de la nôtre.* — III. *Grandeurs et priviléges de la vie de la Vierge, toute pour Jésus et en Jésus.* — IV. *Nous devons nous occuper et vivre en Dieu, en Jésus, en Marie.* — V. *Nous ne pouvons arriver à la vraie vie qu'en avançant dans la mort à nous-mêmes et au péché. Abnégation de soi, porter sa croix, suivre Jésus-Christ, sont les trois éléments qui composent l'homme intérieur.*

I. La vie de Dieu en soi-même doit être considérée chaque jour, estimée, adorée, aimée et imitée en notre vie, vie d'esprit et source de toute vie, et spécialement de la vie de l'Esprit : car Dieu est Esprit, et son être est sa vie. La vie de Dieu en soi-même est vie de lumière et d'amour, vie de communication très-intime, vie d'unité et de société, vie de communication d'essence entre les personnes divines, vie de résidence intime des personnes l'une en l'autre : *Ego in Patre et Pater in me* (Joan. XIV, 11), vie de repos et de félicité, vie d'origine et d'émanation, car il y a procession en la Divinité : *Ego ex Deo processi* (Joan. VIII, 42); vie d'origine en unité, car le Père est le principe des deux autres personnes, et le Père et le Fils sont un principe de la troisième. Toute vie doit être référée à cette vie.

II. La vie de Jésus est une vie nouvelle, établie depuis et par le mystère de l'Incarnation. Elle est adorable, et contient double vie, comme elle contient deux natures : la vie de la divinité en l'humanité, et la vie de l'humanité en la divinité. O vie source de vie, source de vie de grâce et de gloire, et source de vie de nature encore en la résurrection ! vie que nous devons chaque jour regarder, adorer, aimer et imiter comme nôtre : car elle a son origine en nos iniquités, aussi bien qu'en l'amour du Père. Elle est cause de notre salut, et le modèle de notre vie : *Principium creaturæ Dei.* (Apoc. III, 14.)

III. La vie de la Vierge, vie pour Jésus et en Jésus : car elle est à Jésus avant que Jésus soit, puisqu'elle n'est vivante que pour être Mère de Jésus. Et depuis que Jésus a pris naissance en elle, elle a pris naissance et vie nouvelle en lui; et dès lors elle est vivante en Jésus comme Jésus est vivant en elle. Vie singulière et éminente en la grâce, vie solitaire par son éminence, vie de société par Jésus et en Jésus : car, en sa solitude, elle a Jésus en elle, et elle est en Jésus.

IV. Toutes ces trois vies sont admirables, et doivent être l'objet et l'occupation de notre vie, qui n'est qu'une ombre de vie et de lumière, au regard de ces trois vies. Comme Dieu vit en soi, et cette vie de Dieu que nous adorons porte la vie des trois personnes divines l'une en l'autre, aussi Dieu nous a rendus capables de vivre en nous, et de vivre encore en autrui; et quelquefois nous vivons plus sensiblement en autrui qu'en nous-mêmes, et cela est destructif de notre vie propre en elle par l'imbécillité d'icelle. Vivons en Dieu, vivons en son essence, vivons en ses personnes divines, vivons en Jésus, son Fils unique, auquel est la vie, et notre vie et lumière : *In ipso vita erat et vita erat lux hominum* (Joan. I, 4); vivons en celle qui a donné la vie à Jésus, c'est-à-dire en la Vierge, qui s'appelle la vie, et est principe d'une si grande vie.

En l'univers nous contemplons la vie des plantes, des animaux et des hommes, vie étendue et diversifiée ; vie en laquelle il y a plusieurs raretés à observer ; et une seule de ces vies-là, et d'un des plus petits animaux d'icelle, c'est-à-dire, de la mouche à miel, a occupé la vie d'un philosophe, et l'a ravi en cette occupation. Nous avons en la foi de plus grands objets de ravissements et de plus grandes vies à contempler : la vie de Dieu, de Jésus, de sa très-sainte Mère. Occupons-nous en icelles, et vivons en ces divins objets.

V. Mais nous parlons de la vie, et nous sommes en état de mort : *Filii iræ, filii mortis.* Nous naissons morts et séparés de la vraie vie, et nous ne pouvons par nous-mêmes à icelle. Notre vie en la terre doit être une vie et de mort et de vie tout ensemble; de mort au mon le à nous et au péché; de vie à Dieu, à Jésus et à la Vierge. Si nous séparons l'usage de cette vie d'avec l'usage de cette mort, nous sommes en péril de trouver une nouvelle mort dedans la vie, et le péché dedans la grâce, et les ténèbres dans la lumière, par orgueil, par erreur et par amour-propre.

Joignons donc en notre conduite intérieure et spirituelle la vie et la mort ensemble, l'abaissement et l'élèvement, l'abnégation de nous et l'amour de Dieu. C'est pourquoi Jésus, qui est la vie et le maître de cette vie, commence sa catéchèse secrète avec Nicodémus par naissance, parce que nous sommes hors de la vie, et il nous y faut naître; et il commence sa catéchèse publique à ses disciples par abnégation, qui doit être supposée à cette naissance comme la privation à la forme qui doit être introduite dans les choses naturelles : *Abneget semetipsum, et tollat crucem suam quotidie, et sequatur me.* (*Matth.* XVI, 24.) Trois éléments qui composent l'homme intérieur et spirituel : *Abneget, tollat, sequatur*, au lieu des quatre éléments qui composent l'homme extérieur et matériel : car aussi l'homme intérieur a plus de rapport à la Trinité, qui reluit en la divine essence et en l'Incarnation, que non pas l'homme extérieur et matériel, qui le soutient.

VII. DE LA SAINTE TRINITÉ, DE L'INCARNATION ACCOMPLIE EN L'HONNEUR ET A L'IMITATION DE LA SAINTE TRINITÉ, ET DE LA VOCATION DES CHRÉTIENS A LA CONTEMPLATION.

Le Père éternel contemplant l'unité de son essence, il a voulu établir une nouvelle unité d'une subsistence divine en plusieurs natures, pour y rendre gloire et honneur par cet œuvre, et pour imiter en icelui cette unité divine, éternelle et increée. Le Père éternel produisant son Fils, il lui fait deux très-grandes donations de soi-même : l'une de son essence, de sa grandeur, de sa vie en unité : car il rend cette essence, cette grandeur, cette vie, l'essence et la grandeur et la vie de son Fils ; l'autre de sa personne par résidence : *Pater in me est* (*Joan.* XIV, 11) ; et encore en communiquant sa personne à son Fils en unité de principe de la production du Saint-Esprit.

Le Fils unique de Dieu contemplant, aimant et imitant la donation qu'il a reçue de soi-même, il s'est voulu donner à une essence créée, à une humanité descendant de la Vierge, et il lui a donné sa personne en unité de subsistence, et son essence par une sorte de résidence et inhabitation toute particulière.

Le Père donnant sa personne à son Fils, c'est en distinction de personnes ; et le Fils donnant son essence à notre humanité, c'est avec distinction des mêmes essences.

Les Chrétiens sont dédiés et appelés par vocation, comme essentielle à la contemplation ; le Père leur donnant son Fils, qui est son Verbe, sa pensée, sa connaissance et sa contemplation produite, ou, si voulez, qui est la fleur et le fruit de sa contemplation et de sa pensée ; il a deux sortes de vocations : l'une par inspiration, l'autre par état ; et je dis que les Chrétiens sont appelés à la contemplation, non simplement par inspiration, mais par l'état et la condition de la manière de vie et de grâce qu'ils ont reçue au baptême ; cette sorte de grâce les élevant et liant à Dieu par Jésus-Christ, son Fils, qui est sa parole, sa pensée, sa contemplation.

Notre vocation est notre naissance ; c'est ce qui nous établit en l'être spirituel, qui est la vraie existence. Ce qu'est la procession aux personnes divines, la vocation l'est aux personnes humaines. Le principe de notre naissance, et comme la matrice dans laquelle nous sommes formés, c'est le mystère de l'Incarnation, ainsi que le sein du Père et sa fécondité est le lieu où sont produites les personnes divines. Or, dans ce mystère, nous sommes tous appelés comme par état et par essence à la contemplation, et nous devons tous tendre comme à notre dernière fin à la vie éternelle, qui n'est autre chose que la parfaite contemplation de Dieu et de Jésus-Christ, selon cette parole du même Jésus parlant à son Père : *Hæc est vita æterna ut cognoscant se solum Deum verum, et quem misisti Jesum Christum.* (*Joan.* XVII, 3.)

VIII. DE LA PLÉNITUDE DE DIEU DANS LE MYSTÈRE DE L'INCARNATION.

I. *La grandeur, l'unité et la plénitude de Dieu nous tire à lui, nous unit avec lui, nous abime en lui.* — II. *La grandeur et l'unité de Dieu en ce mystère demande séparation de nous-mêmes et application à lui : mais spécialement à la personne du Verbe, à sa divinité et à son humanité.* — III. *La sainte Trinité et l'Incarnation sont deux mystères établis par la communication, l'un de l'essence, l'autre de la subsistence divine ; et toutes ces deux communications portent plénitude de Dieu.* — IV. *Il y a quatre capacités différentes en l'être créé : de l'existence en être naturel, de la grâce, de la gloire, et de l'Etre increé. Dieu actue et remplit chacune de ces capacités, mais différemment. Chacune d'icelles fait un état, un empire, un monde.*

I. La théologie mystique tend à nous tirer, à nous unir, à nous abimer en Dieu. Elle fait le premier par la grandeur de Dieu, le second par son unité, le troisième par sa plénitude ; car la grandeur de Dieu nous sépare de nous-mêmes et des choses créées, et nous tire en Dieu ; son unité nous reçoit et nous unit en lui, et sa plénitude nous perd, nous anéantit et nous abime dans l'océan immense de ses perfections, comme nous voyons que la mer perd et abime une goutte d'eau.

II. Premièrement donc, nous devons contempler la grandeur et l'unité de Dieu en cet œuvre de l'Incarnation, et y rendre fidèlement nos devoirs, entrant dans les usages que ces deux points requièrent de nous. Car en ce que la grandeur de Dieu s'abaisse jusqu'à nous, et que son unité s'établit parmi nous, unissant notre nature humaine avec sa nature divine ; nous nous devons élever à lui, nous nous devons approcher de lui, nous nous devons appliquer à lui et non plus à rien de sensible et de créé hors de lui et de sa grâce. Ce sont nos obligations par ce mystère : et parce que le Verbe est singulièrement appliqué à cette nouvelle nature, nous devons avoir une application singulière, 1° à la personne du Verbe ; 2° à la nature divine, qui est l'unique nature du Verbe comme Verbe, et une des natures de l'Homme-Dieu ; 3° à la nature humaine, qui seule est une à Dieu et au Verbe.

III. Mais pour venir à la plénitude de Dieu en ce mystère, remarquons que la foi distingue, adore et reconnaît en Dieu deux choses, son essence et sa subsistence ; elle distingue, adore et reconnaît aussi en ses mystères deux sortes de communications divines, lesquelles fondent et établissent les deux mystères principaux et permanents en toute éternité, que l'Église annonce et publie au monde, et que le ciel verra en sa lumière, adorera et aimera en son amour éternellement. Car la communication d'essence établit le mystère de la Trinité, et la communication de subsistence établit le mystère de l'Incarnation. Et comme cette essence divinement communiquée à ces deux personnes éternelles est leur grandeur et leur plénitude : ainsi cette subsistence communiquée à cette nouvelle nature et à ce nouvel homme, est la grandeur et la durée de toute la plénitude de la Divinité qui habite en lui corporellement.

IV. Il y a quatre capacités différentes en l'être créé : 1° capacité d'existence et de nature, qui est actuée de Dieu en qualité de premier être, lorsqu'il tire cet être créé du chaos et du néant et qu'il le maintient et conserve en cette existence : et en qualité d'être, il est présent à toute créature et remplit sa capacité ; 2° il y a capacité de grâce, qui rend Dieu comme saint, présent aux saints et aux justes en cette qualité de saint et de juste, et établit une société et une amitié parfaite entre Dieu et l'homme ; 3° il y a une capacité de gloire qui rend Dieu présent à l'âme bienheureuse, et fait que la félicité divine triomphe dans sa créature : et selon cela, Dieu est présent au ciel en une manière dont il n'est pas présent en la terre ; 4° il y a capacité de l'Être incréé, qui est le dernier et plus haut degré de capacité : capacité de la subsistence divine ; et c'est cette capacité, lorsqu'elle est actuée, qui porte plénitude de Dieu ; et c'est de l'homme qu'il a plu à Dieu établir dans l'actualité incompréhensible de cette divine capacité, que saint Paul a dit : *In ipso inhabitat omnis plenitudo divinitatis corporaliter.* (*Col.* II, 9.)

Chacune de ces capacités fait un État, un empire, un monde de diversités. L'homme en état d'innocence, c'est-à-dire de la nature florissante et entière, régnait sur tous les animaux et était comme le Dieu visible de l'univers. Dieu comme saint règne dans les saints, et les fait rois en la grâce ; Dieu comme heureux règne au ciel dans les bienheureux et les fait régner en sa gloire. Quel donc sera l'état, quel l'empire, quel le monde de l'union hypostatique ? Quelle la plénitude, quelle la puissance, quelle la diversité dont sera orné et enrichi cet État, cet empire, ce monde ? Il est accompagné et orné de toute la plénitude de la divinité ; sa puissance est la puissance suprême du Fils unique de Dieu, et c'est un monde qui enclôt une variété infinie de communications divines.

IX. EN LA FÊTE DE L'ANNONCIATION.

I. *Il y a trois effets singuliers de la très-sainte Trinité en ce mystère : la grâce donnée à saint Gabriel pour l'annoncer, la grâce de mère de Dieu de la Vierge, et la grâce d'union à la personne du Verbe conférée à son humanité. Il y a trois parties principales en la vie de la Vierge : sa conception, son annonciation et son assomption ; et c'est la seconde qui est le fondement et la source de la grandeur des deux autres. — II. Ce jour de l'Annonciation est le premier jour de la vie de Dieu sur la terre, et le commencement du mystère qui durera éternellement. — III. Les souffrances du Fils de Dieu ont commencé dès le moment de l'Incarnation, et la Vierge a commencé aussitôt d'avoir part à sa croix qu'à sa grâce. Différence entre la grâce d'Adam et la grâce de l'Incarnation.*

I. Il y a trois grands effets que la sainte Trinité a opérés en ce mystère, que nous devons beaucoup honorer. Le premier est la grâce que la très-sainte Trinité a communiquée à saint Gabriel pour un si grand office, pour une si grande ambassade, car nous ne devons pas simplement regarder saint Gabriel selon sa grâce personnelle qui lui convient comme à l'un des premiers anges, mais selon la nouvelle grâce ; grâce excellente et sublime qu'il a reçue de Dieu, étant député pour annoncer un si grand mystère ; car Dieu donne grâce conformément à l'office. Le second est la grâce que la très-sainte Trinité a opérée en la très-sainte Vierge, l'élevant à cette grande dignité de Mère de Dieu ; grâce qui est la plus grande, comme sa dignité est la plus haute. La vie de la Vierge peut être divisée en trois parties principales : la première est depuis sa conception jusqu'à l'annonciation, durant lequel temps la sainte Vierge a été toujours augmentant les grâces qu'elle avait reçues en si grande abondance, opérant toujours selon toute l'étendue de sa grâce, et ainsi produisant continuellement en elle nouvelle grâce. La seconde, depuis l'annonciation et le moment de l'incarnation jusqu'à l'ascension de Notre-Seigneur. La troisième, depuis l'ascension de Notre-Seigneur jusqu'à son assomption, en laquelle elle a reçu la consommation de ses grâces. Or de ces trois, la seconde, qui comprend son état, sa grâce et sa vie de Mère de Dieu, est le fondement et l'origine des autres; car sa conception même et sa naissance y ont rapport et proportion, et elle naît pour être Mère de Dieu; et dès sa naissance elle est privilégiée et ornée de grâce comme celle que Dieu a choisie éternellement pour la rendre mère et digne mère de son Fils dans les temps, et c'est cette si grande grâce qui commence et est établie dans cette solennité de l'Annonciation de la Vierge, et qui est un des principaux points que nous y devons honorer. Le troisième effet et la grâce que la même très-sainte Trinité a opérée dans l'humanité du Verbe, en l'union étroite et personnelle d'icelle à Dieu par ce mystère; grâce que nous devons plutôt adorer par un humble silence, que d'en dire peu et comme la profaner par des paroles et des pensées si basses.

II. Nous y remarquerons seulement deux choses parmi toutes celles que nous ignorons: l'une au regard du Verbe, l'autre au regard de la Vierge. La première est que ce jour de l'Annonciation est le premier jour de la vie de Dieu sur la terre, et dans une portion de notre nature choisie et préparée dans les très-pures entrailles de Marie, sa mère, et que c'est un mystère permanent, et qui a commencé pour durer toujours. Les autres mystères sont passagers, et sont liés à des actions qui passent, comme la Nativité, la Passion, la Résurrection, l'Ascension, etc., mais l'Incarnation est un état permanent, et permanent dans l'éternité. Sans cesse Dieu fait don de son Fils à l'homme; sans cesse ce Fils qui est le don de Dieu, *donum Dei* (*Joan.* IV, 10), se donne lui-même à notre humanité; sans cesse le Père éternel engendre son Fils dans une nouvelle nature, et le Fils procède sans cesse de lui par cette nouvelle génération, comme son Fils et son vassal tout ensemble; et en cela consiste le mystère de l'Incarnation, lequel partant est un mystère permanent, et non une action passagère. Et en l'honneur de la stabilité et durée constante de ce mystère, nous devons beaucoup demander à Dieu qu'il nous y donne dévotion permanente et solide, et si solide qu'elle ne puisse être ébranlée par l'affection des choses qui passent.

III. La seconde chose que nous devons honorer en ce mystère, est la part que la très-sainte Vierge a commencé d'avoir dès ce moment aux peines et aux souffrances de son Fils, à proportion de l'amour qu'elle lui porte, et de la grâce incomparable qu'elle reçoit de lui. Ce que pour mieux entendre, il faut savoir: 1° que, combien que les plus grandes souffrances de Jésus-Christ aient été réservées aux derniers temps de sa vie sur la terre, il n'y a point été sans souffrir, et dès aussitôt qu'il eut une nature passible il commença à pâtir: ce que croira aisément quiconque considérera que dès lors il connut clairement la grandeur de Dieu, et la grandeur de l'offense de Dieu dont il était chargé comme répondant; et que cette double connaissance se rencontra dans l'excès de son zèle, qui lui rendait sensible, et infiniment sensible, tout ce qui intéresse l'honneur de son Père; 2° que la Vierge commença dès lors à être conforme à son Fils, et d'avoir part à ses souffrances selon la mesure et la part qu'elle avait en la grâce et sainteté de ce premier mystère; 3° que la grâce de l'Incarnation est bien différente de celle d'Adam, grâce de douceur et de repos, pour marque de quoi aussi fut-il mis en un paradis terrestre; mais que comme l'Incarnation s'accomplit par le dénûment qu'il faut que l'humanité porte de sa subsistence propre et naturelle, subsistence qui lui est si intime, que c'est une même chose; et qu'en outre la croix a été présentée à ce nouvel homme dès ce premier instant, et qu'il l'a acceptée, et s'en est chargé; et qu'ainsi la grâce qui appartient à l'Incarnation, est une grâce de dénûment et de croix, une grâce d'arrachement et d'anéantissement à soi-même, une grâce qui divise l'âme d'avec l'esprit; et que comme la Vierge a eu plus de part en cette grâce que tous les saints ensemble, elle a aussi plus souffert que tous les martyrs et tous les autres saints ensemble, et qu'elle a commencé dès lors, comme son fils, par le privilége de la liaison très-étroite et singulière qu'elle a avec lui.

X. DES QUATRE DEMEURES DU VERBE INCARNÉ AVANT QU'IL PARAISSE AU MONDE, ET L'OBLIGATION DES CHRÉTIENS D'HONORER CE MYSTÈRE.

En l'Incarnation, avant qu'elle paraisse au monde par la naissance du Verbe éternel en la terre et par la manifestation des anges, il y a quatre secrets où elle est cachée, et où nous la devons adorer. Premièrement, au sein du Père, où elle est conclue de toute éternité. Secondement, au ciel, où elle est exposée aux anges. Troisièmement, au cabinet de Nazareth, où elle est proposée à Marie, et inconnue à tous les mortels, ce secret se passant en la terre entre Marie et Gabriel seuls. Et enfin au sein de la Vierge, où elle est accomplie et inconnue même à Joseph par l'espace de plusieurs mois, et au monde par neuf mois, jusqu'à ce que les anges et les rois la publient.

Au sein du Père elle est cachée et enclose en sa paternité et en sa génération éternelle; car engendrant son Fils par cette même génération, qui est nécessairement opérée, le Père éternel s'applique volontairement à la mission de ce même Fils en la terre, par le mystère de l'Incarnation. O premier, ô divin, ô éternel principe de l'Incarnation! Le Père éternel, engendrant son Fils par cette même génération par laquelle il l'engendre en lui-même, le destine à l'union personnelle avec notre humanité. Adorons le Père engendrant et donnant son Fils au monde, et le donnant par la même puissance et action par laquelle il l'engendre, quoique volontairement et non nécessairement appliquée à cette donation.

Recherchons et adorons cette Incarnation dans le même Verbe éternel, recevant de son Père et son essence et sa sapience et son vouloir, par lequel il veut comme lui et avec lui se donner soi-même au monde et à l'homme (113).

Il y a quatre semaines en l'Avent : chacune d'icelles peut être dédiée et employée à rechercher et adorer ce mystère en ces quatre demeures, le sein du Père, le ciel, le cabinet et oratoire de Nazareth, et le sein de la Vierge.

En la première demeure, remarquez qu'en l'honneur de la communication de la divine essence aux personnes divines, il se fait une communication d'une personne divine à une essence créée, et que le Fils, qui reçoit le premier cette communication en la Trinité, a voulu être celui qui rendît hommage à cette communication divine et éternelle, par la communication de sa divinité à la nature humaine.

En la deuxième demeure, remarquez que la première manifestation de ce mystère se fait au ciel, car aussi est-ce un mystère céleste, et le ciel le doit contenir une éternité; le choix de l'homme et le délaissement de la nature angélique en la communication de cette ineffable dignité : *Non enim angelos apprehendit* (*Hebr.* II, 16) ; la soumission de l'ange à l'Homme-Dieu, et l'honneur des anges envers les hommes en suite de ce mystère ; la souveraineté, autorité et influence de l'Homme-Dieu sur les anges et les hommes; la commission de cette manifestation à la terre et à la Vierge, donnée à l'ange Gabriel, et sa dignité en suite de cette fonction, et son appartenance à Jésus et à Marie.

Si un jour en la semaine est donné de Dieu, pour honorer l'émanation des créatures hors de sa divine essence, par l'existence actuelle qu'il lui a plu leur donner en elles-mêmes ; un mois en l'année est bien justement dédié à célébrer la mémoire de l'Incarnation, pour laquelle il semble que ce monde ait été créé.

C'est l'œuvre de la Trinité proprement, chacune des personnes divines y ayant part, non-seulement par attribution, mais encore par application et appropriation de leurs propriétés personnelles. Car le Père envoie son Fils, et le donne à cette nature humaine ; et cette mission et donation est tellement propre au Père, qu'elle ne convient qu'à lui, comme il ne convient qu'à lui d'engendrer son Fils. Le Fils donne sa personne et subsistence à cette nature, ce qui ne convient qu'à lui ; sa personne seule étant unie à la nature humaine. Et le Saint-Esprit est envoyé par le Père et le Fils à cette nature, pour la sanctifier, la former et préparer à l'union du Verbe : *Spiritus sanctus superveniet in te.* (*Luc.* I, 35.)

XI. DE TROIS SÉJOURS DE JÉSUS, AU SEIN DE SON PÈRE, AU SEIN DE SA MÈRE, AU SEIN OU AUTEL DE L'ÉGLISE.

I. *Comme le Fils est le milieu entre le Père et le Saint-Esprit, il a voulu être le milieu entre Dieu et les hommes. Nos devoirs envers le Fils de Dieu en ce sien vouloir. Le Fils de Dieu est vie, et vie divine en plusieurs manières. Le Fils de Dieu est le don du Père, et les raretés, propriétés et effets admirables de ce don.* — II. *Le Fils de Dieu au sein de la Vierge, réfère son Incarnation au salut des hommes. Et se pouvant accomplir en plusieurs autres manières qui sont ici pesées, il a choisi la plus pénible de toutes.*

I. Il y a trois états de Jésus dignes de singulière et journalière considération : au sein du Père comme Fils de Dieu, Dieu de Dieu, consubstantiel et égal à son Père ; au sein de la Vierge comme fils de l'homme, homme et Dieu tout ensemble, médiateur de Dieu et des hommes ; au sein de l'Église, qui est son centre et son autel, comme agneau de Dieu et hostie de louange et de propitiation qu'elle présente au Père éternel : de louange en la terre et au ciel, en l'Église et au Calvaire ; de propitiation au Calvaire, mais appliquée à l'Église, et communiquée selon la plénitude de tous ses effets au ciel et en la terre, selon l'économie et dispensation divine.

Ces trois états portent trois sortes de vies et de pensées bien différentes. Le premier est fondé en la nécessité absolue de l'Être divin, infiniment et intimement communicatif de soi-même dans soi-même, dont l'essence absolue requiert de subsister en trois personnes distinctes, le Père, le Fils engendré par le Père, et le Saint-Esprit émané du Père et du Fils.

Ce Fils est conjoint avec son Père en unité d'essence et en unité de principe, opérant et produisant le Saint-Esprit. Comme il tient le milieu entre le Père et le Saint-Esprit, il a voulu être le milieu entre Dieu et l'homme, et être le médiateur de Dieu et des hommes. Il est le Fils unique, mais il ne veut pas être unique et seul ; il veut s'associer plusieurs frères, et être le premier-né entre plusieurs. Il est unique par naissance, mais il ne veut pas être seul et unique par amour ; et ainsi il se donne à la nature humaine, et prend naissance entre les hommes.

Il le nous faut adorer comme Fils, et Fils unique de Dieu, nous liant à son Père : *Societas nostra sit cum Patre et Filio ejus Jesu Christo* (*I Joan.* I, 3); et, au lieu que le péché nous a séparés de Dieu, nous réunir à Dieu, nous unir au Père éternel par son Fils, qui est le centre de l'unité que l'homme doit avoir avec Dieu, et par lui aller au Père, et porter l'effet de cette grande parole. *Volo, Pater, ut ubi sum ego, et illi sint mecum.* (*Joan.* XVII, 24.)

---

(113) Le Fils de Dieu reçoit éternellement de son Père et son essence et la volonté de se faire homme.

Il nous faut adhérer à lui, comme adhérant au Père; il nous faut émaner de lui, comme émanant de son Père; et il nous faut recevoir son esprit, comme étant celui qui le produit avec le Père, et qui a le pouvoir de le donner, et l'envoyer de par le Père; et nous devons nous unir au Père éternel par son Fils. Le Fils est la vie, et adhérer à ce Fils, c'est adhérer à la vie; vie divine, vie éternelle, vie source de vie, vie originée et origine de vie; originée du Père, origine du Saint-Esprit.

Nous devons recevoir Jésus comme un don du Père, et regardant celui qui le nous donne, voir qu'il est le Fils unique du Père, et qu'il est au sein du Père, qu'il est inséparable du sein du Père, comme un don d'amour; car le Père le donne par amour; don du Père, don d'amour, don d'une chose émanant du Père, et demeurant au Père; don d'une chose égale au Père, et d'une même essence avec le Père; don d'une chose unique au Père; don qui abaisse, qui répand, qui épuise, qui abandonne, qui anéantit en une certaine manière la chose donnée, pour le bien et l'usage de celui à qui il est donné; don pour jouir et user selon la plénitude de l'excès de notre indigence et de nos besoins.

II. Au sein de la Vierge, nous adorons le Verbe éternel comme Fils de l'homme en sa naissance humaine, comme Homme-Dieu en ses deux natures conjointes en unité de substance, et comme médiateur en son état et office, ayant voulu référer son mystère de l'Incarnation à l'usage et exercice de la médiation du genre humain.

Il est Fils de Dieu par la nécessité, la divinité et l'éternité de sa naissance; il pouvait n'être ni homme, ni fils de l'homme, mais il a voulu être et l'un et l'autre, pour le salut des hommes. Il pouvait être homme et fils de l'homme, sans être le médiateur des hommes, étant simplement le Dieu et Souverain des hommes; mais sa bonté, son amour, et le vouloir de son Père, le portent à accomplir cette médiation. Il pouvait être médiateur sans croix et sans souffrances; médiateur sans être rédempteur, sans mort et sans souffrances; médiateur par puissance et non par échange; rédempteur par un prix spirituel, et non corporel, de louange, et non de souffrance; un prix intérieur, et non extérieur; par actions de l'âme, et non par souffrances du corps; par souffrance, et non par mort; par émanation de sa vie, et non par le fonds et la substance de sa vie propre. Mais il a voulu employer l'âme et le corps, la vie et la mort, les actions et les souffrances, le fonds et le revenu, le sort principal et les arrérages, tout ce qu'il est, tout ce qu'il a, tout ce qu'il fait, tout ce qu'il porte, donnant tout pour avoir tout, et nous offrir tout au Père éternel. En l'autel de l'Eglise, nous l'adorons et l'avons comme agneau ou victime (114).

XII. DE LA SAMARITAINE, ET DES TROIS DEMEURES DE JÉSUS : EN DIEU SON PÈRE, EN NOTRE HUMANITÉ, EN LA CROIX.

Aux religieuses Carmélites de Salins.

I. La grâce de Jésus-Christ Notre-Seigneur soit avec vous pour jamais. Les choses les plus basses de la terre ont leur rapport à Dieu, et nous devons contempler les excellences et perfections adorables de son être divin, en la vue et en l'expérience de la bassesse et petitesse de notre condition misérable; nous devons ressembler à ceux qui, en baissant leur vue sur l'Océan, y voient le ciel et les étoiles qui reluisent en ce cristal poli, comme en un beau miroir dans lequel ces astres lumineux impriment leur beauté, leur mouvement et leur lumière. Ainsi en la terre nous devons voir le ciel, Dieu en nous, et le Créateur dedans les créatures; car aussi les a-t-il faites comme autant de miroirs qui nous représentent ses grandeurs admirables, et comme autant de moyens qui nous conduisent à lui. En cette pensée, je prends plaisir de voir le Fils de Dieu assis auprès le puits de Jacob, et contemplant en cette eau morte l'eau vive du Saint-Esprit; même je vois qu'il rend capable de la hautesse de ses pensées une pauvre Samaritaine, laquelle il instruit et élève de la terre au ciel, du péché à la grâce, et de ce bas exercice, comme de celui de tirer de l'eau d'un puits, aux plus hauts mystères du salut. Mystères cachés lors aux plus grands et aux plus savants de ce même siècle, et réservés à cette humble et vile pécheresse, humble vraiment en sa condition, puisqu'elle va elle-même puiser de l'eau, et si loin, pour sa nécessité; mais plus humble encore en sa disposition, puisqu'elle porte si doucement, si utilement et si patiemment la manifestation de son péché; humble vraiment et heureuse en l'élection que Dieu fait d'elle, nonobstant la bassesse de sa condition, et la vilité de son péché; humble et heureuse encore, en ce prompt et grand usage qu'elle fait de la grâce qu'elle a heureusement rencontrée sans y penser, en ce puits de Jacob. Tout semble fortuit, mais tout est heureux et ordonné de Dieu en cette histoire; heureux voyage, heureuse lassitude, et heureux repos de Jésus en cette campagne de Samarie, puisqu'il donne un nouveau repos à Jésus en cette âme; heureux moment à cette femme indigente d'un peu d'eau, puisque ce moment et cette nécessité lui fait trouver le Roi du temps et de l'éternité, et la vive source de l'eau qui abreuve le ciel et la terre. Dieu choisit et attend cette pauvre âme sans qu'elle y pense, sans qu'elle y contribue, et la choisit pour lui déclarer les secrets du ciel, le salut de la terre, et la faire apôtre de sa ville, qui a appris d'elle ce que Jérusalem n'a pu apprendre de la bouche du Fils de Dieu même; et ce qui est remarqua-

---

(114) Ce discours n'est pas achevé, mais ce qui manque peut être suppléé par ce que l'auteur dit de Jésus en l'état de victime au saint Sacrement.

ble, cette ville de Samarie a appris de cette femme ce que les douze apôtres envoyés en cette même ville ne lui ont point appris, comme si le Fils de Dieu avait suspendu l'usage de leur apostolat pour le conférer à cette vile pécheresse et très-heureuse pénitente.

2. Mais ce discours nous tirerait trop loin de notre sujet ; je n'y veux remarquer pour le présent que l'art le soin, la bonté, l'industrie et l'abaissement de la sapience incarnée à traiter avec la Samaritaine, et à conduire cette simple et pauvre femme, de cette eau morte et terrestre, à l'eau vive et céleste du Saint-Esprit ; et adorant ses pas et ses voies, je veux à son exemple prendre occasion du sujet dont vous m'écrivez, pour m'élever aussi, et vous élever à des pensées plus hautes et plus divines que celles dont vous traitez. Vous me parlez du choix que vous avez à faire d'une demeure en votre ville de Salins, entre plusieurs lieux qui s'offrent; et votre proposition m'élève aux demeures éternelles, que le Fils de Dieu nous a préparées en son paradis, en soi-même, en son Père.

Trois demeures distinctes, et toutes trois très-hautes et très-salutaires, et bien dignes de l'amour, de la sapience et de la grandeur de Jésus, qui nous les acquiert et nous y appelle. Mais je m'avance encore plus outre, je prends un vol plus haut, et j'entre dans la pensée de la demeure adorable de l'Eternel en l'Eternel; car le Fils éternel de Dieu est en son Père éternel, et ce qui est remarquable, lorsqu'il va prendre sa demeure en la croix, au sépulcre, au Calvaire, il parle à ses apôtres de cette grande et admirable demeure, et leur apprend comme il est en son Père, et son Père est en lui. C'est lorsqu'il fait à saint Philippe au cénacle de Sion, cette sainte reproche: Il y a si longtemps que je suis avec vous, ne savez-vous pas que je suis en mon Père ce que mon Père est en moi ? Séjour digne et du Père et du Fils, séjour bien différent de celui que nos péchés lui vont donner, qui l'attachent à une croix, le logent en un Calvaire, et le mettent jusque dans la poussière de la terre, c'est-à-dire au sépulcre, dont il se plaint humblement, pitoyablement et amoureusement à Dieu son Père, au psaume XXI (vers. 16), de ses douleurs et de sa croix, lorsqu'il lui dit : *In pulverem mortis deduxisti me* ; car en ce texte le Fils parle au Père, et c'est le vouloir de son Père, et l'amour et obéissance que son Fils lui rend, qui réduisent ce même Fils à la mort, et au lieu de la mort, qui est le sépulcre, comme il le déclare à ses apôtres en sortant du cénacle de Sion pour aller à la croix: *Ut cognoscat mundus quia diligo Patrem, et sicut mandatum dedit mihi Pater, sic facio ; surgite, eamus hinc.* (Joan. XIV, 31.) O amour du Fils envers le Père, que tu es aimable et adorable ! O commandement du Père envers le Fils, et du Fils, que tu es rigoureux et digne d'étonnement ! O obéissance du Fils envers le Père, que tu es exacte et salutaire, aimable et adorable tout ensemble! Mais rentrons en nos demeures du Fils au Père, et du Père en son Fils. Ce sont les demeures que je désire que vous contempliez, vous et vos sœurs, dans le séjour et et la demeure que vous cherchez en la terre; ce sont les demeures dont je désire de vous parler avant de vous répondre sur la demeure dont vous m'écrivez, et avant de résoudre les perplexités que vous avez sur les diverses demeures qui vous sont offertes.

3. Ces demeures dont ces bonnes dames vous parlent sont de la terre, encore que vous ne deviez les choisir et accepter que pour le ciel. Ce sont demeures en la terre et de la terre, et elles nous ressemblent. Nous sommes de boue et de fange, et elles sont de boue et fange aussi, dont disait Job (IV, 19): *Qui habitant domos luteas.* Mais ces demeures dont je vous parle sont célestes, sont plus que célestes, sont divines comme étant la demeure sacrée et adorable d'une personne divine et éternelle, en une autre personne divine et éternelle, par un mystère profond et sacré, que la théologie ne peut bonnement nommer. A cette haute, suprême et divine demeure, qui ne regarde que la divinité, dignité et éternité des personnes divines, j'y ai ajouté une autre sorte de demeure bien disproportionnée, et bien étrange à la vérité, mais aussi elle nous regarde, et a son origine de nous. Car le Fils unique de Dieu est en son Père par soi-même, c'est-à-dire par sa naissance et par son essence propre, et il est en la croix par nos péchés. Ces deux demeures de Jésus-Christ Notre-Seigneur sont bien différentes, mais toutefois elles sont toutes deux vraies demeures de Jésus ; l'une lui convient par sa nature, qui le loge et l'établit en son Père éternel ; l'autre lui convient par son amour, qui le loge en la croix et au Calvaire, pour nous loger au ciel, et lui donne la mort pour nous donner la vie, et pour donner la mort à nos péchés. Plus je contemple Jésus, plus je vois de demeures sacrées en lui. Je ne parle pas ici de la demeure que nous devons avoir en ses plaies et en son côté percé, en son cœur ouvert et navré : je comprends tout cela en un mot, quand je parle de la demeure de Jésus en la croix. Car vous savez assez que vous devez être à lui et avec lui, que votre demeure principale en la terre doit être à ses pieds, en sa croix, en ses plaies. Je parle à des âmes intelligentes, et occupées continuellement en ses mystères, qui entendent à demi-mot, et comprennent sans étendue de paroles. Je laisse donc cette sorte de demeure, qui vous est assez connue et familière, pour vous parler, non de votre demeure en Jésus, mais d'une sorte de demeure de Jésus même, c'est-à-dire de Jésus en lui-même. Car en Jésus-Christ Notre-Seigneur, c'est-à-dire dans ce divin et admirable composé dans la diversité de ses natures, il y a une sorte de résidence et demeure, que je ne dois pas omettre, et c'est l'amour de son Père et le désir de no-

tre salut qui a fait cette nouvelle et désormais éternelle demeure de la divinité en l'humanité de Jésus, et de cette humanité en la divinité. Si nous pouvons comparer choses si grandes à choses si basses, nous pouvons dire en certaine façon que, par ce mystère, Dieu est en cet homme qui s'appelle Jésus, et cet homme (qui est le chef et le salut des hommes) est en Dieu, et est en Dieu en plusieurs manières, qui seraient longues à déduire. Mais, entre autres manières, Dieu est en lui, et il est en Dieu, comme l'âme est au corps, et le corps est en l'âme. Je dis que le corps est en l'âme, aussi bien que l'âme est au corps : et je le dis selon divers respects et diverses lumières que Dieu a données aux deux plus grandes écoles du paganisme, c'est-à-dire à celle d'Aristote et à celle de Platon; et aussi selon divers sens et respects, cet homme est en Dieu, et Dieu est en cet homme par une manière si haute, si puissante et si efficace, que Dieu est homme, et l'homme est Dieu. Mais je ne veux entrer en l'éclaircissement de cette vérité, je veux demeurer avec vous en la simplicité de la foi, qui nous apprend que Jésus est Dieu et homme tout ensemble; que la divinité repose en cette humanité sacrée, et y repose, ce dit saint Paul, corporellement, c'est-à-dire, solidement, réellement, substantiellement, et comme en son propre corps, et que ce corps, cette âme, cette humanité, a être, subsistence et repos en cette divinité; ne subsistant pour jamais que dans l'être incréé, et ayant une sorte de liaison et de repos, résidence et demeure en Dieu, qui ne se retrouve et ne se retrouvera jamais en pas une des autres choses créées. Ce qui adore d'une adoration nouvelle, suprême et éminente, la demeure éternelle du Père au Fils, et du Fils en son Père.

4. Contemplons, adorons, admirons ces trois sortes de demeures, du Fils au Père, de la nature divine en la nature humaine de Jésus en la croix. Ces diverses demeures sont admirables et très-différentes; et elles ont aussi leurs sources bien différentes : celle du Père au Fils et du Fils au Père a son état et son origine dans le mystère de la Trinité; celle de la divinité en l'humanité et de l'humanité en la divinité a son fondement, son principe, son établissement dans le mystère de l'Incarnation; celle de Jésus en la croix vient de la qualité d'agneau et d'hostie pour le genre humain, et accomplit le mystère de la Passion. La première vient de la grandeur de l'être de Dieu et de la toute-puissance du Père éternel, fécond et produisant son Fils dedans soi-même. La seconde vient de la grandeur de son amour, donnant ce Fils unique au monde et à la nature humaine : amour faisant que le Fils de Dieu est Fils de l'homme; amour puissant, fécond et produisant des enfants à Dieu dans son Eglise, et produisant à Dieu des enfants de Dieu, en l'honneur du Fils unique de Dieu et de sa filiation propre et éternelle. Car c'est en l'honneur d'icelle que le Verbe incarné *dedit nobis potestatem filios Dei fieri (Joan.* I, 12), et nous a conféré cet être et qualité admirable d'être enfants de Dieu. La troisième vient de la grandeur de nos péchés, grandeur pernicieuse et abominable, grandeur d'une efficace ruinante et mortelle, grandeur puissante et efficace à donner la mort, non-seulement à l'homme, mais à l'homme-Dieu même : grandeur anéantissant, non-seulement les pécheurs, mais Dieu même en certaine manière, lequel s'étant fait homme, lorsqu'il veut anéantir le péché, se fait péché lui-même; et hostie pour le péché selon son apôtre, sujet, captif, et comme esclave sous la puissance des ténèbres, comme il dit lui-même. Voilà trois origines bien différentes, qui fondent trois mystères bien différents aussi : le mystère de la Croix, l'Incarnation et la Trinité; trois mystères en la contemplation desquels nous devons être incessamment occupés, et nous ne devons avoir aucune sorte de demeure en la terre que pour contempler ces demeures et ces mystères. A cet effet, les demeures qui nous sont les plus propres en cette vie mortelle, ce sont celles qui nous peuvent le plus disposer à la contemplation des saintes demeures du Fils de Dieu dans le sein de son Père, de Jésus en la croix, et de Dieu même dans notre humanité. C'est ce qui me fait incliner à vos pensées et au choix que vous proposez de ce lieu plus humble, plus pauvre et plus retiré, et par conséquent plus propre au silence, à la solitude et à la pauvreté que vous professez. Je loue le zèle de cette bonne âme qui vous en veut divertir, mais j'approuve les pensées et les sentiments que vous me mandez, si ce n'est que l'air peu sain et salutaire empêchât cette demeure, à quoi je vous prie d'avoir égard, et prendre l'avis de l'un des principaux et plus religieux médecins de la ville. Je prie Dieu vous conduire en ce choix, et en toutes les actions de votre vie, que je vous prie d'offrir à Jésus et à sa très-sainte Mère, comme chose qui est à eux et qui leur appartient par tant de titres, que vous seriez autant coupables de manquer à vos devoirs envers le Fils de Dieu et à sa très-sainte Mère, comme vous êtes heureuses de n'avoir aucun soin que de les accomplir.

XIII. LA SOUVERAINETÉ DE DIEU ET DE JÉSUS-CHRIST PAR LE MYSTÈRE DE L'INCARNATION.

Le Père éternel, avant le mystère de l'Incarnation, a pouvoir sur le néant, sur l'être de la nature, sur l'être de la grâce. —II. *Mais par ce mystère il est tout ensemble le Père et le souverain de son Fils, et la paternité divine est en quelque façon accomplie par l'incarnation du Verbe, qui joint la dépendance à l'émanation.* — III. *Le plus digne empire de Jésus-Christ n'est ni sur les corps, ni sur les âmes, ni sur les anges, mais sur soi-même, et consiste au pouvoir de suspendre les émanations de la Divinité et de son âme glorieuse sur son propre corps.*

I. Le plus digne empire du Père éternel est celui qu'il a acquis au jour de l'Incarnation ou nativité, empire paternel, mais empire sur son Fils Homme-Dieu. Il avait auparavant empire sur le néant; mais qu'est-ce que le néant? Il avait empire sur l'être créé; mais qu'est-ce que l'être créé: être de nature, être fini et limité, être que même l'homme doit renoncer? Il avait empire sur la grâce: être noble et grand à la vérité, mais non suffisant pour remplir sa domination divine, domination infinie et infiniment digne de commander et de régir, et qui mérite aussi un sujet infiniment digne d'être commandé et régi. Notez ces trois empires de la Divinité: empire sur le néant, auquel il commande comme à ce qui est: *Vocat ea quæ non sunt, tanquam ea quæ sunt.* (*Rom.* IV, 17.) La lumière est encore dans le néant, il veut qu'elle soit faite, il dit: *Fiat lux*, et au même moment elle est faite et passe du néant à l'être, *Et facta est lux.* (*Gen.* I, 3.) Empire sur l'être créé dans toute l'étendue de la nature, dont il dispose comme il lui plaît. Empire sur la grâce, qui dépend absolument de son bon plaisir, en son commencement, en son progrès et en sa consommation. Et remarquez qu'en tout cela il n'y a rien qui égale sa souveraineté, ni où elle soit dignement employée.

II. Il est Père de son Fils dans l'éternité, mais il n'en est pas le Dieu ni le souverain; l'émanation éternelle que le Fils a du Père étant sans dépendance, ce qui est nécessaire pour fonder la relation du souverain au sujet et du sujet au souverain. Il est souverain et non Père dans la création, parce qu'elle s'accomplit par dépendance et non par la voie d'émanation, qui serait nécessaire pour fonder une paternité. Mais en ce mystère, il est Père et souverain tout ensemble. C'est pourquoi j'appelle le pouvoir du Père sur ce nouveau chef-d'œuvre *empire paternel*, parce que la dépendance y est jointe à l'émanation, et celui qui procède et est engendré comme fils et égal dépend du pouvoir de son Père comme sujet et vassal. Et en ceci est le plus grand empire du Père, puisqu'il commande à un Fils qui lui est consubstantiel, c'est-à-dire, à un autre lui-même. La paternité de la terre joint l'émanation à l'autorité, et l'enfant qui est de la substance du père dépend comme sujet de son père, et le père a puissance sur lui et droit de lui commander; et voilà que la paternité du ciel, où il y avait émanation sans autorité, s'accomplit en quelque façon par ce grand mystère, où l'autorité est jointe à l'émanation, et par lequel Jésus-Christ est tout ensemble le fils et le vassal de son Père.

III. Semblablement le plus digne empire de cet Homme-Dieu, Jésus-Christ Notre-Seigneur, n'est pas celui qu'il a sur la poussière et la cendre par le pouvoir qui lui est donné de ressusciter les morts; n'est pas celui qu'il a demandé et qu'il a obtenu de son Père au moment de l'Incarnation sur toutes les nations de l'univers (*Psal.* II, 7-9); n'est pas celui qu'il a sur les anges mêmes qui vinrent fondre à ses pieds dès aussitôt qu'il fut venu au monde, le Père éternel leur ayant commandé dès lors et sans différer plus longtemps de lui rendre hommage: *Adorent eum omnes angeli Dei* (*Hebr.* I, 6); mais c'est l'empire qu'il a sur soi-même, un sujet divin, et sur ses émanations, avec pouvoir de les réprimer et suspendre, et empêchant effectivement que, la divinité étant unie à son corps, et ce corps étant animé d'une âme revêtue de la gloire, et de la gloire de Fils unique de Dieu, la gloire du corps toutefois n'émane point de ces deux principes si puissants, si présents et si appliqués.

XIV. DU MYSTÈRE DE L'INCARNATION ET DES GRACES ET AVANTAGES QU'IL COMMUNIQUE A TOUTE LA NATURE HUMAINE.

I. *De l'alliance de Dieu avec l'homme par le mystère de l'Incarnation; on ne peut attendre qu'une société sainte de Dieu avec les hommes et une vie divine.* — II. *Le mystère de l'Incarnation ayant été accompli par voie d'exinanition, tous les autres mystères de Jésus-Christ s'accomplissent aussi par la même voie.* — III. *Le Fils de Dieu se communique à l'homme par la voie de la religion, et en institue une toute divine, de laquelle il est la plénitude et le tout. Au lieu que dans l'état précédent de la religion, les hommes recevaient de Dieu quelques grâces, et lui offraient quelques usages et des créatures mortes: en la religion chrétienne, ce qu'ils reçoivent de Dieu, c'est son Fils, et ce qu'ils offrent à Dieu, c'est son Fils.* — IV. *La présence de Jésus en la terre est aussi réelle qu'au ciel, mais non aussi visible.*

I. Le mystère de l'Incarnation est accompli non-seulement en la nature humaine, mais aussi pour toute la nature humaine, pour lier le genre humain à Dieu, dont il était séparé par le péché. De là vient que ce mystère est le fondement d'un lien très-étroit, d'une société très-parfaite, d'une communication très-sublime de Dieu à l'homme et de l'homme à Dieu. Car d'un mystère si haut que devons-nous attendre, sinon choses très-hautes; et d'une unité si divine, sinon une union très-grande et très-parfaite; et d'un bien si grand, sinon une abondance de biens; et d'une effusion si grande, d'une si grande source de vie comme celle du Fils unique de Dieu sortant du sein du Père pour se répandre dans l'humanité, sinon un usage de vie très-digne, très-haute, très-divine et très-accomplie?

II. Le Fils de Dieu s'est communiqué par voie d'amour et par voie d'effusion et d'exinanition de soi-même à l'humanité par l'Incarnation; il veut aussi suivre cette même voie d'oubli de soi-même et d'exinanition de sa grandeur en toutes les autres communications qui la suivent, faisant comme une imitation de la première communication de soi-même qu'il a faite à la nature humaine.

Ainsi toujours le Fils de Dieu se communique soi-même, ainsi toujours il se communique à l'homme, ainsi toujours il se communique par amour, ainsi toujours il se communique, s'oubliant et s'anéantissant soi-même, pour se souvenir de nous et pour nous remplir de lui.

III. Le Fils de Dieu se communique à l'homme par la voie de la religion; il est l'objet de sa créance, il est l'hostie de son sacrifice, il est la grâce de son sacrement, il est la vie, la nourriture et le soutien de nos âmes.

Le Fils de Dieu se donne à l'homme pour l'homme, pour faire vivre Dieu en l'homme, et l'homme en Dieu. Il se donne à l'homme par voie de religion, établissant en soi-même le corps et l'état d'une religion nouvelle; et au lieu qu'auparavant la religion subsistait dans les actions de l'homme vers Dieu, et le commerce entre Dieu et l'homme par la voie de la religion se faisait par le moyen de quelques accidents émanés de Dieu vers l'homme, et de l'homme vers Dieu; maintenant ce commerce consiste en un fond et en une substance divine : car c'est Dieu même que l'homme reçoit en ses mystères, et c'est Dieu même que l'homme offre en ses sacrifices; et ainsi cette religion est toute substantielle et divine, et nous avons Dieu réellement présent au milieu de nous en la terre, comme nous l'aurons présent au ciel.

IV. Cette sorte de présence est aussi réelle et véritable comme celle du ciel, mais non pas aussi visible et sensible comme celle du ciel, et est conforme à la condition de la foi, qui porte vérité et obscurité tout ensemble. Car il nous faut distinguer trois états : l'un où on a la figure sans vérité comme en la loi, l'autre la vérité sans ombre et sans figures comme au ciel, et l'autre la vérité et la figure comme en l'Eglise chrétienne.

XV. DU MYSTÈRE DE L'INCARNATION.
Au temps de l'Avent.

I. *Le Fils de Dieu est donné à la Vierge, et par la Vierge au monde, comme en la Trinité l'essence divine est donnée au Fils, et par le Fils au Saint-Esprit. Le temps de l'Avent est approprié à l'Incarnation, et le Carême à la passion du Fils de Dieu, et tous ces deux temps ensemble à la perfection de la vie spirituelle, où il faut mourir et vivre. Le mystère de l'Incarnation et le temps de l'Avent appartiennent spécialement à la Vierge. — II. Solitude de Dieu avant le mystère de l'Incarnation. Les créatures ne sont pas capables de tirer Dieu de sa solitude et d'entrer en société avec lui : il n'y a que Jésus qui en soit digne. Dieu, en ses émanations éternelles, opère de soi en soi-même; en la création il opère dans le néant et laisse encore la chose créée dans le néant; et dans l'Incarnation il tire du néant une créature étrangère et la produit dans son être même, qui est infiniment éloigné du néant. Société de Dieu avec l'homme arrivée jusqu'à l'unité. — III. La mission du Fils de Dieu en ces mystères est le fondement et le principe de toute mission, et le Fils de Dieu venant au monde avec mission, personne n'y doit paraître sans mission. L'exinanition est jointe à la mission du Verbe; ce qui nous enseigne que la mission de ceux qui travaillent en son Eglise doit être avec abaissement, et non avec éclat. Nous devons honorer en ce mystère l'opération de Dieu produisant Jésus-Christ, la conversion de l'âme sainte de Jésus à Dieu, l'abaissement de la Vierge en ce moment, la plénitude de Jésus en elle, et d'elle en Jésus, et la vie secrète de Jésus en Marie, qui n'est connue que d'elle et du ciel, et est toute pour elle. — IV. Le temps de l'Avent est le printemps de la vie chrétienne.*

I. En la Trinité une même essence est donnée à deux personnes distinctes, au Fils, et par le Fils au Saint-Esprit; et en l'Incarnation, qui est l'œuvre de la Trinité, une même personne, un même sujet, un même Homme-Dieu est donné doublement, c'est-à-dire à deux mondes différents : à la Vierge, qui est un monde, et par la Vierge à la terre, qui est un autre monde. Et y ayant deux temps de singulière considération et dévotion en l'Eglise de Dieu, le temps de l'Avent et le temps du Carême, l'un est approprié à l'honneur de l'Incarnation, et l'autre de la passion du Fils de Dieu; l'un à la vie secrète et cachée de Jésus en Marie, l'autre à sa vie publique et manifeste au monde, par sa doctrine et ses miracles, suivis de sa passion et de sa mort; l'un et l'autre temps singulièrement appropriés à Jésus. Mais d'abondant le temps de l'Avent est spécialement approprié à la Vierge, et lui appartient comme étant dédié à Jésus en Marie, et au mystère de l'Incarnation, qui s'accomplit en elle et par elle, et ne s'accomplit qu'en elle, elle seule entre les créatures y ayant part, et cette part éminente que porte la qualité de Mère de Dieu, communiquée à elle seule en la terre et au ciel. Ainsi le Père donne doublement son Fils, et le Fils se donne doublement soi-même en deux donations différentes : l'une à la Vierge, l'autre à la terre par la Vierge; en l'une il se fait homme et Fils de l'homme, et en l'autre il se fait tel pour les hommes.

Il y a dans l'état de la spiritualité vie et mort tout ensemble; et au Fils de Dieu se trouve mort et vie. Et il y a aussi deux temps de dévotion en l'Eglise, l'un dédié à la vie, et l'autre à la mort de Jésus. Car Jésus a pris état de vie et état de mort en la terre : vie divine, mort divine; vie d'un Dieu, mort d'un Dieu; vie unie personnellement à la Divinité, mort unie personnellement à la Divinité. Et ces deux temps sont affectés à établir en nous cette vie et cette mort, qui se doivent retrouver en l'état de l'esprit.

II. Maintenant donc que nous sommes au temps de l'Avent et en devoir d'honorer un Dieu incarné et de le servir par état de vie intérieure, arrêtons-nous en la considération de ce premier mystère, qui est son Incarnation. Contemplons-le dans sa solitude, contemplons-le sortant de sa solitude pour entrer en société avec nous : solitude de Dieu en soi-même, en son repos, en sa sainteté, qui le sépare, qui le détache et l'éloigne de toute créature : *Tu autem in sancto habitas laus Israel.* (Psal. XXI, 4.) C'est le premier séjour et le premier sanctuaire de Dieu. Dieu, qui opère en soi-même de toute éternité, veut en son temps opérer dans le néant et créer le monde ; mais ses créatures ne semblent pas dignes d'entrer en société avec Dieu, ni le tirer de sa solitude et l'occuper hors de lui-même : Jésus seul est digne de donner occupation à Dieu hors de lui-même, et d'entrer en société avec lui, puisque Dieu l'associe à son essence en la personne de son Verbe, et le fait asseoir à sa droite.

Dieu, qui produit les créatures hors de soi dans le néant, veut en l'Incarnation produire une nature créée dans soi-même, dans son être, dans la personne de son Verbe, et lui donner la subsistence du Verbe pour sa subsistence. Voilà l'œuvre de l'Incarnation différent de celui de la création, où Dieu tire la créature du néant, et la produit et laisse dans le néant : *Ex nihilo in nihilo.* Au contraire, dans les émanations divines, Dieu produit de soi en soi-même son Fils unique, et son Saint-Esprit ; et en l'Incarnation, qui est moyenne entre la création et l'émanation, et en cette qualité tient quelque chose de l'une et de l'autre, Dieu tire du néant, et non de soi, cette nature créée, mais il la produit et loge en soi-même, en son être, et en l'une de ses subsistences.

Voilà la solitude de Dieu en soi, voilà son opération en soi, tirant à soi l'être créé ; voilà sa société avec nous, société parfaite, société unissant si étroitement l'être créé avec l'incréé, qu'elle aboutit à l'unité même du Verbe éternel.

III. Honorons donc la solitude de Dieu, honorons sa société avec l'homme ; honorons la mission de son Verbe : *Misit Deus Filium suum* (Galat. IV, 4) : mission fondamentale à toute autre mission, qui doit adorer celle-là, qui en doit dépendre, et qui la doit imiter en ce point particulièrement que comme le Fils de Dieu n'est point venu en ce monde pour travailler à l'œuvre de son Père, œuvre si digne et si important, qu'il n'y ait été envoyé par son Père, personne ne se doit ingérer dans l'État de Jésus-Christ, qui est son Église, sous quelque prétexte que ce soit, sans justifier et faire paraître sa mission originée de celle-là. Honorons l'exinanition du Verbe en cette sienne mission : *Exinanivit semetipsum, formam servi accipiens* (Philip. II, 8) : exinanition double, c'est à savoir, et par la condition essentielle de la nature à laquelle il s'allie, toute nature créée étant esclave de Dieu, et portant la servitude vers lui enclose dans le fond de son être, et dans son essence, sans en pouvoir être aucunement exemptée ; et, en outre, exinanition par l'état servil dans lequel il entre en s'alliant à cette nature, ou, si vous voulez, par l'état servil de la nature à laquelle il s'allie. Car il la prend et l'épouse chargée de la ressemblance d'une nature et chair de péché : *In similitudinem carnis peccati* (Rom. VIII, 3) ; et en l'épousant il se charge des péchés du monde et s'oblige de satisfaire pour iceux à la justice en s'humiliant jusqu'à la mort, jusqu'au supplice servil et ignominieux de la croix : et c'est ce que signifient proprement ces paroles : *Formam servi accipiens.* Il s'en trouve assez qui veulent recevoir mission, mais une mission qui les élève et les honore ; mais à peine en trouverez-vous qui acceptent une mission semblable à celle du Fils de Dieu, une mission jointe à l'abaissement et à l'exinanition. Honorons l'opération de Dieu formant Jésus-Christ en la Vierge : car si l'opération de Dieu créant le monde est honorée d'un jour particulier en chaque semaine, qui est le jour du sabbat, quel sabbat, quel honneur ne devons-nous point à cette opération qui a formé Jésus-Christ, le Seigneur du monde, le chef-d'œuvre de Dieu et son Fils unique ? Honorons la conversion de l'âme sainte de Jésus-Christ à Dieu son Père au moment de l'Incarnation : car cet acte contient toute la perfection de Jésus, et Jésus, en cet acte et en ce moment, a rendu à son Père et à son Dieu tout ce qu'il lui pouvait rendre. Nous rendons nos devoirs à Dieu avec succession de temps : mais Jésus-Christ lui a rendu parfaitement tous ses devoirs dès ce premier instant. Ainsi nous devons adorer Jésus-Christ opérant dès le moment qu'il commence d'être homme, et admirer l'excellence et perfection de cet acte, par lequel il commence sa vie. Honorons l'abaissement dans lequel la Vierge a reçu le Verbe incarné ; abaissement signifié par ces paroles : *Ecce ancilla Domini,* et proportionné à l'abaissement et exinanition de Jésus en elle. Honorons la plénitude de Jésus en elle et d'elle en Jésus, qui est la circumincession de la terre, qui regarde et adore celle des personnes divines en la Trinité, c'est-à-dire, la résidence réciproque d'une personne en l'autre, se contenant et remplissant l'une l'autre. Honorons la vie secrète que le Fils de Dieu mène en la Vierge par l'espace de neuf mois, vie divine en la Vierge par l'union hypostatique ; vie glorieuse et céleste, vie voyagère, vie spirituelle et intérieure en l'usage parfait de sa grâce éminente, vie extérieure en qualité d'enfant en sa Mère et par sa Mère ; vie intérieure et extérieure, qui n'est connue que de la Vierge et du ciel, et où la seule Vierge a part par un si long temps ; vie en laquelle il semble ne vivre que pour la Vierge et dans la Vierge, le monde n'ayant part à ce mystère qu'en sa naissance et par sa naissance, par laquelle il est comme livré et exposé au monde.

Ce grand mystère d'amour où le Père éternel donne son Fils à l'homme et le donne d'une manière de donation si particulière que Dieu et l'homme composent une même personne, mérite bien que le mois qui en est honoré soit le premier de nos mois, et que le temps de l'Avent soit regardé des Chrétiens comme leur printemps, puisque c'est le temps auquel le vrai Soleil de nos âmes commence à se lever pour nous du plus haut des cieux: *Visitavit nos Oriens ex alto* (*Luc.* I, 78), et que toutes choses se sont renouvelées: *Novum fecit Dominus super terram* (*Jer.* XXXI, 22), *et ecce facta sunt omnia nova*. (*II Cor.* V, 17.) Reconnaissons donc le Fils de Dieu pour notre soleil, qui donne commencement à l'année chrétienne : reconnaissons-le pour celui qui doit régler, conduire et mesurer nos ans et nos saisons en la vie de l'Esprit, et que son avénement soit notre printemps spirituel auquel nous sommes obligés de nous renouveler, faisant germer et pousser les instincts, les bonnes pensées et toutes les grâces que nous avons reçues de Dieu, fructifiant avec nouvelle ferveur en toutes sortes de bonnes œuvres, chacun selon notre condition.

XVI. CONSIDÉRATION SUR JÉSUS AU MOMENT DE L'INCARNATION.

I. *La sortie du Fils de Dieu du sein de son Père et son entrée au monde.* — II. *Il faut distinguer dans l'Incarnation la substance et l'économie du mystère.* — III. *Dieu, qui a tiré les créatures hors de soi par la création, les fait rentrer en soi par l'Incarnation, et l'homme est le centre de ce retour et de ce cercle.* — IV. *Jésus commence à agir vers Dieu, au même moment qu'il est formé en sa Mère.* — V. *Au même moment que le nouvel Adam est formé en Eden, il entre en intelligence et même en extase.*

I. Voilà l'œuvre des œuvres de l'Eternel, voilà l'œuvre aussi éternel; car tant que Dieu sera Dieu, il sera joint à la nature créée, et d'un lien très-intime et indissoluble. Voilà la première sortie du Verbe éternel; voilà son premier pas hors du sein de son Père, pour entrer au sein de la Vierge. Mais ce n'est pas le dernier, car il passera plus outre; il viendra en Bethléem, en Egypte, en Galilée, en Jérusalem, et enfin au Calvaire; et il s'offre à présent au Père éternel pour tous les voyages qui le tirent de sa grandeur, à l'abaissement, à l'exil, à la souffrance, à la croix, aux opprobres, aux liens, à la captivité et enfin à la mort.

Contemplons-le en cette première sortie, dont il est dit en saint Jean, *ego a Deo exivi*, et en ce premier état de sa vie nouvelle et voyagère. Adorons l'état et les actions de sa vie nouvelle.

II. III. Le mystère de l'Incarnation comprend deux choses principales, en lesquelles consistent l'état et la vie de Jésus en ce nouvel Etre; c'est à savoir, la substance et l'économie du mystère, qui sont les deux points souvent mentionnés et distingués dans les Pères anciens parlant de Jésus. La substance du mystère s'explique en un mot, Dieu et homme; un mot abrégé, mais qui comprend l'être créé et l'Etre incréé, et le lien ineffable, très-étroit, très-intime de ces deux êtres si différents et distants. L'économie dit la dispensation et l'usage de cette vie nouvelle de l'Homme-Dieu en tous ses états, fonctions, actions et mystères. Le Dieu vivant et opérant en soi-même deux productions éternelles a voulu produire hors de soi un être créé, qui n'est que l'ombre et l'image de son Etre, et, par un cercle heureux, il veut tirer à soi son ouvrage, et choisir la nature de l'homme entre ses œuvres, comme l'abrégé, le consommé et la récapitulation de ses œuvres, et qui les contient toutes sommairement, pour être le centre de cette circonférence, et le point auquel il se joint à l'être créé, et fait rentrer en son Etre divin cette nature humaine, à laquelle il donne et son existence et sa subsistence, tellement que nous avons un Dieu qui est homme et un homme qui est Dieu, au lieu que les païens adoraient des hommes qui n'étaient pas dieux, et des dieux qui n'étaient pas hommes, mais des ombres et des idoles : nous adorons un Dieu infini, mais qui s'est rendu fini, et est borné soi-même dans la circonférence de la nature humaine ! Nous adorons un Dieu éternel, mais qui s'est rendu mortel; un Dieu invisible, mais qui s'est rendu visible; un Dieu impassible, mais qui s'est rendu sujet au chaud, au froid, à la croix et à la mort; un Dieu très-simple et très-pur, mais composé des éléments, et, pour dire tout en un mot, un Créateur qui s'est fait créature.

Et ce Dieu composé de deux natures si différentes est tellement éternel qu'il est mortel, et tellement mortel qu'il est éternel. Ne perdant rien de son être premier, n'omettant rien de son nouvel être, mais les joignant ensemble par un lien si cher, si étroit, si intime, comme est l'unité d'une même personne.

IV. Ce divin composé, ce nouvel être, ce nouvel Adam, ce nouvel homme, cet Homme-Dieu et ce Dieu-Homme ne tarde pas un moment à agir, et au même instant qu'il est, il est opérant; et ce soleil luisant au milieu de Marie, encore caché de cette nuée légère, s'il ne répand déjà ses rayons sur la terre, à cause de l'interposition de la nuée qui le couvre, il les répand vers le ciel et dans l'éternité, au regard de laquelle il n'a rien d'interposé. Ainsi, au même instant que ce nouveau vivant est formé par la puissance du Père Eternel, par l'opération du Saint-Esprit, par la coopération divine, pure, sainte et miraculeuse de la Vierge; cette vie divine et humaine tout ensemble de Jésus; cette vie divinement humaine et humainement divine de l'Homme-Dieu, a ses opérations sacrées, divinement semblables à elle-même, c'est-à-dire divinement humaine et humainement divine en son fonds, en son état, en son origine et en sa substance; et encore vers son objet, agissant vers le Père éternel pour soi et pour toute la nature créée.

V. Ce divin Enfant est enveloppé comme les

autres dans les entrailles de la sainte Vierge, quant à l'état et à l'usage de son petit corps; mais il est vivant, agissant et glorieux, comme il est à présent dans les cieux. Sa vie, sa lumière, son intelligence, sa gloire et ses actions sont au même état dans le ventre de la Vierge et dans le ciel empirée, quant à la dignité, quant à la sainteté, quant à la divinité, quant à la perfection et quant à la gloire. Son corps est enfantin, mais sa vie n'est pas enfantine : *Femina circumdabit virum (Jer.* XXXI, 22) ; c'est la vie d'un homme parfait, c'est la vie d'un nouvel Adam qui entre en intelligence et même en extase, aussitôt qu'il est formé et posé en Eden. Aussi le Fils de Dieu né en la Vierge et vivant en elle comme en son Eden et son paradis, comme son être et sa vie par la vue de la divine essence, par l'adoration de son Père éternel, par l'oblation de sa vie nouvelle, et de son corps destiné pour être l'hostie et la victime du genre humain ; et dès lors il accomplit tous ses devoirs et les nôtres ; dès lors il est chef de la nature humaine et le principe de la créature de Dieu, *principium creaturæ Dei,* comme il se qualifie lui-même en son *Apocalypse.* (III, 14.)

XVII. QUE DANS L'INCARNATION IL FAUT DISTINGUER LA SUBSTANCE DU MYSTÈRE ET L'ÉCONOMIE OU DISPENSATION DU MÊME MYSTÈRE, QUI CONSISTE ÈS DIVERS ÉTATS QUE LE FILS DE DIEU A DAIGNÉ PRENDRE ET HONORER DE SA DIVINE SUBSISTENCE PENDANT SA VIE EN LA TERRE.

I. *Etats d'enfance et de mort sanctifiés et deifiés en Jésus, comme ils sont souillés en Adam. Nous contemplons et adorons une mort qui donne gloire à Dieu, vie au monde et qui vivifie la mort même.* — II. *Le mystère de l'Incarnation est la base et le fondement de l'alliance de Dieu avec nous ; et sa dignation d'avoir voulu passer par tous les états et conditions de notre nature, les honorant de sa subsistence ; c'est ce que les Pères appellent la dispensation du mystère divin. Le Fils de Dieu partage les états déifiés entre les siens, comme autant de sources, de grâce et de vie divine. Nous sommes unis plus étroitement au Fils de Dieu par la grâce de ses mystères, que les membres de nos propres corps ne nous sont unis.*

I. Comme il y a une enfance qui, avant d'être sur la terre, déshonore Dieu par le péché originel, communiqué aux enfants dès le ventre de leur mère, le Fils de Dieu a voulu être enfant au ventre de la Vierge, afin qu'il y eût une enfance divine, et, qui plus est, une enfance déifiée qui honorât Dieu, et d'un honneur suprême, qui surpasse l'honneur des hommes et des anges et de toute la nature qui peut être créée ; et comme le péché règne en nous-mêmes dès notre naissance première et intérieure dans le ventre de nos mères, puisque nous sommes conçus en péché, le Fils de Dieu a voulu être conçu dans le ventre de la Vierge, et conçu du Saint-Esprit, afin qu'il y eût une conception sainte et divine, qui rendît honneur à Dieu, comme il y a une conception maligne des enfants d'Adam, qui déshonore Dieu sur la terre, Dieu voulant que sa grâce surabonde sur le péché, et que tous les états de la nature humaine infectés par icelui, soient honorés de sa grâce et de sa grâce suprême, qui est la grâce et l'union hypostatique ; car il passe par tous les degrés de notre nature et jusqu'à la mort, afin que, dans la mort et dans le sépulcre, nous ayons un Dieu mort et enseveli, qui relève l'état de la mort et donne la vie, et soit conjoint à la vraie vie par union personnelle de la divinité à la mortalité : ainsi nous avons une mort qui donne plus de vie au monde et de gloire à Dieu, que la vie des anges même dans la gloire ; une mort qui est la vie de l'univers, et qui remplit de vie la mort même. Car c'est la mort d'un Dieu vivant et mourant en notre humanité, qui donne vie éternelle aux pécheurs, et qui aura puissance un jour de tirer tous les morts des sépulcres et des enfers, pour donner la résurrection de la vie aux uns et aux autres la résurrection du jugement.

II. Par ce conseil haut, suprême et divin, nous n'avons pas seulement un Homme-Dieu, ce que nous donne le mystère de l'Incarnation, mais nous avons un enfant Dieu, un Dieu mortel, souffrant, tremblotant, pleurant dans une crèche ; un Dieu vivant et marchant sur la terre, en Egypte, en Judée ; c'était assez d'élèvement à l'homme. Mais Dieu veut que nous ayons toutes les misères conditions et bassesses de notre nature, relevée de la subsistence et personnalité divine ; un Dieu souffrant et mourant en la croix, un Dieu mort au sépulcre ; car celui qui a pris notre nature par le mystère de l'Incarnation, a voulu prendre tous ces états et conditions de notre nature, et les honorer de la subsistence divine ; ce que les anciens Pères de l'Eglise appellent proprement, l'économie et dispensation du mystère divin. Car l'Incarnation du Verbe est la base et le fondement de la dignité suprême, c'est-à-dire, non-seulement de la sanctification, mais aussi de la déification de tous ses états et mystères, qui partagent la vie et la condition voyagère du Fils de Dieu sur la terre. Or, tous ces états et mystères sont déifiés, et partant ont une dignité divine, une puissance suprême, une opération sainte, et sont accomplis pour la gloire de Dieu et pour notre utilité particulière ; et pour une gloire non commune et ordinaire, mais en un degré suprême, divin et admirable. Et le conseil de Dieu est que ces états soient honorés, soient appropriés, soient appliqués à nos âmes ; et comme il partage ses dons et ses grâces, il partage aussi ses états et ses mystères entre les hommes et les anges même. Car comme Dieu en sa gloire, est lui-même notre héritage et notre partage ; Jésus aussi en ses états et en ses mystères est lui-même notre partage, et, nous donnant une part universelle en lui, il veut que nous ayons une part singulière en ses divers états, selon la diversité de son élection sur nous et de notre piété vers lui. Ainsi il se partage soi-même à ses enfants, les rendant participants de l'esprit et de la grâce de ses mystères; appropriant aux uns sa vie et aux autres sa mort, aux uns son enfance, aux autres sa puissance, aux uns sa vie cachée, aux autres sa vie publique; aux uns sa vie intérieure, aux autres sa vie extérieure; aux uns ses opprobres, aux autres ses miracles; aux uns son abaissement et aux autres son autorité. En tous ces divers états et conditions, il se donne lui-même à tous; il nous donne son cœur, sa grâce et son esprit; il nous incorpore en lui; il s'approprie à nous et nous approprie à lui; il se communique à nous et nous incorpore en lui; il nous rend siens vivants en lui, de lui et par lui, comme faisant partie de son corps, de son esprit et de lui-même, en une manière beaucoup plus efficace et importante que les membres que nous avons ne font partie de notre propre corps et de nous-mêmes. Mais c'est au Fils de Dieu à nous donner ses grâces, et c'est à nous de nous offrir à lui pour les recevoir, en la mesure qu'il lui plaira de nous donner : *Secundum mensuram donationis Christi*, dit l'Apôtre (*Ephes*. IV, 7) : c'est à lui de nous approprier aux états et mystères qu'il voudra de sa divine personne, et à nous de nous y lier et d'en dépendre.

XVIII. AUTRE DISCOURS CONTENANT UN PLUS GRAND ÉCLAIRCISSEMENT DU MÊME SUJET.

Il a plu au Fils de Dieu, non-seulement s'incarner et se faire homme, pour être homme et Dieu tout ensemble; mais il a voulu d'abondant porter sa divinité dans tous les états et actions de la nature humaine, et passer lui-même par tous les degrés, conditions et bassesses de notre humanité, et se rendre semblable aux enfants des hommes en tout, hors l'ignorance et le péché; et par ainsi relever, sanctifier et déifier en sa propre personne toutes les misères et bassesses qu'il a voulu prendre pour notre salut, en prenant notre nature et s'abaissant en icelle, à toutes nos conditions viles et abjectes selon sa dignation divine, et l'économie et dispensation de ce mystère, annoncé et révélé en l'histoire de sa vie sur la terre, chose qui n'était point précisément nécessaire au mystère de l'Incarnation, qui ne requiert rien de plus que l'union de la divinité à l'humanité en la personne du Verbe, et qui semblait requérir que cette humanité ainsi déifiée fût, au même instant de sa déification, privilégiée, exemptée de toute bassesse, ornée de toute grandeur possible à l'état de la déification et de sa gloire.

La substance du mystère, l'économie et dispensation du mystère, sont deux points différents. Ces deux points sont très-dignes de considération particulière, et contiennent deux vérités bien différentes et bien utiles, et nous apprennent deux abaissements du Fils de Dieu ; l'un auquel il abaisse sa divinité en notre humanité, l'autre auquel il abaisse son humanité déifiée, dans tous nos états et nos misères.

La substance du mystère ne contient précisément que l'union de la divinité à l'humanité en la personne du Verbe, par laquelle il y a un nouvel état, un divin composé; un Dieu visible, un Homme-Dieu, Dieu et homme tout ensemble, Dieu parfait, homme parfait, comme ayant sans diminution aucune en perfection toutes les qualités et conditions de la nature humaine et divine, et les ayant intimement conjointes en la personne du Verbe, tellement, qu'en ce rare et divin composé, en cet Emmanuel, en ce Jésus, nous avons quatre choses à considérer : deux de la part de sa divinité; son être ou sa divine essence qu'il a reçue de son Père, et la personne divine que son Père a produite en sa génération éternelle; et deux qu'il a prises en notre humanité, l'âme et le corps, auxquels a uni intimement et immédiatement sa personne divine, au lieu de la personne humaine, qui les devait remplir, actuer et régir. Et cette personne divine est tout ensemble, et la seconde personne de la divine essence, et la propre personne de l'âme et du corps, que nous voyons et adorons en Jésus-Christ Notre-Seigneur.

Par ce moyen Dieu s'abaisse en notre humanité, et il élève notre humanité en soi. C'était bien assez de dignation à la bonté divine, et assez d'abaissement à Dieu et d'élèvement à l'homme; mais l'amour de Dieu envers l'homme ne s'arrête pas là, il passe plus outre; car il veut abaisser sa grandeur dans toutes les bassesses et misères de la condition humaine, n'omettant un seul état de notre condition, qu'il n'élève, ne sanctifie et ne déifie en sa personne. Il veut être non-seulement homme, mais Fils de l'homme; il prend non-seulement une chair, mais la chair qui porte la ressemblance de la chair du péché, comme parle son apôtre; et il veut que cette chair dérivée d'Adam, prise de la Vierge, passe par tous les degrés, les états, les conditions de notre nature et de notre misère, hors l'ignorance et le péché; il veut être enfant enclos dans le ventre de la Vierge, par l'espace de neuf mois, sans abréger ce terme d'une seule minute; il veut être enfant sur la paille et sur le foin en la crèche, en Bethléem, emmailloté, circoncis et racheté au temple, comme les autres enfants de la Judée; il veut être enfant porté entre les bras de sa sainte Mère en Egypte et ramené d'Egypte; il veut passer de l'enfance en son âge puéril, et de cet âge en jeunesse qu'il passe en Nazareth comme charpentier, fils d'un charpentier, jusqu'à ce que le temps l'élève en la fleur de son âge, en l'adolescence parfaite qu'il emploie à instruire le monde des vérités du ciel jusqu'à sa croix, jusqu'à l'agonie, jusqu'à la mort et jusqu'au lieu des morts, qui est le sépulcre, se préservant seulement de la poussière de la mort par la résurrection glorieuse.

XIX. L'INCARNATION EST UN MYSTÈRE OÙ RELUISENT L'UNITÉ ET DISTINCTION QUI SE TROUVENT EN DIEU.

I. L'unité et la distinction se trouvent en Dieu, sans que l'une empêche l'autre; parfaite distinction, parfaite unité. II. Le Père intervient comme Père dans l'Incarnation, et engendre son Fils en la Vierge, par la même vertu qu'il l'engendre éternellement en soi-même.

I. Un des plus grands secrets de la religion chrétienne est la distinction et l'unité des personnes divines; et un des plus grands sujets où cette unité et distinction paraissent, est le mystère de l'Incarnation. Dans la Trinité même nous en avons des marques, en ce que le Père communique son essence, et ne lui communique pas sa paternité, qui est une même chose avec cette essence; mais la lumière de ce haut mystère nous éblouit si fort que ses lumières nous sont ténèbres. La distinction des personnes y est réelle, c'est-à-dire la plus grande que nous pouvons concevoir; et l'unité aussi y est très-simple et absolue, c'est-à-dire la plus grande aussi qui peut être conçue par l'esprit créé, sans que l'unité fasse empêchement à cette distinction, ni la distinction à cette unité. En l'Incarnation les trois personnes y sont distinctement nommées et appliquées, et l'office de l'un n'est pas l'office de l'autre. Il est évident que le Fils est appliqué en une manière qui ne convient qu'à lui, car il est incarné, et les deux autres personnes ne le sont pas. Le Père aussi y a son usage et office propre, qui ne convient qu'à lui : il envoie son Fils, et cette mission ne regarde que lui; il donne son Fils au monde et à la Vierge : *Sic Deus dilexit mundum ut Filium suum unigenitum daret* (Joan. III, 16) : et ce pouvoir de le donner n'appartient qu'à lui, et là *Deus* signifie le Père, puisque le Verbe est appelé son Fils, et qu'il n'est Fils que de Dieu le Père.

II. Le Père donc intervient manifestement en ce mystère en qualité de Père, car il donne son Fils, et il le donne au monde et à la Vierge; donation et mission n'appartient qu'au Père, et se fait par la même vertu qui n'appartient qu'à lui qui est la vertu du Très-Haut, engendrant un Fils dans l'éternité, et le communiquant et donnant à la Vierge en qualité de Fils par indivis en la plénitude des siècles.

Le Père intervient en qualité de Père en ce mystère, et par la parole de l'ange il intervient en la Vierge, et il y intervient par sa vertu, c'est-à-dire la vertu du Très-Haut, c'est-à-dire la vertu du Père, selon le style de l'ange. Donc la vertu du Père est appliquée à la Vierge, pour la nouvelle production de celui-là même que le Père produit lors, même non-seulement dans la Vierge, mais aussi dans son sein et dans son éternité. Car le Père est toujours produisant son Fils unique dedans soi-même, et cette production ne cesse point, comme nous avons dit ailleurs. Lors donc le Père éternel est doublement produisant son Fils unique, car il le produit dans soi-même et dans son éternité, par la génération éternelle, à laquelle ni la Vierge ni le Saint-Esprit même n'ont aucune part; et il est le produisant dedans la Vierge, avec la Vierge, et avec la préparation que le Saint-Esprit y a apportée, donnant double naissance à son Fils unique, et lui donnant cette double naissance par une même vertu, que l'ange appelle proprement la vertu du Très-Haut, car elle ne convient qu'à lui; qu'à lui, dis-je, non à sa nature simplement, mais à sa propre personne, et non aux autres personnes divines, qui n'ont pas la vertu, ni de produire dans l'éternité, ni d'envoyer le Fils au monde. Le Père seul produit son Fils, le Père seul envoie son Fils; le Fils ne vient que par mission du Père, et le Saint-Esprit ne le peut envoyer ne l'ayant point produit. Cette mission du Fils, c'est l'Incarnation du Fils; et cette mission se fait par la vertu propre qui engendre le Fils, et c'est pourquoi elle ne convient ni au Fils même, ni au Saint-Esprit. L'Incarnation donc se fait par la vertu du Père, comme Père engendrant son Fils; et le Père éternel intime dedans la Vierge, s'applique à la Vierge, lui envoie, lui donne, lui communique son Fils en lui appliquant sa personne et sa vertu, afin qu'elle produise en elle celui-là même qu'il produit en soi. Ce mot *mission* confirme cette vérité, car, selon saint Thomas, l'aigle des docteurs scolastiques (1 p., q. 42) : La mission d'une personne divine consiste en ce que par la vertu d'une autre personne elle soit existante quelque part en une nouvelle manière.

XX. DU NOM DE FILS DE L'HOMME, QUE JÉSUS-CHRIST SE DONNE SI SOUVENT.

Il y a trois choses en ce mystère : La substance qui est l'union hypostatique; la voie de naissance par laquelle il s'accomplit, et la fin ou l'usage. Jésus-Christ par cette dénomination si fréquente paraît se complaire en son humanité, et en la voie de naissance et d'enfance, par laquelle il l'a voulu prendre, et dans la relation qu'elle lui donne à sa mère. Il se complaît dans les grandeurs cachées, dans la petitesse de cette seconde naissance, qui sont d'adorer par sa naissance éternelle, et de se donner à son Père pour l'un des sujets de son empire.

Un des noms dont il vous a plu vous nommer le plus souvent en votre sainte parole est celui de *Fils de l'homme*; et étant le Fils de Dieu, et ayant tant de noms et de grandeurs en cette qualité, il semble que vous les ayez oubliées pour user à tout propos de celui-ci : ce qui est d'autant plus considérable, comme vous avez oublié vous-même et vos grandeurs, pour notre amour, et pour vous abaisser et humilier pour notre salut.

Or ce nom nous représente non-seulement votre nouvel état et qualité, et votre essence humaine (car en tant que Fils de l'homme vous êtes homme par conséquent); mais il nous représente la voie et la manière qu'il vous a plu choisir pour vous faire homme, entre plusieurs autres voies et manières que la divine sapience pouvait suivre, c'est-à-dire par voie de naissance, et par conception au ventre de la sainte Vierge.

Il y a trois points considérables au mystère de l'Incarnation: la substance de ce mystère, qui consiste en l'union des deux natures en une même personne, ce qui peut être accompli sans aucun regard aux hommes; la voie et la manière qu'il a plu à Dieu tenir pour accomplir ce mystère, et dans cette partie la Vierge seule y entre; la fin et l'usage du mystère, et en cet endroit tous les hommes y ont part, comme en la première il n'y a que Dieu seul, et cette nature qui est conjointe à Dieu personnellement.

Or cette dénomination si fréquente en l'Ecriture est interprétée diversement par les saints Pères; mais la raison qui me semble la principale est que le Fils de Dieu se complaît en ce sien nouvel état d'homme et Fils de l'homme; car se nommant Fils de l'homme, il se nomme homme par conséquent, et il se plaît en la substance de son mystère.

Secondement, il se complaît en la voie par laquelle il se fait homme, c'est-à-dire par état de filiation humaine, et par naissance qui a son rapport et son hommage à sa naissance éternelle, à sa filiation divine, à sa génération émanée du Père éternel: *Generationem ejus quis enarrabit?* (Act. VIII, 33.)

En troisième lieu, il se complaît en l'état et en la relation qu'il a vers sa sainte Mère, de laquelle il est Fils, et de laquelle il se nomme Fils; étant Fils d'elle sans Père en la terre, comme il est Fils de son Père au ciel sans Mère.

En quatrième lieu, il se complaît en l'état, aux grandeurs et aux priviléges de sa naissance temporelle, cachée dedans la bassesse et petitesse qui paraît en cette naissance.

Il faut peser, en cet endroit, ces points qui appartiennent à l'honneur de la Nativité temporelle de Jésus: 1° Elle adore par état sa nativité ou génération éternelle; 2° elle donne au Père éternel son Fils unique et consubstantiel pour sujet; 3° et par cela elle étend la souveraineté du Père éternel sur le plus digne et le plus divin de tous les sujets qui puissent jamais être enclos dans son ressort et sa juridiction. Or c'est en vous, ô Vierge, que s'accomplit cette naissance si auguste et si divine: c'est de vous qu'est issu ce Fils de l'homme; il est chair de votre chair, et os de vos os, et c'est en vous et par vous qu'il s'est fait chair de votre chair, et os de vos os, et qu'il a tiré de votre sang le précieux sang que les bourreaux ont depuis tiré de ses veines.

XXI. DU DON DE DIEU, DE LA MANIÈRE DE LE RECEVOIR, ET DE SE DONNER A LUI SUR CES PAROLES: *Si scires donum Dei.*

Jésus doit être reçu comme don, et don de Dieu, et don qui est Dieu même. Car, comme il est Dieu de Dieu, et il est don de Dieu, étant donné par le Dieu duquel il procède, il est don de si grande éminence et dignité, qu'il est don et Dieu tout ensemble. Il est donc et donné de Dieu, ce qui marque son origine et sa procession; et don de Dieu, ce qui marque son essence et sa divinité: *Si scires donum Dei* (Joan. IV, 10); mais il est don que nous devons recevoir, et don auquel il faut nous donner et nous livrer nous-mêmes.

Je vous adore donc, et vous reçois, ô Jésus, comme donné de Dieu le Père, comme relevant de lui par votre origine, comme émanant de lui, égal à lui et donné par lui, tel que vous êtes, c'est-à-dire comme égal à lui. Je vous reçois comme vous donnant vous-même: car vous êtes et en conformité et en unité même de volonté et d'opération, avec le Père dans votre Etre divin. Je vous reçois, et je reçois en vous et avec vous le Père même qui vous donne. Car il est inséparable de vous, et en vous donnant, il se donne lui-même par le lien d'amour et d'unité qu'il a avec vous, qui le rend inséparable de vous par unité d'esprit, d'essence et d'amour. Je vous regarde et aime comme lui-même; et son amour, aussi bien que son essence, le joint à vous, et il est et veut être avec vous.

Même il vous donne non-seulement comme émanant de lui, mais encore comme produisant par lui et avec lui le Saint-Esprit en l'ordre de la Trinité sainte; et vous voulez produire en nous ce même esprit, en vous donnant à nous. Tellement que vous vous donnez, et il vous donne à nous, comme un don vivant et opérant; vivant d'une vie si haute, comme est la vie qui règne en l'ordre de la très-sainte Trinité; et comme opérant chose si haute et si divine, comme la production d'une personne divine, qui remplit et termine la fécondité admirable de la Divinité.

O don! ô vie! ô opération! ô Père! ô Fils! ô Saint-Esprit! Mais comme le don du Père est si digne et si excellent, la manière de le donner est ineffable. Car il le donne par un nouveau mystère, qui passe l'ordre de la nature, de la grâce et de la gloire, qui est le mystère de l'Incarnation, mystère unique et singulier, mais qui imite l'unité et fécondité divine; car, en son unité, il a une étendue et communication sur tous les hommes et sur les anges même; mystère infini en grandeur et en abaissement, en dignité et en avilissement, en puissance et en impuissance, en vie et en mort. Je me donne à vous, pour tous les usages que je puis avoir et faire de vous, que vous voulez avoir de moi, en moi et par moi.

XXII. DISPOSITIONS DE L'AME AU REGARD DU MYSTÈRE DE L'INCARNATION.

Le regard de l'âme envers Dieu et son œuvre de l'Incarnation sera un regard d'humilité, de simplicité, d'adoration, d'admiration et d'affection liante, aimante et se complaisante en Dieu et en ce sien œuvre.

Regard d'humilité par la grandeur de l'objet regardé, et indignité de l'âme regardante.

Regard de simplicité contre curiosité, par la sublimité de l'objet regardé, et impuissance de l'âme regardante.

Regard d'adoration n'ayant autre dessein de regarder que par hommage, et non pour connaître et pénétrer, et ne prétendant que cette adoration par ce regard et non-intelligence.

Regard d'admiration par la dignité et divinité de l'objet regardé.

Regard d'affection, car l'amour de Dieu et ce sien œuvre est la fin de ce regard humble et simple, amour liant et se complaisant en Dieu et en son œuvre.

Le désir de l'âme en la contemplation de ce mystère sera un désir d'hommage et d'apparence, et de liaison à la Trinité sainte, à Jésus, à Marie et à saint Gabriel.

XXIII. LES GRANDEURS DU MOIS DE MARS OU DES MYSTÈRES ACCOMPLIS EN CE MOIS.

L'Incarnation et toutes les grandeurs commencées en ce moment, en Jésus et en Marie, la mort et Passion de Jésus, sa résurrection, l'institution du saint Sacrement et de la prêtrise.

Une des paroles de Dieu à son peuple, le retirant d'Egypte, est celle-ci : *Mensis iste vobis erit principium mensium, primus erit in mensibus anni* (*Exod.* XII, 2) : cette parole s'adresse plus à nous qu'aux Juifs, et ce mois de mars nous doit être en vénération plus grande que non pas à eux ; car les choses que Dieu a faites pour nous en ce mois sont bien plus grandes que non pas celles qu'il a accomplies pour la délivrance de ce peuple.

De toutes les observances judaïques, je n'en voudrais transplanter dans le christianisme que celle-ci.

Nous n'avons pas pouvoir de réformer le calendrier, et de rendre ce mois le premier de l'année de nos éphémérides, mais nous avons pouvoir de régler notre piété, et de le rendre le plus remarquable en nos dévotions : car c'est le mois des grandeurs de Jésus et de sa très-sainte Mère ; c'est le mois des souffrances de Jésus et de Marie ; c'est un mois de vie et de mort tout ensemble, et un mois de double vie et de double mort pour Jésus ; c'est le mois de son triomphe, de son humilité et de son amour en l'Eucharistie, et de sa puissance et gloire en sa résurrection ; c'est en ce mois que le mystère de l'Incarnation a été accompli, et que la Vierge a été faite Mère de Dieu le 25 mars ; les deux plus grands miracles d'entre les œuvres de Dieu, et les deux plus grands sujets qui soient et qui puissent être en l'ordre de la grâce et de la gloire. C'est en ce mois que le Fils de Dieu a commencé à vivre d'une vie nouvelle ; vie humainement divine et divinement humaine, et d'une vie mortelle, prenant un corps passible destiné à la mort pour être la victime des péchés du monde ; c'est en ce mois qu'il a commencé à vivre d'une vie voyagère et glorieuse tout ensemble, son âme étant glorieuse et son corps étant passible, son âme vivant ainsi dans la gloire et dans la souffrance tout ensemble. Miracle propre à Jésus, et miracle commencé en ce mois mystérieux, et continué toute sa vie ; c'est ce mois auquel, commençant à vivre, il commence à mourir, subissant cette loi faite à Adam : *Quacunque die comederis ex eo, morte morieris* (*Gen.* II, 17) : car le premier jour de sa vie a été le premier jour de sa mort, puisque cette vie est mourante, et chaque moment d'icelle a autant de mort que de vie. Ce qui a plus de lieu en Jésus, lequel ne vivait de cette vie que pour mourir, ayant une vie propre à lui, en laquelle il est immortel et éternel tout ensemble. Mais il y a encore un autre sens, selon lequel le Fils de Dieu commence à mourir en ce mois : car, dès l'instant de son Incarnation, le Fils de Dieu prive son corps de la vie de gloire, et cette vie est plus vie incomparablement que la vie de la nature, et son corps a plus de droit (et droit perpétuel) à la gloire qu'il n'a droit à l'âme de laquelle il doit être séparé pour un jamais selon le simple cours de la nature. Oh! quelle vie! Oh! quelle mort! C'est pourquoi j'ai dit que ce mois était un mois de double vie, de double mort pour Jésus, car il meurt en ce mois de la mort naturelle par le corps, et il meurt encore de la mort surnaturelle dans le ventre de la Vierge, privant son corps de la gloire que l'âme et la divinité devaient répandre sur lui. C'est aussi le mois de double vie, voire de plusieurs sortes de vie pour Jésus : car il vit de la vie naturelle par l'infusion de son âme dans son corps au mystère de l'incarnation, et il vit de la vie céleste et immortelle par le mystère de la Résurrection fait en ce mois, aussi bien que son Incarnation et sa mort. Et, dans le seul moment de l'Incarnation, il y en a plusieurs : vie divine et vie humaine, car c'est la vie d'un Dieu-Homme, et d'un Homme-Dieu ; vie voyagère et vie glorieuse, car il est voyageur et compréhenseur tout ensemble ; vie souffrante et vie jouissante, car en la croix il est en l'amertume de la croix et en la jouissance de la gloire. Il y a encore en ce mois à honorer le commencement de la vie intérieure et spirituelle de Jésus, voyant, adorant, aimant Dieu son Père, et s'offrant à lui pour sa croix, et pour toutes ses volontés sur lui. Vie haute, vie ravissant et les hommes qui y pensent, et les anges qui la voyaient dès lors ; vie qui fonde, qui bénit, et qui sanctifie nos vies intérieures : *In qua oblatione sanctificati sumus*. Et nous y pouvons ajouter la vie qu'il a commencé à imprimer dans la Vierge, à laquelle il était vie, et laquelle il a porté en son cœur la première impression de la vie de Jésus.

XXIV. OPÉRATIONS DES TROIS PERSONNES DIVINES DANS L'INCARNATION.

Il n'y a que le Fils incarné, et ce Fils n'a qu'un Père au ciel et une Mère en la terre : Père sans Mère en sa première nativité, Mère sans Père en sa seconde nativité. Ce

Père et ce Fils sont un seul Dieu, sont deux Personnes, et ne sont qu'un principe produisant le Saint-Esprit, qui intervient à l'opération de ce mystère. De ce mystère se produit un Jésus, un Sauveur. De ce Jésus part un Esprit, une voie, une vie : une vie qu'il nous faut posséder, un esprit qu'il nous faut recevoir, une voie qu'il nous faut suivre; afin que, comme en la divinité il y a unité d'essence, unité d'amour, unité d'esprit, nous soyons faits un d'esprit. Il n'y a qu'un qui envoie, à savoir le Père; il n'y a qu'un qui est envoyé et qui vient, à savoir le Fils; il n'y a qu'un qui intervient, savoir le Saint-Esprit. Un Père par envoi, un Fils par application, un Saint-Esprit par opération.

XXV. DE L'USAGE TANT HUMAIN QUE DIVIN QUI CONVIENT A JÉSUS-CHRIST, TANT AU REGARD DE SON HUMANITÉ PROPRE QU'AU REGARD DE NOUS.

Le Fils de Dieu, entrant en notre humanité, a fait usage humain et usage divin de cette humanité. L'usage humain qu'il en faisait était plutôt en tolérant et supportant, et Dieu même en avait séparation par sa sainteté comme il y avait liaison par la mission qui l'établit en notre humanité en exinanition de lui-même. L'usage divin est son usage propre et correspondant à Dieu, et est selon les qualités et propriétés du Verbe, qui sait et qui doit user autrement de notre humanité que non pas l'homme.

Nous sommes obligés en suite de cette vérité, de nous laisser au Fils de Dieu, pour mourir en nous-mêmes en qualité de pécheurs, et pour le laisser être et vivre en nous, selon tous ses droits, qui sont en très-grand nombre. Car il a les droits de Dieu, et par être, parce qu'il est Dieu; et par génération, parce qu'il est Fils de Dieu. Il a les droits de Rédempteur, et en cette qualité, il a les droits du péché, du pécheur, du diable et de la créature; et par ainsi, il doit être autant en nous comme 1° par la création nous devons être en nous-mêmes, et 2° comme par la plus rigoureuse justice de Dieu, le péché doit être et vivre dans les damnés, et 3° nous devons être autant à lui et en lui, comme par le plus grand amour-propre, le pécheur veut être à soi-même et en soi-même, et autant 4° que par le péché nous devrions être au diable. Et nous devons entrer dans la séparation qu'il a de l'usage présent de la créature, et le supporter toutefois avec patience, tant qu'il nous ordonnera d'y vivre et qu'il en voudra user avec nous; et devons avoir disposition d'esprit à le perdre; même nous ne le devons porter qu'en lui, et de sa part; et nous devons soumettre, avec patience encore plus grande, tout ce que nous sommes au Fils de Dieu, afin qu'il y soit et qu'il y vive en sa manière et selon lui, et qu'il en fasse l'usage divin qui lui convient, qui ne correspond ni au sens, ni à la raison, ni à la lumière même de grâce ordinaire de la vie présente.

XXVI. EN LA FÊTE DE L'ANNONCIATION.

Aux religieuses Carmélites de Caen.

I. *Le mystère de l'Incarnation est un mystère de vie et pour les hommes et pour les anges, et même pour Dieu qui y a une nouvelle sorte de vie.* — II. *Et nous devons y prendre vie, d'autant plus que c'est pour nous qu'il s'accomplit.* — III. *Le mystère de l'Incarnation est un mystère éternel et universel, c'est-à-dire, qui comprend tous les autres.* — IV. *Le mystère accompli est pour la terre et pour le ciel, et il subsiste par tout où Jésus est. Ce mystère tient de la nature du temps et de l'éternité tout ensemble.* — V. *Nous devons tirer vie de ce mystère de vie, et stabilité en Dieu de sa condition stable et immuable.* — VI. *En ce mystère, la Vierge donne vie à Dieu et prend vie en Dieu d'une manière qui ne convient qu'à Elle.* — VII. *Le Fils et la Mère prennent et donnent vie en ce mystère, mais avec cette différence que le Fils donne vie en prenant vie, et la Mère prend vie en donnant vie.*

I. Cette solennité a cela de propre qu'elle est toute de vie. Elle est vie et pour les anges et pour les hommes, et pour le ciel et pour la terre; et ce qui passe toute pensée, elle est une solennité de vie, même pour Dieu, qui a une sorte de vie par ce mystère qu'il n'avait point auparavant : car il y est vivant d'une vie divinement humaine, et humainement divine, par l'union personnelle et ineffable des deux natures ensemble.

II. Or, si Dieu, qui est vie et vie éternelle, qui est vie essentiellement, qui est toute vie éminemment et en qui tout est vie; qui n'est que vie et source de toute vie, prend même vie en ce mystère (tant ce mystère est mystère de vie,) prenons aussi une sorte de vie en ce mystère, nous qui ne sommes que mort et misère par le péché, et qui avons un si grand besoin et indigence de vie. Que la fécondité de ce mystère, qui remplit tout de vie et donne même vie à Dieu, ne soit pas stérile en nous; que cette heureuse et miraculeuse fécondité nous donne vie en celui qui est la vraie vie, et qui s'appelle aussi lui-même la vie en sa sainte parole : *Ego sum vita.* (Joan. XIV, 6.) Vivez donc en Jésus, vivez en celle qui donne vie à Jésus, c'est-à-dire en Marie qui, étant Mère de Jésus par ce mystère, est aussi par ce mystère vie et mère de vie.

III. Il y a plusieurs sortes de fêtes célébrées en l'Église de Dieu : elles sont toutes saintes et divines, dignes de nos soins et de nos exercices en la piété. Mais si vous y prenez garde, elles ne concernent la plupart que quelques actions particulières du Fils de Dieu, lesquelles encore sont passagères et de peu de durée, comme la naissance, la circoncision, la présentation au Temple, la fuite en Égypte, etc. Cette solennité, célébrée en ce jour et en cette octave, est une solennité universelle et même éternelle. Elle porte la base, le fondement et le sujet de toutes les actions et mystères de la vie voyagère du Fils de Dieu en la terre et de sa vie glorieuse et immortelle au ciel, c'est-à-dire l'humanité unie à la divinité; et elle enclôt un état permanent à jamais, puisque tant que Dieu sera Dieu, il sera homme, et qu'il y aura à jamais un Homme-Dieu; tellement que ce mystère n'est pas seulement mystère de vie, mais il est mystère de vie désormais éternelle, c'est-à-dire, d'une vie qui durera à jamais, et laquelle, ayant eu principe, en ce jour, n'aura jamais de fin, et ayant commencé dans la terre, durera dans le ciel éternellement.

IV. C'est la sublimité, la profondité, la divinité de ce mystère. Nous ne pouvons assez le révérer, le contempler; nous ne pouvons pas le pénétrer tout d'un coup. Il est bon d'y penser et d'en parler plus d'une fois. Disons donc, derechef, qu'au lieu que les autres fêtes du Fils de Dieu regardent des mystères et actions qui se passaient sur la terre et ne pouvaient être accomplies au ciel, et lesquelles encore n'ont duré que peu de jours ou peu d'heures sur la terre, comme la circoncision, l'agonie, la passion et autres, celle-ci regarde non une action, mais un état du Fils de Dieu et un état permanent en la terre et au ciel. C'est pourquoi j'ai dit que cette fête est pour le ciel et pour la terre tout ensemble, non-seulement à raison qu'elle est honorée par le ciel, ce qui lui est commun avec toutes les autres fêtes du Fils de Dieu, mais aussi parce qu'elle contient un mystère qui de la terre passe au ciel, qui s'accomplira dans le ciel comme il s'est accompli en la terre, et qui durera aussi bien dans le ciel qu'en la terre, en tant que l'union personnelle de la divinité au corps et à l'âme de Jésus est sans interruption quelconque. Elle est en la terre et au ciel, elle est en la vie, en la mort et en la gloire; et les anges dans le ciel, aussi bien que les apôtres en la terre, ont présents et adorent une âme et un corps déifiés par l'union personnelle et immuable de la divinité à notre humanité. Or cette union personnelle et divine est le fonds et l'essence de ce mystère : c'est ce qui est annoncé à Marie par un ange du ciel; c'est qui est accompli en elle, par la vertu du Père, par la personne du Fils, par l'opération du Saint-Esprit; c'est l'œuvre qui commence en Nazareth et continuera en Bethléem; c'est l'œuvre qui commence en Judée et passera en Ægypte; c'est l'œuvre qui commence en la terre et durera au ciel; c'est l'œuvre qui se fait en ce jour et subsistera toujours, tellement que la merveille de ce jour est partout où Jésus est. En la crèche et en la croix, sur la terre et sur les eaux, dans les villes et dans les déserts, dans les maisons et dans les campagnes, dans les cabinets et dans les temples, dans les actions plus basses et dans les plus relevées, dans les actions publiques et dans les particulières; bref, partout où Jésus est, partout il est Homme-Dieu, et il ne change et ne dépose point cette qualité : et cette qualité lui convient par ce qui s'est accompli en ce jour heureux et mystérieux du 25 de mars, jour de nos jours et de notre éternité même. Cela ne suffit pas à l'efficace et condition de cette opération sacrée, qui s'accomplit en ce beau jour. Ajoutons donc cette pensée au discours précédent, et disons que le mystère de l'Incarnation est un œuvre qui se fait tellement en ce jour qu'il se fera toujours. C'est un œuvre qui tient de la nature du temps et de l'éternité tout ensemble : par la condition du temps, il est fait dès lors; par la condition de l'éternité, il se fera toujours. Car comme le Fils de Dieu est né de toute éternité et est toujours naissant de Dieu son Père, aussi depuis ce jour sacré, il est uni et est toujours s'unissant à ce corps et à cette âme que le ciel et la terre voit, contemple et adore en cet homme qui s'appelle Jésus.

V. Pénétrons la dignité, la propriété, la divinité de cette opération sacrée. Prenons vie en ce mystère de vie; prenons vie éternelle et immuable en ce mystère de vie immuable et éternelle; prenons toujours vie récente et nouvelle en ce mystère qui est toujours récent et nouveau puisqu'il est tellement accompli qu'il s'accomplit toujours. Et parmi les variétés de cette vie misérable sur la terre, prenons vie constante et invariable, comme l'état de ce très-haut mystère est invariable dans les variétés des temps, des lieux et des accidents auxquels le Fils de Dieu s'est trouvé sur la terre. Suivez-le pas à pas. Tantôt vous le verrez en une crèche et tantôt en une croix; vous le verrez naissant et croissant; vous le verrez et souffrant et opérant; vous le verrez et vivant et mourant; vous le verrez et en la terre et au ciel; mais, en tous ses états différents, il est sans diversité aucune; il est toujours Homme-Dieu et sera pour jamais Dieu et homme. Dans les changements et variétés que nous avons à passer sur la terre, adorons l'être et l'état immuable de ce divin mystère. Et comme il est invariable, demandons au Fils de Dieu un esprit invariable en lui. Nous tirons vie de ce mystère de vie; tirons donc aussi de l'état immuable de ce divin mystère un état de grâce et de vie invariable en Dieu, et que notre âme pour jamais soit unie à Dieu en l'hommage, en la dépendance et en l'efficace de l'union perdurable à jamais de la divinité à notre humanité. Et c'est, ce semble, une des grâces propres à la condition de ce mystère qui est mystère de grâce, de vie et d'union pour jamais, mystère, dis-je, de grâce et de vie incréée et d'union personnelle à la divinité.

VI. Or si ce mystère est ainsi mystère de vie et mystère éternel et mystère pour les anges et pour les hommes, que sera-t-il pour la Vierge qui est, après le Fils de Dieu, le sujet principal et plus digne de cette fête? Oh! quel état! Oh! quelle vie! Oh! quelle union! Oh! quelle dignité pour la Vierge! Elle y a une part qui n'est propre qu'à elle. Elle y a aussi une puissance qui ne convient qu'à elle; car non-seulement elle prend vie, mais elle donne vie en ce mystère, et en ce mystère elle prend vie et donne vie à Dieu même. Elle prend vie en la donnant et elle donne vie en la prenant, ce qui lui est propre et singulier en ce mystère auquel et le ciel et la terre reçoivent vie, mais ne la donnent pas. Au lieu que la très-sainte Vierge en cette fête prend vie et donne vie tout ensemble et donne vie à l'auteur de vie et lui donne vie éternelle en un certain sens; il est éternel lui-même en la vie qu'il reçoit de son Père : et maintenant il reçoit une vie nouvelle de sa très-sainte Mère, mais une vie qui aura son éternité aussi. Car il n'est pas seulement le Fils de la Vierge dans la grotte de Bethléem, il est Fils de l'homme, Fils de la Vierge et en la terre et au ciel; et il aura un regard éternel vers elle comme vers sa Mère, sa source et son principe, ainsi qu'il a un regard éternel vers son Père éternel qui est son principe unique dans la divinité.

VII. Je dis que la très-sainte Vierge prend vie et donne vie tout ensemble. Car il lui est impossible de donner vie à Dieu qu'en prenant vie de Dieu. Et aussi voyez-vous que l'ange lui annonce que le Saint-Esprit, qui est source de vie, l'environnera et que la vertu du Très-Haut la remplira. Or en cela il y a conformité entre le Fils et la Mère; car le Fils aussi en ce mystère prend vie et donne vie tout ensemble, prenant vie et revêtant de vie humaine sa divinité : et au même instant qu'il reçoit cette vie il donne vie, mais vie divine à son humanité. Il reçoit vie humaine et donne vie divine, et ainsi chacun d'eux est prenant vie et donnant vie tout ensemble. En cette conformité il y a cette différence entre le Fils de Dieu et la Vierge que lui entre en ce mystère en qualité de Fils; comme Fils il prend vie, mais en prenant vie il donne vie. Et elle entre en ce mystère en qualité de Mère; comme Mère elle donne vie proprement, mais en la donnant elle prend vie en celui à qui elle donne vie. Vie qui concerne et la Mère et le Fils, vie toute nouvelle et ineffable sur la terre. Mais finissons nos paroles pour ne finir jamais nos sentiments et affections, et pour nous perdre et abîmer dans les raretés de ce jour des jours et de cet œuvre des œuvres. Ô jour heureux ! ô solennité divine ! ô vie ! ô mystère de vie ! ô vie pour les hommes et pour les anges ! ô vie pour le ciel et pour la terre ! ô vie pour Dieu même et pour la Vierge ; pour le Fils unique de Dieu et pour sa sainte Mère ! Adorez, aimez, révérez cette vie; unissez-vous à cette vie pour jamais; et servez de tout votre pouvoir à Jésus et à Marie qui sont les sujets et les origines de vie.

XXVII. DE LA NAISSANCE ET ENFANCE DE JÉSUS EN MARIE ET HORS DE MARIE.

I. *Jésus dès sa conception est orné de l'usage de la raison, de la science infuse et de la lumière de gloire. Il est dans le mouvement de la grâce et dans le repos de la gloire. Éminence de sa grâce. Suspension de sa grâce et de sa gloire ; miracle d'autant plus grand qu'il est opéré par Jésus en un état si humble et si faible.* — II. *Comme la naissance et enfance de Jésus en Marie a ses miracles, sa naissance et enfance hors d'elle a aussi les siens. Car elle est annoncée par les anges, honorée d'une nouvelle étoile, adorée des rois; elle épouvante Hérode, elle sanctifie les innocents. etc. Une des marques de sa puissance est qu'il rend l'impuissance puissante.*

I. Il y est comme enfant, mais comme Enfant-Dieu, doué dès lors d'une parfaite connaissance de Dieu, du monde et de soi-même : et ayant les trois sortes de lumière qui l'ornent et l'accompagnent maintenant dans le ciel, le parfait usage de son intelligence, la science infuse en laquelle il connaît toutes choses, et la lumière de gloire en laquelle il voit Dieu aussi parfaitement qu'à présent dans le ciel, il est dans les entrailles de la Vierge durant ce temps. Ne concevons rien de bas, mais sachons que là il est dans le repos de sa gloire et dans le mouvement de sa grâce, et dans le mouvement d'une grâce qui est la plus éminente qui soit et sera jamais, qui régit la terre et le ciel, et qui est la source et ressource de la grâce des hommes et des anges, et s'il en suspend et arrête pour lors la puissance et l'influence, cette suspension est un grand effort et un grand miracle. Là il est et adorant et adoré, adoré des anges : *Et adorent eum omnes angeli ejus.* (Hebr. 1, 6.) Là il est aimant Dieu et les hommes, et s'offrant à son Père pour les hommes. Là il est acceptant la chair passible dont il est revêtu : *In similitudinem carnis peccati* (Rom. VIII, 3), et suspendant l'influence de sa gloire ; et cette suspension est le plus grand effort qui soit en la terre et au ciel, et le plus grand miracle de Jésus. Miracle sur la gloire et la gloire de Jésus ; miracle en l'ordre non de la nature ou de la grâce, mais de la gloire et de la plus grande gloire qui sera jamais, la gloire de Jésus ; miracle continuel et le premier miracle de Jésus ; miracle opéré en la plus grande débilité et impuissance de Jésus, qui est son enfance, et le premier miracle qui orne et accompagne son enfance, l'état le plus humble, le plus débile et le plus impuissant de Jésus. Là il commence notre salut : *In qua voluntate sanctificati sumus* (Hebr. X, 10) ; et, pour l'opérer, il fait le plus grand de ses miracles, qui est cette suspension. Et il faut soigneusement remarquer, qu'en cet état de Jésus en la Vierge, il y a double suspension : celle de sa grâce qui n'est ni influente ni régissante, comme elle devrait être ce semble; celle de sa gloire non répandue au corps ni étendue en tous ses états et effets en l'âme. Ce sont les miracles de son enfance en Marie, miracles spirituels et intérieurs, mais plus grands et précieux aux yeux des anges, que tous les miracles extérieurs et qui sont visibles à nos yeux mortels.

II. Comme la naissance et enfance de Jésus

en Marie a ses miracles, la formation de son corps en un instant, la gloire de l'âme attachée à un corps mortel, la suspension de la même gloire qu'il empêche de se répandre au corps, et la communication de l'hypostase du Verbe à l'âme et au corps : sa naissance et enfance hors de la Vierge a aussi les siens. Il est enfant, mais le ciel l'annonce, et la terre l'adore : mais les rois d'Orient le recherchent, et un roi de Judée le redoute et tremble au seul nom de son avénement : mais il sanctifie les Innocents et leur donne une vie plus importante que celle qu'on leur ravit à son occasion; mais il remplit l'univers de son nom par la cruauté de ses ennemis qui servent de trompettes à son avénement; et l'empire romain, qui ne fait que commencer, commence à savoir le nom de celui qui le doit régir, et qui veut établir son siége dans le siége capital de cet empire qui naît ainsi que cet enfant de Bethléem? Qui est ainsi adoré et redouté? Qui est ainsi publié? Et qui trouverez-vous duquel l'entrée soit plus humble et plus magnifique tout ensemble, plus ravissante et plus étonnante? Nul des rois d'Orient ni d'Occident, du midi et du septentrion, n'est ainsi né et ainsi recherché, ainsi puissant et ainsi impuissant, ainsi humble et ainsi magnifique; ce qui montre assez que sa puissance est liée à l'impuissance pour la rendre très-puissante.

XXVIII. DE L'AMOUR DE DIEU ET DE JÉSUS-CHRIST ENVERS NOUS DANS LE MYSTÈRE DE L'INCARNATION ET DE NOTRE AMOUR ENVERS DIEU ET JÉSUS-CHRIST.

A des religieuses Carmélites au commencement d'une visite, sur ces paroles : *Sicut dilexit me Pater, et ego dilexi vos. Manete in dilectione mea.* (Joan. XV, 9.)

I. Ayant à vous parler, je ne puis et ne dois vous parler que de Jésus, et je ne puis vous parler mieux de lui que par lui-même. J'emprunterai donc les paroles que Jésus dit de lui-même en la terre pour vous parler de Jésus, et je choisirai celles qu'il a proférées au dernier jour de sa vie sur la terre. Ce nous est un bonheur que Jésus ait daigné parler aux hommes, et leur parler le langage des hommes. Il est le Verbe du Père éternel, il a les paroles de vie, ce dit saint Pierre : écoutons-le parlant de soi-même à ses apôtres au dernier jour de sa vie, et leur disant ces sacrées paroles, *Sicut dilexit me Pater, ego dilexi vos. Manete in dilectione mea.* Ce sont les paroles testamentaires du Fils de Dieu parlant à ses enfants, à ses apôtres, et en eux, à nous tous, et nous disant : *Sicut dilexit me Pater*, etc.

Ces paroles ne parlent que d'amour et du plus haut et plus saint amour qui soit au ciel et en la terre : 1° de l'amour du Père envers le Fils, *Dilexit me Pater*; 2° de l'amour du Fils envers nous : *Dilexi vos*; 3° et de notre amour envers Jésus : *Manete in dilectione mea.* Trinité sainte d'amour et d'amour tout céleste et divin; et d'amour auquel nous remarquons une origine et émanation céleste comme en la Trinité que nous adorons. Car il y a origine et émanation des personnes : du Père procède le Fils, du Fils le Saint-Esprit : et ici il y a origine et émanation d'amour; car de l'amour du Père envers le Fils vient l'amour du Fils envers les hommes; et de cet amour du Fils envers nous, doit naître et procéder notre amour vers lui. Le Fils aimant les hommes se fait homme : et l'Homme-Dieu, c'est-à-dire Jésus, est le terme, l'effet et l'issue de l'amour du Fils envers l'homme. Oh! quel effet! oh! quelle cause et origine doit avoir un si grand effet! La source est haute et grande, d'un effet si haut et si grand! Il nous faut remonter jusqu'à la plus haute origine de toutes choses; jusqu'au premier principe, jusqu'au principe de divinité, c'est-à-dire au Père éternel, et au Père aimant son Fils et produisant son Fils, qui est l'origine de toutes choses. Car c'est la première production de la Divinité, que la production du Verbe éternel. Oh! quelle origine! oh! quel est cet amour du Père envers son Fils!

Le Père donne son essence à son Fils, et en son essence lui donne soi-même sa personne, sa puissance et vertu à produire le Saint-Esprit. Quel don! quel amour! il lui donne son essence, non en espèce, mais en unité, sa même et sa propre essence; non une semblable, non une autre, mais la même en unité. Oh! quel unité! oh! quel amour! car l'amour tend à unité, et plus il y a d'amour, plus il y a d'unité; unité d'esprit entre Dieu et les âmes, entre vous et Jésus; unité d'essence entre le Père et le Fils; unité de personne entre le Verbe et la nature humaine. Trois unités, trois amours, qui doivent être joints l'un à l'autre.

L'unité d'essence qui est entre le Père et le Fils est le fondement de l'amour du Père envers le Fils, et du Fils envers le Père. Car en Dieu, où il y a unité, l'unité est la première, et de l'unité vient l'amour; et en la créature où il y a diversité, l'amour est le premier, et l'amour cause l'unité, et l'unité qui vient d'amour cause un autre amour, une complaisance en l'amour et en l'unité des choses aimantes et aimées. En l'honneur de cette unité divine, primitive et éternelle, le Fils veut entrer en unité de personne avec la nature humaine, et cette unité s'accomplit, non en l'éternité, mais en la plénitude du temps pour une éternité; unité de personne, qui fait un amour infini entre le Verbe et la nature humaine.

Oh! quel amour du Fils unique de Dieu envers les hommes, procédant de l'amour du Père envers le Fils, et du Fils envers le Père! Le Fils se fait homme, oh! quel effet! oh! quel amour! oh! quel état! oh! quel mystère! O Incarnation divine, que tu viens d'une grande origine, et que tu as une grande suite! vous l'avez vu en ses états et mystères, et vous avez contemplé et adoré depuis six mois la vie annuelle de Dieu sur la terre, sur la paille, sur le foin, sur la croix; la mort épouvantable de l'homme-Dieu en la croix, au sépulcre; la vie nouvelle et glorieuse de cet Homme-Dieu à la dextre de Dieu, en la gloire du Père, que ces jours nous représentent.

II. *Dilexi vos.* Le Fils de Dieu nous aime se faisant homme, *non angelos apprehendit sed semen Abrahæ.* (*Hebr.* II, 16.) Il n'a fait que deux natures capables de soi-même, celle de l'ange, celle de l'homme, et il a choisi celle de l'homme et non celle de l'ange, pour l'associer à sa personne. Le Fils de Dieu nous aime en se faisant Fils de l'Homme. O Vierge sainte, vous avez part en cet amour, et vous y êtes faite Mère de Dieu, et cette qualité plaît à Jésus par amour envers nous et envers sa mère; car c'est celle de laquelle il se nomme le plus souvent, le plus amoureusement! C'est celle qui l'abaisse à la naissance, à l'enfance, à la crèche, à l'indigence et à la dépendance de sa sainte mère et de saint Joseph, à l'exil et à la fuite en Egypte, et au séjour inconnu de trente ans sur la terre, vivant comme charpentier, fils de charpentier. Le Fils de Dieu nous aime, se faisant la victime et la viande des hommes, la victime en la croix, la viande en l'Eucharistie. Le Fils de Dieu nous aime se faisant la vie même des hommes, car il est vie, et il est notre vie; il est vie par ses grandeurs, et il est notre vie par son amour. Le Père n'a relation réelle qu'au Fils et au Saint-Esprit; le Fils n'a relation réelle et substantielle vers nous. Il se donne à nous, et non-seulement à son Père; il nous donne non-seulement sa grâce et ses effets, mais lui-même il se donne tout à nous, sa divinité, son humanité, ses grandeurs, ses abaissements, sa gloire, sa croix, sa vie, sa mort. Il se donne en qualité de vie, pour être notre vie, car nous devons vivre en lui, nous devons vivre par lui, nous devons vivre de lui. En lui, par résidence de nous en lui, comme il est en nous; par lui, par la puissance efficace et conduite de son esprit en nous; de lui, par amour de nous envers lui, car nous vivons de l'objet que nous aimons.

III. *Manete in dilectione mea.* Tous nos désirs en la terre se doivent aboutir à l'amour de Jésus. Tous nos états en la terre se doivent terminer à l'amour de Jésus. Toutes nos pensées, nos sentiments, nos dispositions, nos actions se doivent rendre à l'amour de Jésus, comme à leur fin. Ce sont les devoirs et les privilèges de tous les Chrétiens, et ce sont les vôtres en particulier. Vous êtes sur la terre pour être à Jésus, et non à vous-mêmes, car c'est à lui que le Père vous a données; c'est pour lui qu'il vous a créées et formées, c'est pour lui qu'il vous a sauvées et justifiées, et appelées à la vie religieuse; c'est cet amour que nous voulons renouveler et accroître en vos cœurs par cette visite, et c'est tout ce que nous y devons et prétendons faire. Car en cet amour vous vous réformerez de plus en plus en vous-mêmes, *In novitate sensus vestri* (*Rom.* XII, 2), comme parle l'Apôtre, et vous vous transformerez en lui. Jésus doit être la vie de votre âme, comme votre âme est la vie de votre corps; il doit être à votre âme ce que votre âme est à votre corps. 1° L'âme est au corps, et Jésus doit être à votre âme; 2° L'âme est unie et appliquée au corps, Jésus doit être uni à vos âmes; 3° L'âme est le principe de la vie et des opérations du corps, et Jésus doit être le principe de la vie et des mouvements de votre âme; 4° Le corps ne fait aucune opération que par l'âme, et vous ne devez faire aucune opération que par Jésus; 5° Le corps ne souffre que l'âme ne s'en sépare qu'avec douleur, et douleur la plus grande de toutes les douleurs, et pareillement vous ne devez souffrir que Jésus s'éloigne de vous, et vous devez plutôt vous résoudre à porter toutes sortes d'extrémités, d'humiliations et de privations.

XXIX. NOTRE VIE DOIT ÊTRE DE JÉSUS-CHRIST ET POUR JÉSUS-CHRIST.

A des religieuses sur ces paroles : *Erit vita tua pendens ante oculos tuos.* (*Deut.* XXVIII, 66.)

I. L'état déplorable auquel nous avons été réduits par le péché du premier homme. Trois regards de Dieu sur l'homme : l'un de puissance, par lequel il le tire du néant ; le second, de compassion, par lequel il le retire du péché et le remet en sa grâce ; et le troisième, d'amour, par lequel le regardant en son Fils, il lui fait don de son Fils. — II. Ce don est grand, il contient tous les dons, et demande de nous grand usage et grande reconnaissance. Ce don demande trois usages : élévation à Jésus, dépendance de lui, et relation à lui de tout ce qui est nôtre. — III. Tout nous est donné en Jésus-Christ, et nous devons tout regarder en Jésus, et ne regarder ni nous-mêmes, ni les créatures. — IV. Le pouvoir de bien faire, et la vie même, ne nous est donné qu'en Jésus-Christ, et il n'y a en nous ni être, ni usage, que par dépendance de lui. Les bonnes œuvres sont autant de miracles à la nature corrompue par le péché ; et en cette qualité elles ne se peuvent accomplir qu'au nom de Jésus-Christ. — V. Comme nous recevons tout de Jésus-Christ, nous devons aussi tout référer à sa gloire.

I. Le plus excellent don fait à la nature humaine déchue par le péché, c'est Jésus-Christ Notre-Seigneur, le Fils unique de Dieu ; c'est le don duquel nous avons à faire le plus grand usage, que nous devons le plus remémorer, et dont nous avons à rendre le compte le plus exact et le plus rigoureux. L'état auquel nous avons été réduits par le péché de notre premier père, est tellement déplorable, qu'il a plus besoin de nos larmes, que de nos paroles, et d'un abaissement continuel de nos âmes devant Dieu, que de nos discours et pensées profanes, trop faibles à le représenter. Car en cet état nous n'avons droit à rien qu'au néant et à l'enfer, et nous n'avons pouvoir de rien que de pécher, et nous ne sommes plus qu'un néant opposé à Dieu, digne de son courroux et de son ire éternelle : *Natura filii iræ* (*Ephes.* II, 3), voilà notre être,

Nous n'avons rien en propre que l'erreur et le péché, comme dit un concile. Voilà notre fonds et notre héritage, voilà notre puissance. Ennemis de Dieu, captifs du diable, esclaves du péché, héritiers de l'enfer, hosties immolées à la mort et à la mort éternelle.

En cet état pitoyable, celui qui nous avait regardés dans le néant, et nous en avait tirés pour nous donner l'être de la nature, a daigné nous regarder dans le péché pour nous en retirer, et nous donner l'être de la grâce en son Fils; et regardant son Verbe par lequel il nous avait créés, et nous y regardant, il résolut de nous le donner et nous sauver en lui, comme il lui avait plu de nous créer en lui: *Sic Deus dilexit mundum, ut Filium suum unigenitum daret.* (Joan. III, 16.) O regards dignes de nos pensées! Dieu nous voit dans le néant, et nous en tire; Dieu nous regarde dans le péché et nous en retire; Dieu regarde son Verbe, et nous le délivre pour être notre salut, notre vie, notre tout. Le premier regard est de sa puissance; le second est de compassion, et le troisième est d'amour: *Sic Deus dilexit mundum*, etc.

II. Ce don est grand, et choses grandes nous sont données en icelui; et comme il nous est donné par un grand principe et un grand motif, c'est à savoir par le Père éternel en l'excès de son amour, nous le devons recevoir avec grande disposition. C'est le don du Père, c'est le premier don du Père, c'est un don incréé, c'est un don qui contient en origine, en éminence, en puissance et en mérite tous les autres dons. Si nous devons reconnaissance et usage de la moindre grâce, quel est l'usage que nous devons faire de la grâce des grâces? quelle la fidélité, quelle la reconnaissance, quel l'amour que nous devons rendre à Dieu pour un si grand don? Le premier usage que nous en devons faire est l'élévation, et est marqué en ces paroles: *Erit vita tua pendens ante oculos tuos* (Deut. XXVIII, 66); car elles nous enseignent que Jésus-Christ, qui est notre vie, doit être toujours devant nos yeux, et que jamais nous ne devons sortir de sa divine présence. Le second usage est une dépendance continuelle de ce même don et de ce même Jésus, semblable à la dépendance que les membres ont du chef; car il est notre chef, et nous sommes ses membres; et tout notre bonheur est, qu'incessamment il influe en nous l'esprit et la vie qu'il nous veut donner, et que de notre part nous travaillions sans nous lasser, à détourner et détruire les empêchements. Le troisième usage est de référer tout ce que nous sommes, et tout ce qui est nôtre à Jésus, afin qu'il réfère le tout à son Père, selon la condition de son être personnel et propre, n'étant autre chose qu'une relation subsistante, et relation au Père qui l'engendre éternellement; et tout ce qu'il a, tant en sa nature divine qu'en sa nature humaine, étant référé à son Père par cette adorable relation qui est lui-même.

III. Quant au premier usage et premier regard vers Jésus, qui est d'élévation, regardons Jésus selon tout ce qu'il est en lui-même, regardons-le selon tout ce qu'il est vers nous, regardons-le comme vie et comme notre vie. Ne nous regardons pas nous-mêmes; regarderions-nous une chose morte, car nous sommes morts, et nous n'avons de vraie vie qu'avec Jésus-Christ en Dieu, ainsi que nous apprend l'apôtre saint Paul. Regardons Jésus-Christ, regardons-nous en Jésus, regardons notre prochain en Jésus. Tout nous est donné en Jésus-Christ, regardons tout en Jésus-Christ; en chaque grâce, regardons plus Jésus-Christ que la grâce même; et en ceux avec qui nous traitons, regardons-y plus Jésus-Christ qu'eux-mêmes. Le Père éternel voit tout en son Fils, et ne nous voit qu'en son Fils; et il faut que notre regard soit imitant et adorant son regard. Le regard duquel le Père regarde son Fils donne son essence à son Fils; car c'est par ce regard divin et adorable, qu'il l'engendre éternellement dans son sein, et même qu'il l'engendre temporellement dans notre nature et dans le sein de la Vierge; et notre regard vers Jésus nous dispose à recevoir Jésus et sa divine génération dans nos âmes. Le péché nous réfléchit à nous-mêmes, mais la grâce nous réfléchit à Jésus, à la croix et à la mort de Jésus, et, par cette réflexion sainte, prépare nos cœurs à la vie que Jésus nous a acquise par sa mort en la croix.

IV. Quant au second usage et second regard qui est de dépendance, notre vie dépend de Jésus, elle ne nous est donnée que par lui et pour lui; car l'homme était condamné à mort, et cette sentence lui ayant été prononcée: *In quacunque die comederis ex eo, morte morieris*: « Au même jour que tu mangeras de ce fruit, tu mourras de mort (Gen. II, 17), » il devait mourir, et l'exécution de ce funeste arrêt n'a été suspendue qu'en considération et pour l'amour de Jésus. Notre vie donc dépend de Jésus; notre pouvoir de bien faire est enclos en lui, et dépend de sa grâce; et si nous faisons quelque action qui soit agréable à Dieu, ce n'est qu'au nom et en la vertu de son Fils. *Omne,* dit saint Paul, *quodcunque facitis in verbo aut in opere, omnia in nomine Domini nostri Jesu Christi, gratias agentes Deo et Patri per ipsum*: « Tout ce que vous faites, en parole ou en œuvre, faites-le tout au nom de Notre-Seigneur Jésus-Christ, rendant grâces au Seigneur et au Père par lui (Col. III, 17); » où l'Apôtre nous enseigne que nous n'avons droit de vivre, ni pouvoir d'agir et de parler, qu'en son nom et en sa vertu; et qu'en tous nos usages et mouvements, nous devons être en disposition de reconnaissance vers Dieu, et lui rendre grâce par Jésus-Christ, comme étant celui par lequel nous recevons toutes nos actions et tous nos mouvements de sa divine bonté. Les miracles se faisaient par les apôtres au nom de Jésus-Christ, c'est-à-dire en son autorité et en son pouvoir. Or il est vrai que toutes les bonnes œuvres sont autant de miracles à la nature corrompue par le péché, et partant nous avons besoin du même nom et de la même vertu pour les faire.

V. Quant au troisième usage ou regard, qui est de relation à Jésus-Christ, il est juste que, comme nous tenons l'être et la vie de Jésus-Christ, et que nous recevons de lui toutes nos actions et nos affections, nous référions aussi tout à lui. Et c'est ce que saint Paul signifie au texte déjà allégué, par ces paroles : *Gratias agentes Deo per ipsum*, par lesquelles il nous exhorte, que comme tous nos usages nous viennent de Dieu par Jésus-Christ, nous les rapportions incessamment à Dieu et à Jésus-Christ, et à Dieu par Jésus-Christ, par un humble esprit de reconnaissance. Et de rechef en la *Ire Epître aux Corinthiens*, chap. x, vers 30 : *Soit que vous mangiez, soit que vous buviez, soit que vous fassiez autre chose, faites tout en l'honneur et gloire de Dieu*; et il enseigne clairement en toute cette épître, que c'est en l'honneur de Dieu et de Jésus-Christ, et que Jésus-Christ étant entre Dieu et nous, nous ne pouvons ni recevoir de Dieu ses faveurs, ni rendre à Dieu nos devoirs que par Jésus-Christ (115).

En ces trois usages et regards différents vers Jésus-Christ Notre-Seigneur, consistent les principales obligations de la vie religieuse. Vous êtes hosties immolées à Jésus, comme il est hostie immolée à Dieu, hosties de louange, de remercîment et d'amour. Vous devez être vers Jésus, comme il est vers son Père; attentives à lui, comme il est attentif à son Père; dépendantes de lui, comme il est dépendant de son Père; recherchant sa gloire, comme il recherche incessamment celle de son Père ; et Jésus, votre vie, doit toujours être devant vos yeux, pour vivre dans cette parfaite imitation et cette entière conformité avec lui : *Erit vita tua pendens ante oculos tuos*.

XXX. DE JÉSUS-CHRIST COMME VIE.

I. *Jésus-Christ est vie dans la divinité.* — II. *L'humanité de Jésus est vie par la divinité qui lui est unie personnellement.* — III. *La passion même de Jésus-Christ est cause effective de vie selon saint Thomas.* — IV. *L'union de la vie incréée avec cette humanité la rendait tellement vive, que si Jésus-Christ n'en eût suspendu l'actuation, elle n'eût pu mourir.* — V. *Et c'est en ce sens que quelques Pères ont attribué la mort de l'humanité de Jésus à la séparation de la divinité; ce qui ne s'entend pas d'une séparation entière, mais seulement quant à ce point.*

I. Une des qualités que le Fils unique de Dieu se donne à soi-même en l'Evangile, et que son bien-aimé disciple nous rapporte, c'est qu'il est et s'appelle la vie. *Je suis la voie*, dit-il, *la vérité et la vie*. (*Joan.* XIV, 6.) Trois qualités signalées, et qui méritent bien chacune un discours à part; mais pour le présent arrêtons-nous à la dernière, et qu'il soit lui-même la voie en notre esprit, et la vérité en notre bouche pour aller à lui comme à la vie, et pour parler dignement de lui, comme de celui qui est la vie, et qui est notre vie ; la vie par essence, et notre vie par sa grâce ; la vie par sa nature, et notre vie par ses mystères ; la vie sans égard à nous ; notre vie si nous cédons à la puissance de ses miséricordes, pour recevoir doucement l'effet de son amour, et l'influence de sa vie.

II. III. Jésus donc est la vie, et il l'est en plusieurs manières ; car si nous regardons la nature divine, il est la vie et la source de toute vie ; si nous regardons sa personne, il est procédant comme vie et par voie de génération qui aboutit et se termine à la vie et à un être vivant, comme à son terme, ce qui ne convient qu'à lui entre les personnes divines, et n'est propre qu'à sa manière d'émanation qui porte seule dans les Ecritures, titre et qualité de génération. Si nous regardons son humanité, elle est encore vie et source de vie, en une certaine manière propre à elle, émanée et dépendante du mystère de l'Incarnation qui unit les deux natures divine et humaine en unité de personne, et rend cette nature humaine vivante et vivifiante par l'esprit de la divinité qui repose et réside en elle comme vie primitive, qui la rend vie et source de vie en une manière subalterne et dérivée d'elle. Et saint Thomas veut que non-seulement cette nature, mais sa passion qui n'est qu'un accident de cette nature pour parler selon l'école, soit non-seulement cause méritoire, mais même cause effective de vie.

IV. V. Cette vie du Verbe unie à la nature humaine la rendait tellement vive et vivante, et incapable de mort, que si Dieu n'eût retenu et empêché cette opération de vie, la mortalité n'y eût pu entrer, et c'est en ce sens que s'entendent saint Hilaire et saint Ambroise, quand ils disent, ce que quelques-uns blâment et n'entendent pas : *Naturam Divinitatis separatione morituram* : car la divinité comme divinité, n'a jamais été séparée de cette humanité, ni même comme vie en son acte premier, mais seulement en l'actuation qui a été suspendue pendant le temps de la vie mortelle, et il semble que c'est cette suspension, que ces deux grands docteurs appellent séparation, qui a laissé l'humanité en état de pouvoir et devoir mourir, et que sans cela elle eût été immortelle.

XXXI. JÉSUS EST LA VIE EN PLUSIEURS MANIÈRES, IL EST NOTRE VIE, ET NOUS DEVONS ÊTRE OCCUPÉS DE SA VIE.

I. *A l'imitation du Fils de Dieu en la divinité, où il opère continuellement dans la production du Saint-Esprit avec Dieu son Père, nous devons continuellement opérer avec Dieu et vers Dieu.* — II. *A l'imitation du Fils de Dieu en son humanité, nous de-*

---

(115) *Omnia vestra sunt, vos autem Christi, Christus autem Dei*. (*I Cor.* III, 22.)

vons être en abaissement perpétuel devant Dieu et devant les hommes. Notre vie doit être occupée et remplie de la vie de Jésus. La vie de la Vierge était occupée de la vie de son Fils par admiration, par conservation et par conférence des divers points d'icelle. Explication des paroles de saint Luc sur ce sujet. Il y a en Jésus une manière d'immensité, qui doit remplir tout esprit. — III. Cinq sortes de vies en Jésus; vie incréée, vie incarnée, vie voyagère, vie souffrante, vie glorieuse, et ces vies sont toutes nôtres. Explication de la vie incréée. — IV. Division de la vie voyagère, de la vie souffrante et de la vie glorieuse en plusieurs autres branches. Sa vie au saint sacrement. Sa vie en la Vierge et dans les âmes choisies. — V. Explication de ce texte de l'apôtre saint Paul, (Hebr. x) : Quam initiavit nobis viam novam et viventem, etc.

I. Nous devons adhérer à Jésus, et en cette adhérence à sa divine personne qui est en cette opération continuelle en la production du Saint-Esprit procédant de lui, et à son imitation, nous devons être incessamment occupés des choses spirituelles et éternelles et opérer continuellement vers Dieu.

Le Fils de Dieu opère continuellement avec Dieu son Père en la production du Saint-Esprit, et opère tellement avec son Père, qu'il est un même et seul principe avec lui. Et c'est un modèle que nous devons adorer et imiter tout ensemble en nos opérations, n'opérant jamais seuls, mais conjointement avec Dieu qui est notre Père et quoiqu'avec dépendance de lui, dans une liaison si étroite avec lui, que nous ne soyons qu'un même principe et un même esprit : *Qui adhæret Deo, unus spiritus est.* (I Cor. VI, 17.) Jésus-Christ, au dernier de ses jours, demande à son Père : *Ut omnes unum sint* (Joan. XVII, 21) : et partant nous devons tendre à cette unité, tant en notre être qu'en notre manière d'agir.

II. Nous devons adhérer à Jésus en son humanité sainte qui est en abaissement et en humiliation perpétuelle, depuis le premier moment de sa vie voyagère jusqu'au dernier, et en une continuelle acceptation de la croix. Ainsi devons-nous être en disposition continuelle d'humilité et passer notre vie sur la terre, dans un abaissement et mépris continuel de nous-mêmes, devant Dieu et devant les hommes.

Et parce que le Fils de Dieu daigne établir sa vie divine dans notre nature humaine et vivre parmi les hommes, pour l'amour des hommes, un des hommages que nous lui devons rendre en ce nouvel état, est que notre vie soit occupée de sa vie, soit liée à sa vie, soit remplie de sa vie, soit formée sur sa vie, et que notre vie ne soit qu'une capacité à recueillir et à admirer sa vie. Telle était la vie de la Vierge, vie occupée de la vie de son Fils : *Erant mirantes super his quæ dicebantur de illo* (Luc. II, 33) : Et derechef : *Maria autem conservabat omnia verba hæc conferens in corde suo.* (Ibid., 51.) Deux textes qui nous enseignent trois choses de la vie et occupation de Marie sur son Fils, vie occupée par admiration qui est une occupation sublime, rare et ravissante; vie occupée par conservation et garde comme d'un dépôt sacré ; vie occupée par conférence, observation et étude, comme de la chose que nous sommes plus obligés de savoir et en la connaissance de laquelle consiste la vie éternelle : *Hæc est vita æterna ut cognoscant te solum Deum verum, et quem misisti Jesum Christum.* (Joan. XVII, 3.) Comme il y a en Dieu une immensité d'être qui remplit toutes choses, aussi en ce nouvel être, état et vie de Jésus, il y a une sorte d'immensité spirituelle, une dignité, une grandeur qui doit remplir tout esprit créé et occuper toute vie capable de cette vie. Et si les créatures, comme maître et serviteur, mari et femme, ont une vie occupée l'un de l'autre, combien plus par grâce, notre vie doit-elle être occupée de Jésus et même de Marie sa très-sainte mère, qui lui est si chère, et lui est liée si étroitement ?

III. Mais voyons quelle est cette vie de Jésus qui doit continuellement occuper la nôtre ? Nous adorons cinq vies en Jésus ; sa vie divine et incréée, sa vie incarnée, *Verbum caro factum* (Joan. I, 14) ; autrement la vie de la divinité subsistante en l'humanité ; sa vie voyagère, sa vie souffrante et crucifiée, et enfin sa vie céleste et glorieuse. Ces cinq vies sont toutes différentes, toutes divines et adorables, et d'abondant elles sont toutes nôtres et ont rapport à nous, et méritent nos pensées et notre hommage, non-seulement à cause de leur excellence et éminence, mais encore à raison de leur influence et relation vers nous. En la vie divine, adorez l'éternité de cette vie, *a Patre*, sans indigence et sans dépendance; le pouvoir et la fécondité de cette vie produisant avec le Père une personne divine, le lien mutuel du Père et du Fils, l'unité et l'amour personnel des deux qui produisent cette unité en unité de principe, et en diversité de personnes, la sapience de cette vie et sa relation au Père et au Saint-Esprit. En la vie incarnée, adorez la communication de cette vie divine à l'humanité de laquelle nous ne dirons pas davantage, parce qu'il en a été discouru ailleurs ; en sa vie voyagère, adorez trois états, de l'âme en gloire, du corps en souffrance, de l'âme même en souffrance et en gloire, particulièrement en ses derniers jours, où il dit : *Tristis est anima mea usque ad mortem.* (Matth., XXVI, 38.)

IV. Et derechef en sa vie voyagère, adorez sa vie méritante pour autrui et pour soi-même, la gloire du corps et l'exaltation de son nom ; vie languissante après la croix : *Baptismo habeo baptizari, et quomodo coarctor usque dum perficiatur* (Luc. XII, 50), et languissante après la clarification de son humanité : *Pater, clarifica Filium tuum* (Joan. XVII, 1) : ce que le Fils demande à son Père par deux diverses fois, c'est à savoir en saint Jean XII et XVII. Vie pâtissante et tolérant la privation de plusieurs effets de Dieu et de gloire; vie anéantissant une vie divine et céleste; ce qui a été une sorte d'abnégation propre et particulière à Jésus, auquel seul entre tous les hommes appartenait la gloire parfaite du corps et de l'âme, dès l'instant de sa conception, laquelle l'apôtre saint Paul semble insinuer, quand il dit : *Christus non sibi placuit : sed, sicut scriptum est, improperia improperantium tibi ceciderunt super me.* (Rom. xv, 3.)

En la vie voyagère adorez en outre sa vie enclose en la Vierge, ce qui comprend la maternité de Marie, la visitation d'Élisabeth, la sanctification de Jean-Baptiste son fils, la perplexité et doute de saint Joseph, car c'est un état particulier. Sa vie naissante de la Vierge, vie dépendante de la Vierge par la condition de son enfance, vie associée à la Vierge pendant tout le temps qu'il a demeuré avec elle. Sa vie privée et domestique, dans laquelle il a paru charpentier et fils de charpentier : *faber et fabri filius* (Matth. XIII, 55) : sa vie publique, ses prédications, ses miracles.

Sa vie souffrante, douloureuse et crucifiée, à laquelle il faut joindre sa vie morte et éteinte; autrement son état de mort et de sépulture.

Sa vie glorieuse et ressuscitée, mais résidente en terre et suspendue en l'exécution de ses pouvoirs. Sa vie toute céleste, puissante et divine, de laquelle il dit : *Data est mihi omnis potestas in cœlo et in terra.* (Matth. XXVIII, 18.)

A ces cinq sortes de vies dont nous venons de parler et qui se partagent encore en tant d'autres manières, nous en pouvons ajouter quelques-unes. Sa vie résidente en l'autel dans l'Eucharistie, de laquelle il semble avoir dit : *Et ecce ego vobiscum sum omnibus diebus usque ad consummationem sæculi* (Ibid., 20); et où incessamment il s'offre à Dieu son Père en hostie et se donne à nous en vraie viande, comme sacrifice, comme sacrement. Sa vie résidente en sa très-sainte mère et dans les âmes choisies où il daigne établir sa croix, son repos et sa demeure.

V. Pour l'accomplissement de ce que dessus, pesez le texte de saint Paul, *Epître aux Hébreux* (x, 20, 21) : *Quam initiavit nobis viam novam et viventem per velamen, id est carnem suam et sacerdotem magnum super domum Dei :* « La voie nouvelle et vivante qu'il nous a ouverte par le voile, c'est-à-dire sa chair, et le grand prêtre établi sur la maison de Dieu. » Car c'est ici la la voie et la voie nouvelle, et la voie vivante, et il l'a ouverte par sa propre chair. Puisque c'est une voie, et voie qui nous est ouverte par Jésus et par les mystères qu'il a accomplis en sa chair, il nous faut entrer et avancer en bonnes œuvres. Parce que c'est une voie nouvelle, nous en devons attendre nouvelles faveurs et des grâces toutes différentes des bénédictions accordées aux fidèles avant la loi et sous la loi. Et parce que c'est une voie vivante, cela nous enseigne que c'est la voie de la vie, la voie et la vie, et que Jésus-Christ vient et s'établit en nous comme vie, et que nous avons la vie éternelle résidente en nous.

XXXII. DE JÉSUS COMME VIE ET SOURCE DE VIE.

I. *Nous devons abaissement, estime, correspondance et usages aux choses belles qui nous sont proposées, mais spécialement à Jésus; Jésus est nôtre en bien des manières.* — II. *Jésus est vie et notre vie, et Dieu nous a donné deux sortes de vies, l'une en nous-mêmes et l'autre en son Fils. Nous devons à Dieu double compte et usage, compte et usage de la vie par laquelle nous lui devons le monde et nous-mêmes; compte et usage de Jésus qui est un autre monde et un autre nous-mêmes.* — III. *Jésus est vie immense, source et fin de toute vie, et nous devons vivre en lui, par lui et pour lui.*

I. Nous ne devons pas traiter les choses grandes et divines par une nue pensée et considération, comme chose belle en elle-même, mais qui ne nous concerne pas; nous les devons traiter comme choses qui ont rapport à nous et nous à elles, et nous obligent à certaines dispositions intérieures, proportionnées à leur grandeur, à leur excellence et à l'usage que nous en devons faire. Nous y devons faire trois sortes de dispositions en général : 1° abaissement en nous; 2° estime au regard d'elles, et 3° correspondance et usage. Si cela est vrai en général, beaucoup plus le doit-il être au regard des choses les plus hautes et les plus divines, et qui nous concernent le plus, c'est-à-dire au regard de Jésus, Dieu et homme, comme le centre et la circonférence de l'être créé et incréé; car tout se rapporte à lui comme Dieu, et il se rapporte à tout comme homme. Ses grandeurs ne peuvent pas être expliquées en si peu de paroles; ce doit être notre objet perpétuel en notre vie et en notre éternité. Il les faut supposer, et ce doit être le sujet de nos pensées journalières. Tout ce que l'Église nous représente au long de l'année fait partie de ses états et de ses mystères. Il est Dieu en soi-même, mais un Dieu visible, mais un Dieu fait homme, mais un Dieu qui se fait créature pour ses créatures demeurant créateur, mais un Dieu qui ne perd point ses grandeurs par ses abaissements, mais les rend communicables à ses créatures, mais un Dieu nôtre : *Deus noster*; et nôtre par tant de titres et en tant de manières. Il est nôtre par état, et non-seulement par quelques actions; il est nôtre par naissance, et non-seulement par état : *Natus est nobis*; il est nôtre pour jamais, et non-seulement pour un temps; il est nôtre pour tous nos besoins et nos usages; il est nôtre par la même puissance par laquelle le Père l'engendre en nous-mêmes; et chose si grande est si nôtre ! Ô puissance ! Ô amour ! Ô dignation de Dieu envers nous ! Ô dignité de notre nature ! Il est notre salut, notre vie et notre état, dans le temps et dans l'éternité, dans l'être créé et dans l'être incréé. Il est notre salut, notre vie et notre gloire; il est Fils, et le Père nous le donne; il est le principe du Saint-Esprit, et il se donne lui-même à nous; il est nôtre par état éternel; il est nôtre par le pouvoir du Père, par le vouloir du Fils, par l'opération du Saint-Esprit; il est le principe du Saint-Esprit; il nous donne cet esprit, lequel il produit en soi-même et en nous.

II. Il est vie, source de toute vie, et lorsque Dieu nous donne la vie, c'est un don qui enclôt tous les autres dons naturels, et il nous donne et le monde et nous-mêmes. Car par la vie nous jouissons du monde, par la vie nous jouissons de nous-mêmes. Or Jésus est notre vie et nous est donné comme vie, tellement que Dieu, qui est la vie par essence, a donné à l'homme deux sortes de vies, celle que nous avons en nous-mêmes, celle que nous avons en Jésus, qui est la vraie vie; et nous lui devons double usage et double compte : compte et usage de cette vie, par laquelle nous lui devons et le monde et nous-mêmes; compte et usage de Jésus, qui est un autre monde et un autre nous-mêmes.

III. Il est vie, et nous devons vivre en lui, vivre par lui, vivre pour lui. Il est vie, mais immense et infinie, qui enclôt toute vie, et nous devons vivre en lui. Il est vie par essence et par naissance; car il est Dieu, et Dieu est vie, et il est né en la divinité, et engendré comme vie. Il est vie, source de toute vie, et nous devons vivre par lui; il est source et fin de toute vie, et nous devons vivre pour lui. Comme Dieu nous donnant la vie, nous donne ce monde et nous-mêmes; aussi Dieu nous donnant Jésus pour vie, il nous donne encore nous-mêmes à nous-mêmes; car nous étions perdus sans cette vie. Et d'abondant, il nous donne un nouveau monde, c'est-à-dire lui-même, qui est un nouveau monde.

XXXIII. — DE JÉSUS COMME VIE, ET COMME VIVANT EN UNION AVEC LE PÈRE ET LE SAINT-ESPRIT.

Le plus grand objet de nos désirs, c'est la vie, de laquelle le plus grand des philosophes a dit : *Omnia vitam appetunt*; et un des plus beaux noms de Jésus est celui qu'il se donne à lui-même, lorsqu'il se nomme la vie. Il est la vie, et la vraie vie que nous devons désirer, et il y a plusieurs sortes de vies. Il est la source de vie, et il a plusieurs sortes de vies en soi, et il les a pour nous; car il est tellement nôtre, qu'il est nôtre en tous ses états, et nous les communique, si nous voulons lui communiquer notre cœur. Il est vivant pour nous, il est souffrant pour nous, il est mourant pour nous, il est régnant pour nous.

Adorons sa vie divine, imitons sa vie humaine, aspirons à sa vie régnante et céleste. Une des paroles que l'Eglise emploie le plus souvent dans ses prières (paroles dont l'accoutumance nous fait perdre le poids et la pensée, le discernement et la connaissance), c'est que Jésus est vivant, et Jésus vit et règne avec son Père en unité du Saint-Esprit. O vie! ô règne de Jésus! ô unité! ô société de Jésus! Cherchons, aimons et adorons Jésus en cette vie, en ce règne, en cette unité, en cette société avec le Père qui le produit, et avec le Saint-Esprit, lequel il produit lui-même. O vie divine et humaine! ô règne éternel et heureux! ô unité féconde et puissante! ô société sainte et délicieuse avec le Père qui vous produit et vous conserve en son sein; et avec le Saint-Esprit que vous produisez en unité avec le Père, et qui est votre unité d'amour avec le même Père, et que vous produisez dans vous-mêmes avec le même Père.

XXXIV. — JÉSUS-CHRIST EST UNE CAPACITÉ DIVINE DES AMES, ET IL LEUR EST SOURCE D'UNE VIE DONT ELLES VIVENT EN LUI.

I. *Il y a deux capacités divines en Jésus, l'une de Dieu, l'autre des âmes. Jésus-Christ lié à l'humanité par sa personne, et à Dieu son Père par unité d'essence, se lie à nous par le sacrement de son corps, et il y a trois hérésies différentes qui ont essayé de rompre ces trois liens. — II. Il y a trois manières de vies : vie de soi et en soi, ce qui ne convient qu'au Père éternel; vie en soi et non pas de soi, ce qui convient au Fils selon sa double essence; vie en autrui, ce qui convient aux fidèles, qui n'ont vie qu'en Jésus. Jésus-Christ est vie par sa nature divine, par sa personne et par son humanité. Il n'y a vie pour nous qu'en adhérant à Jésus.*

II. Il y a deux capacités admirables en Jésus, l'une par laquelle il est rendu capable de la divinité, de la plénitude de la divinité, et de l'égalité de Dieu, mais avec dépendance; l'autre est une capacité des âmes qu'il contient en soi, en son autorité, en sa puissance; car s'il est capacité de Dieu, combien plus de ses créatures? Cette seconde capacité est donnée à Notre-Seigneur par la plénitude de la divinité qui est en lui, qui le fait être une capacité des âmes, ainsi que Dieu est une capacité de ses créatures; capacité contenante, conservante et protégeante, par laquelle les âmes et les créatures sont en une continuelle et profonde dépendance de Jésus et de Dieu; et il a plu à Jésus-Christ instituer le sacrement de son corps pour se lier à nos âmes, et les tirer dans la plénitude de la divinité qui habite en lui, selon cette capacité aimable et adorable qu'il a de les contenir et leur donner vie et subsistence en lui, tellement qu'en cela nous est représentée cette chaîne admirable composée de trois divins chaînons, de laquelle parlent les Pères; le premier desquels lie le Fils unique au Père éternel, par le lien de la consubstantialité et unité d'essence; le second lie ce même Fils à notre nature par l'unité de sa personne incréée, et le troisième lie cette humanité déifiée, et cet Homme-Dieu, à la personne de chacun de nous, par l'efficace et singulière vertu du sacrement de son corps, qui nous incorpore avec son humanité sainte et nous fait vivre en lui et de sa vie comme ses membres, et avec lui en son Père; l'homme remontant ainsi jusqu'à cette chair déifiée, et jusqu'à Dieu même, comme Dieu descend jusqu'à la chair et jusqu'à nous. Trois chaînons admirables qui établissent puissamment la vie et la puissance de Dieu, et qui anéantissent l'empire du diable, lequel aussi les a toujours combattus de toute sa force, ayant voulu rompre ce premier chaînon par l'hérésie d'Arius, le second par l'hérésie de Nestorius, et le troisième par les sacramentaires de ce siècle. Mais les puissances d'enfer ne peuvent prévaloir contre l'Eglise et contre Jésus-Christ, qui l'a établie en son sang, pour être le firmament de la vérité, et l'école toujours florissante de la doctrine de salut qu'il nous a daigné enseigner.

II. Jésus-Christ est le lien et la capacité des âmes élues que Dieu son Père lui a données; il les attire à soi, il les loge en soi, il leur y donne vie et subsistence, il les affermit et les fait croître jusqu'à leur pleine et parfaite consommation en cette unité sacrée, qui est le lien et la paix de Dieu et des hommes. Il y a trois différentes sortes de vie, ou pour mieux dire, trois manières de vie. La première est d'avoir la vie de soi et en soi, et cela ne convient entre tous les vivants qu'au Père éternel; la seconde est d'avoir la vie en soi, et de l'avoir de soi, et c'est ce qui convient proprement au Fils, lequel dit en sa parole : *Que comme le Père a la vie en soi-même, ainsi a-t-il donné à son Fils d'avoir la vie en soi-même* (Joan. v, 26); et la troisième est d'avoir la vie, et de ne l'avoir ni de soi ni en soi, mais en Jésus-Christ, ce qui convient à nos âmes, qui doivent vivre en Jésus, et non en elles-mêmes.

Le Fils de Dieu a la vie en soi, et selon sa divinité, et selon son humanité; car cette humanité est subsistante en Dieu, et en la personne du Fils de Dieu, qui est vie, non-seulement comme Dieu, mais aussi comme seconde personne en la Trinité produite par voie de génération; et la génération en Dieu se terminant, non-seulement à une substance vivante, mais à la vie même; et comme il convient au Saint-Esprit, par sa procession, d'être amour, il convient pareillement au Fils, par sa procession, d'être vie. Ainsi Jésus-Christ est vie en trois manières, en sa nature éternelle, en sa personne divine et en sa nature nouvelle, qui est l'humanité. En sa nature éternelle, car la divinité n'est pas seulement source de vie, mais la vie même; en sa personne, car être vie lui convient comme sa propriété personnelle en vertu de sa génération éternelle; et en son humanité; car il s'y applique et l'actue comme vie, et ainsi il la rend vivante, et vivifiante, plénitude et source inépuisable de vie; et lorsque le Père nous donne son Fils, il nous donne sa vie, la vie de sa propre essence; la vie engendrée par lui-même et qui réside en son sein, et il établit cette double vie en notre nature, afin que la nature qui était morte, et source de mort en Adam, soit vie et source de vie en Jésus. Ainsi donc qui a Jésus a la vie, et qui n'a point Jésus est éloigné de la vie; ainsi adhérer à Jésus, c'est adhérer à la vie; rechercher Jésus, c'est rechercher la vie, et c'est entrer dans les intentions de Jésus, qui est venu au monde : Ut vitam habeant. (Joan. x. 10.) Ainsi, accomplir toutes nos actions en Jésus et par Jésus, c'est la vraie vie, et c'est porter des fruits de vie éternelle.

XXXV. PAROLE DE VIE EN DIEU ET EN JÉSUS-CHRIST.

I. *La première production de Dieu est celle de son Verbe. Excellence de la production du Verbe éternel, qui est le Fils de Dieu.* — II. *C'est un secret incompréhensible que la foi nous apprend, qu'il y a en Dieu Père et Fils. Dieu produisant le monde l'a produit par sa parole, en honneur et en imitation de cette première et éternelle émanation par voie de parole. Et Jésus-Christ établissant dans le monde un nouveau monde, qui est son Eglise, il l'établit sur deux paroles, c'est à savoir la parole inspirée de Dieu à saint Pierre:* Tu es Christus, *etc., et sur la parole qu'il adresse à son apôtre:* Tu es Petrus, *etc.* — III. *Cette parole de saint Pierre:* Tu es Christus Filius Dei vivi, *contient la génération éternelle du Fils de Dieu, et sa mission temporelle; et insinue la manière en laquelle les fidèles sont engendrés par Jésus-Christ, c'est à savoir par sa mort et généralement tout ce que l'Eglise doit croire et enseigner. Jésus-Christ est toujours Fils de Dieu vivant, en quelque état qu'on le puisse considérer.* — IV. *Les Chrétiens sont enfants de Dieu, mais de Dieu mourant. Divinité, sainteté, puissance de la génération, qui appartient à Jésus mourant. C'est par la parole que Dieu se communique en soi-même et en son éternité; et c'est par la parole que son Fils incarné Jésus-Christ Notre-Seigneur se communique dans les temps et établit son Eglise.*

I. La première production de Dieu, qui est le principe et le fondement de toutes les émanations de Dieu, soit en lui-même, soit hors de son essence; est la production du Verbe éternel, que le Père produit en parlant à soi-même; et le produit, comme sa parole et son Verbe, qui lui rapporte toute son intelligence; et comme infini, comprend l'infinité de son essence et de son intelligence. Production si simple, qu'elle est unique en son terme, qui est le Verbe éternel de Dieu; production si infinie, qu'elle comprend l'essence et la science de Dieu; production si divine, qu'elle est adorable comme Dieu même et communique sa divine essence à la personne produite.

II. Une des excellences et singularités de la religion chrétienne, est qu'elle nous fait adorer un Dieu Père, et engendrant et produisant, et un Dieu Fils produit et engendré; sans que la diversité de ces deux attributions porte inégalité en ces deux personnes ni que la pluralité de ces personnes intéresse l'unité de leur essence. Or, cette ineffable production de Dieu en produisant son Verbe dedans soi-même, est la première de toutes productions soit en son essence, soit hors de son essence, et elle est aussi le principe et le modèle de toutes. Et c'est pourquoi Dieu voulant créer le monde, il l'a produit par sa parole en l'honneur et en imitation de cette première émanation sienne; et dans le monde y voulant établir un nouveau monde et un nouvel empire, c'est-à-dire son Eglise, il l'a formée et produite sur deux paroles : *Tu es Christus Filius Dei vivi*(*Matth.* XVI, 16); *Tu es Petrus et super hanc petram.* (*Ibid.*, 18.) Cette parole et confession de foi, est le fondement de l'Eglise.

III. C'est une parole dérivée du ciel par le témoignage même du Fils de Dieu; c'est une parole inspirée du Père éternel même, de celui qui est le Père et le principe de son Verbe éternel: *Sed Pater meus qui est in cœlis* (*Ibid.*, 17), c'est une confession qui est fondamentale à l'Eglise, et qui comprend en sommaire et en abrégé tout ce que nous avons à croire ou à enseigner de Dieu en son Eglise en la terre; tout ce que la terre doit croire et ouïr de Dieu. C'est une confession célébrée par tous les Pères, dont les éloges doivent être rapportés sommairement ; c'est une expression des grandeurs de Jésus en deux choses, en sa génération éternelle et en sa mission temporelle : *Tu es Christus Messias*. C'est la pierre angulaire, c'est l'expression de la filiation divine communiquée à l'homme envoyé et oint sur son peuple ; car si le Messie est le Fils de Dieu vivant, ce ne peut être que par l'ineffable communication de la subsistence de ce Fils à la nature humaine.

Quoi qu'il dise, quoi qu'il fasse, quoi qu'il pâtisse, nous devons toujours croire, toujours considérer que c'est *Christus Filius Dei vivi*, en la crèche, en la croix, en l'agonie, au tombeau, en l'enfance, en l'adolescence, en l'âge plus accompli, en Judée, en Egypte, en Nazareth, en Bethléem, etc. Vivant, prêchant et mourant, etc. C'est Jésus-Christ Fils de Dieu vivant, c'est son éloge perpétuel, qui comprend les autres, *Christus Filius Dei*, et *Dei vivi*. Trois paroles de grand poids. La première marque son envoi, sans lequel le Fils de Dieu ne paraît point au monde et condamne ces brouillons, ces esprits superbes, qui se mêlent de ce qui ne leur est pas commis et commandé : *Non mittebam prophetas et ipsi currebant.* (*Jer.* XXIII, 21.) La deuxième marque son origine, sa procession et sa dignité, et la troisième marque la manière de sa procession de Dieu comme vivant, et fait différence entre lui et nous, qui procédons de Dieu en la filiation adoptive mais de Dieu mourant.

IV. Car c'est encore une des merveilles de notre foi, qu'elle nous fait adorer un Dieu vivant et un Dieu mourant par le secret du mystère de l'Incarnation, et ce Dieu soit vivant soit mourant, est toujours Père et toujours produisant. Mais avec cette différence que, comme vivant, il produit de toute éternité son Fils unique, qui lui vaut plus que tout ; et Dieu mourant, produit ses enfants adoptifs et les engendre au lit de sa croix et à l'heure de sa mort. Génération divine, sainte et admirable qui se fait, non en vivant, mais en mourant, non en agissant, mais en pâtissant et dans l'effusion violente et douloureuse de son précieux sang, comme de la semence céleste du siècle nouveau. Génération toute divine, car c'est un Dieu qui nous engendre, et il engendre non des hommes, non des anges mais des dieux : *Ego dixi dii estis* : et il nous engendre à une vie céleste, divine et immortelle ; vie haute et sublime, au regard de laquelle la vie angélique en sa nature ne peut atteindre. Génération puissante, par laquelle seule et en un moment sont engendrés tous les enfants de Dieu, qui sont et seront à jamais sur la terre et sur les cieux. Génération sainte, qui fait les vierges et les martyrs, qui peuple le ciel, et sanctifie la terre. Car si un ancien (TERTULL., *Apolog.*) a eu bonne grâce de dire : *Que le sang des martyrs était la semence des Chrétiens* ; à bien plus forte raison devons-nous dire, que le sang du martyr des martyrs, sans lequel il n'y aurait point de martyrs est la semence des fidèles. Génération puissante, car au seul acte de son expiration non réitérable, il engendre pour jamais, et il donne esprit et vie à tous ceux qui sont et seront à jamais régénérés en lui ; lesquels il acquiert à Dieu son Père, par son oblation en la croix.

Concluons donc, et disons que le Fils de Dieu étant produit comme vivant, aussi n'est-il que vie, et il se nomme vie, et se communiquant à la nature humaine, il la rend vivante et vivifiante, et lui communique une manière de génération si puissante, si sainte et si divine. Et comme il est dans l'éternité, parole et vie tout ensemble et est engendré par voie de parole ; ainsi, il a fondé son Eglise sur deux paroles, et y a attaché la génération des enfants de Dieu.

XXXVI. DE LA VISITATION (116).

I. *Sainteté du lieu de Nazareth qui combat le ciel, et toutefois la Vierge le délaisse, comme n'étant attachée à rien qu'au vouloir de Dieu.* — II. *In diebus illis, signifie peu de jours et non peu d'heures, après le mystère de l'Incarnation accompli. La Vierge fait ce voyage non par incrédulité ni par curiosité, mais par la conduite du Fils de Dieu qu'elle porte en ses entrailles.* — III. *Révérence due à la cellule de Nazareth. La Vierge fait ce voyage du consentement de saint Joseph et décemment accompagnée. La grandeur de l'œuvre qu'elle y va accomplir la fait hâter. Au moment que*

---

(116) Cet opuscule a été composé par l'auteur pour être donné au public à la suite de la vie de Jésus ; mais il n'y a pas mis la dernière main, quoique ce soit une riche pièce.

la Vierge salue sa cousine, et l'enfant Jean-Baptiste et sa mère, et la Vierge même, reçoivent choses grandes du Saint-Esprit. — IV. *Deux colloques remarquables, l'un de l'ange avec la Vierge; l'autre, de la Vierge avec Elisabeth. Le premier commence le mystère de l'Incarnation, et le second, la grâce qui en procède. Double vie donnée à Jean-Baptiste en ce moment, c'est-à-dire humaine et vie de grâce.* —V. *La grâce qui se donne en ce mystère, est le premier et le seul ouvrage de Jésus, résidant en Marie pendant neuf mois. La Vierge parle plus ici qu'en nulle autre occasion, et sa parole est d'une merveilleuse efficace, ce qui se doit rapporter à la parole éternelle qui s'est faite chair en son ventre. La parole de la Vierge tire à Jésus et à Marie, et ce sont les deux objets du ravissement et des paroles de sainte Elisabeth.* — VI. *Marie est plus en Jésus que Jésus n'est en Marie. Jésus n'a ni lieu ni mouvement qu'en la Vierge et par la Vierge. La parole de la Vierge saluant Elisabeth procède de Jésus et d'elle, et c'est pourquoi elle tire à l'un et à l'autre. L'esprit de Jean-Baptiste est dès lors en lumière; sa grâce est en mouvement, et dès ce moment il fait office de prophète. La lumière de cet enfant apprend à la terre les deux plus grands secrets du conseil de Dieu, c'est-à-dire l'incarnation du Verbe et la divine maternité de la Vierge, et c'est par sa mère qu'il les apprend au monde. C'est un enfant qui est le premier à adorer Dieu devenu enfant, et c'est une femme qui est la première à honorer une femme élevée à la dignité de Mère de Dieu. Dieu apprend ses secrets à Elisabeth en l'école de l'humilité, les lui enseignant par un enfant et par son enfant.* — VII. *Les deux ordres sacrés de Jésus et de Marie commencent en ce mystère. Elisabeth et son Fils en sont les premiers religieux. Rapport spécial de l'enfance de Jean-Baptiste à celle de Jésus. Ce mystère est source de manifestation de Jésus et de Marie, et pour les reconnaître, il y faut recourir, et à saint Jean-Baptiste.*

I. Après le mystère de la Trinité, il n'y a pas un plus grand mystère que celui de l'Incarnation : après le sein du Père où les productions éternelles s'accomplissent, il n'y a pas un lieu plus saint que le sein de la Vierge, dans lequel se fait la génération du Verbe en notre humanité. Or, comme lors cette Vierge est en Nazareth, en sa cellule, en son oratoire; cet oratoire, cette cellule, ce Nazareth combat le ciel en dignité, et il n'y a pas au ciel ni en la terre un lieu plus saint et plus vénérable et plus auguste que Nazareth, puisque Jésus y est et la Vierge. Je dis, et avec raison, que ce lieu saint combat le ciel, car il a même ses avantages au regard des cieux, puisque la Trinité sainte y est en une opération et en une application, en une habitude et en une relation qu'elle n'a point dans le ciel, et qui est plus excellente et singulière que celle qu'elle a au regard de ses anges et serviteurs au ciel. Ici Dieu est fait homme, et la Vierge, Mère de Dieu : ici Dieu le Père donne à son Fils une naissance nouvelle; ici le Saint-Esprit opère un plus grand œuvre que dans le ciel; ici le Saint des saints habite et possède une gloire plus grande que celle qui est dans le ciel; ici nous avons une servante de Dieu, plus grande et plus auguste que tous les anges qui sont dans le ciel, et nous avons une Mère de Dieu, ce que le ciel n'a point. Oh! que ce lieu de Nazareth est saint! *Vere Dominus est in loco isto et ego nesciebam.* (Gen. XXVIII, 16.) Et toutefois, ce lieu si saint est délaissé de la Vierge et sitôt délaissé; et la Vierge, de si bonne heure, nous apprend le prompt et facile délaissement que nous devons faire des choses mêmes les plus saintes, pour faire un ouvrage plus saint, c'est-à-dire pour faire et suivre la volonté de Dieu en la terre comme au ciel.

II. Faut-il sitôt quitter le lieu et la pensée de Nazareth, je ne suis pas si facile et si détaché que la Vierge; je la vois et l'admire si peu attachée à un lieu où la merveille des merveilles s'est accomplie, et accomplie en elle; je la vois se séparer si aisément du lieu de ses grandeurs et de ses délices; je ne puis oublier sitôt un lieu consacré à Jésus et à la Vierge, et je ne puis souffrir de le voir désert, et désert si tôt. Les anges y portaient envie et n'osaient l'approcher, tandis que la très-sainte Trinité y était opérante et seule opérante en la Vierge, et avec la Vierge. Que maintenant les anges le visitent, l'honorent et le remplissent, car il s'y est fait de plus grandes choses que dans leur paradis, et ne s'est rien fait de semblable au monde depuis quatre mille ans, ni ne s'y fera jamais.

La Vierge donc le quitte pour aller aux montagnes de Judée, car l'évangéliste nous apprend le voyage de la Vierge vers sa cousine Elisabeth, que l'ange lui a nommée dans son heureux colloque, être au sixième mois de sa grossesse. Et cet évangéliste nous insinue que ce voyage est entrepris par la Vierge : *In diebus illis* (Luc. I, 39), c'est-à-dire non pas peu d'heures après l'accomplissement de ce grand mystère, comme quelques-uns estiment faute de bien peser les paroles de l'Ecriture, mais peu de jours après.

Ce voyage se fait non par infidélité, comme prêche l'hérésie toujours infidèle à son Dieu, à ses saints et à sa mère, ni aussi par curiosité pour éprouver par ses sens les paroles de l'ange qui lui étaient lors assurées; mais il se fait par la conduite du Saint-Esprit, qui est venu en elle en Nazareth et ne l'a point délaissée, ou plutôt par la secrète inspiration de Jésus même qui est en elle, et qui est son cœur et son centre, qui est l'esprit de son esprit, qui est son poids et son inclination, et qui la porte intérieurement à ce voyage, comme elle le porte dans ses entrailles en ce voyage, et y porte et induit pour commencer ses merveilles et y répandre, comme un nouveau

III. La Vierge donc délaisse cet heureux Nazareth, auquel elle a tant de sujets de liaison et d'attachement, et auquel le Tout-Puissant a fait de si grandes choses en elle, comme elle dira tantôt : *Fecit mihi magna qui potens est* (*Ibid.*, 49) : et ce lieu de si grande sainteté sera désert et délaissé pour trois mois, et nous le devrions habiter, si nous n'aimons mieux suivre la Vierge pas à pas et l'accompagner en ce voyage. Les anges ne manqueront pas d'honorer et remplir sa cellule de Nazareth, et cependant prions notre bon ange d'être l'un d'iceux et d'accomplir pour lui et pour nous cet office, sans manquer à sa garde, tandis que nous nous mettons en la garde et en la compagnie de Jésus et de la Vierge, pour ne les perdre point de vue en la terre, et pour les suivre en leurs voyages et en leurs mystères.

La Vierge donc, du consentement de saint Joseph, qui est son époux et qui a droit de savoir ses actions, se met en chemin vers les montagnes de Judée. Il y a apparence qu'en son âge si tendre et délicat, elle ne fait pas ce voyage de quatre jours, sans une honnête et bienséante compagnie. Car encore que les anges ne manquent pas d'honorer et accompagner celle qu'ils reconnaissent pour leur impératrice, et le fruit qu'elle porte en son ventre, lequel ils adorent comme leur Dieu ; la Vierge, sage et prudente s'il en fut jamais, accomplit ses actions en la vue du monde avec bienséance. L'évangéliste nous remarque une circonstance de son voyage que nous ne devons pas omettre, puisque c'est le Saint-Esprit qui la remarque : *Cum festinatione* (*Ibid.*, 39) ; et les saints pères nous apprennent que le zèle de la gloire de Dieu la porte et transporte en cette maison où elle va. Elle va donc : *Non quasi incredula de oraculo*, et elle va, elle avance, elle arrive, elle salue Elisabeth, etc. Et à cette rencontre heureuse, l'enfant enclos dans les entrailles d'Elisabeth ne se connaissant pas encore soi-même, connaît son Dieu et sa Mère, et la Vierge remplit de joie ce petit enfant et sa mère du Saint-Esprit, et la langue de la Vierge, plus puissante que les langues de feu qui ont descendu sur les apôtres, remplit de feu d'amour et du Saint-Esprit, cet enfant et sa mère, et elle reçoit elle-même un nouveau don du Saint-Esprit, une élévation nouvelle et un ravissement puissant qui la transporte en ce beau cantique de louange que l'Eglise a choisi pour louer Dieu tous les jours et l'a approprié à son service.

IV. Ceci mérite d'être considéré plus à loisir et discouru plus amplement. C'est le premier ouvrage de Jésus après s'être incarné en la terre ; c'est le seul ouvrage visible et rapporté en l'Ecriture, que le Fils et la Mère accompliront en la terre en l'espace de neuf mois. Au discours précédent, nous avons vu et ouï le colloque de l'ange avec la Vierge, il nous faut ouïr maintenant le colloque de la Vierge avec Elisabeth et remarquer les merveilles qui s'y passent. Ce sont deux colloques qui donnent commencement, l'un à l'ordre de l'union hypostatique, et l'autre à l'ordre de la grâce émanée d'icelui. Colloques justement opposés à ceux du serpent avec Eve, et d'Eve avec Adam, qui ont donné entrée à la ruine de l'univers, comme ceux-ci donnent entrée à la réparation du monde. En ce colloque heureux de la Vierge avec Elisabeth, la Vierge porte le fruit de vie, dit une parole, et ravit aussitôt sa cousine, la comble du Saint-Esprit et l'enfant de six mois qu'elle a dans son ventre. La Vierge est comme une plante vivante qui porte le fruit de vie et le donne à sa cousine et à cet heureux enfant ; fruit de vie bien différente de celle que donnait l'arbre du paradis. Car ici Jésus est la vie, vie des hommes et des anges, vie divine et humaine, et la Vierge est la terre qui a donné ce fruit : *Terra dedit fructum suum.* (*Jac.* v, 18.) Et ce fruit donne une vie nouvelle à l'enfant qui n'est pas encore né et à la mère qui le porte en ses entrailles ; il donne vie à cet enfant, et double vie, car il lui donne vie humaine en lui donnant la raison qu'il n'avait pas encore, et il lui donne vie de grâce opposée à la mort du péché dans lequel il était, et il est le premier qui a goûté ce fruit de vie donné au monde, et planté en la Vierge ; mais voyons comme cela est arrivé : La Vierge dit une parole et salue Elisabeth.

V. C'est la première émanation du mystère de l'Incarnation, c'est la première effusion de la Vierge faite Mère de Dieu, c'est la première opération de Jésus hors de la Vierge, c'est la première opération du Fils de Dieu fait fils de l'homme, c'est la première communication de Jésus et Marie en l'univers ; ce sont les prémices non de la nature, mais de la grâce, non de la grâce, mais de l'ordre supérieur à la grâce, qui est l'ordre du mystère de l'Incarnation, l'ordre de l'union hypostatique, et c'est le premier fruit de Jésus en la terre. Les prémices de choses si grandes, sont singulières et vénérables. Nous avons contemplé au discours précédent, l'ange partant du ciel et allant non à Rome, non à Athènes, mais à une petite bourgade de Galilée ; contemplons maintenant un plus grand ange, l'ange du grand conseil partant de Nazareth, et la Vierge qui est un ange et plus qu'un ange, et nous verrons comme il va fondre à une autre bourgade, qui n'a point même de nom dans les montagnes de Judée. Que de grands il y avait lors en la terre, que de savants, et ils sont en l'oubli du Fils de Dieu fait homme, visitant non Auguste, triomphant lors à Rome, mais un enfant caché dans les entrailles de sa Mère en une bourgade de Judée : et c'est le seul ouvrage, et la seule visite qu'il fait en la terre par l'espace de neuf mois qu'il est résidant en sa très-sainte Mère. Nous trouverons dans peu de temps, Jésus avec la Vierge, avec les pasteurs et les mages en Bethléem; mais ce qui est plus doux, plus intime, plus délicieux, nous avons ici Jésus en la Vierge. Durant neuf mois nous ne l'aurons qu'en la Vierge, et c'est ici le seul ouvrage de Jésus existant en sa Mère : ce qui mérite une attention, une considération et une vénération plus grande.

C'est donc ici le premier usage de Jésus en l'univers, et c'est le seul ouvrage de Jésus existant en la Vierge, c'est le premier rayon de ce soleil de justice, et le rayon qu'il veut répandre hors de la très-sainte Vierge, et c'est la seule visite, la seule opération de la très-sainte Vierge, tandis qu'elle aura le Fils de Dieu en elle, hors ce temps et hors ce lieu. Elle sera neuf mois sans visite, sans parole, recluse en son Nazareth, gardant un sacré silence et une retraite profonde en celui qui est en elle, qui est son cœur, sa vie et son tout. Ici elle va, elle vient, elle parle, et parle plus qu'en aucun lieu de l'Ecriture, et en aucun état de sa vie, et la parole éternelle du Père qui veut être sans parole, comme enfant la fait parler. Il est la parole du Père, mais sans parole en sa Mère, et il l'a fait parler, et saluer sa cousine Elisabeth ; et cette sacrée parole est de telle efficace, qu'elle pénètre le cœur de sainte Elisabeth, qu'elle touche et ouvre le cœur de l'enfant de six mois caché dans son ventre, qu'elle ravit et la mère et l'enfant, et ravit l'un et l'autre en Jésus et la Vierge, qui sont les deux objets de ce ravissement sacré, et les deux sujets de la parole admirable de sainte Elisabeth : *Benedicta tu inter mulieres, et benedictus fructus ventris tui.* (Luc. I, 42.) C'est le double effet de la salutation de Marie, de tirer à Jésus, de tirer à Marie, de tirer aux deux plus grands objets du ciel et de la terre, de tirer à eux conjointement.

VI. Car aussi l'un est en l'autre, Jésus est en la Vierge, car il est son enfant, la Vierge est en Jésus, car il est son tout, et la partie est en son tout, aussi bien comme l'enfant est en la mère; et j'ose dire que la Vierge est en Jésus par une voie plus puissante que Jésus est en la Vierge en sa qualité d'enfant, car il est en elle par la nature, et elle est en lui par la grâce, et par une grâce si puissante qu'elle surpasse la grâce et des hommes et des anges. L'âme est au corps, et le corps est à l'âme, et le corps est plus en l'âme que l'âme n'est au corps, car l'âme ne dépend pas du corps, et le corps est dépendant de l'âme, car l'âme a sa vie et son être sans le corps, et le corps est sans vie quand il est sans âme. L'état de Jésus en la Vierge et de la Vierge en Jésus, est digne d'être considéré d'autant plus qu'il est si peu pesé, et que c'est le fondement d'un si grand état de la Vierge, et d'un si long état de Jésus. Il est en elle comme son Fils, il est en dépendance d'elle, il est en indigence d'elle, qui est bien plus. Dépendance heureuse et dépendance et indigence qui fait un état de si grande excellence, de si grande puissance comme la maternité divine. Il est, et dépendant et indigent, et attaché à ses mouvements, étant et sans lieu et sans mouvement que par elle, car il faut qu'elle le porte maintenant en la maison de Zacharie ; et en Nazareth et en Bethléem, et il est sujet à tous ses mouvements.

Jésus donc est en la Vierge, et la Vierge est en Jésus, et cette parole de la Vierge me semble être la parole de Jésus et de la Vierge tout ensemble : et c'est pourquoi cette parole tire et ravit à Jésus et à la Vierge conjointement ; c'est une grande parole de deux personnes, de la personne de la Vierge, et de la personne de Jésus ; et comme ces deux personnes sont l'une en l'autre, ils parlent aussi l'une en l'autre, et Jésus parle en la personne de la Vierge, comme le prêtre parle en la personne de Jésus en l'opération du sacrement ; et comme ici le prêtre transforme le pain en un être excellent, parce que c'est la parole de Jésus et non la sienne, ainsi Jésus parlant en la Vierge et la Vierge parlant en Jésus, et de Jésus, pénètrent et transforment ces esprits d'Elisabeth et de son fils en un être excellent, en une vie nouvelle, en une vie de grâce et de grâce excellente, ravissante, pleine de vigueur et de mouvement au regard de Jésus et de la Vierge; car l'esprit de l'enfant est en lumière, et sa vie de grâce en mouvement, en élévation, en manifestation, et même en fonction de prophète.

C'est la première manifestation des deux plus grands secrets du ciel et de la terre, et des plus importants à la terre et au ciel, du secret de l'incarnation et de l'état de Mère de Dieu au monde, deux secrets qui s'accomplissent en la terre et non au ciel, et que Dieu aussi a voulu être manifestés à la terre par les saints de la terre, et non par les saints du ciel ; car l'ange qui a été envoyé du ciel pour le dire à la Vierge, s'est retiré au ciel sans en dire rien à personne : *Discessit ab ea angelus* (Ibid., 38), et la Vierge, en laquelle ces deux merveilles sont accomplies, n'en dit rien en Nazareth n'y en Judée même où elle est maintenant ; mais ces deux secrets sont révélés à un enfant, et par l'enfant à la mère, qui le publie et qui s'écrie, etc: *Unde hoc mihi, ut veniat mater Dei ad me?* (Ibid., 43.) Et c'est ici le premier temps de la manifestation de choses si grandes et si secrètes, de choses si nouvelles et si importantes. Car ces merveilles viennent d'être accomplies en Nazareth, et elles retentissent en Judée, nul n'en ayant connaissance en Nazareth où elles sont cachées, et pour un long temps ; tellement que la grâce de ce mystère est une grâce de lumière, et mystère est un mystère de manifestation, et de manifestation de vérités les plus hautes, les plus importantes, les plus nécessaires au monde.

Que de savants, il y a lors en la terre, et que de beaux esprits qui recherchent les secrets de la nature ; mais ils ignorent les secrets de Dieu, et ils n'y pensent pas. Ici se manifestent les secrets de Dieu même, et ses plus hauts secrets, et les plus nécessaires à l'univers; ici se répand la lumière du ciel, et en deux paroles; les deux plus grandes merveilles que Dieu a faites et fera jamais, sont enseignées au monde, et enseignées par une femme et par un enfant. C'est ici la plus célèbre académie de l'univers, où on apprend ce que le monde ignore et ignorera encore fort longtemps, et on l'apprend en deux paroles; car aussi la parole de Dieu même est abrégée en ces deux merveilles, où Dieu est fait homme et une Vierge faite Mère de Dieu; mais c'est à un enfant que ces deux merveilles sont premièrement révélées. Ce n'est pas aux grands et aux savants de la terre, ce n'est pas même à saint Joseph, un des plus saints de l'univers, il n'en aura connaissance de trois mois, bien qu'il soit destiné pour servir et l'enfant et la mère; ce privilége est réservé à un enfant, l'ordre de la sacrée Providence voulant privilégier un enfant, en l'honneur de l'enfance divine. Et puisque Dieu s'est fait enfant, il veut être premièrement connu et adoré par un enfant, et c'est une des premières émanations de l'enfance de Dieu, se manifestant soi-même en l'univers. Dieu est enfant, ce que le monde ignore, ce que le ciel adore; et un enfant est le premier qui le reconnaît et adore en l'univers, et ce par hommage et par opération secrète de l'enfance de Dieu même, qui veut agir sur les enfants, et qui se veut honorer soi-même en qualité d'enfant, en donnant la première connaissance de soi-même à un enfant au monde, et le faisant son prophète en l'univers. Ainsi Dieu enfant est reconnu et manifesté, non par un ange, mais par un enfant; ainsi son premier prophète est un enfant, comme tantôt ses premiers martyrs seront des enfants. Et ainsi agit la plus haute providence de Dieu sur les deux plus hauts sujets qu'elle ait au monde sur Jésus et sur la Vierge; sur le Fils de Dieu fait Fils de l'homme et fait enfant, et sur la Vierge faite Mère de Dieu. Car aussi Dieu a voulu par proportion que comme un enfant manifestait Dieu enfant au monde, ce fût aussi non un ange, non un homme, mais une femme qui reconnût la première, et manifestât la première au monde la qualité de Mère de Dieu nouvellement établie en la terre et en la Vierge ici présente. Et sainte Elisabeth est cette femme heureuse à qui Dieu révèle ses secrets et ses vérités que le ciel instruit de ses mystères; et Dieu les y apprend en l'école de l'humilité, car il les lui apprend par un enfant et par son enfant, pour honorer et relever en cela même l'enfance Divine, qui est la source de la première et la plus grande manifestation d'une si grande lumière au monde, comme celle qui lui apprend l'incarnation du Verbe et la maternité de la Vierge.

VII. Ici donc un enfant connaît et adore Dieu enfant; ici une femme, Elisabeth, connaît et révèle, et annonce la qualité de Mère et de Mère de Dieu en une vierge; ici un enfant, si nous parlons en terme religieux de l'ordre de Jésus et de l'ordre de la Vierge; car ces deux ordres se font dans la terre, et se fondent ici en ce lieu, en ce mystère; ici un enfant est le premier disciple de l'école et académie de Jésus. Parlons en termes plus élevés : ici un enfant est le premier officier de Jésus et a le premier état de sa couronne, car ici se commence l'état de Jésus, ici se commence l'ordre de Jésus et l'ordre de la Vierge qui sont des ordres que la grâce établit en la terre entre les hommes, comme elle a établi au ciel les ordres entre les anges; et c'est en ce coin de Judée, en la maison d'Elisabeth, en l'état de ce mystère que commence cette grâce et ce nouvel ordre, ce grand ordre de Jésus et de la Vierge. Et les premiers religieux de ce grand ordre et de ce nouvel ordre, de cet ordre liant à Jésus et à la Vierge, de cet ordre manifestant Jésus et la Vierge au monde, c'est Elisabeth et son fils Jean-Baptiste. Et qui veut participer à la grâce de cet ordre, doit recourir à eux, doit adorer ce mystère, doit révérer cette maison comme première maison de cet ordre. Maison heureuse d'avoir lors Jésus et sa Mère, et Jésus en sa mère, et d'avoir seule les deux lumières de la terre et du ciel, et les deux plus grands sujets de bénédiction et de vénération que le ciel et la terre contiendront jamais; aussi s'écrie Elisabeth : *Benedicta tu in mulieribus, et benedictus fructus ventris tui.* (*Luc.* I, 42.) Ce n'est que bénédiction en la bouche d'Elisabeth, et aussi ce n'est que grâce et bénédiction au cœur, à l'enfant et à la maison d'Elisabeth. Et si nous prenons garde au texte de l'Ecriture, c'est de l'enfant que vient la lumière à Elisabeth; et ce n'est pas d'Elisabeth qu'elle arrive à son enfant, comme c'est du Fils de Dieu que la bénédiction vient en la Vierge, et non pas de la Vierge au Fils de Dieu, afin qu'en cela même l'enfance de Jean-Baptiste honore et imite la divine enfance de Jésus.

En ce mystère dont le Verbe incarné donne la première connaissance de soi-même et de la Vierge en laquelle il a voulu s'incarner, et tandis qu'il sera caché en qualité d'enfant en la Vierge, il ne fera immédiatement et par soi-même aucun autre effet par l'espace de neuf mois. Car ce qui arrivera à trois ou quatre mois d'ici à saint Joseph, se fera par l'ange Gabriel et non par l'enfant Jésus ni par la Vierge; et Jésus et la Vierge seront en repos et en silence par l'espace de neuf mois, le Fils n'opérant qu'en sa mère, la mère n'opérant qu'en son Fils. Et comme c'est chose étrange que le Fils de Dieu étant au monde se manifeste à un enfant, et ne se manifeste qu'à un enfant, et fasse si tôt un si long voyage pour ce seul effet, considérons qu'en cet enfant il commence à se manifester à tout le monde; car dès lors il le consacre à être son prophète au monde, et c'est lui dont il sera dit ci-après : *Fuit homo missus a Deo,* etc. (*Joan.* I, 6.) Et en la personne de cet enfant, il établit une grâce si haute et si éminente, qu'elle équipole à la grâce de toute une province.

La grâce propre de ce mystère, est une grâce de lumière et de manifestation; mais de manifestation secrète, de manifestation propre à la sapience divine, qui ne s'accomplit qu'*inter perfectos*, de manifestation de sujets les plus dignes et les plus doux à connaître, Jésus et Marie. Qui veut entrer en la connaissance et participation de ces deux grands sujets, doit révérer ce mystère et recourir à la grâce de ce mystère. Car en ce mystère sont les prémices de cette grâce, et de cette grande grâce qui manifeste Jésus et Marie au monde.

Je me plaindrais volontiers de l'évangéliste; il ne nous rapporte que la rencontre de Marie avec Elisabeth, et nous marque un séjour de trois mois. Si de la salutation simple de la Vierge à Elisabeth, nous avons recueilli tant de lumières et de grandeurs, que serait-ce de la conversation de trois mois, si elle nous était rapportée? Car il n'y a un seul moment oiseux ni perdu; tout y est grand, tout y est saint, tout y est digne de Jésus et de Marie. Que de lumières et de ravissements en si long séjour, soit en la Vierge soit en Elisabeth. Que d'élévations et cantiques de louanges! quelles opérations secrètes de l'enfant de Marie en l'enfant d'Elisabeth, Jésus était comme un soleil bien proche, et l'autre était comme une cire molle et disposée, qui, dès l'entrée, avait reçu un si grand effet et attendrissement; et Jésus qui l'avait touché si puissamment, faisait fondre continuellement son cœur et son esprit devant lui, et allait préparant ce nouvel athlète aux choses grandes où il était destiné : *Novus athleta novo parabatur certamini*. Mais ces choses ne sont écrites qu'au ciel où nous verrons la vie de Jésus en son étendue, et par intervalles elles sont imprimées en la terre dans le cœur de quelques âmes fidèles : adorons ce que nous ignorons de choses si grandes et si particulières.

XXXVII. DU MYSTÈRE DE LA VISITATION.

A une prieure des religieuses Carmélites.

I. *Le mystère de la Visitation porte une liaison particulière de Jésus et de Marie, à saint Jean et à sainte Elisabeth. La grâce de ce mystère est le premier et unique effet de Jésus, tandis qu'il est résidant en Marie.* — II. *Jésus-Christ ne veut faire ni pouvoir faire cette opération que par sa Mère. Privilège de sainte Elisabeth, d'avoir été la première à connaître et annoncer l'état de Mère de Dieu.* — III. *L'opération présente de Jésus, est la première et la plus signalée de ses opérations pendant trente ans. Et il l'a faite par la Vierge, et sur l'un des plus grands sujets de sa grâce. Prérogatives de saint Jean. Saint Jean est éminent et puissant à donner connaissance de Jésus aux âmes.* — IV. *La grâce donnée à saint Jean a un rapport spécial à Jésus caché. Saint Jean continue dans cet adhérence à Jésus, caché pendant tout le temps qu'il est au désert. La vie intérieure de saint Jean porte privation de Jésus.*

I. La grâce de Notre-Seigneur Jésus-Christ soit avec vous pour jamais. Je vous écris ce mot en un jour saint, ce qui me tire à la pensée de son mystère en voulant vous écrire d'autres choses, que je vous manderai par après. C'est le jour de la visitation de Notre-Dame, qui porte une liaison particulière de Jésus et de Marie, à saint Jean et sainte Elisabeth, et une bénédiction particulière à cette sainte famille. C'est le premier œuvre de Jésus en la terre hors de lui-même et de sa très-sainte Mère. C'est la première action extérieure et notable de la Vierge après qu'elle est entrée en sa qualité de Mère de Dieu. C'est la première sanctification que Jésus a opérée au monde, avant d'être au monde, lui qui est le Saint des saints, et qui vient pour sanctifier le ciel et la terre, remplissant l'un et l'autre des effets de sa puissance et de sa sainteté.

II. Ces primautés en un sujet si grand, méritent bien d'être considérées et révérées très-particulièrement, d'autant plus que cet effet est singulier, et n'a point son semblable dans les actions du Fils de Dieu remarquées en l'Ecriture. Cela vous doit lier à Jésus et à Marie, et à Jésus en Marie. Car lors Jésus était en elle, vivait en elle et par elle, et opérait aussi par elle; et comme il avait une sorte de vie annuelle dépendante de sa mère, il voulait aussi avoir une sorte d'opération conjointe à elle et dépendante d'elle. Il vient visiter saint Jean, mais il veut aussi ne le pouvoir que par sa Mère, et lui qui est son cœur et son esprit, plus que son propre cœur et sa propre âme, il la dispose saintement et suavement à visiter sainte Elisabeth, et il veut que cette sainte, heureuse en son alliance avec la très-sainte Vierge, soit la première en la terre qui connaisse, qui honore, qui embrasse, qui publie la dignité de celle que Dieu a choisie au monde pour sa Mère. Dieu visitant saint Jean, le veut sanctifier, mais il veut employer en cette sanctification la présence et la voie de sa Mère : *Ut facta est vox salutationis tuæ in auribus meis*, dit sainte Elisabeth. (*Luc.* I, 44.)

III. Béni soit Jésus en lui-même et en la Vierge. Béni soit Jésus en ses grandeurs et en ses abaissements, car tout est grand, divin et adorable en lui. Béni soit Jésus en la vie qu'il reçoit de son Père, et en la vie qu'il tire de sa très-sainte Mère. Béni soit-il dans les opérations de cette vie nouvelle, soit qu'il opère en lui-même, soit qu'il opère en sa très-sainte Mère, soit qu'il opère encore en autrui par elle. Car il veut vivre en elle et par elle, il veut opérer en elle et par elle, et il veut que la première et la plus signalée de ses opérations par l'espace de trente ans, soit une opération qu'il fait par la Vierge, sur un des plus grands sujets de sa grâce, et l'un des plus grands saints de son paradis, et lequel il destine à être le premier de tous les mortels à le connaître, à le servir et à le publier à l'univers, et au premier même d'entre les apôtres; car c'est par saint Jean, que saint André, le premier des disciples de Jésus, entre en la connaissance de Jésus. Ce saint est éminent et puissant à donner connaissance de Jésus aux âmes, puisqu'il est le premier à l'avoir fait connaître au monde et aux premières âmes du monde. Et puisqu'il a ce bonheur de connaître Jésus avant de se connaître soi-même, et de le faire connaître à sainte Elisabeth sa mère, avant d'être et de parler au monde, il commence le premier usage de lui-même par la connaissance de Jésus, et de Jésus caché au monde. Supplions-le qu'il nous tire et élève à une connaissance spéciale de Jésus et de Marie, et qu'il nous lie à ces deux sujets divins, auquel il est conjointement lié dès le premier instant de sa vie de grâce, et avant de vivre au monde.

IV. Mais il est lié à Jésus caché, et il a un rapport particulier à cette sorte de condition de Jésus, résidant et caché dans les âmes. Et peut-être Dieu veut-il que vous soyez de ce nombre, et il nous fait vouloir ce qu'il lui plaît, et nous ne sommes pas dignes d'être à lui; et ceux qui ont part à Jésus caché dans ses états et ses opérations, ont part à la condition de l'un des plus grands saints du ciel, c'est-à-dire saint Jean, qui commence sa vie de grâce par une sorte d'adhérence à Jésus caché dans l'état de son enfance, et de sa résidence dans les flancs de sa très-sainte Mère. Et il continue cette même vie de grâce, par une sorte d'opération de Jésus même par l'espace de trente ans, vivant trente ans dans une solitude, privé de Jésus, éloigné de Jésus, lequel il savait être en Judée, et auquel il avait rendu ses premiers devoirs, et pris une adhérence parfaite à lui tandis qu'il était encore caché dans les entrailles de la Vierge Marie. O Jésus caché! ô Jésus éloigné! êtes-vous ainsi le partage de Jean-Baptiste? Et des âmes viles, en comparaison de ce grand saint, auront peine d'avoir part à vous, sans jouir de vous, et sans vous connaître. O désert de saint Jean! ô privation de Jésus, que vous nous apprenez choses grandes, si nous étions capables de les entendre! Soyons à Jésus, soyons à la Vierge, soyons à Jésus en la Vierge. Soyons à Jésus caché dans ses mystères, dans ses états et dans ses desseins sur nous. Soyons volontiers privés de Jésus, mais pour Jésus même, possédés de Jésus, et non possédant Jésus, pour le posséder un jour plus hautement, plus pleinement et plus saintement. Bref, soyons à lui et à sa très-sainte Mère, en la manière qu'il leur plaît ordonner sur nous; et nous rendons fidèles à leurs voies et à leurs desseins sur nous. Cette pensée m'adoucit la peine que j'ai de vous voir en l'éloignement et en la privation que vous souffrez dès longtemps, au regard de ceux dont la présence et communication vous donneraient quelque aide et consolation. Mais c'est l'ordonnance du ciel, à laquelle il se faut et commettre et soumettre. Continuez en ce désert et solitude, puisque c'est pour servir à Dieu dans les âmes qu'il appelle à son service, au pays où vous êtes. Continuez aussi en la charge que Dieu vous y a donnée, à laquelle on ne peut encore apporter aucun changement.

XXXVIII. DE LA NATIVITÉ DE JÉSUS.

I. *L'Eternel est assujetti à la loi des temps, et il ne veut point abréger le temps des neuf mois député au séjour des enfants dans le ventre de la mère.* — II. *Explication de ces paroles :* Impleti sunt dies ut pareret. *Plénitude de grâce est donnée à la Vierge, non-seulement pour concevoir, mais aussi pour enfanter Jésus-Christ. La nature enfante la grâce : car Jésus est la grâce du Père.* — III. *Quelles doivent être nos pensées, quand nous entendons dire que le Fils de Dieu naît temporellement. Jésus naît sans efforts en la nature, par le doux effort de la puissance divine communiquée à sa Mère. Il y a des ombres dans la nature de la naissance de Jésus, sans intérêt de l'intégrité de sa Mère; spécialement en la production des fleurs et de la lumière. L'intégrité de cette seconde naissance va imitant et adorant l'intégrité divine de la première.* — IV. *Quelles sont les causes, et quelle la manière de la naissance de l'Eternel dans les temps. Il y a grandeurs et abaissements en cette naissance; et nous devons exercer notre foi sur l'un, et nos sens sur l'autre.* — V. *Le Fils de Dieu naît par obéissance, et par obéissance rabaissée dans les choses humaines. Dieu abaisse et élève son Fils en sa naissance.*

I Celui qui a fait les temps et qui est le roi des siècles, a voulu se rendre sujet au temps, et conduire le cours de sa vie par la loi des temps. Et c'est la première loi, sujétion et servitude à laquelle nous trouvons le Fils unique de Dieu sujet au monde. C'est aussi la première qu'il nous commande, car nous sommes temporels; notre être est temporel, et nous sommes sujets au temps. Nous naissons quand le cours de la nature le porte, car nous sommes esclaves du temps. Depuis le 25 mars que le Fils de Dieu est conçu, jusqu'au 25 décembre, le cours de neuf mois député par la nature au progrès de l'enfant dans le ventre de sa mère, est entièrement accompli. Et le Fils unique de Dieu a voulu subir cette loi de la nature, sans l'abréger d'un seul moment, bien qu'il eût commencé quarante jours plus tôt à être organisé et animé dans le ventre de la Vierge. Car il emploie sa puissance et ses merveilles à nous rédimer, mais non pas à se rédimer soi-même de la loi de nos infirmités. L'évangéliste donc nous apprend : *Impleti sunt dies ut pareret* (Luc. II, 6), que les jours ordonnés par la nature à l'enfantement sont remplis, et par la plénitude de ce cours de la nature, il nous élève tacitement à révérer la plénitude du temps célébré dans l'Ecriture, où le temps produit l'Eternel, la créature son Créateur, et la Vierge son Dieu et son Fils unique tout ensemble.

II. Cette plénitude du temps nous élève à une autre sorte de plénitude donnée à la nature, pour enfanter l'auteur de la grâce. Car la Vierge a reçu plénitude de grâce pour concevoir Jésus; elle a aussi reçu plénitude de grâce pour enfanter Jésus, car l'auteur de grâce ne peut être conçu ni enfanté que par plénitude de grâce, de puissance et de merveille. C'est la nature qui enfante la grâce, comme c'est la créature qui enfante le Créateur. Car Jésus est la grâce du Père, grâce essentielle et non accidentelle, grâce essentielle et personnelle, grâce incréée et incarnée, grâce et source de grâce qui combat en la terre et triomphe au ciel. Cette grâce est enfantée par la nature, Jésus par Marie, par Marie dis-je, et par la nature élevée, accomplie et animée d'un nouvel état et effort de la grâce, digne de produire le Fils de Dieu au monde.

III. Ne rabaissons pas nos esprits dans la simple condition des enfantements humains, quand nous entendons parler que la Vierge enfante son Fils unique au monde. Ce Fils est Dieu et homme, et joint en son être deux conditions bien différentes, et il joint aussi en ces états et mystère des grandeurs et des abaissements conformes aux qualités différentes de ces deux natures. Et ces grandeurs donnent jusqu'à sa Mère, car les grandeurs du Fils et de la Mère sont jointes ensemble en ce mystère du Fils et de la Mère. Il est enfant, mais il est Dieu. Elle est mère d'un enfant, mais elle est Mère d'un Dieu, Mère du Créateur, Mère du Sauveur du monde. Elle est Mère et Vierge, Jésus naît d'elle et sans effort de nature, par le doux effort de sa puissance, et par la puissance divine qu'il communique à sa Mère, qui le produit comme un Dieu au monde. Si un Dieu doit naître, il doit naître ainsi : sans impureté, sans effort, sans intérêt de celle qui l'enfante au monde, comme il a été conçu en elle sans aucun accident contaminant la pureté et la virginité de celle qui est sa Mère, Mère et Vierge tout ensemble. Mère et Vierge en le concevant, Mère et Vierge en l'enfantant. Puisqu'il veut que la nature le produise, il ne veut pas donner moindre condition à sa Mère produisant un Dieu, que ce qu'il a donné lui-même à la nature pour enfanter les choses inanimées. Il est la fleur d'Israël ; la nature produit les fleurs sans ouverture de l'arbre qui les porte. Il est la lumière de l'univers ; la lumière sort du soleil par une émanation si vive, si douce, si éminente, qu'en un moment elle pénètre du ciel en terre sans effort, sans ouverture aux corps transparents par lesquels elle arrive jusqu'à nous.

Mais parlons plus hautement de celui qui passe la nature, et qui est le Dieu de la nature même. Jésus est le Fils du Père, et il procède du sein paternel sans ouverture, ce sein demeurant éternellement clos, nonobstant cette procession et mission du Fils de Dieu au monde ; et il veut aussi procéder du sein virginal de sa sainte Mère, ce sein demeurant clos comme auparavant, figuré par le jardin clos et la fontaine scellée, et par la porte orientale par laquelle Dieu passe.

IV. Comme cet enfantement est admirable, les causes aussi de cet enfantement sont divines et admirables, et la Vierge reçoit une puissance divine pour produire son Fils au monde. La vertu du Très-Haut l'environne comme en sa conception, et le désir du Père à donner son Fils au monde est communiqué à son cœur, et ce cœur maternel et virginal joint au vouloir et au pouvoir de donner son Fils au monde, se trouve puissant, mais d'une puissance divine, à produire un Dieu sur la terre. O puissance ! ô grandeur ! ô dignité de la Vierge, concevant et produisant un Dieu au monde ! Si Dieu devait être conçu, il devait être conçu ainsi ; si Dieu devait être enfanté, il devait être enfanté ainsi. Que les grandeurs et les merveilles de cet enfantement, surpassent les bassesses de cet enfantement ; car aussi les grandeurs de la nature divine surpassent les bassesses de la nature humaine de cet Enfant-Dieu. Mais ses grandeurs et merveilles sont intérieures et invisibles, et ses abaissements sont visibles et sensibles ; car aussi la nature divine de cet enfant est invisible, et sa nature humaine est sensible. Contemplons ses grandeurs et ses abaissements, adorons et ses abaissements et ses grandeurs : car l'un et l'autre est divin, car l'un et l'autre est nôtre. Exerçons notre foi sur l'un, et nos sens sur l'autre ; mais exerçons nos sens par la conduite de la foi, et par la lumière de la grâce. Mais voyons l'état et le progrès de cet enfantement, allons en Bethléem, allons en l'étable. Voyons Jésus enfant, voyons Marie sa mère, et Joseph assistant et servant la Mère et l'enfant. Voyons et l'étable, et le bœuf, et l'âne, et la grandeur du ciel et de la terre abaissée dans Bethléem en la personne du Fils, et en la personne encore de la Mère.

V. La Vierge sort de Nazareth, et va en Bethléem par ordonnance de l'empereur ; Jésus dès lors commençant à obéir au monarque de la terre, commença à obéir premier que de naître. Car il meurt en une croix par obéissance, il veut encore naître en un Bethléem par obéissance ; et une chose si divine comme la naissance de Jésus au monde, semble arriver par un cas humain ; mais Dieu cache et conduit sa providence dans les choses humaines, et nous avons à admirer que la plus haute et rare providence que Dieu exerce sur son Fils unique, soit tempérée, couverte et conduite, et comme rabaissée dans les cas humains. Qu'y a-t-il de plus divin en l'univers que la naissance de Jésus en l'univers ? Qu'y a-t-il qui dût être plus conduit par une Providence toute divine et haute, moins rabaissée dans les choses humaines ? Et il ne semble pas que Dieu s'en mêle, et cela est conduit par le vouloir fortuit d'un prince, qui veut savoir les forces de son empire, cela est réglé par les gouverneurs des provinces, qui publient les ordonnances tôt ou tard comme il leur plaît, cela est réglé par les exécuteurs de cette ordonnance, et mille autres accidents qui arrivent en choses semblables. Jésus naît en une étable, et non en une maison commune ; Jésus est dans une crèche, et non dans un berceau, qui est le premier séjour des enfants ; Jésus naît au milieu du bœuf et de l'âne, et non au milieu de ses parents, et sa première compagnie est le bœuf et l'âne ;

et dans cet abaissement se trouve la naissance miraculeuse de celui qui a fait le ciel et la terre. Ce n'est pas à nous de parler de ce mystère, et nous avons plus à l'admirer et adorer par un profond silence, qu'à le profaner et avilir nos pensées trop faibles. Jésus est enfant et dans l'obligation au silence, il ne nous en peut parler, ce serait à la Vierge et à l'ange servant de Jésus de nous en parler.

Dieu, qui a ainsi abaissé son Fils en terre en une étable, le veut relever au ciel, et du ciel il envoie ses anges pour l'adorer, du ciel il envoie ses anges pour l'annoncer, du ciel il envoie une étoile pour publier aux mages sa naissance. Ce sont les trois merveilles que le ciel contribue à Jésus né enfant en terre, tandis que la terre est en oubli et méconnaissance de son sauveur: *Et adorent eum omnes angeli ejus.* (*Hebr.* I, 6.)

XXXIX. DE LA NAISSANCE ET ENFANCE DE JÉSUS.

I. *L'enfant Jésus fait parler les hommes et les anges, et est en silence.* — II. III. *La Vierge est en silence par le silence de son Fils; il appartient à la Vierge, plus qu'à personne, de parler de son Fils, et toutefois elle demeure en silence, silence d'adoration et de transformation.* — IV. *L'auteur voudrait demeurer en silence, à l'imitation du Fils et de la Mère, ce que son devoir ne lui permettant pas, au moins il consacre ses pensées et ses paroles à Jésus, et ne veut parler que de lui.* — V. *Le conseil de Dieu sur la mission de son Fils au monde, est le plus grand de ses conseils et l'affaire la plus importante de son état. Abaissement du Fils de Dieu au mystère de l'Incarnation. Jésus est un sujet propre et domestique à tous, de quelque condition qu'ils soient, et malheur à ceux à qui il sera étranger. Il n'y a rien de petit en un mystère si grand, et chacune de ses circonstances mérite toute notre attention.* — VI. *Le Fils de Dieu s'anéantissant dans le mystère de l'Incarnation, se plaît en l'abaissement, et le Père honorant le désir qu'il a de s'abaisser, lui donne la puissance souveraine qu'il lui veut donner par une voie humble et abaissée, l'obligeant de la lui demander :* Postula a me, etc. (*Psal.* II 8.) *Jésus persévère en son humilité et se prive de l'usage de sa puissance souveraine au même moment qu'il la reçoit.* — VII. *Considération de l'alliance du Fils de Dieu avec notre nature, et non avec celle des anges. La Vierge a plus de part en ce mystère que toute la terre.*

I. Tandis que le Fils de Dieu est en silence et en impuissance même de parler de son enfance, nous devons parler pour lui, et nous devons parler de lui, d'autant plus volontiers que c'est pour nous qu'il est en cet humble état de silence et d'impuissance; car par son être propre et par sa naissance éternelle, il est la puissance, la parole et la sapience de son Père. Reconnaissant donc ce qu'il est en la Divinité, contemplons ce qu'il daigne être en notre humanité, et voyons que c'est la puissance de son amour et la grandeur de sa dignation, qui le réduit en cet état de petitesse et d'impuissance. Adorons, admirons un état si abject en un être si grand, et une telle faiblesse en une telle puissance.

II. J'aimerais beaucoup mieux ouïr parler de Jésus, que de parler de Jésus : car cet état de silence que je vois en Jésus me ravit et me tire en silence, comme aussi je vois qu'il ravit encore et tire en silence sa très-sainte Mère. Et je choisirais plus volontiers de tenir compagnie à Jésus et à Marie en leur silence, qu'à tout le reste du ciel et de la terre; et qu'à ceux même qui, au rapport de l'Évangile, parlent si hautement et si divinement des merveilles arrivées en ces jours. Ce sacré silence est plus propre à honorer choses si grandes et si profondes, et à révérer dignement les grandeurs de Jésus cachées en ses bassesses, sa divinité voilée de notre humanité, et sa puissance et sapience incréée, couverte de l'impuissance et de l'enfance que nos yeux aperçoivent.

III. Aussi est-ce le partage de la Vierge en ce saint temps, d'être en silence. C'est son état, c'est sa voie, c'est sa vie. Sa vie est une vie de silence qui adore la parole éternelle. En voyant devant ses yeux, en son sein, en ses bras cette même parole, la parole substantielle du Père, être muette et réduite au silence par l'état de son enfance, elle rentre en un nouveau silence et y est transformée à l'exemple du Verbe incarné qui est son Fils, son Dieu et son unique amour. Et sa vie se passe ainsi de silence en silence, de silence d'adoration en silence de transformation, son esprit et ses sens, conspirant également à former et perpétuer en elle cette vie de silence; et toutefois un sujet si grand, si présent et si propre à elle serait bien digne de ses paroles et de ses louanges. A qui Jésus appartient-il de plus près qu'à Marie qui est sa Mère, et ce qui ne convient qu'à elle, elle est sa Mère en la terre sans Père, comme Dieu est son Père au ciel sans Mère? Qui donc a plus de droit de parler de lui, qu'elle qui lui tient lieu de père et de mère tout ensemble, et ne partage avec aucun la substance nouvelle dont il l'a revêtu? Qui connaît mieux l'état, les grandeurs, les bassesses de Jésus, que Marie, en laquelle il a reposé neuf mois, et de laquelle il a pris ce petit corps qui couvre la splendeur de la divinité, comme une nuée légère qui cache un soleil, et comme un voile délié qui nous cache le vrai sanctuaire? Qui parlerait plus dignement, plus hautement, plus divinement de choses si grandes, si profondes, si divines, que celle qui est la Mère du Verbe éternel, et en laquelle et par laquelle ces choses-là mêmes ont été accomplies, et qui est la seule personne que la Trinité a choisie et jointe à soi pour opérer ces merveilles? Et toutefois elle est en silence, ravie par le silence de son Fils Jésus. Et c'est un des effets sacrés et divins du silence de Jésus, de mettre la très-sainte Mère de Jésus en une vie de silence; silence humble, profond et adorant plus saintement et plus disertement la sapience incarnée, que les paroles ni des hommes ni des anges. Ce silence de la Vierge n'est pas un silence de bégayement et d'impuissance, c'est un silence de lumières et de ravissement, c'est un silence plus éloquent, dans les louanges de Jésus, que l'éloquence même. C'est un effet puissant et divin dans l'ordre de la grâce, c'est-à-dire c'est un silence opéré par le silence de Jésus, qui imprime ce divin effet en sa Mère, et qui la tire à soi dans son propre silence, et qui absorbe en sa divinité toute parole et pensée de sa créature. Aussi est-ce une merveille de voir qu'en cet état de silence et d'enfance de Jésus, tout le monde parle et Marie ne parle point; le silence de Jésus ayant plus de puissance de la tenir en un sacré silence, que les paroles ni des anges ni des saints n'ont de force à la mettre en propos et la faire parler de choses si dignes de louanges, et que le ciel et la terre unanimement célèbrent et adorent. Les anges en parlent, et entre eux-mêmes et aux pasteurs, et Marie est en silence. Les pasteurs courent et parlent, et Marie est en silence. Les rois arrivent, parlent et font parler toute la ville, tout l'Etat et tout le sacré synode de Judée, et Marie est en retraite et en silence. Tout l'Etat est ému, et chacun s'étonne et parle du nouveau roi recherché par les rois, et Marie est en son repos et en son sacré silence. Siméon parle au temple, et Anne la prophétesse, et tous ceux qui attendent le salut d'Israël, et Marie offre, donne, reçoit et rapporte son Fils en silence; tant le silence de Jésus a de puissance et d'impression secrète sur l'esprit et le cœur de la Vierge, et la tient puissamment et divinement occupée et ravie en silence. Car aussi durant tout le temps de son enfance, nous n'avons que ces paroles qui nous soient rapportées de la conduite de la Vierge, et de sa piété au regard de son Fils, et des choses qui sont dites de lui, et accomplies en lui: *Maria autem conservabat omnia verba hæc conferens in corde suo.* (*Luc*, II, 19.) Voilà l'état et l'occupation de la Vierge, voilà son exercice et sa vie au regard de Jésus durant sa sainte enfance.

IV. À son exemple, je voudrais être et demeurer en silence et le conserver à son imitation; mais je ne suis point à moi, et je dois me régler selon mes devoirs et non pas selon mes propres pensées; et mon devoir et ma condition m'obligent à vous parler, et je ne puis parler entre nous que de Jésus. Il est notre vie, notre salut et notre suffisance. Et puisque ce saint temps, le temps propre du Verbe incarné, est destiné à honorer son avénement et les premiers mystères d'icelui, je consacre mon esprit et ma langue à un sujet si digne. Et je vous veux parler de son avénement et de ses premiers pas au monde; et parce que je suis redevable à tous, je veux parler à tous, et je parlerai à ceux dont je suis éloigné, me servant des voies par lesquelles les absents se rendent présents, pour se parler mutuellement et s'entretenir ensemble.

V. Je vous dirai donc que le plus grand conseil qui ait jamais été tenu dans le secret de la Divinité, est celui que le Père éternel tient sur son Fils pour l'envoyer au monde. C'est une affaire d'Etat, et la plus grande affaire du plus grand Etat qui sera jamais. C'est une affaire qui regarde l'état du Fils de Dieu hors le sein de son Père. C'est une affaire de l'état du ciel et de la terre, c'est une affaire d'Etat qui regarde Dieu même. En cet affaire il s'agit du royaume de Dieu, car Dieu qui règne en soi-même et en son unité propre, veut régner hors de soi-même et en la divinité de ses créatures; il veut remplir le ciel et la terre de sa grandeur, il veut établir en la terre un royaume céleste, il veut faire un royaume qui doit briser et ruiner tous les royaumes de la terre: un royaume, dis-je, qui doit durer éternellement comme il est éternel, car à un roi divin et éternel il lui faut un royaume éternel et divin. Ce royaume commence en ce mystère, qui porte l'état, et l'état éternel du Fils de Dieu fait homme, au milieu des anges et des hommes, à la vue de la terre et du ciel. C'est l'état, l'œuvre et le mystère où Dieu règne, et par lequel il règne en ses créatures. Qui n'adorera, qui ne se ravira hors de soi-même, en la pensée d'un si grand conseil sur une si grande affaire? Qui ne s'appliquera à un sujet si grand et si universel, qui concerne l'envoi du Fils de Dieu en l'univers pour le bien de l'univers? Cet envoi est ordonné par le Père éternel et accompli sur son Fils unique, les deux premières personnes de la Divinité. En cet envoi il s'agit de la sapience incréée mais incarnée, de la vertu du Père mais couverte de notre faiblesse, du roi des siècles mais né dans le temps; du seigneur des anges, du sauveur des hommes, mais devenu l'opprobre des hommes en fuyant en Egypte. Le sujet est commun à tous, et est propre à tous; il est très-haut, mais il s'abaisse à tous; sujet grand, haut, ineffable, mais utile à tous et appliqué à tous. Les sages, les rois, les peuples, les grands et les petits, les hommes et les anges ont part à ce sujet; il est domestique à tous, et malheur éternel à ceux à qui il sera étranger. Soyons donc attentifs à cet objet et le rendons familier à nos sens et à notre esprit, nous ne serons jamais appliqués à chose plus grande ni plus utile, plus haute ni plus profonde et sublime, plus familière ni plus délicieuse; et voyons que le Fils de Dieu, par le vouloir du Père, vient au monde pour le salut du monde. En ce grand et heureux voyage d'une personne de si grand poids et pour un si grand dessein, qui ne serait attentif même aux moindres circonstances? Qui tiendra rien de petit où tout est si grand, et où chaque chose pour petite qu'elle soit, touche de si près à la Divinité même? Qui n'observera volontiers les pas de celui qui arrive, et qui est attendu par tant de siècles?

Quel sera ce lieu heureux où il fera ses premiers séjours et sa première retraite? C'étaient les désirs de celle qui, aux cantiques, s'enquiert si soigneusement de l'arrivée, du séjour et des moments de son bien-aimé: *Indica mihi quem diligit anima mea, ubi pascas, ubi cubes in meridie.* (Cant. I,) Elle le cherchait, elle l'attendait en la splendeur du midi, et il voulait venir à l'aube et à l'aurore du matin. Et ce doivent être nos premiers soins et pensées, et ce serait aussi un des premiers sujets de ce discours.

VI. Le Fils de Dieu s'anéantit en certaine façon, et prend la robe et l'état de serviteur, comme il en a pris la nature; et le Père veut que dans ce même abaissement il demeure en sa qualité et dignité de Fils et de souverain. Et puisque le Fils se plaît tant à l'abaissement, il lui accorde qu'il lui demande pouvoir sur l'univers; car demander est propre à sa condition nouvelle et abaissée, et qu'il le reçoive, car c'est une puissance qui convient à sa condition naturelle et personnelle, et à une humanité déifiée, c'est-à-dire élevée dans le sein de la divinité. Jésus donc le lui demande et le reçoit. Et celui que vous voyez gisant en une crèche, est le souverain de l'univers, et en reçoit le pouvoir et les patentes dans cette crèche même, et ce sien pouvoir sera bientôt reconnu des hommes et des anges, des pasteurs et des mages, et enfin de tout l'univers. Mais Jésus par une humilité constante et nouvelle, recevant le droit nouveau de cette puissance, se prive au même temps de l'usage d'icelle, pour le salut des hommes et la gloire de son Père; et cette privation est d'autant plus haute qu'elle est conjointe avec une si grande dignité. Et nonobstant cette sienne puissance, il demeure en l'étable, en la crèche, entre le bœuf et l'âne; aussi persévérant en son abaissement qu'il est persévérant en sa grandeur; car l'un est conjoint à l'autre, et l'un n'est pas anéanti par l'autre.

VII. Ce voyage est signalé: c'est le Père éternel qui l'ordonne, et envoie celui qui doit venir: c'est son Fils propre qui vient et est envoyé par lui, les deux premières personnes de la divinité; qui ne sera curieux d'observer les pas et les séjours de celui qui est tant désiré, tant attendu, et dont l'avénement est si salutaire? Qui ne sera désireux de le contempler en cet avénement, et d'observer quel sera son premier pas en cet heureux voyage? Son premier pas venant au monde, est en Nazareth. Le Fils unique de Dieu qui vient en l'univers, pour l'univers, pour le ciel et la terre, les anges et les hommes, et toute créature; voulant néanmoins se faire homme et fils de l'homme, et non pas ange, veut aussi commencer à vivre, non pas au ciel, mais en la terre, non entre les anges, mais entre les hommes. Il regarde du plus haut des cieux le rond de la terre, et choisit cet hémisphère pour y prendre naissance, et y faire sa demeure; et en cet hémisphère il regarde la Judée comme sa terre, où son nom est connu, comme la terre où habite son peuple qui le sert et l'attend; peuple duquel et au milieu duquel, il veut naître, et en la Judée et en la Galilée. Son premier pas est en Nazareth, et son premier repos en la Vierge de Nazareth: c'est le premier pas du Fils de Dieu venant au monde, c'est son premier séjour prenant chair en la Vierge, et reposant en ses flancs par l'espace de neuf mois accomplis. Là il se donne à la nature humaine, et Dieu est là enclos dans le sein de la Vierge, et la terre n'y prend point de part. Il est plus en la Vierge qui vit sur la terre, que non pas en la terre; puisque la Vierge seule y a sa part, et qu'il ne fait pas encore une partie distincte et séparée d'elle. Il faut passer plus outre et s'avancer davantage en ce voyage, et il faut remarquer quel sera le second pas du Fils de Dieu au monde. C'est en Bethléem, que passant de Galilée en la terre de Juda, en la cité de David, là il se rend visible à nos yeux, et s'expose à la vue et à la jouissance de son peuple; les anges viennent fondre à ses pieds, les pasteurs y accourent, les rois y viennent (117).

XL. DE LA NAISSANCE DE JÉSUS HORS DE LA VIERGE ET DANS UNE ÉTABLE.

Cette naissance est si importante au monde, qu'elle est prédite par les prophètes, qu'elle est enseignée par les étoiles, qu'elle est recherchée par les rois, qu'elle est effroyable aux tyrans et qu'elle est salutaire à l'univers. Cette naissance a beaucoup de merveilles qui la précèdent, qui l'accompagnent, qui la suivent, mais elle est une plus grande merveille elle-même que toutes ces merveilles, qui ne sont que les simples accidents et ornements de sa substance. Le fond de ce mystère porte la naissance d'un Dieu, d'un roi et d'un Sauveur, trois qualités les plus belles et les plus grandes qui puissent être; et porte une naissance seconde, humaine et temporelle, adorant la naissance première, divine et éternelle de celui qui est né, lequel est toujours né et toujours naissant dans son éternité, et devait être divinement adoré par une sorte de naissance nouvelle, divine et adorable en elle-même. Cette naissance donc est et adorante et adorable, et aussi est-elle adorée des anges, des pasteurs et des rois, et enfin de l'univers.

Il ne nous faut pas contempler cette naissance simplement, comme d'un enfant né en la terre, mais il nous faut souvenir que comme Dieu se joint à l'homme, la terre au ciel, aussi les choses grandes sont jointes aux basses, et il nous faut pénétrer les grandeurs cachées dans ces bassesses. Cette naissance est divine et miraculeuse; elle a aussi des causes et des mouvements divins qui la produisent. Ces causes sont divines, ces mouvements sont miraculeux. Ce n'est pas un simple effort de la nature

(117) Ce discours n'est pas parachevé.

qui produit l'enfant hors de la mère; cette naissance est sans effort, ses causes sont plus divines, ses mouvements sont plus miraculeux.

XLI. DE LA NATIVITÉ DE JÉSUS.

Auguste, avec toutes ses grandeurs, sert à la nativité de Jésus; c'est son bonheur s'il le savait connaître. C'est Jésus qui ramène le sicle doré selon l'oracle des païens, et non César ni Auguste. Dispositions à la naissance de Jésus.

L'histoire romaine n'a point un champ plus ample et plus fertile, que la grandeur et prospérité d'Auguste, d'avoir eu le monde en sa puissance et de l'avoir eu un si longtemps. Mais l'histoire sainte le relève bien davantage, et lui donne un plus grand sujet d'honneur, qu'en son temps et sous sa puissance, celui qui a fait le monde ait pris naissance et ait vécu quatorze ans sous son autorité. Prince heureux s'il eût su connaître son bonheur, et si, au lieu d'avoir Jésus pour sujet de son empire, il se fût rendu lui-même le sujet de Jésus, et le héraut de l'empire de Jésus au monde. Mais cette gloire ne convient pas aux grands, elle était réservée à de pauvres pêcheurs, que les Césars, les Augustes, les rois révèrent en leurs cendres, et aux reliques de leur autorité par tout le monde. Heureux Auguste, si c'est plus d'avoir celui qui a fait le monde en sa puissance, que d'avoir le monde en son pouvoir. Ses officiers servent à Jésus, mais sans penser à Jésus; ils sont les fourriers qui lui marquent le logis où il veut naître au monde; ses ordonnances ne sont que pour faire naître Jésus en Bethléem suivant les oracles. C'est à Jésus et non à Auguste que s'adressent les oracles que l'antiquité païenne a attribués à César; c'est Jésus qui est le souverain que la nature travaillait de produire au monde; c'est à quoi le ciel et la terre conspirent, et non à Auguste que le ciel ne connaît point, et que la terre redoute, et laquelle est remplie d'horreur, de sang et de confusion; c'est Jésus qui rapporte, selon Virgile (*Eclog.* IV), le siècle doré. On a dit de César : *Ou qu'il n'eût jamais été, ou qu'il ne fût point mort,* sa naissance et sa mort étant dommageables à l'univers; mais le monde a besoin de la naissance et de la mort de Jésus, car l'un et l'autre sont également nécessaires et salutaires. Sa naissance fait mourir le péché, et sa mort fait naître la grâce : sa naissance nous fait vivre au ciel, et sa mort fait mourir la mort même dans la terre : Jésus est le salut et vivant et mourant, et il porte le salut au monde. Venez, ô Jésus mon Seigneur, naissez, vivez, et vivez en la terre. Et si César ne vous sert point, et ne vous offre point la terre qu'il a entre les mains, nous vous offrons la terre que nous avons, cette terre vivante et animée de nos cœurs. C'est la terre que vous cherchez, c'est le sujet de vos conquêtes, c'est le triomphe de vos victoires; c'est ce que vous voulez enlever avec vous au ciel. Nous vous l'offrons, Seigneur, nous vous offrons le monde que nous sommes, en échange de celui que César ne vous offre point. Nous vous offrons la terre et le ciel que nous avons, la terre de notre corps, et le ciel de notre esprit, nous vous offrons tout ce que nous sommes.

XLII. DE LA NAISSANCE DE JÉSUS.

Le Fils de Dieu vient à nous par voie de naissance, pour ennoblir et déifier en sa personne tous les degrés de notre nature, comme le péché avait tout souillé. Le Fils de Dieu est lumière, et vient à nous comme lumière, et les conditions de la lumière sensible se retrouvent en sa communication temporelle.

Dieu pouvait prendre d'autres voies pour s'incarner au monde; mais cette même sapience et bonté qui l'y fait venir, l'y fait venir en cette manière; lui fait choisir cette voie de naissance, comme ayant plus de rapport et à sa grandeur et à nos bassesses. Car il est par naissance dans l'éternité et il veut être par naissance dans les siècles; et il veut que sa naissance éternelle soit adorée par sa naissance temporelle. Il veut par cet abaissement commencer notre salut en naissant, comme il l'accomplit et consomme par abaissement en mourant. Il veut épouser les conditions basses et humbles de notre nature, comme il veut épouser tout l'être entier et parfait de notre nature, étant Dieu parfait et homme parfait au monde. Il veut passer par tout les âges et degrés de notre nature, pour les déifier tous en sa personne, comme il veut sanctifier en nous tous ses états, et nous rendre siens dès notre naissance. Il veut par cette alliance joindre toutes nos bassesses à ses grandeurs, pour les élever en lui, pour les sanctifier, et pénétrer aussi loin et avant dans notre nature que le péché y a pénétré. Et comme le péché infecte jusqu'au premier état et degré de notre enfance dès le ventre de nos mères, il veut déifier aussi une enfance dès le ventre de sa mère, afin que la divinité pénètre aussi avant dans notre nature pour notre salut et gloire, que la malignité du péché y a pénétré avant pour notre perte. Car il est l'Agneau de Dieu, qui ôte le péché du monde, et ce péché qui donne jusque dans notre naissance. Ainsi par la même sapience et bonté, par laquelle nous avons un Homme-Dieu sur la terre, nous avons un Enfant-Dieu au monde, Dieu et enfant tout ensemble : Dieu en la bassesse de l'enfance, enfant dans la hautesse et sublimité de Dieu, enfance relevée par cette hautesse, et adorée par tout ce qui est créé. Le Verbe éternel est lumière, non-seulement en son essence, mais encore en la propriété de sa personne; il naît de son père comme lumière, et il veut encore naître au monde avec lumière, comme Dieu de lumière. Or la lumière s'abaisse du plus haut des cieux jusqu'au plus bas de la terre, mais sans s'avilir; elle pénètre tout, mais sans s'infecter; elle s'unit à tout, et s'incorpore à tout, mais sans se mêler; la pureté, la simplicité, la netteté, et la dignité de son être étant telle, que dans ces conditions corporelles, elle a les conditions spirituelles, et ne reçoit aucun intérêt et variété dans soi-même, par la variété des choses où elle est unie. Elle s'abaisse, mais elle ne s'avilit pas ; elle s'applique et s'unit, mais elle ne se mêle pas ; elle s'incorpore, mais elle ne s'infecte pas. Ainsi le Verbe dans les conditions de notre enfance, retient ses grandeurs et perfections, et ne reçoit aucun intérêt en la pureté, en la simplicité, en la dignité de son être, mais en s'abaissant sans s'avilir il nous élève ; en s'unissant, il nous purifie ; en s'incorporant, il nous déifie.

XLIII. DE LA VIERGE DONNANT SON FILS AU MONDE.

La Vierge est en pouvoir de donner son Fils au monde, par union à la volonté du Père et du même Fils. La maternité de la Vierge est accomplie par la nativité de son Fils; et elle commence d'avoir autorité sur ce grand sujet. La puissance de donner Jésus est pour jamais en la Vierge.

Il y a plusieurs choses à considérer en ce mystère : 1° l'union de la Vierge à la volonté que le Père éternel a de donner son Fils au monde, volonté opérante efficacement en l'âme et en la personne de la Vierge ; 2° l'union de la Vierge à l'Esprit et volonté de son Fils, de se donner soi-même au monde, et par la Vierge ; 3° l'accomplissement d'une maternité divine par ces voies divines ; car la maternité n'est accomplie que par l'autorité que la mère a sur l'enfant ; et cette autorité ne convient à la mère que quand elle a mis son enfant au monde. Tellement que c'est cette nativité qui donne autorité à Marie sur Jésus ; et qui lui donne pour sujet celui qui est son Fils et son Dieu tout ensemble ; qui est une addition merveilleuse à son état de Mère de Dieu.

En nos dévotions intérieures, imitons les états et dispositions de la Vierge, nous unissant à la donation du Fils et de la Mère, pour recueillir et recevoir pour nous celui qui est donné ; comme la terre eût dû le recevoir si elle en eût été digne ; pour lors elle ne l'a point recueilli, et par après elle l'a crucifié. Quelques particuliers l'ont recueilli, les pasteurs, les mages, Siméon, Anne, mais sans procuration ni de la terre, ni de la Synagogue ; recevons-le maintenant pour nous, comme ils l'ont reçu lors pour eux.

Prions la Vierge qu'elle nous donne son Fils ; car en ce mystère et par ce mystère elle entre en puissance de donner son Fils au monde ; et cette puissance communiquée à la Vierge est une des excellences et singularités que ce mystère donne à la Vierge. Elle le reçoit par l'incarnation et elle a part à cette union divine ; elle le donne par la nativité et entre en puissance de donner son Fils, puissance qui lui demeure pour jamais, et qui ne lui est point ôtée. Qu'elle use de sa puissance, qu'elle nous le donne et nous donne à lui : Donnons pouvoir à la Vierge de nous donner à son Fils, comme le Père lui donne pouvoir de nous donner son Fils.

XLIV. DE LA NAISSANCE DE JÉSUS EN BETHLÉEM.

Impleti sunt dies ut pareret. (Luc. II, 6.)

Le jour et l'heure étant arrivés que la nature accomplit en ses fonctions, sans aucun accident ou impuissance, le temps député aux parfaits enfantements ; le Fils de l'homme a voulu naître de sa Mère au monde, comme il était né de sa Mère en sa Mère le 25 mars, ne voulant ni retarder ce jour heureux à l'univers, ni avancer et abréger par voie miraculeuse son assujettissement aux lois de la nature, lesquelles il n'avait pris que par dignation et miséricorde ; il n'emploie point sa puissance miraculeuse à s'exempter de ce qu'il est venu chercher et subir pour nous ; mais bien à nous affranchir du péché et à nous exempter de ses misères.

Mais comme le Fils de Dieu a été conçu par des voies supérieures à la nature, il est aussi enfanté par des causes et des mouvements dignes de sa conception et dignes de la naissance d'un Dieu au monde ; il est né sans effort, sans violence, sans outrage à la nature: *Sine contumelia naturæ,* disent nos docteurs. Il est né par une puissance d'esprit et de l'Esprit de Dieu en la Vierge: *Quod in ea natum est, de Spiritu sancto est.* (Matth. I, 20.) Il vient l'ennoblir, la purifier, la sanctifier par son avénement : il ne l'intéresse pas, il ne la viole pas, il ne l'outrage pas, il ne la salit pas. Les pécheurs naissent avec ces douleurs et ces outrages, car ce sont des pécheurs, enfants d'ire et de douleurs ; mais celui-ci est le Fils de Dieu, le souverain de la nature, le juste par excellence et notre juste, et notre souverain : *Dominus justus noster.* (Jer. XXIII, 6.) Cette naissance double de Jésus en la Vierge et hors la Vierge est la plus grande opération et le fondement de toutes les plus grandes opérations qui seront en la terre et au ciel. Le Père éternel y intervient et élève la Vierge pour la rendre capable d'enfanter son Fils. C'est le jour de la plus grande puissance de la Vierge, jour auquel elle participe au pouvoir du Père, envoyant et donnant son Fils au monde, etc.

XLV. GRACE ET GRANDEURS DE LA VIERGE EN LA NATIVITÉ DE JÉSUS.

La grâce de la Nativité est une sorte de grâce liante de nouveau la Vierge, et la rapportant de nouveau au Père éternel comme engendrant son Fils, et comme le donnant au monde par le conseil éternel : *Sic Deus dilexit mundum* (Joan. III, 16), etc., et à cette génération et amour du Père, et à sa puissance d'engendrer et donner son Fils au monde ; car cette puissance de le donner est fondée en la puissance de l'engendrer. C'est une grâce établissant la Vierge en éminence, en autorité et en puissance dans le temps et dans l'éternité sur les anges et sur les hommes, et sur toutes les créatures ; c'est une grâce liante à sa divinité et donnant une intimité, une société, une dignité au regard de Dieu même. Mère de Dieu! Qui comprendra ces deux termes, et qui pénétrera cette maternité et cette sorte de dignité et d'autorité maternelle au regard de Dieu? Si la grâce ordinaire nous rend dignes de Dieu : *Invenit illos dignos se* (*Sap.* III, 5), que sera-ce de la dignité enclose dans la grâce de Mère de Dieu? et cette autorité est spéciale au regard de la miséricorde, comme le mystère est un mystère de miséricorde, et elle est mère de miséricorde, et de là prennent les effets et priviléges extraordinaires de miséricorde.

XLVI. SUR L'ENFANCE DE JÉSUS; NOUS DEVONS HONORER LES PRÉMICES DE SA VIE.

Aux religieuses Carmélites du couvent de l'Incarnation de Paris au premier jour de l'an.

I. *Dans la mort des personnes qui ont vécu saintement, il y a beaucoup plus de vie que de mort.* — II. *Il faut commencer l'année avec Jésus-Christ.* — III. *Le Fils de Dieu est la première production du Père, et tient comme lieu de prémices dans l'éternité.* — IV. *Le Saint-Esprit qui est le repos, l'amour et l'unité des personnes divines, est la première production de ce Verbe qui est enfant en Bethléem.* — V. *Quand nous pensons à la création du monde, nous devons contempler que Dieu qui sort hors de soi en la production de cet œuvre, achèvera le cercle, et rentrera en soi par la production d'un nouveau monde qui est Jésus.* — VI. *La création n'est que pour créer un monde à Jésus. Considération du mystère de l'Incarnation et du dessein pervers de l'idolâtrie réduit à la divinité même.* — VII. *Le Fils de Dieu selon ses deux naissances, est la fleur et le fruit de l'éternité et du temps. Jésus est un arbre de vie et de diverses sortes de vies.* — VIII. *Quatre vies en Jésus naissant : Vie de nature, vie de grâce, vie de gloire, vie de la divinité.* — IX. *Considération du séjour de neuf mois de Jésus en Marie, et de la liaison de ces deux cœurs.* — X. XI. *Différences entre cet enfant et les autres, et les grâces et grandeurs qu'il communique à sa mère.* — XII. XIII. *Raisons pour lesquelles Jésus ne devait pas abréger son séjour de neuf mois en Marie.* — XIV. *Premier séjour de Jésus hors Marie et sur la terre.* — XV. XVI. *Prémices de Jésus dans l'éternité et dans les temps.*

I. Dieu a voulu que j'aie fini et commencé l'année avec vous, mais sans vous pouvoir parler; car ce sont des sujets de mort qui m'y ont obligé (118); et il fallait parler à celles que Dieu voulait retirer d'entre vous, pour les loger dans son paradis. Je crains de ne pas bien dire, que d'appeler sujets de mort où on ne parle que de vie et où il ne se trouve que vie. Je dois ce semble corriger cette parole, puisqu'il y a si peu de mort et tant de vie. Le lieu d'où elles sont parties est un lieu de vie, puisqu'on y est vivant pour Dieu. Le terme où elles sont arrivées, est la vie et la vraie vie qui ne sait point de mort. Ainsi de la vie elles sont entrées en la vie. Le seul passage est mort, et ce n'est qu'un moment; lequel encore je ne sais si je dois appeler mort, puisque j'y remarque encore beaucoup de vie. Car en ce même passage et moment, la vie de grâce y a été plus opérante pour faire vivre leur âme incessamment, et faire revivre leur corps un jour, que la mort de la nature n'y a été puissante à faire mourir le corps pour un temps en laissant vivre l'âme pour jamais.

II. Mais laissons maintenant ce sujet pour nous souvenir de choses plus grandes : et puisqu'il nous a fait commencer l'année ensemble, et que nous ignorons si nous la finirons ensemble, commençons-la comme nous devons; commençons avec Jésus et la très-sainte Vierge; commençons notre année avec celui qui commence sa vie en ce saint jour. Suivons le cours de la nature et de la grâce, car comme le soleil de nos jours commence à s'approcher de nous, aussi le soleil de nos âmes vient à nous par sa naissance et par ses mystères : et nous devons commencer notre année avec lui, puisqu'il y commence pour nous sa vie. Il consacre le premier jour de l'an à ses premières souffrances, nous le devons aussi employer et consacrer à nos premiers devoirs envers lui, et joindre les prémices de nos jours avec les prémices du Fils de Dieu. Vivons à lui, vivons avec lui, vivons en lui, et consacrons nos prémices à ses prémices en ce premier jour de l'année. C'est le sujet qui me porte à vous adresser la présente, désirant vous donner les prémices de nos pensées sur les prémices du Fils de Dieu (*I Cor.* xv, 23), le considérant dans son éternité, pour le suivre par après dans les divers états de sa vie.

III. Celui que nous adorons et que nous avons présent en nos mystères, celui auquel notre vie appartient (et c'est notre bonheur que de la lui offrir et consacrer), celui auquel vos âmes sont vouées de si longtemps, est la première production de la première personne de la Trinité, et tient comme lieu de prémices dans l'éternité, et nous le devons adorer comme le premier qui est produit en la divinité et qui a pour substance la divinité même.

IV. C'est celui-là même que vous voyez enfant en Bethléem, car il est Verbe et enfant tout ensemble. Il est enfant d'un jour, et il est le Verbe éternel. Il est sans pouvoir ce semble et sans opération dans cette crèche, mais il est vivant, opérant et produisant dans son éternité. Sa première opération se termine à produire la personne divine du Saint-Esprit. Il le produit égal à soi et égal à son Père, et le Saint-Esprit en la Divinité (si nous pouvons parler ainsi) est le fruit éternel procédant du Verbe éternel, et en cette personne produite par le

---

(118) Cette lettre fut écrite peu après le décès de deux religieuses de ce couvent.

Verbe (lequel s'est fait enfant) est le repos, l'amour et l'unité des personnes divines et éternelles. Voilà des productions qui sont ineffables. Voilà le Fils du Père et l'Esprit du Fils, voilà des fleurs et des fruits non du temps, mais de l'éternité : voilà des prémices qui concernent la Divinité même.

V. Nous avons plus à adorer qu'à dire ni à penser de ces matières. De cette production donc de Dieu en Dieu, passons à la production que Dieu veut faire hors de soi-même, car ce Verbe est Dieu, et il veut sortir hors de soi pour opérer : et nous devons le suivre et adorer partout. Et d'autant plus devons-nous le suivre et adorer, qu'il sortira encore une autre fois hors de lui-même et en une bien autre manière, pour opérer notre salut; mais procédons par ordre en un si grand sujet. Le Verbe éternel donc, qui est la première production du Père, et qui a produit en soi-même le Saint-Esprit, veut sortir hors de soi et faire des productions nouvelles hors de lui-même. Il est éternel, il veut faire des moments et des siècles. Il est incréé, il veut créer un monde pour y être connu et adoré. Il est en soi et il veut sortir hors de soi pour faire cet ouvrage. Or sa première sortie se termine à faire le ciel, la terre et la lumière. C'est sa première opération au premier jour de sa sortie hors de lui-même. Adorons-le en ce premier moment de la création. Adorons-le en l'ouvrage qu'il fait en ce premier moment; adorons-le d'autant plus volontiers que cet œuvre de la création se terminera un jour à lui-même, lorsque le Verbe se fera chair, et le créateur se fera créature; c'est la pensée de ce Verbe éternel en créant l'univers. Et ce doit être aussi notre pensée en le voyant créer cet univers. Car nous devons entrer dans les pensées du Fils de Dieu. Et en l'adorant dans le premier moment de la création, nous devons humblement considérer que cet œuvre se terminera un jour à celui-là même que nous voyons et adorons en nos mystères, se terminera un jour à Jésus, à l'enfant de Bethléem, et à une nouvelle terre, à un nouveau ciel et à une autre lumière que celle qu'il a créée en ce moment. Cet œuvre, dis-je, que le Verbe éternel fait en créant le monde, se terminera un jour au même Verbe, à la personne propre de Jésus, à la terre de son humanité, au ciel de son âme divine, à la lumière de sa Divinité. C'est ce qui se fait en ces jours où il naît en Bethléem Fils de Dieu, Fils de l'homme, la joie des anges et le salut des hommes. Cette terre de son humanité est vraiment terre, mais une terre plus pure, plus mouvante, plus influente que le ciel, et plus céleste que le ciel des cieux. Cette âme déifiée est un ciel, mais un nouveau ciel, qui nous couvre et influe sur nous, et un ciel qui porte une gloire plus grande que celle qui est par-dessus tous les cieux. Et cette lumière que nous voyons, naît et paraît en plein minuit, et est un soleil qui éclaire nos ténèbres, qui obscurcit notre soleil, et qui est le soleil même de l'éternité. O heureux terme de la sortie de Dieu hors de soi, puisqu'il aboutit à Dieu même, puisqu'il aboutit à Jésus ! O heureuse rentrée de Dieu en Dieu dans ses propres œuvres, car Dieu sort hors de soi en nous créant, mais Dieu rentre en soi, en créant Jésus, puisque Jésus est Dieu, et voilà l'heureux cercle de Dieu partant de soi pour créer l'univers, et retournant à soi en créant Jésus qui est un univers, et un monde de grâce et de merveilles, et un monde qui est Dieu même !

VI. L'oubli que vous devez avoir des choses créées m'eût fait passer ce point de la création, mais il nous ramène à Jésus; il regarde Jésus, et n'est que pour créer un monde à Jésus, et lui donner la terre pour escabeau de ses pieds, et le ciel pour le trône de sa gloire, et autant de sujets et de vassaux, comme il y a de créatures au monde. Et c'est ce qui me fait plus singulièrement honorer et estimer cette création, puisqu'elle doit aboutir à un si grand ouvrage qui bénira le temps et l'éternité même. Mais passons de ce premier moment de tous les moments, à l'heureux moment de l'incarnation, et de ce commencement de tous les siècles, venons à la plénitude des siècles, c'est-à-dire à Jésus naissant, qui est la plénitude de toutes choses, et auquel repose la plénitude même de la Divinité. Là je vois la créature dans le Créateur, et le Créateur dans sa créature. Je vois la créature jointe au Créateur, et ce qui est bien plus, je vois le Créateur se faire créature. Je vois l'homme être Dieu, et je vois Dieu être homme. Et au lieu que les hommes se faisaient dieux superbement et étaient iniquement adorés, je vois Dieu se faire homme humblement, je vois une humanité dignement adorée; et je vois les hommes saintement être dieux, et le dessein pervers de l'idolâtrie réduit et ramené à la Divinité même.

Adorons Dieu en cet œuvre de ses œuvres, en cet œuvre où tant d'œuvres sont encloses et comprises, en cet œuvre qui comprend l'ouvrier même; et honorons d'un souvenir perpétuel, ce premier moment où il a été vrai de dire que le Verbe est fait chair, que Dieu est homme et l'homme est Dieu; moment heureux et signalé en tous les siècles et dans l'éternité même, qui comprend et surpasse tous les siècles et les surpasse d'une durée infinie. Ce moment est signalé en Nazareth et en Bethléem, car il est conçu en l'un, né en l'autre; il est la fleur de Nazareth et le fruit de Bethléem, et en tous les deux lieux il commence un nouvel être et tient lieu de prémices. Au discours précédent, le Fils de Dieu est proposé comme fruit et prémices dans l'éternité. Si on peut transférer le langage de la terre aux choses plus divines et ineffables du ciel, il est encore ici le fruit et les prémices; mais c'est dans le temps et non dans l'éternité. En ce nouvel état il est fruit du temps et non pas de l'éternité, car c'est dans le temps qu'il est conçu et qu'il est né. Mais c'est un fruit du temps pour l'éternité, c'est le fruit propre aux âmes qui, dans le temps, ne respirent que l'éternité ; c'est un fruit de la terre et du ciel tout ensemble, fruit de la terre, rosée du ciel, car il est dit de lui par les prophètes : *Terra dedit fructum suum* (*Psal.* LXVI, 7), et le ciel nous l'a envoyé ; c'est le premier fruit de la Vierge et le premier don du Père à l'univers ; et il tient lieu de prémices dans les siècles, aussi bien que dans l'éternité. C'est un fruit rare et singulier, unique dans son espèce, mais un fruit qui est semence de tous les fruits que le ciel et la terre portent et porteront à jamais. Cette abondance et diversité donnent divers noms et qualités à Jésus-Christ ; c'est un fruit et un arbre tout ensemble, et un arbre de vie, et qui porte dans l'Ecriture en pluriel le nom de plusieurs vies, *lignum vitarum* (*Apoc.* XXII, 2) ; car Jésus est un arbre de vie, et de tant de vies différentes, qui en leur diversité ornent l'Eglise, peuplent le ciel et remplissent les âmes de tant de sortes de grâces et de vies diverses, soit en la terre soit au ciel. Bref c'est un fruit, c'est un arbre, c'est un paradis même, un paradis et un parterre délicieux, semé de fleurs, plein de tant de fruits ; arrêtons-nous un peu dans ce nouveau paradis de délices, le succès nous en sera plus heureux qu'il n'a été à Adam. Dieu a planté ce nouveau paradis de sa propre main, aussi bien que l'autre ; il l'a planté non au commencement du monde et en un coin d'Orient, mais au milieu des temps et au milieu de la terre ; voici le temps auquel il l'a planté en Bethléem, et ces jours sont consacrés à nous remémorer ce temps heureux, ce don du ciel, ce fruit délicieux. Recueillons-en les prémices.

VIII. J'adore donc ce premier usage de vie en la nature, en la grâce, en la gloire, en la vie divine, que l'âme de Jésus a eu à l'instant de l'incarnation. Que de prémices, et prémices de choses grandes, en ce peu de paroles ! quelle vie ! quelle grâce ! quelle gloire ! en laquelle puisent et puiseront éternellement tous les saints. Quelle vie que cette vie divine de Jésus, c'est-à-dire la vie de la Divinité en l'humanité ; la vie de l'humanité en la Divinité ; vie divine et humaine tout ensemble, vie divinement humaine et humainement divine ; vie composée de l'être créé et incréé ; vie qui n'était ni dans les siècles ni dans l'éternité, et qui bénira les siècles et l'éternité même ; vie d'un Dieu incarné ; vie d'un homme vivant dans l'être et la substance de la Divinité.

IX. En cette vie nouvelle et divine, j'adore le premier séjour de Jésus en Dieu son Père et en sa sainte Mère ; car Jésus a commencement, et il y a quatre mille ans qu'on attend, qu'on soupire après lui. Et il est enfant d'un moment, d'une heure et d'un jour. Et comme Jésus commence à être, il commence à être ce qu'il est maintenant, c'est-à-dire à être Homme-Dieu ; il commence à prendre être et repos en son Père. Il est vrai que le Fils de Dieu de toute éternité repose au sein du Père ; mais le Fils de l'homme n'est pas Fils de Dieu de toute éternité. Un jour, une heure et un moment commence ce grand œuvre de l'incarnation du Verbe, et a donné principe à ce grand être, à cet état divin et à la liaison indissoluble de la filiation humaine à la filiation divine. L'heure et le moment qui commence chose si grande et si salutaire ne doit jamais être oublié. Cette heure, ce moment unissant l'homme à Dieu, met Dieu au sein de la Vierge et l'homme au sein de Dieu. O séjour admirable de cet enfant au sein du Père, par la filiation divine! ô séjour délicieux de cet enfant au sein de sa Mère, par sa filiation humaine! j'adore donc et admire ce premier séjour de Jésus au sein du Père et au sein de sa Mère ; et laissant aux anges à voir l'un, je veux contempler l'autre ; c'est-à-dire je veux arrêter mon esprit sur le séjour de Jésus en la Vierge et de la Vierge en Jésus, séjour de neuf mois entiers. Séjour qui est le premier séjour et la première demeure du Fils de Dieu fait homme entre les hommes. Ce point est si tendre et si sensible, qu'il doit être plutôt célébré par le cœur que par la langue. Aussi est-ce un mystère de cœur, et la langue ne peut exprimer ces douceurs et tendresses. C'est un mystère de deux cœurs les plus nobles et les plus conjoints qui seront à jamais ni en la terre ni au ciel. Lors Jésus est vivant en Marie et fait comme partie d'elle-même, et le cœur de Jésus est tout proche du cœur de Marie. Lors Marie est vivante en Jésus et Jésus est son tout ; et le cœur de Marie est tout proche du cœur de Jésus et lui influe la vie ; lors Jésus et Marie ne font ce semble qu'un vivant sur la terre. Le cœur de l'un ne vit et ne respire que par l'autre. Ces deux cœurs, si proches et si divins, et vivant ensemble d'une vie si haute, que ne sont-ils point l'un à l'autre, et que ne font-ils point l'un dans l'autre ? Le seul amour le peut penser et le seul amour divin et céleste ; mais le seul amour de Jésus même le peut comprendre. C'est un mystère que nous pouvons adorer, c'est un secret que nous devons révérer en la terre, mais qui nous est réservé dans le ciel. O cœur de Jésus vivant en Marie et par Marie! ô cœur de Marie vivant en Jésus et pour Jésus! ô liaison délicieuse de ces deux cœurs! Béni soit le Dieu d'amour et d'unité, qui les unit ensemble ; qu'il unisse notre cœur à ces deux cœurs, et qu'il fasse que ces trois cœurs vivent en unité, en l'honneur de l'unité sacrée qui est dans les trois personnes divines.

X. Que ce séjour premier du Fils de Dieu au monde (séjour de Jésus en Marie), a de merveilles, a de délices, a de grandeurs encloses en cette petitesse ! délices, grandeurs et merveilles couvertes et cachées aux hommes, et peut-être aux anges, jusqu'au temps de leur plénière connaissance et manifestation de toutes les choses de Jésus. Les autres enfants, dans les entrailles de leur mère, ne connaissent ni leur mère ni eux-mêmes, n'ont qu'un rapport de nature à elles et de nature infirme, pénible et douloureuse; présage de plus grandes douleurs qu'ils leur causeront en naissant et peut-être en vivant. Aussi sont-ils pécheurs, et commencent à être pécheurs et à faire effets de péché, avant que de commencer à être; car ils ne sont qu'enfants, ils ne sont pas hommes et ils sont pécheurs; ils n'ont que le principe et non le sens de l'humanité, et ils ont le péché vraiment et formellement, et seront peut-être éternellement pécheurs sans avoir été hommes.

XI. Cet enfant, qui repose en la Vierge, est homme et enfant tout ensemble, et même est Homme-Dieu; ne peut être pécheur et sauve tous les pécheurs. Et dès lors même a un usage admirable de vie glorieuse et divine, et a un rapport de nature, de grâce, de gloire et de divinité même, à sa Mère; car il l'a fait être Mère de Dieu. Il l'a fait être un paradis et un paradis auquel il y a une gloire plus haute que celle qui est entre les anges et que celle qui est lors dans les cieux. Il l'a fait être un sanctuaire et qui contient une sainteté nouvelle, qui ne se trouve point encore hors d'elle. Car il est le Saint de Dieu, le Saint des saints, et celui dans lequel nous serons tous sanctifiés. Il l'a fait être une source de vie et de vie admirable, qui commence dès lors entre le Fils et la Mère. Car ce Fils connaît sa Mère, connaît soi-même, connaît son Père éternel, connaît ce monde où il doit entrer, et il y a rapport de vie, de grâce et d'effets saints et délicieux entre lui et sa Mère. Il est en elle et elle est en lui; il vit en elle et elle vit en lui; il dépend d'elle et elle dépend de lui, et elle prend vie de lui; il est sa vie et elle est sa vie aussi: et entre ces deux vies il y a vie, il y a repos, il y a amour, il y a délices, il y a unité admirable: mais il faudrait être ange soit pour le dire, soit pour l'entendre.

XII. O vie! ô séjour! ô délices de Jésus en Marie, de Marie en Jésus! Ce séjour seul est séjour de vie sans mort, de délices sans amertumes; car il n'y a point de péché en Marie, et c'est le péché seul qui angoisse et fait mourir Jésus. Sitôt qu'il naîtra d'elle en la terre, il sera au milieu des pécheurs, et il est tout enclos et environné de Marie, qui est sans tache et sans péché, en toutes les puissances de son âme et en toutes les parties de son corps. Ce n'est que grâce, et grâce admirable en son esprit et en son corps; ce n'est que sainteté et privilèges: *Tota pulchra et macula non est in te.* (*Cant.* IV, 7.) Il l'a faite telle, il l'a choisie telle, et je voudrais volontiers, si je n'avais égard qu'à Jésus, que Jésus fût toujours en elle et ne vînt point en cette terre misérable, où il ne trouvera que péchés, et enfin une croix et un Calvaire, une mort et un sépulcre.

XIII. J'adore donc et j'aime ce premier séjour de Jésus; et je ne m'étonne pas s'il ne l'a point abrégé, s'il a voulu accomplir les neuf mois entiers, si l'Ecriture l'a voulu marquer en disant: *Impleti sunt dies Mariæ ut pareret.* (*Luc.* II, 6.) Et si je pouvais, en faveur de Jésus et de Marie, comme il les a accomplis sans les abréger, je les étendrais volontiers, si le salut du monde le pouvait ainsi porter.

XIV. Mais il veut naître en oubliant soi-même et son repos, et il veut naître en Bethléem et en une étable; il veut prendre son repos en une crèche, repos bien différent de celui qu'il avait en sa très-sainte Mère. Comme donc j'ai adoré son premier séjour hors de son Père, c'est-à-dire son séjour en Marie, j'adore aussi son premier séjour hors de sa Mère, son premier séjour sur la terre: séjour de pauvreté, de nudité et de souffrance: et je pèse ces trois séjours et leurs différences; son séjour en Dieu son Père, son séjour en la Vierge sa Mère, son séjour en la terre. Et je ne puis séparer ma pensée de ses deux premiers séjours, tant il y a de grandeurs, tant il a de délices. Mais il nous faut suivre Jésus, et il veut être et vivre sur la terre, et il nous faut recueillir les prémices de ses états et actions pour les adorer, pour les savourer.

XV. En cette terre donc j'adore sa première entrée au monde, où il va être la vie du monde; sa première entrée en Jérusalem, où il doit un jour faire et souffrir tant de choses; sa première entrée au temple, où il doit enseigner tant de merveilles; son premier séjour en Egypte, où il est banni pour plusieurs ans et séparé du peuple de Dieu, lui qui est le Fils de Dieu même; sa première conversation en Nazareth, à son retour d'Egypte avec la Vierge et saint Joseph, conversation de tant d'années; son premier séjour au désert, son premier miracle au monde, et son premier oracle en la Judée, lorsqu'il a commencé à enseigner les peuples.

XVI. J'adore son premier pas et son premier mouvement sur la terre; j'adore la première souffrance de sa vie; j'adore son premier pas allant à la croix pour le salut du monde; j'adore sa première effusion de larmes en sa naissance; la première effusion de son sang étant circoncis, et la première effusion de son cœur et de son esprit devant Dieu son Père. Cette effusion première de son esprit a été à l'instant de l'incarnation, lorsqu'il était en son premier séjour, c'est-à-dire en sa très-sainte Mère. Il est en elle comme en un sanctuaire; là, comme en un saint oratoire, il traite avec Dieu son Père, aussitôt qu'il commence à être, et c'est ce que je contemple et révère en ses paroles. J'adore donc sa première adoration, sa première oblation, sa première action de grâces; j'adore sa première pensée sur lui-même, sur Dieu son Père, sur sa très-sainte Mère, sur les saints, sur les pécheurs et entre les pécheurs, sa première pensée sur moi, sur mes voies et sur mon salut. Et puisque de la terre il passe au ciel, je le suis et j'adore son premier séjour en sa gloire, sa première manifestation dans le ciel à ses saints, son premier usage dans la vie divine.

XVII. Il me suffit de vous montrer au

doigt ces prémices, de vous ouvrir l'esprit à en remarquer d'autres, de disposer vos cœurs à les goûter et savourer; ce sont des prémices plus agréables à Dieu, que celles qu'on lui devait offrir en la loi, selon l'avis du Sage (*Prov.* III, 9); ce sont les fruits que je vous envoie en ce premier jour de l'an; ce sont les nouvelles que je veux mander en cette nouvelle année, en laquelle je vous prie m'obtenir nouvelles grâces, pour servir à Jésus, à sa très-sainte Mère et selon eux à vos âmes. Que la puissance du Fils et de la Mère soit appliquée sur nous! que cette sainte puissance nous sépare de la terre, nous attire à eux, nous désapproprie de nous, nous approprie à eux, et que nos jours soient employés à adorer, à glorifier et annoncer : *De die in diem salutare ejus.* (*Psal.* XCV, 2.)

XLVII. — COMBAT ADMIRABLE EN JÉSUS-CHRIST, ENTRE SA NAISSANCE ÉTERNELLE ET SA MISSION TEMPORELLE.

La vie de l'homme est un combat continuel, et cela se retrouve en Jésus-Christ, mais divinement. Il y a deux appétits en l'humanité de Jésus, l'un procédant de l'humanité même, et l'autre de la divinité : l'un qui le porte à nous, l'autre qui le retire en son Père. Et cela est fondé sur la différence de sa naissance et de sa mission, de laquelle ayant accompli les devoirs, il s'en retournera à son Père, et sera traité comme son Fils.

Comme le propre de la vie est d'être en mouvement, et mouvement par un principe interne, *moveri a se ipso* : le propre de la vie de l'homme est d'être en mouvements et exercices contraires ; car il a en son être des principes contraires, qui lui donnent ses mouvements différents, tellement que, comme son être et sa nature est composé de principes contraires, aussi sa vie est composée de mouvements différents et d'exercices contraires; ce qui a fait dire à Job : *Militia est vita hominis super terram.* (*Job* VII, 1.) Et quand l'Ecriture ne le nous dirait pas, l'expérience le nous fait assez connaître, et ne nous permet pas, ni d'en douter, ni de l'ignorer : et ce point n'a besoin d'aucune sorte de preuve, ni d'étendue de paroles pour être déclaré. Serait-il bien possible que le nouvel homme fût sujet à cet exercice, et eût divers mouvements en son état, et que nous puissions dire de sa vie comme de la nôtre : *Militia est vita ejus super terram?* Vu principalement que Dieu avait remédié à ce combat dans le paradis terrestre, mettant la paix et le repos en Adam par le moyen de la justice originelle : et le second Adam mérite bien plus de priviléges que le premier, et a une grâce bien plus haute et plus relevée que la sienne. Et toutefois il est vrai et très-vrai de dire que sa vie est un combat et exercice continuel sur la terre : mais ce combat est tout saint et tout divin, et est fondé en sa divinité même, et est d'autant plus grand qu'il est puissant et divin de toutes parts. Et nous qui sommes misérables et pervers, nous sommes la cause de ces combats; et comme nous faisons partie de ses victoires, nous faisons aussi partie de ses combats.

Comme Jésus-Christ Notre-Seigneur est composé de l'Etre divin et de la nature humaine, il a aussi deux inclinations et appétits différents, et tous deux imprimés dans la nature humaine. L'un imprimé par la divinité, qui donne être, vie, forme et état à cette nature, qui ressent sa grandeur et sa dignité par son origine céleste, et par sa constitution divine, et par sa subsistence incréée ; l'autre imprimé et exprimé par la condition créée, terrestre et humaine de sa nature nouvelle; tout ainsi que l'homme étant composé de deux substances diverses, l'une spirituelle et l'autre corporelle, a deux sentiments différents, l'un provenant de l'esprit, et l'autre provenant du corps.

Au Fils de Dieu il y a sa naissance de son Père, et sa mission de son Père : sa naissance le tire et le tient de son Père, car il est né de lui en lui, et sa mission le pousse dehors, et lui fait prendre naissance et vie hors de son Père, en la Vierge et au monde. Et toutefois sa mission est dérivée de sa naissance, et sa mission est purement divine, comme sa naissance est purement divine; et sa mission est de son Père seul, comme sa naissance est de son Père seul. Et ce combat sera entre sa naissance et sa mission pendant toute sa vie voyagère en la terre, et jusqu'au temps heureux et glorieux auquel il tirera son humanité dans sa gloire et dans le sein de son Père.

XLVIII. — DE L'ABAISSEMENT DU FILS DE DIEU, NON-SEULEMENT A NOTRE NATURE HUMAINE, MAIS AUSSI A L'HUMBLE ÉTAT DE L'ENFANCE.

I. *Le Fils de Dieu ajoute humiliation sur humiliation en se faisant enfant, et non seulement homme.* — II. *Raison pour lesquelles le Fils de Dieu a voulu venir à nous par voie de naissance.* — *Dieu est la grandeur primitive, et il n'y a rien de grand que ce qui honore Dieu; la bassesse même devient grandeur quand elle l'honore. La naissance temporelle du Fils honore sa naissance éternelle. Le Fils de Dieu, par sa naissance et son enfance, veut sanctifier dans notre nature tout ce que le péché y a souillé.* — III. *Il y a deux naissances temporelles de Jésus; l'une en la Vierge, l'autre hors de la Vierge.* — IV. *L'état de l'enfance est de considération particulière en Jésus, parce qu'il est le premier, qu'il est de longue durée, et qu'il porte privation de plusieurs grands effets en une personne divine. Le Fils de Dieu pouvait être homme sans être fils de l'homme, et être fils de l'homme sans s'assujettir aux lois communes de l'enfance.* — V. *Dieu qui a créé le monde en sa puissance et sa sapience, veut sauver le monde en impuissance et en enfance. Mais cette impuissance est l'effet d'une grande puissance : et cette enfance contient une profonde sapience. Dieu sort de lui-même pour nous obliger à sortir de nous-mêmes. — VI. Dieu se faisant homme, s'est fait semblable à l'homme, en se faisant enfant, et en prenant la semblance d'une chair de péché. — VII. Le Fils de Dieu commence par ce premier état, qui est son enfance, à sanctifier le monde. Le Fils de Dieu, sans sortir des bassesses de sa personne, opère chose grande hors de soi, pour enseigner aux siens de demeurer petits en eux-mêmes parmi les effets d'une grâce opérante et éminente sur autrui. — VIII. — L'Enfant Jésus est puissant et impuissant tout ensemble. Dieu entre dans la bassesse et l'infirmité, par la grandeur de sa puissance et de son amour.*

I. Après le fonds et la substance du mystère de l'Incarnation un des points les plus dignes d'être considérés, est la manière avec laquelle ce grand mystère est accompli, c'est-à-dire par voie de naissance; et de laquelle suit que le premier état auquel le Fils de Dieu entre en la nature humaine, est l'état de l'enfance; état le plus vil et abject de la nature humaine après celui de la mort. Car ce mystère pouvant être accompli en diverses manières, il semble que la plus digne et la plus élevée qui peut être choisie, n'est point assez digne de sa grandeur et divinité cachée en ce mystère. Mais les pensées de Dieu ne sont pas comme les pensées des hommes; il choisit entre toutes les manières, les plus humbles et abjectes: il cherche l'abaissement qui ne lui convient pas, et non pas la grandeur qui lui est propre et naturelle. Il s'est tant abaissé dans l'état propre de ce mystère, que nulle sorte d'abaissement semble ne le pouvoir égaler. Il veut venir au monde par voie de naissance et de dépendance d'une créature mortelle, qui lui donne jour à jour, heure à heure, et consistance. Il veut être, vivre et paraître au monde, en qualité d'enfant indigent, impuissant, selon la qualité de cet état, sans abréger d'un moment la durée de cette enfance, ni en sa Mère ni hors de sa sainte Mère, et sans se dispenser d'un seul point des sujétions, abaissements et indigences que porte cette enfance.

II. Nous avons dit ailleurs parlant des trois naissances du Fils de Dieu (et nous ne le voulons pas répéter ici que sommairement) qu'il est entré en la terre par naissance humaine, pour adorer sa naissance divine; qu'il a pris cette voie humble de naissance, pour établir en l'ordre de sa grâce, ce très-haut état de maternité divine, qui adore la paternité éternelle de Dieu son Père. Que cet état de filiation humaine, lequel il porte et portera désormais éternellement, est un état adorant éternellement sa filiation éternelle; que c'est une des raisons pour lesquelles il se plaît en cette qualité de Fils de l'homme, et en prend si souvent la dénomination en l'Écriture; que hors de Dieu, qui est la grandeur primitive et originelle à toute grandeur, il n'y a rien de grand que ce qui honore Dieu; et que la bassesse devient la grandeur même, quand elle l'honore. Et partant, cette voie humble de naissance, rendant un si grande honneur à Dieu, devient très-grande et très-honorable, et sera en effet adorée et des hommes et des anges. A ces raisons que nous avons traitées ailleurs, et que nous voulons omettre ici, j'en désire ajouter une que nous n'avons pas dite, et qui mérite, à mon avis, de n'être pas omise, c'est que le péché du premier Adam ayant pénétré et infecté la nature de l'homme en tous ses états, la sainteté du second Adam a voulu pénétrer aussi avant que le péché, et sanctifier, même déifier, la naissance intérieure et extérieure d'un enfant en sa mère et hors de sa mère.

III. Par les discours précédents nous avons supposé qu'il y a deux naissances du Fils de Dieu en la terre. Ce point est assez digne, et concerne assez avant l'état et les intérêts du Fils de Dieu, pour être discouru plus amplement et entendu plus clairement. Le Fils de Dieu donc a deux sortes de naissance de la très-sainte Vierge, l'une de la Vierge en la Vierge, l'autre de la Vierge au monde; l'une est en Nazareth, et l'autre en Bethléem; l'une est intérieure de la Vierge en la Vierge, et l'autre est extérieure de la Vierge hors de la Vierge. De l'une parle l'ange à saint Joseph, quand il lui dit : *Quod in ea natum est.* De l'autre parle l'évangéliste, quand il dit : *Cum natus esset Jesus in Bethleem Juda.* (Matth. II, 1); et le Symbole des apôtres comprend toutes les deux, quand il dit : *Conceptus de Spiritu sancto, natus ex Maria Virgine.* Ces deux naissances sont humaines, ou pour mieux dire sont humainement divines et divinement humaines, toutes deux singulières, toutes deux honorant d'un hommage particulier les choses éternelles; toutes deux abaissant, toutes deux humiliant le Verbe éternel, et toutes deux signalées de circonstances qui leur sont propres.

IV. Le premier état auquel nous trouvons le Fils de Dieu au monde, c'est son enfance : le premier état aussi auquel nous le devons contempler et adorer, c'est celui-là. Et ce d'autant plus qu'il est de durée, et qu'il enclôt en soi plusieurs jours, plusieurs mois, plusieurs années; ce qui ne convient pas à ses autres mystères et actions, lesquelles sont bornées, ou dans quelques heures, ou dans quelques jours : durée d'autant plus considérable en cet état d'enfance, que cette enfance est un état qui emporte avec soi un très-grand abaissement à une dignité si haute comme celle du Verbe incarné, et une privation de plusieurs choses dues à une majesté si grande. Cet état d'enfance, nécessaire à notre condition naturelle, n'était nullement nécessaire à la grâce du mystère de l'Incarnation, auquel consiste le fonds de notre salut, tellement que Dieu nous voulant sauver par son humanité, nous pouvait sauver sans être enfant. Il est le nouvel Adam; il pouvait être homme sans être fils de l'homme, comme le vieil Adam. Et s'il voulait être fils de l'homme pour honorer une personne en la terre de sa maternité, et établir cette grâce de maternité divine au monde, il pouvait être formé de la main de Dieu dans le sein de la Vierge, comme il l'a été; et ainsi de l'avoir pour Mère, et au même instant être tiré d'elle, comme Eve a été tirée d'Adam en un état parfait et accompli dans la nature. Mais il eût privé sa Mère de son séjour de neuf mois en elle; et son amour vers elle et vers nous l'a porté à être enfant, et comme enfant en elle et hors d'elle, autant de temps que porte l'indigence et la faiblesse de la nature humaine: *In similitudinem hominum factus, et habitu inventus ut homo.* (Philip. II, 7.) Il a voulu n'être pas seulement homme, mais semblable aux hommes, et leur semblable en l'infirmité de notre nature, pour nous rendre semblables en ses grandeurs; et nous ne voulons pas nous rendre semblables à lui en sa grâce, en sa vertu et en ses exemples!

V. Or la sapience divine, infinie en ses voies et en ses inventions, ayant plusieurs moyens d'accomplir le mystère de l'Incarnation, sans mettre et sans laisser le Fils de Dieu en état d'enfance, a conclu néanmoins de le mettre et le laisser en cet état, état qui porte une sujétion particulière; et c'est l'œuvre et la conduite de la sapience éternelle. C'est la même sapience qui, étant incréée, s'est voulu incarner: car le Fils est la sapience du Père par sa propre naissance, comme le Saint-Esprit est l'amour du Père et du Fils par sa production propre. Nous avons donc à considérer que le Fils de Dieu, qui est essentiellement et originellement sapience éternelle, et maintenant sapience incarnée, a choisi pour son premier état dans le mystère de l'Incarnation l'état d'enfance, qui est dans la nature l'état le plus opposé à la vraie sapience. Mais il nous devrait suffire que c'est non l'impuissance, mais la puissance et la sapience divine qui choisit cet état; que ses raisons passent les nôtres, et nous n'y avons aucune atteinte que pour les adorer; que dans ses conseils et pensées il n'y a rien de plus profond, de plus divin, de plus impénétrable que ce qui regarde la vie du Fils de Dieu; que la lumière nous est nécessaire pour entrer dans ses conseils et pensées; que si, dans l'abaissement de notre esprit sous la profondité de sa sapience, il lui plaît nous donner conduite, nous avons à considérer deux conseils différents de la même sapience: l'un en la création, l'autre en l'incarnation, où Dieu, par des qualités apparemment contraires à sa sapience, c'est-à-dire, comme parle saint Paul hardiment, par la folie, *salvos facit credentes.* (*I Cor.* I, 21.)

La même sapience qui a créé le monde sauve le monde. Ce sont les deux ouvrages signalés à la sapience divine; mais sa conduite est bien différente en ces deux ouvrages: elle a créé le monde en sa grandeur et en sa sagesse, elle a sauvé le monde en son abaissement et en l'oubli de soi-même, et, comme dit saint Paul, en la folie: *Per stultitiam salvos facit credentes*; elle a créé le monde dans le sein de son Père, elle a sauvé le monde dans le sein de sa Mère; elle a créé le monde en l'état de sa puissance, elle a sauvé le monde en état d'impuissance et d'infirmité en notre humanité, en notre enfance, en notre mortalité. Et toutefois le salut du monde est un plus grand ouvrage et plus difficile que la création du monde. Mais Dieu passe nos sens et nos pensées; il est digne d'être adoré, d'être admiré, non-seulement en soi-même, mais encore en ses œuvres et en la conduite qu'il lui plaît d'y apporter. Il a voulu sauver le monde par cette voie; et comme il veut nous tirer hors de nous-mêmes, il a voulu sortir hors de lui-même, et entrer dans nos bassesses et dans notre humanité, pour nous tirer un jour dans ses grandeurs éternelles et en sa divinité.

VI. Mais il pouvait entrer dans notre humanité en la relevant à l'heure même aux grandeurs qui lui sont dues, non-seulement en la déifiant comme il a fait, mais en la glorifiant et en la revêtant des grandeurs qui lui étaient dues et qu'il lui a conférées au jour de sa gloire, et qu'elle possède maintenant, et qu'elle possédera éternellement dedans les cieux. Lors nous eussions eu un Dieu-Homme, comme nous avons maintenant; mais nous n'eussions pas eu un Homme-Dieu en la ressemblance de la chair du péché, abaissé dans notre mortalité, dans l'enfance, dans la souffrance, dans la croix, dans la mort, dans le sépulcre; et nous eussions été privés de ses mystères, et des fruits grands et signalés qu'ils ont opérés et opèrent dans la terre. Le Fils de Dieu, se revêtant de notre humanité, n'en a voulu séparer que le péché, mais non pas l'infirmité. Le même esprit, le même amour et la même sapience qui l'a induit à prendre notre humanité, l'a induit aussi à la prendre avec ses infirmités, sans partager et sans raccourcir sa bonté et sa miséricorde dans les remèdes de notre salut. Comme il s'est fait homme, il s'est fait aussi semblable à l'homme. Il a pris la semblance du péché et la réalité de notre infirmité; même, selon saint Paul, il s'est fait péché et malédiction pour nous. Mais ce discours est pour un autre temps. Pour le présent, nous avons à dire que le Verbe s'est fait enfant, et que le premier état qu'il a pris en notre nature c'est l'état d'enfance, d'impuissance, d'indigence, voulant être et paraître au monde en cet état pour sauver le monde, et y paraître devant les rois, devant les anges, devant la Synagogue.

VII. C'est le premier état du Fils de Dieu sauvant le monde; c'est le premier état auquel il paraît au monde; c'est un état de longue durée; c'est un état dans lequel il honore Dieu son Père, et sanctifie par sa présence la Judée et l'Egypte même; c'est un état partagé entre le monde et la Vierge: car la Vierge a neuf mois de cet état à elle; c'est un état de puissance en effet, et le premier état dans lequel il commence à sanctifier le monde. Il sanctifie son précurseur dans le ventre d'Elisabeth ; il tire du ciel les anges, et les rois de Perse en sa crèche de Bethléem ; il illumine les pasteurs, confond les tyrans et émeut toute la cité de Jérusalem sur sa venue, et donne grâce à un million de martyrs de mourir pour son nom avant de le connaître, ni de se connaître eux-mêmes, remplissant le ciel de tant d'innocents martyrs, qui sont les premières fleurs de l'Eglise naissante, et les premiers fruits de son enfance, et les premières hosties consacrées à sa gloire. Ce sont les merveilles de cette enfance, relevée d'une part de la puissance et de la grâce, et de l'autre abaissée et cachée dans les infirmités de l'enfance : car il demeure impuissant, indigent, et comme mendiant sa propre vie de la vie de sa Mère. Il est enfant, et en tout ce qui le regarde il porte toutes les débilités de l'enfance : car ces merveilles que nous avons dites sont bien par lui, mais sont hors de lui et non pas en lui. En lui il conserve l'abaissement et l'impuissance ; hors de lui il opère ce que ni l'enfant, ni l'homme, ni l'ange même ne peut opérer ; pour marque de la divinité cachée dans son enfance, et pour exemple aux siens de demeurer dans le néant et l'abaissement de leur nature et condition, parmi les opérations de la grâce opérante, éminente et dominante sur les autres.

VIII. Jésus donc est et puissant et impuissant dans son enfance ; il est impuissant en soi-même et puissant en autrui ; il est puissant et en sa sainte Mère et au monde ; il est puissant et en Judée et en Egypte ; il est puissant et en Nazareth et aux montagnes de Judée ; il est puissant et en Bethléem et en Jérusalem et au Temple : car tous les lieux sont marqués de son enfance et de quelque effet signalé de cette enfance. Et il est impuissant par grandeur, par puissance, par amour : car c'est la puissance de sa divinité qui le fait impuissant et enfant ; c'est la puissance et la grandeur de son amour qui le met en cet état, et non pas la faiblesse de la nature humaine, que nous voyons en lui par aucune sorte de nécessité : car cette même personne divine a l'être et la subsistence divine jointes à la puissance de la divine essence, et porte la puissance de la gloire en l'âme de ce divin enfant ; et ce corps, nonobstant sa faiblesse, est déifié et digne d'être adoré de tous les corps et de tous les esprits de l'univers. O grandeur en bassesse ! ô bassesse en grandeur ! qui le peut dignement exprimer ? Nous devrions demeurer en silence pour accompagner le silence de ce divin Enfant. Mais, tandis qu'il est pour nous dedans l'enfance, il nous faut parler de lui, il nous faut parler pour lui.

XLIX. DE L'ENFANCE DE JÉSUS.

I. Il y a deux états de singulier abaissement en Jésus : l'un sa naissance et enfance, l'autre sa passion et sa mort. Et il est à considérer que son enfance étant de si longue durée, il ne s'est jamais dispensé de ses lois. Jésus ne s'en dispense pas même pour donner avis du péril où il est, et un ange lui sert de langue. Considération de ces paroles : Accipe puerum et matrem ejus. — *II. Il y a trois incapacités en l'enfance ordinaire :* 1° *au regard de la conversation ;* 2° *au regard de la vie humaine et raisonnable ;* 3° *au regard de la vie de grâce. Et au lieu de ces trois incapacités il y a trois vies miraculeuses en l'enfance de Jésus : vie divine, vie glorieuse, vie voyagère. La vie divine de Jésus est triplement divine ; c'est à savoir par subsistence, par opération de la divinité en l'humanité, et par communication de l'humanité avec la divinité.* — *III. L'enfance de Jésus, pour être déifiée, ne laisse pas d'avoir ses bassesses ; et par cet état il est en dépendance, en indigence et en impuissance. Mais ces bassesses sont remplies de grandeurs, parce que ce sont les bassesses d'un Dieu, et il en spécifie jusqu'à dix. L'enfance de Jésus est source d'une grâce d'innocence. Elle donne grâce de direction active, et parce que Jésus s'est assujetti à se laisser conduire en se faisant enfant, cet abaissement est relevé de la grâce de conduire. La grâce de se laisser conduire est pareillement un de ses effets. L'enfance est la première voie que le Fils de Dieu a choisie pour honorer son Père.* — *IV. Il est maintenant permis et même commandé à l'homme de se convertir à la terre, et y chercher son trésor qu'elle enclôt.*

I. Il y a deux états de singulier abaissement à adorer, à admirer et à imiter au Fils de Dieu : l'un en sa naissance, l'autre en sa mort ; l'un en l'enfance, l'autre en la souffrance ; l'un à l'entrée, l'autre à la sortie de cette vie. Et celui-ci de l'enfance a cette circonstance singulière, du long temps qu'elle a duré, sans qu'il ait voulu se dispenser, ni d'un moment en tant de mois qu'il pouvait abréger, ni d'un seul effet qu'il pouvait accomplir si facilement, si raisonnablement, si divinement. Qu'y avait-il de plus facile au Fils de Dieu tout savant, tout connaissant, tout-puissant, que de délier sa langue pour dire quelques paroles ? Qu'y avait-il de plus raisonnable que de le faire aux rois qui le viennent chercher et adorer de si loin, et avec tant de peine et de fidélité, ou au moins à sa très-sainte Mère, au sein de laquelle il est perpétuellement ? Qu'y avait-il de plus divin que la parole du Verbe éternel, parole de vie et de vie éternelle, aussi bien en son enfance s'il eût daigné parler comme en son adolescence ? Mais il est si exact au silence et en la solitude de son enfance ; silence et solitude d'impuissance, mais d'impuissance volontaire, qu'il n'interrompra ce silence, pas même d'une seule parole, ni même vers sa sainte Mère. Oh ! qu'elle était digne de la communication de son Fils ! oh ! que cette impuissance était aisée à lever ! oh ! quelle privation pour la Mère ! oh ! quelle privation pour le Fils de se priver d'effets divins et d'effets divins vers sa sainte Mère ! encore qu'il ne se privât pas d'effets divins en sa très-sainte Mère. Il a donc été exact en son enfance et impuissance, en son silence et sa solitude même envers elle; il l'a même voulu être vers soi-même, ne parlant pas, n'avertissant pas du péril, et péril imminent où il était, et attendant que le Père éternel envoie du ciel un ange, pour dire de nuit et hâtivement : *Surge, accipe puerum et matrem ejus*, le trésor du Père et du monde tout ensemble, *et fuge in Ægyptum*. (*Matth.* II, 13.) O digne liaison du Fils et de la Mère! *puerum et matrem ejus*; ô digne soin et sollicitude du Père éternel vers le Fils, vers la Mère! ô trésor du Père et du monde en Jésus et Marie!

II. Dans l'enfance humaine et ordinaire, il y a trois impuissances et incapacités, l'une au regard de la vie humaine et extérieure, incapable de communication externe avec les créatures, et même de plusieurs effets de vie naturelle, l'autre au regard de la vie raisonnable et intérieure, incapable d'aucune pensée, discours, affections, de tout sentiment de gratitude, d'amour, d'estime, etc.; la troisième au regard de la vie de grâce, incapable de lumières, sentiments, et de tout usage de la vie de grâce. Il y a vie en l'enfant, mais vie faible, impuissante et imparfaite. Il y a vie naturelle, mais incapable de plusieurs effets de vie et végétante et sensitive; non-seulement privation mais incapacité, car c'est plus grande privation et destitution de vie. Il y a humanité, mais incapable de société et communication avec les hommes. Il y a esprit, mais incapable d'action d'esprit. Il y a grâce, mais incapable de vie de grâce, d'usage de grâce, de mouvement de grâce. Il y a principe de vie, mais non pas vie. Il y a grâce, mais non acte et usage de grâce. Il y a principe de vie, de mouvement et de repos ; mais il n'y a ni mouvement vers Dieu, ni repos en Dieu. Au lieu de ces trois incapacités de vie en l'enfance humaine et ordinaire, il y a trois vies, mais vies suprêmes, mais vies excellentes, mais vies miraculeuses en l'enfance divine : 1° vie divine; 2° vie glorieuse; 3° vie voyagère. Trois vies en celui qui est la vie : *Ego sum vita*. Trois vies commençant dans l'enfance, et continuées jusqu'à la mort ; et les deux premières jusque dans l'éternité ; vie divine, vie glorieuse.

Vie divine opposée à l'imperfection de la vie naturelle et à l'incapacité de la vie humaine, vie divine et par subsistence et par communication; car en sa crèche et en son enfance, il traite avec son Père éternel, ne pouvant traiter avec sa Mère temporelle. Vie doublement divine, et par subsistence et par opération de sa divinité en cette humanité! vie divine même de la part de cette humanité par communication à la divinité, avec laquelle cette humanité sacrée et déifiée communique. Vie donc triplement divine, 1° par subsistence ; 2° par opération de la part de la divinité ; 3° par communication de la part de l'humanité. Vie glorieuse opposée à l'incapacité de la vie de grâce ; vie voyagère opposée à l'incapacité de la vie raisonnable.

III. En ces trois points sont les excellences, les grandeurs, les priviléges de l'enfance divine : mais voyons ses privations, ses impuissances, ses bassesses. Car comme l'humanité est déifiée par l'union hypostatique, Dieu se faisant homme; aussi l'enfance est déifiée, Dieu se faisant enfant; et comme la nature humaine demeure en sa nature nonobstant cette déification, aussi l'état de l'enfance demeure en sa bassesse et impuissance nonobstant cette déification. Les bassesses et privations de l'état de l'enfance se réduisent à trois chefs : dépendance, indigence, impuissance; dépendance jusqu'à l'indigence, indigence jusqu'à l'impuissance. Quelle impuissance de ne pouvoir ni se secourir soi-même en ses besoins, ni rechercher secours en autrui, ni le demander par paroles ? Mais derechef ces bassesses et ces privations sont remplies de pouvoirs, de grandeurs et d'œuvres merveilleuses, parce que ce sont les privations et les bassesses d'un Dieu. La première est la maternité divine, car c'est l'effet de l'enfance et non de l'incarnation. S'il se fût contenté de se faire homme, il n'eût point eu besoin de mère, mais il lui en fallait une en se faisant homme par voie d'enfance. 2. L'autorité de la Mère de Dieu sur le Fils de Dieu. 3. Influence continuelle en lui résidant en elle. 4. Comme dans l'anéantissement de l'incarnation, l'homme est élevé jusqu'au trône de Dieu, étant vraiment Dieu, ainsi dans l'anéantissement de l'enfance, une vierge est élevée à la dignité de Mère de Dieu, et par ce moyen, les deux sexes ont un élèvement singulier en ce double abaissement. 5. Lier Dieu à la Vierge comme l'enfant à sa mère, ensuite de quoi toutes les grâces émanées de cet état, portent liaison spéciale à la Mère de Dieu. 6. Dans l'incapacité déifiée de Jésus enfant, il y a une source de grâce d'innocence, par laquelle les âmes sont saintement incapables des affections humaines, des affections, dis-je, imparfaites et défectueuses des enfants d'Adam. 7. Dans l'impuissance déifiée de Jésus enfant, et dans l'indigence qu'il avait ensuite, de l'assistance d'autrui. Il y a pareillement une source de grâce d'impuissance spirituelle, portant besoin de l'assistance d'autrui, qui est une manière de grâce qui va imitant et honorant l'impuissance et l'indigence de Jésus enfant. En l'Enfant Jésus, il y a impuissance mais très-puissante; il y a incapacité mais très-capable, voire capable de la divinité, et même remplie de divinité. Il y a indigence mais remplie de vie, et de vie la plus sublime. Oh! quelle plénitude de vie, de puissance, de divinité, de sapience en cette enfance! 8. Au contraire en nous, notre être est rempli de néant; notre lumière est remplie d'ignorance, notre puissance est remplie de faiblesse et impuissance; car il y a plus du néant que de l'être en notre être, et au bout du Fils de Dieu, de l'Enfant-Dieu, il y a plénitude d'être et de divinité. En notre sa pience et connaissance, il y a plus d'ignorance que de connaissance; mais en l'incapacité du Fils de Dieu, ô quelle capacité! ô quelle actualité, puisqu'elle est remplie de la divinité! En suite de ce que dessus, l'humble enfance de Jésus est l'origine d'une direction active, et d'une grâce de diriger et conduire les autres. 9. Et pareillement elle porte grâce de direction passive, pour se laisser diriger et conduire sans lumière et sans discernement, soit immédiatement de Dieu, soit par ceux qui tiennent sa place; grâce qui honore l'enfance de Jésus. Car comme il est dirigé en son enfance sans avoir part à sa direction, étant purement passif en icelle, n'y opérant rien, n'y coopérant point, on le porte en Egypte, il ne s'y porte pas; il semble aussi que l'âme reçoit purement la direction de Dieu par un état purement passif, sans lumière ou sentiment adjoint, qui aide, console ou vivifie, et sans que l'âme coopère à sa propre conduite en étant incapable, et son incapacité étant suppléée par la direction divine. 10. La première voie que le Fils de Dieu a choisie pour honorer son Père en la terre, est l'enfance, c'est-à-dire état d'abaissement, d'assujettissement et d'impuissance, et un si long temps. Le premier état et moment auquel il a voulu s'unir à notre nature, est l'enfance; c'est chose qui doit être pesée. Il honore son Père, non en parlant ou prêchant, lui qui était le Verbe et le docteur de l'univers; non en agissant, lui qui est le bras du Père; non en faisant des miracles, non en dirigeant, lui qui est la sapience régissant le monde; mais en s'assujettissant.

IV. Or en ce mystère je dois changer de méthode; je dois, non m'élever au ciel, mais m'abaisser à la terre, car Dieu y est par un nouveau mystère; et je le dois chercher, non dans les Louvres et les palais, mais dans une étable; étable plus précieuse et plus riche que le ciel même, qui ne contient pas un si grand trésor. Car Dieu est en la terre aussi bien qu'au ciel; mais Dieu incarné n'est pas au ciel, et il est en la terre. Terre, hélas! qui possède un si grand trésor, et le possède sans le connaître. Puisque Dieu cherche la terre, aime la terre, je veux me convertir maintenant, non au ciel, mais à la terre, et y chercher Jésus-Christ.

L. OBLATION A L'ENFANCE.

Je regarde, je révère, j'adore Jésus en son enfance; je m'applique à lui en cet état, comme en un état auquel je m'offre, je me voue, je me dédie pour lui rendre un hommage particulier, pour en tirer grâce, direction, protection, influence et opération singulière, et être comme un état fondamental à l'état de mon âme, tirant vie, dépendance, subsistence et fonction de cette conduite, de cette enfance divine, comme de l'état de mon état, comme de la vie de ma vie.

LI. DISCOURS DE LA FÊTE DES ROIS.

Nous devons nous occuper volontiers à des mystères de l'enfant Jésus, à l'imitation de la Vierge, dont il est écrit, qu'elle les conservait et considérait en son cœur. Considération de ces paroles : Invenerunt puerum cum Maria matre ejus. Trois demeures secrètes et non sensibles de Jésus, au sein du Père, dans notre nature et au cœur de sa Mère; et trois demeures sensibles, Bethléem, Nazareth, le Calvaire. — II. Privilége de Bethléem. C'est en Bethléem et en cette rencontre des rois, que le Fils de Dieu commence à prendre possession du monde. Le Fils de Dieu se donne au monde par sa naissance, et par ce mystère il se manifeste, qui est une autre sorte de donation. Le Fils de Dieu en ce mystère se manifeste comme splendeur, et splendeur du Père. — III. Le Fils de Dieu ne se manifeste pas seulement comme Fils de Dieu fait homme, mais aussi comme Fils de l'homme et enfant. Et comme il lui a plu joindre ses grandeurs à toutes nos bassesses; il ne manifeste ses grandeurs que dans ses bassesses, se donnant à nous, parce qu'il a daigné recevoir du nôtre. — IV. Le Fils de Dieu lie sa manifestation à la manifestation de sa Mère : Puerum cum Maria. C'est une des grandeurs de la Vierge, que le Fils de Dieu ait commencé à se manifester en un état auquel il était obligé de la manifester avec lui. Comme ce mystère est de Jésus avec Marie, et de Jésus indigent et dépendant de Marie, la grâce qui en procède, porte non-seulement appartenance à Marie mais aussi dépendance et indigence d'elle.

I. Une des occupations de la sainte Mère de Dieu en ce saint temps, écrite par l'évangéliste saint Luc (II, 51), est que Conservabat omnia verba hæc conferens in corde suo. Comme nous devons appartenir à la sainte Mère de Dieu, aussi la devons-nous imiter; et puisqu'un de ses principaux exercices était la considération de l'enfance de son Fils, conferens in corde suo, un de nos principaux exercices aussi doit être la considération de cette même enfance de son Fils. Nous devons pour ce sujet avoir soin, durant tout le temps de cette enfance, de prendre quelque parole de l'Evangile qui nous la rapporte; et il y en a une à laquelle il me semble que nous devons avoir une dévotion particulière : Invenerunt puerum cum Maria matre ejus (Matth. II, 11); ils trouvèrent l'Enfant avec Marie sa Mère. Nous devons toujours chercher le Fils de Dieu, et nous devons toujours le trouver, car qui le cherche le trouve : Qui quærit invenit. (Luc. XI, 10.) Il y a trois demeures principales dans lesquelles nous le devons chercher et nous le devons trouver. La première est dans le sein du Père. Oh! quelle demeure! oh! quel séjour! La deuxième est en l'humanité en laquelle il a voulu habiter; la troisième est le cœur et le sein de la Vierge. Voilà trois demeures très-grandes, très-dignes, mais elles sont toutes intérieures, toutes spirituelles, toutes divines.

Il y en a d'autres plus sensibles; car comme le Fils de Dieu, prenant notre humanité, s'est rendu sensible, aussi a-t-il, en cette qualité, des demeures sensibles. Entre ces demeures, il y en a trois principales et particulières: la première c'est Bethléem, lieu de sa naissance; la deuxième c'est Nazareth, où il a été conçu et élevé; la troisième c'est le Calvaire, où il est souffrant et expirant.

II. Toute notre vie doit être employée à chercher le Fils de Dieu, et toute notre année à le considérer, adorer et imiter en ces trois demeures; pour autant que, comme nous avons dit autrefois, le Fils de Dieu y a opéré la plupart de ses mystères. Mais en ce temps, nous le devons chercher en Bethléem, sa demeure plus auguste et où il est né. Nous ne devons plus demeurer en nous-mêmes ni en nos chambres; nous devons nous loger en Jésus-Christ et demeurer avec lui tout ce temps de l'enfance en Bethléem. C'est là où il a opéré chose si grande. C'est là où il paraît comme Fils de l'homme, et la Vierge en son office de Mère de Dieu. C'est le lieu qu'il a voulu choisir pour sa première manifestation au monde, et par où il prend possession de la terre. Car nous devons considérer ces rois, non pas comme personnes particulières, qui ne viennent adorer le Fils de Dieu que pour eux, mais comme personnes qui représentent tout le monde et qui viennent au nom de toute la terre. Non que la terre y pense, elle n'en est pas digne; non pas qu'elle leur ait donné charge d'y venir, elle en est tout à fait indigne; mais le Père éternel les y conduit pour toute la terre encore qu'elle n'y pense pas. Oh! quel honneur rendent ces rois au Fils de Dieu! oh! quelle adoration! Les pasteurs étaient venus auparavant, mais c'étaient pauvres gens, simples, et qui n'avaient point de qualité en la terre, et par ainsi rendaient plutôt hommage au Fils de Dieu pour eux que pour le reste du monde; et cet honneur était fort petit, de sorte que nous pouvons dire qu'ils venaient plutôt pour voir le Fils de Dieu né, que pour lui rendre hommage. Mais ces rois sont personnes qualifiées, conduits par le Père éternel pour adorer son Fils, et pour l'adorer au nom de toute la terre. Oh! que ce lieu est digne, auquel le Fils de Dieu a opéré choses si grandes! Oh! grand privilége de Bethléem! Quelques-uns pensent que les rois trouvèrent le Fils de Dieu en un autre lieu; mais c'est une opinion particulière, et les docteurs les plus pieux tiennent qu'ils le trouvèrent en ce même lieu, et nous le devons croire, car il était très-raisonnable que ce lieu, qui avait servi à la naissance du Fils de Dieu, servît aussi à sa première manifestation. Cherchons le Fils de Dieu pendant cette octave, avec les rois en cette demeure. En sa naissance il s'était donné au monde, mais il ne s'était pas donné à connaître au monde, et il y a, ce me semble, quelque différence entre sa naissance et sa manifestation. Mais en ce mystère des rois il se manifeste au monde et se donne à connaître: *Egrediatur ut splendor justus ejus, et Salvator ejus ut lampas accendatur.* (*Isa.* LXII, 1.) Le Fils de Dieu, dans sa naissance éternelle, a plusieurs qualités et plusieurs propriétés: il naît comme le Fils du Père, le Verbe du Père, la splendeur du Père, *Splendor paternæ gloriæ* (*Hebr.* I, 3), et pareillement dans sa naissance temporelle, il y a plusieurs qualités et propriétés, et l'une d'icelle est d'être lumière et splendeur: *Egrediatur ut splendor justus ejus*, non-seulement en sa personne divine, mais encore en son humanité. C'est ainsi qu'il me semble que saint Augustin explique ce texte: *Qui videt me, videt et Patrem* (*Joan.* XIV, 9), pour autant qu'il y avait une telle splendeur imprimée dans l'humanité, que non-seulement la personne divine du Fils de Dieu, mais encore cette même humanité manifestait la divinité et la personne du Père. Or c'est en ce jour qu'il commence à paraître en cette qualité comme lumière, comme splendeur, se donnant à connaître au monde. Et puisqu'il commence à donner cette grâce au monde de sa manifestation, nous devons avoir soin de la demander. Oh! quelle grâce que cette manifestation! oh! qu'elle est digne d'être recherchée! et c'est aujourd'hui qu'elle commence solennellement en la personne des rois et de tous ceux que ces rois représentent, et dont ils sont comme procureurs établis par la mission que leur a donnée le Père éternel, et c'est aujourd'hui qu'elle commence, non-seulement par lumière, par connaissance et adoration de Jésus, mais aussi par effets puissants de liaison et appartenance spéciale à sa divine personne.

III. Le Fils de Dieu ne se manifeste pas seulement ici comme homme, mais encore comme Fils de l'homme et comme enfant; et c'est en cet état que les rois le trouvent: *Invenerunt puerum* (*Matth.* II, 11); et c'est la deuxième chose que nous devons considérer en ce mystère. Le Verbe éternel se pouvait faire homme sans se faire fils de l'homme, sans avoir aucune relation aux hommes, mais seulement à Dieu, et les hommes n'eussent eu aucun sujet de se plaindre s'il l'eût fait; car même cela appartenait en quelque manière à la dignité de ce mystère, lequel étant tout divin, devait être référé seulement à Dieu et non aux hommes, et ç'a été un excès de la bonté et miséricorde de Dieu envers les hommes, d'avoir voulu qu'un œuvre si grand, si digne et si divin, et qui mériterait de n'avoir relation qu'à lui seul, fût néanmoins référé aux hommes. Le Fils de Dieu pouvait venir au monde en état d'homme parfait comme un autre Adam; il pouvait faire cela par sa puissance; néanmoins il n'en a point voulu user comme il en avait usé pour Adam. Il a voulu se faire Fils de l'homme et venir par voie de naissance, d'enfance, d'infirmité, d'indigence et dépendance, et tout ce qui suit cet état. Or, comme le Fils de Dieu pouvait se faire homme sans se faire Fils de l'homme; aussi, il pouvait venir au monde comme homme et comme fils de l'homme, et attendre à se manifester, qu'il fût homme parfait, ou pour le moins différer sa manifestation au temps de son adolescence, là où au contraire il a voulu cacher son adolescence dans la vie commune, ordinaire, servile et travaillant dans les offices les plus vils et les plus abjects, et se manifester en l'enfance. C'est une des grandeurs de son enfance qu'il ait voulu être premièrement connu en icelle, et que sa première et sa plus auguste manifestation fût en cette enfance, en laquelle il s'est donné à connaître aux grands et aux sages, non-seulement en ses grandeurs, mais encore en ses abaissements, parce que non-seulement il se donne à connaître comme Dieu et comme Fils de Dieu, mais encore comme homme et comme fils de l'homme, et nous devons aussi avoir soin d'adorer et reconnaître ses grandeurs avec les rois, dans cet abaissement et cette humble enfance.

IV. Nous devons chercher et trouver le Fils de Dieu, nous le devons chercher et trouver : *Et invenerunt puerum*; mais ce n'est pas assez, il ne le faut pas trouver seul, il le faut trouver avec la Vierge sa Mère, *cum Maria matre ejus* : et c'est la troisième grâce que nous devons considérer en ce mystère. Les mystères du Fils de Dieu ne doivent pas être seulement considérés comme actions qui passent, mais comme vives sources de grâces et de grâces particulières, selon la diversité des mystères ; et il est à propos de savoir que la grâce propre à ce mystère est une grâce de manifestation de Jésus avec Marie, et de Marie avec Jésus. Il y a plusieurs manières de s'appliquer à la sainte Mère de Dieu, de prendre liaison à elle, d'appartenir à elle : et il y a aussi plusieurs manières par lesquelles nous pouvons nous lier au Fils de Dieu ; mais la grâce de ce mystère est une grâce toute particulière qui ne nous donne pas à connaître le Fils de Dieu seul, mais le Fils de Dieu avec sa Mère, qui ne nous lie pas au Fils de Dieu seul, mais au Fils de Dieu et à sa Mère tout ensemble : *Invenerunt puerum cum Maria matre ejus*. Cette grâce les regarde tous deux ensemble, et non l'un ou l'autre séparément, et nous devons avoir soin de la recueillir de ce mystère avec les saints rois durant cette octave. Les mages regardaient d'un même regard Jésus et Marie; ils ne pouvaient voir Jésus enfant qu'aussitôt ils ne vissent Marie sa Mère; et c'est une des grandeurs et une des bénédictions de la sainte Mère de Dieu, que son Fils se soit voulu manifester en un âge et en un état qu'il était obligé de le manifester avec lui, parce que l'enfant n'est subsistant que par sa mère, et par une dépendance continuelle des bras et du sein de sa mère. En l'honneur donc de ce mystère et à l'imitation de ces saints rois, et du Roi des rois qui est tout en la disposition de Marie, qui est tout tourné vers Marie, nous devons recueillir le fruit délicieux d'une appartenance spéciale à Marie, d'une relation de tout ce que nous sommes à Marie, d'indigence d'elle, de dépendance d'elle, de ses pouvoirs et de ses vouloirs.

LII. EN LA FÊTE DES ROIS.

L'étoile des rois les conduit à Jésus et à Marie, c'est-à-dire au soleil et à l'étoile. Ces mages sont envoyés par le Père éternel à son Fils, comme sages, comme rois, comme riches pour rendre hommage à son enfance, à son impuissance, à sa pauvreté. Et ils lui rendent cet hommage au nom de toute la terre, et comme procureurs de tous les gentils. Jésus par un secret conseil et une conduite de quelque rigueur, les sépare de soi et les renvoie. Grâce unissante et séparante. La crèche de Jésus est une école, où il enseigne une science venue du ciel.

Les mages sont conduits par l'étoile. C'est une étoile qui révèle et annonce Jésus, qui conduit à Jésus et à l'étoile qui possède Jésus, c'est-à-dire à Marie, car vous êtes une étoile, très-sainte Vierge, une étoile plus brillante que celles du ciel, une étoile en la terre, mais qui offusque les étoiles du ciel, et devant laquelle viennent fondre les anges et perdre leur lumière; une étoile en terre, mais qui luit et qui a paru premièrement au ciel qu'en la terre, une étoile qui conserve sa lumière en la présence d'un soleil, et qui enfante même un soleil, c'est-à-dire Jésus. Et vous trouverez, ô mages, par la conduite de votre étoile, et plus encore par celle de votre foi, ce soleil et cette étoile, et ce soleil au milieu de cette étoile, Jésus au sein et entre les bras de Marie, qui tient son Fils, son Dieu et son tout : et vous le va présenter, ô sages rois, et les uniques sages du monde, qui savez chercher, trouver et adorer Jésus en la terre.

Je me ravis, ô Jésus, en vous voyant en cette enfance, en cette étable et en cette pauvreté, mais je m'éjouis en voyant les sages, les rois et les trésors à vos pieds; c'est-à-dire la sagesse, la grandeur et l'opulence de la terre, rendre hommage à la sagesse éternelle, cachée dans votre enfance, à votre impuissance et à votre pauvreté. Car en la personne de ces trois rois, comme sages, comme rois, comme riches, je contemple trois différents hommages que le Père éternel fait rendre à son Fils fait enfant, et fait rendre à son enfance, à son impuissance, à son indigence : et je les considère comme les procureurs généraux de tous les sages, de tous les rois, de tous les riches, et généralement de tous les gentils qui commencent, en leurs personnes, à faire ce qui se fera dans peu de temps par le rond de la terre, où les sages, les grands et les riches seront esclaves de Jésus, et leur félicité sera le servir éternellement : *Servi ejus servient illi*. (*Apoc*. XXII, 3.)

Comment quittez-vous, sages : que ne demeurez-vous aux pieds de ce divin enfant et de sa très-sainte Mère? C'est ici qu'il faut vivre et mourir, car c'est ici qu'est la vie et la mort tout ensemble, la vie de grâce et la mort du péché. Comment pouvez-vous délaisser Jésus après l'avoir connu? Mais

Jésus même vous sépare de lui, pour vous conjoindre à lui par une nouvelle sortie, car il a dans ses trésors et des grâces unissantes et des grâces séparantes, et des grâces unissantes en séparant, et séparant en unissant. Je dis qu'il a ces grâces dans ses trésors et non pas dans les trésors que vous lui avez apportés : car il a des trésors bien différents des vôtres. Ce sont des trésors qu'il apporte à la terre, et que la terre ne lui peut apporter. Il a des trésors de science que la terre ne connaît point encore, et une école de lumière que les académies ne peuvent pas apprendre. L'école de Jésus et de l'enfant Jésus entend bien ces termes et ces vérités, et sait bien porter ces effets en silence et humilité.

LIII. DE LA ROYAUTÉ DE JÉSUS-CHRIST.
En la fête de l'Epiphanie.

Jésus-Christ est publié roi à l'entrée de sa nouvelle vie, par l'ange et les mages ; et à la fin par Pilate même, son juge et son ennemi. Le Fils de Dieu prend un soin tout particulier de nous apprendre sa royauté. Et tous, tant petits que grands, qui ne la reconnaîtront point, périront.

C'est un point digne de considération, que les premières paroles que l'ange dit à la terre et à la Vierge de Jésus, parlent de sa qualité de roi et de son royaume ; et la première voix publique de la créature cherchant son créateur au monde, le cherche en qualité de roi, et se sont des rois qui sont les premiers hérauts de sa royauté, et qui disent : *Où est né le roi des Juifs* (Matth. II, 2), et le disent roi par naissance, et le cherchent en cette qualité ; et que lorsqu'il est mourant et qu'il paraît en qualité de roi, c'est lors encore que sa qualité de roi est publiée au monde, et publiée par son juge et par l'officier public de l'empire ; le Fils de Dieu se servant au plus grand point de sa faiblesse visible et apparente, de sa puissance secrète, pour publier sa royauté en l'univers par les plus éminents officiers de l'empire en l'univers : tant il lui plaît que sa qualité de roi soit publiée au monde, tant nous devons la connaître, la publier, la porter dans l'univers. Ces mages sont sages et rois, et ce sont ceux qui cherchent et servent Jésus-Christ : ceux qui ne le cherchent pas, ou ne sont pas rois, mais esclaves, ou ne sont pas sages.

Je m'éjouis de voir que les rois sont aux pieds de Jésus : c'est le plus haut point de leur grandeur, c'est où viennent fondre les anges ; et ils publient sa royauté aux deux extrémités de sa vie, en sa naissance et en sa souffrance, afin que nous sachions que, naissant et mourant, il est roi. Et il l'a publié plus hautement aux deux moments de sa plus grande faiblesse, en la faiblesse de son enfance et de sa souffrance en la crèche, et au Calvaire, afin que nous sachions que, dans ses plus grands abaissements et affaiblissements, sa royauté ne s'affaiblit point, et qu'il la conserve lors même qu'il ne conserve ni sa puissance ni sa vie. C'est l'hérésie des grands et des Etats, qui ne veulent pas reconnaître Jésus pour roi, et son Etat pour leur royaume. Mais écoutez l'ange qui dit qu'il régnera et régnera éternellement. Ecoutez Pilate, si vous n'écoutez l'ange ; écoutez un ministre d'Etat, un grand du plus grand empire qui sera jamais en la terre, et d'un empire qui fait joug et hommage à l'empire de Jésus ; écoutez Pilate, le juge et l'ennemi de Jésus, qui, faisant office de juge de Jésus, prononce sa royauté et, attachant Jésus en croix, publie sa royauté en l'univers. Jésus est roi, et les rois ne sont que ses vassaux, ou ne seront rien du tout dans l'éternité. L'Etat de Jésus est un royaume auquel les royaumes et Etats doivent servir, et les oracles qui annoncent Jésus au monde, annoncent que tout peuple et nation qui ne servira point au royaume de Jésus périra éternellement : *Gens et regnum quod non servierit tibi peribit.* (Isa. LX, 12.)

LIV. AU JOUR DE L'ÉPIPHANIE.

Le triomphe de l'Enfant Jésus en son enfance, tirant les rois et les anges à adorer son impuissance et son enfance, qui sont les deux opposites, *Ecce magi.* Les grâces appropriées à ce mystère sont, 1° la grâce de chercher Jésus-Christ : *Ubi est qui natus est* (Matth. II, 2) ; 2° la grâce de le trouver : *Invenerunt* (Ibid., 11) ; 3° la grâce de le trouver avec Marie, 4° la grâce d'être possédé de Jésus et de Marie : *Adoraverunt eum* (Ibid.) ; par icelle le Fils de Dieu leur a imprimé sa puissance, et pris possession d'eux, non interrompue et dont nous verrons la continuation dans le ciel ; 5° la grâce d'être dirigé par Jésus comme il a dirigé les mages par son ange : *Admoniti in somnis.* (Ibid., 12.) L'Enfant Jésus n'avait point de langue pour leur parler, mais il implore un ange comme sa langue pour leur dire sa volonté ; 6° en ce mystère, la Vierge exerce sa puissance à manifester Jésus comme en sa nativité elle a exercé sa puissance à donner Jésus. C'est une des grandeurs de la Vierge, que cette insigne manifestation du Fils de Dieu, qui est la plus admirable qui ait été en son enfance et en sa vie, et qu'il a publiée au monde par sa fuite et la persécution d'Hérode, et en laquelle a été initiée et dédiée la vocation des gentils. En ce seul mystère, le Fils de Dieu à tiré des rois à soi, et non en aucun autre état de sa vie, en laquelle, quoique faisant miracles, il n'a été suivi des rois et des grands. Vierge sainte, manifestez-nous Jésus.

LV. DE L'OBLATION DE JÉSUS AU TEMPLE

I. *Trois pas du Fils de Dieu descendant du ciel, en Nazareth, en Bethléem et au temple de Jérusalem. Les mystères accomplis en Nazareth et en Bethléem sont de grandeur et de joie.* — II. *Mais celui-ci est d'humiliation et de douleur pour Jésus et pour Marie ; car Jésus est conduit en Jérusalem, pour voir les lieux où il souffrira, et on en apprend les nouvelles à Marie. En cette fête, les pensées de Jésus sont de sa croix et de ses souffrances, et ce doivent* être les nôtres. — III. *Jésus est l'offrant, l'hostie et l'oblation tout ensemble, comme il est à la vie et le vivant, et dans l'éternité le Fils et la filiation. Les choses distinguées dans l'être créé se retrouvent en simplicité et en unité dans l'être divin.* — IV. *Cette fête est la première de l'ordre de l'union hypostatique, et le premier mouvement de Jésus nouvellement né vers son Père.*

I. Le Fils de Dieu vient en l'univers pour l'univers. Le ciel, la terre et toutes créatures ont part à l'effet de ce voyage. Ce voyage est signalé, car c'est le Père éternel qui envoie, et c'est son Fils qui est envoyé; les deux premières personnes de la Divinité. En ce regard et heureux voyage d'une personne de si grand poids et autorité pour un dessein si grand, le premier pas du Fils de Dieu est à Nazareth; le deuxième est en Bethléem; le troisième en Jérusalem et au temple, par la présentation de Jésus au temple, entre les bras de sa Mère. Ce mystère me semble être un mystère de douleur et de rigueur, s'il m'est permis de parler ainsi. Car en Nazareth ce n'est que silence, mais ce n'est que grandeur. Un ange parle, et un des plus grands anges; et parle à la Vierge avec tant de respect, et ne lui parle que de choses célestes et grandes; de la plénitude de grâces, de la présence du Seigneur avec elle; de la descente du Saint-Esprit en elle; de la vertu du Très-Haut qui la doit environner; du Fils du Très-Haut qui doit être son Fils, et doit régner une éternité. Il ne se parle que de Dieu, que de royaume et de grandeur. Il ne se traite que d'éternité; il ne se parle que de Dieu, de son Fils unique, et de cette grande et éminente qualité de Mère de Dieu inconnue jusqu'alors au ciel et en la terre.

En Bethléem, je vois à la vérité quelque bassesse; une étable, une crèche, un bœuf et un âne. Mais j'y vois choses si grandes, que ces bassesses presque ne paraissent pas tant, elles sont absorbées de grandeur et de gloire. J'y vois un Dieu naissant, et une Vierge Mère d'un Dieu. Je vois les anges, le ciel et la terre fondant en cette crèche. Je vois les rois adorant la majesté de ce divin enfant, et les grandeurs du ciel et de la terre inclinées devant lui. Tant de lumières et de splendeurs m'éblouissent et m'empêchent; le ciel par ses lumières, et la terre par ce qui est de plus grand, de plus sage, de plus saint, de plus relevé en elle, conspirant unanimement à reconnaître, à publier et à adorer l'abaissement et la grandeur, la divinité et l'humanité de cet enfant. Les rois, les mages et les prêtres, conspirant les uns à chercher, les autres à indiquer où gît le trésor de l'univers, la lumière du monde et la gloire d'Israël.

II. Mais ce mystère est plus de douleur que de joie, plus d'humiliation que de grandeur. Il y a Jésus, il y a la Vierge, il y a Siméon: trois sujets principaux de cette solennité; et c'est le premier voyage de Jésus sur la terre en sa propre personne, porté entre les bras de sa très-sainte Mère, ses jambes ne lui pouvant encore rendre cet office. Mais ce premier mouvement de Jésus sur la terre, regarde le temple et Jérusalem, et c'est le premier lieu qu'il visite et honore de sa présence. Ce lieu de Jérusalem où il doit dire, où il doit faire, où il doit pâtir tant de choses. Il va au temple pour s'y offrir à Dieu son Père; il va en Jérusalem, comme pour prendre possession dès l'heure même de son entrée au monde, de ce lieu où il doit souffrir pour le monde. Ce divin enfant est enfant quant au corps, mais il n'est pas enfant quant à l'esprit. Il connaît Dieu soi-même, et les souffrances auxquelles il est destiné; et le mouvement de son esprit le porte en cette ville, comme pour reconnaître à l'heure même le champ de bataille où il doit vaincre l'ennemi, le diable et le péché, et où il doit mourir pour donner vie au monde. De tous les lieux, le plus important à Jésus vivant, et à nous en Jésus, c'est Jérusalem où il doit consommer sa vie pour son peuple, et d'où il doit partir pour descendre aux enfers et monter au ciel, et consommer les choses prédites de lui dedans les prophètes. Or c'est ce lieu que Jésus visite le premier en la terre, et qu'il va dédier lui-même et consacrer par sa présence. Cet Enfant porté entre les bras de sa très-sainte Mère, prenant son repos en son sein, demeurant en son sacré silence, ouvre ses yeux et son esprit en approchant de cette ville, et regarde les lieux où doivent un jour s'accomplir ses mystères; le temple où il va s'offrir, ce Calvaire destiné à sa mort, ce mont d'Olivet où il partira dans peu d'années pour achever son voyage de la terre au ciel. Vous voyez cette porte, ô divin Enfant, par laquelle vous entrez maintenant en la compagnie de Joseph et de Marie, et vous la regardez comme la porte par où vous sortirez pour aller au Calvaire en la compagnie des larrons, au milieu desquels vous serez attaché à la croix; vous regardez ces rues qui seront arrosées de votre sang, lorsque vous y passerez pour la dernière fois, portant, comme un Isaac, le bois du sacrifice sur vos épaules, la croix où vous serez consommé en holocauste. Ce sont vos pensées, ô Jésus, en cette solennité, et ce doivent être les nôtres. Vous allez vous offrir en hostie au Père éternel dans son temple, et nous devons nous offrir à lui avec vous.

III. Vous allez vous offrir, et vous êtes l'hostie, l'oblation et le prêtre même; car c'est vous qui vous offrez, et cette fête est la première cérémonie et la dédicace de cette oblation que vous faites de vous-même à Dieu le Père, que vous avez commencée au jour de votre incarnation, que vous avez continuée au ventre de la Vierge, comme au premier temple de votre gloire. Vous faites incessamment cette oblation de vous-même, mais nous ne sommes pas capables en cette terre mortelle de la remémorer incessamment. Ces jours, ces mystères, ces circonstances qui se trouvent en certain temps, sont des marques temporelles de votre oblation perpétuelle ; voire vous êtes à l'hostie et à l'oblation même, toujours hostie et toujours oblation. Car dans les choses grandes, célestes et divines, ces choses se passent ainsi. Vous n'êtes pas seulement le vivant, mais vous êtes la vie, vous êtes la voie, vous êtes la vérité, vous êtes la lumière, et aussi vous êtes l'hostie et l'oblation même. Vous êtes toujours aimant, regardant et adorant votre Père, vous êtes toujours le regardant et contemplant. Et comme dans votre éternité, vous êtes et le produit et le produisant du Père éternel, le Fils et la filiation même, par la perfection éminente de ces choses distinguées dans les créatures par leur imperfection, et réduites en unité dans l'être divin par la perfection propre ; aussi dans votre vie humaine, mais établie et consommée dedans l'être divin par une perfection nouvelle, sans confusion aucune, vous êtes l'hostie, l'offrande et l'oblation même ; toujours offert, toujours offrant et toujours oblation sans confusion et sans imperfection aucune ; rejetant tout ce qui est imparfait, possédant tout ce qui est de parfait, en ces trois termes distincts et séparés, par l'éminence, l'unité et la simplicité de votre état céleste et divin, dans lequel plus les choses sont nobles et élevées, plus elles sont rendues unes et simples ; et plus elles sont unes et simples, plus elles sont efficaces.

IV. C'est votre état en cette solennité, c'est le fond de ce mystère ; c'est une fête d'oblation et de consécration de vous-même au Père éternel, c'est une fête qui commence en l'incarnation, et ne cesse jamais, mais est ici marquée de ses circonstances et cérémonies ; c'est une fête qui se passe en la terre, mais célébrée au ciel, dans lequel comme votre génération éternelle est la première production du Père éternel et la première fête de l'éternité, aussi cette oblation du Fils de Dieu incarné est la première action et le premier mouvement de l'Homme-Dieu vers le Père éternel, est la première fête et solennité de l'ordre de l'union hypostatique. Ce sont les choses grandes qui se passent en cette occasion entre le Fils et le Père, et le Fils porté entre les bras de sa Mère, et qui se passent sur notre sujet, et il est de notre devoir de quitter les pensées faibles et basses des enfants d'Adam, et d'entrer dans ces grandes pensées de Jésus, et dans l'oblation qu'il fait de soi-même à Dieu son Père pour nous.

LVI. DE L'OBLATION DE JÉSUS AU TEMPLE.

Conduite admirable de la sapience divine de Jésus enfant. Il est porté par les bras de sa Mère, mais il régit l'esprit de sa Mère, comme enfant qui est homme parfait. La grâce de son âme est une grâce qui le déifie ; c'est une grâce substantielle ; c'est une personne divine qui remplit son être naturel et humain. Les pensées de l'âme sainte de Jésus allant à Jérusalem. Jésus sait le conseil de Dieu sur soi, ce que sa Mère ne sait pas ; et il emprunte la langue de Siméon pour lui en découvrir quelque chose. Il semble qu'il prend plaisir d'aller reconnaître le lieu où il souffrira un jour pour le salut du monde.

Il y a de quoi louer Dieu et admirer la conduite de son Fils unique, en l'économie de sa vie sur la terre. C'est la sapience éternelle et incréée, mais incarnée, mais cachée et non absorbée par son enfance. Il faut contempler comme elle dispense et ordonne les actions de ce divin Enfant, comme elle conduit ses pas, ses mouvements, ses regards. Cette économie et dispensation est divine et admirable. Ne considérons pas seulement la lettre et l'écorce du mystère ; pénétrons-en la moelle, l'intérieur et l'esprit. Celui qui est transporté de Bethléem en Jérusalem, est enfant quant au corps, mais non pas quant à l'âme. Sa mère le porte entre ses bras, car ses petites jambes, par son enfance, ne lui peuvent pas encore rendre cet office ; mais l'esprit de l'enfant conduit la mère, l'anime et l'inspire en ce voyage que la mère accomplit par l'instinct de ce divin enfant. Enfant quant à la proportion des membres de son corps ; mais homme parfait quant à l'âme. C'est une âme déifiée, quant à la grâce ; c'est une grâce substantielle quant à la personne, et personnelle quant à l'être divin qui remplit cet être humain. Il est capable en cet état de régir et le ciel et la terre, et les hommes et les anges. L'esprit qui anime cet Enfant, ce n'est qu'un même esprit qui repose en cet enfant, et qui conduit la mère. Ainsi Jésus accomplit ce voyage avec un parfait usage de son esprit, dans un usage divin de soi-même. Il sait que c'est en Jérusalem où il va ; il sait que Jérusalem est le lieu prédit par les prophètes, et consacré à ses souffrances ; il sait que c'est le lieu qui doit être honoré de sa présence, qui doit résonner de sa parole, qui doit être étonné de ses miracles, qui doit être arrosé de son sang, qui doit être signalé de sa mort, de sa sépulture, de son élévement au ciel. Là il va comme en un camp clos, pour considérer de bonne heure le champ du combat où il doit vaincre le diable et le péché ; et le lieu saint où il doit offrir son sacrifice à Dieu pour le salut de l'univers et pour la gloire de son Père. C'est pourquoi il veut que son premier voyage soit en ce lieu, que son premier mouvement soit d'y aller, que ses premiers regards soient employés à voir ce temple, cette ville, ces rues, cette porte par où il doit passer un jour chargé de sa croix, mais plus encore de nos offenses ; à voir ce jardin des Olives où il doit souffrir, ce mont de Calvaire où il doit mourir, ce mont d'Olivet où il doit, bénissant la terre, monter au ciel. Comme Jésus ne vient en la terre que pour mourir, il veut que ses premiers pas et ses premiers regards soient employés au lieu de sa mort et souffrance. Voilà les premiers voyages et les premiers regards de Jésus en la terre. Ce sont les pensées de Jésus étant entre les bras de sa très-sainte Mère ; mais ce ne sont pas encore les pensées de Marie. Il la conduit au temple pour en apprendre les premières nouvelles, et il se sert de la langue de Siméon pour les lui dire, ce divin Enfant ne pouvant pas encore délier sa langue pour les lui dire lui-même. Ainsi dans peu de jours il empruntera du ciel une langue angélique, pour dire à Joseph qu'il faut fuir en Egypte, comme il emprunte maintenant la langue d'un homme juste, pour dire à Marie qu'il faut entrer en douleurs. Ainsi ce divin Enfant en sa petitesse et en son impuissance, comme Seigneur du ciel et de la terre, fait servir le ciel et la terre à ses ordonnances, et emploie les hommes et les anges à manifester les ordonnances du Père éternel sur lui, en attendant qu'il les puisse publier et révéler lui-même.

LVII. DE L'OBLATION DE JÉSUS AU TEMPLE.

Ce mystère est un mystère de lumière et de manifestation; et toutes les manifestations intérieures et secrètes que le Fils de Dieu fait de soi-même aux âmes, relèvent de cette première.

Il y a deux sortes de manifestations de Jésus-Christ au monde : l'une publique et ordinaire, qui est celle de la foi; l'autre plus intérieure, secrète et extraordinaire. La première commence en la Nativité; la seconde en la présentation de Jésus au temple, où en une manière singulière il se découvre à Siméon et à sainte Anne la prophétesse. De sorte que toutes les manifestations intérieures que Dieu a faites depuis, et fera aux âmes saintes et dévotes, sont fondées en celles-là. Honorons cette manifestation, et prions Jésus qu'il nous rende capables d'icelle. Nous avons à désirer cela par-dessus toutes choses, et chercher toujours une plus grande alliance et connaissance du Fils de Dieu, laquelle nous sera donnée par le moyen de cette manifestation.

LVIII. DE LA PÉNITENCE DU FILS DE DIEU.

Pour le temps de Carême.

I. L'état du Fils de Dieu au désert n'est pas d'élévation, mais d'humiliation et de bannissement. Le Fils de Dieu a pris la semblance de la chair de péché, et l'a déifiée en sa personne. — II. Le Fils de Dieu a commencé sa vie publique par humiliation, se soumettant au baptême de son serviteur. Cette humiliation est si grande, que saint Jean ne la peut supporter, moins en être l'instrument; mais elle est si puissante qu'elle le force à ce faire. Exposition de ces paroles : Sic enim decet nos implere omnem justitiam. Le pécheur est séparé de Dieu, est exposé au diable, est ravalé à la condition des bêtes; et Jésus-Christ porte ces trois effets, en la manière que la sainteté de sa personne le permet. — III. Le Fils de Dieu prend sur soi tout ce qui est de la peine du péché, c'est-à-dire le tourment et la confusion, et ainsi déifie en sa personne l'état de péché, et non-seulement les divers états de la nature. — IV. La suspension que le Fils de Dieu fait de la gloire due à son corps, tant par la divinité que par la gloire de l'âme, est une très-grande pénitence, et qui dure toute sa vie. Pouvoir et droits des saints en l'état de la gloire, et spécialement de la gloire de Jésus-Christ si élevée par-dessus la leur. Quel effort d'amour et de puissance a été nécessaire pour réprimer l'opération de la gloire de la personne du Verbe et de son âme, tendante à se communiquer au corps. Cette suspension est une vraie et très-grande mortification.

I. Il y a trois objets singuliers qui nous doivent occuper avec Dieu, avec le Fils de Dieu et avec la très-sainte Vierge en ce temps de Carême. La quarantaine du Fils de Dieu au désert, sa vie pénitente en tout le temps qu'il a été sur la terre, et sa vie souffrante en ses derniers jours. Ces trois objets doivent être particulièrement révérés de nous en ce temps auquel nous faisons pénitence, pour suivre Jésus-Christ jeûnant quarante jours en sa solitude, et pour nous remémorer la pénitence de toute sa vie sur la terre. L'Eglise à cet effet nous représente son jeûne au désert au commencement de ce saint temps; puis sa pénitence, en nous rapportant dans les Evangiles qu'elle nous fait lire, ses fatigues et travaux dans le monde, et sur la fin ses souffrances et sa mort en la croix.

Le premier objet qui est la vie et le séjour du Fils de Dieu au désert, est communément représenté comme un état d'élévation, d'abstraction, de contemplation; mais il me semble qu'il doit être représenté comme un état de bannissement, d'abaissement, d'avilissement. Car c'est le dessein du Fils de Dieu, qui ne s'est pas contenté de prendre une chair semblable à la chair de péché : *Similitudinem carnem peccati* (Rom. VIII, 3), mais aussi a voulu prendre un état intérieur, semblable à l'état auquel le pécheur est réduit devant Dieu, afin qu'il y eût un état de pécheur qui honorât Dieu, comme il y en a un qui le déshonore, et que la Divinité qui pénètre et sanctifie tous les états de la nature, pénétrât et sanctifiât aussi l'état du péché.

II. Le Fils de Dieu a voulu mener deux sortes de vies sur la terre; l'une privée, qu'il passe avec sa très-sainte Mère; l'autre publique, assemblant des disciples, et conversant avec le monde. Et comme celle-ci était destinée à détruire le pouvoir du diable et le règne du péché, il lui a plu de la commencer par l'humiliation du péché, premièrement au baptême, et puis au désert. Premièrement donc il se présente à son précurseur Jean-Baptiste, pour être baptisé de sa main et de son baptême, parmi les pécheurs et les publicains, se revêtant de la forme de pécheur et de l'humiliation du péché, comme chargé des péchés du monde, et obligé d'en porter la peine et la confusion; et cette humiliation est telle et si profonde, elle est si éloignée de la sainteté et dignité de sa personne devant les yeux de son précurseur, qui voyait les choses en la lumière de Dieu, qu'il ne la peut supporter, et bien moins d'en être l'instrument, et d'y coopérer de sa main, et fait tout ce qui lui est possible humblement pour s'en défendre. Mais l'humilité de Jésus aussi puissante que profonde, et le zèle divin qui possédait son âme sainte, de satisfaire parfaitement à la justice du Père, l'emporte à ce qu'il veut; et aussitôt qu'il a dit ces grandes paroles : *Sine modo, sic enim decet nos implere omnem justitiam* (Matth. III, 15), Jésus-Christ semble signifier qu'il est obligé d'accomplir toutes les rigueurs de la justice de Dieu sur les pécheurs; saint Jean se rend et obéit. Le pécheur s'oppose à l'esprit de Dieu, pour adhérer à son esprit propre; et par cela il mérite que le Saint-Esprit se sépare de lui par justice, comme il s'en sépare par son iniquité. Et voilà que le Saint-Esprit chasse et bannit Jésus au désert : *Spiritus expulit eum in desertum.* (Marc. I, 12.) Le pécheur tombe au pouvoir du diable : *A quo (peccatores) captivi tenentur ad ipsius voluntatem* (*I Tim.* II, 26) : et voilà que le Fils de Dieu est exposé à la tentation du diable : *Ut tentaretur a diabolo* (*Matth.* IV, 1); et que le diable le tente en plusieurs manières, entreprenant même de mettre la main sur sa personne sacrée, et de le transporter sur la montagne et sur le pinacle du temple. Le pécheur s'est ravalé de la dignité et noblesse où Dieu l'avait créé, à la condition vile des bêtes : *Homo cum in honore esset non intellexit, comparatus est jumentis insipientibus, et similis factus est illis* (Psal. XLVIII, 13) : et voilà que Jésus, en cette solitude, est réduit à la compagnie des bêtes : *Et erat cum bestiis.* (Marc. I, 13.)

III. Il y a deux choses au péché, la coulpe et la peine; et derechef il y a deux choses en la peine, le tourment et la confusion. La confusion d'être séparé et banni de Dieu, comme indigne de son regard, de sa présence et de la participation de ses biens, la confusion d'être soumis au pouvoir de l'ennemi de Dieu, et de la plus vile de ses créatures; la confusion d'être déchu et dégradé de tous les honneurs divins, et honteusement ravalé à la condition des bêtes. Or le Fils de Dieu qui a voulu satisfaire pour nous dans ce qui était de nous, dans nos propres misères et infirmités, ne s'est pas contenté de prendre notre nature et toutes les conditions de notre nature, l'enfance avec l'impuissance, l'indigence et la dépendance qui lui conviennent; ne s'est pas contenté de s'assujettir à la faim, à la soif, à la lassitude; mais, ainsi que nous avons déjà dit, il a encore pris sur soi tout ce qu'il a pu du péché. S'il eût pu prendre le péché même et la coulpe, il l'eût fait; mais, étant chose impossible, il en prend et porte la peine; le tourment dans les souffrances de ses derniers jours, et sa mort en la croix, et la confusion au temps de sa pénitence au désert, et dans les autres parties de sa vie. Et ainsi si nous exceptons la coulpe, il sanctifie et déifie l'état et le corps du péché en soi-même, pour détruire en nous le corps du péché, et pour rendre un hommage divin à son Père, par cela même qui était plus opposé à son Père.

IV. Cet état d'humiliation du Fils de Dieu au désert fait partie de la pénitence qu'il a daigné faire pour nous; mais ce n'est pas toute sa pénitence, il en a fait plusieurs autres, et en ce désert, affligeant son corps par le jeûne et toutes les incommodités qu'il y a souffertes, et pendant tout le temps de sa vie passible; et c'en est une partie très-considérable, que sa condition passible et mortelle, et la suspension de la gloire due à son corps, sur laquelle est fondée cette passibilité et mortalité, et c'est ce que nous devons maintenant déclarer. Jésus-Christ étant le Fils unique de Dieu, et son âme jouissant de la gloire du Fils unique, dès le moment de l'incarnation, parce que c'était l'âme de ce Fils unique et qu'elle lui était conjointe en unité de personne, son corps qui était déifié substantiellement comme l'âme, et qui était le corps et de cette âme et de ce Fils unique, étant uni immédiatement à l'un et à l'autre, ce corps, dis-je, avait non un, mais deux droits; et droits très-grands et très-puissants à la gloire de ce même moment, l'un par la gloire de l'âme et l'autre par la divinité. Car, et il est naturel à l'âme glorieuse de communiquer sa gloire à son corps, et il l'est encore plus à la divinité de glorifier la nature qui lui est conjointe si étroitement. Et nous devons considérer la divinité de Jésus et son âme, comme deux torrents impétueux, qui tendaient de tout leur pouvoir, en manière de dire, à revêtir et orner ce corps de la gloire du Fils unique de Dieu, et de la gloire qui appartient à tout ce qui est sien, en une manière si intime et particulière. Et toutefois ce torrent et ce double torrent est réprimé, Jésus empêche l'heureuse inondation de gloire à laquelle ils tendent tous deux; il suspend leur opération, opération si puissante et si pressante, et il la suspend, non une heure, non un jour, non un mois, non un an, mais trente-trois ans, pour demeurer pendant tout ce temps-là passible et mortel, et en état d'endurer tout ce que les Ecritures nous apprennent qu'il a bien daigné endurer pour nous. Et c'est son amour qui l'a mis en cette condition passible et mortelle, et qui a choisi cette suspension de gloire, comme le seul et unique moyen de le mettre et le tenir en cet état. O amour ! O suspension de gloire ! O condition passible du vrai corps d'un Dieu ! O que c'est chose étonnante de voir le corps de celui qui est vie et source de vie, dans une condition mortelle, et enfin dans la mort ! Mais si nous contemplons le moyen qu'il emploie pour cela, nous serons dans un étonnement encore tout autre, puisque c'est par une répression continuelle de cette gloire ineffable et inconcevable de Fils unique de Dieu, qui s'allait répandre aussi bien sur le corps que sur l'âme, dès le premier instant de son union hypostatique à l'un et à l'autre; et, par une opposition formelle, s'il m'est permis de parler ainsi, à deux principes si grands, si puissants, si divins, si présents et appliqués, la divinité et la gloire de l'âme. Puisque c'est par un effort et miracle perpétuel de trente-trois ans, et miracle, non sur la poussière et la cendre, comme la résurrection des morts, non sur un corps naturel comme les autres miracles qui ont été et sont opérés tous les jours par le Fils de Dieu et ses serviteurs, non dans l'ordre de la nature, mais dans l'ordre miraculeux de la grâce, et non simplement dans l'ordre de la grâce, qui est un miracle elle-même, si on la compare avec la nature, mais dans l'ordre de la grâce incréée, car telle est la grâce de l'union hypostatique ; et, ce qui passe toute merveille, non-seulement dans la grâce, mais dans la gloire de cet état si divin.

La gloire est l'état des états, c'est un état auquel les effets qui sont tenus pour miracles en la nature, et qui en effet sont tels, sont connaturels ; car si un saint ressuscité passe en un clin d'œil, soit du ciel en la terre, soit de la terre au ciel, s'il traverse les corps solides et durs comme des diamants, s'il se rend visible ou invisible à ce qu'il lui plaît et en la façon qu'il lui plaît, ces effets et ces différences, qui sont des miracles en l'ordre de la nature, sont les appartenances et les droits de la gloire, et conviennent comme naturellement à l'état de la résurrection. La gloire est un état miraculeux, et miraculeux jusqu'à ce point, que de naturaliser en sa faveur les miracles en chacun des saints. Mais combien plus en la personne du Saint des saints, en la personne du Fils unique de Dieu? Quel effort faut-il donc pour s'y opposer et arrêter l'opération d'une si grande puissance? O pénitence! ô mortification et nouvelle mortification de Jésus! ô invention admirable! ô effort adorable de la sagesse et puissance divine, pour établir dans notre nature une sorte de pénitence et de mortification digne d'être présentée à la justice de Dieu, en satisfaction des péchés des hommes! La mortification n'est autre chose que la privation de quelque effet de vie, dont on se retranche pour Dieu. Quand nous privons nos sens de quelque plaisir, notre goût des mets délicieux, notre vue des objets curieux et agréables, notre chair des vêtements mous et délicats, et des autres satisfactions et commodités qu'elle a accoutumé de rechercher, cela n'est rien comme nous ne sommes rien, et cela ne nous est pas dû. C'est cette gloire du Fils unique de Dieu, qui est chose grande, qui est chose très-grande, et très-grande dans l'ordre et l'état tout miraculeux de la gloire ; et elle lui est due, elle lui est présente, elle lui est appliquée par deux puissances infiniment grandes, la divinité et la gloire d'une âme déifiée, et il faut qu'il fasse un effort continuel pendant toute sa vie pour en arrêter la communication, et il fait cet effort et cette suspension, en hommage et en satisfaction à la justice de Dieu offensé par les hommes (119). C'est donc aussi cette pénitence, c'est cette mortification et privation d'une vie si divine, vie de gloire,

vie de gloire d'un Dieu qui mérite d'être appelée de ce nom, et nous devons contempler, adorer et invoquer sur nous Jésus-Christ Notre-Seigneur en cet état, afin qu'il nous donne son esprit de pénitence en ce temps, et que nous travaillions à la mortification de nous-mêmes et de notre nature, en l'honneur de la mortification qu'il a bien voulu porter de sa propre gloire.

LIX. DU FILS DE DIEU AU DÉSERT, ET DU DEVOIR DES PRÊTRES AU TEMPS DU CARÊME.

I. *Nous devons au temps du Carême nous renouveler dans le dessein de la perfection.* — II. *Nous devons aussi nous renouveler dans l'adhérence à Jésus et à sa très-sainte Mère et à tout ce qui leur appartient. Et ce d'autant plus que c'est ce qui distingue notre congrégation (qui n'a autre base que la prêtrise) des autres communautés.* — III. *Retraite et humiliation du Fils de Dieu au désert, où il est comme en un bannissement. Le Fils de Dieu entre dans l'état de péché pour trois raisons principalement, pour nous ressembler en tout, pour y honorer son père, et pour détruire cet état en nous.*

1. Le temps auquel nous sommes parle assez de lui-même, et un temps si saint doit être employé saintement. Il y a deux choses que nous devons faire en ce temps, un renouvellement d'esprit de la voie de la perfection, et une adhérence plus grande au Fils de Dieu. Ce renouvellement d'esprit est l'intention du Saint-Esprit en l'ordonnance et institution de ce saint temps, auquel il veut opérer renouvellement en toute l'Église et faire un amendement général en tous. Or nous devons, en toutes nos actions et dévotions, suivre l'intention et la dévotion de l'esprit de Dieu en l'Église. Si ceux du monde mènent une vie particulière en ce temps, ayant de coutume de mener une vie commune le reste de l'année, combien notre vie doit-elle être plus particulière en ce même temps, puisque nous sommes dédiés si spécialement au service de Dieu? Il y doit avoir autant de différence tout ce temps en notre vie intérieure au regard des autres temps, comme nous voyons de différence en la vie vertueuse que mènent plusieurs du monde à présent, au regard de celle qu'ils suivent le reste de l'année. Tous les membres du corps humain reçoivent nourriture, mais tous ne la reçoivent pas si parfaite, car la nourriture du foie est bien plus grossière que celle du cœur. De même donc, tous les membres du corps mystique du Fils de Dieu qui est l'Église, doivent avoir une piété particulière en ce temps; mais aussi nous la devons avoir plus grande et plus parfaite, comme aussi nous faisons une partie plus noble de ce corps mystique entre les Chrétiens. Il nous faut donc renouveler en ce temps le désir de la vie parfaite, et du progrès et avancement que nous devons faire en la perfection. Qu'un chacun pour ce sujet fasse quelque accusation et humiliation devant Dieu, des imperfections de sa vie pas-

---

(119) *Proposito sibi gaudio sustinuit crucem.* (Hebr. XII, 2.)

sée, car le renouvellement doit commencer par là et c'est le premier point de l'amendement.

II. Secondement, nous avons aussi une grande obligation en ce temps, à renouveler notre adhérence au Fils de Dieu, car c'est à présent que sa vie publique nous est proposée. Auparavant il a mené une vie secrète, privée, particulière, inconnue et ordinaire, se montrant seulement comme homme, quoiqu'il fût Dieu et homme tout ensemble; mais maintenant il commence une vie publique, en laquelle il se découvre le Messie, l'oint du Seigneur et paraît Fils de Dieu au monde. Aussi cette vie commence par une déclaration et manifestation de sa filiation divine, de la part du Père éternel en son baptême. Or, comme le Fils de Dieu commence cette nouvelle manière de vie, il nous faut honorer cette vie publique de trois ans, ses prédications, ses miracles, ses conversations avec les âmes, et l'état intérieur de son âme en chacun de ces points; renouvelant notre adhérence, liaison et piété vers lui en ce nouvel état. Mais prenons garde que parlant si souvent entre nous, de nous renouveler en l'esprit de piété et en l'adhérence au Fils de Dieu, et pour l'amour de lui à sa très-sainte Mère; nos œuvres correspondent fidèlement aux lumières et aux avis qu'il plaît à Dieu de nous en donner; et que cette piété envers Jésus et Marie, et tout ce qui concerne leur service et nos devoirs vers eux, soit de jour en jour plus particulière, plus parfaite, plus éminente; et d'autant plus encore, que c'est cette piété qui nous distingue des autres sociétés de l'Église de Dieu. Les communautés apportent une exaction si grande à l'observance de la vertu particulière en laquelle elles sont comme distinguées des autres. L'ordre de Saint-François fait profession de pauvreté, et les religieux de cet ordre sont si exacts en la pratique de cette pauvreté, qu'ils n'oseraient avoir rien de propre et particulier, et feraient conscience seulement de toucher un denier; tant ils ont d'exaction en tout ce qui concerne la pauvreté. Tout de même les Chartreux au regard de la solitude et abstinence de viande, et ainsi des autres. Or cette exaction que nous remarquons dans les communautés en la vertu laquelle elles choisissent particulièrement, et qui les distingue des autres, nous la devons avoir en cette congrégation en la piété vers le Fils de Dieu, vers la très-sainte Vierge, et généralement tout ce qui leur peut rendre hommage. De sorte qu'il ne faut rien omettre de cette piété, puisque c'est notre vertu et celle qui nous convient en tant que prêtres, et nous devons être très-fidèles à accomplir ce que cet esprit de piété demande de nous.

III. Il nous faut diviser ce temps de Carême en deux parties: l'une jusqu'au dimanche de la Passion, l'autre jusqu'à la fin. Nous devons faire nos exercices sur la passion du Fils de Dieu en cette seconde partie; et pour la première, nous devons prendre chaque semaine quelque point de la vie publique du Fils de Dieu. Or en cette première semaine, nous prendrons la demeure de quarante jours du Fils de Dieu au désert; c'est un état d'humiliation et de bannissement opéré par le Saint-Esprit, lequel expose le Fils de Dieu aux bêtes: *Erat Jesus cum bestiis* (Marc. I, 13), et même à l'esprit malin, *ut tentaretur a diabolo.* (Matth. IV, 1.) Oh! quel abaissement! oh! quelle humiliation! que Dieu réduise son propre Fils, son Fils unique, son Fils bien-aimé à la compagnie des bêtes! et qu'il soit obligé à cela par les lois de sa justice, et par le poids des péchés des hommes dont il est chargé, et que non-seulement il le ravale à la compagnie des bêtes, mais encore l'expose aux vexations de Satan, comme s'il avait abandonné celui qui dit avec vérité: *Qui me misit mecum est, et non reliquit me solum, quia quæ placita sunt ei, facio semper* (Joan. VIII, 29); et à qui il est impossible de s'éloigner tant soit peu de sa volonté. Et qui, après cela, ne portera en toute humilité et patience l'humiliation et les tentations, comme un juste effet de l'état de péché, dans lequel nous sommes dès le ventre de notre mère? Mais pour porter ces effets humblement et patiemment, et n'y point faire de faute, nous avons besoin que Jésus-Christ nous fortifie de sa grâce, et nous devons recourir à lui en ce même état de péché, dans lequel l'Église le contemple et adore en ce temps. Le Fils de Dieu voyant les hommes dans un état de péché, état qui déshonore Dieu, est entré en ce même état de péché, autant que la sainteté de sa divine personne le peut compatir. Et il y est entré pour trois fins principalement: la première, afin qu'il y ait un état de péché qui honore Dieu, et l'honore d'un honneur suprême et divin, comme il y en a un qui le déshonore; la seconde, afin d'être semblable à nous jusque dans les états qui portent plus d'avilissement et de honte, et pour nous préparer à lui ressembler dans ses qualités les plus divines, comme il daigne nous ressembler dans ce que nous avons de plus humiliant; et la troisième, afin de détruire et anéantir l'état malheureux de péché dans lequel nous naissons par cet état de péché sanctifié et déifié en sa personne.

Imitons la retraite et solitude du Fils de Dieu en ce saint temps, et que le Saint-Esprit qui le met en retraite nous mette en retraite avec lui; donnons-nous à lui pour y être avec lui, et le supplions qu'il nous tire dans les dispositions de son âme sainte en cette retraite d'humiliation et de bannissement, et qu'il nous fasse porter avec fidélité l'exil de la vie présente, et toutes les peines dont il est accompagné. Adorons-le en cet état de péché, et lui demandons instamment qu'il en emploie le divin pouvoir, pour effacer l'état de péché où nous sommes, et nous approcher de la sainteté à laquelle nous sommes appelés.

LX. LA SOURCE DE LA MORT ET PASSION DE JÉSUS EST L'AMOUR QU'IL NOUS PORTE.

I. II. Il y a en Jésus une vie qui n'est que mort, qui est la vie dont il a vécu en ce monde, et une vie qui n'est que vie, qui est celle dont il est vivant sur les cieux. Jésus qui est Homme-Dieu, et glorieux dès son Incarnation, est néanmoins privé de plusieurs effets, et de son état divin, et de son état glorieux ; ce qui appartient à l'état de mort dans lequel il est sur la terre. — III. Mais outre cette manière de vie qui n'est que mort, il y a en Jésus une autre sorte de vie souffrante et mourante, réservée à la fin de ses jours. Et saint Jean nous apprend que c'est dans ce mystère de mort que Jésus a consommé son amour.

I. II. Le Fils de Dieu prend en sa parole le nom et la qualité de vie, et il a aussi plusieurs sortes de vies : celle qu'il mène sur la terre, à proprement parler, est une mort, comme celle qu'il mène sur les cieux est tellement vie, que ce n'est que vie. Deux sortes de vies bien différentes, que nous devons reconnaître, adorer et aimer en Jésus : en l'une il vit au monde et à nous, en l'autre il vit à soi-même et à Dieu son Père. Et comme le Père est vie et source de vie, aussi la vie que le Fils de Dieu est et vit sur les cieux n'a autre condition, effet et qualité que de vie, car aussi le Fils de Dieu, pris en soi-même et sans égard à nous, n'a autre sujet et condition que d'être et vivre dans soi-même, et dans soi-même, sans rapport et relation quelconque à la mort. Mais cette vie suprême et divine en se référant à nous, épuise l'état et les conditions de mort, et la subit enfin, car aussi nous ne sommes autre chose que des hosties destinées à la mort dès notre naissance. Nous naissons morts, et d'une mort très-déplorable, puisqu'en naissant nous sommes morts à Dieu, et nous avons et portons en nous-mêmes obligation de mourir par la sentence de mort prononcée sur nous tous dès avant notre naissance, et que nous voyons chaque jour être exécutée sur quelqu'un d'entre nous. Tellement que ce monde n'est qu'un théâtre de mort, et cette vie n'est qu'une obligation de mourir, n'est qu'un engagement à la mort, dont nous avons le spectacle continuellement devant les yeux. Le Fils de Dieu, entrant donc en ce monde, et y entrant comme homme entre les hommes, épouse leur condition, et y vient comme eux, sur un théâtre de mort ; il porte la condition de mort, mais pour le tirer de la mort même. Dieu pouvait créer un monde pour son Fils, comme il en avait créé un pour Adam ; Dieu pouvait former une chair nouvelle, tirée par lui-même d'une nouvelle substance, comme celle qu'il a donnée à Adam avant le péché : mais il a voulu que son Fils vînt en ce monde, et non en un autre, et qu'il prît une portion de cette même chair, qu'Adam a reçue de la main de Dieu, et qu'il a souillée par le péché, afin de condamner le péché par la chair du péché, et la mort par la mort même.

C'est la sorte de vie que le Fils de Dieu mène sur la terre jusqu'au sein de sa très-sainte Mère, jusqu'au sein et à l'expiration en la croix : vie que nous avons appelée à bon droit une sorte de mort, car cette sorte de vie n'est que pour mourir, et ne tend qu'à la mort. Cette sorte de vie ne se passe qu'en la terre qui n'est qu'un théâtre de mort ; cette sorte de vie est en un corps divin, quant à son être et subsistance, mais semblable à la chair du péché, quant à son état et à sa matière, c'est-à-dire à la chair engagée à la mort : *In similitudinem carnis peccati.* (Rom. VIII, 3.) Et si nous élevons nos pensées plus haut, nous verrons que le Fils de Dieu, vivant en la terre, porte en son corps une sorte de mort et privation de la vraie vie, qui doit vivifier et glorifier son corps ; nous verrons que son corps porte condition et privation de plusieurs effets et de plusieurs états, qui ne conviennent pas à la gloire qu'elle possède : et comme étant Dieu, il est comme privé de soi-même, c'est-à-dire d'un état divin en plusieurs choses ; aussi étant glorieux, il est privé de plusieurs conditions de la gloire en plusieurs manières, subissant les conditions de la nature abjecte et mortelle, qu'il a voulu prendre pour opérer notre salut.

III. Mais outre cette manière de vie que nous appelons mort, et qui est étendue pendant tout le cours de sa vie jusqu'à la croix, il y a une autre sorte de vie mourante et souffrante que nous devons singulièrement considérer et honorer au Fils de Dieu. Et cette sorte de vie commence au cénacle de Sion, lorsque le Fils de Dieu, retiré avec ses douze apôtres, fait le dernier jour de sa vie, et commence le dernier jour de sa mort. C'est lorsqu'il se prépare à accomplir le mystère de son Eucharistie, qui est aussi le mystère et le mémorial de sa mort : car il commence lors à mourir mystiquement, et depuis cette action, ce n'est plus que pensée et mémoire de mort, ce n'est plus que mort et souffrance réelle. Le bien-aimé saint Jean, disciple de sa vie, et le fidèle assistant et témoin de sa mort, et des merveilles arrivées en sa mort (car c'est la qualité qu'il prend, et qui ne convient qu'à lui entre ses apôtres et disciples : *Qui vidit testimonium perhibuit* [Joan. XIX, 35]), entre dignement et divinement dans le discours de cette mort par cette grande parole : *Ante diem festum Paschæ Jesus sciens,* etc. *Cum dilexisset suos,* etc., *in finem dilexit eos* (Joan. XIII, 1) : et ce disciple aimant et aimé, entre par la pensée d'amour en ce mystère de la mort, auquel Jésus a consommé son amour envers les hommes, et ce qui est beaucoup plus, s'est consommé lui-même comme un nouveau phénix dans les flammes de son amour.

LXI. ENTRÉE DE LA PASSION DU FILS DE DIEU EN LA RÉSURRECTION DU LAZARE.

La mort de celui qui est la vie même, c'est-à-dire la plus grande mort, est causée par le plus grand acte de vie, public et solennel, qui en soit procédé, c'est à savoir la résurrection du Lazare. Et ce fort convenablement, puisque cette mort est vie et source de vie pour les âmes et pour les corps. L'envie et la malveillance des Juifs, en suite de la résurrection du Lazare, semble être l'origine de la mort de Jésus; mais cette mort a deux principes plus hauts et plus divins: l'un le conseil éternel du Père, l'autre l'oblation du Fils au moment de l'Incarnation.

Le plus grand acte de la vie et de la vie de Jésus, c'est-à-dire de la plus grande vie que Dieu ait établie au monde, est cause de la mort la plus grande et la plus effroyable qui soit en la nature, qui est la mort d'un Dieu. Car la vie la vie de Jésus est la vie la plus grande, la plus haute, la plus puissante que Dieu ait formé dans l'univers, puisqu'elle passe même la vie de la grâce et de la gloire, et la passe d'une distance infinie. Et le plus grand effet extérieur, public et solennel de cette vie, de la vie de celui qui est la vie même, ç'a été la résurrection du Lazare, en laquelle il semble que le Fils de Dieu ait voulu clore et terminer sa puissance miraculeuse sur la terre. Car ce qu'il a fait depuis de rare et d'extraordinaire a plus été employé sur les cœurs et sur les esprits, comme à l'entrée de Jérusalem, ou sur lui-même comme en l'Eucharistie, ou a été peu de chose en comparaison de ses autres miracles, comme la malédiction du figuier, et la guérison de Malchus, qui sont comme effets arrivés par accidents, et comme tombant des mains du Fils de Dieu sans y penser. Ce grand effet donc et si miraculeux a causé la mort du Fils de Dieu, et formé le premier dessein que les Juifs ont eu, et le premier conseil qu'ils ont tenu de la mort de Jésus: *Collegerunt pontifices concilium* (Joan. XI, 47), etc. Aussi cette mort est vie, et il était raisonnable qu'elle eût son principe dans un effet de vie, et d'une telle vie comme la résurrection des corps, pour marque de la résurrection des âmes que cette mort opère, et de la résurrection des corps mêmes qu'elle opérera au jour du jugement.

Une telle mort, c'est-à-dire une mort si divine et si vive, et qui est mort dans la vie, et vie dans la mort tout ensemble, puisqu'elle est mort en Jésus qui est la vie, puisqu'elle est vie en nous qui sommes voués à la mort et à la mort éternelle; une telle mort, dis-je, doit avoir une autre origine que celle de ce conseil rapporté en saint Jean; aussi n'est-ce pas la première pensée sur la mort de Jésus.

La première pensée de la mort de Jésus est une pensée éternelle, c'est une pensée que nous devons adorer; c'est la pensée du Père éternel de livrer son Fils à la mort. Une si grande mort méritait une source plus haute et plus divine que celle du conseil des Juifs; et nous devons remonter d'un si grand sujet jusqu'à un si haut principe, pour parler et penser dignement de chose si grande.

La seconde pensée de la mort de Jésus, digne de Jésus et de sa mort même, c'est la pensée que Jésus a eue à l'instant de l'Incarnation, adorant et acceptant le conseil éternel de son Père sur lui.

LXII. LA MORT ET LA RÉSURRECTION DU LAZARE SONT OCCASION DE LA MORT DE JÉSUS.

Il combat entre la vie et la mort en Béthanie, qui prépare un plus grand combat au Calvaire. Les sœurs du Lazare mandent à Jésus: Ecce quem amas infirmatur, *et il ne répond rien, et c'est par un plus grand dessein et pour un plus grand effet de son amour envers lui et elles. Jésus exerce les âmes parfaites par des voies de rigueur, d'oubli et de délaissement qui procèdent d'un plus grand amour, mais caché.*

Si la vie devait mourir, ce devait être pour un effet de vie. Jésus donc laisse le désert d'Effren, vient en Judée, cherche le Lazare mort, afin que la vie combatte la mort comme en un camp clos, et fasse, en Béthanie et aux portes de Jérusalem, un combat particulier, qui représente au vif ce grand combat qui doit être peu de jours après, au mont du Calvaire entre la vie et la mort universelle: auquel la mort non d'un corps, mais des âmes et des corps, la mort non d'un homme, mais d'un monde, la mort de l'univers, sera vaincue par la vie mourante en la croix: *Ero mors tua, o mors!* (Ose. XIII, 14.) C'est le dessein du Fils de Dieu, réservant ce miracle de vie et de mort à la fin de ses jours, aux portes de Jérusalem, et pour servir de sujet à sa mort, afin qu'il meure par un effet de vie, et pour servir encore d'un exemplaire à son combat universel contre la mort en la croix. Car il nous faut élever par-dessus l'usage des sens en ce sujet, et y contempler le dessein du Fils de Dieu venant à la mort, et voulant, comme en chemin faisant, rencontrer la mort dans le Lazare, et la vaincre et mourir par ce triomphe de vie sur la mort, en la personne du Lazare; mort irritée par ce combat, et qui irrite tous les enfants de mort, et en suscite contre lui: *Collegerunt ergo pontifices et Pharisæi concilium* et plus bas: *Ab illo ergo die cogitaverunt ut interficerent eum.* (Joan. XI, 53.) Il semble que c'est le dernier de ses miracles sur les vivants, comme s'il voulait dès lors captiver sa puissance dans l'ombre de la mort, pour l'attirer au combat irrité par ce miracle. Jésus donc, retiré en son désert avec ses apôtres, est averti par ces saintes dames, Marthe et Madeleine, de l'état du Lazare. Et elles lui mandent par un courrier exprès: *Ecce quem amas infirmatur* (Ibid. 3): lettre courte, mais substantielle; lettre digne de celles qui l'écrivent, et de celui auquel elle est écrite; lettre digne encore de celui pour lequel elle est écrite, car elle porte ce beau nom: *Ecce quem amas*: qualité honorable, et la plus honorable qui puisse être en la terre, d'être aimé de Jésus, et par un témoignage si digne comme celui de ces saintes dames, qui ne pensent.

ne parlent, ne respirent que Jésus et son amour. Mais il semble que le Fils de Dieu n'est point touché de ce message, et ne pense ni à elles, ni au Lazare, ni à l'amour duquel il honore ce pauvre malade, et toute cette sainte famille : car il demeure encore deux jours après cette nouvelle, comme s'il n'avait rien à faire en Judée sur ce sujet; et cependant ce doit être un des plus grands sujets de vie, et un chef-d'œuvre de sa puissance allant à la mort, et il cache son dessein et sa pensée dans l'ombre d'un oubli, qui ensevelit le Lazare dans l'ombre de la mort, et noie ces saintes dames de douleur et de tristesse. Mais Jésus veille quand il dort, et travaille quand il repose, pour les âmes qui sont à lui, et veut exercer ces saintes âmes élevées à un si haut degré d'amour et de perfection, par cet oubli apparent. Car c'est son propre d'exercer ainsi ces âmes parfaites, pour servir de modèle aux autres, qui seront par après exercées en ces voies de rigueur, d'oubli et de délaissement de Dieu. Au lieu donc qu'il prévient les autres dès le commencement de leur affliction, il y laisse tremper celles-ci pour les secourir davantage, et commence en elles cette voie de rigueur, pour les secourir par après plus dignement, plus hautement et plus parfaitement.

LXIII. ENTRÉE DE LA PASSION DE JÉSUS, ET EXPLICATION DE CES PAROLES : *Ecce ascendimus Jerosolymam*, etc.

Commençons la Passion par les pensées et les paroles de Jésus allant en Jérusalem : *Ecce ascendimus Jerosolymam* (Matth. xx, 18) : car lors il commence à manifester sa croix à ses apôtres, le dessein de ce voyage qui tend à la croix, et le sujet d'icelui qui sera la croix même. *Ecce*, oh ! quel *ecce* ! oh ! quel objet ! oh ! quelle âme ! oh ! quelle pensée, oh ! quelle application de cette âme divine et glorieuse à cet objet funeste et déplorable de la croix ! Cet *ecce* montre encore le temps proche et présent de la Passion. *Ascendimus Jerosolymam*, oh ! quelle ascension, et combien différente de celle du mont d'Olivet qui succédera après ! Oh ! quelle ville marquée du plus grand accident qui peut être en l'univers, la mort d'un Dieu ! et aussi désolée de la plus grande désolation qui a été et sera jamais sur aucun lieu de la terre ! *Et Filius hominis* (*Ibid.*). etc. Après ces paroles, le premier séjour et repos du Fils de Dieu, c'est Béthanie, le lieu de Marthe et Madeleine, et cette Béthanie sera l'école et le préparatif de Jésus à la croix ; c'est où il fera son séjour huit jours durant, et où il passera la dernière semaine de sa vie, et de cette semaine à la croix.

LXIV. PROGRÈS DE LA PASSION DE JÉSUS.

I. *Le premier pas du Fils de Dieu à la croix est au cénacle de Jérusalem, où il célèbre la dernière Cène avec ses apôtres. En cette dernière Cène, tout se rencontre de la croix et passion de Jésus. Jésus en ce cénacle institue la sainte Eucharistie comme une immolation secrète, mystérieuse et réelle, quoique non visible, de son corps et de son sang précieux, qui s'accomplit entre lui et son Père, et s'exécutera par après par les mains des Juifs* — II. *Le second pas de Jésus allant à la croix est celui qu'il fait du cénacle au jardin, auquel commence l'effusion visible de son sang. Dix stations différentes de Jésus allant à la mort.*

I. Le premier pas du Fils de Dieu à la croix est celui qu'il fait au cénacle de Jérusalem, où il va manger l'agneau pascal, qui est la figure la plus excellente et plus solennelle de son immolation en la terre, et où il va se donner soi-même à Dieu son Père et à ses apôtres en qualité d'hostie et d'agneau, offert au Père et mangé par ses disciples. Où nous avons la figure et la vérité tout ensemble, de celui qui doit être immolé en la croix par l'effusion visible de son sang; et qui est immolé sans occision en cette dernière cène, comme parle le concile de Nicée, dans l'effusion secrète, mystérieuse et réelle, quoique non visible, de son sang dans le sacré mystère de l'Eucharistie. Ce cénacle est le premier séjour et la première station signalée de Jésus souffrant; aussi là, il ne fait, il ne parle, il ne voit rien qui ne sente sa croix. Là celui qui le va trahir dans peu d'heures est présent, et il lui parle en mots couverts de sa trahison. Là, s'il boit, s'il mange, c'est de l'agneau qui est le mystère de son immolation ; s'il parle, c'est de sa passion et du scandale de sa passion dans ses apôtres mêmes. Là, s'il donne à boire et à manger à ses apôtres, c'est son corps, c'est son sang, c'est ce corps qui doit être livré pour nous, c'est ce sang qui va être répandu pour nous. Cène sacrée et mystérieuse où Jésus fait un miracle, et un très-grand miracle sur soi-même et non sur les autres ; un miracle non passager, mais perpétuel, un miracle pour tous les siècles et pour tous les lieux ; un miracle pour tous les cœurs qui doivent l'adorer et croire en lui, et un miracle qui ne finira que dans la fin du monde ; même un miracle d'amour et d'union, un miracle de croix et d'immolation pour son Église. Car en ce cénacle de Sion et en cette dernière Cène, il fait l'oblation et l'immolation réelle et mystérieuse avec Dieu son Père, qui va s'exécutant par après avec les Juifs.

II. Le second pas de Jésus à la croix est celui qu'il va faire de ce lieu sacré au jardin des Olives, où le traître doit le trouver et où les Juifs doivent le saisir. Là il commence à porter les premiers effets réels et visibles de sa croix en l'effusion de son sang, en la tristesse jusqu'à la mort, en la trahison de Judas, en la fuite de ses apôtres, en la capture de son sacré corps, lié, garrotté et mené au tribunal de Caïphe et Pilate. En ce lieu saint et sacré le Fils de Dieu avait coutume d'aller souvent, comme par honneur et mémoire au mystère de sa croix, qui commencerait là à être exécuté.

Qui considérera bien l'état du Fils de Dieu en la terre, trouvera que le premier pas de sa croix et passion, c'est le premier pas de sa vie, car il ne vient sur la terre que pour souffrir; sa première pensée est celle de la croix dès le ventre de sa mère, sa première oblation est à la croix; et avant de venir sur la terre, il est tout consacré à la croix; ayant pour cet effet un corps passible, propre à souffrir, et exposé aux misères et souffrances de la vie humaine. Mais si nous voulons, pour un plus grand éclaircissement, distinguer le temps de la vie et de la mort du Fils de Dieu, le premier point de sa passion se commence en Jérusalem, comme elle se finit en Jérusalem; et la première station du Fils de Dieu allant à la croix est le cénacle de Sion; la seconde est le jardin des Olives; la troisième, celle d'Anne et de Caïphe; la quatrième, celle de Caïphe; la cinquième, le prétoire de Pilate; la sixième, le palais d'Hérode; la septième, les rues de Jérusalem; la huitième, le Calvaire; la neuvième, la croix; la dixième, le sépulcre. Saint Pierre ravi en la montagne, voulait dresser trois tabernacles, l'un à Jésus, l'autre à Moïse et l'autre à Elie; mais nous, au mont de Calvaire, dressons trois tabernacles et tous trois à Jésus : l'un à Jésus souffrant de la part des Juifs et des hommes qu'il venait servir et racheter par sa vie, sa mort et ses souffrances; l'autre à Jésus souffrant de la part de lui-même, par souffrances commencées au jardin et continuées au Calvaire, c'est-à-dire par la force et puissance de son âme qui agissait sur soi-même et par ses propres lumières, lumières saintes, hautes et divines, qui se rendaient elles-mêmes susceptibles d'une souffrance sainte et divine, que les Juifs ne pouvaient causer; et le troisième à Jésus souffrant de la part de son Père, par les opérations très-saintes, très-hautes, très-divines, très-douloureuses que la Divinité opérait en son âme très-pure, employant sa puissance et son opération à mettre cette âme en état de souffrance, aussi bien qu'en jouissance; car Dieu est un agent infini, qui par ses opérations peut aussi bien conduire l'âme en souffrance qu'en jouissance.

LXV. LA PRISE DE JÉSUS AU JARDIN.

Jésus-Christ est pris, et il parle; nous devons beaucoup peser et honorer ses paroles. 1° Il dit aux apôtres : Levez-vous et priez, pour ne point entrer en tentation. Quand l'occasion du péché est imminente, il faut ou la fuir, ou recourir à l'oraison. 2° Il dit à l'escouade des soldats : C'est moi. 3° A Judas : Mon ami, pourquoi es-tu venu? et lui permet de le baiser. O patience, ô bénignité! Jusqu'à ce moment et lors même qu'il le trahit, il le convie à pénitence; et comme il ne lui refuse point le baiser de paix, aussi donne-t-il à entendre qu'il ne lui refuse point la paix et réconciliation signifiée par le baiser. 4° Il dit à saint Pierre : *Calicem quem dedit* (Joan. XVIII, 11), etc. Tu ne veux pas que je boive le calice que mon Père m'a donné. O constance et résolution à pâtir et boire ce calice, parce que le Père le lui a donné ! *quem dedit mihi Pater.* C'est ainsi que nous devons parler de la croix, lorsque quelque croix se présente; unir nos actions et résolutions à celle du Fils de Dieu. 5° Il dit derechef à l'escouade : *Hæc est hora vestra, et potestas tenebrarum* (Luc. XXII, 53) : vous venez à moi comme à un larron, etc. Mais c'est votre heure, et la puissance des ténèbres. Prions Dieu de n'avoir une seule heure, ni un seul moment en nous en cette vie que tout ne soit à lui. O mauvaise parole, *Hora vestra*, et aussi malheur à qui elle est dite !

Calicem quem dedit, etc. Sur cette parole demandons la grâce à Jésus-Christ de boire tous les calices qu'il nous a préparés jusqu'à la mort, sans y manquer; et lui en offrons la volonté et résolution, pour le temps auquel nous pourrions y être affaiblis : et faisons cette offre en l'honneur de cette grande résolution qu'il a eue, en disant ces paroles : *Calicem quem dedit mihi Pater.*

LXVI. DES TROIS AGONIES DE JÉSUS.

Il y a une agonie qui commence la vie de Jésus, il y en a une qui l'achève et une qui commence sa passion au jardin. Cette première agonie se divise en trois sortes d'agonies et de combats : 1° de la divinité et de l'humanité; 2° de la vie passible avec la vie divine et glorieuse; 3° de la sainteté avec l'état de péché. Auxquels on en peut ajouter un quatrième, qui est dit retardement de sa passion, avec le grand désir qu'il avait de souffrir.

Il y a trois agonies signalées en Jésus : celle de la croix qui a consommé sa vie; celle du jardin des Olives qui a commencé sa passion, car il l'a commencée par une agonie; celle de sa vie, car le cours de sa vie est une agonie perpétuelle. Notre vie n'est pas vie; c'est une vie mourante, c'est un cours perpétuel à la mort; cours sans arrêt, sans repos; car en reposant même nous courons à la mort. Et c'est ce grand courrier, le soleil, qui fait cette course avec si grande vitesse, qui termine notre vie et nous emporte avec impétuosité à la mort. Or, si cela peut être dit de la vie d'un chacun de nous, combien plus de la vie de Jésus, qui était vie et mort tout ensemble en plusieurs manières : vie en soi, et mort en son humanité, privée de tant d'actes et états de vie qui lui étaient dus, et actes et états de vie si haute et si excellente! En lui la vie était actuellement conjointe à la mort, et ce n'était pas seulement un flux et un cours de la vie à la mort. La vie et la mort étaient toujours aux prises, et c'est un des combats et une des agonies qui se retrouve en la vie du Fils de Dieu, car il y en a plusieurs. Il y a le combat de la vie divine et de la vie humaine par le mystère de l'Incarnation. Oh! quelle distance et opposition de deux vies, si différentes et si unies; unies en unité de personne! Et cette personne conserve en paix ces deux natures, et conserve les propriétés de l'une et de l'autre, et même les conditions ordinaires de sa seconde et nouvelle nature, sans permettre que la divinité absorbe l'humanité, en la manière qu'elle le peut et qu'elle le fera dans la gloire. Ce combat est de natures, et est essentiel au mystère de l'Incarnation, *Verbum caro.* (*Joan.* I, 14.) O combat de natures ! outre lequel il y a un combat d'état. Car la vie mortelle et passible est jointe à la vie divine, et non-seulement à la vie humaine. Ce qui n'est pas dans le ciel, *ubi mors absorbetur a gloria,* où la mort est absorbée par la gloire, et c'est ce qui fait dire que le Fils de Dieu a pris *similitudinem carnis peccati* (*Rom.* VIII, 3), la ressemblance de la chair du péché. Au premier combat, il prend la nature et lui conserve ses propriétés dans leur dernier effet et actualité, sans les tirer dans la perfection plus haute, qui convient à une nature unie à la Divinité et à une nature qui a droit présent à la gloire; car ce corps est pesant, est opaque et matériel, et non spirituel, comme seront même les nôtres dans la gloire. Au second combat, il prend et porte même les conditions imposées et ajoutées à notre nature par le péché, l'infirmité, la mortalité, etc. Le troisième est le combat de la sainteté divine avec le corps et l'état du péché que Dieu a imposé à son Fils, et que le Fils a pris sans prendre la coulpe du péché : *Posuit in eo iniquitates omnium nostrum :* « En lui Dieu posa les iniquités de nous tous. » (*Isa.* LIII, 6.) Tellement que Jésus porte nos fautes, non en leur coulpe, mais en leur état avilissant et affligeant : il porte la vilité du péché en la sainteté divine, joignant ces deux extrêmes en unité si grande comme est l'unité de personne. La première agonie commence dans le moment de l'Incarnation, et eût été par toutes les manières où ce mystère eût été accompli, soit en la Vierge, soit hors la Vierge. La deuxième commence en la Vierge, *in qua assumitur,* en laquelle il prend une nature passible; et la troisième, dans la circoncision, quant au premier acte externe et visible d'icelle, où il prend le caractère de pécheur. Il y a encore une autre sorte de combat au retardement de la passion, en un si grand désir de souffrir, *Baptismo habeo baptizari, et quomodo coarctor* (*Luc.* XII, 50), etc. Disons donc qu'il faut adorer trois agonies en Jésus : l'agonie de la croix, l'agonie des Olives, l'agonie de Nazareth; car c'est en Nazareth qu'a commencé sa vie, sa croix et son agonie principale, puisque c'est en Nazareth qu'il a commencé à être et à vivre d'une vie mortelle, consacrée dès lors à la mort, et à être par état la victime de Dieu pour les péchés des hommes. L'une commence sa vie, l'autre commence sa passion, et la dernière achève sa passion et sa vie. L'une dure toute sa vie, l'autre tout son séjour au jardin des Olives; la troisième tout son séjour en la croix, c'est-à-dire trois heures. Il entre en la vie par combat, il entre au jardin par agonie, il monte en la croix par combat de sa vie divine contre une mort divine. Tout est saint, tout est divin en ces combats, où divins par essence, ou divins par subsistance.

LXVII. FLAGELLATION DE JÉSUS-CHRIST.

Après cette grande agonie, cette sueur de sang qui arrosa la terre et trempa ses vêtements, au lieu de s'essuyer et d'avoir quelque repos et rafraîchissement en ses angoisses, il est à l'heure même vendu par un de ses disciples; il est pris et conduit comme un voleur, et il s'en plaint lui-même : *Tanquam ad latronem existis.* (*Matth.* XXVI, 55.) Il est battu, outragé et souffleté par un à qui il avait guéri l'oreille la même nuit, et par les autres valets, comme s'il était un homme de néant. Et en dérision de sa qualité de prophète, il a sa face couverte de crachats et vilenies, lui qui est le Roi de gloire, la beauté du ciel et la splendeur des anges. Il est condamné comme blasphémateur à la cour du grand prêtre, lui qui est le grand juge de l'univers et le grand zélateur de la gloire du grand Dieu. Il est moqué comme un fou en la cour d'Hérode, lui qui est la sagesse du Père éternel, et enfin mis par Pilate aux mains des bourreaux pour le flageller, et passe douze heures continuelles de temps en ces pénibles et douloureux exercices.

Je vous considère donc et adore, ô mon Sauveur, non comme jadis entre les anges, ni comme auparavant entre les apôtres, mais entre des bourreaux qui déchirent votre chair sacrée et innocente, et qui l'outragent si longuement et si cruellement, que vous êtes navré de plaies sans nombre et qu'il ne reste partie aucune entière en votre corps, en échange de tant d'aises et de délices corporelles que nous prenons journellement.

LXVIII. DES SOUFFRANCES INTÉRIEURES DE JÉSUS. — DES SENTIMENTS DU FILS DE DIEU AU REGARD DE SA TRÈS-SAINTE PASSION.

Il y a deux vies au Fils de Dieu, celle de la croix et celle de la gloire, et celle-ci est le sujet de l'autre et la dignifie. Souffrances de Jésus établies dans la vie glorieuse et divine. Le Fils de Dieu, pendant toute sa vie, a eu des sentiments de sa croix, les uns d'angoisses, les autres de langueur. Ces sentiments ont été universels au cœur, en l'âme et en l'esprit. Un de ces sentiments universels a été son agonie. Il y a trois principes de ces sentiments douloureux : la pensée, la lumière (même de gloire) et la main de Dieu. Le délaissement en la croix est un de ces sentiments opérés immédiatement de la main de Dieu.

Si tant de saintes âmes ont été saintement occupées de sentiments pieux, dévots, admirables au regard de la croix, le Fils de Dieu qui est la source, le principe et l'exemplaire de la vie des saints, n'en aura pas été destitué. Au contraire, il en aura été occupé et rempli avec pareil avantage que sa vie incomparable a par-dessus la vie des saints.

Nous adorons et admirons au Fils de Dieu deux sortes de vie : la vie de la gloire et la vie de la croix; deux vies du Fils de Dieu, deux vies très-différentes, deux vies très-occupées, sans que l'une de ces vies et occupations empêche l'autre. Au contraire, celle de la gloire dignifie les souffrances de Jésus, en ce qu'elles sont établies dedans la gloire même : ce qui n'appartient qu'à Jésus et à ses souffrances, qui ont eu ces deux priviléges d'être établies dans la vie divine, dans la vie glorieuse ; au lieu que les souffrances des saints ne sont établies que dans la vie humaine, dans la vie sainte. La vie de la croix témoigne sa grandeur et sa puissance de trouver et prendre place dans la gloire même.

Chaque vie a son objet, sa connaissance et son sentiment, comme il appert en la vie sensitive et humaine ; combien plus en la vie spirituelle et divine ? La vie de gloire a son objet, sa lumière, sa souffrance, qui est son sentiment. La vie de la croix a aussi son objet, sa lumière, sa souffrance. La vie dévote a ses objets, ses pensées, ses sentiments. Oh ! quels sont les sentiments de la vie de la gloire ! quels sont les sentiments de la vie de la croix !

Ces sentiments du Fils de Dieu, au regard de la croix, ont été, dès son entrée en la vie divine, glorieuse et passible, ou voyagère durant tout le cours de sa vie, jusqu'à la mort ; les uns d'angoisses et les autres de langueur après sa croix : *Baptismo habeo baptizari, et quomodo coarctor donec perficiatur !* « J'ai à être baptisé d'un baptême, et qu'il me tarde qu'il ne soit accompli ! » (*Luc.* XII, 50.)

Ces sentiments ont été universels comme ceux de la gloire, qui se répandent en l'âme, aux puissances et au corps glorifié. Son agonie est un des sentiments de la croix qui a occupé et rempli toutes les parties du corps du Fils de Dieu ; car, par ce mystère, toutes les parties de son corps ont été rendues capables et sensibles au regard de sa croix.

Or, outre ce mystère de l'agonie et avant l'état d'icelui, les sentiments de la vie, de la croix, ont occupé le cœur, l'âme et l'esprit de Jésus ; tout en a été pénétré, son cœur n'a pas attendu jusqu'à être percé de la lance pour être percé de cette douleur ; cette douleur l'a navré vivant et la lance l'a percé mort.

En attendant que nous soyons introduits dans le sanctuaire de la vie du Fils de Dieu, adorons ces sentiments et si divins et si grands sur un sujet si grand.

Il y a trois divers principes de ces sentiments admirables, la pensée, la lumière et la main puissante de Dieu même, imprimant immédiatement dans le cœur et l'esprit de Jésus ces sentiments. La lumière de gloire voyant clairement Dieu en sa grandeur et en son essence, a peut-être été employée en son efficace pour opérer ces divins sentiments. Les pensées dévotes, lumineuses, efficaces, mais ordinaires au Fils de Dieu, ont aussi opéré des sentiments en son âme, mais inférieurs à ceux que la lumière de gloire et la main immédiate de Dieu y a opérés.

La déréliction en la croix est un de ces sentiments imprimés du Père éternel immédiatement.

LXIX. DES CLAMEURS DE JÉSUS EN LA CROIX, ET DE L'OUVERTURE DE SON CÔTÉ PAR LE FER DE LA LANCE.

On remarque trois clameurs en la passion de Jésus-Christ. La première est celle dont saint Paul fait mention en l'*Epître aux Hébreux*, chap. V, vers. 7, disant de Jésus-Christ : *Qui in diebus carnis suæ, preces, supplicationesque ad eum qui possit illum salvum facere a morte, cum clamore valido et lacrymis offerens, exauditus est pro sua reverentia.* « Lequel ès jours de sa chair, c'est-à-dire de sa Passion, ainsi que l'interprètent les Pères grecs, *offrant prières et supplications à celui qui le pouvait délivrer de la mort, avec grand cri et larmes, a été exaucé pour sa révérence.* » Car ès autres cris qu'il fit étant cloué à la croix, les évangélistes n'y remarquent que cris, et non cris avec pleurs et prières. La seconde fut en la croix lorsqu'il vient à dire ces paroles : *Eli, Eli, lamma sabacthani ?* (*Matth.* XXVII, 46.) La troisième fut peu auparavant que de rendre l'esprit : *Jésus, derechef, criant fortement, rendit l'esprit.* (*Ibid.*, 50.) Nous lisons aussi qu'il a crié souvent en sa vie, en saint Jean (VII, 37) : *Et Jésus s'écria, disant : Quiconque aura soif vienne à moi,* etc. Tous ces cris du Verbe éternel, que l'Ecriture rapporte, doivent être remarqués et pesés, mais particulièrement ces trois derniers qu'il a faits au temps de sa Passion.

Saint Jean seul, comme bien-aimé disciple, fait mention de la blessure dont le côté et le cœur de Jésus ont été ouverts. D'autant que c'est une blessure d'amour, il était convenable qu'elle fût rapportée par le disciple du cœur et de l'amour de Jésus. Remarquons que le cœur vivant de Jésus est assez navré d'amour, et c'est pourquoi cette navrure de la lance est réservée à son cœur mort, comme si avant la mort ce fer ne l'eût pu navrer davantage, tant il était navré d'amour.

Son cœur est éternellement ouvert, éternellement navré ; sa gloire n'ôte point cette plaie, car c'est une plaie d'amour ; cette navrure de la lance n'est que marque de la vraie et intérieure navrure de son cœur.

Cette navrure du côté est propre à Jésus, non commune ni à son supplice ni aux autres crucifiés, navrure d'éternité. C'est un supplice ou une plaie de mort, mais qui durera dans la vie éternelle ; plaie commencée en la mort, mais pour durer en la vie ; ce qui ne convient aux navrés, car leurs navrures ne passent point à la mort et ne seront point permanentes en la résurrection. Rendons grâces au Père éternel, qui destinant le supplice de la croix pour l'humilier, lui a destiné cette plaie non commune à la croix, pour nous loger et nous loger en son cœur dans l'éternité.

Dévotion aux disciples de la croix et de la mort de Jésus. Madeleine, saint Jean et autres. La Vierge est la première en cette école : *Stabat Mater juxta crucem*, ayant été souvent absente des autres écoles de son Fils prêchant aux Juifs.

LXX. DE LA DÉVOTION DE L'ÉGLISE A LA PASSION DE NOTRE-SEIGNEUR.

L'Eglise a autant de dévotion et même plus au mystère de la mort et passion du Fils de Dieu, qu'à ceux de sa vie. L'Eglise nous remémore la croix du Fils de Dieu en toutes les parties de ses offices divins.

Les abeilles qui se nourrissent de fleurs et font le miel, la liqueur la plus pure, la plus douce et la plus céleste qui se forme en la nature, ne se reposent jamais sur les fleurs mortes, et n'en tirent aucune substance ; mais les abeilles spirituelles, les esprits de piété, se reposent sur la fleur de Nazareth, et vivante et morte, et en tirent leur miel de dévotion ; même elles ont cette propriété de se reposer plus volontiers sur la mort et passion de Jésus, que sur sa naissance, sur sa vie et sur ses autres mystères, et, de sa mort, elles en tirent la vie. C'est l'objet que la foi nous présente en toutes nos églises, au milieu desquelles nous voyons Jésus en croix et non en ses autres états et mystères ; c'est l'objet qui frappe le plus souvent nos sens et dont on nous parle plus souvent dans les mystères de notre religion. Et c'est le mystère appliqué à tous nos sacrements et à tous les moyens du salut et de la sanctification à laquelle nous sommes destinés comme fidèles et comme membres de Jésus. Elevons donc nos yeux en haut et voyons Jésus en croix. Et puisqu'il a dit : *Cum exaltatus fuero, omnia traham ad me ipsum* (Joan. XII, 32), prions-le qu'il nous tire à lui, et approchons-nous de lui pour contempler son état, ses grandeurs, ses abaissements et ses merveilles.

LXXI. DE LA DÉVOTION DE L'ÉGLISE A LA PASSION DE NOTRE-SEIGNEUR AU JOUR DU VENDREDI.

Dieu créant le monde, et l'homme après tous ses autres ouvrages, a aussitôt destiné un jour à honorer son action et son repos. Et Dieu sauvant le monde, ne doit pas être moins honoré du monde, et ne mérite pas moins un jour dédié à cela, et ce jour est le vendredi. Et ce d'autant plus qu'il a créé le monde par une parole, et il ne l'a sauvé qu'en souffrant.

Dieu créant le monde, a voulu le produire, le former et le polir en divers jours ; a signalé chaque jour de quelque nouvel ouvrage de sa puissance, a créé l'homme au dernier jour, le posant comme un nouveau monde dans le monde, et voulant qu'il fût le dernier et le plus parfait ouvrage de ses mains. Il a posé l'homme au milieu du monde, foulant la terre de ses pieds, les yeux élevés en haut pour contempler les cieux et celui qui habite dans les cieux, et reconnaître le divin ouvrier en son divin ouvrage. Comme il n'y a point eu d'intervalle entre la création du monde et de l'homme, il n'y en a point eu aussi entre la création de l'homme et le repos de Dieu et l'ordonnance que Dieu fait d'un jour destiné à honorer dans le monde Dieu créant le monde et se reposant après son ouvrage. Tant il est raisonnable qu'à l'instant même et sans aucun intervalle, l'homme créé adore son Créateur, et que le monde, par l'homme, adore celui qui l'a fait le monde. Or, si Dieu créant le monde doit avoir un jour en chaque semaine pour être adoré du monde, le même Dieu souffrant pour le monde ne doit-il pas bien avoir un jour pour être reconnu et adoré du monde ? Ce jour est le vendredi, destiné et employé par le Fils de Dieu pour sauver l'homme, comme il avait été employé par lui-même pour créer l'homme. C'est un Dieu qui sauve le monde, comme c'est un Dieu qui a créé le monde ; c'est le même Dieu qui a créé le monde et non un autre Dieu, et il mérite un même honneur. Quand il a créé le monde, il l'a fait sans labeur par un souffle de son Esprit, par une parole de sa bouche ; mais quand il a voulu sauver le monde, il a dit, il a fait plusieurs choses ; il y a employé plusieurs jours, plusieurs mois, plusieurs années ; il y a eu plusieurs labeurs ; et nous le voyons enfin au milieu du monde, souffrant, languissant et mourant pour le monde, et mourant en une croix ; et si nous considérons l'ouvrier en son ouvrage, il mérite de nous un plus grand amour en sauvant qu'en créant le monde. C'est pourquoi l'Eglise de Dieu dit et fait tant de choses pour nous imprimer la mémoire de Jésus-Christ crucifié, et fait un jour signalé en la semaine pour nous le faire honorer, qui est le vendredi.

LXXII. DE LA DÉVOTION DU VENDREDI.

Du rapport de trois principaux mystères du Fils de Dieu, son Incarnation, sa Passion et son Eucharistie.

Le Fils de Dieu commence sa passion dès le moment de l'Incarnation. Un jour de vendredi a servi à trois grands mystères de Notre-Seigneur : l'Incarnation, l'Eucharistie, la Passion. Car, dès le moment de l'Incarnation, il commençait sa passion qu'il a commencée en la croix et qu'il figurait et appliquait en l'institution de l'Eucharistie. Au commencement de l'Incarnation, il commençait sa passion : 1° en prenant une chair passible et mortelle, et comme parle l'Ecriture sainte, se revêtant de la ressemblance de la chair du péché ; 2° en privant cette sienne chair de tous ses droits, droits si grands et si divins, qui lui appartenaient à raison de l'union de la personne du Verbe et de la gloire communiquée à l'âme ; 3° par l'oblation actuelle qu'il fit de soi-même dès lors à Dieu son Père, ainsi qu'il est rapporté par saint Paul (Hebr. x, 5 seq.) ; 4° en souffrant les angoisses de son corps enfantin et du ventre de sa mère et toutes les autres incommodités qui suivent cette vie si imparfaite de l'enfant au ventre de sa mère; 5° Parce que et nos offenses et ses souffrances lui étaient très-présentes dès lors; il lisait incessamment en ce livre non de vie, mais de mort, mais tout ensemble de mort et de vie. Les anges au ciel lisent continuellement au livre de vie; Jésus, en la terre, lisait continuellement en ce livre de mort, et nous le devons assidûment feuilleter et lire avec lui.

LXXIII. POUR LE JOUR DE LA RÉSURRECTION.

Hæc dies quam fecit Dominus. (Psal. CXVII, 24.) C'est le jour que le Seigneur a fait. Dieu seul l'a fait et le péché n'y a point de part. Le péché a part en toutes les autres solennités, même en l'Incarnation, qui suppose le péché comme son motif selon la doctrine plus probable; l'Incarnation, dis-je, suppose un anéantissement de Dieu par le péché et les pécheurs qui réduisent Dieu à rien, et n'ont nul égard en leurs affections; combien plus la nativité, la circoncision, l'oblation au temple, le baptême au Jourdain et autres mystères de Jésus-Christ, jusqu'à la mort de la croix et la sépulture? Mais c'est Dieu seul qui opère la résurrection de son Fils pour l'amour de son Fils. Et après que les péchés de l'homme l'ont humilié et avili en tant de manières, il le regarde, le traite, le glorifie comme son Fils et son Fils bien-aimé. Oh! combien sera grande cette glorification qu'il a opérée pour l'amour de son Fils, puisque la déification de l'humanité qu'il a accomplie pour l'amour des pécheurs, est chose si grande!

LXXIV. DE L'ASCENSION.

Puisque celui qui a fait les jours, et qui s'appelle le Roi des siècles, a voulu se rendre sujet aux jours, tous ses jours et ses moments sont adorables en la dignité de sa personne. Mais il y a trois jours de singulière douceur et vénération: le jour de son Incarnation où Dieu se fait homme; le jour de sa naissance, où il entre en la terre pour converser par l'espace de trente ans avec les hommes; le jour de son ascension, où il entre au ciel pour y mener une vie céleste, glorieuse et éternelle. J'ai dit expressément de singulière douceur et vénération; car le jour de sa mort est digne de mémoire éternelle, mais d'un effroi et d'un étonnement insupportable, et ne doit pas être mêlé parmi les pensées délicieuses et ravissantes de ce jour.

Or en ce jour nous avons divers points très-considérables : 1° la retraite de Jésus en Dieu, 2° sa séparation de la terre, 3° la perte visible que nous faisons de lui en Dieu, 4° sa séance à la droite du Père, 5° son autorité sur toutes choses, 6° sa fécondité spirituelle à donner le Saint-Esprit, et à engendrer l'Eglise, 7° son dernier séjour en la terre, et son premier séjour au ciel; qui partagent un même jour, puisqu'il est vrai qu'il monte au ciel vers le midi.

LXXV. DE L'ASCENSION DE JÉSUS-CHRIST NOTRE SEIGNEUR.

I. *Les autres mystères sont de la terre, mais l'Ascension est le mystère et la fête du ciel et de Jésus-Christ.* — II. *C'est la fête des anges qui reçoivent l'humanité sainte pour laquelle ils ont combattu. Cette humanité appartient aux anges par combat et droit de victoire, et aux hommes seulement par donation gratuite.* — III. *L'Ascension est la fête de la Vierge et de tous les élus décédés depuis le commencement du monde jusqu'alors. Joie des anges en cette fête où tant de pécheurs entrent non simplement dans la grâce, mais dans la gloire de Dieu.*

I. La fête de l'Ascension c'est proprement la fête du ciel et la plus grande fête qui se soit jamais célébrée au ciel, et qui y puisse être: car en elle le ciel a reçu le plus riche trésor qu'il puisse jamais recevoir. Les autres mystères sont proprement fêtes de la terre, car ils s'accomplissent en terre. La naissance, la vie, la mort de Jésus-Christ; naissance, dis-je, sur le foin et la paille; sa vie avec les hommes et les bêtes, sa mort entre deux larrons, sont solennités pour nous qui sommes élevés et honorés par ces mystères, mais non pour Jésus-Christ qui y est avili et abaissé. Mais en ce mystère de son Ascension, sa sainte humanité y est élevée par-dessus tous les cieux, mise en son trône et lieu naturel à la droite du Père, douée de tout ce qui lui appartient et comblée de la plus grande gloire qui puisse être communiquée à aucune créature. Ce qui faisait dire à Jésus-Christ: *Si vous m'aimez, vous vous réjouirez, parce que je vais à mon Père, qui est plus grand que moi.* (Joan. XIV, 28.) Ce seul mystère et non les autres peuvent être désirés à Jésus-Christ et pour Jésus-Christ, à quiconque l'aime: car on ne pourrait par amour envers lui (mais bien par amour envers nous) souhaiter sa naissance, sa mort, sinon par hommage et obéissance à Dieu son Père. Cette fête aussi est la fin et la conclusion de toutes les autres.

II. C'est la fête de tous les anges; car ils ont plus acquis en cette fête qu'ils n'avaient perdu par la chute des mauvais anges; celui-ci étant plus que tous les anges et les hommes ensemble. Car outre qu'en cette fête les sièges des anges ont été réparés par les captifs qu'il y a introduits avec lui, sa seule présence honore plus le ciel et les anges que tout le reste de la cour du ciel ensemble, et remplit plus le ciel que la chute des anges ne l'a déserté. C'est vraiment la fête des anges, puisqu'en elle ils reçoivent au ciel cette même humanité pour laquelle ils ont combattu dès le commencement de leur être : et ce mystère est le triomphe du combat et de la victoire qu'ils eurent dès le premier instant de leur création. Les hommes, comme environnés de faiblesse et d'ignorance, l'ont plutôt reçu comme enfants, qu'ils n'y ont acquis droit : mais les anges l'ont acquis comme par achat ou plutôt par droit de victoire : et ayant rendu dans le ciel un signalé combat pour la gloire de cette sainte humanité, et fait en sa faveur un effort à leur nature, ils ont droit de

Jouir de ses priviléges et de ses trésors. On a droit à un héritage ou par succession ou par acquisition, et ce en deux manières, ou par achat ou par combat et victoire : comme les princes acquièrent droit sur le domaine les uns des autres ou pour les avoir vaincus, ou pour les avoir secourus de leurs armes : car en ce cas le prince qui a été secouru est obligé par reconnaissance de céder quelque partie de ses terres à celui qui l'a secouru.

III. C'est la fête de la Vierge, puisqu'une si noble portion d'elle et qu'elle aime et honore par-dessus tout, c'est-à-dire cette chair que le Fils de Dieu a prise d'elle, est élevée aujourd'hui par-dessus les cieux à la droite du Père. C'est la fête des prophètes et des patriarches, car ils sont tous en ce jour montés au ciel en la compagnie de leur Rédempteur. Si les anges au ciel se réjouissent pour la conversion d'un pécheur, combien plus en ce jour auquel tous les élus depuis le commencement du monde sont entrés, non en grâce, mais en gloire avec Jésus-Christ! C'est notre fête encore très-particulièrement, en ce que par elle notre nature à laquelle le paradis aurait été interdit, a commencé d'aller au ciel; non-seulement en la personne de Jésus-Christ, mais aussi de ceux qui étant ressuscités sont montés au ciel avec lui, parce qu'il y prend possession du ciel pour lui et pour tous les élus ses frères. Comme premier-né, l'aîné de la famille rend hommage, et prend possession des fiefs pour toute la famille; ainsi Jésus-Christ, comme aîné, *Primogenitus in multis fratribus* (Rom. VIII, 29), fait pour nous au ciel comme il a fait pour nous en la terre.

LXXVI. SUR LES MALADIES.
A une personne de piété qui était malade.

Jésus-Christ Notre-Seigneur, qui n'a pas été sujet aux maladies en son corps naturel, s'y assujettit en son corps mystique; et un des devoirs des personnes malades est de renoncer à eux et se donner à lui, afin qu'il s'honore, et Dieu son Père, dans leur infirmité.

J'avais su votre maladie avant votre lettre, si j'eusse pu vous divertir ce mal. Mais Notre-Seigneur, qui a infiniment plus grande charité vers vous, le pouvait et ne le faisait pas, aimant mieux pour un temps offrir à son Père les hommages de votre maladie et l'honorer avec vous dans cette voie; car je ne doute point que vous n'ayez souffert comme sienne, et que votre mal n'ait été plus à lui qu'à vous, qui avez renoncé à toute propriété de vous, et de ce qui se passe en vous. Or il me semble que comme le Fils de Dieu a voulu prendre notre nature, pour en elle rendre à son Père de nouveaux honneurs, et le servir par hommage, obéissance et autres voies non assez dignes pour que l'exercice lui en pût convenir en sa divinité : ainsi lui plaît-il encore s'allier et approprier le corps de son Église en terre, et en icelle quelques personnes spécialement, comme nouveaux membres et d'amour et d'honneur vers Dieu, lequel s'é-jouit de servir par iceux en des manières nouvelles, qui n'ont pas été jugées convenables à la sainte humanité vivante en ce monde. Les maladies sont de ce genre, desquelles le Fils de Dieu a été préservé. D'autant plus, ce me semble, les agrée-t-il, qu'étant malades nous tâchons de nous dépouiller et désapproprier de nous et de notre mal, pour être vraiment et simplement ses membres. Car il attend de nous cette abnégation avant que se les approprier, afin que par icelle il rende à son Père cette sorte de service qu'il ne lui a pas rendu en ses membres naturels. En cela il prend dans l'infirmité de sa créature ce qu'il n'a pas trouvé dans sa dignité, et sait convertir en un talent d'amour, usage et capacité d'honneur vers Dieu, les indispositions des personnes siennes. Ainsi autrefois se voyant mortel, ce lui fut un moyen de se sacrifier à Dieu, et trouva dans sa mortalité une capacité de mourir pour Dieu, c'est-à-dire, pour l'honorer de cette souveraine victime, et dans cette même capacité de sa mort, il trouva notre vie et salut de tous, qu'il n'avait pas voulu trouver dans l'infinité de sa majesté divine. Cet usage entre autres me semble digne des personnes malades.

LXXVII. DE LA PERPÉTUITÉ DES MYSTÈRES DE JÉSUS-CHRIST.

I. *Les mystères de Jésus-Christ sont passés quant à quelques circonstances; mais quant à plusieurs autres, ils dureront éternellement. Non-seulement le mérite et le pouvoir du mystère à opérer grâce qui y dédie les âmes durent à jamais, mais aussi l'affection et le goût du mystère; et Jésus-Christ est toujours en disposition des réitérer s'il était nécessaire.* — II. *Il y a dans les mystères du Fils de Dieu l'esprit et le corps. Le corps passe, mais l'esprit demeure. Les mystères de Jésus-Christ qui ont une sorte de perpétuité en lui-même, nous sont communiqués et continuent en nous. La passion du Fils de Dieu persévère selon quelque chose en sa personne dans le ciel, et elle continue et s'accomplit en la personne de saint Paul sur la terre.*

I. Il faut considérer l'infinité qui y est communiquée par l'infinité de la personne qui les accomplit en sa nature humaine. Il faut peser la perpétuité de ces mystères en une certaine sorte : car ils sont passés en certaines circonstances, et ils durent et sont présents et perpétuels en certaine autre manière. Ils sont passés quant à l'exécution, mais ils sont présents quant à leur vertu, et leur vertu ne passe jamais, ni l'amour ne passera jamais avec lequel ils ont été accomplis. L'esprit donc, l'état, la vertu, le mérite du mystère, est toujours présent. L'esprit de Dieu, par lequel ce mystère a été opéré, l'état intérieur du mystère intérieur, l'efficace et la vertu qui rend ce mystère vif et opérant en nous, cet état et disposition vertueuse, le mérite par lequel il nous a acquis à son Père et a mérité le ciel, la vie et soi-même; même le goût actuel, la disposition vive par laquelle Jésus a opéré ce mystère, est toujours vif, actuel et présent à Jésus. Tellement que s'il nous était nécessaire, ou s'il était agréable à Dieu son Père, il serait tout prêt et à partir et à accomplir de nouveau cet œuvre, cette action, ce mystère. Cela nous oblige à traiter les choses et mystères de Jésus, non comme choses passées et éteintes, mais comme choses vives et présentes, et même éternelles, dont nous avons aussi à recueillir un fruit présent et éternel.

II. Comme en nous il y a l'âme et le corps, et tout cela ne fait qu'un, aussi dans les mystères du Fils de Dieu il y a l'esprit opérant et patissant du mystère, la lumière de grâce du mystère, le dessein d'établir quelque effet du mystère, et le corps ou l'action du mystère. Si Dieu ne nous ouvre l'esprit, nous ne pouvons pas pénétrer l'esprit particulier des mystères, voire même nous ne le devons pas rechercher, nous le devons révérer sans le connaître, et si Dieu nous en donne quelque connaissance, nous la devons accepter humblement. Mais pour l'entendre quelque peu davantage, prenons un exemple. L'enfance du Fils de Dieu est un état passager, les circonstances de cette enfance sont passées, et il n'est plus enfant; mais il y a quelque chose de divin de ce mystère, qui persévère dans le ciel, et qui opère une manière de grâce semblable dans les âmes qui sont en la terre, qu'il plaît à Jésus-Christ affecter et dédier à cet humble et premier état de sa personne. Nous voyons même que Jésus-Christ a trouvé l'invention d'établir une partie de sa passion dans l'état de sa gloire, y réservant ses cicatrices; car s'il a pu conserver quelque chose de sa passion en son corps glorieux, pourquoi n'en pourra-t-il pas conserver quelque chose en son âme, dans l'état consommé de sa gloire? Mais ce qu'il conserve de sa passion et au corps et en l'âme, est vie et gloire, et il ne souffre ni en l'un ni en l'autre, et c'est ce qui reste en lui de ses mystères, qui forme en la terre une manière de grâce, qui y fait appartenir les âmes choisies pour la recevoir. Et c'est par cette manière de grâce que les mystères de Jésus-Christ, son enfance, sa souffrance et les autres, continuent et vivent en la terre jusqu'à la fin des siècles. Saint Paul: *Adimpleo ea quæ desunt passionum Christi in corpore meo.* (Col. 1, 24.)

LXXVIII. DES TROIS CAPTIVITÉS DE JÉSUS, EN SON ENFANCE, EN SES SOUFFRANCES ET EN L'EUCHARISTIE.

Il y a trois captivités et impuissances en la vie de Jésus sur la terre, que je vous convie d'honorer singulièrement, et d'y référer souvent l'état captif et impuissant que vous portez dedans les voies de Dieu: l'impuissance et captivité de sa sainte enfance; celle de sa souffrance, spécialement en la croix et en sa prise, et en la nuit de ses opprobres et de ses douleurs; celle de sa présence au très-saint Sacrement, où nonobstant l'état suprême de sa gloire, l'amour de son Eglise et de nos âmes le tient captif et dépendant de nos paroles, de nos actions et des espèces sacramentales auxquelles il lui a plu de se lier, pour nous lier à soi dès cette vie indissolublement. O enfance! Ô souffrance! Ô présence en ce mystère d'amour, que vous êtes admirable et adorable en la bassesse qui vous accompagne! Que pouvons-nous porter et souffrir en la terre qui soit digne d'exprimer et d'honorer en nous cet état et cet abaissement, et de former en notre intérieur une vive et réelle impression et représentation par grâce, de ce que le Fils unique de Dieu a porté en ses jours, et porte encore en son sacrement pour la gloire de son Père et l'amour de nos âmes? Donnez-vous tout à l'esprit de Jésus, et à cet esprit de Jésus, comme opérant et comme imprimant lui-même dans ses âmes une image vive et une parfaite ressemblance de ses états et de ses conditions sur la terre. Il y est inconnu, abaissé et humilié; il y est captif, patissant et dépendant, et il sait bien, par l'efficace de son esprit, opérer en nous un état de vie humiliée et inconnue à nous-mêmes, de vie souffrante et assujettie, de vie captive et dépendante, et ainsi honorer ses états dans les états où il lui plaît de nous réduire, et s'honorer lui-même dedans nous-mêmes. Ouvrez votre âme à ses opérations et l'abandonnez toute à ses intentions, et, jugeant vos propres actions trop peu de chose pour l'honorer, exposez-vous à la puissance et efficace de son esprit, afin qu'il daigne vous disposer à l'honorer par ses influences et opérations. Le Fils de Dieu, en sa divinité, est la figure et le caractère de la substance de son Père, et comme un divin caractère, il a voulu imprimer lui-même sa divinité en notre humanité par le sacré mystère de l'Incarnation. Et il lui plaît imprimer dans les âmes ses états et ses effets, ses mystères et ses souffrances, et un jour il lui plaira imprimer en nous ses grandeurs et sa gloire. Attendons ce jour heureux, et en cette humble et fidèle attente, portons très-volontiers l'impression et l'imitation de son abaissement, de sa croix et de ses souffrances.

LXXIX. TROIS CITÉS ET TROIS FAMILLES DE JÉSUS EN LA TERRE.

Jésus a trois cités pour demeures et habitations en la terre: Bethléem, Nazareth, Capharnaüm, *in civitatem suam.* (Matth. IX, 1.) Bethléem, où il est né et a séjourné les premiers jours de sa vie au monde, et de sa souffrance en sa fuite, et en la personne des petits innocents, dans lesquels il commençait à vivre, à souffrir et à mourir tout ensemble, comme aux premières hosties immolées à sa vie et à sa naissance, vie et naissance de mort et de souffrance; Nazareth, en laquelle il a été conçu, nourri et élevé par l'espace de trente ans; et Capharnaüm, appelée par saint Matthieu, comme nous l'avons dit, *Civitatem suam*, en laquelle il a établi le siège de son empire et évangile, et où il a fait son séjour principal depuis qu'il a paru au monde en qualité de docteur et Messie. Jésus aussi a eu trois familles : celle de la très-sainte Vierge dont il était Fils et héritier tout ensemble, celle de ses apôtres, dont il était le chef, celle de Marthe, Madeleine et le Lazare, à laquelle il dédiait ses retraites et sa dernière semaine durant sa vie.

LXXX. Des excellences du très-saint sacrement et de la religion chrétienne.

I. *L'Eucharistie est le mystère le plus étendu selon le temps et selon les lieux. C'est le mystère le plus proche de nous. C'est un mystère qui est tout de puissance. C'est un mystère qui porte un état éternel. Les fidèles possèdent en la terre le même prêtre et la même hostie que les saints possèdent au ciel.* — II. *Et néanmoins ce mystère dépend de la voix et de la volonté de l'homme. Jésus-Christ renouvelle en ce mystère de puissance, la dépendance de son enfance, qui est l'état de son impuissance. Jésus-Christ est ici comme le soleil arrêté par Josué, mais à l'orient et non à l'occident.* — III. *Le mystère de l'Eucharistie est le plus grand et le plus commun. Il est exposé à tous, en tout temps, en tout lieu, et il nous applique tous les autres mystères.* — IV. *Le mystère de l'Eucharistie est comme une restauration du mystère de l'Incarnation et dispensation du Fils de Dieu en la terre, qui se renouvelle sans cesse, et en faveur de tous et partout.* — V. *Jésus-Christ est tout à nos usages en ce mystère; il est l'objet que nous adorons et le moyen par lequel nous l'adorons. Excellence de la religion chrétienne en ce qu'elle n'adore que Dieu, et que le moyen par lequel elle l'adore est Dieu même. Le commerce de Dieu avec l'homme en la religion chrétienne, est tout divin et tout enfermé en Jésus-Christ.* — VI. *Le fond et la substance des autres mystères du Fils de Dieu n'a été accompli qu'une fois, mais la substance de celui-ci s'accomplit tous les jours. Ce mystère nous applique l'esprit et la grâce de tous les autres.* — VII. *Ce mystère est un mystère d'usage, et l'état solide et permanent auquel il consiste, n'est autre chose qu'un usage continuel de sacrifice vers Dieu, et de sacrement vers les hommes. Et non-seulement Jésus-Christ adore Dieu en ce mystère, mais aussi il nous y est un moyen de l'adorer, comme il l'est aux saints dans le ciel.* — VIII. *Excellence de la religion chrétienne, où Jésus-Christ nous est toutes choses.* — IX. *Continuation de l'excellence de la religion chrétienne. Condition déplorable des philosophes païens qui ont tant travaillé pour la connaissance de la nature et n'ont jamais connu son auteur; tant s'en faut qu'ils aient pu le faire connaître et adorer.* — X. *Conclusion du discours par une exhortation aux affections célestes et divines, qu'une religion si divine demande de nous.*

I. De tous les mystères du Fils de Dieu incarné, celui qui est le plus de durée est l'Eucharistie, car il dure jusqu'à la fin du monde; celui qui est le plus étendu est l'Eucharistie, car il s'accomplit en tous lieux; celui qui nous est le plus proche est l'Eucharistie, car il est et il se fait devant nos yeux, et il s'insinue jusque dans nos cœurs, et ce autant de fois que nous le voulons; celui où il emploie plus de puissance, est l'Eucharistie, car il s'accomplit par la puissance de Jésus-Christ, et ne s'accomplit que par sa puissance; au lieu que l'enfance et la souffrance, et la plupart des mystères de sa vie humiliée sur la terre, s'accomplissent par impuissance et par abaissement, et celui-ci ne s'accomplit que par la puissance de la personne propre de Jésus-Christ; et si l'homme y a part, ce n'est qu'en tant qu'il est revêtu de la personne du Fils de Dieu même. Ce mystère encore porte un état éternel, car il est ici prêtre pour l'éternité : *Sacerdos in æternum* (Hebr. v, 6), et hostie éternelle, puisque jusque dans le ciel et dans l'état de la gloire, il y est comme agneau et agneau de Dieu; cet agneau qui a été chargé des péchés du monde (qui sont termes employés par le grand précurseur pour signifier la victime que Dieu s'est préparée en la terre). Et saint Jean, en son *Apocalypse* (v, 6), dit qu'il a vu cet agneau comme occis, *Tanquam occisum*. Et ce même prêtre qui s'offre éternellement à Dieu en état d'hostie dans le ciel, a voulu demeurer en la terre et sur nos autels, et s'y offrir par nos mains à la majesté de Dieu son Père en cet état d'hostie. Tellement qu'il est véritable de dire que nous avons en la terre et en ce mystère, aussi bien que les saints dans le ciel, un prêtre éternel et une hostie éternelle; avec cette différence toutefois, que nous possédons ce trésor dans l'obscurité de la foi et sous le couvert des espèces sacramentales, et les bienheureux le possèdent dans la splendeur et la manifestation de la gloire.

II. Or ce mystère si haut et si puissant, ce mystère de si longue durée et d'une si grande étendue, ce mystère qui porte un état éternel, est dépendant de nous, et c'est par notre volonté qu'il est dans son autel; et étant dans ce mystère comme dans le trône de sa puissance, puisque c'est sa puissance qui l'y établit, il est toutefois avec une telle dépendance de l'homme, que c'est la voix de l'homme qui le met en ce trône et en son Eucharistie, c'est-à-dire au trône de son amour et de sa puissance. C'est la volonté de l'homme qui le met dans nos mains et dans nos cœurs, et comme il entre en ce mystère par dépendance de la volonté de l'homme, il y est aussi sans usage et sans mouvement, que par la volonté de l'homme. Il est le Tout-Puissant, mais ce Tout-Puissant ne vient à nous que par nos vouloirs et nos mains, comme s'il voulait reprendre dans le trône de sa puissance la même dépendance qu'il avait dans l'état de son impuissance, c'est-à-dire dans son enfance, et comme s'il voulait renouveler devant nos yeux l'abaissement qu'il a pris autrefois sur la terre. Lors il avait besoin de s'enfuir en Égypte pour conserver sa vie, mais il faut qu'il y soit porté par les bras de sa mère. Ici il a besoin de venir aux hommes pour leur donner sa vie, mais il faut qu'il y soit porté par les prêtres, et que nous leur donnions ce trésor précieux, ce sacré gage de l'amour de Dieu et cette source de vie. Tant il veut être pour ses créatures, en la dépendance de ses créatures mêmes. Ce soleil que nous voyons de nos yeux est le plus bel ouvrage de l'univers; mais il n'a été qu'une fois dépendant de la voix d'un homme, lorsque Josué arrêta pour quelques heures son cours et son mouvement à l'occident. Mais ce soleil de justice, ce soleil non des animaux mais des hommes et des anges; ce soleil du ciel empyrée; ce soleil désormais éternel; ce soleil animé de l'esprit de Dieu même; ce soleil divin et Dieu même, est dépendant de la voix d'un homme, mais de plusieurs hommes, et de leurs voix prononcées si souvent, en tant de lieux et tant de moments, et aux temps qu'il leur plaît; et il est dépendant de leurs voix, non pour s'arrêter à l'occident, mais pour arrêter son cours et ses mouvements dans l'orient de notre éternité. Car dans le repos de sa gloire et dans le repos même que vous voyez qu'il a en son autel, sous ces espèces qui sont sans vie et sans mouvement aucun, il est en un mouvement continuel, et vers nous et vers Dieu son Père pour nous, et pour lui rendre nos devoirs d'amour et de louange que la créature imparfaite ne peut rendre à son Dieu : *Secundum multitudinem magnitudinis suæ. (Psal.* CL, 2.)

III. De tous les mystères du Fils de Dieu, celui qui est le plus exposé c'est celui de l'Eucharistie. Car il nous est exposé en tout temps, en tous lieux et à toutes personnes; et c'est celui de tous dont l'usage et la communication est la plus fréquente; et c'est celui-là même qui donne l'usage et l'application de tous les autres mystères. Car ici le Fils de Dieu nous applique sa vie et sa mort, ses délices et ses souffrances, sa gloire et ses opprobres; et ses plaies douloureuses et glorieuses, qui sont toujours vives et vivifiantes, nous sont ici appliquées et imprimées, si nous savons faire un bon usage de Jésus-Christ présent et entrant dans nos cœurs et nos esprits, pour recevoir son corps et son sang, son âme et sa divinité, et être intimement unis à sa propre personne dans l'état de sa gloire, de son amour et de sa toute-puissance.

IV. Quand je vois la grandeur de Jésus, je trouve étrange que chose si grande ait été faite pour chose si petite que l'homme, et il me semble qu'il ne devait être référé qu'à Dieu. Mais sa bonté surpasse notre indignité, et il est tout employé, tout appliqué à nos misères et à nos intérêts, et le plus bassement que nous puissions imaginer, puisqu'il entre dans notre terre et notre exil, dans notre vie basse et misérable, dans la mort et le sépulcre, et qu'il passe par tous les degrés de nos misères, dans notre enfance, dans notre vie souffrante et laborieuse. Mais cela est passé et n'a duré que quelques années sur la terre. Or il veut renouveler cet usage, et le renouveler jusqu'à la fin du monde, et le renouveler en tous lieux et en toutes sortes de personnes riches et pauvres, grands et petits, sains et malades, afin qu'aucun ne soit exempt de sa présence et bénignité, et des fruits de sa vie précédente, qu'il vient nous apporter et nous appliquer lui-même.

V. Il est ici tout à nous, tout à nos usages. Il n'est point pour aucun usage profane, ni même sensible et humain; il n'est que pour usage saint et religieux et pour exercice de religion. Et il est l'objet et le moyen suprême de la religion, par lequel la religion chrétienne sert à son Dieu; car elle a cette excellence, qu'elle a Dieu pour objet, qu'elle a Dieu aussi pour moyen, par lequel elle tend à cet objet. C'est Dieu qu'elle adore, et c'est par un Dieu incarné et par un Dieu mourant qu'elle adore le Dieu vivant et éternel. C'est Dieu qui est sa vie, et c'est un Dieu fait homme qui est sa voie, par laquelle elle cherche, trouve et possède cette vie. Usage tout spirituel et tout divin. Il nous tire de la terre à lui, de ce corps à l'esprit et de l'esprit à Dieu. Et le commerce que nous avons avec lui est tout séparé des sens qu'il veut que nous allions mortifiant continuellement sur la terre; tout séparé de la nature, tout établi dans la foi, dans l'esprit, dans la grâce, et dans le nouveau ciel et la terre nouvelle que nous avons en lui en cette Eucharistie. Car il est lui-même et notre terre et notre ciel; la terre qui nous porte en sa grâce, et le ciel qui nous couvre en l'état et en l'ordre de sa grâce. Ainsi nous avons ici-bas en cet autel, en cette Eucharistie, terre et ciel tout ensemble; nous avons plus, nous avons grâce et gloire, et gloire et grâce plus haute que celle qui est entre les anges; nous avons Dieu et l'homme, Jésus-Christ Notre-Seigneur, le roi des anges et le salut des hommes, le bonheur de la terre et la joie du ciel.

VI. L'esprit et la grâce des autres mystères nous sont communiqués et appliqués; mais le fonds et la substance des mystères ne s'accomplit qu'une fois, et n'a été communiqué qu'à ceux qui ont été présents à ce moment heureux auquel les divins mystères de la vie de Jésus sur la terre ont été accomplis. Mais ici le fonds du mystère s'accomplit tous les jours et à toute heure, et s'accomplit et renouvelle en tous les lieux de la terre. Et ce qui est plus encore, non-seulement l'esprit, mais le fonds et la substance de ce mystère s'applique à tous, et en tout temps et en tous lieux. Et ce qui est encore plus considérable, c'est ce mystère qui nous applique l'esprit, la grâce et l'efficace de tous les autres mystères. Tellement que nous possédons en celui-ci Jésus en sa propre personne, et nous le possédons selon la grâce qu'il nous a acquise en tous ses autres états et mystères : *Quis sapiens, et custodiet hæc et intelliget misericordias Domini?* (*Ose.* xiv, 10.) Gardons ce trésor précieux, le trésor des trésors de la grâce de Jésus ; ménageons ce fonds riche des richesses de Dieu même, ménageons cet héritage céleste, ce royaume des cieux qui nous est départi en la terre.

VII. Tout ce mystère consiste en usage, et en usage admirable, et usage vers Dieu et les hommes. Il est vrai que ce mystère ne consiste pas en une action passagère, mais en un état permanent et solide ; et c'est une prééminence qui lui convient en propre entre tous les sacrements. Mais cet état porte un usage continuel vers Dieu et vers les hommes ; usage de sacrifice à Dieu, usage de sacrements à l'homme, c'est-à-dire de tout ce qui est important en l'état d'une religion sainte et sacrée, et au commerce de Dieu avec l'homme, de l'homme avec Dieu ; donnant à Dieu ce qui lui appartient, donnant à l'homme ce qui lui est nécessaire, donnant honneur et louange à Dieu, qui est tout ce qu'il peut recevoir de la créature. Et non-seulement Jésus fait cet office sacré par soi-même en l'Eucharistie, mais il nous aide à le faire ; car c'est par lui et avec lui que nous devons rendre louange à Dieu en la terre, comme c'est par lui que les anges au ciel louent Dieu même.

VIII. L'excellence de la religion chrétienne est de connaître, servir et aimer son Dieu, et ce qui passe toute excellence est de servir son Dieu par Dieu même, ce qui est tellement propre à la religion chrétienne, qu'il ne convient qu'à elle. Tellement que tout est divin en son état, et l'objet qu'elle adore, car c'est Dieu seul ; et le moyen par lequel elle l'adore, car ce moyen lui est donné du ciel pour cet effet, et la voie par laquelle elle adore son Dieu, c'est Dieu incarné, qui s'appelle lui-même la voie en l'Ecriture. Il est la splendeur du Père, et il est la lumière en saint Jean (i, 4) : *Lux hominum*, lumière de ses fidèles ; et en sa lumière nous voyons et nous verrons pour jamais la lumière éternelle. Il est la sapience du Père, et il est la sapience des fidèles, et leur fait connaître de Dieu par sa parole, ce que les œuvres de Dieu ne leur en peuvent faire connaître. Ainsi nous avons Dieu pour objet en la religion chrétienne, et l'Esprit de Dieu pour l'esprit qui anime en cette religion, et l'Homme-Dieu pour hostie et oblation perpétuelle, et nous sommes grièvement coupables d'être si aveugles et négligeants parmi tant d'ardeurs et de lumières, et si peu appliqués et révérends, auprès et aux pieds d'une majesté si haute.

IX. Quand je vois les profanes si pleins de lumières et d'éloquence dans les œuvres de la nature, et si dépourvus dans les œuvres de la grâce ; si diserts à nous parler du ciel et de la terre, et si aveugles à méconnaître celui qui a fait la terre et le ciel ; je me plains grandement de la misère humaine. Ils emploient leurs beaux esprits et leurs belles paroles à discourir de la hauteur des cieux, de la profondeur de la terre, de la diversité des plantes, des propriétés des animaux, et courent d'un bout à l'autre, pour connaître les raretés de l'univers ; et parmi tant d'effets ne connaissent point la cause, et ignorent l'auteur de toutes ces merveilles, ou s'ils en ont quelque lueur, cela ne suffit pas à leur donner amour et puissance à servir un Dieu que toute la nature loue et adore en sa manière. Les plus hauts esprits ne l'ont connu que comme auteur de l'univers, et n'ont pu donner à aucun cette connaissance, si basse néanmoins, ni imprimer au monde une loi légitime de son service. Il fallait que Jésus vînt en la terre pour éclairer la terre, pour lui faire connaître son Dieu, pour le faire servir, adorer et aimer. Mais la religion chrétienne fait connaître de Dieu ce que le monde n'en peut penser, ce que les créatures ne nous en peuvent apprendre, ce que les anges même en ignorent ; elle nous élève à Dieu, elle nous transforme en Dieu, nous établit et nous consomme même en une sorte d'unité d'esprit avec Dieu, qui va reconnaissant, adorant et aimant l'unité des personnes divines en la très-sainte et très-sacrée Trinité.

X. Voilà l'état excellent de la religion chrétienne, qui requiert une vie excellente, et des actions toutes divines comme il est tout divin. Délaissons les pensées basses, les inclinations abjectes, les occupations viles, les objets périssables de la vie séculière et profane ; et vivons de la vie de Dieu, puisqu'il nous fait dieux. Vivons à Dieu, vivons en Dieu, vivons par l'Esprit de Dieu même ; et comme Dieu est lui-même son objet, vivant en la contemplation et amour de soi-même, que notre vie soit occupée dans la pensée et les actions des choses célestes. C'est la béatitude des esprits de la terre, comme dit saint Augustin (*Confess.*, l. x, cap. 22) : *Ipsa est beata vita, gaudere ad te, de te, propter te.*

LXXXI. RAPPORT DE JÉSUS-CHRIST AU SAINT SACREMENT, AVEC LES PRINCIPAUX POINTS DE L'ÉTAT RELIGIEUX.

A des religieuses.

1. Jésus-Christ Notre-Seigneur est en une religion et clôture bien plus étroite que les religieuses, puisqu'il est réduit dans les bornes d'un morceau de pain, où, étant mis une fois, il n'en sort ni ne s'en retire jamais, quelque injure qu'on lui puisse faire ; et son obéissance n'est pas moins considérable, se rendant à point nommé à la voix du prêtre, et entre ses mains, se contentant humblement de la place qu'on lui a une fois donnée, et n'en changeant jamais lui-même.

2. Cette obéissance est pleinement volontaire, et il a assez de puissance pour rompre ces liens, et se délivrer de cet assujettissement ; mais elle n'est pas pour cela moins exacte, et il demeure inséparablement attaché à l'étendue et au lieu des pauvres et viles espèces du sacrement. Les rois et les grands de la terre, qui semblent disposer d'eux-mêmes comme il leur plaît, n'ont néan-

moins autre place que celle que Dieu leur donne; mais Jésus-Christ qui s'est donné lui même le lieu qu'il tient dans les espèces, s'est tellement lié et assujetti en cette sienne intention, à la volonté d'autrui, qu'il ne le quitte jamais par la sienne propre.

3. Il y fait profession de pauvreté et ne choisit que des espèces basses et communes pour se loger, et lesquelles encore n'ont point d'être et substance, celle qu'elles avaient étant convertie et passée en la substance du corps de Jésus. Et en sa pauvreté il règne sur les rois et sur les anges, obligeant les puissances de la terre et du ciel à se prosterner humblement devant lui en ce pauvre état, et dans le renoncement qu'il fait des ornements de la terre, qui vraiment sont indignes de sa majesté, il possède la beauté et la gloire de Dieu même; et en beaucoup d'endroits il est traité si bassement, qu'il donne assez à connaître qu'il est le même Dieu qui est né à Bethléem dans une étable, mis en la crèche et sur la paille, et qu'encore que ces états soient bien différents, il n'a pas plus d'éloignement de la pauvreté, que lors et que quand il était réduit à la compagnie des bêtes au désert. *Et Jesus erat cum bestiis.* (*Marc.* I, 13.)

4. Jésus-Christ en sa consécration sur les autels, n'est ni à soi; ni pour soi; il est à l'homme et pour l'homme, il est dans les droits de l'Eglise, il est pour être donné à tous, selon le jugement et le vouloir de l'Eglise, et en cela, il a un rapport singulier à la désappropriation de l'état religieux, par laquelle la personne qui en fait profession se dépouille non-seulement de ses biens, mais de soi-même, pour être et se mettre en la disposition d'autrui pour jamais.

5. Et pour ce qui est de la pureté, il en fait ici une profession toute particulière, étant dans un parfait éloignement de toutes les choses sensibles. Car et ses sens en ce sacrement n'ont nul rapport à la chair et au siècle présent, mais à Dieu, et nos sens n'ont nul rapport à lui en cet état de son Eucharistie où nous n'avons d'accès que par la foi, et lui pour cette cause est appelée mystère de foi.

6. Quant à la charité, il se donne à ses ennemis et à tous ceux à qui on le veut donner sans se refuser jamais à personne. Et dès le premier jour qu'il institua ce mystère, il se donna au traître qui conspirait sa mort en le recevant.

7. Quant à l'humilité, il se laisse fouler aux pieds des hérétiques, en quoi il remémore la cruauté des Juifs, foulant aux pieds son précieux sang.

8. Et pour ce qui est de l'occupation intérieure, il est incessamment occupé vers Dieu, il lui demande tous nos besoins et ne cesse de représenter à sa majesté ce qu'il a fait et souffert pour nous en la terre, s'humiliant jusqu'à la mort, et à la mort de la croix par son commandement; et comme sans cesse il opère vers Dieu pour nous, sans cesse aussi il opère en nous les effets de Dieu, ce qui serait plus continuel que l'influence du ciel et du soleil sur la terre, si nous n'y mettions empêchement par nos faiblesses et nos infidélités.

LXXXII. DIVERS ÉTATS DE JÉSUS EN L'EUCHARISTIE, ET DU POUVOIR DES PRÊTRES SUR JÉSUS EN CE MYSTÈRE (120).

Il y a en Jésus-Christ états et actions, l'un et l'autre digne d'un honneur singulier et de toute l'attention et affection de nos cœurs. Mais ses états sont particulièrement à peser, tant parce qu'ils contiennent plusieurs mouvements et actions, qu'à cause que par eux-mêmes, et en cette qualité d'états de Jésus, ils rendent un hommage infini à Dieu et sont d'une très-grande utilité aux hommes. L'Eucharistie met Jésus-Christ en un nouvel état, état constant et perpétuel et qui durera en l'Eglise jusqu'à la consommation des siècles. Elle le présente au Père éternel en état d'hostie et le donne aux hommes en état de viande. Vraiment viande et vraiment hostie. Hostie qui réconcilie les hommes avec Dieu, viande qui les fait vivre de la vie de Dieu et les transforme en Dieu même. Oh! quelle viande! oh! quelle hostie! et elle le met en cet état pour jusqu'à la fin du monde; oh! quelle durée!

Jésus-Christ remémore son Incarnation et sa passion en ce mystère, et ne les remémore pas seulement, mais les applique aux fidèles, et il fait cela par lui-même présent réellement et véritablement en l'Eucharistie, et par rien de moindre que lui. Et en l'honneur de ces deux grands états, son état incarné et son état souffrant, il institue en l'Eglise un état nouveau, permanent et perpétuel, qui les adore et leur rend hommage, hommage divin en la terre et en tous les endroits de la terre qui sont honorés de ce sacrement, et remémore sa présence visible au monde en forme humaine par sa présence visible en forme de pain dans nos tabernacles, en la manière qu'il se gardait en l'arche, remémorait la manne que les Hébreux recueillaient au désert.

L'état de Jésus en l'Eucharistie est principalement nôtre en ce que non-seulement il est institué pour nous et à notre usage, mais aussi il est établi par nous et dépend de la puissance et opération des prêtres. Il a daigné nous choisir pour un si grand œuvre et a voulu que nous en fussions les instruments et coadjuteurs. Et il y a plus, car non-seulement nous sommes ses instruments et coadjuteurs, mais nous agissons et parlons en sa personne et comme si c'était lui-même. Et plût à Dieu que comme nous paraissons en sa personne et qu'il met ses paroles en notre bouche, que son esprit fût en nos cœurs et que notre vie ne fût qu'une confirmation de la sienne! C'est une conjoncture admirable que celle de Jésus-

---

(120) Cet écrit contient des pensées excellentes de l'auteur; mais il n'est pas achevé, et même il semble que ses pensées ont été recueillies par un autre.

Christ avec nous en ce sacrement, et elle va imitant la part que Dieu a bien voulu donner à la Vierge au mystère de l'Incarnation. Car comme Dieu s'est uni à la Vierge pour accomplir le grand œuvre de l'Incarnation de son Fils, ainsi pouvons-nous dire que ce Fils incarné, Jésus-Christ Notre-Seigneur, s'unit avec nous pour accomplir son Eucharistie.

C'est donc nous qui conférons nouvel état à Jésus-Christ et il veut dépendre en iceluy de notre ministère et opération. Tous ses autres états, il les tient de Dieu son Père ou de lui-même, ou du Saint-Esprit, ou de la Vierge sa mère, comme l'enfance, ou même des Juifs qui l'ont mis en croix comme son état de victime en quelque façon; mais celui-ci il le tient des hommes, nous le lui donnons, ou pour expliquer la chose plus pleinement et dans toute l'étendue de la vérité, il le tient de soi-même et de nous qu'il daigne associer à chose si grande.

Ce nouvel état est un état qui tire Jésus-Christ une seconde fois du ciel en la terre, un état qui le réduit à l'humble condition et vile apparence d'un morceau de pain, un état qui présente le Fils unique à son Père, comme hostie et agneau chargé des péchés du monde, un état qui le met entre nos mains comme aliment de vie éternelle, et enfin, un état de sacrifice, d'amour, d'unité.

En nous présentant au Fils de Dieu en ce sacrement, il nous faut mettre et abaisser jusqu'au centre de la terre, c'est-à-dire jusqu'au plus bas lieu du monde, jusqu'au centre de notre être qui est le néant, il nous faut mettre et cacher dans le centre de l'amour et humilité de Jésus instituant, opérant et vivant en ce mystère.

LXXXIII. DE L'EUCHARISTIE.

Jésus-Christ est en ce sacrement comme le don de Dieu aux hommes, comme le don ou offrande des hommes à Dieu, et comme l'objet de son adoration.

1. Jésus-Christ est le don de Dieu aux hommes, et le don des hommes à Dieu. Il est le don de Dieu aux hommes et il se met entre les mains des hommes par l'efficace de sa parole et il doit être reçu des hommes en cette qualité. Oh! quel don! don de Dieu, don de Dieu se donnant soi-même: *Si scires donum Dei* (Joan. IV, 10), dit-il à la Samaritaine. O homme, si tu connaissais le don que Dieu te fait de Dieu même, que ne ferais-tu point, que ne quitterais-tu point, que ne voudrais-tu point porter pour te disposer à le recevoir et le recevoir en la plénitude qu'il l'est ici présente? car il faut peser que Dieu donnant son Fils à l'homme par divers mystères, en celui-ci il le donne en plénitude, c'est-à-dire, en la plénitude de ses mystères, de ses mérites et de ses perfections consommées en lui. En l'Incarnation sa vie et ses mérites ne sont pas encore; en l'enfance le mérite de sa vie n'y est pas; en sa vie le mérite de sa mort n'est pas accompli; en sa mort il n'a pas la dignité, la puissance et les trésors de sa nouvelle vie; en sa résurrection et son ascension, il semble être retiré à Dieu et ôté aux hommes, il l'est en effet. Mais en l'Eucharistie, sans rien perdre ni de sa retraite à Dieu, ni de sa séparation de la vie présente, ni de l'abondance de sa nouvelle vie, ni de sa majesté, il est donné aux hommes et donné en la plénitude de tous ses états et de tous ses mystères, et il est donné comme vie et aliment de vie éternelle.

2. Jésus-Christ est le don des hommes à Dieu, comme il est le don de Dieu aux hommes; comme sacrement il est l'un, comme sacrifice il est l'autre. Autrefois on offrait à Dieu les fruits de la terre qui nous était donnée, et maintenant nous offrons à Dieu un fruit de Dieu même, un fruit crû dans son propre sein, un fruit que la terre virginale de Marie, revêtue de la vertu du Très-Haut, a produit, et qui pour cette raison est appelé par le prophète Isaïe le fruit de la terre et le germe de Dieu tout ensemble: *In die illa erit germen Domini in magnificentia et gloria, et fructus terræ sublimis*, etc. (Isa. IV, 2.) Ce fruit admirable et adorable, ce fruit doux et délicieux est mis entre nos mains en l'état de sa gloire et magnificence et nous l'offrons à Dieu en cet état. Lorsque nous faisons réflexion sur notre indigence et sur l'infinité de Dieu, nous sommes contraints d'avouer que nous n'avons ni pensée, ni parole, ni amour proportionné à Dieu, ni chose aucune correspondante à la grandeur de sa majesté. Mais il lui a plu nous donner son Fils qui est son Verbe et sa parole, qui est son propre entretien et son occupation éternelle, et Dieu trouve entre nos mains et en nos autels, ce qu'il regarde éternellement en lui-même, et nous parlons à Dieu son propre langage et idiome, et nous nous entretenons avec lui de son occupation même et de son propre entretien. Et comme ce Fils de Dieu et ce Jésus est tout nôtre par la bonté de son Père, il tient lieu aussi de tous nos devoirs envers Dieu, et c'est par Jésus-Christ que nous nous élevons à Dieu, que nous adorons Dieu, que nous louons Dieu, que nous bénissons et remercions Dieu, que nous invoquons Dieu: *Per Christum Dominum nostrum*, qui est l'usage de l'Église en toutes les parties de sa communication avec Dieu. Et comme Jésus est le supplément de tous nos besoins et la propitiation de nos fautes, ainsi que nous apprend le bien-aimé disciple, il est aussi notre pensée, notre action de grâces (*Eucharistia*), notre amour vers Dieu, et Dieu ne reçoit ces devoirs de nous, qu'en tant qu'incorporés avec son Fils, et devenus un même corps et un même esprit avec lui. Nous offrons au Père son Fils unique, ses œuvres et ses affections, et non les œuvres et les affections des enfants d'Adam comme tels.

3. Jésus-Christ en l'Eucharistie est l'objet de notre adoration, et pour ce sujet il y est en état permanent, et non-seulement en action, c'est-à-dire, ni comme simplement reçu, ni comme donné, mais comme existant et en état de durée. Tellement que recueillant toutes les choses susdites, nous remarquons trois principales intentions de Dieu en l'Eucharistie au regard de son Fils ; car et il est comme le don de Dieu aux hommes et comme le don ou offrande des hommes à Dieu, et comme l'objet de leur adoration. Le Père éternel nous le propose comme en son trône pour recevoir nos hommages, nos devoirs, nos services ; il le met entre nos mains pour être la seule offrande que nous ayons digne de lui, et il le met en nos cœurs pour les sanctifier ; et son amour est si grand envers nous, qu'il met en notre sein celui qui est en son sein, et veut que celui qui est l'unique objet de sa complaisance infinie, soit pareillement l'unique objet de la nôtre.

LXXXIV. EXHORTATION SUR LE SAINT SACREMENT.

I. *Jésus-Christ qui est la parole, et parole unique du Père éternel, qui dit et produit tout en l'éternité et dans les temps, est néanmoins ici sans parole.* — II. *Mais néanmoins il y est par sa puissance et par sa parole ; et l'opération par laquelle il y est mis, va honorant sa production éternelle, par la parole du Père.* — III. *Le séjour de la terre n'est supportable aux âmes saintes que par la présence de Jésus-Christ qui daigne y demeurer. Il voile sa gloire en ce mystère, pour demeurer parmi les mortels. Et c'est ici que l'humilité et l'amour triomphant de lui.*

I. Nous avons à vous parler de Jésus au saint Sacrement, et nous le devons d'autant plus, mes sœurs, qu'il y est présent sans parole. Il est aussi présent en ce mystère, que lorsqu'il marchait sur la terre et sur la mer, et qu'il prêchait aux peuples : mais sa présence est sans parole, et il veut que nous parlions de lui, que nous parlions pour lui, et que nous parlions à lui, pour recevoir son esprit et sa parole, et vous parler dignement de lui. Il est en sa naissance éternelle, et en sa personne divine, la parole du Père, et la seule parole du Père ; car c'est l'unique parole que le Père prononce de toute éternité à soi-même, et dans soi-même, et parole si profonde et si féconde, qu'elle contient tout ce que le Père aura jamais à dire à soi-même et à toute créature, et qu'elle est produisante incessamment le Saint-Esprit dans la divinité et dans vos cœurs ; et toutefois cette parole du Père est ici sans parole.

II. C'est sa parole et sa puissance qui le met et établit en ce mystère, car il veut être ici comme en une nouvelle naissance dépendante de lui-même et de sa parole, en l'honneur de sa naissance éternelle, en laquelle le Père le produit comme sa propre parole. Et toutefois lui qui est la parole du Père, et qui est ici par sa parole, est en un perpétuel silence ; mais un silence qui parle plus haut et rend plus de louanges à Dieu, que toutes les paroles des hommes et des anges ensemble. Puisqu'il daigne employer nos paroles, ou plutôt les siennes proférées par notre bouche, pour le consacrer et le mettre en état de ce mystère, employons volontiers nos paroles à célébrer son état, ses grandeurs et ses louanges.

III. Je veux, mes sœurs, tirer par ce discours vos cœurs hors de la terre, et contre mon dessein, mon sujet vous tire à la terre, puisque Jésus y est à présent et l'habite, et y est plus présent qu'il ne fut jamais ; et il y veut être présent jusqu'à la fin du monde. Il est au milieu de vous, et vous devez être avec lui ; mais vous devez n'être en la terre que pour lui et avec lui ; et sans ce divin objet vos cœurs et vos esprits devraient être aussi éloignés de la terre que la terre est éloignée du ciel où Jésus habite en sa gloire. Mais il est ici dans le trône de son amour, qui doit bien vous occuper et ravir autant que sa gloire. Partout où Jésus est depuis son ascension au ciel, sa gloire est avec lui, car elle ne peut être séparée de lui, mais il ne paraît pas partout dans le trône de sa gloire. Il la voila à ses apôtres pour converser quarante jours avec eux, leur montrant sa vie non glorieuse ; et sa vie toutefois était toute et toujours glorieuse. Il voile ici sa gloire, sa présence et sa vie. Il ne témoigne que son amour, et il est proprement dans ce mystère, comme dans le trône et le mystère de son amour : *Cum dilexisset suos qui erant in mundo, in finem dilexit eos.* (Joan. XIII, 1.)

C'est son amour qui l'attire et l'abaisse à la terre, qui le joint à ces espèces viles, pour l'unir à vos cœurs ; l'humilité et l'amour triomphant de celui qui a triomphé du monde, du péché, de l'enfer, de la mort, et du diable même ; car c'est un sacrement d'amour et d'humilité tout ensemble par la puissance de son amour.

LXXXV. EXPLICATION DU COMMENCEMENT DE LA SAINTE MESSE.

Le prêtre avant que d'approcher de l'autel pour y faire les prières ordonnées en la messe, il se tient aux degrés et marches d'icelui : et là commence cette sainte et solennelle action au nom du Père, du Fils et du Saint-Esprit ; se sert de quelques versets du psaume XLIII pour se représenter l'état et la fonction de sa charge, et pour y réclamer l'aide et la grâce de Dieu. Et à cause de la communion des saints, que nous croyons selon le symbole des apôtres, il s'accuse en la face de l'Église militante et triomphante, comme ayant offensé celui qui est reconnu le commun Seigneur de tous, et fait une reconnaissance générale de ses fautes devant le ciel et la terre, selon le modèle de l'enfant prodigue, avant de communiquer par ce mystère à la présence de celui qui nous a dit que l'autorité suprême lui est donnée et dans la terre et dans le ciel, et qui, ayant empire et commandement sur l'une et sur l'autre Église, se rend présent à toutes les deux, comme en deux parties de son État et de sa couronne ; présent, dis-je, à l'une en sa gloire, et à l'autre en mystère, combattant en terre avec l'Église militante, ainsi qu'il triomphe dans le ciel avec la triomphante. Et après cette humble confession, il implore la miséricorde de Dieu, et se prépare à ses saints exercices pour recevoir sa grâce, et avant de monter à son autel, pour lui rendre les prières assignées à chaque jour de l'année.

LXXXVI. EXPLICATION DE LA SAINTE MESSE, DIVISÉE EN TROIS PARTIES, ET LA MANIÈRE DE LA BIEN ENTENDRE.

A une personne nouvellement convertie, ou au moins ayant volonté de se convertir de la vanité à la piété.

La messe n'est autre chose qu'un très-saint et divin exercice de la religion chrétienne, durant lequel nous sommes tous assemblés, et comme conviés et disposés pour avoir part et accès à la présence de notre Dieu, lequel se veut ainsi communiquer et se rendre présent et adorable à son peuple, par le mystère de son eucharistie; c'est pourquoi il se faut dignement préparer à recueillir grand fruit d'un si fréquent et divin exercice. Et me semble à propos pour cet effet, de diviser cette action comme en trois parties principales, et les accompagner de quelques points et mouvements principaux, qu'il convient avoir, et imprimer en l'âme durant le temps de cette sainte et divine occupation.

La première partie s'étend depuis le *Confiteor* jusqu'à l'offertoire, et peut être appelée la préparation, d'autant que par ce moyen le prêtre se prépare à cette grande et divine action, c'est-à-dire à la consécration du précieux corps de Jésus-Christ, et ce par l'accusation de soi-même, au *Confiteor*; par l'invocation de la miséricorde de Dieu, en plusieurs versets adjoints, et aux *Kyrie eleison* suivants; par les prières qu'il fait à Dieu pour soi et pour le peuple; et par la lecture des saints livres de la Bible, distingués sous le nom de l'épître et de l'évangile. Et aussi les assistants, selon leur puissance et capacité, doivent se conformer à l'esprit de Dieu, qui a prescrit cet ordre et ce formulaire en son Eglise, et avoir soin d'exercer quelques élévations intérieures, selon ce que le prêtre fait ou dit en la messe, et de remarquer en la lecture de l'épître, ou de l'évangile, ou de tous deux ensemble, quelques points et oracles du Saint-Esprit, c'est-à-dire quelques sentences de l'Ecriture, qui servent d'objet et d'entretien à leurs esprits, et de règle et conduite à leurs actions. Et quant à vous, il me semble que vous devez vous exercer à cette entrée aux points et aux actes de la pénitence, qui est le premier pas et mouvement de notre âme vers Dieu, vous accusant devant lui et devant ses saints, des vanités que vous aurez affectées, des offenses que vous aurez commises, de votre froideur en son saint amour, de votre négligence à son service, de votre retardement en la voie de la vertu, et en l'accomplissement de ses inspirations; et surtout de ce que vous n'avez pas consacré à Dieu, à l'issue de votre enfance, le premier usage de la raison, et le premier exercice de la liberté que vous avez reçue de sa divine majesté, selon l'état de la nature; le Fils de Dieu que vous venez adorer en la messe, vous ayant dédié même le premier instant de sa vie, selon que le remarque l'apôtre saint Paul; et de ce que vous usez ordinairement vos jours, et les passez, ou inutilement et indifféremment comme chose pleinement vôtre, ou même vainement; au lieu que le Sauveur du monde n'a passé ses jours qu'en pauvreté, qu'en souffrance, et enfin en croix pour votre amour; et n'a usé sa vie qu'en œuvres et exercices continuels de son ardente et excessive charité envers votre âme. Sur quoi vous remarquerez que la moindre des fautes qui se commettent journellement au monde, a fait naître le Fils de Dieu dans une étable, et l'a fait mourir en une croix, pour l'expier devant la justice de Dieu son Père, et que vous ne devez tenir pour petit aucun des sujets pour lesquels le sang du Fils de Dieu a été répandu; et que la moindre des actions humainement divines, et divinement humaines, que le Fils de Dieu a faites et réitérées infinies fois pour votre bien, durant le cours de trente-trois années (quand elle n'aurait été accomplie qu'une fois), demande justement de vous tout l'usage et l'intérêt de votre vie, à ce qui est de sa seule volonté, pour reconnaissance et action de grâces, et pour retour de service à une si haute et divine majesté. Humiliez-vous donc ici profondément, et regrettez amèrement de manquer tant à un si fort et si puissant amour du Fils de Dieu envers vous. Coupez diligemment la racine de ses manquements, faisant plusieurs propos de vous éloigner de l'amour du monde et de vous-même, où est la source de tous ses manquements. Invoquez soigneusement la grâce du Saint-Esprit, pour amender les fautes passées, et pour accroître et établir en vous les effets d'un plus parfait amour envers la bonté divine.

La seconde partie est depuis l'offertoire jusqu'à la communion, à laquelle vous devez vous disposer plus particulièrement à la présence du Fils de Dieu, par des actes exercés sur ce divin objet, pour orner votre âme de saintes affections, dignes de celui qui vient à vous par ce mystère : comme en la première partie vous avez exercé des actes sur l'objet de vous-même, et de vos fautes, et sur la pénitence, pour effacer en vous ce qui aurait été désagréable aux yeux de celui que vous attendez et invoquez en la messe. Appliquez-vous donc maintenant à considérer la grandeur de celui qui se présente à vous pour l'adorer; son excellence pour la contempler, sa bonté pour l'aimer, sa charité pour l'admirer, son mérite pour le vous appliquer, sa mort et passion pour la remémorer. Et jugez de ces choses, non par le rapport des sens, qui n'aperçoivent que les espèces basses et vulgaires, mais par l'œil de la foi qui ne découvre que choses grandes et divines, et qui y aperçoit le Fils de Dieu, le trésor et l'amour du ciel et de la terre. Or comme est-il adoré, contemplé et aimé des anges? Oh! comme devrait-il être vénéré, contemplé et aimé des hommes, puisqu'il est homme pour notre amour, et a pris notre nature se faisant moindre que les anges! Et puisqu'il est en cet autel, non pour aucun intérêt de sa gloire, qui le tient, non plus en terre, mais au ciel, et que c'est pour notre seul respect et considération qu'il s'abaisse jusqu'à nous et qu'il daigne se rendre ainsi présent en cet autel; de quel zèle et affection l'y devons-nous contempler et révérer? Et comme il change la nature de ces espèces basses et terrestres qui lui sont proposées et en son corps et en son sang précieux, prions-le aussi qu'il change et transforme la pesanteur, la froideur et la sécheresse de notre cœur tout terrestre et aride, en l'ardeur, la tendresse et l'agilité des affections et dispositions toutes saintes, célestes et divines. Et puisqu'il unit de si près notre nature pesante et terrestre à sa divinité, par l'Incarnation et son humanité déifiée à la personne de chacun de nous par l'Eucharistie, combien devons-nous approcher notre esprit de son esprit, notre cœur de son cœur, et nos pensées, nos sentiments et affections, de ses sentiments, affections et pensées?

Certes, puisque son cœur divin est si souvent très-proche et très-conjoint à notre cœur humain et terrestre par la très-sainte Eucharistie, nous le devons prier que notre cœur ne souffre et ne sente jamais d'autres affections et passions que celles qui ont entré et pénétré dans son cœur déiforme. Et comme il s'offre à Dieu son Père en cet autel pour nous appliquer présentement le fruit de l'oblation sanglante qu'il a faite en la croix, offrons-nous à lui pour être à jamais hostie sanglante ou non sanglante de sa volonté et victime immolée à sa gloire; et l'offrons lui-même au Père éternel, comme chose qui est vraiment nôtre et qui est comme mise entre nos mains, et en notre puissance et possession par ce mystère, afin que nous obtenions, par ce don précieux que nous offrons et rendons au Père éternel, les grâces qui nous sont nécessaires pour être entièrement, parfaitement et éternellement siens. Et comme il est présent en cet autel, en telle forme et manière que par l'état de cette présence sacramentale il nous remémore et représente sa mort et passion, conservons la mémoire de cette sainte passion, rendons-lui grâces de ce grand bénéfice, apprenons d'icelui combien il abhorre le péché, mourant pour donner la mort au péché, et combien il aime et estime notre âme, donnant sa vie pour la vie de notre âme; et prenons résolution de ne rien craindre et détester que ce qui déplaît à Dieu et ne rien estimer et pourchasser que ce qui lui est agréable, tenant tout le reste pour non digne de notre amour et de notre haine. Et pour honorer par ordre et avec méthode tous les pas du Fils de Dieu allant à la croix et à la mort pour notre amour, prenons chaque jour quelque point et article de sa sainte passion pour exercice et entretien de notre esprit et pour objet de nos affections, à la fin de la messe et en tout le reste de la journée.

La troisième partie est depuis la communion jusqu'à l'issue de la messe, en laquelle si les points précédents ne nous occupent suffisamment, au moins avant de sortir de l'église, il faut rendre grâces à Dieu de ce bénéfice singulier de sa présence à laquelle nous avons eu part et accès par le moyen de la sainte messe, et avoir un ferme propos de nous élever et rendre à lui par les affections de notre âme, ainsi qu'il lui a plu s'abaisser et rendre présent à nous par la sainte Eucharistie; faut reconnaître et accepter le Fils de Dieu pour votre roi et souverain (qui vient et veut par cette sienne présence au sacrement comme prendre possession de ce monde et de nos cœurs), et lui faire l'hommage de notre être, de notre vie et de toutes nos actions et affections; et en cette qualité vous devez faire état désormais de dépendre de sa volonté, et disposer de votre journée et même de votre vie, selon son bon plaisir, lui demandant affectueusement la grâce de connaître et faire ici-bas sa volonté qui ne tend qu'à votre sanctification, pour le voir un jour face à face et jouir là-haut de son essence et de sa gloire.

LXXXVII. EN LA SOLENNITÉ DE JÉSUS.

I. Ce qu'il faut faire en cette fête est d'adorer le Fils de Dieu selon tout ce qu'il est en soi-même et dans ses bienfaits et opérations, mais particulièrement dans ce qu'il est en soi-même. Dieu nous béatifie selon ce qu'il est en soi-même et non selon ce qu'il est en ses créatures, et le même se doit dire de Jésus-Christ. — II. Se référer au Fils de Dieu pour se disposer à avoir entrée dans la relation substantielle et personnelle qui est de ses deux natures et de tout ce qui est sien à son Père. Le Fils de Dieu regarde et honore son Père selon tout ce qu'il reçoit de lui éternellement, et il le regarde et adore selon tout ce qu'il reçoit de lui temporellement. — III. Se lier au Fils de Dieu comme étant la raison même (et liaison qui va jusqu'à l'unité) de la nature divine et de la nature humaine. Ce qu'il faut faire pour entrer en cette liaison.

I. Le dessein de cette fête est premièrement de regarder, aimer et adorer le Fils de Dieu selon ce qu'il est en lui-même, en ses deux natures, en sa personne divine, en toutes ses grandeurs, en ses pouvoirs et offices, en ses états, en ses bienfaits et opérations. Mais principalement dans ce qu'il est en lui-même et dans toutes ses grandeurs connues et inconnues, car c'est notre grandeur et ce qui nous béatifie. Dieu a été une éternité occupé en soi-même, et sans se communiquer au dehors, et ses œuvres n'égalent point sa grandeur et sa majesté, et nous l'adorons et regardons dans le ciel en lui-même, et c'est en ce regard que consiste la vie éternelle et non au regard de Dieu dans ses créatures. Semblablement nous devons regarder et adorer Jésus-Christ en lui-même beaucoup plus que dans ses bienfaits et opérations, et nous resouvenir que c'est en ce regard que nous avons la vie éternelle selon sa sainte parole : *La vie éternelle est qu'ils vous connaissent seul vrai Dieu, et Jésus Christ votre Fils que vous avez envoyé. (Joan.* XVII, 3.) Et ces bienfaits et opérations sont mis en nos mains comme des moyens et des degrés pour nous conduire et nous élever à lui-même. Nous devons aussi adorer Jésus-Christ dans tous les conseils connus et inconnus du Père éternel sur lui, présupposant comme chose certaine que nos faibles pensées et nos petites lumières sont infiniment éloignées de pouvoir pénétrer la profondité du conseil de Dieu sur ce grand et miraculeux chef-d'œuvre de sa puissance et de sa bonté.

II. Secondement, de nous référer au Fils de Dieu, qui est relation en sa personne, et relation en la personne du Père, auquel il réfère tout ce qu'il est en ses deux essences éternelle et nouvelle, et généralement tout ce qui lui appartient; et se réfère, non simplement par affection et désir que cela le regarde et l'honore, mais par la condition et l'état de sa personne divine, qui n'est pas seulement relative, mais la relation même; relation éternelle et nécessaire, relation immuable et invariable, relation subsistante et personnelle. Ensuite de quoi il est vrai de dire qu'en la Trinité il y a un Dieu qui regarde Dieu, un Dieu qui est référé à Dieu, un Dieu qui est relation à Dieu; qui regarde et est relation à Dieu comme à son Père et à son principe; et qui le regarde en cette manière selon tout ce qu'il a et ce qu'il est en soi-même : sa divinité, sa bonté, sa sapience, sa puissance, son amour, sa sainteté, sa pureté, et toutes les autres perfections; n'y en ayant aucune qu'il ne tienne de ce sien principe, et qui ne lui ait été communiquée par la production éternelle qu'il reçoit de lui; et partant le regardant et l'honorant en chacune de ses perfections. Et ensuite de cela même, il est vrai de dire que ce même Verbe, et cette même personne s'étant associée à notre nature en unité de subsistence, il réfère à Dieu, et est une relation subsistante et personnelle de cette humanité, qui est véritablement son humanité et sa nouvelle essence, à ce même Père duquel il est engendré avant tous les siècles. Néanmoins avec cette différence, au regard de cette seconde nature, que l'engendrant en icelle par cette vertu et fécondité paternelle, qui ne convient qu'à lui seul entre les personnes divines, et produisant cette nature en lui par la puissance qui lui est commune avec lui-même et le Saint-Esprit; il résulte de là que ce sien Fils unique, selon cette nouvelle nature, le regarde tout ensemble comme son Père et comme son Dieu, et qu'il y a un homme, homme de même condition que nous, qui est relatif; et ce qui est plus, qui est une relation substantielle et personnelle à Dieu, comme à son Père et son Dieu; qu'il regarde et aime comme son Père; qu'il contemple et adore comme son Dieu et son souverain; qu'il regarde et aime comme son Père par la condition de sa personne; qu'il regarde, aime et adore comme son Dieu, par l'état et la qualité de la nouvelle nature qui lui est adjointe. Et pour ne rien omettre de ce qui concerne une vérité si importante et si haute, nous disons encore que tous ceux que le Père a choisis et faits siens avant tous les siècles, et qu'il a donnés à son Fils incarné dans la plénitude des temps, selon cette parole : *Tui erant et mihi eos dedisti. (Ibid.*, 9); et que le Fils tire tous les jours dans l'unité de sa divine personne, les liant à son humanité déifiée, et les faisant ses membres; tous ceux-là, dis-je, ont l'honneur d'entrer dans la relation divine et adorable du Fils unique à son Père. Sa relation les rapporte tous à ce principe incompréhensible, duquel procède tout l'être créé et incréé, et les y rapporte comme à celui qui est leur Père et leur Dieu. Chacun d'eux fait partie de ce Fils qui le regarde en sa nouvelle essence, comme son Dieu et son Père; et ce Fils subsistant et vivant en eux tous, comme en autant de portions de son humanité déifiée, les tient et les tire dans ce double regard, et leur fait la grâce qu'en lui ils regardent son Père et son Dieu en l'une et en l'autre manière.

III. En troisième lieu, de nous lier au Fils de Dieu, qui est une liaison de deux natures, la divine et l'humaine; et liaison si étroite, que c'est l'unité même infinie et incréée de la personne du Verbe; sur quoi le Docteur angélique fonde ce qu'il nous enseigne, que c'est l'alliance la plus étroite, et l'union la plus grande et la plus intime qui soit ou puisse être. A cet effet il nous faut joindre au dessein du Père éternel, donnant son Fils unique à l'homme et au monde, et correspondre soigneusement à ce dessein, en nous occupant de cet objet qui nous est présenté, en nous appliquant à lui, en nous élevant à lui, et le recevant pour tous les usages pour lesquels il nous est donné. Comme à l'instant de l'usage de raison nous devons, selon saint Thomas, nous référer à Dieu, de même à l'instant de l'usage de la foi qui annonce le Médiateur, nous devons nous référer au Fils de Dieu qui est ce médiateur, et par lui au Père.

LXXXVIII. DE LA SANCTIFICATION DE LA NATURE HUMAINE DANS LE MYSTÈRE DE L'INCARNATION.

I. *Dieu infiniment saint sanctifie hautement ce à quoi il daigne appliquer et sa personne et son être.*—II. *Le Père éternel est la première source de la sainteté infinie de cet œuvre : c'est lui qui sanctifie notre nature, en l'unissant à la personne et à la divinité de son Fils; et cette union ou application, est appelée onction dans les Écritures.*

I. Comme tout est saint en Dieu, tout est sanctifiant; son essence, sa personne, ses opérations, si le sujet n'est d'ailleurs incapable de sanctification. Car Dieu porte diguité partout où il est et agit; et beaucoup plus où il s'applique immédiatement soi-même et ses personnes. Que d'applications il y a sur cette humanité sacrée, et toutes très-hautes, très-sacrées, très-singulières, très-divines! Le Fils s'y applique en lui communiquant son être, sa subsistence, sa divinité, sa sainteté, et en se rendant cette humanité propre à soi, en une manière qui ne convient à aucun être créé ni même à aucune autre personne divine. Il se la rend propre en la plus haute manière que la nature créée puisse porter. Il se la rend propre en la manière la plus approchante de celle qu'il a au regard de sa divine essence; car si sa nature divine lui est propre par essence éternelle, celle-ci lui est propre par essence temporelle; et si elle reçoit la première de son Père, il reçoit la seconde de sa Mère, ou pour mieux parler, il reçoit l'une et prend l'autre. L'une lui appartient par naissance, l'autre lui appartient par puissance; il reçoit l'une, il choisit l'autre; l'une lui est propre et sienne par nature, l'autre par amour. Et y ayant deux choses distinctes en Dieu, l'être et la volonté, nous adorons en lui deux natures vraiment distinctes et vraiment siennes, l'une par nature, l'autre par volonté, laquelle il emploie à vouloir, à choisir, à s'approprier cette nature seconde, et se la rendre sienne, non-seulement par son amour, mais encore par la communication de son être et de sa subsistence. Tellement que l'origine de cette appropriation, c'est son vouloir; mais la manière est son être divin.

II. Entrons dans l'étendue de cet ordre de grâce éminente par-dessus toutes les grâces; l'ordre de la grâce, de l'union hypostatique, ordre infini en sa dignité et sainteté, et singulier en son unité. Pénétrons la conduite de Dieu en ce grand ordre, en cet ordre des ordres. Découvrons les secrets de cet amour divin et infini en ce chef-d'œuvre d'amour; nous trouverons que le Père qui est la source et le principe de toute divinité, comme parlent les saints Pères, est aussi la source et le principe de cet œuvre; et c'est d'où originairement procède toute la sainteté du mystère de l'Incarnation. Et comme en la Trinité nous l'adorons comme principe des personnes divines, nous l'adorons aussi comme principe de cet œuvre divin. C'est lui qui donne son Fils au monde et à cette humanité. C'est à sa divinité que cette nature humaine est unie; car la divinité du Fils est la divinité du Père, et le Fils l'a reçue du Père. C'est même par cette subsistence qui est procédante de lui, et qui est constitutive de la personne de son Fils, que cette humanité est jointe à sa divinité. C'est non pour un temps, mais pour une éternité, que cette liaison est faite. C'est une liaison non accidentelle, mais substantielle; non externe, mais intime; non étrangère, mais propre à la personne de son Fils. Aussi le Père regarde cette humanité comme la nature propre de son Fils; nature propre et nouvelle tout ensemble : nouvelle, car elle est prise en temps, mais pour une éternité; propre, car elle lui appartient par le droit de son être et de sa subsistence. Le Père donc la regarde en cette qualité, la tire à soi, la fait seoir à sa dextre, et s'applique à elle comme Père et Père éternel de celui qui lui a donné en son temps, cet être qu'il avait reçu de son Père de toute éternité. Et il semble que cette application du Père à la nature humaine est appelée *onction* en l'Ecriture (121); car le Père est celui qui a donné son Fils à cette humanité, et le Fils ne s'est donné à elle que par le Père, comme il n'a être, vie et mouvement que par son Père.

LXXXIX. DE LA SAINTETÉ DE DIEU EN SOI-MÊME, ET DANS LE MYSTÈRE DE L'INCARNATION.

I. II. III. *Explication de ces paroles :* Sanctus, sanctus, sanctus, *etc. Dieu est saint en son essence et en ses personnes, saint en ses opérations et en la communication de sa sainteté, saint en ses jugements et en séparant de soi ceux qui ont refusé de participer à sa sainteté.* — IV. *Ce que nous devons rechercher en Dieu n'est ni sa grandeur ni sa puissance, mais sa sainteté; et Lucifer s'est perdu pour avoir fait autrement.* — V. *Il y a trois principales perfections en Dieu, l'être, la vie, la sainteté, lesquelles il communique d'une manière spéciale dans le mystère de l'Incarnation.* — VI. *Dieu est en soi, il est à soi, il a été par soi; il est et agit par lui-même, et il est saint en ce qu'il est ainsi appliqué à lui-même, et séparé de toutes les choses créées.*

I. Le plus grand des prophètes et le plus excellent des évangélistes, c'est-à-dire saint Jean et Isaïe, s'accordent ensemble à nous parler de la Jérusalem céleste, et comme doués d'un même esprit et d'une même lumière en leurs contemplations, nous rapportent presque en mêmes paroles le cantique des anges et des saints louant la majesté divine en l'état de sa gloire.

II. La première voix qu'on entend en cette harmonie du ciel (ce qui est remarquable) parle non de la grandeur ni de la puissance, mais de la sainteté de Dieu; car aussi ceux qui la profèrent sont esprits saints, ravis et absorbés en cette sainteté divine, de laquelle ils portent une impression et participation particulière. Et la première saillie de leur extase et ravissement ne leur permet de résonner que sainteté; et le transport de leur divin mouvement les fait écrier : *Sanctus, sanctus, sanctus Deus, omnipotens* (Isa. VI, 3; Apoc. IV, 8); en proférant ces divines paroles en hommage à celui qui seul est la grandeur, la puissance et la sainteté même.

III. Il y a plaisir de voir ce beau cantique rapporté par ces deux rares organes du Saint-Esprit, et d'ouïr retentir en leurs bouches cette louange divine que les deux chœurs du ciel rendent conjointement et suavement à Dieu. L'un dit dans Isaïe : *Sanctus, sanctus, sanctus;* saint en ses trois personnes,

---

(121) *Unxit te Deus, Deus tuus, oleo lætitiæ præ consortibus tuis.* (Psal. XLIV, 8.)

en ses opérations, saint en ses jugements et punitions mêmes. Et ce sont les séraphins, qui comme les premiers et les plus saints esprits du ciel, commencent le cantique de sainteté, et disent à leur Seigneur par trois reprises qu'il est saint, lui qui est le souverain et le Dieu des armées; comme nous voulant donner à entendre que sa puissance et souveraineté, ses combats et ses armées dans la terre et dans le ciel, ne s'emploient à autre chose qu'à établir et faire régner la sainteté, comme il a banni pour jamais du ciel les esprits rebelles à cette sainteté; car autrement quel rapport y a-t-il entre les cantiques et les armées, l'un étant terme de joie et l'autre terme d'effroi? Et que fait la puissance et les armées avec la sainteté, si ce n'est en ce sens par lequel le premier combat qui ait jamais été, qui est le combat du ciel, et la première milice qui ait jamais été ordonnée, qui est la milice céleste et angélique, a servi à maintenir la sainteté de Dieu établie entre ses anges, et à en séparer pour toujours ceux qui s'en sont rendus indignes par leur rébellion. L'autre chœur du ciel s'adresse au même Dieu, et dit en saint Jean dans son *Apocalypse* (IV, 8): *Sanctus, sanctus, sanctus Dominus Deus omnipotens*; et ce sont ceux qui sont les plus proches du trône, comme les premiers du paradis, et les plus clairvoyants, pleins d'yeux dedans et dehors, qui composent ce chant céleste, et appellent Dieu trois fois saint avec adoration et admiration, et y ajoutent cette clause qui leur est propre: *Qui est, qui erat et qui venturus est* (Ibid.), pour marquer l'origine de notre sainteté qui est Jésus-Christ Notre-Seigneur, exprimé par ces paroles qui ne conviennent qu'à lui; car c'est lui seul qui étant en cette qualité de saint, est venu pour sauver, et viendra pour juger le monde.

IV. Ces deux chœurs donc célèbrent les louanges divines, et ce qu'ils regardent plus amoureusement en Dieu et souhaitent le plus de leur être appliqué et approprié, ce n'est pas la grandeur, la puissance, la sublimité, mais la sainteté de Dieu; sainteté, dis-je, qui le rend saint en une manière ineffable, et les rend saints en une manière admirable. C'est à quoi ils désirent avoir part, et le désirent de toute leur puissance, baissant les yeux à ses autres grandeurs et perfections, comme à choses qu'ils adorent, sans avoir soin d'y prendre part, n'y touchant non plus qu'à l'arbre défendu. Car aussi c'est ce qui a perdu le premier des anges du ciel, d'appéter non sa sainteté, mais sa grandeur, en ce souhait misérable qui a perdu la plus noble des créatures, et tant d'autres avec lui: *Ero similis Altissimo* (Isa. XIV, 14), et a fait ce grand dégât en la nature créée.

V. S'il nous est permis de parler de Dieu en bégayant, puisque nous ne le pouvons en une autre manière, et distinguer et comme diviser par la petitesse de notre esprit, ce qui en soi est très-bon, très-pur et très-simple, nous dirons qu'entre les perfections divines, les premières et comme les sources des autres, sont l'être, la vie, la sainteté de Dieu; l'être par essence qui ne peut convenir qu'à Dieu, et se rend source de tout être, soit procédant en Dieu même comme les deux personnes divines; soit procédant hors de Dieu comme tout ce qui est créé; la vie de Dieu par laquelle il se voit naturellement soi-même, car cette vue est sa vie; la sainteté de Dieu, par laquelle infiniment appliqué à soi, il est infiniment séparé de tout ce qui n'est point lui-même et sera notre vue un jour; et cette vue et vie est propre en sa nature, et ne convient à autre que par grâce, et par grâce bien singulière qu'on appelle consommée. Or Dieu a voulu communiquer ces trois perfections, son être dans le monde, sa sainteté dans son Église, et sa vie dans son paradis; nous y faisant vivre de sa propre vie, c'est-à-dire de la vue de son essence, de ses personnes et de ses perfections. Et il a voulu faire une communication singulière de cet être, de cette sainteté et de cette sainte vie, en formant le mystère de l'Incarnation, dans lequel dès la terre il fait une communication ineffable de son être par l'existence et subsistence divine de sa sainteté, par une sanctification substantielle, infinie et incréée, et de sa vie par la gloire.

VI. Dieu est en soi et il est lui-même sa demeure, son temple et son trône, et le temple et demeure de tout ce qui est saint; et selon saint Jean le temple de la Jérusalem céleste, c'est-à-dire de tout ce qui est dans l'éternité. Dieu est à soi et il n'agit que pour soi-même, comme étant la fin de soi-même et de toutes choses. Dieu est par soi, et il est à soi-même son principe, son être et sa subsistence; il est à soi-même son principe pour être et sa vertu pour agir. Tout ce qui est en lui-même, et en cette unité, pureté, simplicité constitue sa sainteté. Tout ce qui est en lui n'est pas seulement pur, saint et divin, mais est la sainteté, la pureté, la divinité même.

XC. DE LA SOUVERAINETÉ DE JÉSUS.

Jésus, selon sa génération temporelle, porte pour sa différence des autres œuvres de Dieu, être Dieu. Et cette éminence de son être et de son état fonde légitimement sa souveraineté sur les choses créées. La souveraineté de Jésus en tant qu'Homme-Dieu, est établie sur trois titres: sa filiation, la donation du Père, et la prière qu'il fait au Père. Et ces trois titres sont marqués expressément dans ce qu'il dit de soi-même au psaume II. Comme Jésus est nôtre en tant de manières, nous sommes obligés de nous rendre siens en toutes les manières qu'il nous est possible. Ce nous est grand honneur que Jésus ait prié son Père de nous donner à lui, et il n'y a rien que nous ne devions faire pour correspondre à une si grande dignation.

Il est souverain par l'éminence de son être et de son état en l'union hypostatique, non-seulement comme Dieu, mais comme homme, c'est-à-dire comme Homme-Dieu, comme homme qui reçoit l'être divin et incréé dans son être fini et limité; comme homme qui ne subsiste et n'a existence qu'en la Divinité, homme qui porte comme pour sa différence entre les choses créées, être Dieu, comme être homme et raisonnable est notre différence d'entre les animaux. Cette qualité si haute et éminente rend Jésus digne de commander à toutes choses, et l'Eglise triomphante a raison de nous dire en l'*Apocalypse* (v, 12) : *Dignus est Agnus qui occisus est, accipere virtutem et divinitatem*, etc. Et en cette éminence d'être sont fondés tous les autres titres de la domination et souveraineté de Jésus, comme au primitif et principal; car si quelque éminence légère qui paraît dans l'étendue d'une espèce, qui est elle-même fort finie et limitée en son être, suffit à établir distinction de servitude et de domination entre les hommes, par la seule éminence et élévation, non en la nature (qui est égale à tous), mais en quelque usage, accident ou qualité de la nature; combien à plus forte raison cette éminence que porte Jésus, qui le sépare de tout être, et le rend élevé par-dessus icelui, voire d'une distance infinie, et l'établit à une dignité si haute et si élevée par-dessus toute notre capacité, que nous n'avons qu'à l'adorer!

Certes, si le génie de la nature, le prince des philosophes a prononcé en ses *Politiques*, qu'il y en a qui sont naturellement serfs et esclaves, et les autres naturellement souverains, nous sommes beaucoup mieux fondés d'établir par maxime fondamentale, que dans l'état, les morales et les politiques du christianisme, Jésus en l'éminence de son être et de son état est naturellement souverain, et nous sommes naturellement ses esclaves, si nous considérons la seule éminence de son être et de son état par l'union hypostatique. Même sans les autres usages, relations et appartenances qui nous regardent et qui s'en ensuivent, ce droit est si légitime et si fort, qu'il suffit seul à dompter notre nature orgueilleuse et rebelle, et beaucoup plus renforcée d'un autre droit qui vient de la donation du Père à qui tout appartient par la divinité. Car le Père éternel parlant à Jésus sitôt qu'il est né en l'univers et en notre nature, lui dit : *Postula a me et dabo tibi gentes*, etc. (*Psal.* II, 8.) Deux points de très-grande considération : le premier qu'il est son Fils, *Filius meus es tu, ego hodie genui te* (*Ibid.*, 7); et le second qu'il lui veut donner tout cet univers, dans lequel il est né si petit et si abject, qu'il ne paraît que bassesse et impuissance dedans cette enfance. *Postula a me et dabo tibi gentes*, etc. Oracle divin, qui nous rapporte en deux paroles deux qualités suprêmes de Jésus, sa filiation et sa souveraineté, et trois beaux titres de cette souveraineté, par filiation, par concession et par pétition; car le Père éternel veut tellement établir la souveraineté de son Fils, qu'il veut que toutes sortes de droits y soient concurrents, afin que nous soyons plus fortement obligés de reconnaître son autorité suprême sur nous. Car il l'a par nature, *Filius meus es tu*; il l'a par donation et établissement du Père, *Ego autem constitutus sum rex ab eo super Sion*, etc. (*Ibid.*, 6); et en troisième lieu, par le droit de son vouloir et de sa prière : *Postula a me*. Et Dieu veut que cet héritage appartienne à son Fils en toutes ces trois manières, et par le mérite de sa prière, et par le droit de sa primogéniture, et par la donation de celui auquel il appartient comme principe de l'univers et comme Père de ce Fils; et nous devons remarquer que le troisième et dernier de ces titres qui est celui de la prière est de très-grande considération et efficace très-particulière, pour fonder le droit et la souveraineté de Jésus sur cet univers; car celui qui demande et qui prie est digne d'être exaucé et d'obtenir tout ce qu'il veut, quand il n'y aurait que ce titre seul de la dignité infinie qui est en lui, et qu'étant égal et consubstantiel au Père, il se rend par un abaissement volontaire, humblement suppliant en son humanité, et demande ce qui lui appartient pleinement selon sa divinité.

Je reconnais, ô mon Seigneur Jésus, ces trois titres légitimes de votre puissance et autorité sur moi, celui de votre naissance qui me rend vôtre par nature, celui de la donation du Père qui me rend vôtre par autorité à laquelle je suis primitivement; et celui de votre vouloir, par lequel vous voulez que je sois vôtre, et vous daignez en prier le Père éternel et me demander à lui. J'accepte ce vouloir, ô Jésus, je ratifie cette prière, je confirme cette possession légitime si je la puis confirmer, et si je puis y ajouter quelque chose par mon élection propre, je veux être tout vôtre. Je veux être tout vôtre par tous les droits et tous les titres qui me peuvent lier et engager de nouveau à vous. Je me plais, ô Jésus, en cette servitude envers vous, je la veux rendre ferme, immuable et solide autant qu'il m'est possible ; je veux que ces liens qui me lient à vous soient multipliés autant que faire se peut; car ces liens me plaisent et je rends grâces au Père éternel de ce qu'il daigne les multiplier sur moi; celui de naissance me rend vôtre par nature, car si un degré de grâce qui n'est qu'un accident et qualité, me rend héritier et cohéritier de Jésus-Christ, combien plus non un degré de grâce, mais le fonds même de la grâce, la grâce essentielle et substantielle, la grâce incréée que vous possédez en sa plénitude, et que vous avez par naissance et nature, vous rend-il héritier de la terre et du ciel et souverain de tout ce qui est créé? Mais, ô bonté infinie! vous avez ce droit, et vous ne le voulez pas employer; vous êtes digne d'être souverain et vous ne voulez pas faire le souverain; vous êtes Fils et vous voulez faire le serviteur, vous naissez pour mourir, pour souffrir et non pour régner; vous prenez un état d'abaissement et d'impuissance, et le Père veut que vous vouliez, et que vous demandiez l'héritage qui est vôtre, afin que vous entriez dans vos droits, et que vous y soyez par ces trois dignités que nous ne pourrons jamais assez honorer ; la dignité de votre naissance, la

XCI. DE LA ROYAUTÉ DE JÉSUS-CHRIST.

A la sérénissime reine d'Angleterre.

Dans le temps de l'enfance de Notre-Seigneur.

I. *La grandeur de la condition royale est flétrie par la mortalité de notre nature.* — II. *Remède à ce mal en Jésus-Christ, qui fait régner les rois qui le servent en temps et en éternité.* — III. *Ce nouveau roi paraît d'autant plus, qu'étant Enfant et sans aucuns avantages apparents, il prend puissance sur les rois de la terre, attirant les uns à son adoration, et se servant de l'opposition des autres pour publier sa grandeur.* — IV. *L'hérésie est l'Hérode qui cherche Jésus pour le faire mourir. Jésus est roi et Dieu, et Enfant tout ensemble; et il est Roi des rois par naissance éternelle, dans l'état de sa naissance temporelle.* — V. *Jésus Enfant est roi, et par naissance, et par puissance, et par élection. La gloire des rois de la terre est d'être les premiers sujets de son empire, et les premiers commis de sa puissance.* — VI. *Ce temps de la naissance de Jésus est le printemps de la grâce, auquel la terre commence à produire de nouvelles fleurs pour le ciel.* — VII. *Jésus est la plus belle fleur de ce printemps. La grandeur de son empire qu'il couvre à la terre, comme étant trop chétive pour porter sa gloire, et lui étant assez d'honneur de porter ses abaissements, il découvre pourtant quelque rayon de sa puissance dans cet état d'impuissance.* — VIII. *Jésus est un grand roi, qui a plusieurs sortes de gens à son service : les uns le servent en le connaissant, comme la Vierge, Joseph, etc.; les autres sans le connaître, et le premier de ceux-ci est Auguste. Auguste n'est auguste, et l'empereur de l'univers que pour servir à la naissance de l'Enfant Jésus, et sa plus grande félicité est d'y avoir eu quelque part. Il y a trois sortes de rois employés à la naissance de Jésus.* — IX. *L'empire de Jésus est un empire de lumière, quoique couvert de ténèbres; et il est un soleil qui, bien qu'éclipsé, éclaire la terre et le ciel.* — X. XI. *Remarques sur les promesses, le commencement et le progrès de l'empire de Jésus.* — XII. *La grandeur de l'empire de Jésus et son fondement. Cet empire appartient à Jésus par naissance, et le Père veut qu'il lui appartienne encore par donation, et donation demandée. Explication de ces paroles : Postula a me, etc.* — XIII. *Au même jour et au même moment, Dieu donne Jésus au monde, et le monde à Jésus.* — XIV. *Jésus est nôtre, et nous sommes siens, et en combien de manières.*

Madame,

I. Le plus beau nom de la terre est celui de roi et de reine que vous portez, et le plus bel état et exercice que le sens humain reconnaisse, c'est celui de régner. C'est le point le plus haut de l'ambition humaine, c'est le terme où finissent ses plus grands desseins. Mais la condition mortelle que nous avons flétrit la beauté de cet état, et le rend périssable; et peut-être d'autant plus misérable, que la raison veut que plus un bien est grand, plus la privation en soit sensible et la perte nous en rende plus malheureux. Ce mal est sans remède, et les rois ne trouvent point dans les trésors de leur puissance aucun pouvoir d'y remédier. L'homme étant composé d'éléments contraires, il faut enfin voir la fin de l'ouvrage. Celui qui est aujourd'hui dans le trône sera demain dans le tombeau; sa pompe, sa gloire, sa magnificence sera réduite à la poussière de la terre, et sa suite à la compagnie des vers. Abaissement extrême de la grandeur royale, et fin déplorable de la félicité humaine, et toutefois ce malheur est certain, est universel, est inévitable.

II. Celui qui a créé l'homme l'aime d'un amour infini, égal à sa puissance, et trouve à ce mal un remède dans les trésors de sa grandeur et miséricorde. Il fait un roi et un royaume éternel; il établit ce roi et ce royaume au milieu de la terre, il convie tous les rois de se rendre à lui. Pour s'abaisser à lui rendre hommage, ils ne perdent point leur royauté. Ce Roi des rois ne la leur ôte point, au contraire il la leur conserve et la rend perpétuelle. Car c'est un roi qui fait les rois, et ne dépouille pas les rois; il les fait rois et en la terre et au ciel, il les fait rois dans le temps et dans l'éternité; et seront rois d'autant plus grands et plus heureux, qu'ils auront plus servi à sa grandeur et à sa royauté.

III. Ce Roi, Madame, prend naissance en Bethléem, il est nommé roi et par des rois à l'heure même de sa naissance. Il est adoré des anges et recherché des rois dès l'instant même qu'il est né. Et ils l'adorent dans son berceau même, qui est le trône de cet Enfant roi. C'est sa propre grandeur qui les tire et le fait reconnaître roi, et non pas une grandeur étrangère et empruntée. Car il est sans trésors, il est sans suite et sans garde, il est sans puissance et sans armée; même il est lié, emmaillotté comme un enfant; et toutefois il attire les rois à soi, et fait trembler les rois. C'est un roi d'autre nature et qualité que les autres rois, qui ne sont relevés par-dessus le commun que par ce qui les accompagne, et est hors d'eux, et leur est proprement étranger, et dont ils peuvent être aisément dépouillés. Au lieu que ce nouveau roi privé de tous ces ornements, est relevé par son être propre qui fait effet dans les cœurs et dans les esprits, et attire les anges, les rois et les peuples à son hommage et reconnaissance. C'est le roi que nous devons reconnaître et adorer. C'est le roi qui ruinera les rois et les royaumes qui ne lui serviront point. Et la plus grande et heureuse qualité que vous puissiez jamais avoir, c'est d'être humble servante de ce Roi des rois. Allons, Madame, allons en Bethléem l'adorer avec les anges, les pasteurs et les rois, ne prenant point de part avec Hérode qui ne le cherche que pour l'occire. Cet Hérode périra bientôt et pour jamais, et Jésus vivra éternellement. Et cet Hérode ne servira par ses desseins et par ses conseils pervers, qu'à avancer sa propre ruine, et à servir de héraut par le rond de la terre, faisant lui-même le premier la proclamation de sa naissance, de sa grandeur et de sa royauté, recherchée même et adorée des rois dès son enfance; car celui que nous voyons gisant en cette crèche, est et un Enfant et un roi, et un Dieu tout ensemble.

IV. L'hérésie, Madame, est l'Hérode de nos jours, qui cherche Jésus en apparence pour l'adorer, et en effet pour le ruiner dans le cœur des fidèles. Je vous l'ai dit une autre fois pour vous en donner garde; je vous dois maintenant dire chose plus agréable, et vous entretenir des anges et des rois qui sont à l'entour de Jésus, et qui vous donnent exemple de le chercher et l'adorer. Rendez-lui compagnie et hommage en sa crèche à l'exemple de ces anges et de ces rois. Les uns sont les grands du ciel, les autres sont les grands de la terre, et les uns et les autres font hommage à Jésus, car il est roi du ciel et de la terre. Je dis qu'il est roi, et non qu'il sera roi; car il est roi dans ce Bethléem, il est roi dans cette étable, il est roi dans ce berceau et dans cette crèche, il est Enfant-Dieu et Enfant-Roi; l'un répugne à la sagesse de l'homme, et l'autre à la nature de Dieu. Mais Dieu a fait cette merveille de joindre cette enfance à sa divinité; par une même puissance, il joint aussi la royauté à l'enfance. Cet Enfant donc est roi, comme cet Enfant est Dieu, Dieu vraiment, et vraiment enfant; Dieu par nature, et enfant par nature aussi, mais c'est dignation et non nécessité qui le rend Enfant, pouvant être et pouvant naître tout d'une autre manière s'il n'avait plus d'égard à nous qu'à lui, et à son amour qu'à sa propre grandeur. C'est donc un roi, un Dieu et un Enfant tout ensemble; et ces trois qualités lui conviennent en propriété et en vérité, car la foi est vérité. Cet Enfant est Jésus, et sera bientôt nommé Jésus; il est Jésus, et il est roi par conséquent, car il sauve son peuple, qui est l'office des rois, (car le salut du peuple est la fin pour laquelle la royauté est établie), ce que les rois doivent remarquer, et ce qui les fera trembler un jour, s'ils sont la ruine et non pas le bonheur de leurs sujets. Or ce Jésus sauve son peuple, et le sauve de la mort et du péché, et de la mort éternelle, qui est l'office propre de ce roi des rois, et ne peut convenir à autre, tant cet office est grand, et tant la royauté de Jésus est singulière et éminente. Tous les rois sont captifs; ils sont esclaves de la mort, de l'enfer et du péché, et Jésus seul Roi des rois, et roi des âmes, les en peut délivrer. Recherchez, aimez et adorez ce nouveau roi, et ce roi éternel, et vous rendez esclave de sa puissance. Ne pensez pas que ce soit abaisser votre grandeur, c'est l'élever au contraire. Ce Jésus, cet Enfant est Dieu, il est Dieu et homme tout ensemble. Cet Homme-Dieu est roi par conséquent, et roi plus éminent par-dessus les rois, que les rois ne sont par-dessus les hommes, que les hommes ne sont par-dessus le reste de la terre. Car il est dans un ordre singulier, dans un état tout différent, dans une espèce nouvelle; il est dans l'être, dans la subsistence, dans l'état de la Divinité, et sa royauté est fondée non sur une naissance humaine et incertaine, comme aux rois par succession, non au vouloir des peuples, comme aux rois par élection, non en la force du bras de l'homme, comme aux rois conquérants; mais en sa naissance éternelle, mais en son essence divine; mais en la puissance qui fait le ciel et la terre, qui fait les cœurs et les vouloirs de tous les hommes, et les tient en sa main.

V. Ce sont des titres de grandeur et souveraineté qui ne conviennent qu'à lui, ce sont des titres aussi qui fondent une majesté et autorité qui n'appartient qu'à lui. Or il n'est pas déchu de ces titres pour s'être mis en cette crèche, car il n'est pas déchu de sa grandeur. Ne jugez pas, Madame, selon vos sens de la condition de cet Enfant, sa grandeur est cachée, mais elle n'est pas anéantie en sa petitesse. Par le mystère qui le fait naître en Bethléem, il a épousé une nouvelle nature; mais il n'a pas délaissé sa nature première, qui l'élève par-dessus tout ce qui est créé, et lui donnant même de nouveaux droits et de nouvelles grandeurs en sa nouvelle nature. Ne méconnaissons-pas ce divin objet, pénétrons ses grandeurs en ses abaissements. Il est Enfant en Bethléem, mais il est celui-là même qui était en Sinaï, foudroyant, éclairant et étonnant son peuple, et lui donnant la Loi. Ce n'est pas le même état, mais c'est le même Dieu et la même puissance. Il est en une étable entre le bœuf et l'âne, mais c'est celui-là même qui est au ciel entre les anges, et aussi les anges du ciel le viennent accompagner en terre. Il est l'humble Fils de Marie, mais il est le Fils du Très-Haut, Fils unique de Dieu, héritier de son Père à qui tout appartient; et partant il est né roi de l'univers, et l'univers est son propre domaine. Et d'autant que l'univers le méconnaît, il le vient conquérir par sa puissance; et le ciel et la terre pliera bientôt sous l'étendard de sa croix, et il sera un roi conquérant; mais il est conquérant d'une autre sorte que les autres, et aussi ses armes sont différentes et propres à lui; sa conquête sont les âmes; ses armes c'est la douceur de sa parole, l'efficace de son esprit, les attraits de son amour, les douleurs de sa croix, sa croix où il meurt pour son peuple. Ainsi il gagne, non en ruinant, mais en attirant; non en domptant, mais en persuadant; non par force, mais par amour, comme roi des cœurs et Père des esprits. Et il est un roi, élu roi, choisi et accepté pour son peuple. Il est donc roi par naissance, roi par puissance et roi par élection; et tous les droits que la terre reconnaît en toutes les sortes de royautés de la terre, sont conjoints éminemment et divinement en lui. Rendons-nous à une puissance si légitime, et à une majesté si haute et si humble, si douce et si puissante. Le ciel y rend dès à présent ses devoirs, et c'est pourquoi tant d'anges viennent fondre à cette crèche. La terre dans peu d'années fléchira sous son pouvoir, et déjà les pasteurs et les rois accourent à cette étable; après eux, de temps en temps, tous les souverains mettront leurs couronnes aux pieds de cet Enfant, et adoreront sa croix. Ils ne sont que les ombres de sa grandeur; et leur plus grande qualité, c'est d'être les premiers sujets de l'empire de Jésus, et les premiers commis de sa puissance, tant la gloire, la puissance, la majesté de ce divin Enfant est grande.

VI. Ce discours ne doit pas vous être ennuyeux, car je parle de roi et de royauté à une reine, et je parle d'un roi qui tient et les rois et les royaumes en sa main. Je ne laisse toutefois de craindre que ce propos ne soit un peu trop grave et sérieux, et je désire le rendre plus doux et plus familier, et je le veux parsemer de fleurs nonobstant la rigueur de la saison. A la vérité ce temps est rude, si nous suivons les sens; mais si nous suivons l'étoile et la conduite de la foi, et si nous avons égard à des pensées plus hautes, ce temps est vraiment le printemps de la grâce. Ne voyons nous pas que, selon nos mystères, le soleil de la foi s'approche de notre hémisphère et luit en Bethléem? Ne voyons-nous pas que, selon les prophètes, la terre produit son fruit, ce fruit lequel par excellence a le nom de fruit dans les Ecritures, comme étant le seul fruit digne de Dieu par soi-même, et pour lequel porter la terre était conservée? Ne voyons-nous pas que, selon le souhait des justes, la rosée du ciel tombe en la terre, et le sein fécond de la Vierge produit la belle fleur de Nazareth, et que cette fleur singulière en beauté commence à paraître en Bethléem? Les pasteurs sont les premières fleurs de l'Eglise chrétienne, les anges sont comme autant de fleurs du ciel qui commencent à paraître en la terre, et à paraître à l'entour de Jésus et de Marie. Oh! que de fleurs, et de fleurs excellentes en ce rare printemps! Tous ces petits martyrs qui accompagnent et honorent l'enfant Jésus en sa naissance, et dans leur innocence, rendent témoignage à son avénement par leur sang et par leur silence (*non loquendo sed moriendo*, ce dit l'Eglise), sont autant de fleurs, et sont les premières fleurs de la grâce du martyre, que le printemps de la grâce commence à produire, et à répandre à l'entour de l'Agneau qui doit être occis pour le salut du monde. Fleurs délicates et délicieuses, que l'hiver de la persécution a flétries pour un temps en la terre, mais fait fleurir au ciel pour une éternité.

VII. En ce printemps de la grâce et avant toutes ces fleurs, nous voyons naître devant nos yeux la fleur des champs, c'est-à-dire Jésus, car ainsi il se nomme lui-même en son cantique, et il est, et la fleur des champs et la fleur de Nazareth; la fleur des fleurs, et la plus belle fleur de la grâce, voire la grâce des grâces, l'auteur et le principe de la grâce même ; et nous voyons paraître au même temps, les premiers rayons de la puissance et de l'empire de Jésus en la terre. Le centre de ce nouvel empire est Bethléem ; là il commence, et de là il s'étendra en Sion ; son trône sera le ciel, et sa circonférence sera le rond de la terre ; mais ce petit lieu de Bethléem est le premier point de ce grand empire, et le lieu où son roi prend naissance et repos ; cette crèche est son berceau, et nous donne plus de lumière que le soleil qui nous éclaire. Les premiers qui reçoivent les rayons de cette grande lumière qui rend la nuit plus claire et plus belle que le jour, c'est la Vierge et Joseph ; ils sont les premiers à adorer l'enfant Jésus, et ils sont aussi les premiers sujets et officiers de sa couronne ; puis il tire les anges du ciel, les rois de l'Orient, les pasteurs de leurs cabanes, et il commence ainsi à jeter les fondements de son empire. Mais qui aurait des yeux pour voir les milliers de millions d'anges qui viennent fondre aux pieds de cet Enfant, et adorer sa puissance, eût vu plus d'anges en Bethléem qu'il n'y avait d'hommes en toute la terre ; et un seul de ces anges être plus grand et plus puissant que tous les hommes ensemble, et eût été ravi de voir sitôt une si grosse puissance assemblée au service et à la gloire de cet enfant. Cet Enfant est petit, mais son empire est grand, et grand même dès sa naissance, si nous avons égard à ses sujets et serviteurs qu'il a dans le ciel, et qui délaissent maintenant le ciel pour fondre à ses pieds en la terre. N'appliquons pas bassement nos pensées vers la terre, élevons-les au ciel ; la terre est la lie de l'univers, elle est pleine d'ordures et couverte d'iniquités ; il n'y a rien de précieux en la terre que Jésus et sa Mère, et ce qui prend part à eux.

Jésus naît en la terre, et cela seul est la grandeur et la félicité de la terre ; mais il vient du ciel et non de la terre, et son empire est céleste, et il fait aussi ses premiers effets dans le ciel, et nous ne devons pas mesurer sa grandeur et sa puissance par ce qui nous paraît en la terre. Il naît dans une étable, et repose dans une crèche, mais son pouvoir atteint jusqu'au plus haut des cieux ; et s'il voulait user de sa puissance cachée en sa petitesse, ni Hérode, ni Auguste, ni le rond de la terre ne seraient rien en sa présence ; mais son conseil est de couvrir sa grandeur à la terre ; elle est trop basse, trop vile et trop petite, pour porter sa gloire ; c'est trop de gloire et d'honneur à la terre de porter les abaissements de Jésus, le ciel est réservé pour en porter la gloire. En terre Jésus cache sa divinité en son humanité, et sa puissance en son enfance ; et il réserve la vue entière de sa gloire, au jour qui est nommé son jour dedans les Ecritures, qui est le jour de sa majesté. Or maintenant c'est le jour de son infirmité, de son abaissement et de sa faiblesse ; puisque c'est le jour de sa naissance et de son enfance ; et toutefois en cette même faiblesse il découvre un rayon de sa puissance, il étonne Hérode et l'épouvante ; et cet Enfant dans un berceau fait pâlir et frémir Hérode, et met la crainte et la fureur dans le cœur de cette bête féroce. Mais je veux mettre maintenant cet Hérode en oubli ; je ne veux pas mêler un sujet si gracieux comme Jésus naissant, avec un sujet si funeste comme Hérode cherchant à faire mourir Jésus ; joint que les fureurs d'Hérode me représentent les fureurs de l'hérésie qui vous environne, et qui poursuit Jésus à mort dans le cœur des fidèles. Et je ne peux souffrir ces pensées ; je ne puis vous voir en cet état sans être transporté de douleur. Il faut que je détourne ma pensée et la vôtre de ce fâcheux objet ; il faut que je vous donne la pensée de Jésus, et que je parle avec vous de sa naissance et de sa vie, et que j'essaye à le faire vivre en votre cœur, et à l'y faire vivre pour jamais, car c'est pourquoi il est naissant et vivant, et sera un jour souffrant et mourant sur la terre.

VIII. Laissons donc cet Hérode et cette hérésie, et plaise à Dieu vous en séparer pour jamais ! Approchons-nous de Jésus et de Marie, et soyez à eux pour jamais. Oublions ces funestes sujets qui causent vos douleurs, parlons de sujets plus doux et plus agréables ; parlons, Madame, de Jésus et de sa Mère : ce sont les sources vives et perpétuelles de notre bonheur en la terre et au ciel. Parlons des anges, des pasteurs, des rois et du Roi des rois qui est l'Enfant de Bethléem, qui naît dans une étable, qui repose en une crèche, et qui en cet état dépeuple le ciel et ravit les anges. Cet humble Enfant est seul, sans suite, sans garde, sans compagnie ; il est inconnu à la terre, à la Judée, à Bethléem même, et toutefois c'est le fils de David, c'est le roi des Juifs, c'est le Roi des rois, c'est le roi du ciel et de la terre, et c'est celui à qui Auguste même rend service sans le connaître et sans y penser ; oui, l'empereur le sert par son édit royal, qui le fait naître en Bethléem selon les prophètes ; il est conçu en Nazareth par la parole d'un ange, et il est né en Bethléem par un édit royal, qui sert à vérifier les oracles. Et Jésus fait ainsi son entrée dans la terre, servi des anges et des rois, comme Roi des rois et des anges mêmes. Et Auguste, le premier empereur de la terre, est le premier servant de Jésus, et le premier officier public de sa couronne, sans y penser, sans le connaître. Ce grand roi et petit enfant a plusieurs sortes de gens à son service, les uns le servent en le connaissant comme Joseph, la Vierge, Élisabeth et Jean-Baptiste ; les autres le servent en ne le connaissant pas. Le premier de ceux-ci est Auguste, et le premier empereur lui sert de premier héraut pour lui faire place en Bethléem, et le faire seoir au trône de ses prédécesseurs, et prendre possession de l'héritage du roi David, qui lui appartient comme fils de David, et le faire connaître fils de David et roi des Juifs dès sa naissance au monde. Cette pensée est grande et digne d'être considérée des rois et des reines. Les grands ont bien souvent des pensées plus basses ; qu'il me soit permis de leur donner celle-ci. C'est une pensée royale et digne de leur grandeur ; elle regarde Jésus, le monarque du ciel et de la terre ; elle concerne Auguste, le premier empereur de l'univers. Et je me plais à penser et repenser que ce premier empereur du monde soit le premier officier servant à Jésus, le premier officier public de sa couronne, le premier qui sert à préparer le lieu de sa naissance, et à le tirer de Nazareth par la voie royale, pour le faire naître en Bethléem selon ses oracles ; et qu'il serve à faire son entrée au monde, dans le lieu même où il doit recevoir le premier hommage de ses créatures, la première escorte de la milice du ciel, et la première adoration des rois de la terre.

Heureux Auguste, s'il eût connu ce qu'il faisait, s'il eût pensé à qui et à quoi il servait ! Mais il l'ignore et n'est pas digne de le connaître. Et toutefois, par le conseil du Créateur de l'univers, il n'est Auguste et empereur que pour cela, c'est-à-dire pour préparer la paix à l'empire de Jésus, pour faire naître en paix le prince de paix, et pour faire naître au milieu des siècles le roi de tous les siècles, que le Prophète appelle le Père des siècles à venir. Heureux Auguste, s'il eût connu, cherché et adoré Jésus avec les rois d'Orient ! A la vérité, il ne le persécute pas comme le roi Hérode, mais il ne le cherche pas et ne l'adore pas comme les mages ; il le sert sans le connaître, et sa plus grande félicité a été de tenir dans les terres de son empire, celui qui commande à Auguste et à l'empire, et qui nous doit tous écrire et enrôler dans le livre de vie. Je remarque en cette histoire trois sortes de rois employés et occupés à cette naissance du Roi des rois : les uns qui le servent sans le connaître, sans le persécuter, comme Auguste ; les uns qui le servent et le publient, en le voulant occire, comme Hérode, et comme les rois qui règnent par l'esprit de l'hérésie ; les autres qui le servent, le cherchent, le connaissent, et l'adorent comme ces trois rois venus d'Orient. Et vous devez vous joindre à eux, chercher Jésus comme eux, trouver Jésus comme eux, adorer Jésus comme eux, vous offrir à Jésus comme eux, et lui offrir votre cœur royal au milieu des trésors de la terre ; lui offrir votre cœur pur et préservé de toute corruption, avec la myrrhe de la croix ; lui offrir votre cœur et l'élever au ciel avec l'encens d'adoration, de piété et de dévotion. C'est ce qui doit adoucir l'amertume et amollir la pointe de vos douleurs et tristesses. Entretenez votre solitude par des pensées si douces et si élevées. Tenez fidèle compagnie en votre cœur, en votre cabinet à Jésus Roi des rois. Adorez ses grandeurs, admirez ses abaissements, écoutez sa parole, invoquez sa grâce, portez sa croix, rendez-vous digne de le servir et d'assister ses pauvres serviteurs persécutés pour son nom en la terre. Ces horreurs, ces ténèbres, ces fureurs passeront, et l'empire de Jésus répandra ses rayons et sa lumière sur cette île comme auparavant.

IX. L'empire de Jésus est un empire de lumière; nous voyons comme il commence en Bethléem par lumière, même au milieu des plus épaisses ténèbres de la nuit. Celui qui naît est le Dieu des lumières, et la splendeur du Père; et il est né de son Père par lumière. Tout est lumière en lui, en sa nature, en sa personne, en sa génération éternelle; aussi son avénement au monde est avec lumière, et il est la lumière du monde, et son empire est un empire de lumière. Ne voyons-nous pas comme en ce jour heureux de sa naissance, le ciel reçoit une nouvelle étoile, et la terre un nouveau soleil? Ne voyons-nous pas que les anges qui sont au ciel viennent en la terre tirer leur lumière de ce nouveau soleil, soleil à la vérité, mais un soleil éclipsé dans notre humanité? Et toutefois, ô merveille, cette éclipse est une nouvelle lumière qui éclaire et ravit les anges, et leur apprend ce qu'ils ignoraient en la splendeur de la gloire ! Et nous pouvons dire vraiment que l'état de l'univers est changé par le grand changement que le Fils de Dieu fait en soi-même, se faisant créature pour ses créatures. Car auparavant, les lumières de la terre étaient au ciel; et le partage était tel, que le ciel éclairait, et la terre était éclairée. Et maintenant les lumières du ciel sont en la terre; et la terre portant Jésus, porte le flambeau qui éclaire et le ciel et la terre; et les anges du ciel cherchent et trouvent leurs lumières dans l'éclipse même de notre soleil. Le premier jour du monde a été un jour de lumière; car c'est par la lumière que Dieu a commencé la création du monde. Et le quatrième jour a été employé à former le soleil, la lune et les étoiles, et les attacher au firmament. En la réparation du monde, un même jour a formé et le soleil et les lumières du monde, et a formé un soleil qui est le soleil de ce soleil, et qui en son éclipse est la lumière du ciel empyrée: *Lucerna ejus est Agnus.* (Apoc. XXI, 23.) Jour heureux et qui bénit même l'éternité ! Jour de ténèbres et de lumières tout ensemble, mais de ténèbres qui rendent lumière. Car Jésus est lumière, et sa splendeur est couverte de nos ténèbres; et il sort de ces ténèbres une nouvelle lumière qui éclaire non le ciel, non la terre, mais le paradis même. Qui pourrait déployer ses merveilles? En ce jour nous voyons une vierge mère, un Dieu homme, une fille Mère de Dieu. Nous voyons l'Éternel prenant naissance, l'impassible fait passible, et l'immortel s'unissant à notre mortalité. Nous voyons Jésus naissant en Bethléem, en une étable et une crèche; et nous voyons les effets de cette humble naissance, puissante au ciel et en la terre, car en cet état humble et abject, il ravit les anges, il dépeuple le ciel, il convertit l'étable en un paradis, il change les ténèbres de la nuit en une claire lumière plus vive que le soleil, il appelle les pasteurs, il tire les rois, il enseigne les docteurs, il émeut la cité capitale de la Judée, il épouvante Hérode; et son nom bientôt percera et retentira dans l'empire romain, par les fureurs d'Hérode qui sert à publier sa naissance en l'univers, en le voulant ôter de l'univers.

X. S'il fait ses merveilles en la terre, qu'il ne soit pas sans merveilles dans nos cœurs; qu'il les dépouille des pensées terrestres, qu'il nous tire, qu'il nous ravisse à lui, qu'il convertisse nos ténèbres en lumières et en sa lumière. C'est un Enfant, mais c'est un Enfant Dieu; c'est un Enfant, mais c'est un Enfant roi; et c'est un Enfant roi qui doit régner par tout le rond de la terre, et il faut qu'il règne en nos cœurs et qu'il les déifie. Il est le roi des âmes et le libérateur de nos misères, le monarque spirituel; sa puissance est douce et forte, son règne est nécessaire à l'univers, il doit s'étendre partout, et nous devons tous faire part de ce royaume. Contemplons ce roi et ce royaume, voyons la naissance, le progrès, la conduite, la durée de cette puissance. Ce petit Enfant qui naît en ces jours est l'Ancien des jours et aussi ancien que son Père éternel, et n'est pas récent en la pensée, en la foi, en l'attente du monde. Vous le voyez larmoyant et tremblotant dans une crèche mais il est prédit dès le commencement du monde, il est promis dès le paradis terrestre.

Remarquez, Madame, que c'est dans un paradis que commence dignement la première connaissance et promesse que nous avons de Jésus, car il est un paradis lui-même, il vient pour nous conduire au paradis. Depuis ce temps il est annoncé par tous les siècles, et il n'y en a aucun qui ne soit marqué de quelque oracle et figure de son avénement. Il est attendu par l'espace de quatre mille ans, et sa venue donne la vie à l'univers. Un bien si grand doit être longuement désiré, longuement attendu; mais lorsque le temps heureux approche auquel il doit venir, il vient sans bruit et sans éclat, et semble que le silence du ciel et de la terre couvre son avénement. Il vient et est conçu en Nazareth dans le secret et le silence de la nuit, un seul ange en porte la nouvelle à une seule vierge; elle la reçoit sans qu'aucun de Nazareth en ait connaissance, non pas même Joseph. Il commence ainsi sans bruit et sans parole, lui qui est la parole éternelle. Neuf mois se passent et l'heure de sa naissance arrive; il naît en Bethléem, le Roi du ciel prenant naissance en ce lieu par la conduite de l'obéissance à l'édit de celui qui commandait pour lors à la terre. Au point de sa naissance, sa grandeur et sa royauté n'est connue que de Marie et de Joseph, et eux n'en parlent point. Mais leur modestie et silence, et l'humble état de ce divin Enfant, sera bientôt relevé par la voix publique et relevé par la langue des anges. Aussitôt qu'il est né, le ciel et la terre retentissent, la milice des anges est tout occupée en cantiques de louanges, les pasteurs en sont informés, les rois le publient, et la ville royale du royaume des Juifs s'en émeut ; la Synagogue en est consultée, le conseil de l'État en délibère et le roi Hérode en frémit.

XI. C'est ainsi que commence en Bethléem ce nouvel empire, et dans peu d'années cet empire de Jésus s'étendra par tous les endroits de la terre, non par le bruit des armes, mais par le bruit de ses merveilles, par l'efficace de sa parole, par la sainteté de sa vie, par la puissance de sa mort, par les labeurs de ses apôtres ; et se verra la conversion subite des peuples à adorer un homme, des empereurs à révérer une ignominie, des sages à admirer une folie, comme dit saint Paul ; des grands et des petits, à invoquer Jésus, et de l'univers, à délaisser les aigles romaines pour suivre l'étendard de la croix. Ainsi se fonde ce grand, ce divin empire de Jésus, sous lequel et vous et l'univers doit ployer pour entrer en la vie éternelle.

XII. Cet empire doit dompter tous les autres empires, doit s'étendre par tout le rond de la terre, doit passer de la terre au ciel quand la terre passera, et doit durer autant que Dieu durera lui-même. Quel doit être le fondement d'un empire si grand, si divin, si puissant ? Quelle en doit être la conduite ? non certes le sens de l'homme ni le bras de l'homme, mais l'esprit de l'homme-Dieu, et le bras de cet Enfant que nous voyons et adorons enveloppé dans ses langes. Car c'est un Enfant-Dieu, et sa vertu est divine, et sa puissance féconde établit et gouverne un empire digne de lui et semblable à lui : un empire du ciel en la terre, un empire de Dieu en l'homme, et un empire spirituel, un empire éternel et tout différent de celui que les Juifs imaginent. La force de cet empire et le ciment de cet état céleste est la liaison de l'être divin à l'être humain, de la substance humaine à la subsistance divine, du Verbe à l'homme. Voilà sur quoi est fondée cette autorité suprême. Qui ébranlera ce fondement ? Qui affaiblira cette puissance ? Dieu est homme et l'homme est Dieu. Que ne peut point ce Dieu-Homme ? Que ne mérite point cet Homme-Dieu ? Qui est-ce qui ne convient point à qui Dieu même convient ? Qui est-ce qui n'appartient point à celui à qui Dieu même appartient et fait partie de sa substance, si nous pouvons parler ainsi ? Si cet homme, si cet enfant qu'on appelle Jésus, est Dieu, ce qui est inestimable, n'est-il pas roi à plus forte raison ? N'est-il pas roi des Juifs et des gentils ? N'est-il pas roi des pasteurs et des mages ? N'est-il pas roi du ciel et de la terre ? Car cette royauté est chose beaucoup moindre que la divinité, et n'est qu'un des fleurons de la couronne qui orne la majesté divine. Mais Jésus ne vient pas user du droit qui lui appartient, il veut laisser l'usage et l'emploi de cette puissance à son Père, il veut pour soi l'étable, la crèche et la paille, et enfin la croix. Il veut l'enfance, l'impuissance, la souffrance pour son partage ; il veut vivre une vie humble, une vie simple et pauvre en la terre, et ne veut prendre aucune part aux grandeurs qui lui conviennent ; il les délaisse pour nous, et nous ne voulons pas délaisser pour lui un peu de fange et de paille qui nous appartient, ce nous semble, et lui délaisse chose qui lui est si due, chose si grande que nous ne sommes pas seulement capables de les penser. Et il fait ce délaissement pour travailler au salut de l'univers et à la gloire de son Père.

Mais le Père éternel, contemplant son Fils en cet humble état, s'accommode à la condition de son Fils. Et puisqu'il est et veut être en un état non de grandeur mais d'abaissement, encore que toute grandeur lui appartienne, il se rend au vouloir et à l'humilité de son Fils ; il veut qu'il fasse un acte de ce même abaissement, lequel il a voulu épouser en épousant notre nature. Et il veut que son Fils lui demande ce pouvoir sur la terre, qui lui appartient d'ailleurs ; et que par un nouveau titre il ait un nouveau droit de sa puissance ; et que ses droits se multiplient à proportion que l'usage en est différé par son humilité présente. Il veut donc que Jésus ait par titre et donation ce qui lui convient déjà par sa naissance ; il veut encore que cette donation soit fondée en un nouveau titre, car il veut que Jésus lui demande cette puissance qu'il lui veut donner sur l'univers, d'autant que cette demande est un nouveau droit, tant elle est humble, tant elle est sainte, tant elle est juste, tant elle est puissante, tant elle est chérie par le Père éternel. Tellement que cette donation est fondée en un droit précédent et n'est pas purement gratuite, puisque le monde appartient à Jésus et par le titre de sa dignité et par le mérite de sa prière. Il est bon de voir ce procédé entre le Père et le Fils, car il est tout divin et très-important dans le monde.

Le Fils, de toute éternité, a une même essence avec le Père en distinction de personne : mais au temps ordonné par la sapience éternelle, cette seconde personne épouse une nature étrangère par le vouloir du Père pour la gloire du Père. Cette nouvelle essence associée avec l'essence divine par un lien si étroit, est digne de toute sorte de grandeur, de gloire et d'éminence. Mais le Fils épousant cette nouvelle nature, veut épouser aussi la condition de cette nature, et être en indigence, en bassesse, en souffrance, et ce jusqu'à la crèche, jusqu'à la croix. Le Père honore le vouloir de son Fils, mais quoi qu'il soit, quoi qu'il fasse, il veut que le monde soit à lui et lui appartienne. (Malheur à ceux qui le lui veulent ravir par l'infidélité, l'hérésie et l'impiété !) Et puisque son Fils ne veut pas se servir des titres de sa grandeur, il y veut employer les titres de son abaissement et de son humanité. Et puisque cette humanité, cette nouvelle épouse, lui est si chère qu'il en veut épouser les conditions et les abaissements, il veut que le monde soit à lui par son humanité et par l'usage propre de son abaissement. Le Père donc dit à son Fils : *Postula a me* (*Psal*. II, 8); c'est comme s'il lui disait : C'est un acte d'abaissement et c'est le propre de la nature humaine, que de prier, et c'est l'usage d'une nature indigente que de demander ; comme donc, ô mon Fils, je vous vois vivant et subsistant en la nature humaine, et que cette nouvelle épouse vous est si chère, et en la nature et son indigence; faites un acte de son indigence et de sa condition : *Postula a me, et dabo tibi gentes,* etc. Ce sont les paroles du Père au Fils, et au jour propre de la naissance de son Fils. Ecoutons, adorons, épluchons ces sacrées paroles. C'est le Père éternel en sa propre personne et non aucun de sa part qui parle au Fils; c'est lui et non autre lui qui dit *Postula a me et dabo tibi;* car c'est lui seul qui dit et peut dire et non autre : *Ego hodie genui te* (*Ibid.*, 7.) Et le Fils entendant et respectant cette parole du Père, a fait sa demande au Père ; car le Fils ne peut pas ne point suivre les volontés de son Père. Que si le Fils a demandé il a reçu ; car le Père ne peut rien refuser à son Fils, et beaucoup moins ce qu'il veut lui donner, et ce qu'il le presse et le sollicite de lui demander. Comme donc le Fils a demandé l'univers à Dieu par le vouloir de Dieu même, Dieu le Père le lui a donné. Et en ce nouveau jour de la naissance de Jésus, l'univers appartient à Jésus par deux nouveaux titres : par le titre de sa demande (car sa demande est un droit) ; par le titre de la donation du Père, car le Père le lui a donné et donné au jour propre de sa nouvelle naissance. Que de droits par lesquels le monde appartient à Jésus! Qui voudra le lui ravir? Il lui appartient par sa naissance éternelle, car il est Dieu, Fils de Dieu. Il lui appartient par sa naissance temporelle, car il est Homme-Dieu, fils de l'homme et Fils de Dieu. Mais ce Fils de l'homme se dépouille, s'abaisse et s'anéantit, et veut prendre l'état et la robe de serviteur, comme il en a pris la nature. Il veut être en abaissement et le Père y condescend, puisque son Fils se plaît tant à l'abaissement. Mais il veut aussi qu'il lui parle et lui demande ce pouvoir sur l'univers ; car demander est marque d'indigence, et est chose propre à la condition nouvelle et abaissée qu'il a prise pour la gloire du Père. Et il veut que le sujet de sa demande soit le pouvoir sur l'univers : car ce pouvoir convient à la dignité de sa personne, au dessein de son envoi dans le monde, et à la condition encore de sa nouvelle nature qui est déifiée, c'est-à-dire élevée dans le sein, dans le trône et dans l'être de la Divinité. Et le Père qui envoie son Fils au monde ne veut pas qu'il soit un jour au monde sans cette puissance sur le monde. C'est pourquoi au même jour qu'il lui dit, *Ego hodie genui te,* au même jour il veut qu'il lui demande, et il veut lui donner la puissance sur l'univers.

XIII. Je m'éjouis en cette sainte et douce pensée qui m'apprend le nouveau droit de Jésus sur la terre, et dès le premier jour de sa vie sur la terre. Je m'éjouis encore d'apprendre cette vérité de la bouche de David et de la couler dans l'esprit d'une reine, par l'autorité d'un roi et d'un prophète tout ensemble. Mais surtout je m'éjouis de voir que le Père veut que la première voix de son Fils en cette condition humble et enfantine soit adressée à lui, et lui soit adressée sur ce sujet sans différer davantage, tant le Père a agréable que nous soyons et de bonne heure à son Fils et sans aucun délai. Et bien qu'il soit Enfant, il a la voix pour parler à son Père, bien qu'il n'ait pas encore de voix pour parler au monde et s'y faire entendre. Sa voix est entendue, est écoutée, est exaucée du Père sans aucun délai ; et en un même jour Dieu donne Jésus au monde, et le monde à Jésus dès son entrée au monde. Et nous sommes imprimés dans son esprit, gravés en son cœur, marqués en son corps, écrits en ses mains. Plaise à Dieu que nous soyons en son cœur, en ses mains, en sa gloire pour jamais.

XIV. Bénissons ce jour heureux, jour remarquable en nos éphémérides, jour qui donne vie et salut au monde, donnant Jésus au monde. Nous étions à Satan, au péché et à l'enfer : et nous sommes à cet Enfant qu'on appelle Jésus. Et Jésus est à nous. Il est à nous par sa naissance et nous sommes à lui par notre renaissance. Il est à nous par le mystère de l'Incarnation, nous sommes à lui par le pouvoir de ce mystère. Il est à nous dès à présent, et dès à présent nous sommes à lui. Il est à nous pour une éternité, et nous sommes à lui si nous voulons pour notre éternité. Nos bassesses sont siennes, et ses grandeurs sont nôtres pour jamais. Il est à nous et nous sommes à lui par tant de titres, que c'est un crime, un rapt, un sacrilége insupportable de nous ravir à lui. Nous sommes à lui, et lui est à nous par sa divinité et par son humanité, par sa grandeur et par son abaissement, par sa dignité et par sa demande, par sa vie par sa mort, par donation, per acquisition, par ses mérites et par ses larmes. Nous sommes à lui par des titres divers, si puissants et si favorables, qu'il ne reste plus que d'être encore à lui par le titre de notre élection, c'est-à-dire par le choix de notre franche volonté qui se résout d'être à lui, de vivre à lui, de mourir en lui et de régner avec lui pour jamais.

C'est le souhait que j'ai pour vous, Madame, et les prières que je fais à Dieu tous les jours. Souvenez-vous et n'oubliez jamais cette vérité : la plus grande et heureuse qualité que vous aurez jamais, c'est d'être ainsi à Jésus, et de vous déclarer par effets et par paroles l'humble servante de Jésus; de vivre sur la terre en cette qualité, d'en répandre l'odeur et les effets dans la province où vous êtes, de protéger sa loi et ses serviteurs. Et cet Enfant qui naît aujourd'hui, aux pieds duquel les anges ont abaissé leur gloire et les rois leur couronne, vous recevra en son sein ; et pour une couronne frêle, petite et de peu de durée, il vous fera porter une couronne grande, riche, solide et éternelle.

XCII. DE L'INCARNATION, NAISSANCE, ENFANCE ET ROYAUTÉ DE JÉSUS-CHRIST.

A la sérénissime reine d'Angleterre

Dans le temps de l'enfance de Notre-Seigneur.

I. II. *Il déplore les traverses de cette princesse et la console.* — III, IV, V. *Conseil de Dieu sur l'incarnation de son Fils, qui est un mystère d'unité, d'amour et de société.* — VI. *Considération de Jésus nouvellement né, et nos devoirs envers lui en cet humble état.* — VII. *Les fins pour lesquelles le Fils de Dieu vient au monde.* — VIII. *Bénignité de Jésus Enfant.* — IX. *L'enfant Jésus est roi et adoré des rois. Éminence de la royauté.* — X. *Parallèles d'Hérode persécutant Jésus-Christ Enfant, et de l'hérésie. L'hérésie redouble sa fureur aux lieux où elle est en puissance, ressentant que sa fin approche.* — XI. *Manifestation de Jésus dans le temps de son enfance.* — XII. *Le devoir des rois est d'être les instruments de la gloire et manifestation de Jésus.* — XIII. *Les saints rois sont les premiers apôtres de Jésus-Christ. Deux sortes de manifestations de Jésus-Christ, l'une en son enfance, l'autre en son adolescence.* — XIV. *Celui que les trois rois cherchent en Bethléem, nous l'avons en l'Église, vrai Bethléem et maison de pain.*

Madame,

I. Je ne puis oublier ce que je dois à Votre Majesté, et quand j'aurais un si grand oubli de moi-même et de mon devoir, les nouvelles que nous avons continuellement de vos quartiers nous en rafraîchissent la mémoire et nous la renouvellent, mais avec larmes et douleur ; c'est ce qui me met en peine en dictant la présente. Car penser à Votre Majesté, et ne pas penser aux maux et violences qu'elle voit devant ses yeux, contre la foi, le respect et l'honneur qui lui est dû, et sans égard à la douceur de son origine, à la tendresse de ses ans et à la splendeur de sa dignité ; c'est une chose qui est du tout impossible. Et ayant à parler à Votre Majesté, si je parle de ces excès pour la conforter en ses douleurs, on en fera des crimes, comme si faire des violences n'était pas une grièvre offense, puisque le dire seulement, on le veut imputer à une coulpe mortelle. Serait-il possible que la dureté fût arrivée jusqu'à ôter le sentiment, la voix et la liberté de s'en plaindre ? Ne sera-t-il pas permis de le dire innocemment, puisqu'on le fait non innocemment ? et y a-t-il offense de le dire à vous-même et pour vous soulager, puisque vous le voyez, vous le sentez, vous le souffrez avec tant de douleur ? et faut-il que les lis et les roses soient ainsi flétris et fanés en leur printemps, et qu'au lieu de cueillir ces belles fleurs nous ne rencontrions que des épines ? Mais ces douces pensées n'entrent pas dans l'esprit de ceux que la crainte, la fureur et la passion agitent.

II. Vous me demandez assistance et consolation en vos détresses, et je la dois quand vous ne me feriez point l'honneur de la rechercher de moi. Que ferai-je donc pour satisfaire à mon devoir, pour obéir à vos commandements, pour ne point ulcérer des esprits agités, et plus agités que la mer qui nous sépare d'avec eux ? En attendant que le temps guérisse ces esprits blessés, que le roi de la Grande-Bretagne ouvre les yeux, pour voir où on le tire, et à quel dessein on l'engage, et que le roi très-chrétien le fasse ressouvenir de ses paroles, promesses et serments, je me résous pour le présent, de détourner ma pensée et l'esprit de Votre Majesté de ces tristes objets qui l'environnent, pour lui parler de Jésus-Christ Notre-Seigneur, selon les mystères que son Église en ce temps adore et contemple. Pensez à lui, Madame, il est le Dieu des dieux, le Roi des rois, le salut et l'amour de son peuple. C'est un roi qui ne violente pas, ne tyrannise pas ses sujets, mais qui paye leurs dettes et qui meurt pour iceux ; c'est un roi à qui le rond de la terre appartient et la plénitude d'icelle ; c'est un roi dont tous les rois sont les sujets et les vassaux ; c'est un roi qui jugera les rois et les traitera en sa fureur, s'ils persécutent son Église et affligent ses sujets, ses enfants et ses membres, qu'il appelle lui-même tendrement la prunelle de ses yeux, tant il a d'amour et de tendresse pour eux, et tant il oblige les grands à les traiter avec bénignité, s'ils avaient un cœur docile à son esprit et ouvert à sa parole. Mais oublions ces maux, essuyons vos larmes et parlons à votre âme de Jésus. C'est son roi, son cœur et son Dieu ; c'est sa vie, son salut et son amour ; c'est son refuge et son espérance ; c'est sa force et sa défense, et il portera remède à ses douleurs.

III. Pour parler dignement et hautement de lui et de ses mystères, je prendrai ce discours en sa source et vous dirai, Madame, que le Dieu que nous adorons en la religion chrétienne est un Dieu d'unité et de société tout ensemble. Et il est tel, non-seulement en lui-même, mais aussi en ses œuvres et en ses mystères ; nous reconnaissons en lui unité d'essence et pluralité de personnes ; car il est un seul Dieu, et Dieu est Père, Fils et Saint-Esprit, trois personnes liées ensemble par un lien de société parfaite. Ces trois personnes sont distinctes, mais non divisées ; sont diverses, mais non séparées, et sont unies de plusieurs sortes d'unités en leur être et opérations ; et liées d'un amour divin, qui est l'unité du Saint-Esprit, unité que l'Église célèbre si souvent en ses offices, et en laquelle se terminent ses vœux, ses louanges et ses prières.

IV. Ce Dieu puissant, aimable et adorable ; ce Dieu que les Chrétiens seuls reconnaissent et célèbrent, ce Dieu d'amour, d'unité et de société divine tout ensemble, ne se contente pas d'être tel en soi-même ; il en veut avoir l'état, et en faire les effets hors de lui-même ; il veut entrer en amour, en unité, en société avec ses créatures, et pour cet effet prend la voie la plus haute, la plus digne et la plus divine qu'on eût jamais osé penser ; il fait un nouveau mystère ; il épouse un nouvel être et une nouvelle nature ; il prend naissance entre les hommes ; il se fait homme et fils de l'homme ; il veut vivre et converser avec les hommes, pour tirer les hommes en société, en amour et en unité avec lui.

V. Dessein grand en soi-même, et heureux pour les hommes qui entrent en alliance avec Dieu ; ce dessein s'accomplit en perfection par le sacré mystère de l'Incarnation et Nativité de Jésus-Christ Notre-Seigneur que l'Eglise célèbre en ce saint temps ; c'est l'œuvre des œuvres de Dieu, le secret des secrets de son école, le mystère des mystères opérés en l'univers, le fondement et la base de la religion chrétienne. L'Eglise épouse de Jésus nous assemble solennellement en ce saint temps, pour célébrer ce haut mystère, pour l'adorer, pour y penser, pour pénétrer ses grandeurs, pour recevoir ses lumières, pour porter ses effets, et pour nous convier tous à entrer en unité et société avec Jésus, comme Jésus entre en unité et société avec nous par sa naissance et incarnation admirable. Et, ô bonté ! ô grandeur ! ô amour ! par l'esprit et la grâce de ces mystères, il entre avec nous en cette unité sainte et société heureuse ; et y entre si humblement et si hautement, si secrètement et si solennellement, si suavement et si puissamment, si humainement et si divinement, si saintement et si amoureusement, que le ciel et la terre en sont ravis d'étonnement et d'admiration.

VI. Celui qui en ces jours prend naissance en la terre, en Judée, en Bethléem, si nous le regardons des yeux de la terre, c'est un Enfant et un Enfant couché sur la paille, gisant en une étable et reposant en une crèche, tremblotant de froid, et n'ayant pour compagnie que le bœuf et l'âne ; mais si nous le regardons des yeux du ciel, c'est un homme parfait en ce bas âge ; c'est un Dieu tout-puissant en cette humanité ; c'est le Verbe éternel en cette enfance ; c'est le Roi des rois en cette étable ; c'est le Dieu du ciel et de la terre en cette crèche ; c'est le Dieu des dieux en ce mystère. Il est la pensée du Père éternel, pensons à lui ; il est la sapience éternelle, rendons-nous ses disciples ; il est l'amour du Père, et donné par amour, ayons amour pour lui ; il est la source de vie et de grâce, recourons à lui. Et si nous avons si souvent et si longuement nos pensées attachées à tant de sujets bas, petits et vains, appliquons, employons, élevons nos esprits à une pensée si douce, si grande et si haute, c'est-à-dire à celui qui est la pensée même du Père éternel, et l'objet lequel il contemple en son éternité. Et comme le Père contemplant son Fils produit le Saint-Esprit avec lui, nous aussi contemplant son Fils incarné au monde, concevons en nous-mêmes le Saint-Esprit, et produisons une affection sainte vers Jésus-Christ notre cher et souverain Seigneur.

VII. Ses qualités, ses bienfaits, ses œuvres nous y obligent : il est Sauveur et nous sommes en misères, il est Rédempteur et nous sommes en captivité, il est la vie et nous sommes en état de mort, il est roi et nous sommes ses sujets, il est pasteur et nous sommes ses ouailles, il est Père et nous sommes ses enfants, il est Dieu et nous sommes ses créatures. Par ce mystère il vient visiter son peuple, remédier à nos malheurs, payer nos dettes, effacer nos iniquités ; et qui est plus, nous trouvant redevables à la justice de Dieu son Père, il vient lui-même se rendre le solvable, satisfaire en sa propre personne, et pâtir pour nous ; et il emploie sa naissance, sa vie et sa mort pour nous ; c'est-à-dire pour d'enfants d'ire que nous sommes, nous rendre enfants de grâce, héritiers de Dieu, ses cohéritiers même ; lui qui est son Fils unique, nous donnant son mérite, sa gloire et son paradis, si nous voulons le servir et aimer comme ses humbles sujets, comme ses serviteurs fidèles et comme ses enfants légitimes, et si par une déloyauté extrême, comme pervers, hérétiques et barbares, nous ne renonçons point à sa loi, à sa foi, à son Eglise et à son héritage.

VIII. Le saint apôtre dit très-bien parlant de ce mystère : *Apparuit benignitas et humanitas Salvatoris nostri Dei.* (Tit. III, 4.) Car en ce mystère nous ne voyons que douceur, bénignité et humanité : la divinité y est, mais elle n'y paraît pas, elle est cachée dans l'humanité ; la puissance y est, mais on ne la voit pas, elle est couverte de la bénignité ; la sapience y est, mais on ne l'y aperçoit pas, elle est voilée dans l'enfance. O enfance, et très-humble et très-haute ! ô enfance adorable et adorée ! O Enfant Dieu ! qu'y a-t-il de plus grand ? O Dieu Enfant ! qu'y a-t-il de plus humble ? En cet état les grandeurs sont jointes avec les bassesses ; car aussi la divinité y est jointe avec l'humanité, et nous devons en nos pensées ne pas oublier ces grandeurs, en voyant ces bassesses ; mais adorant les unes, admirer, aimer et adorer les autres ; car ces bassesses sont divines, elles ne respirent que grâce, qu'amour et salut. Et ce divin Enfant n'est pas enfant comme nous par nécessité, mais par la grandeur et la dignation de son amour, et pour nous tirer hors de nos bassesses et de nos misères.

IX. Souvenons-nous que cet Enfant est Roi des rois et Dieu des dieux, aussi en son enfance est-il adoré des rois et adoré des anges, qui sont dieux servant au vrai Dieu. Ce mystère de l'enfance de Jésus est vraiment royal, et les rois et les reines sont obligés d'y prendre part particulière. Celui qui est né est roi et roi de sa naissance ; il est proclamé roi en ce mystère et est proclamé roi par des rois qui viennent fondre à ses pieds et mettre leurs couronnes, leur grandeur, leur sagesse, leur puissance et leur vie, aux pieds de cet

Enfant. Jésus est roi, Madame, et vous le devez adorer en cette qualité; voyez comme il est roi par naissance et non par alliance; voyez comme il est roi dès sa naissance, n'étant pas un moment sur la terre sans cette qualité, et sans être recherché, reconnu, proclamé Roi en l'univers. Car dès son enfance il entre en droit et en puissance sur le ciel et sur la terre; et sa royauté est si haute et si éminente, que celle des rois de la terre n'est rien qu'une ombre, ou au plus une image de la sienne. En comparaison de lui, les rois que vous voyez ne sont que des rois de carte et de fève, comme l'on dit; et dans peu de jours ne seront plus rois, mais seront en l'ombre de la mort et même ils seront en l'ombre de l'enfer s'ils sont infidèles. Mais la royauté du Fils de Dieu, est une royauté solide, immuable et céleste; est une royauté puissante et permanente à toute éternité, est une royauté qui regarde le corps et l'âme: est une royauté qui est étendue par toute la terre, qui de la terre passe au ciel et du temps à l'éternité. C'est cette royauté que nous devons estimer, regarder et adorer, et à l'empire et puissance de laquelle, il nous faut soumettre si nous voulons être heureux éternellement.

X. Ce mystère de l'Enfant Jésus roi des rois, adoré par les rois, est un mystère tout auguste et tout royal, et serait encore vraiment un mystère tout délicieux s'il n'y avait point d'Hérode; mais ce cruel Hérode fait tort à la dignité, et diminue la suavité de ce divin mystère. Cet Hérode nous tire hors de ces pensées douces et dévotes, pour nous jeter en l'amertume de notre temps et de votre douleur, et m'oblige à vous dire, Madame, que si Hérode est encore en la terre, c'est l'hérésie. Elle est armée, furieuse et forcenée comme lui; elle en veut à Jésus-Christ comme lui; elle parle de Jésus-Christ comme lui; elle cherche Jésus-Christ dans les Ecritures comme lui; elle s'enquête de Jésus-Christ comme lui: mais comme lui elle ne parle, elle ne s'enquête et n'adore Jésus-Christ, que pour occire Jésus-Christ, et pour l'effacer de la terre. Elle a le glaive en la main comme Hérode, elle persécute les innocents comme Hérode, même elle a tranché la tête d'une reine, mère du roi que vous avez pour mari, tant elle est félone, pétulante et audacieuse. Cruelle, détestable et impudente hérésie, d'avoir osé attenter sur un cou et un chef, qui avait porté deux couronnes, et était réservé à une troisième, et d'avoir terni une face et un soleil, qui avait réjoui et éclairé la France, l'Angleterre et l'Ecosse! Mais ce sont les chefs-d'œuvre et les miracles de l'hérésie. Ce sont ses douceurs et ses faveurs; elle est sanglante, cruelle et barbare comme un Hérode. Mais elle finira aussi bien qu'Hérode, et le temps de sa fin approche: et c'est ce qui redouble sa fureur, car elle sent sa fin, et les signes en sont évidents. Mais elle veut rendre les abois dans le sang et le meurtre comme un Hérode, afin qu'elle expire dans les efforts et attentats de sa fureur, et que sa fin soit aussi barbare et violente que sa naissance. Madame, l'hérésie est l'Hérode de votre âme et de ce siècle: c'est un Hérode que vous devez détester et abominer, c'est l'Hérode dont il vous faut éloigner. Ne voyez-vous pas aussi que les trois rois s'éloignent et se séparent d'Hérode? Et après avoir connu sa perfidie, ne vont plus vers lui. A leur exemple ayez en horreur l'hérésie, n'écoutez point l'hérésie, ne prenez point de part aux mystères de l'hérésie, car ce sont mystères d'iniquité; et séparez-vous de l'hérésie, comme les trois rois se sont éloignés et séparés d'Hérode. Ce misérable Hérode indigné contre ces rois, furieux contre Jésus-Christ, a bien eu le pouvoir de faire mourir les innocents, mais il n'a pas eu le pouvoir de nuire aux rois qui ont adoré Jésus-Christ; il n'a pas eu le pouvoir de faire mourir Jésus-Christ; ni d'effacer sa foi et son nom en la terre; même il n'a pas eu pouvoir d'empêcher Jésus de bien faire à ces petits enfants, dont il me semble entendre les cris et les gémissements en ce mystère. Jésus est leur vie et leur mort; Jésus est leur salut en la persécution, Jésus est la terreur d'Hérode qui les fait mourir, et Jésus ne meurt pas, et maintenant il ne peut plus mourir, car il est immortel et vivant dans les cieux. Mais encore qu'il vive au ciel, il veut vivre aussi en la terre: il veut vivre et se cacher en votre cœur, et votre cœur doit être son Egypte et sa retraite où il est à couvert de la persécution; et votre puissance et constance doit encore le conserver dans le cœur des autres, et le mettre à couvert durant cet orage. Ça été bénédiction à l'Egypte de servir et garder Jésus-Christ au monde; et en ce temps de calamité ce vous est gloire et bénédiction de servir Jésus, de garder Jésus, de posséder Jésus, et de conserver Jésus au peuple de Dieu. C'est le trésor du monde et de votre âme, et un trésor qui doit être caché et conservé précieusement, et ne doit pas être ouvert et exposé à ceux qui le veulent ravir. Il faut imiter la foi, la conduite, la prudence des trois rois qui gardent et conservent ce qu'ils ont trouvé en Bethléem, n'en donnent point de part à Hérode, et s'en retournent en leurs quartiers. Vous devez comme eux être à Jésus en tous lieux, et partout vous maintenir et conserver à Jésus, et avec la foi de Jésus retourner comme ces rois en vos quartiers, c'est-à-dire en votre pays, en votre terre, en la terre des vivants, qui est le ciel où nous devons tous tendre, aspirer, et vivre avec lui pour jamais.

XI. Contemplant dans l'Evangile le tableau de ce mystère, le regard inopiné sur Hérode, m'a dérobé l'esprit à moi-même, et à la suavité et sublimité de ce mystère. Il y faut retourner, et remarquer comme ce jour et mystère divin s'appelle Epiphanie, c'est-à-dire manifestation; car en icelui Jésus a été manifesté, il a été dignement et saintement manifesté en la terre et au ciel: en la terre par la foi des mages, et au ciel par leur étoile. Et en la terre encore il est manifesté en divers lieux, c'est-à-dire en l'Orient et en la Judée, car ils partent d'Orient, ils cherchent en Judée le roi des Juifs; même il est manifesté à l'empire romain, par le meurtre des innocents et la cruauté d'Hérode, le sang de ces petits agneaux et innocents, servant à annoncer l'Innocent et l'Agneau sans macule et à crier, Jésus, comme un sang qui a voix aussi bien que celui d'Abel, et une voix plus claire et plus douce. Car il annonce non la justice, mais la grâce et la miséricorde de Dieu descendue du ciel et arrivée au monde, c'est-à-dire il annonce l'avénement de Jésus, qui est le salut du peuple, la miséricorde et la grâce du Père éternel.

XII. Ce mystère donc est un mystère de manifestation; je m'éjouis et m'élève en cette pensée, quand je vois que Jésus est manifesté en la terre, et manifesté par les rois, car c'est le devoir des rois de manifester Jésus : c'est pour sa gloire qu'ils sont établis sur la terre; et si au lieu de l'annoncer ils la détruisent, Dieu les détruira et effacera de la terre. Ne soyez pas de ce nombre, Madame, que votre puissance serve à la puissance de Jésus, que votre royauté serve à sa royauté, que cette intention et cet effet soient un des fruits de votre pensée sur ce mystère. Contemplez ce roi des rois, voyez trois rois à ses côtés, associez-vous à eux, et vous joignez comme eux à l'entour de Jésus : voyez-les à ses pieds, voyez leur foi, leur amour, leur piété; voyez leur joie, leur tendresse et leurs larmes en la vue de cet Enfant gisant au sein de sa mère. Ils adorent le Fils, ils révèrent la mère, ils ne s'étonnent point de le voir en une étable entre le bœuf et l'âne : imitez ces saints rois : ils rendent à Jésus leurs vœux et leurs hommages; ils lui ouvrent leurs cœurs et leurs trésors; ils suivent sa conduite et ses inspirations : ils ne retournent point à Hérode, ils s'éloignent et séparent de lui, ils retournent en leurs quartiers, ils vont porter la foi et la gloire de Jésus en leur pays, et ont été les premiers rois à servir Jésus-Christ en la terre; et, si nous pouvons parler ainsi, ils ont été les premiers apôtres de Jésus en l'Orient, en la Judée, trente ans avant les douze apôtres qui ont suivi et prêché Jésus-Christ au monde.

XIII. C'est un grand avantage à ces trois rois, trois mages, trois apôtres, par-dessus les douze apôtres et les pêcheurs qui ont annoncé Jésus à la terre. Ces trois rois annoncent et publient Jésus lorsque Jésus est inconnu au monde, lorsque la terre ne pense point à lui, et ne parle point de lui, lorsqu'il est lui-même sans parole, sans puissance, sans miracle, lorsqu'il est caché dans les langes, et plus encore dans le silence, dans l'enfance, dans l'impuissance. Les douze apôtres suivent Jésus, lorsque Jésus est grand et connu du monde, lorsque saint Jean l'a manifesté à la Judée, lorsque les troupes le cherchent, le courent et l'environnent, lorsque les miracles le publient et l'autorisent, lorsque les cités et les peuples sont émus de ses merveilles, lorsque la terre et la mer obéissent à sa parole. Ce sont les deux temps et les deux voies différentes de la manifestation de Jésus au monde, l'un en son enfance, l'autre en son adolescence; l'un par les rois, l'autre par les apôtres; l'un par les miracles, l'autre sans miracles : mais par les miracles de la foi de ces trois rois inspirés de Dieu, conduits du ciel, cherchant et trouvant Jésus en Bethléem, l'adorant en une étable, le manifestant à l'Orient, à la Judée et à l'empire romain. Car Jésus est dignement et clairement manifesté par cette adoration publique et solennelle de ces trois rois, faite à la vue d'Hérode, et de toute la ville de Jérusalem, et par la direction du conseil célèbre des Juifs; tellement que ce mystère porte à bon droit le nom d'Epiphanie, car il est le mystère de la manifestation de Jésus en la terre.

XIV. Celui, Madame, qui est manifesté en ce mystère, celui que ces trois rois ont cherché en la terre, et trouvé en Bethléem, nous l'avons en l'Eglise; celui qu'ils ont trouvé en l'étable, nous le trouvons en nos mystères. Ce célèbre et heureux Bethléem qui a servi à la naissance du Fils de Dieu, s'appelle maison de pain, et l'Eglise est la maison qui contient, garde et distribue le pain vivant, le pain descendu du ciel, le pain céleste et non terrestre, mais couvert des espèces du pain de la terre. Comme les drapeaux et les langes n'ont pas empêché les trois rois de connaître et adorer Jésus par la lumière de la foi; aussi les espèces basses et terrestres qui servent de voile à sa grandeur, ne doivent pas nous empêcher de le connaître et adorer en l'église et en l'autel, et si un roi le persécute en Bethléem, ce n'est qu'un Hérode, et un étranger au peuple de Dieu. Mais il y a trois rois qui le cherchent et l'adorent, et ils sont suivis par après de tous les rois de la terre qui ont cru, suivi et adoré celui-là même que les trois rois adorent maintenant. Car il n'y a aucun pays et royaume qui n'ait embrassé la foi que vous professez. Et vous voyez encore les croix, les églises, les autels en l'Angleterre où les pierres parlent, soutiennent et défendent la foi qu'on veut ruiner, qui a été professée de tous les rois précédents d'Angleterre, hormis deux ou trois depuis peu d'années, et qui est établie par tout le rond de la terre, et y durera jusqu'à la fin du monde. Cette foi a pris sa naissance en la naissance de Jésus, et en la foi de ces trois rois, qui sont les premices de la foi des gentils; cette foi aussi a toujours été persécutée, et cette persécution a commencé en ce mystère : mystère de manifestation et de persécution de Jésus tout ensemble. Et c'est pourquoi je vous écris de ce mystère au temps que l'Eglise le célèbre, afin que Jésus, persécuté en vos jours, soit manifesté en votre âme, soit adoré en votre cœur, soit publié par vous de plus en plus, comme il a été manifesté, adoré et publié par ces trois rois. Et si Jésus est persécuté en ce mystère, c'est par un Hérode qui est le premier à donner commencement à la persécution de Jésus en la terre, comme ces trois rois ont été les premiers à donner commencement à la publication et à la manifestation de Jésus au monde. Mais voyez la fin, Madame, cet Hérode ne tarde pas longtemps à porter le châtiment de son impiété; il meurt misérablement peu après, il est dans les enfers pour jamais, et les trois rois sont au ciel, et ceux qui les ont imités en leur foi et leur piété sont avec eux dans le ciel, possédant une gloire, une grandeur, une royauté éternelle. Pensez à ce mystère, contemplez ce Roi des rois, imitez ces saints rois.

XV. Ils ont été les premiers rois à servir Jésus-Christ en la terre. Cette qualité et primauté est vénérable; et plût à Dieu que la primauté nouvelle qu'on veut établir de nouveau en Angleterre, fût échangée en celle-ci; il en serait mieux et pour le roi de la Grande-Bretagne et pour son peuple; mais ce discours sera pour une autre fois. Disons maintenant comme cette qualité et primauté heureuse de ces trois rois, doit être soigneusement considérée des rois et des reines : ils ont été les premiers à adorer Jésus-Christ, ils ne sont pas les derniers; plusieurs rois et reines les ont suivis et les suivront jusqu'à la fin du monde. Votre Majesté en doit être l'une, et d'autant plus fidèle et constante que Dieu l'aime et l'éprouve de si bonne heure dans les afflictions. Souvenez-vous, Madame, que vous êtes fille et sœur de roi, fille de tant de rois qui vous ont précédée, qui tous ont vécu et sont morts en la même créance que vous professez, et un seul d'eux n'est mort en l'hérésie qui vous tourmente. Celui-là même qui la professe dans l'Angleterre, ne peut remonter jusqu'à sa grand'mère qu'il ne la voie au pied d'un crucifix, mourante, souffrante et immolée à la fureur de la même infidélité qui tourmente son pays, et qu'il ne la voie adorant, et recevant à la mort la très-sainte Eucharistie, que l'hérésie présente foule aux pieds. Si lui est encore en cette erreur, Dieu l'en tirera avec le temps et par votre exemple, et l'heure heureuse arrivera peut-être qu'il se souviendra d'avoir une épouse catholique, et d'avoir eu une mère (comme l'on dit) et eu une grand'mère, comme il est évident, très-catholique. En attendant ce temps heureux, priez Dieu, Madame, et vous souvenez que vous êtes petite-fille d'un grand roi et d'un grand saint, le grand saint Louis, qui a fait trembler l'Orient au son de ses armes et de son nom. L'hérésie n'a point de tels rois et de tels saints. Ceux qui l'ont fait naître en ce siècle et en l'Angleterre sont infâmes et détestés par les leurs mêmes, tant leur lubricité est prodigieuse et leur cruauté est barbare. Mais si l'hérésie, qui est un monstre, devait naître en nos jours, ses pères et parrains devaient être des monstres, c'est-à-dire elle devait être enfantée par un moine apostat, par une femme impudique, par un roi débauché;

XVI. C'est la naissance de l'hérésie, si récente qu'on ne la peut ignorer, si publique qu'on ne la peut désavouer, si infâme qu'on ne la peut supporter; et ce n'est pas ainsi que Jésus naît en son Eglise : mais c'est matière pour vous entretenir une autre fois, et il est temps de finir ce discours. Pour le finir utilement, considérez, Madame, que Dieu est votre créateur et vous sa créature, il vous a fait fille, épouse et sœur de roi; comme telle adorez le Roi des rois, adorez-le avec les rois, adorez-le avec les trois rois que ce mystère vous représente; adorez-le comme ces trois rois, avec humilité, avec confiance, avec fidélité. Ne prenez point de part à l'hérésie, non plus qu'eux à Hérode, après avoir trouvé Jésus en Bethléem; imitez-les et adorez comme eux Jésus en Bethléem, c'est-à-dire en son Eglise qui est la maison de pain, la maison qui conserve et donne le pain descendu du ciel, que l'hérésie infâme et infidèle ne connaît point : car aussi elle ne croit point aux paroles de Jésus, qui est la vie et la vérité tout ensemble. En ce Bethléem, en cette vraie Eglise où tous vos prédécesseurs ont recherché, reconnu et adoré Jésus-Christ; soyez à lui et il sera à vous, logez-le en votre cœur et il vous logera au sein de son Père, honorez-le en la terre et il vous honorera au ciel : faites-le régner en cette île, et il vous fera régner avec lui en son paradis, où est et consiste la vraie grandeur, la vraie royauté et la vraie félicité.

XCIII. DESSEIN DE DIEU SUR LA DÉVOTION DE L'ÉGLISE A LA VIERGE ; ET POURQUOI LA VIERGE EST APPELÉE COMMUNÉMENT NOTRE-DAME.

I. La providence et conduite de Dieu en son Eglise, est d'augmenter la piété à proportion qu'elle est combattue par les hérésies. Ainsi la dévotion à la sainte Trinité, s'est accrue du temps des Ariens ; ainsi le soin de fréquenter les sacrements, par l'hérésie de ce siècle, qui les combattait ; ainsi encore le culte de la Mère de Dieu, que ces derniers religionnaires se sont efforcés d'effacer, parlant d'elle et de sa puissance en termes de mépris et de dérision. Pour nous conformer donc à la conduite de Dieu sur son Eglise ; et pour recueillir les grâces que la bonté et providence de Dieu prépare en ce siècle, et veut répandre sur les âmes, nous devons croître en cette partie de la piété chrétienne, qui regarde la dévotion envers la très-sainte Vierge. Et il semble que Dieu ait agréable, que le triomphe de l'Eglise contre l'hérésie moderne, commence par sa très-sainte Mère, combattue par icelle, qui ira la terrassant en toutes ses parties ; d'où vient tant d'Eglises et de miracles de la Vierge en divers lieux en notre temps. Si la Vierge a ce don de Dieu, d'abattre toutes les hérésies, il la faut invoquer contre celle-ci qui la combat directement, en son culte et honneur et en son autorité suprême de dame et reine du ciel et de la terre.

II. Les trois points principaux de la grandeur de la Vierge, sont sa virginité, sa maternité, sa souveraineté. Nestorius a combattu l'un indirectement; et les hérétiques combattent les deux autres directement et même sa sainteté, non-seulement en son éminence, qu'ils nient tout à fait, mais même en sa qualité, niant la grâce inhérente aussi bien en elle qu'aux autres fidèles. L'excellence de la Vierge vient du mystère de l'Incarnation. Dieu ayant voulu faire cet œuvre des œuvres, il l'a voulu faire en la Vierge, et faire tout ensemble en l'ordre de ses œuvres un état de filiation divine et de maternité divine; tellement que la dignité de la Vierge se trouve liée à la divinité d'un lieu si étroit et si particulier; et la vocation de la Vierge se trouve enclose dans la vocation et prédestination de Jésus-Christ: *Prædestinatus Filius Dei.* (*Rom.* I, 4.)

III. Il faut donc louer Dieu : 1° de ce qu'il a voulu s'unir à l'humanité, et se faire homme ; 2° de ce qu'il a voulu faire ce mystère dans la Vierge et par la Vierge, tirant son consentement, et l'attendant pour l'opérer ; 3° de ce qu'il a référé à nous le Fils et la Mère. Car il pouvait accomplir ce chef-d'œuvre pour soi et pour sa gloire seule, sans relation à nous comme nous faisons nos œuvres sans relation à lui. Jésus-Christ eût été Dieu, mais non pas notre Dieu ni notre Sauveur; et la Vierge eût été Mère de Dieu, mais non pas notre dame et reine. Et il semble que la piété de l'Église, qui donne partout et en toute langue à la Vierge, ce nom commun et appellatif de Notre-Dame, va reconnaissant ce bienfait particulier de la relation que Dieu fait d'elle à nous, et de cette subordination de nous à elle. Ainsi les anges ne se contentent pas d'annoncer la Nativité du Fils de Dieu, mais ils se disent, *Natus est vobis*, et l'appellent *Salvator*, pour montrer cette relation du Fils de Dieu à nous, et que Dieu a voulu non-seulement faire cet œuvre, mais la faire pour nous. Et nous devons, à leur exemple, annoncer non-seulement qu'il y a une Mère de Dieu, mais une Mère de Dieu pour nous; et d'autant plus que l'hérésie faisant divorce avec Dieu, rompt ce chaînon et ce lien de relation et subordination de la Mère de Dieu en nous.

XCIV. ÉTATS ET GRANDEURS DE LA MATERNITÉ DE LA VIERGE.

Cette maternité doit être considérée en trois états. Le premier en son usage et office actuel en la terre, concevant, enfantant, élevant et nourrissant le Fils de Dieu en sa vie voyagère en la terre, et lui rendant les devoirs d'amour et de service jusqu'à la mort, jusqu'à son ascension. Le second état de cette maternité est en privation, Jésus étant au ciel, et la Vierge en la terre, languissant d'amour envers Jésus. Le troisième est en sa grandeur et jouissance dans le ciel, où elle jouit de tous les droits de cette maternité ; car elle est mère par grâce et par la plus haute grâce du nouvel homme, et non par la condition d'Adam; cette maternité n'est point sujette à la mort. Au premier, le Fils de Dieu est son œuvre et son occupation, *factus ex muliere*. (*Galat.* IV, 4.) Au second, Jésus est son objet et sa souffrance, l'objet qui l'attire et le sujet qui la fait souffrir. Au troisième, Jésus est sa jouissance, son repos et sa plénitude. En ces trois états, ce que nous devons apprendre et recevoir d'elle est, quant au premier, de servir, aimer et suivre le Fils de Dieu en tous les états de sa vie; plusieurs le suivent en son enfance, qui ne le suivent pas en sa croix et en sa mort. Au second état, il faut apprendre de la Vierge à languir après Notre-Seigneur, sans être retenus ni occupés d'aucune chose de la terre. Au troisième, il faut établir notre repos en lui.

Le Père éternel n'a jamais rien fait ni fera de plus grand, hors de la divinité, hors de lui-même et des personnes divines qu'il produit, et en l'ordre des choses créées, ni qui ait plus de rapport à sa propriété personnelle et dignité paternelle, que cette maternité divine. Le mystère de l'Incarnation n'enclôt pas nécessairement cette maternité, mais cette maternité enclôt l'Incarnation : car elle ne peut être Mère de Dieu, qu'une personne divine ne soit incarnée pour entrer en sa filiation. Cette maternité donc est en elle-même, et enclôt dans son état, la plus grande production de Dieu hors de lui-même.

Dieu produisant Adam, n'a traité qu'avec soi-même ; car il n'adressait pas cette sienne parole aux anges, mais aux personnes divines, à l'image desquelles, nous sommes créés, *Faciamus hominem ad imaginem nostram.* (*Gen.* I, 26.) Mais Dieu produisant le nouvel homme, a traité avec la Vierge, l'a associée à son œuvre, et a voulu avoir son consentement et lui a dit, *Faciamus hominem*; faisons ce nouvel homme, à l'image duquel tout doit être formé et réformé.

XCV. LIAISONS DE LA VIERGE A JÉSUS, EN TOUS SES ÉTATS, ET EN TOUTES LES PARTIES DE SA VIE.

I. Le premier regard de Dieu en la terre, est sur la Vierge. Dieu la regarde et la choisit pour lui donner son Fils, et par elle au monde : et comme elle est la première qui le reçoit en la terre, et l'unique qui le reçoit en son sein en qualité de mère, elle est celle qui a meilleure part avec lui. Elle l'aura pour jamais en son cœur, sans interruption ni variation : Elle le logera pour neuf mois en son ventre, sans diminution d'un seul moment en ce terme ; elle sera toujours avec lui par l'espace de trente ans, en Judée, en Égypte, en Galilée, jour et nuit et partout, hormis ce peu de temps, dont nous parlerons ci-après lorsqu'il demeure au Temple. Elle sera seule ainsi possédant Jésus l'espace de trente ans, le monde n'y ayant aucune part, qu'en la méconnaissance d'un si grand bien, qu'il porte sans le connaître. Et au bout de trente ans, lorsqu'elle le livre et abandonne au monde par l'espace de trois ans, elle sera fréquente et assidue à ses pieds, à sa parole, à sa croix et persévérant à sa croix jusqu'au sépulcre, où celle qui est la vie ne peut entrer, ne cherchant point le vivant entre les morts. Car il est vivant en son cœur; et l'esprit de Jésus, séparé de son corps, repose dans l'esprit et le cœur de Marie, tandis que son corps repose dans le tombeau. O mère sainte et heureuse compagne de Jésus en ses mystères, en ses labeurs, en sa croix, en sa vie, en sa mort; daignez nous départir quelque grâce et lumière, pour parler de celui qui est la grâce du Père et la splendeur de sa lumière!

II. Parlant de vous, Marie, nous parlons de Jésus; parlant de vos dispositions, nous parlons de celles dans lesquelles il doit être conçu. Car c'est pour lui que vous recevez cette grâce et pureté admirable. Vous êtes le trône où il veut habiter, et votre pureté est la pureté dans lequelle il veut être conçu. Vous êtes à lui, et vous êtes par lui, et vous êtes pour lui. Et comme les personnes divines n'ont subsistance en la Trinité que dans leurs relations mutuelles, vous aussi, ô Vierge sainte, ô personne divine et humaine tout ensemble, divine en grâce et humaine en nature, vous n'avez subsistance en l'être de la grâce, que par relation à Jésus, vous ne vivez que par sa grâce, avant qu'il vive à vous par la nature, vous ne respirez que par son esprit, et vos grâces et vos grandeurs sont siennes : c'est lui qui vous les a acquises, c'est lui qui vous les confère, se préparant en vous un tabernacle à soi-même.

XCVI. DES SOUFFRANCES DE LA VIERGE COMPATISSANTE A SON FILS.

La chair de Jésus est toujours la chair de Marie, quant à l'affection et en plusieurs autres manières, combien qu'elle ne le soit pas quant à la subsistance. Marie souffre en la chair et peut-être par la chair de Jésus.

La Vierge a part à la vie crucifiée de son Fils, en tant que la chair de Jésus est la chair de Marie. Car elle a été premièrement chair de Marie, et puis est devenue la chair de Jésus, et la chair de Jésus est une part et portion de la chair de Marie; et ainsi la chair de Marie est souffrante en Jésus, comme la chair de la Mère est et souffre en son Fils. Marie regarde Jésus comme chose sienne, et ainsi elle souffre en lui. Et combien que la chair de Jésus ne soit plus la chair de Marie quant à la subsistance, elle l'est néanmoins toujours quant à la matière et quant à l'affection : car Marie aime plus la chair de Jésus que la sienne propre, et incomparablement plus. Combien donc que ce ne soit plus sa chair selon l'animation, c'est plus que sa chair selon l'affection, et même encore en quelque façon la résidence et l'animation. Car l'âme est plus où elle aime que où elle anime, et s'il se peut dire ainsi, elle anime plus où elle aime que où elle anime. O que grande est la part que la Vierge a en son Fils et en la chair de son Fils que la chair de Jésus est sa chair en bien des manières! Car premièrement elle est sa chair pour ce qu'elle est sienne; c'est-à-dire une portion de la sienne; 2° pour ce qu'elle est toute sienne, c'est-à-dire sans qu'aucun père selon la chair y ait part; 3° pour ce qu'elle été prise et tirée de sa chair par l'effort très-puissant, très-précieux, très-divin, non d'un amour humain ou spirituel seulement, mais de l'amour incréé qui est le Saint-Esprit; 4° elle est plus que sienne, car nous pouvons dire que Marie a eu deux sortes de chair, savoir, celle qui constituait son propre corps et celle qu'elle a donnée au Verbe éternel pour être soutenue et actuée de sa divine personne; celle qu'elle a reçue de sa Mère Anne, et celle qu'elle a communiquée au Fils de Dieu en son incarnation, et qu'elle aime beaucoup plus celle-ci que celle-là; qu'elle est plus vivante en celle-ci qu'en celle-là, plus pâtissante en celle-ci qu'en celle-là; 5° elle est sienne pour ce que cette même chair est unie à la Vierge sa mère, de cette manière de présence et union suprême et ineffable que Jésus a en Marie, et qui lui est particulière; car selon cela elle est sienne d'une manière très-singulière et très-divine, ensuite de laquelle et Marie est vivante en la chair de Jésus, et elle souffre en icelle et peut-être par icelle. Oui, on peut dire que par icelle la Passion de Jésus est communiquée à la sainte Mère; car si les âmes liées à Jésus pâtissent par cette liaison; combien plus est-il croyable que Marie a souffert par cette union si divine, si singulière et si efficace?

XCVII. *Que la Vierge est vie et de sa vie intérieure et extérieure.*

I. La très-sainte Vierge porte le nom de Vie dans les offices de l'Eglise et est souvent saluée de tous les Chrétiens en cette qualité, *Vita, dulcedo, et spes nostra, salve*, à bon droit. Car même elle est mère de la vie, puisqu'elle est mère de Jésus-Christ qui est la Vie. Il nous doit être doux et délicieux de penser et parler souvent de la vie de celle qui est la vie et qui est la mère de la vie et la mère de notre vie même; or en la Vierge, nous avons à considérer deux sortes de vies, l'une intérieure et l'autre extérieure. L'intérieure a commencé dès le premier moment de son être, car le premier moment lui a donné l'être de la nature, l'être de la grâce et la vie de la grâce. Trois choses distinctes en elles-mêmes et bien séparées en nous, en lesquelles le premier moment de notre existence est le premier moment de l'état du péché et est bien éloigné de l'état de la grâce, et cet état de la grâce infuse par le baptême en l'enfant, est bien éloigné de la vie, usage et mouvement de la grâce qui n'appartient qu'au temps du premier usage de la raison.

II. Or en la Vierge sainte, ces trois choses ont été jointes ensemble, et un même moment lui a donné l'être de la nature, l'état de la grâce et la vie et mouvement de la grâce vers Dieu; cette vie donc intérieure a commencé dès lors, c'est-à-dire dès sa conception, a duré toujours sans interruption jusqu'à la fin de ses jours, et le cours n'en a pas été interrompu par la mort, ainsi est passé en l'éternité pour y durer à jamais. Cette vie intérieure et perpétuelle est angélique et divine ; et c'est aux anges qui en étaient les spectateurs et à saint Gabriel, son bon ange, qui en était le directeur, d'en parler. Nous n'osons pas entrer dans ce sanctuaire, ni percer la nuit qui le couvre et le remplit de dignité, de majesté et de la gloire du Seigneur : ce nous doit être assez d'être au dehors, révérant la majesté de Dieu, qui est et opère chose grande dans ce sien sanctuaire. Notre conception n'est que misère et péché, notre naissance n'est qu'ordure, bassesse et infirmité, la Vierge élève, ennoblit et sanctifie l'un et l'autre ; et elle est la première qui donne grandeur et dignité à une condition si basse et si abjecte ; je dis la première, car après elle son Fils unique dignifie en sa personne d'une bien autre manière, et déifie même et la naissance et la conception humaine. En cet état, la Vierge est comme un ange et non comme un enfant ; et un ange en la terre à la vérité et non au ciel, mais un ange plus angélique que ceux qui sont au ciel, et qui sera un jour élevée par-dessus tous les trônes des anges, révérée d'eux à jamais comme leur dame et souveraine ; en cet état, elle regarde, elle aime, elle adore son Créateur et son Dieu ; elle l'adore comme son principe et l'aime comme sa fin ; et en l'infinité de cet âge et condition nous y voyons la sublimité de la grâce, et ce qui est plus, un parfait usage de cette grâce ; regardons cet enfant, non des yeux dont la terre le regarde, mais des yeux dont elle est regardée par les anges du ciel ; ils voient en elle une grâce plus qu'angélique, une grâce qui l'élève par-dessus tous les chœurs de cette milice céleste ; une grâce qui a rapport au conseil éternel de Dieu sur elle et au chef-d'œuvre admirable qu'il veut accomplir en elle et par elle.

III. La vie extérieure de la très-sainte Vierge a ses moments, et est réglée selon les temps et les états de la vie humaine, qui a ses jours, ses mois et ses années ; et comme elle est en la terre, elle est bornée de la terre, et le temps de la mort lui donne ses limites. Or cette vie extérieure de la Vierge semble avoir commencé proprement au temps de la présentation, qui commence aussitôt que ce divin Enfant est séparé de la mamelle, et commence à vivre séparé de sa mère qui l'allaitait ; car aussitôt qu'elle a été capable de vivre une sorte de vie par elle-même hors de l'indigence, que son enfance lui donnait de sa mère, l'Esprit, qui régissait ce divin Enfant, l'a voulu séparer de ses parents et de la terre, pour la vouer au temple, qui était la sorte de vie la plus sainte qui fût pour lors au monde. Et nous devons considérer cette sorte de vie extérieure en cette qualité : car s'il y eût eu une autre sorte de vie plus haute, plus sainte et plus divine que celle-là, cette sainte Vierge, ce divin Enfant, l'eût choisie ; et l'Esprit saint, qui la régissait et l'élevait à choses si saintes et si grandes, l'y eût acheminée.

XCVIII. DIVERS ÉTATS ET DIVERSES MANIÈRES DE VIE DE MARIE AU REGARD DE JÉSUS.

* Il y a diverses sortes de vies qui conviennent à la Vierge au regard de son Fils : La première est une vie influente en la vie de Jésus résidant en son ventre sacré ; la deuxième est une vie conservante la vie de son Fils en elle et hors d'elle ; la troisième, est une vie consommante et perfectionnante la vie naturelle de son Fils en elle et hors d'elle ; la quatrième, est une vie nourrissante de sa substance, de son sang, de son lait (qui est un autre sang) et de ses labeurs, la vie de son Fils en elle et hors d'elle ; la cinquième, Marie est toujours mère, toujours en état, en sainteté, en dignité, en amour de mère et de Mère de Dieu, mais non toujours en office de mère ; la sixième, Marie régente et régissante Jésus, car elle n'est pas seulement reine, mais elle est régente et régissante une portion de terre divine et déifiante. O quelle régence ! ô quelle direction ! ô qu'il est juste de recourir à Marie en toutes les occasions où nous avons besoin de conduite ! La septième, Marie dirigeante Jésus pendant son enfance en Egypte et en Nazareth ; la huitième, Marie vivant avec Jésus en son adolescence, lorsqu'il faisait le métier de saint Joseph ; la neuvième, Marie observante, considérante et conservante en son cœur toutes les paroles et les particularités de la vie de Jésus ; la dixième, Marie écoutante et suivante Jésus en ses prédications et en ses voyages, pendant les trois dernières années de sa vie ; la onzième, Marie pâtissante et compatissante avec Jésus attaché à la croix ; la douzième, Marie languissante après Jésus depuis son Ascension au ciel ; la treizième, Marie régnante avec Jésus en sa gloire.

XCIX. COMBAT ET ACCORD DE LA VIRGINITÉ ET DE LA MATERNITÉ EN MARIE, AVEC RAPPORT DU COMBAT ET ACCORD DE LA JUSTICE ET DE LA MISÉRICORDE EN DIEU.

I. Vierge et Mère sont les deux principaux états de Marie ; toujours vierge et non toujours mère, vierge avant la maternité, en la maternité, après la maternité ; virginité qui a préparé la maternité, qui a combattu la maternité, au lieu qu'ès autres c'est la maternité qui combat la virginité, qui la détruit ; car elle est faible, elle n'est que pâtissante, elle est combattue, elle est détruite par la maternité. Mais la virginité de Marie, elle est divine et non pas seulement naturelle ; elle est puissante, elle est agissante, elle est combattante, et combattante même la maternité divine ; et la maternité divine est honorante, est combattue, est cédante, est accordante avec la virginité divine. Ne voyez-vous pas la virginité en ce combat avec la maternité, durant le temps du colloque angélique ? Ne la voyez-vous pas gagnante et non cédante : *Quoniam virum non cognosco ?* (*Luc.* I, 34.) Ne voyez-vous pas la maternité comme cédante et s'accordante avec la virginité : *Spiritus sanctus superveniet in te* (*Luc* I, 35).

II. Il y a en Dieu deux perfections, justice et miséricorde, qui se combattent divinement, qui s'accordent divinement, qui, et se combattent et s'accordent puissamment : combat puissant, accord puissant. Combat puissant, toutes deux subsistantes, et subsistantes également ; accord puissant, toutes deux rehaussées, ennoblies, relevées puissamment par cet accord, et plus qu'auparavant. Ainsi en Marie, il y a deux états, deux qualités, deux offices et deux perfections : Vierge et Mère, virginité et maternité. Toutes deux se trouvent en Marie, se combattent divinement, saintement, puissamment en Marie, et plus puissamment qu'ailleurs s'accordent divinement, saintement, puissamment en Marie, virginité agrandie, ennoblie, perfectionnée par la maternité ; et maternité plus noble, plus divine, plus sainte par la virginité. O que nous devons ici apprendre à honorer la virginité ! Ô que la Mère de Dieu l'a mise en un haut prix : au prix même de la maternité divine, qui est la plus grande qualité que Dieu puisse donner à une pure créature, selon saint Thomas ! Ainsi dans les vierges, il faut y trouver la virginité et la maternité ensemble : mais maternité de Jésus-Christ comme en Marie qui est Vierge et Mère de Jésus-Christ seul : *Quicumque fera*, dit Jésus, *la volonté de mon Père qui est aux cieux, celui-là est mon frère, ma sœur et ma mère.* (*Matth.* XII, 49, 50.)

C. DE SAINTE MADELEINE SUR CES PAROLES : *Apparuit primo Mariæ Magdalenæ.* (*Marc.* XVI, 9.)

I. *Priviléges et exemptions de Marie-Madeleine.* — II. *Trois regards de Jésus sur elle, chez le pharisien, en la croix, au sépulcre, et leurs effets.*

I. Cette primauté, remarquée par le Saint-Esprit conduisant la plume de l'évangéliste, nous insinue une autre sorte de primauté en cette âme ; c'est qu'elle est la première à avoir part en la vie ressuscitée de Jésus. Chaque vie de Jésus est vie et source de vie ; et la communication aux diverses sortes de vies du Fils de Dieu est l'origine des divers états de grâce et de gloire au ciel. Jésus est la vie et la forme et la différence de l'éternité. Or la ressuscitée de Jésus est une sorte de vie nouvelle, vie principale, vie qui commence en la terre, et se communique, mais à peu, mais très-rarement dès la terre : et en eux auxquels elle est communiquée, elle porte des exemptions singulières de la nature et du péché : et aussi voyez-vous que Madeleine vit trente ans en un désert, sans assujettissement à la nature et à la grâce même ordinaire en l'Eglise. Sa grâce et sa vie a une autre conduite ; elle est sans sacrements, mais non pas sans l'auteur des sacrements ; elle est sans usage en l'Eglise militante, mais elle est comme associée à l'Eglise triomphante, à l'Eglise des anges, à l'Eglise du ciel, où les anges l'élèvent souvent, ce dit l'histoire : elle vit sans dépendance de la nature, mais en dépendance de Jésus, qui est sa vie et son aliment, sa subsistance et son amour.

II. Trois regards singulièrement remarquables en la vie de Madeleine : Le premier regard de Jésus sur elle l'attirant, la changeant et la transportant en l'amour céleste qu'elle allume en elle et à ses pieds chez le pharisien. Il semble que comme ce regard la tire hors du péché en la grâce, et grâce si éminente que les autres regards de Jésus la tirent hors de son être propre, et la mettent en l'être de Jésus, en la pureté, vérité, sainteté, réalité et divinité de l'être de Jésus vivant en elle, et non plus elle. Le second regard de Jésus principal et important est la croix, où il la voit à ses pieds avec sa Mère et saint Jean. Digne assistance, digne compagnie de Madeleine, regardant son amour en la croix ! Le troisième regard est au sépulcre, lorsqu'il exprime son nom : *Maria* : regard qui la change toute de larmes en joie, de douleur en liesse, d'insensibilité en allégresse, d'elle en lui, et de son être propre en l'être de Jésus, et de sa vie ordinaire en participation de la vie ressuscitée de Jésus.

Pureté et sublimité de sainte Madeleine.

Les délices de Madeleine, en la présence de Jésus, ne sont en rien semblables aux sentiments humains qui naissent de la présence des choses bien-aimées. Jésus est un objet tout divin, tout céleste, et sa présence ne produit dans les cœurs que des effets divins dignes de sa sainteté, dignes de sa qualité toute spirituelle et céleste. Comme ces délices ont un objet céleste, aussi leur impression est céleste et suppose un cœur pur, un cœur saint pour les recevoir et porter ; et il faut que ce soit une main céleste qui forme ces impressions délicieuses et saintes dans les cœurs. La nature est incapable et de les recevoir et de les produire. Ne concevons rien de bas, humain et terrestre en la pensée des délices de cette âme, en la présence de Jésus. Ses délices tiennent en leur objet, en leur source et en leur qualité des délices de la gloire ; elles participent aussi à leur condition céleste, et n'ont rien de commun avec les objets et plaisirs de la terre. C'est une impression toute sainte en un cœur saint, toute céleste en une âme céleste, toute divine en un esprit divin. Ce cœur n'a plus rien de la terre que sa demeure, tant il est purifié dans ses flammes, insensible à soi-même et à tout. Il n'a plus de vie et de sentiment qu'en Jésus. Il est mort pour ce qui est d'ici-bas, il n'est vivant que pour le ciel, et il ne sent et ne savoure que ce qui est du ciel.

Participation de Marie-Madeleine à l'Incarnation, à la croix et à la résurrection de Jésus.

L'Ecriture, qui nous parle de Madeleine, nous la représente toujours adhérente au Fils de Dieu, et adhérente à lui en trois sujets et états dignes de considération ; à sa vie sur la terre, comme par une espèce d'hommage à l'Incarnation ; à sa croix, et à sa vie ressuscitée ou céleste en la terre. En ces trois points et états, elle reçoit diverses sortes de participations au Fils de Dieu, et différentes grâces, et rend aussi différents hommages aux différents états de Jésus. Par le premier, elle honore et communique à la vie de l'Homme-Dieu, à l'état de l'Incarnation ; par le second, à la vie souffrante de Jésus, et entre une vie souffrante qui adore celle de Jésus ; par le troisième, à la vie céleste de Jésus, ce qui la tire et la dispose à son désert.

CI. DE SAINTE MARTHE ET DE LA VIE ACTIVE.

I. *La liaison étroite des deux sœurs Marie et Marthe, ne permet pas d'en diviser les discours et les pensées.* — II. *Le Fils de Dieu sortant du sein de son Père, se loge au corps et au cœur de sa Mère, et en son Nazareth.* — III. *Jésus sort âgé de trente ans, quitte la maison de sa Mère pour servir au conseil de son Père, et prend pour sa maison ordinaire la maison de Marthe et de Madeleine. Et c'est par amour qu'il loge en Béthanie, comme il s'est logé en Nazareth par amour.* — IV. *Trois demeures signalées du Fils de Dieu en la terre ; la crèche de Bethléem, la chambre de Nazareth et la maison de Marthe. Considération des faveurs de cette troisième demeure.* — V. *Le Fils de Dieu établit en cette maison et en ces deux sœurs, la vie contemplative et la vie active, et leur en donne l'éminence et la primauté.* — VI. *Ces deux sortes de vies doivent être conjointes étroitement l'une à l'autre, par l'esprit de Jésus que toutes deux regardent, et cela est signifié par l'établissement qu'il en fait en deux sœurs germaines. Grandeur de la vie active, et l'éminence de sainte Marthe en icelle. La Vierge est la plus éminente en la vie active, et après elle, sainte Marthe.* — VII. *La vie active de sainte Marthe adhère à Jésus comme à son principe et à son objet : et elle a primauté, principauté, ou influence et exemplarité, au regard de toute la vie active des Chrétiens.* — VIII. *La vie active de sainte Marthe ne consiste pas simplement en quelques services et actions ; mais c'est un office et une condition permanente, et un office de l'état et couronne de Jésus. Exposition de ce que l'Evangile nous dit de la vie active de sainte Marthe. Nous devons servir Jésus, à l'imitation de sainte Marthe en son Eucharistie et en nos prochains.*

I. Le discours de sainte Madeleine nous oblige à quelque pensée sur sainte Marthe sa sœur, et nous tire un autre discours sur icelle. Ce sont deux sœurs que la nature a conjointes et la grâce encore plus ; ce sont deux sœurs signalées en la faveur, en la suite et en la grâce de l'Evangile de Jésus ; ne séparons pas ce que Dieu a conjoint. Et comme la fête de l'une est suivie de la fête de l'autre en l'Eglise, en un même mois, et en une même semaine, que les pensées qui honorent l'une, soient suivies des pensées qui doivent honorer l'autre. Donnez-nous votre Esprit, ô Seigneur, pour parler de vous en ce sujet, et de ce qui est vôtre, et vôtre pour jamais, vous ayant servi fidèlement en la terre, et vous servant à présent plus saintement, plus divinement, et plus glorieusement dans le ciel ; et permettez-nous, en pensant et en parlant de vous, de vous adresser humblement et dévotement nos pensées et nos paroles.

II. Celui qui vous a produit éternellement, ô Fils unique de Dieu, vous a aussi donné une demeure digne de votre essence et naissance, et vous a logé en soi-même, car vous dites : *Ego in Patre* : « Je suis en mon Père. » (Joan. x, 38.) Ainsi vous êtes en lui comme vous êtes à lui, et vous êtes avec lui en société parfaite, société d'essence, d'opération et d'amour ; et vous vivez ensemble une vie heureuse, une vie éternelle, une vie indépendante de tout ce qui est créé.

Aussi est-ce l'amour et non la nécessité qui vous loge ailleurs, et qui vous fait sortir hors du sein du Père pour venir au monde selon votre parole : *Exivi a Patre et veni in mundum.* (Joan. XVI, 28.) Vous venez y prendre une demeure à la vérité fort étrangère à votre grandeur, mais fort séante et naturelle à votre amour et à votre bonté infinie, qui veut faire une effusion et communication infinie de soi-même à vos créatures. Comme donc vous avez un Père au ciel, vous voulez avoir une Mère en la terre ; et comme vous êtes en votre Père, vous voulez être en votre Mère, et en son sein virginal par l'espace de neuf mois, et en son cœur pour jamais. Et elle vous loge comme son Fils en son Nazareth, en son héritage paternel, en sa maison dont vous portez humblement le nom de Jésus de Nazareth ; et ce petit lieu, cette petite bourgade est plus illustre par votre conception et habitation, que les plus grands palais, les plus grandes villes, les plus grandes provinces, que tout le monde ensemble, par le nom illustre de tous ceux qui jamais y ont pris naissance et habitation. Mais Seigneur, si vous voulez avoir un autre séjour que celui que la grandeur de votre naissance vous a donné en votre Père ; que ne faites-vous un ciel nouveau et une terre nouvelle, un nouveau monde pour le nouvel homme, puisque vous avez fait celui-ci pour celui qui s'est fait le vieil homme ? Ou si cette terre vous plaît, que ne faites-vous en cette terre un paradis nouveau, comme vous en avez fait un pour Adam, encore qu'il dût y faire un si petit séjour ? Mais ce même amour qui vous fait sortir hors de la maison paternelle par le mystère de l'Incarnation, vous fait vouloir aussi une demeure entre les hommes, comme Fils de l'homme ; une demeure en la terre, comme enfant d'Abraham ; une demeure en Nazareth, comme enfant de la Vierge ; et comme vous y avez été conçu, vous y vivez et habitez aussi.

III. Mais après avoir vécu trente ans avec votre très-sainte Mère en ce petit séjour; ce même amour qui vous a fait sortir hors de la maison du Père, vous fait sortir hors de la maison de la Mère, et vous met en public comme docteur, comme prophète, comme Messie des Juifs et Sauveur du monde. En cet état vous avez voulu quitter ce Nazareth; et demeurant en la condition d'homme mortel, et passible entre les hommes pour le salut des hommes, vous avez fait choix d'une nouvelle famille et maison pour vous servir de retraite, sinon ordinaire, au moins fréquente, familière et particulière; c'est la maison de Marthe et Madeleine, car vous changez Nazareth en Béthanie, puisque les Nazaréens vous chassent et bannissent, reconnaissant si peu ce que vous êtes, et ce qu'ils vous doivent, et convertissant leur bonheur en condamnation, et leur bénédiction en malédiction. Lisons les Ecritures qui nous rendent témoignage de vous, et nous trouverons que votre amour s'est reposé en cette sainte famille; et c'est le bien-aimé disciple qui nous l'apprend, digne secrétaire de votre Etat, de votre cabinet et de votre amour! car c'est lui qui nous dit : *Diligebat Jesus Martham Mariam et Lazarum.* C'est l'amour qui vous a logé en Nazareth, c'est l'amour qui vous loge en Béthanie, au château de Marthe et Marie; car cet amour divin que vous êtes venu porter en terre, est le digne fourrier de vos demeures.

IV. Nous trouvons trois cités signalées de votre présence; Nazareth, Capharnaüm, Jérusalem; nous trouvons aussi trois habitations et demeures particulières qui vous appartiennent en l'Evangile; la crèche de Bethléem, que les animaux vous prêtent en votre naissance; la chambre et maison de Nazareth, que la Vierge vous donne en votre éducation, et vous donne comme son propre fonds et son héritage, après vous avoir donné son cœur, son sein, et sa propre substance; et la maison de Béthanie que Marthe et Madeleine vous offrent, lorsque vous êtes dans les sueurs et les travaux de votre vie publique, et exposée à votre ministère. O villes, ô maisons, ô habitations saintes! Que de grâces, que de merveilles, que d'effets rares et divins ont été accomplis en ces séjours du Verbe incarné, l'honneur, l'amour et les délices du ciel et de la terre! Remettant à un autre lieu ce qui concerne les deux premières demeures, jetons l'œil sur celle de Marthe et de Marie; c'est où vous avez passé tant d'heures, tant de jours et tant de nuits, depuis que votre vie a été ouverte et abandonnée au salut des pécheurs, et aux affaires de votre Père. C'est aux environs de ce lieu que vous avez voulu opérer le miracle de vos miracles, la résurrection de Lazare; c'est où vous dédiez la dernière semaine de votre vie laborieuse et douloureuse sur la terre; c'est d'où vous partez pour faire votre entrée en Jérusalem, et pour ce triomphe pitoyable, qui tire vos larmes, et tirera bientôt le sang de vos veines; c'est de là même d'où vous partez pour faire la pâque, et la pâque tant désirée, et pour aller à la croix; c'est où vous avez répandu tant de larmes, semé tant de propos, fait tant de merveilles, que la terre doit ignorer par son aveuglement, et que le ciel a recueillies pour nous les garder, conserver, et révéler en son temps et en sa lumière.

V. Or, en cette demeure de Marthe et Marie, vous avez opéré choses plus grandes qu'en aucune autre demeure après Nazareth; et comme vous êtes vie et source de vie, vous avez établi et établi en cette sainte maison, deux sortes de vies différentes; vies qui partagent la vie des Chrétiens, et contiennent en leur diversité l'étendue de la vie parfaite, et l'état de la religion chrétienne, et la grâce très-haute affectée au christianisme. Vous êtes la vie, Seigneur, et l'auteur de la vie, et vous voulez établir deux sortes de vies en votre Eglise, et nous les peindre et figurer en deux sœurs, toutes saintes, vénérables, et des plus signalées en votre grâce, en votre suite, et en votre Evangile; l'une est la vie contemplative représentée en Madeleine, l'autre est la vie active pratiquée, enseignée et signifiée en sainte Marthe.

VI. Ces deux sœurs, honorées par leur commun service de piété vers un même objet, c'est-à-dire vers un même Jésus-Christ, nous enseignent que ces deux vies doivent être conjointes en charité l'une avec l'autre, comme deux sœurs germaines, et conjointes d'affinité en un même Jésus-Christ, que ces deux vies différentes regardent et honorent avec même intention et piété, bien que par des actions et fonctions fort différentes. O Marthe et Madeleine, logeant Jésus, vous logez à la vérité un homme mortel et passible, mais en lui vous logez la vie, car il est la vie et la source de vie; et comme tel, il daigne habiter en votre maison, et il la veut bénir de quelque grâce nouvelle! Comme vie donc et source de vie, il veut faire sourdre et naître de ce lieu deux sortes de vies, lesquelles il veut proposer et laisser à son Eglise; la vie active et la vie contemplative, constituant la primauté et la principauté de l'une en Marthe, et de l'autre en Madeleine. Heureux partage de ces deux sœurs, et partage de vie pour avoir logé Jésus, qui est la vie et une nouvelle manière de vie au monde, vie divine et humaine tout ensemble! O vie, qui devrait occuper toute notre vie, et qui a saintement occupé la vie de ces deux sœurs, disciples et héritières de la vie! O vie, que l'éminence de la vie contemplative et la charité de la vie active, regardent et honorent saintement! Car certes, la vie active et la vie contemplative doivent être occupées sur Jésus, comme sur leur objet, et doivent être dérivées de Jésus, comme de leur source et de leur origine; car en lui nous trouvons et l'active et la contemplative, et il doit être l'exemplaire qu'il nous faut remarquer et imiter en ces deux vies.

VII. Ceux-là se trompent, qui sentent

trop bassement de l'état de la vie active, et de Marthe occupée à cet état. Dieu est grand, et tout est grand en la maison du grand des grands, et il donne grandeur à tout ce qui le regarde; et dans son temple tout était d'or, jusqu'aux mouchettes du chandelier. A cet effet, considérons une vérité grande, et qui honore la grandeur du mystère de l'Incarnation. Comme le Fils de Dieu par son avénement a relevé la nature humaine, il a aussi relevé les fonctions et actions de la vie humaine; et bien autre est l'état de la vie active, depuis que le Fils de Dieu est venu au monde, qu'il n'était pas auparavant. C'est une condition et un genre de vie, qu'il a établi en la terre pour la sanctification de plusieurs; en honneur, en imitation, en participation et en dépendance de la vie dont il a voulu vivre en la terre, particulièrement les trois dernières années de sa demeure et conversation avec nous. Et il a voulu que Marthe fût éminente en cet état et genre de vie, et être lui-même non-seulement le principe, la fin et l'exemplaire, mais aussi l'objet de sa vie active.

VIII. Cette vie active, qui a Jésus-Christ même pour objet, a commencé en la Vierge: elle est la première qui l'a servi en la terre en des manières toutes divines et qui lui sont propres, et ne peuvent convenir à autre qu'à elle par sa qualité de mère: car dès aussitôt que Dieu est entré en état d'avoir besoin de nos services, c'est la Vierge qui l'a servi de son sang, de son lait et du travail de ses mains, et l'a servi divinement en toutes ces choses, comme mère et digne Mère de Dieu. Mais après la vie active de la Vierge, c'est celle de sainte Marthe qui est la plus éminente: car elle a Jésus pour objet, elle a Jésus pour son origine, elle a une primauté, et primauté de grâce, d'influence et d'exemplarité sur toute la vie active des Chrétiens. Trois priviléges de la vie active de sainte Marthe de très-grande considération, et distingués les uns des autres: car ce sont choses très-différentes en la vie active d'avoir Jésus pour principe, et de l'avoir pour objet, et il est le principe et l'origine de la vie active de plusieurs saints, dont il n'est pas l'objet lui-même et en sa propre nature. Et pareillement le troisième de ces priviléges est différent des deux précédents: car la vie active peut avoir Jésus pour origine et pour objet, sans qu'on lui attribue primauté comme à celle de sainte Marthe. Et derechef, la primauté de sainte Marthe en la vie active porte principauté ou influence et exemplarité, qui sont encore choses distinctes, d'autant que plusieurs ont principauté qui n'ont ni exemplarité ni primauté, et ont peut-être principe et origine, sans être ou le modèle ou le premier des autres. Et à tout ce que dessus nous pouvons ajouter qu'elle a dans le ciel une sorte d'adhérence et participation à Jésus, correspondante à l'adhérence immédiate qu'elle a eue à lui en la terre comme à l'origine et à l'objet de sa vie active.

Cette vie active de sainte Marthe est fondée en tous les saints devoirs et offices qu'elle a rendus à Jésus en la terre, et ces offices et saints devoirs sont les marques et les effets de sa vie active. Mais la vie active de Marthe ne consiste pas seulement en cela: elle a bien un plus grand fonds et une plus grande étendue; et il faut remarquer qu'elle adhère au Fils de Dieu, non par quelques actions et quelques services de la vie active, comme plusieurs qui l'ont servi et suivi; mais par office et par état, par condition permanente et par le dessein que Jésus a de lui conférer cet état et cet office en sa maison, qui est son Eglise, comme un office de sa couronne. Il est parlé de sainte Marthe en plusieurs endroits de l'Evangile, où l'Ecriture nous donne à entendre que c'est Jésus qu'elle reçoit et loge en sa maison; que c'est pour Jésus qu'elle est occupée en son ministère; que c'est à Jésus qu'elle fait son banquet et qu'elle prépare tous les mets que son soin et son industrie lui peuvent offrir, mais par-dessus tout, son cœur et son labeur; que c'est au service de Jésus qu'elle veut employer toute créature, et sa sœur même, si elle le pouvait divertir de son attention, et la séparer des pieds de Jésus, où elle est si saintement attachée. O Marthe, vous logez Jésus, et Jésus vous loge; vous le logez en la terre, et il vous loge au ciel; vous le logez en votre maison, et il vous loge en son paradis, en soi-même, en son Père; et il vous donne une demeure éternelle où vous vivez sans mourir, où vous jouissez sans pâtir, où vous avez un repos et une félicité qui ne finiront jamais!

La vie des Chrétiens a le même objet et le même Jésus, mais en son esprit, et non en sa personne, selon cette parole: *Quod uni ex minimis meis fecistis, mihi fecistis.* (*Matth.* XXV, 40.) Et même elle l'a présent en son propre corps au saint sacrement! Oh! combien le devons-nous loger dignement en nos églises, en nos cœurs! Oh! combien soigneusement le devons-nous servir en la personne de tous les fidèles, où son esprit repose avec tant d'efficace, de liaison et d'appartenance à sa personne divine, qui les regarde et veut qu'ils soient regardés comme lui-même! Logeons-le et il nous logera, et nous logera en lui-même et en son Père: *Ubi ego sum, illic minister meus erit.* (*Joan.* XII, 26.) Servons-le, et il nous servira: *Et transiens ministrabit illis.* (*Luc.* XII, 37.) (122)

CII. DE SAINT JOSEPH D'ARIMATHIE ET DE LA SÉPULTURE DE JÉSUS.

I. *Les grâces et priviléges du temps, de la vie et conversation de Jésus en la terre. Explication de ces paroles: Beati oculi qui vident quæ vos videtis, etc.* — II. *Lorsque le Fils de Dieu fut mort, ses disciples ne pensaient point à l'ensevelir; la Vierge était en quelque impuissance de lui rendre ce de-*

---

(122) Ce discours n'est pas entièrement achevé.

voir ; et cette charge si honorable était réservée à Joseph.

I. Si étant appelés à l'éternité comme nous sommes, nous devons faire quelque choix des siècles et des temps, nos désirs, nos regards, nos affections doivent être appliqués vers le siècle auquel le Fils de Dieu a voulu être sur la terre. Aussi ce temps s'appelle la plénitude des temps, par le Fils de Dieu même, et c'est le temps qui bénit l'éternité même ; et un des avantages que nous avons dedans l'éternité, c'est qu'elle nous rendra ce temps et cet objet présents. Les anciens Israélites regardaient la terre de promission de tous les endroits du pays où ils étaient bannis, et Daniel se tournait vers le temple dans le palais de Babylone ; son cœur était présent, et ses regards étaient tournés vers ce lieu, lorsque son corps en était si distant et éloigné, et attaché au palais de Babylone.

Si la terre nous doit être quelque chose, étant créés finalement pour le ciel et non pour la terre, nos pensées et nos regards doivent être à cette terre promise, parce que c'est la terre de Jésus, et qu'il a été naissant, vivant et mourant dans icelle, et la remplissant de ses merveilles ; et du ciel même nous regarderons cette terre, puisque le Fils de Dieu l'a regardée du ciel et l'a choisie pour sa demeure. C'est honorer Jésus d'honorer cette terre, et ce temps auquel le roi des siècles a voulu être dans les siècles, et ce temps est comblé de grâce et de bénédiction.

C'est une des félicités que le Fils de Dieu même a remarquée et estimée en sa parole : *Beati oculi qui viderunt quæ vos vidistis* (*Luc.* X, 23) ; car en ce temps, la vue, la présence, l'assistance et le service rendu au Fils de Dieu incarné, portait bénédiction particulière. Si les yeux devaient être ouverts, quel regard plus heureux que de voir cette lumière du monde et ce soleil en la terre ? Et si les oreilles doivent être ouvertes, quelle bénédiction plus grande que d'ouïr la vérité de la bouche de la Vérité même ? Si nos attouchements doivent être saints, quelle sainteté plus grande leur peut-il arriver que de toucher ce corps qui n'exhale et ne respire que sainteté, et dont il dit lui-même : *Quis me tetigit ? novi enim virtutem exiisse ex me ?* (*Luc.* VIII, 46.) Quel heur et bénédiction, qu'ayant à servir, de servir à Dieu incarné, de le servir ou naissant, comme Joseph, ou vivant comme Marthe et Madeleine, ou mourant comme Joseph d'Arimathie ? Si nous considérons ce temps et ces moments, quelle plus grande félicité sur la terre, et quel plus grand service pouvait-on rendre à Dieu pour lors, que de servir à Dieu naissant, vivant et mourant sur la terre ? Pesons ces circonstances et ces vérités.

II. Lorsque le Fils de Dieu était mort en la croix, le plus grand service qui pouvait être rendu au Père éternel, et au Fils de Dieu même, était de détacher ce corps précieux de la croix, et lui donner repos honorable dans un tombeau, attendant l'heure et le moment de ses merveilles. Car la Vierge est en silence, en souffrance, en impuissance d'agir et d'opérer pour son Fils : et les services qu'il a besoin et qu'il doit recevoir de la terre, ne doivent pas maintenant être attendus d'elle, mais d'autres. Son fils cesse de vivre et d'opérer, et elle est aussi sans vie et sans opération dans le monde spirituel de la grâce, portant en elle l'expression et l'imitation parfaite de l'état et de la condition de son Fils. Comme ce soleil est éclipsé, elle est aussi sans vigueur, sans vie et sans lumière. Comme cette nouvelle et divine est éteinte, elle est aussi sans vie et sans mouvement. Et comme cette source vive d'opérations divinement humaine et humainement divine, est tarie sur la terre et cesse d'opérer, Marie est sans parole et sans opération quelconque, n'ayant être, vie et opération, que pour porter l'état de mort de son Fils. Elle est donc sans vie et sans opération, et il faut aller à Pilate pour le service de son Fils, et il faut que Joseph y aille, il faut qu'il parle, il faut qu'il vienne, il faut qu'il achète les parfums et les linges qui doivent envelopper ce corps précieux ; il faut qu'il le détache de la croix, et qu'il le mette dans son monument, car la Vierge n'a que son cœur et son esprit plus mort que vif, pour loger son Fils et son Dieu mort en elle-même, et elle est un monument vivant et animé, pour l'ensevelir en elle spirituellement. Mais il faut à ce corps une autre sorte de monument, et Joseph est choisi pour lui donner. Comme la croix, la mort et la sépulture du Fils de Dieu, est un des états plus étranges et admirables de sa personne, et auquel nous avons tous le plus de part et de besoin ; nous le devons contempler davantage et nous devons plus honorer ceux qui y ont eu le plus de part à servir et honorer Jésus en ces états, et Joseph en est un qui le sert lorsqu'il est abandonné de tous, et enseveli dans l'oubli de ses apôtres et dans la mort spirituelle de sa très-sainte Mère, qui est en état de cessation et d'impuissance pour opérer.

Saint Joseph d'Arimathie est choisi du Père éternel pour honorer son Fils au jour de son déshonneur, et pour commencer l'honneur public qui devait être rendu à sa croix en l'Église, jusqu'à la fin des siècles, et même dans l'éternité.

En attendant que les saints de Jésus soient les vôtres en cérémonie et solennité extérieure, je désire qu'ils le soient en piété et dévotion intérieure.

Liez-vous donc d'honneur et d'hommage à celui-ci que le Martyrologe honore en ce jour, et qui a honoré le Fils de Dieu au jour de ses opprobres, et l'a pris en sa possession lorsque ses plus fidèles amis l'ont abandonné et désavoué. C'est ce saint qui a détaché Jésus de sa croix, où nos péchés l'avaient attaché, qui l'a reçu mort entre ses bras, les apôtres ne l'osant accompagner en sa souffrance, qui a eu un don de force pour demander à Pilate celui-là mort : *Petiit audacter corpus Jesus* (Marc. xv, 43), que ses serviteurs ont abandonné vivant, et qui a tiré Jésus hors du pouvoir des gentils, auxquels le Père éternel l'avait livré : *Tradetur gentibus.* (Luc. xviii, 32.) C'est ce saint qui met fin aux opprobres de Jésus sur la terre, et qui commence le premier à l'honorer jusqu'à ce que le Père éternel l'honore en sa résurrection, et que l'Eglise continue à l'honorer en l'acceptant pour son Dieu et son sauveur. Tellement que depuis cet hommage rendu par Joseph d'Arimathie à Jésus, ce n'a été qu'une suite d'honneurs non interrompus, et qui durera jusque dans l'éternité. O que cette primauté d'honneur et de service rendu au Fils de Dieu, ainsi suivie par les opérations du Saint-Esprit en la terre et au cœur des fidèles, est à honorer et à estimer ! Ces deux circonstances sont à peser : qu'il honore Jésus au jour de son déshonneur et de ses opprobres, et qu'il est le premier à lui rendre cet honneur public et signalé, et que depuis ce premier service et honneur, ce n'est qu'une suite d'honneurs et de services à Jésus, jusqu'à la fin du monde et dans l'éternité. Comme si ce saint avait eu charge et commission du Père éternel de finir les opprobres de son Fils, et le Père éternel dessein de commencer l'honneur qu'il voulait ci-après être rendu à son Fils jusqu'en l'éternité.

CIII. CATÉCHÈSE DU FILS DE DIEU A LA SAMARITAINE, ET EXPLICATION DE CES PAROLES : *Si scires donum Dei.* (Joan. iv, 4.)

Une des excellentes catéchèses du Fils de Dieu est celle qui est faite en la campagne de Samarie en plein midi, et en un ardent soleil, qui du ciel recevait sa lumière de ce soleil qui était en la terre. Cette catéchèse se passe entre Jésus d'une part, et une femme seule de l'autre, en l'absence de ses apôtres, où le Fils de Dieu très-haut et l'humble Fils de Marie, le Fils de Dieu très-haut abaisse sa grandeur, il parle à cette pauvre femme qui ne cherchait que de l'eau de la terre, et il lui parle de l'eau du ciel, et la prépare à trouver la source et la fontaine vive de l'eau céleste même, qui pour lors est auprès de ce puits de Jacob, le Père et le Dieu de Jacob même, le Messie des Juifs, le Sauveur du monde. Cette catéchèse est admirable en ses circonstances, en ses paroles, en ses effets; car elle contient en peu de paroles les plus hauts mystères du salut, annoncés par le salut même à une simple femmelette, qui ne pense qu'à la terre et ne cherche que l'eau qui est au fond de ce puits de Jacob, qui la peut abreuver en sa soif corporelle. Et en un moment il la tire de l'erreur à la vérité, du péché à la grâce, de la perte au salut, et de l'ignorance d'elle-même à Dieu, et à la connaissance et adoration du Fils de Dieu en la terre, le plus haut point et plus nécessaire qui fut lors au monde, le mystère de l'Incarnation. Mystère adoré des anges, inconnu au diable, ignoré en Judée, et révélé à cette pauvre femme, qui devient à l'heure même, apôtre de Samarie. Heureuse femme d'avoir rencontré Jésus et d'avoir rencontré la source de l'eau vive, qui arrose et le ciel et la terre, en ne cherchant qu'à remplir sa cruche d'un peu d'eau de la terre ! Or en cette haute et admirable catéchèse, qui n'a que les anges pour témoins, et cette seule femme pour catéchiste, et le seul saint Jean, disciple bien-aimé, pour secrétaire et évangéliste ; tout est haut, tout est céleste, tout est grand, tout est digne de l'art et de la sapience incarnée et cachée en terre. Mais il y a entre autres un petit mot qui mérite d'être considéré, d'être adoré, d'être pénétré de nos esprits, c'est où Jésus dit à cette femme: *Si scires donum Dei.* Car cette parole nous marque un soupir et une langueur du Fils de Dieu, ravi en l'excellence de cette vérité et en douleur de l'ignorance d'icelle au monde, tant cette vérité est haute et importante au salut de la terre ! Et c'est à nous à adorer la pensée, la douleur, la langueur et les sentiments du Fils de Dieu, et à pénétrer cette vérité qui nous est dite en la personne de cette pauvre Samaritaine. Que de choses basses et petites nous savons en la terre, que de vanités et de curiosités nous y recherchons, et il n'y a aucune vérité plus haute et plus utile que celle qui est ici proposée : *Si scires donum Dei,* et pour laquelle le Fils de Dieu ait plus d'ardeur et de désir pour le salut du monde ! Si nous pensons, nous ne devons avoir autre force en esprit, que d'éplucher cette vérité : *Si scires donum Dei.* Si nous parlons, nous ne devons avoir autre sentence en la bouche, pour dire à notre prochain : *Si scires donum Dei.* Si nous dictons, nous ne devons proférer autre apophthegme. Si nous écrivons, notre plume ne doit marquer autre vérité que ces paroles : *Si scires donum Dei.* Paroles proférées par la sapience éternelle pour le salut éternel, et proférées avec douleur et avec langueur même.

En cette parole le Fils de Dieu nous convie à entrer en science, *si scires.* Mais à entrer en science du don de Dieu, et en ces deux paroles nous convie à connaître et Dieu et le don de Dieu. O Dieu ! O don de Dieu ! O science ! O Dieu très-haut ! O don très-excellent ! O science très-parfaite, et seule suffisante au ciel et à la terre ! De naissance nous sommes tous professeurs d'ignorance, car nous naissons sans connaître ni Dieu, ni le monde, ni nous-mêmes, ni Dieu qui nous a créés, ni le monde qui nous porte, ni nous-mêmes un objet si présent et si proche, et les plus beaux esprits font profession d'ignorer ces choses. Et si nous en avons quelque connaissance, qu'elle est faible, qu'elle est mêlée d'erreurs et de ténèbres, même dans les plus vives et dans les plus grandes lumières des saints ! Or de l'ignorance le Fils de Dieu nous tire à la connaissance de Dieu, et du don de Dieu fait à sa créature (123).

CIV. SUR L'ÉVANGILE DES VIERGES

Aux religieuses Carmélites du couvent de..., pour la fête de sainte Thérèse.

I. *La sentence que le Fils de Dieu prononce sur les cinq vierges folles est digne d'étonnement.* — II. *Nous ne sommes que misère et miséricorde.* — III. *Trois choses à honorer en sainte Thérèse, la grâce de Dieu en elle, l'usage qu'elle en fait, et son influence sur l'ordre.*

Je désire, mes Sœurs, vous faire part d'une pensée qu'il a plu à Dieu nous donner durant la sainte Messe, sur l'évangile qui a été lu, croyant qu'il m'a été donné et pour vous et pour moi, puisque ç'a été dans votre église et en votre fête. Je me suis étonné comme en cet évangile toute d'amour, où il est traité de la venue de l'époux, et qui semble ne devoir être rempli que de consolation, il y a cependant rigueur et très-grande rigueur à mon avis. L'évangile porte que dix vierges sont attendant l'époux, toutes dix vierges, et cependant cinq sont dites folles. Si la vérité même ne le disait, j'aurais peine à le croire, car je ne remarque en elles aucun signe de folie, ce semble; elles sont vierges, qui est une grande vertu, et non-seulement elles sont vierges, mais elles sont en la compagnie des autres vierges qui sont dites sages; non-seulement elles y sont, mais elles y persévèrent: quel signe de folie, pour moi je les trouve très-sages, elles attendent l'époux avec les autres. A la vérité il est dit qu'elles s'endormirent, mais aussi firent les sages, ce qui fait bien voir que ce dormir était de nécessité, et non de lâcheté, et pour cela elles ne doivent être réputées folles. Mais pourquoi donc le Fils de Dieu dit-il: *quinque fatuæ* (Matth. XXV, 3), les appelant folles? Quand l'époux vient, toutes se préparent, elles n'ont point d'huile, elles en demandent à celles qui en ont, on leur dit qu'elles en aillent acheter; elles ne sont point paresseuses, elles y vont. Que voudrait-on davantage? Pour moi je prends volontiers leur défense, et si la Vérité même, qui ne se peut tromper, ne les accusait, je les maintiendrais sages, et ne pense pas qu'en la compagnie aucune les voulût faire passer pour folles; et cependant elles le sont, puisque la Vérité le dit. Oh quelle rigueur, mes Sœurs, que de dix vierges assemblées, il y en ait autant de folles que de sages, et jugées telles par le Fils de Dieu! Oh! qu'il est bien plus sévère examinateur que nous ne pensons, et que nos examens sont trompeurs au prix du sien! Qu'il y a peu d'âmes aussi fidèles que ces pauvres vierges! Qu'il y en a peu qui fassent tout ce qu'elles peuvent, comme elles ont fait! Certainement si je vous trouve en la visite aussi diligentes, et avec autant de soin de profiter des grâces que Dieu vous présente, je serai obligé de vous tenir pour sages et de me contenter. Ce n'est pas tout que de recevoir la grâce, mais il faut faire usage de cette grâce; mais qu'il y en a peu qui le fassent.

Voulez-vous savoir ce que nous sommes en cette vie? Rien que misère et miséricorde; de la part de Dieu toute miséricorde, de la part de nous-mêmes toute misère. Qu'est-ce une âme sans la grâce? Pure misère, et d'autant plus grande qu'il y a misère en nous dans les grâces mêmes. Et c'est ce qui faisait dire si souvent à votre sainte Mère: *Misericordias Domini in æternum cantabo* (Psal. LXXXVIII, 2), parce qu'elle voyait en elle toute misère, et en Dieu toute miséricorde. Ce n'est pas assez de solenniser les fêtes des saints extérieurement, mais il le faut aussi faire intérieurement. Or vous vous devez occuper sur trois choses en la sainte: la première, vous devez rendre grâce à Dieu des grâces qu'il a données à cette âme sainte; et secondement, vous devez rendre grâce à la sainte du bon usage qu'elle en a fait; car quand Dieu donne grâce à l'âme, et qu'elle en fait bon usage, ce sont deux grâces, grâce donnée de Dieu en l'âme, et grâce d'en faire bon usage. La première nous doit occuper vers Dieu, lui rendant grâce de celle qu'il communique à la sainte, et la seconde vers la même sainte, lui rendant grâce et honorant le bon usage qu'elle en fait. Et en troisième lieu, vous lui devez aussi présenter tous vos besoins particuliers et ceux de l'ordre, car vous la devez tenir pour votre mère après la sainte Vierge, et mère de votre ordre, honorant sa maternité et le pouvoir que Dieu lui a donné sur vous, vous offrant toutes à elle. Dieu a opéré en elle plusieurs choses pour l'établissement de son ordre, que vous devez honorer, et maintenant dans le ciel elle reçoit une influence de Dieu pour communiquer à son ordre, pour toutes vos âmes en général, et pour chacune en particulier, si vous vous y disposez. Je prie Dieu qu'il vous en fasse grâce.

CV. DE LA SOCIÉTÉ DE L'HOMME AVEC LES SAINTS ANGES.

Nous avons avec eux société, et nous sommes obligés d'avoir dévotion envers eux. C'est une société sainte et divine par la grâce, et éternelle quant à la durée, et société en ce qui est de plus grand, en la nature, en la grâce et en la gloire. O société puissante, heureuse et souhaitable, nous avons société avec plusieurs créatures, mais en choses basses! Pourquoi nous occuper en des services vils, étant appelés à une société si étroite et si sainte avec les anges, esprits purs, et d'une nature si élevée? Les anges entrent en la mission du Verbe, servent à Jésus en sa personne, en ses états, en ses mystères et en ses membres, et ont part à cette parole: *Quod uni ex minimis meis fecistis, mihi fecistis* (Matth. XXV, 40): ils sont tuteurs de Jésus, de sa

---

(123) Ce discours n'est pas entièrement achevé.

grâce et de ses conseils en nous, et ils en sont tuteurs par la vertu de Jésus. Ils adorent Jésus : *Adorent eum omnes angeli ejus* (*Hebr.* I, 6); ils honorent sa mission vers la nature humaine, ils entrent en cette mission (ce qui est plus que de l'honorer). Il est donc du devoir des Chrétiens appelés à une société si sainte de se rendre à la commission et ordonnance de Dieu sur l'ange qu'il a député pour leur garde, d'adorer Dieu le créant, le prédestinant, le donnant à son Fils Jésus-Christ, pour le servir en eux; honorer les voies, les états, les effets de Dieu et de son Fils sur lui, révérer les conseils et les effets que Dieu a mis en son ange pour eux. Cet ange est pour nous vers Dieu, et à Dieu vers nous, nous devons aussi être à lui vers Dieu, c'est-à-dire entrer en ses devoirs vers Dieu et adorer Dieu pour lui. Nous devons comme nous mettre en son ordre et nous séparer de nous-mêmes pour cela.

CVI. EN LA FÊTE DE TOUS LES SAINTS ET DE LA COMMUNION DE L'ÉGLISE MILITANTE AVEC LA TRIOMPHANTE.

Celui qui a fait le ciel et la terre a rempli la terre et le ciel de ses merveilles, et a mis au ciel son Eglise triomphante, et en la terre son Eglise militante; et comme il est chef de l'une et de l'autre, il les unit ensemble en l'unité de son esprit, et associe leurs fonctions, en sorte que c'est un même corps qui règne dans le ciel, qui combat en la terre, que la terre doit révérer en ses grandeurs, que le ciel doit secourir et assister en sa puissance. C'est le sujet de la solennité présente, où Dieu veut que l'Eglise contemple, révère et invoque les saints qui sont au ciel, et que les saints regardent nos misères, nos combats et nos peines, et nous assistent par leur puissance. Dieu veut que nous contemplions leur gloire, leur sainteté, leur puissance, pour aspirer à leur félicité, pour tendre à leur sainteté et pour espérer en leur assistance. L'esprit de Dieu ordonne ces solennités pour nous conduire à un usage d'esprit intérieur, sans lequel elles sont peu utiles et fructueuses; c'est pour nous élever à la sainteté de Dieu, pour l'adorer en elle-même, pour la révérer en ses saints, pour participer à icelle en nous, et pour renouveler l'esprit de grâce en la conduite de notre année.

CVII. DE LA GLOIRE DES SAINTS

Il faut s'élever en la pensée de la gloire en laquelle il a plu à Dieu constituer ses saints, admirant fort la bonté de Dieu envers eux, de ce qu'il lui a plu mettre sa gloire en la gloire de ses saints.

Considérer que comme Dieu abonde en diverses perfections, il lui a plu aussi rendre ses saints augustes, honorables et éminents en diverses sortes de vertus. Et premièrement entre les anges il a mis son amour aux séraphins, sa lumière aux chérubins, sa paix, son repos et sa stabilité aux trônes, sa force, sa puissance, sa grandeur et son autorité aux vertus et dominations, aux puissances et principautés, son soin et sa providence envers le monde et l'homme, aux anges et archanges. Semblablement quant aux saints, il a mis une participation de sa constance aux martyrs, de sa pureté aux vierges, de sa science aux docteurs, de son autorité aux prélats, de sa justice aux pénitents qui ont été touchés de ce zèle de justice contre eux-mêmes. Et voyant parmi cette troupe de saints un grand nombre d'anachorètes et religieux, j'admirerai leur grand éloignement et abstraction des choses du monde. Je jetterai l'œil aussi spécialement sur les saints, qui ont été doués d'une grande contemplation, comme la Madeleine et autres, estimant beaucoup de ce que Dieu les a si parfaitement lavés et nettoyés, et même dès ce monde les a appelés à la communication du même office qu'il exerce continuement, qui est de se contempler soi-même.

L'ordre que j'y observerai sera de, premièrement, contempler cette perfection en Dieu, donnant lieu à l'esprit de s'étendre en cette vue, et d'en recevoir tous les mouvements que la grâce de Dieu excitera en moi; secondement, de voir la communication de cette perfection en ses saints; troisièmement, de faire une application de cette perfection à mon âme, ou par désir ou par langueur (124)

CVIII. AU JOUR DE LA COMMÉMORATION DES TRÉPASSÉS.

De l'état des âmes de purgatoire, et de ce que nous sommes obligés de leur rendre.

L'Eglise nous représenta hier une compagnie toute glorieuse, toute triomphante, toute jouissante, et aujourd'hui elle nous en représente une tout languissante, toute souffrante, mais toute aimante. Nous distinguons trois parties en l'Eglise, c'est à savoir : l'Eglise triomphante, l'Eglise militante, l'Eglise souffrante, dans lesquelles Dieu se communique différemment selon la condition de chacune; car à la triomphante, il se communique en sa gloire, à la militante en sa grâce, et à la souffrante en sa justice et en ses rigueurs. Et il y a trois conditions à remarquer dans les âmes du purgatoire, car elles sont aimantes, pâtissantes, impuissantes, et tellement impuissantes qu'elles ne se peuvent aider elles-mêmes. Elles sont aimantes et toujours aimantes, elles sont dans la pureté et dans l'actualité de l'amour; elles sont confirmées en grâce et en amour, et leur amour ne peut plus ni déchoir, ni diminuer; en quoi leur condition surpasse de beaucoup la nôtre, car nous n'aimons ni continûment ni parfaitement, et il n'y a moment auquel nous ne puissions déchoir. Notre amour est toujours mêlé d'amour-propre, et nous aimons toujours quelque autre chose que Dieu, et ces âmes n'aiment que Dieu, ne veulent que Dieu, ne tendent qu'à Dieu, et elles y tendent de toutes leurs forces. Mais elles

(124) Il a écrit ceci en ses premières années

portent empêchement à aller à Dieu, et empêchement par leurs fautes, et c'est ce qui les fait souffrir, et nous pouvons dire qu'elles souffrent par deux principes contraires, le péché et l'amour de Dieu, le péché passé et l'amour présent. Le péché passé qui opère encore en les soumettant à la justice de Dieu, et les rendant l'objet de ses rigueurs, et l'amour présent, pressant et tendant à Dieu son unique objet de tout son pouvoir, mais néanmoins arrêté en son impétuosité et son vol, par ce qui reste en elles des péchés de la vie. Elles sont impuissantes et ne peuvent ni avancer, ni sortir de l'état pénible et de l'empêchement à la jouissance de Dieu qu'elles portent, et sa justice les réduit à cet état d'impuissance, pour n'avoir pas usé comme elles devaient, de la puissance que sa bonté leur avait donnée.

Mais en cet état de souffrance et d'impuissance, elles peuvent être aidées de nous, et languissent après le secours des prières et des bonnes œuvres que nous pouvons offrir à Dieu à leur intention; et nous ne devons pas leur manquer au besoin. Nous ne devons pas manquer à des âmes qui sont dans la pureté de l'amour et de la souffrance, et qui, en cette qualité, nous doivent être en une vénération singulière, réduites à un tel point d'impuissance, qu'elles n'ont aucun pouvoir d'abréger leurs peines que dans les effets de notre charité. L'Eglise remplie d'amour et de compassion, nous enseigne cette leçon beaucoup plus par exemple que par paroles, car elle termine tous les offices par une prière spéciale pour les fidèles défunts, et leur dédie un jour en l'année, auquel même elle offre pour eux ce qu'elle a de plus précieux en ses mains, le sacrifice du corps de Jésus. Les âmes que nous assistons en la terre, ne profitent pas toujours de nos soins et de nos labeurs, mais celles-ci sont si bien disposées, qu'elles profitent toujours de l'assistance que nous leur rendons. Nous devons beaucoup honorer ces âmes immolées à la justice de Dieu, sur lesquelles il exerce ses rigueurs par amour, et qui les portent avec amour. Nous en devons avoir compassion, et les secourir charitablement; nous devons confier en leur charité, espérer qu'elles nous seront reconnaissantes de notre secours, lorsqu'elles seront parvenues au royaume de Dieu, et tandis que nous sommes en la terre, nous devons faire ce qu'elles y feraient si l'ordonnance divine les y renvoyait. Ce qu'elles y devaient faire, ce que nous y devons faire maintenant que nous y sommes et ce qu'elles y feraient, c'est se purifier sans cesse et de croître continuellement en l'amour de Dieu. Pesons ces deux points, travaillons soigneusement à l'un et à l'autre tandis que nous le pouvons, car l'heure viendra que nous le voudrions et ne le pourrons plus; et nous sommes d'autant plus obligés à avancer dans l'amour de Dieu, que si nous y manquons nous nous mettons en danger d'en déchoir, et d'en déchoir pour jamais.

CIX. DE JÉSUS-CHRIST EN ÉTAT DE MORT, ET DE TROIS CHOSES QUI SE DOIVENT FAIRE DANS LES AMES, DEPUIS LA SORTIE DU CORPS JUSQU'A L'ENTRÉE DE LA GLOIRE.

1. Jésus-Christ doit être adoré mort en la croix entre les bras de la Vierge, après sa descente de la croix et au sépulcre, qui sont trois demeures de Jésus-Christ dans la mort.

2. Jésus-Christ mort et selon le corps, est au cœur de la terre jusqu'au point du jour du dimanche, et son esprit, qui auparavant résidait en son corps et animait son corps, est durant ces trois jours ès mains de son Père ès quelles il l'a déposé. C'est un nouvel état de Jésus-Christ qui dure depuis sa mort jusqu'à sa résurrection : *Pono animam meam,* « Je délaisse mon âme, » dit Jésus-Christ (*Joan.* x, 17), et c'est ès mains du Père qu'il la laisse.

3. Ce nouvel état de Jésus-Christ ès mains de son Père, dit et insinue plusieurs choses concernant Jésus-Christ, inconnues ou moins connues jusqu'à présent ; et plusieurs choses encore opérées et ordonnées par Jésus-Christ touchant l'état et les voies inconnues du siècle à venir, et toutes appartenantes au salut des âmes.

Plusieurs choses restent à faire ès âmes depuis la mort jusqu'à la gloire. Elles doivent être 1° purgées, 2° instruites de diverses choses qu'elles n'ont pas entendues en la vie présente, et 3° (125) préparées par opérations et impressions intérieures aux effets divins qu'elles doivent recevoir ; combien plus aux effets très-divins comme est la vision de Dieu, chef-d'œuvre de Dieu dans les esprits humains et angéliques ? Et toutes ces choses se font avec succession de temps, toutes dépendent de Jésus-Christ seul ; les hommes n'y ont part que par leurs prières, mais elles dépendent beaucoup du ministère des anges.

CX. DIFFÉRENCE DE NOTRE SANCTIFICATION EN ADAM ET EN JÉSUS-CHRIST.

1. *Adam fut sanctifié en la surface de l'être, et sa sainteté a été fort peu profonde; mais le nouvel homme a été sanctifié en la racine de l'être, et par sa personne, car elle est divine. — II. Dieu, qui est saint par essence, a fait un nouvel homme saint par subsistence. En l'état d'innocence, la sainteté était dans l'homme; et en l'état présent, l'homme est dans la sainteté, car il est sanctifié en Jésus-Christ, et comme l'un de ses membres. Le Chrétien doit perdre sa subsistence en Jésus, comme l'humanité de Jésus est privée réellement de la sienne, et par cela subsiste en la personne du Verbe, et lorsqu'il est arrivé à ce point, il ne peut plus déchoir de la sainteté.*

1. Selon l'ordre substantiel de la créature, la

---

(125) Il semble que ces choses soient ici mises comme dépendant de Jésus en cet état de mort. Le second point est marqué (*I Petr.* III, 19), où parlant de Jésus-Christ, il dit : *In quo (Spiritu) et his qui in carcere erant spiritibus veniens prædicavit.*

première chose, c'est la subsistence ou personne à laquelle l'être et la nature appartiennent. Ainsi le nouvel homme qui est Jésus-Christ dont la sainteté est la personne divine du Verbe, a été sanctifié dans la racine de l'être et dans ce qui soutient et reçoit tout; et Adam a été sanctifié en quelque façon en la surface de l'être, et comme par une sainteté qui fut répandue sur lui, spécialement si nous supposons que la grâce surnaturelle qui lui donnait droit au royaume des cieux, était distinguée et ajoutée à la justice originelle qui était plutôt droiture que sainteté. La sainteté de Jésus est la personne du Verbe, et partant une sainteté antécédente et recevant en soi son humanité, une sainteté substantielle; au lieu que celle d'Adam est subséquente et accidentelle. La sainteté de Jésus est son être même, au lieu que celle d'Adam est un ornement adjoint à son être. La sainteté de Jésus, c'est lui-même; et partant entièrement inséparable, au lieu que la sainteté d'Adam est hors de son être, d'où vient qu'il la peut perdre aisément, comme en effet il en est déchu, et nous tous en lui.

II. Or l'homme étant déchu de sa sainteté en Adam, le vouloir de Dieu n'a pas été de le rétablir en la même manière de grâce et de sainteté; mais au lieu qu'il l'avait rendu en lui-même, il a fait dessein de le sanctifier en son Fils. Dieu, qui est saint en lui-même, nous a voulu sanctifier en lui et non pas en nous; il nous donne son Fils, et en lui soi-même, afin que nous ayons une sainteté substantielle qui est la personne de son Verbe; une sainteté divine, car le Verbe est Dieu, et que nous soyons saints par subsistence, comme Dieu est saint par essence. Et il y a cette différence entre la sainteté de notre création et la sainteté de notre réparation, que par la création la sainteté est en l'homme, et par la réparation qu'il a plu à Dieu d'en faire, l'homme est dans la sainteté; et ce en hommage, en imitation, en participation et par dépendance du nouvel homme, qui est sanctifié non-seulement dans l'être, mais dans la racine même de l'être, et d'une sorte de sainteté antécédente à la nature humaine, et qui la reçoit en soi-même. Et si comme le nouvel homme entre dans la sainteté incréée par anéantissement de sa personne naturelle et humaine, nous entrons en lui avec perte de nous-mêmes, et que nous puissions dire avec saint Paul : *Ego jam non ego,* comme le nouvel homme est inséparable de la sainteté, nous serons aussi confirmés en icelle, et n'en pourrons plus déchoir.

CXI. DE LA VOCATION DES CHRÉTIENS A LA SAINTETÉ.

Aux Pères de la congrégation de l'Oratoire de Jésus.

La grâce de Jésus-Christ Notre-Seigneur soit avec vous pour jamais. (Rom. XVI, 20.)

I. Le changement de condition que Dieu a voulu faire en moi, ne diminue en rien la vigilance, affection et obligation que j'ai à conduire vos âmes dans ses voies, et à veiller sur les maisons qu'il lui a plu nous donner en la terre pour y être servi et honoré.

II. C'est ce qui me fait vous écrire cette lettre, et vous représenter en son nom, que vous ne pouvez douter non plus que moi, que sa volonté ne soit votre sanctification propre, car son Apôtre le nous dit en ces paroles : *Hæc est voluntas Dei sanctificatio vestra.* (I Thess. IV, 3.) Et ce sien vouloir vous doit être doux et agréable, car lorsqu'il nous appelle à la sainteté, il nous appelle à la plus haute communication que nous puissions avoir en la terre avec lui-même. Quand il nous donne l'être, cela nous est commun avec les choses inanimées; quand il nous donne la vie, cela nous est commun avec les animaux; quand il nous donne l'intelligence (de laquelle toutefois nous nous prisons tant, et dont nous nous servons souvent d'opposition à lui-même), il nous donne ce qui est commun avec les anges et avec les diables même, le moindre desquels est plus savant que tous les savants de la terre ensemble. Mais quand il nous appelle à la sainteté, il nous rend semblables à lui, et nous donne une qualité si excellente, si éminente et si élevée, qu'elle ne peut être donnée qu'aux créatures intelligentes; et encore elle les tire et élève beaucoup plus au delà de la grandeur et perfection de leur être, que l'intelligence ne les a élevés par-dessus les animaux. Ne la concevons pas comme une qualité simple et extérieure, qui porte honneur, faveur, dignité au dehors de nous, et rien en nous, comme les qualités de la terre. C'est une qualité céleste, puissante et effective, qui porte et imprime dans le fond de notre être, un nouvel être, un être si excellent, qu'il fait un ordre à part dans les œuvres de Dieu, et surpasse incomparablement tout ce qui est et peut être dans l'ordre de la nature, quelque sorte d'excellence que nous puissions y concevoir, ou qu'elle puisse recevoir de la part de son Créateur.

III. Dieu nous élève en nous appelant à la communication d'une chose si grande; ne nous abaissons pas dans les choses terrestres. Dieu nous honore en nous élevant ainsi, ne nous avilissons pas en nous attachant à choses basses. Dieu nous sanctifie en nous donnant sa grâce; ne nous profanons pas dans les passions humaines. Dieu nous tire à lui et nous donne part à lui-même, ne le rejetons pas et ne nous privons pas de Dieu pour des choses si légères, comme ce qui nous arrête d'ordinaire en la voie de Dieu, pour des pensées frivoles, pour des paroles profanes, pour des sciences humaines, pour des passions brutales, pour des desseins si bas, pour des choses de néant.

IV. Une des voix plus hautes, plus salutaires et plus divines de la philosophie humaine, pour arrêter le cours des passions humaines, et dompter les fureurs des grands combattants pour la terre, était cette voix qui leur disait : *Punctum est pro quo bellatis.*

V. Cette parole est belle à la vérité, mais

elle semble ne s'adresser qu'aux grands, et dans leurs grands desseins, et tous sont dans le même besoin, les petits comme les grands, et les uns et les autres, dans leurs familles aussi bien que dans les choses politiques, voire dans eux-mêmes, faut-il que je le dise, les Chrétiens mêmes, les prêtres, les religieux dans les cloîtres et auprès des autels, ont besoin de la vérité portée en cette parole, et un chacun de nous a un point à mépriser, a une terre à délaisser, *Punctum est.*

VI. Chacun de nous à la vérité n'a pas des batailles à donner, n'a pas des couronnes et des empires ou à conquérir ou à délaisser, mais un chacun de nous a d'autres combats à rendre, d'autres fureurs à vaincre, d'autres passions à dompter, d'autres désordres à régler, d'autres différends à composer, et, pour dire en un mot, chacun de nous a un point à délaisser, a une terre à mépriser ; la terre de notre cœur qui n'est que terre en sa substance, qui vient de terre en son origine, qui ne sent que terre en ses affections, et qui retournera en terre en sa fin. Et si nous savons bien nous considérer nous-mêmes et profiter de la voix de Dieu en son Église, nous reconnaîtrons encore que chacun de nous est moins que terre, qu'un chacun de nous est un néant, et que tout ce qui nous émeut, nous altère, nous concerne hors de Dieu, n'est qu'un pur néant. Mais nous sommes un néant qui tend au néant, qui cherche le néant, qui s'occupe du néant, qui se contente du néant, qui se remplit du néant, et qui enfin se ruine et se détruit soi-même pour un néant. Au lieu que nous devons être un néant, à la vérité (car cela nous convient par nature), mais un néant en la main de Dieu, un néant destiné à Dieu, un néant référé à Dieu ; un néant choisi de Dieu, un néant consacré à Dieu ; un néant rempli de Dieu, et enfin un néant possédé de Dieu et possédant Dieu, et cela nous convient par grâce. Et ainsi la nature et la grâce se trouvent heureusement jointes ensemble ; et comme Dieu par sa bonté joint sa grandeur à notre petitesse, aussi nous devons incessamment joindre l'abaissement en nous avec l'élévation en Dieu, pour nous conformer à Dieu et à nous-mêmes.

VII. Puisque Dieu daigne du plus haut de sa grandeur, regarder le néant que nous sommes, regardons Dieu du plus bas de notre petitesse, pensons à lui et non pas à nous. Et puisqu'il nous choisit, nous prépare, nous élève à soi, nous rend dignes de soi, ne méconnaissons pas sa vocation, ne résistons pas à sa grâce, ne nous attachons pas à nous-mêmes, ne nous rendons pas indignes de sa miséricorde et de sa dignation, ne faisons pas toujours des œuvres de néant, mais faisons des œuvres de Dieu ; ne faisons pas des œuvres périssables, mais faisons des œuvres éternelles. Or ce que nous faisons pour la terre passera comme la terre, ce que nous faisons pour Dieu durera autant que Dieu même. Si c'est pour Dieu que nous travaillons, que nous pâtissons, que nous agissons, et, pour descendre à nos exercices journaliers, si c'est pour Dieu que nous ouvrons nos livres pour apprendre, que nous ouvrons nos livres pour enseigner, c'est un œuvre éternel ; mais si c'est pour nous donner ou du contentement ou de l'honneur, c'est un œuvre temporel qui passera et sera même consommé par le feu. Considérons nos voies, selon l'avis du Prophète, pour les connaître et régler ; et si, comme néants, nous avons autrefois fait des œuvres de néant, comme enfants de Dieu, faisons désormais des œuvres de Dieu.

Considérons notre origine pour la suivre, pour nous y conformer, pour en bien user, et si notre origine de la terre et du néant nous incline au néant et à la terre, que notre origine et émanation de Dieu nous élève à Dieu.

Considérons que nous avons une autre naissance et une origine nouvelle. La première doit nous abaisser et non pas attacher, la seconde doit nous élever et non pas nous enfler. Nous abaissant donc sans nous attacher et nous élevant par grâce sans nous enfler par orgueil, contemplons notre nouvelle origine, notre nouveau principe. Jésus est le principe et nous naissons de lui. Il s'appelle : *Principium creaturæ Dei* (*Apoc.* III, 14), c'est une de ses qualités exprimées dans le livre de vie. Tellement que dans les Écritures et dans nos mystères, nous avons deux principes divins. Le Père est principe sans principe, et le Fils est un principe émané de ce premier principe. Le Père est le principe des œuvres de la nature, Jésus son Fils unique est le principe des œuvres de la grâce ; l'un est principe des créatures en général par la création qui est attribuée au Père même en notre Symbole, mais l'autre, par la sanctification, est principe de la créature de Dieu, de celle qui est capable de Dieu, qui appartient à Dieu et que Dieu choisit pour soi et approprie à soi par sa grâce : *Principium creaturæ Dei.* C'est un beau nom de Jésus, et lequel n'est pas ordinairement considéré ; c'est le nom qu'il se donne à soi-même paraissant à son bien-aimé disciple en son *Apocalypse.* Cette qualité de prince et de principauté lui plaît, aussi est-ce le sujet de sa mission, le prix de ses labeurs et le fruit de sa croix. C'est pourquoi, parlant aux Juifs qui lui demandaient sa qualité, il leur dit, selon le même saint Jean (VIII, 25) : *Principium qui et loquor vobis.* Jésus donc en lui-même est ce principe excellent et singulier, et par sa grâce infuse en nous, il est notre principe, et nous sommes dérivés de lui quant à la grâce et quant à la nature, puisqu'il est homme et Fils de Dieu, le premier-né des enfants de Dieu.

Il est notre Père, et nous ses enfants ; il est Père et principe tout ensemble ; il est Père, car nous sommes à sa semblance ; il est principe, car nous sommes originés de lui et sans aucun autre principe adjoint à lui comme pour l'aider en l'œuvre de notre rédemption, car il est seul accomplissant cet œuvre et il l'accomplit sans fondement et sans sujet précédent qui est la manière de la création. Il est le seul Seigneur souverain et le seul rédempteur; et l'Eglise au Symbole qui nous fait croire en un seul Dieu : *In unum Deum*, nous fait croire en un seul Seigneur, *Et in unum Dominum Jesum Christum*, affectant l'unité de domination à Jésus comme elle a affecté l'unité de divinité à Dieu le Père. Il est notre Père et notre principe quant à la grâce, et partant quant à notre nature, puisque nous sommes une créature nouvelle, qui reçoit un nouvel être et une nouvelle nature, et qui la reçoit par voie de création qui est l'action par laquelle on reçoit non les choses adjacentes à l'être et à la nature, mais la nature et l'être même. Et saint Paul appelle notre sanctification, création, et dit que nous sommes créés en Jésus-Christ : *Creati in Christo Jesu. (Ephes.* II, 10.) Tellement que, comme en nos mystères nous adorons deux principes, Dieu le Père et Jésus-Christ son Fils unique ; aussi nous avons deux êtres en nous, nous avons deux émanations et deux émanations de Dieu, et deux émanations obligeantes toutes deux à la sanctification.

En la première, Dieu nous créant en cet univers, nous a donné un instinct et mouvement vers lui-même : *Fecisti nos, Domine, ad te*, et il nous a référé à lui-même, et ce mouvement est inséparable de la créature et durera éternellement. Et nous devons, en adorant le Créateur, nous rendre au mouvement universel que sa main toute-puissante a imprimé dans l'intime de la créature vers son créateur. L'autre émanation est de Dieu encore, mais d'un Dieu mortel et immortel tout ensemble, Dieu mortel et mourant pour nous sanctifier, Dieu mourant et nous donnant vie par sa mort. En ces deux émanations nous recevons un être et un être différent, nous sommes établis en deux mondes et deux mondes aussi différents. En l'un nous recevons l'être de la nature, en l'autre nous recevons l'être de la grâce ; en l'un nous entrons en ce monde que nous voyons, en l'autre nous entrons en un monde que nous adorons. Là ce Jésus qui est notre père et principe, nous engendre et produit, nous forme et établit en lui-même. Tellement que, comme il est notre principe, il est notre univers encore. Il est notre monde et nous vivons en lui ; nous sommes créés et établis en lui, ce dit l'Apôtre : *Creati in Christo Jesu*. Il est notre univers et notre monde et le monde des grâces et faveurs de la Divinité comme le premier monde est le lieu qui enclôt et contient les créatures de la Divinité.

Jésus donc est un monde et est notre monde, et c'est notre bonheur qu'il soit notre monde, c'est notre malheur quand il ne sera point notre monde et que nous vivrons, ou plutôt nous mourrons hors de lui. Il est le monde que nous devons aimer et adorer, il est le monde où nous devons nous établir et vivre pour une éternité. Il est le monde qui nous soutient par sa puissance, nous couvre par sa clémence, nous échauffe par son amour, nous éclaire par sa lumière, nous arrose par ses influences et ses grâces, nous vivifie par son esprit, nous nourrit par son corps. Monde admirable et même adorable, et qu'on ne peut acquérir qu'en ce monde. Il nous est défendu d'adorer ce monde, et c'est offense et idolâtrie de l'adorer et même de l'aimer. Mais il nous est commandé d'adorer ce monde nouveau où nous sommes établis par la régénération et il y a anathème à qui ne l'adorera point. C'est devoir à nous et hommage à Dieu de le l'adorer, hommage unique et hors lequel nous ne lui en pouvons rendre aucun, devoir premier et essentiel des Chrétiens. Aimons, estimons, adorons ce nouveau monde ; estimons notre naissance seconde en icelui, notre nouvelle origine, notre nouveau principe, notre monde nouveau, et saintement établis en ce nouveau monde, en Jésus-Christ Notre-Seigneur, et selon les paroles divines du divin Apôtre : *Creati in Christo Jesu* (*Ephes.* II, 10), employons-nous en bonnes œuvres, car c'est pourquoi nous sommes établis en lui. Et comme en la création première, recevant l'être et la vie, nous faisons des effets de vie, aussi en cette seconde création, recevant la vie de grâce, nous devons produire des œuvres de grâce ; c'est pourquoi l'Apôtre qui a dit : *Creati in Christo Jesu*, a joint cette dernière clause et condition, *in operibus bonis. (Ibid.)* Sentence remarquable qui nous apprend notre condition et nous appelle les créés en Jésus-Christ ; oracle qui, en deux paroles, nous enseigne de si grandes vérités, nous représente chose si digne et si propre à nous ; oracle, sapience apostolique que nous devons incessamment écouter et fidèlement suivre et exprimer en notre vie.

Souvenez-vous de ces paroles, apprenez-y votre naissance, votre qualité et vos devoirs. Remarquez-y les desseins de Dieu sur vous et recueillez de ce divin propos, que nous sommes le sujet de deux créations par lesquelles nous avons deux entrées en deux mondes ; deux entrées bien diverses, deux entrées en deux mondes bien différents et à des fins bien différentes aussi. En l'un de ces deux mondes nous entrons pour mourir et en l'autre pour vivre ; en l'un pour porter la qualité d'enfants d'ire, en l'autre pour porter la qualité d'enfants de Dieu ; en l'un pour être pécheurs, et c'est notre qualité propre et première ; en l'autre pour être saints, et c'est notre devoir, notre grandeur et la miséricorde de Dieu sur nous. De l'un Adam et nous en lui et après lui, en sommes la cause ; de l'autre, la seule cause est Jésus. Et comme le Dieu vivant est principe de notre existence en la nature, le Dieu vivant et mourant est le principe de notre existence en la grâce. Ce principe nouveau est admirable et adorable en ses deux essences et leurs qualités ; l'une est divine et l'autre humaine, l'une créée, l'autre incréée, l'une mortelle, l'autre immortelle. Qualités contraires et unies en un même sujet par un concert divin pour notre salut. Ce principe nouveau est Fils de Dieu et Fils de l'homme, est Dieu et homme tout ensemble. Comme il est un nouveau vivant et un nouveau principe, il veut faire chose nouvelle en la terre et au ciel ; il veut mettre le royaume du ciel dans la terre et la terre dans le ciel, il veut faire les enfants des hommes enfants de Dieu, il veut faire saints les pécheurs de la terre. Cet ouvrage est grand, mais les moyens qu'il y emploie sont plus grands encore. Il vit, il meurt en douleurs et en croix, nous donne son esprit et sa grâce, son amour et sa croix ; il s'unit à nos corps et à notre esprit par son corps sacré et par son esprit divin joints ensemble en l'Eucharistie, et par des voies si dignes et des moyens si chers et si précieux, il veut ravir nos cœurs, les séparer de la terre et du péché, les élever au ciel et nous obliger d'être des saints.

Considérons ces choses et regardant à Jésus-Christ notre Père et principe ; et entrons en des pensées dignes de ce regard, dignes de Jésus-Christ, dignes encore de nous-mêmes, puisque nous sommes ses frères, ses enfants et ses membres. Dieu disait aux Hébreux : *Attendite ad petram unde excisi estis* (*Isa.* LI, 1), et par ces paroles prophétiques, voulait faire un effort sur leurs esprits. Dieu nous parle en bien plus forts termes, et nous dit, avec plus de raison et d'énergie : *Attendite ad petram.* Ce n'est pas un Adam ni un Abraham même : notre pierre, c'est Jésus-Christ ; notre principe, c'est Jésus-Christ ; notre origine, c'est sa naissance et divine et humaine ; notre vie, c'est sa vie ; notre aliment, c'est son corps ; notre puissance, c'est sa croix ; notre conduite, c'est son esprit ; notre qualité, d'être enfants de Dieu, membres de Jésus-Christ ; enfants, héritiers de Dieu, cohéritiers de Jésus-Christ : notre récompense et félicité, c'est son propre royaume et sa gloire. Voilà notre principe, voilà notre naissance, voilà notre condition. Ces choses sont admirables, mais elles nous obligent aussi à choses grandes ; elles nous obligent à la perfection et à une perfection non humaine, mais divine ; non philosophique, mais chrétienne. Car si nous sommes et si nous vivons en Jésus-Christ, quelle doit être cette existence et cette vie ? combien pure et combien divine! Si nous sommes enfants de Dieu et membres de Jésus-Christ, combien digne doit être notre conduite, combien saintes doivent être nos actions! Certes, elles doivent être dignes de l'éminente condition des enfants de Dieu, et ces termes, ces effets, ces qualités, nous obligent à perfection et sainteté divine et sublime.

CXII. JÉSUS EST LE PRINCIPE DE LA NOUVELLE CRÉATION, ET L'UNIVERS DE LA NOUVELLE CRÉATURE.

Sur ces paroles : *Creati in Christo Jesu.* (*Ephes.* II, 10.)

I. *Dei factura sumus,* dit l'apôtre saint Paul, *creati in Christo Jesu in operibus bonis.* Sentence remarquable, qui nous apprend notre condition et nous appelle les créés en Jésus-Christ. Oracle, qui, en deux paroles, nous représente chose si digne et si propre à nous ; oracle que nous devons incessamment écouter et fidèlement suivre et exprimer en notre vie, oracle de sapience apostolique, *Creati,* etc. Nous entrons en ce monde sensible et périssable, où nous mourons, et d'une mort éternelle si nous adhérons à ce monde. Jésus est le principe nouveau, duquel nous sommes originés et dérivés, et duquel nous tirons une vie excellente. Nous sommes en Jésus comme en un nouveau monde ; nous sommes par Jésus comme par un nouveau principe : ajoutons une troisième vérité, que comme nous sommes en lui et par lui, nous sommes aussi pour lui ; nous sommes le sujet de deux créations, et nous avons entrée en deux mondes ; deux entrées bien diverses, car nous entrons en l'un pour mourir, et en l'autre pour vivre ; en l'un, pour porter qualité d'enfants d'ire ; en l'autre, pour porter qualité d'enfants de Dieu ; en l'un, pour être pécheurs, et c'est notre qualité propre et première ; en l'autre, pour être saints, et c'est notre devoir, notre grandeur et la miséricorde de Dieu sur nous. De l'un, Adam en est la cause en nous ; de l'autre, la cause est Jésus.

II. Ainsi, il y a deux émanations de Dieu, et deux émanations obligeantes à la sanctification. En la première, Dieu nous créant et cet univers, a donné un instinct et mouvement vers lui-même : *Fecisti nos, Domine, ad te.* Il nous a référé à lui-même, et ce mouvement est inséparable de la créature, et durera, voire dans l'enfer même, c'est-à-dire tant que la créature durera en son être : et nous devons, en adorant le Créateur, nous rendre au mouvement universel que sa main puissante a imprimé dans l'intime de la créature vers son Créateur. L'autre émanation est de Dieu encore, mais d'un Dieu mortel et immortel tout ensemble, Dieu mortel et mourant pour nous sanctifier, Dieu mourant et nous donnant la vie par sa mort. En ces deux émanations nous recevons un être, et un être différent ; nous sommes établis en deux mondes, et deux mondes aussi différents : en l'un, nous recevons l'être de la nature ; en l'autre, nous recevons l'être de la grâce : en l'un, nous entrons en ce monde que nous voyons ; en l'autre, nous entrons en un monde que nous adorons. Car ce Jésus, qui est notre père et principe, nous engendre et produit, nous forme et nous établit en lui-même. Tellement que comme il est notre principe, il est notre univers encore, il est notre monde, et nous vivons en lui, nous sommes créés et établis en lui, ce dit l'Apôtre : *Creati in Christo Jesu.* Il est notre univers et notre monde ; le monde des grâces et faveurs de la Divinité, comme le premier monde est le lieu qui enclôt les créatures de la Divinité. Jésus donc est un monde et notre monde, et c'est notre bonheur qu'il soit notre monde ; c'est notre malheur quand il ne sera point notre monde et que nous vivrons, ou plutôt que nous mourrons hors de lui.

CXIII. DE LA DOUBLE CRÉATION DE L'HOMME, C'EST-A-DIRE EN NATURE ET EN GRACE ; ET DE CE QU'IL DOIT A DIEU ET A JÉSUS-CHRIST, PRINCIPE DE L'UNE ET DE L'AUTRE.

I. *La même création qui nous tire de Dieu, porte un instinct de retour à Dieu.* — II. *Nous sommes créés, et non simplement produits en la grâce aussi bien qu'en la nature, et Jésus-Christ est le principe de cette création. Explication de cette parole :* Creati in Christo Jesu. (*Ephes.* II, 10.)

I. Elevons-nous par-dessus nous-mêmes, et considérons nos origines en Dieu. Que notre émanation de Dieu nous élève à Dieu. La première, que nous avons du néant et de la terre, nous doit abaisser, mais non pas attacher. La seconde, que nous avons de Dieu, nous doit élever et non pas enfler. Nous abaissant donc en nous-mêmes, sans nous attacher à nous-mêmes et à la terre, et nous élevant en Dieu, contemplons nos origines, et voyons que nous sommes issus de Dieu en plusieurs manières, et quant à la nature et quant à la grâce, et vivons conformément à ce divin principe. Dieu nous créant, nous forme de ses mains quant au corps ; et nous produit comme du plus intime de lui-même et de son esprit, quant à l'âme ; et comme émanés de lui, il nous imprime un instinct de retour vers lui. C'est un point digne de considération grande, c'est un de nos devoirs qu'il nous faut fidèlement suivre et reconnaître ; c'est un de nos premiers titres obligeant à chercher Dieu, comme dit l'Apôtre : *Quærere Deum si forte attrectent eum.* (*Act.* XVII, 27.) Et c'est un mouvement que Dieu imprime à sa créature, auquel nous devons adhérer en adorant Dieu créant. Car dans le même instant de la création, comme Dieu nous produit hors de soi, il nous réfère à soi, il nous attire à soi, il nous veut consommer et transformer en soi ; et s'opposer à cet état et effet, c'est s'opposer aux principes de notre création. Et comme nous devons adorer Dieu créant, nous devons adhérer au mouvement que Dieu imprime en nous vers Dieu même nous créant. Dans le même instant de la création, il y a deux mouvements différents : l'un produisant la créature hors de Dieu même, l'autre la référant et l'attirant à Dieu même ; et comme en l'un nous sortons de Dieu, en l'autre nous retournons et rentrons en Dieu, et c'est une même main qui donne ce double mouvement. Suivons ce dernier mouvement. Et comme nous portons l'effet du premier qui nous donne l'être, portons encore l'effet du second qui nous donne la grâce, et consentons à notre origine. Voilà quel est notre état et notre devoir en cette création première. Cette issue et émanation de Dieu quand à l'être, nous convient avec le reste des créatures. Cet instinct vers Dieu nous convient avec les anges et avec les diables même, qui portent incessamment cet instinct, et ne le peuvent effacer.

II. Mais nous avons encore une autre émanation de Dieu, et bien plus obligeante à nous sanctifier, c'est celle de Jésus ; Jésus en est le principe, et nous naissons de lui : *Dedit potestatem filios Dei fieri.* (*Joan.* I, 12.) Par la première nous sommes serviteurs de Dieu ; par la seconde nous sommes enfants de Dieu. En la première Dieu nous fait à son image ; en la seconde Dieu se fait lui-même à notre image et semblance ; en la première nous recevons la nature, en la seconde nous recevons la grâce ; en la première nous entrons en ce monde, en la seconde nous entrons en Jésus. Saint Paul nous appelle les créés de Jésus-Christ : *Creati in Christo Jesu.* Parole grande et qui nous apprend de grands secrets en notre condition. Elle nous apprend que nous sommes créés en cette nouvelle naissance, aussi bien qu'en la première ; et qu'il n'y a en nous aucun principe et sujet à la grâce, comme il n'y en a point en la nature : *Creati in Christo Jesu.* Elle nous apprend que nous sommes créés en Jésus-Christ, et que comme Dieu vivant est le principe de notre existence en la nature, Dieu mortel et mourant est le principe de notre existence en la grâce : *Creati in Christo Jesu.* Elle nous apprend que, comme nous avons deux émanations de Dieu et deux êtres différents, nous avons aussi deux entrées en deux mondes bien divers, et à des fins bien diverses. Car en la création première, nous entrons en ce monde que nous voyons, et en la création seconde nous entrons en un monde que nous adorons ; c'est-à-dire nous entrons, nous vivons, nous opérons en Jésus : *Creati in Christo Jesu.* Et comme il est notre principe, il est notre univers aussi, il est notre monde et nous vivons en lui.

CXIV. DIEU EST LA FIN DE L'ÊTRE ET DE L'ACTION DE L'HOMME.

L'homme est tiré du néant, et est comme un néant qui ne peut ni être, ni agir hors la main de Dieu, ni agir qu'avec Dieu, c'est-à-dire autant que Dieu le fait agir. Cette vérité nous oblige à ne vouloir que ce que Dieu nous fait être, à ne vouloir être que dans ses mains et en lui : *In ipso vivimus, movemur et sumus* (*Act.* XVII, 28) ; à ne vouloir agir qu'avec lui, et à nous rendre dignes de cette union d'être et d'action avec Dieu.

La fin de Dieu en nous créant, c'est lui-même ; car la pureté de Dieu est telle, qu'il ne peut rien faire que pour lui-même. Cela nous oblige à ne rien recevoir que pour lui, c'est-à-dire à n'avoir ni vie, ni être, ni action que pour lui (126).

CXV. DE LA CRÉATION DE L'HOMME.

L'homme doit être considéré dans le dessein de Dieu qu'il a ruiné, en soi et dans

---

(126) *Omnia propter semetipsum operatus est Dominus.* (*Prov.* XVI, 4.)

son état présent auquel il s'est réduit, et dans la réparation que Dieu veut faire de sa ruine en son Fils unique, Jésus-Christ Notre-Seigneur. A ces trois points se réduit la connaissance que nous devons avoir de nous-mêmes; connaissance que la philosophie et la raison humaine ne nous peuvent donner, et qu'il nous faut puiser dans la lumière de la grâce, dans la lumière de la piété. Dieu formant l'homme d'un composé de corps et d'âme, de nature et de grâce ; et n'ayant point de place distincte et particulière à lui donner dans ses œuvres, comme étant créé après toutes ses œuvres, il lui a trouvé place dans la hautesse de sa sapience, et lui a donné un être participé de toutes ses œuvres, et communiquant à toutes ses œuvres. Il l'avait fait grand et heureux, il lui avait fait un monde et un paradis, mais il s'est rendu indigne de ce paradis, se séparant de Dieu. Il fait comme un centre du monde, que tout regarde et de qui tout dépend ; et comme un Dieu visible en la terre, rendant hommage au Dieu invisible, et se référant soi-même et tout ce qui est créé, à Dieu, faisant au monde ce que l'âme fait au corps, c'est-à-dire régissant le monde, et le référant à son créateur, comme l'âme et l'intelligence de l'univers : Mens universi. En cette qualité, son ouvrage était de contempler Dieu, le monde et soi-même ; de voir Dieu en son œuvre, et de se référer soi-même et toutes les œuvres de Dieu, à Dieu ; son esprit étant l'esprit de l'univers, pour connaître Dieu et l'adorer ; et sa langue, la langue de l'univers pour le louer, et son cœur, le cœur de l'univers pour l'aimer ; Dieu voulant avoir de sa créature un hommage, une louange et une connaissance sensible et spirituelle tout ensemble, comme il l'avait doué d'un être spirituel et sensible tout ensemble. Car l'hommage est composé de pièces toutes différentes. Il est miracle d'une part, et de l'autre un néant. Il est céleste d'une part et terrestre de l'autre. Il est spirituel d'une part et corporel de l'autre. C'est un ange, c'est un animal, c'est un néant, c'est un miracle, c'est un centre, c'est un monde, c'est un Dieu, c'est un néant environné de Dieu, indigent de Dieu, capable de Dieu et rempli de Dieu s'il veut (127).

CXVI. DE DEUX SORTES DE SANCTIFICATION ET D'IMMORTALITÉ, L'UNE EN LA NATURE, L'AUTRE HORS LA NATURE, ET EN JÉSUS-CHRIST.

Dieu subsiste, produit, opère et sanctifie en unité ; et aussi il tend à l'unité, notamment au mystère de l'Incarnation, grâce et mystère d'unité. Dieu qui est saint et la sainteté même en sa nature, a divers moyens de sanctifier. En la création de l'homme, il l'a voulu sanctifier dans sa propre nature, lui donnant un état saint, et le sanctifiant dans ses actions naturelles ; et peut-être il y a quelque chose de semblable en la sanctification des anges, sanctifiés *secundum naturalia*. Cette sorte de sainteté est petite, est faible, est facile à perdre, parce que comme elle est plus proportionnée à la nature, elle est aussi plus proche de son néant et plus éloignée de Dieu ; et nous voyons qu'en cet état tous les hommes ont péri en Adam, et une grande partie des anges. Mais maintenant Dieu sanctifie l'homme en l'anéantissement de sa nature, et en l'établissement et domination de sa grâce. Dieu sanctifie le nouvel homme dans sa nature en l'Incarnation, par un moyen infiniment plus puissant, car il est sanctifié par sa première nature, par la nature divine, laquelle lui étant jointe en unité d'hypostase, elle la rend sainte et impeccable ; et la rend sainte à un degré qui approche de près la sainteté de Dieu, qui est sa propre nature ; degré auquel se fait le parfait et accompli mouvement circulaire, et le retour de Dieu à soi-même. Et toutefois, dans cette sanctification de nature en la nature, il y a encore anéantissement en la subsistence naturelle, dont l'humanité est donnée pour jamais.

Dieu sanctifie par voie d'accomplissement de la nature, comme en l'état de la justice originelle, et il sanctifie par anéantissement en la nature, et cette manière est plus élevée et se retrouve même dans le mystère de l'Incarnation ; et ces deux manières répondent l'une à la peinture qui se fait par addition, l'autre à la sculpture qui se fait par la substraction. Et je dis que cette dernière est plus élevée, parce que Dieu substitue par cet anéantissement un être bien plus noble que celui qui est donné en l'accomplissement ; et quand ce nouvel être proviendra à sa consommation par l'état de la gloire, il sera beaucoup plus proportionné à l'excellence de l'homme en sa nature, puisque lors il sera saint de cette autre manière de sainteté et selon la chair et selon l'esprit, et que la sainteté sera établie pour jamais en sa nature, comme elle a été établie en l'humanité de Jésus au moment de l'Incarnation.

Et comme il y a deux sortes de sanctification, il y a aussi deux voies d'immortalité, l'une en la nature, comme celle d'Adam par un paradis et une pomme ; l'autre hors de la nature, comme celle de Jésus sans pomme, sans paradis, sans terre ; par puissance de vie, vivifiant par lui-même, immédiatement et indépendamment de toutes dispositions.

CXVII. FAIBLESSE DE L'HOMME, PUISSANCE DE JÉSUS-CHRIST.

A l'entrée d'une visite des religieuses Carmélites dans l'octave de l'Ascension.

Il y a en nous trois impuissances au regard de la grâce, c'est à savoir, à y entrer, à en bien user, à s'y conserver, ou autrement à arrêter le mal qui est en nous ; et il y a en Jésus-Christ trois sortes de puissances opposées à ces trois impuissances.

Mes sœurs en Notre-Seigneur Jésus-Christ et en sa très-sainte Mère, le temps qui s'est

---

(127) Ce discours n'est pas achevé.

passé depuis la résurrection jusqu'à l'ascension est employé à honorer les visites de Jésus-Christ à ses apôtres, à sa famille et aux siens ; j'ai cru ne vous devoir pas divertir d'une si sainte occupation par notre visite. Mais maintenant que vous êtes comme seules en la terre, que Jésus-Christ n'y est plus, et que le Saint-Esprit n'y est pas encore, que l'Eglise est comme en veuvage, et que vous représentez cet état en vous-mêmes, j'ai cru devoir prendre ce temps pour visiter vos âmes et votre maison. Mon regret est de ce qu'il faut que je vous tire de la vie céleste et glorieuse du Fils de Dieu (car l'Eglise en ce temps est tout occupée à cela), à une vie misérable et imparfaite; et de Jésus-Christ à vous-mêmes ; de Jésus-Christ régnant dans une vie éternelle, remplie de grandeur et de félicité, à une vie remplie de péché. Mon intention toutefois n'est pas de vous divertir entièrement de Jésus-Christ ; mais il faut que je vous tire et applique à vous-mêmes et à vos défauts. Il est bon, mes sœurs, de nous connaître nous-mêmes, car en nous connaissant nous-mêmes, nous connaîtrons Dieu. Il faut savoir que nous avons trois sortes d'impuissances au regard de la grâce, et nous trouvons aussi en Jésus-Christ trois sortes de puissances à nous y faire entrer. La première impuissance qui est en nous est d'entrer en la grâce ; la seconde, de bien user de la grâce, et puissance maligne d'en mésuser ; la troisième est de ne pouvoir arrêter le mal et le péché qui est en nous. Oh ! que cette première impuissance est grande, et qu'elle nous doit humilier ! Car nous n'avons aucun pouvoir d'entrer en la grâce, et sommes comme un corps mort qui n'a nulle puissance d'entrer en la vie. S'il se pouvait ressusciter, il le ferait ; mais s'il n'est besoin que de remuer le bout du doigt, il ne le peut ; s'il ne faut qu'ouvrir la bouche, il ne le saurait faire ; il ne peut faire la moindre petite action de vie. Nous sommes tout ainsi devant le Fils de Dieu, et n'avons aucun pouvoir de faire action de vie, je dis de vie de grâce ; mais il a puissance de nous y faire entrer, et puissance divine à laquelle nous devons recourir et à laquelle il nous faut donner, afin qu'il nous donne entrée à sa grâce et nous tire en lui. Si ce corps mort pouvait demander la vie, il la demanderait, et c'est ce que nous devons faire. Il y a un beau mot à ce propos dans l'Ecriture sainte, si vous y avez pris garde : *Cor mundum crea in me Deus* : *Créez en moi un cœur nouveau.* » (*Psal.* L, 12.) Créez, oui, créez ; car ce n'est pas seulement une rénovation, le Prophète l'appelle création ; il ne dit pas : Changez mon cœur, mais créez en moi un cœur, pour montrer que quand nous avons entrée en la grâce, nous n'y avons point de part, mais que c'est Dieu par sa puissance qui nous y tire ; car dans la création il n'y a que le néant duquel Dieu fait tout ce qu'il veut. Or, non-seulement nous n'avons pas pouvoir d'entrer en la grâce ; mais même y étant entrés par la miséricorde de Dieu, nous n'avons pas pouvoir d'en bien user ; mais nous avons une puissance maligne d'en mésuser. O combien de mauvais usage faisons-nous de la grâce ! Nous la détruisons à mesure qu'elle nous est donnée le plus souvent ; et comme nous avons impuissance à y entrer, nous avons impuissance à nous y maintenir et conserver. Il faut que ce soit le même Jésus-Christ qui nous y établisse et nous la conserve ; car nous ne pouvons de nous-mêmes sinon la détruire incessamment, ayant une inclination si forte au péché, qu'elle va sans cesse ruinant, détruisant et anéantissant la grâce et tout ce que nous sommes en Dieu, et tout ce que Dieu est en nous, et sommes comme ceux qui ont une fièvre continue ; ils ont la vie, mais il y a en eux un feu étranger, qui va ruinant et détruisant ce qu'il y a de vie en eux, et n'ont nul pouvoir d'arrêter ce feu qui les consume. Ce n'est pas comme le corps mort duquel nous avons tant parlé ; il n'a pas puissance de détruire la vie, il n'a rien en lui qui y résiste ; et si Dieu le voulait ressusciter, il ne s'y opposerait point ; et nous, nous avons opposition continuelle à la grâce, et c'est ce que saint Paul dit : *Le péché habite en nous et opère en nous* (*Rom.* VII), si nous n'avons un soin continuel de nous renouveler. Et vous devez, mes sœurs, vous visiter vous-mêmes tous les jours, pour connaître vos manquements ; car sans cela nous déchéons facilement de la perfection. Nous sommes comme ces vieilles maisons ruineuses qui tombent de tous côtés ; si on les étaye d'un côté, elles tombent de l'autre. Il faut les étayer de toutes parts, et reprendre depuis les fondements, car tout s'en va en ruine. Nous en sommes tout de même tant les âmes parfaites que les imparfaites. Les histoires sont toutes pleines d'âmes qui se sont perdues par l'abondance des grâces. Il n'y a état si relevé, où il n'y ait sujet de craindre ; et tant plus la grâce est éminente, plus la ruine est grande. Lucifer dans le ciel a tiré sa ruine de l'éminence de la grâce. Voilà bien de quoi avoir de la vanité dans la grâce qui nous est donnée comme chose étrangère, et qui n'est pas de notre fonds, que nous pouvons si facilement perdre, et qui peut être même notre perte.

Or, non-seulement nous avons ces deux impuissances au regard de la grâce, mais nous en avons encore une troisième qui est de ne pouvoir arrêter le mal et le péché qui est en nous. C'est encore un grand sujet de nous humilier, et vous devez, mes sœurs, être en un continuel abaissement devant Dieu, car de tous côtés nous ne sommes qu'impuissance, qu'indigence, que néant, soit pour avoir la grâce, soit pour en bien user, et pour arrêter nos imperfections ; et ce néant doit être environné de grâce de tous côtés. Si Jésus-Christ ne nous soutient et ne nous environne par une grâce surprenante, et par une grâce subséquente et consommante, nous sommes continuellement dans l'imperfection ; et non-seulement il faut que la grâce soit en nous, mais il faut qu'il y ait une suite de grâce, une nouvelle grâce, non ordinaire ni telle quelle; mais une grâce qui soit vigilante pour nous exciter, et puissante pour anéantir nos imperfections. Voilà ce que nous sommes de nous-mêmes, et quelle est notre puissance. C'est bien de quoi nous glorifier, et nous tant regarder, et nous en occuper, au lieu que nous devons incessamment nous renoncer et nous occuper du Fils de Dieu. Or pour vous faire retourner de vous-mêmes à lui, je trouve une belle qualité de Jésus-Christ, qui nous est rapportée par saint Jean dans son *Apocalypse* (III, 14), que vous n'avez peut-être jamais remarquée : *Principium creaturæ Dei* : « Principe de la créature de Dieu. » Il y a grande différence entre créature et créature de Dieu; car les réprouvés, les démons et les pécheurs dans leur péché sont bien créatures par origine, mais ils ne sont pas créatures de Dieu, c'est-à-dire créatures regardantes Dieu, tendantes à Dieu et appartenantes à Dieu ; il les a séparées pour jamais de son appartenance. Par cette qualité de Jésus-Christ, d'être *principe des créatures de Dieu*, je n'entends pas parler de Jésus-Christ en tant que Dieu; car en cette qualité il est principe de toutes créatures ; mais j'entends de l'Homme-Dieu et de la qualité qu'il a prise par le mystère de l'Incarnation. Or, par cette qualité, Jésus-Christ est principe de grâce, source de grâce, plénitude d'être et de vie pour lui et pour nous; car toute la grâce a été donnée à Jésus-Christ pour être répandue dans toutes les âmes qui lui sont liées ; et comme le chef influe sur ses membres, Jésus-Christ notre chef a une influence continuelle sur nous, d'être, de vie, de grâce, de laquelle il fait un usage continuel devant Dieu son Père, et pour lui et pour nous, et il est vers lui en oblation perpétuelle ; et dès l'instant de son incarnation il a fait cet acte d'oblation volontaire, lequel a été permanent en lui, et par cet acte, il nous a tous sanctifiés et consommés. Nous sommes dès lors renfermés en lui, et ce premier acte a mérité notre sanctification, et il a rendu de très-grands devoirs et de très-grands usages pour toutes ses créatures.

O quels devoirs ! ô quels usages ! usages saints, usages divins, usages de Dieu ! Et nous devons nous y unir et y adhérer, afin de rendre en Jésus-Christ et par Jésus-Christ ce que nous ne pouvons rendre de nous-mêmes. Il faut qu'il supplée à toutes nos impuissances. Le Père ne nous regarde qu'en tant que nous sommes unis à son Fils, que nous sommes faits ses membres, et que nous sommes incorporés en lui. Le Père ne regarde proprement que son Fils ; tout ce qui n'est point en lui, il ne le regarde point ; il faut que nous soyons sanctifiés en lui, vivant en lui et subsistant en lui. Adorons Jésus-Christ, mes sœurs, comme notre principe, et comme celui duquel nous tirons notre origine en la grâce ; adorons-le comme source de lumière et de grâce, non-seulement pour lui, mais aussi pour la répandre incessamment sur nous. Comme vous voyez que le soleil n'est pas seulement lumineux pour lui, mais répand et influe sa clarté et sa lumière partout en notre hémisphère, de même Jésus-Christ a une continuelle émanation de lumière, de vie et de grâce sur toutes les âmes qui sont disposées à la recevoir.

Je vous ai tantôt dit, mes sœurs, qu'il nous faut visiter nous-mêmes tous les jours, mais cela ne suffit pas. Nous avons encore besoin d'être visités par autrui, et c'est ce que je viens faire : visiter votre intérieur et votre extérieur. Vous êtes en un paradis ; vous n'êtes pas comme Adam. Il en a été chassé, et vous êtes dedans. Dans ce paradis il y avait un ange pour le garder : et Dieu veut que je sois cet ange, quoique très-indigne. Cet ange avait une épée flamboyante en la main. Quelle proportion entre un ange et une épée ? Et pourquoi faut-il une épée pour garder un paradis, et une épée toute flamboyante ? Il le faut pourtant, et je suis cet ange, et il faut que j'aie en la main cette épée flamboyante, afin de vous diviser d'avec vous-mêmes, et retrancher tout ce qui retarde vos âmes de perfection.

Je vous épouvante, et vous me devez redouter ; mais il faut que cela soit, et qu'il ne demeure rien en vous du vieil homme ; et vous vous devez joindre avec moi pour vous faire la guerre à vous-mêmes, et y détruire ce qui appréhende la pureté de la grâce, et ce que la sainteté de Jésus ne saurait souffrir. Invoquez l'esprit de Jésus sur vous et sur moi. Demandez-lui qu'il me fasse entrer dans la vérité de cette sienne parole : *Non veni pacem mittere, sed gladium* : « Je ne viens pas apporter la paix, mais le glaive (*Matth.* x, 34) ; » que j'use de ce glaive pour retrancher tout ce qui est étranger à sa grâce, et que vous-mêmes y ouvriez vos cœurs et consentiez volontiers à cette heureuse mort qui donne la vie pour jamais.

CXVIII. QUELS DOIVENT ÊTRE NOS DÉSIRS, ET QUELLES LES DISPOSITIONS QU'IL FAUT APPORTER A LA GRACE.

Le premier désir que nous devons avoir et le plus fréquent est que la première et principale volonté de Dieu sur notre éternité, sur notre état, sur sa voie et le degré d'amour sur nous, indépendante de nous et de nos fautes, et dépendante seulement de sa bonté et miséricorde, ne soit ni diminuée ni retardée par nos défauts : *Fiat voluntas tua* (*Matth.* VI, 10), ou soit réparée par sa miséricorde. Le second, que cette abondance de grâce et d'assistance, que nos péchés même véniels ont pouvoir de diminuer, ne soit aussi diminuée (128). Le troisième, que nos appartenances à Jésus, à sa croix et à ses états, soient aussi pleinement accomplies. Quant à nos dispositions vers les dons et grâces du Saint-Esprit, la première est l'humilité des dispositions de l'âme au re-

---

(128) *Voluntas Dei bona beneplacens et perfecta.* (Rom. XII, 2.)

gard des dons et grâces de Dieu, nous reconnaissant indignes de quelconque don et grâce de Dieu que ce soit (129). Nous ne saurions assez penser combien grande est la miséricorde de Dieu envers nous, lorsqu'il nous donne sa grâce. La grâce est chose si grande, et nous la devons tellement estimer, que quand nous aurions beaucoup sué et travaillé pour Dieu sur la terre, si toutefois à la fin de notre vie, à la dernière heure seulement, il nous en donnait un degré, nous devrions nous tenir bien contents et satisfaits. La seconde disposition, au regard des grâces et dons de Dieu, est une ouverture et grande amplitude ou dilatation de notre cœur et de notre âme pour les recevoir. Le Saint-Esprit nous veut communiquer ses grâces en abondance et plénitude, mais nous devons aussi nous préparer à les recevoir. Il fait tout ce qu'il peut de sa part pour les nous donner; faisons de la nôtre tout ce que nous pourrons pour les recevoir. Il veut nous les donner en abondance, correspondons à cela par une parfaite ouverture de notre âme à ses influences. Il y en a beaucoup qui reçoivent la grâce et dons du Saint-Esprit, comme s'ils leur étaient dus; qui les reçoivent comme s'ils les avaient mérités par eux-mêmes, comme si l'homme pouvait faire quelque chose qui de soi y eût proportion et rapport; mais il les faut recevoir avec humilité profonde, estimant que de nous nous ne les pouvons avoir, si Dieu, par sa bonté, ne nous les donne. Il y en a d'autres, lesquels, quoiqu'ils reconnaissent que d'eux-mêmes ils ne peuvent atteindre à la grâce, néanmoins la reçoivent avec si peu d'ouverture de leur côté et permettent si peu qu'elle opère ce qu'elle devrait, qu'ils semblent se contenter de ce qu'ils ont, au lieu de s'ouvrir de plus en plus pour en recevoir une plus grande abondance. La troisième disposition est un usage fidèle, une coopération grande aux dons et grâces que nous recevons du Saint-Esprit; car toutes les grâces que Dieu nous donne sont pour opérer, et c'est pour cela qu'il les donne. Quelques-uns distinguent la théologie en mystique et pratique; mais c'est une distinction que je ne voudrais point apporter à la grâce. Toutes les grâces que Dieu distribue en la terre sont données pour mieux opérer. Ce n'est point un lieu de jouissance que la terre, c'est un lieu d'opération; et la consolation et jouissance que Dieu donne quelquefois à l'âme n'est pas pour s'y arrêter; elle n'est donnée que pour mieux travailler par après. Dans le ciel nous avons à jouir une éternité; mais le peu de temps que nous avons à être sur la terre, c'est pour opérer, et il le faut fidèlement employer à ce pourquoi il nous est donné. Je crois bien que personne ne doute de ce que nous disons; mais néanmoins nous avons peine à le pratiquer; nous cherchons la jouissance, et sommes bien aises de laisser le travail; et nous serons d'autant plus coupables, si, le sachant, nous ne le faisons.

(129) *Minor sum cunctis miserationibus tuis.* (*Gen.* III, 10.)

CXIX. DE LA GRÂCE CHRÉTIENNE.

Dans le monde de la grâce il n'y a que deux catégories, substance et relation. Jésus-Christ est toute la substance du nouveau monde, et les fidèles sont comme ses accidents, et ce en l'honneur et imitation de la sainte Trinité où il n'y a qu'essence et relations, et où les relations sont de si grande importance.

I. Le monde de la nature et le monde de la grâce sont deux états, deux ordres et deux mondes bien différents et bien séparés, encore que l'un soit et se retrouve dedans l'autre. Mais leurs distances et séparations ne se mesurent pas selon les distances et proximités de ce bas monde, mais par rapport à Dieu qui est séparé des méchants, dans lesquels ce nonobstant il est plus présent qu'eux-mêmes. Dans le monde de la nature il y a plusieurs catégories; mais en Dieu qui est le monde des mondes, qui est le monde archétype, qui est le monde principe et fin de tous les autres mondes, et de nature et de grâce, et de gloire et de tous les mondes possibles, il n'y a que deux catégories (je ne dis pas qu'il soit dans la catégorie), substance et relation (et encore cette relation est substantielle) point d'accidents, point de qualités, point de quantités : et dans ce monde, cette catégorie de relation est une des plus petites, *tenuissimæ entitatis*, et c'est la catégorie la plus puissante et la plus importante dans le monde de la grâce qui ne subsiste et ne consiste qu'en relation vers Dieu.

II. Nous devons tous désirer non pas d'être, mais ou de n'être point ou d'être en relation vers Dieu et son Fils unique, voire n'être que relation vers lui. Tout notre être devant être anéanti par grâce : *Vivo ego, jam non ego* (*Galat.* II, 20), et n'être que relation, ô que cette catégorie de relation est importante dans le monde de la grâce ! Ce qui provient de ce que, dans la Trinité (dont la grâce est image), les relations s'y trouvent, et sont constitutives et origines des personnes divines. Ainsi la Vierge n'était qu'une relation vers le Père éternel qui l'a faite mère de son Fils, vers le Fils unique, comme étant sa Mère. Tout l'être et l'état de la Vierge semble fondé et fondu en cette disposition de relation. Ceux qui ont discouru des relations, entre les philosophes, les remarquent pour les moindres réalités de la nature, ainsi que nous avons déjà dit, pour les moins efficaces et opérantes; car elles ne produisent rien et elles ne sont que suites des réalités et opérations d'autrui; et elles se changent et altèrent sans changement ni altération d'autrui (comme fort peu intrinsèques et inhérentes), par un petit changement au terme corrélatif ou au fondement de la relation, sans aucun changement en l'autre terme. Mais en Dieu les relations sont constitutives des personnes divines; que voulez-vous de plus grand ? sont origines des personnes divines; que voulez-vous de plus efficace ? et il n'y a subsistence en la Divinité que par relations, que voulez-vous de plus important?

Or comme en Dieu il n'y a que substance et relation, ainsi Dieu, formant son œuvre principal à son image et semblance, a voulu qu'il fût compris dans ces deux catégories de substance et de relation. Jésus-Christ son Fils incarné en est la substance comme étant la grâce increée; et notre grâce consiste en relation vers lui comme étant en quelque façon les accidents de cette substance qui ne sont que par lui, que pour lui et qu'en lui, et ne sont considérables que comme quelque chose de lui.

CXX. DES TROIS SERVITUDES DE L'HOMME PAR LA CRÉATION, PAR LE PÉCHÉ, PAR LA GRACE.

I. *Tous les hommes sont serviteurs, même les plus grands et les plus puissants.* — II. *La servitude des hommes vers Dieu persévère jusque dans l'état de la gloire. L'homme qui pèche devient esclave du péché et du diable; et lorsque Jésus-Christ l'en délivre, il entre dans les droits de l'un et de l'autre; et dans ceux qu'il aurait eus, s'il eût persévéré en sa première grâce.*

1. Il n'y a rien de plus connu au monde, par le sens et par la raison, que la différence et condition de maître et de serviteur. C'est la plus générale et étendue qualité qui soit au monde. Elle partage tous les hommes; elle entre dans leurs sentiments et affections; elle entre et se répand même dans tous leurs états et conditions. Chacun veut être maître, mais en effet tous sont serviteurs; et s'ils sont maîtres de quelques-uns, ils sont serviteurs au regard d'autres. Et ceux-là même le sont le plus, qui sont les plus élevés, et qu'on croit être le moins sujets à cette condition, et spécialement s'ils sont serfs de leurs passions.

C'est la pensée commune que nous devons avoir, en considérant la manière de vivre de tous les hommes; mais si nous entrons en des pensées plus hautes, plus profondes et plus divines, nous reconnaîtrons ingénument que la condition de l'homme le met nécessairement en état de servitude, sa liberté lui fait choisir un maître, l'un ou un autre, ou le monde, ou la religion, Dieu ou le diable. Mais il lui est nécessaire d'être en condition servile, sujette et dépendante des desseins et volontés d'autrui. Cette condition nous est imposée de naissance; elle ne procède de notre choix et de notre industrie, elle est aussi ancienne que nous, et même elle est inséparable de nous.

II. Nous sommes tous nés serviteurs, et la condition de servitude est tellement propre et comme essentielle à la créature, que c'est le premier degré ou la première appartenance et propriété de son être; et même nous sommes en servitude par plusieurs titres. Le premier et le plus fort de tous est celui de notre création, qui nous réduit en servitude: servitude heureuse, et sous le plus puissant à la vérité, mais aussi le meilleur Maître du monde, qui est Dieu. Comme il est le Maître le plus puissant, cette servitude est aussi la plus étendue et la plus absolue: car elle donne jusqu'au fond de l'être, et s'étend dans tous les états de l'homme, jusque dans la gloire et l'éternité: *Serviunt ei,* dit saint Jean (*Apoc.* VII, 15), parlant de ceux qui ont leur demeure au ciel. Heureuse et honorable servitude, puisqu'elle regarde Dieu, un Maître si légitime, si digne, si puissant et si bon; puisqu'elle compatit même avec la gloire et la félicité. Comme il est nécessaire à l'homme d'être émanant et procédant de Dieu, il l'est aussi d'être dépendant de Dieu; et cette dépendance est la marque de notre première servitude: *Omnia serviunt tibi.* C'est le premier titre de notre servitude, mais ce n'est pas l'unique. Celui-ci est fondé en la grandeur de Dieu; mais il y en a un autre qui est fondé dans le néant du péché: l'un en la condition de l'être créé, l'autre en notre iniquité en la condition du péché que nous tirons d'Adam, lequel nous rend enfants d'ire au même instant qu'il nous fait ses enfants redevables à la justice de Dieu, privés de tous nos droits comme esclaves du diable par le péché.

Il y en a encore un autre troisième aussi heureux que ce second est malheureux. Il est fondé en l'état de la grâce, à laquelle nous sommes appelés et établis en Jésus-Christ Notre-Seigneur. Nous entrons dans la servitude dont nous venons de parler, en qualité d'enfants d'Adam; et dans celle-ci, en qualité d'enfants de Jésus-Christ. Il nous donne un nouvel être, et nous impose aussi une nouvelle dépendance. Il est Père, et il est Rédempteur: il nous a rachetés de la servitude du péché et du diable; et, en cette qualité, il s'est acquis les droits du diable et du péché, et tous ceux que nous aurions légitimement sur nous-mêmes par le droit de la création, si nous ne les eussions perdus par le péché. Et, en outre, il a les droits que la qualité éminente de Rédempteur, et encore plus celle que l'Homme-Dieu lui donne absolument sur nous; nous rendant la vie, la puissance, la liberté de faire notre salut, étant désormais heureux et éclairés de Jésus, au lieu que nous étions malheureux éclairés de Satan et du péché (130). Toujours éclairés, toujours en servitude, mais bien diversement. Éclairés de Dieu, comme ses créatures; éclairés du diable, comme pécheurs; éclairés de Jésus-Christ, comme rachetés par lui. Ce premier nous est commun avec les anges; le second avec tous les enfants d'Adam; le troisième avec tous les enfants de Jésus-Christ. Voilà nos trois qualités que nous devons toujours avoir devant les yeux: qualités propres et essentielles. Celles que nous avons dedans l'état du monde d'où nous tirons nos vanités sont qualités nouvelles et accidentelles; elles sont passagères; mais celles-ci sont

---

(130) *Lucerna impiorum, peccatum.* (*Prov.* XXI, 4.)

primitives, elles concernent le fond et l'état de notre être, elles sont permanentes et solides, elles sont très-importantes et éternelles par elles-mêmes.

CXXI. TROIS SORTES DE SERVITUDE PAR NATURE, PAR PÉCHÉ, PAR GRACE.

La servitude est inséparable de la créature, et dure jusque dans les enfers. Jésus-Christ est plus connu dans l'Écriture par sa souveraineté que par sa divinité; et cela nous apprend l'obligation que nous avons d'entrer en sa servitude.

La première sorte de servitude est par l'essence de l'être créé : car toute créature est essentiellement esclave de Dieu son Seigneur, et cette servitude ne lui peut être non plus ôtée que sa propre essence, étant plus à son Dieu qu'à elle-même. Et cette relation est la première qui soit en la créature; elle est transcendante toute autre propriété et différence de son être; et cela lui convient par son émanation de Dieu et sa création. Car en tant qu'issue de lui et dépendante de lui, nécessairement et perpétuellement elle le regarde comme son souverain par une relation réelle, qui est la première qui soit en elle. Cette servitude est aussi ancienne que la créature, elle est d'aussi longue durée : elle est imprimée si profondément dans l'être créé, en tant que créé et différent de l'être incréé, que ni le péché ni la consommation du péché dans l'enfer et dans les démons ne la peuvent effacer. Les émanations divines et éternelles qui s'accomplissent en unité et égalité, égalité de personne et unité d'essence, sont sans dépendance et sans servitude ; mais dans les communications que Dieu fait hors de soi, comme il y a inégalité ou distance, et distance infinie, aussi y a-t-il servitude, et servitude infiniment grande. Et si, dans l'étendue d'une même espèce, selon Aristote, les uns sont naturellement serfs et les autres naturellement libres, les uns naissent pour commander et les autres pour dépendre d'eux : combien plus de sujet y a-t-il de fonder la servitude de l'être créé sur la distance de l'être incréé, puisqu'elle est infinie? O excellence de l'être incréé! O distance de l'être créé! O dépendance! O servitude! O profonde servitude de l'être créé! que ni la sublimité de la grâce d'adoption des enfants de Dieu, ni la dignité incomparable de Mère de Dieu de la Vierge, ni la filiation divine incréée et consubstantielle du Verbe éternel, communiquée à son humanité sainte, ne peuvent ôter. Car et les Chrétiens demeurent serviteurs et esclaves de Dieu dans leurs adoptions; et la Vierge dit humblement et véritablement : *Ecce ancilla Domini*, au moment qu'elle est installée en la divine maternité; et le Père éternel, contemplant son Fils dans notre nature, le qualifie son serviteur, et se glorifie d'avoir un si grand sujet dans le ressort de sa souveraineté : *Servus meus es tu, Israel, quia in te gloriabor.* (Isa. XLIX, 3.)

La seconde sorte de servitude est par notre naissance d'Adam ; par laquelle nous naissons enfants d'ire de Dieu, esclaves du péché et du diable, sujets à infinité de misères. Et nous demeurons dans cette condition servile que porte le péché, même après le baptême, qui est le sacrement de notre régénération, et qui nous fait héritiers et enfants de Dieu. Et de là vient que tant d'hommes sont assujettis à de si vils ministères, et jusqu'à servir les animaux que les autres entretiennent pour leur utilité ou pour leur plaisir : et comme ceux qui sont faits esclaves par les hommes y sont assujettis par la loi de leur esclavage, ceux-ci le sont par la misère de leur condition, par la bassesse de leur naissance, et originairement par le péché de notre premier père.

La troisième sorte de servitude est par la grâce de Jésus-Christ, lequel, nous tirant de la servitude du péché et du diable, nous engage heureusement dans la sienne, qui est notre gloire et notre avantage, et la plus belle de nos qualités : *Paulus servus Jesu Christi*, etc. (Rom. 1, 1.) Jésus-Christ nous a rachetés non avec or et argent corruptible, mais par effusion de son précieux sang : et étant achetés, et achetés si chèrement, nous ne sommes plus à nous. Nous n'étions déjà plus à nous, nous avions perdu notre liberté, le péché qui avait triomphé de nous, nous avait fait ses captifs : mais quand nous serions à nous-mêmes jusqu'alors, du moment que Jésus-Christ nous a achetés, nous sommes à lui et ne sommes plus nôtres. A cette troisième sorte de servitude appartient celle qui est par élection volontaire : car, par le choix de notre volonté, nous nous pouvons rendre esclaves soit de Jésus-Christ, soit du diable, et je dis qu'elle appartient à la troisième sorte de servitude, d'autant que ce n'est qu'une acceptation de servitude qui nous convient au regard de Jésus par sa souveraineté, et un moyen d'avancer de plus en plus : et notre devoir est d'employer tout ce que nous avons de puissance à nous lier à lui; le meilleur et plus saint usage de notre liberté étant de la remettre entre ses mains; faisant état, que plus nous serons siens, plus nous serons libres. Aussi voyons-nous que c'est ce que nous recommande l'Écriture sainte, et que, nous parlant de Jésus-Christ, elle prend un soin spécial de le qualifier Notre-Seigneur, *Domini nostri Jesu Christi*, si souvent dans les Épitres de saint Paul, des apôtres et dans les symboles de la foi ; et que les apôtres, en leurs prédications, ont premièrement parlé de sa souveraineté et domination que de sa divinité, pour nous apprendre que notre premier devoir vers lui est de servitude; et peut-être que c'est le sens de ces paroles du psaume II, 8 : *Dabo tibi gentes hæreditatem tuam*, par lesquelles nous sommes à Jésus-Christ par son Père, en qualité d'héritage et de domaine, sur lequel il a un droit et plein pouvoir de disposer comme il lui plaira. Et pour confirmation de cette plénitude de puissance et d'autorité, le Père lui dit : *Reges eos in virga ferrea, et tanquam vas fi-*

guli confringes eos (*Psal.* II 9), pour donner à entendre qu'il lui donne les peuples, non-seulement pour les porter à croire en lui et le servir, mais pour s'en servir en la manière qu'il lui plaira. O que juste est cette puissance suprême de Jésus-Christ ! ô que cette servitude lui est justement due ! ô que nous sommes étroitement obligés d'en faire profession !

L'être, le péché et la grâce, c'est-à-dire tout ce qui est en nous (car tout le reste n'est rien, quoique nous le considérions pour un temps), concourent à nous réduire en état de servitude, même au regard de Dieu, l'être nous rendant dépendant de sa puissance, le péché de sa justice, et la grâce de sa miséricorde. Car nous n'avons rien que par émanation de la puissance de Dieu, par la première condition de notre être : par le péché, nous avons perdu tous les droits que nous avions reçus de Dieu par sa puissance, et nous n'avons aucune ressource que dans sa pure miséricorde ; par la grâce, nous recevons un nouvel être, qui nous rend encore plus dépendants de Dieu que le premier, et nous met en état de nouvelle servitude par le nouveau titre de la rédemption : *Ut qui vivunt, jam non sibi vivant, sed ei qui pro ipsis mortuus est et resurrexit.* (*II Cor.* v, 15.) L'être de la créature a besoin de sa puissance pour être conservé ; le péché des enfants d'Adam a besoin de sa miséricorde pour être effacé, et la grâce du juste de sa sainteté pour être consommée.

CXXII. DE LA SERVITUDE DE L'HOMME ENVERS DIEU.

I. *Nous servons à Dieu, voulions ou non. Servir à Dieu contre son vouloir, c'est l'extrême misère ; le servir en le voulant et par amour, c'est félicité.* — II. *La créature peut plus facilement effacer son être que sa servitude. La vie (et beaucoup plus la vie heureuse) de l'homme, est de regarder Dieu et de lui adhérer.*

I. Comme Dieu seul est indépendant, et tout le reste en dépendance au regard de Dieu, aussi tout est en servitude vers Dieu : *Omnia serviunt tibi.* (*Psal.* CXVIII, 91.) Cette servitude est fondée dans l'être, voire dans le plus intime de l'être, est aussi ancienne que la créature, et inséparable d'icelle. Nous pouvons bien en séparer notre pensée par inconsidération, et notre volonté par malice, mais nous ne pouvons pas en séparer l'état et l'effet. Voulions ou non, si nous sommes en être et en nature, nous sommes en dépendance, en appartenance et en relation de servitude au regard de Dieu. Il est maître et le seul maître, et tous sont ses serviteurs, le servant, les uns sans le connaître, les autres sans le vouloir, les uns contre leur vouloir, les autres le voulant et par amour à un Dieu si grand et si bon, se complaisant en leur servitude. Le servir sans le connaître, c'est bassesse ; le servir sans le vouloir, c'est misère ; le servir contre sa volonté, c'est extrémité de misère ; le servir en le voulant et se complaisant en cette servitude, c'est félicité suprême.

II. L'être n'est pas essentiel et nécessaire à la créature, car une éternité s'est passée sans qu'elle fût ; mais si la créature est existante, si elle est créée, elle est dépendante, elle est servante du Créateur, et il est plus aisé d'effacer son être que sa servitude. Notre être est un rapport à Dieu. Plus ce rapport est parfait, plus notre être est excellent ; plus il est opposé et dissemblable, plus nous sommes en misère et imperfection. Notre soin, notre devoir et notre perfection et consentement concourent ensemble. Car ne pouvant être dieux par essence, ne pouvant être absolus et indépendants, ne pouvant être à nous-mêmes, le vouloir, c'est vouloir l'impossible, et c'est combattre notre être propre, c'est nous défaire nous-mêmes, et non pas nous parfaire.

La perfection porte conformité à l'être qui doit être perfectionné. Puisque cet être procède de Dieu, puisqu'il tend à Dieu, puisque Dieu l'a fait et l'a fait pour soi, *Propter semetipsum* (*Prov.* XVI, 4), il n'y a moyen de le parfaire que dans ces deux habitudes de dépendance de Dieu, et de mouvement vers Dieu, et le vouloir accomplir et parfaire sans le référer à Dieu, c'est le défaire et non le parfaire. La misère de l'homme vient de l'homme même, et il se rend misérable par les mêmes voies qu'il choisit pour se rendre heureux. Il veut vivre content, et il ne prend pas garde que la vie, et beaucoup plus le contentement de la vie de l'homme, consiste à rechercher Dieu, à adhérer à Dieu, et à porter l'image et la semblance de Dieu. La vie consiste en usage, mouvement et action de l'être qui est surnommé vivant. Ainsi l'eau s'appelle vive, qui, par son mouvement tend à la mer, qui est son lieu propre et naturel ; ainsi les plantes ont une sorte de vie qui les pousse hors de la terre, et les met en l'aspect du soleil qui les produit pour servir d'ornement à icelle ; ainsi les animaux ont une sorte de vie qui leur donne mouvement et sentiment pour rechercher ce qui leur est nécessaire, et tendre à la fin de leur être. L'homme aussi, comme homme, a une sorte de vie qui lui est propre, qui le rend différent des plantes et des animaux, qui l'élève par-dessus tout ce qui est sensible et créé, qui le fait tendre à l'être incréé, et qui le rend capable de Dieu, et lui fait porter son image et semblance en plusieurs manières ; et plus il s'éloigne de ce mouvement et rapport à Dieu, plus il s'éloigne de la vie qui convient à l'homme comme homme.

CXXIII. DU DOUBLE MOUVEMENT DE L'AME VERS DIEU ET VERS LES CRÉATURES.

Le premier point du service que nous devons à Dieu, c'est de référer à Dieu tout ce qui est procédant de Dieu. Le second, de se référer soi-même à Dieu ; car nous procédons de lui, et nous avons encore un rapport spécial vers lui. Et d'autant que plusieurs choses ont rapport à nous par l'ordonnance de Dieu, et par l'indigence de notre être : nous ne devons prendre autre part en ces choses, que le simple usage qui nous est nécessaire : et encore devons-nous référer à Dieu cet usage, afin que Dieu qui est tout en lui-même, soit tout en nous, et que Dieu, à qui toutes choses appartiennent, reçoive honneur de tout, et que nous adhérions au mouvement, par lequel Dieu créant et formant toutes choses, les réfère et les rapporte toutes à soi-même, qui est un mouvement inséparable de la création même, et inséparable aussi de la créature, et un mouvement si vivement imprimé dans l'être de la créature par la puissance du Créateur, qui lui est plus intime que son être propre. Car Dieu pouvait lui donner un autre être, ou ne lui point donner cet être; mais il ne se pouvait pas faire qu'il ne lui donnât ce mouvement en la produisant hors de soi-même. C'est le mouvement perpétuel, cherché et ignoré des philosophes, c'est le mouvement du Créateur dans la créature, c'est le premier et le plus important rapport qu'elle puisse avoir, c'est un mouvement que le péché qui fait mourir un Homme-Dieu dans la croix, ne peut faire mourir dans la créature même, dans l'enfer, dans le royaume du péché, et l'éternité même ne le pourra effacer. Mais comme l'âme en la terre et en ce corps ne se sent pas elle-même; elle ne sent pas le mouvement qui est en sa propre essence, elle est ensevelie dans le corps et dans les sens, elle n'aperçoit que le mouvement des sens vers les choses corporelles qui devraient servir à nous faire connaître quel serait le mouvement de l'esprit vers les choses spirituelles, s'il était dégagé des sens, et quel serait le mouvement de l'esprit vers l'esprit des esprits qui est Dieu, si la terre n'empêchait cette source d'eau vive.

On parle de deux mouvements au ciel, qui font nos saisons et distinguent nos jours et nos nuits, c'est-à-dire qui règlent le cours de la vie humaine. Mais il y a aussi deux mouvements en l'âme, qui font et distinguent le cours de la vie sur la terre, voire dans l'éternité. Le mouvement de l'occident à l'orient propre au soleil, qui nous convient par la création et par la grâce, et nous conduit à Dieu qui est notre Orient, et le mouvement qui tend de l'orient à l'occident, du Créateur à la créature par le péché; ce sont les deux mouvements qui établissent le ciel et l'enfer.

CXXIV. DE L'OBLIGATION DE L'HOMME, EN NATURE ET EN GRACE, DE SE RÉFÉRER TOUT A DIEU, COMME INCESSAMMENT IL REÇOIT TOUT CE QU'IL A ET CE QU'IL EST, DE DIEU ; SUR LES PAROLES DE L'ÉCRITURE, QUI PORTENT QUE DIEU EST PÈRE DES ESPRITS, ET QUE C'EST LUI QUI LES PÈSE.

I. II. III. IV. Cette parole nous enseigne que Dieu est notre origine; que son autorité sur nous est une autorité de Père; que nous sommes à son image; qu'il nous donne sa vie; que nous avons droit de traiter familièrement avec lui, et que nous devons nous occuper de lui; car c'est sa vie, et nous désoccuper de toute autre chose. — V. Le droit de Dieu et notre devoir, est que comme Dieu nous donne sans cesse tout l'être qui est en nous, il en dirige aussi tous les usages. — VI. Ces paroles : Spirituum ponderator est Dominus, *nous enseignent que nous sommes sans cesse en la main de Dieu comme une chose qu'il pèse, et qu'il considère si nous et nos œuvres sommes dignes de lui. — VII. VIII. Comme Dieu est incessamment lié à nous par son opération qui nous maintient dans l'être, nous devons être incessamment liés à lui par notre piété. — IX. La même action de Dieu qui nous fait être de Dieu, nous fait être à Dieu; et nous devons vivre selon cette double habitude, possédant ce que nous sommes comme un bien de Dieu, et le référant à sa gloire. — X. Il y a dans l'être de la créature un mouvement vers Dieu qui durera éternellement; mais il lui est caché pendant cette vie. — XI. Il y a dans la grâce comme une nouvelle création, et un nouvel et plus puissant mouvement vers Dieu. C'est se haïr soi-même que de s'opposer au mouvement le plus intime de son être, et se porter à chose contraire, qui est ce que font les pécheurs.*

I. Dieu est appelé par l'apôtre saint Paul le *Père des esprits.* (Hebr. XII, 9.) Recueillons de cette parole, si nous avons esprit et grâce pour l'entendre, que Dieu est le souverain des esprits, et de la plus légitime, la plus douce, la plus naturelle souveraineté qui soit au monde, et la première de toutes, qui est celle de père au regard des enfants.

II. Que Dieu est l'origine des esprits, et par une sorte d'émanation, la plus puissante et la plus digne qui se retrouve dans le monde, et la plus pleine d'honneur et d'amour, puisqu'elle donne à Dieu la qualité de Père envers les esprits.

III. Que nos esprits sont émanés de Dieu avec rapport à Dieu, comme portant son image et semblance, et qu'ils sont créés pour entrer en communication de sa propre essence : *Divinæ consortes naturæ* (II Petr. 1, 4), comme les enfants communiquent à la nature de leurs pères. Vérités que ce terme nous apprend, et dont il faut tirer usage.

IV. Que ceux donc qui prendraient à injure de n'avoir point d'esprit, adorent et aiment Dieu qui est Père des esprits : qu'ils traitent fréquemment avec lui, comme les enfants ont communication ordinaire avec leurs pères, et auraient honte de ne le pas avoir; qu'ils révèrent Dieu comme leur principe et leur souverain, et réputent à grandeur et à faveur de traiter souvent avec Dieu, comme nous réputons à grandeur entre les hommes de traiter avec nos souverains; qu'ils considèrent Dieu dans leurs actions, et expriment son image et semblance en l'usage et emploi de leur être, comme ils ont son image vive imprimée en leur être; qu'ils se rendent dignes de Dieu, qui les appelle à la communication de son essence, afin qu'ils soient du nombre de ceux dont Dieu même dit *invenit illos dignos se* (Sap. III, 5); qu'ils conforment leur vie à la vie de Dieu même. Peut-il y avoir rien de plus grand, de plus heureux et de plus excellent, que de vivre de la vie dont Dieu même est vivant? Qu'ils pensent à Dieu, comme Dieu pense à soi; qu'ils vivent en le contemplant, comme il est et vit en se contemplant incessamment soi-même; qu'ils n'abaissent pas la grandeur, et ne profanent pas la dignité de leur esprit à tant de pensées basses et frivoles, qui occupent nos jours et nos nuits, et consomment notre vie, qui est d'ailleurs si courte; qu'ils pensent à chose digne d'eux et de Dieu même, et offrent leur vie à Dieu, puisque Dieu est leur père, et le principe perpétuel de leur être.

V. Dieu, souverain principe de l'être, est toujours influant sur l'être; qu'il soit aussi le principe de l'usage et emploi de notre être, et qu'il influe esprit de grâce, de direction et d'application sur nous, en nos actions.

Que ni nos sens, ni l'esprit d'Adam, ni le nôtre, ne soit le principe de nos actions, mais l'esprit de Dieu, l'esprit de Jésus, et de Jésus crucifié.

VI. Dieu prend une autre qualité encore en l'Ecriture, quand elle dit: *Spirituum ponderator est Dominus.* (Prov. XVI, 2.) Pour mieux entendre cette parole, il faut remarquer:

Que tout est en la main de Dieu, mais tout n'est pas en la main de Dieu également; et sa main n'est pas également employée à peser toutes choses. Les esprits sont les plus excellents d'entre les créatures; ils sont particulièrement à son image et semblance, et d'eux il est dit: *Spirituum ponderator est Dominus.*

Nous sommes en la main de Dieu; et nous sommes toujours en sa main; et nous y sommes en plusieurs manières. Cela nous oblige à penser souvent à cette main, qui nous tient et nous conserve, nous possède et nous régit.

Mais cette parole de l'Ecriture dit quelque chose de plus, et nous met en la main de Dieu, comme le poids est en la main de celui qui le pèse. Car à tout moment Dieu regarde ce que nous sommes, ce que nous valons et pesons devant lui. Et si nos pensées, nos paroles, nos actions sont dignes de sa sainteté, de sa présence, de son éternité; regardons, adhérons, adorons cette main de Dieu, car c'est Dieu même; et c'est Dieu qui nous tient, c'est Dieu qui nous pèse au poids de son sanctuaire.

VII. Selon la meilleure théologie, la conservation de Dieu, au regard de ses créatures, n'est autre chose qu'une continuée production des mêmes créatures; Tellement que Dieu n'a pas seulement créé notre esprit au premier instant de son être, comme les pères engendrent les enfants, qui ont vie par après sans autre émanation de leur père: mais selon cette pensée haute et sublime, Dieu est toujours créant notre esprit, comme Dieu le Père est toujours produisant son Verbe.

Comme donc Dieu est toujours nous créant, soyons le regardant, le révérant et le servant.

Comme il est toujours occupé et appliqué à nous produire, soyons toujours appliqués à le bénir.

Séparons-nous de tant de pensées, et moindres en elles-mêmes, et qui nous concernent moins.

Et comme nous sommes en une perpétuelle émanation et dépendance de lui, soyons en une perpétuelle élévation et relation à lui.

VIII. C'est l'usage de l'âme qui emploie dignement l'être noble et excellent, qu'elle a reçu si dignement de Dieu. C'est le droit usage de l'âme qui se lie volontairement à Dieu par exercice de la piété, comme elle est liée nécessairement à Dieu par la condition de son être, et par les effets de sa puissance que Dieu exerce sur elle incessamment. O combien est-il juste qu'il y ait un lien réciproque entre Dieu et l'âme, entre le Créateur et la créature, si elle en est capable! Et que, comme Dieu est toujours de sa part lié à l'âme, aussi l'âme soit de sa part liée à son Dieu; et que, comme nous sommes toujours liés à Dieu par le lien de sa puissance et de notre dépendance, nous soyons aussi toujours liés à lui par le devoir de notre piété, et par le lien de nos regards, pensées et affections vers lui. Et comme ce devoir envers Dieu est très-grand, et fondé dans le fond même de notre être, cette omission (à qui le reconnaît) est très-grande devant les yeux de Dieu, qui sait tout, qui voit tout, qui fait tout, qui tient tout et à qui tout est redevable.

IX. Ceux qui pénètrent mieux le secret des choses divines, et sont les plus savants dans les voies de Dieu sur les créatures, disent que, par le même acte de création, par lequel Dieu est tirant sa créature hors de lui-même, en lui donnant un être distinct et différent du sien; par le même acte aussi, il est la référant à lui-même, car il opère tout pour soi (131). L'un donne à Dieu qualité de principe, et l'autre qualité de fin; l'un nous fait être, et l'autre nous fait être à Dieu: deux effets et conditions différentes en la créature, mais procédantes d'un même Dieu, et d'une même action en Dieu. Nous ne sommes jamais séparés de cette action de Dieu, qui nous donne existence; adhérons donc aussi à la même action, en tant qu'elle nous donne rapport et relation à Dieu.

Ce doit être un de nos contentements, en recevant l'être de la main de Dieu, de recevoir aussi cette impression et qualité d'être à Dieu.

Ce doit être un de nos soins, de joindre notre mouvement propre et particulier, au mouvement naturel et universel que Dieu imprime dans la nature; de tendre à Dieu,

(131) *Omnia propter semetipsum operatus est Dominus.* (Prov. XVI, 4.)

et conduire l'usage de notre être selon le vouloir de celui qui nous a donné l'être; étant à lui, vivant à lui, pensant à lui, et référant notre vie, notre puissance, nos desseins, nos emplois, nos actions à lui.

X. Bénissons Dieu, qui nous donné l'être, et un tel être qui a rapport à lui et mouvement vers lui. Ce mouvement est imprimé par la puissance du Créateur dans l'intime de sa créature, et dans le fond de l'être créé dès l'instant même qu'il est créé. Et c'est un mouvement si profond et si puissant, que la volonté n'y peut atteindre pour le combattre, que le péché commis ne le peut arrêter, que l'enfer ne le pourra effacer. Ce mouvement durera autant que même créature et est inséparable d'avec elle. Et le combat qui sera dans l'enfer entre le mouvement imprimé naturellement par le Créateur dans la créature, et le mouvement volontaire de la créature s'éloignant du Créateur, sera un des tourments principaux et perpétuels des damnés. Ce mouvement naturel à l'âme lui est caché en cette vie, comme l'âme est cachée à elle-même, tandis qu'elle est ensevelie en ce corps. Elle ne voit ni son être, ni ce qui est au fond de son être. Lorsqu'elle sortira de ce corps, elle se verra elle-même et elle sentira aussi le poids véhément de cette inclination, mais sans pouvoir et liberté d'aucun usage qui lui soit utile.

XI. Ce qui a été dit jusqu'à présent, est commun aux bons et aux mauvais, aux damnés même et aux sauvés, et regarde la créature en sa condition naturelle, qui la rend émanante et dépendante incessamment de Dieu. Ce qui suit ne convient qu'à ceux qui sont en grâce : car outre cet être, cette création et ce mouvement inséparable de la nature, il y a en nous un nouvel être, un nouvel ordre et (s'il faut parler ainsi) une création nouvelle et un nouveau mouvement imprimé par la grâce, qui n'est qu'en ceux qui sont en la grâce de Dieu. Si Dieu fait tant pour nous lier à soi, que nous sommes coupables de nous délier de lui, et que nous sommes blâmables de nous lier si peu à lui! Si nous aimons notre être, aimons ce mouvement qui fait comme partie de notre être et est imprimé si avant dans icelui. Si la grâce parfait et accomplit la nature, suivons ce mouvement de la grâce, qui se joint à ce mouvement de la nature et l'accomplit. Suivons les mouvements de cette grâce, qui nous séparent de la terre et nous élèvent au ciel, nous éloignent de nous-mêmes et nous tirent à Dieu. Et à ces deux mouvements qui nous portent à Dieu, l'un de nature, l'autre de grâce ou pour mieux dire, l'un de Dieu même dans la nature par la création, l'autre de Dieu même en nous par l'infusion de sa grâce ; joignons un troisième mouvement par l'élection de notre propre volonté, unissant ces trois mouvements en un même effet, pour adorer et servir à l'unité, qui est en la Trinité des personnes divines, lesquelles seules doivent occuper tous les esprits créés, et les occuperont nécessairement un jour, ou par souffrance, ou par jouissance durant une éternité.

CXXV. VIVRE ET MOURIR EST LA DEVISE DES CHRÉTIENS.

Le premier conseil de Dieu sur nous était de nous conduire à la vie par la vie, et à un paradis par un paradis ; mais ce conseil ayant été interrompu par le péché ; il a voulu nous conduire à la vie par la mort et au paradis par la croix ; et nous devons rechercher la vie dedans la mort, et le paradis dans la croix. C'est pourquoi le paradis est fermé, l'ange en empêche l'entrée, car il n'est plus le chemin de la vie et du paradis. Nous devons vivre en mourant et mourir en vivant, c'est-à-dire exercer une manière de vie qui soit vraiment mort, et porter une manière de mort qui soit vraiment vie. Tellement que vivre et mourir doit être notre devise, notre pensée et notre dessein principal sur la terre. Si nous pensions n'avoir qu'à vivre, nos pensées seraient trop délicates ; si nous désirions vivre seulement, la nature serait trop attentive et contente ; si nous parlions de mourir seulement, elle serait trop appréhensive et mal contente. Nous disons donc, vivre et mourir. La conduite de notre esprit doit comprendre tous les deux, et notre examen doit s'étendre sur l'un et sur l'autre ; et nous devons reconnaître quels nous sommes en l'un et en l'autre, quel est notre état, notre degré, notre progrès et notre perfection en cette vie et en cette mort. Dieu a repos sans oisiveté, a opération sans travail ; mais outre ce repos et cette opération en soi-même, il veut prendre repos et demeure en nous, et veut être sanctifié en nous.

De la grâce.

Dieu, infiniment communicatif de soi-même et de ses grandeurs, ne s'est pas contenté de nous donner une ombre de soi-même, et une participation de son existence par la création ; mais il veut d'abondant nous donner une participation de soi-même et de sa sainteté par la grâce. Et comme dans son essence éternelle, nous adorons la communication ineffable que le Père éternel fait de son essence à son Fils et à son Esprit, aussi en la communication qu'il lui plaît faire de soi-même au dehors et à ses créatures, il lui a plu se communiquer par la grâce et nous faire dieux par grâce, comme il est Dieu par nature. Cette grâce est si éminente en son être et en sa qualité, que tout l'ordre de la nature est impuissant et incapable d'y atteindre par soi-même ; et il faut que le même Dieu qui nous a tirés du néant de la nature par sa puissance, nous tire du néant du péché par miséricorde ; et il faut humilité fondée sur la grandeur de Dieu, qui daigne se communiquer à nous, et nous faire part de soi-même, sur notre petitesse qui est élevée à cette participation et sur l'anéantissement de Dieu humilié jusqu'à la croix ; pour nous acquérir et mériter cette grâce. Car Dieu, pour nous créer, ne s'abaisse point ; mais, pour nous sanctifier, il s'abaisse jusqu'à la mort.

La grâce est notre fonds et notre héritage, et il nous faut savoir nos devoirs vers cette grâce qui est chose si grande. Premièrement donc, il y a trois points dus par l'âme à la grâce : humilité en la recevant, application à Dieu qui nous la donne, et fidélité en l'emploi. L'opération de la grâce porte travail et croix, et non jouissance. Nous devons demander à Jésus : 1° l'accroissement de sa gloire en la terre : *Clarifica Filium tuum, ut Filius tuus clarificet te* (Joan. XVII, 1) ; 2° d'être posés et conservés, de sa main, en la voie intérieure et extérieure par laquelle il a ordonné que nous allions à lui pour le louer éternellement, au degré de grâce et d'amour qu'il a choisi pour nous, sans égard à nous, et que nous suivions les voies de son premier conseil sur nous, et qu'il les rétablisse en nous : *Fiat voluntas tua bona beneplacens et perfecta* (Rom. XII, 2) ; 3° langueur après cette voie interne de Dieu à nous et de nous à Dieu, et de là tirer grande abnégation et indifférence à toutes les choses externes.

CXXVI. DE L'USAGE PARFAIT QUE NOUS DEVONS FAIRE DES MISÈRES ET IMPERFECTIONS DE LA NATURE.

Un des maux de notre condition, est que nous ne pouvons nous appliquer au bien sans relâche ; c'est la misère de cette vie, en laquelle nous avons beaucoup de répugnance et peu d'inclination au bien ; et lorsque nous nous y appliquons, ce n'est pas de toute notre puissance, et encore lorsque nous nous y appliquons, ce ne peut être avec continuité, et nous avons besoin de relâche. La nature est toujours en action perpétuelle, et ne cesse jamais de croître et de changer l'aliment en sa substance. Le cœur est en mouvement perpétuel et ne cesse point, même en dormant. Mais l'homme a besoin de repos dans les actions propres à l'homme, et de plusieurs sortes de repos. Et le repos même donné à la nature par le sommeil ne lui suffit pas ; il lui faut repos et relâche en veillant, qui est une servitude déplorable, mêmement en la brièveté de nos jours et en la grande variété de nos sujétions qui nous dérobent tant de temps parmi si peu de temps que nous avons à vivre et à bien faire, et à acquérir une meilleure vie. Il n'y a que la gloire qui nous délivrera de cette servitude, comme de plusieurs autres, et nous rendra capables de mouvement et d'action perpétuelle vers le souverain bien. Lors nous aurons une application parfaite, une application totale et de toute notre puissance, une application sans relâche, sans interruption et sans diminution, c'est-à-dire vers Dieu et vers ce qui sera dépendant de nous. Vie heureuse, vie divine, vie immortelle, vie à laquelle nous devons penser, nous devons aspirer durant cette vie ! Vie après laquelle nous devons soupirer, en cette vie qui n'est pas vie, et qui a plus de la condition de mort que non pas de vie, et qu'un grand personnage aussi appelle : *Mors vitalis, vita mortalis!* Or en cette vie misérable, il nous faut bien à la vérité supporter la misère de notre condition ; mais il la faut régler, il la faut supporter par patience, et non la caresser par affection, et nous devons avoir une sorte de perfection au support et en l'usage de ces imperfections et sujétions de nature. Tout doit être conduit, non-seulement par l'esprit de l'homme, mais par l'esprit de Dieu en l'homme. La conduite de grâce en cette vie ne tend pas à nous ôter ces imperfections, mais à les abréger et à les diminuer, et à régler ce qui en reste de nécessaire, en sorte que la perfection reluise dans l'imperfection même, et que la lueur de la grâce paraisse dans les ombres et dans les obscurités de la nature. Nous devons donc considérer ces choses comme matière de perfection, comme exercice de vertu et comme objet sur lequel la grâce doit exercer sa puissance et son empire. Nous devons déplorer ces misères et non pas les agréer, et ne nous pas contenter en icelles. Nous les devons supporter, mais non pas flatter, comme un malade qui supporte son mal et ne l'entretient pas. Nous les devons restreindre et abréger, et non pas les étendre et augmenter, car ce serait augmenter notre propre misère. Nous devons les référer à une fin plus haute et divine, et même contraire, car dans le repos nous devons tendre au travail, et dans le relâche, d'être capables d'application plus vive, ne nous divertissant qu'autant qu'il est nécessaire pour avoir par après une application plus puissante, et dans le relâche de la contention d'esprit, il ne faut pas pourtant se relâcher de la perfection d'esprit.

Que Jésus pensant à nous vivant et mourant, nous nous devons occuper de lui en la vie et en la mort.

Comme l'être de l'homme est composé de deux extrémités, de corps et d'esprit, d'être et de non-être, aussi la vie de l'homme est composée d'acte et de non-acte, de puissance et de non-puissance ; même, si nous la considérons bien, elle a plus de l'un que de l'autre, et dans les ressorts de sa propre nature, elle a plus de choses qui l'attirent à l'imperfection que de moyens qui l'élèvent à la perfection. Le dessein de Dieu sur nous est de nous tirer un jour de toutes ces misères par sa gloire ; en attendant il nous donne son Esprit pour former la perfection dans l'imperfection même ; il nous donne sa grâce pour trouver les choses parfaites dans les imparfaites. Et ceux qui doivent régler notre vie, doivent employer une partie de leur soin et industrie à régler et conduire à un parfait usage ces misères et sujétions de notre nature, et ne doivent pas seulement vaquer à former les parfaits exercices dont la vie est capable (car ces misères font partie, et même, ce qui est déplorable, font la plus grande partie de notre vie), mais aussi à la régler et former dans la condition imparfaite en laquelle elle est nécessairement sujette. Nous avons peu d'inclination et beaucoup de répugnance au bien, et cela rend notre vie en un combat perpétuel et nous expose à mille tentations. Lorsque nous nous appliquons au bien, ce n'est pas de toute l'étendue de notre puissance ; nous sommes partagés, et cela nous expose à beaucoup de faiblesse ; et encore cette même application que nous avons au bien et aux actions de notre profession, quoique faible et imparfaite, a besoin de relâche et d'intermission ; et cela nous apporte beaucoup de vide, en ce peu de solide que nous avons, et nous dérobe beaucoup de temps, en ce peu de temps que nous avons à vivre sur la terre. Ces trois sortes de misères qui nous environnent et accablent, méritent beaucoup de considération, de sentiment et de conduite, et demandent plus de larmes que de discours. Remettant les deux points à une autre fois, je dirai sur le troisième que nous devons supporter cette misère, mais non pas l'agréer, et nous y rendre par patience, mais non pas par délices.

Dieu nous donne la vie sans que nous y travaillions ; mais l'usage de cette vie est une autre vie, et nous en devons le compte à Dieu, au public et à nous-mêmes. Et puisque le Fils de Dieu a voulu nous donner sa vie et sa mort, nous lui devons notre mort et notre vie. C'est une dette dont nous lui sommes obligés par plusieurs titres, car il est le premier des vivants : *Primogenitus omnis creaturæ (Col.* I, 15), et tous les vivants sont redevables à sa primogéniture, voire il est la vie même, et il a une telle éminence en sa vie, que toute sorte de vie est sujette à cette sienne grandeur ; ainsi il est la vie même, et nous n'avons qu'une ombre et légère participation de sa vie, et sa vie même est la cause et la source de notre vie. Et il nous donne sa propre vie, une si haute vie, vie si précieuse, vie si nécessaire ; donnons-lui et nos jours et nos nuits, et nos labeurs et nos repos, nos veilles et nos sommeils, nos croix et nos délices, et notre mort et notre vie ; et que ce que nous sommes, et en nous-mêmes et hors de nous-mêmes, soit à lui, car tout est à lui, et tout lui doit tribut et hommage.

En l'usage de notre vie, un de nos principaux exercices doit être de contempler sa vie, d'aimer sa vie, d'imiter sa vie ; vivants et mourants, pensons à lui, car il pense à nous vivant et mourant : c'est le plus digne et le plus puissant objet que nous puissions avoir. Et, puisque notre esprit ne peut être sans objet et sans pensée, choisissons l'objet le plus digne et la pensée la plus excellente.

CXXVII. NOUS DEVONS FAIRE NOUVELLES ACTIONS DE PIÉTÉ ET NOS ACTIONS ORDINAIRES, PAR UN NOUVEL ESPRIT EN L'HONNEUR DU NOUVEL HOMME, SUR CES PAROLES : *Induite novum hominem.*

Il faut faire un changement en nous en l'honneur de l'état ineffable dans lequel le Fils de Dieu a daigné entrer, étant Dieu seulement et se faisant homme, étant seulement au sein du Père éternel et se mettant au sein de la Vierge : *Hoc erat in principio apud Deum. (Joan.* I, 2.) Ce changement requiert deux choses : 1° que l'on fasse des actions de piété et de vertu que l'on ne faisait pas ; 2° et que celles que l'on faisait, et qui nous sont communes à tous par la nécessité de notre nature, qu'on les fasse par un nouvel esprit. Ainsi, au sommeil, il nous faut désormais : 1° honorer la dignation et humiliation du Fils de Dieu, de prendre et porter cette infirmité et nécessité de notre nature, et référer à cet hommage notre sommeil ; 2° honorer l'état ineffable de son sommeil, durant lequel son âme jouissant de la gloire comme étant compréhenseur, et d'abondant par la science infuse et la liberté qu'elle avait d'opérer sans les organes, elle pouvait, outre l'état de la gloire, par ce particulier privilége, opérer de très-grands actes de charité. Sommeillant, il régissait et les hommes et les anges. O sommeil admirable, humble et sublime tout ensemble ! En outre, il nous faut soumettre à cette nécessité du repos, par humilité et par intention d'être plus propres à louer Dieu par après. Il nous faut prendre des pensées vers Jésus et Marie, et que le sommeil nous prenne en icelles, et prier quelques saints de louer et aimer Dieu pour nous durant ce temps-là, leur donner notre volonté pour cet effet, nous associer à eux, et que, par le droit de la communion de l'Eglise triomphante et militante, et de la communauté de biens dans laquelle nous vivons par ensemble, leurs actes nous soient appropriés en la manière que cela se peut.

CXXVIII. DU PÉCHÉ ET DE LA GRACE CHRÉTIENNE.

L'état du péché porte que rien ne vive dans le pécheur que le péché seul. La grâce qui nous tire de cet état est donnée à Jésus-Christ, et non aux pécheurs. La grâce nous est nécessaire pour nous tirer de la mort, pour nous faire agir, et pour réprimer le sentiment du péché qui habite toujours en notre nature.

Tous nos droits sont fondés en l'ordre de Dieu. Nous sommes hors de cet ordre par le péché, et nous avons perdu tous nos droits, en sorte que l'ordre même de Dieu porte : que nous ne soyons rien, que nous ne puissions rien, que lui-même ne nous aide en rien, et qu'il nous délaisse dans la mort du péché, et que rien ne vive en nous que le péché.

C'est par Jésus-Christ que Dieu nous tire hors de cet état et nous donne l'être de la grâce, ou pour mieux dire, Jésus en nous. Car nous n'avons la grâce que comme membres de Jésus, et non simplement comme hommes ; et ainsi nous ne pouvons entrer en la grâce qu'autant que nous renonçons à nous-mêmes, pour appartenir à Jésus en qualité de membres. Ce n'est pas à Adam que Dieu donne ses grâces, mais à son Fils unique ; et elles sont données pour faire mourir Adam et sa postérité ; tellement que la grâce tient Adam et les siens dans une parfaite mort, afin que Jésus et son esprit vive.

Nous avons impuissance d'user des dons de Dieu, nous ne pouvons qu'en mésuser ; nous sommes dans l'impuissance du bon usage et dans la nécessité du mésusage, et outre la grâce habituelle, nous avons besoin de la grâce actuelle, prévenante, excitante, aidante et subséquente. Car la subséquente sert à conserver l'œuvre de Dieu, afin que la malignité de la créature ne la détruise tout aussitôt, et ne se détruise soi-même par les œuvres de Dieu, comme a fait Lucifer et tous les pécheurs de la terre, qui s'établissent eux-mêmes par ce qui devrait établir Dieu en eux.

Voilà donc deux effets de la grâce de Jésus-Christ : le premier, de faire mourir Adam en nous, le second, de nous faire bien user des dons de Dieu, et le troisième est d'arrêter le mal en nous, qui va incessamment détruisant Dieu en nous et nous en Dieu, tirant même perpétuellement toutes les choses saintes dans son usage malin. Car le péché est toujours vivant et opérant en nous, et il faut que Dieu nous donne sa grâce, et elle suffit pour le réprimer et non pour l'anéantir ; et il n'y a point de saint en la terre qui n'ait besoin de dire : *Quis me liberabit de corpore mortis hujus ?* (Rom. VII, 24) etc. : *Quod inhabitat in me peccatum, operatur in me* (Ibid., 20), et : *Carne servio legi peccati.* (Ibid., 25.) Au regard de la première impuissance d'être, l'âme a besoin d'une puissance ressuscitante qui la tire de sa propre mort. Au regard de la seconde, qui est impuissance à bien faire, elle a besoin que la main de Dieu l'applique, la porte et la fasse agir. Au regard de la troisième nécessité, qui est de sentir incessamment le péché vivant et mourant en notre nature, elle a besoin que Dieu contienne le péché dans sa mort et captive le vieil homme, en attendant qu'il le détruise entièrement et aille continuellement retranchant la production de l'iniquité.

CXXIX. DE L'ABNÉGATION.

Le premier exercice du Fils de Dieu entrant dans notre nature, est l'abnégation de soi-même.

Le nouveau vivant que Dieu fait sur la terre, duquel son prophète dit : *Novum fecit Dominus super terram* (Apoc. XXI, 1), a une vie parfaite dès le ventre de la Vierge, vie de grâce et de gloire connaissant et adorant, se connaissant soi-même, connaissant et adorant celui qui l'a fait et lui a donné ce nouvel état, qui n'était point encore dans les états de Dieu, et qui doit régir et sanctifier les autres. En cette connaissance, il aime et adore le Père éternel, s'offre à son vouloir et à sa justice, se dépouille des droits dus à sa grandeur, pour être capable de porter ses rigueurs, et d'être la victime de Dieu pour les péchés des hommes. Cette vie nouvelle et parfaite du Fils de Dieu dès le ventre de la très-sainte Vierge, a pour objet de son exercice et occupation le Père éternel et soi-même, la Vierge et le monde, qui sont les quatre termes dignes d'être considérés, et qui forment l'exercice parfait de la vie intérieure et spirituelle de l'Homme-Dieu. En cet état il connaît celui qui l'a fait, il connaît celle en laquelle il est vivant, et de laquelle il reçoit vie incessamment, et il connaît la fin pour laquelle il est formé, qui est le salut des hommes. Ce que voyant, il entre en l'état volontaire d'abnégation très-haute, d'abnégation qui n'a point et n'aura jamais rien de semblable, comme il n'a lui-même rien de semblable ; il abaisse sa grandeur jusqu'au néant de la nature, et à une nature semblable à la chair de péché ; il la dépouille de tous les droits de gloire, de puissance, de domination ; et lui fait porter non la coulpe, mais l'état du péché, et de tous les péchés des hommes.

CXXX. DE L'ABNÉGATION DE SOI-MÊME SUR CES PAROLES : *Qui vult venire post me, abneget semetipsum.*

I. *Nous devons renoncer à la vie que nous avons reçue d'Adam, parce qu'elle n'est que mort.* — II. *La vie même que nous recevons de Jésus-Christ doit être réglée par l'abnégation.* — III. *L'abnégation se trouve même en la personne et en la vie de Jésus-Christ.* — IV. *L'homme étant une fois déchu de la grâce et vie spirituelle que Dieu avait mise en lui, Dieu la lui donne en autrui, et plus en lui-même ; mais c'est avantage pour l'homme, puisque cet autrui est Jésus.*

I. Écoutons cette parole de vie et de félicité éternelle, et si nous la savons bien pénétrer, nous verrons qu'elle porte à ceux qui la savent bien pratiquer, et nous verrons que tout ce que nous avons de vie prêche et annonce en nous-mêmes cette vérité de l'abnégation perpétuelle. Car la vie première que nous avons reçue d'Adam, n'étant plus vie, mais une mort, c'est renoncer à la mort de renoncer à cette vie ; et l'état de vie que nous recevons par la grâce de Jésus-Christ, étant une sorte de vie, non en nous, mais en autrui, il nous faut délaisser nous-mêmes pour entrer en cette vie. Heureux délaissement qui nous fait délaisser la mort et rencontrer la vie ! heureux renoncement qui, nous faisant perdre ce qui est perdu en nous, nous fait posséder ce qui est subsistant et vivant éternellement en Jésus, et par lequel nous perdant nous-mêmes, nous possédons Jésus, et Jésus est plus nôtre que nous-mêmes ! Voilà les fondements de l'abnégation de nous-mêmes, enseignée par Jésus, pratiquée par les saints, nécessaire à tous ceux qui veulent vivre en lui et le posséder parfaitement. Nous avons deux sortes de vie, l'une intérieure et l'autre extérieure; l'une et l'autre doit aller à l'école de l'abnégation et passer sous ses règlements. En l'une nous vivons dans les sens, en l'autre nous vivons en l'esprit; mais parce que nous avons encore une autre sorte de vie et d'être en Dieu, cette troisième sorte de vie qui est par grâce et non par nature, doit encore en cette vie mortelle être réglée par l'abnégation; et c'est la sainteté des âmes, c'est la puissance et perfection de leur état intérieur, c'est le triomphe de Jésus en elles.

II. Ce n'est pas de merveille, si l'abnégation doit être pratiquée en la vie la plus haute qui est donnée à l'homme, c'est-à-dire, en la vie de grâce, en la vie parfaite; puisqu'elle triomphe en la vie qui est la vie même, c'est-à-dire, en Jésus. Car la vie de Jésus en la terre, vie divine et divinement humaine, a été une vie de croix et d'abnégation perpétuelle. Et c'est dans cette vie de croix et d'abnégation perpétuelle de Jésus, que nous sommes nés et formés; c'est ainsi qu'il nous a conçus et engendrés en lui-même, et c'est pourquoi la vie que nous recevons de lui, respirant la naissance, ne respire que croix et abnégation. En sa croix il nous a conçus, en sa mort il nous a enfantés, et nous sommes les enfants de Dieu mort, comme il est Fils de Dieu vivant. Nous sommes nés par sa mort, et aussi nous sommes nés pour mourir; pour mourir à nous-mêmes et pour vivre à lui. Qui ne voudra cette mort n'aura point cette vie; qui fuira cette mort fuira la vie, car cette mort est la vie même, et cette sorte de mort est mort et vie tout ensemble. Tellement qu'embrassant la mort, nous embrassons la vie et nous ressemblons à Jésus l'auteur de la vie. Ne voyons-nous pas comme en sa croix il y a mort et vie tout ensemble? car il est mort, mais il est joint à la vie, puisqu'il est joint à la divinité qui n'a point délaissé son corps même en cet état et qui est la vie même. Il est mort et en la croix et au sépulcre; mais et en la croix et au sépulcre il est Dieu et il est vivant; il est notre Seigneur et Souverain: *Tulerunt Dominum meum* (*Joan.* XX, 2), dit Madeleine; qui le connaît bien, qui le sent encore mieux, le cherche, le poursuit et l'adore comme son Dieu et la vie en la mort; il est vie et vie pour nous. Cette mort donc est vie, cette abnégation est possession.

III. Dieu nous regarde en pitié en cet état où le péché nous a réduits et nous veut redonner la vie; mais d'autant que nous avons fait naufrage en la double vie que nous avions auparavant en nous-mêmes, il nous veut donner vie, non plus en nous, mais en autrui. Il nous donne son Fils unique, qui est la vie et vie en soi; et il faut que nous soyons en lui et non en nous, que nous vivions en lui et non en nous, que nous soyons à lui et non à nous. Ce Fils est Dieu et homme, et par ces deux natures différentes, unies étroitement et intimement en lui, nous avons puissance en sa divinité et confiance en son humanité pour nous adresser à lui.

IV. Voilà notre état et condition. État heureux et misérable: misérable en nous-mêmes, heureux en autrui; état de mort en nous-mêmes, état de vie en autrui. Car comme l'humanité de Jésus n'a être, vie et subsistence qu'en la divinité, aussi nous ne devons avoir vie et subsistence qu'en son humanité et en sa divinité, c'est-à-dire, qu'en lui Dieu et homme, la vie, le salut et la gloire des hommes. Cet état, bien considéré en toutes ses parties, nous oblige très-étroitement, très-sévèrement et très-continuellement à mourir à nous-mêmes, à renoncer à nous-mêmes: et c'est pourquoi l'auteur et le docteur de la vie, Jésus-Christ Notre-Seigneur, commence et consomme tous ses enseignements en abnégation de soi-même: *Qui vult venire post me, abneget semetipsum.* (*Matth.* XVI, 24.) Ce sont les paroles de celui qui est la vie et notre vie; ce sont les paroles de celui qui a les paroles de vie éternelle en sa bouche; paroles dures au sens et à l'oreille de l'homme, mais paroles douces en la bouche de celui qui les prononce; paroles que le sens rejette, mais que l'esprit doit embrasser, écoutant et adorant celui qui les prononce et auquel nous devons dire avec saint Pierre: *Domine, ad quem ibimus, verba vitæ æternæ habes.* (*Joan.* VI, 69.) Écoutons donc cette parole divine, cette parole de vie, cette parole de l'éternité.

CXXXI. QUELLES SONT LES DISPOSITIONS DANS LESQUELLES NOUS DEVONS RECEVOIR LE DON QUE LE PÈRE ÉTERNEL NOUS FAIT DE SON FILS; ET QU'OUTRE L'OBLIGATION QUE NOUS AVONS A L'ABNÉGATION DE NOUS-MÊMES, POUR AVOIR TOUT PERDU EN ADAM, NOUS EN AVONS UNE SECONDE, QUI EST QUE NOUS NE SOMMES QUE POUR JÉSUS-CHRIST ET EN JÉSUS-CHRIST, COMME QUELQUE CHOSE DE LUI.

I. Nous devons nous confondre et nous abaisser en la vue et reconnaissance de notre misère et iniquité. Nous devons adorer Dieu qui nous avait donné cet être si pur et si saint et nous confondre en sa présence de l'avoir souillé. Nous devons regarder son Fils unique Jésus-Christ Notre-Seigneur, comme celui qu'il nous a donné pour réparer nos ruines; nous le devons reconnaître et accepter comme l'être de notre être, la vie de notre vie, notre tout et notre Dieu, notre salut et notre gloire; nous devons nous séparer de nous-mêmes et nous incorporer en lui; nous devons anéantir tout ce qui est de nous et d'Adam en nous, pour n'avoir être et vie qu'en lui. C'est le devoir de notre néant, c'est le besoin de notre chute, c'est l'obligation de notre ruine, c'est le remède de nos malheurs, c'est le moyen de notre réparation, c'est le conseil de Dieu sur nous, et c'est la voie qu'il tient pour nous mettre en sa grâce et en sa gloire.

II. Voilà donc notre abnégation fondée solidement en notre état présent, et établie dans nos propres ruines, qui nous oblige de sortir de nous-mêmes pour aller à Jésus et qui ne nous permet pas de rien être, ni de rien avoir, qu'en Jésus. Car il est désormais notre être et notre vie, notre salut et notre gloire, et nous ne pouvons jamais rien être ni rien espérer qu'en lui et par lui. Mais il y a encore une raison plus haute et plus divine, qui nous porte à entrer en cette abnégation. Par la première, nous devons entrer en l'abnégation de nous-mêmes, dans l'état que nous avons reçu d'Adam; ce qui est bien juste, puisqu'il est si perdu et si misérable. Mais par cette seconde, nous devons entrer même en l'abnégation de nous, au regard de l'être et de l'état que nous recevons de Jésus, ne nous cherchant point nous-mêmes en Jésus, mais cherchant Jésus en Jésus. Car encore que nous nous y trouvions nous-mêmes, et beaucoup plus noblement et heureusement, nous ne pouvons nous y trouver nous-mêmes qu'en ne nous y cherchant point, selon cet oracle du Fils de Dieu même : *Qui amat animam suam perdet eam, et qui perdiderit animam suam inveniet eam.* (Joan. XII, 25.) Car cet être noble et excellent que nous recevons en Jésus, vient de la croix et de la mort de Jésus même, et cette mort divine nous oblige à une nouvelle mort en nous-mêmes. Nous sommes sauvés par voie de sacrifice, nous devons aussi être sanctifiés par une sorte de sacrifice qui nous sanctifie nous-mêmes à Dieu. Le sacrifice de notre salut a consommé même une vie divine, et le sacrifice de notre sanctification, doit consommer une vie sainte et sanctifiée par la grâce.

CXXXII. DE L'ABNÉGATION.

I. L'homme n'a droit par lui-même qu'au néant, au péché, à l'enfer. — II. Le droit d'être, qui avait été donné à l'homme ne convient plus qu'au nouvel homme qui est Jésus-Christ. — III. La grâce chrétienne par laquelle nous sommes anéantis en nous-mêmes et établis en Jésus-Christ, porte en sa condition essentielle, d'être et d'agir, comme n'étant rien en nous-mêmes, mais seulement en Jésus-Christ.

I. Nous n'avons droit par nous-mêmes qu'au néant, au péché, à l'enfer, c'est-à-dire au néant en toute façon. Car le premier est le néant de l'être, duquel nous avons été tirés, et entre lequel et nous il n'y a qu'une paroi, et encore n'est-elle que de fange, c'est-à-dire, ce corps formé de poussière et de terre, et cette poussière, boue et terre, tirée du néant. Quant à l'âme, il n'y a point de distance entre nous et le néant, que la main du Créateur qui nous en a tirés par sa puissance. Le péché est un second néant pire que le premier ; néant de grâce, néant opposé à Dieu, néant résistant à Dieu, et l'enfer est la consommation et l'établissement en ce néant misérable, où le damné perd tout l'usage de tout le bien qui est en son être naturel, et est irréparablement établi dans l'état et la servitude du péché.

II. Nous avons perdu le droit d'être, que Dieu par sa bonté nous avait donné en nous créant ; car le péché originel et le péché actuel nous ôtent ce droit, nous ne pouvons le racquérir, et il ne nous sera jamais donné ni rendu. Il est donné à Jésus-Christ lorsque Dieu lui donne la nature humaine, et qu'il l'en a fait chef, et nous n'avons droit d'être qu'en lui, par lui et pour lui. C'est un des points qui dépend de sa qualité de second Adam, de chef de la nature humaine, et de ce beau titre que saint Jean lui donne en l'*Apocalypse* (III, 14) : *Principium creaturæ Dei.* Dieu le Père est principe sans principe ; son Fils en sa génération éternelle est principe de principe, et ce même Fils en sa génération temporelle est un principe subordonné et dépendant, et en cette qualité il est le principe de la créature de Dieu, de la nouvelle création, de la nouvelle créature, laquelle est justement appelée créature de Dieu, parce qu'elle est de Dieu, et pour Dieu, et en Dieu, vivante et subsistante en la personne d'un Dieu, comme partie de lui-même et l'un des membres de son humanité propre.

III. La vie et forme de grâce que Dieu donne maintenant à l'homme est une sorte de grâce d'anéantissement et de croix, et la grâce, soit de la terre, soit du ciel, est une manière de grâce qui tire l'âme hors de soi-même par une sorte d'anéantissement et la transporte, l'établit et l'ente en Jésus-Christ, comme en lui notre humanité est entée en sa divinité. Comme en l'être naturel Dieu nous a créés à son image, en l'être surnaturel il nous a créés pareillement : *Cor mundum crea in me, Deus* (Psal. L, 12), et nous a créés à l'image de son Fils incarné. Et comme au mystère de l'Incarnation il y a une sorte d'anéantissement de la nature humaine, qui est dépouillée de sa propre subsistence ou personne humaine, pour être établie en la personne divine du Verbe ; aussi en la grâce qui découle de cette Incarnation adorable comme d'une vive source, il y a une sorte d'anéantissement en nous-mêmes et d'établissement en Jésus. Anéantissement et de puissance et de subsistence ; mais avec cette différence, que la puissance qui précède en nous la grâce de Jésus-Christ, n'étant qu'une puissance à nous perdre, nous est ôtée véritablement, et nous sommes tirés dans la sienne pour y accomplir nos actions. Mais notre subsistence ne nous est pas ôtée en la même manière ; elle n'est anéantie que quant à l'usage et en la moralité, et en son autorité et non en son existence.

CXXXIII. DE L'ABNÉGATION

Trois sortes d'honneurs rendus à Dieu, par lui-même, par son Fils incarné, par la créature. L'abnégation fondée sur la grandeur de Dieu, sur le néant et le péché de la créature, néant de nature et de grâce, et sur l'anéantissement du Fils de Dieu en l'incarnation. Plus l'homme est déshonoré pour Dieu, plus il honore Dieu.

Dieu est divinement honoré par soi-même; il est humblement adoré par ses créatures, et d'une manière divinement humaine et humainement divine, par son Fils unique en sa nature adjointe. Le premier honneur est en gloire et en splendeur, comme par personnes égales et non dépendantes; le second est en abaissement, à raison du néant de notre être et de notre dépendance de Dieu; et le troisième, en abaissement et anéantissement de l'Etre divin, par l'union hypostatique à un être créé.

L'abnégation est fondée en la grandeur de Dieu, et en l'état de la créature tirée du néant, et tendant au néant par sa condition propre et par le péché; et en une autre sorte de néant de soi-même par la grâce. Deux sortes d'avilissement et anéantissement de soi-même : l'un, par le péché, l'autre, par la grâce, plus profonds et plus heureux que le premier. Mais il y a un troisième fondement de l'abnégation qui est en l'être de Dieu uni personnellement à l'humanité; où l'Ecriture nous enseigne, qu'il y a exinanition de lui-même; exinanition suprême de l'Etre suprême et premier, qui doit être honorée par voie d'abnégation. Le Fils de Dieu honore souverainement son Père par son incarnation, qui est l'exinanition de sa personne divine; il l'honore souverainement par sa croix, qui est son supplice et son déshonneur : et ainsi ses serviteurs l'honorent le plus dans les occasions de plus grande confusion et opprobre, quand c'est son service et son obéissance qui les y engagent. C'est alors qu'il prend plus sur eux, qu'ils se quittent et se laissent davantage pour lui, et c'est en cela que leur hommage est accompli et parfait. Car comme Dieu est honoré visiblement par un sacrifice extérieur, ainsi le veut-il être par un sacrifice intérieur, qui est le sacrifice du cœur; et ce premier n'est pas achevé s'il n'est joint avec le second.

CXXXIV. L'ABNÉGATION EST LE SOMMAIRE DE LA VIE ET DES ENSEIGNEMENTS DU FILS DE DIEU.

Chaque discipline et profession a son esprit qui lui est propre, lequel se fait reconnaître et suivre comme l'esprit principal et dominant en icelle. L'esprit de l'école de Jésus, et le sommaire de ses enseignements, c'est l'esprit d'abnégation, et c'est celui auquel se réduisent toutes ces vérités et toutes nos pratiques, et qui comprend toutes les dispositions qu'il requiert de nous. S'il enseigne notre esprit, nous devons captiver nos sens sous sa parole. S'il instruit notre volonté, nous devons renoncer à nos passions et les assujettir à sa loi, et notre propre vie, en son usage et exercice ordinaire, doit être une croix universelle et une mort perpétuelle à soi-même; car la vie chrétienne est une mort continuelle au sens et à l'esprit humain, ce qui convient d'autant plus à notre condition, que, comme prêtres, nous sommes les premiers en cette école de Jésus et nous sommes obligés d'en donner l'exemple et les enseignements aux autres.

Cet esprit est proprement l'esprit de Jésus, c'est l'esprit qui est propre et particulier à lui seul; c'est un esprit inconnu à la terre avant lui. Les académies n'en ont point ouï parler; les philosophes, qui ont parlé de tant de choses, l'ont ignoré. C'est par lui qu'il commence ses instructions; ce sont les prémices de sa doctrine; c'est la première voix qu'il fait retentir en la terre; c'est par là qu'il commence, qu'il continue et qu'il finit; et c'est l'esprit aussi dans lequel il a voulu naître et mourir. C'est dans cet esprit que subsiste le mystère de l'incarnation, qui est un mystère, à proprement parler, d'abnégation; c'est par cet esprit qu'il régit sa vie : *Christus sibi non placuit* (Rom. xv, 3); et c'est cet esprit qui le met en l'étable et en la crèche, et qui le conduit à la croix, à la mort et au sépulcre.

CXXXV. DE L'OBLIGATION A LA MORT, ET DE MOURIR A NOUS-MÊMES. DE LA VIE PÉNITENTE DE JÉSUS-CHRIST, DIVISÉE EN TROIS POINTS, PRIVATION, HUMILIATION, AFFLICTION.

Pour le jour des Cendres.
Sibi mori et Christo vivere.

I. L'entrée du Carême se doit faire par pénitence et par les cendres, c'est-à-dire par la mémoire de la mort et du péché qui a causé la mort; et de la justice de Dieu, qui impose au pécheur la mort pour pénitence. C'est la sentence de la justice divine que l'Eglise prononce cejourd'hui sur nos têtes, que nous devons ouïr et accepter avec un esprit humilié et un cœur contrit; et peut-être que cette sentence s'exécutera sur nous cette année, ce mois, ce jour même; et sans doute elle s'exécutera sur quelques-uns d'entre nous, et s'est exécutée l'année passée sur tant de personnes qui avaient aussi peu de sujet apparent d'y penser, que nous à présent. Cette mort nous appelle et nous dispose à une autre sorte de mort intérieure et spirituelle, à laquelle nous devons coopérer, et comme le phénix, joindre le mouvement de nos ailes et de nos puissances et facultés, avec les rayons du Soleil de justice, pour nous réduire en cendre.

Nous devons considérer deux choses en l'Eglise, la doctrine et la discipline, adhérer à l'une et pratiquer l'autre. Or la doctrine et la discipline s'accordent en la matière de la pénitence célébrée solennellement dans le carême. Nous ne connaissons pas bien notre état, nous pensons être vivants et nous sommes vraiment morts dès à présent en un sens véritable, et nous devons bientôt mourir finalement. Et cette vie n'est qu'un flux perpétuel à la mort, déjà imposée et reçue par sentence irrévocable du juge, qui s'exécutera dans peu de temps. Nous naissons morts à Dieu par la naissance que nous tirons d'Adam, et même nous naissons avec cette obligation de mourir un jour, et nous ne vivons qu'à condition de mourir à nous-mêmes : et par la naissance que nous tirons de Jésus-Christ, nous mourons à Adam, au siècle présent et à nous-mêmes; et il ne nous reste aucun droit de vie, que de vivre à Dieu en participant à la vie de Jésus, ou plutôt par la part que l'esprit de Jésus nous donne à sa vie.

II. Le second point de cette conférence doit être de la vie du Fils de Dieu en nos âmes, comme le premier a été de la mort et de l'obligation de mourir à nous-mêmes. Et comme, selon les divers temps et les diverses dévotions de l'Eglise, nous devons honorer diverses parties de la vie de Jésus, celle qui nous est proposée pour commencer le carême, est sa vie pénitente, c'est en celle-là qu'il le faut adorer et le supplier instamment qu'il l'imprime en nos cœurs et qu'il l'exprime en nos œuvres. La pénitence consiste en trois points : privation, humiliation, affliction; ce sont les trois apanages de la pénitence, et nous les rencontrons tous trois en la vie de Jésus sur la terre, car il a privation de son état divin, ayant l'être divin, et il est Dieu privé de Dieu, privé de soi-même, c'est-à-dire de son repos par la croix, de sa puissance par l'infirmité, de son domaine par la pauvreté. Et secondement, il porte humiliation en la terre de la part des hommes, de soi-même et de son Père : de la part des hommes, qui ne l'ont pas connu, qui l'ont méconnu, méprisé, tenu pour charpentier, fils de charpentier : *Faber fabri filius* (*Matth.* XIII, 55), etc.; de la part de soi-même, comme quand il défend aux siens de le magnifier lui et ses miracles, quand il s'enfuit aux montagnes lorsqu'on parle de le faire roi, et que généralement en toutes choses il se traite selon la forme servile qu'il a daigné prendre pour notre salut; de la part du Père, l'envoyant et le tenant au monde dans la ressemblance d'une chair de péché, et que sa vertu soit retirée, et n'opère pas la conversion de tant d'âmes qu'elle eût pu opérer si facilement, et qui eût été, ce semble, si convenable. En troisième lieu, il porte affliction, et affliction de plusieurs sortes : afflictions communes à la nature humaine, en laquelle il est descendu, le froid, le chaud, les déserts, les voyages et la fatigue : *fatigatus ex itinere* (*Joan.* IV, 6), les larmes et la faim : *esuriit.* (*Matth.* V, 6); toutes lesquelles peines lui étaient d'autant plus sensibles et de plus grande privation, qu'il avait droit d'en être exempt, au lieu que nous n'avons autre droit que d'y être sujets, ce qui fait qu'elles nous sont naturelles, et qu'elles sont volontaires en Jésus, et partant plus grièves et plus dignes d'être réputées et appelées pénitence. Afflictions qui regardent sa qualité de victime du monde, qui l'obligeait à porter l'anathème et l'ire de Dieu : *factus pro nobis ipse maledictum* (*Galat.* III, 13), et ailleurs : *Eum qui non noverat peccatum, pro nobis ipse peccatum fecit.* (*II Cor.* V, 21.) Afflictions qui regardent son office de Rédempteur et Père des hommes, la sollicitude des âmes, l'angoisse en leurs afflictions : *Vere languores nostros ipse tulit* (*Isa.* LIII, 4), la compassion des pécheurs, la vue du péché, la douleur et contrition, l'offense de Dieu, la connaissance des jugements de Dieu qu'il voyait tomber sur ses enfants, dont il pleure plus amèrement en son cœur qu'il n'a pleuré par ses yeux la ruine de Jérusalem; car ce sont ruines intérieures qu'il prévoit et qu'il sent.

CXXXVI. L'EGLISE NOUS REPRÉSENTE TROIS PRINCIPES FORT DIFFÉRENTS: DIEU, ADAM ET JÉSUS-CHRIST. IL Y A TROIS SORTES DE NÉANT : LE NÉANT DUQUEL DIEU NOUS TIRE PAR LA CRÉATION, LE NÉANT OU ADAM NOUS MET PAR LE PÉCHÉ, ET LE NÉANT OU NOUS DEVONS ENTRER AVEC LE FILS DE DIEU S'ANÉANTISSANT SOI-MÊME POUR NOUS RÉPARER.

Pour le jour de la Septuagésime.

I. Nous avons diverses fois parlé de Jésus, de sa très-sainte Mère, de leurs excellences et perfections, et de l'appartenance et dépendance que nous devons rechercher au regard de leurs majestés suprêmes; il est temps que nous parlions entre nous de nous-mêmes, de notre misère et condition, et de l'hommage que nous devons rendre à Dieu, sur les divers états ès quels nous nous trouvons. C'est l'objet que l'Eglise nous représente en cet intervalle depuis la Septuagésime jusqu'au carême, où elle nous représente le Fils de Dieu en sa quarantaine, c'est-à-dire en la pénitence qu'il est venu faire sur la terre pour nos péchés, et la mort qu'il a voulu souffrir pour nous délivrer de nos misères. La conduite la plus sûre et la plus accomplie que nous puissions avoir, est de suivre l'esprit de Dieu en son Eglise, et souvent nous avons posé ce fondement en nos dévotions, de prendre les objets qu'elle nous va représentant le long de l'année, pour en concevoir les pensées, les affections, les dispositions convenables. L'Eglise rend honneur à Dieu sur ces sujets, nous comme par instruments animés; nous devons donc y avoir et l'intelligence et l'application requises, et rendre honneur à Dieu sur ces choses en esprit et vérité. Or la voix que l'Eglise forme en notre bouche en ce temps, est une voix de douleur et complainte : *Circumdederunt me dolores mortis, et pericula inferni*, etc. (*Psal.* XVII, 5, 6.) Et l'objet qu'elle nous présente, c'est notre création, notre chute en Adam, notre indigence d'un Sauveur et Réparateur de notre être, notre pèlerinage sur la terre en misère, en ignorance, en péché; et partant nous avons en ce temps pour objet, trois principes au regard desquels nous avons appartenance, dépendance et émanation : 1° Dieu en la création ; 2° le premier homme en l'extraction de notre nature et en la source de notre état et condition; homme principe de nature et de grâce s'il eût été fidèle, et maintenant principe de nature et de péché; et 3° Jésus-Christ, qui est le second Adam et le nouvel homme.

II. Au regard de Dieu, il faut nous mettre par esprit et par grâce en un état de néant correspondant au néant duquel il nous a attirés par sa puissance et bonté souveraine, car le néant a rapport à Dieu : *Qui vocat ea quæ non sunt, tanquam ea quæ sunt.* (*Rom.*

IV, 17.) Le néant est dans l'étendue et circonférence de sa connaissance, de sa puissance, de sa bonté; ainsi nous devons avoir un rapport de nous-mêmes à Dieu. 2° Le néant ne répugne en rien à Dieu; ainsi nous devons ne répugner non plus à son vouloir et ordonnance et à son opération, que si nous n'étions point. 3° Le néant est susceptible et capable de toutes les volontés de Dieu; ainsi devons-nous nous rendre susceptibles de tout ce à quoi Dieu nous veut disposer et appliquer.

Il y a deux sortes de néants que nous devons considérer : L'un auquel Dieu nous trouve qui est le néant de l'être ou du péché, car maintenant il ne nous trouve plus dans le simple néant de la nature et de l'être, où toutes choses étaient avant la création, mais dans le néant où le péché nous réduit. L'autre est un néant où il nous met lui-même, et dont il est l'auteur, et qu'il opère en nous par son esprit et sa grâce; et ce néant va imitant et adorant l'état anéanti de Jésus-Christ son Fils au moment de l'Incarnation, duquel il est dit par saint Paul : *Exinanivit semetipsum, formam servi accipiens.* (Philip. II, 7.) Entrons humblement dans le néant où Dieu nous trouve; vivons dans la défiance et le renoncement de nous-mêmes à quoi il nous oblige. Vivons dans le parfait rapport et entière soumission à Dieu de notre premier néant, c'est-à-dire de ce néant qui a précédé la création, et qui est propre à la créature. Recherchons ainsi d'avoir quelque part au néant adorable et divin du Fils de Dieu prenant notre nature, et par ces voies nous rendrons ce qui appartient à ces trois objets que nous propose l'Eglise. Adoration à Dieu créant l'homme, et lui donnant une singulière participation de ce qu'il est. Renoncement à Adam ruinant la nature humaine, et la remplissant de péché; et enfin adhérant à Jésus-Christ qui nous peut seul délivrer du péché, et nous réconcilier avec Dieu.

CXXXVII. DE L'IMPUISSANCE A AIMER DIEU, DEPUIS LE PÉCHÉ D'ADAM; ET DU REMÈDE, A CE MAL EN JÉSUS-CHRIST.

I. *Puissance et dignité de l'homme en sa création. Dieu a mis la perfection en l'amour et non en la connaissance. Les pouvoirs de l'entendement et de la volonté en l'état d'innocence.* — II. *L'homme est déchu de cette noblesse par le péché d'Adam, et n'est plus capable ni d'aimer, ni presque de connaître Dieu, ce qui paraît beaucoup en la vanité de la philosophie, toute occupée en la connaissance, et connaissance des choses naturelles. L'homme, par le péché, est incapable de tout amour légitime, et le diable par son état, de tout amour.* — III. *Les philosophes, Sénèque et Epictète, et ceux qui prennent leur esprit, s'établissent dans l'amour et l'estime de la nature, au lieu de la faire mourir. On ne peut remédier à ce mal que suivant l'Evangile, qui nous ordonne abaissement en nous-mêmes et élèvement en Dieu, c'est-à-dire l'humilité et l'amour.*

I. Dieu a créé l'homme à son image et semblance, et l'a doué de deux perfections en l'ordre de la nature; l'une de connaître ce qu'il est, l'autre d'aimer ce qu'il lui plaît. Par l'une, la vérité est son objet, et par l'autre, la bonté, ou vraie ou apparente, ou temporelle, ou éternelle, ou spirituelle, ou sensible. Dans l'ordre de la grâce, Dieu relève et augmente de beaucoup ces deux perfections, et rend l'homme capable de la connaissance des vérités éternelles, et de la jouissance et possession solide de la bonté divine et incréée. Mais il a fait un partage entre ces deux perfections excellentes, car il a mis la perfection de sa grâce non en la connaissance, mais en l'amour des perfections éternelles.

Ces deux perfections sont deux puissances de l'âme, par lesquelles elle opère non hors de soi, et dans quelque matière vile et abjecte (et telle qu'elle puisse être, elle est toujours beaucoup inférieure à sa dignité), mais elle opère en soi et en son propre fonds. Ce sont comme deux bras par lesquels elle embrasse tout ce qui est en cet univers, par une capacité immense et infinie; ce sont comme deux jambes par lesquelles son esprit se porte et chemine en l'univers comme en un domaine qui lui appartient; et ce sont deux vertus admirables, par l'une desquelles elle a pouvoir de loger en soi-même cet univers par connaissance, et le transformer en son être spirituel, et de le loger lui-même en son Dieu; et de se transformer en l'auteur même de l'univers par amour, si elle est si heureuse que de bien user de cette puissance, d'aimer ce qui est digne de son amour, et de ne se pas avilir et profaner elle-même dans les choses inférieures et terrestres, n'ayant rien qui ne soit digne de Dieu et de son amour.

II. Mais nous sommes dans l'infortune de ce Jacob, blessé à la cuisse par un combat non avec Dieu, mais avec le péché; et nous boitons bien fort, étant rendus beaucoup plus infirmes en la puissance de bien aimer qu'en la faculté de bien connaître. D'où vient que ceux qui ont ignoré Dieu et eux-mêmes, et n'ont pas connu l'origine de notre nature et infirmité, ont mis plus d'usage et de perfection en la connaissance qu'en l'amour, et ont fait tant de beaux volumes pour exercer et élever leurs entendements, ayant si peu réglé leur amour, et même si peu parlé de l'amour, et de l'amour des choses divines. Le plus haut point de leur doctrine et religion profane ne parle que de la crainte, mais non pas de l'amour de celui qui les a créés, et leur philosophie est fort étendue et appliquée dans la connaissance des choses de l'univers; mais elle est fort courte, fort sèche et fort stérile en celle de Dieu, et du tout muette en ce qui est de l'amour de Dieu, qui est le plus digne objet, voire l'unique objet de notre amour. Et comme ils étaient trop instruits de la bassesse des choses caduques, pour ne les pas juger indignes de l'amour de l'homme, ne pouvant ni vaincre cet amour par leur infirmité, ni l'approuver par leur connaissance (quelques-uns même l'ayant réprouvé), ni aussi s'élever jusqu'à l'amour divin, ils sont demeurés sans amour en la terre. Les démons qui sont déchus du ciel et de la perfection de leur nature tout ensemble, en cette chute si grande et épouvantable, ont retenu partie de leur connaissance et ont perdu leur amour ; et une âme sainte (132) a dit divinement que le diable était une créature privée d'amour, car il a voulu s'aimer soi-même et ne le pourra jamais ; et il ne peut pas aimer Dieu ni ne peut plus le vouloir. Voilà l'état misérable de la nature intelligente depuis sa perte, car elle est incapable d'amour, et éternellement incapable en sa damnation et en sa vie sur la terre ; elle est sans usage de l'amour légitime, de l'amour digne d'elle-même, de l'amour immortel digne de sa condition immortelle, de l'amour divin digne de son origine divine, de l'amour qui la porte et la transporte en Dieu l'auteur de sa nature et de sa grâce, et le seul objet de la félicité éternelle.

III. Plus l'enfer est indigne et incapable de l'amour, plus la terre le doit estimer ; plus la philosophie profane est muette et stérile en la direction de l'amour, plus la philosophie chrétienne doit y être instruite et savante à s'y appliquer et exercer. Et en effet, les deux fondements de l'école du Fils de Dieu, les deux points principaux de sa discipline, les deux exercices de sa milice, sont l'abaissement en soi-même et l'élèvement en Dieu, c'est-à-dire l'humanité et l'amour. En cet égarement de la nature, quelques-uns ont pensé prendre un chemin différent et s'élever plus haut, en tenant des maximes impossibles à la nature. Le monde les estime, et ils me font pitié, un Sénèque, un Epictète : car ce peu de lueur qui reste en la nature, ils l'ont convertie en ténèbres. Ils établissent l'estime et l'amour propre de la nature, et non pas l'amour de Dieu ; ils s'arrêtent en eux-mêmes, et il s'en faut éloigner ; ils sentent l'infirmité de la nature et ne la veulent pas avouer ; ils ressemblent à ces autruches qui ont des ailes, mais sans voler ; ils remuent leurs ailes comme des oiseaux, mais leurs pieds demeurent en terre, animaux mitoyens entre les oiseaux et les bêtes à quatre pieds ; et ils sont aussi mitoyens entre les philosophes chrétiens et les philosophes profanes. En cela seul ils sont louables de ce qu'ils sentent quelque chose de la dignité première de leur nature : mais ils ne savent pas ce que nous avons perdu en Adam, et ce que nous avons recouvert en Jésus-Christ, et ils cherchent en eux-mêmes ce qui n'est point en eux-mêmes ; et ainsi ils sont toujours cherchant et jamais ne trouvant ; ils sont toujours égarés en leurs voies, et sont toujours démentant à leurs discours et leur philosophie par leurs propres pratiques et sentiments. Et le plus grand effort de leur doctrine ne consiste qu'à contenir leur langue pour ne point parler, mais non pas leur esprit pour

(132) La bienheureuse Catherine de Gênes.

ne point juger. Tirons-les hors de peine et d'erreur ; nous sommes instruits à une meilleure école et qui, dès l'entrée, nous apprend la cause de leur égarement. Elle nous enseigne que la nature a été créée juste, droite et digne des mains de Dieu, dont nous sommes l'ouvrage et dont nous sommes sortis ; que nous avons perdu en Adam, ce que nous avions reçu de Dieu ; que nous ne devons jamais chercher en nous ce que nous avons perdu en Adam. Et voilà le fondement de l'abnégation chrétienne dont la terre n'a point ouï parler avant Jésus, et dont la philosophie est du tout ignorante. Voilà le fondement de l'humilité chrétienne et de l'entrée en l'amour divin. Voilà en quoi consiste la justice chrétienne, du tout opposée à la justice des philosophes. Voilà le fruit et la racine de l'arbre de la croix.

CXXXVIII. DE NOTRE VOCATION A LA VIE DE GRACE ET DE GLOIRE ET DE NOS DEVOIRS ENSUITE VERS DIEU ET VERS JÉSUS-CHRIST.

I. *Il y a une double vie supérieure à la nature à laquelle nous sommes appelés : la vie de la grâce et la vie de la gloire ; l'une en la terre, l'autre au ciel. Et il faut chercher l'origine de cette double vie hors de nous, c'est à savoir en Dieu et en Jésus-Christ.* — II. *Le Père nous donne à son Fils, et le Fils nous donne à son Père.* — III. *En la terre le Fils est le principe et l'objet de notre vie de grâce, et au ciel le Père sera le principe et l'objet de notre vie de gloire.* — IV. *Nous devons être à Dieu par sa grandeur et par notre petitesse. La puissance de Dieu sur nous n'est pas seulement vivifiante, mais consommante et détruisante, et cela pour nous faire rentrer en lui comme nous en sommes sortis. Explication de cette parole du Fils de Dieu mourant :* Consummatum est.

I. Il y a deux sortes de vie supérieure à la nature à laquelle Dieu nous appelle, et en laquelle nous devons être établis. Et comme Dieu a créé le ciel et la terre pour nous loger en la terre et au ciel, nous devons vivre en l'un et en l'autre de ces deux sortes de vie. L'une se passe en la terre, et l'autre se consomme au ciel. En l'une le Père nous donne à son Fils, et en l'autre le Fils nous donne à son Père ; et en l'une et en l'autre nous ne devons point être à nous. Nous sommes à Jésus-Christ par le Père, nous sommes au Père par Jésus-Christ : l'un et l'autre ayant pouvoir sur nous, et pouvoir anéantissant notre être et notre vie ; l'un par le droit de la création, l'autre par le droit de rédemption ; et par l'un et l'autre droit nous ne sommes point à nous, nous sommes à eux. Le fondement et l'origine de ces deux sortes de vie se doit chercher hors de nous, car en nous il n'y a que le néant, le péché, la mort. Voilà notre fond, notre droit, notre héritage. Il faut chercher l'origine de cette double vie en Dieu, qui est la vie, et en celui auquel il a donné vie : *Vitam habere in semetipso* (Joan.

v, 26); qui a la vie en soi, ne l'ayant pas de soi, mais de son Père.

II. Le Père nous donne à son Fils, à son Fils, dis-je, vivant, mourant et régnant pour avoir part à sa vie, à sa mort, à sa gloire, ou pour mieux dire, à sa vie mourante et à sa vie immortelle. Le Père nous donnant à son Fils, nous adressant à son Fils, nous devons vivre au Fils par le Père, et par le Fils nous vivrons au Père. Le Père nous donne à son Fils pour être à lui, pour être en lui, pour faire partie de lui et ne faire qu'un corps avec lui, dont il est le chef et nous sommes membres. Nous sommes à lui comme l'héritage au Seigneur, comme le disciple au maître, comme l'esclave au souverain, comme l'ouaille au pasteur : *Postula a me, et dabo tibi gentes hæreditatem tuam. (Psal.* II, 8.) Nous sommes en lui comme en notre retraite et comme n'ayant vie qu'en lui, et nous sommes en lui comme partie de lui-même et comme étant ses membres.

III. Comme il y a deux vies, il y a aussi deux principes de vie : le Père qui est principe sans principe, et le Fils qui est principe de principe : *Principium creaturæ Dei. (Apoc.* III, 14.) En cette vie nous sommes à Jésus : il est l'objet et la source immédiate de notre vie, comme au ciel le Père sera la source et l'objet de notre vie glorieuse. Tellement que nous devons en la terre être appliqués à Jésus pour en tirer la vie. Saint Augustin disait : *In causa duorum hominum versatur cardo generis humani.* Disons aussi que l'état de l'homme au regard de Dieu consiste en cette double donation que le Père fait de nous à son Fils, que le Fils fait de nous à son Père, et en la double vie qui suit cette donation.

IV. Nous devons être à Dieu en sa grandeur et en notre petitesse. En sa grandeur, par soumission adorante, et en notre petitesse, impuissance et indigence, par dépendance de ses pouvoirs et par adhérence à l'usage et à l'emploi qu'il veut faire de nous; reconnaissant sa puissance comme infinie et incréée, n'être pas seulement vivificative, mais aussi être consommative et destructive de l'être créé pour l'attirer à soi, le faire rentrer en soi comme il en est sorti par la création, et le consommer en soi ; et nous rendre à cet usage efficace de la puissance divine sur nous par un parfait sacrifice et holocauste consommant la créature en son Créateur; et la consommant divinement par une sorte non de simple anéantissement, mais d'anéantissement en Dieu, par lequel Dieu prend une actuelle possession de sa créature et s'en sert divinement; au lieu que par le simple anéantissement la créature est un pur néant et n'est pas en l'actuelle et réelle possession de son Dieu.

Faut rendre proportionnément ces mêmes dispositions à Jésus, comme étant Dieu et notre Dieu : *Deus, Deus noster (Psal.* LXVII, 21); et comme étant encore la victime de Dieu et l'hostie des hommes ; et comme ayant en cette qualité porté l'opération consommante de Dieu en son être créé, qui est un des sens de cette sainte et grande parole : *Consummatum est. (Joan.* XIX, 30.) Parole en laquelle le Fils de Dieu a voulu expirer et livrer son esprit à Dieu son Père : *Et inclinato capite tradidit spiritum (Ibid.),* comme n'ayant plus rien à faire après cette parole que de livrer son esprit à son Père, et le livrer par effet et par paroles, disant : *Pater, in manus tuas commendo spiritum meum. (Luc.* XXIII, 46.) Grande, digne et admirable issue de la vie divine de l'Homme-Dieu !

CXXXIX. QU'IL FAUT TOUJOURS ADORER JÉSUS-CHRIST, ET PAR JÉSUS-CHRIST, SUR CES PAROLES DU PSAUME LXXI, 15 : *Adorabunt de ipso semper, tota die benedicent ei.*

Ces paroles sont prophéties, car elles parlent de choses divines, pour un temps éloigné de celui auquel elles ont été prononcées, et elles sont la règle de notre vie. Elles parlent de Jésus-Christ Notre-Seigneur ; elles déclarent quels doivent être nos exercices au regard de lui, et nous obligent à l'avoir en mémoire perpétuelle : *Tota die benedicent ei,* et nous obligent à adorer par lui et de lui : *Adorabunt de ipso.* Il est l'objet que nous adorons, et le moyen par lequel nous adorons, *de ipso,* et par lequel nous adorons toujours, *semper.* Bénir et adorer Jésus sont les deux offices du Chrétien, et les deux fonctions de l'âme divine. C'est par lui, c'est en lui que nous sommes bénis ; c'est lui aussi que nous devons bénir.

CXL. NOUS SOMMES MORTS EN ADAM, ET LA GRÂCE NOUS EST DONNÉE POUR PASSER AU NOUVEL HOMME.

I. *Tout ce que nous recevons d'Adam n'est que mort, et nous sommes nous-mêmes personnes condamnées à la mort. Tout ce qui est d'Adam périra par le feu, et en attendant, nous le devons faire mourir par le feu que Jésus-Christ a apporté du ciel en la terre. Nous devons mourir par ce feu divin, non-seulement à la nature, mais aussi aux lumières et aux sentiments de la grâce.* — II. *Parce que le Fils de Dieu a voulu mourir pour notre réparation; la grâce qu'il nous donne est une grâce de mort ; et tandis que nous sommes en la terre, ses effets sont plus de mort que de vie.*

I. L'être, la vie et l'ornement que nous recevons d'Adam n'est que mort ; il ne nous engendre que dans la mort, et pour la mort; et Dieu ne le regarde que comme une chose morte, qui a besoin de sa grâce et de sa vie, et ne peut vivre que par lui : *Filii mortis.* (I *Reg.* XXVI, 16.) Le monde est l'échafaud de notre supplice ; nous sommes non-seulement obligés à la mort, mais condamnés à la mort. Nous vivons en la terre, comme en notre sentence et notre exécution; nos pensées, nos conseils, nos paroles, sont dans l'impuissance, dans l'inutilité, dans la déformité de la mort. Il ne suffit pas de reconnaître notre état de mort en tout cela, car le diable reconnaît bien qu'il est mort, et n'en est pas meilleur ni plus vertueux ; mais il faut que nous entrions dans l'instinct que Dieu a de traiter tout cela comme mort, et nous devons nous traiter en tout cela comme morts. Le dessein de Dieu est que tout cela meure, et ne fait que le supporter avec patience, en attendant qu'il le détruise. Nous devons donc être dans l'inclination que tout cela meure, et ne le supporter que dans la patience de Dieu. Dieu fera mourir Adam et toutes ses œuvres par le feu au dernier jour; en attendant, le feu spirituel le doit faire mourir, dont le Fils de Dieu parle : *Ignem veni mittere in terram*. (Luc. XII, 49.)

Ce que nous venons de dire est la mort que porte la nature par le péché; mais il y a la mort que nous recevons par la grâce, qui est, lorsque nous entrons dans l'inclination de Dieu, voulant faire mourir la nature; et il y a la mort même aux lumières et sentiments de la grâce, en l'honneur de la mort de Jésus, à sa vie qui était divinement humaine.

II. La vérité et la justice de Dieu veulent, quand bien nous ne prétendrions à Jésus-Christ, à ses dons, ni à la rédemption, que nous nous conduisions comme morts au monde ; et enfin il nous réduira par sa puissance en cette mort, sans avoir égard à notre volonté.

La grâce que le Fils de Dieu est venu établir au monde, est une grâce de mort, et non de vie; une grâce d'anéantissement, et non de subsistence; une grâce d'appauvrissement, et non de suffisance et abondance.

Et il a voulu mourir lui-même, lui qui est la vie, pour nous tirer et consommer en cette mort.

En Jésus, il y a mort et vie : mais la mort est manifeste, et la vie est cachée.

Jésus caché en sa mère, en la pauvreté de sa naissance, en l'humilité de sa conversation, où il ne parle point de lui et ne se fait pas connaître; de sorte que ses parents lui disent : *Manifesta teipsum mundo*. Il est caché en l'ignominie de sa croix, il est caché en Dieu, en la résurrection.

CXLI. DE LA VOCATION DE JÉSUS-CHRIST ET DE LA NÔTRE.

Adorons Jésus, et l'usage de Jésus au regard de sa croix comme au regard de sa vocation, et imitons-le en l'usage et de notre croix, et de notre création. Car nous sommes appelés comme Jésus-Christ, et à une croix, et à une œuvre, et à un état ; ce qui doit être beaucoup pesé. Jésus-Christ a été appelé à un état, savoir à l'état de l'incarnation, état d'Homme-Dieu, état de filiation divine dans la nature humaine. Oh ! que cet état est grand ! qu'il est excellent, cet état qui le fondement et l'origine de tous les états auxquels nous sommes appelés de Dieu ! Etat ecclésiastique, état religieux, et tous les autres par lesquels nous devons honorer cet état divin de Jésus, comme par notre manière de vie, nous devons rendre hommage à la vie qu'il a vécu en la terre, vie de voyageur et de compréhenseur tout ensemble. Jésus-Christ a été appelé à une œuvre, savoir, d'annoncer la vérité; c'est pour cela qu'il est envoyé : *Ut testimonium perhibeam veritati*. (Joan. XVIII, 37.) C'est dont il rend compte à son Père ès derniers de ses jours : *J'ai consommé l'œuvre que vous m'avez donné à faire*. (Joan. XVII, 4.) Oh ! quel est cette œuvre que le Père a donné à faire à son Fils ! Œuvre de la prédication, œuvre de la rédemption. Or nous sommes aussi appelés à quelque œuvre qui doit honorer celui-là. Enfin, Jésus-Christ a été appelé à la croix, et nous sommes aussi tous appelés à quelque sorte de croix : *Quiconque veut venir après moi, qu'il renonce à soi-même, et qu'il porte sa croix, etc*. (Matth. XVI, 24.) Unissons notre état et notre vie, notre cœur et notre croix, à l'état, à la vie, à l'œuvre et à la croix de Jésus ; et que chacun pense à l'état, à la vie, à l'œuvre et à la croix, auxquels il est appelé, et s'y rende fidèle à Dieu.

CXLII. DE LA RÉPARATION DE L'HOMME PAR LA CROIX.

Le premier conseil de Dieu sur l'homme, a été de le conduire à un paradis par un paradis, de le rendre immortel dès la terre; de le sanctifier dans ses propres actions humaines et naturelles, de le remplir de délices au corps et en l'esprit, et de le rendre en la terre semblable au Dieu du ciel, immortel, heureux, et comme un Dieu visible en la terre, sans mal, sans douleur, sans tristesse, vivant et cheminant en pleine liberté, et régissant par un empire admirable tout ce qui est visible en la nature. Qui des grands, ce semble, ne voudrait servir Dieu à ce prix? Et toutefois les grands qui ont encore quelque ombre et reste de cet état premier de leur empire sur les autres, et dans le paradis de leur félicité, ne sont pas les premiers à servir Dieu, et pour la plupart sont ceux qui manquent le plus à Dieu. Qui n'eût pensé ce conseil, d'un Dieu très-sage et très-bon, devoir réussir envers l'homme, et l'attacher inséparablement à son Dieu, qui le tirait du néant par sa puissance, qui le rendait si grand et si heureux par sa grâce ? Et toutefois c'est ce qui a perdu l'homme qui, oublieux de son devoir, méconnaissant son Dieu, s'est rebellé contre son Créateur, s'est rendu esclave du péché et de l'enfer, et a ruiné soi-même et sa postérité. Dieu veut rétablir son premier conseil pour le salut de l'homme ; mais il le veut conduire par la croix à un paradis, et à un paradis plus grand et plus délicieux que celui que l'homme a perdu par son péché, et à une grâce plus haute et plus éminente. Et comme en cet état de délices il voulait rendre l'homme semblable à soi, c'est-à-dire vivant et opérant comme lui en délices ; par ce nouveau conseil Dieu se veut rendre semblable à nous, se faisant homme entre les hommes, et il se met le premier en une croix, pour par la croix attirer les hommes à Dieu, et les disposer à vivre en croix, et tendre au ciel par la croix ; à l'exemple de celui qui, étant leur Dieu et leur Souverain, prend la croix pour opérer leur salut, et non pour aucun besoin qu'il ait, ni de la croix, ni des hommes tout ensemble; ni de la croix pour faire ses volontés, ni des hommes pour être heureux en son éternité.

Ce conseil est étrange et admirable, et c'est celui-là seul, toutefois, duquel dépend notre éternité. Rien ne sera grand pour jamais que par la croix. Rien ne sera heureux et immortel que par la croix, rien n'entrera dans le ciel que par la croix, tant il plaît à Dieu rendre cette croix puissante et nécessaire. C'est cette croix que nous devons contempler, c'est à cette croix que nous devons penser; car là est notre salut, puissance et félicité.

CXLIII. JÉSUS EST LE SEUL NÉCESSAIRE. JÉSUS EST LA VOIE ET LA VIE.

Jésus est tout, et doit être tout en nous; et nous devons n'être rien, nous traiter comme rien, n'être rien en nous, et n'être qu'en lui. Comme nous sommes par lui, et non par nous, nous devons aussi être pour lui et non pour nous. C'est le point que nous devons commencer en la terre, et qui s'accomplira au ciel où Jésus-Christ sera tout en tous. C'est la perfection où il nous convient d'aspirer, et à laquelle il nous faut avancer de la terre le plus qu'il nous est possible. Et c'est l'objet que nous devons regarder, et le dessein qu'il nous faut avoir parmi les agitations diverses qui occupent cette vie, et ne doivent pas occuper nos esprits. C'est le seul point nécessaire, que le Fils de Dieu propose comme nécessaire; que Madeleine observe et pratique, comme seul nécessaire; que le Fils de Dieu propose à Marthe, comme seul nécessaire (133). Il nous faut le regarder en cette qualité, le désirer, le prétendre, le poursuivre et l'obtenir de celui qui nous donne sa grâce pour passer par tous ces degrés, et arriver jusqu'à lui, auquel seul gît notre perfection et félicité.

C'est une des qualités du Fils de Dieu, d'être la voie et la vie, et de n'être ni seulement la voie, ni seulement la vie. Il est la vie, à laquelle il nous faut tendre; il est la voie, par laquelle il nous faut aller; et nous devons cheminer en lui comme en notre voie, et nous reposer en lui comme en notre vie. Notre vie voyagère, en laquelle nous sommes, doit avoir ces deux qualités, de travail et de repos. Elle doit cheminer en reposant, et reposer en cheminant; elle ne doit pas avoir un repos qui retarde son progrès et son avancement, et qui l'empêche de cheminer dans les voies de Dieu; elle doit prendre repos en cheminant, comme étant conjointe à celui qui est la voie et la vie tout ensemble, auquel nous avons repos en qualité de vie, et auquel nous cheminons en qualité de voie; c'est pourquoi il s'expose et se donne à nous, en qualité de vie et de voie tout ensemble.

CXLIV. DE LA VIE DES CHRÉTIENS EN JÉSUS.

*Aux religieuses Carmélites du couvent de N***.*

I. *Notre vie et notre subsistence est en Jésus, comme la vie et la subsistence de l'humanité de Jésus est en la personne du Verbe. Notre nature a besoin d'être accomplie, et son accomplissement c'est Jésus.* — II. *La génération du Fils de Dieu dans la Trinité est l'origine de sa mission au monde et de son union à chacun de nous. Dieu a mis en notre nature un secret mouvement vers sa consommation, mais elle va la rechercher dans les créatures au lieu de la rechercher en Jésus. Rapports de Jésus à l'homme dont il est l'accomplissement. La première connaissance de l'homme doit être de ce qui lui manque, et sa première recherche doit être de Jésus comme de son accomplissement.* — III. *Les autres créatures ont été créées parfaites en leur condition; mais il n'est pas de même de l'homme. L'homme n'est qu'une capacité de Jésus, qui doit être remplie de Jésus, et malheur à celui qui la remplit d'autre chose!* — IV. *Jésus est la vie, et il n'y a point d'autre vie que lui; et cette vie est nôtre. Mais nous ne la pouvons recevoir qu'en détruisant la vie d'Adam. Nous devons avoir dévotion à la mort de Jésus, afin qu'elle opère en nous cette manière de mort.* — V. *Nous devons travailler à la mort et abnégation de nous-mêmes, en la vue et par le désir de notre établissement en Jésus. Cet établissement est chose si grande que l'esprit humain ne le peut comprendre, et beaucoup moins le porter, s'il n'est fortifié par Jésus-Christ.* — VI. *Nous devons joindre à l'abnégation de nous-mêmes le recours aux quatre sources de cette nouvelle vie en nous, qui sont, le Père éternel, Jésus lui-même, le Saint-Esprit et la Vierge. Le Saint-Esprit puise Jésus en Jésus, pour l'établir et le clarifier en nous. La Vierge engendre Jésus en nous selon l'esprit, par la même vertu du Père et du Saint-Esprit, par laquelle elle l'a engendré en soi-même selon la chair.* — VII. *Jésus-Christ, par cette manière de grâce, s'approprie tellement tout ce que nous sommes, que nous n'en pouvons ni ne devons user que pour lui et en son esprit. Nous sommes criminels condamnés, auxquels le souverain laisse pendant quelque temps le maniement des biens qui lui sont confisqués, nous faisant comme ses fermiers*

I. Jésus est l'accomplissement de notre être qui ne subsiste qu'en lui, et n'a sa perfection qu'en lui, plus véritablement que le corps n'a sa vie et son accomplissement qu'en l'âme et le membre au corps, et le cep à la vigne, et la partie en son tout. Car nous faisons partie de Jésus, et il est notre tout; et notre bien est d'être en lui, d'être à lui, d'être, vivre et agir par lui; comme le cep est, et tire vie et fruit de la vigne; et cette vérité est plus réelle et plus importante que la réalité du cep de la vigne qui n'en est que l'ombre et la peinture.

Nous devons regarder notre être comme un être manqué et imparfait, comme un vide

(133) *Unum est necessarium.* (Luc. x, 12.)

qui a besoin d'être rempli, comme une partie qui a besoin d'être accomplie, comme une table d'attente qui attend l'accomplissement, de celui qui l'a faite, comme une couche première en la main d'un excellent peintre qui attend les vives et dernières couleurs.

Et nous devons regarder Jésus comme notre accomplissement, car il l'est et le veut être, comme le Verbe et l'accomplissement de la nature humaine qui subsiste en lui. Car comme cette nature, considérée en son origine, est en la main du Saint-Esprit qui la tire du néant qui la prive de sa subsistence, qu'il la donne au Verbe, afin que le Verbe l'investisse et la rende sienne, se rendant à elle et l'accomplissant de sa propre et divine subsistence : ainsi nous sommes en la main du Saint-Esprit qui nous tire du péché, nous lie à Jésus comme esprit de Jésus émané de lui, acquis par lui et envoyé par lui.

II. Nous devons regarder Jésus comme un être accompli, et l'accomplissement de toutes choses : car sa divinité accomplit son humanité, et il a tout et est tout en soi. Le divin mouvement sans mouvement du Père produisant son Fils, est l'origine du mystère de l'Incarnation, dans lequel il donne son Fils à la nature humaine, et le produit nouvellement en cette seconde nature. Il est aussi l'origine de l'union de ce même Fils selon sa double nature, à nous tous, nous appliquant à lui, nous donnant vie en lui et nous rendant partie de lui, comme le cep est de la vigne. Notre nature qui sent ce qui lui manque, soupire sans cesse après son accomplissement : *omnis creatura ingemiscit revelationem filiorum Dei exspectans.* (Rom. VIII, 22.) Ce divin mouvement qui est la source de l'incarnation de Jésus et de notre perfection en Jésus, fait impression de quelque chose de très-puissant et intime qui la sollicite et la presse et lui fait chercher son accomplissement, et le cherche dans les créatures, c'est-à-dire où il est n'est ni peut être. Car Jésus seul est notre accomplissement, et il nous faut lier à Jésus comme à celui qui est le fond de notre être par sa divinité; le lien, de notre être à Dieu par son humanité; l'esprit de notre esprit, la vie de notre vie, la plénitude de notre capacité. Notre première connaissance doit être de notre condition, manquée et imparfaite : et notre premier mouvement doit être à Jésus comme à notre accomplissement; et en cette recherche de Jésus, en cette adhérence à Jésus, en cette profonde et continuelle dépendance de Jésus, est notre vie, notre repos, notre force et toute notre puissance à opérer; et jamais nous ne devons agir que comme unis à lui, dirigés par lui, et tirant esprit de lui, pour penser, pour porter et pour opérer, faisant état, que sans lui nous ne pouvons ni être ni agir pour le salut.

III. Une de nos différences d'avec les autres créatures, c'est qu'elles ont été créées parfaites en leur condition et sans attente d'aucun autre nouveau degré qui leur manquât; mais la nature de l'homme n'a pas été créée pour demeurer dans les termes de la nature; elle a été faite pour la grâce, et destinée à un état élevé par-dessus sa puissance, et est en capacité d'être actuée de cette nouvelle puissance à laquelle elle aspire comme à une chose qui lui est défectueuse. 1° Or cet être et cette puissance c'est Jésus; car la grâce n'est qu'une émanation de lui. Nous avons relation à lui, ayant été créé chef de la nature humaine, proportion à lui, aptitude à lui, et nous attendons d'être actués et remplis de lui, et malheur à ceux qui porteront perte et privation perpétuelle de cette actualité, de cet être, de cet état, de cette vie, de cette plénitude ! Nous sommes en capacité et capacité pure de lui, et il n'y a point d'autre qui la puisse actuer et remplir sinon lui. C'est le conseil de Dieu sur l'homme, c'est l'amour de Dieu envers les pécheurs, et il les a tellement aimés qu'il leur a fait don de son Fils unique pour être notre tout.

IV. Puisqu'il plaît à Notre-Seigneur nous tenir en son autorité sur vous, je ne désire aussi vous parler que dans son dessein et dans sa pensée très-sainte, et dans la plus grande et la plus importante de ses intentions sur vous, qui est de prendre vie dans vos âmes. Il est la vie née de Dieu, que Dieu engendre dans son sein, que Dieu a donnée au monde : et c'est ce que saint Jean a voulu dire par ces paroles, *in ipso vita erat* (Joan. I, 4), comme s'il nous disait qu'il n'y a point d'autre vie qui mérite ce nom dans la vérité de l'esprit de Dieu, et dans les livres de vie et de vérité, que celle-là. Dieu, par la création nous avait donné une sorte d'être et de vie, mais il la veut détruire par sa vie propre; il veut que nous en sortions pour entrer en sa vie; et c'est la vie qu'il veut établir en nous. Cette vie s'est fait chair en temps pour habiter en nous : *Ego vivo et vos vivetis.* (Joan. XIV, 19.)

Pour nous donner cette vie, il nous tire en lui, il veut que nous mourions en nous; et en attendant que la mort arrive, il veut que nous mourions en esprit, que nous soyons dans cet esprit de mort au regard de nous-mêmes et du siècle présent. C'est une parole bientôt dite, mais elle n'est pas sitôt entendue : et bien sitôt comprise, elle n'est pas sitôt ni si bien établie, que l'orgueil d'Adam meure en nous, que l'impatience d'Adam meure en nous, que le mésusage des créatures meure en nous, que nous soyons dans l'intention et dans l'inclination de mourir et de ne prendre point de vie dans le siècle présent.

Nous devons cet esprit de mort à la justice de Dieu, à l'obéissance de Dieu, qui nous a tous condamnés à la mort : nous devons être adhérents à cette justice et autorité, et vivre dans cet esprit de mort, en attendant que nous nous laissions à Dieu dans la vérité de la mort même.

Nous devons encore cet esprit de mort à l'intention que Dieu a de nous changer de vie; nous devons entrer dans sa conduite sainte, et nous séparer avec lui de la vie dont il nous veut séparer et avoir esprit de mort au regard de cette vie, puisque Dieu a esprit de mort au regard de cette même vie.

Car nous devons toujours tenir sa voix et son parti contre nous-mêmes.

Il nous faut demander à Dieu cet état et cet esprit de mort, puisqu'il est nécessaire pour donner lieu à la vie de Jésus, qui ne s'établira qu'autant que nous serons morts à nous-mêmes. La dévotion à la mort de Jésus est le plus grand moyen pour obtenir cette grâce; car sa mort est source de cet esprit de mort, et elle est méritant et opérant cette grâce.

V. Nous ne devons pas nous arrêter simplement à cette mort; Dieu ne veut la mort du pécheur et il ne la regarde que comme disposition nécessaire pour recevoir l'établissement de la vie de son Fils en nous. Il faut faire un pas davantage et entrer dans le désir que Dieu a que son Fils vive en nous et que rien n'y vive que lui.

Nous ne comprenons jamais assez bien en la terre cet établissement de vie; mais je puis bien vous assurer que c'est chose plus grande, plus réelle et véritable, plus contraire à la nature présente que nous ne saurions penser. Nous devons le désirer par-dessus notre connaissance, et demander à Dieu que nous soyons fortifiés de son esprit et de sa vertu, pour le désirer et pour le souffrir tout ensemble. Il y a si longtemps que nous portons Adam vivant en nous, et que même nous coopérons à sa vie, à ses mouvements et à ses affections contre Dieu et contre nous-mêmes; il est bien raisonnable que nous soyons un temps en désir et en attente de la vie de Jésus en nous; que nous la demandions à Dieu avec patience, et que nous vivions avec vigilance sur nous-mêmes, pour n'y pas laisser vivre les choses qui sont ennemies de Jésus.

VI. Après l'éloignement de nous-mêmes, comme du plus grand empêchement que la vie de Jésus puisse avoir en nous, il nous faut appliquer aux sources de vie du même Jésus, car c'est d'elles que nous devons attendre cet effet de vie. Nous devons adorer le Père éternel comme vie originelle de Jésus. Nous devons nous soumettre à cette divine puissance qu'il a de faire vivre Jésus en nous. Nous devons attirer et invoquer sur nous cette puissance, et notre plus ardent désir doit être d'en recevoir l'effet. Jésus lui-même est, au regard de nous, une seconde source de vie pour lui-même; car il se fait vivre en nous, et tous ses divins mystères sont autant de canaux très-saints de cette vie et source de vie. Tous ont leur fécondité divine sur nous. Le Saint-Esprit est une troisième source de vie; car l'Ecriture l'appelle Esprit de vie, et elle entend de la vie du nouvel homme qui est Jésus. Il puise Jésus en Jésus même pour l'établir en nous, l'exalter en nous, le clarifier en nous. *Ille me clarificabit quia de meo accipit* (Joan, xvi, 14); pour le rendre puissant et triomphant en nous, de toutes choses et de nous-mêmes.

Nous devons regarder la Vierge, comme une quatrième source de la vie de Jésus; elle nous l'engendre par la vertu du Père, elle le fait vivre en nous conjointement avec lui, opérant en nous par la vertu du Très-Haut, qui est la vertu du Père, qu'elle possède par indivis avec lui. Et comme autrefois elle l'a engendré en elle-même selon la chair et selon l'esprit tout ensemble, corporellement et spirituellement, elle continue de l'engendrer en nous spirituellement, et le Saint-Esprit est la vertu de cette sienne opération. Adressons-nous à elle et nous soumettons à sa puissance, la suppliant que par miséricorde elle s'applique à cet ordre.

VII. Voilà donc les effets auxquels nous devons tendre de toutes nos forces; premièrement, la mort de nous-mêmes en nous-mêmes; secondement la vie de Jésus en nous; car et cette mort ne tend qu'à cette vie, et elle ne peut être opérée et établie parfaitement que par cette même vie; en troisième lieu, Jésus-Christ Notre-Seigneur, vivant ainsi en nous, il se veut approprier tout ce qui est nôtre, le corps et l'âme; et, se l'appropriant ainsi, il ne souffre point qu'aucune chose de nous ait vie que dans son esprit, hors ce que nous devons souffrir par patience et sans adhérence volontaire, de la vie misérable d'Adam et de nous que Dieu veut détruire avec lui.

Tout étant approprié à Jésus, nous devons regarder tout ce qui est en nous comme chose que nous ne devons plus posséder, mais dont nous devons conserver la jouissance à Jésus-Christ, et n'en user que comme chose sienne et pour en tirer l'usage qu'il en veut tirer. Nos membres sont ses membres, ce que nous devons non-seulement entendre de nos corps, mais aussi de nos âmes; et nous ne devons nous souffrir en nous-mêmes, que pour veiller à ce que Jésus-Christ y soit vivant et ait l'usage et jouissance de tout ce qui est en nous; comme pécheurs, nous sommes criminels et condamnés à la mort; nos biens sont confisqués au souverain, c'est-à-dire à Dieu, et à Jésus-Christ par la rédemption, par laquelle tous nos droits sont dévolus à Jésus-Christ. L'esprit de la grâce nous oblige à nous contenir dans l'exacte justice de notre condition et à ne point sortir de l'obligation et de l'état de la mort; mais parce que Dieu tarde à nous détruire et à exécuter la sentence de mort, il nous laisse en attendant comme tenant sa place, et étant ses fermiers pour administrer son bien; et nous nous devons garder soigneusement de nous-mêmes, et être fidèles à tenir le parti et à maintenir les droits de Jésus contre nous. Et c'est comme si un criminel, étant condamné à la mort, on suspendait l'exécution de l'arrêt, pour lui donner le soin et l'administration de ses biens au profit du souverain et contre lui-même; ainsi nous devons être au chœur pour chanter les louanges de Dieu avec Jésus-Christ, et en même esprit hors de notre esprit, dans le sien. Nous devons être dans les récréations et conversation à Jésus; dans son esprit de conversation et de société, honorant sa société au ciel, ses conversations sur terre, et séparés des conversations d'Adam, auxquelles nous devons être morts par l'esprit de Jésus, pour ne laisser vivre et converser que Jésus, et nous souvenir toujours et partout de notre règle et condition, qu'étant morts, nous n'avons rien à faire que ce que Jésus a à faire; et nous ne devons point avoir autre œuvre que le sien. Nous devons être en la communauté de Jésus, usant des aliments humains comme il en a usé, et en même esprit que lui, honorant Dieu dans la bassesse de cette nécessité et indigence jusqu'à laquelle le Fils de Dieu s'est voulu abaisser; nous y séparant de la sensualité d'Adam et de la nôtre, car il y a double esprit qui régit cette action; celui d'Adam qui a mangé la pomme, et celui de Jésus qui a daigné manger en la terre le pain des hommes. Votre condition de religieuses est toute à Jésus, et il doit en avoir l'usage, et il ne s'y peut rien rencontrer où il ne doive être vivant; et vous ne devez être mortes à toute autre chose, que pour l'y faire vivre et lui faire office de mère : *Qui facit voluntatem Patris mei qui in cœlis est, ille meus frater et soror et mater est.* (Marc. III, 35.) Nous ne pouvons finir par une plus heureuse parole, qui marque le bonheur d'être mort en soi-même pour y faire vivre pour Jésus-Christ; puisque cela vous élève suivant la parole de Dieu même, à une fécondité divine, de laquelle la Vierge a le fond de la puissance; et c'est un effet propre dans l'Eglise de Dieu d'y faire vivre Jésus, et nous coopérons à cela.

CXLV. DU NOUVEL HOMME ET DE SON NOUVEL ŒUVRE, OU IL EST PARLÉ AMPLEMENT DE NOTRE RÉPARATION EN JÉSUS-CHRIST.

Le Dieu vivant est principe de notre existence en la nature. Le Dieu vivant et mourant est notre principe en la grâce. Ce principe nouveau est admirable et adorable en ses qualités, l'une divine l'autre humaine, l'une créée l'autre incréée, l'une mortelle l'autre immortelle. Qualités contraires et unies en un même sujet par un concert divin pour notre salut. Ce principe nouveau est Fils de Dieu et Fils de l'homme, est Dieu et homme tout ensemble. Comme il est un nouveau vivant et un nouveau principe, il veut faire choses nouvelles en la terre et au ciel; il veut mettre le royaume du ciel dans la terre et la terre dans le ciel; il veut faire les enfants des hommes enfants de Dieu, il veut faire saints les pécheurs de la terre. Cet ouvrage est grand, mais les moyens qu'il y emploie sont plus grands encore. Il vit, il meurt en douleurs et en croix, nous donne son esprit et sa grâce, son amour et sa croix; il s'unit à nos corps et à notre esprit par son corps sacré et par son esprit divin joints ensemble en l'Eucharistie; et par des voies si dignes et des moyens si chers et si précieux, il veut ravir nos cœurs, les séparer de la terre et du péché, les élever au ciel et nous obliger à être saints. Considérons ces choses, voyons notre principe, notre naissance, notre condition; Dieu disait aux Hébreux : *Attendite ad petram unde excisi estis* (Isa. LI, 1), voulant, par ces paroles prophétiques, faire un effort sur leurs esprits. Dieu nous parle en bien plus forts termes, et nous dit avec plus de raison et d'énergie : *Attendite ad petram.* Ce n'est point un Adam, ni Abraham même; notre pierre, c'est cette pierre qui est Christ; notre principe, c'est Jésus; notre origine, c'est sa naissance et divine et humaine; notre vie, c'est sa vie; notre aliment est son corps; notre mérite est sa croix; notre conduite est son esprit; notre qualité, c'est d'être enfants de Dieu, membres de Jésus-Christ, enfants héritiers de Dieu, cohéritiers Jésus-Christ; notre récompense et félicité, c'est lui-même.

II. Ces choses sont émerveillables, mais elles nous obligent aussi à choses grandes : elles nous obligent à la perfection et à une perfection non humaine mais divine, non philosophique mais chrétienne; car si nous sommes, si nous vivons en Jésus, quelle doit être cette existence et cette vie? combien pure et combien divine? Si nous sommes enfants de Dieu, membres de Jésus, combien digne doit être notre conduite, combien saintes doivent être nos actions? Certes elles doivent être dignes de l'éminente condition des enfants de Dieu. Ces termes, ces effets, ces qualités, nous obligent à perfection et sainteté divine. Car nous ne sommes pas seulement appelés à une sainteté légale, à une sainteté commune, mais à être saints comme Dieu est saint, à être saints de la sainteté même, participant à la sainteté divine qui est la nature divine même : *Consortes naturæ* (II Petr. I, 4), portant une participation réelle et formelle de la sainteté de Dieu même, *consortes naturæ.* Ces paroles sont grandes, mais les choses portées en ces paroles le sont bien encore plus : ces paroles sont familières et ordinairement usurpées, mais les choses ne sont pas connues et entendues. La perfection chrétienne nous sépare d'Adam et de nous-mêmes, et nous transplante au Fils de Dieu, pour n'être plus à nous mais à lui, pour être à lui comme esclaves de sa croix, pour vivre de lui comme membres de lui-même. Et c'est pourquoi la religion chrétienne ne parle que d'abnégation de soi, et de vivre au nouvel homme, et de mort en nous-mêmes, de la vie en lui : c'est ce qui nous oblige à n'avoir ni vie, ni mouvement, ni pensée, ni sentiment, que par l'esprit de Jésus qui est notre esprit et notre vie.

La sainteté divine nous sépare de nous, nous incorpore à Jésus, nous élève jusqu'au trône de Dieu même, nous fait entrer à la participation de la perfection, non de l'être seulement, mais de la vie de Dieu et de la sainteté de Dieu, mais de l'amour de Dieu qui est la vie et le propre de Dieu même; car sa vie, sa nature et son propre, c'est la sainteté; et si nous parlions humainement des choses divines, nous dirions que c'est son propre et sa différence. O être! ô vie! ô sainteté, etc. Voilà où nous sommes appelés, à la sainteté de Dieu, voilà où nous sommes établis en la perfection chrétienne, incorporés en Jésus même. Voilà où nous vivons du corps et de l'esprit de Jésus. Voilà par quoi nous subsistons par la vie et la mort, par les labeurs de la croix d'un Dieu vivant et mourant, d'un Dieu régnant et souffrant, d'un Dieu mort en une croix, ressuscité en un sépulcre. Et parmi ces grandeurs nous sommes en bassesses, parmi ces mystères nous sommes en misères, parmi ces saintetés nous sommes en péché, parmi ces divinités nous sommes pleins de sentiments humains, c'est-à-dire d'imperfections grossières : l'esprit de l'homme et quelquefois l'esprit du diable nous occupent, et l'esprit de Dieu ne nous occupe pas ; une pensée frivole, une passion brutale, un dessein de la terre nous occupe, nous séduit, nous remplit, nous transporte, et les choses célestes et divines ne nous touchent pas, et toutefois nous sommes créés pour icelles, nous sommes régénérés en icelles, nous sommes environnés d'icelles, et nous sommes créés et formés en Jésus : *Creati in Christo Jesu*, ce dit son saint Apôtre. (*Ephes.* II, 10.)

III. Les anciens philosophes, qui ne connaissaient point Dieu, et fort peu eux-mêmes, croyaient avoir assez de puissance sur la nature pour l'obliger à perfection par leurs discours, et toutefois ils ne proposaient rien de grand et d'élevé par-dessus l'homme. Et comme ils n'étaient qu'hommes, ils ne savaient, ils ne cherchaient rien par-dessus l'homme ; leurs pensées étaient basses, leurs moyens inefficaces, au lieu que la foi nous propose des pensées si hautes, des fins si grandes, des mystères si rares, des moyens si puissants des choses si divines, que nous n'avons qu'à nous confondre d'être en la fange et boue de la terre parmi des choses si pures, si célestes et divines. Sujet très-grand de nous confondre en nous-mêmes, et d'admirer la bonté de Dieu, et sa patience à nous souffrir un si long temps en nos imperfections parmi la sublimité de ses œuvres et de ses mystères.

CXLVI. LA CONGRÉGATION DE L'ORATOIRE EST FONDÉE PAR SON INSTITUTION SUR ET EN L'HONNEUR DES DEUX GRANDES SOCIÉTÉS QUE L'ÉGLISE ADORE, LA TRINITÉ ET L'INCARNATION.

Exposition de ces dernières paroles de Jésus-Christ : Au nom du Père, du Fils et du Saint-Esprit, *et leur emploi en toutes les fonctions ecclésiastiques, et en toutes les parties de la vie des Chrétiens, et de quoi elles nous avertissent. Si toute action doit être commencée au nom de la très-sainte Trinité, beaucoup plus celle de la direction des âmes. Jésus-Christ a fini ses jours et commencé son Eglise en l'institution de la prêtrise ; et en cette pensée cet état nous doit être précieux.*

La première voix, la plus solennelle et fréquente que nous écoutons en l'Eglise, et en laquelle nous sommes baptisés et justifiés, et en laquelle nous devons accomplir toutes nos actions sur la terre, est celle qui nous parle du nom du Père, du Fils et du Saint-Esprit. C'est en cette voix que l'enfer nous est clos et que le ciel nous est ouvert. C'est en cette voix que nous devons opérer. C'est en cette voix que nous commençons toutes nos actions saintes et ecclésiastiques. C'est en cette voix que l'Eglise opère toutes ses actions et ses sacrements ; et c'est la première voix qui nous est formée en la bouche, et c'est en cette voix que le Fils de Dieu a voulu clore et fermer ses institutions à ses apôtres, en laissant la terre pour monter au ciel.

Cette parole en laquelle nous sommes faits Chrétiens, que l'Eglise a si souvent en la bouche, et que le Fils de Dieu a gardée pour la dernière à ses apôtres, montant au ciel, contient choses grandes, doit être souvent méditée de nos esprits, et nous apprend notoirement deux vérités très-importantes : la dépendance que nous avons en notre être et en nos œuvres de la Trinité sainte, et le soin que nous devons avoir de les opérer toutes en l'honneur et l'hommage d'icelle, comme nous les espérons en sa vertu et puissance.

Nous devons adorer Dieu comme principe auquel nous adorons une origine et puissance paternelle, une sapience émanée de ce principe, et un amour terminant et unissant cette puissance et cette sapience.

Adorant ce principe, nous ne devons rien opérer qu'en reconnaissance, dépendance et invocation de sa vertu et puissance, qui produit et enclôt toute autre puissance.

Nous devons imiter ce principe, faisant toutes nos œuvres en sapience suivant sa lumière, et en amour vers lui, suivant les mouvements de son Esprit, qui est amour et charité. Ce n'est pas en notre nom et en notre vertu que nous devons agir, ce n'est pas pour nous aussi, c'est pour lui, comme nous agissons par lui ; car nous devons être ainsi adorant et ainsi imitant la Trinité sainte en opérant nos œuvres, comme nous dépendons d'elle en notre être et en toutes nos actions.

Que si nous les devons toutes accomplir ainsi, beaucoup plus celles qui concernent la direction des âmes, qui est l'œuvre des œuvres et l'art des arts, l'art et l'œuvre en lesquels il nous faut employer notre vie et former notre éternité.

Le directeur donc en cette élévation emploiera le nom du Père, du Fils et du Saint-Esprit, commencera sa direction par reconnaissance, invocation et imitation de ce nom, vertu et puissance ; en tirera puissance, sapience et charité pour agir, formant et actuant en son âme une Trinité sainte et spirituelle de grâce et de vertu, qui adore et imite la Trinité divine et éternelle.

Ce nom nous représente la première essence du monde, voire celle qui est avant lui et originaire du monde, et de toute essence et de toute société, savoir est l'essence et la société des trois personnes divines. Ce nom nous marque aussi la seconde société procédante et opérée de celle-là, et le second mystère de notre créance, le mystère de l'Incarnation, qui consiste en l'unité et la société des trois natures (134) en une personne divine, en Jésus-Christ Notre-Seigneur.

C'est en ces deux sociétés que toute autre société doit être fondée et bénie en la terre et au ciel. C'est en ces deux sociétés que nous devons et voulons jeter les fondements de cette société petite et nouvelle, que Dieu veut avoir en son Eglise en ce dernier temps, pour renouveler l'esprit et l'état de la prêtrise, en l'institution de laquelle il a fini ses jours et a commencé son Eglise. Etat qui en cette pensée nous doit être cher, vénérable et précieux, comme étant le dernier des œuvres du Fils de Dieu sur la terre, et le premier des ordres de son Eglise. Cet ordre fondamental et nécessaire en l'Eglise de Jésus nous doit être premier en considération, que tous les ordres religieux qui servent d'ornement, mais non de fondement en l'Eglise, qui ont aussi été institués saintement et par les saints et serviteurs de Dieu; mais celui-ci est institué par le Saint des saints, le Fils de Dieu même. Cet ordre doit être saint, et d'une sainteté sanctifiant les autres.

CXLVII. DE L'ADORATION DE DIEU EN SOI-MÊME ET EN SES ŒUVRES.

Cinq objets doivent occuper et remplir nos esprits chaque jour, puisqu'en chaque jour nous devons vivre en Dieu et commencer ici la vie qu'il nous faut continuer sur les cieux. 1° La Trinité sainte qui nous a créés, et veut nous béatifier. 2° L'humanité sainte de Jésus, qui nous a rachetés. 3° La très-sainte Vierge, liée à Jésus comme sa Mère, et à nous comme aux membres de son Fils Jésus. 4° Quelque autre saint ou sainte principale, la Madeleine, ou quelque saint à l'esprit duquel il nous faut aspirer. 5° Nos saints anges.

O vie de Dieu en soi-même, vie d'essence, vie d'intelligence, vie d'amour, vie de repos et de félicité éternelle! O vie des personnes divines en leur essence, en leurs opérations et productions, en leurs émanations éternelles! Vie du Père produisant son Fils; vie du Fils produit, et produisant le Saint-Esprit; vie du Saint-Esprit produit, et non produisant, mais liant par sa propriété personnelle et en sa personnalité propre les deux personnes qui le produisent! Tellement que, comme il y a unité de principe en leur production, il y a unité d'esprit et d'amour, qui termine leur mouvement et leur opération, et lie leurs personnes divines, liées par unité d'essence, par unité de principe et par unité d'esprit : *In unitate Spiritus sancti.* O vie essentielle et personnelle! O vie de mouvement et de repos! O vie suprême, adorable et adorée des hommes et des anges! O vie à laquelle nous devons et adhérer et participer, et en laquelle nous devons accomplir notre éternité et consommer notre félicité!

Après avoir considéré, adoré et aimé Dieu en soi-même, adorons-le en ses œuvres, référant et le grand monde et le petit monde, c'est-à-dire, et ce monde et nous-même, à lui. Adorons Dieu créant, conservant et gouvernant le monde par sa puissance, présence et providence.

Adorons Dieu toujours créant, toujours référant le monde à soi, et régissant ce monde, et le créant par une création continuée, en sorte que l'être créé est toujours émanant de Dieu, et n'a subsistence qu'en cette émanation continuée et perpétuelle, sans avoir aucune consistance hors de cette émanation toujours présente.

Contemplons le monde comme toujours émanant et toujours référé à Dieu par Dieu même. Car le même mouvement divin qui tire le monde hors du néant, ou pour mieux dire hors de Dieu, le porte à Dieu comme à sa fin, par une sorte d'impression, relation, habitude qui ne peut être effacée de la nature, et est plus intime et essentielle à la nature, que son être propre, comme étant la première et plus universelle actualité de son Être.

Révérons cette émanation, et concluons la dépendance continuelle que l'être créé a de l'Etre incréé. Regardons cette relation, et aspirons à icelle, par une relation nouvelle et particulière que nous ferons du monde et de nous-mêmes à Dieu, correspondant par notre volonté libre à la condition nécessaire, primitive et essentielle de notre être, qui n'est qu'une ombre, une dépendance, une capacité de l'Etre incréé à proprement parler. O ombre! ô dépendance! ô capacité! oh! quel abaissement! oh! quelle aspiration! quel rapport! oh! quelle adhérence doit l'être créé à l'Etre incréé (135)!

CXLVIII. DE LA MANIÈRE PROFONDE ET INTIME D'HONORER DIEU PAR L'ÊTRE.

I. *Nous n'avons autre pouvoir sur notre être que de l'offrir à Dieu, afin qu'il se glorifie en icelui.* — II. *Dieu se communique en la création, comme être; en la justification, comme vie, et en la glorification, comme plénitude. L'homme agit par son être, mais non en son être; et cela est réservé à Dieu seul.* — III. IV. *Cette voie d'être a rapport à l'être de Dieu en soi, et encore au mystère de l'Incarnation. Dieu, par la création, tire l'âme du néant et la rend existante en elle-même; et par la glorification, il la tire d'elle-même en soi, ce qui commence dès la justification.* — V. VI. *Le nouvel homme, qui est Dieu et Fils de Dieu, par perte et privation de sa subsistence propre, a pouvoir de faire les hommes dieux en infinies manières. Mais toutes ces manières sont à l'imitation de ce mystère, et la grâce chrétienne porte une obligation spéciale de sortir de soi-même pour entrer en Dieu.*

I. La manière commune et ordinaire d'ho-

---

(134) Ces trois natures sont le corps, l'âme et la Divinité.

(135) Des cinq objets de notre piété proposés au commencement de ce discours, il n'en explique que le premier.

norer Dieu (136), qui convient à la créature et même aux Chrétiens, est de l'honorer et servir par œuvres, et en portant la croix qu'il lui plaît de leur imposer, en patience et en humilité. Mais il y a une autre manière de l'honorer beaucoup plus intime, laquelle non-seulement n'exclut point celle-là, mais la présuppose (ce qu'il faut soigneusement remarquer, pour ne donner lieu à la facilité de ceux qui s'imaginent aisément d'être ce qu'ils estiment et qu'ils aiment) et c'est la manière d'honorer et de servir Dieu par être, manière tellement attachée à la puissance de Dieu et dépendante de sa main et opération, que l'opération de la créature ne l'y peut aucunement faire entrer. Nous n'avons point de pouvoir sur notre être, que de l'offrir et le donner à celui qui l'a créé, à ce qu'il s'en glorifie lui-même par les voies qu'il sait, et qui sont hors de notre connaissance, et il sait bien en tirer sa gloire, le tirant du néant et du vide de l'être créé, à la plénitude de l'Etre incréé, qui se commence par grâce en ce monde, et se consomme par gloire en l'autre. Il a tiré par sa puissance cet être du pur néant, à cette ombre et participation d'être que nous avons par la nature; et par une plus grande puissance et bonté, il tire du néant et du vide qui reste en tout être créé, à la consommation qu'il est capable de recevoir et porter par la plénitude de Dieu qui lui est communiquée.

II. Dieu a tout et est tout; mais il ne communique pas tout, et il se communique par degrés. Il y a en Dieu être, vie et plénitude comme il y a en l'homme être, vie et esprit. En la création Dieu se communique comme être, en la justification comme vie, et en la glorification comme plénitude, en laquelle consiste la félicité des esprits créés. Cette manière d'honorer Dieu dans le fonds de l'être, ne peut être opérée que de Dieu, et non de l'homme qui agit par son être, mais non dans son être. Et Dieu seul est celui qui se prépare cette demeure et habitation, pour y reposer comme en son trône, pour y opérer comme en son fonds et en son héritage; pour y imprimer ses qualités divines, comme en son miroir et en son image. L'homme ne peut sinon s'offrir, se liver et abandonner au vouloir et à la puissance de son Dieu et son Créateur.

III. Cette manière a proprement rapport à l'être de Dieu en soi-même, dans lequel tout est être, tout est vie; et Dieu tire l'âme dans ce sanctuaire, la tire, dis-je, hors de soi pour être en lui, comme il la tire du néant pour être en soi, par une main aussi puissante mais plus bienfaisante.

IV. Cette manière encore a un rapport particulier au sacré mystère de l'Incarnation, où Dieu l'honore dans le fonds de la nature humaine qu'il unit à soi, et à laquelle il communique sa propre subsistence, et où il tire cette nature de son être humain dans l'être divin, par existence et subsistence communiquée, et par substraction de l'exis- tence et subsistence humaine, qui est la plus haute et la plus suprême manière en laquelle l'être créé peut entrer dans l'Etre incréé.

V. Or Dieu, infini en son essence, en sa puissance, en sa sapience, en ses opérations, a diverses voire infinies, voies et manières pour tirer sa créature à soi et en soi, et communiquer ses perfections et son unité. Mais la plus haute et suprême de toutes, est celle du mystère de l'Incarnation, par lequel le Créateur se fait créature, l'homme est Dieu comme Dieu est homme, et cet Homme-Dieu a puissance de rendre les hommes dieux en infinies manières, toutes regardantes, honorantes, imitantes, dépendantes de celle par laquelle il est Dieu et homme tout ensemble.

VI. Or, en ce mystère, il y a perte et plénitude d'être tout ensemble, et aussi y a-t-il voie d'honorer Dieu dans le fonds de l'être, cette manière portant perte de soi-même, et étant nécessaire que la créature soit retirée de soi-même et se perde, pour être établie en Dieu et l'honorer en cette manière si intime et si sainte. C'est pourquoi l'abnégation est le fondement de la discipline chrétienne, car toute voie d'honorer Dieu dans la grâce, et par la grâce du christianisme, a rapport à la grâce incréée et incarnée dans le mystère de l'Incarnation, comme à son principe, comme à sa fin, et comme à son exemplaire et prototype.

CXLIX. DE JÉSUS COMME CHEF DES HOMMES ET DES ANGES.

Les anges sont entrés en dépendance de Jésus, en tout leur être de nature, de grâce et de gloire dès le moment de l'incarnation. Ils sont les premiers serviteurs de Jésus, et ceux qui l'ont annoncé aux hommes; et nous les devons imiter en ce devoir, et porter son nom par le rond de la terre.

On ne peut expliquer par paroles ce que notre nature doit à Jésus, qui est son auteur, son principe et son libérateur adorable. Il est un nouveau souverain, et nous lui devons un nouvel hommage. Il a une nouvelle vie, et nous lui devons une nouvelle reconnaissance. Ce nouvel hommage et reconnaissance se rendent par un nouvel esprit et un nouvel état, auquel nous lui rendons les actions et le fonds même de la nature et de la grâce, comme par une nouvelle ressource et dépendance de ce nouveau principe, que Dieu a mis en la terre et au ciel, pour avoir, pour régir et pour posséder et le ciel et la terre. Heureux qui entre en ce nouvel état! heureux qui prend cette nouvelle ressource! heureux qui rend ses devoirs et hommages! heureux qui porte et reçoit la grâce préparée à cette servitude! Les anges sont les premiers serviteurs de Jésus, car ils ont été les premiers à se rendre à ses pieds en sa naissance, n'ont été devancés en ce devoir que par la Vierge-Mère, et peut-être par saint Joseph. Ils sont venus fondre en Nazareth et en cette étable, ils ont quitté le ciel pour cette crèche. Et cette étable leur est un

---

(136) L'auteur parle en divers endroits d'une manière d'honorer Dieu par état, qui est entre les deux ici expliquées.

paradis, où ils voient, où ils adorent, où ils servent cet Homme-Dieu, où ils mettent leurs couronnes à ses pieds, où ils prennent une nouvelle ressource de leur nature, de leur grâce, de leur gloire, où ils entrent en une dépendance nouvelle de ce nouveau principe, et en leur être, et en leurs états, et en leurs ministères ; où la terre ravit le ciel, régit le ciel, et meut le ciel immobile, le ciel des cieux, et les anges qui y résident. Imitons ces anges et leurs devoirs angéliques. Ce nouveau-né est plus à nous qu'à eux. Ils sont les premiers serviteurs de Jésus dans la terre, dans le ciel ; ils sont les premiers apôtres et évangélistes de Jésus, ayant pris leur mission de la crèche pour l'annoncer aux pasteurs, aux rois, à la Judée et aux limbes. Soyons au moins les premiers serviteurs de Jésus après eux, portons sa gloire par le rond de la terre, servons à sa grandeur en la terre et au ciel. Notre appartenance et notre ministère est plus grand que le leur ; que notre fidélité ne soit pas moindre. Leur charité est si grande qu'ils seront les premiers pour nous aider même à les devancer en la grâce, en l'appartenance, en la servitude, en l'amour, en la gloire émanée de Jésus. Cette servitude sera éternelle, et non jamais interrompue dedans le ciel ; commençons-la en terre, en lui offrant nos actions par esprit de servitude, et par état d'abaissement à sa grandeur, à sa croix, à son amour.

CL. DE LA FIDÉLITÉ DANS LES VOIES DE DIEU.

L'un des principaux points de la vie intérieure, consiste en la fidélité que chaque âme doit rendre à son Dieu, en la voie en laquelle il la met et la réduit pour sa gloire. Cette fidélité requiert que l'âme ne choisisse que Dieu, et ne choisisse point d'autres voies, laissant à la divine volonté de les choisir pour elle, et de les ordonner sur elle ; et cela est un des hommages que la créature doit à l'autorité suprême de son Créateur. C'est une des plus grandes opérations du Créateur en sa créature, après la création, de choisir, accomplir et ordonner sur elle la voie par laquelle elle doit rentrer en lui et lui en elle. C'est un des plus grands anéantissements de l'humaine volonté en l'usage de sa liberté de n'avoir point de choix, de liberté, ni même de pensée en une chose qui la concerne si fort, et d'être en ce sujet, comme n'étant point au regard de la volonté incréée.

Cette fidélité requiert, en second lieu, que l'âme s'applique toute à Dieu en la voie qu'il a choisie et ordonnée, comme s'il n'y avait point d'autre voie que celle-là, comme vraiment il n'y en a point pour elle ; et pour son regard, elle doit être sans goût et sans connaissance volontaire de toutes les autres voies que Dieu tient sur ses créatures, comme s'il n'y avait qu'elle et Dieu au monde, et comme s'il n'y avait qu'une voie pour rentrer en son Dieu. et en cette unité d'application se commence la parfaite adhé-rence de l'esprit avec Dieu, qui nous conduit à l'unité d'esprit avec lui. Cette fidélité, en troisième lieu, requiert que l'âme emploie toutes ses puissances à se perdre et anéantir en Dieu en la voie qu'il tient sur elle, afin que Dieu, par après, emploie sa puissance divine sur l'âme, à l'anéantir lui-même par ses opérations intimes et secrètes, qui opèrent une sorte d'anéantissement sur l'âme même, bien différent de celui que l'âme exerçait auparavant par sa propre puissance sur soi-même. Car la puissance divine est bien plus efficace à anéantir l'âme que n'est pas celle de l'âme propre, qui a un pouvoir fort petit et limité à opérer sur elle-même. Et comme Dieu a voulu employer sa puissance à tirer l'âme du néant par création, il veut aussi employer sa puissance suprême à la réduire à un autre néant, afin qu'elle ne soit plus qu'une capacité de Dieu qui veut être désormais tout en elle par grâce, en quelque manière approchante de celle par laquelle il sera tout à tous en sa gloire.

Ces trois points sont généraux en toute voie. Je viendrai par après à la voie particulière qui est proposée. Seulement je vous prie d'observer que j'ai dit, au second point, que l'âme se doit appliquer à Dieu en sa voie, et non qu'elle se doit appliquer à sa voie, parce qu'il y a des voies si simples et inconnues, que l'âme ne se peut appliquer à icelles, tant elles ont peu de forme et de subsistence. Cependant elle peut et doit s'appliquer à Dieu en icelle, et l'âme se liant fidèlement à Dieu par cette voie simple, inconnue et dénuée de toute forme qu'elle puisse apercevoir et connaître, Dieu lie cette âme, ou plutôt lie cette voie à l'âme, l'établit, la consomme et la perfectionne en elle, étant le propre de Dieu de faire l'un, et le propre de l'âme de faire l'autre ; c'est-à-dire étant lors l'ouvrage de Dieu de faire en l'âme ce qu'elle ne peut pas faire, qui est de la lier à Dieu en cette voie simple et inconnue ; étant lors l'ouvrage de l'âme de se lier à Dieu en cette voie en laquelle Dieu la pose et établit pour sa gloire. Quand les voies sont plus connues et sensibles, encore est-il mieux, à mon avis, de se lier à Dieu par icelles, que de se lier à icelles pour éviter l'engagement secret et subtil que l'amour-propre sait bien faire entre l'âme et les grâces et voies de Dieu sur elle, pour divertir subtilement l'âme, et la désunir de Dieu même.

Quant aux effets que produit, en l'âme, cette voie qu'on appelle de la foi, parce qu'elle est destituée de lumière et de connaissance particulière de ce qui se passe en l'âme, j'aime mieux dire que Dieu produit ces effets, que non pas cette voie. Les attribuant donc à Dieu, parce que c'est Dieu qui daigne plus opérer immédiatement dans cet état inconnu, je vous dirai que le premier effet qu'il opère en cette voie, lorsque l'âme s'y rend et soumet entièrement, c'est une pauvreté intérieure par laquelle il appauvrit notre âme en ses richesses et facultés spirituelles, qui sont lumières et sentiments, pour l'enrichir vraiment non de ses dons mais de soi-même, qui est le vrai fonds de toutes les richesses de l'âme. Et comme il a établi la voie de sa pauvreté extérieure pour enrichir l'âme de ses grâces, en cette voie, il l'appauvrit même de ses grâces et richesses intérieures, pour l'enrichir de soi-même. Mais elle sent et voit la pauvreté spirituelle en laquelle on la réduit, et elle ne sent point ni ne voit celui qui entre en elle et se communique à elle intimement en la place de ses dons qu'il lui ôte, parce qu'il est invisible et insensible même à l'esprit créé, et qu'il lui fait une communication de soi-même invisible et insensible. Ce qui est inconnu à l'âme, mais cette pauvreté intérieure lui fait encore un autre bien qui lui est fort pénible à recevoir. C'est que la créature a une imperfection quasi comme essentielle, en qualité de chose créée, se joignant et attachant facilement à ce qui est créé, comme étant une chose de même nature et extraction (car tout ce qui est créé a quelque ressemblance en tant qu'il est créé et qu'il est tiré du même néant), et par cette inclination, comme essentielle, l'âme s'attache défectueusement, même aux grâces de Dieu, et prend un moyen de désunion ou de moindre union avec Dieu, par les grâces et dons de Dieu même. Et Dieu, par cette voie inconnue et par cette pauvreté inconnue, guérit l'âme de cette imperfection qui lui est comme essentielle, et lui ôte cet attachement, ne lui laissant rien à quoi elle se puisse attacher, et la dispose à être unie à Dieu même plus intimement et parfaitement.

CLI. DE LA NUDITÉ INTÉRIEURE.

La nudité est mise en l'âme par l'autorité de Dieu sur sa créature, et par une éminence de cette autorité que Dieu a sur sa créature, par laquelle il a droit de la dénuer de l'usage de cet être qu'il lui a donné par la création, en laquelle il nous a donné un être puissant et capable d'agir, au lieu qu'il nous pouvait donner une sorte d'être incapable d'agir. Voilà la source de la vraie nudité, c'est à savoir l'éminence de l'autorité divine sur nous qu'il nous faut et adorer et accepter. L'usage que nous devons faire de cette nudité est d'adorer, par ce dénûment et appauvrissement de notre être, les richesses ineffables de l'être de Dieu qui est et être et acte et opération tout ensemble, ou l'infinité de l'être de Dieu. Comme par abaissement nous adorons la grandeur de Dieu, par dénûment et dépouillement ou appauvrissement de notre être, nous adorons les richesses infinies en l'infinie plénitude et abondance de son être, qui seul suffit et à soi et à toutes choses, et ce, très-abondamment. Il faut aussi adorer la nudité de Jésus dénué de choses toutes divines, pour adorer le Père éternel par une sorte de nudité qui n'est propre qu'à lui et à son état déifié.

L'esprit de cette nudité tend à nous dénuer si profondément de nous-mêmes et si intimement, que notre être ne soit plus qu'une pure capacité de l'être divin.

CLII. L'ESPRIT DE L'HOMME A DEUX SORTES DE VIES ET DE DEMEURES : L'UNE EN DIEU, ET L'AUTRE EN SON CORPS.

Entre les esprits créés de Dieu pour remplir le ciel, l'esprit de l'homme a cela de propre qu'il est créé de Dieu pour animer un corps qui lui est propre et destiné, dans lequel il doit acquérir et à soi-même et à ce corps une gloire éternelle. En cet état l'esprit humain a deux sortes de regards et de demeures nécessaires à sa condition. Il est référé à Dieu comme à son principe et à sa fin, et il est référé à ce corps comme à son usage et office. Il a aussi deux sortes de résidences et demeures. Il réside en Dieu, car tout ce qui est émané de Dieu demeure en Dieu, qui est la capacité qui contient nécessairement tout être créé, et il réside au corps pour vivre et opérer en icelui et pour lui donner la vie. Ainsi Dieu a donné deux habiletés et capacités à l'esprit de l'homme : l'une est de remplir le corps, et en le remplissant de le vivifier, ce qui ne convient pas aux anges, qui sont esprits bien plus actifs et excellents que l'esprit de l'homme, qui ne peuvent donner vie à aucun corps, bien qu'ils le puissent mouvoir et régir comme il leur plaît ; l'autre est d'être rempli de Dieu, et en cette heureuse et sainte plénitude être sanctifiés de Dieu, tendre et aspirer à la vie et entrer en la vie de Dieu même, pour vivre de la vie dont Dieu est vivant en soi-même.

Ces deux usages sont bien différents : l'un est humain et l'autre divin ; l'un n'est que pour un temps selon le cours et la puissance de la nature, l'autre est éternel, selon la puissance de la grâce ; et toutefois nous avons plus d'application, et nous faisons beaucoup plus d'usages de l'un que de l'autre, et plût à Dieu que nous ne fissions point d'opposition à cette vie grande et heureuse que Dieu daigne nous vouloir donner en lui-même. L'esprit de l'homme, et est en Dieu, et est en ce corps : en Dieu pour recevoir vie, mais vie divine, et en ce corps pour y donner la vie, mais vie mortelle, basse et humaine. En Dieu, pour être régi de Dieu, et demeurer capable de Dieu même : en ce corps pour régir ce corps, et le rendre capable d'être référé à Dieu, à sa grâce et à sa gloire.

CLIII. DE LA COMMUNICATION DE L'ESPRIT DE DIEU EN L'ORDRE DE LA GRACE.

Comme l'âme est la vie du corps, ainsi l'esprit de Dieu est la vie de l'âme, et comme cette âme est tirée d'ailleurs que du corps et vient de Dieu immédiatement : *Insufflavit in eum spiraculum vitæ* (Gen. II, 7), ainsi cet esprit vient d'ailleurs en cette âme, et est non-seulement infus de Dieu, mais Dieu même : *Per Spiritum sanctum qui datus est nobis* (Rom. V, 5), qui se communique à l'âme comme esprit (137). Car encore qu'il soit tout, il est communiqué primitivement comme esprit, non comme essence, ni comme personne, encore qu'il y ait en Dieu essence et personne : *Qui Spiritu Dei aguntur, hi sunt filii Dei.* (*Rom.* VIII, 14.) Et secondement tout ce qui est en Dieu vie, amour et intelligence, et autres perfections divines du nombre de celles qui sont communicables, nous est communiqué en qualité d'esprit, esprit de vie, esprit d'amour, esprit d'intelligence. Les péripatéticiens enseignent que chaque chose a sa forme, et les académiciens disent que Dieu est l'âme du monde; accordons-les, et disons que ceux-là ont rencontré en l'ordre de la nature, et ceux-ci en l'ordre de la grâce, où Dieu est l'esprit qui vivifie les âmes immédiatement et par lui-même, et non-seulement par ses effets et ses dons, tant en l'état de la grâce qu'en l'état de la gloire, et qu'il se communique à l'une comme vie, à l'autre comme lumière, à l'autre comme amour, etc., mais à toutes comme l'esprit de vie, de lumière et d'amour.

CLIV. OBLATION A LA TRÈS-SAINTE TRINITÉ.

Trinité sainte, divine et adorable ! Que je m'abaisse en moi-même et m'élève en vous, pour vous rendre mes devoirs, pour connaître vos grandeurs, pour recevoir vos influences, pour m'abandonner à vos vouloirs, pour entrer en vos voies, pour porter les effets de vos miséricordes éternelles.

La première pensée que je reçois en la lumière de votre divine présence, me dispose à adorer ce que vous êtes en vous-même et au regard de vous même. J'adore donc votre être suprême, ineffable et incompréhensible; vos opérations, productions et émanations éternelles. J'adore votre essence et vos personnes, et j'admire et adore l'unité de votre essence, et la trinité de vos personnes. Unité subsistante en pluralité; infinité comprise et terminée en trinité; simplicité en distinction de personnes; majesté en société; société vivante en égalité, et félicité consistant en la jouissance et communication mutuelle du Père au Fils, et du Père et du Fils au Saint-Esprit, trois personnes divines.

Ce sont les mystères et les miracles (s'il est permis de le dire ainsi) de l'éternité, dont les miracles que nous voyons et qui sont dans le cours des siècles, soit en l'ordre de la nature, soit en celui de la grâce, ne sont que des ombres qui figurent, qui expriment et adorent ces merveilles éternelles.

De vous je passe à moi, et me trouvant en vous comme l'effet en sa cause et en son principe, j'adore ce que vous êtes au regard de moi, et au regard de tout être créé. J'adore votre puissance qui produit tout, votre immensité qui contient tout, votre bonté qui embrasse tout, votre science qui prévoit tout, votre providence qui pourvoit à tout. Je vous adore comme principe, et je vous recherche comme la fin de mon être et de tout être. Je vous adore et je vous regarde comme ma conduite, et je m'appuie en vous comme en la subsistence de tout être créé, qui procède de vous comme de son origine, qui tend à vous comme à son centre, qui repose en vous comme en sa subsistence, et se perd en vous comme en un abîme.

Que je vous connaisse et que je me connaisse ! Que je me proportionne et me mesure à vous ! Que je me réfère à vous comme vous m'y référez par la puissance et éminence de votre être, et par la condition propre de mon être, qui n'est qu'une ombre inséparable de votre être, et une simple relation à vous ! Je suis à vous par vous, et ni l'enfer ni le péché ne peuvent effacer ce droit, mais je veux être à vous par le choix de ma volonté, que je commets et délaisse entre vos mains. Je m'abandonne à vos pouvoirs et n'ai vouloir que pour me livrer à vos vouloirs.

Vous êtes ma substance, et je ne suis qu'une simple relation à vous; vous êtes le fond et l'intime de mon être, et je ne suis qu'une simple dépendance de vous; mon bonheur est d'être à vous, et d'être une pure capacité de vous, remplie de vous.

L'excellence de votre être, sa puissance suprême et absolue sur nous, l'étendue de ses bénéfices vers nous (n'y ayant aucun bien en aucun temps, en aucun lieu, en aucune sorte et manière qui ne procède de vous, Océan de tout bien, et que nous ne recevions par vous qui nous êtes présent immédiatement) sont autant de liens qui me lient à vous. Mais je m'y lie encore par mes vouloirs, et en veux dépendre par l'élection de ma franche volonté pour jamais.

CLV. OBLATION A DIEU, A JÉSUS-CHRIST ET A LA TRÈS-SAINTE VIERGE.

Nous nous devons offrir à Dieu pour tous ses vouloirs sur nous. Un de ces vouloirs sur nous est d'y établir son amour et sa complaisance. En cette vie Dieu jouit de l'âme, mais non l'âme de Dieu, et en l'autre la jouissance est mutuelle.

La première opération de Dieu est un regard sur soi-même, qui produit son Fils, et la première opération du Fils est un regard vers son Père, et de ce mutuel regard est produit l'amour personnel qui est le Saint-Esprit, le lien et l'unité du Père et du Fils.

Adorons Dieu en son essence et en ses personnes, en son être et en ses opérations. En l'honneur de ce regard de la Divinité sur soi, en quoi consiste la vie, l'intelligence, la béatitude de la divine essence, l'essence de la divine essence, car cette essence est en acte et non en puissance, et cet acte est son essence, et cette essence est un acte pur et acte de connaissance, de contemplation, de vision, d'amour et de fruition de soi-même;

---

(137) Saint Thomas, p. 1, q. 43, art. 3, enseigne que nous recevons non-seulement les effets du Saint-Esprit, mais sa personne même.

en l'honneur, dis-je, de ce regard mutuel du Père et du Fils produisant le Saint-Esprit, commençons chaque jour notre vie par un regard intérieur vers la Divinité; et en la Divinité vers la divine essence et les personnes divines, vers le Fils unique, Dieu et homme tout ensemble; vers sa très-sainte Mère et vers les objets intérieurs dirigeant notre vie; vers les saints et les anges protégeants et assistants à notre âme. Ô divine essence! ô vie de la divine essence! ô regard de la divine essence se contemplant soi-même! ô vie intelligente de la divine essence!

Offrons notre être et notre vie à cet être et à cette vie! Offrons-le par hommage et adoration de cette vie, et par abaissement de notre être et de notre vie. Par relation et par liaison de notre vie à cette vie, par désir d'existence, par intimité de puissance, par souveraineté de jouissance, par amour et par complaisance que cette vie divine prend en notre être et en notre vie; et en notre être et vie, l'anéantissant, la privant, la faisant souffrir, lui faisant porter les effets de sa vie divine, et même la force et puissance de sa vie, offusquant toute autre vie. Et en cela semble être l'acte suprême de la jouissance que Dieu prend de nous en la vie présente. Car il y a jouissance du Créateur au regard de sa créature, comme il y en a de la créature au regard du Créateur; et peut-être que cette jouissance au regard de l'humanité sacrée de Jésus, est exprimée en ces paroles: *In quo mihi bene complacui.* (*Matth.* XVII, 5.) Et en cet état l'âme porte la jouissance que Dieu prend d'elle, et elle ne jouit pas de la divine essence. En cette vie, le premier est expérimenté, et en l'autre vie, le second est mutuel, l'âme jouit de Dieu, et Dieu jouit de l'âme. L'âme ici porte Dieu jouissant d'elle, porte et expérimente la jouissance que Dieu prend d'elle, où il y a plus de puissance de la part de Dieu et de la part de l'âme, plus de révérence et de délaissement qu'elle fait de soi à Dieu en elle, remplissant son néant, que d'amour consolant et jouissant.

CLVI. DE L'ADORATION ET HOMMAGE QUE NOUS DEVONS A LA TRÈS-SAINTE TRINITÉ.

1. Il faut rendre chaque jour à la sainte Trinité trois adorations : la première au matin, en laquelle nous l'adorons comme source et principe de notre être; la seconde à midi, comme perfection de notre être, et la troisième au soir, comme la fin de notre être. Comme source de notre être, elle demande de nous dépendance, abaissement, anéantissement; comme perfection, vérité et exemplaire de notre être, adhérence, liaison et séparation de tout ce qui n'est point Dieu; comme fin ou plénitude et consommation de notre être, désir, aspiration et langueur.

2. Nous devons aussi adorer souvent l'Essence divine, qui est la source de toute essence et l'essence des essences, et est infiniment adorable. Nous lui devons rendre de fréquents hommages, d'autant plus qu'elle est peu considérée, honorée et adorée en particulier sur la terre. Elle est l'objet de la vue, de l'amour et des hommages du ciel; aussi doit-elle être le continuel objet de nos pensées, affections et hommages en la terre. Il faut honorer la trinité de personnes en l'unité d'essence, et l'unité d'essence en la trinité de personnes: toutes les grandeurs que contient ce mystère incompréhensible, toutes les œuvres que Dieu a faites par hommage à icelui, tant en l'ordre de nature qu'en celui de la grâce; mais surtout ces deux très-grands, très-admirables chefs-d'œuvres de l'Homme-Dieu et de la Mère de Dieu, et la manière de grâce de l'un et de l'autre.

3. Les trois jours depuis la fête de la sainte Trinité jusqu'à la solennité du saint sacrement, il faut adorer distinctement et séparément les trois personnes divines; le lundi la personne du Père; le mardi la personne du Fils, et le mercredi la personne du Saint-Esprit, et en chacun de ces jours il faut rendre hommage aux propriétés et appropriations éternelles et temporelles de chacune de ces personnes. Le lundi à l'innascibilité et à la paternité du Père, et à sa fécondité au regard du Saint-Esprit, à sa demeure en son Fils, à la demeure de son Fils en lui, à sa résidence en la personne du Saint-Esprit, et à la résidence mutuelle de cette troisième personne en lui et en son Fils qu'ils produisent en unité de principe. Le mardi à la filiation de cette seconde personne, et à ce qu'elle est vers la troisième que le Père et le Fils produisent en unité de principe, et à toutes ses autres propriétés. Et pareillement le mercredi aux propriétés de la personne du Saint-Esprit, comme esprit et amour du Père et du Fils, comme leur unité, comme le terme infini et sans termes de la fécondité et des émanations de Dieu en soi-même. Et en outre, aux appropriations temporelles de ces mêmes personnes, et à toutes les manières de grâce qui leur sont appropriées. Car comme la foi nous apprend que la personne du Fils est appropriée à son humanité, d'une manière qui ne convient qu'à lui seul, et que cette sorte d'appropriation établit la grâce très-haute et infinie de l'union hypostatique, qui est la grâce incréée, la grâce des grâces, la source inépuisable des grâces, il est vraisemblable que les autres personnes se peuvent pareillement approprier la nature créée, et même en des manières inférieures à l'union hypostatique; comme quelques-uns estiment que le Père a revêtu la personne de la sainte Vierge, de sa puissance et fécondité paternelle, pour la rendre capable d'engendrer son Fils dans le temps (138).

4. Il faut aussi se ressouvenir qu'au dernier dimanche d'après la Pentecôte, nous devons rendre un hommage spécial à la sainte Trinité, et l'adorer comme se dispo-

---

(138) *Virtus Altissimi obumbrabit tibi.* (Luc. 1, 35.)

sant à sortir de sa solitude (selon notre manière de concevoir), pour entrer en société avec nous par le mystère de l'Incarnation (139), et au long de l'année adorer la sainte Trinité, consultant, concluant et exécutant l'Incarnation du Verbe, tant en son fonds et en sa substance, qu'en l'économie et dispensation des divers états et mystères qu'il a portés et accomplis pendant les trente-trois ans de sa vie sur la terre.

5. L'âme de Jésus n'a cessé, étant sur la terre, de rendre de très-grands et très-particuliers hommages à la très-sainte Trinité en soi-même, et encore à la même Trinité, consultant, concluant et exécutant ce qui a été opéré en lui jusqu'à la fin de sa vie ; et la vie intérieure de Jésus consistait principalement en regard, en adhérence, en dépendance vers ce conseil, cette ordonnance et cette opération de la Trinité sainte ; et il nous faut unir à ces hommages de Jésus, et les offrir à la sainte Trinité. Nous avons ce pouvoir et ce droit ; car toutes les opérations de Jésus sont tellement siennes, qu'elles sont nôtres et pour notre usage ; et comme il était au monde pour nous, *Filius natus est nobis*, aussi nous avons droit à toutes ses opérations, nous nous les pouvons toutes approprier, et malheur à nous, si nous n'usons d'un si grand trésor. Jésus a été envoyé au monde, afin qu'il rendît hommage à l'essence divine et aux personnes divines, et hommage digne de Dieu, et qui ne lui pouvait être rendu que par un Dieu ; car tous les hommages des créatures, comme étant bornés et limités, ne sont pas dignes de Dieu, et sont toujours infiniment éloignés de son excellence.

6. Nous devons honorer Jésus en qualité de vrai et spécial adorateur et serviteur de la sainte Trinité et essence divine. Dieu est tellement désireux de se faire honorer par ses œuvres et par état en icelles, que saint Anselme, demandant pourquoi il a créé trois ordres d'anges, et un seulement d'hommes, il répond qu'il l'a fait pour honorer sa Trinité de personnes et l'unité d'essence. Voilà comment Dieu a voulu faire honorer ce double et très-adorable mystère, par ses créatures intellectuelles. Il faut prendre alliance avec les anges, qui adorent de si grands sujets dans le ciel ; nous unir à leur adoration, et les prier qu'ils nous aident à adorer.

Il faut rendre grâces à la très-sainte Trinité, de la connaissance d'elle-même, qui nous a été donnée par Jésus-Christ, et qui avait été cachée tant de milliers d'années. Rendre grâces à Jésus-Christ de nous avoir apporté cette connaissance, en laquelle gît la vie éternelle : *Hæc est vita æterna, ut cognoscant te solum Deum verum, et quem misisti Jesum*. (Joan. XVII, 3.)

CLVII. OBLATION EN ÉTAT DE SERVITUDE AU PÈRE ÉTERNEL.

O Père éternel, en l'honneur de votre essence, source et origine de toute essence et de tout être créé en l'ordre de nature, de grâce et de gloire ; en l'honneur de votre personne divine, première en la très-sainte Trinité, et de laquelle procède le Fils et le Saint-Esprit par émanation admirable, que la terre et le ciel adorent par un sacré silence ; en l'honneur de votre résidence ineffable au Fils et au Saint-Esprit, et du Fils et du Saint-Esprit en vous, comme en leur source et origine éternelle, je vous offre mon désir et ma volonté, d'entrer à présent et pour jamais en l'état de soumission, servitude et dépendance perpétuelle de votre essence et paternité ; état dû par nature et par condition à celui : *Ex quo omnis paternitas in cœlis et in terra nominatur (Ephes.* III, 15) ; état que le ciel, la terre et l'enfer même ne peuvent désavouer ; état que je choisis et accepte par une élection franche et libre de ma volonté, en l'honneur de votre essence et paternité.

Je vous offre, ô Père éternel, mon être et ma vie, mon état et mes actions, et tout ce que je suis par votre puissance et miséricorde, pour être tout à vous en cet état de soumission, servitude et dépendance ; et pour ne me mouvoir ni agir que par vous et pour vous, en la manière que je le dois, et que vous le voulez, selon l'étendue de vos conseils et volontés sur moi. Et en vertu de l'intention présente, je veux que toutes mes actions s'accomplissent désormais par voie de soumission, servitude et dépendance de vous et de votre éternelle paternité, que je veux être source et origine de mon état, de mes actions et de ma vie, comme elle est source et origine de toutes choses.

Et en cet état je me rends et établis l'esclave de Jésus et de Marie, en l'honneur de la plénitude de votre divinité en l'humanité sacrée de Jésus, et de la plénitude de l'esprit de Jésus en la très-sainte Vierge ; et encore en l'honneur et union de la souveraine et ineffable dépendance, que cette humanité de Jésus et la très-sainte Mère de Dieu vous ont rendue en terre, et vous rendront pour jamais, ô Père éternel, par état et relation particulière, et par des voies et manières ineffables peu connues, peu révérées en la bassesse et imperfection de cette vie mortelle. Préservez-moi, dirigez-moi, avancez-moi en cet état, ô Père éternel, en l'honneur de l'état et des actions intérieures de l'âme de Jésus, et de Marie vers vous, sur la terre et dans le ciel. Et je fais vœu de ne jamais révoquer cet état et servitude par aucun acte formel, et me soumets aux peines qu'il vous plaira ordonner à mes manquements et imperfections, en cet état auquel je m'offre et me lie dès à présent et pour jamais.

CLVIII. OBLATION A LA DIVINITÉ.

O Être suprême, incréé, infini, et, ce qui surpasse la pensée de tout esprit créé, su-

---

(139) Ce jour on chante la Messe et on fait l'Office de la sainte Trinité, en tout l'ordre de Fontevrault.

prême et infini en qualité d'être! O Etre existant et seul existant de par soi-même; Etre, source et soutien de tout être! O Etre éternel, immuable, ineffable; être, vie et esprit tout ensemble, et être, vie et esprit incompréhensible; vous êtes vie par essence et vie d'essence, vie d'intelligence, vie d'amour! Je vous adore en votre essence et en vos grandeurs. Je vous adore en vos pensées et en votre amour. Je vous adore en la vie heureuse, que vous avez en la jouissance et possession parfaite de vous-même. Je vous adore en vous-même et hors de vous-même. Je vous adore en vos œuvres et en l'œuvre de vos œuvres, qui est l'Incarnation. O Dieu souverain, toujours suprême et en tout, et toujours aimable et adorable! Mais vous contemplant en vous-même, je m'émerveille, je me ravis, je me perds en l'unité de votre essence, et en la trinité de vos personnes. Je vous adore en cette unité et trinité, en cette simplicité et fécondité, en cette fécondité et pureté, en toutes les merveilles de l'éternité; source des merveilles qui remplissent le ciel et la terre. Et je vous adore en la connaissance et en l'amour qui vous occupe de toute éternité. Je vous adore toujours existant, toujours vivant, toujours voyant, toujours aimant, et toujours heureux et occupé en la vive intelligence de vous-même, et de tout ce qui est et peut être créé, et en l'amour parfait de vos propres grandeurs et perfections incompréhensibles à tout autre qu'à vous. Vous êtes tout, vous pouvez tout, vous créez tout, vous conservez tout, vous régissez tout. Tout est à vous, tout est par vous, tout est pour vous. Soyez-moi ce que vous êtes en vous-même, c'est-à-dire soyez mon Dieu, ma vie et mon tout. Vous êtes le Dieu immense et éternel, vous êtes le Dieu des dieux, vous êtes le Dieu de toute chair et de tout esprit, vous êtes le Roi des siècles, et Roi régnant dans tous les siècles et en toute éternité; que toute chair et esprit vous loue, vous aime, et vous adore en tous les siècles des siècles. *Amen.*

CLIX. ÉLÉVATION A DIEU SUR SA BONTÉ, SA SAPIENCE, SA PUISSANCE, SON ÉQUITÉ.

O bonté incompréhensible, qui êtes seule souverainement et essentiellement bonne: *Nemo bonus nisi solus Deus*, dit le Sauveur même (*Luc.* XVIII, 19), de qui viennent, et par qui se conservent tous les biens qui sont en chaque créature; en qui sont réunies toutes les perfections éparses ès créatures, et avec un excès et une éminence infinie. Faites, ô mon Dieu, que je n'aime, ne souhaite et n'embrasse que vous seul; que je ne cherche et ne prétende que vous seul en toutes choses; et que je vous aime de tout mon cœur, de tout mon esprit, de toute mon âme et de toute ma force!

O Sapience, qui voit toutes nos œuvres, qui pénètre le fond de nos pensées, et de qui vient toute sapience créée; faites, ô mon Seigneur, que je chemine avec crainte devant un Dieu si clairvoyant, que je pénètre et reconnaisse mes plus secrètes imperfections, et que je reçoive quelque rayon de votre divine sapience! Rien ne vous est caché, ô mon Dieu! Que rien aussi de nécessaire à mon salut ne me soit inconnu; que nul des adversaires de mon âme ne la puisse décevoir.

O pouvoir infini, à qui rien n'est impossible, à qui rien ne peut résister, de qui vient tout le pouvoir qui est en toutes les créatures; faites, ô Seigneur, que je m'abaisse sous votre toute-puissante main; que jamais je ne résiste à votre sainte volonté, et que je sois puissant à résister au mal, et à faire le bien qui vous est agréable!

O équité inflexible, qui a puni, sur son Fils même, le péché qu'il n'a pas commis; lui seul étant objet égal à la justice divine, qui pour un seul péché a condamné tant d'anges à une peine éternelle, et qui ne laisse aucune faute sans punition, tant petite soit-elle, ni aucun bien sans récompense; faites, ô mon Dieu, que la crainte de votre justice émeuve cet esprit endormi, et outreperce cette chair rebelle à vos saintes ordonnances: *Confige timore tuo carnes meas!* (*Psal.* CXVIII, 120.)

CLX. OBLATION A JÉSUS ET A SON ENFANCE DIVINE EN PARTICULIER.

1. Je me donne à vous, ô Jésus, selon tous mes besoins. Je me donne à vous, selon tous mes devoirs. Je me donne à vous, selon tous mes rapports vers vous. Je me donne à vous, pour tous les usages que vous voulez avoir en moi, et que je puis avoir de vous, et que vous voulez avoir de moi. Usez de moi, selon votre puissance et votre bon plaisir. Opérez en moi, et que j'opère vers vous; que je porte les traits de votre amour et puissance; et que j'emploie tout mon pouvoir et toute ma capacité à vous louer, aimer et servir. Je suis à vous, car vous m'avez acquis par votre sang. Je suis à vous, car je vous veux et choisis pour mon amour et mon souverain. Je suis à vous, car vos grandeurs me rendent vôtre.

2. Je vous regarde, je vous révère, je vous adore en votre enfance, ô Jésus! Je m'applique à vous en cet état, comme en un état auquel je m'offre, je me voue, je me dédie, pour vous rendre un hommage particulier, pour en tirer grâce, direction, protection, influence et opération singulière, et m'être comme un état fondamental à l'état de mon âme, tirant vie, dépendance, subsistence et fonction de la conduite de cette enfance divine, comme de l'état de mon état, et vie de ma vie.

CLXI. DE NOS DEVOIRS ENVERS DIEU ET ENVERS JÉSUS-CHRIST SON FILS NOTRE-SEIGNEUR, SUR CES PAROLES DE SAINT PAUL (*I Tim.* II, 5): *Unus Deus, unus et Mediator Dei et hominum, homo Christus Jesus.*

1. *Unus Deus.* — Adorer Dieu en son essence, en ses personnes et en ses opérations et internes et externes. O Dieu vivant, Dieu présent, Dieu opérant incessam-

ment, Dieu vivant et opérant, et toujours opérant, et opérant cet acte de vie divine et suprême, qui consiste à se voir et contempler soi-même, et à engendrer son Verbe et produire son Saint-Esprit en soi ; et ainsi être, vivre et opérer en unité d'essence, en unité de principe, en unité d'esprit, en repos éternel !

Adorant, contemplant et aimant cet Etre incréé et infini, et infiniment aimable ; s'offrir et s'abandonner à lui, à sa puissance, à son vouloir, à sa conduite ; comme sa créature par essence, son sujet par obéissance ou puissance, et son esclave par volonté.

2. *Unus Mediator.* — Le second devoir du Chrétien, c'est de prendre part à Jésus-Christ, que Dieu le Père nous a donné, en qui il a mis notre salut et notre vie. Il nous faut approprier à lui par dépendance, et l'approprier à nous par obéissance.

3. Considérer nos devoirs envers Dieu, nos liens avec Dieu, nos retraites et demeures en Dieu. Nos devoirs envers Dieu comme Dieu, c'est-à-dire comme premier être, comme souverain Etre, comme Etre divin, c'est-à-dire incréé, comme source d'être, comme fin de tout être. Nos liens, qui nous rendent inséparables de Dieu, et nous attachent à lui. Nos demeures en Dieu, comme celui en qui est le centre et la circonférence de toutes choses : celui en qui nous avons vie, subsistence et mouvements : celui qui est sa demeure à lui-même, et la demeure de la créature.

4. Adorer Dieu, 1° en nos émanations de lui par la création, et par la conservation qui est une création continuée, comme si chaque jour était le premier de notre être. 2° Adorer Dieu en nos dépendances de lui, en notre être et en nos actions, en notre nature et en chaque état, comme étant notre état permanent, absolu, primitif. 3° Adorer Dieu en nos relations vers lui, car il nous réfère lui-même à lui, et nous rend capables de lui et nous tire à lui. 4° Adorer Dieu en nos regards, retours et rentrées en lui. Le premier usage de l'âme vers Dieu, c'est le regard par la pensée ; le second, c'est le retour par l'affection qui nous porte à Dieu ; le troisième, c'est la rentrée par la demeure et le repos de l'âme en Dieu en l'usage parfait de la grâce. Le repos est plus que la demeure, et la félicité plus que le repos, car nous demeurons en plusieurs lieux où nous n'avons pas repos. Or il nous faut avoir et demeure et repos en Dieu.

5. En ce monde il nous faut trouver un autre monde ; il nous faut chercher un autre monde, car il est présent mais caché, et qui le cherchera le trouvera, ce qui ne convient pas à ceux qui cherchent autre chose que Dieu. *Hæc est generatio quærentium Dominum* (Psal. XXIII, 6) ; c'est notre premier état que chercher Notre-Seigneur : *Quærere Dominum*; le second état, exprimé par le Fils de Dieu, est de ceux qui attendent Notre-Seigneur : *Exspectantium Dominum*. — *Estote similes hominibus exspectantibus Dominum suum*, etc. (Luc. XII, 36.)

CLXII. OBLATION A JÉSUS EN ÉTAT DE SERVITUDE.

Nous ferons tous les jours à Jésus-Christ, Notre-Seigneur, une oblation actuelle et entière de nous-mêmes, et nous présenterons à lui en qualité d'esclaves, et d'esclaves par amour ; choisissant cet esclavage pour toute notre félicité, par amour et honneur que nous lui voulons rendre, non par contrainte et servitude forcée comme les esclaves ordinaires, mais par sujétion volontaire et estimée de nous, plus que tout ce qui n'est pas Jésus même. En cette oblation nous nous présenterons humblement comme indignes d'être ses esclaves, et affectueusement comme n'ayant autre affection que d'être à lui, non par jouissance comme au ciel, mais par servitude et sujétion comme en terre. Nous lui présenterons distinctement notre corps et esprit, ne voulant y avoir vie, action, mouvement et sentiment, que pour lui et par lui ; notre vie et nos actions, ne voulant faire que sa volonté, vivre, opérer ni travailler qu'à le servir ; notre temps et éternité, ne voulant être pour jamais qu'à lui, et ce qu'il veut que nous soyons en lui. Et comme esclaves, nous voulons ne servir qu'à lui et non à nous-mêmes ; comme tout ce qui est à l'esclave, revient à l'utilité et intention du maître et non à la sienne. Nous ressouvenant que lui-même est le Fils, et ce Fils par nature a servi à son Père en qualité d'esclave, et a pris la qualité et forme d'esclave pour le servir ainsi : *Formam servi accipiens*. Et nous formant cette oblation à Jésus, pour honorer l'oblation et donation qu'il a faite de soi-même à Dieu son Père en qualité d'esclave, et encore en l'honneur de l'oblation de la Vierge à Dieu dans le moment de l'Incarnation, en cet état de servitude, par ces paroles : *Ecce ancilla Domini*; et de l'oblation qu'elle fit peu de temps après, de ce même Fils à Dieu dans son temple.

CLXIII. DU DEVOIR DES CHRÉTIENS, ET DE LEUR OBLIGATION A LA SAINTETÉ, SUR CES PAROLES : *Dei agricultura estis, Dei ædificatio estis, Dei templum estis.*

Dieu a repos sans oisiveté, opération sans travail ; mais outre ce repos et cette opération en soi-même, il veut opérer hors de soi-même, il veut prendre repos, et veut demeurer en nous, et il veut être sanctifié en nous. *Dei agricultura estis.* (*I Cor.* III, 9.) Attention, application, adhérence, coopération à Dieu travaillant en nous. Occupation avec Dieu, nulle avec le monde. *Dei ædificatio estis.* (*Ibid.*) Déloger et mettre toutes les choses créées hors de nos cœurs, afin que Dieu, qui veut être seul l'objet de nos pensées et de nos affections, établisse sa demeure en nous. *Templum Dei estis.* (*Ibid.*, 16.) Sainteté en nos pensées, affections, dispositions, sentiments.

Nous ne sommes pas seulement le fonds et l'héritage de Dieu : nous sommes son labour et son agriculture ; et c'est Dieu même et non autre qui est le laboureur et prend le soin de nous cultiver : *Pater meus agricola est.* (*Joan.* xv, 1.) Les grands ont des domaines qui sont à eux, mais ils les ménagent et font valoir par les mains de leurs serviteurs et fermiers. Dieu ne fait pas de même, nous sommes une terre qui lui appartient; et non content d'en être le seigneur, il en est lui-même le laboureur, et la cultive de ses propres mains; et le Fils de Dieu nous apprend, *que toute plante que son Père céleste n'a point plantée, sera déracinée* : « *Omnis plantatio quam non plantavit Pater meus cœlestis eradicabitur.* » (*Matth.* xv, 13.) Quels devons-nous être vers Dieu auquel nous appartenons, vers Dieu duquel nous sommes l'ouvrage, vers Dieu duquel nous sommes le laboureur et l'édifice? Quelle doit être notre disposition au regard de Dieu qui veut cultiver par lui-même le champ de notre âme? et avec combien de diligence et d'ardeur, nous devons nous préparer à cette divine opération et application? Adam a opéré en nous, il y a semé le péché, et toutes ses suites malheureuses : Jésus-Christ y veut opérer au nom et de la part de Dieu son Père, et il veut ensemencer nos âmes de grâce et de sainteté. O que ne devons-nous faire pour nous rendre dignes de ses soins et de son travail ! Si la terre que nous voyons de nos yeux, et que nous foulons de nos pieds, était raisonnable, elle ouvrirait son sein au soc et à la charrue, elle recevrait volontiers la semence, elle arracherait avec joie l'ivraie et les ronces. Nous donc qui sommes une portion de terre vivante et intelligente, et qui connaissons la charité de ce divin laboureur, et le fruit inestimable de son travail, ne devons-nous pas travailler incessamment à la mortification de nos cœurs, et ne désister de nos soins, jusqu'à ce qu'il n'y ait plus rien qui puisse empêcher cette semence du ciel, ou d'entrer, ou de lever et fructifier?

Vous êtes le temple de Dieu. Cela vous oblige au recueillement intérieur, et à vivre continuellement en l'esprit de raison; car la maison de Dieu est maison d'oraison, comme il le dit lui-même : *Domus mea domus orationis est.* (*Matth.* xxi, 13.) Cela vous oblige à la sainteté et rien moins : car la sainteté est l'ornement nécessaire de la maison de Dieu : *Domum Dei decet sanctitudo.* (*Psal.* xcii, 5.) Vous pouvez tous être saints si vous voulez. Vous le devez tous être, et si vous ne l'êtes, vous profanez votre condition. Vous le pouvez et vous le devez. Qu'y a-t-il à ajouter, sinon à examiner si ce que vous pouvez et que vous devez est accompli?

CLXIV. DE L'AMOUR DE DIEU.

La vie de l'homme est d'aimer Dieu. Cette vie et cet amour est digne de la vie et de la mort d'un Dieu. Dignité de l'amour de Dieu. Le péché nous a ravi le pouvoir d'aimer Dieu, et nous avons besoin de la puissance de Dieu pour aimer Dieu.

1. Chacun parle de la vie, chacun pense à la vie, chacun désire la vie, et toutefois il y en a si peu qui sachent ce que c'est que la vie, en quoi elle consiste, et le moyen d'y parvenir ! C'est ce que doivent apprendre ceux qui entrent en une vie nouvelle qui regarde une éternité de vie. Le Dieu vivant, ainsi se nomme-t-il lui-même en sa parole, pour se séparer des dieux morts, que le monde a faits dieux par ignorance : et pour tirer les vivants à soi, par son nom propre et par sa qualité, lui qui est vivant et la vie même. Le Dieu vivant donc, et l'auteur de la vie, a créé plusieurs sortes de vies en la terre : la vie des plantes, la vie des animaux et la vie des hommes. Mais la vie la plus noble et la plus semblable à lui-même, c'est la vie qu'il a donnée au nouvel homme, fait et vivant à son image et semblance. Cette vie excellente, propre à l'homme, et différente de toute autre vie qui soit en la terre, consiste à connaître, aimer et servir Dieu, et se conformer à celui qui est notre principe, notre fin et notre exemplaire tout ensemble.

2. Pour mieux entendre cette vie, il nous faut supposer qu'il y a en l'homme, comme au monde, plusieurs sortes de vies (car aussi l'homme est un petit monde), mais la vie principale qui soit en l'homme, et la plus excellente en elle-même, c'est la vie de son âme; c'est la vie qui applique cette âme à l'objet principal et le plus noble de la vie, qui est Dieu même; c'est la vie qui remplit et occupe sur cet unique objet toutes les facultés de cette âme, son entendement par connaissance, et sa volonté par amour; c'est la vie en laquelle consiste la félicité de l'âme qui sera heureuse, et éternellement heureuse en la vue et en l'amour de son Dieu. Et c'est la vie et la félicité tout ensemble, que nous devons commencer en la terre par grâce, et à laquelle il nous appelle par son Saint-Esprit. Dieu est l'objet, la source et l'abîme de cette vie; et, à proprement parler, Dieu est la vie de l'âme, comme l'âme est la vie du corps; et vivre à Dieu, c'est vraiment vivre. C'est la fin pour laquelle nous sommes créés; c'est la vie qui nous approche le plus de la Divinité; c'est la vie excellente et divine que le Fils de Dieu (qui s'appelle Vie) est venu lui-même proposer aux hommes, et leur donner s'ils la veulent recevoir de lui, qui est l'auteur de la vie, c'est pour nous faire vivre de cette vie, que le Fils unique de Dieu a voulu vivre et mourir au monde. Vie digne de la vie et de la mort d'un Homme-Dieu ! vie aussi qui rend les hommes dieux, et les rend dieux pour jamais !

3. Estimons uniquement cette vie, puisque le Fils de Dieu l'a tant estimée, et l'a préférée en certaine manière à lui-même, répandant son sang en la terre comme semence de vie, pour faire naître en la terre cette vie. Recherchons cette vie. Aspirons à cette vie, et employons notre vie à l'usage de cette vie. Reconnaissons que ce n'est pas vivre que vivre sans cette vie, et que nous commençons vraiment à vivre, lorsque nous commençons à vivre de cette vie.

Par cette règle nous n'avons pas commencé à vivre au jour de notre naissance, car nous étions sans connaissance ni de Dieu, ni du monde, ni de nous-mêmes. Et peut-être que nous n'avons pas encore commencé à vivre après tant d'années de notre vie, car, suivant cette vérité, nous ne vivons pas à proprement parler, dans l'usage ordinaire et profane de la vie : ce n'est pas la vie de l'homme comme homme, et ce n'est pas la vie qui est à l'image de Dieu, qui est le fond de son être et de sa vie et le terme de sa création, car il est créé à l'image et semblance de Dieu. Or Dieu est vivant en la contemplation et amour de soi-même, Dieu est heureux en cette vie et contemplation de lui-même : et pour être vivants et heureux comme lui et avec lui, il faut penser à lui, il faut employer notre amour vers lui, et il nous faut entrer en ses lumières, en son amour et en sa jouissance, et nous perdre heureusement en cet abîme d'être, de vie et d'amour.

O vie, vraie vie et seule vie, vie du ciel et non de la terre! vie propre au ciel, étrangère à la terre, et toutefois établie en la terre! Vie propre à Dieu, mais offerte à l'homme, s'il veut passer de soi-même à Dieu, c'est-à-dire du néant à l'être et de la mort à la vie, et en un mot, s'il veut être Dieu! O vie, qui doit être notre vie, puisque nous devons être domestiques de Dieu, participant à l'être de Dieu, concitoyens des saints de Dieu, établie en la loi des prophètes et apôtres selon le dire des apôtres!

4. Pour me préparer à cette vie, je considérerai comme c'est chose grande d'aimer Dieu, et de penser à Dieu pour l'aimer. Si la créature est capable de diversités d'objets et d'actions, son plus grand objet est Dieu, son plus grand pouvoir est celui qui le porte à Dieu, et la plus grande de ses actions est celle qui s'exerce envers son Dieu. Entre toutes les actions que la créature peut exercer envers son Créateur, la plus grande, la plus noble, la plus digne et la plus heureuse, c'est l'action de l'amour qu'elle doit et rend à son Dieu; c'est une action qui l'attire et l'élève à son Dieu; c'est une action qui l'approche de Dieu et l'unit à Dieu même; c'est une action qui met conversation, privauté et familiarité entre Dieu et l'âme. Car en abaissant Dieu à l'âme, et élevant l'âme à Dieu, elle met quelque proportion, et, si on l'ose dire, quelque égalité entre l'âme qui aime et Dieu qui est aimé; tant est grande la puissance de l'amour à élever les choses basses, à abaisser les choses hautes, à approcher des choses si distantes, à égaler des choses si inégales, et même à déifier l'être humain et créé, de sorte que comme l'un est Dieu par nature, l'autre est Dieu par amour.

5. Que l'homme est misérable de s'employer si peu à une action si grande, et se donner si peu à une chose si puissante! Ce sont les restes du péché qui prévalent en nous et nous jettent en cette misère, et nous occupent en tant de choses ou moindres ou mauvaises, pour nous divertir d'une chose si sainte et si grande; et c'est le péché même qui nous a ravi la puissance d'aimer Dieu : et nous avons besoin de grâce pour le pouvoir, pour le vouloir et pour le faire. Recherchons cette grâce et reconnaissons en cela combien c'est chose grande d'aimer Dieu, puisque toute la puissance de la nature est inégale à cette action, et qu'il faut en nous la puissance de Dieu même par sa grâce pour aimer Dieu. Que j'emploie à ce divin amour toute la puissance de la nature et de la grâce pour ce divin amour! c'est l'action la plus grande de l'homme, c'est la plus grande action de l'homme envers son Dieu, c'est une action requérante de la puissance de Dieu même communiquée à nous par Dieu même. C'est la plus grande action de la nature et de la grâce, tout ensemble; c'est la vie de Dieu en soi-même, c'est la vie de Dieu en nous, c'est la vie des anges au ciel et des saints en la terre; et toutefois c'est la vie à laquelle j'ai pensé si peu jusqu'à présent et j'y pense encore et si rarement et si faiblement!

Que je me confonde en votre sainte présence, ô mon Dieu tant aimable et si peu aimé! Que je m'abaisse en ma misère et que je m'élève en votre grâce! Et que je vous aime de toute ma puissance! Que je vous aime pour jamais! Que je vous aime par-dessus toutes choses! Que je vous aime en toutes choses! Que je n'aime que vous en toutes choses! Et qu'oubliant moi-même, je me perde saintement et heureusement en votre amour! O amour du ciel et de la terre! O abîme d'amour infini et incréé! O amour qui doit ravir, perdre et consommer en soi tout amour!

CLXV. DE L'ADORATION DE DIEU.

En quoi consiste l'adoration, grandeur de Dieu en ses œuvres. La manière dont Dieu fait ses œuvres nous donne à connaître qu'il en peut faire infinis autres, plus grands et plus beaux. Dieu est l'Etre des êtres; il voit, il fait, il contient tout. Combat entre la sainteté et la puissance de Dieu, dont l'une le joint à ceux qui l'offensent et l'autre l'en sépare.

1. Le premier devoir et plus fréquent exercice de la créature, c'est d'adorer son Dieu.

2. Pour accomplir ce devoir, il faut entendre ces deux termes, adorer Dieu et savoir ce que c'est que Dieu et ce que c'est qu'adorer.

3. Adorer est avoir une très-haute pensée de la chose que nous adorons, et une volonté rendue, soumise et abaissée à l'excellence et dignité que nous croyons ou savons être en elle. Cette estime très-grande en l'esprit, et ce consentement de la volonté qui se rend toute à cette dignité suprême qu'elle conçoit, font l'adoration : car elle requiert non la seule pensée, mais aussi l'affection qui soumet la personne adorante à la chose adorée, par l'usage et correspondance des deux facultés de l'âme, l'entendement et de la volonté, également employées et appliquées au regard du sujet que nous voulons ou devons adorer.

4. Si cette pensée est accompagnée de lumière et si cette affection est suivie d'un sen-

timent conforme à la créance ou connaissance que nous avons; c'est une adoration intérieure et parfaite et qui procède des dons de sapience et de piété qui reluisent en beaucoup d'âmes particulières; mais ni cette lumière ni ce sentiment n'est nécessaire, et les deux actes des deux facultés de l'âme, c'est-à-dire de l'entendement et de la volonté, employés par la conduite de la foi à reconnaître cette excellence suprême, suffisent à cette adoration, et Dieu l'a agréable et y rend une récompense éternelle.

5. Quelquefois cette adoration ne subsiste qu'en l'esprit, et ne produit rien au dehors qui paraisse : et elle suffit à Dieu qui est esprit, et doit être adoré en esprit et vérité. Mais cela ne suffit pas à nous-mêmes; car étant composés de corps et d'esprit, nous devons servir de corps et d'esprit à Dieu, employant vers Dieu tout ce que nous avons reçu de Dieu même; l'adorant et par les actions intérieures de notre esprit, et quelquefois encore par les actions extérieures de notre corps, qui déclarent et professent notre abaissement et humiliation, au regard de la chose que nous adorons.

6. Lors donc que nous voulons adorer Dieu, il nous faut entrer en pensée de sa grandeur et de son excellence infinies, le considérant en ses œuvres, pour le considérer après en soi-même, nous conduisant par la vue des choses que nous voyons, à l'intelligence de celles que leur éminence et hautesse nous rend invisibles. C'est la conduite de la nature qui nous élève par les choses corporelles aux spirituelles ; joignons-y la conduite de la grâce et de la foi, prenant la première pensée que le symbole nous donne de Dieu, l'appelant Créateur du ciel et de la terre, et disons en nous-mêmes :

7. Ce monde que nous voyons a pour principe un Dieu que nous ne voyons pas, comme le corps que nous avons a pour son soutien un esprit qui nous est invisible.

8. Ce grand Dieu a fait ce grand monde de rien, ce qui ne convient qu'à une puissance infinie, qui n'a besoin de matière pour produire ce qui lui plaît, et c'est ce que veut dire ce terme de créateur. Il a fait ce même monde en un moment, n'ayant besoin de temps ni pour soi ni pour ses œuvres, car il est avant le temps, et il fait les temps. Comme il n'a besoin ni de temps, ni de matière, il n'a besoin aussi d'aucun instrument, et son vouloir seul lui suffit, et il opère sans travail. Dieu donc a fait sans aucun temps et sans aucune matière, sans peine et sans labeur, ce monde composé de tant de parties si différentes. O puissance infinie, qui fait de rien choses si grandes ! qui les fait en un moment et les fait si facilement, qu'il lui est beaucoup plus aisé de créer toutes choses qu'il n'est à nous de vouloir, de dire ou de penser à la moindre chose du monde ! Lorsque nous voyons un portrait excellent, nous jugeons aussitôt qu'il a été fait par une main excellente, passant de l'image au peintre, et d'une chose morte à une chose vivante. Voyant donc ce monde si grand et si beau qu'il emporte le nom de monde, et que plusieurs le voudraient être leur demeure et héritage à jamais, passons au créateur du monde, et pensons à sa grandeur et à son excellence, et, ravis en cette pensée, disons: O grandeur ! O bonté ! O puissance infinie ! O grandeur, origine d'une chose si grande ! O bonté qui la fait sans retour et sans indigence ! O puissance qui fait ce monde avec tant de facilité, et le fait sans cesse (140) !

9. Un ouvrage peut bien égaler toute l'excellence de l'ouvrier, en sorte que ce soit son chef-d'œuvre et qu'il ne puisse rien faire de plus accompli : il n'est pas ainsi de ce monde au regard de Dieu. Ce grand ouvrage est beaucoup moindre que son ouvrier. Le monde est fini nonobstant sa grandeur. Dieu est infini, et le monde n'épuise pas sa puissance. Celui qui a fait ce monde, peut faire beaucoup d'autres mondes s'il le voulait, et plus grands et avec même facilité. Admirant donc cet ouvrage, élevons-nous par-dessus icelui. Admirons beaucoup plus celui qui en est l'ouvrier : il surpasse et ce monde et notre connaissance, et toute la connaissance que tous les esprits créés peuvent avoir de lui. Nous ne pouvons le concevoir tel qu'il est en soi-même, étant toute autre chose que tout ce que nous en pouvons penser. En attendant que nous le connaissions parfaitement, le voyant face à face, pensons à lui, car il est le plus digne objet de nos pensées.

10. Entrant donc en la pensée de Dieu, reconnaissons-le comme un Etre suprême, comme un être souverain de tout être, comme un être, principe et fin de tout ce qui est créé et peut être créé : comme un être qui est Esprit, et qui est tout esprit ; être et Esprit infini en puissance, en sainteté, en majesté, qui veut et doit recevoir son hommage de tout esprit et en toute action créée. C'est son droit et son tribut, et c'est le devoir de toute créature. C'est ce que les anges font sans cesse dans le ciel. C'est ce que les hommes doivent faire dans la terre. C'est à quoi sont employés tous les esprits raisonnables et religieux de l'univers.

11. Cet Etre tout-puissant, cet esprit infini est étendu partout, et opérant partout : il remplit le ciel et la terre ainsi qu'il dit lui-même par Isaïe : il donne être, vie et vigueur à toutes choses; il doit régir tout esprit, et il se nomme Père des esprits. Comme esprit, il nous voit et regarde en tout temps et en tout lieu : et sa lumière éclaire toutes nos actions les plus secrètes, les plus profondes et les plus cachées. Comme être, il soutient et conserve notre être et nous n'avons puissance, mouvement et action, que par lui. C'est en lui-même que nous sommes, que nous vivons, que nous opérons, ce nous dit saint Paul. (*Act.* XVII, 28.) C'est donc lui-même que nous offensons,

---

(140) La conservation est une création continuée.

profanant un être si pur par nos actions impures et illicites : et c'est par la puissance que nous recevons de lui, que nous commettons nos actions déréglées, abusant indignement de lui et de ses actions, et usant de ce qui est de lui à l'encontre de lui-même.

12. O grandeur, ô puissance, ô infinité de l'Etre divin, qui voit tout, qui contient tout, qui porte tout et porte dans un être si saint tant de pécheurs et de péchés énormes! O combat remarquable entre la grandeur et la sainteté de Dieu (s'il est permis de concevoir différence en des perfections qui sont en Dieu une même chose), car nonobstant cette unité et identité sacrée, sa sainteté l'éloigne infiniment des péchés, et le sépare même de tout ce qui est créé : et sa grandeur ne permet pas que les pécheurs et péchés soient hors de son étendue, ni qu'ils offensent par un autre pouvoir que celui qui procède de lui-même : ce qui rend nos offenses plus grièves, et nous plus criminels. Et toutefois ça a été l'exercice principal de notre vie, d'offenser un Dieu si saint et si puissant, et l'offenser si facilement, et pour si peu de chose.

13. Appréhendons la rigueur de sa sainteté et les effets de sa puissance irritée : adoucissons-le par prières et par pénitence : adorons cette grandeur et sainteté ; et pour avoir la paix, mettons la paix en Dieu même, en accordant ces deux siennes perfections, sa sainteté en effaçant nos offenses, sa puissance en n'employant désormais notre pouvoir qu'à servir un Dieu si grand, si saint et si puissant. Et puisque sa majesté veut service, et sa bonté demande amour, aimons et servons un Dieu rempli d'une bonté et majesté si grandes.

CLXVI. DE L'HOMME EN SA CRÉATION, EN SA CHUTE, EN SA RÉPARATION, ET DE SES DIVERSES SERVITUDES SELON CES TROIS ÉTATS.

Il faut se souvenir, 1° que nous sommes créés de Dieu, portant son image et semblance ; 2° qu'il nous faut avoir en l'esprit les pensées, sentiments et affections de cette condition et qualité comme les livrées propres et les marques de notre état, dont nous devons nous revêtir devant Dieu et ses anges chaque jour, ainsi que chaque jour nous sommes soigneux de ne paraître devant le monde, qu'avec les marques de nos qualités, états et grandeurs ; 3° que nous sommes pécheurs opposés à Dieu comme ses ennemis, portant sa haine et son délaissement : *Odio sunt Deo impius et impietas ejus* (Sap. IV, 9) ; et nous devons entrer en l'abaissement, regret et amertume que requiert cette qualité, la plus misérable qui puisse être au monde, et qui nous réduit à misère et extrême et éternelle tout ensemble, et de laquelle nous ne pouvons sortir, que par le seul pouvoir et la seule miséricorde de celui que nous rendons notre ennemi par nos offenses ; 4° que nous sommes Chrétiens rachetés par Jésus ; que la qualité de pécheur nous retirant en un sens de la servitude de Dieu, duquel nous sommes ennemis, nous remet en une plus grande et plus dure servitude au regard de Dieu même ; ne pouvant nous retirer hors de sa puissance, mais seulement hors de sa grâce et de sa bienveillance. Nous sommes comme criminels de lèse-majesté, captifs dans les prisons et sous l'autorité du prince ; et sommes plus sous sa domination que les autres sujets fidèlement servant la Majesté qui lui commande.

Nous sommes donc esclaves, et toujours esclaves de Dieu ; et dans notre être et dans le péché et dans la grâce qui nous retire du péché, et donne nouvelle perfection et accomplissement à notre être. Esclaves de Dieu et dans nous-mêmes, et dans le péché et dans la grâce chrétienne, c'est-à-dire dans Jésus, étant en lui, étant en lui, et étant en lui comme parties et membres de lui-même ; qui est une excellente et affectueuse manière d'être en lui, qui oblige à nouveaux devoirs, à singulière affection, communication, sujétion et dépendance : mais ce point requiert un discours à part.

Rentrons dans la matière précédente, et voyons : que le titre de la création et la condition de notre être comme créé, regarde Dieu comme principe et comme humain, regarde Dieu comme son exemplaire, comme son image et semblance, formés par lui, formés pour lui, et formés pour être un rapport essentiel à lui, comme l'image à son exemplaire. Dans les personnes incréées, il y a rapport personnel de l'une à l'autre ; et c'est ce qui les distingue, les établit, les lie entre elles ; et entre Dieu et l'homme, il y a un rapport essentiel.

CLXVII. CONTRE L'INUTILITÉ DE LA VIE HUMAINE.

I *Dieu est toujours opérant en soi-même, et de la dignité de cette opération. Notre vie et sainteté consiste en la double opération de Dieu en soi-même, et nous devons toujours être regardant et aimant Dieu, en l'honneur de son regard et amour éternel vers lui-même.* — II *Dieu opère incessamment hors de soi-même dans ses créatures. Et il y opère à proportion de la capacité qu'il a mise en elle, ne pouvant souffrir aucun vide. Il y a trois états différents qui partagent la nature humaine, les bienheureux, les damnés et les voyageurs : et Dieu opère incessamment en tous trois, combien que fort différemment. La continuité de l'opération de Dieu en nous nous oblige d'opérer continuellement vers lui, et nous devons soigneusement empêcher qu'il n'y ait de vide en nos âmes, travaillant à remplir la capacité qu'il a mise, chacun selon le degré de sa vocation, et de la mesure de la grâce reçue.* — III. *Comme Dieu par sa divinité influe et opère continuellement, ainsi est-il de Jésus-Christ selon son humanité déifiée.* — IV. *Jésus en la première partie de sa vie est occupé avec son Père, et en ses dernières il travaille pour nous.*

I. Adorez Dieu opérant de toute éternité en soi-même et n'opérant qu'en soi-même. O quelle opération ! opération qui est Dieu en son acte et en son essence, car tout ce qui est en Dieu est Dieu. Opération qui en sa formalité est un acte pur; car en Dieu, être, pouvoir et agir est une même chose. Et Dieu est essentiellement acte et agissant, comme il est essentiellement existant et puissant. Il est le voyant, comme on appelait les prophètes ; il est intelligent ; c'est un être vivant, aimant et opérant ; ô quelle opération intelligente et aimante soi-même ! Ce sont les deux opérations de Dieu et essentiellement divines, et nous ne voulons pas nous y appliquer; et toutefois en icelles devrait être notre vie et notre sainteté, comme en icelles sera notre béatitude. Opération qui est féconde et productive d'un Dieu, de deux personnes divines. Opération éternelle et qui est toujours, car il est toujours opérant, connaissant, aimant soi-même, et produisant son Fils et son Saint-Esprit. Opération qui est lui-même et son essence, car son être est agir. Opération qui est pure, car c'est un acte pur, séparé de toute puissance d'être et de toute impuissance. Opération qui est sainte et source de sainteté. Opération qui est vie et source de vie, et en laquelle consiste la vie du Père et du Fils. Opération en laquelle est la vie, la sainteté, la félicité des personnes divines et de toutes créatures. Opération à laquelle nous sommes tous appelés, car tous ne sont pas capables des opérations de science, mais tous le sont de celles de sapience et d'amour.

II. Adorez Dieu opérant hors de soi-même, en un certain moment ordonné et choisi de lui : *In principio creavit Deus cœlum et terram* (Gen. I, 1), et par cette opération produisant ses créatures et leur communiquant l'être et la nature, la grâce et la gloire, et ne cessant jamais de cette opération (car la conservation est une production continuée) toujours souverainement indigente de Dieu et de son application continuelle. Or Dieu veut opérer en sa créature jusqu'au terme de la capacité qu'il lui a donnée, et autant qu'elle est capable de sa grâce et de son amour, ne voulant point y laisser de vide, mais y opérer autant que porte sa conduite, providence et ordonnance en ses voies sur ses créatures. Il y a trois principaux états dans lesquels l'homme peut être considéré, l'état de la gloire du ciel, l'état de la damnation dans les enfers, et l'état de la vie présente dans laquelle il est voyageur tendant à sa fin. Et en tous ces états Dieu opère sans cesse, quoique très-différemment selon la capacité de chacun; car au ciel l'opération de Dieu est une opération béatifiante; opération continuelle, influence perpétuelle et non jamais interrompue, et influence de vie et de félicité, et de la même vie et félicité de laquelle il est vivant et heureux en soi-même; influence et opération par laquelle il remplit tous les saints, chacun selon sa mesure et la divine capacité qui est en lui par la miséricorde de Dieu. En enfer, au contraire, l'opération de Dieu est une opération punissante et crucifiante, s'il m'est permis d'user de ce terme; c'est une opération qui éloigne et sépare de Dieu ceux qui ont refusé d'être à Dieu, et sépare de Dieu pour jamais ceux qui par eux-mêmes se sont engagés pour jamais à eux-mêmes et aux créatures ; c'est une opération qui tient hors de Dieu et dans les ténèbres ceux qui ont mieux aimé les ténèbres que la lumière qui s'est présentée à eux ; une opération de tourment et de peine, et de tourment continuel proportionné à la capacité malheureuse que ces créatures maudites se sont formées elles-mêmes par leur péché, et en se détournant volontairement de Dieu et de ses voies. Et pendant le temps de la vie présente en la terre, Dieu opère et influe incessamment dans les âmes, selon le degré de la grâce et sainteté qu'il y a daigné mettre. Et comme Dieu de sa part est toujours à la porte, *sto ad ostium et pulso* (Apoc. III, 20), toujours appliqué, toujours opérant et influent ; nous devons aussi de notre part être toujours veillants et priants, toujours sur nos gardes, pour ne nous point laisser surprendre par les inclinations de la nature et les inventions de l'amour-propre, et toujours priants et attentifs à Dieu, comme attendant tout notre secours de sa bonté et miséricorde : *Oportet semper orare*. (Luc. XVIII, 1.) Et nous nous devons garder de l'oisiveté comme d'un très-grand mal, puisqu'il interrompt et qu'il détourne le cours et l'influence continuelle des grâces de Dieu dans nos âmes, et nous ressouvenir que non-seulement le serviteur infidèle et le serviteur prodigue, mais aussi le serviteur paresseux à faire valoir le talent, est jeté pieds et poings liés aux ténèbres extérieures.

III. Adorez Dieu comme vive source de vie et d'opération, qui a donné son Fils comme principe de grâce et d'amour dans notre nature, ainsi qu'il est principe d'amour et du Saint-Esprit dans l'éternité. Adorez Jésus-Christ, le Fils de Dieu fait homme, comme opérant continuellement avec Dieu son Père au ciel et en la terre, et même dans les enfers : *Pater meus usque modo operatur et ego operor*. (Joan. V, 17.) Et en particulier, adorez-le comme principe d'esprit et de grâce, influant en nous plus continuellement que la vigne en son sarment : *Ego sum vitis et vos palmites* (Joan. XV, 5) ; désirant d'avancer chaque jour en appartenance, adhérence et dépendance, vers lui.

IV. Contemplez Jésus-Christ en sa double communication, c'est à savoir vers Dieu son Père et vers les hommes. En la première, ô quelle vie ! ô quelle élévation ! car cet article comprend cette partie de la vie de Jésus qui a été occupée en prières. En la seconde, ô quelle vie ! ô qu'elle est laborieuse ! car cette partie comprend tous les travaux que Jésus a portés pour les âmes.

CLXVIII. DE L'OBLIGATION DE VIVRE ET MOURIR SANS CESSE AVEC JÉSUS-CHRIST.

A l'entrée d'une visite de religieuses.

1. Vous êtes assemblées en un même lieu et dans une même forme et manière de vie, pour vivre et pour mourir toutes ensemble,

et pour vivre en mourant et mourir en vivant, c'est-à-dire pour exercer une manière de vie qui est vraiment mort, et porter une manière de mort qui est vraiment vie. Tellement que vivre et mourir doit être votre devise, votre pensée et votre dessein principal et plus important en la terre, et la conduite de vos esprits doit comprendre tous les deux, et votre examen doit s'étendre sur l'un et sur l'autre, et nous devons reconnaître quelles vous êtes en l'un et l'autre, quel est votre esprit et votre degré, votre progrès, votre perfection, et en cette vie et en cette mort.

2. Le premier conseil de Dieu sur nous était de nous conduire à la vie par la vie, et en son paradis par un paradis; mais ce conseil ayant été interrompu par le péché, il a voulu nous conduire à la vie par la mort, et au paradis par la croix, et nous devons rechercher la vie dedans la mort, et le paradis dans la croix; c'est pourquoi le paradis de la terre est fermé, et l'ange en empêche l'entrée, parce qu'il n'est plus le chemin de la vie et du paradis.

3. *Mortui estis, et vita vestra abscondita est*, etc. (*Col*, III, 3.) Mort et vie jointes ensemble, mort et vie, mais vie cachée en la profondité de notre néant, en l'immensité de Dieu, en l'intimité de son essence, et dans les épines de la croix de Jésus. Trois secrets ou cabinets, où l'âme et la vraie vie est cachée.

4. En Jésus il y a vie et mort jointes ensemble, et sa vie est une mort, et sa mort est vie; car la vraie vie, qui est la Divinité, est unie à sa mort. 1° Jésus est vivant pour mourir, car sa vie est destinée à la mort, et il prend la nature humaine pour pouvoir pâtir et mourir en icelle. Il avait une nature capable de vie et qui n'est que vie, mais il avait besoin d'une nature capable de mort. 2° Il commence sa mort au premier instant de sa vie, par oblation et acceptation du conseil de mort de Dieu son Père sur lui. 3° Il commence dès lors à l'exécuter en se rendant passible par dépouillement de gloire au corps, par privation d'effet de gloire en l'âme, et par souffrance intérieure expérimentée en son âme, au même instant et à même mesure de son amour vers le Père et les créatures. Si Jésus est vivant et mourant tout ensemble, voire en vous, pouvez-vous vivre sans sa mort, ou mourir sans sa vie?

CLXIX. NOS DEVOIRS ENVERS JÉSUS, COMME FILS DE DIEU, COMME FILS DE L'HOMME, COMME VICTIME DE DIEU.

1° Dépendance et adoration au fond de l'être et en l'usage de l'être; 2° Relation à Jésus de tout ce que nous sommes. 3° Que Jésus et tout ce qui est en Jésus vive et règne en nous, ses vertus comme son humilité, sa bénignité, etc., ses mystères et ses intentions. Jésus est Fils de Dieu, Dieu Fils de l'homme, Dieu victime de Dieu. Comme Fils de Dieu, il est dans toutes les excellences de Dieu, sa sainteté, sa puissance, sa charité. Par son adoption, il nous veut tirer hors la satisfaction de nos sens, et nous devons être dans la satisfaction de Dieu; hors de notre volonté, dans celle de Dieu; hors de notre propre amour, dans celui de Dieu; hors de nos desseins, dans ceux de Dieu. Ce sont là les obligations de la filiation de Jésus en nous et de notre adoption en lui. Comme Fils de l'homme, il est dans tous les devoirs des hommes, et nous y devons entrer avec lui, dirigés de lui, fortifiés par lui. Le péché nous en avait ôté la puissance, et la volonté du Fils de Dieu nous y remet, et il y entre avec nous et y est notre force. Comme victime de Dieu, il est dans les rigueurs de Dieu qui sont doubles: les unes de sa sainteté, par laquelle Dieu traite sa créature selon la pureté de son être, les autres de sa justice, par laquelle il se rend à lui-même la réparation qui lui est due des péchés de tous les hommes. Chacun de nous doit entrer pour sa portion dans les rigueurs de Dieu par esprit de pénitence et d'humilité, et mépris de soi-même jusqu'au néant.

CLXX. OBLIGATION A LA MORT PAR HOMMAGE A LA JUSTICE DE DIEU ET A LA MORT DE SON FILS.

Nous devons mourir par hommage à la justice de Dieu et par hommage à la mort de Jésus-Christ, auquel nous devons être faits conformes, en mourant et pâtissant, si nous voulons lui être faits conformes en vivant et jouissant: *Si commortui sumus, et convivemus, si sustinebimus, et conregnabimus.* (*II Tim.* II, 12.) Sur cette vérité fondamentale en la doctrine de bien mourir, il nous faut adorer l'être suprême de Dieu éternel et immuable, en la vue de notre néant et de la petitesse de notre être muable à tous moments, et exposé à tant d'accidents inévitables, qu'il n'y a partie en nous qui ne soit capable de faire un coup mortel, et tout ce qui nous environne peut causer notre ruine, jusqu'à l'air même que nous respirons.

Il nous faut adorer la puissance suprême de Dieu sur nous, soit vivant, soit mourant, car il a droit et souveraineté sur la vie et sur la mort, et notre bien consiste, non à être, mais à être à lui ce que la vie ne nous peut donner, mais sa miséricorde, et ce que la mort ne nous peut ôter; car: *Sive morimur, sive vivimus, Domini sumus.* (*Rom.* XIV, 8.)

Il nous faut conformer à l'ordonnance de Dieu, qui veut que le pécheur meure, non afin qu'il meure, mais qu'il vive en lui et par lui. Car si bien nous mourons comme enfants d'Adam, nous serons vivifiés et ressuscités comme enfants de Jésus-Christ; tellement que ce qui est d'Adam meurt en nous, afin que ce qui est de Jésus-Christ y soit substitué; que nous ayons en lui et par lui une nouvelle vie, et ainsi nous trouvions la vie en la mort, et Jésus-Christ pour Père au lieu d'Adam et pour principe de notre vie. Ainsi Dieu mêle en sa justice la miséricorde, nous donnant mort en son Fils, lorsque nous avons la mort en Adam; et l'heure de la mort est une heure de vie, et partant nous devons adorer et aimer cette ordonnance de Dieu; car ordonnant la mort, il ordonne la vie, et le même pas qui nous conduit à la mort nous conduit à la vie, si nous appartenons à Jésus-Christ et sommes de ceux : *Qui diligunt adventum ejus.* (*II Tim.* iv, 8.) C'est ainsi que l'Apôtre appelle la mort, pour nous faire comprendre que l'heure de notre mort est l'heure de *l'avénement du Fils de Dieu*, qui nous visite en sa miséricorde pour nous conduire en la vie.

Pour pratique de ces vérités, il est bon de communier une fois par hommage et adoration de l'être infini de Dieu, de sa puissance suprême sur la vie et sur la mort, et de sa justice envers les pécheurs, acceptant sa sainte ordonnance, par laquelle il veut que le pécheur meure, et que mourant il vive en Jésus-Christ son Fils.

Le deuxième point qui regarde l'hommage à la mort de Jésus-Christ suppose une pensée et adoration profonde du conseil secret de Dieu, qui veut que son Fils meure pour faire mourir le péché de l'homme, et que le juste soit livré à la mort pour le coupable. Conseil qui ne peut être assez considéré et adoré, et qui nous oblige à mourir volontiers pour honorer et accompagner la mort de Jésus-Christ mourant pour nous donner la vie, et c'est ainsi que la Vierge, exempte du péché originel et de l'empire de la mort, a porté la mort même par l'empire de la mort de Jésus-Christ, qui a droit sur la vie et sur la mort des hommes.

Adorons cet empire de la mort de Jésus-Christ et le conseil du Père éternel qui le livre à la mort, et communiant une fois pour honorer chose si grande et étrange, désirons que cette mort sacrée et puissante nous fasse mourir au monde et à nos sens, vivre en celui qui est la vie et duquel la mort est notre vie.

CLXXI. DE LA MORT DE L'AME ET DU CORPS.

Le Créateur du ciel et de la terre a créé l'homme pour la terre et pour le ciel; il l'a composé de deux parties, l'une céleste et l'autre terrestre; il lui a donné deux sortes de vie, l'une qui regarde purement la terre, l'autre qui regarde purement le ciel; l'une qui est fondée en la nature, l'autre qui est fondée en la grâce; l'une qui prend son origine de l'âme qui vivifie le corps, l'autre qui prend son origine de Dieu, qui vivifie, qui sanctifie et l'âme et le corps, et les destine tous deux à la gloire. En l'une l'homme est vivant à soi, en l'autre il est vivant à Dieu qui a fait l'homme, et qui veut aussi élever et favoriser l'homme, son image et semblance, et reposer en lui comme au chef-d'œuvre de ses mains et mettre en lui sa grâce et sa gloire. Il y veut reposer comme en son temple, et temple vivant du Dieu vivant.

C'est le dessein de vie, de grâce et de gloire que Dieu avait sur nous; mais le premier d'entre les hommes a rompu ce dessein, a perdu sa postérité, et nous a tous engagés au péché, à la mort, et à la mort éternelle. Il semble que nous n'ayons la vie que pour mourir, puisque la vie a si peu de durée, au lieu que la mort qui la suit durera une éternité. Cette sorte de vie n'est pas vie, mais est mort, car en vivant et en naissant nous mourons, et notre premier pas à la vie est le premier pas à la mort, puisque cette vie est un flux perpétuel qui va, qui tend, qui conduit à la mort et y arrive. Hélas ! bien promptement et infailliblement ! Cela est bien dû à la misère et condition de cette vie, qui prend son origine dans le péché; car nous naissons en péché et nous sommes conçus en péché; nous sommes enfants d'ire avant qu'on nous puisse nommer enfants de l'homme; nous portons les ténèbres du péché avant que de voir la lumière de la vie; nous sommes engagés par le titre de notre naissance à une double mort, à cette mort présente et à une mort éternelle. Et même cette sorte de vie n'est pas vie, mais est mort; car lors même que nous vivons, nous mourons, et lorsque la mort nous saisit, notre vie finit, et notre mort ne finit pas, ains elle dure éternellement, et dans cette mort éternelle il n'y a vie et sentiment que pour la porter et la ressentir. Vie déplorable, vie non vie, mais vie semblable à sa source ! Car notre vie tire son origine, non de la vie, mais de la mort, puisqu'elle vient du péché, qui est la mort de l'âme et du corps, et aussi notre vie porte dès sa naissance ce caractère de mort empreint, et durant le cours de la vie nous portons, nous sentons plus d'effets de mort que de vie. C'est pourquoi les plus beaux et plus divins esprits se sont plaints de cette vie, et l'ont appelée mort : *Mors vitalis et vita mortalis.* Cette vie n'a rien de vie que pour nous porter à la mort et nous engager de plus en plus à la mort éternelle. Le péché dans lequel nous naissons nous incline au péché dans lequel nous vivons et nous mourons, et dans les ressorts de notre nature, nous n'avons aucune voie et puissance de nous préserver ni de la mort ni du péché, c'est-à-dire, ni de la mort du corps, ni de la mort de l'âme, ni de la mort éternelle qui suit cet état misérable et l'accompagne pour jamais.

CLXXII. DE LA CHUTE DE LUCIFER, SUR CES PAROLES : *Videbam Satanam sicut fulgur de cœlo cadentem.*

Une des paroles du Verbe incarné, et des institutions du Fils de Dieu fait Fils de l'homme, qu'il a voulu donner à ses enfants, à sa famille, à ses disciples, est rapportée par saint Luc (x, 18) en ces paroles : *Videbam Satanam sicut fulgur de cœlo cadentem.* C'est lui-même qui parle, et non aucun de sa part, et il nous parle de lui-même, et d'une vue admirable qu'il a eue autrefois. Il nous rapporte l'une de ses pensées, pensée toute divine, lui qui est la pensée et la parole du Père ; et il nous apprend en terre ce qui s'est passé au ciel, lui qui est du ciel, et qui vient du ciel en terre. Adorons, écoutons, admirons le Fils de Dieu daignant parler aux hommes, et parlant à ses apôtres des affaires du ciel. Le sujet dont il parle est une affaire grande et importante, une affaire d'Etat et de l'Etat du ciel, qui regarde même l'Etat de la terre, car celui dont il parle est en la terre et aux enfers, et s'appelle le prince du monde. Il a été autrefois au ciel et en est tombé; il n'en est pas descendu comme par un mouvement volontaire, il est tombé, et tombé comme un foudre : *sicut fulgur.*

Représentons-nous le Fils de Dieu aux campagnes de Galilée, au milieu des siens, les regardant et élevant en ses pensées, les retirant d'une vaine joie qu'ils avaient de l'heureux succès de leur mission; et les attirant et plongeant dans la vue et dans la crainte de l'horrible accident arrivé au diable. Adhérons à Jésus prononçant ces paroles, car ce sont ses paroles, ce sont paroles sorties de la bouche de celui qui est la parole éternelle du Père, ce sont paroles de celui qui est lumière et vie, et ce sont aussi paroles de lumière et de vie, bien qu'elles parlent de ténèbres et de mort, et de mort éternelle. Car celui dont il parle est ange de ténèbres, et tout immortel qu'il est par sa condition naturelle, il est condamné à la mort éternelle, et n'est plus immortel que pour mourir, c'est-à-dire que pour porter et souffrir la mort éternellement.

Ces paroles sont grandes, et nous annoncent choses grandes et bien étranges, et demandent de nous des effets et des dispositions bien particulières. Quoi! cet ange qui est en terre et aux enfers, a été au ciel autrefois; a été élevé au plus haut du monde; a été ange entre les anges et le premier des anges; et il est maintenant le premier des diables, c'est-à-dire le plus perdu, le plus damné, le plus misérable de toutes les créatures, et au plus bas lieu de la terre? Qui a fait ce grand changement et si déplorable, qui l'a fait si tôt et en un moment, qui l'a précipité et si violemment, le faisant tomber comme un foudre, non des nues, mais du ciel en terre? Quel est cet ange si puissant, sur la première et la plus puissante de toutes les créatures? Dieu, qui est bon, donne ses grâces par miséricorde et parce qu'il lui plaît; mais parce qu'il est juste, il ne les ôte pas parce qu'il lui plaît, mais il les ôte par justice (141). Qui a donc réduit cet ange à être l'objet de la justice de Dieu? C'est un péché, et un péché de pensée; et aussitôt cet ange s'est trouvé dénué de grâce et de beauté, aussitôt le ciel s'est ouvert, ne pouvant porter une créature rebelle à son Créateur; et s'étant séparé de Dieu qui était son appui et sa subsistance, il n'a pu subsister et comparaître devant sa face; sa sainteté ne le contenant plus dedans son ordre, sa justice le précipite dans le sien, et le met aux enfers préparés aux diables et à ses anges. C'est le premier accident arrivé à la créature, c'est la première chute arrivée à l'ange, qui sera bientôt suivie de la chute de l'homme; l'une au ciel, l'autre au paradis de la terre. L'un et l'autre nous apprend le néant et la misère de la créature, le besoin qu'elle a de Dieu qui est son tout, la crainte que nous devons avoir du péché et ses effets malheureux, et enfin le soin que nous devons avoir de le fuir et de le détester par-dessus tous les autres maux.

CLXXIII. AVIS A UN GRAND POUR SE CONVERTIR SÉRIEUSEMENT AU SERVICE DE DIEU, ET DE CE QU'IL DOIT FAIRE ET CONSIDÉRER POUR PERSÉVÉRER EN SA CRAINTE.

1. En cette recherche de votre vie, agissant avec Dieu comme avec votre juge et souverain Seigneur; il est bien raisonnable que vous tiriez de cet objet et apportiez à cet exercice des pensées et des dispositions convenables à cette qualité et autorité de Dieu sur vous. Pensez donc, mais d'une pensée profonde, car le sujet le mérite, et a une profondeur qui ne peut être atteinte d'aucun esprit humain. Pensez, dis-je, qu'un jour viendra auquel se fera un jugement de tous nos jours, et une revue de toutes nos œuvres; et que celui qui exercera ce jugement, est un Dieu juste et clairvoyant, étant le témoin et le vengeur de nos iniquités, d'autant que nous les accomplissons toutes en sa présence, et au préjudice de sa gloire de laquelle il est tant jaloux; que sa rigueur n'a point épargné les anges au ciel, le premier homme au paradis, le monde au déluge, son propre Fils en la croix. Ce qu'étant ainsi, une abjecte créature ne fera-t-elle pas joug à cette justice, et ne la redoutera-t-elle pas en la terre? Ayant donc l'âme abaissée et confuse en la pensée de ce grand Dieu, juge et témoin de nos œuvres, jugez-vous vous-mêmes pour prévenir son jugement, et remarquez qu'après beaucoup de faveurs reçues de Dieu, vous n'avez autre compte à lui rendre que de beaucoup d'offenses commises contre lui, mépris à sa grandeur, méconnaissance à ses bienfaits, lâcheté à son service, rébellion à ses mouvements, résistance à ses commandements. Que de tous ceux à qui vous vous pouvez estimer redevable, celui que vous avez le plus offensé est celui à qui vous devez le plus, qui doit avoir le plus de pouvoir sur vous, et de qui vous dépendez le plus absolument; que vous avez offensé un Dieu dont la grandeur, la bonté, la majesté est infinie; dont les bénédictions et miséricordes sur nous sont sans nombre et mesure; que vous l'avez offensé pour des sujets de peu, pour un point d'honneur, pour un plaisir sensuel, pour une crainte passagère, et encore plusieurs fois sans aucun tel sujet, de gaieté de cœur, et par un seul mépris de Dieu; que vous l'avez offensé avec aussi peu de crainte et de retenue, et avec autant de facilité et de hardiesse, autant de liberté et de contentement, comme si vous n'offensiez qu'un Dieu de paille, et un Seigneur sans connaissance, sans sentiment et sans puissance.

2. Que, quelque rang que nous tenions

---

(141) « Dat bona non bonis, quia bonus est ; dat mala malis, quia justus est. » (S. Aug.)

dedans le monde, si nous voulons avoir part avec Dieu après l'avoir offensé, nous ne tenons devant lui autre qualité que de pénitents; la pénitence étant l'unique voie pour retourner à Dieu après le péché, tellement que si vous n'avez l'habit et la contenance extérieure de pénitent, si devez-vous en avoir au moins le cœur et les œuvres, même la voix et les larmes en secret, et dire avec David d'un cœur contrit et humilié chaque jour de votre vie: *Miserere mei, Deus.* (Psal. L, 1.) Que cette première parole, étant de la part d'un prophète, a un sens très-véritable; et de la part d'un roi, au plus haut de sa grandeur, est très-remarquable, en ce qu'elle nous apprend que le péché est une telle misère, que, même au milieu des plaisirs, des honneurs et des contentements de cette vie, elle rend la personne très-misérable, puisqu'un grand prince, élevé en un si haut degré d'honneur et de gloire, jouissant de tous ses souhaits, confit en délices et environné de tous les contentements dont un homme mortel est capable, atteint de deux péchés seulement, se sent et se publie en la face de tout le monde pour très-misérable, et dit à Dieu d'une voix lamentable: *Miserere mei, Deus.*

3. Que si vous ne pouvez vous exempter de cette misère d'avoir offensé Dieu, exemptez-vous au moins de la persévérance et de la continuation en icelle, et considérez le péché comme une maladie dont vous devez craindre la rechute, comme un accident qui vous fait perdre ce que tout le monde ensemble ne vous peut rendre, et comme un pesant faix qui vous accable et fait tomber en un si profond abîme, que nul au monde ne vous en peut retirer, hormis celui-là seul que vous irritez contre vous, et que vous rendez votre ennemi mortel. Que si vous appréhendez moins cette chute, d'autant que Dieu, par sa bonté, vous en a plusieurs fois retiré, souvenez-vous que c'est ce qui vous doit donner plus juste sujet de crainte, et non de liberté à retourner à vos offenses. Car ce grand Dieu, qui pose des limites à toutes choses, et qui fait tout avec poids et mesure, donnera aussi quelque fin aux bons mouvements dont il vous touche, et bornera la grâce par laquelle il vous rappelle à votre devoir, tellement que peut-être le mouvement que vous avez nouvellement reçu, et qui vous a fait rentrer en vous-même, est le dernier qu'il a délibéré de vous donner; et en cas que vous l'offensiez ci-après, il vous laissera périr en ce mauvais état, ainsi qu'il y a laissé plusieurs autres qui ne l'ont pas tant méconnu que vous. Ne vous exposez donc pas à ce hasard de vivre et rentrer en un état auquel vous ne voudriez mourir, et qu'il n'est pas en votre pouvoir de quitter quand vous le voudrez. Ne rendez pas un si mauvais retour à la bonté de Dieu, que, pour en avoir reçu pardon plusieurs fois, vous retourniez plus librement à l'offenser. Mais reconnaissez mieux le poids et le nombre de vos péchés, détestez-les et ne les accroissez plus; et jugez que cette âme engagée en tant de péchés, a bien assez coûté à Jésus sans lui vouloir coûter davantage, et que vous avez assez épandu de son sang, sans en tirer encore par de nouvelles fautes. Si vous aviez autant offensé un prince comme vous avez offensé Dieu, y aurait-il accord ou composition possible? Et si ce prince, ayant tout sujet et moyen de se venger de vous, venait par sa bonté à vous rechercher lui-même et à se réconcilier avec vous, à condition seulement que vous auriez regret de l'avoir ainsi offensé et que vous n'y retourneriez plus, seriez-vous bien si lâche et si faible, et si peu soucieux de votre devoir, et si peu jaloux de votre honneur, que de retourner aisément à l'offenser? Ne soyez donc pas tel envers Dieu, à qui vous devez beaucoup plus de fidélité et de service, et ne violez pas l'accord qu'il a fait lui-même avec vous et signé de son sang, bien qu'il eût toute autorité pour se venger de vous; mais aimez-le comme il vous aime et comme il veut être aimé, vous qui savez que c'est de la faveur d'un prince, combien elle élève une personne, combien elle lui apporte de commodités et d'avantages, et qui l'avez si soigneusement conservée. Jugez que c'est de la faveur de Dieu, combien il la faut estimer, et comme à plus forte raison vous devez avoir crainte de la perdre. Autant certes qu'il y a de distance de l'homme à Dieu, de la créature au Créateur, de ce qui n'est point à celui seul qui est, autant y a-t-il de distance entre la faveur d'un prince et celle de Dieu. Et toutefois Dieu se contentera, si vous vous rendez autant soigneux de vous conserver en sa grâce, que vous l'avez été autrefois, pour ne perdre celle d'un prince qui vous a élevé. Que si vous faites moins d'état de Dieu que de sa créature, et tenez moins de compte de sa grâce que de celle d'un roi, craignez que, puisque vous n'agissez avec Dieu comme avec votre Créateur, que lui aussi ne traite point avec vous comme avec sa créature.

4. Enfin jetez l'œil sur vous-même, et voyant que vous êtes grand, vous conversez avec les grands, et vous obligez beaucoup de particuliers à vous servir; servez-vous de cette grandeur, comme d'un moyen pour connaître en vous-même ce qui est dû à ce grand Dieu. Donnez-vous garde de ne lui manquer en rien de ce que vous attendez de ceux qui vous sont inférieurs, et faites qu'il trouve en vous la fidélité que vous désirez en ceux qui vous sont obligés; et, en tous les moments de votre vie, souvenez-vous que vous êtes vassal d'un Dieu plein d'autorité sur vous, et de bonté envers vous, et, si vous êtes indigne de ces deux qualités, plein de justice et de rigueur contre vous; à ce que adorant cette autorité, aimant cette bonté, redoutant cette justice, vous lui soyez fidèle en terre, et entriez en sa gloire au ciel. Ayant donc une vraie intention de vous conserver en la grâce de Dieu, puisque vous usez de tant de prudence et de conduite en toutes vos actions, ne soyez pas inconsidéré

en celle qui vous importe le plus ; mais fortifiez votre esprit, et l'armez des pensées ci-dessus déclarées et autres semblables. Retirez-vous des occasions de péché. Faites tous les matins une prière ardente à Dieu. Renouvelez un regret d'avoir tant offensé Dieu, et dites tous les jours par l'espace de six ans : *Miserere.* Demandez à Dieu humblement qu'il lui plaise vous préserver de péché, comme de la chose que vous abhorrez le plus. Référez vos aventures et vos bonnes œuvres à cette même intention. Recourez à Dieu avec confiance, à ce qu'il vous assiste à vaincre le mal. Réitérez souvent cette prière : *Et ne nos inducas in tentationem.* (*Matth.* vi, 13.) *Doce me facere voluntatem tuam, quia Deus meus es tu.*(*Psal.* cxlii, 10.) Armez-vous de la passion de notre Sauveur. Fréquentez les sacrements, et au moins un an durant allez à la confession une fois le mois. Recourez aux prières d'autrui, et six ans durant faites célébrer six annuels en chaque année, en satisfaction des fautes passées, et en intention d'obtenir la persévérance.

CLXXIV. DE L'USAGE QU'ON DOIT FAIRE DES SENTIMENTS HUMAINS.

1. Ce que je vous conseille pour maintenant sur le sujet contenu aux deux papiers que vous m'avez envoyés, est de vous présenter à Dieu en la pensée de sa grandeur et de votre néant, comme une chose très-digne d'être à Dieu et de le servir en quelque manière que ce soit ; et de lui offrir une volonté humble et constante d'être à lui sans différence, et sans application aucune à la manière de le servir, soit en peine, soit en consolation, ne voyant et ne choisissant que ce point d'être à Dieu et de le servir ; et n'ayant aucun égard, ni élection des manières et différences de le servir, comme étant chose qui doit dépendre purement et pleinement de Dieu et à quoi vous ne devez avoir aucune part.

2. Soit que vous ayez présentement à embrasser la peine, ou répugnance à icelle, demeurez en cette intention et disposition susdite, sans regard et sans application, ni à la peine, ni à la répugnance, ni au pressement, comme une âme qui va simplement à son Dieu parmi ces choses, sans la vue et sans l'application à ces choses.

3. Sur la pensée qui vous occupe de la cause et origine qui vous est suggérée de ces choses, entrez en humilité et simplicité intérieure. Par humilité croyant que vous êtes bien digne de ces peines et de plus grandes de quelque part qu'elles procèdent ; et par simplicité, n'entrez en aucune pensée par vous-même, ni de la cause, ni de la qualité de ces peines. Notez ces deux termes, c'est-à-dire, n'ayez ni jugement, ni pas même pensée, ni de ce que c'est que cela, si c'est de vous ou d'ailleurs que cela vient, ni de l'origine de ces choses. Et quelque pressement que vous ayez au contraire, persévérez en cette simplicité, ne pensant volontairement ni à vous ni à la cause de cela, non plus que si vous n'étiez point au monde ou que cette peine ne fût point du tout en vous, ou qu'il n'y eût aucun esprit créé duquel ces effets pussent procéder en vous.

4. Ayez patience intérieure à supporter ces peines, plutôt que résistance à icelles.

5. Quant à l'affection que vous avez pour cette bonne âme, et où vous craignez quelque attachement lorsqu'il se présente, ou sentiment ou suggestion par laquelle cette peine y est attribuée, faites un humble et entier désaveu de toute affection, voulant n'avoir que Dieu pour objet, ni aucun sentiment que pour Dieu ; et après ne vous embrouillez point et n'y pensez non plus, que si cette suggestion ne vous était point survenue.

6. Honorez beaucoup les peines et les vertus de Notre-Seigneur Jésus-Christ, et spécialement son humilité à vouloir prendre et porter les sentiments humains que l'histoire de sa vie nous représente, pleurant, s'attristant, frémissant, s'effrayant et se troublant soi-même en la vue d'autrui, bien que ces choses semblassent plus convenables à notre infirmité qu'à la grandeur et perfection suprême de son humanité déifiée, et unie personnellement à la Divinité.

7. Recourez humblement à la sainte Mère de Dieu, et vous mettez de nouveau pour ces choses en sa protection. Pensez à elle et à son Fils et non à vous-même, ni à ces choses, non plus que si elles n'étaient point.

CLXXV. POUR DIRIGER ET ENCOURAGER UNE PERSONNE NOUVELLEMENT CONVERTIE A LA PIÉTÉ

1. Quand vous serez traversée en la voie de Dieu, pensez à cette vue que vous avez eue autrefois de l'horreur du péché ; avec une action de grâce à Dieu, de ce qu'il a voulu vous faire voir (par une bonté particulière) la vraie face du péché, afin que sa face trompeuse, apparente et voilée du miel de quelque plaisir sensible, ne vous pût décevoir ; et par cette pensée remettez en votre âme la même horreur et le même éloignement de toute offense que vous ressentîtes alors.

2. Renouvelez cette douce pensée de la force et puissance de Dieu, et comme il est votre refuge : *Fortitudo mea et refugium meum es tu* (*Psal.* xxx, 4), et vous réjouissant en lui d'avoir une si douce et si assurée retraite, maintenant que vous êtes poursuivie de vos ennemis, retirez-vous entre ses bras et dites-lui avec David : *Suscipe me secundum eloquium tuum, et vivam : et non confundas me ab exspectatione mea.* « Recevez-moi, Seigneur, selon votre sainte parole, et que je vive en vous ; ne me confondez point en cette attente. » (*Psal.* cxviii, 116.)

3. Elevez votre âme en un amour actuel envers Dieu, liant votre cœur à ce Dieu tout présent, tout puissant, tout aimable, dans une adhérence très-intime, vous aidant du verset de David : *Deus cordis mei,*

et pars mea, Deus, in æternum. (Psal. LXXII, 26.)

4. De là passer à un acte de charité spirituelle envers le prochain, priant Dieu pour toutes les âmes éloignées de ce saint amour, et combattues et même abattues de ce péché.

5. Considérez que votre âme, comme épouse de Dieu, lui doit être consacrée par amour, et le corps comme esclave, lui doit être immolé par crainte; et sur ce, dites à Dieu avec David : *Confige timore tuo carnes meas.* « Outrez, Seigneur, ma chair de votre crainte. » *(Psal.* CXVIII, 120.)

6. Renouvelez les saintes pensées et affections que Dieu vous a données en temps de paix, pour vous servir en ce temps de combat; comme de vaincre par la force et puissance de Dieu toutes vos affections déréglées, de servir parfaitement Jésus-Christ crucifié, de haïr et mépriser ce corps qui n'a servi jusqu'à présent qu'à faire offenser Dieu, et à retarder l'âme de sa vraie et souveraine félicité; de mourir du tout à vous-même et ne vivre qu'en Dieu, et autres contenues en votre mémorial.

7. Élevez votre pensée à Jésus-Christ en croix, et, le voyant plein de douleurs, couvert de plaies, amortissez en vous tout plaisir sensuel, pesant fort le titre et la qualité que l'Ecriture sainte donne à Jésus-Christ lorsqu'elle l'appelle : *Virum dolorum :* « Homme de douleur. » *(Isa.* LIII, 3.)

8. Considérez la qualité et la récompense de cette béatitude que Notre-Seigneur annonce en l'Evangile : *Beati mundo corde, quoniam ipsi Deum videbunt (Matth.* V, 8); et, soupirant avec David après icelle, vous direz à Dieu : *Cor mundum crea in me, Deus, et spiritum rectum innova in visceribus meis.* (*Psal.* L, 12.) Et en cette pureté de cœur vous renouvellerez votre vœu, ayant égard à ce que Dieu seul soit celui qui vous porte à faire cette sainte oblation. Car il vous faut embrasser la vertu plus pour l'amour de Dieu, que non pas pour l'amour de la même vertu.

9. Humiliez-vous profondément devant Dieu, faisant comme une démission de toute la force ou naturelle ou acquise que vous pourriez présumer d'avoir; la tenant et réputant comme rien, selon la vue que vous avez autrefois eue du néant de toute chose créée, et vous appuyant totalement et uniquement en celui que vous avez autrefois appelé votre force et votre refuge. Et pour vous déprimer davantage devant Dieu en l'usage de cette même vertu, pensez à cette parole de Jésus-Christ : *Publicani et meretrices præcedent vos in regno Dei (Matth.* XXI, 31), qui a été accomplie en la pureté singulière que tant de pécheresses ont acquise par la grâce de Dieu, comme Madeleine, sainte Marie Egyptienne et autres.

CLXXVI. COMME LE CHRÉTIEN DOIT COMMENCER LA JOURNÉE.

Comme le soleil qui nous éclaire et conduit nos jours, se lève pour obéir à la voix du Créateur, il nous faut lever pour obéir à celui qui nous a créés et rachetés, et employer nos jours à son service. Le soleil fait sa course si réglément et avec tant de vitesse, qu'avant que le jour passe pour nous, il aura fait plus d'un million de lieues sans y manquer d'un seul point; et en a déjà fait plusieurs, et nous sommes encore dans les ténèbres de la nuit, sans opération quelconque, comme si nous étions en cette nuit : *in qua nemo potest operari (Joan.* IX, 4); et à peine avançons-nous d'un seul pas en la vertu et au service de notre Dieu. C'est ce que ce bel astre nous représente et nous reproche par son cours et sa lumière; mais nous avons un plus bel astre et un meilleur soleil à contempler, Jésus-Christ Notre-Seigneur, le Soleil de justice et la splendeur de gloire. Ce soleil vivant et animé nous éclaire de ses rayons, nous assiste de ses influences, nous sollicite de ses inspirations et nous convie à le contempler et imiter. Il est vivant et opérant, et vivant dans tous les siècles des siècles *vivens in sæcula sæculorum,* dit *l'Apocalypse* (I, 18). Il a vécu et est mort et nous dit lui-même, *fui vivus et fui mortuus, et ecce sum vivens. (Ibid.)* Sa vie, et sa mort, et sa nouvelle vie nous obligent à vivre et à mourir, à vivre en lui et à mourir pour lui et à aspirer à vivre de sa vie nouvelle et céleste de laquelle il nous dit, *sum vivens in sæcula sæculorum.* Unissons-nous à lui, élevons-nous à lui; formons notre vie sur sa vie et faisons en la terre ce qu'il fait au ciel. En ce moment auquel nous sommes inutiles à lui, auquel nous pensons si peu à lui, il pense à nous; et lorsque nous perdons notre temps, il fait choses grandes et les fait pour nous; il adore, il aime, il prie son Père éternel et le prie pour nous; et si nous voulons vivre de sa vie, il nous faut faire le même. Le Père éternel nous a donnés, et nous a tous donnés à lui; donnons-nous à lui et par lui au Père éternel, et commençons cette journée par une humble et absolue donation de nous à lui. Donnons-lui notre corps et notre âme, car il a pris un corps et une âme pour nous, et il veut sanctifier nos corps et nos âmes, et il a acquis l'un et l'autre à son service, et nous n'avons rien en la nature qui ne soit redevable à sa puissance, à sa grandeur et à ses mérites.

CLXXVII. LES PENSÉES ET SENTIMENTS DU CHRÉTIEN EN CHAQUE JOURNÉE.

1. Il faut demander à Dieu que, comme il opère incessamment en tout l'univers, et en la terre et au ciel, en l'ordre de la nature et en l'ordre de la grâce, sur les plantes et sur les animaux, sur la nature végétante et sur la sensitive, il daigne aussi opérer en nous, et nous en lui, vers lui et avec lui.

2. Que, comme la foi nous apprend que Dieu est vivant et opérant en soi-même, et au regard de soi-même, et qu'en cela consiste la vie propre de Dieu et sa félicité éternelle, nous pensions, adorions et aspirions à cette vie, la plus belle, la plus haute et la

plus souhaitable vie du monde. Car, puisque notre vie se doit occuper de la vie d'autrui, les uns s'occupant à servir à la vie des plus grands, et à diriger et accompagner la vie des rois; les autres, à former et régler la vie de leurs sujets et inférieurs, nous ne pouvons plus dignement employer notre vie qu'à nous occuper de la vie de Dieu, et prendre part en cette vie qui nous rend dieux en Dieu même.

3. Il faut considérer que notre vie est un rayon et participation de la Divinité qui doit être toujours adhérent à son soleil; mais un rayon qui va tous les jours se diminuant et s'affaiblissant quant à la vie humaine, et se confortant et perfectionnant, si nous voulons, quant à la vie divine.

Que nous avons deux vies en notre vie, selon saint Paul, dont l'une va toujours s'affaiblissant : *Et si is qui foris est, noster homo corrumpitur, tamen is qui intus est, renovatur de die in diem.* (*II Cor.* IV, 16.) Que de ce texte nous apprenons le partage de notre vie et la direction de la vie chrétienne; qu'il y a deux mondes au monde, l'un sensible, exposé à nos yeux; l'autre, spirituel mais plus grand, plus réel et plus important que l'autre : qu'il y a deux vies en notre vie et deux hommes en l'homme, et que cette vie nous est donnée de Dieu pour travailler et pour travailler en ses œuvres, et s'appelle lumière par la vraie lumière, qui est le Fils de Dieu, comme la mort s'appelle nuit par lui-même, en laquelle on ne pourra plus travailler; que le soleil qui nous éclaire pendant le jour, nous figure un meilleur soleil, le Soleil de justice Jésus-Christ Notre-Seigneur, dont la vie sur la terre doit être l'exemplaire de notre vie. Pensons à lui, il pense à nous; opérons vers lui, il opère vers nous; nous sommes à lui, et il est à nous; nous avons besoin de lui, recourons à lui, car il est notre suffisance et notre plénitude en la terre et au ciel. Il emploie ses états et ses grandeurs à opérer et procurer notre salut, comme celui qui est notre médiateur en la terre, et notre avocat au ciel. Recourons donc à lui, et usons de lui en la terre et au ciel, selon qu'il a été en la terre et par sa vie et par sa mort, pour nous et tout nôtre.

4. Que la vie étant chose si précieuse, si dépendante de Dieu et si peu de nous, que nous n'avons un seul moment d'icelle en notre puissance, quelque puissance que nous ayons sur la terre, et n'avons autre pouvoir que de l'user et de l'employer; cette vérité nous oblige à une grande dépendance de Dieu, duquel seul dépend aussi notre vie et notre être, et a une absolue relation à Dieu, référant à Dieu ce qui dépend ainsi de lui, employant pour lui ce qui procède de lui. Le premier et principal usage de la piété est de référer sa vie à Dieu : et le premier et principal usage de la sapience et prudence est de régler sa vie, et départir sagement et prudemment l'usage et l'emploi des moments d'icelle, sans inutilité, sans incertitude, sans inconsidération aux fins ordonnées de Dieu et aux vrais moyens qui conduisent à ces fins, et c'est un des points principaux où nous devons implorer et employer l'esprit de Dieu.

5. Que la vie que nous avons, est périssable, et en chaque moment; ce qui nous oblige, chaque jour, de penser et à la vie et à la mort, et de vivre en l'état auquel nous voudrions mourir, offrant notre vie et notre mort à Jésus-Christ Notre-Seigneur qui nous a donné sa mort et sa vie; car ayant employé sa vie et sa mort pour nous, nous devons et vivre à lui et mourir en lui.

6. Toute vie doit adorer et se référer à la vie suprême et aux vies principales émanant de cette vie suprême, la vie divine et incréée, la vie divine et incarnée, la vie de Jésus en la Vierge et en ses saints, et nous devons tendre à établir la vie de Jésus en nous : *donec formetur Christus in vobis.* (*Galat.* IV, 19.) Voilà le dessein, le fruit et l'effort de la vraie vie.

Le dessein du Père éternel donnant vie nouvelle à son Fils par le mystère de l'Incarnation, est de le rendre un nouveau principe d'une nouvelle vie en la terre et au ciel; et comme il est en l'éternité principe du Saint-Esprit avec le Père et par le Père, il produit aussi et le rend un nouveau principe d'un nouvel esprit de vie au monde.

CLXXVIII. REMÈDES CONTRE LA FRAGILITÉ.

1. Douleur intérieure devant Dieu, voyant et sentant votre fragilité; prière actuelle à ce grand Dieu présent, accompagnée d'une humilité extérieure, sur le modèle du publicain; recours à Jésus-Christ, à la Vierge, aux anges, à saint Michel, à l'ange gardien, aux saints particulièrement recommandés, et outre les personnes des saints, recours encore aux ordres choisis, comme des vierges, des martyrs, des pénitents.

2. Dévotion grande à Dieu à cause de sa grandeur, sa bonté, sa miséricorde, sa puissance, sa providence. Dévotion à Jésus-Christ, à cause de sa sainte passion; à la Vierge, à cause de son excellence et de sa sainteté; aux anges, à cause de leur pureté et fidélité; à saint Michel, comme le premier des anges, le premier instrument du service de Dieu; le premier zélateur de sa gloire, et l'auteur du premier dessein fait au monde en faveur du Créateur; à saint Joseph, comme gardien du petit Jésus; à saint Jean, comme gardien de la Vierge; aux ordres des vierges, leur demandant pureté; des martyrs, demandant constance et force; des pénitents, demandant haine de vous-mêmes et éloignement de tout péché.

3. Examen et coopération des inspirations. Lecture d'instruction et d'exemple, comme de Vies des saints, et des chroniques des ordres religieux. Espérer allégement, le demander humblement et l'attendre patiemment.

4. Diminuer vos peines par la pensée de l'enfer, en échange duquel vous les souffrez, et au regard duquel elles ne sont rien;

par la pensée de la gloire, à laquelle elles vous conduisent, et au regard de laquelle elles ne sont rien, et par la pensée des grâces et habitudes, esquelles elles vous établiront. Appliquer vos peines à l'intention de satisfaire au passé, d'acquérir les grâces et vertus nécessaires pour l'état présent, et de vous établir en une sainte condition pour l'avenir.

5. Rendez grâces à Dieu de ce que, jusqu'à présent, vous n'avez pas succombé, et attribuez cette persévérance à sa miséricorde et non à vous. Offrez-lui votre état à ce qu'il l'amende, votre volonté à ce qu'il la conforte au bien, votre esprit à ce qu'il l'élève à sa connaissance, votre cœur à ce qu'il la touche de ses grâces, votre corps à ce qu'il l'use à son service, puisqu'il est de nature pour être usé et consommé de soi-même, et qu'il ne peut mieux être usé qu'au service de Dieu.

6. Considérez que vos peines sont comme un fonds qui est à vous, et duquel vous pouvez vous servir à votre usage et profit, tant pour acquitter le passé, les offrant à Dieu en satisfaction de vos offenses, que pour en acheter et obtenir de Dieu les grâces et habitudes saintes qui vous sont maintenant nécessaires, en l'état présent où vous vous trouvez pauvre et dénué de vertu, et spécialement pour acquérir de Dieu droit d'être établi en une sainte condition pour l'avenir, où vous usez vos jours à son service et à votre avancement spirituel.

7. Commencez par un abaissement d'esprit en la présence de Dieu, et en cette petitesse adorez sa grandeur, priez sa bonté, espérez en sa puissance, et invoquez sa miséricorde en vos nécessités, particulièrement à ce qu'il daigne enraciner et confirmer ses grâces en votre cœur : *Confirma hoc, Deus, quod operatus es in nobis.* (Psal. LXVII, 29.) Rendez-lui grâces de toute votre affection, de ce qu'il vous a préservé en ces peines, de ce qu'il les a dissipées en votre esprit par sa grâce, et de ce qu'il lui plaît vous appeler à la perfection intérieure ; et le priez que, comme par sa providence il vous a préservé contre le mal durant le mal même, par sa bonté et par sa puissance il vous éloigne tellement de tout mal, que jamais plus il ne puisse avoir entrée en votre âme. Demandez-le même à la Vierge, aux anges et aux saints ; offrez-vous tout à Dieu et vous abandonnez tout à lui, à la Vierge, aux anges et aux saints. En cette invocation et action de grâces, dites à Dieu particulièrement en une sainte résolution de le servir parfaitement : *Dirupisti vincula mea, tibi sacrificabo hostiam laudis.* (Psal. CXV, 17.)

CLXXIX. CONTRE LES ILLUSIONS.

1. Pour obvier à l'esprit d'illusion, qui paraît se vouloir établir en cette âme, il faut qu'elle se souvienne chaque jour plusieurs fois : 1° que le malin esprit travaille à la perdition des âmes par différentes voies : des unes par le péché, des autres par l'hérésie, et des autres par l'illusion. A raison de quoi spécialement il est dit en l'Ecriture qu'il se transfigure en ange de lumière ; et il est appelé esprit trompeur, et il appert en la Vie des saints qu'il a séduit plusieurs âmes qui avaient commencé saintement.

Il se sert particulièrement de cette voie d'illusion pour perdre les âmes retirées du monde, abandonnées aux saints exercices, et qui aspirent à la perfection, si elles n'ont une très-grande humilité d'esprit et persévérante résolution de ne rien croire et suivre de ce qui se passe en leur intérieur, que ce qui leur sera approuvé auparavant par l'avis et obéissance de leurs supérieurs ou directeurs.

2. Que Dieu a mis et le salut et la sainteté en la garde et tutelle de l'obéissance, et a donné son autorité à autrui sur nous ; et quiconque se sépare de cette autorité de Dieu en autrui en matière de doctrine et créance publique, se fait et rend hérétique ; et quiconque s'en sépare en point de conscience et de doctrine intérieure, se rend à l'illusion, l'hérésie et l'illusion étant une semblable opération du malin esprit qui sépare les âmes trompées, ou de l'obéissance et autorité de l'Eglise par l'hérésie, ou de l'obéissance et autorité de leurs supérieurs par l'illusion, et par ainsi les sépare de l'autorité de Dieu en autrui pour les conduire avec soi en perdition.

3. Que l'âme en ce monde ne doit pas dépendre de Dieu immédiatement, ni de Dieu en elle, mais de Dieu en autrui, soumettant tout ce qu'elle a ou pense avoir de Dieu en elle, à tout ce qui est de Dieu en autrui, c'est-à-dire à l'autorité divine que Dieu a mise et établie en autrui pour elle. Et que cette autorité est la colonne et le firmament de la vérité qu'elle doit tenir, et la lumière et conduite qu'elle doit suivre, et non pas Dieu en elle ; d'autant qu'en cette vie Dieu nous veut conduire par cette voie et dépendance de lui en autrui, qui est la voie de vérité et d'humilité, qui anéantit l'esprit d'erreur et confond l'esprit d'orgueil, qui sont les deux ingrédients de l'illusion.

4. On peut conseiller, et il est utile contre les illusions, de se fier à la sapience éternelle, contemplée en un état stable en l'unité de Dieu, et ce pour remède à la mobilité, inconsidération et légèreté de l'esprit humain.

CLXXX. DE LA CONDUITE ACTIVE ET PASSIVE AU REGARD DES ŒUVRES DE DIEU.

I. *Régir les œuvres de Dieu et être régi dans les œuvres de Dieu, appartient à un même esprit de Dieu.* — II. III. *Régir porte plus d'autorité, et être régi porte plus de sainteté.*

1. Régir et être régi de Dieu sont deux dons de l'esprit de Dieu sur nous, et souvent être régi est le plus grand et le plus approchant de la grâce sanctifiante, au lieu que régir est plus appartenant à la grâce qu'on appelle gratuitement donnée. Le Fils de Dieu a voulu prendre l'un et l'autre état, pour

notre exemple et sanctification. Il a voulu être dirigé avant que d'être dirigeant. Nous le voyons, en son enfance, dirigé par les anges en Égypte : *Tolle puerum et matrem ejus, et esto ibi, usque dum dicam tibi.* (Matth. II. 13.) Et lorsqu'il est en un âge plus avancé et capable de la communication de sa Mère, il est dirigé par elle et par saint Joseph. Adorons ce double, cet humble, cet excellent état de Jésus dirigé et dirigeant ; et lui commettons la direction de notre âme, de notre vie, et de nos conseils, et de notre dernière heure sur la terre.

II. Or, si régir et être régi appartient aux dons de Dieu, nous devons invoquer son esprit, et n'avoir esprit que pour être capables de sa conduite et de ses effets, et tendre à l'union perpétuelle de notre esprit à l'Esprit de Dieu. Nous devons plus aspirer à être régis qu'à régir, et même pour régir au nom de Dieu, il faut être régis de Dieu en une manière bien parfaite et anéantissant les conditions imparfaites de notre esprit naturel. Et cette puissance absolue de l'Esprit de Dieu sur notre esprit, doit paraître pour disposer suavement les inférieurs à recevoir la direction, et leur donner sujet de croire qu'ils sont régis par esprit de Dieu en autrui, et non par l'esprit de l'homme. L'un et l'autre point et état, c'est-à-dire régir et être régi, requiert perfection, et non moindre en l'un qu'en l'autre, mais différente ; et plus grand nombre sont arrivés à sainteté en étant régis, qu'en régissant. Pour régir et être régis, il faut reconnaître l'indigence que notre esprit a de l'Esprit de Dieu, plus que la matière n'a de la forme plus que le corps n'a de l'âme. L'esprit de l'homme doit être *pura potentia*, au regard de l'Esprit de Dieu, qui est la forme des formes, et l'Esprit des esprits. Je ne sais si la matière est *pura potentia* ; car notre connaissance ne met rien dans la nature, qui ne varie point la variété des opinions des philosophes ; mais il importe beaucoup de connaître que notre esprit doit être *pura potentia*, au regard de l'Esprit de Dieu, et se conduire selon cette vérité. Car notre esprit intéressé par le péché originel, et rempli d'amour-propre, n'a aucune puissance de soi en cet état, que de se détruire même dans les voies de Dieu. Il a besoin d'un nouvel être, d'un nouvel esprit, d'une nouvelle grâce, d'un nouvel amour, qui le porte, l'anime et le régisse dans les choses de Dieu.

III. Pour être bien régis nous avons besoin de règle et d'esprit, c'est-à-dire et de loi vive et animée et animante, et de loi morte et écrite. La première est écrite en nos cœurs, la seconde est écrite sur le papier. Régir et être régi de Dieu, est une même grâce, égale en l'école de Dieu ; comme produire et être produit de Dieu, est une même perfection égale dans l'état de la Trinité de Dieu. Même si nous y prenons bien garde, y ayant deux sortes de grâces répandues sur les enfants des hommes, l'une, grâce gratuitement donnée, et l'autre, grâce sanctifiante ; régir appartient à la première, qui est la moindre, et l'autre appartient plus à la seconde, qui est la plus éminente et importante ; l'une donne plus d'autorité, l'autre donne plus de sainteté, et il y a un plus grand nombre de saints et de grands saints qui ont été régis de Dieu, que de ceux qui ont régi de la part de Dieu ; tant la voie d'humilité, simplicité et abnégation de son sens et de soi-même a d'avantage à sanctifier les âmes. Le premier de tous les esprits créés, destiné à les régir tous, et doué de grâce et de lumière pour ce grand effet et office, s'est perdu ; et peut-être que le dernier de tous les anges, et régi par eux, et soumis aux influences et opérations de tous ceux qui le précèdent, est demeuré fidèle, et jouit de la gloire éternelle.

CLXXXI. SUR LE MÊME SUJET.

Outre le besoin que la créature a de la conduite de Dieu, par l'indigence et l'impuissance de son être créé ; l'homme en a un besoin spécial depuis sa chute en Adam. Opposition de l'homme à Dieu par le péché.

Régir et être régi de Dieu, c'est un don de Dieu singulier, c'est un don de sa bonté et de sa sapience, c'est un effet de sa sainte Providence, c'est un rayon de son Esprit sur l'esprit créé, et c'est une émanation seconde de l'être incréé, nécessaire à l'indigence de l'être créé, et à l'impuissance de la créature. C'est une émanation doublement nécessaire ; nous en avons besoin doublement, et par l'indigence et impuissance de l'être créé, qui a besoin de la conduite de son Créateur, comme il appert aux anges créés en grâce, et tombés en péché ; et par notre condition propre, qui nous rend esclaves du péché avant que de nous connaître nous-mêmes, et nous met en ténèbres et en opposition à la grâce et à la lumière de Dieu sur nous, qui nous oblige de dire à Dieu, *Converte nos, Deus, salutaris noster ;* car notre premier état est un état d'aversion à Dieu, et sa grâce même prévenante nous est nécessaire, pour lui pouvoir dire qu'il nous détourne de nous-mêmes, et nous convertisse à lui. C'est notre premier besoin, et c'est aussi la première supplication que nous lui devons faire, et la première connaissance que nous devons avoir, est celle de ce besoin ; et la première et plus fréquente action est celle de l'offrande de notre esprit à l'esprit incréé, pour être dirigé à lui par lui-même. Car nos lumières sont ténèbres, nos puissances sont faiblesses, nos inclinations sont aliénations de Dieu et de sa grâce.

CLXXXII. DU BON USAGE DE L'ESPRIT ET DE LA SCIENCE

Aux Pères et confrères de l'Oratoire de Jésus, qui sont employés dans les collèges.

Sur ces paroles : *Deus scientiarum Dominus est, et ipsi præparantur cogitationes.* (II Reg. II, 3.)

I. *Dieu, par l'éminence et infinité de son être, a une souveraineté sur l'esprit, la science, la fonction de l'homme, et nous devons prendre soin de lui conserver ses droits.* — II. *Les écoles chrétiennes doivent être* distinguées des académies païennes, par l'humble reconnaissance de notre insuffisance et notre dépendance de Dieu, en l'usage de l'esprit. L'esprit créé procédant de l'esprit incréé, se doit tout référer à sa gloire. L'un des usages de l'esprit créé est de se perdre dans l'immensité de l'esprit incréé, et de se garder avec soin de tout retour à soi-même. La manière que Dieu a tenue en la création de l'homme, nous donne à entendre qu'il a voulu nous consacrer à lui entièrement. Nous sommes à Dieu par une consécration primitive, qu'il en a daigné faire lui-même, et nous devons confirmer ses droits par des usages conformes. — III. *Explication de ces paroles de la Genèse :* Inspiravit in faciem ejus spiraculum vitæ, *et du souffle de Jésus-Christ sur ses apôtres, en leur donnant le Saint-Esprit.* — IV. *La création de notre être en Dieu, sa conservation qui est une création continuée, et sa consécration à Dieu par les mains de Dieu même, nous oblige à n'en user que pour Dieu.*—V. *Et cette obligation croît infiniment, parce qu'il plaît à Dieu nous faire ses enfants, et nous donner son esprit et sa vie, et encore par la donation qu'il nous fait de son Fils. Saint Paul appelant Dieu Père des esprits, nous enseigne qu'il donne sa vie aux esprits, car c'est le propre du Père.* — VI. *La vie de Dieu est de se voir soi-même, et c'est à quoi nous sommes appelés; et cette vocation à chose si grande ne nous doit permettre de nous amuser à la connaissance des petites choses que le monde estime.* — VII. *Explication de ce que saint Paul dit de Dieu, l'appelant* Pater spirituum, *et de l'amour de Dieu envers l'homme en sa création, en sa sanctification et en sa glorification. Nous nous devons élever à Dieu et l'aimer, non-seulement comme Père des esprits créés, mais aussi comme Père de son Fils unique, et comme principe du Saint-Esprit, car c'est sa vie et ce doit être la nôtre, puisque nous sommes ses enfants.* — VIII. *Toutes nos paroles et nos pensées doivent adorer la pensée et la parole du Père éternel, qui est son Fils, et tout notre amour doit rendre hommage à son amour, qui est le Saint-Esprit. Puisque Dieu met son esprit en nous, il est juste que le nôtre en dépende. Puisque le Père nous donne son Fils, c'est-à-dire l'objet de sa complaisance, il est juste qu'il soit l'objet de la nôtre.*—IX. *Le premier péché, qui est celui des anges, a été un péché d'esprit et de vanité d'esprit, et cela oblige l'esprit humain de fuir la vanité. Nous devons servir Dieu en humilité d'esprit et en charité.* — X. *Dans les collèges de l'Oratoire aussi bien que dans les autres maisons la piété doit prédominer la science. Explication des vertus nécessaires pour la perfection de l'esprit.* — XI. *Quelles sont les dispositions dans lesquelles nous devons rechercher la science et en faire usage. L'esprit de Dieu est mis en nous par son Fils, pour nous faire vivre de la vie de Dieu, et la considération d'un moyen si excellent (outre la dignité de cette vie divine) nous doit détacher de tout, pour attacher notre esprit à cet esprit.* — XII. *Cet esprit ne tend pas seulement à nous faire vivre, mais à nous faire mourir; mais c'est à nous faire mourir à la mort. Nous appartenons à la puissance de Dieu, et sommes redevables à sa justice, voulions ou non; mais nous ne pouvons appartenir à sa sainteté sans le vouloir. L'effet propre de la science est de nous délier des choses dont nous connaissons la vanité et le néant, pour nous élever et lier à Dieu.*

I. La grâce de Jésus-Christ Notre-Seigneur soit avec vous pour jamais. La condition en laquelle je suis, et les occupations qu'elle me donne, m'ôtant la liberté de vous voir et visiter moi-même, et me voyant frustré du désir que j'ai toujours eu de servir à vos âmes par ma présence, j'ai recours à l'Ecriture, le supplément des absents, pour vous mander ce que je voudrais vous dire de vive voix.

Une des qualités que Dieu prend en ses titres, et en laquelle vous le devez honorer dans votre profession, est celle de *Seigneur des sciences,* « Deus scientiarum Dominus est » (II Reg. II, 3), dit sa sainte parole, que l'Eglise nous remet souvent en l'esprit et en la bouche de nos offices. Ne passez pas légèrement cette parole dictée par le Saint-Esprit : c'est un titre d'honneur que Dieu se donne à soi-même, et un droit qu'il veut prendre sur vos esprits. Ne violez pas ce droit, ne ravissez pas à Dieu cette sienne qualité, vous rendant propriétaires de votre esprit, de votre fonction et de votre science. Par l'éminence et infinité de sa grandeur, il doit avoir pleine autorité, et même une souveraineté absolue sur ces trois points: et par les lois de sa conduite sur les créatures, il la veut avoir et veut user de son pouvoir sur nous, et il témoigne ce sien vouloir en sa parole. Par titre de justice vous devez céder à son droit, et par titre d'obéissance, à son vouloir; et vous devez rendre à l'esprit de Dieu une sorte d'appartenance, de servitude et de dépendance en la conduite de votre intention, en l'usage fidèle de votre esprit, en l'exercice exact de vos fonctions, et en l'humble emploi de votre suffisance, témoignant par effet et par disposition intérieure comme vous adhérez à cette vérité que la foi et l'Apôtre vous enseignent : *Non sumus sufficientes cogitare aliquid ex nobis tanquam ex nobis, sed sufficientia nostra ex Deo est.* (II Cor. III, 5.)

II. C'est la loi fondamentale de notre état, c'est la vérité qui doit conduire nos esprits en leurs exercices, et devrait être toujours devant nos yeux, comme jadis la loi devant les yeux des Juifs; cette loi et vérité peu connue dans la philosophie païenne est très-célèbre en la philosophie chrétienne, qui exprime si souvent et si clairement notre insuffisance et notre dépendance de Dieu éternel. Mais cette différence ne sert qu'à nous rendre plus coupables; car ayant plus de lumière de cette vérité que les païens, nous la suivons aussi peu que les païens, et il semble (s'il est permis de le dire) que plusieurs académies chrétiennes ne respirent guère plus d'humilité d'esprit, et quelquefois moins de vertu et modestie que les lycées, les portiques et les académies profanes. Grand opprobre à la sapience divine et incarnée, qui doit être adorée et servie par ses lumières, qui doit présider en ces écoles, et doit reluire et paraître en ces oracles de science. Mes très-chers frères, en répandant ce peu de lumière que nous avons reçu d'en haut, ne faisons pas ce tort au Père de lumière, ni à celui qui est émané de lui, comme Dieu de Dieu, lumière de lumière, et qui étant la sapience du Père, veut être la sapience des hommes : *Factus est nobis sapientia*, ce dit l'Ecriture (*I Cor.* 1, 30), et s'est revêtu de notre humanité, pour être notre maître et docteur, et nous faire part de sa sagesse; c'est ce que vous devez, et à mon avis c'est ce que vous voulez. Pour vous conduire et affermir en cette intention, trouvez bon que je vous dise que le fonds de votre esprit est à Dieu, car il l'a créé, et il l'a créé à son image et semblance, qui est une autre sorte de dignité et de nouveau rapport que vous devez avoir à lui. Si vous contemplez votre origine sans regarder Dieu, vous ne trouverez que le néant, duquel nous sommes tous issus, et qui est notre unique et premier état hors la main de Dieu, et ainsi le néant nous appartient par le fond de la nature; le néant, dis-je, absolu, néant d'être, de puissance, de suffisance et d'opération.

Et si nous consultons les règles de la foi, elles nous obligent à croire que nous n'avons rien en propre que mensonge et péché, qui est une sorte de néant, pire encore que le précédent. (*Concil. Ar.* II.) Tellement que la lumière de la foi, jointe à celle de la nature, ne nous enfle pas beaucoup et n'augmente pas nos droits et nos priviléges. Que si nous contemplons l'origine de notre être en Dieu, il est notre principe et notre seul principe, ce qui nous lie à lui, et nous sépare de toute autre chose, pour n'être plus adhérents qu'à lui, qui est le seul principe de notre être. Ayons donc regard et rapport à lui, ayons rapport à lui et non à nous, et bannissons tous les retours, complaisances et réflexions que nous avons facilement au regard de nous-mêmes. Dieu est esprit et esprit infini ; il précède tous esprits par son éternité, il les surpasse tous par son infinité, il les contient tous par son immensité, il les doit tous régir par sa puissance. En la présence de cet esprit suprême, éminent et dominant, tout esprit créé doit fondre comme un néant, et, s'abîmant en la profondité de l'être divin, doit s'abandonner et se perdre heureusement en Dieu. Cette perte, abandon et abaissement doit être le premier, le principal et le plus fréquent usage de notre esprit, et c'est à quoi nous devons consacrer notre puissance et employer notre lumière et suffisance, si nous en avons tant soit peu.

Que nous sommes coupables d'en user autrement! Que nous sommes sacriléges de ravir à Dieu ce qui est à lui et non pas à nous, ce qui vient de lui et non pas de nous, et d'autant plus sacriléges que le fonds que nous lui ravissons lui appartient, par tant de titres et lui est consacré et dédié par lui-même! Car il me semble que c'est la pensée en laquelle nous devons entrer, voyant dans la *Genèse*, c'est-à-dire dans le livre de notre naissance, que Dieu, formant toute créature par sa simple parole, a voulu employer et sa parole et ses mains à former l'homme. Il me semble, dis-je, que lorsque nous sommes ainsi en ses mains, il nous forme, il nous consacre, il nous dédie et nous offre par ses propres mains à lui-même, et que c'est une sorte de consécration primitive, comme essentielle, comme naturelle à notre être et aussi ancienne que notre être, par laquelle notre être, comme émanant de Dieu et formé de la main de Dieu même, appartient à Dieu d'un droit si fort, que rien ne le peut violer; et d'une propriété si intrinsèque et inséparable, que le diable et le péché ne la peuvent ravir et ôter. Car c'est comme un caractère imprimé de la main de Dieu dans notre être, et imprimé si avant, que rien ne le peut effacer et détruire, que l'anéantissement de l'être même. Prenons plaisir à nous voir être à Dieu, et être ainsi à Dieu, c'est-à-dire être à lui par une si bonne main, et si puissante que la sienne; et confirmons un droit si légitime et si honorable, que le bon usage de notre âme, en renouvelant, par l'exercice vertueux de nos puissances, le privilége de notre essence.

III. Voyons encore comme nous appartenons à Dieu, en une nouvelle manière propre à l'homme. Car il est dit de l'homme seul en sa création, que Dieu, le formant de ses mains, *inspiravit*, ou selon les Septante, *insufflavit in faciem ejus spiraculum vitæ* (*Gen.* II, 7); comme si par cette forme de parler, on nous donnait à entendre que notre esprit naît d'ailleurs que de la terre, et que son origine est céleste, qu'il est émané de Dieu et non tiré de la puissance occulte de la matière ; que Dieu le tire du profond et intime de soi-même, comme le souffle procède de l'intérieur de celui qui souffle; que cet esprit est comme quelque chose de Dieu même, et comme une portion sainte et sacrée de son esprit; car celui qui souffle sur quelqu'un, donne quelque chose du sien à icelui ; et de là les païens ont appris à nommer l'âme, *divinæ particulam auræ*. Et ce qui est bien plus remarquable, il semble que de là même le Fils de Dieu ait tiré la cérémonie religieuse dont il a usé lorsqu'il a donné son esprit à ses apôtres, en soufflant sur eux : *Insufflavit, et dixit*, etc. (*Joan.* XX, 22.) Comme s'il leur eût fait connaître, par cette cérémonie extérieure, qu'il leur donnait par grâce l'esprit de ce même esprit qu'ils avaient reçu par la nature. Voilà notre naissance et origine qui nous apprend le droit que Dieu a sur nous, et le sentiment que nous devons avoir envers Dieu.

IV. Ce droit augmente, et ce sentiment se confirme et accroît par la suite d'un nouveau bénéfice; car nous devons au même Dieu notre conservation, auquel nous sommes redevables de notre création, et la même puissance et bonté qui nous produit, nous conserve en être; et ce qui est considérable, nous y conserve par la même action par laquelle elle nous a produits, ce qui nous met en une plus grande dépendance de Dieu. Car notre conservation est une continuée création et production de notre être, et par icelle nous sommes incessamment en la main de Dieu, en la main de Dieu, dis-je, toujours opérant en nous, et toujours nous produisant et tirant du néant, tellement que, s'il cessait de penser à nous, d'opérer en nous et de nous produire au même moment, nous cesserions d'être. O grandeur! ô bonté! ô puissance de l'être incréé! ô bassesse! ô misère! ô indigence de l'être créé; toujours tendant au néant, toujours indigent de son Dieu, et toujours en la main de Dieu, qui le soutient et lui donne toujours nouvellement tout ce qu'il est! Et nous employons cet être à un usage si éloigné des intentions de celui qui nous le donne et nous le demande, et qui a bien droit de nous le demander, et d'en vouloir tout l'usage, puisque lui seul nous le donne, puisqu'il nous le donne incessamment et par une donation toujours nouvelle et réitérée à chaque moment; puisqu'il nous le donne en lui-même, et que nous ne le recevons qu'en sa main et en cet état si dépendant et indigent. En cette main puissante de Dieu, osons-nous penser à nous et non à lui, nous référer à nous-mêmes et non à lui, nous complaire en nous-mêmes et non en lui?

Certainement si le fonds de notre être et de notre esprit est à Dieu, est ainsi à Dieu, c'est-à-dire est à Dieu si absolument par la création, si continûment par la conservation, si saintement par la consécration qu'il a faite de notre être à soi-même, en nous créant, tout ce qui est procédant ou dépendant de ce même fonds est aussi à Dieu; car en terme de droit, à qui le fonds appartient, tout ce qui vient dans ce même fonds lui appartient aussi. Et par ainsi toutes nos actions et fonctions appartiennent à Dieu, et doivent être consacrées à son honneur; et c'est le continuel hommage que nous devons rendre à Dieu, dans l'usage de notre être même considéré tout simplement dans les limites du droit naturel.

V. Que si de la nature nous passons à la grâce et entrons en considération de ce à quoi nous sommes appelés, combien s'augmentent nos devoirs, et combien s'accroissent nos coulpes et nos offenses? Car la bonté de Dieu est si grande envers nous, qu'il ne se contente pas de nous traiter comme ses créatures, ni de nous avoir formés de ses mains et nous avoir comme tirés de sa substance, il nous traite comme ses enfants, il nous donne en son état cette éminente qualité: *Dedit eis*, dit le bien-aimé apôtre de Jésus, *potestatem filios Dei fieri* (*Joan.* I, 12); il nous donne son esprit comme à ses enfants, et il nous rend capables de le voir, de l'aimer et de le posséder, comme ceux auxquels il a donné son esprit. Retirez-vous un peu de vos pensées communes et ordinaires et entrez en celle-ci. C'est la plus haute pensée de Dieu sur nous, et la plus digne d'occuper vos esprits et vous y êtes vivement intéressés. Dieu ayant dans ses trésors plusieurs sortes de grâces et de faveurs, il ne veut pas simplement que nous soyons ses serviteurs, mais, par un excès d'amour, il veut que nous nous appelions ses enfants et que nous les soyons, et même ayant dans le secret de son essence et dans son sein paternel un Fils unique, il veut ouvrir son sein, pour nous donner ce Fils, pour l'associer à nous par nature, nous associer à lui par grâce, nous rendre ses cohéritiers, comme étant ses frères (ainsi que lui-même nous appelle), et nous faire participer à son esprit, comme étant ses membres, et enfin nous communiquer ses trésors, ses délices et sa puissance. Tellement que, par la grâce de notre vocation, nous sommes enfants de Dieu et membres de Jésus-Christ, entrant en union avec Dieu, en unité avec son Fils unique. C'est pourquoi en l'Écriture (*Matth.* VI, 4 et *passim*) Dieu se nomme notre Père et nous commande même de l'appeler ainsi et recourir à lui en cette qualité; et saint Paul (*Hebr.* XII, 9), le nomme de ce beau nom de *Père des esprits*; et un autre apôtre (*Jac.* I, 17), *Père des lumières*, pour nous faire entendre qu'il n'est pas seulement principe, pour donner être aux esprits, aux lumières vives et intelligentes, mais qu'il leur donne sa propre vie, ce qui est propre au Père, et ne convient qu'aux esprits, et non pas aux autres choses créées, qui participent bien de l'être, mais non pas de la vie de Dieu.

VI. Pesons, je vous prie, ces vérités si importantes. Nous avons à vivre une éternité, car nous sommes immortels; nous avons à vivre avec Dieu, car il n'y a point de vie qu'en lui et avec lui, et qui sera séparé de lui, sera séparé de la vie. Nous avons à vivre avec Dieu, de la vie de Dieu, non de cette vie basse et misérable que nous avons maintenant, mais de la vraie vie qui est la vie de Dieu même. Or cette vie est la vie de l'esprit, et c'est l'esprit qui doit vivre de cette vie, car c'est la vie de Dieu, et Dieu est esprit. Dieu est un esprit suprême, il est le premier esprit et la source de tous les esprits; et la vie de cet esprit suprême ne peut être qu'en la vue et connaissance du plus bel objet, c'est-à-dire de lui-même. C'est la vie, c'est la joie, c'est la félicité de Dieu, et c'est celle en laquelle nous devons tous entrer selon sa parole, si nous sommes comme ce serviteur fidèle, auquel il dit: *Intra in gaudium Domini tui*. (*Matth.* XXV, 21.) Voilà la vie de Dieu, voilà la vie à laquelle nous sommes appelés, voir Dieu et être abîmés en sa vue et en la félicité de cette connaissance.

Que faisons-nous de vivre en nous-mêmes et non pas en Dieu ; de nous glorifier en la connaissance de si petite chose, et n'être pas ravis en la vue, en l'espérance et en l'attente de choses si grandes ? Que sommes-nous ? que savons-nous ? nous sommes un peu de poussière et nous savons quelque chose des langues et des sciences humaines, et cela encore, combien obscurément ? combien faiblement ? Et quand tout cela serait en sa perfection, qu'est-ce au regard de la langue et de la science des anges qui parlent si hautement, et savent si noblement toutes choses ? et qu'est-ce encore de toute cette connaissance naturelle des anges, au regard de celle de Dieu, puisque le premier de tous les anges avec toute sa connaissance, n'a pas laissé de se perdre ? Nous sommes appelés à choses plus grandes, nous sommes appelés à connaître, non ce monde, mais l'auteur du monde, et à vivre en lui et de lui une vie sans fin. Grande est notre dignité de vivre de la vie de Dieu et d'avoir pour notre félicité la félicité de Dieu même ! Appelés à un si rare objet à un exercice si divin, à une vie si haute, à une félicité si grande, ne ravalons pas nos esprits à choses si basses, ne mettons pas notre plaisir à une vanité si petite, ne nous dégradons pas si fort de notre notre noblesse et dignité, non humaine, non angélique, mais divine, mais propre à Dieu même ; puisque nous avons par sa communication ce qui lui est propre par son essence, et possédons par grâce ce qui lui convient par nature. O nature ! ô grâce ! ô communication de Dieu ! ô vision de Dieu ! c'est notre vie et notre vie pour jamais, ne nous contentons de rien moins.

VII. Une des qualités que Dieu se donne à soi-même en sa parole, c'est de s'appeler le Père des esprits : *Pater spirituum*. (*Hebr.* xii, 9.) Qualité belle, grande et attirant nos esprits, non-seulement par hommage, mais aussi par amour, à regarder et à nous lier à celui qui est Père des esprits. Et si nous avons de l'esprit, nous le devons convertir à celui qui étant Père, et partant principe des esprits, a droit, en cette qualité, d'être adoré de tous les esprits créés, et par son éminence, et par son autorité d'émanation et d'influence sur tout esprit : et comme il est tellement principe, qu'il est Père des esprits qu'il produit ; en cette qualité de Père il a un amour pour les former à son image et semblance, en les produisant hors de soi ; un amour pour les tirer à soi par sanctification, et encore pour les faire rentrer en soi-même par glorification, c'est-à-dire, par consommation dans sa sainteté et sa gloire tout ensemble. Or, comme il est Père et en fait les offices jusqu'à ce point, nous lui devons correspondre en cette si aimable qualité et lui rendre amour pour amour, n'opérant, ni ne respirant que pour nous délaisser à lui, afin qu'il accomplisse en nous tous ses divins et adorables vouloirs.

C'est à quoi nous oblige ce titre si agréable de Père des esprits, et je ne sais si en vertu de ses paroles nous oserions dire, que comme Dieu par son essence est Père et principe de tout esprit créé, aussi Dieu le Père en sa personne est Père d'une personne incréée et spirituelle, qui est son Fils ; et avec lui est principe d'une autre personne incréée et spirituelle, qui est le Saint-Esprit : et que comme nous devons regarder et aimer Dieu en son essence, comme Père de tout esprit créé, nous devons avoir le même regard, amour et adoration à Dieu le Père, comme Père de son Fils unique, comme principe du Saint-Esprit, comme source et origine de tout ce qui est personnellement subsistant en la divinité, selon que les Pères l'appellent : *Source de la divinité*; c'est-à-dire, de toute l'émanation personnelle et communication substantielle qui est dans la Divinité. Ce qu'étant, servons-nous de ses pensées pour élever notre esprit et le tirer de sa bassesse, pour remplir sa capacité de ces choses hautes, grandes et divines, et le désemplir de lui-même et des choses de la terre. Nous sommes un néant, qui se remplit et occupe aisément de rien : car quand nous aimons et estimons quelque connaissance des langues, en sorte que nous ne donnons aucun lieu aux pensées plus importantes, que faisons-nous autre chose, sinon nous remplir du néant ? Ce sont des paroles nées depuis peu de temps, et qui passent avec le temps, et dont encore nous n'avons que l'écorce et la superficie. Ce sont paroles que nous n'avons que par emprunt, et non la propriété ni l'usage même en sa perfection. Regardons, aimons et adorons une autre parole, une parole divine et substantielle, une parole éternelle, la parole du Père éternel, parole que le Père éternel produit toujours en soi-même, ne cessant jamais en cette production admirable, parole même qu'il produit en nous. Car il la produit toujours, il la produit partout où il est ; mais nous n'y pensons pas, et l'adhérence de l'âme à ce corps périssable, empêche que nous n'ayons la vue de cette production divine. Mais quand le voile sera retiré pour voir Dieu en son essence et en ses productions, que nous serons surpris en la vue de cet objet ! Que nous aurons d'amour et de ravissement vers le Père produisant son Verbe, vers ce même Verbe produit et vers sa production même ! nous croyons ces choses, mais nous n'y pensons pas, et nous nous laissons vainement éblouir de nos conceptions et enfantements d'esprit, qui nous occupent et nous aveuglent, et par une folle vue nous font perdre la vue, l'amour et l'adoration de cet objet éternel et divin, qui est l'amour et la complaisance du Père.

VIII. Que s'il nous semble que nous n'avons pas d'attachement aux paroles, que nous sommes occupés en la réalité des choses, notre vanité est un peu plus délicate, et est élevée d'un degré plus haut, mais c'est toujours misère et vanité, et nous devons nous en tirer par la même pensée que la foi nous propose, et par la perfection adorable des productions divines et éternelles, corriger nos imperfections dans les productions imparfaites de notre esprit humain et créé. Car le Père qui produit son Verbe, produit encore une autre personne, qui porte le nom d'esprit et de Saint-Esprit, esprit d'amour et de vérité, et nous devons faire le même usage de cette production, que nous avons marqué de la précédente. Et comme toutes nos pensées et toutes nos paroles doivent adorer la parole éternelle, qui est l'unique pensée du Père ; ainsi toutes nos affections doivent rendre hommage à ce premier amour produit avant tous les temps, qui est le Saint-Esprit.

Ajoutons que, puisque le Père nous donne son esprit, ce n'est pas pour être assujetti au nôtre, mais pour conduire le nôtre. Puisqu'il nous l'envoie du plus haut des cieux et nous l'envoie en langues, c'est pour parler, mais pour parler de lui et de ses œuvres et non pas de nous. Puisque le Père nous donne son Verbe et son Fils, et nous le donne en une manière si parfaite, qu'il est tout nôtre, et qu'il semble nous en donner et l'usage et le fonds à perpétuité, il est juste que ce don nous agrée, que ce Verbe nous occupe, que ce Fils incarné soit l'objet de notre entendement et occupation, et qu'au lieu de nous regarder nous-mêmes, il soit l'objet de notre regard, de notre amour, de notre complaisance, comme il est l'objet, le regard, l'amour et la complaisance du Père éternel. C'est la pensée que nous devons avoir dans le parfait usage de nous-mêmes, c'est l'objet auquel nous devons adhérer, c'est en cette seule occupation que nous pouvons et devons parvenir à la gloire pour laquelle nous sommes créés ; et nous sommes coupables de faire si peu d'usage de cet esprit et de ce Verbe, et prendre si peu de soin d'adhérer à l'esprit de Dieu, et de référer nos petites lumières à la gloire et splendeur éternelle du Père.

IX. Le premier péché du monde est un péché d'esprit et fait par des esprits excellents en leur nature, et au regard desquels les esprits les plus rares de la terre ne sont rien, ne peuvent rien, ne savent rien. Car si nous jugeons sainement, notre plus grand fonds consiste à savoir peu de paroles latines, grecques et hébraïques, et quelque petite partie des choses qui assiégent et environnent nos sens, et quant à ce qui est de Dieu, de savoir plutôt ce qu'il n'est pas que ce qu'il est, tellement que nous sommes en état d'avoir plutôt confusion de notre ignorance que présomption de notre science ; et la vue de notre peu de science ne devrait servir qu'à nous couvrir de honte, puisque ce que nous ignorons est incomparablement plus grand que ce que nous savons. Or le péché de ces esprits a été un péché de vanité d'esprit et un péché de la science et connaissance d'eux-mêmes, c'est-à-dire de la connaissance du plus digne objet qui fût lors après Dieu même. S'ils ont péché en la connaissance de ce divin objet, lequel même nous admirons encore en la lumière de la foi tant il est élevé, nous devrions craindre de pécher par vanité, en la connaissance de tant de petits objets qui nous occupent.

Et encore qu'elle soit accompagnée de prétextes de charité, souvenons-nous qu'un des premiers péchés de la terre en laquelle nous sommes exilés et bannis du paradis, a été un péché couvert de prétexte et d'apparence de religion, qui fut le sacrifice de Caïn adorant Dieu, en lui offrant les fruits de la terre, mais par un autre principe que de reconnaissance et d'hommage ; qu'ainsi offrant à Dieu les fruits légitimes de nos esprits, mais par un autre principe que de son honneur et de son amour, nous pouvons faillir, et que partant nous devons avoir un très-grand soin de nous préserver, non-seulement de nos actions extérieures et matérielles où il peut y avoir du désordre, mais encore même des actions spirituelles et des actions charitables où il peut y avoir du dérèglement et de la vanité. Servons à Dieu en esprit et vérité, servons à Dieu sans vanité, car la vanité est opposée à la vérité. Servons à Dieu en humilité d'esprit et en charité, car Dieu est esprit d'amour et de charité, et puisque l'esprit de Dieu même par saint Paul nous avertit que *scientia inflat, charitas ædificat* (*I Cor.* VIII, 1), joignons la science à la charité et à la piété, nous contregardant des péchés et imperfections qu'elle apporte avec soi.

X. Nous devons tenir nos maisons comme écoles et exercices d'esprit, ainsi que les anciens en avaient pour les exercices du corps ; et en icelles nous devons nous exercer aux vertus de l'esprit, nous nous y devons exercer par esprit, et nous devons travailler à acquérir l'esprit, source et origine de toute vertu qui est l'esprit de Dieu, l'esprit de son Fils unique, Jésus-Christ Notre-Seigneur, et nous dépouiller de notre esprit pour avoir cet esprit, qui sont trois points grandement importants et nécessaires pour la conservation et rénovation des esprits parmi nous.

Ce sont vos devoirs et ce sont les miens, et ces vérités me semblent de si grande importance, que je me tiens très-étroitement obligé de vous les répéter souvent, et de veiller sur les maisons des collèges entre toutes les autres, afin que, comme il y a plus d'exercice de l'esprit humain, les exercices de l'esprit de Dieu ne s'y diminuent pas, et que l'usage de la piété prédomine l'usage de la science. C'est pourquoi nous désirons que l'oraison, la fréquence des sacrements, l'abnégation intérieure et extérieure, les conférences spirituelles et les pratiques d'humiliation n'y soient jamais omises non plus qu'ès autres, comme en ayant plus de besoin et autant d'obligation. Étant maisons d'un même corps, il y faut même esprit, même dessein, même conduite, et d'autant plus que l'esprit est orné de science, faut avoir soin d'orner l'âme de vertus afin que son ornement soit complet, et qu'étant embellie d'un côté par la lumière de la science, elle ne soit pas enlaidie par le défaut de vertus morales et chrétiennes, et par le défaut de la grâce encore qui est son principal ornement. Or, entre les vertus de l'esprit nécessaires à tous ceux qui enseignent ou qui étudient, celles-ci sont les principales, et d'où dépendent toutes les autres, à savoir : l'humilité d'esprit contre la présomption, l'assujettissement d'esprit contre la licence et la liberté que l'esprit se donne, la modestie de l'esprit contre l'arrogance et la témérité, l'uniformité d'esprit contre la mauvaise disposition de ceux qui ne se plaisent qu'à contredire, étant du devoir des Chrétiens, et plus particulièrement des personnes vouées et consacrées à Dieu entre les Chrétiens, de mettre leur excellence, non pas à vaincre autrui, mais à se vaincre eux-mêmes et à se conformer à l'esprit d'autrui par une humble et charitable condescendance, et par une parfaite soumission de leur esprit à l'esprit de Dieu qui doit être notre règle et notre esprit.

XI. A cet effet, il faut premièrement regarder Dieu et non pas soi-même, et ne point opérer par ce regard et recherche de soi-même, mais par le regard pur de Dieu, et auparavant que de dire ou faire quelque chose, jeter notre regard sur Dieu pour tirer de lui notre conduite : *Ad te levavi oculos meos qui habitas in cœlis.* (*Psal.* CXXII, 1.) Dieu est le plus digne objet que notre esprit puisse contempler, et aimer Dieu est la plus grande action que ce même esprit puisse exercer. Si donc nous avons de la force et du courage, employons-le à ce plus digne objet, et à cette plus grande fonction, et voyons que c'est bassesse qui nous incline et nous tire plus à connaître qu'à aimer. Secondement il faut convertir notre science et notre puissance à aimer Dieu et le servir dans les âmes, et nous ressouvenir de l'avertissement que donne saint Bernard (serm. 36 in *Cant.*); *Alii sciunt ut sciant, et est curiositas : alii sciunt ut sciantur, et est vanitas ; alii sciunt ut ædificent, et est charitas.* Car c'est en cette dernière manière et par cet esprit de zèle et de charité, que nous devons travailler aux sciences et employer nos lumières et nos connaissances, non pour notre intérêt et notre contentement, ni pour nous satisfaire, mais pour satisfaire à Dieu et à notre prochain ; non pour nous élever, mais pour nous élever à Dieu et pour établir sa lumière, sa gloire et sa grandeur dans les âmes ; non pour nous donner gloire, mais pour la rendre à Dieu à qui seul appartient l'honneur et la gloire de toutes les choses qui procèdent de lui, et particulièrement la gloire des labeurs de notre esprit, puisqu'il est le souverain des esprits et des sciences, et que nos pensées sont disposées par lui et pour lui : *Et ipsi præparantur cogitationes.* (*II Reg.* II, 3.) En troisième lieu, il faut que notre esprit reconnaisse un autre esprit, esprit incréé, esprit éternel, esprit des esprits, lequel ils adorent et au conseil duquel ils se rendent, n'agissant qu'en sa dépendance et en sa conduite. En quatrième lieu, il faut pareillement reconnaître que le conseil du Fils de Dieu envoyé de son Père en la terre pour nous sauver, nous régir et nous conduire au ciel, est de mettre son esprit dans l'esprit de l'homme, comme il a mis sa divinité dans la chair qu'il a prise pour donner vie aux hommes, et un moyen si grand et si divin est employé pour nous faire tous vivre de l'esprit de Jésus, esprit divin, adorable et aimable, et qui mérite tant d'être recherché de tous les esprits créés ; car c'est leur vie et leur grandeur, c'est leur gloire et leur félicité qui les élève et unit au Père des esprits et les fait être, vivre et opérer en Dieu même.

XII. Mais cet esprit, pour nous faire vivre en lui, nous veut faire mourir à nous-mêmes, et c'est ce que le sens humain ne veut pas, et ne voit pas que c'est pour nous faire mourir à la mort, et nous faire vivre à la vraie vie. Car le péché a établi la mort et au corps et en l'âme ; le péché nous a séparés de Dieu et attachés à la créature, et l'esprit de Jésus vivant et subsistant en la divinité et par la divinité même, l'esprit de Jésus uni personnellement à la divinité, nous veut faire être et subsister en lui, veut s'appliquer à nous et nous détacher des choses créées, veut vivre et habiter en nous, veut opérer par nous et en nous les effets de sa vie en la terre.

Quel esprit ne doit désirer cet esprit ? quelle personne vivante ne doit souhaiter cette vie ? Devons-nous être attachés à des pensées et conceptions basses et perdre les opérations toutes célestes de cet esprit divin ?

Ce peu de suffisance et de connaissance que la terre nous peut donner, nous doit-il faire manquer au Verbe éternel et perdre la lumière et la conduite de la sapience incarnée ? Ce peu de subtilités et de vérités que Platon et Aristote ont apprises au monde, doit-il avoir plus de poids en notre esprit que les vérités et les effets de Jésus qui est la vie et la vérité tout ensemble ? et notre esprit qui est un fond sans fond, et un abîme d'ignorance, doit-il se plaire en ses petites pensées, et ne pas entrer en la complaisance que le Père éternel a sur son Fils unique, sur son Fils bien-aimé, la vie, la gloire et la félicité des hommes et des anges, et la vie de Dieu même ?

Recherchons, adorons et aimons ce Dieu vivant et éternel, cet esprit de vie et de vérité. Quittons volontiers nos bassesses pour entrer en ses grandeurs et hautesses, mourons facilement à nous-mêmes, pour vivre en lui de la vraie vie et de la vie immortelle, et offrons notre esprit à son esprit, afin qu'il soit notre esprit, notre suffisance et notre lumière, reconnaissant sa souveraineté sur tout esprit et sur toute science. Employons notre science et suffisance à rendre honneur en la terre, à celui duquel il est dit : *Deus scientiarum Dominus est, et ipsi præparantur cogitationes.* (*II Reg.* II, 3.)

Considérons que le dessein de Dieu sur nos âmes, c'est notre sanctification : *Hæc est voluntas Dei, in vobis sanctificatio vestra* (*I Thess.* IV, 3) ; que la science nous est donnée pour nous en être un moyen, et que cela ne peut réussir si nous n'y pensons, si nous ne le voulons, si nous ne travaillons à rejeter tous les empêchements. Nous appartenons à la puissance de Dieu et nous sommes redevables à sa justice, sans le vouloir, sans y penser ; mais nous n'appartiendrons jamais à sa sainteté, si nous n'y pensons, si nous ne le désirons, si nous n'y travaillons à bon escient et assidûment. Pour arriver donc à cette sanctification par cette science, ayons soin de rendre hommage à Dieu, *Père des lumières*, et à son Fils bien-aimé, *Lumière des lumières*, la première lumière produite, l'éclat et la splendeur du Père, source de toute la science qui est en nous; consacrons-lui notre esprit et notre étude, et les fruits de l'un et de l'autre. Que notre science, au lieu de nous enfler, nous élève à Dieu ; au lieu de nous lier à nous-mêmes nous délie de toutes les choses créées, et, conduisant nos pas par les créatures comme par des voies que la divine Providence a ordonnées, qu'elle nous fasse aspirer à la vie incréée, au repos sans trouble, à la lumière vraie, à cette lumière qui est sans ténèbres et sans tache; à Dieu immortel, auquel avec son Fils et le Saint-Esprit, soit honneur et gloire ès siècles des siècles. Ainsi soit-il.

CLXXXIII. COMMENT ON DOIT SE CONSOLER DE LA PERTE DE PERSONNES QUI NOUS SONT CHÈRES.

A madame la duchesse de Guise, en la mort du R. P. Ange de Joyeuse, arrivée peu de temps après le décès de M. de Montpensier.

Madame,

1. S'il est ainsi que la providence et bonté de celui qui fait toutes choses en poids, en nombre et en mesure, va mesurant, selon la portée de nos forces, les travaux et afflictions qu'il nous envoie, il faut bien que la sapience divine reconnaisse et suppose, ou que du moins elle pose et établisse en votre esprit une grande force et résolution pour soutenir des combats si grands et porter des épreuves si fortes comme celles qu'il vous présente. Car hélas ! nous voyons (et non sans le sentir bien vivement) qu'après la perte récente d'un qui était un autre vous-même, vous perdez de nouveau celui que vous reconnaissiez après Dieu pour l'auteur et principe de votre être, et pour l'image vive de l'autorité que le Père éternel a sur ses enfants, et que, lorsque vous attendez en langueur sa présence et son assistance pour essuyer les larmes que le décès du premier a tirées de vos yeux, il vous faut rentrer en de nouvelles douleurs, et confirer derechef cet esprit en de nouvelles larmes. La première plaie qui a navré votre cœur en la mort du premier, étant à peine tant soit peu refermée, il la faut rouvrir par cette triste nouvelle, que vous porte madame la marquise de Maignelay, qui a voulu quant et quant vous porter la présente.

2. Tandis que vous considérez cet objet de l'œil que la nature vous a donné, vous y trouverez bien de quoi détremper et dissoudre la force et la solidité de votre esprit dans un torrent de larmes, et aussi ne voudrais-je pas en arrêter le cours entièrement, puisqu'elles sont répandues sur un sujet que je connais digne non-seulement de vos larmes, mais aussi de tous ceux à qui cette perte est commune avec vous, et qui par piété possédaient heureusement ce dont vous jouissiez pleinement par le droit de nature et de piété tout ensemble, et qui doivent maintenant joindre leurs larmes aux vôtres pour pleurer la perte de cet objet rare et singulier en notre âge. Car notre foi ne nous commande pas l'insensibilité, ains au contraire elle nous fait voir et adorer l'impassibilité même (c'est-à-dire la Divinité) revêtue de notre sensibilité et comme fondue en larmes sur le trépas et le tombeau de son hôte et ami le Lazare. Mais comme l'état de notre religion sainte, par sa douce et sage conduite, donne temps et lieu à la nature, aussi par la puissance et la force de la grâce, il nous porte et convie à modérer les larmes et à nous souvenir que nous sommes hommes et Chrétiens tout ensemble, et qu'en cette qualité nous devons poser des bornes et à nos tristesses et à nos plaisirs, et que, si bien nous avons licence de nous attendrir et pleurer en nos afflictions en tant qu'hommes affaiblis par cette chair fragile qui nous environne, aussi comme Chrétiens et doués d'une lumière et assistance plus forte, nous devons percer plus avant, et d'une vue pénétrante, reconnaître parmi le nuage de nos douleurs et des accidents communs de cette vie quelque chose de divin, et porter notre esprit à des pensées plus hautes, en des sentiments plus spirituels et en des mouvements plus célestes et divins.

3. C'est ce que requiert votre piété, Madame, c'est ce qu'attend de vous maintenant celui-là même que vous pleurez amèrement, après l'effusion de vos larmes, et (si je l'ose dire) plus que vos larmes ; c'est ce que vous devez rendre à sa vertu et à sa piété reconnue de tous. Car ce serait lui faire tort de le regretter seulement comme ont fait le commun des hommes, auxquels on ne peut et on ne doit rendre rien de plus que des larmes, au lieu que son mérite et son exemple rare et singulier en nos jours, passe plus outre, et demande qu'outre les larmes, le sacrifice de votre cœur à Dieu intervienne, pour dignement célébrer les obsèques de celui qui s'est immolé, et en la plupart de ses jours, sacrifié lui-même sur l'autel de la croix et de la religion en hostie de louange à la Divinité, et que vous ayez des pensées plus élevées et des affections plus divines que celles qui font sourdre ces larmes, pour honorer dignement la mémoire de celui qui avait son esprit si élevé au ciel, et son cœur si rempli de Dieu,

tandis que nous le voyons marcher comme nous sur la face de la terre.

4. Permettez donc, Madame, que je vous dise, pour ne manquer à ce que je dois et à vous et à la mémoire du défunt, qu'outre et après le devoir que la nature lui rend pleinement par ses larmes, il faut que la piété, qui est en vous plus puissante et plus précieuse que la nature, fasse aussi son office et qu'elle répande devant Dieu l'odeur et le parfum de plusieurs saintes pensées et affections, pour accompagner dignement le vol de cette âme à Dieu, et l'odeur suave qui reste à son Église, des actions vertueuses et singulières qu'elle a exercées durant son séjour mortel. Car comme vous avez reçu de Dieu deux sortes de vies : l'une en laquelle vous subsistez humainement par la nature, l'autre en laquelle vous vivez divinement par la grâce, aussi devez-vous avoir deux sortes d'exercices et d'emplois selon l'usage de ces deux vies, en l'objet qui se présente et en l'accident qui vous est survenu, et vous y avez besoin de deux vues et de deux cœurs différents : l'un pour vous condouloir selon la nature, l'autre pour vous consoler et élever selon la grâce. Et lors vous adressant et appliquant à Dieu sur ce sujet, vous reconnaîtrez, que si un cheveu de notre tête ne périt point sans son vouloir, beaucoup moins cette perte grande et signalée ne vous est-elle arrivée que par ordonnance, sous laquelle tout pouvoir et vouloir doit fléchir ; que c'est l'hommage que nous devons à l'Être souverain et infini de Dieu, pour l'être et la vie que nous avons reçue de lui, que de la lui rendre lorsqu'il nous la demande, et de mettre à ses pieds tout ce qui est de nous et des nôtres, à ce qu'il en dispose selon sa volonté, et que cette reconnaissance et soumission est un des points de la souveraineté de son état et un des fleurons de sa couronne, et une des marques de son empire absolu sur ses créatures, qu'il ne lui faut pas ravir et dénier.

5. Que la grandeur de celui que vous adorez et aimez uniquement (et laquelle vous ne voulez pas lui envier ni appropier à rien de ce que vous aimez sous son pouvoir), et d'être seul le Roi des siècles, comme l'appelle saint Paul, d'autant qu'il partage bien avec les hommes ses autres grandeurs et couronnes, tant en la terre comme au ciel, mais non celle-ci qu'il a réservée à lui seul. Car chacun, pour grand et monarque qu'il soit, pour saint et vertueux qu'il puisse être, est sujet au temps, non-seulement en l'accessoire, mais même au principal de sa vie, et ne peut ajouter un moment à ses jours et à sa durée. Et si, après avoir rendu à Dieu ces hommages et ces reconnaissances d'un cœur humilié en vous et élevé en lui, il vous plaît de rabaisser l'œil de votre esprit sur vous-même, vous reconnaîtrez assez par les deux accidents derniers qui vous sont arrivés en si peu de temps, les vicissitudes des choses humaines, et combien prompt est le retour des contentements et grandeurs de la terre, que vous avez possédés et que vous voyez déjà en leur période, et qui commencent de si bonne heure à tirer de vous autant de larmes et de douleurs que vous avez eu d'honneur et de contentement, de vous voir fille de l'un et épouse de l'autre. Malheur à ceux qui, étant formés de la main de Dieu, pour rien de moins solide et perdurable que Dieu même, rabaissent et raccourcissent l'étendue de leur puissance et espérance dans le rond de la terre qui nous porte, et se laissent emporter et conduire au vent des vanités présentes, que le monde adore et vend si chèrement, et dont il faut si tôt et si exactement payer les intérêts en douleurs et tristesses.

6. Remarquez donc, Madame, s'il vous plaît, que cette vie qui est tant agréée en son origine, tant estimée en son progrès, tant regrettée en sa fin et en sa perte de la plupart des hommes, n'est que vapeur en sa substance, et encore de peu de durée : *vapor ad modicum parens*, dit l'apôtre (*Jac.* IV, 15.) Ce n'est que vent et vanité en son usage et emploi, selon le cours et les maximes du monde. Ce n'est que bassesse et abjection en ses fonctions et sujétions accoutumées ; ce n'est que misère et douleur en ses accidents plus communs et ordinaires. Et seulement en son état, elle est, si nous voulons, fondement de grandes choses. Car comme il a plu à Dieu de bâtir et appuyer en l'ordre de la nature cette terre vaste, ferme et solide sur le néant, ainsi que marque et admire un grand homme en ces mots : *Qui appendit terram super nihilum* (*Job* XXVI, 7), aussi a-t-il voulu, en l'ordre de la grâce, édifier, établir et élever la solidité, la grandeur et la gloire de la vie éternelle sur le néant de cette vie pauvre et misérable. Que si vous conduisez votre pensée de l'état de la vie présente à l'état de la mort, que de saintes et divines lumières fourniront votre piété et votre esprit, si vous leur donnez loisir et intervalle de respirer parmi vos soupirs et vos douleurs ? Aussitôt elle vous fera découvrir et reconnaître qu'il y a deux erreurs populaires sur le sujet de la mort et de la vie, le commun des hommes estimant que la mort n'est que mort et misère, et que la vie n'est que vie, jouissance et repos, au lieu que celui qui tient l'empire de la vie et de la mort nous en parle tout autrement, et ne nous représente que vie et jouissance parmi la mort, et que mort et travail parmi la vie, car, en ses oracles et enseignements, il nous dépeint l'état et le devoir de cette vie, sous les paroles d'une vigne qui doit être souvent taillée et cultivée ; d'un trafic qui requiert veille, diligence et activité ; d'un champ qui doit être labouré et hersé ; d'un combat qu'il faut entreprendre, d'une lice où il faut entrer, d'une course qu'il faut accomplir, d'une croix qu'il faut embrasser, d'une milice en laquelle il faut s'enrôler, et ç'a été proprement l'œuvre et la pensée de notre défunt en la plupart de ses jours. La mort, au con-

traire, nous est représentée par les oracles du ciel comme un doux repos et sommeil, comme un changement d'air, de pays, de séjour plus heureux et agréable, comme un passage à une vie meilleure, et à un état plus glorieux et élevé où nous vivons, nous subsistons, nous fleurissons, non plus pour vivre comme auparavant de la vie des plantes (car elle n'est que terrestre et ne peut être estimée que de ceux qui n'ont autre cœur que celui de la terre), ni de la vie des animaux (car elle n'est que brutale), ni de la vie des hommes seulement (car elle n'est qu'humaine), ni même de la vie des anges, car encore que cette vie soit haute et excellente elle n'est que créée, et tout ce qui est créé est trop petit pour l'amour que nous porte et le mérite que nous a acquis le Fils de Dieu : mais pour vivre de la vie même de la Divinité, car il plaît au Père éternel de nous faire vivre et jouir de son essence, et son essence est vie et source infinie de vie : *Apud te est fons vitæ* (*Psal.* XXXV, 10), disait David. Donc il nous veut faire vivre de sa propre vie. D'abondant il veut nous faire entrer en sa joie, ainsi qu'il dit ailleurs (142). Or sa joie et sa béatitude est son essence, et son essence est sa vie. Il nous veut donc faire entrer en sa vie pour vivre désormais de la vie dont il vit et jouit lui-même avec le Fils et le Saint-Esprit, en la compagnie de ceux d'entre les hommes et les anges qu'il lui a plu rendre dignes de cette vie. Ô joie ! ô essence ! ô vie ! qui te pourra dignement contempler, et qui pourra s'approcher de toi avec larmes et regrets ? Et qui en cette vue et attente appréhendera la mort, qui ne sert aux justes que de passage et d'entrée en la vraie vie ? Qui ne recevra paisiblement la nouvelle de ce départ, où nous quittons les ronces et les épines de cette terre, pour entrer en ces délices ? Et qui ne se dépouillera volontiers du sac de notre mortalité, pour être revêtu de la gloire ?

7. Le phénix seul, entre les animaux, ne fuit et ne craint point la mort, car il se la procure innocemment en soi-même par l'instinct de nature comme sachant par iceluy que cette mort le fera renaître et qu'il sera renouvelé plus beau, plus vigoureux et plus accompli qu'auparavant. Aussi le seul Chrétien entre les hommes doit ne point craindre ni pleurer excessivement la mort, sachant par l'instinct de la foi que, si nous le voulons, la mort nous ouvre le pas à l'entrée d'une meilleure vie. Quoi ! sera-t-il dit que le phénix croira plus à l'instinct de la nature que l'homme à l'Auteur de la nature ? Et que l'hirondelle, comme le remarque et l'admire un prophète, encore qu'elle soit née et élevée en notre pays, et qu'elle y ait agréablement passé le printemps et l'été, et qu'elle ne connaisse par ses sens aucune autre terre où elle doive habiter, se laisse toutefois suavement et secrètement conduire à un instinct naturel, qui la porte à laisser son nid et son pays, à outre-passer les mers, et à croire et rechercher (s'il faut ainsi parler) une autre terre qu'elle n'a jamais vue, et dont on ne lui a jamais rien dit ni donné à entendre, où elle puisse trouver le champ et la pâture dont elle a besoin durant la froidure de notre hiver ? Et le Chrétien ne pourra pas se laisser conduire à l'Auteur de la grâce et de la nature, ni à quitter la boue et la fange de cette terre mortelle pour aller en celle des vivants, de laquelle il a ouï parler si hautement et si divinement, et que tant d'oracles nous ont révélée, ainsi que marque un grand prophète : *O quam gloriosa dicta sunt de te, civitas Dei!* (*Psal.* LXXXVI, 3.) Ne faites pas donc ce tort, Madame, ou à la grandeur des choses que vous espérez et attendez après cette vie, ou à la puissance et l'efficace de la foi que vous avez professée, ou à l'autorité de notre Sauveur qui nous les a promises et acquises en son sang, ou au mérite de celui que nous avons perdu, que de vous affliger davantage en cette nouvelle qui vous est annoncée ; mais qu'ici cessent vos larmes, ou que plutôt elles se changent en larmes de joie, car aussi la mort est changée en la vie.

Et il me semble que j'entends notre phénix, à l'heure de son trépas, emprunter ces paroles du Saint-Esprit et les prononcer d'un accent plus élevé et d'un air plus content et joyeux qu'à l'ordinaire, bien aise de se voir en cet état si proche de sa mort et de sa vie tout ensemble : *In nidulo meo moriar, et sicut palmæ* (*Job* XXIX, 18), ou selon une autre version, *sicut phœnix multiplicabo dies meos*. Paroles dignes du Saint-Esprit qui les a dictées, et bien séantes en la bouche de celui auquel nous les appliquons en l'heure de son décès, car elles portent en leur substance la liaison secrète et admirable de la mort et de la vie, qui se rencontre au trépas des justes, et qui est inconnue aux yeux des mortels, et que le Saint-Esprit a voulu nous découvrir par la texture mystérieuse et artificieuse de ces paroles. Car autrement quel rapport y aurait-il entre le lit de la mort où notre vie prend sa fin, et le nid où on prend naissance ? Et toutefois le Saint-Esprit, formant et conduisant cette voix, a fait dire : *Je mourrai en mon nid*, et encore, *en mon petit nid*. Si nous voulons observer en cela l'excès de son amour et de sa pauvreté tout ensemble, qu'elle convenance y a-t-il entre la mort qui atteint nos jours, et la multiplication de nos jours ? Et ce nonobstant il est dit, je mourrai, et comme un phénix je multiplierai mes jours Qu'y a-t-il aussi de semblable entre un phénix qui revit en ses flammes, et l'homme que nous voyons englouti et enseveli en la mort, sans marque et témoignage de reconnaissance, si ce n'est que le Saint-Esprit par la raison de ces termes, qui ne semblent pas compatir ensemblement, nous porte et conduit à ce sens

---

(142) *Intra in gaudium Domini.* (Matth. XXV, 21.)

élevé, et nous apprend cette grande et importante vérité : que le vrai Chrétien en mourant revit et renaît, et que le lit de sa mort est le nid de sa renaissance, et que son agonie et sa langueur est le principe de sa vie? Et d'autant que cette vérité contient une difficulté particulière et combat directement nos sens, lesquels n'aperçoivent en la mort des justes rien de plus que la mort, et partout ailleurs ne voient point que la mort et la vie puissent loger ensemble, l'esprit de Dieu a voulu que l'état même de la nature, qui est le premier ouvrage et crayon de la Divinité, nous représentât en ce qu'elle a de plus rare et divin, comme le phénix, et qui est le plus parfait modèle du Chrétien, comme la mort et la vie, qui sont en divorce irréconciliable en toutes les autres œuvres de la main de Dieu, s'approchent de bien près en cet unique et excellent sujet de la nature, et sont comme joints inséparablement en cet oiseau céleste et admirable, et que l'état de la grâce ajoutant les plus vives couleurs au crayon de la nature, nous fît voir notre sauveur Jésus-Christ, le vrai phénix du genre humain, alliant en soi-même et pour lui et pour ses enfants, la mort et la vie, en sorte que l'un soit l'origine, le passage et l'entrée à l'autre.

8. Car depuis qu'il a plu à Dieu que la vie et la mort reposassent comme en un même lit en la croix, et en un même suppôt et sujet en la personne de son Fils unique, Dieu et homme tout ensemble ; il y a une telle alliance et tellement inséparable entre la vie et la mort des justes et des vrais enfants de Jésus-Christ (tel que notre défunt) que leur mort est l'entrée de leur vie, et que nous pouvons dire pour leur regard avec l'Ecclésiaste, que le jour de la mort est meilleur que celui de la naissance, puisque par la vertu ils vont à la mort et qu'au jour de la mort ils vont à la vie. Point digne de considération et consolation grande, de savoir qu'à ceux qui vivent et meurent selon Dieu et que le monde oublie et ensevelit en sa pensée, sitôt que la terre a enseveli leurs corps ; l'occident de leur vie est l'orient de leur éternité, et que le parfait Chrétien est semblable au phénix renaissant de ses cendres. Aussi ne faut-il pas que je manque, à ce propos, de vous représenter comme au lieu des pompes et ornements superflus et peu sortables à la misère de la condition humaine, qui environnent les grands lorsqu'ils tirent à la fin dans leurs lits de parade ; vous eussiez vu celui-ci en la fin de ses jours, sur son lit pauvre et étroit, mourant comme un pauvre phénix (au nid duquel ne se retrouve que le bois, la flamme et la cendre), n'avoir autre appareil que le bois de la croix, que les flammes de l'amour divin et que les cendres de l'humilité et du mépris du monde et de soi-même, mourant ainsi en cette vie présente, pour renaître et revivre à l'éternité, et vous donnant un exemple de revivre ainsi pour tendre et arriver à cette même vie

9. En ces pensées, Madame, il me semble que je vois votre esprit s'élever, s'éjouir et adoucir l'amertume de vos larmes, et que de cet exemple vous commencez à tirer le modèle et le motif d'une meilleure vie, et de ce portrait au vif de la mort au monde et à la vanité, et de la vie parfaite en Jésus, vous disposant à être en nos jours comme un autre phénix, issu des cendres du premier que nous avons perdu dans ces montagnes, et à ressusciter en vous l'état et l'exemplaire de la perfection chrétienne, posée dignement et relevée hautement sur la base de la grandeur du siècle ; ce que nous avons perdu en perdant notre défunt, lequel, comme un autre Moïse en nos jours, a mieux aimé l'opprobre du Fils de Dieu, et la croix et pauvreté du crucifié que les délices de notre Egypte et les grandeurs des rois du siècle, sous la conduite aussi duquel plusieurs vrais Israélites ont délaissé l'Egypte pour passer en la terre promise, et pour sacrifier au vrai Dieu dans le désert de cette vie. Exemple rare, et qui, à mon avis, vous touchant de si près, s'il m'est permis d'entrer en ces énigmes, vous regarde et vous parle plus vivement qu'au reste des hommes, et vous porte à fouler aux pieds le monde avec ses pompes et ses vanités, et en diminuant vos larmes, vous convie d'ouïr attentivement cet oracle de saint Paul : *Tempus breve est, reliquum est ut qui flent tanquam non flentes, et qui utuntur hoc mundo, tanquam non utantur, præterit enim figura hujus mundi.* « Le temps est court, et partant il faut que ceux qui pleurent, oublient leur amertume et leurs larmes, et que ceux qui usent de ce monde en usent comme s'ils n'y étaient point et n'en avaient aucun usage (I Cor. VII, 29 seq.), vu que la figure de ce monde passe, dit ce grand Apôtre, déclarant par ce terme qu'il n'est qu'ombre et figure, bien qu'il semble faussement, aux yeux des enfants du siècle, être quelque chose de grand et solide. Car quoi que le monde fasse ou dise, il n'y a rien de grand que Dieu et ce qui rend hommage à Dieu ; il n'y a rien de perdurable et permanent que ce qui regarde son éternité, et n'y a aucun état heureux et délicieux, que celui de sa grâce et de sa gloire, ce que je vous souhaite en sa perfection.

CLXXXIV. AVIS A UNE PERSONNE VIVANT DANS LE MONDE POUR SE BIEN CONVERTIR A DIEU ET VIVRE CHRÉTIENNEMENT EN SA CONDITION.

1. Entrant en la recherche et en l'amendement de la vie passée, nous devons avoir deux regards : l'un sur nous-mêmes, que nous sommes perdus par le péché ; l'autre sur Jésus-Christ, qui seul nous veut et nous peut délivrer de cette perte.

2. En ce regard sur nous-mêmes, nous reconnaissant pécheurs, il nous faut appliquer à la recherche et à la contrition de nos offenses. Pour la recherche, il nous faut commencer depuis le premier usage de la

raison, et la première faute que nous avons commise un peu plus notable en la terre. Et outre la lumière que les livres nous peuvent donner, Grenade et autres, il faut discourir par les mois et les années, par les commandements de Dieu et de son Église, par les passions principales de notre âme, par les objets qui ont eu le plus de puissance sur nous en la vie, par les charges, fonctions et affaires que nous y avons eues, par les conversations et compagnies où nous avons été engagés. Et, après avoir employé quelques jours et quelques heures chaque jour en cette revue et recherche, ce qui sera omis par oubli demeurera sous la miséricorde de Dieu, qui nous oblige à vouloir dire, mais non pas à dire toutes nos fautes, et nous devons plus de temps à Dieu pour lui demander et sa lumière pour les connaître, et son zèle pour les déplorer et les amender, que non pas de les éplucher par un soin superflu et quelquefois dangereux.

3. Le premier et principal soin qu'il faut avoir en la revue générale de sa conscience doit être employé à nous disposer à un éloignement du péché qui nous éloigne de Dieu pour jamais; à une crainte de Dieu duquel la justice est redoutable aux pécheurs; à un regret de l'avoir offensé, non tant pour les peines dues à nos péchés, que pour l'amour de sa bonté et majesté infinie, qui mérite d'être infiniment aimée et adorée. A cet effet, nous devons nous exercer et établir en la pensée fréquente de la grandeur de Dieu, de la rigueur de sa justice et de l'excès de sa bonté. Le symbole de la foi, que nous récitons si souvent chaque jour en notre office, peut être référé à cet usage: car il nous annonce en son premier article sa grandeur et sa toute-puissance; il nous déclare sa justice en mettant son Fils en croix pour les péchés du monde, et il nous fait voir sa bonté en nous sauvant par lui. Or, la grandeur de Dieu veut que nous l'adorions, sa justice veut que nous le redoutions, sa bonté veut que nous l'aimions, et il nous faut employer soigneusement nos premières pensées et affections en la journée, à former en nous ces trois dispositions intérieures, et à rendre à Dieu cet hommage, cette crainte et cet amour.

4. Or le premier pas et mouvement de l'âme en l'amour, c'est l'acte de la contrition pour lequel avoir, il nous faut invoquer chaque jour la grâce du Saint-Esprit; car nous reconnaissons par la foi que nous ne pouvons pas former cet acte en nous que par son mouvement et par sa conduite. Il faut donc adorer le Fils de Dieu et le nous remémorer en sa vie et en sa croix sur la terre, offrant à Dieu son Père les douleurs de son cœur sur les péchés du monde en général et sur les nôtres en particulier, aussi pleinement et efficacement que s'il n'y avait que nous à sauver. En l'honneur de cette douleur qu'il a eue de nos offenses, demandons-lui la grâce et la contrition de nos péchés; et puis essayons à former en notre intérieur l'acte en la manière qui est dite ci-dessus en l'article troisième.

5. Après avoir ainsi procédé, et considéré nous-mêmes en qualité de pécheurs, qui est la première qualité qui nous appartient, et laquelle commence avec notre être, nous considérons Jésus-Christ Notre-Seigneur, car il est le souverain et nous sommes ses vassaux; il est le Rédempteur et nous sommes ses captifs; il est le chef et nous sommes ses membres, et l'adorant en ses trois qualités, il faut nous rendre siens par nos devoirs comme il veut se rendre nôtre par sa volonté et par sa puissance.

6. Et l'ayant ainsi adoré, nous remarquerons qu'une des premières et principales occupations du Fils de Dieu en la terre a été sur nos offenses. C'était l'objet le plus présent à son esprit et un des plus fréquents exercices de son âme divine, comme étant vivante en un corps mortel et passible pour cet effet. En cet état et exercice, il adorait pour nous le Père éternel, pour supplément de tous nos manquements à son service: il lui offrait, comme celui qui se rend notre pleige, ses mérites et satisfactions pour notre délivrance; il lui présentait les douleurs de son cœur sur nos iniquités, comme si elles étaient siennes; car il a voulu s'approprier nos fautes pour les effacer, comme il s'est approprié notre nature pour la déifier.

7. A son exemple et imitation, au lieu de tant de soins, les uns superflus, les autres et inutiles et dommageables, dont nous avons été occupés et traversés jusqu'à présent, faute de considérer la brièveté de nos jours, et la vérité contenue en ce verset: *In imagine pertransit homo, sed et frustra conturbatur* (Psal. XXXVIII, 7), nous aurons désormais un temps destiné en notre vie à penser à nous-mêmes et à nos fautes, et à penser à Jésus-Christ et à ses mystères, le choisissant pour un des objets principaux de notre vie en la terre, comme il sera un des objets principaux de notre éternité, suppliant sa très-sainte Mère, le refuge des pécheurs, de nous recevoir en sa garde et de nous donner et conserver pour jamais à son Fils.

CLXXXV. A UNE RELIGIEUSE, POUR L'ENCOURAGER A EMBRASSER LES ASSUJETTISSEMENTS DE SA CONDITION, TANT EN L'OBÉISSANCE QU'EN LA PAUVRETÉ.

1. Il y a plusieurs sortes d'œuvres de Dieu tous grands et admirables, et vraiment dignes de l'ouvrier; mais le plus grand, le plus admirable et le plus utile de ses œuvres, savoir est la réparation du monde, a été faite par obéissance. Car il a bien créé le monde par puissance, mais c'est par obéissance qu'il l'a réparé. Ne méprisons donc pas l'instrument et le moyen qu'il a plu à Dieu de choisir pour accomplir entre toutes ses œuvres, celui duquel il recevra plus de louange et de bénédiction à toute éternité, et duquel il revient plus de profit et de gloire à toute notre nature.

2. Celui qui est seul Très-Haut, a exalté et magnifié plusieurs sortes de personnes et

en la terre et au ciel ; mais la plus grande et singulière exaltation qu'il a jamais faite (à savoir celle de son Fils unique exalté sur les hommes et sur les anges) a été en faveur de l'obéissance : *Factus obediens usque ad mortem*, etc., *propter quod et Deus exaltavit illum, et donavit illi nomen quod est super omne nomen.* (*Philip.* II, 8, 9.) Ne permettons donc pas à notre esprit de s'élever et roidir à l'encontre de l'état d'obéissance et soumission volontaire en quelque sujet que ce soit, ni de croire qu'il y ait de la grandeur et de la suffisance en notre sens qui y répugne.

3. Le premier conseil de Dieu sur la nature humaine, appelée à l'état d'innocence et d'immortalité en Adam, a été dépendant d'un appauvrissement volontaire, en une chose de si petite importance comme une pomme ; et le plus haut conseil de Dieu sur cette même nature, appelée de nouveau à la grâce et à la gloire pour une éternité en Jésus-Christ, a été dépendant d'un appauvrissement volontaire non d'un homme, ni d'un ange, mais d'un Dieu, c'est-à-dire du Fils unique de Dieu, fait homme et pauvre tout ensemble pour nous, et d'une pauvreté si entière, qu'il n'a pas eu en sa naissance un berceau pour y être mis, ni en sa vie une cabane pour y être logé, ni en sa mort un pouce de terre pour y être enseveli. Tellement qu'en naissant, il mendie et emprunte des bêtes une crèche ; et mourant, un sépulcre de Joseph pour y être mis. Or, que peut-il y avoir de déraisonnable en la raison divine, qui a choisi et ordonné cet appauvrissement pour la sanctification de l'univers ? Et qu'y a-t-il de petit en un œuvre qui cause la grandeur et la gloire de tous les hommes pour jamais ? Et que peut-il y avoir d'inutile et d'impertinent en la sapience infinie, qui accepte ce moyen et cet appauvrissement, et l'accomplit si exactement qu'il proteste lui-même que : *Vulpes foveas habent, et volucres cœli nidos, Filius autem hominis non habet ubi caput reclinet* (*Luc.* IX, 58), c'est-à-dire qu'il est plus pauvre que les bêtes mêmes ; qu'il n'a pas autant d'espace à soi qu'il en faut pour reposer non son corps, mais son chef seulement ? O chef où repose la Divinité, où se tient le conseil de la très-sainte Trinité, où se résolvent les plus grandes, les plus importantes et les seules affaires de l'univers ! Qui méritera quelque lieu de repos, et qui se plaindra de quelque manquement, si tu as manqué, par ordonnance et par acceptation divine, d'un si petit espace en la terre pour ton repos, tout le temps que tu as été en cette vie mortelle ?

4. Le Fils unique de Dieu, qui a en soi ce qui suffit et à soi-même et à la très-sainte Trinité, et qui donne suffisance à toutes choses, n'a pas dédaigné de sortir hors de la plénitude, de la suffisance et de la liberté de son être en quelque manière, et s'abaisser à toutes les indigences et sujétions de notre nature, et même se réduire à la mendicité des choses plus basses et nécessaires. Car en sa mort il a demandé à pleine voix une goutte d'eau pour étancher sa soif, et ne l'a point eue ; et en sa vie il a mendié un peu d'eau à une femme pour se soulager et rafraîchir en l'ardeur du soleil, et en la lassitude de son voyage : *Mulier da mihi bibere* (*Joan.* IV, 10), le demandant non en qualité de chose due, mais comme chose libéralement donnée à lui à qui tout est dû, et duquel procède tout don, *da mihi*. O efficace de ses deux paroles ! O abaissement de la grandeur divine à demander si peu de chose ! O bonté à en supporter patiemment le refus ! O libéralité à conférer (et au même instant de ce refus) si grandes choses, c'est-à-dire à donner l'eau vive du ciel, non demandée, pour l'eau morte de la terre demandée, et non accordée ! O charité du Pasteur admirable, de quitter ainsi non-seulement la troupe de ses ouailles plus chéries et assurées, comme le bon pasteur de la parabole, c'est-à-dire ses anges, mais qui plus est soi-même, et de laisser en l'usage de sa vie l'état heureux et glorieux de sa divinité, pour vivre en un état si pauvre et indigent ! que lui, dis-je, qui abreuve les campagnes des rosées du ciel, et ses élus du torrent de ses délices, et qui dès lors jouissait pleinement de la divinité, s'est trouvé, au même instant de cette gloire et plénitude, réduit pour notre amour à la mendicité d'un peu d'eau, désirée et demandée avec nécessité, et non accordée ! Qui voudra donc désormais sentir et peser, en son service, le refus ou l'indigence de chose que ce soit ? Et qui, à la vue de cet admirable délaissement, tiendra pour onéreux et difficile de laisser l'état et la liberté de sa vie précédente, pour l'amour de celui qui a fait un tel délaissement et changement d'état et condition pour notre amour ?

5. Le Sauveur du monde, opérant notre sanctification durant le cours de sa vie, n'a omis un seul point de l'assujettissement à nos misères et pauvretés naturelles ; ains a passé fidèlement, exactement et persévéramment par tous les pas et degrés de la servitude et abjection de notre nature, se soumettant à tout ce qui est de pauvre, de petit et d'abject en tout le cours de notre vie, depuis la conception jusqu'à la mort. O que de saletés en notre première demeure au ventre de nos mères ! Que de petitesse en notre enfance ! Que d'inutilités en nos actions puériles ! Que d'incommodités en notre vie ! Que d'infirmités en notre mort ! Et toutefois il n'a rien omis et négligé de ces choses, et n'a rien trouvé en la misère de ce corps et de cette vie, ni de trop bas à sa grandeur, ni trop petit, inutile et contemptible à sa sagesse. Combien donc est-il plus raisonnable que l'âme qui veut opérer sa sanctification propre durant le cours de la vie spirituelle et religieuse, ne néglige et n'omette rien des sujétions de cette vie, pour petites et basses qu'elles lui paraissent, et qu'elle imite le Fils de Dieu, le cherchant avec la même fidélité et manière qu'elle a été cherchée de lui, s'abaissant et soumettant à tout pour son amour ! et ce d'autant plus que les sujétions de cette vie

sainte et religieuse ont été ordonnées par l'esprit de Dieu ; et celles auxquelles le Fils de Dieu s'est exposé et abandonné pour nous ont été imposées par le péché à notre nature.

6. La plus grande ruine arrivée en l'état de la nature est la chute des anges. Or elle ne leur est survenue que par la puissance et liberté qu'ils ont voulu avoir de disposer d'eux-mêmes et de leurs actions, sans la dépendance et soumission convenable à l'ordonnance de Dieu. Et la plus grande réparation que nous faisons à Dieu, de ce qui lui a été ravi par les anges et hommes rebelles, est l'entière soumission et sujétion que nous rendons à autrui pour son amour ; et d'autant plus qu'elle est entière et absolue, plus cet hommage est grand, plus cet amour est parfait. Donc, en la servitude et retenue même des choses plus petites, nous témoignons un grand hommage et amour à Dieu ; et nous imitons les bons anges, qui n'ont jamais pris la licence et liberté de se porter d'eux-mêmes qu'à Dieu, et ne se sont appliqués à rien de grand ou de petit hors de Dieu, depuis le moment de leur création, que par l'application de Dieu même, ou des anges supérieurs. Et par ainsi, en la milice de la terre, nous suivons l'ordonnance de la milice du ciel, ne nous mouvant en aucune chose extérieure que par le mandement de celui qui commande ; et pour ce peu de temps que nous avons à vivre en la boue et fange de ce monde, nous ne dédaignons pas de garder l'ordre et la soumission que les bons anges gardent éternellement dedans le ciel, en la plénitude de la lumière et de la gloire.

7. Sur le sujet de cette action et soumission que l'esprit humain juge petit et inutile, l'esprit de Dieu en fait un jugement tout contraire, la jugeant digne de soi-même, et n'y adjugeant rien de moins que sa divinité pour récompense éternelle. Je l'accomplirai donc avec autant de disposition et de volonté que mérite le prix et l'estime que Dieu en fait en sa cour céleste. D'ailleurs j'aperçois clairement que le sens humain, jetant sa vue en la petitesse de cet objet ou de cette action, y trouve quelque chose de grand, puisqu'il y sent non une petite, mais une grande répugnance. Je ne la refuserai donc point à Dieu, auquel je dois tout ce que je suis, et duquel j'attends tout ce qu'il est. Car encore que cet objet me semble petit, le sens qui répugne à ce petit objet n'est pas petit, et sa résistance est grande. D'abondant je considérerai qu'ès choses grandes et divines il n'y a rien de petit ; et comme ès minières de l'or on recueille jusqu'au plus petit grain, ainsi, en la vie et soumission religieuse, plus précieuse que l'or, je n'y dois pas omettre le plus petit sujet. Et puisque la grandeur et divinité du Saint-Esprit s'est abaissée à dicter et opérer ces choses petites en tant de saintes âmes qui les ont enseignées et opérées de sa part, je n'estimerai pas que ce soit abaisser par trop la petitesse de mon sens, que de l'assujettir à les observer. Et puisqu'en la plus petite action nous y pouvons avoir une très-grande disposition, comme il appert en la Vierge, qui avait plus d'amour et de mérite envers Dieu en l'usage des choses indifférentes, que plusieurs saints au plus grand de leurs martyres ; je jugerai plus raisonnable de sentir et plaindre la petitesse de ma disposition, que la petitesse de la chose à laquelle je me rends sujette, et je m'animerai à imiter l'exemple et sujétion de Jésus-Christ, la vie et les actions duquel nous sont représentées par l'esprit de Dieu, en l'espace de trente ans, sous le seul terme et exercice de sujétion : *Et erat subditus illis* (*Luc.* II, 51), pour nous donner à entendre que toute sa vie en ce long temps n'était que soumission perpétuelle.

8. Cette actuelle dépendance d'autrui et cette demande des choses plus petites et nécessaires est raisonnable en soi et utile à l'âme. Raisonnable, parce que la supérieure nous représente Dieu non-seulement pour nous instruire, mais aussi pour nous concéder de sa part l'usage de ce qui n'est point nôtre et de ce qui est à Dieu. Car, comme la plus petite créature est totalement à la Divinité et est l'ouvrage de ses mains, étant à un même Dieu et par une même puissance de faire un moucheron et un ange : aussi la plus petite chose dont vous usez est à Dieu, et n'est qu'à Dieu et non à vous, et vous n'en usez que par licence et concession de sa part. N'est-il pas donc raisonnable de rendre à Dieu cet hommage de l'usage que nous faisons de ce qui lui appartient, et de relever de lui, comme en fief, en chaque chose que nous tenons de lui ; et de dépendre en nos nécessités de sa providence et de son autorité, qu'il a mise à cet effet en ses officiers ? Et n'est-il pas utile à l'âme de faire une action extérieure qui lui donne sujet de penser à cette vérité, et qui l'oblige à rendre cet hommage intérieur et extérieur à Dieu, et d'apprendre pour l'avenir à n'user d'aucunes choses que selon l'intention et la mesure de celui à qui toutes choses appartiennent, et qui nous en concède l'usage ; et de porter cette sujétion en pénitence et satisfaction de tant de mésusages passés et de tant de défauts de pensée et de soumission à Dieu en l'usage licite, mais imparfait de ses créatures ? Certes, cette obligation n'est qu'une obligation de reconnaître chaque chose de Dieu, et de traiter avec Dieu plus souvent, en lui demandant et en recevant de lui par le ministère d'autrui ce qui me fait besoin, et de me tenir toujours en la disposition que mérite cette fréquente conversation avec Dieu et cet hommage continuel, et d'avoir Dieu plus présent en sa créature, et de faire une nouvelle et réitérée profession de ma pauvreté volontaire par son amour et par correspondance à ses inspirations, et de ma pauvreté naturelle par l'indigence et néantise de mon être, qui a besoin de tout et n'a droit à rien de soi, que par la concession libre de celui qui lui a donné librement l'être. O aveuglement de

nos âmes, de ne pas voir des vérités si évidentes ! Ô insensibilité, de ne pas sentir des utilités si présentes ! Ô condition déraisonnable, de sentir sa servitude et sujétion en ces choses petites, et de ne pas sentir et plaindre sa rébellion en un état de pauvreté naturelle et volontaire !

CLXXXVI. POUR SE CONDUIRE CHRÉTIENNEMENT DANS LES VOYAGES ET LES AFFAIRES.

1. L'esprit de grâce que Dieu répand dans ses serviteurs a cette puissance et efficace, si nous savons bien l'employer, que de rendre les actions communes rares et particulières, et les actions basses et vulgaires excellentes, les actions profanes saintes, et les indifférentes méritoires; honorant Dieu par icelles, et acquérant Dieu même pour une éternité, par des actions communes, basses et fondées dans notre propre infirmité et nécessité, si elles sont exercées par l'efficace de l'esprit qui les conduit et réfère à Dieu. Tant l'esprit de la grâce est efficace si nous savons bien l'employer, et tant nous sommes coupables de négliger un si grand intérêt et avantage, perdre un si grand profit pour notre éternité, et rendre inutile une si grande puissance.

2. Si nous méconnaissons cette puissance, nous sommes frappés d'aveuglement; et si nous la négligeons, nous manquons et à Dieu et à nous-mêmes, et nous sommes bien coupables de négliger un si grand avantage, de perdre un si grand intérêt, de rendre inutile une si grande puissance, tombant dans la condamnation de celui qui, n'ayant pas employé le talent reçu, a été jugé digne d'en être privé.

3. Une des actions ordinaires, et même fréquentes en la vie humaine, est celle des voyages : et un de ses besoins est la nécessité d'aller en divers endroits, qui dérobe à l'homme une partie de la vie humaine, si elle n'est accomplie par une intention sainte et conduite par les pensées de la grâce. Mais il faut que cet Esprit, qui au commencement du monde était répandu sur les eaux pour les rendre fécondes, soit répandu sur nos œuvres pour les rendre fertiles et leur communique le germe de l'éternité. La Sapience éternelle a voulu même dire de sa propre bouche qu'une chose si petite et facile à donner comme un verre d'eau aura de Dieu sa récompense; et sa loi nous assure que les actions fondées dans notre propre infirmité et nécessité, si elles sont accomplies par un mouvement de la grâce qui les conduise et les réfère à Dieu, peuvent mériter Dieu même pour une éternité; car leur prix et valeur ne vient pas de la matière, mais de la forme; non de l'étoffe, mais de l'ouvrier et de la façon qu'il y donne, et cet ouvrier, c'est l'esprit de Dieu même; et une chose si petite et facile à donner comme un verre d'eau rend honneur à Dieu et mérite une éternité.

4. Il nous faut reconnaître notre infirmité propre, et nous en humilier. Ce corps chétif et grossier duquel nous sommes revêtus appesantit l'esprit qui y est attaché, une substance si noble ! Mais tandis que le corps appesantit l'esprit, il faut que l'esprit élève le corps et les actions corporelles et profanes, en les rendant spirituelles et saintes par la grâce. Le corps est attaché à un certain lieu, l'esprit y est attaché par le corps, et le corps doit porter l'esprit où l'esprit doit être et agir. Le corps, par sa pesanteur, a besoin de temps et de plusieurs choses pour se transporter d'un lieu à l'autre; en quoi il est différent de l'ange, qui se transporte où il veut par la seule efficace de sa volonté, et sans que rien l'en empêche; car l'ange est esprit, et il n'est sujet ni aux lieux ni aux distances. Mais si cette pensée nous humilie et nous met si fort au-dessous des anges, il y a un point qui nous relève et nous réduit à quelque égalité avec eux, et même nous met au-dessus d'eux. Car le mouvement et transport de l'ange est naturel, et cette sienne perfection convient même aux anges mauvais; et dans les mouvements tardifs de ce corps grossier et terrestre qui nous appesantit, nous pouvons et devons avoir des mouvements saints et spirituels qui surpassent les anges et leurs mouvements. Ainsi la Vierge, pleine du Fils de Dieu allait *in Montana* (*Luc.* I, 39), y allait pas à pas et avec intervalle de plusieurs jours, portant le Fils de Dieu, et non portée des anges, sujette comme nous à cette infirmité corporelle; sujette, dis-je, et non exempte; car parmi tant d'exemption qu'elle avait en l'ordre de nature et de grâce, elle n'avait pas exemption de cette nécessité, laquelle j'honore plus en la Vierge que la liberté et agilité qui est entre les anges. Son Fils unique même, l'ange du Nouveau Testament, le Saint des saints et le Dieu des saints et des anges, n'a pas voulu être exempt de cette nécessité. Il a été porté par les bras de sa sainte Mère d'un lieu à un autre, et s'est porté lui-même par les mouvements naturels de son corps déifié, sans user de priviléges angéliques, cheminant sur la terre et sur les eaux, et lassé même du chemin : *Jesus autem fatigatus ex itinere sedebat.* (*Joan.* IV, 6.) Et nous devons non-seulement honorer comme en la Vierge et aux saints, mais adorer d'une adoration suprême ces voyages, cette infirmité, cette lassitude, reconnaissant la grandeur et l'abaissement, la force et la faiblesse humaine unies ensemble pour notre salut; et tellement unies, que la grandeur et la divinité est abaissée dans l'humanité, et la faiblesse et l'humanité sont déifiées dans la divinité; et en cela nous sommes supérieurs aux anges; car nous avons notre Dieu abaissé comme nous, avec nous et pour nous, ce qui ne convient pas aux anges, ce qui doit rendre doux notre abaissement et notre nécessité heureuse.

5. Après cette pensée, nous humiliant en nous-mêmes, et nous élevant en Jésus-Christ Notre-Seigneur, nous devons considérer que le lieu où nous allons appartient à Jé-

sus-Christ, qu'il en est le souverain, qu'il l'a acquis par son sang, qu'il est honoré de sa présence réelle et visible en l'Eucharistie. Jésus y a tout, et nous n'y avons rien, et nous n'y devons rien chercher et trouver que Jésus, son service et sa gloire. Cette terre a été habitée avant nous, et cultivée par tant de saints qui y sont encore honorés; nous les devons invoquer et imiter en leurs labeurs. Les bons anges y sont établis de la part de Dieu, et la foi et piété nous les doit rendre présents et visibles. Ce sont les premiers citoyens et les plus honorables de la ville, avec lesquels nous devons traiter avant tous, et le plus souvent. Nos missions et nos affaires sont semblables, et notre conduite y doit être pareille. Nous devons être des anges visibles, associés à ces anges invisibles. Nous avons même commission et mêmes œuvres à faire. Ils nous veulent aider, et nous les devons aider aussi, selon cette parole de l'ange de Macédoine, disant à saint Paul : *Paule, adjuva me.* Leurs pouvoirs et les nôtres sont différents partages ; mais ils sont liés et subordonnés l'un à l'autre. Nous servons à un même Dieu, nous adorons un même Jésus, chef des hommes et des anges; nous travaillons en une même Eglise, pour être reçus un jour en un même ciel et une même gloire. Pensons à celui qui nous envoie : *Pro Christo legatione fungimur ;* et par cette pensée fondée en l'Ecriture, élevons notre esprit, honorons notre ministère, purifions nos intentions, et nous sanctifions nous-mêmes et nos prochains.

CLXXXVII. POUR BIEN COMMENCER L'ANNÉE.

Il nous faut clore et commencer l'année avec Notre-Seigneur; clore l'année passée et commencer l'année nouvelle, et lui rendre grâce de ce qu'il a voulu honorer le premier jour de l'an de l'un de ses mystères, pour nous donner moyen de le finir et commencer en lui et avec lui, afin qu'il soit le commencement et la fin, non-seulement de notre année, mais de nos années et de notre vie.

Il ne faut pas que nos années coulent et succèdent les unes aux autres sans égard, sans conduite et sans pensée, sans revue et sans exercice de Chrétien et de personne douée de la grâce et de l'esprit de Dieu. Nos années et nos jours sont le fonds et la matière de notre éternité. Un moment viendra qui finira notre temps : *Tempus non erit amplius* (*Apoc.* x, 6); et nous nous trouverons parvenus à cette nuit : *In qua nemo potest operari* (*Joan.* IX, 4), en laquelle on peut bien pâtir, mais non pas agir. Reconnaissons le temps passé : *Recogitabo tibi omnes annos meos.* (*Isa.* XXXVIII, 15.) Disposons du temps à venir, et le dirigeant et réglant selon Dieu, reconnaissons les bénéfices de Dieu, les fautes passées et les intentions et obligations à bien faire, rendant grâces et amour pour les bénéfices, contrition et satisfaction pour les fautes, direction, confortation et conduite pour les bonnes intentions, les offrant à Dieu, à ce qu'il les bénisse et conserve, et nous donne la grâce de lui en rendre les effets. Souvenons-nous que le péché est le plus grand mal qui soit au monde, pour nous humilier si nous y sommes tombés, ou rendre grâces à celui qui nous a préservés d'un si grand mal. Souvenons-nous que le péché nous environne toujours et nous talonne, et qu'avant la mort nul n'est exempt d'y pouvoir tomber, et entrons en crainte et vigilance : *Quod vobis dico, omnibus dico, Vigilate.* (*Marc.* XIII, 37.)

CLXXXVIII. EXERCICE POUR LE MATIN, ET DE RÉCOLLECTION PENDANT LA JOURNÉE.

1. Une des qualités que Dieu s'attribue lui-même en sa parole et un des noms de sa grandeur, et qu'il a révélé à ses serviteurs avec plus de puissance et de mystère, est de se nommer CELUI QUI EST, pour nous apprendre qu'il est seul être infini, absolu et indépendant de tout être; qu'il est la source et le soutien de tout ce qui a existence, et que tout ce qui procède de lui se termine en lui comme en la fin dernière et principale de toutes choses. Aussi un de nos premiers devoirs en l'usage de notre être et de notre vie, sitôt que nous avons l'usage de raison, est de référer à Dieu l'usage de notre vie, et nous offrir à lui en reconnaissance, adorant et son être infini et son autorité suprême sur nous, et comme nous ne sommes que par lui, n'être aussi que pour lui au monde. Cette grandeur et qualité de son être, et la petitesse du nôtre, nous oblige à plusieurs devoirs. Le premier est de relever notre être de lui, et adorer sa grandeur par notre petitesse ; le second est de l'invoquer souvent; car nous avons une continuelle et momentanée dépendance de lui ; le troisième, de vivre selon lui, et nous référer à lui, et nous approcher de sa gloire et de son royaume par la droiture et sainteté de nos œuvres, comme nous approchons sans cesse de son jugement par la brièveté de nos jours ; et d'autant que chaque jour fait partie de notre vie, et que, lorsque nous le commençons, nous ignorons tous sur la terre si ce ne sera point le dernier jour d'icelle ; nous le devons commencer en nous mettant entre les mains de Dieu et en nous consacrant à lui. A cet effet donc, ouvrant nos yeux pour voir la lumière, ouvrons notre esprit pour penser à Dieu, et employons cette puissance qu'il nous a donnée en la contemplation de son vrai objet, qui est lui-même.

Les grands reçoivent, sitôt qu'ils sont éveillés, service de ceux qui les environnent. Mais avant de désirer le service d'autrui, leur première pensée et parole doit être à celui qui est le grand des grands, et le servir avant que de recevoir aucun service d'autrui, commençant saintement la journée par quelque sainte élévation et prière à Dieu.

2. Pour se recueillir en Dieu, il faut poser ce fondement : qu'il n'y a chose au monde qui soit digne de nous occuper que Dieu seul. De façon que toutes nos pensées, affections et mouvements doivent être en lui ; tantôt nous élevant à ses perfections, sa bonté, sa sapience, sa puissance, sa justice et autres ; tantôt nous unissant aux

louanges que les anges et les saints lui chantent au ciel; tantôt aux actions de Jésus-Christ en la terre; tantôt pensant à notre indignité, et le priant de l'anéantir. La récollection intérieure se peut faire en cinq manières : 1° par honneur à la présence de Dieu, qui nous assiste toujours; 2° par amour vers Dieu, qui nous remplit de ses biens au corps et en l'âme; 3° par abnégation de nous-mêmes, fondée sur les sentiments imparfaits que nous expérimentons sans cesse, et les usages défectueux de nos puissances que nous devons craindre, combien même que nous ne les connaissions pas; 4° par notre nécessité si grande, environnés de si puissants ennemis, et étant si faibles; car cela nous oblige d'invoquer Dieu à notre secours continuellement; 5° par la retraite même et le recueillement, qui est une disposition où il faut que l'âme se maintienne toujours, afin que Dieu influe en elle selon ses desseins et son plaisir.

CLXXXIX. AU TEMPS DU JUBILÉ.

Les intentions qu'on doit avoir aux indulgences sont plusieurs : la première, pour satisfaire à Dieu pleinement et plus dignement, c'est-à-dire par son Fils même, car nous offrons par l'autorité de l'Église à Dieu les satisfactions de Jésus-Christ. Si nous pouvions convertir le ciel et la terre en satisfactions à la justice de Dieu, nous le devrions faire. Or ici nous avons la satisfaction de Jésus-Christ même, qui est infiniment plus digne et de plus grande valeur que toutes celles de tous les hommes ensemble. La seconde, pour lever tout empêchement entre Dieu et nous; car, encore que souffrir peine pour satisfaire à Dieu soit chose bonne, l'obligation à souffrir n'est pas chose bonne et est un empêchement à la grâce et un retardement du conseil de Dieu. La troisième, c'est un nouvel engagement à Dieu et à ses saints, parce que leurs satisfactions nous sont appliquées. La quatrième est de rendre un hommage spécial à la justice et à la miséricorde de Dieu : justice exercée sur son Fils, qu'il a fait mourir sur une croix entre deux larrons, pour nous faire miséricorde en nous faisant vivre éternellement au royaume des cieux en la compagnie des anges; car le jubilé, où nous sommes revêtus des satisfactions de son Fils et sommes déchargés des peines que nous avons méritées, nous remémore cette justice et cette miséricorde, et la conduite de Dieu, qui pardonne aux criminels en châtiant l'innocent; et nous devons remémorer l'un et l'autre avec de très-grands sentiments de reconnaissance et d'action de grâce. La cinquième est un zèle, et un triple zèle que nous devons exciter en nos cœurs : 1° zèle d'un plus grand amour de Dieu que nous n'avons eu par le passé, et offrir le jubilé à cette intention plus volontiers qu'à la satisfaction de nos fautes; 2° zèle de l'effacement des reliques du péché et spécialement de la diminution de la grâce, providence et assistance de Dieu sur nous, désirant beaucoup plus que la grâce, providence et assistance de Dieu sur nous ne diminue point, que non pas l'effacement de la peine ; 3° zèle de la parfaite correspondance intérieure et extérieure à la voie et vocation de Dieu sur nous. La sixième est un désir d'être revêtus des satisfactions de Jésus-Christ, regardant le jubilé comme une émanation et grâce procédante de lui. Tout ce qui est du Fils de Dieu est infiniment précieux en soi et nous le doit être aussi. Ainsi sans avoir égard à aucun intérêt nôtre, le jubilé nous doit être cher parce qu'il porte nouveau revêtement et application à nos âmes de quelque chose de Jésus, qui sont ses satisfactions. C'est ce que nous devons regarder et rechercher dans les stations du jubilé.

CXC. AUX RELIGIEUSES CARMÉLITES, POUR LES DISPOSER A LA GRACE DU JUBILÉ.

1. Puisque nous sommes au temps que l'Église nous présente la grâce du jubilé, il m'a semblé à propos de vous parler de la disposition qui vous est nécessaire pour y parvenir, conformément à la profession de la vie parfaite à laquelle vous êtes appelées ; car, comme vous tendez par votre vocation à une manière de vie plus sainte que le commun des Chrétiens, et que Dieu par sa bonté répand ses grâces sur vous en plus grande abondance, votre vie intérieure et extérieure, vos actions, vos conversations, vos affections et vos pensées doivent aussi être plus élevées et plus saintes, et il n'y doit rien avoir en vous qui ne tende à la perfection. Votre manière de vie plus intérieure qu'extérieure, plus selon l'esprit que selon les sens, et séparée de la terre, porte lumière, sentiment et goût de la perfection, et vous êtes d'autant plus obligées à la rechercher en toutes choses.

2. Les intentions communes et ordinaires de ceux qui font les stations ne sont autres que de satisfaire à la justice de Dieu, et que par l'indulgence ils puissent acquitter la peine due à leurs fautes. Cela est bon et suffit à ceux qui n'ont pas connaissance d'une disposition plus parfaite et plus pure. Mais vous, à qui Dieu se manifeste avec tant d'amour et qui avez plus de lumière de ce qui lui est dû, vous, dis-je, n'en devez pas demeurer là, et votre condition vous oblige d'approcher de lui avec plus d'amour et de pureté. Si donc vous jetez les yeux sur la justice de Dieu (ce que vous devez comme les autres), ne voyez pas pourtant comme les autres, voyez-la plus purement et plus saintement que les autres, voyez-la pour l'honorer, voyez-la pour l'aimer, voyez-la pour l'honorer et aimer comme Dieu même. Dieu aime sa justice d'un même amour que ses autres perfections, et lorsqu'elle est offensée, il veut qu'elle soit satisfaite et exactement satisfaite. Voyez-en l'exemple en son Fils, lequel n'étant dans l'obligation des péchés du monde vers cette divine justice, que comme répondant et caution, il demande néanmoins de lui une satisfaction si exacte et si rigoureuse qu'il semble avoir mis en oubli sa qualité de Père et ne plus

agir que comme Dieu et juge sévère. Voyez l'amour de ce Fils vers la justice et les rigueurs de son Père, et comme il dit sans cesse en l'Evangile que tout ce qui est écrit de lui ès Ecritures, c'est-à-dire tout ce qui a été ordonné dans le conseil éternel que les écrits des prophètes expriment, soit entièrement accompli. Voyez comme il se livre à ces divines rigueurs, et s'abandonne à cette justice et à ces arrêts avec tant de fidélité, qu'il n'y manque pas d'un seul *iota*, et avec tant d'amour, qu'il traite d'ennemi et appelle Satan un de ses plus chers disciples qui dit quelques paroles pour l'en détourner (143). Adorez cette justice, aimez ces rigueurs, liez-vous à ce divin vouloir, unissez-vous à l'amour de l'âme sainte de Jésus vers les rigueurs de son Père, et que ce soient vos sentiments et vos affections au regard de la justice de Dieu, que vous devez regarder comme les autres, mais d'un regard plus pur que les autres, d'un regard d'honneur et d'amour, ce que communément ne font pas les autres.

3. Adorez cette justice de Dieu exercée sur son Fils unique, adorez-la dans toutes les humiliations et les opprobres, toutes les souffrances qu'elle lui a fait porter en l'âme et au corps dans sa tristesse jusqu'à la mort, dans son agonie au jardin, et cette épouvantable sueur de sang découlant jusqu'en terre, dans sa seconde et dernière agonie en la croix, et vous donnez à lui sans réserve pour l'accompagner en ses douleurs, pour porter avec lui les rigueurs de son Père, qui sont fondées sur nos offenses, et afin qu'il vous fasse la grâce de rendre hommage avec lui à la justice de Dieu. Mais ayant ainsi rendu vos devoirs à la justice divine, tournez-vous vers l'amour, à cet amour ineffable et inconcevable, duquel Dieu nous a tant aimés, que nous donner son Fils unique et le livrer pour nous tous à la mort. Rendez-lui amour pour amour, et soyez bien aise de gagner l'indulgence, puisque vous ôte l'empêchement à l'amour. O mes sœurs, s'il se faisait un jubilé pour ce seul sujet, d'ôter les empêchements de l'amour divin, nous devrions faire toutes sortes de diligence possible pour le gagner! Celui-ci est pour ce sujet, puisqu'il est octroyé pour nous délivrer de toutes les peines justement méritées par nos fautes, non-seulement de la peine du sentiment (qui est la seule chose que le monde pèse), mais aussi de la diminution de la grâce et providence de Dieu sur nous et de notre amour vers lui, que vous entendez bien être de vraies peines, et de très-grandes peines, et des châtiments rigoureux. Regardez-y donc cette sorte de peine, et que ce soit celle-là principalement dont vous recherchiez d'être déchargées par une nouvelle application et satisfaction de Jésus-Christ à vos âmes. Et s'il y en a quelques-unes qui ne comprennent pas si bien ce que je dis, qu'elles unissent leurs intentions à la mienne, et à mon désir qui est plus grand que mes paroles, et que je ne puis faire voir tel qu'il est.

CXCI. LES DISPOSITIONS INTÉRIEURES QU'IL RECOMMANDE AUX SUPÉRIEURS DE LA CONGRÉGATION DE L'ORATOIRE DE JÉSUS.

1. Adhérence, dépendance et conduite dérivée de Jésus, comme de celui qui est le souverain pasteur des âmes : *Pastor et episcopus animarum nostrarum.* (*I Petr.* II, 25.) Adhérence par amour ; dépendance par assujettissement à sa puissance et même à son être, qui doit être la source et le principe de notre être, de notre puissance et de notre action ; conduite par influence de l'esprit de Jésus sur notre esprit. Que ce soit la disposition du supérieur envers Jésus-Christ. Et pour le regard des autres, qu'il ait plus de soin de les instruire par exemple que par parole ; qu'il ait l'esprit attentif à Jésus et qu'il puise en cette divine source toute l'efficace de sa conduite ; qu'il se souvienne qu'il est officier de Jésus, et comme son ambassadeur, et que, partant, il ait soin de sa gloire et de ses intérêts (144). Je dis les intérêts de Jésus, car Jésus a des desseins dans les âmes, il y a des affaires et des effets à opérer, et il les veut opérer par autrui.

2. Le dessein de Dieu est d'opérer même les plus grandes œuvres pour ses créatures, par ses créatures, leur donnant part à ses desseins, à ses opérations et à sa conduite, comme il leur donne part à son être, à sa grâce et à sa gloire. Ainsi, voulant réconcilier le monde, il a voulu avoir un instrument conjoint à sa divinité pour le rendre propre à la dignité de ce grand œuvre, et il a choisi une nature humaine pour lui servir à cet œuvre de ses œuvres, et il l'a unie à son Verbe, à son Fils unique, afin qu'il opérât et pâtît en icelle. En suite de ce conseil et de ce dessein de Dieu sur le mystère de l'Incarnation Dieu, qui opère constamment, conformément et proportionnément à soi-même, veut se servir des hommes pour appliquer aux hommes les grâces qui leur sont acquises et préparées par ce grand mystère, et par l'Homme-Dieu qui est le chef et le souverain des hommes en l'ordre de la nature, de la grâce, de la gloire.

3. De là vient qu'en l'ordre établi de Dieu il y a deux sortes de personnes : les uns qui reçoivent, et les autres qui communiquent l'esprit, la lumière et la grâce de Jésus. Les premiers sont tous les fidèles, et les seconds sont les prêtres et les supérieurs, qui départent leurs influences aux inférieurs, et doivent imiter les anges supérieurs et les ordres éminents entre les anges, qui purgent, qui illuminent, qui enflamment ceux qui leur sont soumis et subordonnés. Puisque Dieu nous appelle aux fonctions angéliques,

---

(143) *Vade post me Satana, non enim sapis ea quæ Dei sunt*, etc. (*Matth.* XVI, 23.)

(144) *Legatione pro Christo fungimur.* (*II Cor.* V, 20.)

disposons-nous aussi à une vie angélique et à un exercice et ministère si élevé, si saint et si efficace.

4. Comme cette humanité sacrée regarde le Verbe, est adhérente au Verbe, et n'a subsistence que dans ce Verbe divin; ainsi le supérieur, qui est l'instrument de Jésus, comme l'humanité de Jésus est l'instrument du Verbe, doit être adhérent à Jésus, doit regarder Jésus, doit n'avoir vie et subsistence qu'en Jésus, qui est notre vie et notre subsistence. Et comme cette humanité est remplie du Verbe en toutes ses parties, en l'âme et au corps, en son être et en ses opérations; ainsi nous devons rechercher d'être remplis de Jésus et de l'esprit de Jésus, en sorte que nos plus petites et plus communes opérations envers autrui soient conduites et opérées par son esprit et non par l'esprit de la nature.

5. Qu'il aime beaucoup Jésus et Marie, sa très-sainte Mère, et qu'il révère singulièrement la puissance suprême qu'ils ont sur les âmes; car et Jésus en est le Seigneur souverain par plusieurs titres, et ensuite elles appartiennent à la Vierge sa mère, et ils sont aussi très-particulièrement intéressés dans les âmes, et plus intéressés qu'aucune autre créature.

6. Le premier nom de la première personne de la très-sainte Trinité est celui de Père; et c'est ce nom qui le constitue en sa personnalité divine, et, le rendant Père de son Fils unique, le rend principe avec lui de la personne du Saint-Esprit, car il y a ordre entre les processions divines. Or de cette doctrine nous devons recueillir combien ce nom de Père doit être vénérable en l'Eglise, et comme les ecclésiastiques doivent procéder en leur conduite comme pères, et doivent révérer la paternité et maternité divine, dont l'une est l'origine des émanations éternelles, et l'autre est le principe de l'Incarnation divine.

7. Dieu contemplant soi-même produit son Fils; et la contemplation de Dieu et de soi-même doit être la première et principale occupation de ceux qui doivent engendrer des enfants à Dieu en son Eglise.

8. Le Fils unique de Dieu, en son abaissement dans l'Incarnation et dans la croix, nous fait enfants adoptifs à Dieu son Père, et opère notre salut; et dans l'abaissement de nous-même, nous devons opérer le salut des âmes, et les introduire en l'état d'enfants de Dieu.

9. Le premier usage du supérieur doit être de regarder, bénir et adorer en cette qualité celui qui est le supérieur de tous, et que l'Ecriture nomme et bénit en qualité de Dieu et de Père tout ensemble, que l'Ecriture joint divinement en ces saintes paroles: *Benedictus Deus et Pater Domini nostri Jesu Christi. « Dieu et Père de Jésus-Christ Notre-Seigneur, Père des miséricordes, et Dieu de toute consolation, qui nous console en toutes nos tribulations* (Ephes. I, 3), où les offices et fonctions d'un vrai père et supérieur sont exprimées, esprit de douceur et de miséricorde, et le soin de l'exercer et employer, en consolant les affligés en toutes leurs afflictions. Que ce nom donc, proféré si souvent, ne soit point profané par son usage vulgaire et par nos imperfections journalières et ordinaires, mais serve d'avertissement aux supérieurs, comme ils se doivent conduire en l'exercice de la supériorité.

CXCII. L'ESPRIT DE LA CONGRÉGATION DE L'ORATOIRE DE JÉSUS, ET LES DEVOIRS DE CEUX QUI Y SONT APPELÉS.

1. Le même Dieu qui a rétabli en nos jours en plusieurs familles religieuses l'esprit et la ferveur de leur première institution, semble vouloir aussi départir la même grâce et faveur à l'état de prêtrise, qui est le premier, le plus essentiel et nécessaire à son Eglise, et renouveler en icelui l'état et la perfection qui lui convient selon son ancien usage et en sa première institution. Et c'est pour recueillir cette grâce du ciel, pour recevoir cet esprit de Notre-Seigneur Jésus-Christ, notre grand prêtre, pour vivre et opérer sous sa conduite, et pour le conserver à la postérité, que nous sommes assemblés en ce lieu et en cette forme de vie qui se commence.

2. Cet état de prêtrise requiert de soi-même deux points. Premièrement une très-grande perfection et même sainteté; car c'est un état saint et sacré en son institution, c'est un office divin en son usage et ministère, et c'est même l'origine de toute la sainteté qui doit être en l'Église de Dieu. Secondement, il requiert une liaison particulière à Jésus-Christ Notre-Seigneur, auquel nous sommes conjoints par ce ministère en une manière spéciale, et par un pouvoir si élevé, qu'il ne convient pas même aux anges en l'état de la gloire. C'est pourquoi il nous faut tendre continuellement en ces deux points, et les tenir entre nous comme essentiels à cette institution, savoir est, un grand désir de la perfection et une très-grande liaison d'honneur, d'amour et de dépendance à Jésus-Christ Notre-Seigneur.

3. Même comme il a plu à Dieu d'inspirer à chaque famille religieuse le soin et la profession de quelque vertu particulière, en sorte que, les possédant toutes, elle se rend éminente et singulière en l'exercice et profession de quelqu'une entre les autres, qui de la pauvreté comme les Capucins, qui de la solitude comme les Chartreux, qui de l'obéissance comme les Jésuites, nous devons reconnaître que le soin particulier d'aimer et d'honorer intimement et singulièrement Jésus-Christ Notre-Seigneur, contre l'affection commune qui lui est due par tous les Chrétiens, et qui lui est rendue par tous les ordres religieux, doit être le point auquel cette petite congrégation se doit rendre éminente et singulière entre toutes les autres saintes communautés qui la précèdent en temps, en vertu et en autorité, et que d'ailleurs elle doit et veut respecter et honorer en toute humilité et charité.

4. Ensuite de cette pensée et vérité, nous porterons tous, par le devoir et l'esprit de cette institution, un honneur et amour spécial à Jésus-Christ, nous tenant désormais comme hosties immolées à son service, ainsi qu'il a daigné être l'hostie immolée pour nous à Dieu son Père, et nous mettant du tout entre ses mains, comme organes de son esprit et instruments de sa grâce, ainsi qu'il est en son humanité l'instrument joint personnellement à la Divinité. Et en cette qualité nous nous reconnaîtrons obligés d'avoir un grand amour à Jésus, qui est l'unique objet du bon plaisir de son Père; une grande union d'esprit à son esprit, auquel il nous faut vivre en l'intérieur, et par lequel il nous faut opérer en l'extérieur ; un grand zèle de son honneur, qui doit être le but de notre vie ; une abnégation du monde et de nous-mêmes, qui est la croix qu'il nous faut porter pour sa gloire ; une imitation parfaite de sa vie et de ses mœurs, une assidue coopération à ses œuvres et à ses desseins, considérant que l'ordre de la nature se peut bien conserver sans nous et sans notre travail, mais non l'ordre de la grâce qui nous est commise ; un grand respect et service à son Église; une propagation de son état et de son royaume en terre ; bref, faire en sorte que nous ayons une plénitude de lui (ne regardant et ne recherchant que lui), et une non estime de tout le reste : et qu'il nous soit dès à présent tout en tout par la grâce, comme il sera éternellement tout en tous par la gloire.

5. Nous considérerons que l'un des offices et qualités de Jésus-Christ Notre-Seigneur est d'être prêtre éternellement, et même l'auteur et l'instituteur de notre prêtrise, voire en sorte que nul autre ne le pouvait être que lui. Tellement que, pour ne point rabaisser l'état de notre institution, nous devons reconnaître Jésus en qualité de notre instituteur et patron principal de notre vie ; nous devons rendre encore à Jésus-Christ, selon cette pensée, tout ce que les ordres religieux rendent de respect et de soumission à leurs instituteurs, et en une manière bien plus haute et parfaite ; et par ainsi nous tiendrons Jésus-Christ comme notre Dieu, notre médiateur et notre instituteur, et nos pensées et affections en cette institution doivent être réunies en lui, sans être diverties ni portées ailleurs. Pour ce sujet, et afin que cette congrégation ne soit divertie ni diminuée en cet objet, et tire de lui seul sa vie, sa forme et sa perfection, elle fera profession de ne reconnaître jamais aucun autre pour patron principal ni instituteur que Jésus-Christ, sans toutefois manquer en rien de l'obéissance et observance des choses qui seront commandées de sa part, en son nom et en l'autorité qui lui est subalterne (145).

6. Nous aurons soin d'acquérir les vertus chrétiennes chrétiennement, c'est-à-dire, non-seulement de les dériver en nous de Jésus-Christ, comme notre source et plénitude : *De plenitudine ejus nos omnes accepimus* (Joan. I, 16), mais encore de les référer à lui, et de les acquérir et exercer par ce titre, intention et motif spécial, d'honorer par ce moyen les vertus de Jésus-Christ Notre-Seigneur.

CXCIII. DIVERS ENSEIGNEMENTS POUR LA MANIÈRE DE VIVRE ET DE CONVERSER DES PRÊTRES DE L'ORATOIRE DE JÉSUS, QUI PEUVENT AUSSI SERVIR A TOUS CEUX QUI ASPIRENT A LA PERFECTION DE LA SAINTE PRÊTRISE.

1. Nous devons comme prêtres, et prêtres de Jésus, faire profession solennelle de piété, comme plusieurs ordres le font, l'un de pauvreté, l'autre de pénitence, l'autre de solitude, l'autre d'hospitalité, et faire profession de piété et dévotion spéciale vers Jésus et sa très-sainte Mère, qui ne doit jamais être séparée de lui en l'honneur de la liaison ineffable qu'elle a avec le Fils de Dieu ensuite et par sa qualité de Mère.

2. Nos principaux règlements doivent être en ce sujet, et notre soin principal à rendre solide et parfaite cette disposition intérieure et cette obligation extérieure de notre âme vers Dieu, comme prêtres: vers son Fils unique Jésus-Christ Notre-Seigneur, comme prêtres de Jésus-Christ; vers sa très-sainte Mère, comme prêtres et esclaves de celui qui est son Fils et son Dieu tout ensemble; vers les anges et saints qui ont rapport au Fils de Dieu ; vers l'Église, qui est l'épouse de Jésus en terre, et le sujet de ses labeurs et souffrances, et l'objet de sa grâce.

3. De cette piété et dévotion doit naître une liaison spéciale à Jésus et à Marie, liaison d'hommage et servitude ; liaison d'appartenance et dépendance, liaison d'amour et d'union d'esprit, donnant sur nous, à Jésus et à Marie, tout le pouvoir que nous leur pouvons donner par élection de notre volonté, qui leur est due par leurs titres éminents et qualités singulières connues et inconnues, et qui requiert leurs desseins et conseils sur nous, secrets ou manifestes.

4. Nous ne nous considérerons jamais que comme une suite et partie de Jésus et de Marie, et partie principale, faisant une transfusion et transport en lui de tout ce que nous sommes à nous-mêmes et de tout ce qui est nôtre, transport plus réel et volontaire que celui qui est entré l'homme et la femme par le droit de leur alliance et entre le maître et l'esclave par le titre de servitude; et nous désappropriant, par cette voie d'amour, d'hommage et de servitude, entre les mains de Jésus, comme les religieux le font par voie de pauvreté ; y ayant communauté de tout entre Jésus et nous, et désappropriation de tout ce qui nous concerne. En suite de cette appartenance étroite et singulière de cette congrégation à la divine personne de

---

(145) Jésus-Christ est l'instituteur de la prêtrise, et il n'y en peut avoir d'autres que lui ; mais ce serviteur de Dieu est instituteur d'une congrégation qui fait profession de vivre dans l'esprit et les devoirs de la prêtrise.

Jésus-Christ, chaque maison est dédiée à quelqu'un de ses mystères, choisi par celui qui a droit de les accepter, et honoré de tous ceux qui y sont par quelque dévotion secrète. Chaque chambre même doit être dédiée à quelque mystère choisi par les particulières ; chacun doit considérer sa demeure comme demeure de Jésus, comme chambre qui est plus à Jésus qu'à lui, qui ne doit servir qu'à recevoir ses grâces et son esprit, et à traiter, ou avec lui par oraison, ou pour lui par l'étude et action qu'il y convient faire pour imiter Jésus en sa demeure et vie sur la terre.

5. En cette dévote pensée, nous sortirons de notre chambre, emportant avec nous l'esprit de Jésus, pour converser et agir par cet esprit, qui doit remplir notre vie ; nous y rentrerons avec ce même esprit pour converser avec Jésus dans notre retraite. Et pour aider à cette dévotion intérieure, sortant et entrant, nous faisons quelque brève prière et nous rendons honneur à Jésus, afin que nos entrées et sorties ne soient profanes, vagabondes, indifférentes, mais dévotes, recueillies, sérieuses et utiles à la disposition de l'âme.

6. Le prêtre de Jésus doit pouvoir dire plus que tous : *Vivo ego, jam non ego, vivit vero in me Christus*; car même il doit faire vivre Jésus-Christ dans les autres, et doit être instrument de cette vie que Jésus veut avoir dans les âmes par son ministère. Vie en Jésus, mort en soi, vie de Jésus en nous, sont trois points auxquels les prêtres de Jésus doivent être incessamment appliqués, tant en eux-mêmes qu'en autrui.

7. Chacun de nous considérera que l'oraison doit être un des principaux, plus ordinaires et plus familiers exercices d'un prêtre, et lequel même nous est représenté par le nom de l'Oratoire que nous portons. Que cet exercice comprend l'oraison, tant publique que particulière, en chacune desquelles il nous faut tous avoir diligence et assiduité ; en sorte que rien ne nous dispense de la prière, que l'action ou d'obéissance ou de charité, le prêtre ne devant jamais être oisif, mais toujours occupé ou en action vertueuse, ou en oraison sainte. Que ceux qui sont moins occupés en l'action doivent prendre plus de temps et de soin à l'oraison, joignant leurs prières aux labeurs d'autrui, les uns levant les mains à Dieu avec Moïse, tandis que les autres sont occupés au combat spirituel avec Josué. Que ceux qui sont en l'action doivent soupirer après l'oraison, et ceux qui sont plus occupés en la retraite et oraison doivent honorer les actions des autres, un chacun demeurant humblement et saintement en l'occupation que Dieu lui donne, pour traiter ou avec lui par la prière, ou pour lui par la communication charitable. Que la prière vocale doit succéder à la mentale, et la particulière à la publique si elle n'est interrompue par action ou d'obéissance ou de charité, et l'oisiveté soigneusement bannie comme indigne non-seulement d'un ecclésiastique réglé et retiré, mais d'un Chrétien.

CXCIV. DE L'OBLIGATION QUE TOUS LES HOMMES, ET SPÉCIALEMENT LES ROIS, ONT DE SERVIR DIEU PARFAITEMENT.

Avec un *Mémorial d'exercice de piété*, pour la sérénissime reine de la Grande-Bretagne.

I. *Grandeur de Dieu marquée en cette parole qu'il dit à Moïse*: Celui qui est. II. *Devoirs de la créature marqués en cette parole*. III. *Les rois sont plus étroitement obligés à servir Dieu que ne sont leurs peuples.*

Madame,

I. Une des qualités que Dieu prend en sa parole, et un des noms de sa grandeur qu'il a révélés à ses serviteurs avec plus de puissance et de mystère, est ce beau et admirable nom de *Celui qui est*. (*Exod*. III, 14.) C'est lui-même qui a voulu s'attribuer cette qualité honorable et se nommer ainsi à ses serviteurs, lorsqu'il les emploie aux plus grandes œuvres de sa conduite et providence sur la terre. Car c'est en cette grande et signalée mission qu'il fait de son serviteur Moïse à son peuple, pour le tirer de captivité, pour lui donner un chef et le former en un corps d'Etat et de république, et pour commencer un nouvel ordre et établissement de religion nouvelle au monde. C'est la plus célèbre action qui soit mentionnée en l'Ecriture, avant l'avénement du Fils de Dieu au monde. C'est celle qui donne fondement à l'Ancien Testament et prépare au Nouveau. La première fois que ce nom vénérable est prononcé, c'est par la bouche de Dieu même ; et c'est la première où Dieu commence à se choisir un peuple et un Etat distingué des autres empires de la terre, n'ayant auparavant que des maisons et des familles affectées à son service (146). Or ce dessein, conduite et action est solidement fondé sur cette grande parole de Dieu, parlant et commandant à Moïse de dire au peuple de Dieu : *Celui qui est m'a envoyé vers vous* (*Ibid.*, 1) ; comme s'il disait : celui qui est m'a envoyé vers ce qui n'est point ; car vous n'avez être que dans le néant et dans la misère de vos tribulations, et il m'envoie pour vous donner quelque sorte d'être et consistance et au monde et à son service, pour vous tirer à un lieu où vous l'adorerez en liberté, et pour vous mettre en une terre où vous le serviez, en attendant la venue de son Messie, qui prendra son corps d'entre vous et vous répandra son esprit.

II. Cette parole donc est primitive et fondamentale à toute mission et religion ; et c'est une parole digne d'être bien pesée au poids du sanctuaire, et bien considérée ; car c'est une parole grande, et où Dieu parle, et parle de soi-même. Cette parole auguste et divine

(146) Nous ne lisons point de mission publique, solennelle et signalée de Dieu vers les hommes, que celle de Moïse.

nous apprend que Dieu seul est celui qui est, à proprement parler : qu'il a un être, source et fin de tout être, infini, absolu et indépendant; être éternel et immuable, être sans principe et sans fin, être sans mouvement et altération quelconque; toujours lui-même, et toujours en lui-même, et qui, quand il lui plaît, produit tout en sa puissance, conserve tout en sa bonté, contient tout en son immensité, régit tout en sa providence, pèse tout en sa justice.

III. Il nous faut entrer souvent en ses pensées, et reconnaître comme nous devons adoration à sa grandeur, crainte à sa justice, amour à sa bonté, dépendance à sa conduite, invocation à sa puissance, en la main de laquelle nous sommes à tous moments et à toutes actions; et c'est une des misères de la terre de penser si peu à Dieu, qui pense toujours à nous, et prier si peu celui qui nous est toujours si présent, et lequel, s'il cessait de penser à nous, nous cesserions d'être. Les grands sont plus obligés que les autres d'entrer en cette considération et de rendre ces devoirs à Dieu; car, comme leur qualité est plus grande, leurs besoins sont plus grands aussi; et s'ils se connaissaient bien leur condition, ils trouveraient en leur grandeur leur indigence être plus grande et surpasser leur puissance. Et d'ailleurs ils portent l'image de Dieu au monde, et sont comme les médiateurs de la conduite temporelle de Dieu à leurs sujets. Ce qui les oblige de traiter avec Dieu, et de se référer à lui plus soigneusement par leur bon exemple et conduite, et attirer ses grâces sur les peuples qui leur sont commis.

C'est le premier avis que je vous donne, Madame, puisque Dieu a voulu que vous ayez déposé votre âme entre mes mains, et qu'entrant en une nouvelle qualité en la terre, qualité grande, mais difficile, j'entre en la direction de votre conscience. J'ai cru aussi de mon devoir de vous en parler souvent, et vous avez voulu que je vous dressasse un mémorial par écrit pour le lire plus attentivement.

Mémorial des exercices de piété, dressés pour la sérénissime reine d'Angleterre.

;Exercice pour le matin.

Le matin, en ouvrant les yeux du corps pour voir la lumière, nous devons ouvrir les yeux de notre esprit pour voir Dieu, c'est-à-dire pour penser à lui; car la vue de l'esprit, c'est la pensée, et Dieu est la vraie lumière. Il est lumière, source de toute autre lumière, et de cette lumière même qui frappe lors nos sens et nous éclaire; mais il est une lumière qui n'a jamais de ténèbres, ce qui ne convient pas à celle qui fait et distingue nos jours et nos nuits; et comme Dieu est lumière en soi-même, il veut encore être la lumière de toute âme qui vient au monde, et nous appelle tous, si nous voulons, au sort de ses lumières éternelles. En la vue donc de cette belle lumière qui nous éclaire et nous fait voir ce monde et nous-mêmes, il nous faut élever à Dieu, qui est la lumière vive et éternelle des âmes, et votre âme doit en s'éveillant se convertir à lui, et en ce nouveau jour que Dieu lui donne, elle doit prendre résolution nouvelle de se donner à Dieu; et en l'adorant, aimant et respectant sa grandeur, sa bonté, son autorité suprême, elle doit faire état de le servir par les exercices de la religion, qu'il a fait lui-même publier au monde, pour être reconnu et honoré dans les voies qu'elle nous montre.

C'est le dessein par lequel nous devons commencer la journée, et c'est l'exercice selon lequel il nous faut conduire nos jours et notre vie sur la terre, jusqu'à ce que celui qui a fait le ciel et la terre, et qui nous a mis en la terre pour aller au ciel, nous tire à lui pour vivre avec lui, et vivre en lui une autre sorte de vie que celle que nous vivons au monde, c'est-à-dire une vie céleste et divine, une vie immortelle et bienheureuse, une vie en laquelle consiste notre félicité éternelle.

Cette félicité nous est préparée de toute éternité, et en la plénitude des temps nous est acquise par Jésus-Christ Notre-Seigneur; mais elle ne nous sera pas concédée à la fin de nos jours, si nous ne sommes à lui, cheminant dans ses voies et dans les œuvres qu'il nous a préparées par sa grâce; car le salut n'appartient et n'est en propre qu'à Jésus-Christ, et il faut être à lui pour avoir part au salut, il faut être enté en lui, comme le cep en la vigne, ainsi qu'il dit lui-même; il faut être membre de son corps, il faut être animé de son Esprit, il faut suivre sa conduite et opérer ses œuvres; car, selon son Apôtre (*Rom.* xiv, 20), nous sommes l'œuvre des mains de Dieu, et nous devons être et opérer selon Dieu; nous sommes créés et établis en Jésus-Christ, non pour être nonchalants ou oisifs, mais pour opérer de bonnes œuvres, œuvres que Dieu même a préparées afin que nous cheminions en icelles.

En cette reconnaissance et vérité nous devons commencer la journée; et partant il faut la commencer, non comme les animaux, qui n'ont autre vie que celle qui consiste en l'usage des sens, ni comme les profanes, qui, comme dit l'Apôtre (*Ephes.* ii, 12), sont sans Dieu, sans Sauveur en ce monde, *sine Christo, sine Deo, in hoc mundo*, c'est-à-dire ne pensent non plus à Dieu que s'il n'y en avait point, ne prennent non plus de part à Jésus-Christ que s'il n'y avait ni salut, ni Sauveur au monde et n'ont autre pensée que de leurs desseins et de leurs délices; mais il nous faut commencer le jour comme Chrétiens nourris en une école qui nous apprend que nos jours sont en la main de Dieu, que nous avons à vivre une autre vie que celle-ci, que nous devons un autre compte exact de nos actions, de nos pensées, de nos paroles, et jusqu'à une parole oiseuse, selon la parole expresse et formelle de Jésus-Christ même, qui est la parole éternelle du Père.

Le matin donc, en nous réveillant, recueillons notre esprit, consacrons nos prémisses à Dieu, et élevons nos yeux au ciel ou à quelque objet saint, afin que le premier acte de nos sens et le plus noble de nos sens, c'est-à-dire la vue, soit dédié à Dieu par le premier usage que nous en faisons. Avant que nous lever, ni parler à personne, ni entrer en aucune sorte d'occupation, ayons soin que notre premier regard soit au ciel, que notre première pensée soit à Dieu, que notre première parole soit le nom sacré de Jésus et celui de sa sainte mère, inséparable de lui, et que notre première action soit le signe de la croix; car c'est comme si nous disions en nous-mêmes : c'est à vous, ô Seigneur qui habitez ès cieux, que j'élève mes yeux ! c'est à vous que je dédie mon cœur, mon esprit et mon corps! c'est à vous que j'offre mes premiers mouvements et actions! c'est par vous que je veux commencer saintement la journée, puisque c'est vous qui me la donnez pour opérer mon salut et servir à votre gloire !

Ainsi nous recevons ce nouveau jour comme un nouveau bénéfice de la main de Dieu, et nous le commençons par hommage et service à celui qui nous le donne; et nous le commençons, comme chrétiens, par le signe de la croix, par lequel nous adorons et invoquons la très-sainte Trinité, en proférant le nom du Père, du Fils et du Saint-Esprit, et nous nous consacrons à Jésus-Christ en remémorant les mystères de son Incarnation et de sa Passion, par lesquels a été accompli le salut du monde, et nous imprimons sur nous le signe du Fils de l'homme, la marque de Jésus, le caractère de son amour et de notre délivrance, en imprimant la croix, par laquelle il a sauvé son peuple, le délivrant de la servitude éternelle de l'enfer, de la mort et du péché, et par cette impression sainte et salutaire, nous protestons être à Jésus et vouloir entrer dans la participation du mérite de son sang, répandu en la croix pour nous donner la vie.

Voilà en peu de mots l'usage du signe de la croix, par lequel vous devez commencer la journée, comme par le même nous avons commencé notre entrée en l'Eglise dans le baptême. Mais, pour un plus grand éclaircissement de cette pratique, et pour plus ample instruction de votre conscience en un point dont l'usage nous est si fréquent et si ordinaire, je vous supplie, Madame, de considérer, 1° que ce signe se fait en forme de croix pour honorer et remémorer la Passion, et par conséquent l'incarnation du Fils de Dieu, qui s'est fait homme pour souffrir pour les hommes; 2° que ce signe s'applique aux parties principales qui ont source et effet de vie en nous, pour y appliquer la grâce acquise par lui, et fortifier nos sens et nos pensées, dont le siége est au chef; nos mouvements et affections, dont le siége est au cœur; nos œuvres et nos actions, dont l'organe est la main et le bras; 3° que ce signe se fait en portant la main du front à la poitrine, et non de la poitrine au front, et de la gauche à la droite, non de la droite à la gauche, pour marque que le Fils de Dieu est descendu du haut en bas, du ciel à la terre, du sein du Père au sein de la vierge, pour le mystère de l'Incarnation, et que par son avénement il nous a transportés des choses basses et transitoires aux choses hautes et éternelles, du péché à la grâce, de la mort à la vie, de l'enfer au ciel, et qu'il nous veut enfin établir à la dextre de Dieu avec lui pour jamais. Que ce signe se fait en disant ces paroles saintes et divines, au nom du Père, et du Fils et du Saint-Esprit; je dis au nom, et non pas aux noms, pour montrer l'unité de Dieu en la Trinité des personnes; car la puissance, la nature et l'autorité est une seule en toutes les trois personnes qui nous sont exprimées par leurs noms propres, révélés par le Fils de Dieu même, et enseignés à son Eglise.

Ce signe donc est composé de deux choses, et toutes deux vénérables, saintes et efficaces, savoir, de la prolation de ces noms affectés aux personnes divines, et de la marque de la croix en laquelle a été opéré le salut des hommes. Qu'y a-t-il à reprendre en un usage et en une pratique de si grande vénération? Car, s'il nous faut parler, pouvons-nous proférer paroles plus saintes et plus divines que ces paroles qui nous expriment les personnes divines, sources de toute sainteté? que ces paroles qui ont été proférées par le Fils de Dieu, le Saint des saints? que ces paroles qu'il nous a enseignées lui-même, et par lesquelles il nous a voulu conserver à lui dans le baptême? Et s'il nous faut donner quelque mouvement à nos bras et à nos mains, le pouvons-nous faire plus saintement et plus religieusement qu'en formant le signe de la croix, sur laquelle le Fils de Dieu a voulu s'offrir en holocauste au Père éternel, et opérer le salut du monde? Jésus-Christ, par la croix, a voulu adorer Dieu son Père, satisfaire à sa justice, apaiser son courroux, racheter les hommes, acquérir la gloire éternelle, choses toutes saintes, divines et admirables; et nous, par le signe de la croix, nous protestons que nous sommes Chrétiens, c'est-à-dire adhérants à Jésus, comme disciples de son école, comme esclaves de la croix, comme sujets de son empire, comme enfants de sa famille, comme héritiers de sa gloire. Nous protestons qu'au lieu de l'état misérable et de la qualité d'enfants d'Adam en laquelle nous étions, nous avons désormais Dieu pour Père et son Fils pour rédempteur; nous avons le sang de Jésus pour notre prix, la foi pour notre loi, son Eglise pour notre Mère, et sa gloire pour notre paradis : toutes choses grandes, saintes et dignes d'une mémoire et profession éternelle.

Cette pratique et instruction est une des plus anciennes et universelles observances de la chrétienté, et ce signe a toujours été vénéré et estimé comme le signe du chrétien, qui le distingue et sépare des gentils, des Juifs, des Turcs, et même des hérétiques, qui l'omettent trop inconsidérément. Tous les chrétiens, par toute la terre, depuis la mort de Jésus-Christ jusqu'à notre siècle, l'ont pratiqué par révérence à sa mort et à sa passion accomplie en la croix; et ils l'ont pratiqué en toutes leurs actions, soit saintes, soit profanes, soit publiques, soit particulières, soit ecclésiastiques, soit domestiques; et nonobstant les ruines et la fureur de l'hérésie, nous le voyons encore gravé sur les marbres et sur les sceptres, et sur les couronnes, sur les palais et sur les églises bâties il y a plus de huit cents ans. A la vérité, les hérétiques de ce siècle, depuis soixante ans, l'ont blâmé; et où ils n'ont pu l'abattre, ils y ont substitué des girouettes comme s'ils voulaient faire croire au monde que leur dessein et leur foi avait plus de rapport aux girouettes qu'à la croix; mais voulant enlever de nos cœurs la piété de cette observance, ils n'ont pu en ôter la marque, ni en effacer la mémoire de nos esprits ni de devant nos sens, et il leur eût fallu ruiner tout le monde pour ruiner la mémoire de ce signe gravé en tant de monuments de l'antiquité, qui mettent encore devant vos yeux et vous font évidemment connaître, la foi et la piété de nos ancêtres. Et Dieu a voulu que le roi de la Grande-Bretagne, dernier mort, les ait fortement condamnés en Angleterre, et ait ordonné qu'au baptême le signe de la croix fût pratiqué contre leur abus précédent. Or, si ce signe est mauvais, pourquoi est-il pratiqué au baptême? et s'il est saint, pourquoi est-il rejeté des autres actions? et si tous les chrétiens de tous les siècles l'ont pratiqué, pourquoi ces nouveaux chrétiens l'ont-ils délaissé et blâmé? et pourquoi ont-ils eu besoin du commandement d'un roi pour le pratiquer? et s'ils le pratiquent légitimement par cette ordonnance, ne sommes-nous pas en plus forts termes de l'observer et pratiquer à l'exemple de tant de rois, et par l'enseignement de tant de docteurs et pasteurs de l'univers? Suivons l'antiquité, et délaissons cette nouveauté, qui n'est ni plus savante, ni plus vertueuse, ni plus religieuse que les chrétiens de tous les siècles, que tous les saints, les martyrs, les docteurs, les pasteurs, les rois et les peuples qui ont adoré Jésus-Christ, depuis Jésus-Christ jusqu'à nous, et ont saintement pratiqué le signe de la croix en toutes leurs actions.

Les preuves en sont si fortes, et les témoignages si abondants, que l'on ferait des volumes entiers sur cette matière s'il en était besoin et si c'était ici le lieu de supplément là-dessus: mais, pour ne rien omettre de ce qui peut servir à l'édification de votre mémoire, elle me permettra, s'il lui plaît, d'en coter seulement trois ou quatre, puisque le Fils de Dieu a dit, qu'en la bouche de deux ou trois témoins subsiste la vérité contestée et débattue.

Tertullien (*De corona milit.*, c. 3), proche du siècle des apôtres, dit ces paroles : A tous nos pas et progrès, à chaque entrée ou sortie de nos maisons, soit en nous habillant, soit en nous lavant, soit en nous couchant, soit en nous levant, au bain et à la table, au lit et au cabinet, et en quelque autre action que nous fassions, nous marquerons notre front du signe de la croix.

Saint Jérôme (*Epist. ad Demetr.*, cap. 6), vivant dans le temps que Calvin assigne à la pureté de l'Eglise, dit à une dame chrétienne : « Fermez la chambre de votre cœur, et *munissez souvent votre front du signe de la croix*, de peur que l'exterminateur de l'Egypte trouve place en vous, et afin que les premiers-nés qui périrent entre les Egyptiens soient en sauveté et en assurance en votre cœur. »

Saint Basile, dans le même siècle, parlant d'un martyr, dit ainsi : « Le soldat de Jésus-Christ, ayant dit ces paroles, se *munit du signe de la croix*, et, d'un courage ferme, d'une face constante et assurée, sans changer de couleur, marcha gaîment au supplice. » Et lui-même ailleurs rapporte cette *coutume de faire le signe de la croix*, comme publique et ordinaire entre les Chrétiens, et importante à l'Evangile.

Saint Augustin dit que le signe de la croix est connu de tout le monde, et qu'il est appliqué au front des fidèles, à l'eau dont faut baptiser, au chrême dont ils sont oints et confirmés, au sacrifice dont ils sont repus; autrement ces choses ne seraient pas légitimement faites.

Ces Pères sont vénérables par leur antiquité, et sont témoins irréprochables de la doctrine et pratique des Chrétiens de leur siècle; et leur Eglise lors pratiquait ce que vous pratiquez, Madame, et ce que ceux-ci condamnent; et toutefois elle était lors en sa pureté par la confession même des adversaires. C'était lors qu'elle était dans l'ardeur du martyre; c'était lors qu'elle combattait l'idolâtrie; c'était lors qu'elle ravissait les cieux, qu'elle étonnait le monde, qu'elle confondait les démons, qu'elle domptait la terre par ses miracles et par sa sainteté, et y établissait le royaume de Jésus-Christ, et tirait à lui, par sa lumière, les beaux esprits de l'univers.

Or, quels étaient les Chrétiens de ce temps-là, qui, en tous lieux et en tout temps, selon Tertullien, faisaient le signe de la croix? étaient-ils catholiques ou puritains, qui fuient et haïssent la croix comme le diable? Et quel était ce soldat de Jésus-Christ, rapporté par saint Basile, qui, allant au martyre, *se munit du signe de la croix*? Avait-il été nourri en l'école de Genève ou en l'école de l'Eglise catholique, de laquelle ce grand Basile, qui rapporte cette histoire, était un des plus saints et des plus célèbres pasteurs? et comme tel, a honoré les saints, a prié les saints, a gardé le carême, a célébré les liturgies, a institué les moines, et a fait mention honorable des cérémonies, traditions et observances pratiquées en notre Eglise et réprouvées en l'Eglise de Genève. Ce pays dans lequel vous vivez, Madame, m'a tiré dans ce discours inopinément : mais il faut rentrer en notre premier propos, et reprendre l'avis que je vous donne.

13. De consacrer vos premières pensées à Dieu. Nous le devons faire ainsi en l'honneur de la pensée éternelle que Dieu a daigné avoir de nous, avant même que nous fussions au monde; et en l'honneur encore de la pensée qu'il a eue sur nous cette nuit pour nous préserver, et de celle qu'il a en ce moment auquel nous nous éveillons, pour nous conserver; car celui-là même qui nous a donné l'être, est celui-là même qui nous le conserve par sa bonté, jusqu'à ce qu'il nous appelle à soi. Si Dieu cessait de penser à vous, Madame, vous cesseriez d'être. Pensez donc, et pensez volontiers à celui qui pense à vous, et dont la pensée vous est adorable et vous est même si nécessaire.

Cette élévation peut être formée en ces paroles, ou autres semblables.

O mon Dieu, vous avez pensé à moi de toute éternité, pour me donner l'être et la vie que j'ai; je dois à votre bonté singulière cette pensée éternelle et si favorable qui m'a préférée, sans sujet de ma part, à tant de créatures que vous pouviez créer et que vous laissez dans leur néant, sans jamais leur faire part de votre être ni de votre bonté, et vous m'en faites part, et part si libérale! O mon Dieu et mon Créateur, que je pense donc à vous pour vous louer, adorer et aimer, comme vous avez pensé à moi pour me créer, racheter et sauver! Vous avez veillé cette nuit sur moi, tandis que je dormais, pensant à moi pour me préserver, tandis que j'étais incapable de penser à vous et à moi-même, et vous pensez encore à moi, ô mon Dieu! en ce même moment, auquel je suis et auquel je dois et je puis, par votre grâce, m'élever à vous; et si vous cessiez de penser à moi, je cesserais d'être. Que je pense donc à vous, mon Dieu! Que je vous loue, bénisse et adore; que je vous aime de tout mon cœur; et, conformant mes volontés aux vôtres, que j'adhère aux pensées de paix, d'amour et de salut que vous avez pour moi!

Puis étant suffisamment vêtue pour aller décemment en votre oratoire, vous y ferez cette oraison suivante.

O Père éternel et tout-puissant, je vous adore et vous rends grâce de l'être que vous m'avez donné; je vous l'offre et le mets entre vos mains pour le garder et l'employer à votre gloire. Mais je vous dois encore rendre grâce sur un sujet bien plus important, qui doit ravir d'étonnement et les hommes et les anges; car vous avez tant aimé l'homme que vous avez voulu donner votre Fils unique aux hommes. Je vous adore et vous loue à jamais en ce vouloir sacré, en ce conseil profond, et en cet amour admirable; et de tout ma puissance je reçois ce don précieux, ce Fils bien-aimé, auquel vous avez tout votre bon plaisir. Vous avez mis en lui mon salut et ma vie, je me donne à lui, afin qu'il soit mon Sauveur, et que je porte les effets de son nom et de sa grâce. Je veux me convertir à lui, pour le louer et bénir en ses grandeurs et en ces mystères, et veux que sa vie et sa mort me soient appliquées. Ne permettez pas, ô Seigneur! que chose si rare, si précieuse et si divine (comme sa naissance, sa vie et sa mort) soient inutilement employées pour moi, et que je perde par ma faute le fruit de ses labeurs, le mérite de sa vie, et le prix de son sang, qui est inestimable.

Élévation à Jésus-Christ Notre-Seigneur.

O Jésus, mon Seigneur, Fils unique de Dieu, Roi des anges, Rédempteur des hommes, Souverain de l'univers, je me présente à vous pour être à vous, et pour vous louer et bénir à jamais. Vous êtes Fils de Dieu par une naissance adorable et éternelle; vous êtes homme Fils de l'homme par une naissance admirable et temporelle, et vous êtes Homme-Dieu par un mystère ineffable et singulier. Je vous adore en vos grandeurs éternelles et temporelles, divines et humaines, créées et incréées, je vous adore en tous vos mystères, je vous adore en tous les pas et les moments de votre vie mortelle, je vous adore en tous les états et actions de votre vie céleste et immortelle.

Vos grandeurs et merveilles sont ineffables et incompréhensibles, je dois, non les pénétrer, mais les adorer et m'y abîmer en cette adoration profonde. Mais dans ces grandeurs et merveilles je découvre encore un nouveau point qui m'oblige à une adoration nouvelle. C'est que vous êtes Homme-Dieu pour l'amour des hommes! O bonté! ô amour! ô faveur incomparable! chose si grande est référée à chose si basse, et c'est pour nous, ô Fils unique de Dieu, c'est pour nous que vous avez voulu vous incarner au ventre de la très-sainte Vierge! C'est pour nous que vous naissez dans une étable et sur la paille; c'est pour nous que vous vivez, et vivez en travaux et en abaissements; c'est pour nous que vous mourez sur le mont du Calvaire et en une croix; c'est pour nous que vous ressuscitez et entrez en la gloire. O naissance! ô enfance! ô vie! ô mort! ô vie divine et humaine! ô vie souffrante et glorieuse! ô vie céleste et immortelle! O heureux, ô précieux moments de l'incarnation, de l'expiration, de la glorification du Fils de Dieu! O séjours, ô états, ô mystères de Jésus : en la crèche, en la croix, en Egypte et en Judée, en Bethléem et en Nazareth, en Samarie et en Jérusalem, sur le mont des Olives et sur le mont du Calvaire, en la terre et au ciel! Que je vous contemple, ô Jésus, en ces lieux et en ces mystères! Que je vous adore en vos grandeurs et en vos bassesses! Que je vous adore au sein du Père et au sein de la Mère, à la dextre de Dieu et entre les bras de la Vierge, en votre croix et en votre gloire, en votre vie et en votre mort!

Vous êtes mien en tous lieux, états et moments de votre vie. Et je veux être vôtre en tous les moments, états, et conditions de la mienne. Vous vous donnez à moi, chose si grande à chose si petite, et je dois et veux me donner à vous, chose si basse à une majesté si haute et si excellente. Vous me donnez tout ce que vous êtes et tout ce que vous avez, et vous me faites part de tous vos biens, et par votre amour et bonté singulière tout ce que je vois en vous est mien. Vous êtes Dieu, votre divinité comme incarnée est ma substance et ma subsistence. Vous êtes homme, votre humanité comme divinisée est mon salut et ma vie. Vous avez pris un corps, et pour moi vous l'avez exposé aux tourments et aux souffrances. Votre chair est mon aliment, votre sang est mon lavement, votre mort est ma vie, votre impuissance est ma force, votre croix est mon repos, votre souffrance est ma jouissance, et je tire ma force de vos faiblesses, ma vie de votre mort, et ma gloire de vos misères.

Mais pourquoi ces misères et ces abaissements en un sujet si grand et si divin? Pourquoi les travaux et les souffrances en un sujet si saint et même si glorieux? Pourquoi la mort en celui qui est la vie même dans la mort? Vos grandeurs ne suffisent-elles pas à nos misères, sans que vous vous rendiez pauvre et abject, et m'enrichir par votre abaissement et pauvreté? Votre divinité ne suffit-elle pas à me diviniser, sans que vous preniez notre humanité et mortalité pour me déifier?

5. Certes ces états et ces conditions ne conviennent pas à votre grandeur, mais elles conviennent à votre amour, car l'amour n'a point d'autre loi que celle de sa puissance, qui veut que celui qui aime s'oublie soi-même, et sorte hors de soi-même pour se transformer en la chose aimée. Vous subissez cette loi, regardant non ce que vous êtes, mais ce que je suis; non ce qui vous est propre, mais ce qui me convient. Et comme faisant force à votre gloire et à votre grandeur pour satisfaire à votre amour, vous voulez former à cet effet un nouvel ordre et une nouvelle manière de vie, vie inconnue à la terre et au ciel auparavant, c'est-à-dire, vous voulez joindre Dieu à à l'homme, et la croix à la gloire, en un même sujet et en une même personne, et ainsi vous vivez une vie divine et humaine tout ensemble, et vous menez en la terre une vie humble et souffrante même dans la gloire, et une vie glorieuse même dans la croix et dans la souffrance. Et cette vie nouvelle et admirable, vie singulière et divine, coule et passe par tous les périodes, accidents et états ordinaires de la vie basse et commune des enfants d'Adam, et pour eux vous subissez toutes ces conditions sur la terre, et y opérez toutes vos actions et vos mystères. Que je vous adore, que je vous contemple en cette vie, en ces états et en ces mystères, que je porte les traits et les effets qu'ils y doivent opérer et imprimer en moi, que leur grâce et leur puissance me soit appliquée, que votre naissance me fasse renaître, que votre enfance me mette en innocence, que votre fuite en Egypte me fasse fuir le monde et le péché! Que votre servitude me rende votre esclave, que vos liens me délient et me délivrent de mes péchés, de mes passions et de moi-même; que votre vie cachée et inconnue me cache au monde et à la vanité, que votre solitude m'entretienne, que vos tentations m'affermissent, que vos labeurs me soulagent, que vos douleurs me guérissent, que vos agonies me confortent, que vos langueurs me consolent, et que votre mort me fasse vivre et renaître en l'éternité!

C'est ainsi que vous vivez, que vous souffrez, que vous mourez pour moi, ô Jésus mon Seigneur, et pour dire en un mot, c'est ainsi que vous vous épuisez pour moi, pour me combler de grâce! Mais comme j'ai contemplé vos mystères pour me les approprier, je veux considérer encore vos qualités et vos offices, je veux qu'ils opèrent en moi et m'impriment leurs effets salutaires; vous êtes la Sapience incréée et incarnée, je veux adhérer à votre loi et suivre votre conduite; vous êtes le Docteur de justice, je veux entrer en votre école; vous êtes le Saint et le salutaire de Dieu, je veux avoir grâce et salut en vous; vous êtes la Vie, je veux vivre de vous; vous êtes la Voie, je veux aller par vous; vous êtes le Dieu du ciel et de la terre, je veux être à vous. Je me donne donc à vous, ô Jésus mon Seigneur, je vous donne mon être, ma vie et mon amour! Je vous donne mon temps et mon éternité, je vous donne mon corps et mon âme, je vous donne mes sens et mes puissances, je me rend esclave de vos grandeurs, de votre croix et de votre amour, je mets entre vos mains la dernière heure de ma vie décisive de mon éternité, je m'offre à vous, je m'applique à vous, je me lie à vous, car vous êtes mon bien, ma vie et mon tout. Et en la vue de tout ce que vous êtes et de ce que je suis, je me livre à vous pour jamais, je me dédie à vous, je m'abandonne à vous, car vous êtes mon Dieu et je suis votre créature; vous êtes mon Souverain, et je suis votre sujette et vassale; vous êtes mon Rédempteur, et je suis votre esclave.

Je m'avoue telle, ô Jésus, mon Seigneur, et de cœur et de bouche, mais plus de cœur et d'affection que je ne puis de bouche. Je m'avoue, dis-je, et me glorifie même d'être votre esclave, et en cette qualité je veux que tout ce je suis soit à vous, et serve à vos intérêts et à votre grandeur. Et puisque vous avez voulu me faire seoir en un trône en la terre, et en une portion de terre en laquelle la croyance que je professe a été seule et libre par tant d'années, et maintenant y est obscurcie par les nuages de l'hérésie de ce siècle, faites que je serve à votre nom, à votre loi et à votre gloire; que je relève les croix, les marques et les monuments de la foi primitive; que je fasse refleurir la piété de mes ancêtres et la gloire de votre nom en ce pays. Et comme je tire ma naissance d'un roi saint, je veux dire du bienheureux saint Louis, qui a porté sa foi, qui est la mienne, dans les royaumes étrangers; faites, ô Seigneur et Sauveur de mon âme, que je tire de lui le modèle et la conduite de ma vie, et qu'à son exemple et par son aide, je conserve en mon cœur, et fasse renaître et revivre en ce royaume la foi en laquelle il a vécu. Je le veux et l'espère ainsi par votre grâce et puissance, et par l'intercession de votre sainte Mère, que j'invoque pour obtenir de vous persévérance en cette intention et disposition de cette foi, et en ce zèle de votre gloire, et que j'y persévère jusqu'au dernier soupir de ma vie. Ainsi soit-il.

Après le Fils de Dieu, vous n'avez rien ni dans la terre ni dans le ciel de semblable à sa Mère. Le Fils de Dieu l'a conjointe à soi en la plupart de ses mystères, et au mystère de ses mystères, qui est l'Incarnation, car c'est en elle et par elle qu'il a voulu être revêtu de notre humanité ; ne séparez donc pas ce que Dieu a conjoint, et ne séparez pas en vos dévotions ce que Dieu a conjoint si saintement, si divinement et si hautement dans l'ordre de sa grâce. Si vous avez à penser, que ce soit à Jésus et à Marie, car ils sont joints ensemble et par nature et par grâce ; et Jésus est le fruit heureux des entrailles de Marie ; il est chair de sa chair, et os de ses os. Et cette chair que vous adorez maintenant en Jésus, était auparavant la chair sainte et vénérable de Marie, chair toujours sainte et immaculée, mais non pas toujours adorable ; chair appartenant ou à Jésus ou à Marie : vénérable en Marie, adorable en Jésus. Si vous pensez donc en vos dévotions, pensez à Jésus et à Marie ; si vous parlez, proférez le nom de Jésus et de Marie ; si vous avez quelque sentiment de piété, qu'il tende à Jésus et à Marie. Il est l'humble Fils de Marie, et elle est la digne Mère de Jésus. Après avoir ainsi salué Jésus, saluez la sainte Vierge en l'oraison suivante.

O Vierge sainte, Mère de Dieu, Reine des hommes et des anges, merveille du ciel et de la terre, je vous révère en toutes les manières que je puis selon Dieu, que je le dois selon vos grandeurs, et que votre Fils unique, Jésus-Christ Notre-Seigneur, veut que vous soyez révérée en la terre et au ciel. Je vous offre mon âme et ma vie, je vous veux appartenir pour jamais, et vous rendre quelque particulier hommage en temps et en éternité. Mère de grâce et de miséricorde, je vous choisis pour mère de mon âme, en l'honneur de ce qu'il a plu à Dieu même vous choisir pour sa Mère. Reine des hommes et des anges, je vous accepte et vous reconnais pour ma souveraine, en l'honneur de la dépendance que le Fils de Dieu, mon Sauveur et mon Dieu, a voulu avoir de vous comme de sa Mère. Et en cette qualité je vous donne sur moi, sur mon âme et sur ma vie, tout le pouvoir que je vous puis donner, selon Dieu. Et puisque ce même Dieu, votre Fils et mon Sauveur, a voulu me donner quelque puissance et quelque dignité en la terre, sur une portion de la terre qui est à lui, et en laquelle son nom et le vôtre ont été autrefois tant honorés, je veux vous y honorer d'un honneur singulier, et je vous donne un pouvoir particulier sur la qualité que j'y possède, et généralement sur tout ce que je suis et sur tout ce que je puis au monde. Faites, ô Souveraine des souveraines, que ma grandeur serve à la grandeur de votre Fils unique et à la vôtre, et que je vous rende quelque honneur et quelque service particulier en ce pays, où la croyance que je professe a été célébrée par tant d'années ! O Mère de Jésus, je veux être à vous, et vous servir à votre nom et à vos louages ; regardez-moi comme chose vôtre ; et par votre bonté, traitez-moi comme le sujet de votre puissance, et comme l'objet de vos miséricordes ! O source de vie et de grâce, refuge des pécheurs, j'ai recours à vous pour être en la grâce de mon Dieu, pour éviter le péché, pour être préservée des embûches de l'hérésie et pour être délivrée de la mort éternelle ! Que je sois sous votre tutelle, que j'aie part à vos priviléges, que j'obtienne par vos grandeurs et par ce droit d'appartenance qui me lie à vous, ce que je ne mérite pas d'obtenir par mon néant et mon indignité. Et que l'heure dernière de ma vie, décisive de mon éternité, soit entre vos mains, en l'honneur de ce moment heureux de l'incarnation, auquel Dieu s'est fait homme, et vous avez été faite Mère de Dieu. O Vierge et Mère tout ensemble ! ô temple sacré de la Divinité ! ô merveille du ciel et de la terre ! O Mère de mon Dieu, je suis à vous par le titre général de vos grandeurs ; mais je veux encore être à vous par le titre particulier de mon élection et de ma franche volonté ! Je me donne à vous et à votre Fils unique, Jésus-Christ Notre-Seigneur ; et veux ne passer aucun jour sans lui rendre et à vous quelque hommage particulier, et quelque témoignage de ma dépendance et de mon humble servitude, en laquelle je désire mourir et vivre pour jamais.

CXCV. LORSQUE LE SAINT-SIÉGE EST VACANT, ET QU'IL S'AGIT DE L'ÉLECTION D'UN PAPE, IL FAUT RECOURIR A JÉSUS-CHRIST, ET RENDRE UN HOMMAGE SPÉCIAL A SA SOUVERAINETÉ SUR L'ÉGLISE.

Un des soins que nous devons avoir en la terre, c'est de servir à Jésus-Christ Notre-Seigneur, aux besoins plus importants pour sa gloire, et les plus importants sont ceux de son Eglise, et en son Eglise la plus grande et plus importante nécessité, c'est d'avoir un pasteur qui la gouverne sous son chef invisible, Jésus-Christ Notre-Seigneur. Vous êtes tous informés de la mort de notre saint Père le pape Paul V, qu'il a plu à Dieu d'appeler de cette vie. Une de nos pratiques en la vie spirituelle est de régler nos désirs, nos pensées et nos prières à la dignité de l'Eglise, et de nous conformer à elle. Ainsi nous les devons maintenant unir aux prières de toute l'Eglise, sur l'élection d'un souverain pasteur et vicaire de Jésus-Christ ; nous y sommes obligés, non comme Chrétiens seulement, mais encore comme prêtres, et durant cette nécessité, nous devons avoir soin qu'il ne se passe aucun jour auquel nous ne présentions quelques prières à

Notre-Seigneur Jésus-Christ, et auquel nous ne fléchissions le genou devant le Fils de Dieu, à ce qu'il daigne pourvoir à son Eglise et lui donner un chef, un pontife, un pasteur subordonné à sa divine personne. Les prêtres, chaque jour en leur messe, lui offriront une oraison à cette fin, et ceux qui ne sont pas prêtres, une prière vocale ou mentale, ou quelque autre dévotion. Nous devons en tous nos besoins recourir au Fils de Dieu, et en cette nécessité, nous y devons particulièrement reconnaître et honorer trois points qui concernent sa souveraineté.

Le Fils de Dieu, Jésus-Christ Notre-Seigneur, Dieu et homme tout ensemble, est digne par sa nouvelle naissance d'être Seigneur de tout l'univers, d'être chef des hommes et des anges, et d'avoir une puissance suprême sur tout l'être créé. Mais il n'est pas pourtant souverain, et il y a différence entre la souveraineté et être digne de la souveraineté, et il faut que le Père le constitue souverain selon cette parole : *Christus non semetipsum clarificavit ut Pontifex fieret, sed qui dixit ad eum : Filius meus es tu, ego hodie genui te* (*Hebr.* v, 5). Le mystère de l'Incarnation pouvait être accompli sans aucune relation aux hommes, et combien que le Verbe incarné fût infiniment digne d'être leur souverain selon cette nouvelle naissance, il pouvait ne le point être. Il y a donc différence entre ces deux choses, être souverain, et en être digne ; et je dis qu'en la nécessité présente de l'Eglise, nous devons recourir à cette dignité de Jésus-Christ Notre-Seigneur, et y rendre hommage au nom de celui qui sera élu Souverain Pontife, et comme rendant ses devoirs au Fils de Dieu en cette occasion. Car si Jésus-Christ étant infiniment digne d'être le souverain des hommes et des anges, ne l'est pas pourtant actuellement, et s'il faut qu'il y entre par vocation du Père, hélas ! dans quelle charge, quelle dignité se peuvent ingérer les hommes chargés de péchés et de toutes sortes de misères, et si éloignés de la divine dignité de Jésus !

Le second point que nous devons contempler au Fils de Dieu est son établissement actuel dans cette souveraineté : *Constituit Deus Pater ad dexteram suam Jesum Christum in cœlestibus super omnem Principatum, Potestatem, Virtutem, Dominationem, et omne nomen quod nominatur, non solum in hoc sæculo, sed etiam in futuro*, etc. (*Ephes.* I, 20, 21). Et nous devons adorer, louer et bénir le Père éternel, constituant son Fils souverain, et lui rendre grâce de nous avoir donné un tel souverain. Nous nous devons unir à l'humble disposition de l'âme de Jésus, recevant la souveraineté de la main de son Père, et faire état, que c'est une de nos plus grandes obligations en ce besoin de l'Eglise universelle, où il est à désirer que la puissance souveraine soit reçue de la main de Dieu et de Jésus-Christ, dans l'humble disposition dans laquelle le même Jésus la reçoit de son Père.

Le troisième point que nous devons honorer au Fils de Dieu en cette occasion, c'est l'usage qu'il a fait de sa souveraineté, c'est sa croix, c'est la conduite que nous remarquons en lui, au regard du peuple qui lui est donné, de se charger de leurs crimes et de les expier et laver par son propre sang en la croix. Car c'est par là qu'il règne, *regnabit a ligno Deus*, et c'est cette souveraineté d'abaissement et de souffrance qu'il ne permet point qu'on lui puisse servir, et qu'il conserve jusque dans le supplice ignominieux de la croix. Il consent que la vie lui soit ôtée et la laisse en la croix ; mais il se réserve son autorité, et veut qu'elle soit reconnue et annoncée par ses propres ennemis, et un des principaux officiers de l'empire romain le publie roi des Juifs en sa mort, comme les rois d'Orient l'ont annoncé roi des Juifs en sa crèche : deux états d'extrême humiliation ! Jésus-Christ ne retient pas seulement sa souveraineté en la croix avec tant de soin, forçant ses ennemis à la publier : c'est là qu'il en prend une possession nouvelle et solennelle ; c'est là qu'il l'exerce, c'est là qu'il en distribue les grâces. Que de grâces opéra-t-il en la Vierge ! que de grâces en saint Jean ? que de grâces au bon larron ! que de grâces en ceux qui le crucifiaient ! Ainsi, naissant et mourant, il est jaloux de son autorité, mais plus en mourant qu'en naissant. Il oppose son impuissance divine à la puissance maligne, et dans le temps que la vie lui est ôtée par le pouvoir des ténèbres, il se maintient dans sa souveraineté et sa royauté (147). Et c'est le troisième point qu'il nous faut honorer en cette occasion, des besoins de l'Eglise, rendant hommage à ce zèle adorable que nous remarquons en Jésus-Christ, au regard de sa souveraineté, sous laquelle il faut que toute puissance ploie en la terre et au ciel, afin que la puissance de son vicaire soit pleinement subordonnée à la sienne en ses usages, comme elle en dépend en son institution.

Voilà les trois points auxquels nous devons recourir, et qu'il nous faut honorer en Jésus-Christ Notre-Seigneur en cette occasion : sa dignité d'être souverain Seigneur des hommes et des anges, son établissement dans cette souveraineté, et l'usage qu'il en fait en la croix. Et tous ces trois points regardent sa souveraineté sur l'Eglise, parce que c'est à sa souveraineté qu'il faut recourir en semblables besoins ; et un de ses effets plus grands et plus importants, est de la pourvoir d'un chef visible, qui la gouverne de sa part et en son nom et autorité. La sainte vierge a une très-grande part à la souveraineté de son Fils ; elle est reine en son royaume et est appelée reine des apôtres. Elle a une souveraineté dans le royaume de son Fils, sous la souveraineté de son Fils, et nous la devons prier qu'elle présente à

---

(147) *Hæc est hora vestra, et potestas tenebrarum.* (*Luc.* XXII, 53.)

son Fils celui qui doit être son vicaire en terre. Les royaumes ont un ange particulier, et nous ne devons pas penser que cela manque au plus grand des royaumes, au royaume du Fils de Dieu, qui est l'Eglise. Ainsi comme cet ange est très-grand, nous devons recourir à lui avec humilité et dévotion en cette nécessité de l'Eglise, et nous ne devons passer aucun jour que nous n'invoquions Jésus-Christ Notre-Seigneur, la Vierge sa très-sainte Mère et l'ange gardien de l'Eglise, à cette intention, et que nous ne rendions un hommage spécial à ces trois points, qui appartiennent à la souveraineté de Jésus.

CXCVI. RETRAITE DE M. LE CARDINAL DE BÉRULLE.

ART. Ier. — *Pensées et dispositions sur le fondement de la retraite, qui est la fin pour laquelle l'homme est créé.*

Apprends, ô homme, que Dieu est le principe et la fin de ton être, et sois entièrement soumis à ce principe et incliné vers cette fin.

En tant que l'homme est chose créée, apparaît la puissance de Dieu, qui seul est véritablement et sans lequel nulle chose n'est; et par là se voient encore les richesses de Dieu qui crée l'homme orné de tant de dons de grâce et de nature, et intérieurs et extérieurs. Car comme les ouvrages des artisans sont leurs richesses, toutes les œuvres de Dieu sont comme son domaine et son trésor, et partout il les faut considérer non comme nos richesses, mais comme les richesses de Dieu. D'ailleurs, par là même que l'homme est chose créée, apparaît son néant, comme celui qui de soi et avant la création n'était rien. Partant, comme c'est Dieu qui l'a tiré du néant, et qu'il vient de lui et subsiste par lui, aussi doit-il être pour lui et aspirer à lui.

En tant que l'homme est créé pour cette fin, qui est Dieu, apparaît la bonté de Dieu et l'excellence de l'homme que Dieu appelle à une fin si élevée. En cet endroit, tu dois peser et goûter cette fin si excellente que la créature n'en peut avoir une plus noble, et y tendre de toute ta force. Ah ! que j'y tends négligemment !

Toutes les autres choses ne sont que moyens. Ici, considère quelle doit être ta disposition envers cette fin, quelle envers les moyens.

Du côté de Dieu toutes choses sont moyens pour nous y conduire. De notre côté, toutes choses sont empêchement pour nous en détourner. Car il n'y a rien de ce qui sert même le plus à la piété, dont quelques-uns n'abusent à leur ruine. La bonté de Dieu est si grande et si puissante, que par elle toutes choses nous mènent à lui ; et au contraire, la misère et la malice de l'homme sont si grandes, qu'il convertit toutes choses à sa propre perte. Partant ne choisissons point, mais que Dieu choisisse pour nous ; et que ce soit lui qui nous fasse user de ces moyens-ci, plutôt que ceux-là : dans l'usage des moyens que notre appui soit en Dieu et non pas en eux, mais tenons-nous et confions-nous à l'ordonnance de Dieu, qui prescrit plutôt les uns que les autres.

D'autant que toutes choses créées sont des moyens, nous devons retirer notre affection de toutes, et la transférer en Dieu seul qui est la fin. Car il se faut servir des moyens et non y servir : et il faut adhérer à la fin, et mettre en elle le désir de notre jouissance et notre repos. Néanmoins, parce que ce sont les moyens, il faut user de tous soigneusement pour parvenir à cette fin. Cependant, misérables que nous sommes, nous ne nous servons pas de moyens, mais nous y servons. Combien de choses, hélas ! y a-t-il dont je n'ai point fait usage, étant vrai pourtant, que si toutes sont moyens, j'ai dû faire usage de toutes pour aller à Dieu !

ART. II. — *Pensées et dispositions que Dieu lui donne sur le dessein qu'il avait de choisir un genre de vie.*

Par cette considération, je suis entré en un grand désir d'user entièrement de toutes choses pour cette fin, et de les référer toutes à cette fin qui est Dieu.

Ici je ne pus passer outre, mais essayant de poursuivre en particulier quelque pensée sur l'élection de certains moyens plutôt que d'autres, et particulièrement sur le dessein d'entrer en quelque religion, et sur les motifs qui m'y pouvaient porter, je sentis mon esprit lié et obscurci. Je voulus surmonter cet obstacle, et essayer une seconde fois d'aller plus avant, et alors j'eus un avertissement intérieur que ce que Dieu désirait de moi pour l'heure, était de m'offrir à lui et de me disposer à ce qu'il lui plairait, et non pas de faire élection.

Néanmoins, m'y étant appliqué encore pour la troisième fois, j'eus un autre mouvement intérieur de recourir plutôt à la sainte Vierge afin qu'elle me rendit tel envers la fin et tel envers les moyens que son Dieu et son Fils me voulait, et cela avec quelque sentiment de piété et de dévotion envers elle.

Comme donc je la suppliais de disposer mon esprit à invoquer en cette affaire le saint auquel elle désirait principalement que j'eusse recours, je ressentis avec confiance et dévotion un mouvement et un désir d'y dépendre d'elle.

Bénie soit la sainte Vierge en la garde de laquelle je me mets entièrement.

Jésus-Christ seul est fin et moyen en la Croix et en l'Eucharistie. Là, nous devons nous lier à lui comme à notre fin, et user de lui comme d'un moyen.

Notre salut et notre perfection consistent principalement à être tels envers la fin et envers les moyens que Dieu le désire : ceci doit grandement être pesé.

ART. III. — *Pensées et dispositions sur le sujet du péché de l'ange et de l'homme.*

J'ai pensé que l'âme est en ce monde comme en une vallée de larmes et de misères, et qu'elle est dans le corps comme dans une prison qui est en cette vallée. Or combien les prisonniers sont-ils soigneux de se concilier la bienveillance du magistrat! Si auparavant ils l'avaient offensé, au moins alors ils se gardent très-soigneusement de l'offenser davantage : et voilà qu'au contraire, l'âme en cette prison du corps ne fait rien si souvent ni plus volontiers que d'offenser Dieu qui est son juge, et ne se soucie de rien moins que de rentrer en sa grâce et en son amitié.

Au premier point, j'ai considéré qu'entre plusieurs et diverses sortes de créatures que Dieu a produites, deux natures ont été faites par lui capables de Dieu et d'elles-mêmes : de Dieu par la grâce, d'elles-mêmes par la condition de leur nature et par leur liberté; ensorte qu'elles seules ont ce double privilége, et que toutes les autres en sont privées.

Que de ces deux espèces de créatures, l'une a été établie au ciel, l'autre en la terre, pour être toutes deux réunies à Dieu leur Créateur, qui remplit la terre et le ciel.

Que l'angélique créée au ciel, ornée de dons singuliers de nature et de grâce, était entièrement spirituelle, semblable à Dieu qui est tout esprit, très-élevée par-dessus toutes choses, et ne regardant que deux objets, Dieu et elle-même : car elle est si éminente qu'elle ne peut avoir rapport et inclination qu'à ces deux termes, à Dieu par grâce, à elle-même par nature.

Que de plus, lorsqu'elle a été créée, elle était tournée et appliquée à Dieu, et séparée d'elle-même tant actuellement que habituellement.

Que toutefois en cet état si excellent, tant d'anges si éminents des premiers rangs, et peut-être tous les premiers dans sa puissante lumière de nature et de grâce se sont si tôt (et presque au même moment de leur création) séparés de Dieu et attachés à eux-mêmes, et ont péri irréparablement et sans ressource.

Cette chute de la nature angélique est très-grande et doit être grandement pesée. Car si en la terre on ressent si fort la perte d'une personne considérable, d'un ami, d'un citoyen, d'un capitaine, d'un roi; nous Chrétiens, et en cette qualité citoyens des saints et domestiques de Dieu, ne pèserons-nous point cette ruine si grande et en sa grandeur irréparable et éternelle, non d'un, mais de plusieurs princes du ciel?

J'ai aussi pesé que les anges n'avaient application qu'à Dieu et à eux-mêmes, au lieu qu'il y a tant d'objets qui emportent notre âme : bien que néanmoins il soit vrai que ces deux seuls, Dieu et nous, soient les sources de tout ce qui se passe en nous. J'ai reconnu que je ne devais avoir application qu'à ces deux objets, Dieu et moi-même : à Dieu pour y penser et pour m'y unir incessamment, à moi pour me séparer de moi-même; et qu'ainsi je devais remonter jusqu'à la source de tout bien et de tout mal pour accroître l'un et détruire l'autre.

J'ai prié Dieu et la sainte Vierge avec quelque mouvement intérieur, pour en obtenir les pensées et les affections que Dieu désirait de moi, en sorte que je n'en eusse aucune par moi-même, et cette pensée ensuite s'est présentée à mon esprit sur la considération de cette chute; que tant d'anges et si grands dans le ciel, dans une si grande lumière, et dans un si parfait état de nature et de grâce, étant si tôt déchus, nous ne devons chercher ni prendre assurance nulle part, ni en aucun état ou en aucune chose, soit de nature, soit de grâce, mais en Dieu seul. Là seulement nous serons assurés où il plaira à Dieu nous donner assurance. Cette pensée m'a assez occupé l'esprit avec dévotion envers la sainte Vierge.

J'ai aussi pesé que l'origine de cette chute et de toute autre est de nous, comme l'origine de toute perfection et de toute stabilité est de Dieu; que partant je me dois grandement éloigner de moi-même; que c'est un des effets de la pénitence de laquelle nous recherchons l'esprit et la grâce, que de nous éloigner beaucoup, non-seulement du péché, mais de nous, comme étant ceux de qui et en qui est l'origine du mal; et que non-seulement elle nous apprend à nous éloigner de nous-mêmes, mais encore à nous détruire nous-mêmes.

Toutefois, parce que la nature est de Dieu, nous la laisserons sans la ruiner; mais parce que l'usage de la nature est nôtre, et qu'en cet usage est le péché, comme l'origine du péché est en l'autorité que nous nous attribuons d'user de nous-mêmes, de la même façon que si nous en étions les maîtres; pour cela nous nous devons entièrement dépouiller de tout usage et disposition de nous-mêmes; il faut que Dieu seul use et dispose de nous, nous mène, nous conduise et nous applique à tout ce qui est de sa volonté; et que quant à nous, nous anéantissions entièrement la conduite de notre nature, nous soumettant tout à Dieu. S'anéantir ainsi est un effet d'abnégation, et le faire pour l'amour de Dieu est une œuvre de charité. Or, pour ce que user de nous-mêmes selon nous, est péché, et que selon nous, nous sommes la source du péché, nous traiter et nous persécuter ainsi nous-mêmes, et renoncer à l'usage de nous-mêmes, par voie d'abnégation et d'anéantissement, c'est un effet de pénitence.

Art. IV. — *Pensées et dispositions sur la mort.*

C'est un arrêt de Dieu émané de son adorable conseil, et pour cela il doit être beaucoup pesé, tant à cause qu'il est de Dieu, et que toutes les choses de Dieu sont remplies de sens très-divins et de très-grands avantages pour ceux qui les considèrent, que parce que cet arrêt a été prononcé contre toute la nature humaine qui est l'ouvrage et la créature de Dieu, laquelle nature est de très-grande étendue, et dont nous faisons une partie.

La mort est une des principales leçons

que Dieu fasse en la nature humaine. Il a voulu que cette leçon fût ordinaire et même quotidienne (car tous les jours il meurt quelqu'un); rien ne se présente si souvent à nos sens, et Dieu n'offre rien à l'homme si fréquemment. Et toutefois l'homme ne conçoit et ne comprend rien moins, en sorte qu'il y a en Dieu un soin particulier d'avancer les hommes en cette leçon, et dans les hommes un très-grand et très-singulier empêchement de penser à cette leçon et d'en profiter.

Peut-être que c'est pour ce sujet que Dieu a voulu que les hommes qui meurent ne meurent pas tous ensemble, c'est-à-dire en même année, en même mois, encore qu'ils aient vécu ensemble et en même temps; mais il fait mourir tantôt l'un, tantôt l'autre, tantôt en un endroit de la ville, tantôt en l'autre, tantôt plus, tantôt moins âgé, afin que cette leçon nous soit plus souvent répétée, et que son souvenir soit toujours devant nos yeux. Car cela ne serait pas, s'il arrivait que tous les hommes qui vivent en même temps, mourussent en même temps aussi.

Soyons donc bien soigneux de bien étudier cette leçon de la mort.

Les circonstances de cet arrêt sont que la mort est très-certaine, et son heure incertaine; que l'importance de la mort est très-grande, d'autant que c'est l'entrée du souverain bien ou du souverain mal pour l'éternité, et qu'ayant une fois passé le seuil de la porte, nous ne pouvons plus retourner en arrière. Car en l'état que nous mourons, nous y demeurerons éternellement. Ah! que l'importance de la mort est grande! Et toutefois, ce qui est bien fâcheux, nous ignorons en quel état nous mourrons, bon ou mauvais.

Comme en la certitude de la mort son heure nous est incertaine, de même en la certitude de l'importance de la mort, il est incertain en quelle disposition elle nous prendra.

Ah! combien plus de poids et d'efficace doit avoir, pour nous humilier, l'ignorance d'une chose si importante, si nécessaire, et qui nous touche de si près, que toute la connaissance des affaires du monde, et la science des choses sublimes n'en peut avoir pour nous élever!

Ah! que Dieu a un grand dessein que nous dépendions de lui, et que nous ne puissions dépendre de nous-mêmes, puisqu'il a ordonné que l'heure et l'état de notre mort nous fussent inconnus, et qu'ils fussent connus de lui seulement!

Art. V. — *Pensées et dispositions sur le mystère de l'Incarnation.*

Considérant l'Incarnation de Jésus-Christ, j'ai longuement et profondément pesé au fond de mon âme cette souveraine bonté du Verbe éternel, qui étant si élevé par-dessus toutes choses créées comme vrai Dieu, a bien daigné s'humilier et s'abaisser jusqu'à ce point, que de placer en son trône une nature si vile et si abjecte, et qui a bien voulu se l'associer et unir si étroitement, qu'il ne se peut trouver aucune union plus grande ni plus intime. Comme l'Incarnation est le fondement de notre salut, j'ai aussi pesé très-profondément combien doit être grand l'anéantissement de soi-même, par lequel celui qui est résolu de travailler au salut de son âme, doit commencer, puisque le Fils de Dieu a daigné le commencer en ce mystère par cette humiliation et par cet abaissement d'une personne divine et éternelle.

Ici j'ai ressenti que mon âme était disposée et préparée à un grand abaissement d'elle-même, que ce même Seigneur incarné pour moi daigne conserver et accroître par sa grâce.

Art. VI. — *Pensées et dispositions sur la fuite de Jésus-Christ en Egypte.*

Considérant la fuite de Jésus-Christ en Égypte, j'ai pesé en moi assez profondément et attentivement le conseil de Jésus-Christ: sa personne était très-digne et très-excellente; son âme extrêmement grande en ce bas âge, avait un parfait usage de raison. Mais, ce qui est plus, elle avait l'usage d'une lumière divine; et ce qui est bien plus encore, elle avait la pleine et entière jouissance de Dieu. Et toutefois il a voulu souffrir de si bonne heure, non-seulement tant et de si longues infirmités de l'enfance, mais aussi toutes les peines et les incommodités d'une fuite, et choisir un moyen si pénible en un âge si tendre et en une saison si fâcheuse, quoiqu'il pût disposer des choses autrement et en prendre un plus doux: *Nocte fugit*, etc..... (*Matth.* II, 14.) En sorte qu'il paraît que non-seulement il n'a pas voulu diminuer, mais que même il a voulu augmenter par cet ordre de la providence les travaux de sa propre personne, et ceux de ses très-chers et bien-aimés Marie et Joseph.

Ici encore j'ai ressenti que mon âme était attirée et disposée à porter la croix qui est le partage de tous ceux qui sont en état de se donner à Dieu et de le suivre, comme il l'a été de Jésus, de Marie et de Joseph; et j'ai eu ce sentiment comme si Dieu m'eût appelé plutôt à un changement d'esprit ou d'état, et à quelque œuvre de très-grande souffrance, dans laquelle j'étais obligé de porter sa croix.

En ce même endroit j'ai pesé que aussitôt que Marie eut présenté Jésus à Dieu le Père, on lui parla de la croix et on la renvoya à la croix. *Tuam ipsius animam pertransibit gladius.* (*Luc.* II, 35.)

Il m'arriva aussi qu'en priant instamment la Vierge, afin qu'elle m'impétrât toute la plus grande disposition que son Fils requérait de moi pour me conférer la grâce en cette affaire, je ressentis que, pour cela, je devais entrer dans un entier oubli de moi-même et de tous états, et ne plus admettre ce soin et cette inquiétude de la nature, qui craint la rencontre tantôt d'un état, tantôt d'un autre. Il me semble que sans y faire aucune différence ni réflexion, j'étais instruit et poussé à adhérer totalement à Dieu, à dépendre entièrement de lui en un parfait oubli de moi-même et de tous états, et à accepter sans avoir égard à aucun état particulier ni à aucune différence, ce qu'il lui plaisait me donner, ne regardant que lui seul.

Environ ce temps, je ressentis jusqu'au fond de mon âme, pendant la messe, combien nous devons estimer cette lumière dont je viens de parler, qui nous achemine et qui nous fait ainsi adhérer à notre fin. Comme des passants en un royaume étranger, estiment moins les villes très-fortes et les beaux châteaux qui ne leur appartiennent pas, que leurs petites demeures auxquelles ils s'acheminent et après lesquelles ils soupirent, ainsi n'étant autre chose qu'étrangers qui tendons à notre terme, nous ne devons rien priser ni estimer que l'importance de cette fin, négligeant tout le reste tel qu'il soit, pour ce que tout le reste n'est rien si c'est chose qui ne nous regarde point et qui n'est point à nous; mais nous devons faire extrêmement état de cette lumière qui nous conduit à cette fin et sans laquelle comme aveugles nous nous égarons, et nous écartons de notre but et de notre dessein principal. Tout ce que nous vivons, tout ce que nous faisons, tout ce que nous sommes, n'est autre chose qu'un continuel acheminement vers cette fin : soit que nous le veuillons, soit que nous ne le veuillons pas, soit que nous pensions à la fin, soit que nous n'y pensions point, tout notre être et notre vie ne sont qu'une continuelle course vers cette fin. Qu'estimerons-nous donc en cette vie que cette lumière qui nous y adresse, et qui nous y conduit? Que faisons-nous si nous agissons sans cette lumière? Certainement nous courons à l'aventure, *in incertum currimus*, ainsi que dit l'Apôtre (*I Cor.* IX, 26); fin doit être le premier but de l'homme, aussi cette lumière doit-elle être recherchée la première entre toutes.

ART. VII. — *Remarques de quelques sentiments et dispositions particulières de son âme durant les exercices.*

Les premiers jours de cette retraite en laquelle je me trouvais éloigné du lieu de ma naissance, j'ai ressenti une séparation du monde et une grande conversion et adhérence à Dieu, d'où j'ai pris occasion de peser l'efficace et la vérité de cette parole divine : *Egredere de terra tua,* etc. : « *Sors de ton pays,* » etc. (*Gen.* XII, 1.) J'ai travaillé particulièrement à me préserver de toute distraction, et à me réunir tout à cette affaire, me retirant même des bonnes pensées éloignées de ce sujet : puis j'ai tâché à ne rien estimer ce que je suis et ce que j'apporte à cette œuvre, et à me soumettre à tout ce que Dieu voudra faire de moi sans distinction.

En cette soumission j'ai ressenti à la messe une particulière séparation de toutes choses créées, n'ayant en l'esprit que cette soumission et une facilité à suivre Dieu en tout ce qu'il désirera de moi. Je dois beaucoup remarquer cette séparation, tant parce qu'elle a été grande et particulièrement en l'esprit, qu'à cause qu'il m'a semblé que je serai plus facilement délivré du joug des sentiments du monde, par cette voie de séparation, que par voie de résistance et par un combat et haine du monde.

Il y a aussi en moi comme un entier effacement et dénûment de toutes les volontés particulières qui avaient précédé, et cela par le moyen de cette soumission qui possédait tout mon esprit. J'ai jugé encore qu'il fallait me garder principalement en cet endroit de certaine lâcheté et pusillanimité qui se glisse dans les choses du salut et de la perfection, et que je devais craindre que cette séparation ne m'y fît tomber.

J'ai ressenti un certain mouvement intérieur avec confiance, que c'était une chose agréable à la très-sainte Vierge, comme étant acceptée par elle, que j'en dépendisse entièrement après Dieu en cette affaire ; en sorte que ce ne soit pas moi qui fît élection, mais elle pour moi.

Le second jour pareillement recourant à la très-sainte Vierge, j'ai reçu d'elle un nouveau et plus grand secours que dans les autres dévotions, avec une grande confiance intérieure.

A la fin de la méditation j'ai reconnu que la racine du péché est en l'inclination et en la pente que la créature a vers elle-même, usant de soi-même comme de chose sienne.

J'ai résolu de me dépouiller de tout usage de moi-même, tant des facultés spirituelles de l'âme que des sens, et de parvenir à ce degré auquel l'âme ne se ressent plus, où elle n'a ni ne veut plus rien de soi-même et où elle ne prend pas même la juridiction et l'autorité de disposer de soi pour le bien. A ce degré, dis-je, et en cet état, où au contraire, avec une entière démission de soi-même, elle se remet toute en la main de Dieu, afin qu'en toutes choses ce soit non elle, mais lui qui dispose d'elle, de ses propres facultés et de celles du corps pour tout ce qui lui plaira, que ce soit Dieu qui opère tout en elle, d'une nouvelle manière, qu'elle n'opère plus ni en elle-même ni par elle-même, et enfin qu'elle reconnaisse en soi la racine du péché et de sa chute, et en Dieu la racine et la source de toute perfection. C'est par cette connaissance qu'elle se doit entièrement délaisser elle-même, particulièrement en ce point, que ce ne soit plus elle qui dispose de soi-même pour le bien, mais que ce soit Dieu qui l'applique à tout : tant elle doit être suspecte à soi-même, tant elle doit être séparée de soi-même ; jusque-là que quand c'est elle qui se porte au bien par elle-même, celui-là lui doit toujours être suspect comme souvent il lui est périlleux.

J'ai ressenti à la messe un mouvement intérieur qui me portait vers elle, cette espèce et degré d'abnégation, et il m'a semblé que mon âme était établie pour un temps en ce degré, ne sentant rien en soi de soi-même et n'ayant rien que démission de soi et dépendance de Dieu.

Art. VIII. — *Dieu accroît et perfectionne en lui cette grâce.*

Hier et aujourd'hui particulièrement, j'ai reconnu que c'est de l'entrée de Jésus-Christ en nous par le très-saint sacrement de son corps que nous devons espérer et attendre ce divin effet et cette grâce, que ce soit lui qui nous mène et nous applique, et non pas nous-mêmes; que ce soit lui qui commande en nous, qui use de nous, qui opère en nous, et que ce ne soit pas nous qui en usions, et que l'âme n'entreprenne pas de commander ou de disposer de soi-même, ni d'agir en elle-même ou par elle-même.

En l'examen de la méditation, j'ai conçu un sentiment d'humilité qui me faisant reconnaître ma faiblesse au regard de l'esprit de Dieu, m'a fait résoudre à me comporter désormais en la méditation de cette sorte.

1° Je croirai que je ne suis rien, et que je n'apporte rien à ce saint exercice.

2° Je me proposerai suivant la voie d'abnégation, dont j'ai parlé ci-dessus, de ne m'appliquer par moi-même ni aux considérations, ni aux affections, ni à chose quelconque.

3° Je me laisserai en la main de Dieu, afin que ce soit lui qui m'introduise dans les pensées et dans les affections qu'il voudra de moi. Je m'appliquerai à l'exercice, mais en sorte que ce soit Dieu et la sainte Vierge, ou les anges, ou les saints, qui appliquent mon esprit aux pensées et aux affections, et qu'il n'y ait rien du mien.

4° Je conserverai tout le jour la mémoire de l'effet principal de ma méditation, et le renouvellerai en mon âme.

En la première semaine je me résolus de mieux régler ma vie à l'avenir, et de pratiquer les choses suivantes durant quelques mois.

Je repasserai assidûment en mon esprit, comme j'ai été négligent à me conserver en la grâce que Dieu m'avait donnée au baptême, combien peu soigneusement je me suis disposé à la perfection à laquelle il avait plu à Dieu m'appeler dès mon enfance, et par divers moyens et par divers mouvements, et quelquefois même par quelques-uns extraordinaires. Je repasserai cela en mon esprit en humiliation et amertume de cœur, comment ayant été négligent en l'usage de tous ces moyens et de tous ces mouvements, et n'en ayant pas tiré ni tous les effets que je devais, de reconnaissance et d'élévation intérieure à Dieu pour son immense libéralité, ni toute la ferveur où j'étais obligé, dans les désirs, dans les prières et dans les mortifications; par là je m'exercerai à conserver désormais sa grâce avec plus de soin et à réparer si bien le passé, que toute l'œuvre et le conseil de Dieu qu'il eût accomplis en moi, si j'eusse coopéré comme je devais de ma part, et si je n'y eusse apporté aucun empêchement, y soient entièrement accomplis.

Pour conserver la grâce, j'aurai soin de ne perdre jamais la mémoire des pensées suivantes et d'autres semblables.

Combien est grand le trésor que l'âme trouve en la grâce par lequel elle acquiert le ciel, et (ce qui est plus précieux que tout) Dieu même; et se l'acquiert encore non pour un temps, mais pour l'éternité. Certainement c'est bien là ce trésor caché dans le champ, qui suffit seul et pour lequel il faut tout rendre et tout quitter selon la parole de l'Evangile.

Combien précieuse nous doit être la grâce acquise par tant de labeurs, tant de sueurs, tant de douleurs et tant de souffrances de Jésus-Christ, et enfin par sa mort: aussi on nous en demandera un compte exact au jour du jugement avec une extrême sévérité, jusqu'au moindre degré: *Usque ad novissimum quadrantem* (Matth. v, 26), selon la parabole.

Que c'est chose digne d'étonnement qu'il y ait un si grand combat de la nature contre la grâce, vu que la grâce est l'accomplissement et la perfection de la nature; en effet, la grâce accomplit les dons naturels et les ordonne, les élève et les applique au vrai, excellent, éminent et divin usage pour lequel ils ne sont que fort peu de chose, car que sert d'avoir un entendement si nous ne l'employons qu'à des choses inutiles, petites et périssables? Il faut donc que la nature estime la grâce comme lui étant un très-grand ornement, accomplissement et secours.

Combien furtivement et subtilement s'insinuent les occasions d'offenser Dieu, qui toutefois nous portent un si grand dommage et en un moment font un si grand changement en nous, qu'il n'y a rien de pareil nous faisant passer de la grâce au péché, c'est-à-dire à l'extrême misère: car rien ne manque au péché et au pécheur de la dernière et extrême misère, sinon qu'il a encore l'espérance et le temps de se pouvoir relever; encore le moyen n'en est-il pas en notre main, mais en la main de Dieu, et peut-être que nous en serons privés, et que nous mourrons en notre péché.

Ah! combien grand et subit est ce changement! L'âme est privée de Dieu par le péché et privée de toutes les bonnes œuvres qu'elle a faites en toute sa vie. Ah! quelle perte, et perte qui se fait en un moment!

L'ange a fait cette perte au bout d'un moment, Adam au bout d'une petite heure, et nous bien souvent au bout d'une minute de temps. Comme une étincelle de feu en moins de rien cause un très-grand embrasement et consume en une heure toutes les richesses que l'homme s'était acquises par beaucoup de temps et par beaucoup de travaux, ainsi l'occasion du péché, comme une étincelle, excite le péché et par le péché détruit et anéantit toute la grâce et toutes les bonnes œuvres de l'âme.

Nous devons donc être très-soigneux de conserver la grâce, et ce soin doit faire en moi deux effets. Le premier est de travailler soigneusement à me munir de bonnes œuvres et de bonnes habitudes contre le péché, et cela principalement deux fois le jour, au commencement et à la fin.

Le second est de me rendre vigilant et attentif à remarquer les occasions du péché, et à m'en éloigner promptement : Jésus-Christ Notre-Seigneur daigne me l'octroyer par la très-sainte Passion.

Art. IX. — *Pensées et résolutions sur les moyens d'acquérir la perfection.*

Comme selon les paroles de Jésus-Christ en saint Matthieu (VI, 27), nul ne peut ajouter une coudée à sa taille et à la grandeur de son corps, ainsi nul ne peut-il ajouter à la grandeur de son âme, qui est sa perfection. Telle est notre impuissance qu'il nous faut franchement avouer.

Au contraire, le plus souvent et presque toujours nous ôtons quelque chose à notre grandeur, c'est-à-dire à celle que Dieu met en nous par sa grâce. Telle est notre malice qu'il nous faut déplorer.

Dieu fait et met trois choses en nous pour nous faire arriver à la perfection, savoir : l'inspiration ou le désir, la demande et la coopération, et ces trois choses ne peuvent être s'il ne nous inspire, ne nous élève et ne nous aide. Mais comme de sa part il ne manque jamais à nous inspirer pour nous faire désirer, à nous élever pour nous faire prier, et à nous aider pour nous faire coopérer, ainsi je dois prendre garde à ne manquer de ma part à aucun de ces trois points. Je me rendrai donc soigneux et diligent à m'y exercer.

Je mettrai particulièrement mon espérance en la prière, mon industrie en la coopération et ma force au désir.

La fin de l'oraison est la perfection comme étant un don de Dieu, qui ne peut être obtenu que par prières faites en l'esprit de Dieu, ou par une particulière prévention et miséricorde, laquelle on ne peut acquérir, ni par aucune bonne volonté, ni par aucune sorte de labeur ou industrie. *Non est*, ainsi que parle l'Ecriture (*Rom.* IX, 16) *volentis nec currentis, sed miserentis Dei.* C'est l'œuvre de Dieu faisant miséricorde à qui il lui plaît et non l'effet de nos volontés et de nos diligences.

Je reconnaîtrai donc que j'étais appelé à la perfection, mais que j'en suis déchu par ma négligence, et afin que Notre-Seigneur m'y appelle derechef, ce sera la chose que je lui demanderai principalement en l'oraison; je m'y préparerai par les désirs, et y étant appelé je n'y résisterai plus, mais j'y apporterai plus d'industrie, et je coopérerai plus soigneusement aux grâces de Dieu que par le passé, si la très-sainte Vierge ma souveraine dame daigne m'impétrer cette faveur.

La perfection dépend principalement de l'humilité et de l'oraison, et est comme la fille de ces deux vertus. Car c'est l'humilité qui rend l'âme capable de Dieu, et le degré de capacité et de disposition de l'âme à l'égard des choses de Dieu, répond au degré d'humilité. De là vient que Marie, la plus parfaite de toutes les créatures, dit en son cantique que Dieu avait remarqué l'humilité de sa servante : *Quia respexit humilitatem ancillæ suæ* (*Luc.* I, 48), attribuant à l'humilité la grâce de sa maternité divine. Car c'est de ce regard particulier de Dieu envers elle qu'il est fait mention en ce lieu. L'oraison ensuite remplit de Dieu l'âme qui en est rendue capable par l'humilité.

Deux fois l'année je ferai une retraite de quelques jours, pour purifier, illuminer et perfectionner l'âme : car comme en la mer si on n'est soigneux d'épuiser la sentine, le vaisseau est enfin en danger d'aller à fond, de même si nous ne sommes soigneux de nettoyer l'âme des ordures qu'elle contracte par le commerce du monde, elle est enfin excessivement souillée.

Aucun jour ne se passera sans quelque exercice de pénitence qui consiste en l'abnégation de soi-même, et extérieur qui comprend les austérités et les mortifications du corps. Comme aussi je n'en passerai aucun sans quelque occupation particulière de l'esprit de Dieu ; car et nous sommes pénitents, et pour cela nous devons faire pénitence et porter des fruits dignes de pénitence ; et nous sommes voyageurs, tendant à ce qui est devant nous, comme à notre but et à notre consommation, et pour cela il faut que par l'oraison nous pensions à Dieu et aux choses divines, qui est ce que saint Paul appelle *Anteriora*.

Je réciterai l'office et célébrerai la sainte messe avec une actuelle et plus grande préparation, attention et ordre ; et pour cela je fais état de préméditer et de disposer certaines choses, et les remettre à un temps pour aider à cette dévotion.

Je me garderai de toute inutilité et vanité, soit en pensée, soit en paroles, soit en actions, pour m'acheminer à la maturité convenable à celui qui ne regarde que Dieu.

Je me rendrai présent et soumis à Dieu en toutes choses ; je me croirai inutile à tout, et me rendrai soumis à tout, tant à cause que c'est lui qui des pierres fait des enfants d'Abraham, que pour ce que cette entière soumission lui est due.

Art. X. — *Il commence au nom de la très-sainte Trinité l'examen de l'élection.*

J'ai commencé par l'oraison, en laquelle je me suis reconnu indigne de toute grâce de Dieu, n'espérant qu'en sa seule miséricorde, en la croix de Jésus-Christ, en l'intercession de la Vierge et aux prières des anges et des saints. J'ai considéré avec douleur que, par le passé, j'ai apporté fort peu de correspondance à la grâce, et que je donne encore maintenant, par mon peu de vigilance, assez de sujet à la divine majesté de me délaisser justement et de ne m'assister pas de son esprit. En cet endroit j'ai répété avec affection quelques versets du psaume de David, par lesquels il implore la miséricorde de Dieu, comme *Miserere* (*Psal.* L), etc. *Deus misereatur* (*Psal.* LXVI), etc. *In misericordia tua vi-*

vifica me. (*Psal.* CXVIII, 159.) J'ai dit aussi par trois fois *et ne nos inducas in tentationem, sed libera nos a malo* (*Matth.* VI, 10), de laquelle demande j'estime le sens et l'énergie fort utile en cette occasion.

Je me suis recommandé instamment à la très-sainte Trinité, à Jésus-Christ Notre-Seigneur, attaché pour moi en croix; et pour m'acquérir le droit et les moyens du salut et de la perfection, j'ai mis mon esprit et mon cœur sous la protection de la très-sainte Vierge, afin qu'elle dirige et tourne l'un et l'autre selon sa volonté et celle de Jésus-Christ son Fils; je lui ai très-particulièrement commis toute cette affaire, le suppliant de me recevoir comme fils, comme pupille et orphelin. Je l'ai aussi recommandée à la milice céleste, particulièrement à saint Michel et à saint Gabriel. En général j'ai demandé assistance à tous les saints et en particulier à mes patrons, que j'ai accoutumé d'invoquer, nommément à saint François, à saint Joseph et à saint Nicolas Tolentin, d'autant que cette discussion se faisait au jour de la fête. J'ai même voué une messe à chacun de ces trois saints, comme aussi trois à la sainte Trinité, une à l'humanité sainte de Jésus-Christ crucifié, soit de la passion, soit d'un autre mystère, trois à la sainte Vierge, une à tous les anges; à saint Michel et à saint Gabriel, chacun une; une à tous les saints et une à tous les patrons que j'ai accoutumé d'invoquer; j'entends une à tous et non pas une à chacun.

J'ai jugé qu'il était de mon devoir de renouveler toutes les bonnes dispositions de l'âme, de me dépouiller de toute affection, d'offrir à Dieu une volonté nue, d'entrer dans cet entier oubli de moi-même auquel peu de jours auparavant j'avais été attiré par un sentiment intérieur, et d'aspirer à une certaine disposition intérieure très-grande à laquelle j'avais été pareillement convié, et que je puis mal aisément exprimer en ce lieu.

J'ai renouvelé une entière soumission de l'âme à toutes les choses auxquelles Dieu la pourrait appeler, soit aux choses plus petites, d'autant que peut-être n'y a-t-il que cette voie-là qui soit assurée pour moi, et que toutes les autres me sont dangereuses, soit aux plus difficiles, d'autant que peut-être sont-elles nécessaires à mon âme et que c'est à quoi Dieu m'appelle.

J'ai reconnu que je me devais garder, et de mon esprit et de l'esprit malin : de l'esprit malin de crainte qu'il ne me trompe, du mien de peur qu'il ne m'affaiblisse et ne me fasse manquer, soit à suivre la voie de Dieu, soit à la discerner, en ne me rendant pas aussi indifférent à cet examen que Dieu le peut désirer de moi dans la rigueur de la perfection, et en y voulant trop d'assurance et de propriété.

Je me suis ressouvenu des principaux mouvements qui regardent cette affaire, tant de ceux que j'ai jamais eus en ma vie, que de ceux que j'ai ressentis en ces exercices; afin que les pesant tous et non quelques-uns seulement, je puisse juger quelle est la volonté de Dieu sur moi.

Pour ne pas manquer à la grâce de Dieu, j'ai arrêté en moi-même : 1° de suivre en tout la conduite de l'obéissance, quant aux instructions, d'autant que je suis ici dans la voie de l'obéissance, et que je dois laisser à Dieu de m'aider plutôt par cette voie que par toute autre que j'aurais choisie; 2° je me garderai bien de prescrire à Dieu la manière de me manifester sa volonté, et je lui demanderai que lui-même choisisse en quelle sorte il lui plaira me traiter, en quelle sorte, dis-je, des trois qui sont contenues en la matière de l'élection; et je me contenterai de celle qui, selon la prudence de l'âme abaissée devant Dieu, sera jugée suffisante; 3° me portant contre mon sens, je désirerai plutôt que Dieu m'incline et m'appelle à la religion qu'à un autre état.

Je commence donc au nom de Dieu, cheminant par la voie de la foi et espérant assistance de Dieu, de Jésus-Christ, de la Vierge, des anges et des saints, encore que je ne la ressente pas. Car je ne dois pas avoir plus de soin de moi que Dieu en a; et je dois me contenter des moyens qu'il se contente de me donner, puisqu'il aime mieux mon bien et mon salut, et en a plus de soin que moi-même.

Derechef j'ai élevé mon esprit à Jésus-Christ et à la Vierge, et me suis recueilli en cette pensée, qu'il s'agit ici de mon salut et de ma perfection, qui seule me doit être chère, et qu'il y va d'une chose que Dieu examinera au jour du jugement. Or, puisque cette affaire sera examinée après moi par un autre juge et au tel juge, je veux suivre et observer les mêmes règles que ce juge souverain suivra et observera à ce jour du jugement en l'examen qu'il fera du mien.

J'ai résolu de suivre la voie des conseils autant que je le pourrai pour la plus grande gloire de Dieu et que le permettra l'*état particulier que j'essayerai maintenant selon Dieu.*

ART. XI. — *Dispositions à l'élection, et ses pensées touchant les conseils.*

La voie des conseils m'a semblé grandement vénérable, comme étant celle que le Fils de Dieu, qui est la sapience incréée, nous a rapportée du ciel par son incarnation, celle dont il a le premier fait ouverture, et qu'il a même daigné frayer lui-même par sa vie, par ses œuvres et par sa mort. Qui connaît mieux la voie de Dieu que Jésus-Christ qui est Dieu, et qui en tant qu'homme a marché si dignement et si exemplairement dans la voie de Dieu? Qui connaît mieux notre fragilité que celui qui nous a faits, et qui, ayant désir d'aller à Dieu, doit tenir pour suspecte la voie que le Fils de Dieu nous a conseillée, et qu'il a choisie pour lui-même?

Nous devons donc avoir grande inclination pour la voie des conseils, et néanmoins nous devons prendre garde à suivre plutôt l'esprit des conseils de Dieu que la même voie des conseils : je veux dire que l'esprit de Dieu a consigné dans les Écritures les conseils généraux, et que outre cela il met et imprime dans les âmes les conseils particuliers tellement que quand l'esprit de Dieu, par quelque conseil particulier manifesté à l'âme, la retire de quelque conseil général contenu dans les Ecritures, alors cette âme doit plutôt suivre l'esprit des conseils que les mêmes conseils dont elle est retirée par cet esprit de Dieu qui est imprimé en elle. Mais cela doit être très-soigneusement examiné, de peur que nous ne soyons déçus par l'esprit humain.

Seigneur mon Dieu, que ma volonté soit maintenant aussi dénuée de tout, comme elle sera à l'heure de la mort : faites qu'alors je puisse dire avec Jésus-Christ Notre-Seigneur, en sa prière rapportée par saint Jean au ch. XVII, 4 : *Opus consummavi quod dedisti mihi ut faciam.* « J'ai consommé l'œuvre que vous m'avez donnée à faire. »

Je me représenterai donc et considérerai attentivement Jésus-Christ en croix, moi-même à l'article de la mort, et Dieu me jugeant après ma mort.

ART. XII. — *Conclusions de l'élection.*

Il a plu à Dieu me mettre en l'état auquel je suis à présent par une conduite fort particulière, et il a daigné s'y servir de moi, en sorte que je ne ressens rien qui m'en retire. Dois-je donc être facile à quitter ce genre de vie auquel il a daigné m'appeler et passer à un autre ? Quoiqu'une chose soit par elle-même sujette au changement, doit-elle néanmoins être changée sans quelque grand témoignage de la volonté de Dieu portant à ce changement, lorsque l'élection en a une fois été faite comme il faut ?

Certainement le religieux une fois bien appelé à quelque ordre, ne doit pas aisément passer à un autre, bien que de droit il le peut, comme étant ordre de plus grande perfection. Car c'est un conseil de l'Apôtre qu'un chacun demeure en la vocation à laquelle il a été appelé. Ayant donc été appelé légitimement et par conduite intérieure de Dieu à l'état du genre de vie où je suis, je dois peser cette stabilité que recommande saint Paul.

Dans la condition et genre de vie où je suis, j'ai eu sujet de douter si Dieu ne demandait pas de moi quelque chose de plus, et s'il n'attendait et ne différait point la manifestation de sa volonté, jusqu'à ce que je l'eusse recherchée et que j'eusse préparé mon esprit à la reconnaître et à l'accomplir. Or, depuis ce temps-là, j'ai recommandé cette affaire à Notre-Seigneur en la sainte messe l'espace d'un an au moins; et enfin je me suis résolu à cette voie des exercices, comme plus assurée et plus facile pour disposer l'âme efficacement. Et toutefois Dieu ne me donne aucun témoignage d'autre dessein ni par les pensées, ni par les sentiments et les affections, bien que souvent je m'offre à lui pour passer outre, et ce tant pour les moindres choses que pour les plus difficiles : ne semble-t-il pas donc que ce sujet de douter est maintenant suffisamment exclu et levé, et qu'il me doit suffire de demeurer toujours en cette disposition, que quoi que ce soit qu'il plaise à Dieu me découvrir et en quelque temps que ce soit, je me rendrai à sa volonté ?

J'ai ressenti une fois durant la messe un effet intérieur entièrement extraordinaire, et qui retira tout à fait l'âme de cette application particulière à la vie religieuse, à laquelle pour lors je me portais tout, et m'appliqua fortement à quelque chose beaucoup plus difficile et plus pénible à la nature. Or ce mouvement fut lors et depuis encore accompagné de telles circonstances et de tels effets, qu'il me sembla et me semble encore que je m'y puis arrêter avec assurance. Et ne suffit-il pas que ce désir de religion ait été une fois puissamment empêché, et qu'il ne me soit arrivé, ni ne m'arrive autre mouvement ?

Dieu m'ayant conduit jusqu'à cette heure par mouvement intérieur à diverses choses, dont aucunes sont beaucoup moindres que celles dont il s'agit, et tenant sur moi cette voie d'inspiration, ne dois-je pas m'arrêter beaucoup à cette considération, qu'en un point de si grande importance, et qui en la conduite de Dieu n'est pas sans difficulté et sans obscurité, je ne ressens aucun mouvement ? Il est vrai qu'il y a de différentes voies de Dieu sur les âmes ; mais toute âme ne doit pas reconnaître et observer principalement la voie par laquelle Dieu a accoutumé de venir à elle.

Ne dois-je pas pareillement en cet état si dépourvu de mouvement, peser beaucoup le consentement unanime des personnes éminentes en l'esprit de Dieu et de religion ? Car j'ai toujours fait état que, si après une préparation intérieure et après une recherche de la volonté divine, il ne me la manifestait par lui-même, je me devais soumettre au jugement de ses serviteurs. J'ajoute qu'une fois délibérant en moi-même, d'en communiquer avec l'un d'entr'eux, et ressentant quelques anxiétés et peines d'esprit sans sujet, et contre ma volonté, je recommandai à Dieu en la sainte messe et moi et cette affaire, et aussitôt je ressentis un effet évident et solide, qui en un moment chassa et dissipa tout à fait les anxiétés et les peines de mon esprit, et fit entendre à mon âme ce qui suit, beaucoup plus efficacement que si une voix ne l'eût prononcé : *Ne crains point fie-toi en moi, ton cœur est en ma main, il ne parlera que par moi.* Ensuite, ce serviteur de Dieu sans que je m'y fusse attendu, me confirma à demeurer dans le genre de vie où je suis, et me dit que le conseil qu'il me donnait était très-manifestement la volonté de Dieu et qu'il n'en doutait point.

ART. XIII. — *Continuation des motifs qui l'obligent à ne point changer de condition, et sa résolution dernière sur ce sujet.*

Que si Dieu a quelqu'autre dessein sur moi, qu'il veut pour cette heure me tenir caché, et que pour me laisser en suspens jusqu'à ce qu'il lui plaise de me le manifester, il me traite ainsi sans aucun mouvement ; ne serait-ce pas témérité de prévenir son ordre ? Et n'y aurait-il pas quelque sorte de précipitation (qui ne serait pas exempte de coulpe dans la voie de Dieu) de ne vouloir pas demeurer dans la condition qu'il me manifeste, et de passer à celle qu'il ne me manifeste pas?

Joint que ce que j'ai principalement dans les exercices sont plutôt avertissements à l'âme de se préparer à quelques dispositions intérieures très-élevées, qu'à choisir rien de nouveau. Comme si le conseil de Dieu regardait plutôt le changement de l'âme que de l'état de la personne. N'est-ce pas au moins quelque indice d'un retardement auquel Dieu m'assujettit, et dans les bornes duquel je me dois contenir et n'en point sortir sans considération? Or j'ai aspiré et j'aspire encore à ces dispositions par désirs, par prières et par observation, et suppression de tous les effets contraires. Mais elles sont si sublimes qu'elles ne peuvent être acquises par industrie humaine, et qu'elles ne peuvent venir que de la grâce de Dieu, qui supplée l'industrie de la créature : ces dispositions appartiennent à quelque haut degré de la voie unitive, et ne sont pas fort différentes de l'élévation intérieure de l'âme à Dieu, et elles ne me sont point suspectes, si ce n'est pas la règle générale que tout ce qui est mien me le doit être.

Durant tout le progrès des exercices, je n'ai eu que ce seul motif par lequel je me pusse appliquer à la religion, savoir, le sentiment de mon inutilité et indignité. Car, me paraissant si grandes que je me jugeais inutile à tout, et indigne de tous les dons de Dieu, j'inférais de là que je devais être enclin à l'état de la religion, afin que je pusse être utile à moi-même, ne le pouvant être ailleurs aux autres. Or ce motif est très-utile à la vérité pour humilier l'âme, mais non pas suffisant pour la déterminer et pour la résoudre; et d'ailleurs il ne convient tout à fait ni à moi ni à l'esprit de religion.

Joint que si je suis cet esprit intérieur que Dieu m'a inspiré dès l'entrée de ces exercices (si c'est lui qui me l'a inspiré) et duquel je me suis dépouillé, de peur qu'il ne préjudiciât à quelque nouvel esprit que Dieu me voudrait donner (ce que je n'ai point vu), je ne me ressens pas enclin à aucune religion : au contraire je m'en sens plutôt détourné comme estimant devoir être plus libre pour la gloire de Dieu et pour le salut de mon prochain en l'état où je suis. Or ce nouvel esprit que j'ai reçu à l'entrée de mes exercices doit être pesé et suivi n'y en ayant aucun autre qui lui ait succédé : et même quand j'y prends garde de près, il me semble que c'est plutôt aux divers esprits de religion qu'aux religions mêmes que j'ai été autrefois porté, pour m'approprier et recueillir de chacune quelque vertu particulière en laquelle elle est éminente.

Toutes les considérations qui s'opposent à cette conduite sont générales et non particulières, comme par exemple celle-ci, que la religion est selon soi plus parfaite, plus assurée, plus conforme à Jésus-Christ. Or il s'agit ici d'une affaire particulière qui doit être résolue dans ses circonstances, à quoi servent plus les considérations particulières que les générales. Quant aux générales, lorsqu'on vient au particulier, elles sont sujettes à recevoir des modifications dont l'une est que la souveraine perfection d'une âme particulière et son assurance et conformité à Jésus-Christ, doivent être tirées beaucoup plus du conseil de Dieu sur elle que de la qualité de son état et genre de vie : à quoi il faut ajouter que ces motifs peuvent induire l'âme à désirer que Dieu lui donne vocation à cet état, mais non à lui faire croire qu'elle y est appelée.

Or j'ai eu toutes ces lumières dans une grande tranquillité, sérénité, facilité, sans aucune distraction des sens ou de l'esprit, même sans aucun sentiment de dévotion. Hormis la conversion de l'âme aux choses intérieures dont je les puisais : en sorte qu'il semblait que l'âme fût établie en cette liberté qui est assignée au troisième temps dans les exercices, et peut-être en un degré encore plus avancé. Car ce n'était pas tant par discours et par raisonnement que j'avais ces choses que par la simple intelligence qui les contemplait sans travailler à chercher, et les trouvait comme toutes marquées et formées en l'âme; tellement que retiré en moi-même, sans rien ressentir ni du monde, ni de la chair, ni des sens, je voyais tout cela comme si je l'eusse lu sur un papier où il eût été écrit. Ces mêmes choses ont persévéré constamment en l'âme en l'une et en l'autre manière d'élection, et étant venu à contenir et suspendre mon esprit au point de l'élection par l'espace presque de trois heures. Enfin je ressentis contre mon intention et contre mon espérance, que mon esprit était appliqué à conclure, et que la défiance du raisonnement était chassée par quelque esprit intérieur fort et délicat. De sorte que l'âme résistant, je ressentis une certaine force douce, mais néanmoins puissante et qui portait impression de tendresse, par laquelle la résistance était surmontée et l'âme entièrement appliquée à conclure.

Après avoir cédé à l'efficace de cet esprit, il s'est élevé en mon âme une dévotion intime qui la dépouillait grandement d'elle-même et qui l'élevait à Dieu avec un intime et, à mon avis, un plus assuré et plus efficace sentiment de dévotion intérieure que je n'avais expérimenté dans tout le progrès de ces exercices. En cet entretien l'âme se trouvait remplie de Dieu et en était en quelque façon environnée comme d'un rempart, pour n'être point distraite par les mouvements vains et inutiles de la nature.

Le commencement de ce raisonnement dont je viens de parler, fut une défiance de moi-même, une crainte d'être trompé ou de manquer à la grâce de Dieu de laquelle je n'avais aucun sentiment. Mais aussitôt que je me fus commis à Dieu, espérant en lui par la foi, sans ressentir néanmoins son assistance, aussitôt l'âme par cette pensée ou au moins en cette pensée, entra dans cette liberté, mais toujours avec privation de dévotion intérieure, fors celle que j'excitais moi-même ; ce qui me confirmait au dessein de suspendre mon élection. Enfin arriva ce doux, subtil et efficace esprit intérieur que je viens de dire, qui appliqua l'âme à conclure et fut suivi d'une manière d'obombration ou environnement intérieur et d'une puissante impression du mouvement de Dieu qui la porta à demeurer dans ce bon propos de travailler à la vigne du Seigneur, ayant plus d'égard au travail qu'à l'état, et joignant toutefois l'un avec l'autre (148).

ART. XIV. — *Son âme n'est retirée de la religion qu'en particulier, et en conserve toujours l'amour et le goût en général.*

L'âme ne fut pas néanmoins retirée de la religion absolument, le goût m'en demeurant toujours, mais seulement de toute religion connue de moi, parce que toutes les religions que je connais ont toutes des empêchements à mon égard, les unes pour le corps, les autres pour l'esprit ; et il ne m'a pas semblé que Dieu demande que je me dépouille de cet esprit. Or ce n'est par aucune affection de la terre qu'elle est retirée de toute religion particulière, mais au contraire ce lui est une espèce de sacrifice et de croix de ne pouvoir satisfaire au désir qu'elle a de l'état religieux. Toutes les religions qui lui sont connues portent quelque opposition ou à son esprit de nature, ou à son esprit de grâce. Or nous avons reçu de Dieu l'un et l'autre esprit : l'un en tant qu'hommes, l'autre en tant que Chrétiens ; l'un et l'autre a ses propriétés et ses offices ; l'un et l'autre doit être pesé.

CXCVII. DISPOSITIONS POUR BIEN RECEVOIR LA VISITE DES SUPÉRIEURS.

Mes sœurs en Jésus-Christ Notre-Seigneur et sa très-sainte Mère, vous savez toutes la charge de visiteur que nous avons et que voici le temps de la visite, laquelle vous devez grandement recommander à Dieu. L'un des moyens que Notre-Seigneur a laissés établis dans son Eglise, c'est la prière, et un des moyens pour être exaucé, c'est d'avoir recours à la très-sainte Vierge, en l'honneur de laquelle je désire que vous offriez entièrement cette action, et que vous visitiez tous les jours, jusqu'à la fin de la visite, un de ses ermitages, demandant qu'elle nous fasse connaître ce qu'elle veut que nous lui rendions de plus particulier, et que nous établissions dans l'ordre pour son honneur.

Pendant ce temps, chacune de vous se doit quitter soi-même, ses besoins et ses dévotions, pour s'appliquer toute à cette action. Il me semble que je dois vous dire que vous ne regardiez nullement la personne qui vous visite, mais bien l'autorité divine du Fils de Dieu en la personne qui vous visite, car Dieu a deux Eglises : l'une au ciel et l'autre en la terre. Celle du ciel, il la régit par amour, et tout ce qui se fait dans le ciel, se fait par amour. Celle de la terre, de laquelle vous faites une petite portion, car la plus exquise partie de l'Eglise, c'est l'état religieux qui se régit tout par autorité divine ; et comme les bienheureux sont soumis entièrement à Dieu en son amour, vous le devez être entièrement sur la terre en amour à son autorité.

Soyez donc bien aises d'être visitées de cette autorité du Fils de Dieu, et vous y soumettez toutes par amour. Et que chacune de vous remarque les manquements intérieurs et extérieurs tant en général qu'en particulier ; car nous sommes tous sujets à déchoir de la perfection et à nous relâcher, ayant une nature qui tend toujours à cela.

Or la visite est donnée pour y remédier ; c'est au ciel où rien ne dépérit et où il ne faut plus travailler ; mais en la terre il faut toujours opérer et se garder. Cela n'est pas sans exemple dans l'Ecriture sainte, car vous voyez en la *Genèse* que Dieu avait créé un paradis sur la terre et qu'il y avait mis un homme ; et pourquoi ? L'Ecriture nous l'apprend : *Ut operaretur, et custodiretur in illum* (Gen. II, 15), pour y travailler et le garder. Mais pourquoi travailler, c'est un paradis ? Il est vrai, mais il est sur la terre, et pour ce, il y faut travailler et n'attendre autre chose. Donc, bien que nous soyons en la religion, qui est un paradis, il y faut travailler, *ut operaretur*, et non-seulement cela, le garder, *et custodiretur in illum*.

Il ne suffit pas à l'homme qui est dans le paradis de se garder soi-même, mais encore il faut qu'il garde le paradis, et ce, parce qu'il est sur la terre, car tout ce qui est en notre terre peut souffrir diminution et même aussi démolition. Vous le voyez dans ce paradis où l'homme ne travailla ni ne se garda pas. Aussi n'a-t-il pas seulement reçu diminution, mais totale destruction, en sorte qu'il n'en reste plus aucune marque ni vestige de ce qu'il a été. Le paradis de la religion est sujet au même inconvénient, parce que de même il est situé sur la terre. C'est donc à vous à y travailler, à vous garder et à garder le paradis, ayant toutes grand zèle de la perfection et régularité. Sur cette comparaison de la religion au paradis terrestre, souvenez-vous qu'il est dit au même chapitre de la *Genèse* qu'en ce paradis était un jardin où il n'y avait si petit arbrisseau que Dieu n'eût planté de sa main. De même en la religion, il n'y a si petite coutume, si petite chose de la règle, que Dieu n'ait plantée et ordonnée par son esprit qu'il a donné à ses fidèles serviteurs étant sur la terre. Ne méprisez et ne négligez donc rien quelque petit qu'il vous semble, car tout est bien grand devant Dieu. Pour cette cause, pratiquez tout, honorez tout, et Notre-Seigneur et sa sainte Mère vous honoreront.

CXCVIII. EXHORTATION A DES RELIGIEUSES.

Je désire, mes sœurs en Notre-Seigneur

---

(148) Ayant ainsi conclu de ne point embrasser la vie religieuse et d'attendre que Dieu lui manifestât quelque autre chose, il remarque ce qui suit en un papier écrit de sa main.

Jésus-Christ et en sa très-sainte Mère, vous montrer l'état d'une âme parfaite comme le Saint-Esprit m'enseigne en la sainte Ecriture, laquelle nous représente Jacob dormant et veillant tout ensemble auprès d'une échelle qui d'un bout touche à la terre, et de l'autre, au ciel. Il voit Dieu appuyé au bout de cette échelle, et les anges qui y montent et descendent. Voilà la vision de Jacob en son sommeil, vision toute pleine de mystères, en laquelle a été représenté le premier de tous, celui de l'Incarnation, auquel chacune de vos âmes doit être particulièrement dédiée. Jacob voit tous ces mystères en dormant au pied de cette échelle; et il est ainsi la figure de l'âme parfaite qui doit dormir et veiller tout ensemble, et non l'un sans l'autre. Elle doit dormir à l'égard des choses du monde, de la terre et d'elle-même, et doit veiller à Dieu et aux choses du ciel.

L'âme imparfaite dort bien souvent, mais c'est pour ne pas voir ses imperfections; elle veille aussi, mais c'est aux choses de la terre et non à Dieu. Or vous devez être parfaites, au moins tendre à la perfection; en faisant trois vœux, vous êtes obligées à un quatrième, qui est la perfection, et vous devez être comme Jacob dormant et veillant tout ensemble. Mais pendant qu'il dort, il voit une échelle, et des anges qui y montent et en descendent. Il n'y voit que des anges, parce qu'avant le mystère de l'Incarnation, il n'y avait que des anges sur cette échelle; mais à présent c'est le Fils de Dieu qui y monte et descend dans le mystère de l'Incarnation : il y monte à Dieu son Père par sa divinité, et descend à nous par son humanité. Il monte pour nous élever au ciel, et descend pour s'abaisser jusqu'à nous. C'est pour cela que vous devez imiter Jacob, qui s'arrête à regarder les anges; et nous qui ne voyons plus les anges, mais le Fils de Dieu en leur place, nous devons aussi le regarder montant et descendant par son Incarnation. Vous devez encore monter et descendre; monter à Dieu, descendre à vous-mêmes; veiller à Dieu, et dormir à tout le reste. Vous devez, au pied de cette échelle, en regardant le Fils de Dieu, honorer trois vies en lui : vie divine, vie glorieuse, et vie voyagère sur la terre, et vous occuper toujours en ces trois vies, par adoration, par admiration et par imitation. Il a une vie divine qu'il a toujours eue et a encore maintenant dans le ciel; c'est la vie de Dieu, vie de laquelle il vit de toute éternité, qui lui est toute particulière et ne peut être communiquée à personne, non pas même à sa sainte Mère, vie que les anges adorent, et que nous devons aussi adorer et honorer.

Il y a une vie glorieuse qu'il a eue dès l'instant de son incarnation, jouissant de la même gloire dont il jouit maintenant, mais qui était cachée le temps qu'il a été sur la terre, ce qui a été un continuel miracle, car le Fils de Dieu n'est que miracle en lui-même; ceux qu'il a faits et opérés sur la terre ne sont que de petits échantillons de celui qui est tout lui-même, et pour nous inconnu. Il communique cette vie glorieuse dans le ciel aux âmes bienheureuses, plus ou moins selon leur capacité, mais cette communication qu'il en fait n'est rien auprès de ce qui est en lui, et qui lui est propre et particulier, car encore que les âmes bienheureuses participent à cette vie glorieuse, il l'a en lui-même d'une manière toute différente des autres saints, et à proportion de sa vie divine. Le Fils de Dieu jouit de ces deux vies dans le ciel, et nous n'y avons point de part sur la terre, elles ne sont que pour le ciel. Il faut seulement que nous les honorions; l'occupation au ciel dans l'éternité sera en ces deux vies, c'est pourquoi il est bien raisonnable de commencer ce que nous ferons à jamais au ciel.

L'autre vie du Fils de Dieu est sa vie voyagère sur la terre, qu'il a menée l'espace de trente-trois ans pour notre exemple. Cette vie-là nous est demeurée, il ne l'a point emportée dans le ciel comme les deux autres, parce qu'elle n'a été que pour la terre, et toute pour nous. Il nous l'a laissée afin que nous la recueillions et soyons toujours occupés à l'imiter, et non occupés en nous, comme nous ne le sommes que trop. Dans cette vie, il y a la vie intérieure et la vie extérieure. L'extérieure, c'est toutes les actions du Fils de Dieu, ses souffrances, sa pauvreté et toutes les autres choses semblables qui font partie de cette vie voyagère que vous honorez par vos exercices extérieurs.

L'autre partie de la vie de Jésus est la vie intérieure qu'il avait sur la terre vers Dieu son Père. C'est en cela que je désire que vous vous arrêtiez davantage, étant obligées à une vie intérieure et retirée; c'est de cette vie que vous devez vivre, ce doit être l'objet continuel de vos âmes, qui doivent participer et adhérer à cette vie de Jésus-Christ, et recevoir de lui participation aux pensées de sa bienheureuse âme sur la terre. Lorsqu'il y était, il disait que les renards ont des tanières, et les oiseaux, des nids, mais que le Fils de l'homme n'avait pas où reposer sa tête; il cherche et ne demande autre chose qu'à reposer son esprit en vous, car il l'y a mis, non afin que la vôtre vive, mais la sien seulement, et que vous soyez remplies et occupées de lui seul. Combien un jour regretterez-vous le temps que vous aurez perdu en vous remplissant de vous-mêmes et de rien, et combien manquez-vous à Dieu, qui ne veut remplir votre âme que de lui-même ! Si une glace savait qu'elle est capable d'empreindre en elle la plus excellente créature du monde, qu'elle aurait de désir que cela fût ! elle voudrait toujours être exposée au soleil afin d'en répéter l'image. Or votre âme doit être comme cette glace, d'autant plus qu'elle est capable de Dieu même, c'est de lui-même qu'elle doit recevoir sa forme. Soyez donc adhérentes et participantes à cette vie du Fils de Dieu, vous séparant de vous-mêmes et de vos petites humeurs qui l'empêchent de se reposer en vous. Il faut que vous preniez en lui une vie nouvelle, imitant sa vie voyagère, afin qu'il vous rende dignes d'y participer, c'est-à-dire que vous fassiez les actions des vertus avec participation de l'esprit dans lequel Notre-Seigneur opérait les siennes.

Nous vous avons laissées au pied d'une échelle où je désire que vous demeuriez comme je sais que vous le voulez faire; nous proposâmes ensuite trois vies du Fils de Dieu, désirant que vous n'ayez plus d'autre vie que celle-là, demeurant auprès de cette échelle, et ne regardant plus rien que le Fils de Dieu; fermées à tout le reste, c'est ce qu'il demande de vous, ainsi qu'il vous le témoigne dans un passage des *Cantiques* (v, 2) où il dit : *Ouvrez-moi, ma sœur, mon immaculée, ma colombe, car mon chef est plein de rosée. Ouvrez-moi, ma sœur,* pour montrer que c'est à lui seul qu'il faut ouvrir votre cœur, le fermant à tout le reste, afin qu'il y répande cette rosée qui coule de son chef. Fermez-vous donc à vos pensées, à vos humeurs, à vos imperfections, à tout ce qui est de la terre. Il vous appelle *ma sœur,* car depuis le mystère de l'Incarnation, nous avons alliance avec le Fils de Dieu, nous sommes de sa maison, de son sang, nous sommes ses frères et ses sœurs; c'est pourquoi parlant de ses apôtres, il les appelle ses frères. Après sa résurrection, il dit : *Allez dire à mes frères* (Matth. XXVIII, 10), parce que nous avons consanguinité avec lui par le mystère de l'Incarnation, et encore par le mystère du saint Sacrement; c'est pourquoi il dit *ma sœur, mon immaculée,* mais cela ne s'adresse pas aux âmes du monde et qui suivent l'esprit du monde, mais à l'âme déjà parfaite ou à celle qui tend à la perfection. C'est à celle-là qu'il s'adresse, il l'appelle *ma colombe.* Comme cet animal est solitaire, et cherche toujours les cavernes et lieux retirés, ayant un chant gémissant, de même devez-vous être solitaires et retirées dans le Fils de Dieu. Ce doit être la caverne et les trous de la pierre où vous devez vous cacher; là, votre vie doit être comme la colombe gémissante et languissante après votre Sauveur, cachée en lui, ouverte à lui, car il dit : *Ouvrez-moi.* Et pourquoi? parce que *mon chef est plein de rosée, et mes yeux sont pleins des gouttes de la nuit.* C'est cette rosée que vous devez recueillir, et qu'il veut répandre sur vous si vous lui ouvrez. Cette rosée, ce sont ses actions, ses souffrances, son agonie et sueur de sang au jardin, que vous devez recueillir, et en cela doit être votre occupation et votre vie. Il vous a laissé l'exemple de sa vie, afin que vous alliez ramassant la rosée qui tombe de son chef et les grâces qu'elle renferme, qui sont les gouttes de la nuit. La sainte Mère de Dieu a été toute pleine de cette divine rosée, étant ouverte à Dieu seul; là était toute sa vie et son occupation continuelle, le temps qu'elle a été sur la terre depuis l'ascension de son Fils. Je vous ai proposé trois vies du Fils de Dieu, je vais vous en proposer trois autres de la sainte Vierge. La première est la vie de Marie en Jésus et de Jésus en elle. Elle avait une vie toute cachée en son Fils et toute particulière pour elle; elle seule la connaissait, elle était cachée à tout le reste du monde. La deuxième vie est celle de Marie avec Jésus, car tout le temps de la vie de Jésus s'est passé avec la sainte Vierge; trente ans avec elle sans être connu du monde. Oh! quelle vie de la sainte Vierge durant un si long temps! quelle participation recevait-elle de la vie de son Fils! et cela ne se voyait pas, ce n'était que pour elle. La troisième vie de la sainte Vierge est envers Jésus, qui a été tout le temps qu'elle est demeurée sur la terre après l'ascension de son Fils. C'était alors qu'elle recueillait cette rosée dans les lieux saints où Jésus avait prié, jeûné, travaillé, veillé, prêché, souffert, où il était mort. Là était sa vie, et à son imitation vous devez le faire et ramasser avec elle cette rosée dans vos ermitages, les appliquant, si vous voulez, aux saints lieux que visitait la sainte Vierge.

Voilà les trois vies que je désire de vous, c'est l'adieu que je désire vous faire; vous laisser Jésus et Marie, afin que vous n'ayez plus de vie qu'en eux.

Vous devez avoir une clôture intérieure comme vous en avez une extérieure. L'extérieure vous sépare du monde et de la terre, l'intérieure doit encore plus vous séparer de vous-mêmes et de toutes vos petites humeurs et imperfections. Et comme vous feriez grande difficulté de diminuer en quelque chose votre clôture extérieure, de même et beaucoup plus devez-vous conserver avec grand soin la clôture intérieure; c'est celle que le Fils de Dieu demande de vous. Il y faut mettre la muraille de l'amour de Dieu qui vous sépare de vous-mêmes, comme les murailles extérieures vous séparent du monde. Vous devez prendre garde de reprendre ce que vous avez quitté. Le monde que vous avez quitté est un rien, et vous, un autre rien. Prenez garde que ce rien se remplisse de cet autre rien, mais soyez un rien rempli de Dieu et ouvert à lui seul.

CXCVIII bis. ORDONNANCE PORTÉE DANS UNE VISITE A UN MONASTÈRE DE CARMÉLITES, EN L'ANNÉE 1615.

En l'honneur de Notre-Seigneur, Fils unique de Dieu, et de la très-sainte Vierge Marie; et en l'honneur de la même Vierge, très-digne et très-heureuse mère de Dieu.

Nous ordonnons que les usages et observances de chaque maison seront réduits à l'ordinaire de la sainte règle, et que tout ce qui est étranger et d'invention privée en sera ôté.

Que la dévotion envers la très-sainte Vierge Marie sera grandement cultivée et soigneusement entretenue dans les âmes; et qu'à cet effet, jusqu'au temps de la prochaine visite, chaque sœur fléchira le genou une fois le jour devant la très-sainte Vierge en ses dévotions particulières : premièrement pour rendre hommage aux grandeurs et souverainetés de la très-sainte Vierge, Mère de Dieu; deuxièmement, pour lui offrir son être et son état, sa vie et ses actions, et pour la supplier qu'elle daigne la disposer à lui rendre l'honneur et l'amour journalier qu'elle requiert de ses filles et servantes sur la terre; et lui faire part de l'appartenance singulière en laquelle elle désire entrer en cette qualité; et pour rendre cette dévotion intérieure et spirituelle aucunement extérieure et sensible, chacune aura soin de choisir un temps exprès et un lieu propre pour faire cette action avec recollection et disposition, et d'y adjoindre quelques prières vocales, bien que brièves, à cette intention.

Chaque sœur aura soin de communier une fois le mois à l'honneur des grandeurs et souverainetés de Marie, pour l'accomplissement de ses désirs sur la terre, pour l'établissement de son honneur dans les âmes et notamment dans cet ordre, et pour obtenir d'elle cette grâce et miséricorde d'entrer dans cet état et appartenance spéciale envers elle, qui appartient à ses filles et servantes.

Et d'autant que les prières et actions communes ont une efficace spéciale, et que, d'ailleurs, il est très-convenable que la maison contribue de sa part à l'honneur de celle à qui elle appartient, toute la communauté fera une communion expresse une fois le mois, à ces mêmes intentions. Exhortons chacune de s'humilier beaucoup de faire si peu de chose en l'honneur de celle que Dieu même honore tant; en laquelle et par laquelle il a fait des choses si grandes, si incompréhensibles et si dignes de la pensée et admiration éternelle des anges et des hommes.

Désormais, on sonnera le matin l'Angélus; et ce, avant de sonner l'oraison; afin que le service extérieur du jour commence par la sainte Vierge et par l'hommage au mystère de l'Incarnation, accompli en elle.

Chacune aura soin de donner à Jésus-Christ et à la sainte Vierge les premières et dernières pensées de la journée, et de lui offrir aussi en particulier les premières et dernières actions extérieures, pour commencer et finir vos jours par celle à qui vos jours et votre vie appartiennent.

Pour une plus grande révérence à Notre-Seigneur présent en la très-sainte Eucharistie, on ne parlera nullement au chœur; mais celles qui auront quelques paroles nécessaires à dire ou à entendre sortiront dehors; car c'est un hommage que nous rendons à la majesté de notre Dieu présent, que de l'honorer par un sacré silence, suivant cette parole du Psalmiste, selon la version de saint Jérôme: *Te decet silentium, Deus, in Sion; A vous appartient, ô grand Dieu, le silence en Sion.*

Par ce même esprit de révérence, l'assistance au chœur durant le temps de l'oraison sera inviolablement gardée (si ce n'est par dispense expresse qui sera rare, et pour des sujets de particulière considération); et ce, pour nous rendre présents à celui qui nous honore et nous bénit de sa sainte présence sur la terre, par le moyen de la très-sainte Eucharistie.

Cette présence humble, fidèle et constante du Fils de Dieu sur la terre avec nous jusqu'à la fin des siècles, mérite bien d'être honorée et accompagnée de la présence assidue de ses créatures, spécialement au temps de leur oraison, laquelle ne peut être accomplie en un lieu plus saint, ni en la vue d'un plus digne objet que le Fils de Dieu en la terre, sous le voile du sacrement de l'autel.

Le temps du service divin ne sera interrompu d'aucune autre action; aucune ne sortira du chœur pour des sujets ordinaires et légers; ainsi, elles demeureront assidues et persévérantes en icelui, et auront soin de prévenir, avant le temps du service, ce qui pourrait les en divertir. Semblablement, la tourière du dehors sera avertie de faire attendre les étrangers au tour, si ce n'est pour quelques sujets bien rares et bien particuliers.

Le silence sera religieusement observé, et celles qui y manqueront, ci-après seront notées de quelque pénitence particulière, pour remettre en vigueur cette sainte observance, très-utile à conserver la présence de Dieu en l'âme et sa sainte opération.

Le temps de la récréation sera mesuré par un sable; on n'y parlera nullement de choses du monde, ni rien qui offense tant soit peu la charité ou la sainteté de la maison; en particulier toute parole piquante et contentieuse en sera bannie; car ce temps est destiné à lier en charité les esprits des sœurs les uns avec les autres, et non à les indisposer.

En général, l'esprit de charité, simplicité, obéissance, sera établi et renouvelé dans les sœurs, n'y ayant rien désormais dans leurs pensées devant Dieu, ni dans leurs actions et paroles devant les sœurs, qui ne ressente ces dispositions intérieures. Par cet esprit, on laissera entièrement aux zélatrices le soin de voir les fautes d'autrui, et l'on n'aura les yeux ouverts que pour voir les siennes propres.

Par ce même esprit, on ne parlera jamais les unes des autres, si ce n'est en bien, hormis à la supérieure, à laquelle on pourra dire ses pensées sur les sœurs en ce qui regarde leur amendement par son autorité ou charité; et en cette considération, on conversera avec elle en toute humilité, sincérité et révérence.

JÉSUS, MARIA.

Fait et ordonné le 14 novembre 1615, par nous, Pierre de Bérulle, supérieur général de l'Oratoire de Jésus, et visiteur des religieuses Carmélites, en France.

CXCIX. ORDONNANCE FAITE DANS UNE VISITE A UN COUVENT DE CARMÉLITES, EN L'ANNÉE 1618.

Au nom de la très-sainte Trinité, en l'honneur de Notre-Seigneur Jésus-Christ et de la très-sainte Vierge Marie, sa très-sainte Mère ; nous, Pierre de Bérulle, supérieur général de la Congrégation des prêtres de l'Oratoire de Notre-Seigneur Jésus-Christ, et visiteur perpétuel des Carmélites établies en France, suivant l'autorité qui nous est donnée par notre saint Père le Pape Paul V, par un pouvoir exprès, avons visité les monastères de l'ordre de Notre-Dame du mont Carmel.

Dans le cours de nos visites, il nous a semblé bon d'admonester les sœurs de leurs devoirs à recueillir la grâce du renouvellement que Dieu présente aux âmes disposées par le saint et religieux usage de la visite.

A cet effet, le zèle de la perfection intérieure et régulière sera renouvelé et le désir en sera présenté à Notre-Seigneur Jésus-Christ, à sa très-sainte Mère, au moins une fois le jour, et sera mis soigneusement en exercice dans ces occasions que Dieu fait naître en la communauté pour acquérir la vertu.

Les points de la visite précédente seront relus et pratiqués comme s'ils étaient nouvellement proposés par cette action présente.

Vous aurez soin de penser quelquefois à l'humble dignité de la très-sainte Vierge, qui, étant Mère de Dieu, s'abaisse à vouloir être mère de vos âmes, et le désirer d'un désir bien plus grand que pas une d'entre vous ne désire cette sainte et souhaitable filiation de la sainte Vierge, et même elle le désire plus que vous ne pouvez le désirer vous-mêmes ; chacune de vous étant vaincue en ce désir par la très-sainte Vierge, laquelle toutefois regarde plus votre bien et grandeur que non pas la sienne ; vous aurez soin aussi d'oublier souvent vos peines, vos pensées et vos moindres désirs, pour renouveler le désir d'être fille et servante de la sainte Vierge, et de l'être en perfection, ce qui comprend beaucoup ; de lui rendre en la terre et au ciel les effets de cet état : suivant cette heureuse qualité de fille de la sainte Vierge, un de vos plus grands désirs désormais sera l'accomplissement des désirs de la sainte Mère de Dieu sur la terre et de prier pour cela. Ils sont inconnus au monde, et méritent bien d'être un des sujets principaux de nos prières, puisqu'ils sont très-ardents, très-saints et très-divins, et qu'ils font partie principale de l'état et des pensées de cette âme si haute et si divine ; et vous prétendriez en vain d'être de ses filles et servantes, si vous n'entrez en communication de ses désirs et n'en souhaitiez l'accomplissement.

Semblablement, un de vos soins principaux sera d'offrir vos actions intérieures et extérieures avec un esprit d'abaissement et d'assujettissement à la très-sainte Vierge, pour avoir une disposition intérieure et permanente qui soit vraiment conforme à l'état que vous avez embrassé de filles et servantes de la très-sainte Vierge, très-pure et très-digne Mère de Dieu.

Il y aura plus d'exactitude à se rendre aux heures de communauté, et spécialement à celles du chœur, étant raisonnable de ne pas faire attendre après nous le Fils de Dieu et ses anges, qui vous ont appelées, par le son de la cloche, à célébrer les louanges du Père éternel, en la présence de son Fils unique et des anges et des saints qui l'accompagnent.

Les sœurs auront soin d'observer un respect intérieur et extérieur les unes envers les autres, considérant une chacune, non en sa condition extérieure, mais en l'appartenance intérieure qu'elle a à Jésus et à la très-sainte Vierge ; et en cette qualité, les sœurs se déféreront un mutuel respect et honneur, à l'exemple des anges, qui honorent notre nature, bien que très-imparfaite, parce qu'ils la voient au ciel unie au Verbe éternel, ce qui ne se faisait pas avant le mystère de l'Incarnation.

Le silence sera religieusement observé en l'honneur du sacré silence du Fils de Dieu sur la terre durant l'espace de trente ans, et en l'honneur du silence de sa sainte Mère, de laquelle si peu de paroles, mais si graves, si efficaces et si importantes, nous sont rapportées durant le cours de sa très-sainte vie ; cette humble et silencieuse disposition de son âme servira à vous rendre plus attentives à écouter, et plus capables d'accomplir les paroles et inspirations du Fils de Dieu en vos cœurs ; celui qui adhère à Dieu est un esprit avec Dieu ; l'âme fidèle est en la direction du Saint-Esprit, il la conduit en toutes ses voies ; mais sitôt qu'elle a manqué de fidélité à Dieu, il se retire d'elle et la laisse en sa propre conduite et celle du diable. C'est donc une chose très-importante d'être fidèle à Dieu en toutes choses, grandes et petites.

Dieu donne un temps à l'âme pour lui présenter sa grâce, mais si elle manque d'y correspondre en ce temps qu'il a ordonné, il se retire entièrement d'elle, la laisse en sa conduite propre, et lui dit comme aux Juifs : *Je m'en vais, vous me chercherez, et ne me trouverez pas, et vous mourrez dans vos péchés.* (Joan. VIII, 21.) C'est pourquoi il est dit de l'esprit de l'homme : *Il va et ne revient pas* (Psal. LXXVII, 39), il peut bien perdre la grâce, mais il ne peut pas la recouvrer sans une grâce nouvelle, et quand Dieu la lui présente de nouveau, il doit tenir cela pour une grande miséricorde.

Que l'âme se rende donc fidèle à tous les mouvements de Dieu, de crainte que ce ne soit le dernier auquel Dieu veut lui présenter sa grâce. Que l'âme se renonce sans cesse, toutes les actions de sa propre volonté ne paraîtront point devant Dieu éternellement. Dieu veut accomplir ses desseins par des voies qu'il a ordonnées, et non selon les nôtres.

Les sœurs se rendront soigneuses de bannir de leur esprit toute pensée de leur antiquité en l'ordre, se tenant toutes en la maison de Dieu et en sa sainte présence comme novices perpétuelles jusqu'à la mort, et indignes de la plus petite place et de la moindre fonction qui soit en la maison de Dieu, en l'honneur de celui qui, étant égal au Père éternel et aussi ancien que l'Ancien des jours par son éternité, et étant en l'état de la gloire, quant à son âme, dès le premier instant de l'Incarnation, s'est mis néanmoins au plus bas lieu de ses créatures, et s'est fait le dernier entre les hommes ; *Ego sum vermis et non homo: opprobrium hominum et abjectio plebis* (*Psal.* xxi, 7) ; se chargeant de la peine et de l'avilissement des péchés de tout le monde.

Les sœurs donc adoreront, admireront et imiteront ce divin exemple de Jésus-Christ Notre-Seigneur, et seront averties qu'il n'y a vraiment d'autre différence entre les servantes de Dieu, que celle que la vertu et la grâce de Dieu y mettent; et que le temps ne donne aucun droit ni préférence, mais seulement leur apporte plus d'obligations et les rend plus coupables, si en plus d'années elles n'ont fait plus d'avance et de progrès en la grâce, l'amour de Dieu et la vie parfaite; et d'autant que cette vertu d'humilité est d'importance, et qu'il en faut établir non-seulement les pensées, mais aussi les effets dans leurs âmes, pour leur bien.

La Mère prieure aura soin de mettre quelquefois au plus bas lieu celles qui sont les plus anciennes; et ce, pour le simple et saint exercice de l'humilité; ce que nous lui ordonnons de faire très-soigneusement, pour un temps notable et pour pénitence à l'égard de celles qu'on verra secrètement attachées à leurs places, offices ou antiquité.

Les saintes reliques que Dieu a données à la maison seront déposées dans un lieu décent et fermé à clef, sans que la Mère prieure ait pouvoir d'en donner à personne ni d'y toucher sans l'expresse autorité du supérieur et en sa présence.

L'usage de l'huile, les vendredis, quatre-temps et vigiles de l'Eglise, qui avait été interrompu dans plusieurs maisons, sera remis et observé ainsi qu'il se pratique dans l'ordre.

En la présence de la Mère prieure, étant au parloir ou à l'infirmerie avec le médecin ou autres, les sœurs auront soin de ne point parler sans permission précédente de la Mère, succinctement et de choses nécessaires ; l'ordre et la modestie requérant que les sœurs parlent plutôt par la bouche de leur Mère et prieure présente, que par la leur propre.

Il y aura une très-grande charité, prévoyance et netteté en tout ce qui regarde les infirmes ; en l'honneur de celui qui a porté nos douleurs et infirmités, et qui dit en son saint Evangile (*Matth.* xxv, 40) : « Ce que vous faites à l'un de mes plus petits, je le tiens fait comme à moi-même. »

Nous exhortons les sœurs, au nom de Jésus-Christ Notre-Seigneur, et de sa très-sainte Mère, à l'imitation de leur bienheureuse Mère Thérèse de Jésus, de se rendre très-exactes, non-seulement en ces observances, mais encore aux plus petits points de régularité, de vertu et d'intériorité; se ressouvenant que celui que vous servez en petites choses est grand, et que ce n'est pas un petit défaut et danger de négliger les petites choses, selon cet avis mémorable du Saint-Esprit : *Celui qui méprise les petites fautes, tombera peu à peu dans les grandes.* (*Eccli.* xix, 1.)

Soyez donc très-exactes, et par cette exactitude, honorez l'assujettissement très-humble et très-exact de Jésus-Christ Notre-Seigneur, aux plus basses et plus pénibles fonctions de la nature humaine.

Fait et ordonné par nous, Pierre de Bérulle, supérieur général de l'Oratoire de Jésus, et visiteur des Carmélites établies en France, ce 19 juin 1618.

CC. DIVERSES ADMONITIONS ET ORDONNANCES FAITES A DES RELIGIEUSES.

On se rendra avec beaucoup d'exactitude au chœur ; le divin office y sera célébré avec dévotion et révérence, d'autant que le chœur est le lieu de la communication avec Dieu, il faut le regarder avec respect, y entrer avec élévation, y demeurer avec attention et usage de l'esprit de Dieu sur ses grandeurs et nos besoins, sur ses mystères et nos devoirs; enfin, sur Dieu et sur nous-mêmes, attirant Dieu à nous et nous élevant à Dieu. Je désire, mes sœurs, que vous y soyez comme en un lieu qui est pour Dieu, où vous faites l'office des anges par lequel vous vous rendez conformes à ces esprits bienheureux. Il faut enfin qu'en ce lieu paraisse Jésus-Christ et non vous; il faut que là, vous soyez sacrifiées et offrant sacrifice à Jésus-Christ, et par hommage au très-adorable mystère de l'Eucharistie et par révérence au saint sacrifice de la messe, lorsqu'il s'en dira quelqu'une dans l'église durant l'office, les deux chœurs doivent être levés depuis le Sanctus jusqu'à la Postcommunion, pour accompagner par cet état, plus décent à l'extérieur, celui d'adoration intérieure, d'application et sentiment particulier de vos esprits dans les mystères qui nous sont représentés. Et l'on prendra une extrême attention, toutes les fois qu'on se lève ou qu'on se met à genoux au chœur, et dans tous les autres mouvements que l'on a à y faire, que ce soit silencieusement et modestement, que cela ne diminue en rien la gravité, recollection et silence qui doit paraître aux assemblées religieuses. Pour cela même, on prendra soin de marcher si posément et si doucement, de fermer et ouvrir les portes si silencieusement, que l'on ne s'en aperçoive pas.

Les novices ne pourront non plus parler dans le chœur à leur maîtresse, et quand elles auront à lui demander la communion ou choses semblables, elles iront entre les deux coups de la messe, et s'il y a quelque empêchement, la maîtresse des novices se mettra toujours au bas du chœur, mais ce doit être si rarement que l'on ne connaisse pas que cela se fait.

Je désire, mes sœurs, que quand vous êtes en quelque lieu, vous y soyez comme n'y étant pas ; je dis que vous n'y soyez pas avec vous-mêmes, mais avec Jésus-Christ, agissant par son esprit et non par le vôtre. Je voudrais que les officières fussent ainsi dans leurs offices comme en un lieu où elles doivent se quitter elles-mêmes, quitter leur esprit propre et particulier pour prendre celui de Jésus-Christ, pour ne plus suivre leurs inclinations, pour ne plus paraître elles-mêmes, mais remplies de Jésus-Christ. Vous devez entrer, mes sœurs, dans vos offices avec cet esprit comme dans un lieu de sanctification et non de satisfaction ; d'autant que le soin perpétuel de la personne religieuse doit être de vivre et d'opérer par l'esprit de grâce que nous avons reçu de Jésus-Christ et de réprimer les actions que produit la nature imparfaite.

Chacune regardera désormais ce que devant Dieu la grâce et la vertu requièrent d'elle, et non ce que demande son humeur et son inclination ; on se rendra soigneuse à Jésus-Christ et non à soi, comme étant désireuse de respecter l'esprit de Jésus-Christ en soi, et non pas son esprit propre et particulier ; ainsi, en aucun temps ni aucun lieu, elles ne paraîtront dans leur humeur et leur nature, mais toujours en facilité et docilité de se rendre à la vertu.

Les licences de Pâques et de Noël, qui avaient coutume de commencer la veille de ces fêtes, ne commenceront dorénavant que le jour même.

Vous devez observer dans votre façon extérieure et toutes vos actions une grande modestie en l'honneur de celle de Jésus et de Marie. Oh ! que cette modestie de Jésus était grande, puisque saint Paul a voulu s'en servir pour nous inviter *Per modestiam Christi!* Que cette modestie paraisse donc en vous pour rendre hommage à icelle de Jésus et de Marie.

Je désire, mes sœurs, que tout ce qui concerne le silence soit très-religieusement et exactement observé, et l'on ne négligera aucune des choses qui en maintiennent la pratique, encore qu'elles semblent petites. Celles qui montrent l'office iront le faire au noviciat, de peur que cela, étant au dortoir, ne donne sujet de divertissement aux autres sœurs.

On se recueillera un peu avant de parler aux séculiers, afin d'avoir l'esprit plus présent à Dieu, de ne rien dire ou faire qui ne leur donne édification, et de ne pas rapporter l'odeur du monde dans la maison de Dieu. On ne leur parlera pas plus d'une demi-heure sans une expresse licence, qui doit être fort rare ; car vous avez quitté le monde, mes sœurs, pourquoi voudriez-vous le revoir ? Ce n'est pas en être tout à fait séparée ni morte à son esprit que d'aimer en savoir des nouvelles ; que cela ne soit pas, faites une nouvelle séparation de vous-mêmes et du monde. Ah ! mes sœurs, vous êtes des ermites, les ermites n'ont que faire du monde, ils sont séparés du monde, ils ne connaissent point le monde ; ils l'ignorent, ainsi que faisaient saint Paul premier ermite, et cet ange en un corps humain, la fidèle Marie d'Égypte. Ils avaient été dans le désert, l'un soixante ans, l'autre quarante, sans voir le monde ni rien savoir de ce qui s'y passait ; au bout de ce temps, ils en demandaient des nouvelles, mais quelles nouvelles ? « S'il y avait encore des hommes assez aveugles et insensés pour adorer les idoles. » O mes sœurs, voilà comme je vous désire ; je voudrais que vous fussiez comme ces deux ermites, être au monde et ignorer le monde ; et si vous êtes contraintes de parler au monde, qu'au moins vous ne participiez point du monde.

Les sœurs qui ont quelque infirmité qui les oblige de demeurer à l'infirmerie et les exempte de garder le silence tout le jour, l'observeront au moins pendant les heures de communauté ; c'est peu de chose de donner ce temps à Jésus-Christ, qui est soumis à garder un silence si étroit l'espace de neuf mois dans le sein de sa sainte Mère, lui qui était la parole éternelle.

Dans les dévotions particulières, les sœurs auront une application spéciale d'honorer la vie divine de Jésus-Christ, sa vie voyagère sur la terre, sa vie glorieuse et ses états souffrants, se ressouvenant que c'est par les souffrances de Jésus-Christ en la croix pour le salut et la perfection des âmes, que la grâce de leur sainte vocation leur a été acquise, et qu'elles la doivent exercer et maintenir en la croix.

Et d'autant que le choix et institution des novices est de très-grande importance, la Mère prieure en parlera aux sœurs, au chapitre précédant celui où elle doit prendre les voix, afin qu'elles aient le temps à y penser, et le recommander à Dieu. Une des premières lectures qui leur sera proposée à leur entrée dans la maison sera celle de la doctrine chrétienne, utilement déduite dans le catéchisme du cardinal Bellamin.

Je veux encore vous parler d'une chose à laquelle peut-être vous ne pensez pas, et sur laquelle je dois insister : c'est le travail des mains. Vous êtes pauvres, mes sœurs, et vous devez vivre comme les pauvres, ils travaillent et gagnent leur vie par le labeur de leurs mains. Je veux donc que vous fassiez de même, que vous viviez de votre travail, que vous acquittiez toutes vos dettes par ce moyen ; c'est une de vos obligations, mes sœurs, et une des choses qui vous sont recommandées dans votre sainte règle ; je vous y exhorte ainsi qu'à l'esprit de fidélité sur toutes les choses que nous avons dites ou même omises. Je supplie Jésus-Christ et sa Mère qu'ils vous bénissent, qu'ils prennent tout de nouveau puissance sur vos âmes pour les établir dans la vie de la grâce, qu'ils vous remplissent de leur esprit, et que ce qui a été en vous toutes contre cet esprit de régularité soit anéanti, que vous entriez dans une nouvelle séparation de vous-mêmes pour vous unir à Jésus-Christ, qu'enfin vous soyez mortes au monde et à vous-mêmes, pour ne plus vivre seulement qu'à Jésus-Christ.

Cet esprit de recueillement et de séparation du monde pourrait diminuer par des entrées trop fréquentes, et, pour obvier à cela, il n'y aura que les sœurs députées par la mère prieure qui y auront part ; le reste du couvent doit demeurer dans la modestie et retenue des sens, et même dans l'oubli de ce qui est entré dans la maison. Ne devant voir et sentir que Dieu en tous lieux, c'est faire tort à la plénitude de sa majesté divine : *Pleni sunt cœli et terra majestatis gloriæ tuæ*, que de prêter son attention à ce qui se passe, qui, même en le voyant, doit être comme chose de néant pour nous ; on ne doit point être vue ni entendue, on n'y doit point penser, on n'en doit point parler, on n'en doit rien rapporter, on le doit oublier comme s'il n'était point ou n'avait point été, comme une ombre qui passe et ne laisse aucune impression de soi. Pas une ne lèvera les yeux pour regarder, ne divertira son esprit pour y penser ; chacune demeurera occupée de Dieu, comme s'il n'y avait personne en la maison, si ce n'est trois ou quatre qui seront choisies pour porter ce fardeau, en garantir et décharger la communauté.

Chacune aura soin de se rappeler les observances de la religion pour les pratiquer fidèlement, tant celles qui sont représentées ici, que celles qui ne le sont pas.

Et d'autant que ces points et autres sont proposés pour mettre dans les âmes les vertus intérieures auxquelles ils se rapportent, on aura soin de les observer avec esprit et disposition, et avec un très-grand désir d'honorer dans ces voies Jésus-Christ Notre-Seigneur et sa très-sainte Mère, à qui vous devez appartenir à jamais, si vous correspondez à l'intention de cet ordre, à vos obligations spéciales et à ses volontés particulières sur vos âmes.

CCI. RÈGLEMENT POUR LES JEUNES DE L'ORDRE DES CARMÉLITES

Des jeûnes de l'ordre.

« L'on jeûnera les trois jours des Rogations, le jour de saint Marc, les veilles des fêtes de la sainte Vierge, de saint Élie ; on ne jeûnera pas la veille de la fête de la Dédicace des églises de l'ordre, mais on jeûnera le jour de la fête quand elle viendra au vendredi, mais non à l'huile.

« L'on ne jeûnera point et l'on ne mangera point à l'huile les jours des fêtes suivantes : le jour de votre sainte mère Thérèse de Jésus, les jours de la Conception, Nativité, Présentation, Visitation, Assomption, du Mont-Carmel, et les autres fêtes de la sainte Vierge chômées dans l'ordre ; le jour de saint Élie, de Noël et les deux fêtes suivantes, le premier jour de l'an et l'Épiphanie, bien que ces fêtes viennent aux vendredis. »

Il a été décidé depuis M. de Bérulle, par ceux qui lui ont succédé dans la charge de supérieur, et d'après la demande adressée par plusieurs maisons, que l'on jeûnerait les jours des fêtes de la Présentation et de la Conception, qui se trouvent dans l'Avent, la veille de saint Jean-Baptiste, et non le jour quand c'est le vendredi, la veille de la Pentecôte, la veille de la fête du saint sacrement ; et que l'on ne jeûnerait pas le jour de la fête de tous les saints, et les deux jours qui restaient dans l'Octave de Noël. (*Voir les règlements de M. Hachette, complément de ceux de 1748.*)

Les supérieurs avaient d'autant plus de droit de faire ces changements, qu'ils agissaient d'après les pouvoirs que leur donnaient les Papes par leurs bulles, conformément à l'esprit de l'Église, et sans qu'il y eût rien de contraire à la règle ni aux constitutions. Le nombre des jeûnes reste d'ailleurs complet, puisque les supérieurs ont remplacé ceux qu'ils ont supprimés par d'autres jours plus conformes à l'esprit de l'Église. C'est par la même autorité qu'il a été décidé que l'on ne mangerait point à l'huile les jours de fêtes de seconde classe avec octave, même lorsqu'elles arrivent aux vendredis, excepté pendant le Carême ou autres jeûnes d'Église.

CCII. AVIS ET EXHORTATIONS A DES CARMÉLITES.

Mes sœurs en Jésus-Christ Notre-Seigneur et en sa sainte Mère, j'ai choisi ces paroles annoncées par l'oracle saint Paul : *Quæ sursum sunt sapite, non quæ super terram ; mortui enim estis, et vita vestra abscondita est cum Christo in Deo.* (Col. III, 2, 3.) Ces paroles, mes sœurs, c'est votre conduite, c'est votre vie : *Non quæ super terram*, voilà votre conduite ; *Mortui enim estis*, voilà votre être, voilà votre vie, votre voie ; si vous êtes séparées de la terre, point d'autre fonds que des choses du ciel ; si vous n'êtes séparées de vous-mêmes, vous êtes de la terre : si vous n'avez point d'inclination vers la terre, vers vous-mêmes. Je dis inclination, car notre misère ne nous permet pas souvent d'être si unis à Dieu que le sentiment de nous-mêmes n'existe plus ; c'est pourquoi je dis volontairement si vous êtes attachées à la terre, vous êtes attachées à vous-mêmes ; vous êtes hors de votre conduite et de votre voie.

Non quæ super terram. Cela n'est point de la terre. Regardez donc, mes sœurs, si vous faites ce que dit l'Apôtre ; si vos pensées, vos occupations et inclinations sont au ciel et non sur la terre, et non en vous-mêmes. Oh ! mes sœurs, il me semble que je vous y vois et que trop ; vous êtes trop à la terre, trop à vous-mêmes, et non à cette conduite, et non à Dieu. Je dis à Dieu, car nous ne voulons pas que vous soyez attachées à Dieu en vous-mêmes, mais que vous soyez à Dieu dans lui-même et par lui-même, car souvent en voulant Dieu, nous nous voulons nous-mêmes ; mais il faut adhérer à ses voies, à sa conduite dans une simplicité et séparation de nous-mêmes.

Si la terre n'est qu'un point, à ce que disent les philosophes, à l'égard du ciel, quelles merveilles, quelles grandeurs doivent être dans ce ciel ! qu'est-ce qu'il y a dans ce ciel, ô mes sœurs ! Que de merveilles, que de prodiges, que de grandeurs ! La Trinité sainte, Notre-Seigneur Jésus-Christ en sa gloire, sa très-sainte Mère et toute la cour céleste. Oh! que de majesté ! oh ! que d'excellence ! que nous y pensons peu, mes sœurs ! ce sujet est pourtant bien digne de nous occuper.

Voilà ce que dit saint Paul : *Quæ sursum sunt sapite non quæ super terram*: cela n'est point de la terre, cela doit être votre occupation, et vos esprits doivent être susceptibles seulement de cette plénitude, si vous ne pouvez penser, ni vous occuper de ces choses, car ce n'est pas en notre pouvoir; mais offrez vos volontés pour n'avoir plus de part à la terre, plus de part à vous-mêmes et à toutes choses; il faut porter l'humiliation de notre misère et de notre bassesse; voilà votre conduite, mes sœurs. Votre état, *Mortui enim estis*. Ces paroles m'épouvantent, tant elles sont prodigieuses, car je n'oserais pas le dire, si l'oracle saint Paul ne les avait prononcées. Vous êtes mortes, et vraiment vous l'êtes, *Mortui enim estis*, et je vous vois vivantes. Il y a deux sortes de mort, l'une corporelle, l'autre spirituelle, toutes deux causées par le péché. La mort spirituelle est en nous par le péché originel, de sorte qu'au moment où nous naissons, nous sommes morts, et cette mort nous conduit à la mort éternelle, épouvantable et inévitable, si Jésus-Christ ne fût mort pour nous en retirer; et comme cette mort est entrée au monde par la désobéissance, saint Paul nous apprend aussi que Jésus-Christ s'est rendu obéissant à son Père jusqu'à la mort, *Obediens usque ad mortem*. (*Philip*. II, 8.) L'autre mort, qui est inévitable, nous est donnée en punition du péché. Oh ! mes sœurs, que ces morts doivent nous humilier, nous abaisser, car véritablement nous ne sommes que mort, c'est la seule chose que nous devons regarder en nous. Mais ce n'est pas en cette manière que saint Paul nous appelle morts, *Mortui enim estis*; si dans l'état du péché, il y a une mort spirituelle, combien plus doit-il y en avoir en celui de la grâce, puisque cela constitue notre perfection; mais vous devez prendre vie dans la vie, et mort dans la mort ; il faut vivre dans la mort et mourir dans la vie. Oh ! mort de grâce, mort vivante, opérée et soutenue par la grâce ; mort à vous-mêmes et à toutes les choses de la terre. Mais parmi tant de morts que saint Paul vous montre en ces paroles, n'y trouverons-nous point de vie? Oui, mes sœurs, mais en Dieu et non en vous-mêmes, mais cachées en Dieu : *Et vita vestra abscondita est cum Christo in Deo*. (*Col.* III, 3.) Oh ! qu'elle est bien cachée, si elle est en Dieu ; il n'y a rien de si caché que Dieu, de si inaccessible : votre vie doit donc être cachée en Dieu, comme Dieu est caché en lui-même. Remarquez, mes sœurs, *cum Christo in Deo*, avec Jésus-Christ en Dieu, et non en vous-mêmes. Si vous croyez que votre vie soit cachée en Dieu, oh ! elle n'est point cachée, elle est encore en vous-mêmes; vous n'êtes point mortes, vous voyez quelque chose, vous êtes encore vivantes; vous n'êtes point anéanties, vous n'êtes point toutes transformées en Dieu. Oh ! mes sœurs, pour que cette vie soit cachée, il faut être sans vue, sans connaissance, et cela par le pouvoir de Jésus-Christ, afin que cette vie soit véritable ; car Jésus-Christ est la vérité. Séparez-vous toutes de vous-mêmes, n'agissez plus par vous-mêmes, n'adhérez plus en vous-mêmes, et votre vie sera toute transformée en Dieu, en Jésus et par Jésus-Christ.

Il faut, mes sœurs, que vous entriez dans un renouvellement à la vie de la grâce, à la vie régulière et séparée de toutes choses; nous désirons que vous commenciez d'être à Jésus-Christ pour l'éternité, et afin que la vie de sa grâce soit en vous, séparez-vous de vous-mêmes; que tout ce qui est en vous de vous-mêmes n'y soit plus et qu'il ne paraisse plus en vous que Jésus-Christ, que l'on ne connaisse plus en vous que Jésus-Christ. Si vous agissez, agissez par le pouvoir de Jésus-Christ et en Jésus-Christ. Si vous souffrez, souffrez par la puissance de Jésus-Christ. Qu'enfin, l'on ne voie plus que Jésus-Christ en vous.

Votre vie doit être, non-seulement extérieure, mais beaucoup plus intérieure et séparée de toutes les choses de la terre, tellement que vous n'y devez jamais avoir de part ; ce serait peu de chose si votre sainteté consistait seulement en l'extérieur ; mais il faut qu'elle soit plus intérieure qu'extérieure ; vous devez être si unies à Dieu et séparées de tout, que rien ne soit capable de vous distraire de cette union.

Pour l'état de vie qui est régulière et séparée, cette vie qui nous unit intérieurement et extérieurement à Jésus-Christ, vie qui vous sépare du monde et de vous-mêmes, vie par laquelle vous rendez hommage à la vie retirée du monde de Jésus et de Marie sur la terre, il me semble qu'il y a en vous diminution de cet esprit et de cette vie érémitique qui est le fondement de votre ordre; je trouve que facilement on se relâche sur les choses qui s'y rapportent, et je désire que maintenant cela ne soit plus, mais que vous vous établissiez tout de nouveau dans cet esprit de solitude; que vous n'ayez plus de commerce que dans la retraite de Jésus-Christ. Oh ! quelle divine retraite ! oh ! quel était ce désert ! oh ! que pensez-vous, mes sœurs, quelle était la compagnie de Jésus-Christ en ce désert? L'évangéliste saint Marc (I, 13) le dit en peu de paroles : *Erat Jesus in deserto cum bestiis*. Oh ! quelle compagnie, mes sœurs ! Jésus-Christ est au désert, et avec qui y est-il ? avec les bêtes, la chose la plus vile de la terre. Oh ! quelle humilité de Jésus en ce désert : il y est conduit par l'Esprit, *ductus est Jesus in deserto*. (*Matth.* XI, 7.) Apprenez, mes sœurs, à être au désert comme Jésus-Christ. Il y est conduit par le Saint-Esprit ; soyez-y conduites par le même Esprit, non par le vôtre ni pour vos intérêts, mais comme Jésus-Christ, qui y va non pour lui-même, car il n'a que faire de pénitence, mais pour l'amour de nous. Ce Sauveur n'a pas seulement les bêtes pour compagnie, il a aussi l'esprit malin, la chose la plus abominable du monde. Oh! quel amour! quelle humiliation de vouloir être tenté! Jésus-Christ est soumis, il est assujetti à la rage de l'esprit malin; oh! que d'amour, mes sœurs! Jésus-Christ est votre objet; et par son exemple, entrez dans ce désert, non pour l'amour de vous-mêmes, non pour votre repos, non pour votre satisfaction, mais soyez-y pour Jésus-Christ, pour vous exposer aux rigueurs, pour y être tentées, afin d'honorer Jésus-Christ tenté, Jésus-Christ portant les rigueurs de la justice divine. Soyez-y pour vous oublier vous-mêmes, puisqu'il s'oublie lui-même; soyez-y lui rendant hommage, non-seulement pour vous, mais pour le monde. Le monde ne connaît point Jésus-Christ, ne pense point à cette vie de Jésus-Christ; mais vous qui le connaissez, qui y pensez, que ce soit dans une immensité capable de l'honorer pour toutes les âmes qui l'oublient. Ainsi, vous y serez, non pour vous, mais pour adorer et honorer l'état, la retraite et la vie inconnue de Jésus-Christ. Je vous supplie, mes sœurs, de révérer et estimer tout ce qui est de votre vie séparée et retirée du monde, par laquelle vous retracez la vie de Jésus-Christ sur la terre; et comme toutes choses sont grandes en lui, de même tout ce qui est pour l'amour de lui est grand, encore que la chose soit petite. Rendez-vous très-exactes à toutes choses dans toutes vos actions par cet esprit et cet amour de Jésus-Christ; il a été assujetti dans tous les moments de sa vie aux volontés de son Père, et en l'honneur de cet assujettissement, je vous prie de vous soumettre à toutes les ordonnances de la religion, et ce que je demande principalement est l'assistance au chœur et à toutes les heures de communauté.

Mes sœurs, vous n'avez peut-être pas considéré ce que cette vie nous représente. Oh! qu'elle nous montre une grande chose en l'unité de Dieu; Dieu est un, mes sœurs; je vous prie que cette pensée soit capable de vous unir ensemble pour ne plus vous séparer, et ainsi vous rendre conformes et en tout assujetties.

CCIII. OBSERVANCES RELIGIEUSES.

I. Nous supplions les sœurs de considérer que l'état auquel il a plu à Dieu de les appeler est un état de vie régulière, commune et intérieure tout ensemble; vie qui les lie à Dieu et entre elles, qui les lie par société, et enfin qui les lie à l'ordre par régularité. Par leur manière de vie et de vocation, elles sont appelées de Dieu à le servir en ces trois manières de vie, avec perfection et sainteté.

II. Pour marquer en cet ordre la dévotion à la sainte Vierge, et pour renouvellement d'icelle, chaque jour et chaque mois l'Office sera double, pour lui dédier chaque mois et renouveler cette dévotion vers elle; et tous les jours, à l'issue de Vêpres et de Laudes, il y aura mémoire de la sainte Vierge.

III. Le matin, avant l'oraison, on sonnera l'*Ave Maria*, afin que le service extérieur du jour commence par la sainte Vierge; les premières et les dernières actions de la journée par celle à qui vos jours et votre vie appartiennent par droit de servitude.

IV. Les jours dédiés à la sainte Vierge seront fêtés au dedans du monastère et seront honorés d'un jeûne précédent.

V. Et d'autant que l'usage des litanies est saint et célèbre en l'Eglise, celles de la sainte Vierge seront récitées tous les jours au chœur, et on n'y doit pas manquer en cet ordre, qui lui est si particulièrement dédié.

VI. Cet ordre aura à l'avenir une spéciale et solennelle dévotion à saint Joseph, afin qu'il se rende toujours le protecteur des âmes de cet ordre.

VII. Secondement, à saint Jean-Baptiste, tant à raison de la grande part qu'il a avec la sainte Vierge Mère de Dieu, et que sa sanctification est le premier effet et ouvrage de la sainte Vierge après sa maternité; comme aussi afin qu'il se rende protecteur de l'esprit de pénitence, de pauvreté, silence, solitude, et de régularité en la religion.

VIII. Troisièmement, a sainte Madeleine, afin qu'elle prenne puissance et soin sur les âmes de cet ordre, pour les introduire dans les voies d'amour et d'intériorité où elle a été si éminente et singulière, et où elle a reçu de Dieu et de son Fils unique, Jésus Notre-Seigneur, tant de puissance et privilége.

IX. A ces intentions, tous les jours on fera mémoire de ces trois saints en communauté, à trois heures différentes, de saint Joseph à Vêpres, de sainte Madeleine à Complies, et de saint Jean-Baptiste à Laudes. En leur fête on fera une procession solennelle à leur ermitage, pour leur demander humblement et instamment cette tutelle et protection, et pour leur rendre hommage.

X. Comme l'on croit pieusement que saint Gabriel a été l'ange gardien de la sainte Vierge, on fera son office double, et on fera celui que nous avons dressé pour ce sujet.

XI. L'assistance au chœur sera très-exacte, la dispense en sera très-rare, avec grande considération, et de peu de personnes en même temps; sans un grand sujet, on n'en sortira point, et les dévotions particulières ne tiendront nullement lieu de cette assistance.

XII. Au son de la cloche qui appelle au service, on sortira des cellules, des offices ou des lieux où l'on sera, avec esprit intérieur, l'extérieur tranquille, recueilli, mortifié; on se comportera comme étant devant Dieu et ses anges, en qualité d'hosties immolées à l'honneur, au service et aux louanges de Jésus-Christ Notre-Seigneur et de sa très-sainte Mère.

XIII. Le divin Office se célébrera révéremment, posément et attentivement; les cérémonies s'y feront dévotement comme étant chose accomplie en la présence de Jésus-Christ et de ses anges. Le latin y sera prononcé plus fermement et doucement.

XIV. Il y aura très-grande exactitude à se rendre aux heures de communauté en l'honneur de l'assujettissement que le Fils unique de Dieu a voulu rendre aux moments établis et ordonnés par son Père sur le temps de l'Incarnation et sur les heures de sa naissance, de sa vie et de sa mort même; vie divine, mort divine; vie et mort, quoique divines, assujetties toutefois aux heures et aux moments; ce qui lui faisait dire souvent dans l'Evangile : *Mon Père, l'heure est venue.* En l'honneur donc de ces sacrées paroles et de cet assujettissement de Jésus, chacune aura soin de se rendre promptement aux heures de la communauté.

XV. On ne passera point dans le chœur sans nécessité, et alors on le fera posément, révéremment et avec inclination très-profonde, adorant la majesté suprême qui daigne être là présente avec nous.

XVI. La prière pour les trépassés sera fréquente dans les dévotions privées; et on dira d'ordinaire une Messe des défunts au grand autel, lorsque, selon les règles du service, on doit dire un Nocturne pour les trépassés.

XVII. Les confessions et les communions ne passeront l'usage et la règle, si ce n'est par licence expresse de la mère prieure pour quelques fois, ou des supérieurs pour coutume ordinaire.

XVIII. Nous exhortons les sœurs de ne se rendre défectueuses au regard de la confession, qui est un sacrement ordonné de Dieu pour leur sanctification; elles s'y présenteront par désir de la grâce, et non par décharge de leurs scrupules.

XIX. Elles feront leur confession humble et courte, sans étendue de discours superflus, sans aucun rapport de choses de la maison ; et, n'écoutant que Dieu en sa créature, elles se doivent disposer à la grâce qui leur est présentée par ce sacrement.

XX. Et d'autant que le soin perpétuel de la personne religieuse doit être de vivre et d'opérer par l'esprit de grâce que nous avons reçu de Jésus-Christ, et de réprimer les actions que produit la nature imparfaite, chacune regardera devant Dieu ce que la grâce et la vertu requièrent d'elle, et non ce que demande son humeur et son inclination. Chacune se rendra à Jésus-Christ, et non à soi-même, comme étant désireuse et soigneuse de respecter et de faire vivre l'esprit de Jésus-Christ en elle-même et non pas son esprit propre et particulier, et ainsi, en aucun temps, ni en aucun lieu, elles ne paraîtront dans leur nature, ni dans leur humeur, mais toujours en docilité et en facilité de se rendre à Dieu et à la vertu.

XXI. Chacune aura soin de se ressouvenir des saintes observances de la religion pour les pratiquer exactement et fidèlement, tant celles qui sont ici représentées, que celles qui ne le sont pas.

XXII. Le zèle de la perfection intérieure et régulière sera renouvelé, et le désir en sera présenté à Dieu au moins une fois le jour et soigneusement mis en pratique dans les occasions que Dieu fait naître en la communauté, pour acquérir la vertu.

XXIII. Dans les supérieures on considérera l'autorité de Dieu présente et régissante ; autorité grande et divine nonobstant leur condition basse et humaine ; et par cette pensée les sœurs auront plutôt leur esprit touché de révérence envers Dieu présent en sa créature, que leurs sens ne seront frappés d'aucune condition de celles qui leur commandent. Ainsi elles seront exactes à observer ce qu'elles ordonnent, comme obéissant à la voix de Dieu en leurs supérieures, et elles ne seront pas lâches et nonchalantes en cette obéissance ; car ce serait offenser Dieu que de lui obéir avec négligence.

XXIV. Elles ne contesteront pas aussi contre leurs supérieures, en quelque occasion que ce soit ; mais elles se contenteront de proposer humblement leur pensée sans répliquer, car ce serait résister à Dieu en sa créature. Elles ne se priveront point de ne pas dire quelque chose de leurs discours et actions à la mère prieure, car ce serait contre la simplicité, la clarté et la sincérité avec lesquelles Dieu veut qu'elles vivent pour son amour avec leur supérieure.

XXV. On respectera en ses pensées et en ses paroles les supérieures et les anciennes et généralement l'une l'autre, sans avoir ni pensées en l'esprit, ni paroles en la bouche qui ne ressentent le respect ; cela étant le lien de paix, un effet extérieur de l'humilité intérieure, et une conduite prudente de charité mutuelle qui soutient et édifie les maisons de Dieu.

XXVI. Le propos de voir Dieu en autrui, et même de ne voir que Dieu en autrui, sera exactement observé ; et par cette pensée les sœurs seront liées en charité les unes avec les autres, et seront portées à se respecter, à s'entr'aimer en Dieu mutuellement, à s'entre-supporter charitablement, à s'entr'aider facilement dans les petits besoins extérieurs où les unes requerront l'assistance des autres, et généralement à se rendre tous les effets que l'esprit, non de la nature, mais de la charité, produit dans les âmes.

XXVII. Par ce même esprit de charité, les sœurs ne seront pas faciles à se refuser en plusieurs petites rencontres et occasions, où il est bienséant de s'oublier et laisser soi-même pour soulager les autres, et pour accomplir ce devoir de charité par obéissance et hommage au Fils de Dieu, et y être conduites par sa parole : elles se souviendront de celles-ci, rapportées en saint Matthieu (xxv,

40) : *Ce que vous ferez à l'un de ces petits, je le regarderai fait à moi.*

XXVIII. Et pour augmenter la charité, et diminuer la familiarité que les temps et l'usage pourraient rendre trop libre et imparfaite, les sœurs se considéreront comme filles de la sainte Vierge, et se respecteront les unes les autres comme chose appartenant à Jésus et Marie, en hommage de ce que le Fils de Dieu a fait à notre nature en l'unissant à la divine et à la sainte Vierge en la faisant sa mère.

XXIX. Les sœurs n'auront aucune vue et regard les unes sur les autres, pour croître en la simplicité intérieure et extérieure si nécessaire à introduire les âmes en la vie intérieure et divine à laquelle il a plu à Dieu vous appeler par votre manière de vie religieuse et solitaire.

XXX. On laissera entièrement aux zélatrices le soin de voir les fautes des autres, et on n'aura les yeux ouverts que pour voir les siennes propres.

XXXI. On ne parlera jamais des unes aux autres, sinon en bien, hormis à la prieure, à qui on pourra déclarer ses pensées sur les sœurs en ce qui regarde leur amendement par son autorité ou charité.

XXXII. Chaque sœur considère sa cellule ou son office comme le lieu et le moyen auquel et par lequel elle se doit perfectionner en la maison de Dieu ; et s'il arrive que Dieu permette qu'elle aperçoive quelque imperfection en autrui, au lieu de tirer en soi-même indisposition de cette faute aperçue, elle se souviendra que le conseil de Dieu en la vie commune est de nous perfectionner par l'imperfection d'autrui, et qu'elle est coupable devant Dieu si elle en tire aucun autre usage, et souvent plus coupable que celle qui a fait la faute.

XXXIII. S'il y a quelque sœur accoutumée à faillir en l'exacte observance de quelque vertu intérieure ou extérieure, elle demandera pénitence ordinaire à la supérieure, pour autant de fois qu'elle s'apercevra tomber en cette légère imperfection, afin qu'elle s'accoutume plus à honorer Dieu par humiliation et pénitence, qu'elle n'est accoutumée à le déshonorer par défaut de vertu, et qu'aussi elle prenne force en la grâce pour dompter sa nature en l'imperfection ordinaire ; et au cas que cette sœur manque de demander cette ordinaire pénitence, la supérieure ne manquera pas de la lui imposer.

XXXIV. Le silence sera très-religieusement gardé et observé, et la façon silencieuse au marcher sans bruit et sans légèreté, en l'honneur de la vie silencieuse, tranquille et modeste de Jésus et de Marie sur la terre.

XXXV. Le silence sera étroitement et religieusement observé ; on ne se parlera point aux lieux de communauté, comme au chœur, réfectoire, chapitre : ni aux passages, ni même aux lieux où l'on peut être aperçue parler ensemble, étant nécessaire que la face extérieure de la maison porte silence et solitude partout, en tout temps et en tout lieu.

XXXVI. Les sœurs auront un grand soin de ne s'attacher à rien pour peu que ce soit, ni sous aucun prétexte de piété ou utilité, se souvenant qu'il y a peu de chose dont le délaissement par vertu et mortification ne soit plus utile et agréable à Dieu que l'usage avec adhérence et imperfection.

XXXVII. La prieure aura soin d'ôter aux sœurs ce à quoi elles pourraient être attachées ; à cet effet, elle les fera changer d'office et de cellule et autres choses menues qui ne laissent pas d'arrêter et occuper l'affection, que Dieu seul veut avoir.

XXXVIII. La pauvreté sera très-étroite et les étoffes grossières, les habits moins amples et commodes, selon l'ancien usage.

XXXIX. Le linge fin que les séculiers donnent à la maison sera employé à la sacristie, ou sera plutôt changé que d'être employé avec diminution de la pauvreté.

XL. Les chausses, toques, et les voiles, ne seront que de linge ou d'étoffe grosse, les manteaux de dessous ne seront aussi que de grosse serge.

XLI. On n'aura rien qui ferme à clef, la réfectorière et robière donneront indifféremment aux sœurs ce qu'il leur faudra, sans faire distinction ni différence, si la discrète charité ne le requiert autrement au regard de celles qui auront quelques maladies particulières.

XLII. Et afin d'éviter le relâchement qui se pourrait glisser avec le temps en l'usage de la pauvreté, on ne se servira d'aucune étoffe outre les coutumières pour quelque raison que ce soit, sans licence expresse des supérieurs.

XLIII. Outre la garde générale des constitutions, qui doit être inviolable, nous recommandons soigneusement et remettons en usage les louables coutumes et observances saintes de la religion qui se pourraient diminuer avec le temps, et pour cela nous déclarons qu'on ne donnera point son avis si on ne le demande ; on ne disputera point, et on ne soutiendra point son avis après qu'on l'aura proposé, mais on cédera humblement aux pensées et aux sentiments des autres.

XLIV. On ne fera paraître aucun ressentiment ni répugnance ; car l'abnégation et la charité la doivent au moins couvrir, si elles n'ont pas assez de puissance pour la dompter.

XLV. On ne s'excusera point si l'obéissance n'y contraint, et on ne prononcera aucune parole immortifiée qui fasse paraître une grande lâcheté dans la pratique de la vertu.

XLVI. On n'aura pas d'autre soin que celui de plaire à Jésus-Christ et à sa sainte Mère : ainsi pour le manger, vêtir et autres nécessités humaines, on le laissera entièrement aux officiers.

XLVII. Les infirmes obéiront à leur infirmière et prendront ce qu'elle leur donnera sans rien demander, laissant à Dieu et à elle le soin superflu et démesuré que la nature et l'amour-propre leur donneront d'elles-mêmes.

XLVIII. L'usage des mortifications sera fréquent et sérieux; elles ne se pratiqueront qu'avec esprit et préparation précédente par celles qui auront à les exercer, et seront reçues des autres avec un esprit d'humilité et de mortification intérieure et extérieure.

XLIX. Au réfectoire les sœurs seront mortifiées, modestes, et sans aucune légèreté en l'usage des sens; la lecture y sera attentivement écoutée, la vie du saint de chaque jour duquel on fait mémoire y sera lue; le vertueux usage et le désir des mortifications y sera continué, et plutôt augmenté que diminué, par honneur à la croix et à l'esprit d'humiliation et de pénitence que le Fils de Dieu nous a si chèrement acquis, et qu'il a si éminemment communiqué à tant de saintes âmes sur la terre.

L. Celles qui auront besoin de manger de la viande, mangeront à part sur une table basse et séparée, si cela se peut, afin que cela leur serve en quelque sorte d'une marque extérieure de pénitence, tandis qu'elles ne peuvent pas observer la pénitence extérieure de la communauté.

LI. Les récréations seront sérieuses et vertueuses, on n'y parlera jamais des choses du monde, ni de celles qui peuvent tant soit peu intéresser l'innocence et la charité; on n'y parlera point des exercices de mortification qui auront été pratiqués, ni des imperfections naturelles ni des unes ni des autres, ni de rien qui offense tant soit peu la charité, pureté et sainteté de la religion; l'on ne parlera d'aucune chose du dehors sans licence, même à la récréation; on ne se ressouviendra des personnes constituées en dignité sur la terre que pour recommander à Dieu leur nécessité, les mettant en oubli pour tout le reste, comme s'il n'y avait que Dieu qui remplit nos esprits comme il remplit le ciel et la terre par sa grandeur infinie.

LII. S'il arrive que par nécessité quelque séculier entre dans la maison, les sœurs seront exactes à se retirer promptement; et tout ce qui sera concernant la clôture sera exactement observé en l'honneur de la vie cachée de Jésus en la sainte Vierge; ce que je vous prie et exhorte d'honorer par votre vie retirée.

LIII. On se recueillera un peu avant de parler aux séculiers, afin d'avoir l'esprit plus présent à Dieu et plus exact à ne rien dire ou faire qui ne les édifie, le temps de la demi-heure ne sera point passé sans sujet et sans licence expresse; la pensée de Dieu présent y sera renouvelée souvent pour retrancher l'oisiveté et superfluité, ayant soin de répandre l'odeur de la grâce et de la vertu pour l'édification des séculiers, et surtout de ne point rapporter l'odeur du monde dans la maison de Dieu.

LIV. On ne demandera rien aux parents pour soi, mais seulement pour la maison, et cela même le plus souvent ne sera pas approprié à celle qui l'aura demandé.

LV. Et d'autant que ces points sont propres pour mettre les vertus intérieures dans les âmes, on aura soin de les observer avec esprit et disposition conforme à la fin à laquelle ils conduisent et préparent les âmes.

LVI. On estimera intérieurement et extérieurement tous les usages de la sainte religion, comme des moyens que Dieu a inspirés à ses saints et fidèles serviteurs pour être honorés de nous sur la terre selon la bassesse et la petitesse de notre condition, en attendant que nous soyons dignes de l'honorer dans le ciel par des moyens plus proportionnés à sa grandeur et à sa gloire; et généralement avec un désir véhément d'honorer les voies Jésus-Christ Notre-Seigneur, et sa très-sainte mère, à laquelle vous devez toutes appartenir à jamais, si vous correspondez à l'institution de votre saint ordre, à vos obligations spéciales et à ses volontés particulières sur vos âmes.

LVII. Nous exhortons les sœurs en la vue de ces deux objets, Jésus et Marie, et à l'imitation de leur bienheureuse Mère sainte Thérèse de Jésus, de se rendre très-exactes, non-seulement en ces observances, mais encore aux plus petits points de régularité, de vertu et des choses intérieures; vous souvenant que celui que vous servez en petites choses est grand; et que ce n'est pas un petit défaut de négliger les petites choses, selon l'avis du Saint-Esprit : *qui méprise les petites choses, peu à peu tombera* (Eccli. xix, 1). Soyez donc très-exactes et, par cet assujettissement, honorez l'assujettissement humble et soumis de Notre-Seigneur Jésus-Christ aux plus basses et petites actions de la nature humaine.

LETTRES.

I. — AUX RELIGIEUSES CARMÉLITES.

LETTRE PREMIÈRE.

AUX RELIGIEUSES DE L'ORDRE DE NOTRE-DAME DU MONT-CARMEL, ÉRIGÉ EN FRANCE SELON LA PREMIÈRE OBSERVANCE.

Pour les disposer à la révérence et assiduité qu'elles doivent rendre au chœur et à l'Office, leur exposer les pensées et exercices qu'elles y doivent avoir, et autoriser le formulaire qu'elles doivent suivre.

I, II, III, IV, etc. *Sainteté et suavité du chœur; ses propriétés et ses privilèges.* —

VII. *Combien c'est chose grande de célébrer les louanges de Dieu, et quelles sont les dispositions dans lesquelles il faut accomplir ce devoir.* VIII. *Chanter les louanges de Dieu est l'office du temps et de l'éternité, et l'exercice des saints au ciel et en la terre. Les personnes religieuses doivent louer pour toutes les créatures. Nous sommes situés entre le ciel et l'enfer, et quels sentiments nous doit donner cette pensée.* — IX. *Nous sommes associés à Jésus dans la célébration des louanges de Dieu.* — X, XI. *Les louanges qui se chantent à Dieu en chœur, rendent par cette manière un hommage spécial à l'unité et société que nous adorons en Dieu et en Jésus-Christ.* — XII. *Raisons qui obligent à l'uniformité des Offices divins. Les Offices divins doivent être accomplis dans une disposition sainte.*

La grâce de Jésus-Christ Notre-Seigneur, et la bénédiction de la très-sainte Vierge soient sur vous pour jamais.

I. Le soin que nous devons avoir de votre avancement dans les voies de Dieu et de votre conduite en l'accomplissement de vos devoirs, nous oblige à veiller sur vos âmes, à considérer les obligations de la vie que vous professez, et à jeter souvent les yeux sur tous les endroits de vos maisons, comme autant de lieux saints et qui doivent être saintement habités, et autant de marques et de caractères qui nous représentent vos fonctions et devoirs en un chacun d'iceux.

II. Le chœur est la partie principale et la plus digne de vos monastères ; c'est votre séjour le plus fréquent. Et ce que vous avez à faire en icelui est le principal de vos devoirs, est la plus ordinaire de vos fonctions, est la plus éminente de vos actions, est la plus délicieuse de vos occupations. La misère de la condition humaine ne vous permet pas d'être toujours en ce lieu ; mais votre piété vous oblige à y être très-souvent, et lorsque vous en êtes séparées, c'est le centre où vous tendez, c'est le lieu où vous aspirez. Là est le trésor que vous cherchez, et c'est aussi le lieu que vous devez regarder de tous les endroits de votre maison, comme Daniel regardait le temple de sa cellule de Babylone. Vous êtes obligées à ce regard soigneux et vigilant, beaucoup plus que n'était Daniel ; car la gloire de cette maison est plus grande et de beaucoup plus grande que celle de l'autre, que ce prophète contemplait de si loin, puisque Jésus est et habite en celle-ci, puisque Jésus y est enclos avec vous et veut vous y enclore avec lui. Ailleurs vous habitez par nécessité, mais ici par volonté ; ailleurs c'est par l'abaissement de la nature humaine, mais ici c'est par l'élèvement de la grâce chrétienne. Ès autres demeures, les anges n'y sont pas, ou n'y sont que pour vous ; mais ici ils y sont sans vous, ils y sont pour Dieu et pour eux-mêmes, et ils vous y préparent et attirent avec eux. Regardez donc, aimez et recherchez ce lieu où Dieu est avec ses anges, où Dieu vous attire et vous attend, où Dieu veut être avec vous et vous avec lui, et demeurez en ce lieu par amour et par révérence, y déployant les désirs, les langueurs et les sentiments que vous devez avoir en un lieu si saint et en la présence d'une majesté si grande. Que ce soit votre plus douce retraite, que ce soit votre séjour plus ordinaire, que ce soit la plus assidue, la plus désirée, la plus délicieuse de vos actions.

III. C'est la plus sainte et la plus grande de vos occupations. Ici vous êtes séparées du monde, et vous travaillez à vous mettre en l'oubli de vous-mêmes ; ici vous êtes tirées à Dieu, élevées à lui, unies à lui, heureusement perdues et absorbées dans l'abîme de ses grandeurs et perfections divines. Ce lieu est saint, et est consacré à la sainteté de Dieu, à la sanctification de vos âmes et à celle encore de vos prochains. C'est le lieu où vous êtes en commerce et en traité avec Dieu ; il pense à vous et vous pensez à lui ; il vous prépare à le connaître et à vous connaître ; il oublie vos misères et vous y remémorez ses miséricordes, et tout ce qui est en vous plie sous son autorité suprême. Même vous entrez en conversation, en privauté et en familiarité avec Dieu ; ici Dieu veut parler avec vous et vous avez à parler avec Dieu ; ici Dieu vous fait digne de ses lumières et vous découvre les grandeurs de son être infini et incréé. Ici vous lui rendez vos vœux et ses louanges ; ici vous le priez pour les nécessités publiques et particulières. Ici vous attirez sa grâce et sur vous et sur son peuple ; ici vous vous donnez à Dieu et Dieu se donne à vous. Il est à vous et vous êtes à lui, et vous n'êtes qu'à lui. Vous ne pensez qu'à lui, vous ne voulez que lui, vous n'êtes occupées que de lui, et vous portez ses opérations saintes ; et se vérifie cette grande parole de Jésus : *Pater meus usque modo operatur, et ego operor.* (*Joan.* v, 17.) En cet heureux commerce et communication avec Dieu, vous êtes entre ses mains, ouvertes à sa puissance, exposées à son opération, mises en l'état que le grand saint Denis appelle, *pati divina*, et il vous tire, il vous élève, il vous ravit, il s'applique à vous et vous transforme en lui, et il vous tient incessamment unies à lui dans l'unité de son esprit, qui est l'unité personnelle et du Père et du Fils.

IV. Je ne dois pas m'étendre en ce discours, le sujet vous en est assez connu par expérience ; il me suffit de vous dire que les fonctions de la vie de l'esprit sont diverses. Les unes regardent Dieu, et les autres nous-mêmes ; les unes sont délicieuses, et les autres laborieuses. Mais elles sont toutes, et éminentes, et importantes, et assidues, et elles s'accomplissent toutes en ce lieu. Ici vous vous abaissez et vous vous élevez. Ici vous vivez et vous mourez. Ici vous sentez les douceurs et portez les rigueurs de Dieu. Ici vous travaillez à vous séparer de l'être présent et sensible, pour vous rendre à la vérité et sainteté de l'être de Dieu. Ici vous contemplez Jésus en sa croix, et vous portez sa croix après lui et avec lui. En ce continuel exercice de croix, d'amour et d'abnégation, Jésus veut être présent à ses âmes, et c'est ici où Jésus est et habite avec vous, et vous avec lui. C'est ici son trône et sa demeure, et vous n'avez point à lui demander, comme l'épouse : *Dic mihi ubi pascas, ubi cubes in meridie.* (*Cant.* I, 6.) Vous en savez plus de nouvelles qu'elle, elle le cherche, et vous l'avez trouvé. Vous savez le lieu de son repos, et vous y êtes encloses avec lui. Vous traitez avec lui, et lui traite avec vous de bouche à bouche, comme Moïse sur la montagne ; et ce qui passe Moïse, vous traitez avec lui cœur à cœur, esprit à esprit, par la réception de son corps précieux et par l'infusion de son esprit divin. Jacob disait d'un lieu beaucoup inférieur à celui-ci : *Terribilis est locus iste, vere Deus est in loco isto, et ego nesciebam.* (*Gen.* XXVIII, 17.) Vous êtes en un meilleur état que lui, et vous parlez d'une autre sorte. Ce lieu vous est doux, et non terrible. Dieu vraiment est en ce lieu-ci, et il y est beaucoup plus dignement, plus saintement, plus efficacement qu'en celui de Jacob ; celui-là n'avait que l'ombre, et celui-ci contient la vérité. Et vous ne pouvez pas dire comme Jacob : *Et ego nesciebam ;* car vous savez que Dieu est ici. Vous le savez, dis-je, vous le trouvez, vous le possédez, vous le savourez, et vous conviez les autres à le savourer avec vous, leur disant ces paroles de David : *Gustate et videte quoniam suavis est Dominus.* (*Psal.* XXXIII, 9.)

V. Aimez ce lieu le plus saint, le plus doux et le plus auguste de votre maison, et en reconnaissez les propriétés et les priviléges. C'est le parterre de vos délices, c'est le séjour de Dieu entre les hommes : *Tabernaculum Dei cum hominibus.* (*Apoc.* XXI, 3.) C'est le lieu de la conversation des hommes avec Dieu. C'est le paradis de la terre et le jardin planté de la main de Dieu même, jardin auquel Dieu vous a transférées, jardin parsemé de fleurs du ciel, et où se trouve la fleur de Nazareth en laquelle vous vous reposez, c'est-à-dire Jésus-Christ Notre-Seigneur, et ses mystères ; et si je considère votre ouvrage et labeur en ce lieu, je dirai que ce lieu est la ruche où de ses fleurs célestes comme abeilles saintes vous travaillez à composer le miel de piété et dévotion qui vous doit servir d'aliment, et aux tendres âmes que Dieu vous adresse pour les former à son service, et à ceux encore qui vous conversent. Parlons d'un lieu si digne en un langage plus élevé. Le chœur où vous allez tant de fois le jour et la nuit, le chœur où vous passez la plus grande part des heures de votre vie, le chœur où vous priez, vous adorez, vous aimez le Dieu de la terre et du ciel, est le ciel et la terre ; car aussi la terre qui est au ciel, c'est-à-dire l'humanité sacrée de Jésus, repose en ce lieu aussi bien qu'au ciel. Elle y repose en la même vérité et réalité sans intérêt de sa majesté, sans diminution de sa gloire. On le voit à découvert au ciel, et on le possède en la terre, mais couvert et voilé de ses espèces. Il y a cette différence que là on voit ses grandeurs, et ici on contemple ses abaissements. Là on jouit de sa gloire, et ici on a part à ses souffrances. En l'un et en l'autre état les âmes divines sont vivantes en lui et de lui, soit au ciel des cieux, soit au ciel de la terre, qui est le chœur et l'autel, auquel et Jésus se donne à vous par son Eucharistie, et vous vous donnez à lui comme hosties vouées à sa grandeur, abandonnées à sa croix, destinées à sa gloire, occupées à son service et employées à sa louange. C'est vraiment ici que vous prenez retraite et repos : *In foraminibus petræ, in caverna maceriæ* (*Cant.* II, 14), comme faisait l'épouse des cantiques, et comme colombes mystérieuses vous vivez dans les plaies de Jésus, qui est la pierre solide et angulaire de son Église. Vous tirez vie de sa mort, douceur de sa croix, délices de ses douleurs, force de ses langueurs, joie de ses angoisses, gloire de ses opprobres, assistance de son délaissement, subsistence de son affaiblissement, et jouissance de sa souffrance. Là vous vivez en Jésus et de Jésus, et Jésus vit en vous ; vous vivez ne vivant plus, et Jésus mort est vivant en vous. Et ces échanges de mort et vie, de vie en la mort et de mort en la vie, et ces communications secrètes et ineffables entre Jésus et vous, s'accomplissent en ce lieu honoré des anges et habité de vous, et consacré par la puissance admirable de Jésus en son auguste sacrement.

VI. Ces choses se passent en ce lieu et en vous, mais à la vue de Dieu et de ses anges seulement. Il s'en passe une autre en ce même lieu à la vue des anges et à la vue des hommes, car elle est et spirituelle et corporelle, elle est et intérieure et extérieure tout ensemble. C'est la célébration de l'office divin, qui vous est approprié comme à un peuple saint et sacré à Dieu par vos vœux et consacré à des hosties vivantes et hosties de louange par votre vie vraiment propre à rendre louange à Dieu. Vous êtes la partie principale du peuple de Dieu, la fleur de son Église et les délices de son cœur, et vous contribuez aussi au service principal et public que sa majesté suprême veut lui être rendu en la terre et en l'Église, et vous êtes appelées et employées à célébrer ses mystères et ses grandeurs. C'est l'occupation ordinaire de votre vie : vie heureuse de prier, tandis qu'en Égypte on travaille à ramasser les pailles ; vie heureuse d'être éclairée de la colonne de feu, tandis que les ténèbres sont épaisses en Égypte ; vie heureuse d'être tranquilles en la présence de Jésus, tandis que les mondains sont dans l'orage et la tempête de leurs soins déréglés ou de leurs passions illicites. Leur état est différent du vôtre, et votre fonction est différente de la leur. Votre vie est céleste, et votre fonction est céleste aussi. Vous faites en terre ce que les anges font au ciel, et vous êtes aussi comme les anges de la terre, vivantes en pureté, en sainteté et en application à Dieu. Jésus au ciel et en la terre veut être environné d'anges, et vous êtes ses anges en la terre. Vous l'adorez, vous l'aimez, vous l'accompagnez, vous l'environnez, et comme ses épouses vous êtes à ses côtés ; car c'est aussi la situation de vos cœurs au regard des autels, laquelle est propre à votre ordre, si vous considérez la structure et architecture de vos maisons, et ce doit être la disposition de vos cœurs au regard de Jésus. Vous devez être à ses côtés, vous êtes tirées de son côté en la croix, vous cherchez entrée en la plaie de son cœur, en l'ouverture de son côté, que la lance a ouvert et que l'amour tient ouvert en sa vie, en sa gloire, en son éternité, pour être votre demeure vivante, céleste et éternelle. Ne vous est-il pas doux de penser à ces choses et d'apprendre cette architecture intérieure en l'édifice de vos âmes, par votre extérieure architecture en l'édifice de vos maisons ? Ne vous est-il pas doux d'avoir Jésus présent par ses mystères, de le voir présent par les yeux de votre foi, d'être et vivre avec lui par la condition de vos exercices, et d'être toutes en chœur et en corps à l'entour de lui, pour lui dire ses grandeurs et chanter ses louanges.

VII. En cet état et disposition de cœur, de corps et d'esprit, je vous vois comme autant d'anges assistant à Jésus, disant votre office en sa sainte présence, et chantant ses louanges tirées de ses prophètes et de l'oracle de son Eglise. Cet office est divin, et il en porte le nom ; il est ordonné par une autorité divine, et il doit être divinement célébré, c'est-à-dire par des âmes divines, en l'honneur de la Divinité même. Accomplissez-le donc avec disposition parfaite digne de vous, digne de cet office et digne de la majesté de Dieu, auquel vous rendez ce service et tribut de louanges, que la nature humaine doit à son Dieu et à son Sauveur. Remarquez que le cœur et la langue sont joints ensemble par la composition de la nature ; ils doivent être ici conformes et joints ensemble par la conduite de la grâce, et le cœur doit sentir ce que la langue prononce, et penser à celui auquel il adresse sa parole. L'esprit et le corps sont employés en cet office, car il se rend à un Dieu qui a créé l'esprit et qui a formé le corps de ses propres mains. Et c'est le sacrifice de louange, auquel nous convie le Saint-Esprit en sa parole : *Immola Deo sacrificium laudis.* (*Psal.* XLIX, 14.) C'est le sacrifice perpétuel, auquel l'Apôtre nous exhorte : *Offeramus hostiam laudis semper Deo.* (*Hebr.* XIII, 15.) C'est le sacrifice auquel vous devez être en état d'hostie par abnégation de vous-mêmes, en état d'hostie à Dieu par son amour, en état d'hostie de louange par votre condition et désir universel, qu'il n'y ait rien en vous qui ne loue Dieu : *Benedic, anima mea, Domino, et omnia quæ intra me sunt nomini sancto ejus.* (*Psal.* CII, 1.) C'est un sacrifice d'encens et de myrrhe, d'encens au regard de l'esprit, et de myrrhe au regard du corps. L'esprit et le cœur y sont offerts à Dieu dans l'oubli de la terre, dans l'élévation au ciel, dans l'application à Dieu, n'ayant que sentiments divins et mouvements célestes. Le corps y est présent, et son usage et exercice est dans la modestie, dans l'humble et grave composition, dans un maintien doux et dans la mortification de ses sens. Car le corps n'a ici subsistence que pour porter l'esprit qui s'unit à Dieu. Le corps n'a vie, sentiment et usage que pour chanter les louanges de Dieu, et il doit être sans aucun sentiment, ou il ne doit avoir que ceux de l'esprit, pour dire avec David : *Cor et caro mea exsultaverunt in Deum vivum* (*Psal.* LXXXIII, 3), prévenant en cet intervalle l'état heureux du ciel, et pressentant dès la terre les goûts célestes des torrents délicieux qui abreuvent ceux qui sont en la gloire : *Torrente voluptatis potabis eos.* (*Psal.* XXXV, 9.)

VIII. Cette charge et fonction de chanter les louanges divines est une chose si haute, qu'elle ne peut être assez dignement accomplie. Mais elle est si commune et ordinaire, que j'ai peur que la fréquence ne l'avilisse, et qu'elle ne soit exercée plus par coutume que par piété, et plus par usage et routine que par correspondance à sa dignité. Je dois vous tirer hors de cette indisposition, si elle était en vous, et si elle n'y est point, je dois vous prévenir à l'encontre. Considérez donc avec moi (car je dois parler à moi en parlant à vous, puisque cette fonction me convient comme à vous) ; considérez, dis-je, avec moi, que cette action de louer Dieu est l'usage de la vie céleste et la fonction continuelle de l'éternité. C'est l'office des séraphins, des chérubins et des trônes dans le ciel, et de tous les bienheureux. C'est l'office des prélats, des pasteurs et des prêtres en la terre, c'est-à-dire de tout ce qui est le plus saint et sacré en la terre et au ciel. Et c'est par la sainteté de votre vie que vous êtes associées à cette partie de notre ministère, car autrement elle ne vous conviendrait pas, tant elle est excellente. C'est l'action propre et plus éminente de la religion divine que de louer Dieu ; c'est sa vie, son essence et sa fin ; c'est le devoir de toute créature, mais toute n'en est pas digne et toute n'en est pas capable. Cette puissance et dignité vous est donnée par grâce et par miséricorde. Recevez-la avec humilité, estimez-la avec esprit de piété, exercez-la avec fidélité, et, vous oubliant vous-mêmes, élevez-vous à Dieu et vous rendez hosties de louanges, pour rendre louanges dignes à une si haute et si digne majesté. Vous accomplissez cet office au nom de toute créature, vous l'accomplissez comme partie de l'Eglise chrétienne et comme partie noble et principale de l'Eglise : *Flos ecclesiastici germinis, et illustrior portio gregis Christi;* ce sont les paroles de saint Cyprien à vos semblables (*De discipl. et habitu virginum*). Comme telles donc vous faites aussi sa fonction principale et plus noble, qui est de louer son Dieu et son Sauveur. En la ferveur de vos désirs, un de vos souhaits principaux doit être que toute créature loue son Créateur, et c'est le sentiment que ce verset vous exprime et vous imprime : *Confiteantur tibi, Domine, omnia opera tua, et sancti tui benedicant tibi.* (*Psal.* CXLIV, 10.) L'Eglise vous le met souvent en la bouche, ayez-le encore plus souvent en l'esprit, et vous excitez par icelui à chanter les louanges divines. Vous faites cet office, non-seulement pour vous, mais pour toute créature qui n'est pas digne ou capable de louer son Dieu. Les unes sont muettes, sans voix et sans âme, et elles empruntent votre esprit et votre langue pour louer leur Créateur; les autres sont comme en bas âge et en minorité, et elles ont besoin de votre préémineence et primogéniture en la grâce, afin de rendre par vous leurs devoirs et hommages à leur souverain Seigneur; les autres se sont privées de la grâce qui leur était offerte, et maudites de Dieu, ne sont pas dignes de le louer. Double et grande bénédiction vous est conférée pour louer Dieu, et pour elles et pour vous. En cette vue et pensée, entrez au chœur comme ayant procuration de toute créature pour louer leur commun Seigneur, comme chargées de leurs devoirs, et comme faisant pour elles cet office. Ne voyez-vous pas que durant icelui le soleil et la lune vous éclairent, que la présence et lumière de ces grands astres vous convient à suppléer ce qui leur manque en cette action? Car ils louent Dieu en leur manière, mais inférieure à la vôtre, et ils vous servent et éclairent à le louer pour eux, en une manière plus haute et plus digne que la leur, et plus étendue encore. Car vous louez Dieu avec connaissance et sentiment de sa grandeur; vous louez Dieu pour le ciel et la terre, pour les créatures animées et inanimées, pour les Chrétiens et infidèles, pour les catholiques et hérétiques, pour les élus et réprouvés, pour l'enfer même, quoiqu'il enrage et s'y oppose par son vouloir damnable. Vous êtes lors situées entre le ciel et l'enfer; l'enfer est sous vos pieds, et plût à Dieu que vous eussiez autant d'application à louer Dieu, que l'enfer a d'application à le maudire; plût à Dieu que nous eussions autant de sentiments de ses miséricordes que l'enfer a d'impression de sa justice; le ciel est ouvert sur vous: plût à Dieu que nous eussions une foi autant vive et ferme que le ciel a une vue claire de ses grandeurs; plût à Dieu que nous eussions autant d'élévation et mouvement de piété que le ciel a de repos, de gloire et de jouissance en la possession de son Seigneur. Nous avons tous, et nous adorons en la terre et au ciel un même maître, mais en deux manières différentes : nous l'adorons par la foi en la terre, par la vue claire dans le ciel, c'est le partage et la différence du ciel et de la terre. Le jour viendra que *jam non fides, sed visio; jam non spes sed fruitio,* la vision de Dieu succédera à la foi, et la fruition à l'espérance. Vous êtes établies en l'un et appelées à l'autre, vous êtes destinées à cet état heureux, et à la jouissance d'un si grand bien, et déjà la foi vive vous présente et découvre cet objet de votre félicité. Faites usage de cette foi et prévenez votre éternité, et que dès à présent votre soin soit à contempler ce divin objet, votre exercice à le servir, votre cœur à l'aimer, votre voix à le louer. D'autant plus que le nombre est grand de ceux qui manquent à louer Dieu, d'autant plus devez-vous exercer cet office avec une étendue et immensité d'esprit, en l'honneur de l'immensité divine qui tient toutes choses en sa capacité infinie; c'est cette immensité de Dieu qui vous donne par grâce une capacité divine d'exercer ce saint office, pour tous ceux qui ne l'exercent, et sont compris dans l'étendue de l'être incréé qui contient toutes choses, et le bonheur de votre condition vous donne vigueur céleste d'accomplir cet office avec les saints du ciel et de la terre. O sort bien différent des mêmes esprits, créés d'un même Dieu, rachetés d'un même sang, appelés à même gloire, dont l'issue toutefois est si différente! O ciel! O enfer! O blasphèmes! O louanges! O douleur! O liesse! Mêlons dans la douceur de nos cantiques, l'amertume de nos larmes en la pensée d'objets si différents, et ressentons la dignité de notre condition, d'être employés en un si saint ministère, et nous tenons heureux en icelui, d'être appelés à tenir si souvent fidèle compagnie aux esprits du ciel, et à réparer et suppléer les manquements des esprits réprouvés, qui sont l'ire du ciel et l'abomination du monde, et sont en si grand nombre selon cette effroyable parole de Jésus : *Multi vocati, pauci vero electi.* (*Matth.* XX, 16.)

IX. Bien que la compagnie des esprits bienheureux qui louent Dieu comme vous et avec vous, soit bien assez digne pour vous ravir et élever au ciel, si est-ce que vous avez encore une plus digne compagnie en cet office, et qui ravit le ciel même et les anges. C'est Jésus-Christ Notre-Seigneur, Fils unique de Dieu, Fils unique de la Vierge. Le Père a voulu incarner son Fils, et le Fils a voulu prendre chair humaine, pour être en état de louer et servir Dieu son Père d'une manière plus haute et plus divine que celle qui pouvait être communiquée ni aux hommes ni aux anges, ni à la grâce, ni à la gloire; car avant ce mystère, il y avait des hommes et des anges servant à Dieu et le louant, mais il y a maintenant un Homme-Dieu qui fait ce ministère. Il y a un Dieu adorant et adoré et vous ne louez Dieu que par le pouvoir de ce divin adorant, que par l'esprit de cet Homme-Dieu, que par la grâce et puissance qui vous est conférée par Jésus. C'est en lui et par lui que vous faites cet office, c'est avec lui encore que vous le faites, car il est en un état continuel d'amour et de louanges à Dieu son Père, et vous l'avez présent en son autel en qualité d'hostie et de victime à Dieu, et en qualité de victime pour vos âmes. Il est et sera à jamais l'hostie, l'agneau, la victime de Dieu, tant qu'il sera Homme-Dieu. En la puissance donc de son esprit, en la vertu de sa grâce, en l'union des louanges qu'il a rendues à Dieu son Père sur la terre, et qu'il lui rend au ciel; et en adoration et union encore de l'état de louanges, auquel il est devant la face de Dieu le Père en cet autel, comme un Isaac, une hostie et un agneau de Dieu. Célébrez les louanges divines, et vous tenez heureuses d'être en la présence de Jésus, en la puissance de son état, en la possession de son esprit, en la direction de sa grâce, en la participation de son ministère, en l'usage et exercice de sa fonction, qui est de louer Dieu, et consacrer vos âmes à sa louange.

X. Ces pensées me semblent propres à vous donner les dispositions intérieures à une action si grande; mais comme cette action est intérieure et extérieure tout ensemble, je dois y joindre d'autres considérations qui servent à régler votre extérieur en icelle. Considérez donc, s'il vous plaît, que vous exercez cet office, non solitairement et séparément, mais en chœur, en corps et en communauté, toutes associées ensemble; tellement que cette forme d'oraison vous lie non-seulement à Dieu, à ses saints, à ses anges, et à l'Ange du Nouveau Testament, au Saint des saints, Jésus-Christ Notre-Seigneur; mais elle vous lie ensemble les unes avec les autres, et comme vos voix distinctes s'unissent et se conjoignent en une seule harmonie, aussi vos personnes distinctes ne font en cette action qu'un corps, un cœur et un esprit, pour, en unité et société sainte, adorer le Dieu d'unité et société divine; d'unité en son essence, et de société en ses personnes. Même si vous y prenez garde, vous adorez ce vrai Dieu par la grâce de l'Homme-Dieu, qui est encore un divin objet d'unité et de société en ses natures diverses, Vous savez ces secrets, vous connaissez ces mystères; c'est votre pain quotidien, c'est votre entretien ordinaire; je n'ai pas à m'y étendre, je vous en ai parlé plusieurs fois. Je n'ai maintenant qu'à remarquer que vous accomplissiez cet office de louer Dieu, en unité d'esprit et en société de vos personnes religieuses, assemblées saintement en un même lieu et en un même office; que cette société et unité regarde l'unité et société de Dieu même en son éternité; qu'elle regarde encore l'unité et société parfaite de Jésus en ses mystères, et qu'en cette circonstance, c'est-à-dire en la condition de votre assemblée, vous êtes images vives d'une société si grande et d'une unité si divine, afin qu'en chose si petite, vous contempliez, vous honoriez, vous représentiez dignement choses si grandes.

XI. Aussi est-ce l'esprit de Dieu qui vous assemble et unit toutes en ce saint exercice sous la bénédiction de l'Église, qui vous assemble en un même temps et en un même lieu, pour rendre mêmes louanges à un même Dieu, par toutes vos maisons répandues en diverses parties de la terre. Et comme cet esprit qui vous tire et appelle à ce divin office, est esprit toujours saint et toujours grand, car c'est le Saint-Esprit même, il tend aussi toujours à choses grandes et saintes, même dans les plus basses et petites circonstances des actions que vous avez à faire par sa conduite. Il est avec vous en celle-ci, et vous êtes avec lui, et vous devez entrer en ses fins et en ses qualités, et être comme lui, toujours saintes et toujours élevées dans les choses plus basses et ordinaires, dans les plus simples actions et cérémonies. Pensez-y souvent, et trouvez bon que je vous le dise plus d'une fois, ce divin esprit est esprit d'amour et d'unité, et il tend aussi à vous unir avec Dieu, et à vous unir les unes avec les autres dans un si saint exercice, comme celui de louer Dieu, afin qu'en cet état vous ayez la ressemblance et la bénédiction de l'unité et société divine. Cette pensée est haute et cette fin est grande, l'une et l'autre vous doit induire à ne pas manquer aisément, non-seulement à la récitation de votre Office, mais encore à cette sainte dévotion de le réciter toutes ensemble et en commun, puisque cette circonstance est référée par le Saint-Esprit à l'honneur et imitation de choses si grandes, si hautes et si divines.

XII. En la conduite et assistance de ce même esprit qui vous dispose à louer Dieu parfaitement, à l'adorer en esprit et vérité, à l'adorer en unité et société sainte, nous avons pensé à propos de considérer et régler vos actions et cérémonies en cet office, et de joindre l'uniformité de vos actions à l'unité d'esprit qui est entre vous toutes : *Unum corpus et unus spiritus*, ce dit l'Apôtre. (*Ephes.* IV, 4.) Vous êtes un même corps et un même esprit, et vous devez aussi avoir même mouvement, règlement et conduite; et cette uniforme observance donne une certaine convenance, dignité et bienséance à cette action commune, publique et solennelle. L'ombre et l'image de Dieu doit reluire en toutes choses, et Dieu regarde et agrée cette uniformité en son service, comme une image sainte de son unité même. Nous devons regarder et trouver Dieu partout; nous ne devons estimer rien de bas, en ce qui a rapport à une si grande majesté. Vous ne devez rien omettre ou négliger en ce qui concerne un service si légitime; nous devons tout considérer, et nous devons tout faire selon l'exemplaire qui nous est montré en la montagne, et selon votre état et condition. Vous êtes filles d'un même Père qui est ès cieux; vous êtes épouses et membres d'un même Jésus-Christ Notre-Seigneur, qui est au ciel et en la terre, par sa gloire et son Eucharistie; vous respirez un même esprit, et vous aspirez à une même félicité; vous êtes un même cœur et une même âme : *Cor unum et anima una* (*Act.* II, 32), comme il est dit des premiers fidèles. Il est juste que vous bénissiez Dieu d'une même voix, et le serviez avec même usage et cérémonie; et qu'en cela même vous rendiez hommage à l'unité du vrai Dieu sur la terre, en unité d'esprit et en uniformité de vos cérémonies. Si tout doit être fait avec ordre selon l'avis du grand Apôtre, beaucoup plus ce qui regarde le service de Dieu même; le nom que vous portez et que vous proférez souvent quand vous parlez de vous, ce nom fréquent et vénérable d'ordre, quand vous dites (notre ordre, etc.), ce nom, dis-je, vous apprend et convie à faire volontiers chaque chose avec ordre et conduite, beaucoup plus celles qui regardent le divin office, qui est la chose la plus fréquente, la plus visible, la plus éminente et la plus sainte en vos actions. C'est pourquoi nous avons dû et voulu revoir vos usages et cérémonies pour les rendre uniformes partout, et ôter la diversité qui s'y était glissée par la facilité des supérieures à suivre les divers formulaires d'Espagne et d'Italie, où cet ordre est différemment régi et gouverné. Comme cet ordre est divisé en soi, et a divers supérieurs généraux et divers chapitres, les uns en Italie et les autres en Espagne, il a aussi différents usages en ces deux provinces et en celles qui en dépendent; outre que, même en chacune de ces deux provinces, la diversité de leurs généraux de six ans en six ans, donne entrée à une grande variété en leur conduite, usage et cérémonies. Il n'est pas à propos que cette diversité se coule et s'autorise parmi vous; il nous a semblé donc la devoir arrêter, et qu'il fallait revoir vos usages et cérémonies, pour les réduire à la décence et uniformité, à la révérence et régularité qui conviennent à votre condition et à la dignité de votre office. Cela est dû à la majesté de Dieu que vous servez et à la sainteté avec laquelle il doit et veut être servi en son Église et en ses familles religieuses. Suivez désormais ces formulaires, et les suivez avec esprit d'humilité, d'obéissance et de simplicité; et pour comble des dispositions avec lesquelles vous devez accomplir saintement vos actions saintes, ayez toujours, en ce divin office, Jésus-Christ présent en votre esprit. Il est lui et il vous est tout, et un jour il sera tout en tous, ce dit son Apôtre : *Omnia in omnibus.* (*Col.* III, 11.) Et dès à présent il doit être tout en vous, spécialement en une action si sainte comme celle-ci, et en laquelle il a si bonne part. Il est celui que vous devez louer, car il est votre Dieu; il est celui par qui vous devez louer, car il est votre vie et votre puissance; et il est celui avec qui vous louez, car il est présent lui-même et s'offrant en hostie de louange à Dieu son Père, tandis que vous chantez les louanges divines. C'est une pensée douce et digne de vous disposer à faire saintement un si saint exercice. Jésus est en l'autel et au ciel tout ensemble : et il veut louer Dieu son père et en l'un et en l'autre; et il le veut louer par son état d'agneau et de victime. Il ne se contente pas de le louer par son état, et en sa personne propre : il veut encore louer Dieu par vous-mêmes, comme par ses membres, car c'est lui qui le fait quand vous le faites, puisque vous n'êtes que par lui, et vous n'opérez que par lui. Pensez-y bien, et y pensez souvent; car cette pensée vous servira à plusieurs choses, et elle est fondamentale en la vie chrétienne et en la vie parfaite. Vous n'êtes qu'un pur néant devant la face de Dieu, où vous êtes membres de Jésus, incorporées à lui par sa grâce, vivifiées en lui par son esprit, et ne faisant qu'un avec lui, en l'honneur de l'unité sacrée qu'il a avec son Père. Sans lui donc, et sans ses qualités que vous recevez de lui, vous n'êtes rien, et vous ne pouvez rien, et vous ne seriez pas dignes de proférer les louanges divines. Vous reconnaissez et professez cette vérité, commençant votre Office par cette sainte parole : *Domine, labia mea aperies, et os meum annuntiabit laudem tuam.* (*Psal.* CXX.) Que Jésus donc soit avec vous, et vous rende siennes pour jamais. Qu'il anime votre esprit, qu'il vous touche le cœur, qu'il vous ouvre les lèvres, et qu'il vous rende dignes de célébrer saintement les louanges de celui qui est saint en lui-même, en ses œuvres, et en l'œuvre de ses œuvres, c'est-à-dire en l'incarnation; qui est saint en son essence, en ses personnes, en leurs processions ineffables : qui est saint en sa puissance, en sa miséricorde et en sa justice : qui est saint en la terre, au ciel et en vos âmes : qui est le Saint des saints, comme le dit Daniel, et le trois fois saint, comme disent les séraphins, lorsqu'ils ont vu sa gloire. En l'honneur de la sainteté suprême, qui règne dans la terre et dans le ciel, qui veut approprier vos âmes à soi, faites si saintement en la terre cet office, que vous soyez dignes encore de le faire plus saintement et plus heureusement dans le ciel.

LETTRE II.
AUX RELIGIEUSES DE L'ORDRE DE NOTRE-DAME DU MONT-CARMEL, RÉSIDANT A BORDEAUX.

Et persévérant en l'unité de l'ordre et en l'obéissance de leurs supérieurs, au milieu de celles qui ont voulu s'en séparer.

I. *La croix doit être familière à ceux qui adorent un Dieu crucifié : et elle leur doit être de consolation, quand elle leur arrive purement par l'ordonnance de Dieu, et sans leur faute. Il loue leur obéissance au souverain pasteur de l'Église, et à ceux qu'il leur a donnés pour pères supérieurs. Souffrir pour l'unité d'un corps saint, est chose sainte et qui honore l'unité de Dieu, de Jésus et de l'Église. Il les fortifie contre les suggestions des mauvais conseillers. Que la sainte Trinité n'a point de part au conseil de ces faux amis. Il montre par puissantes raisons, que tout ce qui s'est passé en leur affaire n'est que soulèvement.* — II. *Recours à Jésus, qui a pris nos faiblesses pour nous donner sa force. Jésus par un mystère prend notre nature, et par un autre il prend nos personnes. Explication de ces paroles :* Fortitudinem meam ad te custodiam, quia Deus susceptor meus es. — III, IV. *Du Fils de Dieu fait homme et enfant pour l'amour de nous.* — V. *Considération du don que Dieu fait aux hommes, et très-particulièrement à la Vierge.* — VI. *Considération de la société admirable de Jésus et de Marie. Notre société doit rendre hommage à cette divine société. Le dessein de Jésus est de ne faire qu'un, de corps, de cœur et d'esprit avec nous. Explication de* ces paroles : Vivo ego, jam non ego, etc. — VII. *Cet esprit de vie, de grâce et d'amour, est l'esprit dominant en l'état de Jésus, et éminent en l'état de Marie, que nous devons rechercher par-dessus toutes choses. Dieu, Jésus et Marie, sont tout le bien des Chrétiens.* — VIII. *Il recommande l'esprit de Jésus et de Marie, émané de l'ordre des ordres, qui est l'ordre de l'union hypostatique.* — IX, X. *La Vierge a droit de grâce, d'amour et de puissance maternelle sur Jésus : et quel est ce droit. La Vierge a un droit spécial de donner Jésus aux âmes. Explication de la qualité de filles de la Vierge, attribuée aux religieuses Carmélites.*

I. La grâce de Jésus-Christ Notre-Seigneur soit avec vous pour jamais. Je reçois avec douleur les nouvelles que j'apprends de la continuation de vos persécutions. Elles me sont d'autant plus sensibles, que je ne puis y prendre part comme je voudrais, en vous visitant moi-même et vous consolant. Je le devrais et le ferais très-volontiers, si Dieu m'en permettait la liberté : mais il veut que vous souffriez, et sans autre aide que de sa part, et que vous portiez toutes seules cette croix, qui vous est imposée par l'obéissance due au souverain pasteur que Dieu a donné à son Eglise ; et par la charité due à votre ordre, que vous ne voulez pas diviser. Nous y participons intérieurement et spirituellement : mais vous n'en recevez aucun témoignage, ni aucun secours, c'est pourquoi je dis que vous portez cette croix toutes seules, si ce n'est qu'il soit meilleur de dire que Jésus-Christ la porte en vous et avec vous ; car il est en ceux qui le servent, et il est en eux sanctifiant et régissant leurs esprits, les élevant aux mouvements du ciel, et les fortifiant à l'encontre des tempêtes de la terre. Il est en eux, et leur tient en leurs travaux une fidèle compagnie. Il est en eux, et opère avec eux, selon le langage de celui qui dit : *Laboravi, non ego, sed gratia Dei mecum.* Il est en eux et opère en eux, avec eux leurs actions ; et il s'approprie même leurs conditions. Il gémit en leurs gémissements, ce dit l'Ecriture. (*Ezech.* xxx, 24.) Il est captif en leur captivité. Il pâtit en leur souffrance, et il est leur force en leur constance. C'est lui qui vous fait porter cette croix par sa grâce, et vous l'a imposée par son ordonnance. Vous ne l'avez pas choisie : mais elle vous est échue par le sort de l'obéissance, et par l'ordre de la Providence divine.

La croix doit être assez familière à ceux qui servent et adorent tous les jours un Dieu crucifié. La croix ne doit pas être étrange ni suspecte en l'école de Jésus ; mais quand elle nous arrive sans notre faute, sans notre choix et que le sujet de souffrir est d'ailleurs bien digne et fondé, il n'y a point à craindre et il y a de quoi y avoir une consolation particulière. Vous souffrez, parce que Dieu l'a ainsi ordonné, pour l'exercice de vos âmes, pour l'épreuve de votre ordre, pour l'humiliation de ses serviteurs et servantes, en l'honneur de l'humiliation de son Fils propre, de son Fils unique, en sa vie et en son service sur la terre. Vous souffrez, pour adhérer à ceux que le Saint-Père vous a donnés pour pères et pasteurs de vos âmes ; qui ont fondé et établi en France l'ordre dans lequel vous êtes ; qui vous en ont ouvert la porte, qui vous y ont instruites et élevées, non-seulement sans reproches, mais avec odeur même de perfection. Leur soin, leur piété, leurs labeurs vous ont donné entrée en cet ordre et manière de vie : vos âmes bien nées et bien instruites ont eu ce respect et n'ont pas jugé à propos de les en bannir et chasser avec audace. Vous souffrez pour ne pas recevoir pour pasteur celui qui ne l'est pas et ne l'a jamais été, et qui, nonobstant ses prétentions, a reçu ordre de Sa Sainteté de ne s'y point ingérer, et qui conduit ses desseins par des voies plus conformes à ses actions précédentes, que non pas aux lois de l'Evangile, et aux exemples des saints et pasteurs primitifs de l'Eglise de Dieu, et (s'il est permis de le dire en la publicité du fait) qui emploie des voies peu considérées et peu correspondantes à la tendresse de votre sexe, à l'honneur de votre condition, à la dignité de votre profession et à la sainteté de votre vie. Il a tort et vous avez raison, car en l'Eglise, qui est le royaume du ciel et l'état du Fils de Dieu, tout doit être fait non par violence, mais par obéissance ; non par entreprise, mais par autorité légitime remontant par degrés jusqu'à l'autorité suprême divine et incréée, de laquelle tout dépend et à laquelle tout doit être soumis pour jamais. Vous souffrez, pour ouïr la voix du souverain pasteur que Dieu a donné à son Eglise, qui a parlé par plusieurs fois en votre faveur. Et n'est point écouté de celles qui vous molestent, et lesquelles ayant établi leur vie dans l'obéissance, ne la gardent point à celui à qui elle est primitivement due, auquel elle est due sans les vœux particuliers d'obéissance, et auquel elle est due par le vœu primitif et solennel de la religion chrétienne. Leur résistance n'est point de Dieu et votre obéissance sera bénie de lui, qui autorise de sa propre bouche la voix que vous écoutez et a dit cette grande parole : *Qui vous écoute, m'écoute.* (*Luc.* x, 16.) Vous souffrez pour maintenir la correspondance que vous devez à vos sœurs, qui servent à Dieu en toutes les autres maisons, en esprit de perfection, et pour conserver l'unité de l'ordre que vous composez en la France, et pour ne pas souffrir intérêt et diminution en la charité qui doit être entre vous toutes, comme enfants d'une même famille et comme membres d'un même corps. *Unum corpus et unus spiritus* (*Ephes.* iv, 4), ce dit saint Paul. Cette parole est grande et nous tirerait à choses grandes, si l'occasion le permettait. Mais il faut revenir à notre point, et nous contenter de vous dire, que souffrir pour cette unité, correspondance et charité, est chose sainte et grande, et qui honore l'unité de Dieu en son essence ;

l'unité de Jésus en sa personne, l'unité de l'esprit de Jésus en son Eglise et confond les esprits malins qui attentent à cette unité, et qui, l'ayant violée en eux-mêmes, essayent de la rompre en l'Eglise par les hérésies, et dans les familles religieuses, par les divisions appuyées de faux prétextes. Si quelques-unes en votre ordre, avaient un sens particulier en la conduite d'icelui, elles pouvaient bien le proposer; mais aussi elles devaient se soumettre à la pluralité de celles qui ont un même intérêt qu'elles et un même droit en un même ordre. Car de faire monopole, d'entrer en part et faction, se séparer du corps qui les a formées, exciter tempêtes et calomnies pour prendre droit d'être ouïes, ce sont les voies qui donnent entrée à tous les schismes et divisions, ce sont les moyens pratiqués par tous les mauvais esprits de la terre, et ce sont les portes que la prudence et charité a fermées toujours à l'esprit de division en toutes les communautés saintes. Si ceux que vous me nommez appuient ces efforts et violences, dites-leur qu'ils ne voudraient pas les souffrir en leur ordre, et qu'ils ne doivent pas les autoriser en un ordre différent du leur. Dites-leur et de ma part qu'ils le font pour des raisons qui ne sont pas de théologie, et pour des desseins qui ne sont pas de religion, et qu'ils changent leurs maximes, qui dès longtemps me sont connues, pour donner du changement, s'ils peuvent, à ce que Dieu a bien établi et saura bien conserver par les voies mêmes préparées à la ruine; que les grands vents enracinent les grands arbres, et que les grandes agitations affermissent les grandes âmes et les communautés naissantes. Et enfin dites-leur qu'ils n'ont pas seuls le don de science et de conseil en l'Eglise de Dieu, et qu'ils n'ont rien à dire, si vous ne voulez pas vous séparer de l'ordre dans lequel Dieu vous a mises; si vous ne voulez pas vous en séparer par vous-mêmes, si vous ne voulez pas vous en séparer par des voies si éloignées de l'esprit d'unité, de vérité, de charité; c'est-à-dire, de l'esprit de Dieu. Dieu est unité en la personne du Père, Dieu est vérité en la personne du Verbe, Dieu est charité en la personne du Saint-Esprit. Trois personnes divines, et société adorable, qui n'entre point en ce conseil et n'a aucune part à cette faction et en œuvres semblables. Vous souffrez donc, et avec patience et mérite, dans l'ordre auquel Dieu vous a mises dès votre entrée en la vie religieuse; dans l'esprit qui vous a formé dans les voies de Dieu, dans les désirs d'un accomplissement parfait des desseins de Jésus-Christ Notre-Seigneur et de sa très-sainte Mère sur vos âmes et sur cette partie de l'ordre que nous avons établie en la France. C'est un corps séparé de celui d'Espagne et de celui d'Italie, et un corps toutefois originé d'Espagne, qui n'y prétend rien, et non pas d'Italie. Si l'Italie a jugé à propos de se séparer du corps qui est en Espagne (où toutefois est la source de la grâce répandue en ce siècle de réformation), et si elle a trouvé bon de faire cette séparation, ayant été unie autrefois à l'Espagne, comme la branche au tronc et comme le cep à la vigne, ils ne peuvent trouver mauvais que vous demeuriez séparées d'Italie, où vous n'avez jamais été unies, d'où vous n'avez jamais rien pris, et où n'est point la source et le siège de cette réformation, comme en Espagne. Ces raisons sont grandes, et en un sujet qui est du tout volontaire, et qui d'ailleurs est fondé en la même autorité qui les appuie, car cette même puissance qui les a séparés d'Espagne, y étant unis auparavant, vous conserve séparées d'Italie, n'y ayant jamais été unies; et toutefois c'est le sujet pour lequel on veut éprouver votre constance et patience. Mais elle ne s'affaiblit point, et vous continuez à souffrir saintement par opposition légitime aux voies illégitimes que l'on observe; voies traversant et divisant l'ordre dans lequel Dieu vous a mises; voies manifestement éloignées de l'esprit de Dieu; voies de l'esprit de trouble, d'orgueil et division; voies qui ressentent l'odeur du malin esprit, lequel paraît sans exorcismes, soit en la condition de ceux qui ont suscité cet orage, soit aux voies qui ont été employées pleines de mensonges et de calomnies, soit en la résistance et rébellion qui y est continuée contre le respect dû à Dieu et à l'autorité suprême qu'il a laissée à son Eglise.

II. Béni soit Jésus-Christ Notre-Seigneur de vous avoir voulu donner cette croix, de vous avoir éprouvées en icelle, et de vous avoir trouvées fidèles. Béni soit-il de vous avoir donné la force de l'honorer, en supportant cette tempête sans être emportées ni même fatiguées par cet orage. Cette force est de lui et non pas de vous, c'est de lui aussi qu'il en faut tirer la persévérance et l'usage, afin que ce qui est de lui soit conservé par lui, soit conduit par lui, et soit employé à sa gloire. En cet esprit et à ce dessein adressons-nous à lui, car il est notre lumière et notre conduite, il est notre refuge et notre force, et il est notre force en épousant nos faiblesses. Contemplons-le, adorons-le et l'aimons en lui-même, et en cet état auquel il se réduit pour notre amour et lui disons humblement et saintement ces humbles paroles de son Prophète : *Fortitudinem meam ad te custodiam, quia Deus susceptor meus es !* (*Psal.* LVIII, 10.) Dieu a daigné regarder notre nature et la prendre en sa propre personne, et la prenant ainsi dignement et divinement, il a daigné encore la prendre en ses propres faiblesses et dans l'état humble et abject de notre mortalité; en la vue de cette vérité nous devons dire à Dieu : *susceptor meus es !* Car il prend, non d'entre les anges, mais d'entre nous, une nature créée pour la mettre dans le sein de son Père et dans l'être de sa divinité. Ensuite de cette élection et assomption divine, Dieu étant en une telle alliance avec les hommes, il veut faire sur les hommes une sorte de grâce et de miséricorde, il veut faire des mystères nouveaux et des inventions de son amour et sa-pience incarnée pour nous unir à soi et s'unir à nous; et comme il a pris notre nature par un divin mystère, par un autre mystère il veut prendre nos personnes à soi, il veut nous lier à son corps et à son esprit, il veut entrer en nous et que nous entrions en lui, il veut nous revêtir de lui et il veut couvrir de sa grâce nos faiblesses et nos misères; et en ce sens nous pouvons dire encore à Jésus, *Deus susceptor meus es*, et nous livrer à lui. Car que serait-ce de nous sans lui, il est tout, et nous ne sommes rien et nous n'avons droit à rien, si ce n'est au néant, à l'enfer et au péché. Voilà nos titres, voilà nos qualités. Voilà notre héritage. Mais celui qui nous a créés nous regarde de son œil de miséricorde, daigne avoir compassion de nos misères, se donne à nous, se fait homme comme nous, et par lui nous avons droit à lui et à ses grâces qui nous sont nécessaires. C'est de là que vous vient cette force que vous sentez en vous. Comme donc elle vient de lui, gardez-la pour lui et n'en faites aucun usage que par son esprit et pour sa gloire, et offrez-lui cette intention, cette résolution sainte par ces mêmes paroles : *Fortitudinem meam ad te custodiam, quia Deus susceptor meus es.* (*Ibid.*)

III. Voilà notre néant et notre tout, en peu de mots : voilà notre mal et notre remède, voilà notre force et notre faiblesse. Notre néant en nous, notre tout en Jésus, notre mal et faiblesse en nous, notre force et remède en Jésus; et en ce Jésus auquel nous honorons les grandeurs et les petitesses, les forces et les faiblesses, en ce saint temps qui dédié aux mystères de l'Incarnation et de l'enfance de Jésus. C'est ce qui me fera passer d'un point à un autre, c'est-à-dire, de vous à Jésus-Christ, oubliant vos travaux pour vous remémorer les siens, et oubliant votre condition pour vous parler de la sienne, mais de la sienne à laquelle il s'est réduit pour nous.

IV. Le Fils de Dieu était dans le sein de son Père, et il y avait une éternité que c'était son séjour et sa demeure. Là il est avec un Père, et est aussi puissant, heureux et glorieux que lui; mais il veut prendre une autre condition et la prendre pour nous, il veut être au sein de la Vierge et venir en la terre, en la crèche, en la croix et au sépulcre même. Quels séjours et quelles différences! et nous sommes l'objet de ses desseins et pensées en cet état d'abaissement, de misères et de souffrances. Jésus est le Fils du Père et son Fils unique, et il a cette qualité de toute éternité. Il est maintenant le don du Père, le don fait à la nature humaine en la plénitude des temps, c'est ce don précieux duquel le Fils de Dieu parle avec étonnement et admiration, disant : *Sic Deus dilexit mundum, ut Filium suum unigenitum daret.* (Joan. III, 16.) Don rare et excellent à la vérité, et le don des dons, que Dieu a fait et fera jamais au monde. Don qui contient le Fils de Dieu, et ce Fils est Dieu même.

V. Ce don rare et précieux a été fait premièrement à la Vierge, et par la Vierge à nous. Et la Vierge en a fait un plus grand usage et reçu un plus grand effet que tout le reste de la nature humaine. C'est à elle seule qu'il a été donné en qualité de Fils, et à nous en qualité de Père; à elle en qualité de Fils propre et naturel, et il sera à jamais son Fils; à nous, il nous est donné en qualité de Père, nous adoptant et nous admettant à son héritage. Qui pourrait dignement penser comme la Vierge a reçu ce don précieux de la part du Père, comme elle l'a estimé, comme elle l'a employé à tous les usages pour lesquels il lui était donné de la part du Père éternel? Qui pourrait compter la grâce qu'elle a reçue de cette grâce des grâces? la vie qu'elle a reçue en donnant sa vie à celui qui est la vie même? la puissance absolue et universelle qu'elle a donnée sur elle à celui qui lui donnait puissance maternelle sur lui-même? la présence assidue et la pensée perpétuelle qu'elle avait de celui qui lui était incessamment présent et toujours occupant et même ravissant son cœur, ses sens et son esprit ensemble?

VI. La vie, l'adhérence, la société et la conversation mutuelle de Jésus avec Marie, et de Marie avec Jésus, doit être un des objets les plus fréquents de votre vie. Cette vie, adhérence et conversation en la terre, allait adorant et imitant la vie, la société et l'unité des trois personnes divines et incréées, et formait en la terre une idée, une imitation et un exemplaire parfait de ce qui est au ciel entre les personnes éternelles. O vie! ô société! ô vie et société admirable et adorable! Vous y devez penser, vous la devez aimer, je dis plus, vous la devez imiter, et toutes vos maisons et sociétés en la terre doivent servir à honorer, à représenter et à imiter cette société heureuse et parfaite de Jésus et de Marie en la terre. Il est avec vous, il est au milieu de vous comme il était lors vivant avec Marie, car il est réellement avec vous par sa présence en son autel et en son Eucharistie. Vous devez vivre avec lui, vous devez adhérer à lui, vous devez vivre en lui, et vous devez avoir une liaison parfaite de cœur à cœur et d'esprit à esprit avec lui. Ce doit être votre vie et conversation sur la terre, comme c'était la vie et la conversation de Marie en la terre. Lors cette vie et conversation était entre une personne incréée et incarnée, et une personne créée et humaine; c'est-à-dire entre Jésus et la Vierge, deux sujets différents à la vérité, mais saintement et parfaitement liés ensemble, et de la plus parfaite liaison qui se retrouve après le mystère de la Trinité et de l'Incarnation. Et votre vie et conversation aussi est entre deux personnes, celle de Jésus et la vôtre, deux personnes distantes en condition, mais bien proches en effet par la misération et dignation céleste, et cette dignation et bonté va plus outre encore. Car Jésus veut être non-seulement à vous, mais encore en vous; non-seulement avec vous, mais au fond et intime de vous-même, ne faisant qu'un de corps, de cœur et d'esprit avec vous. Vivez donc à lui, vivez avec lui, car il a vécu à vous, et est vivant avec vous ; mais passez plus outre en cette voie de vie, de grâce et d'amour avec lui. Vivez en lui, car il est en vous, ou plutôt soyez transformées en lui-même, en sorte que ce soit lui et non pas vous qui soit subsistant, qui soit vivant, qui soit régissant, qui soit opérant et agissant en vous et non pas vous, pour porter l'accomplissement de cette grande parole du grand Apôtre de Jésus : *Je vis moi, non pas moi, Jésus est vivant en moi. (Galat.* II, 20.)

VII. C'est l'esprit de vie, de grâce et d'amour que je vous souhaite à toutes. C'est l'esprit de vie, de grâce et d'amour que j'estime le plus dedans l'ordre de la grâce. C'est l'esprit dont vous parlent le moins ceux qui vous traversent. C'est l'esprit primitif et principal par-dessus tous les ordres. C'est l'esprit qui regarde l'ordre de tous les ordres, c'est-à-dire, ce grand ordre qui doit régir et sanctifier tous les ordres, l'ordre et l'état du mystère de l'Incarnation. Estimez et honorez cet ordre, et vous consacrez à icelui ; c'est l'ordre qui vous sera éternel, c'est l'ordre qui enclôt Jésus et Marie. Estimez et recherchez cet esprit ; c'est l'esprit de Jésus et de Marie, c'est-à-dire, c'est l'esprit dominant en l'état de Jésus et éminent en l'état de Marie. C'est l'esprit liant parfaitement nos esprits à Marie et à Jésus ; car aussi Marie vivait en Jésus, et Jésus vivait en Marie, et il était sa vie plus que sa propre vie : c'est l'esprit que vous devez respirer, et auquel vous devez aspirer toutes. Esprit liant et déliant tout ensemble. Esprit liant et séparant votre esprit de toutes choses et de vous-mêmes. Esprit liant à Jésus et à Marie, comme si après Dieu il n'y avait plus qu'eux pour vous en la terre ; car aussi n'y a-t-il qu'eux pour vous (le reste vous étant ou inutile ou interdit), et eux sont autant vôtres, comme s'il n'y avait qu'eux et vous au monde, et que tout le reste ne fût point.

VIII. C'est cet esprit d'honneur et d'amour, esprit d'occupation et liaison parfaite à Jésus et à la Vierge, que nous vous souhaitons. C'est l'esprit que nous voulons être propre à vos âmes, et particulier à votre ordre, tandis que ceux qui vous molestent, vous disent être destituées de l'esprit de leur ordre. Ils n'en sont pas les juges, ils n'en sont pas les dispensateurs ; cet esprit est en la main de Dieu : *Ubi vult spirat (Joan.* III, 8.) Cet esprit est sujet à la Vierge, car elle est éminente et dominant sur tous autres esprits différents en la grâce. Pensez à elle et à son Fils unique. Aspirez à cet Esprit saint et sanctifiant tous les esprits, et surpassant tous les ordres, tandis que quelques-uns, par livres imprimés en Italie et en Espagne, disputent entre eux de l'esprit de la sainte qui a réformé l'ordre ; les uns tirant son esprit à la solitude et ermitage, et les autres à l'action et conversation humaine. Durant ces différends d'esprit et ces contentions, soyons en paix, et cherchons d'appartenir à la très-sainte Vierge, et recherchons en humilité l'esprit de Jésus, dans ses Ecritures et dans ses mystères.

IX. C'est l'esprit des esprits, c'est l'esprit auquel nous devons vivre pour jamais, c'est l'esprit que nous vous proposons, et c'est par sa conduite, à mon avis, que nous vous exhortons à prendre part à l'esprit de Jésus et de Marie. Il nous est enseigné dans les saintes Ecritures, il nous est démontré dans les mystères que la foi nous représente, il paraît en la vie des deux personnes les plus excellentes qui habiteront jamais la terre, et qui seront jamais sur les cieux ; car l'une de ces personnes est divine et divinement humaine, c'est-à-dire, Jésus, Dieu et homme tout ensemble ; et l'autre personne est humaine, mais, en l'humaine condition, passe tous les saints et tous les chœurs des anges ensemble, et elle entre dans les confins de la Divinité ; elle appartient à l'ordre des ordres, duquel les ordres qu'on va magnifiant plus humainement que saintement en la terre, ne sont que des ombres à proprement parler, et ombres qui passent sur la terre pour servir en leur bassesse aux choses grandes, saintes et célestes que nous avons à admirer en nos mystères. En ces rares mystères nous avons et nous recevons un Dieu père et une Vierge mère, et ce qui passe toute merveille, l'un est père et l'autre est mère d'un Fils qui est Dieu même. Or, cette sainte Vierge et heureuse mère, par ses grandeurs et par sa qualité, a droit de grâce, d'amour et de puissance maternelle sur Jésus qui l'honore comme sa mère, et l'honore d'une grâce et d'une gloire propre à elle seule, et d'une grâce qui fait un chœur à part dans le ciel et ravit les anges et les saints ensemble.

X. En cette qualité, elle aime et possède Jésus comme son Fils. Elle a une sorte de droit et de propriété sur lui, qui ne convient qu'à elle, et qui est émané du droit et de la propriété que le Père éternel a sur son même Fils, car le Fils de Marie est le Fils même du Père éternel. Par ce droit si haut et si éminent, et dérivé encore d'une source si haute et si éminente, comme le sein du Père, elle a un droit et un pouvoir spécial de donner Jésus aux âmes. Estimons et révérons ce droit comme il le mérite ; admirons la Vierge en ce droit et en cette puissance ; approchons d'elle et entrons en une sainte et heureuse société avec elle ; désirons avoir part et à elle, et à son Fils par elle. Par cet instinct de grâce et de piété singulière, soyez à elle et vous donnez à elle pour entrer en ses droits et en ses pouvoirs, et la priez qu'elle use de son pouvoir sur vous, vous donnant part spéciale et à Jésus, qui est son Fils, et à elle-même, qui en est la Mère. C'est ce que nous vous souhaitons en cette nouvelle année, pour toutes les années que vous avez à vivre sur la terre. C'est ce que nous désirons être primitif et fondamental en l'ordre ; c'est la différence et filiation qui vous est vraiment utile et souhaitable; c'est l'esprit de la grâce intérieure que nous voulons être propre à votre ordre; c'est ce que nous vous prions de demander réciproquement à Dieu pour nous, comme nous le faisons pour vous; c'est en quoi nous constituons la grandeur, l'éminence et la félicité de la vie en la terre. Je supplie Notre-Seigneur Jésus et sa très-sainte Mère, nous faire la grâce et la miséricorde de vivre selon ces désirs, et de les servir en la perfection en laquelle ils nous daignent appeler, et de leur appartenir d'une appartenance spéciale à jamais. Je suis en eux,

Votre plus humble et affectionné à vous servir selon Dieu,

PIERRE DE BÉRULLE.

Prêtre de l'Oratoire de Jésus.
De Paris, ce 15 janvier 1623.

LETTRE III.

AUX RELIGIEUSES DE L'ORDRE DE NOTRE-DAME DU MONT CARMEL, ÉRIGÉ A BOURGES.

Pour les disposer à l'attente de celle qu'elles avaient choisie pour leur prieure, et au bon usage de celle qui les doit régir en attendant.

1. La grâce de Jésus-Christ Notre-Seigneur soit avec vous pour jamais. Si j'avais autant de puissance de satisfaire à vos besoins, comme j'en ai de connaissance, il y a longtemps que j'y aurais pourvu. Mais il semble que c'est Dieu même qui y met retardement, et nous n'avons autre pouvoir que de céder à son ordonnance. Notre devoir est de nous accommoder à son vouloir, de n'avoir autre conduite que la sienne, et trouver notre conduite en sa conduite, et non pas dans la nôtre. Vous voulez la mère prieure de M., et nous le voulons bien aussi, mais nos vouloirs sont inutiles, si Dieu ne s'y accorde, et il semble qu'il ne le veut pas encore. Il est notre Souverain et le vôtre, et il nous faut faire un usage saint et salutaire de son autorité sur nous, en plusieurs occasions, et celle-ci en est une.

2. En voulant cette bonne Mère, ce n'est pas elle je m'assure que vous voulez, mais c'est Dieu en elle; autrement, votre vouloir serait imparfait et même dommageable. Il faut donc que ce soit lui-même qui vous la donne, et qui vienne avec elle pour vous régir en elle et par elle, car si cela n'était ainsi, en ayant cette bonne Mère, vous n'auriez rien. Toute créature n'est qu'un néant, vous auriez la créature et non le Créateur, la nature et non la grâce, vous auriez le corps et non l'esprit, c'est-à-dire le vrai Esprit, et l'Esprit des Esprits qui nous doit tous régir et animer. Ce n'est pas ce que vous cherchez, et ce n'est pas aussi ce que nous devons et voulons vous donner. Je ne vous dis pas ces choses par aucun changement de dessein sur le gouvernement de votre maison, nous persévérons en la pensée que nous avons de vous la donner, puisque vous persévérez au désir de l'avoir. Mais il faut attendre les moments ordonnés de Dieu, et en attendant, il faut penser à Dieu et non à elle, il faut être dégagées d'elles et dépendantes de Dieu, il faut suivre l'ordre présent de Dieu sur vous, et tandis que vous ne pouvez avoir celle que vous désirez, il faut regarder celle que vous avez comme donnée de Dieu, durant cet intervalle, et rendre honneur et obéissance à Dieu en elle, et il ne faut pas, sous prétexte de celle que vous attendez et que vous n'avez pas, ne vous pas servir de celle que vous avez, et vous priver de la conduite que Dieu vous veut donner par elle, car nous devons suivre Dieu, et Dieu nous doit suffire en l'ordre qu'il lui plaît mettre aux choses. Ce point est très-digne d'être considéré. Je vous prie d'y penser, et ne pas vous laisser emporter à votre propre sens, mais être en un doux acquiescement à la conduite et volonté de Dieu. Si vous faites autrement, ce n'est pas suivre la conduite de Dieu sur vous, ce n'est pas être dans l'ordre de sa sainte providence, mais c'est suivre le désordre et la tentation de celui qui a accoutumé de nous mettre des objets éloignés en considération, pour nous ôter l'usage de ceux qui nous sont présents.

3. Quand Dieu vous donnera la Mère M., vous la devez recevoir parce que Dieu la vous donne, et non pour ce qu'elle est en elle-même, et quand il vous l'ôtera, vous la lui devez rendre comme chose qui n'est point vôtre et que vous n'avez plus à regarder; car vous devez regarder Dieu en la créature et même ne regarder que Dieu en sa créature. Sa grandeur et son infinité vous y obligent, si vous voulez honorer Dieu et le louer selon l'avis du Prophète : *Secundum multitudinem magnitudinis suæ.* (Psal. CL. 2.) Dieu est immense et infini en son être et en sa puissance; Dieu est tout, et en lui-même et dans sa créature, et la créature hors de Dieu n'est rien. Cette pensée nous lie à Dieu et nous délie des choses créées, nous ôte le désir des choses absentes et le goût des choses présentes et sensibles. Si vous êtes en ce dégagement d'esprit, vous vous trouverez suffisance dans l'indigence, et abondance dedans le manquement de la créature, car Dieu sera avec vous, qui est la plénitude de toutes choses. Cette vérité est très-haute et très-solide, c'est une vérité de pratique et non de spéculation; c'est une vérité qui regarde la présence, la puissance et la conduite de Dieu en ses créatures et par ses créatures; c'est une vérité qui doit régler le cours de votre vie en la diversité des supérieures que vous pouvez avoir, et c'est le fondement de la perfection que Dieu demande de vous en semblables rencontres.

4. Vous faites profession de vie parfaite, et j'ai droit et même obligation d'exiger de vous cette perfection. Et si vous savez bien vous rendre à Dieu dedans cette pratique, il saura bien vous donner la grâce de sa conduite. Il vous régira lui-même; il sup-

pléera les défauts d'autrui, et vous donnera la plénitude de son esprit, et en lui-même et en celles qu'il vous ordonne. En attendant celle que vous désirez, regardez l'autre comme établie de Dieu sur vous ; durant cet intervalle, honorez-la en cette qualité, regardez Dieu en elle et vous l'y trouverez. Si j'avais autant de liberté que j'ai désir de vous voir et vous parler, je vous dirais bien plus volontiers ces choses que de les vous écrire, et peut-être que ce serait avec un peu plus de clarté et de profit. Mais il faut que vous et moi délaissions nos vouloirs en la conduite de Dieu, et que nous soyons en cela et en toute autre chose dépendants de sa sainte ordonnance. Je supplie Notre-Seigneur Jésus et sa très-sainte Mère, de vous bénir toutes et de nous rendre dignes de le servir en la perfection qu'ils daignent désirer de nous. Je suis en eux,

Votre plus humble et affectionné à vous servir selon Dieu,

PIERRE DE BÉRULLE,

Prêtre de l'Oratoire de Jésus.

De Paris, ce 9 janvier 1619.

LETTRE IV.

AUX RELIGIEUSES CARMÉLITES DU COUVENT D'AMIENS.

Il accepte leur nouvelle et réitérée soumission à sa conduite dans le temps des troubles de l'ordre, et les exhorte à offrir leur dépendance à Jésus enfant, en l'honneur de son humble dépendance de la direction de la Vierge.

La grâce de Jésus-Christ Notre-Seigneur soit avec vous pour jamais. J'ai reçu la lettre que vous m'avez écrite, et loue Dieu des dispositions qu'il lui a plu vous donner. En attendant qu'il lui plaise me faire la grâce de vous y satisfaire de vive voix, je vous prie toutes d'honorer le saint et humble état de dépendance et direction, auquel il a plu au Fils de Dieu de se rendre et se réduire, au regard de sa très-sainte Mère par l'espace de plusieurs années. Car il a voulu non-seulement tirer sa vie et sa naissance d'elle en la faisant sa Mère, mais aussi il a voulu se commettre à sa conduite et direction en la terre comme étant son Fils, et son Fils en état d'indigence et de dépendance d'elle, selon la condition de sa très-sainte, très-divine et très-humble enfance. Au ciel, Jésus dirigeait les anges, et en la terre il était dirigé de Marie et sujet à Marie, selon ces divines paroles de l'Évangile : *Et erat subditus illis.* (*Luc.* II, 51.) En l'honneur donc de cette humble et divine dépendance de Jésus, et de la sainte et admirable autorité que la très-sainte Vierge a eue sur son Fils, le Fils unique du Père éternel, j'accepte la dépendance que vous voulez avoir de nous, et je supplie le Fils et la Mère de Dieu, daigner me rendre digne de les servir et honorer en vos âmes, et de vous offrir à eux en l'honneur de l'oblation singulière que le Fils de Dieu a faite de soi-même au Père éternel à l'instant de l'incarnation, dedans les entrailles de la très-sainte Vierge, et en l'honneur de l'oblation que la très-sainte Vierge Marie a faite d'elle-même à Dieu, en disant ces paroles : *Ecce ancilla Domini, fiat mihi secundum verbum tuum.* (*Luc.* I, 38.) Honorez d'un honneur singulier le Fils et la Mère de Dieu ; honorez leurs saintes oblations, et occupez vos âmes de ces divins objets, vous désoccupant de vous-mêmes et de vos sentiments, et accomplissez toutes vos actions en l'honneur de Jésus et de Marie, et en l'union de leurs saintes actions sur la terre.

LETTRE V.

AUX RELIGIEUSES CARMÉLITES.

Dieu est le principe et la fin de toutes choses. La religieuse a une obligation spéciale d'être toute à Dieu. Combien grande est l'abnégation à laquelle sont obligés les Chrétiens, et spécialement ceux qui sont appelés à la vie religieuse. La vie est dans la mort. Explication de ces paroles : Mortui estis, et vita vestra abscondita est, etc.

La paix de Notre-Seigneur soit avec vous pour jamais. Le désir que j'avais de vous visiter en ce pays, m'aurait fait croire et espérer plus facilement que j'en aurais le pouvoir, mais il n'a point plu à Dieu de me donner cette consolation ; ce sera quand il lui plaira. Cependant je vous supplie vous souvenir partout de ce que vous êtes, c'est-à-dire que vous êtes tout à Dieu par la consécration que vous avez faite de vous-mêmes en la profession. Et puisque l'arbre lui appartient étant planté en sa maison, qui est la religion ; qu'il faut aussi que les fleurs, les feuilles et les fruits soient siens, et que la racine, le tronc et les branches soient à lui, c'est-à-dire le corps et l'esprit, l'extérieur et l'intérieur ; vos pensées, vos affections et vos actions, et qu'il n'y ait rien en vous ni de vous qui se réfère à autre chose qu'à lui. Outre l'obligation que vous avez par la condition que vous avez choisie, les qualités que Dieu a envers toute créature, et envers vous par conséquent, vous y convient derechef. Car il est le principe et la fin de toutes choses, c'est-à-dire il est la cause dont tout procède, il est la fin à laquelle toutes choses tendent. Ne faites donc pas ce tort à Dieu, mes sœurs, de lui ravir ces deux belles qualités, ou les avouant et reconnaissant en sa divine Majesté, donnez-vous bien garde de manquer à leur rendre l'hommage que vous leur devez. Car à raison de sa qualité de principe, il n'y doit rien avoir en vous qui ne procède de lui, qui ne soit soumis à lui ; et, en tant qu'il est la fin de votre être, il faut que tout ce qui est vôtre se rapporte à lui. Et il faut vaincre la loi des sens et de l'amour-propre, pour se rendre obéissantes et sujettes à la loi de l'esprit et de l'amour de Dieu. En ces deux lois consiste tout l'usage et l'exercice de la vie humaine sur la terre, et même après cette vie, et aux règlements de l'état et de la loi, de l'esprit et de l'amour de Dieu, consiste tout le règlement et l'exercice de la vie perfective. Et quiconque a bien pratiqué ces lois, n'a et ne tient rien d'étranger de qui appartient à Dieu, et ne tient rien pour domestique de ce qui nous sépare de Dieu, fut-ce la chair et le sang, et notre âme propre si elle n'est domptée par l'abnégation intérieure à laquelle le Fils de Dieu nous exhorte si souvent en son Evangile. Aussi pour être disciple, et seulement disciple en l'école de cette sapience éternelle, il faut avoir renoncé à toutes choses et à son âme propre. O quel jugement devons-nous faire de nous-mêmes, en y reconnaissant si peu d'abnégation ! Et quel degré possédons-nous en cette école, si pour y avoir seulement le degré de disciple il nous faut avoir renoncé à toutes choses ! Et quelle est la perfection de cette école, si la première leçon qu'elle donne à ses disciples, et la première condition qu'elle requiert d'eux pour les admettre en qualité de disciples, est ce parfait renoncement de soi-même et de toutes choses ! Prenez donc garde à vous, s'il vous plaît, et considérez ce que vous êtes (comme je vous disais au commencement), pour en tirer un règlement perpétuel pour votre conduite en tout temps et en tous lieux. Car vous avez élu cette école du Fils de Dieu (qui est la religion), vous y avez été reçues pour disciples ; vous commencez même (ce qui est plus) à y tenir lieu et rang de maîtresses, apprenant à d'autres, d'exemple et de parole, à aimer cette école, à choisir cette école, à entrer en cette école. Regardez donc quelle est l'abnégation que vous avez, quelle est celle que vous devez avoir selon cette qualité, et n'ayez autre égard en tout ce qui vous survient que de veiller sur vous, et vous convertir toutes à Dieu pour obtenir sa grâce, à ce que vous ne manquiez à pratiquer cette abnégation de vous-mêmes et de toutes choses en chacun des sujets qui se présenteront ; sachant que comme il a plu au Fils de Dieu faire que vous trouvassiez la vie de votre âme en sa mort ; aussi a-t-il voulu que vous trouviez votre vie en Dieu, en la mort de vous-mêmes, et que vous manquiez autant de fois de vivre en lui que vous manquez de mourir à vous-mêmes. Dieu vous donne à toutes cette sainte mort et cette sainte vie, et nous fasse la grâce de pouvoir dire de vous ce que disait saint Paul de ses disciples : *Mortui estis, et vita vestra abscondita est cum Christo in Deo* (*Col.* III, 3), c'est-à-dire, *Vous êtes morts :* O mort heureuse, qui donne fondement à une telle vie ! *Et votre vie est cachée en Dieu avec Jésus-Christ.* O vie admirable et uniquement souhaitable ! puisque nous vivons en Dieu, et de la vie non des hommes ou des anges, mais de la vie de Dieu même, c'est-à-dire de la même vie que le Père éternel vit en soi-même, qui est la vraie vie, la seule vie et la source de toutes les autres vies qu'il a communiquées hors de soi-même, et que nous vivions de cette vie avec son Fils unique Notre-Seigneur Jésus-Christ, lequel je prie demeurer éternellement avec vous toutes.

LETTRE VI.

AUX RELIGIEUSES CARMÉLITES DU MONASTÈRE DE N.

I. *Jésus est la vie et notre vie.* — II *Jésus est le don de Dieu aux hommes.* — III. *En l'usage réciproque que Jésus fait de nous et que nous faisons de Jésus, consiste l'exercice de la vie et de la grâce.*

Mes sœurs, la grâce de Jésus-Christ Notre-Seigneur soit avec vous pour jamais.

I. Vous devez toutes regarder Jésus incessamment, et le regarder comme celui qui est tout, qui vous doit être tout, et qui s'appelle lui-même la vie et votre vie : et vous ne devez vous regarder vous-mêmes que comme chose qui n'est rien, qui n'était rien il y a peu d'années, et qui n'est rien encore à présent, que par la grande miséricorde de Jésus ; qui n'êtes rien en effet, si vous n'êtes à Jésus, et qui êtes en danger d'être éternellement pis que rien. En vous considérant ainsi, et vous abaissant devant Jésus, vous devez vous offrir et vous donner à lui ; vous devez n'être et ne vivre qu'en lui et pour lui ; vous devez n'être qu'une pure capacité de lui, tendante à lui et remplie de lui ; vous devez n'aspirer qu'à lui et ne respirer que sa grâce et son esprit. Plus vous serez établies et avancées en cet état, plus vous serez proches de l'état heureux et éternel, auquel se doit consommer notre éternité ; car lors Jésus-Christ sera tout en tous, et nous ne serons tous qu'une capacité de lui, remplie de lui ; au lieu que souvent en la terre il y a du vide, et que nous sommes souvent remplis de nous-mêmes. C'est ce qu'il faut éviter par les continuels soins et exercices de vos âmes ; et cette sainte plénitude de Jésus-Christ Notre-Seigneur, est ce qu'il faut rechercher de toute la puissance de notre âme.

II. Jésus est le don premier et principal que Dieu a fait à l'homme, et c'est le don des dons : le don auquel et par lequel il nous a donné toutes choses : *Omnia in ipso nobis donavit.* (*Rom.* VIII, 32.) Combien devons-nous priser et estimer ce don si rare et si excellent, qui a en soi la substance du Père, et est son Fils unique et son Fils bien-aimé qui contient toute sa substance, et est l'objet de sa complaisance absolue et éternelle ?

III. Combien devons-nous désirer de bien user de ce don ; l'usage parfait de Jésus doit être l'excellence et la perfection de notre vie ; combien devons-nous désirer que l'esprit de Jésus nous conduise, nous régisse et nous possède, et use de nous selon sa puissance et sa volonté ? Et, en ce mutuel usage, que Jésus fait, nous appropriant et assujettissant à lui, que nous faisons de Jésus, nous livrant et nous abandonnant à lui ; consiste l'usage et l'exercice de la vie, de la grâce, de laquelle nous avons à vivre sur la terre.

C'est l'esprit qui doit être propre à vos âmes, ce que nous souhaitons être particulier à l'ordre; c'est l'esprit que le Fils de Dieu est venu répandre au monde, et que la sainte Vierge a reçu le premier et possédé en perfection. Je vous souhaite cet esprit, comme étant filles de la Vierge, tandis qu'on vous désire molester, comme destituées de l'esprit de sainte Thérèse.

Je vous souhaite l'esprit de la Vierge Mère de Jésus et l'esprit de Jésus son Fils et Fils de Dieu tout ensemble. Je vous souhaite un esprit lié d'amour et de respect à Jésus et à la Vierge, et un esprit transformant vos esprits en Jésus et Marie; un esprit possédant e. possédé de Jésus.

LETTRE VII.
A DES RELIGIEUSES CARMÉLITES, A UN COUVENT ÉLOIGNÉ DE PARIS.

Pour les disposer à recevoir la visite d'un autre que de lui.

La grâce de Jésus-Christ Notre-Seigneur soit avec vous pour jamais. Les peines que vous portez ne me sont pas inconnues et me donnent grande douleur, et ce d'autant plus que vous y avez peu d'assistance. Mais c'est le vouloir de Dieu d'exercer ainsi ceux qui le servent, et en les privant d'assistance, être lui-même leur assistance et leur force, bien qu'en une manière peu sensible, peu connue, peu satisfaisante les sens et la faiblesse de la nature. Nous sommes à lui, et nous y devons être en la manière qu'il le veut, et son vouloir et ordonnance doit être notre règle et conduite. Je dis ceci, et pour vous et pour moi; car ce me serait consolation et bénédiction de vous visiter moi-même, et ne le pas faire, ce m'est quelque sorte de privation. Mais les choses arrivées et plusieurs autres considérations qui me semblent de poids devant Dieu, m'ont fait estimer plus à propos de faire la visite par autrui, et je l'ai fait ainsi en plusieurs maisons de l'ordre, à Tours, à Nevers, à Dijon, à Lyon, à Bordeaux, etc.; et je n'ai pas cru pouvoir choisir une personne plus convenable que M. le doyen de Nantes. Il est docteur en théologie; il est recommandable en sa doctrine et en ses prédications; il est grand vicaire en un grand diocèse, et est doyen en une église cathédrale, et commissaire de notre saint Père le Pape dans les affaires de l'ordre. Il a été diverses fois employé en semblables visites, et d'ailleurs, il a charité particulière pour votre couvent, pour lequel vous savez ce qu'il a fait. Je l'ai donc prié de vous voir, vous parler et vous ouïr toutes avec soin particulier, et de satisfaire, selon Dieu, à tous vos besoins. Cette action est sainte en elle-même, et tend à la sanctification de vos âmes; elle doit être accomplie de part et d'autre avec des dispositions saintes; elle tend à un renouvellement de l'esprit et de la grâce du Fils de Dieu de dans vos cœurs, car c'est lui qui daigne vous visiter par autrui, et qui met son esprit et son autorité en sa créature pour accomplir son œuvre. Dieu, en la terre, ne nous veut pas régir ni visiter immédiatement par lui-même, mais par l'interposition de ses créatures, et il veut régir les hommes par les hommes, en qui il met son esprit et sa grâce, sa lumière et sa parole, et même son autorité, pour accomplir ses desseins sur nous. Et nous avons à adorer sa providence, suivre sa conduite, et nous soumettre à sa puissance où il la met, en l'honneur de celui qui, étant le souverain de toute créature, s'est assujetti à ses créatures pour l'amour de Dieu son Père. Adorez et suivez ce rare exemple de Jésus, soumis à la Vierge et à saint Joseph, et, en l'honneur du Fils et de la Mère de Dieu, exercez la soumission et l'obéissance que requiert cette action de la visite. Celui qui vous va trouver pour la faire, vous est envoyé au nom de Dieu: recevez-le aussi comme venant de sa part, pour porter sa bénédiction dans vos âmes, ne considérant pas tant la personne, quoique très-considérable d'ailleurs, mais reconnaissant en elle l'autorité de Dieu qui vous veut ainsi régir et assister. Soumettez-vous à Dieu, l'ordonnant ainsi, entrez en sa voie et la suivez, et vous rendez dignes de la conduite des effets et des desseins de Dieu sur vos âmes. Cela ne m'empêchera pas de vous voir quand il plaira à Dieu m'en donner la liberté. Je supplie Notre-Seigneur Jésus et sa très-sainte Mère, en ce saint temps de grâces et de faveurs, de prendre un nouveau pouvoir sur nous, et nous rendre tous dignes de les servir et honorer en la perfection qu'ils demandent de nous. Je suis en eux pour jamais.

LETTRE VIII.
AUX RELIGIEUSES CARMÉLITES.

Pour s'excuser de ce qu'il ne faisait pas leurs visites par lui-même: et pour leur recommander celui qu'il y employait.

La grâce de Jésus-Christ Notre-Seigneur soit avec vous pour jamais. Lorsque je revins d'Italie, un de mes plus grands désirs était de m'acquitter de mon devoir en visitant vos âmes et vos maisons; et je me promettais cette liberté, ne prévoyant pas ce qui est arrivé depuis, c'est-à-dire le commandement inopiné qui m'a été fait de passer en Angleterre, et d'y séjourner quelque temps pour le service de Dieu en cette pauvre île. Ce commandement m'est arrivé sans aucune induction de ma part par la volonté du roi, et même par intention expresse de Sa Sainteté, qui dès l'Italie me voulut obliger à ce voyage: mais je la suppliai très-instamment de n'y point penser, ce que toutefois j'ai su depuis qu'elle avait ordonné à Monsieur son nonce de procurer envers le roi; et enfin il a été ainsi résolu, et m'a fallu obéir comme vous voyez. Je vous dis ces choses, pour vous faire voir que n'y ayant rien de ma part en ce voyage et occupation, et y ayant été appelé et employé par les deux plus puissantes autorités qui nous régissent en la terre de la part de Dieu, celle du Pape, et celle du roi; il y a sujet de croire que c'est le vouloir de Dieu, duquel nous devons dépendre en notre vie et en toutes nos actions. C'est ce qui me met en repos, dans la peine que j'ai de manquer à mon devoir envers vos âmes, et me fait désirer de faire par autrui ce que je ne puis pour le présent faire par moi-même : espérant en la bonté de Dieu, que puisque c'est lui-même qui m'a empêché et non pas moi, il daignera donner sa grâce et sa bénédiction, à ce moyen que je recherche pour le bien de vos âmes et pour l'accomplissement de mon devoir. J'ai choisi à cet effet le Père qui vous donne la présente. Il est supérieur en l'une des maisons qu'il a plu à Dieu nous donner en notre congrégation, et je le connais dès longtemps pour expérimenté dans les choses de piété, et pour très-affectionné à l'ordre. Je vous prie de le recevoir comme venant de Dieu, et venant pour traiter de sa part avec vos âmes; et de vous disposer à recueillir fruit intérieur et extérieur de cette sainte action, que je lui ordonne d'exercer de ma part pour votre assistance et consolation. C'est Dieu qui vous visite en sa personne, et c'est Dieu aussi que vous devez regarder en sa créature, et non pas la créature même, qui ne sert que d'une ombre à l'autorité divine, qui veut ainsi régir et gouverner vos âmes. Je supplie Notre-Seigneur Jésus et sa très-sainte Mère à qui vous appartenez, vous donner leur bénédiction, et vous préparer toutes à l'accomplissement de leurs saintes volontés. Le 28 août mil six cent vingt-cinq.

LETTRE IX.
AUX MÊMES.

Avec combien de soin on doit travailler au salut de chaque âme en particulier à l'imitation de Jésus-Christ.

La grâce de Jésus-Christ Notre-Seigneur soit avec vous pour jamais. Nous devons traiter avec toutes, soit par lettres, soit par paroles, soit par nous-mêmes, soit par autrui : et nous devons pourvoir aux besoins de chacune d'entre vous, avec un soin aussi vigilant et accompli, comme si Dieu ne nous avait chargé que de cette âme au monde. Aussi le Fils de Dieu, notre vie, notre salut et notre exemplaire, est mort pour tous, et pour un chacun aussi parfaitement comme s'il n'eût eu à opérer que le salut de celui-là au monde; ce qui fait dire à saint Paul, et nous donne droit de dire avec lui en parlant de Jésus : *Qui dilexit me, et tradidit semetipsum pro me.* (Galat. II, 20.) Ce n'est pas seulement en croix, que le Fils de Dieu a pensé ainsi à un chacun de nous : maintenant du plus haut des cieux, il pense, et pourvoit à un chacun de nous, comme s'il n'y avait que nous et lui au monde; et nous devons aussi penser à lui avec autant d'amour et d'application, comme s'il n'y avait que lui et nous en l'univers.

LETTRE X.
AUX RELIGIEUSES CARMÉLITES DU COUVENT DE N.

Pour les exhorter à la dévotion de l'Avent.

Voyez un temps saint qui approche, le temps de l'avénement de Jésus au monde. C'est le printemps de l'univers auquel fleurit la fleur des fleurs, Jésus de Nazareth, qui s'appelle dans ses Ecritures, la fleur des champs et le lis des vallées. C'est le temps le plus délicieux des âmes intérieures liées à Jésus et à Marie; car il ne porte que délices en la vie nouvelle de Jésus et de la Vierge, au lieu que le temps de Carême est joint aux douleurs de Jésus, portant les rigueurs de son Père en sa croix. Ce temps de l'Avent loue et honore la vie naissante de Jésus, et le repos heureux et délicieux de Jésus en la Vierge par l'espace de neuf mois, et la vie nouvelle de la Vierge en Jésus qui était sa vie. Je vous exhorte et convie toutes à prendre en ce saint temps, une vie nouvelle en Jésus et en la Vierge, et employer vos pensées, vos sentiments et vos affections à honorer cette double vie de Jésus en la Vierge et de la Vierge en Jésus. Je vous offre toutes à eux, et je suis en eux.

LETTRE XI.
AUX RELIGIEUSES DU MONASTÈRE DE N.

Qui avaient trop de peine à se séparer de leur prieure qu'on voulait envoyer ailleurs, et qui avaient proposé quelques raisons pour obtenir qu'on la leur laissât encore.

La grâce de Jésus-Christ Notre-Seigneur soit avec vous pour jamais. Je n'estime pas que les raisons que vous alléguez doivent retarder l'obédience que Mgr N. a donnée pour faire partir la Mère prieure, et je ne crois pas qu'il soit besoin d'y répondre en particulier. Ce serait chose bien facile et je le ferais volontiers, mais cela ferait tort à la simplicité avec laquelle vous voulez et vous devez obéir. Souvenez-vous de cette parole que vous récitez souvent en votre office : *In auditu auris obedivit mihi.* (Psal. XVII, 45.) Le Saint-Esprit emploie cette parole pour louer la promptitude avec laquelle il est obéi des siens, et cette promptitude fait partie signalée de la parfaite obéissance. Je ne puis approuver les sentiments que vous témoignez; il y a de l'excès qui intéresse la pureté de l'âme qui doit servir à Dieu avec perfection; il nous faut tôt délaisser chose plus digne et plus importante que les sentiments qui vous tiennent attachées trop humainement et imparfaitement à la créature, et le Fils de Dieu en ses jours a délaissé chose si grande, si sainte et divine pour votre amour, qu'il délaisse le ciel qui lui est dû, et s'abaisse à la terre, et à la terre couverte de péchés et de pécheurs; il délaisse la gloire qui lui appartient et s'expose aux souffrances et aux misères que vous voyez ; il se prive de tant d'effets dus à l'éminence de sa personne et à la sainteté de sa vie, et à la divinité de son état, et est vivant comme un d'entre nous au milieu de nous. Honorez ces mystères, pensez à ces choses, humiliez-vous d'avoir si peu de sentiment de choses si grandes et si dignes, et d'en avoir tant de choses si basses et si petites. Mais c'est la misère de la créature qui se remplit aisément de la créature, et ne peut se remplir du Créateur. Plût à Dieu que nous fussions tous bien vides de nous-mêmes et de toutes choses pour être saintement remplis de Dieu, qui veut être tout et en toutes choses ! Souvenez-vous que Jésus est votre plénitude ; la plénitude de Dieu repose en lui, et vous devez l'adorer et le rechercher en cette qualité afin qu'il remplisse vos âmes et occupe le lieu que les créatures y tiennent à son préjudice et au vôtre. Je le supplie et sa sainte Mère, de vous faire à toute cette grâce.

LETTRE XII.
AUX MÊMES RELIGIEUSES.
Sur le même sujet.

La grâce de Jésus-Christ Notre-Seigneur soit avec vous pour jamais. Soyez vivantes en Jésus et non en vous-mêmes, ou pour mieux dire, que Jésus soit et vive en vous, et n'ayez aucun sentiment volontaire que de Jésus et de sa sainte Mère. C'est à quoi je vous ai autrefois exhortées, c'est à quoi la Mère vous a dû disposer durant ses trois ans, et encore à présent sur cette occasion ; c'est à quoi vous obligent les mystères que l'Eglise célèbre en ce saint temps, vous le devez ainsi ou vous manquerez à la perfection que Jésus et la Vierge demandent de vos âmes. Oubliez-vous vous-mêmes et les créatures. Il me semble que le zèle que j'ai vers Dieu pour vos âmes me donne douleur en voyant ces sentiments humains, et ne me permet pas de voir aucune chose en vos esprits que Jésus et la Vierge, et Jésus enfant au sein de la Vierge, et la Vierge et Jésus en l'étable et en la crèche, et les choses grandes et divines qui accompagnent les grandeurs et les abaissements admirables de l'Homme-Dieu et de la Vierge Mère de Dieu. Je suis en eux.

LETTRE XIII.
LETTRE GÉNÉRALE AUX RELIGIEUSES CARMÉLITES.

Aux religieuses de Notre-Dame du mont Carmel.
Il s'excuse de ce que ses infirmités et ses affaires l'empêchent de les aller voir ; et après leur avoir représenté leurs devoirs envers Dieu, et les siens envers elles, il leur expose amplement une pensée importante de la présence de Dieu et de Jésus-Christ en la terre, et l'usage qu'elles en doivent faire.

1. Le soin que je dois avoir de vos maisons et de vos âmes me tire souvent en des pensées qui concernent vos devoirs et les miens, et ne me permet pas d'être sans sollicitude, puisque c'est le partage que saint Paul nous assigne : *Qui præest in sollicitudine.* (Rom. XII, 8.)

2. Je dois veiller quand vous dormez, et travailler quand vous êtes en repos. Malheur à moi si je ne le fais, car celui qui combat Israël ne dort jamais, et celui qui garde Israël se veut servir de ses anges et de ses serviteurs pour cette garde. Et c'est un sujet pourquoi le nom d'ange est donné aux prêtres et supérieurs ; car leur office est angélique, et leur condition aussi doit être angélique. Et si cela est vrai pour ceux qui ont charge en l'Eglise, il est plus considérable pour ceux qui ont soin de la partie la plus pure et la plus élevée de l'Eglise, qui est la troupe des vierges recueillies ensemble pour louer Dieu comme des anges en terre, et ne penser qu'à Dieu. Ils doivent être purs comme des anges pour garder des anges, et ils doivent être vigilants comme des bons anges pour vous garder des mauvais anges qui environnent jour et nuit ceux qui servent au Dieu vivant.

3. Je n'ai jamais affecté ni recherché le pouvoir sur vos maisons et sur vos âmes, et plusieurs d'entre vous le savent, il m'est venu d'ailleurs. Et lorsque j'ai eu plus de santé et plus de liberté, je n'ai pas épargné plusieurs voyages pour vous voir toutes, vous ouïr moi-même en vos besoins, et vous ouvrir mes pensées dans les voies de Dieu sur vous. Maintenant qu'il n'est pas en mon pouvoir de le faire aussi souvent que je l'ai fait autrefois, ni même de le faire au point et au moment que je le voudrais, partie par mes infirmités, et partie par les affaires dont il plaît à Dieu que je sois maintenant occupé, j'ai recours au papier et aux autres voies qui rendent les absents présents, pour vous exposer une pensée que Dieu m'a donnée sur vous, laquelle si vous suivez fidèlement satisfera à la plupart de vos besoins, et fera effet de renouvellement en vos âmes.

4. Vous ne devez, mes sœurs, être jamais seules, et si vous faites profession de solitude, vous devez toujours être en compagnie, mais en la compagnie de celui qui nous dit ne se séparant de nous : *Je suis avec vous jusqu'à la consommation du monde* (Matth. XXVIII, 20). Vous avez son corps, son esprit et sa divinité en son autel et en son sacrement ; mais outre cette présence sacrée et attachée à ce mystère et à ce sanctuaire qui contient le trésor de la terre et du ciel, vos esprits doivent être toujours et partout avec l'Esprit de Dieu, c'est l'Esprit de vos esprits. Et comme avant la création de tous les esprits en la terre, cet Esprit se reposait sur les eaux, il veut prendre maintenant son repos dans vos esprits, et il veut y former ses merveilles. Cet Esprit vous est présent en tous lieux, il remplit le ciel et la terre, il veut agir et opérer en vos esprits qui doivent être toujours soumis à la conduite, aux effets et aux intentions de cet esprit sur

vous; ils doivent être touchés et remplis de la révérence due à la majesté de cet Esprit; car cet Esprit est souverain, il a fait le ciel et la terre, il les conserve et maintient en leur être, il régit tout et tire tout esprit à soi, et aussi tout esprit créé par préciput doit le louer et adorer pour soi, et même pour tout ce qui est sans esprit, mais non sans être et sans dépendance absolue de Dieu : *Omnis spiritus laudet Dominum.* (Psal. cl, 6.)

5. Cette sainte révérence due à l'Esprit de Dieu présent partout, cette sainte présence de l'Esprit de Dieu répandu partout, fait que tout le monde nous devrait être un temple consacré à Dieu par son immensité propre, c'est-à-dire par lui-même, par son essence qui est la sainteté même, par sa présence qui voit tout, par sa puissance de qui tout dépend et à qui tout est soumis. A plus forte raison votre monastère vous doit être un temple auquel vous adorez Dieu partout, et partout vous contemplez celui qui vous contemple et vous veut sanctifier partout. Cette présence auguste vous doit mettre en une sainte révérence, si imprimée dans vos cœurs et dans vos sens, que quiconque vous regarde doit voir en votre contenance et modestie l'effet et l'impression de cet état, et vous reconnaître et considérer comme hosties de louanges consacrées à la majesté de Dieu présent.

6. Cette humble et sainte révérence est la disposition la plus constante et la plus universelle qui doit être en vos âmes, et elle vous met en compagnie dans la solitude, en société dans la retraite, et en occupation sainte, intérieure et spirituelle dans le repos et oisiveté apparente.

7. Cet Esprit-Saint se rend présent d'une façon singulière dans les lieux de communauté, il y préside invisiblement, il voit vos cœurs et tire vos esprits, il les remplit de ses opérations saintes, il bénit les actions faites en unité d'esprit et en société sainte en l'honneur de l'unité divine, de son essence et de la société sacrée de ses personnes. Cette unité et société divine qui est le plus haut mystère de notre religion, le centre et la circonférence de tous les autres mystères, et la source vive de notre béatitude, est singulièrement représentée et adorée dans les communautés religieuses, et chacune doit être bien aise de faire partie de cette sainte communauté et de cette représentation mystique et sacrée de l'être de Dieu, qui est un être d'unité et de société tout ensemble, et vous avez l'honneur d'être comme un trait et linéament de cet Etre suprême, lorsque vous êtes à la communauté qui l'adore et le représente en vous; et de participer à la bénédiction que Dieu y communique en l'honneur de son Etre sacré saintement figuré et représenté par icelle. Car comme Dieu en soi-même est unité et société parfaite, il veut être aussi hors de lui-même servi et adoré en unité et société sainte, et il a établi le salut et la perfection en la société de l'Eglise et en celle des communautés saintes, et religieuses.

LETTRE XIV

AUX RELIGIEUSES CARMÉLITES.

Adressée à tout l'ordre comme son dernier testament et trouvée dans ses papiers après sa précieuse mort (149).

Le soin que je dois avoir de vos maisons et de vos âmes m'occupe souvent en des pensées qui concernent vos devoirs et les miens, et ne me permettent pas d'être sans sollicitude. Puisque c'est le partage que saint Paul nous assigne : *Qui præest in sollicitudine.* (Rom. xii, 8.)

Je dois donc veiller quand vous dormez, et travailler quand vous êtes en repos. Malheur à moi si je ne le fais! car celui qui combat Israël ne dort jamais, et celui qui garde Israël se veut servir de ses anges et de ses serviteurs pour cette garde. C'est pourquoi le nom d'anges est donné aux prêtres et aux supérieurs, car leur office est angélique : et si cela est vrai pour ceux qui ont charge dans l'Eglise, il est plus considérable pour ceux qui ont soin de la partie la plus élevée de cette Eglise, qui est la troupe des vierges, et des vierges réunies ensemble pour louer Dieu comme des anges sur la terre, et ne penser qu'à Dieu. Ils doivent être purs comme des anges pour garder les anges; et ils doivent être vigilants comme de bons anges pour garantir des mauvais anges qui environnent jour et nuit ceux et celles qui servent un Dieu vivant.

Je n'ai jamais affecté ni recherché le pouvoir sur vos maisons et sur vos âmes; et plusieurs d'entre vous le savent, il m'est venu d'ailleurs; et lorsque j'ai eu plus de santé et de liberté, je n'ai pas épargné plusieurs voyages pour vous voir toutes, vous entendre moi-même en vos besoins et vous ouvrir mes pensées dans les voies de Dieu sur vous. Maintenant qu'il n'est pas en mon pouvoir de le faire aussi souvent que je l'ai fait autrefois, ni même au point et au moment que je le voudrais, partie par mes infirmités, partie par les affaires dont il plaît à Dieu que je sois maintenant occupé, j'ai recours au papier et aux autres voies qui rendent les absents présents, désirant traiter avec vous toutes par cette lettre générale que je vous adresse.

Vous ne devez, mes sœurs, être jamais seules : et si vous faites profession de soli-

---

(149) Quoique cette lettre soit en partie la répétition de la XIII° d'abord, et de la I° ensuite adressées aux Carmélites, nous ne croyons pas devoir la supprimer, à cause des variantes importantes qu'elle renferme, et parce qu'en grande partie elle est inédite. Nous l'extrayons du *Trésor du Carmel*, où on la donne comme une pièce nouvelle et non comprise dans les œuvres du cardinal.

tude, vous devez toujours être en compagnie de celui qui nous dit en se séparant de nous : *Je suis avec vous jusqu'à la consommation du monde.* (*Matth.* XXVIII, 20.) Vous avez son corps, son esprit, sa divinité dans son sacrement, mais outre cette présence sacrée et attachée à ce mystère et à ce sanctuaire qui contient le trésor de la terre et du ciel, vos esprits doivent être partout et toujours avec l'esprit de Dieu. C'est l'esprit de vos esprits, et comme avant la création du monde, cet esprit se reposait sur les eaux, il veut maintenant prendre son repos dans vos esprits et y former ses merveilles.

Cet esprit vous est présent en tous lieux, il remplit le ciel et la terre ; il veut agir et opérer dans vos esprits, qui doivent être toujours soumis à sa conduite, à ses effets et intentions sur vous. Ils doivent être touchés et remplis de la révérence due à sa majesté, car cet esprit est souverain, il a fait le ciel et la terre ; il les conserve et maintient dans leur être, il régit et attire tout esprit à soi ; et aussi tout esprit créé doit le louer et adorer pour soi et pour tout être qui est dans la dépendance absolue de Dieu : *Omnis spiritus laudet Dominum.* (*Psal.* CL, 6.)

Cette sainte révérence due à l'esprit de Dieu répandu partout, fait que tout le monde nous devrait être un temple consacré à Dieu par son immensité propre, c'est-à-dire par lui-même, par son essence qui est la sainteté même, par sa présence qui voit tout, par sa puissance de qui tout dépend et à qui tout est soumis : à plus forte raison, votre monastère vous doit être un temple où vous adorez Dieu partout, et partout vous contemplez celui qui vous contemple et veut vous sanctifier partout. Cette présence auguste doit vous mettre dans une sainte révérence, si imprimée dans vos cœurs et dans vos sens, que quiconque vous regarde doit voir en votre contenance et par votre modestie, l'effet et l'impression de cet état, et vous reconnaître et considérer comme hosties de louanges consacrées à la majesté du Dieu présent. Cette humble et sainte révérence est la disposition la plus constante et la plus universelle qui doit être en vos âmes ; elle vous met en compagnie dans la solitude, en société dans la retraite, en occupation sainte et intérieure dans le repos et oisiveté apparente.

Cet esprit saint se rend présent d'une façon particulière dans les lieux de communauté : il y préside invisiblement, il voit vos cœurs et attire vos esprits, il les remplit de ses opérations saintes, il bénit les actions faites en unité d'esprit et société sainte en l'honneur de l'unité divine, de son essence et de la société sacrée de ses personnes.

Cette unité et société divine qui est le plus haut mystère de notre religion, le centre et la circonférence de tous les autres mystères et la source vive de notre béatitude, est singulièrement représentée et adorée dans les communautés religieuses, et chacune doit être bien aise de faire partie de cette communauté et de cette représentation mystique de l'être de Dieu, qui est un être d'unité et de société tout ensemble ; vous avez l'honneur d'être comme un trait et linéament de cet être suprême, lorsque vous allez à la communauté qui l'adore et le représente en vous ; vous participez à la bénédiction que Dieu y communique en l'honneur de son être sacré saintement figuré et représenté par elle ; car comme Dieu en soi-même est en unité et société parfaite, il veut être aussi hors de lui-même servi et adoré en unité sainte, et il a établi le salut et la perfection dans la société de l'Eglise et dans celle des communautés saintes et religieuses. C'est une pensée à mon avis digne de toucher vos esprits ; elle est haute et solide, elle est tirée de l'être de Dieu même, que vous adorez en tout temps et en tout lieux ; elle vous doit être familière et sensible, et en cette pensée chaque religieuse doit avec joie et promptitude se rendre aux lieux et aux actions de la communauté, ne doit pas souffrir d'en être séparée sans peine et sans un sujet bien légitime ; étant ailleurs par nécessité, par charité, par obéissance, elle doit être ici par esprit et par volonté, elle y doit retourner le plus tôt qu'il lui sera possible. C'est la disposition générale que doivent avoir les sœurs à l'égard de tous les lieux et de toutes les actions de la communauté.

Mais elles doivent avoir une disposition particulière à l'égard du chœur et du service divin : l'importance des actions que vous avez à y faire, la nécessité des bonnes dispositions que vous devez y avoir, l'obligation que vous avez d'y servir Dieu en perfection, d'assister l'Eglise en ses besoins, et la facilité de manquer à tous ces points, conversant et allant à ce saint lieu plus par habitude et nécessité que par un esprit de piété et dévotion, m'a fait adresser une lettre générale à l'ordre pour l'exciter à ses devoirs, que je désire être lue trois fois l'année en communauté. L'assistance au chœur doit être fort douce aux sœurs ; leur premier devoir et leur plus importante action en la maison est de rendre ses louanges à Dieu, et de se rendre présente à Jésus-Christ Notre-Seigneur, qui fait un mystère en son Eglise exprès pour être présent à nos âmes, et nous tenir fidèle compagnie jour et nuit : mystère grand et perpétuel qui semble faire effort à l'état de sa gloire ; et nous ne voulons pas faire effort à nos indévotions, à nos moindres occupations, pour nous rendre en sa présence et célébrer ses louanges. La Mère prieure en doit dispenser très-rarement ; il faut que ce soit par maladie ou pour circonstance si rare, si importante qu'elle ne puisse tomber sans aucune prévoyance ou règlement. Pour ce sujet, les affaires de la maison seront prévues pour n'interrompre aucune sœur durant les heures du chœur et de l'oraison ; quant aux infirmes qu'on appelle ordinaires et qui ont la liberté d'aller par la maison, elles assisteront aux actes de la communauté que la condition de leur malheur permettra, et les heures où elles ne peuvent assister, elles garderont le silence, et choisiront quelque manière d'occupation qui soit moins divertissante des choses saintes qui se font dans la maison, et qu'elles soient présentes par esprit et usage de piété et de vertu, où elles ne peuvent être de corps, selon la perfection due à une majesté si grande et si présente en tous lieux et en tout temps.

Les sœurs ne parleront jamais dans le chœur, il serait même bon que la Mère prieure sortît quelquefois quand elle aura besoin d'y parler, si sa santé le lui permet, et cela tant par révérence au saint Sacrement, que pour diminuer la facilité des sœurs, qui souvent le recherchent avec peu de sujet. Pour la sous-prieure, excepté pour ce qu'elle aura besoin de dire pour le chœur, je l'assujettis à sortir ; ce que toutes les sœurs ne feront point pour causes légères. On récitera l'office révéremment et dévotement ; et celles qui sont négligentes auront soin d'amender leurs défauts qui ne sont pas petits devant Dieu, spécialement en celles dont il recherche les larmes et les prières pour avoir sujet de faire miséricorde à son peuple : *Maledictus homo qui facit opus Dei negligenter.* (Jer. XLVIII, 10.) Elles tombent en cette sorte de malédiction et se rendent d'autant plus coupables que, par leur état et condition, elles sont du nombre de celles dont, comme nous avons dit, les prières devraient servir à de grandes choses.

Comme les confessions du matin pourraient détourner les sœurs des offices du chœur, nous recommandons que les sœurs laies, les infirmes, les novices et au besoin officières du dehors s'y rendent pendant les heures de communauté ; chacune s'y rendra au son de la cloche, avec recueillement et en silence.

Un des plus grands dons du Fils de Dieu sur la terre est celui de la sainte Eucharistie, et c'est aussi un des usages sur lesquels nous devons le plus veiller. C'est un don qui en contient plusieurs ; c'est la semence la plus divine que la terre de notre cœur puisse recevoir, et qui doit le plus fructifier en nous et c'est comme un talent que nous devons faire valoir infiniment.

L'usage d'une chose si rare, si précieuse, nous sera très-sévèrement redemandé ; et nous qui veillons sur vos âmes, nous devons vous rendre vigilantes sur ce sujet. En ce siècle, nous avons autant à vous exciter à la révérence qu'à la fréquentation de ce très-saint Sacrement, et à un grand usage d'une chose sainte, si grande et si libéralement communiquée. Nous devrions être tout célestes, tout divins en la participation d'une chose si céleste et si divine ; c'est le pain du ciel, le pain des anges ; il le faut recevoir avec une pureté angélique. C'est le pain de notre nécessité, de notre suffisance, selon la version syriaque et hébraïque ; il le faut prendre par nécessité, par piété, et non par facilité ni par coutume, c'est pourquoi nous ôtons les licences générales de communier. Peu seront en liberté de le faire outre le jeudi et le samedi (150), si ce n'est pas pour des besoins ou des raisons particulières, et si cela doit durer un temps notable : l'avis du supérieur y sera nécessaire. Il y a trop peu de soin en la plupart de renoncer à elles-mêmes et vaincre leurs imperfections, et trop d'empressement à communier. C'est faire tort à cette viande céleste de la dispenser à des âmes terrestres ; cet aliment de vie parfaite, de vie crucifiée, de vie morte à soi-même, et vie à Dieu, doit être réservé pour des âmes de perfection, de croix et d'abnégation d'elles-mêmes.

Les novices un peu jeunes et moins capables de la vertu solide, ou pour la faiblesse de leur âge, ou par moindre usage de grâce, ne communieront pas si souvent : la mère prieure les retiendra aux dimanches et jeudis.

Le parloir est un des lieux de la maison plus à considérer et moins à fréquenter. Il n'y faut demeurer que par charité, et en sortir le plus tôt que l'on peut ; une demi-heure suffit. En ce peu il y faut répandre l'odeur de la vertu religieuse. C'est le lieu où il faut servir Dieu dans les âmes plus par exemple que par paroles, plus par vérités solides que par étendue de discours ; c'est le lieu où il faut détourner prudemment les propos communs, où il faut se contre-garder soi-même et la maison ; il y faut oublier et ensevelir ce que l'on a dit et entendu ; il ne faut pas redire, ni même nous ressouvenir de ce que le monde nous a appris.

La révérence due aux temps saints et ordonnés de Dieu pour vaquer aux choses divines, requiert qu'on ne parle point au dehors les dimanches et fêtes, lorsque le saint Sacrement est exposé, durant l'Avent, le Carême, et aussi les heures de communauté, si ce n'est pour les affaires de la maison, ou un sujet rare et extraordinaire.

L'on ne parlera point sans tierce à qui que ce soit, hors pour la direction, encore que la Mère prieure en ait connaissance, et l'on ne témoignera pas de répugnance aux tierces que l'on donne, demandant celles que l'on désire. Nous entendons que celles qui auront été prieures soient comprises en cette loi. L'on observera ce que dit la constitution de n'ouvrir la grille qu'aux pères, mères, frères et sœurs, ainsi qu'à messieurs les évêques.

On se renouvellera dans l'observance du silence, on ne parlera que pour des choses très-nécessaires ; car la constitution n'a entendu donner liberté d'une demande ou réponse que pour ôter la gêne de quelques esprits plus attachés à la rigueur qu'à l'esprit du silence ; mais c'est un grand abus de son intention sainte, de la douceur et direction prudente de son esprit, de vouloir ti-

---

(150) Depuis Mgr de Bérulle, le nombre des communions a été augmenté par l'autorité des supérieurs.

rer de là une licence de parler hors les heures de récréation.

Nous ôtons toutes les licences générales de parler concédées tant aux professes qu'aux novices, et nous exhortons la Mère prieure d'être très-difficile à en donner. C'est assez de le faire dans des besoins pressants et pour peu de temps, afin qu'on n'excède pas dans l'usage de ces licences, que l'obéissance et soumission d'esprit soient plus souvent exercées; et que les désordres que le temps y glisse soient plus tôt aperçus et remédiés. Et d'autant qu'ils prennent souvent le prétexte de la charité, il la faut tellement exercer, que sous un voile si saint, le déréglement ne puisse être couvert et autorisé.

C'est pourquoi l'infirmerie, qui est comme le lieu principal de la maison où la charité est employée, on aura soin d'y converser si prudemment et si vertueusement, que la charité n'y manque point sous le prétexte de l'exactitude, et la licence n'y entre point sous le prétexte de la charité; à cet effet, l'ange qui descend en ce lieu y sera révéré. Celles qui y sont comme infirmières ou comme malades s'y considéreront comme religieuses dans leur mal et dans le service qu'elles rendent aux malades; et si la nature et le mal font leurs effets ordinaires, la grâce et la condition religieuse y doivent avoir leur part, leur conduite et leur efficace; c'est pourquoi l'on y gardera le grand silence, à moins qu'il ne soit nécessaire de le rompre par une charitable assistance, qui n'a point d'autre règle que le besoin de la maladie, ce qui doit s'observer encore pendant les heures d'offices et d'oraison.

Les sœurs qui iront voir les malades n'y seront pas plus d'une demi-heure pour l'ordinaire, si elles ne sont nécessaires à quelques services vers les malades, ou requises par les infirmières. Elles ne s'assembleront pas plusieurs en même temps, car cela fait plus de désordre que d'assistance aux infirmes (151). Celles qui viendront les dernières à visiter trouvant la place prise se retireront humblement, remettant cet acte de charité en un autre temps où il sera plus nécessaire, et les visites se feront plus par charité que par décharge de leurs humeurs et imperfections, comme si elles cherchaient un lieu et un prétexte pour s'exempter de l'observance religieuse.

On ne mangera en ce lieu que par nécessité, et avec le regret d'être privée de la bénédiction de la communauté; et lorsque, par quelque besoin notable jugé tel par la Mère prieure, l'on sera contraint d'y manger, l'on y gardera le silence. Ce lieu s'appelle infirmerie, et le mot vous avertit que ce qui s'y passe est pour la nécessité des corps infirmes, et non pour la relâche des âmes faibles; l'âme ne doit donc pas y être, mais à la communauté par intention et par désirs dans les saints exercices de la maison. Elle doit être en Dieu, qui est le lieu d'où elle ne doit jamais sortir.

La Mère prieure doit voir toutes les lettres, et les sœurs doivent être dans la dépendance qu'elles doivent à leur prieure, sans prendre garde si elle les voit ou ne les voit pas.

Je désire qu'on lise tous les mois au chapitre les points ci-dessus que nous avons ordonnés; et ce, afin que l'observance en soit mieux renouvelée et qu'ils soient mieux imprimés dans les esprits des sœurs.

LETTRE XV.
A LA MÈRE MADELEINE DE SAINT-JOSEPH, PRIEURE DES CARMÉLITES DE PARIS.

Il fait paraître la grande confiance qu'il avait en cette bienheureuse, tant pour ses propres dispositions intérieures, que pour les affaires qui lui étaient commises. Il parle humblement de sa pauvreté intérieure. De sa nouvelle appartenance à la très-sainte Trinité. Il languit après les choses du ciel, et n'est dans les occupations de la terre, que par pure soumission à Dieu.

La grâce de Jésus-Christ Notre-Seigneur soit avec vous pour jamais. Si vous aviez eu aussi peu de mémoire de moi, que je vous en ai donné de sujet depuis trois mois, j'en aurais porté un grand intérêt, et en mes besoins particuliers, et en ma conduite en l'affaire en laquelle j'ai été employé; mais j'espère que votre charité et la bonté de Dieu, ne vous auront permis de demeurer en cet oubli. Je suis encore engagé dans Angoulême, et ne sais pas le temps de ma liberté, et ne puis encore vous mander, si je retournerai vers Bordeaux ou vers Paris. Je n'oublie pas ce que j'y ai laissé, dont l'entretien et la conversation intérieure me serait bien plus douce et utile, que ce que je fais par de çà, si ce n'était le bon plaisir de Dieu qui m'y tient occupé. Vous avez estimé qu'il y avait quelque secret conseil de Dieu en cet emploi, et il m'est encore inconnu, si ce n'est quelque chose d'incertain et d'éloigné, qui me serait à mon avis, fort pénible et bien peu souhaitable. Si c'est le vouloir de Dieu de vous en donner quelque connaissance, vous pouvez m'en écrire: mais beaucoup plus volontiers de votre état et des âmes que vous savez; car il me semble que je languis, de ne penser qu'aux affaires de la terre. Et je suis toujours pour mon particulier, au même état de pauvreté intérieure, hors quelque nouveau désir d'appartenance et de vie intérieure en la très-sainte Trinité. Je voudrais y avoir quelque entrée, et elle m'est inconnue. Dieu veut vous donner le moyen de m'y aider, ne me le refusez pas, et me recommandez aux bonnes âmes de votre maison que vous savez. Jésus et sa très-sainte Mère soient avec vous pour jamais.

---

(151) Les réglements généraux de messieurs nos visiteurs de l'année 1748 permettent d'être plus d'une sœur auprès d'une malade.

LETTRE XVI.

A LA MÈRE MADELEINE DE SAINT-JOSEPH.

Il lui recommande plusieurs besoins. Dieu choisit les âmes faibles aux yeux du monde, pour les rendre fortes en son amour aux yeux des anges et des saints. Le grand soin qu'il avait de faire entrer les âmes en la vocation de Dieu, et de ne leur en pas donner selon son désir. Sa dévotion aux anges gardiens des âmes qu'il conduisait.

La grâce de Jésus-Christ Notre-Seigneur soit avec vous pour jamais. Je vous prie que l'on ait soin de recommander à Dieu en votre maison, une âme qui est en grande nécessité, et de prier la sainte Mère de Dieu de la prendre en sa garde. Je voudrais être digne de l'assister en ses besoins, et lui rendre la charité qui lui est nécessaire, pour l'aider en ce qui se passe en elle; Dieu choisit des âmes faibles, petites et inconnues devant les yeux de plusieurs, pour les rendre fortes et puissantes en sa grâce devant les anges et les saints. Le gentilhomme que vous savez s'est résolu de ne faire sa retraite aux N., et par lui-même il a changé, et la fera parmi nous. Il est nécessaire d'avoir encore soin de cette affaire. Je ne suis pas plus éclairé qu'auparavant du dessein de Dieu sur lui, et je désire être fort retenu en ce qui concerne l'éternité d'une âme, comme il est la résolution qu'il a à prendre, et ne point divertir aucune âme, des voies de Dieu qui me sont inconnues. Je crains de ne me pas bien disposer à cet effet, parmi la presse de quelques autres besoins qui nous accompagnent. Priez Jésus-Christ Notre-Seigneur et sa très-sainte Mère pour cette âme, et son bon ange aussi à ce qu'il supplée à mes défectuosités par son assistance. Si vous jugez être besoin que je voie sœur N. vous me le manderez librement. Je vous prie que d'ici à Pâques, il y ait chaque jour quatre religieuses l'une après l'autre qui communient, deux pour les besoins de la congrégation, et deux pour cette âme, de laquelle je vous ai parlé la dernière fois que je vous ai vue. Jésus soit avec vous, et sa très-sainte Mère.

LETTRE XVII.

A LA MÈRE MADELEINE DE SAINT-JOSEPH, PRIEURE DES CARMÉLITES AU COUVENT DE L'INCARNATION DE PARIS.

Il ne sait pourquoi il est envoyé à Rome; sinon que de diverses parts on lui fait savoir uniformément, que c'est la volonté particulière de Dieu. Hors ce qu'il doit aux lieux saints, il ne peut pas être à Rome un moment après son affaire conclue; quoique humainement, il y ait toute satisfaction. Il continue à lui parler humblement de sa pauvreté intérieure.

La grâce de Jésus-Christ Notre-Seigneur soit avec vous pour jamais. Je me promets que vous aurez, et toutes les bonnes âmes que vous savez, plus de mémoire de moi, que je ne vous en donne sujet par mes lettres. J'en ai eu une de vous, et de nul autre de tous les monastères. Encore que je ne réponde pas, ce m'est consolation, et quelquefois force et bénédiction en l'esprit, de les lire; et j'en suis bien aise, et eusse désiré en recevoir pour ce sujet. Maintenant je craindrais qu'il ne fût un peu tard, car l'affaire est fort avancée, et je désire partir aussitôt qu'elle sera conclue. Je me promets que ce sera pour la fin de ce mois. Je ne pénètre point quel est le dessein de Dieu sur moi en ce voyage. Il m'est aussi inconnu, que lorsque je partis; et si de diverses parts il a plu à Dieu me faire savoir uniformément, que c'était sa volonté particulière, et pour des desseins autres que ceux qui paraissent. Humainement j'y ai trop de sujet de satisfaction, mais ce n'est pas ce que je dois chercher. Après les lieux saints, je respire après d'autres exercices et occupations; et la vie étant courte, j'ai peine de l'employer si bassement et si inutilement, car c'est bassesse que tous les entretiens de la terre. Plaise à Dieu de nous donner ceux de son Fils unique Jésus-Christ Notre-Seigneur, et sa très-sainte Mère. Je suis en eux pour jamais. *Votre, etc.*

Cette lettre servira, s'il vous plaît, pour nous renouveler en la mémoire et aux prières de toutes les bonnes âmes de vos deux monastères. Elles me sont présentes devant Dieu, comme si j'étais dans Paris; mais je suis partout en même état de pauvreté, et d'incapacité des choses divines, et je ne sais comment je peux servir à leurs besoins, par la condition de cet état. Je ne laisse pas de prier pour elles comme je dois, et d'offrir à Jésus ma pauvreté pour elles.

De Rome le 6 novembre.

LETTRE XVIII.

A LA MÈRE MADELEINE DE SAINT-JOSEPH, PRIEURE DES CARMÉLITES DE PARIS.

Il lui recommande beaucoup l'Angleterre. Il ne pense pas que le temps de la miséricorde de Dieu sur ce pays désolé, soit si proche comme il semblait à quelques-uns.

La grâce de Jésus-Christ Notre-Seigneur soit avec vous pour jamais. Je vous écris ce mot, pour vous ramentevoir à vos prières et à celles de toute la communauté, et aussi la reine et ce pays qui en a bon besoin. J'écris au père N. afin qu'il visite en mon absence les monastères de N., etc. Je n'ai rien à vous mander de ce pays, je n'y vois rien des conseils de Dieu, ni des pensées de quelques-uns; cela m'est caché et inconnu. Il y a beaucoup à craindre, à travailler, à attendre; et il y faut à mon avis, quelque coup extraordinaire de la main de Dieu. Je ne sais pas quand, et en quel sujet il doit arriver, ni même si le temps est venu de sa miséricorde sur cette désolée province. Vous pouvez donner part de ceci aux âmes à qui vous savez que Dieu a donné soin de nous et de cet œuvre. Je supplie Notre-Seigneur Jésus et sa très-sainte Mère, nous y conduire selon leurs desseins et volontés, et vous bénir toutes. Je suis en eux,

Votre plus humble et affectionné
PIERRE DE BÉRULLE.
Prêtre de l'Oratoire de Jésus selon Dieu.

De près d'Oxford, ce 5 août 1625.

LETTRE XIX.

A UNE PRIEURE DES RELIGIEUSES CARMÉLITES.

I. II. III. IV. *Il l'induit à tempérer le zèle de sa charité envers les sœurs, par l'usage de la patience et bénignité qui la doit accompagner.* — V. *Il l'avertit de se garder de sensibilité en ses dévotions; mais il veut qu'elle ait la bénignité au cœur, et non-seulement en l'esprit.* — VI. *Avis, pour faire la correction à propos et utilement.* — VII. VIII. *Dieu qui est l'auteur des temps et de la grâce, attend néanmoins l'opportunité pour donner sa grâce, et nous le devons imiter en cela.*

I. La grâce de Jésus-Christ Notre-Seigneur soit avec vous pour jamais. J'ai reçu la lettre que vous m'avez écrite. Je loue Dieu du soin qu'il vous a donné, de prévenir et assister cette âme affligée et de nous avertir de son besoin. Pour continuer utilement cette assistance charitable je vous prie de considérer que la charité est une des vertus qui est la plus nécessaire aux personnes qui sont en office, et celle que je vous ai le plus recommandée en partant, et dont on a le plus d'usage à faire dans les maisons de Dieu.

II. Saint Paul lui attribue plusieurs belles et grandes qualités en son *Epître aux Corinthiens*, chapitre XIII. Je vous prie de les voir et de les mettre toutes en œuvre, et de remarquer singulièrement ces deux qualités, que le grand Apôtre donne à la charité : *Charitas*, dit-il (*I Cor.* XIII, 4), *patiens est, benigna est.* O quelle est la patience que nous devons avoir à souffrir les fautes et les imperfections d'autrui ! O qu'elle a été celle de Jésus-Christ à souffrir tant de manquement de ses apôtres en l'espace de trois ans, bien que nourris en une si parfaite école, et ayant tous les jours devant les yeux un si admirable exemplaire ! O quelle est encore journellement la patience de Dieu à supporter et dissimuler les fautes de ses élus et les nôtres mêmes, nous qui vivons en sa maison comme ses domestiques, et sommes vivifiés de son esprit comme ses enfants, instruits journellement de sa parole, et nourris de son corps et de son sang précieux.

III. Sur ces exemples admirables et divins, formez votre âme et l'établissez en la patience que vous devez avoir et exercer durant le temps de votre charge envers les sœurs; vous y tenez le lieu de Dieu et de son Fils unique Jésus-Christ Notre-Seigneur; vous y devez avoir et suivre leur esprit, qui est un esprit de patience en charité, et de charité en patience, selon l'instruction de son disciple et apôtre, instruit dedans le paradis même; si donc quelque fois le zèle de la charité vous presse, que la patience et la charité vous retienne et modère, car la vraie charité est patiente selon cette remarque de saint Paul.

IV. Mais d'autant que celles qui sont en charge ne doivent pas seulement supporter patiemment les fautes de celles qui leur sont inférieures, mais aussi y pourvoir et remédier, et l'office de la charité qui est universel, s'étend à l'un et à l'autre effet; c'est pourquoi saint Paul ajoute : *Benigna est.* O quelle est la douceur et débonnaireté avec laquelle il nous faut assister les âmes en l'amendement de leurs imperfections ! Quelle a été la bénignité avec laquelle le Fils de Dieu qui portait les péchés du monde sur son corps, a traité les pécheurs du monde, une Madeleine, un Zachée, une adultère, un larron en la croix (*I Petr.* II, 21 seq.), et même un Judas, ne lui refusant ni le mot ni le signe d'ami, c'est-à-dire le baiser de paix en ce grand acte d'hostilité ; le nom et le terme d'ami en une inimitié si profonde et si prodigieuse, et cette douce remontrance : *Ad quid venisti* (*Matth.* XXVI, 50), dans la consommation de son péché ?

V. Je vous ai dit souvent qu'il fallait se donner de garde de la sensibilité en vos dévotions et exercices, pour la grande puissance que le péché exerce en cette moindre partie de nous-mêmes, pour la part secrète que l'amour-propre y prend ordinairement, et si subtilement que cela même est imperceptible aux meilleures âmes; pour la facilité et inclination que votre condition vous donne à la tendresse et sensibilité, et pour les illusions d'esprit et les amusements de nature, que cette disposition fournit aux âmes faibles ou commençantes. Je ne révoque pas cette instruction, elle est très-bien fondée, mais j'y ajoute cette exception, que pour le regard de la bénignité dont nous parlons, nous la devons avoir, non-seulement en l'esprit, mais aussi au cœur; et il est bon qu'elle soit sensible en nous, car aussi je remarque que le Fils de Dieu nous conviant à apprendre de lui cette vertu, ajoute notamment cette parole : Apprenez de moi que je suis humble et débonnaire de cœur; soyez donc douce, tendre et débonnaire devers les fautes des sœurs, et que votre bénignité passe de l'esprit au cœur, et du cœur à l'œuvre. Tellement que traitant avec vos prochains, spécialement de leurs fautes et de leurs peines, elles aperçoivent plus la bénignité de votre charité que l'avertissement particulier que vous leur donnez de leurs fautes, et que la douceur qui paraîtra en l'un, détrempe l'amertume que la nature de l'infirme et du patient pourrait sentir en l'autre. Beaucoup de choses sont comprises en la généralité de cet avertissement, qu'il n'est pas besoin de vous déduire par le menu en la présente. Et vous y trouverez en effet le remède à beaucoup de choses que vous ne pensez pas maintenant.

VI. Quant au particulier de celle dont

vous m'écrivez, j'y reconnais plus de pusillanimité que de défaut de bonne volonté. C'est pourquoi je vous prie de l'animer en son office, la prévenir en ses peines, la supporter en ses afflictions, ne la pas veiller exactement en ses petites fautes; et tandis que le nuage de la tentation l'obscurcira, ne les lui pas faire voir sitôt, et particulièrement lorsque vous la croyez plus disposée à s'en affliger qu'à s'en relever, car c'est un des points auxquels il nous faut imiter la sainte conduite de Dieu, qui attend l'opportunité pour nous donner sa grâce, sa lumière et la connaissance de nos défauts : *Ut misericordiam consequamur et gratiam inveniamus, in auxilio opportuno,* ce dit son Apôtre. (*Hebr.* IV, 16.)

VII. Dieu est l'auteur des temps et de la grâce; de lui dépend toute opportunité et disposition, il tient nos cœurs en sa main, et toutefois il attend, il pèse, il regarde, il dissimule, et il s'accommode à nos vouloirs et à nos faiblesses. Que devons-nous faire? Nous, dis-je, qui sommes sans puissance sur les temps, sur les âmes et sur la grâce, et qui sommes si indignes de servir à Dieu et aux âmes. En cette humble pensée conduisez-vous en l'exercice de votre charge et office de charité, et montrez même à cette petite âme une charité particulière, et quelque estime et satisfaction de ses actions et de sa disposition pour la relever de la pusillanimité qui la travaille. Il faut soulager la faiblesse des petites âmes par ces voies et ne pas les accabler par notre propre force. Il faut entrer en quelque usage de l'amour-propre pour en bannir l'amour-propre; mais vous devez être sans amour-propre en cet usage. Et vous l'employez par une conduite plus haute et plus efficace de l'amour divin; et vous imitez ceux qui font les cures plus excellentes de la nature, qui emploient industrieusement un peu de poison, ennemi de la nature, pour relever la nature en ses plus grands besoins.

VIII. Je prie Dieu qui a fait la nature et la grâce, nous donner son esprit pour conduire à lui et la grâce et la nature de ceux qu'il lui a plus nous commettre et pour dompter la nature par la grâce, et pour nous donner part à la grâce et à la nature que nous admirons et adorons en son Fils unique Jésus-Christ Notre-Seigneur, où tout est divin et adorable, tout est vivifiant et ineffable, tout est salutaire et admirable, et où même la mort est la vie, la croix est la gloire. Je supplie celle qui était au pied de cette croix, si humblement, si douloureusement et si constamment, nous donner quelque part à l'esprit, à la grâce, à la vie qu'elle à titrée de la croix et de la mort de son Fils unique Jésus-Christ Notre-Seigneur. Je suis et au Fils et en la Mère,

Votre très-humble et affectionné à vous servir selon Dieu,

PIERRE DE BÉRULLE,
Prêtre de l'Oratoire de Jésus.
De Paris, ce 10 septembre 1620.

LETTRE XX.

A UNE MÈRE DE LA CONGRÉGATION DE FRANCE, LORS PRIEURE DES RELIGIEUSES CARMÉLITES DE LOUVAIN.

Il lui ordonne de retourner en France, et lui mande comme il avait plu à Dieu manifester la sainteté d'une Carmélite de Dijon, deux ans après son décès.

La grâce de Jésus-Christ Notre-Seigneur soit avec vous pour jamais. Je viens de recevoir la vôtre; nous avons beaucoup recommandé à Dieu cette affaire, et avons sujet de croire que c'est sa volonté et celle de sa sainte Mère, que vous reveniez, et ainsi non-seulement nous le conseillons, puisque vous avez voulu avoir en cela nos avis (en quoi je pense que vous avez fait chose agréable à Notre-Seigneur), mais aussi, pour vous ôter tout doute, nous vous l'enjoignons au nom de Notre-Seigneur Jésus-Christ et de sa sainte Mère. Offrez à la sainte Vierge ce que vous avez fait en ce pays où vous êtes, et lui demandez la grâce de la servir et son Fils en ce qu'il lui plaira. Ce doit être tout notre désir de servir en nos jours celui qui daigne nous vouloir servir en son éternité. Ayez beaucoup de dévotion à Jésus-Christ Notre-Seigneur et à sa sainte Mère. Chaque jour offrez votre vie et vos œuvres à la louange et honneur singulier du Fils et de la Mère, et demandez chaque jour de croître en cet amour, en ce zèle et en ce désir, de rendre quelque petit honneur sur la terre à celui qui est mort pour nous honorer lui-même sur les cieux, et à celle qu'il honore éternellement comme sa Mère. Vous avertirez sœur Thérèse et les autres, comme il a plu à Dieu manifester la sainteté de l'une des religieuses de France, qui mourut il y a deux ans à Dijon, avec témoignage de sainteté; et maintenant on a trouvé son corps entier, au transport qu'on a été obligé d'en faire à un lieu autre, par le bâtiment qu'on y a commencé. Je sais qu'il y en a de mortes et de vivantes qui ont été et sont favorisées de beaucoup de grâces de Dieu, et bien singulières; mais c'est à Dieu et non à nous de les manifester; c'est un sujet que Dieu vous donne de le louer et de vous humilier au peu de vertu que vous avez acquises au regard de celle que vous eussiez pu acquérir, si vous eussiez fidèlement coopéré à ses grâces depuis le long-temps qu'il y a qu'il daigne vous appeler à son service. Cette petite âme était fort humble, innocente et pénitente; elle est décédée fort jeune, et en ce peu de temps qu'elle a vécu, elle a laissé une grande odeur de sa sainteté en ce couvent, et il a plu à Dieu maintenant en rendre ce témoignage extérieur. Je prie Dieu qu'il soit avec vous toutes, et je vous demeure à jamais.

LETTRE XXI.

A UNE PRIEURE DES RELIGIEUSES CARMÉLITES.

Il lui mande qu'elle doit être la liaison des sœurs avec elle. L'obligation des religieuses est de prier Dieu, et celle des pri-

tres de travailler pour Dieu. Jésus et Marie doivent être l'objet continuel de la vie, en temps et en éternité.

La grâce de Jésus-Christ Notre-Seigneur soit avec vous pour jamais. Je loue Dieu de la sortie de celle que vous me mandez, j'y reconnais le doigt de Dieu et la providence de sa sainte Mère sur son ordre, auquel elle n'était pas propre. Je vous prie de travailler à lier en humilité et charité les âmes à Jésus, à la sainte Vierge et à vous, mais non en sensibilité d'esprit, ni en entretiens superflus et inutiles, qui sont choses dommageables à la perfection religieuse, et c'est un des points que les personnes qui ont un naturel doux, doivent éviter et examiner en leur conduite, et y doivent prendre et observer l'avis d'autrui plus que le leur. Je vous prie aussi de faire mes recommandations aux prières de la communauté, les besoins en sont grands. Dieu les connaît et cela suffit, et je ne veux pas vous divertir par ces discours. Votre devoir est de prier et le nôtre de travailler, et je dois vous conserver en la simplicité que Dieu demande de votre condition, qui vous oblige à peu de connaissance, mais à beaucoup de charité. C'est le bonheur de votre vie qui ne doit avoir que Dieu pour objet, non-seulement de votre intention, mais encore même de votre occupation. Ne négligez pas ce privilége de votre état, qui vous lie à Dieu si particulièrement, et vous occupe de lui si saintement. Jésus et sa très-sainte Mère sont les objets principaux de votre éternité; ils le doivent être aussi de cette vie présente, et vous serez bien coupables si vous manquez à des objets si grands, si divins et si dignes de l'occupation du ciel et de la terre. Séparez-vous soigneusement de toutes superfluités de pensées, de paroles et d'actions, pour ne pas manquer à l'entretien du Fils de Dieu et de sa très-sainte Mère. Je dis ces choses et à votre âme et à toutes les sœurs, puisque Dieu ne me donne pas liberté de les voir et de leur en parler moi-même, et je serai bien aise qu'elles aient part à ce que je vous en dis. Je vous prie faire mes recommandations à la bonne Mère sous-prieure, c'est une âme que j'honore bien fort en son humilité et simplicité; je serai bien aise qu'elle m'écrive avec liberté ce que Dieu la disposera de me mander, car encore que je ne réponde pas toujours, je suis bien aise de voir devant Dieu les dispositions des âmes pour y satisfaire en cas de besoin et de nécessité; et dites-lui que je ne désire pas qu'elle m'oublie en ses prières. Je supplie Notre-Seigneur Jésus et sa très-sainte Mère de vous bénir et vous rendre digne de les servir en la perfection qu'ils désirent de vous. Je suis en eux.

LETTRE XXII.

A UNE PRIEURE DES RELIGIEUSES CARMÉLITES.

L'odeur de la grâce est si délicate qu'elle peut être intéressée de peu de chose, et il se faut garder des moindres défauts. Il faut suivre la voix de Dieu parlant par l'obéissance, par-dessus les plus grandes raisons.

La grâce de Jésus-Christ Notre-Seigneur soit avec vous pour jamais. J'ai reçu votre lettre, et considéré ce qui a été mandé. Je ne juge pas qu'on doive changer les premières résolutions qui ont été prises sur des considérations très-grandes qui obligent à les continuer. Ce qui a été écrit n'était pas pour donner peine à personne, mais par devoir, et pour régler les choses comme il convient à l'édification à laquelle nous sommes tous redevables. C'est un de nos principaux devoirs en la terre que de répandre l'odeur de Jésus-Christ Notre-Seigneur. Cette odeur est pure, est sainte, est délicate, et peut-être intéressée pour peu de chose : et bien que ces choses soient petites, légères et quelquefois innocentes, l'intérêt n'en est pas petit, et nous sommes obligés d'y veiller et d'y pourvoir de bonne heure, selon l'avis du Saint-Esprit, qui nous enseigne en l'Ecriture : *Qui méprise les choses petites, tombera aux plus grandes.* (*Eccli.* XIX, 1.) Quant à l'autre point qui a été mandé, nous l'avons aussi considéré, et ne puis, selon Dieu, donner autre avis, sinon qu'il faut suivre la voix de Dieu parlant par l'obéissance par-dessus de plus grandes raisons; et que la vertu parfaite ne souffre pas qu'on écoute la voix de la nature aveugle et intéressée de l'amour-propre, au lieu de celle de Dieu. Il demande de nous un délaissement de choses plus grandes et importantes, que les sentiments et affections qui nous lient à la créature, et nous rendent moins propres à nous lier à Dieu. Je supplie Jésus Notre-Seigneur et sa très-sainte Mère de vous bénir toutes en ce saint temps de grâces et de faveurs : temps de la naissance de Jésus, et de la maternité de la très-sainte Vierge.

LETTRE XXIII.

A UNE PRIEURE DES RELIGIEUSES CARMÉLITES.

Il lui donne quelque conduite sur ses dispositions intérieures, et la charge de faire beaucoup prier pour les besoins publics.

La grâce de Jésus-Christ Notre-Seigneur soit avec vous pour jamais. Je loue Dieu de ses effets pour le repos et assistance de cette âme inconnue et traversée. Je supplie sa divine bonté me rendre digne de le servir en elle et suppléer à mes défauts, et particulièrement à l'inapplication et insuffisance que j'ai à ses œuvres et à ses âmes. C'est un de mes besoins, que je vous prie recommander à Jésus-Christ Notre-Seigneur et à sa très-sainte Mère ; je leur donne ma volonté pour être et faire tout ce qui est de leurs conseils et intentions divines sur nous. Ne donnez aucun lieu aux inquiétudes qui vous surviennent après les opérations extraordinaires qu'il plaît à Dieu accomplir en vous. C'est une humiliation qu'il faut porter après ses saintes opérations; mais il n'y faut pas entrer n'y s'en occuper, ains demeurer humblement et persévéramment en la conduite et opération du même esprit qui a daigné opérer son œuvre, soit en vous, soit par vous. Les affaires de la terre empirent, et je crains que le remède n'y soit qu'au ciel, où il faut lever les yeux pour attirer l'assistance divine sur cet état et sur la chrétienté. Je n'y puis rien, que de faire prier Dieu pour ces sujets que je vous représente à cette intention. Jésus et sa sainte Mère soient avec vous pour jamais.

LETTRE XXIV.
A UNE RELIGIEUSE CARMÉLITE.

De la retraite de Jésus au désert et de l'indissolubilité de son âme sainte au regard de la divine essence.

La grâce de Jésus-Christ Notre-Seigneur soit avec vous pour jamais. Le saint temps auquel nous sommes me fait désirer que vous honoriez l'exil de Jésus au désert, et l'avilissement intérieur que son âme divine a voulu porter par cet espèce de bannissement, que le Saint-Esprit en l'Evangile nous représente par ces paroles pleines d'énergie : *Et [Jesus] erat cum bestiis.* (Marc. I, 13.) Adorez Jésus en ces états. Référez ce que vous ressentez en hommage de cet exil et avilissement divin et adorable de Jésus en la vue des anges et de son Père éternel. Je le prie d'appliquer sur votre âme et votre état, la grâce et la puissance de ses états intérieurs et extérieurs, pour l'accomplissement de tous ses desseins et de ceux de sa sainte Mère sur vous. Admirez la dépendance que l'âme du Fils de Dieu a eue de son Père éternel dans les voies qu'il ordonnait sur lui, et vous unissez à elle. Adorez et admirez l'indissolubilité qu'elle avait au regard de la divine essence, et ce non-seulement par subsistence, mais encore par jouissance, par assistance spéciale et par éminence de grâce. Quatre liens admirables de cette divine et singulière indissolubilité propre à l'âme de Jésus ! Et demandez à cette âme déifiée, par grâce et miséricorde, une participation de cette indissolubilité pour ne jamais vous départir de Dieu et de ses voies. Et si vous avez dévotion de rechercher en Dieu même cette grâce, qui vous fait besoin dans les sujets que vous m'avez mandés; adorez l'unité de la très-sainte Trinité, et lui demandez union inséparable par efficace de cette unité suprême. Jésus et sa très-sainte Mère soient avec vous pour jamais.

LETTRE XXV.
A UNE PRIEURE DES RELIGIEUSES CARMÉLITES.

Il lui donne divers enseignements pour bien régir sa communauté.

La grâce de Jésus-Christ Notre-Seigneur soit avec vous pour jamais. Le désir et l'obligation que j'ai de voir votre maison me donnait aisément espérance d'un voyage en vos quartiers, ce qui me retardait de vous écrire, remettant à vous dire plusieurs choses de vive voix, qui se déclarent plus facilement et utilement ainsi, que par lettres. Me voyant à présent éloigné de cette espérance, je vous écris ce mot pour vous prier me mander le nom et le nombre des religieuses que vous avez en votre couvent, leur âge et leur temps de profession, leurs aptitudes et fonctions dans la maison ; et s'il y en a quelques-unes qui aient quelque sorte de besoin particulier, en faire un mémoire à part. J'ai renvoyé le P. N. à la ville où vous êtes, et j'estime qu'il peut être utile en quelque chose à votre maison. Il vous est connu de longue main, et il est grandement vertueux : vous pouvez vous confier en lui de ce que vous auriez à nous mander, et il peut nous en avertir quand vous le désirerez. Chaque pays a ses usages, ses différences et ses coutumes, et a aussi ses humeurs et inclinations propres. Il est bon de les reconnaître et s'y accommoder, et ne pas tant assujettir autrui à nous en choses naturelles et indifférentes, comme nous à autrui. C'est une des prudences que les supérieures doivent avoir, et une des croix qu'elles doivent porter ; et doivent en ces petits sujets commencer la pratique de l'abnégation par elles-mêmes pour y induire savamment les autres en choses plus intérieures et plus importantes. C'est un des points à quoi il se faut rendre semblable à autrui, pour rendre autrui semblable à nous en ce qui est de la grâce et de la vertu ; et c'est un des points auxquels il nous faut imiter Jésus-Christ Notre-Seigneur, lequel pour traiter avec les hommes s'est fait homme, et s'est rendu semblable aux hommes hors le péché. Adorons et imitons l'abaissement et la charité que le Fils de Dieu nous enseigne au mystère de l'Incarnation, et en sa vie humble et voyagère sur la terre, et en sa croix. Vous devez avoir un soin particulier de satisfaire à toutes les sœurs de la maison, vous rendant en effet vraiment leur mère. Considérez que les sœurs vous ont choisie et appelée d'une autre maison que de la leur : cela vous oblige à un plus grand soin de les satisfaire et contenter, de vous insinuer dans leurs esprits par une abondante charité ; de les prévenir en leurs besoins par une vigilance particulière ; de prendre souvent leurs avis, même en choses qui vous sembleraient faciles, pour leur témoigner confiance ; de déférer à leur sens en plusieurs choses petites, même au préjudice du vôtre, pour leur montrer estime, et pour leur montrer exemple et facilité à renoncer à leur sens, et suivre l'obéissance en choses plus importantes. Je n'ai pas accoutumé d'autoriser la sensibilité en la conduite des âmes, lesquelles nous devons conduire et porter à Dieu qui est esprit, par esprit et par des voies éloignées des sens, qui n'ont que trop de vie en nous par le péché. Mais pour éteindre cette sensibilité en autrui, il me semble à propos de la permettre en vous sur un article, et de vous dire qu'il est bon de vous rendre sensible et douce en toutes les petites difficultés des sœurs, plus que si c'étaient vos difficultés propres.

Car si la nature vous rend sensible à tout ce qui est vôtre, la grâce plus puissante que la nature vous doit rendre plus sensible à ce qui est d'autrui, et à ce que l'amour de Jésus vous doit rendre plus que vôtre, si vous cherchez Jésus et non pas vous-même, comme je sais que c'est votre intention et volonté. Et d'autant que vous avez amené avec vous quelques sœurs d'autre couvent que du leur; donnez-vous garde de montrer à ces bonnes sœurs plus de confiance, plus de familiarité et plus d'emploi que non pas à elles; car cela ne servirait que pour nourrir un dégoût et une aliénation de vous; et à leur rendre pénible vos pensées, vos actions et vos jugements; à aliéner leurs esprits de vous, et des autres maisons, et à intéresser la concorde et l'unité de l'ordre, qui ne doit être qu'une même chose en divers lieux, et un même esprit en plusieurs esprits, et une même régularité en plusieurs maisons. Faites une revue exacte sur vos actions et sur votre procédé pour voir si vous n'avez point manqué à ces choses sans y penser, afin d'y remédier de bonne heure, avant que ce mal commence, qui est fort dangereux dans les communautés. Je vous prie aussi de témoigner respect et estime des deux supérieures qui vous ont précédée, et ne pas être facile à changer les choses qu'elles ont ou ordonnées, ou approuvées; encore que peut-être vous trouvassiez (et avec raison) y avoir quelque chose à redire; car il est plus important de montrer liaison et correspondance les unes aux autres, qu'il n'est, que les choses soient comme nous le désirons. J'aurais plusieurs autres choses à vous dire qui me semblent considérables à une bonne conduite; mais on ne peut pas mettre tout par écrit, et je suis pressé de finir. L'esprit d'humilité, de patience, de charité, et le soin de renoncer à vous-même continuellement, et recourir à Dieu assidument, vous en apprendront beaucoup. Je supplie Notre-Seigneur Jésus et sa très-sainte Mère vous rendre digne d'être à eux pour jamais, et d'être instrument de leur conduite et volonté dans cette maison. Je suis en eux.

De Paris, le 12 avril 1626.

LETTRE XXVI.
A UNE PRIEURE DES RELIGIEUSES CARMÉLITES.
Quelle doit être notre appartenance à l'essence divine.

La grâce de Jésus-Christ Notre-Seigneur soit avec vous pour jamais. Continuez dans les voies intérieures, en humilité, en simplicité, en adhérence à Jésus-Christ Notre-Seigneur et à sa très-sainte Mère, et à leurs voies et conduites sur les âmes. Persévérez en l'application de votre âme à la divine essence et à la Trinité sainte, et ce, plus par révérence que par intelligence, et par simplicité que par art et conduite. Car cet objet sacré est si distant et élevé par-dessus tout être créé, que nous avons plus à nous perdre et abîmer en lui que non pas à le connaître, et nous avons plus à lui appartenir par ses propres opérations secrètes que par nos pensées et conceptions particulières. Désirez d'être et appartenir à cette divine essence, si intime, si présente, si opérante, par les voies qu'il lui plaira ordonner sur votre âme, sans votre connaissance, et sans vous contenter ni limiter à celles que vous pourriez penser et former en vous, que vous devez suivre plus par fidélité que par attache. Je l'adore et invoque sur votre âme et sur votre maison, et le supplie nous conduire tous à son hommage et gloire. Jésus et sa très-sainte Mère soient avec vous pour jamais.

LETTRE XXVII.
A UNE PRIEURE DES RELIGIEUSES CARMÉLITES.
Il se sent chargé de cette âme de la part de Dieu. Il lui recommande de s'offrir chaque jour distinctement aux trois personnes de la sainte Trinité. Il convient en propre au Saint-Esprit, qui lie Dieu à Dieu, de lier les âmes à Dieu. Il lui recommande aussi de se donner à la Vierge, et de la prier qu'elle la lie à son Fils et à elle pour la victoire des tentations.

La grâce de Jésus-Christ Notre-Seigneur soit avec vous pour jamais. Encore que vous n'ayez reçu aucun témoignage par mes lettres du soin que j'ai de votre âme devant Dieu, je ne laisse pas de m'en souvenir comme je le dois, et d'avoir eu bien agréables les lettres que vous m'avez écrites. Dieu a ses voies pour se servir de ses créatures envers ses créatures. Et il lui a plu me donner quelque pensée particulière de vous, depuis la première connaissance que j'en ai eue. Je m'offre et donne à Jésus et à sa très-sainte Mère, pour votre âme, et les supplie daigner se servir de moi envers vous. Chaque jour offrez Jésus au Père Éternel, votre âme au Fils et votre cœur au Saint-Esprit, l'Esprit du Père et du Fils, afin que comme cet Esprit lie Dieu à Dieu, Dieu le Fils à Dieu le Père, il daigne aussi être le lien de votre cœur à Dieu. C'est le lien de l'éternité qui lie éternellement le Père avec le Fils par sa propriété personnelle. C'est aussi son propre et son vouloir de lier pour jamais nos cœurs à Dieu, et je le supplie d'accomplir cet office en votre âme. N'oubliez pas la très-sainte Vierge, qui appartient si dignement, si saintement et si particulièrement au Père, au Fils et au Saint-Esprit. Elle est fille et épouse du Père, Mère et servante du Fils, et le sanctuaire du Saint-Esprit, où il opère la plus grande opération qui soit après les productions éternelles, puisqu'il opère en elle le mystère de l'Incarnation. Cette Vierge sainte, divine et admirable, s'est donnée à la Trinité sainte, et en particulier au Fils unique de Dieu en cette grande parole: *Ecce ancilla Domini*, etc. (*Luc.* I, 38.) Parole qui a conclu sa plus grande dignité et son plus grand contentement, puisqu'elle a conclu le mystère de l'Incarnation opéré lors en elle. Révérez chaque jour ce qu'elle est à Jésus et à la Trinité sainte, et ce que Jésus est en elle. Cela veut dire beaucoup de choses que notre plume ne peut vous signifier, et que nulle langue ne peut exprimer. En honneur et révérence de choses si grandes, donnez-vous à elle de toute votre puissance, et priez-la qu'elle emploie sa puissance à vous donner à elle-même et à Jésus son Fils unique; car notre puissance est trop petite pour opérer cela au point et au degré auquel nous devons appartenir à Jésus et à Marie. C'est mon désir pour vous, et je désire que ce soit votre désir pour moi, pour suppléer à mes manquements, si grands au regard de choses si hautes et si grandes.

Pour ce qui regarde cette âme dont vous m'écrivez, vous lui avez parlé selon son besoin, et je vous prie de continuer. Il faut force constance et fermeté à supporter les tentations, sans en laisser épandre les effets en l'âme, ni par une action au dehors: et ce en hommage et louange de cette force incompréhensible de l'âme de Jésus, à supporter en sa partie supérieure la vision de Dieu, sans laisser épandre ni au corps ni en la partie inférieure de l'âme, les effets de cette fruition, afin de pouvoir souffrir pour l'amour des hommes. O force! ô amour incompréhensible et peu considéré des hommes! Il me semble que ce point est l'objet le plus grand sur lequel s'est exercée la force de Jésus-Christ.

LETTRE XXVIII.

A UNE PRIEURE DES RELIGIEUSES CARMÉLITES.

Et nos propres défauts et les grâces de Dieu nous obligent à l'humilité. Il lui propose le mystère lequel il désire être l'objet de la dévotion principale de son couvent.

La grâce de Jésus-Christ Notre-Seigneur soit avec vous pour jamais. Je viens de recevoir, ce 26, votre lettre écrite du 18, mais quand je l'aurais reçue plus tôt, il me serait impossible d'y satisfaire. Dieu me donne ici des liens qu'il ne m'est pas permis de rompre, et puisque c'est lui-même qui met cet empêchement, il a ordonné quelqu'autre voie pour remédier à votre besoin. Nous la devons rechercher en lui-même, et dans les mystères que ce saint temps nous représente. Il nous faut beaucoup d'humilité, d'oubli et de délaissement de nous-mêmes, pour lui faire la place en nous que mérite sa grandeur, et que requièrent les mystères qui sont honorés en ces saints jours. Notre même faiblesse nous doit servir de sujet pour entrer en cet esprit d'humilité. C'est le fruit que nous en devons recueillir, et l'usage que nous en devons faire. La grâce tire en nous cet effet, non-seulement de nos propres défauts, mais encore des grâces de Dieu même : le propre de l'esprit de Dieu étant de convertir tout ce qui est en nous, à un saint abaissement et parfait dépouillement de nous-mêmes, qui rend tout à Dieu, et n'approprie rien à soi que le néant et le péché. L'âme ainsi conduite de cet esprit de Dieu s'abaisse en tout, ne s'élève en rien, et demeure toujours capable d'être visitée de Dieu et remplie de nouvelles grâces, sans qu'elle l'aperçoive. Je supplie Notre-Seigneur Jésus et sa très-sainte Mère vous donner la conduite de cet esprit; cet esprit d'humilité, qui est l'esprit propre de Jésus et de Marie, et l'esprit qui paraît dans l'abaissement de l'Incarnation et de la croix, que ce saint mois nous représente. Plaise à Jésus-Christ Notre-Seigneur, et à sa très-sainte Mère, répandre cet esprit sur nous et sur tout l'ordre.

Mais en finissant la présente, je dois satisfaire à ce que vous avez désiré, de savoir quelle doit être la dévotion principale de votre monastère. Puisque vous m'en remettez le choix, je me sens plus porté à honorer le moment de l'Incarnation, et les choses éternelles qui ont été établies en la Vierge par ce mystère et en ce moment. Oh! que cela dit choses grandes et ineffables! là elle est faite Mère de Dieu, là il y a un repos singulier de Jésus en Marie, repos et vie toute divine et invariable. Portez-vous à honorer ce qui vous est inconnu en ce sujet, et ce que le ciel nous en fera connaître un jour si à Dieu plaît. Jésus et sa très-sainte Mère vous bénissent. Je suis en eux.

LETTRE XXIX.

A UNE PRIEURE DES RELIGIEUSES CARMÉLITES.

A quoi doit être référée l'assiduité et présence des supérieurs de l'Oratoire en leurs maisons. Les dévotions singulières sont un peu à craindre.

La grâce de Jésus-Christ Notre-Seigneur soit avec vous pour jamais. Si le Père N. approuve la réception de ce bon ecclésiastique, j'en suis content, et vous en pouvez assurer le Père N. auquel je ne puis écrire maintenant. Je le prie par vous de prendre soin de notre petite maison, de s'y rendre présent et assidu, en l'honneur de la présence de Dieu en ses créatures, et de celles encore de Jésus en Marie, et de former nos Pères aux exercices de dévotion intérieure usités parmi nous, et aux règlements extérieurs.

Je ne veux improuver la dévotion de N., mais aussi je vous prie de veiller sur icelle, en ôter l'attachement et le secret orgueil intérieur qui se glisse insensiblement parmi les dévotions singulières, et quelquefois l'en priver ou la changer en autres choses, et ce en l'honneur des privations grandes et inconnues que le Fils de Dieu a portées en la terre pour y opérer notre salut. Lorsque nous serons sur les lieux, nous essayerons d'en juger plus particulièrement, moyennant sa grâce et celle de sa très-sainte Mère. Je suis en eux.

LETTRE XXX.

A LA PRIEURE DES RELIGIEUSES CARMÉLITES.

De la dévotion à la Vierge et à l'enfance de Jésus.

La grâce de Jésus-Christ Notre-Seigneur soit avec vous pour jamais. La dévotion que vos novices ont à la très-sainte Vierge est une bénédiction particulière que vous devez conserver et augmenter en leur esprit. Souvenez-vous qu'elle est plus honorée de son Fils que de toutes les créatures ensemble, comme elle est plus connue de son Fils que de toutes. En l'honneur de cet honneur immense, que le Fils rend à la Mère, et la Mère au Fils, qui fait un chœur et un ordre à part dans le ciel, faites honorer et le Fils et la Mère par les âmes de votre maison, qui doit être comme un ciel en la terre, et doit imiter en la terre ce qui se passe au ciel.

Souvenez-vous de la solennité que l'Eglise nous présente en ces jours-ci, et offrez à Jésus-Christ enfant, nouvellement né pour notre amour, toute la sensibilité et affection de votre âme, sachant que c'est un des hommages que nous devons lui offrir en sa naissance. Sa croix, sa passion et sa mort demandent de nous une autre sorte d'hommage et de reconnaissance : mais sa naissance requiert de nous proprement celui-là. Et comme il commence à vivre pour nous une vie humaine et sensible, il lui faut offrir et consacrer toute notre humanité et sensibilité, et n'en réserver, ni pour nous, ni pour aucune créature. Je le supplie d'être avec vous pour jamais, et nous donner à tous part à la simplicité et humilité de son enfance.

LETTRE XXXI.

A LA PRIEURE DES RELIGIEUSES CARMÉLITES.

Il lui propose les motifs d'une octave de communion. La charge qu'on a des âmes requiert plutôt de faire pour elles devant Dieu que de leur parler beaucoup. Ceux qui en ont la charge les doivent porter en leurs cœurs.

La grâce de Jésus-Christ Notre-Seigneur soit avec vous pour jamais. Je vous écrivis par le dernier messager, mais sans avoir vu ce que vous aviez mandé à N. pour m'envoyer. J'approuve en vous la communion quotidienne jusqu'à la fin de l'octave du très-saint Sacrement, et vous prie de la faire en esprit d'abaissement et d'hommage au fardeau que Jésus a porté pour les âmes, et en esprit d'adhérence à Jésus, et de dépendance de son vouloir et de son pouvoir sur vous, connu ou inconnu à votre âme ; en esprit encore de participation au fardeau qu'il lui plaira imposer à votre âme, sans limite, sans choix, sans différence. Etablissez-vous ès dispositions proposées en notre lettre précédente. Priez et souffrez pour les âmes : et après Jésus et sa très-sainte Mère, ayez les présentes en votre âme, non tant pour leur parler beaucoup, que pour les édifier et les porter devant Jésus et sa très-sainte Mère, à qui ils appartiennent. Je dis les porter, et en votre âme devant eux, et à eux, comme vous référant, et tout ce qui est en vous, à Jésus et à Marie. Et ces âmes doivent être encloses en vous, et sont comprises dans l'étendue et la circonférence de votre âme, puisqu'elles vous sont commises. Cette voie intérieure réprime beaucoup les imperfections de la nature ; et en faisant et parlant peu, fait beaucoup, et opère et obtient beaucoup pour les âmes. Je supplie Jésus et sa très-sainte Mère, dans l'étendue et circonférence desquels nous sommes aussi enclos et compris, vous faire entendre, ou plutôt pratiquer cette manière : et pour vous y mieux disposer, honorez Jésus, inconnu sur la terre, cheminant sur la terre par l'espace de trente ans, sans parler, sans opérer miracles, et portant durant tout ce temps-là le monde et les âmes en soi-même devant Dieu son Père. Si vous trouvez à propos de faire voir à N. ce petit mot, pour la part que je désire qu'elle ait en cette pratique, pour le regard de celles qui lui sont commises, j'en serai bien aise, à cause que je ne lui écrirai par ce voyage, lui ayant écrit par le dernier. Je désire qu'elle m'écrive, et vous remercie du soin que vous avez de sa santé. Continuez et augmentez en liaison mutuelle en l'honneur des liaisons de Jésus et de Marie ; et ne donnez aucune entrée volontairement aux sujets de moindre union et correspondance qui se pourraient présenter. Je désire cet esprit d'union entre vous deux, autant qu'il m'est possible, en l'honneur de l'union que Jésus daigne avoir avec les siens, et qu'il a demandée à Dieu son Père, en saint Jean XVII, 23, avec tant d'efficace en sa prière divine et admirable, allant à la mort : *Ego in eis, et tu in me, ut sint consummati in unum.* Jésus et Marie soient avec vous pour jamais.

LETTRE XXXII.

A UNE PRIEURE DES RELIGIEUSES CARMÉLITES.

Du pouvoir que Dieu donne à l'esprit malin d'exercer ses œuvres.

La grâce de Jésus-Christ Notre-Seigneur soit avec vous pour jamais. Je prévoyais bien que les délais survenus en l'affaire de N. avaient quelque chose de plus qu'humain, et étaient préparés sous divers prétextes par l'esprit malin, pour tomber dans le temps de la permission qu'il avait de traverser l'œuvre. Car les œuvres de Dieu ont leur temps et leurs moments ordonnés par la Providence ; leur temps de bénédiction, et leur temps de traverse ; leur temps d'enfance, et leur temps de progrès. Et ces temps et moments sont ordonnés par la divine Providence, à laquelle et les diables et les hommes sont sujets ; et souvent faute de lumière ou de conduite humble et soumise à Dieu qui est l'auteur de ses œuvres, et faute de nous rendre à ses inspirations secrètes, nous tombons dans le temps de la permission de Dieu, et des difficultés préparées par l'esprit, qui n'a plus autre charge en la terre que de s'opposer à Dieu et à ses œuvres. Ce point que je vous mande est un point d'état, mais de l'état du Fils de Dieu. Il lui a plu dès longtemps me le faire connaître, et je l'ai souvent expérimenté dans ses œuvres. Je l'ai fort appréhendé en celui-ci, mais je n'ai pas eu puissance de m'en garantir, et je me dois humilier devant Dieu de n'avoir pas été digne de recevoir de lui cette grâce. Si chaque science et profession a ses règles, les états ont leurs maximes; et ce point est une des maximes de l'état du Fils de Dieu que je vous mande non pour vous faire peine, mais pour vous éclaircir, et vous faire remonter jusqu'aux causes premières et aux raisons suprêmes des choses qui arrivent dans les œuvres de Dieu, vous élevant par-dessus vous-même, et par-dessus les accidents communs et ordinaires, et par-dessus les raisons des difficultés que vous éprouvez. Si votre affaire était une affaire purement humaine et commune, il suffirait d'y considérer ces raisons apparentes, et les causes d'icelles : mais parce qu'elle est d'une autre condition, il faut remonter jusqu'à Dieu qui est la cause suprême, qui ordonne de ses œuvres en sa sapience, et permet au diable de les traverser selon la mesure et proportion des prises et des sujets que nous lui en donnons par notre faute. Car Dieu entre dans son conseil avec ses anges, et souvent le diable y assiste, comme il appert en Job. Là il allègue à Dieu ses droits et ses prétentions, là il reçoit son pouvoir et ses permissions; et puis il descend en la terre, agitant les esprits, suscitant les raisons qui nous y apparaissent, qui ne sont pas les premières causes des difficultés que nous éprouvons dans les œuvres de Dieu. Si Aristote eût été chrétien, et qu'il eût écrit des *Politiques*, comme il a fait étant païen, peut-être n'eût il pas négligé cette pensée, et eût trouvé bon de l'insérer parmi ses enseignements. Car comme en la spéculation, il veut que nous remontions *ad altissimas causas*, qu'il croit être discourues en sa *Métaphysique*, aussi est-il raisonnable en l'action de remonter jusqu'aux causes suprêmes; car c'est un même esprit et un même Dieu, qui nous doit régir et conduire et dans les choses spéculatives et dans les choses de pratique, et qui dispose tout par des raisons bien supérieures aux nôtres.

LETTRE XXXIII.
A UNE PRIEURE DES RELIGIEUSES CARMÉLITES.

Il usait peu des termes qui portent autorité et commandement. Il l'exhorte à se donner de nouveau à Jésus et à sa très-sainte Mère.

La grâce de Jésus-Christ Notre-Seigneur soit avec vous pour jamais. Sur la confiance que vous voulez prendre en nous, je veux que vous nous écriviez en liberté autant qu'il plaira à Notre-Seigneur vous faire connaître qu'il sera convenable. Je ne me sers pas du terme de commandement, comme vous spécifiez par la vôtre, pour ce que je n'estime pas à propos d'user de cette autorité qu'avec grand sujet et retenue; mais notre désir vous doit suffire pour prendre force et le suivre et à vaincre la retenue que vous avez. Soyez à Jésus et Marie, et non à vous; suivez leurs volontés, et non vos dispositions naturelles; référez votre état et vos actions à leur honneur et gloire; adorez Jésus naissant, et la vie nouvelle en laquelle il entre pour votre amour et pour la gloire de son Père; révérez la très-sainte Vierge enfantant Jésus au monde, et accomplissant son état et office de mère envers le Fils unique de Dieu. O naissance de Jésus! ô maternité de la Vierge! remplissez votre âme de ces divins objets, en ce saint temps spécialement. Dites à cette sœur dont vous me mandez quelque chose, qu'en semblables sujets, il se faut porter tout à Dieu, en oubli de soi-même, et sans attachement aux voies particulières par lesquelles nous allons à Dieu; et il faut peu de réflexion sur soi et sur ce qui nous arrive. Je ne puis vous écrire à présent davantage pour la hâte du messager. Jésus et sa très-sainte Mère soient avec vous pour jamais.

LETTRE XXXIV.
A UNE PRIEURE DES RELIGIEUSES CARMÉLITES, QUI PRESSAIT TROP POUR SORTIR DE CHARGE.

La grâce de Jésus-Christ Notre-Seigneur soit avec vous pour jamais. J'ai considéré à loisir la demande que vous me faites, et il m'a semblé que vous avez beaucoup à vous humilier devant Dieu des faiblesses où vous vous retrouvez ensevelie si aisément, et pour si peu de temps et de sujet, et vous devez craindre que Notre-Seigneur ne vous fasse quelque jour le même reproche qu'il fit à ses apôtres au jardin des Olives : *Ne pouvez-vous donc veiller tant soit peu avec moi?* N'est-il pas en tous lieux, pour contenter et assouvir l'âme qui ne cherche que lui? N'est-il pas encore présent en son humanité par le saint Sacrement, à qui n'a autre appui après Dieu, ni autre trésor que cette sainte et glorieuse humanité, qui est tout notre bien? Ne voyez-vous pas d'autres âmes plus petites et plus faibles en apparence, qui portent le même fardeau que vous, sans succomber? Je vous le présente, non pour vous confondre, mais pour vous humilier; non pour vous abattre, mais pour vous relever; car il n'y a rien qui ait tant d'efficace à relever l'âme en la grâce que la vraie connaissance de soi-même, c'est-à-dire de son néant et de sa pauvreté, non tant par lumière et connaissance que par effets et par expérience. Et je vous le dis d'autant plus assurément que cette vérité ne vous peut apporter aucun préjudice ou tristesse plus grande, étant proche de votre retour : dont l'éloignement m'a retenu de vous le dire et écrire plusieurs fois. Recevez ces paroles en humilité et simplicité d'esprit, plus présent à Dieu qu'à soi-même, et plus disposé à être touché des effets de la grâce que de ceux de la nature.

LETTRE XXXV.
A LA PRIEURE DES RELIGIEUSES CARMÉLITES DE NANTES.

Pour élever et lier son âme à l'esprit de Dieu, à Jésus et à Marie.

La grâce de Jésus-Christ Notre-Seigneur soit avec vous pour jamais. Je vous écris ce mot d'Angers, où il a plu à Dieu nous faire venir, mais pour un sujet qui ne me donne pas la liberté de vous voir. C'est à mon grand regret ; car je serais bien aise d'être en état d'accomplir mon devoir et de visiter vos âmes, puisque votre maison n'est pas encore en état d'être visitée. En attendant qu'il plaise à Dieu nous en donner le moyen, je vous prie d'avoir soin des âmes que Notre-Seigneur Jésus et sa très-sainte Mère vous ont commises, et de les avancer dans les voies intérieures où elles sont appelées. Pour ce qui vous regarde, ouvrez entièrement votre esprit à l'esprit éternel et incréé, et à ses conseils et opérations sur vous, en l'honneur et union de l'application ineffable de l'âme de Jésus au Saint-Esprit, et de l'âme de Marie à l'âme sainte et divine de Jésus. Oh ! quelles applications ! et que d'effets sublimes et admirables en ont procédé ! Oh ! quelle vie de l'esprit de Jésus en l'esprit incréé, et de l'esprit de Marie en l'esprit de Jésus ! J'aime mieux vous la laisser admirer que de vous proposer mes faibles pensées sur un si digne objet. Jésus et sa très-sainte Mère soient avec vous pour jamais. Je suis en eux.

D'Angers, ce 16 juillet.

LETTRE XXXVI.
A UNE RELIGIEUSE CARMÉLITE.

Pour la lier à Jésus et à sa très-sainte Mère.

La grâce de Jésus-Christ Notre-Seigneur soit avec vous pour jamais. J'ai reçu beaucoup de contentement en la lecture de la vôtre. Je loue Dieu du repos qu'il vous donne. Conservez-le, et l'employez à le servir en la perfection qu'il demande de vous. Offrez-vous tous les jours et plusieurs fois chaque jour à Jésus-Christ Notre-Seigneur. Aimez-le et adorez-le comme l'Agneau qui efface les péchés du monde. C'est la qualité que saint Jean lui donne, le voyant et montrant à ses disciples. C'est la qualité dont la sainte Église le nomme en nous le donnant en la sainte Eucharistie : *Ecce Agnus Dei, ecce qui tollit peccata mundi.* (Joan. 1, 29.) Recevez, embrassez cet Agneau en la sainte communion. Demandez-lui d'être revêtue de sa laine, c'est-à-dire de ses vertus et mérites. Demandez-lui qu'il efface vos péchés, et qu'il vous lave en son sang. Demandez-lui qu'il vous repaisse de lui-même, et vous nourrisse en la vie éternelle. Demandez-lui son innocence, sa simplicité, sa docilité et sa patience à souffrir ; car son prophète Isaïe nous représente encore cette sienne qualité d'Agneau en sa passion. Renouvelez votre âme en l'esprit, en l'amour, en la pureté de Jésus, et vous donnez toute à lui et pour jamais, afin qu'il répare, purifie et perfectionne tout ce qui peut être défectueux en vous. Donnez-vous toute aussi chaque jour à sa très-sainte Mère, afin qu'elle vous donne et vous garde à son Fils. Je supplie et le Fils et la Mère de vous bénir, et suppléer par leur bonté tous mes manquements envers votre âme. Je suis en eux.

LETTRE XXXVII.
A UNE PRIEURE DES RELIGIEUSES CARMÉLITES.

Il faut coopérer à la grâce, en soi et en autrui, tandis qu'elle est présente. On doit honorer la Vierge comme Mère et comme vie. De notre vie en Dieu, et de notre union à son essence et à ses personnes. Il faut être possédé de Dieu en la terre pour le posséder au ciel.

La grâce de Jésus-Christ Notre-Seigneur soit avec vous pour jamais. Persévérez en ce regard et langueur que vous me demandez vers Jésus et Marie sa très-sainte Mère, et donnez un peu de temps à cette occupation. Nous ne vous oublierons pas devant eux. Essayez de vous unir d'esprit avec les anciennes, et leur montrez ouverture et confiance pour entrer en leurs âmes, tandis que la grâce est présente ; car il ne faut pas laisser écouler ce temps sans cet effet. Ayez soin aussi de faire profiter les autres des dispositions que Dieu leur donne ; car Dieu veut que vous l'aidiez en ce sien œuvre, et vous devez vous rendre à ce sien vouloir en humilité et fidélité. Soyez toujours à Jésus et à sa très-sainte Mère. Je désire que vous la regardiez et réclamiez encore en cette qualité de Mère et de vie, puisqu'elle veut vous donner entrée en la vie de son Fils. Soyez toute à la divine essence et à la Trinité sainte ; et adorant la vie de la Divinité en son essence et en ses personnes divines, unissez votre vie à cette vie, en attendant que nous soyons un jour dignes de vivre de cette même vie. Que votre essence soit à cette divine essence, et votre vie à cette vie ; et que Dieu vous possède en perfection, en attendant que nous le possédions au ciel pour jamais. Plaise à Jésus et à sa très-sainte Mère vous donner et l'intelligence et l'effet de ces paroles et de cette vérité. Je suis en eux pour jamais ce qu'il leur plaît que je sois à votre âme, et les supplie de la remplir de leurs saintes bénédictions.

LETTRE XXXVIII.
A UNE PRIEURE DES RELIGIEUSES CARMÉLITES.

Il lui recommande beaucoup la douceur.

La grâce de Jésus-Christ Notre-Seigneur soit avec vous pour jamais. Je loue Dieu des bonnes dispositions de votre novice. Je voudrais qu'elle pût être au couvent de N. selon son désir, mais cela est si difficile qu'il y faut penser davantage. Voyez si vous la pouvez disposer à nous écrire. Traitez-la avec la douceur que vous me mandez ; et généralement envers toutes, prenez cet esprit de douceur, d'affabilité, de prévention en leurs nécessités, et de témoignage d'amour, et déposez du tout l'esprit de rigueur. Je sais combien cette voie est nécessaire, et particulièrement à celles de votre sexe. Et comme vous n'êtes pas encore tant expérimentée, vous devez très-soigneusement prendre la conduite de la grâce, et croyance en autrui, pour vous garantir de ce qui peut être défectueux de ce côté-là, soit en la pente de votre esprit, soit en la flexibilité et tendresse de votre nature. Recourez à Jésus et à sa très-sainte Mère pour ce sujet. Considérez ces âmes être ses filles et servantes, et comme elle les daigne recevoir en cette qualité, nonobstant les manquements qu'elles peuvent faire. Honorez-les, aimez-les en cette considération, et faites force à votre nature pour vous rendre aux témoignages extérieurs de cette bénignité, suavité, affabilité, qui est encore particulièrement nécessaire à celles de ce pays où vous êtes. Jésus et sa très-sainte Mère soient avec vous pour jamais.

LETTRE XXXIX.
A UNE PRIEURE DES RELIGIEUSES CARMÉLITES QUI ÉTAIT NOUVELLEMENT EN CHARGE.

Qu'elle doit plutôt gagner les âmes par exemple que par autorité. Les qualités de Dieu et les vertus de Jésus sont opératives et produisent en nous leur semblance.

La grâce de Jésus-Christ Notre-Seigneur soit avec vous pour jamais. Je loue Dieu de votre arrivée en bonne disposition, mais encore plus de ce qu'il vous y présente une assez bonne croix, en laquelle vous devez honorer et imiter la sienne, et commencer plus par exemple à édifier ces petites âmes qui ne vous connaissent pas, que non pas à employer sur elles l'autorité que l'on vous y a donnée. Recourez à Jésus-Christ Notre-Seigneur et à la très-sainte Vierge, afin qu'il leur plaise vous donner grâce et assistance envers ces âmes qui leur appartiennent ; et cependant liez-vous de plus en plus à Jésus et à Marie en votre intérieur, pour n'avoir autre vie qu'en leur vie.

Nous voici au temps que Jésus-Christ vient à nous. Le voulons-nous recevoir ? Allons par le chemin qu'il vient. Il vient par humilité, charité, bénignité. Allons par là au-devant de lui : autrement nous ne le pourrons rencontrer. Présentons-nous à son humilité, sa charité, sa bénignité : ouvrons-y nos cœurs afin qu'elles s'y impriment. Les vertus divines sont opératives, et veulent toutes agir et produire une semblance d'elles-mêmes, hors d'elles-mêmes, dans les sujets préparés et où elles se plaisent. La lumière incréée produit une lumière créée, l'amour incréé produit un amour créé. Il est de même des qualités et vertus de Dieu incarné. Son humilité, divinement humaine, se veut imprimer dans nos âmes et nous rendre humbles ; sa douceur tend à nous rendre doux, et c'est ce que signifient ces belles paroles : *Discite a me quia mitis sum et humilis corde* (Matth. XI, 29) ; car en Jésus, le parler est faire, et enseigner c'est donner. Son unité veut aussi opérer une participation de soi parmi nous ; n'y mettons point d'empêchement. C'est une des prières qu'il fait à son Père : *Ut omnes unum sint.* (Joann. XVII, 11.) Il est un avec son Père qui est son chef : *Caput Christi Deus* (*I Cor.* XI, 3), par le Saint-Esprit. Soyons un avec Jésus-Christ notre chef par son Saint-Esprit, et que cet Esprit qui lie Jésus-Christ à Dieu lie nos âmes avec Jésus-Christ ; c'est un des effets que je supplie le même Jésus d'opérer de plus en plus dans votre communauté, et vous rendre dignes de servir à choses si saintes.

LETTRE XL.
A UNE PRIEURE DES RELIGIEUSES CARMÉLITES.

Il lui demande une relique de la B. sœur Marie de l'Incarnation, pour une personne malade. Il lui parle des devoirs d'une prieure.

La grâce de Jésus-Christ Notre-Seigneur soit avec vous pour jamais. J'ai reçu vos lettres ; et encore que je ne vous aie point fait de réponse, je vous prie croire que je n'ai pas mis votre âme en oubli. Je sais vos peines et vos besoins, et je dois et désire y servir selon Dieu. J'ai toujours la pensée de vous aller voir bientôt, mais je ne puis encore vous prescrire le temps ; ce sera le plus tôt qu'il plaira à Dieu m'en donner la puissance. Mais nonobstant qu'il y ait deux mois que je sois arrivé, je n'ai pu encore voir les religieuses du monastère de l'Incarnation que depuis peu de jours, et demi-quart d'heure seulement, pour être encore occupé dans le reste de l'affaire pour laquelle j'ai fait le voyage que vous savez. J'ai été fort sollicité de faire appliquer à une malade de considération, malade de corps et d'esprit, et dès longtemps, une relique que vous avez. Je vous envoie les lettres qu'on m'en écrit, que vous me renverrez s'il vous plaît. C'est une personne qui avait grande part avec feu sœur Marie de l'Incarnation, et qui est digne de compassion en son affliction pour beaucoup de sujet. Si vous avez ce qu'on demande, je vous prie de me l'envoyer bien cacheté et bien empaqueté par une personne expresse, et qui ne sache ce qu'elle porte, et qui ait charge de me le mettre entre les mains, ou du P. Gibieuf en mon absence ; et j'aurai soin qu'elle soit conservée en son entier, et qu'elle soit appliquée à la malade par moi ou par autrui, en sorte qu'il n'en puisse arriver faute, s'il plaît à Dieu. Puisqu'il lui a plu vous mettre en la condition en laquelle vous êtes, honorez-y l'autorité de Jésus-Christ Notre-Seigneur et de sa très-sainte Mère sur les âmes, car elles sont une petite portion et dépendance de l'empire du Fils de Dieu et de la Vierge. Le Père éternel a donné à son Fils unique pouvoir sur toutes les nations, et le Fils l'a donné à sa sainte Mère. Revêtez ce pouvoir du Fils et de la Mère de Dieu, et désirez qu'il soit employé et exercé, et sur vous, et sur les âmes qui vous seront commises. Je supplie Notre-Seigneur Jésus et sa très-sainte Mère de vous en faire la grâce. Je suis en eux.

De Paris, ce 11 avril 1625.

LETTRE XLI.
A LA MÊME PRIEURE.

La grâce de Jésus-Christ Notre-Seigneur soit avec vous pour jamais. J'envoie le Père N. porteur de la présente à Dieppe; je l'ai prié, allant et revenant, de vous voir, et même vous faire un petit mot d'exhortation, si vous le voulez, par même moyen. Je l'ai chargé de vous satisfaire sur le désir de Mlle de N. Je ne mets pas votre âme en oubli; j'en connais les besoins, et il y faut beaucoup d'humilité, d'abnégation et de dépendance des secrètes conduites de Dieu sur nous. Si Dieu vous donne liberté, et que vous le jugiez à propos, vous pouvez conférer avec ce bon Père de vos besoins. Il est fort vertueux et fort intérieur; et vous pouvez me mander par lui assurément ce qu'il vous plaira. Je supplie Notre-Seigneur Jésus et sa très-sainte Mère, de nous bénir tous en ce temps de grâce particulière, c'est-à-dire en ce temps de la naissance de Jésus, et de la maternité divine de sa très-sainte Mère. C'est le temps de Jésus et de Marie; c'est le temps de leurs faveurs sur les âmes qui leur appartiennent, et je désire que vous soyez pour jamais de ce nombre. Je vous offre à eux par le pouvoir qu'il leur plaît me donner sur votre âme, et je l'emploie à cet effet. Je les supplie nous rendre tous dignes de les servir en la perfection qu'ils désirent de nous. Je suis en eux.

De Paris, ce 22 décembre 1625.

LETTRE XLII.
A UNE PRIEURE DES RELIGIEUSES CARMÉLITES.
De la dévotion à la nativité de Jésus.

La grâce de Jésus-Christ Notre-Seigneur soit avec vous pour jamais. Les âmes sont à Jésus et non à elles-mêmes, et ne doivent opérer que pour lui et par lui. Demandez-lui souvent la conduite de son esprit en ses œuvres, et opérez les œuvres de Jésus par l'esprit de Jésus et non par le vôtre, et recourez à sa très-sainte Mère, à ce qu'elle vous obtienne l'esprit de son Fils et daigne encore vous donner quelque part en elle et en la grâce du mystère de la sainte naissance de Jésus. Mystère de Jésus et de Marie tout ensemble; mystère de naissance et de vie; mystère de vie souffrante et mourante; car en icelui, Jésus prend vie pour mourir, au lieu qu'en sa naissance divine et éternelle, il reçoit vie pour vivre d'une vie impassible et immortelle. Mystère donc qui vous doit toutes lier au Fils de Dieu et à la Mère de Dieu tout ensemble. Mystère qui vous doit donner entrée en une nouvelle vie, et vous doit être comme principe et source d'un nouvel être. Mystère encore qui vous doit induire à une vie vraiment vivante et vraiment mourante; vie mourante à vous-même et vivante en Jésus. C'est ce que je vous souhaite à toutes, et ce que je voudrais être digne de vous obtenir, et ce que je vous prie obtenir pour moi-même. Recommandez à Jésus et à Marie l'affaire que vous poursuivez, à ce qu'ils en disposent selon leurs volontés, car nous devons et désirons en tout plus être à eux que d'être, et même nous ne devons être que pour être à eux, en qui je suis.

LETTRE XLIII.
A UNE PRIEURE DES RELIGIEUSES CARMÉLITES.
Sa grande charité à supporter et faire supporter une âme pénible, qui avait quelque liaison au monastère. Son humilité en parlant de ses besoins.

La grâce de Jésus-Christ Notre-Seigneur soit avec vous pour jamais. L'obligation que nous avons à monsieur N. et son mérite particulier, me fait vous écrire la présente, pour vous prier de continuer votre charité, patience et bénignité envers N. sa fille. Je n'ignore pas la condition de son esprit, et sa persévérance trop grande en ses premières pensées, et la croix que vous portez en ce sujet : mais celui qui s'est mis en croix pour notre salut mérite bien que vous en portiez une plus grande, et que vous honoriez par cette sorte de croix celle que le même Fils de Dieu a portée encore en la conversation qu'il a eue sur la terre avec plusieurs personnes, esprits et disciples qui se rendaient peu capables de son esprit et de sa grâce. Et toutefois il ne les a pas bannis de son école, il les a supportés jusqu'à ce qu'ils se soient séparés eux-mêmes; et à l'un d'entre eux, il n'a pas refusé le baiser de paix, en l'acte même de sa séparation dernière et éternelle. C'est une patience, douceur et conduite admirable de la sapience incréée et incarnée, que nous ne pouvons assez admirer, adorer et imiter, et laquelle je vous prie honorer par vos pensées particulières, et par votre conduite envers cette personne, pour le changement de laquelle je vous prie faire quelques prières particulières à la très-sainte Vierge. Je vous prie aussi de ne pas oublier nos besoins devant Jésus-Christ Notre-Seigneur et sa très-sainte Mère; ils augmentent au lieu de diminuer; et je dois recourir aux âmes auxquelles il a plu à Dieu de donner quelque charité pour moi. Vous êtes de ce nombre, et je recherche l'assistance de vos prières, que je vous demande pour l'amour de Jésus et de sa très-sainte Mère. Je suis en eux.

LETTRE XLIV.

A UNE PRIEURE DES RELIGIEUSES CARMÉLITES.

De ses devoirs au regard de sa charge et de ses sœurs. Humilité de ce serviteur de Dieu dans la conduite des âmes.

La grâce de Jésus-Christ Notre-Seigneur soit avec vous pour jamais. Je le loue de ses miséricordes sur votre maison. Rendez-lui-en la reconnaissance tout entière, et à sa très-sainte Mère ; car c'est un de vos devoirs en la charge, que de faire en abondance et bénédiction pour les âmes vers ces divins objets, ce qu'elles ne peuvent pas toujours si bien faire. C'est à vous, comme leur Mère et supérieure, de prier, de louer et de remercier pour elles. Faites-le en esprit d'humilité et d'obéissance, en accomplissement de votre charge et de votre devoir en icelle, et en hommage et union des actions de grâces que le Fils de Dieu a présentées au Père éternel, pour ses miséricordes et bénédictions sur la nature humaine et angélique, dont il est le chef. J'approuve la communion que vous avez donnée ; et je désire que vous suiviez les bonnes pensées qu'il plaira à Dieu leur inspirer pour leur avancement spirituel. N'oubliez pas aussi de vous rendre aux désirs et desseins de Jésus et de Marie sur vous, et d'entrer en l'abaissement et anéantissement que leur grandeur doit opérer en vous. O puissance ! ô présence ! ô vie de Jésus et de Marie ! soyez pour jamais établie et agissante en nous ! Je vous prie d'attribuer l'effet que vous voyez en la communauté, à Jésus et à sa très-sainte Mère seuls, et non à nous, qui à peine avons eu grâce suffisante pour y faire notre devoir et obligation. Bénis soient-ils, de nous avoir laissé en notre néant et pauvreté, pour donner abondance à ces bonnes âmes. Faites-les-en profiter soigneusement, car ce temps passera, et les âmes retourneront aisément à elles-mêmes.

LETTRE XLV.

A UNE PRIEURE DES RELIGIEUSES CARMÉLITES.

Il lui représente les raisons pour lesquelles elle doit faire prières particulières à la très-sainte Vierge. L'humanité de Jésus, quoique créé, est élevée par-dessus les créatures. La foi est le fondement et la conduite de la piété ; et il faut que les religieuses sachent très-bien le catéchisme.

La grâce de Jésus-Christ Notre-Seigneur soit avec vous pour jamais. J'ai reçu votre lettre, et le livre adjoint duquel je n'ai pu faire avant partir ce que j'en avais besoin. Je l'ai enfermé pour achever à mon retour ; n'en soyez point en peine s'il vous plaît. Je loue Dieu de la disposition que vous me mandez être en votre maison sur le sujet de la dévotion de la très-sainte Vierge. Je vous prie la conserver, et prier la très-sainte Mère de Dieu qu'elle daigne la conserver dedans les âmes et dans son ordre. Je désire de vous vers elle quelques prières particulières pour ce sujet : vous êtes sa fille ; vous portez son nom, elle vous a appelée en sa religion ; elle a mis entre vos mains une de ses maisons ; vous lui avez donné de nouveau votre âme et votre vie par cette dévotion-là. C'est assez pour vous obliger, plus que beaucoup d'autres, à avoir soin de la prier avec affection, zèle et persévérance pour cela : je vous prie donc de n'y point manquer. Vous avez bien résolu le doute de cette bonne sœur. L'humanité de Notre-Seigneur, encore qu'elle soit créée, ne tient pas rang entre les créatures, mais par-dessus tout ce qui est créé : car elle est assise dans le trône même de la Divinité, *Sede a dextris meis (Psal.* CIX, 1), lui dit le Père éternel ; et elle est subsistante dans la personne même divine, et ainsi encore qu'elle soit créée, elle a une subsistance incréée. Je pense avoir éclairci verbalement à toutes en général cette vérité, et en particulier à plusieurs : mais je vous prie prendre soin ce nonobstant, de voir comme elles l'entendent et pratiquent, et de leur bien éclaircir. Cela même m'oblige de vous avertir que vous considériez si les âmes sont assez instruites des mystères de la foi ; car nous sommes obligés à leur en faire avoir l'intelligence nécessaire, et celles sur lesquelles vous aurez doute, il serait bon leur faire avoir et lire le catéchisme de Bellarmin, qui est, à mon avis, le meilleur, étant fort clair et solide. La foi est le fondement et la conduite de la piété. Je supplie Notre-Seigneur et sa très-sainte Mère, qu'ils daignent vous bénir toutes, et prendre leurs pouvoirs sur vos âmes, pour les rendre parfaitement à eux, en qui je suis.

LETTRE XLVI.

A LA MÊME.

Qu'elle réfère à Jésus et à Marie tout le pouvoir qu'elle a sur les âmes. Grand zèle et humilité profonde de ce serviteur de Dieu.

La grâce de Jésus-Christ Notre-Seigneur soit avec vous pour jamais. Donnez à Jésus et à Marie tout le pouvoir que les âmes vous donnent sur elles ; et ne vous en servez que pour les lier plus fortement à Jésus-Christ Notre-Seigneur, à sa très-sainte Mère, et à leurs conseils sur l'ordre. Honorez singulièrement les liaisons ineffables de la divinité à l'humanité de Jésus, et de Jésus à sa très-sainte Mère en ce saint temps, et leur demandez, s'il vous plaît pour moi, avec soin particulier, miséricorde pour mes offenses et infidélités ; et la grâce de me lier à eux, et l'ordre et la congrégation d'une liaison puissante et particulière. Je suis en eux pour jamais.

LETTRE XLVII.

A UNE PRIEURE DES RELIGIEUSES CARMÉLITES.

Il lui écrit d'un ecclésiastique qu'il ne jugeait pas à propos de faire prêcher en leur église, le voyant en un état périlleux.

La grâce de Jésus-Christ Notre-Seigneur soit avec vous pour jamais. Je ne manque pas de volonté d'aller en vos quartiers, mais il y a toujours quelques nouveaux sujets qui m'en empêchent, même je n'ai pu encore aller jusqu'à Pontoise; vous pouvez faire prêcher celui que vous me nommez, mais fort rarement, fort considérément, ou point du tout si vous le pouvez sans offenser la charité commune. Ce n'est pas ce qu'il doit faire ni désirer, que de prêcher, ni aussi ce qu'on doit faire pour lui; mais de le faire rentrer en lui-même, et lui faire reconnaître ses manquements passés. L'esprit d'humilité lui est grandement nécessaire; car c'est l'esprit d'orgueil qui a commencé sa chute. Il est bon que vous examiniez sous main quelle est l'odeur de sa vie, car on l'accuse fort par deçà, et je n'en veux rien penser ni dire : mais s'il ne rend bonne odeur de soi-même, vous devez éviter sa conversation, après une fois ou deux. Je doute fort du dessein que vous me mandez : plût à Dieu qu'il eût la pensée avec la disposition nécessaire! Vous lui en devez parler, vous l'y pouvez induire : mais voyez bien clair en ses intentions; et je vous prie m'en mander au plus tôt ce que vous en jugez. Je supplie Notre-Seigneur Jésus et sa très-sainte Mère, de nous rendre tous dignes de les servir en la perfection qu'ils désirent de nous. Je suis en eux.

A Paris, ce 27 juillet 1626.

LETTRE XLVIII.

A UNE PRIEURE DES RELIGIEUSES CARMÉLITES.

Obligation des supérieures de recourir à Jésus-Christ Notre-Seigneur, pour toutes les choses de la charge. Avis pour la conduite des âmes moins fortes.

La grâce de Jésus-Christ Notre-Seigneur soit avec vous pour jamais. Puisqu'il lui a plu, et à sa très-sainte Mère, vous donner charge des âmes qui leur appartiennent, vous devez entrer en une nouvelle dépendance et direction de leur autorité suprême, et y avoir recours chaque jour et en chaque affaire importante, pour avoir leur conduite. Souvent désirez d'avoir part à leur capacité, au regard des opérations divines qu'ils ont portées en la terre. O quelle capacité! ô quelle correspondance! Abaissons-nous en la vue d'icelle, et désirons sortir hors notre incapacité naturelle, pour entrer par grâce en quelque part et communication de chose si grande. Adorez en Dieu son soin paternel et sa providence sur ses créatures; et en la vie intérieure que vous devez prendre en lui, prenez encore quelque part en cette sienne providence, pour être par elle appliquée aux âmes et aux besoins de votre maison. Là doit être l'origine de votre application; et ce que vous délaissez pour Dieu en ce soin raisonnable et charitable, vous le retrouverez par après en Dieu même et avec avantage. Il faut régler son temps, en sorte qu'il y en ait pour tous nos devoirs. Votre bon ange vous y assistera si vous l'invoquez humblement. Priez et vous humiliez beaucoup : car en l'oraison, l'humilité, la charité sont notre force. J'estime à propos que vous témoigniez à cette sœur que vous savez, charité, douceur et confiance. La condition de son âme est plutôt d'aller à Dieu par cette voie, que par une exaction rigoureuse. Il y a des âmes dont la volonté est bonne, mais la nature est faible et tendre, et ne doit pas être tant pressée, mais supportée en son infirmité. Dieu les a créées telles, et les supporte en sa grâce. C'est à nous aussi à les supporter, et ne les pas traiter avec sécheresse, nonobstant leurs petites fautes et infirmités. Et encore que ce qu'ils nous disent ne nous paraisse solide et raisonnable, il vaut mieux les écouter que de les renvoyer avec peine et mécontentement, de n'être pas estimées et affectionnées de leurs supérieures; ce qui leur apporte plus de divertissement dedans les voies de Dieu, et plus d'occupation pénible en leur esprit, que leur nature et leur vertu n'en peut porter. Les supérieures sont obligées et aux âmes fortes et aux âmes faibles, et doivent regarder et imiter Jésus-Christ, qui, en la sublimité de sa sapience et de sa lumière, supportait avec douceur et patience admirable la faiblesse, l'imperfection et impertinence même de ses apôtres, si j'ose user de ce terme. Je supplie Jésus-Christ Notre-Seigneur et sa très-sainte Mère, nous rendre dignes de leur grâce et bénédiction, en ce temps particulier de leurs grâces et faveurs, temps de la naissance de Jésus, et de la maternité de la sainte Vierge. Je suis en eux.

Ce 27 décembre 1625.

LETTRE XLIX.

A UNE PRIEURE DES RELIGIEUSES CARMÉLITES.

Il lui promet son livre des grandeurs de Jésus; sa modestie, en parlant de ses œuvres, sa disposition au regard de la croix.

La grâce de Jésus-Christ Notre-Seigneur soit avec vous pour jamais. Je loue Dieu de la communication que vous avez avec N. et des bons effets que vous en ressentez en votre âme. Je vous prie de la continuer, et de vous dédier chaque jour à Jésus-Christ Notre-Seigneur et à sa sainte Mère, avec autant d'esprit, de grâce et de faveur, comme si c'était la dernière fois que vous le dussiez faire en la terre. Je vous enverrai le livre que vous me demandez, puisque vous le voulez. Il est achevé d'imprimer il y a longtemps; mais ayant plu à Dieu disposer plusieurs prélats, et prélats de considération particulière, de l'approuver, il m'a fallu leur envoyer et leur donner loisir de le considérer. Je ne pensais rien moins qu'à cela, mais on m'a conseillé de ne pas refuser leurs bonnes volontés. C'est peut-être une voie que Dieu prend pour dissiper plus puissamment les calomnies précédentes, et pour obliger ceux-là à se taire, qui ne s'y laissent pas obliger par la charité. C'est un œuvre que j'ai fait par nécessité, que je crains être plus difficile que utile, et que je me suis résolu de ne donner à personne, sinon à nos approbateurs, me semblant que c'est en quelque manière s'ingérer soi-même que de le présenter. Je vous l'enverrai toutefois, et à M. N. auquel nous devons tout ce qui est nôtre. Je supplie Notre-Seigneur Jésus-Christ nous donner part à l'esprit, à la patience et à la conduite de sa croix, comme il lui plaît de nous donner par sa miséricorde quelque petite part à sa même croix. Je m'en reconnais bien indigne, et en fais très-mauvais usage. Plaise à Notre-Seigneur, et à sa très-sainte Mère assistante et participante à sa sainte croix, de me donner la grâce d'en mieux user à l'avenir. Je suis en eux.

LETTRE L

A UNE PRIEURE DES RELIGIEUSES CARMÉLITES.

La grâce de Jésus-Christ Notre-Seigneur soit avec vous pour jamais. Je vous remercie de la charité que vous exercez envers la personne dont vous m'écrivez. Je vous prie de continuer et l'exhorter à persévérer en sa condition. Ce qu'elle allègue et ce qui l'en divertit n'est pas de Dieu, n'en doutez point. Vous avez bien fait de m'en écrire, et nonobstant la crainte que vous avez, vous pouvez continuer. Il y a bien des ombrages et des soupçons dans cette âme, une partie de ce qu'elle croit et dit est faux; mais il faut de l'humilité et de la charité pour recevoir la grâce de Dieu, dissipant ces nuages et ces ombres que l'esprit malin suggère aux âmes pour les divertir de leur vocation. La première déception qu'il fait à ceux qu'il tente de l'hérésie, c'est de leur faire croire plusieurs erreurs en l'Eglise, et les erreurs sont en eux, et non en elle. Mais c'est l'entrée de la puissance qu'il essaye de prendre sur eux, pour les éloigner de la bénédiction qu'il sait être en l'Eglise de Dieu.

Je vous ai donné autrefois plusieurs avis sur l'état des tentations que vous me mandez être en quelques âmes; il y faut plus d'humilité que de scrupulosité : vous devez entrer et les faire entrer peu en discours étendu de ces choses. Il suffit que vous sachiez en un mot leurs peines, et que vous leur donniez les avis salutaires; l'humiliation intérieure, le recours à Dieu et le divertissement de ces pensées, sont les pratiques principales à observer. Je ne puis m'y étendre par lettres. Jésus-Christ Notre-Seigneur et sa très-sainte Mère soient avec vous pour jamais. Prenez en eux nouvelle vie, en ce saint temps consacré à la vie nouvelle et glorieuse du Fils de Dieu, et honorez la vie nouvelle de la très-sainte Vierge en son Fils ressuscité. Je suis en eux.

LETTRE LI.

A UNE PRIEURE DES RELIGIEUSES CARMÉLITES.

Tandis qu'on doute d'un sujet qui se présente à la religion, il faut être fort retenu à lui donner entrée. La croix est le partage des supérieurs, comme elle l'a été de Jésus-Christ même, qui est le supérieur des supérieurs.

La grâce de Jésus-Christ Notre-Seigneur soit avec vous pour jamais. J'ai reçu la lettre que vous m'avez écrite, et vu ce que vous me mandez pour la réception d'une troisième sœur laie, qui m'oblige à ne point permettre qu'elle soit reçue. Car il ne faut point admettre au dedans pour examiner, ce qui paraît douteux au dehors. Ce n'est pas peu de donner des filles à la sainte Mère de Dieu. Il y faut apporter une grande considération et retenue. Il n'y faut pas suivre la plénitude de son sens, mais une humble abnégation d'icelui. Il vaut mieux que vous fassiez suppléer par autre voie le défaut de cette seconde sœur laie infirme, que d'en admettre une troisième, pour la soulager avec doute. J'ai écrit en Provence à N. de venir visiter les maisons de la Bourgogne, et lui en ai envoyé pouvoir. Il a déjà fait la visite en plusieurs des maisons de l'ordre avec grand fruit, et une satisfaction particulière de tous les monastères qui nous ont écrit et remercié du choix que nous avions fait de lui. J'espère que vous en recevrez le même fruit et contentement que les autres. J'ai beaucoup de regret de la peine que vous avez eue durant le temps de votre charge. Il la faut offrir au supérieur des supérieurs, Jésus-Christ Notre-Seigneur, en l'honneur des peines qu'il a souffertes en terre pour nos fautes; et nous devons tous le servir, non en satisfaction propre, mais en humilité, en patience, en labeur et en croix; et opérer notre salut et celui d'autrui, en la même manière qu'il a opéré lui-même. La croix est le partage des supérieurs. Il leur doit être agréable, puisque c'est le partage de Jésus même. Le Père éternel l'a donnée à son Fils unique en lui donnant les âmes, et Jésus nous l'a donnée en nous la donnant aussi. Il faut recevoir l'un avec l'autre, et travailler dans les âmes avec la croix et par la croix. Je parle plus pour moi que pour vous, en vous disant ces choses. Je supplie Jésus-Christ Notre-Seigneur, et sa très-sainte Mère, qu'ils nous rendent tous dignes de les servir et honorer en la croix qu'il leur plaît nous ordonner, et je suis en eux.

LETTRE LII.

A UNE PRIEURE DES RELIGIEUSES CARMÉLITES.

Il y a plusieurs peines et difficultés qui ont plus besoin d'humilité et de patience que de la communication d'autrui. Dévotion à sainte Madeleine.

La grâce de Jésus-Christ Notre-Seigneur soit avec vous pour jamais. J'ai reçu vos lettres et considéré ce que vous me mandez. Si j'avais autant de liberté que de volonté de faire le voyage que vous désirez, je l'aurais bientôt accompli; mais il m'est bien manifeste que Dieu ne le demande pas de moi, et ne le permet pas. Depuis que je suis arrivé à Paris, je n'ai parlé encore à pas une des religieuses du grand couvent, ni même du petit, qui est le plus proche de notre demeure, hormis une fois en tout à la mère Madeleine sur une occurrence nécessaire, et il faut que j'emprunte la main d'autrui pour vous faire ce peu de lignes. Je supplie Notre-Seigneur (qui ne me donne pas la grâce de servir à votre âme et à votre maison par ma présence), de suppléer à mon défaut par autre voie. Beaucoup d'humilité intérieure, de patience, de dépendance de Dieu, et d'abnégation de vous-même et des choses créées, serviront beaucoup plus aux besoins que vous me représentez, que non pas beaucoup de discours et de communications avec autrui. Honorez la sainte que l'Eglise honore en ce temps (152), qui a été trente ans sans connaissance et communication de personne; honorant si parfaitement dans cette privation la vie humble et voyagère du Fils de Dieu sur la terre. Ne laissez pas écouler ce saint temps sans rendre quelque hommage particulier à cette sainte, à son amour envers Jésus, à sa fidélité à le suivre jusqu'à la croix, jusqu'au tombeau, à sa retraite et solitude. Car ne trouvant plus Jésus-Christ au monde, elle ne veut plus vivre au monde, et se retire dans ce désert, pour ne converser plus qu'avec lui, et ne penser qu'à lui. Oh! quel excès! oh! quelle vie! oh! quelle conférence! oh! quel amour de Madeleine vers Jésus en ce désert! Le ciel vous le fera voir un jour, et la terre n'est pas digne de le connaître. En attendant prions Dieu que par sa grâce il nous rende dignes d'honorer ce que nous ne sommes pas dignes de connaître en la misère et la bassesse de la terre. Si vous jugez pouvoir me mander quelque chose de vos doutes, j'essayerai de les considérer devant Dieu, et de vous y répondre selon le peu de temps qu'il lui plaira me donner. Le mal d'yeux qui me travaille, m'empêche d'écrire à celui que vous me mandez, car il n'est pas à propos de lui écrire d'une main empruntée. S'il est convenable de lui faire cette excuse, je le laisse à votre prudence.

LETTRE LIII.

A UNE PRIEURE DES RELIGIEUSES CARMÉLITES.

La grâce de Jésus-Christ Notre-Seigneur soit avec vous pour jamais. Il y a longtemps que je ne vous ai écrit, mais je vous prie de croire que ce n'est pas faute de charité envers votre âme qui m'est aussi présente qu'elle fut jamais, ni faute aussi de désirer de recevoir de vos lettres, qui me seront très-agréables quand il plaira à Dieu vous en donner la pensée. J'ai diverses fois désiré de faire voyage en vos quartiers, pour satisfaire à mes devoirs envers vos âmes, et à mes dévotions envers sainte Madeleine : mais cette grande sainte n'a pas daigné exaucer mes désirs. Priez-la pour moi comme je la prie pour vous, et si vos prières me peuvent obtenir la liberté de visiter son ermitage, et prendre part à sa pénitence et à son amour envers Jésus, je me tiendrai bien particulièrement obligé à votre charité. Je désire que ce saint temps (153) auquel je vous écris ce mot, nous renouvelle tous en la grâce, en l'amour, en l'appartenance de Jésus et de Marie, puisque c'est le temps de la vie nouvelle et mutuelle de Jésus et de Marie ensemble; et que par leur puissance et leur esprit, nous soyons tous faits une même chose en Jésus et en la Vierge. Je leur demande cette bénédiction pour vous et pour vos âmes, et je vous prie de joindre à ce même effet vos prières et celles de toutes les sœurs. Je prie Dieu qu'il vous bénisse toutes en son Fils unique Jésus-Christ Notre-Seigneur, et en sa très-sainte Mère. Je suis en eux.

Ce 6 décembre 1626.

LETTRE LIV.

A UNE PRIEURE DES RELIGIEUSES CARMÉLITES.

Nous devons vivre et mourir en la croix. La croix de Jésus a été continuelle, et il l'a trouvée en Thabor aussi bien qu'au Calvaire. Il y a en Jésus plénitude de Dieu pour lui et pour nous, et nous devons nous remplir de lui. Jésus est le don du Père éternel, et il le faut recevoir avec amour et humilité.

La grâce de Jésus-Christ Notre-Seigneur soit avec vous pour jamais. Il a plu à Dieu m'amener jusqu'ici, et si c'était son bon plaisir, j'irais volontiers plus outre; mais je ne l'espère pas, et il semble que Notre-Seigner Jésus veut que vous portiez la croix toute seule; et il vous doit suffire qu'il est avec vous, et vous avec lui, et vous lui en la croix, qui est l'état auquel il daigne se communiquer plus saintement et plus parfaitement aux siens en la terre. C'est la vie et la voie de Jésus en la terre, que la croix : il l'embrasse et la porte dès l'instant de l'Incarnation, dès le ventre de la Vierge. Il naît, il vit, il meurt avec icelle en la terre; et nous n'avons qu'un moment dans le cours de trente-quatre ans ou environ, où il paraît en l'ombre de sa gloire : et lors encore on ne parle que de l'excès qu'il doit porter et souffrir en Jérusalem. Tellement que ce peu de temps de la transfiguration glorieuse est interrompu dans les propos et pensées de sa croix et transfiguration douloureuse; et la croix se trouve en Thabor aussi bien qu'au Calvaire. Portez la croix bien volontiers, et soyez contente de vivre et mourir en la croix. Mais pensez à la croix de Jésus, et ne pensez pas à la vôtre : oubliez-vous vous-même et votre croix, pour ne vous souvenir que de Jésus et de sa croix. Jésus a la plénitude de Dieu en soi, et il veut être la plénitude de nos âmes. Et nous faisons un grand tort à ses grandeurs et à cette sienne qualité en particulier, de nous remplir d'au-

---

(152) Sainte Madeleine.

(153) Le temps de l'Avent.

tre chose que de lui. Notre devoir et notre soin aussi doit être de l'adorer, de l'aimer, de nous occuper et de nous remplir de lui; et c'est le vouloir du Père éternel lorsqu'il nous a donné son Fils. Recevons ce don du Père avec amour et humilité tout ensemble ; recevons-le avec intention de suivre et d'accomplir les desseins de Dieu sur nous en ce don précieux qui nous est fait. Livrons-nous à lui qui s'est livré pour nous à la croix ; embrassons et lui et sa croix, et vivons en lui, à lui et de lui pour jamais. Je supplie sa très-sainte Mère, en l'honneur de la vie qu'elle a donnée et qu'elle a reçue de Jésus tout ensemble, nous introduire, nous accroître, nous conserver en cette vie. Je suis en eux.

De Nantes, ce 27 juillet 1628.

LETTRE LV.

A UNE PRIEURE DES RELIGIEUSES CARMÉLITES.
Pour l'exhorter à maintenir la paix en sa communauté, par patience et par prières.

La paix de Notre-Seigneur soit avec vous, et vous donne la grâce de l'établir et conserver dans les âmes qui vous sont associées. C'est ce que je dois, à mon avis, vous en charger et recommander davantage, comme étant un des fruits du Saint-Esprit, et un des dons que lui-même nous apporte à son avénement, et lequel il veut cueillir dans ces âmes qui lui appartiennent; et un des principaux moyens, pour avancer ses grâces et sa puissance en icelles. Or cette paix ne se peut obtenir que par une grande patience de votre esprit, partie à souffrir, partie à dissimuler ce qui lui est contraire ; et par une retraite et un repos en Dieu, qui sait bien en son temps réformer toutes choses; et par des voies qui nous sont inconnues, et lesquelles il veut que nous attendions en patience et soumission d'esprit, sans attendre et déployer la petitesse de notre connaissance et exaction, comme étant trop inutile et souvent dommageable aux œuvres de Dieu. Je vous supplie d'observer ce point exactement, car c'est une des réformations qui vous est la plus nécessaire, et faute de laquelle vous vous donneriez beaucoup de croix, et votre esprit en donnerait beaucoup aux autres. Je n'ai pas autre sujet de vous écrire ceci, que la connaissance générale que j'ai de votre esprit, et du besoin que vous avez d'en être souvent avertie ; car vous y chopez par habitude, et sans le connaître; ce qui diminue bien en quelque manière votre faute, mais ne la rend pas moins dommageable aux autres. Estimez, je vous supplie, que c'est là une des croix qu'il vous faut porter, en l'abnégation et réformation de vous-même ; et que c'est par là qu'il vous faut commencer à opérer la réformation des autres; et qu'à faute de ce faire, vous serez privée de la paix en vous-même et en autrui.

Puisque Dieu vous a appelée à cette charge nouvelle, j'espère en sa miséricorde et bonté accoutumée, qu'il vous donnera sa grâce et son Saint-Esprit pour l'y servir, si vous lui demandez soigneusement, avec humilité et persévérance, reconnaissant combien vous en êtes destituée, et même indigne de le recevoir ; et toutefois obligée par lui-même à le lui demander, puisqu'il vous a mise en cet office par sa sainte volonté et providence ; à assister ses créatures de ses grâces nécessaires, à ce qu'il désire de vous. Ce sera le fondement de votre prière et de votre persévérance à prier ; et vous y joindrez le soin même que Jésus-Christ a eu sur terre, de prier Dieu son Père pour votre âme, pour tous vos besoins et nécessités, et pour le besoin même que vous avez de sa grâce et de son Saint-Esprit en cette charge. Oh! combien devez-vous faire état de ce soin, que l'âme déifiée de Jésus a eu en terre, de prier pour vous en tout! Oh! combien devez-vous avoir soin de recueillir toutes ses grâces, qu'elle vous a acquises par ses travaux et souffrances, par son soin charitable et par ses prières! Oh! combien devez-vous vous humilier quand vous y manquez! Je vous prie, à cet effet, de députer chaque jour un quart d'heure de temps à prier Dieu grandement pour ce sujet, et à reconnaître en quoi vous manquez à votre office, et en quoi vous pouvez vous rendre plus à plein servant à la gloire de Dieu, et à l'accomplissement de la volonté de son Fils Jésus-Christ sur les âmes; et cela avec une disposition, plus d'une âme humiliée devant Jésus-Christ Notre-Seigneur et désireuse de sa gloire, que par action et recherche active de votre esprit. Je prie Dieu qu'il vous assiste en son œuvre, et qu'il vous donne la grâce de le servir fidèlement, en la conduite de ces bonnes âmes. Considérez l'amour qu'il leur porte, ayant répandu son sang pour elles, et ayez soin de les regarder de l'œil d'amour dont il les regarde ; car il les considère comme chose sienne, et si chèrement sienne. Souvenez-vous que vous êtes au milieu d'elles pour les tirer toutes à Jésus-Christ et pour les transformer en lui ; et pour cet effet, Dieu demande en vous beaucoup d'amour et beaucoup de patience ; ce sont les deux vertus que je prie Dieu vous départir abondamment, et que je vous prie lui demander humblement et persévéramment.

LETTRE LVI.

A LA MÊME PRIEURE, SUR LE MÊME SUJET.

La grâce de Jésus-Christ Notre-Seigneur soit avec vous pour jamais. Cheminez toujours en humilité et prudence, en ce qui est de votre charge, et ayez soin de demander à Dieu la grâce de satisfaire à votre obligation et à sa sainte volonté envers ces bonnes âmes, et à prier pour elles. Voyez vos plus ordinaires défauts pour les amender, et vous disposez selon la vertu intérieure, pour avoir plus d'efficace à les y former ; car de votre avancement dépend le tout ; et en tous vos exercices, ayez soin, s'il vous plaît, d'avoir soit envers elles, soit envers vous, plus d'onction que d'action.

Continuez, s'il vous plaît, avec douceur et

pa...nce envers cette âme, et faites-lui tirer profit de ses fautes, mais en essayant plutôt de la guérir que de la confondre, et de l'animer que de l'abattre. Diminuez beaucoup de l'exaction de votre esprit sur les âmes, comme je vous ai dit plusieurs fois; ce n'est pas que j'en remarque par vos lettres, mais c'est que je sais cet avis être fort nécessaire à celles qui sont en charge. Je vous prie de donner chaque jour un peu du temps à demander à Dieu sa grâce et sa conduite pour votre charge, et à croître aux dispositions qui y sont nécessaires ; et lors ouvrez votre cœur et votre esprit à Dieu pour voir et concevoir intérieurement ce qu'il y désire de vous d'amendement ou d'accroissement. Je parle de l'ouverture non de l'esprit naturel, mais de l'esprit intérieur, qui ne peut pas être bien ouvert que l'autre ne soit bien fermé, et qui ne peut recevoir lumière qu'en la simplicité, et non en la discussion que vous avez à éviter.

LETTRE LVII.

A UNE PRIEURE DES RELIGIEUSES CARMÉLITES.

Il prie qu'on n'ait point d'égard à ses Conférences, si elles n'ont été revues par lui-même.

La grâce de Jésus Christ Notre-Seigneur soit avec vous pour jamais. J'ai écrit selon votre désir, à monsieur N., et ce aux termes les plus respectueux et considérés qu'il m'a été possible : je ne sais pas s'il en sera content et satisfait; vous le saurez mieux que moi. Mais, ou je me trompe bien fort, ou ce n'est pas courroux, c'est dessein ; et il se rend plus aux intentions et desseins de sa parenté, que non pas aux vôtres. Je serai bien aise d'être trompé, et d'apprendre le contraire de vous. Je vous prie ne lui point donner de nos Conférences, ni à personne, si vous en avez quelqu'une, que je ne le sache auparavant; et si quelques-uns en ont, je vous prie m'en avertir. Souvent elles sont très-mal copiées, et comme elles sont verbales et non écrites de moi, ceux qui les recueillent y mettent souvent leurs paroles et leur sens, et non pas le mien. Je dois prier ceux qui les ont d'être retenus particulièrement en ce temps, jusqu'à ce que je les aie vues ; parce que ceux qui ont plus le zèle de la passion que celui de la charité, et que vous savez donner des conseils en votre ville, contre nous et contre leurs propres maximes, seraient fort aises de m'imputer les fautes des copistes, et de nous accuser avec aussi peu de charité que l'on a voulu faire par le passé. Je vous prie de faire chaque jour cet prières de toute la communauté, pour cet orage qui vous menace, et dire à cette intention en quelque lieu que vous choisirez, soit au chœur, soit ailleurs, jusqu'au carême, le *Memento salutis auctor*, ou *Sub tuum præsidium*, ou *O gloriosa Domina*, ou quelque autre hymne de la Vierge, selon votre dévotion en l'honneur du mystère de l'Incarnation, de l'enfance de Jésus et de sa très-sainte Mère. Je suis en eux,

Votre très-humble et affectionné serviteur, selon Dieu,

PIERRE DE BÉRULLE, *prêtre de l'Oratoire de Jésus.*

LETTRE LVIII

A UNE PRIEURE DES RELIGIEUSES CARMÉLITES.

Comme les religieuses doivent être disposées pour donner leurs suffrages sur la réception d'une novice.

La grâce de Jésus-Christ Notre-Seigneur soit avec vous pour jamais. La charité que je dois à N. m'a fait désirer que vous reçussiez sa sœur dans votre maison, non pour obliger les sœurs de l'admettre à profession, mais pour leur donner moyen de faire un nouveau jugement sur sa vocation, par une nouvelle épreuve aux exercices de la religion. Je leur laisse donc la liberté entière d'en juger ; et je dois et désire remettre à elles la décision de cette action. Ce que je vous prie leur faire entendre de ma part, afin qu'elles se disposent selon Dieu à suivre en ce jugement la conduite de sa grâce. Je ne désire pas que vous apportiez envers les sœurs aucune induction de votre part ni de la mienne, mais seulement que vous les exhortiez à mettre leur esprit entre les mains de Dieu, afin qu'il les conduise dans ses voies et volontés. Le Fils de Dieu est descendu en terre par le mystère de l'Incarnation ; il descend souvent en vos cœurs par le mystère de l'Eucharistie ; c'est afin que son esprit vive et règne en vos cœurs et en la terre. Et tous vos soins et exercices doivent tendre à cette fin : que le royaume de Jésus s'établisse en vous ; que si sa puissance doit régner en toutes vos actions, pensées et dispositions, beaucoup plus en une action si sainte et si importante, comme celle qui détermine la vocation des âmes, que vous devez donner à Jésus-Christ Notre-Seigneur et à la très-sainte Vierge, pour les honorer et servir parmi vous. Je vous prie faire entendre ceci de ma part à N., et lui faire connaître l'obligation qu'elle a d'entrer en la même disposition que je déclare en la présente devoir être suivie de la communauté. Je n'estime pas que vous deviez induire Mgr l'évêque de N. d'aller à Angers pour vos affaires particulières, en l'obligation qu'il a de travailler à autre chose et d'être dans un autre diocèse. Usez de cet avis sans en faire aucun semblant, ni à lui ni à autre. Je supplie Notre-Seigneur Jésus et sa très-sainte Mère de vous bénir toutes et vous rendre dignes de les servir en la perfection qu'ils désirent de vous.

LETTRE LIX.

A UNE PRIEURE DES RELIGIEUSES CARMÉLITES SORTANT DE CHARGE.

Avec combien d'humilité et de confusion nous devons finir les charges. Quand nous sommes comme délaissés en quelque pays, nous

devons porter cela volontiers en hommage à l'exil et à l'humiliation que Jésus et Marie ont portés en la terre.

La grâce de Jésus-Christ Notre-Seigneur soit avec vous pour jamais. La réserve que nous devons avoir de nos actions, et la reconnaissance de notre misère qui manque beaucoup de fois en chaque jour, et beaucoup plus en chaque année, et la servitude que nous devons rendre à Jésus-Christ Notre-Seigneur, notre Sauveur et notre Dieu, nous obligent à lui faire oblation de notre être, de notre état et de nos actions. Puisque vous êtes à la fin de votre priorat, offrez-lui tout ce qui s'est passé en ses six ans, avec désir qu'il pardonne vos fautes et qu'il augmente ses dons en vous, qu'il pardonne ce qui est vôtre, et qu'il avoue et accepte ce qui est sien; car le bien est de lui, et le mal est de vous. Le terme de six ans est assez long, et la charge que vous avez eue assez pesante pour vous convier à cet humble et saint exercice, et à y dédier quelques jours. Puisque vous inclinez à revenir, je ne veux pas m'y opposer, mais je vous prie donner encore quelque temps à ce lieu-là et à cette charge, parce qu'il nous faut faire choix d'une personne capable de la soutenir en un pays où il y a si peu de correspondance et d'assistance. Ce choix n'est pas aisé à faire, il requiert du temps, et vous le devez donner à Dieu et à cette œuvre qu'il a daigné commencer par vous. Honorez en cela le séjour humble et pâtissant du Fils de Dieu en la terre, et en une terre couverte de péchés et de pécheurs, et en une compagnie si dissemblable à sa dignité, à sa sapience, à sa sainteté, et toutefois il y a vécu plusieurs années, soit en Egypte, soit en Judée. Honorez semblablement la vie et la conversation de la très-sainte Vierge, humble, inconnue et pâtissante en la terre, elle qui devait vivre une vie céleste, c'est-à-dire dans les cieux, car sa vie était céleste en la terre. Cet exil et bannissement de ces deux grandes et admirables personnes, c'est-à-dire de Jésus et de Marie, nous doit consoler en notre exil en la terre, et nous doit servir d'exemple en nos actions; c'est l'objet que je crois vous devoir représenter, il nous est présent et utile en tous temps et en tous lieux. Je vous prie de ne pas oublier nos besoins et nos misères, et les offrir pour nous à Notre-Seigneur Jésus et sa très-sainte Mère. Je suis en eux.

LETTRE LX.

A UNE PRIEURE DES RELIGIEUSES CARMÉLITES.

L'usage principal que nous devons faire des mystères du Fils de Dieu est un profond abaissement devant leur grandeur. La nature nous inquiète et la grâce nous abaisse en toutes choses.

La grâce de Jésus-Christ Notre-Seigneur soit avec vous pour jamais. Je viens de recevoir, ce 26 mars, votre lettre, écrite du 18 du présent; quand je l'aurais reçue plus tôt il m'était impossible d'y satisfaire, Dieu me donne ici des liens qu'il ne m'est pas permis de rompre. Et puisque c'est lui-même qui met cet empêchement, il a ordonné quelque autre voie pour remédier à votre besoin. Nous la devons rechercher en lui-même et dans les mystères que ce saint temps nous représente; il nous faut beaucoup d'humilité, d'oubli et de délaissement de nous-mêmes, pour lui faire la place en notre esprit que mérite sa grandeur et que requièrent les mystères qui sont honorés en ces saints jours. Notre même faiblesse nous doit servir de sujet pour entrer en cet esprit d'humilité; c'est le fruit que nous en devons recueillir, c'est l'usage que nous en devons faire, et non pas d'entrer par notre faiblesse en peine et en inquiétude. C'est l'usage ordinaire que fait la nature déréglée, mais l'usage de la grâce est tout autre; et son propre est de tirer en nous de toutes choses un abaissement profond et continuel d'esprit devant Dieu. La grâce tire en nous cet effet non-seulement de nos propres défauts, mais encore des grâces de Dieu même; le propre de l'esprit de Dieu étant de convertir tout ce qui est en nous à un saint abaissement et parfait dépouillement de nous-mêmes, qui rend tout à Dieu, et n'approprie rien à soi que le néant et le péché. L'âme ainsi conduite de cet esprit de Dieu s'abaisse en tout, ne s'élève en rien, et demeure toujours capable d'être visitée de Dieu, et remplie de nouvelle grâce sans qu'elle l'aperçoive. Je supplie Notre-Seigneur Jésus et sa très-sainte Mère vous donner la conduite de cet esprit, esprit d'humilité, qui est l'esprit propre de Jésus et de Marie, et l'esprit qui paraît dans l'abaissement de l'incarnation et de la croix, que ce saint mois nous représente. Plaise à Jésus Notre-Seigneur et sa très-sainte Mère répandre cet esprit sur nous et sur tout l'ordre. Je suis en eux.

De Paris, ce 26 mars.

LETTRE LXI.

A UNE PRIEURE DES RELIGIEUSES CARMÉLITES.

La solitude convient aux Carmélites. Nous devons avoir tolérance, et non adhérence aux choses créées.

La grâce de Jésus-Christ Notre-Seigneur soit avec vous pour jamais. Je compatis à votre solitude, et je vous prie la référer à l'honneur de la solitude de Jésus et de la Vierge, et de saint Joseph en Egypte, et de toutes les solitudes que Jésus et Marie ont eues sur la terre. Cet esprit intérieur de retraite et solitude fait partie principale de l'esprit de l'ordre, et requiert un détachement des objets et des affections humaines, pour entrer en la vie et occupation que l'âme doit avoir en son Dieu et en son Sauveur, contemplant ses grandeurs et ses mystères. Dieu vous tire à cette vie, par la solitude en laquelle il vous met; et il veut que vous ayez plus de tolérance que d'adhérence aux choses créées, et que vous ne cherchiez pas, dans les objets qui vous environnent, soulagement et relâche à la solitude en laquelle vous êtes. Je ne suis pas digne de vous en donner, et cette privation que vous avez de ceux et celles que vous connaissez fait partie de l'ordonnance et conduite de Dieu sur votre âme. Recevez-la comme de Dieu, et la référez à Dieu en l'honneur des privations que Jésus-Christ Notre-Seigneur et sa très-sainte Mère ont eues sur la terre. Je ne puis vous écrire davantage pour une indisposition en laquelle je suis depuis trois mois, où on m'interdit toute lecture et écriture. Je vous prie que je sois recommandé aux prières des sœurs. Je suis à elles et à vous, en Jésus-Christ Notre-Seigneur et en sa très-sainte Mère.

Votre plus affectionné à vous servir selon Dieu,

PIERRE CARDINAL DE BÉRULLE.

De Paris, le 3 octobre 1628.

LETTRE LXII.

A UNE PRIEURE DES RELIGIEUSES CARMÉLITES.

On doit être retenu au voyage des religieuses. Son humilité à s'abstenir autant qu'il lui est possible des choses qui portaient autorité, comme donner l'habit, etc. Les voies intérieures des âmes doivent rendre hommage, et être conformes à la voie de Jésus sur la terre, comme elles en sont quelque émanation.

La grâce de Jésus-Christ Notre-Seigneur soit avec vous pour jamais. J'écris à monsieur N. pour le remercier et prier d'excuser si on ne peut faire venir cette bonne sœur qui est à N., car il n'y a nulle apparence de la faire revenir de si loin. Les voyages et les retours si fréquents des religieuses ne peuvent être approuvés ; et encore qu'il semble à quelques-uns qu'ils ne sont pas contre la loi, ils sont contre l'esprit de la loi et contre la bienséance de la condition religieuse, qui doit être close et enfermée. Tout n'est pas dans les constitutions des religions, il les faudrait trop amples ; beaucoup de choses sont réservées à l'esprit de la règle, à l'expérience et à la prudence des supérieurs ; et c'est en quoi beaucoup se trompent, en jugeant mal à propos ce qu'ils devraient approuver, faute de grâce, de lumière et d'intelligence ; et il est bon de leur faire entendre cette vérité. Je ne vous puis encore mander si je pourrai donner l'habit à la fille de M. N. ; si je ne le puis, j'y enverrai N. pour le faire, puisqu'à mon défaut on a jeté les yeux sur lui. Je ne désire nullement que le jour soit changé, et de ce changement ne dépend point la résolution qu'il plaira à Dieu me donner. Je n'ai point encore fait cette action en l'ordre, pour certaines considérations, et je ne sais pas si Dieu veut que je les change ou continue. Je le supplie me faire connaître et suivre en cela sa volonté. Soyez persévérante ès choses qui vous ont été proposées, et qui sont conformes aux voies de Dieu, qui ont été autorisées sur votre âme ; et ne donnez aucune entrée, sous quelque apparence que ce soit, aux choses qui y sont contraires. Adorez le Fils de Dieu en sa voie sur la terre, et unissez avec esprit de dépendance absolue vos voies à la sienne, car il a daigné être voyageur et compréhenseur tout ensemble, et il nous le faut regarder et adorer en l'une et en l'autre qualité. Et d'autant que celle de voyageur nous concerne à présent, considérez-le, adorez-le, aimez-le en celle-là, et lui rendez la dépendance et l'adhérence que votre voie doit à la sienne, dont elle n'est qu'une petite émanation. Oh! combien ses voies ont été et hautes et pénibles, et incompréhensibles! Adorez-en la sublimité en lui, et vous rendez toute à sa voie en vous. Soyez à lui et à sa très-sainte Mère pour jamais.

LETTRE LXIII.

A UNE PRIEURE DES RELIGIEUSES CARMÉLITES.

Il lui donne divers avis pour sa conduite intérieure, et pour celle de son couvent.

La grâce de Jésus-Christ Notre-Seigneur soit avec vous pour jamais. Il est bon que vous ayez dévotion à l'enfance de Jésus, et que vous en récitiez les litanies, mais non pas que vous les fassiez imprimer, ni même que vous les communiquiez indifféremment à toutes sortes de personnes, parce qu'il y a quelque chose à y revoir et considérer. La charité de ces bonnes personnes qui vous ont offert de les faire imprimer pourra être employée en quelque autre œuvre de piété, qui sera agréée de l'enfant Jésus. L'innocence à laquelle je désire que vous tendiez est une qualité fort éminente, et qu'il nous faut recevoir de la sainte enfance du Fils de Dieu et de sa très-sainte Mère, en son état et exercice saint, pur et divin vers lui. Quant à ce que vous me mandez, il suffit que l'âme soit sincère en sa conduite, pure en son intention, prévenant ce qui pourrait survenir, vigilante en la garde de ce qui lui est commis, vraiment éloignée de pensées et sentiments contraires à son devoir, et prompte à les quitter s'il en survenait contre son gré. Avec ces conditions ne vous contraignez point, et n'ayez point de crainte superflue. Beaucoup prier, peu parler. Beaucoup édifier par exemple et par observance de la modestie religieuse. Et même, pour ce qui vous regarde en particulier, il me semble bon que vous ayez soin d'avoir plus d'humilité intérieure, que d'étendue dans vos désirs ; j'entends même des désirs vers Dieu. Le silence, l'abaissement et la profondité vous y est plus utile que cette étendue et dilatation superficielle que vous y pratiquez. Jésus et sa très-sainte Mère soient avec vous pour jamais. Je suis en eux.

LETTRE LXIV.

A UNE PRIEURE DES RELIGIEUSES CARMÉLITES.

Il lui ordonne et à ses sœurs, de prier beaucoup pour la vie et la santé du roi.

La grâce de Jésus-Christ Notre-Seigneur

soit avec vous pour jamais. Il est du tout nécessaire de prier pour la santé du roi. Si Dieu ne fait cette grâce de le conserver présentement, il y a sujet de craindre beaucoup de choses très-dommageables. Je vous prie de vous appliquer à cette prière en esprit d'obéissance, et y appliquer toutes les âmes de votre maison; faire une octave de communion (à commencer demain) de toute la communauté, ou de la plupart d'icelle, pour sa vie et sa santé. Je supplie Notre-Seigneur Jésus et sa très-sainte Mère nous exaucer. Je vous prie aussi chaque jour de cette octave, disposer une sœur par ordre à chaque heure du jour, devant le saint Sacrement pour cette même intention, depuis les cinq heures du matin jusqu'à la fin de vos matines; et aussi je voudrais qu'à chaque fois que la communauté est assemblée, avant de se départir, elle dît une antienne, verset et oraison pour le roi.

LETTRE LXV.
A UNE PRIEURE DES RELIGIEUSES CARMÉLITES.

Qu'il se faut commettre à la Providence divine ès choses qui préviennent nos soins, et qui arrivent sans notre faute.

La grâce de Jésus-Christ Notre-Seigneur soit avec vous pour jamais. Pour réponse à ce que vous me mandez, je vous dirai en peu de mots, qu'il faut que votre crainte soit humiliante et non inquiétante; que vous ayez une fidèle séparation de tout ce que vous craignez; une application entière de votre esprit à Jésus et à Marie; un grand désir de les honorer spécialement, par l'état de votre âme, et par toutes les choses qui vous arriveront jamais; une mémoire fréquente de la sainte passion de Jésus; et Dieu ne permettra pas que ce qui a été fait sans votre faute vous porte préjudice. Il faut que nous honorions sa providence par cette vérité-là, que ce qui vient d'elle sans nous nous porte quelque bénédiction et préservation, si nous savons bien nous accommoder et commettre à cette providence. Je supplie Jésus-Christ de vous faire pratiquer cette maxime en ce sujet, et ordonner de vous à sa plus grande gloire, et de sa très-sainte Mère. Je suis en eux.

LETTRE LXVI.
A UNE RELIGIEUSE CARMÉLITE.

Il lui donne divers avis pour se bien conduire tant envers Dieu qu'envers quelques personnes de qualité qui y avaient créance.

La grâce de Jésus-Christ Notre-Seigneur soit avec vous pour jamais. Je viens de recevoir votre lettre, que mon mal d'yeux à peine me permet de lire tout entière. Pour réponse à ce qui me semble plus pressé, je vous conseille de répondre à N. N., mais de prendre garde que la réponse soit toujours avec autant de retenue, de respect et de modestie, comme si c'était la première fois qu'ils vous écrivissent, sans que la fréquence de leurs lettres cause en vous aucune facilité, privauté ou familiarité. Évitez multiplicité de discours et de paroles en ces lettres; répondez simplement, prudemment, sans étendue et sans autorité, afin qu'il leur paraisse par la manière de réponse, que ce n'est que la nécessité, la charité et le respect dû à leur qualité, qui tire de vous ces lettres. Plus ils s'abaissent à vous écrire, plus devez-vous vous abaisser à leur répondre. L'état que vous mandez me semble requérir un renouvellement de désir et de disposition en l'abnégation intérieure, qui doit être votre perpétuel exercice. Par cette abnégation, vous devez humblement et sans inquiétude retrancher les superfluités de votre esprit naturel en pensées, en affections, en actions, pour consacrer le fonds de votre âme à Dieu, avec plus de puissance et d'efficace. Vous devez supporter vos propres misères, et ce avec beaucoup de patience et de séparation intérieure, et de vous-mêmes, et de ces mêmes misères, pour adhérer à Dieu souverainement heureux et parfait. Par cette abnégation, vous devez recevoir avec beaucoup d'humilité et de fidélité ce peu de grâce qu'il plaît à sa divine majesté vous départir, qui est toujours beaucoup plus que vous ne devez penser être digne. Vous devez encore faire un général délaissement de vous-même entre les mains de Dieu, pour détruire les secrètes et inconnues opérations de l'amour-propre, toujours vivant et toujours caché en nous. Enfin, par cette abnégation, vous devez aspirer à l'adhérence de la vie parfaite de Jésus et de Marie sa très-sainte Mère; car en eux doit être notre vraie vie dès ce monde. Je les supplie de vous donner cette pratique, et vous de me l'obtenir d'eux, en qui je suis.

A Paris, ce 28 sept. 1622.

LETTRE LXVII.
A LA MÊME.

La grâce de Jésus-Christ Notre-Seigneur soit avec vous pour jamais. Je loue Dieu de celle qu'il lui a plu vous donner en la communication que vous avez eue avec cet honnête ecclésiastique. Commencez cette nouvelle année avec Jésus-Christ Notre-Seigneur, et sa très-sainte Mère. Demandez-leur que vos imperfections se terminent avec la fin de l'année passée. Observez ce que je vous ai écrit de la pratique de l'abnégation, que vous devez soigneusement demander à Notre-Seigneur, en l'honneur de sa vie nouvelle et parfaite sur la terre. Faites un oubli de vous, et de tout ce qui est créé, pour vous établir pleinement en la puissance et possession du Fils de Dieu et de sa très-sainte Mère. Ne vous souvenez de vos défauts que pour vous humilier et non pour vous inquiéter. Prenez garde de ne tirer aucune vanité, ni complaisance ou satisfaction humaine, dedans les créatures; mais cherchez Dieu purement en soi-même et en elles. Adorez la vie suprême de la

Divinité; vie de connaissance et d'amour incréé, vie qui devrait occuper et ravir notre vie. Humiliez-vous d'avoir si peu d'application à cette vie divine, qui est en vous, et au plus intime et profond de vous-même, et toutefois vous occupe si peu. Demandez à Jésus-Christ Notre-Seigneur et à sa très-sainte Mère, la grâce d'employer votre vie en l'amour et adoration de cette vie suprême et incréée, et leur demandez aussi cette même grâce pour nous. Je les supplie d'être avec vous pour jamais, et suis en eux.

LETTRE LXVIII.
A UNE PRIEURE DES RELIGIEUSES CARMÉLITES.

Il lui parle d'un état intérieur dont il paraît qu'elle avait quelque peine, et l'assure que c'est chose qui honore le mystère de l'Incarnation. Il lui mande et à toutes les sœurs, que le changement arrivé en lui par la dignité de cardinal ne porte aucun changement à ce qu'il est à l'ordre et à l'Oratoire, et le met seulement en plus grand besoin de prières.

La grâce de Jésus-Christ Notre-Seigneur soit avec vous pour jamais. J'ai reçu votre lettre du 3 octobre, ce 31 du même mois; je connais l'état où vous êtes. C'est une voie de Dieu sur vous, et une voie qui honore le sacré mystère de l'Incarnation, et l'anéantissement de la créature qui est en ce mystère, et la dépendance absolue que l'humanité y a de la divinité; dépendance propre et singulière à ce mystère et à cette humanité sacrée de Jésus. Cet état fait des états dans les âmes, et opère en vous cette dépendance en laquelle vous êtes. Béni soit Jésus en ses mystères, en ses états et en ses inventions saintes et divines, pour lier les âmes à soi, pour se les rendre propres et appartenantes à ses mystères, pour s'honorer soi-mêmes en icelles et pour les préparer aux effets de sa gloire. C'est la fin où tendent ces effets dont vous m'écrivez. Acceptez-les comme ordonnés et comme opérés même de Jésus-Christ. Rendez-vous à tous ses desseins sur vous, par cet état sans les connaître. Servez à Dieu en obscurité (le temps de la lumière n'est pas ici) et persévérez en l'humble sujétion et dépendance que Dieu veut que vous ayez. Le changement qu'il a voulu faire en moi n'altère rien en l'autorité qu'il lui a plu me donner sur l'ordre et sur la congrégation. Je vous prie en assurer de nouveau toutes les sœurs de ma part, et leur dire qu'il n'y a, par ce changement, aucun autre changement entre elles et moi, sinon que j'ai plus grand besoin de leurs prières, et elles ont une plus grande obligation de m'en faire part. Je suis en Jésus-Christ Notre-Seigneur et en sa très-sainte Mère.

LETTRE LXIX.
A UNE PRIEURE DES RELIGIEUSES CARMÉLITES.

Nous devons tirer la perfection de notre âme de l'imperfection des autres, et lors nous sommes bien plus propres à les tirer de leurs imperfections.

La grâce de Jésus-Christ Notre-Seigneur soit avec vous pour jamais. J'ai reçu votre lettre et celle encore dont vous êtes en peine. Et pour réponse, je vous dirai qu'il faut de la patience à attendre les moments ordonnés de Dieu et à supporter les défauts d'autrui. Notre premier soin doit être employé à tirer la perfection de notre âme de l'imperfection des autres, et lors nous sommes bien plus propres à les tirer hors de leurs imperfections, et souvent c'est par notre défaut que les âmes sont et demeurent imparfaites. Je m'appropprie cette pensée en vous la proposant, et je me tiens coupable et de vos défauts et de ceux de toute la maison, et même de ceux de tout l'ordre, puisqu'il nous est commis. Cette pensée nous doit confondre et humilier devant Dieu, tirant de sa présence plus de zèle à amender les manquements d'autrui, que de plainte et indignation contre autrui. C'est l'usage que je prie Dieu me donner de cette humble pensée, et que j'ai cru vous devoir proposer. Je supplie Notre-Seigneur Jésus-Christ, et sa très-sainte Mère, nous rendre tous dignes de les servir, en la perfection qu'il leur plaît désirer de nous. Je suis en eux.

LETTRE LXX.
A UNE RELIGIEUSE CARMÉLITE.

Il lui donne force en ses peines, et lui dit qu'il faut porter en humilité les états d'humiliation.

La grâce de Jésus-Christ Notre-Seigneur soit avec vous pour jamais. J'ai reçu votre lettre, par laquelle j'ai reconnu les peines que vous avez. Je vous prie d'être en repos et en humilité au milieu d'icelles, de vous délivrer de la scrupulosité qui vous inquiète, car c'est sans fondement. Conformez-vous aux intentions du Fils de Dieu sur vous, en la croix que vous portez. Allez à lui au milieu de vos peines; car elles ne vous séparent point de lui, puisqu'elles ne sont pas fondées en votre volonté, comme je vous en assure. Allez, dis-je, à Dieu et à son Fils unique, et les lui offrez pour l'honorer en la manière qu'il lui plaira. Humiliez-vous-en beaucoup; car encore qu'elles ne viennent pas de votre faute, c'est une humiliation à l'âme de porter ces sortes de dispositions : et il nous faut humilier devant Dieu en tous états, mais particulièrement lorsqu'il permet que nous soyons dans quelque état d'humiliation et d'avilissement. Voyez humblement ce que vous êtes et ce que vous seriez pour jamais, si Dieu par sa bonté ne vous préservait. Dans cet état, honorez les vertus de Jésus et de Marie, opposées à vos défauts, et les suppliez de vous revêtir et de vous dépouiller de vous-même et de vos imperfections. Jésus et sa très-sainte Mère soient avec vous pour jamais. Je suis en eux.

LETTRE LXXI.

A UNE RELIGIEUSE CARMÉLITE

Pour lui donner lumière en une voie intérieure, pénible, obscure et peu connue, à laquelle il plaisait à Dieu l'exercer.

I. *Il remarque en cette âme deux opérations fort différentes, l'une divine, l'autre maligne : celle-ci couvrant et combattant celle-là.* — II. *Cette voie honore les rigueurs du Père éternel sur son Fils, et adore par son état l'Être suprême et incréé. Un des points de la vie intérieure est de suivre l'opération de Dieu dans nos âmes.* — III. *Cet être incréé a des qualités apparemment contraires. Il est présent et distant ; il est délicieux et rigoureux ; il est désirable et insupportable. Lorsqu'il s'applique à sa créature, sans se proportionner à elle, il lui est insupportable. Dieu tient les siens, en les rejetant ; il les unit, en les séparant, etc. En cette voie, la foi et la vérité combattent, non le sens corporel, mais le sens spirituel.* — IV. *Vision du buisson ardent expliquée et appliquée à ce sujet. La loi commence dans les épines du buisson, et la grâce commence dans les épines et se consume en la croix.* — V: VI. VII. *Conduite de Jésus vers la Chananée, de rigueur et de faveur tout ensemble.*

I. La grâce de Jésus-Christ Notre-Seigneur soit avec vous pour jamais. J'ai reçu vos lettres et je n'ignore pas vos besoins, je ne les oublie pas devant Dieu ; moins ils sont connus plus j'y dois penser, et vous faire entendre que vous portez deux sortes d'extrémités très-grandes, très-profondes et très-secrètes : les unes opérées par l'esprit de Dieu sur votre esprit, les autres opérées par l'esprit malin, qui veut couvrir à votre âme la première opération de Dieu ; et, s'il peut, la mêler et confondre avec la sienne. L'une et l'autre opération a ses rigueurs et ses extrémités ; et cela trompe et trouble aisément ceux qui ne sont pas versés et expérimentés en matière semblable ; car ils prennent la main de Dieu, pour la main du diable, et s'estiment porter un enfer en la terre. C'est chose bien différente ; cette sorte de voie a Dieu pour son principe, a notre sanctification pour sa fin, et a l'opération divine, pour exercice et occupation de notre âme. Si Satan y est joint, ce n'est pas par un droit nouveau qu'il ait acquis sur nous en vertu de nos fautes ; c'est par l'expresse ordonnance de Dieu, qui sait bien lier ainsi deux esprits contraires ; et par des voies si difficiles, préparer le salut et la perfection de ses élus.

II. A la vérité c'est une voie de rigueur que Dieu exerce sur vous ; mais c'est une voie de grâce et d'amour, et non de justice et de châtiment comme vous pensez. C'est une voie sainte et sanctifiante votre âme, c'est une voie honorante les rigueurs du Père éternel sur son Fils unique, Jésus-Christ Notre-Seigneur, c'est une voie adorante l'être souverain de Dieu ; et cette voie adore chose si grande et sainte, non par acte, mais par état, qui est une manière bien plus solide et plus profonde, plus importante et plus divine. Bénissez Dieu en cette voie. *Dieu est esprit, et veut être adoré en esprit et vérité.* (*Joan.* IV, 24.) Et il ne lui suffit pas d'être adoré par les actions de notre esprit vers lui, il veut lui-même se glorifier en nous ; et son esprit veut opérer sur nos esprits, choses dignes de sa puissance et majesté, et nous devons être exposés à son vouloir et opération sainte. Un des soins de saint François, ce rare et divin contemplatif et patriarche de tant de grands contemplatifs, est d'exhorter les siens en sa règle et ailleurs, *à la suite de l'opération sainte de Dieu en leurs âmes*. Or une des opérations de Dieu, est de faire que notre âme adore la majesté divine, non-seulement par ses propres pensées et affections ; mais aussi par l'opération de son esprit divin, qui agit dans notre esprit, et lui fait porter et sentir la puissance et souveraineté de son être sur tout être créé, par l'expérience de sa grandeur appliquée à notre petitesse et de notre petitesse incapable de porter sa grandeur ; car elle est infinie, et infiniment distante et disproportionnée au regard de tout être créé.

III. Cet Être divin, adorable en toutes ses qualités, a des qualités apparemment contraires. Il est infiniment présent et infiniment distant, il est infiniment élevé et infiniment appliqué à l'être créé, il est infiniment délicieux et infiniment rigoureux, il est infiniment désirable et infiniment insupportable. Et quand il lui plaît de s'appliquer à sa créature, sans se proportionner à sa créature ; il ne peut être supporté de l'être créé qui se sent englouti, accablé, ruiné par cette puissance infinie, et comme infiniment dominante sur un être si petit et si soumis à sa puissance ; mais cet accablement sera converti un jour en soulagement, et cette ruine sera la réparation de l'âme ; et il nous faut attendre cette heure en patience, en silence et en souffrance. Et il nous faut abandonner à celui à qui nous sommes, et dans lequel nous sommes, et sans lequel nous ne pouvons être un moment. Comme il vous semble qu'il vous ruine, il vous semble aussi qu'il vous rejette ; mais il nous tient à soi en nous rejetant, il nous unit à soi en nous séparant, il nous soutient en nous confondant, il nous vivifie en nous anéantissant, et il se donne à nous en nous privant de nous-mêmes, et en nous privant, ce nous semble, de soi-même. C'est le propre de cette voie, en laquelle la foi et la vérité combat, non le sens corporel comme ailleurs, mais le sens spirituel même de l'âme ; car vous sentez vraiment ce que vous dites, et toutefois ce que je vous mande est véritable. Ne vous étonnez pas donc en ses effets, abaissez-vous et adhérez à Dieu caché en ces peines et rigueurs, comme il était jadis caché dans le buisson ardent, s'il ne se fût découvert à Moïse.

IV. Je ne veux pas couler en un mot ce trait de l'*Exode* ; il mérite d'être étendu et expliqué. Ce désert, ce buisson, cette flamme, ce grand Dieu présent, mais caché en ce buisson ardent, me figure cette voie dont je vous parle; car elle est un buisson plein d'épines par ses rigueurs, mais un buisson ardent par l'amour que Dieu a sur l'âme qu'il exerce dans cette voie, et par l'amour pur et parfait que l'âme rend à Dieu en ses rigueurs. Cette flamme ne consomme point ces épines, et ces épines conservent et entretiennent cette flamme; c'est ce qui étonne Moïse, et c'est ce qui vous étonne aussi. Mais approchons de ce buisson comme Moïse; estimons grande cette vision comme lui : voyons que c'est une vision de désert; voyons que c'est la première que Moïse a reçue pour le préparer à choses grandes; voyons que c'est l'entrée de la voie de Dieu sur son peuple. Remarque digne de considération particulière et qui nous oblige à ne trouver pas étrange, si dans les flammes et les épines est l'entrée de la voie de Dieu sur les âmes; et si Dieu, toujours semblable à lui-même, opère chose semblable dans la loi et dans la grâce, c'est-à-dire dans la loi donnée par Moïse, et dans la grâce donnée et imprimée par Jésus-Christ. Dans les épines, il commence la loi; dans les épines, il commence la grâce, et il la consomme dans la croix. Ainsi, la croix et les épines sont choses propres et non pas étrangères à la grâce et amour de Jésus. Ne croyez pas que ce soient des paroles que je vous mande pour vous consoler, ce sont des vérités pour vous instruire; ce sont des vérités fondées en celui qui est la voie, la vie et la vérité même; ce sont des vérités, lesquelles, par la miséricorde de Dieu, me sont bien manifestes. Si je l'osais, je dirais volontiers à Dieu, ô que n'ai-je part à ces voies, à ces rigueurs et à ces souffrances! mais je n'en suis pas digne, et c'est trop de grâce de les connaître et de servir aux âmes qui les portent : je dois donc m'oublier et me souvenir d'un bien meilleur sujet que je veux vous représenter.

V. Il me semble que la Chananée, en l'Evangile (*Matth.* xv), est un exemplaire de cette voie dont je vous parle. Jésus sort hors de Judée, son séjour ordinaire et ordonné même par le Père éternel, pour donner lieu à la Chananée d'avoir recours à lui : et il sort de la douceur de sa grâce et de sa conduite ordinaire, pour préparer à l'âme cette sorte de voie extraordinaire. Jésus est caché dans ces confins de Tyr et de Sidon, ce dit le texte exprès : *Neminem voluit scire*. (*Marc.* vii, 24.) Et aussi Jésus est caché en cette voie, et tellement caché que vous ne l'y pouvez connaître. La Chananée, pressée de douleur, trouvant Jésus où il n'a point accoutumé d'être, et où il ne veut être connu, s'adresse à lui; et lui qui cherche les pécheurs et affligés, ne daigne pas la regarder, ne veut pas l'écouter; et il vous semble que Jésus ne vous écoute pas et est sans pitié vers vous. Elle persévère à s'adresser à Jésus, et Jésus la repousse même avec rigueur et injurie, et il vous semble que Jésus vous sépare de lui et ne vous veut plus supporter. Mais ne voyez-vous pas que Jésus, en repoussant la Chananée, il la tient : comme en se cachant d'elle, il l'avait attirée à lui? Si nous avions des yeux pour voir la conduite secrète de Jésus sur cette âme, nous verrions que la puissance de Jésus était plus forte à l'attirer, que son secret à se cacher au regard d'elle : nous verrions que la main de Jésus, en la repoussant, la tenait beaucoup plus fortement à lui qu'il ne la repoussait de lui; et il le manifeste en s'écriant : *O mulier, magna est fides tua!* (*Matth.* xv, 28.) Car Jésus est celui qui imprimait en elle cette foi louée de Jésus; cette foi, dis-je, vive; cette foi grande; cette foi constante dans ses rejettements, et cette foi humble dans les rigueurs de Jésus envers elle.

VI. Adorons Jésus en ses voies sur la terre; adorons-le en ses voies douces et rigoureuses ! adorons-le en ses voies rigoureuses sur la Chananée ! Mais en ces rigueurs reconnaissons une voie grande et divine, une voie forte et sainte, une voie favorable et même digne de l'admiration de Jésus. Et en ce procédé divin, voyons comme un rayon des choses qui se passent dans les voies rigoureuses de Jésus sur les âmes. Offrez-vous à Jésus; donnez-vous à son esprit; abandonnez-vous à ses voies; et, dans vos peines, ne soyez point en peine, soyez en paix, car vous êtes à Dieu : et oubliez ces rigueurs et vous-même, pour être toute à lui; demeurez en votre croix et en vos obscurités; mais, du profond de ces ténèbres, adorez, aimez et invoquez celui qui habite une lumière inaccessible et qui est l'être de votre être, la vie de votre vie, l'esprit de votre esprit. Il est votre force, et vous ne sentez que faiblesse; il est votre sainteté, et vous ne voyez que misères, et il sera un jour votre gloire. Bénissez-le à jamais. Je le bénis pour vous, et le supplie de vous faire voir de temps en temps la vérité des choses qui se passent en vous.

VII. Je vous prie, dans vos travaux, d'en embrasser un nouveau que je vous impose au nom de Dieu et en l'honneur de son Fils unique, Jésus-Christ Notre-Seigneur, et de sa très-sainte Mère; c'est de prendre charge et direction de la maison; c'est le désir des sœurs; c'est ma pensée aussi; c'est le vouloir de Jésus et de Marie : c'est assez dire à votre âme. Comme ils vous aident insensiblement à porter la croix intérieure, ils vous aideront aussi à porter cette croix extérieure. Puisque Jésus a embrassé la croix, il ne la nous faut pas refuser. Jésus portait sa croix intérieure à la vue de son Père et de ses anges, et il a pris encore la croix extérieure que Pilate et les Juifs lui ont imposée. A son exemple, il nous faut accepter la croix que Dieu nous impose, et celle encore qui nous est imposée par ses créatures, spécialement par celles qui ont pouvoir de Dieu sur nous. Je vous l'impose en son nom et de sa part, et je le supplie de vous donner son esprit et sa grâce. Je suis en lui et en sa très-sainte Mère,

Votre plus humble et affectionné à vous servir selon Dieu,
PIERRE DE BÉRULLE,
Prêtre de l'Oratoire de Jésus.

De Paris, ce 24 mai, 1623.

LETTRE LXXII.

A UNE RELIGIEUSE CARMÉLITE.

Il lui enseigne comme elle doit accepter les pensées de mort que Dieu lui donnait, et lui propose quelques dispositions sur ce sujet.

La grâce de Jésus-Christ Notre-Seigneur soit avec vous pour jamais. J'ai reçu les lettres que vous m'avez envoyées ce matin. Je ne suis pas digne de connaître le conseil de Dieu sur vous, mais nonobstant cette mienne ignorance, je ne dois pas laisser de vous donner avis. Pour réponse donc, je vous prie de recevoir en humilité les pensées de mort qui vous sont données, et lier votre esprit, et vous offrir à icelle par hommage à l'Être incréé et éternel, par acceptation de l'anéantissement de la vie humaine par la mort, par assujettissement à la justice divine qui l'a ordonnée au pécheur; par adoration de Jésus mourant en croix pour notre salut et perfection, et par désir d'être avec lui en sa gloire, à laquelle la mort nous est un passage. Désirez de mourir en souffrance et par souffrance, en l'honneur du Fils de Dieu mourant par cette voie, et faites tel usage de cette pensée de mort qu'il plaira au Saint-Esprit vous inspirer. J'offre votre âme à Jésus et à Marie pour cet effet, et suis en eux.

LETTRE LXXIII.

A UNE RELIGIEUSE CARMÉLITE.

Pour la diriger en sa voie et la retirer de la vue de son état, pour ne voir que Jésus humilié et anéanti.

La grâce de Jésus-Christ Notre-Seigneur soit avec vous pour jamais. Je serais bien aise de savoir quelque chose de votre état, si Notre-Seigneur et la Vierge le veulent. En attendant rendez hommage à la captivité de Jésus, en sa très-sainte Mère. Soyez humble et fidèle dedans les voies de Dieu sur vous, et honorez l'extrême anéantissement du Verbe éternel dedans ses voies, c'est-à-dire dedans les moyens qu'il a tenus pour rechercher et opérer notre salut. O quel anéantissement de Dieu incarné, de Dieu enfant, de Dieu souffrant! Ô quelles voies, mais aussi voies d'un Dieu et d'un Dieu opérant le salut et la perfection de sa créature, et de sa créature pauvre, misérable et dénuée de tout bien, fors que de la capacité de ses miséricordes, et de ses miséricordes éternelles! Que peut faire, que peut souffrir, que peut porter la créature digne d'honorer ses voies, et les extrémités et singularités de ses voies, de son Dieu pour elle et vers elle? Perdez-vous et vous anéantissez en ces pensées; et en perdant la vue de votre état, ne voyez que l'état auquel se réduit notre Dieu pour notre amour. O quel honneur a rendu la très-sainte Vierge à ces pensées, à ces sujets si dignes d'un honneur divin et infini! Honorez ces honneurs qu'elle y a rendus, et la priez qu'elle nous dispose à l'honneur de son Fils et d'elle, selon leurs conseils et miséricordes éternelles sur nous. Jésus et Marie soient avec vous pour jamais.

LETTRE LXXIV.

A UNE RELIGIEUSE CARMÉLITE.

La grâce de Jésus-Christ Notre-Seigneur soit avec vous pour jamais. Soyez constante et persévérante en la croyance et adhérence aux premiers desseins de Dieu sur vous contre toute apparence, à laquelle vous ne devez avoir aucun égard; et sans la regarder ni vous ébranler par icelle, supportez cette apparence contraire, et la supportez en vous humiliant et en pénétrant par cette humiliation, jusqu'au plus profond de vous-même, et jusqu'à Dieu inconnu et caché en vous et en l'inscrutable profondité de son essence, de sa sapience, de ses conseils et de ses voies sur les âmes et sur ses œuvres. En icelles et en cette pénétration, adhérez immobilement et humblement en obscurité, à ses desseins sur vous. Je prie Jésus vous séparer de l'esprit auteur de la tentation, et de captiver et anéantir sa présence, sa puissance et son opération en vous; et généralement de dissoudre toutes ses œuvres en vous, en l'honneur de ce qu'il est venu en terre: *Ut dissolvat opera diaboli.* (I Joan. III, 8.) Liez vos sens et votre extérieur à la sacrée et adorable humanité de Jésus, et lui dédiez tout l'état et l'opération de votre âme à l'hommage du parfait usage de Jésus et Marie, en leur sens et en leur extérieur. Le désir profond, secret et caché que vous sentez de tout ce qui est nécessaire à l'accomplissement des choses ordonnées de Dieu, est un désir vraiment inspiré de Dieu en l'âme, que vous devez suivre entièrement et pleinement, sans même qu'il vous soit plus ouvert et manifesté pour vous y rendre.

LETTRE LXXV.

A UNE RELIGIEUSE CARMÉLITE, AU TEMPS DE LA NAISSANCE ET ENFANCE DE JÉSUS-CHRIST.

Qu'il nous faut donner notre sensibilité à l'enfant Jésus, et que tout l'usage de nos sens intérieurs et extérieurs, doit être émané de sa sensibilité divine et y rendre hommage.

La grâce de Jésus-Christ Notre-Seigneur soit avec vous pour jamais. Je crois vous avoir déjà mandé d'honorer en ce temps la vie sensible de Jésus en Marie et avec Marie, et de Marie en Jésus et avec Jésus. C'est la dévotion que l'Église nous représente en cette saison, et qui a rapport à vos besoins. Car il faut que toute sensibilité soit référée à celle-là, et même je désire que celle que vous avez soit dérivée et émanée de celle-là comme de son principe, et soit terminée à celle-là comme à sa fin. O vie sensible du Fils de Dieu! ô sensibilité pure, sainte, divine! ô sensibilité déifiée et déifiante! ô sensibilité qui doit pénétrer, abîmer, occuper toute sensibilité créée! O quelle occupation de la vie sensible des saints dans le ciel, avec la vie sensible, divine et glorieuse du Fils de Dieu! Et si le même Fils de Dieu daigne s'abaisser avec nous en la terre par sa bonté, comme il fait en la sainte Eucharistie, ô que sa vie sensible y doit être recueillie, adorée et aimée, car elle est divine et adorable, à raison de l'union hypostatique! Jésus et sa très-sainte Mère soient avec vous pour jamais. Je suis en eux.

LETTRE LXXVI.

A UNE RELIGIEUSE CARMÉLITE.

Pour la diriger en une voie de pauvreté intérieure.

La grâce de Jésus-Christ Notre-Seigneur soit avec vous pour jamais. Adorez Dieu en cette pauvreté que vous me mandez et par icelle, la référant à l'hommage de son être éternel et de la plénitude infinie et puissance absolue d'icelui, et encore à l'hommage des pauvretés même intérieures, esquelles cet être incréé a voulu réduire l'âme déifiée de Jésus en sa vie voyagère sur la terre, pour se rendre gloire à soi-même, en exerçant son pouvoir sur un sujet si digne, si divin, si singulier, comme était cette âme déifiée, adorable et glorieuse. Adorez donc cet être incréé, et en la grandeur de son être, et en l'usage de son pouvoir sur un sujet si divin et qui lui était si conjoint. Adorez encore cette âme sacrée de Jésus en sa vie intérieure et voyagère sur la terre, et en cette partie de sa vie intérieure qui regarde les appauvrissements secrets esquels l'être divin a voulu la réduire par l'intime puissance et plénitude de son être incréé sur icelle, par des voies que nous devons plus adorer que pénétrer. La pauvreté que vous me mandez est une suite de la bassesse et du néant de notre être, laquelle il nous faut porter par expérience aussi bien que notre néant propre, l'accepter et dans icelle rendre gloire à l'être divin et incréé et à l'âme sacrée de Jésus. Adorez la divine essence par la dépendance de votre essence et de l'essence de toutes choses créées. Et enfin en tout ce qui vous arrive, regardez Dieu comme l'objet unique, perpétuel et invariable que votre âme doit toujours regarder en toutes les variétés qui lui surviennent.

LETTRE LXXVII.

A UNE RELIGIEUSE CARMÉLITE.

La grâce de Jésus-Christ Notre-Seigneur soit avec vous pour jamais. Adorez la vie de la Trinité sainte, et vous séparez de toute autre vie pour aimer celle-là et y avoir une société particulière, selon ces paroles du Saint-Esprit : *Societas vestra sit cum* **Patre**, *et Filio ejus Jesu Christo.* (Joan. I, 3.) Adorez aussi la vie de Jésus en sa double essence divine et humaine, et honorez la vie de Jésus en Marie et de Marie en Jésus, et demandez pour nous quelque part et association à ces divins objets. Que nos occupations sont basses! Que nos pensées sont abjectes, en la vue des choses desquelles nous ne devrions jamais être séparés, puisque la grâce nous rend capables de ces divins sujets, et qu'en iceux est la vraie vie! Jésus et sa très-sainte Mère soient avec vous pour jamais; je les supplie de recevoir nos vœux pour votre âme, selon l'étendue de leurs désirs et volontés saintes et divines.

LETTRE LXXVIII.

A UNE RELIGIEUSE CARMÉLITE.

La grâce de Jésus-Christ Notre-Seigneur soit avec vous pour jamais. Il faut apprendre à honorer Dieu par les voies qu'il lui plaira d'ordonner sur nous, et non pas celles que nous voudrions choisir. C'est un des hommages que nous devons à sa puissance suprême et à son ordonnance; c'est un des usages que nous devons à ce sien enseignement : *Qui perdiderit animam suam inveniet eam.* (Matth. x, 39.) Oh! que cette parole est grande! oh! que le sens en est profond et caché! oh! qu'il est sûr et véritable, de trouver le salut en la perte! Cachez-vous en la pureté ineffable de Jésus, comme en votre refuge et retraite. Comme la colombe fait sa retraite en la pierre, faites aussi votre demeure en Jésus, en l'honneur de la résidence que son âme sacrée a en sa divinité, et que lui-même a en sa très-sainte Mère, et sa très-sainte Mère en lui.

LETTRE LXXIX.

A UNE RELIGIEUSE CARMÉLITE.

Il lui conseille la dévotion à la divine enfance de Jésus.

La grâce de Jésus-Christ Notre-Seigneur soit avec vous pour jamais. Je n'ai loisir de vous écrire que ces deux ou trois lignes. Soumettez-vous humblement à la pauvreté intérieure, où Dieu permet que vous soyez. Faites-le en l'honneur de la pauvreté extérieure de Jésus, en l'état de son enfance et de sa vie, et en l'honneur encore de tant de privations divines et admirables, qu'il a portées pour l'honneur de son Père éternel et pour nous obtenir la grâce d'entrer en privation de nous-mêmes. Le papier ne peut représenter ce divin état de Jésus, et nous devons souvent honorer de ses grandeurs, de ses états et de ses mystères, ce que nous ne sommes dignes d'en connaître. En la faiblesse de l'enfance de Jésus, trouvez-y la force pour vous vaincre vous-même et vos tentations. En l'indigence qu'il y a voulu avoir et en la dépendance de sa sainte Mère, offrez-lui une volonté constante d'être en un état perpétuel de dépendance, et de Jésus et de Marie ensemble. Ne divisez point en ce saint temps et en vos dévotions ceux que ce mystère unit et conjoint, c'est-à-dire le Fils de Dieu d'avec la Mère de Dieu. Recourez à eux, donnez-vous à eux, et leur demandez qu'ils daignent vous donner à eux-mêmes, car leur pouvoir est plus grand que le vôtre pour accomplir cette sainte donation. En Jésus est le trésor, la substance et les délices du Père éternel. Adorez et son cœur et son esprit, et lui donnez votre cœur et votre esprit pour jamais. Je suis en Jésus et en sa très-sainte Mère.

LETTRE LXXX

A UNE RELIGIEUSE CARMÉLITE.

Les âmes qui sont dans la peine et l'obscurité ont plus besoin de s'humilier que d'examiner leur état. Il lui conseille la dévotion à la divine enfance de Jésus.

La grâce de Jésus-Christ Notre-Seigneur soit avec vous pour jamais. Je vous écris ce mot pour vous prier d'être en repos de conscience, de ne point donner lieu aux pensées que vous avez, et durant icelles ne faire aucun jugement des choses qui vous traversent en l'esprit ; les oublier, ne les point regarder, faire acte de contrition, mais non pas acte de dissension sur icelles ; car durant le nuage et la peine où vous êtes, vous n'en pouvez juger sainement en ce saint temps de l'enfance de Jésus. Rendez un honneur particulier à l'humilité, à la simplicité, à la pureté de ce divin Enfant. Donnez-lui votre âme en l'honneur de son état, afin qu'il vous en communique les vertus, et lui renouvelez vos vœux et vos désirs, afin qu'il vous donne la grâce de le servir en la perfection religieuse à laquelle vous êtes appelée. Je le supplie et sa sainte Mère de nous arrêter tous en leur service. Je suis en eux.

LETTRE LXXXI.

A UNE RELIGIEUSE DES CARMÉLITES DE LA CONGRÉGATION DE FRANCE, QUI FURENT ENVOYÉES EN FLANDRE POUR Y FONDER.

Dieu est l'unique objet de notre vie. Notre ouvrage en la terre est la perfection de notre âme. Notre vie est appelée course, et nous devons courir vers Dieu.

La paix de Notre-Seigneur soit avec vous pour jamais. Le désir que j'avais de me consoler avec votre âme et celles de toutes vos sœurs m'avait fait espérer que je pourrais aller en Flandre vous voir toutes ; mais il n'a pas plu à Dieu de me donner ce contentement, ayant été retenu de plusieurs sujets qui ne dépendent de moi, et aussi de quelques infirmités qui m'ont empêché même de pouvoir aller jusqu'à Amiens, encore que la bonne Mère Isabelle des Anges l'eût beaucoup désiré. Nous avons supplié M. Gallement d'y faire un voyage dans quelque peu de temps, et vous parler à toutes et disposer de vous, selon ce qu'il avisera avec vous-même. Cependant je vous prie de vous souvenir que vous n'avez aucun objet à posséder ni sur terre ni sur les cieux, que Dieu ; que vous n'avez aucun ouvrage à accomplir en cette vie de travail et de misère, que la perfection de votre âme, qui consiste en l'abnégation continue de vous-même, et en l'amour parfait envers Dieu ; que Dieu vous porte une si grande bienveillance, qu'il ne veut point que vous ayez un autre objet à vous occuper ici-bas et à vous béatifier au ciel, que celui même duquel il jouit et s'occupe de toute éternité, c'est-à-dire son essence et sa divinité ; que nous sommes tous grandement coupables d'être appelés à nous occuper de cet objet divin en cette vie, et à jouir d'icelui en l'autre, qui sert d'occupation et de béatitude à la très-sainte Trinité, et ce nonobstant travailler souvent moins pour icelui, que les mondains ne travaillent après la poursuite de leurs vanités et de leurs passions, et nous avancer si peu, que les mois et les années s'écoulent presque sans différence, et que l'on le tient même à bonheur, si c'est sans déchet et diminution des grâces précédentes. Ne faites pas ainsi, ma sœur, cheminez toujours à grands pas vers Dieu, et remarquez que l'esprit de Dieu appelle la voie des âmes saintes qui tendent à lui, une course (154), comme nous témoignant par ce terme qu'il ne faut pas seulement cheminer, mais courir en la voie de Dieu, à l'exemple de celui qui ne s'est pas contenté de venir seulement à nous, mais il a voulu venir en course et en démarche de géant, c'est à savoir Notre-Seigneur Jésus-Christ, duquel vous chantez souvent ce verset de David : *Exsultavit ut gigas ad currendam viam.* (Psal. XVIII, 6.) Imitez-le en ses voies, contemplez-le en ses mystères, invoquez-le en vos misères : et après lui avoir représenté vos nécessités spirituelles et l'état de son Église, faites-lui quelques prières pour les besoins qui nous environnent. Je suis en lui à jamais.

LETTRE LXXXII.

A UNE RELIGIEUSE CARMÉLITE.

Il lui ordonne de recourir et se dédier à la pureté de la divine essence et des personnes éternelles de Jésus et de Marie, pour être préservée de l'impureté spirituelle, que son humilité lui faisait craindre, au regard de ce qui se passait en elle de la part de Dieu.

La grâce de Jésus-Christ Notre-Seigneur soit avec vous pour jamais. Je n'ai loisir de vous écrire par cette voie. Soyez en repos de tout le contenu en vos deux lettres, ce sont opérations divines, esquelles en humi-

---

(154) *Cursum consummavi.* (II Tim. IV, 7.)

lité et simplicité, en pureté d'esprit et abandon de vous à Dieu, il vous faut délaisser, et ce sera l'humilité et la grâce de Dieu, et non pas votre crainte qui vous préservera. Dédiez-vous et consacrez-vous au Père éternel, pour être préservée par lui de toute impureté spirituelle en ces effets. Dédiez-vous encore à la pureté de sa divine essence, à la pureté de ses processions éternelles, à la pureté de sa divine résidence. Oh! quelle pureté en la génération de son Fils unique! oh! quelle pureté en la procession du Saint-Esprit! oh! quelle pureté en la résidence du Fils au Père, du Père au Fils, du Père et du Fils au Saint-Esprit! Adorez encore le Père éternel en cette troisième sorte de pureté, qui est en la résidence réciproque du Père au Fils, et du Fils au Père : *Ego in Patre, et Pater in me.* (Joan. XIV, 11.) Je n'improuve pas la crainte que vous avez, mais j'en exclus l'inquiétude, et désire que votre crainte soit plus divine qu'humaine, c'est-à-dire soit plus émanée et opérée de Dieu en vous, que non pas prise par vous-même. Car vous devez reconnaître l'état de votre voie être tel, que c'est de Dieu et de ses saintes opérations que vous devez attendre délivrance de ce péril, et non de votre industrie, trop faible et impuissante, et trop aveugle pour avoir effet sur cet état. Moins vous pouvez vous préserver par vous-même, plus devez-vous recourir à Dieu, et vous commettre à sa puissance, à sa providence et à sa bonté, et rechercher en lui adhérence et participation à sa pureté éternelle. Jésus et sa très-sainte Mère, esquels cette pureté est singulièrement appliquée et communiquée, daignent nous l'obtenir pour jamais. Je leur demanderai pour vous, et je vous prie aussi de la leur demander pour nous.

LETTRE LXXXIII.

A UNE RELIGIEUSE CARMÉLITE.

Comme il se faut comporter dans les choses extraordinaires.

La grâce de Jésus-Christ Notre-Seigneur soit avec vous pour jamais. Je fais envers la sainte Vierge pour vous ce que vous désirez. Il me semble qu'en semblables choses il faut apporter une humble et sainte simplicité, non adhérente aux choses extraordinaires qui surviennent, en ne s'y appuyant pas, mais aussi ne s'éloignant pas des choses que nous pouvons pratiquer en un bon sens, toujours démis de nous-mêmes, de notre jugement et de tout ce qui nous concerne, et toujours adhérents à Dieu, et non aux choses qui viennent de sa part, mais à Dieu par icelle, et toujours séparés de tout ce qui n'est point de lui, connu ou inconnu à notre âme. Et en cet état, nous n'avons pas besoin d'examiner ce qui se passe, mais de nous préserver par cette humble et sainte simplicité non discernante, et ne cherchant en tout que Dieu, et non soi-même. Demandez-la au petit Jésus, en l'honneur de sa très-sainte enfance, et m'obtenez de lui et de sa très-sainte Mère la grâce de les servir et honorer dans les larmes. Je suis en eux.

Le 10 janvier 1622.

LETTRE LXXXIV.

A UNE RELIGIEUSE CARMÉLITE.

De l'honneur spécial qu'il désirait être rendu à cinq merveilles divines, accomplies dans le mois de mars.

La grâce de Jésus-Christ Notre-Seigneur, soit avec vous pour jamais. Je vous prie de vous souvenir de nous, de notre voyage, et des misères publiques, devant Dieu, durant ce saint mois auquel nous sommes, et auquel Dieu a fait tant de merveilles pour notre salut. La merveille de l'Incarnation, de la Passion, de l'Eucharistie, de la Maternité de la sainte Vierge, et du repos de Jésus en Marie, (repos divin, ineffable et tout particulier), qui ont été accomplies en ce mois. Honorez ces cinq et divines merveilles en ce saint temps, et dites à la Mère prieure de ma part, qu'en lui disant adieu par la présente, aussi bien comme à vous, ne pouvant lui écrire, que je la supplie de faire honorer en sa maison ces cinq articles, et que ce sont comme cinq oratoires et retraites, que j'ordonne à ses filles pour ce saint temps, à l'exemple des trois tabernacles que saint Pierre souhaitait en la sainte montagne. Jésus et sa très-sainte Mère soient avec vous pour jamais.

LETTRE LXXXV.

A UNE RELIGIEUSE CARMÉLITE.

Il offre et dédie cette âme à l'être incréé de Jésus, et à l'état et opération de cet être en son âme sainte.

La grâce de Jésus-Christ, Notre-Seigneur soit avec vous pour jamais. En l'honneur de Jésus et de Marie, j'accepte la dévotion que vous avez faite depuis quinze jours, et ensuite d'icelle, je supplie Notre-Seigneur Jésus et sa très-sainte Mère, me rendre digne instrument de leurs volontés en vous; et la première action que je désire faire au regard de vous en suite de cela, est d'employer la puissance que Jésus et Marie daignent me donner sur vous, à vous dédier et consacrer présentement à l'être incréé de Jésus, et à son état et opération dedans son humanité sainte, dedans la très-sainte Vierge et dans saint Joseph, et dans les âmes en suite du mystère de l'Incarnation. O être! ô état! ô opération! Que la terre les connaît peu! Que le ciel les révère, et nous les révèle un jour! En attendant que ces choses divines nous soient connues, je vous y dédie et consacre; et en particulier, je vous dédie et consacre à cet être, état et opération dedans l'humanité sacrée par l'union hypostatique, et l'instant d'icelle; et aussi à l'onction, consécration et sanctification infinie, que cette humanité a reçue dès lors par la Divinité même, et à l'état de gloire où cette âme de Jésus est entrée en ce moment. Je vous dédie aussi à cet être, état et opération dedans la très-sainte Vierge, en considération et à l'instant du mystère de l'Incarnation, opéré en elle et avec elle, et aux appropriations que le Verbe éternel a fait de cette noble créature à soi-même, c'est-à-dire à son essence éternelle, à sa personne divine et à son humanité sacrée dérivée d'icelle, et à la dédicace et consécration sublime que le Fils unique de Dieu a faite de cette sainte Vierge à soi-même et par soi-même, en se faisant son Fils, et la faisant sa Mère, qui est la plus haute et admirable qualité qui soit communiquée à une personne créée.

Consentez devant Jésus et Marie, à la dédicace et consécration que je fais de vous à ces choses suprêmes et divines : et vivez en humilité, pureté et sainteté, que porte cet état et condition ; et demandez le même à Jésus et à Marie pour nous, par leur très-grande miséricorde. Jésus et sa très-sainte Mère soient avec vous pour jamais.

LETTRE LXXXVI.
A UNE RELIGIEUSE CARMÉLITE.
Il l'exhorte aux dévotions du sacré temps de l'Avent.

La grâce de Jésus-Christ Notre-Seigneur soient avec vous pour jamais. Le temps auquel nous allons entrer me convie à vous dire que Jésus et Marie doivent être le principal objet de l'âme intérieure et dévote, et ce sont les objets de l'Avent. Premièrement donc, adorez le sacré conseil de la très-sainte Trinité, sur l'incarnation du Verbe ; 2° admirez la vie et dépendance que l'âme de Jésus tire de ce sacré conseil, fondement de l'état admirable auquel elle est entrée par l'union hypostatique ; 3° adorez et aimez Jésus en la vie nouvelle de sa divinité en l'humanité, et de son humanité en la divinité ; 4° adorez la vie humble, divine, puissante, mais cachée de Jésus en Marie, durant les neuf mois qu'il est enclos en ses entrailles sacrées ; 5° révérez la vie de Marie en Jésus, car elle est entrée en un nouvel état et en une nouvelle vie, par le sacré mystère de l'Incarnation accompli en elle. Pensez à ces divins objets, liez votre âme à Jésus et Marie d'une liaison spéciale durant ce saint temps de l'Avent, et priez-les pour l'ordre et pour la congrégation, et pour nos nécessités particulières. Et en l'honneur de la retraite de Jésus en Marie, célébrée par ce saint temps de l'Avent, pratiquez quelque retraite particulière si votre santé le permet. Jésus et sa très-sainte Mère soient avec vous pour jamais.

LETTRE LXXXVII.
A LA PRIÈRE DES RELIGIEUSES CARMÉLITES DE N.
Sa sage et charitable conduite, au regard de la vocation des âmes à la religion ; et pareillement de l'emploi de ceux de l'oratoire.

La grâce de Jésus-Christ Notre-Seigneur soit avec vous pour jamais. J'approuve vos pensées sur la novice dont vous m'écrivez. et je suis d'avis que vous en fassiez votre rapport aux sœurs, selon votre prudence et avec efficace, leur déclarant ce que vous connaissez par décharge de votre conscience, et les laissant se résoudre avec Dieu, et leur enseignant les voies qu'elles doivent tenir, pour se rendre capables de la conduite de l'esprit de Dieu, en une affaire si importante comme la vocation d'une âme et l'état de sa vie.

Puisque l'âme est dévote à la très-sainte Vierge, proposez aux sœurs quelques exercices de piété, pour se disposer à obtenir son assistance dans l'élection qu'elles doivent faire, de l'admettre, ou de la priver de la grâce de la vie religieuse. Je supplie Notre-Seigneur Jésus-Christ et sa très-sainte Mère de disposer par ces voies votre communauté à ce qui est de leur conseil sur cette âme. Je vous prie de continuer votre charité envers le P. N., il semble n'être pas si éloigné de sa charge qu'auparavant ; je serais bien aise que Dieu le disposât à la retenir encore, mais je désire le contenter. Je vous prie voir selon Dieu, et me mander ce qui en est.

LETTRE LXXXVIII.
A UNE RELIGIEUSE CARMÉLITE, INFIRMIÈRE.
La manière de bien exercer cet office.

La grâce de Jésus-Christ Notre-Seigneur soit avec vous pour jamais. Je loue Dieu, de ce qu'il lui a plu vous donner le sujet d'entrer en la pratique des vertus qu'il désire de vous en l'exercice de l'infirmerie. C'est un exercice auquel il faut beaucoup d'humilité et charité, beaucoup de silence et patience, parlant peu et opérant beaucoup, et donnant sujet tacitement aux malades, de rentrer en Dieu, lorsqu'ils en sont divertis par le mal, non par paroles et remontrances (car ce n'est pas le propre de l'infirmière) mais par bon exemple. Car l'âme humble et douce, recueillie avec Dieu en la variété de ses actions, parle un langage de cœur à cœur, qui a plus d'efficace et qui tire doucement à Dieu. Je ne suis pas d'avis que vous vous serviez de cette souvenance des prières que vous me mandez que très-rarement ; mais bien qu'au lieu de cette pensée, quand elle arrive, sans la combattre ni rejeter, vous entriez en la pensée des actions intérieures, que l'âme déifiée de Notre-Seigneur Jésus-Christ a présentées à Dieu son Père, pour les pécheurs de la terre dont vous êtes l'une ; et que par le mérite et efficace de ses actions divines, vous preniez force en Notre-Seigneur pour vous convertir à lui et vous oublier vous-même et pour entrer en l'exercice des vertus qui vous sont nécessaires. Je prie Dieu qu'il soit avec vous pour jamais.

LETTRE LXXXIX.
A UNE RELIGIEUSE CARMÉLITE.

Il l'exhorte de se lier à Jésus et aux mystères auxquels sa divine volonté est de la faire appartenir, combien qu'ils lui soient inconnus.

La grâce de Jésus-Christ Notre-Seigneur soit avec vous pour jamais. Une de vos premières et plus continues dispositions, doit être à adorer, à aimer, à louer la miséricorde de Dieu, et à vous rendre au dessein présent de sa bonté sur vous, et à tous ceux qui vous sont inconnus. Vous devez dépendre continuellement de cette miséricorde, et y avoir plus d'adhérence que le petit enfant n'a à la mamelle; non à cause de la douceur du lait qui en découle, mais à cause de la vie et subsistence que vous en devez tirer perpétuellement; vie et subsistence que vous ne devez et ne pouvez avoir qu'en Dieu et en sa miséricorde, laquelle vous devez adorer et reconnaître, non-seulement en consolation, mais en rigueur même. Croyez donc, trouvez et adorez la miséricorde divine en tout ce qui vous arrive, et prenez vie de Dieu en toutes vos croix, car il est vie, et vie même en la croix et en la mort. Prenez Jésus pour objet de votre âme, occupez-vous de lui, et non de vous. Jésus est celui que vous devez regarder, parmi toutes les variétés des états de votre âme. Ayez soin de bonne heure, de lier votre esprit à Jésus, comme à votre vie; l'établir en Jésus, comme en votre firmament, et recourir à lui, comme à votre retraite et refuge; faites une oblation puissante et fréquente de votre être, de vos puissances, et de votre vie, actions et souffrances de tout l'état présent et avenir, connu et inconnu de votre âme, et généralement de tout ce que vous êtes et portez à Jésus, en hommage et adoration de sa double essence divine et humaine, de la liaison ineffable de sa personne divine à notre humanité, et de sa vie divinement humaine et humainement divine, en la terre et sur les cieux. En particulier, sachez et supposez, qu'outre que Jésus est vie et votre vie, il y a en lui quelque mystère particulier, dont il veut que vous receviez quelque sorte de vie plus particulière, que vous honoriez singulièrement, et dont vous dépendiez continuellement; et encore que peut-être, cela vous soit inconnu, offrez votre état et votre vie en l'honneur de ce sujet qu'il lui plaît de choisir et établir sur vous, sans le connaître et sans désirer le connaître, sinon au temps qu'il lui plaira. Liez-vous humblement et en simplicité intérieure, à cet objet inconnu; et vous déliez de vous-même, et de tout ce qui est créé, pour vivre en Jésus, selon tous ses conseils et ordonnances sur vous, et choisissez Jésus et Marie, pour les objets éternels de votre âme. Souvenez-vous que du plus haut des cieux, ils ont par leurs grandeurs un regard permanent sur vous. Demandez-leur, par miséricorde, la grâce de lier votre âme à eux par regards fréquents. Révérez les regards continuels de Jésus à Marie, et de Marie à Jésus; et en l'honneur d'iceux, jetez un humble et simple regard à Jésus et à Marie, en hommage, en retour, en action de grâces, aux regards qu'ils daignent avoir sur nous du plus haut ciel, et en l'état de leur gloire. Cette distance n'empêche pas que vous ne leur soyez présente, et aussi ils vous doivent être présents par la foi, et sur cette ineffable et divine présence, non empêchée de la distance des lieux, liez-vous à eux par regards humbles et simples, et perdez volontiers toutes autres vues et pensées, pour ouvrir et appliquer ainsi la vue intérieure de votre âme sur ces divins objets.

LETTRE XC.
A UNE RELIGIEUSE CARMÉLITE.

Il lui donne conduite en une voie intérieure fort remplie de peines.

La grâce de Jésus-Christ Notre-Seigneur soit avec vous pour jamais. Vous ne pouvez et ne devez être le juge de vous-même en l'obscurité que vous portez; et tout ce dont vous vous plaignez n'est point de vous, bien qu'il soit en vous; et vient d'un autre esprit, qui a pouvoir de traverser, obscurcir et persécuter votre esprit. Portez en patience, en humilité, en dépendance de l'ordonnance divine, cette persécution. Et portez-la sans retour, sans réflexion, sans occupation aucune sur icelle, et sans diminuer aucun de vos exercices de piété, non plus que si cela n'était point. Votre âme est à Dieu, et non à ces choses, ni à l'esprit pervers auteur de ces choses; et vous devez bénir Dieu, et l'honorer en humble tolérance, de ce que vous ne pouvez empêcher. Bénissez-le en ses voies sur ces créatures. Adorez-le, et aimez-le en ses conseils sur vous. Rendez-vous à ses volontés et opérations inconnues, et vous abandonnez à sa conduite et à son ordonnance. Unissez-vous à Jésus-Christ Notre-Seigneur, et révérez les voies dures et sévères, qu'il a voulu porter même de la part de son Père éternel en sa vie sur la terre; ces voies secrètes intérieures et peu connues, doivent être honorées des âmes appelées à la vie secrète et intérieure. Honorez-les donc en paix et en silence, et référez votre âme et votre voie à l'honneur de ces choses si hautes, si divines et si cachées en l'obscurité de la terre. Vivez en souffrant, et que votre vie soit unie à la vie de Jésus, et soit cachée en Dieu, comme est celle de Jésus-Christ son Fils unique, Notre-Seigneur. Remémorez et pratiquez cette grande parole de l'Apôtre : *Vita vestra abscondita est cum Christo in Deo.* (*Col.* III, 3.) Je supplie Notre-Seigneur Jésus-Christ et sa très-sainte Mère, d'être avec vous pour jamais. Je suis en eux.

LETTRE XCI.
A UNE RELIGIEUSE CARMÉLITE.
Pour la conduire et la fort lier en une voie particulière.

La correspondance essentielle de la créature

à son *Créateur* est peu connue en la terre, et lorsqu'il plaît à Dieu de toucher ce point et d'exiger ce qui lui est dû, l'âme doit entrer dans une très-grande et absolue démission de soi-même. Dieu soutient en accablant, et vivifie en ruinant.

La grâce de Jésus-Christ Notre-Seigneur soit avec vous pour jamais. La voie en laquelle il plaît à Dieu de vous mettre, requiert une très-grande et absolue démission et dépendance du pouvoir de Dieu sur l'être de sa créature, et il faut que vous l'ayez aussi grande et étendue en la volonté comme elle est en effet et en essence, et que par cette intention, vous adoriez l'infinité de l'Être de Dieu, et la puissance absolue de cet Être infini sur l'être de sa créature. Si nous avions une vue claire de cette vérité elle suffirait à imprimer en notre âme un effet et état permanent de dépendance correspondante à ce pouvoir et autorité infinie; mais en l'obscurité de la terre et de la foi, il nous faut mendier par grâce et par miséricorde ce que nous ne pouvons avoir par vue et efficace. Ce que vous en expérimentez est quelque chose, mais peu au regard de ce qui est en vérité et de ce que la créature doit à son Créateur. Son pouvoir est infini, et ce que vous en portez et expérimentez est fini. Adorez donc cette autorité suprême de l'être incréé par-dessus et votre connaissance qui est obscure, et votre expérience qui est fort bien limitée; et croyez devoir plus rendre à Dieu de correspondance à sa puissance absolue que vous ne pouvez penser; et ce peu que vous portez vous sera rendu plus facile en cette humble créance. Prenez force non en vous, mais en ce même Être divin, car il nous soutient en nous accablant, et il nous vivifie en nous ruinant si nous tenons humblement à lui et non pas à nous. Tenez-vous à Jésus et à Marie, et par le lien sacré de l'humanité à la divinité, et du Fils à sa Mère; désirez et demandez d'être liée, appuyée et soutenue de celui même qui vous semble insupportable. Jésus et sa très-sainte Mère soient avec vous pour jamais.

LETTRE XCII.
A UNE RELIGIEUSE CARMÉLITE.

La grâce de Jésus-Christ Notre-Seigneur soit avec vous pour jamais. Je vous remercie du soin que vous avez eu de délivrer mes lettres en main propre à N. et m'en faire avoir réponse, et vous supplie de continuer. Je vous prie aussi me mander quelle a été cette pensée que je ne devais refuser dignité, et quelle dignité? si c'est chose qui ait été imprimée en votre esprit, en manière considérable et avec ordre de me le faire savoir? Priez beaucoup qu'il plaise à Notre-Seigneur Jésus et à sa très-sainte Mère, nous disposer à leur appartenir et à les servir en l'usage de notre vie sur la terre. Je suis en eux.

LETTRE XCIII.
A UNE RELIGIEUSE CARMÉLITE.

Il lui donne plusieurs instructions très-utiles pour se rendre dans une parfaite soumission à la conduite, sans s'arrêter au peu de correspondance qu'elle y ressentait.

La grâce de Jésus-Christ Notre-Seigneur soit avec vous pour jamais. J'ai reçu votre lettre et j'ai compassion de vos croix. Je voudrais y pouvoir remédier par ma présence, mais Dieu ne me donne pas encore cette liberté. Si je puis en quelque autre manière y pourvoir, je vous prie de me le faire savoir. Le remède intérieur au regard du premier point de votre lettre, qui est du peu de correspondance à l'esprit d'autrui, requiert en nous un humble assujettissement à l'esprit de Dieu, un délaissement et abnégation de notre esprit particulier comme d'une chose de néant en la présence de Dieu, une révérence à l'esprit de Dieu présent et opérant en ses créatures et en celle au regard de laquelle nous sommes traversés, et un respect à l'autorité de Dieu résidente en autrui, sans vue et sans égard aux circonstances et conditions particulières de la personne. Accoutumons-nous de bonne heure à ne point voir nous-mêmes ni autrui, à ne voir et n'estimer que Dieu, à ne faire différence aucune de ce qui n'est rien au regard de notre éternité, et nous perdons ainsi dans l'excès des vérités divines et des intérêts éternels. Ne nous retrouvons jamais qu'en Dieu et en son éternité, où sont absorbées toutes les créatures et toutes leurs différences. Il nous les faut supporter avec humilité et patience, mais en les supportant, il les faut oublier comme chose qui n'est point, puisque Dieu seul est et ce qui regarde Dieu, et que tout est un pur néant en sa sainte présence. Je loue Dieu de la facilité qu'il vous donne à la retraite; c'est la vraie disposition de la vie intérieure à laquelle l'ordre est appelé, c'est une grâce qui est origine de plusieurs autres grâces, mais il la faut employer en s'occupant de Dieu, de son Fils unique, de ses grandeurs et mystères, de ses conseils et volontés sur nous, et non pas de nous-mêmes et de nos peines; et à l'entrée de nos chambres ou celles, il faut prendre l'oubli de nous-mêmes et des choses créées, et n'en tirer autre effet que notre humiliation devant Dieu pour ne nous souvenir et occuper que de lui. Nos peines sont ordonnées pour nous exercer, mais non pour nous occuper; pour vaincre nous-mêmes en icelles et non pour les suivre; pour honorer Dieu en les supportant, et non pour nous satisfaire en y adhérant. Souvenez-vous des labeurs et des peines de Jésus en opérant notre salut. O quelles étaient ces peines! ô combien différentes! ô combien divines! ô combien dignes d'occuper nos esprits! Pensez à icelles, et vivez toutes en Jésus, en ses labeurs, en sa croix et en sa gloire. Je le supplie et la très-sainte Vierge d'être avec vous pour jamais, et vous diriger en leurs voies.

LETTRE XCIV.
A UNE RELIGIEUSE CARMÉLITE.

Il lui parle de lier son âme à Jésus, et donne à entendre que la grâce tend à nous faire une même chose avec lui en une manière ineffable.

La grâce de Jésus-Christ Notre-Seigneur soit avec vous pour jamais. Ayez un abandon universel aux voies de Dieu sur vous, quelque pénibles et inconnues qu'elles puissent être ; et vous souvenez qu'en l'honneur de l'union de la divinité à l'humanité en l'Incarnation, Jésus et votre âme ne doivent être qu'une même chose en une manière que je ne puis vous faire entendre par mes paroles ; et il doit être comme la vie et la forme de votre âme ; et vous ne devez être qu'une capacité de lui et de ses voies, sans autre différence que celle qu'il y fait lui-même en adorant son humanité sacrée, portant la divinité en elle, et les conseils et opérations ineffables de la divinité sur elle. O combien ces opérations de la divinité en cette humanité étaient profondes, étaient pénétrantes, étaient extrêmes, étaient incompréhensibles ! O comment cette humanité portait ces opérations si extrêmes, si sévères, si suprêmes ! Adorez profondément, et adorez encore, et imitez cette humanité en la manière ineffable par laquelle elle les portait. Unissez votre âme en toute humilité à l'état de cette humanité, en ses opérations suprêmes, et référez ce que vous êtes et ce que vous portez à l'hommage de sujets si hauts, si divins, si inconnus en la bassesse de la terre, et nous obtenez quelque part en iceux. Jésus et Marie soient avec vous pour jamais.

LETTRE XCV
A UNE RELIGIEUSE CARMÉLITE.

Ce que nous devons à Dieu comme source, comme perfection et comme béatification de notre être. Dieu nous est tout, et nous environne de toutes parts, et il regarde toutes les différences de notre temps. Jésus-Christ est Dieu de Dieu, et Dieu en Dieu. Jésus est la voie et la vie, et l'âme doit demeurer et vivre en lui, et non en soi ni en son corps. Comme en l'incarnation Dieu fait partie du nouveau composé, qui est Jésus ; ainsi Jésus fait partie de la Vierge.

La grâce de Jésus-Christ Notre-Seigneur soit avec vous pour jamais. Cherchez Dieu par les voies intérieures qui vous ont été proposées, et par celles qu'il lui plaira ouvrir de nouveau à votre âme. Souvenez-vous qu'il est : 1° La source de votre être ; 2° la perfection de votre être ; 3° la béatification de votre être. Adorez-le, adhérez-lui, aspirez à lui. En suite et hommage de ces trois qualités et relations vers vous, rendez-lui ces trois affections et dispositions intérieures. O quelle adoration et quel retour vers lui lui devons-nous, comme étant source, et telle source de notre être ! Quelle adhérence et union de notre esprit devons-nous à cet esprit incréé qui est la perfection, et telle perfection de notre être ! O quelle inclination, quel amour et aspiration devons-nous avoir vers lui, qui est la seule béatification, et telle béatification de notre être ! Dès à présent il est la perfection, et seul la perfection de notre être ; dès à présent aussi, il faut adhérer à lui, et n'adhérer qu'à lui, et nous séparer de tout et de nous-mêmes pour n'adhérer qu'à lui et entrer en l'état déclaré par l'Apôtre : *Qui adhæret Deo, unus spiritus est.* (*I Cor.* VI, 17.) Mais il y a différence entre perfection et béatification de notre être, le premier est présent, et le second regarde l'avenir. C'est pourquoi il nous faut entrer en l'un comme présent, et tendre et aspirer à l'autre comme étant à venir ; et vous devez réputer à grand heur d'être obligée par votre profession de vie d'entrer en cet état, c'est-à-dire d'entrer en Dieu qui est la perfection de votre être, et d'adhérer à lui dès à présent et pour jamais. Ainsi Dieu est tout, et vous êtes tout ; ainsi Dieu regarde tous les temps et toutes les différences de votre être. Pour le passé et lorsque vous n'étiez point, il est la source et l'origine de votre être ; pour le présent, il est la perfection de ce même être, et pour l'avenir, il est la béatification de votre être. Ainsi il est tout, et il vous est tout, il vous environne toute et de toutes parts ; soyez aussi toute à lui et ne sortez point hors de lui. Et demeurante en lui, regardez en lui-même son Fils unique Jésus-Christ Notre-Seigneur, Fils de Dieu et Dieu même ; Dieu de Dieu, selon le symbole ; et Dieu en Dieu selon l'Evangile : *Ego in Patre, et Pater in me.* (*Joan.* XIV, 11.) Regardez donc son Fils en lui, et l'adorez en sa double essence divine et humaine ; adorez-le en ses deux états de jouissance et de souffrance, unissez votre âme à son âme déifiée et à ses pensées, ses conseils et ses voies, et en particulier à toute l'étendue de ses conseils et de ses voies sur vous, sans différence et sans limitation de votre part. Votre âme doit être plus en Jésus-Christ que ni en ce corps qu'elle anime, ni en elle-même. Jésus est la vie, et il est votre vie ; il est la voie, et votre voie. Soyez donc en Jésus comme en la vie et en votre vie, et ne soyez point en vous-même ; et au lieu des deux demeures que par nature l'âme a en soi-même pour toujours, et en ce corps tandis qu'elle est en cette voie sur la terre ; que la grâce change en vous ces deux demeures et habitations que la nature vous a données ; que votre âme par intention, par affection, par aspiration, par intime application, soit non en elle-même, mais en Jésus comme en sa vie ; non en ce corps, mais en Jésus comme en sa voie, suivant les pas de cette voie divine, et non les appétits de ce corps périssable ; suivant les instincts et les opérations de cette vie divine, et non les sentiments de cette âme misérable et imparfaite sur la terre. Soyez donc toute en Jésus et à Jésus ; vivez en lui, vivez de lui, vivez par lui. O quelle vie de vivre par Jésus ! ô que ce dernier article comprend de choses ! ô que nous sommes éloignés de ce point là ! Mais il le faut proposer pour l'admirer et pour nous abaisser en nous voyant si loin de choses si grandes et importantes. C'était le propre de la très-sainte Vierge de vivre non-seulement en Jésus, mais aussi par Jésus. Jésus était sa vie en cette manière très-particulière : Jésus était la vie de sa vie, l'âme de son âme, et occupait le fonds de son essence. Voyez et honorez Jésus en la Vierge comme faisant partie principale en la Vierge ; comme Dieu fait en quelque façon partie de nous-mêmes : *Pars mea Deus in æternum.* (*Psal.* LXXII, 26.) Ainsi Jésus fait partie de la Vierge et ne doit être séparé de la Vierge. Soyez au Fils et à la Mère pour jamais, et désirez que l'un et l'autre soient votre part et votre héritage pour l'éternité.

LETTRE XCVI.
A UNE VERTUEUSE DAME.
Pour sa conduite en une voie particulière.

La grâce de Jésus-Christ Notre-Seigneur soit avec vous pour jamais. Entre les divines perfections communiquées à l'âme et à l'humanité de Jésus en une manière suprême et ineffable, vous le devez regarder et adorer en celle de vie et de pureté, et de source de vie et de pureté, et devez ouvrir toute votre âme aux effets de cette divine pensée et opération et suivre l'instinct secret portant l'âme à la participation divine de Jésus ; et vous devez suivre cet instinct secret pleinement et même vous devez le rechercher et renouveler en vous lorsqu'il sera secret et couvert. Je n'improuve point pourtant le désir d'abandon à cette humiliation, à l'exemple de la sainte que vous me nommez, mais il faut que cet abandon soit fait rarement et l'instinct suivi continuement, et que l'abandon soit fait sans renoncement de l'instinct que vous m'écrivez ; mais par une plus humble et simple démission, et de vous et de cet instinct, aux pieds de Jésus et de Marie, à ce que leurs vouloirs secrets et suprêmes en disposent et ordonnent comme il leur plaira, vous présentant à eux en une volonté dénuée des effets de cet instinct, mais non pas renonçant à cet instinct. C'est en cette forme que je consens que vous le fassiez. Révérez le repos de Jésus en Marie et en l'honneur de la liaison ineffable et inséparable tout ensemble de Jésus en Marie et de Marie en Jésus, liez-vous à ces divins sujets et les priez pour nous et notre congrégation et pour celui que vous savez, dont la résolution est fort traversée. Jésus et Marie soient avec vous.

LETTRE XCVII.
A UNE RELIGIEUSE CARMÉLITE.
Il lui propose quelques dévotions très-particulières à Jésus et à ses mystères.

La grâce de Jésus-Christ Notre-Seigneur soit avec vous pour jamais. Dieu vous donne à vous-même plus que vous ne voyez. Adorez sa conduite secrète sur votre âme par sa providence et bonté, et vous commettez à icelle, nonobstant vos obscurités qui vous servent d'exercice mais non d'empêchement à la grâce, ni à la conduite de Dieu sur vous qui vous garde en ces ténèbres. Je supplie Notre-Seigneur Jésus et sa très-sainte Mère de vous approprier toute à eux et au mystère nouveau que l'Eglise célèbre, mystère de naissance qui s'accomplit au monde pour s'accomplir dans nos âmes. Honorez ces deux moments de Jésus, le premier et le dernier de sa vie voyagère sur la terre. Honorez les deux vies de Jésus, celle de la divinité en l'humanité, celle de l'humanité en la divinité. Honorez les deux sortes de vie de Jésus, sa vie mortelle commencée en Nazareth et en Bethléem, sa vie céleste commencée au sépulcre du mont Calvaire. Honorez ses deux rapports et relations à Dieu son Père et à ses créatures. Honorez ses deux sortes d'état en la terre, en la gloire et en la souffrance. Honorez ses deux sortes de souffrances en son âme et en son corps. Je ne vous oublie pas devant Dieu, bien que je sois trop inutile, et si c'est le vouloir de Dieu de me donner encore quelque bénédiction pour votre âme, je l'en supplie et y emploie les prières de sa très-sainte Mère à ce qu'il leur plaise appliquer sur votre âme ces saints mystères et la grâce intérieure qui en doit être dérivée. Je supplie Notre-Seigneur Jésus daigner vous appliquer son esprit. Vivez en Jésus et en Marie, mais plutôt que Jésus et Marie vivent en vous. Je suis en eux.

LETTRE XCVIII.
A UNE RELIGIEUSE CARMÉLITE.
Vie cachée de l'âme en Dieu avec Jésus-Christ.

La grâce de Jésus-Christ Notre-Seigneur soit avec vous pour jamais. J'ai été en divers voyages, ce qui m'a empêché de vous écrire. Maintenant que je viens de recevoir vos deux lettres, je vous dirai que Dieu est avec vous dans l'état où vous êtes, mais il y est caché à votre âme. Il la soutient, il la conserve, il la régit, mais ces effets sont cachés à vos yeux. Souvenez-vous de ces saintes paroles de saint Paul : *Mortui estis, et vita vestra abscondita est cum Christo in Deo.* (*Col.* III, 3.) Vous portez et souffrez une sorte de mort pénible ; mais en cette croix, en cette mort il y a une sorte d'être, de grâce et de vie que vous ne voyez pas, et qui est cachée en Dieu avec Jésus-Christ qui est votre vie et votre tout. Croyez, espérez et souffrez tout en lui, pour lui et par lui qui est votre repos, votre amour et votre force. Je suis en lui et en sa très-sainte Mère.

LETTRE XCIX.
A UNE RELIGIEUSE CARMÉLITE.

La grâce de Notre-Seigneur Jésus-Christ

soit avec vous pour jamais. Je loue Dieu pour votre âme en la continuation des effets que vous me demandez, que j'approuve au nom de Jésus et de Marie, et désire que vous les référiez en l'honneur de l'anéantissement du Verbe éternel en son incarnation, en son enfance et en sa souffrance, qui sont trois sujets spécifiés en ma dernière. Adorez le Verbe incarné, et la vie qui est en lui : *In ipso vita erat* (Joan. I, 4), et il s'appelle le Verbe de vie : *Verbum vitæ*. (Philip. II, 16.) Souvenez-vous de ces paroles fortes et efficaces pour adorer cette vie divine, et ouvrez toute votre âme aux effets d'icelle; et ce non-seulement lorsqu'elle opère puissamment, mais encore après que cette communication surabondante est passée. Il y a de l'excès en la crainte que vous avez de ces effets; et au lieu d'icelle, je désire de vous humiliation et correspondance à iceux, au lieu de l'éloignement que vous en avez. Adorez le Verbe éternel et recevez de toute votre puissance et capacité la communication de ces effets divins en votre âme, et révérez singulièrement les effets qu'il a opérés, et en l'humanité sacrée qu'il déifiait par sa subsistence, et en la Vierge sainte qu'il sanctifiait par sa divine présence en une manière ineffable, durant le temps de neuf mois qu'il était dans son ventre. Jésus et Marie soient avec vous.

LETTRE C.
A UNE RELIGIEUSE CARMÉLITE.

Du don que Dieu fait aux hommes de son Fils unique, et de l'obligation d'être tout à lui. Nous sommes à Jésus par le mérite de sa mort et par le pouvoir de sa résurrection : l'une nous acquiert la grâce, et l'autre nous donne la gloire. Exposition de ces paroles de saint Paul : Ut et qui vivant, jam non sibi vivant, sed ei qui pro ipsis mortuus est et resurrexit.

La grâce de Jésus-Christ Notre-Seigneur soit avec vous pour jamais. Le plus grand don qu'il a plu à Dieu faire aux hommes, c'est de leur donner son Fils; et le plus grand soin que nous devons avoir en la terre, c'est d'avoir part à celui que le Père éternel nous a donné, et à qui il a donné toutes choses. Il est tout, et nous ne sommes rien; et il doit être notre tout, et nous n'avons rien de nous-mêmes en propre que le néant et le péché. Il mérite tout, et de nous-mêmes nous ne méritons que l'enfer, et par lui, nous le méritons lui-même. Il est tout, il a tout, il mérite tout, et il doit être notre tout, et nous devons être à lui, et n'être qu'à lui, et n'être plus à nous-mêmes. C'est l'enseignement de saint Paul qui nous exhorte de ne pas vivre à nous-mêmes : *Mais à celui qui est mort pour nous et ressuscité* (II Cor. v, 15) : où ce grand Apôtre nous représente en deux paroles les deux vies du Fils de Dieu, sa vie mortelle, et mourante en la croix; sa vie céleste, commençante en la résurrection. Deux vies qui nous donnent la vie : l'une en la terre par la grâce; l'autre au ciel par la gloire. Deux vies qui nous acquièrent par un nouveau titre à Jésus-Christ; car quand le Père éternel ne nous aurait point donné à lui, il nous aurait légitimement acquis par le mérite de sa vie mourante et par la puissance de sa vie ressuscitée; tellement que nous sommes à Jésus-Christ, et c'est notre bonheur. Nous sommes à lui par divers titres : par le don du Père, par sa mort en la croix, et par sa vie au ciel. Soyons encore en lui par un nouveau titre, c'est-à-dire par l'élection de notre volonté, par l'humble donation que nous voulons faire de nous-mêmes à lui, par la résolution constante que nous prenons de lui appartenir, de vivre à lui, de dépendre de lui, et de lui consacrer en holocauste perpétuel et nos corps et nos âmes. Après Jésus, soyons à sa très-sainte Mère, en l'honneur de ce qu'elle est à Jésus en qualité de Mère, et en l'honneur de ce que Jésus est à elle en qualité de Fils; et révérant les grandeurs que cet état et qualité lui donnent, donnons-nous à elle pour être à elle, et par elle à Jésus, par quelque sorte d'appartenance et dépendance particulière. Je supplie Notre-Seigneur Jésus et sa très-sainte Mère daigner me rendre digne de le servir en votre âme.

LETTRE CI.
A UNE RELIGIEUSE CARMÉLITE.

Trois stabilités adorables de Dieu en soi-même, du Verbe en l'humanité, et de Jésus en Marie. Le Fils de Dieu qui a non-seulement vie de son Père, mais aussi vie et repos en son Père, a voulu avoir non-seulement vie en la Vierge, mais aussi vie et repos en la Vierge.

La grâce de Notre-Seigneur Jésus-Christ soit avec vous pour jamais. Il y a trois sortes de stabilités saintes, divines et adorables que je vous prie de regarder, aimer et adorer en la diversité des effets qui vous travaillent. La première, la stabilité de la divine essence en la grandeur et infinité de ses imperfections, et en la trinité de ses personnes. La seconde, la stabilité du Verbe en notre humanité, par le sacré mystère de l'Incarnation; et la stabilité de Jésus en Marie, qui est la troisième, peu considérée, peu connue en la terre, comme elle le mérite. Il suffit de vous avoir proposé les deux premières pour nous y appliquer. Je prie Dieu vous faire connaître et porter quelque chose de la troisième, qui va regardant, imitant et adorant la stabilité éternelle du Fils unique de Dieu en son Père, qui lui fait dire ces sacrées paroles en son Évangile : *Ego in Patre, et Pater in me.* (Joan. XIV, 11.) O vie ! ô repos ! ô résidence de Jésus en Marie ! ô vie invariable ! ô repos ineffable ! ô résidence intime, secrète et pénétrante, qui va remplissant la très-sainte Vierge, non-seulement de grâce, mais de l'auteur d'icelle; et qui est unissant le ruisseau à la source, la lumière à son soleil ! Plaise à Jésus et à sa très-sainte Mère vous rendre appartenante à ce divin état, et vous approprier à icelui, pour en porter des effets selon leurs ordonnances. Il y a des âmes choisies pour appartenir singulièrement les unes à Jésus, les autres à Marie ; les autres à Jésus et à Marie tout ensemble, comme ayant quelque manière de grâce et d'assistance, qui a son rapport et son regard à l'un et à l'autre de ces divins objets. Mais cette manière de vie et de grâce dont je veux parler est distincte et différente ; et elle a son regard et son rapport, non-seulement à Jésus et à Marie ensemble, mais aussi à Jésus en Marie, ce qui porte un état bien différent, que la plume ne peut écrire, que l'esprit à peine peut concevoir, que la grâce seule peut faire expérimenter et connaître, et qui a une relation singulière à la vie et à la résidence du Fils au Père par sa naissance éternelle de lui. Car le Fils unique de Dieu a vie du Père par son émanation, et a vie en son Père par cette résidence. Il a, dis-je, vie en soi, car il est Dieu : *Habet vitam in semetipso* (Joan. v, 26), dit-il lui-même en son Évangile ; mais il n'a pas vie en soi, car il est Fils, et il a vie de son Père, qui le produit éternellement, sans indigence et sans dépendance ; et le Père le produisant, non en un sein étranger, non hors de soi, mais dans soi-même, il a vie non-seulement de son Père, mais en son Père. Et comme il a voulu naître en la terre pour adorer par sa naissance temporelle sa naissance éternelle, il a voulu aussi naître, non d'un homme, mais d'une Vierge, d'une femme, et avoir, non un Père en la terre, mais une Mère qui porte et produit son fruit en soi-même, et non hors de soi, comme le Père ; et aussi pour adorer par cette manière de naissance temporelle l'état de sa naissance et résidence éternelle en son Père. Voilà, à mon avis, l'origine de cet état particulier de vie, de repos, de résidence de Jésus en Marie, qui est accompagnée de beaucoup d'effets en elle, digne de Jésus, digne de Marie, et digne encore de la vie suprême et ineffable du Fils de Dieu en son Père, desquels je prie Dieu nous rendre participants en la terre et au ciel, en la manière qu'il lui plaira.

LETTRE CII.
A MADEMOISELLE ACARIE.

Il lui écrit d'Espagne tout ce qui se passe en l'affaire des religieuses Carmélites, pour laquelle il est envoyé ; cette bienheureuse et lui étant liés si étroitement par une providence singulière de Dieu dans la conduite de cet œuvre, qu'ils n'y faisaient rien l'un sans l'autre.

La grâce de Jésus-Christ Notre-Seigneur soit avec vous pour jamais. Vous ne croiriez jamais, sinon après l'avoir vu, combien en ce pays les premières impressions y sont fortes. Je pense que vous m'y avez fait venir pour y apprendre à être opiniâtre et arrêté en mon sens, et haïr l'opiniâtreté en la volonté ; car j'ai souvent sujet de tous les deux ; et j'aurais beaucoup de peine et incertitude, si je ne voyais clairement devant Dieu que je dois suivre mes pensées ; et si je n'étais intérieurement retenu d'acquiescer au sens d'autrui, lorsque je le souhaiterais en la volonté. Je ne puis rien mander de certain ; et seulement je vous dirai que je reçois une consolation particulière d'être employé en cette affaire, et grande espérance dans l'intérieur en l'oraison, que Dieu rompra toutes les difficultés. Il y a sujet de grande édification en ces monastères de filles, où il se pratique une très-grande perfection. Que celles qui prétendent à cet ordre fassent provision d'une grande humilité et docilité d'esprit pour recevoir l'esprit de ce saint ordre parfaitement, qui leur sera communiqué selon leur disposition par le mérite des saintes âmes que j'espère devoir venir en France. En cette grande distance de lieux, en laquelle on ne peut attendre si longtemps les avis, je vous supplie ne pas omettre de me mander vos pensées sur l'heure même qu'elles entreront en votre esprit, et qu'elles demeurent stables devant Dieu en l'oraison, sans attendre nos lettres ; car Dieu permettra qu'elles viendront à propos. Et puisque nous avons un si grand besoin d'avis, et que nous sommes si éloignés du lieu où je les pourrais prendre plus assurément, je vous supplie de prier aussi qu'il plaise à Dieu, par le mérite de cette affaire, et pour l'amour de sa sainte Mère, mettre en notre cœur et en notre esprit ce qui est de sa sainte volonté. Je suis en grand aveuglement sur les particularités de cette affaire que je vous ai écrite, dont j'ai à me résoudre ; et au lieu de lumière je reçois en l'oraison grande tendresse et consolation de travailler pour cette œuvre, et grande force, confiance et allégresse à commencer, bien que je sois sans lumière de ce qu'il faut faire, et encore que je découvre beaucoup d'arrêts, il me semble en l'intérieur que tout sera bientôt fait. Je prie Dieu qu'il vous rende digne d'obtenir que je ne sois point déçu, et que je ne manque en rien de ce qu'il désire de ma part en ce service.

LETTRE CIII.
A LA MÊME.

La grâce de Jésus-Christ Notre-Seigneur soit avec vous pour jamais. Nous avons fait une grande perte en la personne de la Mère Thomasine Baptiste, qui est morte depuis peu de jours. Je l'avais nommée en mon Mémoire pour seconde, et Dieu nous l'a ôtée au même instant, ce que j'ai fort ressenti devant Dieu pour le bien de cette affaire ; et plus que toutes les difficultés passées avec l'ordre, qui n'ont jamais entré en mon esprit, grâces à Dieu, encore qu'elles fissent perdre espérance à tous, ressentant une force comme invincible intérieurement, par-dessus les fermetés des uns et le désespoir des autres. Mais cette perte m'a pénétré fort avant, car il semble que nous avons en ceci à combattre Dieu même, qui nous ôte des mains ce qui nous est nécessaire, parmi la rareté des sujets entièrement accomplis pour un si grand œuvre : au lieu qu'aux difficultés passées, nous n'avions à combattre que les hommes, qui peuvent bien résister et retarder, mais enfin sont contraints de céder à la persévérance de l'âme résolue, et affermie en la force et en la puissance de la volonté de Dieu, que nul ne peut vaincre. Je pèse fort ce que vous me mandez sur l'élection des filles, et rien ne me travaille que cela ; et je ne puis m'y satisfaire et assurer, que par le désir de ne manquer en rien de ma part, et par la providence de Dieu, si abondante et si accomplie sur les particularités de notre affaire, moins importantes que celle-là. Je prie Dieu nous y assister comme en l'affaire de sa sainte Mère, qui est l'unique pensée qui me contente et me conforte intérieurement en cette négociation.

LETTRE CIV.
A LA MÊME.

La grâce de Jésus-Christ Notre-Seigneur soit avec vous pour jamais. Je vous ennuierais trop de vous écrire tout ce qui s'est passé en notre affaire : et seulement je vous dirai comme il a plu à Dieu, contre l'espérance de tous, et contre les résolutions et dispositions du général, l'obliger et le résoudre, et aussi les définiteurs, à nous accorder ce que nous demandons, sans aucune faveur ni aucune puissance de l'autorité supérieure ; et que la providence de Dieu reluit en cet effet si particulièrement, que nous lui en sommes très-obligés. Il a plu à Dieu me donner de la résolution, à penser contre les empêchements qui se sont présentés, et de l'espérance en l'intérieur, contre les défiances apparentes ; car en considérant notre affaire devant Dieu, et voyant qu'elle était sienne et de sa sainte Mère ; je ne pouvais me persuader qu'il ne voulût qu'elle s'accomplît, et par la voie la meilleure, qui est celle de l'ordre. Et je ne pouvais penser que la bonté ayant jusqu'à présent disposé les cœurs de ceux du monde, à tout ce qui a été requis pour le bien de cette affaire, il ne disposât beaucoup plus les cœurs de ceux qui font profession de le servir en une vie si étroite, et qui ont obligation de coopérer au bien de cette œuvre. Encore qu'à la vérité, il me semblât que le malin esprit avait préparé un grand effort, pour la ruine et traverse de notre affaire, en l'indisposition de ces esprits de piété, mais étrangement entiers en leurs pensées, et peu susceptibles de lumière par la voie d'autrui, après leurs premières impressions. Mais aussi me semblait-il devant Dieu, que là où était le plus grand effort de l'ennemi, là devait être aussi notre assaut ; et que là aussi paraîtrait la grâce de Dieu, qui requérait de nous l'usage de la foi, du courage, de la résolution et de l'industrie qu'il lui plairait nous donner, pour y mêler l'efficace de son assistance, et ruiner le dessein du malin esprit en ce qu'il avait plus préparé contre nous ; comme aussi il a plu à Dieu de l'effectuer. Je vous remercie bien fort de l'avis que vous me mandez ; et je prie Dieu qu'il me rende digne de le servir au sujet de cette élection. Je l'espère ensuite de sa bienveillance sur cette affaire, qui serait inutile et imparfaite, si elle ne passait jusque-là. Les moyens que j'apporte ne m'y pourraient suffire, si je ne me commettais en la bonté de Dieu, qui a tant de soin de cette affaire, que j'espère qu'il m'y assistera contre mes empêchements et indispositions particulières, et par-dessus la faiblesse des moyens que je puis apporter à ce discernement des filles. Celle qui me revient le plus devant Dieu, est une ancienne et vénérable, de laquelle vous n'avez encore ouï parler, bien qu'elle soit des premières de l'ordre, et qu'elle y ait été des plus employées. Je me puis tromper en cette pensée, mais elle croît et persévère devant Dieu ; et s'il plaît à Dieu de se servir de cette âme, ce sera encore en cet article, contre l'opinion de tous. Je ne suis pas encore assuré de sa volonté ni de sa puissance, car elle a plus de soixante ans, et le voyage est long et pénible. Mais en l'intérieur, encore me semble-t-il que je dois espérer ; et qu'ès affaires de Dieu, il n'y a rien de moins difficile, que ce qui dépend de Dieu seul, comme est cette volonté et puissance. J'ai fort pesé devant Dieu, si cette âme étant fatiguée des travaux précédents (car elle a même prié qu'elle fût démise de tout soin et de toute charge, pour ne penser plus qu'à Dieu), n'aurait point faute de vigueur et de charité envers autrui, pour travailler en ces petites âmes, qui doivent entrer à les former à la régularité et en l'infériorité, et aussi s'il n'y avait point tentation à se charger d'une personne si avancée en l'âge ; mais il m'a semblé que si Dieu lui donne la volonté de venir, il lui donnera aussi la volonté et le soin de travailler à ce pourquoi elle vient, et que de là je dois attendre la résolution de mon premier doute ; car je ne puis douter que si elle en reçoit la volonté, ce ne soit de l'esprit de Dieu, cette âme étant fort éloignée de cette pensée, et de tout ce qui la pourrait faire naître en elle. Et quant à l'autre, il me semble qu'il faut subir des incertitudes ès affaires de Dieu, et laisser à Dieu de nous en tirer par sa bonté et providence, et qu'il nous doit suffire d'y pourvoir par d'autres voies selon ce peu de lumière que nous recevons de lui, joignant d'autres à sa compagnie qui puissent suppléer à son défaut. Je prie Dieu qu'il ne permette que mes aveuglements et indispositions portent aucun intérêt à cette sienne affaire.

LETTRE CV.
A LA MÊME.

La grâce de Jésus-Christ Notre-Seigneur soit avec vous pour jamais. Il a plu à Dieu nous exercer un petit par deçà, et notre poursuite, par l'accident qui est survenu en la personne de la Mère Thomasine que Dieu a tirée au ciel : et il semble que par sa mort, Dieu a donné permission à l'ennemi de cette affaire, de la cribler et de nous exercer; en-sorte que je le confesse, que rien ne m'a tant coûté en ma vie de peines extérieures que celle-ci, ni même de peines intérieures devant Dieu, hormis l'affaire de l'âme que vous savez. Quand je considère pourtant devant Dieu que c'est l'affaire de sa sainte Mère qui commande à tout ce qui est dans la terre, et que c'est une affaire qu'elle a jusqu'à présent assistée de sa faveur extraordinaire, jusqu'en ses plus petites particularités, et qu'il semble qu'elle a voulu par une miséricorde singulière envers moi, m'appeler à la servir en ce sujet et en ce pays; je ne me puis rendre ni ployer à rien ; et veux que non-seulement l'affaire se fasse, mais qu'elle se fasse avec le plus d'avantage, pour le bien de cet ordre en la France, quelque impossibilité qui apparaisse, et me semble que je dois croire que Dieu le veut ainsi. Je n'ai reconnu un seul trait de l'esprit de Dieu au général sur cet œuvre, et il semble qu'il n'a esprit autre que d'exercer et éprouver l'œuvre, et que Dieu le veut conclure et effectuer par un autre; et en l'âme, je me suis tenu obligé de le contredire en tout, à quoi il fallait une grande force et détermination, et jusqu'à présent il a plu à Dieu nous la donner avec avantage. Il semble qu'il y a eu de grands piéges de l'esprit malin sur cette élection, et c'est en ce sujet qu'il avait plus de préparatifs qu'en pas un autre; et il a été besoin de beaucoup de lumière et de vigueur pour s'y conduire avec effet, et Dieu a daigné nous y assister toutefois plus heureusement en l'effet que sensiblement en l'esprit; et il me semble que je suis obligé de croire devant Dieu, que sa grâce et son secours ne nous manquera au reste. S'il veut que l'affaire se fasse, il veut que ce soit bien : et il n'a conduit le tout jusqu'à ce point, pour permettre (si ce n'est par ma faute) que quelque inconvénient survienne, et nous ne devons manquer de notre part, en force, en patience, en espérance, pour conduire cette affaire jusqu'au point de la perfection qui convient à cet œuvre, et en éloigner tout esprit étranger, et qu'il faut plutôt se résoudre à ne rien faire qu'à le faire mal.

LETTRE CVI.

A LA MÊME.

La grâce de Jésus-Christ Notre-Seigneur soit avec vous pour jamais. Depuis la mort de la Mère Thomasine, Dieu a donné tant de pouvoir au malin esprit de traverser jusqu'à présent cette œuvre, que je ne dois vous donner assurance de notre partement que je ne voie tout accompli, si je considère l'état des esprits d'où il dépend. Mais si je considère les raisons divines qui sont reçues à mon avis au conseil de la Trinité sainte, où tout se conclut en premier et dernier ressort, et puis il s'exécute en terre, en son temps et avec ses difficultés; il me semble que je ne puis douter; et que plus tôt cet esprit contraire sera défait, que l'affaire ne se fasse comme il faut, et bientôt. Le Saint-Esprit qui est descendu sur les apôtres en cette sainte fête, nous y veuille assister, par le moyen des bonnes prières que je crois que vous avez soin de faire faire continuellement. Je vous supplie ne les point omettre, et faire de votre part, effort à la très-sainte Vierge, à ce qu'il lui plaise bénir ce sien œuvre de sa sainte assistance, d'autant plus que l'ennemi de sa gloire s'efforce avec tant de puissance de l'étouffer s'il pouvait ; lequel, saint Michel, ange de la France, et qui est échu en partage à notre affaire ce mois, liera quand il sera temps.

LETTRE CVII.

A LA MÊME.

La grâce de Jésus-Christ Notre-Seigneur soit avec vous pour jamais. Je prie Dieu qu'il nous rassemble et réunisse pour son service, et pour l'accomplissement de cet œuvre que vous attendez avec langueur. Je ne sais pas quel est le conseil de Dieu sur cet œuvre, ne méritant pas de le savoir ; mais la vérité est, que les traverses ont été étranges, et que Dieu a donné puissance à l'ennemi de l'œuvre de l'infecter en sa source. Jusqu'à présent Dieu s'est plu à nous exercer, et préserver l'œuvre de ce qui lui serait dommageable, plus qu'à l'assister de l'efficace de sa sainte grâce pour le conclure et terminer. Et si nous devons attendre l'issue selon la mesure de la tentation et de l'épreuve, nous avons sujet à mon avis d'être contents. Ils sont assez résolus à donner, et plus que nous n'en demandons; mais ils ne me semblent pas avoir l'esprit de Dieu pour nous bien faire. Je crois que nous devons désirer et prétendre tout le mieux qui se peut, et y employer jusqu'au dernier moyen de l'industrie qu'il plaira à Dieu nous donner : et cela fait, s'il ne plaît à Dieu y répandre sa bénédiction, voir ce qui peut suffire, encore que ce ne soit le mieux; et après l'impossibilité du premier, se contenter de celui-ci ; et si cela ne se pouvait, plutôt n'avoir rien, que ce qui ne serait pas propre. Nous disputons sur le premier chef, et ne puis à mon avis selon Dieu l'abandonner, que par l'impossibilité même, et après avoir employé tout ce qui est de nos petites forces, ne sachant s'il plaira à Dieu de bénir l'œuvre par le moyen qu'on penserait le moins; et pour ce je désire n'en omettre pas un. Cet article est important, et j'y ai eu bien des peines en l'esprit plus grandes, que les traverses de dehors, et bien des craintes qu'il n'y eût de la tentation pour retarder l'œuvre ; mais il m'a semblé que je devais passer outre, et qu'il me devait suffire que, le craignant et me disposant à voir la tentation, je ne l'aperçois pas, mais l'obligation d'être fidèle à Dieu, au prix de ce long temps, qui est une des plus dures croix que je puisse souffrir en l'affaire. Et il me semble qu'il doit être dur d'employer à cet œuvre des âmes qui n'y aient point de disposition éminente, ni de vocation intérieure; et que Dieu ayant employé en toutes les fondations de ce pays des âmes choisies et singulières, il se faille contenter d'âmes communes pour cette fondation, qui est la plus importante de toutes. Et si Dieu me fait paraître du contraire, au moins par l'impossibilité de l'œuvre; il me semble que sa bonté et miséricorde envers l'œuvre jusqu'à présent, et les dispositions de son Saint-Esprit en la France, et les traverses que nous recevons ici, nous obligent à croire et attendre de sa main, ce qui nous est le plus convenable, sans nous contenter du moindre. Confortez-nous de vos avis et de vos prières, car je ne puis ici prendre conseil de personne, et il me semble que je suis obligé à me croire plus que pas un, comme étant plus chargé de l'affaire par la commission de Sa Sainteté même, et par la délégation de ceux qui m'ont envoyé; et il me semble qu'en ce pays, il y a peu de gens de conseil et d'intériorité. J'en ai plus trouvé en une bonne âme inconnue et méprisée, et à mon avis, de mérite devant Dieu, qui est en cet ordre, et a pratiqué la sainte Mère, qu'en tout le reste de cette province, qui fait beaucoup plus de profession de l'extérieur que de l'intérieur. Je parle du commun des réguliers, non de cet ordre de la Mère de Dieu, qui marche d'un autre pied pour le regard des filles. Il me semble que voyant les souffrances de nous tous, Dieu sera obligé par sa miséricorde, à abréger le temps, et à conclure l'œuvre comme nous désirons

---

LETTRE CVIII.
A LA MÊME.

La grâce de Jésus-Christ Notre-Seigneur soit avec vous pour jamais. L'affaire est faite sans appui aucun et faveur de notre côté que celle qu'il a plu à la sainte Vierge donner à notre cause pour les rumeurs de France et d'Espagne: c'est pourquoi je vous supplie en rendre grâces particulières à la sainte Vierge. S'il lui plaît bénir nos travaux et vos peines, nous serons tous contents; car j'estime que nous aurons ce que l'on peut désirer, et ce que si la sainte Mère vivait, elle ne nous eût pu donner mieux, si elle n'y fût venue elle-même. Devant Dieu pour la sainte Vierge, je ne pouvais désirer ni attendre rien de moins, et recevais grand reproche, de rabaisser mes pensées et attentes selon les difficultés que Dieu ôte et change comme il lui plaît; et que ce n'eût pas été abréger bien le temps que de le raccourcir aux dépens de l'affaire, et avec intérêt de la volonté de Dieu, qui semble par moyens, et singuliers et assurés, avoir appelé celles que nous désirons à cette mission. Cet œuvre ne nous coûte pas peu. Dieu veuille que ce soit selon sa sainte volonté. Mais quand je considère le mérite de l'œuvre, j'y trouve bien sujet de m'humilier, et de reconnaître la petitesse de mes œuvres et de mes souffrances devant Dieu. Je me confie beaucoup aux prières des bonnes âmes que vous connaissez, et aux vôtres, que je vous supplie redoubler et continuer pour l'accomplissement entier de l'œuvre de Dieu.

LETTRE CIX.
EXTRAITS DE QUELQUES LETTRES A DIVERSES PERSONNES.

I. II. *De la dévotion à la divine enfance de Jésus.* — III. *De la dévotion au séjour de l'Enfant Jésus en Egypte.* — IV. *Si les âmes sanctifiées par une grâce créée et accidentelle sont l'objet de l'amour de Dieu pour jamais, combien devons-nous aimer l'âme de Jésus, sanctifiée par la grâce incréée et substantielle? Et si Dieu glorifie ces âmes éternellement, quelle gloire ne devons-nous point rendre à l'âme de Jésus?* — V. *Dévotion à la vie et aux langueurs de Jésus en croix.*

I. La grâce de Jésus-Christ Notre-Seigneur soit avec vous pour jamais. La vie nouvelle que le Fils de Dieu prend en la terre par naissance mérite un hommage singulier, et tout propre et particulier à l'état de ce mystère. Révérez la double vie et enfance de Jésus, en Marie, et hors de Marie; la vie et la privation de vie tout ensemble, qui est en cette double enfance; et offrez votre essence, votre puissance, votre vie intérieure et extérieure, votre vie de nature et de grâce à l'hommage et adoration de cette vie et enfance adorable de Jésus. Je me lie de nouveau à Jésus Enfant, et pour vous et pour nous. Je vous y offre de toute notre puissance pour l'accomplissement de tous ses divins vouloirs et pouvoirs sur nous. La part que la sainte Vierge a à cette vie nouvelle de son Fils, et la vie spéciale qu'elle en reçoit, mérite une singulière application et révérence de la part de votre âme. Jésus et Marie soient avec vous pour jamais.

II. Je vous prie renouveler dès à présent en votre âme l'amour de Jésus et l'honneur de sa très-sainte enfance. Le temps approche auquel la terre a reçu et porté l'objet de cet amour, et l'a porté si longtemps caché et inconnu. Adorez ce divin objet, c'est-à-dire cet Homme-Dieu. Admirez et appliquez votre âme tout à lui, et de toute votre puissance. Demandez-lui plus de pouvoir pour vous appliquer davantage. Honorez son impuissance, et priez-le qu'elle vous rende puissante d'être plus à lui et en lui que jamais. Oubliez et anéantissez tout ce qui peut diminuer votre appartenance vers lui, et le priez qu'il me dispose à lui rendre quelque petit service en ce saint temps. N'oubliez pas la très-sainte Vierge si conjointe à lui.

III. Je vous prie d'honorer l'état et le séjour de Jésus et de Marie en Egypte. Référez en l'hommage d'icelui, vos dispositions présentes. Séparez-vous de vous-mêmes, pour ne vous séparer point de Jésus et de sa très-sainte enfance, de laquelle cet état fait partie; état de souffrance et de captivité tout ensemble, état dont les grandeurs et qualités sont inconnues et même méconnues, état auquel Jésus et Marie sont privés de l'habitation du peuple de Dieu; lui Fils unique de Dieu, et elle Mère de Dieu. Plaise à Jésus et à Marie vous prendre en leur conduite et protection, et vous donner part aux grâces acquises et opérées en ce sujet et état.

IV. Toute âme reçoit sa sanctification de la grâce qui n'est qu'une émanation de la divinité, c'est-à-dire un accident et qualité émanée de Dieu, une sainte odeur de la sainteté qui est en Dieu même, et une idée et image de sa semblance, et enfin un effet créé, infiniment distant de la beauté, de la sainteté et de la dignité de cet être incréé. Et toutefois l'âme qui reçoit cette grâce, devient si excellente, que Dieu la regardant, il la juge digne de son amour et de sa gloire. Que sera-ce donc de l'âme de Jésus-Christ qui n'est pas sanctifiée par cette grâce accidentelle comme la nôtre; mais par la même divinité qui subsiste en la divinité, qui agit par la divinité, qui est remplie de la divinité, et qui a la même subsistance qu'a l'essence divine. En sorte que comme Dieu est saint et subsistant par soi-même, aussi cette âme est sainte et subsistante immédiatement par la divinité, et non par un effet créé et émané de la divinité. Or, si Dieu même, Dieu, dis-je, dans sa lumière, sa perfection et sa dignité infinie juge une âme sanctifiée de cette grâce accidentelle, digne pour jamais de son amour et de sa gloire, que devons-nous juger, nous, de cette âme déifiée de Jésus-Christ? Combien est-elle digne de notre amour? combien digne de recevoir de nous toute la gloire que nous lui pouvons rendre, nous qui ne sommes que de petits vers de terre? Et puisque Dieu daigne glorifier les âmes saintes, que les âmes sanctifiées par Jésus-Christ le glorifient et établissent toute leur gloire en son âme déifiée, Dieu a mis son essence et sa gloire en cette âme, et nous y devons aussi mettre notre gloire.

V. Je vous prie que vous honoriez la vie languissante de Jésus en la croix, et tous les moments d'icelle, et que vos peines soient référées à l'honneur spécial du Fils de Dieu, en ces trois heures qu'il fut attaché et souffrant en la croix. O quelle vie et quelles langueurs! Vie et langueurs d'une âme déifiée et glorieuse, vie et langueurs si peu connues, et qui méritent tant d'honneur du ciel et de la terre! Honorez ce qui vous est inconnu d'un si divin sujet, et unissez vos désirs d'honorer choses si grandes, à l'honneur que la Vierge et Magdeleine en particulier rendirent lors, et ont rendu depuis à cette vie souffrante et languissante de Jésus, de laquelle ils ont eu tant de part et tant de connaissance. Je les supplie d'être avec vous, et de vous disposer aux vouloirs de Jésus-Christ sur votre âme.

LETTRE CX

EXTRAIT DE LETTRES A DEUX RELIGIEUSES CARMÉLITES.

I. *Le mystère de la nativité de Jésus est un mystère de vie et de mort.* — II. *Dévotion à la divine essence et à la très-sainte Trinité.* — III. *Dévotion pour le moment de la mort.* — IV. *Dévotion aux souffrances et à la mort de Jésus, à une âme que Dieu conduisait par le chemin de la croix.*

I. La grâce de Jésus-Christ Notre-Seigneur soit avec vous pour jamais. Les âmes sont à Jésus et non à elles, et ne doivent opérer que pour lui et par lui. Demandez-lui souvent la conduite de son esprit en ses œuvres, et opérez les œuvres de Jésus par l'esprit de Jésus et non par le vôtre. Regardez cette fondation nouvelle en cette qualité, et recourez à sa très-sainte Mère, à ce qu'elle vous obtienne l'esprit de son Fils, et daigne vous donner encore quelque part en elle et en la grâce de la sainte nativité de son Fils auquel nous avons offert et dédié votre maison. Mystère de Jésus et de Marie tout ensemble, mystère de naissance et de vie, mystère de vie souffrante et mourante, puisqu'en icelui Jésus prend vie pour mourir, au lieu qu'en sa naissance divine et éternelle il reçoit vie pour vivre d'une vie impassible et éternelle. Mystère donc qui vous doit lier au Fils de Dieu et à la Mère de Dieu tout ensemble. Mystère qui vous doit donner entrée en une nouvelle vie, et vous doit être comme principe et source d'un nouvel être; mystère encore qui vous doit induire à une vie vraiment vivante à Jésus, et mourante à vous-mêmes. C'est ce que je vous souhaite à toutes, et ce que je voudrais être digne de vous obtenir, et ce que je vous prie obtenir pour moi-même.

II. Continuez dans les voies intérieures, en humilité et simplicité, en adhérence à Jésus et à sa très-sainte Mère, et à leur voie et conduite sur votre âme. Persévérez en l'application de votre âme à la divine essence et à la Trinité sainte, et ce plus par révérence que par intelligence, et par simplicité plus que par art et conduite. Car cet objet incréé est si distant et élevé par-dessus tout être créé, que nous avons plus à nous perdre et abîmer en lui que non pas à le connaître, et nous avons plus à lui appartenir par ses propres opérations secrètes que par nos pensées et conceptions particulières. Désirez d'être et d'appartenir à cette divine essence, si intime, si présente et si opérante; par les voies qu'il lui plaira ordonner sur votre âme, sans votre connaissance, sans vous contenter ou limiter à celles que vous pouvez penser et former en vous.

III. En cette vie nous devons vivre entre la crainte et l'espérance, craindre par humilité et espérer en la miséricorde de Dieu. Je désire que vous recommandiez tous les jours l'instant de votre mort à Notre-Seigneur Jésus-Christ, et à trois instants qui doivent être grandement honorés en lui, savoir : l'instant de l'union du Verbe avec la sacrée humanité au ventre de la Vierge ; l'instant de la désunion de son âme sainte d'avec son corps saint en la croix, et l'instant auquel son âme est réunie à son corps déifié dans le sépulcre le jour de la résurrection pour jamais ne l'abandonner. Honorez aussi toutes les faiblesses et les dérélictions de Notre-Seigneur en sa sainte passion, et le priez que par icelles il ne vous délaisse point.

IV. Prenez tous les jours un temps pour honorer les souffrances de l'âme déifiée de Jésus et de son saint corps, et celles encore de l'âme et du corps de la Sainte-Vierge, et désirez d'honorer par les souffrances de votre âme, celles de cette sainte âme de Jésus et celles de la Sainte-Vierge. Honorez aussi la séparation de l'âme du Fils de Dieu d'avec son saint corps, et la dignité des souffrances de cette âme en cette séparation, et désirez d'honorer par l'avilissement de votre mort et l'anéantissement de la mort du Fils de Dieu, vous résignant tous les jours à mourir quand il lui plaira, et de telle mort qu'il lui plaira, pour honorer sa mort et ses souffrances. Mettez chaque jour le moment de votre mort en la protection de Jésus et de la Vierge sa Mère, et des saints auxquels vous avez dévotion particulière, et ayez aussi dévotion et recours aux saints qui ont donné leur vie par souffrance pour Jésus-Christ, et vivez en une entière séparation de toutes les choses créées et encore de vous-même.

II. — LETTRES AUX PRÊTRES DE L'ORATOIRE.

LETTRE CXI.
AUX PÈRES DE L'ORATOIRE DE PROVENCE.
Mes Révérends Pères,

La grâce de Jésus-Christ Notre-Seigneur soit avec vous pour jamais. Je vous renvoie le R. P. de Rets, qui a voulu prendre la peine de venir par deçà et demeurer quelques mois dans la maison qu'il a plu à Dieu donner à l'Oratoire dans Paris. Outre la connaissance que j'ai eue dès longtemps de sa vertu et de son mérite, ce que j'en ai reconnu et expérimenté moi-même de nouveau en ce séjour, m'aurait induit à le retenir plus longtemps par deçà, si je n'avais égard à votre intérêt et à vos désirs. Mais, puisque vous le redemandez avec tant d'instance, je ne dois et je ne puis vous le refuser, et je vous dois remercier de la facilité que vous avez eue à le nous envoyer et à le nous laisser durant ce peu de temps qu'il a voulu demeurer avec nous. Je lui ai exposé nos usages et nos manières de procéder, et l'ai informé du dessein principal de notre petite congrégation, et je lui ai fait voir la conduite ordinaire de nos actions. Je supplie le Dieu de paix Jésus-Christ Notre-Seigneur, qui a voulu réunir tout à soi-même, nous unir tous en lui et nous rendre tous capables de le servir en la perfection que requièrent notre ministère et vocation. Celui que nous adorons est un et est l'unité même, et il se plaît d'être servi en unité d'esprit, pour marque et pour hommage de son unité divine, et de l'unité nouvelle et admirable qui est au sacré mystère de l'Incarnation, source et origine de notre réparation et sanctification. Ce mystère d'unité établit l'unité d'esprit, qu'il veut être en ses serviteurs en la terre et au ciel. Je le loue et bénis de vous avoir tous disposés à l'embrasser avec nous, et je vous y offre notre petit service, et j'espère que Notre-Seigneur et sa très-sainte Mère uniront nos esprits et nos cœurs d'une union si parfaite, qu'il se pourra dire de vous et de nous avec vérité : *Cor unum et anima una.* (*Act.* IV, 32.) Je les en supplie et suis en eux.

LETTRE CXII.
AU P. DE RETS, SUPÉRIEUR DES PRÊTRES DE L'ORATOIRE, A AIX
Sur le bref d'union des maisons de l'Oratoire de la Provence, avec la congrégation de l'Oratoire de Jésus.

Mon Père, la grâce de Jésus-Christ Notre-Seigneur soit avec vous pour jamais. J'ai reçu la lettre qu'il vous a plu m'écrire, et le bref que vous m'avez envoyé, je le reçois avec la révérence et humilité que je dois à Sa Sainteté, louant Dieu de ce qu'il lui a plu nous unir tous ensemble, non-seulement par nos volontés propres et particulières, mais encore par l'autorité la plus grande qu'il a laissée en la terre, qui est l'autorité de son Fils unique Jésus-Christ Notre-Seigneur, laquelle il a commise à celui qui porte le nom et qualité de son vicaire en terre. Puisque c'est par un lien si divin, puissant et sacré, que nous sommes liés ensemble, nous sommes obligés à une plus grande correspondance et charité, que nous ne serions pas si cette liaison n'était opérée que par nos pensées propres et par nos volontés personnelles. Je vous l'offre telle que je vous la dois, et à tous ceux qui sont enclos et compris dans le même lien, par lequel il a plu à Dieu nous unir ensemble. Je vous supplie de leur dire de ma part et les en assurer. Et afin qu'il plaise à Dieu donner plus de grâce et de bénédiction à cette liaison mutuelle et réciproque, je l'offre dès à présent et je la dédie et consacre à l'honneur de la liaison très-étroite du Père éternel avec son Fils, en l'unité de son essence et en la puissance divine de la génération éternelle, et en l'honneur de l'union très-étroite du Verbe divin avec notre humanité par le mystère de l'Incarnation, et celle de Jésus avec la Vierge, par la grâce éminente, singulière et propre à elle seule entre tous les esprits créés, c'est-à-dire par cette grâce qu'il lui a conférée, la choisissant pour sa Mère et se faisant son Fils en elle : grâce de maternité divine que toute l'Eglise honore en la Vierge lorsqu'elle l'appelle Mère de Dieu. Et puisque je vous écris ceci en un vendredi, jour dédié et affecté à la mémoire des douleurs et des rigueurs que Jésus porte en la croix, pour le salut des hommes et pour la gloire de son Père, je ne veux pas omettre un sujet digne de si grande vénération et un moyen si puissant à opérer et imprimer sanctification en nos âmes. J'offre donc encore cette union présente que Dieu fait entre nous en l'honneur de cette sorte d'union secrète, intime, puissante et parfaite, qui est entre le Fils et le Père, dans le délaissement sensible et public que le Fils porte en la croix, et qu'il témoigne par ses grandes paroles: *Deus Deus meus, utquid dereliquisti me?* (*Matth.* XXVII, 46.) Délaissement, privation et rigueur, non assez entendu ni assez honoré en la terre, et délaissement établi dans la plus haute et puissante assistance, union et amour du Père envers le Fils, au temps du plus grand service et sacrifice que le Fils rend au Père en la croix, qui veut mourir dans ce délaissement sacré et divin, lequel accompagne la croix et consomme la vie d'un Homme-Dieu sur la terre. En l'honneur donc de toutes ces choses hautes, grandes et divines, j'offre la liaison que Dieu établit entre nous par son autorité sainte, afin que notre union et congrégation, petite et humble en la terre, soit bénie, sanctifiée et dirigée, par chose si grande, si sainte et si puissante, en terre et au ciel. Et afin qu'il plaise à Dieu nous donner grâce pour conduire cette union à sa gloire et au service des âmes qui nous sont commises, je vous prie bien fort de nous envoyer le nom de tous ceux qui y sont compris et qui ont accepté le bref de Sa Sainteté, avec un petit mémoire du temps qu'il y a qu'ils sont dans la congrégation, et de leurs dispositions, capacités et fonctions en icelle, afin que cette connaissance me donne lumière à les mieux diriger dans les voies de Dieu, et dans les effets de son service. Je supplie Notre-Seigneur Jésus et sa très-sainte Mère, de nous unir et bénir tous en eux, et nous rendre dignes de les servir en la manière et perfection qu'ils requièrent de nous. Je suis en eux, mon Père,

Votre très-humble et très-affectionné serviteur,   PIERRE DE BÉRULLE,
Prêtre de l'Oratoire de Jésus.

De Paris, ce 21 novembre 1626.

LETTRE CXIII.
A TOUS LES PÈRES DE L'ORATOIRE.

Prières pour les défunts de la congrégation de l'Oratoire de Jésus.

La grâce et la paix de Jésus-Christ Notre-Seigneur soit avec vous pour jamais. Je vous donne avis que le 26e jour de septembre, proche de midi, jour affecté selon quelque Martyrologe à la mémoire du trépas de saint Jean l'Evangéliste, il a plu à Dieu appeler à soi le P. Jean Courvoisier, natif de Poligny en la Franche-Comté. Sa mémoire nous doit être chère pour sa vertu qui n'était pas commune, et nous devons lui rendre les derniers devoirs de piété et charité chrétienne avec d'autant plus de soin et d'affection, qu'outre le très-bon exemple qu'il a donné en tous les lieux où il a été depuis sa vocation entre nous, il a même voulu fonder une maison de notre congrégation au lieu de sa naissance. C'est pourquoi je supplie un chacun des prêtres de dire trois messes à son intention, et en particulier les vêpres et un nocturne des morts; et tous nos confrères et frères servants, de faire trois communions et dire trois chapelets de cinq dizaines chacun. Les trois messes, trois communions et trois chapelets, seront : l'un, en hommage de la divine essence de la Trinité sainte et de sa providence et charité sur les âmes pour les attirer à sa gloire; le second sera en l'honneur de l'âme et de la vie de Jésus sur la terre, et de ses saintes actions et souffrances pour le salut des pécheurs; le troisième, en l'honneur de la très-sainte Vierge Mère du Fils de Dieu, de sa vie sur la terre et de sa charité au ciel envers les âmes qui appartiennent à son Fils. Les trois messes peuvent être selon l'usage des morts nonobstant ces intentions, mais il n'est pas nécessaire et suffit que l'une soit de *Requiem*, et les autres, ou du Fils de Dieu, ou de la Vierge, pourvu qu'elles soient appliquées toutes à l'intention du défunt.

LETTRE CXIV.
A UN SUPÉRIEUR DE L'ORATOIRE.

Patience dans les travaux. — Dieu bénira la congrégation en son temps ; mais il faut attendre ce temps avec humilité et longanimité. Quel usage nous devons faire de l'incertitude de nos pensées. La pauvreté ne doit pas empêcher l'exercice de la charité. Nous devons renoncer quelquefois même à nos bons désirs.

Je loue Dieu de la force qu'il lui plaît vous donner dans les travaux de cette maison. Vous dîtes un jour avec un grand serviteur de Dieu: Heureux les travaux qui ont trouvé une telle récompense! Honorez les labeurs du Fils de Dieu, cheminant inconnu parmi le monde et ceux aussi de sa très-sainte Mère. Oubliez vos peines et vos labeurs, en la pensée de sujets si grands et si divins, et demandez à Dieu en toute humilité, longanimité et persévérance, en ce qui est de sa très-sainte volonté. Dieu bénira et multipliera la congrégation, mais il nous faut et humilité et longanimité, pour attendre et recevoir cette bénédiction ; et en attendant, nous devons pourvoir à tout selon la puissance qu'il nous donne, et nous humilier, prier, patienter, lorsque nous ne pouvons davantage. J'ai toujours craint ce qui est arrivé à celui dont vous m'écrivez ; mais vos lettres me faisaient douter de mon sens, et je pensai plus humble et plus à propos d'en essayer, n'y prenant pas confiance entière. Il ne nous faut pas étonner si nous nous trompons en nos pensées, puisque les anges même, en la gloire, peuvent avoir des pensées différentes du jugement de Dieu. Mais après nous être humiliés, il nous faut départir aussitôt de notre propre sens. Je crains que vous ne soyez un peu trop arrêté. Demandez à Jésus et à la Vierge cette humble et facile démission. Ne soyez point si exact en petites choses. Il vaut mieux que la maison soit plus pauvre, et que la charité vers les nôtres soit plus abondante. J'approuve grandement votre dévotion, et il m'est très-agréable et très-aisé d'y satisfaire, mais ce serait à présent une tentation. Il faut s'humilier en tout temps, et quelquefois anéantir même nos bons désirs ; au moins les faut-il différer sous la conduite de la Providence divine. Honorez la patience de Jésus, à attendre l'espace de trente ans que son heure fût venue, laquelle il pouvait avancer selon son bon plaisir. *Nondum venit hora mea* (Joan. II, 4), répond-il même à sa très-sainte Mère. S'il s'est rendu sujet aux temps et aux moments, lui qui avait le temps en son pouvoir, que devons-nous faire, nous qui ne sommes rien et ne pouvons rien? Jésus et sa très-sainte Mère soient avec vous pour jamais.

LETTRE CXV.
A UN SUPÉRIEUR DE L'ORATOIRE.
Plusieurs avis très-utiles.

Je vous prie de vous rendre sérieux et doux à la réprehension. C'est la grâce et non la nature qui doit opérer en cette action, et ce doit être plus un effet de charité que d'autorité. Pour se rendre digne de l'exercer, il faut se recueillir et prier avant que de reprendre, et honorer le Fils de Dieu en ses charitables réprehensions sur la terre. Rendez hommage à l'autorité suprême de Jésus et de sa très-sainte Mère, et demandez leur conduite et protection en la charge que vous avez. Ce doit être une de vos pensées et prières plus ordinaires. Ne soyez pas si facile à recevoir peine, mais recourez beaucoup à l'oraison pour les nécessités de votre maison ; car c'est à Dieu de pourvoir à tous vos besoins. Rendez votre esprit présent à Dieu, charitable envers vos pères et frères, humble en vous-même, supportant et prévenant les infirmités d'autrui, en l'honneur de celui qui nous prévient et supporte tant. Honorez un chacun dans sa condition, par hommage à l'honneur que Dieu même a voulu rendre à notre nature, en l'élevant à sa dextre par l'union hypostatique, et à sa gloire, par les mérites de son Fils. En ces jours saints, je désire qu'il se fasse un renouvellement général dans l'amour mutuel, que Jésus-Christ nous oblige d'avoir les uns pour les autres, et une rentrée fervente dans les dispositions, que requiert l'esprit de notre congrégation. Vous proposerez ces intentions nôtres, en une conférence, et en l'honneur de la réconciliation que Jésus nous a acquise par son sang, vous serez le premier à demander pardon à tous, de toutes les fautes de cette année envers eux, et eux semblablement ; et chacun s'embrassera mutuellement. Et en l'honneur de l'expiation de Jésus, un chacun demandera de recevoir son esprit et renouvellement en la grâce de sa vocation.

LETTRE CXVI.
AU SUPÉRIEUR DU COLLÉGE DE L'ORATOIRE.
Le vouloir de Dieu n'est pas que nous exécutions tous les désirs qu'il nous donne. — Il dédie la conduite de ce collège à Jésus au milieu des docteurs, et à sa très-sainte Mère le recherchant. — Il juge convenable que les prêtres de l'Oratoire confessent aux paroisses, spécialement ès fêtes solennelles.

Je vous supplie de considérer que Dieu nous donne souvent des désirs plus pour mériter que pour les exécuter ; et qu'une des patiences que l'âme vertueuse doit avoir au service de Jésus-Christ Notre-Seigneur, c'est de porter beaucoup de bons et grands désirs, qu'elle ne peut ni ne doit accomplir. L'offre à Jésus au temple au milieu des docteurs, et à la sainte Vierge le cherchant pendant ce séjour, l'état et l'exercice de votre maison et collége, et supplie cette très-sainte Vierge, en l'honneur de ses douleurs et labeurs en cherchant son Fils, de prendre cette maison et collége en sa protection, et y répandre quelque bénédiction particulière. Ce n'est pas encore le vouloir de Dieu, que je vous décharge, et il s'oblige contre mon sens et ma pensée, de vous laisser encore en cette maison. Soumettez-vous, s'il vous plaît, et vous conformez à son ordonnance, et prenez votre repos et contentement en sa très-sainte providence, et offrez votre soin à Jésus en l'honneur du soin qu'il a eu de ses apôtres et ses disciples, par l'espace de trois ans ; et du soin même que sa très-sainte Mère a eu de lui auparavant. On ne doit faire aucune difficulté de confesser aux paroisses, et cela doit être de notre usage et institution, spécialement aux grandes fêtes, où il est plus à propos que le peuple assisté aux divins offices qui s'y célèbrent, que non pas ailleurs. Je supplie Notre-Seigneur Jésus, d'accomplir sur nous tous sa très-sainte volonté.

LETTRE CXVII.
A UN SUPÉRIEUR DE L'ORATOIRE, POUR LA CONDUITE DE SA MAISON.
L'oraison et la mortification sont les princi-

paux exercices de la vie de l'esprit, et tous deux doivent être référés à Jésus. La vertu est plus aimable, parce qu'elle nous rend conformes à Jésus, que par sa qualité particulière.

Je vous prie de croire que de la vie intérieure dépend l'extérieure, et que l'oraison et la mortification sont les deux principaux exercices et effets de la vie de l'esprit. Comme le Fils unique de Dieu a deux natures, il a voulu aussi avoir deux sortes de vies différentes; l'une en Dieu son Père, et l'autre en la croix. L'esprit d'oraison regarde et se réfère particulièrement à l'une, et l'esprit de mortification à l'autre. Regardez toujours aussi Jésus, et référez tout à lui, et mettez, s'il vous plaît, cet esprit en tous ceux que vous en jugerez capables, d'accomplir leurs actions et exercices de piété et de vertu, plus par relation et hommage à Jésus-Christ Notre-Seigneur, que par désir de la même vertu en soi-même. Car aussi est-elle plus aimable, plus souhaitable et plus divine, parce qu'elle est à Jésus, et par le rapport et conformité qu'elle nous y donne, que parce qu'elle est en soi-même. Il nous faut donc rechercher la vertu, d'autant qu'elle nous rend semblables au Fils de Dieu : *Conformes fieri imagines Filii Dei* (Rom. VIII, 29), et non-seulement à cause qu'elle fait impression en nos âmes, et nous rend doués de sa qualité particulière. Par exemple nous devons plus aimer la patience et débonnaireté, parce qu'elle nous conforme à Jésus-Christ doux et patient, que parce qu'elle nous rend doux et patients. Car cette première pensée est plus haute et plus divine, et nous remplit des pensées et de l'amour de Jésus. Le Fils de Dieu et sa très-sainte Mère doivent être les objets principaux de notre petite congrégation, et je vous prie d'établir peu à peu cet esprit de piété en nos pères et confrères, et d'en demander la grâce au Fils de Dieu et à sa très-sainte Mère. Implorez aussi à cet effet le secours de l'ange de la congrégation, comme étant un des points principaux de son office.

LETTRE CXVIII.

A UN SUPÉRIEUR DE L'ORATOIRE

Il lui donne quelques avis pour la conduite des âmes.

La direction intérieure et spirituelle de ceux que nous vous adressons est un fardeau que Notre-Seigneur impose à votre âme. Il sera avec vous pour vous aider à le porter. Adorez-le en sa qualité de chef, et recourez à la grâce de ce chef, qui a été en lui, et à sa plénitude divine, de laquelle nous devons tout prendre selon notre besoin et obligation. Recourez aussi à la très-sainte Vierge, et à l'autorité suprême que son Fils lui a donnée sur ce qui lui appartient, à ce qu'elle daigne être mère de votre âme et de la maison. En tous vos travaux, espérez en Jésus et en Marie, et honorez soigneusement leur vie et leurs travaux sur la terre.

Il faut que vous ayez un grand soin de tous ceux qui sont sous vous, en l'honneur du soin que le Fils unique de Dieu avait de ses disciples et apôtres, veillant et priant lorsqu'ils dormaient, et interrompant son oraison sainte au jardin des Olives, pour les visiter en leurs petitesses et faiblesses. Adressez-vous souvent à lui pour lui demander d'acheminer à la perfection ces âmes qui lui appartiennent. Je le supplie de nous diriger tous dans ses voies.

LETTRE CXIX.

A UN SUPÉRIEUR DE L'ORATOIRE.

De la retenue à écrire, et de ne point entrer dans les monastères des religieuses.

La grâce de Jésus-Christ Notre-Seigneur soit avec vous pour jamais. Je ne vous conseille pas de communiquer à personne l'écrit que vous m'avez envoyé, et suis bien aise que vous me l'ayez adressé pour vous en dire mon avis. Honorez en cela la retenue du Fils de Dieu qui n'a rien écrit, et qui même avant trente ans n'a laissé sortir de soi aucun rayon de lumière, hors ses secrètes communications avec sa très-sainte Mère et sa publique communication au temple à l'âge de douze ans, par dispensation extraordinaire. Il y a un point dont je me sens, en conscience, obligé de vous prévenir sur ce monastère que vous hantez, et que Dieu dispose à réformation. C'est que je ne désire en façon quelconque que vous y entriez sous quelque prétexte que ce soit. Si je croyais qu'il fût besoin d'user de commandement pour l'empêcher, je le ferais; mais, outre que ce n'a jamais été ma manière dans la congrégation, je crois que ce vous est assez et à tous ceux de votre maison de savoir que nous ne le permettons nullement, et que ce serait contre notre intention. J'applique cette même interdiction d'entrée à tous autres monastères, et je vous supplie lire la présente à votre communauté assemblée et puis me le mander.

LETTRE CXX.

A UNE MAISON DE L'ORATOIRE.

Il donne avis à une maison de l'Oratoire du décès du confrère M. de Saint-Gilles, sujet de très-grande espérance.

Je vous écris ce mot en hâte pour vous avertir et tous ceux de votre maison, comme il a plu à Dieu appeler à soi notre confrère M. de Saint-Gilles, lequel est mort le 7 août 1614, à midi. Dieu le disposait à cette mort par les ferveurs qu'il lui a données depuis le premier jour de son entrée dans notre congrégation jusqu'au dernier. Si cet accident ne nous était adouci par la puissance et suavité de la providence de Dieu, il nous causerait beaucoup de regret pour la perte d'un si bon sujet et qui était de si grande espérance. Mais celui qui l'avait donné et qui l'a ôté saura bien, en son temps, réparer par lui-même cet intérêt pour ce sien œuvre

LETTRE CXXI.

AU SUPÉRIEUR D'UNE MAISON DE L'ORATOIRE SUR LA DÉVOTION A LA SAINTE VIERGE.

Pour votre particulier, nonobstant l'état humble et pauvre où vous vous trouvez, ne laissez pas de travailler intérieurement en la voie d'oraison et d'abnégation; car ce travail n'est jamais sans fruit, encore que souvent il soit sans succès et satisfaction, et il est toujours nécessaire et de notre devoir. Prenez garde aussi de ne pas manquer à satisfaire à ce qu'on doit aux pèlerins, et en l'assistance et diligence qu'il leur faut rendre. Outre les travaux ordinaires, Dieu demande de votre maison double charité et diligence à secourir, à prévenir, à servir ceux qui viennent y servir la très-sainte Vierge; et l'honneur et dévotion spéciale que nous devons à la Mère de Dieu nous doit rendre ce travail doux et agréable. Je vous prie de reconnaître et peser cette obligation, et de vous examiner souvent sur cet article auquel, sous prétexte de repos d'esprit et de recueillement intérieur, on pourrait manquer. Vous devez être des anges visibles, servant en sollicitude et diligence aux pèlerins de la sainte Vierge; et quitter le ciel pour les servir, comme font nos anges gardiens; et référer ce labeur et cette charité active et opérante en l'honneur de la très-sainte Vierge, et de tous les labeurs et services qu'elle a rendus à son Fils unique Jésus-Christ Notre-Seigneur, en son pèlerinage sur la terre. Pour le regard du dedans de la maison, en attendant que Dieu vous donne la force de parler à tous assemblés, priez-le et lui demandez la grâce de parler à chacun en particulier, et faites, par cette voie secrète et familière le bien que vous leur feriez parlant en général.

LETTRE CXXII.

A UN SUPÉRIEUR DE L'ORATOIRE.

Il l'encourage à travailler au lieu où il est, voyant la grande bénédiction que Dieu lui donnait en ce pays-là.

Nous avons tant d'affaires en un même temps, que nous ne sommes pas sans une très-grande peine de satisfaire à ceux auxquels nous le devons. Je vous prie croire que c'est la seule impossibilité qui m'a arrêté au lieu où je suis. La province où vous êtes a besoin d'un œil vigilant et intelligent, et Dieu vous y a donné tant de bénédiction que je croirais lui manquer, si je considérais pour y employer un autre que vous. Les anges et les saints du pays vous considèrent pour faire en votre temps ce que leurs conditions séparées et glorieuses ne leur permettent pas en la terre, et vous veulent accompagner de leurs prières et assistances. Associez-vous à eux et les honorez, et suivant leurs desseins et conduites, oubliez-vous vous-même et vos peines pour opérer en l'esprit de Jésus les œuvres de Jésus en la terre. Notre temps s'écoule, notre fin s'approche, et la nuit vient, en laquelle nul ne pourra plus travailler. Travaillons en nous-mêmes et en autrui, selon la mesure de l'esprit de Jésus, auquel nous devons appartenir à jamais, et pour l'amour de lui et de sa très-sainte Mère.

LETTRE CXXIII.

A UN SUPÉRIEUR DE L'ORATOIRE.

Il l'exhorte à modérer son zèle, et à n'agir que par Jésus-Christ, et non-seulement pour Jésus-Christ. Il ne veut pas qu'un jeune Père, de la prudence et expérience duquel il n'avait pas une entière satisfaction, soit exposé à entendre les confessions; il lui fait remarquer que peu de fruit présent est souvent bien chèrement acheté.

Mon Père, la grâce de Jésus-Christ Notre-Seigneur soit avec vous pour jamais. Je loue Dieu de la santé du P. François A. Je vous supplie de modérer sa charité et lui donner du temps à recouvrer ses forces avant qu'il travaille. Je vous supplie aussi d'avoir égard à votre besoin et vous souvenir que vous êtes à Jésus et à Marie, et non plus à vous, et que par ainsi vous n'avez aucun pouvoir de disposer de vous. C'est à eux à vous employer, et en la manière qu'il leur plaira. Ils veulent que vous vous conserviez et que vous travailliez non-seulement pour eux, mais encore par eux, voulant être la cause et le principe, et non-seulement le motif des opérations charitables; et partant ne vous laissez pas emporter à votre zèle. Il ne vous doit pas conduire, mais vous le devez mettre aux pieds et au pouvoir de Jésus et de Marie, et que ce soient eux qui vous portent et modèrent selon leur volonté. Avant que de travailler, je vous prie de faire cette démission de votre volonté et de votre zèle entre les mains de Jésus et de Marie, et ce sera un effet de l'assujettissement et servitude que vous leur devez. Je serai bien aise de savoir l'état de votre emploi et la bénédiction que Dieu y donne. Je ne désire pas que le Père D. confesse pour quelque temps, sinon ceux de notre maison. Il me semble trop jeune et inexpérimenté pour les étrangers, et j'appréhende de l'avancer au peu de changement qu'il y a en ses dispositions. Conduisez cela, s'il vous plaît, prudemment, sans faire paraître ce que je vous mande, et ayez plus d'égard au besoin des nôtres qu'à la nécessité des étrangers. Peu de fruit présent est souvent acheté bien chèrement. Recommandez-lui fort l'humilité et docilité d'esprit. Prenez garde que sa conversation ne soit profane, ains édificative, et qu'elle soit rare. Dieu a donné odeur, mais c'est à nous à la conserver par prudence et à ne l'exposer à la tentation de Satan, lequel, *Circuit quærens quem devoret.* (*I Petr.* v, 8.) Veillez sur lui prudemment et charitablement.

LETTRE CXXIV.

A UN SUPÉRIEUR DE L'ORATOIRE.

Le bien des maisons de l'Oratoire appartient à Jésus, et on ne le peut ni aliéner, ni dissiper. De la dévotion spéciale à saint Charles, et les motifs d'icelle.

Mon Père, la grâce de Jésus-Christ Notre-Seigneur soit avec vous pour jamais. Le bien des maisons n'est point à nous, il est à l'Église, et nous n'en avons que l'usufruit. Encore faut-il ménager ce revenu par mesure et avec beaucoup de retenue, et nous n'avons aucun droit et puissance, ni d'en faire, ni d'en consentir l'aliénation ni dissipation. C'est contre les lois de l'Église et contre la conscience ; car nous ne sommes que tuteurs et administrateurs, et non propriétaires des choses qu'il plaît à Dieu, par sa bonté, affecter à la Congrégation. Elle est à lui et non pas à nous, et ce peu de bien qu'il lui plaît lui donner est à lui aussi et non à nous. Nous le devons ménager, employer et conserver comme le bien propre de Jésus, qui en la terre n'ayant rien voulu avoir, veut, étant au ciel, avoir ces choses en propre pour l'entretien de ses serviteurs. Nous devons regarder Jésus et sa très-sainte Mère en tout ce qui regarde la Congrégation. Je vous prie de mander par toutes les maisons, comme nous estimons être de notre devoir d'honorer saint Charles en qualité d'un des saints principaux et tutélaires de notre petite Congrégation ; comme ayant eu en ce siècle l'esprit de direction et perfection au regard de l'état ecclésiastique, et ce en grande éminence, et qu'en cette considération, on fasse de lui office double partout. Et d'autant que nous avons eu recours à lui pour être protégés contre la peste, dans les quatre maisons qui étaient en danger d'en être attaquées, et que nous estimons y avoir reçu protection et préservation spéciale, nous prions qu'on accomplisse le vœu que nous avons fait pour toute la congrégation : que chaque prêtre dirait trois messes en son honneur, et la congrégation le tiendrait et honorerait désormais comme un de ses saints principaux, après ceux qui ont été honorés de la présence et communication du Fils de Dieu sur la terre.

LETTRE CXXV.

A UN SUPÉRIEUR DE L'ORATOIRE.

Que notre vie doit être laborieuse, à l'imitation de Jésus-Christ sur la terre. — Nous devons être tellement remplis de Jésus, qu'il ne nous reste ni temps ni esprit pour penser à nos peines.

Je me sens obligé par votre charité, à interrompre le cours et la presse de nos affaires, augmentées en ce jour par le décès du feu P. C., pour me consoler avec vous, de l'œuvre auquel il plaît à Notre-Seigneur que je voie agréer aux vôtres. Je sais que vous êtes en un lieu où il y a beaucoup à travailler ; mais je vous prie référer ces labeurs à l'honneur de la vie laborieuse du Fils de Dieu sur la terre, et de tous les travaux qu'il y a eu en icelle, pour votre salut et la gloire de son Père. Nous devons incessamment unir notre vie à sa vie, et nos labeurs à ses labeurs, et avoir notre pensée si remplie de lui et de sa vie divine, de ses labeurs et de tout ce qu'il a fait et pâti, tant intérieurement qu'extérieurement ; que nous n'ayons point de temps ni d'esprit pour penser à nous-mêmes, ni à nos peines. Je supplie Notre-Seigneur qu'il nous donne à tous cet esprit, et vous prie de le lui demander pour toute notre congrégation. Une peine me reste, qui est le peu d'accommodement que vous avez en la maison, que je ressens d'autant plus que je n'y suis pas pour en porter ma part ; mais ces incommodités sont une suite des maisons naissantes ; que Notre-Seigneur récompense par bénédiction, de plus grande abondance en sa grâce.

LETTRE CXXVI.

A UN SUPÉRIEUR DE L'ORATOIRE.

Il recommande extrêmement qu'on rende le bien pour le mal, à un ecclésiastique qui s'était retiré de la congrégation et qui en médisait.

J'ai reçu la lettre par laquelle vous me donnez avis des débordements de Monsieur N. Je suis étonné du déréglement et aliénation de cet esprit qui a, ce me semble, quelque obligation et à nous et à la congrégation, de l'avoir reçu et entretenu sain et malade, avec quelque patience et charité, sans qu'il ait rien contribué pour cela, de ce qui se doit selon l'usage de l'Oratoire. Il est sorti d'entre nous, s'est retiré en une sainte religion, en est sorti encore ; et sans qu'il nous ait jamais demandé de rentrer parmi nous, et que nous l'ayons admis, il est chez nous par hospitalité, qui oblige à le prier de s'en retirer tout à fait comme auparavant. Mais je vous recommande qu'on ait soin de prier pour lui, et qu'on ne parle de lui ni dedans ni dehors la communauté. Puisque nous n'avons plus à rendre compte de lui, ni de ses actions, laissons à d'autres à en juger. Qu'on ne le traverse aucunement ; au contraire, si on le peut servir en quelque chose selon Dieu, il le faut faire. S'il a de l'animosité, il ne nous en faut point avoir. S'il médit de nous, il ne faut pas médire de lui, en l'honneur de celui, *qui cum maledicetur, non maledicebat.* (I Petr. II, 23.) Plaise à Dieu qu'il lui rende gloire en ses prédications ; mais ce n'est pas là un bon préparatif. Je supplie derechef qu'on ne lui rende aucun déplaisir, et qu'il ne parte des nôtres une seule parole qui le puisse tant soit peu intéresser.

LETTRE CXXVII.

A UN SUPÉRIEUR DE L'ORATOIRE.

Il l'exhorte au soin des affaires, à remercier la Vierge de quelque succès, à considérer ceux qui se présentent pour être de l'Ora-

toire. — Il paraît que le seul intérêt de Dieu l'engageait dans les affaires publiques; et que, hors cela, il y eût eu une très-grande aversion.

Mon Père, la grâce de Jésus-Christ Notre-Seigneur soit avec vous pour jamais. Je me promettais le bien de vous voir à la Pentecôte, mais je fus arrêté à Amboise, et le roi me commanda de le suivre à Tours, et de me tenir prêt pour un nouveau voyage à Angoulême, où je suis, et d'où j'espérais partir il y a huit jours : mais demandant congé, j'ai reçu nouvelle charge, de ne point partir d'auprès de la reine sans commandement; ce qui me rend encore incertain de mon retour, et m'empêche le voyage de Bordeaux et Tolose. J'essayerai d'être en liberté le plus tôt qu'il me sera possible, pour me rendre à ma retraite et à mon devoir. En attendant, je loue Dieu et le remercie du soin qu'il vous donne des maisons et des affaires auxquelles nous ne pouvons pourvoir, et vous supplie bien fort de le continuer, en l'honneur de la charité du Fils de Dieu et de sa très-sainte Mère, envers les pêcheurs de la terre.

Je loue Dieu de l'heureuse fin de l'affaire de N. Je l'attribue à la très-sainte Vierge, entre les mains de laquelle je l'ai commise, et dès longtemps. Je désire que vous en rendiez grâce soigneusement, et que vous fassiez acquitter le vœu que j'ai fait de quelque nombre de messes à Jésus, à la Vierge et aux anges.

Celui qui vous rendra la présente désire entrer et servir Dieu parmi nous; il y a longtemps qu'il persévère en cette volonté, à ce qu'il m'a dit. S'il y est bien disposé et appelé, je désire qu'il soit reçu. La disposition et la vocation sont les deux premiers points de cette délibération, que je remets à vous, s'il vous plaît. Vous le pouvez tenir quelque temps en retraite, non-seulement sans habit, mais sans résolution, pour mieux en juger. Vous le pouvez aussi considérer pour quelques-uns des colléges ou séminaires que nous avons. Ouvrez votre esprit à Dieu sur ce sujet, et en faites ce qu'il lui plaira vous inspirer. Je vous prie spécialement de considérer s'il a l'esprit bien fait, solide et arrêté, et s'il est susceptible de piété et de conduite; car s'il en est capable, le temps et les exercices lui donneront ce qu'il n'a pas peut-être maintenant, pourvu que l'intention soit droite et sincère.

Je vous supplie de vêtir ceux que vous me mandez, en l'honneur de la vie nouvelle de Jésus sur la terre, et de l'accomplissement de l'état et office de mère, que la sainte Vierge a sur lui, et des actions intérieures et extérieures qu'elle a faites en suite de cet état.

Je vous supplie de supporter en patience et humilité les travaux et affaires qui surviennent, et d'y pourvoir selon l'étendue de votre puissance et charité; et de croire que Dieu veut qu'on éprouve son impuissance dedans ses œuvres; et il ne laisse d'y pourvoir par sa puissance quand il n'y a point de notre faute. Il semble qu'il y a quelque chose de Dieu en notre emploi en ces affaires : et encore qu'elles me soient pénibles et peu agréables, ce que j'y aperçois de la volonté de Dieu me donne patience et espérance que sa bonté pourvoira en son temps à tous mes manquements par cette absence. Jésus-Christ Notre-Seigneur, etc.

LETTRE CXXVIII.
A UN SUPÉRIEUR DE L'ORATOIRE.

Il ne faut pas présenter, pour la prédication de la parole de Dieu, ceux qui ne sont pas serviteurs de Dieu. — Il lui recommande d'assujettir ses dévotions particulières à la charité, en l'honneur du Fils de Dieu, assujettissant l'état de sa gloire à sa charité envers les siens, pendant les quarante jours après sa résurrection. — Il faut éviter d'être propriétaire de son sens et de ses pensées, sous quelque prétexte que ce soit.

Mon Père, la grâce de Jésus-Christ Notre-Seigneur soit avec vous pour jamais. Je n'estime pas à propos que nous recommandions monsieur M. pour le carême qu'il désire avoir par notre moyen, et la raison qui nous en empêche, est la crainte de participer à ce reproche de l'esprit de Dieu : *Quare tu enarras justitias meas, et assumis testamentum meum per os tuum?* (*Psal.* XLIX, 16). Car nous aurions part en sa prédication, le choisissant et l'envoyant à ceux qui se confient en nous de ce choix. Joint que, où l'esprit du diable est si puissant, l'esprit de Dieu y est bien faible : et le salut des âmes qu'il devrait opérer en ce saint temps nous serait redemandé de Dieu.

Je vous supplie de continuer le soin charitable que Dieu vous donne de la maison, et de lier toujours les âmes à Jésus et à Marie en ce saint temps. Honorez pour vous la charité du Fils de Dieu envers sa famille, séjournant en la terre quarante jours, nonobstant sa gloire, pour la consoler visiblement de temps en temps. Que s'il a ainsi voulu assujettir l'état de sa gloire à sa charité, même après que l'œuvre de la rédemption que le Père éternel lui avait commis a été pleinement consommé, il est bien raisonnable qu'en ce séjour mortel, nous assujettissions nos dévotions privées à la charité envers la maison de Dieu et les âmes qui lui appartiennent.

Je suis bien marri de n'avoir pu voir le bon Père L., et de la peine qu'il a prise pour nous chercher sans effet; je vous supplie d'avoir grand soin de lui, et le disposer à l'esprit intérieur et extérieur de la congrégation, et le tirer hors de ces répugnances à la supériorité, en l'honneur de celle du Fils de Dieu et de la très-sainte Vierge, sur lui. Ce n'est pas que je le désire presser en cela, car j'estime à propos de l'employer à Lyon, sous le Père B., pour la direction des jeunes de cette maison-là, qui sont tous disposés et en ont besoin. Mais il est à propos qu'il s'abandonne aux conseils de Dieu sur lui, et qu'il ait plus de démission et de confiance à l'obéissance, et qu'il donne ce même esprit aux autres, les tirant hors de la propriété et adhérence à leurs pensées, sentiments et difficultés. C'est une sorte de propriété intérieure qui répugne autant à la pauvreté d'esprit que la propriété extérieure à la pauvreté commune et ordinaire. Et cette propriété intérieure est plus délicate et plus dangereuse en la voie de Dieu. Vous lui en ferez connaître prudemment et savamment ce que vous jugerez à propos, etc.

LETTRE CXXIX.
AU SUPÉRIEUR D'UNE MAISON COMMENÇANTE.

Les œuvres de Dieu commencent avec beaucoup de travaux et de pauvreté, et il faut tenir à bénédiction d'y pâtir, en l'honneur et à l'imitation de Jésus-Christ jetant les fondements de son Eglise.

La grâce de Jésus-Christ Notre-Seigneur soit avec vous pour jamais. Dieu veut vous pourvoir dans le pays, et qu'en attendant vous portiez en humilité et patience votre nécessité. Il bénira votre petit nombre, comme il bénit les cinq pains et poissons, et partant ne dites pas comme saint Philippe, *Quid hæc inter tantos?* (Joan. VI, 9) mais adressez-vous à Jésus-Christ; en attendant empruntez patience, et soyez content d'être pauvre. Ne différez point sous prétexte de plus grand accommodement de votre établissement; cela fait trop de peine et de bruit, et vous voulez être trop bien. Il fallait y entrer à l'heure même, et y étant, s'accommoder à loisir. Notre-Seigneur n'a pas attendu à entrer en l'étable qu'elle fût préparée. Je pense que si j'y eusse été, j'y serais entré dès le premier commencement. Vous avez trop donné de temps et de loisir au diable à s'émouvoir. Apprenez, pour une autre fois, que ce n'est pas ainsi qu'il faut entrer dedans la terre du prince du monde. Vous savez qu'un des noms du petit Jésus est: *Accelera, spolia detrahere, festina prædari* (Isa. VIII, 3); et vous envoyez des fourriers auparavant pour préparer le logis. Il faut y être à l'improviste, y pâtir, et après tout se fait. Et il vaut bien mieux pâtir dedans que dehors. C'est grâce de Dieu, qu'il vous donne secours et puissance contre ces empêchements, mais c'est faute d'y avoir donné sujet. O combien plus d'incommodités le Fils de Dieu a portées, et en l'Egypte durant son enfance, et en Judée, dans le temps de ses prédications, ses apôtres égrenant les épis parmi les champs pour vivre ! Honorons ses labeurs en son indigence, par quelque sorte de souffrance, et lui demandons la grâce de travailler et pâtir pour sa gloire. Oh ! que les saints des siècles passés, et ceux encore de ce temps dans les terres nouvelles, y plantent l'Evangile avec plus de croix et de pauvreté ! Et il nous la présente dans la France et à notre porte, et nous ne la savons pas prendre. Je ne dis pas ceci pour vous blâmer, ou vous accuser, mais pour vous induire à faire ce qu'il plaira à Dieu vous faire connaître sur ce sujet. Je supplie Notre-Seigneur Jésus-Christ et sa très-sainte Mère vous diriger partout, vous faire croître en leur amour, et vous donner puissance d'imprimer leur honneur et leurs effets dans les âmes. Je suis.

LETTRE CXXX.
AU SUPÉRIEUR DE LA MAISON DE L'ORATOIRE DE LA ROCHELLE.

Il lui recommande de vivre dans un très-grand respect et une très-particulière reconnaissance envers un bon Père, auquel cette maison était étroitement obligée.

Mon Père, la grâce de Jésus-Christ Notre-Seigneur soit avec vous pour jamais. J'ai beaucoup de regret des peines et des traverses que le P. G. a reçues depuis quelque temps, fondées sur des sujets fort éloignés de son intention, et non assez considérés et entendus. La condition du pays de la Rochelle, et l'état des affaires qu'il a été obligé de traiter, ne lui ont pu permettre de paraître toujours au dehors être de l'Oratoire autant comme il eût désiré, et comme il en doit être tenu en effet. C'est pourquoi je vous prie très-affectueusement de n'y avoir aucun égard, et de ne laisser, pour cela, de lui rendre toute la charité, l'honneur et le respect que mérite une personne de sa condition. Le soin qu'il a eu de nous donner entrée et établissement dans la ville de la Rochelle, avec tant de peine, de persévérance et de prudence; la charité qu'il a témoignée envers la congrégation, se dépouillant des bénéfices qu'il possédait, pour l'en revêtir; et la gratitude que Dieu veut que l'on ait à ceux à qui on est ainsi étroitement obligé, requièrent de nous qu'on lui rende un respect tout particulier, outre celui qui est communément observé envers tous les nôtres. Et combien que par modestie il n'ait pas voulu prendre le titre de fondateur, ni à Niort, ni à la Rochelle, je désire toutefois qu'on lui en rende les respects et les devoirs, et je vous en prie. Comme aussi combien que par l'établissement de notre congrégation en la ville de la Rochelle, au moyen de l'union des bénéfices, la qualité de recteur qu'il avait ci-devant, demeure supprimée; néanmoins, pour ce que notre usage n'est pas pur ne doit être d'honorer moins ceux qui nous donnent, nous vous prions semblablement de lui rendre tout l'honneur et toute la révérence possible, et même plus que si cette qualité subsistait. C'est une sorte de reconnaissance et gratitude, à laquelle nous sommes tenus, non-seulement par le devoir humain, mais encore par l'esprit de Jésus-Christ Notre-Seigneur, qui doit être notre règle et notre conduite. J'ajoute à ce que dessus, que l'obligation qu'on lui a, ne permet pas qu'on entre en discussion exacte avec lui de ce qui lui appartient. Et pour ce, si outre le tiers des bénéfices par lui résignés à la congrégation, il désire quelque chose, j'aime mieux en traiter moi-même avec lui et l'en contenter. Je vous prie nous en donner avis, et n'entrer en aucune sorte de différend pour cela, car l'esprit de charité qui doit régler nos actions, et le respect particulier que je veux rendre pour plusieurs raisons à ce bon Père, me portent à faire tout ce qui me sera possible, pour lui donner parfait contentement. Je supplie Notre-Seigneur Jésus-Christ et sa très-sainte Mère de donner l'esprit de paix à votre maison, et de nous rendre tous dignes de les servir en la perfection qui leur est due. Je suis en eux.

LETTRE CXXXI.
A UN SUPÉRIEUR D'UNE MAISON NOUVELLEMENT ÉTABLIE.

Patience en la pauvreté. — Emprunter pour les nécessités. — Se confier que Dieu donnera moyen de rendre.

Mon Père, la grâce de Jésus-Christ Notre-Seigneur soit avec vous pour jamais. Je le loue et bénis des travaux dont il lui plaît accompagner votre établissement, et du peu de puissance qu'il lui plaît nous donner à vous en relever. Nous portons dès longtemps l'état de pauvreté partout, sans que le monde le pense, et nous commençons en divers lieux à pâtir, et avons besoin de patience. Il nous y faut préparer, et écouter l'avertissement de l'apôtre, *Patientia vobis necessaria est.* (Hebr. x, 36.) Si Dieu nous donne quelque secours, je me souviendrai de votre nécessité. Cependant empruntez ce qui vous sera besoin, et le ménagez selon l'état de pauvreté et de charité tout ensemble, car il faut pourvoir aux justes nécessités de ceux qui honorent Dieu et travaillent pour sa gloire. Le même Dieu qui veut qu'on soit en nécessité, veut qu'on emprunte, et lui-même après fournira de quoi rendre, par des voies qui nous sont inconnues. Il faut pâtir avec humilité, et y pourvoir avec prudence. Si nous avons part pour un temps à la pauvreté de Jésus, il nous fera part en son temps de son abondance et de ses trésors. Regardons-le, et honorons-le toujours en tous ses états, soit de pauvreté, soit d'abondance.

LETTRE CXXXII.
A UN SUPÉRIEUR DE L'ORATOIRE.

Il lui mande comme il faut gagner les cœurs de ceux de dehors, pour les rendre utiles à l'œuvre de Dieu. Il l'exhorte au renouvellement, dans les dispositions que la vocation à la prêtrise requiert.

Mon Père, la grâce de Jésus-Christ Notre-Seigneur soit avec vous pour jamais. Je vous prie d'essayer de ramener les principaux esprits aliénés, en les visitant, honorant et leur déférant en quelque chose, et de faire quelques prières à Jésus-Christ Notre-Seigneur et à sa très-sainte Mère pour cela. Car nous devons avoir soin d'édifier, par exemple et non pas dompter les esprits par puissance. Je vous prie aussi, qu'en ce saint temps, et vous et toute la maison, fassiez un renouvellement d'esprit devant Jésus-Christ Notre-Seigneur et sa très-sainte Mère, en l'honneur de la vie nouvelle du Fils de Dieu au monde par l'Incarnation, et de la qualité nouvelle de la Vierge par la maternité divine que lui donne ce mystère. Ces deux points nouveaux dans le ciel et dans la terre, nouveaux dans le temps et dans l'éternité, nouveaux en Dieu même et dans l'ordre de sa grâce, nous obligent à un renouvellement d'esprit pour adorer, pour accompagner, pour imiter le nouvel être de Jésus au monde et en sa très-sainte Mère. Ce renouvellement d'esprit se doit étendre et appliquer à l'état et aux désirs de la vie parfaite, de l'appartenance et dépendance spéciale de Jésus et de sa très-sainte Mère, et de l'accomplissement exact de l'esprit de la grâce et des fonctions de la prêtrise, qui est une sorte de perfection distincte et nécessaire à notre profession. Prenez, s'il vous plaît, le soin de considérer et faire considérer à nos Pères ces trois points de renouvellement intérieur et spirituel, que nous devons faire de temps en temps, et spécialement en ce saint temps de grâce et de bénédiction nouvelle, qui donne et manifeste le Fils de Dieu et la mère de Dieu au monde. Je suis en eux.

LETTRE CXXXIII.
A UN SUPÉRIEUR DE L'ORATOIRE.

Il lui mande l'acceptation de la maison de Tours, et qu'il l'a dédiée à la vie languissante et souffrante de Jésus en croix. Il s'étend sur ce mystère. Sa profonde humilité à se reconnaître inutile aux œuvres de Dieu.

Mon Père, la grâce de Jésus-Christ Notre-Seigneur soit avec vous pour jamais. J'ai fait plus de séjour à Tours que je ne pensais, et je n'y ai rien fait pour les Carmélites, ayant remis le tout au retour. A notre arrivée inopinément la ville s'est disposée à nous désirer. Deux jours auparavant il n'y avait aucune disposition présente pour cela, mais au contraire sujet notable de retardement, et peut-être d'empêchement. Ce changement inopiné m'a obligé de recueillir leur bonne volonté; et ils ont fait du jour d'hier une assemblée de ville, des plus grandes et notables qui aient été tenues dès longtemps, en laquelle, par l'unanime consentement de tous les corps qui y ont assisté, et même de toutes les personnes particulières, nous avons été reçus. Il m'a semblé que je devais dédier la maison à la vie languissante du Fils de Dieu en la croix. Je l'ai ainsi fait, et le supplie de disposer les choses en sorte que cette maison honore cette partie de la vie sur la terre. Je trouve beaucoup plus de disposition en ce peuple à profiter de nos petits labeurs que non pas en la ville de N. Cette affaire inopinée m'a obligé à séjourner trois ou quatre jours en cette ville, plus que je ne projetais. Vous en avertirez tous nos Pères, s'il vous plaît, et je les prie d'honorer avec nous ce mystère, auquel nous avons offert et dédié cette maison, et de prier Notre-Seigneur et sa très-sainte Mère, qu'ils daignent avancer le temps de nos labeurs en cette ville-là, en l'honneur et hommage de cette vie languissante et souffrante de Jésus en la croix. Oh! quelle vie! oh! quelles langueurs, oh! quelles souffrances! oh! quels effets ordonnés pour cette vie et par cette vie-là! Si nous pouvions faire un monde en l'honneur d'un si grand et si divin sujet, nous le devrions faire; et je me tiens heureux du moyen et de la pensée que Dieu nous donne, de lui dédier et offrir une maison en l'honneur spécial de chose tant mémorable et tant honorable. Je vous écris la présente de Saumur, ne l'ayant pu faire de Tours, à cause de cette affaire qui nous a un peu occupé. Je vous supplie de continuer votre soin et charité envers la maison, et de rendre quelque honneur spécial à Jésus et à Marie. Souvenez-vous, s'il vous plaît, de ces paroles de saint Paul : *Qui præest sollicitudine* (*Rom.* XII, 8), et servez à Notre-Seigneur et à sa très-sainte Mère par cette voie-là. Je ne suis pas digne de les servir par aucune voie, ni intérieure, ni extérieure : au moins demandez-leur pour moi que je les serve en l'humble reconnaissance de mon inutilité. Je désire être recommandé, s'il vous plaît, à tous nos Pères et frères en Notre-Seigneur et en sa très-sainte Mère.

LETTRE CXXXIV.

EXTRAIT DE DIVERSES LETTRES A UN SUPÉRIEUR DE L'ORATOIRE.

I. *Avis au regard de la charge.* — II. *Jésus-Christ bénit les supérieurs qui sont faciles à demander avis.* — III. *Conduite au regard d'un énergumène dont la possession causait de grandes contentions.* — IV. *Quand les moyens que nous recherchons pour le service de Dieu nous sont impossibles, il nous faut confier en sa Providence.* — V, VI. *Recours à l'enfance de Jésus pour obtenir des sujets utiles.* — VII. *Dévotion à la divine fécondité du Père éternel et à celle de la Vierge pour le succès de la charge et pour demander de bons sujets.* — VIII. *Avis pour sa conduite au regard du dehors.*

I. Je loue Dieu de votre santé. Conservez-la, et l'employez à sa gloire. Offrez-la à Jésus et à sa très-sainte Mère comme un instrument que vous consacrez à leur honneur et service. Modérez votre oraison. Prenez de l'exercice. Veillez sur votre charge. Apportez grande douceur et respect vers les âmes. Commandez rarement, reprenez peu, montrez beaucoup d'exemple, exhortez beaucoup, soyez plus père que supérieur, ayez plus de retenue et de prudence que de zèle, pâtissez plutôt que de faire pâtir les autres, disposez suavement les âmes à ce qui leur est convenable avant de leur proposer. Votre jeunesse et inexpérience vous doit donner grande retenue et modération et vous avez plus à porter le fardeau des autres, que non pas à les dompter. Faites peu de chose de votre sens. Demandez-nous avis, et nous essayerons de vous satisfaire entièrement. J'ai grand désir que ce commencement d'emploi réussisse à votre bien et au bien des âmes, et que ce soit commencement de choses plus grandes. Soyez plus humble que jamais en l'honneur de l'humilité de Jésus et de celle de Marie sa très-sainte Mère, qui croissait en cette vertu selon l'accroissement de ses grâces. Adorez Jésus en son état de chef et supérieur des hommes et des anges, et dépendez de lui en votre exercice et ministère.

II. Je vous écris ce mot en hâte, pour vous prier de recourir d'autant plus à Jésus-Christ Notre-Seigneur et à sa très-sainte Mère, que vous reconnaissez en avoir besoin par les sujets que vous me mandez. Soyez humble et recueilli en vos pensées. Soyez doux et modeste en votre conversation. Faites plus par exemple que par paroles et plus par prières que par répréhensions. Supportez en patience les esprits difficiles, car ils ne porteraient pas correction de vous, et elle pourrait produire quelque mauvais effet. Il faut attendre l'opportunité. Liez-vous beaucoup à M. et lui déférez. Il est plus prudent qu'il ne paraît et il me semble que Notre-Seigneur est avec lui. Prenez humblement son avis et croyez que le Fils de Dieu se plaît à nous voir rechercher sa lumière et sa volonté en autrui. Il ne dédaigna pas de demander conseil à saint Philippe de ce qu'il devait faire. (*Joan.* VI, 5 seq.) Maintenez-vous en charité et en respect avec toutes les communautés et n'entreprenez rien qui puisse les mécontenter tant soit peu. L'esprit de paix, d'humilité et de simplicité est l'esprit de Jésus.

III. Je n'ai pu encore faire voir M. du Val sur l'affaire dont vous écrivez par le P. de Condren à cause de son absence, mais en attendant, j'ai cru devoir avertir et prier bien fort, de ne prendre aucune part avec les personnes possédées, ni dans les discours des malins esprits, car il y a beaucoup de choses frauduleuses et difficiles à discerner. Laissez ces avis et jugements aux personnes plus graves et autorisés. Que les nôtres n'en parlent point en public et très-peu chez nous. Qu'on se contente d'aider cet œuvre par prières et non par exorcisme, ni en donnant son avis sur les rapports et contentions. Pour dire quelque chose en général, on doit peu interroger et encore moins croire le diable.

IV. Le retour du P. N. est absolument nécessaire. Je me suis accommodé à vos désirs autant que j'ai pu et fait un grand effort pour vous le laisser trois mois. Quand les choses sont impossibles il faut espérer par d'autres voies, la divine Providence n'étant pas attachée aux moyens que nous connaissons. Et il nous faut humilier et honorer Dieu dans cette voie de pauvreté et d'indigence, tandis qu'il lui plaît y détenir et exercer ses œuvres. Il en est le souverain, il les conduit comme il lui plaît, et il nous faut commettre à sa direction et providence qui sait bien tirer des forces de nos faiblesses quand bon lui semble.

V. En cette affliction que vous me mandez, recourez aux prières et particulièrement à la vie et présence de Jésus-Christ en sa très-sainte Mère et aux saints anges occupés au service de Jésus et de la Vierge sur la terre. Traitez avec nos pères et confrères avec beaucoup de respect, de patience et de charité. Prévenez leurs besoins spirituels et temporels. Considérez-les comme personnes appartenantes au service de Jésus-Christ Notre-Seigneur et de sa très-sainte Mère, et desquels vous devez avoir soin en cette qualité. Rendez-vous instrument utile de la bonté de Dieu en ce qu'il lui plaira se servir de vous envers les âmes, et à cet effet outre le soin de recourir beaucoup à la prière, gardez-vous de toute légèreté et inconsidération en votre extérieur, et honorez la modestie et conversation de Jésus-Christ sur la terre.

VI. Offrez à Jésus-Christ Notre-Seigneur et à sa très-sainte Mère, votre séjour en la ville où vous êtes. Suppliez-les d'en tirer quelques effets à leur gloire et leur demandez humblement quelques esprits propres à les servir, en notre manière de vie et institution. Je vous prie à cette fin de dire quelques messes en l'honneur de la très-sainte enfance de Jésus et de la part que la très-sainte Vierge y a, à ce que par la douceur et bénignité de cette enfance qui a tiré les anges du ciel, les pasteurs et les rois de la terre à sa crèche, elle daigne tirer à notre forme de vie quelques personnes propres à les servir parmi nous. Soyez humble et persévérant en cette prière.

VII. Veillez sur les âmes de votre maison. Soyez humble, doux et patient. Ne reprenez jamais qu'après quelque recollection précédente pour dissiper les effets de la nature en vous et en autrui, et pour attirer la grâce de Dieu et sa conduite sur votre correction. Priez et travaillez, car c'est la voie que Dieu tient pour ses œuvres en la terre. Adorez l'autorité et la fécondité divine en ses processions éternelles et en l'opération du mystère de l'Incarnation, et révérez la très-sainte Vierge en sa fécondité admirable qui la rend Mère de Dieu, et offrez cela au Père éternel pour supplément de votre petitesse et inutilité, et pour obtenir grâce à la congrégation, en plusieurs sujets utiles à y honorer son Fils unique et sa très-sainte Mère. Appliquez quelques messes à ces intentions.

VIII. Je vous envoie l'attestation comme on la désire. Il vaut mieux se mettre au hasard de faillir par obéissance, que de bien faire par son propre sens. Commettez cette affaire à Jésus-Christ Notre-Seigneur et à sa très-sainte Mère et aux bons anges. Mandez-nous par voie sûre qui sont ceux qui vous traversent sous mains, et par quelles voies. Honorez-les tous, déférez à tous, ne vous ingérez à rien, recevez simplement les commissions que le prélat vous donne sans les rechercher. Puisqu'il vous a donné la conduite du couvent de N., ayez-en soin en l'honneur de la Vierge, mais soyez retenu à y aller, ou y envoyer et qu'on y séjourne peu chaque fois. Mandez-nous comme vous vous y comportez. Nous sommes à mon avis, en quelque temps d'épreuve durant lequel de peu de faute le diable a pouvoir de faire grand usage, et il nous faut être retenus et veillants. Et encore en un commencement d'établissement et d'emploi, il y faut apporter beaucoup plus de circonspection. Le tentateur a désiré de nous cribler : *Expetivit ut cribraret nos.* (*Luc.* XXII, 33.) Il lui faut résister en humilité et en patience, et en recourant à Jésus-Christ. Faites-lui quelques prières secrètes à ce qu'il lui plaise dissiper ou retarder cette tempête que je vois, ce me semble, se préparer en divers lieux contre nous. Si on vous ôte cette charge, soyez facile et prompt à la délaisser, ne vous appliquant aux œuvres qu'autant qu'elles vous sont commandées et sans engagement. Nous avons tous un grand ouvrage à faire, qui est de travailler à nous-mêmes ; et c'est à quoi nous nous devons rendre quand les autres sujets nous sont retirés. Il ne faut pas travailler pour travailler, mais travailler pour Dieu. Croissez en vertu intérieure et extérieure ; spécialement en humilité, en douceur vers autrui, en retenue à commander, en exaction à donner exemple, en charité à prévenir les besoins spirituels et temporels de tous. Donnez un peu de temps chaque jour à reconnaître et amender vos défauts en la charge, et rendez un hommage spécial au grand supérieur de tous, Jésus-Christ Notre-Seigneur, l'invoquant souvent, etc.

LETTRE CXXXV.

EXTRAIT DE DIVERSES LETTRES A QUELQUES SUPÉRIEURS DES MAISONS DE L'ORATOIRE.

I. Il ne suffit pas de continuer dans la grâce et amour de Dieu, mais il y faut croître, et c'est un de nos priviléges. — II. Il exhorte un bon Père de modérer son zèle, son oraison et ses pénitences, et lui enseigne à honorer Jésus-Christ par cette privation. — III. Il avertit que Dieu a suppléé à son manquement par sa bonté, ce qui marque que son conseil était grand, mais qu'il ne faut pas se persuader qu'il en use toujours ainsi. — IV. Il conseille de recourir à la Vierge, contre les travers des œuvres de son Fils.

I. Je supplie Jésus et sa très-sainte Mère de bénir vos labeurs, et vous donner les fruits de votre patience et persévérance, par un heureux établissement de la congrégation en votre ville. C'est une des premières villes où j'ai fait dessein après Paris, réservant à Dieu d'en faire naître les occasions, et il a voulu se servir de vous par cet effet. Bénissez-en Jésus, et en esprit d'humilité, de paix et de douceur, disposez-vous à le servir dans les âmes de plus en plus. Ce n'est pas assez de continuer, mais il faut augmenter ; et nous faisons tort à la grâce et amour de Dieu, de les priver de cette augmentation. C'est un des priviléges de cette vie, et le plus grand à mon avis, que d'y être capable de recueillir cette grâce.

II. J'ai été averti des excès de votre charité et me sens obligé selon Dieu de vous prier de les modérer. Il faut servir plus d'une année et plus qu'en un lieu, et il faut honorer Dieu, non-seulement par bonnes actions, mais encore par privation de bonnes actions. Pesez ce terme, s'il vous plaît, et en demandez humblement la suite et l'intelligence à Jésus et à Marie, en l'honneur des privations admirables et ineffables, qui se retrouvent en la vie, en l'enfance et en la souffrance de Jésus.

III. Quant à cet autre point, il m'a semblé convenable de vous faire tirer prudence pour une autre fois de cette expérience, à laquelle si Dieu n'eût pas pourvu par une assistance extraordinaire, vous eussiez aperçu une issue bien différente de celle que vous avez, Dieu merci. Or sa providence ne porte pas, en toutes affaires, cette grâce abondante et extraordinaire, qui témoigne que son conseil est grand sur cet établissement, et, comme je l'espère, pour choses grandes.

IV. J'estimerais à propos, pour toutes ces traverses qui occupent notre congrégation, que l'on fît en chaque maison quelques prières extraordinaires un an durant, à la très-sainte Vierge. Car les œuvres de Dieu se doivent et commencer et conserver, par l'esprit d'humilité et d'oraison, et Dieu se plaît à être prié de ses serviteurs. Et c'est un des pouvoirs annexés à la souveraineté de la très-sainte Vierge, de dissiper les nuages qui s'opposent aux desseins et aux œuvres de son Fils sur la terre.

LETTRE CXXXVI.
A UN PÈRE DE L'ORATOIRE.
De la prêtrise et de la congrégation de l'Oratoire.

Mon Père, la grâce de Jésus pour jamais. Je me sens obligé de vous parler un peu amplement sur le sujet dont vous m'écrivez, afin que, dans les occasions, vous en puissiez informer les personnes de considération, qui désireront en avoir connaissance. Il faut donc savoir que l'Eglise est divisée en deux parties toutes saintes, si nous considérons son institution et son origine : l'une est le peuple, l'autre est le clergé ; l'une reçoit la sainteté et l'autre l'influe. Et dans les temps plus proches de sa naissance, de ces deux parties sortaient les troupes des vierges, des confesseurs, des martyrs, qui bénissaient l'Eglise, remplissaient la terre, peuplaient le ciel et répandaient en tout lieu l'odeur de la sainteté de Jésus. Ce corps saint, animé d'un esprit saint, policé de lois saintes, se relâchant et diminuant en sainteté par la corruption des siècles, a commencé son relâchement par le peuple, comme par la partie la plus faible, et lors d'entre le peuple, quelques-uns se sont retirés pour conserver à eux-mêmes la sainteté propre à tout le corps, et ç'ont été les moines, lesquels, selon saint Denis, sont la partie du peuple la plus haute et plus parfaite, qui étaient régis par les prêtres en la primitive Eglise, recevant d'eux la direction et perfection de la sainteté, à laquelle ils aspiraient par-dessus le commun.

Lors la sainteté résidait au clergé comme en son fort et abattait les idoles et les impiétés de la terre. Lors le clergé, composé des prélats et des prêtres, ne respirait que choses saintes, ne traitait que de choses saintes, laissant les choses profanes aux profanes : lors le clergé portait hautement gravées en soi-même l'autorité de Dieu, la sainteté de Dieu, la lumière de Dieu ; trois beaux fleurons de la couronne sacerdotale joints ensemble par le conseil de Dieu sur ses oints, sur ses prêtres et sur son Eglise, tellement que les premiers prêtres étaient, et les saints et les docteurs de l'Eglise ; Dieu conservant en un même ordre autorité, sainteté et doctrine ; et unissant ces trois perfections en l'ordre sacerdotal, en l'honneur et imitation de la sainte Trinité, où nous adorons l'autorité du Père, la lumière du Fils, et la sainteté du Saint-Esprit divinement liés en unité d'essence.

Mais le temps qui corrompt toutes choses ayant mis le relâche en la plus grande partie du clergé ; et ces trois qualités, autorité, sainteté, doctrine, que l'esprit de Dieu avait jointes ensemble, étant divisées par l'esprit de l'homme et l'esprit du siècle, l'autorité est demeurée aux prélats, la sainteté aux religieux et la doctrine aux académies ; Dieu en ce divorce, conservant en diverses parties de son Eglise ce qu'il avait uni en l'état ecclésiastique. Voilà le conseil de Dieu et l'institution de Jésus son Fils, voilà l'excellence de notre état, voilà la puissance, la lumière et la sainteté de la condition sacerdotale. Mais hélas ! nous en sommes déchus, et la malignité du monde dans lequel nous vivons nous a dégradés de cette dignité. Elle est passée en main étrangère, et nous nous pouvons justement servir de ces paroles de plaintes : *Hereditas nostra versa est ad alienos* (Thren. v, 2) ; car combien qu'ils soient naturels dans la grâce et dans l'unité du corps de Jésus, ils sont étrangers au ministère, et Dieu, en son premier et principal conseil, ne les a pas choisis pour cela.

Ce sont les prélats et les prêtres qui y sont appelés ; ce sont eux que Jésus-Christ en l'Evangile nomme *le sel de la terre* ; c'est à eux que appartiennent ces trois qualités. Il donne aux particuliers la foi, l'espérance et la charité ; et il donne aux personnes publiques ces trois autres dons, sainteté, autorité et doctrine. Et c'est le fonds de l'héritage de la tribu de Lévi, c'est-à-dire, du clergé, appelé de ce nom, qui signifie en grec héritage, pour montrer qu'ils n'ont point de possession en la terre, et que tout le bien que Jésus-Christ leur a laissé, est cette possession du ciel et cette participation à lui-même; c'est-à-dire à sa sainteté, à sa lumière et à son autorité, comme adorant et recevant l'autorité du Père, la lumière du Fils, la sainteté du Saint-Esprit. Mais comme nous avons sujet de pleurer la perte que nous avons faite par notre faute, aussi avons-nous de quoi louer la bonté de Dieu, qui nous donne le moyen de rejoindre la sainteté et la doctrine, à l'autorité ecclésiastique, sans intérêts de ceux qui l'ont reçue et employée si saintement et utilement à notre défaut.

C'est le vouloir et le conseil de Dieu sur nous; c'est à quoi il nous appelle, c'est pourquoi nous sommes assemblés: pour reprendre notre héritage, pour rentrer en nos droits, pour jouir de notre succession légitime, pour avoir le Fils de Dieu en partage, pour avoir part à son esprit, et en son esprit, à sa lumière, à sa sainteté et à son autorité, communiquée aux prélats par Jésus-Christ et par eux aux prêtres.

LETTRE CXXXVII.
A UN PRÊTRE DE L'ORATOIRE, AU TEMPS DE PAQUES.

Il lui enseigne comme il faut solenniser la résurrection de Notre-Seigneur.

La vie nouvelle en laquelle le Fils de Dieu est entré par le mystère de sa Résurrection, doit être en ce temps votre particulier objet, et vous en devez tirer une nouvelle vie; vivant en lui et non en vos humeurs; vivant à lui et à sa gloire, et non à vous et à votre amour-propre, et pratiquant cet enseignement de saint Paul: *Christus mortuus est, ut qui vivunt, jam non sibi vivant, sed ei qui pro ipsis mortuus est et resurrexit.* (II Cor. v, 15.) Je vous souhaite cette vraie, et pour y avoir accès, adorez s'il vous plaît, en ces saints jours, la vie, de la divine essence en elle-même, la vie du Père éternel engendrant son Fils, et lui communiquant son essence et sa vie par cette éternelle génération; la vie du Fils unique de Dieu, communiquée à son humanité sacrée par son union personnelle, en l'honneur de la vie qu'il reçoit de son Père; et la vie de gloire en laquelle il est établi pour jamais, par le mystère que l'Église honore en ces quarante jours d'intervalle, depuis sa résurrection jusqu'à son Ascension, qui est la consommation de cette vie. Vivez en ces objets de vie et mourez à vous-même, à vos inclinations, à votre propre sens; car tout cela n'est pas digne d'occuper votre esprit, qui est créé pour vivre en Dieu et avec Dieu pour jamais. Je supplie Notre-Seigneur Jésus et sa très-sainte Mère, de nous donner à tous part en cette vie.

LETTRE CXXXVIII.
A UN PRÊTRE DE L'ORATOIRE, DUQUEL DIEU S'ÉTAIT BEAUCOUP SERVI POUR L'ÉTABLISSEMENT DE LA MAISON DE LA ROCHELLE.

Il l'exhorte à y continuer ses soins, et ne point refuser de participer aux croix que les œuvres de Dieu doivent porter.

Je sais vos peines et vos labeurs et je vous honore toujours comme je dois; et si vous étiez pleinement informé de nos difficultés, vous seriez facile à nous excuser. Car nous sommes encore dans le temps de la visite de Dieu et des traverses que ses œuvres doivent porter, pour lui être agréables et pour durer en son Église; par sa grâce elles commencent à diminuer, mais elles ne sont pas encore passées. Puisqu'il a plu à Dieu vous donner si bonne part à la congrégation, vous ne devez pas trouver étrange, si vous avez part à la croix, et en votre personne et en votre province. Je ne puis m'expliquer plus au long par lettre; mais je supplie Jésus Notre-Seigneur joindre sa grâce à ce peu de paroles, et vous disposer à recueillir le fruit caché dans sa croix, et vous donner vigueur et conduite, pour suivre sans interruption cet avis donné en l'*Apocalypse* (II, 5): *Prima opera fac.* Je me sens obligé par le devoir de ma conscience, de vous supplier très-humblement de vouloir considérer l'état des catholiques de la Rochelle et m'en informer; ce qui retarde notre rentrée, comme ils sont servis et assistés en attendant et qui on y peut employer. Nonobstant la perte que nous avons faite de plusieurs bons sujets depuis quatre mois, je me tiens tant obligé à cette affaire, que quand je ne trouverais personne pour y aller servir et pâtir, je penserais devoir y aller moi-même. Je vous prie de vous souvenir que vous en êtes le bon ange, que Dieu s'est servi de vous, pour y rétablir l'exercice de la religion catholique; et que si le bon ange de Perse combattait même contre le bon ange de Judée, pour le service de la province qui lui avait été commise, à plus forte raison devez-vous combattre le mauvais ange de la Rochelle et y conserver le service de Dieu que vous y avez rétabli. Souvenez-vous, s'il vous plaît, qu'en des reproches que Dieu en sa parole fait aux anges pervers, c'est que *Deseruerunt suum principatum.* (*Jud.* 6.) Cette vigne vous a été commise de Dieu et il vous a donné ce gouvernement, et je vous prie, pour l'amour de lui-même et de Jésus son Fils, de ne le point abandonner.

LETTRE CXXXIX.
A UN PRÊTRE DE L'ORATOIRE.

Il marque en cette lettre sa grande confiance en Jésus-Christ. — Sa grande retenue à demander. — Son désir que les siens ne se rendissent point importuns en cela. Il exhorte ce bon Père à modérer son zèle et ses labeurs, en l'honneur de la modération de

Jésus et de Marie, en leur vie et leurs labeurs sur la terre.

Je ne vois aucun moyen de vous secourir encore sitôt, et je supplie Jésus-Christ Notre-Seigneur, qui est la plénitude de toutes choses, de vous remplir et suppléer à ce qui vous manque, par l'abondance de sa très-sainte grâce. Il lui plaît de nous tenir toujours en indigence spirituelle et temporelle. Ecrivez à la personne que vous savez pour le tableau primitif de votre Église. Je vous confesse que je n'ai pas eu la force de lui en parler, ni même de lui montrer la vôtre. Faites-le suavement, plus que fortement : plutôt en insinuant qu'en pressant, suivant le style humble des deux saintes sœurs Marthe et Marie, qui exposent plus qu'elles ne demandent : *Ecce quem amas infirmatur.* (*Joan.* XI, 3.) Modérez-vous en vos travaux, et ne suivez l'étendue ni de la nécessité que vous voyez, ni de la charité que vous avez ; car ce serait vous ruiner, et empêcher l'œuvre de Dieu en le voulant avancer. Vous rendrez plus d'honneur à Dieu et plus d'assistance au prochain, en vous modérant et conservant, que si vous vous consumiez en bref. Souvenez-vous que Jésus, travaillant en la terre, n'y a pas fait tout ce qu'il y avait à faire, et même n'y a pas tant fait que ses apôtres y ont fait par après en son nom, encore qu'il peut tout ; au lieu que vous êtes fini et limité en votre puissance. Croyez et suivez autrui et non votre zèle, en ce sujet : et adorez Jésus en cette sienne humble modération et prudence. Révérez encore sa très-sainte Mère, si divinement puissante et si humblement retenue dans l'état et l'apparence de la vie commune. Révérez, dis-je, son utilité éminente, cachée dans la modération et petitesse apparente de sa vie humble et privée, et de ses labeurs particuliers que publics. Oh! que de grâce il y avait en cette vie cachée ! que d'éminence et rare utilité ! que de puissance et de fécondité en cette vie privée ! Et qu'il y a de bassesse et d'inutilité en notre vie publique, et en nos labeurs apparents ! Suivez ces divins modèles, et honorez la vie de Jésus et de Marie, par l'état et condition intérieure et extérieure de votre vie.

LETTRE CXL.

A UN PRÊTRE DE L'ORATOIRE

Il l'instruit comme il se doit comporter pour la conversion d'une âme que Notre-Seigneur lui avait adressée.

La grâce de Jésus-Christ Notre-Seigneur soit avec vous pour jamais. Je vous remercie très-affectueusement du soin que vous avez eu de m'écrire, et vous prie de continuer. Représentez à cette bonne âme, qui vous a ouvert l'état de sa conscience, ce que Dieu demande d'elle en cela, et ne considérez en elle que les desseins de Jésus sur elle : de Jésus, dis-je, souffrant et mourant, pour lui donner la vie, et la seule vie. Parlez-lui avec grande humilité, charité, modestie retenue. Nous devons écouter les défauts d'autrui, en nous humiliant et avilissant devant Dieu, comme s'ils étaient nôtres. Car il n'y a aucun péché, dit saint Augustin, commis par qui que ce soit, qui ne se commit par nous, si Dieu ne nous tenait de sa main, et ne nous prévenait de sa grâce. Unissez-vous à l'âme de Jésus, de laquelle votre âme doit tirer force et conduite, pour être garantie de péché, et pour en garantir les autres. Souvenez-vous de cette parole importante de Jésus. *Quid prodest homini, si universum mundum lucretur, animæ vero suæ detrimentum patiatur?* (*Luc.* IX, 25) et de celle-ci encore : *Qui amat periculum, peribit in illo.* (*Eccli.* III, 27.) Ayez toujours Jésus présent, lorsque vous lui parlerez, et soyez plus attentif à Jésus qu'à elle. Il faut qu'il soit avec vous pour y bien faire, car ce n'est que par son esprit, et non par le vôtre, que vous lui pouvez être utile. Or si Jésus est avec vous, soyez avec lui, soyez présent et attentif à lui, et recevez de lui grâce, force et conduite vers autrui.

LETTRE CXLI.

AU MÊME.

Sur le même sujet.

Je vous exhorte, au nom de Notre-Seigneur, de parler à cette personne que vous savez, la conforter en son devoir et dans toute la séparation que Dieu demande d'elle, au regard des choses qui lui sont préjudiciables. Veillez sur elle, à ce dessein, à ce qu'elle ne succombe dans l'occasion. Dieu vous a donné connaissance de son besoin, pour la conserver et fortifier en ses bonnes volontés. Je vous écris la présente pour ce seul sujet, et pour le regret que j'aurais, que, par ma faute ou par la vôtre, cette âme manquât de préservation et assistance.

LETTRE CXLII.

A UN PRÊTRE DE L'ORATOIRE.

De l'obligation de passer notre vie en crainte et en tremblement.

Dieu a appelé à soi plusieurs d'entre nous utiles à servir, il faut que les jeunes s'évertuent : et Dieu qui aime son œuvre, leur donnera grâce de ce faire, si l'esprit de vanité ne les en rend indignes. Tenez-vous en celui de crainte et d'abaissement. Il n'y a moment auquel nous ne puissions perdre Dieu en perdant sa grâce, qui est la plus grande perte que puisse faire la créature raisonnable. Plus nous avons reçu de grâce et de lumière, plus Dieu demande de nous de correspondance et d'humilité, plus nous avons besoin de veiller et de craindre : *Omnibus dico, vigilate,* dit Jésus même (*Marc.* XIII, 37), parlant à ses apôtres et à tous les fidèles jusqu'à la fin du monde. Quelque grâce et lumière que nous ayons, elle est bien inférieure à celle du premier ange, qui l'a perdue en un moment et pour jamais. Et c'est aussi l'exemple que le Fils de Dieu représente à ses apôtres, s'éjouissant en leurs pouvoirs et priviléges ; *Videbam Satanam sicut fulgur de cœlo cadentem.* (*Luc.* x, 18.) Paroles mémorables que Jésus veut imprimer en nos cœurs, pour nous servir de garde et de conduite. J'ajoute que, dans nos meilleures actions, nous donnons tous beaucoup de sujet à Dieu de nous délaisser, s'il nous traitait selon sa sainteté et sa justice ; deux perfections distinctes, et qui, par des motifs différents, nous doivent faire craindre et trembler en la terre jusqu'à la fin, et dire du profond de nos cœurs souvent à Dieu ce verset : *Miserere mei, Deus, secundum magnam misericordiam tuam* (*Psal.* L, 1) ; et encore cet autre : *Deus, in adjutorium meum intende, Domine, ad adjuvandum me festina* (*Psal.* LXIX, 2), que l'Eglise nous fait dire tant de fois le jour en son service, et que nous devons encore plus souvent usurper en nos dévotions particulières : comme aussi cette parole que le Fils de Dieu nous a lui-même mise en la bouche : *Et ne nos inducas in tentationem, sed libera nos a malo* (*Matth.* VI, 10), qui a un sens très-profond et bien humiliant, si nous avons lumière pour le bien pénétrer. Je supplie Notre-Seigneur et sa très-sainte Mère, de vous en donner plutôt l'effet que l'intelligence ; et je vous prie de vous donner souvent à eux, pour être à eux, pour être gardé par eux, et être conduits par eux dans leurs voies et leurs desseins sur vous.

LETTRE CXLIII.
A UN PRÊTRE DE L'ORATOIRE.

Ce prêtre ayant été envoyé en une maison un peu éloignée de sa demeure ordinaire, fit aussitôt grande instance pour en être retiré.

J'ai différé un peu longtemps à vous répondre, et, pour considérer davantage ce que vous me proposez, et pour vous donner plus de loisir de reconnaître par vous-même le peu d'apparence qu'il y a à votre retour, selon Dieu et même selon le monde. Je vous prie de prendre force en Jésus-Christ Notre-Seigneur et en sa très-sainte Mère, pour vaincre cette pensée. Le monde leur était un séjour bien plus dur et disproportionné à leur goût et inclination, que le lieu où vous êtes, ne vous peut être ; et ils y ont demeuré si longtemps, et avec si grande tranquillité et patience, et leur durée n'y a été abrégée d'un seul moment. Je ferais grande conscience d'autoriser cette répugnance, et de la vous laisser suivre ; et même je craindrais quelque rigueur et sévérité de Dieu sur vous en sa conduite et dans les ressorts de sa providence, si vous vous rendiez si faible et si peu fidèle. Dieu ne vous a pas donné pour principe de votre direction, vos sentiments et vos répugnances. Ne vous accoutumez pas à cette faiblesse, mais à la force de l'abnégation de vous-même, et de la croix du Fils de Dieu, en laquelle réside et repose sa vertu. Portez votre croix, et qu'elle ne vous emporte pas, et vous résolvez de demeurer tout au moins une année, travaillant charitablement en ce pays-là, avec aussi peu de pensée de votre retour, que si vous y deviez être enseveli. Il y avait anciennement un engagement des prêtres à l'Eglise, et ils ne s'en pouvaient séparer ; et des prétextes comme ceux que vous alléguez n'eussent été ni proposés ni considérés. Imitez cet usage ancien, et l'obéissance des prêtres de ce temps-là. Renoncez à vous-même, et n'ayez nul égard à vos contradictions, qui sont sans fondement. Domptez-vous vous-même par la puissance de la croix de Jésus, et vous remémorez les paroles sacrées qu'il a daigné consigner dans les Ecritures pour notre instruction. *Qui vult venire post me, abneget semetipsum, et tollat crucem suam quotidie, et sequatur me.* (*Luc.* IX, 23.) Notez cette parole, *quotidie* ; et si votre répugnance continue, que ce soit votre croix quotidienne, que vous devez porter chaque jour, et non pas la suivre ; mais bien suivre Jésus attaché en croix jusqu'à la mort pour notre amour. Vous avez un grand exemple devant vos yeux, en la personne du Père N. votre supérieur, étranger comme vous, pâtissant plus que vous ; et après tant de peines et de labeurs, s'appliquant aussi entièrement, comme si jamais il n'avait vu autre pays, et n'en voulût jamais d'autre. Sous un si bon Père, et à la vue d'un tel exemple, ne regardez pas derrière vous, ne vacillez plus en votre emploi, mais humiliez-vous devant Dieu et devant lui, d'avoir sitôt ouvert votre esprit à ces pensées. Qu'il soit clos désormais à toutes celles qui ne viennent point de Jésus ou de l'obéissance ; et qu'il soit fort à repousser celles qui procèdent d'ailleurs. Je supplie Notre-Seigneur Jésus et sa très-sainte Mère vous en faire la grâce.

LETTRE CXLIV.
A UN PRÊTRE DE L'ORATOIRE.

Ce prêtre était tenté de quitter la conduite d'une œuvre très-importante, et où il était grandement utile.

L'affaire de R. est de telle importance, que si vous n'étiez dans le pays, je me croirais obligé d'y être. Je vous prie de considérer que cette vigne nous a été commise par vos labeurs et votre industrie, et que Dieu veut achever ce qui reste, par la même voie, et il semble qu'il vous fera reproche, si vous manquez à une œuvre qu'il a rendue si particulièrement vôtre. Il vous a donné grâce, et grâce notable pour cela, et il ne la retirera pas, si vous-même ne vous en séparez le premier ; vous ne la devez pas, mais au contraire vous disposer à éviter les empêchements, et à rechercher la première grâce que Dieu vous a donnée pour ce pays-là : *Prima opera fac*, vous dit l'ange de l'Apocalypse (II, 5). Je sais quelque chose de vos peines, et je voudrais être rapproché de vous pour vous y satisfaire. Croyez, je vous prie, que je suis tel en votre âme, que j'ai jamais été; que rien ne me peut faire varier en la connaissance de ce que je vous dois et toute la congrégation, que je désire vous servir et contenter en tous lieux et en toutes occasions; et que les nuages où vous êtes ne vous doivent pas servir de conduite, mais d'exercice, pour rendre fidèlement à Dieu ce qu'il désire de vous. Je me promets qu'un peu de conférence ensemble vous fera voir clair dans vos peines. Cependant je vous supplie très-humblement de prendre la conduite de cet œuvre, jusqu'à ce que nous ayons délibéré par ensemble, des personnes qu'il y faut établir et employer: car jusqu'à ce temps-là, je ne vous en tiens nullement déchargé devant Dieu, qui a mis l'œuvre entre vos mains, et saura bien vous le redemander.

LETTRE CXLIV bis.

A UN PRÊTRE DE L'ORATOIRE QUI DEMEURAIT A ROME.

Mon Père, la grâce de Jésus-Christ Notre-Seigneur soit avec vous pour jamais. Je n'oublie pas votre état et vos peines, et je ne suis pas sans soin et sans sentiment pour y pourvoir. J'en ai écrit au roi et à M. le cardinal de Richelieu, et ils m'y ont promis toute sorte d'assistance. Il y a partout disposition tout entière pour cet effet; mais nous sommes tous séparés, le roi, le garde des sceaux, les secrétaires d'Etat, et moi que le roi a laissé seul près de la reine mère avec deux secrétaires d'Etat. Outre que l'affaire d'Italie tient tout le monde attentif et occupé, il faut un peu de temps et de patience, de laquelle Dieu s'est servi, et le monde édifié. Parlant avec Sa Sainteté, je vous prie lui offrir tout ce que je lui dois et à saint Pierre en lui, avec toute la sincérité et soumission qui vous sera possible; lui demander pour moi sa bénédiction et aux œuvres où nous travaillons, l'assurer de notre volonté perpétuelle à servir et l'Eglise et le Saint-Siége. Je désire accomplir et en perfection tous les devoirs de la condition en laquelle il a plu à Dieu me mettre; n'y chercher et n'y trouver que Dieu seul et non moi-même. Car je la considère comme un état de perfection et de service en l'Eglise de Dieu et non autrement, et je ne suis attaché, ni à dessein, ni à œuvre, ni à aucun lieu. Et si Sa Sainteté me jugeait aussi utile à Rome qu'en France, j'aimerais mieux Rome que France; bien que je n'aie que trop de crédit en France, quoi qu'on vous ait mandé. Je me juge inutile partout, mais je suis désireux de servir Dieu partout où il lui plaira m'appeler. Demandez à Dieu pour moi cette grâce, et dites, s'il vous plaît, pour moi, trois messes, l'une à Saint-Pierre au Vatican, l'autre à Saint-Pierre in Montorio, et l'autre à Sainte-Marie Major, et une quatrième à Saint-Salvador, afin que Jésus, la Vierge, saint Pierre et saint Paul, me tirent au lieu et aux fonctions qui leur sont agréables. Je suis en eux,

Votre très-affectionné et obligé serviteur,

PIERRE, CARDINAL DE BÉRULLE.

De Paris, ce 9 mars 1629.

LETTRE CXLV.

AU R. P. DE SANCY, EN ANGLETERRE.

Il lui recommande une lettre très-ample, qu'il écrit à la reine. — Il l'avertit comme il se doit comporter vers les autres ecclésiastiques de la reine. — Il est d'avis que la reine honore un saint de chaque mois, d'honneur spécial. — Il l'encourage à la croix et à la patience.

Mon révérend Père, la grâce de Jésus-Christ Notre-Seigneur soit avec vous pour jamais. Je vous envoie une grande lettre que j'écris à la reine, pour la consoler en ses afflictions, pour l'éloigner de plus en plus de l'hérésie, pour l'attirer à Jésus-Christ qui est le sujet principal de sa lettre, en son mystère de sa naissance, et adoration des trois rois. Je serai bien aise que vous la voyiez, et que même vous la retiriez doucement pour la lui garder, si ce n'est qu'elle voulût elle-même la garder avec l'instruction que la reine mère lui donna en partant. Car les personnes qui gardent ses papiers ne sont guère pour l'ordinaire bons à cela. Si quelques-uns des principaux en veulent avoir la lecture, avec prudence et secret vous la leur pouvez communiquer, si la reine le trouve bon. Si M. Tobie Matthieu est à Londres, et qu'il vous voie quelquefois, vous lui en pouvez donner la lecture, mais non à autre. C'est un homme d'esprit et de vertu, et fort intelligent aux affaires de son pays, et avec lequel vous pourrez traiter utilement. Il m'affectionne et estime ma manière d'écrire, et même il avait eu la pensée de traduire en anglais le livre des *Grandeurs de Jésus*, et si Dieu lui en continue la pensée, j'en serai bien aise pour l'honneur du même Jésus. Je vous recommande beaucoup de faire tout ce qui vous sera possible pour vous accommoder avec ces messieurs les ecclésiastiques de la reine. Il leur faut déférer tout, obéir à tout ce qui est commandé, et ne pas donner prétexte à la division qu'on voudrait introduire. Notre partage est la croix et le labeur. Laissons aux autres à chercher autres choses. Je vous prie m'avertir de tout, comme vous faites; supporter tout, obéir et édifier. Il est bon aussi, d'exhorter la famille de la reine à la piété et à la communion tous les dimanches de ce Carême. C'est un temps de dévotion particulière, autorisée en la primitive Eglise. Il est à propos que vous proposiez à la reine, tous les mois un saint, qu'elle honore et invoque ce mois-là, ne pouvant pas les honorer tous d'un soin et honneur particulier. L'Eglise les nous propose tous en leur jour, et notre défaut nous restreint à un. Mais il me semble plus à propos que vous le proposiez, ou par votre choix, ou quelquefois par le choix de la reine, lui en proposant quelques-uns, et que Sa Majesté lise leur vie en ce mois; c'est une occupation sainte et utile. Il vaut mieux que vous lui donniez en cette façon, que par sort, afin qu'on n'ait prétexte de blâmer cette manière.

Souvenez-vous qu'il faut prier et pâtir, et en la croix du Fils de Dieu, faire les œuvres du Fils de Dieu, et opérer en l'humilité de son Esprit. J'ai tardé à vous envoyer la lettre de la reine, jusqu'à trouver une commodité expresse et assurée; je vous prie m'avertir quand vous l'aurez reçue, et si la reine l'aura lue volontiers; elle est un peu longue, mais elle la peut lire à plusieurs fois, et, à mon avis, il est bon qu'elle la lise en particulier, c'est-à-dire avec peu de dames; je crois que deux suffiront.

Conservez le frère D. tant qu'il vous sera possible. Il faut pâtir, et conserver ceux qu'on a; on n'en peut pas changer aisément, et ne faut pas les renvoyer aussitôt qu'ils sont pénibles. Le Fils de Dieu a supporté longtemps en sa famille ceux qui étaient bien opposés à son esprit, et il nous faut honorer sa patience, son humilité, sa prudence. L'œuvre que vous avez entre les mains est un œuvre de croix, il la faut supporter telle que Dieu la donne, et ne point tant chercher le moyen de nous en décharger, que d'en profiter. Donnez du temps à Dieu en l'oraison, aux esprits en la conférence et communication, à vous-même en la retraite, et considération sur vous-même et vos actions, afin que le vide de la nature soit rempli de la grâce, et que l'esprit de Jésus soit notre esprit et notre plénitude. Je vous prie de faire en commun quelques petites prières à Jésus-Christ Notre-Seigneur et à sa très-sainte Mère, pour la reine, pour l'Angleterre et pour le besoin de la congrégation en ce pays-là. Nous le faisons ici. Je supplie Notre-Seigneur Jésus et sa très-sainte Mère, vous bénir tous.

De Paris, ce 10 février 1626.

LETTRE CXLV bis.
AU MÊME.

Il lui donne avis de son partement d'Angleterre. — Il lui laisse la charge de la conscience de la reine, et l'avertit comme il s'y doit conduire.

Mon révérend Père, la grâce de Jésus-Christ Notre-Seigneur soit avec vous pour jamais. Dans un jour ou deux, on vous enverra un homme exprès de la part de la reine, pour vous faire aller à Nomchent; et dans sept ou huit jours vous vous rendrez ici pour confesser la reine à la fête de la Nativité de Notre-Dame; car je pars inopinément, envoyé par la reine en France, avec promesse de revenir dans un mois. Je désirais vous voir, et aller à Saint-Jayme; mais l'affaire presse, et nous sommes sur un port d'où nous serons en Normandie avant que nous fussions à mi-chemin de Londres. Nos Pères croient que je m'en vais et les laisse, mais c'est un sujet non prévu qui a obligé ces messieurs à désirer que je fisse un tour par delà. La reine me presse si fort de revenir, que je ne puis estimer autre chose que mon retour, encore que ce ne soit pas sans grande peine. Vous direz de ceci à nos Pères ce que vous penserez à propos. Leur peine m'a beaucoup fait balancer ce voyage; mais il fallait que Mgr l'évêque de Mende le fît ou moi. Il y a pensé quelque temps; des raisons fortes à mon avis, l'ont retenu, et le sort est tombé sur moi. M. de Mende vous donnera quelque avis, avant que vous parliez à la reine. Il faut lui parler peu, lui parler avec douceur et respect, et ne la pas charger ni presser. Son âge et sa condition ne le permettent pas. Je crois même qu'en ce commencement, vous pouvez être moins assidu à la cour, et vaquer d'autant plus à nos Pères.

LETTRE CXLVI.
AU MÊME.

Il l'exhorte à redoubler les prières et les bonnes œuvres, contre une nouvelle persécution des catholiques d'Angleterre. — Il a un soin très-particulier que les Pères qui sont en ces quartiers-là fructifient en tout bon œuvre, et répandent odeur de Jésus-Christ.

Mon révérend Père, la grâce de Jésus-Christ Notre-Seigneur soit avec vous pour jamais. J'estime qu'il est à propos que vous fassiez tous les quinze jours, ou au moins une fois le mois, une exhortation aux domestiques de la maison de la reine, soit que la reine y assiste, soit non; car nous devons travailler à leur salut, et le soin de leur annoncer la parole de Dieu fait partie de notre devoir. Le Père N. ne doit pas y manquer tous les dimanches. Je vous prie d'avoir grand soin que tous nos Pères répandent une grande odeur d'édification, en toute cette petite Église naissante et militante, et les exhorter souvent à honorer le Fils de Dieu dans leurs ministères, à honorer sa croix par leur patience et charité, et à servir aux âmes qui portent de si longtemps cette rude croix de la persécution qui commence. Il serait bon, comme je crois, de faire prières publiques pour l'apaiser. Car nous devons combattre par ces armes, c'est-à-dire par larmes et par prières, les fureurs qui allument ce nouvel embrasement. Il serait bon même que ces prières se fissent publiquement en la chapelle de la reine, et non-seulement en la nôtre de Saint-Jayme. Le roi et la reine mère sont fort mal satisfaits des auteurs de cette persécution, et je ne puis comprendre avec quel front ni quelle prudence ils veulent offenser en un même temps et la France et l'Espagne. Je prie Dieu venger sa querelle, et avoir pitié de ses pauvres serviteurs. J'ai peine de rendre si peu de service à Dieu en votre âme et en tous nos Pères, que j'ai d'autant plus présents en l'esprit, que je sais que portant, *pondus diei et æstus*, s'ils se rendent à l'esprit de Jésus en travaillant à sa vigne, ils auront plus que le denier qui sera donné aux autres. Je vous exhorte à l'observance des règlements intérieurs, à la récollection de l'esprit, au soin que nous devons tous avoir, de répandre l'esprit et l'odeur de Jésus, à la modestie et modération qui nous convient en toutes actions, et nommément au pays où vous êtes.

La maladie du Père N. l'empêche encore d'aller à N. et de donner liberté au P. D. de venir par deçà : ce sont retardements que Dieu apporte, et il nous oblige à dépendre de ses ordonnances et de les trouver meilleures que nos desseins et nos ordres particuliers. Jésus-Christ Notre-Seigneur et sa très-sainte Mère soient avec nous tous, et nous disposent à l'accomplissement parfait de leurs saintes volontés. Je suis en eux pour jamais.

LETTRE CXLVII.

A UN PÈRE DE L'ORATOIRE, EN ANGLETERRE.

Sa peine sur la nouvelle persécution des catholiques d'Angleterre, et la lumière qu'il en avait eue avant partir de Paris pour y aller. — Les œuvres de Dieu ne se font que par la croix, et c'est à quoi se doivent résoudre ceux qui y travaillent. — Il lui donne divers avis de la manière dont il se doit conduire. — Grande dépendance des ordres et de la conduite de Dieu, où nous devons être. — Nous nous devons contenter des moyens que Dieu nous donne.

Mon Père, la grâce de Jésus-Christ Notre-Seigneur soit avec vous pour jamais. Je ne dois pas employer ce papier à vous dire la douleur que j'ai du traitement qu'on fait aux catholiques, et de la peine que vous y avez. Elle m'est connue plus que je ne vous mande, elle m'est sensible ; j'en sais les causes et origines, et si j'ose vous le dire, elle m'a été prédite avant partir de France pour l'Angleterre. C'est une des croix qu'il faut porter et supporter, et avec moins de peine et sensibilité que vous ne faites. Dieu veut la croix et veut faire ses œuvres dans la croix, et par la croix fortifier nos âmes. Et il nous faut correspondre à ses desseins, non à nos humeurs et sentiments. Continuez à travailler, à prêcher, à confesser, à donner bon exemple : *In silentio et spe erit fortitudo nostra* (*Isa.* xxx, 15), selon l'avertissement du Sage. Je n'omets pas les remèdes que vous me proposez, encore que je ne vous réponde pas là-dessus et que je ne vous en éclaircisse pas ; mais je vous ai déjà mandé en termes généraux que je fais ce que je dois et ce que vous désirez. Je ne manque à rien, et on m'écoute, et on me promet. J'ai fait venir le P. B. de cent lieues pour le voir et lui parler ; mais Dieu l'appelle à un autre emploi, et nous devons ne pas suivre, ni vous vos pensées, ni moi les miennes ; il faut suivre Dieu. Je fais tenir tout prêt le P. D., et au même temps qu'il doit partir, Dieu l'arrête par une rencontre inopinée ; et il nous faut recourir à Dieu, qui conduit ses œuvres comme il lui plaît, et non comme il nous plaît : *Dominus est, quod bonum est in oculis suis faciat.* (*I Reg.* III,

18.) Je fais tout ce que je puis pour hâter ce que je crois utile à votre soulagement, et Dieu le retarde. Il vous préserve de la peste au milieu de la peste, et en fait mourir deux de nos Pères aux Ardiliers, et plusieurs autres ailleurs. Son saint nom soit béni. Quant au P. N., il peut satisfaire à l'office qu'on lui a destiné, pourvu qu'on lui donne un aide. Il faut se contenter des moyens que Dieu met en nos mains, et ne les pas négliger ni soupirer inutilement après des remèdes éloignés, que souvent nous trouvons inutiles, et quelquefois même pénibles quand nous les avons. Dieu de rien fait quelque chose, et le serviteur de Dieu doit faire l'œuvre de Dieu de ce que Dieu met entre ses mains : Moïse d'une verge, Samson de la mâchoire d'un âne, Gédéon avec des pots cassés. J'ai pensé à ce qui vous fait peine, et il m'a semblé que c'est une providence de Dieu sur vous et sur nous, et cela pour beaucoup de raisons que je vous pourrais dire de vive voix, et serais trop long à écrire. Soyez en paix et en repos. Parlez où vous devez, mais sans insister. Proposez, mais ne vous roidissez pas. Ce doit être notre manière d'agir, particulièrement en ce temps et en ce sujet.

LETTRE CXLVIII.

A UN PÈRE DE L'ORATOIRE, EN ANGLETERRE.

Il l'exhorte puissamment à quitter ses raisons pour se rendre à l'exercice de la prédication dont il était requis. — Obligation de mourir à nos pensées, à nous-mêmes et à toutes choses, par hommage à la mort de Jésus.

Mon Père, la grâce de Jésus-Christ Notre-Seigneur soit avec vous pour jamais. Le temps saint du Carême qui approche, et le besoin qu'on a de vous en ce saint temps, ne me permettent pas de penser que vous vouliez délaisser sitôt cette occupation que Dieu vous a donnée avec tant de témoignage de sa providence, et sur vous, et sur la congrégation. M. de Mende, à son arrivée, me dit comme il vous avait ouï une fin de sermon, et désirait que ce Carême vous eussiez un jour assigné à prêcher devant la reine, et je l'en ai remercié. Cela est venu de lui-même, et sans aucune induction ou industrie de ma part. N'écoutez pas, s'il vous plaît, si fort vos raisons ; elles sont, à mon avis, d'un autre principe qui les suscite, qui les anime et leur donne couleur et apparence. Adorez Jésus mourant et perdant par cette mort une vie divine, et acceptez volontiers de mourir à vos raisons, et, mourant à si peu de chose, Dieu ne dédaignera pas de recevoir de vous cette sorte de mort, intérieure et spirituelle, en l'honneur de sa mort extérieure et corporelle. Je vous écris ceci en un vendredi, qui me rend cette mort de Jésus plus présente, et me fait désirer qu'elle vous soit vivement représentée, pour vous induire à mourir à vous-même, à vos pensées et à vos intérêts humains et sensibles, davantage que vous ne le faites pas. O mon Père, est-il possible que nous ayons Jésus-Christ si souvent en nos mains, en nos cœurs, en nos bouches, et que nous l'ayons honorant, remerciant et appliquant sa mort très-sainte et très-divine, et que la mort d'un Dieu nous fasse si peu mourir à nous-mêmes? Que ce reproche sera grand à l'heure de la mort et de notre jugement! Que je me sens coupable en cette pensée, et que je vous tiens coupable aussi; car partout nous vivons à nous-mêmes, et partout nous devrions mourir à nous-mêmes et à toutes choses; et l'heure est proche qu'il nous faudra mourir effectivement d'une mort peu méritante et peu honorante la mort de Jésus-Christ Notre-Seigneur. Je le supplie et sa très-sainte Mère de vous rendre digne de les servir à la perfection qu'il désire de vous. Je suis en eux.

De Paris, ce 10 février 1626.

LETTRE CXLIX.

A UN PÈRE DE L'ORATOIRE, A NOTRE-DAME DES ARDILIÈRES.

Il désire que ceux de la congrégation qui demeurent dans les lieux de dévotion particulière à la Vierge, soient personnes de grande édification et exemple. — Il règle les sorties, visites et conversations de ceux de l'Oratoire. — Il observe que le Fils de Dieu dit à ses disciples fatigués: Requiescite pusillum; et il pèse ce mot: Pusillum.

Mon Père, la grâce de Jésus-Christ Notre-Seigneur soit avec vous pour jamais. Le soin que je dois avoir de l'honneur de Dieu et de la perfection des âmes, dans les maisons qu'il lui a plu nous donner, m'oblige encore plus d'avoir cet égard particulier en celles qui sont consacrées à lui, en l'honneur de sa très-sainte Mère. C'est pourquoi je vous exhorte en la charge que vous avez, de veiller à cette obligation, et de faire entendre à tous nos Pères que la sainte Vierge, qui a daigné nous donner sa maison, se courroucera contre nous, si nous manquons à ce devoir, et si en un lieu où les autres viennent de bien loin chercher grâce et sanctification, nous qui y sommes établis pour recueillir ces grâces et les appliquer aux autres, manquons à la perfection de cette grâce et sainteté, à laquelle et notre profession et la sainteté du lieu nous convient. *Locus in quo stas terra sancta est*, comme disait l'ange à Moïse et à Josué (*Exod.* III, 5; *Josue.* V, 16), et il nous faut aussi déchausser nos imperfections, pour être dignes d'y demeurer. Je vous prie de ne permettre à qui que ce soit de sortir seul hors de la maison, ni de visiter les particuliers de la ville, que rarement et sans grand sujet, ni de s'aller promener en leurs maisons des champs en aucune façon. Ceux qui ont besoin de prendre l'air l'ont assez libre en la maison ou en la campagne; et si quelqu'un y a peine, mandez-le moi, car je me tiens plus obligé de le mettre ailleurs que de le laisser introduire ces coutumes trop libres. La conversation inutile, et beaucoup plus celle qui est profane, doit être soigneusement évitée parmi nous, et si nous avons quelque peine ou infirmité d'esprit, nous ne devons la décharger aux étrangers, qui ne doivent voir que vertu et perfection en nous, pour y être attirés. Le Fils de Dieu, en saint Marc (VI, 31), dit une fois, mais une fois seulement à ses apôtres fatigués des labeurs de leur apostolat: *Requiescite pusillum*, et il ajoute *pusillum*, ce que je vous prie de noter et de faire noter; et si encore ce n'était qu'entre eux, et non en la vue et compagnie des étrangers. Cette observance est de très-grande importance, et je vous la recommande affectueusement. Je supplie Notre-Seigneur et sa très-sainte Mère nous rendre tous dignes de les servir en la perfection qu'ils désirent de nous. Je suis en eux.

LETTRE CL.

A UN PÈRE DE L'ORATOIRE.

Ce Père commençait l'exercice de la prédication, et avait soin d'une maison en l'absence du supérieur.

Mon Père, la grâce de Jésus-Christ Notre-Seigneur soit avec vous pour jamais. Vous avez beaucoup à le bénir et louer, et nous tous avec vous, de la grâce qu'il lui a plu donner à votre âme et à vos petits labeurs. D'autant plus que cela surpasse votre mérite et attente, d'autant plus y a-t-il de la faveur du ciel, qu'il faut recueillir et conserver avec humilité et fidélité. Adorez et aimez Jésus, annonçant sa sainte parole, et vous humiliez beaucoup de voir qu'il daigne vous associer à lui et à son saint ministère; que ce soit lui qui parle et qui prêche, et non vous. Et maintenant qu'il est au ciel, et non plus en terre visiblement, et qu'il va cherchant un esprit, un cœur, une langue, pour annoncer et porter sa parole et sa vérité dans les âmes, offrez-lui et donnez-lui votre esprit, votre cœur et votre langue, pour être l'organe de sa divine majesté et servir à ses saintes opérations et à sa gloire. Je supplie Jésus et la très-sainte Vierge de vous diriger et conduire dans cette affaire, et de vous approprier tout à eux, qui est la plus grande et souhaitable dignité que je vous désire. Je vous prie de patienter, en attendant le retour du P. N., et de continuer vos labeurs et vos soins à édifier le dedans et le dehors de la maison, en l'honneur de la vie parfaite et exemplaire de Jésus et de sa très-sainte Mère.

LETTRE CLI.

AU RÉVÉREND P. BERTIN, A ROME.

Il le charge d'obtenir de Sa Sainteté que le gouvernement de l'Oratoire et des Carmélites lui soient conservés en sa nouvelle condition, et lui donne encore quelques autres commissions.

Mon Père, la grâce de Jésus-Christ Notre-Seigneur soit avec vous pour jamais. Je suis très-marri de tant de peine que vous avez à notre occasion. Je n'ai pas loisir de vous en rendre grâces, ni de vous écrire de ma main mes sentiments particuliers, touchant le changement qu'il plaît à Dieu faire de nous. Je suis au moins obligé, selon Dieu, procurer que ce soit sans intérêt de mes devoirs primitifs, au regard de la congrégation et des religieuses Carmélites. J'en écris une lettre expresse et à part à M. le cardinal Barberin, et il est bon que vous y joigniez les instances de la part de la congrégation et des monastères; vous serez bien avoué. Les abbés de Clairvaux, de Cîteaux, de Cluny, qui ont été ou sont cardinaux, n'ont pas été déchargés pourtant de leurs abbayes, et ce sont généralités d'ordres, charges de monastères de filles qui en dépendent. Ç'a été aucune fois à cause du revenu adjoint, dont on ne s'est pas voulu dessaisir; et ici il n'y a que le labeur et la croix du Fils de Dieu que j'estime bien plus. La raison est pareille, la dénomination est indifférente, la charge est semblable, et cela est usité en France, non-seulement sans contredit, mais sans même qu'on y pense; et nous en avons un exemple en la personne de celui que vous savez être maintenant et abbé de Cluny et cardinal. M. le cardinal de Guise l'a été auparavant, et jamais on n'a pensé à cette difficulté en France. Je m'instruirai d'autres raisons et exemples, s'il en est besoin. Je vous adresse toutes les lettres que j'écris, vous priant bien fort de les présenter vous-même au Pape et à ceux de sa maison; il ne m'est pas possible d'écrire par cette voie aux autres, ce sera par le premier courrier. Je suis bien marri de ne le pouvoir non plus à M. de Bayonne et à M. l'abbé d'Halincour; je les honore tous deux particulièrement, mais il faut que je les suplie par vous de m'en excuser, car il m'est impossible, dans la rencontre du partement du roi, de plusieurs affaires prescrites et partement précis de ce courrier. Je vous remercie derechef de tant de soin que vous avez de m'avertir de ce que je dois. Je vous prie le continuer, car je suis fort nouveau à ces actions, et j'ai besoin, non-seulement que vous me préveniez par avertissements, mais encore que vous preniez soin de suppléer à mes manquements par votre industrie. Je vous supplie aussi de faire les mêmes excuses très-soigneusement aux Pères de la congrégation de l'Oratoire de Rome, qui ont voulu m'écrire en corps par leur supérieur et secrétaire. Voyez-les, s'il vous plaît, en attendant que je leur écrive, et les assurez que je ne manquerai pas de les remercier, et que de toutes les lettres que j'ai reçues, la leur m'a été une des plus agréables, et de laquelle j'espère recueillir plus de fruit, par leurs mérites et leurs prières. Je vous prie leur dire aussi que j'offre et dédie de nouveau à Dieu pour leur protection, assistance et service, et ma volonté et cette dignité sienne de laquelle je ne suis que le dépositaire indigne.

De Paris, ce 28 septembre 1627.

LETTRE CLII.

AU MÊME.

Sur quelques devoirs de sa nouvelle condition.

Mon Père, la grâce de Jésus-Christ Notre-Seigneur soit avec vous pour jamais. Je vous envoie quantité de lettres écrites à MM. les cardinaux que je vous supplie prendre la peine de présenter vous-même; j'achèverai le reste, s'il plaît à Dieu; j'en ai autant à écrire en France qu'en Italie, et à mon avis, je mérite un peu d'excuse, si en commençant je tarde à rendre tous les devoirs que je voudrais faire aussi ponctuellement que vous le jugez convenable, s'il était en ma puissance. Je voulais écrire par cette voie aux révérends Pères de l'Oratoire de la Valiselle, mais il ne m'a pas encore été possible; je suis obligé à plusieurs devoirs qui ne sont pas connus et qui concernent des sujets importants et essentiels, et je ne dois pas y manquer pour me rendre aux compliments que je juge nécessaires, comme vous, mais de moindre considération et importance. Et ce changement de condition m'est arrivé en un temps où il y a plusieurs sortes d'affaires fort pressantes. La vie de l'homme est courte, et il me semble que nous l'abrégeons journellement par quantité d'occupations que je dirais volontiers peu utiles, si je n'étais retenu à juger d'une profession qui m'est nouvelle, et que je dois honorer par-dessus mes sentiments propres et particuliers, puisqu'elle appartient au Fils de Dieu et à son Église, et avec éminence; mais je puis bien dire que c'est une des fatigues de la condition nouvelle en laquelle il a plu à Dieu me mettre. Je la dois supporter comme croix, mais je la dois porter toutefois et ne pas m'en exempter, comme je ferais aussi volontiers qu'auparavant, si j'étais en condition privée. J'ai regret de vous donner tant de part à ce fardeau, et vous rendre si peu d'édification et de service. Je supplie Jésus et sa très-sainte Mère de suppléer à tous nos manquements, et vers vous et vers la congrégation, et nous rendre tous dignes, etc.

LETTRE CLIII.

A UN PÈRE DE L'ORATOIRE.

Lequel il exhorte à porter en patience et douceur d'esprit quelque petite traverse, et à s'occuper plutôt de Dieu et de Jésus-Christ.

Mon Père, la grâce de Jésus-Christ Notre-Seigneur soit avec vous pour jamais. J'ai reçu et considéré les lettres que vous m'avez écrites; je serais marri que, pour la charité que vous rendez, vous reçussiez du déplaisir, si cela même vous rendait plus conforme au Fils de Dieu qui a pâti en bien faisant, et si cela ne vous donnait un moyen de pratiquer cet enseignement que l'esprit de Dieu nous donne dans l'Écriture, et que je m'assure, vous enseignez vous-même aux autres, de vaincre le mal en bien (155). Je n'ai pas estimé à propos de donner votre lettre à N., car elle me semble un peu trop sensible et étendue, et il faudrait en retrancher beaucoup pour la rendre au point où il est convenable pour l'édification que vous devez répandre en vos lettres et en vos sentiments, aussi bien qu'en vos paroles. J'ai été bien aise que vous me l'ayez adressée, car en un autre temps, vous seriez vous-même marri qu'elle eût été donnée; même il me semble que les deux lettres peuvent être plus bénignement interprétées, et puisqu'elles le peuvent, elles le doivent être par l'abondance de la charité, laquelle *non cogitat malum.* (*I Cor.* XIII, 5.) Je vous dis humblement et familièrement ce qu'il me semble que Dieu demande de vous, et que je pense avoir sujet de pratiquer quelquefois aussi bien que vous en sujets semblables. Délivrez votre esprit de ces choses, elles sont trop petites pour vous arrêter; occupez-vous de Dieu et de ses œuvres; oubliez ces traverses et vous contentez des actions, sentiments et passions du Fils de Dieu : *Annuntia inter gentes studia ejus.* (*Psal.* IX, 12.) Et croyez-moi qu'en la vallée de Josaphat ni eux ni vous n'aurez aucun sentiment de cela. Je supplie Notre-Seigneur Jésus-Christ et sa très-sainte Mère, nous délivrer tous de nous-mêmes et nous remplir totalement de leur esprit, de leur puissance et de leurs effets salutaires. Je suis en eux.

LETTRE CLIV.

A UN PÈRE DE L'ORATOIRE.

Sur la réception de sa mère en l'ordre des Carmélites.

Mon Père, la grâce de Jésus-Christ Notre-Seigneur soit avec vous pour jamais. Je loue Dieu de la disposition qu'il lui plaît donner à votre bonne mère, de le servir le reste de ses jours en la vie religieuse. Ce sont les fruits des bonnes œuvres qu'elle a faites en sa condition précédente. Je suis bien aise encore de l'approbation que la Mère prieure et les religieuses font de son dessein, et j'y apporte volontiers la bénédiction que vous désirez de moi; je l'offre à Jésus-Christ Notre-Seigneur et à sa très-sainte Mère, en l'honneur des mystères qui sont honorés en ce saint temps dans l'Église, et de la vie humble, dernière et souffrante de Jésus-Christ sur la terre: et je le supplie que cette partie de sa vie divine, en laquelle il a voulu consommer ses derniers jours, soit appliquée à cette sienne servante, et donne bénédiction et consommation aux derniers temps qui lui restent à vivre, et qu'elle les finisse saintement en la vie religieuse qu'elle désire embrasser. Je suis en Jésus-Christ Notre-Seigneur et en sa très-sainte Mère.

---

(155) *Vince in bono malum.* (*Rom.* XII, 21.)

LETTRE CLV.

AU P. GUY DU FAUR, PRÊTRE DE L'ORATOIRE,

Qui avait soin des affaires temporelles de la congrégation.

Il lui enseigne comme il se doit acquitter de cet office pour y honorer Dieu.

Je compatis à la peine extraordinaire que vous avez dans les affaires temporelles de la congrégation. Je supplie Notre-Seigneur Jésus et sa très-sainte Mère auxquels elles appartiennent, de vous y faire trouver un trésor spirituel de grâce et de bénédiction pour votre âme. Il leur est bien facile de convertir ces épines en roses pour votre bien, et dans ces occupations, vous disposer à être occupé de Dieu même. Honorez les saintes âmes qui ont rendu honneur particulier à à Dieu par semblables fonctions, car il y en a plusieurs dans le ciel qui ont acquis leur sainteté en pareils ministères. Vous y avez un exercice journalier de patience, d'humilité, de charité et de récollection fréquente au commencement, à la fin et aux intervalles des occupations. Ayez Dieu plus présent en l'action que vous faites, que la même action; et comme vous travaillez pour lui, travaillez avec lui, et honorez, par votre soin et occupation, les soins et occupations extérieures et intérieures de la très-sainte Vierge envers Jésus, tandis qu'elle en était la dépositaire, en la terre. Jésus et sa très-sainte Mère soient avec vous pour jamais. Je suis en eux.

LETTRE CLVI.

AU MÊME.

Il l'envoie à Toulouse pour régir la maison pendant la maladie du R. P. Bourgoin.

Mon Père, la grâce de Jésus-Christ Notre-Seigneur soit avec vous pour jamais. L'extrémité en laquelle je vois le P. Bourgoin, et l'incertitude du conseil de Dieu sur lui et sur nous qui participons abondamment aux effets de cette ordonnance divine, m'oblige à vous prier très-instamment de vous oublier vous-même, et V., et de vous en aller à T., pour prendre le soin universel de la congrégation en ce pays-là, jusqu'à ce que nous reconnaissions à loisir l'ordre que nous devons y apporter. Agissez, s'il vous plaît, au nom de Jésus-Christ Notre-Seigneur et de sa très-sainte Mère, et pour leur honneur et amour. Recevez part en la puissance qu'il leur a plu nous donner pour régir les lieux et les âmes qu'ils ont voulu nous commettre en ce pays-là. Nous essayerons de vous décharger au plus tôt de ce fardeau, car nous avons besoin nécessaire de vous par deçà. Mais Dieu vous appelle ailleurs maintenant, et par le cours de sa providence, il oblige et vous et nous de se rendre à sa conduite. Je supplie Notre-Seigneur et sa très-sainte Mère de vous accompagner.

LETTRE CLVII.
AU MÊME.

Il lui mande la joie qu'il a de la convalescence du R. P. Bourgoin, l'estime qu'il fait de ses labeurs dans la congrégation, et combien il désire qu'on défère à ses sentiments. Il l'exhorte de recourir aux saints anges.

Mon Père, la grâce de Jésus-Christ Notre-Seigneur soit avec vous pour jamais. Je loue Dieu du succès de votre voyage, et de la santé restituée au P. Bourgoin, duquel la vie et les labeurs nous sont si nécessaires. Puisqu'il a plu à Dieu nous le rendre, vous pouvez revenir quand il vous plaira, et en attendant je vous prie lui rendre la fidèle et charitable assistance qu'il désirera de vous, déférant beaucoup à ses intentions et à ses raisons, après que vous aurez doucement et prudemment insinué les vôtres. Je crois en devoir ainsi user avec lui, et je vous prie faire le même. Je pèse bien les raisons que vous m'alléguez sur le fait de la maison, mais son avis et son désir nous doivent être plus chers, spécialement ne faisant que de revenir d'une maladie et d'un accablement si grand de peines et d'affaires, auxquelles le premier soulagement qu'il rencontre est en l'onction de votre charité, en la prudence de votre esprit, et en la douceur de votre assistance. Je ne puis vous accorder pour le présent ce que vous me demandez, et ne sais quand il plaira à Dieu nous en donner. Il se faut commettre à sa providence en ce qui passe notre pouvoir. Pour cela et pour les autres besoins, recourez aux saints anges, qui sont les médiateurs, en la terre, des conseils de Dieu sur les âmes et sur ses œuvres.

LETTRE CLVIII.
A UN PÈRE DE L'ORATOIRE.

Comme il le voyait agité de l'esprit d'impatience, il lui manifeste la crainte qu'il ne perde sa vocation.

Mon Père, la grâce de Jésus-Christ Notre-Seigneur soit avec vous pour jamais. J'ai reçu les lettres que vous adressez au P. de...., et je vous dirai comme il me semble très-à propos que vous ne partiez point en ce temps de la ville de N., pour beaucoup de raisons qui seraient bien longues à vous être déduites, et qui m'obligent à vous prier bien fort de différer ce voyage, lorsque vous serez déchargé de l'obligation que vous avez à résider et desservir la cure. Je persévère en la volonté que j'ai de vous donner contentement en cette décharge, et sitôt que vous serez déchargé, de vous donner le temps et le loisir que vous voudrez, pour aller en tel lieu que vous choisirez. Mais je vous prie de considérer que le malin esprit a toujours pris ses avantages durant vos absences, pour brouiller et traverser, et dans la cure et dans la maison. Je crains fort que ce soit lui-même qui vous donne cette nouvelle inquiétude, pour avoir puissance de faire ses œuvres par votre absence. Si vous eussiez résisté à la première impatience qu'il vous a donnée sur le sujet de la cure, il n'aurait pas eu le pouvoir de passer à la seconde ; et si vous ne vous surmontez vous-même en cette seconde, il passera à une troisième, dont vous ne vous donnez pas garde. Dieu veut que nous soyons en peine, en exercice et en combat, et que nous ne nous laissions pas vaincre à nos humeurs et volontés, et il demande cette force et résolution, spécialement de ceux qui sont pasteurs et prédicateurs, et qui doivent annoncer aux autres les voies parfaites ; et à faute de ce, le malin esprit demande pouvoir de les cribler et tenter, comme il fit aux apôtres : *Satanas expetivit ut cribraret vos* (*Luc.* XXII, 31) ; et il fait le même au regard de ceux qui sont obligés à la vie apostolique. Je vous prie de considérer quelques jours devant Dieu cette vérité en l'exercice de votre oraison, et d'y adjoindre la considération et le poids de ces trois paroles que le Fils de Dieu a jointes ensemble, et a dit à ses disciples et à nous tous en eux : *Videte, vigilate, orate.* (*Marc.* XIV, 37.) Ayant si peu de temps à être chargé de la cure, vous devez l'employer à y résider, à y bien faire et à édifier ce peuple, et ensevelir la mémoire des mécontentements passés qu'ils ont eus contre vous, par le soin et la multitude des bons exemples et actions qu'ils doivent apercevoir en vous en cette dernière saison, et en ces derniers temps de votre conversation avec eux. Car je vois bien que, quittant la cure, vous aurez peine de demeurer dans la ville, et qu'il me faut tout ensemble chercher un curé, un supérieur pour la maison, et un prédicateur pour la ville ; et ce en un temps où nous sommes appelés tout ensemble en divers lieux, et obligés à disperser les nôtres en diverses provinces : ce qui n'est pas peu difficile. Mais puisque vous ne vous disposez pas à recevoir de Dieu ce peu de force qui vous est nécessaire pour vaincre une humeur légère et impatiente qui vous agite, je me suis résolu, avec Dieu, de ne vous pas presser, et de rechercher en Jésus-Christ Notre-Seigneur sa grâce et sa force pour vaincre ces difficultés et apparentes impossibilités, de le servir en un même temps en tant de lieux avec si peu de personnes. Je le supplie de nous assister de sa conduite et de sa puissance, pour suivre ses volontés. Je vous prie encore de considérer combien nous sommes obligés étroitement de garder les lois de l'Église, qui sont nos lois et constitutions, en qualité de prêtres, et que nous devons observer en perfection. Or, le temps de l'absence du curé en un an est limité, et vous l'avez bien accompli. Tellement que je vous prie bien fort de demeurer en cette ville de N. et remettre à un autre temps le voyage que vous proposez. C'est un petit assujettissement que Notre-Seigneur vous demande, en l'honneur de celui qu'il a eu pour nous en son enfance, en sa vie, en sa croix. Je le supplie et sa très-sainte Mère d'être avec vous pour jamais, et de vous conduire en leurs voies.

LETTRE CLIX.
A UN PÈRE DE L'ORATOIRE, ENVOYÉ POUR L'ÉTABLISSEMENT DE LA MAISON DE N.

Il désire qu'il prenne avis de la Mère prieure des Carmélites. Il remarque la liaison de cet ordre à l'Oratoire. Il pèse qu'il y a des âmes dans les voies intérieures qui rendent plus d'honneur à Dieu qu'une province entière, et que sainte Madeleine lui en rendait autant que tout un monde.

Mon Père, la grâce de Jésus-Christ Notre-Seigneur soit avec vous pour jamais. Je viens d'apprendre votre arrivée à N., qui m'oblige à vous donner quelques petits avis selon Dieu sur votre conduite en cette ville et en cette affaire. Je vous prie d'écouter patiemment et suivre humblement les pensées de la Mère prieure des Carmélites, autant que la prudence le vous permettra. Cette affaire lui doit beaucoup, et je pense que Dieu l'a choisie, et pour la commencer et pour la terminer. Il faut s'abaisser dans les esprits et honorer la grâce de Dieu cachée en eux, encore que nous trouvions beaucoup de choses à désirer en la nature; et en cela je vous prie d'honorer la conversation du Fils de Dieu avec ses apôtres, et son abaissement à demander avis en ses œuvres à saint Philippe, qui n'était pas le plus éminent entre ses disciples. Montrez grande charité envers les Carmélites. Prêchez-les volontiers. Comme Dieu leur donne, ce me semble, estime, charité et liaison envers l'état de la congrégation, nous devons faire le même envers elles, et coopérer en cela à la grâce de Dieu, qui veut mettre à mon avis, quelque bénédiction réciproque entre elles et nous. J'espère bien aisément pourvoir aux inconvénients que vous pouvez craindre, mais en son temps; et pour maintenant, il faut non craindre, mais opérer et coopérer au vouloir secret de Dieu. Vous voyez les difficultés, et je les vois et prévois; mais vous ne voyez pas les grâces, et je pense devoir et pouvoir dire avec vérité qu'il y a des âmes cachées dedans les voies intérieures, qui rendent plus d'honneur à Dieu que peut-être une ville, peut-être une province. Or il est bon de se servir quelquefois de cette pensée, pour diminuer la satisfaction que la nature peut prendre dans les actions publiques et dans le fruit apparent d'icelle. Je n'ai pas peine à penser devant Dieu, que sainte Madeleine lui rendait plus de gloire que peut-être un monde. Révérez-la, priez-la, et je la supplie de prendre puissance sur vous, et vous donner entrée dans les voies intérieures, sur lesquelles elle a une si grande puissance.

LETTRE CLX.
A UN PÈRE DE L'ORATOIRE.

Il l'exhorte à se rendre digne de l'esprit et de la filiation de Dieu, par une fidèle abnégation de soi-même et humble dépendance d'autrui.

La grâce de Jésus-Christ Notre-Seigneur soit avec vous pour jamais. Je ne manque pas de désir de vous contenter; mais autant que je le puisse, il me faut trouver quelqu'un pour vous être substitué, et cela n'est pas facile. J'y travaillerai et verrai ce qu'il plaira à Dieu me donner de puissance, et vous en avertirai. En attendant, je vous prie de commander à vos désirs et à votre esprit, pour être régi par l'esprit du Fils de Dieu, qui ne se communique qu'à ceux qui l'honorent par abnégation d'eux-mêmes. Souvenez-vous de cette parole de saint Paul: *Qui Spiritu Dei aguntur, hi sunt filii Dei.* (Rom., VIII, 14.) Oh! que nous devons souhaiter cette filiation divine! oh! que nous sommes coupables, de nous priver de cette conduite et possession de Dieu, pour être trop attachés à notre sens et à nos inclinations particulières! Demandez, et pour nous et pour vous, cette grâce au Fils de Dieu, en l'honneur de sa très-sainte enfance, humblement régie par Marie, et divinement régissante sa très-sainte Mère. Je vous prie faire mes recommandations à notre frère N. et à tous nos Pères, et avoir soin particulier de les honorer et édifier, et de suivre leurs pensées en votre conduite, en ce peu de séjour que vous avez à faire en ce pays-là. Ils connaissent mieux les esprits et le pays que vous. Lorsque j'étais avec eux, je me croyais obligé d'en user ainsi, et je vous prie de le faire. Je suis pour jamais.

De Paris, ce 17 janvier 1621.

LETTRE CLXI.
A UN CONFRÈRE DE L'ORATOIRE, AUQUEL IL CONSEILLE DE PRENDRE PRÊTRISE.

Il lui parle beaucoup de la dignité de cet état.

J'estime être selon la volonté de Notre-Seigneur que vous vous disposiez à prendre prêtrise, et nonobstant ce que vous m'écrivez, je me confirme en cette pensée. Le principal office d'icelle consiste en la prière que nous faisons, et en l'oblation que nous présentons à Dieu pour son peuple et son Église. C'est ce que j'honore le plus en la prêtrise, c'est ce que les anges y révèrent davantage, et ce qui ne leur est pas communiqué; coopérant au salut du monde par leurs prières, assistances et inspirations, mais non au Fils de Dieu en cette sienne grande et admirable opération, en laquelle consiste le mystère de la prêtrise. Disposez-vous à cette fonction, et l'estimez beaucoup plus que les autres offices de charité que vous avez tant désirés autrefois. Puisqu'il plaît à Dieu vous appeler à une manière de coopération au salut des âmes, à laquelle toutes les forces, et même la grâce angélique, ne vous pourraient élever, prenez quelque retraite spéciale pour vous disposer à ce nouvel état, et n'y oubliez pas les besoins de la congrégation. Recourez à la très-sainte Vierge, à ce qu'elle vous dispose à la grâce de son Fils, pour entrer en un état si saint et si peu connu, conformément à la dignité intérieure qu'il apporte avec soi à l'âme qui s'y prépare comme il appartient. Je supplie Jésus et sa très-sainte Mère qu'ils vous y assistent de leurs bénédictions particulières.

LETTRE CLXII.
A UN CONFRÈRE DE L'ORATOIRE, ÉTUDIANT DANS UN DES COLLÉGES DE LA CONGRÉGATION.

Il l'avertit que la dévotion qui n'est que dans les sentiments est trompeuse, et qu'on n'avance dans les voies de Dieu qu'autant qu'on fait de progrès dans l'humilité, l'obéissance et la docilité.

Je me sens obligé devant Dieu, de vous représenter que votre bonne volonté doit être accompagnée de conduite. Autrement la tentation et même l'illusion s'y pourraient mêler. Vous êtes nouveau dans les voies de Dieu, et le malin esprit nous prépare à tous beaucoup d'embûches, et il n'y a que l'humilité d'esprit et la docilité qui nous en préservent par la miséricorde de Dieu. Souvenez-vous que le Saint-Esprit inspire David de ne se pas contenter de demander à Dieu en ses prières la bonté, mais il ajoute : *Bonitatem, et disciplinam, et scientiam doce me* (*Psal.* CXVIII, 66); et cette discipline est toute fondée en humilité et docilité. Rendez-vous exact aux règlements de la maison, à la volonté de votre supérieur, à l'avis de votre directeur, aux intentions de votre Maître. C'est Dieu que vous devez regarder en eux, c'est à Dieu à qui vous obéissez en leur obéissant, c'est Dieu aussi que vous méprisez en les méprisant. C'est à eux, après Dieu en la terre, à qui vous devez avoir plus de liaison, et non pas à ceux entre les nôtres qui auraient plus de conformité avec vos pensées, car ce serait vous suivre vous-même et votre esprit, et non pas l'esprit de Dieu. Considérez l'enfance de Jésus, son assujettissement aux conditions de notre nature et de cet état, et en l'honneur de ces choses, rendez-vous exact et assujetti aux voies de grâce, aux voies de sa grâce, où nous devons être conduits par humilité, obéissance et docilité; trois vertus singulières que je vous recommande, et selon le progrès desquelles, et non autrement, il faut estimer vos dévotions intérieures. Je supplie Jésus et sa très-sainte Mère de les vous octroyer.

LETTRE CLXIII.
A UN CONFRÈRE DE L'ORATOIRE.

Il l'exhorte de s'offrir au mystère de la naissance et enfance de Jésus et à la très-sainte Vierge en icelle, et lui enseigne par quel esprit il faut étudier.

La grâce de Jésus-Christ Notre-Seigneur soit avec vous pour jamais. J'ai reçu la vôtre et loue Dieu de la disposition qu'il vous donne en son service. Je choisis pour vous le mystère de la naissance et enfance divine de Jésus. Je vous offre et dédie, autant que je le puis à cette naissance et à la très-sainte Vierge, qui accomplit en icelle sa puissance et qualité de Mère, envers le Fils unique de Dieu. Je vous prie de vous y offrir pour toute votre vie, et demander au Fils et à la Mère de Dieu qu'ils daignent opérer en votre âme les effets et qualités intérieures et spirituelles qui conviennent à ce mystère. Il n'est pas besoin que nous les connaissions, mais que nous nous y disposions en humilité et simplicité d'esprit, en désir d'honneur et d'appartenance à Jésus et Marie, et à la grâce propre à ce mystère.

Offrez à l'enfant Jésus et à la Vierge le temps et l'application que vous voudriez avoir à l'étude. Privez-vous pour maintenant de votre consolation propre, afin d'étudier pour leur honneur et amour, et que votre intention en l'étude soit purement pour les servir et être plus propre à suivre leurs volontés sur la terre et à les imprimer aux autres. Je supplie l'enfant Jésus et la Vierge être votre guide en vos actions et en vos études.

LETTRE CLXIV.
A QUELQU'UN QUE NOTRE-SEIGNEUR APPELAIT A L'ORATOIRE.

L'estime qu'il doit faire d'une si sainte vocation. Explication de cette parole : Tene quod habes, et nemo accipiat coronam tuam.

J'ai reçu la lettre qu'il vous a plu m'écrire, et appris avec contentement la pensée que Dieu vous donne de le servir parmi nous. Je l'accepte très-volontiers, et supplie Jésus et sa très-sainte Mère de la bénir, et vous prie de la leur offrir tous les jours. C'est une grâce que Dieu vous fait et qui sera semence de plusieurs autres grâces. Oh! si nous pénétrions les conseils et miséricordes de Dieu sur nous, en l'humble usage et accomplissement de semblables pensées, que nous serions faciles à les recevoir, vigilants à les conserver, diligents à les effectuer et fidèles à y persévérer ! Demandez à Jésus ces qualités, en l'honneur de sa très-sainte, très-puissante et très-divine enfance que l'Église honore en ce temps. Je vous supplie de vous souvenir quelquefois de cette parole du ciel rapportée en l'*Apocalypse* (III, 11) : *Tene quod habes, et nemo accipiat coronam tuam.* Car ces pensées sont grâces, et grâces acquises au prix du sang de Jésus-Christ, et ces grâces sont couronnées (156). Grâces de Dieu à la vérité, mais couronnes vôtres, car c'est vous qui en serez couronné si vous persévérez, et c'est pourquoi le ciel l'appelle : *Coronam tuam.* Et ces couronnes ne se perdent point ; et si quelqu'un laisse tomber la sienne, elle passe à un autre. Car

---

(156) *Qui coronat te in misericordia.* (*Psal.* CII, 4.)

les conseils de Dieu sur les grâces de son Fils et sur les couronnes de sa gloire, sont inviolables, et c'est sur quoi est fondée la manière de parler de cet avis céleste, où il est dit nommément : *De peur qu'un autre ne prenne votre couronne,* et non pas : *de peur qu'elle se perde.* Je supplie Jésus et sa très-sainte Mère de vous aider à la conserver, et de vous disposer à l'accomplissement parfait de leurs très-saintes volontés

LETTRE CLXV.

EXTRAIT DE DIVERSES LETTRES.

I. *Il recommande au supérieur d'un collége d'honorer Jésus comme docteur, et sa conversation parmi les docteurs.* — II. *Il désire que ceux auxquels les âmes communiquent de leurs besoins, ne soient ni trop secs, ni aussi superflus en paroles.* — III. *Il recommande les vertus requises en ceux de l'Oratoire et particulièrement la disposition d'amour et d'honneur spécial à Jésus et à Marie, comme point fondamental.* — IV. *Il veut que la vertu de gratitude soit signalée dans l'Oratoire. Notre vie doit être laborieuse.*

I. Mon père, la grâce de Jésus-Christ Notre-Seigneur soit avec vous pour jamais. Je suis bien aise du soin que vous avez pris du collége. Je vous prie m'en écrire, et apporter votre zèle. Notre-Seigneur et sa très-sainte Mère seront honorés de vous en cela ; et je vous prie leur offrir votre action et vos pensées, et demander en humilité leur conduite et direction. Honorez, s'il vous plaît, l'état de Jésus en sa qualité de docteur, et encore sa conversation au milieu des docteurs en son bas âge ; et prenez de là quelque aide en votre disposition. Avant de m'écrire, je vous prie de mettre votre esprit entre les mains de Jésus et de Marie, de leur faire quelque prière devant le saint sacrement, pour prendre leur direction, et désirer de ne m'écrire qu'en la sincérité en laquelle vous voudriez être à l'heure de votre mort et jugement.

II. Je vous prie continuer l'exercice de votre charité envers les religieuses Carmélites, lorsqu'elles le désireront de vous. Tâchez, je vous prie, d'avoir un peu plus de facilité et d'application à parler aux âmes vertueuses et solides qui vous communiqueront leurs besoins. Comme il faut doucement et prudemment éviter et diminuer la superfluité de la conversation, il faut aussi humblement et charitablement condescendre aux besoins des âmes, et y satisfaire en l'honneur de l'abaissement et charité de Jésus à communiquer aux peuples et à ses apôtres. Adorons et imitons le Verbe incarné en cet abaissement et charité.

III. Je vous exhorte, et tous les nôtres qui sont sous votre conduite, de vous établir parfaitement en la disposition d'honneur et d'amour spécial, à Jésus et à Marie; en retraite, en l'intérieur; modestie en l'extérieur; zèle particulier au salut des âmes, et au bien de l'Eglise. Le premier point doit être essentiel, voire le point fondamental de notre congrégation ; les autres sont nécessaires, ou à la perfection, ou à l'état de prêtrise. Je les vous recommande tous, et à tous les nôtres, de tout mon pouvoir.

IV. J'honore beaucoup la personne dont vous m'écrivez. Tant s'en faut que je croie l'obliger en ce qu'il désire, que je me tiens obligé de ce qu'il le veut ainsi. Je désire beaucoup que la vertu de reconnaissance et gratitude soit signalée en notre petite congrégation. Je loue Dieu de la grâce et de la force qu'il vous donne en votre âge, dans les petits travaux que vous portez pour l'amour de lui. Nous devons l'honorer en terre dans les labeurs, et au ciel dans le repos et dans la gloire : *In laboribus plurimis,* dit saint Paul. (*IICor.* xi, 23.)

LETTRE CLXVI.

EXTRAIT DE DIVERSES LETTRES.

I. *Un puissant remède contre les traverses intérieures est de se mettre devant en état d'avilissement où le péché nous a réduits.* — II. *Plusieurs maximes et pratiques de perfection.* — III. *Avis pour modérer le zèle d'un prédicateur. La vie de l'âme est en Dieu seul.*

I. Mon père, la grâce de Jésus-Christ Notre-Seigneur soit avec vous pour jamais. Priez et dépendez beaucoup de Dieu, de sa très-sainte Mère, de vos saints anges en cette affaire, et en toutes les traverses intérieures que vous portez ; dans lesquelles je vous prie de vous humilier beaucoup, et de vous mettre devant Dieu une fois le jour dans l'état d'avilissement auquel le péché nous réduirait, si Dieu ne nous en préservait par miséricorde, sans laquelle nous ne pouvons subsister un moment, ni en être ni en grâce. Demandez à Dieu pour nous effet correspondant à cette humble, mais véritable pensée, et nous la demanderons pour vous, comme garde de ce que vous appréhendez.

II. Je vous remercie très-humblement de tant de charité spirituelle et temporelle que vous nous rendez en Lorraine. Je vous supplie d'y avoir Jésus-Christ Notre-Seigneur et sa très-sainte Mère pour objet ; et que ce soit à eux, et non à nous, que cela soit fait. Je n'ai point pensé à l'Italie pour vous ; mais je loue Dieu de votre facilité à cela et à tout. Je ne dispose pas si aisément de ceux que Dieu nous donne, mais il bénira votre démission et obéissance sans effet. Soyez à Dieu de tout votre pouvoir. Cherchez-le et le servez en perfection. Ne vous remplissez pas des choses extérieures, mais de Dieu seul, qui est intérieur, et qui est la plénitude et la suffisance de toutes choses. Adorez souvent cette perfection divine, et vous y rendez par révérence et par effet, en délaissant tout pour Dieu. Appliquez-vous aux choses créées seulement par nécessité ou par charité, et non par adhérence ; et encore soyez-y fort retenu et réservé. Croissez en zèle d'honneur et d'amour spécial vers Jésus et sa très-sainte Mère; et offrez-leur souvent votre vie et vos actions.

III. Je vous prie de dire de ma part au Père C., ne lui pouvant écrire, que je l'exhorte à la piété en ses sermons ; mais que je le prie ne se rendre à son zèle pour reprendre spécialement les ecclésiastiques. Il les faut exhorter, et non arguer ; et Dieu lui donnera plus de bénédiction par cette voie humble et dévote. Je ne l'oublie pas, comme aussi j'en dois avoir soin, et spirituellement et temporellement. Continuez vos dévotions à Jésus et à Marie, et ne vous mettez pas tant dans les emplois, que la retraite intérieure en soit intéressée. La vie de l'âme est en Dieu et en son Fils unique Jésus-Christ Notre-Seigneur, et en sa très-sainte Mère, que nous appelons notre vie.

LETTRE CLXVII.
EXTRAIT DE DIVERSES LETTRES.

I *Il satisfait à l'objection d'un bon religieux, lequel, à cause que dans les dévotions de l'Oratoire, on parle aucunes fois de l'humanité sacrée de Jésus*, in abstracto, *comme dit l'école, s'était persuadé qu'on adorait d'une adoration suprême l'humanité séparée du Verbe.* — II. *La congrégation de l'Oratoire fait profession de n'avoir autre fondateur que Jésus, auteur de la prêtrise.* — III. *Les grands doivent appréhender la rigueur des jugements de Dieu.* — IV. *Dans les œuvres de Dieu, nous avons plus de sujet de nous plaindre de nous-mêmes que des accidents qui y surviennent.*

I. Je vous prie de voir en particulier ce bon religieux de Saint-Dominique, l'éclaircir et l'assurer que nous considérons l'humanité sacrée du Verbe comme elle est, et non comme elle n'est pas ; c'est-à-dire que nous la considérons comme intimement et perpétuellement conjointe à la personne du Verbe, comme elle est en vérité ; et non comme séparée, ce qui n'est point et ne sera jamais, et ce qu'étant, elle ne serait plus l'humanité du Verbe ; que l'existence et non-seulement la subsistance divine lui est attribuée en l'école de saint Thomas, laquelle nous suivons en cela et en la matière de la grâce et en tout le reste, le plus que nous pouvons. Or, présupposé que cette humanité sainte est existante par l'existence du Verbe, il est évident que si elle était séparée du Verbe, elle périrait au même moment ; ce que le Docteur angélique (*Summa contra gentes*) enseigne quelque part, ce me semble ; et que qui la considère séparée du Verbe la considère dénuée d'existence.

II. En cette petite congrégation, nous désirons n'avoir et reconnaître que Jésus pour fondateur, car il est l'auteur de la prêtrise et le chef des prêtres ; et ce afin de nous attacher à l'esprit de Jésus, comme les communautés s'attachent à l'esprit de leur fondateur. En cela nous désirons rendre un honneur particulier à Jésus et à sa qualité de prêtre, comme les communautés rendent à leurs fondateurs. Nous y honorons et faisons la fête de saint Philippe de Nerio, comme l'un de ceux dont il a plu à Dieu se servir entre les prêtres de ce siècle, pour renouveler l'état et la grâce de la prêtrise, et comme éminent en cette profession ; et pour la même raison, nous faisons l'office de saint Charles Borromée.

III. Dieu est sévère en ses jugements, sait bien abréger nos jours en sa rigueur, pour avancer son jugement sur nous, et nous faire porter l'idée de cette parole effroyable : *Memor esto unde excideris, et prima opera fac ; sin autem, venio tibi, et movebo candelabrum tuum de loco suo.* (Apoc. II, 5.) Parole qui nous doit tous faire trembler, si nous ne servons à sa gloire, et n'employons ses dons selon ses volontés. Le pouvoir que vous avez est de Dieu. Vous êtes son ministre en la terre en cette grande province ; prenez garde de ne pas faire servir son autorité qu'il a mise en vos mains, à troubler son Église, et à maintenir l'esprit de division, etc.

IV. Je considère bien vos peines, et j'en ai compassion. Mais il me semble que vous devez encore un peu de patience, et que celui qui vous l'a donnée jusqu'à présent vous ferait reproche si vous la perdiez, lorsqu'il est proche par sa grâce d'apporter remède à l'affaire. Dans les œuvres de Dieu, nous avons beaucoup plus à nous plaindre de nous-mêmes que d'aucun autre accident qui y arrive ; et nous verrons au jour de son jugement que c'est nous qui avons manqué à la grâce, et non pas la grâce à nous ; et que les mêmes choses qui nous auront été pénibles auront servi de sujet et de moyen à sanctifier beaucoup d'âmes. Je prie Dieu me faire bien connaître cette vérité, et à tous ceux qui ont part en son œuvre en la congrégation, laquelle j'offre de nouveau à Jésus-Christ Notre-Seigneur et à sa très-sainte Mère, afin qu'il leur plaise étendre sur icelle leur grâce et bénédiction.

LETTRE CLXVIII.
EXTRAIT DE DIVERSES LETTRES.

I. *Il envoie un prêtre de l'Oratoire à un établissement en une maison de la Vierge, et lui parle sur ce sujet.* — II. *Il envoie un supérieur à une maison de l'Oratoire, et parle de ce qui est dû à l'esprit et à l'autorité de Jésus en ceux qui sont en charge* — III. *Il donne quelques avis à un ecclésiastique pour se bien acquitter des devoirs de curé, et marque en particulier que le prêtre doit être l'image de Jésus-Christ en la terre, comme Jésus-Christ est l'image de son Père au ciel.*

I. Je me sens obligé d'accomplir une pensée que j'ai sur vous il y a longtemps, et vous envoyer avec le Père N. pour servir à l'établissement de la congrégation de Notre-Dame de N. C'est la très-sainte Vierge qui vous appelle et non pas moi ; je vous prie de la suivre et de vous disposer à la servir selon notre devoir. Ce vous est un bonheur qu'elle daigne se servir de vous, et vous désirer en un si saint lieu, pour lui rendre hommage. J'ai prié ce bon Père de vous mener avec lui, et prendre tout le soin de l'affaire ; et je me promets de votre humilité et obéissance que vous aurez agréable cette mission, en l'honneur de l'obéissance du Fils de Dieu envoyé au monde par le Père éternel, en l'honneur de la très-sainte Vierge à laquelle ce saint lieu appartient, et encore en l'honneur de l'ange de la congrégation, qui vous accompagnera en ce voyage.

II. Je loue Dieu de la charité que vous avez exercée en la maison, depuis le partement de votre supérieur, et je vous supplie de la continuer sous celui que nous envoyons en sa place, et d'avertir nos Pères et nos Frères de lui rendre l'obéissance et révérence que Jésus-Christ Notre-Seigneur veut qu'on rende à ceux auxquels il daigne communiquer son esprit et son autorité en la terre. Ce nous est une bénédiction très-grande que le Fils unique de Dieu daigne établir cet esprit en la terre, en la personne des supérieurs, pour nous régir et conduire lui-même ; mais aussi ce nous est à tous une obligation très-grande de révérer cet esprit du Fils de Dieu présent en autrui, et d'y soumettre le nôtre.

III. J'approuve votre pensée de ne pas quitter votre cure, mais d'en commettre, pour quelque temps, les actions moins importantes, à quelqu'un que vous considérerez, vous réservant d'accomplir vous-même les actions principales, afin de satisfaire, par ce moyen, et à votre charge et à vous-même, et d'avoir du temps pour donner à Dieu et à la réformation de votre âme, et vous rendre par après plus solidement utile au salut des âmes. Vous devez être un instrument conjoint au Fils de Dieu en la terre ; votre condition de prêtre et de pasteur vous oblige à cet état. Pour y entrer, il faut beaucoup traiter avec lui en l'oraison ; nous conformer à lui par les vertus intérieures et extérieures, et faire en sorte que nous soyons une image vive de Jésus en la terre, comme il est une image vive de son Père au ciel. C'est le propre du Fils éternel d'être l'image de son Père ; et vous savez, par les maximes de la théologie dont vous avez fait profession, que c'est une des choses qui lui sont appropriées. Ce doit être aussi une des conditions propres des prêtres d'être l'image du Fils de Dieu en la terre. A cet effet, je vous exhorte à penser beaucoup à lui et à sa vie intérieure et extérieure sur la terre. Adorez-le, aimez-le, et le priez de vous transformer en lui, et vous adressez à sa très-sainte Mère, à ce qu'elle vous obtienne de lui cette grâce et miséricorde.

LETTRE CLXIX.
EXTRAIT DE DIVERSES LETTRES.

I. *Choisir un mystère du Fils de Dieu pour l'année, et pareillement un des mystères de la Vierge.* — II. *De l'usage que nous devons faire de nos peines, et du soin de nous lier à Jésus et à sa très-sainte Mère, pour nous délier de nous-mêmes.* — III. *Incertitude de l'heure de la mort et de l'obligation d'en bien user.* — IV. *Il écrit avec une grande charité à un prêtre de l'Oratoire, auquel la congrégation était beaucoup redevable, et lui offre la conduite de la maison de Notre-Dame des Ardilières.*

I. Choisissez quelqu'un des mystères du Fils de Dieu, en la garde et honneur duquel vous passiez cette année ; car sa vie doit être notre vie, et la garde de notre âme dans les périls de la vie. Nous devons observer la même dévotion au regard de la très-sainte Vierge, en l'honneur de laquelle et de sa divine maternité, je vous exhorte de dire quelques messes et choisir un de ses états et mystères pour y rendre hommage spécial cette année, et vous commettre en la garde et protection qui est donnée à ceux qui les honorent comme il appartient. Je supplie le Fils et la Mère de vous donner part aux fruits qui se recueillent de ces dévotions particulières.

II. Je désire vous faire réponse sur ces choses intérieures dont vous m'avez écrit, et en attendant que je le puisse, je vous prie suivre Dieu, et ne pas être facile à recevoir les peines et difficultés qui vous viennent ; elles sont de la nature et habitudes précédentes, et non pas de la conduite de Dieu sur vous, ni aussi de votre volonté. Supportez-les, et ne vous en inquiétez pas, et ne les consultez pas, mais suivez Dieu parmi cela et par-dessus cela. Il fera sa volonté en vous quand il lui plaira. Adorez la vie et communication parfaite de la divinité en l'humanité de Jésus, et de l'humanité en la divinité. Que votre vie soit liée à celle-là, et que votre conduite en dépende. Je vous prie vous lier à la très-sainte Vierge, en l'honneur de ses liaisons à Jésus, et par ce moyen vous délier de vous-même, de vos peines, de vos craintes, et vous lier en échange à Jésus et à Marie et à leur conduite et conseil sur vous. Oh ! quelle vie ! oh ! quel échange !

III. Nos jours s'écoulent sur la terre, et nous ne savons pas combien Dieu nous en garde de reste. C'est un secret que Dieu cache à ses plus intimes amis : à plus forte raison devons-nous ne pas prétendre d'entrer en ce secret. Il nous faut demeurer en cette humble ignorance et nous en servir comme d'un puissant aiguillon, pour employer le reste de nos jours dans les œuvres de Dieu et ses desseins sur nous : *Donec veniat immutatio nostra. (Job* XIV, 14.)

IV. Un des soins que j'ai eus à mon retour d'Angleterre, a été de m'informer de votre disposition, et ayant su que vous aviez quelque inclination de passer cet hiver ailleurs qu'au lieu où vous êtes, j'ai pensé vous devoir offrir, en général, telle maison qu'il vous plaira. Je vous offre, en particulier, celle des Ardilières. C'est une maison dédiée à la Vierge, et il me semble que ce vous sera bénédiction de servir, en la régissant, celle à qui elle appartient. Nous avons tous beaucoup à profiter en servant à celle qui a si dignement servi à Dieu en qualité de Mère, et vous ne savez pas ce que Dieu vous prépare et réserve en ce lieu-là. Ne soyez pas facile à vous en excuser. J'ai cru vous le devoir offrir comme un lieu que j'estime beaucoup et que je choisirais pour moi-même si j'en avais la liberté; je vous l'offre pour tout le temps qu'il vous plaira, et non pour vous assujettir à autre chose qu'à ce à quoi la loi de la charité et la piété, vers la Mère de Dieu, nous assujettit tous.

LETTRE CLXX.

EXTRAIT DE DIVERSES LETTRES.

I. *La vie de la divine essence, en ses trois personnes, et le recours qu'on y doit avoir.* — II. *L'homme est obligé de ne se point écouter, et de ne se convertir, ni à soi-même ni à la terre, mais à Dieu seul.* — III. *Le temps est un captif que Jésus a racheté pour nous, et nous sommes obligés de le bien employer.* — IV. *Le Fils de Dieu est non-seulement le principe de tout bien, mais aussi le supplément de tous les défauts de ses créatures.*

I. Plus il plaît à Jésus-Christ se servir de vous, plus il désire que vous vous donniez à lui par les voies intérieures. Pour vous y avancer et conforter, honorez la vie intérieures de Jésus et de Marie et la vie de la divine essence en ses trois personnes, vie divine, vie cachée, et cachée même en nous; vie profonde, et si profonde que nul esprit créé n'y peut aborder; vie admirable, vie adorable, vie qui est seule la vraie vie, et sans laquelle il n'y a point de vie et de félicité. Dieu est en nous, et cette vie de Dieu est en nous, et est la source de la vie de nature et de grâce que nous avons; et nous y pensons si peu, nous y recourons et adhérons si peu, nous en sommes si peu occupés! Demandez la grâce de participer à cette vie, et par vos prières et sacrifices, obtenez-nous en aussi quelque participation.

II. Je suis toujours envers votre âme, tel que vous m'avez vu, désireux de votre perfection et de votre persévérance en votre vocation, et de vous y aider en tout ce qui me sera possible. N'écoutez pas ce qui vous en divertit, et ne vous convertissez pas à la terre ni à vous-même, mais à Jésus qui est notre tout, auquel nous pouvons tout, et sans lequel nous ne sommes rien, et en danger d'être pis que rien. Soyez tout à Jésus et à sa très-sainte Mère.

III. Je vous supplie de prendre garde qu'en votre maison le temps soit bien réglé et employé, et que, hors les heures de conversation commune et ordinaire, le reste soit occupé ou en retraite, étude, prières ou charité : *Redimentes tempus.* (*Ephes.* V, 16.) Le temps est un captif que le Fils de Dieu a racheté pour nous, et pour nous faire acquérir en icelui rien moins que Dieu même. Les prêtres y sont plus obligés encore que les autres, car ils se doivent employer pour l'acquisition de l'éternité, non-seulement pour eux, mais aussi pour autrui.

IV. J'ai reçu consolation en la lecture de votre lettre, voyant le soin que Dieu vous donne de la maison et la conduite que vous y observez. Plus vous reconnaissez votre impuissance, plus Dieu s'en servira : *Qui vocat ea quæ non sunt, tanquam ea quæ sunt.* (*Rom.* IV, 17.) Persévérez en cette humble pensée de vous-même, et offrez une fois le jour les nécessités de la maison à Jésus et à Marie, à ce qu'ils y daignent pourvoir et suppléer vos défauts. Adorez le Fils de Dieu non-seulement comme principe de tout bien, mais encore comme supplément devant Dieu son Père, de tous les défauts de ses créatures. Unissez-vous à lui en cette qualité, et le priez, selon son commandement, qu'étant le maître de l'héritage, *Mittat operarios in messem suam.* (*Matth.* IX, 38.)

LETTRE CLXXI.

EXTRAIT DE DIVERSES LETTRES.

I. II. *Il encourage un supérieur de l'Oratoire aux travaux de sa charge; il lui recommande la dévotion spéciale vers Jésus et sa très-sainte Mère, en sa communauté.* — III. *Avec combien de soin nous nous devons rendre à Dieu lorsqu'il parle à nos cœurs. Il faut honorer Dieu par les voies qu'il lui plaît ordonner, et non par celles que nous désirons. De l'obligation de se perdre pour Dieu.* — IV. *Il écrit à un ecclésiastique que Dieu appelait à la congrégation, et lui fait entendre quels en sont les devoirs principaux et essentiels.*

I. Nous vous adressons ce bon ecclésiastique, vous priant de le former dans les exercices de retraite, d'oraison, et des vertus propres à notre institut. Je n'oublie pas la peine que vous avez, et je sais et ressens que vous portez *Pondus diei et æstus.* (*Matth.* XX, 12.) Mais comme Dieu continue et accroît vos labeurs, il accroît aussi la grâce et la couronne, et nous devons prendre plus de force, de courage et de longanimité à la grâce adjointe aux labeurs que Dieu nous envoie, que d'affaiblissement à l'arrivée et à la vue de nos travaux. Ayez toujours présents Jésus-Christ Notre-Seigneur et sa très-sainte Mère, en leur vie laborieuse sur la terre, et tenez à bénédiction d'avoir quelques travaux à offrir en hommage à leur vie sainte et laborieuse.

II. Ayez soin, s'il vous plaît, de continuer la dévotion générale de la maison vers Jésus-Christ Notre-Seigneur et sa très-sainte Mère, par les affections intérieures, et par l'humble et dévote récitation de leurs litanies le soir et le matin en communauté. Je vous supplie de conserver nos Pères en patience et tranquillité; et quant à vous, de prendre nouvelle force en vos travaux, et de la prendre en Jésus et en Marie. Honorez et remémorez souvent leurs travaux sur la terre et les travaux de leurs serviteurs, desquels il est dit : *Egentes, angustiati, quibus dignus non erat mundus*, etc. (*Hebr.* xi, 37.) Je supplie Notre-Seigneur Jésus, en l'honneur de sa double angoisse au jardin des Olives et en la croix, vous donner à tous double force et persévérance à son service; que Jésus et sa très-sainte Mère soient votre pensée ordinaire et votre ferme espérance. Recourez à eux en tous les besoins intérieurs et extérieurs de la maison, comme à ceux à qui elle appartient, et qui peuvent et veulent y pourvoir.

III. J'approuve les pensées que vous m'écrivez, et je loue Dieu de les vous avoir données. Tenez-vous à Dieu, et adorez la pureté de la divine Essence, la pureté du Père éternel en la production du Saint-Esprit, et la pureté de Jésus en son humanité sacrée, et révérez humblement la pureté de la sainte Vierge émanée de celle de son Fils. Lorsque semblables dispositions intérieures à celles que vous m'écrivez en votre dernière, vous arriveront, je désire que votre esprit se sépare des choses moins utiles, et qu'il s'y applique humblement et totalement. Car il est raisonnable d'écouter Dieu quand il daigne nous parler, et de nous rendre attentifs à sa voix; et pour lors il se faut retirer des choses où il n'y a de la nécessité, ou bien une très-grande et urgente charité, ne nous appliquent pas. Il faut aussi apprendre à honorer Dieu par les voies qu'il lui plaira ordonner sur nous, et non par celles que nous voudrions choisir. C'est un des hommages que nous devons à sa puissance, à sa sapience et à son ordonnance. C'est un des usages que nous devons à ce sien enseignement : *Qui perdiderit animam suam propter me, inveniet eam.* (*Matth.* x, 39.) Oh! que cette parole est grande! oh! que le sens en est profond et caché! oh! qu'il est sûr et véritable de trouver le salut en la perte! Cependant, comme il vous faut abandonner d'une part, il vous faut aussi de l'autre veiller et vous retirer des effets que vous portez, vous séparant de tout cela pour vous cacher en la pureté ineffable de Jésus, comme en votre refuge et retraite. Comme la colombe fait sa demeure en la pierre, faites aussi votre demeure en Jésus, en l'honneur de la résidence que son âme sacrée a en sa divinité, et que lui-même en sa très-sainte Mère, et sa très-sainte Mère en lui. Établissez-vous en cette demeure, et hors et durant la tempête qui vous moleste. Recherchez cette demeure, et humblement par nécessité, et affectueusement par piété.

IV. J'espère après ces Pâques faire un voyage en votre ville, et vous déclarer de vive voix l'état de cette petite congrégation, à laquelle vous désirez vous ranger. Cependant je vous dirai que le point premier et essentiel d'icelle, et son premier devoir, est de tendre et aspirer à un honneur et amour spécial à Jésus-Christ Notre-Seigneur et à sa très-sainte Mère, et d'y acheminer ceux avec lesquels nous avons à converser. Disposez-vous-y, s'il vous plaît, chaque jour, et croissez sans cesse en cette intention. Je supplie Jésus et Marie de vous y préparer par leurs saintes bénédictions.

LETTRE CLXXII.
EXTRAIT DE DIVERSES LETTRES.

I. *Il mande à un prédicateur comme il doit se conduire pour prêcher utilement, et lui recommande de prendre un soin particulier des ecclésiastiques.* — II. *Avis sur la réception de plusieurs parentes en même monastère des religieuses Carmélites. Les prémices des maisons portent grâce particulière et labeurs particuliers.* — III. *Du bon usage des besoins temporels. Dieu regarde plus la disposition intérieure que l'action extérieure, et il nous faut être dans ce même soin. Recours aux bons anges.* — IV. *Quelques avis à un supérieur.*

I. Je vous ai promis à Toulouse pour y prêcher l'Avent et Carême; je vous prie vous disposer à y rendre service à Jésus-Christ Notre-Seigneur. C'est son office que vous devez faire envers ce peuple. Il le faut accomplir par son esprit et en sa grâce, laquelle on doit rechercher avec humilité et oraison, plus que par étude; encore que je vous exhorte d'y employer le temps nécessaire pour prêcher solidement et utilement; mais la première disposition est celle de la charité et de l'oraison, et la seconde celle de la science. Je vous prie de procéder avec douceur, modestie et respect envers messieurs du chapitre, et essayer de disposer ceux que Notre-Seigneur vous adressera, leur donnant créance en vous, à le servir avec plus de piété et perfection que le commun des ecclésiastiques. Un de nos soins particuliers doit être de servir ceux de notre même profession et ministère, et je vous prie de le faire humblement, prudemment et charitablement.

II. Nous sommes un peu difficiles en la réception de plusieurs parentes dans un même monastère des religieuses Carmélites, et il y faut quelque considération particulière. Je ne vous dis pas ceci pour refus, mais seulement pour conduite, et afin de procéder en l'affaire plus par voie de la volonté de Dieu que par affection humaine. C'est une grâce que Dieu vous fait de la vouloir retirer du monde; coopérez-y avec son esprit.

Je vous exhorte aussi à vous rendre digne de plus en plus de servir Dieu en ce commencement d'établissement où vous êtes employé. Les prémices des maisons portent grâce particulière, mais aussi demandent labeurs particuliers. Servez-y en esprit d'humilité et de tranquillité, de patience et d'oraison, et honorez les labeurs de Jésus fondant son Église, et la part qu'il y a donnée à sa très-sainte Mère.

III. Plus le temporel est en mauvais état, plus faut-il travailler à l'intérieur, et honorer l'état du Fils de Dieu en son abaissement et en ses souffrances, et recourir à sa très-sainte Mère pour obtenir, par ses pouvoirs et priviléges, l'assistance nécessaire. Je les supplie d'être avec vous, et vous disposer à tirer bon usage de ces croix et humiliations. Nous sommes obligés à les servir, à nous sanctifier et à édifier le prochain, et nous ne sommes pas obligés d'avoir du bien en la terre, mais au ciel. Je loue Dieu de la bonne santé qu'il vous donne, et des bonnes œuvres dans lesquelles vous l'employez, et je vous supplie d'y joindre les dispositions et affections intérieures avec lesquelles Dieu mérite d'être honoré et servi de ses créatures. Car vous savez qu'il estime beaucoup plus l'affection avec laquelle on le sert, que la même action par laquelle il est servi, et c'est un moyen de vous avancer grandement en la vie intérieure parmi les actions extérieures de vertu et de charité que vous exercez continuellement au lieu où vous êtes. Honorez les bons anges en l'affaire présente qui se traite pour votre maison, afin que tout y réussisse à la gloire de Dieu par leur entremise.

IV. Priez, pâtissez et exercez humblement la charité envers les âmes. Offrez, s'il vous plaît, quelques messes par mois en l'honneur de la très-sainte Vierge, compatissante à son Fils en croix, pour les besoins de la congrégation en général, et de votre maison en particulier. Parmi les soins qui occupent votre esprit il faut entremêler beaucoup de patience, douceur et charité, et prévenir les personnes dans leurs besoins spirituels et temporels.

LETTRE CLXXIII.
EXTRAIT DE DIVERSES LETTRES.

I. *Il admet un ecclésiastique (qui était, ce semble, déjà un peu âgé) en la congrégation.* — II. *Entrée de quelqu'un en l'Oratoire au jour Saint-Michel, et comme ce serviteur de Dieu recevait le bien temporel qui lui était donné.* — III. *Il fortifie le supérieur d'une maison dans les nécessités où elle était.* — IV. *Il console deux prêtres de l'Oratoire qui étaient en une maison à l'écart comme en une solitude.*

I. Celui qui vous appelle parmi nous m'oblige à vous y admettre; et ainsi, en l'honneur de la filiation éternelle de Jésus, et de celle encore qu'il veut avoir en la terre au regard de la très-sainte Vierge sa Mère, je vous reçois pour être un des enfants de la congrégation qu'il a voulu être dressée en ce siècle pour honorer d'un honneur spécial son humanité déifiée et sa divinité humanisée; et aussi celle dans les entrailles de laquelle ce grand mystère de l'Incarnation a été opéré. C'est l'esprit et le dessein de cette petite assemblée de se dédier à un hommage particulier de cet Homme-Dieu et de sa très-sainte et très-digne Mère. Vouez-vous donc à Jésus et à Marie, et vous disposez à les servir, honorer et aimer parmi nous : et je les supplie que *Renovetur ut aquilæ juventus tua* (Psal. CII, 5); et que *Si is qui foris est, noster homo corrumpitur, tamen is qui intus est, renovetur de die in diem*, comme parle l'Apôtre saint Paul. (II Cor. IV, 16.)

II. Je trouve bien à propos que le jour de saint Michel, qui est la première de toutes les créatures qui a rendu gloire à Dieu, donne commencement à votre retraite et à votre désir de le servir parmi nous. Je l'accepte en l'honneur de Jésus et de Marie, et en particulier en l'honneur de leur vie sur la terre, et vous prie leur offrir aussi ce qu'il vous plaît nous donner. Car je désire que ce soient plutôt eux qui le reçoivent en nous, que nous-mêmes, et aussi que Jésus et Marie soient plus en nous que nous-mêmes.

III. Je vous supplie d'avoir encore un peu de patience en Notre-Seigneur, et d'honorer ses labeurs et sa dépendance du Père éternel, et son indigence sur la terre en sa très-sainte vie : *Egenus pro nobis factus est.* (II Cor. VIII, 9.) Vous portez une croix plus pesante que je ne voudrais; mais c'est Dieu qui vous l'a choisie, plus que moi. Ne perdez pas la couronne à laquelle il vous appelle par cette croix : *Exspecta Dominum, viriliter age, et confortetur cor tuum, et sustine Dominum.* (I Cor. XVI, 13.) Ne négligez pas l'intelligence et la pratique de ce verset, que je ne vous peux exposer maintenant, et que je supplie Notre-Seigneur vous donner à entendre. Offrez, s'il vous plaît, chaque jour, à Jésus et à Marie, votre vie et vos actions, en l'honneur et union de leur vie et actions sur la terre. Désirez ne vivre que pour Dieu, et non pour intérêt aucun de la terre.

IV. Je prie Dieu qu'il vous console tous deux en vos travaux, et qu'il vous bénisse en ce petit exil auquel vous êtes maintenant. A qui Dieu est, ce qu'il vous est, tout est doux et facile pour son honneur et amour, en l'union de l'exil et solitude que son Fils unique a porté en la terre pour notre salut. J'aime mieux reconnaître envers lui le sentiment que j'ai de ce que vous contribuez à ce sien œuvre, que de vous le témoigner par la présente.

LETTRE CLXXIV.
EXTRAIT DE DIVERSES LETTRES.

I. *Parler de Dieu et de sa part est chose grande.* — II. *Sa retenue à presser les siens, même en la disposition de leurs biens temporels, quoique pour des fins spirituelles. Avis sur la pauvreté de la maison. Avis sur quelque pensée de fondation en l'Eglise.* — III. *Notre vie en la terre doit être laborieuse. Il exhorte un supérieur à débonnaireté en sa conduite.* — IV. *Il exhorte un supérieur à conserver unité d'esprit avec tous.* — V. *Sa retenue à user du pouvoir que les siens mêmes lui donnaient sur eux. Il le loue d'avoir quitté ses parents et soi-même pour l'amour de Notre-Seigneur.*

I. C'est chose grande que de parler de Dieu, et de parler de la part de Dieu en la terre. Et parce que c'est chose grande, et plus grande que le commun ne pense, j'estime qu'il doit être beaucoup considéré. Je recommanderai à Notre-Seigneur les pensées que vous en avez, et aussi à sa très-sainte Mère, avant de vous y répondre; ne désirant en ce sujet vous rien mander selon mes pensées particulières. Je vous prie tous de supporter en patience votre solitude et peu d'emploi en l'honneur de l'humble enfance de Jésus et de son inutilité apparente sur la terre. L'état des affaires publiques m'oblige de vous demander quelques prières extraordinaires à ce qu'il plaise à Dieu apaiser son courroux.

II. Je ne désirais pas vous proposer mon avis, si vous ne m'en eussiez écrit; désirant laisser à Dieu de vous incliner sur ce sujet, à ce qui serait de sa sainte volonté, et suivre plutôt vos pensées que les miennes en l'oblation que vous désirez lui faire de ce qui lui appartient, et qu'il a mis entre vos mains. Au lieu de vous attrister et rechercher la solitude, honorez la pauvreté de Jésus et de Marie en Egypte, et recourez humblement à eux, afin que leur pauvreté bénisse la vôtre et y pourvoie. Recourez spécialement à la Mère de Dieu dans les nécessités de la maison. Elle est à son Fils, et nous lui avons donné toutes les maisons que Dieu nous donnera. Comme Mère de Jésus, elle aura soin de tout ce qui appartient à Jésus. Ayez plus de repos en cette pensée que de peine en l'état présent. Offrez la pensée de fonder cet usage de piété, dont vous me parlez en la vôtre, en l'honneur des pensées de Jésus en la croix sur le salut des âmes, et aussi en l'honneur des pensées que sa très-sainte Mère a eues en la terre pour les pécheurs dont elle est le refuge et l'avocate envers son Fils.

III. Cette vie est le temps de travail, et de travail en la charité, et l'autre est destinée au repos et à la jouissance. Honorez les labeurs de Jésus et de Marie en leur vie sur la terre, et leur charité, et leur offrez vos fatigues et vos sollicitudes. Plus vous rendrez votre esprit débonnaire, ouvert et prévenant les besoins, plus la grâce de Dieu sera jointe avec vous pour le bien des âmes qui sont sous votre charge. Ne mesurez pas les forces d'un chacun aux vôtres, ni votre zèle au leur; mais essayez d'entrer en leur esprit et disposition pour vous y proportionner. Offrez vos pensées à Jésus et à Marie sa très-sainte Mère avant de les suivre, et invoquez le bon ange de la congrégation et ceux des Pères et Frères qui sont avec vous.

IV. Je loue Dieu du zèle qu'il lui plaît vous donner au bien de la maison, que Dieu bénira temporellement, selon le soin que nous aurons de le servir et honorer parfaitement. Ne suivez pas, s'il vous plaît, la promptitude de vos pensées; mais abaissez-les et anéantissez au pied de la croix du Fils de Dieu avant de les suivre. Conservez l'unité d'esprit avec tous, en l'honneur de l'unité de la divine essence aux trois personnes, et de l'unité de la personne du Verbe, en la pluralité des deux natures divine et humaine; et honorez les paroles et les désirs du Fils de Dieu, rapportés en saint Jean (XVII, 21), où il demande à son Père union et unité d'esprit pour ses disciples *Ut omnes unum sint*. Oh! que souvent nous faisons tort à ces désirs et prières du Fils de Dieu par trop d'adhérence et fermeté en notre propre sens! Oh! que pour peu de chose nous contristons le Fils de Dieu et l'intéressons, le frustrant de l'effet de ses désirs et de cette prière qu'il a présentée à son Père au jour de ses souffrances! Je vous prie demander cette grâce d'union d'esprit pour notre congrégation, en l'honneur de ce divin vouloir de Jésus.

V. Je suis, à la vérité, fort retenu à user du pouvoir que les âmes me donnent sur elles, et cela joint à quelque compassion de votre tendresse sur l'état de mademoiselle votre mère, m'a peut-être fait excéder; mais je suis très-aise que vous soyez résolu à demeurer en la maison où vous êtes. Bénis soient Jésus et sa très-sainte Mère qui ont daigné vous arrêter ainsi pour y continuer votre soin et charité. Je les supplie de suppléer à votre absence auprès d'elle, que vous délaissez pour l'amour d'eux, et non par faute de respect et d'inclination filiale envers elle. Louez Dieu qui vous a donné ce sujet de pratiquer ce sien conseil, de laisser père et mère, et encore vous-même pour son amour; et priez Jésus et sa très-sainte Mère qu'ils nous donnent à tous nouvelle vie et nouvelle participation avec eux.

LETTRE CLXXV.

EXTRAIT DE DIVERSES LETTRES.

I. *Pour conforter une âme qui se trouvait dans quelque dureté et sécheresse en l'oraison.* — II. *Avis à une âme de ne se point inquiéter du souvenir des fautes passées.* — III. *Recommandation des besoins de la France et de l'Angleterre.* — IV. *Le soin des supérieurs commis au gouvernement des œuvres de Dieu doit être universel et particulier, en l'honneur et imitation de la Providence divine.*

I. La grâce de Jésus-Christ Notre-Seigneur soit avec vous pour jamais. J'ai reçu votre lettre, et vu par icelle comme vous continuez à désirer nous parler. Je ferai ce qui me sera possible pour cela, et en attendant je vous prie n'avoir aucune peine de ce que vous me mandez, mais d'honorer le bon Jésus en l'état de sa vie pénible et humiliée sur la terre, en la face de Dieu son Père; et de vous lier entièrement à la très-sainte Vierge, désirant que sa vie intérieure et divine honore son Fils pour vous, qui n'êtes pas digne de l'honorer par élévation et onction intérieure. Offrez à Jésus et à Marie sa très-sainte Mère vos duretés et sécheresses, offrez-leur en humiliation et tranquillité d'esprit, et peut-être que cette voie rendra plus d'hommage à Dieu, et à votre âme plus d'utilité, que si vous étiez fort consolée et élevée.

II. Je vous prie d'être en repos de conscience sur les choses passées, les oublier et ne les point remémorer, les mettre aux pieds du Fils de Dieu et l'adorer dans le parfait usage qu'il a fait sur la terre, en la vue et connaissance qu'il avait lors de tous nos défauts; lui demander la grâce de recevoir et bien user de ce qu'il vous a acquis et mérité par sa croix, et vous donner à sa très-sainte Mère, afin qu'elle vous donne à son Fils. Soyez à lui et à elle pour jamais. Lorsqu'en la sainte communion la mémoire de ces choses vous revient, humiliez-vous devant Jésus, humilié pour vos péchés jusqu'à la croix; et vous oubliant vous-mêmes et vos fautes, ne vous souvenez que de Jésus et vous donnez à lui en paix.

III. Je recevrai volontiers cet honnête jeune homme venant de votre part et sans le faire attendre. Je loue Dieu de ce qu'à mon retour, un des premiers fruits que nous recevons, c'est de la main de la très-sainte Vierge et par votre moyen. Les affaires qui nous tirent dehors continuent à nous occuper, en sorte que je puis dire n'être pas encore arrivé pour moi, ni pour mes désirs et mes devoirs particuliers, et qu'à peine je puis trouver le temps de vous écrire ces deux mots et encore par la main d'autrui. Je vous prie de recommander à Dieu et à sa très-sainte Mère leurs conseils et volontés sur moi, et les besoins présents de la France et de l'Angleterre, qui ne sont pas petits et qui requièrent une miséricorde et bénédiction très-grande, digne de celle qui est Mère de Dieu, et qui daigne être Mère de nos âmes.

IV. En ce soin nous devons adorer et imiter la providence de Dieu, laquelle est générale et particulière, et comme telle s'applique à un chacun de nous et à chacune de nos actions, comme s'il n'y avait que Dieu et nous au monde, et s'étend à la généralité des choses avec autant d'éminence et de perfection, comme si elle n'avait aucune application aux choses particulières. Nous unissant à cette Providence, à laquelle nous servons en servant à vos âmes, nous devons nous conformer à icelle, et entrer en un soin de votre salut et perfection qui soit universel et particulier tout ensemble. Cette disposition ne nous permettant d'omettre aucune partie de vos fonctions, je me suis trouvé obligé de vous mander, etc.

III. — LETTRES A DIVERSES PERSONNES.

LETTRE CLXXVI.
LETTRE A LA REINE, MÈRE DU ROI, PRÉSENTÉE EN L'ANNÉE 1615,

Pour lui offrir et dédier la *Vie de saint Charles Borromée*, traduite par un prêtre de l'Oratoire de Jésus-Christ Notre-Seigneur.

I. *Il remontre à cette reine les grâces que Dieu lui a faites, et comme elle en doit user.* — II. *Il lui fait peser, comme bénédiction particulière, l'honneur qu'elle avait d'être parente de saint Charles.* — III. *Vertus éminentes de ce saint.* — IV. *Réflexion sur la sainteté de ce grand cardinal, contre les hérétiques de ce temps.* — V. *Il pèse beaucoup qu'étant grand par naissance, il n'a rien fait pour les siens en la terre, que tant s'en faut, il a vendu ce qu'il y avait, et n'a thésaurisé qu'au ciel.* — VI. *Les saints sont au-dessus des rois, et ils règnent sur la terre avec une verge de fer.*

Madame,

I. Les grandeurs que la main libérale de Dieu a départies à Votre Majesté sont si rares et si publiques, que les ignorer c'est ignorer le monde, qui est le théâtre sur lequel elles sont hautement posées, et les méconnaître c'est méconnaître Dieu, qui en est évidemment l'auteur. Il vous a fait passer les mers et les monts pour vous établir en l'État le plus florissant de l'univers! Il vous a fait épouse d'un monarque, le plus grand et le plus heureux de son siècle! Il vous a fait mère d'un grand roi, et, comme nous l'espérons, d'autant de rois et de reines que vous avez d'enfants! Il vous a donné la conduite d'un État qui est l'œil du monde et le cœur de l'Église. Et en cet État, il a mis comme en vos mains et la guerre et la paix; vous conservant la paix dedans les mouvements de la guerre, et joignant ensemble la douceur de la paix et la force de la guerre dedans le petit intervalle de votre heureuse régence! Faveurs sur la terre, à la vérité, mais qui viennent du ciel, et non de la terre. Faveurs, non de la fortune du monde, ni du sens et de la main de l'homme, mais de la conduite et providence de l'auteur de l'homme et du monde. Faveurs que V. M. doit attribuer à Dieu, comme à celui qui en est l'auteur; et aussi référer à Dieu, comme à celui qui en doit être la fin, et qui veut par ces grandeurs temporelles (si vous en usez bien) vous appeler et conduire aux grandeurs éternelles.

II. A ces grandeurs et prospérités qui comprennent tout ce que le monde a de plus grand et de plus relevé, et esquelles la terre ne peut rien ajouter, ma profession me permettra d'en ajouter une que je remarque et que votre piété, à mon avis, tiendra bien chère. C'est que la naissance de Votre Majesté et son extraction vous fait parente d'un grand saint. Alliance très-heureuse et très-honorable. C'est le grand et illustre cardinal Borromée, l'ornement rare, le fondement solide et la lumière vive de l'Italie en notre siècle. Je vous en présente la *Vie* traduite en notre langue par un des prêtres de notre congrégation, pour faire voir à notre France, en cette histoire, ce qu'en effet l'Italie a vu

ŒUVRES COMPL. DE DE BÉRULLE.

48

de ses rares vertus et de son exemple. Cet œuvre vous est dû, Madame, et parce qu'il contient la vie d'un saint auquel vous appartenez et qui du ciel vous contemple et regarde comme une chose qui lui est conjointe, et parce que le traducteur est en une congrégation toute vôtre, de laquelle tous les labeurs vous appartiennent ; beaucoup plus donc les premiers de ses fruits et petits travaux tels qu'est cet ouvrage que je dédie à Votre Majesté avant que l'exposer à l'usage du monde.

III. J'estime qu'il ne sera point inutile à notre France. Ses prélats y verront un prince de l'Eglise, un archevêque et cardinal tout ensemble, plus orné de vertus que du pourpre qui l'environnait en sa vie, que même des miracles qui l'ont suivi après sa mort. Prélat humble en sa grandeur, et austère dans les délices de la cour, rare en piété envers Dieu et singulier en respect vers le Saint-Siége, ardent au zèle du salut des âmes et insatiable en la soif de la gloire de Dieu, fort et constant dedans l'adversité, modéré et retenu dedans la prospérité ; prélat d'un courage invincible aux bonnes œuvres, d'une persévérance infatigable en ses labeurs, d'une conduite admirable en ses desseins vertueux, d'une vigilance et résidence perpétuelle sur son troupeau. Bref, une lumière de l'Europe, un miracle de sainteté, un fort inexpugnable en la défense de l'Eglise, et un modèle accompli d'un parfait évêque et pasteur, un gardien vigilant de la maison de Dieu, comme aussi étant vraiment un de ceux que Dieu a promis à son Eglise par son prophète en ces paroles : *J'ai ordonné des gardes sur tes murailles tout le jour et toute la nuit continuellement, ils ne se tairont point.* (Isa. LXII, 6.)

IV. Nos prétendus réformés, qui font partie et parti en cet Etat, admireront en cette vie une pureté et sainteté non pareille, et ce, en la fin des siècles, en la lie de ce siècle, en la corruption qu'ils attribuent à l'Eglise romaine. Pureté et sainteté qui ne se trouvent point en leur Eglise prétendue réformée, non pas même en sa naissance, en sa ferveur et nouveauté, ni en la vie de ses premiers auteurs dont aussi la vie nous est cachée comme n'osant pas la publier. E, au lieu que le terme de saint est aussi ancien que l'Eglise chrétienne comme il appert au Nouveau Testament, il est banni de cette Eglise réformée ; et c'est chose non ouïe entr'eux-mêmes qu'un saint Luther ou saint Calvin ; comme si en leur Eglise réformée, ou déformée plutôt, il n'y avait (non pas même en parole) non plus de sainteté que de vérité, qui sont deux qualités inséparables de la vraie Eglise.

Car aussi que nous feraient-ils voir en la vie de leurs infâmes auteurs, moines défroqués, prêtres débauchés, nos apostats et leurs apôtres, sinon des sacriléges et incestes, des scandales et rébellions publiques, des ruines d'églises de Jésus-Christ et de ses saints, des infractions de leurs vœux solennels et légitimes, et autres grotesques de leur vie, qui sont les marques visibles et les seuls miracles de leur Eglise depuis sa naissance ? Or ils verront ici un prince de l'Eglise romaine faisant litière de ses grandeurs et richesses, délaissant pour un coup soixante mille écus de rente qui plus est que toute la troupe des ministres de France et d'Allemagne ensemble n'ont jamais délaissé, n'ont jamais possédé, bien qu'ils soient tous, par l'esprit de leur réformation, sans vœu et sans serment de pauvreté volontaire.

Ils verront ce prélat, jeune et en la fleur de son âge, inopinément assailli d'un monstre d'impudicité par l'artifice d'autrui, sortir de ce rencontre comme un autre Joseph à la confusion de Satan et de cette femme impudique, étonnée de la faiblesse de ses attraits et de la force de cette âme constante, pure et sainte. Bien loin des effets prodigieux d'un Luther, qui, en un âge plus avancé, agité des fureurs et des flammes de sa chair, comme un taureau indompté, rompt la barrière de son cloître et de ses doubles vœux pour se lier publiquement avec une nonain par un double inceste et sacrilége, et donna commencement et conduite à son Eglise, réformée par les enthousiasmes de cet amour infâme et impudique, digne des flammes temporelles et éternelles.

Ils verront un pasteur de l'Eglise romaine, un suppôt du Pape, c'est-à-dire de l'Antechrist selon leurs songes et rêveries, assidu en prières jour et nuit, à genoux devant l'autel et le crucifix, avec toute sa famille, arquebusé par un parricide à dix pas près de lui, recevoir le coup de la balle d'un esprit tranquille et débonnaire, sans peur, sans passion, sans vengeance ; ne changeant ni de posture quant au corps, ni de disposition quant à l'esprit, commandant à tous les siens de demeurer immobiles et d'achever avec lui le terme ordinaire de l'heure entière en ses prières, pardonnant l'injure au même temps qu'il recevait l'offense, et donnant loisir au meurtrier de s'enfuir, sans permettre qu'il fût suivi ni remarqué d'aucun des siens. Et la balle, qui eût percé une forte cuirasse, ne perça que son rochet, et marquant sa chair tant seulement de son effort et atteinte, tomba à ses pieds comme par révérence à ce corps saint, temple du Saint-Esprit. Miracle signalé et chose bien différente de l'accident et de l'humeur d'un Zwingle, chef de nos sacramentaires, lequel nous voyons, dedans l'histoire, mourir en la bataille, la hallebarde en la main, comme un soldat et un Suisse, mais non comme un apôtre. Ils verront encore ce saint personnage oublier sa propre vie pour le salut de son peuple, et en la peste mémorable de Milan, employer l'espace d'environ deux ans qu'elle dura à visiter, confesser et communier lui-même les empestés en leurs maisons, immolant sa vie et sa grandeur à la gloire de Dieu et à la vie de ses ouailles, autant de fois qu'il y avait de personnes empestées dedans sa ville. Acte mémorable de ce grand pasteur et cardinal, effet rare et public qui ne peut être ignoré ni calomnié ; charité signalée que la foi de nos adversaires n'a point encore produit au monde en tant de pestes et de calamités que leurs péchés et les nôtres ont attirées depuis leur naissance. Aussi leur foi est une foi sans œuvre tant elle est réformée.

V. Quant à vous, Madame, vous y verrez cet homme de Dieu, ne toucher la terre que d'un point, ne respirer que le ciel dedans la terre, ne rien faire en sa vie pour la grandeur de sa maison, mais pour la gloire de Jésus-Christ et de son Eglise ; et ne laisser en ce bas monde aucune marque de sa mémoire, que celle que sa sainteté y a gravée. Vous le verrez vendre tout ce qui lui est permis de son patrimoine, pour employer en œuvres pies, et pour une fois disperser quarante mille écus, venant de la vente de sa principauté d'Oria sans les toucher, sans les regarder même ; et en une nécessité publique et urgente de Milan, vendre jusqu'aux meubles de sa maison et de sa personne, pour donner aux pauvres, restant très-riche au ciel, mais très-pauvre en la terre ; et si pauvre qu'un pauvre même ne se veut pas revêtir de la robe domestique de ce grand cardinal, tant elle lui semblait pauvre. Vous le verrez finir comme il a vécu et mourir avec le cilice et la cendre, selon l'usage des anciens pasteurs, regretté de son peuple, admiré de l'Eglise et autant honoré de Dieu après sa mort, comme il avait fui l'honneur et vanité du monde durant sa vie.

VI. Cette histoire, en italien, est dédiée au Pape par son auteur, comme rapportant la vie d'un cardinal, rare ornement du Saint-Siége. Mais j'ai cru qu'en notre langue, il devait être offert et dédié à Votre Majesté, non-seulement comme chose due de notre part, puisque tout ce qui est nôtre, doit être à vous, par tant de titres que vous ne voulez pas que je dénombre ici ; mais encore comme chose digne de votre royale Majesté qui n'a rien de plus grand et élevé par-dessus elle-même, que la sainteté, comme il n'y a rien de plus proche de la majesté des rois, que la majesté des saints qui sont rois dans le ciel, qui régnent même sur la terre et gouvernent les nations avec leur verge de fer, ainsi que dit le Roi des rois, et le Souverain des souverains dans son *Apocalypse*. (II, 26, 27.)

Ce grand et illustre cardinal est un d'iceux, comme il appert par la sainteté de sa vie, par la voix publique de l'Eglise et par le doigt de Dieu même ; son corps vénérable en la terre et son esprit glorieux au ciel servant d'instrument à la puissance divine pour opérer quantité de miracles que cette histoire représente fidèlement et authentiquement.

Honorez-le, Madame, car la grandeur des saints surpasse la grandeur des rois, plus que le ciel ne surpasse la terre ; et leurs cendres même sont vénérables aux rois. Priez-le, car sa charité lui donne vouloir et sa qualité lui donne pouvoir d'obtenir de Dieu ce qui sera convenable pour l'état de de votre âme ; pour la prospérité de notre roi ; pour le bien de la France. Imitez-le, car c'est un exemple rare et domestique, qui vous sollicite et convie puissamment et souefvement de tendre à la perfection de la vertu royale et chrétienne, afin qu'étant conjointe en la terre à ce grand saint, par le sang et la nature, vous lui soyez conjointe au ciel par la grâce et la gloire que vous souhaite,

Madame,

Votre très-humble, très-obéissant, et très-fidèle sujet et serviteur,

PIERRE DE BÉRULLE,

Prêtre de l'Oratoire de Jésus.

De Paris le 3 nov. 1615.

LETTRE CLXXVII.

A LA REINE MÈRE.

Pour lui dédier la *Vie de sœur Catherine de Jésus*, religieuse du monastère de Paris, selon l'ordre de Notre Dame du mont Carmel.

I. II. III. IV. *Les petits et les grands ont un même Dieu, une même loi et une même fin ; et Dieu a également soin de tous.* — V. VI. *Depuis le mystère de l'Incarnation, Dieu se plaît plus aux petits qu'aux grands, et Jésus-Christ en toute sa vie préfère la petitesse à la grandeur.* — VII. *Histoire d'un enfant que Jésus prit entre ses bras, et de ce qu'il dit sur ce sujet à ses apôtres, expliquée.* — VIII. IX. *Dieu en nature et en grâce, se rend plus considérable dans les petits que dans les grands.* — X. *Considération du choix que Jésus fait des petits, avec une exposition de cette parole : Venite ad me.* — XI. XII. *Il parle à la reine de la vocation et la grâce éminente de cette petite âme, dont il lui présente la vie.* — XIII. *Il remarque, que cette petite âme a été spécialement consacrée à l'enfance et à la croix de Jésus ; et il la supplie d'obtenir à la reine l'amour de Jésus et le mépris du monde.* — XIV. *Jésus n'est point du monde, et ne prie point pour le monde ; et les grands du monde sont obligés de renoncer au monde, s'ils veulent avoir part en Jésus.* — XV. *Ce qui est fait en Jésus-Christ, et pour Jésus-Christ, dure autant que lui et les œuvres des saints entrent avec eux dans l'éternité.*

I. Le Grand des grands a fait les grands et les petits, ce dit la sapience divine ; et ce qui est bien remarquable, a un même soin des petits et des grands ; c'est Dieu qui nous annonce cette vérité, Madame, et il a choisi un roi, et un grand roi, le plus sage et heureux de tous le rois de la terre, pour nous prononcer de sa part cet oracle ; et ce roi l'a écrit au livre de la *Sagesse*, afin que la grandeur et sagesse humaine reçût plus volontiers cet enseignement : *Magnum et pusillum fecit Dominus, et æqualiter illi cura est de omnibus.* (*Sap.* VI, 8.)

II. Puisque c'est Dieu qui parle et un roi qui écrit, cette vérité sera très-bien reçue de Votre Majesté. Après une autorité si grande et si puissante, et sous laquelle plie le ciel et la terre, le temps et l'éternité, je vous dirai, Madame, que les grands et les petits ont un même Dieu pour Père et une même fin, qui est sa gloire et une même loi qui leur commande. Les uns et les autres ont une même entrée au monde et une même issue, c'est-à-dire la mort. Une même terre porte et couvre les uns et les autres, et un même ciel les doit recueillir. Tous dépendent d'un même Dieu, absolument et en même manière, nonobstant leur état et condition différente. Et si Dieu cessait de penser aux plus grands de la terre, au même temps ils cesseraient d'être. Tant les plus grands et plus puissants de l'univers ont besoin de Dieu, au milieu de leur grandeur et triomphe. Et toutefois beaucoup d'entre eux ont ce malheur, de penser peu à Dieu, pour l'ordinaire.

III. Or comme tous, soit grands, soit petits, ont un même Dieu et une même loi, une même fin et une même origine, et sont semblables ès choses principales de leur nature et condition; tous aussi sont redevables de même hommage à Dieu; tous le doivent servir, les uns en leur grandeur, les autres en leur petitesse; tous par divers chemins doivent tendre à un même but; et dans les états dissemblables où Dieu les a mis, adorer un même Dieu, suivre un même Sauveur, regarder un même ciel et aspirer à même gloire.

IV. J'ai parlé autrefois à Votre Majesté, de la grandeur et des grandeurs où il a plu à Dieu vous conduire et élever, pour vous faire voir, comme en un tableau raccourci, les grâces de Dieu sur vous et vos devoirs envers Dieu. Ce fut lors que je vous dédiai la *Vie de saint Charles Borromée*, grand devant Dieu et devant les hommes, et illustre en la terre et au ciel. Maintenant je parle à Votre Majesté, de la petitesse, en l'honneur de cette petite âme, dont la vie vous est dédiée; âme petite devant ses yeux, mais grande devant Dieu et ses anges; âme inconnue au monde, mais connue à Votre Majesté, qui commande à la plus belle monarchie du monde. Car une des grandeurs plus solides que vous possédez, est la bonté, la piété, la facilité que Dieu vous a donnée; ce qui vous dispose à converser volontiers avec les humbles et petits de la terre, et à chercher souvent en une pauvre cellule, le repos qui ne se trouve point dans les louvres et les palais.

V. La parole sacrée qui nous instruit avant la naissance de Jésus, et a servi d'entrée à ce discours, met une sorte d'égalité entre les grands et les petits; mais le sacré mystère de l'Incarnation donne un grand avantage aux petits par-dessus les grands. A la vérité en ce mystère, nous y avons le Grand des grands; mais il y est fait petit et humble sur la terre: il est sorti de sa grandeur, et si encore, il s'est mis, non entre les anges, mais entre les hommes; non entre les hommes, mais entre les enfants; se faisant Homme-Dieu, Enfant-Dieu tout ensemble. Et en cet humble état, il emploie sa première puissance, non sur les grands, mais sur les petits; mais sur un petit enfant, caché encore au ventre de sa mère, lequel il va chercher et sanctifier dans les montagnes de Judée (*Luc.* II, 41); tant il veut de bonne heure préférer les petits et prendre ses délices avec eux. Lorsque le temps de sa naissance est arrivé, la grandeur et magnificence que la terre estime et cherche partout, n'a point de part avec lui, et l'humble petitesse y est très-signalée. Il naît en un Bethléem, en une étable, sur le foin et la paille, entre le bœuf et l'âne, et il prend son repos dans une crèche; et il donne la première connaissance de lui-même aux pasteurs et non aux grands. Et (pour ne pas spécifier ici tous les moments de sa vie), disons que la fin correspond à ses commencements, c'est-à-dire l'humilité de sa croix à l'humilité de sa naissance; car lors nous le voyons et adorons en un état, qui lui fait dire à lui-même: *Ego vermis et non homo, opprobrium hominum et abjectio plebis.* (*Psal.* XXI, 7.)

VI. Voilà l'état de notre Sauveur; voilà la vie de celui qui est notre vie. Par ses abaissements nous arrivons à la vraie grandeur, et par ses mystères nous trouvons le ciel en la terre, Dieu en l'homme; car aussi la vérité même appelle son Eglise en la terre, le royaume des cieux; et le disciple de la Vérité, nous assure que Dieu était en Jésus-Christ, se réconciliant le monde à soi. Par ces mystères, nous trouvons et adorons la grandeur en la bassesse, la divinité en l'humanité, la puissance en la faiblesse, la sagesse en l'enfance, la gloire en la croix, la vie en la mort; c'est l'exercice de notre foi, c'est l'objet de notre amour, c'est le sujet de notre adoration, c'est l'ouvrage de notre salut. Trouverons-nous étrange que celui qui s'est fait ainsi petit, pour servir à la grandeur de Dieu son Père, cherche et aime les petits, et se plaise à cacher et établir en leur petitesse ses grâces, ses faveurs et ses merveilles: la petitesse est déifiée en sa propre personne et il l'a sanctifiée en autrui. Elle ne peut être élevée en un plus haut point, elle est établie en Jésus, elle est divinisée en sa personne, elle est adorée en sa naissance, en sa vie, en sa mort. Ce n'est pas merveille, si elle est honorée hors de lui, et si Jésus lui donne des faveurs et priviléges en son royaume, en son état et en sa grâce. Et si, comme il la rend adorable en lui, il la rend vénérable en ses suivants; le cours de sa vie et ses paroles en son Evangile, nous témoignent de page en page et presque de ligne en ligne, combien la petitesse est chérie du Fils de Dieu et de tous ceux qui sont à lui. Il se rend petit sur la terre, autant de jours, de mois et d'années, que portent les périodes de la nature nouvelle qu'il a épousée, sans se dispenser d'un seul moment, en faveur de sa nature première, grande et divine, qu'il a par sa naissance éternelle de son Père. Il emploie trente ans de sa vie en un ministère vil et abject entre les hommes, tenu pour un charpentier et fils de charpentier (157). Et lorsqu'il doit paraître en qualité de Messie sur la terre, sa vie et sa conversation est non avec les grands, mais avec les petits; il veut que les petits viennent à lui. Il commande sévèrement à ses apôtres de les laisser approcher de lui (158); il chérit, entretient et embrasse tendrement ces petits, que les apôtres mêmes, qui étaient petits eux-mêmes, tenaient indignes de l'approcher: et il choisit les petits, les simples, les humbles de la terre, pour annoncer le royaume des cieux, pour confondre les grands, les savants, les puissants du monde et pour établir son empire en l'univers. Ainsi il met et l'ornement de sa grâce, et le fondement de son état dedans la petitesse.

VII. C'est la conduite de Jésus-Christ en ses œuvres, en son usage, en sa conversation familière et en la disposition publique de son état. Que si nous feuilletons les Evangiles, nous verrons qu'il n'y a aucun lieu en sa sainte parole, où il nous tire aux choses grandes et relevées; et il y en a plusieurs où il nous convie et même nous oblige aux choses que le monde répute basses et abjectes. Entre autres, il y a un lieu où il semble que le Fils de Dieu veut établir le triomphe de la petitesse, et confondre l'orgueil de la terre et du ciel; c'est en saint Luc IX, où nous voyons le Fils de Dieu grand et petit sur la terre, assis au milieu de ses apôtres, prendre non un de ses apôtres, mais un petit enfant entre ses mains, comme le préférant en la tendresse de son amour, et en l'estime de cette petitesse à ses apôtres même. Contemplons cet objet et arrêtons notre esprit sur toutes les parties de cette histoire; elle est bien digne de nos pensées. Jésus était dans les campagnes de Galilée, répandant la semence de grâce et de salut, instruisant ses apôtres, leur parlant de sa croix et de sa mort, et conversant privément avec eux. Jésus pénétrant leurs pensées, appelle un enfant, *puellum*, ce dit la langue originale, il le met au milieu de ses apôtres, il l'embrasse et caresse; et veut apprendre à ses apôtres une leçon nouvelle digne de lui et de sa croix, et fondamentale à leur apostolat. Nous avons à remarquer, que Jésus était d'ordinaire au milieu des apôtres et c'est sa place que les évangélistes lui assignent; mais maintenant c'est un enfant qui tient la place de Jésus et qui est au milieu des apôtres : *Statuit eum in medio eorum*, a dit saint Matthieu (XVIII, 2); et saint Marc (VI, 7) spécifie nommément, que ceux-là étaient les douze : *Vocavit duodecim*, etc. Jésus était l'objet que les apôtres devaient regarder et suivre. Et maintenant Jésus leur fait contempler cet enfant, le rend leur exemplaire; et par cet enfant, il veut instruire ceux qu'il prépare et destine à être les docteurs et pasteurs de l'univers.

Jésus était la plus digne personne de la terre et du ciel, puisque sous l'humanité sa personne est divine et incréée; et partant la meilleure place du ciel et de la terre, et la plus souhaitable, était la plus proche de Jésus; c'était donc pour lors celle que tenait ce petit enfant, car il était entre les bras de Jésus, en son sein, et proche de son cœur : *Complexus illum*, dit saint Marc (IX, 35) : *Statuit illum secus se*, ce dit saint Luc. (IX, 47). Et toutefois cette place d'honneur et d'amour singulier, cette place si digne et si favorable, en la tendresse et familiarité de Jésus; est lors donnée, non aux grands du ciel et de la terre, non à un ange ou à un apôtre, mais à un enfant; et elle est réservée à cet enfant, en faveur de son enfance et de sa petitesse. Il semble en cette action, que le Fils de Dieu veut, à la vue du ciel et de la terre, loger la petitesse en son sein, comme dans le trône de son amour, et en cette liaison douce, tendre et familière qu'il prend pour lors avec ce petit enfant, prononcer ses oracles en faveur de la petitesse et lui assujettir les plus grands de son empire. Car Jésus en ce doux et humble état, tenant ce jeune enfant entre ses bras, adresse sa parole à ses apôtres et les oblige eux-mêmes à être comme ce petit enfant, tendrement embrassé et chèrement logé au sein de Jésus. C'est chose grande et douce, de voir Jésus où repose la plénitude de la divinité et de la sapience éternelle en cet état, de le voir joint à ce petit enfant et de voir cet enfant joint à Jésus. Enfant heureux, d'être en un si bon lieu, et si proche du cœur où repose et triomphe la Trinité même. Mais si cette pensée est douce et grande, le sens où elle conduit est fort sévère, l'effet en est puissant et la fin semble étrange; car Jésus par son action et sa parole, abaisse non-seulement les grands de la terre (ce serait peu), mais les grands mêmes de son état divin et céleste. En leur présence il loge la petitesse dans son sein, comme dans un trône, et dans un trône qui lui est dû; puisqu'elle est établie déjà dans sa personne propre, revêtue de notre bassesse, et mortalité! Il n'exhorte pas seulement mais il oblige les plus grands en sa grâce et en son état, c'est-à-dire ses apôtres, à être comme ce petit enfant! il leur prononce cet arrêt épouvantable et cette négative formidable : *Nisi efficiamini sicut parvuli, non intrabitis in regnum cœlorum*. (*Matth.* XVIII, 3.) Et il leur manifeste, qu'il veut assujettir non-seulement les grandeurs périssables de la terre, mais les grandeurs mêmes les plus élevées en sa grâce et les dignités plus florissantes de son état, c'est-à-dire l'apostolat, à l'humble petitesse, recommandée si hautement, si dignement et si puissamment en cette sienne parole. Car l'état apostolique est le plus grand état de la couronne de Jésus, la plus grande charge de sa maison et le plus grand office de son empire. Qu'y a-t-il de

---

(157) *Nonne hic est faber, et fabri filius?* (*Matth.* XIII, 55; *Marc.* VI, 3.)
(158) *Sinite parvulos venire ad me.* (*Marc.* X. 14.)

plus puissant et de plus doux tout ensemble, en faveur de la petitesse? cet oracle nous doit épouvanter et ce spectacle nous doit tirer les larmes des yeux, fondre l'orgueil dans la douceur de Jésus, favorable aux petits, confondre les plus grands et abaisser les plus hauts cèdres du Liban pour jamais, et les mettre aux pieds de Jésus et des petits de Jésus sur la terre.

VIII. C'est ainsi que Jésus, l'humble Fils de l'humble Marie, agit et parle, en faveur des petits et de la petitesse; mais si, délaissant le cours de nos mystères, et la conduite du Fils de Dieu en la grâce, nous revenons à la nature, et nous remontons plus haut, jusqu'à la création et à l'origine de notre être, nous verrons dès l'entrée de l'univers, le partage que Dieu fait aux grands et aux petits. Les uns portent sa justice et les autres sa miséricorde, car le grand Dieu ayant créé deux natures, l'une grande, forte et puissante (c'est-à-dire, la nature angélique, laquelle il a mise aussi au ciel, lieu conforme à la grandeur de cette condition élevée), l'autre nature basse et petite et tirée de la fange, qui est l'homme (lequel aussi il a mis en la terre), il a voulu exercer la rigueur de sa justice sur l'une et l'excès de sa miséricorde sur l'autre. Et si nous voulons nous restreindre dans le seul ordre de la nature, nous voyons que Dieu a voulu rendre sa puissance plus signalée dans les choses petites que dans les choses grandes; et ces beaux esprits qui ont dressé l'histoire de la nature (159), reconnaissent ingénument, et remarquent divinement, selon leur langage, que la nature, c'est-à-dire, selon nous, la nature des natures et l'auteur de la nature, (mais puisque nous les alléguons pour témoins, demeurons dans leurs termes, et disons comme eux et avec eux), que la nature est plus industrieuse et remarquable dans les plus petites parties de l'univers, comme dans les moucherons, les fourmis et les abeilles; que dans les lions, les éléphants et les baleines.

IX. Que si dans l'œuvre de la nature, qui ne regarde que la puissance et la grandeur de son ouvrier, les choses petites ont avantage par-dessus les grandes, combien à plus forte raison dans l'ordre de la grâce, qui regarde pour son centre et origine l'abaissement et l'anéantissement d'un Dieu, qui se fait homme pour les hommes, et qui s'avilit jusqu'à la croix et à la mort? L'humble petitesse aura des avantages auprès de lui, par-dessus la grandeur et la magnificence de ceux qui servent de lustre et ornement au monde. Les uns ont part à la graisse de la terre, et les autres à la rosée du ciel; les uns sont exposés sur les théâtres et dans les palais, et les autres sont cachés dans les cavernes de la terre et dans les cloîtres : *In cavernis terræ*, ce dit l'Apôtre (*Hebr.* XI, 38); mais les uns seront un jour jugés par les autres, et jugés au point décisif de leur éternité.

X. Ces pensées nous obligent à révérer les humbles et les petits, honorés de Dieu et méconnus du monde. Ils sont le trésor du Fils de Dieu; c'est le fruit principal de ses labeurs : c'est son amour et ses délices; c'est son entretien plus familier; c'est sa plus douce conversation; et c'est aussi l'œuvre qu'il fait par lui-même, et non par autrui. Il les choisit lui-même : *Ego elegi vos* (*Joan.* XV, 16), il les sépare du monde, il les appelle à soi et leur dit cette parole : *Venite ad me* (160); à moi, leur dit-il, et non ailleurs; à moi, et non à choses moindres que moi; à moi et à ma propre personne, et non-seulement à mes biens et à mes grandeurs. C'est l'objet, c'est la vie de ces âmes petites, que le monde ne connaît point, et que les anges révèrent, et que le Fils de Dieu chérit. Il en prend soin lui-même, il les enclôt en ses demeures, il les nourrit de sa parole, il les console de sa grâce, il leur déploie ses grandeurs, il leur ouvre ses mystères, il leur découvre ses secrets; et ce qui est caché aux plus grands est révélé aux plus petits : *Revelasti ea parvulis.* (*Matth.* XI, 25.) Bref, il nous donne son esprit, il les rend semblables à soi, et pour les entretenir plus privément et plus fréquemment, il les loge en sa maison, en son cabinet, au plus secret de son tabernacle : *In abscondito tabernaculi sui* (*Psal.* XXVI, 5), au coin de ses autels, c'est-à-dire aux lieux plus sacrés de sa maison, dont s'écrie le Prophète : *Altaria tua Domine virtutum*, etc. (*Psal.* LXXXVI, 4.) Quel soin, quelle douceur, quelle privauté : le plus secret, le plus sacré de la maison de Dieu est leur demeure; mais il y a plus encore, il les met en son sein et leur ouvre son cœur, comme nous avons vu au texte de saint Marc, VI, et de saint Luc, IX.

XI. Votre Majesté, qui en sa grandeur a toujours pris plaisir de converser avec les âmes humbles et petites, a connu plusieurs de ces petits en la terre, que Dieu fait grands au ciel, et elle en a connu quelques-unes dans l'ordre des religieuses de Notre-Dame du mont Carmel, que nous avons érigé en France, par le pouvoir exprès de Sa Sainteté : l'une d'icelles est sœur Marie de l'Incarnation, dont l'odeur a rempli la France et passe maintenant aux provinces étrangères; l'autre est sœur Catherine de Jésus, religieuse professe au monastère de l'Incarnation, que nous avons érigé en la ville de Paris; Votre Majesté l'a vue souvent, lui a parlé souvent, et toujours avec édification et satisfaction singulière. Et après sa mort, il a plu à Dieu imprimer au cœur de Votre Majesté une mémoire et révérence d'elle bien particulière.

XII. La piété de Votre Majesté, sans instance et induction aucune, se trouve disposée à penser souvent à cette âme et à honorer sa mémoire, et ce par diverses actions que Votre Majesté ne me permet pas de re-

---

(159) PLIN., *Hist. natur.*
(160) Le texte de saint Matthieu, IV, 19, porte : *Venite post me.*

présenter ici. Enfin, elle a voulu me commander, et par diverses fois, d'en faire dresser la vie et la faire imprimer. Puisqu'elle paraît au jour par le commandement de Votre Majesté, je la vous présente. Elle a été écrite par une religieuse du même ordre, connue par Votre Majesté, qui a été longtemps sa supérieure. Ce qu'elle rapporte d'elle est beaucoup inférieur à la grâce de cette âme; mais la terre a bien assez d'ombres pour obscurcir ces objets-là, et n'a pas assez de lumière pour les faire voir en leur jour; cela est réservé au jour de leur éternité. La terre n'a point de couleurs assez vives ni de pinceau assez délicat pour représenter au vrai les sujets divins et les esprits célestes. Ils sont en Dieu, et aussi leur grandeur est cachée en Dieu même (dont ils portent le nom de cachés, *absconditi*) dedans les Ecritures. C'est le trésor caché (dans saint Matthieu XIII). C'est la perle précieuse de l'Evangile. Cette perle nous fut adressée de Bordeaux par M. le premier président. Je reconnus aussitôt son prix et sa valeur, et la grâce cachée dedans cette âme. Je pris soin d'elle, je la fis recevoir en l'ordre et en la maison de Paris. Là j'ai souvent traité avec elle, je l'ai assistée en ses besoins, confortée en ses travaux, dirigée dans ses voies, ou plutôt dans les voies de Dieu sur elle. Ce qui en reste en mon esprit est beaucoup plus haut et élevé que ce qui est ici représenté. Et je tiens à bénédiction particulière la connaissance et conduite qu'il a plu à Dieu me donner de cette âme sainte et divine. Sa pureté était angélique, son élévation continuelle, son innocence admirable, sa souffrance divine, son humilité très-profonde, sa foi très-vive, sa charité très-ardente, et son dégagement du monde et d'elle-même très-pur et très-parfait. Elle a été prévenue de Dieu en ses bénédictions, et attirée à lui dès l'âge de sept ans, conservée en la grâce du baptême jusqu'à la mort, préservée de très-grands et violents assauts du malin esprit, traversant les desseins de Dieu, sur la pureté et sainteté à laquelle elle était appelée.

XIII. Les desseins de Dieu étaient grands sur cette âme, et aussi les voies de Dieu y ont été rares et singulières. Elle était vouée à l'enfance et à la croix de Jésus. Et comme par la grâce de l'enfance divine de Jésus elle a été et préservée et établie en une pureté innocente, élevée et même incapable d'ouverture au mal. Aussi, par l'efficace de la croix du Fils de Dieu, elle a été préparée à porter plusieurs souffrances intérieures et spirituelles (les unes malignes et les autres divines) pour rendre hommage à la croix de Jésus, par cette croix intérieure, et participer à icelle. Ainsi son âme a été grandement purifiée et son corps consommé dans les rigueurs de la croix de Jésus, en l'honneur de Jésus consommé en la croix, en holocauste à Dieu son Père. Elle a honoré Dieu en sa vie, et Dieu dispose Votre Majesté à l'honorer elle-même après sa mort. En sa vie Dieu lui a donné un soin particulier de Votre Majesté; c'est à nous à le prier qu'il lui augmente au ciel, et qu'elle obtienne à Votre Majesté deux qualités célestes, c'est-à-dire deux qualités et dispositions à la vérité communes au ciel, mais bien rares en la terre, le mépris du monde et l'amour de Jésus. Ce sont les dispositions éminentes dans le ciel et dans tous ceux du ciel. Qu'elles soient aussi éminentes en Votre Majesté. Que votre esprit soit élevé par-dessus les choses terrestres, comme le ciel est élevé par-dessus la terre même. Que la puissance et autorité de Jésus régisse votre esprit, comme elle régit tous les esprits célestes, et que dans l'horoscope de Votre Majesté Jésus soit votre astre dominant.

XIV. Ce Jésus, Fils unique de Dieu, Fils unique de la Vierge, vivant au monde, a dit qu'il n'était point du monde, et qu'il ne priait point pour le monde. (*Joan.* XVII, 9, 11.) Il l'a dit en l'excès de sa charité, lorsqu'il priait pour les siens et qu'il allait répandre son sang pour la vie du monde. Ces paroles de la vérité et de la sapience éternelle, et le temps auquel il les profère, c'est-à-dire le temps de sa croix et de sa passion, nous obligent tous, soit petits, soit grands, à faire un divorce avec le monde (si nous voulons être avec le Fils de Dieu). La mort fera ce divorce par nécessité et sans mérite, si la puissance du Fils de Dieu sur nous et le glaive tranchant de son amour ne l'ont fait auparavant. Les plus grands, comme ils ont plus de part au monde, ils ont aussi plus de peine en cette séparation. Mais Dieu, qui avait planté autrefois l'arbre de vie au milieu du paradis, a, depuis le péché, planté l'arbre de la croix au milieu du monde, et les grands n'en sont pas exempts. Ils trouvent en leur grandeur de l'opposition et de l'amertume en leurs délices. La Providence divine en use ainsi, pour les disposer plus suavement à oublier le monde. Mais quand il n'y aurait point de croix et point d'amertume, la seule qualité passagère du monde nous convie à le laisser avant qu'il nous laisse lui-même.

XV. Le monde passe, Madame, nous passons comme lui et avant lui. Et Votre Majesté en a vu beaucoup passer devant elle, et ce qui est passé ne reviendra jamais plus. Jésus-Christ seul demeure éternellement. Et ce qui se fait en lui et pour lui dure autant que lui-même, car nos œuvres nous suivent dedans l'éternité (ce dit le bien-aimé disciple). Allons à lui, soyons à lui, vivons à lui, vivons en lui, et prenons part à lui et à ses qualités. Il est la vie, la lumière et le salut du monde. Il est la vie, et il veut être notre vie! Il est la lumière et il veut éclairer nos ténèbres ! Il est le salut, et il nous veut sauver. Ce sont ses vouloirs divins, et ce sont aussi les nôtres, Madame, et vous nous commandez souvent de le demander à Jésus-Christ pour vous.

XVI. Je l'adore donc et le supplie par lui-même et par l'amour qu'il porte à sa très-sainte Mère, de laquelle vous portez le nom, qu'il exauce vos vœux, qu'il daigne être lui même votre vie, votre grandeur, votre félicité, dès à présent et en votre éternité, et qu'il vous couronne au ciel, comme il vous a couronnée en la terre. Je suis,

Madame,

De Votre Majesté,

Le très-humble, très-obéissant et très-obligé sujet et serviteur,

Pierre Cardinal de Bérulle.

Le 18 août 1628.

LETTRE CLXXVIII.

A LA SÉRÉNISSIME REINE D'ANGLETERRE.

Il rend compte à Sa Majesté de ce qu'il a dit de sa part et par son commandement au roi et à la reine sa mère, à son retour d'Angleterre, et la bonne volonté que Leurs Majestés lui ont témoignée sur ce sujet. — Il l'exhorte à persévérer dans ses devoirs vers Dieu, vers le roi son mari, vers les grands de l'État, vers les catholiques. — Que Dieu honore et sert ceux qui l'honorent et le servent.

Madame,

J'ai été le bienvenu en France, portant les lettres dont Votre Majesté a voulu me charger en partant d'Angleterre. Le roi et la reine mère ont témoigné joie extraordinaire les recevant et les lisant, et ont eu beaucoup de soin de s'informer de moi de ce qui concerne Votre Majesté. Ils ont reçu et témoigné un contentement extraordinaire, lorsque je leur ai fait entendre la piété que Dieu vous donne, le soin et le zèle que vous témoignez dans les exercices de la religion chrétienne, la joie et l'édification que les catholiques en reçoivent, et le soin que vous prenez de les édifier et appuyer en tout ce qui vous est possible, et aussi la bonté et la facilité du roi de la Grande-Bretagne à trouver bon ces choses. Le roi ne s'est pas contenté d'ouïr ce rapport de moi, mais il a voulu que je le fisse en sa présence en son conseil ; et lorsque j'omettais quelque particularité, il me la rementevait lui-même, afin que son conseil en fût pleinement instruit, pour marque qu'il l'avait considérée. Il a voulu, moi présent, leur déclarer sa volonté grande et constante de vous appuyer et protéger en tout, et de conserver le traité, et commandé qu'on fît venir exprès M. de Blainville (qui était à Paris près de partir) à Fontainebleau, pour le charger de nouveau de ce soin et de quelque autre chose, et pour lui parler lui-même.

Je n'ai rien omis de ce que Votre Majesté m'a commandé vers la reine mère. Elle a fort écouté et considéré tout ce que je lui ai dit. Elle me dit qu'elle vous avait écrit avant mon arrivée une grande lettre de sa main, qu'elle eût désiré retenir pour me la faire voir. Elle parla fort soigneusement et sérieusement à M. de Blainville, et le roi et la reine me commandèrent tous deux de lui parler aussi en particulier. Si Votre Majesté n'oublie point la France, la France ne vous oublie pas, et je vois votre nom, votre mémoire et votre affection empreinte dans le cœur du roi et de la reine mère plus que jamais. Ils m'ont commandé de vous écrire et de vous exhorter de leur part à rendre, comme vous faites, l'honneur et le respect dû au roi, bon accueil aux grands, bienveillance aux catholiques, affection à tous, et un zèle, courage et constance digne de votre naissance et grandeur, en l'exercice de la religion et piété chrétienne. Faisant ainsi, vous servirez à Dieu, et Dieu vous servira ; car Dieu même en sa parole s'abaisse jusqu'à ce terme de servir à ses créatures qui le servent et honorent, et il nous assure qu'il les honorera, et que ceux qui l'oublient et le méprisent seront ignobles. Pesez cette parole, Madame, car c'est parole de Dieu, c'est-à-dire de la vérité même ; c'est parole de celui qui a le pouvoir en main aussi bien que le vouloir de la mettre en effet ; c'est parole de celui que vous devez et voulez aimer comme votre Dieu et votre tout pour jamais ; et c'est une parole qui nous doit servir d'un aiguillon perpétuel à le servir pour jamais, et vous rendre la grandeur, la puissance, la majesté divine toujours présente dans l'esprit. Votre Majesté me permettra, s'il lui plaît, avant finir la présente, de vous prier d'avoir toujours l'honneur, l'amour et la crainte de Dieu en l'esprit, de commencer et finir la journée en cette disposition, et la mettre en effet dans les occasions de la journée présente, et de vous souvenir que Dieu honorera ceux qui l'honorent. Je supplie Jésus-Christ Notre-Seigneur, qui est mort pour nos péchés, et sa très-sainte Mère, par laquelle il a voulu venir au monde, vous faire cette grâce. Je suis en eux.

LETTRE CLXXIX.

A LA SÉRÉNISSIME REINE D'ANGLETERRE.

Il montre par plusieurs exemples qu'on ne peut trouver à redire aux pratiques d'humilité que sa dévotion lui a fait faire, et l'exhorte à continuer.

Madame,

Il faut que je vous supplie bien humblement, de m'excuser si j'emprunte la main d'autrui pour écrire à Votre Majesté : l'indisposition présente de mes yeux qui se renouvelle par intervalle, m'oblige à ce faire, ou bien retarder encore à répondre à la lettre que j'ai reçue de Votre Majesté. Et il me semble être de votre service de ne pas différer davantage ; et que je vous mande comme j'ai vu la reine mère, et lui ai exposé votre exercice de piété en ces jours saints, et le voyage à pied que vous avez fait à Saint-Jemme. Elle en a été extrêmement contente, et l'a grandement approuvé. Elle m'a commandé de le vous écrire de sa part. C'est un témoignage que vous rendez de votre créance, laquelle vous avez droit de professer, et en particulier et en public. C'est une sorte de voyage, qui honore les pas du Fils de Dieu portant sa croix au Calvaire; voyage douloureux et sanglant, voyage pénible et apparemment honteux à la majesté d'un Dieu, Fils unique de Dieu, s'abaissant, s'humiliant et souffrant pour nos propres péchés. Si vous eussiez été lors en cette ville de Jérusalem, vous l'eussiez accompagné, Madame, comme les autres dames du temps l'accompagnaient à pied, et avec raison, car c'est pour vous qu'il s'abaissait, qu'il s'humiliait et qu'il souffrait. Et au jour que la sainte Eglise honore et remémore ce qu'il a fait et souffert pour les siens, vous lui rendez à présent le même honneur, que vous eussiez dû et voulu lui rendre lors. Qui peut trouver à redire en une chose fondée, en un devoir si légitime, et qui ressent une piété si grande et si raisonnable? Si on vous dit qu'on n'a pas accoutumé cela en Angleterre, on n'y a pas aussi accoutumé d'y professer la vraie religion et piété, on y professe au contraire l'impiété et l'irréligion; et ils ne sont pas aussi accoutumés d'avoir et de régir une reine catholique et une fille de France, en Angleterre. Mais dans Paris, qui vaut bien Londres, on y voit choses semblables. Dans ce Carême, Madame, nous avons vu le roi, les reines et les enfants des rois marcher à pied, et plusieurs jours, pour visiter les églises assignées au jubilé, et donner cet exemple de piété chrétienne à tout le peuple. Nous avons vu le roi, accompagné de sa noblesse et de ses gardes, tous à pied, marcher en roi très-chrétien, conservant la dignité royale dans la profession de l'humilité chrétienne. Sa Majesté est bien aussi grande que celle d'Angleterre, et l'Angleterre ne veut pas dire qu'elle a un autre Sauveur que celui que le roi adore en France. Et vous avez droit de le servir et adorer en Angleterre, comme on le sert en France, et le roi très-chrétien a fait ainsi, et était non blâmé, mais béni et suivi des vœux de tout son peuple. Peut-être que quelques-uns de vos domestiques, gagné par eux, avilissent ces actions pour en divertir mal à propos Votre Majesté; mais vous ne devez pas les écouter, Madame, c'est à eux à apprendre de vous, et non pas à vous à apprendre d'eux ce que vous avez à faire pour ce regard. Ils vous ont été donnés pour vous servir et vous obéir, et non pas pour vous régir, ni enseigner ce qui est convenable. Le roi votre frère, et la reine votre mère, vous en ont donné d'autres pour conduire suavement les actions de votre créance et piété. Ecoutez ceux-ci, et contenez les autres en leur devoir, et dans les termes convenables à leur petitesse. Leur naissance basse, leur condition servile, leur profession, peut-être intéressée, ne leur donne pas autorité d'en bien juger. Il ne leur est pas bienséant d'en parler, et il est à propos que Votre Majesté leur témoigne ne vouloir pas qu'ils se mêlent de cela. Par ce moyen vous couperez de bonne heure le chemin aux desseins qu'on pourrait faire par eux envers vous, Madame, dont la personne est sacrée, et ne doit être si facilement et vulgairement jugée. Ils ne sont pas assez bien instruits et informés des choses saintes et divines, et ils ne sont pas capables de connaître combien il y a de petitesse en la grandeur de la terre, et combien il y a de grandeur en la petitesse de l'humilité chrétienne. David, roi et prophète tout ensemble, voulant honorer l'arche en s'abaissant, ceux qui l'en reprirent, furent châtiés de Dieu, et repris de David. Héraclius était un grand empereur, et empereur triomphant des Perses; et ravissant d'entre leurs mains la croix victorieuse du Fils de Dieu, il voulut la porter lui-même sur ses épaules et à pied, et dépouillé de tous ses vêtements royaux; et entrer ainsi en Jérusalem, plus honorable et plus honoré de la postérité par cette humble entrée, et par cet acte de piété, que par la victoire même qu'il avait rapportée des ennemis. Les actions humbles de la religion et piété chrétienne n'avilissent pas les grands, mais les honorent davantage, et les élèvent en la vue de ceux qui ont l'esprit bien fait et la vérité de la religion imprimée dans l'âme. Le grand Constantin, grand empereur et premier empereur chrétien (que votre île se persuade être né en ses provinces) est honoré dans la postérité, pour avoir abaissé sa majesté impériale à travailler lui-même aux fondements de l'église de Saint-Pierre à Rome, portant la hotte lui-même, et chargeant son dos de douze hottées de terre en l'honneur des douze apôtres; et sainte Hélène, mère de ce grand empereur, est célébrée et honorée dans les histoires, pour avoir fait plusieurs actions semblables d'humilité et piété chrétienne envers Jésus-Christ Notre-Seigneur et sa croix. Ce sont les exemples de rois et d'empereurs, de reines et d'impératrices, que Votre Majesté doit considérer et imiter, bouchant ses oreilles et fermant la bouche à ceux qui vous blâment. La reine mère vous est en loue extrêmement, et vous prie de continuer le même au Jubilé, si votre santé le permet. Elle m'a commandé de vous l'écrire, et de vous assurer de ses affections perpétuelles, et qu'elle ne peut avoir nouvelles plus agréables, que lorsqu'elle apprend ce qui est de votre piété. Je supplie Notre-Seigneur Jésus et sa très-sainte Mère, de la vouloir accroître et conserver, et de vous combler de leurs bénédictions particulières. Je suis.

LETTRE CLXXX.

A LA SÉRÉNISSIME REINE D'ANGLETERRE.

Il lui écrit les calomnies dont les hérétiques anglais ont essayé de le noircir. — Il lui mande un pèlerinage à Notre-Dame de Chartres, qu'il a fait pour elle, et l'exhorte à continuer en sa dévotion au Fils et à la Mère de Dieu.

Madame,

J'ai écrit deux fois à Votre Majesté depuis mon retour en France, et j'eusse écrit plus souvent si je n'eusse été retenu par le respect que je dois à Votre Majesté. Celle-ci est la troisième, pour lui donner assurance comme je n'ai pas oublié ce qu'elle me commanda en partant d'Angleterre, et je n'y ai point contrevenu : mais il a plu à M. de Bouckingam, faire faire de grandes plaintes au roi par un sien confident, nommé M. Gerbières, arrivé dix ou douze jours après moi, que j'avais conspiré et attenté en Angleterre contre sa vie et sa fortune. Ce sont les perles et les diamants que nous recevons ; et ils me font cet honneur, que de m'associer en ce crime à Mgr l'évêque de Mende, et à M. le comte de Tilières. Ces propos ne font pas grande impression par deçà. Mais il me semble que tacitement on estime à propos de différer le retour jusqu'à ce que le nuage soit passé. Cependant je n'oublie pas vos besoins devant Dieu. Et ayant été trouver M. le cardinal de Richelieu, à Limours, pour l'informer de quelques nouvelles particularités d'Angleterre, j'y arrivai comme ledit sieur Gerbières en venait de sortir, où il avait essayé de me noircir de semblables calomnies, sans effet. Je crus à propos, au partir de là, d'aller à Chartres offrir votre état et votre âme à la très-sainte Vierge, afin qu'elle les recommandât à son Fils unique Jésus-Christ Notre-Seigneur. Je crois que Votre Majesté m'avouera bien facilement en ce pèlerinage pour elle, et qu'elle persévère en ses dévotions principales vers le Fils et la Mère de Dieu, adorant l'un comme votre Dieu, votre Souverain, votre Sauveur, et révérant l'autre comme la plus digne personne qui soit en l'ordre de sa grâce, et la plus proche de lui, puisqu'il l'a fait sa Mère, et que par elle et par ses mains il a voulu être donné au monde. Vous êtes grande, mais Jésus est le Grand des grands. Vous êtes souveraine, mais Jésus est le Souverain des souverains ; et il veut établir sa puissance, sa grâce et sa gloire en vous. Donnez-lui votre cœur et votre esprit à cet effet, et me continuez s'il vous plaît, l'honneur de me croire à jamais.

De Paris, le 26 octobre 1625.

LETTRE CLXXXI.

A LA SÉRÉNISSIME REINE D'ANGLETERRE.

Il la console en son affliction, et lui fait espérer qu'après les épines, elle recueillera les fleurs et les fruits.

Madame,

Si j'avais autant de pouvoir que de passion et de devoir à vous servir, Votre Majesté aurait plus de repos et de contentement que vous n'en avez ; car il ne se passe point de jour que je n'aie la mémoire distincte et particulière de Votre Majesté et des travaux qu'elle porte ; et plût à Dieu que cette mémoire particulière ne fût rafraîchie si souvent, par les nouvelles fréquentes que la France reçoit de vos quartiers. J'ai accompli fidèlement ce qui m'a été commandé de votre part envers le roi et la reine votre mère. Leurs Majestés vous affectionnent passionnément, et votre considération leur a été un puissant aiguillon, pour penser à la paix d'Italie, afin de rendre la France et Votre Majesté plus considérable à ceux qui la méconnaissent, pour les avoir servi dans leurs propres intérêts, et à ses propres dépens. J'ai cru que cette affaire était utile à la chrétienté, et nécessaire à l'Angleterre, puisqu'elle avait si peu de considération de ses promesses et de votre mérite. Dieu a béni notre désir et petit travail, et je le supplie d'en étendre la bénédiction jusqu'à votre contentement outre mer, et jusqu'à votre personne. Je ne cesse point de prier pour Votre Majesté, que j'espère que Dieu bénira ; et qu'après l'hiver, il donnera un printemps ; et après les épines, les fleurs et les fruits espérés.

LETTRE CLXXXII.

A MONSEIGNEUR LE CARDINAL BARBERIN.

Il paraît qu'il lui écrit cette lettre étant nouvellement arrivé d'Angleterre.

Monseigneur,

Ce que je dois à Sa Sainteté et à tous ceux qui ont l'honneur de l'approcher et de lui appartenir de plus près, ne peut être dignement représenté, et dans ma petitesse et impuissance, m'oblige au moins à un sentiment perpétuel. Cette reconnaissance me met en peine d'être ici un moment sans pouvoir vous en rendre le témoignage que je dois, et vous renouveler l'hommage de l'obéissance et servitude qui est due à la plus grande autorité que Jésus-Christ nous ait laissée en terre, et de la renouveler entre vos mains, comme de celui qui nous la représente ici vivement, et que je sais être en son affection, en sa confiance et en sa créance particulière. Outre que je reconnais bien que l'honneur que j'ai reçu de Sa Sainteté, prend son origine de vous, Monseigneur, et du bon rapport que vous avez daigné faire de moi, et non en aucun mien mérite particulier. J'ai désiré que vous fussiez la première personne avertie de mon arrivée, et j'eusse voulu que vous eussiez été la première à qui j'eusse rendu moi-même mes devoirs et hommages. Mais vous savez, Monseigneur, ce qui m'en empêche, et cependant je suis privé, non-seulement de mon devoir et de mon désir, mais encore de la faveur de vos bons avis, et de la grâce de votre conduite en une affaire que je considère plus comme importante à l'Église qu'à l'État, ce que je ressens d'autant plus que je reconnais en avoir besoin. Il m'est nécessaire de savoir, etc., etc. Et vous supplie très-humblement de m'en informer par la voie qu'il vous plaira. Je vis hier le roi et la reine mère, nonobstant les occupations et divertissements de cette journée, et commençai à leur faire entendre ce que la France doit à Sa Sainteté en l'affaire qui m'a été commise, etc.

LETTRE CLXXXIII.

A MONSEIGNEUR LE CARDINAL BARBERIN, LÉGAT.

Il se réjouit de ce que les choses sont dis-

posées à la paix, et se plaint tout ensemble de ce qu'on n'a pas été dignes de la recevoir de sa main.

Monseigneur illustrissime,

L'honneur que j'ai eu de vous connaître et d'être connu de vous, ne me permet pas de vous mettre en oubli. Je tiens cette faveur si chère, et ce sentiment m'est si vivement imprimé, que je n'ai besoin d'aucun sujet qui le renouvelle et rafraîchisse en ma mémoire. Et vous daignez ce néanmoins, Monseigneur illustrissime, me donner un nouveau témoignage par vos lettres, qu'étant si peu de chose comme je suis, je ne suis pas encore effacé de votre souvenir. Ce souvenir m'est trop honorable; mais je vous supplie très-humblement me permettre de vous dire qu'il m'est doux et amer tout ensemble. Car dans l'honneur et le contentement que je reçois et ressens, de ce vous daignez vous souvenir de moi, je reçois et ressens aussi une nouvelle douleur, d'avoir été si inutile à vous servir en France. Depuis votre départ, il a plu à Dieu disposer les choses à la paix, que nous n'avons pas été dignes de recevoir de votre main; cela même me donne une nouvelle douleur, et la causerait plus grande si je ne savais la pureté de vos intentions, qui ne regardent que Dieu et le public, et si je ne voyais encore qu'il y a quelque moyen d'honorer ce traité de votre nom, et de le rendre plus favorable à la religion par votre autorité. Si, en ma petitesse, il se pouvait présenter occasion de vous servir, ce me serait un bonheur et un contentement singulier, mais je n'ose l'espérer. Recevez au moins la volonté perpétuelle que j'ai de vous honorer comme je dois, et de vous servir comme étant à jamais.

LETTRE CLXXXIV.

AU CARDINAL DE SAINTE-SUSANNE.

Il le remercie d'avoir protégé son innocence dans une grande persécution qu'il avait soufferte en France et à Rome.

Monseigneur,

Si le bonheur d'être connu de vous m'était échu par mérite ou par service envers Votre Grandeur, j'aurais peine à trouver des paroles pour exprimer le contentement que je recevrais d'une si honorable et favorable connaissance. Mais ce bien m'arrivant par accusations de nos adversaires et accusations grièves en la doctrine et aux mœurs, je ne sais si je dois en la pensée, ou me réjouir de ce bonheur, ou m'attrister de ma condition et me plaindre de moi-même, à qui ce bonheur arrive par une voie si étrange. Au moins je vous dois dire et le dis avec vérité, que ces accusations sont fausses par la grâce de Dieu, et qu'elles sont sans effet en France, par l'évidence de leur fausseté, comme elles ont été sans effet à Rome par l'appui de votre protection et par la conduite de votre prudence. Ce qu'étant, je dois reconnaître, et que ce m'est un bonheur comme chrétien de pâtir sans sujet, et comme persécuté, de tomber en si bonne main comme la vôtre, et d'avoir reçu l'honneur de votre protection sans être connu de Votre Grandeur et sans l'avoir mérité, si ce n'est par la condition générale de l'innocence injustement opprimée qui, à la vérité, a besoin et doit être protégée des grands. Protection si chère à Dieu, que même le Fils de Dieu est dit dans les *Psaumes* avoir autorité à cet effet, en telle sorte qu'il semble que cette protection et délivrance des opprimés est comme un nouveau titre de sa puissance et adoration qu'il reçoit de la terre : *Omnes gentes servient ei, quia liberabit pauperem a potente, et pauperem cui non erat adjutor.* (*Psal.* LXXI, 11, 12.) Puisque c'est ici la première fois que j'ai le bien de vous parler et m'adresser à vous par la présente, et que c'est en suite d'une affaire qui s'est traitée devant vous, par le commandement de deux Papes et par l'espace de trois années, et que durant le cours de l'affaire j'ai jugé ne vous devoir pas importuner et solliciter par nos lettres; il me semble que je dois, au moins maintenant, vous rendre compte par moi-même de mes actions en peu de paroles, et vous dire après le jugement du fait, sans autre intérêt que celui de la vérité; que par la grâce de Dieu je n'ai jamais désiré ni recherché cette charge qui m'est commise par Sa Sainteté, et conservée par vous; que si je l'ose dire, j'en ai dès longtemps et plusieurs fois refusé de plus grandes, comme il est assez notoire à plusieurs de deçà. Que je n'ai jamais eu dessein de vivre en l'Eglise que comme particulier, faisant ce peu de bien que je pourrais en vue privée et ecclésiastique. Que même j'ai refusé dix ans durant au cardinal de Joyeuse et au cardinal de Retz, l'emploi en l'institution de l'Oratoire en France, jusqu'à ce qu'il leur eût plu de me le faire ainsi ordonner par Sa Sainteté. Qu'en ce gouvernement des Carmélites, j'ai un peu pâti et travaillé depuis vingt ans, et n'y ai rien fait que suivant les lois divines et humaines, selon qu'elles sont entendues et pratiquées par les plus doctes et les plus saints religieux de France. Que tout ce qu'ils disent, ou est faux, ou n'est rien dans les circonstances; circonstances qu'ils ont à dessein omises par un ingénieux silence. Que s'ils eussent traité l'affaire seulement par voie d'équité et de charité, je n'eusse fait aucune instance. Mais il semble que par un secret conseil de Dieu, ils ont dit tant de choses, et contre tant de personnes, qu'ils ont obligé le monde à ne les point croire du tout; et ont pris des voies si offensives et injurieuses, qu'ils nous ont obligé à nous défendre, pour ne laisser tomber sur un corps qui nous est conjoint, le blâme qu'ils me voulaient imputer. A la vérité, s'il fallait pâtir, c'est bonheur de pâtir sans sujet, et pâtir par personnes de cette condition. Mais vous n'avez été que trop importuné de ces choses, et il n'est pas raisonnable de vous en ennuyer encore. Je dois louer Dieu de sa providence sur cette affaire, et lui rendre grâce de l'avoir mise entre vos mains, par l'autorité du Saint-Père, et je dois vous remercier très-humblement de tant de soin qu'il vous a plu prendre pour en juger; de tant de force et de persévérance à la conclure et terminer, et en la terminant, de rendre et assurer la paix à cet ordre agité en France. La part qui me reste, est de m'humilier de n'avoir pas fait assez bon usage de cette petite persécution, et de me reconnaître perpétuellement obligé à Votre Grandeur, de la protection qu'il vous a plu prendre de notre innocence. En reconnaissance, je ne puis vous offrir que les vœux de notre petite congrégation, et l'hommage de mon très-humble service, comme personne qui est à jamais.

LETTRE CLXXXV

A MONSEIGNEUR LE CARDINAL DE MARQUEMONT.

Il se réjouit de sa promotion et lui recommande l'établissement des Pères de l'Oratoire de France, à Saint-Louis de Rome.

Monseigneur,

La part que Dieu me donne dans le secret de sa conduite à vous élever à la dignité que vous avez, me donne aussi une part plus particulière, ce me semble, et au contentement que vous en recevez après tant de traverses et difficultés, et à l'espérance qu'un chacun en conçoit pour le service de l'Eglise et le bien de la France. Je ne dois point employer de paroles à vous témoigner une chose digne de si petite considération en elle-même, et si connue de vous, Monseigneur; mais bien dois-je employer mes prières, à ce que celui qui vous a appelé à cette grande dignité, vous donne aussi la grâce qui l'accompagne; et la bénédiction à vos serviteurs, de recueillir les fruits qu'ils espèrent; et que l'Eglise en reçoive l'assistance, l'appui et la défense qui lui est nécessaire. Il semble que Dieu n'ait différé à vous conférer cette qualité, que pour vous y porter plus glorieusement; y faire reluire davantage sa providence, vous obliger plus fortement à lui, et vous donner un moyen plus puissant de servir à son Eglise, dont je crains que vous n'ayez plus de sujets qu'il ne serait à désirer. Si parmi les besoins universels et les acclamations publiques de la France à votre promotion, il est permis de faire quelque réflexion sur nos besoins particuliers, je vous dirai, Monseigneur, avec votre permission, que vous êtes au port, et nous en la tempête; et que l'orage nous accueille, au même temps que nous vous voyons surgir au port. Et par l'indisposition de M. N., que le temps n'a pas diminuée, et notre retenue, patience et modestie, n'a pas gagné. Mais c'est Dieu qui le sépare d'un œuvre qu'il avait autrefois commencé avec vous. C'est Dieu qui veut que la part qu'il y avait vous soit laissée tout entière, afin que nous devions, non à lui, mais à vous seul, notre établissement à Rome; je l'aime beaucoup mieux ainsi. Et puisque je n'ai rien contribué à son aliénation, qu'au contraire je l'ai servi par deçà depuis peu, où des plus grands ont voulu m'enquérir de lui; je suis bien aise, que sans ma faute, je sois quitte envers lui, et que je vous doive tout, Monseigneur, auquel je dois déjà tant d'autres choses, et que vos mérites obligent tant à servir et honorer. Je rends à ceux auxquels je suis redevable, peu de témoignage par lettres de mes devoirs : ma paresse, mes petites occupations, mon inutilité, mon mal d'yeux, mon devoir à la retraite, me servant de prétexte et d'excuse à moi-même. Je vous supplie très-humblement ne pas mesurer à cette aune mes respects et sentiments. Vous avez déjà quelque petite preuve de ma fidélité. Si Dieu me présentait quelque moyen de vous servir, les effets réels et solides vous feraient connaître comme je désire cultiver et conserver soigneusement la qualité que j'ai dès longtemps d'être,

Monseigneur l'Illustrissime, etc.

De Paris, ce 9 février 1626.

LETTRE CLXXXVI.

A UN ÉVÊQUE.

Il le remercie de lui avoir envoyé un livre qu'il avait publié sur les mystères de la foi.

Je vous rends grâces très-humbles de la mémoire que vous daignez conserver de moi, qui le mérite si peu, et du témoignage honorable qu'il vous plaît m'en donner, m'envoyant le livre que vous avez donné au public. Ce sera une de mes lectures principales, s'il plaît à Notre-Seigneur. On disait plus élégamment que véritablement des anciens Romains, que leur terre se rendait plus fertile lorsqu'elle était cultivée par les mains de leurs dictateurs, et par un soc triomphant; mais nous pouvons dire, avec beaucoup de vérité, que la parole de Dieu se plaît d'être annoncée, d'être exposée par les prélats; et que lors elle est plus efficace dans les âmes : c'est à eux qu'elle a été commise et livrée; et c'est à nous à la prendre et la recevoir de leur bouche.

LETTRE CLXXXVII.

A UN ÉVÊQUE.

Il lui témoigne que c'est avec bonheur qu'il a pu lui rendre quelque service à Rome.

Monseigneur,

J'aime mieux prendre la main d'autrui, pour répondre à la lettre qu'il vous a plu m'écrire, que de différer davantage pour attendre que mon mal d'yeux me permette de le faire par moi-même. Je n'ai fait que mon devoir, en ayant soin à Rome de faire connaître et révérer votre mérite; de maintenir vos intentions, et de les appuyer de l'autorité de monsieur l'ambassadeur; lequel certes mérite bien de recevoir de vous quelque témoignage du sentiment que vous en avez. Je loue Dieu de votre santé, et le supplie de la vous confirmer, et de vous donner le moyen d'accomplir ses œuvres et ses desseins sur votre diocèse. J'ai su les bruits qui ont couru, et n'en ai eu aucune autre pensée, que de les attribuer à ceux qui, à mon avis, témoignent partout un peu trop de soin de rechercher leur intérêt, et convertir tout à leur avantage; ce qui oblige à y déférer moins. Je n'ai fait autre jugement sur ces discours, que celui-ci; et que c'est Dieu qui vous exerce intérieurement et extérieurement, pour vous disposer à lui rendre vos devoirs en la vocation en laquelle il vous a appelé. Le dévot usage de ce verset de David peut servir à cela : *Exspecta Dominum, viriliter age ut confortetur cor tuum, et sustine Dominum.* (*Psal.* XXVI, 14.) Et en ce peu de paroles il y a beaucoup de points très-salutaires à l'âme exercée de Dieu en la terre. Je le supplie de vous en donner l'intelligence et la pratique, et la part à Jésus-Christ son Fils Notre-Seigneur, et à sa très-sainte Mère, que porte leurs grandeurs et mystères. Je suis en eux.

LETTRE CLXXXVIII.
A MADAME LA DUCHESSE DE LORRAINE.
Il prend sujet du sacré temps de l'Avent auquel il écrit à Son Altesse de lui parler de l'obligation des Chrétiens de prendre vie en Jésus et en Marie.

Madame,

Il faut que je vous supplie très-humblement, me permettre d'emprunter la main d'autrui, pour répondre à la lettre qu'il vous a plu m'écrire, d'autant que je suis actuellement molesté d'une fluxion sur les yeux qui m'arrive souvent. C'est pour vous témoigner, Madame, que nous ne mettrons jamais en oubli nos respects et nos devoirs envers Votre Altesse, et que comme nos obligations sont perpétuelles envers vous, aussi le soin que nous devons avoir de vous servir, sera perpétuel et ne manquera jamais. Et si tant est que je ne puisse vous envoyer sitôt le P. Charles comme je le voudrais, je ferai partir un des nôtres exprès pour vous rendre le service que nous devons et qu'il vous plaît attendre et désirer de nous. Le saint temps de l'Avent, auquel je vous écris la présente, ne me permet pas de la finir sans vous représenter, Madame, que c'est le temps heureux auquel le Fils de Dieu prend une vie nouvelle pour nous donner la vie. Il est la vie, et il veut toutefois prendre une vie nouvelle qu'il n'avait point encore; et il la veut prendre dans la Vierge qui est la vie aussi, car ainsi l'appelle l'Église dans ses offices : *Vita, dulcedo, et spes nostra, salve*; et elle est digne d'être nommée la vie par excellence, puisqu'elle donne la vie à Jésus qui est la vie même et l'auteur de la vie. Ce sont deux objets que ce temps nous représente, lequel est dédié à honorer Jésus et Marie, et encore Jésus en Marie, c'est-à-dire Jésus donnant vie à la Vierge, et recevant vie de la Vierge tout ensemble. Ainsi ce temps est un temps de vie, car il porte, il contient, il annonce deux vies, qui excèdent toute autre vie, la vie de Jésus en Marie, et la vie de Marie en Jésus; deux vies en la terre, deux vies nouvelles, deux vies saintes, deux vies rares et excellentes, et deux sources de vie en la terre et au ciel, et qui doivent occuper saintement notre vie en la terre. Votre piété, Madame, me fait représenter ces deux vies à Votre Altesse, pour servir d'objet à votre vie, et vous donner lumière, conduite et consolation parmi les ténèbres et les misères de cette vie. Délaissons pour un peu les sollicitudes de notre vie humaine, pour penser à Jésus, et à Jésus vivant d'une vie nouvelle en la très-sainte Vierge, et d'une vie adorable et adorée des anges en leur lumière de gloire. Cette vie de Jésus est la vie que nous devons contempler en ce saint temps; c'est la vie à laquelle nous devons adhérer pour tous les siècles, car Jésus est tellement la vie, qu'il veut être notre vie. Voilà, Madame, la vie que je propose à Votre Altesse, et que je lui souhaite comme celui qui est, etc.

Décembre 1626.

LETTRE CLXXXIX.
A MADAME DE VENDÔME.
Il l'exhorte à persévérer dans le bon usage des croix que Dieu lui envoie.

Madame,

J'ai reçu la lettre qu'il vous a plu m'écrire, et fait ce qui m'a été possible pour vous servir en l'occasion qu'il vous a plu me commander. Ce porteur vous en rendra témoignage. J'ai beaucoup de regret de vous voir en état que vous ayez besoin du service de vos serviteurs; et de me voir avec si peu de puissance de vous témoigner par effet ce qui est dû à tout le monde, à votre grandeur, à votre mérite; et ce que d'abondant je dois en mon particulier, à tant d'obligations que je vous ai. J'ai essayé de n'être pas inutile à vos serviteurs en cette ville, et de les assister en l'oppression qu'ils craignaient : ce qui m'augmente le regret de ne pouvoir pas faire le même envers ce qui vous est le plus proche. Le conseil de Dieu envers les siens est de les exercer, les élever et les approcher de lui par la croix. Vous êtes trop à lui, Madame, pour n'être pas dans les termes de ce conseil. La croix nous approche de Jésus-Christ, et nous honore plus devant les yeux de son Père, qu'elle ne nous abaisse et avilit devant les yeux du monde; et Dieu se plaît de voir en nous les marques de son Fils bien-aimé, et c'est par ces voies que nous avançons en sa grâce. Ces vérités vous sont trop connues, et votre piété, Madame, n'a pas besoin que je vous les représente. Il me suffit de prier Dieu qu'il vous avance en ses voies saintes des afflictions et des croix qu'il vous envoie; et qu'il me rende digne de vous servir comme vous le méritez, et comme je le dois et désire, étant à jamais.

LETTRE CXC.

A MONSEIGNEUR LE MARÉCHAL DE SCHOMBERG.

Il le remercie du soin qu'il avait pris de ramener un monastère de religieuses Carmélites qu'on avait voulu séparer de l'unité de l'ordre.

Monseigneur,

Je vous souhaiterais un meilleur emploi que celui que vous avez daigné prendre à notre occasion, mais ceux qui sont capables de choses grandes, sont capables aussi des petites; et c'est un même ouvrier qui a fait l'éléphant et le moucheron, et nous lui rendons un pareil hommage, car il se montre aussi grand aux choses petites comme aux choses grandes. A son exemple, vous êtes toujours égal à vous-mêmes, et aussi grand et heureux en ces choses basses, comme aux choses grandes et publiques lorsqu'il a plu à Dieu de vous y employer. C'est un bonheur à l'ordre que vous soyez rencontré en ce lieu, et à moi un malheur de vous avoir occasionné cette peine; et c'est un effet de votre bonté de vous être abaissé à ouïr ces petites âmes, à recueillir leurs larmes, à effacer leurs peines qui sont les derniers effets de la division. Je n'ai point eu à délibérer sur les articles qu'il a vous plu me proposer; il est juste de soulager leurs faiblesses, de porter leurs petitesses, de condescendre à leurs appréhensions; mais quand il ne le serait pas, il est plus que raisonnable de satisfaire à votre intention. Je vous supplie très-humblement de recevoir la parole que je vous en donne et de vous en assurer. Votre nom, votre autorité et la peine que vous avez daigné prendre à notre occasion, m'obligent à choses plus grandes et plus difficiles Je supplierai madame la marquise de Maignelay, que je n'ai point encore vue sur ce sujet, de vous répondre pour moi. Et si j'étais tant heureux que de vous pouvoir rendre ce qui vous est dû, je tiendrais à grande bénédiction de rendre ce service au public, qui est intéressé en votre personne et en votre mérite. Mais la saison ne porte pas de si bons fruits, et je ne suis pas digne de si bons effets, et il faut que je me contente dans mes propres pensées et sentiments qui reconnaissent ce que vous êtes, et ce que je vous dois, et la condition perpétuelle que je suis obligé de conserver, et que je vous supplie très-humblement accepter, en me tenant et m'avouant, etc.

De Paris, ce 4 juin 1624.

LETTRE CXCI.

A MADAME LA MARQUISE DE MAIGNELAY.

Il la remercie de sa charité et de ses soins en quelque affaire qui regardait l'Oratoire, et reconnaît lui en devoir le succès. — En suite de quelque persécution contre lui, dont elle l'avertissait, il parle de l'obligation de porter la croix, et de la bénédiction d'être du nombre des âmes dédiées à ce mystère. — De la bienheureuse Catherine de Gênes, et de son éminence en l'amour et en la croix de Jésus.

Madame,

Le soin que vous avez voulu prendre en l'affaire que vous avez recommandée à Mgr le cardinal de Retz, a été bénie de Dieu et a reçu son effet; et l'affaire ayant été appuyée de son conseil et de son autorité, a été acceptée de Sa Majesté fort favorablement. Nous en devons rendre grâce à Notre-Seigneur Jésus-Christ, à sa très-sainte Mère et aux bons anges au ciel; mais après eux, nous devons reconnaître en la terre la première et principale obligation à votre charité et diligence. Puisqu'il plaît à Dieu nous donner part à sa croix en la persécution que vous me mandez, je le supplie qu'il daigne me donner part aussi à l'esprit de sa croix, c'est-à-dire à son esprit en croix, et qu'il nous fasse entrer en l'ordre saint particulier des âmes crucifiées en lui, avec lui et par lui. Cet ordre est grand, et plus grand que ceux qu'on révère en la terre. Mais parce qu'il est intérieur et non extérieur comme les autres, il est invisible et inconnu même à plusieurs faisant profession de piété, qui sont quelquefois plus propres à y faire entrer les autres, qu'à y entrer eux-mêmes. Cet ordre n'est attaché à aucun ordre particulier, et n'en exclut aucun; non pas même la condition du monde. Car de tous états, on y peut entrer; et nous célébrons en ce mois la mémoire d'une âme sainte, et d'une personne mariée qui y a eu grande part. C'est la bienheureuse Catherine de Gênes. Je la supplie de nous y donner entrée, car elle y a grande puissance; et de nous obtenir la grâce de bien user de cette petite croix qui nous est imposée. La part que vous voulez prendre aux peines qui nous arrivent m'oblige à avoir ce même désir pour vous, et à m'adresser à la même sainte à ce qu'elle vous fasse quelque part de son esprit, de son amour et de sa croix. C'est une des prières que je fais à Jésus-Christ Notre-Seigneur et à sa très-sainte Mère à votre intention. Si j'étais digne d'être exaucé, je serais en repos de tant de peines que vous avez à notre occasion en toutes les affaires. Mais parce que cette grâce est très-grande, et que je ne mérite pas seulement d'y penser, je ne suis pas sans regret, de tant de fatigues et de soin que votre charité vous fait prendre pour nous. Je suis,

Madame,

Votre très-humble et très-obligé et inutile serviteur,

PIERRE DE BÉRULLE,

Prêtre de l'Oratoire de Jésus.

LETTRE CXCII.

A MADAME DE MAZANCOURT, NOUVELLEMENT CONVERTIE A LA FOI CATHOLIQUE.

Madame,

L'honneur que j'ai eu de traiter avec M. de Sechelle, votre frère, à présent catholique, et avec une dame de qualité en votre province, qu'il a plu à Dieu de réduire à la foi avec toute sa famille; a été suivi pour mon regard du bonheur de votre connaissance, et vous a donné le sujet de me voir, et me parler de la religion prétendue réformée. En cette vue je jugeai à propos d'ouvrir vos livres, et vous y faire voir l'article trente et unième de votre confession de foi; et vous m'avez avoué depuis que c'est le premier point qui a frappé votre âme jusqu'au vif, et qui vous a donné dès lors le désir d'en avoir l'éclaircissement par les vôtres, ou à leur défaut de vous résoudre. C'est ce qui m'oblige à sortir maintenant de la paix et douceur de ma vie et de la tranquillité de ma retraite, pour entrer en ce combat et vous conforter en la foi que vous embrassez, en délaissant le parti contraire à votre salut et à l'Eglise. Je ne prétends en ce discours que de vous faire voir à l'œil et à ceux qui sont encore dedans l'erreur, comme cette instruction première que vous avez reçue de nous, demeure ferme et solide contre les efforts de nos adversaires; vous empêche de flotter aux vents de doctrine élevés en ce siècle, et vous conduit et affermit en la vive roche, sur laquelle il a plu à Dieu de bâtir son Eglise, et d'y poser votre âme, comme une pierre vive de ce bâtiment du Fils de Dieu en terre. Je ne recherche pas volontiers ces combats ni de plume ni de langue (et Dieu sait que c'est la seule pensée de mon devoir qui m'y tire maintenant), et la modestie chrétienne nous apprend à n'en pas faire état, et à n'estimer en cette vie que ce qui rend honneur et gloire à Jésus-Christ et à son Epouse : et le succès de ces rencontres, ne peut relever de beaucoup son état et sa gloire. Car l'Eglise de Jésus-Christ, glorieuse de tant de victoires, honorée de tant de triomphes, et couronnée de tant de lauriers, que ses travaux et ses sueurs lui ont acquis contre l'idolâtrie qui remplissait la terre, et contre les hérésies qu'elle a mis à ses pieds en chaque siècle, comme autant de monstres, ne ressemble pas à l'Eglise de nos adversaires, invisible et inconnue au monde jusqu'à présent, qui n'a de quoi se signaler qu'en publiant légèrement ou faussement le succès prétendu de semblables escarmouches : mais la nôtre ayant arboré l'étendard de la croix par l'univers, et porté partout la connaissance du Fils de Dieu, elle se contente d'être et de paraître toujours comme un grand corps d'armée, bien rangé en bataille, qui rompt les forces des troupes ennemies, sans s'émouvoir, et sans faire gloire de ses rencontres, qui dompte selon Daniel (II, 21), tous les royaumes de la terre, qui sert d'appui et de soutien à la vérité, selon saint Paul (*I Tim.* III, 15), et qui doit vaincre et subsister *jusqu'à la fin du monde*, selon l'Evangile (*Matth.* XXVIII, 20), etc.

LETTRE CXCIII

A MADAME DE SAINT-GEORGES, EN ANGLETERRE.

Madame,

J'ai reçu la lettre qu'il vous a plu m'écrire, et ce qui m'a été diverses fois mandé de votre part par autre voie et avant mon partement. J'ai bien prévu ces orages dont vous portez une bonne part. J'ai cru que le remède principal, était en la paix de France et d'Espagne, et que c'était la meilleure recommandation qui pouvait venir de France, en Angleterre, tant pour moyenner le contentement particulier de la reine que de ses serviteurs, et de tous les catholiques. C'est à quoi j'ai pensé à propos d'insister vers le roi et la reine mère, et j'espère que Dieu fera cette grâce et miséricorde à la chrétienté. J'ai très-grande et très-sensible douleur des afflictions de la reine, et du mauvais traitement que les catholiques reçoivent contre les paroles et serments donnés, contre la foi publique et contre l'humanité même. Mais qui n'a point de foi envers Dieu, n'en garde point envers les hommes, et faut chercher par d'autres moyens la sûreté des paroles et des devoirs. Et c'est le malheur de l'hérésie qui altère et corrompt les meilleures natures. J'ai fait entendre à la reine mère la facilité que vous avez à revenir quand le service de la reine d'Angleterre le requerra. Vous ne devez pas suivre les bons avis que l'on vous donne par de là fort courtoisement et charitablement, mais vous devez attendre des commandements de par deçà avant partir, lesquels je ne prévois pas vous devoir arriver sitôt. Vous aurez dans peu de temps Mgr l'évêque de Mende par delà, duquel vous aurez une pleine connaissance des intentions de ce pays. Peu de jours avant que je partisse d'Angleterre, Mme la marquise de Maignelay m'y envoya une croix de petits tableaux selon les dévotions que je lui avais proposées, pour me servir comme d'un oratoire portatif aux divers voyages que je suis obligé de faire en divers lieux par ma condition : elle l'adressa à feu Mme la comtesse de Sipierre pour me la délivrer, ne sachant pas que j'étais en chemin pour revenir. Tellement que j'ai trouvé ce paquet parti trois jours avant que j'arrivasse à Paris. Je n'ai pas voulu la retirer dans les douleurs récentes de la perte qu'on a faite de cette vertueuse dame. Je vous prie maintenant me faire cette faveur que de la retirer, et de me l'envoyer par la voie de M. de Blainville, outre que c'est un usage de dévotion qui ne regarde que moi, et qui m'est utile, le soin et la peine que Mme la marquise a eu de me la faire faire et de me l'envoyer m'oblige à avoir soin de le conserver. Je prie Dieu qu'il augmente ses grâces et bénédictions sur la reine, sur sa maison, et sur ce pauvre royaume affligé. Je suis.

LETTRE CXCIV.

A M. LE BARON DE SANCY, LORS AMBASSADEUR A CONSTANTINOPLE, DEPUIS ÉVÊQUE DE SAINT-MALO.

Il le remercie du soin qu'il prend des affaires de Dieu en ce pays-là, et le supplie de continuer. Il lui représente combien il importe de vaquer aux bonnes œuvres que Dieu nous adresse, et que les œuvres que nous faisons pour Dieu sont les œuvres et les seules œuvres éternelles. Il lui parle d'un établissement des Pères de l'Oratoire en la Terre-Sainte, plus pour y rendre hommage à Jésus-Christ et à ses mystères que pour y servir.

Monsieur,

J'ai appris par diverses fois de sœur Marie de Jésus le soin que vous prenez des affaires de Dieu en ce pays où vous êtes, et maintenant je reçois moi-même témoignage de la pensée que vous avez de nous y employer. Je loue Dieu de sa grâce et miséricorde sur votre âme, car c'est de lui que viennent ce soin et ces pensées, et il vous les donne, à mon avis, comme semence encore et indices de plus grandes grâces qu'il veut faire à votre âme, si elle se rend humble et fidèle à recevoir celles-ci et en profiter. Dieu est si grand que nous ne pouvons être dignes de le servir que par lui-même. Dieu est si bon qu'il va recherchant des sujets et occasions de nous faire grâce, et grâce plus abondante. Sa grandeur nous oblige à recevoir avec beaucoup d'humilité la grâce qu'il nous fait de le servir aux occurrences qu'il nous présente; et sa bonté nous convie à être bien exacts et fidèles à recueillir et employer cette grâce; car elle porte conséquence d'un plus grand dessein de Dieu sur vous. Si Zachée eût perdu la première pensée qu'il eut de voir le Fils de Dieu sur le chemin (ce qu'il pouvait aisément faire), il eût perdu quant et quant la grâce de le loger chez lui; la grâce de sa conversion, et conversion exemplaire; la grâce et dignité de l'un des principaux disciples de Notre-Seigneur, et peut-être son éternité. O combien pouvait-il aisément être diverti de sa première pensée! O combien de grâces étaient cachées en cette première grâce qui lui était inconnue! O combien eût-il perdu en la perdant! Et il eût ignoré sa perte jusqu'à l'heure de sa mort et de son jugement, auquel ce secret lui eût été manifesté. Ne laissez écouler aucune des bonnes pensées que Dieu vous donne, car vous ignorez souvent où elle tend et ce que vous perdez en la perdant. Ne perdez aucune occasion de servir à Notre-Seigneur et à son Église, et croyez que telles œuvres sont les seules œuvres éternelles que vous pouvez faire en la terre. Je dis œuvres éternelles, car tout ce que l'on fait pour Dieu durera autant que Dieu même. Je dis les seules œuvres éternelles, car tout ce qui se fait pour les grands et pour le monde passera, périra comme le monde même. En l'apparence, c'est un grand roi qui vous a envoyé en ce pays-là pour ses affaires; mais en effet, c'est un grand Dieu qui vous y a envoyé pour les affaires de son Fils sur la terre. Chérissez plus, honorez plus et exercez plus cette commission que l'autre, et d'autant moins que le Fils de Dieu n'est reconnu en ces quartiers, d'autant plus honorez-le en votre âme, et prenez une dévotion spéciale à sa très-sainte Mère, afin que vous soyez compris dans l'étendue de ses pouvoirs et priviléges, ce qui nous préserve de grands périls et nous porte à choses grandes.

Quant au sujet duquel il vous a plu écrire de par deçà, si nous avions autant de puissance que de volonté, ce serait bientôt fait; mais nous sommes encore si peu et appelés en tant de lieux, que Dieu nous fait assez connaître, par l'impossibilité, qu'il réserve cette grâce à d'autres ou à un autre temps. Il y a bien longtemps que nous avons désir qu'il y ait quelques-uns des nôtres en Jérusalem, plus pour honorer Notre-Seigneur en ses saints lieux, par présence et par souffrance, que par désir d'y pouvoir beaucoup servir. J'en ai eu licence de Sa Sainteté, et si cela se pouvait obtenir, je le souhaiterais grandement, et peut-être que par après on pourrait passer plus outre. Mais il n'y a pour l'heure présente aucun moyen de penser à plus. Dieu a suscité quelqu'un par deçà pour faire les frais de cette dévotion et résidence nôtre en Jérusalem, si elle se peut obtenir du Grand-Seigneur, en si petit nombre que l'on voudra et avec telle condition qu'il lui plaira. Ce que Notre-Seigneur a daigné faire et souffrir en cette terre-là pour notre amour, nous donne dès longtemps ce désir, plus d'y être et d'y pâtir que d'y servir; encore que peut-être on pourrait rendre quelque service aux pèlerins, et je vois que ce même désir entre en quelques-uns des nôtres. Si vous y jugez quelque ouverture et expédient, je vous supplie très-humblement de ne le point omettre, et nous faire avertir des moyens qu'il faut tenir pour cela; car nous estimons obtenir aisément du roi et de la reine tout ce qui sera nécessaire de leur autorité pour ce sujet; mais nous avons désiré de commencer par vous, pour être informés de tout. Je supplie Notre-Seigneur Jésus-Christ et sa très-sainte Mère de prendre cette pensée en leur protection, et de vous rendre digne pour jamais de les servir en la terre et au ciel.

De Paris, ce 2 août 1615

LETTRE CXCV.

A NOTRE SAINT PÈRE LE PAPE URBAIN VIII.
Sur sa promotion à la dignité de cardinal.

I. *Il craint cette dignité, par cette humilité profonde qui lui faisait craindre toutes les dignités, même ecclésiastiques.* — II. *Et il ne la peut regarder comme grandeur, c'est-à-dire comme le monde la regarde.* — III. *Mais il la regarde et la reçoit comme une nouvelle liaison à l'Église, à Jésus-Christ qui en est le chef, et à Sa Sainteté qui en tient la place.*

I. Le changement que Votre Sainteté a

voulu faire en moi le 30 août, me remplit d'étonnement et non pas de contentement, et me donne grand sujet de crainte et non d'éjouissance. Par l'ordonnance de Votre Sainteté, je me vois en une condition qui m'accable et m'abîme, au lieu de m'élever, et me met dans les flots plus grands et plus périlleux que ceux dont la main du Fils de Dieu a retiré saint Pierre, lorsqu'il marchait sur les eaux avec lui. Et si je ne voyais et révérais le même Jésus-Christ en la personne de Votre Sainteté, qui me commande de recevoir cette dignité, je croirais me devoir rendre plutôt à mon appréhension qu'à l'acceptation de cette charge; car elle est environnée d'autant de péril que de grandeur, et je dois craindre l'un et fuir l'autre. Mais Votre Sainteté porte les oracles de Jésus-Christ en la terre, et je dois révérer en la personne d'Urbain VIII celui-là même qui affermit saint Pierre au milieu des eaux. Et écoutant la voix de Votre Sainteté, j'écoute la voix de celui qui a dit : *Oves meæ vocem meam audiunt.* (Joan. x, 16.)

II. C'est ce qui m'oblige à me soumettre en paix à l'ordonnance que Votre Sainteté fait sur moi, et à la disposition que vous voulez faire de moi, puisque je suis à vous par Jésus-Christ, et que vous êtes à Jésus-Christ par lui-même, et qu'il a voulu vous donner en la terre la plus grande autorité qu'il y ait voulu laisser, en laissant la terre pour s'élever au ciel.

III. Je ne veux pas considérer cette dignité nouvelle des yeux dont le monde la regarde. En ce sens, mon devoir et ma profession m'en éloigne, et je ne pourrais pas rendre grâces à Votre Sainteté de m'y avoir appelé, sans offenser la sincérité et la vérité que je dois à Votre Sainteté même.

IV. Puisque vous me commandez de l'accepter, je la regarde et la reçois comme une liaison nouvelle à l'Église de Dieu, à Jésus-Christ qui en est le chef, à Votre Sainteté qui en tient le lieu en la terre. Et comme une obligation nouvelle, en servant à Jésus-Christ et à son Église, de dépendre de vous, de qui Dieu veut que l'univers dépende en la chose du monde la plus sainte, la plus auguste et la plus importante, qui est le salut.

V. Je la reçois en ces pensées, et je rends grâces à Votre Sainteté d'avoir daigné me lier de nouveaux liens avec le Fils de Dieu, qui s'est joint à nous par sa personne divine et par notre nature humaine, et offre à Votre Sainteté toute la soumission, obéissance et servitude que le moindre des prêtres doit à un si grand prêtre de l'Église de Dieu, et que le plus humble et le plus obligé de tous les cardinaux doit au Saint-Siége et à Votre Sainteté, de laquelle je suis.

LETTRE CXCVI.
AU CARDINAL BARBERIN.
Sur sa promotion.

Quoique la grâce lui fasse regarder cette dignité comme une condition pleine de péril, il ne laisse pas d'être très-reconnaissant envers ceux qui lui ont témoigné affection et estime en cette occasion.

Monseigneur,

Ce m'était assez de faveur d'avoir l'honneur de votre bienveillance, et si je l'ose ainsi présumer, d'être par votre moyen en quelque estime et confiance dans l'esprit de Sa Sainteté, sans recevoir de vous cette faveur si grande et si particulière, que d'être élevé à l'éminente dignité laquelle il vous plaît m'annoncer par vos lettres. Moins je l'ai méritée et poursuivie, d'autant plus je la dois à votre affection envers moi, et à vos instances particulières vers Sa Sainteté. A la vérité, je vois tant de grandeur et de péril en cette dignité, que je crois être obligé selon Dieu, de la craindre et appréhender grandement ; et je désire conserver ce sentiment toute ma vie, pour me servir de garde au milieu des dangers. Je crois semblablement devoir prendre aussi peu de contentement en cette dignité, après l'avoir reçue de Sa Sainteté, que je devais y avoir peu de pensée, d'inclination et de poursuite, avant qu'elle me fût conférée. Mais comme je dois rendre à Dieu fidèlement ces deux dispositions par égard à moi-même, aussi par égard à la faveur et dignité que je reçois, je me tiens obligé de rendre humblement et affectueusement à Votre Seigneurie illustrissime, ce que je lui dois de sentiment et de gratitude, pour avoir voulu penser à moi en un sujet qui surpasse autant mes mérites que mes désirs et pensées. Et je veux vous rendre autant de respect et de service que si je l'avais grandement poursuivie et désirée. Je vous supplie très-humblement me faire l'honneur de le croire et d'en recevoir l'assurance que je vous en donne par la présente, et me tenir à jamais.

LETTRE CXCVII.
A M. LE CARDINAL DE LORRAINE.
Sur sa promotion.

Vous êtes né prince dans un Etat, et issu d'une maison l'une des plus illustres du monde, et qui a conservé la foi où elle était combattue, et l'a rétablie où elle était éteinte ; et maintenant Dieu vous fait prince dans un Etat qui régit tous les autres Etats de l'univers, qui les bénit et sanctifie tous, qui s'étend jusqu'au bout du monde, et jusqu'au bout des siècles ; qui même ne finit point à la fin du monde, mais passe de la terre au ciel. A la vérité tout ce qui est en vous est grand, mais cette grandeur où Dieu vous élève maintenant, doit couronner les autres grandeurs, et me semble qu'elle leur donne un nouveau lustre, en vous donnant un nouveau moyen de les faire paraître, et d'employer la naissance, la connaissance, la prudence, la puissance, que vous avez au service de celui qui vous a donné ces avantages et qualités excellentes. Celui même qui vous fait maintenant prince dans son Etat, dans l'Etat propre de son Fils unique Jésus-Christ Notre-Seigneur, en un royaume éternel, dans le temps ; céleste en terre, et divin au ciel. Vous considérant en cet honneur, je vous révère d'un respect tout nouveau et tout particulier; et je vous vois si grand, que je ne vous puis souhaiter une plus haute grandeur, que d'user de celle que Dieu vous a donnée à la gloire de Dieu même. C'est le moyen d'être aussi grand un jour au ciel, que vous êtes grand en la terre, et d'avoir autant d'éminence en l'Eglise de Jésus, qui triomphe dans les cieux, que vous en avez en celle qui combat en la terre. C'est ce que je vous souhaite, etc.

De Paris, ce octobre 1627.

LETTRE CXCVIII.
A MGR L'ARCHEVÊQUE DE NARBONNE.
Sur sa promotion.

Monsieur,

Ce n'est pas en l'occasion présente de votre parent prisonnier à Gênes, que je veux vous témoigner comme je désire vous servir ; c'est de tout temps, qu'estimant votre mérite j'en ai recherché les sujets, et tiendrai toujours à faveur, d'embrasser tout ce qui vous concerne, pour le faire réussir selon votre dessein. Et parce que cette affaire ne se peut traiter qu'avec les ambassadeurs et agents, il faut que le temps et l'occasion nous en soit la règle, pour vous en donner le contentement que je désire vous procurer de toute mon affection. Je vous supplie de vous assurer, que je n'y perdrai point de temps et d'occasion ; et si l'affaire ne tombe entre mes mains, j'en parlerai à ceux qui en auront la commission. Je vous remercie bien humblement de l'affection que vous me témoignez. Je ne sais pourquoi Dieu a ordonné ce changement en moi, je sais bien ne le point mériter. Puisqu'il l'a ainsi voulu, je le supplie qu'il me donne la grâce de l'y servir comme je dois. Les charges ont beaucoup plus de pesanteur que de splendeur. Je le supplie que je sente toujours l'une, et ne sois jamais occupé de l'autre. C'est mon devoir et mon désir.

LETTRE CXCIX.
A MONSIEUR L'ÉVÊQUE DE MENDE.
Sur sa promotion.

Monsieur,

Je puis bien m'étonner de ma promotion au cardinalat, vu le peu de mérite de ma personne, mais non pas trouver étrange la congratulation que vous m'en faites, eu égard à l'honneur de votre amitié. Je ne puis toutefois la recevoir, sans faire tort à la connaissance que je dois avoir de moi-même, et de la pesanteur de cette charge, qui m'oblige à la recevoir avec plus de crainte que de contentement, et avec plus de besoin et de désir d'être aidé des prières, que d'être honoré des compliments de ceux qui me font cet honneur que de m'aimer. C'est cette même pensée, et non pas faute d'amitié, qui m'empêche de m'en éjouir avec vous, et de votre nouvelle promotion aussi, car il y a beaucoup plus de charge que d'honneur, en l'épiscopat qui vous a été conféré. Je vous en souhaitais et souhaiterais encore une autre, où il y a moins à travailler et plus à profiter, par la bonne disposition des esprits mieux disposés à recevoir le fruit des labeurs de leur prélat. Je prie Dieu, qu'il nous fasse à tous la grâce de le servir et honorer, dans les charges où il lui plaît nous élever; et puisqu'il nous y honore, que nous soyons soigneux de l'y honorer lui même.

LETTRE CC.
A MONSIEUR L'ABBÉ DE FOLLIGNY, EN ITALIE.
Sur sa promotion.

Monsieur,

Je n'ai rien fait dans mes actions précédentes, qui mérite la mémoire des hommes ; et si elles vous ont été rapportées, et aux Souverains Pontifes qui ont par ci-devant régi le Saint-Siège, je dois craindre que ce ne soit une récompense humaine, ordonnée à des actions qui ne méritent pas une récompense divine. Plaise à Dieu que je sois en sa mémoire, et qu'oubliant mes misères, il se souvienne d'exercer ses miséricordes sur moi, et que je sois un jour, un de ceux dont il est dit : *In memoria æterna erit justus.* (*Psal.* CXI, 7.) Je ne sais pas pourquoi sa majesté divine a ordonné sur moi le changement d'état par lequel vous daignez m'écrire ; mais je sais bien ne le mériter point, et je suis obligé de rechercher la grâce de Dieu qui m'y est nécessaire, par les prières de ses serviteurs. Vous êtes de ce nombre, et vous êtes en un lieu honoré du corps et de la mémoire d'une célèbre servante de Dieu, la bienheureuse Mère Claire de Monté-Falco. Je lui ai beaucoup d'obligation et de dévotion dès longtemps. Je vous prie de l'invoquer pour moi quelquefois, et donner part en vos saints sacrifices à celui qui en a besoin, et que vous voulez obliger de votre souvenir, et qui désire être plus par effets que par paroles.

LETTRE CCI.
A MONSIEUR LE DUC DE BELLEGARDE.
Sur sa promotion.

Il lui témoigne de bonne grâce, ses sentiments modestes et humbles sur cette rencontre. Il l'assure qu'elle ne diminue, ni ses devoirs ni son affection, bien qu'elle limite ses paroles, et qu'elle ne lui permette plus de lui écrire dans les termes humbles qu'il avait accoutumé.

Monsieur,

Parmi le bruit des armes et des canons, une nouvelle si peu importante comme celle de ma promotion, ne devait pas être ouïe ; et parmi vos grandes actions et occupations, il n'était pas raisonnable de vous divertir par le soin et la pensée de m'écrire ; mais c'est ainsi que vous obligez vos serviteurs, que vous estimez ce qui leur touche, et que vous daignez prendre contentement en leurs propres intérêts. J'avoue ingénument que je ne mérite ni les louanges que vous me donnez, ni la dignité que je reçois. Je dois l'un à la bonté du roi, et l'autre à l'affection dont vous m'avez toujours honoré. La confiance que j'y prends, me donne la liberté de vous dire, que je porte cette dignité avec confusion, que je m'y dois abaisser plus qu'elle ne m'élève ; qu'il est juste que la couleur de l'habit que l'on me donne, pas jusqu'à mon visage, et qu'il me faut prier la Majesté divine de m'octroyer ce que la Majesté chrétienne n'a pu me conférer, en me conférant la charge, c'est-à-dire la grâce d'en bien user. Pour le regard de l'honneur que vous me faites, je le souffre plus volontiers ; et bien que les paroles dont vous m'obligez, n'aient aucun fondement en moi, il me suffit qu'elles aient fondement en vous, c'est à dire en votre humeur si douce, si honnête, si favorable et si obligeante. Ce m'est assez pour les recevoir volontiers, et les lisant, je sens que je me laisse doucement tromper à la bonne opinion que vous voulez avoir de moi, et vaincre à la douce force que vous avez. Si cette nouvelle dignité me donne un nouveau pouvoir de vous servir, les effets vous témoigneront ce que je dois et ce que je vous suis, et beaucoup mieux que mes paroles. Car cette condition nouvelle ne diminue ni mes devoirs ni mes désirs, bien qu'elle limite mes paroles, et qu'elle ne me permette que de vous dire que je suis.

LETTRE CCII.
AU R. P. GÉNÉRAL DE LA COMPAGNIE DE JÉSUS.
Sur sa promotion.

J'aimerais beaucoup mieux avoir les bonnes qualités que vous m'attribuez, que la dignité que je reçois ; mais comme je n'ai pas l'un, je ne mérite pas l'autre. Et toutefois je la dois recevoir, puisqu'il est ainsi ordonné. Je souhaite bien plus, que vous entriez au nombre de ceux qui prient pour mes nécessités, que non pas que vous vous mettiez au nombre de ceux qui me congratulent. J'ai doublement besoin des prières en cette charge, et parce qu'elle est grande en elle-même, et surpasse mes forces ; et parce qu'on m'y croit élevé par mes propres mérites. Ce qui m'est un nouveau poids, qui me charge et m'oblige encore à choses plus grandes dedans la dignité. Je désire satisfaire à cette double obligation que Dieu m'impose, et veux servir à son Église en la perfection qu'il demande de moi. J'implore les prières de ses serviteurs pour obtenir cette grâce. Vous êtes de ce nombre, et vous avez même intérêt dans le sujet de cette prière, puisque vous voulez prendre part dans la charge qui m'est imposée. Et si je suis digne de servir à Dieu en son Église, la Compagnie que vous régissez y aura part notable. Je vous convie donc et par vous-même, et par société, et par mes prières que je vous fais, d'avoir quelque égard aux désirs de celui qui est.

LETTRE CCIII.
AUX RÉVÉRENDS PP. DE LA VALLICELLE,
Sur sa promotion.

Il honore les compliments honnêtes qu'on lui fait de toutes parts, mais il est consolé de la lettre de ces bons Pères, comme procédant d'un esprit fort différent. Comme il n'a point recherché cette dignité, et n'y a point de part en ce sens, aussi veut-il n'en faire usage que pour Jésus-Christ. Il regarde et reçoit cette pourpre comme ayant rapport à celle que Jésus-Christ porta en sa Passion ; et comme une obligation nouvelle de répandre son sang pour lui et pour son Église. La croix de Jésus qui a produit des martyrs pendant un long temps, veut maintenant produire des confesseurs qui consomment leurs vies dans les travaux de la charité, et il croit que c'est la chose que ceux qui sont honorés de cette pourpre ont droit de demander à Jésus.

Mes révérends Pères,

Je crois que l'esprit de Dieu qui régit votre sainte congrégation, vous a disposé à m'écrire pour soulager ma faiblesse en une occurrence si grande et si importante ; car sans violer le respect que je dois à sa sainteté et aux lettres de Messeigneurs les illustrissimes cardinaux Barberin, Magaloti et Spada, qui me rapportent ses commandements, je puis dire que je n'ai point de consolation qu'en la lettre que vous m'écrivez. Leurs lettres m'étonnent par la sévérité de leur commission et par l'autorité qu'ils exercent sur moi ; les autres que je reçois d'ailleurs, encore qu'elles m'honorent beaucoup, ne me consolent pas, ne pouvant et ne devant chercher ni recevoir consolation dans les compliments honnêtes, mais humains qu'on daigne m'envoyer sur une charge que je ne mérite pas. La lettre qui m'est adressée de votre part, vient de l'esprit de charité qui me console, et non par l'esprit d'autorité qui m'étonne et paraît aux unes, ni de l'esprit d'humanité que je ne goûte pas et qui paraît aux autres. Votre esprit est différent du leur, et votre style l'est aussi, dont il arrive que comme je me dois clore et fermer en la lecture des lettres honnêtes que je reçois de toutes parts, j'ouvre et abandonne mon esprit à vos lettres, et je dis à moi-même et à meilleur titre : *De semine Aaron sunt, non decipient nos.* (*I Mach.* VII, 14.) Et ainsi j'ouvre mon esprit à votre esprit, et j'y trouve l'esprit de Dieu, et je me commets à vos paroles. Votre sainte congrégation (et la nôtre à votre exemple) a cela de propre, qu'elle n'a autre liaison et conduite, que par l'esprit même qui unit le Père et le Fils dans la Trinité sainte, esprit d'amour et charité; aussi dans votre lettre je n'y aperçois que cet esprit de charité. Cet esprit est doux et gracieux, il n'est point suspect à ma faiblesse, il s'insinue utilement dans mes sens et mon esprit, et me fait trouver quelque repos, douceur et facilité en l'amertume, au travail et aux épines de la charge qu'on impose. Plaise à Dieu que par vos prières et mérites, je puisse rendre quelque service à Jésus-Christ Notre-Seigneur et à son Église, et que je puisse aucunement imiter ces grands et admirables cardinaux de notre siècle, que votre Oratoire lui a donnés. Je vous supplie que leur vie et actions me soient représentées par vos conférences avec le P. Bertin, afin que comme je les honore et invoque, dès à présent je puisse prendre part à leur effet et ressentir et porter l'odeur qu'ils ont répandu en la terre. Par la miséricorde de Dieu je n'ai pas recherché cette promotion, et comme je n'y ai point de part en ce sens, je ne veux prendre aucune part aussi en l'usage d'icelle. Je veux que tout l'usage en soit à Dieu et rien à moi. Le néant m'appartient, c'est le seul fonds qui nous est propre. Tout le reste est de Jésus, et doit être à Jésus aussi. Et en particulier cette pourpre est sienne, et lui a été donnée au jour de ses souffrances. C'est l'apanage de sa royauté proclamée en la croix, et proclamée par l'autorité romaine. Je révère cette pourpre, cette couronne, cette royauté, et m'y soumets comme à un effet de sa puissance et royauté sur moi. Je la reçois en cette qualité, puisqu'on me recommande de la porter, et comme elle vient de la croix de Jésus, je veux qu'elle me lie à Jésus, à sa croix et à sa puissance. Elle m'oblige à donner ma vie pour son Église; elle me donne le droit et sujet de demander à Dieu cette force et charité qui a fait autrefois les martyrs, et doit maintenant donner des confesseurs à cette même Église, et par un long martyre, consommer leur vie à Dieu dans les labeurs de la patience et charité, comme les autres l'ont consommée dans les tourments. J'offre donc et consacre tout à Dieu cette dignité nouvelle; je n'en veux recueillir aucun fruit pour moi, je la dois et veut référer toute au Fils de Dieu et à ses serviteurs. Mes premiers devoirs et désirs sont à vous, et si je puis vous rendre à tous, et en général et en particulier, quelque service, ce sera un des fruits plus doux et plus agréables que j'espère recevoir de cette condition nouvelle, que j'offre derechef à Jésus-Christ Notre-Seigneur et à sa très-sainte Mère encore, comme à celle qui a droit sur tous les biens de son Fils. Je suis en eux.

LETTRE CCIV.
AU ROI.

Il le remercie des abbayes que Sa Majesté lui donna six mois avant sa mort.

Sire,

Je viens de recevoir de nouveaux effets de votre bienveillance et bonté vers moi. Je dois en rendre un nouvel hommage et reconnaissance à Votre Majesté, mais la divertir maintenant de ses grandes occupations par la lecture d'un discours digne de tant d'obligations que j'ai à Votre Majesté, se serait offenser l'Italie et la France qui est intéressée dans les soins et les labeurs de Votre Majesté. Aussi bien, Sire, mes devoirs et sentiments ne peuvent être dignement exprimés sur le papier, je les dois imprimer en un fonds plus noble et plus durable, c'est-à-dire en mon âme, et pour tant de bienfaits, il faut répandre quelque chose de meilleur que des paroles. Je dois répandre mes vœux et mes prières à Dieu en son autel, le suppliant d'être la garde et la conduite de Votre Majesté. La saison, Sire, et les périls dans lesquels nous voyons Votre Majesté, nous forcent à prier Dieu d'être avec vous, pour vous accompagner; de marcher devant vous, pour vous ouvrir les voies; d'être après vous, pour vous contregarder, et de vous prendre en sa main comme instrument de ses volontés et servant à sa gloire en la terre. Je le supplie de me faire la grâce d'user si saintement des bénéfices que vous avez voulu me donner, que Votre Majesté en soit sans reproche devant Dieu, travaillant à régir en sorte ces abbayes, que Dieu y soit honoré, le pays assisté et Votre Majesté contente et satisfaite. C'est le devoir et le souhait de celui qui est,

Sire,

De Votre Majesté,
Le très-humble, très-obéissant et très-obligé sujet et serviteur,
PIERRE CARDINAL DE BÉRULLE.

LETTRE CCV.
A MONSEIGNEUR LE CARDINAL DE RICHELIEU.

Il le remercie d'une abbaye que le roi lui avait donnée (qui peu après se trouva n'être pas vacante), et se plaint de ce qu'il l'a mis en une condition où il a besoin de cette sorte de biens.

Monseigneur,

Il a plu au roi me mander qu'il me donnait l'abbaye de la Réaulle, et j'en ai remercié Sa Majesté. Mais je dois remonter jusqu'à la source et origine de ce bienfait, et de tant d'autres qu'il me faut couvrir du silence, pour n'en pouvoir parler assez dignement. Je ne mérite pas que le roi pense à moi, et c'est vous, Monseigneur, qui lui en avez suggéré la pensée, mais la sincérité avec laquelle je veux agir avec vous, me fait vous dire que je ne sais comme je dois ou puis vous en rendre grâces. Car encore que ce dernier bienfait soit très-obligeant, il m'afflige sensiblement, comme étant le premier sujet qui me tire hors de la résolution ancienne, que j'avais faite de servir Dieu en son Église, sans aucun bénéfice. C'est le sentiment que j'ai eu, en lisant les lettres de Sa Majesté, il me semble que je me dois plaindre de vous, de m'avoir mis en un état qui m'oblige à rompre cette résolution. Vous voulez que je prenne la liberté de vous mander mes sentiments et pensées, je me plains donc et je m'attriste de me voir en un état différent du premier, et je dis à Jésus-Christ Notre-Seigneur, que je ne veux point de bénéfice qui me tienne lieu de récompense, et me diminue en la terre ce que je dois et désire avoir de part en ses grâces. Cela ne suffit pas à me mettre en repos, car encore que je ne veuille point recevoir cette commodité temporelle à cette condition, je dois appréhender les secrets jugements de Dieu sur mes fautes. Parmi ces craintes et ces douleurs, je ne laisse de reconnaître ce que je vous dois, en cela même dont je me plains, et de vous dire avec la même simplicité, que je suis.

LETTRE CCVI.
A M. LE PRINCE DE PIEDMONT.

Monseigneur,

Le temps et les voyages que j'ai faits depuis votre partement de France, ne m'ont point effacé de l'esprit ce que je dois à Votre Altesse Sérénissime, et mon impuissance à la servir ne fait que m'en accroître le désir et la volonté.

Cette affection m'a porté à embrasser une occasion qui se présente en l'affaire d'Allemagne, d'autant plus volontiers qu'elle regarde le bien général de la chrétienté, et qu'elle me semble digne de la naissance, du zèle et de la probité de Votre Altesse.

C'est un effort que l'hérésie fait en son dernier temps pour ébranler l'état de la religion en Europe, c'est un orage qui semble menacer la chrétienté sous le prétexte de la maison d'Autriche, c'est une ligue forte et puissante qui tend à couronner l'hérésie et à appuyer la puissance et souveraineté d'Angleterre, d'Hollande, d'Allemagne et du Turc, pays ou conjoints ou voisins, et suffisants dans nos malheurs pour endormir ou épouvanter le reste. Je considère la maison d'Autriche sans autre intérêt que du bien public, qui y semble maintenant conjoint par incident. Ma profession et naissance me doivent séparer des autres sentiments et pensées, et elle me donnent désir que Dieu suscite des voies pour dissiper ou affaiblir cette puissance forte, et liée à l'encontre de son Eglise. Je crois que dans nos faiblesses et la division de la chrétienté, la diversion de ceux que l'on estime amis et confédérés à cette puissance des protestants, est un des bons moyens que l'on y peut employer, et je souhaite que Dieu honore votre zèle et grandeur de ce bonheur, d'être le premier à l'y servir, et à tirer la Savoie hors de cette liaison, et à l'unir et vous joindre au roi pour l'animer et seconder à se rendre arbitre de ces différents, pour le repos public et le bien de la chrétienté.

J'en ai fait ici ouverture à sa faveur, comme de moi; et on a trouvé bon que je vous en écrive et que je reconnaisse votre disposition. J'en ai conféré avec M. le cardinal de Rets, qui en a parlé du depuis, à ce qu'il m'a dit, à M. le marquis de C. J'en ai conféré avec M. Frésia, qui approuve les propos que j'en ai jetés.

Il est besoin de donner vie, force et conduite à la disposition recueillie et encommencée par deçà, par la connaissance des intentions de Votre Altesse, et des ouvertures qu'elle trouvera bon être faites de sa part. Peut-être qu'un mariage de l'une des sœurs illustrissimes de Votre Altesse avec l'empereur, servirait d'entrée et de liaison à l'affaire; et j'en ai parlé comme de moi au cardinal, qui l'a fort bien reçue sans toutefois l'ouvrir à personne. Peut-être que l'élection d'un roi des Romains, autre que de la maison d'Autriche ni de l'hérésie, contenterait les esprits émus et altérés sous prétexte des aliénations d'Espagne. Peut-être que Dieu voudra que vous ayez en main les armes de la chrétienté, pour maintenir la cause de l'empire et de l'Eglise à l'encontre de l'hérésie : et que par ce moyen, vous soyez plus intime et plus conjoint à l'Etat, aux desseins et aux affaires de la France pour y avoir part, poids et autorité, dans les accidents qui y peuvent survenir, et dans la conduite des choses que Votre Altesse a voulu m'ouvrir et proposer à son départ.

En la suite des affaires, il y a des progrès et des effets que l'on ne peut prévoir et que Dieu ordonne et conduit par sa providence à sa gloire, en l'accomplissement de ses conseils sur les personnes et les Etats, quand nous savons rechercher son honneur et sa volonté, et non pas nos desseins et intérêts particuliers.

Je vous expose et mon désir et mes pensées, je les démets à vos pieds. Si j'entreprends par trop, vous le pardonnerez s'il vous plaît à quelque zèle indiscret, au bien public et au service de Votre Altesse, que je voudrais être employée selon son mérite, en la rareté qu'il y a de princes zélés, puissants et capables dans l'Etat général de la chrétienté. Si cette entremise vous agrée, commandez-moi et me donnez le pouvoir et les ouvertures pour agir, qu'il vous plaira; et j'emploierai ce que Dieu m'a donné d'accès, par deçà, sous la conduite et adresse qu'il vous plaira m'ordonner et vous me reconnaîtrez toujours.

Monseigneur, de Votre Altesse...

LETTRE CCVII.
A MONSIEUR LE PRINCE.

Monsieur,

Ce terme m'arrête dès l'entrée de la présente et m'oblige à vous dire qu'en omettant sur ce papier le terme de Monseigneur, je l'imprime plus avant dans mon cœur; et que ne le pouvant désormais employer dans mes lettres par les lois de ma profession nouvelle, je le graverai d'autant plus soigneusement dans les effets de votre service. Aussitôt que j'ai reçu la lettre qu'il vous a plu m'écrire, j'ai été trouver la reine mère pour lui dire le nouveau service que vous avez heureusement rendu à Leurs Majestés. Elle en a eu un grand contentement; et elle l'a témoigné à Mme la princesse à sa première entrevue. Vos services parlent si haut, que toute autre voix est inutile à les faire valoir; et il suffit de les narrer pour les faire estimer. Je vous supplie très-humblement me faire l'honneur de croire, que je n'omettrai jamais aucune occasion d'agir et parler comme je dois en ce qui vous concerne; et que je tiendrai à un bonheur particulier, si je puis vous faire paraître dans des sujets dignes de votre grandeur et de mes devoirs comme je suis,

Monsieur.
De Paris ce 16 février 1628.

LETTRE CCVIII.
A MONSIEUR LE DUC DE GUISE.

Monsieur,

Vous continuez incessamment à me témoigner l'honneur de votre affection, et j'avoue ingénuement, que je suis très-aise de vous être redevable comme je suis, et à si bons titres; mais je porte impatiemment mon inutilité à vous servir et à vous rendre, par quelque bon effet, un meilleur témoignage de ma volonté que des paroles. Je sais les propositions qui ont été faites par deçà sur les affaires d'Italie. La part que je dois prendre en vos intérêts, et le désir que j'ai de votre contentement, me donne joie et crainte en cette pensée : joie, que vous rendiez un si grand service à la France et à l'Italie encore, qui gémit après l'assistance de la France : crainte, que cette affaire ne se trouve plus difficile en l'exécution, qu'en la première apparence. La France, l'Italie et l'Espagne vous regardent et considèrent, et le temps n'est pas favorable. L'heur qui accompagne vos actions, et une grande conduite et prévoyance des difficultés qui peuvent survenir, sont les seuls fondements de cette entreprise, que je prie Dieu favoriser de son assistance et protection. Mettez-vous sa garde et conduite. Invoquez-le comme le Dieu des armées, et comme le souverain des grands. Recourez à sa très-sainte Mère, comme vous avez fait autrefois; et tandis que vous combattrez, nous hausserons l'esprit et les mains au ciel, pour l'heureux succès de vos armes. Parmi ces pensées, je ne laisse de déplorer la misère de la chrétienté, qui se rend indigne de la paix que le Fils de Dieu a apportée au monde, et que ses anges nous annoncent de sa part en ces mystères, que l'Église nous représente en ce saint temps. Ne laissez, Monsieur, d'être attentif parmi le bruit des armes et de participer au fruit de son avénement et de ses larmes, avec lesquelles il veut faire son entrée au monde. J'aimerais beaucoup mieux vous entretenir de ce sujet, que des affaires du temps qui passera. Essayez de le servir en la guerre et en la paix, et d'être à lui pour jamais!

Ce 23 décembre 1628.

LETTRE CCIX.
A MONSIEUR LE DUC DE MONTMORENCY.
Il le congratule de ce qu'il a fait si heureusement, pour la ruine de l'hérésie.

Monsieur,

Je reçois assez de faveur, que vous voulez vous souvenir de moi, sans que vous preniez la peine de me le témoigner par vos lettres; spécialement dans les occupations que vous avez avec les ennemis de Dieu et du roi. Vous les avez si maltraités jusqu'à présent, qu'il y a sujet de croire que la province en sera soulagée pour longtemps. Si je pouvais augmenter le pouvoir qui vous est nécessaire pour achever cet œuvre, je m'assure que vous me faites l'honneur de croire que je le ferais bien volontiers. Ce que je puis et ce qui est de mon devoir, est de vous faire voir, et valoir la lettre qu'il vous a plu m'écrire; et de faire donner à connaître l'assistance qui vous manque et ce que vous faites nonobstant cela. Et en toute occasion où j'aurai moyen de vous servir, je ferai toujours paraître que je suis de naissance et d'obligation,

Monsieur.
Juillet 1628.

LETTRE CCX.
A MONSEIGNEUR LE COMMANDEUR DE SILLERY.
Il recommande l'établissement de l'Oratoire à Rome, et lui représente que M. le chancelier son frère, ayant beaucoup contribué à la naissance de l'Oratoire en France, il est convenable qu'il contribue à son progrès.

Monseigneur,

Nous devons notre premier établissement en France à Mgr le chancelier votre frère, lequel en son voyage d'Italie prit un si grand goût en la communication de Baronius prêtre de l'Oratoire à Rome, qu'il ne cessa du depuis d'insister continuellement après moi, pour m'employer à donner commencement à cette institution en France : et Dieu vous a voulu réserver notre établissement en la meilleure ville du monde, et la plus souhaitable à notre profession. D'autant plus que cet établissement est en un lieu auguste en soi-même, si important à la chrétienté, si nécessaire à notre condition, d'autant plus devons-nous estimer et reconnaître par-dessus tous les autres ce bienfait signalé, et par-dessus tous les autres établissements qui nous peuvent jamais arriver. Tellement que, et notre naissance en la France, et notre accomplissement à Rome, se trouvent conjointement dus à votre maison, en la personne des deux sujets plus illustres et célèbres qu'elle a donnés à la France, vous et

Mgr le chancelier; afin que nous sachions comme nous devons être entièrement vôtres, y étant obligés par des liens et engagements si puissants et si légitimes. D'autant plus, Monseigneur, que cet établissement a été projeté de longtemps, et traversé longuement; plus nous sommes vos relevables et plus il semble que Dieu vous l'a réservé comme ne pouvant être terminé que par votre grande et sage conduite. Il n'y a point de parole suffisante à reconnaître ce que nous devons, ni à exprimer ce que nous sentons en cette obligation. Il vaut mieux que nous demeurions en silence et en prières devant Dieu, le suppliant de satisfaire pour nous, puisque c'est lui que vous regardez en nous, et de bénir votre âme et vos actions, de sa sainte conduite et de sa grâce plus particulière. C'est ce que votre piété daigne désirer de nous; c'est à quoi notre devoir et profession nous obligent.

LETTRE CCXI.

A MONSIEUR D'OPÈDE, PREMIER PRÉSIDENT AU PARLEMENT D'AIX.

Il s'excuse modestement de l'honneur qu'il lui avait rendu, au sujet de sa promotion, et le remercie de la protection que les religieuses Carmélites recevaient de lui, en une nouvelle traverse, le suppliant de continuer.

Monsieur,

Il ne m'est pas nouveau de recevoir des effets de votre affection envers moi, et de votre bienveillance envers les religieuses Carmélites. Vous êtes en possession de les obliger et de m'obliger aussi, et je me dois reconnaître, et en elles et en moi, votre redevable. Mais en l'une des obligations nouvelles que je vous ai, c'est-à-dire, en la part que vous prenez en ma promotion, je vous prie, Monsieur, me permettre de me plaindre de vous, car vous vous éjouissez de ce que je dois appréhender. Cette nouvelle condition est un poids qui m'accable beaucoup plus qu'elle ne m'élève, et elle me charge de si grands devoirs, que j'ai tout sujet de craindre, de manquer à ce que je dois en icelle, à Dieu, à l'Eglise et à la France. La crainte et l'abaissement qu'il me convient d'avoir en cette condition, sont les sentiments que je dois recevoir, et que je veux conserver toute ma vie. Il est bien vrai qu'encore que je ne puisse et que je ne doive pas même prendre aucune part en l'éjouissance que vous me témoignez, je ne laisse pas de prendre part à l'obligation que je vous ai, de vouloir ainsi parler et juger de moi, bien que nos pensées et jugements soient bien fort différents. Je ne sais pas pourquoi Dieu a ordonné sur moi ce changement d'état, et a voulu m'imposer cette qualité nouvelle; mais je sais bien ne l'avoir point méritée; et cette vérité qui m'est sensible et évidente, ne me permet pas de donner entrée à aucun contentement et satisfaction humaine en icelle. Mais il faut que je laisse ce discours pour vous dire, Monsieur, comme je ressens bien vivement l'obligation que vous a l'ordre des religieuses Carmélites en France. Je vous supplie bien humblement leur continuer votre assistance et protection contre les traverses de M. N... La piété de ces bonnes âmes ne doit pas être ainsi vilipendée par lui; mais il n'a point d'yeux pour la connaître, ni de sentiment pour l'estimer. Je puis dire encore sans excès, que la qualité que Dieu a voulu me donner en son Eglise, ne doit pas être ainsi méconnue de lui. Lorsque j'étais en mon état précédent, Dieu m'a fait la grâce de garantir ces bonnes filles des entreprises de personnes plus puissantes que lui; et j'espèrerais trouver en vous, Monsieur, assez d'appui et d'assistance pour faire le même maintenant, quand il ne s'agirait que de lui et de moi. Beaucoup plus, puisqu'il s'agit d'un ordre que vous honorez de votre faveur et protection de si longtemps. J'estime tant leur vertu et piété, que je tiens beaucoup plus cher, ce qui les regarde, que ce qui me regarde moi-même, et je conserverai une reconnaissance perpétuelle de tant d'obligations que j'ai d'être,

Monsieur,

LETTRE CCXII.

A UN ECCLÉSIASTIQUE DE QUALITÉ.

Pour lui recommander les religieuses Carmélites, traversées en sa province.

Monsieur,

L'assistance que vous avez voulu rendre aux religieuses Carmélites, m'est d'autant plus agréable qu'elle leur est très-nécessaire. Et j'attribue à la providence de Dieu sur elles, la charité que Dieu vous a donnée envers leur ordre; car vous êtes un de leurs appuis principaux dans le pays où Dieu permet qu'elles soient affligées. Je me tiens obligé vers vous, Monsieur, de la peine que vous en avez prise, et de la volonté que vous avez de la continuer. Et afin que vous le fassiez avec droit et autorité, je vous envoie mon pouvoir. Je ne voudrais pas présumer de vous donner cette peine, si je ne connaissais que ces bonnes âmes en ont besoin. Elles savent bien mieux prier Dieu que se bien défendre. Dieu a voulu me commettre de nouveau sur ma promotion, la charge de ces monastères; et je tiens à bénédiction le soin qu'il m'oblige d'avoir de tant de bonnes âmes, sachant combien leurs prières me servent devant lui. Je désire ne manquer à rien de mon devoir envers elles, et je vous prie prendre cette charge, de les protéger de ma part, et en toute occasion où je pourrais vous rendre quelque service, je vous ferai paraître combien je ressens cette obligation, et que je suis,

LETTRE CCXIII
A UNE DAME DE QUALITÉ, APPELÉE A L'ORDRE DES CARMÉLITES.

Madame,

J'ai été averti par la Mère prieure de N. de votre désir d'avancer le temps de votre retraite, et je ferais conscience de n'y pas correspondre de ma part. C'est un désir si légitime, et que vous avez de si longtemps, que, pour l'accomplir, nous n'avons qu'à considérer si vous le pouvez par les obligations précédentes et naturelles que vous avez à vos enfants. Lorsque j'ai eu le bien de vous parler, j'ai eu le sujet de faire un si grand état de votre prudence et piété, que j'estime me pouvoir remettre à vous-même de ce point-là; et si vous jugez en conscience y avoir satisfait, je me contente, si ceux qui ont à présent la direction de votre âme le jugent avec vous. Je désire donc que l'entrée de la religion vous soit ouverte, et j'en écris à la Mère prieure de N.; et si votre inclination vous porte à quelque autre maison de ce même ordre, je ferai encore ce qui dépendra de moi pour vous y servir, me tenant obligé de favoriser en tout ce qui me sera possible les bons désirs que Dieu donne à votre âme. C'est une grande grâce que celle que Dieu vous présente en cette retraite à laquelle vous aspirez; mais il y a encore cela de plus, que c'est une semence de plusieurs autres grâces, que vous ne pouvez pas maintenant reconnaître. Je loue Dieu de ses pensées et miséricordes sur vous, et je supplie Jésus-Christ, Notre-Seigneur, et sa très-sainte mère, de me rendre digne de les servir en servant à votre âme. Je suis en eux.

LETTRE CCXIV.
A UNE PERSONNE DE PIÉTÉ.
Il la console de la mort de l'un de ses proches.

La grâce de Jésus-Christ Notre-Seigneur soit avec vous pour jamais. Un de nos devoirs et exercices principaux en la terre est de mourir pour vivre, et pour vivre à jamais en Jésus, qui est la vie et notre vie tout ensemble, car comme il s'appelle lui-même la vie (*Joan.*, XIV, 6). son Apôtre l'appelle notre vie (*Col.* III, 4), afin que reconnaissant et adorant en Jésus cette sienne perfection qui le rend, non-seulement vivant, mais la vie même, nous sachions qu'il nous veut communiquer sa vie et se rendre lui-même notre vie, par la grâce des mystères de l'Incarnation, de la Croix et de la Résurrection, où Jésus est notre vie et dans la vie et dans la mort même. Car comme en mourant il nous fait vivre par l'efficace de sa mort conjointe à la vie divine, aussi lorsque nous mourons, il nous donne la vie, et nous fait trouver la vie dans notre mort, si nous voulons mourir à nous-même pour vivre en lui. Mourons donc volontiers pour vivre à lui, mourons à nous-même et à tout ce qui est nôtre, mourons avant que de mourir, mourons par esprit, et par l'esprit de Jésus, pour vivre par ce divin esprit de vie; mourons, dis-je, par esprit, avant que de mourir par les humeurs et la condition misérable de ce corps, qui tend à la mort dès le premier instant de sa vie. Cette sorte de mort par esprit et par grâce doit précéder la mort qui nous arrive par nature, et vous faites profession continuelle de cette mort, qui donne la vie et la grâce à la mort même, et ce doit être un de nos exercices principaux en la terre, si nous suivons l'esprit du ciel, esprit de Dieu et de vie. Or, ce continuel exercice que nous devons faire doit être accompli de temps en temps avec plus de rigueur, et particulièrement lorsqu'il lui plaît nous y convier par les inspirations, ou nous y obliger par les occurrences qu'il nous envoie, comme est celle qu'il lui a plu ordonner sur vous depuis peu de temps. C'est un objet de mort qui nous doit faire entrer en un renouvellement de la mort intérieure, que nous devons avoir, et au regard de nous-mêmes, et au regard de tout ce qui est nôtre : car, comme nous vivons et en nous-mêmes et en autrui, nous devons aussi mourir et au regard de nous-mêmes, et au regard d'autrui. Et dès le premier instant de la raison, ou au moins de notre conversion, nous devons à Dieu cette sorte de mort intérieure : 1° le reconnaissant pour unique objet de notre vie; 2° ne voulant pour jamais vivre qu'en lui; 3° en lui offrant cette vie mourante que nous avons, pour être employée à sa gloire et échangée en son temps en la vraie vie qu'il donne aux siens en Jésus-Christ, son Fils, Notre-Seigneur. Cette offrande de notre vie rend hommage et soumission à la vie que Dieu a en soi-même, et reconnaît le pouvoir suprême que l'Auteur de la vie a sur nous; et après avoir mis ès mains de Dieu ce qui est à lui plus qu'à nous, voire n'est qu'à lui et n'est point à nous, il nous faut encore rendre hommage à sa justice et accepter la sentence de mort prononcée sur nous et sur ce qui est nôtre, par soumission et à l'Etre divin, et à la justice divine. Ces pensées que je vous propose, et le profit spirituel que vous en pouvez tirer, sera, s'il vous plaît, votre entretien, au lieu des pensées que l'affliction vous donnerait sur l'accident arrivé. Car ces pensées-là sortent de la nature et de vous-même, et celles que je vous écris sont de Dieu et de sa grâce. Je les écris un peu en hâte et confusément, mais vous les saurez bien digérer et arranger à loisir. Ce sont pensées de vie et de mort, mais de vie et mort divine, de vie et de mort en Jésus; ce sont pensées d'hommage et de reconnaissance à l'infinité de la vie de Dieu et à l'autorité suprême qu'il a sur ses créatures et à sa justice par laquelle il veut que cette vie qui est en nous meure pour faire place à la vie que Jésus nous a acquis, et acquis en sa mort et en son sang, et toutes ces pensées nous font rendre à Dieu ce que nous lui devons par justice. Car il est juste que nous lui rendions ce qui lui appartient, et que nous souffrions la mort que nous avons démeritée, et qui nous est prononcée et appliquée dès le premier moment de notre vie. Et dans ce pouvoir absolu de Dieu sur nous et cette justice divine qui s'exerce contre nous, nous y trouvons miséricorde ; car, par sa miséricorde, nous trouvons et nous recevons dans sa mort gloire et vie ! O vie ! O gloire ! O vie acquise par la mort et par une mort divine ! O vie cachée dedans la mort ! O vraie vie, vie suprême et divine, vie infinie ! O justice et miséricorde, qui par la mort nous conduit à la vie, et à la vie qui absorbe notre mort dans la grandeur de la vie et de la gloire ! Je supplie celui qui est notre vie et notre gloire, Jésus-Christ Notre-Seigneur, et celle qui par lui est et s'appelle vie dans le service de l'Église : *Vita dulcedo et spes nostra*, que pour jamais nous soyons adhérents à leur vie.

LETTRE CCXV.

A UNE VERTUEUSE DAMOISELLE GRANDEMENT TRAVAILLÉE DE L'ESPRIT MALIN.

La grâce de Jésus-Christ Notre-Seigneur soit avec vous pour jamais. J'ai différé quelque temps à vous répondre, pour mieux considérer ce que vous me mandez. Je vous exhorte à faire tous les jours une grande et profonde séparation de l'esprit qui vous travaille, et la faire de toute votre puissance, en l'honneur de la séparation que Jésus-Christ Notre-Seigneur et la très-sainte Vierge ont en eux-mêmes par leur propre sainteté. Cet esprit malin s'insinue dans nos sens, dans nos humeurs, dans notre esprit même, et se cache et couvre de nous-mêmes dans nous-mêmes, pour être moins aperçu, pour être reçu plus facilement, pour prendre droit de nous en nous, d'y faire beaucoup d'excès que nous croyons inévitables. Il n'est pas tant besoin de connaître ces défauts-là en particulier, ce qui est mal aisé, comme il est nécessaire d'avoir un éloignement très-grand de cet esprit, qui essaye de se rendre si présent et si familier en nous ; et par cette voie nous disposer insensiblement à avoir moins d'éloignement de lui. Et au contraire nous devons être dans un état d'éloignement perpétuel et absolu de lui et de tous ses effets ; parce qu'il est séparé de Dieu pour jamais, parce qu'il est ennemi de notre salut, parce qu'il ne fait aucun effet en nous que pour nous éloigner de Dieu ; et nous ne devons rien porter de lui, que ce que nous ne pouvons éviter. Et cela même il le faut porter comme une pénitence imposée de Dieu sur le péché, en l'honneur de Jésus portant nos iniquités sur soi. Les peines que vous avez en la sainte communion, me donnent sujet de penser qu'elle devrait être plus rare et le plus secrètement que faire se peut, car le malin esprit demande à être vu en ses effets, et au contraire il le faut cacher et anéantir même si nous pouvons en ses effets. La privation de la très-sainte communion par esprit d'humilité et de révérence à Jésus-Christ Notre-Seigneur, sera utile à l'âme, et amoindrira, à mon avis, le pouvoir du malin esprit, infestant la personne. La présence de cet esprit n'oblige pas à une privation absolue, mais elle requiert une retenue et modération plus grande par cet esprit de révérence à la présence du Fils de Dieu ; et la puissance qu'il prend de faire les effets déréglés que vous me mandez, montre que Dieu demande cette réserve et retenue, laquelle acceptant comme de la main de Dieu, et par son ordonnance, elle vous sera profitable. Je supplie Notre-Seigneur Jésus-Christ, et sa très-sainte Mère, vous bénir et diriger dans les voies pénibles que vous portez. Il y faut beaucoup d'humilité, de patience, de dégagement de soi et de soumission à l'ordonnance de Dieu sur ses créatures.

LETTRE CCXVI.

A UNE PERSONNE DE PIÉTÉ.

Il l'exhorte à conserver par une pratique journalière d'oraison, les bonnes résolutions que Dieu lui avait données en une retraite spirituelle.

La grâce de Jésus-Christ Notre-Seigneur soit avec vous pour jamais. L'amitié que j'ai de tout temps contractée avec votre famille, n'a pu permettre que j'aie ignoré la résolution que vous avez prise avec Dieu ces jours passés, et l'affection particulière que je porte dès longtemps à votre âme, me fait avoir part à la bénédiction que vous avez reçue du ciel, en vos pieux et dévots exercices. C'est une grâce que vous devez estimer beaucoup, et qui sera fondement de plusieurs autres grâces, si vous la savez bien conserver et ménager, à la gloire de Dieu et votre avancement particulier. Mais comme vous voyez que la semence doit être cachée dedans la terre quelque temps avant se lever, et pousser au dehors sa verdure et sa feuille ; ainsi cette semence de l'esprit de Dieu doit être conservée dedans votre cœur, et y prendre de profondes racines, avant de les manifester à personne. Et comme vous l'avez reçue en la retraite, aussi faut-il que vous la conserviez par la même voie qui lui a donné commencement et origine, c'est-à-dire en la retraite de l'esprit avec Dieu, sinon quelques jours et semaines entières, au moins quelques heures chaque jour, où vous renouveliez les meilleures pensées, les plus vives affections, et les plus saintes résolutions que Dieu vous ait données. Car c'est l'esprit de l'oraison qui plante et qui arrose, et qui accroît en nos cœurs les autres dons et grâces du Saint-Esprit.

LETTRE CCXVII.

A UNE PERSONNE DE PIÉTÉ.
Remèdes contre l'illusion.

La grâce de Jésus-Christ Notre-Seigneur soit avec vous pour jamais. J'ai lu votre papier, et n'y vois rien qui vous doive faire peine, en la condition générale en laquelle nous sommes en cette vie mortelle ; vie d'obscurité et d'aveuglement, vie en laquelle il nous faut toujours craindre et jamais ne nous appuyer en aucune occasion. Car il est bien facile d'être trompés, et de nous tromper sans y penser ; et l'esprit doit être toujours rigide en abaissement et humilité, et recevoir ce qui arrive, sans adhérence et sans complaisance. Et en cette manière, Dieu fera sa volonté, et le malin esprit ne pourra accomplir son illusion ; et s'il la commence, il ne la pourra consommer ni l'opérer dommageablement. Donnez-vous toute à Jésus et à sa sainte Mère, et les priez d'être votre refuge et retraite.

LETTRE CCXVIII.

A LA MÊME

Voie opposée de Dieu et du diable. — Abnégation divine.

Comme Dieu opère en l'âme, le diable y opère aussi ; et ces deux esprits si différents ont leurs fins et leurs voies différentes. Dieu opère en la pureté, en la simplicité, en l'abnégation de l'esprit, et le diable opère en l'émotion des passions, en la sensibilité de la nature, en la défiance, etc. L'abnégation est la voie de Jésus, et le premier élément de sa discipline : *Si quis venit et non odit patrem suum et matrem*, etc., *adhuc autem et animam suam, non potest meus esse discipulus*. (Luc. XIV, 26.) Suivez cette voie, et donnez-vous garde de l'autre ; et vous tenez au pied de la croix, où Jésus-Christ a pratiqué cette excellente abnégation divine qui n'est propre qu'à lui, se privant d'une vie divine, et de tant d'états et d'effets divins dus à sa personne, à sa sainteté, à sa gloire, en l'honneur d'icelle. Je supplie Jésus et sa très-sainte Mère, nous rendre tous dignes de cette voie et esprit d'abnégation.

LETTRE CCXIX.

A UNE PERSONNE DE SINGULIÈRE PIÉTÉ.

Sa grande retenue, soit à approuver, soit à condamner. Notre sensibilité doit être dédiée à la vie humaine et sensible de Jésus en la terre. La vie sensible de Jésus a été divinement consommée en la croix, et notre sensibilité se doit prendre enfin dans cette divine consommation.

La grâce de Jésus-Christ Notre-Seigneur soit avec vous pour jamais. Je ne suis pas facile, ni à juger ni à parler ; et je suis fort retenu à commander et à condamner. Je crois en mon obscurité devoir laisser beaucoup de choses au jugement de Dieu, que l'esprit de l'homme est trop facile en la terre à prévenir et à anticiper. Je n'approuve pas tout ce que je ne condamne pas. Je laisse au secret jugement de Dieu, ce que nous ne sommes pas dignes de connaître et pénétrer. Ce que je dois à votre âme et à celle qui a pris la peine de m'écrire, me fera vous dire simplement qu'il y a trop de sentiment sur le sujet de ce qui lui a été dit. On n'a pas dû lui dire, mais aussi elle ne le devait pas écouter et recevoir avec tant de sensibilité. Cela est un indice d'affection excessive vers la créature, et de faiblesse en l'âme. Nous ne devons pas même être si fort occupés de si peu de choses. Nous devons réserver et nos sentiments et nos occupations plus fortes à Jésus et à sa très-sainte Mère ; et en particulier toute notre sensibilité doit être consacrée à la vie humaine et sensible que Jésus a menée sur la terre, et qu'il a consommée pour la gloire de son Père. Oh ! si nous étions dignes de sentiments et d'occupations sur ces divins objets ! oh ! si nous étions occupés et consommés à les honorer et imiter sur la terre ! C'est la vie des âmes saintes, c'est la vie qui convient aux âmes dédiées à Jésus et à Marie, c'est la vie de Jésus au regard de Marie, et de Marie au regard de Jésus ; c'est la vie anéantie et consommée en holocauste, en la croix, qui doit anéantir et consommer notre humanité et sensibilité, et au moins la doit occuper, et occuper seule en attendant qu'elle soit consommée. Cette consommation divine a été soufferte et portée par Jésus en la croix, et à mon avis, il l'a exprimée par ces siennes paroles : *Consummatum est* (Joan. XIX, 30) ; et cette sienne consommation est doublement divine, c'est-à-dire divine en elle-même, et divine en son effet ; car elle consomme une vie divine en Jésus. Et cette consommation est opérante sur les âmes préparées et destinées à être consommées divinement en Jésus et en la Vierge. Honorez cette consommation en cette nouvelle année et la demandez pour moi à Jésus et à la Vierge. Je suis en eux.

LETTRE CCXX.

A UNE PERSONNE DE PIÉTÉ.

L'obligation de bien employer le temps. Toute action faite pour Dieu nous acquiert Dieu même. Avec combien de soin nous devons accomplir les actions qui acheminent les âmes à une fin si haute, comme est la vie éternelle.

La grâce de Jésus-Christ Notre-Seigneur soit avec vous pour jamais. Vous prenez beaucoup de peine, mais vous travaillez pour Dieu et pour vous-même, puisqu'il lui a plu vous donner le désir d'avoir part à cet œuvre, que je vous prie recommander à Dieu et nous aussi, dans les plus dévots lieux que votre piété vous fera visiter en ces saints jours. Vous prierez Dieu pour vous-mêmes en priant Dieu pour nous, puisque nous devons coopérer aux grâces qu'il plaira à Dieu vous conférer par notre ministère. Oh ! combien sommes-nous coupables de tant d'effets de ses grâces, en nous et en autrui ! Qu'au moins l'humble reconnaissance de cette vérité nous dispose à recevoir sa miséricorde ! Je vous supplie la demander pour moi à Jésus-Christ Notre-Seigneur, qui est l'intéressé en nos fautes, et à sa très-sainte Mère, qui est le refuge des misérables.

J'écris à N. Je ne lui écris pas d'ordinaire et ne l'eusse pas fait maintenant sans l'avis de N. Ce n'est pas faute de respect; mais il me semble que cette parole de l'Apôtre me pousse et poursuit : *Redimentes tempus quoniam dies mali sunt.* (*Ephes.* v, 16.) Ce qui signifie que le temps de notre vie est court, incertain et trompeur, restant souvent peu de jours à celui qui se promet une longue vie. Oh ! combien ce temps est-il court, et combien de choses grandes et éternelles pouvons-nous acquérir en si peu de temps ! et combien me tiens-je coupable devant Dieu du peu de soin que j'ai eu, et ai encore de l'employer exactement ! C'est un grand mot de saint Grégoire ; de saint Grégoire, dis-je, dans Rome, et dans ses grandes affaires : *Momentum, unde pendet æternitas.* Demandez, je vous supplie, à Dieu pour moi, et à sa sainte Mère, en vos dévotes stations, la grâce de pouvoir rendre, et à son Fils Notre-Seigneur Jésus-Christ, quelque service qui leur soit agréable. Je le supplie de conduire vos pensées à sa gloire.

Je loue Dieu de ce qu'il vous fait employer votre repos en quelque chose d'utile, continuez en cette intention; et si nous avions tous l'esprit ouvert et attentif à retrancher les inutilités de nos actions, occupations et conversations, nous y trouverions un grand vide que nous pourrions utilement remplir de quelque occupation sainte et charitable, comme celle que vous entreprenez. Oh ! si nous considérions attentivement que toute action faite pour Dieu ne mérite rien de moins que Dieu même, combien nous rendrions-nous soigneux de bien employer ce peu de moments qui nous restent, et de bien réparer tant de temps inutilement écoulé en notre vie passée ! Et si nous reconnaissions exactement la dignité des actions qui réussissent au bien des âmes, combien serions-nous diligents à rechercher et accomplir ce qui les peut aider à une fin si haute et importante comme la vie éternelle !

LETTRE CCXXI.
A UNE PERSONNE DE PIÉTÉ.

Il est retenu et à conseiller et à dispenser des vœux.— La créature ne peut être utile à la créature que par la grâce du Fils de Dieu, et même hors de cela elle ne lui peut être que dommageable.— Les personnes qui ont facilité aux pensées de perfection et de piété se trompent aucunes fois, et prennent la pensée pour la pratique.

La grâce de Jésus-Christ Notre-Seigneur soit avec vous pour jamais. Je n'ai pas assez de souvenance du vœu que vous me mandez et des sujets pour lesquels vous l'avez fait pour me porter facilement à une relaxation d'icelui. Outre que je suis fort retenu et à conseiller des vœux et à en dispenser, nous devons beaucoup peser devant Dieu les causes importantes sur lesquelles nous avons pensé raisonnable d'entrer en quelque obligation par vœu. Encore que les sujets passent, l'obligation demeure. Je voudrais avoir la mémoire présente des particularités de votre vœu. Nous en conférerons plus amplement quand je vous verrai.

2. Quant à l'autre point de la vôtre, nous devons tous reconnaître si fort la vérité de notre néant et la grandeur de l'amour-propre et du péril qui l'accompagne, qu'il nous faut supposer que la créature ne peut être utile à la créature que par la grâce du Fils de Dieu et dans l'ordre de sa providence ; et hors de cela elle ne peut être que très-dommageable, s'intéressant et quelquefois même se ruinant mutuellement l'une l'autre par leur amour-propre et aveuglement. S'il vous semble selon Dieu qu'il demande de vous ce que vous me mandez, je ne désire pas m'en éloigner, et me soumets à sa sainte volonté, le suppliant de me donner grâce pour le salut et la perfection des âmes qu'il lui plaira m'adresser. Pour votre conduite envers ceux qui vous ont écrit, j'estime inutile de vous répondre maintenant ; et d'ailleurs je crois plus à propos de m'en remettre à vous entièrement ; il semble que le temps leur fera écouler cette pensée de l'esprit, pourvu que vous ne leur donniez aucun sujet de s'y attacher, et qu'ils ne trouvent pas de correspondance. Souvenez-vous, s'il vous plaît, que nous devons honorer Dieu de tout ce que nous sommes, et que ce n'est assez d'avoir la pensée conforme à notre devoir, il y faut joindre l'effet et la pratique en tant qu'il est en nous. Les personnes qui ont facilité à penser et discourir sont quelquefois trompées en ce point, ne descendant pas assez en la pratique et se contentant aisément de leurs pensées sur la vertu, au lieu de la pratique de la vertu, et prenant l'un pour l'autre. Soyez peu arrêtée à vos pensées. Soyez humble et profonde dans l'usage intérieur et extérieur de la perfection, et croyez qu'il faut une grâce abondante pour pénétrer et régler tous les secrets de notre amour-propre. Séparez-vous beaucoup de vous-même et de toutes choses créées. Liez-vous souvent à votre bon ange comme à un fidèle et inconnu aide, et très-présent, que Dieu vous a donné pour vous délivrer de vous-même et vous rendre à sa grâce.

LETTRE CCXXII
A UNE PERSONNE PIEUSE

Il lui donne plusieurs avis sur sa conduite, — Il paraît que cette personne était travaillée de peines malignes qu'elle ne connaissait pas et qui n'avaient point d'objet, quoique l'esprit qui en était l'auteur supposât tantôt une cause, tantôt une autre pour l'inquiéter; et il lui conseille contre cette sorte de peines d'avoir dévotion à la présence intime et invisible de l'essence divine en nos âmes, tant en l'ordre de la nature qu'en celui de la grâce. — Il lui recommande beaucoup la simplicité et la docilité d'esprit. — Et lui conseille divers usages très-saints de l'état pénible où elle était.

Je loue Dieu de votre meilleure disposition, et le supplie de la vous augmenter pour son service. Une des dispositions intérieures qu'il me semble demander de vous, est un dégagement du corps et de vous même, et des accidents divers qui arrivent, et un engagement perpétuel à lui et à sa sainte volonté, le servant et honorant continuellement par cette intérieure abnégation-là, et par la liaison de votre âme à sa divine essence, qui est toujours présente et unie à vous. La conduite de votre âme ne doit pas, à mon avis, dépendre des confesseurs que vous avez en ce pays-là, puisque vous dites n'en trouver point de versés et expérimentés en besoins de conscience. Je ne connais pas celui duquel vous m'écrivez, sa jeunesse et son inexpérience méritent, à mon avis, quelque retenue. Je ne le dis pas pour vous en empêcher, vous en pouvez essayer, mais pour ne vous y pas arrêter, si vous ne vous en trouvez bien, et vous pouvez, à mon avis, tenir les maximes que nous vous avons écrites sur les besoins de votre âme, ou si vous les avez oubliées en nous les proposant de nouveau, nous vous en écrirons. Offrez à Dieu une grande volonté de l'honorer, et l'usage de votre vie à Jésus et à son saint amour : consacrez-vous toute à lui en toutes les manières qu'il veut de vous en général et en particulier, sans aucune réserve, le suppliant qu'il les choisisse pour vous, qu'il les ordonne sur vous comme il lui plaira, lui donnant à cet effet toute la puissance qu'il vous a donnée de choisir et de disposer de vous ; et ayez un grand désir de l'honorer en votre âme par quelque voie et manière spéciale, en l'honneur et hommage de ce qu'il est et de ce qu'il a fait et souffert pour vous. Dédiez-vous à sa sainte Mère, parce qu'elle est sa Mère, et en l'honneur de ce qu'elle est à son Fils et de tout ce que son Fils lui est. Donnez-vous toute à elle et désirez d'avoir une spéciale dépendance et relation à elle, en l'état intérieur de votre âme et en l'usage extérieur de votre vie. Je vous conseille d'entrer chaque jour en ces désirs, les actuant et formant en votre âme et les offrant distinctement à Jésus et à sa sainte Mère. Faites ce que vous désirez pour la congrégation à ces deux intentions spéciales qui regardent l'honneur et l'amour de Jésus. Que votre âme soit en ces désirs que je vous propose plus qu'en tous les accidents qui lui arrivent, de maladie ou de santé, de peine ou de facilité, et puisque ces désirs sont si généraux que vous en pouvez tirer l'effet par vos peines mêmes, ne tirez pas peine de votre peine, mais référez votre peine à l'honneur et amour de Jésus et de Marie, et soyez contente de les honorer et aimer par telle voie qu'il leur plaira. Car ils prennent quelquefois des moyens bien étranges et des voies bien cachées pour faire leurs effets dans nos âmes et pour établir leurs desseins sur nous. Et par ainsi donnez-vous et abandonnez-vous à eux à l'aveugle, usant bien de tout ce qui vous arrive, et référant le tout à leur honneur et amour spécial, et ne voulant pas pénétrer plus avant en l'intelligence de leur conseil et ordonnance sur vous, ni des chemins qu'ils tiennent pour disposer votre âme à leurs intentions. Car cette humble démission et simplicité leur agréera plus, et vous disposera plus envers eux que beaucoup d'autres usages de votre esprit qui vous satisferaient davantage.

J'ai su quelque chose de l'état auquel vous entrez ; je désire que le bon plaisir de Dieu soit de le surseoir jusqu'à votre arrivée, et vous prie de lui demander et à sa très-sainte Mère en humilité et démission d'esprit. Si son vouloir est autre, rendez-vous purement pâtissante les effets que vous portez. Retirez-vous de l'esprit malin qui le opère, et aussi de vous-même qui les recevez, pour vous mettre, par cette double retraite, à l'abri de l'esprit divin et incréé, qui vous est plus présent que vous-même et auquel vous devez rendre hommage par les mêmes effets que vous pâtissez en sa présence et par son ordonnance. Notez ces deux termes, de présence et d'ordonnance, et ayez liaison et soumission à Dieu présent, à Dieu ordonnant, et soyez plus liée à Dieu spirituellement par ces deux liens de sa présence insensible et de son ordonnance ressentie et éprouvée par ces efforts, que vous n'êtes liée sensiblement à l'état malin qui vous travaille par ses spirations pénibles. Ainsi soyez devant Dieu lorsque vous souffrez ; soyez, dis-je, comme une âme souffrante devant son souverain qu'elle adore et aime dedans sa souffrance, et auquel elle est plus liée qu'à la même souffrance, et auquel elle se lie par les liens de sa sainte présence et ordonnance qu'elle embrasse en foi et en soumission ; et si ces efforts sont si extrêmes qu'ils vous semblent accabler la nature et abréger votre vie, offrez-les en particulier à Jésus-Christ Notre-Seigneur, en l'honneur des efforts, non malins, mais divins qui ont abrégé et terminé le cours de sa vie sainte et divine. O quelle vie ! ô quels efforts ! efforts d'un Dieu opérant dans une âme déifiée par la subsistence du Verbe, et opérant proportionnément à la qualité divine de cette âme et de la vie qu'elle lui donnait. Révérez ces choses que vous croyez, et tenez peu les choses que vous souffrez en comparaison des autres toutes saintes, toutes divines, toutes incompréhensibles, et qui méritent hommage et reconnaissance beaucoup plus que toutes les vies de nature, et de grâce et de gloire, de tous les hommes et de tous les anges. Combien plus cela mérite-t-il ce peu de patience et de dépendance que vous devez avoir de Dieu au regard de quelques efforts malins, qui ne concernent que la vie temporelle et encore comme je vois, sans pouvoir de l'abréger ? Entrez en de nouveaux désirs d'appartenance à Jésus et à Marie, et leur offrez en particulier ces efforts, désirant qu'ils prennent tous deux puissance de disposer et de vous, et de ces efforts à leur gloire. Jésus et Marie soient avec vous pour jamais. Je vous prie de faire une dévotion nouvelle envers votre bon ange, plus présent et assistant, bien qu'invisiblement à votre âme, que celui qui vous travaille. Essayez chaque jour de lui rendre quelque hommage et de l'invoquer en vos efforts.

LETTRE CCXXIII.

A UNE PERSONNE DE PIÉTÉ.

Pour la conforter dans les croix qu'elle portait, lui enseignant combien c'est chose précieuse que de souffrir par l'ordonnance de Dieu.

La grâce de Jésus-Christ Notre-Seigneur soit avec vous pour jamais. J'ai reçu la lettre que vous m'avez écrite et vu les croix que vous portez. Il vous faut entrer en la dépendance de Dieu qui doit disposer de ses créatures selon son bon plaisir. Nous ne sommes pas dignes d'être, ni d'être en sa présence, ni d'entrer en ses ordonnances, ni même de souffrir par hommage à son pouvoir et autorité sur nous. C'est par miséricorde qu'il nous fait part de son être, qu'il nous admet en sa présence : qu'il nous regarde et dispose de nous comme de chose sienne, et qu'il nous fasse souffrir, puisque souffrir par son ordonnance, c'est avoir quelque nouveau rapport à lui qui nous bénit et nous confère grâce et dignité. En cet état, recevez vos afflictions en patience, en abaissement et soumission de votre âme à Dieu, et sans vous occuper d'icelles ; ne les regardez pas, mais regardez Dieu qui les ordonne ; n'y entrez pas, mais entrez dans les dispositions avec lesquelles vous devez les supporter, et croyez qu'il y a miséricorde de Dieu sur vous en ce sujet. Offrez-vous à Jésus et à sa sainte Mère, pour les servir et honorer en icelles, et unissez vos souffrances, vos actions, votre vie, votre esprit, à l'esprit, à la vie, aux actions et aux souffrances de Jésus, dans lesquelles il a voulu opérer le salut et la perfection de votre âme. Je suis en lui et en sa très-sainte Mère.

LETTRE CCXXIV.

A UNE DAME DE GRANDE PIÉTÉ.

Il la remercie du soin qu'elle avait pris d'un établissement. Il la congratule de son bonheur de pouvoir vaquer à Dieu et à Dieu seul. Nous devons être possédés de Dieu en temps, pour le posséder en éternité.

La grâce de Jésus-Christ Notre-Seigneur soit avec vous pour jamais. Les occupations qu'il a plu à Dieu nous donner depuis quelques mois, m'ont ôté le moyen, mais non le désir et la pensée de votre assistance. Vous avez continué votre charité envers l'œuvre que vous avez enfin conclu et arrêté. Celui qui l'a commencé et accompli par vous, daigne par sa grâce nous donner le moyen d'y correspondre, et me faire connaître qui je dois choisir pour le bien des âmes et pour son honneur et gloire en cette ville-là, et encore pour votre consolation particulière. Pour ce qui vous regarde, conservez votre bonheur et jouissez de votre privilége de vaquer à Dieu, et de ne vaquer qu'à Dieu, et portez en la terre les influences et opérations de son saint amour, pour porter par après la communication de sa gloire. Soyez ici occupée de Dieu, possédée de Dieu, afin que vous le possédiez un jour pour jamais. O qu'est-ce d'être possédée de Dieu ! O qu'est-ce que posséder Dieu même ! Et en ces deux points se comprennent deux états singuliers mais différents qui partagent notre vie en temps et en éternité, et hors lesquels nous n'avons point de vie. Vivez de cette vie et mourez à vous-mêmes en toute chose, pour vivre en Dieu, pour vivre à Dieu, pour vivre de Dieu même ! Jésus-Christ et sa très-sainte Mère daignent vous obtenir cette vie. Je suis en eux pour jamais.

LETTRE CCXXV

A UNE DAMOISELLE NOUVELLEMENT SORTIE D'UN MONASTÈRE OU ELLE AVAIT ÉTÉ NOVICE PENDANT QUELQUES MOIS.

Il l'exhorte avec des paroles vives et enflammées, à persévérer en l'amour de Notre-Seigneur et en la dévotion spéciale en sa divine enfance, et se garder d'aimer autre chose que lui. — Le partage de l'homme est l'amour ou la haine éternelle, et il haïra éternellement tout ce qu'il n'aura point aimé pour Dieu en la vie.

La grâce de Jésus-Christ Notre-Seigneur soit avec vous pour jamais. La séparation que vous avez faite, ne me peut pas séparer de la charité, ni ce me semble de la liberté que je dois à votre âme, mais seulement de la puissance à lui bien faire selon l'étendue de ma volonté. Je dois donc vous avertir et prier tout ensemble, de commencer cette nouvelle année avec Jésus-Christ et de communier en l'honneur de sa circoncision et de son enfance, et des choses qu'il a faites, opérées et souffertes en son enfance pour votre salut. O divinité de cette enfance ! O sapience de cette enfance ! O puissance de cette enfance, délivrez-nous de tout mal, et rompez les liens qui nous attachent au monde, à nous-mêmes et au diable, et qui nous séparent de vous ! Quoi ! ne vous souviendra-t-il point de cette enfance de Jésus-Christ ? des bonnes pensées que vous avez eues sur cette enfance ? des aides, effets et assistances que vous avez reçues par cette enfance ? Refuserez-vous de communier en l'honneur de cette enfance, et de recommencer cette nouvelle année avec Jésus-Christ ? Oh ! quelle année pour vous ! oh ! quel commencement ! oh ! combien avez-vous besoin et plus que jamais de Jésus-Christ ! Ne vous séparez pas de lui, encore que vous vous sépariez de ce qui vous a conduit et conservé à lui. Ne vous séparez pas de sa sainte Mère; elle est conjointe à cette enfance, et vous ne pouvez adorer Jésus-Christ enfant pour votre amour qu'entre les bras de sa sainte Mère et votre Mère. Ne vous séparez pas d'elle, pour quoi que ce soit. Quand vous seriez en péché, elle est Mère des pécheurs et votre Mère en une façon singulière. Ne l'oubliez jamais, au nom de Dieu, et lui conservez votre hommage et affection, parmi tout ce que vous quittez du passé et que vous embrassez de nouveau. Un rayon peut-être viendra de sa part, qui dissipera ces nuages qui vous environnent, et vous réunira à son Fils et à tout ce que son Fils a ordonné pour votre salut. O Mère sainte de mon Sauveur, aidez-nous! ô Mère de miséricorde, ayez pitié de nous! ô Dieu naissant, Dieu enfant, Dieu mourant pour notre amour, sauvez-nous! Pauvre âme oppressée et angoissée, regardez cet amour, il est encore subsistant et puissant pour faire naître son amour en vous. Vous êtes encore en puissance et liberté de le recevoir si vous voulez; et je voudrais me réduire en cendre et à pis pour jamais, et être digne d'allumer et conserver en votre cœur cet amour naissant, vivant, mourant pour votre amour, naissant en une étable, vivant en pauvreté, et mourant en une croix pour être aimé de vous éternellement. N'aurez-vous point d'amour pour cet amour? Serez-vous susceptible d'affections étrangères, périssables, misérables, viles et abjectes? Sachez que vous ne les pouvez avoir ni aimer éternellement; sachez que vous ne pouvez sinon les haïr et détester éternellement, et vous souvenez qu'il vous faut avoir un amour ou une haine éternelle, que tel est notre partage, sur lequel nous n'avons aucun droit et puissance que pour choisir ou l'amour ou la haine, mais non pas pour aimer éternellement ce qui ne peut être digne que d'une haine éternelle. Ne choisissez donc pas aucune affection, que vous ne pouvez sinon haïr et détester éternellement. Je ne parle pas d'aucune affection contraire à l'honneur et à la loi de Dieu, je ne pense pas votre cœur atteint de ces choses; mais je parle sur le sujet de cette dame qui vous porte tant dans la vanité et que vous affectionnez, et c'est une affection étrangère qui vous pourrait étranger de Dieu. Dieu seul est un bien éternel et incompréhensible; vous ne sauriez aimer éternellement que lui; vous ne pouvez avoir en partage qu'une haine éternelle et absolue, si vous ne l'aimez. Si donc vous êtes capable d'amour, choisissez d'aimer éternellement, ne choisissez pas de haïr éternellement; choisissez d'aimer Dieu de toute votre puissance, qui est le seul objet digne de votre amour, lequel, si vous n'aimez, vous n'aurez jamais d'amour, et vous n'aurez qu'une haine éternelle et absolue de vous-même et de toutes choses que vous aurez voulu aimer hors de Dieu. Souvenez-vous encore de cette enfance de Jésus-Christ, comme elle a autrefois banni toute affection de votre cœur, et comme elle y avait saintement et sincèrement planté son amour. O pureté! ô sincérité! ô simplicité de cette enfance, donnez-nous votre amour et bannissez de nous tout amour étranger! Ne soyez en aucune défiance de mon voyage vers Mme votre M. Elle ne peut pas savoir ce qu'elle voit et avoir vu ce que vous savez qu'elle a vu, sans douleur, sans crainte et sans larmes. Je dois recueillir ses larmes et ses vœux pour vous, et elle ne peut s'en décharger qu'à moi, sans votre intérêt. Sa providence et bonté fait qu'elle me recherche pour ce sujet, et vous lui êtes beaucoup plus obligée que vous ne témoignez.

LETTRE CCXXVI.

À UNE PERSONNE NOUVELLEMENT CONVERTIE AU SERVICE DE DIEU.

Il la fortifie dans les peines que porte ce nouveau genre de vie. Le changement de la volonté se fait en un moment; mais celui des habitudes requiert beaucoup de temps. L'âme touchée de Dieu doit être en mouvement continuel vers lui. L'autorité, la bonté et la justice de Dieu sont trois perfections qui nous doivent incessamment occuper. Remèdes contre la vaine complaisance.

Monsieur,

Je vois que votre âme continue sa course, battue de divers orages, qui vous élèveront, comme je l'espère, plus haut en vertu, au lieu de vous abaisser comme vous le craignez. Il y a en toute âme qui se retourne à Dieu deux sortes de changements à faire: celui de la volonté et celui des habitudes. Le premier se fait en un moment, et l'autre avec du temps; et de là vient le combat que vous expérimentez maintenant en une volonté bonne et nouvelle, et des habitudes mauvaises et envieillies. Dieu l'a ainsi disposé par sa providence, comme un sujet qui nous doit exercer et fortifier en cette lutte, et comme un moyen de gagner le prix et la couronne qui nous attend au ciel. Ne vous plaignez donc pas de cet exercice, mais apportez-y un esprit constant et vigoureux. Et comme la nature a donné au cœur un mouvement continuel en quelque état que le corps soit, de santé et de maladie, de travail ou de repos, de sommeil ou de veille, qu'ainsi la grâce rende notre âme toujours vive et active en la poursuite de son salut. L'aimant a bien cette force, que l'aiguille ne se repose jamais après avoir été une fois touchée de sa vertu. Ne soyez donc pas plus dur que le fer, et après avoir été tant de fois touché de la main de Dieu même, suivez les mouvements de sa grâce, sans que rien vous retire ni arrête, jusqu'à ce que vous soyez au vrai lieu du repos, qui est le ciel et la gloire. A cet effet, en tous les exercices de la religion chrétienne, agissez avec Dieu comme avec votre souverain Seigneur, de qui vous relevez absolument, et qui vous a tiré du non-être par la création, du péché par la rédemption, et veut encore vous tirer hors de toute misère par la glorification. Et après un peu de repos en cette pensée, reconnaissez en ce Seigneur une autorité souveraine que vous devez adorer, une bonté infinie que vous devez aimer, une justice grande que vous devez redouter ; et de ces trois perfections divines, tirez ces trois mouvements que je désire être ordinaires et perpétuels en votre âme, afin de la maintenir en la vie de la grâce, ainsi que le cœur a ses mouvements qui maintiennent ce corps en la vie. L'amertume de sa justice sert à vous séparer du monde et de vous-même, la douceur de sa bonté sert à vous réunir à Dieu, et le respect dû à sa grandeur sert à vous conserver et entretenir ès actions de son service. Que si la poussière de la terre vous ferme les yeux et vous empêche de pénétrer avant en ce sujet, servez-vous de la foi qui vous assure comme ce Seigneur est grand en toutes ses œuvres, grand en toutes ses perfections, comme il est la source et l'origine de toute la grandeur qui se fait estimer en la terre, et que même il passe infiniment cette grandeur. De sorte que comme il n'y a point de lumière qui paraisse devant la splendeur du soleil, il n'y a aussi aucune sorte de grandeur et perfection créée qui subsiste devant celle de Dieu. Et suivant ce fondement très-assuré, reconnaissez qu'il ne vous doit point suffire d'être aucunement touché de crainte, d'amour et de respect envers lui ; mais que d'abondant sa grandeur requiert que vous n'estimiez que lui, sa bonté que vous n'aimiez que lui, et sa justice que vous ne redoutiez que lui. La théorie de ce point est bien haute, et la pratique bien difficile ; mais l'obligation est très-grande, étant fondée sur la grandeur des perfections divines, et vous vous devez confier que le temps et l'assiduité vous y portera, et la grâce vous y élèvera. Quant à la vaine gloire, travaillez plutôt à éviter qu'à discerner ce qui est mortel ou véniel en ce péché, et remarquez que le sentiment de cette vanité intérieure et spirituelle vous induit bien à mal, mais n'est pas le mal même, jusqu'à ce que vous y ayez donné consentement ; que ce consentement n'est que véniel, s'il n'a quelque circonstance bien extraordinaire ; que vous le devez prévenir, faisant un propos général le matin de ne point offenser Dieu, et particulièrement de ne point consentir à cette vaine complaisance ; que vous le devez amender le soir, priant Dieu qu'il chasse cette vanité de votre esprit ; que de cette vanité même vous devez tirer un remède contre icelle, et un sujet de vous humilier, en ce qu'elle vient d'aveuglement, et faute de connaître Dieu et de vous connaître. Par cela même qu'il vous veut faire entrer en gloire, vous avez beaucoup plus de raison de vous avilir et abaisser que de vous élever. Car vous commencez tard, y étant obligé dès votre enfance : vous devez beaucoup et lui rendez peu ; voire, hélas ! vous n'avez autre compte à lui rendre, après beaucoup de grâces et d'années, que de beaucoup d'offenses.

LETTRE CCXXVII.

À UNE PERSONNE DE PIÉTÉ.

Il lui mande comme elle se doit conduire envers une âme qui était en de très-grands besoins, et dont il était à craindre qu'elle ne fît pas bon usage de la fréquence des sacrements.

La grâce de Jésus-Christ Notre-Seigneur soit avec vous pour jamais. Je viens de recevoir votre lettre. Je loue Dieu de la meilleure disposition de la personne dont vous m'écrivez. Il la faut conserver dans les effets d'humiliation d'esprit, car son orgueil est sa ruine ; et ce bon Père dont il a plu à Dieu se servir, doit être averti de ses communions trop fréquentes, et les diminuer beaucoup. On doit cela au Fils de Dieu présent en son Eucharistie et à l'âme même, laquelle se sert d'un moyen de salut si divin pour s'établir dans sa propre ruine, et d'un sacrement de si grande humilité et charité pour s'accroître et s'affermir dans un orgueil insupportable. Il y a longtemps que cette âme me fait grande peine ; elle est revenue diverses fois, mais il y a toujours quelque reste qui anéantit par après ce que Dieu et les siens y ont opéré. Prenez garde, s'il vous plaît, que ce ne soit encore le même, et que ce bon Père en soit averti. Je n'ai pas été digne d'y faire effet. Jésus et sa très-sainte Mère soient avec vous pour jamais. Je suis en eux.

Ce 16 novembre 1625.

LETTRE CCXXVIII.

A MONSIEUR DE FONTAINE DU BOIS.

Il lui parle de l'établissement de l'Oratoire à Tours, lequel il regarde comme un œuvre de Dieu, dont les traverses ne l'étonnent pas.

Monsieur,

La grâce de Jésus-Christ Notre-Seigneur soit avec vous pour jamais. Je ne puis laisser partir ce porteur sans vous remercier très-humblement de la peine et du soin que vous avez voulu prendre d'envoyer sœur Thérèse en ce monastère de sa profession, et encore de ce que même il vous a plu de vous priver de la présence de Mlle votre fille pour ce sujet. Ce n'avait pas été notre pensée de vous apporter tant d'incommodité : nous avions recherché d'envoyer d'ici quelque veuve pour l'accompagner, et elle l'avait promis ; mais elle fut intimidée de partir de Paris, et faire ce long voyage jusqu'à Tours, et de Tours ici, à raison du partement inopiné du roi et de la reine. Le peu d'espérance qui reste en l'affaire de Tours pour notre établissement, ne me fait pas encore abandonner les pensées que j'estime avoir eues de Dieu sur ce sujet ; il faut que les bonnes œuvres soient traversées et empêchées ; mais Dieu donne des ouvertures en son temps qui font l'effet inopinément. M. le cardinal de Joyeuse se résout de nous mettre à Dieppe, et il a envoyé deux des nôtres depuis quinze jours pour y travailler. M. d'Angers parle de nous mettre à Saumur, et il semble que c'est avec dessein de l'accomplir. Parmi ces divers lieux où on nous appelle, je ne puis divertir mes pensées de celui auquel vous trouvez à présent si peu d'ouverture. Je prie Dieu de rompre la glace en son temps, et de nous rendre dignes de le servir, et sa très-sainte Mère, pour jamais, selon la manière qu'il désire de nous. Je suis.

LETTRE CCXXIX.
A MONSIEUR DE FONTAINE.

Il continue à lui parler en la même manière de l'établissement de l'Oratoire à Tours. Il s'étonne du désir que Dieu répand dans la France de la congrégation, vu que c'est encore si peu de chose, mais il se confie en celui qui remplit le néant autant qu'il lui plaît.

Monsieur,

La grâce de Jésus-Christ Notre-Seigneur soit avec vous pour jamais. Je le supplie de bénir vos peines et vos desseins en l'affaire que vous poursuivez pour sa gloire. Ce que vous me mandez pour les bénéfices peut être effectué, mais cela ne doit pas être facile et commun, et il y faut apporter quelque considération et modification. C'est pourquoi je vous supplie de ne le pas assurer entièrement à la personne, ni aussi l'éconduire, jusqu'à ce que nous en ayons plus amplement traité avec vous. Recommandez beaucoup à Jésus-Christ Notre-Seigneur et à sa très-sainte Mère, le progrès et les moyens de cette affaire, car j'ai sujet d'estimer qu'elle leur est en quelque soin particulier, outre le commun des bonnes œuvres. Plaise à Dieu nous rendre dignes de correspondre à leur intention en icelui. Je vous supplie aussi ne point parler à N. sur notre sujet, en façon aucune, pour beaucoup de raisons qui seraient longues à déduire. Dieu ouvre en divers lieux de grandes dispositions à le servir par notre ministère et les meilleures villes de France, et je suis tout confus du peu de correspondance que nous y avons par la pauvreté présente de la congrégation. Je vous supplie de demander à Notre-Seigneur Jésus-Christ, à sa très-sainte Mère et aux saints, qu'il a voulu ordonner sur nous, qu'ils ouvrent en nos cœurs et en nos esprits des dispositions proportionnées à coopérer aux ouvertures extérieures qui nous sont faites : *Ostium magnum apertum est* (Apoc. IV, 1); et je ne dirai pas : *Operarii pauci, sed nulli*. (Matth. IX, 37.) Car nous ne sommes rien si Dieu ne veut remplir notre néant de lui-même, et magnifier sa puissance et sa miséricorde, à tirer quelque gloire et service de notre rien. Je le supplie d'être avec vous pour jamais.

LETTRE CCXXX.
AU RÉVÉREND PÈRE PIERRE COTON, DE LA COMPAGNIE DE JÉSUS.

Mon révérend Père,

Le voyage que j'ai fait depuis quelques mois en Touraine, m'a empêché de recevoir vos lettres et d'y pouvoir répondre qu'à mon retour. Je vous supplie très-humblement de m'en excuser. Ce n'est pas que la distance des lieux ait rien diminué en moi de votre souvenir, au contraire, il me semble que vous m'êtes plus présent, et la disgrâce de la cour me convie à honorer davantage vos travaux et à estimer votre retraite, qui a pour objet celui-là même que vous aurez pour unique en l'éternité. Je prise comme je dois l'occupation charitable de Marthe, mais j'honore beaucoup plus Madeleine, solitaire et adhérente à Jésus, et lorsqu'il est en terre et lorsqu'il est au ciel. O que cette âme me semble grande ! Que je souhaiterais savoir quelque chose de sa vie ! que je trouve petit ce qui en est rapporté, hors son amour et son adhérence à Jésus ! Il me semblerait que ç'a été une des raretés et excellences de la terre, et un des plus grands effets du Fils de Dieu en icelle (je parle des effets particuliers), qui a voulu avoir cette âme à ses pieds, et là, réparer en elle cet amour séraphique perdu dedans le ciel, et perdu aux premiers séraphins. J'en conçois beaucoup plus qu'il ne m'est permis de mettre sur le papier, mais non pas plus que ce que je vous ouvrirais volontiers si j'avais le bien de vous voir. Si j'excède en la pensée proposée je le soumets à votre censure, et vous supplie m'en avertir et corriger. Je vous écris en son octave, mais avec peine du peu de liberté que j'ai de penser à Dieu et à elle. Nous la solennisons d'octave parmi nous, et désire en dresser un Office comme celui de Jésus, et l'homélie d'Origène pourrait y servir, n'était qu'il me semble, que son nom n'est pas volontiers inséré dans l'Office ecclésiastique. Peut-être la pourrait-on employer pour leçons, aux seconds Nocturnes de l'octave, sans le nommer. Si vous avez agréable de m'en dire votre avis, vous m'obligerez beaucoup. L'affaire qui regarde M. V. N. ne me semble pas être en sa saison. Je le dis pour le regard de la disposition de l'esprit qui, à mon avis, pense à se pourvoir et non à pourvoir autrui. Je vous prie vous ressouvenir de ce que je vous ai mandé autrefois. Ce nonobstant je parlerai quand vous le voudrez; mais parce que par mon sens je n'y vois pas disposition, je ne le dois faire que par le sens d'autrui, que Dieu bénira peut-être par-dessus ma pensée. Si je cherchais simplement à faire office, je le ferais ; mais parce que je désire faire effort et non simplement office, je suis retenu. Je suis en eux.

LETTRE CCXXXI

AU R. P. COTTON, PROVINCIAL DE LA COMPAGNIE DE JÉSUS.

Mon révérend Père,

J'ai su de M. le comte de Chombert le soin et la peine qu'il vous a plu prendre pour notre établissement à Limoges, et pour la réunion du monastère de cette ville-là au reste de l'ordre; et le P. de Thuillé me confirme le même fort soigneusement. Je n'avais pas besoin d'aucun témoignage; il me suffisait de savoir que vous étiez dans le pays pour croire ces deux effets-là. Je loue Dieu de ce qu'il lui plaît vous rendre toujours ange de paix et instrument digne de ses volontés. J'ai cru de mon devoir de répandre aussitôt cette nouvelle, de l'obligation que nous vous avons, et au révérend P. de Lestrade; afin qu'il paraisse, que s'il y en a quelques-uns qui travaillent à la division, il y en a d'autres qui travaillent à la réunion et nous obligent plus particulièrement. Comme cette réunion est l'œuvre de votre esprit et charité, je vous supplie très-humblement de la conserver et de choisir quelqu'un de vos Pères, auquel je puisse assurément adresser les âmes nouvellement réunies, pour les conforter en l'esprit d'unité et d'obéissance, car ceux qui les ont séparées continueront à les solliciter et inquiéter. Je ne doute nullement de votre sincérité, mais votre bonté me permettra de vous supplier, sans vous offenser, de faire ce choix avec plus de considération que de facilité, par l'expérience d'une semblable prière faite au révérend P. Souffran, qui par après adressa celle qui est maintenant prieure à Bourges, au P. N. pour prendre entière confiance en lui, et elle trouva qu'il était un des plus violents et déréglés en cette affaire, et est encore à présent. J'espère que Dieu bénira cet œuvre encommencé pour la part que vous y avez, et que peut-être cela servira au second monastère de Bordeaux, au moins si trois ou quatre en étaient séparées. Je prie Dieu vous continuer ses saintes grâces et bénédictions, et me rendre digne de vous servir, comme je le dois, comme vous le méritez et comme vous continuez à m'y obliger. Je suis à jamais,

Mon révérend Père.

LETTRE CCXXXII.

A UN SIEN AMI.

Il le console sur la mort de sa fille.

Je ne puis ignorer la perte que vous avez faite d'une personne qui vous était si proche et si chère, et je dois prendre part à votre affliction et m'en condouloir avec vous. Mais je ne veux pas renouveler la plaie en renouvelant la mémoire d'un sujet si sensible, que je ne la referme au même instant par des pensées dignes de votre piété et de ma condition. Dieu commande à la vie et à la mort, et c'est lui, dit un grand roi et un grand prophète, qui mortifie et qui vivifie; mais la foi nous apprend, que dans la mort il redonne la vie à ceux qui sont à lui. Dieu est le Grand des grands, et le Souverain des souverains, et Maître absolu des petits et des grands. Et comme Maître, il fait de ses créatures ce qu'il lui plaît; mais sa bonté nous oblige à croire que quoi qu'il en dispose, c'est pour leur plus grand bien si on le sait bien connaître. Dieu est juste et ne peut supporter aucun mal sans punition, et trouve assez de quoi punir en nous; mais il nous châtie ici pour nous récompenser ailleurs; et il ne tend pas des moindres châtiments à nous tirer des plus grandes fautes et misères, et nous devons humblement ployer sous sa verge et sa correction, qui fait partie de sa conduite envers les siens, et s'appelle en son école : *Virga directionis, virga æquitatis;* car elle est toujours accompagnée d'équité et de direction, et nous sert d'adresse en ses voies; c'est un des effets de sa providence, qui sait bien détremper la douceur des prospérités dans l'amertume des afflictions, pour nous détacher des choses basses et périssables, et nous mettre au chemin des faveurs et prospérités perdurables à jamais. Que si pensant à ces vérités, Monsieur, votre douleur vous en divertit, souvenez-vous que Dieu l'a tirée de la terre pour la mettre au ciel, et que la qualité de père qui vous portait à l'aimer en terre vous convie à l'aimer dans le ciel. Si elle n'est plus à vous elle est à Dieu, à qui tout est et doit être pour jamais. Car soit que nous vivions, soit que nous mourrions, *Domini sumus,* ce dit l'Apôtre. Elle est donc à Dieu dans l'état de la mort, et suivant cet oracle, nous devons être à Dieu dans l'état de la vie, pour servir Dieu en servant nos maîtres; vous l'avez fait si dignement, que vous méritez de le faire encore longuement et heureusement. C'est le jugement et le souhait de ceux qui vous connaissent et honorent comme moi, qui suis.

LETTRE CCXXXIII.

A UNE PERSONNE DE PIÉTÉ.

Il lui conseille de se retirer dans le cœur navré de Jésus pendant quelque orage.

La grâce de Jésus-Christ Notre-Seigneur soit avec vous pour jamais. Souvenez-vous que le Fils de Dieu, par les douleurs et plaies de son cœur, nous a préparé une retraite en icelui, en nos peines et tentations; et lui rendez grâce de ce soin et amour sien vers nous, et de ce refuge sacré qu'il veut que nous ayons et trouvions en lui. O quel refuge ! ô combien il est divin ! ô combien doit-il être cher et précieux à l'âme ! ô combien lui est-il assuré ! Mais vous êtes digne d'y être logée, vous étant ce que vous êtes, et lui étant ce qu'il est; et ce n'est pas à vous de vous y loger, ni vous ne le devez pas entreprendre. Souvenez-vous donc que lui étant ce qu'il est, vous n'y oseriez penser; mais aussi lui étant ce qu'il vous est, par sa grâce et miséricorde, parce qu'il a daigné être aux pécheurs et à vous, et parce qu'il a voulu être navré en son cœur de douleurs et de cette plaie; pour cet effet, priez-le avec vraie humilité, qu'il lui plaise de vous loger lui-même en cette sainte retraite, parmi l'orage qui vous porte au sujet que vous m'avez déclaré; et durant icelui, soyez toute retirée, et de toute votre puissance dans ce saint cœur du Fils de Dieu, navré de douleur pour votre salut. Jésus et sa très-sainte Mère soient avec vous pour jamais. Je suis en eux.

LETTRE CCXXXIV.
A LA MÊME PERSONNE.
Il lui donne divers avis pour sa conduite en l'oraison.

Madame, je mets le soin que je dois avoir de votre âme entre les occupations que je ne veux point abandonner en ma retraite, ni commettre en autre main, puisque vous le désirez ainsi, encore qu'en conscience je me reconnaisse fort inutile et incapable à vous aider en un effet si salutaire que celui lequel vous vous procurez, si ce n'est le bon plaisir de Dieu de m'y assister extraordinairement. Je vois, ce me semble, en votre état des préparatifs à une autre sorte d'occupation d'esprit avec Dieu, que celle en laquelle vous vous êtes exercée jusqu'à présent ; mais je ne pense pas encore à propos que je vous en fasse aucune ouverture. Je vous dirai seulement que si cette condition d'esprit nu et simple devant Dieu, vide de tout autre objet, comme s'il n'y avait que Dieu et vous au monde; si, dis-je, elle se présente sans être ni désirée, ni recherchée de vous, vous ne la devez interrompre, encore qu'elle occupe toute votre heure et plus; et à l'issue d'icelle, au lieu de prendre les autres parties de votre exercice ordinaire, je vous conseille de vous élever en l'affection, je vous conseille de ne passer en aucune autre occupation intérieure, sinon celle d'un esprit humilié, simplifié et anéanti devant Dieu, m'avertissant, s'il vous plaît, de l'effet qui réussira de cette pratique que je vous propose.

Et quant à votre exercice ordinaire, pour éviter la peine que vous avez à l'entrée d'icelui, je vous supplie remarquer que comme toute créance en général suppose une simplicité en l'esprit de celui qui croit, et une humilité et soumission intérieure au regard de la créance qu'il accepte; ainsi en renouvelant et actuant la créance particulière de la grandeur de Dieu, vous devez avoir soin de renouveler aussi et actuer en votre âme cette même simplicité, humilité et soumission, que vous reconnaissez devoir accompagner toute créance en général; et en confessant intérieurement que votre esprit est indigne de pénétrer cette grandeur, et incapable de la considérer, vous le devez rendre simple, humble et soumis à la croix (et non pas le tenir élevé vers l'objet, comme vous me mandez, pour le pénétrer jusqu'à ce qu'il plaise à Dieu jeter l'œil de sa miséricorde sur votre âme; et que la voyant ainsi humiliée et abaissée devant lui, il l'élève et l'applique par sa grâce à la pénétration de tel objet qu'il lui plaira.

Et d'autant que je vois des larmes au progrès de votre exercice, lorsque vous êtes aidée de Dieu; je vous dirai succinctement sur ce sujet que les larmes sont indices d'un amollissement intérieur que Dieu opère en votre âme, et que cet amollissement est une disposition qui rend l'âme capable de quelque autre effet que Dieu opérerait lors en vous s'il avait pleine liberté d'agir en votre intérieur, et si vous n'occupiez et ne divertissiez lors votre âme, à aucun autre objet qu'à lui-même. Partant je vous supplie de remarquer que les larmes même vous serviront d'un sujet de distraction et de divertissement de Dieu, si elles sont volontairement reconnues; et si les ayant aperçues, vous n'essayez de les mettre en oubli, pour vous convertir et appliquer toute, non aux larmes, mais à l'effet des larmes, qui est différent, selon les divers sujets sur lesquels elles nous arrivent. Quelquefois cet effet est componction, quelquefois compassion, quelquefois jouissance de quelque grâce de Dieu, etc.

Bien que le messager me presse, si ne désirai-je pas finir sans vous faire quelque petite ouverture sur la présence de Dieu, que vous avez peine de pratiquer parmi vos actions extérieures. Je vous dirai donc que lorsque votre esprit est plus éloigné et indisposé aux choses divines, après avoir considéré que Dieu vous est présent partout et en tout temps, partout attentif à vous-même, et occupé à vous bien faire, etc., il doit s'élever en cette manière. Laisserai-je un Dieu si grand, si présent, si aimable pour une chose si vile que la créature? Et lorsque vous avez l'esprit plus doux et plus tranquille, et plus recueilli en vous-même, il est à propos que vous fassiez une simple rentrée de l'âme en Dieu : 1° en retirant doucement votre esprit de l'action qui l'occupe tout ; 2° et en considérant lors Dieu comme habitant en vous, et par ces deux degrés disposant votre âme à rentrer actuellement en Dieu, lequel elle croit habiter en elle. J'aime mieux que vous ressentiez les effets de cette présence de Dieu entretenue que de les vous représenter; et suis contraint de finir en hâte, remettant le reste de ce que je remarque en votre papier, à votre retour, puisqu'il sera si prompt. Je suis à jamais sans cérémonie.

LETTRE CCXXXV.
A UNE DAME DE QUALITÉ.
Explication du commandement d'aimer Dieu de tout son cœur, de toute son âme, etc. Il y a deux agents en la vie de l'esprit, Dieu et l'âme; Dieu possède l'âme en l'oraison, et l'âme se doit quitter pour Dieu dans les actions.

Madame, plus je pénètre ce que vous me

mandez, plus je vois l'abondance des miséricordes de Dieu envers vous, en ce que, non-seulement par sa bonté il vous élève en des manières d'agir intérieurement avec lui, qui sont fort élevées et fort pleines d'efficace; mais aussi en ce que par sa Providence il vous conduit à des pensées, des effets et des affections fort sûres et bien proportionnées à votre état et besoin intérieur. C'est une grande obligation que vous avez de bien avancer en une voie si douce, si spéciale et si peu espérée et méritée de vous. Car votre âme étant voyagère sur la terre, tendant au ciel comme à sa vraie demeure, et à Dieu comme à son vrai Père et Seigneur; plus le sentier vous est rendu doux et facile, plus d'avance et de progrès y devez-vous faire; et d'autant plus que vous vous sentez aidée et désirée de celui qui est appelé en l'Ecriture : *Desideratus gentibus* : «*Le désiré de l'univers,* » d'autant plus devez-vous avoir de courage et d'affection de vous unir et approcher de lui. Cherchez-le comme il vous cherche, et comme il veut être trouvé. Aimez-le comme il vous aime, et comme il veut être aimé. Et déplorez votre condition en laquelle ne connaissant Dieu qu'en partie, vous ne l'aimiez aussi qu'en partie. Il dit au *Décalogue* que vous ayez à l'aimer de tout votre cœur, de toute votre âme, de tout votre entendement, de toutes vos forces. Pesez ce mot de tout, lequel il a répandu en ces paroles, ne se contentant pas que votre cœur l'aime, si tout votre cœur ne l'aime; que votre âme l'affectionne, si toute votre âme ne se complaît en lui; que votre entendement le recherche, si tout votre entendement ne le poursuit; que vos forces le poursuivent, si toutes vos forces ne sont portées vers un objet si fort et si puissant. Remarquez encore qu'il ne se contente pas d'avoir le cœur et tout le cœur; mais qu'il veut d'abondant, et avoir l'âme, et avoir l'entendement, et avoir toutes les forces de celui qui se met à son service. Ces mots ne sont point inutiles, étant proférés de celui qui argue toute parole inutilement prononcée; mais ils nous enseignent que comme nous avons, non-seulement un cœur duquel nous aimons, mais aussi une âme de laquelle nous vivons et subsistons, et un entendement duquel nous connaissons, et des forces dont nous agissons, tout notre cœur doit être fondu en lui, toute notre vie employée pour lui, toutes nos pensées dressées vers lui, toutes nos actions référées à lui; n'aimant que lui, comme il est seul digne d'être aimé; ne vivant que pour lui, comme c'est par lui seul que nous vivons; ne pensant qu'à lui, comme il est seul suffisant à bien occuper notre entendement, et n'agissant que par lui, comme il est seul assez grand et assez digne pour vous avoir toute à son service.

C'est le modèle que vous devez prendre pour composer toutes vos actions; c'est le règlement que vous devez mettre en toute votre vie, ne vous contentant pas de satisfaire à Dieu, ou de vous satisfaire à vous-même en l'oraison, si d'abondant vous ne satisfaites à Dieu en tout le reste de vos actions et occupations, en vous y comportant selon le degré de la grâce à laquelle il vous appelle intérieurement. A ce propos je vous supplie vous ressouvenir de ce que je vous ai dit autrefois : que comme il y a deux agents en la vie de l'esprit, à savoir Dieu et l'âme, il y a aussi deux temps : celui de Dieu en l'oraison, celui de l'âme en l'occupation extérieure. Et que d'autant plus que Dieu nous possède en l'un, d'autant plus vous devez vous quitter vous-même en l'autre. Sur quoi, avec votre permission, je prendrai la liberté de vous conseiller, d'écrire dorénavant, non-seulement comme votre temps se passe en l'oraison, mais aussi en tout le reste de la journée, marquant brièvement et naïvement en quoi chaque heure du jour depuis votre réveil s'est écoulée; quelle pensée survenue, quelle vanité s'est présentée, quelle action exercée, quel combat vous aurez rendu contre vous-même, quelle élévation à Dieu pratiquée; qui est comme si le soir avant vous coucher vous mettiez par écrit ce que votre examen du soir vous fait reconnaître à la revue de toutes vos actions de la journée. Ce soin vous sera un peu pénible, mais il vous sera utile, si vous avez agréable de le prendre. Et afin que vous ayez quelque ouverture de la disposition que vous devez avoir parmi votre occupation extérieure, je vous proposerai maintenant trois petits points, dont le premier est que supposant que le corps a ses cinq sens, que le cœur a ses affections, et que l'âme a ses puissances et facultés intérieures, et que l'amour-propre depuis le péché s'est glissé dans toutes ses parties, vous devez aussi avoir une intention actuelle, de le dompter et réformer en toutes par l'abnégation. Le second point est que vous devez considérer particulièrement quelles sont les vanités où votre inclination présente est plus sensible, ou bien vers lesquelles vous avez fait beaucoup d'habitudes par le passé, comme pourrait être de vous complaire en vous-même, d'agréer aux yeux du monde, et autres semblables; apportant vers icelles un soin particulier d'y renoncer, soit que vous les y sentiez renaître en vous, soit non, dès l'heure même que quelque sujet s'en présente. Le troisième est que lorsque quelque objet se présente, petit ou grand, et quelque action à faire, ou notable, ou de durée, vous essayiez de faire comme une pose ou surséance d'esprit, ne vous appliquant pas sitôt à cet objet, et ne vous adonnant pas sitôt à cette action, à ce que durant ce petit intervalle vous renouveliez en votre âme les saintes affections que vous avez conçues en vos oraisons précédentes, comme ou l'horreur du péché, ou la crainte de Dieu, ou son amour, ou le désir qu'il soit loué et honoré en tout temps, en toutes vos œuvres, de toutes créatures et autres semblables, afin que tandis que l'extérieur sera détenu de cette action qu'il vous conviendra faire, l'intérieur soit aucunement occupé et possédé de ses saintes affections.

Quant à votre état en l'oraison, j'y vois comme vous, du doux et de l'amer, mais je vois aussi que l'un et l'autre vous est également nécessaire ; le doux pour vous unir à Dieu, l'amer pour vous séparer de vous-même. Le doux pour vous introduire à la connaissance des choses divines ; l'amer pour vous faire entrer en la connaissance de vous-même, non tant par une intelligence pénétrative comme il vous est arrivé d'autres fois, que par une expérience réelle et véritable, que vous avez de votre néantise, faiblesse et stérilité à servir Dieu, s'il ne vous aide, à ce que vous référiez à lui seul, tout ce qui vous survient de bon, sans vous l'approprier aucunement. Et tant plutôt que vous aurez imprimé bien avant en votre âme cette humble reconnaissance, tant plutôt serez-vous délivrée de cette stérilité.

Je ne vois rien pour le présent dont il soit besoin de vous avertir, sinon que vous devez continuer comme vous avez commencé. Je fais quelque différence entre la vue et la créance du cœur de Dieu ; car la vue suppose une grâce et lumière actuelle et non ordinaire en l'esprit, et la créance ne suppose que la lumière ordinaire de la foi, pour être actuée et formée en vous à l'entrée de l'exercice. Si donc vous ne confondez ces deux choses, c'est par la créance et non par la vue que vous devez commencer. Or en cette créance de la grandeur, il y a bien à croire humblement, simplement et persévéramment, mais il n'y a rien encore à pénétrer. Ce que toutefois vous marquez en votre papier, en cette manière : *J'ai pris la vue simple de la grandeur de Dieu, qui ordinairement m'est difficile à pénétrer.* Qui me fait craindre qu'il n'y ait en votre esprit de l'effort et contention à pénétrer cette grandeur dès l'entrée ; ce que vous devez éviter si cela est, et pratiquer doucement le contenu de ma première. Et si après cette pratique, l'âme n'est aidée ni sensiblement ni actuellement, alors elle pourra s'appliquer et s'occuper par une pensée douce et tranquille, sur un des objets que je vous vais brièvement représenter, étant pressé du porteur. 1. Un jour votre âme s'occupant à considérer Dieu, comme une source et abîme de grandeur et de toute perfection, qui a voulu faire paraître en trois divers lieux, trois de ses vertus : la grandeur de sa justice en l'enfer, la grandeur de sa miséricorde en la terre, la grandeur de sa gloire au ciel. 2. Une autre fois vous appliquant à considérer la grandeur et immensité de son Etre, qui remplit de sa présence le ciel et la terre ; qui est et habite actuellement en tous lieux, et en toutes créatures, vivant, opérant et jouissant partout de la même félicité qu'il a et qu'il donne au ciel.

3. Une autre fois contemplant la grandeur de sa puissance ; et le grand pouvoir qu'un si grand Dieu doit avoir sur toutes les créatures et sur vous-même, vous y élevant et appliquant en la manière suivante, si autre meilleure vous manque. Grand est votre pouvoir, ô grand Dieu, en l'ordre de nature, et s'étendant même sur les plus petites choses, comme sur une feuille d'arbre qui ne tombe pas sans votre vouloir ; sur un poil de notre tête, qui ne périt pas sans votre ordonnance, dit Jésus-Christ en l'Evangile ! Et tiendra-t-il à moi que ce même pouvoir ne soit grand en l'ordre de la grâce ? Oh ! que grand doit être le pouvoir d'un si grand Dieu sur moi ! Pouvoir sur mes affections, n'embrassant que ce qu'il veut ; pouvoir sur mes intentions, ne cherchant que ce qu'il m'ordonne ; pouvoir sur mes mouvements, n'appétant intérieurement que ce qu'il me présente ; pouvoir en temps et en éternité, en la terre comme au ciel, au corps comme à l'esprit ; à ce que tout temps, tout lieu, toutes choses étant à lui, et le corps aussi bien que l'esprit étant à lui, de lui et par lui, tout lui rende honneur et gloire ès siècles des siècles (161). Amen.

LETTRE CCXXXVI.
A UNE PERSONNE DE PIÉTÉ.

Différence de l'Eglise de la terre, et de l'Eglise du ciel. Il faut toujours travailler en la terre, pour ne point déchoir. Dispositions au regard des afflictions que Dieu nous envoie.

La grâce de Jésus-Christ Notre-Seigneur soit avec vous pour jamais. Dieu a deux Eglises, l'une au ciel et l'autre en la terre. Celle du ciel, il la régit par amour ; et tout ce qui se fait dans le ciel, il le fait par amour ; celle de la terre, il la régit toute par autorité divine ; et tout ce que le Fils de Dieu fait en icelle, il le fait par autorité. Et comme dans le ciel les bienheureux sont soumis entièrement à Dieu en son amour, nous le devons être entièrement en la terre à son autorité par amour. Or au ciel où tout est parfait, et où rien ne peut souffrir diminution de perfection, il n'y faut point travailler ; mais en la terre il faut toujours travailler et se garder, pour ce que nous sommes tous sujets étant en terre, à déchoir de la perfection, et à nous relâcher ; car nous avons une nature qui tend toujours à cela. Nous avons en la *Genèse* ch. II, 8, que Dieu avait créé un paradis en la terre, et qu'en icelui il y mit un homme ; et pourquoi faire ? L'Ecriture nous l'apprend : *Ut operaretur et custodiret illum.* (*Ibid.*, 15.) Il faut donc travailler en la terre, et n'y attendre rien autre chose que travail ; et si Dieu donne quelques consolations, il les faut recevoir, à la bonne heure ; mais il ne faut, ni les re-

---

(161) Ce sont trois degrés différents du pouvoir intérieur de Dieu sur nous ; car les bonnes âmes mêmes ont plusieurs mouvements éloignés de leurs intentions et de leurs affections, et ce dernier degré est d'une rare perfection.

chercher, ni être en peine de n'en point avoir; ni s'inquiéter de les perdre après les avoir eues; et ce qui est plus, il faut être disposé à accepter les peines et les croix qu'il plaira à Dieu de nous envoyer, et c'est de quoi vous devez maintenant faire usage.

Tandis que la peine est en vous, faites que votre esprit ne soit point en la peine; au lieu de voir votre tourment, voyez les remèdes de votre mal; et au lieu de rabaisser votre esprit, et de l'abandonner à la peine que vous ressentez, abandonnez-le à Dieu qui vous envoie cette peine. Pensez, dans le mal que vous souffrez, que c'est le grand Dieu qui vous envoie ce mal, dont doit ensuivre une soumission et abaissement d'esprit, ne pouvant, ne devant et ne voulant contredire à sa grandeur. Que ce grand Dieu vous envoie ce mal pour votre grand bien; ce qui demande soumission à Dieu, avec reconnaissance de sa bonté envers vous.

LETTRE CCXXXVII.

A MADEMOISELLE DE GOURGUES SA COUSINE.

Pour réponse à une lettre, par laquelle elle lui mandait quelques pensées que Dieu lui avait données de l'avantage qu'ont les Vierges de suivre l'Agneau partout où il va, et le désir qu'elle ressentait d'être de cette troupe.

Mademoiselle,

J'ai reçu la lettre que vous m'avez écrite, qui m'a donné grande consolation et édification. Je loue Dieu des pensées qu'il vous donne; et il me semble que vous les devez recevoir avec humilité et avec soumission à sa providence et à sa conduite sur vous. C'est une grâce et miséricorde que Dieu vous fait, de vous donner cette lumière et connaissance que vous mandez, et vous la devez suivre avec gratitude et reconnaissance envers Dieu, qui vous la donne et communique par son amour. Le bien de la création ne consiste pas à être, mais à être à Dieu; et la plus grande puissance que la créature puisse jamais avoir, c'est de se donner à Dieu, et plus elle s'y donne, et plus elle est puissante; vous n'aurez jamais un plus grand don à offrir à Dieu et qui lui soit plus agréable, que celui de votre virginité. C'est un trésor inestimable que l'on peut aisément perdre et que l'on ne peut recouvrer, et que Dieu chérit uniquement, donnant la privauté et l'abondance de son amour aux âmes qui délaissent l'amour de la terre, pour son amour et par son respect. J'attribue aux prières de votre bonne mère ces pensées qui vous sont envoyées du ciel; car je l'ai vue autrefois si désireuse que vous eussiez le privilége qu'elle n'avait eu, et qu'elle eût ce bien d'offrir à Dieu en votre personne ce qu'elle ne pouvait lui offrir en la sienne; que je réfère cet instinct que vous avez à sa présence devant Dieu, au soin qu'elle a de votre âme, et à la claire lumière en laquelle elle est, et elle voit la vérité et la dignité des choses éternelles que le monde ignore, et que le ciel honore et possède. Je me tiens obligé selon Dieu, de vous prier de recevoir ces pensées, comme pensées divines, et comme semences d'une plus grande bénédiction à l'avenir sur votre âme. Mettez votre âme et votre virginité en la main de Jésus, et en la main de la Vierge, pour garder l'un et l'autre à eux-mêmes, et priez-les de conforter et augmenter ces désirs en vous. Pour ce qui est de la vie religieuse, je vous dirai sincèrement, que les raisons qui vous ont été alléguées par N. N., ne me semblent pas valables; et qu'au cas que Dieu vous donne persévérance dans les pensées que vous avez, j'estimerais qu'il y aurait quelque pensée et élection de Dieu sur vous, pour l'ordre des Carmélites. Je la considérerai toutefois devant Dieu avec plus de loisir, et vous rendrai toujours l'assistance sincère que je dois à votre âme, vous priant bien humblement de recourir toujours à moi en tous vos besoins, avec sincérité et confiance, comme à celui qui désire vous servir selon Dieu, et qui est à jamais.

LETTRE CCXXXVIII.

A UNE DAME NOUVELLEMENT ENTRÉE EN RELIGION.

Il lui fait remarquer les voies que Dieu a tenues pour la conduire en sa maison; le bonheur de la condition religieuse. Les vertus dans lesquelles elle se doit exercer, l'abandon à la providence de Dieu, le soin d'éviter les moindres défauts, le travail de la mortification, l'amour de la correction, etc.

Madame,

Les particularités que vous me mandez me font louer Dieu plus affectueusement, de ce qu'il lui a plu commencer et achever en vous si heureusement, et de ce que, vous sauvant d'un naufrage, il vous conduit à un port que vous reconnaîtrez dès l'abord, et expérimenterez si salutaire et favorable. Maintenant que vous y avez pris la terre ferme, et que vous êtes en l'abri des orages, remarquez les diverses périodes de cette navigation, et considérez à loisir les voies que Dieu a tenues pour opérer cette œuvre et ce bénéfice singulier de votre heureuse vocation; c'est-à-dire voyez sa patience à vous attendre, sa miséricorde à vous rechercher, sa force à vous toucher, sa douceur à vous attirer, sa bonté à vous recevoir, et son amour à vous appeler et à ordonner tous ses effets pour votre bien. Et pesez en vous-même ce que vous devez rendre d'hommage, de service et de tribut à ce grand Dieu, pour tant de siennes perfections qu'il a exercées et employées envers vous, et qu'il a mises en œuvre pour votre salut. N'est-il pas raisonnable? Dieu nous avait tous appelés au paradis du ciel, et nous y conduisait tous par le paradis de la terre, si nous n'eussions interrompu le cours de notre heureuse vocation en la prévarication de notre premier père. Maintenant que ce dessein de Dieu est rétabli en vous, et qu'il vous remet en un paradis en la terre, pour vous conduire au paradis du ciel, souvenez-vous de l'intention pour laquelle il avait mis Adam et nous tous en ce premier paradis, et ayez soin de l'accomplir en celui où vous êtes. Et voyant que c'était, comme dit l'Ecriture : *Ut operaretur et custodiret illum* (Gen. II, 15), gardez votre paradis, afin qu'il vous garde ; travaillez en ce paradis, afin que vous y reposiez, jouissant ici-bas du repos de la grâce, en espérance et en attente du repos de la gloire. Je vous laisserai à vous-même, à attendre et appliquer le sens et l'énergie de ces deux mots, que l'esprit de Dieu a voulu nous marquer et spécifier en la sainte Ecriture pour notre institution, et viendrai à l'exercice des anges que vous désirez de moi, auquel je joindrai les saints, pour ne séparer en votre dévotion ceux qui sont unis en même gloire.

Dieu veut que nous le servions fidèlement et libéralement en ce monde, comme en échange il nous promet de nous servir lui-même en l'autre. Le temps et le quartier de notre service envers lui dure peu, car il ne dure que pendant cette vie (162), de laquelle encore nous employons si peu à son service. Mais le temps et le quartier du service que ce grand Dieu daigne bien rendre à notre âme, dure une éternité, car il dure tout le temps et l'état de la gloire, qui ne doit jamais finir. Heureuse l'âme qui commence de bonne heure son temps et son service, et ne le finit point qu'à la fin de ses jours ; c'est l'heure que je souhaite le plus au monde, et que je vous souhaite le plus.

L'agneau pascal doit être sans macule ; vous et toutes personnes religieuses êtes des agneaux de la pâque, c'est-à-dire du passage, car vous avez passé de l'Egypte du monde au désert de la religion, pour vous acheminer à la terre de promission. Vous devez donc être sans aucune tache, et vous garder avec soin des moindres défauts ; c'est une marque de grande imperfection au lion et à l'éléphant, qu'après avoir vaincu les tigres, les buffles et les rhinocéros, ils s'effrayent et trémoussent le premier devant un petit poulain, et l'autre devant un rat, dont la seule vue leur fait perdre courage ; c'est un grand déchet à leur générosité, et c'est aussi une grande tare aux bonnes âmes, après tant de combats en la vertu, d'y voir les imperfections particulières d'amour-propre, de propre estime et de complaisances en leurs œuvres. Le vermisseau qui rongea le lierre de Jonas, semblait être petit, mais son effet fut si grand que l'arbrisseau en périt, ce qui nous enseigne que les moindres défauts peuvent avancer jusqu'à la ruine de l'âme, et qu'il nous en faut garder avec tout le soin qui nous est possible. Ismaël était encore petit garçon, mais incontinent qu'il commença à piquer et agacer Isaac, la sage Sara le fit chasser avec Agar, sa mère, hors de la maison d'Abraham. Les mouches mourantes, dit le Sage, perdent la suavité du parfum, si elles ne faisaient que passer et le sucer en passant, elle ne le gâteraient pas, mais y demeurant mortes et comme ensevelies, elles le corrompent. Ainsi est-il des défauts que la religieuse laisse croupir en son âme ; et les y apercevant, ne se met pas en peine de les arracher. Il n'y a rien si semblable que deux gouttes d'eau, néanmoins l'une peut être de rose, l'autre de ciguë ; l'une guérit, l'autre tue ; ainsi est-il des deux mouvements, l'un d'amour de soi, l'autre d'amour de Dieu ; l'un de nature, l'autre de grâce. Les abeilles aiment leurs ruches qui sont comme leurs maisons, leurs cloîtres et leurs cellules (car elles sont des religieuses naturelles entre les animaux), mais elles ne laissent pas d'éplucher par le menu ce qui y est, et de les purger en certain temps ; et elles apprennent aux âmes que Dieu par sa grâce appelle à la religion, d'être incessamment attentives à la garde d'elles-mêmes et ne donner entrée à rien d'imparfait, et même de travailler à se purifier de jour en jour des souillures dont la nature des enfants d'Adam est toute pénétrée et remplie ; l'Epouse aux *Cantiques* (I, 4) confesse son imperfection qu'elle est noire.

Chacun doit jeter son soin et sa confiance en Dieu, comme en celui qui nourrit tout le monde : *Jacta cogitatam*. Chacun ne le jette pas en même degré de résignation ; les uns l'y jettent sous le travail et industrie que Dieu leur a donnée, et par laquelle Dieu les nourrit : *Tuum in Domino, et ipse te enutriet* ; mais les autres plus purement et sans l'entremise d'aucune industrie tendante à cela ; ils ne sèment ni ne recueillent, et le Père céleste les nourrit ; chacun se doit confier en Dieu selon la qualité et la différence de sa vocation. Il n'est pas nécessaire à ceux qui sont dans le monde, de s'appuyer en la Providence divine en la sorte que les ecclésiastiques auxquels il est défendu de thésauriser et faire marchandise, ni les ecclésiastiques ne sont obligés d'espérer en cette même Providence comme les religieux qui s'y doivent tellement confier, qu'ils n'aient aucun soin du particulier. David admire comme Dieu nourrit les petits des corbeaux, et certes, c'est chose admirable, que leur condition naturelle porte, qu'ils soient abandonnés de leurs pères et mères, et qu'ils n'aient d'ailleurs nul moyen de se pourvoir, et que c'est Notre-Seigneur qui les nourrit immédiatement et presque miraculeusement, ce qu'il ne fait pas aux autres animaux qui sont aidés de leurs pères et mères ou de leur travail. Tandis que saint Pierre se fia en celui qui l'appelait, il fut assuré, mais quand il commença à douter et perdre confiance, il s'enfonça dans les eaux. Lorsque les enfants d'Israël étaient en Egypte, il les nourrissait des viandes que les Egyptiens donnaient,

---

(162) *Transiens ministrabit illis.* (Luc. XII, 37.)

et lorsqu'ils furent au désert où il n'y en avait aucune, il leur donna la manne, viande commune à tous et particulière à nul, et laquelle semble représenter une égalité et communauté, car elle était commune et égale aux riches et aux pauvres. Autre est la conduite du monde, autre la conduite de Dieu au regard de son peuple. Dans le monde les uns sont traités d'une sorte, et les autres d'une autre, et l'inégalité y est extrême ; mais dans la maison de Dieu, autant en a le pauvre que le riche, et elle réduit les choses à l'égalité et sans différence.

Aimez la correction, quoique fâcheuse à la nature. Les chirurgiens agrandissent quelquefois le mal pour amoindrir le mal, lorsque sous une petite plaie il y a beaucoup de meurtrissure. Recueillez le pain de correction avec amour et estime, encore que celui qui le porte soit désagréable et fâcheux, puisque Elie mangeait le pain porté par les corbeaux. O bonnes âmes ! lorsque vous traitez ensemblement en esprit de douceur et charité, des affaires de Dieu votre époux, il vous regarde avec ses anges, d'un regard d'amour et de complaisance, comme nous regardons les abeilles quand elles sont doucement empressées à la confection de leur miel. Le sexe féminin est sujet, dès sa création, à la condition d'obéissance, et ne réussit jamais devant Dieu qu'en se soumettant à la conduite et instruction.

C'est peut-être trop parlé, mais Dieu sait que j'ai beaucoup plus d'affection en cet endroit que de paroles. N'est-il pas raisonnable que vous preniez plaisir d'apprendre de lui-même, c'est-à-dire de ce sien comportement envers vous, quel doit être votre comportement envers lui ; et que vous ayant conduit par la main dans sa sainte maison, parmi tant de différentes rencontres avec une providence si particulière, tout votre soin soit maintenant de vous rendre à tout ce qu'il demande de vous et d'être selon son cœur ? Remarquez donc s'il vous plaît qu'il vous convie à lui dédier toutes les puissances de votre âme et à les convertir et employer toutes à le louer et servir, ainsi qu'il a daigné convertir, exercer et appliquer les puissances et perfections de son être divin, à opérer votre bien, et qu'il veut que vous considériez ces siennes miséricordes, comme un exemple, un patron et modèle du service que vous devez et désirez lui rendre. Cherchez-le comme il vous cherche, et comme il veut être trouvé : *Quærite faciem ejus semper.* (*Psal.* CIV, 4.) Soyez patiente à l'attendre en la dilation de ses grâces, et lorsqu'il tarde à son avénement, comme il a été patient à vous attendre : *Exspecta Dominum.* (*Psal.* XXVI, 14.) Ayez force à rompre vos liens, et à vous dompter vous-même en la pratique des vertus solides, en hommage et reconnaissance de la force qu'il a employée à vous toucher : *Viriliter age, et confortetur cor tuum.* (*Ibid.*) Servez-vous plus de l'onction de son esprit que de l'activité de l'esprit naturel, et de la suavité de sa grâce que de l'impétuosité de la nature, en la conduite de vos oraisons et élévations envers lui. Soyez facile à lui donner entrée en votre âme, lorsqu'il est à la porte, et fidèle à le conserver en votre intérieur, et pour dire tout en un mot, aimez-le comme il vous aime.

—

LETTRE CCXXXIX.
EXTRAITS DE LETTRES PLUS AMPLES A DIVERSES PERSONNES, SUR SUJETS SEMBLABLES.

Divers avis pour se lier et se livrer à Dieu et à Jésus-Christ. Obligation de se soumettre aux voies de Dieu, et à leurs effets sans aucune différence. Dieu ne doit non plus trouver de résistance en sa créature, qu'avant qu'il l'eût tirée du néant.

La grâce de Jésus-Christ Notre-Seigneur soit avec vous pour jamais. Unissez votre âme parfaitement à celle de Jésus-Christ souffrant, vous abandonnant à ses souffrances, sur la force de cette âme très-sainte et très-forte ; et sortant de votre faiblesse pour entrer en sa force, et de vous-mêmes pour entrer en lui, ce qui se fait par la volonté, laquelle se retire toute hors d'elle-même, pour entrer en Jésus-Christ.

Quant à cette justice que vous voyez sur vous, soumettez-vous humblement à Dieu, pour porter tout ce qui vient de lui sans différence, l'adorant comme une souveraine bonté en tous ses effets.

—

Entrez en un profond abaissement en la présence de la personne divine du Verbe, en la vue de votre bassesse ; donnez-vous tout à lui, pour être soumise à toutes ses très-saintes volontés, et recevoir ses opérations, ne regardant pas si elles sont pénibles ; mais ayez l'œil à sa divine personne, pour vous unir continuellement à elle, et pour vous séparer par votre volonté et par effets, quand l'occasion s'en présente, de tous les empêchements connus et inconnus que vous pouviez mettre à son œuvre, étant beaucoup plus attentive à cette union avec lui, et à cette séparation de vous-même, qu'à aucune chose particulière qui se passe en vous.

Ne soyez point en peine de cet effet dont vous m'écrivez des trois divines personnes, mais abaissez-vous plus intimement et plus profondément que vous n'avez encore fait, entrant plus avant en votre néant. Priez ces trois divines personnes par leur toute-puissance sur votre impuissance, par leur sainteté sur votre vilité, par leur force sur la faiblesse de l'homme, et par leur être sur le néant de la créature, qu'elles fassent en vous les effets pour lesquels elles vous ont donné cette vue. Faites quelque octave de dévotion à la sainte Trinité, et vous offrez tout à elle pour honorer ses grandeurs par votre bassesse. Soyez fidèle en tout ce qui vous survient, et ne regardez point ce que c'est, et pensez seulement à rendre à Dieu ce qu'il demande de vous, et adhérer continuellement à lui pour cela.

Portez les sentiments que vous sentez humblement et patiemment ; mais désavouezles et vous en séparez pleinement et de toute votre volonté, et de tout ce qui est en vous qui veut étouffer et s'opposer aux voies et aux effets de Dieu, vous livrant à l'Etre divin pleinement et puissamment afin qu'il ait une aussi entière puissance sur vous, comme il avait avant que vous fussiez créée ; et pour user de vous, en tout ce qui peut rendre hommage aux effets que le Verbe a portés en son âme très-sainte, à laquelle vous devez être liée très-étroitement et très-fidèlement, et n'avoir égard à nulle chose au monde, pour souffrir ou jouir, sinon à la liaison avec elle, en sorte que vous rapportiez tous les autres effets à celui-là, que je supplie Notre-Seigneur Jésus-Christ vouloir rendre parfait en vous.

LETTRE CCXL.

AU CARDINAL DE RICHELIEU, DU 23 DÉCEMBRE 1623 (163).

Sur les contradictions qu'il avait éprouvées de la part des Jésuites.

J'aimerais mieux, Monseigneur, vous satisfaire en tout autre sujet, et vous rendre compte des autres affaires, que d'être obligé de parler et d'écrire dans cette occasion. Aussi je ne le fais que par obéissance et nécessité, et le plus tard qu'il m'est possible. Je voudrais bien plutôt employer le temps à demander à Dieu la grâce et la patience pour faire un bon usage de semblables accidents, que de l'employer à nous plaindre de ceux qui nous intéressent, encore qu'ils soient extrêmement diserts et abondants à se plaindre devant vous et en toutes rencontres, et à faire valoir fort peu de choses, et qu'ils soient gens à répandre leurs plaintes jusque dans les provinces étrangères, comme s'ils voulaient que ceux qui sont connus pour innocents où ils sont, soient tenus pour coupables où ils ne sont pas. C'est leur procédé de parler tous en divers lieux un même langage contre nous, ainsi que je l'ai de

nouveau reconnu dans ce dernier voyage, comme s'ils en avaient des avis communs et en tinssent registre ; au lieu que pas un d'entre nous n'est instruit de ces différends, et n'en parle ni en commun, ni en particulier. S'ils étaient plus remémoratifs des bienfaits que des offenses, ils se souviendraient et avoueraient ingénument que je les ai servis, et en général et en particulier, même au temps que pas un de ce royaume ne l'osait faire, et ce, par longues années, et durant le courroux d'un grand roi sensiblement offensé, dont je n'ai point considéré l'indignation, nonobstant le péril, pour considérer leurs besoins et leur faire charité dans l'oppression publique, et lorsqu'ils étaient abandonnés de tous. Ceux mêmes que j'ai l'honneur d'avoir pour parents, ont été presque les seuls qui les ont assistés dans leurs afflictions, et protégés même avec périls très-grands, comme dans l'accident de Châtel, qui tira les Pères Jésuites en ruine, et ceux qui les protégeaient alors. Ce que je dis est notoire en France à tous ceux qui savent l'histoire de ce royaume (164).

Ils se souviendraient que le P. de Sancy les a obligés de sa vie et de ses moyens à Constantinople, et ils le reconnaissent mal, pour être trop violents en leurs desseins, trop peu sensibles en leurs devoirs et trop aveugles en leurs intérêts. Ils se souviendraient que, depuis avoir dressé l'Oratoire, je les ai obligés à Rouen, à Troyes, à Orléans, à Alençon et en plusieurs autres lieux.

A Rouen, j'ai refusé la ville qui nous donnait un collège pour nous loger, encore que nous fussions sans aucuns fonds et logements, et ce, pour satisfaire à leurs desseins, et les délivrer de l'ombre qu'ils avaient que la ville ne s'affectionnât à nous pour la régence plus qu'à eux.

A Orléans, nous avons travaillé à les introduire, et refusé le collège qui nous a été offert, et un bon fonds pour l'entretenir, bien que nous fussions sans fonds et sans

---

(163) Tabaraud ajoute à la lettre que nous reproduisons ici la note suivante sur son authenticité :

Cette lettre, dont le P. Battarel atteste avoir vu la minute, fut imprimée pour la première fois à Lille en Flandre, dans le *Chronicon Congregationis Orat. D. J. per Provinciam Archiepiscopatus Mechliniensis diffusæ*, composé par le P. Swert, ancien prévôt de la congrégation. Elle reparut dans les *Anecdotes de la Chine*, t. VII, en 1762. Elle a été réimprimée, plus correctement avec les lettres de M. Lecamus, de le Tellier et de Bossuet, pour servir de suite au *Jugement porté sur les Jésuites par les grands hommes de l'Eglise et de l'Etat*.

Quoi qu'il en soit, il ne me paraît pas bien démontré que de Bérulle soit l'auteur de cette lettre, et encore moins qu'on n'ait pas ajouté des diatribes aux plaintes qu'il a pu faire. Ce qui est certain, c'est 1° qu'on a changé ou rajeuni le style de Bérulle, si on est l'auteur de la lettre qu'on lui attribue, et qu'il ne l'a point écrite telle qu'elle nous est parvenue ; 2° si l'illustre cardinal vivait de nos jours et si, par conséquent, il avait vu qui a aimé ou haï les Jésuites depuis 150 ans, qui les a défendus ou calomniés, favorisés ou persécutés, son langage eût

(164) Les services rendus aux Jésuites par le P. de Bérulle sont certifiés par la lettre suivante du P. Aquaviva, leur général, adressée à ce saint prêtre avant qu'il ait fondé l'Oratoire.

« Claudius Aquaviva Societatis Jesu præpositus Generalis, rever. ac nobili DD. Petro de Berulle, salutem in eo qui est vera salus.

« Cum apud omnes viros pios affectus noster est, is præsertim rever. dominationis vestræ pietati, et in Societatem nostram benevolentiæ ac meritis debeatur ; propterea etsi paupertatis nostræ conscii, communicationem orationum, et sacrificiorum, reliquarumque omnium piarum actionum et operum quæ in Societate nostra per Dei gratiam et benignitatem fiunt, rever. dominationi vestræ, ex intima cordis affectione impertimur in nomine Patris, et Filii, et Spiritus sancti ; Deum ipsum, et Patrem Domini nostri Jesu Christi humiliter deprecantes, ut concessionem hanc de cœlo ratam et firmam habere dignetur, et nostram ipse inopiam supplens, plurimam reverend. Dominationi vestræ suorum donorum copiam largiatur.

« Datum Romæ, die 21 septembris 1600.

« CLAUDIUS AQUAVIVA. »

moyens, et cela, pour ne les pas exclure de cette ville, en laquelle ils n'avaient prétexte d'entrer que par cette voie ; et après avoir disposé l'évêque et plusieurs de la ville à les admettre, qui en étaient fort éloignés ; sitôt qu'ils y ont été reçus, ils ont travaillé à nous les rendre contraires et à nous rendre les mauvais offices qu'ils ont faits à Bordeaux et ailleurs.

A Troyes, depuis trois ans ou environ, le collége nous a été offert par un qui est encore vivant, et de leurs amis, lequel leur a témoigné comment nous l'avons refusé à leur considération, tellement qu'ils ne le purent ignorer, les témoins étant encore vivants et de leurs confidents, et la ville très-éloignée de les en gratifier ; et même les nôtres ont tâché de les introduire dans la bienveillance de leurs amis.

A Alençon, depuis six mois, un d'entre nous, seul curé de la ville, a disposé les paroissiens à demander les Pères Jésuites dans la ville, et ce particulier a porté leurs affaires comme les siennes propres.

A la vérité, ils donnent sujet de croire qu'ils n'ont égard à rien, qu'ils ne s'obligent de rien, et qu'ils reconnaissent bien peu l'affection qu'on leur a témoignée, et que leur propre intérêt est lui-même leur loi.

J'oubliais de dire que le P. de Sancy, depuis qu'il est de l'Oratoire, leur a fait don de 12,000 livres, encore que nous ayons assez besoin. Je ne veux pas spécifier que j'ai fait appliquer 1,000 écus d'aumônes, qui étaient en ma disposition, à un de leurs colléges, n'ayant pas voulu en appliquer un sou à aucune de nos maisons. Aussi je ne le remarque que pour faire connaître que nous n'avons jamais reçu aucune assistance et libéralité de leur part.

Voilà notre procédé envers eux. Le leur envers nous ne se trouvera pas semblable, n'y ayant aucun Jésuite qui ait rien donné pour aucun prêtre, ni pour aucune maison de l'Oratoire. Depuis dix ans qu'il a plu à Dieu de nous établir, ils n'ont omis aucune occasion de nous pouvoir nuire, directement ou indirectement, sans que j'y aie pris part ; et même ayant pris peine d'oublier ces choses, et non de les remémorer ; de les cacher, et non de les publier. Nos Pères n'en ont rien su de moi ; et ceux qui nous hantent ne se sont jamais entretenus de ces plaintes et discours, qui sont toutefois leur entretien ordinaire avec leurs amis, n'y ayant un seul de ceux qui les hantent, qui ne soit pleinement informé des plus petits sujets dont ils s'offensent ; en quoi je m'étonne que des âmes religieuses soient remplies de si petites choses, et en remplissent si souvent les autres.

A Rome, il y a six ans qu'ils nous traversent, dans l'affaire de saint Louis, publiquement par le P. Lorigny, encore que cette affaire ne les regarde aucunement pour leur intérêt particulier, car ils n'y peuvent rien prétendre, ayant assez de maisons dans Rome. Ainsi, ils n'ont aucun prétexte de s'en mêler, sinon en tant qu'ils veulent se mêler de tout.

En France, le désir que j'avais de vivre en charité avec eux m'avait fait mander par toutes les maisons qu'il a plu à Dieu de nous donner, qu'on les logeât par hospitalité toutes les fois qu'ils y passeraient. Mais ils ont bien mal usé de cette charité, s'en servant pour venir souvent à Dieppe, et y loger chez nous, dans le dessein de traiter avec ceux de la ville à notre desceu, et de nous enlever le collége que nous avons dès le commencement de notre établissement en la ville, et qui est plus fondé par nous que par la ville même. Et étant logés chez nous, ils dressaient leurs mémoires sur cela, lesquels ont été trouvés depuis ; et se voyant exclus de ce projet, ils n'ont pas laissé du depuis d'y laisser deux de leurs Pères. Leur soin principal est d'y contrarier à ce que nous faisons, de diminuer le collége en ce qu'ils peuvent, d'en divertir les écoliers pour les envoyer ailleurs : ce que nous supportons en patience et silence, nous réservant de nous opposer s'ils passent plus avant. Messieurs de la Ville-aux-Clercs nous ont avoué que les révérends Pères en avaient traité avec eux, et disent pour excuse qu'ils croyaient que c'était de notre consentement, parce qu'ils étaient logés chez nous : ce qui donna sujet à des personnes de grande puissance et qualité de m'en écrire exprès pour m'en avertir et me faire plainte de la facilité et simplicité de nos Pères de Dieppe, de se fier ainsi aux Pères Jésuites.

A Rouen, le P. Phelipeaux a prêché publiquement contre les dévotions de l'Oratoire, encore que les conditions du temps et de la ville, qui est remplie de plusieurs hérétiques, fassent assez reconnaître qu'il y a des choses plus dommageables et plus dignes d'exciter son zèle. En étant averti, j'ai mieux aimé disposer nos Pères à souffrir en silence et patience, sans aucune réplique, pour ne point faire de bruit dans un lieu assez plein de libertinage et d'hérésie, et ne pas émouvoir le scandale que son zèle, aussi peu accompagné de science que de prudence, y avait préparé ; et encore qu'il fût notoire que, par la grâce de Dieu, nous ayons d'aussi bons docteurs pour défendre ces exercices de piété, que lui pour les attaquer. Et au lieu de ces mauvais offices, il a plu à Dieu de disposer les nôtres en divers lieux à louer en chaire leur Compagnie.

A Bourges, leurs excès sont publics en l'affaire des Carmélites. Un nommé le P. Rabardeau a dit des calomnies étranges de moi à M. le Prince. Et ce Père et les autres ont publié ces calomnies dans la ville, en sorte que c'était la créance du peuple. Quelques dames de qualité, qui ont eu, par la grâce de Dieu, une autre opinion de moi, passant par cette ville, étant tout étonnées et mal édifiées de semblables discours, leur en firent des plaintes. Mais elles n'eurent d'eux d'autre réponse que celle-ci : *Qu'elles étaient des Bérullistes, et qu'elles étaient ensorcelées de moi ;* paroles peu séantes en la bouche de religieux et de supérieurs de religion. Et toutefois le P. provincial étant informé de ces désordres, les laisse dans la même ville, où ils ont fait tant d'excès, et y entretiennent ouvertement les mêmes troubles et divisions qu'ils y ont formés. Et au lieu que j'ai à me plaindre, de plusieurs d'entre eux, et presqu'en tous lieux de la France ; je ne sache point avec vérité qu'ils se puissent plaindre d'aucun d'entre nous, excepté d'un particulier, lequel ayant tenu quelques propos dont ils se plaignent, je le retirai hors du lieu où il leur faisait peine, et enfin hors de la congrégation.

A Bordeaux, ils avaient trouvé le dessein de me rendre suspect d'hérésie en assemblée publique, sur le sujet d'un papier de dévotion que j'ai fait imprimer depuis, pour anéantir cette accusation; lequel papier a été approuvé par plusieurs prélats, docteurs et religieux de grand nom et mérite. Mais ce coup leur ayant manqué par l'arrivée de M. l'évêque de Nantes, ou plutôt par la providence de Dieu qui règne sur les siens, et comme ils répandaient la même accusation par les maisons, cela obligea Messieurs de Nantes d'aller dans leur collège, et de leur faire entendre que, s'ils ne cessaient de parler ainsi, il était obligé, ayant approuvé ledit écrit, de monter en chaire pour le soutenir publiquement à l'encontre d'eux.

Dans la même ville, depuis peu de jours, un des principaux d'entre eux a dit à des personnes de qualité, en leur parlant de moi : *Iste homo natus est ad pessima.* C'est encore dans cette ville que, par leurs avis et conseils, des religieuses de mérite et de grande piété, et qui, dans le monde, les ont obligés en particulier, ont été traitées indignement, bien que la piété de l'une et la qualité de l'autre fussent si éminentes, qu'elles méritaient bien un autre traitement. L'une est la Mère Marguerite, que vous connaissez ; l'autre, Mme d'Autri, sœur de M. le président Séguier, leur unique et puissant protecteur au temps de leur opprobre. Mais ils voulaient violer tous les droits et tous respects, pour violer l'Oratoire, et il fallait qu'à cause que ces religieuses n'obéissaient pas aux conseils des Jésuites, pour obéir au Pape, à leurs supérieurs et à leur ordre, elles fussent chassées et légitimement excommuniées par un, qui n'en avait ni commission ni ordre; et que celles qui suivaient le conseil des Jésuites, et désobéissaient au Pape avec opprobre du Saint-Siége, ne fussent pas valablement excommuniées par ceux qui en avaient la charge et le pouvoir de Sa Sainteté même ; ce qui est une nouvelle et dangereuse théologie, et un grand privilége pour ceux qui suivent les excès des Jésuites.

Je ne veux point rapporter tout ce qu'ils ont fait à Bordeaux, à Saintes, à Limoges et à Bourges, ce sont choses plus dignes de larmes que de paroles. Je dirai seulement que le désir que j'avais de vivre avec eux en repos, respect et charité, me faisait les introduire, employer et autoriser plus que moi-même dans tous les monastères des Carmélites qu'il a plu au Saint-Père de nous commettre. Et ils se sont servis de cet accès que je leur donnais, pour susciter contre nous cette division que vous savez. On estimerait et appellerait cela dans le monde une perversion indigne, fondée sur calomnies, et encore contre une personne qui ne les a jamais desservis, qu'en fondant l'Oratoire par commandement de Sa Sainteté. Et ils ont maintenu cette division, et l'ont portée dans les extrémités qui sont connues à l'Italie, à la France et à la Flandre.

Il m'est notoire qu'ils ont semé cette division dans tous les lieux où cet ordre est fondé, bien qu'elle n'ait pu réussir qu'à Bordeaux, Saintes, Bourges et Limoges. Il m'est encore notoire qu'ils continuent leur même dessein en plusieurs lieux ; et depuis peu de mois, trois d'entre eux, dans trois villes différentes; à Metz, à Lyon et à Nevers, y voyant de nouvelles supérieures, les ont été trouver exprès pour les solliciter de recommencer cette faction assoupie, et espérant qu'elles seraient d'un avis différent aux supérieures précédentes, ils ont essayé d'effrayer ces âmes par des raisons de conscience et de théologie... Quel intérêt ont-ils de s'en mêler, sinon autant qu'ils pensent nuire à l'Oratoire, puisque les âmes ne leur sont point commises? Quelle apparence de suivre et vouloir faire suivre leurs pensées, après tant d'ordonnances de Sa Sainteté? Quelle violence ne témoignent-ils pas par cette conduite, puisque les Pères Carmes, qui étaient seuls excusables de s'en mêler, délaissent ces mauvaises affaires? Pourquoi ceux qui n'ont aucun droit de s'en mêler, recommencent-ils plus que jamais leurs poursuites? Quels prétextes et quelles excuses ont-ils, puisque c'est contre leur propre usage et maximes? En Flandre, suivant leurs maximes, ils sont cause que, de cinq monastères, deux se sont soustraits des Carmes ; et, en France, ils les veulent tous donner aux Carmes, parce que le supérieur de l'Oratoire est un de ceux qui en ont soin.

A la vérité ils sont coupables, et de grands prélats nous ont averti de leur interdire du tout l'accès de ces monastères, puisqu'ils y travaillent avec si peu d'obéissance envers le Pape, si peu de tranquillité envers l'Ordre, si peu de sincérité envers nous, et si peu de charité envers les âmes, et puisqu'ils continuent si persévéramment en leurs desseins et passions déréglées.

Outre les calomnies atroces contre moi et les conseils violents et pernicieux en l'affaire des Carmélites, ils ont fait encore à Bourges ce qu'ils ont pu, pour y empêcher notre établissement, et par des voies très-indignes. Ils y ont prêché publiquement contre le P. Gibieux, docteur de Sorbonne, homme grave, sérieux, très-docte et très-modeste. Cependant il n'a point prêché contre eux pour se défendre, aimant mieux se garantir par modestie et par patience que par répliques. Ils y entretiennent encore les factions qu'ils y ont suscitées, et feraient encore pire, si la présence de M. le Prince et l'autorité de l'archevêque, auquel ils s'opposent, ne les empêchaient.

En tous lieux, ils divertissent publiquement leurs écoliers de s'associer à notre congrégation, pour l'étouffer en sa naissance; ce qui nous oblige de prendre plutôt et en plus de villes que nous ne voudrions, quelques colléges, pour avoir une jeunesse et une institution indépendantes de leur persuasion, qui servent de séminaire à cette congrégation.

J'omettais à dire qu'un de ceux avec qui j'ai vécu avec respect et confiance particulière depuis longtemps, a sollicité M. Duval de se séparer d'avec nous en la conduite des Carmélites, afin de donner plus beau jeu aux Pères Carmes par ce divorce. C'est ce que M. Duval m'a dit lui-même, et que le P. Bauny a imprimé un livre contre moi, et réimprimé, faisant accroire que c'est à la requête de M. de Marillac, ce qui n'est pas véritable, et par le commandement de son supérieur, à quoi je m'en rapporte. Ce livre est jugé pernicieux à l'autorité du Saint-Siége par plusieurs personnes graves et religieuses, et pourrait émouvoir une nouvelle contestation, et servir un jour de semence à une nouvelle rébellion contre les décrets de Sa Sainteté, soit sur cette affaire, soit en la cause même qui s'agite présentement des curés contre les religieuses, d'autant plus que chacun sait combien cette compagnie est soigneuse d'estimer et conserver les ouvrages des siens; et il nous serait par trop préjudiciable qu'il demeurât ou sans désaveu ou sans réplique. Pour ces causes, un docteur de Sorbonne, et docteur plus qualifié que le P. Bauny, et qui a prêché dans les plus grandes chaires de France, et notamment à Notre-Dame de Paris, a écrit contre ce livre, et j'ai fait surseoir l'impression, pour laisser à leur choix, ou un désaveu public de ce Père, disant qu'il n'est point de leur compagnie et qu'elle n'en approuve point les maximes, afin de nous servir de justification et de garantie; ou de trouver bon que cette réponse s'imprime, laquelle est forte et puissante contre les maximes de ce livre, soutenant qu'elles sont dommageables à l'Eglise, c'est-à-dire à tous états, aux familles, aux religions et aux Jésuites mêmes.

Enfin, après tant d'animosités témoignées par eux si universellement et si persévéramment, après tant de libelles diffamatoires appuyés et même donnés et distribués par eux-mêmes, qu'ils portaient dans les compagnies, même jusqu'à des billets qu'ils ont fait courir et porter dans les maisons et entre les mains des princes, des grands prélats du royaume, ils m'ont obligé de faire un livre (celui des *Grandeurs de Jésus*) pour dissiper ces nuages et arrêter ces esprits. Il a plu à Dieu lui donner bénédiction et approbation publiques. Les Pères Jésuites seuls, et presque unanimement, sans respecter ceux qui l'ont approuvé, ont témoigné leur aliénation continuelle, même en ce sujet, et chacun d'eux diversement, les uns en le déprimant extrêmement, les autres le blâmant excessivement; quelques-uns disent qu'il favorisait les hérésies, qui est, à la vérité, un degré rabattu des accusations précédentes; les uns se couvrant d'un profond silence dans les approbations publiques, et les autres faisant courir par le peuple le bruit qu'ils y répondraient. Le titre même de la réponse s'est publié si fort, sous le nom d'un théologien, qu'on l'a cherché chez les libraires. Tout cela, afin que le monde crût qu'il y avait une réponse, encore qu'elle ne fût point, et que cela diminuât le poids et l'autorité du livre : artifice plus séant aux profanes qu'aux religieux. Et ce théologien, qui devait paraître, était le P. Garasse, leur écrivain ordinaire. Mais ce même écrivain, ayant fait un livre public et vanté à l'excès, selon leur coutume, il est arrivé que ce livre a été universellement improuvé de tous. Et nonobstant, nous n'en parlons point; nous n'y feignons point de réponse, bien qu'elle fût aussi aisée à faire qu'à feindre, et nous demeurons dans les termes de notre devoir et retenue; et eux en sortent à tout propos, pourvu que ce soit au préjudice de l'Oratoire.

J'aime mieux finir que de rechercher davantage leurs excès envers nous, vous suppliant, Monseigneur, de considérer que leur conduite est très-élevée, leur esprit, peu différent de leur humeur, fort difficile, et qu'il est notoire qu'ils ont peine à vivre en Italie, avec les Théatins; en Espagne, avec les Dominicains; en Flandre, avec les Capucins; en Angleterre, avec tout le clergé et tous les religieux. Et partant, il n'est pas raisonnable de nous imputer s'ils ont peine de vivre avec nous, puisque ce malheur leur est commun avec tout le reste de l'Eglise au regard d'eux. Je supplie le Dieu de paix d'étendre sur nous toute sa grâce et sa conduite pour nous rendre des enfants de paix, des anges de paix, et, en cette qualité, dignes d'annoncer, comme eux, en la terre : *Gloire à Dieu, et la paix aux hommes de bonne volonté.* (*Luc.* II, 14.)

CCXLI.

EXTRAIT D'UNE LETTRE A MADAME ACARIE, EN DATE DU 4 MARS 1604.

Il lui parle des difficultés qu'il rencontre en Espagne touchant l'objet de son voyage.

Vous ne sauriez croire combien, dans ce pays-ci, les premières impressions sont fortes et tenaces. Je pense que vous m'y avez fait venir pour y apprendre à être opiniâtre et arrêté dans mon sens, en même temps que je hais fort l'opiniâtreté dans les autres. Je ne puis rien vous dire, sinon que j'ai une grande espérance que Dieu rompra tous les obstacles qui se présentent. Ils n'ont, grâce à Dieu, jamais ébranlé mon esprit, quoiqu'ils fassent souvent perdre terre à tous ceux qui se mêlent de notre affaire; et je ressens une force comme invincible qui m'élève au-dessus de la résistance des uns et du désespoir des autres. Les hommes peuvent bien résister et arrêter quelque temps; mais enfin ils sont contraints de céder à la persévérance d'une âme affermie en la puissance et en la volonté de Dieu que nul ne peut vaincre. Et quand je pense que c'est ici son affaire et qu'il semble qu'il a voulu, par une miséricorde particulière sur moi, me faire venir en Espagne pour le servir dans cette œuvre, rien ne me peut faire plier, et je veux que non-seulement l'œuvre se fasse, mais qu'elle se fasse de la manière la plus avantageuse pour le bien de cet ordre en France, quelque impossibilité qu'il me paraisse d'ailleurs à y réussir, et il me semble que je dois croire que Dieu le désire ainsi.

CCXLII.
EXTRAITS DE PLUSIEURS LETTRES, RELATIVES A LA RÉVOLTE DES CARMÉLITES CONTRE LEURS SUPÉRIEURS LÉGITIMES.

I. — *Extrait d'une lettre en date du 20 février 1622, au P. Bertin.*

Outre le désir que j'avais de satisfaire à mon devoir, et de connaître à l'œil l'état des maisons et des sujets, j'ai été bien aise de ne point agir par moi-même dans l'affaire des Carmélites, et de laisser faire à M. Duval et à l'ordre tout ce qu'ils jugeraient à propos pendant mon absence. Cependant, on ne laisse de m'imputer tout, comme auparavant, quoique je fusse à deux cents lieues de Bordeaux; et que, depuis un an, je n'aie ni écrit en ce pays-là, ni envoyé aucun pouvoir, mais laissé tout faire à M. Duval......

Ils abusent de la patience et de la modestie dont j'ai usé envers eux. Car, depuis dix ans qu'ils nous persécutent, je n'ai pas dit une seule parole, ni écrit une seule ligne pour me plaindre; et depuis deux ans qu'ils écrivent, qu'ils impriment, qu'ils publient partout des injures atroces, je n'ai rien dit, rien écrit. Je me suis seulement contenté de dire à ceux qui m'en ont parlé, que ce dont ils m'accusaient, n'était point; et que, par la grâce de Dieu, il me semble que leurs libelles ne sont pas crus. Ils n'ignorent pas que depuis un an et demi quatre évêques, doctes et signalés, et douze docteurs ont approuvé cette formule de dévotion; et néanmoins ils ont encore cherché depuis ce temps toutes sortes de voies pour la faire censurer, la présentant pour cela sur de fausses copies, comme il paraît par les dernières qui en ont été imprimées. »

II. — *Extrait d'une lettre en date du 18 juin 1623, au cardinal de Sourdis, archevêque de Bordeaux.*

Si j'eusse osé me promettre de vous, Monseigneur, autant de bienveillance que j'en ai éprouvé autrefois, je vous eusse même supplié de vous rendre maître des conditions!, de les régler, et d'en ordonner ce qu'il vous plairait, m'engageant à en passer absolument par tout ce que vous eussiez décidé. Et, si en l'honneur du Dieu de paix, dont vous êtes le ministre, vous vouliez encore faire cette charité à l'ordre des Carmélites que de vous rendre auteur de cette réconciliation, nulle des parties ne pourrait douter de la certitude des paroles données de part et d'autre, vous en ayant même une entière bénédiction, et outre la consolation particulière que vous auriez d'avoir terminé ce différend par votre seule autorité, vous donneriez une grande satisfaction au Pape..... Vous êtes, Monseigneur, le ministre de Dieu sur la terre dans cette grande province; prenez donc garde de ne pas faire servir son autorité qu'il a mise entre vos mains, à mettre le trouble dans son Église, et à y entretenir l'esprit de division.

III. — *Extrait d'une lettre, en date du 16 juillet 1623, au P. Bertin, à Rome.*

Je vous remercie très-humblement des avis que vous me donnez en l'affaire des Carmélites; j'y ai plus de croix que d'intérêt..... Je n'y fais rien, je laisse agir l'ordre, et mes deux collègues dans la supériorité. C'est eux qui agissent et non pas moi, soit à Bourges, soit à Bordeaux, soit ailleurs. Je n'ai rien voulu ni signer, ni requérir de MM. les commissaires. Après tout cela, je ne laisserai pas de faire tout ce qui me sera mandé de vos quartiers, aimant mieux faillir par obéissance, que faire bien par mon propre sens. Si c'était une autre sorte d'affaire, qui ne me concernât point de si près, je serais fort contraire à cette conduite; mais en ceci, je demeurerai en silence, en obéissance et en dépendance de tout ce qu'il plaira à Dieu d'ordonner en ce sujet, ainsi qu'en tout autre.

IV. — *Extrait d'une lettre, en date du 4 septembre 1623, à la supérieure du couvent des Carmélites de Tours.*

De Bérulle fait allusion à une atroce calomnie lancée contre lui.

Je dois plus louer Dieu de ses miséricordes sur mon âme, de nous avoir, par sa grâce, préservé du mal dont on nous accuse, que je ne me dois mettre en peine de l'accusation qu'on en fait. Il a, par sa bonté, dissipé les calomnies précédentes en son temps: j'espère qu'il dissipera aussi celle-ci, qui est sans fondement..... Par la grâce de Dieu, je n'ai pas vécu dans le monde d'une manière que MM. de Tours doivent croire des choses semblables..... Pour moi, je désire me contenter de souffrir, et de prier Dieu qu'il me fasse la grâce de bien user de ce nouvel exercice qu'il lui plaît de m'envoyer, et de me donner quelque part à la croix et aux opprobres de son Fils unique.

CCXLIII.
EXTRAIT DE PLUSIEURS LETTRES RELATIVES A L'ORATOIRE.

I. — *Extrait d'une lettre au cardinal de la Rochefoucault.*

De Bérulle lui explique dans quel sens les prêtres de l'Oratoire dépendent des évêques.

Sans cela, à Rome, et si les prélats avaient le droit de régler le corps au dedans, comme on veut qu'ils l'aient de le diriger dans les fonctions du dehors, c'est bien alors, qu'au lieu d'être une congrégation de prêtres, ayant une forme de vie commune, ce serait bien plutôt une disgrégation sans lien, sans union, dont chaque maison tirerait son esprit, sa règle et sa discipline des ordinaires, dont chacun dans son diocèse, et son successeur après lui, les formeraient et façonneraient à leur guise, selon leur goût et leurs vues particulières, d'où il arriverait infailliblement que tout serait bientôt dissipé. Si l'on veut donc que le projet soit utile, il faut qu'il soit solide et de durée, ce qui ne peut être que par cette dépendance du Saint-Siége pour ses statuts; c'est par là qu'il tient un juste milieu entre le commun des prêtres séculiers qui servent l'Eglise sans titre, et les différents ordres religieux. Vous savez, Monseigneur, le peu de pouvoir qu'ont les évêques de France, pour engager ceux-là au travail, à moins qu'ils n'aient à leur proposer des charges de lucre et d'honneur, que nous leur abandonnons volontiers, et pour contenir ceux-ci dans de justes bornes, en les empêchant d'empiéter sur la juridiction des ordinaires, au lieu que notre congrégation a pour but de se rendre religieuse par son esprit et ses intentions, en se soumettant aux prélats quant à l'emploi des fonctions. C'est un secours qui pourra être d'usage à ceux qui voudront de nous, et qui ne peut porter préjudice à ceux qui n'en voudront pas, puisqu'ils en seront quittes pour s'en passer; qu'il est en leur pouvoir de nous appeler, au lieu qu'il n'est pas au nôtre de travailler, s'ils ne nous appellent et ne nous appliquent.

II. — *Extrait d'une lettre à M. de Soulfour,* (165) *agent de l'Oratoire, à Rome. 24 juin 1612.*

Faites considérer à ces messieurs, que ne devant nous établir nulle part, que du vouloir des évêques et appelés d'eux, c'est leur faire tort beaucoup plus qu'à nous, et ne se

(165) Nicolas de Soulfour était né en Savoie; saint François de Sales, dont il avait la confiance, lui procura, dans un voyage de Paris, la connaissance de M. de Bérulle, alors occupé du projet d'établir la congrégation de l'Oratoire. Il goûta singulièrement ce projet et résolut de coopérer à son exécution, en se liant d'une manière toute particulière avec celui qui devait en être le fondateur. C'est dans cette vue qu'il prit un logement dans le bâtiment extérieur des Carmélites, où résidait alors M. de Bérulle. Le cardinal de la Rochefoucault, chargé en 1610 par le roi d'aller à Rome faire son compliment d'obédience au Pape, à l'occasion de son avénement au trône, emmena M. de Soulfour avec lui, le fit intendant de sa maison, et

pas fier à eux, que de prétendre nous obliger d'obtenir de Rome, toutes les fois que nous serons appelés dans leurs diocèses, un nouveau pouvoir, comme si leur agrément ne suffisait pas; que ces rigueurs et ces sujétions donnent sujet à bien des prélats, de se passer des Romains, autant qu'ils le peuvent, et de rechercher en eux-mêmes ce qu'on leur fait acheter si cher; ce qui diminue d'autant la liaison qui doit être entre le Saint-Siége et eux, surtout en France, où nous tenons qu'en vertu de l'ancien droit, nos évêques ont le pouvoir de faire bien des choses qu'elle se rend difficile à leur accorder; d'ailleurs on n'a pas toujours ni argent toujours prêt, ni députés, ni crédit, ni loisir pour traiter à Rome et y demander de nouvelles bulles, surtout avec leurs longueurs dans leur manière de procéder.

III. *Extrait d'une lettre en date du 10 février 1613, à M. de Soulfour.*

Il le prie de bien faire remarquer que le caractère distinctif de l'Oratoire était d'être soumis au Pape pour le régime intérieur, et aux évêques pour l'exercice du ministère.

Je vous supplie de bien prendre garde, que, sous prétexte que nous demandons d'être soumis aux prélats quant à l'usage de nos fonctions au dehors, on ne croie pas que notre intention est qu'ils nous gouvernent; elle est à la vérité de ne rien faire que d'après eux, mais nullement de dépendre d'eux. C'est au Pape seul qu'est dévolu et l'institution et le gouvernement de ce corps, et sous lui à ses supérieurs majeurs, non aux ordinaires qui en divers temps et en divers lieux le formeraient et l'altéreraient, chacun à sa mode. Je vous recommande derechef de tenir la main à ces deux articles, à ce qu'ils soient clairement énoncés et distingués dans la bulle.

IV. — *Extrait d'une lettre à M. de Soulfour. 12 décembre 1611.*

Souvenez-vous qu'il y a trois sortes de personnes dans cette congrégation, les uns sans vœux ni autres obligations que de la charité et de la direction, humblement soumis à la congrégation; les autres avec vœu de ne point rechercher les dignités ecclésiastiques; les autres avec vœu de ne point les admettre, afin que, si dans la bulle, il est fait mention de quelqu'une de ces particularités, chacune de ces trois différences y soit spécifiée (166).

lui procura la place de proto-notaire apostolique. Durant son séjour dans cette capitale, il fut l'agent de M. de Bérulle pour traiter à la cour de Rome l'affaire de la bulle d'érection de la nouvelle congrégation, chose où il eut beaucoup de difficultés à surmonter, mais dans laquelle il réussit enfin, au gré du pieux fondateur.

(166) M. de Bérulle ne tarda pas à sentir les inconvénients de ce plan qui était propre qu'à introduire un triple esprit, et par conséquent un germe de division dans le corps. Il s'en désabusa, et posa pour fondement du nouvel édifice qu'on n'exigerait des particuliers d'autre lien que celui de la charité, qui est l'âme de la religion, sans lequel tous les autres sont de faibles barrières.

V. — *Extrait d'une lettre à un prêtre de l'Oratoire.*
Sur la fondation du collége de Nantes.

La rencontre et la nécessité nous ont mis à Nantes près du collége, plutôt qu'aucun dessein prémédité..... J'ai considéré que si celui-ci tombait en d'autres mains que les nôtres, ou nous serions contraints de changer de demeure, ou nous serions exposés à beaucoup de contestations; et tel a été aussi le conseil que m'ont donné plusieurs ecclésiastiques de la ville. J'ai refusé des colléges en plusieurs bonnes villes du royaume, nommément à Troyes et à Orléans, et je l'ai fait pour les conserver à ces Pères (Jésuites), par le seul désir de les servir. Mais je vous puis dire en confiance que nos services passés et nos affections présentes ont été peu considérés, et qu'on se plaint de toutes sortes de choses, après des oppressions et des outrages fort criminels que je porte depuis si longtemps sans défense.... Il y a quatre ans que je suis persécuté criminellement et aux mœurs et à la doctrine, par ceux-là même qui me devaient, ce me semble, quelque défense, non-seulement par les lois de la charité chrétienne, mais encore par le devoir d'une reconnaissance particulière. Béni soit Dieu qui permet que ceux-là se plaignent qui, à mon avis, sont les coupables. Mais il faut, en travaillant aux œuvres de Dieu, s'attendre à la croix.... Je vous dirai confidemment qu'il y a 15 ans qu'une âme de Dieu, qui est encore vivante, m'annonça cette persécution dans les mêmes termes que je la vois. Croyez-moi, l'esprit de Dieu n'est pas dans ceux qui veulent y prendre part, et ce n'est pas bénédiction à cet ordre de vouloir ainsi coopérer au dessein du malin esprit, en excitant un pareil outrage. Ceux qui vous disent que je suis irréconciliable, se trompent et me font en cela une nouvelle offense; mais je suis résolu depuis longtemps, de ne pas faire attention à tout cela, et seulement de n'être pas facile à me laisser tromper par eux, et de ne pas prendre des paroles pour des effets. Car je puis vous dire qu'en même temps que ceux qui vous avez en vue ne parlent que de réconciliation, on fait partout de pis qu'il se peut, et on nous accuse en France et à Rome d'être schismatique, dans des écrits que j'ai entre les mains et que je vous ferai voir. Croyez-moi, mon Père, ce n'est pas Dieu qui a suscité cet orage; ceux qui y ont contribué ne sont pas conduits par sa grâce et par son esprit, et si je ne l'avais éprouvé, je n'aurais jamais cru devoir trouver tant de l'homme, tant d'activité, tant d'excès, si persévéramment et si universellement, dans des hommes que leur état oblige à un procédé bien contraire.

VI. — *Extrait d'une lettre aux Pères de Notre-Dame de Grâce.*

Ces ecclésiastiques, après avoir demandé leur réunion à l'Oratoire en éprouvaient quelque chagrin.

Il y a un an et plus que, sans induction ni sollicitation de ma part, il vous plut de déférer et d'effectuer l'union de votre maison à notre congrégation; je l'ai acceptée, non pour prendre aucune puissance sur vous, mais pour me tenir prêt à vous servir tous en général et en particulier, dans les occasions qui pourront se présenter. Je sais les traverses que vous avez eues à ce sujet; si votre union est cause de vos inquiétudes, je ne désire pas que la maison de la sainte Vierge soit dans ce trouble. Je vous offre ma volonté; elle est disposée à toutes les voies que vous jugerez convenables pour le repos.

VII. — *Extrait d'une lettre à Hugues Quarré, chanoine théologal de la collégiale de Poligny.*
Différence entre l'Oratoire et la Compagnie de Jésus.

Nous différons des Jésuites en trois choses: 1° en ce qu'ils sont réguliers et que nous ne le sommes pas; en sorte que plusieurs vertueux ecclésiastiques qui ne se sentent pas appelés à la religion, quoiqu'ils aspirent à la perfection qu'exige leur état, peuvent se retirer parmi nous et demeurer tout ce qu'ils étaient. Vous, par exemple, Monsieur, vous pouvez demeurer chanoine théologal, faire les fonctions de vos charges dans Poligny, et ne laisser pas d'être toujours des nôtres. Il en serait de même d'un curé, d'un doyen; et cette ouverture qui met l'esprit de perfection dans le clergé, sans effort, sans violence, sans obliger de se séparer du corps des ecclésiastiques n'est pas une petite utilité à qui saurait bien la considérer....

2° Nous faisons une profession contraire (167), ce qui nous met sous la main et sous la conduite des évêques, et donne aux ordinaires un corps de réserve composé d'honnêtes ecclésiastiques qui, dans une vie commune, se préparent à les mieux servir qu'ils ne seraient en état de le faire, s'ils ne vivaient pas en commun, et sans leur faire craindre les inconvénients des autres communautés, chez qui l'on ne voit pas assez l'esprit, le cœur, les maximes ecclésiastiques.

3° Enfin, comme les Jésuites s'occupent principalement de l'instruction de la jeunesse, ils sont moins propres aux fonctions ecclésiastiques, ou le deviennent trop. Il n'en est pas de même de nous; plusieurs ne s'appliquent point du tout aux sciences profanes, beaucoup ont même de l'éloignement, respirant une vie plus ecclésiastique et plus dégagée des importunités de l'école.

VIII. — *Extrait d'une lettre au P. Romillon* (168.)

Je n'accepte l'autorité que vous voulez

---

(167) Il parle des Jésuites qui prétendaient être en droit d'exercer leurs fonctions sans la permission des ordinaires.

(168) Le P. Romillon avait demandé la réunion à l'Oratoire des neuf maisons qu'il dirigeait tant en Provence qu'en Languedoc, dans lesquelles on suivait la règle de saint Philippe de Néri.

bien reconnaître en nous, que pour en user avec tout le respect que mérite la grâce que vous avez eue pour les édifier jusqu'ici et votre patience dans tous vos travaux passés.... Je me remets de tout cela en vous, comme si l'union n'était pas conclue et n'en désire pas même encore aucune connaissance, me réservant seulement le soin de prier Dieu, pour qu'il nous dirige dans son œuvre et qu'il nous unisse tous d'esprit à son service.

IX. — *Lettre à M. de Neuchèse, évêque de Châlons-sur-Saône.*

Ce prélat succédait à M. de Bissy, qui avait appelé les Pères de l'Oratoire pour diriger le collège de sa ville épiscopale, ne voulait pas de ces derniers, et il avait même pris des engagements avec les Jésuites; et pour forcer les Pères de l'Oratoire à se retirer, il avait lancé sur eux l'interdit; mais il le leva dès le lendemain, et il écrivit au Père de Bérulle. Ce dernier lui répondit comme il suit.

Je bénis Dieu de la pensée qu'il lui a plu de vous donner de vous servir de nous dans votre diocèse et d'y avoir un plus grand nombre d'ouvriers, pour y exercer nos petites fonctions sous votre autorité. La crainte que j'avais que cela ne vous fût pas agréable, m'a retenu jusqu'à présent d'y envoyer personne, aimant mieux manquer à mon propre contentement, que non pas à mon désir de vous honorer et de vous servir, comme je le dois. C'est ce qui m'a fait rendre cette maison si déserte, n'y laissant qu'un seul Père, lequel je connaissais d'esprit doux, humble et patient, et duquel je me pouvais promettre qu'il n'arriverait rien, de sa part, qui pût vous être désagréable; et sitôt que j'ai su votre volonté portée à ce que cette maison fût occupée par un plus grand nombre, je me suis mis en devoir de l'accomplir. Je lui ai donc encore destiné le P. Seguenot, par la seule considération qu'il a l'honneur d'être connu et honoré de vous.

Je vous enverrai, quand il vous plaira, l'acte qu'il vous plaît désirer de moi; je l'eusse déjà fait, si un de nos Pères n'avait écrit par deçà, que votre bonne volonté pour nous allait toujours croissant, et que vous ne vouliez plus de nous autre chose qu'un simple témoignage de notre dépendance de nos seigneurs les évêques, à cause de quelques bruits qui avaient couru au contraire. Je vous assure, Monseigneur, que ceux qui les ont publiés, l'ont fait par la même licence qui les a portés à dire de moi plusieurs choses qui ne sont pas véritables, grâce à Dieu; et que vous avez autant de puissance sur un chacun de la maison, que sur le moindre de vos diocésains. Notre conduite en tous les diocèses est publique, et témoigne évidemment la vérité de ce que je vous confirme par la présente. (14 avril 1627.)

X. — *Extrait d'une lettre à M. Dinet, évêque de Mâcon.*

Louis Dinet succédait à Gaspard Dinet, son oncle, dans le siège de Mâcon. Or ce dernier avait appelé les Pères de l'Oratoire pour leur confier la direction du séminaire. Le neveu était au contraire opposé aux Pères de l'Oratoire, et il voulait les forcer à quitter cet établissement.

Je me flatte que, dans le même temps que Dieu dispose les plus grands seigneurs du royaume (169) à nous introduire où nous n'étions pas, Votre Grandeur ne souffrira pas que les mauvais conseils des gens qui ne nous aiment guère, nous fassent chasser de votre diocèse où votre respectable oncle nous avait attirés et reçus avec tant de joie. J'envoie à Mâcon le P. Eustache Gault, pour remplacer le supérieur. C'est un homme sage et prudent, je le crois très-propre à terminer tous nos différends au gré de Votre Grandeur; et je n'ai rien plus à cœur que de faire en sorte, non-seulement que les clauses de notre traité, mais encore la personne qui doit les passer avec vous, vous soient agréables.

CCXLIV.

LETTRES RELATIVES AU MARIAGE D'HENRIETTE DE FRANCE AVEC LE PRINCE DE GALLES.

I. — *Extraits d'une lettre aux ministres de Louis XIII.*

Le P. de Bérulle avait été chargé par le roi de solliciter du Pape la dispense nécessaire pour le mariage de Henriette de France avec le prince de Galles. Il rend compte de sa mission par la lettre suivante.

C'est le style de cette cour (170), de ne pas tenir pour valable la parole des hérétiques; d'ailleurs, le roi d'Espagne a donné l'écrit qu'on demande au nôtre; le Pape me l'a fait voir en original parmi ses papiers. Il ajoutait : une autre des conditions arrêtées entre les rois d'Angleterre et d'Espagne, était que le roi Jacques et son fils donneraient parole d'honneur que, par quelque raison que ce fût, le mariage de l'Infante ne serait jamais dissous. Ils firent mettre cette clause, parce qu'ils sont dans cette opinion, que les hérétiques ne tiennent pas l'indissolubilité du mariage, et les cardinaux proposaient d'en mettre autant pour le nôtre. Mais je les ai priés de considérer que cet intérêt regardait le roi, et nullement eux; que Sa Majesté et ceux de son conseil y auraient égard; qu'il suffisait de l'en avertir, sans faire dépendre la dispense de cette clause, ni d'aucune autre nouvelle, parce qu'il nous la fallait pure et simple, et sans condition; qu'après tout ils se forgeaient vraisemblablement de vaines terreurs; que jamais nos hérétiques de France n'avaient ni pratiqué, ni prêché la dissolution du mariage; qu'elle est sans doute aussi inconnue en Angleterre, et que la meilleure caution que pût avoir la princesse, qu'on n'en viendrait jamais à rompre le sien, était dans la

---

(170) De la cour romaine.
(169) Le prince de Condé, les ducs de Vendôme et de Longueville.

qualité de sœur d'un grand roi assez puissant et assez voisin pour ne pas souffrir qu'on lui fit un pareil affront. . . . .

Il nous a paru que la cour de Rome n'aurait plus d'inquiétude sur cet article, si, au lieu que notre écrit porte, que *le mariage se fera selon la forme usitée dans l'Eglise catholique*, nous mettions, *selon l'usage et les lois de ladite Eglise*. L'ambassadeur a trouvé bon de leur passer ce petit changement, qui n'exprime après tout que le même sens que le roi avait dans l'esprit, en formant ce deuxième article, et qui contente à peu de frais ces Messieurs, en obligeant, ce leur semble, le roi anglais de reconnaître que le mariage est indissoluble dès qu'il est fait *selon les lois de l'Eglise*, suivant lesquelles il est essentiellement tel.

Les cardinaux ont été quelque temps dans la pensée de dresser un formulaire de serment, pour être prêté par les catholiques anglais à leur prince, à la place de ceux qu'on avait exigés sous la reine Elisabeth, et du nouveau serment (de suprématie) qui leur fait tant de peine. Mais nous leur avons fait entendre que cette matière était trop épineuse pour qu'il leur convînt d'y toucher; qu'il y aurait trop de difficultés avant que de réussir; que le roi Jacques ne songeait plus à exiger de pareils serments; qu'il s'en était expliqué, et que ce serait l'y faire penser que d'en proposer un nouveau modèle ; qu'après tout quand il aurait dessein d'en faire, vu les préventions contre le Saint-Siège où il avait été élevé, il suffirait que ce serment vînt de Rome, pour que ni lui, ni les siens n'en voulussent point; qu'il valait donc beaucoup mieux attendre, si dans la suite il venait à lui parler de nouveau, qu'il le concertât avec notre roi, avec qui il devait convenir de celui qu'il ferait prêter aux officiers de la maison de notre princesse... Je pense qu'il ne se parlera plus du serment projeté, et j'ai assuré ceux avec qui je négocie qu'il ne fallait plus rien attendre de nous; que le traité était clos; qu'il ne s'agissait de leur part que d'examiner nos articles, et sur iceux dire nettement s'ils accordaient ou refusaient le dispenso; que nos articles étaient plus que suffisants pour les y obliger devant Dieu, s'ils ne voulaient pas se rendre responsables, à la face du monde chrétien, de tous les inconvénients où ils jetteraient l'Eglise et les catholiques, s'ils faisaient manquer cette affaire.

Cette cour a sa conduite et ses principes bien différents de ce qu'on en jugerait avant de l'avoir éprouvé soi-même ; pour moi, je confesse en avoir plus appris en peu d'heures, depuis que je suis sur les lieux, que ce que j'en savais par tous les discours qui m'avaient été faits. Le cadran que l'on regarde continuellement dans ce pays-ci, c'est la proportion entre la France, l'Italie et l'Espagne : la réputation dans le maniement des affaires, l'usage et l'accroissement de l'autorité sont les seuls points qui conduisent les Romains dans leurs conseils, et qui me semblent y avoir plus de poids que les raisons de théologie ; et comme sur la mer il faut suivre le vent qui souffle pour naviguer, il en est de même dans cette cour si l'on veut y réussir. Que le propre de cette cour est de s'étendre fort en paroles, et de ne pas traiter les affaires sommairement, celles surtout qui regarde les hérétiques, à l'égard desquels ils sont toujours dans la défiance, et trop souvent excessifs dans leurs précautions.

Il est vrai que ceux qui sont au fait de cette cour doivent trouver qu'il y a sujet d'être bien content de la manière dont tout ceci a été conclu ; mais c'est le bonheur et le bon ange de Sa Majesté qui travaillent pour ses désirs et ses desseins, en Italie aussi bien qu'en France ; et nous en sommes aussi redevables à la vigilance, à l'activité et à la bonne conduite de M. l'ambassadeur qui a travaillé heureusement en ceci, comme il fait dans tout ce qu'il entreprend.

II. — *Extrait d'une lettre au comte de Béthune.*

De Bérulle raconte ce qui s'était passé en Angleterre lorsqu'il était auprès de la reine. La chapelle du palais Saint-James s'était trouvée trop petite pour contenir la foule qui s'y portait, on fit l'office dans une autre plus spacieuse.

Celle-ci fut toute pleine de seigneurs et de dames, les uns catholiques, les autres protestants. Sa Majesté y fit ses dévotions avec toutes ses dames. L'action se passa avec tant de piété et de dignité, que les uns étaient baignés de larmes, les autres saisis de respect et d'étonnement. Quelques ministres qui y étaient venus, dirent tout haut que cette action était belle, et que si l'intérieur répondait à la cérémonie extérieure, ils n'avaient rien à redire, n'ayant jamais vu une dévotion pareille, ni plus de respect ni de dignité dans les choses ecclésiastiques.

Nous avons marché toujours par les villes et à la campagne avec notre habit long, pour accoutumer les Anglais à voir des prêtres en habit et en qualité de prêtres : ce qui ne s'était pas vu dans ce pays-là depuis quatre-vingts ans... Ils commencaient à Londres à trouver notre habit beau et plus séant de beaucoup que celui des ministres. Comme je m'aperçus dans cette ville du dessein que le roi avait de nous faire servir par ses officiers, ce qu'il faisait à mon avis, partie aussi parce qu'il n'était pas alors en état de nous faire toucher nos appointements, je crus devoir faire observer nos usages à table et à la conversation, le silence, la modestie, la lecture de l'Ecriture sainte jointe à la sobriété ordinaire en France : ce qui les ravit en admiration ; car ils n'ont pas accoutumé de voir chez eux ces usages religieux, et leurs ministres n'ont rien de semblable. . . . .

Ce sont là des fleurs, des espérances que l'on devait concevoir ; mais ce ne sont que des fleurs, et des fleurs environnées d'épines. Ces espérances ont besoin d'être soutenues d'une plus grande maturité d'années, du côté de la reine ; et, de la part de la France d'une conduite plus persévérante.

CCXLV

LETTRES RELATIVES A L'ÉLÉVATION DU P. DE BÉRULLE AU CARDINALAT.

I. — *Extrait d'une lettre en date du 12 février 1627, au P. Bertin, à Rome.*

Le P. Bertin ayant appris au P. de Bérulle que le roi avait demandé pour lui le chapeau de cardinal, il lui répond qu'il n'en sait rien et qu'il espère que ce bruit n'est pas fondé.

Le roi ne m'en a jamais parlé, ni fait parler par personne, non plus que la reine mère. Je ne leur en ai moi-même ni parlé, ni fait parler, par la grâce de Dieu. Cela m'oblige même à les voir moins ; et hors le cas de la nécessité des affaires qu'il leur a plu me confier, je ne les vois point du tout, pour aider à dissiper ce bruit qui, grâce à Dieu, se passe insensiblement. Je crains que cela ne vous suscite quelque nouvelle tempête. Dieu nous en délivrera, s'il lui plaît, comme de plusieurs autres passées, puisqu'il n'y a rien de notre part en ceci, et que c'est une pure permission de Dieu qui a voulu répandre ce bruit par des voies qui me sont absolument inconnues.

II. — *Extrait d'une lettre au cardinal de Richelieu.*

Le roi ayant offert au cardinal de Bérulle l'abbaye de la Réole pour le mettre en état de soutenir sa nouvelle dignité, le cardinal écrit au ministre qu'il ne peut l'accepter.

Je ne mérite pas que le roi pense à moi. C'est vous, Monseigneur, qui lui en avez suggéré la pensée ; mais la sincérité avec laquelle je veux agir avec vous, me fait vous dire qu'encore que ce dernier bienfait soit fort obligeant, il m'afflige d'une manière sensible, comme étant le premier sujet qui me tire de la résolution ancienne que j'avais faite de servir Dieu dans son Église sans bénéfice, et il me semble que je me dois plaindre de vous, de m'avoir mis dans une condition qui m'oblige de rompre cette résolution. Je m'attriste donc de me voir dans un état si différent du premier, et je dis à Notre-Seigneur Jésus-Christ que je ne veux point de bénéfice qui me tienne lieu de récompense, et qui me diminue sur la terre ce que je dois et désire avoir de part à ses saintes grâces.

III. — *Lettre du roi au cardinal de Bérulle.*

Mon cousin, vous pouvez bien croire que je ne vous ai pas plutôt fait cardinal, qu'en même temps je n'aie pensé aux moyens de vous faire soutenir cette dignité. J'y aurais plus tôt commencé, s'il s'en était offert des occasions. Maintenant donc qu'il a plu à Dieu de disposer de l'archevêque de Tours, je vous fais cette lettre pour vous dire que je vous donne très-volontiers l'abbaye de Saint-Maixant qu'il possédait, et l'archevêché de Tours aussi, si vous vous résolvez à tenir des bénéfices de cette nature. Par ce commencement, vous connaîtrez mon affection, dont vous recevrez d'autres effets dans les occasions. (21 octobre 1628.)

IV. — *Lettre à Marillac, garde des sceaux.*

Celui-ci ayant fortement pressé le cardinal de Bérulle de se rendre au vœu du roi, il en reçut la réponse suivante.

Je suis en doute de la volonté de Dieu sur moi, depuis qu'il lui a plu de me tirer de la première voie où il m'avait mis... Le changement de ma condition n'a rien changé, par la miséricorde de Dieu, des dispositions et maximes précédentes... Auparavant j'étais résolu de ne rien accepter ; maintenant je suis résolu de ne rien demander, de me laisser conduire à Dieu selon sa providence... De savoir si je dois accepter tout ce qui se présentera, c'est sur quoi je suis en doute, n'y ayant pas encore pensé devant Dieu... Et c'est ce qui me retient d'écrire au roi ou à Monseigneur le cardinal, ne voulant pas leur mander des doutes : ce qui serait manquer au respect que je leur dois.

V. — *Extrait d'une lettre au P. Bertin, à Rome.*

Le cardinal de Bérulle le prie de consulter le Pape au sujet des abbayes que le roi lui offrait.

J'avais fait ci-devant le vœu de n'accepter aucune abbaye ni évêché. Depuis qu'il a plu au Pape de m'en dispenser, je me suis résolu de ne demander aucun bénéfice... Mais je me suis aperçu depuis quelques jours que le roi pense à m'en offrir un... Si je l'accepte, je suis bien résolu de ne le pas quitter, ni de permuter avec d'autres bénéfices, comme plusieurs le font maintenant... Mais j'ignore en quelle manière Dieu désire que je le serve... Ce m'est une peine sensible de rompre mon vœu en acceptant des abbayes, et toutefois je vois quelque sorte de nécessité de le faire pour soutenir ma dignité. Mais je ne crois pas qu'il soit aussi nécessaire d'accepter des évêchés. C'est sur quoi je souhaite l'avis et la résolution du Saint-Père... Je vous supplie de lui exposer mes difficultés, de lui déclarer de ma part que, devant Dieu, je me juge incapable de l'épiscopat ; que j'ai grand sujet d'appréhender cette charge d'âmes ; que je n'ai pas le don de la parole, qui est un défaut que j'estime considérable dans un évêque ; que je crains même de n'avoir ni assez d'activité dans l'esprit, ni assez de force de corps pour satisfaire aux devoirs et aux fatigues de cet état ; que néanmoins je me soumettrai à ses ordres. (4 novembre 1628.)

VI. — *Lettre au roi.*

Louis XIII venait de nommer le cardinal de Bérulle à l'abbaye de Marmoutiers et à celle de Saint-Lucien de Beauvais. Cette nomination ayant concouru avec la réponse du Pape, qui lui commandait d'accepter, le cardinal répondit au roi en ces termes :

Sire, je viens de recevoir de nouveaux effets de votre bienveillance : j'en dois rendre un nouvel hommage et une nouvelle reconnaissance à Votre Majesté. Mais comme mes devoirs et mes sentiments ne peuvent être dignement exprimés sur le papier, je désire les imprimer sur un fond plus noble et plus durable, au fond de mon cœur ; et pourtant de bienfaits, vous présenter quelque chose de meilleur que des paroles. La saison, Sire, et les périls où nous voyons Votre Majesté, nous forcent de prier Dieu d'être avec vous pour vous accompagner, de marcher devant vous pour vous ouvrir ses voies, de vous prendre entre ses mains comme un instrument de sa volonté, et de vous faire servir à sa gloire sur cette terre. Je le supplie aussi de me faire la grâce d'user si saintement des bénéfices que vous avez bien voulu me donner, que Votre Majesté en soit devant Dieu sans reproche, et que je travaille moi-même à régir de telle sorte ces abbayes, que Dieu y soit honoré, le pays assisté, et Votre Majesté satisfaite.

VII. — *Réponse du roi à la lettre précédente.*

Mon cousin, j'ai vu par votre lettre du 6 de ce mois, avec quel sentiment vous avez reçu les abbayes que je vous ai données. Mais comme je veux bien croire qu'il est plus vif au fond de votre cœur, qu'il ne peut être exprimé par vos paroles, croyez aussi que la bonne volonté que je vous porte et l'estime que je fais de votre éminente piété et vertu, est encore plus grande en mon esprit, qu'elle ne paraît par les effets, que je tiens aussi inférieurs aux mérites des vœux et des prières dont vous assistez incessamment mes intentions. Je vous prie de me les continuer toujours ; car c'est de la main de Dieu que je tiens les bons succès qui m'arrivent ; et comme je ne mérite pas ces grâces de moi-même, je ne les puis attendre que des prières de ceux de qui la voix est entendue du ciel. Faites que la vôtre et celle de votre congrégation y soient souvent portées, et soyez assuré de la continuation de ma bienveillance.

CCXLVI.

EXTRAIT D'UNE LETTRE AU CARDINAL DE RICHELIEU.

De Bérulle lui parle de l'évêque de Maillezais, nommé à l'archevêché de Bordeaux.

Quant à M. de Maillezais, je ne sais quelle mouche l'a piqué contre moi, ne lui ayant jamais donné, que je sache, aucun sujet de mécontentement. Le nonce vint me trouver, il y a un mois, de la part de Sa Sainteté, pour me charger de vous informer qu'elle est résolue de prier le roi de jeter les yeux sur quelque autre que ce prélat pour l'archevêché de Bordeaux, m'alléguant des raisons bien graves et bien dignes de sa religion et de l'autorité de sa place. Vous savez bien cependant que je ne vous en ai rien écrit. Je m'en défendis en effet auprès du nonce par ces deux raisons : l'une, que le roi ne m'ayant rien recommandé sur les matières bénéficiales de son royaume, je désirais de m'en tenir à la loi que je me suis imposée de ne me mêler de quoi que ce soit que par ordre exprès ; l'autre, que les déliés du siècle ne manqueraient pas de dire que je m'étais chargé de faire valoir les oppositions du Pape, pour faire obliquement penser à moi dans la collation de cet archevêché. Je m'étais donc proposé de ne vous rien dire sur cette nomination. Mais puisque j'ai une fois rompu le silence, je crois vous devoir avertir que, quand on eut nouvelle à Paris que le roi avait nommé ce prélat à Bordeaux, la plupart de ses confrères qui se trouvaient ici, s'en offensèrent ; que le cardinal de la Rochefoucault m'en prit en quelque façon à partie, s'imaginant que j'y avais contribué, moi qui ne le savais même pas ; que les plus licencieux de la cour s'en moquèrent ; et que, quand ils surent depuis que le Pape s'y opposait, les courtisans dirent ouvertement que le Pape faisait fort bien ; et c'est par les discours qui se tinrent alors sur ce prélat, que j'appris de lui bien des choses que jusque-là j'avais ignorées. Je croyais même d'abord que vous aviez procuré sous main cette opposition du Pape, sachant que vous aviez déjà, par un mot de lettre, empêché que l'abbaye de Blois ne lui fût donnée, à cause, disiez-vous, que plus il en aura, plus il en mésuserait. A la vérité, l'intérêt que vous alléguiez est grand, le bien de l'Église étant affecté à Dieu. Mais, Monseigneur, l'intérêt de tant d'âmes qui dépendent de ce grand archevêché est bien encore plus grand. Les âmes sont à Jésus-Christ, et il ne faut mettre dans les emplois à charge d'âmes que ceux que Jésus-Christ même y mettrait, s'il était encore sur la terre.

CCXLVII.

EXTRAIT D'UNE LETTRE AU CARDINAL DE RICHELIEU.

De Bérulle ayant assuré au cardinal ministre que la Rochelle serait prise, celui-ci, peu crédule à cette prédiction, voulait savoir le temps précis auquel Dieu accomplirait ses promesses ; de Bérulle lui répondit :

Je suis sans lumières, mais non sans pensées ; et, puisque vous me le commandez, je dois vous les représenter. Je regarde la Rochelle comme je regardais auparavant l'île de Rhé ; c'est-à-dire je la tiens assurée au roi, et j'espère même que cela ne tardera pas. Je ne l'attends point de l'estacade ni du blocus, mais de quelque effet prompt et inopiné. Cependant, en choses semblables, on doit être fort retenu à en juger et à en parler, et se rendre à cette parole du Verbe incarné à ses apôtres : *Non est vestrum nosse tempora vel momenta quæ Pater posuit in sua potestate.* (Act. I, 7.) La puissance de cette parole nous oblige à rentrer dans notre néant, mais non pas de cesser nos prières. Je prie donc avec instance que Dieu abrège les temps..... Je fais des vœux à Dieu pour cela qui regardent le bien public, et que je vous suppliera de ne pas éconduire. (Du 11 décembre 1627.)

CCXLVIII.
EXTRAIT D'UNE LETTRE AU CARDINAL DE RICHELIEU.
De Bérulle lui parle d'une conférence qu'un Jésuite avait engagée publiquement avec un ministre protestant.

La conférence s'est faite douze jours durant que je n'en savais rien. Je ne l'ai appris que par les plaintes du parlement, des prélats, de la voix publique, et de plusieurs autres personnes qualifiées qui se sont adressées à moi pour y mettre fin. Elle s'est faite sans la permission de l'archevêque de Paris, sans ordre, sans conduite, et avec le scandale public de tous. Comme... je ne vais point chez la reine si elle ne m'appelle, ou si je n'ai quelque chose à lui dire de votre part, et que l'esprit de Sa Majesté est, comme vous savez, peu appliqué et d'une personne qui parle peu, il arrive de là que je reste fort ignorant de ce qui se passe. J'ai donc entièrement ignoré cette affaire. Je ne comprends pas, à la vérité, par quel esprit Rancé a pu s'imaginer qu'il la devait et proposer et résoudre, sans en parler à aucun prélat ni à moi... On voulait aussi mal finir qu'on avait commencé, et interrompre la conférence par une défense publique de la reine et du parlement, ou de l'archevêque de Paris qui voulait à toute force aller avec sa croix sur les lieux, et là, accompagné d'un nombreux clergé, interdire la conférence. Mais nous avons estimé, de l'avis du cardinal de Lavalette et des évêques d'Orléans et de Chartres, devoir prévenir ce scandale par la rupture des parties même, ce qui se fait aujourd'hui. (29 juillet 1629.)

CCXLIX.
LETTRE AU CARDINAL DE RICHELIEU.
Il lui parle du mécontentement général que causait le départ du roi.

Je dois vous informer des bruits qui courent par deçà, celui de la paix (dont on se flattait) a peu duré. Mais le bruit du passage du roi en personne y a succédé, et ce passage est improuvé de bien des personnes; car, outre l'inclination générale qu'on a à la paix, on blâme cette sortie du roi hors du royaume, sans une nécessité évidente. On dit qu'excepté M. le prince, toute la maison royale est hors de l'Etat, le roi, Monsieur, M. le comte de Soissons, et qui pis est, la maison royale sans lignée. On dit encore qu'on oppose la personne propre du roi à de simples lieutenants du roi d'Espagne, comme si les lieutenants du roi n'étaient pas bons pour eux; que l'on donne commencement à une guerre immortelle parmi la nécessité de l'Etat et les misères du peuple, et que, sous le prétexte de Cazal, on veut entrer dans le Milanais, ce qui est hautement blâmé par les ennemis mêmes du roi d'Espagne. Il n'y a rien du mien dans tous ces discours, que la difficulté à vous les rapporter; seulement y ajouterai-je que s'il arrivait ou au roi ou à vous un petit mal de huit jours, tout votre projet se renverserait et les ruines en tomberaient sur votre personne.

CCL.
LETTRE AU CARDINAL DE RICHELIEU.
De Bérulle l'avertit que Gaston a le projet de sortir du royaume.

Monseigneur, il me serait bien facile et bien plus doux de suivre vos pensées que de vous inculquer les miennes. Mais je dois au roi et à vous cette nouvelle instance et cette manifestation réitérée de ce que nous voyons ici, afin que vous y pensiez et y pourvoyiez selon la prudence qu'il a plu à Dieu de vous donner. La face de cette affaire paraît ici de tout un autre œil qu'il ne paraît que vous la voyez. Ce n'est pas mon avis seul, c'est celui du cardinal de Lavalette, c'est celui de M. de Châteauneuf, après qu'ils se sont donné le loisir de juger des choses selon qu'elles se sont passées, et non selon les idées qu'ils en avaient prises d'abord d'ailleurs... Je sais bien que, par toute bonne raison, Monsieur et les siens ne peuvent ni ne doivent sortir du royaume, et vous en jugez très-bien sur ce fondement. Mais ce n'est pas la raison qui les guide: c'est la faiblesse à supporter les opprobres dont on les charge, s'ils ne font pas quelque coup d'éclat, et l'opinion d'une fausse générosité, dont les flattent ceux et celles qui tâchent de les jeter dans le précipice. C'est là précisément qu'est le mal, et c'est là aussi que doit être mis le remède. J'eusse cru vous ennuyer de vous mander, parmi vos grandes affaires, tout ce qui leur a été représenté à ce sujet. Mais s'il faut les retenir, il faut que ce soit par des témoignages de bonne volonté, par des assurances de liberté pleine, par des offres de satisfaction qui leur donnent sujet de croire que leur honneur est mis à couvert, et il faut que cela vienne de la parole du roi, déposée entre les mains de la reine mère, qui la donne de sa part et de la vôtre : sans quoi, tout ce que nous pouvons dire par deçà, sera sans effet, parce qu'ils voient que nous sommes ici sans puissance, et que ce n'est à nous ni à promettre ni à tenir. La défiance où ils sont, la peur qu'on leur a donnée ne peut être guérie que par cette voie; encore n'en sommes-nous pas assurés. En cela, nous n'estimons pas nous tromper, mais nous exposons sincèrement nos pensées, pour vous faire connaître l'état des choses, non pour vous induire à prendre ce moyen-là, si vous ne l'approuvez pas, et si vous avez quelque voie plus haute dans votre esprit.

Que si je vous ai parlé moi-même de celui (171) de Bourgogne, continuait-il, où il n'y a de place que la citadelle de Châlons,

---

(171) Du gouvernement de Bourgogne, qu'on avait conseillé à Richelieu de donner à Gaston pour l'apaiser.

c'est en vous faisant observer qu'il est déjà à demi à Monsieur, étant à un de ses serviteurs. C'est d'après M. de Châteauneuf, qui voit aussi bien que moi le péril, et qui néanmoins m'y a fait penser. Je vous ai prié de considérer, en vous faisant ma proposition, que si vous y voyiez moins d'inconvénient qu'à courir le risque des divisions domestiques et intestines, vous vous dépêchassiez d'en faire usage, avant que ces messieurs fussent sortis du royaume; qu'alors ils diraient ce qui est et ce qui n'est pas; que les ennemis de l'État et les vôtres en sauraient bien faire leur profit; que le mal serait moins remédiable, les affections plus difficiles à lier, la confiance plus malaisée à reprendre; et qu'après tout, vous pouviez regarder tout ce que je vous mandais sur cela, comme des pensées crues et indigestes, que je ne vous exposais que parce que vous me commandiez de vous rendre compte avec ingénuité de toutes mes vues. (14 juillet.)

CCLI.
EXTRAIT D'UNE LETTRE AU CARDINAL DE RICHELIEU.
De Bérulle l'avertit que Gaston a gagné la frontière.

La frayeur a saisi Monsieur et ses trois conseillers; ne se jugeant pas en sûreté au cœur du royaume, ils ont cru devoir gagner la frontière. Ils jettent des soupçons sur ce que vous n'accompagnez pas le roi, et croient que vous machinez quelque chose contre eux. Ils disent qu'ils se souviennent que, lorsque vous avez fait arrêter le duc de Vendôme, vous en avez usé de même, et que vous aviez affecté de tarder à vous rendre à Blois. Le bruit qui s'est répandu qu'on envoie une partie des troupes en quartier de rafraîchissement dans la Bourgogne et dans la Champagne, ayant augmenté leurs frayeurs, je vous conjure, au nom de Dieu, d'assigner un autre département à ces troupes, sans quoi les fugitifs croiront qu'elles sont destinées pour les enlever; alors il n'y aura plus éloquence au monde qui puisse les arrêter, et on aura le regret de voir Monsieur hors de France. Je ne vois qu'un seul moyen propre à parer cet inconvénient, celui que j'ai déjà proposé, savoir que le roi donne sa parole royale secrètement à la reine mère, pour la donner de sa part au duc d'Orléans, d'une pleine liberté pour lui et les siens, avec assurance qu'il ne leur sera fait aucun tort, s'ils restent dans le royaume; que le roi écoutera même volontiers les désirs et les prétentions de Monsieur, son frère, et promettra d'y avoir égard en tout ce que lui et la reine sa mère estimeront convenable, et que vous-même vous voudrez bien de votre côté donner à peu près les mêmes paroles.

CCLII.
LETTRE AU CARDINAL DE RICHELIEU.
De Bérulle se plaint qu'on l'ait desservi dans l'esprit du roi.

Le roi m'a témoigné, et à d'autres, du mécontentement de ma personne. Si cela peut vous être utile, je désire vous servir plus d'intérêt que cela; mais je ne désire pas me défendre, ni me justifier près du roi. Jusqu'à présent je n'ai rien fait pour être en aucune opinion dans l'esprit des grands. Je désire beaucoup moins y faire à l'avenir, en l'âge et en la condition où je suis, et dans le dessein que j'ai de servir Dieu par la voie qu'il lui plaira de me marquer, sans en choisir aucune de moi-même. Je suis donc demeuré muet en ma justification; mais je n'ai pas cru le devoir en celle d'autrui. (3 août 1629.)

CCLIII.
EXTRAIT D'UNE LETTRE AU CARDINAL DE RICHELIEU.
Il lui parle de la fuite de Gaston en Lorraine.

Je m'en suis entièrement remis entre les mains de Bouthillier. Je lui ai adressé ceux qui s'adressaient à moi. Quand Bellegarde est venu, je le lui ai renvoyé. On m'accusait de trop vouloir me rendre maître de cette affaire. Je vous assure que je n'en ai pas eu la pensée, et que, si nous avions eu ici plutôt un homme tel que le Bouthillier, également digne de la confiance de la reine mère et de la vôtre, je m'en serais à l'heure même démis; mais j'eusse cru manquer à Dieu et à l'État, si je l'avais abandonnée à ceux qui étaient alors par deçà. C'est une affaire plus importante, dans les suites, qu'il ne paraît, et dont tous ne voient pas les plis et les replis. Je vous avoue que je crains encore que vous n'ayez trop tardé à vous y appliquer. Si j'ai tort de tant insister, je vous supplie de m'excuser, parce que, après tout, je ne prétends en cela que satisfaire à mon devoir selon Dieu. (30 août 1629.)

CCLIV.
EXTRAIT D'UNE LETTRE AU CARDINAL DE RICHELIEU.
De Bérulle lui parle du mécontentement de la reine mère contre lui.

C'est l'estime de la reine et son affection pour vous qui ne lui permettent pas de souffrir que ses ennemis triomphent de vous voir contre elle; et cependant, on ne cesse point de le vouloir faire accroire au monde; tout Paris en juge ainsi; et, depuis peu, l'on répand encore que vous avez laissé exprès la princesse Marie en France depuis un an, afin de donner à Monsieur moyen et facilité de l'épouser. A mon avis, plus les dames font contenance pour s'appuyer de vous (en publiant que vous êtes dans leurs intérêts), plus elles essayent de vous ruiner. Je ne sais pas si elles sont dans cette volonté; mais je crois qu'elles en ont encore moins la puissance.

FRAGMENTS DIVERS
DE QUELQUES OPUSCULES DU CARDINAL DE BÉRULLE.

I. — *Fin du discours de de Bérulle au Pape pour obtenir la dispense du mariage de Henriette de France avec le roi d'Angleterre.*

Ne perdez pas, très-saint Père, cette gloire que Dieu présente à votre siècle et à votre pontificat : c'est de l'Angleterre et pour l'Angleterre que je parle. Ses douleurs et ses gémissements me contraignent de hausser la voix ; sa situation m'oblige à supplier Votre Sainteté de me pardonner, si j'entreprends de vous représenter ce que la compassion que j'ai de ses malheurs me force d'ajouter. L'inclémence du siècle passé l'a jetée dans cet état ; que le bonheur et la clémence de celui-ci l'en retire ; que cette bonté, cette douceur, cette urbanité que vous portez gravées dans votre cœur, dans vos actions et jusque dans votre nom, apporte le remède à un mal qui n'a que trop duré. Permettez que je m'explique sans détour. C'est la précipitation d'un Pape qui a blessé la nation pour qui je parle ; qu'elle soit guérie par l'attention et la diligence d'un autre Pape. C'est ce qui est attendu du roi très-chrétien, espéré de tous et digne de la piété et de la gloire de Votre Sainteté.

II. — *Déclaration de de Bérulle touchant les statuts de la congrégation de l'Oratoire, présenté à la Faculté de théologie de Paris.*

Ego Petrus de Berulle, presbyter Parisiensis, auctoritate et mandato D. Rever. Episcopi Parisiensis, curam gerens congregationis Oratorii christianæ Reginæ Matris munificentia in hac civitate Parisiensi fundatæ, requisitus a doctoribus sacræ Facultatis Theologiæ Parisiensis qui in eamdem congregationem se receperunt, testor nihil esse in præfata congregatione, nec quidquam futurum in posterum, quod ullatenus adversetur statutis, decretis, moribus, legibus, privilegiis prædictæ sacræ Facultatis Theologicæ Parisiensis, quodque ab oneribus ejusdem Facultatis sustinendis eos impedire possit ; ac præsentis fide testimonii declaro nostræ congregationis doctores perpetua libertate fruituros quoties opus fuerit, ut legibus et mandatis prædictæ Facultatis quamprimum parere et comitiis convocati adesse, aliaque onera ad nutum ejusdem Facultatis paratissimi subire possint. Hæc testor per Deum, Parisiis et propria manu subscribo die ultima maii ann. Dom. 1613. P. de Berulle, presbyter Parisiensis.

III. — *Déclaration faite au parlement de Rouen sur la constitution de l'Oratoire.*

Le P. de Bérulle, interrogé par les magistrats de Rouen, répondit : « que les prêtres de la congrégation n'étaient pas des religieux, mais des prêtres vivant en commun, suivant l'institution primitive du clergé ; qu'ils n'avaient point d'exemption de la juridiction des ordinaires, et n'en prétendaient aucune ; qu'ils faisaient profession de dépendre d'eux, de n'être employés que par eux ; qu'ils ne prétendaient faire aucune fonction dans les paroisses, que du consentement exprès des curés, et que, dans leur propre église, ils n'en faisaient point de publique aux heures de l'office paroissial, autant que cela se pouvait ; que partout ils exhortaient les fidèles à se rendre aux offices de leurs paroisses, surtout les dimanches. »

IV. — *Idée que se faisait le P. de Bérulle de la perfection à laquelle doivent tendre les prêtres.*

« Hé quoi, » dit-il dans une conférence sur ces paroles : *Nescitis cujus spiritus estis* (Luc. IX, 55) : « hé quoi ! serait-il possible que Notre-Seigneur eût désiré une si grande perfection de tous les ordres religieux, et qu'il ne l'eût pas exigée de son propre ordre, qui est l'ordre sacerdotal ? car c'est l'ordre qu'il a institué immédiatement par lui-même : c'est l'ordre de ceux qui sont ses ambassadeurs sur la terre, qui parlent en sa personne, qui agissent en sa puissance, qui dispensent ses mystères, qui annoncent ses vérités, qui donnent son sacré corps, qui communiquent son esprit, qui, en son nom, lient et délient les âmes, ouvrent et ferment les portes des cieux ; et au lieu que les religieux sont consacrés par des vœux qui sont leur opération propre, quoique en soi sainte et louable, les prêtres sont consacrés par l'opération de Jésus-Christ même qui leur communique encore le Saint-Esprit, suivant ces paroles : *Recevez le Saint-Esprit.* » (Joan. XX, 22.)

V. — *Sentiment du cardinal de Bérulle sur les contradictions.*

J'ai appris du cardinal Duperron que le cardinal Baronius, étant accusé par quelque invention maligne, commence ainsi sa justification : *Deus, laudem meam ne tacueris* (Psal. CVIII, 2), ne vous taisez pas et parlez de ma louange, ô mon Dieu ! Je pourrais imiter l'exemple de ce cardinal. Il a été de l'Oratoire comme moi ; je suis calomnié comme lui, et la parole du Prophète nous est mise dans la bouche de nous deux pour nous en servir aux usages de notre vie. Mais j'aime mieux, en cet endroit, suivre une autre version, et dire : *Deus laudis meæ, ne tacue-*

ris. « *O Dieu, qui êtes l'objet de ma louange, ne vous taisez pas :* » c'est-à-dire, que Dieu soit ma louange, que mon office soit de le bénir ; je ne veux de lui pour tout honneur et pour toute gloire que le bonheur d'être honoré de ses miséricordes.

Puisqu'il plaît à Jésus-Christ, de me faire participer à sa croix, je le supplie aussi qu'il daigne me faire participer à l'esprit de cette même croix, c'est-à-dire à l'esprit de Jésus en croix ; et qu'il me fasse entrer dans le saint ordre des âmes crucifiées en lui, avec lui et par lui.

VI — *Confiance en la Providence.*

Le P. Bertin ayant un jour représenté au P. de Bérulle qu'il s'exposait à de grands inconvénients en recevant presque en même temps un grand nombre de postulants dans l'Oratoire, dont plusieurs étaient mal dotés ou ne l'étaient pas du tout. « Vous avez raison, » lui répondit le P. de Bérulle, « et si je suivais mes propres lumières, je ferais comme vous le dites. Je vois les inconvénients que vous m'opposez, et je puis vous dire que je les sens plus que vous-même ; mais quand le Maître parle et ordonne de ne pas écouter notre raison, il faut adorer sa conduite, et nous souvenir que ses voies sont infiniment au-dessus des nôtres, et que notre devoir est de captiver nos sens sous ses volontés. »

VII. — *Extraits des avis que le cardinal de Bérulle rédigea au nom de Marie de Médicis pour la reine d'Angleterre.*

Ma fille, souvenez-vous toujours que vous êtes fille de l'Eglise. C'est la première et plus grande dignité que vous ayez. Toutes les autres viennent de la terre, et ne passent point cette vie. Celle-ci, qui vient du ciel, vous élève au ciel. Rendez donc grâces à Dieu de vous avoir faite chrétienne et catholique. Ce titre vous est acquis par le sang précieux de son Fils unique. Ayez soin de le conserver, quand ce devrait être au prix de votre sang. N'écoutez jamais rien de contraire à la foi que vous professez. C'est à l'Eglise à parler pour vous. Elle a assez de lumières pour vous éclairer, et de force pour vous défendre. Persévérez dans votre fidélité pour elle, et dans la simplicité de votre foi. Ne souffrez jamais qu'en votre présence on avance rien qui y soit contraire. Nous avons dans les promesses du roi un bon garant que cela n'arrivera pas. Mais enfin, si quelqu'un osait en venir là devant vous, votre zèle et votre courage seront bien employés dans ces occasions. Montrez-vous digne fille du grand saint Louis, qui est allé mourir pour la foi dans les pays étrangers. Fréquentez les sacrements..... et pour le faire avec fruit, faites des œuvres dignes de la foi que vous professez. Ayez soin de protéger, auprès du roi votre mari, les catholiques anglais. Soyez à leur égard une Esther suscitée de Dieu pour le salut de son peuple. Ils sont depuis plusieurs années dans la souffrance, et ils souffrent pour la religion, double titre qui doit vous les rendre recommandables. N'oubliez pas non plus les autres pauvres Anglais. Quoiqu'ils soient d'une autre religion que vous, vous êtes leur reine ; vous les devez assister et édifier, et par cette voie, les disposer doucement à sortir de l'erreur.

Après Dieu et la religion, votre premier devoir regarde le roi. Aimez-le comme votre époux ; honorez-le comme votre maître, sans que l'amour diminue le respect, ni que le respect affaiblisse l'amour que vous lui devez. Ayez toujours envers lui une familiarité respectueuse. Rendez-vous douce et patiente à l'égard de ses volontés ; mettez votre joie à le contenter plus qu'à vous satisfaire. N'ayez aucune communication envers les grands de son Etat que par son ordre et par sa conduite. Prenez d'autant moins d'autorité en apparence, qu'il se portera plus par sa bonté à vous en donner en effet. Témoignez-lui par votre conduite, qu'après Dieu, votre unique soin est de lui plaire....

Vous devez encore à votre mari un autre amour, un amour chrétien qui s'intéresse à son âme et à son salut. Dans cette vue, priez chaque jour et faites prier pour lui, afin qu'il plaise à la bonté divine de l'attirer à la vérité de la religion, dans le sein de laquelle et pour laquelle son aïeule est morte.

Que le désir de le gagner à Dieu vous fasse vous oublier saintement vous-même, et avoir pour lui de la complaisance en tout. Je l'entends, ma fille, excepté la religion ; car, sur cet article, vous lui devez montrer tant de bonne heure tant de constance et de fermeté, qu'il sache que vous aimeriez mieux mourir que de manquer en rien à la foi : il vous en estimera davantage ; au lieu que, s'il venait à s'apercevoir que, pour lui complaire, vous manquez à Dieu, il vous croirait capable de manquer encore plus aisément à lui-même. Pensez-y bien, ma chère fille ; il y va de votre salut. La crainte de ce péril est la seule chose qui m'ait fait trembler, en vous éloignant de moi. J'ai mon recours à Dieu, et je le supplie de tout mon cœur que vous n'écoutiez jamais la voix du serpent qui séduisit Eve et qui voudrait aussi vous séduire. Mais si ce malheur vous arrivait, ce que je ne puis croire, je vous donne dès à présent ma malédiction, ne prétendant vous avouer pour ma fille qu'autant que vous continuerez de l'être de Jésus-Christ et de son Eglise.

Désormais, reine d'Angleterre, n'épousez que les intérêts de cette nation ; oubliez en quelque sorte ceux de la France, quoique fille du sang français ; souvenez-vous-en néanmoins quand il s'agira d'être le ciment et le lien commun des deux Etats, et de conserver la bonne intelligence entre deux princes dont l'un est votre frère, et l'autre votre mari. Soyez un modèle d'honneur, de vertu et de modestie ; que votre port, vos regards, toutes vos actions ressentent l'honnêteté, la pudeur, l'affabilité, en un mot, la dignité de votre naissance.... Je suis remplie de tant de diverses pensées, que je ne finirais point, si je ne donnais des bornes à tout ce qui se présente à moi ; mais il faut que je vous laisse partir, que je donne un libre cours à mes larmes, et que je me contente de prier Dieu et son saint ange de vous inspirer tout ce que je ne dis point. Adieu donc, ma fille; je vous donne à Notre-Seigneur Jésus-Christ; je vous donne à sa sainte Mère, dont vous portez le nom. Adieu encore une fois. Vous êtes à lui; demeurez en lui éternellement.

VIII. — *Règlement que de Bérulle s'était tracé pour la direction de la reine d'Angleterre.*

Je ferai tout ce que je pourrai pour gagner la confiance de la princesse, sans cependant avoir avec elle de fréquents entretiens; je ne la verrai qu'au confessionnal, dans sa chapelle, et dans les exercices de piété où ma présence sera nécessaire. Je la fortifierai contre les attaques qu'on pourra livrer à sa foi, mais sans lui proposer d'autre expédient que de conjurer le roi de la laisser tranquille sur cet article, et de lui promettre pour tout le reste une unité parfaite de sentiments, une fidélité inviolable, et un redoublement de tendresse. Je mettrai tout en œuvre pour cimenter l'union des deux royaumes de France et d'Angleterre. J'exhorterai les Catholiques anglais à l'obéissance qu'ils doivent à leur prince. Je ne dirai rien sur la religion, qui puisse effaroucher ou indisposer sans utilité. Je me montrerai ouvert envers tous, étant cependant toujours réservé et sur mes gardes. Je veillerai aux moyens par lesquels la religion pourrait être rétablie, sans préjudicier au repos de l'État. Je ferai connaître, autant que la prudence chrétienne le pourra permettre, le génie et le caractère des hérétiques français réfugiés en Angleterre, et je ferai entendre au prince que, selon la religion et la bonne politique, ni lui ni le roi de France ne doivent entretenir ni favoriser la révolte chez leurs voisins. Enfin, j'aurai soin de pourvoir à la sûreté des dépêches, et je ferai attention qu'il y aurait bien des choses dont il serait plus à propos d'informer la France par des personnes affidées, que par écrit.

IX. — *Extrait d'un Mémoire sur la Valteline, trouvé dans les papiers du cardinal de Bérulle.*

Il n'y a que de mauvais théologiens qui puissent prétendre qu'on perd, avec la vraie foi, le droit qu'on avait au titre de souverain, et qu'on ne peut en conscience protéger ou assister les princes et les nations hérétiques. Ces docteurs, aveuglés par le désir de nous nuire dans une seule affaire, ne voient pas qu'ils trahissent leur propre prince en cent autres semblables, où il est aisé de leur faire voir, sans remonter bien haut, que les rois d'Espagne, tout catholiques qu'ils se piquent d'être, se sont conduits comme ceux de France dans pareil cas.... Que ces théologiens nous fassent la grâce de croire que nos princes sont aussi bons Chrétiens, et qu'ils ont la conscience aussi délicate que ceux de la maison d'Autriche. Ce n'est ni à eux ni à moi, simple particulier, à nous rendre juges de la conduite des grands monarques. La justice des États ne se mesure pas toujours aux règles communes; ils en ont d'autres que celles des universités de Louvain et de Salamanque.

X. — *Sentiments du cardinal de Bérulle à l'occasion de sa promotion.*

Un Père de l'Oratoire, en l'abordant pour la première fois depuis qu'il avait été revêtu de la pourpre romaine, se jeta à ses pieds, et lui témoigna, avec une certaine effusion de cœur, toute sa joie de le voir dans cette nouvelle décoration. « Comment, » lui dit-il avec émotion, « vous vous réjouissez de ce qui me fait gémir? Dieu a permis cela pour ma confusion, et j'ai sujet de craindre que ce ne soit encore pour ma perte. — Mais, mon révérend Père, » reprit un autre de ses confrères qui était présent, « vous ne vous êtes pas procuré cet honneur, le Pape vous a commandé de l'accepter, et vous avez été obligé de vous soumettre. — N'importe, » dit-il, « les grandes places, quoique non recherchées, sont toujours dangereuses..... Toutes les dignités, même ecclésiastiques, ont quelque chose non-seulement de vain, mais encore de malfaisant, et dont il faut se garder comme on fait de la contagion. Cela ne vient pas des dignités elles-mêmes, mais du fond d'orgueil que notre corruption y mêle toujours. »

Il disait aux Carmélites : « Par la grâce de Dieu, cette nouvelle dignité ne m'élève point, elle me sert au contraire d'un contrepoids bien puissant, pour me rabaisser et me tenir dans la crainte. Hélas! » continuait-il, « combien de grands personnages, et d'âmes bien plus saintes que je ne le serai jamais, se sont perdus dans l'élévation, qui dans l'humiliation eussent trouvé leur salut et leur sûreté! Ainsi, ce changement qui s'est fait en moi, ce n'est ni pour vous ni pour moi qu'il s'est fait, mais pour le monde qui ne juge des gens que par l'extérieur, et sur les apparences. Pour vous, je ne veux point que vous me regardiez d'un autre œil, dans ce nouveau rang, sinon pour trembler pour moi. Car toutes les dignités de la terre, plus elles sont élevées, plus elles sont périlleuses. Et qui sait si Dieu ne me les donne en cette vie, pour me réserver la punition de mes fautes en l'autre? »

Dans sa lettre de remercîment au Pape, il lui disait : « Le changement que Votre Sainteté vient de faire en moi me remplit d'étonnement et de crainte. En m'élevant, vous m'avez jeté dans des flots plus périlleux que ceux dont la main du Fils de Dieu retira saint Pierre, lorsqu'il marchait sur les eaux; et si je ne considérais que c'est lui, par votre ordre, qui me commande de recevoir cette dignité, je croirais bien plutôt devoir écouter la voix de mes répugnances, que celle de la soumission. »

XI. — Sentiments du cardinal de Bérulle quand il avait été obligé de passer son temps à la cour.

O inutilités! ô inutilités! Eh! quoi, Seigneur, m'avez-vous donc fait cardinal pour me rabaisser à des choses si basses? Oh! que j'aimerais bien mieux être retiré dans un petit coin, occupé à écrire de vos mystères, à les contempler, à les adorer, que de me voir au milieu de ce misérable monde, où il n'y a qu'iniquités, et où le moindre mal qu'on y fasse, est d'y perdre beaucoup de temps. Seigneur, quel est votre dessein sur moi, et qu'est-ce qu'il vous plaît que je fasse? Vous savez que je n'ai recherché ni désiré cette dignité et ces emplois qui en sont la suite; qu'au contraire, je les ai fuis autant que j'ai pu.

Rachetez le temps, répétait-il sans cesse après l'Apôtre, *parce que les temps sont mauvais.* (Ephes. v, 16.) Le temps est incertain et trompeur; il en reste souvent bien peu à celui qui s'en promet davantage. Oh! combien est-il court! et combien néanmoins de choses grandes et éternelles pouvons-nous acquérir en ce peu de temps! et combien, hélas! me tiens-je coupable devant Dieu du peu de soin que j'ai eu, et que j'ai encore, malgré mes réflexions, de l'employer bien exactement. Si nous avions tous l'esprit attentif à retrancher tout ce qu'il y a d'inutile dans nos occupations et dans nos discours, nous y trouverions un grand vide, que le service de Dieu et du prochain rempliraient plus utilement! Et si nous pensions bien sérieusement que toute action faite pour Dieu ne mérite rien moins que Dieu même, combien serions-nous soigneux de bien employer ce peu de moments qui nous restent, et de réparer par là tout ce que nous en avons perdu dans notre vie passée?

AD QUID VENISTI?

RÈGLEMENT
DE LA CONGRÉGATION DE L'ORATOIRE DE JÉSUS,
ÉTABLIE PAR MONSEIGNEUR LE CARDINAL DE BÉRULLE.

JESUS—MARIA.

PRÉFACE.

Le premier ordre de l'Église, cet ordre essentiel et absolument nécessaire à icelle, est la prêtrise, qui a été instituée immédiatement non des saints et des anges, mais du Fils de Dieu même, lequel l'a institué sur soi-même, c'est-à-dire sur le modèle et l'état de la prêtrise, comme un exemplaire et organe d'icelle en terre. Il ne l'a institué pour rien moins que pour répandre son esprit, et pour donner son corps à son Église en mourant. Il l'institua au dernier jour de sa vie, comme voulant revivre par icelle, lorsqu'il meurt sur la terre, laissant en la terre une semence divine qui le doit faire revivre en icelle, lorsqu'il va mourir pour icelle. Il l'institua consacrant les prêtres à son Père par la plus intime onction et consécration qui soit plus que celle des rois, plus que celle des prophètes, plus que celle des religieux, qui se fait par leurs vœux et par leur propre oblation seulement, et non par aucune opération divine du Fils de Dieu sur eux, comme celle des prêtres. Donc l'onction est émanée de celle de Jésus, et la consécration en est si efficace, qu'elle imprime un caractère qui ne se peut jamais effacer.

Ainsi leur éclat est tout divin en son origine, tout admirable en son institution, tout vénérable en sa fonction.

A raison de quoi il requiert de soi-même en ceux qui y sont appelés: 1° une liaison particulière à Jésus-Christ Notre-Seigneur auquel ils sont conjoints par le saint ministère en une manière spéciale, et par un pouvoir si élevé, qu'il ne convient pas même aux anges en l'état de gloire: 2° une très-grande perfection, même sainteté; car c'est un état saint et sacré en son institution; c'est un office divin et surnaturel en son usage et ministère. C'est même l'origine de toute la sainteté qui doit être dans l'Église de Dieu. Et ces deux points, savoir: cette très-grande liaison d'honneur et d'amour, et de dépendance de Notre-Seigneur Jésus-Christ, et le grand devoir de la perfection chrétienne, doivent être tenus comme essentiels à l'institution de la prêtrise. Sur iceux sont fondés tous les devoirs et obligations des prêtres ; ce grand zèle qu'ils doivent avoir de l'honneur de Jésus-Christ. La vraie imitation de sa vie et de ses mœurs ; la grande coopération à ses desseins ; le grand service et respect à son Eglise, la grande propagation de son Etat et de son royaume en la terre ; la plénitude de lui, la pauvreté et vanité de tout le reste, qui est de nous regarder comme instrument en ses mains, morts à nous-mêmes et animés par lui, sans mouvement ni application que celle qui vient de lui et pour lui. Comme l'instrument n'opère que par la cause principale qui le meut et l'applique, ses coopérateurs et aides, *Christi adjutores* (*I Cor.* III, 9), parties nobles de son Etat et de son royaume, ne vivant que pour lui : *Instantes orationi et ministerio verbi* (*Act.* VI, 4), *psallentes Domino qui habitat in Sion, annuntiantes inter gentes studia ejus.* (*Psal.* IX, 12.)

Or si l'Homme-Dieu, qui a daigné répandre en notre siècle la lumière de sa grâce et rétablir en plusieurs familles religieuses l'esprit et la ferveur de leur institution, semble départir cette même grâce et faveur à l'état de la prêtrise, et répandre son esprit, sa lumière, sa conduite sur plusieurs âmes, pour renouveler l'état et la perfection qui conviennent à leur ordre, selon son ancien usage et sa première institution. Et c'est pour recueillir cette grâce du ciel, pour recevoir cet esprit de Jésus-Christ Notre-Seigneur et notre grand prêtre, pour vivre et espérer sous sa conduite en nos jours, et pour la conserver après nous, comme un dépôt sacré, à la postérité, que nous sommes assemblés en cette congrégation et forme de vie, approuvées et autorisées par l'Eglise ; car la vie commune et sociale est presque essentielle à l'état ecclésiastique, pour se perfectionner en elle-même et en ses exercices ; la solitude étant non-seulement nuisible aux infirmes, mais aussi à ceux qui ont besoin de beaucoup de choses pour leurs fonctions et pour procurer le salut du prochain, les privant de plusieurs secours et moyens qui se trouvent dans une communauté réglée en laquelle ils se rendent plus capables par la communication de leur labeur, plus à la main du peuple qui les trouve tous en même temps, au même lieu, disposés à toute heure à servir Dieu dans les fonctions ecclésiastiques, et dans les œuvres de la charité où leur assistance est requise. Et, outre que cette vie commune apporte à ceux qui y sont associés cette facilité de se perfectionner en eux et en leur sacré ministère, elle donne moyen à ceux que Dieu appelle à la perfection chrétienne pour y parvenir, ayant une congrégation à la conduite de laquelle ils se soumettent, et de laquelle ils reçoivent les vertus et l'espoir qui les dirige en leurs exercices, et aux services qu'ils doivent rendre à l'Eglise, et en laquelle ils peuvent éviter les empêchements de la piété et du fruit de leurs bonnes actions, étant aidés par la société, par les exemples, les conférences et plusieurs autres secours d'iceux qui conspirent à même dessein, toutes lesquelles choses manquent à ceux qui vivent en leur particulier.

Or, comme tous ceux qui vivent en cette société et congrégation par la conduite de leur état sont obligés à toute la perfection ci-dessus proposée, aussi leur vie doit être parfaite, assujettie, réglée, sociale, édifiante et laborieuse.

Parfaite en ses intentions, ne recherchant que Dieu et non soi-même, ne prétendant que le ciel et non la terre ; ne se réservant aucun droit qu'à posséder Jésus et appartenir à lui et à sa très-sainte Mère ; négligeant tous les autres droits, comme s'ils n'existaient pas, et ne les conservant que pour l'intérêt de Jésus et de sa Mère.

Vie sujette en ses fonctions et exercices, n'agissant et ne s'employant que pour la volonté d'autrui.

Vie réglée et exacte en l'observance des règlements ; les suivant par un esprit d'amour envers Dieu et non par contrainte.

Vie sociale en humilité et en douceur d'esprit, et en support charitable d'autrui : *Alter alterius onera portate..... non quæ sua sunt singuli considerantes.*

Vie édifiante du prochain, par modestie, humilité d'esprit et conversation exemplaire.

Vie laborieuse en l'extérieur, en ses exercices et occupations contre l'oisiveté et l'inutilité.

Vie intérieure et élevée vers Dieu.

Auxquelles sortes de vies les prêtres sont conviés par la vie du Fils de Dieu, laquelle ils doivent exprimer en eux-mêmes ; car il nous faut être et vivre en Jésus, puisque nous ne subsistons qu'en lui devant la face de Dieu.

La vie parfaite regarde et adore sa vie divine.

La vie sujette, sa vie assujettie aux bassesses de notre humanité et de tous les états et degrés de cette humanité jusqu'à l'enfance, la souffrance et la mort.

La vie réglée regarde et adore sa vie réglée selon les heures et les moments ordonnés par le vouloir du Père, et par le cours même de la nature.

La vie sociale, sa vie avec les apôtres, la sainte Vierge et saint Joseph.

La vie édifiante et laborieuse, sa vie exemplaire au milieu de la terre, ses labeurs et sa croix.

Le lien véritable de cette congrégation est la charité, et le dessein formé de tous ceux qui y sont appelés, de tendre généralement à la perfection de la vie évangélique, et par aucun vœu solennel. C'est pourquoi leur vie, qui doit être singulière intérieurement, et commune extérieurement, et leur conduite regarde beaucoup plus la piété, et est bien plus liée à Jésus, à son Eglise, à ses devoirs, à ses conseils sur les âmes, et à son sacerdoce, qu'elle ne regarde, et n'est liée aux cérémonies et observations extérieures desquelles, toutefois, elle ne doit pas manquer, mais bien les avoir accoutumés à la vie commune en l'extérieur, comme toutes celles qui sont marquées ci après :

SUMMA INSTITUTI CONGREGAT. ORAT. DOMINI JESU CHRISTI EX APOSTOLICO DIPLOMATE INSTITUTIONIS EJUSDEM DESUMPTA.

Congregatio Oratorii proprius et essentialis status pure ecclesiasticus est.

Constat eadem ex sacerdotibus, et ad sacerdotium aspirantibus, nullo antea religionis voto solemni astrictis.

Quod spectat ad animum et interiorem vitæ statum, tria sibi in bulla proposita ac præposita agnoscit : Primum, est ut principale ac præcipuum ejus institutum sit perfectioni status sacerdotalis omnino incumbere. — Secundum, ut qui ejusmodi institutum aggrediuntur, Jesum Christum Dominum nostrum sacerdotalis dignitatis immediatum institutorem respiciant, atque ultra communem fidelium devotionem speciali ac peculiari devotione ipsi addicantur, qui est Sacerdos in æternum secundum ordinem Melchisedech, et fons sacerdotii in Ecclesia Christiana — Tertium, ut eumdem Jesum Christum pro nobis in oratione positum et pernoctantem venerentur, et hanc præcipuam officii sui partem, quæ in orationibus pro populo ac laudibus Dei celebrandis versatur, habeant.

Quod spectat ad disciplinam et externas functiones tria quoque præscribuntur :

1° Ut singulas actiones ordini sacerdotali proprie et essentialiter convenientes amplectantur.

2° Ut ejusmodi actiones ab ordinariis locorum præscribendas et non alias, id est, nonnisi de licentia episcoporum illustrissimorum exerceant.

3° Ut sacerdotum et aliorum ad sacerdotium aspirantium instructioni non tam circa scientiam, quam circa usum scientiæ, ritus et mores proprie ecclesiasticos se addicant. Quod ultimum caput seminaria, seu ecclesiasticas institutiones, nec non complura clericis et sacerdotibus præstanda subsidia comprehendit.

RÈGLEMENT

Donné par notre très-honoré Père et fondateur Monseigneur le cardinal de Bérulle, pour l'institution de l'Oratoire en son commencement.

Se lever à quatre heures, et commencer son réveil par l'invocation de Notre-Seigneur Jésus-Christ, faisant le signe de la croix et implorant l'assistance de la très-sainte Vierge.

Pendant la demi-heure qu'il y a jusqu'à ce qu'on sonne l'oraison, s'habiller, faire son lit et satisfaire les nécessités. Il ne faut point sortir de sa chambre qu'on ne soit entièrement habillé et vêtu : garder le silence pendant ce temps; cheminer sans bruit; faire ses actions avec un esprit tranquille et recueilli, se souvenant que l'on doit bientôt entendre l'oraison.

Relire les points de la méditation avant que de la commencer, donner une heure de temps à la méditation, et faire quelques réflexions avec facilité et sans bandement d'esprit.

Employer le reste du temps qu'il y a jusqu'à *Prime*, ainsi que trouvera à propos celui qui a charge de nous le dire.

Après *Prime*, ou les litanies, entendre ou servir la messe, selon qu'il sera ordonné, et dire l'office de la Vierge jusqu'à *Sexte*.

Faire une demi-heure de lecture du *Mémorial de Grenade*, ou de quelque livre, selon l'avis de son directeur.

Faire une demi-heure d'exercice corporel, ou se promener, si le temps le permet.

Employer le reste du temps qu'il y a jusqu'à l'heure de la communauté, comme il nous aura été ordonné.

Au premier son de la communauté dire *Sexte*, et faire l'examen de conscience.

L'heure de la communauté venue, et le dernier sonné, s'y rendre ponctuellement, garder le silence, et s'y comporter avec la modestie requise.

La communauté levée, on se rendra à la conversation, après avoir été dire un *Ave Maria* devant le saint Sacrement.

La conversation finie, se retirer en sa chambre, et, y étant, se mettre à genoux et offrir l'après-dîner à Notre-Seigneur Jésus-Christ avec le dessein de l'employer, avec sa sainte volonté, au progrès de notre âme en son amour.

Lire quelques pages de quelque auteur latin, et apprendre par cœur quelque chose de la sainte Écriture.

Lire quelques vies particulières des saints.

Faire quelque exercice corporel, se promener.

A l'heure de *Vêpres*, se rendre à la sacristie, s'y préparer pour se rendre au chœur, et y garder le silence.

Après *Vêpres*, remonter en sa chambre jusqu'aux litanies, où il y a demi-heure d'oraison.

Après les litanies, se rendre à la communauté. Après la conversation, à *Complies* ou à l'examen.

Garder le silence très-exactement depuis *Complies*, ou depuis l'examen jusqu'à *Prime* du lendemain, ou bien jusqu'à sept heures.

Se coucher à neuf heures, se recommander à Notre-Seigneur Jésus-Christ ou à la très-sainte Vierge, afin que nos premières et dernières pensées soient rapportées à Jésus-Christ ou à sa sainte Mère, comme de leurs vrais et humbles enfants.

Observations pour l'extérieur.

Aux heures de silence et aux lieux où la communauté s'assemble, garder le silence et la retraite avec grand soin; ne point aller d'une chambre à l'autre sans congé ou nécessité; ne point parler aux étrangers sans licence, ne recevoir lettre, ni n'écrire sans permission.

Avant que de sortir en ville, se présenter à celui qui a charge, et puis aller saluer le Fils de Dieu et la sainte Vierge en leur oratoire, et faire de même au retour.

Se rendre promptement, sitôt que la cloche sonne, en tous les lieux où la communauté s'assemble, et à l'heure qui nous sera ordonnée par toutes les obéissances particulières.

Observations pour l'intérieur.

Exercer, au moins trois fois le jour, un acte spécial d'amour de Dieu, comme le matin, à l'issue de l'oraison, durant le temps de la messe, et à quelque heure après midi.

Faire une oblation spéciale de soi-même, de sa vie, de son éternité et des actions de la journée présente.

Faire aussi trois actes avec un soin spécial envers Jésus-Christ Notre-Seigneur.

Le premier sera d'adoration, par lequel nous le reconnaissons pour notre Dieu et Seigneur souverain, et l'acceptant en cette qualité, voulant dépendre de lui en notre être, en nos actions, en notre vie et en notre éternité.

Le deuxième sera une entière et humble oblation de nous-mêmes, nous offrant à lui comme chose qui lui appartient, parce qu'il nous a créés par sa puissance, rachetés par sa bonté, appelés à son service par sa grâce; de plus nous donner volontairement, lui soumettre tout le droit et toute la puissance qu'il nous a donnés sur nous.

Le troisième, dressant notre intention par laquelle nous rapportons à sa gloire notre vie, nos pensées, paroles et actions, nous proposant de l'aimer éternellement de toute notre puissance et d'accomplir toutes nos actions, et spécialement celles de la journée présente, pour son amour et à l'honneur de sa souveraine majesté.

Exercer les mêmes actes à proportion envers la très-sainte Vierge, Mère de Dieu, l'honorer singulièrement en sa dignité et grâce de Mère de Dieu, et en sa souveraineté qui y correspond, l'accepter pour notre souveraine dame, de laquelle nous voulons dépendre en tout ce qui nous concerne.

Nous offrir à elle, comme à celle qui a puissance sur nous par sa souveraineté, afin qu'elle dispose de nous comme il lui plaira, et, en outre, lui donner sur nous toute la puissance que nous lui pouvons donner, en l'honneur de celle qu'elle a eue sur le Fils de Dieu même, qui a daigné s'assujettir à elle, se faisant son Fils, et enfin lui offrir une intention pour laquelle nous rapportons à sa gloire, après son Fils, notre vie, nos paroles, nos actions et nos pensées.

Ne laisser couler deux heures de temps sans s'élever vers Notre-Seigneur Jésus-Christ par quelque acte d'amour et d'adoration formé exprès où on a le loisir.

Ne laisser aussi couler aucun jour sans que notre adoration, oblation et intention soient actuellement et intérieurement présentées à Jésus-Christ et à sa sainte Mère, en quelque lieu choisi exprès. Car ces trois actes contiennent un des plus grands devoirs de notre âme envers Dieu, et un des principaux sujets pour lesquels nous vivons sur la terre.

Outre l'oblation générale, nous ne devons faire rien d'important que nous ne l'offrions au Fils de Dieu et à la Vierge, en l'union et en l'honneur de leurs actions sur la terre, demandant grâce pour la faire, comme d'une chose qui leur appartient.

Se souvenir de la modestie avec laquelle le Fils de Dieu faisait ses actions sur la terre, afin qu'en l'honneur et intention d'icelles, nous accomplissions nos actions avec humilité, modestie et tranquillité.

Lorsqu'on est appelé pour parler aux séculiers, offrir à Notre-Seigneur Jésus-Christ cette conversation en l'honneur de celle qu'il eut sur la terre avec les hommes, et le prier qu'il nous préserve de toute vanité d'esprit durant icelle.

Entrant et sortant de sa chambre, faire quelque petite prière en son oratoire, pour reprendre et conserver le recueillement de l'âme parmi les actions extérieures et domestiques.

Avant la lecture, faire quelque élévation de son esprit à Dieu, implorant sa grâce et sa miséricorde pour tirer fruit en son amour de ce dévot exercice.

S'exercer soigneusement en l'humilité, charité et simplicité, déférant à tous, en faisant toutes ses actions par une intention charitable envers autrui et envers la communauté, découvrant naïvement ses besoins et ses tentations à celui qui prend soin de notre conscience.

Observer une retraite intérieure de notre âme parmi les actions extérieures, par les voies proposées aux conférences générales et particulières.

Faire chaque jour deux fois l'examen de conscience, le premier à l'issue de Sexte, auquel temps nous devons renouveler envers Jésus-Christ et sa très-sainte Mère la vertu que nous devons acquérir pendant la semaine, par hommage de quelque vertu semblable qui est en eux; l'autre à l'issue de Complies, auquel temps nous devons nous mettre devant le Seigneur comme criminels, avec la même disposition que si nous devions mourir à l'heure même et être jugés.

Nous devons chaque jour rendre un hommage particulier au mystère de l'Incarnation, comme aussi à la part que la sainte Vierge y a, et l'hommage qu'elle y a rendu, et à cette intention on pourra dire trois fois un Ave Maria ou quelque autre prière particulière.

Outre l'oblation que nous devons faire de notre sommeil, comme de toutes les parties de notre vie, à Jésus-Christ et à Marie comme à nos souverains, il sera bon, pour faire quelque compensation du long temps que nous sommes sans nous élever à Dieu durant le sommeil, de prier les saints auxquels nous avons dévotion particulière, d'aimer Dieu pour nous, afin que, ne pouvant faire un acte d'amour pour nous-mêmes, au moins nous lui rendions amour par autrui.

Nous ne devons aussi passer aucun jour sans rendre quelque honneur particulier à la Passion du Fils de Dieu, et il serait besoin de faire tous les jours quelque mortification extérieure ou intérieure. Peut-être serait-il à propos de nous priver à chaque repas de quelque chose, soit en qualité, soit en quantité, afin qu'en même temps que la nécessité nous oblige de rendre à la nature ce qu'elle désire, au même temps que la piété vers le Fils de Dieu nous porte à lui rendre la reconnaissance dont nous lui sommes obligés.

Acte d'adoration. — Etant prêt de me lever, je lèverai mes yeux au ciel, pensant que Dieu me regarde, et lui dirai : « O mon Dieu! je vous adore comme mon Dieu, et m'offre à vous, comme Seigneur souverain, duquel je veux dépendre toute ma vie et pour toute l'éternité. »

Prière à la sainte Vierge. — O Vierge sainte, Mère de mon Dieu et de Notre-Seigneur Jésus-Christ, je m'offre tout à vous et vous supplie de m'accepter pour vôtre, et de me faire la grâce d'être à vous et à votre cher Fils pour jamais.

Acte d'oblation. — Mon Seigneur Jésus, tout ce que je suis et tout ce que je fais vous appartient. Je vous offre ces actions en l'honneur de celles que vous avez faites sur la terre. Je vous prie qu'il ne se passe rien en icelles qui ne vous soit agréable, et me faire la grâce de les accomplir en toute modestie et recueillement d'esprit en vous, pour l'amour de qui je les fais.

Oblation de soi-même à la sainte Vierge. — O Vierge, sainte Mère de Dieu et de mon Sauveur Jésus-Christ, en l'union et mémoire de ce que le Père éternel nous a donné son Fils, je me donne entièrement à vous, me dépouillant de tout le pouvoir que j'ai sur moi et que je vous résigne, comme à celle à qui, après mon Sauveur, je désire de servir en tout point, et vous offre humblement toutes les actions de cette journée et des autres de ma vie, que je propose de faire toutes à votre honneur et gloire éternelle, moyennant votre sainte grâce.

Acte d'amour de Dieu. — Pour me disposer à l'acte d'amour, je considérerai que la plus grande action que la créature puisse exercer envers son Dieu est celle de l'amour. Je m'exercerai donc à faire cette action si grande avec une très-grande puissance et action de mon âme.

Je penserai que c'est une grande chose que d'aimer Dieu; que cela surpasse toute la puissance de la nature, et qu'il faut être animé de Dieu, et que la puissance de Dieu même s'est jointe à notre puissance humaine et naturelle, afin de pouvoir former un seul acte d'amour envers la divine bonté.

Je me souviendrai que je ne puis faire aucune bonne œuvre sans grâce, et que j'ai besoin d'une grâce beaucoup plus abondante pour convertir la froideur de mon âme en l'ardeur et élévation de l'amour de Dieu. Je prierai donc Dieu qu'il me donne sa sainte grâce et son amour, puisqu'il lui a plu de m'obliger à l'aimer par sa bonté, et que j'en suis indigne par mes fautes et par mes péchés, même que je ne le puis par misère sans sa miséricorde.

Je penserai que Dieu est essentiellement amour, et je l'adorerai comme amour incréé, éternel, amour substantiel et divin; amour, source et origine de tout amour du ciel et de la terre, c'est-à-dire des anges et des hommes; amour comble, repos, récompense et félicité de l'amour créé et infus dans l'esprit du ciel et de la terre.

Je lui rendrai grâce de ce qu'ayant un objet d'amour vers soi-même, il a daigné aimer une chose si vile que moi.

Je lui demanderai la grâce d'anéantir en moi tout ce qui excède et amortit son amour, et voyant qu'il lui a plu me rendre capable de l'aimer par-dessus toutes choses, je renonce et déteste tout l'amour de moi-même et de la terre. Je me détache de toute affection des choses de la terre, pour m'unir et m'appliquer à vous, mon Dieu et mon amour.

O Dieu d'amour incréé et éternel, substantiel, infini! ô amour de qui procède tout amour, et en qui se doit reposer tout amour, mettez votre amour dans mon cœur, pénétrez mon âme de votre amour et mon corps de votre crainte. Que je vous aime de toute ma puissance et de toutes mes forces. Otez de moi tout ce qui déplaît à votre amour; et comme vous êtes souverainement aimable par votre bonté, je veux aussi vous aimer d'un amour souverain, voulant que tout ce qui est en moi honore votre amour, et n'aime que vous sur toutes choses.

USAGES QUE NOTRE TRÈS-HONORÉ PÈRE A LAISSÉS A LA CONGRÉGATION.

Des abstinences et des jeûnes.

On jeûne toutes les vigiles et fêtes de Jésus, excepté celles de la Circoncision et de l'Ascension, auxquelles on fait seulement abstinence, comme au vendredi, et celle de la Transfiguration, où l'on ne fait qu'abstinence comme au samedi.

On jeûne aussi la veille de Saint-Michel.

On fait abstinence de viande la vigile de Sainte-Madeleine, comme le samedi.

Tous les vendredis de l'année, on fait abstinence, hormis les vendredis des octaves de Pâques, de Noël, et les vendredis auxquels il arrive une fête solennelle, en laquelle on dit tout l'office au chœur, ou celui qui est de la première classe.

La fête de l'Expectation de la Vierge arrivant le vendredi, on ne rompt point l'abstinence du jour, non plus qu'aux fêtes des apôtres, excepté celles de saint Pierre et saint Paul.

Quand un jeûne précède ou suit immédiatement un vendredi, on donne deux œufs le soir, sans entrée ni dessert, afin qu'il reste quelque marque de l'honneur que l'on rendra à sa mort et passion en l'honneur de laquelle l'abstinence du vendredi a été introduite parmi nous.

Les vendredis de l'année où l'on fait abstinence, on ne donne le soir qu'une portion de légumes avec un potage, sans entrée ni dessert, et au soir, pour collation, un peu de pain et de vin. Le vendredi saint, on ne donne à dîner qu'une portion de légumes.

Les samedis de l'année, on ne donne point de poisson le soir, mais des œufs.

Une fête de Matines arrivant un samedi, depuis Noël jusqu'à la Purification inclusivement, on mange de la viande aux lieux où il est permis.

On ne fait point abstinence aux fêtes de sainte Madeleine et de saint Michel, arrivant le vendredi ou le samedi.

On fait abstinence de viande, comme aux samedis, les deux mercredis de la Septuagésime, et le lundi et le mardi de la Quinquagésime, donnant, s'il se peut, du poisson le mercredi au soir.

La vigile de la Purification arrivant le vendredi, ou le vendredi de la Septuagésime, on ne fait point abstinence de viande le mercredi.

Des humiliations.

Pour honorer les humiliations de Jésus-Christ sur la terre, et surtout celles de sa sainte passion, on fait humiliation en commun tous les vendredis en sortant des litanies du soir, hormis les vendredis des octaves de Noël, de l'Epiphanie et de notre fête solennelle de Jésus. Le vendredi de la semaine sainte, toute l'humiliation en présence de Jésus-Christ, qui, ce jour-là, *humiliavit semetipsum factus obediens usque ad mortem, mortem autem crucis.* (Philip. II, 8.)

Les vendredis des octaves de Pâques, de l'Ascension, de la Pentecôte, du Saint-Sacrement, de l'Assomption de la Vierge, de notre fête de la Vierge, de la Toussaint (de la Dédicace et de la Purification pour l'institution, de l'octave du décès de notre très-honoré Père Mgr le cardinal de Bérulle), on ne fait point d'humiliation. On excepte aussi le vendredi de la Passion, les fêtes de saint Joseph, et de saint Gabriel, quand elles arrivent le vendredi, hormis celles de Notre-Dame de Pitié et de l'Expectation, quand elles arrivent aussi le vendredi

AUTRES USAGES.

On ne fait point aussi de conversation tous les jeudis et vendredis au soir, afin d'honorer la séparation et retraite du Fils de Dieu d'avec la sainte Vierge et ses apôtres, et le silence du même Fils de Dieu en la nuit douloureuse de sa passion.

On n'en fait point aussi tous les jours de jeûne au soir, ni lorsque le saint Sacrement est exposé, ni aux jours solennels auxquels on chante tout l'office au chœur, ni le jour du décès de notre R. P. de Bérulle, le silence extérieur contribuant beaucoup à la retraite intérieure. Nous avons parmi nous des lieux et des heures de silence, pour nous obliger d'entrer en retraite et recueillement intérieur, et écouter Dieu parler : *Ducam eam in solitudinem et loquar ad cor ejus.* (Osee II, 14.)

Les heures de silence sont depuis Complies jusqu'à sept heures du matin, le lendemain.

Les lieux où l'on ne doit point parler sont : le chœur, la sacristie, le réfectoire, les lieux où la communauté s'assemble pour la conférence et l'humiliation, les allées publiques qui sont proches des chambres où l'on peut interrompre ceux qui sont dans leur chambre, ou empêcher ceux qui ont à aller ou venir dans la maison.

Chaque prêtre dira trois Messes pour ceux que Dieu retire à soi de la congrégation, avec Vêpres et un Nocturne des morts. La première doit être de *Requiem*; la deuxième de Jésus; la troisième de la Vierge, si ce n'est une fête double ou semi-double, car alors on dit la Messe du jour avec la mémoire de Jésus en la deuxième Messe, et en la troisième de la Vierge.

Les confrères et frères feront trois communions et diront trois chapelets, le tout :

1° en hommage de la divine essence de la Trinité sainte et de la Providence, et de sa charité envers les âmes pour leur faire part de sa gloire.

2° En hommage de l'âme et de la vie de Jésus-Christ sur la terre, et de ses saintes actions et souffrances pour le salut des pécheurs.

3° En l'honneur de la très-sainte Vierge, Mère de Dieu, de sa vie sur la terre, de sa charité au ciel pour les pécheurs.

On ne doit point sortir en ville sans permission, ou sans compagnon. On ne doit point manger dehors, que fort rarement.

Il faut garder l'uniformité aux habits, tant en sa manière de se vêtir et porter son collet, que pour les étoffes dont on se servira.

On ne se servira point de rasoir sur le visage, et l'on fera faire ses cheveux tous les mois, et on renouvellera sa tonsure tous les quinze jours.

Intentions des Messes que chaque prêtre doit dire tous les mois.

1° Pour l'accomplissement des désirs de Jésus.

2° Pour l'accomplissement des désirs de la Vierge.
3° Pour l'Église universelle.
4° Pour l'Église de France.
5° Pour notre congrégation.
6° Pour notre R. P. général.
7° Pour nos bienfaiteurs et fondateurs.
8° Pour les bienfaiteurs et fondateurs de la maison où l'on réside.

Tous les confrères et frères doivent dire un chapelet, et appliquer une communion tous les mois pour chaque de ces intentions.

DE L'OBLIGATION DE GARDER LES RÈGLEMENTS.

L'obligation de garder nos règlements est fondée sur plusieurs raisons importantes :

La première est que de l'observance des règlements dépend le salut de chacun de nous. Car c'est une vérité constante et reçue de tous, qu'outre les commandements de Dieu et de l'Église, qui sont les voies communes par lesquelles tous les Chrétiens sont obligés de marcher en quelque état qu'ils soient, il y a des voies particulières qui sont les règles des communautés religieuses et ecclésiastiques qu'il a plu à la divine Providence d'établir dans son Église pour en être les ornements et les soutiens, et ceux d'entre les fidèles qui sont appelés de Dieu dans ces saintes communautés sont obligés d'en garder les règles. Cette vérité supposée, Dieu nous ayant mis dans la congrégation, il nous donne cette voie pour nous sauver, et il y a bien de l'apparence qu'il n'y en a pas d'autres pour nous; de sorte que, n'observant pas les règlements, ou nous ne demeurerons pas dans la congrégation, et, en cela, nous sortirons de la voie que Dieu nous a donnée pour nous sauver, et si nous y demeurons, nous y vivrons négligemment et cette négligence sera cause que Dieu nous retirera sa grâce, et insensiblement nous nous exposerons à un danger manifeste de nous perdre.

La deuxième raison est qu'il importe beaucoup que nous laissions la congrégation à ceux qui viendront après nous dans la perfection que nous y avons trouvée, et nous devons empêcher, autant qu'il est en nous, que ceux avec qui nous vivons ne se relâchent pas par notre mauvais exemple. Car si, celui qui procure, par son exemple et sa ferveur, le bon ordre dans une congrégation, rend un service très-agréable à Dieu, celui au contraire qui, par ses déréglements, y cause du désordre, commet une faute très-considérable et qui déshonore beaucoup Dieu. Et comme la perfection d'un corps dépend de la perfection des particuliers, si les particuliers viennent à se dérégler, la perfection du corps sera par conséquent affaiblie et diminuée.

La troisième raison, c'est que nous retirons de très-grands avantages de l'observation des règlements.

Le premier est que cela nous empêche de nous laisser aller à la conduite du diable et à l'amour-propre. Car si nous nous gouvernons par notre propre volonté nous ne sommes pas assez spirituels, quoique nous ayons bonne intention, pour bien discerner la conduite du diable et de l'amour-propre, de celle de Jésus-Christ et de sa grâce. Cependant ce discernement est très-important, car il faut nécessairement être assujetti, ou à Jésus-Christ, ou au diable, son ennemi.

Le second avantage, est qu'en pratiquant nos règlements, nous pratiquons beaucoup de vertus, et nous avons plusieurs occasions de nous mortifier, nous séparant de nous-mêmes et renonçant à notre propre volonté, soit pour le dormir, soit pour le manger, soit pour toute autre chose, ce qui est très-agréable à Dieu.

Pour obtenir cette régularité si nécessaire, on doit, lorsqu'il est question de s'assujettir aux règlements, adorer Jésus-Christ. Il faut ensuite se donner à lui pour l'imiter dans sa soumission, et enfin, tâcher de l'imiter effectivement en gardant ces règlements.

Mais remarquez qu'il faut se soumettre, non en Juif, par un esprit de crainte, mais en Chrétien, par amour et pour honorer les humiliations et les assujettissements de Jésus-Christ à ses parents, aux lois humaines, comme à l'édit d'Auguste, aux lois de la nature, comme à la faim, à la soif, aux coutumes et usages des Juifs, et, ce qui est encore plus étonnant, aux bourreaux qui l'ont crucifié, et à la sentence des juges injustes, tels qu'étaient Pilate et Caïphe.

DU RÉVEIL.

Ce que nous devons faire en nous éveillant et habillant.

Aussitôt que le corps s'éveille, l'âme doit s'éveiller aussi, et il faut que la lumière de la foi nous frappe l'esprit en même temps que la lumière du soleil éclaire nos yeux. Le sommeil calme nos passions et remet l'âme en pleine liberté. Mais, au moment qu'il cesse, nous sommes capables de toutes sortes d'impressions bonnes ou mauvaises. Si nous concevons alors quelque sainte affection, elle se conserve facilement, et il n'est pas aisé que quelque distraction la corrompe. Mais si nous abandonnons notre âme à ses mouvements, le diable, qui épie toutes les occasions de nous perdre, notre imagination pleine d'espèces et qui ne demande qu'à se divertir, et l'amour-propre qui court après les plaisirs, les passions que nous n'avons pas pris la peine de mortifier : tout cela conspire à nous remplir l'esprit d'une infinité d'idées volages et d'affections criminelles et déréglées, qui troublent notre oraison et nous partagent entre Dieu et les hommes. Il faut donc prévenir avec soin ce désordre dès le soir en se couchant, et ne point s'endormir sans veiller par avance sur son réveil, qui est une image de la naissance, comme le sommeil est un tableau du néant et de la mort.

Il faut bien prendre garde de ne nous point laisser aller à la paresse, qui suit naturellement le sommeil, et de ne nous laisser remplir d'aucunes tentations, passions ou inclinations vicieuses, ni d'aucune mauvaise impression de la part du démon et du monde; mais être fidèle à nous séparer de nous-mêmes, et éloigner de notre cœur les empêchements connus et inconnus qui peuvent, en le premier moment, nous rendre incapables de nous élever à Dieu et d'adhérer à Jésus-Christ.

Pour entrer en ces pratiques si nécessaires, on peut se servir de celles du R. P. de Condrand, lequel, comme il est marqué dans sa *Vie* (liv. I, ch. 16) consacrait le premier moment à la vigilance immuable et éternelle de Dieu dans laquelle David se représentait les soins et la bonté quand il disait : *Celui qui garde Israël ne dort ni ne sommeille :* « *Ecce non dormitabit,* » etc. (*Psal.* CXX, 4.) Il croyait que, ainsi que le sommeil nous est donné pour nous représenter son repos, ainsi le réveil nous est une ombre et une participation de sa vigilance, et que c'est principalement en cette première partie du jour que nous devons nous appliquer au culte de cette perfection.

Il adorait aussi en s'éveillant le Verbe incarné, entrant par l'incarnation dans l'usage de la vie humaine ; il renonçait à soi-même et se donnait à lui, afin de faire en l'unité de son esprit l'usage qu'il lui plaît de l'homme, et, séparant son cœur de tout amusement aux créatures, il s'offrait à lui pour avoir part à toutes ses dispositions et à tous ses desseins.

Il consacrait encore son réveil en l'honneur du moment de la résurrection du Fils de Dieu, par laquelle il a possédé une vie éloignée de la ressemblance de la chair du péché, et conforme à la gloire et à la sainteté de son Père.

Il s'appliquait aussi en l'honneur du réveil de Jésus-Christ, lorsque, vivant sur la terre, il s'est soumis à la nécessité de dormir comme nous.

Enfin il s'unissait à la sainte Vierge et aux saints pour user du réveil, ainsi qu'ils en ont usé par l'esprit de la grâce.

Nous devons, en nous habillant, nous estimer indignes des habits que nous portons. Plusieurs grands pénitents, comme sainte Marie Egyptienne, saint Joachim et plusieurs autres saints, avaient ces sentiments qu'ils ne méritaient pas d'en avoir, et il serait juste que nous en fussions plutôt privés, si l'honnêteté le permettait. Il faut au moins avoir honte et confusion en nous revêtant, puisque cette obligation de couvrir notre nudité vient de la perte que nous avons faite en Adam de la première innocence, par laquelle nous eussions été revêtus de Dieu, de sa grâce et d'une parfaite pureté.

Il faut élever son cœur à Jésus-Christ dont nous avons été revêtus par le baptême, et nous occuper de lui. « Que ce ne soit pas de la dépouille d'un animal que je sois vêtu, » disait le R. P. de Condrand, « mais de la victime même qui ôte les péchés du monde. Que les enfants d'Adam, vivant selon la chair, se rendent semblables aux bêtes dont ils portent les ornements ; pour moi, je me veux revêtir de Jésus-Christ, et ne tenir compte de la chair ni de ses désirs ; ma soutane est la toison de l'Agneau de Dieu, elle ne me représente pas seulement la tunique sans couture, elle m'avertit encore d'enfermer autant en mon âme Jésus-Christ, que mon corps est enclos dans le vêtement. » Il ne cessait de jeter des soupirs en s'habillant, et de demander à Dieu qu'il le dépouillât du vieil homme et de ses actions, et qu'il le revêtît du nouveau qui se renouvelle tous les jours pour connaître Dieu selon l'image de son Créateur : *Exspoliantes veterem hominem cum actibus suis, et induentes novum qui renovatur in agnitionem secundum imaginem ejus qui creavit illum.* (*Col.* III, 9, 10.)

DE L'ORAISON.

Il est très-important de savoir faire oraison, comment nous devons faire oraison, parce qu'encore que les livres traitent assez de la manière de faire oraison, toutefois ce qu'ils en disent ne semble pas avoir de conformité à notre institution, et à l'esprit que le Fils de Dieu a commencé de nous communiquer dans nos exercices. Nous aimons trop à agir dans l'oraison par discours et imagination, ce qui nous empêche de la faire sur des choses relevées. Nous devons donc prendre une manière d'oraison que nous puissions pratiquer sur toutes sortes de sujets pour grands et élevés qu'ils soient, comme les mystères de Jésus-Christ et autres que l'Eglise nous présente durant l'année.

Cette manière d'oraison consiste en une disposition que l'on doit avoir, de respect, d'honneur et de déférence vers les sujets qu'elle se propose, s'humiliant devant Dieu, confessant son indignité et son impuissance à les approfondir par ses pensées, se contentant de les regarder avec humilité, pour les honorer et les révérer, jusqu'à ce qu'il plaise à Dieu de regarder notre bassesse et notre pauvreté, et nous donner sa lumière pour entendre ces sujets ; ce qu'il lui faut demander de temps en temps, sans cependant entreprendre de les pénétrer, ni de former des pensées sur eux, si Dieu ne nous y applique par son esprit ; car c'est l'esprit de Dieu qui nous ouvre la porte, pouvant entrer dans la connaissance de ces sujets élevés : *Spiritus omnia scrutatur, etiam profunda Dei,* etc. (*I Cor.* II, 10.)

Voici la manière en laquelle on doit faire oraison ; elle est d'autant plus facile qu'il est aisé de confesser sa pauvreté, de reconnaître sa dépendance, de demander la lumière nécessaire, de patienter en l'attendant et de réciter de temps en temps les actes intérieurs de notre âme ; ce qui empêche l'inutilité de notre esprit, lequel on pourra t objecter à ceux qui se servent de cette manière d'oraison.

Nous devons avoir une vraie disposition de pauvre en l'oraison ; car, comme les pauvres, après avoir frappé à la porte, doivent patienter jusqu'à ce qu'on leur apporte quelque chose, et puis recommencer à frapper, évitant pourtant l'importunité, aussi l'âme qui connaît sa pauvreté et son indigence, et de plus qui voit qu'elle n'a rien mérité que l'enfer par ses offenses, l'âme doit, dis-je, se consumer et s'abîmer devant la majesté de Dieu, tâchant par toutes sortes de moyens d'apaiser sa colère et d'attirer sa miséricorde, tantôt en frappant modestement à la porte du ciel par les actes d'humiliation et de componction, de connaissance de son néant et de la splendeur de Dieu, tantôt patientant jusqu'à ce qu'il plaise à Dieu de subvenir à sa nécessité, et de la soulager dans ses misères.

On peut encore se tenir en la présence de son Dieu en qualité de très-humble esclave, qui, attendant avec toute humilité et révérence de recevoir les commandements de son Seigneur et de son Maître, s'offre à lui de tout son cœur et de toutes ses forces pour tout ce qu'il voudra faire de lui, et pour tout ce qu'il voudra qu'il fasse.

Cette méthode doit être suivie, parce que, outre qu'elle est d'une grande utilité à l'âme, elle honore plus Dieu que les autres manières d'oraison desquelles on se sert ordinairement. Car nous n'honorons pas Dieu, absolument parlant, par les pensées que nous formons de lui et de ses mystères; nos pensées sont trop basses et trop indignes de sa grandeur; mais notre âme, dans ses dispositions intérieures de pauvreté et d'humilité qu'elle a vers Dieu et vers ses mystères, l'honore et le glorifie en quelque sorte, parce qu'elle témoigne soumission, amour, estime, respect et révérence vers la grandeur et la majesté de Dieu, ce qu'elle peut faire à l'égard de ses plus hauts mystères.

Il est vrai que cette manière d'oraison n'est pas propre à tous, quoiqu'elle se puisse faire aussi bien dans la maladie que dans la santé, quoique l'esprit ne travaille point et qu'il n'y ait guère que le cœur qui y soit occupé. Les commençants ne se doivent pas mettre à la table de l'Époux; il faut au contraire se mettre toujours au dernier lieu et attendre qu'ils soient trouvés dignes d'entendre la sainte parole du Seigneur : *Ascende superius.* (*Luc.* XIV, 10.) Pour cela il faut choisir la voie la plus basse de faire oraison.

Cette voie est la méditation, mais nous ne devons pas nous y attacher de telle sorte que nous ne puissions en sortir, si Dieu nous donne attrait pour quelque autre chose; car il faut toujours supposer comme une vérité fondamentale que l'oraison est un don de Dieu; que le Saint-Esprit en est le grand maître, et que c'est un exercice qu'on n'apprend qu'en le pratiquant souvent.

De la méditation et de la manière de la faire pour ceux qui commencent à faire oraison.

Méditer, c'est considérer avec attention les sujets qui nous sont proposés pour nous en occuper; c'est les digérer; c'est s'y arrêter, en un mot, c'est rentrer en eux comme ceux, selon l'expression du prophète, *qui convertuntur ad cor.* (*Psal.* LXXXIV, 9.) Il y a trois parties de la méditation: 1° la préparation; 2° le corps de l'oraison; 3° la conclusion.

1° *La préparation.*—Premièrement, après avoir lu les sujets de votre oraison, la première chose que vous ferez sera de vous mettre en la présence de Dieu, ce qui se doit faire non par l'imagination, mais par un acte de foi, laquelle vous fera voir et adorer Dieu partout, puisqu'il remplit tout lieu et même toute chose par sa puissance, sa présence et son essence. Dans cet acte de sa divine présence, vous vous abaisserez et prosternerez profondément devant lui, reconnaissant votre indignité et votre néant, et que vous n'êtes pas digne de converser avec sa majesté infinie, laquelle vous avez tant de fois malheureusement offensée. Vous vous souviendrez néanmoins que vous pouvez avoir accès auprès de Dieu par les mérites de son Fils. Car bien que, comme simple créature, vous n'en soyez pas digne, et que, comme pécheur, vous eussiez dû être banni de la présence du Seigneur, toutefois, comme membre de Jésus-Christ, c'est-à-dire comme Chrétien, vous avez droit de vous approcher de Dieu. Renoncez donc à vous-même et vous unissez à Jésus, puisque c'est par lui et en lui que vous pouvez vous rendre agréable à Dieu.

2° Vous offrir à Dieu en cette action que vous allez faire, ne voulant y rechercher que sa seule gloire. Ce n'est pas que vous ne puissiez demander vos nécessités et regarder les besoins de votre âme, mais cela doit être rapporté à la gloire de Dieu; de sorte que si vous vous regardez, ce doit être pour Dieu et pour vous rendre tout à lui.

3° En suite de cette pureté d'intention, vous vous résignerez intérieurement à Dieu pour faire l'oraison en la manière qu'il voudra, soit qu'il lui plaise que vous ayez du repos et de la consolation, soit qu'il veuille que vous y apportiez quelque peine ou difficulté, faisant état et résolution de n'avoir ni complaisance dans le repos, ni inquiétude dans la sécheresse et privation.

4° Donnez-vous après cela au Saint-Esprit, et le suppliez de vous conduire et diriger dans l'oraison. Comme nous n'avons pas droit de paraître devant Dieu par nous-mêmes et comme créatures et comme pécheurs, mais seulement en Jésus-Christ comme Chrétiens et en l'union que nous avons à lui comme ses membres, aussi nous ne devons pas traiter et converser avec lui par notre esprit, mais par le Saint-Esprit, lequel vous invoquez de tout votre cœur, vous abandonnant à sa conduite pour recevoir les pensées et les affections qu'il lui plaira de vous donner, vous soumettant à tous ses desseins sur vous. Vous devez encore vous adresser à la sainte Vierge, à votre bon ange et à quelques autres saints auxquels vous avez dévotion, comme aux saints du jour, les priant de vous assister en votre oraison.

2° *Le corps de l'oraison.* — Après cela vous entrerez dans votre sujet, sur lequel vous arrêterez doucement votre esprit jusqu'à ce qu'il reconnaisse dans les vérités que vous méditez ce que Dieu demande de vous, ce que vous lui devez là-dessus, ce que vous en devez tirer. Puis de la pensée vous passerez aux actes de la volonté, qui seront différents selon la diversité des sujets et des vérités, comme d'adoration, d'actions de grâces, d'oblation de vous-même, de respect et de révérence intérieure, de contrition, de résignation, de patience, de résolution, et vous demeurerez dans les actes plus que dans les pensées, car la considération des vérités n'est que pour vous reporter aux actes et aux affections de la volonté.

Faire oraison en cette manière, c'est prier par pratique de vertu, et cette voie est plus digne de la volonté de Dieu qui n'est pas tant honorée par nos pensées que par nos affections. Elle fait qu'on s'éloigne plus de la curiosité et de l'amour-propre qui se mêle plus facilement parmi les pensées qu'on recherche par soi-même. Elle est plus utile à l'âme, laquelle est ainsi non-seulement en résolution et demande de la vertu. Elle est enfin plus aisée dans la sécheresse qui ne peut empêcher l'âme de former quelques-uns de ces actes, comme d'être en patience, de s'humilier devant Dieu, de recourir humblement à lui, de se donner à Jésus.

Pour ce qui est du sujet de l'oraison, on peut prendre d'ordinaire quelque chose de la vie du Fils de Dieu. Pendant qu'il était sur la terre, il était le sujet de l'entretien et de l'occupation ordinaire de sa très-sainte Mère et de ses apôtres. Or les actes que l'on peut faire sur la vie de Jésus-Christ sont :

1° *d'adoration*; car toutes les actions du Fils de Dieu sont divines et subsistantes en la personne du Verbe; et aussi elles sont en la dignité, puissance et autorité de Dieu même et méritent adoration.

2° *De donation* de nous-mêmes; car Jésus-Christ nous a acquis à soi par chacune de ses actions, qui était d'un prix infini, si bien que faisant oraison sur quelque action, pensée ou parole de sa vie, nous devons nous donner à lui tout autant qu'il nous a acquis par cette action.

3° *D'actions de grâces*, de ce qu'étant venu sur la terre pour nous, sa vie, ses actions ont toutes été faites pour nous.

4° *D'amour*. S'il a fait toutes ses actions par amour pour vous, vous y devez répondre par votre amour. Donnez-le-lui donc, et renoncez à celui de toutes les choses de la terre, pour aimer uniquement Jésus-Christ qui l'a si dignement mérité.

5° *De zèle*. Nous devons avoir un grand zèle que Jésus-Christ soit connu de tout le monde; que sa vie et ses actions ne soient pas ignorées, et quelles aient effet dans les âmes.

6° *De demande*. Les actions du Fils de Dieu sont des sources de grâces; il faut donc recourir à lui dans ses actions pour faire les nôtres. Outre ces actes, vous ferez ceux que Notre Seigneur vous inspirera.

3° *La conclusion, ou la revue après l'oraison*. — A la fin de l'oraison vous aurez soin de l'offrir à Jésus-Christ quoique vous ne soyez qu'un pauvre pécheur, lui demandant pardon des fautes commises, le remerciant

OEUVRES COMPL. DE DE BÉRULLE.

des grâces reçues, le priant qu'il vous fasse la grâce de retenir et pratiquer ce qui s'est trouvé en vous de plus remarquable. Ayez soin de vous entretenir et occuper l'esprit en la journée des pensées qui vous auront le plus touché à l'oraison et de les pratiquer dans les occasions.

Diverses observances pour l'oraison.

Quand il arrivera que vous serez en sécheresse et en peine, en sorte que vous ne pourrez vous appliquer sur l'oraison,

1° Craignez que ce ne soit par votre faute.

2° Humiliez-vous beaucoup par la peur que vous pouvez y avoir.

3° Résignez-vous à la volonté de Dieu pour porter cette peine en patience et en satisfaction de vos péchés, et par hommage et soumission à sa justice divine.

4° Donnez-vous à Dieu tel que vous serez, désirant le glorifier en quelque état que vous soyez.

5° Considérez que les plus saintes pensées de la créature, et tout ce qu'elle peut faire rend bien peu d'honneur à Dieu, qui est suffisant à lui-même, et n'a pas besoin de nous.

6° Ne laissez pas de fois à autre de rentrer dans votre sujet, vous donnant à Notre-Seigneur pour cela, mais avec résignation pour emporter le refus, et demeurer en l'état où vous êtes, que vous estimerez plus convenable à vos offenses.

Quand vous vous trouverez en quelque distraction, retournez incontinent à votre sujet, et à la présence de Dieu, en lui demandant pardon de vous être si facilement séparé de lui. Vous pouvez frapper votre poitrine, comme par pénitence et satisfaction, et ainsi vous ferez bon usage de votre distraction, et elle entrera dans le sujet de l'oraison. Avouez aussi que vous n'êtes pas digne de converser avec Dieu, puisque la moindre pensée des choses du monde vous en a séparé si facilement. Lorsque par la considération de quelque vérité, vous désirez prendre bonne résolution dans l'oraison, prenez garde que ce soit avec Dieu. Appuyez-vous entièrement sur la sainte grâce, et non sur vous-même et vous donner à lui pour faire la chose.

Que vos demandes en l'oraison soient universelles, et en disposition générale de charité; si vous demandez, par exemple, quelque vertu, demandez-la non-seulement pour vous, mais pour toute l'Eglise, pour votre prochain, pour la communauté, car nous devons rechercher la gloire de Dieu universellement.

Ayez soin de faire votre oraison en la vérité de Dieu, c'est-à-dire que les actes que vous produirez sur les sujets de votre oraison, soient fondés non sur les conceptions et pensées que vous en ayez, mais sur ce qui en est la vérité de Dieu. Par exemple, il faut adorer Dieu, non selon vos pensées, mais selon ce qu'il est; il faut l'aimer autant qu'il est aimable en soi, et non pas seulement selon ce que vous, vous le connaissez aimable. De même, si vous demandez quelque vertu, comme l'humilité, il faut la demander telle que Dieu la connaît qu'elle doit être.

De l'examen de prévoyance.

Encore que nos règlements ne fassent mention que de deux examens que nous devons faire, l'un devant dîner, l'autre le soir, qui servent à nous corriger de nos défauts passés, néanmoins on a trouvé bon d'en ajouter un troisième qui nous sert à prévenir nos défauts, et à nous garder d'y tomber, suivant en cela l'exemple du T. R. P. de Coudron, comme il est remarqué dans sa vie, liv. 1er ch. 17. Dieu nous a donné la mémoire au regard du passé, la prévoyance au regard de l'avenir, il nous faut faire usage pour l'aimer et pour le servir de la mémoire et de la prévoyance, puisqu'il nous est commandé d'aimer et de servir Dieu de tout notre cœur, de toute notre âme et de toutes nos puissances.

Cet examen que l'on doit faire le matin à l'issue de l'oraison, est une prévoyance de l'âme sur la journée, afin de voir comme elle la pourra mieux passer que les autres, apportant ainsi de jour en jour quelque amendement à sa vie.

Nous nous proposons toujours au commencement de nos exercices d'adorer le Fils de Dieu en quelqu'une de ses qualités, parce que cela sert à recueillir l'esprit et à le remplir du Fils de Dieu qui est la plénitude.

En cet examen nous devons adorer le Fils Dieu, 1° comme principe de notre vie selon la nature; 2° comme principe de lumière et de conduite; 3° comme principe de force et de puissance.

Pour nous faire agir selon les trois points nous devons pratiquer les trois choses qui leur répondent : 1° nous donner au Fils de Dieu et lui consacrer nos exercices, et toutes nos dévotions, puisque nous ne sommes point à nous-mêmes, mais à lui : *Non estis vestri* (I Cor. VI, 19), et qu'il est le principe de tout ce que nous avons. 2° Il nous faut renoncer à notre propre conduite et à toute autre qu'à celle de Jésus-Christ, à laquelle nous devons nous soumettre et assujettir, protestant de la vouloir suivre en tout et partout; car toutes nos actions étant à lui, ce n'est pas à nous d'en user selon nos désirs, mais à Jésus de les diriger pour les accomplir par nous, selon ses désirs et ses volontés. 3° Puisqu'il est le principe de toute force et que nous ne sommes rien sans lui, mais tout avec lui, nous nous adresserons à lui, le priant de nous fortifier et animer de son esprit pour faire toutes nos actions, en sorte qu'elles lui soient agréables.

Après cela nous jetons la vue sur toute la journée et nous y regardons, 1° les occasions de bien faire qui se présenteront pendant la semaine, selon l'expérience que nous en pouvons avoir des jours passés; 2° les occasions de pécher et de mal faire, qui se peuvent rencontrer pendant la journée, comme les occasions de rompre le silence, de dire des paroles inutiles. Nous finissons cet examen en faisant des résolutions, suppliant Jésus-Christ qu'il ne permette pas que nous y manquions, estimant que c'est la plus grande punition qui puisse nous arriver.

De l'examen de midi.

Cet examen est différent de celui du soir, en ce que, 1° le soir nous adorons Jésus-Christ comme notre juge, et en celui-ci nous l'adorons comme notre chef, duquel nous sommes les membres; comme notre vivificateur de qui nous recevons la vie de l'âme, comme notre sanctificateur, par lequel nous sommes sanctifiés, et enfin comme celui par l'esprit duquel il faut nous diriger, en tout et partout. 2° Nous nous examinons en l'examen du soir principalement sur les péchés que nous avons commis, contre la loi de Dieu et nos règlements; mais en celui-ci nous devons surtout examiner les défauts contre les dispositions intérieures par lesquelles notre âme se doit conduire dans les exercices, selon ses trois vocations, 1° au christianisme; 2° au sacerdoce qui est beaucoup plus grand et plus obligeant à la perfection; 3° à l'oratoire, où nous sommes assemblés pour vivre avec plus de piété et de vertu que si nous fussions demeurés ecclésiastiques dans le monde. Ces trois vocations sont grandes; la première d'avoir toute la perfection dont un Chrétien est capable. La deuxième nous doit rendre parfait non seulement pour nous, mais pour le peuple, puisque les prêtres sont obligés de sanctifier et de perfectionner les autres; mais la troisième nous fait entrer dans une plus étroite obligation, vu que, comme prêtres de l'Oratoire en tendant à la prêtrise, nous ne devons pas seulement avoir la perfection pour nous, comme tous les autres Chrétiens laïques, ni seulement pour nous et pour les laïques comme les autres prêtres; mais pour nous, pour les laïques et pour les prêtres mêmes, puisque selon la bulle de notre institution, la congrégation de l'Oratoire a été érigée pour apporter par un exemple et la sainteté de ses fonctions quelque sujet d'amendement parmi les ecclésiastiques. Quelle sainteté et quelle vertu devons-nous donc avoir pour sanctifier ceux qui doivent sanctifier les autres. Nous devons donc nous examiner, si nous avons apporté l'esprit qu'il fallait en toutes nos actions; si nous les avons animées de ces trois dispositions précédentes; si nous avons manqué contre la pratique de la vertu de la semaine, et autres semblables défauts qui se rapportent à ceux-là.

De la vertu de la semaine.

Nous devons penser que c'est un des principaux règlements que de travailler à acquérir les vertus. C'est pourquoi, après en avoir choisi une, il faut, 1° adorer Jésus-Christ; 2° se donner à Jésus-Christ pour l'acquérir; 3° renoncer à tous les empêchements que nous y pouvons apporter. Il faut faire avec soin ces trois choses, et en outre cela, se proposer de faire quelque action en l'honneur de cette vertu.

Examen du soir.

Cet examen semble être fait par manière de confession à Jésus-Christ. Ainsi il faut observer les points qui suivent : 1° Adorer le Fils de Dieu en qualité de juge, puisque c'est lui qui doit juger : *Omne judicium dedit Filio, quia Filius hominis est.* (Joan. v, 22.) Il ne faut pas attendre jusqu'à l'heure de la mort pour le reconnaître pour juge ; il faut nous présenter à lui tous les jours de notre vie, et faire par amour et par fidélité, ce que nous ferions alors par justice et par nécessité. 2° Adorer le Fils de Dieu, ce même souverain prêtre, auquel nous devons confesser nos péchés, avant que de les confesser aux autres qui ne sont que ses vicaires. 3° Demandez-lui la lumière nécessaire pour connaître en quoi nous avons pu lui déplaire pendant la journée. Il y a plusieurs motifs qui nous obligent à la lui demander avec ferveur. Le premier est notre aveuglement à l'égard de nos défauts ; l'amour-propre les cache, l'ignorance les couvre, l'infirmité les amoindrit, l'erreur se mêle parmi la connaissance, de sorte que la lumière du Fils de Dieu est nécessaire pour les connaître ; le deuxième est la vue que le Fils de Dieu a de nos défauts, qui est bien autre que la nôtre ; car comme sa pureté et sa sainteté est en tout au-dessus de la nôtre, il voit plusieurs choses contraires à sa sainte volonté, que nous ne voyons pas. Il serait à souhaiter que vous eussiez la lumière que votre âme aura, lorsqu'elle sera détachée du corps, et purement intelligente, puisque par sa lumière naturelle, et surtout par la lumière surnaturelle que le Fils de Dieu vous communiquera, vous verrez alors clairement vos défauts dans un moment. Or, ce que cette lumière fera alors, afin que l'âme s'accuse elle-même, demandez à Dieu qu'il vous le communique à présent. 4° Faites une revue sur la journée pour savoir en quoi vous avez désobéi à Dieu. Il serait à propos que vous prissiez quelques points auxquels se réduiraient vos fautes. Il ne faut pas s'arrêter alors et considérer ses bonnes œuvres particulières pour en remercier Dieu, puisqu'il y a toujours quelque défaut, et que d'ailleurs ce n'est pas à nous à les juger absolument bonnes. Ce que nous devons faire pour n'être pas absolument ingrats, est de remercier Dieu, en quelque temps de la journée destiné à cela, des grâces qu'il nous a faites, et des dons qu'il nous eût faits, si nous n'y eussions point mis empêchement par nos infidélités. 5° Faites un acte de contrition, qui est une douleur du péché, parce qu'il est contre la bonté de Dieu qu'il offense et déshonore. Elle est appelée contrition, parce qu'elle brise et anéantit en nous le motif du péché. Pour avoir la contrition, demandez-la à Dieu par Jésus-Christ.

DE L'OFFICE DIVIN.
Des dispositions pour assister au chœur.

Toutes les fois que la communauté va au chœur, nous devons y aller comme de la part de toute l'Eglise qui nous commande de faire des prières publiques, et un chacun doit servir et correspondre au dessein général de toute l'Eglise, et spécialement de toute la congrégation, qui est d'honorer Dieu en public avec ferveur, modestie et attention. Sitôt que la cloche sonne, il faut sortir de sa chambre sans s'arrêter, comme étant appelé de Dieu, faire une génuflexion à son oratoire pour offrir cette action à Jésus-Christ, et lui demander congé, disant avec le prophète Isaïe (vi, 8) : *Ecce ego, mitte me.*

En chemin il faut s'élever à Dieu, sans s'arrêter à personne sans grande nécessité, se souvenant qu'on est appelé pour faire l'office des anges.

Etant arrivé dans la sacristie, il faut demeurer dans un grand silence, et attendant comme de Jésus-Christ le signal pour aller au chœur. Il ne faut pas s'inquiéter des distractions qui pourront arriver en chantant, à cause de l'application que nous sommes obligés d'avoir à la note et au cérémonial du chœur, parce que l'Eglise nous oblige de faire l'office divin avec décence et gravité. Cela ne se peut faire sans appliquer notre esprit à ces choses extérieures.

Pour les autres distractions, qui viennent de la part des sens, et par pensées mauvaises, légères ou inutiles, il faut se donner doucement à Dieu pour s'en détourner, et si en les chassant l'esprit s'y enferme davantage, et en demeure plus embarrassé, il faut s'en humilier, et offrir cette peine à Notre-Seigneur.

Du service de la sainte Messe.

Plusieurs considérations nous doivent rendre prompts à servir la Messe. La première que, comme il y avait deux offices en regard de Jésus-Christ mortel et passible, l'un, de produire et enfanter Jésus-Christ que la sainte Vierge seule entre les pures créatures a eu ; l'autre, d'assister et de servir la très-sainte Vierge, au service qu'elle lui a rendu, ce qu'ont fait l'ange Gabriel, saint Joseph, etc. De même il y a deux offices en regard de Jésus-Christ impassible et immortel : le premier qui est de le produire sur nos autels, n'appartient qu'aux prêtres ; le deuxième est de ceux qui le servent en cette action.

La deuxième considération est qu'il n'y a que les acolytes qui aient droit de servir la messe. Les autres ne le font que par faveur et par tolérance.

La troisième est qu'encore que chasser les démons soient grand office dans l'Eglise, celui néanmoins de servir la messe est plus digne.

La quatrième est que, si nous cherchons notre utilité, nous ne pouvons douter qu'on en retire une très-grande du service de la sainte messe. Nous pouvons nous servir de toutes ces considérations, pour nous exciter à être fervents à servir la sainte messe, à l'exemple des plus grands saints, comme saint Thomas qui avait cependant tant de grandes occupations.

Dispositions pour servir la sainte Messe.

Pour servir la sainte messe, il faut demander à Dieu les dispositions d'amour et d'humilité qu'avaient l'ange Gabriel et saint Joseph, servant la sainte Vierge et l'enfant Jésus.

Au Confiteor. — Entrer en un esprit de pénitence et de contrition de nos péchés, admirant néanmoins la bonté de Dieu, qui se sert de nous pour une si grande chose.

Aux Oraisons. — Demander à Dieu les vertus dont on a le plus besoin, et la pratique de celle de la semaine.

A l'Epître. — Adorer et nous unir à l'esprit de Dieu qui a inspiré et dicté ces apôtres, le prier de nous en donner l'intelligence, et de nous en faire faire un saint usage toute notre vie.

A l'Evangile. — Se prosterner d'esprit et de cœur par hommage aux paroles de vie et aux mystères de Jésus-Christ, pendant que ce corps est debout pour montrer qu'il faut le suivre; il faut aussi désirer que l'Evangile soit cru et reconnu par toute la terre.

A l'Offertoire. — Il faut se souvenir qu'en tant que Chrétien et membre de Jésus-Christ, quoiqu'on ne soit pas prêtre, on peut non-seulement servir la messe, mais faire avec le prêtre ce qu'il fait, c'est-à-dire offrir avec lui et avec Jésus-Christ même, le sacrifice qui est offert à Dieu, puisque nous sommes participants de son divin sacerdoce. A raison de quoi tous les Chrétiens sont appelés prêtres dans la sainte Ecriture. Celui donc qui sert la messe, celui qui l'entend peut offrir le même sacrifice selon toutes les intentions de l'Eglise à la Majesté divine pour l'accomplissement de toutes ses volontés avec les mêmes dispositions que Jésus-Christ s'offre lui-même à son Père. Mais outre cela en qualité d'hostie, nous avons obligation en offrant Jésus à Dieu comme victime, de nous offrir à lui, ou plutôt de le prier de nous incorporer avec lui en qualité d'hosties, pour nous sacrifier avec lui à la gloire de son Père, et parce que l'hostie pour être sacrifiée doit être mise à mort, et ensuite consumée dans le feu, priez-le qu'il vous fasse mourir à vous-même, c'est-à-dire à vos passions, à votre amour-propre, et à tout ce qui lui déplaît; qu'il vous consume dans le feu sacré de son amour, et qu'il fasse que désormais toute votre vie soit un perpétuel sacrifice de louange, de gloire et d'amour. Offrez donc le sacrifice et tous les autres de ce jour, à la très-sainte Trinité selon les intentions de Jésus-Christ et de son Eglise, priant Notre-Seigneur qu'il vous offre avec lui en qualité d'hostie et de victime à son Père éternel.

Au Lavabo. — Il faut demander humblement qu'il se prépare une digne habitation dans notre âme, la lavant et la purifiant de tout ce qui peut lui être désagréable.

A la Préface. — On peut adorer le mystère du temps par divers actes d'adoration et de soumission, et nous en reconnaissant indignes, nous offrirons à Dieu en satisfaction tout l'honneur que lui ont jamais rendu les saints et les anges.

Au Memento. — Il faut dresser son intention pour ceux pour qui on veut particulièrement prier, et ensuite offrir à Dieu le sacrifice; 1° pour rendre à Dieu la gloire et le culte qui lui sont dus; 2° en actions de grâces des bienfaits qu'on a reçus de lui; 3° pour la rémission de tous les péchés du monde, et surtout des nôtres; 4° pour obtenir le secours et les grâces dont nous avons besoin pour persévérer avec ferveur au service de Dieu jusqu'à la fin.

Durant le Canon. — Adorer Jésus-Christ en son silence et sa génération éternelle et temporelle; se disposer ensuite à la communion sacramentelle ou spirituelle par des affections saintes pensant au désir que Jésus-Christ a de venir combler notre âme de ses bénédictions, s'offrir pour cela à tous ses desseins et désirs sur nous, lui disant : *Veni, Domine Jesu.*

A la Consécration. — Adorer Jésus-Christ en l'efficace de sa parole qui a tant de force que de changer le pain en son corps, et le vin en son sang. Prions-le qu'il daigne ainsi changer la pesanteur et la froideur de notre cœur tout terrestre, en l'ardeur et tendresse de son divin amour.

Au second Memento. — Il faut offrir à Dieu le prix du sang de Jésus-Christ, pour la délivrance des âmes du purgatoire, principalement pour celles qui ont mieux servi Jésus et Marie.

A la Communion. — Rendez grâces à Dieu de ce grand bienfait, invitant toutes les créatures du ciel et de la terre, à le louer, à le bénir, et cela n'étant rien à son égard, le prier de se vouloir bien dignement louer lui-même.

Aux Oraisons. — On lui doit demander avec affection, qu'il orne et embellisse notre âme des vertus qu'il estime le plus et qui lui sont les plus agréables.

A la fin de la Messe. — Recevoir la bénédiction, et avoir ensuite grand soin de se maintenir en la grâce qu'on a reçue par ce sacrifice, de même que si on portait quelque excellente liqueur dans un vase qu'on eût peur de rompre, priant Dieu de conserver en nous ses dons. Mais recevoir le fruit de ce divin exercice, il faut se donner à Dieu pour le faire, dès qu'on est appelé pour cela. Etant arrivé à la sacristie, il faut aider à s'habiller le prêtre avec grande modestie et humilité, considérant qu'il va faire ce qui s'est fait une fois sur le Calvaire. C'est pourquoi, c'est une pratique très-dévote d'accompagner alors ce prêtre, comme si on accompagnait Jésus-Christ sur le Calvaire, afin que, ne lui ayant pas tenu compagnie à lui-même, comme la très-sainte Vierge et saint Jean l'Evangéliste, nous l'accompagnions au moins en la personne du prêtre, qui porte les principaux instruments de la passion. L'amict représente le voile dont on lui couvrit le visage, lui disant : *Prophétise qui t'a frappé* (Luc xxii, 64.) L'aube représente la robe blanche dont Hérode le fit habiller par moquerie. La ceinture représente les fouets dont il fut flagellé. La manipule les cordes dont il fut lié à la colonne. L'étole les liens avec lesquels on le saisit à sa prise. Sur la chasuble sont marqués, la colonne et la croix; l'autel représente le Calvaire, où il fut crucifié.

POUR LA CONFESSION SACRAMENTELLE.

C'est ici où nous devons réveiller toutes les puissances de notre intérieur, et invoquer avec autant d'amour que d'humilité, le secours divin, pour faire l'action la plus importante de notre vie, de laquelle dépend notre salut. Oh! combien de personnes seront damnées pour avoir indignement usé de choses si grandes que sont les sacrements. Pour empêcher ce pernicieux effet, prenons garde de n'approcher jamais du sacrement de la pénitence qu'avec une préparation sincère et exacte, savoir une exacte recherche de nos fautes même les plus petites, avec une grande douleur et ressentiment de les avoir commises, et avec un ferme propos de ne les jamais commettre et de combattre jusqu'à la fin contre le vice, satisfaisant au passé par une vraie et proportionnée pénitence. Si en toutes choses nous avons besoin de la grâce de Dieu, combien davantage est celle-ci, qui est surnaturelle.

Après l'avoir demandée cette grâce si nécessaire, nous devons, en premier lieu, adorer Jésus-Christ, chargé du pesant fardeau de nos péchés, qui le mettent en une agonie si extrême qu'il en est triste jusqu'à la mort, et sue en telle abondance que la terre en est arrosée. Demandons-lui qu'il nous fasse part de la lumière avec laquelle il connaît nos péchés, afin qu'en ayant la connaissance, nous les confessions, détestions et en fassions pénitence avec lui. En deuxième lieu, il faut faire une revue sur la conscience et l'examiner soigneusement, depuis sa dernière confession, pour voir en quoi on a déplu à Dieu. Il faut prendre garde de ne pas juger de nos défauts seulement sur la connaissance que nous en pourrions avoir, qui est bien petite et ténébreuse, mais selon celle du Fils de Dieu, laquelle est bien autre que la nôtre; car souvent il voit plusieurs choses contraires à sa sainteté que nous ne voyons pas, et c'est pourquoi sa lumière nous est nécessaire pour nos défauts, en la manière qu'il les voit. Après cela, il faut se confesser et se présenter au prêtre, comme à celui qui représente et tient la place de Jésus-Christ pour faire une entière, humble et sincère confession de ses péchés, sans les déguiser, excuser, ni rejeter sur les autres, acceptant de tout notre cœur la peine et la confusion que Jésus-Christ a soufferte à la croix pour les mêmes péchés, désirant que nous eussions pu souffrir toutes ses peines, puisqu'il était innocent et que nous sommes coupables.

La confession étant achevée il faut remercier Dieu d'un si signalé bienfait, reconnaissant que c'est par les mérites de Jésus-Christ et par sa mort, que nous sommes justifiés en ce sacrement; il faut aussi le prier qu'il nous fasse craindre, et avoir horreur du péché plus que d'aucun tourment et peine temporelle. Nous devons enfin nous souvenir des paroles que Notre-Seigneur disait au paralytique: *Ecce sanus factus es, jam noli peccare ne deterius aliquid tibi contingat.* (Joan. v, 14.)

Outre ces dispositions générales que nous devons avoir dans la confession, il est bon d'en avoir une particulière, qui est de considérer celui de nos défauts qui nous semble le plus grand, de faire abstraction de celui-là d'avec les autres, et de faire quelque pratique de la vertu opposée, afin de rendre un honneur particulier à Dieu, en ce que nous l'avons particulièrement offensé.

POUR LA COMMUNION.

Avant la communion, il faut nous souvenir que le sacrement d'Eucharistie est un des sacrements des vivants et non des morts, et qu'ainsi la première disposition absolument nécessaire est l'innocence. Cette disposition supposée, la révérence et l'amour que nous portons au Fils de Dieu, et le désir qu'il a de se communiquer à nous, doivent être les principales pensées qui nous occupent en approchant de la sainte table; la révérence, parce que Dieu est celui que vous allez recevoir; l'amour, parce que vous l'allez recevoir comme vôtre; la révérence en l'adorant, l'amour en le désirant; la révérence en vous retirant de lui; l'amour en vous en approchant. Telles ont été les pensées des saints en s'approchant de Jésus-Christ, comme saint Pierre, comme sainte Madeleine.

Mais enfin, approchez-vous de Jésus-Christ par conformité ou désir qu'il a de se donner à vous, puisqu'il veut laver les pieds à son apôtre. L'apôtre le veut et s'y soumet, la mère consent d'être mère de Dieu par assujettissement à la volonté divine et proteste de son obéissance en acceptant cette dignité, qui lui donne autorité sur Dieu même. En honorant cette disposition, approchez-vous de Jésus-Christ, puisqu'il le veut ainsi; sa volonté vous étant manifestée par votre directeur; et comme la Vierge se trouva confuse de l'abord de l'ange, qui lui annonça la volonté de Dieu pour qu'elle fût sa mère, rougissez du dessein de Dieu, qui veut se communiquer à vous d'une manière si particulière.

Après la sainte communion, puisqu'il a plu au Fils de Dieu de venir chez vous, considérez-le dans vous-même comme dans son domicile, auquel en qualité de maître, il doit être adoré; et en partant, que vous et toutes les puissances de votre âme rendent hommage au nouvel hôte abaissé par son amour sous les espèces sacramentelles, pour pouvoir loger chez vous. Ne disposez plus de rien dans ce logis intérieur; Jésus est dans vous, mais qu'il y soit comme vous donnant vie et opérant vie, et ne soyez plus au regard de lui, que comme le corps au regard de l'âme; recevez mouvement, sentiment, vie et conduite de Jésus, et qu'il soit en vous, vous animant et vivifiant; et qu'il soit seul chez vous, ou si vous y êtes, soyez-y comme n'y étant pas, mais recevant les opérations de Jésus-Christ qui ne vient en vous que pour y opérer.

Où Dieu est, il est opérant et proportionnément à sa manière d'être. Il n'est jamais sans opérer, et dans l'espace même de neuf mois qu'il fut en la sainte Vierge, et durant le cours de son enfance, il ne laissa pas néanmoins d'opérer secrètement de grandes choses et dignes de lui, opérations qui ne sont pas moins grandes pour être inconnues. Comme donc Jésus est en vous d'une manière si particulière, et qu'il ne demande qu'à y opérer, votre devoir est de le laisser faire; et c'est le meilleur usage que vous puissiez faire de votre volonté, ne consentant et ne désirant que Jésus-Christ fasse en vous que ce qu'il voudra. Soyez purement devant Jésus, comme un néant qui ne résiste point et sur lequel il opère.

Et comme il y a quelque sorte d'anéantissement en la substance du pain, en l'arrivée du corps de Jésus-Christ, en tant que le pain n'est plus, mais est converti au corps de Jésus; et comme en ce sacrement le Saint-Esprit est solennellement et religieusement invoqué pour changer et transsubstancier par la vertu, la substance commune et vulgaire des espèces proposées à l'autel en la substance du corps et du sang du Fils de Dieu, invoquer solennellement et prier le même Saint-Esprit, qui est doublement l'esprit de Jésus, qu'il vous change en vous anéantissant et qu'il vous fasse être autre que vous n'êtes. Ressouvenez-vous que la grâce de ce sacrement n'opère pas seulement union de vous à Jésus, mais unité, de sorte que l'effet de la sainte communion n'est pas seulement d'unir votre esprit à celui de Jésus, mais de ne faire qu'un esprit de celui de Jésus et du vôtre; ce qui n'est pas union, mais unité et unité opérée par le sacrement, si vous êtes fidèle à son opération, d'où vient que le Fils de Dieu après avoir institué l'Eucharistie et communié les apôtres, compare l'unité qu'il a avec son Père dans le très-haut mystère de la sainte Trinité à l'union qu'il veut que nous ayons avec lui dans l'Eucharistie et par lui à son Père; et cette unité fait qu'il ne doit y avoir, qu'un esprit en nous, celui de Jésus.

Pensez que le Fils de Dieu a institué ce sacrement que vous recevez, et a communié les apôtres un peu avant que de mourir, en allant à la croix; ce qui a donné sujet à un grand docteur d'appeler la grâce de l'Eucharistie *grâce de mort*, c'est-à-dire qu'elle doit opérer la mort en nous, mort dis-je, de nous-mêmes, pour vivre en Jésus et à Jésus, bien qu'il ne réside pas longtemps en nous par résidence substantielle, se retirant aussitôt que les espèces sont corrompues, la grâce cependant opérée par le sacrement est grande et prévenante, ne dépendant point de la conservation d'espèces.

Demandez-lui après avoir communié, qu'il forme en vous ces effets de changement, d'anéantissement, d'union et de vie en lui. Il faut enfin remercier Jésus-Christ de s'être donné lui-même tout à nous, en nous reconnaissant incapables de le louer dignement, nous devons inviter toutes les créatures qui sont au ciel et en la terre pour nous et suppléer à nos défauts.

Mais il faut bien prendre garde que ce n'est pas assez, si l'on ne marche ensuite avec grande circonspection, de peur de perdre la possession d'un si grand trésor. Il faut donc se souvenir de ces paroles : *Omni custodia serva cor tuum*. (*Prov.* IV, 23.) Et de celles-ci : *Glorificate et portate Deum in corpore vestro*. (*I Cor.* VI, 20.) Car, si vous demandez ce qu'il faut faire après votre communion, ce mot *après* ne regarde pas seulement une heure ou une demi-heure que nous employons à faire notre action de grâce, mais il regarde tout ce que nous devons faire en ce jour, et tous les autres qui suivent, et comme il a été dit que la grâce ne s'en va pas avec le Fils de Dieu, mais qu'elle demeure pour opérer, considérons-nous toujours dans le temps de bien faire, et que le temps de la communion soit toujours présent pour nous.

DE L'EXERCICE CORPOREL.

Nous avons un règlement qui nous propose de faire chaque jour une demi-heure d'exercice corporel, non pas tant pour la santé, quoique cela soit utile, que pour nous rendre conformes au Fils de Dieu, qui a quelquefois travaillé et fait exercice, pour nous faire honorer son travail, et nous le proposer à imiter.

Nous devons donc avoir soin, étant prêts de commencer cet exercice corporel de le rapporter à l'exercice et labeur du Fils de Dieu sur la terre, et lui demander la grâce de l'accomplir à son honneur et gloire. Le zèle que nous devrions avoir d'être totalement assujettis à l'esprit de Dieu qui nous a donné nos règlements, et l'amour que nous devrions porter au Fils de Dieu, à la vie duquel ils sont consacrés, devrait nous obliger à ne négliger la moindre chose de ce qui y est proposé, comme, par exemple, l'exercice corporel par lequel nous pouvons tous honorer Dieu.

Il faut cependant nous garder en ce travail d'une trop grande activité ou affection, n'y appliquant partout l'esprit, mais le laissant libre pour s'élever souvent à Dieu et s'occuper de lui, et à l'imitation des saints Pères du désert si éminents en sainteté, lesquels passaient tous les jours en travail extérieur, les uns à faire de la natte, les autres des paniers, ayant toujours l'esprit élevé à Dieu, et le cœur rempli de lui. Dieu n'a pas voulu nous faire travailler comme des ouvriers qui travaillent par nécessité, sans avoir le cœur à Dieu : il veut que notre travail soit saint, et il veut y être honoré.

POUR LA LECTURE SPIRITUELLE.

Avant que de commencer la lecture, il sera bon : 1° de reconnaître que Dieu est le principal auteur du livre que nous lisons, et que celui qui l'a composé n'a été que l'instrument de Dieu. Cette pensée nous portera à une grande docilité envers Dieu pour pratiquer ce qu'il nous déclare par ce livre, et recevoir avec soumission les pensées qui nous sont exposées. 2° Il serait utile de se souvenir de Jésus-Christ en sa qualité de maître : *Vos vocatis me magister, et bene dicitis, sum etenim* (*Joan.* XIII, 13), le priant que ce dont le livre nous instruira extérieurement, il nous l'enseigne intérieurement lui-même, faisant usage à notre égard de sa qualité de maître. Cette pensée nous invitera à écouter Jésus-Christ plutôt que le livre.

En la lecture il faut éviter deux choses. La première est la curiosité d'esprit qui s'y mêle ordinairement, de sorte que la lecture spirituelle ayant commencé par la piété, elle se termine par la curiosité. Il faut éviter cette vue en la lecture spirituelle avec intention de la faire non pour devenir plus savant, mais pour notre réformation et pour pratiquer ce que nous lisons. Car cette lecture a été instituée pour cela. La deuxième, il faut éviter l'excessive contention d'esprit pour entendre les choses que nous lisons, parce que cela fait tort à la piété. Il n'est pas nécessaire d'entendre tout ce qu'on lit, et s'il arrive quelque chose de difficile qu'on n'entende pas, l'on ne doit pas en être en peine ; car apparemment cela n'est pas nécessaire à notre âme. Présentons donc à Dieu pour lors un désir à faire la chose sans l'entendre. Ayons une volonté ample et étendue à la pratique de tout bien, encore que nous ne connaissions pas tout ce que Dieu demande de nous. Dieu conduit les âmes sur la terre sans le savoir, et plusieurs âmes portent les effets des mystères sans le savoir, et pratiquent plusieurs choses sans les comprendre. Après la lecture, il ne faut pas oublier de demander à Dieu la fidélité pour pratiquer tout ce que nous avons lu, et la grâce de nous en servir dans l'occasion.

DE L'ASSISTANCE DE LA COMMUNAUTÉ POUR LES REPAS.

La ponctualité à tous nos exercices doit être beaucoup pratiquée, parce qu'elle mortifie notre attache, notre complaisance et notre amour-propre aux choses que nous pratiquons, lesquelles nous avons souvent peine à quitter pour embrasser les exercices de la communauté.

Ainsi lorsque le signal est donné, il s'y faut rendre incontinent, obéissant à Dieu qui nous appelle ; et parce que nous devons non-seulement honorer Dieu par des actions religieuses comme la prière, le service divin ou la célébration de la sainte messe, mais aussi par les actions communes et naturelles, puisque le Fils de Dieu même s'en est servi pour nous racheter, et qu'en les pratiquant lui-même, il a donné à son Eglise la grâce de les pratiquer chrétiennement. Il sera bon d'employer le temps que nous avons depuis le signal de la communauté, jusqu'à ce qu'on commence à faire cette action avec les dispositions chrétiennes telles que sont les suivantes :

1° Renoncer à la sensualité, comme à la voix du serpent, ou du diable qui parla par le serpent à Eve.

2° Adorer Jésus-Christ en cette action, à laquelle il a voulu s'assujettir sur la terre : *Venit Filius hominis, manducans et bibens.* (*Luc.* VII, 34.)

Cet assujettissement était grand, consistant à faire une action qui nous est commune avec les bêtes. Mais cet assujettissement était divin, puisqu'il était substance en une personne divine, et Jésus-Christ l'a voulu accompagner d'un autre grand abaissement, prenant la réfection avec les plus grands pécheurs et les plus déréglés : *Cum publicanis et peccatoribus discumbebat.* (*Marc.* II, 16.)

3° Tout l'usage des créatures nous a été donné par le Créateur, car il les a créées pour notre service. Reconnaissons donc celui, duquel le pouvoir de cet usage vient, les premières paroles de la bénédiction de la table nous en avertissent : *Oculi omnium in te sperant, Domine, et tu das escam illorum in tempore opportuno.* (*Psal.* CXLIV, 15.) La main de Dieu est étendue sur nous, pour nous pourvoir et nous fournir l'aliment qui nous est nécessaire. Dieu étend la main d'en haut pour nous donner notre nourriture. Ne soyons pas si ingrats ni si injustes que d'oublier de hausser la vue pour regarder notre bienfaiteur, le remercier, et reconnaître sa providence envers nous.

4° Nous avons perdu par le péché tout ce qu'il a plu à Dieu de nous donner par la créature ; de sorte que le monde par le péché n'est plus à l'homme. Mais par Jésus-Christ nous avons été remis dans le droit d'user des créatures, et toutes sont de nouveau à nous, selon cette parole de l'Apôtre : *Omnia vestra sunt.* (*I Cor.* III, 22.) Ainsi nous devons reconnaître que sans les mérites de Jésus-Christ nous n'aurions point de droit d'user des créatures. Nous devons donc lui offrir chaque morceau que nous prenons pour notre nourriture, et il faut qu'il n'y en ait pas un qui ne soit trempé dans son sang par lequel il nous a été acquis.

5° Le diable se sert des créatures, et ensuite elles sont sensibles et immondes, selon cette parole : *Omnis caro subjecta est corruptione.* Pour les délivrer de cette corruption, nous devons prier le Fils de Dieu de leur donner la bénédiction par laquelle il les sanctifie, selon ces autres paroles : *Omnis creatura sanctificata per Verbum Dei et orationem.* (*I Tim.* IV, 5.)

Ce sont les points nécessaires pour la préparation à la réfection, et pour s'y conduire comme il faut.

1° Avoir soin de nous y comporter avec une grande modestie extérieure, gardant le silence en retenant nos sens, afin de nous disposer à recevoir la grâce que Jésus-Christ nous a méritée en faisant cette action.

2° Nous devons avoir attention à la réfection spirituelle; car notre âme ne doit pas être occupée de sa réfection corporelle. Elle doit se distraire par des choses dignes d'elle. C'est pourquoi la réfection a été instituée à laquelle il faut être fort attentif.

3° Il faut à chaque repas se mortifier de quelque chose; car comme nous renonçons au commencement du repas à la concupiscence et à la sensualité, il faut que nous donnions témoignage de la vérité de ce renoncement par la privation de quelque chose, et autrement il y aurait grand sujet de croire qu'il y aurait de la tromperie dans notre disposition intérieure; et puis il est bien raisonnable qu'en cette action, où le péché se glisse si facilement, on rend toujours honneur à Dieu en quelque chose.

Tous les points sont à observer dans la réfection, afin qu'elle soit chrétienne, et si nous y manquons, nous offensons Dieu plus grièvement que nous ne pensons. Car dès que nous avons dédié cette réfection à celle du Fils de Dieu sur la terre, elle acquiert une sainteté spéciale. Par cette dédicace, nous avons une obligation spéciale de l'accomplir saintement, afin qu'elle soit conforme à l'action à laquelle nous l'avons rapportée.

Pour le lecteur.

Celui qui lit à table doit, 1° adorer Jésus-Christ comme parole éternelle, lumière de vérité, caractère de la substance du Père, comme docteur des hommes.

2° Il doit demander que ce qu'il lira soit utile à la communauté, et qu'elle en fasse usage et lui aussi, à la gloire de Dieu.

3° Puisque la lecture est ou d'un saint, ou d'un Père, ou de quelque personnage pieux, il faut s'unir à l'intention de l'auteur, et lui demander que ce qu'il a fait profite à la communauté.

Pour celui qui sert à table.

Celui qui sert à table doit, 1° adorer la servitude de Jésus-Christ sur la terre, et honorer les services qu'il a rendus à sa très-sainte Mère, à ses apôtres, aux personnes avec lesquelles il a conversé, les assistant en leurs besoins tant extérieurs qu'intérieurs, et à tous les hommes, portant leurs péchés sur la croix. Il faut prendre chaque fois un de ces services en l'honneur duquel nous offrions celui que nous rendons.

2° Il faut tâcher d'avoir l'esprit et la vraie disposition de servitude, recourant pour cet effet par élévations au Fils de Dieu pendant le service.

3° Il faut avoir l'œil ouvert aux besoins de ceux qui sont à la communauté en l'honneur du regard continuel que Dieu a sur nos besoins pour y remédier.

4° On doit être prompt à donner ce qui manque pour honorer la promptitude de Dieu à nous assister.

5° On s'humiliera de temps en temps, se reconnaissant indigne de servir la communauté, et ayant présentes ces paroles dont Jésus-Christ rendant service aux hommes était occupé. *Ego sum vermis et non homo, opprobrium hominum et abjectio plebis.* (*Psal.* XXI, 7.)

POUR LA CONVERSATION APRÈS LE REPAS.

Le Fils de Dieu s'étant fait homme a honoré son Père par tout ce qui est propre à la nature humaine, et non-seulement par les actions de religion qu'il a pratiquées, mais encore par celles qui sont les plus communes et les plus ordinaires. Les Chrétiens, et particulièrement ceux qui sont appelés à la congrégation de l'Oratoire, doivent continuer la vie de Jésus-Christ sur la terre, et l'imiter le plus parfaitement qu'ils peuvent, comme donc Jésus-Christ a honoré son Père par les bonnes actions qu'il a eues avec les hommes, de même nous devons apprendre la manière dont nous devons nous conduire dans les nôtres, pour y pouvoir honorer Jésus-Christ.

Ce règlement a été institué parmi nous pour trois fins et trois intentions que nous devons avoir toutes les fois que nous allons à la conversation.

La première intention est d'honorer les conversations que le Fils de Dieu a eues sur la terre avec sa sainte Mère, saint Joseph, les apôtres, et les hommes. Enfin, pour faire cette oblation de notre conversation en l'honneur de celles de Jésus-Christ que nous allons immédiatement après le repas faire devant le saint Sacrement ou à l'oratoire de la Vierge, et il sera bon de dire en y entrant : *Et verbum caro factum est, et habitavit in nobis.* (*Joan.* I, 14.) Ce qui signifie la demeure et la conversation de Jésus-Christ sur la terre parmi nous et notre humanité.

La seconde intention est d'entretenir la charité et l'affection spirituelle des uns et des autres; car pour l'entretenir il est besoin de quelque société, de quelque entrevue et familière conversation. Il est bon de former actuellement cette intention avant que d'y aller, et de désirer le sujet de complaire et d'agréer à tous selon Dieu, et selon les inclinations chrétiennes du nouvel homme. Ayons donc grand soin d'entretenir la charité en l'honneur de ce que Notre-Seigneur dans ses conversations réconciliait les âmes avec Dieu.

La troisième intention est pour prendre un peu de relâche et de repos, car il ne faut pas être toujours dans l'occupation, mais aussi il faut éviter soigneusement la licence trop grande, et se tenir sur ses gardes pour ne pas tomber en paroles inutiles et en actions indécentes. Notre-Seigneur a permis aux apôtres quelque repos après le travail de leur prédication : *Requiescite pusillum.* (*Marc.* VI, 31.) Et Jésus-Christ bénira sans doute notre conversation, si nous sommes soigneux de nous y préparer ainsi, et d'autant plus que de tous nos exercices la conversation est celui où le dérèglement se glisse le plus facilement. Il est bon de cousidérer que Notre-Seigneur préside en la conversation; car quand nous sommes deux ou trois assemblés en son nom, il est au milieu d'eux, comme il nous l'a promis. Or, notre conversation et assemblée doit être faite au nom du Seigneur, qui y est bénissant ceux qui y gardent l'ordre, et portant la malédiction à ceux qui y portent le désordre. Et pour honorer ces saintes conversations, il faut faire attention au respect que nous devons à la congrégation assemblée, qui est partie de l'Eglise, et ensuite à tous ses membres. On doit se souvenir de la présence des bons anges, et de l'ange de la congrégation. Il faut prendre garde, en parlant, à la quantité et à la qualité des paroles. Elles ne doivent être que des paroles bonnes et d'édification. *Quæcumque sunt vera, quæcunque pudica, quæcunque sancta, quæcunque amabilia, quæcunque bonæ formæ.* (*Philip.* IV, 8.) Elles doivent être rares, et modérées. *Stultus verba multiplicat.* (*Eccle.* x, 14.)

Des défauts à éviter dans la conversation.

Il est bon de prendre garde ici à quelques défauts qui se rencontrent souvent aux conversations, afin de les éviter. Il y en a plusieurs sortes.

Le premier est appelé rusticité, qui est un défaut de civilité et de complaisance. On y tombe et par actions et par paroles, ou en parlant trop, ou en ne parlant pas du tout. Il faut donc tenir le milieu; car comme c'est importunité ou incivilité de parler beaucoup, principalement aux jeunes gens, aussi est-ce vanité et manquement de ne rien dire de peur d'être repris et de tomber en confusion.

En second lieu on tombe dans la rusticité par les actions lorsqu'elles sont trop libres, comme quand on se touche les uns les autres, qu'on tient son corps dans une grande agitation, et dans des postures indécentes, quand on a des manières trop contraintes.

Le deuxième vice qui se commet dans les conversations est le ris immodéré : *Risum reputavi errorem,* dit Le Sage. (*Eccle.* II, 2.) En effet, n'est-ce pas une grande erreur de prendre souvent des sujets de rire, où nous ne devrions que pleurer. Cette vie est une vallée de misère, et nous voudrions en faire un lieu de divertissement ! Quel grand sujet de rire parmi tant de misères, environnés de tant de périls, ayant commis tant de péchés, sans que nous sachions s'ils nous sont pardonnés ! Ce qui a fait dire à Jésus-Christ : *Væ quivobis ridetis nunc, quia lugebitis et flebitis.* (*Luc.* VI, 25.) Outre que la marque des enfants de Dieu, ce sont les pleurs et larmes, au lieu que les enfants du siècle ne font que rire, selon ces paroles : *Mundus gaudebit, vos autem contristabimini, sed tristitia vestra vertetur in gaudium.* (*Joan.* XVI, 20.) Les saints déclament contre le rire, comme contre un très-grand empêchement à la perfection. Saint Éphrem dit : *Risus spiritum contristat, animæ obest, et corpus corrumpit, initium subversionis, et interitus animarum.* En effet, il est contraire à beaucoup de vertus, à la constance, à la gravité, à la modestie chrétienne, à la tempérance, selon saint Prosper; à l'humilité, selon saint Bonaventure. De plus, cette inclination immodérée ôte tout le ressentiment que nous devons avoir de nos péchés, et fait que la contrition ne peut avoir lieu dans une âme, mais qu'elle vit dans le péché sans en faire cas, ni sans y prendre garde. Le Vénérable Bède l'a connu quand il a dit : *Nullum habebit accessum cordis compunctio, ubi fuerit immoderatus risus et jocus.* Enfin le ris immodéré est de mauvaise édification aux étrangers qui n'attendent de nous que des manières de sainteté. C'est un scandale que de paraître mondain dans la conversation. Ce n'est pas, au reste, qu'il ne faille rire en quelques occasions, mais ce doit être en la manière que le sage dit : *Vir sapiens vix tacite ridebit.* (*Eccli.* XXI, 23.)

Le troisième désordre des conversations sont les paroles aigres et piquantes, qu'on dit en raillant les autres, qui sont odieuses à Dieu et aux hommes : *Abominatio Domini est omnis illusor, et cum simplicibus sermocinatio ejus; et ipse illudet illusores, et mansuetis dabit gratiam.* (*Prov.* III, 32, 34.) Combien d'inimitiés, de querelles et de murmures naissent de telles paroles, quoique imprudemment avancées? Il faut s'éloigner de tout ce qui peut le moins du monde offenser la charité du prochain.

La quatrième chose à éviter dans les conversations sont les partialités qui naissent ordinairement des amitiés déréglées et qui ne sont pas liées par la vertu de charité, mais par inclinations d'humeur vicieuses et mondaines, d'où procèdent beaucoup de singularités qui sont de grands vices dans la conversation, comme de parler en particulier à un autre, ou lui dire quelque chose à l'oreille, ne faire bon visage qu'à quelques-uns, et s'éloigner des autres; ce qui est très-contraire à la charité.

Celui, dit saint Basile, qui aime les uns plus que les autres montre évidemment qu'il n'aime pas les autres. En deuxième lieu, vos partialités nuisent non-seulement à la charité, mais à la justice, selon le même saint. Car souvent l'amour nous fait préférer celui que nous aimons, quoique indigne, à quelqu'un qui le surpasse beaucoup. D'ailleurs les familiarités éloignent les autres, et molédifient et excitent les murmures et les envies. En ces fausses amitiés et familiarités qui ne proviennent pas de la vertu, on s'entretient des défauts d'autrui, on fomente les aversions contre les autres, et l'on se communique les vices et les imperfections de l'un à l'autre : *Qui cum sapientibus graditur, sapiens erit; amicus stultorum similis efficietur eis.* (*Prov.* XIII, 20.) On est tel ordinairement que ceux avec qui on converse. Renonçons donc à ces sortes d'amitiés, et souvenons-nous que si nous voulons être amis du monde, nous serons ennemis de Jésus-Christ. Notre esprit est trop petit pour les pouvoir contenir tous deux. *Nescitis*, dit saint Jacques, *quia amicitia hujus mundi inimica est Dei. Quicumque ergo voluerit amicus esse sæculi hujus, inimicus Dei constituitur.*

Remèdes pour éviter tous ces désordres.

C'est 1° ce qu'on doit faire pour toute sorte de tentations, d'y renoncer d'abord, de n'y donner aucune entrée, et de n'être point honteux de rejeter librement celui qui nous veut mener dans le désordre.

2° D'éviter toute sorte de conversations hors le temps, et de n'être guère familier qu'à Dieu, quoiqu'on doive être ami de tous; c'est un précepte inculqué par les saints.

3° De s'occuper en tous ses exercices, en sorte qu'il ne reste aucun temps à perdre, *semper diabolus inveniat occupatum.* (S. Hieron.)

Le troisième vice de la conversation est la contention, l'altercation et l'opiniâtreté, ce qui est extrêmement odieux et nuisible; car le superbe s'y produit, s'y nourrit, s'y découvre. L'esprit s'y remplit de colère, d'indignation, et ceux qui sont assujettis à ce vice sont appelés charnels par l'Apôtre : *Cum enim sit inter vos zelus et contentio, nonne carnales estis?* (*I Cor.* iii, 3.) Et le même, *aux Galates* (v, 19), décrivant les œuvres de la chair, dit : *Manifesta sunt opera carnis, inimicitiæ, contentiones, iræ, rixæ,* etc. Voyez combien s'ensuivent de maux des conversations mal réglées. L'esprit se dissipe, les bons désirs s'évanouissent; l'esprit de pénitence, le cœur contrit, et la grâce, nous quittent; la conscience se remplit de ténèbres, et enfin le temps, qui est si précieux, se consume inutilement. Ayons donc soin, pour la gloire que nous devons à Dieu, et par la crainte de l'offenser, de converser comme Chrétiens et comme personnes consacrées d'une manière plus particulière au service du Dieu Très-Haut.

POUR LA PROPOSITION DE L'ÉCRITURE SAINTE DANS LA CONVERSATION.

Nous sommes consacrés à Jésus-Christ par trois divers titres : 1° par le baptême, en tant que Chrétiens; 2° par l'ordre, en tant que prêtres; 3° par une spéciale profession de piété, en tant que prêtres de l'Oratoire. Ces trois titres nous obligent d'être les vives images de Jésus-Christ en toutes nos actions, de sorte que notre conversation étant consacrée à celle de Jésus-Christ, doit porter la ressemblance de la sienne, autant qu'il nous est possible de l'imiter. Voyons donc quelles étaient les conversations de Jésus-Christ. Ces paroles étaient paroles de Dieu en trois manières; la première, en tant qu'il les recevait de son Père éternel qui est Dieu : *Sicut audio judico, mea doctrina non est mea, sed ejus qui misit me.* (*Joan.* vii 16.) La deuxième, en tant qu'elles étaient prononcées par le Fils de Dieu : *Multifariam, multisque modis olim Deus loquens patribus in prophetis, novissime diebus istis, locutus est nobis in Filio.* (*Hebr.* i, 1, 2.) La troisième, en tant qu'elles étaient conduites et dirigées par le Saint-Esprit; car Jésus se conduisait en tout par lui : *Agebatur a Spiritu.* (*Luc.* iv, 1.)

Afin donc que nos conversations ressemblent à celles de Jésus-Christ, il faut que nous joignions la parole de Dieu, ou en ne proposant que des choses qui tendent à la gloire de Dieu, ou en se proposant, par entretien, les mêmes paroles que le Fils de Dieu a prononcées, et qu'il nous a laissées par ses apôtres et les évangélistes, et c'est ce que nous faisons parmi nous. Or, à cette parole de Dieu proposée à la conversation nous devons : 1° une grande révérence, et même toutes les créatures lui doivent le respect : *Auribus percipe, terra, quoniam Dominus locutus est* (*Isa.* i, 2) sont les pensées de Dieu contenues en ces paroles, et il les faut ainsi considérer. Ce sont autant d'oracles de l'esprit de vérité qui enseigne les hommes dans les voies du salut. Nous devons donc recevoir cette parole de vie de celui qui la propose avec toute sorte de respect, et la recevoir non-seulement comme nous étant proposée, mais comme de Dieu, 1° du Père éternel, comme de la source et de l'origine; 2° du Fils, comme de celui qui nous en donne l'intelligence; 3° du Saint-Esprit qui nous la fait pratiquer; nous devons aussi avoir ces mêmes dispositions dans nos lectures particulières.

Disant son opinion, il n'est pas nécessaire d'y apporter grand effort et bandement d'esprit. Cela serait contraire à la conversation et récréation. Il suffit de dire quelque chose qui soit d'édification, sans s'inquiéter, pour en donner le vrai sens, auquel il est bon toutefois, que celui qui propose prenne garde. Il faut seulement l'offrir à Dieu, afin qu'il nous donne quelque chose sur sa parole, et dire, après ce qui nous vient en la pensée, sans autre effort ni bandement d'esprit.

On doit être extrêmement soigneux de pratiquer l'humilité, ne défendant point trop son sentiment, pour le faire trouver bon; encore moins faut-il contester contre l'avis des autres, mais un chacun doit, par humilité, céder et soumettre le sien. On pourrait dire que ce n'est pas se récréer que de s'entretenir ainsi de Dieu et des choses saintes. Je réponds que c'est se récréer chrétiennement. L'esprit de Dieu n'est jamais inutile. Habitant en nous, il opère saintement et efficacement, afin que nous croissions toujours en grâce et en perfection; c'est pourquoi il nous faut prendre notre récréation, et véritablement la récréation n'est pas dans les choses inutiles et mauvaises, dont on rendra compte, mais seulement dans les bonnes choses; et les choses saintes nous doivent plaire et agréer en qualité de Chrétiens, et encore plus comme prêtres; nous devons prendre tout notre plaisir à nous entretenir familièrement et avec révérence, et bannir de nos conversations, les entretiens des choses mondaines, curieuses, inutiles et mauvaises, mais il faut nous y habituer peu à peu. A quoi servirait beaucoup de n'embrasser jamais ces exercices avec tristesse et mélancolie, mais avec joie et contentement.

POUR LES VISITES DANS LA MAISON

Il ne faut jamais visiter personne sans nécessité, et nous devons avoir ce témoignage en notre conscience; il faut avoir même cette assurance qu'en visitant nous ne le détournons pas de ce que les règlements l'obligent de faire.

Ce n'est pas encore assez pour ceux qui sont dans l'institution; il faut qu'ils fassent de telles visites par obéissance et ordre, d'autant que la congrégation ne présume pas que ceux qui sont encore à l'institution aient assez de conduite par eux-mêmes, pour éviter la perte du temps, discerner ce qui est bon d'avec ce qui est mauvais, et que même les anciens Pères ne doivent pas s'occuper, en choses d'importance, sans obéissance, selon l'ordre de la congrégation.

Quand un confrère en visite un autre sans permission, il perd le temps, désobéit aux règlements, met son confrère dans la désobéissance et dans la même inutilité, et à proprement parler, il lui est un sujet de tentation et de scandale.

Or, nous devons avoir grand soin de ne nous être pas à scandale les uns aux autres, puisque Notre-Seigneur Jésus-Christ nous oblige d'être dans la disposition d'aimer mieux d'être jetés à la mer avec une meule de moulin au cou, que de scandaliser le moindre de ceux qui croient en lui. Que si nous devons avoir cette disposition envers tous les Chrétiens, beaucoup plus nous la devons avoir dans la congrégation. Ce n'est même pas assez de ne pas affaiblir la piété les uns des autres, par de mauvais discours et pleins de sentiments imparfaits, nous devons encore édifier les autres en nos conversations. Notre très-honoré Père a eu cette intention que nos conversations et visites, envers les étrangers, fussent, en l'honneur de Jésus conversant et visitant les pécheurs sur la terre, et conversant aussi avec les justes qui n'étaient pas de sa famille, et que nos conversations, entre nous, fussent en l'honneur de Jésus conversant avec sa sainte Mère et saint Joseph et les apôtres. Nous devons donc bien prendre garde, si nos conversations sont dignes d'honorer celles-là.

POUR LES SORTIES EN VILLE.

Pour nos sorties en ville, nous honorons les voyages du Fils de Dieu sur la terre, et nous lui en demandons la grâce. Dans la ville, nous devons avoir les yeux de l'esprit plutôt ouverts pour y voir les anges gardiens de ceux que nous y rencontrons, que les yeux du corps pour y voir les personnes; et il nous faut ainsi imiter l'usage que les anges font de toutes choses, bénissant Dieu pour ceux qui blasphèment son saint nom, le louant et le remerciant avec ceux qui le louent.

Il est bon de s'unir intérieurement avec ceux de la communauté, lorsque l'heure arrive, en laquelle ils font quelque action commune pour Dieu, et de la faire alors, si on peut, rentrant en la maison. Il faut se défaire, aux pieds de Jésus-Christ, des images de toutes choses qu'on a vues dans le monde, pour rentrer intérieurement dans l'assujettissement à nos règlements.

POUR LA CONVERSATION AVEC LES ÉTRANGERS.

Dieu a voulu nous montrer combien il était important que nos conversations fussent bien réglées, attendu que, les ayant ordonnées pour le bien de l'homme, toutefois, la conversation d'Eve, avec le serpent, et celle de la femme, avec l'homme, furent si pernicieuses, et causèrent la perte de tout le genre humain. Or, afin que nos conversations, avec les externes, soient bien réglées, il faut tâcher d'entrer dans les dispositions suivantes :

La première est qu'avant que nous commencions, nous adorions le Fils de Dieu sortant du ciel, s'incarnant, conversant avec les hommes, et leur apportant une nouvelle conversation; et que nous lui demandions la grâce de la pratiquer chrétiennement et de nous y comporter saintement. Mais nous remarquons que le Fils de Dieu sur la terre a eu deux sortes de conversations bien différentes : les unes agréables avec sa sainte Mère, saint Joseph et quelques âmes sanctifiées par lui, les autres pénibles et fâcheuses comme celles qu'il a eues avec les Juifs et les pharisiens; aussi pouvons-nous avoir comme Jésus-Christ, deux sortes de conversations différentes, les unes agréables avec les personnes liées avec nous d'amitié, les autres ennuyeuses et fâcheuses avec les personnes qui nous contrarient, et nous devons supporter ces deux sortes de conversations différentes en l'honneur des différentes conversations de Jésus-Christ sur la terre. Nous devons aussi volontiers accepter les conversations agréables que celles qui sont fâcheuses, aux premières le péché se mêle le plus souvent, et nous les accomplissons ordinairement avec vanité ou sensualité; mais au contraire aux autres conversations nous souffrons et renonçons à nous-mêmes; et ainsi nous méritons davantage, les souffrant pour Jésus-Christ et en l'honneur des siennes semblables, surtout si nous lui offrons la peine que nous ressentons pour la conversation de ceux que nous entretenons, comme Jésus-Christ offrit à son Père, pour les Juifs qui le persécutaient, la peine qu'il avait en leurs conversations.

La deuxième disposition que nous devons prendre pour converser saintement avec les étrangers est de ne pas regarder en eux seulement les qualités du siècle qu'ils peuvent avoir, mais de jeter intérieurement la vue sur les dignités chrétiennes qui sont en eux, considérant les personnes avec qui nous conversons comme portant Jésus-Christ qui habite en eux par la grâce, nous nous disposons par le regard intérieur à converser avec les personnes conformément à leurs qualités chrétiennes, sans que cela puisse néanmoins empêcher de rendre à chacun l'honneur qui lui est dû selon les lois du siècle, et autant que la qualité et la dignité de la personne le mérite; car l'Eglise ne sera dans son éclat et dans son lustre qu'après le jugement universel.

La troisième disposition est que nous observions les paroles de saint Paul : *Nos ex hoc neminem novimus secundum carnem; et si cognovimus secundum carnem Christum; sed nunc jam non novimus.* (*II Cor.* v, 16.) Ce qui nous apprend à ne pas flatter le prochain dans les inclinations vicieuses de la chair, et à éviter de lui donner occasion de se complaire en ses bonnes qualités, ce qui serait entretenir et fomenter le péché, au lieu que notre conversation doit accroître la gloire de Dieu, et faire davantage régner son esprit dans nos âmes, détruisant le règne du diable. Il faut même prendre soin d'éviter les discours inutiles, et nous entretenir de discours chrétiens, qui ressentent la piété que doivent répandre les bons Chrétiens et les disciples de Jésus-Christ.

POUR L'HUMILIATION.

Nous devons faire cette action pour honorer les humiliations de Notre-Seigneur dans les différents états et mystères de sa vie, et principalement en celles qu'il a portées en sa passion.

Ceux qui sont nommés pour la faire chaque semaine, au nom de la communauté doivent s'accuser publiquement de quelques fautes qu'ils ont remarquées, particulièrement de celles qui sont extérieures et contre les règlements, comme contre le silence, la ponctualité aux exercices, et l'exactitude dans les emplois de la maison, la modestie et la charité envers le prochain.

L'on ne doit pas s'y accuser des péchés secrets et intérieurs, sans en demander avis au R. P. supérieur. Il faut n'être pas trop long dans ces sortes d'accusations, et ne pas dire des choses qui puissent exciter à rire. L'on ne doit pas faire cet exercice avec répugnance, mais en se souvenant que Jésus-Christ qui est l'innocence même a bien voulu s'assujettir à la loi de la circoncision qui était le caractère de la marque des pécheurs ; recevoir le baptême de saint Jean et se trouver dans la foule des pécheurs : *Confitentes peccata tua* (*Matth.* III, 6), comme disent les évangélistes. Il faut porter de bon cœur cette confusion, si on en trouve quelqu'une, pour une infinité de péchés que nous commettons tous les jours, et qui ne sont connus que de Dieu.

L'on ne doit pas faire cette action par routine, et simplement parce que les autres le font; mais, en s'accusant de ses fautes, il faut avoir un désir sincère de se corriger, et y travailler ensuite.

La pénitence que donne le R. P. supérieur n'est pas seulement pour ceux qui ont fait l'humiliation, mais comme ils la font au nom de toute la communauté, les particuliers ont aussi obligation de la faire.

C'est à la fin de l'humiliation que l'on doit faire choix d'une vertu particulière pour pratiquer pendant la semaine, et l'on doit s'examiner sur les manquements que l'on a faits contre cette vertu, dans l'examen de conscience qui se fait avant midi. Chacun doit prendre celle qui lui est la plus propre, sans qu'il soit besoin de changer chaque semaine.

Pour les humiliations qui se font au réfectoire, elles se font ordinairement à la fin de l'année de l'institution et des retraites annuelles, comme aussi pendant le Carême et les veilles des fêtes solennelles, et chacun doit témoigner un saint zèle d'en faire en ces temps-là.

Pratiques d'humiliation à faire tous les vendredis au soir, toutes les fois qu'elle ne se fait point à l'ordinaire de la congrégation.

A l'issue des litanies ou à 6 heures, tous étant assemblés en l'oratoire domestique, le P. supérieur ou celui qui tient sa place, dira à haute voix.

Premier point. — « Honorons aujourd'hui la Passion de Jésus-Christ Notre-Seigneur, et en particulier, nous proposons pour objet de cette humiliation son agonie, et la tristesse de son âme au jardin des Oliviers, ou quelque autre circonstance de sa Passion. » (Pause d'un *Miserere* ou environ.)

Deuxième point. — « Examinons notre conscience sur nos mauvaises habitudes et sur les péchés et manquements de cette semaine, contre notre vocation et contre la vertu que nous nous sommes proposé d'y acquérir. » (Pause.)

Troisième point. — « Humilions-nous profondément devant Notre-Seigneur pour honorer ses humiliations, et demandons-lui pardon et une sincère contrition de tous nos défauts. »(Pause.)

Quatrième point. — « Demandons à Notre Seigneur un grand désir de faire pénitence pour nos péchés, et pour honorer ses souffrances, proposons-nous de faire aujourd'hui quelque exercice de mortification, et prosternons-nous intérieurement devant lui, et disons avec componction le psaume *Miserere* ou cinq fois *Pater* et *Ave*, ou quelque autre chose. » (Pause.)

Cinquième point. — « Faisons choix de quelque vertu pour la pratiquer pendant la semaine prochaine, l'honorant chaque jour en Jésus-Christ Notre-Seigneur, et appliquons-nous à déraciner le vice contraire à cette vertu. » (Pause.)

POUR LE SILENCE.

Nous avons de grandes obligations à garder le silence : 1° pour honorer celui de Jésus-Christ sur la terre; 2° parce que le silence est une sorte de pénitence; 3° pour dompter notre langue. Saint Jacques montre le grand besoin que nous avons à la dompter, lorsqu'il dit : *Si quis putat se religiosum esse, non refrænans linguam suam, sed seducens cor suum, hujus vana est religio.* (*Jac.* 1,

26.) Comme s'il disait, tout le frein de la langue, et le silence, la vertu et la religion ne sont que vanité. Ce sera une bonne pratique de consacrer notre silence aux diverses sortes de silence du Fils de Dieu. Le dimanche en l'honneur de son silence éternel dans le sein de son Père, et de son silence après la Résurrection; le lundi pour honorer le silence du Fils de Dieu en son Incarnation et dans le sein de la sainte Vierge; le mardi pour honorer le silence de son enfance, le mercredi pour honorer son silence au désert, le jeudi son silence dans l'Eucharistie, le vendredi son grand silence dans sa passion : *Jesus autem tacebat* (*Matth.* XXVI, 63), ce qui étonna le juge; le samedi son silence dans son tombeau.

On peut garder dignement le silence par vertu; il faut sitôt que la cloche sonne faire une élévation d'esprit à Dieu, honorer le silence de Jésus, et lui offrir le nôtre, en sorte que tout le temps du silence, nous demeurions en ce respect avec Dieu, ne voulant converser qu'avec lui et les anges, et si la nécessité ou la charité, requiert que nous parlions à quelqu'un, que ce soit tout bas.

POUR ALLER PRENDRE SON REPOS.

1° Il faut renoncer à toute sensualité et satisfaction de nous-mêmes, ne voulant prendre de repos que par nécessité pour être mieux disposé au service de Dieu, reconnaissant en cela notre infirmité. 2° Comme dormir est le repos général de l'homme, il faut s'en servir en intention d'honorer celui de Dieu, lequel il prend en soi-même, et en son Fils, en l'honneur aussi de celui que Dieu prend en Jésus-Christ Homme-Dieu en la Vierge et en tous les saints. Il faut aussi offrir le repos à Notre-Seigneur en l'honneur de celui qu'il a voulu prendre étant au monde, ne dédaignant pas de s'assujettir aux lois de notre infirmité, comme lorsqu'il dormait étant dans la nacelle avec ses apôtres durant une grande tourmente : *Ipse vero dormiebat.* (*Matth.* VIII, 24.) 3° Il faut se mettre au lit avec une disposition de mort à toutes les choses présentes, le sommeil nous en ôtant l'usage et la connaissance, il est une image très-naturelle de la mort. Nous devons nous recommander à notre bon ange gardien, et prier les saints auxquels nous avons une particulière dévotion d'adorer et d'aimer Dieu pour nous, tandis que nous demeurerons dans l'impuissance de nous appliquer actuellement à lui. Si on s'éveille pendant la nuit, il faut penser à Jésus-Christ, à la très-sainte Vierge et aux saints, les invoquant pour qu'ils veillent à notre conservation, pendant que nous dormons. On peut aussi par quelque élévation courte s'occuper des mystères de Jésus-Christ qui se sont passés pendant la nuit, comme celui de l'Incarnation, de la Passion, etc. Il faut tâcher ensuite de s'endormir avec ces pensées, et par ce moyen on se lève le matin.

Résolutions à faire et à déterminer dans le dernier mois de la première année.

Je penserai souvent à l'importance qu'il y a d'être fidèle à Dieu en sa vocation, et pour m'exciter à la bien conserver, je penserai aux paroles de saint Paul (*I Cor.* VII, 20) : *Unusquisque in qua vocatione vocatus est, in ea permaneat.* Je les prendrai comme si elles n'avaient été dites que pour moi, et j'aurai souvent à la bouche les paroles de saint Bernard : *Qui sacram congregationem relinquunt, et ad vitam sæcularem discedunt, a sanctitate Dei elongantur, atque diaboli dominio subjunguntur.* Et d'autant qu'on ne peut être fidèle à Dieu en sa vocation et la conserver sans garder exactement les règlements, j'aurai un soin particulier de m'y exercer avec une telle exactitude que, moyennant la grâce de Dieu, je ne manquerai jamais à aucun volontairement, mais je les accomplirai tous avec ferveur, quoi qu'il m'en coûte et en quelque part que je sois; et pour cela je penserai que, négligeant le moindre, je pourrais ensuite négliger le plus grand, et manquant aujourd'hui à un je manquerai demain à deux, et par ainsi, peu à peu, je me perdrais : *Qui spernit modica paulatim decidet.* (*Eccli.* XIX, 1.) Je serai donc ferme et constant dans mes résolutions de bien observer mes règlements, et je les renouvellerai souvent devant Dieu, en adorant la fermeté et stabilité; et par hommage à elle, je le prierai de m'établir fortement dans mes bons propos, en sorte que jamais je n'y contrevienne. Je fuirai tout ce qui peut me détourner des bonnes pensées et résolutions que j'aurai prises, et m'attirer dans le désordre, et pour cela, si je me trouve jamais dans les lieux où il y ait quelque déréglé, je le fuirai comme mon ennemi et comme une pierre de scandale, de laquelle je me dois donner de garde; et quelque bonté et attrait qu'il ait, quelque chose qu'il fasse pour m'obliger, jamais je ne me laisserai aller. En quelque emploi que je sois, soit que j'étudie, soit que j'enseigne, je préférerai toujours mes règlements et mes devoirs intérieurs à toutes choses, aimant mieux manquer à ce qui est moins nécessaire, qu'à ce qui importe le plus au service de Dieu, à sa gloire et à mon salut, comme tous ces devoirs intérieurs de mon âme et l'observance de tous mes règlements.

Plus j'avancerai en âge, et plus aussi je tâcherai d'avancer dans la vertu et la mortification intérieure et extérieure de tous nos sens, de peur que la mort naturelle ne me surprenne avant que je sois mort à moi-même et que je ne comparaisse devant Jésus-Christ, avant que je l'aie parfaitement formé en moi et qu'il y soit pleinement vivant. Si je ne suis pas parfaitement en lui, oh! quelle confusion n'aurai-je pas, paraissant devant lui en jugement, et quel reproche ne me fera-t-il pas? Ainsi, chaque jour je ferai mon possible pour me mortifier en tout, et pour faire vivre Jésus-Christ en moi, évitant par là l'abus damnable que le démon a fait glisser parmi ceux qui font profession de piété, de croire que les mortifications ne soient que pour les commençants, comme s'il n'y avait qu'eux qui dussent être parfaits, et s'il ne fallait l'être que dans l'institution. Cette persuasion fait que l'on se donne à Dieu pendant une année avec ferveur, pour être le reste de sa vie lâche à son service. Je porterai un grand honneur à tous ceux de la maison, particulièrement au Père supérieur, qui tient la place de Dieu. J'aurai une grande confiance en lui, afin de lui pouvoir proposer toutes mes difficultés, et je ne lui parlerai qu'avec un grand respect et une grande humilité.

Je demanderai instamment à Dieu les dispositions qu'exigent de moi l'état que j'embrasse; mais surtout l'esprit de la congrégation, qui est l'honneur et l'amour spécial de Jésus-Christ et de sa sainte Mère.

Je tâcherai de me perdre et de m'abandonner moi-même sans réserve, avec une entière indifférence pour les lieux, la demeure, les emplois, les occupations et les personnes, me résignant sans réplique ou murmure à la sainte volonté de Dieu, manifestée par celle de mes supérieurs.

Etudiant ou enseignant, je craindrai de n'être pas si bon écolier de Jésus-Christ que de Platon, d'Aristote ou de Descartes, si bien qu'au jour du jugement on ne me demandera pas si j'ai bien lu ces auteurs, mais si j'ai bien pratiqué les enseignements qui sont au livre de vie, qui est Jésus-Christ.

Que m'importe donc que je sois bon philosophe ou bon prédicateur, bon rhétoricien ou bon théologien, puisque je ne serai pas examiné sur cela; mais si j'aurai été bon Chrétien, bon disciple de Jésus-Christ et bon prêtre. Je tâcherai donc bien davantage de me rendre bon Chrétien et bon prêtre, que bon philosophe et grand prédicateur, etc. Quoique si Dieu me donne quelque talent, je le prierai qu'il me fasse la grâce de les bien employer pour sa gloire et de me préserver de toute vanité qui suit d'ordinaire tout cet éclat extérieur, j'aurai un soin particulier d'employer bien le temps, et de n'en pas perdre un moment; si je puis, pour cela, je me séparerai de ceux qui me pourraient détourner en quoi que ce soit de mon devoir et de l'obéissance.

Le temps de conversation fini, je me retirerai où mon devoir m'appelle. Cette exactitude fera que j'aurai suffisamment du temps pour vaquer au salut de mon âme, à la lecture sainte, et à mon étude que je rapporterai toute à l'amour de Dieu et du prochain, et non à ma propre satisfaction.

Etudiant, j'élèverai mon cœur à Dieu et mon esprit, lui demandant la lumière pour entendre ce que je lis, et son amour pour en faire bon usage, sachant que sans la grâce particulière, je ne puis faire qu'un mauvais usage de tout, particulièrement de la science qui perdit le premier homme : *Eritis sicut dii, scientes,* etc. (*Gen.* III, 5.) Si je suis régent, entrant dans la classe, j'adorerai Jésus-Christ comme mon maître : *Vos vocatis me magister, bene dicitis, sum etenim.* (*Joan.* XIII, 13.) Je désirerai être son disciple, et m'estimant indigne d'enseigner, je le prierai de le faire lui-même pour moi, et de me donner les dispositions qu'il avait en enseignant. Pour cet effet, je m'élèverai souvent à Dieu pendant la classe, pour l'adorer, et lui demander la bénédiction pour ce travail entrepris pour la gloire et pour la charité du prochain.

J'adorerai encore son extrême douceur et humilité en enseignant que je tâcherai d'imiter, conduisant tant que je pourrai les enfants par la douceur, et je ne ferai jamais aucun châtiment par colère ou promptitude; mais si je suis obligé quelquefois d'en venir là, je prendrai bien garde de ne pas me laisser emporter à la passion, mais rentrant en moi-même j'adorerai la douceur et la bonté de Jésus-Christ, ce qui n'empêchera pas que je parle fortement lorsqu'il le faudra. Je me comporterai dans la correction comme père, et j'aimerai beaucoup mieux être repris de Dieu d'une trop grande bonté, que de trop de sévérité. Je ferai mon possible pour avoir les enfants plutôt par amour et par douceur que par rigueur, et plutôt par artifice que par justice; et pour cela je leur témoignerai un grand amour, même quand il le faudra les châtier, leur faisant connaître l'aversion que j'ai d'en venir là, parce que je les aime tendrement.

Je serai très-soigneux de leur profit et avancement; je ne m'épargnerai aucunement pour trouver moyen de les faire profiter, mais surtout dans la piété et la vertu; et pour cet effet, il ne se passera point de classe que je ne prenne occasion de leur dire quelque mot de piété. Je les porterai de tout mon cœur à la dévotion, et j'aurai un zèle particulier pour les rendre modestes et dévots dans l'Eglise, me souvenant du zèle du Fils de Dieu : *Zelus domus tuæ comedit me.* (*Psal.* LXVIII, 10.)

Pour me porter à aimer et à estimer beaucoup les enfants que j'aurai sous moi, je les regarderai tous également, sans faire distinction de condition, et moins encore des dons de la nature, comme de la beauté et de la bonne grâce, mais je les considérerai tous comme des anges de Dieu; je les honorerai encore à cause de leurs anges gardiens qui jouissent continuellement de la vue de Dieu : *Semper videns faciem Patris mei,* dit Notre-Seigneur (*Matth.* XVIII, 10), honorant les enfants comme des anges, j'honorerai à plus forte raison les anges mêmes que je considérerai comme présents.

En allant en classe, je tâcherai de passer devant le saint Sacrement, ou bien j'irai un peu devant, pour offrir à Dieu cet exercice, et lui demander son esprit et sa grâce, lui consacrant toutes mes intentions, paroles et actions, et renonçant à toute vanité et propre estime de moi-même. Cela se doit faire brièvement et par une élévation d'esprit, mais fervente et ardente.

Si dans la maison où je serai on ne fait point l'oraison en commun, j'irai autant que je pourrai la faire devant le Saint sacrement à cause de la bénédiction particulière qu'il y a d'être en sa présence, et je ne la ferai dans ma chambre qu'en cas d'infirmité, de crainte de m'attiédir et de me relâcher par paresse ou indévotion. Je me tiendrai dans une posture modeste et mortifiante, je ne m'assiérai ni ne m'appuierai sans aucune grande nécessité.

REGULÆ PIETATIS OBSERVANDÆ A PROFESSORIBUS CONGREGATIONIS ORATORII DOMINI JESU

Ad orationem, hora solita, una conveniant omnes.

Litaniæ matutinæ a confratribus nostris, vel a scholasticis anantur; vespertinæ autem, ferialibus diebus (excepto die sabbati) submissa tantum voce, et cum brevi recollectione ante cœnam recitentur; ubi vero canendi mos commode aboleri non potuit (excepta tantum vacationis die) pro more canantur, nihil tamen præter illas orationes ac *Salve Regina* et *Sub tuum præsidium*, recitetur.

Dominicis et festis solemnibus Christi Domini, beatissimæ Virginis, SS. Petri et Pauli, et S. Joannis Baptistæ vespere et litaniæ canantur. Matutinum vero usque ad Laudes contetur in nocte Natalis Domini, in solemnitate Domini Jesu, si commode fieri potest, in solemnitate beatissimæ Virginis. In diebus autem Paschatis et Pentecostes Officio matutino laudes addantur, quod etiam observabitur feria 4ª, 5ª et 6ª majoris hebdomadæ.

Communione eucharistica bis saltem septimanis confratres nostri reficiantur, dominica scilicet et feriâ 5ª cum festum in illa hebdomada non occurrit. Sabbato eodem pietatis officio defungi, penes illos est.

Examen solito more vespere fiat. Silentium horis et locis præscriptis pro more congregationis nostræ servetur.

Confratres, præsertim qui recens ab institutione veniunt, superioris Patris aut alterius de ipsius mandato, directioni spirituali peculiariter committantur.

Ad mensam omnes tum matutinis, tum serotinis signo dato, statim conveniant.

Nulli liceat tum studiosorum, tum convictorum aut externorum cubicula professorum ingredi.

Munera oblata injussu superioris nemo accipiat, acceptaque ad ipsum statim deferat.

Nemini extra domum cibum capere liceat.

Nulli nostrum liceat theses nuncupare, et illis nomen suum inscribere.

Semel quotannis, induciarum tempore vel Paschatis, vel natalis diei recollectiones piique recessus 10 aut 8 dierum a nostris usurpentur.

REGULÆ OBSERVANDÆ A PRÆFECTO ET A PROFESSORIBUS IN REBUS CLASSICIS.

1. Superior ut domui, ita toti collegio et studiis universis præest. Unde si dubium aliquod aut contentio suboriatur professores inter et præfectum, ad superiorem devolvatur, et fiat penes illius arbitrium.

2. Professores, in his quæ exercitia scholastica spectantur, præfecto morem gerant, illum classes lustrantem suoque in cæteris munere fungentem observent.

3. Professore ingresso scholam, preationem flexis genibus coram pia imagine fundant scholastici.

4. Serotinis sabbati horis, catecheseos pro auditorum captu in singulis classibus habeantur.

5. Nullus sine præfecti aut superioris consensu et auctoritate a classibus ejiciatur, aut semel ejectus iterum dimittatur.

6. Scholasticorum e classibus absentia unius aut alterius diei a professore classis, si vero diuturnior futura sit, monito præceptore, a præfecto impetretur.

7. In actionibus publicis et cæteris quæ collegium spectant, munus suæ classis professores ordinem ac dignitatem servent, hisque præsit studiorum præfectus, etiam si forte in classe inferiori profiteatur.

8. Si quid typis mandatum sit, ad superiorem et præfectum deferatur examinandum, nec etiam publicæ actiones antequam ab ipsis probatæ fuerint, exhibeantur.

9. Ingenii tardiores, aut ætate provectiores ex solito diuturrnoque scholæ penso præceptori, sed monito prius studiorum præfecto fas est eximere.

10. Penes solum superiorem stat potestas concedendi vacationes.

Officium præfecti.

1. Ipsius est invigilare assidue studiorum directioni et providere ne leges tam publicæ quam privatæ a professoribus tum a scholasticis observentur.

2. Curet ut inter primum aut alterum scholæ signum in suam se quisque classem recipiat, et recitet apud decuriones. Curet ut, dato signo, professores suas quam primum classes gradiantur.

3. Curet ut, statutis horis pulsetur tympanum, scholæ inchoentur et finiantur, atque ut scholastici ad sacrum modeste pergant.

4. Caveat ne, cum disputationes philosophicæ habentur, cæteræ classes a solitis exercitationibus ferientur. Superior nonnunquam, præfectus frequenter classes lustret, audiat professores moneat officiis scholasticis, caveat ne quid eorum quæ in schola fieri debent intermittatur, aut quid novi, nisi de sua vel a superioris sententia præter consuetudinem instituatur.

5. Præfectus alternis saltem mensibus, themata in singulis classibus dicta legat ipse, ut ex eorum lectione singulorum periculum faciat.

6. Tempore induciarum imminente, scholasticos examinet præfectus, duobus aliis ad id munus obeundum cooptatis, penes quos de promovendis ad superiorem ordinem scholasticis cum præfecto judicium est. Verum maxime notam præceptoris observent.

7. Instituatur scholasticorum congregatio in honorem familiæ Domini Jesu.

LEGES SERVANDÆ HIS QUI SCHOLAS CONGREGATIONIS ORATORII D. J. STUDIORUM CAUSA FREQUENTANT.

1. Cum pietas Christianos maxime deceat, pietatem in primis curent.

2. Audito primo signo, sine mora scholas adeant.

3. Ingressi fores collegii per aream ne vagentur, aut discurrant, sed in suam se quisque quamprimum classem recipiat.

4. Nullus ordinem suo sibi arbitrio eligat, sed illum cui prævio examine a moderatore studiorum fuerit ascriptus ingrediatur.

5. A primo signo ad ultimum, singuli in classibus lectionis et compositionis pensum assignatis decurionibus reddant.

6. Decuriones suorum diligentiæ vel negligentiæ rationem in schedulis ad professorem deferant.

7. A scholis, indicta causa aut non obtenta venia, nunquam absint. Qui abfuerint absentiæ rationem reddere teneantur.

8. Discipuli in classe dicentem professorem silentes et attente audiant.

9. Verbis obscenis et scurrilibus, indecoris spectaculis, natationibus, popinis, impurisve choreis, et aliis id generis quibus juvenum mores depravantur sibi interdictum esse sciant.

10. Pietate, modestia, ac diligentia qua generosam et ad præclara natam juventutem decet, invicem certent.

11. Nunquam verbis, conviciis, pugnis, nedum telis aut lapidibus socios aliosve lædant.

12. Ad sacrum, hora consueta, sine strepitu, conveniant, rosarium et Horas beatæ Virginis attente ac devote recitent.

13. Singulis mensibus sacramento confessionis conscientias suas purgent, ad sacram vero synaxim ex præscripto tantum confessoris accedant.

14. Qui aliter fecerit, et has leges violaverit debitis pœnis subjaceat. Si quis vero malæ frugis sit in collegio eliminetur.

Hæ leges semel promulgatæ prima quaque mensis die in singulis classibus relegantur

APPENDICE

AUX ŒUVRES DU CARDINAL DE BÉRULLE.

PRATIQUE DES VERTUS QU'ON DOIT SE PROPOSER D'ACQUÉRIR DANS L'ORATOIRE.

Nous devons être persuadés que c'est un de nos principaux règlements que de travailler à acquérir les vertus chrétiennes et ecclésiastiques. Car la piété ne consiste pas tant dans les exercices de la religion, que dans la disposition des vertus qu'on doit avoir gravées dans le fond de l'âme, pour s'y conformer dans les occasions. Choisissez donc une vertu toutes les semaines; adorez-la en Jésus-Christ, et donnez-vous à ce divin Sauveur pour entrer dans ses dispositions par rapport à cette vertu, et pour renoncer à tous les empêchements que vous pourriez apporter. Plus vous trouverez en vous de difficultés et de répugnance à les pratiquer, plus il faut instamment les demander à Dieu, et s'efforcer de les pratiquer avec plus de soin et de ferveur. Il n'est pas nécessaire de changer chaque semaine de vertu; on pourra s'arrêter à une jusqu'à ce qu'on s'y soit affermi.

Tous les samedis, il faut se recueillir, et après avoir dit le *Veni Creator*, lire les points suivants en forme d'examen, se reposant un peu à chacun, et ensuite il faut lire la vertu qu'on veut se proposer d'acquérir; et après avoir reconnu que l'on n'a point cette vertu, ni la puissance de l'acquérir sans le secours de la grâce de Dieu, il faut la lui demander avec humilité et avec ferveur pour la pratiquer dans les occasions, et ne laisser passer aucun jour sans en faire quelque acte ou intérieur, ou extérieur, en l'honneur des vertus toutes semblables qui ont paru dans Jésus-Christ et Marie.

Premier point. — Prosternons-nous devant Dieu dans une grande confusion de nous-mêmes pour toutes nos infidélités à répondre à son amour, et au désir ardent qu'il a de notre perfection, et surtout pour tous nos défauts et indispositions que nous avons apportées à la pratique de la vertu que nous nous étions proposé d'acquérir cette semaine.

Deuxième point. — Entrons dans un grand regret pour une si grande faute que nous avons faite, manquant aux occasions qui se sont présentées à nous de la part de Dieu, pour faire des actes intérieurs ou extérieurs de cette même vertu, que cependant nous avons négligés, et dont il faudra rendre un compte exact à l'heure de la mort.

Protestons-lui d'être fidèles à l'avenir, et offrons-lui cette même vertu, que Jésus et sa sainte Mère ont pratiquée sur la terre pour suppléer à tous nos manquements.

Miserere, etc.

VERTUS.

L'ESPRIT DE COMPONCTION.

C'est une sainte tristesse d'une âme qui gémit et qui s'humilie de ses fautes et de celles du prochain, qui sent le poids de sa corruption et de ses misères extérieures, et qui se voit éloignée de Dieu et bannie de sa céleste patrie.

Cette vertu doit nous porter à sentir notre extrême ingratitude et notre infidélité d'avoir plusieurs fois offensé Dieu infiniment aimable, et qui nous a donné tant de marques de sa bonté, d'être toujours exposés au danger de l'offenser et de perdre la grâce, enfin d'être toujours incertain de notre salut et de notre prédestination. Peut-être sommes-nous si malheureux que d'avoir déjà comblé la mesure de nos péchés et d'être effacés du livre de vie.

Regretter toute notre vie ces années heureuses de notre première jeunesse, ce temps si précieux, écoulé cependant si inutilement, dans lequel nous avons eu des ailes pour nous porter au mal, aux vanités et aux voluptés trompeuses du siècle, et nous n'aurons eu que des pieds engourdis pour venir à Dieu, pour expier nos péchés et nous avancer dans la pratique des vertus chrétiennes.

Il faut qu'à nos entretiens, à notre marche, à notre air, et à toute notre conduite, tout le monde reconnaisse que nous sommes véritablement pénitents, pénétrés de douleur, de confusion et d'humilité, et prêts d'expier nos fautes par toutes sortes de privations et de mortifications. *Ego autem in flagella paratus sum, et dolor meus in conspectu meo semper.* (*Psal.* XXXVII, 18.)

Dans les conversations, rien de trop enjoué, n'user jamais de paroles ni de railleries licencieuses, ne se point laisser aller aux ris immodérés, ni aux curiosités superflues; n'avoir point trop de soin de son corps et de sa santé, et aimer à se priver, dans les conversations, promenades, repas et dans sa chambre, de certains adoucissements, plaisirs licites, les regardant comme permis et nécessaires quelquefois aux innocents, mais comme interdits à ceux qui ont eu le malheur de perdre en tant de manières la grâce de leur baptême.

Ainsi la retraite, le silence, la prière, l'occupation, la mortification de ses sens et de sa chair, comme trois moyens absolument nécessaires pour acquérir et pour conserver l'esprit de componction : *Sedebit solitarius et tacebit quia levavit super se.* (*Thren.* III, 28.) Veiller avec grand soin sur soi-même pour n'entendre ni ne suivre les mouvements d'orgueil, de vanité et de complaisance en soi-même et sur ses bonnes œuvres. C'est ce qui fait perdre en un moment toute la componction qu'on aurait acquise avec beaucoup de mal pendant longtemps.

Dans nos examens et dans nos confessions, ne nous point flatter et ne nous point dissimuler nos défauts, mais, après les avoir reconnus, devenir à nous-mêmes un juge sévère, demandant humblement à Notre-Seigneur une véritable contrition et un désir effectif de satisfaire à sa justice par tous les moyens possibles.

Comme en qualité de prêtres et d'aspirants à la prêtrise, nous sommes chargés de nos misères et des péchés des peuples, il faut être sensible au dérèglement qu'on voit régner dans le monde et dans l'état ecclésiastique, offrir à Dieu incessamment des prières, des pénitences et des sacrifices pour la conversion des pécheurs et pour le salut des âmes, et surtout de celles dont nous sommes chargés.

Lorsque vous serez régent ou que vous aurez quelque autre emploi qui vous oblige de châtier et de corriger les autres, il faut auparavant bien prier et gémir devant Dieu, et reconnaître que vous êtes beaucoup plus coupable par vos fautes intérieures, dont Dieu seul connaît l'énormité, que ceux que vous corrigez.

Puisque Dieu, par sa miséricorde, a bien voulu nous destiner à l'aimer et à le posséder éternellement, il faut soupirer sans cesse après l'heureux moment qui nous délivrera de ce corps de péché, demander instamment à Dieu un grand désir pour les biens éternels, et, pour cela, s'établir, avant que la mort arrive, dans un entier détachement des plaisirs, des honneurs et des avantages du monde ; s'accoutumer de bonne heure à mourir à son esprit et à ses sentiments, à ses inclinations, de peur que le moment terrible ne nous surprenne encore liés à la terre par quelqu'endroit.

C'est la componction qui fait que l'on ne donne pas aisément entrée dans son cœur à la vaine joie et à la dissipation, qui est, pour ainsi dire, la cruelle meurtrière de la véritable piété, et qui tient toutes les parties de nos sens ouvertes à toutes sortes de relâchement. Un cœur contrit est toujours recueilli en soi-même, ouvert à Dieu seul et fermé à tout le reste.

Pour obtenir cet esprit, adressez-vous à Jésus-Christ, adorez-le dans l'état de sa vie humble, laborieuse, éloignée de toute joie et de toute consolation humaine. Ne cessez jamais de lui demander avec beaucoup de foi, d'humilité et de confiance, cet esprit de componction *Cibabis nos pane lacrymarum, et potum dabis nobis in lacrymis in mensura.* (*Psal.* LXXXIX, 6.) — Le meilleur moyen de le conserver dans son cœur, c'est de vivre toujours dans la crainte des jugements de Dieu, imitant les saints qui ne perdaient jamais de vue leurs iniquités passées, qu'ils repassaient dans l'amertume de leur cœur : *Recogitabo tibi omnes annos meos in amaritudine animæ meæ* (*Isa.* XXXVIII, 15) ; ni les années éternelles qui les doivent suivre : *Cogitavi dies antiquos et annos æternos in mente habui.* (*Psal.* LXXVI, 6.)

Il faut donc se remettre souvent devant les yeux l'étrange séparation que la mort fera un jour de tout ce que nous aimons sur la terre, le compte exact et terrible qu'il faudra rendre, même des paroles inutiles, l'inflexibilité et la sévérité des jugements de Dieu, les tourments terribles que les damnés souffriront dans l'enfer, et les peines que la justice de Dieu fait souffrir dans le purgatoire aux âmes qui ont pris quelques légers plaisirs hors de l'ordre de Dieu, ou qui n'ont pas assez fait pénitence sur la terre; ou enfin notre extrême ingratitude à répondre avec fidélité aux grâces que le Seigneur nous a faites en nous appelant dans la congrégation.

Se souvenir que c'est aux âmes qui passent leur vie dans les larmes et les gémissements de la componction que Dieu promet les consolations éternelles : *Beati qui lugent, quoniam Deum ipsi videbunt (Matth.* v, 5); et qu'après que nous aurons vécu dans les pleurs et la pénitence, et tandis que le monde ne pensait qu'à se divertir, il viendra un temps où le monde regrettera, mais un peu tard, les plaisirs passés, et nous entrerons dans une joie et un bonheur qui ne finira jamais : *Plorabitis et flebitis vos, mundus autem gaudebit; sed tristitia vestra vertetur in gaudium, et gaudium vestrum nemo tollet a vobis. (Joan.* XVI, 20.) Ainsi soit-il.

L'HUMILITÉ.

Cette vertu consiste à céder aux autres autant qu'on le peut; se regarder effectivement comme le moindre et le plus indigne de tous, et agir en conséquence. *Unctio Spiritus docebit vos. (I Joan.* II, 27.)

LA CHASTETÉ.

C'est un sacrifice de notre corps que nous offrons à Dieu, faisant une sainte profession de nous abstenir, en vue du royaume des cieux, de tous les plaisirs charnels quels qu'ils puissent être, quand même ils ne consisteraient que dans la seule imagination et la seule pensée de l'esprit. La chasteté est cette perle précieuse et le trésor caché dont parle l'Evangile. Il faut tout donner et renoncer à tout pour l'acquérir, et la conserver ensuite avec grand soin, parce que nous la portons *in vasis fictilibus (II Cor.* IV, 7), et dans des corps qui se révoltent sans cesse contre le joug aimable que nous voulons leur imposer, se priver, à présent, des plaisirs charnels, afin de jouir des délices ineffables que notre divin Epoux nous prépare dans le ciel; être toujours attentifs et circonspects à retenir ses yeux et à ne regarder jamais aucune personne ni aucune chose qui puisse réveiller le combat de la chair contre l'esprit; ne dire ni n'entendre dire des paroles ni des chansons qui puissent tant soit peu donner lieu à la tentation, et ne point lire de livres qui puissent exciter en l'âme le moindre mouvement et la moindre pensée qui soient contraires à la pureté; et quand on sera obligé de lire les auteurs profanes, il faut veiller avec grand soin sur soi-même. Il vaut mieux être moins savant en cela que de s'exposer à perdre son âme. Eviter les entretiens inutiles avec les personnes du sexe; et, si la nécessité ou la charité nous y engagent, que ce soit en peu de mots et sèchement, *Sermo brevis et austerus cum mulieribus,* ne les regardant jamais fixement en face.

Prendre garde de se livrer trop à la joie, à la dissipation et à un rire immodéré dans les conversations, promenades, etc. Tout cela excite la chaleur de la chair. Etre dans une grande retenue et toujours très-modeste en quelque endroit que l'on soit, même étant seul. S'étudier beaucoup à la mortification de ses sens; faire comme le saint homme Job (XXXI, 1) : *Pepigi fœdus cum oculis meis, ut ne cogitarem quidem de virgine.*

Manger très-sobrement dans ses repas, et surtout ne boire que très-peu de vin, et autant seulement que la nécessité demande : *Nolite inebriari vino in quo est luxuria. (Ephes.* v, 18.) Ne toucher personne aux mains, au visage, quand ce ne seraient que de petits enfants, et ne se laisser point toucher non plus par d'autres.

Mortifier la chair en toute rencontre, en allant toujours contre sa volonté, ses désirs, ses inclinations, et en pratiquant, avec la dernière exactitude tout ce qui est prescrit dans le règlement.

Rejeter avec soin toutes les pensées d'impureté qui se présentent à l'esprit, et les étouffer promptement dès qu'elles commencent à naître. Travailler sans cesse à purger son imagination des idées et des représentations sales, son esprit des pensées déshonnêtes; son cœur, des affections charnelles, et son âme de la pente malheureuse que le péché lui a donnée pour la volupté.

Garder toujours beaucoup de bienséance et d'honnêteté envers soi-même, ne se touchant le corps qu'autant que la nécessité y oblige.

Ne lier aucun commerce particulier avec les personnes du sexe, n'en recevoir aucun présent; fuir leurs entretiens et jusqu'à leur présence.

Pour acquérir cette vertu, il faut être et pénitent et mortifié; aimer la retraite et le silence, et le travail continuel; être assidu à la prière, et vivre dans une grande vigilance sur soi-même; mais surtout acquérir une parfaite humilité, car dans les tentations et les chutes même sur cette matière ne point s'arrêter à combattre, mais les éloigner; se donner à Jésus-Christ, en s'humiliant de son orgueil, qui est la cause pour laquelle Dieu permet au démon de nous attaquer de la sorte. Il faut être fidèle à bien ouvrir son cœur à son directeur et s'en tenir à ce qu'il nous dira. Enfin, se bien convaincre que tout est presque péché mortel sur cette matière, qu'il n'y aura rien de léger, et que cette vertu est comme un miroir que peu de chose est capable de ternir.

Ayez beaucoup de dévotion aux mystères de l'enfance de Jésus, à la divine Eucharistie où nous sommes rassasiés de ce pain et de ce vin précieux qui fait germer les vierges. Se défaire peu à peu de ces premières imaginations que le monde et notre propre corruption ont imprimées dans notre esprit, et se mettre insensiblement au-dessus des tentations sur cette matière, non pas tant par des efforts naturels et une vigilance inquiète et scrupuleuse, que par l'humiliation sincère de nos péchés passés, par un retour fidèle à Jésus-Christ, disant dans le sentiment de notre faiblesse : *Jesus amator castitatis miserere nobis. Domine, castitatem jubes, da quod jubes et jube quod vis. Domine, nemo potest esse continens, nisi tu dederis.* Après cela attendre en patience le retour de la grâce, en s'appliquant ou à ses études, ou à la prière, ou même divertissant son esprit par quelque chose d'agréable sans s'amuser à résister à ses pensées ; car les tentations ne se surmontent que par la fuite.

Quoiqu'il y ait longtemps que vous n'ayez pas été tenté, et quelque progrès que vous ayez fait dans cette vertu, ne vous tenez jamais assurés. Veillez toujours et profitez de cet avis de saint Jérôme : *Nunquam in præterita castitate confidas, nec David sanctior, nec Samson fortior, nec Salomone poteris esse sapientior.* Ainsi soit-il.

LA FOI.

C'est une vertu par laquelle croyant fermement tout ce que Dieu a révélé dans l'Ecriture sainte et que l'Eglise nous propose, soit qu'il soit écrit ou qu'il ne le soit pas, nous conformons à cette créance nos pensées, nos désirs, nos paroles et toute la conduite de notre vie. Ce qui doit nous affermir dans cette vertu, c'est *qu'il est impossible de plaire à Dieu sans la foi* : « *Sine fide impossibile est placere Deo* (*Hebr.* XI, 6) ; » 2° que Dieu étant la vérité essentielle qui ne peut nous tromper, il faut que nous ayons une plus grande certitude des choses que la foi nous découvre, que de celles que nous voyons de nos propres yeux ; 3° que Dieu, étant la justice et la sainteté souveraine, et tout ce qu'il fait à notre égard étant un effet et une preuve de l'amour qu'il a pour nous, il est de notre devoir de croire et d'obéir fidèlement à tout ce qu'il nous ordonne, quelque impossible qu'il paraisse à notre esprit et quelque dur que nos inclinations le trouvent.

Avoir une grande reconnaissance pour la grâce de la foi que Dieu nous a donnée au baptême, et qu'il nous conserve à présent, tandis qu'il laisse une infinité de gens soit dans l'infidélité, soit dans l'hérésie, qui auraient peut-être fait un meilleur usage des vérités et des mystères que nous connaissons, si Dieu leur en avait donné la connaissance. C'est ce qui doit nous porter à retrancher tant de lectures inutiles, tant d'entretiens et amusements superflus, et tant de pensées vides ; et arrêter cet empressement qu'on a souvent dans la congrégation de vouloir tout voir, tout savoir, et contenter sa curiosité en toutes choses, surtout dans les sciences qui n'ont pas beaucoup de rapport à l'état ecclésiastique. Tout cela est indigne d'occuper un esprit qui peut si utilement s'appliquer à se remplir et se nourrir des grands objets et des grandes vérités que la foi nous présente dans l'Ecriture sainte.

En lisant l'Ecriture sainte, les saints Pères, les livres de piété, en étudiant la théologie, en assistant à des conférences et à des prédications, la première chose qu'il faut faire est de renoncer à son esprit, à ses lumières et à sa curiosité naturelle, regardant les vérités qu'on lit ou ce qu'on entend dans la simplicité et la docilité d'une foi humble et obéissante, qui aime à ne point raisonner, mais à s'aveugler sensément dans les choses qui sont au-dessus de la raison humaine.

Lorsque, lisant les historiens et autres auteurs profanes, on trouve de beaux exemples de vertu, on doit les envisager par les yeux de la foi : *Laudantur ubi non sunt, cruciantur ubi sunt*, disant avec saint Augustin : De quoi leur ont servi ces belles actions sans les lumières de la foi ? Peut-être la plupart de celles que je fais sont semblables aux leurs, stériles et inutiles pour mon salut, n'étant pas faites dans l'esprit d'une foi vive, animée d'une ardente charité. Lorsqu'on y trouve des actions criminelles et des maximes pernicieuses, il faut reconnaître humblement que nous serions capables des mêmes égarements, si Dieu cessait de nous aider et de nous soutenir par sa grâce. Il faut accoutumer les écoliers à faire ces sortes de réflexions.

Comme le Chrétien vit de la foi : *Justus ex fide vivit* (*Galat.* III, 11), il faut juger de toutes ces choses, parler et agir en toutes choses, selon les principes de la foi, et lire pour cela le saint Evangile avec avidité, en esprit de prières. Ainsi regardez avec mépris, et, s'il se peut, avec horreur, non-seulement les richesses, les honneurs et les plaisirs qu'on cherche si fort dans le monde, mais même le trop grand soin que l'on a dans les communautés de conserver sa santé, ou d'éloigner tout ce qui peut tant soit peu humilier, gêner, mortifier la nature ; de mener une vie aisée et commode, éloignée de toute peine, de tout assujettissement et de toute dépendance. Toutes ces dispositions sont directement opposées à ce premier principe de la foi et de l'Evangile, qui consiste à renoncer à soi-même, et à porter chaque jour sa croix.

Pour les avantages, soit corporels, comme la qualité, les richesses, être bien fait, être habile en certaines choses, soit spirituels, comme un bel esprit, une bonne mémoire, de grands talents pour les sciences, pour la prédication ; regardez tout cela comme des choses qui peuvent mettre de grands obstacles à notre salut, non par elles-mêmes, mais eu égard à la mauvaise disposition de notre cœur, qui est porté à en faire mauvais usage. Si Dieu ne nous a donné aucun de ces avantages, l'en remercier humblement, nous ayant ôté de grands sujets de tentations ; si nous en avons reçu quelques-unes, ne les employer que pour la gloire de celui de qui nous les tenons. Veillons cependant et craignons beaucoup de nous laisser emporter par l'orgueil.

C'est la foi qui nous doit faire recevoir avec joie ou au moins avec patience les maladies et tous les accidents de la vie, les envisageant non en nous-mêmes, mais selon les règles de la divine Providence, sans laquelle il ne tombe pas un seul cheveu de notre tête, et les recevoir avec une entière soumission à la volonté de Dieu, et avec égalité d'esprit, nous en servant pour l'éternité. Souffrir tout avec amour, et se détacher de plus en plus de la terre dans l'espérance d'acquérir un jour cette récompense éternelle, que Dieu a promise à ceux qui vivent de la foi. Ce sont les sentiments que la foi inspire qui nous font trouver notre bonheur et notre consolation et notre repos dans la retraite et dans le silence, dans la vie cachée et inconnue, dans l'éloignement des créatures et le mépris du monde, dans la mortification de nos sens et de nos passions, dans la prière et le recueillement continuels, et dans la méditation des années éternelles et des jugements de Dieu.

Prier souvent Jésus-Christ de nous donner cette foi vive qui opère le salut : *Domine, adauge nobis fidem.* (*Luc.* XVII, 5.) *Credo, Domine, adjuva incredulitatem meam* (*Marc.* IX, 23.) *Ostende fidem tuam ex operibus.* (*Jac.* II, 18) *Fides sine operibus mortua est.* (*Ibid.*, 20.) Ainsi soit-il.

DE L'ESPÉRANCE.

C'est une vertu par laquelle nous attendons de jouir un jour de notre éternelle félicité, qui n'est autre chose que Dieu même, dans la confiance que Dieu nous donnera les secours nécessaires pour y arriver.

Considérez et pesez attentivement l'importance, la grandeur de l'objet de notre espérance : *Ego ero merces tua magna nimis.* (*Gen.* XV, 1.) Quittez tout, au moins de cœur et d'affection, richesses, honneurs, plaisirs, repos, avantages de la vie pour se rendre dignes de cette félicité.

Dans les difficultés, tristesses, abattements, persécutions, maladies, médisances, sécheresses, aridités et autres maux, soit intérieurs, soit extérieurs, qui sont les suites inévitables du péché, et dont le chemin du ciel est rempli, élever les yeux et les tenir attachés vers cette glorieuse éternité, et soupirer après ce pays de vérité et de félicité, et dire avec saint Augustin : *Hic ure, hic seca, modo in œternum parcas.* Seigneur, ne m'épargnez ici, afin qu'il ne me reste rien que de jouir de vous dans l'éternité ; et s'animer à tout souffrir avec joie par les paroles de saint Paul : *Non sunt condignæ passiones hujus temporis ad futuram gloriam quæ revelabitur in nobis.* (*Rom.* VIII, 18.) *Momentaneum et leve tribulationis nostræ supra modum in sublimitate æternum gloriæ pondus operatur in nobis.* (*II Cor.* IV, 17.)

C'est la vue de cette félicité qui nous doit faire aimer les croix, les regardant comme des faveurs que Dieu nous fait ; et souvenons-nous qu'une petite mortification, une humiliation, une légère peine soufferte dans l'esprit de Jésus-Christ, une pénitence d'un moment ne sera récompensée de rien moins que de la vue et de l'amour éternel de Dieu ; et quand même il nous faudrait passer toute notre vie dans les croix et les souffrances, qu'est-ce que tout cela comparé à la gloire que Dieu nous prépare ?

Remercions Dieu qu'il daigne bien destiner des créatures aussi basses, et aussi indignes que nous sommes à un aussi grand bonheur que celui de le posséder et l'aimer éternellement, sans craindre de le perdre de ce qu'il nous établit les héritiers du royaume céleste par la grâce et l'adoption en Jésus-Christ, et nous a donné un droit réel et légitime, quoique nous menions souvent une vie languissante, cachée, humiliée, pénitente, aux yeux des hommes.

Conversez dans le ciel, comme saint Paul demande, par pensées et par désirs, considérant quel langage on y tient, comme on y vit, afin de vous y disposer de bonne heure. On y adore, on y loue, on y aime Dieu sans cesse ; on s'anéantit, on s'abaisse, on s'humilie à la vue de sa grandeur, de sa majesté, de sa sainteté ; on n'y désire que Dieu. Efforçons-nous de commencer à vivre sur la terre comme notre exil, comme un excommunié avec qui nous ne devons avoir aucun commerce, regardant avec mépris ses honneurs, ses plaisirs, ses charmes comme des hameçons dont le démon se sert pour nous perdre.

Animer souvent notre espérance par ces réflexions, que Dieu est notre Père, notre Pasteur, notre Médecin, notre Sauveur, notre force, notre soutien et notre refuge ; qu'il nous aime infiniment, que son inclination le porte à nous donner plus que nous n'oserions espérer ; qu'il a promis dans l'Ecriture de remplir de bénédictions et de grâces ceux qui espèrent en lui ; que celui qui a bien daigné nous donner son Fils unique, ne nous refusera pas, à plus forte raison, la récompense qu'il nous a promise, et les grâces pour la mériter. C'est cette espérance qui doit adoucir les amertumes du cœur, dans les fardeaux accablants de cette vie, aplanir les chemins raboteux du salut, nous soutenir dans la voie étroite, et nous animer dans les combats que nous avons à livrer sans cesse à notre concupiscence.

Enfin rappelons de temps en temps, et surtout lorsque nous tombons dans l'ennui et le découragement, le souvenir des secours puissants que nous avons reçus de Dieu. De combien de péchés et de crimes ne nous a-t-il pas délivrés ? de combien de lumières et de grâces n'a-t-il pas rempli notre âme ? avec quelle providence ne nous a-t-il pas conduits depuis que nous sommes dans la congrégation ? S'il nous a si bien protégés quand nous étions ses ennemis, que ne fera-t-il pas lorsque nous serons fidèles à son service, et que nous le chercherons dans la simplicité de notre cœur ?

L'AMOUR DE DIEU.

C'est une union de cœur et d'affection avec Dieu causée en nous, non par la crainte des peines de l'enfer, ni par l'espérance de quelque récompense, mais dans la seule vue de la bonté divine et tout aimable.

Dans nos oraisons, pendant nos offices, dans une infinité d'occasions et d'événements, considérez, louez, aimez et adorez tout ce que Dieu est en lui-même, sa sagesse, sa bonté, sa puissance, sa grandeur, son immensité et sa souveraine majesté, et toutes les autres divines perfections, chacune d'elles en particulier étant infinie mériterait un honneur infini, et dont la considération est capable d'embraser notre cœur des flammes du divin amour.

Conservez toujours dans le fond de votre âme une grande reconnaissance des bienfaits et des miséricordes que Dieu a répandus sur nous, dont le nombre n'est connu que de Dieu seul. Cette reconnaissance est un très-puissant motif pour ressusciter en nous les étincelles du divin amour.

Considérez les maux infinis dont il a plu à Dieu de vous délivrer par sa seule miséricorde ; car, sans parler des maux extérieurs dont il nous a si souvent préservés, vu le fonds inépuisable de malice et de corruption que nous avons en nous, soyons persuadés qu'il n'y a point de crimes dont nous ne puissions être coupables, et nous devons attribuer à la seule miséricorde de Dieu, si nous ne nous plongeons pas dans toute sorte de crimes ; mais quel amour cette pensée ne doit-elle pas exciter en nous pour le Dieu de bonté et de miséricorde : *Misericordiæ Domini quia non sumus consumpti* (Thren. III, 22), nous ayant délivrés de l'enfer où nous aurions dû être précipités depuis si longtemps !

Cette divine charité demande que nous ayons une grande horreur, non-seulement des péchés mortels, mais encore des plus légères fautes, et dans nos examens et oraisons nous devons en être vivement touchés, et conserver toujours l'esprit de componction, parce qu'elles offensent cette divine bonté, diminuent la ferveur de la charité, empêchent la parfaite union de l'âme avec Dieu dont la sainteté est si grande qu'elle ne peut souffrir la moindre tache dans un cœur qu'il daigne honorer de son amour.

Soyons touchés des péchés qui règnent et dans le monde, et dans les communautés. Ne voyons qu'avec regret combien peu Dieu est aimé. Efforçons-nous, par nos prières et par nos pénitences, et par la régularité de toute notre conduite, de procurer l'accroissement de l'amour divin dans les cœurs. Remercions souvent Dieu de la miséricorde qu'il nous a faite de nous avoir fait sortir de cette malheureuse Babylone, et que ce soit là un motif puissant pour ranimer notre ferveur.

Ne cessons point de nous humilier du fond de corruption que nous avons dans nous, et de prier Dieu de nous en purger toujours davantage, d'affaiblir et de diminuer en nous cette malheureuse racine de l'amour déréglé de nous-mêmes, qui combat sans cesse l'amour de Dieu, et pour faire croître l'amour de Dieu, il faut affaiblir la cupidité : *Augmentum charitatis, diminutio cupiditatis.*

S'accoutumer à faire tout, jusqu'aux plus petites choses, par principe d'amour de Dieu, et renoncer sans cesse aux intentions d'amour-propre que le démon nous suggère. Renouvelez souvent cette droite intention, afin qu'elle se répande sur toute votre vie, de peur qu'après avoir commencé par l'amour de Dieu, la cupidité ne prenne la place et ne gâte vos meilleures actions.

Se bien convaincre que sans le principe d'amour de Dieu qui doit dominer souverainement dans nos pensées, nos paroles, nos désirs, nos actions, la religion est un corps sans âme, la foi est inutile, l'espérance est vaine, la piété n'est qu'hypocrisie et lâcheté, le martyre même ne sert de rien. Au contraire, tout est bon, tout est agréable à Dieu, quelque petit qu'il soit, tout est avantageux pour le salut, quand c'est par la charité qu'on le fait.

La véritable marque que l'amour de Dieu règne en nous, c'est quand nous aimons sa divine loi : *Qui diligit me sermonem meum servabit.* (Joan. XIV, 23.) Plus donc vous méditerez le saint Evangile, plus vous en ferez vos délices, plus vous vous attacherez à pratiquer les règles, quelque dures qu'elles paraissent à votre nature corrompue, plus aussi vous aurez de confiance que vous êtes animés de l'amour de Dieu, et non autrement. Lorsque quelque étincelle de l'amour de Dieu aura saisi votre cœur, suivez bien les avis de saint Augustin ; conservez-la, dit-il, entretenez-la avec grand soin, travaillez-y par la prière et l'humilité, par la douleur de la pénitence, par l'amour de la justice et de la vérité, par les bonnes œuvres, par des gémissements sincères et par une grande régularité et uniformité de vie. Souffrez, ajoute-t-il, cette étincelle du bon amour, et en y excitant votre ferveur, et quand elle aura fait quelque progrès, elle y consumera peu à peu tout le fond et toute la paille des cupidités charnelles.

L'AMOUR DU PROCHAIN.

C'est la même vertu de charité qui nous porte à aimer Dieu pour lui-même, et le prochain pour l'amour de Dieu, regardant chacun comme son image, son temple, le frère et le membre de Jésus-Christ, capable de posséder un jour Dieu avec nous pendant l'éternité.

1° Il faut fonder cette charité envers le prochain sur des motifs et sur des principes qui ne nous dispensent jamais de l'aimer, quelque imperfection que nous voyions en lui, et quelque déraisonnable que soit la conduite qu'il tient à notre égard. Dieu nous en fait un commandement exprès : *Diliges... proximum tuum sicut teipsum.* (Matth. XXII, 37, 39.) Il veut même que l'amour que nous aurons pour nos frères soit comme la règle de la mesure de la miséricorde que nous pouvons jamais espérer de lui : *Dimitte nobis debita nostra sicut et nos dimittimus.*

2° L'exemple de Jésus-Christ qui ne s'humilie et ne se réduit à la pauvreté, à la misère et aux travaux pendant toute la vie, et qui enfin n'a souffert la mort que pour des ingrats et de malheureuses créatures qui s'étaient révoltées contre leur Créateur. Et quel témoignage d'amour pourra-t-on s'imaginer plus grand que celui qu'il donne sur la croix en priant son Père de pardonner à ceux qui l'y attachaient?

3° L'inclination et la nature de la grâce du christianisme qui nous oblige et nous porte à aimer ceux-là mêmes qui nous haïssent et nous persécutent. Car si nous n'aimions que ceux qui nous aiment, que ferions-nous de plus que les païens et les pécheurs? Voici donc en quoi consiste cette charité.

Témoigner à chacun, par des actions, l'amour sincère qu'on a pour lui, le prévenir dans ces occasions, lui rendre tous les services dont on est capable, surtout quand on en est chargé; et si l'on ne peut faire ce qu'il demande, tâcher au moins de lui témoigner le désir véritable de le satisfaire, s'il le pouvait, et de s'excuser avec des paroles si consolantes et si obligeantes qu'il soit aussi content de notre réponse que s'il avait obtenu ce qu'il désirait. Agir avec tout le monde d'un air obligeant et avec une douceur édifiante, et traiter chacun avec une tendresse et une affection vraiment fraternelle; surtout quand on est chargé de leur conduite; ne murmurer jamais contre personne, ne parler jamais d'aucune faute des autres, quelque légère et publique qu'elle soit; ne faire paraître aucune marque de mépris ou de peu d'estime pour les autres, ni devant, ni derrière eux; mais s'efforcer de donner à tout le monde des témoignages sensibles de l'estime et de la déférence qu'on a pour lui dans le cœur.

Ne rapporter jamais à personne ce qu'un autre aura dit de fâcheux quand même la chose serait de soi peu importante, puisque c'est toujours par là que la division se met dans les communautés.

Ne proférer jamais aucune parole d'impatience, d'aigreur ou de colère qui puisse rabaisser et mortifier personne. Ne se point amuser à disputer dans les conversations; car bien souvent cela altère à la fois la charité. Ne reprendre point les autres sans avoir le droit et l'autorité de le faire; ne souffrir dans son cœur aucun ressentiment ni aversion contre qui que ce soit, mais surtout se donner bien de garde d'en faire paraître au dehors, soit en s'éloignant de la conversation, soit en négligeant de lui rendre quelque service dans les occasions, afin de lui témoigner qu'on est fâché contre lui, et qu'on a sujet de s'en plaindre. Quand on sentira quelque aversion et quelque antipathie, il faut veiller extraordinairement sur soi à la déraciner bientôt, n'en rien faire paraître aux autres, ni à la personne contre laquelle nous sentons ces dégoûts, ni directement, ni indirectement, en se retirant de sa compagnie, ou en ne lui parlant pas avec la même ouverture de cœur. Il faut alors prier avec plus de ferveur, et pour nous pour cette personne, et s'efforcer à lui témoigner plus d'amitié et de respect; sans cela une petite étincelle causera un incendie épouvantable dans l'âme et ne manquera pas d'éteindre le feu de la charité.

Ne jugez jamais de personne, ni ne le condamnez; mais tâchez d'excuser les fautes, ou au moins de les diminuer, soit en nous-mêmes, soit à l'égard des autres. Interprétez toujours bien, et vous blâmez au contraire vous-mêmes d'être si prêts à juger des autres, et à remarquer leurs défauts, tandis que nous en avons une infinité que nous n'apercevons pas; nous humilier de ce qu'ayant un grand fonds de péché et de malice, nous jugeons des autres selon notre malignité, et non selon les règles de la charité. Cela pourtant ne nous dispense pas de condamner et de blâmer le mal partout où nous le trouvons; mais il faut excuser les personnes et leur intention.

Pour entrer dans ces dispositions, il faut nécessairement prier Notre-Seigneur Jésus-Christ de nous faire concevoir beaucoup d'estime et d'affection pour les autres, et une grande haine et mépris de nous-mêmes. Fuir toute singularité et partialité dans les conversations. Toutes les sortes de liaisons sont contraires à la charité et sont pour l'ordinaire la source des dérèglements des communautés.

Veiller beaucoup sur les paroles pour ne laisser jamais sortir de sa bouche quoi que ce soit qui puisse blesser et offenser les autres; et si on l'avait fait, en faire sur-le-champ ses excuses, et en demander pardon. Eviter avec grand soin les médisances; ne dire des autres que ce que l'on sait de bien, et taire le reste. Excuser avec beaucoup de douceur et de tendresse ceux dont on voudrait mal parler, particulièrement les absents, dont on doit toujours prendre la défense, soit en détournant le discours, ou du moins en faisant connaître, par son silence et son air sérieux, qu'on n'aime point entendre mal parler d'autrui: *Quod tibi fieri non vis.* (*Tob.* IV, 16; *Matth.* VII, 10.)

Se bien remplir de ces paroles de Jésus-Christ: *In hoc cognoscent omnes quia discipuli mei estis, si dilectionem habueritis ad invicem* (*Joan.* XIII, 35), et lire avec attention tout le XIII° chap. de saint Paul de la Ire Epître aux Corinthiens.

LA PAUVRETÉ.

C'est un renoncement que nous faisons, au moins de cœur et d'affection, à toutes les choses de la terre, dans l'espérance de posséder un jour le royaume des cieux.

Il est vrai que nous n'en faisons pas un vœu dans la congrégation; mais nous nous y croyons étroitement obligés par la profession que nous faisons de nous rendre en tout semblables à Jésus-Christ Notre-Seigneur, lequel, comme dit saint Paul, de riche qu'il est, s'est fait pauvre pour l'amour de nous.

Nous ne le faisons pas consister dans un entier dépouillement de nos biens, puisque la congrégation veut que nous ayons tous un patrimoine, mais dans l'usage que nous en devons faire, et dans le détachement où nous devons vivre de tous les avantages de ce monde; et c'est proprement en cela que consiste la pauvreté ecclésiastique. Pour la pratiquer selon l'esprit de l'Oratoire, il faut se défaire généralement de tout ce qui est superflu, et qui ne nous est point nécessaire, tant en ce qui regarde les livres et les meubles qu'en ce qui regarde les habits, la nourriture et les autres besoins du corps ; il faut même, dans les choses nécessaires dont on usera, chercher les moindres et les plus simples, en sorte que la vertu de pauvreté éclate toujours dans nos chambres, nos habits, notre nourriture, nos voyages et dans tout nous-mêmes. Désirer et se contenter, par un plus grand anéantissement et pour notre avancement spirituel, d'avoir les choses les plus basses et les plus viles de la maison.

Se réjouir de se voir quelquefois dénué des choses les plus nécessaires à la vie, car c'est en cela qu'on est vraiment pauvre d'esprit et parfait imitateur de Jésus-Christ, et supporter, dans les mêmes dispositions de pauvreté à l'exemple du souverain prêtre, la faim et la soif, le froid et le chaud, la lassitude et la privation de bien d'autres petits adoucissements de la vie.

Si l'on a du bien de son patrimoine, n'en prendre précisément que ce qui est nécessaire, et tout le reste doit être employé pour les pauvres, ou pour soulager nos maisons, soit en payant pension, ou au moins en s'entretenant d'habits et autres choses nécessaires. Se donner bien de garde d'imiter certains sujets de l'Oratoire, qui ne font que des dépenses inutiles, frivoles et criminelles de leurs biens, sous prétexte qu'on n'a pas fait vœu de pauvreté. Regarder tout ce que la maison vous donnera comme le bien des pauvres, et comme une aumône que la congrégation vous fait, de laquelle vous n'êtes pas digne, quand même vous travailleriez plus qu'un autre. Cette disposition ne vous permettra point de murmurer et de vous plaindre, quand les choses ne seront pas selon vos idées, et quand il faudra supporter la privation de bien des choses même nécessaires ; elle vous fera regarder le bien de la communauté même jusqu'aux plus petites choses, comme le bien de Dieu même, dont vous devez par conséquent avoir un très grand soin et que vous devez conserver avec fidélité et exactitude, surtout les livres et les habits ; ne changer d'une chambre à une autre sans permission, et ne laisser rien gâter.

Il faut bien prendre garde de thésauriser ; cela est indigne d'un ecclésiastique, et encore plus d'un prêtre et d'un bon frère de l'Oratoire.

On peut bien avoir quelque peu de réserve mais sans attache, et le donner facilement dans le besoin des pauvres. Si l'on n'a pas de bien, n'en être pas fâché ; en remercier au contraire Jésus-Christ nous délivrant de bien des occasions de nous relâcher, et nous facilitant l'exercice de la pauvreté. Quand on sent un peu trop d'attache pour quelque chose, et qu'on serait mortifié d'en être privé, il faut s'en défaire au plus tôt, afin de faire mourir en soi jusqu'au plus petit attachement qui ne laisse pas d'occuper une place dans notre cœur, et y affaiblir le règne de Jésus-Christ.

Outre cette pauvreté de biens temporels, il faut se contenter des talents que Dieu nous a donnés, soit pour les sciences, soit pour les voies intérieures de la grâce. Être bien aise de ce que le bon Dieu ne nous a pas donné peut-être des talents qui nous relèvent au-dessus des autres, et le bénir si on ne tient pas grand compte de nous, au lieu de nous en affliger. N'enviez point intérieurement le talent des autres, et n'affectez point de vouloir paraître savant et habile dans les conversations ; aimez beaucoup la vie cachée et inconnue et les emplois qui ne sont pas fort estimés au monde, quoiqu'il n'y ait rien de bas dans le service de Dieu. Avoir dévotion, comme le dit la 12ᵉ p. de Goudran, aux œuvres délaissées, et à tout ce que le monde fuit. Agir avec tout le monde avec beaucoup de simplicité, d'humilité, évitant les airs impérieux, arrogants et décisifs de ceux qui veulent s'en faire accroire. Aimer à converser avec ceux qui ne paraissent pas avoir un grand génie, et se donner de garde de les mépriser et de les railler. Et pour ce qui est des voies de Dieu, de désirer la perfection avec un extrême dégagement de nous-mêmes et de notre propre excellence, et seulement pour accomplir sa sainte volonté. Se contenter des grâces qu'on a reçues de Dieu sans envier les grandes communications qu'il en fera à d'autres. Aimer non ses défauts, mais l'humiliation qu'il y a de se voir plein de défauts, et reconnaître sincèrement que l'on ne mérite pas que Dieu nous en délivre. Dans les sécheresses et les soustractions de grâces, se résigner intérieurement à la volonté de Dieu, et se plaire à sentir sa pauvreté et impuissance intérieure. N'affecter rien d'extraordinaire, ni de singulier dans la piété, mais se tenir dans les bornes de l'humilité et de la simplicité chrétienne, et dans la régularité d'une communauté.

Ce sont là les véritables pauvres auxquels le royaume des cieux est promis, qui doivent vivre non-seulement dans le renoncement de toutes choses de la terre, mais même de leur propre esprit, de leur propre volonté, et même des dons de Dieu.

Pour attirer sur vous ces dispositions, adorez Jésus-Christ dans son extrême pauvreté, qu'il a pratiquée dans la crèche et sur la croix, et pendant tous les travaux de sa mission, n'ayant pas où reposer sa tête, vivant d'aumônes, et ne se plaisant à converser qu'avec les pauvres gens, donnant sa malédiction aux riches : *Væ vobis divitibus* (*Luc.* VI, 24), fuyant les honneurs et les louanges, et tout ce qui se ressent de l'éclat et de la commodité des richesses. Remettez-vous souvent devant les yeux la vie pauvre, simple, humble et laborieuse des apôtres dont nous sommes les successeurs, et de nos premiers Pères qui ont fondé la congrégation, et vous rougirez, en comparant leur extrême pauvreté avec la délicatesse où nous vivons. Convainquez-vous bien aussi que vous ne serez jamais un vrai disciple de Jésus-Christ et que par conséquent vous ne serez jamais dans la gloire, si vous ne faites de continuels efforts pour vous établir dans le parfait détachement de toutes choses. *Qui non renuntiat omnibus quæ possidet, non potest meus esse discipulus.* (*Luc.* XIV, 33.)

DE LA PATIENCE ET AMOUR DE LA CROIX.

C'est une soumission parfaite de l'âme à tout ce qui plaît à Dieu de lui envoyer d'humiliation et de mortification. C'est un ardent désir, et une faim insatiable de souffrir pour l'amour de Jésus-Christ avec joie, avec tranquillité, et avec une entière dépendance de la volonté de Dieu.

Cette vertu est le caractère des âmes prédestinées, puisque c'est celle qui nous rend conformes à Jésus-Christ. C'est la marque qu'on aime véritablement Dieu. C'est la véritable source de la paix intérieure. Car quand l'amour de Dieu fait trouver doux et facile ce qu'il y a de plus amer dans la vie, qu'est-ce qui pourrait nous troubler? S'il y a quelque consolation solide sur la terre, elle ne se trouve que dans le cœur d'une âme véritablement crucifiée.

Il ne faut pas se laisser emporter à aucun mouvement d'impatience, mais conserver toujours la paix et la tranquillité d'esprit, et la faire paraître dans ses paroles, dans ses actions, sur son visage, et dans tout son intérieur, et retrancher de son cœur toutes les affections et tous les mouvements qui lui sont contraires.

Ne donner entrée dans son âme à aucun trouble, ressentiment et tristesse, moins encore à aucun mouvement de colère et de vengeance, quelque légère qu'elle puisse être. Envisager les rencontres dures et fâcheuses comme envoyées de Dieu pour notre avancement spirituel, et les recevoir avec soumission à sa volonté, autant de fois, et en quelle manière qu'elles nous arrivent. Dans les médisances, calomnies, injustices, mépris et persécutions, ne point s'amuser ni s'arrêter à ceux qui en agissent de la sorte à notre égard, mais adorer la volonté de Dieu dont ils sont les instruments, et prier pour eux plus ardemment.

Il ne faut même pas nous plaindre des torts et des injustices qu'on nous fait de quelque part que ce soit, et ne croire pas aisément qu'on nous fait tort. S'il est nécessaire d'en parler, on peut remédier au mal, ou pour la paix de notre âme, et ce doit être à des personnes discrètes, tranquilles et qui ne sont pas sujettes à s'indigner ou à murmurer facilement. Ne point désirer, moins encore procurer qu'on nous plaigne, qu'on ait compassion de nous, et, ce qui est pire, souhaiter qu'on nous estime, non-seulement affligés, mais encore patients et courageux. C'est une vanité et une ambition bien délicate, mais bien dangereuse.

S'exercer et s'accoutumer à l'exercice de cette vertu par les trois degrés: 1° souffrir ce qui nous arrive de fâcheux, d'humiliant et de mortifiant, sans se troubler et avec une humble patience; 2° le souffrir sans répugnance, avec promptitude et avec une entière soumission à la volonté de Dieu; 3° le souffrir avec joie, et rendre grâce à Dieu de ce que sa volonté s'accomplit par cette souffrance. Ne faire jamais les délicats et les difficiles à contenter pour ce qui regarde les nécessités de la vie; ménager au contraire une infinité d'occasions de souffrir et de se mortifier dans les maladies les plus grandes, et dans les remèdes les plus amers. Ne s'impatienter et ne se plaindre jamais, mais se ressouvenir du calice amer que Jésus-Christ goûta sur la croix, se conformant ainsi à ses souffrances, pour participer à sa gloire. *Si compatimus et conregnabimus.* (*Rom.* VIII, 17.)

Souvenez-vous bien qu'un chrétien doit vivre et mourir sur la croix, et ne trouver de repos et de consolation que sur la croix. Ceux qui désirent la croix sont dans le degré des commençants; ceux qui la reçoivent et la portent avec joie, dans le degré de ceux qui s'avancent; mais, pour être parfait, il faut même se reconnaître indigne de souffrir, et de porter la croix. Celui qui croit souffrir quelque chose est bien peu éclairé; mais celui qui se croit effectivement éloigné de souffrir et souffre pourtant, est vraiment spirituel. Qui connaît la force, le mérite, la récompense de la croix, la désire et la recherche; mais c'est une marque qu'on ne la connaît pas, lorsqu'on la fuit et la rejette.

Que votre partage soit de dire avec saint Paul et dans son amour pour la croix: *Mihi absit gloriari nisi in cruce Domini.* (*Galat.* VI, 14.) *Superabundo gaudio in omni tribulatione nostra.* (*II Cor.* VII, 4.) Avoir souvent ces paroles de Jésus-Christ dans la bouche et tâcher de les graver dans son cœur: *In patientia vestra possidebitis animas vestras.* (*Luc.* XXI, 19.) Ainsi soit-il.

DE LA SOUMISSION A LA VOLONTÉ DE DIEU.

C'est un acte de la volonté animée des flammes de l'Esprit Saint, qui cherche uniquement à plaire à Dieu, qui n'a point d'autre volonté que la sienne, qu'elle adore et qu'elle embrasse de tout son cœur, en toutes choses, ne demandant ni consolation, ni sécheresse, ni santé, ni maladie, ni vie, ni mort, mais seulement que les desseins de Dieu s'accomplissent en nous.

Soyons persuadés que nous ne pouvons avoir de confiance que nous aimons Dieu qu'autant que nous serons soumis à sa divine volonté (cette soumission est la source de notre sainteté), et qu'autant que nous nous dépouillerons de notre propre volonté pour faire régner celle de Dieu en nos cœurs, autant pourrons-nous connaître que nous avançons dans les voies de Dieu. C'est encore le moyen d'arriver à la parfaite paix de l'âme. Car qu'est-ce qu'il y a au monde qui puisse troubler un cœur soumis à Dieu, puisqu'il veut bien tout ce qui lui arrive. Tout lui est égal, tout lui est doux, parce qu'il ne regarde que la volonté de Dieu qu'il accomplit en lui.

Il faut prendre tout ce qui arrive comme venant immédiatement de la main de Dieu, ne le rapporter jamais à la malice des hommes, ni à l'imprudence de ceux qui vous environnent, ni à la disposition des temps et des causes naturelles, mais lever les yeux plus haut et regarder le ciel, sentant que tout vient de Dieu, qu'il se sert et des temps et des personnes, et des causes naturelles pour accomplir sa volonté.

Faire attention dans tous les événements de la vie à ces trois grandes vérités, et les prendre pour règles de ses dispositions intérieures et extérieures : 1° qu'il ne nous arrive jamais rien, même le péché, que par la volonté et la permission de Dieu, puisqu'il ne tombe pas une feuille d'arbre sans l'ordre de la divine Providence ; 2° qu'il ne permet jamais que rien ne nous arrive, que par un grand amour qu'il a pour nous ; 3° que tout ce qu'il permet qu'il nous arrive, n'est que pour notre bien, si nous répondons à ses desseins.

Si l'on sait appliquer les règles au détail de la vie, on évitera une infinité de fautes, et on jouira toujours de la paix intérieure de l'âme. Ne murmurer jamais en quelqu'état que l'on se trouve, d'adversité, de sécheresse, de pauvreté et de maladie ; ne vouloir point d'autre état que celui où Dieu nous a mis, et ne souhaiter rien hors de Dieu, ni talents sous prétexte de travailler pour la gloire et le salut des âmes, ni consolations intérieures, sous prétexte de le servir avec plus de ferveur ; mais abandonner uniquement à Dieu la conduite de tout ce qui nous regarde, et même de notre avancement spirituel, nous laissant entre ses mains, comme l'argile entre les mains du potier qui en fait tout ce qui lui plaît. Dire, dans une infinité d'occasions, ces paroles de Jésus-Christ : *Non mea voluntas, sed tua fiat.* (*Luc.* XXII, 42.) *Meus cibus est ut faciam voluntatem ejus qui misit me.* (*Joan.* IV, 34.) *Pater fiat voluntas tua.* (*Matth.* VI, 10.) Ou celles-ci de Job (I, 21) : *Dominus dedit, Dominus abstulit, sit nomen Domini benedictum*, mais les dire avec une entière dépendance et soumission de notre volonté à celle de Dieu, les dire avec beaucoup de patience, de douceur, d'égalité d'esprit, tâchant de goûter combien il est doux et avantageux à notre âme de ne se conduire point par elle-même, mais d'accomplir la volonté d'un si bon père.

Ne se contenter pas de souffrir toutes les adversités de la vie, les maladies, les incommodités habituelles, faim, soif, chaud, froid, affronts, injures, médisances, mépris, peu d'estime qu'on peut faire de nous, ou bien indifférence des créatures à notre égard ; les souffrir, dis-je, avec patience et résignation, mais aussi les accepter avec joie et les aimer comme des effets de cette divine volonté qui les ordonne toujours également et avec justice et avec amour. *Justus es, Domine, et rectum judicium tuum.* (*Psal.* CXVIII, 137.) S'appliquer avec soin à connaître quelle est la volonté de Dieu, pour l'accomplir avec fidélité, prenant ces règles comme des principes de religion que nous devons suivre sans craindre de nous tromper. 1° S'il y a quelque action d'obligation et de dévotion, sa volonté est que nous commencions par celle d'obligation, parce que la première de toutes les lois de cette volonté éternelle, est que chacun vive conformément à son état, et remplisse les devoirs qui l'accompagnent ; 2° si les choses ne sont que de dévotion, la volonté de Dieu est que nous choisissions toujours celle qui combat nos inclinations, car sa volonté est que nous fassions mourir la nature pour faire vivre la grâce ; 3° si les choses sont encore égales de ce côté-là, il faut choisir ce qu'il y a de plus parfait pour nous. Ainsi soit-il.

LA FERVEUR.

C'est un soin très-particulier et continuel d'une âme qui tâche sans cesse de plaire à Dieu, d'extirper chaque jour ses vices, d'expier ses péchés, d'acquérir les vertus et d'atteindre à une plus parfaite union à Dieu.

Nous interroger souvent, surtout dans nos oraisons et nos examens, en nous disant comme saint Bernard : *Ad quid venisti?* Pourquoi suis-je entré dans l'Oratoire ? Qu'ai-je avancé sur moi ? En quoi ai-je profité ? Entrer dans une sainte confusion, nous voyant encore si imparfaits.

Estimer infiniment les vertus qu'on n'a pas encore acquises, et ne compter pour rien tout ce qu'on peut avoir fait, en le comparant avec ce qui reste à faire, s'imaginant toujours et avec raison qu'on ne fait que commencer, ou plutôt que la vie va finir sans qu'on ait jamais bien commencé.

Plus vous sentirez en vous d'obstination et de répugnance pour combattre vos vices et pour acquérir les vertus, plus vous devez vous faire d'efforts et de violence, sachant que le royaume de Dieu n'est que pour les âmes fortes et généreuses, et non pour les lâches et les négligents auxquels Dieu donne sa malédiction : *Maledictus qui facit opus Dei negligenter.* (*Jer.* XLVIII, 10.)

Se regarder toujours comme un serviteur inutile, quoi que ce soit que l'on fasse, et craindre d'avoir le sort de celui de l'Evangile dont il fut dit : *Inutilem servum ejicite in tenebras exteriores* (*Matth.* XXV, 30), ou bien d'être traité comme cet arbre stérile et dépouillé de fruit, quoique chargé de feuilles : *Succidite illam, ut quid terram occupat?* (*Luc.* XIII, 7.) Reconnaissons donc que nous avons mérité le reproche par notre tiédeur et notre négligence dans le service de Dieu. Renouvelons de temps en temps notre zèle et notre ferveur intérieure, de peur que Dieu ne se lasse et ne nous abandonne entièrement.

Aspirer toujours à une haute perfection, sachant que c'est reculer que de s'arrêter ; se proposer pour cela les actes héroïques de la piété chrétienne et les exemples des saints pour les pratiquer, comme serait de ne nous réjouir jamais tant que de nous voir méprisés et humiliés; d'estimer la plus grande de toutes les croix, celle de n'en avoir point; de se porter à tous les actes de la charité chrétienne, comme : aimez ceux qui vous haïssent, faites du bien à ceux qui vous font du mal, souffrez tout avec patience sans murmurer, n'épargnez ni les soins, ni les travaux, ni la santé, lorsqu'il s'agit de progrès. N'estimez jamais rien de léger et de peu d'importance dans le service de Dieu; faites au contraire grand état des moindres points de vos règlements et des plus petites pratiques de dévotion, étant persuadé qu'il n'y en a point auxquels Dieu n'ait attaché quelque grâce; que peut-être notre salut dépend de la fidélité que nous aurons des choses que nous estimons légères. Craignez donc que, méprisant les petites choses, vous ne tombiez insensiblement dans les grandes fautes et dans la mort éternelle.

● Ne faire jamais ses actions par coutume et par manière d'acquit, mais les faire toujours avec application, avec un esprit intérieur, un grand désir de plaire à Dieu, parce que l'action extérieure, sans l'esprit intérieur, est un corps sans âme, et un travail sans fruit.

Pratiquer nos règlements et tous nos exercices de piété avec une grande exactitude, comme des lois et des règles qui doivent être inviolables; n'en jamais omettre aucune, sachant bien que l'intérieur dépend beaucoup de l'extérieur, et qu'une grande partie de l'étude de la perfection consiste dans cette fidélité aux choses extérieures. Ne manquez donc jamais de faire chaque jour, dans le temps destiné à l'oraison, les trois examens et les actes intérieurs; lire le Nouveau Testament, rendre ses devoirs aux mystères, et faire toutes les autres choses marquées. S'il arrive qu'on soit alors détourné par quelque engagement inévitable, on y doit suppléer, ou au soir, ou dans un autre temps.

Se souvenir que le plus sûr et le plus infaillible moyen d'arriver à la perfection de l'état où la divine Providence nous a engagés, c'est de bien faire ses actions ordinaires de la journée, c'est-à-dire avec de saintes dispositions intérieures en Dieu, pour Dieu, devant Dieu, pour les desseins de Dieu et en union avec celles de l'âme de Jésus.

S'étudier à exercer ces emplois avec toute la perfection possible comme nous étant donnés de Dieu même, évitant la précipitation, la négligence, la vanité, la tiédeur, la dissipation et le respect humain. Ne faire aucune faute de propos délibéré, et faire toutes ses actions le mieux qu'on pourra et à l'extérieur et dans l'intérieur, et renouveler de temps en temps l'ardeur et l'intention avec laquelle on les doit accomplir, surtout lorsqu'on commence à sentir quelque refroidissement, de peur qu'après avoir beaucoup travaillé, l'on n'entende à l'heure de la mort cette terrible parole : *Non invenio opera tua plena coram Deo meo.* (*Apoc.* III, 2.)

Pour acquérir cette vertu, il faut adorer souvent les dispositions de l'âme de Jésus-Christ, avec lesquelles il accomplissait toutes ses actions dont il est dit : *Bene omnia fecit.* (*Marc.* VII, 37.) *Meus cibus est ut faciam voluntatem ejus qui misit me ut perficiam opus ejus.* (*Joan.* IV, 34.) Il faut même entrer dans les dispositions du cœur de Marie, jeter les yeux sur les exemples des saints, et surtout des apôtres dont nous sommes les successeurs, et de nos premiers pères qui ont possédé éminemment l'esprit de notre congrégation.

2° Considérer la grandeur, la sainteté, la majesté et les autres perfections de Dieu qui demanderaient de nous un amour infini. Penser aussi aux grâces surabondantes que nous avons reçues dans l'Oratoire, qui exigent une grande fidélité, de peur que notre ingratitude n'oblige Dieu à nous rejeter et à donner notre place à un autre qui lui sera plus fidèle.

3° Faire attention à la brièveté de la vie après laquelle il n'y aura plus de temps pour faire le bien, et se représenter souvent ce que l'on voudrait avoir fait en ce moment terrible de la mort.

Enfin souvenons-nous que Dieu ne nous a appelé à la congrégation, où nous sommes délivrés des tentations, des occasions, des embarras du monde, où les miséricordes du Seigneur nous environnent de toutes parts, et où nous recevons tant de secours, Dieu ne nous a, dis-je, appelés que pour nous faire travailler avec plus de zèle et de ferveur à notre sanctification. Ainsi soit-il.

LA CRAINTE DE DIEU.

C'est dans les bienheureux un acte de très-grand respect envers Dieu causé par la vue de l'excellence de sa divine majesté comparée avec leur néant et leur bassesse. Mais dans les hommes, c'est une sainte appréhension qu'ils ont d'offenser un si bon père et de perdre pour toute une éternité son amitié et sa grâce.

1° La raison que nous avons de vivre dans cette crainte que le Saint-Esprit appelle le commencement de la sagesse : *Initium sapientiæ timor Domini* (*Eccli.* I, 16), c'est l'incertitude de notre état et de notre salut éternel. Qui sait s'il est écrit dans le livre de vie, ou s'il est du nombre des réprouvés? C'est le souvenir de ces terribles, mais justes jugements de Dieu sur les hommes, qui faisait trembler jour et nuit les plus grands saints.

2° Cette crainte s'augmente encore en nous, si nous faisons attention à la ruine irréparable des anges, qui furent précipités du ciel par une seule complaisance et un amour déréglé de leur propre excellence, et si nous nous remettons devant les yeux la perte de nos premiers parents, qui furent chassés du paradis terrestre pour une seule désobéissance, que ne devons-nous pas craindre pour tant d'infidélités dans lesquelles nous sommes si souvent tombés, sachant que : *Qui peccat in unum factus est omnium reus.* (*Jac.* II, 10.)

3° Cependant, il n'est rien de plus capable d'assurer notre salut que cette crainte filiale; car il n'est rien de si efficace, dit saint Bernard, pour attirer la grâce de Dieu, pour la conserver ou pour la recouvrer, quand on l'a perdue, que d'avoir un très-bas sentiment de soi-même, et de vivre toujours dans la crainte, sachant qu'il est écrit : *Beatus homo qui semper est pavidus.* (*Prov.* XXVIII, 14.)

Il faut donc faire tout le bien qu'on peut, et n'estimer rien de petit dans le chemin de la vertu, parce que, comme dit le Sage : *Qui timet Deum nihil negligit.* (*Eccle.* VII, 19.) Dans une affaire où il s'agit de tout, on ne saurait prendre assez de précautions. S'examiner souvent et voir quel fruit on retire des inspirations, des lumières, des grâces qu'on reçoit, des secours qu'on a dans la congrégation pour travailler à son salut, et surtout des confessions, des communions, et de l'Ecriture sainte, et trembler en le voyant si tiède, si lâche, si attaché à ses passions, lors même qu'on prend les remèdes si efficaces. Car il est écrit que la terre qui est souvent arrosée, et qui néanmoins ne porte pas de fruit, est une terre réprouvée, et mérite d'être maudite de Dieu : *Reproba est et maledicto proxima.* (*Hebr.* VI, 8.)

En voyant notre vie oiseuse, inutile, sans nul progrès dans la vertu, toujours sujette aux mêmes imperfections, depuis un si long temps que nous sommes entrés dans un état de sainteté, craindre que cette sentence de Jésus-Christ ne soit enfin exécutée sur nous : *Inutilem servum ejicite in tenebras exteriores.* (*Matth.* XXV, 30.) *Omnis arbor quæ non facit fructum bonum, excidetur et in ignem mittetur.* (*Matth.* III, 10.)

Quelques succès et quelques bénédictions que Dieu répande sur nos emplois et sur nos travaux, il faut bien nous donner de garde de nous laisser aller insensiblement à une secrète vanité et à l'estime de nous-même. Il faut, au contraire, craindre beaucoup pour les obstacles que nous mettons aux grâces, soit en nous, soit dans les autres, à cause des méchantes dispositions de notre cœur, de notre orgueil, de notre amour pour la créature. Craignons donc, comme saint Paul : *Ne forte cum aliis prædicaverim ipse reprobus efficiar.* (*I Cor.* IX, 27.) En quelque degré de vertu que nous soyons arrivés, quelque consolation que Dieu nous donne, quelques bonnes œuvres que nous pratiquions, ne laissons point de craindre, surtout sentant au dedans de nous, ce combat de la chair contre l'esprit, qui ne finira qu'avec la vie, cette opposition que nous avons pour tout ce qu'il y a de vertu, et cette pente inévitable vers le mal; voyant surtout que nous avons encore la nature si vive, que le seul nom de mortification, d'humiliation et d'abnégation nous fait trembler, que ne devons-nous donc pas craindre, puisque c'est une loi établie : *Regnum cœlorum vim patitur, et violenti rapiunt illud.* (*Matth.* XI, 12.) *Arcta via est quæ ducit ad vitam.* (*Matth.* VII, 14.) Appréhender enfin le terme de la persévérance finale, puisqu'il est impossible de la mériter, et qu'on en est indigne, quand même on aurait passé sa vie dans les austérités, et dans la plus parfaite pratique des vertus chrétiennes. Combien d'étoiles qui semblent être attachées au ciel sont cependant tombées dans la boue, par un secret, mais sans doute très-juste jugement de Dieu. *Sit ergo casus majorum tremor minorum.* (S. AUG.)

LA PRÉSENCE DE DIEU.

C'est un acte d'une foi vive, qui nous fait croire, adorer et respecter Dieu en tout et partout, et en toutes choses; et il faut que cette présence, pour être parfaite, soit changée en habitude par le moyen de plusieurs actes souvent réitérés.

Ayez soin de vous affermir dans cette ferme conviction, que Dieu vous est présent partout; et puisqu'il vous voit et vous regarde continuellement, n'est-il pas juste que vous soyez exact à marcher en sa présence? C'est par là qu'on arrive à la perfection, comme il le dit lui-même : *Ambula coram me et esto perfectus.* (*Gen.* XVII, 1.)

Il n'est rien de plus capable d'empêcher de tomber dans le péché; car qui serait si hardi que d'offenser Dieu, s'il était vivement persuadé que Dieu le regarde?

S'exercer à cette divine présence, quelque difficulté que l'on trouve de la part de la légèreté et de l'inconstance de notre esprit et de notre cœur, qui ne peuvent s'arrêter à ce divin objet, à cause de l'habitude qu'ils ont contractée de ne s'attacher qu'au mouvement des passions. Mais il faut, par une habitude contraire et par une sainte mais douce violence, les fixer et les arrêter, afin qu'ils se portent aussi naturellement vers Dieu qu'ils se porteraient naturellement vers le monde.

Se représenter qu'en quelque endroit, en quelque état que l'on soit, on est toujours renfermé dans cette immensité de l'être de Dieu, qui remplit toutes choses, comme le poisson est dans la mer et l'éponge dans l'eau qui l'entoure, la remplit, la pénètre jusque dans la plus petite. Car c'est en Dieu, dit saint Paul, que nous vivons, que nous mourons, que nous nous mouvons et que nous respirons : *In ipso enim vivimus, movemur et sumus.* (*Act.* XVII, 28.)

S'élever à Dieu par toutes les choses visibles, remarquer partout les traits de sa puissance qui les a créées, de sa sagesse qui les conduit, de sa bonté qui les conserve, de sa providence qui les gouverne; et entrer dans les sentiments intérieurs d'adoration, d'admiration, de louange, d'action de grâces; voir dans le soleil matériel Jésus-Christ, le soleil de justice; le prier d'éclairer nos esprits de ses lumières et réchauffer nos cœurs de l'ardeur de son divin amour.

Les beautés des villes et de la campagne nous doivent faire soupirer après ces beautés et ces douceurs éternelles, que Dieu fait goûter à ses élus dans le ciel. Voyant dans nos supérieurs la personne de Dieu même dont ils tiennent la place à notre égard, dans nos égaux, les images et les enfants de Dieu, les membres et les frères de Jésus-Christ et les temples du Saint-Esprit. Spiritualisons tous les instants de la vie, et regardons toutes choses comme dit saint Augustin : *oculo Christiano*, avec des yeux chrétiens, qui nous font apercevoir Dieu et ses desseins, en tout ce qui peut nous arriver sur la terre.

Il faut, dans les actions extérieures, s'appliquer intérieurement à Dieu, et entretenir avec lui un saint commerce d'amour ; ne désirer que Dieu, ne faisant rien que pour Dieu. Mais tout doit se faire sans contention d'esprit et sans gêner notre imagination, en s'accoutumant à une présence de Dieu douce et effective, que l'on puisse pratiquer en toutes choses et en tous lieux, avec liberté, avec joie et ferveur intérieure, se rendant pour cela familières ces oraisons qu'on nomme jaculatoires. Ainsi soit-il.

L'ABSTINENCE.

C'est une vertu, par laquelle nous modérons les moindres excès qui se peuvent commettre au boire, au manger, au dormir, aux divertissements et autres nécessités du corps, gardant un juste milieu, et n'en prenant qu'autant que la nécessité oblige d'en prendre, pour nous conserver les forces qui nous sont nécessaires pour mieux servir Dieu. Ce qui nous doit faire travailler avec ferveur pour acquérir cette vertu, c'est qu'elle est une des plus grandes dispositions pour recevoir les lumières du ciel, et pour élever l'âme à Dieu par l'oraison. Un estomac chargé de viande est incapable d'aucune fonction de l'esprit. Cette vertu est un des moyens les plus efficaces pour éviter les vices et acquérir les vertus. À mesure que le corps se nourrit, on se relâche, les passions s'excitent et se rendent plus violentes. On n'a jamais vu qu'une personne qui traite délicatement son corps, soit chaste et recueillie ; et surtout il n'y a rien de plus opposé à la pureté que le vin : *In quo est luxuria*, comme dit saint Paul. (*Ephes.* v, 18.)

Il faut donc nécessairement, pour éteindre le feu de nos passions, retirer la matière qui l'entretient ; à mesure que l'abstinence affaiblit le corps, elle affaiblit aussi et arrête les passions, et elle nous facilite la pratique des vertus. D'ailleurs, si nous faisons un peu d'attention sur nous-mêmes, nous verrons bien qu'un pénitent qui doit, comme dit le Prophète (*Psal.* CI, 10), tremper son pain dans ses larmes en y mêlant de la cendre, serait bien déraisonnable de chercher la délicatesse dans la nourriture. Il ne faut point prévenir l'heure du repos et ne manger hors le temps, et lorsqu'il s'approche, soupirer avec le saint homme Job (III, 24), qui disait : *Antequam comedam suspiro*, voyant qu'il faut aller nourrir et fortifier un ennemi qui travaille sans cesse à nous perdre.

Ne parler jamais de ce qu'on mange, ni de ce qu'on aura mangé, ayant honte de s'occuper de choses si basses, et qui nous sont communes avec les bêtes. Ne demander point d'autre viande que celle que l'on sert à la communauté, et n'y ajouter jamais aucune délicatesse ni assaisonnement non nécessaire. S'accoutumer à vaincre les répugnances qu'on peut avoir pour certaines choses ; que si l'on ne peut pas la surmonter, les laisser sans faire semblant de rien, et sans en demander d'autres. Ne manger aucune chose, pour petite qu'elle soit, ni devant, ni après le repas, hors de réfection ; se contenter de ce qu'on y sert, et n'admettre aucune singularité sans une nécessité évidente. N'excéder jamais les règles d'une juste tempérance et la quantité, quand ce serait même au regard du pain et de l'eau. Ne point manger trop à la hâte et avec avidité, en se laissant emporter à son appétit, mais manger avec beaucoup de modestie, de bienséance et de propreté. Ne point parler du goût et de la qualité des viandes, n'en murmurer, ni ne s'en plaindre jamais. Retrancher et éloigner de soi toute pensée de bonne chère ; laisser toujours quelque chose de tout ce qu'on y sert et de ce qu'on y agrée le plus, avant que de prendre quelque chose, comme l'entrée, c'est une fort bonne pratique de s'élever à Dieu intérieurement, tant pour arrêter l'avidité de notre nature que pour louer Dieu de ce qu'il nous fait part de ses libéralités, en nous donnant de quoi nous nourrir préférablement à tant de pauvres.

Pour bien pratiquer cette vertu, suivez les règles que nous avons dans nos règlements à l'article des repas ; représentez-vous souvent la vie pénitente de Jésus-Christ et de ses apôtres, et des premiers prêtres de la congrégation. Mais cette vertu ne regarde pas seulement le boire et le manger, elle s'étend sur tous les besoins du corps, le dormir, les récréations, l'usage des sens. Il faut donner à son corps précisément ce qui lui est nécessaire, refusant à ses yeux, à ses oreilles, à sa langue et à tous ses sens une infinité de désirs, s'accoutumant à les faire mourir peu à peu à tout ce qui n'est pas d'une nécessité absolue, prenant cette règle pour toute la vie, et s'imposant cette loi autant qu'il se pourra faire avec le secours de la grâce. Se retrancher dans les bornes de la nécessité et même dans les choses nécessaires, comme le manger, le dormir, la récréation, et ne s'y porter que dans les dispositions de vigilance et de crainte qu'aurait une personne qui, ayant un ennemi capital, serait contrainte de le nourrir dans sa maison, et de lui fournir des armes contre lui-même.

LA PAIX DE L'AME.

C'est un des fruits de l'esprit, qui, entrant dans l'âme, lui donne un grand calme, une grande tranquillité, en lui soumettant ses passions, et l'unissant étroitement avec Dieu. Il ne faut se troubler de rien, non pas même de nos propres défauts et beaucoup moins pour les divers accidents de la vie. C'est le défaut des âmes imparfaites de se troubler, et de s'inquiéter de leurs misères et de leurs imperfections sans se corriger. Il faut au contraire se corriger sans se troubler, car ce trouble est toujours une nouvelle source des plus grandes imperfections. Il faut avouer ingénument devant Dieu et devant les hommes, ses fautes et ses vices, s'en humilier, et prendre avec courage les armes pour les combattre; recevoir avec une grande soumission et égalité d'esprit toutes les peines et adversités qui nous arrivent, comme maladies, humiliations, mortifications, pertes, mépris, froid, chaud, les regardant non comme des maux, mais comme des grâces de notre Père céleste qui sait ce qui nous est nécessaire, et dire en tout cela comme le saint homme Job. (I, 21.) *Dominus dedit, Dominus abstulit, sit nomen Domini benedictum.* Lorsqu'on se sera laissé aller au trouble à cause qu'on aura suivi un peu trop le mouvement de ses passions, soit par les impressions que les accidents de la vie feront sur notre âme, la première chose qu'il faut faire, c'est de rentrer au plutôt dans le calme par la mortification de ses désirs déréglés, et par la soumission de notre volonté aux ordres de Dieu. Ne donner jamais entrée aux scrupules mal fondés qui ne sont pour l'ordinaire que l'effet d'une dévotion irrégulière, et une illusion du malin esprit pour nous empêcher de faire quelques progrès dans la véritable piété. Car il arrive souvent que, lorsqu'au lieu de s'humilier et de travailler à se corriger des plus légères fautes, on s'en trouble, on s'en inquiète, tandis qu'on se laisse aller fort librement à de plus grandes imperfections, et à une grande dissipation d'esprit, on est attaché à son esprit et plein d'amour-propre; on se croit plus clairvoyant que ceux qui nous conduisent. Pour remédier à cette maladie spirituelle, il faut marcher ardemment dans le service Dieu avec une intention droite de lui plaire en tout ce que l'on fait, découvrir avec simplicité et sincérité ses peines à son directeur, suivre aveuglément ses avis. Dans les conversations, n'être pas attaché à son sens; ne contester jamais avec personne mais céder humblement aux autres en tout ce qui se peut selon Dieu, ne railler ni critiquer les autres. Etre doux, honnête, charitable, plein d'estime et de respect pour tout le monde; n'écouter ni les plaintes, ni les murmures, souffrir sans se plaindre ce qui se fait dans la communauté contre notre avis; enfin voir les défauts des autres sans aigreur et sans émotion, mais avec patience et crainte pour soi-même; car c'est une charité mal réglée de vouloir corriger toutes les imperfections des autres surtout lorsqu'on n'est pas en charge. Toutes ces dispositions sont la source de la vraie paix de l'âme. Ne faire jamais rien avec précipitation et empressement, mais avec égalité et uniformité d'esprit et de conduite, avec recueillement, se conservant partout dans la modestie intérieure et extérieure, conservant toujours un grand empire sur ses sens, sur sa curiosité, et sur toutes ses passions. Garder une grande uniformité dans tout le détail de la journée, tout changement nuit à la paix de l'âme. Etre toujours le même, tant dans la prospérité que dans les choses fâcheuses; ne se point trop abattre dans celles-ci, ne se point trop laisser aller à la joie dans l'autre. Cette paix intérieure est la voie la plus courte pour arriver à la perfection, parce que par ce calme des passions, toutes les vertus deviennent extrêmement faciles, leur acquisition n'étant difficile qu'à cause de l'opposition que nous sentons du côté des passions. Cette paix est aussi la plus grande disposition pour recevoir Dieu en nos cœurs, et une âme qui se laisse troubler par les passions, les scrupules, peut dire qu'elle trouble et empêche le repos que Dieu voulait prendre en elle. Il ne faut point se lasser de le demander à Jésus-Christ.

LA MODESTIE.

C'est une vertu qui règle tous les mouvements du corps conformément à la bienséance chrétienne, et qui en retranche tout ce qui en serait indécent selon notre état. Elle est très-nécessaire pour arriver à la perfection, parce qu'elle tient les sens, que l'Ecriture sainte et les saints Pères appellent les portes de la mort, toujours fermés ou tellement composés que rien de nuisible n'entre en nous. Aussi les maîtres de la vie spirituelle ont toujours posé en principe pour fondement de la solide piété que, pour arriver à la perfection, on devait devenir sourd, aveugle et muet. Si cette règle est importante pour tous les Chrétiens, combien l'est-elle davantage pour les ecclésiastiques qui sont obligés de converser avec le prochain, l'édifier, le gagner à Dieu par leur exemple plus que par leurs paroles, et être partout la bonne odeur de Jésus-Christ. C'est ainsi que saint François prêchait et faisait quelquefois un tour dans la ville sans dire un mot. C'est ainsi que saint Bernardin de Sienne inspirait l'amour de la vertu, même dès sa jeunesse, à ses compagnons réglant leurs paroles et leurs contenances, dès qu'ils le voyaient approcher. Le Pape Innocent II, visitant Clairvaux, avec les cardinaux, fut si touché de l'admirable modestie des religieux qui ne levèrent pas seulement les yeux pour le voir, qu'il ne put se défendre d'en pleurer de dévotion, et en reçut avec toute sa cour de plus fortes atteintes pour bien vivre, que s'ils eussent entendu plusieurs prédications. Mais ce n'est pas seulement pour le prochain que nous devons être modestes, c'est pour Dieu même qui nous est présent partout. *Modestia vestra nota sit omnibus hominibus. Dominus enim prope est.* (*Philip.* IV, 5.) Aux âmes fidèles, tous les lieux, quelque seuls et retirés qu'ils soient, sont autant de temples et d'oratoires, parce que Dieu est présent partout.

Enfin cette vertu est encore nécessaire à notre égard, parce qu'il est impossible de conserver un intérieur bien réglé, quand l'extérieur ne l'est pas. Lorsque les murailles d'une ville sont abattues, et les portes ouvertes, il n'y a plus de sûreté. C'est la même chose pour la piété intérieure.

La modestie consiste donc à tenir ordinairement la tête droite, sans la lever ni la baisser trop, et sans la pencher ni d'un côté ni d'autre, ni la soutenir jamais d'une main, et ne la tourner jamais çà et là légèrement, ni à la moindre action, et n'avoir point les yeux égarés, ni aussi arrêtés trop fixement sur ceux qu'on regarde, mais pour l'ordinaire un peu baissés. Les regards doivent doivent toujours être humbles, doux et respectueux, et jamais rudes et dédaigneux, audacieux, farouches. Ne regarder point les fenêtres, ni prendre garde à qui entre, qui sort, qui remue, ni qui fait du bruit lorsqu'on est dans les maisons des séculiers. Ne pas s'amuser à regarder les tapisseries, tableaux, livres et autres curiosités, à moins qu'on ne vous en prie, et s'il y avait quelque chose contre la pudeur, fermer les yeux.

Ne se pas faire une coutume de tenir la bouche ouverte, ni les lèvres trop serrées. Ne pas cracher, ni se moucher d'une manière qui fasse de la peine aux autres, s'abstenir de bâiller devant le monde. Éviter aussi de raidir le front, froncer les sourcils, ni de ronger les ongles, et s'abstenir d'éclater de rire et de rire trop souvent ; mais aussi n'être point triste ni morne, trop sérieux ni trop grave. Éviter les grimaces et les mines contrefaites ; tâcher d'avoir un visage serein, ouvert, gai, tranquille, sans affectation et sans contrainte ; qu'un air de bonté, de douceur, de piété capable de gagner les cœurs et de les porter à Dieu. Ne point tenir le corps courbé, ni penché de côté ou d'autre, mais se tenir droit, sans contrainte, non moins sans affectation. Ne point tenir les mains sur ses côtés, ni derrière le dos ; ne les point porter au visage, ni se toucher soi-même sans quelque nécessité. Ne se point appuyer tantôt sur un pied, tantôt sur un autre, et ne point changer à tout moment de situation et de posture. S'abstenir de ses lâches et molles extensions de bras et de jambes. Ne point croiser les pieds, ni mettre les jambes l'une sur l'autre. Enfin éviter les contenances fières et hautaines, lâches et efféminées, dissolues et trop libres. Quand on est debout, ne tenir point les pieds trop écartés, ni les mains dans les poches ; ne point s'appuyer contre les murailles, ou les chaises, ou les portes. Se tenir debout ou assis quand les autres le sont, et ne point se singulariser pour être à son aise. C'est la marque d'une âme bien immortifiée.

Dans les conversations n'être ni grand causeur, ni aussi trop taciturne ; n'interrompre jamais ceux qui parlent, ni prévenir par une réponse précipitée ceux qui nous interrogent. Régler tellement le ton de la voix, qu'il ne soit ni trop haut, ni trop bas, ni rude, ni languissant. Éviter les paroles de railleries, de mépris, de bouffonnerie, de flatterie, de vanité, de contestation, de dispute, de plaisanteries ou de contes ridicules. Ne pas faire l'empressé pour dire son avis sur les sujets qui se présentent, comme si l'on était plus capable de juger que les autres, et lorsqu'on le dit, ce doit être avec simplicité et humilité, et non d'une manière décisive et impérieuse. Être fidèle à tenir la soutane tellement bien fermée qu'il ne paraisse rien de ce qui est dessous, et ne la lever jamais au-dessus de mi-jambe ; toujours une propreté chrétienne ; dans la chambre que tout y soit rangé. Être propre dans ses habits sans affectation, mais avec simplicité, les regardant comme les ornements des vertus dont notre âme doit toujours être revêtue devant Dieu. Qu'il n'y ait rien de trop négligé, ni de trop affecté. Avoir la robe toujours croisée, et quand on est en manteau long, il faut que les bras soient entièrement couverts du manteau, et le retrousser seulement jusqu'à mi-jambe, sans pourtant le laisser traîner.

Quand on se découvre, que ce soit en prenant le bonnet par la corne du côté droit, et jamais par celle qui est sur le front. Quand on est en voyage, porter toujours la soutane dessous la soutanelle. En marchant, s'abstenir d'aller d'un pas trop vite, précipité, irrégulier, sans regarder de côté et d'autre, et aussi ne marcher pas trop lentement, traînant les pieds, ou ne les levant pas assez. Éviter toute affectation et délicatesse, allant à pas comptés, entrecoupés et graves à l'excès. S'abstenir de toute agitation de bras, de tête, de mains, d'épaules et de corps. S'étant assis à table, ne plier point sa serviette avant le P. supérieur, ne parler jamais sans grande nécessité, ou, si on y est obligé, que ce soit tout bas et par signes. Ne se sourire jamais les uns aux autres, ni se faire des signes. Ne regarder point le long des tables pour voir ce qu'on y sert, et ne jeter point les yeux, quand on les porte, pour choisir celle qui nous paraît la meilleure. Ne rejeter jamais un mets qui n'est pas à notre goût. Ne point tourner la tête de côté et d'autre pour remarquer ceux qui y sont, ceux qui entrent ou qui sortent, mais se contenter d'observer si rien ne manque à son voisin, pour en avertir doucement celui qui sert. Manger posément, ne mettre jamais un morceau dans la bouche que l'autre ne soit avalé. Prendre garde aussi de ne boire ayant la bouche pleine ; ne mordre point son pain, et n'en prendre pas de si gros morceaux, qui remplissent la bouche avec indécence. Prendre garde de ne point porter le morceau à la bouche ayant le couteau à la main, de ne point casser les noyaux, ni de rompre les os pour manger ce qui est dedans, ni de mordre à la viande ou la porter à la bouche avec les doigts ; il faut se servir de la fourchette. S'il arrive que le lecteur manque en quelque chose, ne s'ingérer point de le reprendre, et ne donner point à connaître par quelque signe que l'on a bien remarqué la faute. En un mot, régler lestement tout son extérieur, soit qu'on soit en ville ou à la maison, dans le monde ou en son particulier, qu'il n'y ait rien d'indécent, rien de léger, d'effronté, de badin, d'arrogant, de bas, de rustique, mais que tout y soit honnête et se ressente de la sainteté et de la majesté de notre état, et se comporter partout à l'exemple de saint François de Sales et de notre R. P. de Bérulle, comme si les yeux de tout le monde étaient sans cesse tournés sur nous, et comme si nous étions au milieu de la cour céleste.

Pour acquérir cette vertu, il est nécessaire, 1° d'avoir un souverain sentiment de la présence de Dieu; 2° de s'exercer à la mortification en acte de ses passions, dont les dérèglements ne sont que des immodesties intérieures; 3° d'aimer l'oraison, car ceux qui s'adonnent à cet exercice qui est tout évangélique doivent montrer dans leurs conversations par le règlement de leurs sens et de tous leurs gestes qu'ils portent l'impression de celui dont ils sont devenus les temples. Enfin adorer la modestie de Jésus-Christ que saint Paul nous propose pour modèle : *Obsecro vos per mansuetudinem et modestiam Christi.* (*II Cor.* x, 1.)

LA SIMPLICITÉ.

C'est une vertu qui nous porte à nous faire paraître au dehors tels que nous sommes au dedans, et à marcher dans les voies de Dieu avec droiture, sans dissimulation, ne cherchant qu'à plaire à Dieu, sans nous mettre en peine si les hommes nous louent et nous blâment.

C'est le vrai caractère des enfants de Dieu et des disciples de Jésus-Christ que l'Ecriture compare aux brebis, aux brebis à cause de leur candeur et de leur innocence; c'est encore le caractère de la véritable religion qui n'est appuyée que sur la vérité. Quand on marche avec cette simplicité chrétienne, on est en assurance, dit le Sage : *Qui ambulat in simplicitate ambulat confidenter.* (*Prov.* xix, 1.) Car toutes les actions sont lumineuses et agréables à Dieu quand l'œil de notre âme est simple. Elle consiste principalement dans une vue pure et une intention droite de plaire à Dieu en toutes choses, sans aucune réflexion sur les créatures, ni retour sur nous-mêmes, ni sur ce que nous faisons. Les païens, et même ceux qui ont le mieux parlé des vertus, n'en ont aucune connaissance, non plus que de l'humilité, Jésus-Christ seul étant réservé pour nous enseigner l'une et l'autre. Ne regarder que Dieu, sa gloire, l'accomplissement de sa sainte volonté, dans tout ce que l'on fait, sans avoir aucun respect humain, et opposer à ce *que dira-t-on* du monde, un autre plus juste *que dira Dieu* de qui les jugements sont bien plus à craindre. Une âme simple doit chercher Dieu à la faveur de la lumière de la foi, et non de la raison humaine, regardant en tout événement la volonté ou la permission de Dieu. Elle bannit tout soin et tout empêchement à rechercher tant de moyens et d'exercices pour pouvoir aimer Dieu. Il y en a, dit saint François de Sales, qui ne sont point contents s'ils ne font tout ce que les saints ont fait : ils se tourmentent et ils se trompent, parce qu'il n'y a point d'autre art d'aimer Dieu que de l'aimer dans la simplicité de cœur. Cette vertu n'est pas opposée à la prudence, mais à la finesse, qui fait trouver des inventions pour tromper l'esprit du prochain, de sorte que réprimer et mortifier les émotions de notre concupiscence, sans les manifester au dehors, ce n'est pas manquer de simplicité. Car l'honneur de Dieu, que la simplicité recherche, demande cette mortification de nos passions. Comme cette vertu est réellement la même chose avec la vérité, une âme simple ne sait ce que c'est que mensonge et équivoque, et a en horreur toute hypocrisie. Elle se montre extérieurement telle en sa vie, en ses actions et en ses paroles, qu'elle est en son intérieur. Après qu'une âme simple a fait une action qu'elle juge devoir faire, elle n'y pense plus, et la remet entièrement entre les bras de la miséricorde de Dieu. S'il lui vient en la pensée ce que l'on en pourra dire ou penser, elle chasse promptement tout cela. Quand on a fait son devoir, on ne se doit pas mettre en peine d'autre chose, et arrive ce qu'il plaira à Dieu. La simplicité ne se mêle point de ce que font et feront les autres, lorsqu'elle n'en est pas chargée. Elle pense à soi; encore n'a-t-elle pour soi que des pensées qui sont absolument nécessaires. Cette vertu a beaucoup de rapport avec l'humilité qui ne permet pas qu'on ait mauvaise opinion d'autre que de soi-même. Elle ne juge de personne; si quelqu'un a fait quelque action qui ait l'apparence du mal, elle se donne bien de garde de la censurer. Elle l'excuse autant qu'elle peut, au moins quant à l'intention, sachant, comme dit saint François de Sales, que toutes les actions des hommes ont toujours plusieurs visages, selon les différentes fins qu'on se propose, et pourquoi ne regardera-t-on pas le plus beau? Converser avec les autres fort rondement et tout simplement, n'usant point de paroles affectées, laissant aux séculiers leurs modes et leurs manières, leurs flatteries, leurs compliments et leurs affectations, mais suivre seulement les règles de la bienséance et de la charité chrétienne, qui agit sans dissimulation, quoiqu'elle ne soit pas bizarre et inconsidérée. Ne voit-on pas que dans les habits nous ne cherchons pas les modes, et nous ne nous mettons pas en peine de ce que les gens du monde pourront dire ou penser.

Pourquoi donc chercher à leur plaire dans nos paroles? Qu'ils nous prennent pour des gens de l'autre monde, à la bonne heure. Heureux serons-nous, si en effet nous en sommes, puisque le monde étant ennemi de Jésus-Christ, ne peut espérer d'avoir aucune part avec lui. S'il arrivait que dans la conversation l'on eût dit quelque chose qui ne fût pas reçu de tous comme l'on voudrait, il ne faudrait pas pour cela s'amuser à faire des réflexions et des examens sur toutes nos paroles; ce serait un effet de l'orgueil et de l'amour-propre. La simplicité ne court point après les paroles, ni après les actions, mais en laisse l'événement à la divine Providence. Elle ne se trouble de rien, et se tient tranquille dans la conscience qu'elle a que Dieu sait les désirs de son cœur. Une âme simple se laisse conduire à Dieu par l'entremise de ses supérieurs, étant bien persuadée que hors de là il n'y a que tromperie. Surtout elle s'étudie à porter son cœur sur les mains à l'égard de celui qui a soin de sa conscience. Elle lui découvre naïvement ses pensées, ses tentations, ses faiblesses, ses chutes, les plus grandes comme les plus petites, sans tant de réflexions sur la bonne ou mauvaise opinion qu'on peut avoir d'elle. Elle renonce courageusement au démon qui, ne craignant rien tant que cette candeur, fait tous ses efforts pour la détourner et pour lui faire cacher quelque chose, ou par honte, ou par répugnance, ou sous prétexte que c'est peu de chose, et la tirer peu à peu de cette simplicité d'enfant que Dieu demande absolument de nous, quand il dit : *Nisi efficiamini, sicut parvuli isti, non intrabitis in regnum cœlorum.* (*Matth.* XVIII, 3.) *Estote prudentes sicut serpentes, et simplices sicut columbæ.* (*Matth.* x, 16.)

L'INDIFFÉRENCE.

La plus grande pureté de l'âme et le plus grand sacrifice qu'elle puisse faire à Dieu, c'est de travailler à se mettre dans l'indifférence. Il faut pour cela se présenter souvent devant Dieu, et lui demander ses lumières pour connaître nos inclinations, nos penchants, nos passions, et la grâce, pour les retenir dans de justes bornes et mortifier sans cesse. C'est le plus court chemin pour arriver à cette vertu, puisqu'il n'y a qu'elles qui nous font désirer, aimer, rechercher une chose plutôt qu'une autre, et nous troubler excessivement de leur absence et de leur privation, et nous réjouir de leur possession. Il faut donc se résoudre à mortifier avec fidélité toute sorte de désirs, quelque petits qu'ils semblent, tout empressement, toute attache pour quoi que ce soit de créé. L'on ne saurait jamais parvenir à la perfection tant que l'on a de l'attache et de l'affection pour quelque imperfection, et une faute, quoique légère, faite avec affection est plus grande devant Dieu et éloigne plus de la perfection que cent autres faites par surprise et sans affection.

S'attendre avec égalité aux bons et aux mauvais succès de nos entreprises les plus saintes, en adorant les desseins de Dieu en toute sorte d'événements.

Être indifférent pour les lieux, ne souhaitant encore moins se procurer d'être plutôt dans l'un que dans l'autre, puisque Dieu est partout. Pour les personnes se garder soigneusement de fomenter de l'antipathie, pour fuir celles qui ne nous reviennent pas, ou la sympathie pour nous attacher à celles qui nous plaisent. C'est suivre la chair et le sang, et non agir selon l'esprit de Dieu ; c'est ici la source des déréglements des communautés.

Pour les emplois, attendre qu'on nous appelle, ou qu'on nous applique, et considérer avec dégagement et indifférence toute sorte d'emploi, ou éclatant ou humiliant, puisque tous nous conduisent à Dieu. Nous ne devons avoir de confiance que nous nous conduisons saintement et d'une manière digne de Dieu, que dans les emplois qui nous viennent de sa part par la volonté de nos supérieurs, car alors Dieu s'engage à nous donner son secours et sa grâce, sans laquelle nous ne pouvons rien faire, et même nous y gâterions tout, fût-ce même l'emploi le plus facile et le plus convenable à nos talents. Accoutumons-nous à ne point regarder la surface des choses, mais l'honneur qu'elles ont d'être ordonnées par la volonté de Dieu, et à la manière de les accomplir qui est de n'y entrer que par son ordre, et ne s'y conduire que pour son esprit.

Porter avec indifférence les divers états dans lesquels nous nous trouvons bien souvent, de santé ou de maladie, de consolation ou de sécheresse, de lumières ou de ténèbres, de pauvreté ou d'abondance. Pour les talents naturels de l'esprit, des sciences, de la réputation, des vertus, et pour la grâce même, quand Dieu veut que nous en portions la privation, se tenir en paix en tout cela, disant : *Dominus dedit, Dominus abstulit, sit nomen Domini benedictum.*

Enfin être sans désir et sans crainte pour les choses de ce monde. C'est la marque de l'indifférence d'une âme qui n'a point d'autre volonté que celle de Dieu. Adorons-nous aux dispositions de l'âme de Jésus-Christ tout sacrifié au bon plaisir de son Père avec indifférence, depuis le commencement de sa vie où il lui dit : *Ecce venio ut faciam, Deus, voluntatem tuam* (*Hebr.* x, 7), jusqu'à la fin où il mourut par obéissance : *Christus factus obediens pro nobis usque ad mortem.* (*Joan.* I, 21.)

LA MORTIFICATION.

C'est une guerre continuelle que nous déclarons et une résistance que nous faisons à tout moment à cette rébellion de notre esprit, de notre volonté, de nos sens et de notre concupiscence contre le mouvement de la grâce, dans l'espérance de posséder un jour cette récompense que Dieu prépare à ceux qui auront généreusement combattu jusqu'au dernier soupir de leur vie.

C'est cette vertu qui nous facilite le moyen de nous corriger de nos déréglements, en nous faisant renoncer à ce qui en est la source, je veux dire le propre jugement et la propre volonté. Car le propre jugement voulant raisonner sur tout quand il ne veut pas se soumettre aux lois de Dieu, et la propre volonté réfléchissant sans cesse sur soi, et rapportant tout à sa satisfaction, corrompt toutes nos meilleures actions, et à la fin nous perd pour toute l'éternité ; car, dit saint Bernard, ôtez la volonté propre, il n'y aura point d'enfer.

Ce n'est que par la mortification que nous pouvons acquérir les vertus ; car nous ne nous avançons dans les voies de Dieu qu'à mesure que nous nous renonçons nous-mêmes, et que nous ôtons les obstacles que nos sens et nos passions mettent en l'opération de la grâce, et la grâce ne vivra en nous qu'autant que nous ferons mourir la nature. Il faut donc se résoudre à se mortifier en tout et partout, soit intérieurement, soit extérieurement, soit dans nos désirs, soit dans nos paroles, soit dans nos actions, en toutes les occasions qui se présentent, ou de nos égaux, ou par tout autre moyen que ce soit, tâchant de les bien prendre et en faire son profit.

Se mortifier et vaincre en tout ce qui empêche de garder les règlements, et de bien faire les actions ordinaires de la journée tant spirituelles qu'extérieures, parce que toutes les fautes que nous faisons en cela, viennent ou de ce que nous ne nous vainquons et mortifions pas assez, refusant toujours de souffrir la moindre peine, ou de nous priver de quelque plaisir et satisfaction.

Se mortifier avec toute la modestie qui est bienséante à un ecclésiastique et surtout en ce qui regarde la langue, les yeux, les oreilles, quand on commet quelque faute.

S'abstenir de certaines choses qu'on peut faire licitement, comme de sortir de sa chambre, de voir des choses belles et curieuses, d'en dire ou d'en apprendre d'autres qui ne font que de nourrir la curiosité. L'exercice de ces petites mortifications ne laisse pas que de faire à l'âme de grands profits dans la voie de Dieu, parce que cette fidélité aux petites choses ôte bien des obstacles qui nous arrêteraient, et dispose insensiblement à de plus grandes : *Qui in minimo fidelis est, et in majori fidelis erit.* (*Luc.* XVI, 10.)

Se mortifier encore dans les choses qu'on ne peut se dispenser de faire ; en sorte que quand il s'agit de manger, boire, dormir, converser, étudier et faire quelque autre exercice qui plaît, il faut mortifier auparavant le désir et l'empressement qu'on a, et le plaisir qu'on y reçoit en disant : Que ce ne soit point, ô mon Dieu, pour ma propre satisfaction que je fasse ceci, mais seulement pour me conformer à l'ordre de votre sainte volonté.

Penser souvent à ce que dit saint Paul de Jésus-Christ dont toute la vie n'a été qu'une mortification continuelle : *Christus non sibi placuit.* (*Rom.* XV, 3.) Ce divin Sauveur nous dit lui-même : *Si quis vult venire post me, abneget semetipsum, tollat crucem suam quotidie et sequatur me.* (*Matth.* XVI, 24.) Ainsi soit-il.

DE LA FIDÉLITÉ DE L'AME AUX VOIES DE DIEU.

Cette vertu est un regard et une vue continuelle de l'âme aux mouvements et aux attraits de son Dieu, sur la conduite de sa vie pour suivre en tout ce qu'elle reconnaît qu'il demande d'elle, dans l'état où il lui plaira de l'appeler.

L'âme fidèle a une très-grande estime pour toutes les vocations et toutes les communautés de l'Eglise, mais elle préfère celle où elle est appelée, parce qu'elle la regarde comme sa mère, et comme celle où elle est née dans la vie spirituelle, où elle doit vivre, et d'où elle ne doit sortir que par la mort.

Une âme véritablement fidèle craint la moindre imperfection, et s'étudie à ne penser, à ne dire et à ne faire quoi que ce soit, sans avoir auparavant consulté Dieu dans son intérieur.

Elle se donne bien de garde de prévenir le temps ordonné de Dieu pour agir, ni d'aller plus vite que les mouvements du Saint-Esprit ne la poussent dans l'acquisition des vertus de la perfection. Elle s'étudie soigneusement à s'éloigner de toute superfluité, et de la perte d'un moment de temps qu'elle regarde comme lui étant donné de Dieu, pour accomplir son œuvre en elle pour sa plus grande gloire.

Elle s'éloigne autant qu'elle peut de la conversation avec les créatures, appréhendant qu'elles ne servent d'obstacles aux communications de Dieu, et par respect pour sa majesté, elle tâche de ne se complaire pas même aux plus vertueuses, et surtout à celles pour lesquelles elle ressent une très-grande inclination naturelle.

Une âme fidèle doit soupirer continuellement vers son avancement spirituel, s'humiliant sans cesse et appréhendant de recevoir les grâces de Dieu en vain, et sans y coopérer parfaitement. Ce défaut de coopération et de fidélité à la grâce selon son étendue, doit être le sujet de ses gémissements continuels devant Dieu, comme il est le sujet de l'appréhension des plus grands saints à l'heure de la mort.

Comme Dieu fait tout *in mensura, et numero, et pondere* (*Sap.* XI, 21), aussi l'âme fidèle a soin d'observer dans son intérieur ce poids, ce nombre, cette mesure que Dieu lui a prescrits, pour n'excéder, et pour ne manquer en quoi que ce soit qu'il demande d'elle.

Cette fidélité demande qu'une âme s'exerce à la continuelle présence de Dieu qui doit éclairer, purifier et perfectionner son intérieur, pour lui faire connaître les inclinations plus particulières et la fortifier contre les difficultés qui se rencontrent dans les voies du salut, toujours très-dures à la nature. L'âme pour avoir besoin d'un secours particulier de Dieu pour être fidèle, et n'agit point par ses efforts naturels. Elle doit être fidèle aux plus petites choses et suivre les plus petites inspirations pour s'accoutumer aux plus grandes choses ; mais elle ne doit pas seulement être fidèle à l'extérieur des actions, elle doit encore plus s'appliquer à les faire avec des dispositions intérieures toujours plus ferventes.

L'âme pour entrer en cette fidélité doit jeter les yeux sur Jésus-Christ, lequel, comme dit Origène, a été à l'égard de son Père, fidèle à suivre ses volontés, comme l'aiguille d'un cadran à montrer par son ombre les mouvements du soleil. Il faut demander sans cesse le don de la persévérance finale qui dépend uniquement du bon plaisir de Dieu qui la donne à qui il veut sans que nul puisse la mériter. C'est pour obliger Dieu en quelque façon de nous faire cette miséricorde que nous ne devons jamais nous relâcher de nos exercices, et dans la pratique des vertus, mais vivre partout comme si l'on était encore à l'institution, ne réglant sa conduite que sur les instructions qu'on nous a données, et non sur les mauvais exemples qu'on pourrait trouver, ayant toujours devant les yeux les paroles de Jésus-Christ : *Qui perseveraverit usque in finem, hic salvus erit.* (Matth. x, 22.) Ne regarder jamais ce qui est déjà fait, mais ce qui reste à faire; sachant bien que dans un Chrétien, on ne fait pas tant attention au commencement qu'à la fin. L'âme fidèle demande sans cesse cette persévérance finale, s'en reconnaît indigne et incapable, et craint toujours de ne la pas obtenir, car Dieu peut justement la lui refuser; mais elle espère tout de sa grande miséricorde dont il lui a donné tant de gages, qui la font bien espérer de l'avenir. Ainsi soit-il.

AUTRE APPENDICE

AUX ŒUVRES DU CARDINAL DE BÉRULLE.

OFFICE

EN L'HONNEUR DE L'ÉTAT ET DES GRANDEURS SUPRÊMES DE JÉSUS,

Suivi de quelques autres Offices par le cardinal de Bérulle, et approuvé de Sa Sainteté.

OFFICIUM SOLEMNITATIS DOMNI JESUS.

AD VESPERAS.

Ant. O admirabile, *cum reliq. de Laudib.*
Psal. Dixit Dominus, *cum reliquis de Dominica; et loco ult. Psal.* Laudate Dominum omnes gentes.

Capitulum. (I Joan. I.)

Quod fuit ab initio, quod audivimus, quod vidimus oculis nostris, quod perspeximus et manus nostræ contrectaverunt de Verbo vitæ ; et vita manifestata est, et vidimus, et testamur, et annuntiamus vobis vitam æternam, quæ erat apud Patrem, et apparuit nobis.
Resp. Deo gratias.

Hymnus.
Jesu nostra redemptio, *etc.*
Hic desunt antiphona ad Magnificat et oratio.

AD MATUTINAS.

Desunt quoque invitatorium et hymnus.

IN PRIMO NOCTURNO.

Antiph. Dominus dixit ad me : Filius meus es tu; ego hodie genui te. (*Psal.* II.)
Psal. Quare fremuerunt gentes, etc. *Psal.* II, *usque ad finem.*
Antiph. Ego in Patre et Pater in me ; qui videt me, videt et Patrem. (*Joan.* xiv.)
Psal. Domine in virtute tua lætabitur rex, etc. *Psal.* xx, *usque ad finem.*
Antiph. Quod dedit mihi Pater, majus omnibus est ; et omnia quæcunque habet Pater, mea sunt : ego et Pater unum sumus. (*Joan.* vi.)
Psal. Eructavit cor meum verbum bonum, etc. *Psal.* xliv, *usque ad finem.*
℣. Verbum caro factum est.
℟. Et habitavit in nobis.
Pater noster.
Absolutio. Exaudi, Domine.
Vers. Jube, domne.
Benedictio. Benedictione perpetua.

Lectio I.

De Parabolis Salomonis. (*Cap.* viii.)

Ego sapientia habito in consilio, et eruditis intersum cogitationibus. Timor Domini odit malum : arrogantiam, et superbiam, et viam pravam, et os bilingue detestor. Meum est consilium, et æquitas, mea est prudentia, mea est fortitudo. Per me reges regnant, et legum conditores justa decernunt : Per me principes imperant, et potentes decernunt justitiam. Ego diligentes me diligo : et qui mane vigilant ad me, invenient me. Mecum sunt divitiæ, et gloria, opes superbæ, et justitia. Melior est enim fructus meus auro, et lapide pretioso, et genimina mea argento electo. In viis justitiæ ambulo, in medio semitarum judicii, ut ditem diligentes me, et thesauros eorum repleam. Tu autem, Domine, miserere nobis.
Resp. Benedictus Deus et Pater Domini no-

stri Jesu Christi; qui benedixit nos in omni benedictione spirituali in coelestibus in Christo; *Sicut elegit nos in ipso ante mundi constitutionem. ℣. Ut essemus sancti et immaculati in conspectu ejus in charitate.* Sicut.

Bened. Unigenitus.

Lectio II.

Dominus possedit me in initio viarum suarum, antequam quidquam faceret a principio. Ab æterno ordinata sum, et ex antiquis antequam terra fieret. Nondum erant abyssi, et ego jam concepta eram : necdum fontes aquarum eruperant, necdum montes gravi mole constiterant; ante colles ego parturiebar, adhuc terram non fecerat, et flumina, et cardines orbis terræ. Quando præparabat cœlos, aderam : quando certa lege, et gyro vallabat abyssos, quando æthera firmabat sursum et librabat fontes aquarum : quando circumdabat mari terminum suum, et legem ponebat aquis, ne transirent fines suos : quando appendebat fundamenta terræ. Cum eo eram cuncta componens, et delectabar per singulos dies, ludens coram eo omni tempore; ludens in orbe terrarum, et deliciæ meæ, esse cum filiis hominum. Nunc ergo filii audite me : Beati, qui custodiunt vias meas. Audite disciplinam, et estote sapientes, et nolite abjicere eam. Tu autem Domine.

Resp. In hoc apparuit charitas Dei in nobis; quoniam Filium suum unigenitum misit Deus in mundum, ut vivamus per eum. *Ipse prior dilexit nos, et misit Filium suum propitiationem pro peccatis nostris. ℣. Ut societas notra sit cum Patre, et Filio et Jesu Christo. * Ipse prior.

Benedict. Spiritus.

Lectio III. (Prov. IX.)

Beatus homo qui audit me, et qui vigilat ad fores meas quotidie, et observat ad postes ostii mei. Qui me invenerit, inveniet vitam et hauriet salutem a Domino : qui autem in me peccaverit, lædet animam suam. Omnes qui me oderunt, diligunt mortem. Sapientia ædificavit sibi domum, excidit columnas septem. Immolavit victimas suas, miscuit vinum, et proposuit mensam suam. Misit ancillas suas ut vocarent ad arcem, et ad moenia civitatis. Si quis est parvulus, veniat ad me. Et insipientibus locuta est. Venite, comedite panem meum, et bibite vinum quod miscui vobis. Tu autem.

Resp. Vitam æternam dedit nobis Deus, et hæc vita in Filio ejus est. * Qui habet Filium, habet vitam : qui non habet Filium, vitam non habet. ℣. Cum Christus apparuerit vita vestra : tunc et vos apparebitis cum ipso in gloria. *Qui habet. Gloria Patri. *Qui habet.

IN SECUNDO NOCTURNO

Antiph. Exivi a Patre, et veni in mundum: iterum relinquo mundum, et vado ad Patrem. (*Joan.* XVI.)

Psal. Deus deorum Dominus locutus est, etc. *Ps.* XLIX, *usque ad finem.*

Antiph. Ego veni ut vitam habeant; et abundantius habeant. (*Joan.* XII.)

Psal. Deus, judicium tuum regi da, etc. *Ps.* LXXI, *usque ad finem.*

Antiph. Ego si exaltatus fuero a terra, omnia traham ad me ipsum. (*Joan.* XII.)

Psal. Benedixisti, Domine, terram tuam, etc. *Ps.* LXXXIV, *usque ad finem.*

℣. Ipse est pax nostra.
℟. Interficiens inimicitias in semetipso.
Pater noster.
Absolutio. Ipsius pietas.
Vers. Jube.
Benedictio. Deus Pater.

Lectio IV.

Ex libro S. Cyrilli episcopi. (*Conc. Eph.* t, c. 5.)

Verbum humani generis amore incitatum, cum suapte natura exinanitionis capax non esset, servili forma suscepta semetipsum exinanivit, dejecitque. Qui carnis commercia ignorabat, tui causa carne induitur. Verbum enim caro factum est. Qui obsturam corporis expertem sub tactum non veniebat, palpabilis efficitur. Qui principium nesciebat, secundum corpus initium sortitur Qui absolute perfectus erat, incrementa sumit. Qui converti non potest, ad meliora progressus facit. Qui dives est, in diversorio gignitur. Qui coelum nubibus tegit, fasciis involvitur. Qui rex erat, in præsepio deponitur, quem pro nostra salute immaculato puerperio Maria virgo mater effudit, Maria inquam, genitrix vitæ, mater pulchritudinis, magnificentiælucisque parens. Veritas cognita est, gratia venit : ita apparuit Dei Verbum, Deusque Filius propter nos incarnatus est, quo nimirum mortales a morte ad vitam æternam denuo revocaret. Tu autem, Domine.

Resp. Cum in forma Dei esset; non rapinam arbitratus est esse se æqualem Deo: sed; * Exinanivit semetipsum formam servi accipiens. ℣. In similitudinem hominum factus, et habitu inventus ut homo*. Exinanivit.

Benedictio. Christus.

Lectio V.

Sermo Procli episcopi. (*Conc. Eph.* VI, c. 7.)

Venit quidem ad salvandum, sed et pati quoque illum oportuit. At quomodo utraque hæc fieri potuerunt? Homo purus salvare non poterat : Deus solus pati nequibat. Quid igitur ? Ipse Emmanuel Deus, factus est homo, et id quidem, quod erat, salvavit : quod vero factum est, passiones subiit. Unde cum Ecclesia Synagogam cerneret spinis illum coronantem, lugens tantum facinus aiebat : Filiæ Sion, exite et videte coronam qua coronavit eum mater sua. Ipse etenim spineam coronam portavit, et spinarum causam evertit. Idem erat in sinu Patris, et in utero Virginis. Idem detinebatur inter matris brachia, et ferebatur super ventorum pennas. Idem ab angelis adorabatur, et cum publicanis mensæ accumbebat. Tu autem.

℟ Ipse est imago Dei invisibilis, primogenitus omnis creaturæ : quoniam in ipso condita sunt universa in cœlis, et in terra; visibilia, et invisibilia, * Omnia per ipsum et in ipso creata sunt : et ipse est ante omnes, et omnia in ipso constant. ℣. In eo sunt omnes thesauri sapientiæ; et scientiæ Dei absconditi * Omnia.

Benedict. Ignem.

Lectio vi.

Vix Cherubim aspicere audebant, et Pilatus interrogabat : servus colaphis cædebat, et ipsa creatura horrebat : crucifigebatur, et thronus gloriæ non deserebatur : in sepulcro concludebatur, et cœlum uti pellem extendebat : inter mortuos reputabatur, et infernum despoliabat : hic ut deceptor calumniis afficiebatur, ibi ut sanctus glorificabatur. O mysterii magnitudinem ! miracula video, et divinitatem prædico. Cerno passiones, et humanitatem non nego. Naturæ portas reseravit Emmanuel, ut homo : sed virginitatis claustra non violavit neque perrupit, ut Deus. Ita enim ex utero est egressus, sicut per aurem ingressus : ita natus, sicut conceptus; qui impatibiliter fuerat illapsus, ineffabiliter est elapsus. Tu autem.

Resp. Gratia nobis, et pax a Jesu Christo, qui est testis fidelis : primogenitus mortuorum, et princeps regum terræ; qui dilexit nos, et lavit nos in sanguine suo. * Et fecit nos regnum, et sacerdotes Deo et Patri suo. ℣ Ipsi gloria et imperium in sæcula sæculorum. * Et fecit. Gloria Patri. * Et fecit.

IN TERTIO NOCTURNO.

Antiph. Ego sum primus ; et novissimus; fui vivus, et fui mortuus, et ecce sum vivens in sæcula sæculorum ; et habeo claves mortis et inferni.

Psal. Cantate Domino canticum novum, etc. *Ps.* xcv, *usque ad finem.*

Antiph. Dignus est Agnus qui occisus est ; accipere virtutem, et divinitatem; et sapientiam, et fortitudinem, et gloriam, et benedictionem.

Psal. Dominus regnavit, exsultet terra, etc. *Ps.* xcvi, *usque ad finem.*

Antiph. Hæc est vita æterna; ut cognoscant te solum Deum verum et quem misisti Jesum Christum.

Psal. Cantate Domino canticum novum; quia etc. *Ps.* xcvii, *usque ad finem.*

℣. Sic Deus dilexit mundum.

℟. Ut Filium suum unigenitum daret.

Pater noster.

Absolutio. A vinculis.

Vers. Jube.

Benedic. Evangelica.

Lectio vii.

Lectio sancti Evangelii secundum Joannem. (*Cap.* xvii.)

In illo tempore. Sublevatis Jesus oculis in cœlum, dixit: Pater, venit hora, clarifica Filium tuum, ut Filius tuus clarificet te. *Et reliqua.*

Homilia sancti Augustini episcopi. (*Tract.* 104, *in Joannem.*)

Poterat Dominus noster unigenitus et coæternus Patri, in forma servi, et ex forma servi, si hoc opus esset, orare silentio ; sed ita se Patri exhibere voluit precatorem, ut meminisset nostrum se esse doctorem. Proinde eam quam fecit orationem pro nobis ; notam fecit et nobis; quoniam tanti magistri non solum ad ipsos sermocinatio, sed etiam ipsius pro ipsis ad Patrem oratio, discipulorum est ædificatio. Et si illorum qui hæc dicta aderant audituri, profecto et nostra qui fueramus conscripta lecturi. Quapropter hoc quod ait : Pater, venit hora, clarifica filium tuum, ostendit omne tempus, et quid, et quando faceret, vel fieri sineret, ab illo esse dispositum qui tempori subditus non est; quoniam quæ futura erant per singula tempora, in Dei sapientia causas, efficientes habent, in qua nulla sunt tempora. Tu autem.

℟. Requievit super eum Spiritus Domini, Spiritus sapientiæ et intellectus; Spiritus consilii et fortitudinis ; Spiritus scientiæ et pietatis. * Et replebit eum Spiritus timoris Domini. ℣. Percutiet terram virga oris sui et spiritu labiorum suorum interficiet impium. * Et replebit.

Vers. Jube, domne.

Bened. Divinum auxilium.

Lectio viii.

Christus elegit tempus quo moreretur, qui etiam tempus quo de Virgine natus est, cum Patre constituit, de quo sine tempore natus est; secundum quam veram, sanamque doctrinam, etiam Paulus apostolus ; Cum autem venit, inquit, plenitudo temporis, misit Deus Filium suum. Et Deus per prophetam : Tempore, ait, acceptabili exaudivi te, et in die salutis adjuvi te; Et rursus Apostolus : Ecce nunc tempus acceptabile, ecce nunc dies salutis. Dicit ergo : Pater, venit hora, qui cum Patre disposuit omnes horas. Tanquam dicens : Pater, quam propter homines, et apud homines ad me clarificandum simul constituimus, venit hora, clarifica Filium tuum, ut et Filius tuus clarificet te. Tu autem.

℟. Spiritus Domini super me, propter quod unxit me. * Evangelizare pauperibus misit me; sanare contritos corde, et prædicare annum Domini acceptum, et diem retributionis. ℣. Hodie impleta est prophetia hæc in auribus vestris, dixit Dominus Jesus. *Evangelizare. Gloria Patri. * Evangelizare.

V. Jube domne.

Benedict. Ad societatem.

Lectio ix. (*Ibid.*)

Ut mediator Dei et hominum homo Christus Jesus resurrectione clarificaretur, vel glorificaretur, prius humiliatus est passione: non enim a mortuis resurrexisset, si mortuus non fuisset. Humilitas claritatis est meritum : claritas humilitatis, est præmium. Sed hoc factum est in forma servi. In forma vero Dei semper fuit, semper erit claritas : imo non fuit quasi jam non sit, non erit quasi nondum sit, sed sine initio, sine fine semper est claritas. Quod ergo ait : Pater, venit hora, clarifica Filium tuum, sic intelligendum est tanquam dixerit, venit hora seminandæ humilitatis, fructum non differas claritatis. Sed quid sibi vult quod sequitur, ut Filius tuus clarificet te? Nunquid etiam

Deus Pater pertulit humilitatem carnis sive passionis, ex qua illum clarificari oporteret? Quomodo igitur eum clarificaturus erat Filius, cujus claritas sempiternis nec ex forma servi potuit videri minor, nec in divina persona potuit esse amplior? Tu autem. Te Deum laudamus.

AD LAUDES,
ET PER HORAS.

Antiph. O admirabile commercium! creator generis humani animatum corpus sumens de Virgine nasci dignatus est, et nostræ factus humanitatis particeps; largitus est nobis suam deitatem.

Psal. Dominus regnavit. *Cum reliquis de Laudibus.*

Antiph. Verbum caro factum : habitavit in nobis; vidimus gloriam ejus, quasi Unigeniti a Patre; plenum gratiæ et veritatis.

Antiph. Principatus ejus super humerum ejus; et vocabitur admirabilis, consiliarius, Deus, fortis, princeps pacis, Pater futuri sæculi.

Antiph. Ego sum lux vera : ego sum via, veritas, et vita : ego sum pastor bonus, et cognosco oves meas ; et cognoscunt me meæ, et ego vitam æternam do eis.

Antiph. In ipso inhabitat. (*Hic multa desunt, cum folium integrum laceretur.*)

Capitulum. (Eph. II.)

Deus qui dives est in misericordia, propter nimiam charitatem suam qua dilexit nos, cum essemus mortui peccatis, convivificavit nos in Christo, et conresuscitavit, et consedere fecit in cœlestibus in Christo Jesu.

℟. breve. Sic Deus * Dilexit mundum. Sic Deus.
℣. Ut Filium suum unigenitum daret. * Dilexit mundum. Gloria Patri. Sic Deus dilexit mundum.

℣. Hic est Filius meus dilectus.
℟. In quo mihi bene complacui.

AD VESPERAS.

Antiph. O admirabile commercium. *Cum reliquis de Laudibus.* *Psal.* Dixit Dominus. *Cum reliquis de Dominica, et loco ultimi. Psal.* Lauda Jerusalem Dominum.

Capitulum et hymnus, ut in primis Vesperis.
℣. Hic est Filius meus dilectus.
℟. In quo mihi bene complacui.

Ad Magnificat.

Ant. Tu es splendor Patris, et figura substantiæ ejus, tu portas omnia verbo virtutis tuæ, purgationem peccatorum facies : tu sedes ad dexteram majestatis in excelsis.

Oratio. Deus, qui Unigenitum tuum apud te. *Ut in primis Vesperis.*

SECUNDA DIE INFRA OCTAVAM.
IN PRIMO NOCTURNO.
Lectio I.

Incipit Epistola B. Pauli apostoli ad Hebræos. (*Cap.* I.)

Multifariam, multisque modis olim Deus loquens patribus in prophetis : novissime, diebus istis locutus est nobis in Filio, quem constituit hæredem universorum, per quem fecit et sæcula. Qui cum sit splendor gloriæ, et figura substantiæ ejus, portansque omnia verbo virtutis suæ, purgationem peccatorum faciens, sedet ad dexteram majestatis in excelsis : tanto melior angelis effectus, quanto differentius præ illis nomen hæreditavit.

℟. Benedictus Deus, col. 1708.

Lectio II.

Cui enim dixit aliquando angelorum : Filius meus es tu, ego hodie genui te : Et rursum : Ego ero illi in Patrem, et ipse erit mihi in Filium ; Et cum iterum introducit Primogenitum in orbem terræ, dicit , Et adorent eum omnes angeli Dei. Et ad angelos quidem dicit : Qui facit angelos suos spiritus, et ministros suos flammam ignis. Ad Filium autem : thronus tuus, Deus, in sæculum sæculi , virga æquitatis, virga regni tui. Dilexisti justitiam, et odisti iniquitatem , propterea unxit te Deus, Deus tuus, oleo exsultationis præ participibus tuis. Et : Tu in principio, Domine, terram fundasti, et opera manuum tuarum sunt cœli. Ipsi peribunt, tu autem permanebis, et omnes ut vestimentum veterascent , et velut amictum mutabis eos, et mutabuntur , tu autem idem ipse es.

℟. In hoc apparuit, col. 1709.

Lectio III.

Ad quem autem angelorum dixit aliquando : Sede a dextris meis, quoadusque ponam inimicos tuos scabellum pedum tuorum. Nonne omnes sunt administratorii spiritus? in ministerium missi propter eos, qui hæreditatem capient salutis? Propterea abundantius oportet observare nos ea quæ audivimus, ne forte pereffluamus. Si enim qui per angelos dictus est sermo, factus est firmus, et omnis prævaricatio et inobedientia accepit justam mercedis retributionem , quomodo nos effugiemus, si tantam neglexerimus salutem? Qua cum initium accepisset enarrari per Dominum, ab eis qui audierunt, in nos confirmata est, contestante Deo signis et portentis, et variis virtutibus, et Spiritus sancti distributionibus secundum suam voluntatem.

℟. Vitam æternam, c. 1709.

IN SECUNDO NOCTURNO.
Lectio IV.

De Epistola sancti Leonis, papæ ad Flavianum. (*Cap.* 2.)

Fidelium universitas profitetur credere se in Deum Patrem omnipotentem. Et in Jesum Christum Filium ejus unicum, Dominum nostrum, qui natus est de Spiritu sancto, ex Maria virgine. Quibus tribus sententiis omnium fere hæreticorum machinæ destruuntur. Cum enim Deus et omnipotens, et æternus creditur Pater, consempiternus eidem Filius demonstratur in nullo a Patre differens, quia de Deo Deus, de omnipotente omnipotens, de æterno natus est coæternus, non posterior tempore, non inferior potestate, non dissimilis gloria, non divisus essentia ; idem vero sempiterni genitoris unigenitus sempiternus, natus est de Spiritu sancto ex Maria virgine.

℟. Cum in forma Dei, col. 1710.

Lectio v.

Quæ nativitas temporalis, illi nativitati divinæ et sempiternæ nihil minuit, nihil contulit, sed totam se reparando homini qui erat deceptus, impendit, ut et mortem vinceret, et diabolum, qui mortis habebat imperium, sua virtute destrueret. Non enim superare possemus peccati et mortis auctorem, nisi naturam nostram ille susciperet, et suam faceret, quem nec peccatum contaminare, nec mors potuit detinere. Conceptus quippe est de Spiritu sancto, intra uterum matris Virginis, quæ ita illum, salva virginitate edidit, quemadmodum salva virginitate concepit.

ṇ. Ipse est imago, col. 1710.

Lectio vi. (Cap. 3.)

Salva igitur proprietate utriusque naturæ, et in unam coeunte personam, suscepta est a majestate humilitas, a virtute infirmitas, ab æternitate mortalitas, et ad resolvendum conditionis nostræ debitum, natura inviolabilis naturæ est unita passibili, ut quod nostris remediis congruebat, unus atque idem mediator Dei, et hominum homo Jesus Christus, et mori potest ex uno, et mori non posset ex altero. In integra ergo veri hominis perfectaque natura, verus natus est Deus, totus in suis, totus in nostris. Nostra autem dicimus, quæ in nobis ab initio Creator condidit, et quæ reparanda suscepit. Nam illa quæ deceptor tulit, et homo deceptus admisit, nullum habuere in Salvatore vestigium. Nec quia communionem humanarum subiit infirmitatum, ideo nostrorum fuit particeps delictorum.

ṇ. Gratia nobis et pax, col. 1711.

IN TERTIO NOCTURNO.

Lectio vii.

Lectio sancti Evangelii secundum Joannem. (Cap. xvii.)

In illo tempore, sublevatis Jesus oculis in cœlum, dixit, Pater, venit hora, clarifica Filium tuum, ut Filius tuus clarificet te. Et reliq.

Homilia sancti Augustini episcopi. (Ex tract. 105 in Joan. cap. xvii.)

Glorificatum a Patre Filium secundum formam servi, quem Pater suscitavit a mortuis, et ad suam dexteram collocavit, res ipsa indicat, et nullus ambigit Christianus. Sed quoniam non tantum dixit: Pater clarifica Filium tuum sed addidit etiam; ut Filius tuus clarificet te, merito quæritur quomodo Patrem clarificaverit Filius, cum sempiterna claritas Patris nec diminuta fuerit in forma humana, nec augeri potuerit in sua perfectione divina. Sed in se ipsa claritas Patris nec minui nec augeri potest, apud homines autem procul dubio minor erat quando in Judæa tantummodo Deus notus erat; nondum a solis ortu usque ad occasum, laudabant pueri nomen Domini. Hoc autem quia per Evangelium Christi factum est, ut per Filium Pater innotesceret gentibus, profecto Patrem clarificavit et Filius. Si autem tantummodo mortuus fuisset Filius nec resurrexisset, procul dubio nec a Patre clarificatus esset, nec Patrem clarificasset: nunc autem resurrectione clarificatus a Patre, resurrectionis suæ prædicatione clarificat Patrem. Hoc quippe aperit ordo ipse verborum, clarifica, inquit, Filium tuum, ut Filius tuus clarificet te. Tanquam diceret, resuscita me ut innotescas toti orbi per me.

ṇ. Requievit super eum, col. 1712.

Lectio viii. (Ibid.)

Hæc est, inquit, vita æterna, ut cognoscant te solum verum Deum, et quem misisti Jesum Christum. Ordo verborum est: ut te, et quem misisti Jesum Christum cognoscant solum verum Deum. Consequenter enim et Spiritus sanctus intelligitur, quia Spiritus est Patris et Filii, tanquam charitas substantialis amborum. Quoniam non duo Dii, Pater et Filius, et Spiritus sanctus, sed ipsa Trinitas unus solus verus Deus. Nec idem tamen Pater qui Filius, nec idem Filius qui Pater, nec idem Spiritus sanctus qui Pater et Filius, quoniam tres sunt Pater, et Filius, et Spiritus sanctus, sed ipsa Trinitas unus est Deus. Si ergo eo modo te glorificat Filius, sicut dedisti ei potestatem omnis carnis, et sic dedisti ei, ut omne quod dedisti ei, det eis vitam æternam, et hæc est vita æterna, ut cognoscant te, sic te igitur Filius glorificat, ut omnibus quos dedisti ei, te cognitum faciat. Porro si cognitio Dei est vita æterna, tanto magis vivere tendimus, quanto magis in hac cognitione proficimus. Non autem moriemur in vita æterna. Tunc ergo Dei cognitio perfecta erit, quando nulla mors erit, summa tunc Dei glorificatio, quia summa gloria.

ṇ. Spiritus Domini, col. 1712.

Lectio ix. (Ibid.)

Ait Jesus: Opus consummavi, quod dedisti mihi, ut faciam. Non ait, jussisti, sed dedisti; ubi commendatur evidens gratia. Quid enim habet quod non accepit etiam in Unigenito humana natura? An non accepit ut nihil mali, sed bona faceret omnia, quando in unitatem personæ suscepta est a Verbo, per quod facta sunt omnia? Sed quomodo consummavit opus quod accepit ut faciat, cum restet adhuc passionis experimentum, ubi martyribus suis maxime præbuit, quod sequeretur exemplum? Unde apostolus Petrus, Christus passus est pro nobis, relinquens nobis exemplum ut sequamur vestigia ejus; nisi quia consummasse se dicit, quod se consummatum esse certissime novit? Sicut longe ante in prophetia, præteriti temporis usus est verbis, quando post annos plurimos futurum erat quod dicebat. Foderunt, inquit, manus meas, et pedes meos, dinumeraverunt omnia ossa mea, non ait, Fodient, et dinumerabunt. Te Deum.

TERTIA DIE INFRA OCTAVAM.
IN PRIMO NOCTURNO.
Lectio I.
De Epistola B. Pauli apostoli ad Hebræos. (*Cap.* II.)

Non enim angelis subjecit Deus orbem terræ futurum, de quo loquimur. Testatus est autem in quodam loco quis dicens: Quid est homo quod memor es ejus, aut Filius hominis quoniam visitas eum? Minuisti eum paulo minus ab angelis; gloria et honore coronasti eum super opera manuum tuarum. Omnia subjecisti sub pedibus ejus. In eo enim quod omnia ei subjecit, nihil dimisit non subjectum ei. Nunc autem necdum videmus omnia subjecta ei.

℟. Benedictus.

Lectio II.
Eum autem, qui modo quam angeli minoratus est, videmus Jesum propter passionem mortis gloria et honore coronatum, ut gratia Dei, pro omnibus gustaret mortem. Decebat enim eum, propter quem omnia, qui multos filios in gloriam adduxerat, auctorem salutis eorum per passionem consummare. Qui enim sanctificat, et qui sanctificantur, ex uno omnes. Propter quam causam non confunditur fratres eos vocare, dicens: Nuntiabo nomen tuum fratribus meis, in medio Ecclesiæ laudabo te.

℟. In hoc apparuit.

Lectio III.
Et iterum: Ego ero fidens in eum. Et iterum: Ecce ego et pueri mei, quos dedit mihi Deus. Quia ergo pueri communicaverunt carni et sanguini, et ipse similiter participavit eisdem; ut per mortem destrueret eum qui habebat mortis imperium, id est diabolum; et liberaret eos, qui timore mortis per totam vitam obnoxii erant servituti. Nusquam enim angelos apprehendit, sed semen Abrahæ apprehendit, unde debuit per omnia fratribus similari, ut misericors fieret, et fidelis pontifex ad Deum, ut repropitiaret delicta populi. In eo enim, in quo passus est ipse et tentatus, potens est et eis, qui tentantur, auxiliari.

℟. Vitam æternam.

IN SECUNDO NOCTURNO.
Lectio IV.
De Epistola sancti Leonis Papæ ad Flavianum. (*Cap.* 3.)

Assumpsit Deus formam servi sine sorde peccati, humana augens, divina non minuens; quia exinanitio illa, qua se invisibilis visibilem præbuit, et Creator ac Dominus omnium rerum unus voluit esse mortalium, inclinatio fuit miserationis, non defectio potestatis. Proinde qui manens in forma Dei, fecit hominem idem in forma servi, factus est homo. Tenet enim sine defectu proprietatem suam utraque natura. Et sicut formam servi, Dei forma non adimit; ita formam Dei, servi forma non minuit.

℟. Cum in forma Dei.

Lectio V. (*Cap.* 4.)
Ingreditur ergo hæc mundi infima Filius Dei, de cœlesti sede descendens, et a paterna gloria non recedens; novo ordine, nova nativitate generatus. Novo ordine, quia invisibilis in suis, visibilis factus est in nostris. Incomprehensibilis, voluit comprehendi. Ante tempora manens, esse cœpit ex tempore. Universitatis Dominus servilem formam, obumbrata majestatis suæ immensitate suscepit. Impassibilis Deus, non dedignatus est esse homo passibilis; et immortalis, morti legibus subjacere. Nova autem nativitate generatus, quia inviolata virginitas concupiscentiam nescivit, et carnis materiam ministravit. Assumpta est igitur de matre Domini natura, non culpa: nec in Domino Jesu Christo ex utero Virginis genito, quia nativitas est mirabilis, ideo nostræ est naturæ dissimilis.

℟. Ipse est imago.

Lectio VI.
Qui enim verus est Deus, idem verus est homo. Et nullum est in hac unitate mendacium, dum invicem sunt et humilitas hominis et altitudo deitatis. Sicut enim Deus non mutatur miseratione, ita homo non consumitur dignitate. Agit enim utraque forma cum alterius communione, quod proprium est; Verbo scilicet operante, quod Verbi est, et carne exsequente, quod carnis est. Unum horum coruscat miraculis, aliud succumbit injuriis. Et sicut Verbum ab æqualitate paternæ gloriæ non recessit, ita caro naturam nostri generis non reliquit. Unus enim idemque est, vere Dei Filius, et vere hominis Filius. Deus per id, quod in principio erat Verbum, et Verbum erat apud Deum, et Deus erat Verbum, homo per id, quod Verbum caro factum est, et habitavit in nobis. Deus per id, quod omnia per ipsum facta sunt, et sine ipso factum est nihil; homo per id quod factus est ex muliere, factus sub lege. Nativitas carnis, manifestatio est humanæ naturæ. Partus virginis, divinæ est virtutis indicium. Infantia parvuli ostenditur humilitate cunarum, magnitudo Altissimi declaratur vocibus angelorum.

℟. Gratia nobis et pax a Jesu Christo.

IN TERTIO NOCTURNO.
Lectio VII.
Lectio sancti Evangelii secundum Joannem.

In illo tempore: Sublevatis Jesus oculis in cœlum, dixit: Pater, venit hora, clarifica Filium tuum, ut Filius tuus clarificet te.

Homilia sancti Augustini episcopi. (Ex tract. 106 *in Joan.* c. XVII.)

Habuit aliquid aliquando Deus Filius, quod nondum habuit idem ipse homo Filius; quia nondum erat homo factus est matre, quando tamen habebat universa cum Patre. Quapropter quod dixit: Tui erant, non inde se separavit Deus Filius, sine quo nihil unquam Pater habuit; sed solet ei tribuere omne quod potest, a quo est ipse qui potest; a quo enim habet ut sit, ab illo habet ut possit, et simul utrumque semper habuit, quia nunquam fuit, et non potuit. Quocirca quidquid potuit Pater, semper cum illo Filius potuit, quoniam ille qui nunquam fuit, et non potuit, nunquam sine Patre fuit, nunquam sine illo Pater fuit. Ac per hoc sicut Pater æternus omnipotens, ita Filius coæternus omnipotens.

℟. Requievit.

Lectio VIII. (Ex Tract. 110.)

Advertendum est non dixisse Dominum in hac oratione, ut omnes unum simus : sed ut omnes unum sint, sicut tu Pater in me et ego in te, subintelligitur, unum sumus. Quamobrem ita est Pater in Filio, et Filius in Patre, ut unum sint, quia unius substantiæ sunt. Nos vero esse quidem in eis possumus, unum tamen cum eis esse non possumus : quia unius substantiæ nos et ipsi non sumus, in quantum Filius cum Patre Deus est. Nam in quantum homo est, ejusdem substantiæ est, cujus et nos sumus sed nunc illud potius voluit commendare, quod alio loco ait : Ego et Pater unum sumus; ubi eamdem Patris et suam significavit esse naturam. Ac per hoc et cum in nobis sunt Pater et Filius, vel etiam Spiritus sanctus, non debemus eos putare naturæ unius esse nobiscum. Sic itaque sunt in nobis, vel nos in illis : ut illi unum sint in natura sua, nos unum in nostra. Sunt quippe ipsi in nobis tanquam Deus in templo suo : sumus autem nos in illo, tanquam creatura in creatore suo.

℟. Spiritus Domini.

Lectio IX.

Sequitur illud quod ait, et dilexisti eos sicut et me dilexisti. In Filio quippe nos Pater diligit, quia in ipso nos elegit ante constitutionem mundi, qui enim diligit Unigenitum, profecto diligit et membra ejus, quæ adoptavit in eum, et per eum. Nec ideo pares sumus unigenito Filio, per quem creati et reconciliati sumus; quia dictum est : Dilexisti eos sicut et me. Neque enim, sicut, semper æqualitatem significat, sed hoc nihil aliud est, quam dilexisti eos, quia et me dilexisti. Non enim membra Filii non diligeret, qui diligit Filium, aut alia causa et diligendi membra ejus, nisi quia diligit eum. Sed diligit Filium secundum divinitatem, quia genuit illum æqualem sibi; diligit eum etiam secundum id quod homo est, quia ipsum unigenitum Verbum caro factum est, et propter Verbum est ei chara Verbi caro. Nos autem diligit, quoniam sumus ejus membra quem diligit : et hoc ut essemus, propter hoc nos dilexit antequam essemus. Quapropter incomprehensibilis est dilectio qua diligit Deus, neque mutabilis. Non enim ex quo ei reconciliati sumus per sanguinem Filii ejus, nos cœpit diligere, sed ante mundi constitutionem dilexit nos, ut cum ejus Unigenito etiam nos filii ejus essemus, priusquam omnino aliquid essemus.

Te Deum laudamus.

QUARTA DIE INFRA OCTAVAM.
IN PRIMO NOCTURNO.
Lectio I.

De Epistola B. Pauli apostoli ad Hebræos.
(Cap. III.)

Fratres sancti, vocationis cœlestis participes, considerate apostolum et pontificem confessionis nostræ Jesum : qui fidelis est ei, qui fecit illum, sicut et Moyses in omni domo ejus. Amplioris enim gloriæ iste præ Moyse dignus est habitus, quanto ampliorem honorem habet domus, qui fabricavit illam. Omnis namque domus fabricatur ab aliquo : qui autem omnia creavit, Deus est. Et Moyses quidem fidelis erat in tota domo ejus tanquam famulus, in testimonium eorum quæ dicenda erant : Christus vero tanquam Filius in domo sua, quæ domus sumus nos, si fiduciam et gloriam spei usque ad finem, firmam retineamus.

℟. Benedictus Deus.

Lectio II. (Cap. IV.)

Habentes ergo Pontificem magnum, qui penetravit cœlos, Jesum Filium Dei, teneamus confessionem. Non enim habemus Pontificem, qui non possit compati infirmitatibus nostris, tentatum autem per omnia pro similitudine absque peccato. Adeamus ergo cum fiducia ad thronum gratiæ, ut misericordiam consequamur, et gratiam inveniamus in auxilio opportuno.

℟. In hoc apparuit.

Lectio III. (Cap. V.)

Christus non semetipsum clarificavit, ut Pontifex fieret : sed qui locutus est ad eum, Filius meus es tu, ego genui te. Quemadmodum et in alio loco dicit : Tu es Sacerdos in æternum, secundum ordinem Melchisedech. Qui in diebus carnis suæ, preces supplicationesque ad eum qui possit illum salvum facere a morte, cum clamore valido et lacrymis offerens, exauditus est pro sua reverentia. Et quidem cum esset Filius Dei, didicit ex iis quæ passus est, obedientiam; consummatus, factus est omnibus obtemperantibus sibi, causa salutis æternæ, appellatus a Deo Pontifex juxta ordinem Melchisedech. De quo nobis grandis sermo, et ininterpretabilis ad dicendum.

℟. Vitam æternam.

IN SECUNDO NOCTURNO.
Lectio IV.

Sermo S. Leonis Papæ. (Epist. 2 ad Julianum.)

In Christo quod deitatis est, caro non minuit, quod carnis est, deitas non peremit. Idem enim et sempiternus ex Patre, et temporalis ex matre, in sua virtute inviolabilis, in nostra infirmitate passibilis, in deitate Trinitatis cum Patre et cum Spiritu sancto, unius ejusdemque naturæ; in susceptione autem hominis non unius substantiæ, sed unius ejusdemque personæ, ut idem esset dives in paupertate, omnipotens in abjectione, impassibilis in supplicio, immortalis in morte. Nec enim Verbum aut in carnem, aut in animam aliqua sui parte conversum est, cum simplex et incommutabilis natura deitatis, tota sit semper in sua essentia, nec damnum sui recipiens, nec augmentum; et sic assumptam naturam beatificans, ut glorificata in glorificante permaneat.

℞. Cum in forma.

Lectio v.]

Cur autem inconveniens aut impossibile videatur, ut videlicet Verbum et caro atque anima unus Jesus Christus, et unus Dei hominisque sit filius, si caro et anima, quæ dissimilium naturarum sunt, unam faciunt etiam sine Verbi incarnatione personam, cum multo sit facilius, ut hanc unitatem sui atque hominis deitatis præstet potestas, quam ut eam in substantiis suis obtineat solius humanitatis infirmitas? Nec Verbum igitur in carnem, nec in Verbum caro mutata est, sed utrumque in uno manet, et unus in utroque est, non diversitate divisus, non permistione confusus, nec alter ex Patre, alter ex matre; sed idem aliter ex Patre ante omne principium, aliter de matre in fine sæculorum, ut esset mediator Dei et hominum, homo Jesus Christus, in quo inhabitaret plenitudo divinitatis corporaliter; quia assumpti, non assumentis provectio est, quod Deus illum exaltavit, et donavit illi nomen, ut in nomine Jesu omne genu flectatur, cœlestium, terrestrium et infernorum, et omnis lingua confiteatur, quoniam Dominus Jesus Christus in gloria est Dei Patris.

℞. Ipse est.

Lectio vi.

Nativitas enim Domini secundum carnem quamvis habeat quædam propria, quibus humanæ conditionis initia transcendat; sive quod solus ex sancto Spiritu ab inviolata Virgine sine concupiscentia carnis est conceptus et natus, sive quod ita visceribus matris est editus, ut et fecunditas pareret, et virginitas permaneret, non alterius tamen naturæ erat ejus caro quam nostra, nec alio illi quam cæteris hominibus, anima est inspirata principio, quæ excelleret, non diversitate generis, sed sublimitate virtutis. Nihil enim carni suæ habebat adversum, nec discordia desideriorum gignebat compugnantiam voluntatum, sensus corporei vigebant sine lege peccati, et veritas affectionum sub moderamine deitatis, et mentis, nec tentabatur illecebris, nec cedebat injuriis. Verus homo, vero unitus est Deo, nec secundum exsistentem prius animam deductus est e cœlo, nec secundum carnem creatus ex nihilo, eamdem gerens in Verbi deitate personam, et tenens communem nobiscum in corpore animaque naturam. Non enim esset Dei hominumque mediator, nisi idem Deus, idemque homo, in utroque et unus esset et verus.

℞. Gratia vobis et pax.

IN TERTIO NOCTURNO

Lectio vii.

Lectio sancti Evangelii secundum Joannem.

In illo tempore, sublevatis Jesus oculis in cœlum dixit : Pater, venit hora, clarifica Filium tuum, ut Filius tuus clarificet te. Et reliqua.

Homilia sancti Augustini episcopi. (Tract. 110 in Joann.)

Quod reconciliati sumus Deo per mortem, Filii ejus, non sic audiatur, non sic accipiatur, quasi ideo, nos reconciliaverit, Dei Filius, ut jam inciperet amare quos oderat, sicut reconciliatur inimicus inimico, ut deinde sint amici, et invicem diligant qui oderant invicem : sed jam nos diligenti reconciliati sumus ei, cum quo propter peccatum inimicitias habebamus. Quod utrum verum dicam, attestetur Apostolus : Commendat, inquit, dilectionem suam Deus in nobis, quoniam cum adhuc peccatores essemus, Christus pro nobis mortuus est. Habebat itaque ille erga nos charitatem, etiam cum inimicitias adversum eum exercentes operaremur iniquitatem ; et tamen ei verissime dictum est : Odisti, Domine, omnes qui operantur iniquitatem.

℞. Requievit super eum.

Lectio viii.

Proinde miro et divino modo et quando nos oderat diligebat : oderat enim nos, quales ipse non fecerat, et quia iniquitas nostra opus ejus non omni ex parte consumpserat, noverat simul in unoquoque nostrum, et odisse quod feceramus, et amare quod fecerat; et hoc quidem in omnibus intelligi potest de illo cui veraciter dicitur, nihil odisti eorum quæ fecisti, non enim quodcunque odisset, esse voluisset, aut omnino esset quod Omnipotens esse voluisset; nisi et in eo quod odit, esset etiam quod amaret ; Merito quippe odit, et velut a regula suæ artis alienum improbat vitium ; amat tamen suum etiam in vitiosis vel sanationis beneficium, vel damnationis judicium ; ita Deus, et nihil odit eorum quæ fecit, naturarum enim, non vitiorum conditor, mala quæ odit, ipse non fecit; et de malis eisdem vel sanando ea per misericordiam, vel ordinando per judicium, bona sunt ipsa quæ fecit.

℞. Spiritus Domini.

Lectio ix.

Cum igitur eorum quæ fecit nihil oderit, quis digne possit eloqui, quantum diligat membra Unigeniti sui, et quanto amplius ipsum Unigenitum in quo condita sunt omnia visibilia et invisibilia, quæ in suis generibus ordinata ordinatissime diligit? Membra quippe Unigeniti, ad angelorum sanctorum æqualitatem gratiæ suæ largitate perducit : Unigenitus autem cum sit Dominus omnium, procul dubio est Dominus angelorum, natura qua Deus est, non angelis, sed Patri potius æqualis. Gratia vero qua homo est, quomodo non excedit excellentiam cujuslibet angeli, cum sit una persona carnis et Verbi? Quanquam non desint qui etiam nos angelis præferant, quia pro nobis, inquiunt, non pro angelis mortuus est Christus : id quid est aliud quam de impietate velle gloriari? Etenim Christus, sicut ait Apostolus, juxta tempus pro impiis mortuus est. Hic ergo non meritum nostrum, sed Dei misericordia commendatur : nam quale est ideo se velle laudari, quia vitio suo tam detestabiliter ægrotavit, ut non possit aliter quam medici morte sanari? Non est hæc nostrorum gloria meritorum, sed medicina morborum.

Te Deum laudamus.

QUINTA DIE INFRA OCTAVAM.
IN PRIMO NOCTURNO.
Lectio I.

De Epistola B. Pauli apostoli ad Hebræos. (*Cap.* VII.)

Alii sine jurejurando sacerdotes facti sunt; hic autem cum jurejurando, per eum, qui dixit ad illum : Juravit Dominus, et non pœnitebit eum ; tu es Sacerdos in æternum: in tantum melioris testamenti sponsor factus est Jesus. Et alii quidem plures facti sunt sacerdotes, idcirco quod morte prohiberentur permanere : hic autem eo quod maneat in æternum, sempiternum habet sacerdotium. Unde et salvare in perpetuum potest accedentes per semetipsum ad Deum : semper vivens ad interpellandum pro nobis.

℟. Benedictus Deus.

Lectio II.

Talis enim decebat ut nobis esset Pontifex, sanctus, innocens, impollutus, segregatus a peccatoribus, et excelsior cœli factus: qui non habet necessitatem quotidie, quemadmodum sacerdotes, prius pro suis delictis hostias offerre, deinde pro populi : hoc enim fecit semel, seipsum offerendo. Lex enim homines constituit sacerdotes infirmitatem habentes : sermo autem jurisjurandi, qui post legem est, Filium in æternum perfectum.

℟. In hoc apparuit.

Lectio III. (*Cap.* VIII.)

Talem habemus Pontificem, qui consedit in dextera sedis magnitudinis in cœlis, sanctorum minister, et tabernaculi veri quod fixit Deus et non homo. Omnis enim Pontifex ad offerendum munera et hostias constituitur : unde necesse est, et hunc habere aliquid, quod offerat : si ergo esset super terram, nec esset sacerdos; cum essent qui offerrent secundum legem munera, qui exemplari et umbræ deserviunt cœlestium. Sicut responsum est Moysi, cum consummaret tabernaculum. Vide, inquit, omnia facito secundum exemplar, quod ibi ostensum est in monte. Nunc autem melius sortitus est ministerium, quanto et melioris testamenti mediator est, quod in melioribus repromissionibus sancitum est.

℟. Vitam æternam.

IN SECUNDO NOCTURNO.
Lectio IV.

Sermo sancti Leonis Papæ. (Serm. 10 *in solemnitate Nativitatis Domini.*)

Verbum in Christo homine, et Christum hominem adoremus in Verbo. Nam si, ut Apostolus ait, qui adhæret Domino, unus spiritus est : quanto magis Verbum caro factum, unus est Christus, ubi nihil est alterius naturæ, quod non sit utriusque? Non ergo infirmemur in consiliis misericordiæ Dei, quæ nos et innocentiæ reformat, et vitæ, nec quia in Salvatore nostro manifeste cognoscimus geminæ signa naturæ, aut in gloria Dei de veritate carnis, aut in humilitate hominis de deitatis majestate dubitemus. Idem est in forma Dei, qui formam suscepit servi ; idem est incorporeus manens, et corpus assumens. Idem in sua virtute inviolabilis, et in nostra infirmitate passibilis. Idem est a paterno non divisus throno, et ab impiis crucifixis in ligno. Idem est super cœlorum altitudines victor mortis ascendens, et usque ad consummationem sæculi universam Ecclesiam non relinquens.

℟. Cum in forma.

Lectio V.

Idem postremo est, qui in eadem, qua ascendit, carne venturus, sicut judicium sustinuit impiorum, ita judicaturus est de omnium actione mortalium. Unde ne in plurimis testimoniis immoremur, unum sufficit ex Evangelio beati Joannis adhiberi, quo ipse Dominus noster dicit : Amen, amen dico vobis, quia venit hora, et nunc est, quando mortui audient vocem Filii Dei : et qui audierint, vivent. Sicut enim Pater habet vitam in semetipso, sic dedit et Filio vitam habere in semetipso, et potestatem dedit ei judicium facere, quia Filius hominis est. Ergo sub una sententia ostendit quia Filius Dei, atque filius hominis est. Unde apparet, quemadmodum Christum Dominum in unitate personæ credere debeamus, quia cum sit Filius Dei per quem facti sumus, etiam Filius hominis per assumptionem carnis est factus, ut moreretur, sicut ait Apostolus, propter delicta nostra, ut resurgeret propter justificationem nostram.

℟. Ipse est imago.

Lectio VI. (*Ibid.*)

Justificandis hominibus hoc principaliter opitulatur, quod Unigenitus Dei, etiam Filius hominis esse dignatus est, ut homoousios Patri Deus, id est unius substantiæ, idem homo verus, et secundum carnem matri consubstantialis exsisteret. Utroque gaudemus, quia non nisi utroque salvamur, in nullo dividentes visibilem ab invisibili, corporeum ab incorporeo, passibilem ab impassibili, palpabilem ab impalpabili, formam servi a forma Dei : quia et si unum manet ab æternitate, aliud cœpit a tempore : quæ tamen in unitatem convenerunt, nec separationem possunt habere, nec finem ; dum exaltans et exaltatus, glorificans et glorificatus, ita sibimet inhæserunt, ut sive in omnipotentia, sive in contumelia, nec divina in Christo careant humanis, nec humana divinis.

℟. Gratia nobis et pax.

IN TERTIO NOCTURNO.
Lectio VII.

Lectio sancti Evangelii secundum Joannem. (*Cap.* XVII.)

In illo tempore : Sublevatis Jesus oculis in cœlum, dixit : Pater, venit hora, clarifica Filium tuum, ut Filius tuus clarificet te. Et reliqua.

De Homilia sancti Augustini episcopi.
(Tract. 111 *in Joan.*)

In magnam spem Dominus Jesus suos erigit, qua major omnino esse non possit. Audite, et estote in spe gaudentes, propter quod vita ista non amanda, sed toleranda sit, ut esse possitis in ejus tribulatione patientes. Audite, inquam, et quo spes vestra levetur, attendite. Christus Jesus dicit : Filius Dei Unigenitus qui Patri coæternus et æqualis est dicit : Qui propter nos homo factus est, sed, sicut omnis homo, mendax non factus est, dixit : Via, vita, veritas dicit ; qui mundum vicit, de his quibus vicit, dicit, Audite, credite, sperate, desiderate, quod dicit : Pater, inquit, quos dedisti mihi, volo, ut ubi ego sum, et illi sint mecum. Qui sunt isti, quos ait a Patre datos sibi? Nonne illi de quibus alio loco dicit : Nemo venit ad me, nisi Pater qui misit me traxerit eum? Jam quomodo ea quæ fieri dicit a Patre, faciat et ipse cum Patre, si quid in hoc Evangelio proficimus, novimus. Ipsi sunt ergo quos a Patre accepit, quos et ipse elegit de mundo, atque elegit, ut jam non sint de mundo, sicut non est et ipse de mundo, et sint tamen et jam ipsi mundus, credens et cognoscens, quod Christus a Deo Patre sit missus.

℞. Requievit.

Lectio VIII.

Quapropter omnibus prorsus ovibus suis bonus pastor omnibus membris suis magnum caput promisit hoc præmium, ut ubi ipse est, et nos cum illo simus ; nec poterit fieri nisi quod omnipotenti Patri se velle dixit omnipotens Filius; ibi est enim et Spiritus sanctus pariter æternus, pariter Deus, Spiritus unus duorum, et substantia voluntatis amborum. Nam illud quod dixisse legitur propinquante passione, Verum non quod ego volo, sed quod tu vis, Pater, quasi alia Patris, alia Filii sit voluntas, aut fuerit ; sonus est nostræ infirmitatis, quamvis fidelis, quam in se caput nostrum transfiguravit, quando etiam peccata nostra portavit. Unam vero esse Patris et Filii voluntatem, quorum etiam Spiritus unus est, quo adjuncto cognoscimus Trinitatem, et si intelligere nondum permittit infirmitas, credat pietas.

℞. Spiritus Domini.

Lectio IX.

Sed quoniam quibus promiserit, et quam firma sit ista promissio, pro sermonis brevitate jam diximus, hoc ipsum quantum valemus, quid sit quod dignatus est promittere, videamus. Quos dedisti mihi, inquit, volo ut ibi ego sum, et ipsi sint mecum. Quantum attinet ad creaturam in qua factus est ex semine David secundum carnem, nec ipse adhuc erat ubi futurus erat ; sed eo modo dicere potuit, ubi ego sum, quo intelligeremus quod cito fuerat ascensurus in cœlum, ut jam ibi esse diceret, ubi fuerat mox futurus. Potuit et illo modo, quo ante jam dixerat loquens ad Nicodemum : Nemo ascendit ad cœlum, nisi qui descendit de cœlo Filius hominis qui est in cœlo; nam et ibi non dixit Erit, sed es, propter unitatem personæ, in qua et Deus homo est, et homo Deus ; in cœlo ergo nos futuros esse promisit : illa enim forma servi levata est quam sumpsit ex Virgine, et ad Patris dexteram collocata. Quod vero attinet ad formam Dei, in qua æqualis est Patri, si secundum eam velimus intelligere quod dictum est : Volo, ut ubi ego sum, et ipsi sint mecum, in Patre cum Christo erimus, sed ille sicut ille, nos sicut nos, ubicunque corpore fuerimus. Si enim loca dicenda sunt, et quibus non corpora continentur, et locus est cuique rei ubi est : locus Christi æternus est, ubi semper ipse Pater est, et locus Patris Filius est, quia ego, inquit in Patre et Pater in me est; et locus interea noster ipsi sunt, quia sequitur, ut ipsi in nobis unum sint : et nos locus Dei sumus, quoniam templum ejus sumus, sicut orat pro nobis qui mortuus est pro nobis, ut in ipsis unum simus, quia factus est in pace locus ejus, et habitatio ejus in Sion, quæ nos sumus.

Te Deum laudamus, etc.

SEXTA DIE INFRA OCTAVAM.

IN PRIMO NOCTURNO.

Lectio I.

De Epistola B. Pauli apostoli ad Hebræos.
(*Cap.* IX.)

Christus autem assistens Pontifex futurorum bonorum, per amplius et perfectius tabernaculum non manufactum, id est non hujus creationis, neque per sanguinem hircorum aut vitulorum, sed per proprium sanguinem, introivit semel in sancta, æterna redemptione inventa. Si enim sanguis hircorum et taurorum, et cinis vitulæ aspersus, inquinatos sanctificat ad emundationem carnis : quanto magis sanguis Christi, qui per Spiritum sanctum semetipsum obtulit immaculatum Deo, emundabit conscientiam nostram ab operibus mortuis, ad serviendum Deo viventi ? Et ideo novi testamenti mediator est ; ut morte intercedente, in redemptionem earum prævaricationum, quæ erant sub priori testamento, repromissionem accipiant, qui vocati sunt æternæ hæreditatis.

℞. Benedictus Deus.

Lectio II. (*Ibid.*)

Non in manufacta Sancta Jesus introivit, exemplaria verum ; sed in ipsum cœlum, ut appareat nunc vultui Dei pro nobis. Neque ut sæpe offerat semetipsum, quemadmodum Pontifex intrat in Sancta per singulos annos in sanguine alieno : alioquin oportebat eum frequenter pati ab origine mundi : nunc autem semel in consummatione sæculorum ad destitutionem peccati, per hostiam suam apparuit. Et quemadmodum statutum est hominibus semel mori, post hoc autem judicium : sic et Christus semel oblatus est ad multorum exhaurienda peccata ; secundo sine peccato apparebit exspectantibus se, in salutem.

℞. In hoc apparuit.

Lectio III. (*Cap.* X.)

Jesus ingrediens mundum dicit : Hostiam, et oblationem noluisti; corpus autem aptasti mihi ; holocautomata pro peccato non tibi placuerunt. Tunc dixi : Ecce venio, in capite libri scriptum est de me, ut faciam, Deus, voluntatem tuam. Superius dicens : Quia hostias et oblationes et holocautomata pro peccato noluisti, nec placita sunt tibi, quæ secundum legem offeruntur, tunc dixi : Ecce venio, ut faciam, Deus, voluntatem tuam, aufert primum, ut sequens statuat. In qua voluntate sanctificati sumus per oblationem corporis Jesu Christi semel. Qui unam pro peccatis offerens hostiam, in sempiternum sedet in dextera Dei, de cætero exspectans donec ponantur inimici ejus scabellum pedum ejus. Una enim oblatione, consummavit in sempiternum sanctificatos.

℞. Vitam æternam.

IN SECUNDO NOCTURNO.
Lectio IV.

Sermo S. Leonis Papæ. (Serm. 8 *De solemnitate Nativitatis Domini.*)

Recurrentes ad illam divinæ misericordiæ ineffabilem inclinationem, qua creator hominum homo fieri dignatus, in ipsius nos inveniamur natura, quem adoramus in nostra. Deus enim Filius, de sempiterno et ingenito Patre Unigenitus, sempiternus manens in forma Dei, et incommutabiliter atque intemporaliter habens non aliud esse quam Pater, formam servi sine suæ detrimento majestatis accepit ; ut in sua nos proveheret, non ipse in nostra deficeret. Unde utrique naturæ in suis proprietatibus permanenti, tanta est unitatis facta communio, ut quidquid ibi est Dei, non sit ab humanitate disjunctum, quidquid autem est hominis, non sit a deitate divisum.

℞. Cum in forma Dei esset.

Lectio V. (*Ibid.*)

Fides catholica oblatrantium hæreticorum spernit errores, qui Incarnationem Verbi intelligere non valentes, de causa illuminationis fecerunt sibi materiam cæcitatis. Alii et enim Domino solam humanitatem, alii solam ascripsere deitatem, alii veram quidem in ipso divinitatem, sed carnem dixerunt fuisse simulatam. Alii professi sunt veram eum suscepisse carnem, sed Dei Patris non habuisse naturam et deitati ejus, quæ erant humanæ substantiæ deputantes, minorem sibi Deum, majoremque finxerunt, cum gradus in vera divinitate esse non possint quoniam quidquid Deo minus est, Deus non est.

℞. Ipse est.

Lectio VI. (*Ibid.*)

Alii cognoscentes Patris et Filii nullam esse distantiam, quia non poterant vanitatem Deitatis intelligere nisi in unitate personæ, eumdem asseruerunt esse Patrem quem Filium : et nasci et nutriri, pati et mori, sepeliri et resurgere ad eumdem pertinere, qui per omnia et hominis personam impleret et Verbi. Quidam putaverunt Dominum Jesum Christum non nostræ substantiæ corpus habuisse, sed ab elementis superioribus et subtilioribus sumptum. Quidam autem æstimaverunt in carne Christi humanam animam non habitasse nec fuisse, sed partes animæ ipsam Verbi implesse Deitatem. Quorum imprudentia in hoc transiit, ut animam fuisse quidem in Domino faterentur ; sed eamdem dicerent mente caruisse quia sufficeret homini sua Deitas ad omnia rationis officia. Postremo iidem asserere præsumpserunt partem quamdam Verbi in carnem fuisse conversam ; ut in unius dogmatis varietate multiplici, non carnis tantum animæque natura, sed etiam ipsius Verbi solveretur essentia.

Resp. Gratia nobis et pax a Jesu Christo.

IN TERTIO NOCTURNO.
Lectio VII.

Lectio sancti Evangelii secundum Joannem.

In illo tempore : Sublevatis Jesus oculis in cœlum, dixit, Pater, venit hora, clarifica Filium tuum, ut Filius tuus clarificet te. Et reliqua.

Homilia sancti Cyrilli episcopi. (Ex tractat. 11 *in Joan.* XVIII.)

Manifestavit Patris nomen Filius, quod nimirum effecerit, ut intelligeremus, et liquido cerneremus non solum Deum ipsum esse : nam et ante adventum ejus hoc a divinitus inspirata Scriptura fuerat prædicatum : sed et cum sit vere Deus, Patrem etiam illum esse nec falso nomine sic appellari cum in seipso habeat et ex seipso genitam prolem sibi coævam et propria natura coæternam. Genuit enim non in tempore creatorem sæculorum : porro magis proprium est quodammodo Dei nomen Pater, quam Deus : si quidem istud dignitatem significat, illud substantialem proprietatem declarat. Deum enim si dixerit quispiam, rerum omnium Dominum ostendit : Patrem vero si appellaverit, rationem proprietatis attingit : manifestat enim ipsum esse genitorem : est autem magis proprium Deo, magisque verum nomen, Pater, quod et ipse Filius illi attribuens aliquando dicebat, non ego et Deus, sed ego et Pater unum sumus : aliquando vero rursus de seipso. Hunc enim Pater significavit Deus ; sed et gentes omnes cum a discipulis baptizari jussit, non in Dei nomine, sed in Patris et Filii, et Spiritus sancti nomine id fieri verbis conceptis imperavit. Sic et divinus ille Moyses dum hujus mundi creationem narrat, non uni personæ opificium illud attribuit, dum ita scribit : Et dixit Deus, Faciamus hominem ad imaginem et similitudinem nostram ; et dum ait, Faciamus, atque ad similitudinem nostram, sancta Trinitas significatur ; per Filium enim in Spiritu Pater cuncta produxit, et cum non essent, in lucem edidit.

Resp. Requievit.

Lectio VIII. (*Ibid.*)

Sed hæc liquido assequi antiquiores non poterant ; imo vero minime perspicua illis hæc oratio, cum peculiariter nominatus non esset Pater, ac ne Filii quidem clare esset introducta persona ; Dominus autem noster Jesus Christus absque ulla dissimulatione ac multa cum fiducia Patrem suum appellabat

Deum, se vero Filium ejus vocabat, ac veram sobolem se naturæ illius ostendebat, a qua reguntur universa, sicque nomen Patris manifestavit, ac nos ad perfectam cognitionem evexit, est enim illa exactissima cognitio Dei atque principii rerum creatarum, ut non solum Deum esse cognoscamus, sed etiam Patrem illum esse, et cujusnam sit Pater non ignoremus, atque ita simul sine dubio etiam Spiritus sanctus innotescit. Nam si de Deo sciamus solummondo illum esse Deum, non magis nobis hoc convenit, quam illis qui subjecti erant legi : Judaicæ quippe prudentiæ mensuram non excedit : et quemadmodum nihil ad perfectum adduxit lex, sed quamdam pædagogi disciplinam invexit; neque sufficientem ad perfectam virtutem exercendam, sic imperfectam quoque ; cognitionem Dei attulit, et a falsorum tantum deorum cultu revocatos ad unum verumque Deum adorandum induxit. Non enim erunt, inquit, dii alieni præter me. Dominum Deum tuum adorabis, et illi soli servies. Dominus autem noster Jesus Christus his quæ fuerant præcepta per Moysen meliora adjunxit, et mandatis legalibus clariorem doctrinam proponens antiqua illa cognitione meliorem illustrioremque largitus est. Manifestum enim nobis reddidit non modo Deum esse conditorem ac Dominum universorum, sed etiam Patrem, et reipsa demonstravit; seipsum enim tanquam imaginem in medium adduxit dicens : Qui videt me, videt et Patrem, ego et Pater unum sumus.

ṛ. Spiritus Domini.

Lectio ix. (*Ibid.*)

Atque hæc quidem merito, ut qui Deus esset ex Deo, sublimiter et ut Deo convenit, ad Patrem suum locutus est : subjungit autem continuo quædam quæ hominem magis decent. Quos dedisti mihi de mundo, tui erant, et mihi eos dedisti. Existimandum est autem hæc a Domino dicta esse, non quod proprio ac separatim aliquid tribuatur tanquam diversa potestate pollenti Deo et Patri, quod non ipsius forte sit Filii : Rex enim est ante sæcula, ut canit Psalmista, eumdemque cum Patre sortitus est ab æterno dominatum. Sane quidem sapientissimus evangelista Joannes, ut subjecta illi esse universa ostenderet, regnante nimirum Patre cum ipso, scribebat. In propria venit, et sui eum non receperunt. Propria vocat ipsius, eos etiam qui nondum ipsum noverant, sed a se jugum regni ejus rejecerant. Propria quippe Dei sunt omnia, neque in rebus creatis omnino quidquam est, quod Dominum non habeat unum, etsi fortasse illud creatura non noverit. Neque enim dicere potest ullus, eo quod nonnulli decepti errore fuerint, creatorem universi, dominatu, quem in res omnes creatas obtinet, spoliari, sed omnia potius illi subjugabit ac subjiciet, quod ab ipso edita in lucem fuerint et creata. Cùm igitur ita prorsus ac vere se res habeat. Dei quidem erant, qui natura Deus est, etiam illi qui a diabolo fuerant erroribus implicati ac mundi sceleribus involuti, sed Filio tamen sunt dati. Quo tandem pacto? Sic nimirum placuit Deo ac Patri ut super eos regnaret Emmanuel, non quod jam in eos regnare inciperet: semper enim Dominus et Rex fuit, ut inquit, Deus : sed quod homo factus est, cum pro vita omnium periculis se objecerit, omnes hac ratione redemerit, ac per seipsum Deo ac Patri obtulerit. Ita qui semper erat atque ab initio cum genitore suo regnat ut Deus, constitutus Rex ut homo, cui cum aliis, juxta naturæ humanæ conditionem, deferri potest ut regnet.

Te Deum laudamus.

SEPTIMA DIE INFRA OCTAVAM.

IN PRIMO NOCTURNO.

Lectio I.

De Epistola ad Hebræos. (*Cap.* XII.)

Per patientiam curramus ad propositum nobis certamen : aspicientes in auctorem fidei, et consummatorem Jesum, qui proposito sibi gaudio sustinuit crucem, confusione contempta, atque in dextera sedis Dei sedet. Recogitate enim eum, qui talem sustinuit a peccatoribus adversum semetipsum contradictionem : ut ne fatigemini, animis vestris deficientes. Accessistis ad Sion montem, et civitatem Dei viventis, Jerusalem cœlestem, et multorum millium angelorum frequentiam, et Ecclesiam primitivorum, qui conscripti sunt in cœlis, et judicem omnium Deum, et Spiritus justorum perfectorum, et Testamenti novi mediatorem Jesum, et sanguinis aspersionem melius loquentem quam Abel. Videte ne recusetis loquentem. Si enim illi non effugerunt, recusantes eum qui super terram loquebatur : multo magis nos, qui de cœlis loquentem nobis avertimus. Cujus vox movit terram tunc : nunc autem repromittit, dicens : Adhuc semel, et ego movebo non solum terram, sed et cœlum. Quod autem, adhuc semel, dicit; declarat mobilium translationem, tanquam factorum, ut maneant ea quæ sunt immobilia. Itaque regnum immobile suscipientes, habemus gratiam, per quam serviamus placentes Deo, cum metu et reverentia. Etenim Deus noster ignis consumens est.

ṛ Benedictus.

Lectio II. (*Cap.* XIII,)

Jesus Christus heri, et hodie et ipse in sæcula. Habemus altare, de quo edere non habent potestatem qui tabernaculo deserviunt. Quorum enim animalium infertur sanguis pro peccato in Sancta per Pontificem, horum corpora cremantur extra castra. Propter quod et Jesus, ut sanctificaret per suum sanguinem, populum, extra portam passus est. Exeamus igitur ad eum extra castra, improperium ejus portantes. Non enim habemus hic manentem civitatem, sed futuram inquirimus. Per ipsum ergo offeramus hostiam laudis semper Deo, id est fructum labiorum confitentium nomini ejus.

ṛ. In hoc apparuit.

Lectio III. (*Ibid.*)

Deus pacis, qui eduxit de mortuis pastorem magnum ovium, in sanguine testamenti æterni, Dominum nostrum Jesum Christum, aptet vos in omni bono, ut faciatis ejus voluntatem : faciens in vobis quod placeat coram se per Jesum Christum : cui est gloria in sæcula sæculorum.

℞. Vitam æternam dedit nobis.

IN SECUNDO NOCTURNO.

Lectio IV.

Sermo sancti Leonis Papæ. (Serm. 3 *De Passione Domini.*)

Hoc catholica fides tradit, hoc exigit : ut in Redemptorem nostrum duas noverimus esse naturas, et manentibus proprietatibus suis, tantam factam unitatem utriusque substantiæ, ut ab illo tempore; quo sicut humani generis causa poscebat, in beatæ Virginis utero Verbum caro factum est, nec Deum illum sine hoc quod homo est, nec hominem sine hoc liceat cogitare quod Deus est. Exprimit quidem sub distinctis actionibus veritatem suam utraque natura, sed neutra se ab alterius connexione disjungit. Nihil ibi ab invicem vacat, tota est in majestate humilitas, tota in humilitate majestas. Nec infert unitas confusionem, nec dirimit proprietas unitatem. Aliud est passibile, aliud inviolabile ; et tamen ejusdem est contumelia, cujus et gloria. Ipse est in infirmitate, qui et in virtute : idem mortis capax, et idem victor est mortis.

℞. Cum in forma Dei.

Lectio v.

Suscepit ergo totum hominem Deus, et ita se illi, atque illum sibi misericordiæ, et potestatis ratione conseruit, ut utraque alteri natura inesset, et neutra in alteram a sua proprietate transiret. Sed quia dispensatio sacramenti ad reparationem nostram ante sæcula æterna disposuit, nec sine humana infirmitate, nec sine divina erat consummanda virtute ; agit utraque forma cum alterius communione, quod proprium est. Verbo scilicet operante, quod Verbi est, et carne exsequente, quod carnis est. Unum horum coruscat miraculis, aliud succumbit injuriis. Aliud ab æqualitate paternæ gloriæ non recedit, hoc naturam nostri generis non reliquit. Verumtamen etiam ipsa receptio passionum, non ita est nostræ affectioni humilitatis exposita, ut a potentia sit divinitatis abjuncta. Quidquid Domino illusionis et contumeliæ, quidquid vexationis et pœnæ intulit furor impiorum : non de necessitate toleratum, sed de voluntate susceptum est. Venit enim Filius hominis quærere et salvare, quod perierat. Et sic ad omnium redemptionem utebatur malitia persequentium, ut in mortis ejus resurrectionisque sacramento etiam interfectores sui possent salvi esse, si crederent.

℞. Ipse est imago.

Lectio vi. (Ibid.)

Cum igitur esset Deus in Christo mundum reconcilians sibi, et creaturam ad Creatoris sui imaginem reformandam, Creator ipse gestaret, peractis miraculis operum divinorum, quæ propheticus olim Spiritus gerenda prædixerat. Tunc aperientur oculi cæcorum, et aures surdorum audient, tunc saliet claudus ut cervus, et plana erit lingua mutorum ; sciens Jesus adesse jam tempus gloriosæ passionis implendæ. Tristis est, inquit, anima mea usque ad mortem. Et iterum : Pater, si fieri potest, transeat a me calix iste. Quibus verbis quamdam formidinem profitentibus, nostræ infirmitatis affectus participando, curabat, et pœnalis experientiæ metum subeundo, pellebat. In nobis ergo Dominus nostro pavore trepidabat ; ut susceptionem nostræ infirmitatis indueret, et nostram inconstantiam, suæ virtutis soliditate vestiret. Venerat enim in hunc mundum dives atque misericors negotiator cœli, et commutatione mirabili inierat commercium salutare, nostra accipiens, et sua tribuens, pro contumeliis honorem, pro doloribus salutem, pro morte dans vitam, et cui ad exterminationem persequentium poterant plusquam duodecim millia angelicarum servire legionum, malebat nostram recipere formidinem, quam suam exercere potestatem.

℞ Gratia nobis et pax.

IN TERTIO NOCTURNO.

Lectio vii.

Lectio sancti Evangelii secundum Joannem. (*Cap.* xvii.)

In illo tempore : Sublevatis Jesus oculis in cœlum, dixit : Pater, venit hora, clarifica Filium tuum, ut Filius tuus clarificet te.

De Homilia sancti Cyrilli episcopi. (Tract. 11 *in Joan.*)

Quoniam propositi textus vis quodammodo nos cogit ad sublimiores sensus ascendere, nosque ad hoc Salvator invitat, cum ait : Sicut tu, Pater, in me, et ego in te, ut et ipsi unum in nobis sint : considerandum est perattente, quam tandem a nobis hisce de rebus institui conveniat orationem. Nam in superioribus quidem non absque ratione dicebamus fidelium unionem, quæ concordia et animorum consensu stabilitur, debere divinæ modum unitatis et substantialem sanctæ Trinitatis identitatem, ac totam in seipsa connexionem imitari ; in his autem jam naturalem quoque unitatem studemus ostendere, per quam nos inter nos, et omnes Deo colligamur ; fortassis etiam corporali inter nos unione conjungimur, licet adeo distincti simus, corporum diversitate divisi ; ut unusquisque nostrum circumscribatur et subsistat. Cum igitur in Patre et Filio, atque adeo sine dubio in Spiritu sancto naturalem esse unitatem omnes fateantur ; una quippe divinitas in sancta Trinitate creditur et glorificatur ; age, consideremus rursus qua ratione nos ipsi quoque unum inter nos corporaliter ac spiritualiter, et cum Deo esse inveniamur.

℞. Requievit super eum.

Lectio viii. (Ibid.)

Itaque ex ipsa Patris substantia Unigenitus nobis prodiens totumque possidens in sua natura genitorem, caro factus est secundum Scripturas, ac seipsum per ineffabilem cum terreno corpore nostro copulationem et unionem cum natura nostra quodammodo miscuit. Ita qui natura Deus est vere exstitit, et factus est vere cœlestis homo, non deifer, hoc est Deum per gratiam habens, ut contendunt quidam, quibus exacte perspecta non est mysterii istius sublimitas, sed verus Deus, simul et homo; ut ea quæ plurimum secundum naturam inter se dissidebant, in seipso uno conjungeret, hominemque naturæ divinæ consortem ac participem redderet. Nam et ad nos usque pervenit participatio Spiritus, et inhabitatio quæ initium duxit a Christo, et in ipso primo fuit, cum nobis similis intelligatur, hoc est homo unctus et sanctificatus (tametsi natura Deus est, quatenus ex Patre natus est) et suum ipse templum Spiritu proprio sanctificat, et omnem, quæ ab ipso est producta, creaturam, quæ sanctificationis capax fuerit. Itaque tanquam origo, principium et via, qua Spiritum sanctum participamus, Deoque unimur, Christi mysterium est, cum omnes in ipso sanctificemur eo quo a nobis dictum est modo.

℟. Spiritus Domini.

Lectio ix. (*Ibid.*)

Ut igitur nos quoque ipsi unione cum Deo inter nos conjungeremur et commisceremur, quamvis habita ratione differentiæ singulorum, proprietate animarum corporumque distemus; modum tamen quemdam adinvenit Unigenitus pro ea quæ ipsi convenit sapientia, et consilio Patris: uno enim corpore, suo nimirum, in se credentes benedicens per mysticam communionem cum sibi tum nobis invicem reddit concorporales. Quis enim eos qui per sanctum corpus unione devincti sunt, ab hac naturali inter se conjunctione dividet ac divellet? Si enim omnes de uno pane participamus, unum omnes corpus efficimur: dividi quippe non potest Christus; propterea et Christi corpus est Ecclesia, nos autem membra, ut sapienter ait Paulus. Nam cum uni Christo per sanctum corpus ejus uniamur, ut pote qui unum et indivisibilem in corporibus recipiamus nostris, ipsi potius Christo quam nobis membra nostra debemus. Quod autem Salvator caput sit constitutus, ac proinde corpus appelletur Ecclesia tanquam ex singulis membris compositum. Quod item hanc corporalem cum Christo unionem, per participationem sanctæ carnis ejus acquiramus, ostendit Paulus de mysteriis pietatis disserens. Si autem concorporales omnes inter nos sumus in Christo, neque internos solum, verum etiam cum ipso, qui per suam carnem in nos venit, quomodo jam omnes et inter nos et in Christo unum non sumus? Est enim hujus unionis vinculum Christus, qui Deus simul est et homo.

Te Deum laudamus.

IN DIE OCTAVA
(*Omnia ut in die, præter Lectiones.*)

IN PRIMO NOCTURNO.

Lectio i.

Incipit Epistola B. Pauli apostoli ad Ephesios. (*Cap.* i.)

Benedictus Deus et Pater Domini nostri Jesu Christi, qui benedixit nos in omni benedictione spirituali in cœlestibus in Christo, sicut elegit nos in ipso ante mundi constitutionem, ut essemus sancti et immaculati in conspectu ejus in charitate. Qui prædestinavit nos in adoptionem filiorum per Jesum Christum in ipsum, secundum propositum voluntatis suæ, in laudem gloriæ gratiæ suæ, in qua gratificavit nos in dilecto Filio suo. In quo habemus redemptionem per sanguinem ejus, remissionem peccatorum, secundum divitias gratiæ ejus, quæ superabundavit in nobis in omni sapientia et prudentia; ut notum faceret nobis sacramentum voluntatis suæ, secundum beneplacitum ejus, quod proposuit in eo, in dispensatione plenitudinis temporum, instaurare omnia in Christo.

℟. Benedictus Deus.

Lectio ii.

De Epistola B. Pauli apostoli ad Philippenses. (*Cap.* ii.)

Hoc sentite in vobis, quod et in Christo Jesu; qui cum in forma Dei esset, non rapinam arbitratus est esse se æqualem Deo: sed semetipsum exinanivit formam servi accipiens, in similitudinem hominum factus, et habitu inventus ut homo. Humiliavit semetipsum factus obediens usque ad mortem, mortem autem crucis. Propter quod et Deus exaltavit illum, et donavit illi nomen, quod est super omne nomen, ut in nomine Jesu omne genu flectatur cœlestium, terrestrium et infernorum; et omnis lingua confiteatur, quia Dominus Jesus Christus in gloria est Dei Patris.

℟. In hoc apparuit.

Lectio iii.

De Epistola B. Pauli apostoli ad Colossenses. (*Cap.* i.)

Eripuit nos de potestate tenebrarum, et transtulit in regnum Filii dilectionis suæ; in quo habemus redemptionem per sanguinem ejus remissionem peccatorum; qui est imago Dei invisibilis, primogenitus omnis creaturæ; quoniam in ipso condita sunt universa in cœlis, et in terra, visibilia et invisibilia, sive Throni, sive Dominationes, sive Principatus, sive Potestates: omnia per ipsum et in ipso creata sunt; et ipse est ante omnes, et omnia in ipso constant. Et ipse est caput corporis Ecclesiæ, qui est principium, primogenitus ex mortuis: ut sit in omnibus ipse primatum tenens, quia in ipso complacuit omnem plenitudinem inhabitare, et per eum reconciliare omnia in ipsum, pacificans per sanguinem crucis ejus, sive quæ in terris sive quæ in cœlis sunt.

℟. Vitam æternam.

IN SECUNDO NOCTURNO.

Lectio iv.

Ex ser. B. Cyrilli archiepisc. Alexandrini *De incarnatione Verbi Dei Filii Patris.* — Ex *Concil. Ephes.* parte iii editionis Romanæ.

Sunt qui in auditorum animos furtim ac per fraudem irrepunt, Deum Verbum assurentes hominem assumpsisse, ac idcirco per sanctam Virginem prodiisse, et hunc eumdem hominem a Deo Verbo deificatum esse ; magnum illud pietatis mysterium non intelligentes, dispensationisque Unigeniti cum carne beneficium parvi facientes. Nos autem, fratres, non sic edocti sumus. Illum namque qui ex sancta Virgine natus est, unum eumdemque esse agnoscimus, perfectum Deum et perfectum hominem anima rationali præditum. Hac etiam de causa sanctam Virginem Deiparam appellamus; Deumque Verbum, non opinione, sed re ipsa in illa habitasse dicimus, eumdem bimestrem et trimestrem, Filium Dei simul et filium hominis. Quinetiam voces illas quas divinæ litteræ, modo humanitati, modo divinæ illius potestati tribuunt, in unam duntaxat personam convenire prædicamus.

℞. Cum in forma Dei.

Lectio v. (*Ibid.*)

Eumdem enim agnoscimus qui super cervical dormiebat, et qui mare et ventos ex potestate increpabat : eumdem qui ex itinere defatigabatur, et qui super mare, perinde ac super solidam terram, sua potestate gradiebatur. Idem itaque citra ullam controversiam Deus simul et homo exsistit. Quid enim mirum esset, si nostræ conditionis homo quispiam Dei potestate munitus miracula patraret? Verum ut illud ipsum Dei Verbum non imaginatione aut apparenti quadam ratione, sed re ipsa se exinanivisse divinæ Scripturæ nobis ostendant, unum eumdemque Deum simul et hominem per prophetas et apostolos nobis diserte pronuntiantes dixerunt.

℞. Ipse est imago.

Lectio vi. (*Ibid.*)

Dei itaque erat illa ex Virgine conceptio, Dei nativitas, Dei similitudo, qua nobis nostri causa dispensatorie per omnia assimilatus est. Dei passio, Dei iis qui in carcere et in tenebris erant prædicatio, Dei resurrectio, Dei tandem in cœlos assumptio. Qui capi non poterat, per carnem quam nostri causa ex Maria sumpsit, virginali utero concludi ac definiri sustinuit. Qui late omnia excedit, carne continetur. In quem nulla mutatio cadit, humanam formam subiit. Impatibilis, ultro pro nobis et propter nos, per propriam carnem passus est. Deo et Patri indivulse cohærens, in terra, ut scriptum est, visus est, et cum hominibus conversatus. Qui sub tactum non veniebat, ab iniquis lancea compunctus est. Impassibilis, voluntariam crucem nostri causa pertulit. Immortale lumen, morti seipsum obtulit, et morti quidem crucis. Qui in sinu Patris erat, per propriam carnem in cœlum assumi non recusavit.

℞. Gratia nobis et pax.

IN TERTIO NOCTURNO.

Lectio vii.

Lectio sancti Evangelii secundum Joannem.
(*Cap.* xvii.)

In illo tempore : Sublevatis Jesus oculis in cœlum, dixit : Pater, venit hora, clarifica Filium tuum, ut Filius tuus clarificet te.

De Homilia sancti Cyrilli Episcopi. (Ex tract. 111 *in Joan.* xxvii.)

Claritatem, ait Jesus, quam tu dedisti mihi, dedi eis, ut sint unum, sicut et nos unum sumus. Naturalem atque substantialem habere unionem cum Patre suo Unigenitum dicimus recte admodum sentientes, quatenus secundum veram generationis rationem genitus est, et ex ipso esse atque in ipso intelligitur. Quamvis enim propriæ subsistentiæ diversitate ab ipso dissidere distinguique videatur : tamen naturali plane substantiæ identitate unum esse cognoscitur. Verum quoniam propter nostram dispensationem, salutem ac vitam, quem ab initio locum obtinebat quodammodo dereliquit, æqualitatem, inquam, cum Deo et Patre, videturque in obscurioris cujusdan gloriæ conditionem devolutus (hoc enim significabat illud, exinanivit semetipsum) is qui quondam et ab initio fuit unum cum Patre, hanc claritatem et gloriam accipit cum hoc terreno et mortali carnis indumento, formaque humana, quæ si naturalem conditionem ejus consideres, necessario tanquam loco beneficii requirit, id quod Christo naturaliter inerat. Erat enim et est in forma et æqualitate Patris : itaque quandoquidem caro ex muliere nata consubstantialis Deo ac Patri non est, neque eiusdem naturæ, hoc est illud omnino templum ex Virgine sumptum, semel tamen; ut sit Verbi corpus, susceptum, jam unum esse cum ipso censetur : unus enim est Christus, et unus Filius, postquam factus est homo : et hac ratione unionem intelligitur accepisse, cum ad hoc cum carne susceptum sit, quæ ex se illud non habebat, ut cum Deo unum esset.

℞. Requievit super eum.

Lectio viii. (*Ibid.*)

Atque ut brevius dicam et clarius, quod suæ carni datum est, sibi datum esse ait Unigenitus, datum scilicet a Patre per ipsum in Spiritu. Non enim aliam habet viam modus unionis cum Deo ; atque intelligitur quidem in Christo quatenus apparuit et fuit homo, unione quadam ineffabili conjunctionis cum Spiritu sanctificata caro, quæ ita sine ulla confusione ad unionem cum Deo Verbo ascendat, et per Verbum ad unionem cum Patre habitudine quadam scilicet, et non naturaliter. Hanc igitur mihi datam a te gratiam simul et gloriam, o Pater, quæ nimirum est, ut tecum unum sim, dedi eis, ut sint unum, sicuti nos unum sumus. Unimur enim inter nos illis modis qui jam sunt expositi; unimur autem et cum Deo. Qua tandem ratione, vel quo pacto ? Modum clarissime Dominus nobis aperuit, suæque doctrinæ thesauros minime clausit, dicens : Ego in eis et tu in me; ut sint consummati in unum. Filius enim in nos venit, corporaliter quidem ut homo, dum per mysticam benedictionem nobiscum miscetur et unitur : spiritualiter autem ut Deus, dum per operationem et gratiam Spiritus sui ad novam vitam et divinæ naturæ suæ participationem spiritum nostrum instauret. Vinculum igitur nostræ cum Deo Patre unionis Christum esse constat, qui nos quidem sibi conjunxit ut homo, Deo vero genitori suo sic unitus est, ut naturaliter in eo sit.

℞. Spiritus Domini.

Lectio IX.

Non enim aliter fieri poterat, ut corruptioni obnoxia natura ad immortalitatem ascenderet, nisi ad eam immunis ab omni corruptione atque immutabilis natura descenderet, quæ semper deorsum labente illam ad boni sui participationem tolleret, suoque consortio et conjunctione quodammodo a creatæ naturæ vilitate vindicaret, cum instauratam illam suo nexu ad formam, quam ex se non habebat, proveheret. Consummati ergo sumus, et ad unionem cum Deo Patre reducti per mediatorem nostrum Christum : cum enim eum accipiamus in nobis et corporaliter et spiritualiter, ut ante dictum est, qui naturaliter ac vere Filius est, ac substantiali unione cum Patre unitus est, cumque illius, quæ super omnes res creatas est, naturæ participes reddamur atque consortes, glorificamur et claritate donamur nos autem ad Dei Patris unionem admitti vult Christus, tum ut hoc munere a Patre accepto per seipsum de natura nostra bene mereatur, tum ut hujus gratiæ virtute illos redarguat, qui a Deo non esse ipsum arbitrantur. Quis enim locus calumniis jam relinquitur, cum ad unionem cum Patre omnes referat, quos sibi per fidem et sinceram charitatem acquisiverat. *Te Deum.*

COMMEMORATIONES QUOTIDIANÆ PER ANNUM,

PRO SOLEMNITATIBUS DOMINI JESU ET B. MARIÆ VIRGINIS.

TEMPORE ADVENTUS.

AD VESPERAS ET LAUDES.

Antiphona. Hic erit magnus, et Filius Altissimi vocabitur, et dabit illi Dominus Deus sedem David patris ejus; et regnabit in domo Jacob in æternum, et regni ejus non erit finis.

℣. In Domino gaudebo.
℞. Et exsultabo in Deo Jesu meo.

Oratio.

Deus, qui Unigenitum tuum apud te ab æterno Deum pro nobis in æternum hominem esse voluisti : fac nos, quæsumus, hanc ineffabilem et divinissimam vitam Verbi in humanitate, et humanitatis in Verbo vitæ jugiter celebrare : ut ejus Spiritu animemur in terris, et ejus aspectu perfruamur in cœlis, qui nostra vita est et gloria : et tecum vivit et regnat in unitate Spiritus sancti Deus, per omnia sæcula sæculorum. Amen.

DE BEATA VIRGINE.

AD VESPERAS, ET LAUDES.

Antiphona. Ne timeas, Maria, invenisti gratiam apud Deum; ecce concipies in utero, et paries filium, et vocabis nomen ejus Jesum.

℣. Benedicta tu in mulieribus.
℞. Et benedictus fructus ventris tui.

Oratio.

Deus, qui de beatæ Mariæ Virginis utero Verbum tuum, angelo nuntiante, carnem suscipere voluisti ; præsta supplicibus tuis, ut qui vere eam Genitricem Dei credimus, ejus apud te intercessionibus adjuvemur. Per eumdem Christum Dominum nostrum. Amen.

TEMPORE NATIVITATIS.

AD VESPERAS, ET LAUDES.

Antiphona. Ecce puer meus quem elegi, dilectus meus, in quo mihi bene complacui; ponam super eum spiritum meum, judicium gentibus proferet et in nomine ejus gentes sperabunt.

℣. Hic est Deus, Deus noster in æternum, et in sæculum sæculi.
℞. Ipse reget nos in sæcula.

Oratio Deus, qui Unigenitum tuum, etc., *ut supra.*

TEMPORE PASSIONIS.

AD VESPERAS.

Antiphona. Humiliavit semetipsum Dominus noster Jesus Christus, factus obediens usque ad mortem, mortem autem crucis.

℣. Anima mea illi vivet.
℞. Et semen meum serviet ipsi.

Oratio Deus, qui Unigenitum, etc., *ut supra.*

AD LAUDES.

Antiphona. Ecce vidimus Deum Jesum, non habentem speciem, neque decorem despectum, et novissimum virorum, virum dolorum; vere languores nostros ipse tulit, et dolores nostros ipse portavit.

℣. Ipse vulneratus est propter iniquitates nostras.
℞. Attritus est propter scelera nostra.

Oratio ut supra.

TEMPORE PASCHALI.

AD VESPERAS.

Antiphona. Data est mihi omnis potestas in cœlo, et in terra : euntes ergo docete omnes gentes, allel.

℣. Oportuit Christum pati, alleluia.
℞. Et ita intrare in gloriam suam, alleluia.

Oratio ut supra.

AD LAUDES.

Antiphona. Constituit Deus Pater ad dexteram suam Jesum Christum in cœlestibus, super omnem principatum, potestatem, virtutem, dominationem et omne nomen quod nominatur, non solum in hoc sæculo, sed etiam in futuro : et omnia subjecit sub pedibus ejus, alleluia.

℣. Instauravit omnia in Christo, alleluia.
℟. Quæ in cœlis, et quæ in terra sunt in ipso, alleluia.
Oratio ut supra.

POST TEMPUS PASCHALE, ET PER ANNUM.

AD VESPERAS.

Antiphona. Tu es splendor Patris, et figura substantiæ ejus; tu portas omnia verbo virtutis tuæ, purgationem peccatorum faciens; tu sedes ad dexteram majestatis in excelsis.

℣. Hic est Filius meus dilectus.
℟. In quo mihi bene complacui.
Oratio ut supra.

AD LAUDES.

Antiphona. Christus Jesus cum in forma Dei esset, exinanivit semetipsum formam servi accipiens, in similitudinem hominum factus, et habitu inventus ut homo.

℣. Verbum caro factum est.
℟. Et habitavit in nobis.
Oratio ut supra.

DE BEATA VIRGINE.
AD VESPERAS.

Antiphona. Fecit mihi magna qui potens est, et sanctum nomen ejus.

℣. Benedicta tu in mulieribus.
℟. Benedictus fructus ventris tui.
Oratio Deus qui de beatæ, etc., *ut supra.*

AD LAUDES.

Antiphona. Beatam me dicent omnes generationes, quia ancillam humilem respexit Deus.

℣. Ecce ancilla Domini.
℟. Fiat mihi secundum verbum tuum.

Oratio.

Deus, qui virginalem aulam beatæ Mariæ, in qua habitares, eligere dignatus es : da, quæsumus, ut sua nos defensione munitos, jucundos facias suæ interesse commemorationi. Qui vivis et regnas.

APPROBATION DE L'OFFICE DE JESUS-CHRIST NOTRE-SEIGNEUR.

Officium hoc solemnitatis Domini Jesu, in sacra Rituum Congregatione recognitum et approbatum : Illustrissimi PP. imprimi, atque in Ecclesia et Diœcesi Tolosana recitari concesserunt.

Romæ, prima Februarii 1625.

ranciscus Maria, Cardinalis a Monte.
JOANNES BAPTISTA Rinnuccinus Secr.

OFFICIUM SANCTI JOSEPH AB ARIMATHÆA,
QUOD CELEBRATUR DIE XVII MARTII.

Le cardinal de Bérulle a aussi préparé un office complet pour la fête de Saint-Joseph d'Arimathie; mais il ne nous est parvenu que tronqué. Nous ne croyons pas devoir en réimprimer les fragments que nous avons sous les yeux. Il s'arrête au second Nocturne des Matines ; les Leçons du second Nocturne et le troisième tout entier nous manquent.

OFFICIUM SANCTI GABRIELIS ARCHANGELI
QUOD CELEBRATUR DIE VIGESIMA TERTIA MARTII.

AD VESPERAS

Antiphona. Missus est, *cum reliquis à* LAUDIBUS.

Psal. Dixit Dominus, *cum reliquis de Dominica, et loco ultimi.*
Psal. Laudate Dominum, omnes gentes.

Capitulum.

In mense sexto missus est angelus Gabriel a Deo in civitatem Galilææ, cui nomen Nazareth, ad Virginem desponsatam viro, cui nomen erat Joseph, de domo David; et nomen Virginis Maria.

Hymnus.

O Lumen index Luminis,
Dei deorum nuntie,
Dic verba Verbi prævia,
Verbumque Matri nuntia.

Cœlestes, o Archangele,

Duc ad præsepe milites,
Christi recenter editi,
Hymnumque Christo persona.

Tobiam duxit Raphael;
At tu Salutis Angele,
Joseph, Mariam, et Jesum,
Duc, reduc Patris Unicum.

Iturus an sit admone,
Mansurus an sit indica :
Jesu minister sedulus
Quocunque pergit, ambula.

Jesu dolorum conscius,
Jesum in horto visita :
Suo madentem sanguine
Deum conforta, vir Dei.

O te beatum Gabriel
Inter beatos Spiritus :
Qui solus sæclis abditum
Mundo pandis mysterium,

In terris solus cœlitum
Tuæ commissum fidei,
O summi favor Numinis,
Habes æterni Filium.

Quis æquet ista laudibus?
Quis æquet digno munere ?
Cœlum terramque superas,
Cœli confortans Dominum.

Gloria tibi, Domine,
Qui natus es de Virgine,
Cum Patre et sancto Spiritu,
In sempiterna sæcula. Amen.

℣. Missus est Angelus Gabriel.
℟. Ad Mariam Virginem desponsatam Joseph.

Ad Magnificat.
Antiphona. Respondens Angelus Mariæ dixit : Spiritus sanctus superveniet in te, et virtus Altissimi obumbrabit tibi. Ideoque, et quod nascetur ex te sanctum, vocabitur filius Dei.

Oratio.
Deus qui Unigeniti tui Incarnationem sacratissimæ Virgini Mariæ, per beatum Gabrielem nuntiare voluisti ; atque hunc Archangelum tuum singulari cum Jesu et Maria Matre ejus commercio sublimasti : da nobis tanti mysterii gratia perfrui, tam sancti Angeli ope, in via Domini confortari, dirigi et illustrari ; ac ejus ministerio in penetrale sacratissimum Amoris Jesu et Mariæ introduci. Per eumdem Dominum.

AD MATUTINUM.

Invitatorium. Regem Archangelorum Dominum : Venite adoremus.
Psal. Venite, exultemus.

Hymnus.
Ardens amore Seraphim,
Æterni Verbi Nuntie,
Matrisque custos Virginis,
Nostris aspira canticis.

Te Sponsus ille mentium
Amoris almi conscium,
Promissa terris gratiæ,
Arcana jussit pandere

Quis summi favor Numinis,

Te solum inter cœlites
Æternæ pacis nuntium,
Vult mundo ferre perdito.

Te et matre solum consciis,
Orbi se Pater luminum,
Suumque carni Filium
Æterno jungit fœdere.

Qua mente pro mortalibus
Exinanitum aspicis
In carne Dei filium,
In terra cœli Dominum.

Quo sensu terram aspicis
Tuo fecundam nuntio :
Quæ Christum in se continens,
Infra se videt omnia.

Quæ verso rerum ordine,
Cœlum supremum superans :
Ex quo in terram lapsus es,
Movere cœlos incipit.

Quo mentis spectas oculo
Sedes repleri cœlicas,
Cœlestes regi spiritus
E terris ab infantulo.

O matri et nato Gabriel
Dilecte, tuos supplices
Amore Jesu vulnera,
Amore matris saucia.

IN PRIMO NOCTURNO.

Antiphona. Adhuc me loquente in oratione, ecce vir Gabriel, quem videram a principio, cito volans tetigit me in tempore sacrificii vespertini.
Psal. Beatus vir qui non abiit, etc.
Antiphona. Et docuit me, et locutus est mihi : dixitque, Daniel : nunc egressus sum, ut docerem te, et intelligeres.
Psal. Quare fremuerunt gentes, etc.
Antiphona. Ab exordio precum tuarum egressus est sermo. Ego autem veni, ut indicarem tibi ; quia vir desideriorum es.
Psal. Domine Dominus noster, etc.
℣. Apparuit Angelus Domini in somnis Joseph.
℟. In Ægypto.

Lectio I.
De Daniele Propheta. (c. IX.)

In anno primo Darii filii Assueri de semine Medorum, qui imperavit super regnum Chaldæorum. Anno uno regni ejus, ego Daniel intellexi in libris numerum annorum, de quo factus est sermo Domini ad Jeremiam prophetam, ut complerentur desolationis Jerusalem septuaginta anni. Et posui faciem meam ad Dominum Deum meum rogare et deprecari in jejuniis, sacco, et cinere. Et oravi Dominum Deum meum, et confessus sum, et dixi : Obsecro, Domine Deus, magne et terribilis, custodiens pactum, et misericordiam diligentibus te, et custodientibus mandata tua. Peccavimus, iniquitatem fecimus, impie egimus, et recessimus, et declinavimus a mandatis tuis, ac judiciis. Tu autem, Domine,
℟. Cum viderem, ego Daniel visionem, et quærerem intelligentiam. Ecce stetit in conspectu meo quasi species viri.
℣. Et audivi vocem viri inter Ulai, et dixit

Gabriel: fac intelligere istam visionem. Ecce stetit.

Lectio II.

Adhuc me loquente in oratione, ecce vir Gabriel quem videram in visione a principio, cito volans tetigit me, in tempore sacrificii vespertini. Et docuit me, et locutus est mihi, dixitque : Daniel, nunc egressus sum ut docerem te, et intelligeres. Ab exordio precum tuarum egressus est sermo. Ego autem veni, ut indicarem tibi, quia vir desideriorum es : tu ergo animadverte sermonem, et intellige visionem. Septuaginta hebdomades abbreviatæ sunt super populum tuum, et super urbem sanctam tuam, ut consumetur prævaricatio, et finem accipiat peccatum, et deleatur iniquitas, et adducatur justitia sempiterna, et impleatur visio, et prophetia, et ungatur Sanctus Sanctorum. Tu autem, Domine.

℟. Et venit Gabriel, et stetit juxta ubi ego stabam, cumque venisset, pavens corrui in faciem meam, et ait ad me :
℣. Intellige fili hominis quoniam in tempore finis implebitur visio. Pavens.

Lectio III.

Scito ergo et animadverte : ab exitu sermonis ut iterum ædificetur Jerusalem, usque ad Christum ducem, hebdomades septem, et hebdomades sexaginta duæ erunt, et rursum ædificabitur platea, et muri in angustia temporum. Et post hebdomades sexaginta duas occidetur Christus, et non erit ejus populus, qui eum negaturus est. Et civitatem et sanctuarium dissipabit populus cum duce venturo, et finis ejus vastitas, et post finem belli statuta desolatio. Confirmabit autem pactum multis hebdomada una : et in dimidio hebdomadis deficiet hostis et sacrificium ; et erit in templo abominatio desolationis : et usque ad consummationem et finem perseverabit desolatio.

℟. Cum loqueretur ad me Gabriel ; collapsus sum pronus in terram. Et tetigit me, et statuit me in gradu meo.

Dixitque mihi : Ego ostendam tibi quæ futura sunt in novissimo maledictionis : quoniam habet tempus finem suum. Et tetigit me. Gloria Patri. Et tetigit.

IN SECUNDO NOCTURNO.

Antiph. Septuaginta hebdomades abbreviatæ sunt ; ut finem accipiat peccatum, et deleatur iniquitas ; et adducatur justitia sempiterna ; et ungatur Sanctus Sanctorum.
Psal. Cœli enarrant gloriam Dei, etc.
Antiph. Ab exitu sermonis : ut iterum ædificetur Jerusalem usque ad ducem Christum hebdomades septem ; et hebdomades sexaginta duæ erunt.
Psal. Domini est terra, etc.
Antiph. Post hebdomades sexaginta duas occidetur Christus ; et non erit ejus populus qui eum negaturus est.
Psal. Benedicam Dominum in omni tempore, etc.
℣. Ego sum Gabriel, qui asto ante Deum.

℟. Et missus sum loqui ad te.

Lectio IV.

Sermo S. Gregorii, Papæ. *(Hom. 34 in Evang.)*

Cœlestium spirituum qui minima nuntiant, angeli ; qui vero summa, archangeli vocantur. Hinc est enim quod ad Mariam Virginem non quilibet angelus, sed Gabriel archangelus mittitur. Ad hoc quippe ministerium summum angelum venire dignum fuerat, qui summum omnium nuntiabat. Qui idcirco etiam privatis nominibus censentur, ut signetur per vocabula etiam in operatione quid valeant. Neque enim in illa sancta civitate quam de visione omnipotentis Dei plena scientia perficit, idcirco propria nomina sortiuntur, ne eorum personæ sine nominibus sciri non possint : sed cum ad nos aliquid ministraturi veniunt, apud nos etiam nomina a ministeriis trahunt. Tu autem, Domine.

℟. Ex die primo quo posuisti cor tuum ad intelligendum ut te affligeres in conspectu Dei tui. Exaudita sunt verba tua, et ego veni propter sermones tuos.
℣. Princeps regni Persarum restitit mihi, et ecce Michael unus de principibus primis venit in adjutorium mihi ; et ego remansi ibi juxta regem Persarum. Exaudita sunt verba.

Lectio V.

Michael namque, quis ut Deus ; Gabriel autem fortitudo Dei ; Raphael vero medicina Dei interpretatur. Et quoties miræ virtutis aliquid agitur, Michael mitti perhibetur ; ut ex ipso actu et nomine detur intelligi, qui a nullo potest facere, quod facere prævalet Deus. Unde et ille antiquus hostis, qui Deo esse per superbiam similis concupivit, dicens : In cœlum conscendam, super astra cœli exaltabo solium meum, similis ero altissimo ; dum in fine mundi in sua virtute relinquetur extremo supplicio perimendus, cum Michaele archangelo præliaturus esse perhibetur, sicut per Joannem dicitur. Factum est prælium cum Michaele archangelo ; ut qui se ad Dei similitudinem superbus extulerat, per Michaelem peremptus discat, quia ad Dei similitudinem per superbiam nullus exsurgat. Tu autem.

℟. Tetigit me Gabriel, et confortavit me, et dixit : Noli timere, vir desideriorum ; pax tibi, confortare, et esto robustus. Et nunc revertar ut prælier adversum principem Persarum.
℣. Et nemo est adjutor meus in omnibus his ; nisi Michael princeps vester. Et nunc revertar.

Lectio VI.

Ad Mariam quoque Gabriel mittitur, qui Dei fortitudo nominatur. Illum quippe nuntiare veniebat, qui ad debellandas aereas potestates humilis apparere dignatus est. De quo per Psalmistam dicitur : Attollite portas, principes vestras, et elevamini portæ æternales ; et introibit rex gloriæ. Quis est iste rex gloriæ? Dominus fortis et potens, Dominus potens in prælio. Et rursum, Dominus virtutum, ipse est rex gloriæ. Per

Dei ergo fortitudinem nuntiandus erat, qui virtutum Dominus et potens in prælio, contra potestates aereas ad bellum veniebat. Raphael quoque interpretatur, ut diximus, medicina Dei; qui videlicet dum Tobiæ oculos quasi per officium curationis tetigit, cæcitatis ejus tenebras tersit. Qui ergo ad curandum mittitur, dignum videlicet fuit, ut Dei medicina vocaretur. Tu autem, Domine.

℞. Suscipe verbum, virgo Maria, quod tibi a Domino per angelum transmissum est; concipies et paries Deum pariter et hominem. Ut benedicta dicaris inter omnes mulieres.

℣. Paries quidem filium et virginitatis non patieris detrimentum. Efficieris gravida, et eris mater semper intacta. Ut benedicta. Gloria. Ut benedicta dicaris.

IN TERTIO NOCTURNO.

Ant. Ingresso Zacharia templum Domini, apparuit ei Gabriel angelus; stans a dextris altaris incensi.

Psal. Cantate Domino canticum novum: cantate Domino.

Ant. Ait ad illum angelus: Ne timeas Zacharia; quoniam exaudita est deprecatio tua.

Psal. Dominus regnavit, exsultet, etc.

Ant. Uxor tua Elisabeth : pariet tibi filium; qui erit magnus coram Domino; et multos filiorum Israel convertet ad Dominum Deum ipsorum.

Psal. x. Benedic anima mea Domino.

℣. Surge et accipe puerum et matrem ejus.

℞. Et vade in terram Israel.

Lectio VII.

Lectio sancti Evangelii secundum Lucam.
(Cap. I.)

In illo tempore : Missus est angelus Gabriel a Deo in civitatem Galilææ, cui nomen Nazareth, ad virginem desponsatam viro, cui nomen erat Joseph, de domo David; et nomen Virginis Maria. Et reliqua.

Homilia sancti Bernardi abbatis. (*Hom.* 1 *super Missus est.*)

Non arbitror hunc angelum de minoribus esse, qui qualibet ex causa, crebra soleat ad terras fungi legatione; quod ex ejus nomine palam intelligi datur, quod interpretatur fortitudo Dei dicitur: et qui non ab alio aliquo forte excellentiore se (ut assolet) spiritu, sed ab ipso Deo mitti perhibetur. Propter hoc ergo positum est, a Deo; vel ideo dictum est, a Deo; ne cui vel beatorum spirituum, suum Deus antequam virgini revelasse putetur concilium, excepto duntaxat archangelo Gabriele, qui utique tantæ inter suos inveniri potuerit excellentiæ, ut tali nomine dignus haberetur et nuntio. Tu autem.

℞. Missus est Gabriel angelus ad Mariam Virginem desponsatam Joseph, nuntians ei verbum; et expavescit virgo de lumine. Ne timeas Maria, invenisti gratiam apud Dominum. Ecce concipies, et paries, et vocabitur Altissimi Filius.

℣. Dabit ei Dominus Deus sedem David patris ejus; et regnabit in domo Jacob in æternum. Ecce.

Lectio VIII.

Nec discordat nomen a nuntio, Dei quippe virtutem Christum, quem melius nuntiare debebat, quam hunc, quem simile nomen honorat? Nam quid est aliud fortitudo, quam virtus? Non autem dedecens aut incongruum videatur, Dominum et nuntium communi censeri vocabulo; cum similis in utroque appellationis, non sit tamen utriusque similis causa. Aliter quippe Christi fortitudo. vel virtus Dei dicitur; aliter angelus. Angelus enim tantum nuncupative, Christus autem etiam substantive. Christus Dei virtus et dicitur et est, quæ forti armato (qui suum atrium in pace custodire solebat) fortior superveniens, ipsum suo brachio debellavit: et sic ei vasa captivitatis potenter eripuit. Tu autem, Domine.

℞. Ave Maria, gratia plena, Dominus tecum. Spiritus sanctus superveniet in te, et virtus Altissimi obumbrabit tibi; Quod enim ex te nascetur sanctum, vocabitur Filius Dei.

℣. Quomodo fiet istud, quoniam virum non cognosco? Et respondens angelus, dixit ei: Spiritus sanctus Gloria Spiritus.

Nona lectio legitur de homilia feriæ occurrentis, si celebretur in Quadragesima; quando vero transferetur post Octavam Paschæ, legitur lectio quæ sequitur.

Lectio IX. (Ibidem.)

Angelus vero fortitudo Dei appellatus est, vel quod hujuscemodi meruerit prærogativam officii, quo ejusdem nuntiaret adventum virtutis : vel quia virginem natura pavidam, simplicem, verecundam, de miraculi novitate ne expavesceret, confortare deberet. Quod et fecit : Ne timeas (inquiens) Maria, invenisti gratiam apud Deum. Sed et ipsius sponsum hominem utique nihilominus humilem ac timoratum, non irrationabiliter forsitan idem angelus confortasse creditur : quanquam tunc ab evangelista non nominetur : Joseph, inquit, fili David, ne timeas accipere Mariam conjugem tuam. Convenienter itaque Gabriel ad hoc opus eligitur; imo quia tale illi negotium injungitur, recte tali nomine designatur. Tu autem, Domine.

Te Deum laudamus.

AD LAUDES.

Antiphona. Missus est angelus Gabriel : ad Mariam Virginem desponsatam Joseph.

Psal. Dominus regnavit, *cum reliquis de Laud.*

Antiph. Et ingressus angelus ad eam dixit : Ave gratia plena, Dominus tecum : Benedicta tu in mulieribus.

Antiph. Et ait angelus ei : Ecce concipies in utero, et paries filium ; et vocabis nomen ejus Jesum.

Antiph. Angelus Domini apparuit Joseph in somnis, dicens : Surge et accipe puerum et matrem ejus, et fuge in Ægyptum.

Antiph. Apparuit Jesu angelus de cœlo confortans eum; et factus in agonia prolixius orabat.

Capitulum.

In mense sexto missus est angelus Gabriel a Deo in civitatem Galilææ, cui nomen Nazareth, ad Virginem desponsatam viro, cui nomen erat Joseph, de domo David; et nomen Virginis Maria.

℟. Deo gratias.

Hymnus.

O sorte felix angele,
Magni secreti nuntie :
Nostris adesto mentibus,
Nostris attende laudibus

Te cœtus noster suspicit.
O Gabriel archangele,
Tuo reclusum nomine
Virum Deumque prædicans.

Te magnum inter maximos
Chori supremi principes,
Aulæ cœlestis incolæ
Perenni laude celebrant.

Te virgo mater suspicit
Suæ custodem gratiæ :
Sui ministrum parvuli,
Sui solamen filii.

Quæ Dei præstas Filio,
Digno rependunt munere
Divini mater pueri,
Æterni Pater Filii.

Te turma lecta virginum
Cœlesti laudet carmine :
Sponsum tueris virginum
In ipso vitæ limine.

Te chorus laudet martyrum
Omnisque turma cœlitum :
Cœli confortas Dominum
In extremo certamine.

Amor creator omnium ;
Amor redemptor omnium ;
Tuus nos amor vulneret,
Tuus nos ungat spiritus. Amen.

℣. Ego sum Gabriel, qui asto ante Deum.
℟. Et missus sum loqui ad te.

Ad Benedictus.

Antiph. Ait ad Zachariam angelus : Ego sum Gabriel, qui asto ante Deum : et missus sum loqui ad te ; et hæc tibi evangelizare.

Oratio.

Deus qui Unigeniti tui incarnationem, etc., *ut supra.*

AD TERTIAM.

Antiph. Et ingressus.
Capitul. In mense sexto, *ut supra.*
℟. *breve.* Apparuit angelus Domini. * In somnis Joseph. Apparuit. ℣. In Ægypto. In somnis Joseph. Gloria. Apparuit.
℣. Surge, et accipe puerum et matrem ejus.
℟. Et vade in terram Israël.

AD SEXTAM.

Antiph. Et ait angelus.

Capitulum. (Matth. I.)

Ecce angelus Domini apparuit in somnis Joseph, dicens : Joseph fili David, noli timere accipere Mariam conjugem tuam : quod enim in ea natum est, de Spiritu sancto est. Pariet autem filium : et vocabis nomen ejus Jesum. Ipse enim salvum faciet populum suum a peccatis eorum.

℟. *breve.* Surge et accipe puerum. * Et matrem ejus. ℟. Surge et accipe. ℣. Et vade in terram Israel. Et matrem. Gloria Patri. Surge et accipe.

℣. Ego sum Gabriel qui asto ante Deum.
℟. Et missus sum loqui ad te.

AD NONAM.

Antiph. Apparuit Jesu.

Capitulum. (Matth. II.)

Apparuit angelus Domini in somnis Joseph, dicens : Surge, et accipe puerum et matrem ejus, et fuge in Ægyptum, et esto ibi usque dum dicam tibi.

℟. *breve* Ego sum Gabriel. * Qui asto ante Deum. Ego sum. ℣. Et missus sum loqui ad te. Qui asto. Gloria Patri. Ego sum.

℣. Gratia vobis et pax ab eo qui est, qui erat, et qui venturus est.
℟. Et a septem spiritibus, qui in conspectu throni ejus sunt.

IN SECUNDIS VESPERIS.

Antiph. Missus est, *cum reliquis de Laud.*
Psal. Dixit Dominus, *cum reliquis de Dominica, et loco ultimi.*
Psal. Confitebor tibi, Domine, in toto corde meo : quoniam audisti. *In Vesp. feriæ sextæ. Reliqua ut in I Vesp.*

FESTUM EXSPECTATIONIS BEATÆ MARIÆ VIRGINIS.

Duplex.

DIE 18 DECEMBRIS (172).

(172) Ad hoc festum etiam officium paraverat de Bérulle, et mancum quoque ad nos pervenit, itaque illius fragmenta omittimus.

IN FESTO SANCTI LAZARI EPISCOPI ET MARTYRIS.

AD VESPERAS.

Ant. Lazarus amicus noster dormit ; eamus, et a somno excitemus eum.

Ant. Domine, si fuisses hic, Lazarus non fuisset mortuus : ecce, jam fetet quatriduanus in monumento.

Ant. Dixit Dominus Jesus manifeste : Lazarus mortuus est ; et gaudeo propter vos ut credatis, quia non eram ibi, sed eamus ad eum.

Ant. Multi ex Judeis venerant ad Martham et Mariam, ut consolarentur eas de fratre suo.

Ant. Maria ergo, cum venisset ubi erat Jesus, cecidit ad pedes ejus, et dixit ei: Domine, si fuisses hic, non esset mortuus frater meus.

Ad Magnificat

Ant. Diligebat Jesus Martham, et sororem ejus Mariam, et Lazarum, alleluia.

Oratio.

Deus qui per Unigenitum Filium tuum beatum Lazarum resuscitasti a monumento; erige nos propitius de tumulis peccatorum, ut mereamur adipisci consortium electorum tuorum per eumdem Dominum, etc.

Ad Benedictus.

Ant. Videns Dominus Jesus sorores Lazari flentes ad monumentum ejus, lacrymatus est coram Judæis, et clamavit: Lazare, veni foras, et prodiit ligatus manus et pedes, et ait Dominus Jesus discipulis suis: Solvite eum, et sinite abire.

Oratio ut supra.

IN SECUNDIS VESPERIS.
Ad Magnificat.

Ant. Jesus autem elevatis sursum oculis, dixit: Pater, gratias ago tibi, quoniam audisti me. Hæc cum dixisset, voce magna clamavit: Lazare, veni foras, et statim prodiit vivus, qui fuerat mortuus.

Oratio ut supra.

Post Beatæ Virginis Litanias quales ubique recitantur, adjecerat de Bérulle hanc orationem quæ communiter non invenitur, et ideo hic a nobis recudenda.

Oremus.

Deus ineffabilis misericordiæ, qui non solum homo, sed etiam Filius hominis fieri dignatus es, et mulierem matrem in terris habere voluisti, qui Deum Patrem habebas in cœlis: da nobis, quæsumus, ejus memoriam devote celebrare, ejus maternitatem summe venerari, ac ejus super excellentissime dignitati humillime subesse, quæ te de Spiritu sancto concepit, te virgo peperit, et te in terris sibi subditum habuit, Dominum nostrum Jesum Christum Filium Dei unigenitum: Qui cum eodem Patre et Spiritu sancto, vivis et regnas in sæcula sæculorum. Amen.

ANTIPHONÆ VARIÆ.

In fine examinis conscientiæ.

Ant. Habemus pontificem magnum, qui penetravit cœlos, Jesum filium Dei. Adeamus ergo cum fiducia ad thronum gratiæ ejus, ut misericordiam consequamur, et gratiam inveniamus in auxilio opportuno.

℣. Miserere nostri, Domine Jesu.

℟. Miserere nostri.

Oratio.

Dirigat corda nostra, quæsumus, Domine Jesu, tuæ miserationis operatio, quia tibi sine te placere non possumus.

Defende, quæsumus, Domine Jesu, beata Maria semper virgine intercedente, istam ab omni adversitate familiam, et toto corde tibi prostratam ab hostium propitius tuere clementer insidiis. Qui vivis et regnas cum Deo Patre in unitate Spiritus sancti Deus. Per omnia sæcula sæculorum. Amen.

ANTIPHONÆ ET ORATIONES AD COLENDA INVOCANDAQUE VARIA CHRISTIANÆ PIETATIS OBJECTA.

In honorem sanctissimæ Trinitatis.

Ant. Te Deum Patrem ingenitum; te Filium unigenitum; te Spiritum sanctum Paracletum, sanctam et individuam Trinitatem, toto corde et ore confitemur, laudamus atque benedicimus: tibi gloria in sæcula.

℣. Benedicamus Patrem et Filium cum sancto Spiritu.

℟. Laudemus et super exaltemus eum in sæcula.

Oremus.

Omnipotens sempiterne Deus, qui dedisti famulis tuis in confessione veræ fidei æternæ Trinitatis gloriam agnoscere, et in potentia majestatis adorare unitatem: quæsumus, ut ejusdem fidei firmitate, ab omnibus semper muniamur adversis. Per Dominum nostrum, etc.

In honorem Domini nostri Jesu Christi.

Ant. Tu es splendor Patris, et figura substantiæ ejus: tu portas omnia verbo virtutis tuæ, purgationem peccatorum faciens; tu sedes ad dexteram majestatis in excelsis.

℣. Hic est Filius meus dilectus.

℟. In quo mihi bene complacui.

Oremus Deus qui Unigenitum, *infra*.

In honorem sanctissimæ Dei genitricis semperque Virginis Mariæ.

Ant. Beatam me dicent omnes generationes, quia ancillam humilem respexit Deus.

℣. Ecce ancilla Domini.

℟. Fiat mihi secundum verbum tuum.

Oremus.

Deus qui de beatæ Mariæ virginis utero, Verbum tuum angelo nuntiante, carnem suscipere voluisti, præsta supplicibus tuis, ut qui vere eam genitricem Dei credimus, ejus apud te intercessionibus adjuvemur. Per eumdem Christum, etc.

In honorem infantiæ Domini Jesu.

Ant. Ecce puer meus, quem elegi; dilectus meus, in quo mihi bene complacui: ponam super eum Spiritum meum, judicium gentibus proferet, et in nomine ejus gentes sperabunt.

℣. Puer natus est nobis.

℟. Et filius datus est nobis.

Oratio.

Domine Jesu, qui celsitudinem æternæ Nativitatis tuæ qua Deus es ex Deo, humilitate Nativitatis tuæ qua in tempore factus es homo ex Virgine, adorare voluisti ; da nobis hunc divinum nativitatis et infantiæ tuæ statum cum angelis glorificare, et eum magis adorare in terris. Qui cum Patre, etc.

In honore humanitatis in Verbo subsistentis, et Verbi in humanitate absconditi : ac etiam in honorem Domini Jesu incogniti infantia, in pueritia, in vita ante miracula, et in cruce, ubi cum iniquis reputatus est.

Ant. In te est Deus, et absque te non est Deus ; vere tu es Deus absconditus, Deus Israel Salvator.

℣. Ego Primus, et ego Novissimus.
℟. Ego in Patre, et Pater in me.

Oratio.

Deus, qui ab æterno lucem habitans inaccessibilem, in tempore homo fieri, et in nobis habitare dignatus es ; in sinu et contubernio Mariæ Matris tuæ vitam degens incognitam, humilem, pauperem, Deus, homo, ac per Ægyptum et Judæam ambulans per triginta annos, ut faber et fabri filius : Da nobis, quæsumus, hanc vitam tuam incognitam, cum Maria Matre tua summe suscipere, ejus momenta pie venerari, ac ejus divinissimam in humilitate sublimitatem, et in sublimitate humilitatem devote contemplari. Qui vivis.

Oratio.

Domine Jesu, qui ab instanti conceptionis adhuc in utero Mariæ Matris tuæ nexu admirabili, simul Deus homo, simul viator et comprehensor eras vitam ducens ineffabilem, mundo incognitam, Mariæ soli notam, communis et privatæ vitæ velamine coopertam ; da nobis investigabiles et divinas hujus incognitæ viæ, et vitæ tuæ latebras scrutari ; ac in infantia, in pueritia, in omni ætatis tuæ cursu, ac demum in cruce cum Maria Matre tua divinitatem in humanitate absconditam adorare, latentem in passibilitate gloriam suscipere sublimem et supremis etiam angelis admirabilem internæ vitæ tuæ statum exterioris et communis vitæ humilitate velatum agnoscere, ac demum tria hæc velut sacræ incognitæ vitæ tuæ penetralia profundius intueri, ut mirabilia de vita tua considerantes, te repleamur in terris, te perfruamur in cœlis. Qui vivis et regnas.

In honorem internorum cruciatuum et languorum Domini Jesu.

Ant. Vidimus Dominum Jesum, despectum et novissimum virorum, virum dolorum, et scientem infirmitatem ; non erat ei species, neque decor, et non erat aspectus, et nos reputavimus eum quasi leprosum, et percussum a Deo et humiliatum.

℣. Propter scelus populi mei percussi eum.
℟. Et abrasus est de terra viventium.

Oratio.

Domine Deus, Fili Dei vivi, qui sapientia ineffabili summæ distantiæ in te ipso summe unire voluisti, divinitatem cum humanitate in persona tua, et cœlestem gloriam cum passione in anima tua ; da nobis universas divinissimæ et glorificatæ animæ tuæ angustias digne recolere, cum in diebus carnis tuæ languores nostros ipse ferres, et dolores nostros ipse portares, cum in horto tristis esses, usque ad mortem, et factus in agonia prolixius orares, et cum in cruce te a Deo derelictum, magna voce exclamares, ut mirabilem animæ tuæ in gloria simul et angustia inenarrabili statum suspicientes, ejus angustiis repleamur in terris, et ejus gaudiis perfruamur in cœlis. Qui vivis.

In honorem supremæ et incomparabilis dignitatis Matris Dei.

Ant. Mulier amicta sole, in te est Deus, in te est Dominus Salvator noster, in te est Deus homo, tu es templum Domini Jesu, tu es æterni Verbi sacrarium ; tu circumdas Deum Emmanuelem nostrum, tu sola sine exemplo unita es Domino nostro Jesu Christo.

℣. Ave Maria gratia plena.
℟. Dominus tecum.

Oratio.

Deus, qui Unigenitum tuum, a diebus æternitatis suæ apud te exsistentem, in plenitudine temporis hominem esse, et in intimis beatæ Mariæ Virginis penetralibus habitare voluisti : da nobis hunc mirabilem Filii tui Domini Jesu in hac super excellenti creatura et Matre sua statum adorare, quæ in ea sunt abscondita ab oculis nostris fide agnoscere, ac vitam ineffabilem quam dedit Matri suæ habere in semetipso, summe celebrare ; ut Filium in Matre viventem, adorantes, et Matrem in Filio mirabiliter viventem suspicientes, in utroque vivamus, ac de plenitudine Matris et Filii in æternum accipiamus. Qui tecum vivit.

In honorem sancti Gabrielis archangeli.

Ant. Respondens angelus Mariæ, dixit. Spiritus sanctus superveniet in te, et virtus Altissimi obumbrabit tibi. Ideoque et quod nascetur ex te sanctum, vocabitur Filius Dei.

℣. Missus est angelus Gabriel.
℟. Ad Mariam virginem desponsatam Joseph.

Oremus.

Deus qui per archangelum tuum Gabrielem Salvatorem mundi sacratissimæ Virgini concipiendum nuntiasti : da, ut eumdem et mente pura concipiamus, et fervido imitemur affectu. Qui tecum.

In honorem sancti Joseph sponsi B. Mariæ Virginis.

Ant. Fidelis servus et prudens, quem constituit Dominus suæ matris solatium, suæ carnis nutritium, solum denique in terris magni consilii coadjutorem fidelissimum.

℣. Ora pro nobis beatissime Joseph.
℟. Ut digni efficiamur promissionibus Christi.

Oremus.

Sanctissimæ Genitricis tuæ sponsi, quæsumus, Domine, meritis adjuvemur, ut quod possibilitas nostra non obtinet, ejus nobis intercessione donetur. Qui vivis et regnas, etc.

In honorem sanctæ Mariæ Magdalenæ.

Ant. Maria lacrymis rigavit pedes Jesu, et capillis suis extersit : Maria unxit caput et pedes Jesu, et domus impleta est ex odore unguenti : Maria optimam partem elegit, quæ non auferetur ab ea.

℣. Remittuntur ei peccata multa.
℟. Quoniam dilexit multum.

Oratio.

Sanctæ Mariæ Magdalenæ, quæsumus, Domine, suffragiis adjuvemur : cujus precibus exoratus, quatriduanum fratrem Lazarum vivum ab inferis resuscitasti. Qui vivis et regnas cum Deo Patre in unitate Spiritus sancti Deus.

In honorem angelorum.

Ant. Angeli, archangeli, throni et dominationes, principatus et potestates, virtutes cœlorum, cherubim atque seraphim, laudate Dominum de cœlis.

℣. In conspectu angelorum psallam tibi, Deus meus.
℟. Adorabo ad templum sanctum tuum, et confitebor nomini tuo.

Oremus.

Deus, qui miro ordine angelorum ministeria hominumque dispensas : concede propitius, ut a quibus tibi ministrantibus in cœlo semper assistitur, ab his in terra vita nostra muniatur. Per Dominum.

In honorem angelorum custodum.

Ant. Sancti angeli custodes nostri defendite nos in prælio, ut non pereamus in tremendo judicio.

℣. Angelis suis mandavit de te.
℟. Ut custodiant te in omnibus viis tuis.

Oremus.

Deus qui ineffabili providentia sanctos angelos tuos ad nostram custodiam mittere dignaris ; largire supplicibus tuis, et eorum semper protectione defendi, et æterna societate gaudere. Per Dominum nostrum.

De sancto Alexio.

Domine Jesu, qui beato Alexio tribuisti, ut et nova mundum arte deluderet, et novo ductus Spiritu sponsam intactam relinquens seipsum etiam desereret ; et sui oblitus, te solum intuens, te solum quærens, terrarum orbem peragraret, et per tot annos manens incognitus, etiam in domo paterna, se incessanter exinaniret et vitæ tuæ incognitæ novo et singulari studio inserviret ; ac sic de mundo, de seipso, de hoste humani generis, vilis, pauper et unicus mirabiliter triumpharet ; da nobis amore tui nosmetipsos deserere, spiritus tui ductum promptæ et fideliter sequi, et sapientiæ tuæ in sanctis adinventiones agnoscere ; te in Alexio tuo suspicere et intueri, et in hoc sancto studio ejus ope muniri, cujus admirandis et erudimur, et animamur exemplis. Qui vivis et regnas cum Deo Patre in unitate.

In honorem sanctorum, qui præsentia, et conversatione Domini Jesu, in terris decorati sunt.

Ant. Beati oculi qui viderunt quæ vos vidistis, et beatæ aures quæ audierunt quæ vos audistis : dico enim vobis, quia multi reges et prophetæ voluerunt videre quæ vos vidistis, et non viderunt.

℣. Beati sunt qui te viderunt, Domine Jesu.
℟. Et in amicitia tua decorati sunt.

Oratio.

Domine Jesu, qui de cœlo cœlestis, ineffabili dignatione in terris visus es, et cum hominibus conversatus es ; fac nos esse consortes illorum qui in amicitia tua decorati sunt, et te præsentem in terris cernere meruerunt, ut te in illis, et illos propter te singulariter venerantes, et tibi, et illis specialiter copulemur in cœlis. Qui vivis et regnas.

In honorem omnium sanctorum.

Ant. Sancti Dei omnes intercedere dignemini pro nostra omniumque salute.

℣. Lætamini in Domino et exsultate justi.
℟. Et gloriamini omnes recti corde.

Oratio.

Omnes sancti tui, quæsumus, Domine, nos ubique adjuvent, ut dum eorum merita recolimus, patrocinia sentiamus : et pacem tuam nostris concede temporibus, et ab Ecclesia tua cunctam repelle nequitiam : iter, actus, et voluntates nostras, et omnium famulorum tuorum in salutis tuæ prosperitate dispone ; benefactoribus nostris sempiterna bona retribue, et omnibus defunctis requiem æternam concede. Per Dominum nostrum, etc.

Oraison à la très-sainte Vierge Marie Mère de Dieu.

O Vierge sainte, Mère de Dieu, Reine des hommes et des anges, merveille du ciel et de la terre. Je vous révère en toutes les manières que je le puis selon Dieu, que je le dois selon vos grandeurs, et que votre Fils unique Jésus-Christ Notre-Seigneur veut que vous soyez révérée en la terre et au ciel. Je vous offre mon âme et ma vie, et vous veux appartenir pour jamais, et vous rendre quelque particulier hommage et dépendance en temps et éternité. Mère de grâce et de miséricorde, je vous choisis pour mère de mon âme, en l'honneur de ce qu'il a plu à Dieu même vous choisir pour sa mère. Reine des hommes et des anges, je vous accepte et reconnais pour ma souveraine en l'honneur de la dépendance que le Fils de Dieu mon Sauveur et mon Dieu a voulu avoir de vous comme de sa Mère, et en cette qualité je vous donne sur mon âme et sur ma vie tout le pouvoir que je puis vous donner selon Dieu. O Vierge sainte, regardez-moi comme chose vôtre, et par votre bonté traitez-moi comme le sujet de votre puissance et comme l'objet de vos miséricordes ! O source de vie et de grâce, refuge des pécheurs, j'ai recours à vous pour être délivré du péché, pour être préservé de la mort éternelle : que je sois sous votre tutelle ; que j'aie part à vos privilèges, et que j'obtienne par vos grandeurs et privilèges, et par ce droit de votre appartenance, ce que je ne mérite pas d'obtenir par mes offenses; et que l'heure dernière de ma vie, décisive de mon éternité, soit entre vos mains, en l'honneur de ce moment heureux de l'Incarnation auquel Dieu s'est fait homme, et vous avez été faite Mère de Dieu. O Vierge et Mère tout ensemble ! ô temple sacré de la Divinité ! ô Merveille du ciel et de la terre ! ô Mère de mon Dieu ! je suis à vous par le titre général de vos grandeurs : mais je veux encore être à vous par le titre particulier de mon élection et de ma franche volonté. Je me donne donc à vous et à votre Fils unique Jésus-Christ Notre-Seigneur, et veux ne passer aucun jour sans lui rendre, et à vous, quelque hommage particulier et quelque témoignage de ma dépendance et servitude, en laquelle je désire mourir et vivre pour jamais. *Ave, Maria.*

Alia quædam officia a D. de Bérulle fuerant parata; at illa adeo mutilata invenimus ut ne vix quidem eorum titulos legere possimus, attamen « *Officium solemnitatis Domini Jesu Christi cum hominibus conversantis* » *ordinasse piissimum cardinalem deprehendimus; quædam quoque exstant fragmenta sancti Simeonis Officii; sed tam informia sunt ut colligi nequeant.*

TABLES.

La première est des textes de l'Ecriture expliquée en ce volume.
La seconde est une table alphabétique de toutes les choses mémorables qui y sont contenues.
La troisième est une table de la théologie de ce grand auteur, dressée selon l'ordre de la *Somme* de saint Thomas.

EXPLICATION DES LETTRES
QUI SONT EMPLOYÉES DANS CES TABLES.

E. G. — Epître liminaire des Grandeurs de Jésus. 111
P. G. — Préface des Grandeurs de Jésus. 145
G. — Grandeurs de Jésus. 149
E. V. — Epître liminaire de la Vie de Jésus. 403
P. V. — Préambule à la Vie de Jésus. 415
V. — Vie de Jésus. 427
El. I. — Elévation première. 507
El. II. — Elévation seconde. 514
El. III. — Elévation troisième. 522
E. M. — Epître liminaire de sainte Madeleine. 531
M. — Elévation à sainte Madeleine. 533
M. O. — Observations sur le texte de saint Luc, où il est parlé de sainte Madeleine. 587
D. — Discours de controverses contre du Moulin. 637
C. — Opuscules de controverses. 737
E. S. — Epître liminaire de la Direction des supérieurs. 808
S. — Mémorial pour la direction des supérieurs. 809
P. A. — Préface ou avant-propos de l'Abnégation intérieure.
E. — Energumènes. 835
O. — Opuscules de piété. 875
A. — Abnégation intérieure. 879
N. — Narré, ou récit des persécutions qu'ont excitées les *Vœux* à Jésus et à Marie. 955
L. — Lettres. 1331

TABLE DES PASSAGES DE L'ÉCRITURE
QUI SONT EXPLIQUÉS EN CE VOLUME.

(Le chiffre en grande majuscule indique le chapitre d'Ecriture sainte; les chiffres arabes indiquent, selon la lettre, le chapitre, le discours, l'opuscule et les paragraphes de de Bérulle.)

Ex Gen. II. Inspiravit, insufflavit in faciem ejus spiraculum vitæ. O. 182, 3. — II. Tulit ergo Dominus Deus hominem, et exposuit eum in paradiso voluptatis, ut operaretur et custodiret illum. L. 236. — II. In quacumque die comederis ex eo, morte morieris. O. 29, 4. — XXVIII. Terribilis est locus iste, etc. L. 1, 4.
Ex Exod. III. Rubus ardens et incombustus. L. 71, 4. — III. Qui est, misit me ad vos. O. 188, 194. — XXII. Diis non detrahes. N. 20.
Ex Deut. XXVIII. Erit vita tua pendens ante oculos tuos. O. 29.
Ex I Reg. II. Deus scientiarum Dominus est : et ipsi præparantur cogitationes. O 182. — XVIII. Post diem alteram invasit eum Spiritus Domini malus. E. 6, 2.
Ex IV Reg. VI. Percute, Domine, illos cæcitate. D. 3, 1.
Ex Job. Per quem fecit et sæcula. G. 10, 1. — XIV. Deus magnus vincens scientiam nostram. G. 10, 8. — XXIX. In nidulo meo moriar. G. 10, 6; et O. 185.
Ex Psal. II. Ego hodie genui te. G. 10, 1. — II. Postula a me, et dabo tibi gentes, etc. O. 39, 90, 91; 138. — II. Reges eos in virga ferrea et tanquam vas figuli confringes eos. O. 121. — IV. Sacrificate sacrificium justitiæ. O. 5. — XVII. In auditu auris obedivit mihi. L. 11. — XXI. Deus, Deus meus, utquid dereliquisti me. L. 112. — XXI. Tu autem in sancto habitas. O. 15. — XXIII. Hæc est generatio quærentium Dominum. O. 161. — XXX. Fortitudo mea et refugium meum es. O. 175. — XLIV. Unxit te Deus Deus tuus. G. 7, 7; et O. 88. — XLIV. Peccatori autem dixit Deus : quare tu enarras justitias meas. L. 128. — XLVIII. Homo cum in honore esset, non intellexit comparatus est jumentis insipientibus, etc.

O. 58. — XLVII. Hic est Deus Deus noster. G. 8, 12. — XLIX. Immola Deo sacrificium laudis, L. 1, 7. — L. Cor mundum crea in me Deus. O. 117; 152. — LVIII. Fortitudinem meam ad te custodiam L. 2, 2. — LXIV. Te decet hymnus Deus in Sion. G. 1, 5. — LXVI. Benedicat nos Deus Deus noster. G. 6, 10, et V. 22. — LXVI. Terra dedit fructum suum. O. 83. — LXX. Domine labia mea aperies. L. 1, 12. — LXXI. Adorabunt de ipso semper, tota die benedicent ei. O. 139. — LXXI. Sit nomen ejus benedictum in saecula. G. 11, 3. — LXXXIV. Misericordia et veritas obviaverunt sibi. O. 99. — CII. Benedic anima mea Domino, et omnia, etc. L. 1, 7. — CIII. Qui fundasti terram super stabilitatem suam. — CIX. Sede a dextris meis L. 45. — CXVIII. Suscipe me secundum eloquium tuum, et vivam; et non confundas me, etc. O. 175. — CXXI. Ad te levavi oculos meos, qui habitas in cœlis. O. 182. — CXXXII. Confiteantur tibi, Domine, omnia opera tua. i. 1, 8. — CXLIV. Virga directionis virga regni tui. L. 232.

Ex Prov. XVI. Spirituum ponderator est Dominus. O. 124. — XVI. Omnia propter semetipsum operatus est Dominus. O. 114, 122, 125.

Ex Cant. II. In foraminibus petræ, in caverna maceriæ. L. 1, 5.— V. Ego dormio cor meum vigilat. V. c., 26.

Ex Sap. V. Quæ armavit omnem creaturam in ultionem inimicorum. E. c, 2, 5. — VI. Magnum et pusillum fecit Dominus, et æqualiter illi cura est de omnibus. L. 177.

Ex Isa. IV. In die illa erit germen Domini in magnificentia et gloria, et fructus terræ sublimis. O. 83. — VI. Sanctus, sanctus, sanctus, etc. O. 89. (*Apoc.* IV.) — XIX. In die illa erit altare Domini in medio terræ Ægypti. C. 2, 7. — XXVI. Novum creavit Dominus super terram. O. 129. — XXXIII. Væ, qui spernis, nonne et ipse sperneris. N. 13. — XLII. Ecce servus meus. G. 2, 11. — XLV. In te est Deus, absque te non est Deus, vere tu es Deus absconditus, Deus Israel salvator. G. 10, 4. — XLIX. Servus meus es tu Israel, quia in gloriabor. V. 24; et O. 121. — LIII. Oblatus est quia ipse voluit, etc. G. 10, 6. — LIII. Generationem ejus quis enarrabit? G. 11, 5; G. 10, 6; G. 9, 3. LXII. Egrediatur ut splendor justus ejus, et Salvator ejus ut lampas accendatur. O. 50, 2.

Ex Jerem. XXIII. Dominus justus noster V. 22. — XXIII. Currebant et non mittebam eos, non loquebar ad eos, et ipsi prophetabant. D. 1, 26. — XXXI. Mulier circumdabit virum. V. 24. — XXXI. In charitate perpetua dilexi te. G. 4, 5.

Ex Malach. I. In omni loco sacrificatur et offertur nomini meo oblatio munda. C. 3, 11.

Ex Matth. I. Quod in ea natum est, de Spiritu sancto est. G. 11, 1. — II. Accipe puerum et matrem ejus, et fuge in Ægyptum. V. 49, 1. — Invenerunt puerum cum Maria Matre ejus. O. 51, 1. — III. Sine modo, sic enim decet nos implere justitiam. O. 58, 2. — VI. Pater noster. O. 182, 5 — VIII. In civitatem suam. O. 79. — II. Discite a me, quia mitis sum et humilis corde. L. 59. — XII. Qui fecerit voluntatem Patris mei qui in cœlis est, ille meus frater et soror et mater est. O. 144, 7. — XV. Mulier Chananæa. L. 71, 5. — Omnis plantatio quam non plantavit Pater meus cœlestis, eradicabitur. O. 163. — XVI. Qui vult venire post me, abneget semetipsum. O. 130, 4. — XVI. Tu es Christus Filius Dei vivi. G. 10, 6, et O. 55, 2. — Tu es Petrus et super hanc petram. O. 32. — XVII. In quo mihi bene complacui. G. 8, 10. — XVIII. Nisi efficiamini sicut parvuli, non intrabitis in regnum cœlorum. L. 177. — XX. Multi vocati, pauci vero electi. L. 1, 8. — XXI. Publicani et meretrices præcedent vos in regno Dei O. 175. — XXII. Diliges Dominum Deum tuum ex toto corde tuo, etc. L. 253. — Simile est regnum cœlorum decem virginibus, etc O. 104. — Intra in gaudium domini tui. O. 182, 6. — Quod uni ex minimis meis fecistis, mihi fecistis. O. 101, 8. — XXVI. Hoc est corpus meum. D. 3, 4; 5, 6. — Bibite ex hoc omnes. C. 8. — Nonne possum rogare Patrem meum, et exhibebit mihi modo plus quam duodecim legiones angelorum. C. 10 — XXVIII. Data est mihi omnis potestas. G. 8, 9. — in nomine Patris, et Filii, et Spiritus sancti. O. 146.

Ex Marc. I. Spiritus expulit eum in desertum. O. 58. — Quidnam est hoc? quænam doctrina hæc nova? Quia in potestate, etc. E. 5, 5. — Jesus erat cum bestiis. O. 58, 59. — VI. Venite et requiescite pusillum. L. 149. — X. Nemo bonus nisi solus Deus. O. 159. — XIV. Apparuit primo Mariæ Magdalenæ. O. 100. — XV. Audacier introivit ad Pilatum et petiit ab eo corpus Jesu. O. 102. — XVI. Apparuit primo Magdalenæ. M. 8.

Ex Luc. I. Missus est angelus. — Ave Maria gratia plena. — Turbata est in sermone. V. 89. Et cogitabat qualis esset ista salutatio. V. 10. — Beata es quæ credidisti, quoniam perficientur in te quæ dicta sunt tibi a Domino. V. 13. — Quomodo fiet istud. V. 12, 13. — Ecce ancilla Domini. V. 15, 16. — Discessit ab illa angelus. V. 18. — Spiritus sanctus superveniet in te. — Virtus Altissimi obumbrabit tibi. V. 20. — Quod nascetur ex te sanctum. G. 9, 4. — In diebus illis, exsurgens Maria. O. 36. — Abiit in montana cum festinatione. O. 36. — Ut facta est vox salutationis tuæ in auribus meis. O. 37. — VII. Impleti sunt dies ut pareret. O. 58, 44, 46. — Erant mirantes super his quæ dicebantur de illo. O. 51, 2. — Maria autem conservabat omnia verba hæc. V. 29; et O. 51, 59. — Hic positus est in signum cui contradicetur. N. 31. — Et erat subditus illis. O. 185, 7; et L. 4. — VII. Dilexit multum. M. 4, 5. — VIII. Quis me tetigit? novi enim virtutem exisse ex me. O. 102. — IX. Qui vult venire post me abneget semetipsum, etc. O. 6; L. 143. — Qui perdiderit animam suam propter me, inveniet eam. L. 78. — Stupebant omnes in magnitudine Dei. E. 5, 5. — X. Beati oculi qui vident quæ vos videtis, etc. O. 127. — Porro unum est necessarium. O. 143. — Videbam Satanam sicut fulgur de cœlo cadentem. O. 172; L. 142. — XII. Exspectantibus Dominum suum. O. 161. — Baptismo habeo baptizari, et quomodo coarctor, etc. O. 66, 68. — XIII. Habebat spiritum infirmitatis. E. 6, 5. — XIV. Si quis venit ad me et non odit Patrem suum, etc., non potest meus esse discipulus. L. 218. — XVII. Oportet semper orare. O. 178. — XXII. Satanas expetivit ut cribraret vos. L. 134, 8. — XXIII. Stabant juxta crucem Jesu. M. 5, 5, 6.

Ex Joan. — I. Verbum erat apud Deum. G. 10, 2. — In ipso vita erat, et vita erat lux hominum O. 6, 132. — Quotquot receperunt eum, dedit eis potestatem filios Dei fieri. N. 28, O. 12, 113 et 182. — Unigenitus qui est in sinu Patris, etc. G. 10, 2; C. 12. — Ecce Agnus Dei, ecce qui tollit peccata mundi. V. 26; et L. 56. — Lex per Moysen data est : gratia et veritas per Jesum Christum facta est. C. 5, 2. — III. Qui de sursum venit, super omnes est, qui de cœlo venit super omnes est. G. 11, 1. — Oportet vos nasci denuo. O. 6. — Sic Deus dilexit mundum, ut Filium suum, etc. G. 9, 1; L. 2, 4, et O. 29. — IV. Si scires donum Dei. O. 9, 12, 29, 85, 103. — IV. Deus spiritus est, et qui adorant eum, in spiritu et veritate adorare oportet. L. 71, 2. — V. Sicut Pater habet vitam in semetipso, sic dedit Filio habere vitam in semetipso. O. 34, 2; 158. — Pater meus usque modo operatur, et ego operor. O. 167. — VI. Panis quem ego dabo, caro mea est, etc. O. 3, 5; et C. 9. — Domine, ad quem ibimus, verba vitæ æternæ habes. O. 130. — VIII et XII. Ego sum lux mundi, ego lux veni in mundum. G. 11, 4. — Principium qui et loquor vobis. O. 3; 111, 7. — X. Ego sum vita. O. 26, 2; 30. — Nemo tollit animam meam a me, sed ego pono eam. O. 109. — XI. Diligebat Jesus Martham Mariam et Lazarum. O. 101, 5. — Collegerunt Pontifices concilium, etc. O. 61, 62. — Ecce quem amas infirmatur. O. 62. — XII. Ubi ego sum, illic minister meus erit. O. 101, 8. — Qui amat animam suam, perdet eam. O. 151. — XIII. Cum dilexisset suos qui erant in mundo, in finem dilexit eos. D. 3, 5; O. 84. — XIV. Ego sum via et vita. O. 143. — Ego vivo et vos vivetis. G. 10, 5. — Sed ut cognoscat mundus, quia diligo Patrem : et sicut mandatum dedit mihi Pater, sic facio : surgite, eamus hinc. D. 2, 12; et O. 12. — Si scires donum Dei, et quis est qui loquitur tecum. G. 6, 6. — XV. Sicut dilexit me Pater, et ego dilexi vos, etc. O. 28. — Ego sum vitis et vos palmites. O. 5, et 167. — Pater meus agricola est. O. 165. — XVI. Omnia quæcunque habet Pater, mea sunt. G. 10, 4. — Ille me clarificabit, quia de meo accipiet. O. 143. — XVII. Omnia mea tua sunt. G. 10, 5. — Clarifica me tu Pater. G. 8, 7, 8, 9. — Volo Pater ut ubi sum ego, et illi sint mecum. O. 11. — Non pro mundo rogo. L. 177, 14. — Ut omnes unum sint. L. 39. — Sicut tu me misisti, et ego misi eos. D. 1, 24. — Opus consummavi quod dedisti mihi ut faciam. O. 111. — Cognoverunt quia a te exivi, et crediderunt quia tu me misisti. D. 1, 24. — Hæc est vita æterna, ut cognoscant te solum Deum verum, etc. 6, 10; et O. 2, 7, 87. — XVIII. Ecce ascendimus Jerosolymam. O. 65. — Calicem quem dedit mihi Pater, non vis ut bibam illum. O. 65. — Hæc est hora vestra, et potestas tenebrarum. O. 65. — XIX. Consummatum est. O. 138; L. 219. — Inclinato capite tradidit spiritum. O. 138. — XX. Tulerunt Dominum meum. M. 7, 2; 6; et O. 129, 5. — Hæc cum dixisset conversa est retrorsum M. 7, 2. — In civitate peccatrix. M. 21. — De qua septem dæmonia exierant. M. 21. — Ascendo ad Patrem meum et Patrem vestrum, Deum meum et Deum vestrum. G. 7, 7. — Sicut misit me Pater et ego mitto vos. D. 1, 21.

Ex Act. II. Sciat domus Israel quia et Dominum eum et Christum fecit. V. 26. — X. Hic est omnium Dominus. G. 8, 12. — XVII. In ipso vivimus, movemur et sumus. D. 2, f. O. 114. — XIX. Adduxisti homines istos, neque sacrilegos, neque blasphemantes deam vestram. N. 20.

Ex epist. ad Rom. I. Paulus servus Jesu Christi. O. 121. — Factus est ei ex semine David secundum carnem. V. 25. — V. Charitas Dei diffusa est in cordibus nostris per Spiritum sanctum qui, etc. O. 153. — VII. Quis me liberabit de corpore mortis hujus? O. 128. — Mente servio legi Dei, carne autem legi peccati. O. 128. — VIII. Omnis creatura ingemiscit et parturit. G. 9, 3; et O. 144, 2. — Primogenitus in multis fratribus. O. 11, 20. — Qui Spiritu Dei aguntur, hi sunt Filii Dei. O. 153. — Nunquid non cum ipso omnia nobis donavit? L. 6, 2. — In similitudinem carnis peccati. G. 9, 2. — X. Omnis qui invocaverit nomen Domini salvus erit. D. 1, 27. — X. Quomodo invocabunt in quem non crediderunt? quomodo credent ei, quem non audierunt? etc. D. 1, 27. — XII. Voluntas bona, beneplacens et perfecta. O. 118. — Noli vinci a malo, sed vince in bono malum. L. 153. — Qui præest in sollicitudine. L. 13, et 153. — XIV. Quæ pacis sunt sectemur, quæ ædificationis sunt, invicem custodiamus. N. 31. — Sive morimur, sive vivimus, Domini sumus. O. 170 — XV. Christus non sibi placuit, etc. O. 31, 4; et 134.

Ex I Epist. ad Cor. I Factus est nobis sapientia. O. 182. — III. Dei agricultura estis, Dei ædificatio estis, Dei templum estis. O. 165. Omnia vestra sunt, vos autem Christi. G. 9, 5. — V. Tradidit illum Satanæ in interitum carnis. E. 7, 5. — VII. Præterit enim figura hujus mundi. O. 183. — VIII. Scientia inflat, charitas ædificat. O. 182. — X. Unus panis et unum corpus multi sumus, omnes qui de uno pane participamus. D. 3, 5; C. 1, 6. — Calix benedictionis cui benedicimus, nonne communicatio sanguinis est? et panis quem frangimus, etc. D. 3, 6. — XIII. Charitas patiens est, benigna est. L. 19.

Ex II Epist. ad Cor. II. Triumphat nos in Christo. G. 8, 11 — IV. Et si is qui foris est, noster homo corrumpatur, tamen is qui intus est renovatur de die in diem. O. 177. — IV. Ut omnes qui vivunt, non jam sibi vivant, sed ei qui pro ipsis mortuus est et resurrexit. L. 100.

Ex Epist. ad Galat. — II. Christo confixus sum cruci. G. 8, 10. — Qui ipsum me, et tradidit semetipsum pro me. L. 9. — IV. Quos iterum parturio, donec formetur Christus in vobis S. 8; O. 177.

Ex Epist. ad Ephes. I. Constituit Deus Pater ad dexteram suam Jesum Christum, etc. G. 8, 12; O. 195. — II. Creati in Christo Jesu. O. 111, 7; 115, 2. — Natura filii iræ. O. 29. — III Mysterium absconditum a sæculo. G. 1, 2. — Mihi omnium sanctorum minimo data est gratia. G. 4, 3. — A quo omnis paternitas in cœlo et in terra nominatur. G. 10, 2; et O. 137. — IV. Induite novum hominem. O. 127. — Ut jam non simus parvuli fluctuantes, et circumferamur omni vento doctrinæ, etc. D. 1, 23. — V. Redimentes tempus. L. 220.

Ex Epist. ad Philip. II. Exinanivit semetipsum, humiliavit semetipsum V. 25. — Omnis lingua confiteatur quia Dominus Jesus. G. 8, 10. — III. Existimo omnia detrimenta esse. G. 8, 10.

Ex Epist. ad Coloss. I. In ipso condita sunt universa.

G. 10, 3. — Adimpleo ea quæ desunt passionum Christi in corpore meo. O. 77. — Primogenitus omnis creaturæ. O. 126. — II. In ipso inhabitat omnis plenitudo divinitatis. G. 7, 7; 12, 4; et O. 8, 12. — III. Mortui estis et vita vestra abscondita est, etc. O. 168; L. 5, 98. — Omne quodcunque facitis in verbo aut in opere, omnia in nomine Domini nostri Jesu Christi. O. 29, 2.

Ex I Epist. ad Thess. IV. Hæc est voluntas Dei sanctificatio vestra. O. 111, 2; 132.

Ex II Epist. ad Thess. II. State et tenete traditiones quas didicistis sive per sermonem, sive per epistolam nostram. D. 1, 13. — III. Dominus dirigat corda nostra. G. 8, 13.

Ex I Epist. ad Tim. I. Regi sæculorum immortali. O. 183, 5. — II. Unus Deus, unus et mediator Dei et hominum, homo Christus Jesus. O. 161. — III. Manifeste magnum pietatis sacramentum. G. 7, 9.

Ex II Epist. ad Tim. I. Propter quam causam admoneo te ut ressuscites gratiam Dei, per impositionem manuum. D. 1, 21 — I. Formam habe sanorum verborum, quæ a me audisti in fide, etc. D. 1, 13. — II. Si commortui sumus, et convivemus, etc. O. 170. — Resipiscant a diaboli laqueis, a quo peccatores captivi tenentur ad ipsius voluntatem. O. 58. — Sed iis qui diligunt adventum ejus. O. 170.

Ex Epist. ad Tit. I Hujus rei gratia reliqui te Cretæ, ut constituas per civitates presbyteros. D. 1, 21.

Ex Epist. ad Hebr. I. Splendor gloriæ Patris. O. 51, 2. — II. Gratia Dei pro omnibus gustavit mortem. G. 2, 10. — V. Christus non semetipsum clarificavit, ut Pontifex fieret, sed qui dixit ad eum, etc. O. 195. — Nemo assumit sibi honorem, sed qui vocatur a Deo tanquam Aaron. D. 1, 20. — VII. Translato sacerdotio, necesse est et legis translatio fiat. D. 2, 7. — X. Quam initiavit nobis viam novam et viventem. O. 31, 5. — Patientia vobis necessaria est. L. 131. — Aufert primum ut sequens statuat. — Ingrediens mundum dixit, etc. V. 27. — XII. Ibid. — Pater spirituum. O. 124. — Proposito sibi gaudio sustinuit crucem. O. 58, 4. — Cum dilexisset suos qui erant in mundo, in finem dilexit eos. O. 60. — XIII. Offeramus hostiam laudis semper Deo. L. 1, 7. — XIII Habemus altare de quo edere non habent potestatem, qui, etc. D. 2, 7.

Ex Epist. Jacob. I. Pater luminum. O. 182. — IV. Vapor ad modicum parens. O. 183.

Ex I Epist. Petr. III. In quo (spiritu) et his qui incarcere erant spiritibus veniens prædicavit. O. 109.

Ex II Epist. Petr. I. Divinæ consortes naturæ. O. 145.

Ex I Epist. Joan. I. Societas nostra sit cum Patre et Filio ejus Jesu Christo. O. 11; et L. 77. — III. In hoc apparuit Filius Dei, ut dissolvat opera diaboli L. 74.

Ex Epist. Judæ. I. Non est ausus inferre judicium, blasphemiæ. N. 19.

Ex Apoc. I. Fui vivus et fui mortuus, et ecce sum vivens, etc. O. 176. — I. Primogenitus mortuorum. O. 166. — III. Sto ad ostium et pulso. O. 167. — Tene quod habes, et nemo accipiat coronam tuam. L. 164. — Principium creaturæ Dei. O. 6, 117. — V. Dignus est Agnus qui occisus est, accipere virtutem et divinitatem, etc. O. 90. — Dignus est Agnus, etc. G. 8, 7. — XXI. Tabernaculum Dei cum hominibus. L. 1, 5. — Lucerna ejus est agnus. G. 9, 4.

TABLE ALPHABÉTIQUE

DE TOUTES LES CHOSES MÉMORABLES CONTENUES DANS CE VOLUME.

A

ABAISSEMENT. — Abaissement du Fils de Dieu à ce qui est de plus abject en la vie. O. 185, 5.

ABNÉGATION. — Le premier fondement de l'abnégation est une très basse estime des choses créées et de soi-même ; le second, une très haute estime de Dieu. A. 1, 1. — La manière de s'exercer en l'abnégation continue de soi-même. A. 1, 1. — Il est toujours plus utile d'aborder l'humiliation et l'abnégation par la pratique, que par des ressentiments intérieurs de la bassesse des choses. A. 1, 1. — La première espèce d'abnégation est un parfait renoncement à toutes choses, en l'affection et en l'effet. A. 2, 1, 2. — De cette abnégation naissent en l'âme trois effets principaux, une dépendance totale de la Providence de Dieu, une conformité singulière au vouloir divin, un accroissement de l'amour de Dieu A. 2, 4. — La seconde espèce d'abnégation est des choses fort utiles à l'esprit, comme sont les consolations intérieures. A. 2, 2. — Divers degrés de l'abnégation. A. 2, 3, 4 ; 4, 1, 2, 5, 7, 8. — De l'abnégation des désirs. A. 4, 5. — Abnégation pratiquée par Jésus au moment de l'Incarnation. O. 120. —

Nous nous devons rendre dignes de l'esprit et adoption des enfants de Dieu, par une fidèle abnégation de nous-mêmes et soumission à autrui. L. 160. — L'abnégation se retrouve en Jésus Christ même. L. 218.

ABRAHAM. — Le conseil de Dieu sur Abraham. P. V. 16. — Sa foi, son obéissance : Abraham donne son fils unique à Dieu, et Dieu son Fils unique à Abraham. P. V. 16, 17.

ACADÉMIE. — Académie nouvelle établie par Jésus en la terre, et ce qu'il nous y veut enseigner. G. 1, 1.

ACTION. — Toute action faite par Dieu nous acquiert Dieu même : et c'est une des choses qui nous obligent à faire avec un grand soin toutes nos actions. L. 220.

ACTIVITÉ. — Activité naturelle du malin esprit. E. 2, 1.

ADAM. — De la chute de l'homme en Adam. P. V. 9. — Différence du premier Adam et du second. V. 19. — Différence de la sanctification d'Adam et des Chrétiens, de l'homme et de l'ange. O. 5.

ADORATION. — Jésus est adorant en qualité d'hostie, son Père dès le moment de son entrée dans le monde, et ce sien état d'adoration est adorable, et adoré des hommes et des anges. G. 11, 4. — Cette adoration n'est pas simplement par pensée, mais par état. G. 11, 5. — Deux sortes d'adoration de Dieu, l'une dépendante des pensées de l'esprit créé, l'autre indépendante d'icelles, et attachée à la condition naturelle ou personnelle de la créature. G. 11, 6.

ADVERSITÉ. — Il faut porter les adversités en patience, et ne pas nous en occuper, mais de Jésus. L. 153.

AVIS. — Avis à une personne travaillée de l'esprit malin. L. 222. — Avis pour bien user des croix que Dieu nous envoie. L. 189. — Avis contre les suggestions de l'esprit malin. L. 50. — Avis aux supérieurs des maisons de la Vierge, sur ce qu'ils doivent aux pèlerins. L. 121. Avis divers à un supérieur, pour se bien conduire en sa charge. L. 115, 175. — Avis divers, pour la conduite d'une supérieure, tant au regard de la charge que d'elle-même. L. 63, 67. — Avis à un prédicateur, pour prêcher utilement. L. 172.

AFFECTIONS. — Affections sur Jésus-Christ en son Incarnation. G. 7, 9. — Affections sur le moment de l'Incarnation. G. 5, 12. G. 7, 9.

AGENT. — Il y a deux agents en la vie de l'esprit, Dieu et l'âme : Dieu possède l'âme en l'oraison, et l'âme le doit quitter pour Dieu en l'action. L. 235.

AGNEAU. — Victime. Voy. Jésus.

ALLIANCE. — Alliance en la naissance de Jésus. G. 2, 11. — Alliance de l'homme avec l'ange, est la principale, et a l'éternité pour durée. E. 1, 3. Elle est la plus étroite. 114.

ALTÉRATION. — Altération que le malin esprit apporte dans l'énergumène. E. 6, 1; sa qualité, 6, 4.

AMBITION. — Ambition de Satan contre l'image de Dieu, par quoi excitée. E. 3, 7.

AME. — L'âme de Jésus élevée en une vie de grâce et de gloire. V. 26. — Elle est dans un exercice tout divin, et agit par la lumière de grâce. V. 26. — Régir une âme est régir un monde. S. 1. — Conduite de Dieu sur l'âme. S. 1. — Une âme seule pèse plus devant Dieu que tout le monde. S. 1. — Régir une âme et une maison de Dieu, pour une fin céleste et surnaturelle, requiert une puissance surnaturelle. S. 2. — Nous devons regarder chaque âme comme une hiérarchie du ciel en terre. S. 3. — Le gouvernement des âmes est une œuvre de grâce intérieure et excellente, à laquelle il se doit disposer par prière intérieure. S. 15. — Les productions qui se font dans les âmes se doivent faire par voie de contemplation et d'amour, comme en la très sainte Trinité. S. 15. — Il importe beaucoup plus à l'âme à se garantir de toute impureté en consolations spirituelles, que dans les sensibles. A. 3, 4. — Deux états différents de l'âme. A. 3, 5. — L'âme ne se doit empêcher de coopérer par ses puissances, sinon lorsqu'elle est actuellement en état, auquel la liberté d'agir lui soit ôtée. A. 3, 5. — Il importe beaucoup que l'âme suive les mouvements de Dieu. A. 3, 6. — Il y a très-peu d'âmes arrivées à telle perfection de vertu, que Dieu en ait pris une totale possession. A. 3, 7. — La perfection de l'âme consiste à être tout à fait dépendante, non de l'esprit humain, mais de l'esprit de Dieu. A. 4, 3. — Il n'est pas expédient à l'âme nouvellement introduite dans la vertu, de se charger fort des croix. A. 4, 5. — Pratiques de l'âme sur les grâces passées qui lui sont soustraites. A. 4, 6. — Dieu, non content de priver l'âme des sentiments de vertu, permet les mouvements déréglés, et pourquoi. A. 4, 6. — La vie de l'âme, où elle est. L. 166. — Usages de l'âme sainte de Jésus au moment de l'Incarnation. O. 129. — L'âme, comme épouse, doit être consacrée à Dieu par amour; et le corps, comme esclave, par crainte. O. 175. — L'âme ne se doit pas lier à sa voie, mais à Dieu en sa voie. O. 150. — Deux mouvements différents de l'âme vers Dieu et vers soi-même, établissent le paradis et l'enfer. O. 123. — Il y a une sorte de captivité en l'âme, qui rend hommage à diverses manières de captivités en Jésus. O. 78. — Pour conforter une âme qui se trouvait en quelque dureté et sécheresse en l'oraison. L. 175. — Il y a en la terre des âmes si grandes, qu'elles rendent plus d'honneur à Dieu qu'une province entière. L. 159. — Ceux qui traitent avec les autres du besoin de leurs âmes, ne doivent être ni superflues en paroles, ni aussi trop secs. L. 165. — Ceux qui sont employés au salut des âmes, doivent être grandement retenus à demander les choses temporelles à ceux avec qui ils traitent de leur salut. L. 159. — Les âmes des élus étant séparées du corps, doivent être purgées, instruites et préparées, avant qu'entrer en la gloire. O. 109. — Plusieurs choses se font ès âmes séparées du corps par le ministère des anges. O. 109. — Ames du purgatoire. Voy. PURGATOIRE.

AMOUR. — L'amour tend à l'unité, et l'amour suprême et incréé est l'unité même. G. 4, 2. — Deux amours confirment les mystères de la Trinité et de l'Incarnation. G. 9, 1; G. 11, 8. — En l'Eglise du ciel Dieu fait tout par amour, et en l'Eglise de la terre il fait tout par autorité; mais nous devons nous soumettre à son autorité par amour. L. 233. — L'amour de Jésus fait une différence à part, en la terre et au ciel. M. 12. — L'amour de Jésus porte ses qualités et livrées, et l'amour qui procède de Jésus souffrant, porte impression de souffrance. M. 5, 2. — L'extrémité de l'amour passe celle de la douleur, puisque la douleur ne vient que de l'amour. M. 5, 4. — L'amour qui fait mourir Jésus ne peut mourir. M. 5, 8. — L'amour de Jésus est plus fort que sa mort, puisque sa mort ne peut faire mourir son amour. M. 5, 8. — Le premier amour que Dieu avait produit a été perdu au ciel en la chute des anges, et il doit être réparé par Jésus en la terre. M. 2, 2. — Il y est réparé avec avantage. M. 2, 3. — L'amour de Jésus vers les hommes, abaisse et crucifie un Dieu, pour élever et glorifier l'homme. El. II, 5. — L'amour divin, qui est unissant et élevant, est par un miracle continuel séparant et abaissant en Jésus. G. 12, 2. — Il semble que l'amour des choses étrangères ne convient pas à Dieu, et néanmoins il entre en alliance avec l'homme, et s'unit à lui pour jamais G. 9, 2. — L'amour abaisse Dieu jusqu'à l'humanité, et élève l'homme jusqu'à la divinité. G. 9, 2. — L'amour de Dieu vers le monde, jusqu'à lui donner son Fils unique, est un point si digne d'étonnement, que Jésus-Christ même n'en parle qu'en termes d'admiration. G. 9, 2. — La différence de la connaissance et de l'amour de Dieu : il est bien plus important de l'aimer que de le connaître. G. 9, 1. — Il vaut mieux entrer par révérence et amour dans la lumière, que par la lumière dans l'amour. G. 2, 1; M. 6, 2.

ANGE. — L'ange et l'homme sont très-utiles ou très-dommageables, selon qu'ils sont, ou liés à leur principe, ou séparés d'icelui. E. 1, 3. — L'alliance que l'un et l'autre ont ensemble, est la plus étroite et la principale, et a l'éternité pour durée. E. 1, 3, 4. — Les anges apprennent de l'Eglise militante en la terre, les secrets de la sagesse de Dieu. G. 4, 8. — De leur multitude. P. V. 9. — Les anges se tiennent honorés de servir Jésus en ses serviteurs, mais infiniment plus de le servir lui-même. V. 8. — Les anges sont vierges, et les vierges sont anges. V. 10. — Les anges n'ont point d'autre part à l'œuvre de l'Incarnation, que de le contempler et de l'adorer. V. 18. — Les anges et les hommes conviennent en offices. S. 2. — Les anges qui sont au ciel travaillent pour la terre et non pour le ciel, et nous travaillons pour le ciel et non pour la terre. S. 8. — Les anges ne font rien en terre que par la mission. D. 1, 24. — Allant en quelque lieu, nous en devons honorer les anges et les saints tutélaires et nous lier avec eux. O. 186, 5. — Ange Gabriel. Voy. GABRIEL l'ange.

ANTITHÈSES. — Antithèses des grandeurs et abaissements de Jésus-Christ. G. 11, 8. — Antithèses du premier et second Adam. G. 11, 8.

APOTRES. — Les apôtres se servaient des démons comme de bourreaux. E. 7, 5. — Les apôtres sont tellement envoyés par Jésus-Christ, que nul n'est envoyé que par eux et par ceux qui représentent leur autorité. D. 1, 25.

ATTENTE. — Attente de l'univers pour la venue de son Libérateur et pour sa délivrance. G. 9, 5.

AVANTAGE. — Avantage que le malin esprit a sur les hommes; d'où il procède. E. 2, 2

AUTEL. — Effusion de sang en l'autel, et combien de sortes. D. 2, 13.

AVE MARIA. — L'Avé Maria est la première parole des anges, adressée à la première personne du Nouveau Testament. V. 11. — Les paroles de l'Avé contiennent les grandeurs de Jésus et de Marie. V. 11. —

B

BANQUET. — Deux banquets bien différents, l'un que le pharisien fait à Jésus, l'autre que Jésus fait à la Madeleine, et Madeleine à Jésus. M. 3, 5. — Jésus est mort dans le banquet du pharisien, en sa pensée. M. 4, 3.

BAPTEME. — Le baptême est donné aux Chrétiens au nom de la divine naissance de Jésus-Christ. G. 10, 1. — Le baptême des Chrétiens, *Voy.* CATÉCHUMÈNES. — La grâce, le baptême et la gloire, œuvres de la Trinité. G. 6, 1. — Vœux et obligations du baptême. N. 24, 25.

BAUME. — Baume au désert de sainte Madeleine. E. M. 5.

BÉNÉDICTION. — Bénédiction de ceux qui ont été honorés de la présence et de la conversation de Jésus sur la terre. O. 101.

BÉRULLE. — Ce que M. de Bérulle a fait en Espagne pour les Carmélites de France. L. 102, etc. Sa liaison avec mademoiselle Acarie dans les œuvres de Dieu. L. 102. — M. de Bérulle étant en Espagne pour l'établissement des Carmélites en France, regardait cette affaire comme l'affaire de la Mère de Dieu, et cette pensée était toute sa consolation dans les difficultés qu'il y avait. L. 103. etc. — La grande prudence, lumière, force et fidélité de M. de Bérulle, en la conduite des œuvres de Dieu. L. 106, 107. — Il ne veut point qu'on ait égard à ses conférences si elles n'ont été revues par lui-même. L. 57.

BÉTHANIE. — Béthanie est le dernier séjour de Jésus allant à la croix. O. 63.

BIEN. — Bien des hommes en quoi il consiste. O. 171. — Bien duquel Satan prive celui qu'il possède. E. 3, 4. — Biens temporels, comment il faut en user. L. 172.

BONHEUR. — Bonheur de la condition religieuse. L. 238.

C

CATÉCHUMÈNE. — Les catéchumènes se tournaient vers l'Orient dans leur baptême. G. 10, 1.

CATHERINE. — De la bienheureuse Catherine de Gênes, et de son éminence en l'amour et en la croix de Jésus. L. 191.

CARMÉLITES. — Comment liées à la congrégation de l'Oratoire. L. 159.

CHANGEMENT. — Le changement de la volonté se fait en un moment; mais celui des habitudes requiert beaucoup de temps. L. 226.

CHARITÉ. — Charité ne doit pas être empêchée par la pauvreté. L. 114. *Voy.* AMOUR.

CHEF-D'ŒUVRE. — Chef-d'œuvre que Dieu a fait en ce monde, qui honore divinement et en plusieurs manières l'unité suprême. G. 1, 6.

CHUTE. — Chute de l'homme en Adam. P. V. 9.

CHRÉTIENS. — La vie intérieure des Chrétiens est formée sur la vie du Fils de Dieu en son Père, comme sur son modèle. G. 5, 9. — Comme le Verbe regarde toujours son Père duquel il procède, les Chrétiens doivent toujours regarder le Verbe incarné par un regard d'amour, de dépendance. G. 5, 9. — Les Chrétiens doivent honorer Jésus-Christ, non-seulement par actions, mais par l'état de leur vie. G. 2, 14. — Les personnes divines l'honorent d'un honneur mutuel que les Chrétiens doivent imiter par amour et adoration. G. 5, 10. — Les Chrétiens doivent être les esclaves de Jésus, et demander cette grâce à la Vierge. G. 2, 14; G. 12, 6. — Le christianisme a pour son trésor et son fonds, les actions et les souffrances de l'humanité du Verbe. G. 2, 10. — Les Chrétiens enfants de lumière, se rendent les enfants du prince des ténèbres par les calomnies et les fausses accusations. G. 2, 11. — Les Chrétiens sont mis en la grâce pour connaître et voir le soleil. G. 8, 1. — Le christianisme, un art de prier. G. 2, 9. — Les Chrétiens, enfants d'un Dieu mourant. G. 10, 6. — Combien les Chrétiens sont obligés de révérer la première volonté de Jésus, qui est leur justice originelle. V. c. 27. — En combien de manières les Chrétiens sont à Jésus. El. 1, 14. — Religion chrétienne est toute divine. D. 2, 4. — Dignité des Chrétiens dans le mystère de l'Eucharistie. D. 3, 10. — Le sang de Jésus est la divine semence du christianisme. D. 3, 9. — Le devoir des Chrétiens est de mourir à Adam et vivre en Jésus-Christ, qui ne leur recommande rien tant que l'abnégation. O. 144. — Les Chrétiens obligés de chercher et attendre vie en Jésus et en sa très-sainte Mère. L. 188. — Les Chrétiens sont obligés de porter la croix, et c'est grâce d'être du nombre des âmes dédiées à ce mystère. L. 191. — Les Chrétiens sont obligés à la sainteté. O. 163. — Leur devise, quelle. O. 168. — Le devoir des Chrétiens est de chercher Notre-Seigneur et de l'attendre. O. 161. — Leur servitude envers Jésus, expliquée. L. 174. — Les Chrétiens doivent mourir à Adam et vivre en Jésus-Christ, qui ne leur recommande rien tant que l'abnégation. O. 144 — Les Chrétiens doivent vivre et mourir en Jésus et à Jésus, c'est-à-dire pour sa gloire. O. 5. — Si la plupart des hommes sont occupés de la vie d'autrui, ou en y servant, ou en la formant, les Chrétiens ne se peuvent mieux occuper que de la vie de Dieu et de Jésus-Christ. O. 177. — Oblation des Chrétiens vers Jésus, à qui elle doit rendre hommage. O. 162. — Les Chrétiens sont appelés à la sainteté; et combien est grande cette vocation. O. 111, 2. — Les Chrétiens ne peuvent comparaître devant Dieu qu'en esprit et disposition de pénitents. O. 173. — Ils ne se peuvent occuper mieux, que de la vie de Dieu et de Jésus-Christ. O. 177. — Chacun des Chrétiens a un point, c'est-à-dire, des choses de néant à quitter pour parvenir à la sainteté. O. 111, 4. — La sanctification des Chrétiens étant consommée par la gloire, ils seront saints en eux-mêmes et sans être obligés à l'abnégation. O. 116. — En quoi ils sont sanctifiés. O. 116.

COLONNE. — Colonnes qui soutiennent l'État de la religion. D. 2, 1.

COMBAT. — Combat secret entre la Vierge et l'ange, dans le silence et la lumière. V. c, 10.

COMMANDEMENT. — Commandement d'aimer Dieu de tout son cœur. L. 235.

COMMUNICATION. — Deux divines communications, l'une d'essence, l'autre de personne. G. 6, 5. — Grandeur de cette communication de la personne divine à la nature humaine. G. 6, 5. — Communication des perfections divines à l'humanité de Jésus El. II. 5. — Communication des perfections divines à la sainte humanité de Jésus. G. 2, 14.

COMMUNION. — La communion au vrai corps de Jésus-Christ en l'Eucharistie, et à son corps mystique qui est l'Église, sont deux points principaux dont les hérétiques doivent être instruits. El. G.

CONDUITE. — Conduite qu'il faut apporter à conforter et diriger une personne grandement travaillée de l'esprit malin. L. 222. — Conduite pour l'oraison. L. 254, 255. — Conduite très-utile pour ceux qui traitent avec les personnes qui ont désir de se convertir. L. 140. — Conduite d'une supérieure, tant au regard de sa charge, que d'elle-même. L. 59.

CONGRÉGATION. — La congrégation de l'Oratoire, son esprit, ses devoirs et sa diffusion. G. 8, 13, S. 13. — La congrégation de l'Oratoire est une œuvre de Dieu qu'il bénira en son temps. L. 114, 167. — La congrégation de l'Oratoire fait profession de n'avoir autre fondateur que Jésus, auteur de la prêtrise. L. 167.

CONNAÎTRE. — Il vaut mieux connaître peu des choses du ciel, que beaucoup des choses de la terre. G. 5, 1.

CONSEIL. — Conseil de se retirer au cœur navré de Jésus pendant quelque orage. L. 233. — Conseils qu'il y a eu en Dieu sur l'homme. O. 142.

CONSÉQUENCE. — Conséquences importantes à l'honneur de l'Église et à la confusion de l'hérésie. D. 1, 8.

CONSIDÉRATION. — Considération de la vie mortelle de Jésus. O. 168. — Considération du péché en toutes ses circonstances. O. 173. — Considérations pour porter les peines de la vie en patience. O. 178.

CONSOLATION. — Consolation à un ami sur la mort de sa fille. L. 252. — Consolation à une personne de qualité, sur la mort de l'un de ses proches. L. 214.

CORPS. — Corps de Jésus-Christ prouvé en la sainte Eucharistie. D. 3, 1. — S'il n'est dans la sainte Eucharistie, qu'il n'est pas commandé de le manger. D. 3, 13. — Ce que Jésus prend, c'est du pain; mais ce qu'il donne est son corps. D. 3, 12. — La communion au vrai corps de Jésus-Christ en l'Eucharistie, et à son corps mystique qui est l'Église, sont deux points principaux dont les hérétiques doivent être instruits. E. G. — Regards de Dieu sur le corps de Jésus. V. 26. — Ce corps est en état de vie humaine par l'infusion de l'âme, et de vie divine par l'infusion du Verbe. V. 26. *Voy.* JÉSUS INCARNÉ.

CORRECTION. — En quelle manière il faut faire la correction. L. 113.

CRÉATION. — Création du monde par la pure bonté de Dieu, pour Dieu et en Dieu. P. V. 6, 8. — Différence de la première et seconde création, l'une desquelles appartient à la nature, et l'autre à la grâce. O. 113. — Création première et création seconde, en quoi elles diffèrent. O. 115. — Créations différentes, par lesquelles nous entrons en deux mondes différents. O. 111, 7.

CRÉATURE. — La dépendance que la créature a de

Dieu, est un des points qui tourmentent le plus les esprits rebelles. G. 6, 6. — La créature doit être indifférente au regard de toutes les voies et moyens de servir à Dieu, et elle se doit contenter d'être à Dieu. O. 174. — La créature est en émanation et relation perpétuelle de Dieu. O. 147. — La créature doit être sans choix au regard de sa voie et de sa vocation. O. 149. — La créature doit être au regard de sa voie, comme n'y en ayant point d'autre pour la conduire à Dieu. O. 150. — La créature ne peut être utile à la créature que par la grâce du Fils de Dieu; et même hors de cela, elle ne lui peut être que dommageable. L. 221. — La créature sans la grâce n'est rien, pour accomplir qu'elle soit en nature; et son travail est inutile s'il n'est fondé en conseil de Dieu. L. 3, 2. — Le devoir de la créature est de se lier à Dieu par volonté, comme elle lui est liée par nécessité. O. 154. — Créature, à quoi elle est obligée. O. 154. — La créature n'est qu'une ombre, une dépendance, une capacité de l'être incréé. O. 148.

CROIX. — La croix du Fils de Dieu est proprement un mystère de souffrance et d'expiation. G. 2, 4. — La croix de Jésus le lit de sa mort et le jour de sa résurrection, le lit de son amour et le nid de sa fécondité. G. 12,1. — Les œuvres de Dieu ne se font que par la croix, et c'est à nous de se devoient résoudre ceux qui y travaillent. L. 147. — Avis pour bien user des croix que Dieu nous envoie. L. 189. — Le signe de la croix maintenu contre les hérétiques. O. 194. Mem. 8, etc., quel est son usage. O. 194. Mem. 6. — Rien n'est grand, immortel, ni heureux que par la croix. O. 142. — Dispositions pour bien porter la croix et les afflictions que Dieu nous envoie. L. 256. — Nous devons tenir à la bénédiction de participer aux croix des œuvres de Dieu. L. 138. — Quel est l'usage du signe de la croix. O. 194. Mem. 6, etc. — La croix de Jésus qui a produit les martyrs pendant un long temps, veut maintenant produire les confesseurs qui consomment leur vie dans les travaux de la charité. L. 203.

D

DÉCÈS. — Sur le décès du confrère de saint Gilles, sujet de très-grand mérite. L. 120.

DEMEURE. — Nos demeures en la terre, et le soin d'y chercher logis, nous doivent élever aux demeures adorables de Jésus, et au droit que nous avons de demeurer en lui. O. 12, 2.

DÉMONS. — La dépendance que la créature a de Dieu, est un des points qui tourmentent plus les démons. G. 6, 6. — Non-seulement l'être, mais aussi la volonté des démons est divisée en soi-même, étant tout ensemble et séparée de Dieu et liée à Dieu. G. 6, 6. *Voy.* ESPRIT MALIN.

DÉPENDANCE. — La dépendance que la créature a de Dieu, est un des points qui tourmentent plus les esprits rebelles. G. 6, 6. — Dépendance que nous devons avoir de la conduite et des ordres de Dieu, en travaillant en ses œuvres. L. 147.

DÉSIR. — Nous devons renoncer quelque fois même à nos bons désirs. L. 11, 61.

DESSEIN. — Dessein de Satan envers celui qu'il possède. E. 8; et contre l'Eglise qui le veut déposséder. E. 9.

DEVOIR. — Devoir des hommes envers Dieu. O. 161. — Le devoir d'un prêtre, et en particulier que le prêtre doit être l'image de Jésus-Christ en terre, comme Jésus-Christ est l'image de son Père au ciel. L. 168.

DÉVOTION. — La dévotion de Jésus et de sa très-sainte Mère doivent être liées par ensemble. L. 79. — Dévotion à saint Michel. L. 173. — Dévotion au temps de l'Avent L. 86. Dévotion de la reine d'Angleterre à sainte Madeleine. E. M. 7. — Dévotions diverses à Jésus-Christ Notre-Seigneur, en plusieurs de ses Etats. L. 97, 98, 99, 100.

DIABLE. — Combien nous sommes obligés de résister fortement au diable. L. 158. *Voy.* ESPRIT MALIN.

DIEU. — Pour traiter dignement les choses de Dieu, ce qu'il faut faire. D. 1, 7. — Rien ne peut joindre l'homme à Dieu, que ce qui procède de lui, ou originairement, ou gratuitement. D. 1, 23. — Deux mondes en Dieu, sensible et intelligible. D. 1, 24. — L'extrême distance de Dieu et de l'homme. G. 9, 2. — Dieu triomphe de ses perfections dans le mystère de l'Incarnation. G. 3, 3. — Dieu opère toujours comme un, et de l'unité de Dieu. *Voy.* UNITÉ. — Dieu éternellement vivant en unité d'essence, opérant en unité de principe, régnant en unité d'amour, établissant temporellement son Fils en unité de subsistence. G. 3, 10. — Dieu en ses émanations éternelles et temporelles, est une sphère adorable, et un cercle divin qui part de lui et retourne à lui. G. 4, 10. — Les choses imparfaites dans les créatures sont très-parfaites en Dieu. G. 4, 10. — Dieu habite en lui-même, et n'a point d'autre lieu. G. 6, 6. — Plénitude,

indépendance de l'être de Dieu, indigence et dépendance de la créature. G. 6, 6. — La dépendance que la créature a de Dieu, est un des points qui tourmentent le plus les esprits rebelles. *Voy.* CRÉATURE. — Élévation à Dieu sur son indépendance, et sur la dépendance de la créature. G. 6, 7. — L'être de Dieu parfaitement un, et parfaitement communicable. G. 7, 2. — En l'être de Dieu nous adorons unité, et pluralité en la distinction des personnes, unité et société en la communication, unité et fécondité en l'émanation des personnes. G. 7, 2. — Résidence de Dieu en soi-même, en ses créatures, et en l'humanité de son Fils. G. 7, 6. — La présence et existence de Dieu en ses créatures. G. 7, 7. — Dieu veut être honoré par le silence. G. 1, 3. — Tout ce qui procède de Dieu rend honneur à Dieu. G. 2, 5. — Dieu vivant nous condamne à la mort, et Dieu mourant nous en délivre. G. 10, 6. — Toutes choses en Dieu comme en leur être éminent par sa grandeur, en leur principe par sa puissance, en leur idée par sa sapience. G. 11, 2. — Dieu, comme Dieu, le centre de toutes choses. G. 11, 2. — Dieu qui n'a point de corps, habite dans le corps de Jésus plus intimement que l'âme dans le corps humain. G. 12, 5. — Dieu est le maître qui nous enseigne les vérités, les anges et les prophètes sont ses organes. P. V, 2. — Dieu qui est infini, est fini à soi-même. P. V, 5. — Dieu qui est invisible en soi-même, se donne à connaître, à nous par ses effets et par sa parole. P. V. 4. — Dieu suffisant à soi-même. P. V, 5. — Dieu sortant hors de soi-même, opère le monde de la nature et de la grâce. P. V, 8. — Dieu, par un excès d'amour, surmonte l'iniquité de la terre, et lui donne sa grâce et sa miséricorde. V. 3. — Dieu s'appelait auparavant le Dieu du ciel, et maintenant il est beaucoup plus le Dieu de la terre que le Dieu du ciel. V. 18. — Dieu en la création, prend la terre dont Adam fut formé, parce qu'en icelle est conquise la portion de terre dont il forme le nouvel Adam. V. 19. — Dieu proportionne ses voies à ses ouvrages. V. 20. — Dieu ayant créé deux natures, l'angélique et l'humaine, exerce sa justice sur l'une et sa miséricorde sur l'autre. E. 1, 2. — Tout ce qui regarde Dieu est grand, il n'y a rien de petit en sa maison. S. 23. — Il ne se passe aucun jour que Dieu n'use envers nous de deux traits signalés de son amour: l'un, en nous privant de plusieurs commodités de la vie présente; l'autre, nous en laissant toujours beaucoup davantage. A. 2. — Dieu possède l'âme en l'oraison, et l'âme se doit quitter pour Dieu en l'action. L. 235. — Comment il veut être honoré. G. 1, 3. — Pourquoi il n'a créé qu'un monde. G. 1, 6. — Son unité dans la création, dans la sanctification et dans l'incarnation. G. 1, 6. — Comment nous sommes liés à lui. G. 2, 6. — Dépendance que la créature a de Dieu, un des points qui tourmentent plus les démons. G. 6, 6. — Dieu a voulu avoir un adorateur et un serviteur qui lui fût égal. O. 156. — Dieu veut être adoré non seulement par les actions, mais encore par l'état et la condition de ses créatures. O. 156. — Dieu a départi ses perfections dans les divers chœurs des anges et des saints. O. 107. — Dieu nous communique sa vie, son amour, son intelligence, et autres perfections en l'ordre de la grâce, mais toutes en qualité d'esprit, esprit de vie, esprit d'amour, etc. O. 153. — Il importe infiniment de vaquer aux bonnes œuvres que Dieu nous présente. L. 194. — Tout œuvre créé procède de Dieu comme de son principe, tend à Dieu comme à sa fin, se repose en Dieu comme en sa subsistence, et se perd en Dieu comme en son abîme et sa plénitude. O. 154. — Dieu regarde plus la disposition que l'action. L. 172. — Dieu est obligé par sa providence d'avoir en la terre une Eglise et autorité visible, pour assembler et régir les siens. C. 6. — Il faut chercher un autre monde en ce monde, et c'est Dieu qui est cet autre monde. O. 161. Nous devons approcher sans cesse du règne de Dieu par la sainteté de nos œuvres, comme nous approchons sans cesse de son jugement par la brièveté de nos jours. O. 188. — Dieu seul est Seigneur des temps; et il n'y a point d'homme qui en ait un seul quart d'heure en sa puissance. O. 185, 5. — Parler de Dieu et de sa part est chose grande. L. 174. — Il faut adoucir nos pertes par soumission à Dieu, sans l'ordonnance duquel il n'arrive rien. O. 185, 4. — Dieu, en ordre de la grâce, se communique comme esprit et non comme essence, ni comme personne. O. 153. — Unité de Dieu en soi-même, dans le mystère de notre salut et dans les fidèles. L. 112. — Ses sujets par obéissance, et ses esclaves par volonté. O. 161. — Dieu supplée aucunes fois à nos manquements à la conduite de ses œuvres, lorsque son conseil est grand; mais il ne faut pas que cela nous soit occasion de négligence, et nous ne devons pas nous persuader qu'il en use toujours ainsi. L.

155. Dieu qui est lumière en soi, veut être la lumière de sa créature. O. 194. Mémor. 1. — Nous devons être possédés de Dieu en temps, pour le posséder en éternité. L. 224. — Dieu voulant accomplir le mystère de l'Incarnation a demandé le consentement de la Vierge. O. 94. — Dieu opère sans cesse pour nous, et nous devons opérer sans cesse pour lui. O. 177. — Dieu a mis le salut et la sainteté en la garde de l'obéissance. O. 179. — De nos devoirs envers Dieu, nos liens avec Dieu, nos demeures en Dieu. O. 161. — Dieu ne s'est pas humilié pour nous créer, mais il s'humilie pour nous sanctifier. O. 125. — Il y a eu en Dieu deux conseils sur l'homme. Par l'un, l'homme est fait semblable à Dieu ; et par l'autre, Dieu se fait semblable à l'homme. O. 142. Dieu est la plénitude de toutes choses ; et en toutes occasions nous le devons chercher, et le pouvons trouver. L. 5. 3. — Que ses œuvres ont leurs maximes, par lesquelles ils doivent être régis. L. 32. — Nous nous devons offrir à Dieu et nous abandonner à lui, à sa puissance, à sa volonté, comme étant ses créatures par naissance, ses sujets par obéissance, et ses esclaves par volonté. O. 161. — Dans les choses du service de Dieu, il n'y a rien de petit. O. 185, 7. — Il faut suivre Dieu et l'ordre qu'il lui plaît mettre aux choses, pour peu de temps que ce soit. L. 3, 2. — Les petits et les grands ont un même Dieu, une même loi, et une même fin, et Dieu a également soin de tous. L. 176. — Dieu joint par sa bonté, sa grandeur à notre petitesse, et il est de notre devoir de joindre l'abaissement en nous, à l'élèvement en lui. O. 111, 6. — Il n'y a rien de grand que Dieu, et ce qui rend honneur à Dieu. O. 183, 9. — La grandeur de Dieu veut que nous l'adorions ; sa justice, que nous le redoutions ; sa bonté, que nous l'aimions. O. 184. — Dieu donne sa grâce par miséricorde, et ne la retire que par justice. O. 172. — Dieu a révélé la fécondité de son essence, au temps qu'il a voulu donner fécondité à son Eglise, et la multiplier par toute la terre. S. 33. — Dieu est être, acte et opération tout ensemble. O. 151. — Dieu nous fait entrer en sa vie et en sa joie. O. 185, 6. — Dieu honore et sert ceux qui l'honorent et le servent. L. 178.

DIFFERENCE. — Différence entre les émanations éternelles, la création et l'incarnation. O. 15.

DIGNITE. — De quel œil il faut regarder les dignités ecclésiastiques. L. 195. — Dignité de la grâce. O. 125. — De la dignité de la prêtrise. L. 161.

DISPOSITION. — Disposition que nous devons avoir pour recevoir l'esprit de Jésus expirant en la croix. L. 114. — Disposition du R. P. de Bérulle au regard des dignités. L. 93. — Disposition que nous devons avoir vers Jésus en l'Eucharistie. O. 86. — Dispositions nécessaires aux religieuses pour profiter de la visite. L. 7. — Quelles sont les dispositions que nous devons à l'essence divine. O. 156. — Les dispositions que nous devons apporter à la grâce. O. 125. — Dispositions que nous devons à la sainte Trinité. O. 156. — Dispositions de l'homme vers Dieu, quelles doivent être ensuite de ce qu'il daigne être et opérer en lui. O. 163.

DISTANCE. — Distance extrême de Dieu et de l'homme. G. 9, 1.

DIVINITE. — Divinité, comment unie avec l'humanité par l'incarnation, et comment avec nos corps par l'Eucharistie. G. 4, 5.

DOCTRINE. — Doctrine de la foi, ce qu'elle requiert selon les hérétiques. D. 2, 8.

DOULEUR. — Douleur de nos fautes, ce qu'elle doit spécialement comprendre. O. 86.

DROIT. — Droit que le malin esprit a d'habiter dans les énergumènes et d'agir en eux, combien étrange. E. 6, 5.

E

ECCLESIASTIQUES. — Les ecclésiastiques, à l'exemple de saint Charles, ne doivent thésauriser en la terre, ni pour eux ni pour leurs parents, mais seulement au ciel. L. 176. — Quelles doivent être leurs récréations. L. 176.

ECHELLE. — Echelle mystérieuse. G. 7, 4.

ECOLE. — Ecole de Jésus. G. 1, 2.

EFFUSION. — Effusion de sang qu'il y a à l'autel, et combien de sortes. D. 2, 13. — Effusion de sang qu'il y a en Jésus-Christ. D. 2, 13.

EGLISE. — L'Eglise des réformés était inconnue il y a cent ans. D. 1, 1. — L'Eglise catholique au contraire était visible et parlante. D. 1, 2. — Les hérétiques ont tort de délaisser l'Eglise qui les a faits Chrétiens. D. 1, 2. — L'Eglise n'avait qu'à acquérir de nouveaux mondes à Jésus-Christ, les hérétiques l'ont divertie et obligée à sa propre défense contre leurs attentats. D. 1, 3. — Satan comparaît devant l'Eglise comme un criminel devant l'officier du prince qu'il a offensé. E. 9, 3. — Et comme tel, il cache tant qu'il peut son attentat, 3. — A l'autorité de l'Ecriture il faut joindre celle de l'Eglise. D. 1, 7. — L'Eglise n'est pas fille du temps, mais de l'éternité. D. 1, 7. — Jésus-Christ n'a jamais possédé un pouce de terre que dans l'Eglise cath., apost. et rom. D. 1, 8. — L'Eglise glorieuse de tant de victoires, et honorée de tant de triomphes, n'affecte pas de paraître dans de légères escarmouches comme les ministres. D. 1, 8. — Le point de la mission des pasteurs est la base et le fondement de l'Eglise, et au jugement même des hérétiques. D. 1, 9. — L'Eglise catholique n'a jamais été soupçonnée, même par les hérétiques, de ne pouvoir justifier sa mission. D. 1, 2, 8. — L'Eglise est un Etat et royaume qui a ses magistrats et officiers en la terre, mais pour le ciel. D. 1, 27. — Les fonctions de l'Eglise sont de pardonner et de retenir les péchés, annoncer la parole de Dieu, gouverner et édifier le corps de Jésus-Christ, etc. D. 1, 27. — Marques de la vraie Eglise. D. 1, 19. — L'Eglise est doublement divine, chrétienne, apostolique, catholique. D. 1, 20. — L'Eglise commence par la mission du Fils de Dieu envoyé de son Père. D. 1, 20. — L'Eglise est un corps organique, où il y a diversité de membres et de ministères. D. 1, 27. — Ordre d'exorciste propre à l'Eglise chrétienne. E. 5, 2. — L'Eglise est établie par Jésus-Christ, afin que nous y puissions recourir en nos doutes, et apprendre d'elle les voies de salut. C 6. — Eglise prétendue réformée, quand inconnue. D. 1, 1. — L'Eglise est divisée en trois états, la militante, la souffrante, la triomphante. O. 7. — En l'Eglise du ciel Dieu fait tout par amour, et en l'Eglise de la terre il fait tout par amour ; mais nous devons soumettre à son autorité par amour. L. 256.

ELECTION. — Election des gentils à la place des Juifs. P. V. 20.

ELEVATION. — Elévation à l'unité de Dieu. G. 3, 8. — Elévation à l'unité de la personne du Saint-Esprit. G. 4, 3. — Elévation à Dieu sur son indépendance. G. 6, 7. — Elévation à l'unité singulière de Jésus, en laquelle nous sommes appelés. G. 2, 7. — Elévation à Dieu. G. 2, 1. — Elévation à chacune des personnes divines, en leurs propriétés personnelles. G. 2, 3. — Elévation à l'humanité sainte de Jésus. G. 2, 4. — Elévation à l'unité suprême de l'Incarnation. G. 7, 4. V. 50 — Elévation à la croix de Jésus. G. 8, 10. — Elévation à l'humanité de Jésus en ses états d'existence, en l'être divin de subsistence, en la personne du Verbe. El. II. 5. — Elévation à la Vierge. El. II. 6. — Elévation à Jésus sur l'opération de son amour en la Madeleine. M. 3, 4. — Elévation à Jésus dans le banquet de Béthanie, enseveli en sa pensée et dans le cœur de Madeleine. M. 3, 4. — Elévation à Dieu sur quatre de ses perfections, bonté, sapience, puissance, équité. O. 159.

EMANATION. — Emanations que nous avons reçues de Dieu, et à quoi obligeantes. O. 111, 7. — Emanations de Dieu hors de son essence ; combien il y en a de sortes, et combien d'ordres elles constituent. D. 2, 7.

ENERGUMENE. — Le favori d'un empereur étant énergumène, n'était presque travaillé que la nuit. E. 6, 2. — Satan peut être présent dans l'énergumène, sans y être apparent. E. 9, 4.

EPIPHANIE. — L'Epiphanie est un mystère de manifestation de Jésus. O. 54. — La grâce de l'Epiphanie est une grâce de manifestation. O. 54.

ECRITURE. — Ecritures saintes, ce qu'elles nous présentent dans le Nouveau Testament, nous figurant son état. D. 2, 7

ESPRIT-SAINT. — Le Saint-Esprit reçoit l'unité d'essence, et est produit par deux personnes en unité de principe, comme unité d'esprit et d'amour. G. 4, 1. — La stérilité du Saint-Esprit est aussi adorable et divine, que la fécondité le produit. G. 4, 2. — La fécondité de Dieu hors de soi, est particulièrement attribuée au Saint-Esprit, et nommément la production d'une personne divine subsistante dans une nature créée. G. 4, 2. V. 20. — Rapports de Jésus au Saint-Esprit en ses qualités d'unité, d'amour, de stérilité et fécondité. G. 4, 2. — Le Saint-Esprit qui est Dieu, amour et unité en sa personne, accomplit le mystère de l'Incarnation, non en union seulement, mais en unité de personne divine. G. 4, 3. V. 20. — Le Saint-Esprit est l'unité personnelle, non par son essence, mais par la condition du Père et du Fils. G. 4, 3. — Le Saint-Esprit opère dans le monde sensible en l'ordre de la nature, et dans le monde invisible qui est Jésus Christ, en l'ordre de la grâce. G. 4, 2. — Elévation au Saint-Esprit sur l'unité de sa personne, qui est le principe du mystère de l'Incarnation. G. 4, 3. — Fécondité du Saint-Esprit en la nature et en la grâce. G. 7, 5. — La procession du Saint-Esprit est un secret que Dieu n'a pas révélé. G. 10, 7. — Ce qui est propre en la personne du Saint-Esprit, en la Trinité, et en l'incarnation. El. II. 4. — Opération du Saint-Esprit en l'incarnation. El. II. 4.

ESPRIT MALIN. — Avis à une personne qui est travaillée de l'esprit malin. L. 222. — Causes pour lesquelles le malin esprit est induit à entrer en communication avec l'homme. E. 2, 1. — pour conforter et diriger une personne grandement travaillée de l'esprit malin. L. 215.

ETABLISSEMENT. — Etablissement admirable de l'Etat de Jésus, qui est l'Eglise, par douze pauvres pêcheurs. G. E. — Opposition de la nouvelle Eglise des hérétiques à l'Eglise de Jésus-Christ. E. G.

ETRE. — L'être de l'homme, en tant que créé, regarde Dieu comme son principe; et en tant qu'humain comme exemplaire. O. 166. — L'être, le péché et la grâce, nous rendent esclaves de Dieu. O. 121. — Nous avons reçu deux êtres et deux émanations de Dieu, et toutes deux obligeant à la sainteté. O. 111, 7.

ETUDE. — Par quel esprit il faut étudier. L. 161.

EUCHARISTIE. — L'Eucharistie est sacrement et sacrifice, et l'un prouve l'autre. D. 2, 10, 11, 12. — Il y a dans l'Eucharistie manducation sans digestion, et immolation sans occision. D. 2, 14. — Le Fils de Dieu a célébré lui-même le sacrement de l'Eucharistie, s'étant contenté d'instituer tous les autres. D. 2, 16. — Les hérétiques feignent de croire la présence réelle du corps de Jésus-Christ en l'Eucharistie, mais il est aisé de montrer qu'ils n'en croient rien. D. 3, 1, 11. — La présence réelle du corps de Jésus-Christ en l'Eucharistie, est prouvée par les Pères. D. 3, 2, 15. — Les Pères établissent la présence de Jésus-Christ, non-seulement dans le ciel et en nos mains, mais en la terre, en nos corps, en nos mains et en notre bouche. D. 3, 2. — Par l'Eucharistie nous sommes tous un seul pain et un seul corps. D. 3, 3. — En l'Eucharistie nous avons la communication du corps de Jésus-Christ. D. 3, 3. — Les paroles de Jésus-Christ en l'Eucharistie, sont rapportées par tous les écrivains canoniques, sans glose, comme paroles de testament. D. 3, 6. — La ruse, la malice et l'impudence des hérétiques sur les paroles de l'Eucharistie sont découvertes. D. 3, 7. — Les hérétiques, à force de gloses, font dire à Jésus-Christ, en l'institution de l'Eucharistie, tout le contraire de ce qu'il dit. D. 3, 7, 16. — Institution du sacrement de l'Eucharistie. D. 3, 8. — Circonstances de cette institution. D. 3, 8. — Le Fils de Dieu en l'Eucharistie se laisse soi-même en échange de ce qu'il s'est retiré au ciel. D. 3, 8. — Le Fils de Dieu s'abaisse aux pieds de ses disciples avant l'institution de ce mystère, et pourquoi. D. 3, 8. — Il y a en ce mystère de Jésus-Christ un combat signalé de sa grandeur et de son amour. D. 3, 8. — Le Fils de Dieu s'est voulu unir et à notre nature et à la personne d'un chacun de nous en ce mystère. D. 3, 8. — Le mystère de l'Eucharistie est une extension et consommation de celui de l'Incarnation. D. 3, 9, 10. — Comme l'Eucharistie est un sacrement spécial d'amour et d'union, Satan, qui est esprit de haine et de division, y a aussi plus d'opposition. D. 3, 9. — Les fidèles sont élevés en quelque manière à l'ordre de l'union hypostatique par l'Eucharistie. D. 3, 9. — Jésus-Christ, par ce mystère, fait un rapport admirable d'amour et de communication aux hommes, au commencement et à la fin de sa vie. D. 3, 9. — Le Fils de Dieu a célébré deux sortes de noces avec nous, savoir en l'Incarnation et en l'Eucharistie; ès premières il a épousé notre nature, et ès secondes notre personne. D. 3, 10. — Dignité des Chrétiens dans le mystère de l'Eucharistie. D. 3, 10. — Mystères de l'Incarnation et de l'Eucharistie, établis en même jour. Ils sont les deux pôles de notre firmament, et deux admirables parallèles entre les lignes qui partent du centre de l'amour incréé. D. 3, 10. — Jésus-Christ en l'Eucharistie prend du pain, mais il donne son corps. D. 3, 12. — Dignité de l'Eucharistie. D. 3, 12. — En l'Eucharistie, la substance de Jésus-Christ est employée sur la plus rare créature qui soit, savoir l'humanité sainte et déifiée de Jésus. D. 3, 12. — Les hérétiques ne peuvent manger en l'Eucharistie le corps de Jésus, puisqu'ils ne donnent pas son corps. D. 3, 15. — Ils ne peuvent hésiter en la créance de ce mystère, que par le doute du pouvoir de Dieu, ou de son vouloir. D. 3, 14, et ne peuvent douter ni de l'un ni de l'autre. Ibid. — Il n'appartient qu'à ceux, qui nient la divinité de Jésus, de douter de sa présence en l'Eucharistie. D. 3, 15. — Les hérétiques disent de l'Eucharistie, ce qui n'a été dit ni par Jésus-Christ ni par ses apôtres. D. 3, 17. — Preuves de la présence réelle du Fils de Dieu en l'Eucharistie. D. 3, 15, 17. — Les hérétiques sont condamnés en ce point par le juge auquel ils ont appelé, savoir l'Ecriture sans glose. D. 3, 18. — Leur aveuglement paraît principalement en ce point. Ibid. — L'unité de l'Eucharistie comme sacrifice, comme miracle, comme sacrement. G. 3, 6. Voy. Unité. — Union de la divinité avec notre humanité et même avec nos corps en quelque manière en l'Eucharistie. G. 4, 5. — Jésus-Christ rapporte l'unité qu'il a avec son Père dans la Trinité, et l'unité qu'il a avec nous par l'incarnation, à l'unité qu'il veut que nous ayons tous avec lui en l'Eucharistie. G. 6, 4. — Enchaînement de ces trois mystères, la Trinité, l'Incarnation, l'Eucharistie. G. 6, 4, 7. G. 6, 1. Ces trois mystères sont la chaîne véritable par laquelle Dieu s'abaisse aux hommes, et les hommes s'élèvent à Dieu. G. 6, 4. — La chair de Jésus en l'Eucharistie, est une disposition à la résurrection. G. 6, 1. — L'incarnation est une expression de la communication de Dieu en la Trinité, et l'Eucharistie une extension de la communication de son Fils dans l'incarnation. G. 7, 3. — Effets de l'Eucharistie en nos âmes et en nos corps. G. 6, 2. — L'Eucharistie regarde Jésus comme Epoux, la Trinité comme Fils, l'incarnation comme Père du siècle à venir. G. 6, 3. — Nous sommes unis à Dieu par la grandeur de notre indigence en l'ordre de la nature, par sa bonté et notre impuissance en l'ordre de la grâce, et par un lien substantiel à la personne de son Fils au mystère de l'incarnation. G. 2, 6. — Jésus en l'Eucharistie consacre et bénit nos Eglises. C. 7. — Le corps mystique de Jésus est uni à son corps propre et naturel par la sainte Eucharistie. S. 4. — Disposition du Chrétien se présentant à Jésus-Christ en l'Eucharistie. O. 82. — Jésus-Christ en l'Eucharistie se donne aux hommes en la plénitude de ses mystères, de ses mérites et de ses perfections. O. 83. — Par le don qui nous est fait en l'Eucharistie du Verbe incarné, nous parlons à Dieu son même langage, et nous nous entretenons avec lui de sa même occupation. O. 83. — L'état de Jésus en l'Eucharistie est particulièrement nôtre, en tant qu'il dépend de notre pouvoir et de nos paroles. O. 82. — L'Eucharistie met Jésus-Christ en état de viande et d'hostie. O. 82.

EVANGILE. — Evangile du Père éternel à la Vierge. P. G. 1. — Différence entre l'Evangile du Père éternel et celui de Jésus. P. G. 3.

EXCELLENCE. — Excellence du mystère de l'Incarnation. G. 1, 6.

EXORCISME. — Exorcismes de Salomon grandement suspects. E. 5, 2. — Dieu a établi un ordre qui est celui des exorcistes à la délivrance des énergumènes. E. 5, 2. — Exorcismes d'Eléazarus grandement suspects. E. 5, 2. — Les exorcismes affectés au nom ineffable de Dieu, se remarquant parmi les Juifs, depuis la venue du Messie. E. 5, 3. — L'invocation du nom de Jésus est une manière d'exorcisme. E. 5, 3. — Il n'y avait en la Synagogue aucune puissance ordinaire d'exorciser. E. 5, 4. — Le pouvoir de Jésus-Christ sur les diables étonne plus les Juifs que tous les autres miracles. E. 5, 5. — La puissance d'exorciser est l'apanage de la dignité des Chrétiens, depuis le mystère de l'Incarnation. E. 5, 6. — Ce mystère donne puissance aux hommes sur la nature spirituelle, en échange du pouvoir qu'ils avaient sur la nature corporelle en état d'innocence. E. 5, 6. — L'Eglise dans les exorcismes attaque Satan. E. 9, 1. — Satan, attaqué par l'Eglise, use de fraude pour se cacher. E. 9, 2, 3.

F

FAUTES. — Faute légère, quel poids elle a en la balance divine. E. 7, 2.

FECONDITE. — Fécondité du Père et du Fils en la Trinité, et du Saint-Esprit en la nature et en la grâce. G. 7, 3. — Fécondité du Père engendrant son Fils, du Père et du Fils produisant le Saint-Esprit, de la Vierge engendrant Jésus-Christ. G. 11, 9. — Trois processions divines, qui répondent à ces trois fécondités. G. 11, 9. — La fécondité de la Vierge se termine en Jésus à l'union hypostatique; en la Vierge, à la maternité divine. G. 11, 10.

FILS. — Jésus seul unique Fils de Dieu, en la terre, au ciel, dans le sein du Père, et en son Eglise. G. 5, 5. — Le Verbe imprime le caractère de sa filiation divine dans l'humanité. G. 6, 11. — Considération du Verbe éternel comme Fils. G. 10, 5. — Jésus est Fils d'un Dieu vivant, les Chrétiens d'un Dieu mourant. G. 10, 6. — Il n'y a que le Fils qui réside dans le sein du Père. G. 11, 2. — La filiation établit la servitude. N. 30. — Grandeurs du Fils de Dieu en la Trinité. V. 22. — Le Fils de Dieu engendre dans l'éternité, engendré et fait dans le temps. V. 22. — Le Fils de Dieu procède d'unité, en unité en éternité. V. 22. — Le Fils de Dieu qui est le premier auquel l'essence divine est communiquée en la Trinité, a voulu rendre hommage à cette communication, en se communiquant à une nature créée. O. 10. — Le Fils de Dieu est tellement envoyé du Père, que nul n'est envoyé que par lui. D. 1, 25.

FOI. — Les guerres de saint Louis pour la foi. E. V. 5. — Les trois objets de la foi et pureté chrétienne sont Dieu, Jésus et Marie. S. 33. — De la voie de la foi et de ses effets. O. 150. — La foi qui nous propose un Dieu entrant en notre passibilité, ne nous commande pas l'impassibilité. O. 183, 2. — La foi modère nos larmes, mais ne les ôte pas. O. 183, 2.

FONDATION. — Les fondations ou maisons commençantes portent grâces et travaux particuliers. L. 172.

FORCE. — Force et fidélité de M. Bérulle en la conduite des œuvres de Dieu. L. 106, 107.

FORME. — Forme usitée par l'Eglise en la célébration de la sainte messe. D. 2, 16.

G

GABRIEL (L'ANGE). — L'ange Gabriel porte en soi l'impression des qualités du mystère qu'il annonce à la Vierge. V. 8. — Saint Gabriel s'appelle force de Dieu. C'est un séraphique, et l'un des plus grands. Saint Michel et saint Gabriel les deux plus grands anges du ciel, l'un à l'Eglise, l'autre à la Mère de Jésus. V. 8. — Divers emplois de saint Gabriel en l'Ecriture. Il paraît en homme, et parle comme un ange. V. 8.

GÉMISSEMENT. — Gémissements de l'univers pour la venue de son Libérateur, et pour sa délivrance. G. 9, 3.

GENTILS. — Election des gentils à la place des Juifs. P. V. 20.

GLOIRE. — Explication de la gloire de Jésus, comme Fils unique du Père. G. 12, 3, 4.

GRACE. — Le Fils de Dieu porte absolument le nom de grâce. G. 2, 5. — Comme le Fils de Dieu en son humanité n'a point de nom humain, le fils adoptif par la grâce chrétienne n'en doit point avoir moralement et spirituellement. G. 2, 11. — Il y a plusieurs substances en l'ordre de la nature, il n'y en a qu'une en l'ordre de la grâce qui est Jésus. G. 2, 5. — Le Fils de Dieu qui est le principe de l'amour incréé, a voulu être le principe d'une nouvelle manière de grâce dans le temps. G. 2, 3. — La plus grande merveille de la nature est l'homme, et la plus grande merveille de la grâce est l'Homme-Dieu. G. 11, 7. — L'ordonnance de Dieu fait régner, et sa grâce fait bien régner. E. G. — Dieu a deux voies pour communiquer ses grâces à la créature; l'une sans qu'elle le connaisse, l'autre en lui en donnant lumière; la première est pour les hommes, la seconde pour les anges. V. 15. — La grâce a un nouveau principe en l'Incarnation. V. 20. — La grâce de la Vierge n'est pas comme la nôtre, elle est tirée lors de la disproportion de la nature et de la grâce, et établie dans la force de la grâce. V. 28. — Par la grâce chrétienne nous sommes à Jésus, et par Jésus, et par Jésus : nous sommes en lui, nous vivons en lui, et sommes parties de lui-même. El. I. 11. — La grâce chrétienne a un rapport spécial non-seulement à l'Incarnation du Verbe, mais aussi à sa procession éternelle. El. I. 11. — L'amour privilégié de la Madeleine plus discernant qu'opérant, nous apprend de suivre les mouvements de la grâce par-dessus nos lumières. M. 4. 1. — Grâce souffrante, où la vie et la mort se trouvent ensemble. M. 10, 2. — La grâce a plus de pouvoir de faire mourir que le péché, mais d'une manière de mort qui est vie. M. 10, 3. — Grâce en laquelle la vie et la mort se retrouvent ensemble. M. 10, 2. — Dans les âmes éminentes il y a une manière de mort au regard de la grâce. M. 10, 3. Grâce qui procède de Jésus vivant et mourant, et opère vie et mort conformément à son principe. M. 10, 3. — Dignité de la grâce chrétienne. S. 4. — La grâce, science de salut. Voy. Science. — Les privations des grâces que Jésus porte sur la terre honorent Dieu, que les pécheurs déshonorent par les privations malignes du péché. G. 2, 8. G. 8, 10. — Dieu qui est esprit, s'étant revêtu de corps, en a aussi revêtu ses grâces. D. 2, 2. — Ordre de la grâce. D. 3, 9. — Grâce combien utile à la créature. L. 5, 2. — La grâce nous est donnée pour agir. O. 118. — Il y a des grâces appropriées aux personnes divines, selon leur distinctions et propriétés. O. 156. — Il ne suffit pas de continuer dans la grâce et amour de Dieu, mais il y faut croître, et c'est un de nos privilèges. L. 155. — La grâce est produite en nous par voie de création, et sans principe ni sujet précédent. O. 115. — De la grâce. O. 125. — Sa dignité. O. 125. — Nous nous devons incessamment disposer à nouvelle grâce. O. 118. — Les dispositions que nous devons apporter à la grâce. O. 118. — Nous sommes indignes des moindres grâces de Dieu. O. 118. — Grâce de la Mère de Dieu. O. 43. — Grâce chrétienne et ses devoirs. O. 166. — L'esprit de grâce relève les actions les plus basses, et rend méritoires celles qui sont indifférentes de soi. O. 185.

GRANDEUR. — Les grandeurs temporelles adorent les éternelles. G. 7, 5. G. 11, 5. — Grandeurs de Jésus en ses abaissements. G. 11, 1. V. 2, 3. Le hâvre et le port où les grandeurs conduisent les hommes, est le tombeau. E. V. 2. — Aussitôt que l'homme est exposé à l'éclat, il est exposé à sa ruine, et il doit craindre les grandeurs. E. V. 3. — Le mystère de l'Incarnation nous enseigne le mépris des grandeurs de la terre. E. V. 3. — Grandeurs de Dieu en soi-même. P. V. 1, 3, 4, 7. — Grandeurs éternelles du Verbe. El. I. 1, 2, 3. El. II. 1, 2, 3. — Grandeurs du mystère de l'Incarnation. El. III. 2, 3, 4. — Grandeurs principales de la très-sainte Vierge. O. 93. Grandeur de Dieu, ce qu'elle veut que nous fassions. O. 184. — Grandeurs et perfections de la Divinité. O. 158. — Grandeurs du mois de mars. L. 84.

GUERRE. — Guerres de saint Louis pour la foi. E. V. 5.

H

HÉRÉSIE ET HÉRÉTIQUES. — L'hérésie commence par le glaive D. 1, 3. — Elle est née de l'accouplement illicite des factions de l'Etat au schisme de l'Eglise. D. 1, 3. — Sa naissance est peu répondante à la grâce et au Christianisme. D. 1, 4. — L'Eglise des hérétiques était inconnue il y a cent ans. D. 1, 1. — Les hérétiques ont tort de laisser l'Eglise qui les a faits Chrétiens. D. 1, 2. — Leurs ruses pour empêcher que les leurs ne voient les marques de leur condamnation. D. 1, 5, 6. — Confondant idoles et images, ils sont eux-mêmes des idoles, et font de Jésus-Christ une idole. D. 1, 5. — Ils ont rempli leurs livres de maximes impies, et osent crier sainteté. D. 1, 6. — Ils trouvent à réformer en Dieu même. D. 1, 6. — Ils manquent ou de science ou de conscience. D. 1, 8. — Ils ont tort de supposer le nom d'ancien à celui de prêtre. D. 1, 15, 16. — Pressés de justifier leur mission, ils sont réduits ou à faire miracle, ou à passer pour affronteurs, ou à mendier le secours de la nôtre. D. 1, 11. — Ils sont sujets dans les disputes à donner le change. D. 1, 12. — Expliquant l'Ecriture selon leur sens, ils sont obligés de montrer le pouvoir qu'ils en ont. D. 1, 16. — Ils ajoutent à la loi fondamentale de l'état de Jésus-Christ une exception qui n'est ni de loi ni de son esprit. D. 1. 17. — Ils supposent comme fondement que l'Eglise a été interrompue, et qu'ils sont suscités d'une façon extraordinaire pour la redresser, sans montrer rien de tout cela en l'Ecriture. D. 1, 17. — Ceux de ce temps parlent en cela comme tous les anciens hérétiques. D. 1, 17. — Ils se disent suscités de Dieu extraordinairement, et néanmoins sont contraires les uns aux autres. D. 1, 18, 19. — Ils avouent que leur Eglise est nouvelle. D. 1, 19. — Ils périssent en la malédiction de Coré. D. 1. 20. — Ceux qui ne peuvent montrer comme ils descendent de Jésus-Christ par la mission, sont enfants bâtards. D. 1, 22. — Ils sont contraints de courir à notre mission, et, ne pouvant justifier leur mission, disent que c'est une chicanerie. D. 1, 23. — L'Eglise est occupée à acquérir de nouveaux mondes à Jésus-Christ; les hérétiques l'ont divertie et obligée de s'occuper à sa propre défense contre leurs attentats. D. 5. — Ils n'ont jamais abattu d'idoles, et accusent d'idolâtrie l'Eglise qui a banni du monde cette impiété. D. 1, 5. — Ils disent de l'Eucharistie ce qui n'a été dit ni par Jésus-Christ ni par ses apôtres. D. 3, 17. — Ils sont condamnés au point de l'Eucharistie par le juge auquel ils ont appelé. D. 3, 18. — Leur aveuglement en ce point. D. 3, 18. — A force de gloses ils font dire à Jésus-Christ, en l'institution de l'Eucharistie, tout le contraire de ce qu'il dit. D. 3, 7, 16. — Ils feignent de croire la présence réelle du corps de Jésus-Christ, mais il est facile de leur montrer qu'ils n'en croient rien. D. 3, 11. — Ils croient ce que Jésus ne dit pas, et ne croient pas ce qu'il dit. D. 3, 13. — Ils s'étudient à ne pas entendre la parole de Dieu. D. 3, 15, 16. — Qualités de l'Eglise prétendue des hérétiques. E. G. — Exhortation aux rebelles à se rendre au roi. E. G. — L'église invisible des hérétiques. E. G. — Exhortation au roi, à la ruine des hérétiques. E. G. — Victoire de l'hérésie. E. V. 5, 6. — Exhortation aux hérétiques. E. V. 6. — Description de l'hérésie. E. V. 6. — La prise de la Rochelle a été la ruine de l'hérésie en France. E. V. 5, 8. — Les hérétiques aveugles établissent leur incrédulité dans la naissance de l'Eglise, dans le traité de foi le plus éminent qui sera jamais, et dans la personne la plus digne du ciel et de la terre. V. 13. — L'état déplorable auquel l'hérésie a réduit l'Angleterre autrefois si florissante. E. M. 1. — Différence de l'état ancien et de la condition présente des temples des hérétiques d'Angleterre. E. M. 2. — L'hérésie bannit Jésus de la terre. E. M. 3. — Injure que tous les hérétiques font à Jésus-Christ. E. G. — Etat déplorable de la France par l'hérésie. E. G. — Remontrances aux rebelles. E. G. — Communion au vrai corps de Jésus-Christ en l'Eucharistie, et à son corps mystique qui est l'Eglise, deux points principaux dont les hérétiques doivent être instruits. E. G. — Opposition de la nouvelle Eglise des hérétiques à l'Eglise de Jésus-Christ. E. G. — Les hérétiques n'ont aucune marque d'être envoyés de Jésus-Christ pour relever son Eglise douze cents ans après sa prétendue ruine. C. 6. — Ce que les hérétiques osent dire de la ruine de l'Eglise, nous rend la leur justement suspecte, comme n'étant pas bâtie de meilleure main. C. 6. — L'hérésie et l'illusion procèdent d'un même esprit qui sépare l'âme de l'autorité de Dieu en autrui, pour la conduire en perdition suivant son sens et son mouvement. O. 179.

HOMMAGE. — Hommage qui doit être rendu à la sainte Trinité, le dimanche de devant l'Avent. O. 156. — Hommage qu'on doit rendre aux perfections divines et à leurs propriétés, en la fête de la très-sainte Trinité. O. 156.

HOMME. — L'homme entre en ce monde en conversation avec l'ange. E. 1, 3. — L'homme et l'ange sont ou très-utiles, ou très-dommageables, selon qu'ils sont ou liés à leur principe, ou séparés de lui. E. 1, 6. — L'homme est un abrégé de toute la nature créée. E. 1, 1. — Il est situé au milieu du monde, et comment. Ibid. — Il participe au bien et au mal de toutes les créatures, E. 1, 1, 2, particulièrement des anges, 2, 3, 4. — L'alliance de l'homme avec l'ange est la principale, et à l'éternité pour durée. E. 1, 3. Elle est la plus étroite. Ibid. — L'homme au moment de sa création n'a pas été élevé au dernier degré de son être, comme les autres créatures, mais seulement doué de puissances pour y parvenir. E. 1, 5. — Motifs qui poussent Satan à communiquer avec l'homme, spécialement depuis sa chute. E. 2, 1. — Satan ne peut plus communiquer avec l'homme. E. 2, 1, 5. — Et ne lui peut communiquer que du mal. Ibid. — L'homme par le péché est esclave de Satan, et Satan est le prince du monde. E. 2, 2. — Rien ne peut rejoindre l'homme à Dieu, que ce qui procède de lui, ou originairement ou gratuitement. D. 1, 27. — L'homme créé en Dieu. D. 2, 1. — L'homme n'est pas moins redevable à la souveraineté de Dieu qu'à sa justice. D. 2, 5. — La nature humaine est souverainement honorée et accomplie par le mystère de l'Incarnation. E. 4, 2. — La nature humaine est extrêmement avilie et intéressée par la possession de l'esprit malin. E. 4, 2. — Dignité de la nature humaine en cet ordre. D. 3, 9. — L'homme depuis quand il a reçu juridiction sur les démons. E. 5, 6. — Hommes par quoi tirés à l'association et communication du divin état de l'union hypostatique. D. 3, 9. — L'homme nouveau est fait pour le vieil. G. 9, 3. — Misères de l'homme en sa naissance, sa vie et sa mort. G. 4, 6. — Entre l'être de l'homme et le néant, il n'y a qu'une paroi de bois et de fange. G. 4, 7. — Les hommes conviennent en office avec les anges. S. 2. — L'homme fut créé pour y être le dieu visible de l'univers ; son esprit, sa langue et son cœur (comme étant l'esprit, le cœur et la langue de l'univers) pour adorer, aimer et louer le Dieu invisible, au nom de toutes les créatures visibles. O. 115. — L'homme est un ange et un animal, un centre et un monde, un miracle et un néant. O. 115. — Deux sanctifications différentes de l'homme ; l'une en lui-même par la création, l'autre hors de lui-même par l'Incarnation : celle-là petite et faible, celle-ci grande et vigoureuse. O. 116. — L'homme doit être anéanti par sa puissance et par la puissance de Dieu ; mais il l'est tout autrement par celle-ci que par celle-là. O. 150. — L'homme est un néant qui ne peut ni être ni agir hors de la main de Dieu ; et c'est sa grandeur que cette union d'être et d'action avec Dieu. O. 114. — L'homme ne se doit point écouter, ni se convertir à soi-même et à la terre, mais à Dieu seul. L. 170. — L'homme est un néant ; mais ce néant a des issues bien différentes, selon qu'il est ou en la main de Dieu, ou en la main du néant qui est lui-même. O. 111, 6. — L'homme suivant l'instinct de la foi ne peut craindre la mort. O. 183, 7. — Quelles doivent être les dispositions de l'homme vers Dieu, en suite de ce qu'il daigne être et opérer en lui. O. 163. — L'homme est un fonds que Dieu cultive de sa propre main. O. 165. — Le bien de l'homme n'est pas d'être, mais d'être à Dieu, ce que la vie sans la grâce ne lui peut donner, et la mort ne lui peut ôter. O. 170. — L'assujettissement de l'homme à la pesanteur du corps qui le met au-dessous des anges, le relève néanmoins en ce que son mouvement tardif peut être rendu saint par la grâce de Jésus-Christ, qui s'y est assujetti lui-même. O. 186, 4. — L'homme s'est perdu par la grandeur et les délices, et ne peut être sauvé que par l'humiliation et la croix. O. 142. — Son partage est l'amour ou haine éternelle. L. 225.

HONNEUR. — Honneur que nous devons à notre prochain en suite de l'honneur que le Fils de Dieu rend à notre nature par le mystère de l'Incarnation. L. 115.

HOSTIE. — L'hostie seule digne de Dieu lui est consacrée en l'incarnation. G. 2, 4.

HUMAIN. — L'esprit humain (autrement l'âme raisonnable) regarde Dieu et le corps. Il doit être rempli de Dieu, et remplir son corps de ses opérations, mais non pas s'en remplir. O. 51.

HUMANITE. — Pouvoir suprême de l'humanité de Jésus. G. 2, 5. — L'humanité sainte de Jésus est un buisson ardent. G. 2, 4. — L'humanité sainte de Jésus est célébrée dessus les cieux. V. 7. — L'humanité de Jésus, temple de la divinité. G. 2, 14. — Les choses grandes opérées en cette humanité. G. 2, 14. — L'humanité est sainte par la divinité même. G. 2, 14. — L'humanité sainte de Jésus à quoi comparée. G. 2, 4. — Ses grandeurs. G. 2, 5. — Elle ne relève plus des lois communes de la nature. G. 2, 11. — Elle est le temple de la divinité. G. 2, 14. — Comment unie avec la divinité par l'Incarnation. G. 4, 5. — L'humanité sainte de Jésus est un ciel immobile qui meut tout, et un centre auquel tend toute créature spirituelle et temporelle. G. 4, 8. — L'humanité sainte de Jésus en son appartenance au Verbe, est indépendante des autres personnes. G. 6, 7. — L'humanité du Verbe, ointe et consacrée à Dieu par la divinité même. G. 7, 7. — L'humanité doublement consacrée par le don du Père et l'application du Fils. G. 7, 7. — L'humanité sainte du Verbe est le temple de la divinité. G. 2, 14. — Communication des perfections divines à cette sainte humanité. G. 2, 14. — L'humanité sainte est un trésor des grâces et des vertus qui coulent même de sa chair précieuse. G. 2, 9. G. 2, 10. — En cette humanité l'opération et la suspension de plusieurs grâces sont également adorables. G. 2, 5, 9. — L'humanité de Jésus, comme les prémices de la masse des hommes, est employée à l'expiation du monde, à la rédemption du genre humain, à la satisfaction de la justice de Dieu. G. 2, 10.

I

IDOLATRIE, IDOLE. — Idolâtrie, première hérésie et plus répandue, a été détruite par Jésus-Christ, en l'honneur et par le pouvoir de son unité. G. 3, 4, 5.

IMMORTALITE. — Il y a deux sortes d'immortalité en notre nature : l'une par le pouvoir de l'arbre de vie ; l'autre par la vertu de Jésus-Christ. O. 116.

IMPUISSANCE. — Impuissance du malin esprit à s'occuper en Dieu et à converser avec les bons anges, et à se contenter en soi-même. E. 2, 1.

INCARNATION. — Les possessions ont été plus fréquentes depuis le mystère de l'Incarnation, et pourquoi ? E. 3, 3. — Satan a trois principaux désirs qui sont irrités par le mystère de l'Incarnation. E. 3, 7. — La nature humaine est souverainement honorée et accomplie par le mystère de l'Incarnation. E. 4, 2. — Le mystère de l'Incarnation donne puissance aux hommes sur la nature spirituelle, en échange du pouvoir qu'ils avaient sur la nature corporelle en l'état d'innocence. E. 5, 6. — La puissance d'exorciser est l'apanage de la dignité des Chrétiens, depuis le mystère de l'Incarnation. E. 5, 6. — Religion chrétienne fondée sur la créance, et adoration du mystère de l'Incarnation. D. 2, 2. — Mystère de l'Incarnation et de l'Eucharistie établis en même jour. D. 3, 10. — Ils sont comme les deux pôles de notre firmament, et deux admirables parallèles entre les lignes qui partent du centre de l'amour incréé. D. 3, 10. — L'Incarnation est l'œuvre de la Trinité, et les trois personnes divines y interviennent selon leurs propriétés. O. 10. — L'incarnation du Verbe est cachée en quatre différents secrets, avant qu'elle paraisse au monde. O. 10. — L'origine de l'incarnation du Verbe, est l'amour de Dieu envers les pécheurs. O. 12, 4. — L'incarnation de Jésus porte une nouvelle vie et un nouvel état, qui sanctifie toute autre vie et tout autre état. O. 129 Voy. Mystère.

INCLINATION. — L'inclination ou mouvement de la

créature vers Dieu est inséparable et essentiel. O. 125.

INDIFFERENCE. — Indifférence que doit avoir la créature au regard de toutes les voies et moyens de servir Dieu. O. 174.

INNOCENCE. — En l'état d'innocence nous devions aller à la vie par la vie; mais depuis le péché, nous allons à la vie par la mort. O. 125.

INTENTION. — Intention de Satan en la possession, quelle. E. 8, 3. — Intentions du Père éternel, nous donnant son Fils en l'Eucharistie. O. 83.

J

JESUS. — L'invocation du nom de Jésus est une manière d'exorcisme. E. 5, 3. — Le pouvoir de Jésus-Christ sur les diables étonne plus les Juifs que tous les autres miracles. E. 5, 5. — Le sang de Jésus-Christ est la divine semence du christianisme. D. 3, 9. — Il y a trois différentes effusions de sang en Jésus-Christ. D. 2, 13. — Jésus-Christ n'a rien fait au monde que par mission. D. 1, 24. — Jésus est soleil comme son Père, mais il est Orient, ce que n'est pas son Père. G. 5, 6; G. 2, 2; G. 8, 1, 2, 3. — Jésus Orient toujours en son midi par la plénitude de sa lumière, toujours Orient par la condition de son éternelle naissance. G. 10, 1. — Jésus puissant et vivifiant en sa mort. Voy. LA MORT DE JÉSUS. — Trois séjours de Jésus, au sein paternel, au sein maternel, et en notre humanité. G. 2, 11. — Jésus s'offrant à son Père. Voy. OBLATION. — Jésus, par l'unité de sa subsistance, est pour jamais le centre, le principe et la racine de l'unité d'esprit, de grâce et d'amour. G. 3, 10. — Jésus est un avec son Père, par sa naissance éternelle, un avec nous par sa naissance temporelle, tend toujours à l'unité, et nous y exhorte par sa parole, etc. G. 3, 6. — Il finit et commence sa vie en la terre, en la vue des unités divines. G. 3, 7. — Jésus seul unique Fils de Dieu en la terre, au ciel, dans le sein du Père et en son Eglise. G. 3, 5. — Jésus commence sa vie justifiant et sacrant le sein de la Vierge sa Mère, par la présence de sa personne. G. 3, 7. — Jésus entrant au monde, offre son corps en qualité d'hostie à son Père. G. 3, 7. — Jésus est prédestiné, et n'étant que l'objet de la pensée, du regard et de l'amour de Dieu son Père, il vient à être l'objet de son conseil, de sa conduite et de sa puissance. G. 4, 9. — Jésus est en l'ordre de l'union hypostatique, par une voie ineffable, sans dépendance. G. 6, 7. — Les actions et les souffrances de Jésus sont en un sens indépendantes du Père. G. 6, 8. Voy. HUMANITÉ, INCARNATION. — Les actions de Jésus divinement humaines, humainement divines. G. 1, 6, 9. — Jésus, indépendant du Père éternel, se rend humblement dépendant de l'homme et de ses ennemis pour l'amour de nous. G. 6, 11. — Jésus seul est la plénitude de suffisance à soi même, et à toutes choses. G. 6, 7. — Jésus est nôtre et en sa divinité et en son humanité. G. 6, 10. V. 22. — Jésus rend hommage à son Père par sa qualité de serf, et le plus grand qui lui puisse être rendu. G. 5, 10. — En sa forme d'esclavage il rend tribut et hommage à Dieu son Père par tout ce qui est créé, et honneur pour tout ce qu'il a reçu de lui. G. 5, 10. — Jésus, fleur, fruit et germe de la divinité. G. 5, 7. — Jésus l'image de soi-même en l'incarnation et en l'Eucharistie. G. 5, 2. — Jésus, père du siècle à venir. G. 5, 9. — Jésus esclave. Voy. SERVITEUR. — La vie cachée de Jésus. G. 2, 13. — Les privations de grâce que porte Jésus en la terre, honorent Dieu que les pécheurs déshonorent par les privations du péché. G. 2, 8. — Les marques et les effets de la grandeur de Jésus dans le monde. G. 2, 8. — Jésus soleil a une émanation continuelle de vie, de grâce et d'amour. G. 2, 9. — Invocation de Jésus-Christ par les paroles de saint Augustin. G. 1, 5. — La plénitude de la divinité habite en Jésus-Christ. G. 7, 7. — Cette habitation de toute la plénitude de la divinité en Jésus, est une imitation très-particulière de l'habitation de Dieu en lui-même. G. 7, 7. — Jésus-Christ est homme pour souffrir la mort, et Dieu pour triompher de la mort. G. 7, 9. — Jésus est un peintre qui imprime sa ressemblance dans les fidèles, comme par de vives couleurs. G. 7, 5. — Jésus singulièrement notre Dieu par nature et par grâce. G. 8, 5. — Jésus n'est uni comme splendeur à la nature humaine qu'après sa résurrection. G. 8, 8. Voy. INCARNATION. — Principe de lumière en une nouvelle façon dans le monde après sa résurrection. G. 6, 8. — Jésus fait chose plus grande par sa naissance, que par sa croix. G. 2, 15. — Jésus ne devrait paraître en la terre que dans la majesté, et néanmoins il y vient dans l'humiliation. G. 9, 5. — Jésus en qualité d'Homme-Dieu, est un grand monde. G. 9, 4. — Jésus est seul nôtre, et nous devons être tous à lui.

G. 9, 4. — Jésus est Fils du seul Père et de la Vierge. G. 10, 6. — Jésus est produit par le Saint-Esprit, mais non pas engendré. G. 10, 6. — Jésus est le Fils unique de Dieu, et le principe du Saint-Esprit. G. 10, 7. — Jésus seul Fils dans la Trinité, seul subsistant dans l'incarnation, seul médiateur dans la rédemption. G. 10, 7. — Considération de Jésus comme principe du Saint-Esprit. G. 10, 8. — Jésus admirable en sa conduite et en ses qualités. E. G. — Injure que tous hérétiques font à Jésus-Christ. E. G. — Jésus grand en toutes choses. Ibid. — Rapport de Jésus aux fidèles, et des fidèles à Jésus. P. G. 9. — Invocation de Jésus qui nous est toutes choses. P. G. 12. — Nous sommes liés à Jésus-Christ comme vassaux au Souverain, comme captifs au Rédempteur, comme membres au Chef. N. 24. — Trois lumières en l'État de Jésus, la lumière de la foi, qui conduit le salut; la lumière de la piété, qui conduit à la perfection; la lumière de la gloire, qui conduit à la béatitude. N. 27. — Toutes trois nous mettent en la servitude de Jésus-Christ, la première commence, la deuxième avance, la troisième en consomme l'état. N. 27. — Il est parlé de Jésus et de Marie dès le commencement du monde et du péché P. V. 12. — Louange à Jésus. P. V. 22. — Désirs de son avénement. P. V. 22. — Les Juifs et les gentils servent à l'avénement de Jésus au monde. P. V. 22. — La terre ne peut être délivrée de ses ténèbres que par Jésus-Christ sa lumière et son roi. V. 2, 1. — Les conquêtes, les tributs, la loi, les récompenses, le sceptre de Jésus comme nouveau Roi. V. 2, 1. — Jésus, grâce des grâces. V. 2, 2. — Jésus, souverain du grand monde et sauveur du petit monde. V. 17. — Jésus enfant, voit Dieu au même temps qu'il est formé. V. 24. — Il n'est pas accompli en l'usage de ses sens, qu'il est accompli en l'usage de son esprit. V. 24. — Il s'assujettit à la nature quand il lui plaît, mais il la surpasse quand il lui plaît. Ibid. — Il est en la Vierge comme en sa mère, et comme en son sanctuaire; il est homme et Fils de l'Homme, et s'offre en holocauste et victime pour les péchés du monde. V. 24. — Jésus seul peut être appelé Israël. V. 24. — Jésus seul serviteur par excellence. V. 24. — Fils et serviteur de Dieu tout ensemble, comme Fils il est l'objet de sa complaisance, comme serviteur le plus digne sujet de sa puissance et de sa juridiction. V. 24. — Dans le corps de Jésus, Dieu a mis la vie, la religion et la rédemption de l'univers. V. 25. Voy. CORPS. — Jésus agissant vers son Père et sa Mère, en attendant qu'il agisse vers son précurseur. V. 26. — Les vues, oblations et usages de Jésus. V. 26. — Le premier état de Jésus est celui de victime et d'agneau. V. 26. — Jésus consacre à Dieu son Père les premiers usages de son âme sainte. V. 27. — Sa première volonté est comme la justice originelle des Chrétiens. V. 27. — La source de toutes les grâces et le fondement du Nouveau Testament. V. 27. Voy. INCARNATION, SERVITUDE. — Combien nous sommes obligés de révérer ce premier usage de la volonté de Jésus. V. 27. — Rapports de la liaison de Jésus à la vierge sa Mère, à la liaison qu'il a au Père et au Saint-Esprit. V. 28. — Ce que Jésus est à la vierge sa Mère, ses liaisons, ses rapports, ses opérations en elle. V. 28. Voy. VIERGE. — Jésus adore ses grandeurs sous ses bassesses, et relève ses bassesses par ses grandeurs. El. 1, 8. — Jésus joint l'amour qu'il nous porte au zèle de la gloire de Dieu. El. 1, 9. — L'effusion qu'il fait de son sang est un témoignage de l'effusion de ses grandeurs. El. 1, 9. — Jésus est tout nôtre, et nous sommes tous siens. El. 1, 10, 14. — Rapports de ses états à nos besoins. El. 1, 10. El. 1, 15. — La divinité incarnée de Jésus est notre substance et notre subsistance; son humanité déifiée est notre salut et notre vie, son corps est notre aliment. El. 1, 10. — Jésus est le don de Dieu aux hommes. El. 1, 15. — Jésus est le centre de l'être créé et de l'être incréé. El. 1, 8. — Le bonheur de la terre par la présence du Fils de Dieu conversant. M. 2, 1. — Jésus opère choses infiniment grandes, quand il paraît n'y point penser. M. 5, 2. — De la qualité et dignité des pieds de Jésus. M. 5, 2. — En la mort de Jésus, les anges partagent leur demeure; les uns au sépulcre, les autres au ciel; ceux-ci pour adorer le Dieu vivant, ceux-là pour adorer le Dieu mort. M. 7, 1. — Jésus est objet de faveur et de rigueur, de jouissance et de souffrance. M. 10, 1. — Jésus, qui conserve ses natures en son corps jusque dans la gloire, se plaît d'être servi par des cœurs navrés. M. 1. — Jésus est à la terre est une vive source de grâce et d'amour. M. 14. — Vives plaies en Jésus qui sont cause de vie et de joie dans le ciel aux esprits bienheureux. M. 14. — L'autorité de Jésus est fondée sur les communications divines faites à son humanité et sur ses travaux. S. 30. — Le Fils de Dieu se fait homme pour les hommes, et non pour les anges. V. 25. — Le mystère de l'Incarnation s'accomplit pour notre salut. V. 25. — La vie nouvelle du Verbe en la chair est toute nôtre. V. 25. — L'entrée de Jésus au monde au moment de son incarnation. V. 27. — Son entretien avec son Père en ce moment de l'incarnation. V. 27. — Le mystère fait en la terre pour la terre, est ignoré de toute la terre. V. 28, 2. — Le mystère de l'Incarnation est l'œuvre des œuvres de la très-sainte Trinité. V. 30. — Chaîne fabuleuse des anciens, qui appliquait les hommes à Dieu, et Dieu aux hommes en ce mystère. V. 30. — Réflexion sur l'amour et sagesse de Dieu dans l'incarnation. V. 30. — Le Fils de Dieu donne son essence éternelle et sa subsistance à notre nature. El. I, 6. — Il s'abaisse à nous, et se fait un de nous. El. I, 5. — Le mystère de l'Incarnation, chef-d'œuvre de l'amour et de la puissance de Dieu. El. II, 2. — Elèvement de notre nature en ce mystère. El. II, 2. — Ce qui est propre au Père en la Trinité et en l'incarnation. El. II, 2. — Ce qui est propre au Fils en la Trinité et en l'incarnation. El. II, 2. — Ce qui est propre au Fils en la Trinité, l'est en l'incarnation. El. II, 2. — Le dénûment de la subsistence humaine de Jésus est le fondement de l'appropriation de son humanité. El. II, 10. — L'union du Verbe éternel à toutes les parties de notre nature jusqu'aux moindres, dans l'incarnation. S. 23. — La bonté divine ne laisse rien de ce qu'elle a fait en l'homme par la création, qu'elle ne l'honore de l'union à la divinité en l'incarnation. S. 23. — Une union avec le prêtre pour opérer l'Eucharistie, va imitant l'union du Père éternel avec la sainte Vierge, pour accomplir l'incarnation. O. 82. — Ce que son incarnation porte. O. 29. — Usages de son âme au moment de l'incarnation, et l'abnégation qu'il a pratiquée au même temps. O. 119. — Pourquoi les peuples lui ont été donnés de Dieu son Père. O. 121. — Quel était l'objet de sa vie intérieure. O. 156. — Considération de sa vie mortelle. O. 168. — Son obéissance, sa pauvreté et son abaissement. O. 85. — Ce qu'il nous a enseigné quittant ses grandeurs pour nous. L. 11. — Liaison et appropriation de son âme sainte à l'être incréé. L. 85. — Comme Jésus-Christ met sa parole en la bouche des prêtres pour opérer l'Eucharistie; ainsi désire-t-il mettre son Esprit en leurs cœurs pour l'opérer dignement. O. 82. — Jésus-Christ, comme caractère du Père, imprime la divinité en notre humanité, et ses divers états dans les âmes, premièrement par la grâce, après par gloire. O. 78. — Jésus-Christ en l'Eucharistie, remémore et applique son incarnation et sa Passion. O. 82. — En quel état il est mis par l'Eucharistie. O. Ibid. — Jésus-Christ qui a donné sa vie et sa mort pour nous, veut que nous vivions et mourions pour lui. O. 126. — Jésus doit être notre unique objet et occupation. O. 126. — Son sommeil doit être honoré par le nôtre. O. 127. — Jésus est le monde où nous devons demeurer, et en sortir, c'est mourir. O. 111, 7. — Jésus est un monde qu'il faut adorer. O. 111, 7. — Quelle est la reconnaissance que nous devons à Jésus Christ pour tout ce qu'il a fait et porté pour nous. O. 86. — Jésus-Christ est sanctifié dans son humanité, quoique avec dénûment de sa personne humaine, et les Chrétiens sont sanctifiés en l'humanité de Jésus en abnégation d'eux-mêmes. O. 146. — Jésus-Christ appelle le dernier temps de sa vie et de ses souffrances, hora mea. L. 13. — Jésus-Christ a satisfait pour nos fautes, comme si elles eussent été les siennes, et il a voulu se les approprier pour les effacer, comme il s'est approprié notre nature pour la déifier. O. 184. — Jésus est notre plénitude; nous devons tout quitter pour nous remplir de lui. L. 11. — L'exemple de Jésus qui a quitté ses grandeurs pour nous, nous oblige de quitter nos petitesses pour lui. L. 41. En Jésus-Christ ces deux choses sont différentes ; être souverain, et en être digne. O. 193. — Tout ce qui est de Jésus-Christ nous appartient, et il faut être en lui pour y avoir part. O. 184. Mém. 3. — Tout ce qui est de Jésus-Christ nous doit être précieux; non-seulement sa grâce qui efface la coulpe, mais aussi ses satisfactions qui ôtent la peine. O. 189. — Nous nous devons disposer à recevoir l'esprit de Jésus expirant en la croix. L. 112. — Jésus comme Fils de Dieu, nous rend participants de sa divine filiation, et cette qualité nous oblige de plaire à celui qu'il nous donne pour Père, et non à nous-mêmes. O. 169. — Jésus-Christ conserve le nom et les marques de la souveraineté jusque dans l'humiliation de la crèche et de la croix. O. 193. — Jésus-Christ, quoique infiniment digne de la souveraineté, n'y entre néanmoins que par la vocation de son Père O. 193. — Jésus, ce qu'il prend est le pain, mais ce qu'il donne est son corps. D. 5, 12. — Son dernier séjour allant à la croix. O. 63. — Quelles

doivent être nos dispositions vers Jésus en l'Eucharistie. O. 86. — Jésus-Christ accomplit l'œuvre de notre rédemption par voie de création, c'est-à-dire sans fondement et sans sujet précédent. O. 111. — Jésus-Christ, comment il se donne aux hommes en la sainte Eucharistie. O. 83. — Jésus-Christ est celui qui nous a apporté la connaissance de la très-sainte Trinité, et il lui en faut rendre grâce. O. 156. — Jésus-Christ est la propitiation de nos fautes, le supplément de nos besoins, et l'unique moyen de nous acquitter de tous nos devoirs. O. 83. — Quelle reconnaissance nous lui devons pour tout ce qu'il a fait et porté pour nous. O. 86. — Jésus par sa seule enfance, et non par ses autres états et mystères, attire les rois à sa suite et à son service. O. 51. — Jésus-Christ est, non-seulement le principe de tout bien, mais aussi le supplément de ses créatures. L. 170. — Jésus, l'hostie de notre adoration en l'autel. D. 2, 6. — Par quoi fait victime et agneau de Dieu. — D. 2, 14. — Si nous appartenons à Jésus-Christ la mort nous donne la vie, et à l'issue de ce monde Jésus Christ vient à nous. O. 170. — Jésus est la fin et le moyen de tout ensemble. O. 5. — Jésus est le principe, la fin et la subsistance de l'homme. O. 5. — Nous avons trois regards vers Jésus-Christ ; car il est le souverain, et nous sommes ses vassaux ; il est le rédempteur, et nous sommes ses captifs ; il est le chef, et nous sommes ses membres. O. 184. — Il y a en Jésus-Christ état et action. O. 82. — Son état en l'Eucharistie est particulièrement nôtre, en tant qu'il dépend de notre pouvoir et de nos paroles. O. 82. — Ce qui est fait en Jésus-Christ par Jésus-Christ, dure autant que lui, et les œuvres des saints entrent avec eux dans l'éternité. L. 177. — Jésus qui veut vivre en nous comme notre vie, a dessein d'y faire vivre en particulier quelqu'un de ses états et mystères, et il nous y faut offrir sans le connaître. L. 89. — Jésus-Christ, qui est principe du Saint-Esprit dans l'éternité, est principe d'une nouvelle vie dans les temps. O. 77. — Jésus-Christ est notre médiateur en la terre et notre avocat au ciel. O. 177. — Jésus et Marie sont pour nous. O. 93 — Jésus n'est point du monde et ne prie pour le monde ; et les grands du monde sont obligés de renoncer au monde, s'ils veulent avoir part en Jésus. L. 177. — Jésus est l'un et le seul nécessaire. O. 143. — Jésus est la voie et la vie. O. 143. — Nos divers rapports à Jésus. O. 143. — Nous ne sommes en la terre que pour établir le règne et avancer le glorieux avènement de Jésus. S. 32. — Jésus-Christ mourant laisse son esprit ès mains de son Père ; ce qui fait un nouvel état. O. 109. — Jésus-Christ est le principe de la créature de Dieu, appelée autrement nouvelle créature. O. 117. — Jésus est notre principe et notre Père. O. 111 ; et notre univers. O. 111, 7.

JOSEPH. — Saint Joseph établi lieutenant de Dieu, sur la plus noble partie de son Etat, Jésus et Marie. G. 11, 12. — Saint Joseph n'a pas connaissance du mystère de l'Incarnation lorsque l'ange l'annonce à la Vierge. V. 21.

JUGEMENT. — Du jugement de Dieu. O. 173. — Les grands doivent appréhender la rigueur des jugements de Dieu. L. 167.

JUDÉE. — Etat déplorable de la Judée. V. 1.

JUIFS. — Le peuple juif sujet à l'idolâtrie. G. 3, 4. — Miraculeux en sa naissance et en sa conservation, en considération du Messie. P. V. 18. — Le bonheur d'avoir été consacré au Messie. P. V. 19. — L'établissement des Juifs. P. V. 20. — L'état des Juifs est un état prophétique. P. V. 21.

JUSTIFICATION. — Notre justification est appelée création dans les Ecritures. O. 111, 117.

L

LIAISON. — Liaison qu'il y a entre Jésus et Marie. V. 28. — Liaison de l'ordre des Carmélites à la congrégation de l'Oratoire. L. 159. — Liaison et appropriation de la Vierge à l'essence incréée, à la personne divine et à l'humanité déifiée de Jésus son Fils. L. 85.

LIMITES. — Limites que Dieu met à la ruse et à la rage de Satan. E. 9, 5.

LOI. — L'établissement de la loi prépare la venue du Messie au monde. P. V. 12. — Comme la nature commence à s'appesantir, la loi lui est donnée pour la relever. P. V. 13. — Différence de la loi et de la grâce qu'elle promet. P. V. 13. — Jésus est l'objet et la fin de la loi. P. V. 13.

LOUANGE. — Louange de sainte Madeleine. M. 3, 5.

LUCIFER. — La chute de Lucifer représentée par le

Fils de Dieu à ses disciples, pour les préserver de vanité et les tenir en crainte. O. 172.

LUMIÈRE. — Trois lumières en l'état de Jésus, la lumière de la foi, qui conduit le salut; la lumière de la piété, qui conduit la perfection; la lumière de la gloire, qui conduit la béatitude. N. 27. — Différence de ces trois lumières. N. 27. — Toutes trois nous mettent en la servitude de Jésus-Christ : la première commence, la seconde avance, et la troisième confirme l'état. N. 27. — La lumière de la foi excite les hérésies, et la lumière de la piété les dissensions. N. 31. — Lumière de M. de Bérulle en la conduite des œuvres de Dieu. L. 106, 107.

M

MADELEINE. — Le choix que Jésus fait de la Madeleine pour la rendre éminente en sa grâce et en son amour. M. 1, 1. — Jésus fait deux grands miracles pendant son séjour en la terre, la résurrection du Lazare, la conversion de la Madeleine. M. 1, 2, 3. — La Madeleine éminente en amour dès le moment de sa conversion. M. 1, 4. — L'amour de la Madeleine en sa conversion, est une nouvelle manière d'amour, qui commence aux pieds de Jésus en hommage de son incarnation. M. 1, 5. — Le nouvel ordre d'amour séraphique semble être une émanation spéciale de la manière d'amour dont Jésus aime Dieu. M. 1, 5. — Jésus ne dit point à la Madeleine : va et ne pèche plus, comme si elle n'était plus en danger de pécher, tant son amour est puissant. M. 1, 5. — Un moment de cette âme vaut un siècle, tant elle a de vie en la grâce et de ferveur en l'amour. M. 1, 5. — La Madeleine est celle que Dieu a choisie, pour réparer en elle l'amour perdu au ciel. M. 2, 3. — Quand on dit que le premier amour a été réparé en Madeleine, et ce avec avantage, la Vierge n'y est pas comprise, comme étant par-dessus les chœurs des anges et ne recevant aucune comparaison. M. 2, 3. — Conduite de la Madeleine par l'esprit et l'amour de Jésus. M. 3, 1. — Madeleine depuis sa conversion est inaccessible à l'esprit malin. M. 3, 2. — La grâce qu'elle reçoit aux pieds de Jésus est si grande qu'elle est hors de la faiblesse des hommes et de la rage des démons. M. 3, 2. — Madeleine est un ciel en la terre, où repose Jésus, son esprit, sa grâce, son amour en éminence, en excès, en privilèges. M. 3, 2. — Le cœur de Madeleine est le trône de la pureté même. M. 3, 2. — Elle participe, en son cœur et en son corps, à la pureté de Jésus par l'infusion de son amour. M. 3, 3. — En la conversion de Madeleine, nous adorons les premiers hommages rendus aux pieds déifiés de Jésus. M. 3, 3. — Deux vives grâces, toutes deux célestes, l'une de grâce, qui des pieds de Jésus au cœur de Madeleine, l'autre de larmes, qui découle plus du cœur que des yeux de Madeleine aux pieds de Jésus. M. 3, 3. — Transport de Madeleine qui, chez le pharisien, ne pense que à Jésus. M. 3, 4. — Deux banquets bien différents, l'un que le pharisien fait à Jésus, l'autre que Jésus fait à la Madeleine. M. 3, 5. — Madeleine, hautement justifiée par Jésus qui l'admet à sa suite, la reçoit en sa famille, l'associe à sa très sainte Mère pour l'accompagner à la mort, à la croix et à la gloire. M. 3, 6. — Quoique saint Jean soit le disciple bien-aimé de Jésus, il semble céder en ce point à la Madeleine, et qu'à proprement parler, d'une même source, il lui tire plus de lumière et elle plus d'amour. M. 3, 7. — Jésus, en tous ses états, laisse des marques de faveurs à la Madeleine. M. 3, 7. — Le privilège de laver les pieds de Jésus n'est octroyé qu'à la Madeleine. M. 3, 7. — L'amour de Madeleine est tendre chez le pharisien et fort à la croix; là, elle fond à ses pieds, ici elle demeure debout. M. 3, 8. — Ignorance du pharisien en la conversion de Madeleine. M. 3, 4. — La Madeleine, en l'onction de Béthanie, prévient les honneurs de la sépulture de Jésus. M. 4, 1. — Madeleine ne voit pas ce qu'elle fait, l'Esprit la possède le voit; elle est plus éminente en amour qu'en lumière. M. 4, 1. — Jésus et Madeleine n'étant qu'un en esprit, la connaissance de l'un conduit l'amour de l'autre. M. 4, 2. — Son amour est destitué de connaissance, mais il est plein de puissance. M. 4, 2. — Jésus est comme mort en ce festin, dans sa pensée, et l'amour de Madeleine peut bien répandre des larmes sur lui et rendre à son corps les honneurs de la sépulture. M. 4, 2. — Considération sur l'état de Jésus entre Madeleine et Judas. M. 4, 3. — Madeleine est comme substituée à la place de Judas et Jésus la fait un nouvel agent de grâce, de vie, d'amour, pour annoncer sa résurrection aux apôtres. M. 4, 3. — L'amour subtil et fort de Madeleine, qui sent que Jésus la préviendra par la puissance de sa gloire, quand elle le voudra oindre au monument, le prévient maintenant par la puissance de son amour. M. 4, 4. Madeleine est plus le sépulcre de Jésus que celui qui est prêté par Joseph, et il était juste que le Seigneur qui est la vie même, eût un sépulcre vivant. M. 4, 4. — Jésus est attaché à la croix par les mains des Juifs, et Madeleine par amour. M. 5, 1. — Les ténèbres universelles n'empêchent pas Madeleine de voir Jésus en la croix. M. 5, 1. — Jésus n'est ni mourant ni captif au regard de Madeleine, mais toujours vivant et opérant en elle. M. 5, 1. — Madeleine éminente en l'amour de Jésus entre ses disciples, souffre plus avec lui. M. 5, 2. — Le même amour qui triomphe de Jésus le réduisant à la croix, triomphe de Madeleine, la faisant vivre et mourir tout ensemble. M. 5, 2. — Madeleine au pied de la croix, reçoit une nouvelle impression d'amour, mais cet amour est douleur. M. 5, 2. — L'amour de Madeleine a commencé par douleur chez le pharisien, mais lors sa douleur était sur elle-même, et maintenant elle est au regard de Jésus chargé de douleurs. M. 5, 3. — Une des excellences de Madeleine, est d'être la première et la plus haute en l'amour, en la croix et en la douleur au regard de Jésus. M. 5, 3. — Qualité de la douleur de la Madeleine. M. 5, 43. — Jésus prend plaisir aux larmes de Madeleine, comme étant lui le sujet pour lequel elle pleure et le principe qui produit sa douleur et ses larmes. M. 5, 4. — Il y a un regard mutuel d'amour et de douleur entre Jésus pendant à la croix et Madeleine au pied de la croix. M. 5, 4. — Les souffrances de Madeleine font souffrir Jésus. M. 5, 4. — L'amour et la douleur de Madeleine s'accroissent l'un l'autre. M. 5, 4. — Une des rigueurs de Jésus en croix vers Madeleine est que, parlant à plusieurs et de plusieurs, il ne parle ni à elle ni d'elle. M. 5, 5. — Fidélité et adhérence de Madeleine à Jésus en croix. M. 5, 5. — Adhérence de Madeleine à Marie mère de Jésus, dans le temps que Jésus est en croix. M. 5, 6. — En Marie et Madeleine commence le nouvel ordre des âmes crucifiées avec Jésus-Christ. M. 5, 6. — Dans la grande conformité de Jésus et de Madeleine, il y a cette différence que Jésus meurt et elle ne meurt pas, car la mort même opère en elle une vie d'amour et de croix. M. 5, 8. — La vie d'amour que Madeleine reçoit de Jésus en mourant, est cause qu'elle ne meurt point, mais son amour qui est crucifié, la crucifie le reste de ses jours. M. 5, 8. — Conduite de Madeleine envers Jésus en état de mort. M. 5, 8. — Elle est la dernière qui le quitte et la première qui le cherche, et elle est aussi la première à qui Jésus apparaît. M. 5, 8. — Madeleine ne cherche que Jésus et le miracle de son saint amour. M. 6, 1. — Elle est tirée à lui par la puissance secrète de son saint amour. M. 6, 1. — En la résurrection de Jésus, elle est la première qui entend sa voix. M. 6, 1. — Son ignorance, au regard de la résurrection, sert à enflammer son amour. M. 6, 2. — Jésus, qui est la vérité même, se déguise pour exciter davantage son amour. M. 6, 2. — Madeleine toujours première à aimer, à pleurer, à chercher son Seigneur. M. 2. — Madeleine, parlant aux apôtres, dit : ils ont enlevé le Seigneur, et aux anges : ils ont enlevé mon Seigneur; raison de cette différence. M. 6, 3; 7, 2. — Trois personnes rares en l'amour de Jésus, Pierre, Jean et Madeleine, le viennent chercher au sépulcre. M. 6, 3. — Procédé étrange de Madeleine, d'avoir deux anges devant les yeux et de n'y penser pas; elle ne pense qu'à son amour et à sa douleur. M. 7, 1. — Elle ne parle point aux anges et ils lui parlent les premiers. M. 7, 1. — Conduite de Jésus envers Madeleine, à laquelle il donne un aiguillon d'amour et non pas un rayon de lumière. M. 7, 3. — C'est par le nom de Marie que Jésus opère en Madeleine un effet de lumière et d'amour tout ensemble, et pourquoi. M. 7, 3. — Jésus regarde Marie, sa Mère, en naissant, et ne lui parle pas; regarde Marie, sa servante, en renaissant, et lui parle. M. 7, 4. — Pouvoir apostolique donné à Madeleine vers les apôtres mêmes. M. 7, 4. — Rigueur en Jésus vers Madeleine, au même temps de ses grandes faveurs. M. 8. — L'amour de Madeleine subsiste par voie d'être et non d'entretien et d'opération. M. 8. — Procédé de Jésus avec Madeleine par amour unissant chez le pharisien et par amour séparant au sépulcre. M. 9. — Madeleine, entre en l'école de l'amour, séparant aux pieds de Jésus glorifié, et continue trente ans. M. 9. — Pendant tout ce temps, elle est en la terre sans la terre; son âme est au ciel, et elle n'a de terrestre que le corps mortel. M. 9. — Jésus et Madeleine devaient quitter la terre ensemble, mais le corps de Madeleine demeure en terre, pendant que son amour est au ciel. M. 10, 1. — Deux états fort différents en Madeleine, l'un de trois ans avec Jésus, l'autre de trente ans privée de Jésus. M. 10, 1. — Les avantages de Madeleine dans les deux effets, de vie et de mort. M. 10, 4. — Madeleine en cet état de mort a le privilége de la vie, qui est de croître en l'amour. M. 10, 4. — Eminence de la Madeleine révérée des séraphins, admirée des anges, ignorée des hommes. M. 10, 4. — Madeleine suspendue entre le ciel et la terre, séparée de la terre par son amour et du ciel par son impuissance. M. 10, 5. — Son impuissance sert à son amour, et elle en devient plus puissante à s'élever à la sublimité et principauté d'amour que Jésus lui prépare. M. 10, 5. — Son amour est plus fort que ni la mort ni la vie, car la mort sépare et n'unit pas, la vie unit et ne sépare pas; mais son amour sépare et unit tout ensemble. M. 10, 5. — Les trente ans de la vie retirée de Madeleine semblent être consacrés aux trente ans de la vie privée de Jésus. M. 11, 1. — Jésus communique ses trente premières années à Madeleine, non par paroles, mais par effet. M. 11, 2. — Jésus conforme la vie en grâce de Madeleine à la vie qu'il a menée sur la terre. M. 11, 2. — La privation que porte Madeleine en la terre honore les privations et suspensions de Jésus. M. 11, 2. — La Madeleine entre en son désert par l'instinct de son amour et par celui de la pénitence. M. 12. — Madeleine n'est plus qu'amour, et tout ce qui est d'elle est changé en amour. M. 12. — Madeleine est cachée en la personne de Jésus. M. 12. — Madeleine est vivante, souffrante et mourante par amour. M. 13. — Madeleine participe à la vie inconnue de Jésus par son état inconnu. M. 13. — Madeleine est vivante en la terre de la vie de Jésus, comme les saints vivent au ciel de la vie de Dieu. M. 13. — Madeleine est une pure capacité de Jésus remplie de Jésus. M. 13. — La vie de Madeleine est une vie de privation, de langueur et de croix. M. 13. — Madeleine en son désert a une part éminente, non-seulement en l'amour séparant, mais en l'amour crucifiant. M. 14. — Jésus s'imprime en Madeleine, comme souffrant et homme de douleurs. M. 14. — Jésus en la Croix fait une ordonnance de croix sur Madeleine. M. 14. — Le Père éternel fait les miracles extérieurs en la nature et des miracles intérieurs en la Vierge et en Madeleine, pour honorer les souffrances de l'âme de son Fils. M. 14. — Cet état de souffrance ne fit que commencer en Madeleine et il se parachève dans le désert. M. 14. — Amour ravissant de Madeleine par la vue de Jésus, non plus crucifié, mais glorifié. M. 15. — Madeleine comblée des faveurs et des priviléges par dessus les apôtres. M. 15. — Vie admirable et inimitable de Madeleine. M. 15. — Madeleine au désert, est un séraphin toujours intelligent et vivant et ardent. M. 15. — Les merveilles opérées en Madeleine seront un des ravissements de notre éternité, et maintenant elles sont un abîme que nous ne devons pas sonder. M. 16. — Entrée de Madeleine chez le pharisien, premier jour de sa vie en grâce. M. 17. — Madeleine révérée comme admirable entre les pénitentes chez le pharisien. M. 17. — Sa fidélité à cultiver la grâce, qui fut lors jetée comme une semence divine. M. 17. — Madeleine adore la divinité, aime l'humanité, admire la sainteté de Jésus. — M. 18. — Les pieds de Jésus sont le principal séjour de la Madeleine. M. 18. — Ses larmes tirent les larmes des yeux de Jésus, et il ne lui donne pas seulement des larmes, mais des miracles et le plus grand de tous ses miracles. M. 18. — Madeleine eût voulu avoir en ses mains tout l'univers changé en parfums. M. 19, 1.—Saint Jean-Baptiste est la voix de Jésus, la Madeleine est l'odeur de Jésus; cette voix retentit partout, et cette odeur se répand partout. M. 19, 1. — Tous les séjours de Madeleine sont autant de nouvelles sources d'une nouvelle vie, et tous ses pas sont autant de monuments et d'effets de vie. M. 19, 2. — Madeleine au désert est un ange, un séraphin et une âme plus que séraphique. M. 19, 3. — Elle meurt dans l'amour et par l'amour de Jésus. M. 19, 3. — Madeleine est établie au ciel dans une principauté du nouvel ordre de l'amour de Jésus. M. 19. — Ce que nous devons demander par les prières de Madeleine. M. 20. — L'âme de Madeleine inséparable du corps, de l'âme et de l'esprit de Jésus. M. 20. — La Madeleine n'était pas publique. M. O. 1. — L'esprit malin pressentant le conseil de Dieu sur Madeleine, avait fait un grand effort pour la précipiter dans le vice. M. O. 7. — Saint Luc ne dit qu'un mot de la présence et de la sortie des malins esprits, parce que c'étaient des effets intérieurs. M. O. 10. — La présence du démon en Madeleine était véritable. M. O. 11. — L'état où entre Madeleine, lorsqu'elle est délivrée du démon. M. O. 12. — Baume au désert de sainte Madeleine. E. M. 5. — Louange de sainte Madeleine. E. M. 6.—Dévotion de la reine d'Angleterre à sainte Madeleine. E. M. 7. — Ce qu'elle participe en l'incarnation. O. 100. — Les délices de Madeleine en la présence de Jésus sont célestes et tiennent déjà de celles de la gloire. O. 100. — Le cœur de la Madeleine, quoiqu'en la terre, est entièrement mort à la terre et n'a vie qu'au ciel. O. 100. — Sainte Madeleine rendait d'honneur à Dieu que tout au monde. L. 159.

MAGICIEN. — Magiciens, quel pouvoir ils ont de faire posséder quelqu'un par Satan. E. 7, 6.

MAIN. — La même main qui nous tire de Dieu nous réfère à Dieu. O. 113.

MAL. — Mal le plus grand de tous. O. 187.

MANIERE. — Manière d'édifier et consoler le prochain, sans beaucoup parler. L. 88. — Manière de se bien acquitter des divers offices qui sont dans les maisons de Dieu. L. 155.

MARIE. — Marie. Voy. VIERGE.

MARQUE. — Marques de l'Église de Jésus-Christ. D. 1, 19.

MATERNITE. — Rapports de la maternité de la sainte Vierge à la paternité de Dieu. G. 10, 6. G. 11, 10; 11, 6. — Dieu établit la divine maternité de la Vierge sur sa profonde humilité. V. 6, 2. — Grandeurs de la maternité. V. 7. — La qualité de la Mère de Dieu en la Vierge persévère dans le ciel. V. 28 — Paternité divine, exemplaire et origine de la divine maternité. El. III, 8. — L'union des deux natures établit le mystère de l'Incarnation, et l'union d'une personne divine et d'une personne humaine, établit le mystère de la divine maternité. El. III, 8. — Il n'y a rien de plus grand, hors les personnes divines, que la maternité de la Vierge. O. 94. — Maternité de la Vierge, combien elle contient d'états et ce que nous devons à chacun. O. 94. — La divine maternité de la Vierge n'est point sujette à la mort. O. 94.

MATIERE —Matière de notre éternité, quelle. O. 187.

MAXIMES. — Une des maximes par lesquelles les œuvres de Dieu doivent être conduites, c'est de n'en pas différer le commencement jusqu'au temps que l'esprit malin aura le pouvoir de les traverser. L. 52.

MERE. — La Mère de Dieu est mère de miséricorde, en suite de la part qu'elle a en l'incarnation, qui est un mystère de miséricorde. O. 45.

MERVEILLES. — Merveilles encloses en la sainte Vierge depuis le moment de l'incarnation. V. 28. — Les merveilles de la sainte Trinité, telles que sont les miracles que nous voyons aujourd'hui, soit en l'ordre de la nature, soit en celui de la grâce, ne sont que des ombres en comparaison. O. 154.

MESSE — Messe. Voy. EUCHARISTIE.

MICHEL (SAINT). — Louange de saint Michel. N. 19.

MISERE. — La misère de l'homme est si grande, qu'il n'y a rien ni en lui ni hors de lui qui ne soit capable de lui donner la mort. O. 170. — Misère de l'homme possédé de Satan, combien grande. E. 5, 7.

MISERICORDE. — Il y a miséricorde de Dieu aussi bien dans les rigueurs que dans les faveurs. L. 89.

MISSION. — Le point de la mission des pasteurs est la base et le fondement de l'Église. D. 1, 10. — L'Église catholique n'a jamais été soupçonnée, même par les hérétiques, de ne pouvoir justifier sa mission. D. 1, 10. — Nul ne peut donner mission sans la recevoir, que Dieu seul. D. 1, 20. — L'Église commence par la mission du Fils de Dieu, envoyé de son Père. D. 1, 20. — Il appert par l'Écriture, que Jésus-Christ donne mission aux apôtres, les apôtres à leurs disciples, et ceux-ci aux leurs. D. 1, 20. — La mission se communique par le conduit de la succession personnelle. D. 1, 20. — La mission et la succession personnelle prouvent l'unité et consanguinité de la doctrine de l'Église avec celle des apôtres. D. 1, 20. — Mission prouvée par les Pères. D. 1, 20. — Mission est une chaîne divine qui touche de la terre au ciel. D. 1, 22. — Par la mission, nous descendons tous de Jésus-Christ dans l'ordre de la grâce, comme en celui de la nature, nous venons tous d'Adam, par la succession des générations. D. 1, 22. — Mission en l'Église, adore et imite la procession des personnes en Dieu. D. 1, 21. — Les anges ne sont rien en terre, que par la mission. D. 1, 24. — Jésus-Christ n'a rien fait au monde que par mission. D. 1, 24. — Jésus-Christ envoie les siens comme il est envoyé de son Père. D. 1, 24. — Jésus-Christ ne donne mission que par ses apôtres. D. 1, 25. — Quoique la mission de saint Paul fût extraordinaire, il passe néanmoins par l'imposition des mains de l'Eglise. D. 1, 25. — Quiconque vient en l'Eglise sans mission, pose un autre fondement que Jésus-Christ. D. 1, 26. — La mission du Fils au monde est un lien commun qui tient au ciel et à la terre. G. 11, 2. — Mission des vrais Pasteurs, prouvée contre les hérétiques. D. 1, 9 et suiv.

MONDE. — Mondes qu'il y a en Dieu. D. 1, 24. — Le monde ne pense point à Dieu et Dieu ne pense point encore à donner part au monde à l'œuvre de l'Incarnation. V. 20. — Monde où nous devons demeurer et duquel sortir, c'est mourir. O. 111, 7. — Monde qu'il nous faut chercher en ce monde. O. 161. — Nous entrons en deux mondes bien différents et par deux créations bien différentes aussi O III, 7. — Il y a deux mondes au monde, l'un sensible, l'autre spirituel, et il y a deux hommes en l'homme, l'un extérieur, l'autre intérieur. O. 177.

MORT. — La mort de Jésus puissante et vivifiante. G. 10, 6. — Jésus est homme pour souffrir la mort méritée par les hommes, et Dieu pour triompher de la mort que les hommes ne pouvaient vaincre. G. 7, 9. — Mort qu'il y a dans les âmes éminentes, au regard de la grâce. M. 10, 3. — La mort de l'homme doit rendre hommage à la justice et souveraineté de Dieu sur les pécheurs et à la mort de son Fils O. 170. — Incertitude de l'heure de la mort et de l'obligation d'en bien user. L. 169. — De la mort. O. 170, 171. — Mort de l'homme, à qui elle doit rendre hommage. O. 170. — Mort éternelle. O. 171. — Nous devons mourir à nos pensées, à nous-mêmes et à toutes choses, par hommage à la mort de Jésus L. 148.

MOUVEMENT. — Le mouvement de la créature envers Dieu est inséparable de la créature. O, 111.

MYSTERE. — Chaque mystère du Fils de Dieu a quelque chose de particulier. G. 11, 4. — Application des principaux mystères de Jésus à notre sanctification. El. I, 13. — Dieu triomphe des perfections dans le mystère de l'Incarnation. G. 3, 3. — Unité de Dieu en l'incarnation, déclarée par l'unité de Jésus en l'Eucharistie. G. 3, 6. — Il semble qu'il y ait opposition entre la bonté et l'unité de Dieu, dans le mystère de l'incarnation. G. 3, 3. — L'incarnation, comme œuvre, égale les perfections de Dieu qui la produisent. G. 3, 3. — L'incarnation, comme mystère d'amour et d'unité, a fait connaître en la terre l'unité d'amour qui lie les personnes de la très-sainte Trinité. G. 3, 9. — L'incarnation, comme œuvre d'amour et d'unité, appartient au Saint-Esprit qui est éternellement amour et unité. G. 4, 1. — Le mystère de l'Incarnation est tout enclos dans l'unité. G. 4, 4. — Propriétés et louanges de l'unité sacrée du mystère de l'incarnation. G. 4, 5. — Les effets de l'union hypostatique en l'incarnation. G. 4, 5. — Indissolubilité de l'union hypostatique en l'incarnation. G. 4, 5; G. 4, 5, 13; G. 9, 4. — Effets d'amour et extase du Fils de Dieu en l'incarnation. G. 4, 5. — L'incarnation fait un nouvel ordre et un nouvel état dans le monde, infiniment élevé par dessus celui de la gloire. G. 4, 8. — Dieu entre dans le ressort de sa juridiction, dans le mystère de l'Incarnation. G. 4, 9. — Dieu, par l'incarnation, sort de soi-même pour faire une partie de son état et de son domaine, et rentre en soi-même avec une nouvelle nature, par l'incarnation. G. 4, 10. — Dieu joint la fin au commencement dans le mystère de l'incarnation, la première production de Dieu, est la production de son Verbe, et la dernière est son incarnation. G. 4, 10. — Le nom de mystère de sacrement convient à l'incarnation, selon le langage des Pères. G. 4, 5. — En l'incarnation, il y a cinq choses à remarquer, le Verbe qui s'est fait chair, l'humanité unie au Verbe, la subsistence du Verbe qui est le lien de cette unité, la divine essence du Verbe et des trois personnes divines, le Verbe seul est le lien de cette union. G. 5, 1. — Depuis le mystère de l'Incarnation, Dieu se plaît plus aux petits qu'aux grands L. 177. — Le Verbe éternel est en un sens la partie et le tout du mystère de l'incarnation. G. 5, 1. — Le Verbe éternel au milieu des unités divines, est comme tel, très-propre à être le sujet de l'incarnation. G. 5, 2. — Rapport de l'incarnation à la procession du Verbe. G. 5, 5. — Le mystère de l'incarnation va imitant la personne du Verbe, tant en son émanation qu'en sa production éternelle. G. 5, 4 ; G. 4, 6. — Pourquoi le seul Fils s'est incarné. G. 8, 9. — Enchaînement de trois mystères, la Trinité, l'Incarnation, l'Eucharistie ; ces trois mystères sont la chaîne véritable par laquelle Dieu s'abaisse aux hommes et les hommes s'élèvent à Dieu. G. 6, 4; G. 6, 1; G. 6, 7, 5; G. 10, 3. — Grandeur de la communication de la personne divine à la nature humaine. G. 6, 5, 6, 11; G. 2, 10; G. 8, 10, 12. — L'humanité sainte de Jésus en son appartenance au Verbe, est indépendante des autres personnes. G. 6, 7; G. 2, 10; G. 8, 6, 8, 9. — Cette indépendance de l'humanité sainte est fondée sur la puissance du Père à produire son Fils comme indépendant, et sur la communication que le Fils fait de sa subsistance à sa nature humaine. G. 6, 8, 9. — Appropriation singulière du Verbe à l'humanité et de l'humanité au Verbe en l'incarnation. G. 6, 11; G. 2, 10; G. 8, 4. — L'incarnation est une expression de la communication de Dieu en la Trinité, et l'Eucharistie de la communication de son Fils en l'incarnation. G. 7, 5. — Le Verbe sortant du sein du Père pour venir à nous en l'incarnation, et de son retour. G. 7, 4. — Le Père et le Fils s'honorent réciproquement avec le mystère de l'Incarnation. G. 5, 10. — L'inscription du mystère de l'Incarnation, de ses fins, de ses préparatifs, et ses circonstances. G. 5, 11. — Pensées et affections sur le moment de l'Incarnation. G. 5, 12. — Jésus l'image de soi-même en l'incarnation et l'Eucharistie. G. 5, 11. — Le Verbe applique l'opération du Saint-Esprit pour produire le mystère de l'Incarnation. G. 5, 8. — La Trinité regarde Jésus comme Fils, l'incarnation comme Père, et l'Eucharistie comme Epoux. G. 6, 5. — La Trinité regarde l'homme comme son image, l'incarnation comme l'objet de sa complaisance, et l'Eucharistie comme le temple vivant du corps de Jésus-Christ. O. 6, 5. — Oblation à Jésus en l'honneur de la déification et du dénûment de ses mystères. G. 2, 12. — En l'incarnation, l'humanité est déifiée et la divinité humanisée. G. 2, 6. — Tous les miracles ne sont que les ombres de l'incarnation. G. 2, 8. — La puissance de Dieu en l'incarnation. G. 2, 8. — Nous sommes liés à Dieu par sa grandeur, et notre indigence en l'ordre de la nature par sa bonté, et notre impuissance en l'ordre de la grâce, et liés d'un lien substantiel en la personne de son Fils par un excès d'amour en l'incarnation. G. 2, 6. — Le secret de l'incarnation est le dénûment de la subsistance humaine. G. 2, 10. — Comment la subsistance divine est entée sur la nature humaine. G. 2, 10. — Diverses excellences de l'incarnation. G. 1, 2, 6. — L'incarnation doit plutôt être honorée par œuvres que par paroles. G. 1, 4. — En l'ordre de l'union hypostatique, il n'y a qu'un seul individu. G. 1, 6. — Unité de Dieu dans la création, dans la sanctification, dans l'incarnation. G. 1, 6. — En la Trinité et en l'incarnation seulement, il y a communication de la divinité, ou par essence ou par subsistance. G. 7, 9. — Le sacrement de l'Incarnation est la source et le modèle de tous autres sacrements. G. 7, 9. — Mystère de l'Incarnation figuré par l'échelle de Jacob. G. 7, 4. — Le Verbe est un centre d'unité en la Trinité et en l'Incarnation. G. 7, 5. — L'essence divine, comme essence du Verbe, est communiquée à l'humanité par la subsistance du même Verbe. G. 8, 6. — Le Fils de Dieu est uni à notre nature comme Dieu et comme Fils de Dieu, dès le moment de l'incarnation ; mais il n'y est uni comme splendeur, qu'après sa résurrection. G. 8, 8. Voy. Jésus. — Dieu en ce mystère, nous transformé en amour. G. 8, 11. — Le Fils de Dieu en ce mystère est un monde qui surpasse les trois mystères de nature, de grâce et de gloire. G. 8, 12. — La subsistence du Verbe met l'humanité en société avec la Trinité ; deux sociétés desquelles toutes les autres relèvent en la Trinité et en l'incarnation. G. 8, 12. — Les merveilles de l'Homme-Dieu. G. 11, 8. — Jésus, hostie, seule digne de Dieu en l'incarnation. G. 11, 4. — Avant l'incarnation, la naissance du Verbe n'avait rien de particulièrement affecté à son adoration dans la nature créée. G. 11, 5. — La nature créée par son état ne regardait que les grandeurs communes de Dieu. G. 11, 5. — La plus grande merveille de la nature est l'homme, et la plus grande merveille de la grâce, l'Homme-Dieu. G. 11, 7. — Dieu faisant l'homme en la création, faisait comme un prélude de l'Homme-Dieu, et de l'incarnation. G. 11, 7. — Dieu en l'incarnation, s'allie à l'homme et prend la ressemblance de la chair du péché pour les hommes. G. 9, 5. — L'homme dans l'incarnation partage l'être incréé avec les trois personnes divines. G. 9, 4. — En quel sens saint Paul appelle l'incarnation mystère caché de toute éternité. G. 9, 2. — Du mystère de l'Incarnation et de ses excellences. G. 2. — Preuves de la vérité de cette proposition, l'humanité est unie à la divinité. P. G. 5. — Le mystère de l'Incarnation nous enseigne le mépris des grandeurs. E. V. 5. — Jésus vivant au monde avant sa venue au monde. P. V. 14. — Il ne convient qu'à Jésus d'être si longuement attendu. P. V. 14.—La nature et la loi, tout le commerce de la loi et de la religion ne tendent qu'à préparer le monde à son avènement. P. V. 14. — Jésus est l'objet et la fin de la loi. P.V.15.—La terre a voulu partager l'empire du monde avec Dieu, Dieu lui donne sa grâce et sa miséricorde, et surmonte son iniquité. V. 3.— Grandeurs de l'incarnation. V. 7. — Incarnation, œuvre de Dieu par excellence. V. 18, 19. — Grandeurs de l'incarnation en ce mystère, Dieu a un nouveau sujet, un nouveau un nouveau Seigneur, la grâce un nouveau principe. V. 20. — Le monde ne pense point à Dieu, et Dieu ne pense point encore à donner part au monde en l'œuvre de l'incarnation. V. 21. — Les grands et les savants n'en ont aucune connaissance, et les démons même l'ignorent. V.C. 21.—Le ciel seul le connaît, et Marie en la terre. V. 21.— Cet œuvre si caché sera publié et reconnu au ciel, en la terre et aux enfers. V. 21. — Dans quelles conditions entre le Fils de Dieu en se faisant homme. V. 22. — Dieu ne dédaigne rien en l'incarnation de ce qu'il a créé et ne désavoue que le péché seul. V. 23. — Il prend un corps qui porte la ressemblance de la chair, du péché, et imprime le caractère de la grâce et de la subsistence divine dans cette même masse qui porte le caractère du péché. V. 23. — Ce corps ayant reçu la sainteté divine, ne reçoit pas la gloire, mais demeure sujet à nos misères. V. 23.—Tous ces abaissements sont rehaussés jusqu'à l'être et à la subsistance de Dieu. V. 23. — Grandeurs du jour de l'incarnation. V. 24. — Ce jour est le jour qui produit le soleil des temps et qui fait luire le soleil de l'éternité. V. 24. *Voy* Jésus. — Le corps de Jésus est formé en un jour et en un moment. V. 24. — Abaissements de Jésus en son incarnation et en sa mort. V. 25. — Les abaissements du Fils de Dieu commencent dès sa première naissance. V. 25. — Le Fils de Dieu, au moment de l'incarnation, a deux natures V. 25. — Il est fait en l'honneur de son Père dans l'incarnation. V. 25.

N

NABUCHODONOSOR. — Il fut, ce semble, possédé du malin esprit. E. 7, 4
NAISSANCE — Rapports de la naissance éternelle et de la naissance temporelle de Jésus. G. 5, 6; G. 11, 2, 5 — La naissance temporelle de Jésus ferme le cercle des divines émanations. G. 5, 6. — Le Fils de Dieu honore sa naissance éternelle par sa naissance temporelle, et par cela même il honore le Père qui en est le principe. G. 5, 10. — Trinité d'effets en la naissance humaine de Jésus. G. 11,8.—Fécondité de la Vierge en cette naissance temporelle de Jésus. *Voy.* Fécondité. G. 11, 9. — Jésus fait chose plus grande par sa naissance que par sa croix. G. 11, 11. — Trois alliances en la naissance de Jésus. G. 11, 11. — Considération de deux naissances de Jésus, en Marie et de Marie. G. 11, 12. — La naissance de Jésus est un mystère d'honneur, d'amour et de sainteté. G. 11, 4. — La naissance est un mystère d'offrande et d'adoration. G. 11, 4. — Le Père, par la naissance de son Fils, acquiert un nouvel adorateur et une nouvelle hostie. G. 11, 4. — Avant l'incarnation, la naissance éternelle du Fils de Dieu n'avait rien de particulièrement affecté à son adoration dans la nature créée. G. 11, 5. — La naissance de Jésus et la maternité de Marie adorent la paternité divine. G. 11, 6. — Les hommes doivent rendre hommage à cette naissance si grande en ses abaissements, en imitant les anges. G. 11, 7.— Cette naissance a pour principe le sein du Père, pour son exemplaire la naissance éternelle, pour sa fin l'adoration du Père en la génération de son Fils, et du Fils en l'émanation de son Père. G. 11, 7; 11, 5. — Grande en ses effets et en son état. G. 11, 7. — Trois naissances de Jésus, au sein du Père, au sein de sa Mère et au sein du tombeau. G 10, 2, 5. — La naissance des fidèles dans le sein de l'Église a rapport à la naissance éternelle. G. 10, 2. — Jésus en sa seconde naissance sort du sein de sa Mère et demeure dans le centre de son esprit. G. 10, 5. — Jésus le premier-né en ses naissances. G. 10, 5. — Antithèses de la seconde et troisième naissance de Jésus. G. 12, 5. — Toute créature doit hommage à Jésus et à ses trois naissances. G. 12, 6. — Sa souveraineté moins sensible en la seconde naissance. G. 12, 6.
NATURE. — Nature humaine. *Voy.* Hommes.
NOCES. — Noces ou alliance du Fils de Dieu avec nous. L. 5, 10.
NOM.—Noms divers que l'Église a imposés à l'institution de la sainte Eucharistie. D. 2, 15.
NUDITÉ.—La voie de nudité intérieure rend hommage aux richesses de Dieu, comme la voie d'abaissement intérieur adore la grandeur de Dieu. O. 151

O

OBÉISSANCE. — Obéissance parfaite, L. 95. — L'obéissance de Jésus-Christ et son exaltation. O. 185. — L'obéissance des religieuses doit être simple et ponctuelle. L. 11.
OBLATION. — La première et dernière oblation de Jésus honorée de l'assistance de Marie. G 11, 11. — L'oblation de Jésus à la croix est une action permanente. V. 26. — Oblation à Jésus et à son humanité déifiée. Ei. I, 7. — Oblation à Jésus en l'état de servitude. G. 2, 6, 15, 14. — En l'honneur de la déification et du dénûment de son humanité sainte. G. 2, 12. — Notre oblation vers Jésus en état de servitude doit rendre hommage à l'oblation que lui-même et sa très sainte Mère ont fait d'eux en ce même état. O. 162. — Oblation en état de servitude au Père éternel, et ensuite à Jésus et à sa très sainte Mère. O. 157. — Oblation de nous à Jésus et à Marie. L. 89.
OBLIGATION. — Obligation de consacrer à Dieu nos premières pensées. O. 193. — De l'obligation de vaincre nos répugnances et nos faiblesses. L. 143. — De l'obligation de passer notre vie en crainte et en tremblement. L. 142. — Obligations diverses d'assister les âmes de purgatoire. O. 108.
ŒIL. — De quel œil il faut regarder la dignité de cardinal et les autres dignités ecclésiastiques. L. 193,203.
ŒUVRES — Pour régir les œuvres de Dieu il y faut ouvrir l'esprit intérieur en sa présence; mais pour cet effet, il faut fermer l'esprit humain, qui est celui de l'homme extérieur. L. 56. — Les œuvres de Dieu ne se font que par la croix, et c'est à quoi s'y doivent résoudre ceux qui y travaillent. L. 143. — Les œuvres de Dieu ont leurs maximes par lesquelles ils doivent être régis. L. 52. — Les œuvres que nous faisons pour nous-mêmes périront; celles que nous faisons pour Dieu dureront autant que Dieu. O. 111, 7.
OFFRANDE. — Offrande que nous devons faire de nous-mêmes à Dieu. O. 161.
ONCTION. — Nous devons avoir, soit envers nous, soit envers autrui, plus d'onction que d'action; et il faut que ce soit la grâce et non la nature qui vive et agisse. L. 56.
OPÉRATION. — Opérations de Dieu hors de son essence, combien il y en a, et combien elles constituent d'ordres. O. 3.
ORAISON. — Le travail de l'oraison n'est pas sans fruit, combien qu'il soit sans satisfaction. 119. — Oraisons diverses ou élévations à Dieu, à Jésus-Christ et à la Vierge, pour la reine d'Angleterre. O. 194, sur la fin.
ORATOIRE. — L'esprit de l'Oratoire de Jésus. O. 145.
ORDRE. — Ordre que Dieu a établi en son Église pour la délivrance des énergumènes. E. 5, 2. — Ordre de la grâce. D. 3, 9. — Ordre qu'il nous faut suivre. L. 3, 2. — Ordres constitués par les communications de Dieu hors de soi D. 3, 9.
ORIENT. *Voy.* Jésus et Catéchumène.

P

PAIX. — La paix est la fin de la guerre. E. V. 7. — Exhortation à la paix. E. V. 8.
PAPE. — En l'élection des Papes et des prélats, il faut demander à Dieu que la puissance et autorité soit reçue dans l'humble disposition dans laquelle Jésus-Christ l'a reçue de son Père. O. 195.
PARDON. — Le pardon que nous avons reçu de Dieu plusieurs fois nous doit tenir en crainte, et non pas nous rendre plus faciles à l'offenser. O. 171.
PARTAGE. — Le partage de l'homme est l'amour, ou haine éternelle; et il haïra éternellement tout ce qu'il n'aura point aimé pour Dieu en la vie. L. 225.
PARTICIPATION. — Participation de sainte Madeleine à l'incarnation, la croix et la résurrection. O. 100.
PASSION. — L'origine de la passion de Jésus sont les péchés du monde. O. 12, 2.
PATIENCE. — Patience dans les travaux. L. 111. — Patience et longanimité dans les œuvres de Dieu L. 85.
PAUL (Saint).—Saint Paul; quelle a été sa vocation. D. 1, 25.
PAUVRETÉ. — Pauvreté de Jésus-Christ. O. 185, 3, 4. — Pauvreté intérieure. L. 81. — La pauvreté ne doit pas empêcher l'exercice de la charité. — L. 114.
PÉCHÉ. — Un péché léger pèse plus en la balance de Dieu qu'une grève peine. E. 7, 1.—Es fidèles, après leur régénération, demeure l'aiguillon du péché et la peine. E. 7, 3. — La servitude du péché n'est entièrement éteinte que dans l'état de la gloire. E. 7, 3. — Il n'y

a que le péché qui nous sépare de Dieu. G. 7, 4. — Néant du péché pire que celui de la création. P. V 10. — Le conseil de Dieu en la vue du péché est de nous donner un rédempteur. P. V 11. — Considérations du péché en toutes ces circonstances. O. 173. — Le péché est le plus grand de tous les maux, et nous sommes toujours en danger d'y tomber; ce qui nous oblige d'être toujours craignants et veillants. O. 187. — Quand on se trouve dans l'occasion du péché, il faut ou la fuir ou recourir à l'oraison. O 65. — On ne peut tenir pour petit aucun péché pour lequel le sang du Fils de Dieu a été répandu. O. 86. — Il n'y a rien dans le ressort de la nature en vertu de quoi nous nous puissions garantir du péché. O. 170. — Effet épouvantable du péché en la chute de Lucifer. O. 172. — Le péché réduit l'homme à une misère extrême et éternelle. O 166. — Le péché donne la mort, non-seulement à l'homme, mais à Dieu. O. 12, 4.

PEINE. — Il ne faut pas que la peine nous fasse manquer à nos devoirs. L. 90. — L'usage que nous devons faire de nos peines, est de recourir à Jésus et à Marie, et nous lier à eux en nous déliant de nous-mêmes. L. 169.

PEINTURE. — La peinture est une imitation de la nature, son impuissance à peindre le soleil. G. 8, 2.

PÉNITENCE. — La pénitence et douleur de nos fautes doit comprendre spécialement celle de n'avoir pas consacré à Dieu le commencement de notre vie raisonnable. O. 86. — Nous ne pouvons comparaître devant Dieu qu'en esprit et disposition de pénitents. O. 175.

PENSÉE. — Les pensées de Dieu et du monde sur la vie et sur la mort, sont merveilleusement différentes. O. 185,6.

PÈRE ÉTERNEL. — Le Père éternel au regard de son Fils, est père et mère ensemble. G. 10, 2 — Le Père éternel est admirable et singulier en sa paternité. G. 10, 4. — Le Père et le Fils s'honorent réciproquement. G. 5, 10. — Dieu comme Père, doit être plus honoré que Dieu comme Dieu. G. 11, 13. — Les deux qualités de Père et de Dieu liées ensemble en la naissance de Jésus. G. 11, 13. — C'est une merveille dans l'Esprit divin qu'il y ait Père et Fils. G. 10, 4. — Le Père envoie son Fils en la terre, par le même pouvoir par lequel il l'engendre. G. 11, 2. — Le Père, qui seul envoie son Fils au monde, l'envoie par un pouvoir qui lui est propre G. 11, 2. — L'émanation temporelle de Jésus regarde Dieu comme Père, et celle des créatures Dieu comme Dieu. G 11, 2. — Toutes choses qui procèdent de Dieu demeurent en Dieu, et ce qui procède de Dieu comme Père, demeure en son sein. G. 11, 2. — Le Père éternel et la Vierge sont un, joints en unité de puissance et de principe. V. 20. — Ce qui est propre au Père en la Trinité et en l'incarnation. El. II, 2. — Paternité divine, exemplaire de la divine maternité. El. III, 8. — Le Père éternel qui produit son Fils seul en son sein, et qui l'engendre au sein de la Vierge, daigne nous associer pour le former avec lui dans les cœurs. S. 8. — Le Père éternel met en nos cœurs la Fils aimé qui repose en son sein, et veut que celui qui est l'unique objet de sa complaisance, soit pareillement l'unique objet de la nôtre. O. 83. — Les intentions du Père éternel nous donnant son Fils en l'Eucharistie. O. 83. — Le nom de Père attribué aux prêtres, et spécialement aux supérieurs, les oblige à s'élever à celui qui est Dieu et Père de Jésus-Christ Notre-Seigneur. O. 191, 6, etc.

PERFECTION. — Avis pour avancer dans la voie de la perfection. L. 166. — Perfections et grandeurs de la Divinité. O. 158. — Perfections principales que nous devons adorer en Jésus-Christ, au sacrement de l'Eucharistie, O. 86.

PERMISSION. — La permission du mal égale toujours l'opération du bien. E. 3, 5.

PERSÉCUTION. — De quelques persécutions que l'auteur a souffertes. L. 184.

PERSONNES. — Les personnes divines s'honorent d'un honneur et amour mutuel. G. 5, 10. — Propriétés éternelles des trois personnes divines. G. 2, 5. — Comme l'état des personnes divines se termine en amour : ainsi doit-il être de l'état et société des personnes humaines. S. 22. — Les personnes qui ont facilité aux pensées de perfection et de piété, se trompent aucune fois, et prennent la pensée pour la pratique. L. 221.

PERTE. — Pertes que nous avons, comment il les faut adoucir. O. 183, 4.

PEUPLE. — Peuples, pourquoi donnés, et par qui à Jésus-Christ. O. 121.

PIÉTÉ. — Le principal point de la piété est de référer sa vie à Dieu, et le principal point de la sapience céleste est d'en ordonner les moments selon Dieu. O. 177.

PLÉNITUDE. — La plénitude de la Divinité. G. 7, 7 ; G. 8, 6. Voy. JÉSUS-CHRIST.

POSSESSION. — La possession des énergumènes par le malin esprit est un effet duquel nous devons rechercher les causes. E. 2, 5. — La possession est un effet conforme à la justice, grandeur et bonté de Dieu. E. 2, 5. — Satan se saisit du corps de l'homme, de ses facultés et opérations. E. 2, 5. — La possession est une troisième éco o où tous peuvent apprendre. E. 2, 5. — Elle enseigne qu'il y a un Dieu et une Providence divine; et dispose l'esprit à croire les autres mystères et est un portrait au vif de l'enfer. E. 2, 5. — Possession, marque jusqu'où le fidèle doit être soumis à l'efficace de l'esprit de Dieu. E. 2, 5. — Elle porte des enseignements d'autant plus utiles, qu'ils sont imprimés dans les sens. E. 2, 5. — Les possessions ont été plus fréquentes depuis le mystère de l'Incarnation. E. 3, 5. — Et Dieu s'en sert pour l'établissement et avancement du christianisme. E. 3, 5. — Pourquoi les possessions sont, plus fréquentes depuis le mystère de l'Incarnation. E. 3, 5. — Le possédé est livré au malin esprit, quelquefois par la main de Dieu ou de ses serviteurs, quelquefois par les magiciens et sorciers. E. 7, 5, 6. — La grandeur et fréquence du mal de la possession, paraît par le rapport qu'elle a au mystère de l'Incarnation. E 4, 1. — La nature humaine est grandement avilie et intéressée par la possession de l'esprit malin. E. 4, 1. — Satan épand son malheur sur celui qu'il possède, et lui envoie la réflexion de son tourment. E. 4, 4. — Cette alliance de Satan avec l'homme, tend à désunir le corps d'avec l'âme, et l'âme d'avec Dieu. E. 4, 2. — Il le prive du bien de la mort et de la vie. E. 4, 4. — Le corps possédé ne peut agir non plus que s'il était mort, et il pâtit comme celui qui est vivant. E. 4, 4. — Combien la condition de l'esprit possédé est pitoyable. E. 4, 5. — Satan ôte au possédé tous les actes intérieurs, d'autant que leur ressort est aux facultés, lesquelles il occupe. E 4, 5. — La foi n'est pas le remède que Dieu a préparé aux énergumènes. E. 5, 1. — La possession du malin esprit consiste en un droit qu'il a de résider au corps et de l'altérer. E. 6, 1, 5. — Saül était possédé du malin esprit. E. 6, 2. — Le favori de l'empereur, étant possédé, n'était presque travaillé que la nuit. E. 6, 2. — Il y a des possessions dont l'altération n'est autre qu'une manière d'infirmité ordinaire. E. 6, 3, 4. — Il y a plusieurs possessions exemptes de la torture de Satan. E. 6, 4. — Il y a eu une possédée, dont le corps ne portait autre altération, sinon qu'il était destitué de mouvement quand elle voulait aller à l'église. E. 6, 4. — La possession est causée aucune fois par le seul péché originel. E 7, 1. — Aucune fois par le péché véniel. E. 6, 2. — Un saint personnage est possédé de l'esprit malin à sa propre requête pour un mouvement de vanité. E. 6, 2. — La possession est causée aucune fois sans aucun sujet apparent en la personne. E. 7, 3. — Quoique la personne soit innocente, la nature ne laisse d'être tributaire à Satan. E. 7, 3. — Ce qui est dit de saint Paul, qu'il livra deux hérétiques à Satan, s'entend de la possession. E. 7, 5. — Dans les possessions, chacun s'attend de voir la réflexion des effets qu'il s'imagine le plus au diable. E. 8, 1. — Satan a posé des limites à Satan lorsqu'il tente, lorsqu'il déçoit, lorsqu'il possède. E. 8, 5 ; 9, 5. — Les prophétesses des païens étaient possédées du diable, et leurs révélations se faisaient par allocution du démon en elles, et elles avaient tous les accessoires d'une vraie possession. E. 3, 1.

POUVOIR. — Pouvoir de Jésus-Christ en l'expulsion ordinaire des démons, étonne plus les Juifs. E. 5, 5. — Pouvoir de Satan en la possession, à quoi entièrement opposé. E. 6, 5.

PRÉDICATEUR. — Pour modérer le zèle d'un prédicateur. L. 166. — Ce qu'il doit faire pour prêcher utilement. L. 172.

PRÉLAT. — Les prélats et les prêtres appelés aux communications divines, doivent honorer singulièrement la paternité et la maternité divine. O. 191, 6, etc.

PREMIÈRE PRIMAUTÉ. — Les premiers-nés en l'ancienne Loi étaient offerts à Dieu pour honorer la primauté de Dieu dans les processions éternelles. G. 5, 6.

PRÊTRE. — Dignité des prêtres. L. 161. — Leurs devoirs. L. 168. — Quelle doit être leur vie. L. 165, 174. — Les prêtres offrent à l'autel, et consacrent le corps et le sang de Jésus-Christ, et ne peuvent être laïques. D. 1, 15. — Ils sont sacrificateurs de Dieu. D. 1, 15. — La prêtrise chrétienne est prouvée par l'Écriture. D. 1, 15. — Les hérétiques ne peuvent supposer le mot d'ancien à celui de prêtre. D. 1, 15. — Nous trouvons en la Bible un évêque qui fait et ordonne des prêtres. D. 1, 15. — Les prêtres semblables aux cieux, aux anges, à Dieu même et à Jésus-Christ. S. 15. — Quels sont les objets de la piété des prêtres. S. 16, 17. — Les prêtres doivent former Jésus-Christ dans les cœurs. S. 9. *Voy.* Supérieurs. — De quelle importance est le ministère des prêtres. S. 10. — Dispositions des prêtres et des supérieurs vers Dieu, vers le monde vers le prochain. S. 19, 20, 21.

PRIÈRE. — Prière pour les défunts. L. 113.

PRINCIPE. — Deux principes égaux et subordonnés, Dieu et Jésus-Christ. G. 5, 8. — Principe et racine de l'unité d'esprit, de grâce et d'amour. G. 3, 10. — Nous vous deux principes suprêmes, Dieu et Jésus-Christ son Fils qu'il a envoyé. O. 111, 7.

PRIVATION. — Les privations des grâces que porte Jésus sur la terre honorent Dieu, que les pécheurs déshonorent par les privations malignes du péché. G. 2, 8; G. 8, 10.

PRIVILÈGE. — Privilèges des vierges de suivre l'Agneau partout où il va. L. 237.

PROCHAIN. — Nous devons honorer le prochain en suite du bonheur que le Fils de Dieu rend à notre nature par le mystère de l'incarnation. L. 115

PROPHÉTESSE. — Les prophétesses des païens étaient possédées du diable. E. 5, 1. — Leurs révélations se faisaient par allocution du démon en elles, et elles avaient tous les accessoires d'une vraie possession. E. 5, 1.

PROPRIÉTÉS. — Les propriétés éternelles du Verbe lui convient à entrer dans notre nature, et elles existent lui entre les personnes divines qui se fasse chair. G. 5, 9.

PROVIDENCE. — La providence divine coule incessamment par la permission du mal, et l'opération du bien comme par deux canaux. E. 5, 5.

PRUDENCE. — Prudence de M. de Bérulle en la conduite des œuvres de Dieu. L. 107, 108.

PURETÉ. — La pureté de Dieu est telle qu'il ne regarde que soi-même. O. 114.

PURGATOIRE. — Les âmes du purgatoire aiment et souffrent purement. O. 108. — Les âmes du purgatoire sont en impuissance de s'aider, parce qu'elles ont mal usé de la puissance qui leur avait été donnée. O. 108. — Les âmes du purgatoire sont languissantes après notre secours, et ce, ensuite de leur pur amour arrêté en son vol et sa véhémence, parce qu'il leur reste des péchés de la vie. O. 108. — Obligations diverses de les assister. O. 108. — Les âmes du purgatoire sont très-reconnaissantes de la charité qui leur est rendue. O. 108.

Q

QUALITÉ. — Qualité de l'esprit en l'énergumène, combien pitoyable. E. 4, 5. — Qualité précise de la vexation du malin esprit. E. 6, 1. — Qualité que le malin esprit a dans le monde, et pourquoi. E. 2, 2. — Qualité en laquelle l'homme participe au bien et au mal de toutes les créatures. E. 1, 2. — Qualités de la Mère de Dieu en la Vierge. V. 28. *Voy.* Maternité. — Qualités de l'Église prétendue des hérétiques. E. G. — Qualités admirables de Jésus, Roi des rois. E. G.

R

RAGE. — Rage de Satan contre l'image de Dieu ; par quoi excitée. E. 2, 1.

RAPPORT. — Rapport singulier de la substance déifiée à l'unité de l'essence divine. G. 2, 5. — Rapports que nous ayons à Jésus. O. 145, 1.

RECOMMANDATION. — Recommandation de la vertu d'obéissance. O. 185.

RECOURS. — Recours aux saints anges dans les affaires difficiles. L. 157.

RÉCRÉATION. — Les récréations des ecclésiastiques doivent être grandement modérées. L. 149.

RECUEILLEMENT. — Recueillement en Dieu. O. 188, 2.

RÉFORME. — L'Église des réformés était inconnue il y a cent ans. D. 1, 1. — Les hérétiques trouvent à réformer en Dieu même. D. 1, 6.

REINE. — La reine Marie de Médicis parente de saint Charles. L. 174.

RELIGION. — La religion est un moyen pour rejoindre l'homme à Dieu dont il s'était séparé. D. 2, 1. — La religion a pour piliers qui la soutiennent la loi, l'obéissance, le sacrement et le sacrifice. D. 2, 1. — La religion a dû être revêtue de corps, et pourquoi. D. 2, 2. — La religion chrétienne est fondée sur la créance et adoration du mystère de l'Incarnation. D. 2, 2. — Elle est toute divine. D. 2, 4, 5. — Jésus-Christ instituant la religion chrétienne n'a non plus aboli le sacerdoce et le sacrifice que la religion, mais changé en mieux. D. 2, 3. — En la religion chrétienne, le Fils de Dieu, qui est le prix de notre rédemption, a aussi voulu être l'hostie de notre adoration et de notre sacrifice. D. 2, 3. — La religion chrétienne n'a aucun sacrifice sanglant. D. 2, 9.

REMÈDE. — Un puissant remède contre les peines intérieures est de nous mettre devant Dieu en l'état d'avilissement où le péché nous réduit. L. 166. — Remèdes contre l'illusion. L. 217. — Remèdes contre la vaine complaisance. L. 226.

RENOUVELLEMENT. — Renouvellement dans la charité mutuelle en la semaine sainte. L. 115.

RÉPONSE. — Réponse modeste et efficace à un insigne calomniateur. N. 6.

REPOS. — Trois repos ou stabilités adorables de Dieu en soi même, du verbe en l'humanité, de Jésus en Marie. L. 101.

RÉSURRECTION. — Après la résurrection, Jésus est uni à la nature humaine comme splendeur et principe de lumière au monde. G. 8, 8, 9. — Jésus sort du tombeau sa résurrection pour n'y rentrer jamais, si ce n'est en nos cœurs, qui doivent être les sépulcres vivants de son corps. G. 10, 3. — Jésus sort du tombeau pour entrer en son repos et en sa gloire. G. 12, 1. — Désirs ardents de sa résurrection. G. 12, 1. — La croix de Jésus est le lit de sa mort et le nid de sa renaissance. G. 12, 1. — Moment de la résurrection de Jésus et de ses grandeurs. G. 12, 1. — La troisième naissance de Jésus est sa résurrection. G. 12, 2. — Madeleine est le sépulcre de Jésus avant sa résurrection ; il était juste que ce Seigneur, qui est la vie même, eût un sépulcre vivant. M. 4, 4. — Comme il faut solenniser la résurrection de Jésus-Christ en la fête de Pâques. L. 137. — La résurrection de Jésus-Christ est seule entre ses mystères, où le péché n'a point de part. O. 75.

RETRAITE. — La retraite intérieure doit être remplie de Dieu et de Jésus-Christ. L. 93.

RÉVÉRENCE. — Révérence qui est due aux vœux. L. 2, 8.

RIGUEUR. — Les rigueurs de Dieu sont de deux sortes : les unes de sa sainteté, les autres de sa justice. O. 169.

ROI. — Les rois doivent demander à Dieu l'esprit de sapience. E. G. — Les devoirs d'un bon roi sont de rendre son peuple heureux, à l'imitation de Dieu au gouvernement du monde. E. G. — Conduite toute remplie de grâces de Dieu sur le roi Louis XIII. E. G. — Les devoirs d'un roi et de la dignité royale. E. G. — Le roi est un monde et un soleil au monde, un Dieu visible. E. G. — La grandeur des rois a la mortalité et la justice de Dieu pour son contre-poids. E. G. — Qualités admirables de Jésus Roi des rois. E. G. — Jésus est un roi duquel tous les rois sont vassaux, et tous les vassaux sont rois. E. G. — Obéissance due au roi par la parole de Dieu. E. G. — Exhortation aux rebelles à l'obéissance qu'ils doivent au roi. E. G. — Jésus est roi en ses deux naissances, et reconnu roi jusqu'à la mort. E. V. 1. — Jésus est Roi des rois, et les rois qui ne voudront pas lui obéir seront exterminés par son pouvoir. E. V. 1. — Les conquêtes, les tributs, la loi, les récompenses, le sceptre, les armes et victoires de ce nouveau roi. V. 2, 1. — Il vient pour sauver et non pour dominer, et les effets de son pouvoir ne sont que grâce et bénédiction. V. 2, 2.

ROYAUME. — Le royaume des cieux est pour les petits. L. 175.

RUINE. — La plus grande ruine arrivée en la nature est venue du défaut de soumission à l'ordonnance de Dieu ; et la plus grande réparation qu'on lui puisse faire est par un entier assujettissement. O. 84.

S

SACREMENT. — Quelle cérémonie c'est. D. 2, 11.

SACRIFICE. — Jésus-Christ instituant la religion chrétienne, n'a non plus aboli le sacerdoce et le sacrifice que la religion, mais changé en mieux. D. 2, 3. — Afin que le Fils de Dieu institue un sacrifice, il n'est pas nécessaire qu'il parle de sacrifice. D. 2, 6. — Le sacrifice du Nouveau Testament est promis ès Écritures. D. 2, 7. — Malachie parlant du sacrifice est expliqué. D. 2, 7, 11. — La religion catholique n'a aucun sacrifice sanglant. D. 2, 9. — L'Eucharistie est sacrement et sacrifice, et l'un prouve l'autre. D. 2, 11. — En quoi différents. D. 2, 11. Il y a effusion de sang au sacrifice de la messe, mais mystique et invisible. D. 2, 13. — Il y a manducation sans digestion, et immolation sans occision. D. 2, 14. — Le sacrifice de la messe est fondé sur celui de la croix. D. 2, 14. — Jésus-Christ a prévenu le sacrifice de la croix par celui de l'Eucharistie. D. 2, 14. — Le sacrifice en l'ancienne loi pour le péché, était sans effusion de sang. D. 2, 14. — L'hostie du sacrifice des Chrétiens, est inconsomptible. D. 2, 14. — Le sacrifice des Chrétiens a divers noms. D. 2, 15. — Jésus a laissé à l'Église le nom du sacrifice des Chrétiens. D. 2, 15. — Ce mystère est appelé sacrement, sacrifice, Eucharistie, messe. D. 2, 15. — Le sacrifice de la messe ne doit pas être célébré dans les mêmes circonstances dans lesquelles il a été par Jésus-Christ. D. 2, 16. — Il y a dans l'institution de ce mystère des circonstances qui doivent être omises, et y en a qui doivent être conservées, et ce discernement doit être fait par l'Église. D. 2, 16. — Sacrifice, quelle cérémonie c'est. D. 2, 11. — Celui de la sainte messe, sur quoi fondé. D. 2, 11. — Le Fils de Dieu a célébré lui-même le sacrement de l'Eucharistie, s'étant contenté d'instituer tous les autres. D. 2, 16. — Le sacrifice de notre salut a consommé une vie divine, et le sacrifice de notre sanctification doit consommer une vie sainte. O. 31.

SAINT ET SAINTETÉ. — La sainteté incréée subsiste en relations, et Jésus, comme sainteté incréée, subsiste en relations que les personnes ont les unes avec les autres. G. 2, 5. — Les saints dans le ciel sont plus brillants que le soleil. G. 8, 1. — La sainteté incréée, qui est en Jésus découle de lui en lui et en nous, et sanctifie même la grâce créée dont il est rempli. D. 2, 5. — La justice et la miséricorde de Dieu sont la mort des damnés et la mort des justes, mais la sainteté de Dieu opère une autre sorte de mort dans les âmes éminentes. M. 10, 3. — Les saints sont au-dessus des rois, et ils règnent sur la terre avec une verge de fer. L. 176.

SANCTIFICATION. — Sanctifications différentes qui se retrouvent en l'homme. O. 116.

SANG. — Le sang de Jésus, c'est la divine semence du christianisme. D. 3, 9.

SALUT. — Le salut, à qui il appartient, et en quoi on doit être pour y avoir part. O. 191, Mém.

SATAN. — Satan accroît le mal de la peine, pour ce que le mal de la coulpe est diminué. E. 3, 6. — Satan épand son malheur sur celui qu'il possède, et lui envoie la réflection de son tourment. E. 4, 4. — Satan ôte au possédé les actes intérieurs, d'autant que leur ressort est aux facultés, lesquelles il occupe. E. 4, 4. — Motifs qui le poussent à communiquer avec l'homme, spécialement depuis sa chute. E. 1, 1. — Satan ne peut plus communiquer qu'avec l'homme. E. 2, 1. Et rien que du mal. E. 2, 1. — L'homme, par le péché, est esclave de Satan, et est le prince du monde. E. 2, 2. — Satan se saisit quelquefois du corps de l'homme, de ses facultés et opérations. E. 2, 3. — Il est un esprit de désordre. E. 2, 4. — Satan a trois principaux ennemis, qui sont irrités par le mystère de l'Incarnation. E. 3, 6. — Satan, attaqué par l'Église, use de stratagème pour se cacher. E. 9, 2, 5. — Conditions et alliances de Satan avec l'homme. E. 4, 4. — Cette alliance de Satan avec l'homme tend à désunir le corps d'avec l'âme, et l'âme d'avec Dieu. E. 4, 4. — Satan veut commander partout où il est. E. 6, 5. — Satan, esprit de confusion et de ruine. E. 6, 5. — Il est privé d'amour, et le ciment de la liaison est la haine. E. 6, 5. — Satan ne fait pas tout en toutes occasions ; et comme en la conduite de ses desseins il n'omet rien de nécessaire, ainsi il n'admet rien de superflu. E. 8, 2. — Satan traite autrement avec les esprits pieux, autrement avec les curieux, autrement avec les sorciers. E. 8, 2. — Son intention en la possession est d'exercer sa rage, et de traiter l'homme en ce monde comme il le traite en enfer. E. 8, 2. — Son intention au regard de ceux qu'il possède, en l'âme ou au corps, est de leur communiquer sa misère et sa peine, et non autre chose. E. 8, 4. — Dieu a posé des limites à Satan lorsqu'il tente, lorsqu'il déçoit, lorsqu'il possède. E. 8, 5 ; 9, 5. — L'Église, dans les exorcismes, attaque Satan. E. 9, 1. — Satan comparaît devant l'Église comme un criminel devant l'officier du prince qu'il a offensé. E. 9, 3. — Il peut être présent dans l'énergumène sans être apparent. E. 9, 4. — Se voyant découvert par l'Église, il a recours, comme prince du monde, à la force et à la calomnie pour se défendre contre elle. E. 9, 5. — Il n'y a moyen de nuire à l'homme, si petit, que Satan ne l'emploie, ni si grand qu'il ne le puisse accomplir. E. 8, 5.

SCIENCE. — La science du salut des âmes est fondée sur l'humilité, au lieu que les autres arts sont fondés sur la suffisance. S. 10. — Cette science est un art non de mémoire, mais d'esprit et d'amour pour Jésus. S. 11. — Cette science est la science des saints, qui a son origine au ciel, et demande des esprits humbles et affectifs. S. 11. — Cette science, haute en sa petitesse et lumineuse en sa simplicité, confond les philosophes et les théologiens mêmes. S. 12. — Cette science est vraiment spirituelle, car elle est fondée en l'esprit de Jésus, a Jésus pour son origine, son objet et sa fin. S. 12. — A pour principes l'humilité d'esprit, la pureté du cœur, l'abnégation de soi-même, l'adhérence à Jésus. S. 12. — Cette science est fille d'oraison, disciple de l'humilité,

mère de discrétion. S. 13. — En cette science il n'y a qu'un maître, qui est Jésus-Christ ; tous les autres sont disciples. S. 13. — Elle enseigne les mystères, les grandeurs et les voies de Jésus. S. 13. — Cette science fait partie de l'esprit de l'Oratoire. S. 13. — Pour nous bien conduire en cette science, il faut beaucoup plus faire profession d'ignorance que de connaissance. S. 13. — La science seule désirable et importante est de savoir Jésus-Christ. O. 112. — Ceux qui font profession des sciences doivent honorer Jésus comme docteur, et sa conversation parmi les docteurs. L. 165.

SÉJOUR. — Séjour dernier de Jésus allant à la croix. O. 63.

SEMENCE. — Semence divine du christianisme. D. 3, 9.

SENSIBILITÉ. — Notre sensibilité doit honorer la sensibilité de Jésus et y être conforme. O. 174.

SÉPULCRE. — Sainteté du sépulcre, qui est le trône d'un Dieu mort pour l'amour de nous. M. 7, 1. — Les anges partagent leur demeure en la mort de Jésus, les uns au ciel adorent le Dieu vivant ; les autres au sépulcre Dieu mourant. M. 7, 1.

SERVITEUR. — Jésus-Christ, par sa qualité de serviteur, rend le plus grand honneur à son Père qui lui puisse être rendu. G. 5, 10. Voy. Jésus. — Le Fils de Dieu prend la forme de serviteur en deux manières. G. 2, 13 ; V. 24. — En la maison du Père il est Fils et serviteur tout ensemble. G. 2, 13. — Il est Dieu adorant Dieu en sa personne d'esclave. G. 2, 13.

SERVITUDE. — La servitude est compatible avec l'état de la Mère de Dieu, la filiation naturelle en Jésus-Christ, et la filiation adoptive dans les Chrétiens. G. 2, 13. — Cette servitude requiert nouvel état en l'intérieur. G. 2, 13. — La filiation établit la servitude. G. 2, 13. — État d'hostie et de servitude en Jésus-Christ, au moment de l'incarnation. V. 27. — Servitude des Chrétiens vers Jésus expliquée. O. 162. — Servitude vers Dieu est tellement inséparable de la créature, que ni les saints n'en sont exempts par leur adoption, ni la Vierge par sa divine maternité, ni Jésus par sa filiation divine ; et c'est la gloire de Dieu et de ses œuvres. O. 121.

SIGNE. — Le signe de la croix. Voy. CROIX.

SIMON. — Simon Magus avait le pouvoir de donner au diable ceux qui l'appellaient imposteur, pourvu qu'il pût converser avec eux. E. 7, 6.

SIMPLICITÉ. — La simplicité d'esprit convient aux plus grandes œuvres et aux choses les plus divines. V. 6, 2. — Simplicité d'esprit. L. 8, 2. — Simplicité d'esprit nécessaire dans les voies intérieures. O. 174.

SOCIÉTÉ. — Sociétés desquelles toutes les autres relèvent en la Trinité et en l'incarnation. G. 8, 12.

SOIN. — Le soin des supérieurs commis au gouvernement des œuvres de Dieu doit être universel et particulier, en l'honneur et imitation de la Providence divine. L. 175.

SOLITUDE. — Solitude intérieure qui va imitant la solitude de Dieu en soi-même, et sa séparation de toutes choses. M. 10, 3.

SOMMEIL. — Le sommeil de Jésus doit être honoré par le nôtre. O. 127.

SORCIER. — Les sorciers donnent non-seulement les maladies, ainsi les malins esprits. E. 7, 6. — Savoir s'ils peuvent faire posséder quelqu'un par Satan. E. 7, 6.

SOUFFRIR. — Souffrir par l'ordonnance de Dieu est chose précieuse. L. 222.

SOUHAITS. — Souhaits de l'unité singulière en Jésus, à laquelle nous sommes appelés. G. 2, 7.

SOUMISSION. — Soumission à la puissance de Dieu en autrui. L. 95.

SOURCES. — Sources célestes en la conversion de la Madeleine. M. 3, 5.

SOUVERAINETÉ. — La souveraineté autant inséparable de Jésus que sa divinité ; ses effets sur les créatures insensibles. G. 12, 6.

SUBSISTENCE. — Subsistence divine, comment entrée dans la nature humaine. G. 2, 10.

SUPÉRIEUR. — Le supérieur doit vaquer souvent en l'année aux choses les plus vives de la maison. S. 24. — L'usage que doit faire le supérieur des manquements des inférieurs. S. 26. — Le supérieur doit supporter ses inférieurs avec charité et corriger leurs défauts avec esprit de douceur. S. 26. — Le supérieur doit plus voir et sentir Dieu en la charge pour y adhérer, que ni le fardeau pour s'en ennuyer, ni l'honneur pour s'en élever, ni l'autorité pour dominer. S. 27. — Plusieurs avis nécessaires aux supérieurs. S. 28. — Le supérieur qui doit régir les autres par l'Esprit de Dieu, se doit régir lui-même par cet Esprit-Saint. S. 29. — Ses principales applications. E. 20. — Les supérieurs sont obligrés d'honorer singulièrement l'autorité de Jésus et de Marie S. 30. — Les supérieurs doivent même rendre servitude au prochain pour l'amour de Jésus, et par hommage à sa naissance suprême. S. 31. — Les supérieurs doivent être dans un ardent désir de l'avènement de Jésus. S. 52. — Du ministère et de la conduite des supérieurs. S. 4, 5, 7, 8. *Voy.* PRÊTRE. — L'autorité donnée aux supérieurs pour faire la charité. S. 22. — Le supérieur doit prendre repos en la croix, son mouvement doit être d'autorité en charité. S. 22. — Imitation de la Trinité où il n'y a point d'autorité, et à la liaison des personnes qui procèdent à leur principe dans la conduite des supérieurs. S. 22. — Il faut que le supérieur ait non - seulement la charité, mais une étendue d'esprit qui embrasse tout. S. 23. — Comment il se doit conduire. L. 174. — Soin que doivent avoir les supérieurs, commis au gouvernement des œuvres de Dieu. L. 175. — Les supérieurs doivent regarder Jésus, et en dépendre en toutes choses, comme en toutes choses il regarde de lui en dépend. O. 191. — Vertus qui leur sont nécessaires. L. 51. — A quoi le nom de Père les doit obliger. O. 191, 6, etc. — Les supérieurs des maisons de l'Oratoire doivent rendre hommage à l'autorité suprême de Jésus et de Marie, et y recourir dans les besoins. L. 115. — Divers avis à un supérieur pour se bien conduire en la charge. L. 115. — Les supérieurs doivent plus s'assujettir aux autres, que les autres à eux-mêmes. L. 25.

T

TEMPS. — C'est mal abréger le temps que de l'accourcir aux dépens d'une affaire importante. L. 108. — Le temps est un captif que Jésus a racheté pour nous, et nous sommes obligés de le bien employer. L. 170.
TENTATION. — C'est une grande tentation de soupirer après une conduite éloignée, et ne pas se soumettre à la conduite présente. L. 3, 2.
TERRE. — La terre est en ténèbres, et son soleil au milieu d'elle est l'éclairer. V. 2. — La terre n'est pas digne de recevoir Jésus-Christ étant remplie d'iniquité. V. 50. — Il faut toujours travailler en la terre pour ne point déchoir; et même lorsque Dieu mit Adam dans le paradis terrestre, l'Ecriture dit que ce fut *ut operaretur*. L. 236.
TRADITION. — Autorité des traditions. D. 1, 13. — Tradition ou instruction domestique, est nécessaire pour l'intelligence des Ecritures. D. 2, 8. — Qu'elles font partie de la parole de Dieu et leur autorité. D. 1, 13. — Elles sont prouvées par le témoignage des Pères des quatre premiers siècles. D. 1, 14.
TRANSFIGURATION. — Transfiguration. G. 2, 8.
TRAVAIL. — Le travail de la créature est inutile s'il n'est fondé en conseil de Dieu. L. 3, 2. — Le travail de l'oraison n'est pas sans fruit, combien qu'il soit sans satisfaction. L. 121.
TRINITÉ. — Deux Trinités adorables, l'une de subsistence, l'autre d'essence; l'une de toute éternité, l'autre pour toute éternité. G. 3, 8. — Ces deux Trinités fondées en unité, l'une d'essence, l'autre de subsistence. G. 3, 9. — Enchaînement de la Trinité, l'incarnation et l'Eucharistie. G. 6, 1. — La création, le baptême et la gloire, sont des œuvres de la très-sainte Trinité. G. 6, 2. — Trinité de mystères, trinité de personnes, trinité de communications divines. G. 7, 2. — En l'être de Dieu nous adorons unité et pluralité en la distinction des personnes, unité et société en leur communication, et unité et fécondité en leurs émanations. G. 7, 2. — Fécondité du Père et du Fils en la Trinité, et du Saint-Esprit en la nature et en la grâce. G. 7, 5. — Trinité de mystères dans la religion, trinité de vertus infuses dans l'âme. G. 6, 2. — La divinité enclose en la trinité de ces mystères. G. 6, 2. — Ces trois mystères regardent Jésus-Christ, la Trinité comme Fils, l'Incarnation comme Père du siècle à venir, et l'Eucharistie comme époux. G. 6, 5. — Ces trois mystères regardent l'homme; la Trinité, comme son image; l'Incarnation, le Verbe incarné comme l'objet de sa complaisance en Jésus-Christ, et l'Eucharistie comme le temple vivant de son corps. G. 6, 5. — Grandeurs du Fils de Dieu en la Trinité. V. 22. — Le mystère de l'Incarnation est l'œuvre des œuvres de la très-sainte Trinité. V. 50. — L'égalité et consubstantialité des personnes divines dans une parfaite distinction. G. 1, 6. — Imitation de la Trinité où il n'y a point d'autorité en la conduite des hommes. S. 22. — Quelles sont les dispositions que nous devons à la très-sainte Trinité comme principe exemplaire et fin de notre être. O. 156. — Elle était l'objet de la vie intérieure de Jésus. O. 156.

U

UNION. — Ordre de l'union hypostatique. D. 3, 9. — Les fidèles sont élevés en quelque manière à l'ordre de l'union hypostatique par l'Eucharistie. D. 3, 9. — Le Fils de Dieu s'est voulu unir à notre nature et à la personne d'un chacun de nous. D. 3, 9. — Le mystère de l'Eucharistie est une extension et consommation de celui de l'union hypostatique. D. 3, 9, 10. — Union des maisons de l'Oratoire de Provence avec celles de France, dédiée en l'honneur des unités divines en la sainte Trinité et en l'incarnation. L. 112. — Union secrète entre Dieu le Père et son Fils, dans le délaissement sensible et public que le Fils porte en croix de la part du Père. L. 112.
UNITÉ. — L'unité de subsistence rend Jésus pour jamais le centre, le principe et la racine de l'unité d'esprit, de grâce et d'amour. G. 3, 10. — L'unité de Dieu est si évidente, qu'elle n'a besoin de preuves. G. 3, 1. — Dieu, en soi même et hors de soi-même, opère comme un. G. 3, 2. — Unité pleine de fécondité. G. 3, 1. — Dieu est vivant en unité d'essence, opérant en unité de principe et régnant en unité d'amour. G. 3, 2. — L'unité de Dieu en l'Incarnation paraît en ce qu'elle est unique et contient l'unité incréée en deux unités différentes. G. 3, 3; G. 3, 4, 5. — L'unité de Dieu recommandée par les Ecritures, honorée par les Platoniciens, combattue par les démons. G. 3, 4, 5. — L'unité de Dieu en l'Incarnation, déclarée par l'unité de Jésus en l'Eucharistie. G. 3, 6. — Jésus est un avec son Père par sa naissance éternelle, un avec nous par sa naissance temporelle. G. 3, 6. — Jésus commence et finit sa vie en la terre, en la vue des unités divines. G. 3, 7. — Trois unités dans nos mystères, unité d'essence, unité d'amour, unité de subsistence. G. 3, 8. — L'unité d'essence et l'unité de subsistence fondent deux trinités, Trinité de personnes au ciel, Trinité d'essence en l'Incarnation. G. 3, 9. — Dieu éternellement vivant en unité d'essence, opérant en unité de principe, régnant en unité d'amour et établissant temporellement son Fils en unité de subsistence. G. 3, 10. — Toutes choses sortent de l'unité et retournent à l'unité. G. 3, 10. — Par l'unité de subsistence, Jésus est pour jamais le centre, le principe et la racine de l'unité d'esprit, de grâce et d'amour. G. 3, 10. — Différences entre l'unité d'essence en Dieu et l'unité d'amour. G. 3, 9. — L'incarnation, comme mystère d'amour et d'unité, a fait connaître en la terre l'unité d'amour qui lie les personnes de la très-sainte Trinité. G. 3, 10. — Elévation à l'unité de Dieu. G. 3, 10. — Unité de l'incarnation. *Voy.* INCARNATION. — Union hypostatique. *Voy.* INCARNATION. — Le Verbe éternel au milieu des unions divines. G. 5, 2. — Jésus-Christ réfère l'unité qu'il a avec son Père dans la Trinité et l'unité qu'il a avec nous par l'incarnation, à l'unité qu'il veut que nous ayons avec lui en l'Eucharistie. G. 6, 4. — Les productions dans l'être incréé et créé, se terminent à l'unité. G. 7, 3. — Les unités dans les œuvres de Dieu, adorent les unités divines. G. 7, 4 ; G. 10, 8. — Il y a en Dieu unité d'essence, de principe, d'amour, et dans les œuvres de Dieu, unité de personnes, unité de corps et unité d'esprit. G. 7, 4. — Dieu descend d'unité en unité, comme par degrés, jusqu'à nous, et nous montons d'unité en unité, comme par degrés, jusqu'à Dieu. G. 7, 4. — Elévation à l'unité singulière de Jésus, en laquelle nous sommes appelés. G. 2, 7. — Dieu n'a créé qu'un monde pour honorer son unité. G. 1, 6. — Le Fils de Dieu procède d'unité en unité; l'unité d'amour est le lien mutuel du Père et du Fils. V. 22. — Unité de Dieu en soi-même, dans le mystère de notre salut et dans les fidèles. L. 112. — Unité de Dieu dans la création, dans l'Incarnation et dans la sanctification. G. 1, 5. — Unité des personnes divines. O. 4. — Unité de Jésus comme Verbe incarné. O. 4.
USAGE. — Usage que nous devons faire de nos peines. L. 169. — Usage du signe de la croix. Quel il est. O. 194. — Du bon usage des biens temporels. L. 172.

V

VANITÉ. — Vanité de la vie de monde. O. 185, 6.
VERBE. — Le Verbe reçoit, comme le Saint-Esprit, l'unité de l'essence divine, et produit comme le Père, l'unité du Saint-Esprit. G. 5, 2. — Le Verbe honore sa procession éternelle par sa procession temporelle. G. 5, 2. — Le Verbe imprime le caractère de sa filiation divine dans l'humanité. G. 8, 11. — Trois séjours du Verbe, au sein paternel de toute éternité, au sein maternel dans la plénitude des temps, et en notre humanité pour toute éternité. *Voy.* JÉSUS. — En un sens le Verbe, la partie et le tout de l'Incarnation. G. 5, 1.
VERTU. — Vertus nécessaires aux supérieurs. L.

55, 56. —Vertus éminentes de saint Charles. L. 176.

VEXATION. —Vexation du diable la plus grande, la plus universelle; la plus grande est la moins connue et la plus dangereuse. E. 4, 2, 3.

VICTOIRE. — Victoire que le malin esprit a gagnée sur les hommes. E. 2, 2.

VIE. —Vie cachée de Jésus G.2,13; M.2,1. —Trois sortes de vie en Jésus, vie divine, vie méritante, vie glorieuse. G. 2, 8; G. 12, 2. — La vie voyagère partagée en effets de privation et de plénitude. G. 2, 9. —Considération du Fils de Dieu comme vie. G. 10, 4, 5. — La perfection de la vie chrétienne requiert que Jésus vive en nous et qu'il imprime en nos esprits, l'esprit et la vie de ses mystères. El. I, 14. — Rapports de la vie des fidèles à la vie voyagère de Jésus, et de la vie des compréhenseurs à sa vie de gloire. El. I, 17. — Vie de la divinité en l'humanité. El. II, 9. — La vie intérieure de Jésus avait pour objet la sainte Trinité, consultant, concluant et exécutant son plus grand chef-d'œuvre. O. 156. — La vie sensible de Jésus a été divinement consommée en la croix. Nous devons dédier notre sensibilité à la vie sensible de Jésus, et enfin nous la devons perdre dans la consommation de cette divine sensibilité en la croix. L. 219. — Il y a en Dieu vie éternelle et vie personnelle, vie de mouvement et vie de repos. O. 147. — La vie de la divine essence en ses trois personnes, et le recours que les Chrétiens y doivent avoir. L. 170. — Il y a deux agents à la vie de l'esprit, Dieu et l'âme. L. 255. — Utilité de la manière de vie, où il ne se fait rien que par la conduite et autorité de Dieu en autrui. O. 185, 8. — La vie religieuse doit être formée sur le modèle de la vie voyagère de Jésus-Christ. O. 185, 5. — La vie de l'âme est en Dieu seul. L. 166. — La vie, qui est si peu de chose, est fondement de chose grande, et Dieu, par sa grâce, y a établi la vie éternelle. O. 185, 6. — Nous devons user notre vie en l'honneur de la vie incréée et de la vie incarnée et de la vie de Jésus dans sa Mère et dans les saints. O. 177. — La vie s'appelle lumière donnée pour avancer, *Dum lucem habetis, credite in lucem*, et la mort s'appelle nuit, *Venit nox in qua nemo potest operari*. O. 177. — La vie des prêtres doit être laborieuse. L. 165, 174. — Depuis que la vie et la mort se sont rencontrées sur la croix en la personne de Jésus-Christ, la mort est devenue souhaitable aux enfants de Dieu, comme étant le commencement d'une vie immortelle. O. 185, 8.

VIERGE. — Le Père éternel attend le *fiat* de la Vierge pour l'accomplissement de son œuvre, ce qui marque ce qu'elle est au Père éternel, et au mystère de l'Incarnation. G. 11, 10. —Considération sur la dignité et élévation de la Vierge. G.11, 11. Ce que nous lui devons demander. G. 2, 11. — La Vierge fait choses plus grandes en Jésus, que Jésus ne fait en la Vierge. G. 11, 12. —Considération de deux naissances de Jésus en Marie et de Marie. G. 11, 12. —La Vierge met Jésus au monde par le seul effort de l'amour du Père, et du vouloir du Fils. G. 11, 12. — Rapport de la naissance de Jésus, en Marie, à la naissance éternelle au sein du Père. G. 11, 12. — Les deux qualités de Père et de Dieu, sont liées admirablement en la naissance temporelle du Fils. G. 11, 13. — Le Père semble partager avec la Vierge son autorité sur son Fils, et comment. G. 11, 13. — Explication du colloque de la Vierge avec l'ange. P. G. — Il est parlé de la Vierge dès le commencement du monde et du péché. P. V. 12. — Grandeurs incomparables dès sa naissance. V. 4 et 6, 11. — Sa grâce dès lors tend à établir une mère de Dieu, et à former un Homme-Dieu. V. 4. — La Vierge est une aurore qui précède, qui porte, qui donne le soleil au monde. V. 5. — La Vierge vient au monde à petit bruit, mais elle est regardée du ciel comme Mère de Dieu. V. 5. — Conduite de Dieu sur la Vierge en sa conception, en son enfance, en son entrée, en son séjour au temple. V. 5. — La Vierge fait du chœur à part. V. 5. — La Vierge entre de jour en jour dans un élèvement admirable. V. 5. — Si Dieu doit prendre naissance, ce doit être de Marie, et si Marie doit enfanter ce doit être un Dieu. V. 5. — Marie dès lors ravit les cieux, et l'auteur même de la terre et des cieux. V. 5. — Elle est un nouveau ciel et un nouveau paradis, et le sanctuaire de Dieu en la terre. V. 5. — Marie pleine de lumière ne connaît pas ses grandeurs. V. 5. — Parler de la Vierge, c'est rendre hommage à Dieu et à Jésus-Christ. V. 6. — Dès le commencement du monde, Marie a été regardée comme la source des bénédictions du monde. V. 6. — Dieu met la Vierge au monde par miracle, et la cache en cet unique temple qu'il a en la terre. V. 6. — La Vierge cachée en Dieu. V. 6. — Dieu voulant naître, veut naître d'une Vierge. V. 6. — La simplicité de la Vierge. V. 6.

— La Vierge coopère sans cesse à une grâce qu'elle ne discerne pas, et cela par une divine simplicité et fidélité parfaite. V. G. 6. — L'exemple de la Vierge oblige les âmes à autant de simplicité que de fidélité dans les voies de Dieu. V. 6. — Au moment que la Vierge ne pense qu'à être la servante de Dieu, Dieu pense à la rendre sa mère. V. 6. — Ne fait que commencer si nous regardons ce qu'il lui prépare. V. 7. — Occupation de la sainte Vierge. V. 7. — Envoi de saint Gabriel à la Vierge. V. 7. — La Vierge languit après la venue du Messie. V. 7. — La Vierge ne pouvait être troublée de la vue des anges, accoutumée à traiter avec les anges, et conversant avec eux en ange, elle les voyait en leur propre personne. V. 9. — La Vierge est inaccessible au péché, à la tentation, et à l'illusion. V. 9. — Les grâces et privilèges de l'état virginal de Marie. V. 9. — L'ange parlant à la Vierge lui parle de ses grandeurs, et le premier usage de son âme est dans le mouvement de l'humilité. V. 10. — Son humilité la met en silence et est accompagné d'une céleste prudence. V. 10. — Combat secret entre l'ange et la Vierge dans la tranquillité, le silence et la lumière; la Vierge demeure dans une suspension admirable. V. 10. — La Vierge après les paroles de l'ange demeure en humilité et en silence. V. 11. — Dieu la voit dans les conditions naturelles dans une puissance de grâce. V. 11. — La Vierge ne s'étonne ni ne s'arrête pas par son humilité. V. 12. —Son humilité ne l'occupe pas, mais sa prudence la met en soin de sa pureté. V. 12. — Vœu de virginité de la sainte Vierge. V. 12. — Le Fils de Dieu qui a joint en sa personne la divinité et l'humanité, veut joindre en sa Mère la pureté et la fécondité, la virginité et la maternité. V. 12. — L'ange annonce l'incarnation du Fils de Dieu à la terre, et Marie la virginité au ciel. V. 13. — Le Fils de Dieu venant au monde, donne commencement à l'état de virginité en sa Mère et par sa Mère, et de là en avant il se trouve toujours au milieu des vierges. V. 13. — La Vierge ne doute point de ce mystère, sa fidélité, sa simplicité, et son humilité. V. 13. — L'autorité qu'a la Vierge de délibérer de cet œuvre, n'est qu'un rayon de l'honneur que Dieu lui va faire. V. 13. — De tous les moyens qui pouvaient être employés à faire naître le Messie, Dieu choisit le plus divin, la pureté de Marie. V. 14. — Jésus est fleur et fruit tout ensemble, et Marie sa Mère conserve la fleur de la virginité avec le fruit de la fécondité. V. 14. — La Vierge parle à l'ange comme un ange. V. 15. — Cette parole de puissance lui est inspirée par le Verbe éternel, qui va s'incarner en ses entrailles. V. 15. — La grâce très-éminente de la Vierge qui la dispose à la divine maternité, est méritée par Jésus. V. 15. — Les grandeurs de Marie sont les louanges de Jésus. V. 15. — Deux vies de la Vierge: l'une qui la prépare à la divine maternité, l'autre qui est ce même état et la vie de la Mère de Dieu. V. 15. — La Vierge solitaire en la terre, tandis que Jésus n'y est point. V. 15. — La Vierge est toujours servante et toujours Mère, comme son Fils est toujours homme et Dieu. V. 15. — Marie parvient à la maternité par la virginité. V. 15. — Deux mouvements de la Vierge au sujet de ces deux paroles *Ecce ancilla, fiat mihi*. V. 16. — Le *fiat* est une parole de consentement et de désir. V. 16; 17. — Comparaison du *fiat* de la Vierge avec le *fiat* de Dieu en la création. V. 16. — La Vierge est en repos et mouvement tout ensemble. V. 17. — Dieu fait en la Vierge une opération semblable à celle qu'il a de toute éternité en soi-même. V. 17. — La Vierge qui n'était qu'une aurore, est maintenant un soleil. V. 17. — Cette parole *fiat*, contient trois souhaits en la Vierge. V. 17. — Le regard de Dieu est du ciel sur la Vierge. V. 17. — Dieu seul engendre son Fils dans l'éternité, et il l'engendre seul dans le temps par Marie. V. 18. — Ces deux générations sont par-dessus les lois de la nature; l'une, c'est le Père qui conçoit, en l'autre, une Vierge. V. 18. — Rapport du soin de la Vierge au soin du Père. V. 18. — Considération de Jésus et de la Vierge en l'Incarnation. V. 19. — La Vierge est un ciel; la préparation de son esprit et de son corps. V. 19. — Jésus n'a que croix en la terre hors la Vierge, et repos en la terre qu'en la Vierge et avec la Vierge. V. 19. — Le Père éternel et la Vierge sont joints en unité de puissance et de principe. V. 20. — Rapports de la liaison de Jésus à la Vierge, à la liaison qu'il a au Père et au Saint-Esprit. V. 28. — Diverses manières lesquelles Jésus est en Marie. V. 28. — Il est en elle comme son Fils et comme son Dieu, lui donnant vie et recevant vie d'elle. V. 28. — Il est en elle comme en son repos, comme en son paradis, comme en son ciel empyrée. V. 28. — Merveilles encloses en la Vierge depuis le moment de l'incarnation

V. 28.—Liaison très-étroite de Jésus et de Marie. V. 28. — Opération et occupation de Jésus et de Marie. V. 28. — Heureux partage de Jésus et de Marie. V. 28. — Qualités de la Mère de Dieu en la Vierge. V. 28. *Voyez* Maternité. — Tous les sens et tout l'esprit de la Vierge sont appliqués à Jésus. V. 28. — La grâce de la Vierge n'est pas comme la nôtre. V. 28. — Jésus présent et puissant en Marie, opère en elle comme en sa Mère. V. 28. — La Vierge est dans un ravissement perpétuel, sans la faiblesse et perte des sens qui se trouvent ès ravissements des âmes les plus saintes. V. 28. — Elle est tirée hors de la disproportion de la nature et de la grâce, et est établie dans la force de la grâce. V. 28. — Jésus en ses états est le principe et l'objet de la vie et du ravissement de la Vierge. V. 29. — Dieu incarné possède la Vierge d'une possession si rare, que l'esprit humain ne peut l'exprimer. V. 29. — La Vierge est tirée hors d'elle, de son amour, et de ses actions dans l'amour de l'âme sainte de Jésus. V. 29. — La Vierge est une pure capacité de Jésus, toute remplie de Jésus. V. 29. — La Vierge au jour de ses grandeurs a part à la croix par le droit de son amour. V. 29. — Elle sait l'état d'hostie de son Fils, et c'est ce qui navre son cœur. V. 29. — La Vierge devait engendrer Jésus immortel et dans la gloire, et elle l'engendre mortel. V. 29. — Les privilèges de Jésus et de Marie sont réservés au ciel. V. 29. — La terre n'est pas digne de recevoir Jésus-Christ étant remplie d'iniquité, mais il choisit une terre vierge, et vient en elle comme en son tabernacle. V. 30. — Il choisit un ange pour manifester son conseil à la Vierge, le colloque de l'ange et de la Vierge est tout céleste. V. 50. — Au moment que la très-sainte Trinité achève son œuvre, Jésus commence le sien, traitant avec Dieu son Père, et remplissant le sein de la Vierge de ses opérations saintes. V. 30. — La Vierge est la personne la plus grande après les personnes divines. El. III, 4, 6.—Le mystère de l'incarnation est partagé entre la très-sainte Trinité et la Vierge. El.III, 5.—La Vierge fait un ordre et un empire à part. El. III, 6.—Les neuf chœurs anges regardent et adorent par leur état les perfections divines, et la Vierge le sien les personnes de la très-sainte Trinité. El. III, 7. — Dessein de Dieu de faire la Vierge, Mère de son Fils. El. III, 8.—Le Père éternel et la Vierge sont liés ensemble par la personne du Fils. El. III, 8.—Le Verbe éternel en liaison et société avec la Vierge. El. III, 9. — Nous devons rendre hommage à toutes les liaisons ineffables et inconnues du Fils de Dieu et de la Vierge. El. III, 9. — Donation de la Vierge en qualité d'esclave à Jésus. El.III, 9, 10, 11, 12, 13.—Souveraineté de la Vierge sur toutes les créatures. El. III, 14.—Il faut que la Vierge nous rende ses esclaves. El. III, 15.—La Vierge n'est comprise ni dans les propositions, ni même dans celle de la grâce, si elle n'y est nommément exprimée. M. 2, 3. — C'est par le nom de Marie que Jésus opère en Madeleine un effet d'amour et de lumière tout ensemble. M. 7, 3. — L'autorité de la Vierge est dérivée de l'humanité qu'elle communique à Jésus. S. 30.—Marie porte le nom de Vierge par excellence. S. 33. — La Vierge est une personne divine et humaine tout ensemble, et elle ne subsiste que dans sa relation à Jésus. O. 93. — La Vierge, dès le moment de sa conception, a reçu de Dieu trois choses distinctes : l'être de la nature, l'être de la grâce, la vie de la grâce. O. 97. — La vie intérieure de la Vierge n'a point été interrompue depuis le moment de sa conception, non pas même par la mort. O. 97. — Conception et enfance de la Vierge. O. 97. — La présentation de la Vierge est le commencement de sa vie extérieure. O. 97. — Marie est toujours Mère, mais non toujours en office de Mère. O. 98. — Régence de la Vierge au regard de son Fils. O. 98. — Combien elle a de grandeurs principales, et par qui attaquées. O. 93. — Sa prédestination est enclose en celle de Jésus-Christ. O. 93. — Sa maternité divine n'est point sujette à la mort. O. 94. — Il n'y a rien de plus grand, hors les personnes divines, que sa maternité. O. 94. — Pourquoi elle ne fut point au sépulcre de son Fils comme les autres. O. 93. — Son appropriation et liaison à l'essence incréée, à la personne divine et à l'humanité déifiée de Jésus son Fils. L. 86. — Il y a trois états en la maternité de la Vierge : 1° de service au regard de Jésus ; 2° de langueur après lui ; 3° de jouissance et de repos en lui, et ce que nous devons à tous les trois. O. 94.—Un des privilèges de la Vierge est de ruiner les hérésies. O. 93. — Il y a trois principales grandeurs en la Vierge, sa virginité, sa maternité, sa souveraineté, et toutes trois attaquées par diverses hérésies. O. 93. — La vocation et prédestination de la Vierge est enclose en celle de Jésus-Christ. O. 93. — La Vierge, par cette parole : *Ecce ancilla Domini*, se donne en particulier au Fils unique de Dieu. L. 27.

VIERGES. — Leur privilège est de suivre l'Agneau partout où il va. L. 237.

VIVRE. — Vivre et mourir est la devise des Chrétiens. O. 125, 168.

VOCATION. — Vocation de saint Paul ; encore qu'elle fût extraordinaire, il a néanmoins passé par l'imposition des mains de l'Église. D. 1, 25. — La vocation par laquelle Dieu ordonne et accomplit la voie que la créature doit suivre pour retourner à lui, est une de ses plus grandes opérations sur elle. O. 150. — Vocation à l'Oratoire. L. 164, 171.

VŒU. — La révérence due aux vœux est telle qu'on ne doit être facile ni à les conseiller ni en dispenser. L. 212.

VOIE. — La voie de nudité intérieure rend hommage aux richesses de Dieu, comme la voie d'abaissement intérieur adore la grandeur de Dieu. O. 151. — Voies de Dieu et du diable entièrement opposées. L. 218. — Nous ne pouvons avancer dans les voies de Dieu, qu'autant que nous faisons de progrès dans l'humilité, l'obéissance et la docilité. L. 162.

VOLONTÉ. — Le changement de la volonté se fait en un moment. L. 226.

Z

ZÈLE. — Pour modérer le zèle d'un prédicateur. L. 166.

TABLE DE THÉOLOGIE
SELON L'ORDRE DE LA SOMME DE SAINT THOMAS.

PREMIÈRE PARTIE. — DE L'ESSENCE DIVINE.

L'essence divine est l'essence des essences, source de tout bien, l'objet de l'amour et des hommages du ciel, il la faut toujours adorer comme telle. G. 5, 5.

L'Être divin est parfaitement et parfaitement communicable, et c'est un des plus grands secrets que la foi nous apprend. G. 7, 2.

Nous avons, en la grandeur de l'Être divin que nous adorons, unité et pluralité en la distinction des personnes, unité et société en la communication des personnes, unité et fécondité en l'émanation des personnes. G. 7, 2.

L'être incréé a des qualités apparemment contraires ; il est présent et distant, il est délicieux et rigoureux, il est désirable et insupportable. Lorsque Dieu se présente à sa créature sans proportion, il lui est insupportable. L. 111.

Dévotion à la divine essence et aux personnes divines. L. 111.

Oblation à Dieu en sa divinité et au plus grand de ses œuvres, qui est l'incarnation. O. 158.

De la simplicité de Dieu.

Les choses distinguées en l'être créé, se retrouvent en simplicité et en unité dans l'Être divin. O. 55.

De l'unité de Dieu.

L'unité de Dieu est manifeste de soi. G. 3, 1.
L'unité de Dieu plus recommandée dans les Ecritures, plus honorée par les platoniciens, plus combattue par les démons. G. 3, 4.
Il y a en Dieu unité d'essence, unité de principe, unité d'amour, et il y a dans les œuvres de Dieu unité de personne, unité de corps et unité d'esprit. G. 7, 4.
Trois unités dans nos mystères : unité d'essence, unité de subsistence et unité d'amour. G. 3, 8.
Unité pleine de fécondité. G. 3, 1.
Dieu opère comme un en soi-même et hors de soi-même. G. 3, 2.
Les unités qui se voient dans les œuvres de Dieu vont adorant les unités qui sont en Dieu. G. 7, 4.
Unité de Dieu dans la création, dans la sanctification et dans l'incarnation. G. 1, 6.
Toutes choses sortent de l'unité et retournent à l'unité. G. 5, 10.
Dieu descend d'unité en unité comme par degrés jusqu'à nous, et nous montons d'unité en unité, comme par degrés, jusqu'à Dieu. G. 7, 4.

De Dieu comme principe.

Dieu est le principe, la perfection et la consommation de notre être. L. 95.
Dieu nous est tout et nous environne de toutes parts, et il regarde toutes les différences de notre temps. L. 95.
Dieu est le principe et la fin de sa créature. Nous devons tendre à lui et dépendre de lui. C'est une obligation inséparable et qui dure jusque dans les enfers. O. 58.
Différence remarquable entre les sources ou principes du ciel et les sources ou principes de la terre. G. 7, 3.
La fécondité de Dieu hors de soi, est particulièrement attribuée au Saint-Esprit, nommément la production d'une personne divine subsistante dans une nature créée. G. 2.
Dieu se communique en la création comme être, en la justification comme vie, en la glorification comme plénitude. Dieu, par la création, tire l'âme du néant et la rend existante en elle-même, et par la glorification, il la tire de soi-même en soi, ce qui commence dès la justification. O. 148.
Il y a trois sortes d'émanations et opérations en Dieu hors de son essence, qui constituent trois ordres différents: celui de la nature, celui de la grâce et celui de l'union hypostatique. D. 3, 9.
Nous adorons deux principes égaux, mais subordonnés, Dieu et Jésus-Christ. G. 5, 8.
Dieu est infini en soi-même et fini à soi-même, car il se contient et se comprend soi-même. P. V. 3.

De l'existence de Dieu, de son immensité.

Dieu habite en lui-même et n'a point d'autre lieu. G. 6, 6.
Résidence de la majesté de Dieu en soi-même, en ses créatures, en l'humanité de son Fils, comme en trois séjours bien différents. G. 7, 6.
Existence de Dieu dans les créatures. G. 6, 6.
La présence intime de l'essence divine en nos âmes, tant en l'ordre de la nature qu'en celui de la grâce, doit être honorée spécialement pour être garantie de l'esprit malin présent en l'âme et la travaillant de peines secrètes. L. 222.
La présence de Dieu en la terre par son Eucharistie, nous oblige d'y vivre avec recueillement et attention spéciale vers lui. Et non-seulement la présence de son corps, mais aussi celle de son esprit qui est l'esprit des esprits, répandu partout pour y répandre sa vie et nous recueillir en lui, requiert de nous ces devoirs. L. 13.

De la souveraineté de Dieu.

Il y a différence en Dieu entre son être et son état. G. 4, 10.
De la souveraineté de Dieu par le mystère de l'Incarnation. O. 13.
Dieu entre dans le ressort de sa propre juridiction, par le mystère de l'Incarnation. G. 4, 9.
Depuis le mystère de l'Incarnation accompli en la Vierge, Dieu, qui s'appelait le Dieu du ciel, se peut justement appeler le Dieu de la terre. V. 18.

De la vie de Dieu.

De la vie de Dieu en son essence et en ses personnes. O. 147.
La vie de Dieu en soi-même et en ses émanations, doit être regardée, adorée, aimée et imitée de nous. O. 6.

De la puissance de Dieu.

Dieu est également puissant sur le néant et sur l'être. C. 3, 3.

Des perfections de Dieu.

Les qualités ou perfections de Dieu et les vertus de Jésus sont opératives, et elles produisent en nous leur semblance. L. 39.
Nous adorons en Dieu sa puissance qui produit tout, son immensité qui contient tout, sa bonté qui embrasse tout, sa science qui prévoit tout, sa providence qui pourvoit à tout. Tout être créé procède de Dieu comme de son origine, tend à Dieu comme à son centre, repose en Dieu comme en sa subsistance, se perd en Dieu comme en son océan et en sa plénitude. Dieu est la substance de sa créature et elle n'est qu'une simple relation à lui; il est le fonds et l'intime de sa créature, et elle n'est qu'une simple dépendance de lui, et le bonheur de la créature est d'être à Dieu et de n'être qu'une capacité pure de Dieu. O. 154.
Les choses qui sont avec imperfection dans les créatures, en sont infiniment éloignées en Dieu. G. 5, 8.
Oblation à Dieu sur sa bonté, sa sapience, sa puissance, son équité. O. 159.

De l'amour de Dieu.

L'amour tend à unité, et l'amour suprême et incréé est l'unité même. G. 4, 2.
L'amour divin qui est unissant et élevant, est, par un miracle continuel, séparant et abaissant en Jésus. G. 12, 2.

De la volonté de Dieu.

Dieu choisit ce qui lui plaît pour en faire ce qu'il lui plaît, car son élection est puissante et sa volonté est efficace. Il choisit les âmes faibles aux yeux du monde, pour les rendre fortes en son amour aux yeux des anges et des saints. L. 16.

De la providence de Dieu.

La providence de Dieu a comme deux canaux, l'opération du bien et la permission du mal, et ces deux canaux grossissent à proportion l'un de l'autre. E. 3, 5; 4, 2.
Dieu a fait les petits et les grands, et a également soin de tous. L. 177.
Il se faut commettre à la Providence divine, ès choses qui préviennent nos soins et qui arrivent sans notre faute. L. 65.
Dieu honore ceux qui l'honorent et qui le servent. L. 178
Dieu opère le bien et dirige le mal. O. 3.
Voies de Dieu et du diable entièrement opposées. L. 218.

De la solitude de Dieu.

Il y a une manière de solitude en Dieu, qui est adorée et imitée par une sorte de solitude intérieure que portent quelques grandes âmes. M. O.

De la connaissance de Dieu.

Dieu, qui est invisible en soi même, se donne à connaître à nous par ses effets et par sa parole. P. V. 4.
C'est une plus grande dignité, et il vaut mieux connaître peu de choses de Dieu, que d'avoir une grande connaissance des choses qui sont au-dessous de Dieu. S. 1.

De la très-sainte Trinité.

Il est parlé de la très-sainte Trinité. O. 154, 156, 157.

Des personnes divines en général.

Propriétés et appropriations éternelles et temporelles des trois personnes divines. G. 2, 3.
L'unité et la distinction se trouvent en Dieu, sans que l'une empêche l'autre; parfaite distinction, parfaite unité. O. 19.
Nous adorons et admirons en Dieu l'unité de son essence et la Trinité de ses personnes, unité subsistante en pluralité, unité comprise et terminée en Trinité, simplicité en distinction de personnes, majesté en société, société vivante en égalité et félicité consistante en la jouissance et communication mutuelle du Père au Fils et du Père et du Fils au Saint-Esprit, trois personnes divines. O. 154.
La raison et le principe de la distinction des deux processions divines, et pourquoi la procession du Saint-Esprit n'est pas génération, est un secret que Dieu n'a point révélé à son Eglise. L. 7.
Produire et ne pas produire en la Trinité, sont d'une égale perfection. G. 10, 3.

Les personnes divines s'honorent d'un honneur et d'un amour mutuel, ce que nous devons imiter par notre adoration et par notre amour. G. 5, 10.

L'égalité et consubstantialité des personnes divines, dans une distinction parfaite, est une merveille en Dieu même. El. 1, 3, 4.

Fécondité du Père et du Fils dans la Trinité, et fécondité du Saint-Esprit dans la nature et la grâce. G. 7, 5.

Il y a trois principaux mystères qui sont l'objet de notre foi : la Trinité, l'Incarnation et l'Eucharistie. G. 7, 2.

Rapport et liaison des trois mystères que la foi adore: la Trinité, l'Incarnation et l'Eucharistie. G. 7, 5.

La sainte Trinité doit être adorée comme consultant, concluant et exécutant l'Incarnation du Verbe, et la dispensation ou économie de sa divine personne en la terre, en la variété de ses états et mystères, et la vie intérieure de Jésus vivant en ce monde qui était en regard, en adhérence et en dépendance vers ce conseil ; cette ordonnance et cette opération de la sainte Trinité. O. 155.

Il y a trois fécondités divines : la fécondité du Père engendrant son Fils, la fécondité du Père et du Fils produisant le Saint-Esprit, et la fécondité de la Vierge engendrant le même Fils de Dieu dans les temps G. 11, 9.

Il n'y a qu'en la Trinité et en l'Incarnation où il y ait communication propre et substantielle de la divinité, ou par essence ou par subsistence. G. 7, 9.

La sainte Trinité et l'Incarnation sont deux mystères établis par la communication, l'une de l'essence, l'autre de la subsistence divine. Et toutes ces deux communications portent plénitude de Dieu. O. 8.

Deux trinités adorables, l'une de subsistence et l'autre d'essence, l'une de toute éternité, l'autre pour toute éternité. Et ces deux trinités sont fondées en unité, l'une d'essence, l'autre de subsistence. O. 3, 8, 9.

Il y a deux sociétés divines et adorables dont toutes les sociétés dépendent et relèvent en temps et en éternité ; l'une en la Trinité, et l'autre en l'Incarnation. G. 8, 13.

Explication des mystères de la Trinité, de l'Incarnation et de l'Eucharistie, et de leur liaison par ensemble. G. 1, 4.

La Trinité, l'Incarnation et l'Eucharistie sont trois mystères qui regardent l'homme et Jésus-Christ, Jésus-Christ comme Fils de Dieu, comme Père du siècle à venir, comme époux ; et l'homme, comme l'image de la Trinité, comme l'objet de la complaisance du Verbe en son incarnation, et comme son temple vivant, en l'Eucharistie. G. 6, 5.

Dieu, en ses émanations éternelles et temporelles, est une sphère adorable qui a son centre en soi-même, et tant les unes que les autres sont un cercle divin qui part de Dieu et retourne à Dieu. G. 4, 10.

Les productions tant de l'être créé que de l'être incréé se terminent à l'unité, et il y a en cela un rapport de l'image à l'original. G. 7, 5.

Il faut tous les jours adorer la très-sainte Trinité comme principe comme exemplaire, et fin de notre être. Comme principe, elle demande de nous dépendance et abaissement ; comme vérité et exemplaire, adhérence et séparation de tout ce qui n'est point Dieu ; comme fin, plénitude et consommation, désir, aspiration et langueur. O. 155.

De l'invocation de la très-sainte Trinité par ces paroles : *In nomine Patris, et Filii, et Spiritus sancti*, au commencement de toutes nos actions. O. 146.

Il y a trois jours en l'année où il est convenable d'adorer les trois personnes divines en leurs distinctions et propriétés, et en leurs appropriations éternelles et temporelles. O. 156.

Dévotion à la sainte Trinité se disposant à sortir de sa solitude pour entrer en société avec nous. Cette dévotion se pratique le dernier dimanche après la Pentecôte. O. 156.

Les Chrétiens doivent avoir recours à la vie de la divine essence et des trois personnes. L. 170.

De la personne du Père.

C'est une merveille en l'Etre divin qu'il y ait Père et Fils. G. 10, 4. O. 54, 2.

Toutes les choses qui procèdent de Dieu demeurent en Dieu ; et ce qui procède de Dieu comme Père, demeure en son sein. G. 11, 2.

Dieu comme Dieu est le centre et la circonférence de toutes les choses créées ; mais Dieu comme Père, est le centre et la circonférence de son Fils unique. G. 11, 2.

Le Père envoie son Fils en la terre par le même pouvoir par lequel il l'engendre éternellement. G. 11, 2.

Il y a trois différentes sortes de vie : vie de soi et en soi, ce qui ne convient qu'au Père éternel ; vie en soi et non pas de soi, ce qui convient au Verbe ; vie en autrui, ce qui convient aux Chrétiens qui n'ont vie qu'en Jésus. O. 33, 2.

Dieu comme Père est plus à honorer que Dieu comme Dieu. G. 11, 13.

Oblation en état de servitude au Père éternel ; et ensuite à Jésus-Christ et à sa très-sainte Mère. O. 157.

De la personne du Fils

Le Fils de Dieu est la première production du Père, et tient lieu de prémices dans l'éternité. O. 46, 5.

La première production de Dieu est par parole, et des excellences de cette production. O. 55.

Considération du Verbe éternel comme Fils. G. 10, 5.

Grandeurs éternelles du Verbe. El. I. 1.

Les grandeurs de la génération éternelle du Verbe. G. 10, 1, 2.

Considération du Fils de Dieu comme vie. G. 10, 4, 5.

Le Verbe reçoit comme le Saint-Esprit l'unité de la divine essence, et produit comme le Père l'unité du Saint-Esprit. G. 5, 2.

Jésus est le Fils unique de Dieu et le principe du Saint-Esprit avec le Père. G. 10, 7.

Considération de Jésus comme principe du Saint-Esprit. G. 10, 8.

Le Fils de Dieu reçoit éternellement de son Père avec l'essence divine, la volonté de se faire homme. O. 11, 1.

Saint Thomas en son *Commentaire sur ces paroles de l'Apôtre* (Heb. 1) : *Per quem fecit et sæcula*, dit pareillement du Père éternel, *Pater genuit Filium facientem sæcula*.

Jésus est seul Fils dans la Trinité, seul subsistant dans l'incarnation, seul médiateur dans la Rédemption. G. 10, 7.

La mission du Fils de Dieu au monde est un lien commun qui tient à la génération éternelle comme à son origine, et à l'émanation temporelle comme à son effet. G. 11, 2.

Le Fils de Dieu est la fleur et le fruit de l'éternité et du temps. O. 45, 4.

De la personne du Saint-Esprit.

Le Saint-Esprit est l'unité personnelle du Père et du Fils ; *car ces deux personnes sont liées ensemble par la troisième qui est le Saint-Esprit, lequel n'est pas seulement union mais unité, et unité subsistante et constitutive d'une personne divine.* G. 4, 5.

La stérilité du Saint-Esprit est aussi adorable et aussi divine que la fécondité de ce qui le produit. G. 4, 2.

Le Saint-Esprit est recevant l'unité d'essence, et produit par deux personnes en unité de principe, comme unité d'esprit et d'amour. C. 4, 1.

Le Saint-Esprit qui lie Dieu à Dieu en la sainte Trinité, lie les âmes à Dieu en l'ordre de la grâce, et cela lui convient en propre. L. 26.

Combien que le Saint-Esprit soit Dieu et personne divine, il ne nous est pourtant communiqué ni comme essence, ni comme personne, mais comme esprit. L'unité d'essence constitue le mystère de la Trinité, l'unité de personne établit le mystère de l'Incarnation, et l'unité d'esprit, le mystère de la grâce, car selon saint Paul, *Qui adhæret Deo unus Spiritus est*. Semblablement aussi la vie, l'amour, l'intelligence et autres perfections divines, ne nous sont communiquées au moins présentement qu'en qualité d'esprit : esprit de vie, esprit d'amour, esprit d'intelligence : comme si l'Ecriture nous donnait à entendre que tandis que nous sommes voyageurs et aspirants à Dieu, la part qu'il nous donne en lui et en ses grandeurs, est une expression et un mouvement qui nous élève et nous porte à lui et à ses perfections pour nous conformer à lui et même nous transformer en lui ; mais qu'il réserve à l'état de la gloire, où il se communique comme plénitude, de nous établir dans la vérité de ces choses. O. 155.

De la création et de l'être créé en général.

Dieu n'a créé qu'un monde pour honorer son unité. G. 1, 6.

Création du monde par la pure bonté et franche volonté de Dieu, pour Dieu, et en Dieu. P. V. 6.

Considération de l'œuvre de la création. P. V. 8.

Dieu produisant le monde l'a produit par sa parole, en honneur et en imitation de cette première et éternelle émanation par parole. O. 55, 2.

Toutes les choses créées sont en Dieu comme en leur être éminent, par sa grandeur ; en leur principe, par sa puissance ; en leur idée parfaite, par sa sapience. G. 11, 2.

OEUVRES COMPL. DE DE BÉRULLE.

Dieu sortant comme hors de soi par la création, achèvera le cercle et rentrera à soi par l'incarnation ; et la création n'est que pour créer un monde à Jésus. O. 46, 5.

Dieu sortant de soi-même, opère en son ombre de son être et de sa vie, une expression de son amour, et une émanation de sa sainteté ; c'est-à-dire le monde de la nature et celui de la grâce. P. V. 8.

Différence de l'être incréé et de l'être créé, en ce que l'un porte plénitude et indépendance, et l'autre indigence et dépendance. G. 6, 6.

Prééminence de l'œuvre de l'incarnation sur l'œuvre de la création. V. 19.

Il y a quatre capacités différentes en l'être créé : 1° de l'existence et être naturel ; 2° de la grâce ; 3° de la gloire ; 4° de l'être incréé, comme il appert en l'union hypostatique. Dieu actue chacune de ces capacités, mais différemment. Chacune d'icelles fait un Etat, un empire, un monde. O. 8, 4.

Grandeur de Dieu en ses œuvres. La manière en laquelle Dieu fait ses œuvres, nous donne à connaître qu'il en peut faire infinis autres plus grands et plus beaux. Dieu est l'être des êtres, et l'Esprit des esprits : il voit, il fait, et il contient tout. Il y a une sorte de combat entre la puissance et la sainteté de Dieu dans le monde : car sa puissance le joint à ceux qui l'offensent, et sa sainteté l'en sépare. O. 165.

Les grandeurs temporelles regardent et adorent les éternelles G. 7, 5.

La servitude est inséparable de la créature, et dure jusque dans les enfers. O. 121.

Des saints anges en général.

Dieu ayant créé deux natures capables de lui, celle de l'ange et celle de l'homme, il exerce sa justice sur l'une, et sa miséricorde sur l'autre. El. II. 1.

De la multitude des anges qui furent créés, les uns demeurèrent fidèles, les autres devinrent prévaricateurs. P. V. 9.

Les anges ne font rien en terre que par mission. D. 1, 21.

Les anges apprennent en la terre les secrets de la sagesse de Dieu. G. 4, 8.

Les anges sont entrés en dépendance de Jésus, en tout leur être de nature, de grâce et de gloire, dès le moment de l'incarnation. Ils sont les premiers serviteurs de Jésus, et ceux qui l'ont annoncé aux hommes. O. 148.

Les anges se tiennent honorés de servir Jésus en ses serviteurs ; mais infiniment plus de le servir lui-même. V. 8, 1.

De saint Michel et de saint Gabriel.

Saint Michel et saint Gabriel sont les deux plus grands anges du ciel. L'un a l'Eglise de Dieu, l'autre a la Mère de Dieu en sa garde V. 8.

Saint Gabriel est un séraphin, et l'un des plus grands. V. 8, 1.

Saint Gabriel s'appelle force de Dieu. V. 8.

Divers emplois de saint Gabriel en l'Ecriture. V. 8, 1.

Saint Gabriel paraît en homme et parle comme un ange, imprimant la lumière de ses paroles en l'esprit de la Vierge. V. 8, 2.

L'ange Gabriel porte en soi l'impression des qualités ; spécialement de la dignité, de la pureté et de l'humilité du mystère qu'il annonce à la Vierge. V. 8, 2.

Des esprits malins.

Non-seulement l'être, mais la volonté des démons est divisée en soi-même, étant tout ensemble et séparée de Dieu et liée à Dieu. G. 6, 6.

Les diables et les damnés portent une manière de mort, qui n'ôte pas la vie mais la suppose. M. 10, 2.

De toutes les manières de nuire à l'homme permises à Satan, il n'y en a point de si grandes qu'il ne puisse accomplir, ni de si petites qu'il n'embrasse bien volontiers. E. 8, 5.

Les grâces, les privilèges, et l'état virginal de Marie sont cachés à l'esprit malin. V. 9.

Dieu qui a posé à toutes choses les limites qu'il a voulu, en a posé aussi au diable, lorsqu'il tente, lorsqu'il déçoit, lorsqu'il se transfigure, et lorsqu'il possède. E. 8, 5 ; 9, 5.

Quand l'esprit malin pressent un conseil spécial de Dieu sur quelque âme, il fait tous ses efforts pour le précipiter dans le vice. M. O. 7.

Le diable traite autrement avec les âmes pieuses, autrement avec les sorciers ordinaires, autrement avec les magiciens. E. 8, 2.

Le bannissement du ciel que le diable porte, son activité naturelle, son impuissance à s'occuper en Dieu et à converser avec les anges, et encore à se contenter en soi-même, et d'ailleurs la faiblesse de l'homme, sa liberté au bien et au mal, l'image de Dieu dont il lui reste quelques traits, et la capacité de la gloire, sont les causes qui l'induisent à entrer en communication avec lui. E. 2, 1.

La victoire que le diable a gagnée sur l'homme, dont il porte la qualité de prince du monde, lui donne puissance sur la nature humaine, et par cette puissance il envahit le corps de l'homme, et se saisit de ses facultés et opérations, et cette invasion s'appelle possession. E. 2, 2, 3.

Le pouvoir de Satan dans la possession, est entièrement opposé au pouvoir que l'homme avait sur soi-même en l'état d'innocence, et est une peine du péché. E. 6, 5. E. 7, 1.

En la possession des énergumènes, Dieu a préparé une école pour les athées et libertins ; même pour les catéchumènes, les fidèles et les saints. E. 2, 5.

Les prophétesses du paganisme étaient autant de possédées de l'esprit malin, et leur révélations se faisaient par allocution du démon, non à elles, mais en elles. E. 5, 1, 2.

Le diable comparait devant l'Eglise, comme un criminel devant l'officier du prince, lequel il a offensé. E. 9, 3.

Des exorcistes et exorcismes. E. 5, 2, 3 ; 9, 1.

Le diable qui emploie sa force contre l'homme, emploie sa fraude contre l'Eglise, essayant de tromper le plus fort et de vaincre le plus faible. E. 9, 2.

Les diables sont dénommés des vices ou des peines qu'ils apportent à ceux dont ils se saisissent. E. 6, 4.

L'esprit malin est souvent présent dans les hérésiarques et grands pécheurs, et opère en eux efficace d'erreur et de péché. M. O. 6.

La vexation qui porte présence de l'esprit malin dans les âmes, n'a pas moins de malignité quoi qu'elle n'ait rien qui frappe les yeux. M. O. 8.

Vexation de l'esprit malin ne diminue pas le péché, mais oblige de recourir davantage à Dieu. M. O. 5.

De l'esprit d'illusion. L. 217.

De la chute de Lucifer, sur ces paroles : *Videbam Satanam sicut fulgur de cœlo cadentem*. O. 172.

De la création de l'homme, de son excellence, de son rapport à l'Homme-Dieu dès le moment de la création, de son association à la nature angélique, etc.

De l'état de l'homme en sa création, de sa dignité et excellence, et du grand pouvoir de son entendement, et de sa volonté en l'état d'innocence. O. 137, 1.

Dieu ayant créé l'homme après toutes ses œuvres, lui a donné un être qui participe à toutes. Il le fait comme l'âme et l'intelligence du monde pour le référer et soi-même à Dieu. Il le fait comme un dieu visible, afin de rendre hommage au Dieu invisible pour tout l'univers. L'homme en cet état est l'esprit, le cœur et la langue de l'univers ; pour contempler, pour aimer, pour louer Dieu le Créateur au nom de tout l'univers. L'homme est composé de pièces si différentes que c'est un prodige : il est terrestre, il est céleste ; il est esprit, il est corps ; c'est un ange, c'est un animal ; c'est un néant, c'est un monde ; c'est un centre, c'est un Dieu ; c'est un néant environné de Dieu, capable de Dieu, et qui doit être rempli de Dieu O. 115.

Dieu en la création ne prit en ses mains la terre dont Adam fut formé, que parce qu'en icelle était comprise la portion de terre dont le nouvel Adam devait être formé. V. 19.

Dieu faisant l'homme en la création, faisait comme un prélude de l'Homme-Dieu et du mystère de l'Incarnation. G. 11, 7.

La création et la conservation de l'homme, et sa consécration à Dieu en ce qu'il a été créé de la main de Dieu d'une manière particulière, l'oblige de n'user de son esprit et de tout ce qui est sien que pour Dieu. Dieu ayant rendu notre esprit capable du sien et de sa vie, nous devons incessamment cultiver cette capacité et aspirer à la vie de Dieu. Or la vie de Dieu est de se contempler soi-même. O. 182, 4, 5, 6.

L'homme au moment de sa création n'a pas été élevé comme les autres créatures au dernier degré de son être, mais seulement doué de puissance d'où il tire lui-même ou sa perfection ou sa ruine. E. 1, 5.

Une âme doit être regardée comme une hiérarchie du ciel en la terre. S. 3.

Une âme pèse plus devant Dieu que tout le monde S. 1.

La plus grande merveille de la nature est l'homme ; et la plus grande merveille de la grâce est l'Homme-Dieu. G. 11, 7.

Différences du premier et second Adam : de la première et seconde femme, V. 19.

L'homme est un abrégé de toute la nature créée, et en cette qualité il participe au bien et au mal de toutes les créatures, mais particulièrement des anges. E. 1, 1, 2.

L'alliance de l'homme avec la nature angélique est la principale, et à l'éternité pour durée ; et l'homme même en ce monde entre en conversation avec l'ange. Cette alliance est la plus étroite et la plus accomplie ; et cette alliance l'homme entre en partage et du bien et du mal. E. I, 3, 4.

L'homme étant associé à des anges si animés, les uns à son bien, les autres à sa ruine, il en tire ou un singulier avantage ou tout le contraire. E. 1, 6.

De la société de l'homme avec les saints anges. O. 105.

De la relation de l'homme à Dieu enfermé dans son être; de sa servitude vers Dieu, de ses devoirs vers Dieu, et de sa double vie en Dieu et en son corps, de sa chute en Adam, et de son obligation à la mort, etc.

Dieu par la même opération par laquelle il tire hors de soi le monde et le petit monde, c'est-à-dire l'homme, réfère à soi l'un et l'autre ; et cette action et relation est continuelle; et l'être créé n'a subsistence qu'en cette émanation et relation ; et cette relation et habitude vers Dieu de la créature qui procède de Dieu, lui est plus intime et essentielle que son être propre, comme étant la première et la plus universelle actualité de son être. L'homme doit conformer sa volonté libre à sa condition nécessaire ; et comme il ne peut qu'il ne dépende de Dieu, il doit employer sa liberté à vivre selon Dieu. O. 147.

Nous sommes liés à Dieu et par sa grandeur et par notre indigence en l'ordre de la nature ; par sa bonté et par notre impuissance en l'ordre de la grâce ; et enfin nous sommes liés d'un lien substantiel à la personne de son Fils par un excès d'amour en l'ordre de l'union hypostatique. G. 2, 6.

Dieu est notre origine, son autorité sur nous est une autorité de Père ; nous sommes à son image, il nous donne sa vie, et nous avons droit de traiter avec lui comme enfants. Nous nous devons occuper de lui (car c'est sa vie laquelle il nous donne), et nous désoccuper de toute autre chose. Le droit de Dieu et notre devoir est, que comme il nous donne sans cesse tout ce qui est en nous, il en dirige aussi tous les usages. Nous sommes sans cesse en la main de Dieu comme une chose qu'il pèse et qu'il considère, si nous et nos œuvres sont dignes de lui. Comme Dieu est incessamment lié à nous par son opération qui nous maintient en l'être, nous devons être incessamment liés à lui par notre piété. La même action de Dieu qui nous fait être de Dieu, nous fait être à Dieu ; et nous devons vivre selon cette double habitude, possédant ce que nous sommes comme un bien de Dieu, et le référant à sa gloire. O. 124.

Il y a dans l'être de la créature un mouvement vers Dieu qui durera éternellement ; mais il est caché pendant cette vie. Mais dans la grâce qui y est produite par une nouvelle création et qui porte un nouvel être, il y a un nouvel et plus puissant mouvement vers Dieu. Et c'est se haïr soi-même que de s'opposer à ce mouvement, qui est pourtant ce que font les pécheurs. O. 124.

L'homme tant en nature qu'en grâce est obligé de se référer tout à Dieu, comme incessamment il reçoit tout ce qu'il a et ce qu'il est de Dieu. O. 125.

L'homme est créé pour Dieu, et il y a en lui un secret mouvement qui le porte à Dieu. O. 125.

Chute de l'homme en Adam. P. V. 9.

L'homme a deux sortes de vie et de demeure en Dieu et en son corps ; et toutes les deux lui sont enlevées par le péché qui lui donne la mort au corps et en l'âme. O. 171.

De nos devoirs vers Dieu et vers Jésus-Christ. O. 161.

Tous les hommes sont serviteurs, même les plus grands. La servitude vers Dieu persévère jusque dans la gloire. L'homme qui pèche devient esclave du péché et du diable ; et lorsque Jésus-Christ l'en délivre, il entre dans les droits de l'un et de l'autre, et dans ceux encore que l'homme aurait eus, s'il eût persévéré. O. 120.

Il y a trois différentes servitudes de l'homme, par la création, par le péché, par la grâce. O. 120, 121.

Nous servons à Dieu, voulions ou non. Servir à Dieu contre son vouloir, c'est l'extrême misère ; le servir en le voulant, c'est félicité. La créature peut plus facilement effacer son être que sa servitude. O. 123

Dieu a deux voies pour communiquer ses grâces à sa créature, l'une sans qu'elle les connaisse, l'autre lui en donnant lumière. Il tient communément la première au regard des hommes, la seconde au regard des anges. V. 15.

Le partage de l'homme est l'amour ou haine éternelle, et il haïra éternellement tout ce qu'il n'aura point aimé pour Dieu en la vie. L. 225.

L'homme a une double origine, l'une du néant, l'autre de Dieu et de Jésus-Christ : la première le porte au néant, la seconde à Dieu et à son Fils. O. 111, 7.

Il y a trois principes fort différents dont nous dépendons : Dieu, Adam, Jésus-Christ ; et il y a trois sortes de néants : le néant duquel Dieu nous tire par la création, le néant où Adam nous met par le péché, le néant où nous devons entrer avec le Fils de Dieu, s'anéantissant soi-même pour nous réparer. O. 136.

Vanité des pensées, prétentions et occupations de l'homme. O. 111, 5, 6.

Les hommes sont obligés à la mort, par hommage à la justice de Dieu et à la mort de son Fils. O. 170.

PREMIÈRE SECONDE.
De la fin de l'homme.

Dieu est le principe et la fin de la créature. Nous devons tendre à lui et dépendre de lui ; c'est une obligation inséparable et qui dure jusque dans les enfers. O. 1.

Dieu est la fin de l'être et de l'action de l'homme. O. 114.

Jésus-Christ est la fin et la béatitude des Chrétiens. G. 8, 1.

L'homme ne se doit point écouter, ni se convertir à soi-même, ni à la terre, mais à Dieu seul. L. 170, 2.

L'esprit de l'homme a deux demeures, l'une en Dieu, l'autre en son corps. Tout ce qui procède de Dieu, demeure en Dieu ; et partant l'esprit de l'homme demeure en Dieu comme en son principe et sa fin où est son repos et sa vie éternelle. Et il est en son corps non pour recevoir, mais pour donner vie, et vie périssable ; et c'est pourquoi son application doit être à Dieu et non à son corps. O. 152.

Il nous doit suffire d'être à Dieu, sans différence et sans application aucune à la manière de le servir, soit en peine, soit en consolation, ne voyant et ne choisissant que ce point d'être à Dieu. C'est un hommage que nous devons à sa grandeur et une partie de la fidélité que nous devons rendre à ses voies. O. 174.

Nous avons la liberté, pendant la vie présente, de choisir une fin, et il importe de la mettre entre les mains de Dieu. O. 1, 2.

Dieu regarde plus la disposition que l'action. L. 172.

Nous devons être à Dieu par sa grandeur et par notre petitesse. O. 138, 4.

De la béatitude.

La béatitude a pour objet Dieu et Jésus-Christ. G. 6, 10.

La vie éternelle, c'est connaître Dieu et Jésus-Christ, son Fils. O. 2.

Dieu nous béatifie selon ce qu'il est en soi-même et non selon ce qu'il est en ses créatures, et le même se doit dire de Jésus-Christ O. 87, 1.

Il y a une double vie supérieure à la nature, à laquelle nous sommes appelés : la vie de la grâce et la vie de la gloire, l'une en la terre, l'autre au ciel. Et il faut chercher l'origine de cette double vie hors de nous, c'est à savoir en Dieu et en Jésus-Christ. Le Père nous donne à son Fils, duquel nous recevons la grâce en la terre, et le Fils nous donne à son Père, en la gloire duquel nous entrons au ciel. O. 138, 1, 2.

Le royaume des cieux est pour les petits. L. 177.

La béatitude de l'homme en ce monde est l'union avec son Dieu incarné, qui est l'effet de l'Eucharistie. C. 1, 8.

La vie (et beaucoup plus la vie heureuse) de l'homme, est de regarder Dieu et de lui adhérer. 122, 2.

La vie de l'âme en Dieu seul. L. 166, 3.

Nous nous devons offrir à Dieu pour tous ses vouloirs sur nous. Un de ses vouloirs sur nous est d'y établir son amour et sa complaisance. En cette vie, Dieu jouit de l'âme, et, en l'autre, la jouissance est mutuelle. O. 153.

Nous devons être possédés de Dieu en temps, pour le posséder en éternité. L. 224.

Du péché.

Dégradation de l'homme par le péché. O. 137, 140.

Le pécheur est séparé de Dieu, est exposé au diable, est ravalé à la condition des bêtes. O. 58, 2.

L'homme n'a droit, par lui-même, qu'au néant, au péché, à l'enfer. Le droit d'être, qui avait été donné à l'homme, ne convient plus qu'au nouvel homme qui est

Jésus-Christ. La grâce chrétienne, par laquelle nous sommes anéantis en nous-mêmes et établis en Jésus-Christ, porte en sa condition essentielle, d'être et d'agir comme n'étant rien en nous-mêmes, mais seulement en Jésus. O. 132.

L'opposition de l'homme à Dieu par le péché. O. 181.

L'état déplorable auquel nous avons été réduits par le péché d'Adam O. 29, 1.

L'état que péché porte que rien ne vive dans le pécheur que le péché seul. Ainsi, la grâce qui tire le pécheur de cet état, ne lui est pas donnée, mais à Jésus-Christ. O.128.

La terre, autrement la nature, par son iniquité, est indigne et incapable de recevoir et porter Jésus-Christ. V. 5.

Le péché d'Adam méritait que l'homme et tout ce qui avait été fait pour l'homme fût anéanti, et Jésus-Christ est le réparateur de l'univers. V. 24.

L'homme a deux sortes de vie et de demeure, en Dieu et en son corps, et toutes les deux lui sont enlevées par le péché qui lui donne la mort au corps et en l'âme. O. 171.

L'homme, par le péché, est incapable de tout amour légitime, et le diable, par son état, de tout amour. O. 137, 2.

L'homme est incapable d'aimer Dieu depuis le péché d'Adam, et il n'y a remède à ce mal qu'en Jésus-Christ. O. 137, 2.

Il y a en nous, par le péché, trois impuissances au regard de la grâce : 1° à y entrer; 2° à en bien user; 3° à s'y conserver, ou autrement à arrêter le mal qui est en nous. Et il y a en Jésus-Christ trois sortes de puissances opposées à ces trois impuissances. O 117.

Combien que l'homme soit régénéré par la grâce du baptême, sa nature demeure tributaire au diable depuis la chute d'Adam. E. 7, 3.

Le néant du péché est pire que celui de la création. P. V. 10.

En la balance divine, même un péché léger, pèse plus qu'une peine grièvre E. 7, 2.

Considération de l'homme en sa création, en sa chute et en sa réparation, et de sa servitude selon ces trois états, c'est-à-dire par la nature, par le péché et par la grâce. O. 166

Nous sommes morts en Adam, et la grâce nous donne la vie en Jésus-Christ. Tout ce que nous recevons d'Adam n'est que mort; et nous sommes nous-mêmes condamnés à la mort. Tout ce qui est d'Adam périra par le feu, et, en attendant, nous devons le faire mourir par le feu divin que Jésus-Christ a apporté en la terre. Nous devons mourir par le feu du ciel, non-seulement à la nature, mais aussi aux lumières et même aux sentiments de la grâce. Parce que le Fils de Dieu a voulu mourir pour nous réparer, la grâce qu'il nous donne est une grâce de mort, et tandis que nous sommes en la terre, ses effets sont plus de mort que de vie. O. 140.

De la loi de nature et de la loi mosaïque.

L'homme, perdu par le péché, a été, sous la loi de nature et sous la loi mosaïque, comme sous deux pédagogues, qui lui ont appris la profondité de son mal et le besoin d'un libérateur. C. 5, 2.

L'établissement de la loi n'est que pour préparer la venue du Messie au monde, et elle est délaissée sitôt qu'il a pris possession du monde, par son entrée dans sa gloire. P. V. 12.

Dignité de la Synagogue attendant le Messie. Son état est un état prophétique qui promet et annonce au monde le Sauveur du monde. P. V. 21.

Raisons pour lesquelles la loi écrite est donnée au monde. P. V. 13.

Réprobation des Juifs et élection des gentils. P. V. 19, 20.

Différence de la loi et de la grâce, que la loi promet. P. V. 13.

De la loi de nature, de la loi mosaïque et de la loi de grâce, et de la disposition des fidèles en chacune de ces lois. C. 1, 7.

La loi de Dieu n'est pas impossible. C. 1, 4.

La nature désire un libérateur, la loi le figure et le promet, et enfin la grâce le donne. P. V. 13.

De la loi de grâce et de la science de salut.

La loi nouvelle est appelée loi de grâce, loi d'amour, loi des cœurs, parce qu'elle consiste en grâce et en amour et qu'elle est gravée dans les cœurs, et que celui qui en est le docteur et législateur, l'enseigne en parlant aux cœurs : *Dabo legem meam in cordibus eorum*, dit l'Écriture, et l'Église appelle le Saint-Esprit, *Lumen cordium* et dit qu'il enseigne les cœurs. Ce qui nous donne à entendre que combien que cette manière d'enseigner ne soit pas sans quelque connaissance en l'entendement, ce n'est pourtant pas son principal point, mais bien d'aller droit au cœur, de le changer, de le renouveler, de le refondre, non par la force des raisons dont l'entendement fait peu ou point d'usage en telles rencontres, mais par l'esprit et l'efficace de celui qui est le maître des cœurs et qui le tient en sa main et à sa porte et affectionne à ce qu'il lui plaît. *Cor regis in manu Dei est, quocumque voluerit inclinabit illud*. Les hommes font connaître, et c'est le plus haut point où puissent parvenir ceux qui entre eux sont appelés docteurs et maîtres, mais Dieu fait aimer et faire. Les hommes enseignent la science qui réside en l'entendement, mais Dieu enseigne une autre sorte de science beaucoup plus souhaitable, qui a son domicile en nos cœurs, et c'est ce que le saint roi David nous apprend, quand il demande si souvent à Dieu qu'il lui enseigne ses commandements (dont certainement il était pleinement instruit, ce qui nous n'en regardons que la théorie,) et plus particulièrement lorsqu'il dit : *Doce me facere voluntatem tuam, quia Deus meus es tu*, où il distingue deux choses, car il lui demande qu'il lui enseigne non à connaître, mais à faire sa volonté, et il en rend la raison ; parce, dit-il, que vous êtes mon Dieu. Je me pourrais adresser aux hommes pour apprendre d'eux à connaître votre volonté, mais je ne puis m'adresser qu'à vous pour apprendre à l'aimer et à l'accomplir, car cela vous convient en propre et n'appartient qu'à vous seul.

Or, il y a une science appartenant à la loi nouvelle, qu'on appelle la science des saints, *Dedit illi scientiam sanctorum*, qu'on appelle la science de salut, *Ad dandam scientiam salutis plebi ejus*, en laquelle tous les Chrétiens doivent étudier, et où il faut que ceux que Dieu choisit pour conduire les autres soient plus éminents.

La science du salut. Cette science est fondée sur l'humilité d'esprit. Ce n'est pas une science de mémoire, mais d'esprit intérieur et d'amour, et d'amour de Jésus. Cette science est fille d'oraison, disciple de l'humilité, mère de discrétion. Pour parvenir à cette science, nous nous devons sans cesse anéantir devant Dieu et nous démettre de toute notre suffisance, comme n'ayant aucune proportion à ses œuvres. S. 10, 11, 12, 13, 14.

La science uniquement souhaitable aux Chrétiens, est la science de Dieu et du don de Dieu. O. 103.

Il y a grande différence entre connaître et aimer Dieu, et il importe infiniment plus de l'aimer que de le connaître. G. 9, 1, 2.

Il vaut mieux entrer par révérence et par amour dans la lumière, que par la lumière dans l'amour. G. 2, 1.

De la grâce.

Le Saint-Esprit qui lie Dieu à Dieu en la sainte Trinité, lie les âmes à Dieu en l'ordre de la grâce, et cela lui convient en propre. L. 27.

Fécondité du Père et du Fils dans la Trinité, et fécondité du Saint-Esprit dans la nature et la grâce. G. 7, 3.

Il y a trois sortes d'émanations et d'opérations de Dieu hors de son essence, qui constituent trois ordres différents : celui de la nature, celui de la grâce et celui de l'union hypostatique. D. 3, 7.

Rien ne peut rejoindre l'homme à son Dieu, sinon ce qui procède de Dieu, ou nécessairement, comme le Fils et le Saint-Esprit, ou gratuitement, comme tout ce qui se voit en l'ordre de la nature et de la grâce. D. 1, 27.

Nous sommes liés à Dieu et par sa grandeur et par notre indigence en l'ordre de la nature ; par sa bonté et par notre impuissance en l'ordre de la grâce; et enfin nous sommes liés d'un lien substantiel à la personne de son Fils par un excès d'amour en l'ordre de l'union hypostatique. G. 2. 6.

Diverses dispositions nécessaires à la grâce, sa conservation, son accroissement. O. 118.

La nature nous inquiète, mais la grâce nous abaisse. I. 50.

Il y a trois états différents qui partagent la nature humaine, les bienheureux, les damnés, les voyageurs, et Dieu opère incessamment en tous trois, gloire dans les compréhenseurs, tourment ès damnés, grâce ès voyageurs. G. 167, 2.

De la grâce chrétienne, c'est-à-dire de cette manière de grâce, par laquelle nous sommes rendus membres de Jésus-Christ, et, comme telle, nous donne vie et substance en lui.

Il est parlé de cette manière de grâce, autrement appelée grâce de l'incarnation, comme d'une grâce très-différente de la grâce d'Adam. El. 1, 11, 12, 15, 16. S. 4. O. 92, 110, 119, 145.

Jésus-Christ, par cette manière de grâce, s'approprie tellement tout ce que nous sommes, que nous n'en pouvous ni devons user que par lui et en son esprit. Nous sommes et nous nous devons regarder comme criminels condamnés auxquels le souverain laisse pendant quelque temps le maniement des biens qui lui sont confisqués, les faisant ses fermiers. Ce qui s'entend de ceux qui sont en état de grâce, et qui, selon saint Paul, *mente serviunt legi Dei*, parce qu'ils ne sont pas entièrement sanctifiés, et que, selon le même apôtre, *carne serviunt legi peccati*. O. 144, 7

La grâce chrétienne a un rapport spécial, non-seulement à l'incarnation du Verbe, mais encore à sa procession éternelle. El. I, 11.

L'auteur enseigne en cet endroit que, quand la grâce chrétienne parvient à sa perfection, elle nous rend tellement existants en Jésus, comme quelque chose de lui, que non-seulement nous sommes chair de sa chair, mais aussi esprit de son esprit, c'est-à-dire que, non-seulement nous agissons par sa vertu, comme entée en son humanité déifiée, mais aussi que nous sommes en état de porter ses opérations, et que ses mystères et états soient imprimés en nous et que nous vivions de leur vie et de leur esprit.

Dieu, en la première création, sanctifie l'homme dans sa nature, qui est une sorte de sanctification petite et faible et facile à perdre, d'autant que comme elle est plus proportionnée à la nature, elle est aussi plus proche du néant et plus éloignée de Dieu. 2. Mais, en la seconde création, Dieu sanctifie l'homme dans l'anéantissement de la nature et la domination de la grâce. 3. Dieu sanctifie le nouvel homme en l'Incarnation, par sa nature divine, laquelle étant jointe à la nature humaine en l'unité de la personne du Verbe, elle la rend sainte et impeccable, et la rend sainte en un degré qui approche de près la sainteté de Dieu, qui est sa propre nature, degré auquel se fait le parfait mouvement circulaire et le retour de Dieu en soi-même. Et toutefois, dans cette sanctification de nature en nature, il y a perte et anéantissement pour jamais de la subsistance humaine. 4. Lorsque le Chrétien parviendra à sa consommation par l'état de la gloire, il ne sera pas saint par une abnégation de soi-même semblable à celle qui se pratique ici-bas, mais il sera sanctifié selon la chair et selon l'esprit, et la sainteté sera établie en sa nature comme elle l'a été en Jésus au moment de l'incarnation. O. 116.

La vie et la subsistance des Chrétiens est en Jésus, comme la vie et la subsistance de Jésus est en la personne du Verbe. Notre nature a besoin d'être accomplie, et son accomplissement, c'est Jésus. Dieu a mis en notre nature un secret mouvement vers sa consommation, mais elle la recherche dans les créatures, au lieu de la rechercher en Jésus. La première connaissance de l'homme doit être de ce qui lui manque, et sa première recherche doit être de Jésus, comme de son accomplissement. Les autres créatures ont été créées parfaites en leur condition, mais il n'en est pas de même de l'homme. L'homme n'est qu'une capacité de Jésus, qui doit être remplie de Jésus, et malheur à quiconque la remplit d'autre chose. O. 144, 1, 2, 3.

Jésus-Christ, qui est principe de l'amour incréé dans l'éternité, a voulu être le principe d'une nouvelle manière de grâce et d'amour dans les temps. G. 2, 5.

L'homme étant une fois déchu de la grâce et vie spirituelle que Dieu avait mise en lui, il la lui donne en autrui et ne peut plus la lui confier, mais c'est un avantage pour l'homme, car cet autrui est Jésus. EO 130, 4.

Nous sommes unis plus étroitement à Jésus-Christ par la grâce de ses mystères, que nos propres membres ne nous sont unis. O. 17, 2.

La sainteté créée est subsistante en relations à Jésus, comme la sainteté incréée subsiste dans les relations que les personnes éternelles ont les unes aux autres. G. 2, 5.

Il y a plusieurs substances en l'ordre de la nature, mais il n'y en a qu'une en l'ordre de la grâce, et celle-là est Jésus. G. 2, 5.

La divinité incarnée de Jésus est notre substance et notre subsistance, etc. El. I. 10.

Dans le monde de la grâce, il n'y a que deux catégories, substance et relation. Jésus-Christ est toute la substance du nouveau monde, et les fidèles sont comme accidents, et ce en l'honneur et imitation de la Sainte Trinité, où il n'y a qu'essence et relations et où les relations sont de si grande importance. O. 119.

Il est vraisemblable qu'outre la grâce de l'union hypostatique appropriée à la personne du Verbe, il y en a d'autres appropriées soit à la même personne, soit à la personne du Père et à celle du Saint-Esprit, et leurs distinctions et propriétés personnelles. O. 156, 5.

Il y a trois différentes sortes de vie: vie de soi et en soi, ce qui ne convient qu'au Père éternel; vie de soi et non pas en soi, ce qui convient au Verbe; vie en autrui, ce qui convient aux Chrétiens qui n'ont qu'une vie en Jésus. O. 54, 2.

De la nécessité de la grâce.

La grâce est nécessaire pour nous tirer de la mort, pour nous faire agir et pour réprimer le sentiment du péché, qui habite toujours en notre nature. O. 128.

La grâce est nécessaire pour réparer tout le mal que le péché a fait en nous. *Voy*. PÉCHÉ.

De l'unité que porte la grâce chrétienne.

De l'unité à laquelle les Chrétiens sont appelés en Jésus. G. 2, 7.

La grâce chrétienne tend à nous faire un avec Jésus-Christ, en une manière ineffable. L. 94.

Jésus, par son unité de subsistence, est pour jamais le centre, le principe et la racine de l'unité d'esprit, de grâce et d'amour. G. 3, 10.

Comme Jésus est un avec son Père par sa naissance première, et avec nous temporellement et humainement par sa seconde naissance, aussi il tend à l'unité et nous y exhorte par sa parole, il nous y conduit par son exemple, nous y tire par sa vertu; et il nous l'obtient par ses prières. G. 3, 6, 7, 8.

Le dessein de Jésus-Christ est de ne faire qu'un, d'esprit, de cœur et de corps avec nous. L. 2.

Dieu est un et l'unité même, et il se plaît d'être servi en unité d'esprit, pour marque et pour hommage de son unité divine et de l'unité nouvelle et admirable qui est au sacré mystère de l'Incarnation, source de notre réparation et sanctification. L. 110.

Les Chrétiens sont en société et leur société doit rendre hommage à la société divine, commencée au mystère de l'Incarnation. L. 2.

Du rétablissement de la grâce par voie de création et de la servitude de la grâce.

Jésus-Christ rétablit l'homme en grâce par voie de création. O. 111, 7.

Jésus-Christ est auteur de la seconde création, qui est en l'ordre de la grâce, et Dieu le Père est auteur de la première, qui est en l'ordre de la nature. O. 111, 7.

Il y a deux créations de l'homme; l'une se termine à la nature, l'autre à la grâce; par l'une, il est établi en ce monde, par l'autre, il est établi en Jésus-Christ, comme en un nouveau monde. O. 111, 7.

L'homme est créé en nature et en grâce. Nous sommes créés et non simplement produits en l'ordre de la grâce. La création porte en l'homme un instinct de retour à celui qui en est le principe. O. 113.

La servitude fondée en la grâce est compatible avec la divine filiation en Jésus, avec la divine maternité en la Vierge, et avec la filiation adoptive en tous les Chrétiens. N. 28.

Il y a trois différentes servitudes de l'homme par la création, ou autrement par la nature, par le péché, par la grâce. O. 120, 121.

De la vie et occupation des Chrétiens en Dieu et en Jésus-Christ. De leur vocation à la contemplation, à la perfection et même à la sainteté.

Les Chrétiens doivent avoir recours et rendre hommage à la vie de Dieu en son essence et en ses personnes. L. 170.

La vie des Chrétiens doit être occupée et remplie de la vie de Jésus. O. 51, 52.

La vie des Chrétiens doit regarder Jésus, comme la vie de Jésus regarde son Père. G. 5, 9.

Dieu nous a donné deux sortes de vie, l'une en nous-mêmes et l'autre en son Fils. Nous devons à Dieu double compte et usage : compte et usage de la vie par laquelle nous lui sommes redevables du monde et de nous-mêmes; compte et usage de Jésus, qui est un autre monde et un autre nous-mêmes. O. 52, 2.

De la vie cachée de l'âme avec Jésus-Christ en Dieu. L. 98, 99.

Les Chrétiens doivent toujours adorer Jésus-Christ et par Jésus-Christ. O. 159.

Les Chrétiens se doivent lier à Jésus comme à celui qui est la liaison et l'unité même de Dieu et de l'homme. O. 87, 5.

La vocation des Chrétiens ressemble à la vocation de Jésus-Christ, et ils sont appelés comme lui à un état, à un œuvre, à la croix. O. 141.

Nous devons faire nouvelles actions de piété et nos actions ordinaires par un nouvel esprit en l'honneur du nouvel homme. O. 127.

Les Chrétiens sont obligés de vivre et mourir sans cesse avec Jésus-Christ. O. 167.

Jésus est la vie et notre vie. Il est le don de Dieu aux hommes et leur trésor. La vie de grâce, appelée vie intérieure, consiste en l'usage réciproque que Jésus fait de nous, et que nous faisons de Jésus. L. 6.

Jésus-Christ est Fils de Dieu vivant en quelque état qu'il soit, et les Chrétiens, enfants de Dieu mort. O. 35.

Jésus pense à nous vivant et mourant; nous devons nous occuper de lui en la vie et en la mort. O. 126.

Jésus et Marie doivent être l'objet continuel de la vie des Chrétiens en temps et en éternité. L. 20.

De notre vocation à la vie de grâce et de gloire, et de nos devoirs ensuite vers Dieu et vers Jésus-Christ. O. 138.

Les Chrétiens sont obligés de chercher et prendre vie en Jésus et en sa très-sainte Mère. L. 188.

Les Chrétiens sont appelés à la contemplation. O. 7.

Si les Chrétiens veulent vivre chrétiennement, ils ne doivent ni aller ni demeurer nulle part par satisfaction propre, mais seulement pour travailler à l'œuvre de Dieu. L. 17.

L'odeur de la grâce est si délicate qu'elle peut être intéressée de peu de chose, et il se faut garder des moindres manquements. L. 21.

La perfection de cette vie n'est pas à jouir, mais à acquérir. A. 4, 11.

L'ouvrage des Chrétiens en la terre est leur perfection. La vie est appelée course, et nous devons courir à Dieu. L. 81.

Il y a deux agents en la vie de l'esprit, Dieu et l'âme; Dieu possède l'âme en l'oraison et l'âme se doit quitter pour Dieu en l'action. L. 235.

Les Chrétiens sont obligés à la sainteté. O. 163.

Dieu est toujours opérant en soi-même d'une double opération; c'est à savoir: connaissance et amour de lui-même. La vie et la sainteté de l'homme consiste à être incessamment occupé de cette double opération de Dieu, c'est-à-dire à le regarder et aimer sans cesse. O. 167, 1.

La vocation des Chrétiens n'est ni à la vie végétative ou sensitive, ni à la vie raisonnable et intelligente, mais à la sainteté: car ils sont appelés à la grâce, dont l'effet est de les sanctifier. O. 111, 2.

Ce que les Chrétiens doivent rechercher en Dieu, n'est ni sa grandeur ni sa puissance, mais sa sainteté; et Lucifer s'est perdu pour avoir fait autrement. O. 89, 4.

Nous devons coopérer à la grâce en nous et en autrui, tandis qu'elle est présente. L. 37.

Toutes les fois que Dieu assiste l'âme par grâce intérieure, elle y doit correspondre par œuvres. A. 4, 9.

Il faut toujours travailler en la terre pour ne point déchoir; et même lorsque Dieu mit Adam dans le Paradis terrestre, l'Écriture dit que ce fut, *ut operaretur*. L. 236.

Il faut opérer notre salut en crainte et en tremblement. L. 142.

Avis pour user chrétiennement des infirmités. O. 76.

Nous devons faire un usage parfait des sentiments imparfaits. O. 174.

Nous devons user parfaitement des imperfections et misères de la nature. O. 126.

Il faut avertir les pécheurs qui se convertissent 1° que le changement de la volonté se fait en un moment, mais que celui des passions et des habitudes, par lesquelles la bonne volonté est en danger continuel de se perdre, ne se fait qu'avec beaucoup de temps; 2° que l'âme, touchée de Dieu, doit être en mouvement continuel vers lui; 3° qu'il se faut incessamment occuper en la pensée de l'autorité, de la bonté et de la justice de Dieu. L. 236.

Divers exercices de l'homme chrétien.

Exercice chrétien pour bien commencer l'année. O. 187.

Il y a cinq objets qui doivent occuper et remplir nos esprits chaque jour: 1° la Trinité sainte, qui nous a créés et nous veut béatifier; 2° le Verbe fait chair, qui nous a rachetés; 3° la très-sainte Vierge, liée au Verbe comme sa Mère, et à nous comme membres de son Fils; 4° quelques saints principaux; 5° nos bons anges. O. 147.

Exercice journalier du Chrétien. O. 176, 177.

Exercice chrétien pour le matin, et recollection pendant la journée. O. 188.

Un des points de la vie intérieure est de suivre l'opération de Dieu dans nos âmes. L. 71.

De l'abnégation et mortification; de l'obligation de porter la croix. Il est parlé de l'abnégation intérieure amplement au traité qui en porte le nom. Comme aussi. O. 129, 130, 131, 132, 133, 134.

Deux fondements de l'abnégation, et des diverses sortes d'icelle. Deux sortes d'élévations: l'une de l'entendement, par lumière; l'autre de la volonté, par abnégation. La première est périlleuse, et de peu de personnes; la seconde est plus sûre, et pour tous. A. 4, 8.

Abnégation de soi, porter sa croix, suivre Jésus-Christ, sont les trois éléments qui composent l'homme intérieur. O. 6, 5.

Le nouvel Homme, qui est Dieu et Fils de Dieu par perte de sa subsistance naturelle et humaine, a pouvoir de faire les hommes dieux en infinies manières. Mais toutes ces manières imitent leur principe; et la grâce chrétienne porte obligation spéciale de sortir de soi-même pour être et vivre en Jésus. O. 148.

La condition de la grâce chrétienne qui nous sanctifie en Jésus-Christ, et comme ses membres, nous oblige à l'abnégation et à vivre incessamment comme non nôtres, et comme quelque chose d'autrui. O. 131.

Nous devons renoncer à la vie que nous avons reçue d'Adam, parce qu'elle n'est que la mort. La vie même que nous recevons de Jésus-Christ doit être réglée par les maximes de l'abnégation. L'abnégation se trouve même en la personne et en la vie de Jésus-Christ. O. 130.

L'abnégation est fondée sur la grandeur de Dieu, sur le néant et le péché de la créature, néant de nature et de grâce; et sur l'anéantissement du Fils de Dieu en l'Incarnation. O. 133.

L'abnégation est le sommaire de la vie et des enseignements du Fils de Dieu. O. 134.

Abnégation en Jésus-Christ même. L. 218.

Le premier exercice du Fils de Dieu entrant dans notre nature est l'abnégation. O. 129, 130.

Les Chrétiens sont obligés à l'abnégation, et beaucoup plus particulièrement ceux qui sont voués et consacrés à Dieu, ou par profession religieuse, ou par l'état ecclésiastique. L. 5.

La perfection et grâce chrétienne nous sépare d'Adam et de nous-mêmes, et nous transplante en Jésus-Christ, pour n'être plus à nous, mais à lui, pour être à lui comme esclaves de sa croix, pour vivre de lui comme ses membres. Et c'est pourquoi la religion chrétienne ne nous parle que d'abnégation, de mortification et de croix, et de suivre Jésus-Christ. O. 145.

Le vouloir de Dieu n'est pas que nous exécutions tous les bons désirs qu'il nous donne. L. 116.

L'obligation des Chrétiens à porter la croix. La croix doit être familière à ceux qui adorent un Dieu crucifié, et elle leur doit être à consolation quand elle vient par ordonnance de Dieu et sans leur faute. Souffrir pour l'unité, soit de l'Eglise, soit d'un corps saint est chose sainte, et qui honore l'unité de Dieu, de Jésus-Christ, de l'Eglise. L. 2

Le premier conseil de Dieu sur l'homme était de l'acheminer au paradis par un paradis: mais le péché ayant ruiné ce conseil, son dessein maintenant est de l'acheminer au paradis par la croix. Tout le salut de l'homme en toutes ses parties est attaché à la croix. Rien ne sera grand pour jamais que par la croix; rien ne sera heureux et immortel que par la croix; rien n'entrera dans le ciel que par la croix. O. 142.

Pour arriver à cette manière de grâce et de vie intérieure, nous devons joindre l'oraison à l'abnégation, et recourir aux quatre sources d'où elles procèdent: le Père éternel, Jésus lui-même, le Saint-Esprit et la sainte Vierge. Le Saint-Esprit puise Jésus en Jésus pour l'établir et le clarifier en nous. La Vierge engendre Jésus en nous, selon l'esprit, par la même vertu du Père et du Saint-Esprit, par laquelle elle l'a engendré en soi-même selon la chair. O. 144, 6.

Pour bien porter la croix, il se faut retirer à Jésus en croix. L. 235.

Jésus est la Vie et notre vie. Mais nous ne la pouvons recevoir qu'en détruisant la vie d'Adam. Nous devons avoir dévotion à la mort de Jésus, afin qu'elle opère en nous cette manière de mort. Nous devons travailler à la mort et à l'abnégation de nous-mêmes, pour parvenir à notre établissement en Jésus. Cet établissement est chose si grande que l'esprit humain ne le peut comprendre, beaucoup moins le porter, si Jésus ne le fortifie. O. 144, 4, 5.

En la pratique de l'abnégation, il importe beaucoup que l'âme prenne garde de ne se pas emporter au-dessus de tout par une vaine présomption, au lieu de s'abaisser au-dessous de tout par un véritable mépris de soi-même. A. 4, 10.

Les Chrétiens selon leur devoir demeurant toujours en Dieu et en son éternité, où les créatures et leurs différences sont absorbées, il leur sera facile de les supporter avec patience, et même de les oublier, [comme choses qui ne sont qu'un néant devant Dieu. L. 95.

Les Chrétiens doivent être en tolérance, et non en adhérence aux choses créées. L. 61.

Les grands du monde sont obligés de renoncer au monde s'ils veulent avoir part en Jésus. L. 177, 14.

Dispositions pour bien porter la croix et les afflictions que Dieu nous envoie. L. 236.

Remèdes contre la vaine complaisance. L. 226.

Remèdes contre la fragilité. O. 178.

Souffrir par l'ordonnance de Dieu est chose précieuse. L. 225.

Plus l'homme est déshonoré pour Dieu, plus il honore Dieu. O. 133.

L'oraison et la mortification sont les principaux exercices de la vie de l'esprit, et tous deux doivent être référés à Jésus. L. 117.

Quelques différences remarquables en l'ordre de la grâce et dans les voies intérieures, et des dispositions que Dieu requiert des âmes qui y sont appelées.

Dans la variété qui se trouve en l'ordre de la grâce, il y a des âmes qui portent appartenance spéciale à l'essence divine; d'autres aux personnes divines, en leurs propriétés et distinctions; d'autres aux perfections divines; d'autres à Jésus-Christ et à ses mystères; d'autres à sa très-sainte Mère; et les âmes qui sont appelées à ces diverses sortes d'appartenances doivent être fidèles à suivre la pensée et le mouvement que Notre-Seigneur leur en donne, et se lier par leurs désirs et opérations où il les veut lier par la sienne. L. 26, 27, 35, 56, 37, 82, 85, 89.

Il y a des âmes si grandes, qu'elles rendent plus d'honneur à Dieu qu'une province entière ; et sainte Madeleine y en rendait autant que tout un monde : ce qui semble marquer grâces de divers genre, et non-seulement différentes en degrés. L. 159.

D'une manière de grâce profonde et intime, qui porte d'honorer Dieu par être, et non-seulement par mouvement et actions. O. 148, 1. Il est parlé de ceci au *Discours de sainte Madeleine*.

Il y a une manière de solitude en Dieu qui est adorée et imitée par une sorte de solitude intérieure que portent quelques grandes âmes. M. 10, 3.

Il y a vie et mort en la grâce commune; mais il y a une sainteté éminente qui porte une mort extraordinaire. M. 10, 2.

Manière d'amour plus opérant que discernant. Manière d'agir sans lumière en soi, et par lumière en autrui, qui est Jésus, lorsque l'âme est Dieu subsistante et vivante en lui qu'en soi-même. Car alors elle est vraiment mue et agie par Jésus-Christ, et c'est l'esprit de Jésus qui la conduit, et non elle-même. M. 4, 1.

Grâce de souffrance. M. 10, 2.

Dans les trésors de Jésus, il y a grâce séparante, aussi bien que grâce unissante. O. 52.

Jésus est objet de faveur et de rigueur, de jouissance et de souffrance, selon qu'il lui plaît. M. 10, 1.

L'amour de Jésus porte ses qualités et livrées, et l'amour qui procède de Jésus souffrant porte impression de souffrance. M. 5, 2.

L'amour de Jésus fait une différence et un ordre à part, et en la terre et au ciel. M. 12.

Dieu opère incessamment hors de soi, en ses créatures, et il y opère à proportion de la capacité qu'il a mise en elles, n'y pouvant souffrir aucun vide. La continuité de l'opération de Dieu en nous nous oblige d'opérer continuellement vers lui, et de ne souffrir aucun vide en nos âmes, puisqu'il n'y en peut souffrir. O. 167, 2.

Les voies de Dieu sur les âmes demandent une absolue dépendance de son pouvoir et une entière démission d'elles-mêmes. L. 91.

Jésus exerce les âmes parfaites par des voies de rigueur, d'oubli et de délaissement, qui procèdent d'un plus grand amour, mais caché. O. 62.

L'âme se doit perdre en Dieu et l'honorer par les voies qu'il lui plaît d'ordonner sur elle et non par celles qu'elle voudrait. L. 78.

Avis à une âme que Dieu conduisait par une voie fort obscure et cachée. Il faut, dans cette obscurité, adhérer immobilement à Dieu, caché en la profondeur inscrutable de son essence, de sa sapience, de ses conseils et de ses voies sur les âmes et sur ses œuvres. L'âme, en cet état, doit lier ses sens et son extérieur à la sacrée humanité de Jésus et dédier tout son état en l'honneur du parfait usage de Jésus et de sa très-sainte Mère, en leurs sens et en leur extérieur. L. 74.

Les âmes qui sont dans la peine et l'obscurité, ont plus besoin de s'humilier que d'examiner leur état. L. 80, 83, 90.

Il y a des voies où Dieu tient et rejette, unit et sépare les âmes, et même les tient en les rejetant et les unit en les séparant, et, en ces sortes de voies, la foi et la vérité combattent, non le sens corporel, mais le sens spirituel. L. 71.

La voie de pauvreté intérieure doit rendre hommage à la plénitude infinie de Dieu en soi-même et aux états de privation que Dieu a portés en la terre. L. 76.

Les voies intérieures des âmes doivent rendre hommage et être conformes à la voie de Jésus sur la terre, comme elles sont en quelque émanation. L. 62.

Voie de nudité intérieure, qui rend hommage à la plénitude infinie de l'être de Dieu et au dénûment que Jésus a porté en la terre, de la gloire qui lui était due. O. 151.

La puissance de Dieu sur nous n'est pas seulement vivifiante, mais consommante et détruisante, et cela pour nous faire rentrer en lui avec la même pureté que nous en sommes sortis. O. 138, 4.

De la fidélité dans les voies de Dieu. Cette fidélité requiert : 1° Que l'âme ne choisisse que Dieu et laisse à Dieu de lui prescrire la voie qu'il voudra pour aller à lui; 2° Que l'âme ayant recherché et reconnu la voie où Dieu veut qu'elle entre, s'y applique entièrement, comme s'il n'y en avait point d'autre, comme en effet aussi il n'y en a point d'autre par laquelle le vouloir de Dieu soit de la conduire; 3° Que l'âme emploie toutes ses puissances à se perdre et anéantir en Dieu, en la voie qu'il tient sur elle, afin que Dieu, par après, imprime sa puissance divine sur elle à l'anéantir, ce qui porte une impression d'autant plus profonde qu'il y a de différence entre la main de Dieu et la main de la créature. O. 150.

La simplicité d'esprit convient aux plus grandes œuvres et aux voies plus divines. V. 6, 2.

Les âmes doivent marcher en simplicité et en oubli d'elles-mêmes, et ne voir que Jésus humilié et anéanti. L. 73.

Des bonnes œuvres, du mérite et de la justification.

Les bonnes œuvres sont autant de miracles à la nature corrompue par le péché, et en cette qualité, elles ne peuvent être faites qu'au nom de Jésus. O. 29 4.

Ce qui se fait en Jésus-Christ par Jésus-Christ, dure autant que lui, et les œuvres des saints entrent avec eux dans l'éternité. L. 177, 15, 194.

Les œuvres que l'homme fait pour soi-même périront; les œuvres qu'il fait pour Dieu dureront éternellement. O. 111, 7.

C'est un déshonneur à Jésus-Christ que ceux qui ont l'honneur d'être ses membres ne puissent non plus produire de bonnes œuvres que les pécheurs qui en sont séparés. C. 5, 16.

Dieu qui dispose du royaume des cieux comme de la chose sienne, ne le veut donner qu'à ceux qui croiront et obéiront à son Fils. C. 5, 12.

Toute action faite pour Dieu nous acquiert Dieu même, et c'est une des raisons qui nous oblige de bien faire toutes nos actions. L. 217.

De la justification. C. 5.

La nécessité de la foi et des œuvres pour notre justification nous est recommandée par les textes formels de l'Écriture, pris ensemble. C. 5, 11.

Dieu se communique en la création comme être, en la justification comme vie, en la glorification comme plénitude. Dieu, par la création, tire l'âme du néant et la rend existante en elle-même, et, par la glorification, il la tire d'elle-même en soi-même, ce qui commence dès la justification. O. 148.

La foi qui justifie, est une foi vive et animée de charité, qui est la source féconde des œuvres. C. 5, 17.

Nos œuvres ne nous donnent pas la grâce, mais la supposent. C. 5, 8.

SECONDE SECONDE.
De la parole de Dieu, de la foi, de l'hérésie, etc.

De la parole de Dieu écrite et non écrite. D. 1, 14 ; D. 2, 8.

La foi est le commencement du salut, mais non l'accomplissement, et il y a encore d'autres conditions nécessaires, comme la pénitence et la charité. C. 5, 4.

Différence entre la science et la foi. C. 6.

La lumière de la foi excite les hérésies par occasion, et la lumière de la piété, les dissensions. N. 1, 31.

De l'hérésie. D. 1 ; D. 5, 14, etc.

De l'hérésie et de ses persécutions. O. 91, 14.

Idolâtrie, première hérésie et plus répandue, a été détruite par Jésus-Christ, en l'honneur et par le pouvoir de son unité. G. 5, 5.

De l'esprit particulier et indépendant que l'hérésie a introduit. C. 2, 5.

Les hérétiques, croyant en la parole de Dieu ce qui leur plaît et n'y croyant pas ce qui ne leur plaît pas, il est évident que ce n'est pas à la parole de Dieu qu'ils s'attachent, mais à leur sens. C. 2, 3.

Les hérétiques n'ont point de mission D. 1, 26.

Les hérétiques sont enragés contre la foi du Saint-Sacrement. C. 1, 8.

Les hérétiques, s'opposant à la créance de nos mystères, procèdent comme en matière de science où on recherche si ce qui est dit est vrai, et non comme en matière de foi, où on cherche seulement si le sujet dont il s'agit a été dit et s'il est en la parole de Dieu. C. 6.

Les hérétiques donnent un démenti à Jésus-Christ. C. 1, 2.

Les hérétiques sont convaincus de ne croire véritablement aucun de nos mystères. C. 2 et 3.

De l'amour de Dieu.

Commandement d'aimer Dieu de tout son cœur. L. 255.

La vie de l'homme est d'aimer Dieu. Cette vie et amour sont dignes de la vie et de la mort d'un Dieu. Le péché nous a ravi le pouvoir d'aimer Dieu, et nous avons besoin de la puissance de Dieu pour aimer Dieu. O. 164.

Dieu a mis la perfection en l'amour et non en la connaissance. O. 137, 1.

Il faut toujours avancer en la grâce et amour de Dieu, et c'est un de nos privilèges. L. 135.

En l'Eglise du ciel, Dieu fait tout par amour, et en l'Eglise de la terre, il fait tout par autorité, mais nous nous devons soumettre à son autorité par amour. L. 256.

De l'adoration de Dieu, de l'Eglise et de la religion chrétienne.

En quoi consiste l'adoration de Dieu. O. 165.

Explication de deux manières d'adorer Dieu, l'une par la pensée, l'autre par l'état et la condition naturelle ou personnelle de la créature. G. 11, 6.

Nous devons honorer Jésus-Christ, non-seulement par nos actions, mais encore par l'état de notre vie. G. 5, 9.

Etat de la religion. D. 2, 1, et en particulier de la religion chrétienne. D. 2, 2, etc.

Le Fils de Dieu venant au monde, y a trouvé deux religions, la judaïque et la païenne, chacune ayant son Dieu présent en ses mystères, sous des signes visibles. C. 1, 1.

De l'Eglise et de ses marques. D. 1, 19.

De l'autorité, infaillibilité et perpétuité de l'Eglise. C. 6.

Jésus-Christ établit son Eglise sur cette parole de son apôtre : *Tu es Christus, Filius Dei vivi*, et sur celle-ci : *Tu es Petrus et super hanc petram*, etc. O. 35.

Institution de la religion chrétienne par Jésus-Christ. C. 5, 5.

L'Eglise chrétienne, nouvelle académie établie par Jésus-Christ en la terre.

Jésus-Christ institue une religion toute divine, de laquelle il est la plénitude et le tout. Et au lieu que dans l'état précédent, les hommes recevaient de Dieu quelques grâces, et lui offraient quelques usages, dans l'état de la religion chrétienne, ce que les hommes reçoivent de Dieu, c'est son Fils, et ce qu'ils offrent à Dieu, c'est son Fils. O. 14, 3.

La dignité de la religion chrétienne en ses quatre principales parties : la foi aux vérités qu'elle annonce, l'obéissance à la loi qu'elle propose, l'infusion de la grâce par ses sacrements et l'hommage qu'elle rend à Dieu par son sacrifice. C. 5, 3.

Une des excellences de la religion chrétienne, est que le moyen par lequel elle adore Dieu est Dieu même. O. 80, 5.

L'Eglise chrétienne est plus privilégiée qu'aucune autre, même que celle des anges, tandis qu'ils ont été voyageurs, et ce en suite du mystère de l'incarnation. C. 1, 5.

Le commerce de Dieu avec l'homme en la religion chrétienne, est tout divin et tout enfermé en Jésus-Christ. O. 80, 5.

La religion est un commerce de Dieu avec l'homme, commencé en sa création, avancé en sa justification et achevé en l'institution du Saint-Sacrement. C. 8.

Le commencement de la religion chrétienne est l'alliance de Dieu avec l'homme ; son issue est une union intime à la gloire et essence de Dieu dans l'éternité et son exercice en la terre est en l'union où les fidèles pratiquent incessamment avec Dieu présent en son propre corps. C. 1, 8.

Des excellences de la religion chrétienne. O. 80, 8.

Dieu et Jésus-Christ sont objets distincts de la piété de l'Eglise chrétienne. O. 3, 5.

Les trois objets de la dévotion de l'Eglise sont Dieu, Jésus et Marie. O. 6, 4.

Jésus-Christ est tout ensemble l'auteur et l'objet de la religion chrétienne. C. 1, 5.

Dieu est divinement honoré par soi-même, il est humblement adoré par ses créatures, et d'une manière divinement humaine et humainement divine, par son Fils incarné. Et on peut dire que la religion chrétienne, où il y a un Dieu qui adore Dieu, est formée sur le modèle de la Sainte-Trinité, où les personnes divines s'honorent mutuellement, et notamment où le Fils regarde et honore le Père comme son principe, qui seul a droit de l'envoyer et où le Saint-Esprit honore le Père et le Fils comme le sien, dont pareillement il reçoit mission. O. 135.

Des prélats et pasteurs et de leur mission en l'Eglise. Des supérieurs des communautés saintes et de leurs devoirs. De l'obligation des rois, du devoir des inférieurs., etc.

Des pasteurs et prélats de l'Eglise, et de leur mission. D. 1.

Toute autorité, comme portant ou image ou ombre de Dieu, en qui que ce soit qu'elle réside, doit être honorée. N. 20.

De la conduite active et passive, au regard des œuvres de Dieu. Régir les œuvres de Dieu et être régi dans les œuvres de Dieu, appartient à un même esprit de Dieu. Régir porte plus d'autorité, et être régi plus de sainteté. Outre le besoin que l'homme a de la conduite de Dieu, par la condition de sa nature créée, il en a un besoin tout particulier depuis sa chute en Adam. O. 180, 181.

Jésus-Christ en la terre régit les hommes par les hommes, et non immédiatement par lui-même. Il met son esprit, sa grâce et sa parole en eux à cet effet. Les hommes se doivent soumettre à la puissance de Jésus-Christ partout où il la met, en l'honneur de l'humble soumission du même Jésus à l'autorité et puissance de son Père en ses créatures. Il faut regarder Dieu en la créature, et non la créature, qui ne sert que d'ombre à l'autorité divine qui nous veut ainsi régir. L. 7, 8.

La mission du Fils de Dieu en ses mystères est le fondement et le principe de la mission des pasteurs en l'Eglise : et le Fils de Dieu ne venant au monde et n'y agissant que par mission, personne n'y doit paraître et agir sans mission. O. 15, 3.

L'exinanition de Jésus-Christ est jointe à sa mission : ce qui enseigne que la mission des pasteurs dans l'Eglise doit être plus accompagnée d'abaissement que d'éclat. O. 15, 3.

Régir une âme et une maison de Dieu pour une fin céleste et surnaturelle, requiert une puissance céleste et surnaturelle. S. 2.

Les supérieurs spirituels sont associés au pouvoir du Père éternel et de la Vierge pour la génération et formation de Jésus. S. 8, 9.

L'autorité des supérieurs doit honorer celle de Jésus et de Marie. S. 50.

Dans les supérieurs il ne faut regarder que l'autorité de Jésus-Christ, et non pas eux-mêmes. Et lorsqu'on n'y regarde que Jésus-Christ, on y trouve Jésus-Christ et sa conduite : et même il supplée à leurs défauts en faveur de ceux qui le regardent et le recherchent avec cette pureté. L. 3.

Les supérieurs spirituels doivent ressembler aux anges en pureté et en grâce, comme ils leur ressemblent en ministère. S. 15.

Les supérieurs doivent tirer la perfection de leurs âmes de l'imperfection d'autrui : et lors ils sont beaucoup plus propres à tirer les autres de l'imperfection. L. 69.

Le supérieur se doit exercer de temps en temps dans les actions les plus humbles, en l'honneur des abaissements de Jésus sur la terre. S. 21.

Quels sont les devoirs des supérieurs qui ont charge d'âme et qui sont obligés d'unir le corps mystique de Jésus avec son corps naturel. S. 4, 6.

La croix est le partage des supérieurs, comme elle l'a été de Jésus-Christ même, qui est le Supérieur des supérieurs. L. 51.

Les supérieurs doivent pourvoir au besoin de chaque âme, comme s'ils n'avaient que celle-là à sauver, suivant en cela l'exemple et la conduite de Jésus-Christ. L. 9.

Les supérieurs doivent plutôt gagner leurs sujets par exemple que par autorité. L. 39.

Les supérieurs doivent recourir à Jésus-Christ pour toutes les choses de la charge, et se conduire différemment vers les âmes plus fortes et vers celles qui le sont moins. L. 48.

Les supérieurs et directeurs spirituels se doivent beaucoup recommander aux anges gardiens des âmes qu'ils conduisent. L. 16

Avis utiles aux supérieurs pour la conduite des âmes. Les supérieurs doivent avoir la bénignité au cœur, et non-seulement en l'esprit. Dieu, qui est l'auteur des temps et de la grâce, attend néanmoins l'opportunité pour donner sa grâce, et les supérieurs le doivent imiter en cela. L. 19.

Ceux qui ont charge des âmes doivent rendre hommage à Jésus, en sa qualité de chef. Il faut aussi honorer l'autorité suprême que Jésus a donnée à la Vierge sur tout ce qui lui appartient. Le supérieur doit avoir un très-grand soin de tous ceux qui sont sous sa charge, en l'honneur du soin que le Fils de Dieu avait de ses apôtres et disciples, veillant et priant quand ils dormaient, et interrompant son oraison au jardin pour les visiter et les fortifier en leurs faiblesses. L. 118.

Le supérieur doit être serviteur de ses inférieurs. S. 31.

Les personnes appelées à la conduite des autres doivent beaucoup recourir à Notre-Seigneur, afin qu'il bénisse leur travail et leurs soins, reconnaissant humblement que la créature ne peut être utile à la créature que par la grâce du Fils de Dieu; et même que hors cela elle ne lui peut être que dommageable. L. 221.

Le supérieur doit particulièrement maintenir quatre choses en sa maison : 1° l'esprit d'abnégation; 2° piété vers les choses divines; 3° le soin d'acquérir et pratiquer les vraies vertus; 4° la sévérité et exemplarité de la modestie et discipline extérieure. S. 29.

Quelle doit être la direction des supérieurs qui sont chargés de la conduite des âmes, et quels les objets de leur piété. S. 16, 17.

Les supérieurs doivent être dans un ardent désir de l'avénement de Jésus et de son règne. S. 32.

Le supérieur doit être en sollicitude et en une certaine étendue d'esprit qui embrasse tout à l'imitation de la Providence divine, qui enclôt jusqu'aux cheveux de nos têtes, et de l'union du Verbe à toutes les parties de notre nature, même les moindres. S. 23.

Quelle doit être la disposition du supérieur vers le prochain. S. 20, 21, 22.

C'est la grâce, et non la nature, qui doit opérer dans la répréhension, et il faut que ce soit un effet de charité plus que d'autorité. L. 115.

Avis très-utile à un supérieur. L. 115.

Avis à une supérieure pour bien conduire sa communauté. En plusieurs choses qui sont comme indifférentes, les supérieurs se doivent assujettir aux autres, afin de les assujettir à Notre-Seigneur dans les choses importantes. Le Fils de Dieu s'est fait semblable à nous pour traiter avec nous, et les supérieurs doivent, à son imitation, se faire semblables à leurs inférieurs en diverses choses, afin de les lui acquérir. La sensibilité ne doit pas être autorisée dans la conduite des âmes, et il les faut porter à Dieu, qui est Esprit, par esprit, et par des voies éloignées des sens. Néanmoins, pour mieux éteindre la sensibilité en autrui, il faut quelquefois conseiller aux supérieurs, et que par grâce ils soient aussi sensibles aux difficultés des inférieurs qu'ils le sont par nature à leurs propres peines. L. 25.

Avis à une religieuse infirmière pour se bien conduire au regard des malades. L. 88.

Le diable a permission d'exercer les œuvres de Dieu en certains temps et moments ordonnés de Dieu, et ceux qui en ont la conduite se doivent garder de ce temps-là. L. 32.

Conduite, au regard des âmes tentées. L. 50

Remède contre l'illusion. O. 179.

Remèdes contre la fragilité. O. 178.

Les rois sont plus obligés à servir Dieu que ne sont leurs peuples. O. 194.

Le devoir des rois est de servir à la gloire et manifestation de Jésus. O. 92, 12.

De la science et des vertus.

Du bon usage de l'esprit et de la science. Dieu, par l'éminence et infinité de son être, a une souveraineté sur l'esprit, la science, la fonction de l'homme, et nous devons avoir soin de lui conserver ses droits. Les écoles chrétiennes doivent être distinguées des académies païennes par l'humble reconnaissance de notre insuffisance, et notre dépendance de Dieu en l'usage de l'esprit. L'esprit créé procédant de l'Esprit incréé se doit tout référer à sa gloire. L'un des usages de l'esprit créé est de se perdre par admiration en l'immensité de l'Esprit incréé; et se garder avec soin de retour à soi-même. O. 182.

Les Chrétiens sont appelés à la contemplation. O. 7.

Les productions qui se font dans les âmes se doivent faire par voie de contemplation et d'amour, comme en la sainte Trinité. S. 15.

La science des Chrétiens doit rendre hommage à Jésus au milieu des docteurs. L. 116.

La piété doit prédominer la science. Nous devons craindre la vanité d'esprit, puisque c'est le péché qui a perdu le premier ange; et nous devons travailler avec soin à acquérir les vertus nécessaires pour la perfection de l'esprit, l'humilité, la simplicité, la docilité d'esprit, etc. O. 182.

La vertu est plus aimable parce qu'elle nous rend conformes à Jésus, que par sa qualité particulière. L. 117.

Tant nos propres défauts que les grâces de Dieu nous obligent à l'humilité. L. 28.

L'humilité et la charité sont deux vertus inconnues au monde avant la venue de son Rédempteur. S. 31.

L'obéissance parfaite sépare l'homme de tout ce qui est créé, et rien ne le doit empêcher de se rendre ponctuellement à la voix et autorité de Dieu en autrui, honorant en cela l'obéissance de Jésus à son Père, et ce qu'il a quitté pour s'y rendre. L. 11, 12.

Recommandation de l'obéissance et pauvreté de la condition religieuse. O. 183.

L'obéissance est le moyen que Dieu a choisi pour accomplir l'œuvre de notre salut. L'obéissance est la vertu que Dieu honore de la plus grande exaltation en la personne de son Fils. O. 185.

La voix de Dieu, parlant par l'obéissance, doit être suivie par-dessus nos raisons, pour bonnes qu'elles nous semblent. L. 22.

Il faut se rendre à l'obéissance par-dessus les répugnances et les faiblesses, et sans s'arrêter au peu de correspondance que l'on sent à la conduite. L. 95.

De la bénignité et douceur. L. 38.

L'homme, en l'état florissant d'innocence, porte appauvrissement au regard d'une pomme; et Jésus, vivant sur la terre, est en pauvreté, et même en mendicité, au regard d'un lieu où il puisse reposer son chef, et d'une goutte d'eau qu'il demande à la Samaritaine; et en sa mort il a un tombeau d'emprunt. O. 185.

De la servitude de l'homme en tous ses états de nature, de grâce et de gloire. — Des vœux. — De la vie active et contemplative. — De l'état ecclésiastique et religieux, et des offices divins.

Il y a trois lumières en l'état de Jésus : la lumière de la foi, qui conduit le salut; la lumière de la piété, qui conduit la perfection; la lumière de la gloire, qui conduit la béatitude; et des différences et propriétés des trois. Toutes trois nous mettent en la servitude de Jésus-Christ. La première commence, la seconde avance, et la troisième en consomme l'état. N. 27.

Du vœu de servitude à Jésus-Christ, et qu'il est essentiel à la religion chrétienne. N. 24, 25, 26, 29.

La révérence due aux vœux est telle qu'on ne doit être facile ni à les conseiller, ni à en dispenser. L. 221.

Le bonheur de la condition religieuse, et ce qu'il faut faire pour s'y rendre. L. 238.

Le Fils de Dieu établit en Béthanie et en deux sœurs, Marthe et Marie, la vie active et la vie contemplative, et leur en donne la primauté. Ces deux sortes de vie doivent être conjointes étroitement l'une à l'autre par l'esprit de Jésus, que toutes deux regardent; et cela est donné à entendre par l'établissement qu'il en fait en deux sœurs germaines. O. 100, 5, 6.

De la vie active. O. 100, 7.

Les dignités ecclésiastiques ne peuvent et ne doivent aucunement être regardées comme grandeurs, mais comme charge qui porte nouvelle liaison à Jésus-Christ, et nouvelle obligation de le servir. L. 195.

Les Chrétiens sont obligés à l'abnégation, et beaucoup plus particulièrement ceux qui sont voués et consacrés à Dieu, ou par la profession religieuse, ou par l'état ecclésiastique. L. 5.

De la dignité de la prêtrise. L. 161.

Jésus-Christ a fini ses jours et commencé son Église en l'institution de la prêtrise; et en cette pensée cet état nous doit être précieux. O. 146.

Les ecclésiastiques ne doivent thésauriser en la terre, ni pour eux, ni pour leurs parents, mais seulement au ciel. L. 176, 5.

Les prêtres sont des anges visibles, servant le prochain en toute charité et sollicitude, et quittant tout pour se rendre à ce devoir, à l'imitation des anges gardiens. L. 121.

Le prêtre doit être l'image de Jésus-Christ en la terre, comme Jésus-Christ est l'image de son Père au ciel. L. 108.

Les prêtres ne doivent agir que par Jésus-Christ, et non-seulement pour Jésus Christ. L. 123.

Les prêtres doivent imiter les anges en tout ce qu'ils sont et qu'ils rendent à Jésus, et se lier à eux pour porter son nom par le rond de la terre. O. 149.

Dispositions nécessaires à ceux qui sont appelés à la prêtrise. O. 191, 192, 193.

L'obligation des religieuses est de *prier* Dieu, et l'obligation des prêtres est de *travailler* pour Dieu. L. 21.

Chanter les louanges de Dieu est l'office du temps et de l'éternité, et l'exercice des saints au ciel et en la terre. Les personnes religieuses et ecclésiastiques doivent louer Dieu pour toutes les créatures. Nous sommes associés à Jésus, en la célébration des louanges de Dieu. Les louanges qu'on chante à Dieu en chœur rendent un hommage spécial à l'unité et société que nous adorons en Dieu et en Jésus-Christ. L. 1, 15.

Des offices divins, et des dispositions avec lesquelles il s'en faut acquitter. L. 1.

TROISIÈME PARTIE.
Le conseil, la promesse et l'attente du mystère de l'Incarnation.

Le conseil de Dieu en la vue du péché est de nous donner un Réparateur. P. V. 11.

Le conseil de Dieu sur la mission de son Fils au monde est le plus grand de ses conseils et l'affaire la plus importante de son État. O. 59, 5.

Le Fils de Dieu reçoit éternellement de son Père, avec l'essence divine, la volonté de se faire homme. O. 10

Il y a trois regards de Dieu sur l'homme : l'un de puissance, par lequel il le tire du néant ; le second de compassion, par lequel il le retire du péché et le remet en sa grâce ; le troisième d'amour, par lequel le regardant en son Fils, il lui fait don de son Fils. Ces trois regards sont éternels : le second contient le commencement de la bienveillance singulière de Dieu envers l'homme, perdu par le péché, et du dessein de l'en retirer ; et le troisième porte la conclusion de ce dessein, et la source du mystère de l'Incarnation, exprimée par ces paroles : *Sic Deus dilexit mundum ut Filium suum unigenitum daret.* O. 29.

Jésus-Christ promis et attendu quatre mille ans veut descendre du ciel en la terre pour y accomplir ses promesses et ses œuvres. V. 1.

Il ne convient qu'à Jésus d'être si longuement attendu. Il n'y a rien dans la nature et dans la loi que pour lui, et tout le commerce du ciel et de la terre par l'état de la religion ne tend qu'à préparer le monde à son avènement. P. N. 14.

Jésus est vivant au monde avant sa venue au monde, et en quelle manière. P. V. 14.

Dieu faisant l'homme en la création, faisait comme un prélude de l'Homme-Dieu et du mystère de l'Incarnation. G. 11, 7.

Dieu sortant comme hors de soi par la création, achève le cercle et rentre en soi par l'incarnation ; et la création n'est que pour créer un monde à Jésus. O. 46, 5.

Dieu en la création ne prit en ses mains la terre dont Adam fut formé que parce qu'en icelle était comprise la portion de terre dont le nouvel Adam devait être formé. V. 19.

Dieu est en solitude avant l'incarnation, et les créatures ne le peuvent tirer de cette solitude : il n'y a que Jésus qui en soit digne. O. 15, 2.

La sainte Trinité doit être adorée comme consultant, concluant et exécutant l'incarnation du Verbe, et la disposition ou économie de sa divine personne en la terre, en la variété de ses états et mystères ; car la vie intérieure de Jésus vivant en ce monde était en regard, en adhérence et en dépendance vers ce conseil, cette ordonnance et cette opération de la sainte Trinité. O. 156.

De la dignité de la loi de nature et de la Synagogue, en l'attente du mystère de l'Incarnation, où il est parlé du patriarche Abraham.

Le peuple hébreu est un peuple miraculeux en sa naissance et en sa conservation, et cela en considération du Messie, seul objet que Dieu y regarde. P. V. 18.

Le conseil et la conduite de Dieu sur Abraham. Sa foi, son obéissance, sa qualité de nouvel Adam, et heureuse ressource de la race bénite et de l'Père des croyants. P. V. 16.

Dieu fait miracle en Abraham, et rend sa stérilité féconde, pour le rendre père de son Fils consubstantiel et d'une multitude innombrable d'enfants. P. V. 17.

Abraham donne son fils unique à Dieu, et Dieu, en récompense, donne son Fils unique à Abraham. P. V. 16.

L'établissement de la loi n'est que pour préparer la venue du Messie au monde, et elle est délaissée sitôt qu'il a pris possession du monde par son entrée dans la gloire. P. V. 12.

Dignité de la Synagogue attendant le Messie. Son état est un état prophétique qui promet et annonce au monde le Sauveur du monde. P. V. 21.

Jésus est l'objet et la fin de la loi. P. V. 15.

Du mystère de l'Incarnation selon soi, de son excellence, de l'appropriation des personnes divines, et de la plénitude de Dieu en ce mystère.

De l'incarnation du Fils de Dieu. El. I. 5, 6. El. II, 2. El. III, 2, 3, 4.

Excellences et singularités du mystère de l'Incarnation. G. 1.

Il y a trois principales perfections en Dieu : l'être, la vie, la sainteté, lesquelles il communique d'une manière spéciale dans le mystère de l'Incarnation. O. 189, 5.

Appropriation singulière du Verbe à l'humanité, et de l'humanité au Verbe. G. 6, 11.

La plénitude de la divinité en Jésus est chose différente de sa présence par grâce et par gloire ; et c'est une imitation très-particulière de l'habitation de Dieu en soi-même. G. 7, 9.

Dieu, n'ayant point de corps par nature, en a voulu avoir un par puissance, par amour et par subsistence ; et il y habite d'une manière beaucoup plus intime et plus puissante que l'âme en son propre corps. G. 12, 5.

Le dénûment de la subsistance humaine de Jésus est le fondement de l'appropriation de son humanité et de toutes les facultés et usages d'icelle à la personne du Verbe, et ce dénûment est adorable. El. II. 10.

Quel est le degré et la manière d'appartenance de l'humanité à la personne du Verbe dans le mystère de l'Incarnation. G. 8, 4, 5.

De la plénitude de Dieu dans le mystère de l'Incarnation. O. 8.

Communication des perfections divines à cette humanité déifiée. G. 2, 4.

Description excellente du cours et du progrès, de l'issue et du retour du voyage du Verbe éternel au monde par son incarnation. G. 7, 4.

L'incarnation, mystère caché de toute éternité en Dieu. G. 11, 3.

Description du mystère de l'Incarnation, de ses fins, de ses préparatifs, de ses circonstances. G. 5, 11.

Les merveilles de l'Homme-Dieu et du mystère de l'Incarnation. G. 1, 2, 4, 6. G. 4, 6. G. 11, 8. V. 7, 20.

L'incarnation est l'œuvre de Dieu par excellence. V. 18.

Prééminence de l'œuvre de l'Incarnation sur l'œuvre de la création. V. 19.

La plus grande merveille de la nature est l'homme, et la plus grande merveille de la grâce est l'Homme-Dieu. G. 11, 7.

Les émanations éternelles, la création et l'Incarnation ; trois opérations de Dieu, différent en ce que Dieu, en ses émanations éternelles, opère de soi en soi-même ; en la création il opère dans le néant, et laisse encore dans le néant la chose qu'il en retire ; et en l'incarnation il tire une créature du néant pour la poser et la produire dans l'Être incréé, c'est-à-dire en soi-même infiniment loin du néant. O. 15.

La première production de Dieu est la production de son Verbe ; et il a voulu que la production de ce même Verbe dans une nouvelle nature, et son incorporation avec l'homme, qui est le dernier de ses œuvres, fût la dernière de ses productions, pour joindre ainsi la fin au commencement. G. 4, 10.

La société de Dieu avec l'homme est si étroite, qu'elle arrive jusqu'à l'unité. O. 15.

L'Incarnation est un mystère qui porte changement dans l'ordre de la Providence divine. G. 4, 8.

Il n'y a qu'en la Trinité et en l'incarnation où il ait communication propre et substantielle de la divinité, ou par essence, ou par subsistence. G. 7, 9.

Le mystère de l'Incarnation s'accomplit en l'honneur et à l'imitation de la sainte Trinité. O. 7.

La naissance ou procession temporelle du Verbe en l'Incarnation ferme le cercle des productions divines. G. 5, 6.

Les trois personnes divines interviennent dans le mystère de l'Incarnation, et sont appropriées à l'humanité du Verbe selon leurs distinctions et propriétés. El. II, 2, 3, 4. O. 21.

Appropriation singulière de l'humanité à la personne divine du Verbe. G. 2, 10.

Le Père envoie son Fils en la terre par le même pouvoir par lequel il l'engendre éternellement. G. 11; 2.

La mission du Fils de Dieu au monde est un lien commun qui tient à la génération éternelle comme à son origine, et à l'émanation temporelle comme à son effet. G. 11, 2.

L'incarnation, qui est un œuvre d'amour et d'unité, appartient au Saint-Esprit parce qu'il est éternellement amour et unité. G. 4, 13.

La fécondité de Dieu hors de soi est particulièrement attribuée au Saint-Esprit, et nommément la production d'une personne divine subsistante dans une nature créée. G. 4, 2.

Rapports de Jésus au Saint-Esprit en ses qualités d'unité, d'amour, de stérilité, de fécondité. G. 4, 2.

Dans le mystère de l'Incarnation l'ordre des personnes divines est renversé en quelque façon. V. 22.

Dieu, s'unissant à la créature pour composer un même subsistant avec elle, prend plutôt l'homme que l'ange. G. 9, 5.

Diverses raisons pour lesquelles il a été convenable que, des trois personnes divines, ce fût le Verbe qui se fit chair. G. 5, 5, 8, 9.

Raisons pour lesquelles le Fils de Dieu s'est allié avec l'homme, et non avec les anges. O. 59, 7.

Rapports du Verbe en sa procession temporelle, qui est son incarnation, à sa procession éternelle. G. 5, 3, 6.

L'incarnation est une expression et extension de la communication de Dieu en la sainte Trinité, et pareillement l'Eucharistie est une extension de la communication du Fils de Dieu en l'incarnation. G. 7, 3, 5.

L'essence divine est communiquée à l'essence humaine par la subsistance du Verbe : et quelle est la sublimité et la plénitude de cette communication. G. 6, 5. G. 7, 6, 7, etc. G. 8, 6, 7.

Communication des perfections divines à l'humanité ainsi existante, subsistante et vivante en Dieu. El. III, 5.

Il y a deux manières de communication de Dieu à l'homme au mystère de l'Incarnation, l'une primitive, l'autre consécutive ; en l'une l'homme est Dieu, et Dieu est sensiblement homme et traité comme tel, et en l'autre l'homme est reconnu et traité comme Dieu. G. 8, 10.

Le Fils de Dieu, au moment de l'incarnation, commence à avoir deux natures, l'une propre, l'autre appropriée : l'une, sienne par essence ; l'autre, par amour. V. 25.

Le secret admirable de ce grand chef-d'œuvre de l'union de la divinité à l'humanité est le dénûment que cette nature a de sa subsistance propre et naturelle. G. 2, 10.

La subsistence divine est entrée dans la nature humaine comme une manière de greffe : mais au lieu que le tronc a accoutumé de soutenir la greffe, ici c'est la greffe qui soutient le tronc. G. 2, 10.

Deux trinités adorables, l'une de subsistence, et l'autre d'essence : l'une de toute éternité ; l'autre pour toute éternité. Et ces deux trinités sont fondées en unité : l'une d'essence, l'autre de subsistence. G. 3, 8 et 9.

L'homme, dans le mystère de l'Incarnation, partage l'être incréé avec les personnes divines. G. 9, 4.

Jésus est le centre de l'être créé et de l'être incréé. El. III, 8.

Dieu est seul à engendrer son Fils en l'éternité, et il est seul à l'engendrer dans les temps, par Marie. V. 18.

Il y a cinq choses remarquables au mystère de l'Incarnation : 1. Le Verbe qui se fait chair ; 2. la chair ou humanité unie au Verbe ; 3. la subsistance du Verbe, qui est le lien et l'unité de cette union ; 4. la divine essence de ce Verbe ; 5. que des trois personnes divines le Verbe seul entre en cette union. G. 5, 1.

Il y a trois sortes d'émanations et opérations de Dieu hors de son essence, qui constituent trois ordres différents : celui de la nature, celui de la grâce, et celui de l'union hypostatique. D. 3, 9.

Autre, du mystère de l'Incarnation.

La sainte Trinité et l'Incarnation sont deux mystères établis par la communication, l'une de l'essence, l'autre de la subsistence divine. Et toutes ces deux communications portent plénitude de Dieu. O. 8, 3.

Les créatures sorties de Dieu par la création rentrent en Dieu par l'incarnation, et l'homme est le centre de cette rentrée, ce retour et ce cercle. O. 16, 3.

Jésus dans les temps est Fils du seul Père et de la Vierge. G. 10, 6.

Jésus dans les temps est produit par le Saint-Esprit, mais non engendré. G. 10, 6.

Le Fils de Dieu, au moment de l'incarnation, est fait en l'honneur de son Père, selon cette parole : *Factus est ei*, etc. V. 22, 25.

Jésus est seul Fils dans la Trinité, seul subsistant dans l'Incarnation, seul médiateur dans la rédemption. G. 10, 7.

Jésus-Christ est Dieu de Dieu, et Dieu en Dieu. L. 95.

Jésus est le don de Dieu aux hommes. Les raretés et propriétés de ce don. Ce don oblige les hommes d'être tout à Dieu et à Jésus-Christ. Ce don requiert d'être reçu avec amour et humilité. El. I, 15 ; O. 11, 21, 29 ; L. 2, 54, 100.

Outre ces trois ordres de nature, de grâce et de gloire, Dieu en a formé un quatrième, qui est celui de l'union hypostatique, auquel il n'y a qu'un seul individu. G. 1, 6.

Ce mystère fait un nouvel ordre et un nouvel état dans le monde, état infiniment élevé, même par-dessus celui de la gloire. G. 4, 7.

Nous sommes liés à Dieu par sa grandeur et par notre indigence en l'ordre de la nature ; par sa bonté et par notre impuissance en l'ordre de la grâce ; et enfin nous sommes liés d'un lien substantiel à la personne de son Fils par un excès d'amour, en l'ordre de l'union hypostatique. G. 2, 6.

Il y a deux sociétés divines et adorables, dont toutes les sociétés dépendent et relèvent en temps et en l'éternité : l'une en la Trinité, et l'autre en l'Incarnation. G. 8, 13.

La Trinité, l'Incarnation et l'Eucharistie sont trois mystères qui regardent l'homme et Jésus-Christ : Jésus-Christ comme Fils de Dieu, comme Père du siècle à venir, comme époux, et l'homme comme l'image de la Trinité, comme l'objet de la complaisance du Verbe en son incarnation, et comme son temple vivant en l'Eucharistie. G. 6, 3.

Il y a trois principaux mystères qui sont l'objet de notre foi : la Trinité, l'Incarnation et l'Eucharistie. G. 6, 1 ; G. 7, 2.

Jésus a une manière d'être en l'Incarnation qui est indépendante. G. 6, 7, 8.

La personne du Verbe devient propriétaire de l'état et des actions de l'humanité, et mutuellement l'humanité entre au droit des grandeurs de cette divine personne. G. 2, 11.

Le droit de la personne du Verbe sur les actions et les souffrances de l'humanité n'est pas seulement moral, mais plus que naturel. G. 2, 11.

Les actions et les souffrances de l'humanité appartiennent en propre à la personne du Verbe, et c'est le Verbe qui a droit d'en disposer. G. 2, 10.

L'humanité sainte du Verbe est le vrai temple de la divinité. G. 2, 13.

La subsistance du Verbe ayant rapport aux trois personnes divines, met l'humanité à laquelle elle est communiquée en une société toute particulière avec la sainte Trinité. G. 8, 12.

Grandeurs et privilèges de l'humanité déifiée de Jésus. G. 2, 4, 5.

L'humanité de Jésus, quoique créée, ne tient pas rang parmi les créatures, car elle est subsistante en une personne divine, et est assise sur le trône de Dieu. L. 45.

L'humanité de Jésus ne relève plus des lois communes de la nature. G. 2, 11.

Il y a une manière de combat divin en Jésus entre sa naissance éternelle et sa mission temporelle. O. 47.

Il y a deux appétits en l'humanité de Jésus : l'un procède de l'humanité même, l'autre de la divinité ; l'un le porte à nous, l'autre le retient en son Père. Et cela est fondé sur la différence de sa naissance et de sa mission, de laquelle ayant accompli les devoirs, il s'en retournera à son Père et sera traité comme son Fils. O. 47.

Oblation à Jésus et à son humanité déifiée en l'humble état de servitude, avec une ample exposition de cette servitude. El. II, 7, 8, etc.

Elévation de l'humanité en ses états, d'existence en l'Etre divin, de subsistence en la personne du Verbe, et de filiation non adoptive, mais propre et naturelle. El. II, 5.

Des causes, propriétés, effets et autres appartenances du mystère de l'Incarnation.

Le Fils de Dieu est prédestiné, et n'étant que l'objet de la pensée et de l'amour de Dieu son Père avant tous les siècles, il devient l'objet de son conseil, de sa conduite et de sa puissance. G. 4, 9.

Grandeurs opérées au moment de l'Incarnation. V. 24.

Le Fils de Dieu communiquant à l'humanité sa subsistence, son essence, ses perfections et sa gloire, est un monde qui surpasse sans comparaison les trois mondes de nature, de grâce et de gloire. G. 5, 12.

Jésus-Christ est un centre admirable où tout a rapport, le ciel et la terre, Dieu et les créatures. C. 1, 5.

Jésus est Homme-Dieu, et en cette qualité il est un grand monde. G. 9, 4.

Dieu est adoré par un Dieu. G. 2, 13.

Depuis le mystère de l'Incarnation, accompli en la Vierge, Dieu, qui s'appelait le Dieu du ciel, se peut justement appeler le Dieu de la terre.

Le mystère de l'Incarnation va imitant et adorant, non-seulement l'émanation par laquelle le Fils procède du Père, mais aussi la production du Saint-Esprit, qui lui est commune avec le Père. G. 5, 4.

Jésus est venu au monde pour rendre à Dieu en l'unité de son essence, et en la Trinité de ses personnes, un hommage infini et vraiment digne de Dieu. Il est l'adorateur et serviteur spécial de la sainte Trinité, et nous nous devons lier à lui en cette qualité et à ses hommages, qui sont tous nôtres. O. 156.

Jésus-Christ est non-seulement regardant son Père, mais aussi regard et relation vers son Père. Il regarde et honore son Père selon tout ce qu'il reçoit de lui éternellement, et il le regarde et adore selon tout ce qu'il reçoit de lui temporellement. Il l'honore par sa génération éternelle, et il l'adore par sa génération temporelle. O. 87, 2.

Avant le mystère de l'Incarnation et la naissance temporelle du Verbe, la nature créée ne regardait et n'adorait en Dieu, par son état et sa condition naturelle, que ses grandeurs communes et essentielles, et non ses grandeurs propres et personnelles. Et ces grandeurs propres et personnelles de Dieu ne sont ainsi adorées (c'est-à-dire par état) que dans la nature humaine, et non dans la nature angélique. G. 11, 5.

Le dessein pervers de l'idolâtrie est employé saintement et à la gloire de Dieu dans le mystère de l'Incarnation. O. 46, 6.

Le Père et le Fils s'honorent réciproquement dans le mystère de l'Incarnation. G. 5, 10

Jésus-Christ, qui est le milieu entre son Père et le Saint-Esprit, a voulu aussi être le milieu entre son Père et les hommes. O. 11.

Jésus-Christ ne fait rien en terre que par mission. D. 1, 21.

Il y a trois choses qu'il faut contempler et honorer au mystère de l'Incarnation : 1. L'opération de Dieu produisant son Fils dans une nouvelle nature. 2. La conversion et parfait retour de l'âme sainte de Jésus à Dieu. 3. La plénitude et vie secrète de Jésus en Marie, qui n'est connue que du ciel, dans l'humilité profonde et inconcevable de Marie en ce même moment. O. 15, 3.

Trois différents séjours de Jésus, en son Père, en notre humanité, en la croix. O. 12.

Le Verbe éternel est en un sens et la partie et le tout de ce mystère. G. 5, 1.

Dieu, par le mystère de l'Incarnation, sort en quelque façon de soi-même pour faire partie de son état et de son domaine, et rentre en soi-même avec une nouvelle nature. G. 4, 10.

Effets de l'union hypostatique. G. 4, 5.

Des grâces et avantages que le mystère de l'Incarnation communique à toute la nature humaine. O. 14, 1.

L'ordre des temps et tout l'univers dépendent du mystère de l'Incarnation, et Jésus-Christ en est le réparateur : le péché d'Adam ayant mérité que l'homme, et tout ce qui avait été fait pour l'homme, fût anéanti. V. 24.

* Jésus-Christ, notre médiateur, est homme pour souffrir la mort méritée par les hommes, et Dieu, pour triompher de la mort que les hommes ne pouvaient vaincre. G. 7, 9.

Jésus-Christ, au sein de la Vierge, réfère son incarnation au salut des hommes, lequel pouvant opérer en plusieurs manières, il a choisi la plus pénible. O. 11, 2.

La vie nouvelle du Verbe est toute nôtre, et en sa mission, et en sa nature, et en sa manière mortelle pour un temps et immortelle pour jamais. V. 25.

Au mystère de l'Incarnation, Dieu a un nouveau sujet, le monde un nouveau Seigneur, la grâce un nouveau principe. V. 20.

Vie cachée de Jésus. G. 2, 13.

L'union hypostatique est beaucoup plus étroite que l'union de Jésus-Christ avec les fidèles. G. 9, 4.

De l'intimité et indissolubilité de l'union hypostatique. G. 4, 5. G. 9, 4.

Il y a trois points considérables au mystère de l'Incarnation. 1. La substance du mystère qui consiste en l'union des deux natures en une même personne. 2. La manière qu'il a plu à Dieu de tenir pour accomplir ce mystère, c'est à savoir par voie de naissance et d'enfance. 3. La fin et l'usage de ce mystère. Au premier il n'y a que Dieu seul, et cette nature qui est conjointe à Dieu personnellement qui y entre. Au second, il n'y a que la Vierge seule. Au troisième, qui est le salut et rédemption des pécheurs, tous les hommes y ont part. O. 20.

Le mystère de l'Incarnation, considéré en son fonds et en sa substance, et non seulement en sa manière passible, s'accomplit pour le salut des pécheurs. V. 25.

De l'unité et de l'amour de Dieu dans le mystère de l'Incarnation.

L'amour de Jésus vers les hommes abaisse et crucifie un Dieu pour élever et glorifier l'homme, et le transformer en Dieu ; non-seulement par communication de qualités, mais encore par communication de substance. El. 11, 3.

Unités divines dans le mystère de l'Incarnation. V. 22.

L'Incarnation est un mystère d'unité. G. 4, 4.

Propriétés et louange de l'unité sacrée du mystère de l'Incarnation. G. 4, 4.

Unité de Dieu au mystère de l'Incarnation, tant pour être unique, que pour l'unité incréée en deux natures différentes. G. 3, 3, 3.

Dieu éternellement vivant en unité d'essence, opérant en unité de principe, régnant en unité d'amour, établit temporellement son Fils, ses grandeurs, son état et son royaume en unité de subsistence. G. 3, 10.

Dieu subsiste, produit, opère et sanctifie en unité, et aussi il tend à l'unité, notamment au mystère de l'Incarnation, grâce et mystère d'unité. O. I. 16.

L'unité de Dieu est honorée par le mystère de l'Incarnation. G. 1, 6.

Rapport singulier de la substance déifiée qui est l'humanité de Jésus, à l'unité de l'essence divine. G. 2, 5.

Le Verbe éternel est au milieu des unités divines ; et comme tel, est très-propre pour établir le mystère d'unité que nous adorons. G. 5, 2.

L'unité et la distinction qui se trouvent en Dieu, reluisent dans le mystère de l'Incarnation. O. 19.

Unité de Dieu au mystère de l'Incarnation déclarée par l'unité de Jésus-Christ en l'Eucharistie. G. 3, 6.

Jésus-Christ commence et finit sa vie sur la terre en la vue et en l'adoration des unités divines. G. 3, 7.

Idolâtrie première hérésie et plus répandue, et hérésie contre l'unité de Dieu, a été détruite par Jésus-Christ, en l'honneur et par le pouvoir de son unité. G. 3, 5.

L'incarnation du Fils de Dieu est un mystère d'unité, d'amour et de société. O. 91.

Jésus, par son unité de subsistence, est pour jamais le centre, le principe et la racine de l'unité d'esprit, de grâce et d'amour. G. 3, 3.

Trois unités dans nos mystères, unité d'essence, unité de subsistence, et unité d'amour. G. 3, 8.

De l'amour de Dieu envers nous dans le mystère de l'Incarnation. G. 9, 2.

Dieu, dans le mystère de l'Incarnation, est transformé en amour. G. 8, 11.

Effort d'amour et extase du Fils de Dieu en l'incarnation. G. 4, 5.

L'amour de Dieu envers Jésus-Christ est l'origine de l'amour duquel Jésus-Christ nous aime : et ce sien amour est la source de son amour envers lui. Et il y a une sorte de trinité dans l'amour, comme il y a en Dieu. O. 28.

Il y a trois processions divines, deux éternelles, et la troisième temporelle. De ces deux premières, l'une s'accomplit par connaissance, l'autre par amour : et cette troisième se fait encore par amour et amour personnel qui est le S. Esprit. Et on peut dire que comme l'amour termine la fécondité et les processions de Dieu en soi-même, il termine aussi la fécondité et les processions de Dieu hors de soi ; étant véritable que le mystère de l'Incarnation est la fin des œuvres de Dieu, et le temps auquel il s'accomplit est la dernière heure, *Novissima hora finis sæculorum*. G. 11, 9.

De l'abnégation, de l'abaissement et de la servitude de Jésus au mystère de l'Incarnation.

Jésus, en la maison du Père Éternel, est fils et serviteur tout ensemble. G. 2, 13.

La servitude, fondée en la grâce, est compatible avec la divine filiation en Jésus ; avec la divine maternité en la Vierge, et avec la filiation adoptive en tous les Chrétiens. N. 28.

Jésus-Christ en sa forme d'esclave, rend tribut et hommage à Dieu son Père pour tout ce qui est créé, et honneur pour tout ce qu'il a reçu de lui dans l'éternité. G. 5, 10.

Jésus est serviteur de Dieu par excellence. V. 24.

Le Fils de Dieu prend la forme de serviteur en deux manières. G. 2, 13.

Jésus est doublement en l'état et forme de serviteur ; c'est à savoir, et par l'abaissement de sa personne divine à une nature créée, et par son humiliation jusqu'au supplice servile de la croix. El. II, 12.

Jésus-Christ est serf de son Père : et par cela il lui rend le plus grand hommage qui lui puisse être rendu. G. 5, 10.

Des usages divins et humains, qui conviennent à Jésus-Christ : tant au regard de son humanité propre, qu'au regard de nous. O. 23.

Le mystère de l'Incarnation ayant été accompli par voie d'exinanition, tous les autres mystères de Jésus-Christ s'accomplissent aussi par la même voie. O. 14, 2.

Le Fils de Dieu entre dans l'humiliation au premier de tous ses mystères, auquel non seulement il est humilié, mais encore il s'humilie soi-même. V. 25.

Le mystère de l'Incarnation est un mystère éternel et universel, et qui comprend tous les autres. O. 26, 3.

Jésus sanctifie et déifie tous les états et toutes les parties de la nature humaine que le péché avait souillés. V. 30.

Dans l'incarnation, il faut distinguer la substance et l'économie du mystère. La substance du mystère se trouve dans le premier moment ; mais son économie est en la variété des états et des mystères que Jésus a portée pendant tout le temps qu'il a vécu en la terre. O. 17, 18.

Jésus s'humilie jusqu'à la mort, tant en reconnaissance de ce qu'il reçoit de son Père en temps et en éternité, qu'en sacrifice de propitiation pour nos fautes. El. 1, 9.

Grandeurs de Jésus en ses abaissements. G. 11, 7.

Jésus adore ses grandeurs par ses bassesses, et relève ses bassesses par ses grandeurs. El. 1, 8.

Antithèses des grandeurs et abaissements de Jésus. G. 11, 8.

Abaissements du Fils de Dieu au mystère de l'Incarnation. O. 38, 39.

Le premier exercice du Fils de Dieu entrant dans notre nature est l'abnégation de soi-même. O. 130, 3.

Abnégation en Jésus-Christ même. L. 218.

De la naissance temporelle de Jésus. Et premièrement de sa naissance en sa Mère, au moment de l'incarnation.

Le mystère de l'Incarnation en son commencement est inconnu au monde et même à saint Joseph. V. 21, 28.

Il y a quatre secrets où l'Incarnation du Fils de Dieu est cachée, avant qu'il paraisse au monde par sa naissance. 1. Le sein du Père où elle est conclue. 2. Le ciel où elle est exposée aux anges. 3. Le cabinet de Nazareth où elle est proposée à la Vierge. 4. Le sein de la Vierge où elle s'accomplit. O. 10.

Il y a trois alliances en la naissance temporelle du Verbe : La première, de la nature divine avec la nature humaine, en laquelle il se fait homme ; la seconde, de la personne du Verbe avec la personne de la Vierge, par laquelle il se fait Fils de l'homme ; la troisième, avec les pécheurs, en laquelle il se fait leur Rédempteur et leur victime. G. 11, 11.

Les causes et la manière de la naissance de l'Eternel dans les temps. O. 38, 4.

Le Fils de Dieu est produit dans les temps, comme dans l'éternité, par voie de naissance et de génération. G. 11, 3.

Raisons pour lesquelles le Fils de Dieu a voulu venir à nous par voie de naissance et d'enfance. O. 48, 2.

Jésus, au moment de l'incarnation, est homme et fils de l'homme, et il entre dans les devoirs des créatures et des hommes, c'est-à-dire des pécheurs, et il s'offre en holocauste pour l'univers, et en état de victime pour les péchés du monde. V. 24.

Le Fils de Dieu, selon ses deux naissances, est la fleur et le fruit de l'éternité et du temps. Il est un arbre de vie et de diverses sortes de vies, car il y a en lui vie de nature, vie de grâce, vie de gloire, vie de la Divinité. O. 46, 7, 8.

La génération du Fils de Dieu dans la Trinité, est l'origine de sa mission au monde, et de son union à chacun de nous. O. 144, 2.

Le Fils de Dieu pouvait être homme sans être Fils de l'homme, et être Fils de l'homme, sans s'assujettir aux lois communes de l'enfance. O. 48, 4.

Différence des deux naissances de Jésus, en Marie et de Marie. G. 11, 12.

La naissance temporelle du Verbe va imitant et adorant sa naissance éternelle. G. 5, 2, 10. G. 11, 5.

L'adoration que Jésus rend à sa naissance éternelle, par sa naissance temporelle, n'est pas seulement par pensée, mais par état. G. 11, 5.

La nature enfante la grâce ; car Jésus est la grâce du Père. O. 38, 2.

De la nativité temporelle de Jésus en la Vierge, et de la Vierge. G. 11, 1, 2.

Les deux générations du Verbe sont par-dessus les lois de la nature : car en l'une c'est le Père qui conçoit, et en l'autre une Vierge. V. 18.

Rapports de la naissance de Jésus en Marie, à la naissance éternelle de Jésus au sein du Père. G. 11, 12.

Trois naissances de Jésus, en son Père, en la Vierge, au sépulcre : éternelle, temporelle, immortelle, et leurs rapports par ensemble. G. 10, 3.

Il y a trois demeures secrètes et non sensibles de Jésus, au sein du Père, dans notre nature, et au cœur de la Vierge ; et trois demeures sensibles et corporelles, Bethléem, Nazareth, le Calvaire. O. 51, 1.

Au moment que la Trinité achève son œuvre en la Vierge, Jésus commence le sien, traitant de notre salut avec Dieu son père, et commençant à l'opérer. V. 25.

Le premier usage de la volonté de Jésus, est l'acceptation de la croix. Cette première volonté est comme la justice originelle des Chrétiens C'est le fondement et la source de toutes les grâces du Nouveau Testament. V. 27.

L'oblation de Jésus à la croix est une action permanente, et un mouvement qui a continué sans interruption, depuis le premier moment de sa vie jusqu'au dernier. V. 24.

Jésus est en sa Mère adorant et adoré. V. 24.

Jésus dès sa conception est orné de l'usage de la raison, de la science infuse et de la lumière de gloire. Il est dans le mouvement de la grâce et dans le repos de la gloire. Dès lors il suspend sa gloire, et c'est un miracle d'autant plus grand qu'il est opéré en un état si humble et si faible. O. 27.

Les abaissements du Fils de Dieu dans l'incarnation. V. 23.

Dieu dans le mystère de l'Incarnation ne rejette rien de ce qu'il a créé, et ne désavoue que le péché seul. V. 23.

Liaison très-étroite de Jésus et de Marie depuis le moment de l'incarnation. L'occupation de la Vierge avec Jésus est ravissante et perpétuelle. V. 28.

Jésus au moment de l'incarnation connaît parfaitement Dieu, le monde et soi-même. V. 24.

Jésus est seul en la terre qui puisse être appelé Israël, c'est-à-dire voyant Dieu. V. 24.

Le corps de Jésus est formé en un moment. V. 24.

Le premier état que Jésus accepte et exerce, est celui de victime ou d'agneau. V. 24.

L'état du corps et de l'âme de l'enfant Jésus en la sainte Vierge. V. 26.

Ce petit corps est en état de vie végétante, sensitive et humaine par l'infusion de l'âme, et en état d'être et de vie divine par l'infusion du Verbe. V. 26.

L'âme de ce petit corps est un exercice tout divin, où elle n'est point affaiblie par la débilité des sens, parce qu'il n'en dépend pas. V. 26.

Jésus en ce moment commence à aimer Dieu son Père d'un amour infini, en puissance, en mérite, en dignité ; et c'est le seul amour que le Père a encore reçu vraiment digne de lui depuis quatre mille ans. V. 26.

En ce petit corps de Jésus enfant, Dieu a mis la vie, la religion et la rédemption de l'univers. V. 25.

Jésus-Christ s'appelle plus souvent Fils de l'homme, que d'aucun autre nom ; et par cela il témoigne se complaire, et en notre humanité signifiée par ce nom, et en la manière par laquelle il s'en est revêtu, ce qui enclôt la Vierge sa Mère. O. 20.

De la naissance de Jésus au monde.

De la nativité de Jésus. O. 38, 39, 40, 41, 42, etc., 92.

Le mystère de la nativité de Jésus, est un mystère de vie et de mort. L. 110.

La naissance de Jésus acquiert au Père un nouvel adorateur et une nouvelle hostie. G. 11, 4.

Jésus naît sans effort en la nature par le doux effort de la puissance divine communiquée à sa Mère. O. 53.

La naissance temporelle de Jésus est un mystère de lumière, de sainteté et d'hommage. G. 11, 4.

L'intégrité de cette seconde naissance va imitant et adorant l'intégrité divine de la première. O. 38, 5.

Les deux qualités de Père et de Dieu sont liées en la seconde nativité de Jésus. G. 11, 13.

Il y a une trinité d'effets en la nativité de Jésus ; car elle agrandit l'homme en le faisant dieu, elle agrandit la

Vierge en la faisant Mère de Dieu, et elle relève l'état du Père éternel en lui donnant pouvoir sur Dieu même. G. 11, 8.

Comme la naissance et enfance de Jésus en Marie a ses miracles, sa naissance et enfance hors d'elle a aussi les siens. Elle est annoncée par les anges, honorée d'une nouvelle étoile, adorée des rois. Elle épouvante Hérode, elle sanctifie les innocents, etc. O. 27.

Jésus fait chose plus grande par sa naissance que par sa croix, car par sa naissance il nous donne une Mère de Dieu ; et sa croix se termine à la filiation adoptive qui est beaucoup moins. G. 11, 11.

Il y a grandeurs et abaissements en cette naissance ; et nous devons exercer notre foi sur l'un, et nos sens sur l'autre. O. 38, 4.

Il y a des effets admirables de puissance en l'état d'impuissance que porte la nativité de Jésus. G. 11, 8.

De l'enfance de Jésus.

La naissance et enfance de Jésus est un mystère de Jésus et de Marie tout ensemble ; c'est un mystère de vie mourante et souffrante, puisque Jésus naît que pour souffrir et mourir, et nous y devons trouver pour nous la vie et la mort, vie à Jésus et mort à nous-mêmes. L. 42.

L'état d'enfance est de considération particulière en Jésus ; parce qu'il est le premier, qu'il est de longue durée, et qu'il porte privation de plusieurs effets en une personne divine avec la divinité. O. 48, 4.

Conduite admirable de la sapience divine de Jésus enfant. O. 56.

Il y a trois incapacités en l'enfance ordinaire : 1° au regard de la conversation ; 2° au regard de la vie humaine ; 3° au regard de la vie de grâce. Et au lieu de ces trois incapacités il y a trois vies miraculeuses en l'enfant Jésus ; vie divine, vie glorieuse, vie voyagère. Sa vie divine est triplement divine, c'est à savoir par subsistence, par opération de la divinité en l'humanité, et par communication de l'humanité avec la divinité. O. 49, 2.

Des trois captivités de Jésus en son enfance, en ses souffrances et en l'Eucharistie. O. 78.

Jésus a sanctifié et même déifié l'enfance, la mort, et tous les autres états de notre nature souillée par le péché. O. 17, 18.

L'enfance de Jésus pour être déifiée ne laisse pas d'avoir ses bassesses ; et par cet état il est en dépendance, en indigence et en impuissance. Mais ces bassesses sont remplies de grandeurs, et l'auteur en spécifie jusqu'à dix. O. 49.

Dieu qui a créé le monde en sa puissance et sapience, le veut sauver en son impuissance et en son enfance. Mais cette impuissance est l'effet d'une grande puissance, et cette enfance contient une profonde sapience. O. 48.

L'enfance de Jésus-Christ demande que nous lui consacrions toute notre sensibilité sans en rien réserver, ni pour nous, ni pour autrui. L. 30, 75.

L'Enfant Jésus en silence fait parler les hommes et les anges. O. 59.

L'enfance de Jésus donne grâce d'innocence, grâce de conduire, et grâce de se laisser conduire. O. 49.

Dévotion à la divine enfance de Jésus. L. 109.

Oblation à Jésus en sa divine enfance. O. 160.

De l'Épiphanie et oblation de Jésus au temple.

De l'Épiphanie ou manifestation de Jésus aux rois. O. 51, 62.

Les rois mages sont envoyés par le Père éternel à son Fils, comme sages, comme rois, comme riches, pour rendre hommage à son enfance, à son impuissance, à sa pauvreté. Et ils lui rendaient cet hommage au nom de toute la terre et comme procureurs de tous les gentils. O. 52.

Jésus par un secret conseil et une conduite de quelque rigueur, sépare de soi ces rois, et les renvoie en leur pays. Mais cette rigueur est pleine de grâce, et dans les trésors de Jésus il y a grâce séparante aussi bien que grâce unissante. O. 52.

Le Fils de Dieu se manifeste comme Fils de Dieu, comme Homme et comme Fils de l'homme, et il joint sa manifestation à celle de la Vierge sa Mère. O. 51.

Double Épiphanie ou manifestation de Jésus, l'une en son enfance, l'autre en son adolescence. O. 92, 15.

De l'oblation de Jésus au temple. O. 55, 56, 57.

L'oblation de Jésus au temple est un mystère de lumière et de manifestation, et toutes les manifestations secrètes et intérieures que Jésus fait de soi-même aux âmes, relèvent de cette première. O. 57.

Les pensées de l'âme sainte de Jésus porté en Jérusalem entre les bras de sa Mère. Il sait du conseil de Dieu sur soi, ce que sa Mère ne sait pas, et il emprunte la langue de Siméon pour lui en découvrir quelque chose. Il semble qu'il prend plaisir d'aller reconnaître le lieu où il souffrira un jour pour le salut du monde. O. 56.

Du baptême et de la pénitence de Jésus-Christ et de son état au désert.

Le Fils de Dieu a commencé sa vie publique par son humiliation, se soumettant au baptême de son serviteur Jean-Baptiste. Cette humiliation est si grande, que saint Jean ne la peut supporter, moins en être l'instrument, mais elle est si puissante qu'elle le force à le faire. O. 58.

De la pénitence de Jésus-Christ. O. 58, 59.

La vie pénitente de Jésus-Christ divisée en trois points : privation, humiliation, affliction. O. 135.

L'état du Fils de Dieu au désert n'est pas d'élévation, mais d'humiliation et de bannissement. O. 58.

De Jésus au désert. Il faut honorer l'exil de Jésus au désert, et l'avilissement intérieur que son âme divine a voulu porter par cette espèce de bannissement que le Saint-Esprit nous représente par ces paroles pleines d'énergie : *Spiritus expulit eum in desertum*, et par ces autres, *et Jesus erat cum bestiis*. L. 24.

Le pécheur est séparé de Dieu, est exposé au diable, est ravalé à la condition des bêtes ; et Jésus-Christ porte ces trois effets autant que sa sainteté le permet. Il prend sur soi tout ce qui est de la peine du péché, c'est-à-dire le tourment et la confusion : et ainsi il déifie en sa personne l'état du péché et non-seulement les divers états de la nature, à raison de quoi saint Paul l'appelle *péché*. (*II Cor.* v.) O. 58.

De Jésus comme vie et lumière.

Jésus-Christ est vie dans la divinité. Son humanité est vie par la divinité qui lui est unie personnellement. Sa Passion même est sa mort est cause efficiente de vie selon saint Thomas. O. 30, 31.

Vie de la Divinité en l'humanité. El. 11. 9.

L'union de la vie incréée à l'humanité la rendait tellement vive, que si Jésus-Christ n'eût suspendu l'actuation de la vie, l'humanité n'eût pu mourir. Et c'est en ce sens que quelques Pères ont attribué la mort de l'humanité de Jésus à la séparation de la divinité, ce qui ne s'entend pas d'une séparation achevée mais seulement quant à ce point. O. 30.

Trois sortes de vies céleste et incompréhensible en Jésus : vie divine, vie méritante ou voyagère, vie glorieuse ; et derechef sa vie voyagère est divisée en deux sortes d'effets ; les uns de privation et suspension, les autres de plénitude et d'infusion, tous également précieux et adorables. G. 2, 8, 9. G. 12, 2.

Ces trois vies ont chacune leur propre séjour : la première, le sein du Père ; la seconde, son amour envers nous ; la troisième, sa gloire. G. 12, 2.

La vie de Jésus en sa double essence, à son origine en nos iniquités et en l'amour du Père, est toute nôtre. Elle est le principe, le modèle et la fin de la nôtre. O. 6.

Le mystère de l'Incarnation est un mystère de vie, et pour les hommes et pour les anges, et même pour Dieu qui y a une nouvelle sorte de vie. O. 26.

Il y a plusieurs sortes de vie en Jésus, et elles sont toutes nôtres. O. 31.

Dieu, Jésus et Marie sont vie et source de vie. G. 6.

Le Fils de Dieu est lumière et vient à nous comme lumière, et les conditions de la lumière sensible se trouvent en sa communication temporelle. O. 42.

De la grâce, sainteté et impeccabilité de Jésus-Christ ; de sa condition passible et mortelle, et de la ressemblance de la chair de péché dans laquelle il est venu en ce monde.

Le Fils de Dieu a pris la semblance de la chair de péché et l'a déifiée en sa personne. O. 58.

Le Fils de Dieu entre en l'état de péché pour trois raisons : 1° pour nous ressembler en tout ; 2° pour honorer son Père ; 3° pour détruire le péché en nous. O. 59.

Dieu s'unissant à l'homme, prend une nature passible et non un corps glorieux. G. 9, 3.

Dieu prend un corps qui porte la ressemblance du péché et imprime le caractère de la grâce et de la subsistance divine dans cette même masse qui porte le caractère du péché. V. 23.

Le corps de Jésus ayant reçu la sainteté divine et incréée, ne reçoit pas, néanmoins, le privilège de la gloire, mais demeure sujet à nos misères. V. 23.

Tous ces abaissements sont rehaussés jusqu'à l'être et à la subsistance de Dieu, et sont de dignité infinie V. 23.

Suspension de gloire en Jésus pendant trente ans. G. 8, 10.

Cette suspension est un effet de très-grande puissance. O. 58.

L'amour divin qui est unissant et élevant, est, par un miracle continuel, séparant et abaissant en Jésus. G. 12, 2.

La suspension que le Fils de Dieu fait de la gloire due à son corps, tant par la divinité que par la gloire de l'âme, est une très-grande pénitence et qui dure toute sa vie. O. 58.

De la sainteté de Jésus-Christ et de la sanctification de notre nature en lui. O. 88, 89.

Dieu, infiniment saint, sanctifie hautement ce à quoi il daigne appliquer sa personne et son être. Le Père éternel est la première source de la sainteté infinie du mystère de l'Incarnation; c'est lui qui sanctifie la nature humaine en l'unissant à la personne et à la divinité de son Fils, et cette union ou application est appelée onction dans les Ecritures. O. 88.

Cette humanité est sainte par la divinité même, qui est une sainteté substantielle. G. 7, 6. El. II, 16.

La grâce de Jésus est une grâce qui le déifie; c'est une grâce substantielle; c'est une personne divine qui remplit son être naturel et humain. O. 56.

La manière de sanctification du nouvel homme, qui est Jésus, se fait par une intime communication de la divinité à l'humanité, en l'unité de la personne du Verbe. Tellement qu'il est sanctifié en soi-même et dans sa propre personne, mais toutefois avec anéantissement de la personne humaine. O. 116.

Différente sanctification d'Adam et de Jésus-Christ. Adam n'est sanctifié qu'en la superficie de l'âme, mais Jésus-Christ est sanctifié en la racine de l'être et en sa personne, laquelle est divine. Dieu, qui est saint par essence, a fait un homme saint par subsistence. En l'état d'innocence, la sainteté était dans l'homme, et, en l'état présent, l'homme est dans la sainteté, car il est sanctifié en Jésus-Christ et comme l'un de ses membres. Le Chrétien doit perdre sa subsistence en Jésus et comme l'un de ses membres. Le Chrétien doit perdre sa subsistence en Jésus comme l'humanité de Jésus perd la sienne en la personne du Verbe, et lorsqu'il est parvenu à ce point, il ne peut plus déchoir de la sainteté. O. 110.

Antithèses du premier et du second Adam. G. 11, 8, V. 19.

Il faut adorer l'indissolubilité de l'âme sainte de Jésus au regard de la divine essence, à laquelle elle est liée indissolublement: 1° par subsistence, 2° par jouissance, 3° par assistance spéciale, 4° par éminence de grâce. Il faut demander à cette âme déifiée qu'elle nous donne par grâce et miséricorde une participation de cette indissolubilité pour ne la point offenser. On peut aussi honorer l'unité de la très-sainte Trinité et lui demander union inséparable par l'efficace de cette unité suprême. L. 24.

De la souveraineté de Dieu et de Jésus-Christ au mystère de l'Incarnation.

De la souveraineté de Dieu par le mystère de l'Incarnation. O. 13.

Dieu, avant le mystère de l'Incarnation, a pouvoir sur le néant, sur la nature, sur la grâce; mais, par ce mystère, il est uni ensemble le Père et le souverain de son Fils. Et la paternité divine est en quelque façon accomplie par l'Incarnation du Verbe, qui joint la dépendance à l'émanation. O. 13.

Dieu entre dans le ressort de sa propre juridiction par le mystère de l'Incarnation. G. 4, 9.

De la souveraineté de Jésus. O. 53; O. 90, 91, 92, 121.

Jésus, selon sa génération temporelle, porte pour sa différence des autres œuvres de Dieu, être Dieu. Et cette éminence de son être et de son état fonde légitimement sa souveraineté sur les choses créées. La souveraineté de Jésus, en tant qu'Homme-Dieu, est établie sur trois titres, sa filiation, la donation du Père et la prière qu'il fait au Père. Et ces trois titres sont marqués expressément dans ce qu'il dit de soi-même au psaume II. O. 90.

Le plus digne empire de Jésus-Christ n'est ni sur le corps, ni sur les âmes, ni sur les anges, mais surtout sur lui-même, et consiste au pouvoir de suspendre l'émanation de la divinité de son âme glorieuse sur son propre corps. O. 13, 5.

La souveraineté de Jésus est moins sensible en sa seconde naissance et sa vie passible, et, néanmoins, il est reconnu roi et en sa naissance et en sa mort. G. 12, 6.

Jésus, souverain du grand monde est le Sauveur du petit monde. V. 17.

La souveraineté est autant inséparable de Jésus, en quelque état qu'il soit, que la divinité. G. 12, 6.

Jésus s'assujettit à la nature en ce qu'il lui plaît, mais il la dompte et se l'assujettit quand il lui plaît. V. 21.

Jésus, persévérant en l'humilité de son incarnation, se prive de l'usage de sa puissance souveraine, au même moment qu'il la reçoit. O. 39, 6.

Il y a trois choses à distinguer et à honorer en la souveraineté de Jésus: 1° qu'il est digne de la souveraineté, et que, néanmoins, il ne s'y ingère pas par lui-même; 2° son établissement actuel dans la souveraineté, par la conduite et le vouloir de son Père; 3° l'usage de la souveraineté. O. 195.

Le Fils de Dieu, s'anéantissant dans le mystère de l'Incarnation, se plaît en l'abaissement, et le Père, honorant le désir qu'il a de s'abaisser, lui donne la souveraineté qu'il lui veut donner, par une voie humble, l'obligeant de la lui demander: *Postula a me, et dabo tibi gentes, hæreditatem tuam.* O. 39, 6.

Jésus-Christ est plus connu dans l'Écriture par sa souveraineté que par sa divinité, et cela nous apprend l'obligation que nous avons d'entrer en sa servitude. O. 121.

Jésus-Christ est publié roi à l'entrée de sa nouvelle vie, par l'ange et les mages, et à la fin, par Pilate même son juge et son ennemi. Il prend un soin tout particulier de nous apprendre sa royauté, car il importe de la reconnaître, et tous ceux qui ne la reconnaîtront pas, soit grands, soit petits, périront. O. 53.

Jésus est roi en ses deux naissances, et reconnu roi jusque dans le temps de sa mort. E. V. 1.

Jésus-Christ est Roi des rois, et les rois qui ne voudront point lui obéir, seront exterminés par son pouvoir. E. V. 1.

Jésus-Christ est un souverain nécessaire à la terre. Ses qualités, bien différentes de celles des autres monarques. V. 2.

Promesses, commencement et progrès de l'empire de Jésus. O. 9, 11.

Au même jour et au même moment, Dieu donne Jésus au monde et le monde à Jésus. O. 91, 13.

Du Fils de Dieu comme principe et chef de la nouvelle créature et source infinie de grâce.

De Jésus, comme chef des hommes et des anges. O. 149.

Paternité de Jésus en l'ordre de la grâce. G. 10, 5.

Jésus est le principe de la nouvelle création, et l'univers de la nouvelle créature. O. 111, 7. O. 112, 2.

Nous adorons deux principes égaux, mais subordonnés, Dieu et Jésus-Christ. G. 5, 8.

Jésus-Christ qui est principe de l'amour incréé dans l'éternité, a voulu être le principe d'une nouvelle manière de grâce et d'amour dans les temps. G. 2, 3.

Le Fils de Dieu est particulièrement notre Dieu. V. 22.

Jésus-Christ est la grâce des grâces. V. 11.

Jésus-Christ, soleil de justice et source de grâces. G. 8, 1.

Jésus est le seul nécessaire. O. 143.

Jésus est la voie et la vie. O. 143.

Jésus est la vie, la forme et la différence de l'éternité. O. 100.

Jésus au ciel et en la terre est une vive source de grâce et d'amour, mais d'amour différent. M. 14.

Jésus est la vie et il n'y a point d'autre vie que lui, et cette vie est toute nôtre. O. 144.

Jésus-Christ est non-seulement le principe de tout bien, mais aussi le supplément de ses créatures. L. 170.

Comme Dieu, selon sa divinité, opère incessamment en nous, ainsi est-il de Jésus, selon sa humanité déifiée. O. 167, 5.

Les voies que Jésus-Christ tient pour nous sanctifier. O. 111, 7.

Il y a deux capacités divines en Jésus, l'une de Dieu, l'autre des âmes. O. 54.

Il y a en Jésus une manière d'immensité qui doit contenir et occuper tout esprit. O. 31, 52, 54.

Il y a plusieurs substances en l'ordre de la nature, mais il n'y en a qu'une en l'ordre de la grâce, et celle-là est Jésus. G. 2, 5.

La sainteté créée est subsistante en relation à Jésus, comme la sainteté incréée subsiste dans les relations que les personnes éternelles ont les unes aux autres. G. 2, 5.

Jésus-Christ est un nouveau monde, monde des perfections et grandeurs de Dieu, comme cet univers est le monde des créatures de Dieu, monde où nous devons demeurer, monde que nous devons adorer. O. 111, 7.

Jésus-Christ institue une religion toute divine de laquelle il est la plénitude et le tout. Au lieu que dans l'état précédent, les hommes recevaient de Dieu quelques grâces et lui offraient quelques usages; dans l'état de la religion chrétienne, ce que les hommes reçoivent de Dieu, c'est son Fils, et ce qu'ils offrent à Dieu, c'est son Fils. O. 14.

C'est par la parole que Dieu se communique en soi-même et en son éternité, et c'est par la parole que Jésus-Christ, qui est sa parole incarnée, se communique dans le temps, établissant son Eglise sur cette parole de saint Pierre, *Tu es Christus, Filius Dei vivi*, et sur celle-ci : *Tu es Petrus et super hanc petram*. O 55.

Le dessein de Jésus-Christ est de ne faire qu'un, d'esprit, de cœur et de corps avec nous. L. 2.

Jésus-Christ est tout nôtre, et nous devons être tous siens. G. 9, 4.

En combien de manières nous sommes à Jésus. El. I, 14.

Jésus-Christ est Fils de Dieu vivant, et les Chrétiens sont enfants d'un Dieu mort. G. 10, 5.

D'une alliance si étroite de Dieu avec l'homme, comme est le mystère de l'Incarnation; on ne peut attendre qu'une vie divine. O. 14.

Les qualités de Dieu et les vertus de Jésus sont opératives, et elles produisent en nous leur semblance. L. 39.

Tout nous est donné en Jésus, et nous ne devons regarder que Jésus. Le pouvoir de bien faire, même la vie naturelle, ne nous sont donnés qu'en Jésus. O. 29, 3.

Les fidèles ont leur rapport à la vie voyagère de Jésus, et les compréhenseurs à sa vie de gloire. El. I, 17.

Jésus est la voie et la vie; et l'âme doit demeurer et vivre en lui, et non en soi ni en son corps. L. 95.

Il y a trois lumières en l'état de Jésus : la lumière de la foi, qui conduit le saint; la lumière de la piété, qui conduit la perfection; la lumière de la gloire, qui conduit la béatitude; et des différences et propriétés de ces trois lumières. Toutes trois nous mettent en la servitude de Jésus-Christ; la première commence, la seconde avance, et la troisième en consomme l'état. N. 27.

Deux sortes d'amour en Jésus : l'un unissant, l'autre séparant. M. 9, 10.

Jésus-Christ prend notre faiblesse, et nous donne sa force. L. 2.

Jésus-Christ et en la terre et au ciel, est attentif à chacun de nous, comme s'il n'avait que cela à faire; et nous devons être occupés de lui comme s'il n'y avait que lui et nous au monde; et nous tout pour lui. L. 9.

Du vœu de servitude à Jésus-Christ, et qu'il est essentiel à la religion chrétienne. N. 24, 25, 26, 29.

De la conversation, passion, mort, sépulture, résurrection, ascension, et second avénement de Jésus-Christ et de ses mystères en général.

Les grâces et priviléges du temps que le Fils de Dieu a honoré la terre de sa conversation. O. 102.

Catéchèses du Fils de Dieu à la Samaritaine, et explication de ces paroles, *Si scires donum Dei*. S. Jean IV. O. 103.

Jésus en la première partie de sa vie, est occupé de son Père, et en ses dernières années il travaille pour nous. O. 167, 4.

Les souffrances de Jésus-Christ ont commencé au moment de l'incarnation, et la Vierge a eu part à sa croix aussitôt qu'à sa grâce. O 9, 3.

La croix a été continuelle, et il l'a trouvée en Thabor aussi bien qu'au Calvaire; et à son exemple, nous devons vivre et mourir en la croix. L. 51.

Il y a deux vies au Fils de Dieu, celle de la croix et celle de la gloire : celle-ci est le sujet de l'autre et la dignifie. Les souffrances de Jésus sont établies dans sa vie glorieuse et divine. Il a eu pendant toute sa vie des sentiments de sa croix; les uns d'angoisses, les autres de langueur. Ces sentiments ont été universels au cœur, en l'âme et en l'esprit. Un de ces sentiments a été son agonie. Il y a trois principes de ces sentiments douloureux : la pensée, la lumière (même de Dieu), et la main de Dieu. Le délaissement en la croix est un de ces sentiments opérés immédiatement de la main de Dieu. O. 68.

De la Passion du Fils de Dieu. O. 60, 61, 62, etc.

Jésus n'est point du monde, et ne prie pour le monde. L. 175.

La mort de celui qui est la vie même, c'est-à-dire la plus grande mort, est causée par le plus grand acte de vie public et solennel en soi et procédé, c'est à savoir la résurrection du Lazare. Et ce, fort convenablement, puisque cette mort est vie et source de vie, pour les âmes et pour les corps. O. 61.

L'envie et la malveillance des Juifs en suite de la résurrection du Lazare, semble être l'origine de la mort de Jésus; mais cette mort a deux principes plus hauts et plus divins : l'un le conseil éternel du Père, l'autre l'oblation du Fils au moment de l'incarnation. O. 61

Dix stations différentes de Jésus allant à la mort. O. 64.

Trois agonies en Jésus : une qui commence sa vie, une qui la finit, et une qui commence sa Passion au jardin. Cette première se divise derechef en trois sortes d'agonies et de combats : 1° de la Divinité avec l'humanité; 2° de la vie passible avec la vie glorieuse; 3° de la sainteté avec l'état de péché, auxquels on peut ajouter un quatrième, qui est du retardement de sa passion avec le désir pressant de souffrir. O. 66.

Des souffrances intérieures du Fils de Dieu. O. 68.

De la flagellation de Jésus. O. 67.

Les plaies de Jésus sont causes de vie et de joie dans le ciel; mais cause de douleur en la terre. M. 14.

L'effusion qu'il fait de son sang jusqu'à la dernière goutte, est un témoignage de l'effusion qu'il fait pour nous de ses grandeurs en l'excès de son amour. El. I, 9.

Les souffrances de Jésus en croix sont honorées par le Père éternel. M. 14.

La vie sensible de Jésus a été divinement consommée en la croix. Nous devons dédier notre sensibilité à la vie sensible de Jésus, et enfin nous la devons perdre dans la consommation de cette divine sensibilité en la croix. L, 219.

Des clameurs de Jésus en la croix, et de l'ouverture de son côté par le fer de la lance. O. 69.

Dévotion à la vie et aux langueurs de Jésus en croix. L. 109, 5.

De la dévotion de l'Eglise à la Passion du Fils de Dieu. O. 70, 71.

Dévotion au jour du vendredi. O. 71, 72.

L'Eglise nous remémore la croix du Fils de Dieu en toutes les parties de ses offices divins. O. 70.

De la mort de Jésus-Christ. O. 109.

La mort même de Jésus opère vie dans les âmes auxquelles il lui plaît de la communiquer. M. 5.

La mort de Jésus est une manière de mort qui rend un hommage infini à Dieu, et qui vivifie la mort même. O. 17.

La génération qui appartient à Jésus mourant est remplie de puissance, de sainteté, de divinité. O. 53, 4.

Dévotion aux souffrances et à la mort de Jésus, pour une âme que Dieu conduisait par le chemin de la croix. L. 110.

De la sépulture de Jésus et la sainteté du monument, qui est le trône de Dieu mort pour nous. M. 7; O. 102.

Saint Joseph d'Arimathie est choisi du Père éternel pour honorer son Fils au jour de son déshonneur, et pour commencer l'honneur public qui devait être rendu à sa croix en l'Eglise jusqu'à la fin des siècles, et même dans l'éternité. O. 102.

Lorsque le Fils de Dieu fut mort, les disciples ne pensaient point à l'ensevelir : la Vierge était en quelque impuissance de lui rendre ce devoir; et cette charge si honorable est réservée à Joseph. O. 102.

De la résurrection, ou troisième naissance de Jésus. G. 12; O. 73.

Jésus naissant une troisième fois, devait naître au ciel; et néanmoins son amour envers son Eglise l'arrête en la terre pour quarante jours. G. 12, 2.

De la gloire de Jésus comme Fils unique du Père. G. 12, 3, 4.

Antithèses de la seconde et de la troisième naissance de Jésus. G. 12, 5.

Jésus en sa résurrection et vie glorieuse, triomphe de l'univers et pour l'univers. G. 12, 5.

Jésus est le premier né de Dieu en sa première naissance, le premier né de la Vierge en la seconde, le premier né des morts en la troisième. G. 10, 3.

Nous devons notre être naturel à sa première naissance; notre naissance en la grâce à la seconde, et notre gloire et résurrection à la seconde. G. 10, 5.

Grande différence entre la gloire qui est donnée à Jésus-Christ par son Père, et celle qui lui est rendue par ceux qui croient en lui et l'adorent. G. 8, 9.

Il y a une vie qui n'est que mort, qui est sa vie sur la terre; et une vie qui n'est que vie, qui est sa vie au ciel. Jésus est un Homme-Dieu, et glorieux dès son incarnation, est néanmoins privé de plusieurs effets de son état divin et de son état glorieux; ce qui appartient à l'état de mort, dans lequel il est sur la terre. Mais outre cette manière de vie, qui n'est que mort, il y a en Jésus une autre sorte de vie, qui est sa vie souffrante et mourante, réservée à la fin de ses jours; et saint Jean nous apprend que c'est dans ce mystère de mort qu'il a consommé son amour. O. 60.

La vie ressuscitée de Jésus se communique à peu en la terre; mais où elle se communique elle porte des exemptions singulières de la nature et du péché. O. 100.

Jésus, qui conserve ses navrures en son corps jusque dans la gloire, se plaît d'être servi par des cœurs navrés, et il se navre lui-même de douleur et d'amour. M. 10.

Le Fils de Dieu est uni à notre nature comme Dieu et comme Fils de Dieu, dès le moment de l'Incarnation; mais il n'y est uni comme splendeur du Père, qu'à l'entrée de la vie glorieuse et immortelle. G. 8, 8.

Nous sommes à Jésus-Christ par le mérite de sa mort et par le pouvoir de sa résurrection : l'une nous acquiert la grâce, et l'autre nous donne la gloire. L. 100.

De l'Ascension de Notre-Seigneur. O. 74, 75.

Les autres mystères sont de la terre, mais l'Ascension est le mystère du ciel. C'est la fête de Jésus-Christ qui y est entièrement établi en sa gloire. C'est la fête des anges qui reçoivent l'humanité sainte pour laquelle ils ont combattu. C'est la fête de la Vierge et de tous les élus. Les anges s'éjouissent en cette fête, où tant de pécheurs entrent non simplement dans la grâce, mais dans la gloire de Dieu. O. 75.

Jésus-Christ montant au ciel nous laisse son esprit et son corps. C. 7.

L'humanité sacrée appartient aux hommes par donation gratuite, et aux anges par droit de combat et de victoire. O. 75.

Jésus-Christ partage ses états déifiés entre les siens comme autant de sources de grâce et de vie divine. O. 17, 2.

Il y a deux avénements du Fils de Dieu au monde : l'un en chair passible, et l'autre en gloire et en majesté; et Dieu a ordonné qu'il y eût dans le monde attente et gémissement, au regard de l'un et de l'autre. G. 9, 5.

Les mystères de Jésus-Christ sont passés quant à quelques circonstances ; mais quant à plusieurs autres, ils dureront éternellement. Non-seulement le mérite et le pouvoir du mystère a opérer grâce qui a dédié les âmes durent à jamais, mais aussi l'affection et le goût du mystère; et Jésus-Christ est toujours en disposition de les réitérer s'il était nécessaire. Il y a dans les mystères du Fils, esprit et corps : le corps passe, mais l'esprit demeure. Les mystères de Jésus-Christ qui ont une sorte de perpétuité en lui-même, nous sont communiqués et continuent en nous; ainsi sa passion, qui persévère en lui selon quelque chose, s'accomplit en la personne de saint Paul sur la terre. O. 77.

Jésus en ses mystères est un sujet propre et domestique à tous, de quelque condition qu'ils soient et malheur à ceux à qui il sera étranger. O. 59, 5.

Il n'y a rien de petit dans les mystères du Fils de Dieu, et chacune de leurs circonstances mérite toute notre attention. O. 59, 5.

Un des usages que nous devons faire des mystères de Jésus-Christ, est un profond abaissement devant leur grandeur. L. 60.

Tous les mystères de Jésus-Christ ont quelque chose de propre : sa croix est un mystère d'expiation; et sa naissance est un mystère d'adoration. G. 11, 4.

Jésus-Christ Notre-Seigneur, qui n'a pas été sujet aux maladies en son corps naturel, s'y assujettit en son corps mystique; et un des devoirs des personnes malades, est de renoncer à elles-mêmes et se donner à lui, afin qu'il s'hono e et Dieu son Père dans leur infirmité. O. 76.

De l'honneur dû à Dieu et à Jésus-Christ.

Explication de deux manières d'adorer Dieu, l'une par la pensée, l'autre par l'état et la condition naturelle ou personnelle de la créature. G. 11, 6.

De nos devoirs vers Dieu et vers Jésus-Christ. O. 161.

Nous devons honorer Jésus-Christ, non-seulement par nos actions, mais encore par l'état de notre vie. G. 5, 9.

Nos devoirs envers Jésus, comme Fils de Dieu, comme Fils de l'Homme, comme victime de Dieu. O. 169.

L'humanité de Jésus, ainsi énoncée, *in abstracto*, est adorable d'adoration de latrie. O 166.

De l'honneur dû à l'âme sainte de Jésus. Si les âmes sanctifiées par une grâce créée et accidentelle sont l'objet de l'amour de Dieu pour jamais, combien nous devons aimer l'âme de Jésus, sanctifiée par la grâce incréée et substantielle? Et si Dieu glorifie ces âmes éternellement, quelle gloire ne devons-nous point rendre à l'âme de Jésus. L. 109.

Oblation à Jésus en état de servitude. O. 162.

Toute créature doit l'hommage à Jésus comme à son souverain, en ses trois naissances. G. 12, 6.

OEUVRES COMPL. DE DE BÉRULLE.

En combien de manières nous sommes esclaves de Jésus, et le soin que nous devons prendre de lui rendre les hommages de notre servitude. G. 12, 6.

Nous devons demander à Jésus de lui appartenir par son pouvoir et non-seulement par le nôtre, et, non-seulement de le servir par nos actions, mais aussi par l'état intérieur et extérieur de notre vie. G. 2, 14.

De l'état de la très-sainte Vierge avant l'Annonciation.

Le dessein de Dieu de faire la Vierge Mère de son Fils, est la source des grandeurs de la Vierge. El. III, 8.

La conduite rare de Dieu sur la Vierge. V. 6.

Dès le commencement du monde, la Vierge est regardée comme la source de la bénédiction du monde. V. 6.

La grâce de la Vierge, dès sa conception, tend à établir une Mère de Dieu et à former un Homme-Dieu. V. 4.

Excellences de la Vierge dès sa conception et son enfance. V. 5.

Il y a trois parties principales en la vie de la Vierge : 1° sa Conception, 2° son Annonciation, 3° son Assomption, et c'est la seconde qui est la source de la grandeur des deux autres. V. 9.

La terre, par son iniquité, étant si indigne de recevoir son Sauveur, Dieu y fit naître une Vierge sans tâche, laquelle il rend digne et capable de le recevoir et de le donner au monde. V. 4.

La Vierge n'est comprise ni dans les propositions du péché, ni même dans celles de la grâce, si elle n'y est nommément exprimée comme étant si extrêmement au-dessus de la grâce commune et ordinaire. M. 2.

La Vierge est la personne la plus grande, après les personnes divines. El. II, 4, 6.

La Vierge est un ciel, et un ciel empyrée, et l'objet du ravissement des cieux. V. 19.

La vie intérieure et extérieure de la Vierge. O. 97.

La Vierge est cachée en plusieurs manières par conduite de Dieu. V. 6.

De l'humilité et divine simplicité de la Vierge. V. 6.

La Vierge coopère sans cesse à une grâce qu'elle ne discerne jamais, et cela par une divine simplicité et une fidélité parfaite. V. 9.

La Vierge est inaccessible au péché, à la tentation et à l'illusion. V. 9.

La Vierge était accoutumée de traiter avec les anges. Elle conversait comme ange avec les anges, les voyant en leurs propres personnes, et non-seulement en leurs formes empruntées. V. 9.

Différence de la première et seconde femme. V. 19.

Grandeurs et priviléges de la vie de la Vierge, toute pour Jésus et en Jésus. O. 6.

La Vierge fait un chœur à part en l'ordre de la grâce. Elle entre de jour en jour dans un élèvement admirable, et elle y entre par une infusion spéciale et une coopération parfaite. V. 5.

De la Présentation et du séjour de la Vierge au temple. V. 5.

Le vœu de virginité de la Vierge est la source de l'état de virginité en l'Église. V. 12.

Le vœu de la Vierge est une disposition très-convenable à sa divine maternité, et non un empêchement. V. 12.

Les grâces, les priviléges et l'état virginal de Marie sont cachés à l'esprit malin. V. 9.

Marie parvient à la maternité par la virginité. V. 15.

Le Fils de Dieu venant au monde, donne commencement à l'état de virginité, en sa Mère et par sa Mère. V. 15.

Les dispositions de Marie à être Mère de Jésus, sont grâces méritées par Jésus même, et sont effets opérés par sa personne propre, en sa très-sainte Mère. V. 15.

Il y a deux manières de vie en la Vierge, l'une qui la prépare à la divine maternité, sans qu'elle la connaisse, l'autre qui est ce même état et vie de Mère de Dieu. V. 15.

La Vierge est solitaire en la terre, tandis que Jésus n'y est point, car il est seul digne de lui tenir compagnie. V. 15.

De l'Annonciation de la Vierge et de son colloque avec l'ange.

De l'Annonciation de la Vierge. V. 7, 8, 9, etc.

Les qualités de saint Gabriel, qui est l'ange envoyé à la Vierge. V. 8.

Il y a trois effets singuliers de la très-sainte Trinité au mystère de l'Annonciation : 1° la grâce donnée à saint Gabriel pour l'annoncer; 2° la grâce de la Mère de Dieu de la Vierge; 3° la grâce d'union de l'humanité avec la personne du Verbe. O. 9.

De la salutation angélique. V. 11.

De l'état et occupation de la Vierge à l'arrivée de l'ange. V. 7.

L'humilité de la Vierge en son colloque avec l'ange. V. 10.

La Vierge s'étant déjà abaissée dans le néant de la créature, elle s'abaisse dans le néant du Créateur fait Homme, lorsque ce mystère lui est annoncé. V. 12.

Cette parole de la Vierge : *Quomodo fiet istud*, est l'Evangile de la virginité annoncée par la Vierge au ciel. V. 13.

Cette même parole est une parole de foi, de prudence, de pureté et de fécondité. V. 13.

Il y a un combat entre la Vierge et l'ange, mais combat qui se passe en tranquillité, en silence, en lumière, comme les combats célestes et des âmes célestes. V. 10.

Ce combat est entre deux anges et deux vierges, car les anges sont vierges et les vierges sont anges. V. 10.

Considération de ce combat céleste, où plus l'ange élève la Vierge, plus elle s'abaisse. V. 10.

La Vierge ne peut ni accepter ce que dit l'ange ni le désavouer, et elle demeure dans une suspension admirable, sans refus et sans adhérence. V. 10.

Combat et accord de la virginité et de la maternité en Marie, avec rapport du combat, et accord de la justice et de la miséricorde en Dieu. O. 99.

Cette parole de la Vierge, *Quomodo*, etc., est une parole d'autorité, et Dieu donne droit à la Vierge de délibérer de cet œuvre et ne le veut accomplir en elle que par elle et de son consentement. V. 13.

L'étonnement de la Vierge est un étonnement d'esprit et non des sens, de grâce et non de nature, de lumière et non de faiblesse, etc. V. 11.

La personne du Saint-Esprit et la personne du Père sont nommément et distinctement appliquées à la Vierge et à l'œuvre de l'incarnation en la Vierge. V. 20

Explication de ces paroles : *Spiritus sanctus superveniet in te*. V. 20.

Le Saint-Esprit en sa personne, et non-seulement en ses dons, est communiqué à la Vierge. V. 20.

La personne du Saint-Esprit prépare le corps et l'esprit de la Vierge à cette opération, et la personne du Père s'unit à elle comme Père, en unité d'office et d'opération, et cette union tend en elle à la génération nouvelle du Fils du Très-Haut. V. 20.

Préparation de l'esprit et du corps de la Vierge pour la naissance temporelle du Verbe éternel en elle. V. 19.

Explication de cette parole : *Virtus Altissimi obumbrabit tibi*. V. 20.

Le Père éternel et la Vierge sont joints en unité de puissance et de principe, et cette unité élève sa virginité et la rend divinement féconde. V. 20.

Dieu tire la Vierge de ses conditions naturelles dans une puissance de grâce, puissance extraordinaire en l'ordre de la grâce, puissance émanée de celle par laquelle il engendre son Fils éternellement. V. 20.

L'exemple d'Élisabeth, où Dieu tire le précurseur d'un fonds stérile, est employé à déclarer cet œuvre miraculeux, où Dieu tire le Messie d'un fonds pur et virginal. V. 14.

Une des grandeurs de la Vierge est que le Père éternel attend son consentement pour accomplir l'œuvre de l'incarnation. G. 11, 10.

L'humilité de la Vierge ne l'étonne ni ne l'arrête dans le temps de son Annonciation, parce que la manifestation de ses grandeurs étant jointe à la claire vue de l'abaissement de Dieu vers son néant, cela soutient et affermit son humilité. V. 12.

Ces paroles : *Ecce ancilla Domini, fiat mihi*, etc., la disposition dans laquelle la Vierge les profère, sont expliquées. V. 15, 16, 17.

La Vierge parle à l'ange comme un ange, et sa langue, comme langue angélique, ne porte qu'effets et lumières pour paroles. V. 15.

Cette parole est la parole de la plus grande puissance qu'elle proférera jamais et du plus grand contentement qu'elle aura jamais. V. 15.

Il faut peser que celle qui parle est la plus grande personne qui sera jamais, après les trois personnes de la sainte Trinité, et elle parle à l'entrée du plus grand état où elle sera jamais. V. 15.

Cette parole lui est inspirée par la parole éternelle qui va s'incarner en elle, et elle contient sa dernière disposition à ce grand mystère. V. 15.

La Vierge est lors au comble d'une grâce très-éminente, qui s'est accrue de moment en moment depuis quinze ans. Mais ce comble n'est que le commencement d'un nouvel état, dans lequel elle va entrer. V. 15.

En la Vierge répondant à l'ange : *Ecce ancilla Domini, fiat mihi*, etc., il y a deux mouvements différents : l'un dans la servitude et le néant de la créature, l'autre à son Dieu et à son Dieu pour être sa Mère, mouvement qui ne convient qu'à elle. V. 16.

Le *Fiat* de la Vierge n'est pas seulement une parole de consentement, mais aussi de désir, et désir opéré par la main du Très-Haut, V. 16.

Des deux paroles de la Vierge à l'ange, la première est une parole d'étonnement, la seconde de consentement; l'une d'obscurité, l'autre de lumière, et de lumière qui pénètre jusqu'au sein du Père. V. 15.

Défense de la Vierge et de son colloque avec l'ange contre les hérétiques qui osent l'accuser de curiosité, et même d'infidélité. V. 15.

La Vierge est en un état de ravissement; mais sans cette faiblesse et perte des sens qui se trouvent dans les ravissements des âmes les plus saintes de la terre. V. 28.

Divers objets du ravissement de la Vierge. V. 29.

La fécondité de la Vierge se termine en Jésus à l'union hypostatique, et en la Vierge à la maternité divine, rehaussant ainsi la nature créée de la subsistance divine, et la personne créée de Marie de la dignité de Mère de Dieu. G. 11, 10.

De tous les moyens qui pouvaient être employés à faire naître le Messie au monde, Dieu choisit le plus divin et le plus honorant la pureté de Marie. V. 14.

De la Vierge donnant son Fils au monde; de la vie de la Vierge après ce mystère; de divers états et qualités de la Vierge, en suite de sa qualité de Mère de Dieu, et de l'honneur qui lui est dû.

La Vierge est en pouvoir de donner son Fils au monde par union, à la volonté du Père et du même Fils. La puissance de donner Jésus est pour jamais en la Vierge. O. 43.

Plénitude de grâce est donnée à la Vierge, non-seulement pour concevoir, mais aussi pour enfanter Jésus-Christ. O. 38, 2.

Le Fils de Dieu est donné à la Vierge, et par la Vierge au monde; comme en la sainte Trinité l'essence divine est communiquée au Fils, et par le Fils au Saint-Esprit. O. 15.

La maternité de la Vierge est accomplie par la nativité de son Fils, et elle commence d'avoir autorité sur ce grand sujet. O. 43.

La Vierge met Jésus au monde par le seul effort de l'amour du Père et du vouloir du Fils, et sans nul effort en la nature. G. 11, 12.

Jésus, naissant de sa mère, demeure divinement en elle, et a un repos ineffable au centre de son cœur. G. 10, 3.

La vie de la Vierge était tout occupée de la vie de Jésus par admiration, par conservation, par conférence. O. 31, 2.

La Vierge est la plus éminente en la vie active, et après elle sainte Marthe. O. 101.

De la dignité de Mère de Dieu de la Vierge, de ses grandeurs et divers états; de sa liaison à toutes les parties de la vie de Jésus. O. 94, 95, 98.

La Vierge est toujours servante et toujours mère, comme son Fils est toujours homme et Dieu. V. 15.

Des souffrances de la Vierge, compatissante à son Fils. O. 96.

La qualité de Mère de Dieu en la Vierge persévère dans le ciel. V. 28.

Les privilèges de Jésus et de Marie sont réservés au ciel, et la terre ne les peut porter. V. 29.

La souveraineté de la Vierge sur toutes les créatures, et notre servitude vers elle. El. III, 14.

Pourquoi la Vierge est communément appelée Notre-Dame. O. 95.

La Vierge est plus honorée de son Fils que de toutes les créatures ensemble, comme elle est plus connue de son Fils que de toutes les créatures. L'honneur que le Fils de Dieu rend à sa Mère, et elle à lui, réciproquement, fait un chœur à part dans le ciel. L. 50.

Dieu, Jésus et Marie sont tout le bien des Chrétiens. L'esprit de Jésus et de Marie est un esprit émané de l'ordre des ordres, qui est l'union hypostatique, et c'est ce que les Chrétiens doivent rechercher. La Vierge a droit de grâce, d'amour et de puissance maternelle sur Jésus. Elle a un droit spécial de donner Jésus aux âmes. L. 2.

Conduite de Dieu sur la dévotion de la Vierge en l'Eglise. O. 95.

Oblation à la Vierge en qualité d'esclave, expliquée. El. III, 10, 11, 12, 13.

Des grandeurs et priviléges de l'état de Mère de Dieu, et de sa Visitation.

L'excellent état de la Vierge à l'issue de son colloque avec l'ange. V. 17.

Rapport du sein virginal de Marie au sein adorable du Père éternel. V. 18.

La Vierge est en repos et en mouvement tout ensemble. Son occupation est action et état. Elle est en un non-être d'elle-même pour faire place à l'Etre de Dieu. V. 17.

Dieu fait en la Vierge une opération semblable à celle qu'il a de toute éternité en soi-même; et on ne peut comprendre quelle est la puissance, la plénitude et l'actualité de cette vie, qui doit opérer dignement, avec la Trinité sainte, un nouveau principe de vie et de grâce au monde. V. 17.

Le mystère de l'Incarnation est partagé entre la très-sainte Trinité et la Vierge. El. III, 5.

La Vierge a plus de part au mystère de l'Incarnation que toute la terre. O. 39, 7.

La Vierge fait chose plus grande en Jésus, que Jésus ne fait en la Vierge. G. 11, 12.

Nous ignorons si la Vierge a vu l'essence divine au moment de l'incarnation; mais bien est-il certain que depuis ce moment Dieu incarné la possède, et elle lui, d'une possession si rare qu'il n'y a ni langue ni esprit qui le puissent exprimer. V. 29.

Il y a trois fécondités divines : la fécondité du Père éternel engendrant son Fils, la fécondité du Père et du Fils, produisant le Saint-Esprit, et la fécondité de la Vierge engendrant le même Fils de Dieu dans le temps. G. 11, 9.

Don de Dieu aux hommes, mais particulièrement à la Vierge dans le mystère de l'Incarnation. Admirable société de Jésus et de Marie en suite de ce mystère. L. 2.

Le Verbe éternel, qui est en société avec le Père et le Saint-Esprit avant tous les siècles, veut être dans les temps en liaison et société avec une troisième personne, qui est la Vierge. El. III, 9.

Le Père éternel semble partager avec la Vierge son autorité sur son Fils, et en quelle manière. G. 11, 13.

La Vierge, au jour de ses grandeurs, a part à la croix de son Fils, et ce par le droit de son amour. V. 29.

Jésus n'a ni vie ni mouvement qu'en la Vierge et par la Vierge; et pourtant la Vierge est plus en Jésus que Jésus n'est en la Vierge. O. 36, 6.

Tous les sens et tout l'esprit de la Vierge sont appliqués à Jésus, dont l'esprit est plus puissant et plus opérant dans l'esprit et le corps de la Vierge que son esprit même. V. 28.

Occupation de Jésus en la Vierge, au regard de la Vierge. V. 29.

La Vierge eût dû engendrer Jésus immortel et dans la gloire, et elle l'engendre mortel; et c'est humiliation au Fils et à la Mère. V. 29.

Dignité de la chair de Marie en Jésus. G. 11, 11.

La chair de Jésus est toujours la chair de Marie, quant à l'affection et en plusieurs autres manières; combien que non quant à la subsistence. Marie souffre en la chair, et peut-être par la chair de Jésus. O. 96.

Comme en l'incarnation Dieu fait partie du nouveau composé, qui est Jésus, ainsi Jésus fait en quelque façon partie de la Vierge. O. 95.

Merveilles encloses en la Vierge depuis le moment de l'incarnation. V. 28.

Le Fils de Dieu et la Mère de Dieu prennent et donnent vie dans le mystère de l'Incarnation; mais avec cette différence que le Fils donne vie en prenant vie, et la Mère prend vie en donnant vie. O. 26, 7.

La filiation de Jésus et la maternité de la Vierge adorent par leur état la divine paternité du Père et son émanation éternelle. G. 11, 6.

La Vierge est en silence par le silence de son Fils. Le silence de la Vierge est un silence d'adoration et de transformation. O. 59, 2, 3.

Jésus est en Marie comme son Fils et son Dieu, lui donnant vie comme il reçoit vie d'elle. Il est en elle comme en son repos et en son paradis. V. 28.

Jésus a repos en la terre qu'en la Vierge et avec la Vierge. V. 19.

Jésus est fleur et fruit tout ensemble; et Marie, sa Mère, conserve la fleur de la virginité avec le fruit de la fécondité. V. 14.

Il y a trois stabilités ou résidences adorables : la première, de Dieu en soi-même; la seconde, du Verbe en l'humanité; la troisième, de Jésus en Marie. Le Fils de Dieu, qui a non-seulement vie en son Père, mais aussi vie et repos en son Père, a voulu avoir non-seulement vie de la Vierge, mais aussi vie et repos en la Vierge. L. 101.

L'union de la nature divine avec la nature humaine établit le mystère de l'Incarnation, et l'union d'une personne divine avec une personne humaine établit le mystère de la divine maternité. El. III, 8.

Les neuf chœurs des anges regardent et adorent par leur état les perfections divines; et la Vierge, par le sien, regarde et adore les personnes de la très-sainte Trinité et leurs propriétés. El. III, 7.

Rapports de la maternité divine de la Vierge à la paternité éternelle. G. 10, 5.

Grandeurs de la divine maternité. G. 11, 10, 11. V. 7.

La paternité divine est l'exemplaire de la divine maternité. Le Père éternel et la Vierge sont liés ensemble par la personne du Fils : ce qui va imitant et adorant la liaison éternelle du Père et du Fils par la personne du Saint-Esprit. El. III, 8.

La Vierge fait un ordre à part; et elle est plus grande elle seule que tous les hommes et les anges ensemble. El. III, 6.

La Vierge s'appelle et est vie. O. 97.

Du mystère de la Visitation. O. 36, 37.

Le mystère de la Visitation porte grâce de manifestation de Jésus et de Marie, et pour les connaître, il faut recourir à ce mystère. O. 36.

La parole de la Vierge saluant Elisabeth procède de Jésus et d'elle; et c'est pourquoi elle tire à l'un et à l'autre. O. 36.

Il y a deux colloques remarquables avec la Vierge : l'un de saint Gabriel, l'autre de sainte Elisabeth. Le premier commence le mystère de l'Incarnation, et le second l'effusion de la grâce qui procède de ce mystère. O. 36.

L'opération de Jésus dans le mystère de la Visitation est le plus signalé de ses effets pendant trente ans, et c'est par sa mère qu'il l'accomplit. O. 37.

De saint Jean-Baptiste, de sainte Madeleine et de sainte Marthe.

Diverses prérogatives de saint Jean-Baptiste. Ce saint est éminent et puissant à donner connaissance de Jésus aux âmes. O. 37.

Il y a deux sortes de vies données à saint Jean-Baptiste au moment de la Visitation : vie humaine et vie de grâce. O. 36.

L'esprit de saint Jean-Baptiste est en lumière dès le moment de la Visitation de la Vierge, sa grâce est en mouvement, et dès lors il fait office de prophète. O. 36.

L'enfant Jean-Baptiste est le premier à adorer Dieu devenu enfant, et Elisabeth, sa mère, est la première à honorer une Vierge élevée à la dignité de Mère de Dieu. O. 36.

La lumière de cet enfant apprend à la terre les deux plus grands secrets du conseil de Dieu, c'est-à-dire l'incarnation du Verbe et la divine maternité de la Vierge, et c'est par sa mère qu'il l'apprend au monde. O. 36.

La grâce de saint Jean-Baptiste a rapport et lie à Jésus caché, et il continue en cette adhérence à Jésus caché pendant tout le temps qu'il est au désert. O. 37.

Saint Jean-Baptiste est la voix de Jésus, et sainte Madeleine l'odeur : voix qui retentit partout, odeur qui s'épand partout. M. 95.

De sainte Madeleine. O. 100.

Le Fils de Dieu, sortant du sein de son Père, se loge au corps et au cœur de sa Mère et en son Nazareth; et en l'âge de trente ans, quittant la maison de sa Mère pour servir au conseil de son Père, il prend pour sa demeure ordinaire la maison de Marthe et de Madeleine; et il se loge en Béthanie par amour, comme il s'est logé en Nazareth par nature. O. 101.

Le Fils de Dieu établit en Béthanie, et ès deux sœurs Marthe et Marie, la vie active et la vie contemplative, et leur en donne la primauté. Ces deux sortes de vie doivent être conjointes étroitement l'une à l'autre par l'esprit de Jésus, que toutes deux regardent; et cela est donné à entendre par l'établissement qu'il en a fait en deux sœurs germaines. O. 101.

Les larmes naturelles ne sont pas dignes de pleurer Jésus. Jésus se plaît aux larmes de sainte Madeleine comme étant lui-même le sujet pour lequel elle pleure, et le principe qui produit ses larmes. M. 5.

La grâce que sainte Madeleine reçoit aux pieds de Jésus est si grande qu'elle est hors d'atteinte de la faiblesse humaine et de la rage maligne. M. 5.

Communication singulière de la pureté de Jésus à Marie Madeleine. M. 3.

Pureté et sublimité des délices célestes et divines de sainte Madeleine. O. 100.

L'amour de sainte Madeleine subsiste par voie d'être et non d'entretien et d'opération, et ressemble au feu en son élément, sans mouvement et sans nourriture. M. 8.

Amour plus que séraphique de sainte Madeleine, émané de la manière d'amour de Jésus vers son Père, commencé au moment de l'incarnation. M. 1.

Comparaison de saint Jean l'Evangéliste et de sainte Madeleine au point de l'amour de Jésus vers l'un et l'autre. M. 3.

L'amour de sainte Madeleine est plus fort que ni la vie ni la mort, car il sépare ce qui ne convient pas à la vie, et il unit ce qui ne peut convenir à la mort. M. 10.

Appartenance singulière de la Vierge et de sainte Madeleine à la croix de Jésus sur ces paroles : *Stabant juxta crucem Jesu*, etc. M. 5.

De la dignité et divine vertu des pieds sacrés de Jésus. M. 3.

Jésus s'imprime en Madeleine comme souffrant et homme de douleurs. M. 14.

Sainte Madeleine, comme privilégiée, est la première à laquelle Jésus ressuscité se manifeste. La vie ressuscitée de Jésus se communique à peu en la terre, mais où elle se communique, elle porte des exemptions singulières de la nature et du péché; et aussi voyons-nous que sainte Madeleine vit trente ans en un désert, sans assujettissement ni à la nature ni à la grâce ordinaire en l'Eglise. Elle est sans sacrements, mais non sans l'auteur des sacrements; elle est sans usage en l'Eglise militante, mais elle est associée à la triomphante; elle vit sans dépendance de la nature, mais elle dépend de Jésus, qui est sa vie et son aliment. O. 100.

Trois regards de Jésus sur sainte Madeleine : chez le pharisien, en la croix, au sépulcre, et leurs effets. O. 100.

Participation singulière et privilégiée de sainte Madeleine à l'incarnation, à la croix et à la résurrection de Jésus. O. 100.

Les trente ans de la vie inconnue et privée de Jésus, honorés par les trente ans de la vie retirée de sainte Madeleine. M. 11.

De sainte Marthe. O. 101.

La vie active de sainte Marthe adhère à Jésus comme son principe et son objet, et elle a primauté, principauté ou influence, et exemplarité au regard de toute la vie active des Chrétiens. O. 101.

La vie active de sainte Marthe ne consiste pas simplement en quelques services et actions, mais c'est un office et une condition permanente, et un office de l'état et couronne de Jésus. O. 101.

Des sacrements en général, et en particulier de l'Eucharistie, comme sacrement, comme sacrifice, et comme objet de l'adoration des fidèles.

Les sacrements sont signes visibles de grâce invisible. D. 2.

Différence entre sacrements et sacrifice en général, et particulièrement en l'Eucharistie. D. 11.

Le sacrement de l'Eucharistie est la source et le modèle des sacrements de l'Eglise. G. 7, 9.

La naissance des fidèles en l'Eglise, dans le sein de laquelle ils demeurent et vivent toujours par la grâce du baptême, a un rapport spécial à la naissance éternelle du Fils de Dieu en son Père. G. 10, 2.

Le Fils de Dieu venant au monde y a trouvé deux religions, la judaïque et la païenne, chacune ayant son Dieu présent en ses mystères, sous des signes visibles. C. 1, 1.

Le Fils de Dieu a voulu que la religion qu'il a instituée ne fût pas moins honorée de sa présence visible, et exterminant les faux dieux de la terre, il met en leur place son humanité. C. 1, 1, 2.

Jésus, en sa dernière Cène, institue la sainte Eucharistie comme une immolation secrète, mystérieuse et réelle (quoique non visible) de son corps et de son sang précieux, qui s'accomplit présentement lui et en lui, et s'exécutera par après par les mains des Juifs. O. 84.

De la présence réelle du corps de Jésus en l'Eucharistie, et de son institution. D. 5, 1, 7, 9.

La présence de Dieu en la terre par son Eucharistie nous oblige d'y vivre avec recueillement et attention spéciale vers lui, et non-seulement la présence de son corps, mais aussi celle de son esprit, qui est l'esprit des esprits répandu partout pour y répandre sa vie et nous recueillir en lui, et requiert notre amour pour ces devoirs. L. 13.

La présence de Jésus en la terre est aussi réelle qu'au ciel, mais non aussi visible. O. 15, 4.

Jésus-Christ, qui est au ciel par l'état de la gloire, a voulu demeurer en la terre par le lieu de son amour et par l'état de son mystère. C. 4.

Jésus est en l'Eucharistie en état d'immolation et de mort, et nos cœurs doivent être son tombeau vivant. G. 10, 3.

Jésus-Christ est en l'Eucharistie comme le don de Dieu aux hommes, comme le don ou offrande des hommes à Dieu, et comme l'objet de leur adoration, c'est-à-dire comme leur Dieu et leur Seigneur souverain. O. 83.

Le Fils de Dieu étant venu en la terre pour y établir une nouvelle religion, il a mis en son corps la rédemption du monde, la religion des peuples et le salut des hommes. C. 4.

Jésus-Christ, auteur d'une religion toute divine, a voulu être le prix de notre rachat en la croix, et l'hostie de notre adoration en l'autel. D. 2, 5.

Jésus-Christ est au milieu de nous comme le don que nous recevons de Dieu et comme l'oblation que nous présentons à Dieu, c'est-à-dire comme sacrement et comme sacrifice. C. 4.

Jésus est l'offrant, l'hostie et l'oblation tout ensemble, comme il est la vie et le vivant, et dans l'éternité le Fils et la filiation. Les choses distinguées dans l'être créé se retrouvent en simplicité et en unité dans l'être divin. O. 55, 5.

Jésus-Christ est tout ensemble l'auteur et l'objet de la religion chrétienne. C. 1, 5.

Jésus-Christ doit être regardé dans l'Eucharistie en trois manières : comme notre Dieu présent au milieu de nous pour recevoir nos devoirs, comme le pain de la vie éternelle, et comme l'hostie que nous offrons à Dieu. C. 4.

Jésus-Christ voile sa gloire en son Eucharistie, et c'est là que l'humilité et l'amour triomphent de lui. O. 84, 3.

L'incarnation est l'original de l'Eucharistie. C. 1, 5.

L'incarnation est une expression et extension de la communication de Dieu en la sainte Trinité; et pareillement l'Eucharistie est une extension de la communication de son Fils en l'incarnation. G. 7, 3, 5.

La divinité est unie avec l'humanité par l'incarnation autrement que par l'Eucharistie. G. 4, 5.

Jésus-Christ, qui est la parole unique du Père éternel, qui ait produit tout en temps et en éternité, est toutefois au sacrement de l'Eucharistie sans parole. Il y est néanmoins par sa puissance et par sa parole; et l'opération par laquelle il y est mis, va honorant sa production éternelle par la parole du Père. 84.

Du pouvoir des hommes sur Jésus-Christ en l'Eucharistie. O. 82.

Jésus-Christ en l'Eucharistie, qui est un mystère de puissance, renouvelle la dépendance de son enfance, qui est un état d'impuissance. O. 80.

Le fond et la substance des autres mystères du Fils de Dieu n'a été accompli qu'une fois, mais la substance de l'Eucharistie s'accomplit tous les jours. O. 80.

L'Eucharistie est un mystère d'usage, et l'état solide et permanent auquel il consiste n'est autre chose qu'un usage continuel de sacrifice vers Dieu et de sacrement vers les hommes. O. 80.

Le mystère de l'Eucharistie contient et applique tous les autres mystères du Fils de Dieu. Et c'est comme une réitération de son incarnation et de la dispensation de sa personne divine en la terre. O. 80.

Jésus-Christ est en l'Eucharistie comme en un cloître, et y remarque quelque rapport aux principaux points de l'état religieux. O. 81.

L'Eucharistie est le mystère le plus étendu selon les temps et selon les lieux. C'est le mystère le plus proche de nous. C'est un mystère de puissance. C'est un mystère qui porte un état éternel. O. 80.

Explication des mystères de la Trinité, de l'Incarnation et de l'Eucharistie, et de leur liaison par ensemble. G. 6, 4.

Le Fils de Dieu, lié à notre humanité par sa personne, et à Dieu, son Père, par unité d'essence, se lie à nous par le sacrement de son corps. Et il y a trois hérésies différentes qui ont entrepris de rompre ces trois liens. O. 84.

Manière de conjonction de la divinité avec notre humanité, et même avec nos corps par l'Eucharistie. G. 5.

Jésus-Christ, par un mystère, prend notre nature, et, par un autre, il prend nos personnes. Ces deux mystères sont l'Incarnation et l'Eucharistie. L. 2.

Rapport et liaison des trois mystères que la foi adore : la Trinité, l'Incarnation et l'Eucharistie. G. 7, 3; O. 72.

Unité de Dieu au mystère de l'Incarnation, déclarée par l'unité de Jésus-Christ en l'Eucharistie. G. 5, 6.

Unité de l'Eucharistie comme sacrifice, comme miracle, comme sacrement. G. 3, 6.
Le Fils de Dieu, qui soutient la terre sur son propre poids, peut bien soutenir des accidents sans sujet. C. 3, 8.
De l'existence d'un corps en divers lieux. C. 3, 2.
Les fidèles possèdent en l'Eucharistie le même prêtre et la même hostie que les saints possèdent au ciel. Néanmoins, ce mystère dépend de la voix et de la volonté de l'homme. O. 80.
Jésus a trois séjours différents où nous le devons adorer : au sein de son Père, au sein de sa Mère, au sein ou autel de l'Eglise. O. 11.
Des effets de l'Eucharistie, et en particulier de l'incorporation des fidèles avec Jésus-Christ. C. 1, 6.
Effets de l'Eucharistie au corps et en l'âme. G. 6, 2.
La sainte Eucharistie est un moyen qui unit le corps mystique de Jésus avec son corps naturel. S. 4.
Les hommes, par le mystère de l'Eucharistie, sont tirés à l'association et communication de ce divin état de l'union hypostatique. D. 3, 9.
L'unité que nous avons entre nous et avec Jésus-Christ par l'Eucharistie, adore l'unité du Verbe éternel dans l'Incarnation ; et par celle-là, l'unité du Père et du Fils dans la Trinité.
L'union des fidèles avec Jésus-Christ en l'Eucharistie, est si intime qu'elle va imitant l'unité des personnes en la Trinité. C. 1, 8.
Jésus-Christ en l'Eucharistie est tout pour notre usage. Il est l'objet que nous adorons, et le moyen par lequel nous adorons. O. 86, 5.
Jésus-Christ n'adore pas seulement son Père en l'Eucharistie ; mais aussi il nous y est un moyen de l'adorer, comme il est aux saints dans le ciel. O. 80, 7.
Le séjour de la terre n'est supportable aux âmes saintes que par la présence de Jésus qui daigne y demeurer. O. 84, 3.
La présence de Jésus-Christ en l'Eucharistie en tout lieu, nous doit rendre indifférents à tout lieu. L. 34.
Jésus-Christ est l'objet de l'adoration des hommes et des anges, et il est posé au milieu de nous pour cela. C. 1, 5.
Du nom et de l'institution du sacrifice de la Messe, et des cérémonies qui s'y observent. D. 2, 11.
Explication de la sainte Messe, avec la manière de la bien entendre. C. 7. O. 85, 86.
De la communion sous une ou sous deux espèces. C. 8.
Exhortation sur le saint Sacrement. O. 84.
Le diable, dont l'instrument est l'hérésie, est enragé contre le saint Sacrement, et pourquoi. C. 1, 8.

Des indulgences, de la mort, des âmes de purgatoire, et de la gloire des saints.

Au temps du jubilé pour se disposer à gagner les indulgences. O. 189, 190.
Dispositions pour la mort. L. 72, 110.
De l'état des âmes de purgatoire, et de ce que nous sommes obligés de leur rendre, O. 107.
Trois choses se doivent faire dans les âmes depuis la séparation du corps jusqu'à l'entrée de la gloire : 1° elles doivent être purifiées ; 2° instruites ; 3° perfectionnées. O. 108.
En la fête de tous les Saints. De la communion de l'Eglise militante avec la triomphante De la gloire des saints. O. 106, 107.
Les saints sont au-dessus des rois, et ils règnent sur la terre avec une verge de fer. L. 176.
Dans les saints fondateurs des ordres, il y a trois choses à honorer : 1° la grâce de Dieu en eux ; 2° l'usage qu'ils en ont fait ; 3° influence de grâce en leurs Ordres. O. 104.

TABLE DES MATIÈRES

CONTENUES DANS CE VOLUME.

Vie du cardinal de Bérulle, par Cabraccioli. 9

ŒUVRES COMPLETES DU CARDINAL DE BÉRULLE.

Dédicace a la reine régente, par F. Bourgoing. 75
Préface aux prêtres de la congrégation de l'Oratoire. 77
DISCOURS DE L'ÉTAT ET DES GRANDEURS DE JÉSUS. 111
Dédicace au roi. 111
Avis au lecteur. 133
Approbations des discours suivants. 133
Propempticon libri R. P. Berulli, de statu, majestate et magnitudine Jesu. 141
Commendatio de sacrosancto nomine Jesu operis et auctoris. 143
Préface. 145
Discours premier. — De l'excellence et singularité du sacré mystère de l'Incarnation. 149
Discours II. — En forme d'élévation à Dieu sur le mystère de l'Incarnation. 158
Discours III. — De l'unité de Dieu en ce mystère. 188
Discours IV. — De l'unité de Dieu en l'incarnation. 206
Discours V. — De la communication de Dieu en l'incarnation. 227
Discours VI. — De la communication de Dieu en l'incarnation. 244
Discours VII. — De la communication de Dieu en l'incarnation. 261
Discours VIII. — De la communication de Dieu en l'incarnation. 285
Discours IX. — De l'amour et communication de Dieu en l'incarnation. 315
Discours X. — Des trois naissances de Jésus. — Première naissance. 331
Discours XI. — De la seconde naissance de Jésus. 350
Discours XII — De la troisième naissance de Jésus. 388
VIE DE JÉSUS. 403
Dédicace au roi. 405

Préambule à la Vie de Jésus. — Discours de l'état de Jésus dans le monde et dans la loi, avant qu'il naisse au monde, pour servir de préambule à la vie de Jésus sur la terre. 415
Chapitre premier. — Que le Fils de Dieu, promis et attendu quatre mille ans, veut descendre du ciel en terre pour y accomplir ses promesses et ses œuvres. 427
Chap. II. — Le besoin que la terre a du Fils de Dieu, et ses qualités bien différentes de celles des monarques qui l'ont précédé. 427
Chap. III. — Que la terre, par son iniquité, est indigne et incapable de recevoir et porter le Fils de Dieu au monde. 429
Chap. IV. — Que Dieu fait naître en la terre une vierge, laquelle il rend digne et capable de recevoir et porter le Fils de Dieu au monde. 429
Chap. V. — De l'excellence de la Vierge. 430
Chap. VI. — La conduite rare de Dieu sur la Vierge. 432
Chap. VII. — Son état et son occupation à l'arrivée de l'ange. 436
Chap. VIII. Le nom et les qualités de l'ange envoyé à la Vierge. 438
Chap. IX. — Que le trouble de la Vierge vient de la parole, et non de la présence de l'ange. 441
Chap. X. — L'humble disposition de la Vierge au regard des premières paroles de l'ange. 442
Chap. XI. — L'excellence de la Salutation angélique contre l'impiété des hérétiques, et les qualités de l'étonnement de la Vierge à raison d'icelle. 444
Chap. XII. — La continuation des propos de l'ange, qui met la Vierge en un nouveau soin par égard à sa virginité. 447
Chap. XIII. — Défense de la Vierge, accusée de défaut dans la foi, par les infidèles de ce siècle. 449
Chap. XIV. — Les derniers propos de l'ange à la Vierge. 453
Chap. XV. — Les derniers propos de la Vierge, et sa disposition lorsqu'elle les profère. 455
Chap. — Deux mouvements et usages de grâce en la très-sainte Vierge, sur les deux parties de ses dernières paroles a l'ange : l'une, *Ecce ancilla Domini*, l'autre, *Fiat mihi*, etc. 459

Chap. XVII. — L'excellent état de la Vierge à l'issue des derniers propos qu'elle a tenus à l'ange. 461
Chap. XVIII. — L'excellence et singularité de l'œuvre qui s'accomplit après les dernières paroles de la Vierge. 464
Chap. XIX. — Elévation à Dieu et à la Vierge sur l'excellence que Dieu accomplit en elle. 468
Chap. XX. — Que la personne du Saint-Esprit et la personne du Père sont nommément et distinctement appliquées à la Vierge et à cet œuvre en la Vierge. 470
Chap. XXI. — Que cet œuvre si grand est insensible et inconnu au monde. 472
Chap. XXII. — Renversement d'ordre des personnes divines en ce mystère. 473
Chap. XXIII. — Abaissement de Dieu en ce mystère. 475
Chap. XXIV. — Grandeurs opérées au moment de ce mystère. 476
Chap. XXV. — L'entrée du Fils de Dieu en ses abaissements : et comme non-seulement il est humilié, mais c'est lui qui s'humilie soi-même, et que son entrée en cette humiliation se fait dans le premier de tous ses mystères. 479
Chap. XXVI. — L'état du corps et de l'âme de Jésus en la sainte Vierge. 483
Chap. XXVII. — Exposition du texte de saint Paul aux Hébreux (*Hebr.* x), pour preuve des pensées du Fils de Dieu à l'instant de son incarnation. 487
Chap. XXVIII. — L'occupation de la Vierge avec Jésus est ravissante et perpétuelle. 492
Chap. XXIX. — Les occupations de Jésus en la Vierge au regard de la Vierge. 498
Chap. XXX. — Sommaire de ce qui a été discouru en cette seconde partie de la Vie de Jésus. 503
ELEVATIONS. 507
I. Élévation à Jésus sur ses principaux états et mystères. 507
II. Élévation à la très-sainte Trinité. — Sur le mystère de l'Incarnation. 514
III. Élévation à Dieu. — En l'honneur de la part qu'il a voulu donner à la vierge Marie dans le mystère de l'Incarnation, l'opérant en elle et par elle. 522
Oraison à la très-sainte vierge Marie mère de Dieu. 530

Elévations à Jésus-Christ Notre-Seigneur sur la conduite de son esprit et de sa grâce vers sainte Madeleine. 531
A la sérénissime reine de la Grande-Bretagne. 531
Chapitre premier. — Choix que Jésus fait de la Madeleine, pour la rendre éminente en sa grâce et en son amour. 533
Chap. II. — L'heureux temps du séjour du Fils de Dieu sur la terre. 538
Chap. III. — La Madeleine, attirée intérieurement par Jésus, cherche et trouve Jésus chez le pharisien, et lui rend ses devoirs. 540
Chap. IV. — La Madeleine répand de nouveau ses parfums sur Jésus, peu de jours avant sa mort. 547
Chap. V. — La Madeleine est aux pieds de la croix. 550
Chap. VI. — La Madeleine cherche Jésus au sépulcre, et le trouve ressuscité, et se met à ses pieds. 560
Chap. VII. — Les paroles des anges et de Jésus à Madeleine, au sépulcre. 562
Chap. VIII. — Séparation de Jésus d'avec Madeleine, au sépulcre. 566
Chap. IX. — La Madeleine est séparée de Jésus, lui étant au ciel et elle en terre, pour achever le cours de sa vie signalée en pénitence et en amour saint vers Jésus. 567
Chap. X. — Deux états excellents et différents en la vie de Madeleine : l'un d'amour saint, l'autre de rigueur favorable, et tous deux opérés par Jésus en elle. 568
Chap. XI. Pourquoi Jésus assigne trente ans à la vie retirée et inconnue de la Madeleine. 575
Chap. XII. — L'esprit par lequel Madeleine entre en son désert. 577
Chap. XIII. — L'amour par lequel Madeleine est vivante et mourante en ce désert. 578
Chap. XIV. — Nouvel amour qui, dans ce désert, crucifie Madeleine, en l'honneur et amour de Jésus crucifié. 579
Chap. XV. — Élévation à sainte Madeleine, sur l'excès de son amour divin vers Jésus, et de sa vie incomparable en amour, en langueurs, en souffrance. 581
Chap. XVI. — Élévation à sainte Madeleine sur l'excès de sa gloire au ciel, répondant à l'excès de son amour en terre. 583
Chap. XVII. — Pour fin du discours, l'âme rend honneur à Madeleine du Pharisien. 584
Chap. XVIII. — L'âme rend honneur à Madeleine, comme suivant le Fils de Dieu, et honorée de sa conversation en divers lieux. 584
Chap. XIX. — L'âme rend honneur à Madeleine, honorant le Fils de Dieu en Béthanie et en la croix, au sépulcre et au désert. 585
Chap. XX. — Prière à sainte Madeleine et fin du discours. 587
Observations sur le texte de saint Luc en faveur de la Madeleine. 587
Vœux à Jésus et à Marie. — Récit des persécutions qu'ils ont excitées. 595
Vœu à Dieu. — Sur le mystère de l'Incarnation. 625
Vœu à Marie. — Pour s'offrir à la très-sainte Vierge en l'état de dépendance et servitude que nous lui devons en qualité de Mère de Dieu, et comme ayant une puissance spéciale sur nous marquée de cette qualité admirable. 629
Approbations des vœux et élévations précédentes. 631

OEUVRES DE CONTROVERSE.

Discours premier. — De la mission des pasteurs en l'Église, sur l'article 31 de la Confession de foi imprimée à Genève. 637
Discours II. — Du sacrifice de la Messe célébré en l'Église chrétienne. 681
Discours III. — De la présence du corps de Jésus-Christ en la sainte Eucharistie. 708
Discours IV. — Sur le dessert de la conférence, selon le narré du sieur Dumoulin. 733
Avis au lecteur. 736

SUR L'EUCHARISTIE. 737

Discours premier. — Du dessein du Fils de Dieu en l'institution de l'Eucharistie. 737
Discours II. — Preuves puissantes et manifestes du mystère de l'Eucharistie par les mystères de la Trinité, de l'Incarnation et de la Résurrection des corps, et encore par la clarté des paroles de Jésus-Christ en l'institution de ce sacrement, et par la contradiction des hérétiques essayant de les détourner à des sens figurés. 753
Discours III. — Démonstration efficace du mystère de l'Eucharistie par le mystère de la Trinité contre les hérétiques du siècle, pour ce qui regarde l'existence d'un corps en plusieurs lieux. 759
Discours IV. — L'Eucharistie est tout à la fois sacrement et sacrifice. 764
Discours V. — Jésus, dans l'Eucharistie, considéré sous trois rapports avec les hommes. 765
Discours VI. — De la différence entre la science et la foi. 766
Discours VII. — Jésus-Christ, montant au ciel, nous laisse son corps et son esprit, et tous les lieux sont joints en la Messe. 768
Discours VIII. — De la communion sous une espèce, contre les hérétiques de ce temps. 770
Discours IX. — De la présence réelle du corps de Jésus au saint Sacrement, d'après ces paroles : *Panis quem ego dabo, caro mea est,* conférées avec celles-ci : *Hoc est corpus meum.* 772
Discours X. — Réfutation puissante de l'objection ridicule d'un ministre : Que si le corps de Jésus-Christ était au saint Sacrement, il pourrait être mangé par les rats. 773

OPUSCULES DIVERS CONTRE LES HERETIQUES. 775

I. — Contre l'esprit particulier et indépendant de l'hérésie. 775
II. — A une dame nouvellement convertie, et inquiétée par les ministres, lui faisant diverses demandes sur plusieurs points de la religion. 776
III. — Du nom et de l'institution du sacrifice de la messe, et des cérémonies qui s'y observent, contre les hérétiques de ce temps. 777
IV. — Contre l'impossibilité de la loi de Dieu, prétendue par les hérétiques de ce siècle. 783
V. — Discours de la justification. 789
VI. — De l'autorité, infaillibilité et perpétuité de l'Église. 805

MEMORIAL DE DIRECTION POUR LES SUPÉRIEURS. 808

Lettre aux supérieurs de l'oratoire de Jésus, pour leur adresser le mémorial de quelques points servant à leur direction. 808
Chapitre premier. — Régir une âme, c'est régir un monde. Regard et conduite de Dieu sur l'âme. Une âme seule pèse devant Dieu que tout un monde. 809
Chap. II. — Régir une âme et une maison de Dieu pour une fin céleste et surnaturelle, requiert une puissance céleste et surnaturelle. Quoique les hommes et les anges soient différents en nature, ils conviennent en offices. 811

Chap. III. — Nous devons regarder chaque âme comme une hiérarchie du ciel en terre, qui doit être établie et conduite divinement. Ce grand ouvrage, quoique couvert d'un corps de péché, est estimé de Dieu et des anges. 812

Chap. IV. — Dignité de la grâce chrétienne qui nous ente et nous incorpore en Jésus-Christ. Le corps mystique et spirituel de Jésus-Christ est uni à son corps propre et naturel, et à son propre esprit par la sainte Eucharistie. Étant unis au corps de Jésus et animés de son esprit, nous devons aussi être en sa sainteté et lui ressembler. La fin haute et sublime de notre ministère est de travailler à ces choses si grandes. 812

Chap. V. — Ce que nous devons faire pour nous acquitter dûment d'un si divin ministère. 813

Chap. VI. — Outre la prudence naturelle, l'intention droite et les vertus, il faut un don surnaturel pour la conduite des œuvres de Dieu. Ce don est donné à entendre par l'Apôtre en ces mots: *Opitulationes, gubernationes* 813

Chap. VII. — Comme les corps célestes sont plus élevés et plus purs que les corps qui en dépendent, ainsi ceux qui sont commis à la conduite des âmes doivent avoir quelque prééminence en grâces sur elles. 814

Chap. VIII. — Les cieux, qui nous annoncent la gloire de Dieu, nous apprennent aussi notre devoir, étant en un continuel mouvement pour répandre leurs influences partout. Les anges qui sont au ciel et meuvent le ciel, travaillent pour la terre, et non pour le ciel: mais nous travaillons en la terre pour le ciel, et non pour la terre. Considérations de cette parole: *Donec formetur Christus in vobis.* (Gal. IV, 19.) 814

Chap. IX. — Il n'y a point de ministère approchant de celui des prêtres de la loi nouvelle. Le but des orateurs était d'émettre leur opinion dans les barreaux; celui des prêtres de l'ancienne loi était de remplir les esprits d'avertissements salutaires; mais notre ministère tend à former Jésus-Christ dans les cœurs. 816

Chap. X. — De quelle importance est notre ministère. *Ars artium, cura animarum.* La science du salut des âmes est fondée sur l'humilité, au lieu que les autres arts et professions sont fondés sur la suffisance. Nous devons beaucoup invoquer Jésus-Christ et rechercher instamment l'assistance de son esprit, en toute humilité et défiance de nous-mêmes. Jésus n'admet en son école que les humbles, soit pour maîtres, soit pour disciples. 817

Chap. XI. — Cet art est une science, non de mémoire, mais d'esprit et d'amour de Jésus. Cette science est la science des saints, qui a son origine au ciel, et des esprits humbles et effectifs. 818

Chap. XII. — Cette science, haute en sa petitesse, et lumineuse en sa simplicité, confond les philosophes et les théologiens mêmes, s'ils sont arrogants, et s'éloigne d'eux. Cette science est vraiment spirituelle, car elle est fondée en l'esprit de Jésus, et a Jésus pour origine, son objet et sa fin. Ses principes sont l'humilité d'esprit, la pureté de cœur, l'abnégation de soi-même, et l'adhérence à Jésus. 818

Chap. XIII. — Cette science est fille de l'oraison, disciple de l'humilité, mère de discrétion. Son maître est Jésus-Christ: *Unus est magister vester Christus.* (Matth. XXIII, 8.) Cette science fait partie de l'esprit de l'Oratoire. Déclaration de l'esprit de cette congrégation. Quelles dispositions il faut pour l'acquérir. 819

Chap. XIV. — Nous nous devons sans cesse abaisser et anéantir devant Dieu, et nous démettre de toute notre suffisance, comme n'ayant aucune proportion à ses œuvres, et nous élever à lui, adhérents à sa conduite, et dépendants de ses conseils. 820

Chap. XV. — De ce que nous avons rapport aux cieux, aux anges, à Dieu même et à Jésus-Christ, son Fils, il s'ensuit qu'il faut que notre esprit soit à Dieu, nos labeurs à Jésus, notre conversation au ciel, et que notre disposition soit tout angélique et divine. 821

Chap. XVI. — Les objets vers lesquels nous devons exercer notre piété sont la sainte Trinité, la personne du Père, le Fils comme Fils et comme incarné, le Saint-Esprit, la Vierge, les anges et les saints, auxquels nous sommes associés. 821

Chap. XVII. — Nous devons aussi avoir une dévotion singulière aux mystères de Jésus-Christ, spécialement à son incarnation, sa passion, sa résurrection. On propose ceux-ci comme exclure les autres, étant obligés à tous, mais notre faiblesse nous contraignant de nous limiter à quelques-uns des principaux. 822

Chap. XVIII. — Comme nous devons réduire nos dévotions à certains mystères, nous devons aussi réduire nos devoirs à certains chefs et nos dispositions à certains points. 823

Chap. XIX. — Dispositions du supérieur vers Dieu, abaissement, liaison, reconnaissance, invocation, dépendance. 823

Chap. XX. — Autres dispositions du supérieur, abnégation vers les choses humaines, élévation aux divines, patience ès choses d'autrui, tolérance vers sa charge, soin de former la vie de Jésus-Christ en lui et les autres. 823

Chap. XXI. — Le supérieur vers le prochain doit être en charité, en patience, en bénignité, en sollicitude, en édification. Il doit être et répandre l'odeur de Jésus. 824

Chap. XXII. — L'autorité nous est donnée pour faire la charité, et nous devons fort peu commander. Comme l'état et la société des personnes divines se termine en amour, ainsi doit-il être de l'état et la société des personnes humaines. Le supérieur doit prendre repos en la croix, et il faut que son mouvement soit d'autorité en charité. Imitation de la Trinité où il n'y a point d'autorité, et encore en l'unité et la liaison des personnes qui procèdent à leur principe. 824

Chap. XXIII. — Il faut que le supérieur ait non-seulement la charité, mais aussi une étendue d'esprit qui embrasse tout, sans rien négliger ou omettre. Cette étendue d'esprit doit honorer et imiter l'universalité de la Providence divine, et l'union du Verbe éternel à toutes les parties de notre nature jusqu'aux moindres dans l'Incarnation. La bonté divine ne laisse rien de ce qu'elle a fait en l'homme par la création, qu'elle ne l'honore de l'union à la divinité en l'incarnation. 826

Chap. XXIV. — Le supérieur doit prendre souvent en l'année du temps pour vaquer par lui-même aux choses les plus viles de la maison, et en cela rendre hommage aux bassesses que Jésus-Christ a voulu porter en son alliance avec nous. 827

Chap. XXV. — L'usage que doit faire le supérieur des manquements de ses inférieurs. 828

Chap. XXVI. — Le supérieur doit supporter ses inférieurs avec charité, et corriger leurs défauts avec esprit de douceur. En quelle manière il faut que le supérieur regarde ses inférieurs. 828

Chap. XXVII. — Le supérieur doit plus voir et sentir Dieu en la charge pour y adhérer, que ni le fardeau pour s'en ennuyer, ni l'honneur pour s'en élever, ni l'autorité pour dominer. 829

Chap. XXVIII. — Plusieurs avis nécessaires aux supérieurs. 829

Chap. XXIX. — Le supérieur, qui doit régir les autres par l'esprit de Dieu, se doit régir lui-même par cet esprit saint. Il se doit particulièrement appliquer à maintenir quatre choses en la maison: 1° l'esprit d'abnégation; 2° piété vers les choses divines; 3° le soin d'acquérir et pratiquer les vraies vertus; 4° la sévérité et exemplarité de la modestie et discipline extérieure. Nous devons servir Dieu parfaitement, tant à l'extérieur qu'à l'intérieur, et Dieu, qui nous a donné l'esprit et le corps, demande de nous un parfait usage de l'un et de l'autre. 830

Chap. XXX. — Les supérieurs sont obligés d'honorer singulièrement l'autorité de Jésus et de Marie, et s'y assujettir en tout. L'autorité de Jésus est fondée sur les communications divines faites à son humanité sainte, et sur ses travaux. L'autorité de Marie est dérivée de l'humanité qu'elle communique à Jésus. 831

Chap. XXXI. — Les supérieurs doivent même rendre servitude au prochain pour l'amour de Jésus, et par hommage à sa puissance suprême. Humilité et charité, deux vertus inconnues au monde avant la venue de son Sauveur. 832

Chap. XXXII. — Les supérieurs doivent être dans un ardent désir de l'avènement de Jésus et de son règne. Nous ne sommes en la terre que pour établir le règne et annoncer le glorieux avènement de Jésus. 833

Chap. XXXIII. — Les trois objets de la foi et piété chrétienne sont Dieu, Jésus et Marie. L'Église honore singulièrement la liaison ineffable de l'unité avec la Trinité en Dieu; de l'humanité avec la divinité en Jésus; de la virginité avec la maternité en Marie. Marie porte le nom de Vierge par excellence. Nous devons invoquer souvent ces trois objets et tirer direction de ces trois autorités. Dieu a révélé la fécondité de son essence, au temps qu'il a voulu donner fécondité à l'Église, et la multiplier par toute la terre. 834

TRAITÉ DES ÉNERGUMÈNES. 835

Chapitre premier. — Que la nature humaine a communication avec la nature angélique. 835

Chap. II. — Que Satan communique avec l'homme depuis l'état du péché, et jusqu'où arrive cette communication. 839

Chap. III. — Que cette sorte de communication en laquelle Satan s'incorpore dedans l'homme est fré-

quente, même depuis le mystère de l'Incarnation. 844
Chap. IV. — Que la misère est grande de l'homme possédé de Satan qui livre un combat furieux à son âme et donne un tourment extrême à son cœur. 850
Chap. V. — Que Dieu a préparé un remède ordinaire à un mal si grand et si fréquent. 852
Chap. VI.—Quelle est la qualité précise de cette vexation du malin esprit. 859
Chap. VII. — Quelles sont les causes dispositives et quelles sont les applicatives du malin esprit au corps de l'énergumène. 863
Chap. VIII. — Quel est le dessein de Satan envers celui lequel il possède. 868
Chap. IX. — Quel est le dessein de Satan contre l'Eglise qui le veut déposséder. 872

OEUVRES DE PIÉTÉ.

TRAITÉ DE L'ABNÉGATION INTÉRIEURE. 875
Avertissement du P. Bourgoing sur l'authenticité de ce traité. 875
Avertissement de l'auteur. 875
Avant-propos 875
Chapitre premier. — Des deux fondements de l'abnégation. 879
Chap. II. — De la première sorte d'abnégation, qui est des choses de soi indifférentes à la vie de l'esprit. 882
Chap. III. — De la seconde sorte d'abnégation, qui est des choses très-utiles à l'esprit. 884
Chap IV. — De la troisième espèce d'abnégation, qui est des choses nécessaires à la vie de l'esprit. 890

OPUSCULES DIVERS DE PIETÉ 909
I. — Dieu est le principe et la fin des créatures. 909
II. — La vie éternelle, c'est connaître Dieu et Jésus-Christ son Fils qu'il a envoyé. 911
III. — Dieu et Jésus-Christ sont objets distincts de la dévotion des Chrétiens. 912
IV. — Unité de Dieu et de Jésus-Christ. 913
V.—Nos devoirs envers Dieu et envers Jésus-Christ. 914
VI.—Dieu, Jésus et Marie, sont vie et source de vie. 915
VII. — De la sainte Trinité, de l'Incarnation accomplie en l'honneur et à l'imitation de la sainte Trinité, et de la vocation des Chrétiens à la contemplation. 917
VIII. — De la plénitude de Dieu dans le mystère de l'Incarnation. 918
IX. — En la fête de l'Annonciation. 920
X. — Des quatre demeures du Verbe incarné avant qu'il paraisse au monde, et l'obligation des Chrétiens d'honorer ce mystère. 922
XI. — De trois séjours de Jésus, au sein de son Père, au sein de sa Mère, au sein ou autel de l'Église. 924
XII. — De la Samaritaine, et des trois demeures de Jésus : en Dieu son Père, en notre humanité, en la croix. 926
XIII. — La souveraineté de Dieu et de Jésus-Christ par le mystère de l'Incarnation. 930
XIV. — Du mystère de l'Incarnation et des grâces et avantages qu'il communique à toute la nature humaine. 932
XV. — Du mystère de l'Incarnation. 935
XVI. — Considération sur Jésus au moment de l'incarnation. 937
XVII. — Que dans l'incarnation il faut distinguer la substance du mystère et l'économie ou dispensation du même mystère, qui consiste en divers états que le Fils de Dieu a daigné prendre et honorer de sa divine subsistence pendant sa vie en la terre. 939
XVIII. — Autre discours contenant un plus grand éclaircissement du même sujet. 941
XIX. — L'Incarnation un mystère où reluisent l'unité et distinction qui se trouvent en Dieu. 945
XX. — Du nom de Fils de l'homme que Jésus-Christ se donne si souvent. 943
XXI. — Du don de Dieu, de la manière de le recevoir, et de se donner à lui sur ces paroles : Si scires donum Dei. 945
XXII. — Dispositions de l'âme au regard du mystère de l'Incarnation. 946
XXIII. — Les grandeurs du mois de mars, ou des mystères accomplis en ce mois. 947
XXIV. — Opérations des trois personnes divines dans l'Incarnation. 948
XXV. — De l'usage tant humain que divin qui convient à Jésus-Christ, tant au regard de son humanité propre qu'au regard de nous. 949
XXVI. — En la fête de l'Annonciation. 950
XXVII. — De la naissance et enfance de Jésus en Marie et hors de Marie. 955
XXVIII. — De l'amour de Dieu et de Jésus-Christ envers nous dans le mystère de l'Incarnation et de notre amour envers Dieu et Jésus-Christ. 955
XXIX. — Notre vie doit être de Jésus-Christ et en Jésus Christ. 958
XXX. — De Jésus-Christ comme vie. 961
XXXI. — Jésus est la vie en plusieurs manières; il est notre vie, et nous devons être occupés de sa vie. 962
XXXII. — De Jésus comme vie et source de vie. 966
XXXIII. — De Jésus comme vie, et comme vivant en union avec le Père et le Saint-Esprit. 967
XXXIV. — Jésus-Christ est une capacité divine des âmes, et il leur est source d'une vie dont elles vivent en lui. 968
XXXV. — Parole de vie en Dieu et en Jésus-Christ. 970
XXXVI. — De la visitation. 972
XXXVII. — Du mystère de la Visitation. 981
XXXVIII. — De la nativité de Jésus-Christ. 983
XXXIX. — De la naissance et enfance de Jésus. 987
XL. — De la naissance de Jésus hors de la Vierge et dans une étable. 992
XLI. — De la nativité de Jésus. 993
XLII. — De la naissance de Jésus. 994
XLIII. — De la Vierge donnant son fils au monde. 995
XLIV. — De la naissance de Jésus en Bethléem. 996
XLV. — Grâce et grandeurs de la Vierge en la nativité de Jésus. 996
XLVI. — Sur l'enfance de Jésus ; nous devons honorer les prémices de sa vie. 997
XLVII. — Combat admirable en Jésus, entre sa naissance éternelle et sa mission temporelle. 1005
XLVIII. — De l'abaissement du Fils de Dieu, non-seulement à notre nature humaine, mais aussi à l'humble état de l'enfance. 1006
XLIX. — De l'enfance de Jésus. 1011
L. — Oblation à l'enfance. 1015
LI. — Discours de la fête des Rois. 1015
LII. — En la fête des Rois. 1020
LIII. — De la royauté de Jésus-Christ. 1021
LIV. — Au jour de l'Epiphanie. 1022
LV. — De l'oblation de Jésus au temple. 1023
LVI. — De l'oblation de Jésus au temple. 1025
LVII. — De l'oblation de Jésus au temple. 1027
LVIII. — De la pénitence du Fils de Dieu. 1027
LIX. — Du Fils de Dieu au désert, et du devoir des prêtres au temps du carême. 1032
LX. — La source de la mort et passion de Jésus est l'amour qu'il nous porte. 1035
LXI. — Entrée de la passion du Fils de Dieu en la résurrection du Lazare. 1036
LXII. — La mort et la résurrection du Lazare sont occasion de la mort de Jésus. 1038
LXIII. — Entrée de la passion de Jésus, et explication de ces paroles : Ecce ascendimus Jerosolymam, etc. 1059
LXIV. — Progrès de la passion de Jésus. 1039
LXV. — La prise de Jésus au jardin. 1041
LXVI. — Des trois agonies de Jésus. 1042
LXVII. — Flagellation de Jésus-Christ. 1044
LXVIII. — Des souffrances intérieures de Jésus. — Des sentiments du Fils de Dieu au regard de sa très-sainte passion. 1044
LXIX. — Des clameurs de Jésus en la croix, et de l'ouverture de son côté par le fer de la lance. 1046
LXX.—De la dévotion de l'Eglise à la passion de Notre-Seigneur. 1047
LXXI. — De la dévotion de l'Eglise à la passion de Notre-Seigneur au jour du vendredi. 1047
LXXII. — De la dévotion du vendredi. 1048
LXXIII. — Pour le jour de la résurrection. 1049
LXXIV. — De l'ascension. 1049
LXXV. — De l'ascension de Jésus-Christ Notre-Seigneur. 1049
LXXVI. — Sur les maladies. 1051
LXXVII. — De la perpétuité des mystères de Jésus-Christ. 1052
LXXVIII. — Des trois captivités de Jésus, en son enfance, en ses souffrances et en l'Eucharistie. 1053
LXXIX. — Trois cités et trois familles de Jésus en la terre. 1054
LXXX. — Des excellences du très-saint Sacrement et de la religion chrétienne. 1055
LXXXI. — Rapport de Jésus-Christ au saint Sacrement, avec les principaux points de l'état religieux. 1060
LXXXII. — Divers états de Jésus en l'Eucharistie, et du pouvoir des prêtres sur Jésus en ce mystère. 1062
LXXXIII. — De l'Eucharistie. 1063
LXXXIV. — Exhortation sur le saint Sacrement. 1065
LXXXV. — Explication du commencement de la sainte Messe. 1066

TABLE DES MATIÈRES.

LXXXVI. — Explication de la sainte Messe divisée en trois parties, et la manière de la bien entendre. 1067
LXXXVII. — En la solennité de Jésus. 1070
LXXXVIII. — De la sanctification de la nature humaine dans le mystère de l'Incarnation. 1072
LXXXIX. — De la sainteté de Dieu en soi-même, et dans le mystère de l'Incarnation. 1074
XC. — De la souveraineté de Jésus. 1076
XCI. — De la royauté de Jésus. 1079
XCII. — De l'incarnation, naissance, enfance et royauté de Jésus-Christ. 1093
XCIII. — Dessein de Dieu sur la dévotion de l'Eglise à la Vierge, et pourquoi la vierge est appelée communément Notre-Dame. 1102
XCIV. — Etats et grandeurs de la maternité de la Vierge. 1103
XCV. — Liaisons de la Vierge à Jésus, en tous ses états et en toutes les parties de sa vie. 1104
XCVI. — Des souffrances de la Vierge compatissante à son Fils. 1105
XCVII. — Que la vierge est vie, et de sa vie intérieure et extérieure. 1106
XCVIII. — Divers états et diverses manières de vie de Marie au regard de Jésus. 1108
XCIX. — Combat et accord de la virginité et de la maternité en Marie, avec rapport du combat et accord de la justice et de la miséricorde en Dieu. 1108
C. — De sainte Madeleine sur ces paroles : *Apparuit primo Mariæ Magdalenæ*. 1109
CI. — De sainte Marthe et de la vie active. 1111
CII. — De saint Joseph d'Arimathie et de la sépulture de Jésus. 1116
CIII. Catéchèse du Fils de Dieu à la Samaritaine, et explication de ces paroles : *Si scires donum Dei*. 1119
CIV. — Sur l'évangile des Vierges. 1121
CV. — De la société de l'homme avec les saints anges. 1122
CVI. — En la fête de tous les saints et de la communion de l'Eglise militante avec la triomphante. 1123
CVII. — De la gloire des saints. 1123
CVIII. — Au jour de la commémoration des trépassés. 1124
CIX. — De Jésus-Christ en état de mort et de trois choses qui doivent se faire dans les âmes depuis la sortie du corps jusqu'à l'entrée de la gloire. 1126
CX. — Différence de notre sanctification en Adam et en Jésus-Christ. 1126
CXI. — De la vocation des Chrétiens à la sainteté. 1127
CXII. — Jésus est le principe de la nouvelle création et l'univers de la nouvelle créature. 1133
CXIII. — De la double création de l'homme, c'est-à-dire en nature et en grâce ; et de ce qu'il doit à Dieu et à Jésus-Christ, principe de l'un et de l'autre. 1135
CXIV. — Dieu est la fin de l'être et l'action de l'homme. 1136
CXV. — De la création de l'homme. 1136
CXVI. — Deux sortes de sanctification et d'immortalité, l'une en la nature, l'autre hors la nature, et en Jésus-Christ. 1157
CXVII. — Faiblesse de l'homme, puissance de Jésus-Christ. 1158
CXVIII. — Quels doivent être nos désirs, et quelles les dispositions qu'il faut apporter à la grâce. 1142
CXIX. — De la grâce chrétienne. 1144
CXX. — Des trois servitudes de l'homme par la création, par le péché, par la grâce. 1145
CXXI. — Trois sortes de servitude par nature, par péché, par grâce. 1147
CXXII. — De la servitude de l'homme envers Dieu. 1149
CXXIII. — Du double mouvement de l'âme vers Dieu et vers les créatures. 1150
CXXIV. — De l'obligation de l'homme, en nature et en grâce, de se référer tout à Dieu, pour connaître incessamment il reçoit tout ce qu'il a et ce qu'il est de Dieu ; sur ces paroles de l'Ecriture, qui portent que Dieu est père des esprits, et que c'est lui qui les pèse. 1151
CXXV. — Vivre et mourir est la devise des Chrétiens. 1156
CXXVI. — De l'usage parfait que nous devons faire des misères et imperfections de la nature. 1157
CXXVII. — Nous devons faire nouvelles actions de piété et nos actions ordinaires, par un nouvel esprit et l'honneur du nouvel homme, sur ces paroles : *Induite novum hominem*. 1160
CXXVIII. — Du péché et de la grâce chrétienne. 1160
CXXIX. — De l'abnégation. 1161
CXXX. — De l'abnégation de soi-même sur ces paroles : *Qui vult venire post me, abneget semetipsum*. 1162
CXXXI. — Quelles sont les dispositions dans lesquelles nous devons recevoir le don que le Père éternel nous fait de son Fils : et qu'outre l'obligation que nous avons à l'abnégation de nous-mêmes pour avoir tout perdu en Adam, nous en avons une seconde qui est que nous ne sommes que pour Jésus-Christ et en Jésus-Christ, comme quelque chose de lui. 1164
CXXXII. — De l'abnégation. 1165
CXXXIII. — De l'abnégation. 1166
CXXXIV. — L'abnégation est le sommaire de la vie et des enseignements du Fils de Dieu. 1167
CXXXV. — De l'obligation à la mort, et de mourir à nous-mêmes. De la vie pénitente de Jésus-Christ, divisée en trois points, privation, humiliation, affliction. 1168
CXXXVI. — L'Eglise nous représente trois principes bien différents : Dieu, Adam et Jésus-Christ. Il y a trois sortes de néant : le néant duquel Dieu nous tire par la création, le néant où Adam nous met par le péché, et le néant où nous devons entrer avec le Fils de Dieu s'anéantissant soi-même pour nous réparer. 1170
CXXXVII. — De l'impuissance à aimer Dieu, depuis le péché d'Adam, et du remède en Jésus-Christ. 1171
CXXXVIII. — De notre vocation à la vie de grâce et de gloire, et de nos devoirs ensuite vers Dieu et vers Jésus-Christ. 1174
CXXXIX. — Qu'il faut toujours adorer Jésus-Christ, et par Jésus-Christ, sur ces paroles du psaume LXXI, 15 : *Adorabunt de ipso semper, tota die benedicent ei*. 1176
CXL. — Nous sommes morts en Adam, et la grâce nous est donnée pour passer au nouvel homme. 1176
CXLI. — De la vocation de Jésus-Christ et de la nôtre. 1177
CXLII. — De la réparation de l'homme par la croix. 1178
CXLIII. — Jésus est le seul nécessaire. Jésus est la voie et la vie. 1179
CXLIV. — De la vie des Chrétiens en Jésus. 1179
CXLV. — Du nouvel homme et de son nouvel œuvre, où il est parlé amplement de notre réparation en Jésus-Christ. 1185
CXLVI. — La congrégation de l'Oratoire est fondée par son institution sur et en l'honneur des deux grands mystères que l'Eglise adore, la Trinité et l'Incarnation. 1187
CXLVII. — De l'adoration en soi-même et en ses œuvres. 1189
CXLVIII. — De la manière profonde et intime d'honorer Dieu par l'être. 1190
CXLIX. — De Jésus comme chef des hommes et des anges. 1192
CL. — De la fidélité dans les voies de Dieu. 1193
CLI. — De la nudité intérieure. 1195
CLII. — L'esprit de l'homme a deux sortes de vies et de demeures : l'une en Dieu, l'autre en son corps. 1196
CLIII. — De la communication de l'esprit de Dieu en l'ordre de la grâce. 1196
CLIV. — Oblation à la très-sainte Trinité. 1197
CLV. — Oblation à Dieu, à Jésus-Christ et à la très-sainte Vierge. 1198
CLVI. — De l'adoration et hommage que nous devons à la très-sainte Trinité. 1199
CLVII. — Oblation en état de servitude, au Père éternel. 1201
CLVIII. — Oblation à la divinité. 1202
CLIX. — Elévation à Dieu sur sa bonté, sa sapience, sa puissance, son équité. 1203
CLX. — Oblation à Jésus, et à son enfance divine en particulier. 1204
CLXI. — De nos devoirs envers Dieu et envers Jésus-Christ, son fils, Notre-Seigneur, sur ces paroles de saint Paul : *Unus Deus, unus et mediator Dei et hominum, homo Christus Jesus*. (I Tim. II, 5.) 1204
CLXII. — Oblation à Jésus en état de servitude. 1206
CLXIII. — Du devoir des Chrétiens et de leur obligation à la sainteté, sur ces paroles : *Dei agricultura estis, Dei ædificatio estis, Dei templum estis*. 1206
CLXIV. — De l'amour de Dieu. 1207
CLXV. — De l'adoration de Dieu. 1210
CLXVI. — De l'homme en sa création, en sa chute, en sa réparation, et de ses diverses servitudes selon ces trois états. 1213
CLXVII. — Contre l'inutilité de la vie humaine. 1214
CLXVIII. — De l'obligation de vivre et mourir sans cesse avec Jésus-Christ. 1216
CLXIX. — Nos devoirs envers Jésus, comme Fils de Dieu, comme Fils de l'homme, comme victime de Dieu. 1217

CLXX. — Obligation à la mort par hommage à la justice de Dieu et à la mort de son Fils. 1218
CLXXI. — De la mort de l'âme et du corps. 1219
CLXXII. — De la chute de Lucifer, sur ces paroles : *Videbam Satanam sicut fulgur de cœlo cadentem.* 1220
CLXXIII. — Avis à un grand pour se convertir sérieusement au service de Dieu, et de ce qu'il doit faire et considérer pour persévérer dans sa crainte. 1222
CLXXIV. — De l'usage qu'on doit faire des sentiments humains. 1225
CLXXV. — Pour diriger et encourager une personne nouvellement convertie à la piété. 1226
CLXXVI. — Comme le Chrétien doit commencer la journée. 1227
CLXXVII. — Les pensées et sentiments du Chrétien en chaque journée. 1228
CLXXVIII. — Remèdes contre la fragilité. 1230
CLXXIX. — Contre les illusions. 1231
CLXXX. — De la conduite active et passive au regard des œuvres de Dieu. 1232
CLXXXI. — Sur le même sujet. 1234
CLXXXII. — Aux Pères et confrères de l'Oratoire de Jésus, qui sont employés dans les colléges. 1234
CLXXXIII. — Comment on doit se consoler de la perte des personnes qui nous sont chères. 1247
CLXXXIV. — Avis à une personne vivant dans le monde pour se bien convertir à Dieu et vivre chrétiennement en sa condition. 1254
CLXXXV. — A une religieuse, pour l'encourager à embrasser les assujettissements de sa condition, tant en l'obéissance qu'en la pauvreté. 1256
CLXXXVI. — Règles pour se conduire chrétiennement dans les voyages et les affaires. 1261
CLXXXVII. — Pour bien commencer l'année. 1263
CLXXXVIII. — Exercice pour le matin et de récollection pendant la journée. 1264
CLXXXIX. — Au temps du Jubilé. 1265
CXC. — Aux religieuses Carmélites, pour les disposer à la grâce du Jubilé. 1266
CXCI. — Les dispositions intérieures qu'il recommande aux supérieurs de la congrégation de l'Oraison de Jésus. 1268
CXCII. — L'esprit de la congrégation de l'Oratoire de Jésus, et les devoirs de ceux qui y sont appelés. 1270
CXCIII. — Divers enseignements pour la manière de vivre et de converser des prêtres de l'Oratoire de Jésus, qui peuvent aussi servir à tous ceux qui aspirent à la perfection de la sainte prêtrise. 1272
CXCIV. — De l'obligation que tous les hommes, et spécialement les rois, ont de servir Dieu parfaitement. 1274
CXCV. — Lorsque le Saint-Siége est vacant, et qu'il s'agit de l'élection d'un Pape, il faut recourir à Jésus-Christ, et rendre un hommage spécial à sa souveraineté sur l'Église. 1286
CXCVI. — Retraite de M. le cardinal de Bérulle. 1289
Article 1er. — Pensées et dispositions sur le fondement de la retraite, qui est la fin pour laquelle l'homme est créé. 1289
Art. 2. — Pensées et dispositions que Dieu lui donne sur le dessein qu'il avait de choisir un genre de vie. 1290
Art. 3. — Pensées et dispositions sur le sujet du péché de l'ange et de l'homme. 1290
Art. 4. — Pensées et dispositions sur la mort. 1292
Art. 5. — Pensées et dispositions sur le mystère de l'Incarnation. 1293
Art. 6. — Pensées et dispositions sur la fuite de Jésus-Christ en Égypte. 1294
Art. 7. — Remarques de quelques sentiments et dispositions particulières de son âme durant les exercices. 1295
Art. 8. — Dieu accroit et perfectionne en lui cette grâce. 1297
Art. 9. — Pensées et résolutions sur les moyens d'acquérir la perfection. 1299
Art. 10. — Exercice au nom de la très-sainte Trinité l'examen de l'élection. 1300
Art. 11. — Dispositions à l'élection et ses pensées touchant les conseils. 1302
Art. 12. — Conclusions de l'élection. 1303
Art. 13. — Continuation des motifs qui l'obligent à ne point changer de condition, et sa résolution dernière sur ce sujet. 1304
Art. 14. — Son âme n'est retirée de la religion qu'en particulier, et en conserve toujours l'amour et le goût en général. 1307
CXCVII. — Dispositions pour bien recevoir la visite des supérieurs. 1307
CXCVIII. — Exhortation à des religieuses. 1308
CXCVIII bis. — Ordonnance portée dans une visite à un monastère de Carmélites, en l'année 1615. 1312
CXCIX. — Ordonnance faite dans une visite à un couvent de Carmélites, en l'année 1618. 1314
CC. — Diverses admonitions et ordonnances faites à des religieuses. 1318
CCI. — Règlement pour les jeûnes de l'ordre des Carmélites. 1321
CCII. — Avis et exhortations à des Carmélites. 1322
CCIII. — Observances religieuses. 1325

LETTRES. 1331

— I. — LETTRES AUX RELIGIEUSES CARMÉLITES. 1337

Lettre première. — Aux religieuses de l'ordre de Notre-Dame du mont Carmel, érigé en France selon la première observance. 1337
Lettre II. — Aux religieuses de l'ordre de Notre-Dame du mont Carmel, résidant à Bordeaux. 1344
Lettre III. — Aux religieuses de l'ordre de Notre Dame du mont Carmel, érigé à Bourges. — Pour les disposer à l'attente de celle qu'elles avaient choisie pour leur prieure, et au bon usage de celle qui les doit régir en attendant. 1353
Lettre IV. — Aux religieuses Carmélites du couvent d'Amiens. — Il accepte leur nouvelle et réitérée soumission à sa conduite dans le temps des troubles de l'ordre, et les exhorte à offrir leur dépendance à Jésus enfant, en l'honneur de son humble dépendance de la direction de la Vierge. 1355
Lettre V. — Aux religieuses Carmélites. — Dieu est le principe et la fin de toutes choses. La religieuse a une obligation spéciale d'être tout à Dieu. 1356
Lettre VI. — Aux religieuses Carmélites du monastère de N. — I. Jésus est la vie et notre vie. — II. Jésus est le don de Dieu aux hommes. — III. En l'usage réciproque que Jésus fait de nous et que nous faisons de Jésus, consiste l'exercice de la vie et de la grâce. 1358
Lettre VII. — A des religieuses Carmélites, à un couvent éloigné de Paris. — Pour les disposer à recevoir la visite d'un autre que de lui. 1359
Lettre VIII. — Aux religieuses Carmélites. — Pour s'excuser de ce qu'il ne faisait pas leur visite par lui-même : et pour leur recommander celui qu'il y employait. 1360
Lettre IX. — Aux mêmes. — Avec combien de soin on doit travailler au salut de chaque âme en particulier à l'imitation de Jésus-Christ. 1361
Lettre X. — Aux religieuses Carmélites du couvent de N. — Pour les exhorter à la dévotion de l'Avent. 1362
Lettre XI. — Aux religieuses Carmélites de N. — Qui avaient trop de peine à se séparer de leur prieure qu'on voulait envoyer ailleurs, et qui avaient proposé quelques raisons pour obtenir qu'on la leur laissât encore. 1362
Lettre XII. — Aux mêmes. — Sur le même sujet. 1363
Lettre XIII. — Lettre générale aux religieuses Carmélites. — Il s'excuse de ce que ses infirmités et ses affaires l'empêchent de les aller voir ; et après leur avoir représenté leurs devoirs envers Dieu, et les siens envers elles, il leur expose amplement une pensée importante de la présence de Dieu et de Jésus-Christ en la terre, et l'usage qu'elles en doivent faire. 1363
Lettre XIV. — Aux religieuses Carmélites. — Adressée à tout l'ordre comme son dernier testament, et trouvée dans ses papiers après sa précieuse mort. 1366
Lettre XV. — A la mère Madeleine de Saint-Joseph, prieure des Carmélites de Paris. — Il fait paraître la grande confiance qu'il avait en cette bienheureuse, tant pour ses propres dispositions intérieures que pour les affaires qui lui étaient commises. Il parle humblement de sa pauvreté intérieure, etc. 1372
Lettre XVI. — A la même. — Il lui recommande plusieurs besoins. Dieu choisit les âmes faibles aux yeux du monde pour les rendre fortes en son amour, aux yeux des anges et des saints, etc. 1373
Lettre XVII. — A la même. — Il ne sait pourquoi il est envoyé à Rome ; sinon que de diverses parts on lui fait savoir uniformément, que c'est la volonté particulière de Dieu. Hors ce qu'il doit aux lieux saints, il ne peut pas être à Rome un moment après son affaire conclue, quoique humainement il y ait toute satisfaction. Il continue à lui parler humblement de sa pauvreté intérieure. 1373
Lettre XVIII. — A la même. — Il lui recommande beaucoup l'Angleterre. Il ne pense pas que le temps de la miséricorde de Dieu sur ce pays désolé soit si proche comme il semblait à quelques-uns. 1374
Lettre XIX. — A une prieure des religieuses Carmélites. — Il l'induit à tempérer le zèle de sa charité envers les sœurs, par l'usage de la patience et bénignité qui la

doit accompagner. — Il l'avertit de se garder de sensibilité en ses dévotions; mais il veut qu'elle ait la bénignité au cœur et non-seulement à l'esprit. — Avis pour faire la correction à propos et utilement, etc. 1375

Lettre XX. — A une Mère de la congrégation de France, lors prieure des religieuses Carmélites de Louvain. — Il lui ordonne de retourner en France, et lui mande comme il avait plu à Dieu de manifester la sainteté d'une Carmélite de Dijon, deux ans après son décès. 1378

Lettre XXI. — A une prieure des religieuses Carmélites. — Il lui mande quelle doit être la liaison des sœurs avec elle. L'obligation des religieuses de prier Dieu, et celle des prêtres de travailler pour Dieu. — Jésus et Marie doivent être l'objet continuel de la vie en temps et en éternité. 1378

Lettre XXII. — A une prieure des religieuses Carmélites. —L'odeur de la grâce est si délicate qu'elle peut être intéressée de peu de chose, et il se faut garder des moindres défauts. — Il faut suivre la voix de Dieu parlant par l'obéissance, par-dessus les plus grandes raisons. 1379

Lettre XXIII — A une prieure des religieuses Carmélites. — Il lui donne quelque conduite sur ses dispositions intérieures, et la charge de faire beaucoup prier pour les besoins publics. 1380

Lettre XXIV. — A une religieuse Carmélite. — De la retraite de Jésus au désert et de l'indissolubilité de son âme sainte au regard de la divine essence. 1381

Lettre XXV. — A une prieure des religieuses Carmélites. — Il lui donne divers enseignements pour bien régir sa communauté. 1381

Lettre XXVI. — A une prieure des religieuses Carmélites. — Quelle doit être notre appartenance à l'essence divine. 1383

Lettre XXVII. — A une prieure des religieuses Carmélites. — Il se sent chargé de cette âme de la part de Dieu. — Il lui recommande de s'offrir chaque jour distinctement aux trois personnes de la sainte Trinité. Il convient en propre au Saint-Esprit, qui lie Dieu à Dieu, de lier les âmes à Dieu. Il lui recommande aussi de se donner à la Vierge, pour la victoire des tentations. 1384

Lettre XXVIII. — A une prieure des religieuses Carmélites. — Et nos propres défauts et les grâces de Dieu nous obligent à l'humilité. Il lui propose le mystère lequel il désire être l'objet de la dévotion principale de son couvent. 1385

Lettre XXIX. — A une prieure des religieuses Carmélites. — A quoi doit être référée l'assiduité et présence des supérieurs de l'Oratoire en leurs maisons. Les dévotions singulières sont un peu à craindre. 1386

Lettre XXX. — A la prieure des religieuses Carmélites. —De la dévotion à la Vierge et à l'enfance de Jésus. 1387

Lettre XXXI. — A la prieure des religieuses Carmélites. — Il lui propose les motifs d'une octave de communion. La charge qu'on a des âmes requiert plutôt de faire pour elles devant Dieu que de leur parler beaucoup. Ceux qui en ont la charge les doivent porter en leurs cœurs. 1387

Lettre XXXII. — A une prieure des religieuses Carmélites. — Du pouvoir que Dieu donne à l'esprit malin d'exercer ses œuvres. 1388

Lettre XXXIII. — A une prieure des religieuses Carmélites. — Il usait peu des termes qui portent autorité et commandement. Il l'exhorte à se donner de nouveau à Jésus et à sa très-sainte Mère. 1389

Lettre XXXIV. — A une prieure des religieuses Carmélites, qui pressait trop pour sortir de charge. 1390

Lettre XXXV. — A la prieure des religieuses Carmélites de Nantes. — Pour élever et lier son âme à l'esprit de Dieu, à Jésus et à Marie. 1391

Lettre XXXVI. — A une religieuse Carmélite. — Pour la lier à Jésus et à Marie. 1391

Lettre XXXVII. — A une prieure des religieuses Carmélites. — Il faut coopérer à la grâce, en soi, et en autrui, tandis qu'elle est présente. On doit honorer la Vierge comme Mère et comme vie. De notre vie en Dieu, et de notre union à son essence et à ses personnes. Il faut être possédé de Dieu en la terre pour le posséder au ciel. 1392

Lettre XXXVIII. — A une prieure des religieuses Carmélites. — Il lui recommande beaucoup la douceur. 1392

Lettre XXXIX. — A une prieure des religieuses Carmélites qui était nouvellement en charge. Qu'elle doit plutôt gagner les âmes par exemple que par autorité. Les qualités de Dieu et les vertus de Jésus sont opératives et produisent en nous leur semblance. 1393

Lettre XL. — A une prieure des religieuses Carmélites. — Il lui demande une relique de la B. sœur Marie de l'Incarnation, pour une personne malade. Il lui parle des devoirs d'une prieure. 1394

Lettre XLI. — A la même prieure. 1395

Lettre XLII. — A une prieure des religieuses Carmélites. —De la dévotion à la nativité de Jésus. 1395

Lettre XLIII. — A une prieure des religieuses Carmélites. — Sa grande charité à supporter et à faire supporter une âme pénible, qui avait quelque liaison au monastère. Son humilité en parlant de ses besoins. 1396

Lettre XLIV. — A une prieure des religieuses Carmélites. — De ses devoirs au regard de sa charge et de ses sœurs. Humilité de ce serviteur de Dieu dans la conduite des âmes. 1397

Lettre XLV. — A une prieure des religieuses Carmélites. — Il lui représente les raisons pour lesquelles elle doit faire prières particulières à la sainte Vierge. 1397

Lettre XLVI. — A la même. — Qu'elle réfère à Jésus et à Marie tout le pouvoir qu'elle a sur les âmes. Grand zèle et humilité profonde de ce serviteur de Dieu. 1398

Lettre XLVII. — A une prieure des religieuses Carmélites. — Il lui écrit d'un ecclésiastique qu'il ne jugeait pas à propos de faire prêcher en leur église. 1398

Lettre XLVIII. —A une prieure des religieuses Carmélites. — Obligations des supérieures de recourir à Jésus-Christ pour toutes les choses de la charge. Avis pour la conduite des âmes. 1399

Lettre XLIX. — A une prieure des religieuses Carmélites. — Il lui promet son livre des grandeurs de Jésus; sa modestie en parlant de ses œuvres, sa disposition au regard de la croix. 1400

Lettre L. — A une prieure des religieuses Carmélites. 1401

Lettre LI. — A une prieure des religieuses Carmélites. — Tandis qu'on doute d'un sujet qui se présente à la religion, il faut être fort retenu à lui donner entrée. La croix est le partage des supérieurs, à l'exemple de Jésus-Christ. 1401

Lettre LII. — A une prieure des religieuses Carmélites. — Il y a plusieurs peines et difficultés qui ont plus besoin d'humilité et de patience que de la communication d'autrui. Dévotion à sainte Madeleine. 1402

Lettre LIII. — A une prieure des religieuses Carmélites. 1403

Lettre LIV. — A une prieure des religieuses Carmélites. — Nous devons vivre et mourir en la croix. — La croix de Jésus a été continuelle, et il l'a trouvée en Thabor aussi bien qu'au Calvaire. 1404

Lettre LV. — A une prieure des religieuses Carmélites. — Pour l'exhorter à maintenir la paix en sa communauté, par patience et par prières. 1405

Lettre LVI. — A la même prieure. — Sur le même sujet. 1406

Lettre LVII. — A une prieure des religieuses Carmélites. Il prie qu'on n'ait point d'égard à ses conférences, si elles n'ont été revues par lui-même. 1407

Lettre LVIII. — A une prieure des religieuses Carmélites.—Comme les religieuses doivent être disposées pour donner leurs suffrages sur la réception d'une novice. 1408

Lettre LIX. — A une prieure des religieuses Carmélites sortant de charge. — Avec combien d'humilité et de confusion nous devons finir les charges. 1408

Lettre LX. — A une prieure des religieuses Carmélites. — L'usage principal que nous devons faire des mystères du Fils de Dieu est un profond abaissement devant leur grandeur. La nature nous inquiète et la grâce nous abaisse en toutes choses. 1409

Lettre LXI. — A une prieure des religieuses Carmélites. — La solitude convient aux Carmélites. Nous devons avoir tolérance, et non adhérence aux choses créées. 1410

Lettre LXII. — A une prieure des religieuses Carmélites. — On doit être retenu au voyage des religieuses. Son humilité à s'abstenir des choses qui portaient autorité, etc. 1411

Lettre LXIII. — A une prieure des religieuses Carmélites. — Il lui donne divers avis pour sa conduite intérieure, et pour celle de son couvent. 1412

Lettre LXIV. — A une prieure des religieuses Carmélites. — Il lui ordonne, et à ses sœurs, de prier beaucoup pour la vie et la santé du roi. 1412

Lettre LXV. — A une prieure des religieuses Carmélites. — Qu'il se faut commettre à la Providence divine ès choses qui arrivent sans notre faute. 1413

Lettre LXVI. — A une religieuse Carmélite. — Il lui donne plusieurs avis pour se bien conduire tant envers Dieu qu'envers quelques personnes de qualité. 1413

Lettre LXVII. — A la même. 1414

Lettre LXVIII. — A une prieure des religieuses Carm... — Il lui parle d'un état intérieur dont il paraît qu'elle avait quelque peine, et l'assure que c'est chose qui honore le mystère de l'Incarnation. 1415

Lettre LXIX. — A une prieure des religieuses Carmélites. — Nous devons tirer la perfection de notre âme de l'imperfection des autres, et lors nous sommes bien plus propres à les tirer de leurs imperfections. 1415

Lettre LXX. — A une religieuse Carmélite. — Il lui donne force en ses peines et lui dit qu'il faut porter en humilité les états d'humiliation. 1416

Lettre LXXI. — A une religieuse Carmélite. — Pour lui donner lumière en une voie intérieure, pénible, obscure et peu connue, à laquelle il plaisait à Dieu l'exercer. 1417

Lettre LXXII. — A une religieuse Carmélite. — Il lui enseigne comme elle doit accepter les pensées de mort que Dieu lui donnait, et lui propose quelques dispositions sur ce sujet. 1421

Lettre LXXIII. — A une religieuse Carmélite. — Pour la diriger en sa voie et la retirer de la vue de son état, pour ne voir que Jésus humilié et anéanti. 1421

Lettre LXXIV. — A une religieuse Carmélite. 1422

Lettre LXXV. — A une religieuse Carmélite, au temps de la naissance et enfance de Jésus-Christ. — Qu'il nous faut donner notre sensibilité à l'enfant Jésus, et que tout l'usage de nos sens intérieurs et extérieurs, doit être émané de la sensibilité divine et y rendre hommage. 1422

Lettre LXXVI. — A une religieuse Carmélite. — Pour la diriger en une voie de pauvreté intérieure. 1423

Lettre LXXVII. — A une religieuse Carmélite. 1423

Lettre LXXVIII. — A une religieuse Carmélite. 1424

Lettre LXXIX. — A une religieuse Carmélite. — Il lui conseille la dévotion à la divine enfance de Jésus. 1424

Lettre LXXX. — A une religieuse Carmélite. — Les âmes qui sont dans la peine et l'obscurité ont plus besoin de s'humilier que d'examiner leur état. Il lui conseille la dévotion à la divine enfance de Jésus. 1425

Lettre LXXXI. — A une religieuse des Carmélites de la congrégation de France, qui furent envoyées en Flandre pour y fonder. — Dieu est l'unique objet de notre vie. Notre ouvrage en la terre est la perfection de notre âme. Notre vie est appelée course, et nous devons courir vers Dieu. 1425

Lettre LXXXII. — A une religieuse Carmélite. — Il lui ordonne de recourir et de se dédier à la pureté de la divine essence et des personnes éternelles de Jésus et de Marie, pour être préservée de l'impureté spirituelle, que son humilité lui faisait craindre, au regard de ce qui se passait en elle de la part de Dieu. 1426

Lettre LXXXIII. — A une religieuse Carmélite. — Comme il se faut comporter dans les choses extraordinaires. 1427

Lettre LXXXIV. — A une religieuse Carmélite. — De l'honneur spécial qu'il désirait être rendu à cinq merveilles divines, accomplies dans le mois de mars. 1428

Lettre LXXXV. — A une religieuse Carmélite. — Il offre et dédie cette âme à l'être incréé de Jésus, et à l'état et opération de cet être en son âme sainte. 1428

Lettre LXXXVI. — A une religieuse Carmélite. — Il l'exhorte aux dévotions du sacré temps de l'Avent. 1429

Lettre LXXXVII. — A la prieure des religieuses Carmélites de N. — Sa sage et charitable conduite, au regard de la vocation des âmes à la religion ; et pareillement de l'emploi de ceux de l'Oratoire. 1429

Lettre LXXXVIII. — A une religieuse Carmélite, infirmière. — La manière de bien exercer cet office. 1430

Lettre LXXXIX. — A une religieuse Carmélite. — Il l'exhorte de se lier à Jésus et aux mystères auxquels sa divine volonté est de la faire appartenir, combien qu'ils lui soient inconnus. 1431

Lettre XC. — A une religieuse Carmélite. — Il lui donne conduite en une voie intérieure fort remplie de peines. 1432

Lettre XCI. — A une religieuse Carmélite. — Pour la conduire et la fortifier en une voie particulière. 1432

Lettre XCII. — A une religieuse Carmélite. 1433

Lettre XCIII. — A une religieuse Carmélite. — Il lui donne plusieurs instructions très-utiles pour se rendre dans une parfaite soumission à la conduite, sans s'arrêter au peu de correspondance qu'elle y ressentait. 1434

Lettre XCIV. — A une religieuse Carmélite. — Il lui parle de lier son âme à Jésus, et donne à entendre que la grâce tend à nous faire une même chose avec lui en une manière ineffable. 1435

Lettre XCV. — A une religieuse Carmélite. — Ce que nous devons à Dieu comme source, comme perfection et comme béatification de notre être. 1435

Lettre XCVI. — A une vertueuse Dame. — Pour sa conduite en une voie particulière. 1437

Lettre XCVII — A une religieuse Carmélite. — Il lui propose quelques dévotions particulières à Jésus et à ses mystères. 1437

Lettre XCVIII. — A une religieuse Carmélite. — Vie cachée de l'âme en Dieu avec Jésus-Christ. 1438

Lettre XCIX. — A une religieuse Carmélite. 1438

Lettre C. — A une religieuse Carmélite. — Du don que Dieu fait aux hommes de son Fils unique, et de l'obligation d'être tout à lui. 1439

Lettre CI. — A une religieuse Carmélite. — Trois stabilités adorables de Dieu en soi-même, du Verbe en l'humanité, et de Jésus en Marie. 1440

Lettre CII. — A mademoiselle Acarie. — Il lui écrit d'Espagne tout ce qui se passe en l'affaire des religieuses Carmélites, pour laquelle il est envoyé. 1441

Lettre CIII. — A la même. 1442

Lettre CIV. — A la même. 1443

Lettre CV. — A la même. 1444

Lettre CVI. — A la même. 1445

Lettre CVII. — A la même. 1446

Lettre CVIII. — A la même. 1447

Lettre CIX. — Extraits de quelques lettres à diverses personnes. — De la dévotion à la divine enfance de Jésus. — De la dévotion au séjour de l'enfant Jésus en Égypte. — Nous devons aimer l'âme de Jésus et lui rendre gloire. — De la dévotion à la vie et aux langueurs de Jésus en croix. 1448

Lettre CX. — Extraits de lettres à deux religieuses Carmélites. — Le mystère de la Nativité de Jésus est un mystère de vie et de mort. — Dévotion à la divine essence et à la très-sainte Trinité. — Dévotion pour le moment de la mort. — Dévotion aux souffrances et à la mort de Jésus, à une âme que Dieu conduisait par le chemin de la croix. 1450

§ II. — Lettres aux prêtres de l'Oratoire 1451

Lettre CXI. — Aux Pères de l'Oratoire de Provence. 1451

Lettre CXII. — Au P. de Rez, supérieur des prêtres de l'Oratoire d'Aix. — Sur le bref d'union des maisons de l'Oratoire de Provence, avec la congrégation de l'Oratoire de Jésus. 1452

Lettre CXIII. — A tous les Pères de l'Oratoire. — Prières pour les défunts de la congrégation de l'Oratoire de Jésus. 1454

Lettre CXIV. — A un supérieur de l'Oratoire. — Patience dans les travaux. 1454

Lettre CXV. — A un supérieur de l'Oratoire. Plusieurs avis très-utiles. 1455

Lettre CXVI. — Au supérieur du collège de l'Oratoire. — Le vouloir de Dieu n'est pas que nous exécutions tous les désirs qu'il nous donne. — Il dédie la conduite de ce collège à Jésus au milieu des docteurs, et à sa très-sainte Mère le recherchant. Il juge convenable que les prêtres de l'Oratoire confessent aux paroisses, spécialement ès fêtes solennelles. 1456

Lettre CXVII. — A un supérieur de l'Oratoire. — Pour la conduite de sa maison. 1456

Lettre CXVIII. — A un supérieur de l'Oratoire. — Il lui donne quelques avis pour la conduite des âmes. 1457

Lettre CXIX. — A un supérieur de l'Oratoire. — De la retenue à écrire, et de ne point entrer dans les monastères de religieuses. 1458

Lettre CXX. — A une maison de l'Oratoire. — Il donne avis du décès du confrère M. de Saint-Gilles, sujet de très-grande espérance. 1458

Lettre CXXI. — Au supérieur d'une maison de l'Oratoire. — Sur la dévotion à la sainte Vierge. 1459

Lettre CXXII. — A un supérieur de l'Oratoire. — Il l'encourage à travailler au lieu où il est, voyant la grande bénédiction que Dieu lui donnait en ce pays-là. 1459

Lettre CXXIII. — A un supérieur de l'Oratoire. — Il l'exhorte à modérer son zèle, et à n'agir que par Jésus-Christ et pour Jésus-Christ. 1460

Lettre CXXIV. — A un supérieur de l'Oratoire. — Le bien des maisons de l'Oratoire appartient à Jésus, et on ne le peut ni aliéner ni dissiper. 1461

Lettre CXXV. — A un supérieur de l'Oratoire. — Que notre vie doit être laborieuse, à l'imitation de Jésus-Christ sur la terre. 1461

Lettre CXXVI. — A un supérieur de l'Oratoire. — Il recommande extrêmement qu'on rende le bien pour le mal, à un ecclésiastique qui s'était retiré de la congrégation et qui en médisait. 1462

Lettre CXXVII. — A un supérieur de l'Oratoire. — Il l'exhorte au soin des affaires, à remercier la Vierge de quelques succès, et à considérer ceux qui se présentent pour être de l'Oratoire. 1462

Lettre CXXVIII. — A un supérieur de l'Oratoire. — Il ne faut pas présenter, pour la prédication de la parole de Dieu, ceux qui ne sont pas serviteurs de Dieu. 1464

Lettre CXXIX. — Au supérieur d'une maison commençante. — Les œuvres de Dieu commencent avec beaucoup de travaux et de pauvreté, et il faut tenir à bénédiction d'y patir, en l'honneur et à l'imitation de Jésus-Christ jetant les fondements de son Eglise. 1465

Lettre CXXX. — Au supérieur de la maison de l'Oratoire de la Rochelle. — Il lui recommande de vivre dans un très-grand respect et une très-particulière reconnaissance envers un bon Père, auquel cette maison était étroitement obligée. 1466

Lettre CXXXI. — A un supérieur d'une maison nouvellement établie. — Patience en la pauvreté. Emprunter pour les nécessités. — Se confier que Dieu donnera moyen de rendre. 1467

Lettre CXXXII. — A un supérieur de l'Oratoire. — Il lui mande comme il faut gagner les cœurs de ceux du dehors, pour les rendre utiles à l'œuvre de Dieu. Il l'exhorte au renouvellement, dans les dispositions que la volonté à la prêtrise requiert. 1467

Lettre CXXXIII. — A un supérieur de l'Oratoire. — Il lui mande l'acceptation de la maison de Tours, et qu'il l'a dédiée à la vie languissante et souffrante de Jésus en croix. Il s'étend sur ce mystère. Sa profonde humilité à se reconnaître inutile aux œuvres de Dieu. 1468

Lettre CXXXIV. — Extraits de diverses lettres à un supérieur de l'Oratoire. 1469

Lettre CXXXV. — Extraits de diverses lettres à quelques supérieurs des maisons de l'Oratoire. 1472

Lettre CXXXVI. — A un Père de l'Oratoire. — De la prêtrise et de la congrégation de l'Oratoire. 1473

Lettre CXXXVII. — A un prêtre de l'Oratoire, au temps de Pâques. — Il lui enseigne comme il faut solenniser la résurrection de Notre-Seigneur. 1475

Lettre CXXXVIII. — A un prêtre de l'Oratoire, duquel Dieu s'était beaucoup servi pour l'établissement de la maison de la Rochelle. — Il l'exhorte à y continuer ses soins et à ne point refuser de participer aux croix que les œuvres de Dieu doivent porter. 1476

Lettre CXXXIX. — A un prêtre de l'Oratoire. — Il marque dans cette lettre sa grande confiance en Jésus-Christ. Sa grande retenue à demander. Son désir que les siens ne se rendissent point importuns en cela. 1476

Lettre CXL. — A un prêtre de l'Oratoire. — Il l'instruit comme il doit se comporter pour la conversion d'une âme que Notre-Seigneur lui avait adressée. 1477

Lettre CXLI. — Au même. — Sur le même sujet. 1478

Lettre CXLII. — A un prêtre de l'Oratoire. — De l'obligation de passer notre vie en crainte et en tremblement. 1478

Lettre CXLIII. — A un prêtre de l'Oratoire. — Ce prêtre ayant été envoyé en une maison éloignée de sa demeure ordinaire, fit aussitôt grande instance pour en être retiré. 1479

Lettre CXLIV. — A un prêtre de l'Oratoire. — Ce prêtre était tenté de quitter la conduite d'une œuvre très-importante, où il était gravement utile. 1480

Lettre CXLV. — A un prêtre de l'Oratoire qui demeurait à Rome. 1481

Lettre CXLVI. — Au R. P. de Sancy, en Angleterre. — Il lui recommande une lettre très-ample qu'il écrit à la reine d'Angleterre. 1482

Lettre CXLVII. — Au même. — Il lui donne avis de son partement d'Angleterre. Il lui laisse la charge de la conscience de la reine et l'avertit comme il s'y doit conduire. 1483

Lettre CXLVIII. — Au même. — Il l'exhorte à redoubler les prières et les bonnes œuvres contre une nouvelle persécution des catholiques d'Angleterre. 1484

Lettre CXLIX. — A un Père de l'Oratoire en Angleterre. — Sa peine sur la nouvelle persécution des catholiques d'Angleterre, et la lumière qu'il en avait eue avant de partir de Paris pour y aller. 1485

Lettre CL. — A un Père de l'Oratoire en Angleterre. — Il l'exhorte puissamment à quitter ses raisons pour se rendre à l'exercice de la prédication dont il était requis. 1486

Lettre CLI. — A un Père de l'Oratoire, à Notre-Dame des Ardilliers. — Il désire que ceux de la congrégation qui demeurent dans les lieux de dévotion particulière à la Vierge, soient personnes de grande édification et exemple. 1487

Lettre CLII. — A un Père de l'Oratoire. — Ce Père commençait l'exercice de la prédication, et avait soin d'une maison en l'absence du supérieur. 1488

Lettre CLIII. — Au R. P. Berlin, à Rome. — Il la charge d'obtenir de Sa Sainteté que le gouvernement de l'Oratoire et des Carmélites lui soit conservé en sa nouvelle condition, et lui donne encore quelques autres commissions. 1488

Lettre CLIV. — Au même. — Sur quelques devoirs de sa nouvelle condition. 1490

Lettre CLV. — A un Père de l'Oratoire. — Lequel il exhorte à porter en patience et douceur d'esprit quelque petite traverse, et à s'occuper plutôt de Dieu et de Jésus-Christ. 1490

Lettre CLVI. — A un Père de l'Oratoire. — Sur la réception de sa mère en l'ordre des Carmélites. 1491

Lettre CLVII. — Au P. Guy du Faur, prêtre de l'Oratoire, qui avait soin du temporel. — Il lui enseigne comme il se doit acquitter de cet office pour y honorer Dieu. 1492

Lettre CLVIII. — Au même. — Il l'envoie à Toulouse pour régir la maison pendant la maladie du P. Bourgoing. 1492

Lettre CLIX. — Au même. — Il lui mande la joie qu'il a de la convalescence du P. Bourgoing, l'estime qu'il fait de ses labeurs dans la congrégation, et combien il désire qu'on défère à ses sentiments. Il l'exhorte à recourir aux saints anges. 1493

Lettre CLX. — A un Père de l'Oratoire. — Il le voyait agité de l'esprit d'impatience, il lui manifeste la crainte qu'il ne perde sa vocation. 1493

Lettre CLXI. — A un Père de l'Oratoire envoyé pour l'établissement de la maison de N. — Il désire qu'il prenne avis de la mère prieure des Carmélites. 1495

Lettre CLXII. — A un Père de l'Oratoire. — Il l'exhorte à se rendre digne de l'esprit et de la filiation de Dieu, par une fidèle abnégation de soi-même et humble dépendance d'autrui. 1495

Lettre CLXIII. — A un confrère de l'Oratoire auquel il conseille de prendre prêtrise. — Il parle beaucoup de la dignité de cet état. 1496

Lettre CLXIV. — A un confrère de l'Oratoire, étudiant dans un des collèges de la congrégation. — Il l'avertit que la dévotion qui n'est pas dans les sentiments est trompeuse, et qu'on n'avance dans les voies de Dieu qu'autant qu'on fait de progrès dans l'humilité, l'obéissance et la docilité. 1497

Lettre CLXV. — A un confrère de l'Oratoire. — Il l'exhorte à s'offrir au mystère de la naissance et enfance de Jésus et à la très-sainte Vierge en icelle, et lui enseigne par quel moyen il faut étudier. 1497

Lettre CLXVI. — A quelqu'un que Notre-Seigneur appelait à l'Oratoire. — L'estime qu'il doit faire d'une si sainte vocation. Explication de cette parole : *Tene quod habes, et nemo accipiat coronam tuam* 1498

Lettre CLXVII. — Extraits de diverses lettres. 1499
Lettre CLXVIII. — Extraits de diverses lettres. 1500
Lettre CLXIX. — Extraits de diverses lettres. 1501
Lettre CLXX. — Extraits de diverses lettres. 1502
Lettre CLXXI. — Extraits de diverses lettres. 1505
Lettre CLXXII. — Extraits de diverses lettres. 1505
Lettre CLXXIII. — Extraits de diverses lettres. 1506
Lettre CLXXIV. — Extraits de diverses lettres. 1508
Lettre CLXXV. — Extraits de diverses lettres. 1509
Lettre CLXXVI. — Extraits de diverses lettres. 1510
Lettre CLXXVII. — Extraits de diverses lettres. 1512

III. — LETTRES A DIVERSES PERSONNES. 1513

Lettre CLXXVIII. — A la reine, mère du roi, présentée en 1615. 1513
Lettre CLXXIX. — A la reine mère. 1518
Lettre CLXXX. — A la sérénissime reine d'Angleterre. 1530
Lettre CLXXXI. — A la même. 1531
Lettre CLXXXII. — A Mgr le cardinal Barberin. 1532
Lettre CLXXXIII. — Au même. 1532
Lettre CLXXXIV. — Au cardinal de Sainte-Susanne. 1535
Lettre CLXXXV. — A Mgr le cardinal de Marquemont. 1535
Lettre CLXXXVI. — A un évêque. 1536
Lettre CLXXXVII. — A un évêque. 1536
Lettre CLXXXVIII. — A Mme la duchesse de Lorraine. 1537
Lettre CLXXXIX. — A Mme de Vendôme. 1538
Lettre CXC. — A Mgr le maréchal de Schomberg. 1539
Lettre CXCI. — A Mme la marquise de Maignelay. 1539
Lettre CXCII. — A Mme de Mazaucourt, nouvellement convertie à la foi catholique. 1541
Lettre CXCIII. — A Mme de Saint-Georges, en Angleterre. 1542
Lettre CXCIV. — A M. le baron de Sancy, lors ambassadeur à Constantinople, depuis évêque de Saint-Malo. 1543

TABLE DES MATIERES.

Lettre CXCV. — A notre Saint-Père le Pape Urbain VIII. 1544
Lettre CXCVI. — Au cardinal Barberin. 1545
Lettre CXCVII. — Au cardinal de Lorraine. 1546
Lettre CXCVIII. — A Mgr l'archevêque de Narbonne. 1547
Lettre CXCIX. — A Mgr l'évêque de Mende. 1547
Lettre CC. — A M. l'abbé de Folligny, en Italie. 1548
Lettre CCI. — A M. le duc de Bellegarde. 1548
Lettre CCII. — Au R. P. général de la Compagnie de Jésus. 1549
Lettre CCIII. — Au R. P. de la Vallicalle. 1550
Lettre CCIV. — Au roi. 1551
Lettre CCV. — A Mgr le cardinal de Richelieu. 1552
Lettre CCVI. — A M. le prince de Piémont. 1553
Lettre CCVII. — A M. le Prince. 1554
Lettre CCVIII. — A M. le duc de Guise. 1555
Lettre CCIX. — A M. le duc de Montmorency. 1556
Lettre CCX. — A Mgr le commandeur de Sillery. 1556
Lettre CCXI. — A M. d'Opède, premier président au parlement d'Aix. 1557
Lettre CCXII. — A un ecclésiastique de qualité. 1558
Lettre CCXIII. — A une dame de qualité, appelée à l'ordre des Carmélites. 1559
Lettre CCXIV. — A une personne de piété. 1559
Lettre CCXV. — A une vertueuse damoiselle grandement travaillée de l'esprit malin. 1561
Lettre CCXVI. — A une personne de piété. 1562
Lettre CCXVII. — A une personne de piété. 1562
Lettre CCXVIII. — A la même. 1563
Lettre CCXIX. — A une personne de singulière piété. 1565
Lettre CCXX. — A une personne de piété. 1564
Lettre CCXXI. — A une personne de piété. 1565
Lettre CCXXII. — A une personne pieuse. 1566
Lettre CCXXIII. — A une personne de piété. 1569
Lettre CCXXIV. — A une dame de grande piété. 1569
Lettre CCXXV. — A une damoiselle nouvellement sortie d'un monastère où elle avait été novice pendant quelques mois. 1570
Lettre CCXXVI. — A une personne nouvellement convertie au service de Dieu. 1572
Lettre CCXXVII. — A une personne de piété. 1574
Lettre CCXXVIII. — A M. de Fontaine du Bois. 1574
Lettre CCXXIX. — A M. de Fontaine. 1575
Lettre CCXXX. — Au R. P. Coton, de la Compagnie de Jésus. 1576
Lettre CCXXXI. — Au même, provincial de la Compagnie de Jésus. 1577
Lettre CCXXXII. — A un sien ami. 1577
Lettre CCXXXIII. — A une personne de piété. 1578
Lettre CCXXXIV. — A la même. 1579
Lettre CCXXXV. — A une dame de qualité. 1580
Lettre CCXXXVI. — A une personne de piété. 1584
Lettre CCXXXVII. — A Mlle de Gourgues sa cousine. 1585
Lettre CCXXXVIII. — A une dame nouvellement entrée en religion. 1586
Lettre CCXXXIX. — Extraits de lettres plus amples à diverses personnes. 1590
Lettre CCXL. — Au cardinal de Richelieu. 1591
Lettre CCXLI. — A Mme Acarie. (Extrait.) 1598
CCXLII. — Extraits de plusieurs lettres relatives à révolte des Carmélites contre leurs supérieurs légitimes. 1599
CCXLIII. — Extraits de plusieurs lettres relatives à l'Oratoire. 1601
CCXLIV. — Extraits de lettres relatives au mariage d'Henriette de France avec le prince de Galles. 1606
CCXLV. — Extraits de lettres relatives à sa promotion au cardinalat. 1609
CCXLVI. — Extrait d'une lettre au cardinal de Richelieu. 1611
CCXLVII. — Extrait d'une lettre au même. 1612
CCXLVIII. — Extrait d'une lettre au même. 1613
CCXLIX. — Lettre au même. 1614
CCL. — Lettre au même. 1614
CCLI. — Extrait d'une lettre au même. 1615
CCLII. — Au même. 1616
CCLIII. — Au même. 1616
CCLIV. — Au même. 1616
FRAGMENTS DIVERS DE QUELQUES OPUSCULES DU CARDINAL DE BÉRULLE. 1617

I. — Fin du discours au Pape pour obtenir la dispense du mariage de Henriette de France avec le roi d'Angleterre. 1617
II. — Déclaration touchant les statuts de la congrégation de l'Oratoire, présentés à la Faculté de théologie de Paris. 1617
III. — Déclaration faite au parlement de Rouen sur la constitution de l'Oratoire. 1617
IV. — Idée qu'il se faisait de la perfection des prêtres. 1618
V. — Ses sentiments sur les contradictions. 1618
VI. — Confiance en la Providence. 1619
VII. — Extraits des avis qu'il rédigea au nom de Marie de Médicis pour la reine d'Angleterre. 1619
VIII. — Règlement qu'il s'était tracé pour la direction de la reine d'Angleterre. 1621
IX. — Extrait d'un Mémoire sur la Valteline, trouvé dans les papiers du cardinal de Bérulle. 1621
X. — Ses sentiments à l'occasion de sa promotion au cardinalat. 1622
XI. — Ses sentiments quand il avait été obligé de passer son temps à la cour. 1623

REGLEMENT DE LA CONGREGATION DE L'ORATOIRE, ETABLIE PAR Mgr LE CARDINAL DE BÉRULLE. 1623

Préface. 1623
Règlement pour l'institution de l'Oratoire. 1627
Observations pour l'extérieur. 1629
Observations pour l'intérieur. 1629
Usages laissés à la congrégation. — Des abstinences et des jeûnes. 1632
Des humiliations. 1633
Intentions des messes que chaque prêtre doit dire tous les mois. 1634
De l'obligation de garder le règlement. 1635
Du réveil. — Ce que nous devons faire en nous éveillant et habillant. 1636
De l'oraison. 1638
Diverses observances de l'oraison. 1642
De l'examen de prévoyance. 1643
De l'examen de midi. 1644
De la vertu de la semaine. 1644
Examen du soir. 1645
De l'office divin. — Dispositions pour assister au chœur. 1645
Du service de la sainte Messe. 1646
Pour la confession sacramentelle. 1649
Pour la communion. 1650
De l'exercice corporel. 1652
Pour la lecture spirituelle. 1653
De l'assistance de la communauté pour les repas. 1655
Pour la conversation après le repas. 1656
Des défauts à éviter dans la conversation. 1657
Pour la proposition de l'Ecriture sainte dans la conversation. 1659
Pour les visites dans la maison. 1661
Pour les sorties en ville. 1661
Pour la conversation avec les étrangers. 1662
Pour l'humiliation. 1663
Pour le silence. 1664
Pour aller prendre son repas. 1665
Résolutions à faire et à déterminer dans le dernier mois de la première année. 1666

AUTRE APPENDICE AUX OEUVRES DU CARDINAL DE BÉRULLE. 1707

Office en l'honneur de l'état et des grandeurs suprêmes de Jésus. 1707
Commemorationes quotidianæ per annum, pro solemnitatibus Domini Jesu et B. Mariæ Virginis. 1737
Officium sancti Joseph ab Arimathæa. 1739
Officium sancti Gabrielis archangeli. 1739
Festum exspectationis B. Mariæ Virginis. 1747
In festo S. Lazari episcopi et martyris. 1747
Antiphonæ variæ. 1749

TABLES.

Table des passages de l'Ecriture qui sont expliqués en ce volume. 1755
Table alphabétique de toutes les choses mémorables contenues dans ce volume. 1759
Table de théologie selon l'ordre de saint Thomas. 1797

FIN.

Imprimerie MIGNE, au Petit Montrouge.

SUPPLÉMENT

A L'OFFICE DE JÉSUS, DRESSÉ PAR LE CARDINAL DE BÉRULLE.

AVERTISSEMENT.

Quand nous avons édité les *Œuvres du cardinal de Bérulle*, nous avons donné en appendice un Office intitulé : *Officium solemnitatis Domini Jesus*, par le pieux cardinal. Mais l'exemplaire que nous avions en main, à cette époque, était incomplet. L'Office réimprimé dans notre édition, col. 1707 et suivantes, est donc tronqué. Nous avons eu le bonheur de rencontrer dernièrement un nouvel exemplaire de cet Office ; mais celui-là était bien complet, et il nous met à même de réparer les lacunes que, à notre grand regret, nous avions été forcé de laisser dans l'édition. Ici donc on ne trouvera que les parties qui manquent à l'*Office en l'honneur de Jésus*, reproduit par nous à la fin de notre volume des *Œuvres du cardinal de Bérulle*.

AD PRIMAS VESPERAS.
Hymnus.

Jesu nostra redemptio,
Amor et desiderium,
Deus creator omnium,
Homo in fine temporum.

Quæ te vicit clementia,
Ut ferres nostra crimina,
Crudelem mortem patiens,
Ut nos a morte tolleres?

Inferni claustra penetrans,
Tuos captivos redimens,
Victor triumpho nobili,
Ad dextram Patris residens.

Ipsa te cogat pietas,
Ut mala nostra superes
Parcendo, et voti compotes,
Nos tuo vultu saties.

Tu esto nostrum gaudium,
Qui es futurus præmium :
Sit nostra in te gloria,
Per cuncta semper sæcula. Amen.

℣ Verbum caro factum est.
℟ Et habitavit in nobis.

Antiph. In ipso complacuit omnem plenitudinem inhabitare, et per eum reconciliare omnia in ipsum : pacificans per sanguinem crucis ejus, sive quæ in terris sunt, sive quæ in cœlis.

℣ Domine exaudi orationem meam.
℟ Et clamor meus ad te veniat.

Oratio.

Deus, qui Unigenitum tuum apud te ab æterno Deum, pro nobis in æternum hominem esse voluisti : fac nos, quæsumus, ineffabilem et divinissimam vitam Verbi in humanitate, et humanitatis in Verbo vitæ jugiter celebrare : ut ejus Spiritu animemur in terris, et ejus aspectu perfruamur in cœlis, qui nostra vita est et gloria : et tecum vivit et regnat in unitate Spiritus sancti Deus, per omnia sæcula sæculorum.

℟ Amen.

AD COMPLETORIUM.

℣ Jube domne benedicere.
Benedict. Noctem quietam, et finem perfectum concedat nobis Dominus omnipotens.

℟ Deo gratias.

Lectio I.

Ex prima Epistola sancti Petri c. v.

Fratres, sobrii estote et vigilate : quia adversarius vester diabolus tanquam leo rugiens circuit quærens quem devoret : cui resistite fortes in fide. Tu autem, Domine, miserere nobis.

℟ Deo gratias.

℣ Adjutorium nostrum in nomine Domini.
℟ Qui fecit cœlum et terram.

Submissa voce dicitur Pater *et* Confiteor, Misereatur *et* Indulgentiam.

℣ Converte nos, Deus, salutaris noster.
℟ Et averte iram tuam a nobis.
℣ Deus in adjutorium meum intende.
℟ Domine ad adjuvandum me festina.
℣ Gloria Patri et Filio, et Spiritui sancto
℟ Sicut erat in principio et nunc et semper, et in sæcula sæculorum. Amen.

Psal. Cum invocarem, *cum reliquis de Dominica.*

Antiph. Miserere mei, Domine, et exaudi orationem meam.

Hymnus.

Te lucis ante terminum,
Rerum Creator poscimus,
Ut solita clementia
Sis præsul ad custodiam.

Procul recedant somnia,
Et noctium phantasmata ;
Hostemque nostrum comprime,
Ne polluantur corpora.

Præsta Pater omnipotens,
Per Jesum Christum Dominum,
Qui tecum in perpetuum
Regnat cum sancto Spiritu.
Amen.

Capitulum. (*Jer.* xiv.)

Tu autem in nobis es, Domine, et nomen sanctum tuum invocatum est super nos : ne derelinquas nos, Domine Deus noster.

℟ Deo gratias.

℟ *br.* In manus tuas, etc.

Cant. Simeon. (*Luc.* 1.) Nunc dimittis, etc.

Antiph. Salva nos, Domine, vigilantes ; custodi nos dormientes : ut vigilemus cum Christo, et requiescamus in pace.

℣ Domine exaudi orationem meam.

℟ Et clamor meus ad te veniat.

Oratio.

Visita, quæsumus, Domine, habitationem istam, et omnes insidias inimici ab ea longe repelle : Angeli tui sancti habitent in ea, qui nos in pace custodiant : et benedictio tua sit super nos semper. Per Dominum nostrum Jesum Christum Filium tuum, qui tecum vivit et regnat in unitate Spiritus sancti, Deus, per omnia sæcula sæculorum.

℟ Amen.

℣ Domine exaudi orationem meam.

℟ Et clamor meus ad te veniat.

℣ Benedicamus Domino.

℟ Deo gratias.

Benedict. Benedicat et custodiat nos omnipotens et misericors Dominus, Pater, et Filius, et Spiritus sanctus.

℟ Amen.

Salve Regina, Mater misericordiæ ; vita, dulcedo, et spes nostra, salve. Ad te clamamus exsules filii Evæ. Ad te suspiramus gementes et flentes in hac lacrymarum valle. Eia ergo advocata nostra, illos tuos misericordes oculos ad nos converte. Et Jesum benedictum fructum ventris tui, nobis post hoc exsilium ostende. O clemens, o pia, o dulcis virgo Maria.

℣ Ora pro nobis, sancta Dei Genitrix.

℟ Ut digni efficiamur promissionibus Christi.

Oratio.

Omnipotens sempiterne Deus, qui gloriosæ virginis matris Mariæ corpus et animam, ut dignum Filii tui habitaculum effici mereretur, Spiritu sancto cooperante, præparasti : da, ut cujus commemoratione lætamur, ejus pia intercessione ab instantibus malis, et a morte perpetua liberemur. Per eumdem Christum Dominum nostrum.

℟ Amen.

℣ Divinum auxilium maneat semper nobiscum.

℟ Amen.

Pater noster, Ave Maria, Credo.

AD MATUTINAS.

Invitatorium.

Jesum æterni Patris Filium venite adoremus : qui est salus, et vita nostra.

Jesum æterni, etc., *rurs. dicitur.*

Psal. xciv. Venite exsultemus, etc.

Hymnus.

Jesu Rex admirabilis,
Et triumphator nobilis,
Dulcedo ineffabilis,
Totus desiderabilis.

Quando cor nostrum visitas,
Tunc lucet ei veritas,
Mundi vilescit vanitas,
Et intus fervet charitas.

Jesu dulcedo cordium,
Fons vivus, lumen mentium,
Excedens omne gaudium,
Et omne desiderium.

Jesum omnes agnoscite,
Amorem ejus poscite,
Jesum ardenter quærite,
Quærendo inardescite.

Te nostra Jesu vox sonet.
Nostri te mores exprimant,
Te nostra corda diligant,
Et nunc, et in perpetuum.
Amen.

Ad tria Nocturna. (*Vide* col. 1707 et seq.)

AD LAUDES.

Ultima antiph. In ipso inhabitat omnis plenitudo divinitatis corporaliter, et ipse est ante omnes : et omnia in ipso constant. Et omnia, et in omnibus Christus.

Capitulum. (I Joan. 1.)

Quod fuit ab initio, quod audivimus, quod vidimus oculis nostris, quod perspeximus, et manus nostræ contrectaverunt de Verbo vitæ : et vita manifesta est, et vidimus, et testamur, et annuntiamus vobis vitam æternam, quæ erat apud Patrem, et apparuit nobis.

℟ Deo gratias.

Hymnus. Jesu nostra Redemptio, *ut ad primas Vesperas.*

℣ Verbum caro factum est.

℟ Et habitavit in nobis.

Antiph. Sic Deus dilexit mundum, ut Filium suum unigenitum daret : ut omnis, qui credit in ipsum, non pereat, sed habeat vitam æternam.

Cant. Zachar. (Luc. 1.*)* Benedictus Dominus, etc.

Antiph. Sic Deus dilexit mundum, ut Filium suum, etc.

℣ Domine exaudi orationem meam.

℟ Et clamor meus ad te veniat.

Oratio.

Deus, qui Unigenitum tuum apud te ab æterno Deum, pro nobis in æternum hominem esse voluisti : fac nos, quæsumus, hanc ineffabilem et divinissimam vitam Verbi in humanitate, et humanitatis in Verbo vitæ jugiter celebrare ; ut ejus Spiritu animemur in terris, et ejus aspectu perfruamur in cœlis, qui nostra vita est et gloria ; et tecum vivit et regnat in unitate **Spiritus** sancti, **Deus**, per omnia sæcula sæculorum.

℟ Amen.

AD PRIMAS.
Hymnus.

Jam lucis orto sidere,
Deum precemur supplices,
Ut in diurnis actibus,
Nos servet a nocentibus.

Linguam refrenans temperet,
Ne litis horror insonet :
Visum fovendo contegat,
Ne vanitates hauriat.

Sint pura cordis intima,
Absistat et vecordia :
Carnis terat superbiam
Potus cibique parcitas ;

Ut cum dies abscesserit,
Noctemque sors reduxerit ;
Mundi per abstinentiam,
Ipsi canamus gloriam.

Deo Patri sit gloria,
Ejusque soli Filio,
Cum Spiritu Paraclito,
Nunc et per omne sæculum.
Amen.

Antiph. O admirabile commercium.

Psal. LIII. Deus in nomine tuo, etc., *usque ad fin.*

Psal. CXVIII. Beati immaculati in via, etc.

Antiph. O admirabile commercium ! Creator generis humani, animatum corpus sumens, de Virgine nasci dignatus est ; et nostræ factus humanitatis particeps, largitus est nobis suam deitatem.

Capitulum. (I Tim. 1.*)*

Regi sæculorum immortali et invisibili, soli Deo honor et gloria in sæcula sæculorum. Amen.

℟ Deo gratias.

℟ br. Christe, Fili Dei vivi, miserere nobis.

℟ Christe, Fili Dei vivi, miserere nobis.

℣ Qui sedes ad dexteram Patris.

℟ Miserere nobis.

℣ Gloria Patri, et Filio, et Spiritui sancto.

℟ Christe, Fili Dei vivi, miserere nobis.

℣ Exsurge Christe, adjuva nos.

℟ Et libera nos propter nomen tuum.

Oratio.

Domine Deus omnipotens, qui ad principium hujus diei nos pervenire fecisti : tua nos hodie salva virtute : ut in hac die ad nullum declinemus peccatum, sed semper ad tuam justitiam faciendam nostra procedant eloquia, dirigantur cogitationes et opera. Per Dominum nostrum, Jesum Christum Filium tuum, qui tecum vivit et regnat in unitate Spiritus sancti Deus, per omnia sæcula sæculorum.

℟ Amen.

AD TERTIAM.
Hymnus.

Nunc sancte nobis Spiritus,
Unum Patri cum Filio ;
Dignare promptus ingeri,
Nostro refusus pectori.

Os, lingua, mens, sensus, vigor
Confessionem personent :
Flammescat igne charitas,
Accendat ardor proximos.

Præsta, Pater piissime,
Patrique compar unice,
Cum Spiritu Paraclito
Regnans per omne sæculum.
Amen.

Antiph. Verbum caro factum.

Psal. CXVIII. Legem pone, etc.

Antiph. Verbum caro factum habitavit in nobis ; et vidimus gloriam ejus, quasi Unigeniti a Patre, plenum gratiæ et veritatis.

Capitulum. (Joan. 1.*)*

Quod fuit ab initio, quod audivimus, quod vidimus oculis nostris, quod perspeximus et manus nostræ contrectaverunt de Verbo vitæ : et vita manifestata est, et vidimus, et testamur, et annuntiamus vobis vitam æternam, quæ erat apud Patrem, et apparuit nobis.

℟ br. Verbum caro factum est, et habitavit in nobis. Alleluia, alleluia.

℟ Verbum caro, etc.

℣ Vidimus gloriam ejus, quasi Unigeniti a Patre.

℟ Alleluia, alleluia.

℣ Gloria Patri, et Filio, et Spiritui sancto.

℟ Verbum caro, etc.

℣ Unigenitus qui est in sinu Patris. Alleluia.

℟ Ipse enarravit nobis. Alleluia.

Non dicitur Alleluia *a Septuag. usque ad paschale tempus.*

Oratio. Deus, qui Unigenitum, etc.

AD MISSAS.

Introitus.

Salvatorem exspectamus Dominum nostrum Jesum Christum, qui reformabit corpus humilitatis nostræ, configuratum corpori claritatis suæ, secundum operationem, qua etiam possit subjicere sibi omnia. *Psal.* XLIV. Speciosus forma præ filiis hominum; diffusa est gratia in labiis tuis: propterea benedixit te Deus in æternum.

Gloria Patri, etc. Salvatorem.

Oratio.

Deus, qui Unigenitum tuum apud te ab æterno Deum, pro nobis in æternum hominem esse voluisti: fac nos, quæsumus, hanc ineffabilem et divinissimam vitam Verbi in humanitate, et humanitatis in Verbo vitæ jugiter celebrare; ut ejus Spiritu animemur in terris, et ejus aspectu perfruamur in cœlis, qui nostra vita est et gloria; et tecum vivit et regnat in unitate Spiritus sancti Deus, etc.

Lectio Epistolæ beati Pauli apostoli ad Hebræos.

Multifariam, multisque modis olim Deus loquens patribus in prophetis; novissime diebus istis locutus est nobis in Filio quem constituit hæredem universorum, per quem fecit et sæcula. Qui cum sit splendor gloriæ et figura substantiæ ejus, portansque omnia verbo virtutis suæ: purgationem peccatorum faciens, sedet ad dexteram Majestatis in excelsis: tanto melior angelis effectus, quanto differentius præ illis nomen hæreditavit. Cui enim dixit aliquando angelorum: Filius meus es tu, ego hodie genui te? Et rursum: Ego ero illi in Patrem et ipse erit mihi in Filium? Et cum iterum introducit Primogenitum in orbem terræ, dicit: Et adorent eum omnes angeli Dei. Et ad angelos quidem dicit: Qui facit angelos suos spiritus, et ministros suos flammam ignis. Ad Filium autem: Thronus tuus, Deus, in sæculum sæculi: virga æquitatis, virga regni tui. Dilexisti justitiam, et odisti iniquitatem: propterea unxit te Deus, Deus tuus, oleo exsultationis præ participibus tuis. Et: Tu in principio, Domine, terram fundasti, et opera manuum tuarum sunt cœli. Ipsi peribunt, tu autem permanebis; et omnes ut vestimentum veterascent: et velut amictum mutabis eos, et mutabuntur: tu autem idem ipse es, et anni tui non deficient. Ad quem autem angelorum dixit aliquando: Sede a dextris meis, quoadusque ponam inimicos tuos scabellum pedum tuorum?

Graduale.

Deus qui dives est in misericordia, propter nimiam charitatem suam, qua dilexit nos, et cum essemus mortui peccatis, convivificavit nos in Christo, et conresuscitavit, et consedere fecit in cœlestibus, in Christo Jesu.

℣ Ipse est pax nostra, interficiens inimicitias in semetipso.

℟ Alleluia, alleluia.

℣ Gratia cum omnibus, qui diligunt Dominum nostrum Jesum Christum in incorruptione. Amen.

℟ Alleluia.

Quando hoc festum post Septuagesimum occurret, loco Alleluia *recitatur:*

Tractus. Hoc sentite in vobis, quod et in Christo Jesu, qui cum in forma Dei esset, semetipsum exinanivit formam servi accipiens, in similitudinem hominum factus, et habitu inventus ut homo.

℣ Humiliavit semetipsum, factus obediens usque ad mortem, mortem autem crucis.

℣ Propter quod et Deus exaltavit illum, et donavit illi nomen quod est super omne nomen. Ut in nomine Jesu omne genu flectatur cœlestium, terrestrium et infernorum: et omnis lingua confiteatur, quia Dominus Jesus Christus in gloria est Dei Patris.

Tempore paschali.

Alleluia, alleluia.

℣ Dixit Dominus Domino meo: Sede a dextris meis.

℟ Alleluia.

℣. Ex utero ante luciferum genui te: tu es sacerdos in æternum, secundum ordinem Melchisedech.

℟ Alleluia.

Sequentia sancti Evangelii secundum Joannem.

In illo tempore: Sublevatis Jesus oculis in cœlum, dixit: Pater, venit hora, clarifica Filium tuum, ut Filius tuus clarificet te: sicut dedisti ei potestatem omnis carnis, ut omnes, quos dedisti ei, det eis vitam æternam. Hæc est autem vita æterna, ut cognoscant te, solum Deum verum, et quem misisti Jesum Christum. Ego te clarificavi super terram : opus consummavi, quod dedisti mihi ut faciam ; et nunc clarifica me tu, Pater, apud temetipsum, claritate, quam habui prius quam mundus esset, apud te. Manifestavi nomen tuum hominibus, quos dedisti mihi de mundo : tui erant, et mihi eos dedisti : et sermonem tuum servaverunt. Nunc cognoverunt, quia omnia quæ dedisti mihi, abs te sunt, quia verba, quæ dedisti mihi, dedi eis : et ipsi acceperunt, et cognoverunt vere quia a te exivi, et crediderunt quia tu me misisti. Ego pro eis rogo : non pro mundo rogo, sed pro his quos dedisti mihi, quia tui sunt : et mea omnia tua sunt et tua mea sunt : et clarificatus sum in eis. Et jam non sum in mundo, et hi in mundo sunt, et ego ad te venio. Pater sancte, serva eos in nomine tuo, quos dedisti mihi : ut sint unum, sicut et nos. Cum essem cum eis, ego servabam eos in nomine tuo. Quos dedisti mihi, custodivi : et nemo ex eis periit, nisi filius perditionis, ut Scriptura impleatur. Nunc autem ad te venio : et hæc loquor in mundo, ut habeant gaudium meum impletum in semetipsis. Ego dedi eis sermonem tuum, et mundus eos odio habuit, quia non sunt de mundo, sicut et ego non sum de mundo. Non rogo ut tollas eos de mundo, sed ut serves eos a malo. De mundo non sunt sicut et ego non sum de mundo. Sanctifica eos in veritate. Sermo tuus veritas est. Sicut tu me misisti in mundum, et ego misi eos in mundum. Et pro eis ego sanctifico meipsum : ut sint et ipsi sanctificati in veritate. Non pro eis autem rogo tantum, sed et pro eis qui credituri sunt per verbum eorum in me : ut omnes unum sint , sicut tu Pater in me, et ego in te, ut et ipsi in nobis unum sint : ut credat mundus, quia tu me misisti. Et ego claritatem, quam dedisti mihi, dedi eis : ut sint unum, sicut et nos unum sumus. Ego in eis, et tu in me : ut sint consummati in unum : et cognoscat mundus quia tu me misisti, et dilexisti eos, sicut et me dilexisti. Pater, quos dedisti mihi, volo ut ubi sum ego, et illi sint mecum : ut videant claritatem meam, quam dedisti mihi : quia dilexisti me ante constitutionem mundi. Pater juste, mundus te non cognovit : ego autem te cognovi, et hi cognoverunt, quia tu me misisti. Et notum feci eis nomen tuum, et notum faciam : ut dilectio, qua dilexisti me, in ipsis sit, et ego in ipsis.

Offertorium.

Dominus dixit ad me : Filius meus es tu, ego hodie genui te. Postula a me, et dabo tibi gentes, hæreditatem tuam, et possessionem tuam terminos terræ.

Secreta.

Deus, qui Unigenitum tuum naturæ humanæ in unitate personæ coadunare voluisti, et in eo novam creaturam nos tibi esse fecisti : custodi opera misericordiæ, et a maculis vetustatis emunda : ut per auxilium gratiæ tuæ in illius inveniamur forma, in quo tecum est nostra substantia. Qui tecum vivit et regnat in unitate Spiritus sancti Deus, etc.

Communio.

Dignus est Agnus, qui occisus est, accipere virtutem, et divinitatem, et sapientiam, et fortitudinem, et honorem, et gloriam, et benedictionem

Postcommunio.

Deus, cujus Unigenitus in substantia nostræ mortalitatis apparuit in similitudinem hominum factus, et habitu inventus ut homo : præsta quæsumus, ut per eum, quem foris nobis similem agnovimus, intus reformari mereamur. Qui tecum vivit et regnat in unitate Spiritus sancti Deus : per omnia sæcula sæculorum.

℟ Amen.

AD SEXTAM.

Hymnus.

Rector potens, verax Deus,
Qui temperas rerum vices ;
Splendore mane instruis,
Et ignibus meridiem.

Exstingue flammas litium
Aufer calorem noxium,
Confer salutem corporum,
Veramque pacem cordium

Præsta, Pater piissime,
Patrique compar unice,
Cum Spiritu Paraclito,
Regnans per omne sæculum.
Amen.

Psal. cxviii. Defecit in salutare tuum, etc.

Antiph. Principatus ejus super humerum ejus : et vocabitur Admirabilis, Consiliarius, Deus, Fortis, Princeps pacis, Pater futuri sæculi.

Capitulum. (Col. 1, 18.)

Ipse est caput corporis Ecclesiæ, qui est principium, primogenitus ex mortuis ; ut sit in omnibus primatum tenens.

Ante Septuagesimam et tempore paschali.

℟ br. Unigenitus, qui est in sinu Patris. Alleluia, alleluia.
℟ Unigenitus qui, etc.
℣ Ipse enarravit nobis. Alleluia, alleluia.
Gloria Patri, et Filio, et Spiritui sancto. Unigenitus qui, etc.

℣ Sic Deus dilexit mundum. Alleluia.
℟ Ut Filium suum Unigenitum daret. Alleluia.

Oratio. Deus qui Unigenitum tuum, etc.

AD NONAM.

Hymnus.

Rerum Deus tenax vigor,
Immotus in te permanens,
Lucis diurnæ tempora,
Successibus determinans !

Largire clarum vespere,
Quo vita nusquam decidat :
Sed præmium mortis sacræ,
Perennis instet gloria.

Præsta, Pater piissime,
Patrique compar unice ;
Cum Spiritu Paraclito,
Regnans per omne sæculum.
Amen.

Antiph. In ipso inhabitat.

Psal. cxviii, 129. Mirabilia testimonia tua, etc.

Antiph. In ipso inhabitat omnis plenitudo Divinitatis corporaliter : et ipse est ante omnes, et omnia in ipso constant, et omnia et in omnibus Christus.

Capitulum. (*Ephes.* ii, 3.)

Deus, qui dives est in misericordia, propter nimiam charitatem suam qua dilexit nos : cum essemus mortui peccatis, convivificavit nos in Christo, et conresuscitavit, et consedere fecit in cœlestibus in Christo Jesu.

℟ *br.* Sic Deus dilexit mundum. Alleluia, alleluia.

℟ Sic Deus, etc.

℣ Ut Filium suum Unigenitum daret. Alleluia, alleluia.

Gloria Patri, et Filio, et Spiritui sancto.

Sic Deus dilexit mundum. Alleluia, alleluia.

℣ Hic est Filius meus dilectus. [Alleluia.

℟ In quo mihi bene complacui. Alleluia.

Oratio. Deus, qui Unigenitum tuum, etc.

FIN

Imprimerie MIGNE, au Petit-Montrouge.

www.ingramcontent.com/pod-product-compliance
Lightning Source LLC
Chambersburg PA
CBHW070801020526
44116CB00030B/943